Schwartmann
Praxishandbuch Medien-, IT- und Urheberrecht

Praxishandbuch Medien-, IT- und Urheberrecht

Herausgegeben von

Prof. Dr. Rolf Schwartmann

Bearbeitet von

Dr. Markus Bagh, LL.M. · Peer Bießmann · Marc Oliver Brock · Doris Brocker
Ina Depprich · Prof. Dr. Bernd Eckardt
Prof. Dr. Dieter Frey, LL.M. · Prof. Klaus Gennen · Dr. Anne Hahn
Dr. Christian-Henner Hentsch, M.A., LL.M. · Martin W. Huff · Dr. Carsten Intveen
Viktor Janik · Prof. Dr. Tobias O. Keber
Dr. Thomas Köstlin, M.A. · Dr. Katja Kuck · Jasmin Kundan
Jens Kunzmann · Nicola Lamprecht-Weißenborn, LL.M.
Dr. Niels Lepperhoff · Josef Limper · Sebastian Möllmann · Dr. Christoph J. Müller
Sara Ohr · Prof. Dr. Christian Russ · Michael Schmittmann
Dr. Matthias Schulenberg, LL.M. · Prof. Dr. Rolf Schwartmann
Prof. Dr. Stefan Sporn · Dr. Frederic Ufer

4., neu bearbeitete Auflage

C.F. Müller

Bibliografische Information der Deutschen Nationalbibliothek
Die Deutsche Nationalbibliothek verzeichnet diese Publikation in der Deutschen Nationalbibliografie; detaillierte bibliografische Daten sind im Internet über <http://dnb.d-nb.de> abrufbar.

ISBN 978-3-8114-4662-5

E-Mail: kundenservice@cfmueller.de

Telefon: +49 89 2183 7923
Telefax: +49 89 2183 7620

www.cfmueller.de

Satz: TypoScript GmbH, München
Druck: Westermann Druck, Zwickau

Vorwort

Die vierte Auflage des Praxishandbuchs Medien, IT- und Urheberrecht erscheint drei Jahre nach der Vorauflage. Seine Konzeption als kompakter Ratgeber für den Praktiker in drei Rechtsgebieten, die sich zunehmend verzahnen, hat sich insbesondere als Begleitliteratur in der Fachanwaltsausbildung bewährt.

Im Herbst 2017 zeigt sich deutlich, wie rasant die Digitalisierung voranschreitet. Mit der zunehmenden Bedeutung neuer Mediendienste in der Gesellschaft steigt auch der Bedarf in der anwaltlichen Beratung und Prozessvertretung im Bereich der neuen Medien. Sie sind längst nicht mehr nur das Spezialgebiet von Großkanzleien. Diesen Entwicklungen trägt das Praxishandbuch in seiner Neuauflage Rechnung. Die Schwerpunkte der in der Regel grundlegenden Überarbeitungen waren vielfach der Digitalisierung und den Aktivitäten des nationalen und europäischen Gesetzgebers in diesem Kontext geschuldet.

Besonders hervorzuheben sind die Anpassungen im Datenschutzrecht an die bereits geltende, aber erst Ende Mai 2018 anwendbare Datenschutz-Grundverordnung und das ebenfalls ab diesem Zeitpunkt geltende geänderte Bundesdatenschutzgesetz. Da das Praxishandbuch zum Zeitpunkt des Erscheinens sowohl die aktuelle und die schon feststehende künftige Rechtslage abbilden muss, haben wir uns in den Kapiteln mit Bezug zum Datenschutzrecht dazu entschieden, an den relevanten Stellen im Text die aktuelle und die künftige Rechtslage als Ausblick darzustellen, wobei letzteres bisweilen nur in Form eines Ausblicks sinnvoll war.

Zudem ist etwa auf größere Änderungen im Urheberrecht hinzuweisen, wo das Kapitel zum Recht der Verwertungsgesellschaften nun unter erweiterter Autorenschaft verfasst wurde. Weitere grundlegende Überarbeitungen wurden unter anderem im Jugendschutzrecht, im Recht der Sozialen Medien und im Recht der Telemedien erforderlich.

Ich danke allen Autorinnen und Autoren sowie dem Verlag für die engagierte und immer aufwendiger werdende umfassende Aktualisierung des Handbuchs. Über Anregungen und Kritik unter rolf.schwartmann@th-koeln.de freue ich mich.

Köln, im Oktober 2017 *Rolf Schwartmann*

Vorwort zur 1. Auflage

Wie sehr Medienrecht, Informationstechnikrecht und Urheberrecht miteinander verklammert sind, mag folgendes Beispiel verdeutlichen.

Ein Unternehmen, das eine Internetpräsenz mit bewegten Bildern plant, ist zunächst mit dem öffentlich-rechtlichen und dem zivilen Medienrecht konfrontiert. Da Inhalte an die Allgemeinheit gerichtet werden, ist grundsätzlich das Rundfunkrecht zu beachten. Es ist vom Recht der Telemedien und vom Telekommunikationsrecht abzugrenzen. Allein das Rundfunkrecht hat spezielle Vorgaben zu beachten, die sowohl ex ante (Zulassung) als auch ex post (z.B. Werbe- und Jugendschutzvorschriften) greifen. Tangiert ist bei zusätzlichen Textdarstellungen auch das Presserecht. Hinzu kommen z.B. Fragen hinsichtlich der Verbreitungstechnik und der Regulierung des speziellen Verbreitungswegs, des Wettbewerbs- und Datenschutzrechts. Bei der für den Netzauftritt zu erwerbenden und zu pflegenden Hard- und Software müssen Lösungen im Bereich des Informationstechnikrechts gefunden werden. Soll das Netz als Vertriebsweg genutzt werden, ist das Recht des elektronischen Geschäftsverkehrs (E-Commerce) zu beachten. Das Urheberrecht, dessen Spezialbereiche wie das Verlagsrecht und das Musikrecht sowie benachbarte Gebiete, etwa das Wettbewerbsrecht und das Markenrecht, erweitern das Anforderungsprofil. Dieses ergibt sich in allen der genannten Gebiete nicht allein aus dem nationalen Recht, sondern zunehmend auch aus dem internationalen, insbesondere dem europäischen Recht.

Vorliegendes Handbuch soll dem Praktiker dabei helfen, eine Schneise durch das Dickicht der sich stellenden Probleme zu schlagen. Sein Umfang trägt dem Facettenreichtum Rechnung, den obiges Beispiel nur in Ansätzen verdeutlichen kann. Alle Fragen werden in der Regel nicht miteinander verwoben auftreten. Aber auch bei der Lösung von Einzelproblemen ist der Blick für das Gesamtsystem unverzichtbar. Zusätzlich werden Spezialgebiete des Medien-, IT- und Urheberrechts behandelt. Etwa Arbeitsrecht und Medien, Sport und Medienrecht, Beihilfe- und Vergaberecht im Medien- und IT-Bereich, das Recht der deutschen und europäischen Kulturförderung und das Film- und Fernsehvertragsrecht. Die umfassende Abhandlung erfolgt zum einen aus Gründen der Vollständigkeit und zum anderen, um die Anforderungen der Curricula der Fachanwaltschaften für Urheber- und Medienrecht und für Informationstechnologierecht in einem Handbuch vollständig abbilden zu können.

Das Buch ist von Praktikern für Praktiker geschrieben. Die Autorinnen und Autoren sind in erster Linie Rechtsanwälte und in den von ihnen bearbeiteten Bereichen ausgewiesene Experten. Ihre berufliche Herkunft ist so inhomogen wie das Medienrecht selbst, weil sie die Facetten der Mediengattungen und der Medienbranche (öffentlich-rechtlicher Rundfunk, privater Rundfunk, Printunternehmen, Kabelnetzbetreiber, Telekommunikationsunternehmen, Bundeskartellamt, Produktionsfirmen und beratende Anwaltschaft) spiegelt.

Im Rundfunkrecht konnte das Gebührenurteil des Bundesverfassungsgerichts aus dem September 2007 und noch kurz vor Drucklegung eine Vorstellung und erste kurze Bewertung des Entwurfs für den 10. Rundfunkänderungsstaatsvertrag erfolgen. Er liegt seit Ende Oktober 2007 in einer abschließenden Fassung vor und enthält insbesondere die sog. „Plattformregulierung“. Zudem hat die Richtlinie für audiovisuelle Mediendienste Berücksichtigung finden können, welche Ende 2007 die EG-Fernsehrichtlinie ersetzen wird. Beim IT-Recht konnte im Vergaberecht das Muster zum EVB-IT-Systemvertrag von August 2007 und im Strafrecht das 41. Strafrechtsänderungsgesetz zur Bekämpfung der Computerkriminalität ebenfalls aus dem August 2007 berücksichtigt werden. Das „Zweite Gesetz zur Regelung des Urheberrechts in der Informationsgesellschaft" (sog. „Zweiter Korb"), das im September 2007 verabschiedet wurde und am 1. Januar 2008 in Kraft treten wird, hat Eingang in die urheberrechtlichen Beiträge gefunden.

Über Anregungen und Kritik an medienrecht@fh-koeln.de freuen wir uns.

Köln, im November 2007 *Rolf Schwartmann*

Bearbeiterverzeichnis

Dr. Markus Bagh, LL.M. Rechtsanwalt, Fachanwalt für Gewerblichen Rechtsschutz und für Urheber- und Medienrecht, LLR Legerlotz Laschet und Partner Rechtsanwälte Partnerschaft mbB, Köln	22. Kapitel (zusammen mit Gennen)
Peer Bießmann Rechtsanwalt, Leiter Legal & Business Affairs Brainpool TV GmbH, Köln; Scheuermann Westerhoff Strittmatter Rechtsanwälte, Köln	34. Kapitel (zusammen mit Möllmann)
Marc Oliver Brock Rechtsanwalt, PricewaterhouseCoopers Legal Aktiengesellschaft Rechtsanwaltsgesellschaft, Düsseldorf	10. Kapitel (zusammen mit Schmittmann)
Doris Brocker Justiziarin, LfM NRW, Düsseldorf	5. Kapitel
Ina Depprich Rechtsanwältin, GÖRG Partnerschaft von Rechtsanwälten mbB, München	31. Kapitel
Prof. Dr. Bernd Eckardt Technische Hochschule Köln	14. Kapitel
Prof. Dr. Dieter Frey, LL.M. (Brügge) Rechtsanwalt, Fachanwalt für Urheber- und Medienrecht, FREY Rechtsanwälte Partnerschaft, Köln	15. Kapitel
Prof. Klaus Gennen Rechtsanwalt, Fachanwalt für IT-Recht und für Arbeitsrecht, LLR Legerlotz Laschet und Partner Rechtsanwälte Partnerschaft mbB, Köln; Professur Kölner Forschungsstelle für Medienrecht, TH Köln	21. Kapitel, 22. Kapitel (zusammen mit Bagh), 24. Kapitel, 25. und 29. Kapitel (zusammen mit Intveen)
Dr. Anne Hahn Rechtsanwältin, SSB Söder Schwarz Berlinger Rechtsanwälte PartG mbB München	6. Kapitel (zusammen mit Lamprecht-Weißenborn)
Dr. Christian-Henner Hentsch, M.A. LL.M. Rechtsanwalt, Kölner Forschungsstelle für Medienrecht, TH Köln; Justiziar, BIU – Bundesverband Interaktive Unterhaltungssoftware, Berlin	27. Kapitel (zusammen mit Sporn)

Martin W. Huff Rechtsanwalt, LLR Legerlotz Laschet und Partner Rechtsanwälte Partnerschaft mbB, Köln; Geschäftsführer Rechtsanwaltskammer Köln	18. Kapitel
Dr. Carsten Intveen Rechtsanwalt, Fachanwalt für IT-Recht, LLR Legerlotz Laschet und Partner Rechtsanwälte Partnerschaft mbB, Köln	25. und 29. Kapitel (zusammen mit Gennen)
Viktor Janik Rechtsanwalt, Head of Regulatory Affairs, Unity Media Group, Köln; Lehrbeauftragter Universität Mainz	8. Kapitel
Prof. Dr. Tobias O. Keber Hochschule der Medien, Stuttgart; Universität Koblenz-Landau	20. und 23. Kapitel
Dr. Thomas Köstlin, M.A. Geschäftsführer, Exponatus/Büro für Ausstellungsmanagement, Berlin	17. Kapitel
Dr. Katja Kuck Rechtsanwältin; GÖRG Partnerschaft von Rechtsanwälten mbB, Köln	26. Kapitel
Jasmin Kundan Regierungsdirektorin, Bundeskartellamt, Bonn	13. Kapitel
Jens Kunzmann Rechtsanwalt, Fachanwalt für Gewerblichen Rechtsschutz, Cornelius Bartenbach Haesemann & Partner Partnerschaft von Rechtsanwälten mbB, Köln	30. Kapitel
Nicola Lamprecht-Weißenborn, LL.M. (Eur.) Staatskanzlei des Landes Nordrhein-Westfalen, Düsseldorf	2. Kapitel (zusammen mit Schwartmann), 6. Kapitel (zusammen mit Hahn)
Dr. Niels Lepperhoff Geschäftsführer, XAMIT Bewertungsgesellschaft mbH, Düsseldorf	12. Kapitel
Josef Limper Rechtsanwalt, Fachanwalt für Urheber- und Medienrecht und für Steuerrecht, Wirtschaftsmediator, Wülfing Zeuner Rechel, Rechtsanwälte Steuerberater, Köln	32. Kapitel

Sebastian Möllmann Rechtsanwalt, Legal & Business Affairs, Brainpool TV GmbH, Köln; Scheuermann Westerhoff Strittmatter Rechtsanwälte, Köln	33. Kapitel, 34. Kapitel (zusammen mit Bießmann)
Dr. Christoph J. Müller Rechtsanwalt, Fachanwalt für Arbeitsrecht, GÖRG Partnerschaft von Rechtsanwälten mbB, Köln	16. Kapitel
Sara Ohr Ass. Jur., Kölner Forschungsstelle für Medienrecht, TH Köln	11. Kapitel (zusammen mit Schwartmann)
Prof. Dr. Christian Russ Rechtsanwalt, Notar, Fuhrmann Wallenfels, Wiesbaden; Lehrbeauftragter Universität Mainz und Fachhochschule Wiesbaden	28. Kapitel
Michael Schmittmann Rechtsanwalt, Heuking Kühn Lüer Wojtek, Partnerschaft mbB von Rechtsanwälten und Steuerberatern, Düsseldorf; Lehrbeauftragter Universität Hannover	10. Kapitel (zusammen mit Brock)
Dr. Matthias Schulenberg, LL.M. (Wisconsin-Madison) Rechtsanwalt, Syndikusrechtsanwalt, Köln	9. Kapitel
Prof. Dr. Rolf Schwartmann Leiter der Kölner Forschungsstelle für Medienrecht, TH Köln	1. Kapitel, 2. Kapitel (zusammen mit Lamprecht-Weißenborn), 3., 4., 7. Kapitel, 11. Kapitel (zusammen mit Ohr)
Prof. Dr. Stefan Sporn Rechtsanwalt, Senior Vice President International Distribution, RTL International GmbH, Köln	27. Kapitel (zusammen mit Hentsch)
Dr. Frederic Ufer Rechtsanwalt, Verband der Anbieter von Telekommunikations- und Mehrwertdiensten (VATM) e.V., Köln	19. Kapitel

Zitiervorschlag:

Schwartmann/*Gennen* Praxishandbuch Medienrecht, 21. Kap. Rn. 5

Inhaltsübersicht

Inhaltsverzeichnis

3. Kapitel
Rundfunkrechtliche Grundlagen

4. Kapitel
Öffentlich-rechtlicher Rundfunk

5. Kapitel
Privater Rundfunk

6. Kapitel
Recht der Werbung im Rundfunk

7. Kapitel
Jugendschutzrecht

8. Kapitel
Rundfunktechnik und Infrastrukturregulierung

Presserecht

9. Kapitel
Presse- und Äußerungsrecht, insbesondere Recht der Wort- und Bildberichterstattung

Telemedienrecht

10. Kapitel
Telemedien

Soziale Medien

11. Kapitel
Rechtsfragen beim Einsatz sozialer Medien

12. Kapitel
Technische Aspekte des Einsatzes von Social Media

Sondergebiete des Medienrechts

13. Kapitel
Kartellrecht und Medien

14. Kapitel
Wettbewerbsrecht und Medien

15. Kapitel
Medienrecht und Sport

16. Kapitel
Arbeitsrecht und Medien

17. Kapitel
Recht der deutschen und europäischen Kulturförderung

18. Kapitel
Grundzüge der Justizberichterstattung und der Öffentlichkeitsarbeit der Justiz

2. Teil
Telekommunikationsrecht

19. Kapitel
Telekommunikationsrecht

3. Teil
Datenschutzrecht

20. Kapitel
Datenschutzrecht

4. Teil
Informationstechnikrecht

21. Kapitel
IT-Vertragsrecht

22. Kapitel
Grundlagen des elektronischen Geschäftsverkehrs, Internetrecht

23. Kapitel
IT-Strafrecht

5. Teil
Vergaberecht

24. Kapitel
Übersicht über das Vergaberecht

25. Kapitel
Übersicht über das IT-Vertragsrecht der öffentlichen Auftraggeber

6. Teil
Urheberrecht und benachbarte Rechtsgebiete

26. Kapitel
Urheberrecht und Leistungsschutzrechte

27. Kapitel
Recht der Verwertungsgesellschaften

28. Kapitel
Urheberrecht und Verlagsrecht

29. Kapitel
Urheberrecht und Software

30. Kapitel
IT-Immaterialgüterrecht, Kennzeichen- und Domainrecht

31. Kapitel
Film- und Fernsehvertragsrecht

32. Kapitel
Musikrecht

33. Kapitel
Musik in Film und Fernsehen

34. Kapitel
Urheberrechtsverletzungen – zivilrechtliche und strafrechtliche Konsequenzen

Abkürzungsverzeichnis

a.A.	anderer Ansicht
a.a.O.	am angegebenen Ort
Abb.	Abbildung
abgedr.	abgedruckt
ABl	Amtsblatt
abl.	ablehnend
ABlEG	Amtsblatt der EG
ABlEU	Amtsblatt der EU
Abs.	Absatz
Abschn.	Abschnitt
abw.	abweichend
a.E.	am Endc
AEUV	Vertrag über die Arbeitsweise der Europäischen Union
a.F.	alte Fassung
AfP	Zeitschrift für Medien- und Kommunikationsrecht
AG	Aktiengesellschaft, Amtsgericht, Ausführungsgesetz
Alt.	Alternative
a.M.	anderer Meinung
amtl.	amtlich
Anh.	Anhang
Anm.	Anmerkung
AnwBl	Anwaltsblatt
AöR	Archiv des öffentlichen Rechts
Art.	Artikel
ASP	Application Service Providing
Aufl.	Auflage
ausf.	ausführlich
AVR	Archiv des Völkerrechts
AV-RiLi	Richtlinie über audiovisuelle Mediendienste
Az.	Aktenzeichen
BaFin	Bundesanstalt für Finanzdienstleistungsaufsicht
BAG	Bundesarbeitsgericht
BAGE	Entscheidungen des Bundesarbeitsgerichts
BAnz	Bundesanzeiger
BayObLG	Bayerisches Oberstes Landesgericht
BB	Der Betriebs-Berater
Bd.	Band
Bearb.	Bearbeiter
BEEG	Bundeselterngeld- und Elternzeitgesetz
Begr.	Begründung
Bek.	Bekanntmachung
Beschl.	Beschluss
betr.	betreffend; betrifft
BetrVG	Betriebsverfassungsgesetz
BFH	Bundesfinanzhof
BFHE	Entscheidungen des Bundesfinanzhofs
BGB	Bürgerliches Gesetzbuch
BGBl	Bundesgesetzblatt
BGH	Bundesgerichtshof
BGHZ	Entscheidungen des Bundesgerichtshofs in Zivilsachen
BKartA	Bundeskartellamt
BNetzA	Bundesnetzagentur

BPjM	Bundesprüfstelle für jugendgefährdende Medien
BR-Drucks.	Bundesratsdrucksache
Bsp.	Beispiel
bspw.	beispielsweise
BStBl	Bundessteuerblatt
BT-Drucks.	Bundestagsdrucksache
BuchPrG	Buchpreisbindungsgesetz
Buchst.	Buchstabe
BVerfG	Bundesverfassungsgericht
BVerfGE	Entscheidungen des Bundesverfassungsgerichts
BVerwG	Bundesverwaltungsgericht
bzgl.	bezüglich
bzw.	beziehungsweise
ca.	circa
CaS	Causa Sport
CR	Computer und Recht
DB	Der Betrieb
ders.	derselbe
d.h.	das heißt
DSGVO	Verordnung des Europäischen Parlaments und des Rates vom 27. 4.2016 zum Schutz natürlicher Personen bei der Verarbeitung personenbezogener Daten, zum freien Datenverkehr und zur Aufhebung der Richtlinie 95/46/EG (Datenschutz-Grundverordnung)
dies.	dieselbe/n
DLM	Direktorenkonferenz der Landesmedienanstalten
DNotZ	Deutsche Notarzeitschrift
DÖV	Die Öffentliche Verwaltung
DRiZ	Deutsche Richterzeitung
DSRITB	Deutsche Stiftung für Recht und Informatik, Tagungsband der Herbstakademie
DuD	Datenschutz und Datensicherheit
DVBl	Deutsches Verwaltungsblatt
EG	Europäische Gemeinschaften, Einführungsgesetz, Erwägungsgrund
EGV	Vertrag zur Gründung der Europäischen Gemeinschaften
Einf.	Einführung
Einl.	Einleitung
endg.	endgültig
entspr.	entsprechend
ErfK	Erfurter Kommentar
erg.	ergänzend
etc.	et cetera
EU	Europäische Union
EuG	Europäisches Gericht 1. Instanz
EuGH	Europäischer Gerichtshof
EuGRZ	Europäische Grundrechte-Zeitschrift
EuR	Europarecht
EuZW	Europäische Zeitschrift für Wirtschaftsrecht
evtl.	eventuell
EzA	Entscheidungssammlung zum Arbeitsrecht
f.	folgende
ff.	fortfolgende
FFG	Filmförderungsgesetz
Fn.	Fußnote
FS	Festschrift

GbR	Gesellschaft bürgerlichen Rechts
gem.	gemäß
GEMA	Gesellschaft für musikalische Aufführungs- und mechanische Vervielfältigungsrechte
GG	Grundgesetz
ggf.	gegebenenfalls
GmbH	Gesellschaft mit beschränkter Haftung
GMBl	Gemeinsames Ministerialblatt
grds.	grundsätzlich
GRUR	Gewerblicher Rechtsschutz und Urheberrecht
GRURInt	Int. Gewerblicher Rechtsschutz und Urheberrecht, Internationaler Teil
GRUR-Prax	Gewerblicher Rechtsschutz und Urheberrecht, Praxis im Immaterial- und Wettbewerbsrecht
GSDZ	Gemeinsame Stelle Digitaler Zugang
GV. NRW.	Gesetz- und Verordnungsblatt des Landes Nordrhein-Westfalen
GWB	Gesetz gegen Wettbewerbsbeschränkungen
h.A.	herrschende Ansicht
Hdb.	Handbuch
Hk-TzBfG	Boecken/Joussen, Teilzeit- und Befristungsgesetz, 3. Aufl. 2012
h.L.	herrschende Lehre
h.M.	herrschende Meinung
HRRS	Online-Zeitschrift für Strafrecht
Hrsg.	Herausgeber
HS	Halbsatz
H/W/K	Henssler/Willemsen/Kalb, Arbeitsrechtskommentar, 4. Aufl. 2010
HzS	Handbuch zum Sozialrecht, Loseblatt
i.d.F.	in der Fassung
i.d.R.	in der Regel
i.e.S.	im engeren Sinne
i.H.v.	in Höhe von
i.S.d.	im Sinne der/des
i.S.v.	im Sinne von
ITRB	Der IT-Rechts-Berater
i.Ü.	im Übrigen
IuKDG	Informations- und Kommunikationsdienste-Gesetz
i.V.m.	in Verbindung mit
JArbSchG	Jugendarbeitsschutzgesetz
JMStV	Jugendmedienschutz-Staatsvertrag
JR	Juristische Rundschau
Justiz	Die Justiz
JZ	Juristenzeitung
Kap.	Kapitel
KG	Kammergericht, Kommanditgesellschaft
Komm.	Kommentar, Kommentierung
K&R	Kommunikation und Recht
krit.	kritisch
KSVG	Künstlersozialversicherungsgesetz
KUR	Kunstrecht und Urheberrecht
LG	Landgericht
Lit., lit.	Literatur, litera
LMK	Landeszentrale für Medien und Kommunikation
LKV	Landes- und Kommunalverwaltung

MDR	Monatsschrift für Deutsches Recht
MDStV	Mediendienste-Staatsvertrag
m.H.a.	mit Hinweis auf
Mio.	Million
m.N.	mit Nachweisen
MünchKomm	Münchner Kommentar
MMR	Multimedia und Recht
MR	Medien und Recht
Mrd.	Milliarde
m.w.N.	mit weiteren Nachweisen
n.F.	neue Fassung
NJOZ	Neue Juristische Online Zeitschrift
NJW	Neue Juristische Wochenschrift
NJW-RR	NJW Rechtsprechungsreport Zivilrecht
Nr.	Nummer
NStZ	Neue Zeitschrift für Strafrecht
n.v.	nicht veröffentlicht
NVwZ	Neue Zeitschrift für Verwaltungsrecht
NZA	Neue Zeitschrift für Arbeitsrecht
NZKart	Neue Zeitschrift für Kartellrecht
NZS	Neue Zeitschrift für Sozialrecht
o.Ä.	oder Ähnliche/s
o.g.	oben genannt/e/er/es
OHG	offene Handelsgesellschaft
OLG	Oberlandesgericht
o.V.	ohne Verfasser
PAngV	Preisangabenverordnung
Prot.	Protokoll
RÄStV	Rundfunkänderungsstaatsvertrag
RegE	Regierungsentwurf
RFinStV	Fundfunkfinanzierungsstaatsvertrag
RG	Reichsgericht
RGBl	Reichsgesetzblatt
RGebStV	Rundfunkgebührenstaatsvertrag
RL	Richtlinie
Rn.	Randnummer
Rpfleger	Der Deutsche Rechtspfleger
Rs.	Rechtssache
Rspr.	Rechtsprechung
RStV	Rundfunkstaatsvertrag
RTkom	Zeitschrift für das Recht der Telekommunikation und das Recht der elektronischen Medien
S., s.	Satz, Seite, siehe
Slg.	Sammlung der Rechtsprechung des Europäischen Gerichtshofs und des Gerichts Erster Instanz
sog.	so genannt/e/er/es
s.o.	siehe oben
SpuRt	Zeitschrift für Sport und Recht
str.	streitig
stRspr.	ständige Rechtsprechung
s.u.	siehe unten

Tab.	Tabelle
TDG	Teledienstegesetz
TKG	Telekommunikationsgesetz
TMG	Telemediengesetz
Tz.	Textziffer
TzBfG	Gesetz über Teilzeitarbeit und befristete Arbeitsverträge
u.Ä.	und Ähnliche/s
u.a.	unter anderem, und andere
UfAB	Unterlage für Ausschreibung und Bewertung von IT-Leistungen
UFITA	Archiv für Urheber- und Medienrecht
unstr.	unstreitig
Unterabs.	Unterabsatz
UrhG	Urheberrechtsgesetz
UrhWG	Urheberrechtswahrnehmungsgesetz
usw.	und so weiter
u.U.	unter Umständen
v.	von, vom
VerlG	Gesetz über das Verlagsrecht
VerwArch	Verwaltungsarchiv
VGG	Verwertungsgesellschaftengesetz
vgl.	vergleiche
VK	Vergabekammer
Vorb.	Vorbemerkung
VO	Verordnung
VV	Verwaltungsvorschrift
WuW	Wirtschaft und Wettbewerb
WuW/E	Wirtschaft und Wettbewerb - Entscheidungssammlung
z.B.	zum Beispiel
ZErb	Zeitschrift für die Steuer- und Erbrechtspraxis
ZEuP	Zeitschrift für Europäisches Privatrecht
ZfBR	Zeitschrift für deutsches und internationales Bau- und Vergaberecht
ZfWG	Zeitschrift für Wett- und Glücksspielrecht
ZG	Zeitschrift für Gesetzgebung
Ziff.	Ziffer
zit.	zitiert
ZJS	Zeitschrift für das Juristische Studium
ZRP	Zeitschrift für Rechtspolitik
ZStW	Zeitschrift für die gesamte Strafrechtswissenschaft
z.T.	zum Teil
ZUM	Zeitschrift für Urheber- und Medienrecht
zust.	zustimmend
zutr.	zutreffend
ZWeR	Zeitschrift für Wettbewerbsrecht
zz.	zurzeit

1. Teil Medienrecht

Rundfunkrecht

1. Kapitel
Rahmenbedingungen der Rundfunkregulierung

Literatur: Antrag der Bundestagsfraktion DIE LINKE v. 14.5.2013, BT-Drucks. 17/13466; *Auer-Reinsdorff/Conrad* Handbuch IT- und Datenschutzrecht, 2. Aufl. 2016; *Baer* Braucht das Grundgesetz ein Update?, Blätter für deutsche und internationale Politik 1/2011, 90; *Bauer* Eigene Gattung – eigene Regulierung, pro media 12/2013, 29; *Benda* epd-Dokumentation Schieflage: MABB-Medienratsvorsitzender Benda zu Problemen des Medienföderalismus, epd medien 59/2007, 29; *Berger* Von Fernsehgeräten und Torwächtern zu regulatorischer Divergenz – Warum hybride TV-Empfangsgeräte nicht regulierungsbedürftig sind, CR 2012, 306; *Binder* Mehr Vielfalt durch Abschaffung des öffentlich-rechtlichen Rundfunks?, ZUM 2015, 674; *Böge/Doetz/Dörr/Schwartmann* Wieviel Macht verträgt die Vielfalt?, 2007; *Bornemann/Erdemir* Jugendmedienschutzstaatsvertrag, 2017; *Bräutigam/Rücker* E-Commerce, 2017; *Bullinger* Von presseferner zu pressenaher Rundfunkfreiheit, JZ 2006, 1137; *Christmann* Anforderungen an eine moderne Plattformregulierung – Eine Übersicht zu den Marktentwicklungen und Regulierungsfeldern, ZUM 2015, 14; *Cornils* Die öffentlich-rechtliche Haftung der Landesmedienanstalten, K&R Beihefter 1/2014 zu Heft 4, 1; *Danckert/Mayer* Die vorherrschende Meinungsmacht von Google – Bedrohung durch einen Informationsmonopolisten, MMR 2010, 219; *Di Fabio* Verfassungsrichter mahnt zu Regulierung mit Augenmaß, FAZ v. 22.9.2007, 14; Die ARD in der digitalen Medienwelt, ARD-Digitalstrategie v. 18.6.2007 epd medien 53/2007, 20; *Dörr* Die Googleisierung der Informationssuche, K&R 12/2013, Editorial; *ders.* Ein Grundrecht der Medienfreiheit – Gleiches Recht für alle?, K&R Beihefter 2/2013 zu Heft 5, 9; *ders.* Medienrecht: Einspeiseentgelte für Kabelverbreitung, JuS 2016, 86; *ders.* Haftung des Suchmaschinenbetreibers für Suchergebnisse, GRUR-Prax, 2017, 281; *Dörr/Holznagel/Picot* Legitimation und Auftrag des öffentlich-rechtlichen Fernsehens in Zeiten der Cloud, ZUM 2016, 920; *Dörr/Schwartmann* Medienrecht, 4. Aufl. 2012; Dreizehnter Zwischenbericht der Enquete-Kommission „Internet und digitale Gesellschaft" v. 19.3.2013, BT-Drucks. 17/12542; *Enßlin* Datendrossel braucht Regulierungsgefieder, pro media 6/2013, 32; *Eumann* Guter Rat. Gremienaufsicht: Notwendig, aber auch reformbedürftig, epd medien 12/2007, 8; *Geppert/Schütz* Beck'scher TKG-Kommentar, 4. Aufl. 2013; *Gersdorf* Hate Speech in Sozialen Netzwerken, MMR 2017, 439; *Hain* Ist die Etablierung einer Internetdienstefreiheit sinnvoll?, K&R 2012, 98; *Hain/Ferreau/Brings-Wiesen* Regulierung sozialer Netzwerke revisited, K&R 2017, 433; *Hellermann* Schutz der Verbraucher durch Regulierungsrecht, Der Schutzauftrag des Rechts (VVDStRL), 2011; *Hoffmann-Riem* Regelungsstrukturen für öffentliche Kommunikation im Internet, AöR 2012, 509; *Holznagel* Die Zukunft der Mediengrundrechte in Zeiten der Konvergenz, MMR 1/2011, Editorial; *ders.* Digitalisierung der Medien – Regulatorische Handlungsoptionen, Gutachten im Anhang zum Zweiten Bericht des Medienrates, 2006; *Hopf* Der Jugendmedienschutz-Staatsvertrag, K&R 2011, 6; *Hornung/Müller-Terpitz (Hrsg.)* Rechtshandbuch Social Media, 2015; Interview mit *Jacqueline Kraege*, pro media 8/2013, 22 f.; *Jung* Der Rundfunkbegriff muss überprüft werden, pro media 6/2013, 23; *Keber* Big Data im Hybrid-TV – Mit dem Zweiten sieht das Erste besser, RDV 2013, 236; *Kluth/Schulz* Konvergenz und regulatorische Folgen, Gutachten im Auftrag der Rundfunkkommission der Länder, 2014; *Kocks/Sporn* Electronic Programm Guides – Eine urheberrechtliche Bewertung, 2011; *Krautscheid/Schwartmann* Fesseln für die Vielfalt? Das Medienkonzentrationsrecht auf dem Prüfstand, 2010; *Kretschmer* Die Medienregulierung ist gegenwärtig grenzwertig, pro media 7/2013, 10 f; Leitantrag der SPD zu den Anforderungen an eine neue Medienpolitik, epd medien 68/2007, 19; *Mantz* Freund oder Feind auf meiner Leitung? – (Un-)Zulässigkeit des Eingriffs in den Datenstrom durch TK-Anbieter mittels Deep Packet Injection, MMR 2015, 8; *Otto* Handlungsbedarf – Eine Neuordnung der deutschen Medienaufsicht ist unabkömmlich, Funkkorrespondenz 9/2006, 17; *Paulus/Nölscher* Rundfunkbegriff und Staatsferne im Konvergenzzeitalter, ZUM 2017, 179; *Säcker/Mengering* Netzneutralität – oder: die Himmelfahrt des Wortes, K&R 2013, 559; *Schmid* Brüssel wartet schon, FAZ v. 6.8.2007, 36; *Schneider* Silberstreifen am Horizont, Ende der Zurückhaltung: Die Digitalisierung als neue Triebkraft für die Medienpolitik, Funkkorrespondenz 45/2006, 1; *Scholz* Was soll öffentliche Kommunikation künftig leisten?, pro media 7/2013, 6 f.; *Schütz* Kommunikationsrecht, Regulierung von Telekommunikation und elektronischen Medien, 2009; *Schütz/Schreiber* Smart TV: Diskriminierungsfreier Zugang zu Portalen auf TV-Endgeräten – Lösungsmöglichkeiten mit den bestehenden medien-, tk- und kartellrechtlichen Vorgaben, MMR 2012, 659; *Schwartmann* Die Beteiligung von Presseunternehmen am Rundfunk, Rechtsgutachten zur Novellierung des § 33 Abs. 3 LMG NRW, 2010; *ders.* Für ein Mediengrundrecht, K&R 5/2013, Editorial; *ders.* Leben im Schwarm – Wie das Internet uns verändert, 2011; *ders.* Meins bleibt Meins, FAZ v. 16.12.2010, 8; *ders.* Vom Kosmos zur Schildergasse, Kölner Stadt-Anzeiger v. 5.1.2011, 21; *ders.* So bekämpft man die Lüge im Netz, F.A.Z. v. 16.1.2017; *ders.* „Die Meinungsfreiheit endet an den Schranken des Grundgesetzes", pro media 2017, 12; *ders.* Verantwortlichkeit Sozialer Netzwerke nach dem Netzwerkdurchsetzungsgesetz, GRUR-Prax 2017, 317; *Schwartmann/Hentsch* Eigentum an Daten – Das Urheberrecht als Pate für ein Datenverwertungsrecht, RDV 2015, 221; *dies.* Urheberrecht in Fällen, 2017; *Schwartmann/Sporn* Landesmediengesetz Nordrhein-Westfalen, 2013; *Sporn* Die Ländermedienanstalt, 2001; *ders.* Ein Grundrecht der Medienfreiheit – Gleiches Recht für alle!?, K&R Beihefter 2/2013 zu Heft 5, 2; *Spies/Ufer* Quo vadis Netzneutralität? Status quo und Ausblick – Ein langer Weg zu einem tragfähigen Kompromiss in der EU, Deutschland und den USA, MMR 2015, 91; *Stadelmaier* Dringend erforderlich: Die Reform der Medienaufsicht in Deutschland, Funkkorrespondenz 45/2006, 3; *Telecoms and Media* An Overview of regulation in 52 jurisdictions worldwide, 2009; *Terpitz/Rachhaus* „Hybrid-TV" – Eine neue Technik als Herausforderung für das Recht, Passauer Schriften zur interdisziplinären Medienforschung, Band I, 2011, 309; Vierter Zwischenbericht der Enquete-Kommission „Internet und digitale Gesellschaft" v. 2.2.2012, BT-Drucks. 17/8536; *Wagner* Zum Entwurf der Netzneutralitäts-Verordnung: Wichtiges fehlt noch!, pro media 9/2013, 16; *Westphal* Föderale Privatrundfunkaufsicht im demokratischen Verfassungsstaat, 2007; *Zypries* Editorial: Warum wir ein NetGB brauchen, K&R 6/2010, 1.

I. Wirtschaftliche Anforderungen an die Rundfunkregulierung

1 Die Medien schreiten in der Phase des Umbruchs von der analogen zur digitalen Verbreitung von Inhalten zunehmend fort. Digitalisierung ermöglicht, dass sich Verbreitungswege und Rezeptionsmöglichkeiten vervielfachen. Unterschiedliche Inhalte werden auf unterschiedlichen Verbreitungswegen auf unterschiedliche Endgeräte übertragen. Bewegte Bilder mit Darbietungscharakter können heute nicht mehr nur allein von Rundfunkveranstaltern, sondern über soziale Netzwerke als „User Generated Content"[1] von jedermann verbreitet werden. Die Grenzen zwischen Produzenten und Konsumenten werden auf diese Weise weitgehend aufgehoben. Diese Entwicklung zeichnet sich auch in der Gestaltung herkömmlicher Rundfunkprogramme ab. Immer häufiger werden hier partizipative Elemente in der Weise integriert, dass sich die Nutzer vor, während oder im Anschluss an

1 Zur datenschutzrechtlichen Implikation des Begriffs Auer-Reinsdorff/Conrad/*Conrad/Hausen* § 36 Rn. 226; zum Urheberrecht Bräutigam/Rücker/*Müller-Riemenschneider* Kap. C Rn. 10–18.

ein Fernsehformat in sozialen Netzwerken über den Inhalt des jeweiligen Programms austauschen können.[2] Als Kehrseite der zunehmenden Partizipation und Interaktion über soziale Medien stellt sich indes die weitreichende Kommerzialisierung von Nutzerdaten dar. Sofern Inhalte nicht mehr lediglich konsumiert, sondern aktiv mitgestaltet, verbreitet und kommentiert werden, geht hiermit die Preisgabe einer Vielzahl persönlicher Informationen einher. Diese Daten weisen häufig Personenbezug auf und sind für die Anbieter der entsprechenden Plattformen von erheblichem Vermögenswert. Daten werden als Rohstoff der Zukunft bezeichnet. Vor diesem Hintergrund muss die Frage nach der Beteiligung des Nutzers an den Einnahmen der Dienste diskutiert werden, die diese aus der Verwertung seiner personenbezogenen Daten erlösen. Personenbezogene Informationen, etwa die persönliche Kaufhistorie bei einem Onlinehändler, sind dieser Rohstoff, der genutzt wird.[3]

Immer größerer Beliebtheit erfreut sich die Übertragung von Inhalten über das Internet, die angesichts der umfassenden Verbreitung mobiler Endgeräte örtlich und zeitlich nahezu unbeschränkt empfangen werden können. Das Internet dient dabei nicht nur als zusätzlicher Übertragungsweg von Rundfunkinhalten. Es bietet darüber hinaus die Strukturen zur Verbreitung eigenständiger Angebote, die sowohl massenals auch individualkommunikativen Charakter haben können. Lineare Rundfunkangebote und non-lineare telemediale Abrufdienste (sog. Video-on-Demand) stehen dabei nebeneinander und werden häufig über dieselbe Plattform angeboten. Differenzen ergeben sich jedoch aus den unterschiedlichen Regulierungsanforderungen, denen Rundfunk und Telemedien unterliegen. Hieraus folgt, dass teils gleiche Inhalte ungleich reguliert sind. Ob dies angesichts der zunehmenden Bedeutung telemedialer Internetangebote noch gerechtfertigt ist, kann nicht nur in rechtlicher, sondern auch in wirtschaftlicher Hinsicht von Bedeutung sein.[4] In den Fokus rückt hier insbesondere die Novelle der ePrivacy-Richtlinie.[5] Ihr Regelungsgegenstand ist gem. deren Art. 3 die Sicherstellung der Vertraulichkeit in öffentlichen Kommunikationsnetzwerken und des damit verbundenen Datenverkehrs. Nach Abschluss der öffentlichen Konsultationen der EU-Kommission im Juli 2016 ist der nächste Schritt ein Überarbeitungsentwurf der ePrivacy-Richtlinie. So wird die ePrivacy-Richtlinie nunmehr durch die ePrivacy-Verordnung[6] ersetzt, die ab Mai 2018 in Kraft treten soll. Geplant ist hierbei unter anderem, die bisherigen Regeln und Regulierungen umfassend zu vereinheitlichen und sie insbesondere dem Faktum der Konvergenz anzupassen. 2

2 Vgl. dazu Kap. 11 Rn. 15.

3 Dazu *Schwartmann/Hentsch* RDV 2015, 221.

4 Vgl. dazu unten Rn. 14 ff.

5 Richtlinie 2002/58/EG des Europäischen Parlaments und des Rates v. 12.7.2002 über die Verarbeitung personenbezogener Daten und den Schutz der Privatsphäre in der elektronischen Kommunikation. Ergänzt wurde die Richtlinie 2009 durch die sog. Cookie-Richtlinie (RL 2009/136/EG des Europäischen Parlaments und des Rates vom 25.11.2009 zur Änderung der RL 2002/22/EG über den Universaldienst und Nutzerrechte bei elektronischen Kommunikationsnetzen und -diensten, der RL 2002/58/EG über die Verarbeitung personenbezogener Daten und den Schutz der Privatsphäre in der elektronischen Kommunikation und der VO (EG) Nr. 2006/2004 über die Zusammenarbeit im Verbraucherschutz). Diese regelt die Notwendigkeit einer ausdrücklichen Einwilligung der Nutzer, dass Webseiten Cookies setzen dürfen.

6 Vorschlag für eine Verordnung des Europäischen Parlaments und des Rates über die Achtung des Privatlebens und den Schutz personenbezogener Daten in der elektronischen Kommunikation und zur Aufhebung der RL 2002/58/EG (Verordnung über Privat-Sphäre und elektronische Kommunikation), COM (2017) 10 final 2017/0003 (COD) vom 10.1.2017.

Zudem sollen die Voraussetzungen geschaffen werden, auch neue, künftige Erscheinungsformen mit abzudecken.[7]

3 Die zunehmende Konvergenz medialer Inhalte eröffnet neue wirtschaftliche Möglichkeiten, insbesondere bei der Vermarktung von Rundfunkangeboten.[8] Die typische Kette der Wertschöpfung verläuft von der Herstellung eines Inhaltes oder Programms über den Verkauf der Rechte hieran an unterschiedliche Inhalteanbieter. Dies können klassische Rundfunkveranstalter sein, aber auch Anbieter von Telemedien oder sog. Paketierer von Inhalten. Letztere sind etwa Infrastrukturanbieter oder Anbieter von Vermarktungsplattformen (Plattformbetreiber). Insbesondere OTT-Dienste wie Zattoo, die es ermöglichen das Fernsehprogramm nahezu zeitgleich mit dessen Ausstrahlung im TV zu streamen, bilden eine Art Brücke zwischen klassischem Rundfunk und den neuen Diensten. Weiter verläuft die Kette über das Zurverfügungstellen von technischen Dienstleistungen für die Verbreitung der Inhalte. Dies geschieht z.B. durch Kabel- und Satellitennetzbetreiber, aber insbesondere – nach dem Ausbau von ADSL/VDSL – auch durch die Betreiber des herkömmlichen Telefonnetzes.

4 Die durch die Digitalisierung ermöglichte Konvergenz der Medieninhalte[9] bedingt eine zunehmende Verschmelzung von Rundfunk- und Wirtschaftsrecht.[10] Die Digitalisierung bedurfte in diesem Zusammenhang weiterer spezieller Dienstleistungen zur Umwandlung analoger in digitale Signale, also die Überführung in eine transportable digitale Sendeform[11] (Multiplexing). Die mittels der effektiven Frequenzausnutzung durch die Digitalisierung herbeigeführte Programmvielfalt erfordert ein System der Rezipientenführung, das weit mehr leisten muss als eine Programmzeitung. Die durch ihre Vielseitigkeit und Benutzerfreundlichkeit ausgezeichneten und mit diversen Zusatzinformationen ausgestatteten Elektronischen Programmführer[12] für das Fernsehen (EPGs) bieten heutzutage durch die Möglichkeit der Personalisierung einen entscheidenden Mehrwert für die Zuschauer, die ansonsten kaum in der Lage wären, das umfassende Angebot der Digitalen Welt zu überblicken. Die neue Technik erfordert zudem neue Endgeräte in Form von Decodern (Set-Top-Boxen), die verschlüsselte, digitalisierte Datenpakete über Decoder für die analogen Endgeräte empfangbar machen.[13] Diese sind oftmals mit Conditional-Access-Systemen zur Zugangsberechtigung ausgestattet, die für den Empfang von entgeltlichen Programmen notwendig sind. Der Zugriff auf Konsumenten durch Marketingmaßnahmen, wie kundenbezogene Dienstleistungen, die der mit der Digitalisierung im Online-Bereich verbundene Zugang zu Nutzerdaten in erheblichem Umfang ermöglichen wird[14] (personalisierte Direktwerbung[15]), schließt die Kette.[16]

---

7 *Kommission* Proposal for an ePrivacy Regulation, zuletzt aktualisiert am 19.1.2017, abrufbar unter https://ec.europa.eu/digital-single-market/en/proposal-eprivacy-regulation.

8 *Holznagel* S. 349, 353 ff.

9 Zum Begriff der Konvergenz s. *Paulus/Nölscher* ZUM 2017, 179, 182 f.; *Kluth/Schulz* S. 25.

10 Zu diesem Spannungsverhältnis Böge/Doetz/Dörr/Schwartmann/*Schwartmann* S. 9 ff.

11 Dazu 8. Kap. Rn. 6 ff.

12 Dazu *Kocks/Sporn* Electronic Program Guides – Eine urheberrechtliche Bewertung, 2011.

13 Dazu 8. Kap. Rn. 55 ff.

14 Hierzu *Bräutigam/Rücker/Ziegenhaus* 2. Teil Rn. 41–45.

15 Bei personalisierter Werbung werden Kunden oftmals nach Verhaltensmustern mittels sog. Predictive Behavioral Targeting identifiziert und direkt angesprochen. Eine andere Form der Direktwerbung erfolgt über sog. Keyword-Advertising.

16 Voraussetzung für einen Zugriff auf den Kunden durch das Erstellen von Nutzerprofilen nach IP-Transaktionen ist freilich interaktives Fernsehen.

II. Überblick über das System der Rundfunkregulierung

Diese medienwirtschaftliche Entwicklung hin zur gattungsübergreifenden Verbreitung von Inhalten nimmt keine Rücksicht auf hergebrachte rechtliche Einordnungen und zwingt die Medienregulierung zum Handeln.[17] Es fällt hierbei schwer, die Fülle der sich stellenden Probleme konkret zu fassen. Angesichts dessen ist es eine außergewöhnliche Herausforderung, die tatsächlichen Entwicklungen einer konsistenten Regulierung zuzuführen. Besondere Schwierigkeiten bereitet derzeit die fehlende Regulierungsgerechtigkeit im Hinblick auf Rundfunk und Telemedien. Angesichts erheblich divergierender Regulierungsanforderungen wird insoweit zu hinterfragen sein, ob die bestehende Sonderdogmatik weiterhin auf die Aktualität, Suggestivkraft und Breitenwirkung des Rundfunks[18] gestützt werden kann oder ob nicht verschiedenen telemedialen Angeboten bereits eine vergleichbare Meinungsbildungsrelevanz[19] zukommt.[20] In Anbetracht der konvergierten medialen Angebotsstruktur muss daher die Abkehr von einer gattungsspezifischen hin zu einer inhaltebezogenen Regulierung vollzogen werden.[21] Diese muss indessen nicht nur der Janusköpfigkeit der Medien als Kultur- und Wirtschaftsgut auf der einen und dem Bedürfnis der Medienunternehmer nach Planungssicherheit auf der anderen Seite gerecht werden. Sie muss zudem teilweise gegenläufige rechtliche Anforderungen insbesondere aus dem deutschen Recht auf der einen und dem europäischen Recht auf der anderen Seite berücksichtigen.[22] **5**

Um die komplexen Zusammenhänge der Rundfunkregulierung zu verstehen, ist es sinnvoll, einen Überblick über das aktuelle Regulierungssystem zu haben. Ein Anbieter von Rundfunkinhalten muss allein nach deutschem Recht eine Reihe von Regulierungshürden überwinden, um sein „Produkt“ dem Rezipienten auf einem der zahlreichen geeigneten Empfangsgeräte (Fernseher, Radio, Tablet, Smartphone, Desk- oder Laptop etc.) anbieten zu können.[23] Da die inhaltliche Seite des Rundfunks im föderalen System des Grundgesetzes der Kulturhoheit der Länder unterfällt und die Frage des technischen Zugangs zur Infrastruktur als Recht der Wirtschaft in den Hoheitsbereich des Bundes fällt,[24] ist die Verbreitung von Rundfunkinhalten in Deutschland **6**

---

17 Für eine Koordinierungsinstanz für Netz- und Medienpolitik plädiert *Kretschmer* pro media 7/2013, 10 f; für einen Medienstaatsvertrag, der Netz- und Medienpolitik zusammenführen soll, *Scholz* pro media 7/2013, 6 f. Auf europäischer Ebene wird an der Überarbeitung der AVMD RL gearbeitet, wobei genau diese Fragen aufgegriffen werden, s. hierzu 1. Kap. Rn. 30 und 3. Kap. Rn. 18.

18 So *BVerfGE* 90, 60, 87; 119, 181, 215; zuletzt *BVerfG* 25.3.2014 – BVerfGE 136, 9.

19 Zur Meinungsrelevanz nicht-linearer Angebote *Dörr/Holznagel/Picot* ZUM 2016, 920, 936.

20 So zum Verhältnis von Fernsehen und Social Media *Hornung/Müller-Terpitz/Beyerbach* 9. Kap. Rn. 117.

21 Vgl. dazu eingehend unten Rn. 14 ff.

22 Vgl. dazu den Schlussbericht der Enquete-Kommission „Internet und digitale Gesellschaft“ (BT-Drucks. 17/12550) sowie den Dreizehnten Zwischenbericht v. 19.2.2013, BT-Drucks. 17/12542, 81, wonach die aktuelle Kompetenzverteilung und -überschneidung zwischen Bund und Ländern dem europarechtlichen Rahmen sowie der Internationalität des Internet als Meta-Medium, in dem sowohl lineare als auch nicht-lineare Inhalte zur Verfügung gestellt werden, nicht mehr gerecht wird.

23 Einen internationalen Überblick verschafft *Telecoms and Media* An overview of regulation in 52 jurisdictions worldwide, 2009; zu der schwierigen Frage, was im konkreten Fall Rundfunk ist, 3. Kap. Rn. 8 ff.

24 Dazu 3. Kap. Rn. 6.

nicht nur intensiv, sondern in vielen Fällen auch doppelt reguliert.[25] Die komplexe Umsetzung des nationalen Medienrechts in die Regulierungsvorgaben und -körper soll nachfolgende Übersicht veranschaulichen.[26]

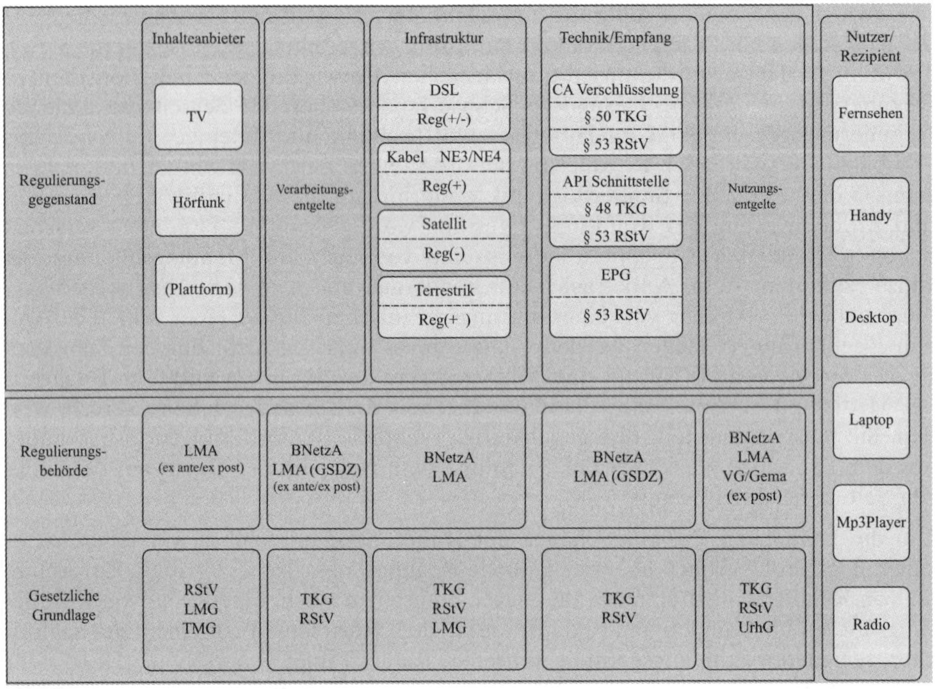

1. Regulierung der Inhalte

7 Bereits das Anbieten von Inhalten durch einen (privaten) Rundfunkveranstalter[27] ist im Unterschied zur Verbreitung von Presseerzeugnissen und Telemedienangeboten erlaubnispflichtig. Wer privaten Rundfunk veranstalten möchte, bedarf grundsätzlich[28] einer Lizenz der zuständigen Landesmedienanstalt[29] auf Grundlage von § 20 RStV in Verbindung mit dem jeweiligen Landesmediengesetz und ist so einer ex ante Kon-

25 Dazu auch 5. Kap. Rn. 20 ff.

26 Einzelheiten finden sich im 5. Kap. Rn. 9 ff.

27 Nach § 2 Nr. 14 RStV (Stand 20. RÄStV) ist „Rundfunkveranstalter, wer ein Rundfunkprogramm unter eigener inhaltlicher Verantwortung anbietet." Seit dem 10. RÄStV ist auch eine inhaltliche Regulierung für Plattformbetreiber vorgesehen. Gem. § 2 Nr. 13 ist „wer auf **digitalen Übertragungskapazitäten oder digitalen Datenströmen Rundfunk und vergleichbare Telemedien** (Telemedien, die an die Allgemeinheit gerichtet sind) auch von Dritten mit dem Ziel zusammenfasst, diese **Angebote als Gesamtangebot** zugänglich zu machen oder wer über die Auswahl für die Zusammenfassung entscheidet; **Plattformanbieter** ist nicht, wer Rundfunk oder vergleichbare Telemedien ausschließlich vermarktet." Zudem sieht Abschnitt 5 des RStV eine Plattformregulierung vor, die insbesondere auch deren Belegung betrifft, s. dazu 3. Kap. Rn. 81 und 11 ff., 5. Kap. Rn. 32 ff.

28 Eine Ausnahme ist in § 20b RStV für Internethörfunk enthalten.

29 Zur öffentlich-rechtlichen Haftung der Landesmedienanstalten im Falle des Widerrufs einer Sendegenehmigung *Cornils* K&R Beihefter 1/2014 zu Heft 4, 3 ff.

trolle unterworfen.[30] Eine Beanstandungskontrolle ex post findet insbesondere in den Bereichen Werbung[31] und Jugendschutz[32] ebenfalls nach dem RStV sowie dem Jugendmedienschutzstaatsvertrag (JMStV)[33] statt.

2. Regulierung von Verbreitungsentgelten

Für die Verbreitung von Medieninhalten werden durch die Eigentümer der Infra- **8** struktur Entgelte erhoben. Die Kontrolle der Angemessenheit der Entgelthöhe ist teilweise doppelt reguliert. Sie erfolgt zum einen durch die Bundesnetzagentur und zum anderen durch den Beauftragten für Plattformregulierung und Digitalen Zugang, welcher bei der Kommission für Zulassung und Aufsicht (ZAK) den Zuständigkeitsbereich der ehemaligen Gemeinsamen Stelle Digitaler Zugang (GSDZ) verantwortet, auf Grundlage von §§ 30 ff. TKG bzw. § 52d RStV. An dieser Stelle[34] soll nur kurz auf zwei Revisionsverfahren eingegangen werden, in denen sich der BGH im Juni 2015[35] und im April 2016[36] mit der Frage zu befassen hatte, ob öffentlich-rechtliche Rundfunkanstalten an Kabelnetzbetreiber für die Einspeisung ihrer Fernseh- und Radioprogramme in das Kabelnetz ein Entgelt zu zahlen haben.[37] Der BGH hat hierzu entschieden, dass sich den Regelungen des Rundfunkrechts und auch Art. 14 GG bzw. Art. 12 GG weder eine Kontrahierungs- noch eine Zahlungspflicht entnehmen lasse.

3. Regulierung der Infrastruktur

Stellt sich ein Medienunternehmer die Frage, auf welchem Verbreitungsweg sein **9** Inhalt übertragen werden soll, so findet er unterschiedliche Regulierungsanforde-

---

30 Öffentlich-rechtlichen Rundfunkanstalten wird die Lizenz demgegenüber unmittelbar durch die jeweilige Landesregierung zugewiesen.

31 Dazu 6. Kap. Rn. 6 ff.

32 Dazu 7. Kap. Rn. 20 ff.

33 Ursprünglich beabsichtigte der Gesetzgeber, den JMStV durch den 14.RÄStV umfassend zu novellieren. Ziel der Novelle war es, in Zeiten der Konvergenz, Online- und Offline-Systeme in Bezug auf den Jugendschutz einander anzunähern. Dazu sollte insbesondere der Anbieterbegriff erweitert und die Altersgrenzen denen des Jugendschutzgesetzes (JuSchG) angeglichen werden. Ferner sollten Regelungen zu Jugendschutzprogrammen und Altersverifikationssystemen (AVS) getroffen und die Instrumente der Selbstregulierung gestärkt werden. Der 14. RÄStV konnte indes nicht ratifiziert werden, da der nordrhein-westfälische Landtag den Änderungsstaatsvertrag im Dezember 2010 endgültig ablehnte. Ein Inkrafttreten des darin enthaltenen Entwurfs für eine Novellierung des JMStV war somit fehlgeschlagen. Erstmalig ist damit ein von allen Ländern unterzeichneter Rundfunkstaatsvertrag gescheitert. Um im Bereich des Jugendmedienschutzes keinen rechtsfreien Raum entstehen zu lassen, galt der JMStV fortan in seiner bisherigen Fassung weiter (dazu *Dörr/Schwartmann* Rn. 235, 364a und mit näherer Betrachtung der im 14. RÄStV vorgesehenen Änderungen *Hopf* K&R 2011, 6 ff.). Im Jahr 2016 ist schließlich durch Art. 5 des 19. RÄStV der Weg für eine Novellierung des JMStV geebnet worden, der am 1.10.2016 in Kraft getreten ist. Zu den Inhalten s. 3. Kap. Rn. 84 sowie 7. Kap. Rn. 20 ff.

34 Ausführlich zu dieser Thematik im 4. Kap Rn. 26 f.

35 *BGH* 16.6.2015, BGHZ 205, 355.

36 *BGH* NZKart 2016, 374.

37 Zum Urteil des *BGH* v. 16.6.2015 vgl. auch Anm. *Dörr* JuS 2016, 86.

rungen vor.[38] Die Verbreitung von Inhalten über das Internet ist derzeit nicht reguliert.[39] Die Verbreitung von Inhalten über das (herkömmliche) Breitbandkabel in den Netzebenen 3 und 4[40] richtet sich nach Art. 31 Universaldienstrichtlinie und ist im deutschen Recht sowohl in §§ 50 ff. RStV als auch im TKG und darüber hinaus urheberrechtlich reguliert.[41] Die Verbreitung über Satellit ist rundfunkrechtlich demgegenüber so gut wie nicht reguliert, weil die führenden Satellitenbetreiber nicht im Inland ansässig sind. Die meisten deutschen Rundfunkprogramme werden über die luxemburgischen ASTRA-Satelliten und die französischen EUTELSAT-Satelliten ausgestrahlt. Die Verbreitung auf diesem Wege erfolgt auf Grundlage zivilrechtlicher Vereinbarungen.[42] Die Übertragung über terrestrische Sendenetze ist wiederum doppelt reguliert. Hier erfolgt eine Vergabe der Frequenzen nach § 61 TKG, während sich die Vergabe der Übertragungskapazität nach §§ 50 ff. RStV richtet.

10 Es stellt sich vor dem Hintergrund der fortschreitenden technischen Entwicklungen und insbesondere der Konvergenz die Frage, ob das Konzept der Infrastruktur-Regulierung in seiner jetzigen Form noch zeitgemäß und sinnvoll ist. Der ursprüngliche Hintergrund der Regulierung war in erster Linie die Begrenztheit der zur Verfügung stehenden Frequenzen. Diese Verknappung ist jedoch faktisch heute weder im Rundfunk noch (bzw. erst recht nicht) im Internet vorhanden.[43]

4. Regulierung der Empfangstechnik

11 Die nächste Regulierungsstufe betrifft die Empfangstechnik. Unter dem Stichwort Conditional Access werden Zugangsberechtigungssysteme für Pay-TV-Angebote erfasst, die sowohl hinsichtlich der Infrastruktur in § 50 TKG als auch bzgl. der Inhalteseite gem. § 52c RStV geregelt sind. Sog. API (Application Programming Interface)-Schnittstellen haben eine Vermittlungsfunktion zwischen Inhalt und Betriebssoftware der Empfangsgeräte und damit eine Schlüsselrolle für den Zugang zu Medieninhalten. Aus diesem Grund finden sich hier neben den Regelungen von technischen Zugangsfragen in § 48 TKG auch rundfunkrechtliche Bestimmungen in § 52c RStV. Eine wichtige Rolle für den Zugang zum Rezipienten spielen zudem sog. Electronic Program

---

38 Diese divergierenden Anforderungen werden zum Problem, wenn es um neue technische Entwicklungen geht, die mehrere unterschiedlich regulierte Verbreitungswege miteinander kombinieren. So stellt sich insbesondere im Hinblick auf das immer populärer werdende sog. „Hybrid-TV" die Frage der Regulierungsbedürftigkeit. Dabei handelt es sich um Fernsehgeräte, die nicht nur klassische, der Regulierung unterliegende, Rundfunkprogramme zur Verfügung stellen, sondern auch das nahezu regulatorisch unberührte Abrufen von Internetinhalten ermöglichen. Gegen eine medienrechtliche Regulierung hybrider TV-Empfangsgeräte *Berger* CR 2012, 306 ff. sowie *Schütz/Schreiber* MMR 2012, 659; für eine Regulierung unter Verweis auf sog. „rundfunkähnliche Angebote" *Terpitz/Rachhaus* Passauer Schriften zur interdisziplinären Medienforschung, Band I, 2011, 310 ff. Zu den datenschutzrechtlichen Problemen des „Hybrid-TV" *Keber* RDV 2013, 236.

39 Unter den Stichworten Plattformen und Übertragungskapazitäten sieht der RStV in §§ 50 ff. eine Regulierung für „Rundfunk und vergleichbare Telemedien (Telemedien, die an die Allgemeinheit gerichtet sind)" vor, die auch den Verbreitungsweg über Internet-Protokoll (IP-TV) betrifft. Zusätzlich ist in § 51a RStV die Zuweisung von drahtlosen Übertragungskapazitäten (DVB-T) reguliert. Dazu 3. Kap. Rn. 81, 5. Kap. Rn. 41 ff., zur Plattformregulierung *Christmann* ZUM 2015, 14.

40 Dazu 8. Kap. Rn. 30.

41 Dazu 8. Kap. Rn. 33 ff.

42 Dazu *Schütz* Kommunikationsrecht, 2005, Rn. 427 ff. Die der deutschen Hoheitsgewalt unterliegenden DFS-Kopernikus-Satelliten konnten sich wegen ihrer geringen Sendeleistung nicht am Markt behaupten. Zu Einzelheiten der rundfunkrechtlichen Rahmenbedingungen 5. Kap. Rn. 20 ff.

43 Dazu 1. Kap. Rn. 14, 26 ff.

Guides (EPG), also elektronische Programmführer. In Zeiten zunehmender Kapazitäten im Bereich der Frequenzen bei gleichbleibender Aufnahmekapazität des Rezipienten ist es wichtig, einen Platz bei der Programmbelegung einzunehmen, der einen schnellen Programmzugriff erlaubt. Diese Belegung entscheidet über die Wahrnehmung des Programms in der Öffentlichkeit und damit über dessen Akzeptanz in der Werbewirtschaft. Daher ist ein Streit über die Art und Weise einer diskriminierungsfreien Programmzuweisung entbrannt, der auf Grundlage von § 52c Abs. 1 S. 2 Nr. 3 RStV von dem Beauftragten für Plattformregulierung und Digitalen Zugang unter inhaltlicher und verfahrensmäßiger Konkretisierung durch § 15 der Satzung über die Zugangsfreiheit zu digitalen Diensten gem. § 53 RStV überwacht wird.[44]

Die durch die Konvergenz der verschiedenen Kommunikationsdienste und Netztech- **12**
nologien bestehende Möglichkeit, Dienste auf unterschiedlichsten Wegen zu erbringen, führt zu der Forderung nach einer Gleichbehandlung dieser Dienste, ohne Ansehung der Übertragungstechnologie (Technologieneutralität der Regulierung).[45] Am greifbarsten wird dies wiederum am Beispiel des OTT-Dienstes Zattoo. Hier wird auf nicht-klassischem Wege (ein über die Homepage oder die App abrufbarer Stream) das laufende Programm des klassischen Rundfunks zeitgleich gespiegelt, so dass der Weg der Verbreitung zwar ein grundlegend anderer, das Resultat aber im Wesentlichen, abgesehen von einer Verzögerung von wenigen Sekunden, dasselbe ist.

5. Regulierung von Nutzungsentgelten

Auf der letzten Regulierungsstufe geht es um die Regulierung der Nutzungsentgelte, **13**
seien es Rundfunkgebühren, die seit dem 1.1.2013 aufgrund des 15. RÄStV durch einen geräteunabhängigen Rundfunkbeitrag ersetzt worden sind,[46] Abonnemententgelte für Pay-TV-Angebote oder Anschlussentgelte. Diese werden aufgrund ihrer technischen und inhaltlichen Seite auf Grundlage von TKG und RStV durch die Bundesnetzagentur und die Landesmedienanstalten kontrolliert. Hinzu kommt auf dieser Ebene die Erhebung der Nutzungsentgelte durch Verwertungsgesellschaften.[47] Seit Frühjahr 2017 ist nach einer knapp einjährigen Testphase DVB-T2 als Nachfolger des DVB-T im Regelbetrieb. Hier können nach Anschaffung eines entsprechenden Receivers die öffentlich-rechtlichen Sender kostenlos und in HD empfangen werden, für den Empfang der privaten Sender fällt allerdings eine monatliche Gebühr von 5,75 EUR[48] an.

---

44 Hierzu insgesamt 5. Kap. Rn. 41 ff.

45 Geppert/Schütz/*Cornils* Beck'scher TKG-Kommentar § 1 Rn. 28.

46 Dazu 4. Kap. Rn. 64 ff. Das BVerwG hat am 25.1.2017 entschieden bzw. klargestellt, dass der Rundfunkbeitrag nicht pro Nutzer, sondern pro Wohnung, insbesondere also auch für Zweiwohnungen erhoben wird, *BVerwG* 25.1.2017 – 6 C 15.16; 6 C 23.16 et al, juris.

47 Dazu 27. Kap. Rn. 41 ff.

48 Preis ohne Anmietung eines Receivers, die Vermarktung von DVB-T2 HD erfolgt zunächst durch freenet TV.

III. Neuordnung der Rundfunkregulierung in Zeiten von Digitalisierung und Konvergenz

1. Bedürfnis zur Anpassung bisheriger Regelungsstrukturen

14 Während der Rundfunk durch Staatsverträge (RStV), Landesmediengesetze (z.B. LMG NRW[49]) und diverse Spezialgesetze (z.B. TKG oder UrhG) teils mehrfach reguliert ist, ist die Verbreitung von Inhalten über das Internet kaum reguliert. Insoweit stellt sich die Frage, ob dies den heutigen medialen Gegebenheiten noch angemessen Rechnung trägt. Dagegen spricht, dass die Darbietung von öffentlichkeitsrelevanten Inhalten längst nicht mehr auf lineare Angebote im Sinne des klassischen Fernsehens oder Hörfunks beschränkt ist. Häufig werden dieselben Inhalte zugleich auf verschiedenen non-linearen Wegen zum Abruf bereitgehalten (z.B. die Tagesschau-App[50] oder die Mediatheken diverser Rundfunkveranstalter).[51] Andererseits werden ursprünglich über das Internet verbreitete Inhalte von den traditionellen Medien aufgegriffen und dadurch zum Gegenstand öffentlicher Meinungsbildung gemacht. Auch werden interaktive Kommunikationsformen des Internets in das massenkommunikative Rundfunkangebot integriert und teils sogar in das laufende Programm eingebunden (sog. Social Television).[52] Die wechselseitige Einflussnahme von Rundfunk und Internet sowie die damit einhergehende Präsentation eines multimedialen Gesamtangebots findet seine Entsprechung in den veränderten Bedürfnissen der Nutzer. Angesichts der weitreichenden Verbreitung des Internets, das zunehmend über mobile Endgeräte genutzt wird, wird die Abrufbarkeit der Inhalte jederzeit, jederorts sowie von jedem beliebigen Gerät vorausgesetzt. Maßgeblich für den Nutzer ist dabei ausschließlich der problemlose Zugriff auf das gewünschte Angebot.[53] Ob und in welchem Umfang die Art der Verbreitung staatlicher Regulierung unterliegt, ist für ihn dagegen unerheblich.[54]

2. Einheitliche Regulierung von Rundfunk und Telemedien

15 Werden aber vergleichbare Inhalte dargeboten, erschließt sich nicht ohne weiteres, warum diese – je nach linearer (Rundfunk) oder non-linearer (Internet) Verbreitung – unterschiedlich reguliert sein sollten.[55] Zwar kommt dem klassisch linearen Fernsehen nach wie vor eine hohe Aktualität, Suggestivkraft und Breitenwirkung zu.[56] Allerdings weisen zahlreiche Internetangebote mittlerweile eine vergleichbare – im Einzelfall unter Umständen sogar größere – Meinungsbildungsrelevanz auf.[57] Eine besondere Dynamik kann insoweit durch die Nutzer entstehen, welche bestimmte Inhalte innerhalb sozialer Netzwerke verbreiten und dadurch eine Kettenreaktion auslösen (sog. Virale Vernetzung).[52]

---

49 Dazu *Schwartmann/Sporn* Landesmediengesetz Nordrhein-Westfalen, 2013.

50 Vgl. zu dem Rechtstreit zwischen mehreren Zeitungsverlagen und ARD/NDR um die Zulässigkeit der Tagesschau-App 4. Kap. Rn. 32 f.

51 Vgl. dazu die Beschreibung von *Sporn* K&R Beihefter 2/2013 zu Heft 5, 2 f.

52 *Hoffmann-Riem* AöR 2012, 509, 514.

53 Vgl. dazu 3. Kap. Rn. 34.

54 *Sporn* K&R Beihefter 2/2013 zu Heft 5, 2, 3.

55 A.A. *Dörr* K&R Beihefter 2/2013 zu Heft 5, 9, 11 f., der sich für den Fortbestand der rundfunkrechtlichen Sonderdogmatik ausspricht; vgl. dazu auch 3. Kap. Rn. 34.

56 Dazu 3. Kap. Rn. 8.

57 *Sporn* K&R Beihefter 2/2013 zu Heft 5, 2, 7; *Schwartmann* K&R 5/2013, Editorial.

Deutlich wird dies bei den immer beliebter werdenden Streaming-Anbietern wie Netflix oder Amazon Instant Video. Die teils vom Anbieter selbst produzierten und exklusiv vermarkteten Serien tragen nicht weniger zur Meinungsbildung bei und entfalten eine durchaus vergleichbare Breitenwirkung wie klassische Rundfunkprogramme.[58] War früher der sonntägliche ARD-Tatort in der nächsten Woche das Gesprächsthema, sind es jetzt zumindest in der jüngeren Zielgruppe auch Erstveröffentlichungen der Netflix-Serien.[59] Die Internetangebote treten also in erheblichem Maß neben den klassischen Rundfunk.[60] Ähnliches gilt für die YouTube-Kanäle, auf denen in regelmäßig wiederkehrenden Videobeiträgen etwa Kosmetiktipps oder Hinweise und Anleitungen zu Computerspielen (Letsplayer) abrufbar sind. So ist allein das deutschsprachige Gamingportal Rocket Beans in seiner Reichweite (über 300 000 Abonnenten) mit Rundfunkangeboten vergleichbar.[61] **16**

Der Bedeutungsgewinn der Internetangebote wurde im Zusammenhang mit der Übertragung der Handball-WM im Jahr 2017 per Internet ebenfalls deutlich. Nachdem sich der Rechteinhaber beIN Sports mit keinem Rundfunksender auf eine Übertragung einigen konnte, wurden die Spiele im Internet als Livestream gezeigt. Dies ist im Hinblick auf die veränderten Verbreitungs- und Konsumierungswege bemerkenswert. Gestreamt wurde die WM über YouTube von einer Bank als einer der Sponsoren des Turniers, so dass sich die Frage nach einer Rundfunklizenz stellte. Nach einer im Vorfeld der WM geäußerten Einschätzung der Kommission für Zulassung und Aufsicht (ZAK) war die Berichterstattung „aller Voraussicht nach als zulassungspflichtiger Rundfunk einzustufen". Insgesamt hat die ZAK im Ergebnis aufgrund der „besonderen und außergewöhnlichen Einzelfallsituation" die Ausstrahlung der Handball-WM auf dem Internet-Portal der Bank geduldet.[62] Im Nachgang beanstandete die ZAK die Übertragung, da die Ausstrahlung einer rundfunkrechtlichen Zulassung bedurft hätte. Zum einen bestand laut ZAK kein Zweifel an der journalistisch-redaktionellen Gestaltung der Übertragung kommentierter Handballspiele. Zum anderen sei das Kriterium der Linearität durch die Vielzahl der planmäßig übertragenen Handballspiele ebenfalls unzweifelhaft gegeben.[63]

Ein weiteres Beispiel für eine Überschneidung von Mediengattungen liefert der YouTube-Kanal „PietSmiet". Hierbei handelt es sich um einen Streaming-Kanal, der an sieben Tagen pro Woche ganztägig vor allem „Let's Plays", die das Spielen von Games zeigen, verbreitet. Dieser YouTube-Kanal wurde von der ZAK ebenfalls als zulassungspflichtiges Rundfunkangebot eingestuft. Denn die Inhalte werden nach

58 Hierzu auch *Dörr/Holznagel/Picot* ZUM 2016, 920, 926.

59 Netflix hat in Deutschland einen stetig wachsenden Nutzungsanteil von 5,4 % in 2016 (2,7 % in 2015), Amazon liegt bei 6,7 % (Quelle: Die Medienanstalten, Digitalisierungsbericht 2016, S. 48), in den USA lag der Anteil von Netflix am Peak-Traffic im Jahr 2016 bei 35,2 % (Quelle: statista.com, abrufbar unter www.statista.com/topics/842/netflix/).

60 *Binder* ZUM 2015, 674, 677.

61 378 988 Abonnenten, Stand August 2017, abrufbar unter www.youtube.com/url/rocketbeans.tv. Hinzu kommen diejenigen Nutzer, die das Programm ansehen, ohne Abonnent zu sein. Das Portal folgt hierbei teils einem vorher veröffentlichten Sendeplan, www.rocketbeans.tv/wochenplan/.

62 Pressemitteilung der *ZAK* vom 10.1.2017, abrufbar unter www.die-medienanstalten.de/presse/pressemitteilungen/kommission-fuer-zulassung-und-aufsicht/detailansicht/article/zak-pressemitteilung-012017-uebertragung-der-handball-wm-im-internet-voraussichtlich-zulassungspfl.html.

63 Pressemittelung der *ZAK* vom 31.1.2017, abrufbar unter www.die-medienanstalten.de/presse/pressemitteilungen/kommission-fuer-zulassung-und-aufsicht/detailansicht/article/zak-pressemitteilung-022017-zak-beanstandet-internet-liveuebertragung-der-handball-wm-2017.html.

deren – von Seiten der Anbieter aber bestrittenen Auffassung – linear entlang eines Sendeplans verbreitet und können vom Nutzer weder zeitlich noch inhaltlich beeinflusst werden.[64] In einem ausstehenden Rechtsstreit, der eine Vielzahl vergleichbarer Angebote im Netz betrifft, dürfte insbesondere die Frage interessant sein, welche Anforderungen an den Sendeplan zu stellen sind.

17 Regulierungsbedarf besteht also insgesamt bei solchen über das Internet verbreiteten Angeboten, die eine dem Rundfunk vergleichbare Wirkmacht aufweisen.[65] Einfluss auf die Meinungsbildung der Nutzer kann bereits im Rahmen des Zugangs zu einzelnen Internetangeboten genommen werden. So können die Provider mithilfe spezieller Überwachungs- und Filtertechnik auf von den Nutzern übertragene Dateninhalte (z.B. E-Mails, abgerufene Webseiten) einwirken und diese umleiten, vollständig zurückhalten oder sogar inhaltlich verändern (sog. Deep Packet Inspection).[66] Gerade auch die Suchmaschinen und insbesondere der „Quasi-Monopolist" Google üben Macht darüber aus, welche Inhalte von den Nutzern zur Kenntnis genommen werden.[67] Mithilfe von Suchalgorithmen wird die unüberschaubare Menge an Netzinhalten nach Relevanz für die jeweilige Suchanfrage geordnet. Weil die Funktionsweise dieser Algorithmen von den Unternehmen weitgehend geheim gehalten wird, können diese auf die Reihenfolge der angezeigten Suchergebnisse Einfluss nehmen. Auch kann eine inhaltliche Vorselektierung der Trefferliste anhand persönlicher Vorlieben des Suchenden erfolgen. Ermöglicht wird dies durch die umfangreiche Sammlung von Nutzerdaten und die Dokumentation von deren Surfverhalten. Des Weiteren können die Nutzer durch gezielte Vorschläge, die den jeweiligen Suchbegriff automatisch ergänzen (sog. Autocomplete-Funktion), zur Auswahl bestimmter Inhalte bewegt werden.[68] Hier muss der Gesetzgeber regulierend tätig werden, um die Meinungs- und Informationsvielfalt im Wege neutraler und transparenter Auswahlprozesse zu gewährleisten.[69] Besonderes Augenmerk muss dabei auf Machtstrukturen gelegt werden, die dem Pluralismus der Meinungen und Informationen abträglich sind.[70]

18 Ähnliches gilt für die über Facebook auf den Timelines der Nutzer wiedergegebenen Inhalte. Diese sind teils private Meinungsbekundungen, teils verlegerische Angebote, deren Verbreitungsgrad und somit auch Klickhäufigkeit zum einen durch einen von Facebook kontrollierten Algorithmus und zum anderen durch die Verbreitung durch die Nutzer („Gefällt mir"-Button) bestimmt wird. Durch die Verbreitung über Freunde besteht zum einen die Gefahr einer „Meinungsbubble", zum anderen mag manchem Nutzer ein von einem Freund empfohlener Artikel durch den persönlichen Bezug besonders glaubhaft erscheinen. Solche nachrichtenähnlichen Inhalte sind Multiplikatoren der Meinungsbildung und erfüllen damit das Kriterium eines Mediums,

---

64 Pressemitteilung der ZAK vom 21.3.2017, abrufbar unter www.die-medienanstalten.de/presse/pressemitteilungen/kommission-fuer-zulassung-und-aufsicht/detailansicht/article/zak-pressemitteilung-072017-zak-beanstandet-verbreitung-des-lets-play-angebots-pietsmiettv.html.

65 *Hoffmann-Riem* AöR 2012, 509, 525.

66 Vgl. dazu *Mantz* MMR 2015, 8, 9; *Bedner* Rechtmäßigkeit der Deep Packet Inspection, abrufbar unter http://kobra.bibliothek.uni-kassel.de/bitstream/urn:nbn:de:hebis:34-2009113031192/5/Bedner-DeepPacketInspection.pdf.

67 *Dörr* K&R 2013, Editorial zu Heft 12; *Hoffmann-Riem* AöR 2012, 509, 534 ff.; *Holznagel* MMR 2011, Editorial zu Heft 1; *Danckert/Mayer* MMR 2010, 219 ff.

68 Zur Haftung Googles für persönlichkeitsverletzende Suchergänzungsvorschläge *BGH* NJW 2013, 2348.

69 Vgl. dazu *Dörr* K&R 2013, Editorial zu Heft 12.

70 *Hoffmann-Riem* AöR 2012, 509, 525; *Hain* K&R 2012, 98, 103.

ohne aber wie die klassischen Medien reguliert zu sein.[71] Es handelt sich demnach um neue Formen der Meinungsbildung und -macht, deren Relevanz und Brisanz evident werden, wenn es um die Verbreitung von „Fakenews“, also ausgedachter und unwahrer Nachrichten und Meldungen, geht. Hierin liegt eine neue und sehr konkrete Gefahr einer Meinungsmacht und Beeinflussung, die geeignet sein kann, die Meinungsfreiheit zu pervertieren. Denn wird die Meinungsfreiheit als Vorwand für Beleidigungen und Ehrverletzungen („Hatespeech“) missbraucht, so verliert sie ihre in Art. 5 Abs. 1 GG vorgesehene Legitimierung.[71] Dies kann einen ähnlich gravierenden und zersetzenden Effekt auf die Meinungsfreiheit und letztlich die Demokratie haben wie Meinungsmonopole und -kartelle.[72] Begegnet werden könnte diesen Gefahren mit einer dreistufigen Regulierung. In einem ersten Schritt ist es dem jeweiligen Unternehmen selbst überlassen, ggf. mit externer Hilfe geeignete Maßnahmen zu ergreifen, um Rechtsverstöße zu ahnden. In einem zweiten Schritt stünde ein runder Tisch der wesentlichen betroffenen Netzanbieter, der verbindliche Regeln festsetzt. Ein dritter Schritt wäre dann ein System der freiwilligen Selbstkontrolle, wie etwa nach dem Vorbild des Jugendmedienschutzes. Bei dieser Form der regulierten Selbstregulierung würden die Anbieter als maßgebliche Teiler der Internetwirtschaft selbst den Rahmen vorgeben dessen Einhaltung in Form einer staatlichen Letztkontrolle überwacht würde.[73]

Auch der Gesetzgeber sah hier Handlungsbedarf. Er hat das Gesetz zur Verbesserung **19**
der Rechtsdurchsetzung in sozialen Netzwerken (Netzwerkdurchsetzungsgesetz – NetzDG)[74] auf den Weg gebracht, das am 1.10.2017 in Kraft getreten ist.[75] Das Gesetz stellt einen wichtigen Baustein zur Internetregulierung dar.[76] Als verfassungskonforme Ausgestaltung der Meinungsfreiheit enthält es Verfahrensregeln für die Nutzung Sozialer Netzwerke und nimmt so die Anbieter Sozialer Medien verstärkt in die Verantwortung.[77] Das NetzDG konkretisiert dazu unter anderem die Regelungen des TMG durch Verfahrensvorschriften und überträgt Sozialen Netzwerken Pflichten, die der EuGH für Suchmaschinenbetreiber zum Teil bereits etabliert hat.[78] Die durch das NetzDG unvermeidlichen Eingriffe in die Meinungsfreiheit nach Art. 5 I GG wurden in einen angemessenen Ausgleich mit deren Schranken aus Art. 5 II GG zum Schutz der Persönlichkeitsrechte Dritter gebracht.[79] Insbesondere verfolgt das NetzDG den Ansatz einer regulierten Selbstregulierung: Anbieter Sozialer Netzwerke können sich einer privaten Kontrolleinrichtung anschließen und sich deren Verfahrensstandards unterwerfen. Es soll ein Beschwerdemanagementsystem entwickelt und zertifiziert werden, das mit einer staatlichen Aufsichtsbehörde abgestimmt wird. Wer sich diesen Standards unterwirft und sie einhält, kann in der Folge von der Aufsicht wegen seines Beschwerdemanagements und im Falle vermuteter Verstöße gegen die gesetzlichen

---

71 *Schwartmann* pro media 2017, 12, 13.

72 Hierzu *Schwartmann* FAZ v. 16.1.2017.

73 *Schwartmann* FAZ v. 16.1.2017; vgl dazu 7. Kap. Abschnitt D.

74 BT-Drucks. 18/12727 v. 14.6.2017, abrufbar unter http://dip21.bundestag.de/dip21/btd/18/127/1812727.pdf.

75 Vgl. dazu Stellungnahme von Prof. Dr. Rolf Schwartmann, abrufbar unter https://www.bundestag.de/blob/510886/002a8ce4b15005b96318abacee89199d/schwartmann-data.pdf.

76 Ausführlich zum NetzDG vgl. *Schwartmann* GRUR-Prax 2017, 317 ff.; *Hain/Ferreau/Brings-Wiesen* K&R 2017, 433 ff. sowie krit. *Gersdorf* MMR 2017, 439 ff.

77 Zum Inhalt des NetzDG im Einzelnen und m.w.N. vgl. *Schwartmann* GRUR-Prax 2017, 317.

78 *Dörre* GRUR-Prax 2014, 281 – Google Spain.

79 *Schwartmann* GRUR-Prax 2017, 318.

Standards nicht belangt werden und ist insoweit privilegiert. Indem der Durchgriff der Aufsicht auf zertifizierte Anbieter gesperrt ist, entfällt für diese der Druck, aus Angst vor einem Bußgeld Inhalte vorschnell zu löschen (sog. „Overblocking").[80] Die materiell-rechtliche Entscheidung hinsichtlich der Rechtswidrigkeit von Inhalten bei der Bearbeitung von Beschwerden ist vom NetzDG nicht betroffen. Hier endet die Kompetenz des Bundes aus dem Recht der Wirtschaft. Nach welchen Regeln Inhalte verboten werden müssen, entscheiden die jeweilige Medienaufsicht der Länder und ihre Landesmedienanstalten.[81]

20 Neben der Vielfaltsicherung und unabhängig von der Meinungsbildungsrelevanz eines Angebots muss auch der Zugriff auf Inhalte mit Gefährdungspotential einheitlich geregelt werden.[82] Als gefährdete Rechtsgüter kommen beispielsweise das Urheberrecht,[83] Persönlichkeitsrechte Dritter oder der Jugendschutz[84] in Betracht. So müssen etwa jugendgefährdende Inhalte im Internet in gleicher Weise vor der Nutzung durch Minderjährige geschützt werden, wie dies bei gleichartigen Fernsehprogrammen der Fall ist.[85] Auch können die dargebotenen Inhalte selbst – etwa durch Missachtung des Urheberrechts – gefährdet sein. Werden Rechtsgüter Dritter gefährdet, kann durch Zugangsbeschränkungen sichergestellt werden, dass die jeweiligen Inhalte nur autorisierten Personen (z.B. Personen über 18 Jahre oder zahlende Kunden einer Online-Videothek) zur Verfügung stehen. Daneben besteht die Möglichkeit, rechtsverletzende Inhalte zu filtern/zu sperren oder zu löschen. Allerdings stoßen derartige Vorhaben häufig auf erhebliche Widerstände der sog. Netzgemeinde, die sich in ihren Kommunikationsfreiheiten unangemessen beschränkt sieht.[86] Tatsächlich müssen derartige Bedenken dahingehend berücksichtigt werden, dass der Abruf von Inhalten nicht unverhältnismäßig und vor allem nur auf solche Angebote beschränkt wird, die eindeutig rechtsverletzend sind.[87] In seiner „Goldesel"-Entscheidung hat der BGH[88] entschieden, dass Access-Providern, die rechtswidrige Inhalte wie etwa urheberrechtlich geschützte Musik verbreiten, die Pflicht auferlegt werden kann, den Zugang zu den rechtswidrigen Inhalten im Netz zu sperren. Ein ausdrücklicher Sperranspruch der Rechteinhaber findet sich nun mehr in § 7 Abs. 4 S. 1 TMG.[89] Dies soll jedoch erst dann erforderlich sein, wenn die Rechteinhaber vorher versucht haben, die Identität

80 Dazu *Schwartmann* GRUR-Prax 2017, 318 f. sowie kritisch zum NetzDG *Hain/Ferreau/Brings-Wiesen* K&R 2017, 433 ff.; *Gersdorf* MMR 2017, 439, 447.

81 *Schwartmann* GRUR-Prax 2017, S. 319 sowie zustimmend *Gersdorf* MMR 2017, 439, 447; anderer Auffassung *Hain/Ferreau/Brings-Wiesen* K&R 2017, 433 ff.

82 Zu den damit verbundenen Kollisionslagen *Hoffmann-Riem* AöR 2012, 509, 526 ff.; speziell zum Jugendschutz *Sporn* K&R Beihefter 2/2013 zu Heft 5, 2, 8.

83 Dazu 26. Kap. ff.

84 Dazu das 7. Kap.

85 Zur Ungleichbehandlung am Beispiel von Erotikangeboten vgl. *Sporn* K&R Beihefter 2/2013 zu Heft 5, 2, 3.

86 So ist etwa im Jahr 2011 ein Gesetz der Bundesregierung, das die größeren Internetprovider zur Sperrung von kinderpornographischen Inhalten verpflichtete, bereits nach kurzer Zeit an erheblichen Widerständen in Politik und Bevölkerung gescheitert, vgl. dazu eingehend 7. Kap. Rn. 3.

87 Dass dies nicht immer der Fall ist, zeigt etwa das Filtersystem britischer Internetanbieter, welches statt der eigentlich beabsichtigten pornographischen Inhalte auch Hilfsangebote für Opfer von sexueller Gewalt sperrte.

88 *BGH* NJW 2016, 794.

89 Vgl. Drittes Gesetz zur Änderung des Telemediengesetzes vom 28.9.2017 durch BGBl I vom 12.10.2017, 3530.

der Websiteinhaber zu ermitteln und unmittelbar gegen diese vorzugehen.[90] Netzsperren müssen nach § 7 Abs. 4 S. 2 zumutbar und verhältnismäßig sein und sind demnach nur als Ultima Ratio ein zulässiges Mittel.

Losgelöst von Übertragungswegen und linearer bzw. non-linearer Angebotsstruktur bedarf es einer Regulierung folglich immer dann, wenn der jeweilige Inhalt für die persönliche und allgemeine Meinungsbildung von Relevanz ist oder ein gefährdendes Potential für bestimmte Rechtsgüter aufweist oder diese sogar verletzt. Hiervon ausgehend kann und muss ein abgestuftes System weg von der Sonderstellung des Rundfunks hin zu einer flexiblen angebots- und inhaltsbezogenen Regulierung geschaffen werden. Zu berücksichtigen ist dabei, dass eine ausgewogene, die Rechtspositionen sämtlicher Beteiligter in Betracht ziehende Regulierung nicht freiheitsbeschränkend wirkt, sondern für die Meinungs- und Informationsvielfalt sowie die Verhinderung bzw. Kontrolle einseitiger Machtstrukturen vielmehr konstituierend ist.[91] 21

3. Aktuelle Regulierungsansätze

Angesichts der zunehmenden Überschneidung sämtlicher Mediengattungen und der damit verbundenen Zuordnungsschwierigkeiten wird bisweilen die Schaffung eines einheitlichen Grundrechts der Medienfreiheit gefordert.[92] Wird aber die Differenzierung nach Mediengattungen auf Verfassungsebene aufgegeben, müsste auch die einfachgesetzliche Medienordnung auf eine gattungsspezifische Regulierung verzichten. Angezeigt wäre insoweit eine gattungsübergreifende Regulierung nach den Kriterien der Meinungsbildungsrelevanz und des Gefährdungspotenzials eines Angebots.[93] 22

Neben der Einführung eines einheitlichen Mediengrundrechts wurde alternativ die Schaffung einer zusätzlichen grundrechtlichen Gewährleistung, der sog. Internetdienstefreiheit, vorgeschlagen.[94] Parallel dazu wurde auf einfachgesetzlicher Ebene die Schaffung eines Internet-Gesetzbuches (NetGB) als einheitliches Gesetz gefordert, in dem alle Normen mit Netzbezug vereint werden sollen. Angedacht war z.B., den Anspruch auf Zugang zum Netz, den Schutz der Daten und der digitalen Persönlichkeit, den Kinder- und Jugendschutz, den Verbraucherschutz bei Geschäften im Internet und das Urheberrecht in der digitalen Welt zu behandeln.[95] Derartige Bestrebungen bieten indessen gegenüber der aktuellen Rechtslage keinen Vorteil und sind in der Debatte zu Recht in den Hintergrund getreten. Durch die ausdrückliche Benennung der „Internetdienste" neben den grundrechtlich geschützten Gattungen des Rundfunks, der Presse und dem Film würde lediglich eine zusätzliche Begriffskategorie geschaffen. Der medialen Realität, in der sich Angebote häufig nur noch schwer in derartige Kategorien einteilen lassen, wäre dadurch kein Dienst erwiesen. Auch wird die bloße Kompilation von Normen in einem Internet-Gesetzbuch den Besonderheiten des Internets nicht gerecht. Der Regelungsgegenstand ist nicht fassbar und unspezifisch. Wegen der Spezifika des Internets hinsichtlich seiner Wirkmechanismen und 23

90 *BGH* NJW 2016, 794, 803.

91 So zum Schutz der Verbraucher durch Regulierungsrecht *Hellermann* S. 390.

92 So *Sporn* K&R-Beihefter 2/2013 zu Heft 5, 2 ff.; befürwortend auch *Hain* K&R 2012, 98, 103; a.A. *Dörr* K&R-Beihefter 2/2013 zu Heft 5, 9 ff. Zu den Anforderungen an ein derartiges Mediengrundrecht *Schwartmann* K&R 5/2013, Editorial.

93 Dazu 3. Kap. Rn. 34 f.

94 So *Holznagel* MMR 1/2011, Editorial; dagegen *Hain* K&R 2012, 98, 103.

95 Vgl. *Zypries* K&R 6/2010, 1.

Wirkmacht, deren Auswirkungen erst verstanden werden müssen, bedarf es Stück für Stück einer Anpassung der rechtlichen Grundlagen. Zugleich ist es wichtig, an Eckpfeilern der Medienordnung festzuhalten. Daran zu rütteln besteht kein Anlass, da das Internet und das Verhalten seiner Nutzer auf Maßstäbe der rechtlichen Wertung keinen Einfluss nehmen dürfen.[96]

24 Bisweilen wird in der Politik eher vereinzelt die Schaffung eines Bundesdigitalministeriums angeregt. Die digitale Politik, die aktuell in die Zuständigkeit einer Vielzahl von Ministerien, vor allen Dingen in die des Bundesverkehrsministeriums fällt, könne unter dem Dach des neuen Ministeriums einheitlich und effizienter betrieben werden. Die Zuständigkeit kann danach die Themengebiete Gigabit-Infrastruktur, Vernetzung des Internets der Dinge, Industrie 4.0, automatisiertes Fahren, digitale Bildung, Förderung von Start-Ups und Datenschutz umfassen.[97]

25 Bereits 2014 wurde mit dem Bundestagsausschuss „Digitale Agenda" (ADA)[98] ein festes Gremium für Netzpolitik geschaffen.[99] In ihm werden Aspekte der Digitalisierung und Vernetzung fachübergreifend diskutiert und es sollen Impulse für die rechtliche Umsetzung des digitalen Wandels gesetzt werden.[100] Selbstständige Entscheidungskompetenzen kommen dem Ausschuss nicht zu. Vielmehr hat er lediglich beratende Funktion. Einerseits wird dies angesichts geringer Einflussmöglichkeiten des Gremiums auf Gesetzesinitiativen als Nachteil verstanden. Andererseits wird die Tatsache, dass der Ausschuss nicht federführend tätig sein wird, als Chance für eine breite Diskussionsbasis gesehen, die nicht auf einzelne Gesetzgebungsvorhaben beschränkt ist.[101]

IV. Ansätze zur Deregulierung

26 Angesichts der wirtschaftlichen Möglichkeiten und des vielschichtigen Regulierungszustandes drängt sich die Frage nach Ansätzen für eine Deregulierung auf.[102] Die dazu vertretenen Positionen reichen von völliger Deregulierung, die den Rundfunk wie die Presse dem freien Spiel der Kräfte in den Grenzen des Wettbewerbs- und Kartellrechts überlasst, über den Abbau von nationalen Überregulierungen zugunsten einer harmonisierten Regulierung auf europäischer Ebene[103] bis hin zu einem Ausbau des vorhandenen Regulierungssystems, das etwa „Internetfernsehangebote"[104] einem spe-

---

96 Dazu etwa *Schwartmann* Was Recht ist muss Recht bleiben, Leben im Schwarm, 2011. *Baer* Blätter für deutsche und internationale Netzpolitik 2011, 90 ff.; *Schwartmann* FAZ v. 16.12.2010, S. 8, verfügbar unter www.faz.net.

97 Vgl. hierzu die entsprechende Meldung auf heise online v. 31.12.2016: heise.de/newsticker/meldung/Dobrindt-fordert-Schaffung-eines-Bundesdigitalministeriums-3583252.html.

98 Ursprünglich sollte die Bezeichnung „Ausschuss für Internet und Digitale Agenda" (AIDA) lauten. An der inhaltlichen Arbeit ändert die Umbenennung des Gremiums indessen nichts.

99 Vorsitzender des Ausschusses ist der brandenburgische CDU-Abgeordnete *Jens Koeppen*.

100 So der Ausschussvorsitzende *Koeppen* zu den Aufgaben des Ausschusses, vgl. unter www.bundestag.de/bundestag/ausschuesse18/a23/index.jsp.

101 So etwa der CDU-Netzpolitiker *Thomas Jarzombek* gegenüber heise online, abrufbar unter www.heise.de/newsticker/meldung/Bundestag-Internetausschuss-muss-sich-Bedeutung-erst-erkaempfen-2099816.html.

102 Umfassend zu verschiedenen Regulierungsansätzen *Kluth/Schulz* S. 84 ff.

103 *Jung* pro media 6/2013, 23 f.

104 Vgl. etwa www.spiegel.de oder www.ksta.de.

ziellen rundfunkrechtlichen Regime unterstellen will.[105] Aus Sicht der am Kulturträger Rundfunk orientierten Medienverfassung fällt es schwer, den Rundfunk nur dem wirtschaftsrechtlich kontrollierten freien Spiel der Kräfte zu überlassen. Denn dem Gestaltungsspielraum des Rundfunkunternehmers, der immer auch Träger eines publizistischen Gutes ist, ist insofern eine verfassungsrechtliche Bürde auferlegt. Mit deren Wegfall müssten – bei Einführung einer rein wettbewerbsrechtlichen Kontrolle – umgekehrt aber auch die verfassungsrechtlichen Privilegien für den Rundfunk entfallen.

Dennoch ist angesichts der mehrfach festzustellenden und verfassungsrechtlich grundsätzlich unzulässigen[106] Doppelregulierung die an Medienpolitik und Gesetzgeber gerichtete Frage nach einer Deregulierung wichtig. Dabei ist zu berücksichtigen, dass Regulierung im liberalen Verfassungsstaat auch im Rundfunkrecht kein Selbstzweck ist, sondern dem „freiheitssichernden Regulativ" des Verhältnismäßigkeitsgrundsatzes unterworfen ist.[107] Zu beantworten ist dabei insbesondere, wodurch die besondere ex ante Kontrolle im Rundfunk, im Gegensatz zur Presse nach einem Wegfall der Frequenzknappheit noch gerechtfertigt ist. Der Bedarf für diese besondere Regulierung könnte entfallen, da Vielfaltssicherung wie bei der Presse aus sich heraus ent- und bestehen könnte.[108] **27**

Das vom Bundesverfassungsgericht entwickelte Modell des Dualen Rundfunksystems geht zum einen von der technisch bedingten Frequenzknappheit und zum anderen von der Überlegung aus, dass das bewegte Bild wegen seiner Suggestivkraft und den damit verbundenen medialen Gefahren der Manipulation einer stärkeren Kontrolle bedarf.[109] Ob das herkömmliche Rundfunksystem den hier bestehenden Besonderheiten gerecht wird oder als überzogen gelten muss, kann heute nur mit Blick auf die technischen Möglichkeiten des Fernsehens von Morgen beantwortet werden. Hier ist insbesondere der zu erwartende weiter anwachsende Verbreitungsgrad des IP-TV über DSL-Netze in Erwägung zu ziehen. Jedenfalls stehen unter technischen Gesichtspunkten langfristig betrachtet einer Ablösung der traditionellen Verbreitungswege über Terrestrik, Kabel und Satellit sowie über das herkömmliche DSL-Kabel keine Hinderungsgründe entgegen. **28**

Die Frage nach Deregulierung wird von Medienunternehmen, die nicht im klassischen Sinne Rundfunkveranstalter sind, aber mit den einfachen und weitreichenden Möglichkeiten des Internets bewegte Bilder verbreiten können[110] oder die aufgrund ihrer vertikalen Integration (Technik und Inhalt in einer Hand) die Möglichkeit zum Verbreiten von Inhalten besitzen, mit Nachdruck gestellt.[111] Insgesamt ist es nachvollzieh- **29**

---

105 Dazu 10. Kap. Rn. 40 f.

106 *BVerfGE* 36, 193, 202 f.; 61, 149, 204; 67, 299, 321.

107 So *Di Fabio* FAZ v. 22.9.2007, 14.

108 Vgl. dazu jetzt freilich *BVerfGE* 119, 18, Ziff. 115, vgl. dazu auch *Krautscheid/Schwartmann* Fesseln für die Vielfalt? Das Medienkonzentrationsrecht auf dem Prüfstand, 2010, S. 11 ff. und mit besonderem Bezug auf die Rundfunklandschaft in NRW: *Schwartmann* Die Beteiligung von Presseunternehmen am Rundfunk, Rechtsgutachten zur Novellierung des § 33 Abs. 3 LMG NRW, 2010.

109 *BVerfGE* 119, 181, Ziff. 115 f.; zu den unterschiedlichen Regulierungsanforderungen bei Fernsehen und Radio *Bauer* pro media 12/2013, 29 f.

110 Z.B. Printverlage, aber auch Nicht-Medienunternehmen (www.mercedes-benz.tv).

111 Vgl. auch *Bullinger* JZ 2006, 1137, 1138 ff.

bar, wenn von Medienunternehmen und Rundfunkanstalten,[112] aber auch von Vertretern der Medienpolitik[113] und Aufsichtsorganen[114] Rufe nach einer Neuordnung des Medienrechts laut werden.

30 So fordern Rundfunkunternehmen seit langem eine widerspruchsfreie und konsistente Medienregulierung, da nur diese Rechts- und Planungssicherheit schaffe.[115] Diese kann auf der Grundlage des geltenden Systems insbesondere durch Maßnahmen der Verfahrensvereinfachung herbeigeführt werden. Die im Rahmen des 10. Rundfunkänderungsstaatsvertrages eingeführte Kommission für Zulassung und Aufsicht (ZAK)[116] und die neu strukturierte Kommission zur Ermittlung der Konzentration im Medienbereich (KEK)[117] gehen bereits in diese Richtung. Sie stellen aber keine Ländermedienanstalt dar, die bei entsprechender Ausgestaltung wohl verfassungsrechtlich zulässig wäre[118] und von Teilen der Medienpolitik mehrfach gefordert wurde.[119] Freilich wurde die ZAK von Seiten der Landesmedienanstalten bereits als Einrichtung beschrieben, die diese zu bloßen Vollzugsbehörden degradiert, sofern überlokale und überregionale Aufgaben betroffen sind.[120] Zugleich wird die grundsätzliche Frage aufgeworfen, ob der Föderalismus noch in der Lage ist, vor den Anforderungen der Verfassung im Spannungsfeld von Meinungs- und Rundfunkfreiheit auf der einen Seite und den Anforderungen von Digitalisierung, Privatisierung der Verbreitungswege sowie den Möglichkeiten des Internets auf der anderen Seite, zu bestehen.[120]

31 Auf europäischer Ebene steht derzeit die AVMD-Richtlinie 2010/13/EU[121] auf dem Prüfstand.[122] Hier soll nach dem Willen der Kommission zwar eine abgestufte Regulierungsdichte beibehalten werden. Es wird aber versucht, eine weitere Angleichung vorzunehmen und dabei insbesondere die Regulierungslast im linearen Bereich durch eine deutliche Werbeflexibilisierung (insbesondere Zulässigkeit von Single Spots, Lockerung der Unterbrechervorgaben bei Filmen und Nachrichtensendungen, Aufgabe der Stundenbegrenzung zugunsten einer 20 %-Begrenzung zwischen 7:00 – 23:00 h) zu lockern sowie Zusatzauflagen zu vermeiden (u.a. produktspezifische Werbebeschränkungen und -verbote). Abgesehen davon soll der Anwendungsbereich der Richtlinie – insbesondere mit einem verstärkten Einsatz von Verhaltenskodizes/KO-Regulierung – in den Bereichen Jugendschutz und Menschenwürde auf Video-Sharing-Plattformen ausgeweitet werden. Die Vorschläge des Parlaments und des Rates weichen hiervon teilweise ab, insbesondere hinsichtlich der Werbebestimmungen und

---

112 „Die ARD in der digitalen Medienwelt“ Strategiepapier, verabschiedet in der ARD-Arbeitssitzung am 18.6.2007, abgedr. in epd medien 53/2007, 20 ff.

113 *Eumann* epd medien 8/2007, 8 ff.; *Otto* Funkkorrespondenz 9/2006, 17 ff.; *Stadelmaier* Funkkorrespondenz 45/2006, 3 ff.

114 *Schneider* Funkkorrespondenz 45/2006, 11; *Benda* epd medien 59/2007, 29, 31.

115 Dazu *Schmid* FAZ v. 6.8.2007, 36.

116 Dazu 3. Kap. Rn. 81, 5. Kap. Rn. 13 ff.

117 Dazu 3. Kap. Rn. 81, 5. Kap. Rn. 13 ff.; zur KEK in der herkömmlichen Form *Westphal* Föderale Privatrundfunkaufsicht im demokratischen Verfassungsstaat, 2007.

118 Dazu *Sporn* Die Ländermedienanstalt, 2001.

119 Leitantrag der SPD zu den Anforderungen an eine neue Medienpolitik, epd medien 68/2007, 19 ff.

120 *Benda* epd medien 59/2007, 29, 30.

121 Richtlinie 2010/13/EU des Europäischen Parlaments und des Rates vom 10.3.2010 zur Koordinierung bestimmter Rechts- und Verwaltungsvorschriften der Mitgliedstaaten über die Bereitstellung audiovisueller Mediendienste (Richtlinie über audiovisuelle Mediendienste), ABlEU Nr. L 95/1.

122 Ausführlich hierzu mit aktuellem Stand der Stellungnahmen von KOM, EP und Rat 3. Kap. Rn. 18.

des Regelungsfeldes. So sollen nach dem Willen des EP neben entsprechenden Jugendschutzstandards auch die Vorgaben aus Art. 9 AVMD-RL der heutigen Fassung (Grundsätze für die Werbung) sowie die Vorgaben zu Sponsoring (Art. 10 AVMD-RL) und Produktplatzierung (Art. 11 AVMD-RL) für Video Sharing Plattformen und UGC gelten.[123] Das Europäische Parlament hat den Kommissionsvorschlag mit Blick auf quantitative Werbung aufgegriffen, möchte den Mitgliedstaaten aber weitere Eingrenzungen anheimstellen. In Rede steht ein Fenster von vier Stunden zur „Primetime", wobei ein 20 %-Limit in toto gelten soll.[124]

1. Regulierungsziele und Regulierungsinstrumente

Dass die vorhandenen Regeln zu kurz greifen und der Gesetzgeber prüfen muss, wie **32** hierauf zu reagieren ist, wird nicht bestritten. Es bestehen grob zwei Möglichkeiten. Entweder wird auf die Regulierung eines Bereiches ganz verzichtet oder es erfolgt eine durchgängige Regulierung, bei der die Eingriffsgrenzen über De-Minimis-Regeln oder Ausnahmevorschriften gelockert werden können.[125] Jeder dieser Schritte will aber wohl abgewogen sein und muss der Wahrheit Rechnung tragen, dass eine zeitlose Gewährleistung von Medienfreiheiten bei technischer Schnelllebigkeit Züge eines Dilemmas aufweist. Deshalb wird ein Kombinationsmodell vorgeschlagen. Zum einen müssten die Begriffe von Rundfunk und Telemedien modifiziert und an die tatsächliche Praxis angepasst werden, so dass sie weiter Kategorien einer regulatorischen Ausgestaltung sein können. Hierbei ist indes sorgfältig auf die Rechtsprechung des Bundesverfassungsgerichts zu achten, die dem Rundfunk nach wie vor wegen seiner Suggestivkraft, Aktualität und Breitenwirkung eine Sonderrolle zuweist. Zum anderen wird aber eine neue Regulierungskonzeption erwogen, auf die zurückgegriffen werden kann, wenn und soweit der Rundfunk an Bedeutung und somit an Regulierungsbedürftigkeit verliert. Denkbar ist dann eine sog. „Opt-In-Regulierung", die Anreize für Anbieter schafft, sich bestimmten Regulierungsregimen unterzuordnen. Der Gesetzgeber müsste hierfür die entsprechenden Kategorien zur Verfügung stellen und diese mit (für die Anbieter günstigen bzw. ungünstigen) Rechtsfolgen verknüpfen. Diese Kategorisierung würde dann unabhängig von der jeweiligen Mediengattung oder dem jeweiligen Angebotstypus geschehen. Anknüpfungspunkt für die vom Gesetzgeber zu schaffenden Kategorien wäre dann das Wirkpotential, nicht aber der Verbreitungsweg. Rundfunk, Plattformen und Telemediendienste können hierdurch maßvoll reguliert werden, ohne sie in Hinblick auf Art. 5 Abs. 1 GG pauschal und unnötig einzuengen.[126]

Insgesamt erscheint es wichtig, sich bei der Regulierung auf Eckpunkte zu konzentrie- **33** ren. Zu den wichtigsten Zielen der Medienpolitik und -regulierung zählen die Wahrung der von Art. 5 GG verfassungsrechtlich vorgegebenen Aufgaben der Verhinderung vorherrschender Meinungsmacht, die Abwehr staatlicher Einflüsse auf den

123 KOM (2016) 287 final, S. S. 13, zu den Entwürfen und Stellungnahmen von Europäischen Parlament (CULT_PR (2016) 587655) und Rat der Europäischen Union (13624/1/16 REV 1) s. 3. Kap. Rn. 18.

124 EP, Dokument A8-0192/2017 v. 10.5.2017.

125 Für diesen letzten Weg sehen die Landesmediengesetze sog. Experimentierklauseln und Bereichsausnahmen vor, vgl. § 16 LMedienG BW; § 67a HPRG; § 41 II Nr. 5 ThürLMG: § 30 LMG NRW; § 47 BremLMG; § 53 MStV HSH; Art. 30 BayMG; § 20 MedienG LSA; § 43 RundfG M.-V.; § 52 LMG Rh.-P.; § 26 SächsPRG; § 31 NMedienG; § 68 Saarl. MG; § 45 MStV Berlin-Brandenburg.

126 *Kluth/Schulz* S. 90-92.

Rundfunk und die Förderung von Vielfalt und Kreativität.[127] Sie muss aber auch die Medien und insbesondere den Rundfunk als Faktor von Wertschöpfung anerkennen. In dieser Eigenschaft greift der Schutz der unternehmerischen Freiheiten der Art. 12 und 14 GG sowie das Recht auf Gleichbehandlung aus Art. 3 GG. Medienregulierung muss daneben auch soziale, kulturelle und pädagogische Ziele beachten.

34 Auf dem Boden des derzeitigen Systems kann der Gesetzgeber bei der Infrastruktur und beim Inhalt regulierend ansetzen. Dazu stehen ihm als Regulierungsinstrumente Ge- und Verbote, wie die im Rundfunkrecht durch das Lizensierungserfordernis vorgeschriebene ex ante Kontrolle, oder Möglichkeiten einer ex post ansetzenden Beanstandungskontrolle zur Verfügung. Letztere reichen von Sperrverfügungen über Ordnungsverfügungen bis zu den Mitteln des Strafrechts.[128] Daneben spielt in der Medienregulierung, namentlich im Jugendschutz, insbesondere nach der Novellierung des JMStV im Jahr 2016,[129] zunehmend die Regulierte Selbstregulierung eine Rolle, welche auf die Eigenverantwortung der Anbieter und eine nachgehende Kontrolle durch die Kommission für Jugendmedienschutz (KJM) setzt.[130]

2. Regulierungskriterien

35 Als Regulierungskriterien kommen die Sicherung der Meinungsvielfalt, die Einhaltung des Diskriminierungsverbots, die Beachtung der Vorgaben der Wettbewerbsfreiheit und die Netz- und Technologieneutralität in Betracht. Zudem sollte Regulierung konsistent und widerspruchsfrei erfolgen. Im Rahmen der Vielfaltssicherung kann es darum gehen, Strukturen einer vertikalen Integration (Technik und Inhalt in einer Hand) zu verhindern und durch must-carry-Regeln bestimmte Sender zu privilegieren, die einen besonders hohen Beitrag zur Sicherung der Meinungsvielfalt und Grundversorgung leisten, um diesen Refinanzierungsmöglichkeiten für die Produktion kulturell hochwertiger Programme zu eröffnen. Vor dem Hintergrund der vertikalen Integration müssen unter Berücksichtigung des Diskriminierungsverbots zudem Lösungen für den chancengleichen Zugang von Veranstaltern zu Plattformen gefunden werden. Zur Wahrung der Wettbewerbsfreiheit muss es zu den Regulierungskriterien zählen, Medienunternehmen Freiheiten bei der wirtschaftlichen Betätigung etwa – in den wohlauszutarierenden Grenzen des Kartell- und Medienkonzentrationsrechts – durch Expansion zu sichern und ihnen die Freiheit zur Auswahl ihrer Rezipienten zu überlassen. Ferner sind der Infrastrukturwettbewerb und die Technologie-[131]

---

127 Ähnlich *Benda* epd medien 59/2007, 29.

128 Dazu 23. Kap. Rn. 24 ff.

129 Dazu 3. Kap. Rn. 84 und 7. Kap. Rn. 20 ff.

130 Hierzu Bornemann/Erdemir/*Braml* § 19 Rn. 1 ff., s. auch dazu 7. Kap.

131 Auch diesbezüglich kommen Anstöße aus dem Europäischen Recht. So hielt die Kommission Beihilfen Italiens für technologieneutrale Digitaldecoder für mit dem Gemeinsamen Markt vereinbar, weil sie technologieneutral gewährt wurden, um den Übergang zum digitalen Fernsehen zu fördern. (Pressemitteilung der Kommission v. 24.1.2007, IP/07/273). Im Jahr 2005 erging eine Entscheidung gegen die Bundesrepublik Deutschland zur Förderung des digitalen terrestrischen Fernsehen (DVB-T) in Berlin Brandenburg. Die privaten Rundfunkveranstaltern für die Nutzung des DVB-T gewährten Zuschüsse verstießen nach der Entscheidung der Kommission gegen Art. 87 Abs. 1 EG und waren zurückzuzahlen (Pressemitteilung der Kommission v. 9.11.2005, IP/05/1394). Diesen technologieneutralen Ansatz hat der 10. RÄStV für die Plattformregulierung aufgegriffen, dazu 5. Kap. Rn. 41 ff.

und Netzneutralität[132] zu beachten. Unter Berücksichtigung der Technologieneutralität ist es problematisch, die Zulassungspflicht zum Rundfunk an einen Verbreitungsweg zu binden. Sie gebietet eine neutrale Regulierung der Empfangstechnik, gerade in den Bereichen Application Programming Interface und Conditional Access. Die Netzneutralität ist bedeutsam, weil das Datenvolumen in den Mobilfunknetzen stetig ansteigt.[133] Vor diesem Hintergrund stellt sich die Frage, ob ein Zugangsanbieter, also ein Telekommunikationsunternehmen, Datenpakete zwischen den Kunden tatsächlich unverändert und gleichberechtigt übertragen muss und Herkunft und Art des Inhalts keine Rolle spielen dürfen. Werden aber alle Inhalte im Netz gleich behandelt, also Datenpakete in der Reihenfolge transportiert, in der sie ankommen, entsteht ein „Stau" und das Netz wird am Ende funktionsunfähig. Man wird also mit technischen Mitteln differenzieren müssen. Rechtlich ist immer dann eine Differenzierung geboten, wenn ein sachlicher Grund besteht. Ein Notruf muss schneller ankommen dürfen als die „Bin gleich da"-Nachricht. Eine störungsfreie Videokonferenz ist ein Privileg, für das man zahlen muss. All das wird also über kurz oder lang aufgrund der Kapazitätsgrenzen des Netzes bewirtschaftet werden müssen. Dabei müssen die Preise und Chancen für Endnutzer fair und deren Wege ins Netz offen bleiben. Auf europäischer Ebene findet sich seit November 2015 durch die VO (EU) 2015/2120 eine Regelung zur Netzneutralität.[134] Hiernach soll die „gleichberechtigte und nichtdiskriminierende Behandlung des Datenverkehrs" sichergestellt werden. Um der Befürchtung entgegenzuwirken, dass der teilweise nicht eindeutige Wortlaut dazu genutzt werden könnte, die Regelungen zu umgehen, brachte die BEREC[135] im Jahr 2016 Leitlinien heraus, wie die Verordnung auszulegen ist.[136] Besonders kontrovers geführt wurde die Diskussion um Spezialdienste.[137] Diese müssen sich nach den BEREC-Leitlinien klar von vollwertigen Internetzugängen unterscheiden und für spezifische Inhalte, Anwen-

---

132 Eine allgemeingültige Definition des Begriffs „Netzneutralität" existiert bislang nicht. Eine Orientierung bot § 41a TKG a.F., der die Bundesregierung ermächtigte, in einer Rechtsverordnung die grundsätzlichen Anforderungen an eine „diskriminierungsfreie Datenübermittlung und den diskriminierungsfreien Zugang zu Inhalten und Anwendungen festzulegen, um eine willkürliche Verschlechterung von Diensten und eine ungerechtfertigte Behinderung oder Verlangsamung des Datenverkehrs in den Netzen zu verhindern". § 41a TKG wurde indes mit Wirkung vom 4.7.2017 durch Gesetz vom 27.6.2017 (BGBl I S. 1963 Nr. 32) aufgehoben.

133 Im Jahr 2015 lag das Datenvolumen im Mobilfunk in Deutschland bei 591 Mio. (Quelle: Jahresbericht der Bundesnetzagentur 2015, S. 59). Um der politischen Zielsetzung einer flächendeckenden Breitbandversorgung nachkommen zu können, hat die Bundesnetzagentur 2015 Frequenzen in den Bereichen 700, 900, 1 500 und 1 800 MHz versteigert. Versteigert wurde ein Frequenzpaket von insgesamt 270 MHz. Die Frequenzen wurden technologie- und diensteneutral bereitgestellt, so dass die Frequenzen für sämtliche Techniken, etwa auch für den neuen Standard 5G, verwendet werden können. Insgesamt zahlten die Mobilfunkunternehmen über 5 Mrd. EUR für die Zuschläge, s. Jahresbericht der Bundesnetzagentur 2015, S. 72 f. Allgemein zur Zuteilung der Rundfunkfrequenzen an den Mobilfunk *Kraege* pro media 8/2013, 22 f.).

134 VO (EU) 2015/2120 des Europäischen Parlaments und des Rates v. 25.11.2015 über Maßnahmen zum Zugang zum offenen Internet und zur Änderung der RL 2002/22/EG über den Universaldienst und Nutzerrechte bei elektronischen Kommunikationsnetzen und -diensten sowie der VO (EU) Nr. 531/2012 über das Roaming in öffentlichen Mobilfunknetzen in der Union, ABlEU Nr. L 310/1.

135 Die Berec (Body of European Regulators for Electronic Communications) ist das Gremium der europäischen Regulierungsstellen für den Telekommunikationssektor.

136 *BEREC* Guidelines on the Implementation by National Regulators of European Net Neutrality Rules, BoR (16) 127.

137 Vgl. etwa *Spies/Ufer* MMR 2015, 91, 92.

dungen oder Dienste optimiert sein.[138] Sie dürfen nicht zu Lasten anderer Nutzer gehen, so dass es letztlich Aufgabe des Netzbetreibers ist, sicherzustellen, dass ausreichend Kapazitäten vorhanden sind, bevor er einen solchen Dienst anbietet.

Um dem Bedürfnis der Nutzer nach Übermittlung großer Datenpakete mit hoher Geschwindigkeit[139] nachkommen zu können, hat die Deutsche Telekom im Jahr 2013 kurzzeitig bei Neuverträgen über eine Festnetz-Online-Nutzung mit Erreichen eines bestimmten Datenvolumens die Übertragungsgeschwindigkeit reduziert, wobei bestimmte Angebote und Dienste, mit deren Betreibern die Telekom besondere Vereinbarungen geschlossen hatte, oder auch die telekomeigene Fernsehplattform „Entertain", auf dieses integrierte Datenvolumen nicht angerechnet wurden. Wenige Monate nach der Einführung wurde die Praxis der Drosselung jedoch Ende 2013 wieder verworfen.[140] [141]

Klar ist jedoch unabhängig davon, dass nicht jeder Verbraucher einen gänzlich uneingeschränkten Zugang zu sämtlichen Services, Diensten und Inhalten haben kann.[142] Problematisch wird das dann, wenn die Priorisierung von Diensten gegen Aufpreis Innovationspotentiale im offenen Internet gefährdet.[143] Eine derartige Gefährdungslage sehen die Landesmedienanstalten als gegeben an, wenn ein Netzbetreiber gegen entsprechendes Entgelt Ausnahmen von der Volumenbegrenzung vorsieht.[144] In diesem Falle sei bei den Endkunden von einer bevorzugten Nutzung der Inhalte ohne Anrechnung auszugehen, zumal mit verhältnismäßigem Aufwand keine Transparenz

---

138 Beispiele für Spezialdienste sind etwa VoLTE (datenbasierte Telefonie über das LTE-Mobilfunknetz), linear ausgelieferte IPTV-Fernsehangebote sowie Gesundheitsdienste in Echtzeit, also zB Operationen aus der Ferne.

139 Im September 2016 hat die Europäische Kommission drei strategische Konnektivitätsziele aufgestellt, die bis 2025 erreicht werden sollen. Demnach sollen alle Bereiche mit besonderer sozioökonomischer Bedeutung mit einer Internetanbindung mit Sende- und Empfangsgeschwindigkeiten von 1 Gigabit pro Sekunde ausgestattet werden, Privathaushalte sollen unabhängig davon, ob sie sich auf dem Land oder in der Stadt befinden, einen Internetanschluss mit einer Empfangsgeschwindigkeit von mindestens 100 Mbit/s haben. Alle Stadtgebiete sowie alle wichtigen Straßen- und Bahnverbindungen sollten durchgängig mit einer 5G-Anbindung ausgestattet sein (vgl. Pressemitteilung der Kommission vom 14.9.2016, http://europa.eu/rapid/press-release_IP-16-3008_de.htm). Sehr ähnliche Ziele verfolgt die Bundesregierung mit der Digitalen Agenda 2014-2017 (vgl. www.digitale-agenda.de). Es ist das erklärte Ziel der Bundesregierung bis 2018 mittels eines effizienten Technologiemix eine flächendeckende Breitbandinfrastruktur mit einer Downloadgeschwindigkeit von mindestens 50 Mbit/s zu schaffen.

140 Vgl. https://werdrosselt.de/deutsche-telekom/.

141 Das *LG Köln* (MMR 2014, 137) hatte der Deutschen Telekom – auf Klage der Verbraucherzentrale Nordrhein-Westfalen hin – die vorgesehene Reduzierung der Übertragungsgeschwindigkeit ab Erreichen eines bestimmten Datenlimits untersagt. Die betreffende Regelung sei nach § 307 Abs. 1 S. 1, Abs. 2 Nr. 2 BGB unwirksam, weil das vertragliche Äquivalenzverhältnis aufgrund der erheblichen Verminderung des Leistungsversprechens gestört und der von dem Kunden mit Abschluss des Pauschaltarifs verfolgte Zweck gefährdet sei. Mit dem Begriff „Flatrate" verbinde der Durchschnittskunde nach wie vor einen Internetzugang zum Festpreis ohne Einschränkung, etwa beim Streaming von Fernseh-Angeboten und Filmen. Die Telekom hat das Urteil akzeptiert und wird keine Berufung einlegen. Die streitigen Volumen-Klauseln sollen aus allen Flatrate-Tarifen ersatzlos gestrichen werden. Zwar sollen Volumentarife auch künftig angeboten, jedoch nicht mehr als Flatrate bezeichnet werden.

142 Vierter Zwischenbericht der Enquete-Kommission v. 2.2.2012, BT-Drucks. 17/8536, S. 24.

143 Vierter Zwischenbericht der Enquete-Kommission v. 2.2.2012, BT-Drucks. 17/8536, S. 26.

144 Stellungnahme der Direktorenkonferenz der Landesmedienanstalten v. 12.7.2013 (abrufbar unter www.die-medienanstalten.de).

im Hinblick auf eine Überschreitung der vertraglich vereinbarten Volumengrenzen herzustellen sei. Insoweit sei mit der Entstehung eines faktischen Verhandlungszwangs für die Anbieter zu rechnen, deren Inhalte nur dann bevorzugt werden, wenn ein zusätzliches Entgelt an den jeweiligen Netzbetreiber entrichtet wird. Andere sehen in der Vorhaltung von Ausnahmen bei der Volumenbegrenzung dagegen keinen Verstoß gegen die Netzneutralität, weil es sich dabei um privilegierte Inhalte handele, die von den deutschen Landesmedienanstalten besonders durchreguliert seien.[145] Einigkeit besteht bislang also nur insoweit, als dass das Internet für die Verbreitung von Meinungen und Inhalten bedeutsam und für eine neutrale Datenübertragung daher besonders wichtig ist. Aufgrund dessen werden seit 2012 im TKG gesetzliche Regelungen zur Netzneutralität gefordert. Gem. § 41a TKG a.F.[146] wurde die Bundesregierung ermächtigt, in einer Rechtsverordnung mit Zustimmung des Bundestages und des Bundesrates gegenüber Unternehmen, die Telekommunikationsnetze betreiben, die grundsätzlichen Anforderungen an eine diskriminierungsfreie Datenübermittlung und den diskriminierungsfreien Zugang zu Inhalten und Anwendungen festzulegen, um eine willkürliche Verschlechterung von Diensten und eine ungerechtfertigte Behinderung oder Verlangsamung des Datenverkehrs in den Netzen zu verhindern. Nachdem bereits von verschiedener Seite ein rechtlicher Rahmen zur Gewährleistung der Netzneutralität gefordert worden war,[147] hatte das Bundesministerium für Wirtschaft und Technologie (BMWi) von dieser Ermächtigung im Jahr 2013 Gebrauch gemacht und den Entwurf einer Rechtsverordnung zur Gewährleistung der Netzneutralität (NNVO) vorgelegt.[148] Vor dem Hintergrund neuer Geschäfts- und Tarifmodelle und der rasanten technischen Entwicklung war nach Auffassung der damaligen Bundesregierung neben den Bestimmungen des Wettbewerbsrechts eine rechtliche Handhabe erforderlich, die es ermöglicht, Geschäfts- und Tarifmodelle der Netzbetreiber zu überprüfen und gegebenenfalls regulierend einzuschreiten. Lange Zeit hat der Gesetzgeber aus gutem Grund nicht in das freie und kreative Spiel der Kräfte eingegriffen. Der damalige Verordnungsentwurf des Bundeswirtschaftsministeriums – auch in seiner überarbeiteten Version v. 31.7.2013 – ist vielfach auf Kritik gestoßen. Danach sollten den Endkunden bestimmte Dienste innerhalb des Gesamtnetzes in logisch getrennten Teilnetzen als separates Angebot zum Internetzugang gegen gesondertes Entgelt angeboten werden (sog. managed services). Die Direktorenkonferenz der Landesmedienanstalten bemängelte insoweit die unzureichende Definition zentraler Begriffe wie „logisch getrennte Netze“ oder „managed services“ und befürchtete die Entstehung eines Zwei-Klassen-Internets.[149] Auch der Verbraucherzentrale Bundesverband e.V. sah in der vorgesehenen Differenzierung zwischen dem „offenen Internet“ und „managed services“ ein erhebliches Diskriminierungspotential.[150] Ferner stand auch der Branchenverband für IT, Telekommu-

145 So der ehemalige Vorstandsvorsitzende der Deutschen Telekom *Obermann* in einem Brief an den ehemaligen Wirtschaftsminister *Rösler* v. 25.4.2013 in Bezug auf die Fernsehplattform „Entertain“; allgemeiner *Enßlin* pro media 06/2013, 32, 33.

146 § 41a TKG wurde aufgehoben mit Wirkung vom 4.7.2017 durch Gesetz vom 27.6.2017 (BGBl I S. 1963 Nr. 42).

147 Antrag der Bundestagsfraktion DIE LINKE v. 14.5.2013, BT-Drucks. 17/13466; Vierter Zwischenbericht der Enquete-Kommission v. 2.2.2012, BT-Drucks. 17/8536, 45.

148 NNVO-E in der überarbeiteten Version v. 31.7.2013.

149 Stellungnahme der Direktorenkonferenz der Landesmedienanstalten v. 23.8.2013, abrufbar unter www.die-medienastalten.de.

150 Stellungnahme des Verbraucherzentrale Bundesverbandes v. 23.8.2013, abrufbar unter www.vzbv.de/12151.htm.

nikation und Neue Medien BITKOM dem Zweitentwurf der NNVO kritisch gegenüber und hielt eine europaweite Regelung der Materie für sachgerechter.[151] Nach alledem hatte sich die derzeitige Bundesregierung dazu entschlossen, auf die nunmehr im November 2015 in Form der VO (EU) 2015/2120 erlassene europäische Regelung zur Netzneutralität zu warten. Nach deren Erlass im Jahr 2013 lag der Fokus nunmehr auf einer Änderung bzw. Anpassung des TKG. So wurde § 41a TKG aufgehoben. Eine gesetzliche Regelung, die den Anforderungen an die Netzneutralität angemessen Rechnung trägt, bedarf einer sorgfältigen Abwägung zwischen der Erhaltung eines funktions- und leistungsfähigen Netzes, welches den stetigen Anstieg des Datenverkehrs zu bewältigen hat, auf der einen Seite und dem Interesse der Nutzer an einem bezahlbaren, transparenten und möglichst unbeschränkten Internetzugang auf der anderen Seite. In der Sache geht es also darum, das Verlangsamen, Benachteiligen oder Blockieren von Inhalten, Diensten und Diensteanbietern ohne hinreichenden sachlichen Grund zu verhindern.[152] Mit Gesetz auf Initiative der Bundesregierung aus dem Jahr vom 3.8.2016 wurde eine Anpassung des TKG an die VO (EU) 2015/2120 vorgenommen.[153] Die EU-Verordnung gibt vor, dass ein Netzwerkmanagement nur ausnahmsweise möglich ist, wenn dies technisch geboten oder im Falle streng umrissener und klar festgelegter Ausnahmen im öffentlichen Interesse ist. Zudem gilt für die Übertragung von datenintensiven Diensten, dass diese nur bei ausreichenden Netzkapazitäten angeboten werden dürfen. Die VO verpflichtet die Mitgliedstaaten zum Erlass wirksamer Sanktionen. Die Änderungen im TKG setzen diese Verpflichtung um. Danach werden Verstöße etwa gegen Anordnungen der Bundesnetzagentur zur Gewährleistung der Netzneutralität oder die Transparenzpflichten der Verordnung zukünftig bußgeldbewehrt sein.[154]

---

151 Stellungnahme des Branchenverbandes BITKOM v. 16.7.2013.

152 Vgl. Schlussbericht der Enquente-Kommission „Internet und digitale Gesellschaft" v. 5.4.2013, BT-Drucks. 17/12550 sowie den vierten Zwischenbericht vom 2.2.2012, BT-Drucks. 17/8536, 46.

153 Http://dipbt.bundestag.de/dip21/brd/2017/0343-17.pdf.

154 Vgl. neugefasster § 149 Abs. 1a, b und Abs. 2 TKG.

2. Kapitel
Rundfunk im internationalen Recht

Literatur: *Bernhard/Nemeczek* Grenzüberschreitende Fußballübertragungen im Lichte von Grundfreiheiten, geistigem Eigentum und EU-Wettbewerbsrecht, GRURInt 2012, 293; *Castendyk/Böttcher* Ein neuer Rundfunkbegriff für Deutschland? Die Richtlinie für audiovisuelle Mediendienste und der deutsche Rundfunkbegriff, MMR 2008, 13; *Dörr* Die Rolle des öffentlich-rechtlichen Rundfunks in Europa, 1997; *ders.* Ein Grundrecht der Medienfreiheit – Gleiches Recht für alle?, K&R Beihefter 2/2013 zu Heft 5, 9; *Dörr/Kreile/Cole* Handbuch Medienrecht, 2. Aufl. 2010; *Dörr/Schwartmann* Medienrecht, 5. Aufl. 2014; *Dörr/Zorn* Die Entwicklung des Medienrechts, NJW 2005, 3114; *Fink/Cole/Keber* Europäisches und Internationales Medienrecht, 2008; *Fink/Keber/Roguski* Die Zukunft der Medienregulierung im Europarat, ZUM 2011, 292; *Geppert/Schütz/Attendorn et al.* Beck'scher TKG-Kommentar, 4. Aufl. 2013; *Gersdof* Der Rundfunkbegriff – Vom technologieorientierten zum technologieneutralen Begriffsverständnis, Schriftenreihe LPR Hessen, Bd. 24, 2007; *Gornig* Der grenzüberschreitende Informationsfluss durch Rundfunkwellen, EuGRZ 1988, 1; *Grabenwarter/Pabel* Europäische Menschenrechtskonvention, 6. Aufl. 2016; *Grewenig* Rechtsprobleme im Zusammenhang mit der Überarbeitung des Rechtsrahmens für die elektronische Kommunikation (TK-Review) durch die Europäische Kommission – aus Sicht des privaten Rundfunks, ZUM 2007, 96; *Gundel* Die EMRK und das Verbot der ideellen Rundfunkwerbung – Entwarnung für § 7 Abs. 9 RStV?, ZUM 2013, 921; *Hahn* Eine kulturelle Bereichsausnahme im Recht der WTO?, ZaöRV 1996, 315; *Hilf/Oeter* WTO-Recht, 2. Aufl. 2010; *Holtz-Bacha* Von der Fernseh- zur Mediendiensterichtlinie, Media Perspektiven 2/2007, 113; *Holznagel* Frequenzzuteilung und Rundfunkspektrum, MMR 2008, 207; *Kleist/Lamprecht-Weißenborn* Der europäische Rechtsrahmen für die elektronische Kommunikation – Reformpläne und neue Regulierungsansätze, 2007; *Kleist/Lamprecht-Weißenborn/Scheuer* Audiovisuelle Mediendienste heute und morgen – Die Revision der EG-Fernsehrichtlinie, 2007; *Klotz/Brandenberg* Der novellierte EG-Rechtsrahmen für elektronische Kommunikation – Anpassungsbedarf im TKG, MMR 2010, 147; *Kreile* Ende territorialer Exklusivität – Der EuGH als Totengräber?, ZUM 2012, 177; *Leitgeb* Die Revision der Fernsehrichtlinie – Überblick über die wesentlichen geplanten Änderungen unter besonderer Berücksichtigung der Liberalisierung des Verbotes von Produktplatzierung, ZUM 2006, 837; *Michel* Senden als konstitutiver Bestandteil des Rundfunkbegriffs?, ZUM 2009, 453; *Obwexer* Der Beitritt der EU zur EMRK: Rechtsgrundlagen, Rechtsfragen und Rechtsfolgen, EuR 2012, 115; *Potthast* Die Umsetzung der EU-Richtlinie über audiovisuelle Mediendienste aus Ländersicht, ZUM 2009, 698; *Ranke/Roßnagel* Dienstleistungsfreiheit, Urheberrecht und Wettbewerbsschutz im Satellitenfernsehen, Auswirkungen des EuGH-Urteils zu territorialen Exklusivitätsvereinbarungen von Lizenzen, MMR 2012, 152; *Schiwy/Schütz/Dörr* Lexikon des Medienrechts, 5. Aufl., 2010; *Schladebach/Simantiras* Grundstrukturen des unionalen Rundfunkrechts, EuR 2011, 784; *Schütz* Rundfunkbegriff: Neutralität der Inhalte oder der Übertragung? Konvergenz und Innovation, MMR 2009, 228; *Schwartmann* Europäischer Grundrechtsschutz nach dem Verfassungsvertrag, AVR 43 (2005), 129; *Schwartmann/Hentsch* Falltraining im Urheberrecht, 2017; *Skouris* Medienrechtliche Fragen in der Rechtsprechung des EuGH, Grundrechtliche Aspekte des Medienrechts und Charta der Grundrechte der EU, MMR 2011, 423; *Spindler/Schuster* Recht der elektronischen Medien, 3. Aufl. 2015; *Stender-Vorwachs/Theißen* Die Richtlinie für audiovisuelle Mediendienste – Fernsehrichtlinie reloaded?, ZUM 2007, 613; *Streinz* Europarecht, 10. Aufl. 2016; *Trute/Broeml* Der Verbreitungsauftrag der öffentlich-rechtlichen Rundfunkanstalten Einspeisung und Vergütung von Programmen mit Must-Carry-Status in Kabelnetzen, MMR-Beil. 2012, 1.

I. Rundfunk im Völkerrecht

1 Den Medien wird im nationalen Verfassungsgefüge besondere Bedeutung zugeschrieben. Als essentieller demokratiebildender Faktor, aber auch als Mittel zur Meinungsbildung werden ihnen ebenso Privilegien zuerkannt wie besondere Pflichten auferlegt.[1] Die Regulierung der Medien ist damit vornehmlich nationale Angelegenheit. Moderne Verbreitungswege, angefangen beim Satellitenrundfunk bis hin zum Internet, wie auch der internationale Handel mit Technik und Kulturgütern, etwa Bücher und Filme, haben gleichwohl die Erkenntnis geschärft, dass es weitergehender, nämlich zwischenstaatlicher Regelungen bedarf, um eine konsistente und wirkkräftige Regulierung sicherzustellen. Ebenso wie es kein nationales Mediengesetzbuch gibt, finden sich medienrelevante Regelungen in einer Vielzahl völkerrechtlicher Übereinkommen. Für den Rundfunkbereich ist das Recht der Europäischen Union wie auch des Europarates prägend. Einflüsse ergeben sich weiterhin aus allgemeinem Völkervertragsrecht vor allem der Vereinten Nationen und deren Sonderorganisationen.

2 Dass der Medien- und damit auch der Rundfunkbereich unterschiedlichsten völkerrechtlichen Vorgaben unterliegt, insbesondere auch die Europäische Union hier Regelungskompetenzen besitzt, liegt an der den Medien zugeschriebenen Doppelnatur als Kultur- und Wirtschaftsgut. In ihrer Eigenschaft als Kulturgut versorgen sie die Bevölkerung mit Informationen und dienen der Bildung, Beratung und Unterhaltung. Zugleich sind Medieninhalte aber Wirtschaftsgüter, an deren freier Verbreitung und Vermarktung Medienunternehmer ein berechtigtes und existentielles Interesse haben. Rundfunkrechtliche Regeln des Völkerrechts tragen auch vor diesem Hintergrund der Tatsache Rechnung, dass Funkwellen und Datenströme Staatsgrenzen ignorieren. Darüber hinaus betreffen völkerrechtliche Vereinbarungen die Medien in ihrer Rolle als Handelsgut und dienen dem Zweck der Vereinheitlichung technischer Standards.

3 Zu der bereits aufgrund der föderalen Länderstruktur komplexen Regulierungssituation in Deutschland treten mit der internationalen und europäischen Rechtsetzung weitere Ebenen hinzu. Da die gewählten Regulierungsansätze auf internationaler Ebene nicht immer mit denen auf nationaler Ebene gleichlaufen, stellt die Implementierung internationaler Vereinbarungen im nationalen Recht mitunter eine Herausforderung für den nationalen Gesetzgeber dar.[2]

1. Allgemeines universelles Völkerrecht

4 Zu den Grundsätzen des universellen Völkerrechts im Hinblick auf die Massenkommunikation zählen das Prinzip des free flow of information (ungehinderte Weiterverbreitung von Informationen), der Grundsatz des prior consent (vorheriges Einverständnis des Empfangsstaates für die dortige Verbreitung von Medien), die im Hinblick auf das Territorialitätsprinzip bestehende Frage nach der Ätherfreiheit der Staaten und das Recht auf „Jamming" (Stören des Empfangs grenzüberschreitender Informationen).[3] Diese Grundsätze, deren jeweilige Anerkennung als Völkerge-

1 Hierzu 3. Kap.

2 Beispiel hierfür ist die Umsetzung der europäischen „Richtlinie über audiovisuelle Mediendienste" (AVMD-Richtlinie), deren neu eingeführte Begrifflichkeit der sog. audiovisuellen Mediendienste mit dem nationalen System der Regulierung von Rundfunk und Telemedien in Einklang zu bringen war. Vgl. hierzu Rn. 34 ff. sowie 3. Kap.

3 Dörr/Kreile/Cole/*Heer-Reißmann* Abschn. B. Rn. 1 ff.; zur Ätherfreiheit auch *Gornig* EuGRZ 1988, 1 ff.

wohnheitsrecht umstritten ist, haben zum Teil ihren Niederschlag im Völkervertragsrecht gefunden.[4] Dies gilt auch für die individualrechtliche Informationsfreiheit, welche u.a. in Art. 19 Abs. 2 des Internationalen Pakts über bürgerliche und politische Rechte (IPBPR) und in Art. 19 der Allgemeinen Erklärung der Menschenrechte (AEMR)[5] verankert ist. Art. 19 Abs. 2 IPBPR verbrieft das Recht zur freien Meinungsäußerung sowie das Recht, ohne Rücksicht auf Staatsgrenzen Informationen und Gedankengut jeder Art in Wort, Schrift oder Druck, durch Kunstwerke oder andere Mittel eigener Wahl zu beschaffen, zu empfangen und weiterzugeben, völkerrechtlich verbindlich. Schranken dieses Rechts finden sich in Art. 19 Abs. 3 IPBPR, der die Achtung der Rechte und des Rufs anderer (lit. a) sowie den Schutz der nationalen Sicherheit, der öffentlichen Ordnung, der Volksgesundheit und der öffentlichen Sittlichkeit (lit. b) als legitime entgegenstehende Interessen nennt.[6]

2. Wirtschaftsvölkerrecht

Medienrechtliche Bezüge weist bereits das Wirtschaftsvölkerrecht auf. Die im deut- 5
schen und europäischen Recht geläufige Differenzierung zwischen Rundfunkrecht und dem Recht anderer Mediengattungen (Presse, Film) bildet sich hier jedoch nicht ab. Es gibt keine rundfunkspezifischen Übereinkommen. Vielmehr werden die Medien allgemein von den Abkommen zu den jeweiligen Wirtschaftssektoren tangiert. Eine besondere Stellung nimmt der Telekommunikationssektor ein. Vereinbarungen in diesem Bereich dienen dazu, die Aufteilung von Funkfrequenzen und die Verlegung von Kabelleitungen in der Tiefsee international abzustimmen.[7]

2.1 Recht der Fernmeldeunion und Frequenzverwaltung

Wichtige Weichenstellungen für den Rundfunk, aber auch für andere Medien- und 6
Kommunikationsdienste werden im Rahmen der Internationalen Fernmeldeunion (ITU) getroffen. In ihrem Gefüge werden die internationalen terrestrischen und geostationären Funkfrequenzen verteilt und verwaltet.[8] Aufgabe und Funktionsweise der ITU sind in der Konstitution und der Konvention der Internationalen Fernmeldeunion von 1992 geregelt. Die internationale Frequenzplanung erfolgt mittels der Voll-

---

4 Der Grundsatz des prior consent findet sich etwa in Art. 34 der Konstitution der Internationalen Fernmeldeunion.

5 Letztere ist allerdings lediglich eine unverbindliche Erklärung der UN-Generalversammlung und das dort beschriebene Recht, Nachrichten und Gedanken durch jedes Ausdrucksmittel und unabhängig von Staatsgrenzen einzuholen, zu empfangen und zu verbreiten, kein geltendes Völkerrecht.

6 Dazu Dörr/Kreile/Cole/*Heer-Reißmann* Abschn. B. Rn. 5 ff.

7 Zur Vergabe von Internetdomainnamen durch DENIC und ICANN s. 22. Kap. Rn. 253 ff. Die zuvor auf mehrere Einrichtungen verteilte Administration der technischen Nutzbarkeit des Internets sowie der Vergabe der sog. Top Level Domains im World Wide Web wurde 1998 durch Gründung der Internet Corporation for Assigned Names and Numbers (ICANN) vereinheitlicht. Bei Streit über die Zuordnung einer Domain kann nach den Regeln der ICANN ein Streitschlichtungsverfahren auf Grundlage der einheitlichen Richtlinie zur Lösung von Streitigkeiten über Domainnamen (Uniform Domain Dispute Resolution Policy, UDRP) unter Anwendung entspr. Verfahrensregeln (Rules for Uniform Domain Name Dispute Resolution Policy) durchgeführt werden. Nationale Domainstreitigkeiten werden hier nur dann erfasst, wenn die nationale Vergabestelle sich der ICANN unterwirft, was für das DENIC (Deutsches Network Information Center) nicht zutrifft.

8 Weitere Aufgaben der ITU sind die Standardisierung der Funktechnik, vgl. Art. 17 ff. ITU-Konstitution, sowie die Entwicklung des Fernmeldewesens, vgl. Art. 21 ITU-Konstitution.

zugsordnung für den Funkdienst (Radio Regulations – RR),[9] die zusammen mit der Vollzugsordnung für internationale Telekommunikationsdienste (International Telecommunication Regulations – ITR) zum Sekundärrecht der ITU gehört. Es handelt sich dabei um völkerrechtliche Verträge, die auf internationalen Konferenzen beschlossen werden und jeweils der Ratifikation der Mitgliedstaaten bedürfen. Die Umsetzung der auf den Weltfunkkonferenzen beschlossenen Frequenzzuweisungen erfolgt in Deutschland durch die Frequenzverordnung.[10]

7 Die letzten Verhandlungen zur ITR, die allgemeine Grundsätze für die Bereitstellung und den Betrieb internationaler Telekommunikationsdienste für die Öffentlichkeit enthält, erfolgten auf der World Conference on International Telecommunications (WCIT) im Dezember 2012 in Dubai. Hintergrund war die Anpassung der bis dahin unveränderten Vollzugsordnung aus dem Jahr 1988 an die mittlerweile liberalisierten Telekommunikationsmärkte und die Entwicklungen im Telekommunikationsbereich (wie z.B. das Internet). Verhandlungsposition vonseiten Deutschlands, der EU und auch der USA war es dabei, den Geltungsbereich der ITR nicht auf das Internet zu erstrecken. Da der entwickelte Vertragsentwurf,[11] etwa im Bereich Sicherheit und der Bekämpfung von Spam, nationale Maßnahmen der staatlichen Inhaltskontrolle des Internets nicht ausschließt, wurde er vonseiten Deutschlands ebenso wie von den übrigen EU-Mitgliedstaaten und den USA bisher nicht unterzeichnet.[12] Für sie gelten die ITR von 1988 fort.[13]

8 Die Anpassung der RR erfolgt auf Weltfunkkonferenzen, die in etwa alle vier Jahre stattfinden. Im Rahmen der Weltfunkkonferenz 2007 (WRC-07) war für die Region 1, zu der neben Europa Afrika, der Mittlere Osten, die ehemalige Sowjetunion und die Mongolei gehören, u.a. eine koprimäre Zuteilung des 800 MHz-Band (Frequenzbereich 790-862 MHz) für Rundfunk und Mobilfunkdienste ab spätestens 2015 vereinbart worden. Auch wurden im Rahmen der WRC-07 die Ergebnisse der zuvor im Mai/Juni 2006 abgehaltenen Regional Radiocommunication Conference 2006 (RRC-06) bestätigt.[14] Ihr Ziel war die Festlegung der Frequenznutzung für den digitalen terrestrischen Rundfunk. Konkret ging es um den Frequenzbereich für die Umstellung auf den digitalen Rundfunk[15] in den Standards DAB/DMB und DVB-T/DVB-H.[16] Es wurde ein regionaler Frequenzplan („Genf 06" oder „GE06-Abkommen") erarbeitet, der am 17.6.2007 in Kraft trat. Das Abkommen bestimmt die Nutzungsrechte der beteiligten Staaten für Frequenzen in einem bestimmten Gebiet und nach einem festgelegten Modus (räumliche und spektrale Entkoppelung). Nach dem Ergebnis der RRC-06 laufen die analogen Rundfunkdienste in den genannten Frequenzbereichen seit Mai 2006 aus, wobei in den Staaten unterschiedliche Übergangsfristen für die

---

9 Dazu Geppert/Schütz/Attendorn/*Riegner/Kühn/Korehnke* Beck'scher TKG-Kommentar, B Teil 5 Abschn. 1 Rn. 6 ff.

10 Frequenzverordnung v. 27.8.2013 (BGBl I S. 3326), geändert durch Art. 1 der Verordnung vom 21.5.2015 (BGBl I S. 780). Diese löste die frühere „Frequenzbereichszuweisungsplanverordnung" ab.

11 Die Final Acts der WCIT-12 sind abrufbar unter www.itu.int/en/wcit-12/Documents/final-acts-wcit-12.pdf.

12 Zum Standpunkt Deutschlands und der USA vgl. MMR-Aktuell 2012, 339462.

13 Nur Antigua und Barbuda, Nauru sowie die Salomonen sind weder Vertragspartner der alten noch der neuen ITR.

14 Vgl. zu den Ergebnissen der WRC-07 *Holznagel* MMR 2008, 207, 210.

15 VHF 174 – 230 MHz und UHF 470-862 MHz.

16 Die Digitalisierung im UKW-Band (87,6–108 MHz) wurde nicht verhandelt.

Umstellung auf die digitale Technik vorgesehen sind. Weitreichende Entscheidungen für den Rundfunk wurden auf der Weltfunkkonferenz im Februar 2012 in Dubai (WRC-12) getroffen.[17] Auf Drängen afrikanischer und arabischer Staaten kam es hier nach kontroversen Diskussionen zur Vereinbarung einer Erweiterung der Frequenzzuweisung für den Mobilfunk im UHF-Band. Hintergrund hierfür war, dass das 800 MHz-Band, welches im Rahmen der WRC-07 für den Mobilfunk umgewidmet worden war, im afrikanisch-arabischen Raum vielfach nicht für diesen genutzt werden kann. Vereinbart wurde daher eine zukünftig koprimäre Zuweisung an den Mobilfunk im Rundfunkfrequenzbereich 694-790 MHz in der Region 1.[18] Diese Frequenzzuweisung ist im Anschluss an die Weltfunkkonferenz von 2015 (WRC-15) in Kraft getreten, im Rahmen derer u.a. noch technische Fragen zu klären waren.

Die Bereitstellung von zusätzlichem Frequenzspektrum für Mobilfunkdienste war **9**
einer der Schwerpunkte der WRC-15 in Genf. Nach den Ergebnissen der Konferenz soll das 700 MHz Band künftig weltweit für den Mobilfunk zur Verfügung stehen. Entgegen Bestrebungen u.a. der USA bleibt das Frequenzband von 470 bis 698 MHz in der ITU-Region 1 hingegen bis mindestens 2023 ausschließlich dem Rundfunk vorbehalten. In Deutschland ist damit Investitionssicherheit für das digital-terrestrische Fernsehen im DVB-T2-Standard geschaffen.[19] Im Rahmen der WRC-23 soll die Frequenznutzung im vollständigen Bereich von 470 bis 960 MHz überprüft werden.

Für den Satellitenfunk relevant sind die internationalen Fernmeldesatellitenorganisa- **10**
tionen ITSO (International Telecommunications Satellite Organization) und IMSO (International Mobile Satellite Organization), welche jeweils die Aufsicht über die mittlerweile privatisierten Unternehmen Intelsat und INMARSAT ausüben, sowie die europäische Fernmeldesatellitenorganisation EUTELSAT.[20]

2.2 Recht der WTO

Die Welthandelsorganisation (WTO) nimmt nicht spezifisch den Rundfunk, wohl aber **11**
in zunehmendem Maß die Medien in ihrer Eigenschaft als audiovisuelle Güter und Dienstleistungen in Bezug.[21] Dies gilt für das den Warenhandel betr. General Agreement on Tariffs and Trade (GATT) und das Übereinkommen über technische Handelshemmnisse (Agreement on Technical Barriers to Trade, TBT) ebenso wie für das Dienstleistungsabkommen General Agreement on Trade in Services (GATS).

Die im Rahmen der WTO getroffenen Handelsvereinbarungen zielen wesentlich auf **12**
eine Ordnung des grenzüberschreitenden Waren- und Dienstleistungshandels ab, die nationale Handelspolitiken zugunsten eines freien Welthandels diszipliniert und insbesondere der Abschottung von Märkten entgegenwirkt. Das GATT richtet sich wesentlich auf den Abbau von Handelshemmnissen in Form von etwa Zöllen, Ein- und Ausfuhrverboten oder -kontingenten. Tragendes Grundprinzip ist das der Nichtdiskriminierung, welches sowohl im allgemeinen Meistbegünstigungsprinzip (Art. I GATT) als auch im Grundsatz der Inländerbehandlung (Art. III GATT) seinen Ausdruck findet. Im Rahmen des GATS, das sich gegen Maßnahmen richtet, die den Handel mit Dienstleistungen beeinträchtigen, gehört letzteres (Art. XVII GATS) zusam-

---

17 Zum Ergebnis der Weltfunkkonferenz *Mezger/Vieracker* epd medien 17/2012, S. 7 f.

18 Vgl. Resolution 232 [COM5/10] (WRC-12).

19 Vgl. *Nünning* Weltfunkkonferenz in Genf: Erfolg für europäischen Rundfunk, MK 11.12.2015.

20 Ausf. zum Satellitenfunk *Fink/Cole/Keber* Rn. 343 ff.

21 Dazu Schiwy/Schütz/Dörr/*Fink* S. 238 ff.; Dörr/Kreile/Cole/*Heer-Reißmann* B. I. 3.

men mit dem Marktzugang (Art. XVI GATS) lediglich zu den spezifischen Pflichten der Vertragsparteien. Sie finden nur dann und nur insoweit Geltung, als konkrete Zugeständnisse von den Parteien für bestimmte Wirtschaftssektoren gemacht wurden. Auch die Anwendung des Meistbegünstigungsgrundsatzes kann durch entsprechende Erklärung eines Mitgliedstaates ausgeschlossen werden. Der Telekommunikationsbereich nimmt hier insofern eine Sonderstellung ein, als er einen Dienstleistungssektor darstellt, der wiederum Grundlage für andere wirtschaftliche Tätigkeiten ist. Um zu verhindern, dass Zugeständnisse in anderen Bereichen nicht indirekt durch Beschränkungen der Telekommunikation zunichte gemacht werden, verpflichten die Bestimmungen einer entsprechenden Anlage zum GATS die Mitgliedstaaten, Dienstleistungsanbietern angemessenen und diskriminierungsfreien Zugang zu öffentlichen Telekommunikationsnetzen zu ermöglichen. Im Bereich der audiovisuellen Medien, einschließlich der Presse und der elektronischen Medien, hat die Liberalisierung des Dienstleistungshandels vor dem Hintergrund nationaler Interessen an der Erhaltung und dem Schutz kultureller Identität und Souveränität bereits im Rahmen der Verhandlungen zu Konflikten geführt.[22] Ausnahmeregelungen für den kulturellen Sektor setzten sich jedoch nicht durch. So ist auf audiovisuelle Erzeugnisse, die Waren i.S.d. GATT darstellen, das GATT uneingeschränkt anwendbar. Mangels entsprechender Verpflichtungszusagen bestehen für die Mitgliedstaaten der Europäischen Union aus dem GATS jedoch keine Verpflichtungen für den audiovisuellen Dienstleistungsbereich. Auch bezüglich des Meistbegünstigungsgrundsatzes wurden zahlreiche Ausnahmen erklärt. Wegen des unterschiedlichen Liberalisierungsniveaus ist daher die Einordnung audiovisueller Erzeugnisse als Ware oder Dienstleistung von besonderer Bedeutung, da sie über die Anwendung des GATT oder des GATS entscheidet.[23] Dem Dienstleistungssektor werden insbesondere Produktion und Vertrieb von Kino- und Videofilmen, die Vorführung von Kinofilmen sowie Hörfunk- und Fernsehdienste zugerechnet.[24] Schwierigkeiten bereitet vor allem die Einordnung digitaler Produkte.[25]

13 Ein weiteres wichtiges Abkommen neben dem GATT und dem GATS ist das Abkommen zu Trade-Related Aspects of Intellectual Property Rights (TRIPS) über den Handel mit geistigem Eigentum. Zusammen mit weiteren Abkommen zum Schutz des geistigen Eigentums spielt es außerhalb der WTO eine wichtige Rolle.[26]

14 Entsteht auf zwischenstaatlicher Ebene Streit über die Anwendung und Auslegung der Abkommen, so richtet sich dessen Schlichtung nach dem Streitbeilegungsabkommen der WTO, dem Dispute Settlement Understanding (DSU).

---

22 Hierzu Hilf/Oeter/*Theune* § 35 Rn. 1 ff.

23 Für Film und Fernsehen *Hahn* ZaöRV 1996, 315, 326 ff.

24 Diese sind in der Liste zur Klassifizierung der Dienstleistungssektoren (Services Sectorial Classification List), GATT-Dok. MTN/GNS/W/120 v. 10.7.1991, enthalten, welche im Rahmen der Verhandlungen zum GATS erarbeitet wurde, wenngleich aber keinen verbindlichen Teil des Abkommens darstellt.

25 Vgl. Hilf/Oeter/*Theune* § 35 Rn. 17.

26 Vgl. die Berner Übereinkommen zum Schutz von Werken der Literatur und Kunst, das Internationale Abkommen über den Schutz ausübender Künstler, der Hersteller von Tonträgern und der Sendeunternehmen, der WIPO Vertrag über Darbietungen und Tonträger (WPPT), der WIPO Urheberrechtsvertrag, und der WIPO Copyright Treaty (WCT), dazu 26. Kap. Rn. 317 ff. sowie ausf. zum internationalen Schutz des geistigen Eigentums *Fink/Cole/Keber* Rn. 400 ff.

3. Recht des Europarates

Im europäischen Raum kommt dem Recht des Europarates eine tragende Rolle zu. 15
Als internationale Organisation verfügt der Europarat über einen weit über die Grenzen der Europäischen Union hinausgehenden Einfluss, da ihm insbesondere nahezu alle mittel- und osteuropäischen Staaten angehören, einschließlich der Türkei und Russland. Grundlegendes multilaterales Vertragswerk ist die Europäische Konvention zum Schutze der Menschenrechte und Grundfreiheiten (EMRK). Sie enthält einen ausführlichen Menschenrechtskatalog, dessen Anerkennung für alle Mitgliedstaaten des Europarates verpflichtend ist. Ein Beitritt auch der EU zur EMRK wird erwogen, ist bisher jedoch nicht umgesetzt.[27] Mit einem Beitritt würde die EU an die Konventionsgarantien unmittelbar gebunden und grundsätzlich auch der gerichtlichen Kontrolle durch den EGMR unterworfen.[28] Der von der Europäischen Kommission auf der Grundlage des Art. 218 Abs. 11 AEUV zu konkreten Vertragsentwürfen für einen Beitritt angerufene EuGH hat u.a. deswegen Bedenken gegen deren Vereinbarkeit mit EU-Recht erhoben und damit das Verfahren vorerst angehalten.[29]

Neben der EMRK gibt es die Medien betr. eine Reihe spezifischer Übereinkommen 16
des Europarates. Im Rundfunkbereich enthält das „Europäische Übereinkommen über das grenzüberschreitende Fernsehen“ von 1989 in der Fassung von 2002[30] maßgebende Vorgaben zur grenzüberschreitenden Verbreitung von Rundfunkprogrammen. Das Abkommen entstand zeitgleich zur Fernsehrichtlinie der Europäischen Union und war inhaltlich mit ihr zuletzt weitgehend deckungsgleich. Parallel zu der Reform der europäischen Fernsehrichtlinie in eine Richtlinie für audiovisuelle Mediendienste war eine erneute Überarbeitung der Konvention avisiert.[31] Diese wurden jedoch – auch wenn die Notwendigkeit einer Aktualisierung aufseiten des Europarates gesehen wird – mangels eines Verhandlungsspielraums eingestellt.[32] Weiteres Abkommen betr. den Rundfunk ist das seit 1967 geltende „Europäische Übereinkommen zur Verhütung von Rundfunksendungen, die von Sendestellen außerhalb der staatlichen Hoheitsgebiete gesendet werden“ (Rundfunkpiraterie-Übereinkommen). Darüber hinaus existieren zu einzelnen medienrelevanten Themen weitere spezielle Übereinkommen. Als erstes Abkommen seiner Art im internationalen Kontext besitzt das seit 2004 in Kraft befindliche Übereinkommen über Computerkriminalität (Cyber-Crime-Convention) eine Vorreiterrolle.[33] Es regelt die Verfolgung computerbezogener Straf-

27 Beschluss des Rates vom 4.6.2010 zur Ermächtigung der Kommission zur Aushandlung der Übereinkunft über den Beitritt der Europäischen Union zur EMRK (10817/10 RESTREINT UE FREMP 27 JAI 523 COHOM 153 COSCE 17).

28 Vgl. dazu *Obwexer* EuR 2012, 115.

29 Vgl. Gutachten 2/13 des Gerichtshofs (Plenum) vom 18.12.2014.

30 Vgl. unter http://conventions.coe.int/treaty/ger/Treaties/Html/132.htm.

31 Zum Stand der Überarbeitung, insbesondere der Entwurf eines zweiten Protokolls zur Änderung des Fernsehübereinkommens (T-TT(2009)007FIN), abrufbar unter www.coe.int/t/dghl/standardsetting/media/t-tt/. Zu den zukünftigen Möglichkeiten der Medienregulierung im Rahmen des Europarats und die damit zusammenhängende Frage nach der Kompetenz der Mitgliedstaaten zum Abschluss eines Übereinkommens über audiovisuelle Medien s. *Fink/Keber/Roguski* ZUM 2011, 292 ff.

32 Vgl. zuletzt die Antwort des Ministerkomitees (Dok. 13605 v. 23.9.2014) auf die Empfehlung der Parlamentarischen Versammlung, die Arbeit an der Überarbeitung des Übereinkommens wieder aufzunehmen (Empfehlung 2036 (2014) v. 31.1.2014).

33 Das Übereinkommen ist in der Bundesrepublik Deutschland seit 1.1.2009 in Kraft. Ausführlich zu den Inhalten des Übereinkommens Spindler/Schuster/*Fink* Teil 1 A, Rn. 8 ff.

taten und bestimmt Kooperationspflichten der Vertragsstaaten bei der Strafverfolgung. Des Weiteren zu nennen sind etwa das 1985 in Kraft getretene „Übereinkommen zum Schutz des Menschen bei der automatischen Verarbeitung personenbezogener Daten" (Datenschutz-Übereinkommen) und das „Europäische Übereinkommen über Rechtsschutz für Dienstleistungen mit bedingtem Zugang und der Dienstleistungen zu bedingtem Zugang", welches seit 2003 in Kraft ist.[34] Neben rechtlichen Fragen im digitalen Umfeld widmet sich die Arbeit des Europarates u.a. auch der Förderung und Erhaltung kultureller Güter. Zu nennen sind hier das „Europäische Übereinkommen über die Gemeinschaftsproduktion von Kinofilmen" von 1992 und das „Europäische Übereinkommen zum Schutze des audiovisuellen Erbes" von 2001.[35]

17 Zentrale Bedeutung für das Medienrecht hat die Europäische Konvention zum Schutze der Menschenrechte und Grundfreiheiten (EMRK), namentlich die von Art. 10 EMRK gewährleistete Meinungs- und Informationsfreiheit sowie die in diesem Bereich ergangenen Entscheidungen des Europäischen Gerichtshofs für Menschenrechte.[36] Art. 10 EMRK ist zum einen für die Mitgliedstaaten eine verbindliche und im innerstaatlichen Recht zu berücksichtigende Vorgabe.[37] Zum anderen entfaltet die Bestimmung aber auch im Rahmen der Grundrechte der Europäischen Union Wirkung,[38] unmittelbar aufgrund der Einbeziehung in das Unionsrecht nach Art. 6 Abs. 3 EUV und mittelbar, da Art. 10 EMRK Vorbild für Art. 11 EU-Grundrechtecharta war.[39]

18 Art. 10 Abs. 1 EMRK schützt die Kommunikation in ihren vielfältigen Formen. Gewährleistet werden die allgemeine Freiheit der Meinungsäußerung und die Informationsfreiheit wie auch der Kommunikationsprozess in seinen speziellen Ausprägungen der Presse- und der Rundfunkfreiheit, der Kunst- und der Wissenschaftsfreiheit.[40] Die Reichweite des gewährten Schutzes bedingt sich durch die Bedeutung, die den Freiheiten aus Art. 10 Abs. 1 EMRK beigemessen sind. Sie werden als einer der Grundpfeiler einer demokratischen Gesellschaft angesehen, als eine der Grundvoraussetzungen für ihren Fortschritt und für die Entfaltung jedes Einzelnen.[41] Schutz finden daher grundsätzlich auch Informationen und Werturteile, die verletzen, schockieren oder beunruhigen können. Einschränkungen sind nur auf der Grundlage eines Gesetzes zulässig und müssen unter Wahrung der Verhältnismäßigkeit zur Verfolgung eines der in Art. 10 Abs. 2 EMRK niedergelegten Ziele für eine demokratische Gesellschaft notwendig sein. Hierbei wird berücksichtigt, dass jeden, der sein Recht auf freie Meinungsäußerung ausübt, auch „Pflichten und Verantwortung" treffen.

19 Die Auslegung der Konvention insbesondere im Fall von Rechtsstreitigkeiten obliegt dem Europäischen Gerichtshof für Menschenrechte (EGMR), der seit Inkrafttreten des 11. Zusatzprotokolls als ständiger Gerichtshof tagt. Eine Verletzung von Art. 10 EMRK kann auf Beschwerde von jedermann, der möglicherweise durch einen Ver-

---

34 Bislang fehlt es aber an einer Unterzeichnung durch die Bundesrepublik Deutschland. Die EU hat das Übereinkommen bereits am 21.12.2011 unterzeichnet und am 10.9.2015 ratifiziert.

35 Das Übereinkommen ist für die Bundesrepublik Deutschland in Kraft seit dem 1.4.2014.

36 Dazu Dörr/Kreile/Cole/*Heer-Reißmann* Abschn. B. Rn. 22.

37 *Schwartmann* AVR 43 (2005), 129, 131 f.

38 Zur Wirkung *Schwartmann* AVR 43 (2005), 129, 132 f.; zu Art. 10 EMRK insgesamt *Grabenwarter/Pabel* § 23 Rn. 1 ff.

39 Die Charta orientiert sich insofern an der EMRK als Grundstandard, vgl. Art. 52 Abs. 3 und 53 Grundrechte-Charta.

40 Dörr/Kreile/Cole/*Heer-Reißmann* Abschn. B. Rn. 26.

41 *EGMR* 7.12.1976, Nr. 5493/72 – Handyside/UK.

tragsstaat in seinen Menschenrechten verletzt wird, im Wege einer Individualbeschwerde nach Art. 34 EMRK überprüft werden.[42] Die ergehenden Entscheidungen des Gerichtshofs sind nach Art. 46 EMRK für die an dem jeweiligen Verfahren beteiligten Vertragsparteien verbindlich. Aufgrund der „faktischen Orientierungs- und Leitfunktion“, die das BVerfG der Rspr. des EGMR für die Auslegung der EMRK zuweist, sind die Konventionsstaaten jedoch auch über den konkret entschiedenen Einzelfall hinaus an die Judikatur des Gerichtshofs gebunden.[43]

Der EGMR vertritt ein dezidiertes Verständnis der Kommunikations- und Medien- **20**
freiheit im Sinne von Pluralismusgarantie, das sich nicht nur in Entscheidungen zum Fernsehen niedergeschlagen hat, sondern die Bedeutung der Massenmedien insgesamt betrifft. Ihnen wird die Funktion eines „public watchdog“ zugemessen, soweit es um Themen von politischer oder gesellschaftlicher Relevanz geht. Hieraus leiten sich weitreichende Freiräume etwa auch betr. den Informantenschutz ab.[44] Wegen der Bedeutung der EMRK und der Rechtsprechung des EGMR in der Rundfunkordnung des europäischen Rechtskreises sind die zu Art. 10 EMRK getroffenen Entscheidungen[45] grundlegend für die nationale und europäische Rundfunkordnung.[46]

Insbesondere in seinem Verständnis der Rundfunkfreiheit weicht der EGMR in Tei- **21**
len nicht nur von dem des Gerichtshofs der Europäischen Union (EuGH), sondern auch von dem des BVerfG ab. Dabei ist im Hinblick auf die der deutschen Verfassungsrechtsprechung zugrunde liegende Konstruktion der „dienenden Freiheiten“ des Art. 5 GG zu berücksichtigen, dass der EGMR in seiner Rspr. zur Garantie des Art. 10 EMRK nicht von einer objektiv-rechtlichen Funktion, sondern von der Gewährleistung einer individuellen Medienfreiheit ausgeht, deren Beschränkung durch nationale Vorgaben stets der Rechtfertigung bedarf. Ausdrücklich anerkannt hat er gleichwohl eine aus Art. 10 EMRK abgeleitete staatliche Pflicht zum Schutz des Medienpluralismus, die im Rahmen des Schrankenvorbehalts des Art. 10 Abs. 2 EMRK zu berücksichtigen ist. Die Pflicht des Staates zum Schutz der individuellen Meinungsfreiheit erschöpfe sich, so der EGMR, nicht in der Enthaltung des Staates vor Eingriffen in dieses Recht, sondern beinhalte ebenso die positive Pflicht des Staates zur aktiven Garantie dieser Freiheit, zu der die Schaffung gesetzlicher Rahmenbedingungen gehört.[47]

---

42 Zum 1.1.2010 waren am EGMR rund 119 300 Individualbeschwerden anhängig, vgl. 50 Years of Activity, The European Court of Human Rights – Some Facts and Figures, April 2010. Von der Möglichkeit der Staatenbeschwerde nach Art. 33 EMRK wurde in der Vergangenheit hingegen nur in sehr begrenztem Maß Gebrauch gemacht.

43 *BVerfGE* 128, 326, 368 – Sicherungsverwahrung. Die Bindungswirkung erstreckt sich im deutschen innerstaatlichen Recht durch entspr. Konventionsbestimmungen in Verbindung mit dem Zustimmungsgesetz sowie durch rechtsstaatliche Anforderungen (Art. 20 Abs. 3, Art. 59 Abs. 2 GG i.V.m. Art. 19 Abs. 4 GG) grds. auf alle staatlichen Organe. Hierzu und zu den Grenzen auch *BVerfGE* 111, 307 – Görgülü.

44 Grundlegend *EGMR* v. 27.3.1996, Nr. 17488/90 – Goodwin/UK.

45 Zur jüngeren Entwicklung *Dörr/Zorn* NJW 2005, 3114, 3117 f.

46 Der Konventionstext und die Rechtsprechung des EGMR dienen auf der Ebene des Verfassungsrechts als Auslegungshilfen für die Bestimmung von Inhalt und Reichweite von Grundrechten und rechtsstaatlichen Grundsätzen des Grundgesetzes. Dies ergibt sich aus der Völkerrechtsfreundlichkeit der Verfassung (Art. 1 Abs. 2, 24, 25, 26 GG), welche in den Grenzen methodisch vertretbarer Standards stets i.S.d. Konvention in ihrer durch den EGMR verliehenen Gestalt auszulegen ist. Hierzu *BVerfGE* 111, 307 – Görgülü – sowie *BVerfGE* 128, 326 – Sicherungsverwahrung.

47 Vgl. *EGMR* 17.9.2009, Rs. 13936/02 – Manole et al. gegen Moldawien, Abs. 99.

22 Konkret erachtete der EGMR in der Entscheidung zum Österreichischen Rundfunk[48], anders als der EuGH in der zuvor ergangenen ERT-Entscheidung[49], ein öffentlich-rechtliches Fernsehmonopol nicht als grundsätzlich zulässig. Während das Bundesverfassungsgericht bislang offen gelassen hat, ob der Gesetzgeber dazu verpflichtet ist, privaten Rundfunk zuzulassen, entnahm der EGMR im Fall Groppera[50] aus dem Jahr 1990 aus Art. 10 Abs. 1 EMRK die Freiheit zur Veranstaltung von privatem Rundfunk. Im Fall Autronic[51] leitete das Straßburger Gericht aus Art. 10 Abs. 1 S. 1 und 2 EMRK die Empfangsfreiheit ab. Hierbei wird das Recht, Empfangseinrichtungen zu betreiben, geschützt, um unmittelbar von einem Telekommunikationssatelliten Programme empfangen zu können.[52] Neuere Entscheidungen im Rundfunkbereich betreffen insbesondere die Grundrechtsfähigkeit öffentlich-rechtlicher Rundfunkveranstalter[53] und das Gebot der Staatsferne des Rundfunks[54], den zu gewährleistenden Rechtsrahmen für die Frequenzvergabe[55] und die gerichtliche Kontrolle der Medienaufsicht.[56]

II. Rundfunkregulierung im Recht der Europäischen Union

23 Zunehmend erlangt das Recht der Europäischen Union (EU) Bedeutung im Medienbereich. Dies gilt inhaltlich aufgrund ihrer weitreichenden Kompetenzen insbesondere für Maßnahmen zur Verwirklichung des Binnenmarktes und wird formell verstärkt durch die unmittelbar bindende Wirkung des Sekundärrechts, welches anders als die Übereinkommen des Europarates keiner eigenen Ratifizierung mehr bedarf. Zwar liegt die Zuständigkeit für den kulturellen Bereich – ausdrücklich nach Art. 167 AEUV auch für den audiovisuellen Bereich[57] – bei den Mitgliedstaaten und ist aufgrund des Prinzips der begrenzten Einzelermächtigung der Kompetenz der Union entzogen. Ihre Betätigung ist insofern im kulturellen Bereich nach Art. 167 Abs. 5 AEUV auf Fördermaßnahmen beschränkt. Gleichwohl sind Medien auch Wirtschaftsgut und als solches Gegenstand des Binnenmarktes, so dass sich insbesondere aus den Grundfreiheiten Regelungskompetenzen der Union ableiten.[58] Die Berücksichtigung dieser Doppelnatur gerade audiovisueller Dienstleistungen, denen besondere kulturelle Bedeutung beigemessen wird, stellt insofern

---

48 *EGMR* v. 24.11.1993, Nr. 13914/88; 15041/89; 15717/89 – Lentia/Österreich; zu Einzelheiten *Dörr/Schwartmann* Rn. 496.

49 *EuGH* Rs. C-260/89, Slg. 1991, I-2925 – ERT, vgl. dazu auch unten Rn. 29.

50 *EuGRZ* 1990, 255; *EGMR* 28.3.1990, Nr. 10890/84 – Groppera/Schweiz.

51 *EuGRZ* 1990, 201; *EGMR* 22.5.1990, Nr. 12726/87 – Autronic/Schweiz.

52 Zu den Einschränkungen *Dörr/Schwartmann* Rn. 495.

53 Vgl. *EGMR* 23.9.2003, Rs. 53984/00 – Radio France et al. gegen Frankreich; Urteil v. 29.3.2011; Urteil v. 7.12.2006, Rs. 35841/02 – ORF gegen Österreich; 29.3.2011; Rs. 5008406/06 – RTBF gegen Belgien.

54 Vgl. *EGMR* 17.9.2009, Rs. 13936/02 – Manole et al. gegen Moldawien.

55 Vgl. *EGMR* 7.6.2012, Rs. Nr. 38433/09 – Centro Europa 7 s.r.l. et al. gegen Italien.

56 Zur Entwicklung der Rspr. zuletzt *Gundel* ZUM 2013, 921 f.

57 Für den öffentlich-rechtlichen Rundfunk bestätigt das sog. „Amsterdamer Protokoll" über den öffentlich-rechtlichen Rundfunk (ABlEG Nr. C 340/109 v. 10.11.1997) die primäre Zuständigkeit für diesen Funktionsbereich. Vgl. *Schladebach/Simantiras* EuR 2011, 787 ff.

58 Zur Regelungskompetenz ausführlich Dörr/Kreile/Cole/*Dörr* Abschn. B. Rn. 80 ff.; dazu auch *Schladebach/Simantiras* EuR 2011, 785 ff.

auch für die Vereinbarung von Handelsabkommen der EU mit Drittstaaten eine besondere Herausforderung dar.[59]

24 Die europarechtlichen Vorgaben zum Rundfunkrecht sind vielschichtig und finden sich sowohl im Primär- als auch im Sekundärrecht der EU.[60]

1. Primärrecht

25 Zum Primärrecht der EU gehören neben den Gründungsverträgen, deren Protokollen, Anhängen und Erklärungen, allgemeine Rechtsgrundsätze und das Gewohnheitsrecht. Auch wenn es lange keinen geschriebenen Katalog an Grundrechten gab, waren diese daher bereits als allgemeine Rechtsgrundsätze Bestandteil des Unionsrechts. Gewonnen durch Rechtsvergleichung der gemeinsamen Verfassungstraditionen der Mitgliedstaaten sowie aus den völkerrechtlichen Verträgen über den Schutz der Menschenrechte, an deren Abschluss die Mitgliedstaaten beteiligt waren oder denen sie beigetreten sind,[61] hatte der EuGH in seiner Rechtsprechung schon vor Gründung der Europäischen Union mit dem Vertrag von Maastricht die Meinungsfreiheit als Gemeinschaftsgrundrecht anerkannt.[62] Nach der Rechtsprechung des EuGH stellt insbesondere die EMRK eine sog. Rechtserkenntnisquelle für die Ausgestaltung der Gemeinschaftsgrundrechte dar.[63] Ausdrücklich nimmt der EUV in der Fassung von Lissabon in Art. 6 Abs. 3 die Grundrechte der Europäischen Menschenrechtskonvention (EMRK) in Bezug und bekennt sich damit zu der in Art. 10 Abs. 1 EMRK gewährleisteten Meinungs- und Informationsfreiheit.[64]

26 Die Freiheit der Meinungsäußerung und Informationsfreiheit in Art. 11 Abs. 1 EU-Grundrechtecharta, welche seit dem Vertrag von Lissabon durch Art. 6 Abs. 1 EUV verbindlich ist und primärrechtlichen Rang erhalten hat, ist hieran angelehnt.[65] Weitergehend als in Art. 10 EMRK wird in Art. 11 Abs. 2 EU-Grundrechtecharta ausdrücklich auf die Freiheit der Medien und deren Pluralität Bezug genommen, die es zu achten gilt.[66] Offen ist, ob hiermit eine dienende Medienfreiheit i.S.d. Rechtsprechung des Bundesverfassungsgerichts oder eine Medienunternehmerfreiheit gemeint ist.[67]

27 Medien können Dienstleistungen (z.B. Rundfunksendung) oder Waren (z.B. Buch, Tonträger) sein. Aus diesem Grund sind bei grenzüberschreitenden Sachverhalten primärrechtlich die Grundfreiheiten der Art. 28 ff. AEUV, insbesondere die Dienstleistungs- und die Warenverkehrsfreiheit, von Relevanz. Geht es um die Wahl des

59 Im Rahmen der Mandatierung der Europäischen Kommission zur Verhandlung einer Transatlantischen Handels- und Investitionspartnerschaft (TTIP) der EU mit den USA wurden, letztlich auf Drängen Frankreichs, Ausnahmen für den audiovisuellen Bereich erzielt (Beschl. des Rates v. 13.6.2013). Vgl. auch Entschließung der Länder, BT-Drucks. 463/13 (B).

60 Einen Überblick auch über die Entwicklung in Europa geben *Dörr/Zorn* NJW 2005, 3114 ff.

61 Grundlegend *EuGH* Rs. 4/73, Slg. 1974, 491 – Nold.

62 *EuGH* Rs. C-260/89, Slg. 1991, I-2925 – ERT.

63 *Schwartmann* AVR 43 (2005), 129, 131 ff.

64 Dörr/Kreile/Cole/*Dörr* Abschn. B. 49.

65 Zur Ausgestaltung der Medienfreiheit auf europäischer Ebene nach EMRK und EU-Grundrechtecharta im Vergleich zum deutschen Verfassungsrecht *Dörr* K&R Beihefter 2/2013 zu Heft 5, 9.

66 Zur Medienfreiheit nach Art. 11 Abs. 2 EU-Grundrechtecharta als eigenständiges Grundrecht *Schladebach/Simantiras* EuR 2011, 790 ff.; *Skouris* MMR 2011, 426.

67 Dazu Dörr/Kreile/Cole/*Dörr* Abschn. B. Rn. 56.

Unternehmenssitzes, findet zudem die Niederlassungsfreiheit nach Art. 49 AEUV Anwendung. Bedeutung erlangen die Grundfreiheiten vor allem dadurch, dass sie zugunsten der EU-Bürger unmittelbar anwendbar sind und diese mit subjektiven Rechten gegenüber dem jeweiligen Mitgliedstaat ausstatten. Ergänzung finden sie im allgemeinen Diskriminierungsverbot des Art. 18 AEUV.

28 Der Warenverkehrsfreiheit nach Art. 34 ff. AEUV, welche den unbeschränkten Handel über Grenzen hinweg gewährleisten soll, unterfallen nach der Rechtsprechung des EuGH alle körperlichen Gegenstände, die als Teil eines Handelsgeschäfts über eine Grenze verbracht werden können. Dies sind Medienprodukte wie Zeitungen und Zeitschriften, Bücher, Tonträger und Filmträgermedien ebenso wie Sende- und Empfangsgeräte. Anders unterfallen der gegenüber der Warenverkehrsfreiheit subsidiären Dienstleistungsfreiheit grundsätzlich etwa Software, die Erstellung von Filmen und Musikwerken oder auch die Ausstrahlung von Fernsehsendungen.

29 Die Dienstleistungsfreiheit der Art. 56 ff. AEUV regelt Hörfunk- und Fernsehproduktionen genauso wie eine Vielzahl neuer Mediendienste, soweit sie entsprechend der Definition der Dienstleistung des Art. 57 AEUV selbstständige Leistungen darstellen, die üblicherweise gegen Entgelt erbracht werden. Im Gegensatz zu früheren Stimmen im deutschen Schrifttum[68] hat der EuGH das Ausstrahlen von Fernsehsendungen bereits früh als Dienstleistung qualifiziert. Hieraus folgten zum einen das Verbot ungerechtfertigter Beschränkungen und zum anderen die Bestätigung, dass sich die Kompetenzen der Gemeinschaft, jetzt der Union, auch auf den Rundfunksektor erstrecken. Die im Fall Sacchi[69] 1974 ohne besondere Begründung angenommene Feststellung, dass auch frei empfangbares Fernsehen die Kriterien einer Dienstleistung i.S.d. damaligen EG-Vertrages erfüllt, wurde 1980 im Fall Debauve auf die Übertragung von Fernsehsendungen im Kabel erstreckt.[70] 1988 erörterte der EuGH die vorliegenden Dienstleistungen in dem Fall, dass ein in einem Mitgliedstaat ansässiger Betreiber von Kabelnetzen Fernsehprogramme verbreitet, die von Sendern in anderen Mitgliedstaaten angeboten werden und Werbemitteilungen enthalten, welche sich an das Publikum im Staat des Kabelnetzbetreibers richten.[71] Eine grenzüberschreitende Dienstleistung sah er hier sowohl gegenüber den Fernsehsendern im Hinblick auf die Weiterverbreitung der Programme durch den Kabelnetzbetreiber als auch gegenüber den Werbekunden im Ausland durch die Sendetätigkeit der Rundfunkveranstalter erbracht. Mitgliedstaatliche Beschränkungen der Dienstleistungsfreiheit, mithin alle Maßnahmen, die ihre Ausübung „unterbinden, behindern oder weniger attraktiv machen“,[72] bedürfen der Rechtfertigung. Der EuGH hat insoweit anerkannt, dass die Aufrechterhaltung eines pluralistischen Rundfunkwesens als ein im Allgemeininteresse liegendes Ziel Einschränkungen der Dienstleistungsfreiheit rechtferti-

---

68 Dazu Dörr/Kreile/Cole/*Dörr* Abschn. B. Rn. 60; zum öffentlich-rechtlichen Rundfunk vgl. *Dörr* Die Rolle des öffentlich-rechtlichen Rundfunks in Europa, 1997.

69 *EuGH* Rs. C-155/73, Slg. 1974, 409, 428 ff.; dazu *Schütz/Bruha/König* Casebook Europarecht, Rn. 716 ff.

70 *EuGH* Rs. 52/79, Slg. 1980, 833; bestätigt in *EuGH* Slg. 1980, 881 – Coditel I.

71 *EuGH* Rs. 352/85, Slg. 1988, 2085 – Bond van Adverteerders; vgl. zum Dienstleistungscharakter von Fernsehsendungen auch *EuGH* Rs. C-288/89, Slg. 1991, I-4007 – Stichting Collective Gouda; Rs. C-353/89, Slg. 1991, I-4115 – Kommission/Niederlande; Rs. C-23/93, Slg. 1994, I-3257 – TV 10 SA.

72 *EuGH* Rs. C-205/99, Slg. 2001, I-1271 Abs. 21, – Analir; Rs. C-439/99, Slg. 2002, I-305 Abs. 22 – Kommission/Italien.

gen kann.[73] In der Entscheidung ERT[74] von 1991 hat er, soweit es den Begrenzungen des gemeinschaftsrechtlichen Wettbewerbsrechts entspricht, auch ein Fernsehmonopol als mit dem Gemeinschaftsrecht, insbesondere den Grundfreiheiten, vereinbar angesehen.

Neben den Grundfreiheiten spielen für den Medien- und Rundfunkbereich vor allem **30** auch das Wettbewerbs- und Beihilferecht der Europäischen Union eine wichtige Rolle. Medienunternehmen werden durch europäisches Primärrecht nicht nur rundfunkrechtlich, sondern in wachsendem Maß auch wettbewerbsrechtlich gesteuert. Ausgehend von Art. 3 Abs. 3 EUV ist die Wettbewerbsfreiheit wesentliche Grundlage des Unionsrechts. Es erfordert einen hohen Grad an Wettbewerbsfähigkeit und verlangt nach einem System zur Stärkung des Wettbewerbs innerhalb des Binnenmarktes, das vor Verfälschungen schützt. Diesem Schutz privatwirtschaftlichen Verhaltens dienen das Kartellverbot des Art. 101 Abs. 1 AEUV[75] und das Verbot des Missbrauchs einer marktbeherrschenden Stellung gem. Art. 102 AEUV. Gegen die Mitgliedstaaten ist das Verbot unzulässiger Beihilfen gerichtet, die über Art. 107 AEUV kontrolliert werden.[76] Sekundärrechtlich werden diese Vorschriften durch die Kartell- und Fusionskontrollverordnungen[77] ergänzt, denen angesichts zahlreicher auch transnationaler Fusionen eine große Bedeutung für Rundfunkunternehmen zukommt. Für den Schutz des Wettbewerbs vor unternehmerischen Absprachen ist insbesondere die Europäische Kommission zuständig (vgl. etwa Art. 105 AEUV). Vor diesem Hintergrund ist auch die Frage nach einer europaweiten Konzentrationskontrolle im Rundfunksektor zu sehen. Nach der Fusionskontrollverordnung (VO (EG) Nr. 139/2004) besteht eine Kontrollbefugnis der Kommission nur bei gemeinschaftsweiter Bedeutung eines geplanten Zusammenschlusses. Fehlt es daran, sind die nationalen Wettbewerbsbehörden zuständig.[78] Im audiovisuellen Bereich kommt der Fusionskontrollverordnung besondere Bedeutung vor allem deshalb zu, weil Medienunternehmen vermehrt transnational fusionieren und sich durch Kooperationen international im Markt zu positionieren versuchen.[79] Die Verordnung erlaubt den Mitgliedstaaten, weitergehende Regelungen zum Schutz der Meinungsvielfalt zu treffen.

Das Verbot unzulässiger Beihilfen nach Art. 107 AEUV ist namentlich in Mitglied- **31** staaten mit einem dualen Rundfunksystem relevant.[80] So hatte das Beihilferecht weitreichende Auswirkungen etwa auf den öffentlich-rechtlichen Rundfunk in Deutsch-

---

73 *EuGH* Rs. C-288/89, Slg. 1991, I-4007 – Stichting Collectieve Gouda; Rs. C-353, 89, Slg. 1991, I-4115 – Kommission/Niederlande; Rs. C-11/95, Slg. 1996, I-4115 Ziff. 55 – Kommission/Belgien.

74 *EuGH* Rs. C-260/89, Slg. 1991, I-2925 – ERT.

75 Vgl. zur verbotenen Wettbewerbsbeschränkung i.S.v. Art. 101 AEUV *EuGH* Rs. C-403/08 und C-429/08, NJW 2012, 213, wonach die Klausel eines Vertrags zwischen einem Inhaber von Rechten des geistigen Eigentums und einem Sendeunternehmen eine nach Art. 101 AEUV verbotene Wettbewerbsbeschränkung darstellt, sofern sie dem Sendeunternehmen die Pflicht auferlegt, keine den Zugang zu den Schutzgegenständen dieses Rechteinhabers ermöglichenden Decodiervorrichtungen zum Zweck ihrer Verwendung außerhalb des vom Lizenzvertrag erfassten Gebiets zur Verfügung zu stellen. Zum Urteil *Bernhard/Nemeczek* GRURInt 2012, 293 ff.; *Kreile* ZUM 2012, 177 ff.; *Ranke/Roßnagel* MMR 2012, 152 ff.

76 Dazu unten Rn. 31 und 13. Kap. Rn. 74.

77 Dazu 13. Kap. Rn. 65 ff.

78 Zum Verhältnis des europäischen zum nationalen Wettbewerbsrecht vgl. *Streinz* Rn. 1053 ff.

79 Hierzu *Dörr/Schwartmann* Rn. 452; Spindler/Schuster/*Fink* Teil 1 B, Rn. 24 ff.

80 Zur Diskussion über das Verhältnis zwischen dem Beihilfenrecht und der Rundfunkfinanzierung vgl. *Schladebach/Simantiras* EuR 2011, 798 ff.

land.[81] Vor dem Hintergrund des Art. 106 Abs. 2 AEUV (ex Art. 86 Abs. 2 EG) war kontrovers diskutiert worden, ob die Gebührenfinanzierung des öffentlich-rechtlichen Rundfunks[82] als gemeinschaftswidrige Beihilfe einzuordnen ist.[83] Von deutscher Seite war bereits das Vorliegen einer Beihilfe bestritten worden; die Finanzierung über Rundfunkgebühren stelle weder eine staatliche oder aus staatlichen Mitteln finanzierte Maßnahme noch eine Vorteilsgewährung dar. Als Ergebnis eines letztlich mit der Europäischen Kommission erzielten Kompromisses[84] wurde schließlich der Auftrag des öffentlich-rechtlichen Rundfunks mit dem 12. RÄStV neu definiert, um die Vereinbarkeit mit den europäischen Wettbewerbsvorschriften herzustellen.[85]

2. Sekundärrecht

32 Die allgemeingültigen primärrechtlichen Vorgaben werden durch eine Reihe zum Teil medienspezifischer Regelungen im EU-Sekundärrecht ergänzt. Kompetenzrechtlich sind diese vor allem auf die Ermächtigung zur Rechtsangleichung nach Art. 114 AEUV (ex Art. 95 EG) und zu Maßnahmen zur Erleichterung des Dienstleistungsverkehrs nach Art. 62 i.V.m. Art. 53 Abs. 1 AEUV (ex Art. 55 i.V.m. 47 Abs. 2 EG) gestützt.

2.1 Audiovisueller Bereich

33 Maßnahmen betreffen vor allem den audiovisuellen Bereich,[86] der von 1989–2007 durch die Richtlinie 89/552/EWG des Rates zur Koordinierung bestimmter Rechts- und Verwaltungsvorschriften der Mitgliedstaaten über die Ausübung der Fernsehtätigkeit,[87] kurz EG-Fernsehrichtlinie, bestimmt wurde. Sie regelte auf dem Boden der Sacchi-Entscheidung[88] des EuGH den freien Empfang und die unbehinderte Weiterverbreitung von Fernsehsendungen innerhalb der Gemeinschaft. Die Richtlinie erfasste grenzüberschreitende und inländische Fernsehsendungen, nicht jedoch Hörfunkprogramme.

34 Angesichts der Entwicklungen im Medienbereich, insbesondere im Hinblick auf Konvergenz und Digitalisierung, wurde die Fernsehrichtlinie 2007 durch die „Richtlinie über audiovisuelle Mediendienste“ (AVMD-Richtlinie) abgelöst.[89] Richtete sich ihr Anwendungsbereich zuvor auf (grenzüberschreitendes) Fernsehen, erstreckte sich die Richtlinie ab diesem Zeitpunkt auf alle Formen audiovisueller Mediendienste, d.h.

---

81 Vgl. zur Kopplung der marktunabhängigen Finanzierung des öffentlichi-rechtlichen Rundfunks an die Erfüllung des Gemeinwohlauftrags durch die öffentlich-rechtlichen Rundfunkanstalten im europäischen und deutschen Beihilfenrecht *Trute/Broeml* MMR-Beil. 2012, 15 ff.

82 Zum neuen Finanzierungsmodell durch Beiträge 4. Kap. Rn. 64 ff.

83 Dazu 4. Kap. Rn. 76 ff.; *Dörr/Zorn* NJW 2005, 3114, 3115 f.

84 Vgl. Schreiben der Europäischen Kommission an die Bundesrepublik Deutschland (K (2007) 1761 endg.) v. 24.4.2007, Abs. 399.

85 Dazu 4. Kap. Rn. 81 ff.

86 Zur Entwicklung insgesamt *Holtz-Bacha* Media Perspektiven 2007, 113, 133 ff.; zur aktuellen Entwicklung *Dörr/Zorn* NJW 2005, 3114 ff.

87 Revidiert durch die RL 97/36/EG.

88 *EuGH* Rs. 155/73, Slg. 1974, 409, 428 ff.; vgl. auch oben Rn. 29.

89 Kodifizierte Fassung v. 10.3.2010: RL 2010/13/EU des Europäischen Parlaments und des Rates v. 10.3.2010 zur Koordinierung bestimmter Rechts- und Verwaltungsvorschriften der Mitgliedstaaten über die Bereitstellung audiovisueller Mediendienste (Richtlinie über audiovisuelle Mediendienste). Zum Reformprozess der Richtlinie vgl. *Kleist/Lamprecht-Weißenborn/Scheuer* Audiovisuelle Mediendienste heute und morgen – Die Revision der EG-Fernsehrichtlinie, 2007.

auch auf Kommunikationsdienste, bei denen Inhalte auf individuellen Abruf („On-Demand") übermittelt werden und die bisher ganz überwiegend als sog. „Dienste der Informationsgesellschaft" den deutlich weniger strengen Regelungen der E-Commerce-Richtlinie 2000/31/EG unterlagen. Zugleich wurden mit der Novellierung inhaltliche Änderungen vorgenommen, die insbesondere Veränderungen der Werbevorgaben für das Fernsehen umfassten.

Audiovisuelle Mediendienste sind Dienstleistungsangebote, die über elektronische **35**
Kommunikationsnetze verbreitet werden und deren Hauptzweck darin besteht, der allgemeinen Öffentlichkeit Sendungen, d.h. bewegte Bilder mit oder ohne Ton, zur Information, Unterhaltung oder Bildung anzubieten. Damit fallen „nicht-wirtschaftliche Tätigkeiten" wie private Webseiten nicht in den Anwendungsbereich. Auch sind der Hörfunk, aber auch Angebote etwa der elektronischen Presse nicht umfasst. Gerade mit letzterem wird deutlich, dass die Richtlinie keinesfalls auch nur einen vorläufigen Endpunkt markiert. Schon heute wirft die tatsächliche Unterscheidbarkeit eines Onlineauftrittes mit Print-Herkunft („Spiegel-Online") von einem entsprechenden Auftritt eines Rundfunkunternehmens („wdr.de" oder „rtl.de") erhebliche Schwierigkeiten auf.[90] Unterschieden werden Fernsehprogramme als sog. lineare audiovisuelle Mediendienste und audiovisuelle Mediendienste auf Abruf als sog. nicht-lineare audiovisuelle Mediendienste. Die Unterscheidung knüpft nicht an eine bestimmte Übertragungstechnik an und ist somit technologieneutral.[91] Lineare Dienste kennzeichnen sich durch einen zeitgleichen, d.h. vom Mediendiensteanbieter zeitlich vorbestimmten Empfang der Sendungen. Sie basieren, wie das herkömmliche Fernsehen, auf einem festen Programmschema, das durch den Nutzer nicht geändert werden kann. Nicht-lineare Dienste hingegen sind auf individuellen Abruf empfangbar, so dass der Rezipient selbst über die Auswahl einer Sendung aus dem Programmkatalog des Mediendiensteanbieters und den Zeitpunkt ihres Empfangs bestimmt.[92] Die Regulierung der Dienste erfolgt nach dem Konzept einer abgestuften Regelungsdichte. Während für nicht-lineare Dienste nur Grundregeln gelten, sind lineare Dienste durch weiterreichende und zum Teil strengere Maßgaben reguliert.[93]

Kern der AVMD-Richtlinie ist das Herkunftslandprinzip, welches im Sendestaatsprin- **36**
zip und dem Grundsatz der freien Weiterverbreitung seinen Ausdruck findet. Beide Prinzipien erstrecken sich durch den erweiterten Anwendungsbereich der Richtlinie auch auf Abrufdienste. Nach dem in Art. 2 Abs. 1 AVMD-Richtlinie niedergelegten Sendestaatsprinzip hat (allein) der Sendestaat die Einhaltung der Vorgaben der Richtlinie durch die in seinem Hoheitsgebiet ansässigen Anbieter audiovisueller Mediendienste zu überwachen. Sendestaat ist dabei regelmäßig derjenige Mitgliedstaat, in dem sich die Hauptniederlassung des Fernsehveranstalters befindet und die redaktionellen Entscheidungen getroffen werden. Darauf aufbauend haben die Mitgliedstaaten den freien Empfang und die Weiterverbreitung der audiovisuellen Mediendienste zu gewährleisten, § 3 Abs. 1 AVMD-Richtlinie. Insbesondere dürfen sie nicht die Einhaltung strengerer Maßgaben als die der Richtlinie von einem Mediendiensteanbieter verlangen, der der Rechtshoheit eines anderen Mitgliedstaats unterliegt. Nur der Sen-

90 Kritisch auch *Holtz-Bacha* Media Perspektiven 2007, 113 ff.; s. auch 3. Kap. Rn. 12 ff.

91 Dazu *Gersdorf* Der Rundfunkbegriff, S. 32 ff.

92 Zur Umsetzung der neuen Begrifflichkeit auf nationaler Ebene *Castendyk/Böttcher* MMR 2008, 13 ff; *Michel* ZUM 2009, 453 ff; *Schütz* MMR 2009, 228 ff.

93 Dazu 1. Kap..

destaat darf die seiner Hoheitsgewalt unterstehenden Anbieter strengeren Regelungen unterwerfen, § 4 Abs. 1 AVMD-Richtlinie.[94] Dessen vorübergehende Beschränkung kommt für lineare Dienste unter den Voraussetzungen des § 3 Abs. 2 AVMD-Richtlinie allein bei schwerwiegenden Verstößen gegen die Vorgaben der Richtlinie in Betracht. Solche Gründe sind etwa bei Gefährdungen des Jugendschutzes und Anstachelungen zu Hass gegeben. Für nicht-lineare Dienste gelten die weniger strengen Voraussetzungen des § 3 Abs. 4 und 5 AVMD-Richtlinie.

37 Inhaltlich sind Werbebeschränkungen, Jugendschutzregelungen, die Gewährung eines Gegendarstellungsrechts und eines Rechts auf nachrichtenmäßige Kurzberichterstattung sowie die Förderung europäischer Filmwerke grundlegende Elemente der Richtlinie.[95]

38 Aktuell erfolgt eine neuerliche Überarbeitung der AVMD-Richtlinie.[96] Der Entwurf der Europäischen Kommission[97] hält an der Unterscheidung zwischen linearen und nicht-linearen audiovisuellen Mediendiensten fest. Der Anwendungsbereich soll jedoch auf Video-Plattformen erweitert werden. Als wesentliche Eckpunkte der Novellierung zeichnen sich derzeit u.a. ab: eine Deregulierung der quantitativen Werbebestimmungen, eine Lockerung der Maßgaben für Produktplatzierung und Sponsoring, eine Ausweitung inhaltlicher Maßgaben zum Jugendschutz auf Videosharing-Plattformen sowie eine Ausweitung von Verpflichtungen zur Förderung europäischer Werke auf Video-on-Demand-Anbieter. Eine neue Richtlinie könnte ggf. schon bis Ende 2018 in nationales Recht umzusetzen sein.

2.2 Benachbarte Regelungsbereiche

39 In enger Nachbarschaft zum Rundfunkrecht existieren im europäischen Sekundärrecht u.a. Regelwerke für das Urheber-, Telekommunikations-, Datenschutz- und IT-Recht.

40 An der Schnittstelle zum Urheberrecht[98] wurde 1993 ergänzend zur Fernsehrichtlinie die RL 93/83/EWG zur Koordinierung bestimmter urheber- und leistungsschutzrechtlicher Vorschriften betreffend Satellitenrundfunk und Kabelweiterverbreitung (Cab-

94 Vgl. auch *EuGH* Rs. C-412/93, Slg. 1995, I-179 – Leclerc-Siplec; vgl. zum Britischen Broadcasting Act *EuGH* Rs. C-222/94 Slg. 1996, I-4025 – Kommission/Vereinigtes Königreich und zum Belgischen Fernsehrecht *EuGH* Rs. C-11/95, Slg. 1996, I-4115; dazu insgesamt *Dörr/Schwartmann* Rn. 473 ff.

95 Zu den inhaltlichen Vorgaben der AVMD-Richtlinie und zur Umsetzung der Richtlinie in nationales Recht vgl. *Leitgeb* ZUM 2006, 837 ff; *Stender-Vorwachs/Theißen* ZUM 2007, 613 ff.; *Potthast* ZUM 2009, 698 ff.

96 Vonseiten der Europäischen Kommission war bereits im April 2013 ein Grünbuch „über die Vorbereitung auf die vollständige Konvergenz der audiovisuellen Welt: Wachstum, Schöpfung und Werte“ verabschiedet (KOM (2013) 231 final v. 24.4.2013) und hiermit eine öffentliche Debatte über die Auswirkungen des gegenwärtigen Wandels der audiovisuellen Medienlandschaft angestoßen worden.

97 Entwurf einer Richtlinie des Europäischen Parlaments und des Rates zur Änderung der Richtlinie 2010/13/EU zur Koordinierung bestimmter Rechts- und Verwaltungsvorschriften der Mitgliedstaaten über die Bereitstellung audiovisueller Mediendienste im Hinblick auf sich verändernde Marktgegebenheiten COM(2016) 287 final, abrufbar unter: http://eur-lex.europa.eu/legal-content/DE/TXT/PDF/?uri=CELEX:52016PC0287&from=EN; übersichtliche Synopse abrufbar unter: www.emr-sb.de/gemischte-meldungen/items/emr-veroeffentlicht-deutschsprachige-synopse-zur-novelle-der-avmd-richtlinie-sowie-ersten-impuls-zum-anstehenden-trilog-verfahre.html.

98 Dazu 26. Kap. Rn. 124 ff.

Sat-Richtlinie) verabschiedet.[99] Mit ihr sollten Rechtsunsicherheiten beseitigt werden, die sich durch die kumulative Anwendung von mehreren nationalen Rechten auf einen einzigen Sendeakt ergaben und die grenzüberschreitende Ausstrahlung von Rundfunk über Satelliten bzw. die zeitgleiche, unveränderte Kabelweiterverbreitung von Rundfunkprogrammen in anderen Mitgliedstaaten als dem Sendestaat behindern konnten.

Festgelegt wurde auch hier das Sendestaatsprinzip. Danach findet beim Satellitenrundfunk allein das Recht desjenigen Mitgliedstaates auf den Rechteerwerb Anwendung, in dem das Signal zum Satelliten geschickt wird (Ort der öffentlichen Wiedergabe). Die Rechteübertragung selbst hat auf vertraglicher Basis zu erfolgen; die Geltendmachung von Rechten ist in Bezug auf die Kabelweiterverbreitung der kollektiven Wahrnehmung durch Verwertungsgesellschaften vorbehalten.

Darüber hinaus wurden zur Angleichung des unterschiedlichen Schutzniveaus für geis- **41**
tiges Eigentum in den Mitgliedstaaten von Seiten der Europäischen Union im Laufe der Zeit Richtlinien erlassen, die für den Schutz einzelner Werkarten Mindestanforderungen definieren. Dies sind RL 2009/24/EG über den Rechtsschutz von Computerprogrammen,[100] RL 96/9/EG, in der Fassung der RL 93/98/EWG, über den rechtlichen Schutz von Datenbanken und die RL 2006/115/EG zum Vermiet- und Verleihrecht sowie zu bestimmten dem Urheberrecht verwandten Schutzrechten im Bereich des geistigen Eigentums.[101] Besondere Bedeutung für die materielle Ausgestaltung des Urheberrechts erlangte die RL 2001/29/EG zur Harmonisierung bestimmter Aspekte des Urheberrechts und der verwandten Schutzrechte in der Informationsgesellschaft (Urheberrechtsrichtlinie). Mit ihr sollte den Entwicklungen des Internetzeitalters Rechnung getragen werden. Wesentliche Vorgaben sind die Gewährung ausschließlicher Rechte für Urheber und Leistungsschutzberechtigte (ausübende Künstler, Tonträgerhersteller, Filmhersteller, Sendeunternehmen) betr. die Vervielfältigung und die öffentliche Wiedergabe ihrer Werke bzw. sonstigen Schutzgegenstände, Ausnahmeregelungen zur (vorübergehenden) Vervielfältigung sowie wirksamer Rechtsschutz gegen die Umgehung von Schutzmaßnahmen. Mit dieser Richtlinie wurden zugleich der 1996 im Rahmen der WIPO geschlossene Urheberrechtsvertrag (WIPO Copyright Treaty, WCT) und der Vertrag über Darbietungen und Tonträger (WIPO Performances and Phonograms Treaty, WPPT), mit denen einer unberechtigten Verbreitung von Werken und Gegenständen des Leistungsschutzes im Internet entgegengewirkt werden sollte, in Gemeinschaftsrecht umgesetzt. Die Richtlinie 2004/48/EG zur Durchsetzung der Rechte am geistigen Eigentum (Enforcement Richtlinie) dient dazu, den Schutz des geistigen Eigentums in der Europäischen Union zu verstärken und zu harmonisieren. Eine Harmonisierung der Schutzdauer von Urheber- und Leistungsschutzrechten, die erstmals mit der RL 93/98/EWG vorgenommen wurde, erfolgt durch die RL 2011/77/EU.[102] Wesentliche neuere Regelwerke sind die RL 2012/28/EU über bestimmte zuläs-

---

99 Zur grundsätzlichen Erlaubnispflicht des Rechteinhabers bei einer direkten oder indirekten Übertragung von Fernsehprogrammen durch den Anbieter von Satelliten-Bouquets *EuGH* Rs. C-431/09 und 432/09, ZUM 2012, 236.

100 Durch sie wurde die RL 91/250/EWG über den Schutz von Computerprogrammen aufgehoben.

101 Zur zusätzlichen Vergütungspflicht der Ausstrahlung eines in einer Rundfunksendung abgespielten Tonträgers durch einen Hotelbetreiber, der in seinen Gästezimmern Fernseh- und/oder Radiogeräte aufstellt, zu denen er ein Sendesignal übermittelt *EuGH* Rs. C-162/10, ZUM 2012, 393.

102 RL 2011/77/EU des Europäischen Parlaments und des Rates vom 27.9.2011 zur Änderung der RL 2006/116/EG über die Schutzdauer des Urheberrechts und bestimmter verwandter Schutzrechte.

sige Formen der Nutzung verwaister Werke und die RL 2014/26/EU über die kollektive Wahrnehmung von Urheber- und verwandten Schutzrechten und die Vergabe von Mehrgebietslizenzen für Rechte an Musikwerken für die Online-Nutzung im Binnenmarkt. Aktuell liegt ein Vorschlag der Europäischen Kommission vom September 2016 für eine Richtlinie über das Urheberrecht im digitalen Binnenmarkt[103] vor. Diskutiert werden hier insbesondere ein beabsichtigtes Leistungsschutzrecht für Presseerzeugnisse wie auch Filter zur automatischen Urheberrechtsdurchsetzung.

42 Der noch lange durch Monopole staatlicher Unternehmen dominierte Telekommunikationssektor[104] ist seit den 1990er Jahren Gegenstand europäischer Bestrebungen zur Schaffung von Märkten mit echtem Wettbewerb. Zwei der ersten zwischen 1990 und 1999 erlassenen Richtlinien, deren Ziel es war, den Telekommunikationsmarkt zu öffnen und zu liberalisieren, waren die Richtlinie 90/388/EWG über den Wettbewerb auf dem Markt für Telekommunikationsdienste und die sog. ONP-(Open Network Provision-)Richtlinie.[105] Erstere verpflichtete die Mitgliedstaaten, die Erbringung von Telekommunikationsdienstleistungen, mit Ausnahme des Sprach-Telefondienstes, nicht mehr einzelnen Betreibern als ausschließliches Recht vorzubehalten und für etwaige Genehmigungs- und Anmeldeverfahren von Betreibern an objektive, nicht diskriminierende und durchschaubare Kriterien anzuknüpfen. Ergänzend wurde mit der ONP-Richtlinie der Zugang zu den bis dahin bestehenden, meist staatlichen (Post- und) Telekommunikationsnetzen auch anderen Anbietern von Telekommunikationsdienstleistungen eröffnet. In der Folge fand mit weiteren Richtlinien eine Liberalisierung des gesamten Telekommunikationssektors statt. Im Jahr 2002 erfolgte dann, u.a. mit dem Ziel einer weitergehenden Liberalisierung des Marktes, aber auch um den Entwicklungen im Bereich des Internets und der Mobiltelefondienste sowie der Konvergenz der Medien gerecht zu werden, eine umfassende Reform hin zu einem einheitlichen Rechtsrahmen für elektronische Kommunikationsnetze und –dienste. Dieser neue Rechtsrahmen, der im Wesentlichen aus fünf Richtlinien bestand (Rahmenrichtlinie, Genehmigungsrichtlinie, Zugangsrichtlinie, Universaldienstrichtlinie und Datenschutzrichtlinie für elektronische Kommunikation),[106] erstreckte sich auf die Gesamtheit aller Netze und Dienste im Bereich der elektronischen Kommunikation, mithin Festnetztelefonie, Mobilfunk und Breitbandkommunikation ebenso wie Kabel- und Satellitenfernsehen. Während der Fokus des europäischen Gesetzgebers zunächst darauf gelegen hatte, Wettbe-

---

103 COM(2016) 593 final.

104 Dazu 19. Kap. Rn. 13 ff.

105 90/387/EWG zur Verwirklichung des Binnenmarktes für Telekommunikationsdienste durch Einführung eines offenen Netzzugangs (Open Network Provision – ONP).

106 RL 2002/21/EG über einen gemeinsamen Rechtsrahmen für elektronische Kommunikationsnetze und -dienste (Rahmenrichtlinie); RL 2002/20/EG über die Genehmigung elektronischer Kommunikationsnetze und -dienste; RL 2002/19/EG über den Zugang zu elektronischen Kommunikationsnetzen und zugehörigen Einrichtungen sowie deren Zusammenschaltung (Zugangsrichtlinie); RL 2002/22/EG über den Universaldienst und Nutzerrechte bei elektronischen Kommunikationsnetzen und -diensten (Universaldienstrichtlinie); RL 2002/58/EG über die Verarbeitung personenbezogener Daten und den Schutz der Privatsphäre in der elektronischen Kommunikation (Datenschutzrichtlinie für elektronische Kommunikation). Ergänzt wird dieses Richtlinienpaket durch die Entscheidung Nr. 676/2002/EG über einen Rechtsrahmen für die Funkfrequenzpolitik in der Europäischen Gemeinschaft (Frequenzentscheidung) und die RL 2002/77/EG der Kommission über den Wettbewerb auf den Märkten für elektronische Kommunikationsnetze und -dienste (Wettbewerbsrichtlinie).

werb mittels einer Öffnung der Märkte zu ermöglichen, lag dem neuen Rechtsrahmen angesichts des bereits erreichten Wettbewerbs die Zielsetzung zugrunde, die sektorspezifische Vorab-Regulierung schrittweise durch eine ex post-Kontrolle nach allgemeinem Wettbewerbsrecht zu ersetzen. Eine erneute Überarbeitung des Rechtsrahmens führte diese Linie fort.[107] Nach langwierigem Einigungsprozess in Rat und Europäischem Parlament trat das Richtlinienpaket am 19. Dezember 2009 in Kraft.[108] Die Umsetzung erfolgte in Deutschland mit der Novellierung des Telekommunikationsgesetzes (TKG) im Mai 2012.[109] Streitpunkt waren dabei u.a. Netzzugangssperren bei Urheberrechtsverstößen im Internet.[110] Diese sind nach dem erzielten Kompromiss zulässig, jedoch an eine Reihe von Voraussetzungen, insbesondere ein vorheriges, faires und unparteiisches Verfahren sowie Rechtschutzmöglichkeiten, geknüpft. Wesentliche Aspekte der Neuregelung[111] waren vor allem die Verbesserung der Marktregulierung, der Frequenzverwaltung und des Verbraucherschutzes. So wurde das Ziel weiterverfolgt, die Vorabregulierung abzubauen. Das Marktdefinitions- und Marktanalyseverfahren wurde optimiert und als neuer Mechanismus zur Behebung festgestellten Marktversagens die funktionale Separierung eingeführt. Für eine effizientere Frequenznutzung wurde die Frequenzverwaltung flexibilisiert. Eine Stärkung der Verbraucherrechte erfolgte u.a. durch Mindestanforderungen an Verträge und eine Erleichterung des Anbieterwechsels. Aktuell wird erneut über die Überarbeitung des Rechtsrahmens für die elektronische Kommunikation beraten.[112] Ein neuer Rechtsrahmen, der u.a. die relevanten Richtlinien vereint, sollten Mitte 2017 vorliegen.

Vor dem Hintergrund der zunehmenden Bedeutung des Internet für den freien Kom- **43**
munikationsprozess und neuer Geschäftsmodelle der Telekommunikationsunternehmen wurden 2015 durch Verordnung[113], die zugleich die Senkung von Roaming-

---

107 Zum Reformprozess *Kleist/Lamprecht-Weißenborn* S. 6 ff. Zur Diskussion auf nationaler Ebene *Wille* ZUM 2007, 89 ff. aus Sicht des öffentlich-rechtlichen Rundfunks und *Grewenig* ZUM 2007, 96 ff. aus Sicht des privaten Rundfunks.

108 Zum Umsetzungsbedarf s. *Klotz/Brandenberg* MMR 2010, 147.

109 Die Europäische Kommission hatte zuvor gegen Deutschland – neben 19 weiteren Mitgliedsstaaten – mit einer Aufforderung zur Stellungnahme das Vorverfahren zur Einleitung eines Vertragsverletzungsverfahrens eröffnet; Pressemitteilung der Europäischen Kommission v. 19.7.2011 (IP/11/905). Gegen fünf Mitgliedsstaaten, die ihrer Umsetzungspflicht noch immer nicht nachgekommen waren, erhob die Europäische Kommission Klage vor dem EuGH und beantragte zugleich die Zahlung von Strafgeldern, vgl. Pressemitteilung der Europäischen Kommission v. 31.5.2012 (IP/12/524).

110 Zur Unzulässigkeit der Sperrverfügungen gegen Internetprovider wegen Urheberrechtsverletzungen vgl. *EuGH* 24.11.2011, Rs. C-70/10, ZUM 2012, 29 – Scarlet Extended; Urteil v. 16.2.2012, Rs. C-360/10, MMR 2012, 334 – SABAM /Netlog NV.

111 RL 2009/140/EG zur Änderung der Rahmenrichtlinie 2002/21/EG, der Zugangsrichtlinie 2002/19/EG und der Genehmigungsrichtlinie 2002/20/EG; Richtlinie 2009/136/EG zur Änderung der Universaldienstrichtlinie 202/22/EG und der Datenschutzrichtlinie 2002/58/EG und der Verordnung (EG) Nr. 2006/2004 über die Zusammenarbeit im Verbraucherschutz; die Verordnung (EG) Nr. 1211/2009 zur Einrichtung des Gremiums Europäischer Regulierungsstellen für elektronische Kommunikation (GEREK).

112 Vgl. Vorschlag für eine Richtlinie des Europäischen Parlaments und das Rates über den europäischen Kodex für die elektronische Kommunikation, con (2016) 530 final.

113 VO (EU) 2015/2120 des Europäischen Parlaments und des Rates vom 25.11.2015 über Maßnahmen zum Zugang zum offenen Internet und zur Änderung der RL 2002/22/EG über den Universaldienst und Nutzerrechte bei elektronischen Kommunikationsnetzen und -diensten sowie der VO (EU) Nr. 531/2012 über das Roaming in öffentlichen Mobilfunknetzen in der Union.

Gebühren im EU-Ausland betrifft, einheitliche Regelungen zur Netzneutralität auf europäischer Ebene aufgestellt. Diese überlassen den Mitgliedstaaten und ihren Regulierungsstellen jedoch einem weitreichenden Ausgestaltungsspielraum.

44 2006 erfolgte eine Anpassung der RL 2002/58/EG durch die Richtlinie über die Vorratsspeicherung von Daten.[114] Zweck der Novellierung war es, Daten zur Ermittlung, Feststellung und Verfolgung schwerer Straftaten verfügbar zu machen. Während die formelle Rechtmäßigkeit der Richtlinie vom EuGH bestätigt wurde,[115] ist die Frage, ob die Richtlinie mit europäischen Grundrechten vereinbar ist, hingegen eindeutig verneint worden.[116] Generalanwalt *Pedro Cruz Villalón* hatte bereits dem EuGH in seinen Schlussanträgen von Dezember 2013 zu Vorabentscheidungsersuchen Irlands und Österreichs vorgeschlagen, eine Unvereinbarkeit der Richtlinie mit Art. 52 Abs. 1 der Charta der Grundrechte der Europäischen Union festzustellen.[117] Dem ist der EuGH im Wesentlichen gefolgt. Zwar stellte er fest, dass die nach der Richtlinie vorgesehene Vorratsdatenspeicherung nicht geeignet sei, den Wesensgehalt der Grundrechte auf Achtung des Privatlebens und auf Schutz personenbezogener Daten anzutasten (Art. 52 Abs. 1 S. 1 EU-Grundrechtecharta).[118] Allerdings sei mit der Vorratsdatenspeicherung ein Eingriff von großem Ausmaß und besonderer Schwere gegeben, ohne dass durch entsprechende Bestimmungen gewährleistet sei, dass sich der Eingriff auf das absolut Notwendige beschränke (Art. 52 Abs. 1 S. 2 EU-Grundrechtecharta).[119] Mit Urteil vom 21.12.2016 bestätigte er die Unzulässigkeit einer allgemeinen und unterschiedslosen Vorratsspeicherung für Zwecke der Bekämpfung von Straftaten.[120] Die Umsetzung der Richtlinie in Deutschland durch eine Anpassung des TKG[121] war bereits im Jahr 2010 vom BVerfG wegen Verstoß gegen Art. 10 GG für nichtig erklärt worden.[122] Mit dem Gesetz zur Einführung einer Speicherpflicht und einer Höchstspeicherfrist für Verkehrsdaten ist am 18.12.2015 in Deutschland eine neue Regelung zur Vorratsdatenspeicherung in Kraft getreten.

45 Auch im Bereich des Datenschutzes sind mittlerweile weitreichende Harmonisierungsmaßnahmen getroffen worden. Im Zuge der von der Kommission 2012 eingeläuteten EU-Datenschutzreform hat die EU-Datenschutz-Grundverordnung (EU-DSGVO) die RL 95/46/EG zum Schutz natürlicher Personen bei der Verarbeitung personenbezogener Daten und zum freien Datenverkehr abgelöst. Die Verordnung wird ab dem 25.5.2018 unmittelbar in allen Mitgliedstaaten gelten. Sie enthält Maßgaben für die Verarbeitung von personenbezogenen Daten durch private Unternehmen

---

114 RL 2006/24/EG des Europäischen Parlaments und des Rates v. 15.3.2006 über die Vorratsspeicherung von Daten, die bei der Bereitstellung öffentlich zugänglicher elektronischer Kommunikationsdienste oder öffentlicher Kommunikationsnetze erzeugt oder verarbeitet werden, und zur Änderung der Richtlinie 2002/58/EG.

115 Vgl. Nichtigkeitsklage Irlands, *EuGH* 10.2.2009, Rs. C-301/06 – Irland gegen Europäisches Parlament und Rat der Europäischen Union.

116 Zur Vorratsdatenspeicherung vgl. 20. Kap. Rn. 15 ff.

117 Schlussanträge des Generalanwalts v. 13.12.2013 in den Vorabentscheidungsersuchen Rs. C-293/12 – Digital Rights Ireland Ltd. gegen Irland und Rs. C-594/12 – Kärntner Landesregierung, Michael Seitlinger et al.

118 *EuGH* 8.4.2014 – C-293/12 und C-594/12.

119 *EuGH* 8.4.2014 – C-293/12 und C-594/12 Rn. 65.

120 *EuGH* 21.12.2016 – verb. Rs. C 203/15 und C 698/15.

121 Gesetz zur Neuregelung der Telekommunikationsüberwachung und anderer verdeckter Ermittlungsmaßnahmen sowie zur Umsetzung der RL 2006/24/EG v. 21.12.2007 (BGBl I S. 3198).

122 *BVerfGE* 125, 260.

und öffentliche Stellen, die damit EU-weit vereinheitlicht werden. Auf nationaler Ebene besteht derzeit noch Regelungsbedarf, insbesondere für den Bereich der Presse und des Rundfunks zum Schutz der freien Meinungsäußerung und der Informationsfreiheit.[123] Aktuell liegt zudem ein Vorschlag der Europäischen Kommission für eine Verordnung über Privatsphäre und elektronische Kommunikation vor.[124] Mit ihr sollen Internetdienste, die der Individualkommunikation dienen, (bspw. VoIP-Telefonie, Instant-Messaging oder webgestützte E-Mail-Dienste) in den Datenschutzrahmen einbezogen werden.

Im IT-Recht schuf die damalige EG durch die E-Commerce-Richtlinie[125] (RL 2000/ **46**
31/EG) einen einheitlichen Rahmen für den Geschäftsverkehr im Internet. Erfasst sind „Dienste der Informationsgesellschaft". Dazu zählt jede in der Regel gegen Entgelt elektronisch im Fernabsatz und auf individuellen Abruf eines Empfängers erbrachte Dienstleistung. Ausgenommen sind TV-Dienstleistungen und -Sendungen sowie nicht kommerzielle Dienste zwischen Nutzern (z.B. E-Mail). Die Richtlinie legt für die übrigen Dienste die Anwendung des Rechts des Mitgliedstaats, in dem der Anbieter seine Niederlassung hat, fest und regelt den Schutz vor Spam-Nachrichten sowie die Provider-Haftung. Die Richtlinie 98/84/EG über den rechtlichen Schutz von zugangskontrollierten Diensten und von Zugangskontrolldiensten (Zugangskontrolldiensterichtlinie) bezweckt die Verhinderung der missbräuchlichen Nutzung von ausschließlich entgeltlich empfangbaren Diensten wie Pay-TV.

123 Dies betrifft etwa den Schutz der journalistischen Arbeit, vgl. Art. 85 der Verordnung.

124 Vorschlag für eine Verordnung des Europäischen Parlaments und des Rates über die Achtung des Privatlebens und den Schutz personenbezogener Daten in der elektronischen Kommunikation und zur Aufhebung der RL 2002/58/EG (Verordnung über Privatsphäre und elektronische Kommunikation), COM(2017) 10 final.

125 Dazu 22. Kap. Rn. 15.

3. Kapitel
Rundfunkrechtliche Grundlagen

Literatur: *Auer-Reinsdorff/Conrad* Handbuch IT- und Datenschutzrecht, 2. Aufl. 2016; *Beater* Medienrecht, 2007; *Bäumerich* Transparenz und öffentlich-rechtlicher Rundfunk – zwei Jahre nach der Entscheidung über den ZDF-Staatsvertrag, ZUM 2016, 947; *Böge/Doetz/Dörr/Schwartmann* Wieviel Macht verträgt die Vielfalt?, 2007; *Bornemann/Erdemir* Jugendmedienschutz-Staatsvertrag, 2017; *Bortnikov* Staatsverträge der Länder, JuS 2017, 27; *Brenner* Zur Gewährleistung des Funktionsauftrags durch den öffentlich-rechtlichen Rundfunk, 2002, 240; *Bullinger* Von presseferner zu pressenaher Rundfunkfreiheit, JZ 2006, 1137; *Busemann/Engel* Media Perspektiven 3/2012, 133; *Degenhart* Rundfunkrecht in der Entwicklung, K&R 2007, 1; *ders.* Duale Rundfunkordnung im Wandel, AfP-Sonderheft 2007, 24; *ders.* in Dolzer u.a. (Hrsg.), Kommentar zum Bonner Grundgesetz, Loseblatt, Art. 5; *ders.* Rechtsfragen einer Neuordnung der Rundfunkgebühr, ZUM 2009, 374; *Dietrich* UFITA 2016, 417; *Dörr* Ein Grundrecht der Medienfreiheit – Gleiches Recht für alle?, K&R Beihefter 2/2013 zu Heft 5, 9; *ders.* Vielfaltsicherung im bundesweiten Fernsehen, AfP-Sonderheft 2007, 33; *ders.* Die Mitwirkung des Verwaltungsrates bei der Bestellung des ZDF-Chefredakteurs und das Problem der Gremienzusammensetzung, K&R 2009, 555; *ders.* Aktuelle Fragen des Drei-Stufen-Tests, ZUM 2009, 897; *Dörr/Holznagel/Picot* Legitimation und Auftrag des öffentlich-rechtlichen Fernsehens in Zeiten der Cloud, ZUM 2016, 920; *Dörr/Kreile/Cole* Handbuch Medienrecht, 2. Aufl. 2010; *Dörr/Schwartmann* Medienrecht, 5. Aufl. 2015; *Eberle* Neue Verbreitungswege, neue Angebote: die Sicht des öffentlich-rechtlichen Rundfunks, ZUM 2006, 439; *Engels/Jürgens/Fritzsche* Die Entwicklung des Telemedienrechts im Jahr 2006, K&R 2007, 57; *Fechner* Medienrecht, 17. Aufl. 2016; *Ferreau* Rundfunkbegriff und Rundfunkregulierung: Revision erforderlich?, ZUM, 2017, 632; *Fahl* Böhmermanns Schmähkritik als Beleidigung, NStZ 2016, 313; *Flatau* Neue Verbreitungsformen für Fernsehen und ihre rechtliche Einordnung: IPTV aus technischer Sicht, ZUM 2007, 1; *Gersdorf* Der Rundfunkbegriff – Vom technologieorientierten zum technologieneutralen Begriffsverständnis, Schriftenreihe LPR Hessen, Bd. 24, 2007; *ders.* Rundfunkrecht, 2003; *ders.* Legitimation und Limitierung von Online-Angeboten des öffentlich-rechtlichen Rundfunks, 2009, S. 72; *ders.* Lizenzpflicht für Internet-TV ist verfassungswidrig, promedia 2017, 17; *ders.* Verbot presseähnlicher Angebote des öffentlich-rechtlichen Rundfunks, AfP 2010, 421; *Gersdorf/Paal* Beck'scher Online-Kommentar Informations- und Medienrecht, 16. Edition Stand: 01.05.2017; *Grimm/Schulz* in Hahn/Vesting (Hrsg.), Beck'scher Kommentar zum Rundfunkrecht, 3. Aufl. 2012; *Hain* Ist die Etablierung einer Internetdienstefreiheit sinnvoll?, K&R 2012, 98; *Hartstein/Ring/Kreile/Dörr/Stettner* Rundfunkstaatsvertrag, Loseblatt; *Hasebrink/Schmidt* Media Perspektiven 1/2013, 2; *Held* Öffentlich-rechtlicher Rundfunk und neue Dienste, 2006; *Herrmann/Lausen* Rundfunkrecht, 2. Aufl. 2004; *Hesse* Rundfunkrecht, 2003; *Hoeren* Das Telemediengesetz, NJW 2007, 801; *Hoffmann-Riem* Fast nichts wird so bleiben wie bisher, Anmerkungen zum Rundfunk in der Online-Welt, Funkkorrespondenz 28-29/2007, 3; *ders.* Der Rundfunkbegriff in der Differenzierung kommunikativer Dienste, AfP 1996, 9; *Holtz-Bacha* Von der Fernseh- zur Mediendiensterichtlinie, Media Perspektiven 2/2007, 113; *Holznagel* Die Zukunft der Mediengrundrechte in Zeiten der Konvergenz, MMR 1/2011, Editorial; *ders.* Digitalisierung der Medien – Regulatorische Handlungsoptionen, Gutachten im Anhang zum Zweiten Bericht des Medienrates 2006, S. 349; *Hopf* Der Jugendmedienschutz-Staatsvertrag, K&R 2011, 6; *Hopf/Braml* Die Entwicklung des Jugendmedienschutzes 2012/2013, ZUM 2013, 837; *Huber* Medienkonzentrationskontrolle als Herausforderung an das Verwaltungsrecht, Die Verwaltung 2007, 1; *Janik* Der deutsche Rundfunkbegriff im Spiegel technischer Entwicklungen, AfP 2000, 7; *Kirchhof* Gutachten über die Finanzierung des öffentlich-rechtlichen Rundfunks, April 2010; *Klotz/Brandenberg* Der novellierte EG-

Rechtsrahmen für elektronische Kommunikation – Anpassungsbedarf im TKG, MMR 2010, 147; *Kluth/Schulz* Konvergenz und regulatorische Folgen, Gutachten im Auftrag der Rundfunkkommission der Länder, 2014; *Krautscheid* NRW beschreitet neue Wege in der Medienkonzentration, MMR 2010, 1; *Kunow* Aktueller Stand der digitalen Fernseh- und Videonutzung in Deutschland, in: die medienanstalten – ALM GbR Digitalisierungsbericht 2016, S. 36; *Ladeur* Zur Verfassungswidrigkeit der Regelung des Drei-Stufen-Tests für Onlineangebote des öffentlich-rechtlichen Rundfunks nach § 11 f. RStV, ZUM 2009, 906; *Lerche* Aspekte des Schutzbereichs der Rundfunkfreiheit, AfP-Sonderheft 2007, 52; *Löbbert* Klare Rechtslage, dringender Reformbedarf, ZRP 2015, 161. *Michel* Rundfunk und Internet, ZUM 1998, 350; *Müller-Terpitz* Öffentlich-rechtlicher Rundfunk und neue Medien – Eine gemeinschafts- und verfassungsrechtliche Betrachtung, AfP 2008, 335; *Noske* Ist das duale System reformbedürftig?, ZRP 2007, 64; *Papier/Schröder* Online-Angebote und Rundfunk, Funkkorrespondenz 32/2010, 3; *Paulus/Nölscher* Rundfunkbegriff und Staatsferne im Konvergenzzeitalter, ZUM 2017, 179; *Pieroth/Schlink* Grundrechte Staatsrecht II, 32. Aufl. 2016; *Renck-Laufke* Das Spannungsverhältnis zwischen Landesmedienanstalten und KEK am Beispiel des Springerkonzerns, ZUM 2006, 907; *Ricke* Ein Überblick über das novellierte Medienrecht Nordrhein-Westfalens, MMR 2010, X; *Ricker* Die Nutzung des Internets als dritte Säule des öffentlich-rechtlichen Rundfunks, ZUM 2001, 28; *Rippert* Rechtsbeziehungen in der virtuellen Welt, ZUM 2007, 272; *Roether* Rundfunkfinanzierung: Gebühr wird Beitrag, epd medien 45/2010, 3; *Sachs* Grundgesetz, 7. A. 2014; *Schaar* Publizistischer Landesverrat – Fremdkörper in unserer Rechtsordnung, Editorial MMR 2015, 557; *Schiwy/Schütz/Dörr* Lexikon des Medienrechts, 5. Aufl. 2010; *Schmid* Rechtliche Herausforderungen des Hybridfernsehens aus der Sicht des privaten Rundfunks; *Schmidtmann/Schwiering* Datenschutzrechtliche Rahmenbedingungen bei Smart-TV – Zulässigkeit von HbbTV-Applikationen, ZD 2014, 448; *Schmitz* Übersicht über die Neuregelungen des TMG und des RStV; K&R 2007, 135; *Schüller* Die Auftragsdefinition für den öffentlich-rechtlichen Rundfunk nach dem 7. und 8. Rundfunkänderungsstaatsvertrag, 2007; *Schütz* Kommunikationsrecht, 2005; *Schwartmann* Beteiligung von Presseunternehmen am Rundfunk in Nordrhein-Westfalen – Rechtsgutachten zur Novellierung des § 33 Abs. 3 LMG NRW, 2009; *ders.* Für ein Mediengrundrecht, K&R 5/2013, Editorial; *ders.* Ein neues Medienkonzentrationsrecht für Nordrhein-Westfalen, ZUM 2009, 842; *ders.* Die Meinungsfreiheit endet an den Schranken des Grundgesetzes, pro media 2017, 12; *ders.* So bekämpft man die Lüge im Netz, FAZ v. 16.1. 2017; *Schwartmann/Sporn* Landesmediengesetz Nordrhein-Westfalen, 1. Aufl. 2013; *Schwartmann/Hentsch* Falltraining zum Urheberrecht, 2017; *Schwartmann/Ohr* Recht der Sozialen Medien, 2015; *Schmidt-De Caluwe* Pressefreiheit und Beihilfe zum Geheimnisverrat i.S. des § 353b StGB – Der Fall „Cicero" und die Entscheidung des BVerfG NVwZ 2007, 640; *Sokoll* Der neue Drei-Stufen-Test für Telemedienangebote öffentlich-rechtlicher Rundfunkanstalten, NJW 2009, 885; *Soppe/Neubauer* Kooperation von Presseverlagen unterhalb der redaktionellen Ebene, ZUM 2017, 24; *Spindler/Schuster* Recht der elektronischen Medien, 3. Aufl. 2015; *Spoerr/Luczak* Die Digitalisierung in Kabelnetzen 2010-2020: Staatliche Handlungsoptionen, ZUM 2010, 553; *Sporn* Ein Grundrecht der Medienfreiheit – Gleiches Recht für alle!?, K&R Beihefter 2/2013 zu Heft 5, 2; *Telecoms and Media* An overview of regulation in 52 jurisdictions worldwide, 2009; *Trentmann* Der Fall netzpolitik.org – Lehrstück für den Rechtsstaat, ZRP 2015, 198; *Truppe* Die Richtlinie über Audiovisuelle Dienstleistungen, medien und recht 2007, 3; *Ukrow* Zum Anwendungsbereich einer novellierten AVMD-Richtlinie; 2013; *Westphal* Föderale Privatrundfunkaufsicht im demokratischen Verfassungsstaat, 2007; *Wille* Rechtsprobleme im Zusammenhang mit der Überarbeitung des Rechtsrahmens für die elektronische Kommunikation (TK-Review) durch die Europäische Kommission – aus Sicht des öffentlich-rechtlichen Rundfunks, ZUM 2007, 89; *Wimmer* Der Drei-Stufen-Test nach dem 12. Rundfunkänderungsstaatsvertrag, ZUM 2009, 601; *Zimmermann* Folgen der Neukonstituierung des MDR-Rundfunkrates auf verfassungswidriger Rechtsgrundlage, ZUM 2016, 411.

I. Entwicklung des Rundfunkrechts

Die mit der Wirkung des Rundfunks zusammenhängende besondere Bedeutung für Staat und Gesellschaft macht eine besondere Regulierung erforderlich, die entscheidend durch bundesverfassungsgerichtliche Vorgaben determiniert ist. In diesem Abschnitt geht es allein um die inhaltlichen Aspekte der Rundfunkfreiheit in ihren Grundlagen, insbesondere in Bezug auf den öffentlich-rechtlichen Rundfunk. Die Regulierung des privaten Rundfunks[1] und der Rundfunkverbreitungswege sowie der Verbreitungstechnik[2] werden ebenso an anderer Stelle behandelt, wie das Recht der Finanzierung des privaten Rundfunks[3] und die Vorgaben für die Werbung. 1

Bevor das Rundfunkrecht genauer beleuchtet wird, ist für dessen Verständnis ein Blick auf seine historische Entwicklung unerlässlich. Bereits die Weimarer Republik kannte seit 1923 einen „Allgemeinen Öffentlichen Rundfunk". Dieser war aber in der Weimarer Reichsverfassung nicht vorgesehen, sondern wurde durch ministerielle Verordnungen geregelt, die dem Interessenausgleich zwischen Reichsregierung, Ländern und privaten Veranstaltern dienten. 1926 fasste man alle damaligen Sendeunternehmen in einer Reichsrundfunkgesellschaft zusammen, bevor der Rundfunk 1932 im Staat aufging und private Beteiligungen, nämlich die Reichsrundfunkgesellschaft und die regionalen Radiounternehmen, in das ausschließliche Eigentum von Reich (hier lag der Hauptteil) und Ländern übergingen. Ab 1932 existierte damit ein zentralistischer staatlicher Rundfunk. Er war gebührenfinanziert, wobei die Rundfunkgebühren bereits zur Zeit der Reichsrundfunkgesellschaft von der Reichspost eingezogen wurden. Auf dieser Basis konnten die nationalsozialistischen Machthaber 1933 unter Federführung des Ministeriums für „Volksaufklärung und Propaganda" den Reichsrundfunk zu Propagandazwecken nutzen. 2

Da sich Staatsnähe und Zentralismus als Konstruktionsfehler des Weimarer Rundfunks erwiesen hatten, setzten Briten und US-Amerikaner nach dem Krieg in ihren Besatzungszonen bewusst für West- und nunmehr Gesamtdeutschland auf ein gegenläufiges Modell mit einer starken föderalen Komponente, die Anliegen der US-Amerikaner war. Die öffentlich-rechtliche Natur der Landesrundfunkanstalten war demgegenüber eine Anforderung der Briten an das Rundfunksystem des Nachkriegsdeutschlands. Einigkeit bestand über die Schaffung eines demokratischen Rundfunks, der weder dem Staat, noch den Parteien, noch einzelnen gesellschaftlichen Gruppen, z.B. Kapitalgebern, sondern nur der Allgemeinheit verpflichtet sein und dieser auch gehören sollte. Anders als bei der Presse organisierte man den Rundfunk nicht privatwirtschaftlich, sondern entschied sich für das Modell einer öffentlich-rechtlichen Anstalt. Zur Vermeidung staatlicher Kontrolle wurden binnenplurale Aufsichtsgremien geschaffen und mit Benannten der relevanten gesellschaftlichen Gruppen besetzt.[4] Auf diese Weise sollten Staatsfreiheit, Föderalismus und Pluralität zur Gewährleistung umfassender und ausgewogener Information der Bürger Fundament des deutschen Rundfunks werden. 3

1 Dazu 5. Kap. Rn. 9 ff.
2 Dazu 8. Kap. Rn. 17 ff.
3 Dazu 6. Kap.
4 S. dazu unten 4. Kap. Rn. 8 ff.

4 Die politischen Akteure der Bundesrepublik Deutschland erkannten früh die Bedeutung des Rundfunks im Staat und es begann schon 1947/48 eine Kontroverse über die Rundfunkverfassung. Als zu Beginn der 50er Jahre das Fernsehen an Bedeutung gewann, verschärfte sie sich. Die damalige Bundesregierung legte 1953 einen Entwurf des Bundesrundfunkgesetzes vor, der den gesamten Fernsehbetrieb und die Kurz- und Langwellensender sowie die Rundfunk- und Fernsehforschung in einer Institution unter Aufsicht der Bundesregierung vereinen sollte. Diese Konstruktion ähnelte dem zentralistischen Modell der Weimarer Republik. Als diese Pläne bereits vor 1950 entstanden, wurde auf der anderen Seite – als föderaler Gegenentwurf – eine Zusammenarbeit der neu errichteten Landesrundfunkanstalten in den drei Westzonen erwogen. So wurde am 9./10.6.1950 die Arbeitsgemeinschaft der öffentlich-rechtlichen Rundfunkanstalten der Bundesrepublik Deutschland (ARD) gegründet. Sie verstand sich als Element des kooperativen Föderalismus. In deren Satzung – die zunächst die alleinige Rechtsgrundlage der ARD war – ist unter anderem die Mitgliedschaft in der Arbeitsgemeinschaft geregelt. Ihr gehören heute neun Landesrundfunkanstalten, die landesrechtliche Körperschaft Deutschlandradio[5] und die Deutsche Welle als einzig verbliebene Rundfunkanstalt des Bundesrechts an. Nach Gründung der ARD im Jahre 1950 und der Einführung eines gemeinsamen Fernsehprogramms zum 1.1.1954 gründete Bundeskanzler Konrad Adenauer 1960 die Deutschland-Fernsehen GmbH. Diese sollte als im staatlichen Eigentum stehende private Gesellschaft ein zweites Fernsehprogramm veranstalten. Der Bund musste als alleiniger Inhaber alle Gesellschaftsanteile übernehmen, weil kein Land Gesellschafter der GmbH werden wollte. Dieses Vorgehen erklärte das BVerfG in seinem ersten Fernsehurteil[6] für verfassungswidrig und legte damit den Grundstein für die deutsche Rundfunkordnung.[7]

---

5 Deren Mitglieder sind die Landesrundfunkanstalten der ARD sowie das ZDF.
6 *BVerfGE* 12, 205 ff.
7 Zur Entwicklung des Rundfunkrechts bis in die Gegenwart auch *Dörr/Schwartmann* Rn. 164 ff.; *Gersdorf* Grundzüge des Rundfunkrechts, Rn. 1-59.

II. Rundfunk im Grundgesetz

1. Rundfunkfreiheit

Verfassungsrechtlich ist die Freiheit der Berichterstattung durch Rundfunk in Art. 5 Abs. 1 S. 2 GG geregelt.[8] Art. 5 Abs. 1 GG kennt neben der Rundfunkfreiheit vier weitere Ausprägungen der Medienfreiheiten nämlich die Meinungsfreiheit,[9] die Informationsfreiheit,[10] die Pressefreiheit und die Filmfreiheit. Die Pressefreiheit[11] schützt alle zur Verbreitung geeigneten Druckerzeugnisse, wobei es für den Begriff des Druckerzeugnisses allein auf das gedruckte Wort und nicht auf das zu bedruckende Material ankommt.[12] Die Filmfreiheit[13] schützt die Berichterstattung durch den Film als chemisch-optischen oder digitalen Tonträger, der durch Vorführung verbreitet wird.[14] Im Gegensatz zu Letzterer schützt die Rundfunkfreiheit die elektromagnetische Verbreitung von Informationen.[15] **5**

Wegen der Doppelnatur des Rundfunks als Kultur- und Wirtschaftsgut steht die Rundfunkfreiheit innerhalb des Grundgesetzes in einem Spannungsverhältnis zu anderen Grundrechten.[16] Für die Medienwirtschaft ist das Verhältnis zu den Wirtschaftsgrundrechten der Berufs- und Eigentumsfreiheit aus Art. 12 GG und Art. 14 **6**

---

8 Der Schwerpunkt der Gesetzgebungskompetenz im Medienrecht liegt insgesamt bei den Ländern. Dies gilt auch für den Rundfunk, der nach Art. 30, 70 GG in deren Verantwortlichkeit fällt. Daher finden sich in den Landesrundfunk- bzw. Landesmediengesetzen, in den Staatsverträgen der Länder für den Rundfunk sowie im Jugendmedienschutz-Staatsvertrag wichtige Vorschriften. Der Bund hat gem. Art. 71, 73 GG die ausschließliche Gesetzgebungskompetenz für den Auslandsrundfunk im Rahmen der Deutschen Welle (Art. 73 Nr. 1 GG). Zudem liegt hier nach Art. 71 i.V.m. 73 Nr. 1, Art. 87 GG die bundeseigene Verwaltungskompetenz für diesen Bereich. Hiervon sind die Deutsche Welle und vormals auch der Deutschlandfunk erfasst, wobei letzterer seit dem Jahr 1994 mittels Deutschlandradio-Staatsvertrag in die Länderhoheit überführt worden ist. Dazu näher *Dörr/Schwartmann* Rn. 49 ff. Art. 72, 74 GG weisen dem Bund in Art. 74 Abs. 1 Nr. 1 GG die konkurrierende Zuständigkeit für Zeugnisverweigerungsrechte und Beschlagnahmeverbote (§ 53 Abs. 1 S. 1 Nr. 5, S. 2, 3, Abs. 2 S. 2, 3 StPO, § 383 Abs. 1 Nr. 5, Abs. 3 ZPO und § 97 Abs. 5 StPO) zu. Hinsichtlich der Chancengleichheit für politische Parteien, die sich auf die Verteilung der Sendezeit für Wahlwerbung auswirkt, ist Art. 21 Abs. 3 GG i.V.m. § 5 PartG einschlägig. Auch die für das Rundfunkrecht relevanten Bereiche Jugendschutz (Art. 74 Abs. 1 Nr. 7 GG) sowie Wirtschafts- und Kartellrecht (Art. 74 Abs. 1 Nr. 11 und 16 GG) sind Gegenstand der konkurrierenden Zuständigkeit des Bundes.

9 S.u. Rn. 37 ff.

10 S.u. Rn. 37.

11 Zur Freiheit der Wort- und Bildberichterstattung 9. Kap. Rn. 1 ff.

12 Dazu Sachs/*Bethge* Art. 5 Rn. 68.

13 Dazu *Dörr/Schwartmann* Rn. 243 ff.

14 Sachs/*Bethge* Art. 5 Rn. 116, 118.

15 Sachs/*Bethge* Art. 5 Rn. 90a.

16 Auch andere Grundrechte können für die Medien in einzelnen Bereichen von Bedeutung sein. Neben der Rundfunk- und Pressefreiheit sind insbesondere die Grundrechte des Art. 13 GG sowie im Hinblick auf das Fernmeldegeheimnis Art. 10 Abs. 1 GG zu beachten; dazu *Dörr/Schwartmann* Rn. 99. Das BVerfG hat in der *Cicero*-Entscheidung das Grundrecht der Pressefreiheit im Hinblick auf Art. 13 GG (Unverletzlichkeit der Wohnung, wobei hiervon auch Geschäftsräume erfasst sind) gestärkt. Es ging um die Durchsuchung von Redaktionsräumen eines Magazins, in dem ein Journalist einen irakischen Terroristen unter Verwendung von Zitaten aus vertraulichen Akten des Bundeskriminalamtes portraitiert hatte, weswegen dem Chefredakteur und dem Autor des Artikels Beihilfe zum Geheimnisverrat vorgeworfen wurde. Dieser Fall knüpft an die Entscheidung in der Spiegel-Affäre im Jahr 1962 an, in deren Rahmen es zu einer Verhaftung des damaligen Herausgebers *Rudolf Augstein* gekommen war. *BVerfG* AfP 2007, 110 – Cicero; dazu 9. Kap. Rn. 7.

GG besonders bedeutsam. Hier kommt die wirtschaftliche Bedeutung des Rundfunks zum Tragen. Allein die Werbeeinnahmen im Rundfunkbereich betrugen 2016 4,61 Mrd. EUR,[17] von denen auf den öffentlich-rechtlichen Rundfunk etwa 0,3 Mrd. entfielen.[18] Diesem Betrag standen knapp 7,82 Mrd. EUR Gebühreneinnahmen des öffentlich-rechtlichen Rundfunks für die Erfüllung des Grundversorgungsauftrages gegenüber.[19] Das Spannungsverhältnis zur Berufs- und Eigentumsfreiheit hat für das Rundfunkrecht die aus kartell-, aber auch aus rundfunkkonzentrationsrechtlichen Gründen[20] gescheiterte Fusion von ProSiebenSat.1 und Axel Springer[21] deutlich vor Augen geführt.[22] Sowohl das Kartellrecht, als auch die von Art. 5 Abs. 1 GG aufgeladenen vielfaltssichernden Regelungen der §§ 25 ff. RStV, können in der Anwendung durch die Kommission zur Ermittlung der Konzentration im Medienbereich (KEK), die unternehmerischen Freiheiten der Berufs- und Eigentumsfreiheit aus Art. 12 GG und Art. 14 GG nennenswert beeinträchtigen. Bezüglich des Vertriebs und/oder Inhalts ihrer Medienangebote unterliegt die freie unternehmerische Betätigung

---

17 Quelle: Statista, abrufbar unter https://de.statista.com/statistik/daten/studie/6188/umfrage/umsaetze-der-fernsehwerbung-seit-2003/

18 Quelle: ARD-Werbung Sales & Services.

19 20. KEF-Bericht April 2016, S. 199. Die KEF stellt für 2017 bis 2020 einen Überschuss der Rundfunkanstalten von 542,2 Mio. EUR fest. Sie empfiehlt eine Absenkung des Rundfunkbeitrags um 30 Cent auf monatlich 17,20. Bericht abrufbar unter www.kef-online.de/inhalte/bericht20/20_KEF-Bericht.pdf.

20 Dazu Böge/Doetz/Dörr/Schwartmann/*Dörr* S. 21 ff.

21 Dazu 13. Kap. Rn. 37, vgl. auch WuW BKartA DE-V 1163; Die Übernahme der ProSieben/Sat.1-Gruppe durch die Axel Springer AG scheiterte zum einen, da die zuständige Kontrollkommission KEK die Übernahme aus konzentrationsrechtlichen Gründen ablehnte und zum anderen, da das BKartA die geplante Transaktion aus wettbewerbsrechtlichen Gründen untersagte. Springer klagte hiergegen auf dem zivil- und verwaltungsrechtlichen Wege. Der BGH hielt das Übernahmeverbot des Kartellamts für rechtmäßig (vgl. *BGH* MMR 2011, 60, zu den Hintergründen *Schwartmann* Wann ist ein Markt ein Markt?, Legal Tribune Online, abrufbar unter www.lto.de/de/html/nachrichten/653/Wann-ist-ein-Markt-ein-Markt/). Auf dem Verwaltungsrechtsweg hob das BVerwG die vorinstanzliche Entscheidung des BayVGH auf und verwies zurück (vgl. *BVerwG* MMR 2011, 265). Der BayVGH hatte die Klage des Springer-Konzerns wegen fehlendem Fortsetzungsfeststellungsinteresse als unzulässig abgewiesen (vgl. *BayVGH* ZUM 2010, 191). Das BVerwG nahm dieses an, weil Springer nach der KEK-Entscheidung aus 2006 bei künftigen Übernahmen möglicherweise „nicht als ernsthafter Verhandlungspartner“ angesehen werden könne. Nunmehr haben sowohl der *BayVGH* (MMR 2012, 489) als auch das *BVerwG* (29.1.2014 – MMR 2015, 67) übereinstimmend festgestellt, dass die KEK im Hinblick auf den geplanten Zusammenschluss von Springer/ProSiebenSat.1 zu Unrecht eine vorherrschende Meinungsmacht i.S.v. § 26 RStV angenommen hat. Bei der Berechnung des Zuschaueranteils sei insoweit ausschließlich der Fernsehmarkt in Betracht zu ziehen. Demgegenüber hatte die KEK sämtliche medienrelevanten verwandten Märkte (insbesondere den Pressebereich) berücksichtigt und war so zur Annahme einer vorherrschenden Meinungsmacht gekommen (42 % Zuschaueranteil). Ausgehend von einer fernsehspezifischen Bewertung nahmen BayVGH und BVerwG lediglich einen Zuschaueranteil von ca. 22 % an, der angesichts sog. Fensterprogramme und Drittsendezeiten um weitere 5 % zu kürzen sei. Weil der Schwellenwert von 25 % daher deutlich unterschritten werde, sei eine vorherrschende Meinungsmacht im Fernsehbereich auch unter Berücksichtigung medienrelevanter verwandter Märkte zu verneinen. Zwar sind die dem Verwaltungsverfahren zugrundeliegenden Übernahmepläne längst aufgegeben. Jedoch könnte diese Berechnungspraxis der vorherrschenden Meinungsmacht im Hinblick auf künftige Fusion verschiedener Medienbereiche wegweisend sein. Die KEK und das Bundeskartellamt haben im Februar 2014 die (kleinere) Fusion zwischen Springer und dem Nachrichtensender N24 für medienrechtlich unbedenklich befunden und genehmigt, vgl. axelspringer.de/presse/Axel-Springer-SE-KEK-genehmigt-Erwerb-von-N24_19956805.html.

22 Zu diesem Spannungsverhältnis Böge/Doetz/Dörr/Schwartmann/*Schwartmann* S. 9 ff.

Schranken, die zu Verboten im Hinblick auf den Erwerb anderer Medienunternehmen führen können. Dieses Ergebnis ist aus unternehmerischer Sicht oft unverständlich und schwer hinnehmbar. Es liegt aber im Ansatz rundfunkrechtlich nahe, zumal die konzentrationsrechtliche Sicherung das wirtschaftliche Fortkommen eines Unternehmens nicht im Auge hat.[23] Es geht vielmehr allein um die Sicherung von Meinungsvielfalt in einem funktionsfähigen Wettbewerb der Rundfunkveranstalter, damit die Möglichkeit einer unabhängigen Meinungsbildung erhalten bleibt. Durch die 9. Novelle des GWB[24] haben die digitalen Märkte nun mehr Berücksichtigung gefunden. Dies ist insofern von besonderer Relevanz als die Konvergenz der Medien und der zunehmende Fokus auf der Digitalisierung den Wettbewerb beeinflusst und verändert. Die Novelle sieht durch die Einfügung des § 30 Abs. 2b GWB als bereichsspezifische Sonderregelung vor, dass Kooperationen von Presseverlagen im verlagswirtschaftlichen Bereich erleichtert werden, um diese zu stärken.[25] Ein weiteres Ziel ist eine Verbesserung der verfahrensrechtlichen Zusammenarbeit der Kartellbehörden mit den Landesmedienanstalten, der Kommission zur Ermittlung der Konzentration im Medienbereich (KEK) und den Datenschutzbehörden.[26]

Da sich das Medienkonzentrationsrecht auf Bundesebene[27] allein an bundesweiten Zuschaueranteilen orientiert, wird es insbesondere im Landesrecht zunehmend als unzureichend begriffen. Neben den Regelungen im Rundfunkstaatsvertrag etablieren sich daher neue Ansätze. Etwa Nordrhein-Westfalen verabschiedete Ende 2009 ein neues Landesmediengesetz, in dessen Fokus konzentrationsrechtliche Regelungen im Hinblick auf mediengattungsübergreifende Beteiligungen von Verlegern an Rundfunkunternehmen stehen.[28] **7**

2. Rundfunkbegriff

Neue Angebotsformen via Internet gewinnen im modernen Rundfunkrecht an Bedeutung und sind als Informations- und Unterhaltungsmedien aus dem Alltag nicht mehr wegzudenken. Sie erreichen den Nutzer per Fernseher, Desktop und insbesondere auch auf mobilen Endgeräten. Dennoch nimmt der Rundfunk und namentlich das Leitmedium Fernsehen[29] aufgrund seiner „Breitenwirkung, Aktualität und Suggestivkraft“[30] nach wie vor eine Sonderstellung in der Medienrechtsordnung ein.[31] Dem durchschnittlichen Rezipienten sind auch in Zeiten immer weiter Platz greifender multimedialer **8**

---

23 Dazu eingehend Böge/Doetz/Dörr/Schwartmann/*Dörr* S. 21, 22 ff.

24 Gesetz gegen Wettbewerbsbeschränkungen (GWB) in der Fassung der Bekanntmachung vom 26.6.2013 (BGBl I S. 1750, ber. S. 3245). Zuletzt geändert durch Art. 5 G zur Einführung von Ausschreibungen für Strom aus erneuerbaren Energien und zu weiteren Änd. des Rechts der erneuerbaren Energien vom 13.10.2016 (BGBl, 2258).

25 *Soppe/Neubauer* ZUM 2017, 24, 26.

26 Gesetzentwurf der Bundesregierung eines Neunten Gesetzes zur Änderung des Gesetzes gegen Wettbewerbsbeschränkungen vom 28.9.2016, S. 1, der am 7.11.2016 in den Bundestag eingebracht wurde, BT-Drucks. 18/10207.

27 Zur allgemeinen Debatte um das Medienkonzentrationsrecht *Krautscheid/Schwartmann (Hrsg.)* Fesseln für die Vielfalt?, 2010.

28 Vgl. hierzu auch Rn. 89 sowie detailliert *Schwartmann* Die Beteiligung von Presseunternehmen am Rundfunk – Rechtsgutachten zur Novellierung des § 33 Abs. 3 LMG NRW; *ders.* ZUM 2009, 842; *Kocks/Senft* AfP 2010, 336 ff.; *Schwartmann/Sporn* LMG NRW, § 33 Rn. 1 ff.

29 *BVerfGE* 97, 228, 257.

30 *BVerfGE* 90, 60, 87; 119, 181, 215; 136, 9.

31 Dazu *BVerfGE* 119, 181, Ziff. 116; vgl. auch *Hasebrink/Schmidt* Media Perspektiven 1/2013, 2, 11.

Techniken keine Informations- und Unterhaltungsmedien so nah wie Fernsehen und Radio. Allerdings ermöglicht die fortschreitende mediale Konvergenz[32] den Nutzern, die klassischen Medieninhalte in gleicher Weise über das Internet abzurufen. Dieses wird damit zunehmend als Transportweg wahrgenommen. So kann der Nutzer das laufende Rundfunkprogramm über den OTT-Dienst Zattoo mittels App oder im Browser fast zeitgleich über das Internet abrufen. Schließt er sein Gerät an den Bildschirm seines TV-Gerätes an oder nutzt er Angebote wie Apple-TV oder Amazon Fire TV kann er den OTT-Dienst direkt am TV ansteuern und mit einer Fernbedienung zwischen den Sendern wählen. Insoweit ist es für den Nutzer im Ergebnis kaum noch relevant und unterscheidbar auf welchem Verbreitungsweg er Rundfunk konsumiert. Zudem hat das Internet aber auch durch die Übermittlung eigener Inhalte an Bedeutung gewonnen und tritt insoweit zunehmend in Konkurrenz zu Rundfunk und Printmedien, wobei im Rahmen der jüngeren Zielgruppe zwischen 14 und 29 Jahren schon seit geraumer Zeit Verschiebungen zu Lasten dieser Medien erkennbar sind.[33]

2.1 Der klassische Rundfunkbegriff

9 Der Begriff des Rundfunks wird in der Verfassung nicht definiert, sondern vorausgesetzt,[34] wobei auch das BVerfG nicht mit einer Bestimmung des sich aus seiner Sicht wandelnden[35] Begriffs aufwartet.[36] Dieser ist unter Berücksichtigung der Bedeutung des Rundfunks für die Demokratie entwicklungsoffen, also weit und dynamisch auszulegen, damit er neue technische Möglichkeiten und Verbreitungsformen erfassen kann, die seiner Funktion dienen.[37]

10 Nach der engeren[38] einfachgesetzlichen[39], Art. 5 Abs. 1 S. 2 GG konkretisierenden Definition des § 2 Abs. 1 S. 1 RStV ist „Rundfunk ein linearer Informations- und Kommunikationsdienst; er ist die für die Allgemeinheit und zum zeitgleichen Empfang bestimmte Veranstaltung und Verbreitung von Angeboten in Bewegtbild oder Ton entlang eines Sendeplans unter Benutzung elektromagnetischer Schwingungen. Der Begriff schließt Angebote ein, die verschlüsselt verbreitet werden oder gegen besonderes Entgelt empfangbar sind." Der Rundfunkbegriff setzt also den Empfang eines an die Allgemeinheit gerichteten Angebots voraus, das mittels Funktechnik verbreitet wird („unter Benutzung elektromagnetischer Schwingungen"). Seit dem 12. RÄStV verzichtet die einfachgesetzliche Definition auf den Begriff der Darbietung und setzt stattdessen auf das Merkmal des zeitgleichen Empfangs. Daraus folgt, dass Rundfunk ausschließlich lineare Angebote erfasst, also solche, deren Start- und Endzeitpunkt nicht aktiv durch den Zuschauer beeinflusst werden kann.[40]

---

32 Dazu *Paulus/Nölscher* ZUM 2017, 179, 182 f.; *Kluth/Schulz* S. 25.

33 *Busemann/Engel* Media Perspektiven 3/2012, 133, 146

34 *Dörr/Schwartmann* Rn. 136 ff.

35 *BVerfGE* 73, 118, 154 f.; 74, 297, 350.

36 *BVerfGE* 74, 297, 350.

37 Dazu *BVerfGE* 73, 118, 121; vgl. auch *Hoffmann-Riem* AfP 1996, 9, 10; *Janik* AfP 2000, 7; Dörr/Kreile/Cole/*Schüller* B, Rn. 144; s. dazu auch unten im Zusammenhang mit den Aktivitäten der öffentlich-rechtlichen Rundfunkanstalten in den neuen Medien 4. Kap. Rn. 28 ff.

38 *BVerfGE* 73, 118, 154.

39 Dazu s. *Dörr/Schwartmann* Der Rundfunkbegriff und die Medienregulierung, Studie im Auftrag der Axel Springer AG, S. 41 ff., zum 13. RÄStV insbesondere S. 58 f.

40 Sog. On-Demand-Dienste (Abruf-Angebote) sind somit stets als Telemedium zu verstehen, Spindler/Schuster/*Ricke* § 2 TMG Rn. 3; zur Abgrenzung Telemedien/Rundfunk/Telekommunikation 10. Kap. Rn. 13 ff.; zur Abgrenzung Telekommunikations- und Inhalteregulierung 19. Kap. Rn. 107 ff.

2.2 Rundfunkbegriff und Neue Medien

Die Neuen Medien und neuen Dienste stellen den Rundfunkbegriff vor besondere Probleme.[41] Sie hängen mit der Vermehrung der Verbreitungswege und den neuen Erscheinungsformen von Medieninhalten zusammen. Rundfunk wird heute hauptsächlich über Breitbandkabel (45,9 %) und Satellit (46,5 %) verbreitet. Die Terrestrik spielt mit 9,0 % eine wachsende Rolle[42] (seit Frühjahr 2017 nach knapp einjähriger Testphase mit DVB-T2[43]). Immer größere Relevanz kommt zudem der Verbreitung per IP-Protokoll (IP-TV) über DSL-Leitungen im Internet zu (6,2%, 2015 waren es noch 4,8 %).[44] Durch den fortschreitenden Ausbau der VDSL2-Netze und der damit verbundenen Möglichkeit, wesentlich höhere Datenmengen zu übertragen, erlangt diese Verbreitungsform immer mehr praktische Relevanz.[45] Das Internet ermöglicht ferner über die klassischen Mediengattungen hinweg individuelle Zugriffe auf mannigfaltige Angebote. Dadurch entwickeln sich die Nutzergewohnheiten immer mehr weg von linearen sog. laid-back Angeboten – also ohne Einflussnahme des Rezipienten – hin zu nicht linearen, sog. lean-forward Diensten. Durch das mittlerweile verbreitete sog. „Timeshift-TV" ist es dem Nutzer möglich, in einer nicht linearen Angebotsstruktur über virtuelle, auf einem Server installierte sog. network-based Personal Video Recorders („nPVR"), die Reihenfolge des Empfangs selbst zu bestimmen. 11

2.2.1 Strukturprobleme des Rundfunkbegriffs

Unbestritten erfasst der verfassungsrechtliche Rundfunkbegriff Hörfunk und Fernsehen.[46] Es drängt sich aber die Frage auf, ob auch neue Erscheinungsformen unter diesen Begriff zu subsumieren sind. Praktisch wird hierdurch der Programmbereich des klassischen Rundfunks erweitert. Es entstehen Spartenprogramme, unterschiedliche Formen von Pay-TV und neue Angebotsformen, vor allem in Gestalt von Online-Diensten zum Abruf. Der Rundfunkstaatsvertrag unterscheidet einfachgesetzlich zwi- 12

---

41 Dazu noch unten 4. Kap. Rn. 28 ff.

42 Digitalisierungsbericht 2016 – TNS Infratest, S. 42, abrufbar unter www.die-medienanstalten.de/fileadmin/Download/Publikationen/Digitalisierungsbericht/2016/Digitalisierungsbericht_2016_deutsch.pdf. Von der Übertragungstechnik sind die Übertragungswege- und -systeme zu unterscheiden. Dazu 8. Kap. Rn. 17; vgl. auch Schiwy/Schütz/Dörr/*Ernst* Übertragungssysteme, S. 532 f.

43 Zu DVB-T2 1. Kap. Rn. 11.

44 Etwa das Angebot „Entertain" der Deutschen Telekom, dazu *Flatau* ZUM 2007, 1 ff.; *Spoerr/Luczak* ZUM 2010, 553.

45 Noch größere Datenmengen können durch das sog. Vectoring, einer Erweiterung von VDSL2, übertragen werden. Nachdem die Telekom Deutschland GmbH Ende 2012 bei der BNetzA beantragt hatte, die Zugangsmöglichkeiten für Wettbewerber zur Teilnehmeranschlussleitung, der sog. letzten Meile, einzuschränken, um Vectoring in ihrem Netz einsetzen zu können, wurde der Ausbau dieser High-Speed-Datennetze durch die BNetzA mit endgültiger, von der EU-Kommission bestätigter, Entscheidung v. 29.8.2013 zwar grundsätzlich genehmigt. Allerdings muss die Telekom ihren Wettbewerbern grundsätzlich weiterhin Zugang zur Teilnehmeranschlussleitung gewähren. Eine Ausnahme von dieser Verpflichtung besteht nur dann, wenn sie selbst oder ein anderes Unternehmen dort Vectoring einsetzen will. Nach dem derzeitigen Stand der Technik ist nämlich nur der Zugriff jeweils eines einzigen Unternehmens auf alle Kupfer-Doppeladern am Kabelverzweiger möglich. Vgl. dazu die Pressemitteilung der BNetzA v. 29.8.2013. Die BNetzA veröffentlicht regelmäßig Entgeltvorschläge für die Teilnehmeranschlussleitung. Am 20.4.2016 wurde hier etwa vorgesehen, dass die Telekom ab Juli 2016 monatlich 10,02 EUR von ihren Wettbewerbern für die Anmietung der TAL am Hauptverteiler (HVt-TAL) verlangen darf, vgl. Pressemitteilung der Bundesnetzagentur vom 20.4.2016, abrufbar unter www.bundesnetzagentur.de/SharldDocs/Pressemitteilungen/DE/2016/160420_TAL.html.

46 *BVerfGE* 12, 205, 226; 31, 314, 325.

schen Rundfunk und Telemedien. Die bis zum 12. Rundfunkänderungsstaatsvertrag umstrittene Frage der einfachgesetzlichen Abgrenzung zwischen diesen beiden Begriffen hat sich durch die Anpassung des Rundfunkbegriffs an die Definition der linearen audiovisuellen Mediendienste (Fernsehprogramme) weitgehend geklärt.[47] Diese Definition entstammt ursprünglich der Richtlinie 2007/65/EG (sog. Fernsehrichtlinie)[48], die 2010 ersetzt worden ist.[49] Gleichwohl ist die Einordnung neuer Angebotsformen weiterhin mit Schwierigkeiten verbunden.

13 Den Schutz der aus Art. 5 Abs. 1 S. 2 GG abgeleiteten Rundfunkfreiheit genießt auch die elektronische Presse.[50] Sie kann entweder als andere Form des Printblattes mit demselben Inhalt digital verfügbar sein oder aber als eigenständiger Auftritt mit selbstständiger Redaktion als mediale Mischform auftreten. Sämtliche Printerzeugnisse sind mittlerweile entweder kostenfrei oder gegen Entgelt als Applikation für mobile Endgeräte verfügbar, in denen neben den im Magazin zu findenden Artikeln regelmäßig auch Hintergrundinformationen (z.B. in Form von Bewegtbildern) abrufbar sind. Derartige Erscheinungsformen, die Elemente unterschiedlicher Mediengattungen in sich vereinen, werfen besondere Einordnungsprobleme auf. Es bereitet zwar keine Probleme eine Tageszeitung, deren Inhalt wie in Papierform in das Internet gestellt wird, ungeachtet ihrer fehlenden Körperlichkeit aufgrund ihrer Herkunft,[51] ihres Charakters und ihrer Wirkung der Pressefreiheit zu unterstellen. Schwieriger ist indes die Einordnung eines Online-Angebots, das inhaltlich eigenständig ist, wie der Online-Auftritt einer Zeitung oder Zeitschrift mit eigener Redaktion und unter Verwendung von Bewegtbildern im Vergleich zur gedruckten Fassung des entsprechenden Magazins. Diese Online-Auftritte lösen sich bewusst vom Herkunftsmedium ab und weisen Bewegtbildern eine wesentliche Rolle zu. Was die Inhalte betrifft, unterscheidet sich dieses Angebot häufig nicht von der Ausstrahlung einer Fernsehsendung. Freilich wird es (bislang) nicht linear ausgestrahlt, sondern lediglich auf Abruf bereitgehalten. Zudem weist es aufgrund seines geringeren Rezipientenkreises nicht die für den Rundfunk typische Reichweite und Meinungsrelevanz auf.

14 Gerade im Zusammenhang mit Blogs fällt eine juristische Beurteilung schwer. Hierbei handelt es sich um Inhalte auf einer Website, in denen eine oder mehrere Personen (Blogger) Inhalte jeder Art niederschreiben. 2015 entstand im Zusammenhang mit dem Internetportal netzpolitik.org ein gleichermaßen strafrechtlich wie medienrechtlich und politisch brisanter Konflikt. Nach Anzeigen des Präsidenten des Bundesamts für Verfassungsschutz wurde ein inzwischen eingestelltes Ermittlungsverfahren gegen die Betreiber des Blogs eingeleitet. Durch die Veröffentlichung von Material mit Staatsgeheimniseigenschaft, das ihnen von einem sog. Whistleblower zugespielt wurde, hätten sich die Blogger u.a. wegen Landesverrats (§ 94 StGB) strafbar gemacht. In medienrechtli-

---

47 S.o. 3. Kap Rn. 10.

48 RL 2007/65/EG des Europäischen Parlaments und des Rates vom 11.12.2007 zur Änderung der Richtlinie 89/552/EWG des Rates zur Koordinierung bestimmter Rechts- und Verwaltungsvorschriften der Mitgliedstaaten über die Ausübung der Fernsehtätigkeit, ABlEU Nr. L 332/27, S. 35.

49 RL 2010/13/EU des Europäischen Parlaments und des Rates vom 10.3.2010 zur Koordinierung bestimmter Rechts- und Verwaltungsvorschriften der Mitgliedstaaten über die Bereitstellung audiovisueller Mediendienste (Richtlinie über audiovisuelle Mediendienste), ABlEU Nr. 95/1. Zum aktuellen Stand der Überarbeitung der Richtlinie vgl. Rn. 18.

50 Spindler/Schuster/*Mann/Smid* 7. Teil Rn. 5.

51 Dörr/Kreile/Cole/*Schüller* B, Rn. 161.

cher Hinsicht[52] stellte sich hier zum einen die Frage, welchen verfassungsrechtlichen Status Blogger einnehmen und zum anderen, wie das sog. Whistleblowing vor dem Hintergrund der Presse- und Meinungsfreiheit zu bewerten ist. Wenn und soweit ein Blogger seine Inhalte journalistisch-redaktionell gestaltet, schützt ihn regelmäßig neben der Meinungsäußerungsfreiheit auch die Pressefreiheit nach Art. 5 Abs. 2 S. 2 GG.[53] Werden ihm erkennbar rechtswidrig erlangte Informationen zugespielt, stellt sich die Frage, ob deren Publikation vom Auftrag des Mediums als Public Watch Dog[54] umfasst ist und auch die Veröffentlichung von Informationen, die als Verschlusssachen klassifiziert sind, von der Pressefreiheit gedeckt sind. Hierbei werden schon vor dem Hintergrund der vom BVerfG wiederholt als „konstituierend für die freiheitliche demokratische Grundordnung"[55] bezeichneten Medienfreiheit hinsichtlich einer Strafbarkeit und damit eines Zurücktretens der Pressefreiheit hohe Maßstäbe anzusetzen sein.[56] Um den Tatbestand des Landesverrats zu erfüllen, müsste es jedenfalls im Einzelfall um Staatsgeheimnisse gehen, deren Verrat mit einer möglichen Gefährdung der äußeren Sicherheit der Bundesrepublik verbunden wäre.[57] Unabhängig davon stellte sich aber im Fall netzpolitik.org das Problem einer möglichen und bis heute nicht aufgeklärten Einflussnahmen des Justizministeriums auf den Generalbundesanwalt, die rechtsstaatlich besorgniserregend wäre.[58]

Print- und Telekommunikationsunternehmen experimentieren im Internet mit Formaten, deren Einordnung als Rundfunk oder Telemedien zum Teil umstritten ist.[59] So stellt sich z.B. bei dem auf der Plattform YouTube angebotenen linearen Videokanal „Live" mit mehr als 500 „followern"[60] die Frage, ob dieser einfachgesetzlich im Sinne des RStV als Rundfunk oder als Telemedium zu qualifizieren ist.[61] Diese Abgrenzung wird allerdings mit Blick auf neue Erscheinungsformen in den Medien zunehmend hinterfragt. Als Bundeskanzlerin Angela Merkel 2013 in einer im Internet gestreamten Videokonferenz („Google Hangouts") 500 Teilnehmer erreichte, wurde dies als Staatsfunk bezeichnet.[62] In der Folge beschäftigte sich – unabhängig vom Problem der Staatsfreiheit des Rundfunks – die ZAK mit der Frage der Kategorisierung des Formates und insbesondere mit der nach einer möglicherweise erforderlichen Rundfunklizenz. Laut Pressemitteilung der ZAK können Angebote – wenn sie linear verbreitet werden – zwar grundsätzlich zulassungspflichtigen Rundfunk darstellen. Im Fall des Google-Hangouts fehle es aber an einem Sendeplan, dem das Format folgt.[63] Im Umkehrschluss wäre eine Bewertung als Rundfunk demnach denkbar, wenn das Format journalistisch-redaktionell verbreitet würde. 15

52 Die politischen und strafprozessualen Auswirkungen der Affäre (möglicher Eingriff des Justizministers in die Ermittlungen der Generalbundesanwaltschaft) sollen hier ausgeklammert werden, vgl. hierzu *Löbbert* ZRP 2015, 161 sowie *Trentmann* ZRP 2015, 198.

53 Vgl. *Gersdorf/Paal* Beck'scher Online-Kommentar Informations- und Medienrecht/*Kühling* 16. Edition Stand: 1.5.2017, Art. 5 GG Rn. 46.

54 Vgl. *EGMR* NJW 2012, 1053.

55 Vgl. zuletzt *BVerfG* NJW 2015, 3430.

56 Hierzu *Schaar* Editorial MMR 2015, 557.

57 *Schmidt-De Caluwe* NVwZ 2007, 640.

58 Www.zeit.de/digital/2017-02/netzpolitik-org-heiko-maas-dokumente-bundesanwaltschaft.

59 *Zirpins* epd medien 12/2007, 3 ff.

60 Bei weniger als 500 potenziellen Nutzern wäre die Zuordnung zum Rundfunk gem. § 2 Abs. 3 Nr. 1 RStV bereits aufgrund der geringen Rezipientenzahl zu verneinen.

61 Hier können Ereignisse und Events in Echtzeit übertragen werden, vgl. www.youtube.com/live.

62 Vgl. etwa Artikel in der ZEIT vom 18.4.2013, Feature: Mit der Kanzlerin beim digitalen Kamingespräch.

63 *ZAK*-Pressemitteilung 03/2013 vom 5.4.2013.

16 Eine weitere Folge der Konvergenz zeigt sich bei Smart-TV-Portalen. 2017 können über zahlreiche Fernseher in Deutschland Internetinhalte abgerufen und dargestellt werden, sei es unmittelbar über einen eigenen Internetzugang am Gerät oder mittelbar über ein angeschlossenes Tablet, einen angeschlossenen TV-Stick etc.[64] Im Falle eines im Gerät verbauten Internetzugangs kann der Nutzer neben der vom Hersteller bereitgestellten Nutzeroberfläche auch über den sog. Red Button der Fernbedienung oder den Browser auf Internetinhalte zugreifen. So werden etwa beim sog. HbbTV TV-Programme mit umfangreichen Zusatzinformationen angereichert, wenn der Nutzer die Funktionalität über den sog. Red Button aktiviert hat. Dies können Informationen zum laufenden Programm oder auch Werbung im Splitscreen sein. Letztere kann dann, ähnlich wie bei den über das Smartphone, Tablet oder den Laptop abgerufenen Inhalten, auch personalisiert sein. Konkret bedeutet dies, dass Werbebotschaften auf Grundlage des vorherigen Konsumverhaltens auf den Nutzer zugeschnitten werden können. Für Werbetreibe ist dies von besonderer Relevanz, da hier eine Kombination zwischen der hohen Reichweite des klassischen Rundfunks und der zielgerichteten, personalisierten Online-Werbung möglich ist. Damit einhergehen jedoch erhebliche datenschutzrechtliche Probleme. Über die Internetverbindung fließen zahlreiche personenbezogene Daten vom Smart-TV an dessen Hersteller und werden von dort vermittelt oder möglichweise auch unmittelbar an Dritte, etwa Fernsehsender oder Vermarkter, weitergegeben. Personenbezogene Daten sind nach dem BDSG, und sinngemäß auch nach der Ende Mai 2018 wirkenden DSGVO, Einzelangaben über persönliche und sachliche Verhältnisse einer bestimmten oder bestimmbaren Person. Hierbei geht es um Daten, die identifizierende oder beschreibende Informationen über den Betroffenen selbst oder über einen auf ihn beziehbaren Sachverhalt enthalten.[65] Bei HbbTV entstehen eine Vielzahl personenbezogener Daten, nur beispielhaft genannt seien etwa die gewöhnlichen Fernsehzeiten, die Rückschlüsse auf personenbezogene Informationen zu Arbeitszeiten bzw. eine mögliche Arbeitslosigkeit zulassen. Die gewählten Sendungen und das Umschaltverhalten geben Auskunft über Vorlieben und Abneigungen des Nutzers. Der Datenfluss erfolgt dabei schon vor und unabhängig von der Betätigung des Red Buttons ohne wirksame Einwilligung des Nutzers und ohne gesetzliche Ermächtigung, die eine Verwendung der Daten rechtfertigen könnten. Das Landgericht Frankfurt hat im Juni 2016 entschieden,[66] dass einHersteller von Smart-TV keine verantwortliche Stelle i.S.d. Datenschutzrechts ist, wenn er weder Kenntnis noch Verfügungsmacht über diejenigen IP-Adressen hat, die zwischen dem Nutzer und dem Anbieter des HbbTV-Dienstes ausgetauscht werden.[67] Zugleich betont das Gericht die aus §§ 5a Abs. 2, 8 UWG i.V.m. § 13 Abs. 1 TMG herzuleitende Verpflichtung, den Kunden darüber zu informieren, dass schon durch den Anschluss des Smart-TV an das Internet Daten über den Nutzer erhoben werden können, ohne dass zuvor eine entsprechende Information und Einwilligung erteiltwurde.[68] Hinsichtlich der Einwilligung in die Datenerhebung sei eine Datenschutzbestimmung, die 50 Bildschirmseiten umfasse schon wegen ihres Umfanges als Grundlage für eine Einwilligung in die Datenerhebung ungeeignet.[69]

64 *Kunow* S. 46.
65 *Schwartmann/Ohr* Rn. 72.
66 *LG Frankfurt* ZD 2016, 494.
67 *LG Frankfurt* ZD 2016, 494, 495.
68 *LG Frankfurt* ZD 2016, 494, 496.
69 *LG Frankfurt* ZD 2016, 494, 497.

Unter der ab 25.5.2018 geltenden EU-Datenschutzgrundverordnung wird der Maßstab tendenziell noch strenger, vgl. Art. 5 ff. EU-DSGVO zur Datenverarbeitung sowie zu den Transparenz- und Informationspflichten Art. 12 ff. EU-DSGVO. Eine datenschutzkonforme Ausgestaltung der Angebote ist dringend geboten, damit Hersteller und Vermarkter nicht einer Haftung nach Art. 82 f. EU-DSGVO ausgesetzt werden.[70] Betrachtet man die neuen Werbeformen datenschutzrechtlich, so wird deutlich, dass die datenschutzrechtliche Regulierung datengetriebener Geschäftsmodelle im Rundfunkbereich schon heute eine besondere, eigene und neue Regulierung für Rundfunkveranstalter neben der Rundfunkregulierung ausmacht. 17

2.2.2 Onlinedienste als Rundfunk

Die Digitalisierung ermöglicht eine technische Konvergenz, in deren Rahmen sich die Verbreitungswege und Rezeptionsmöglichkeiten vervielfachen. Inhalte werden über verschiedene Verbreitungswege auf unterschiedliche Endgeräte übertragen. Die Besonderheit des Internets besteht darin, dass sowohl die Verbreitung individueller Kommunikationsinhalte an die Allgemeinheit ermöglicht wird als auch „massenkommunikative Inhalte mit der Tendenz zur Individualisierung“[71] verbreitet werden können. So verschmelzen Individual- und Massenkommunikation. Nach ihrer traditionellen Lesart schützt die Verfassung in Art. 5 Abs. 1 S. 2 GG Massenkommunikation durch Rundfunk, Presse und Film. Die Verbindung dieser Ausdrucksformen stellt sowohl den verfassungsrechtlichen als auch den einfachgesetzlichen Rundfunkbegriff vor ein Strukturproblem. Dem angemessen Rechnung zu tragen ist Aufgabe des europäischen und deutschen Gesetzgebers. Auf Verfassungsebene könnte ein möglicher Lösungsansatz in der Schaffung eines einheitlichen Mediengrundrechts liegen, welches die bisherige Differenzierung zwischen den medialen Gattungen aufgibt.[72] Auf europäischer Ebene hat man sich der Herausforderung einer konvergierten Medienordnung mit der AVMD-Richtlinie[73] gestellt.[74] Diese stand auch im Mittelpunkt des Grünbuchs über die Vorbereitung auf die vollständige Konvergenz der audiovisuellen Welt, das die Europäische Kommission im April 2013 veröffentlicht und zugleich alle interessierten Kreise um Stellungnahme gebeten hat.[75] Ziel des Grünbuchs war die Anregung einer öffentlichen Debatte über die Auswirkungen des gegenwärtigen Wandels der audiovisuellen Medienlandschaft, die durch ein fortschreitendes Zusammenwachsen herkömmlicher Rundfunkdienste mit dem Internet[76] geprägt ist.[77] Nach der Vorstellung der Kommission soll die stetig fortschreitende Konvergenz genutzt werden, um allen Europäern einen möglichst umfassenden Zugang zu vielfältigen europäischen Inhalten zu bieten und eine möglichst große Palette hochwertiger Angebote zu gewährleisten. Häufig sei der Zugang zu solchen Diensten aufgrund geografischer Beschränkungen nicht oder nur eingeschränkt möglich, was, angesichts eines 18

70 Hierzu *Schmidtmann/Schwiering* ZD 2014, 448.
71 Dolzer/*Degenhart* Art. 5 Abs. 1 und 2 GG, Rn. 668.
72 So *Sporn* K&R Beihefter 2/2013 zu Heft 5, 2 ff., vgl. dazu unten Rn. 34.
73 Vgl. oben Rn. 12.
74 Hierzu auch *Dörr/Holznagel/Picot* ZUM 2016, 920, 933f.
75 KOM (2013) 231 final, abrufbar unter https://ec.europa.eu/digital-agenda/sites/digital-agenda/files/convergence_green_paper_de_0.pdf.
76 Nach Angaben der Europäischen Kommission wird bis zum Jahr 2016 die Mehrheit der mit einem Fernseher ausgestatteten Haushalte in der EU über ein internetfähiges Gerät verfügen, vgl. KOM (2013) 231 final, S. 3.
77 KOM (2013) 231 final, S. 3.

Zuschauerpotenzials von über 368 Mio. Internetnutzern in der EU, allein aus wirtschaftlichen Gesichtspunkten der Änderung bedürfe.[78] Als wichtigste Faktoren für die Nutzung dieses durch den europäischen Binnenmarkt hervorgebrachten Potenzials nennt die Kommission einen für Wachstum hinreichend großen Markt, ein von Wettbewerb geprägtes Umfeld, die Bereitschaft zur Anpassung vorhandener Geschäftsmodelle, Interoperabilität, insbesondere im Hinblick auf Hybridfernsehgeräte, sowie eine geeignete Infrastruktur.[79] Insbesondere durch die EU-Wettbewerbsregeln müsse sichergestellt werden, dass in einer immer stärker konvergierenden Medienwelt ein flexibler, effektiver Markt möglich sei.[80] Dabei sei auch zu prüfen, ob es Anzeichen für Markverzerrungen gebe, die auf die Unterscheidung zwischen linearen und nichtlinearen Diensten[81] zurückzuführen sei.[82] Ferner sei auch den Veränderungen im Verbraucherverhalten hin zu nutzergenerierten Inhalten, welche von den Rundfunkveranstaltern in ihr lineares Programm integriert werden könnten, Rechnung zu tragen.[83] Besonders wichtig sei, dass der Zugang zu „Inhalten von allgemeinem Interesse" gewährleistet bleibe. Dabei sei zu überlegen, ob angesichts zunehmender Filter- und Personalisierungsmechanismen weitergehende europäische Regelungen zur Sicherung der Meinungsvielfalt und Medienpluralität erforderlich seien.[84] Letztlich besteht das Anliegen der Kommission also darin, die Vorzüge der Konvergenz auf europäischer Ebene zu nutzen, ohne dabei die Achtung derjenigen Werte, die der europäischen Regulierung audiovisueller Mediendienste zugrunde liegen, zu vernachlässigen. So seien namentlich die Förderung der Meinungsfreiheit und des Medienpluralismus, die Förderung der kulturellen Vielfalt und der Schutz personenbezogener Daten sowie der Verbraucherschutz, u.a. schutzbedürftige Personen wie Minderjährige oder Personen mit Behinderungen durch angemessenes politisches Handeln zu fördern.[85]

19 Im Herbst 2017 stellen sich die Überlegungen zur Novellierung der AVMD-Richtlinie durch Kommission, Parlament und Rat wie folgt dar:[86]

Gemeinsame Überlegungen

20 Die Beibehaltung des Typus der Richtlinie zur EU-weiten Regulierung audiovisueller Dienstleistungen ist zwischen den EU-Organen ebenso wenig streitig wie die Wahrung einer Mindestharmonisierung, die einer strengeren Regulierung auf Ebene der Mitgliedsstaaten bzw. ihrer nach der Verfassungsordnung zuständigen Ebene nicht entgegensteht. Auch besteht, bei divergierenden Auffassungen im Detail, welche nachfolgend erläutert werden, Einigkeit darüber, den Anwendungsbereich der AVMD-Richtlinie zu erweitern. So soll die Richtlinie auch auf den trennbaren Teil

78 KOM (2013) 231 final, S. 5 f.

79 KOM (2013) 231 final, S. 5.

80 KOM (2013) 231 final, S. 8.

81 Trotz ihres technikneutralen Ansatzes unterscheidet die AVMD-Richtlinie im Hinblick auf den Umfang der Regulierung zwischen linearen Fernseh- und nichtlinearen Abrufdiensten. Begründet wird dies mit den im Rahmen von nichtlinearen Angeboten erhöhten Steuerungs- und Kontrollmöglichkeiten durch die Verbraucher, vgl. KOM (2013) 231 final, S. 13.

82 KOM (2013) 231 final, S. 14 f.

83 KOM (2013) 231 final, S. 9.

84 KOM (2013) 231 final, S. 15 f.

85 KOM (2013) 231 final, S. 12.

86 Übersichtliche Synopse abrufbar unter:www.emr-sb.de/gemischte-meldungen/items/emr-veroeffentlicht-deutschsprachige-synopse-zur-novelle-der-avmd-richtlinie-sowie-ersten-impuls-zum-anstehenden-trilog-verfahre.html.

einer Dienstleistung Anwendung finden.[87] Diese Ausrichtung bewegt sich im Einklang mit der Rechtsprechung des EuGH, der entschieden hat, dass sich der Hauptzweck eines audiovisuellen Mediendienstes nicht notwendigerweise auf den gesamten Dienst beziehen muss, sondern dass in Zeiten von Multimedia-Angeboten auch Teilangebote durchaus einen Hauptzweck erfüllen können.[88]

EU-Kommission

Die regulatorische Trennung in linear und non-linear wird nach den Vorstellungen der Kommission nicht gänzlich aufgehoben, aber im linearen Bereich – insbesondere bei den quantitativen Werbebestimmungen – weniger bedeutsam (s. u.). Gleichzeitig sollen die unterschiedlichen Bestimmungen im Bereich des Jugendschutzes aus dem linearen wie non-linearen Bereich angeglichen werden. Insbesondere mit Blick auf die Absicherung von Jugendschutzstandards und der Menschenwürde wird eine Einbeziehung von Video-Sharing-Plattformen in den Anwendungsbereich angestrebt, wobei die Erfüllung der neuen Anforderungen maßgeblich durch den Einsatz von Verhaltenskodizes/Ko-Regulierung gewährleistetwerden sollen. Die Haftungsbestimmungen der E-Commerce-Richtlinie sollen unberührt bleiben.[89]

Quantitative Werbevorgaben: Die EU-Kommission strebt eine stärkere Liberalisierung bzw. Flexibilisierung der quantitativen Werbevorgaben an. Einzelspots (Single-Spots) sollen – ohne Einschränkung – möglich sein. Eine Unterbrechung von Fernseh- und Kinospielfilmen sowie Nachrichtensendungen durch Werbung soll künftig alle 20 anstatt wie bisher alle 30 Minuten möglich sein. Anstatt der ursprünglichen 20 % per Stunde soll der Werbeanteil nun innerhalb des Zeitraums von 7:00–23:00 Uhr 20 % nicht übersteigen. Dies würde zu einer Flexibilisierung der zeitlichen Werbebeschränkungen führen. Zudem sollen die Möglichkeiten der Eigenwerbung ausgeweitet werden. 21

Qualitative Werbevorgaben: Der Entwurf enthält zwar keine gesetzlichen Verschärfungen im produktspezifischen Werbebereich. Durch Ko- und Selbstregulierungsmaßnahmen, insbesondere im Bereich der HFSS-Lebensmittel und der alkoholischen Getränke, soll allerdings das Maß, in dem Minderjährige entsprechenden Werbespots ausgesetzt sind, reduziert werden.[90] 22

Sponsoring soll künftig einen stärkeren werblichen Charakter haben dürfen. Das derzeitige Verbot mit Erlaubnisvorbehalt von Produktplatzierungen soll in eine generelle Erlaubnis umgewandelt werden. Ausgenommen hiervon sollen jedoch Nachrichten-, Verbraucher- und religiöse Programme und Programme mit einem signifikanten Kinderzuschaueranteil sein. Darüber hinaus soll u.a. die Vorgabe, dass ein Produkt nicht zu stark beworben werden soll, entfallen.[91] 23

---

87 Vgl. www.emr-sb.de/tl_files/EMR-SB/content/PDF/AVM-Beitraege/EMR-AVMD-Impulse-1708-01-Anwendungsbereich.pdf; die allgemeine Ausrichtung des Rates zielt darüber hinaus darauf ab, dass die Richtlinie auch soziale Medien insoweit erfasst, wie sie die Anforderungen im Hinblick auf die Einstufung als Videoplattformdienst erfüllen, vgl. neuer Erwägungsgrund 3a, https://www.emr-sb.de/tl_files/EMR-SB/content/PDF/AVM-Beitraege/AVMD-Synopse_deutsch.pdf.

88 *EuGH* 21.10.2015 Rs. C-347/14.

89 KOM (2016) 287 final, S. 13 f.

90 *KOM* (2016) 287 final, S. 14.

91 *KOM* (2016) 287 final, S. 14, 19.

24 Der Entwurf sieht ferner eine Verschärfung der Vorgaben zur Förderung europäischer Werke im non-linearen Bereich vor. Hier soll eine 20 %-Quote bei gleichzeitiger prominenter Darstellung dieser Werke sichergestellt werden. Darüber hinaus sollen die Mitgliedstaaten Vorgaben für finanzielle (Produktions-)Beiträge, inkl. nationale Fördersysteme, erlassen können. Explizit erwähnt wird, dass auch Anbieter mit einer Niederlassung im Ausland einbezogen werden können, solange diese den inländischen Markt bedienen.[92]

25 Der Entwurf der Kommission sieht zudem eine Streichung des Art. 7 hinsichtlich der Bestimmungen zur Barrierefreiheit vor, da der horizontale RL-Vorschlag der EU-Kommission von Ende 2015 bereits strengere Vorgaben enthalte.[93]

26 Unabhängigkeit der Regulierungsbehörden: Die ERGA (European Regulators Group for Audiovisual Media Services) wird durch die Revision formal eingesetzt und als Beratungsgremium der EU-KOM deutlich gestärkt. Die Richtlinie soll mit Blick auf die Unabhängigkeit der Regulierungsbehörden zudem künftig Kriterien wie Transparenz, ausreichend finanzielle und personelle Mittel etc. enthalten.[94]

CULT (EP) – Berichtsentwurf Kammerevert/Verheyen[95]

27 Der Entwurf sieht hinsichtlich der qualitativen Werbebestimmungen eine Änderung des Flexibilisierungsmodells im Verhältnis zum KOM-Vorschlag vor. Neben der Werbezeitbeschränkung auf 20 % im Zeitraum von 7.00–23.00 Uhr (=KOM-Vorschlag) wird im Final Report des EP eine weitere Beschränkung innerhalb eines dem jeweiligen Mitgliedstaat anheimgestellten vierstündigen Zeitfensters zur „Primetime" vorgesehen. Mit Blick auf das derzeitige Blockwerbegebot sieht der Berichtsentwurf einen Streichungsantrag von Art. 19 (2) RL-Text vor. Damit wären Single Spots zukünftig grundsätzlich zulässig.

Qualitative Werbebestimmungen:

28 Die KOM-Vorschläge hinsichtlich der Verhaltenskodizes in den Bereichen Alkohol- und HFSS-Lebensmittelwerbung sollen gestrichen werden. Dies würde zu einem Wegfall der strengen Vorgaben aus dem KOM-Vorschlag für die Ausgestaltung des Kodizes bei Lebensmittel- und Alkoholwerbung führen.

Änderungen bei der Behandlung von Video-Sharing-Plattformen und UGC:

29 Der Entwurf sieht in diesem Bereich im Vergleich zum KOM-Vorschlag eine Neustrukturierung vor, die für **alle** AV-Dienste gelten soll. Es sollen sowohl eine Absicherung der Jugendschutzstandards und der Menschenwürde erfolgen als auch die Werbevorgaben aus dem heutigen Art. 9 AVMD-RL (Grundsätze für die Werbung wie Erkennbarkeitsgrundsatz, Anti-Diskriminierungsgebot, Verbot der Werbung für Tabakprodukte und verschreibungspflichtige Medikamente, keine an Kinder gerichtete Alkoholwerbung, Verhaltenskodizes etc.) sowie die Vorgaben zum Sponsoring (Art. 10 AVMD-RL) und der Produktplatzierung (Art. 11 AVMD-RL) für Video Sharing-Plattformen und UGC gelten. Bei der Produktplatzierung wird das Verbot der übermäßigen Herausstellung erneut aufgenommen.[96]

---

92 *KOM* (2016) 287 final, S. 2, 14.

93 *KOM* (2016) 287 final, S. 13.

94 *KOM* (2016) 287 final, S. 23.

95 Final Report vom 10.5.2017 – A8-0192/2017 abrufbar unter: www.europarl.europa.eu/sides/getDoc.do?pubRef=-//EP//NONSGML+REPORT+A8-2017-0192+0+DOC+PDF+V0//EN.

96 CULT_PR (2016) 587655, 80 f.

Der Entwurf schlägt zudem die Schaffung eines Artikels zur Auffindbarkeit und Signalintegrität vor. Hinsichtlich der Förderung europäischer Werke ist eine Erhöhung der Quote für europäische Werke bei On-Demand-Diensten auf 30 % intendiert.[97] 30

Zudem wird die Wiederaufnahme von Regelungen zur Barrierefreiheit vorgeschlagen. 31 Der geänderte Wortlaut stellt dabei im Vergleich zur bisherigen Regelung eine Verschärfung dar. Gleichwohl soll über den Weg der Selbst- und Ko-Regulierung eine fast vollständige Barrierefreiheit bis 2027 erzielt werden.[98]

Rat

Für qualitative Werbebestimmungen (Art. 9 AVMD-RL) sind keine Verschärfungen 32 vorgesehen. Im Bereich der Produktplatzierung (Art. 11 AVMD-RL) enthalten die wesentlichen Änderungen eine Wiederaufnahme der KOM-Formulierung „programmes with a significant children's audience" sowie die PP-Kennzeichnungsausnahme für Lizenzware, die grundsätzlich – und nicht wie nach derzeitiger Richtlinie nur in Ausnahmefällen – für die Mitgliedstaaten möglich sein soll. Das Verbot der „zu starken Herausstellung" ist weiterhin gestrichen.[99] Lineare Vorgaben (Art. 19, 20, 23 AVMD-RL): Der Text sieht keine grundsätzliche Zulässigkeit von Single Spots vor. Die Unterbrechervorgaben werden auf den status quo (alle 30 Minuten) zurückgeführt und der Vorschlag zur zeitlichen Begrenzung sieht die Rückkehr zu 12-Minuten-Regelung im Zweitraum zwischen 7:00 – 19:00 Uhr vor; gleichzeitig wird das PT-Fenster, in dem der 20 %ige Werbeanteil flexibel verteilt werden kann, auf fünf Stunden erweitert (19:00 – 24:00 Uhr). Schwarzblenden sollen nicht auf die Werbezeit angerechnet werden.[100]

Im deutschen Recht ist die AVMD-Richtlinie in ihrer damaligen Fassung im 12. 33 Rundfunkänderungsstaatsvertrag umgesetzt und ein neuer einfachgesetzlicher Rundfunkbegriff geschaffen worden. Nach wie vor ist die einfachgesetzliche Einordnung nach den neuen Abgrenzungskriterien indes nicht immer eindeutig. Insoweit muss stets die Frage beantwortet werden, ob es sich bei oben genannten Erscheinungsformen um Rundfunk oder um sog. Telemedien handelt, die lediglich anzeige- und nicht zulassungspflichtig[101] sind. In der Praxis besonders bedeutsam und zugleich schwierig ist diese Unterscheidung, wenn es um Online-Angebote von Nichtrundfunkveranstaltern geht.[102] Handelt es sich bei diesen Erscheinungsformen um Rundfunk mit der Konsequenz, dass das rundfunkrechtliche Regime mit Lizenzerfordernis, rundfunkrechtlichen Werberegeln und Jugendschutzvorgaben gilt oder kann die Verbreitung dieser Inhalte über das Internet gar nicht oder nur speziell reguliert erfolgen?

97 CULT_PR (2016) 587655, 81 f.

98 CULT_PR (2016) 587655, 82.

99 Rat der Europäischen Union 13624/1/16 REV 1, S. 7.

100 Rat der Europäischen Union 13624/1/16 REV 1, S. 8.

101 Vgl. etwa zur Zulassungspflicht für den privaten Rundfunk § 20 RStV.

102 Beispielhaft kann die Online-Videoplattform YouTube genannt werden, welche seit dem Jahr 2012 auch in Deutschland eine Vielzahl virtueller Themenkanäle anbietet, deren Inhalte eigens hierfür produziert werden. Auf diese Weise können sich die Nutzer aus verschiedenen Spartenkanälen ein auf persönliche Interessen abgestimmtes Programm zusammenstellen, welches – jedenfalls im Hinblick auf die jüngere Zielgruppe – geeignet sein kann, mit den Inhalten der klassischen Rundfunkveranstalter in Konkurrenz zu treten.

2.2.2.1 Verfassungsrechtliche Einordnung

34 Zwar kennt das GG neben der in diesem Zusammenhang weniger relevanten Filmfreiheit nur Rundfunk und Presse. Verfassungsrechtlich unterfallen jedoch auch telemediale Abrufdienste nach herrschender Meinung[103] dem weiten verfassungsrechtlichen Rundfunkbegriff.[104] Es werden Text-, Ton- oder Bilddateien mittels elektromagnetischer Schwingungen verbreitet. Eine nicht näher begrenzte Anzahl von Personen kann diese Dateien abrufen. Es fehlt an einer Möglichkeit auf den dargebotenen Inhalt Einfluss zu nehmen. Der Nutzer rezipiert eine redaktionell aufbereitete, planmäßige Darbietung mit publizistischer Relevanz. Dieses weite Verständnis des Rundfunkbegriffs eröffnet einen breiten Anwendungsbereich der Rundfunkfreiheit aus Art. 5 Abs. 1 S. 2 GG und entspricht damit dem Postulat des BVerfG nach Offenheit für Neuerungen.[105] „Abruf-Applikationen" sind somit bei verfassungsrechtlicher Betrachtung als Rundfunk zu klassifizieren. Dass eine solche Subsumtion angesichts der zunehmenden Digitalisierung und Konvergenz mit erheblichen Schwierigkeiten verbunden ist, zeigt sich bereits daran, dass Presse, Rundfunk sowie alle neuen medialen Angebote die meisten Nutzer nicht mehr auf getrennten Wegen erreichen. Aufgrund neuer Endgeräte wie Hybrid-Fernseher, Apple-TV, Amazon Fire TV, Tablets oder Smartphones, können sämtliche Angebote auf sämtlichen Verbreitungswegen empfangen werden.[106] Aufgrund dieser Endgerätekonvergenz, die die Unterscheidbarkeit der medialen Angebotsgattungen weitgehend entfallen lässt,[107] ist eine rechtssichere Einordnung in die herkömmlichen Kategorien des Grundgesetzes nicht immer möglich.[108] Auch der Nutzer differenziert regelmäßig nicht zwischen den unterschiedlichen Gattungen, sondern erwartet einen möglichst schnellen und unkomplizierten Zugang zu den für ihn relevanten Inhalten.[109] Diesen, seit Entstehung des Grundgesetzes erheblich veränderten Gegebenheiten, könnte mit einem gattungsübergreifenden Grundrecht der Medienfreiheit Rechnung getragen werden.[110] Einer solchen Konstruktion stünde auch das europäische Recht nicht entgegen, welches weder in Art. 10 Abs. 1 EMRK noch in Art. 11 Abs. 2 Grundrechtecharta nach medialen Gattungen differenziert.[111] Der bisherige Art. 5 Abs. 1 S. 2 GG mit seiner Differenzierung zwischen Rundfunk-, Presse- und der insoweit weniger relevanten Filmfreiheit könnte dafür im Sinne eines klassischen Freiheitsrechts weiterentwickelt werden.[112] Dies erscheint

103 S. dazu (m.w.N.): Sachs/*Bethge* Rn. 90a f.; *Held* S. 17-20; *Michel* ZUM 1998, 350 ff.; Dreier/*Schulze-Fielitz* Grundgesetz, Bd. I, 3. Aufl. 2013, Art. 5 I, II Rn. 100; von Münch/Kunig/*Stark* Art. 5 GG Rn. 163; a.A. unter Berufung auf einen individualkommunikativen Charakter des Internets Dolzer/*Degenhart* Art. 5 GG Rn. 698; *Ricker* ZUM 2001, 28, 30; weitere Nachweise bei *Held* S. 17 Fn. 30.

104 Eingehend zum verfassungsrechtlichen Rundfunkbegriff *Dörr/Schwartmann* Der Rundfunkbegriff und die Medienregulierung, Studie im Auftrag der Axel Springer AG, S. 31 ff.

105 *BVerfGE* 73, 118, 121; vgl. auch *BVerfGE* 119, 181, Ziff. 123.

106 Hierzu *Dörr/Holznagel/Picot* ZUM 2016, 920, 923.

107 *Kluth/Schulz* S. 25.

108 *Sporn* K&R Beihefter 2/2013 zu Heft 5, 2, 5.

109 *Sporn* K&R Beihefter 2/2013 zu Heft 5, 2, 3.

110 A.A. *Dörr* K&R Beihefter 2/2013 zu Heft 5, 9, 12, der ein einheitliches Mediengrundrecht ablehnt, weil der Gesetzgeber ansonsten Gefahr laufe, die namentlich dem Leitmedium Fernsehen nach wie vor zukommende besondere Suggestivkraft zu negieren.

111 *Sporn* K&R Beihefter 2/2013 zu Heft 5, 2, 6, a.A. *Dörr* K&R Beihefter 2/2013 zu Heft 5, 9, 12 unter Verweis auf die Rspr. des EGMR, welche im Hinblick auf die Schrankenbestimmung des Art. 10 Abs. 2 EMRK und die daraus resultierende Schutzpflicht zwischen Presse und Rundfunk unterscheide.

112 *Sporn* K&R Beihefter 2/2013 zu Heft 5, 2, 8.

weitaus praktikabler als die zusätzliche Schaffung einer eigenständigen Internetdienstefreiheit auf Grundlage und in Ausgestaltung des Art. 5 GG. Wollte man dann den Rundfunkbegriff auf diejenigen Verteil- und Abrufdienste anwenden, die eine hinreichende Suggestivkraft, Aktualität und Breitenwirkung aufweisen und alle übrigen elektronisch verbreiteten Kommunikationsinhalte der Internetdienstefreiheit unterwerfen,[113] böte dies gegenüber der geltenden Rechtslage keine erkennbaren Vorteil. Schließlich werden verfassungsrechtlich als Rundfunk eingeordnete Internetdienste auch heute nicht mehr den scharfen Regulierungsanforderungen des klassischen Rundfunks unterworfen.[114] Es sprechen daher gute Gründe dafür die Medienfreiheiten des Art. 5 Abs. 1 S. 2 GG nicht kleinteilig zu erweitern, sondern vielmehr für die neuen Medien im Ganzen zu öffnen.[115]

2.2.2.2 Einfachgesetzliche Einordnung

35 Der Gesetzgeber kann einzelne Bereiche innerhalb des weiten verfassungsrechtlichen Rundfunkbegriffs abweichend enger regeln. Dies kann geschehen, um Erscheinungsformen, die zwar den verfassungsrechtlichen Schutz des weiten Rundfunkbegriffs genießen, aber z.B. nicht oder nicht in gleichem Maße meinungsrelevant sind, weniger streng zu regulieren. Um ein solches „liberaler" reguliertes Angebot handelt es sich bei den Telemedien. § 1 Abs. 1 TMG (Bundesgesetzgeber) und § 2 Abs. 1 S. 3 RStV (Landesgesetzgeber) definieren ein Telemedium dementsprechend in negativer Abgrenzung zum Rundfunk faustformelartig und gleich lautend als einen elektronischen Informations- und Kommunikationsdienst, der weder Telekommunikation noch Rundfunk ist. Beim Rundfunk reduzieren sich die Möglichkeiten des Rezipienten auf das Ein- oder Ausschalten eines Angebots. Auf den Zeitpunkt des Empfangs kann der Nutzer keinen Einfluss nehmen, weshalb das Merkmal der Linearität erfüllt ist. Für redaktionell gestaltete Online-Angebote ist indes eine („nicht-lineare") On-Demand-Nutzung charakteristisch. Hier werden Text-, Ton- und Bilddarbietungen auf einer Datenbank zum Abruf bereitgehalten, damit der Nutzer sie zu einem selbst bestimmten Zeitpunkt abrufen kann. Bei diesen Abrufdiensten handelt es sich, da sie nicht im oben genannten Sinne an die Allgemeinheit gerichtet sind, nicht um Rundfunk i.S.d. Rundfunkstaatsvertrags, sondern um Telemedien. Es stellt sich indes die Frage, ob das regulatorische Sonderregime des Rundfunks angesichts der zunehmenden Vermischung von linearen und nicht-linearen Angeboten, deren Inhalte sich häufig überschneiden, noch gerechtfertigt ist.[116] Sofern man von der Notwendigkeit ausgeht, ein dem konvergenten Zeitalter angepasstes Grundrecht der Medienfreiheit zu schaffen, müsste folgerichtig auch die einfachgesetzliche Medienordnung gattungsübergreifend im Sinne eines „level playing field"[117] angepasst werden. Die Abschaffung einer abgestuften Regulierung wäre hiermit nicht verbunden. Allerdings sollte der Umfang der Regulierung nicht – wie bislang – von der Zugehörigkeit zu bestimmten Mediengattungen abhängig gemacht werden. Vielmehr sollte insoweit an die Meinungsrelevanz bzw. das Gefährdungspotenzial der dargebotenen Inhalte angeknüpft werden.[118] Unter diesen Voraussetzungen wäre auch eine Regulierung des Internets denkbar und

113 So *Holznagel* MMR 1/2011, Editorial.
114 *Hain* K&R 2012, 98, 102 f.
115 Hierzu 1. Kap. Rn. 22 ff. sowie zu verschiedenen Regulierungsansätzen *Kluth/Schulz* S. 84 ff.
116 Vgl. *Dörr/Holznagel/Picot* ZUM 2016, 920, 924.
117 *Schmid* ZUM 2011, 457, 460 f.
118 *Sporn* K&R Beihefter 2/2013 zu Heft 5, 2, 6 f.

angesichts des teils erheblichen meinungsbildenden Einflusses sogar dringend geboten.[119] Nur durch ein inhaltliches Differenzierungskriterium, welches sich von den herkömmlichen Medienkategorien löst, kann der außerordentlichen Dynamik dieses Regulierungsgegenstandes Rechnung getragen werden.

2.2.2.3 Reformwille bei Streaming TV im Internet – Anzeigepflicht anstatt Lizenz

36 Das Reformerfordernis des Rundfunkbegriffs wurde 2017 insbesondere im Zusammenhang mit dem **Streaming-TV** im Rahmen von DKB-Livestreams zur Übertragung der Handballweltmeisterschaft und des Gameangebots PietSmiet TV auf Twitch.TV diskutiert, wo bis zur Androhung der Untersagung der Dienste mangels Rundfunklizenz durch die Landesanstalt für Medien NRW gemeinsames Onlinespielen sowie Weltmeisterschaftsspiele live ausgestrahlt und kommentiert wurden.[120] In diesem Zusammenhang wird in der Literatur zu Recht die starre Fixierung des Rundfunkbegriffs an die **Linearität** der Ausstrahlung und deshalb ein Reformbedarf des Rundfunkstaatsvertrages angemahnt.[121] Zu weitgehend dürfte es wohl aber sein, das Lizenzerfordernis für Web-TV insgesamt unter Hinweis auf das Zensurverbot für verfassungswidrig zu erklären, weil die Sondersituation der Rundfunkregulierung mit dem Wegfall der Frequenzknappheit entfallen sei, so dass die positive Ausgestaltung des Rundfunks aus Gründen der Vielfaltssicherung nicht mehr erfolgen müsse.[122] Insoweit ist darauf hinzuweisen, dass das Bundesverfassungsgericht diese Sondersituation trotz eines Wegfalls der Frequenzknappheit noch berücksichtigt.[123] Ungeachtet dessen ist die Kritik in der Sache begründet und eine Reform des Rundfunkstaatsvertrages für Streaming-TV dringend angezeigt. So könnte der Gesetzgeber im Anschluss an die schon bestehende Sonderregelung für den Internethörfunk, der nach § 20a RStV allein in einer Anzeigepflicht besteht, den Rundfunkstaatsvertrag um eine **Anzeigepflicht** für Streaming-TV ergänzen. Hier müsste der Gesetzgeber schon auf der Ausgestaltungsseite von Art. 5 Abs. 1 GG etwa mit Blick auf Größe, konzentrationsrechtliche Fragen, Reichweite und Meinungsrelevanz und wirtschaftliche Bedeutung differenzieren.[124] Im Ergebnis würde im Rahmen der Reform des Rundfunkbergriffs, die Gegenstand des 22. Rundfunkänderungsstaatsvertrages sein könnte, für Internetfernsehangebote das Lizenzerfordernis aufgehoben. Dieser durch die Verfahrensvereinfachung gegenüber dem „Youtubern“ gewährte Vertrauensvorschuss scheint mit Blick auf die im Internet nicht mehr relevante Frequenzknappheit und die geänderte Lebenswirklichkeit des „Jedermann-Rundfunks“ angemessen, wenn den Landesmedienanstalten mit Blick auf die Durchsetzung der Schranken der Meinungsfreiheit ein angemessenes Sanktionsins-

---

119 Vgl. *Schwartmann* K&R 5/2013, Editorial.

120 Dazu *Ferrau* ZUM 2017, 632, 633 f.

121 *Ferrau* ZUM 2017, 632, 635 ff.; *Gersdorf* promedia 2017, 17 f.

122 So *Gersdorf* promedia 2017, 17 f.

123 *BVerfG* 57, 295, 322 f.

124 So die Koordinatorin der Medienpolitik *Heike Raab* Nicht jeder braucht eine Rundfunklizenz, F.A.Z. v. 24.8.2017, S. 13. Vgl. auch die Presseerklärung vom 23.8.2017, www.rlp.de/fr/service/presse/einzelansicht/news/detail/News/raab-zulassungspflicht-fuer-streamingangebote-abschaffen/ . Zu einer entsprechenden Podiumsdiskussion auf dem Gamescom-Kongress am 23.8.2017 unter Mitwirkung von *Heike Raab*, *Tobias Schmid* und *Rolf Schwartmann*, vgl. *Reinhard*, Neue Regeln fürs Netz – Die Gamescom setzt medienpolitische Zeichen, F.A.Z. v. 24.8.2017, 13. Dazu *auch Ferrau* ZUM 2017, 632, 638 f., der auch darauf hinweist, dass europarechtliche Einschränkungen hierfür nicht ersichtlich sind.

trumentarium zur Verfügung gestellt wird, das gerade wegen des Jugendschutzes oder den Vorschriften zur Werberegulierung dringend erforderlich ist.

3. Meinungsfreiheit

In Art. 5 Abs. 1 S. 1 GG ist vor der Klammer der medienbezogenen Grundrechte die **37**
individuelle Meinungsfreiheit im Sinne eines subjektiven Rechts erwähnt. Sie wird als unmittelbarster „Ausdruck der menschlichen Persönlichkeit in der Gesellschaft" und „in (einem) gewissen Sinn (als) die Grundlage jeder Freiheit überhaupt"[125] verstanden. Der Meinungsfreiheit kommt also eine grundlegende Funktion im Rahmen der Rundfunkfreiheit zu.[126] Sie liegt allen Kommunikationsfreiheiten zugrunde und steht gem. Art. 19 Abs. 3 GG neben natürlichen auch juristischen Personen zu, weil die Ausübung der Meinungsfreiheit für Medienunternehmen als juristische Personen des Privatrechts nicht nur elementar, sondern aufgrund ihrer Natur gerade auch auf Unternehmen zugeschnitten ist.[127] Pendant der Meinungsfreiheit ist die ebenfalls in Art. 5 Abs. 1 S. 1 GG garantierte Informationsfreiheit, welche sich jedoch nur auf allgemein zugängliche Quellen erstreckt. Allgemein zugänglich sind Informationsquellen, die technisch dazu geeignet und bestimmt sind, nicht einem Einzelnen, sondern der Allgemeinheit Informationen zu verschaffen.[128] Eine Informationsquelle kann auch ein Ereignis selbst sein, so dass es also nicht auf die technische Weiterverbreitung ankommt. Geschützt ist ferner die Unterrichtung aus Quellen im Ausland, wobei sich der Grundrechtsträger selbst im Inland befinden muss.[129]

3.1 Schutzbereich

Vom Schutzbereich der Meinungsfreiheit sind sowohl die Bildung als auch die Äuße- **38**
rung einer bestimmten Auffassung gedeckt. Auf den Wert einer Meinung kommt es nicht an.[130] In diesem Zusammenhang stellen sich in der Praxis Probleme bei der Abgrenzung zwischen Werturteilen und Tatsachenbehauptungen.[131] Die Meinungsfreiheit erfasst das Äußern und Verbreiten von Werturteilen. Dies sind stellungnehmende, dafürhaltende, meinende Äußerungen ohne Berücksichtigung von Wert, Richtigkeit oder Vernünftigkeit,[132] die auch scharf und überspitzt sein können.[133] Tatsachenbehauptungen – mit Ausnahme bewusst unwahrer Behauptungen – werden von der Meinungsäußerungsfreiheit dann geschützt, wenn sie Voraussetzung für die Bildung von Meinungen sind.[134]

---

125 *BVerfGE* 7, 198, 208 – Lüth.

126 *Dörr/Schwartmann* Rn. 60 ff.

127 Ob sich ein Presseunternehmen für einzelne wertende Äußerungen, also Meinungen, nur auf die Pressefreiheit oder zugleich auf die allgemeine Meinungsfreiheit berufen kann, ist umstritten. Nach der Rspr. des BVerfG sind die in einem Presserzeugnis enthaltenen Äußerungen bereits durch die allgemeine Meinungsfreiheit gedeckt, *BVerfGE* 85, 1, 11, 12 f.; 97, 391, 400; 113, 63, 75.

128 Sachs/*Bethge* Art. 5 Rn. 55.

129 Nach der Parabolantennen-Entscheidung des *BVerfG* NJW 1994, 1147 muss der Empfang in Deutschland möglich sein.

130 *Fechner* Medienrecht, Rn. 108; dazu insgesamt bezogen auf die Wort- und Bildberichterstattung in der Presse 9. Kap. Rn. 12 ff.

131 Dazu *Rühl* AfP 2000, 17 ff., vgl. zur engeren Betrachtung des EGMR bei der Bildberichterstattung in der sog. „Caroline-Entscheidung" 9. Kap. Rn. 135 ff.

132 *BVerfGE* 33, 1, 14; 61, 1, 7.

133 *Dörr/Schwartmann* Rn. 65 mit Beispielen.

134 *BVerfGE* 90, 1, 14 f. – Kriegsschuld; 99, 185, 187 – Helnwein.

39 Das BVerfG räumt der Meinungsfreiheit, „als Grundlage jeder Freiheit überhaupt“[135] einen äußerst hohen Stellenwert ein. Im Verhältnis zu den Persönlichkeitsrechten, die über die Schrankenbestimmung des Art. 5 Abs. 2 GG geschützt sind, spricht im geistigen Meinungskampf „die Vermutung für die Zulässigkeit der freien Rede.“[136]

40 Der Satz, wonach Karlsruhe der Meinungsfreiheit im Zweifel den Vorrang vor den Persönlichkeitsrechten einräumt, ist an der Entscheidung des EuGH zu Google/Spain[137] zu messen, die den durch das BVerfG für das Verhältnis von Meinungsfreiheit und Persönlichkeitsrechtsverletzung stets vertretenen Grundsatz „Im Zweifel für die Meinungsfreiheit“ für die Informationsfreiheit im Internet umgekehrt hat. Wegen der Ubiquität des Internets räumt der EuGH den Persönlichkeitsrechten nach der EU-Grundrechtecharta allgemein den Vorrang vor der Informationsfreiheit ein.[138] Da die Informationsfreiheit die Kehrseite des Rechts auf Meinungsfreiheit darstellt, spricht alles dafür, dass der EuGH jedenfalls im Internet den Persönlichkeitsrechten auch einen allgemeinen Vorrang vor der Meinungsfreiheit einräumt. Vor diesem Hintergrund stellt sich die Frage, inwieweit das besonderes weitreichende Meinungsfreiheitsverständnis des BVerfG durch den Europäischen Gerichtshof eine einschränkende Korrektur erfahren hat.

41 Exemplarisch für eine neue Dimension im Spannungsverhältnis zwischen Meinungs- und Kunstfreiheit und dem Persönlichkeitsrecht ist der Fall Böhmermann/Erdogan, in dem es um Schmähkritik geht. Hinzuweisen ist hier auf die Beschlüsse des BVerfG aus den Jahren 2016 und 2017, wonach der Begriff der Schmähkritik wegen seines die Meinungsfreiheit verdrängenden Effekts eng zu verstehen ist. Die Hürden sind hier besonders hoch anzusetzen, weil bei Annahme einer Schmähung keine Abwägung mehr zwischen dem Persönlichkeitsrecht und der Meinungsfreiheit stattfindet, so dass bereits die Einordnung als Schmähkritik besonders sorgfältig und grundrechtssensibel vorzunehmen ist.[139] Im Kern geht es im Fall Böhmermann um einen Beitrag des Moderators in der Sendung Neo Magazin Royal und pointiert formuliert um das Verhältnis zwischen Satirefreiheit und Würde eines Staatspräsidenten, dem despotische Züge zugeschrieben werden. Der türkische Staatspräsident hatte vor einer Böhmermann-Sendung im Anschluss an einen satirischen Beitrag des TV-Magazins Extra 3 den deutschen Botschafter einbestellt und ein Ausstrahlungsverbot der Sendung gefordert. Böhmermann nahm hierauf Bezug und kündigte an ein „Schmähgedicht“ vorzutragen, anhand dessen er die Grenze zwischen zulässiger Satire und unzulässiger Schmähkritik veranschaulichen wolle. In diesem Gedicht beleidigte der Moderator den türkischen Staatspräsidenten drastisch und offen, unter anderem mit Witzen über Sodomieverhalten. Strafrechtlich sah die Staatsanwaltschaft hierin keine Beleidigung, weder gegenüber Erdoğan als Privatperson (§ 185 StGB) noch als Staatsoberhaupt (§ 103 StGB) und stellte das Verfahren ein, im Wesentlichen weil es an einer ernst gemeinten Herabwürdigung fehle; jedenfalls seien die Aussagen durch die Meinungs- und Kunstfreiheit gerechtfertigt.[140] Die zivilrechtliche Unterlassungsklage führte demgegenüber in erster Instanz zu einem Verbot zur Äußerung des Gedichts in wesentli-

135 *BVerfGE* 7, 198, 208.
136 *BVerfGE* 68, 226 (260).
137 *EuGH* 13.5.2015 RS C-131/12.
138 *EuGH* 13.5.2015 RS C-131/12 Rn. 81.
139 *BVerfG* NJW 2016, 2870; zur Einordnung einer Äußerung als Schmähkritik vgl. auch *BVerfG* ZUM 2017, 594.
140 Pressemeldung der Staatsanwaltschaft Mainz v. 4.10.2016; *Fahl* NStZ 2016, 313, 315 f.

chen Teilen. Auch wenn die Beschreibungen des Sexuallebens von Erdogan keinen realen Bezug hätten und nicht ernst gemeint seien, müsse der Betroffene sie nicht hinnehmen.[141] Die Entscheidung ist zutreffend, weil es dem Moderator im Rahmen einer Gesamtabwägung auch im Ergebnis erkennbar um eine tiefgreifende Ehrverletzung ohne Sachbezug zum Verhalten des Politikers geht. Demgegenüber hat das LG Hamburg im Rahmen eines einstweiligen Verfügungsverfahrens die „politisch unkorrekte" Bezeichnung einer AfD-Politikerin als „Nazi-Schlampe" unbeanstandet gelassen, nachdem diese auf einem Parteitag gefordert hatte, „die Political Correctness gehöre auf den Müllhaufen der Geschichte". Diese Entscheidung über einen Witz zu Political Correctness ist wegen des Sachbezuges zur Äußerung der Politikerin, der im Falle Erdogan gerade nicht erkennbar ist, ebenfalls richtig.[142]

Problematisch wird zunehmend auch das Verhältnis der Meinungs- und Kunstfreiheit (Art. 5 GG) zur Religionsfreiheit (Art. 4 GG). Im Zusammenhang mit der Affäre um einen Geheimnisverrat im Vatikan („Vatileaks") im Jahr 2012 veröffentlichte das Satiremagazin Titanic auf der Titelseite ein bearbeitetes Foto des damaligen Papstes Benedikt XVI, das ihn mit einer Soutane, die auf Schritthöhe mit Urin eingenässt ist, zeigt. Die Titelüberschrift dazu lautete "Die undichte Stelle ist gefunden". Das LG Hamburg untersagte im Eilrechtsschutz die weitere Veröffentlichung des Titelbildes,[143] im späteren Verlauf wurde der Antrag zurückgenommen. Letztlich wird auch in diesem Zusammenhang auf das Kriterium der Schmähkritik abzustellen sein. Verboten ist eine Äußerung oder Abbildung dann, wenn es nicht mehr in erster Linie um den Meinungsaustausch oder die künstlerische Auseinandersetzung geht, sondern darum, den Betroffenen verächtlich zu machen und in seiner Würde herabzusetzen.[144] 42

Ob eine Tatsachenbehauptung oder ein Werturteil vorliegt, richtet sich im konkreten Fall danach, ob die Aussage einem Wahrheitsbeweis zugeführt werden kann.[145] Da beide Äußerungsformen oft miteinander verbunden werden und erst gemeinsam den Sinn einer Äußerung ausmachen, ist die beschriebene Abgrenzung zwischen Tatsachenbehauptungen und Werturteilen in der Praxis schwierig. Für die Zuordnung hilft es, dass der Begriff der Meinung weit verstanden wird.[146] In diesem Zusammenhang stellt sich die Frage, wie die insbesondere in den sozialen Medien zunehmenden Phänomene „Hatespeech" als beleidigende, schmähende Meinungsbekundungen und das Verbreiten von „Fakenews", also bewusst lancierte Falschmeldungen, einzuordnen sind. Während Hatespeech oftmals einen der Beleidigungstatbestände der §§ 185 ff. StGB erfüllt, sind Fakenews nicht zwingend strafbar, zumindest soweit nicht im Sinne einer Verleumdung (§ 187 StGB) bewusst unwahre Tatsachen über einen anderen verbreitet werden. Insbesondere Fakenews sind aber durchaus geeignet, die Meinungsfreiheit zu verletzen.[147] Die Dienste auf denen teils von privaten Nutzern, teils von professionellen Verlegern Inhalte verbreitet werden, sind häufig Medium und Faktor 43

141 *LG Hamburg* 10.2.2017 – 324 O 402/16.

142 *LG Hamburg* 11.5.2017- 324 O 217/17. Dazu *Schwartmann* Die Kunst des würdevollen Witzes, consulting.de v. 18.5.2017: www.consulting.de/hintergruende/kolumne/einzelansicht/die-kunst-des-wuerdevollen-witzes/

143 *LG Hamburg* 10.7.2012 – 324 O 406/12, BeckRS 2012, 15634.

144 Beck'scher Online-Kommentar Informations- und Medienrecht/*Söder* 14. Edition Stand: 1.11.2016, § 823 BGB Rn. 174.

145 *BVerfGE* 90, 241, 247 – Auschwitzlüge.

146 *BVerfGE* 85, 1, 15 f. – Bayer; 90, 1, 15 – Kriegsschuld.

147 *Schwartmann* pro media 2017, 12, 13.

der Meinungsbildung[148] und somit wegen der Vergleichbarkeit zum Rundfunk als Medien einzuordnen.[149] Wenn unter dem Vorwand, von der Äußerungsfreiheit Gebrauch machen zu wollen, Falschnachrichten verbreitet werden, die im Ergebnis womöglich Einfluss auf die Meinungsbildung bei demokratischen Wahlen nehmen, wird das Grundrecht letztlich ausgehöhlt.[150] Eine Regulierung wie bei den herkömmlichen Medien findet aber bisher nicht statt.[151] Einen dahingehenden Ansatz könnte ein dreistufiger Regelungsmechanismus bieten. In einem ersten Schritt sind Plattformbetreiber wie Facebook in der Pflicht, Falschnachrichten zu identifizieren und zeitnah auf deren Meldung durch Nutzer zu reagieren. Auf einer zweiten Stufe müsste ein Gremium aller betroffenen Diensteanbieter einen Verhaltenskodex beschließen, zu dessen Einhaltung sich alle beteiligten Unternehmen verpflichten. Auf einer dritten Stufe stünde schließlich eine regulierte Selbstregulierung nach Vorbild des Jugendschutzes.[152] Hier würde, legitimiert durch einen Staatsvertrag der Länder, eine vom Staat (begrenzt) beaufsichtigte Selbstkontrolleinrichtung die Aufgabe übernehmen, die Plattformen zu beaufsichtigen und in Anspruch zu nehmen.[153]

44 Von der Meinungs- und Informationsfreiheit ist nicht nur das Recht umfasst, eine Meinung zu äußern und zu verbreiten und sich zu informieren (positive Meinungsfreiheit), sondern im Rahmen der sog. negativen Meinungsfreiheit auch das Recht, eine Meinung nicht äußern zu müssen.[154] Geschützt ist schließlich das Kommunikationsgeheimnis, welches grundrechtlich durch das Brief-, Post- und Fernmeldegeheimnis gem. Art. 10 GG gewährleistet ist.[155]

3.2 Schranken

45 Alle Informationsgrundrechte des Art. 5 Abs. 1 GG und damit auch die Meinungsfreiheit unterliegen der Trias der in Art. 5 Abs. 2 GG genannten Schranken: Allgemeine Gesetze, Jugendschutz, Recht der persönlichen Ehre.[156]

46 Nach der sog. Kombinationstheorie[157] spricht man von einem allgemeinen Gesetz, wenn sich eine die Meinungsfreiheit einschränkende Vorschrift nicht gegen die geäußerte Meinung als solche richtet (Sonderrechtslehre),[158] sondern dem Schutz eines anderen Rechtsguts dient. Dieses muss im konkreten Fall gegenüber der Meinungsfreiheit Vorrang genießen (Abwägungslehre). Die konkrete Abwägung ist im Rahmen einer Verhältnismäßigkeitsprüfung vorzunehmen. Kommt es etwa im Rahmen einer medialen Äußerung zu einer Beleidigung, so ist der Straftatbestand des § 185 StGB ein allgemeines Gesetz, da sich sein Schutz nicht gegen bestimmte Meinungen und

---

148 Vgl. dazu *BVerfGE* 12, 205 „Der Rundfunk ist mehr als nur „Medium" der öffentlichen Meinungsbildung; er ist ein eminenter "Faktor" der öffentlichen Meinungsbildung."

149 *Schwartmann* pro media 2017, 12, 13.

150 *Schwartmann* FAZ 16.1.2017, S. 9.

151 Vgl. aber das am 1.10.2017 in Kraft getretene NetzDG, dazu Kap. 1 Rn. 19 sowie Kap. 11 Rn. 116 und 205.

152 *Schwartmann* pro media 2017, 12, 14.

153 Hierzu *Schwartmann* FAZ 16.1.2017, S. 9.

154 *BVerfGE* 95, 173, 182 – Tabakwerbung.

155 Dazu *Dörr/Schwartmann* Rn. 73.

156 Allgemeine Gesetze sind sowohl solche im formellen als auch solche im materiellen Sinne; *BVerfGE* 72, 183, 186.

157 *BVerfGE* 7 198, 208 – Lüth; 97, 125, 146.

158 Es finden sich aber auch Ansätze, die nur noch auf die Sonderrechtslehre abstellen, so *BVerfGE* 111, 147, 155; *BVerfG* AfP 2007, 110 – Cicero.

auch nicht gegen eine Meinung als solche richtet. Der Beleidigungstatbestand dient vielmehr abstrakt der Wahrung der Ehre des von der Meinungsäußerung Betroffenen, dessen berechtigter Achtungsanspruch im Einzelfall schwerer wiegen kann, als die Meinungsfreiheit.[159]

Auf Schrankenebene treffen häufig Rundfunkfreiheit und allgemeines Persönlichkeitsrecht, das sich etwa im allgemeinen Gesetz des § 22 KUG konkretisiert, aufeinander. Diese Norm regelt das Recht am eigenen Bild.[160] „Bildnisse dürfen (danach) nur mit Einwilligung des Abgebildeten verbreitet oder öffentlich zur Schau gestellt werden." (...) Nach der Ausnahmeregelung des § 23 Abs. 1 KUG dürfen ohne die nach § 22 KUG erforderliche Einwilligung Bildnisse aus dem Bereich der Zeitgeschichte verbreitet und zur Schau gestellt werden. Die Befugnis erstreckt sich nach § 23 Abs. 2 „jedoch nicht auf eine Verbreitung und Schaustellung, durch die ein berechtigtes Interesse des Abgebildeten oder, falls dieser verstorben ist, seiner Angehörigen verletzt wird." Grundsätzlich überwiegt hierbei das über die Rundfunkfreiheit geschützte Informationsinteresse der Bürger an einer aktuellen Berichterstattung gegenüber dem Persönlichkeitsschutz.[161] Die Meinungsfreiheit kann zudem mit dem allgemeinen Urheberrecht, insbesondere dem Recht der öffentlichen Zugänglichmachung gem. § 19a UrhG oder dem Vervielfältigungsrecht gem. § 16 UrhG, kollidieren. Zu beachten ist hierbei, dass das Urheberrecht nicht dazu instrumentalisiert werden darf, missliebige Meinungsäußerungen zu unterbinden. Zu unterscheiden ist zwischen einer rein wirtschaftlich motivierten Meinungsäußerung und einem Beitrag zu einer öffentlichen Debatte. So kann sich aus einer entsprechenden Einzelfallabwägung (Urheberrecht und Art. 5 GG bzw. Art. 10 Abs. 1 MRK des Medienanbieters bzw. des Nutzers) ggf. die Erlaubnis einer Veröffentlichung ergeben.[162] Konkret hat hierzu der EGMR entschieden, dass die Staaten bei der Regelung der Meinungsfreiheit im wirtschaftlichen Bereich einen weiten Ermessensspielraum haben, der sich regelmäßig dann verengt, wenn es zumindest auch um eine Beteiligung an einer Diskussion über Fragen allgemeinen Interesses geht. Im zu entscheidenden Fall, bei dem sich die Publikation darauf beschränkte, Fotos von Modenschauen der Öffentlichkeit zugänglich zu machen, sah der EGMR dieses Kriterium als nicht erfüllt an.[163] Anders seien demgegenüber Beiträgen zur politischen Diskussion zu bewerten, für deren Einschränkung Art. 10 Abs. 1 EMRK kaum Spielraum lasse.[164] **47**

Eine weitere Schranke der Kommunikationsgrundrechte ist der Schutz der Jugend. Dieser ist insbesondere im Jugendschutzgesetz (JuSchG) sowie im Staatsvertrag über den Schutz der Menschenwürde und den Jugendschutz in Rundfunk und Telemedien (Jugendmedienschutzstaatsvertrag, JMStV) verankert.[165] Das Recht der persönlichen **48**

---

159 Dazu *Dörr/Schwartmann* Rn. 77.

160 Dazu eingehend 9. Kap. Rn. 107 ff.

161 Allerdings muss bei einer nicht mehr tagesaktuellen Sendung im Hinblick auf den Persönlichkeitsschutz aus Art. 2 Abs. 1 GG i.V.m. der Menschenwürde nach Art. 1 Abs. 1 GG neu abgewogen werden. Das Persönlichkeitsrecht des inzwischen verurteilten und inhaftierten Täters kann insbesondere dann überwiegen, wenn durch die Berichterstattung die Resozialisierung – hier insbesondere in Form der Entscheidung über die Aussetzung der Strafe zur Bewährung – gefährdet ist. *BVerfGE* 35, 202, 231 f.; dazu *Dörr/Schwartmann* Rn. 92.

162 *Schwartmann/Hentsch* S. 104 f.; *EGMR* GRUR 2013, 859; *KG Berlin* ZUM 2014, 969.

163 *EGMR* GRUR 2013, 859 Rn. 38 f.

164 *EGMR* GRUR 2013, 859 Rn. 39.

165 S. dazu unten 7. Kap. Rn. 20 ff.

Ehre[166] wird einfachgesetzlich etwa durch das zivilrechtliche Deliktsrecht (§§ 823 ff. BGB) und von den Beleidigungsdelikten der §§ 185 ff. StGB geschützt.[167]

49 Auch Grundrechte, die mit den Kommunikationsfreiheiten kollidieren, können diese beschränken. Diese Schranken sind dann unabhängig von Art. 5 Abs. 2 GG unmittelbar aus der Verfassung zu entnehmen.[168] Besonders eingeschränkt wird Art. 5 Abs. 1 GG durch Art. 17a Abs. 1 GG im Hinblick auf Meinungsäußerungen im Wehr- und Ersatzdienst[169] sowie im Rahmen von Art. 18 GG (Grundrechtsverwirkung).[170]

3.3 Schranken-Schranken

50 Wenn der Staat Grundrechte einschränkt, unterliegt er dabei seinerseits Grenzen, den sog. Schranken-Schranken.[171] Zu diesen zählt im Hinblick auf die Rechte aus Art. 5 Abs. 1 GG die sog. Wechselwirkungslehre, welche insbesondere im Rahmen der Zulässigkeit von Meinungsäußerungen den Abwägungsmaßstab darstellt.[172] Es findet somit eine Wechselwirkung zwischen dem grundrechtlichen Schutzgut und dem hinter der Schranke stehenden Rechtsgut in dem Sinne statt, dass dieses zwar dem Wortlaut nach dem Grundrecht Schranken setzt, seinerseits aber aus der Erkenntnis der wertsetzenden Bedeutung dieses Grundrechts ausgelegt und so in seiner das Grundrecht begrenzenden Wirkung selbst wieder eingeschränkt werden muss.[173] Hier gilt die Faustformel: „Im Zweifel für die freie Rede“. Kommt der Meinungsfreiheit und dem entgegenstehenden Rechtsgut gleiches Gewicht zu, setzt sich die Meinungsfreiheit durch.[174] Eine besondere Schranken-Schranke für Art. 5 Abs. 1 und 2 GG stellt das (Vor-) Zensurverbot des Art. 5 Abs. 1 S. 3 GG dar. Es ist auf alle Grundrechte des Art. 5 Abs. 1 GG mit Ausnahme der Informationsfreiheit[175] anwendbar.[176]

4. Träger der Rundfunkfreiheit

51 Träger der Rundfunkfreiheit können gem. Art. 19 Abs. 3 GG neben privaten Rundfunkveranstaltern auch öffentlich-rechtliche Rundfunkanstalten sein.[177] Beiden ist das Grundrecht ausdrücklich zugeordnet.[178] Die Grundrechtsträgerschaft erstreckt sich auch auf mit der Rundfunkfreiheit unmittelbar verbundene Grundrechte.[179] Sie können also hier ausnahmsweise mittels Verfassungsbeschwerde gegen Grundrechtsverletzungen vorgehen. Der Schutz der öffentlich-rechtlichen Rundfunkanstalten erstreckt sich auch auf das die Ausübung der Rundfunkfreiheit unterstützende Grundrecht des Art. 10 GG.[180] Umgekehrt gewährleistet die Rundfunkfreiheit des Art. 5

---

166 Dazu 9. Kap. Rn. 54 ff.
167 *BVerfGE* 33, 1, 17.
168 *BVerfGE* 111, 147, 157 f.; dazu *Pieroth/Schlink* Rn. 599a.
169 *Pieroth/Schlink* Rn. 602.
170 S. auch *Pieroth/Schlink* Rn. 603.
171 Zu diesem Begriff *Pieroth/Schlink* Rn. 274 ff.
172 *BVerfGE* 7, 198, 208 f. – Lüth.
173 *BVerfGE* 7, 198, 208 f. – Lüth; dazu *Dörr/Schwartmann* Rn. 83.
174 *BVerfGE* 7, 198, 212.
175 So *BVerfGE* 27, 88, 102.
176 *Pieroth/Schlink* Rn. 604.
177 *BVerfGE* 21, 362, 373; 31, 314, 322.
178 *BVerfGE* 59, 238, 254; 31, 314, 322; 74, 297, 318; 78, 101, 102; 87, 181, 194.
179 So für Art. 10 GG *BVerfGE* 107, 299, 310 f.
180 *BVerfGE* 107, 299, 309 f.

Abs. 1 S. 2 GG im Ergebnis auch die private Rundfunkveranstalterfreiheit[181] und zwar wegen der „Vorwirkungen der Programmfreiheit" auch schon während der Beantragung einer Lizenz.[182]

Kontrovers diskutiert wird die App der Tagesschau, zu der der BGH 2015[183] entschieden hat. Geklagt hatten Zeitungsverlage, die geltend machten, die Inhalte der App seien presseähnlich und somit nicht vom (gebührenfinanzierten) Rundfunkauftrag umfasst. Das Verbreiten nichtsendungsbezogener presseähnlicher Angebote verstoße gegen den als Marktverhaltensregel i.S.d. § 4 Nr. 11 UWG einzustufenden § 11d Abs. 2 S. 1 Nr. 3 Teilsatz 3 RStV. Für den BGH ist die Presseähnlichkeit im Einzelfall zu prüfen. Entscheidend sei, ob das Angebot in der Gesamtheit seiner nichtsendungsbezogenen Beiträge als presseähnlich einzustufen ist, wenn also der Textbestandteil deutlich im Vordergrund stehe. Das OLG Köln erklärte 2016 unter Anwendung der vom BGH vorgegeben Maßstäbe die „Tagesschau-App" für unzulässig, beschränkte das Urteil aber antragsgemäß auf die streitgegenständliche Version vom 15.6.2011.[184] **52**

5. Schutzbereich und Schranken der Rundfunkfreiheit

Der Schutzbereich der Rundfunkfreiheit umfasst ein breites Spektrum. Geschützt sind die Beschaffung einer Information und deren Verbreitung, wobei auch die medienspezifischen technischen Vorkehrungen, etwa zur Übertragung von Informationen, erfasst sind.[185] Informationen und Meinungen können durch Nachrichten und politische Kommentare, aber auch durch Fernsehspiele oder Musiksendungen transportiert werden.[186] Geschützt sind neben der Auswahl des Stoffes auch die Art und Weise seiner Darstellung und Sendeform. Das BVerfG berücksichtigt seit der Lebach-Entscheidung[187] die Suggestivwirkung und Reichweite des Fernsehens gegenüber den anderen klassischen Medien Presse, Hörfunk und Film.[188] Die Schranken der Rundfunkfreiheit ergeben sich aus der oben für die Meinungsfreiheit beschriebenen Schrankentrias des Art. 5 Abs. 2 GG.[189] **53**

6. Rundfunkrechtsprechung des Bundesverfassungsgerichts

Die **Rundfunkfreiheit** des Art. 5 Abs. 1 S. 2 GG muss vor dem Hintergrund der Rundfunkrechtsprechung des **Bundesverfassungsgerichts** betrachtet werden. Aus dem knappen Wortlaut der Verfassung hat das Gericht differenzierte und weitgehende **54**

---

181 *BVerfGE* 57, 295, 319.

182 *BVerfGE* 97, 298 – extra radio. Auch der *EGMR* AfP 1994, 281 geht seit der Entscheidung Lentia Informationsverein davon aus, dass jedenfalls Art. 10 EMRK die private Rundfunkveranstalterfreiheit garantiert, vgl. dazu *Dörr/Schwartmann* Rn. 182, 496.

183 *BGHZ* 205, 195.

184 *OLG Köln* K&R 2016, 749; dazu insgesamt Dietrich, UFITA, 2016, 417 ff. Eingehend dazu auch 4. Kap. Rn. 32 f.

185 *BVerfGE* 91, 125, 134 f.; *Pieroth/Schlink* Rn. 574.

186 *BVerfGE* 35, 202, 222; *Pieroth/Schlink* Rn. 574.

187 *BVerfGE* 35, 202 ff.

188 Angesichts der rasanten technologischen Entwicklung wird heute allerdings auch bestimmten über das Internet verbreiteten audiovisuellen Angeboten eine vergleichbare Suggestivkraft und Reichweite schwerlich abgesprochen werden können. Allein die Breitenwirkung des Internets ist (noch) nicht mit derjenigen des Fernsehens bzw. des Rundfunks identisch. Zu Suggestivwirkung und Reichweite vgl. pointiert auch *BVerfGE* 119, 181, Ziff. 116.

189 S.o. Rn. 45 ff.

Anforderungen an die deutsche Rundfunkordnung abgeleitet, um eine demokratische und vielfältige Rundfunklandschaft zu fördern und damit einen der Demokratie dienenden Beitrag zum Rundfunkrecht zu leisten.[190] Hier finden sich die Grundlagen des dualen Rundfunksystems, Vorgaben für die Grundversorgung, solche für den privaten Rundfunk und die Programmgrundsätze. Zudem wurden die Bestands- und Entwicklungsgarantie für den öffentlich-rechtlichen Rundfunk und Vorgaben für das frühere Rundfunkgebührenfestsetzungsverfahren[191] etabliert.[192]

55 1961 setzte sich das BVerfG im **1. Rundfunkurteil**[193] mit der Abgrenzung von Verwaltungs- und Gesetzgebungskompetenzen zwischen Bund und Ländern auseinander. Es formulierte in diesem Zusammenhang Anforderungen an die Rundfunkorganisation zur Sicherung der Meinungsvielfalt und wies den Weg zum rechtlichen Umgang mit der damals bestehenden Frequenzknappheit. Im Ergebnis erhielten die Länder die Kompetenz für den Rundfunk. Zudem wurde die Staatsfreiheit des Rundfunks gefordert,[194] wonach der Staat weder in öffentlich-rechtlicher noch in privater Form Rundfunk betreiben darf.

56 Im **2. Rundfunkurteil**[195] von 1971 wurde anlässlich der Entscheidung über die Frage nach der Umsatzsteuerpflichtigkeit der Rundfunkgebühr die öffentliche Aufgabe der Rundfunkanstalten definiert und diese wurden weder den gewerblichen noch den freiberuflichen Unternehmen zugeordnet. Im Ergebnis sind öffentlich-rechtliche Rundfunkanstalten eine Art staatsfreie grundrechtsgeschützte Einrichtung des öffentlichen Rechts.[196]

57 In der **3. Rundfunkentscheidung**[197] zur Konzession der Freien Rundfunk-AG (FRAG) entschied das Gericht 1981 über die Zulässigkeit des privaten Rundfunks und wies der „Dualen Rundfunkordnung" den Weg. Privatrundfunk ist rechtlich nur auf gesetzlicher Grundlage zulässig. Im dualen System können privater und öffentlich-rechtlicher Rundfunk nebeneinander bestehen. Es müssen aber rechtliche Vorgaben für den privaten Rundfunk gewahrt werden, die insbesondere der Sicherung des Pluralismusgebots dienen. Nach dem FRAG-Urteil wurden die ersten Landesmediengesetze erlassen.

58 Es schloss sich 1986 mit dem sog. Niedersachsen-Urteil[198] die **4. Rundfunkentscheidung** an. Hier ging es um Regelungen im Niedersächsischen Landesmediengesetz für private Rundfunkveranstalter, vor allem im Hinblick auf die Vielfalts- und Pluralitätssicherung. Aufgrund der Werbefinanzierung legte das Gericht geringere programmliche Anforderungen an private Rundfunkveranstalter fest. Allerdings wurde dem öffentlich-rechtlichen Rundfunk die Grundversorgung auferlegt bzw. zugestanden. Diese ist nur gewährleistet, wenn der öffentlich-rechtliche Rundfunk seine Aufgabe einer umfassenden Information der Bevölkerung in vollem Umfang erfüllt. Daher ist

190 Rundfunkfreiheit als „dienende Freiheit", dazu Beck'scher Online-Kommentar Informations- und Medienrecht/*Kühling* 14. Edition Stand: 1.11.2016, Art. 5 GG Rn. 80; BVerfGE 57, 295, 320 ff.

191 Zur neuen öffentlich-rechtlichen Rundfunkfinanzierung durch Beiträge vgl. 4. Kap. Rn. 64 ff.

192 Vgl. den Überblick in *Dörr/Schwartmann* Rn. 141 ff. und die Zusammenstellung bei *Fechner* Rn. 856 ff.

193 *BVerfGE* 12, 205 ff.

194 Dazu unten Rn. 72.

195 *BVerfGE* 41, 314 ff.

196 *Dörr/Schwartmann* Rn. 143.

197 *BVerfGE* 57, 295 ff.

198 *BVerfGE* 73, 118 ff.

es hinzunehmen, dass an die privaten Veranstalter geringere Programmanforderungen gestellt werden. Hierin liegt eine Fortentwicklung gegenüber dem 3. Rundfunkurteil. In Reaktion auf dieses Urteil vereinbarten die Länder den „Staatsvertrag zur Neuordnung des Rundfunkwesens" – kurz Rundfunkstaatsvertrag (RStV), der am 1.12.1987 in Kraft trat.[199]

1987 erging die **5. Rundfunkentscheidung**[200] über das Landesmediengesetz Baden- **59** Württemberg. Der damals noch existierende SDR wollte als öffentlich-rechtliche Rundfunkanstalt den Ausschluss von Spartenprogrammen und Online-Diensten nicht dulden. Dies nahm das BVerfG zum Anlass, den Begriff der Grundversorgung zu konkretisieren, den es nicht als Minimalversorgung, sondern als Abbildung der gesamten Bandbreite der programmlichen Gestaltungsformen begreift. Die Grundversorgung erfordert es, die Bürger umfassend zu informieren und alle Typen von Rundfunksendungen technisch für alle erreichbar anzubieten. Das Angebot muss verfahrensrechtlich gesichert sein, Ausgewogenheit und Vielfalt gewährleisten und alle Strömungen der Gesellschaft widerspiegeln. Zudem muss der öffentlich-rechtliche Rundfunk auch außerhalb der Grundversorgung an neuen Techniken und Programmformen teilhaben können, was sich aus dem Recht zur Mitwirkung am publizistischen Wettbewerb ergebe. Zudem spiele eine Rolle, dass neue Programmformen oder Techniken künftig zum Bestandteil der Grundversorgung werden könnten. Es widerspricht damit dem GG, den öffentlich-rechtlichen Rundfunk von Sparten-, Regional- und Lokalprogrammen sowie von Ton- und Bewegtbilddiensten auszuschließen, auch wenn sich das Gericht über die Zugehörigkeit dieser Angebote zur Grundversorgung nicht äußert. In der 5. Rundfunkentscheidung wurden schließlich Werbeverbote im öffentlich-rechtlichen Regional- und Lokalfunk zugelassen.

Die Verfassungsmäßigkeit des WDR-Gesetzes war Gegenstand des WDR-Urteils **60** von 1991, das als **6. Rundfunkurteil**[201] bezeichnet wird. Erneut ging es um eine dynamische Interpretation des Grundversorgungsauftrages, nun in Form der Bestands- und Entwicklungsgarantie des öffentlich-rechtlichen Rundfunks, an der das Gericht festhielt. Zusätzlich waren die Mischfinanzierung, die Durchführung sog. **neuer Dienste** und Aktivitäten der Rundfunkanstalten in Randbereichen ihres hergebrachten Handlungsfeldes Thema. Aus der Rundfunkfreiheit fließt für das Gericht konkret ein Recht, in begrenztem Umfang Druckwerke herauszugeben, wenn diese vorwiegend programmbezogenen Inhalt haben. Allerdings sah das Gericht vorerst keine Notwendigkeit, den Grundversorgungsauftrag auf die neuen Dienste zu erstrecken. Diese Aussage steht freilich unter dem Vorbehalt, dass diese Kommunikationsdienste „künftig Funktionen des herkömmlichen Rundfunks übernehmen".[202] Weitere Inhalte dieser Entscheidung waren Programmanforderungen für den privaten Rundfunk und die Zusammenarbeit von öffentlich-rechtlichen und privaten Veranstaltern.

Als **7. Rundfunkentscheidung**[203] ist die sog. Hessen 3-Entscheidung aus dem Jahr 1992 **61** zu nennen. Hier ging es für den öffentlich-rechtlichen Rundfunk um einen aus der Rundfunkfreiheit abgeleiteten Anspruch auf funktionsgerechte Finanzierung. Dieser

---

199 Dazu unten Rn. 76 ff.
200 *BVerfGE* 74, 297.
201 *BVerfGE* 83, 238.
202 *BVerfGE* 83, 238, 302 f. unter Verweis auf *BVerfGE* 74, 297, 353.
203 *BVerfGE* 87, 181.

besteht dem Grunde nach, umfasst aber nur das zur Aufgabenerfüllung Erforderliche. Für den Hessischen Rundfunk (HR) bedeutete dies ein Verbot, im 3. Fernsehprogramm Werbung zu senden, das solange mit der Rundfunkfreiheit vereinbar ist, als die Finanzierung der Anstalt auch ohne diese zusätzlichen Einnahmen gesichert ist. Dass ihm die erforderlichen Mittel ohne die Werbeeinnahmen fehlen würden, konnte der HR nicht darlegen.

62 Zum „Kabelgroschen" erging 1994 das **8. Rundfunkurteil.**[204] Es betrifft damit abermals die bis zum 1.1.2013 bestehende Gebührenfinanzierung des öffentlich-rechtlichen Rundfunks. Das Gericht beanstandete das zu beurteilende Verfahren der Gebührenfestsetzung vor dem Hintergrund der Staatsfreiheit und gab für die Gebührenfestsetzung eine verfahrensrechtliche Lösung auf drei Stufen vor,[205] welche 1996 Eingang in den 3. Rundfunkänderungsstaatsvertrag fand. Danach müssen die öffentlich-rechtlichen Rundfunkanstalten einen an ihren Aufgaben orientierten Finanzbedarf anmelden, dessen Erforderlichkeit von der Kommission zur Überprüfung und Ermittlung des Finanzbedarfs der Rundfunkanstalten (KEF) fachlich überprüft wird, bevor die Landesparlamente sodann unter Berücksichtigung des Vorschlags der KEF die Gebührenhöhe festlegen. Dieses Verfahren zur Überprüfung und Ermittlung des Finanzbedarfs des öffentlichen Rundfunks ist auch im Rahmen der neuen Beitragsfinanzierung beibehalten worden.[206]

63 In seiner Entscheidung v. 11.9.2007, die als **9. Rundfunkurteil**[207] hier einzureihen ist, befasste sich das BVerfG erneut mit der Rundfunkfinanzierung.[208] Der Sache nach ging es um die Kürzung des seitens der KEF ermittelten Gebührenaufkommens in den für die Jahre 2005–2008 durch den Gesetzgeber des 8. Rundfunkänderungsstaatsvertrages. Das Gericht erklärte die konkret vorgenommene Kürzung mangels hinreichender Begründung durch den Gesetzgeber für verfassungswidrig. Als zulässige Gründe, die den Ländern eine Abweichung von dem Gebührenvorschlag der KEF ermöglichen, kommen regelmäßig nur die Sicherung des Informationszugangs und die Angemessenheit der Belastung für die Gebührenzahler in Betracht. Aufgrund des Letztentscheidungsrechts der Länder ist eine verfassungsrechtlich gerechtfertigte Kürzung aber im Grundsatz zulässig, sofern die Festsetzung des jeweiligen Betrages frei von medienpolitischen Zwecksetzungen erfolgt. Zugleich stärkte das Gericht die Rolle des öffentlich-rechtlichen Rundfunks sowohl gegenüber dem Gesetzgeber als auch im dualen Rundfunksystem. Private Rundfunkveranstalter verlieren aufgrund der mit der Werbefinanzierung verbundenen vielfaltsverengenden Faktoren nicht ihre Funktion als Gegengewicht im dualen System. Den öffentlich-rechtlichen Rundfunkanstalten wurde die Teilhabe an neuen Entwicklungen eröffnet und das Internet als weiterer Verbreitungsweg zur Erfüllung ihres Funktionsauftrages aufgezeigt.[209]

---

204 *BVerfGE* 90, 60.

205 S.u. 4. Kap. Rn. 90 ff.

206 Vgl. dazu *Dörr/Schwartmann* Rn. 215 ff.

207 *BVerfGE* 119, 181 ff.

208 S. dazu unten 4. Kap. Rn. 41 ff.; 4. Kap. Rn. 91 ff.

209 Zu dieser Entscheidung etwa *Anschlag* Karlsruher Klassiker, Funkkorrespondenz 37/2007, 3 ff.; *Schwarzkopf* Funkkorrespondenz 42/2007, 3 ff.; *Lilienthal* epd medien 74/2007, 2; *Schulz* epd medien 77/2007, 6 f.; *Hahn* MMR 2007, 613 f.

Die **10. Rundfunkentscheidung**[210] wurde auf einen Normenkontrollantrag der SPD-Bundestagsfraktion hin erlassen, der sich gegen die Novellierung des hessischen Privatrundfunkgesetzes (HPRG) über die Beteiligung politischer Parteien an privaten Rundfunksendern richtete. Politischen Parteien darf gem. § 6 Abs. 2 Nr. 4 HPRG keine Zulassung zum Rundfunk erteilt werden. Die Entscheidung überprüft die verfassungsrechtliche Vereinbarkeit dieses absoluten Verbots. Der zweite Senat macht sich in diesem Zusammenhang die stRspr. des ersten Senats zu eigen, wonach die Rundfunkfreiheit der gesetzlichen Ausgestaltung bedarf. Zudem bestätigt das Gericht, dass Art. 5 Abs. 1 S. 2 GG die Staatsferne des Rundfunks fordert. Dieser Grundsatz ist auch im Verhältnis zu den Parteien zu berücksichtigen, da diese zwar nicht dem Staat zuzuordnen seien, aber eine gewisse Staatsnähe aufwiesen. Auf der anderen Seite stehe den Parteien die subjektive Rundfunkfreiheit zur Verfügung, die durch den Mitwirkungsauftrag des Art. 21 Abs. 1 S. 1 GG verstärkt werde. Da es sich um ein Ausgestaltungsgesetz handele, habe der Gesetzgeber zwar einen weiten Gestaltungsspielraum bei dem Ausgleich der Staatsferne mit den Rechten der Parteien. Bei der Prüfung dieses Ausgestaltungsgesetzes ist indes nicht nur danach zu fragen, ob die Regelung geeignet ist, das Ziel der Rundfunkfreiheit zu fördern, sondern auch, ob die Abwägung der widerstreitenden Rechtsgüter in angemessener Weise, also verhältnismäßig im engeren Sinne, vorgenommen wurde. Damit nimmt das Ausgestaltungsgesetz eine Verhältnismäßigkeitskontrolle vor, die derjenigen bei Eingriffsgesetzen weitgehend entspricht. Werden die Parteien gänzlich von der Beteiligung an privaten Rundfunkveranstaltern ausgeschlossen, liegt keine sachgerechte Abwägung der Interessen vor. Dem Gesetzgeber steht es nach der Entscheidung dagegen frei, den Parteien die Beteiligung zu verwehren, soweit damit ein bestimmender Einfluss auf die Programmgestaltung einhergeht.

Das BVerfG hat über die Jahre neben diesen zentralen Aussagen **weitere** wichtige **64**
rundfunkrechtliche **Entscheidungen** gefällt. Die „schlechthin konstituierende Bedeutung“ der Rundfunkfreiheit für die freie demokratische Grundordnung wurde in der Lebach-Entscheidung von 1973[211] hervorgehoben. Die Entscheidung zur EG-Fernsehrichtlinie von 1995[212] betrifft die Kompetenzverteilung zwischen der Europäischen Gemeinschaft, Bund und Ländern. Um Fragen der Zusammensetzung der Rundfunkräte und die Rolle des Staates bei deren Besetzung ging es ebenfalls 1995.[213] 1998 wurde zum Kurzberichterstattungsrecht[214] bei Sportveranstaltungen entschieden. Im selben Jahr ging es in Extra Radio 1998[215] um die Grundrechtsträgerschaft bei der Rundfunk- und Rundfunkunternehmerfreiheit insgesamt. Ebenfalls 1998 war die wirtschaftliche Reichweite der Rundfunkfreiheit (Merchandising) Gegenstand der Entscheidung Guldenberg.[216] Die Radio Bremen–Entscheidung befasste sich 1999[217] mit dem Recht des Gesetzgebers, in die Organisationsstruktur der Rundfunkanstalten unter Wahrung der Programmfreiheit einzugreifen und in der Cicero-Entscheidung stärkte das Gericht 2007 die Pressefreiheit gegenüber

---

210 *BVerfGE* 121, 30 ff.
211 *BVerfGE* 35, 202 ff.
212 *BVerfGE* 92, 203.
213 *BVerfG* NVwZ 1996, 781.
214 *BVerfGE* 97, 228.
215 *BVerfGE* 97, 298.
216 *BVerfG* NJW 1999, 709 f.
217 *BVerfG* NVwZ-RR 1999, 376 ff.

staatlichen Durchsuchungsrechten.[218] In der Esra-Entscheidung aus dem Jahr 2007 ging es um das Verhältnis der Kunstfreiheit zum allgemeinen Persönlichkeitsrecht im Hinblick auf die Intimsphäre.[219] Ferner ist im März 2014 die Entscheidung des BVerfG zur personellen Besetzung der Aufsichtsgremien des ZDF ergangen.[220] Darin sind die maßgeblichen Regelungen zur Zusammensetzung von Fernseh- und Verwaltungsrat mangels hinreichender Gewährleistung der Staatsferne für verfassungswidrig erklärt worden. Der in Umsetzung dieses Urteils am 1.1.2016 in Kraft getretene ZDF-Staatsvertrag[221] regelt eine Verkleinerung des ZDF-Fernsehrates von 77 auf 60 Sitze.[222] Dort gehen 20 statt der bisherigen 34 Sitze an Parteivertreter. Die Landesregierungen der beteiligten Länder entsenden hierfür je einen Vertreter, § 21 S. 1 lit. a ZDF-StV; darüber hinaus werden je zwei Vertreter von Bund und Kommunen gestellt, § 21 Abs. 1 S. 1 lit. b, c ZDF-StV. Zudem werden 24 Vertreter von Verbänden und Organisationen gesandt, § 21 Abs. 1 S. 1 lit. d–p ZDF-StV), 16 Sitze werden von Vertretern aus den Ländern zugeordneten gesellschaftlichen Bereichen entsendet, § 21 Abs. 1 S. 1 lit. q ZDF-StV.[223] Für den ZDF-Verwaltungsrat gilt: Nach § 24 Abs. 1 ZDF-StV besteht der Verwaltungsrat aus zwölf Mitgliedern, nämlich vier Vertretern der Länder, die von den Ministerpräsidenten gemeinsam berufen und acht weiteren Mitgliedern, die vom Fernsehrat mit einer Mehrheit von drei Fünfteln seiner gesetzlichen Mitglieder gewählt werden. Nicht wählbar sind die Mitglieder des Fernsehrates nach § 21 Abs. 1 S. 1 lit. a) bis c) ZDF-StV. Umgesetzt wird dies ab Beginn der nächsten Amtsperiode im Sommer 2017.[224]

65 Ebenfalls vor einer Novellierung steht der MDR-Staatsvertrag.[225] Anhängig sind zudem Verfassungsbeschwerden gegen den Rundfunkbeitrag.[226] Dazu hat das Bundesverwaltungsgericht im Januar 2017 entschieden bzw. klargestellt, dass der

218 *BVerfG* AfP 2007, 110. Weil der freiheitliche Rechtsstaat nicht einmal den Anschein erwecken darf, er würde Journalisten mittels des Strafrechts von kritischer Recherche und Berichterstattung abhalten, ist in § 353b Abs. 3a StGB nunmehr die Rechtswidrigkeit der Beihilfe zum Geheimnisverrat ausgeschlossen, wenn sich der Medienangehörige darauf beschränkt, geheimes Material entgegenzunehmen, auszuwerten oder zu veröffentlichen. Überdies reicht zur Beschlagnahme verdächtigen Materials künftig nicht mehr nur ein einfacher Tatverdacht gegen den jeweiligen Journalisten aus. Vielmehr bedarf es eines dringenden Tatverdachts (§ 97 Abs. 5 S. 2 StPO). Diese Änderungen gehen auf den von der Bundesregierung eingebrachten Entwurf eines Gesetzes zur Stärkung der Pressefreiheit im Straf- und Strafprozessrecht (PrStG) zurück. Auf diese Weise wird insbesondere der für die Pressefreiheit zentrale Quellen- und Informantenschutz gestärkt, vgl. dazu Pressemitteilung des BMJ v. 11.5.2012, abrufbar unter www.bmj.de/SharedDocs/Pressemitteilungen.

219 *BVerfGE* 119, 1, 18.

220 *BVerfGE* 136, 9.

221 ZDF-Staatsvertrag vom 31.8.1991, in der Fassung des Siebzehnten Staatsvertrages zur Änderung rundfunkrechtlicher Staatsverträge, in Kraft seit 1.1.2016.

222 Hierzu eingehend *Bortnikov* JuS 2017, 27.

223 Hierzu auch *Bäumerich* ZUM 2016, 947.

224 Www.zdf.de/zdfunternehmen/zdf-verwaltungsrat-mitglieder-100.html.

225 Zur Neukonstituierung des MDR-Rundfunkrates auf Grundlage des noch alten MDR-Staatsvertrages *Zimmermann* ZUM 2016, 411.

226 So etwa eine Verfassungsbeschwerde der Firma Sixt, in der es um die Verfassungsmäßigkeit von Rundfunkbeiträgen für Unternehmen geht, nachdem das Bundesverwaltungsgericht zuvor eine Klage von Sixt und dem Discounter Netto abgewiesen hatte. Grund der Klage war, dass aus Sicht der klagenden Unternehmen die Bemessung des Beitrags nach der Anzahl von Betriebsstätten, Beschäftigten und Firmenfahrzeugen unrechtmäßig sei, da Unternehmen mit vielen Filialen benachteiligt würden, *BVerwG* vom 7.12.2016 – 6 C 12.15, 6 C 13.15, 6 C 14.15, 6 C 49.15, zitiert nach juris. Siehe hierzu ausführlich Kap. 4 Rn. 70.

Rundfunkbeitrag pro Wohnung, insbesondere also auch für Zweitwohnungen, erhoben wird, so dass ein Nutzer mit mehreren Wohnungen den Beitrag mehrfach zu entrichten hat.[227]

Für das BVerfG steht eine Entscheidung zum sog. Recht auf Vergessen werden an, das der EuGH in seiner Entscheidung Google Spain aus dem Jahr 2014 entwickelt hat[228] und das in Art. 17 DSGVO aufgegriffen und ausgedehnt wurde. In dem in Karlsruhe anhängigen Verfahren macht ein verurteilter Mörder den Anspruch darauf geltend, seinen Namen in digitalen Pressearchiven zu anonymisieren. Über seinen im Jahr 1981 begangenen Doppelmord hatte unter anderem der Spiegel berichtet und die damaligen Artikel sind im Online-Archiv abrufbar. Der BGH hat im Jahr 2012,[229] also vor der Entscheidung des EuGH, entschieden, es bestehe ein „anerkennenswertes Interesse der Öffentlichkeit" daran, zeitgeschichtliche Ereignisse wie dieses unverändert recherchieren zu können. Hiergegen wendet sich der Betroffene nunmehr mit einer Verfassungsbeschwerde beim BVerfG.[230] Im Kern geht es um die Frage, ob es nach Ablauf einer angemessenen Zeit einen „Änderungsanspruch" gegenüber Presseunternehmen geben kann.[231] Würde das BVerfG dem nachkommen, so stünde nicht nur die Vollständigkeit der digitalen Pressearchive als digitales historisches Archiv in Frage. Es müsste auch die Frage beantwortet werden, ob das Recht auf Vergessen werden sich auch auf körperlich abgelegte Inhalte von Pressearchiven erstreckt. Aus der Rechtsprechung des EuGH ergibt sich nur, dass unter bestimmten Voraussetzungen eine Auffindbarkeit in Suchmaschinen unterbunden werden muss. Art. 17 DSGVO hat diesen Anspruch auf Kopien und Replikanten von Online-Inhalten erstreckt. 66

7. Institutionelle Garantien

Der Staat spielt bei der Schaffung von Medienangeboten im Rahmen des institutionellen Medienrechts eine besondere Rolle. Art. 5 Abs. 1 GG gewährt neben den geschilderten individuellen Rechten auch die sich auf Massenmedien beziehenden Freiheiten, deren rechtlichen Rahmen der Gesetzgeber durch konkrete Regelungen auszugestalten hat, wenn die Verankerung im Grundgesetz alleine für ein Funktionieren des jeweiligen Mediums aus Gründen des Demokratiegebots nicht ausreicht. Der Grund hierfür liegt in der „schlechthin konstituierenden" Bedeutung,[232] vor allem von Fernsehen, Radio und Presse für die freie Meinungsbildung[233] und die Demokratie[234] insgesamt. Die institutionelle Medienfreiheit sichert neben der auf die freie Presse und auf einen funktionierenden Rundfunk bezogenen Einrichtungsgarantie auch den Anspruch für die an Massenmedien Mitwirkenden, sich auf die Kommunikationsfreiheit zu berufen.[235] Die Anspruchsberechtigten des institutionellen Medienrechts unterliegen keinen anderen Schranken als den im individuellen Medienrecht geltenden i.S.v. Art. 5 Abs. 2 GG. Gesichert wird die institutionelle Medienfreiheit durch interne Kontrollmechanismen, wie die programmlichen Vorgaben in § 41 RStV oder die standesrechtlichen Sorgfaltspflich- 67

227 *BVerwG* vom 25.1.2017 – 6 C 15.16; 6 C 23.16 et al.
228 *EuGH* 13.5.2015 RS C-131/12.
229 *BGH* MDR 2013, 151.
230 Aktenzeichen beim *BVerfG* 1 BvR 16/13.
231 Hierzu Artikel in der TAZ vom 2.1.2017, Peter T. versucht zu verschwinden.
232 *BVerfGE* 20, 56, 97 f.; 35, 202, 221 f.
233 *BVerfGE* 57, 295, 319 f. – 3. Rundfunkurteil.
234 *BVerfGE* 7, 198, 208 – Lüth; 90, 27, 31 f. – Parabolantenne.
235 Dazu *Dörr/Schwartmann* Rn. 86 ff.

ten der Presse, deren Überwachung durch den Deutschen Presserat erfolgt.[236] Neben Art. 5 GG sind auch die Berufsfreiheit aus Art. 12 GG und die Eigentumsfreiheit aus Art. 14 GG elementar für das Wirken und den Bestand der freien Medienlandschaft. Durch diese Grundrechte wird zum einen ein freies berufliches Wirken ermöglicht und zum anderen der Schutz dessen gewährleistet, was dieses Wirken hervorbringt. Das Urheberrecht und das Presseleistungsschutzrecht sind grundlegend für die Finanzierbarkeit einer freien, staatsfernen Presse.[237]

8. Dienende und ausgestaltungsbedürftige Rundfunkfreiheit

68 Nach der Rspr. des BVerfG ist die Rundfunkfreiheit durch strukturelle Besonderheiten gekennzeichnet. Sie dient der freien, individuellen und öffentlichen Meinungsbildung und stellt daher in erster Linie ein drittnütziges Freiheitsrecht dar. Zugleich ist sie ausgestaltungsbedürftige Grundvoraussetzung für eine funktionsfähige Demokratie.[238] Insoweit unterscheidet sich die Rundfunkfreiheit von anderen Grundrechten. Diese gewähren regelmäßig Freiheiten zur Selbstverwirklichung des Einzelnen und schützen subjektiv-rechtliche, individuelle Interessen.

69 Die Rundfunkfreiheit wird insofern auch als sog. **dienende Freiheit**[239] verstanden.[240] Als solche ist sie dadurch gekennzeichnet, dass sie grundrechtlich verbürgte Befugnisse im Interesse Dritter vor dem Zwang und der Intervention des Staates schützt.[241] Sie dient, wenn man so will, der freien, individuellen und öffentlichen Meinungsbildung und zwar in einem umfassenden Sinne, der nicht bloß auf Berichterstattung oder Vermittlung politischer Meinungen reduziert ist. Die Funktion des Art. 5 Abs. 1 S. 2 GG beschränkt sich aufgrund dieser besonderen Eigenschaft nicht auf die Abwehr staatlicher Einflussnahme, sondern erfordert es, eine positive Ordnung zu schaffen, in der die Meinungsvielfalt gewährleistet wird. Zudem muss sichergestellt werden, dass der Rundfunk nicht dem Staat oder gesellschaftlichen Gruppen ausgeliefert wird. Mit dieser Rspr, vertritt das BVerfG einen vermittelnden Ansatz zwischen den widerstreitenden Positionen, die die Rundfunkfreiheit teils als rein subjektiv[242] und teils als rein objektiv begreifen.[243] Die subjektive Betrachtung stellt im Wesentlichen auf den abwehrrechtlichen Charakter[244] der Gewährleistung zugunsten des Rundfunkveranstalters gegen Eingriffe in die Programmautonomie ab, während die objektivrechtliche Sichtweise insbesondere den staatlichen Schutzauftrag mit den Stichworten institutionelle Garantien des Rundfunks und Finanzgewährleistungsanspruch des öffentlich-rechtlichen Rundfunks in den Vordergrund stellt.

70 Für das BVerfG ist die Rundfunkfreiheit in ihren subjektiven und objektiven Komponenten **ausgestaltungsbedürftig** und darf nicht dem freien Spiel der Kräfte überlassen werden. Vielmehr muss die Informationsfreiheit des Bürgers durch

---

236 Dazu *Löffler/Ricker* Presserecht, 39. Kap. Rn. 6 ff.

237 Dazu Auer-Reinsdorff/Conrad*Witte/Auer-Reinsdorff* Rn. 49–50.

238 *BVerfGE* 119, 181, Ziff. 115.

239 *BVerfGE* 57, 295, 319 – FRAG; 83, 238, 295; 87, 181, 197 – WDR; dazu *Dörr/Schiedermair* Die Deutsche Welle, 2003, S. 33 f.; dazu auch *Beater* Rn. 226 ff.

240 Dazu *Gersdorf/Paal* Beck'scher Online-Kommentar Informations- und Medienrecht/*Kühling* 16. Edition Stand: 1.5.2017, Art. 5 GG Rn. 80.

241 Dazu *Dörr/Schwartmann* Rn. 170.

242 *Kull* AfP 1987, 365.

243 *Fuhr* ZUM 1987, 145, 146; *Wieland* Die Freiheit des Rundfunks, 1984, S. 94 ff.

244 Dazu auch *Beater* Rn. 222 ff.

Ausgewogenheit und Vielfältigkeit des Gesamtangebotes des Rundfunks gewährleistet und positiv geregelt werden. Neben der Ausgewogenheit kommt es insbesondere auf Neutralität und Tendenzfreiheit[245] an. Die inländischen Programme müssen in ihrer Gesamtheit der bestehenden Meinungsvielfalt Rechnung tragen und ihr im Wesentlichen entsprechen. Zudem sind Vorkehrungen dagegen zu treffen, dass der Rundfunk einzelnen gesellschaftlichen Gruppen ausgeliefert wird. Alle in Betracht kommenden Kräfte müssen im Gesamtprogramm zu Wort kommen können.[246] Diese Ausgestaltungspflicht ist „nicht durch den Wegfall der durch die Knappheit von Sendefrequenzen bedingten Sondersituation entbehrlich geworden. Dies hat sich im Grundsatz durch die technologischen Neuerungen der letzten Jahre und die dadurch ermöglichte Vermehrung der Übertragungskapazitäten sowie die Entwicklung der Medienmärkte nicht geändert."[247]

Am Konzept der Ausgestaltungsbedürftigkeit durch den Gesetzgeber wird indes Kritik geübt, weil sie die abwehrrechtliche Funktion der Grundrechte aushöhle. Im Rahmen der Ausgestaltung des Rundfunkrechts könnten auf diese Weise die Anforderungen der Verfassung an Grundrechtseingriffe umgangen werden.[248] Wegen der unklaren verfassungsrechtlichen Anforderungen an Ausgestaltungsgesetze ist diese Kritik nicht von der Hand zu weisen.[249] **71**

9. Staatsferne

Die Rundfunkfreiheit kennt als ihre drei zentralen Strukturprinzipien die **Staatsfreiheit** oder **Staatsferne**,[250] das Pluralismusgebot und die Programmfreiheit. Der Rundfunk kann seine verfassungsrechtlich zugewiesene Aufgabe nur erfüllen, wenn er Freiheit gegenüber dem Staat genießt, mit anderen Worten staatsfrei ist. Von zentraler Bedeutung ist dabei die Erkenntnis, dass die Begriffe „öffentlich-rechtlich" und „staatlich" nicht gleichzusetzen sind.[251] Eine Vermittlung im Wege des Rundfunks zwischen Staat und Bürger in einem freien, individuellen und vielfaltsorientierten Meinungsbildungsprozess ist nur sinnvoll, wenn der Vermittlungsprozess sich frei und ungesteuert vollziehen kann.[252] Hier muss der Staat vor allem von der publizistischen Funktion des Rundfunks ausgeschlossen sein, indem ihm eine Einmischung in die Programmgestaltung und in sonstige rundfunkspezifische Belange versagt ist.[253] Ziel ist es, eine Beeinträchtigung, Instrumentalisierung oder gar Beherrschung durch den **72**

245 *BVerfGE* 73, 118, 152 ff. – Niedersachsen.

246 *Dörr/Schwartmann* Rn. 171 f.

247 *BVerfGE* 119, 181, Ziff. 115.

248 Vgl. statt vieler *Hain* Rundfunkfreiheit und Rundfunkordnung, 1993, S. 118 ff.; *ders.* JZ 2005, 939 ff.; *Fink* DÖV 1992, 805 ff.; *Pestalozza* NJW 1991, 2158 ff.; *Degenhart* AfP-Sonderheft 2007, 24, 27 ff.; jüngst auch *Klein* FAZ v. 19.7.2007, S. 7; vgl. mit einer Zusammenstellung der ablehnenden Stimmen *Schüller* S. 80 ff., mit der Gegenauffassung etwa *Ruck* AöR 117 (1992), 542 ff.; *Ladeur/Gostomzyk* JuS 2002, 1145 ff.; *Hoffmann-Riem* Kommunikationsfreiheiten, 2002, S. 35.

249 Differenzierend Dörr/Kreile/Cole/*Schüller-Keber* B, III. Rn. 152.

250 Zur Verfassungswidrigkeit der maßgeblichen Bestimmungen zur Zusammensetzung der Aufsichtsgremien des ZDF wegen Verstoßes gegen das Gebot der Staatsferne vgl. *BVerfG* v. 25.3.2014, BVerfGE 136, 9 sowie 4. Kap. Rn. 12 ff.

251 *Bethge* Rundfunkfreiheit und öffentlich-rechtlicher Organisationsvorbehalt, S. 70.

252 Zur Parallele mit der Staatsfreiheit politischer Parteien *Schwartmann* Verfassungsfragen der Allgemeinfinanzierung politischer Parteien, S. 30 f.

253 *BVerfG* 25.3.2014 – BVerfGE 136, 9 Rn. 43.

Staat zu verhindern und einen Rundfunk zu schaffen, der dem Prinzip gesellschaftlicher Freiheit und Vielfalt verpflichtet ist.[254]

73 Aus diesem Grund darf der **Staat nicht** als **Rundfunkveranstalter** fungieren[255] und keinen bestimmenden Einfluss auf das Programm nehmen.[256] Den Kontrollgremien des Rundfunks können aber – zur Durchführung einer genau umrissenen Rechtsaufsicht – Vertreter öffentlich-rechtlicher Rundfunkanstalten[257] und Landesmedienanstalten[258] sowie Benannte des Staates, auch aus Parlamenten, angehören.[259] Es muss jedoch sichergestellt sein, dass der Staat über diese Gremien keinen inhaltlichen Einfluss auf die Rundfunkveranstaltung nimmt.[256] In der Literatur sind immer wieder Zweifel geäußert worden, ob sich die Zusammensetzung von Fernseh- und Verwaltungsrat des ZDF angesichts der hohen Zahl der dem Staat zuzurechnenden Vertreter mit dem Grundsatz der Staatsferne vereinbaren lässt. Erneute Brisanz erlangte diese Frage im Zusammenhang mit der Entscheidung des ZDF-Verwaltungsrats, das Einvernehmen mit dem Vorschlag des Intendanten, Nikolaus Brender erneut zum ZDF-Chefredakteur zu berufen, nicht herzustellen.[260] Angesichts dessen hatte das Land Rheinland-Pfalz Anfang des Jahres 2011 einen Normenkontrollantrag zur Überprüfung des ZDF-Staatsvertrages beim BVerfG eingereicht. Im März 2014 sind die maßgeblichen Vorschriften für verfassungswidrig erklärt worden, weil die gesetzlich geregelte Zusammensetzung der beiden Aufsichtsgremien dem Gebot der Staatsferne nicht hinreichend Rechnung trug. Der am 1.1.2016 in Kraft getretene ZDF-Staatsvertrag trägt den Vorgaben des BVerfG nunmehr Rechnung.[261] In ähnlicher Weise hatte das BVerfG bereits im Jahr 2008 über die Beteiligung politischer Parteien an privaten Rundfunksendern entschieden.[262] Insoweit wies das Gericht auf die besondere Staatsnähe der Parteien hin, die auf die Erlangung staatlicher Macht ausgerichtet seien, entscheidenden Einfluss auf die Besetzung der obersten Staatsämter ausübten und die Bildung des Staatswillens insbesondere durch Einflussnahme auf die Beschlüsse von Parlament und Regierung steuerten. Überdies seien auch die personellen Überschneidungen zwischen den Angehörigen politischer Parteien und den Staatsorganen zu beachten.[263]

74 Die Ausgestaltungsregelungen unter Berücksichtigung der Rundfunkfreiheit müssen sowohl im privaten als auch im öffentlich-rechtlichen Bereich den Erfordernissen der Meinungsvielfalt und der Ausgewogenheit insgesamt gerecht werden,[264] also dem **Pluralismusgebot** entsprechen. Dies umfasst gerade auch im privaten Rundfunk die

---

254 *BVerfGE* 90, 60, 88; dazu *Gersdorf* Grundzüge des Rundfunkrechts, Rn. 142; zuletzt *BVerfG* 25.3.2014 – 1 BvF 1/11 und 1 BvF 4/11, Rn. 45.

255 *BVerfGE* 12, 205, 263; 83, 238, 330.

256 *BVerfGE* 73, 118, 165; 83, 238, 330.

257 *BVerfGE* 12, 205, 263; 73, 118, 165; 83, 238, 336.

258 *BVerfGE* 73, 118, 165.

259 Vgl. zu diesem Problem unten 4. Kap. Rn. 8 ff.

260 Bereits im Februar 2009 hatte die Mehrheit der Unionsparteien im 14-köpfigen ZDF-Verwaltungsrat, insbesondere dessen ehemaliger stellvertretender Vorsitzender und damaliger hessischer Ministerpräsident *Roland Koch*, angekündigt, *Brenders* bis März 2010 laufenden Vertrag nicht zu verlängern. *Koch* hatte seine Kritik mit fallenden Einschaltquoten in der Informationssparte des ZDF begründet; vgl. *Dörr* K&R 2009, 555 ff.

261 *BVerfGE* 136, 9; vgl. dazu eingehend 3. Kap. Rn. 64 und 4. Kap. Rn. 12 ff.

262 *BVerfGE* 121, 30 ff.

263 *BVerfGE* 121, 30, 54 f., vgl. auch *Dörr/Schwartmann* Rn. 174a f.

264 *BVerfGE* 57, 295, 320, 323; dazu *Dörr* ZWeR 2004, 159, 164.

Sicherung der Vielfalt durch die Länder als Rundfunkgesetzgeber.[265] Auch hier gilt der verpflichtende Verfassungsauftrag zur Schaffung einer positiven Ordnung. Diese Pflicht bedeutet keine Einschränkung der Rundfunkfreiheit, sondern deren Gestaltung, wobei der Gesetzgeber einen breiten Spielraum hat[266] und sich zwischen dem binnenpluralen und dem außenpluralen Modell oder für eine Mischform[267] entscheiden kann. Das BVerfG geht von einer Kombination aus Binnen- und Außenpluralismus aus, bei der die Ausgewogenheit der Meinungen im Innenbereich durch Rundfunkräte der Veranstalter gewährleistet wird.[268] In diesen sollen alle gesellschaftlich relevanten Gruppen vertreten sein. Für die Wahrung des Außenpluralismus wird durch ein ausgewogenes, der Meinungsvielfalt entsprechendes Angebot inländischer Programme gesorgt.[269] Nach dem den **öffentlich-rechtlichen** Rundfunk prägenden **binnenpluralen Modell** müssen alle maßgeblichen gesellschaftlichen Gruppen[270] im Binnenbereich des Rundfunkveranstalters vertreten und mit bestimmten Einwirkungsmöglichkeiten ausgestattet sein.[267] Im **privaten Rundfunk** hat sich ein **außenplurales Modell** durchgesetzt, bei dem der einzelne Veranstalter zwar kein in sich ausgewogenes Programm anbieten muss, aber zu „sachgemäßer, umfassender und wahrheitsgemäßer Information und einem Mindestmaß an gegenseitiger Achtung verpflichtet" ist.[271] Gleichwohl finden sich in den Landesmediengesetzen hohe Anforderungen an die Vielfalt namentlich privat veranstalteter Vollprogramme.[272]

Eine wesentliche Bedeutung der Rundfunkfreiheit liegt in der mit ihr verbundenen **75**
Programmfreiheit, die den Kernbereich der Tätigkeiten des Rundfunkveranstalters umfasst und dessen Entscheidung über die Inhalte und Formen des Programms einschließlich „Anzahl und Umfang der erforderlichen Programme"[273] einschließt.[274] Sie ist also als Verbot staatlicher und jeder sonstigen fremden Einflussnahme auf Auswahl, Inhalt und Ausgestaltung der Programme zu verstehen. Nach der Rspr. des BVerfG sind allerdings gesetzliche Programmbegrenzungen weder von vornherein unzulässig, noch ist jede Programmentscheidung einer Rundfunkanstalt finanziell zu honorieren.[275] Insbesondere ist es den Rundfunkanstalten verwehrt, den „Programmumfang und den damit mittelbar verbundenen Geldbedarf[276] über den Rahmen des Funktionsnotwendigen hinaus auszuweiten".[277] Gegenstand von Diskussionen sind in diesem Zusammenhang die Social-Media Aktivitäten des Staates.[278] Es liegt auf der Hand, dass etwa die Bundesregierung durch ihren seit Anfang 2015 betriebenen Face-

---

265 *BVerfGE* 57,295, 324; 83, 238, 296 f.; dazu *Dörr* ZWeR 2004, 159, 164.
266 *BVerfGE* 57, 295, 321, 325; Dolzer/*Degenhart* Art. 5 Abs. 1 und 2 GG Rn. 638.
267 Dolzer/*Degenhart* Art. 5 Abs. 1 und 2 GG Rn. 638.
268 *BVerfGE* 12, 205, 261; 31, 314, 326.
269 *BVerfGE* 57, 295, 323; 73, 118, 153.
270 Dolzer/*Degenhart* Art. 5 Abs. 1 und 2 GG Rn. 769 ff.; zu damit verbundenen Problemen unten 4. Kap. Rn. 8 ff.
271 *BVerfGE* 57, 295, 326.
272 Vgl. etwa die Anforderungen in §§ 31 und 33 ff. LMG NRW.
273 *BVerfGE* 87, 181, 201; 90, 60, 91 f.
274 *BVerfGE* 119, 181, Ziff. 124.
275 *BVerfGE* 90, 60, 92.
276 Vgl. *BVerfGE* 87, 181, 201.
277 *BVerfGE* 119, 181, Ziff. 124.
278 Vgl. zum „Google Hangout" der Kanzlerin etwa Artikel in der *ZEIT* v. 18.4.2013, Feature: Mit der Kanzlerin beim digitalen Kamingespräch sowie zur Frage, ob es sich hierbei um Rundfunk handelt, 3. Kap. Rn. 15.

book-Auftritt im Sinne der Regierung kommuniziert.[279] Von einer Gefährdung des Pluralismus wird hier aber nicht die Rede sein können, weil zeitgemäße Öffentlichkeitsarbeit des Staates in neueren Kommunikationsformen als eine Stimme unter vielen in Erscheinung tritt und der Weg über die modernen Kommunikationsmittel auch der Opposition offen steht. Will der Staat die jüngere Zielgruppe erreichen, ist es fast geboten, moderne Kommunikationswege und -mittel wie Social Media nutzen. Die Darstellung der Regierungsarbeit in der Öffentlichkeit ist kein neues Phänomen und im Rahmen Sozialer Medien rechtlich hinnehmbar, solange die betreffende staatliche Stelle als Betreiber der Seite erkennbar in Erscheinung tritt und andere Meinungen nicht unterdrückt werden.

III. Rundfunk im einfachen Recht

1. Rundfunkstaatsverträge

76 Als besondere Rechtsquelle kennt das Rundfunkrecht Staatsverträge.[280] Diese schließen die Bundesländer als originäre Hoheitsträger miteinander[281] und können damit länderübergreifend einheitliches Recht für den Rundfunk schaffen, was der Bund aus Kompetenzgründen hinsichtlich der inhaltlichen Seite nicht darf.[282] Diese Praxis der Länder besteht seit 1987 und normiert ausgehend von der Rspr. des BVerfG die Grundlagen der dualen Rundfunkordnung als Nebeneinander von privatem und öffentlich-rechtlichem Rundfunk.

77 Im Zentrum steht der **Staatsvertrag für Rundfunk und Telemedien** (RStV). Daneben gibt es den **ARD-Staatsvertrag**, den **ZDF-Staatsvertrag**, den Staatsvertrag über die Körperschaft des Öffentlichen Rechts **„Deutschlandradio“** und den **Jugendmedienschutz-Staatsvertrag** (JMStV). Der ARD-Staatsvertrag verpflichtet die in der Arbeitsgemeinschaft der öffentlich-rechtlichen Rundfunkanstalten (ARD) zusammengeschlossenen Landesrundfunkanstalten insbesondere zur gemeinsamen Gestaltung eines Fernseh-

---

279 Artikel im Spiegel vom 6.3.2015, Merkels wunderbare Facebook-Welt, in dem von einer “perfekten Inszenierung der Koalitionsarbeit“ die Rede ist.

280 Obwohl nicht dem Rundfunkrecht zuzuordnen, haben neben dem RStV insbesondere das Telekommunikationsrecht (19. Kap.), das Kartellrecht (13. Kap.) und das Recht der Telemedien (10. Kap.) enge Berührungspunkte zum Rundfunkrecht. Für das Gebiet des Telekommunikationsrechts kommt indes dem Bund die ausschließliche Gesetzgebungskompetenz zu (vgl. Art. 73 Abs. 1 Nr. 7, 87f Abs. 1 GG). Für das Kartellrecht ist er lediglich in konkurrierender Gesetzgebung zuständig (Art. 74 Abs. 1 Nr. 16), hat jedoch durch Schaffung des GWB von seiner Gesetzgebungsbefugnis zu Lasten der Länder Gebrauch gemacht. Im Bereich der Telemedien haben sich Bund und Länder darauf verständigt, dass der Bund seine Gesetzgebungskompetenz für den wirtschaftsregulierenden Bereich durch das TKG und TMG ausübt (Art. 74 Abs. 1 Nr. 11 GG), während den Ländern die inhaltsbezogene Regulierung im Rahmen des RStV überlassen bleibt (Art. 30, 70 GG).

281 Bei Staatsverträgen handelt es sich von der **Rechtsnatur** her nach *Maurer* Staatsrecht I, § 10 Rn. 62, der zur Begründung auf Art. 32 Abs. 3 GG hinweist, um einen eigenen Typ des „Zwischen-Länder-Rechts“. Diese staatliche Handlungsform des föderativen Vertragsrechts der Bundesrepublik Deutschland ist mangels Beteiligung des Bundes nicht Bundesrecht, mangels Beschränkung auf ein Bundesland handelt es sich aber auch nicht um typisches Landesrecht. Da kein Vertragsschluss zwischen den Ländern als Völkerrechtssubjekte, sondern als Glieder des Bundesstaates vorliegt, handelt es sich auch nicht um Völkerrecht. Die rechtlichen Wirkungen eines solchen Staatsvertrages lassen sich jedoch mit denen eines völkerrechtlichen Vertrages vergleichen. Dazu *Dörr/Schwartmann* Rn. 152.

282 So *Maurer* Staatsrecht I, § 10 Rn. 66.

vollprogramms (§ 1 ARD-Staatsvertrag). Der ZDF–Staatsvertrag regelt in § 2 die entsprechende Verpflichtung für das Zweite Deutsche Fernsehen (ZDF). Insbesondere der ZDF-Staatsvertrag enthält detaillierte Regelungen etwa zur Binnenstruktur der Anstalt. Zusätzlich gelten in allen Bundesländern Rundfunk-, bzw. Mediengesetze.

Der RStV enthält in seinen §§ 1–10 RStV allgemeine Vorschriften. Hier ist zunächst der Begriff des Rundfunks selbst (§ 2 Abs. 1 RStV) einfachgesetzlich definiert. § 2 Abs. 2 RStV enthält in den Nr. 1–20 die Bestimmung folgender Begriffe: **Rundfunkprogramm** (Nr. 1), **Sendung** (Nr. 2), **Vollprogramm** (Nr. 3), **Spartenprogramm** (Nr. 4), **Satellitenfensterprogramm** (Nr. 5), **Regionalfensterprogramm** (Nr. 6), **Werbung** (Nr. 7), **Schleichwerbung** (Nr. 8), **Sponsoring** (Nr. 9 in Verbindung mit § 8 RStV), **Teleshopping** (Nr. 10), **Produktplatzierung** (Nr. 11), **Programmbouquet** (Nr. 12), **Plattformanbieter** (Nr. 13) und **Rundfunkveranstalter** (Nr. 14). Diese Begriffe gelten einheitlich sowohl für den öffentlich-rechtlichen als auch den privaten Rundfunk. In § 2 Abs. 2 Nr. 15-20 RStV schließlich finden sich weitere Definitionen dessen, was unter Information (Nr. 16), Bildung (Nr. 17), Kultur (Nr. 18) sowie unter einem sendungsbezogenen Telemedium (Nr. 19) und einem presseähnlichen Angebot (Nr. 20) zu verstehen ist. Mit dem 13. Rundfunkänderungsstaatsvertrag wurden zudem die Vorschriften über Werbung und Teleshopping reformiert. § 7 RStV enthält ausführliche Werbegrundsätze und Kennzeichnungspflichten für Werbung, Teleshopping und Dauerwerbesendungen.[283] § 7a RStV bestimmt unter welchen Voraussetzungen Werbung und Teleshopping in das Programm eingefügt werden dürfen. Als Regelungen des allgemeinen Teils gelten sie für den öffentlich-rechtlichen und privaten Rundfunk gleichermaßen. Eine Differenzierung zwischen öffentlich-rechtlichem und privatem Rundfunk findet diesbezüglich in den §§ 15 f. RStV respektive §§ 44 ff. RStV statt.[284] 78

Der zweite Abschnitt des RStV (§§ 11–19a RStV) ist dem öffentlich-rechtlichen Rundfunk[285] gewidmet. § 11 RStV umschreibt zunächst dessen Auftrag. In der Generalklausel des § 11 Abs. 1 S. 1 RStV werden die durch das BVerfG diesbezüglich geprägten Kernbegriffe umgesetzt.[286] Den tatsächlichen Programmauftrag, also die wesentlichen inhaltlichen Vorgaben, enthalten die S. 2–5. § 11a RStV nennt als Angebote des öffentlich-rechtlichen Rundfunks Rundfunkprogramme (Hörfunk- und Fernsehprogramme) und Telemedien sowie programmbegleitende Druckwerke. Diese und deren Ausgestaltung sind im Einzelnen in den §§ 11b–f umschrieben. Neu seit dem 19. RÄndStV ist § 11g, der das Jugendangebot der in der ARD zusammengeschlossenen Landesrundfunkanstalten und des ZDF und dessen Inhalt normiert. Hierzu gibt es, ebenfalls seit dem 19. RÄndStV, als Anlage zu § 11g Abs. 5 S. 1 eine Negativliste für das Jugendangebot. §§ 12–18 RStV befassen sich mit der Finanzierung des öffentlichen-rechtlichen Rundfunks einschließlich Werbung und Sponsoring.[287] 79

§ 19 RStV konkretisiert den ehemaligen § 19a RStV, indem er den öffentlich-rechtlichen Anstalten Ermessen hinsichtlich der Auswahl der geeigneten Übertragungswege einräumt. Einzig müssen dabei die Grundsätze der Wirtschaftlichkeit und Sparsam- 80

283 Zum Grundsatz der Trennung von Werbung und Programm sowie der Abgrenzung ausnahmsweise zulässiger Produktplatzierung von der stets unzulässigen Schleichwerbung und Themenplatzierung, vgl. *OVG Rheinland-Pfalz* 22.8.2013 – 2 A 10002/13 – juris.

284 Ausf. s.u. 6. Kap. Rn. 1 ff.

285 S. dazu unten 4. Kap.

286 *Hartstein/Ring/Kreile/Dörr/Stettner* § 11 Rn. 7. Dazu unten 4. Kap. Rn. 22 ff.

287 Dazu unten 4. Kap. Rn. 96 ff.

keit berücksichtigt werden.[288] Der neue § 19a RStV soll die Stellung der Kontrollgremien dadurch stärken, dass sie nunmehr die Veröffentlichung von Programmbeanstandungen verlangen können.

81 Im dritten Abschnitt behandelt der RStV in sieben Unterabschnitten den privaten Rundfunk.[289] Normiert sind Zulassungsfragen und verfahrensrechtliche Belange (§§ 20–24 RStV). Mit dem 10. RÄStV ist in den §§ 20 und 20a eine Änderung vorgenommen worden. Es wird nunmehr zwischen landes- und bundesweit verbreitetem Rundfunk differenziert. Für ersteren ist nach § 36 Abs. 2 Nr. 1 des RÄStV-E10 die Kommission für Zulassung und Aufsicht (ZAK) zuständig. Die Sicherung der Meinungsvielfalt ist in §§ 25–34 RStV,[290] die Organisation der Medienaufsicht und die Finanzierung besonderer Aufgaben in §§ 35–40 RStV, Programmgrundsätze und das Einräumen von Sendezeit für Dritte in §§ 41 f. RStV, die Finanzierung des privaten Rundfunks, Werbung und Teleshopping in §§ 43–46a RStV sowie der Datenschutz in § 47 RStV geregelt. Gem. § 35 Abs. 1 und 2 RStV sind zur Aufsicht über den privaten Rundfunk mit den in § 36 RStV festgelegten Aufgaben vier Einrichtungen berufen. Die Kommission für Zulassung und Aufsicht (ZAK), die Gremienvorsitzendenkonferenz (GVK), die Kommission zur Ermittlung der Konzentration im Medienbereich (KEK) und die Kommission für Jugendmedienschutz (KJM). Sie fungieren dabei als Organe der jeweils zuständigen Landesmedienanstalt. Die KEK besteht nach § 35 Abs. 5 RStV aus sechs Sachverständigen des Rundfunk- und Wirtschaftsrechts und sechs gesetzlichen Vertretern der Landesmedienanstalten. Der KEK-Vorsitzende und dessen Stellvertreter sind aus der Gruppe der Sachverständigen zu wählen. Die KEK soll ihre Beschlüsse mit der Mehrheit der gesetzlichen Mitglieder fassen. Bei Stimmengleichheit soll die Stimme des Vorsitzenden und bei dessen Verhinderung die Stimme des stellvertretenden Vorsitzenden entscheiden (vgl. § 35 Abs. 9 RStV).

Im vierten Abschnitt des RStV finden sich Bestimmungen zu Revision und Ordnungswidrigkeiten (§§ 48, 49 RStV) und der fünfte Abschnitt des RStV enthält Regelungen zu Plattformen und Übertragungskapazitäten (§§ 50-53b RStV).[291]

82 Vor den §§ 62 ff. in Abschnitt VII. sind seit dem 1.3.2007 im sechsten Abschnitt des RStV in §§ 54–61 Regelungen über Telemedien[292] enthalten. Aus kompetenziellen Gründen regelt der RStV auch an dieser Stelle nur die inhaltlichen Anforderungen an Telemedien, die der Rundfunkhoheit der Länder zuzuordnen sind. Für die wirtschaftsbezogenen rechtlichen Anforderungen steht dem Bund die Kompetenz für Wirtschaft und Telekommunikation zu. Sie sind im Telemediengesetz[293] des Bundes geregelt, das zeitgleich mit dem Neunten Änderungsvertrag zum RStV in Kraft getreten ist. Mit dem Abschn. über die Telemedien im RStV ist die bis dahin geltende Differenzierung zwischen Mediendiensten (an die Allgemeinheit gerichtet, aber mangels Darbietung nicht Rundfunk) und Telediensten (nicht an die Allgemeinheit gerichtet), die eine Parallelgesetzgebung mit Abgrenzungsschwierigkeiten erfordert hatte,[294] auf-

288 *Hartstein/Ring/Kreile/Dörr/Stettner* § 19 Rn. 8.

289 Dazu 5. Kap.

290 S. dazu 5. Kap. Rn. 34 ff.

291 5. Kap. Rn. 41 ff.

292 Dazu 10. Kap. Rn. 122 ff.

293 Dazu *Hoeren* NJW 2007, 801 ff.; zu den Grundprinzipien der Telemediendienste 10. Kap. Rn. 50 ff.

294 Vgl. zur Ersetzung des Teledienstegesetzes (TDG) sowie des Teledienstedatenschutzgesetzes (TDDSG) durch das Telemediengesetz (TMG) *Dörr/Schwartmann* Rn. 277.

gehoben. Beide Dienste sind nun zu Telemedien zusammengefasst. Nach der neuen Rechtslage ist klargestellt, dass unter dem Oberbegriff der elektronischen Informations- und Kommunikationsdienste (IUK-Dienste) nun zwischen telekommunikationsgestützten Diensten nach § 3 Nr. 24 TKG, Telekommunikationsdiensten gem. § 3 Nr. 25 TKG, Rundfunk – definiert in § 2 Abs. 1 S. 1 RStV – und Telemedien gem. § 2 Abs. 1 S. 3 RStV zu unterscheiden ist. Im Rahmen der Negativabgrenzung des § 2 Abs. 1 S. 3 RStV sind solche Dienste Telemedien, die weder Telekommunikationsdienst noch telekommunikationsgestützter Dienst noch Rundfunk sind. Nicht zu den Telemedien sondern zum Rundfunk zählen ausweislich der Begründung zum Neunten Rundfunkänderungsstaatsvertrag[295] der herkömmliche Rundfunk, aber auch Live-Streams[296] und Web-Casting.[297] Telekommunikationsgestützte Dienste sind weder Abruf- noch Verteildienste, sondern eine Form der Individualkommunikation und deshalb nicht Telemedien.[298] Telekommunikationsdienste, bei denen es ausschließlich zu einer Signalübertragung über Telekommunikationsnetze kommt, sind demgegenüber nach dem TKG zu beurteilen und ebenfalls keine Telemedien. Anders verhält es sich, wenn Telekommunikationsdienste nicht nur Signale über Telekommunikationsleitungen übertragen, sondern zugleich auch inhaltliche Dienstleistungen enthalten, etwa einen Internetzugang oder eine E-Mail-Übertragung ermöglichen. Es handelt sich dann grundsätzlich um Telemedien,[299] da hier – anders etwa bei der Internettelefonie – eine besondere Dienstleistung zur Verfügung gestellt wird.[299]

Die Einordnung als Telemedien ist wichtig, da diese nach § 54 RStV grundsätzlich zulassungs- und anmeldefrei[300] sind. Allerdings bestehen für solche Telemedien, die zu gewerblichen Zwecken eingerichtet werden, Informationspflichten nach § 55 RStV. § 56 RStV enthält Bestimmungen über die Gegendarstellung und § 58 RStV schreibt eine Trennung von Werbung und Inhalt vor. Für die Aufsicht über die Telemedien sowohl im Hinblick auf den RStV als auch für den Bereich des Telemediengesetzes sind die Länder zuständig.[301] **83**

Mit dem 15. Rundfunkänderungsstaatsvertrag ist zum 1.1.2013 eine Neuregelung des Finanzierungssystems des öffentlich-rechtlichen Rundfunks in Kraft getreten. Dabei geht es im Kern um den Wechsel von der bisherigen Rundfunkgebühr zu einem geräteunabhängigen Rundfunkbeitrag.[302] Bislang war für die Gebührenpflicht und -höhe entscheidend, ob überhaupt Empfangsgeräte, und wenn ja, wie viele und welche Arten von Geräten zum Empfang von Rundfunkprogrammen vorgehalten wurden. Dies führte zwangsläufig zu Abgrenzungsproblemen und Schwierigkeiten bei der Erfassung aller an sich gebührenpflichtigen Geräte. Abhilfe wurde deshalb mit einer **pauschalen Haushaltsabgabe** geschaffen. Anknüpfungspunkt der Zahlungspflicht ist damit nicht mehr das jeweilige Empfangsgerät, sondern die Inhaberschaft an einer Wohnung (im privaten Bereich) bzw. an einer Betriebsstätte (im nicht privaten **84**

---

295 Z.B. LT-Drucks. Rheinland-Pfalz, 15/432, 18.

296 Neben und zeitgleich zu einer Rundfunkübertragung erfolgende Ausstrahlung eines Rundfunkprogramms über das Internet.

297 Alleinige Übertragung eines Rundfunkprogramms im Internet.

298 So die Begr. zum 9. RÄStV, LT-Drucks. Rheinland-Pfalz 15/432, 18.

299 So die Begr. zum 9. RÄStV LT-Drucks. Rheinland-Pfalz, 15/432, 18.

300 Dazu eingehend 10. Kap. Rn. 66 f.

301 Vgl. die Begr. zum 9. RÄStV, LT-Drucks. Rheinland-Pfalz 15/432, 24; dazu eingehend 10. Kap. Rn. 69 ff. und 169 ff.

302 Vgl hierzu eingehend 4. Kap. Rn. 64 ff.

Bereich). Gegen die Verfassungsmäßigkeit des neuen Finanzierungssystems sind indes von verschiedener Seite Bedenken geäußert worden. Neben Privatpersonen und Unternehmen, die gegen den Rundfunkbeitrag bereits klageweise vorgegangen sind oder dies konkret in Erwägung ziehen,[303] hat auch die Thüringische Landesregierung verfassungsrechtliche Bedenken gegen den damals noch im Entwurf befindlichen Rundfunkbeitragsstaatsvertrag geäußert und favorisiert vor dem Hintergrund der „sozialen Gerechtigkeit" ein steuerfinanziertes und einkommensabhängiges Modell.[304]

85 Durch den 16. Rundfunkänderungsstaatsvertrag wurde der Rundfunkbeitrag von vormals 17,98 EUR auf 17,50 EUR gesenkt, § 8 RFinStV.[305] Der 17. Rundfunkänderungsstaatsvertrag setzt die Vorgabe des BVerfG um, das in seinem Urteil vom 25.3.2014[306] mehr Staatsferne in den öffentlich-rechtlichen Rundfunkanstalten verlangt hatte. Der Staatsvertrag trat am 1.1.2016 in Kraft und regelt die Zusammensetzung der Aufsichtsgremien.

86 Wesentlich im 19. Rundfunkänderungsstaatsvertrag sind die Beauftragung eines onlinebasierten Jugendangebots von ARD und ZDF, neue Regelungen zum Jugendmedienschutz sowie Nachbesserungen beim Rundfunkbeitragssystem. Das für die 14- bis 29-jährigen Zuschauer ausgerichtete Jugendprogramm dürfen ARD und ZDF umsetzen und neben dem klassischen Rundfunkweg auch auf Online-Drittplattformen anbieten. Eingefügt wurde § 11g RStV, der das Jugendangebot der in der ARD zusammengeschlossenen Rundfunkanstalten und des ZDF regelt. Ergänzt wird die Vorschrift durch eine Anlage zu § 11g Abs. 5 S. 1 RStV, die eine Negativliste für Jugendangebote enthält. Die Novellierung des am 1.10.2016 in Kraft getretenen Jugendmedienschutzstaatsvertrages dient dazu der Medienkonvergenz und dem damit einhergehenden veränderten Nutzungsverhalten von Kindern und Jugendlichen Rechnung zu tragen.[307] Die Altersstufen des Jugendschutzgesetzes gelten nun auch für Rundfunk und Telemedien, § 5 Abs. 1 JMStV. Hierbei soll, wiederum vor dem Hintergrund der Konvergenz, ein Gleichlauf bei der Alterskennzeichnung im Online- und Offline-Bereich geschaffen werden. Die Alterskennzeichnung kann vom Anbieter selbst oder von einer anerkannten Einrichtung der freiwilligen Selbstkontrolle erfolgen, § 19 JMStV. Anbieter, die ihr Angebot freiwillig mit einer Alterskennzeichnung versehen, werden durch die Neuregelungen zur Verfolgung von Ordnungswidrigkeiten privilegiert, § 24 JMStV. Es erfolgt eine Verknüpfung des Systems des technischen Jugendmedienschutzes mit dem Gedanken der regulierten Selbstregulierung. Die Selbstkontrolleinrichtung übernimmt letztlich die Funktion einer Zertifizierungsstelle, die das jeweilige Angebot auf Kompatibilität mit den Vorgaben des Jugendmedienschutzstaatsvertrages überprüft. Die Aufsicht über diese Einrichtung übt die Kommission für Jugendmedienschutz der Landesmedienanstalten (KJM) aus, § 19b JMStV.[308]

303 Vgl. dazu 4. Kap. Rn. 70.

304 Zwei von *Degenhart* im Auftrag eines Autovermieters bzw. des Handelsverbands Deutschland erstellte Gutachten erklären die Reformvorschläge sowie deren spätere Umsetzung unter mehreren Aspekten für verfassungswidrig. Das Gutachten von Kirchhof sowie das von ARD, ZDF und Deutschlandradio in Auftrag gegebene Gutachten von Kube kommen indes zur Verfassungsmäßigkeit der neuen Rundfunkfinanzierung, *vgl.* dazu 4. Kap. Rn. 69.

305 Dazu *Gersdorf/Paal* Beck'scher Online-Kommentar Informations- und Medienrecht/*Martini* 16. Edition Stand: 1.5.2017 Präambel zum RStV Rn. 36.

306 *BVerfGE* 136, 9, hierzu 3. Kap. Rn. 64.

307 Dazu Bornemann/Erdemir/*Schwartmann/Hentsch* § 1 Rn. 6 ff.

308 Dazu eingehend 7. Kap. Rn. 20 ff.

Der zwanzigste Rundfunkänderungsstaatsvertrag aus dem Dezember 2016[309] betrifft den Rundfunkstaatsvertrag, den Deutschlandradio-Staatsvertrag sowie den Rundfunkfinanzierungsstaatsvertrag. Mit Blick auf den Rundfunkstaatsvertrag wurden die vom Deutschlandradio beschlossenen Änderungen der Programmbezeichnungen in „Deutschlandfunk Kultur" (bisher „Deutschlandradio Kultur") und „Deutschlandfunk Nova" (bisher „DRadio Wissen") aufgenommen. Zudem wurden für die Gremien des Deutschlandradio die Vorgaben des BVerfG zur Staatsferne erfüllt. Die mit dem 17. Rundfunkänderungsstaatsvertrag im ZDF-Staatsvertrag umgesetzten Grundsätze sollen allgemein auf den öffentlich-rechtlichen Rundfunk Anwendung finden.[310] Weitere Anpassungen betreffen den Rundfunkfinanzierungsstaatsvertrag mit Blick auf die durch den 20. KEF-Bericht geänderte Verteilung des Rundfunkbeitrags. **87**

2. Weiteres Landesrecht, insbesondere Rundfunk-/Mediengesetze

Neben den Rundfunkstaatsverträgen existieren in den Ländern Landesrundfunk- bzw. Landesmediengesetze. Diese enthalten Vorschriften zur Zulassung zu Rundfunkveranstaltungen durch die zuständige Landesanstalt,[311] Regelungen über Übertragungskapazitäten, Programmanforderungen, Vorschriften zum Schutz der Mediennutzer sowie zu lokalem Hörfunk und Bürgermedien. Zudem ist dort namentlich die Aufsicht über den privaten Rundfunk durch die Landesmedienanstalten sowie deren Organisation geregelt.[312] **88**

In einigen Ländern (z.B. Saarland und Rheinland-Pfalz) wurden die Landespresse- und Landesrundfunkgesetze unter neue, üblicherweise als Landesmediengesetz bezeichnete, Dächer zusammengeführt und durch übergreifende Regelungen ergänzt. Die sog. Mehrländeranstalten MDR, NDR, SWR und RBB haben ihre Rechtsgrundlage in Staatsverträgen der Länder. Letztere tragen die Anstalten jeweils gemeinsam, also im Fall des SWR Baden-Württemberg und Rheinland-Pfalz, auf Grundlage eines Staatsvertrages. Demgegenüber beruhen die Einländeranstalten wie WDR und BR auf Landesgesetzen, z.B. dem WDR-Gesetz.[313] In NRW wurde das Landesmediengesetz Ende 2009 umfassend novelliert.[314] Insbesondere in Bezug auf das **Medienkonzentrationsrecht** wurden umfassende Neuerungen erarbeitet.[315] Presseunternehmen können sich nun mit bis zu 100 % am lokalen und regionalen Rundfunk beteiligen, wenn sie zur Verhinderung vorherrschender Meinungsmacht vielfaltssichere Maßnahmen i.S.d. §§ 33a ff. LMG NRW **89**

---

309 Verfügbar unter www.rlp.de/fileadmin/rlp-stk/pdf-Dateien/Medienpolitik/20._RAEStV_endg_m.Unterschriften.pdf. Ein Überblick über den aktuellen Stand der Rundfunkstaatsverträge findet sich unter www.rlp.de/ar/landesregierung/staatskanzlei/medienpolitik/.

310 So die Begründung zum 20. RStV, abrufbar unter www.rlp.de/fileadmin/rlp-stk/pdf-Dateien/Medienpolitik/Begruendung_20._RAEStV-endgueltig.pdf.

311 Dazu 5. Kap. Rn. 21 ff.

312 S. dazu 5. Kap. Rn. 9 ff.

313 Gesetz über das „Westdeutscher Rundfunk Köln" (WDR-Gesetz) in der Fassung vom 6.12.2016, in Kraft getreten am 15.12.2016 und zuletzt geändert durch Art. 3 des Gesetzes vom 6.12.2016 (GV, NRW, S. 1052).

314 Vgl. *Krautscheid* MMR 2010, 1, *Ricke* MMR 2010, X. sowie umfassend *Schwartmann/Sporn* LMG NRW.

315 Zu den Regelungen des neuen Landesmediengesetzes im Einzelnen *Schwartmann/Sporn* LMG NRW, 2013.

ergreifen (Einrichtung eines Programmbeirats, Einräumung von Drittsendezeiten oder im Einzelfall gleich wirksame Mittel).[316]

90 Zudem existiert eine Vielzahl von Landesgesetzen über die Landesrundfunkanstalten sowie **Satzungen und Richtlinien der Landesmedienanstalten**, die auf Grundlage der jeweiligen gesetzlichen Regelungen erlassen wurden.[317]

---

316 Im Detail vgl. hierzu Schwartmann/Sporn/*Müller/Schwartmann* LMG NRW, §§ 33a ff.; *Schwartmann* Beteiligung von Presseunternehmen am Rundfunk in Nordrhein-Westfalen – Rechtsgutachten zur Novellierung des § 33 Abs. 3 LMG NRW, 2009, S. 174 ff.; *Schwartmann* ZUM 2009, 842; *Kocks/Senft* AfP 2010, 336; vgl. krit. *Holznagel* ZUM 2009, 620; *Hain* K&R 2009, 613.

317 Welchen Umfang das Rundfunkrecht angenommen hat, macht etwa die Sammlung zum Medienrecht von *Ring* mit mehr als 5 000 Seiten deutlich.

4. Kapitel
Öffentlich-rechtlicher Rundfunk

Literatur: *Bäumerich* Transparenz und öffentlich-rechtlicher Rundfunk – zwei Jahre nach der Entscheidung über den ZDF-Staatsvertrag, ZUM 2016, 947; *Beater* Medienrecht, 2007; *Birk* Steuerrecht, 19. Aufl. 2016; *Bortnikov* Staatsverträge der Länder, JuS 2017, 27; *Böge/Doetz/Dörr/Schwartmann* Wieviel Macht verträgt die Vielfalt, 2007; *Bornemann* Ein Zwischenruf zur Rechtsnatur des Rundfunkbeitrags, K&R 2013, 557; *Brenner* Zur Gewährleistung des Funktionsauftrags durch den öffentlich-rechtlichen Rundfunk, 2002; *Bullinger* Von presseferner zu pressenaher Rundfunkfreiheit, JZ 2006, 1137; *Calliess/Ruffert (Hrsg.)* Kommentar zu EUV und AEUV, 5. Aufl. 2016; *von Coelln* Rundfunkgebühr für internetfähige Computer, jurisPR-ITR 22/2012 Anm. 4; *Degenhart* Rundfunkrecht in der Entwicklung, K&R 2007, 1; *ders.* Die Entwicklung des Rundfunkrechts im Jahr 2008, K&R 2009, 289; *ders.* Duale Rundfunkordnung im Wandel, AfP-Sonderheft 2007, 24; *ders.* Rechtsfragen einer Neuordnung der Rundfunkgebühr, ZUM 2009, 374; *ders.* Verfassungsfragen des Betriebsstättenbeitrags nach dem Rundfunkbeitragsstaatsvertrag der Länder, K&R Beihefter 1/2013 zu Heft 3, 1; *ders.* Verfassungsrechtliche Zweifelsfragen des Rundfunkbeitragsstaatsvertrags, ZUM 2011, 193; *Dolzer/Kahl/Waldhoff (Hrsg.)* Kommentar zum Bonner Grundgesetz, Loseblatt,; *Dörr* Der klassische Auftrag – Öffentlich-rechtlicher Rundfunk ist als Kulturträger so wertvoll wie nie, Funkkorrespondenz 29/2013, 13; *ders.* „Die Macht der Freundeskreise ist sehr groß" – Fragen an Tabea Rößner und Prof. Dr. Dieter Dörr, pro media 12/2013, 15; *ders.* Vielfaltsicherung im bundesweiten Fernsehen, AfP-Sonderheft 2007, 33; *ders.* Die Mitwirkung des Verwaltungsrates bei der Bestellung des ZDF-Chefredakteurs und das Problem der Gremienzusammensetzung, K&R 2009, 555; *ders.* Aktuelle Fragen des Drei-Stufen-Tests, ZUM 2009, 897; *ders.* Die rechtliche Einordnung der Must-carry-Regelungen im Rundfunkstaatsvertrag und in den Landesmediengesetzen, ZUM 2013, 81; *ders.* Medienrecht: Einspeiseentgelte für Kabelverbreitung JuS 2016, 86; *Dörr/Holznagel/Picot* Legitimation und Auftrag des öffentlich-rechtlichen Fernsehens in Zeiten der Cloud, ZUM 2016, 920; *Dörr/Kreile/Cole* Handbuch Medienrecht, 2. Aufl. 2010; *Dörr/Schwartmann* Medienrecht, 5. Aufl. 2015; *Dörr/Wagner* Regional differenzierte Werbung in bundesweit verbreiteten Fernsehprogrammen, ZUM 2013, 525; *Eberle* Neue Verbreitungswege, neue Angebote – die Sicht des öffentlich-rechtlichen Rundfunks, ZUM 2007, 439; *Engels/Jürgens/Fritzsche* Die Entwicklung des Telemedienrechts im Jahr 2006, K&R 2007, 57; *Fechner* Medienrecht, 17. Aufl. 2016; *Fiedler* Das Verbot der Tagesschau-App – Rechtsstaatliche Normalität als medienpolitischer Meilenstein, K&R 2012, 795; *Fink/Keber* Übertragungspflichten ohne Einspeiseentgelt? Die Verbreitung öffentlich-rechtlicher Fernseh- und Hörfunkprogramme durch Kabelnetze, MMR-Beil. 2013, 1; *Flatau* Neue Verbreitungsformen für Fernsehen und ihre rechtliche Einordnung: IPTV aus technischer Sicht, ZUM 2007, 1; *Gersdorf* Der Rundfunkbegriff – Vom technologieorientierten zum technologieneutralen Begriffsverständnis, Schriftenreihe LPR Hessen, Bd. 24, 2007; *Gersdorf/Paal* Beck'scher Online-Kommentar Informations- und Medienrecht, 14. Edition 2016; *ders.* Grundzüge des Rundfunkrechts, 2003; *ders.* Legitimation und Limitierung von Online-Angeboten des öffentlich-rechtlichen Rundfunks, 2009; *ders.* Verbot presseähnlicher Angebote des öffentlich-rechtlichen Rundfunks, AfP 2010, 421; *Gounalakis* Regulierung von Presse, Rundfunk und elektronischen Diensten in der künftigen Medienordnung, ZUM 2003, 180; *Grewenig* Rechtsprobleme im Zusammenhang mit der Überarbeitung des Rechtsrahmens für die elektronische Kommunikation (TK-Review) durch die Europäische Kommission – aus Sicht des privaten Rundfunks, ZUM 2007, 96; *Groh* Wie viele Wohnungen, so viele Beiträge ZUM 2015, 651; *Hahn/Vesting* (Hrsg.) Beck'scher Kommentar zum Rundfunkrecht, 3. Aufl. 2012; *Hain* Die Must-Carry-Regelungen des deutschen Medienrechts im Hinblick auf Angebote des öffentlich-rechtlichen Rundfunks, 2013; *Hain/Brings* Die Tagesschau-App vor Gericht – Eine kritische Würdigung der Entscheidung des LG

Köln, Urteil v. 27.9.2012 – 31 O 360/11, WRP 2012, 1495; *Hain/Wierny* Filmförderung vor dem Hintergrund von Programmautonomie und Funktionsauftrag der öffentlich-rechtlichen Anstalten, K&R 2013, 448; *Hartstein/Ring/Kreile/Dörr/Stettner* Rundfunkstaatsvertrag, Loseblatt; *Held* Öffentlich-rechtlicher Rundfunk und neue Dienste, 2006; *Herrmann/Lausen* Rundfunkrecht, 2. Aufl. 2004; *Hesse* Rundfunkrecht, 3. Aufl. 2003; *Hoeren* Das Telemediengesetz, NJW 2007, 801; *Hoffmann-Riem* Fast nichts wird so bleiben wie bisher, Anmerkungen zum Rundfunk in der Online-Welt, Funkkorrespondenz 28-29/2007, 3; *Holtz-Bacha* Von der Fernseh- zur Mediendiensterichtlinie, Media Perspektiven 2/2007, 113; *Holznagel* Digitalisierung der Medien – Regulatorische Handlungsoptionen, Gutachten im Anhang zum Zweiten Bericht des Medienrates, 2006; *ders.* Der Rundfunkbegriff in der Differenzierung kommunikativer Dienste, AfP 1996, 9; *Holznagel/Salwitzek* Doppelt hält besser – Wer zahlt für das Kabelfernsehen?, K&R 2013, 454; *Hopf* Der Jugendmedienschutz-Staatsvertrag, K&R 2011, 6; *Huber* Medienkonzentrationskontrolle als Herausforderung an das Verwaltungsrecht, Die Verwaltung 2007, 1; Interview mit *Dr. Eckart Gaddum*, pro media 6/2013, 12; Interview mit *Marion Walsmann*, pro media 6/2013, 6; *Janik* Der deutsche Rundfunkbegriff im Spiegel technischer Entwicklungen, AfP 2000, 7; *Kämmerer* Rundfunkbeitrag oder verkappte Wohnungssteuer?, DStR 2016, 2370; *KEK* Crossmediale Verflechtungen als Herausforderung für die Konzentrationskontrolle, 2007; *Kirchhof* Gutachten über die Finanzierung des öffentlich-rechtlichen Rundfunks, 2010; *Klotz/Brandenberg* Der novellierte EG-Rechtsrahmen für elektronische Kommunikation – Anpassungsbedarf im TKG, MMR 2010, 147; *Kratzmann* Artikel 5 Abs. 1 Satz 1 und Satz 2 GG: Freiheit für den Rundfunk und Freiheit vom Rundfunk, DöV 2015, 743; *Krautscheid* NRW beschreitet neue Wege in der Medienkonzentration, MMR 2010, 1; *Kube* Der Rundfunkbeitrag – Rundfunk- und finanzverfassungsrechtliche Einordnung, Rechtsgutachten im Auftrag von ARD, ZDF und Deutschlandradio, 2013; *Ladeur* Anmerkung zu LG Köln, Urteil v. 14. März 2013 – 31 O (Kart) 466/12; *ders.* Entgeltpflicht für die Kabeleinspeisung von Programmen der öffentlich-rechtlichen Rundfunkanstalten?, ZUM 2012, 939; *ders.* Zur Verfassungswidrigkeit der Regelung des Drei-Stufen-Tests für Onlineangebote des öffentlich-rechtlichen Rundfunks nach § 11 f. RStV, ZUM 2009, 906; *Lerche* Aspekte des Schutzbereichs der Rundfunkfreiheit, AfP-Sonderheft 2007, 52; *Michel* Rundfunk und Internet, ZUM 1998, 350; *Lilienthal* epd medien 39/2007, Editorial; *Müller-Terpitz* Öffentlich-rechtlicher Rundfunk und neue Medien – Eine gemeinschafts- und verfassungsrechtliche Betrachtung, AfP 2008, 335; *Neuhoff* Die Dynamik der Medienfreiheit am Beispiel von Presse und Rundfunk – Zur Operationalisierung des Verbots nichtsendungsbezogener presseähnlicher Telemedienangebote der Rundfunkanstalten, ZUM 2012, 371; *ders.* Verlage contra öffentlich-rechtlichen Rundfunk – Die Tagesschau-App vor Gericht, jurisPR-ITR 24/2012 Anm. 6; *Noske* Ist das duale System reformbedürftig?, ZRP 2007, 64; *Ory* Nur die Tagesschau wäre ein bisschen wenig, K&R 3/2011 Editorial; *Pagenkopf* Rundfunkbeitrag als Demokratieabgabe?, NJW 2016, 2535; *Papier/Schröder* Online-Angebote und Rundfunk, Funkkorrespondenz 32/2010, 3; *Paschke/Berlit/Meyer* Hamburger Kommentar Gesamtes Medienrecht, 3. Aufl. 2016; *Paulus/Nölscher* Rundfunkbegriff und Staatsferne im Konvergenzzeitalter, ZUM 2017, 179; *Peifer* Tagesschau-App – Wirklich ein Fall für das Wettbewerbsrecht?, GRUR-Prax 2012, 521; *Redaktion beck-aktuell* OLG Köln: „Tagesschau App" wegen Presseähnlichkeit unzulässig becklink2004531; *Redaktion MMR-Aktuell* OLG Köln: Tagesschau-App ist eine zulässiges Medienangebot, MMR-Aktuell 2014, 354080; *dies.* OLG Köln: Tagesschau-App wegen Presseähnlichkeit unzulässig, MMR-Aktuell 2016, 381683; *Renck-Laufke* Das Spannungsverhältnis zwischen Landesmedienanstalten und KEK am Beispiel des Springerkonzerns, ZUM 2006, 907; *Ricke* Ein Überblick über das novellierte Medienrecht Nordrhein-Westfalens, MMR 1/2010, X; *Ricker* Die Nutzung des Internets als dritte Säule des öffentlich-rechtlichen Rundfunks, ZUM 2001, 28; *Ridder* ZDF-Check. Das Bundesverfassungsgericht und die Freundeskreise, epd medien 45/2013, 2; *Rippert* Rechtsbeziehungen in der virtuellen Welt, ZUM 2007, 272; *Roether* Rundfunkfinanzierung: Gebühr wird Beitrag, epd medien 45/2010, 3; *Schiwy/Schütz/Dörr* Lexikon des Medienrechts, 5. Aufl. 2010; *Schmidtmann* Die neue „heute"-App des ZDF –

ein presseähnliches Angebot?, ZUM 2013, 536; *Schmitz* Übersicht über die Neuregelungen des TMG und des RStV, K&R 2007, 135; *Schneider* Antworten auf „Verfassungsfragen des Betriebsstättenbeitrags nach dem Rundfunkbeitragsstaatsvertrag der Länder", ZUM 2013, 472; *Schüller* Die Auftragsdefinition für den öffentlich-rechtlichen Rundfunk nach dem 7. und 8. Rundfunkänderungsstaatsvertrag, 2007; *Schütz* Kommunikationsrecht, 2005; *Schütz/Schreiber* Anpassungsbedarf des digitalen Must-carry-Regimes im RStV, MMR 2014, 161; *Schwartmann* Beteiligung von Presseunternehmen am Rundfunk in Nordrhein-Westfalen – Rechtsgutachten zur Novellierung des § 33 Abs. 3 LMG NRW, 2010; *ders.* Ein neues Medienkonzentrationsrecht für Nordrhein-Westfalen, ZUM 2009, 842; *Schwartmann/Sporn* Landesmediengesetz Nordrhein-Westfalen, 2013; *Sokoll* Der neue Drei-Stufen-Test für Telemedienangebote öffentlich-rechtlicher Rundfunkanstalten, NJW 2009, 885; *Spindler/Schuster* Recht der elektronischen Medien, 3. Aufl. 2015; *Spoerr/Luczak* Die Digitalisierung in Kabelnetzen 2010-2020: Staatliche Handlungsoptionen, ZUM 2010, 553; *Starck* Anmerkung zu LG Köln, Urteil v. 27.9.2012 – 31 O 360/11; *Streinz* EUV/EGV, 2. Aufl. 2012; *Telecoms and Media* An overview of regulation in 52 jurisdictions worldwide, 2009; *Truppe* Die Richtlinie über Audiovisuelle Dienstleistungen, medien und recht 2007, 3; *Trute/Broemel* Der Verbreitungsauftrag der öffentlich-rechtlichen Rundfunkanstalten – Einspeisung und Vergütung von Programmen mit Must-Carry-Status in Kabelnetzen, MMR-Beilage 11/2012, 1; *Wagner* Aufsichtsmittel im dualen Rundfunksystem – Ungerechtfertigte Ungleichbehandlung?, ZUM 2013, 850; *Westphal* Föderale Privatrundfunkaufsicht im demokratischen Verfassungsstaat, 2007; *Wille* Rechtsprobleme im Zusammenhang mit der Überarbeitung des Rechtsrahmens für die elektronische Kommunikation (TK-Review) durch die Europäische Kommission – aus Sicht des öffentlich-rechtlichen Rundfunks, ZUM 2007, 89; *Wimmer* Der Drei-Stufen-Test nach dem 12. Rundfunkänderungsstaatsvertrag, ZUM 2009, 601.

I. Die öffentlich-rechtlichen Rundfunkanstalten

Das vom Bundesverfassungsgericht[1] entwickelte duale Rundfunksystem besteht aus den beiden Säulen des öffentlich-rechtlichen Rundfunks auf der einen Seite und des privaten Rundfunks, bestehend aus privaten Rundfunkveranstaltern und den Landesmedienanstalten, auf der anderen Seite. Vorliegender Beitrag behandelt allein die öffentlich-rechtliche Seite,[2] während das Recht des privaten Rundfunks eigenen Beiträgen vorbehalten ist.[3] Die Vorgaben für die Regulierung des öffentlich-rechtlichen Rundfunks sind im 2. Abschnitt des RStV in §§ 11–19a RStV umgesetzt. Wie für den privaten Rundfunk[4] existieren auch für den öffentlich-rechtlichen Rundfunk im dualen System[5] eine Reihe regulierender Vorschriften. Sie betreffen neben Organisation und Aufsicht über die öffentlich-rechtlichen Anstalten auch das regulative Umfeld, nämlich den Programm- und Versorgungsauftrag (§§ 11 und 19 RStV) und die Finanzierung des öffentlich-rechtlichen Rundfunks (§§ 12–18 RStV). 1

In der Bundesrepublik Deutschland gibt es die in der ARD zusammengeschlossenen Landesrundfunkanstalten, das ZDF, die Bundesrundfunkanstalt Deutsche Welle und das Deutschlandradio. Letzteres ist rechtlich nicht als Anstalt des öffentlichen 2

1 Dazu Dörr/Kreile/Cole/*Dörr* E. Rn. 44 ff.
2 Dazu insgesamt auch *Hesse* Rn. 116 ff.; *Gersdorf* Grundzüge des Rundfunkrechts, Rn. 133 ff.
3 Dazu 5. Kap., s. auch *Hesse* Rn. 211 ff.; *Gersdorf* Grundzüge des Rundfunkrechts, Rn. 161 ff.
4 Vgl. zur Regulierung des privaten Rundfunks 5. Kap. Rn. 9 ff.
5 Vgl. etwa *Noske* ZRP 2007, 64 ff. mit einem Bericht über die Bitburger Gespräche 2007 unter dem Titel „Das Duale System in Deutschland – Ein Auslaufmodell?".

Rechts,[6] sondern als Körperschaft[7] organisiert. Seit Oktober 2016 gibt es zudem „funk", ein Online-Medienangebot von ARD und ZDF, das sich gezielt an junge Menschen zwischen 14 und 29 Jahren richtet.[8]

3 Der „Arbeitsgemeinschaft der öffentlich-rechtlichen Rundfunkanstalten der Bundesrepublik Deutschland" **(ARD)** gehören die neun selbstständigen Landesrundfunkanstalten BR, HR, MDR, NDR, RB, RBB, SR, SWR, WDR sowie die für den Auslandsrundfunk verantwortliche Deutsche Welle (DW) an. Die ARD veranstaltet gemeinsam das Vollprogramm „Das Erste". Zudem finden sich innerhalb der ARD unselbstständige Gemeinschaftseinrichtungen, z.B. die Nachrichtenzentrale ARD-aktuell, das ARD Play-Out-Center und das ARD-Hauptstadtstudio in Berlin. Zudem betreibt die ARD das digitale Programmbouquet von ARD Digital mit 17 Fernsehprogrammen, allen Radioprogrammen der Landesrundfunkanstalten und zahlreichen interaktiven Diensten. Zusätzlich zu „Das Erste" sind hier etwa die Gemeinschaftsprogramme tagesschau24 und ONE, die Dritten Programme der Landesrundfunkanstalten, der Bildungskanal ARD-alpha oder die Partnerprogramme ARTE, PHOENIX, 3sat und KiKA zu nennen.[9] Bei der Produktion von Fernsehsendungen und Programmen arbeiten die jeweiligen Anstalten über Gremien und Kommissionen zusammen. Für besondere Bereiche hat die ARD Tochtergesellschaften gegründet. So etwa für Filmproduktionen (Degeto Film), Archivierungsaufgaben (Deutsches Rundfunkarchiv), die Entwicklung von Rundfunktechnik (Institut für Rundfunktechnik) und die Vermarktung von Werbezeiten (ARD-Werbung Sales & Services, AS&S sowie die ARD-Werbung Sales & Services-Radio, AS&S Radio).

4 Das „Zweite Deutsche Fernsehen" **(ZDF)** ist eine von den Ländern gemeinsam getragene Rundfunkanstalt, welche das gleichnamige Vollprogramm veranstaltet (§§ 1 f. ZDF-StV).

5 ARD und ZDF tragen das Deutschlandradio und produzieren gemeinsam das Vollprogramm 3sat sowie die Spartenkanäle PHOENIX, Kinderkanal und das Jugendangebot funk. Gemeinsam mit dem französischen Sender ARTE France produzieren sie das Kulturprogramm ARTE. Zwischen den Jahren 2002 und 2005 veranstalteten ARD, ZDF und Deutsche Welle zudem das deutschsprachige Gemeinschaftsprogramm German TV für im Ausland lebende Deutsche. Seit 2006 wird auf diesem Sendeplatz nunmehr das TV-Programm der Deutschen Welle (DW-TV) ausgestrahlt. Weiterhin betreiben ARD und ZDF gemeinsam die Zentrale Fortbildung der Programm-Mitarbeiter (ZFP). Der Beitragsservice von ARD, ZDF und Deutschlandradio erhebt ferner den seit dem 1.1.2013 aufgrund des 15. Rundfunkänderungsstaatsvertrages (RÄStV) neu eingeführten Rundfunkbeitrag und verwaltet die Beitragskonten der Bürger, Unternehmen, Institutionen und Einrichtungen.[10]

6 Die **Deutsche Welle** veranstaltet „Auslandsrundfunk". Sie richtet sich an Menschen im Ausland und hat ein umfassendes Bild Deutschlands zu vermitteln sowie einen Beitrag zur Verbreitung der deutschen Sprache zu leisten. Dabei hat sie „deutsche und andere Sichtweisen zu wesentlichen Themen" aufzugreifen und „das Verständnis

6 Angesichts dessen ist es irreführend und falsch, wenn die Anstalten bei Außenauftritten als „Unternehmen" firmieren, vgl. etwa www.unternehmen.zdf.de/.

7 Vgl. dazu *Dörr/Schwartmann* Rn. 51.

8 Mehr unter www.zdf.de/sender/funk/funk-100.html.

9 Www.ard-digital.de/empfang--technik/ard-digital.

10 Vgl. zur neuen Rundfunkfinanzierung unten Rn. 64 ff.

und den Austausch der Kulturen und Völker zu fördern". Entsprechend ihres Auftrages ist sie eine Rundfunkanstalt nach Bundesrecht und nicht beitragsfinanziert. Ihre Standbeine sind das DW-RADIO, DW-TV und DW-WORLD.DE. Zudem betreibt sie im Rahmen der DW-AKADEMIE Fortbildungszentren für Rundfunkfachkräfte aus Entwicklungsländern.[11]

II. Organisation und Aufsicht

7 Der Gesetzgeber ist verfassungsrechtlich zur organisatorischen Ausgestaltung der Rundfunkfreiheit aufgerufen. Diese Ausgestaltung dient der Sicherung der Staatsfreiheit bzw. Staatsferne des Rundfunks. Nach Art. 5 Abs. 1 S. 2 GG darf der Staat den öffentlich-rechtlichen Rundfunk nicht beherrschen oder dominieren.[12] Auch mittelbarer staatlicher Einfluss durch einzelne gesellschaftliche Gruppen ist zu verhindern. Vielmehr ist sicher zu stellen, dass alle gesellschaftlichen Gruppen Berücksichtigung und Gehör finden.[13] Die Organisation des öffentlich-rechtlichen Rundfunks ist bei Einländeranstalten (z.B. WDR, SR, HR, RB und BR) durch die Rundfunk- bzw. Mediengesetze der Länder und bei den Mehrländeranstalten (z.B. MDR, NDR, SWR und RBB) durch entsprechende Staatsverträge vorgegeben. Die Organisationsstruktur verläuft dabei weitgehend parallel und soll hier am Beispiel des ZDF veranschaulicht werden.

1. Aufsichtsgremien

1.1 Rundfunkrat (Fernsehrat)

8 Der Rundfunkrat – oder beim ZDF Fernsehrat – ist die Interessenvertretung der Allgemeinheit im System des öffentlich-rechtlichen Rundfunks und das höchste Organ der jeweiligen Anstalt.[14] Regelungen hierzu finden sich im ZDF-Staatvertrag, in dessen am 1.1.2016 in Kraft getretenen Fassung.[15] Der Rundfunkrat stellt etwa die Programmrichtlinien für die Anstalt auf, überwacht deren Einhaltung, wählt den Intendanten (§ 26 Abs. 1 ZDF-StV), berät diesen in Programmfragen (§ 20 Abs. 1 ZDF-StV) und genehmigt den Haushaltsplan (§ 20 Abs. 3 ZDF-StV).

9 Während die privaten Rundfunkveranstalter im Hinblick auf rechtliche Bindungen des Programms einer strengen Kontrolle einschließlich entsprechender Sanktionsmechanismen durch die Landesmedienanstalten unterliegen, beschränkt sich die Aufsicht des öffentlich-rechtlichen Rundfunks regelmäßig[16] auf den anstaltsinternen Rundfunkrat (beim ZDF Fernsehrat).[17] Die **Kontrolle** der Rundfunkräte befasst sich in der **Praxis** etwa mit möglichen Verstößen gegen Werbevorschriften, z.B. im Hinblick auf

11 Dazu Schiwy/Schütz/Dörr/*Niepalla* Auslandsrundfunk.

12 *BVerfGE* 31, 314, 327 und 329; 83, 238 334.

13 Vgl. *BVerfGE* 57, 295, 320, 325; 83, 238, 332 f.

14 Dörr/Kreile/Cole/*Dörr* E. Rn. 48 ff.; vgl. auch *Jarren* epd medien 60/2007, 6 ff.

15 ZDF-Staatsvertrag vom 31.8.1991, in der Fassung des Siebzehnten Staatsvertrages zur Änderung rundfunkrechtlicher Staatsverträge (Siebzehnter Rundfunkänderungsstaatsvertrag) in Kraft seit 1.1.2016.

16 Zur externen staatlichen Kontrolle der öffentlich-rechtlichen Rundfunkanstalten als Ultima Ratio *Wagner* ZUM 2013, 850.

17 Zur Rechtfertigung der ungleichen Aufsichtsstrukturen im dualen Rundfunksystem *Wagner* ZUM 2013, 850.

die Melde- oder Genehmigungspflicht beim Abschluss von Werbeverträgen durch prominente Moderatoren öffentlich-rechtlicher Anstalten oder mit wiederkehrend auftauchenden Vorwürfen in Bezug auf Schleichwerbung[18] in Unterhaltungsshows. So stand im Sommer 2010 der ZDF-Fernsehgarten unter Schleichwerbeverdacht.[19] Die Geschäftsführerin einer Gartenmarkt-Kette war dort als Expertin aufgetreten und hatte für die eigenen Produkte geworben. Medienberichten zufolge bestätigte das ZDF, dass es einen Kooperationsvertrag mit dem Unternehmen gebe. Zugleich verteidigte der Sender den Einsatz sog. Produktionshilfen, den der Rundfunkstaatsvertrag ausdrücklich zulasse und verwies auf seine Kostenersparnisse durch die Ausstattung mit Pflanzen und Gartenzubehör. Auch der ZDF-Fernsehrat sah den Schleichwerbeverdacht letztlich nicht bestätigt.

10 Freilich führt der interne Kontrollmechanismus nicht immer zur Aufdeckung von Missständen. So ist es bezeichnend, dass etwa der sog. Schleichwerbungsskandal um die ehemalige ARD-Serie „Marienhof“ nicht durch das Kontrollgremium, sondern erst durch journalistische Nachforschungen aufgedeckt wurde.[20] In dieser Serie wurden über Jahre Werbeaussagen und Botschaften für Firmen und Interessenverbände versteckt. Die ARD-Produktionsfirma Bavaria Film hatte es zwei Münchener Privatfirmen gestattet, Schleichwerbung für die Serie zu akquirieren. Anschließend wurden PR-Botschaften und Markenzeichen gegen Bezahlung in der Fernsehserie untergebracht und teilweise in Drehbuchdialoge geschrieben.[21] Im Juli 2016 hat das Bundeskartellamt zwei Betreiber von Fernsehstudios (Bavaria Studios und Studio Berlin Adlershof) mit Bußgeldern von insgesamt 3,1 Mio. EUR belegt. Grund dafür waren der kartellrechtlich unzulässige Austausch von Informationen von September 2011 bis Dezember 2014, namentlich Informationen über Preise, Angebotsinhalte, Angebotsverhalten und andere wettbewerbsrechtlich sensible Informationen.[22]

1.2 Verwaltungsrat

11 Der Verwaltungsrat beschließt nach § 23 Abs. 1 ZDF-StV über den Dienstvertrag mit dem Intendanten. Das ZDF wird insoweit vom Vorsitzenden des Verwaltungsrates vertreten. Aufgabe des Verwaltungsrates ist es, den Intendanten insbesondere im Hinblick auf den Haushaltsplan zu überwachen (§ 23 Abs. 2 und Abs. 4 ZDF-StV). Seine Mitglieder dürfen nicht zugleich dem Fernsehrat angehören (§ 24 Abs. 1 lit. b ZDF-StV). Die Zusammensetzung regelt § 24 Abs. 1 ZDF-StV.[23]

---

18 Hierzu *BVerwG* ZUM 2016, 900. Hiernach ist Schleichwerbung dann gegeben, wenn die in eine Sendung integrierte werbliche Darstellung eines Produkts bei einer wertenden Gesamtbetrachtung aller Umstände des Einzelfalls nicht durch programmlich-redaktionelle Erfordernisse gerechtfertigt ist.

19 Vgl. www.spiegel.de/kultur/tv/0,1518,695818,00.html.

20 Epd medien 42/2005.

21 Vgl. Spindler/Schuster/*Döpkens* § 7 RStV Rn. 71 sowie Art. in der FAZ 2.5.2005, Jetzt hat die ARD ihr Watergate.

22 Pressemeldung Bundeskartellamt vom 27.7.2016, www.bundeskartellamt.de/SharedDocs/Meldung/DE/Pressemitteilungen/2016/27_07_2016_Bu%C3%9Fgelder_Fernsehstudios.html.

23 Zur aktuellen Zusammensetzung vgl. die Auflistung unter www.zdf.de/zdfunternehmen/zdf-verwaltungsrat-mitglieder-100.html.

1.3 Zusammensetzung der Aufsichtsgremien

1.3.1 Problemstellung

Die **Zusammensetzung** der Aufsichtsgremien ist ein schwieriges **Problem,** das vielfach diskutiert, jedoch lange Zeit ungelöst war. Es besteht darin, dass die Kontrollgremien durch Interessenvertreter verschiedener gesellschaftlicher Gruppen besetzt sein sollen. Diese dürfen nicht ihre spezifischen Interessen vertreten, sondern müssen die Staatsfreiheit im Rundfunk gewährleisten.[24] Allerdings sind die Gremien bislang zu einem nicht unerheblichen Teil mit staatlichen bzw. staatsnahen Mitgliedern besetzt oder werden unter deren weitgehender Einflussnahme ernannt.[25] Die Tatsache, dass ein Amtsträger in der Funktion als Rundfunk- oder Verwaltungsratsmitglied ausgerechnet im für den Staat so wichtigen Bereich des Rundfunks nicht durch die Brille des Amtes sehen soll, steht für ein strukturelles Problem.[26] Die aktuelle Besetzung des ZDF-Fernsehrates (§ 21 ZDF-StV), dem ein ehemaliges MdB vorsitzt, macht dieses deutlich, wenn man allein auf die dort im März 2014 vertretenen Amtsträger aus Ländern, Bund und Parteien schaut.[27] Für die Länder gehören dem Gremium eine Reihe von Staatsministern, -sekretären und -räten sowie Landesministern an. Für den Bund sind die Leiterin des Stabs Politische Planung, Grundsatzfragen und Sonderaufgaben im Bundeskanzleramt und eine Staatsministerin im Auswärtigen Amt vertreten. Zudem finden sich für die Parteien zwei Bundesvorsitzende, einige ehemalige Bundesminister, zwei Generalsekretäre sowie der in Medienfragen federführende Staatssekretär a.D. im Fernsehrat. Freilich sind zudem Vertreter gesellschaftlicher Gruppen im Fernsehrat vertreten, die kein politisches Mandat ausüben. Das geschilderte Problem wird aber durch die Berücksichtigung aller gesellschaftlich relevanten Gruppen im Ergebnis nicht behoben, da die Verwobenheit der Mitglieder mit dem Staat auf diese Weise nur verteilt wird. 12

1.3.2 Fehlende Staatsferne

Brisanz erlangte das Thema im Fall Brender. Eine von der Intendanz begrüßte Vertragsverlängerung des ZDF-Chefredakteurs wurde durch den ZDF-Verwaltungsrat abgelehnt.[28] Dieser Entscheidung wurde deutliche Kritik entgegen gebracht, da sie allein politisch motiviert gewesen sei.[29] Der Chefredakteur galt als keinem politischen Lager zugehörig, daher soll sich der Verwaltungsrat für eine Neubesetzung der Personalie ausgesprochen haben. Von Seiten des Verwaltungsrates wurde die Entscheidung jedoch mit dem Rückgang der Quoten der ZDF-Informationssendungen begründet.[30] Nachdem zunächst die Bundestagfraktion Bündnis 90/Die GRÜNEN angekündigt 13

---

24 *BVerfGE* 83, 238 ff., 296, 332 f.

25 Darüber hinaus bestanden im Rahmen des ZDF-Fernsehrats bislang zwei sog. Freundeskreise, wobei nahezu jedes Mitglied entweder dem CDU- oder dem SPD-Freundeskreis zuzuordnen war. Auf diese Weise konnten im Vorfeld der Sitzungen des Gesamtgremiums informelle Absprachen im Hinblick auf das Abstimmungsverhalten bei anstehenden Beschlüssen getroffen werden.

26 Zu Problemen der Besetzung von Münch/Kunig/*Wendt* Grundgesetz-Kommentar, Bd. 1, Art. 5 Rn. 52.

27 Zur aktuellen Zusammensetzung vgl. die Auflistung unter www.zdf.de/Fernsehratsmitglieder-nach-entsendenden-Organisationen-25602986.html.

28 Auch der Wahl des damaligen ZDF-Intendanten *Schächter* selbst lag im Jahr 2002 eine parteipolitisch umkämpfte Entscheidung zugrunde.

29 Vgl. dazu: Offener Brief von 35 Staatsrechtslehrern, die die Entscheidung als „offenkundigen Versuch, den Einfluss der Parteipolitik zu stärken", verstehen; abrufbar unter www.faz.net/.

30 Vgl. *Dörr* K&R 2009, 555, 556.

hatte, im Nachgang zu dieser Entscheidung ein Normenkontrollverfahren beim BVerfG zu initiieren, um die Zusammensetzung der ZDF-Aufsichtsgremien, die sich aus dem ZDF-Staatsvertrag ergibt, überprüfen zu lassen,[31] strengte sodann das Bundesland Rheinland-Pfalz ein Normenkontrollverfahren vor dem BVerfG an.[32]

14 Mit dem Normenkontrollantrag wurde geltend gemacht, dass im ZDF-Fernsehrat aufgrund seiner Zusammensetzung „ein disfunktionaler und gegen das Gebot funktionsadäquater Staatsferne verstoßender Staats- und Parteieneinfluss" bestehe. Angesichts der höchst programmrelevanten Aufgaben und Befugnisse des Fernsehrates (§§ 20, 26 Abs. 1 ZDF-RStV) sowie der Regeln zur Beschlussfähigkeit und den jeweiligen Mehrheitserfordernissen (§ 22 ZDF-StV), sei der Anteil von 35 Staats- und Parteivertretern bei einer Gesamtzahl von 77 Mitgliedern erheblich.[33] Dieser bestehende dysfunktionale Staatseinfluss im Rahmen des Fernsehrates wirke zugleich auf dessen Wahl eines Großteils der Mitglieder des Verwaltungsrates gem. § 24 Abs. 1 lit. b) ZDF-StV fort. Da die verbleibenden Mitglieder des Verwaltungsrates ohnehin von staatlicher Seite berufen werden (§ 24 Abs. 1 lit. a) und c) ZDF-StV), sei durch die Überwachungstätigkeit (§§ 23, 28 ZDF-StV) und die personellen Mitwirkungsrechte (§§ 26 Abs. 3, 27 Abs. 2 ZDF-StV) dieses Gremiums jedenfalls eine mittelbare staatliche Einflussnahme auf das Programm des ZDF eröffnet.[34] Die beanstandeten Zustimmungsgesetze und -beschlüsse der Bundesländer zum ZDF-Staatsvertrag verstießen daher gegen den Grundsatz der Staatsferne, soweit sie sich auf bestimmte Vorschriften über die Zusammensetzung des Fernseh- und Verwaltungsrates gem. §§ 20 ff. ZDF-StV[35] beziehen.[36]

15 Mit Urteil v. 25.3.2014 hat das BVerfG bestätigt, dass die Zusammensetzung und die Beschlussfassung der Aufsichtsgremien des ZDF zum Zeitpunkt der Entscheidung einen übermäßig großen staatlichen Einfluss ermöglicht haben. Das Gebot der Staatsferne verlange eine Ausgestaltung des öffentlich-rechtlichen Rundfunks, die staatsfernen Mitgliedern in Rundfunk- und Verwaltungsrat einen bestimmenden Einfluss einräume. Die Besetzung der Aufsichtsgremien sei demnach so zu gestalten, dass eine Beeinflussung der Beschlussfassung durch staatliche und staatsnahe Akteure zur Durchsetzung eigener, parteipolitischer Interessen verhindert werde.[37] Neben Mitgliedern, die von gesellschaftlichen Gruppen entsandt werden, könne zwar auch staatlichen Vertretern – in engen Grenzen auch Exekutivvertretern[38] – ein Anteil innerhalb der Gremien eingeräumt werden.[39] Absprachen im Rahmen informeller Gremien (die sog. Freundeskreise) seien jedoch durch konsequente Begrenzung des Anteils staatlicher und staatsnaher Mitglieder auf 1/3 der gesetzlichen Mitglieder des jeweiligen

31 Vgl. MMR-Aktuell 2010, Ausgabe 4/2010, Mainz Media Forum.

32 Dem Normenkontrollantrag der Regierung des Landes Rheinland-Pfalz ist Anfang Oktober 2011 der Senat der Freien und Hansestadt Hamburg beigetreten (Az. 1 BvF 1/11 und 1 BvF 4/11).

33 Normenkontrollantrag der Regierung des Landes Rheinland-Pfalz v. 3.1.2011, S. 39 ff.

34 Normenkontrollantrag der Regierung des Landes Rheinland-Pfalz v. 3.1.2011, S. 47 ff.

35 Im Einzelnen s. Normenkontrollantrag der Regierung des Landes Rheinland-Pfalz v. 3.1.2011, S. 3.

36 Normenkontrollantrag der Regierung des Landes Rheinland-Pfalz v. 3.1.2011, S. 56.

37 *BVerfG* 25.3.2014 – BVerfGE 136, 9 Rn. 47.

38 Vgl. aber die abweichende Meinung des Richters *Paulus* zum Urteil v. 25.3.2014 – 1 BvF 1/11 und 1 BvF 4/11, Rn. 115 ff., der sich gegen eine Zulassung von Mitgliedern der Exekutive im Rahmen der Aufsichtsgremien ausspricht (kompletter Ausschluss im Verwaltungsrat; im Fernsehrat höchstens mit einem Anteil von 1/6 der Gesamtmitgliederzahl, vgl. Rn. 132).

39 *BVerfG* 25.3.2014 – BVerfGE 136, 9 Rn. 41.

Gremiums zu unterbinden.[40] Allerdings sei der Anteil politischer Vertreter nicht lediglich zu verringern. Vielmehr müsse die Auswahl der verbleibenden staatlichen und staatsnahen Mitglieder den aus Art. 5 Abs. 1 S. 2 GG folgenden Anforderungen der Vielfaltsicherung genügen.[41] In Anbetracht der weitreichenden Einflussmöglichkeiten beider Gremien auf die Gestaltung der Berichterstattung seien diese Voraussetzungen sowohl durch den Fernseh- als auch den Verwaltungsrat zu erfüllen.[42]

Die Entscheidung über die Größe der Gremien, die Festlegung der Kriterien der Vielfaltssicherung und deren Zuordnung zueinander, stellt das BVerfG dagegen in den Gestaltungsspielraum des Gesetzgebers.[43] Gebunden ist er lediglich insoweit, als die konkrete Zusammensetzung der Gremien auf Vielfaltsicherung angelegt und dabei geeignet sein muss, die Rundfunkfreiheit zu wahren.[44] Bis zum 30.6.2015 hatten die gesetzgebungsbefugten Länder Zeit, eine Neuregelung zu schaffen, die den verfassungsrechtlichen Anforderungen des Art. 5 Abs. 1 S. 2 GG entspricht. Um den Aufsichtsgremien des ZDF nicht die Legitimationsgrundlage zu entziehen, hat das BVerfG allerdings die bisherigen Regelungen (§§ 21 und 24 ZDF-StV) nicht für nichtig erklärt, sondern lediglich ihre Unvereinbarkeit mit dem Grundgesetz festgestellt.[45] Weil die tragenden Gründe einer Entscheidung des BVerfG Bindungswirkung auch über den konkreten Fall hinaus entfalten (§ 31 Abs. 1 BVerfGG), betrifft die Entscheidung indessen nicht nur das ZDF, sondern ist für den gesamten öffentlich-rechtlichen Rundfunk von grundlegender Bedeutung.[46] 16

Der in Umsetzung dieses BVerfG-Urteils am 1.1.2016 in Kraft getretene ZDF-Staatsvertrag[47] regelt nunmehr eine Verkleinerung des ZDF-Fernsehrates von 77 auf 60 Sitze. Dort sollen 20 statt der bisherigen 34 Sitze an Parteivertreter gehen. Die Landesregierungen der beteiligten Länder entsenden hierfür je einen Vertreter, § 21 S. 1 lit. a ZDF-StV; darüber hinaus werden je zwei Vertreter von Bund und Kommunen gestellt, § 21 Abs. 1 S. 1 lit. b, c ZDF-StV. Zudem werden 24 Vertreter von Verbänden und Organisationen gesandt, § 21 Abs. 1 S. 1 lit. d–p ZDF-StV), 16 Sitze werden von Vertretern aus den Ländern zugeordneten gesellschaftlichen Bereichen entsendet, § 21 Abs. 1 S. 1 lit. q ZDF-StV.[48] 17

Für den Verwaltungsrat gilt: Die Mitglieder werden **bis zum Sommer 2017** teils gemeinsam von den Ministerpräsidenten der Länder berufen und teils vom Fernsehrat gewählt. Letztere dürfen weder einer Regierung noch einer gesetzgebenden Körperschaft angehören. Hinzu kommt ein Vertreter des Bundes, der von der Bundesregierung berufen wird. Vorsitzender des ZDF-Verwaltungsrates ist der ehemalige rheinland-pfälzische Ministerpräsident Beck. Als Vertreter der Länder sind weitere Mitglieder der ehemalige Ministerpräsident Brandenburgs, die Ministerpräsidenten Sachsens und Bayerns sowie der Erste Bürgermeister der Hansestadt Hamburg. Für den Bund gehört dem Gremium ein ehemaliger Staatsminister an.[49] Als Folge des 18

40 *BVerfG* 25.3.2014 – BVerfGE 136, 9 Rn. 55.
41 *BVerfG* 25.3.2014 – BVerfGE 136, 9 Rn. 62.
42 *BVerfG* 25.3.2014 – BVerfGE 136, 9, Rn. 55.
43 *BVerfG* 25.3.2014 – BVerfGE 136, 9, Rn. 63.
44 *BVerfG* 25.3.2014 – BVerfGE 136, 9, Rn. 71.
45 *BVerfG* 25.3.2014 – BVerfGE 136, 9 Rn. 110 ff.
46 Vgl. dazu *Dörr* pro media 12/2013, 15, 16.
47 Hierzu eingehend *Bortnikov* JuS 2017, 27.
48 Hierzu auch *Bäumerich* ZUM 2016, 947.
49 Stand: September 2013.

Urteils des BVerfG vom März 2015[50] wird sich der Verwaltungsrat **zu Beginn der Amtsperiode im Sommer 2017** nach den neuen Regelungen des ZDF-StV vom 1.1.2016[51] zusammensetzen, um so der Vorgabe des BVerfG nach einer Senkung der Zahl der „staatsnahen" Mitglieder des Verwaltungsrates auf maximal ein Drittel nachzukommen.[52] Nach § 24 Abs. 1 ZDF-StV besteht der Verwaltungsrat dann aus zwölf Mitgliedern, nämlich vier Vertretern der Länder, die von den Ministerpräsidenten gemeinsam berufen werden und acht weiteren Mitgliedern, die vom Fernsehrat mit einer Mehrheit von drei Fünfteln seiner gesetzlichen Mitglieder gewählt werden. Nicht wählbar sind die Mitglieder des Fernsehrates nach § 21 Abs. 1 S. 1 lit. a) bis c) ZDF-StV.

1.3.3 Gleichheitssatz

19 Probleme bereitet ferner eine vor dem **Gleichheitssatz** gerechte **Besetzung der Gremien.** Nach der Rspr. des BVerfG engt der Gleichheitssatz nicht die von Art. 5 Abs. 1 S. 2 GG gelassene Freiheit der Wahl eines bestimmten Kontrollsystems ein. „Der Gleichbehandlungsgrundsatz verlangt aber, dass der Gesetzgeber das von ihm gewählte Kriterium gleichmäßig anwendet und nicht den sachlichen Grund verlässt. Art. 3 Abs. 1 GG (ist) dann verletzt (…), wenn eine Gruppe von Normadressaten im Vergleich zu anderen Normadressaten anders behandelt wird, obwohl zwischen beiden Gruppen keine Unterschiede von solcher Art und solchem Gewicht bestehen, dass sie die ungleiche Behandlung rechtfertigen können."[53] Die Auswahlkriterien für die künftige Zusammensetzung der Aufsichtsgremien öffentlich-rechtlicher Rundfunkanstalten müssen daher gleichmäßig und willkürfrei angewandt werden und unter Beachtung weiterer grundgesetzlicher Vorgaben wie derjenigen des Art. 3 Abs. 2 GG erfolgen.[54]

2. Intendant

20 Der vom Fernsehrat zu wählende Intendant ist rechtlich und im Hinblick auf das Programm für die Anstalt verantwortlich und vertritt diese (§ 27 ZDF-StV). Die Berufung von Programm-, Verwaltungsdirektor und Chefredakteur kann nur im Einvernehmen mit dem Verwaltungsrat erfolgen. § 28 ZDF-StV zählt Rechtsgeschäfte auf, die der Zustimmung des Verwaltungsrates bedürfen. Dem Intendanten stehen dazu in der Regel[55] Direktoren für die Bereiche Fernsehen, Hörfunk, Produktion und Technik, Verwaltung und rechtliche Belange zur Seite.[56]

3. Prozessuale Fragen

21 Wenn der Rundfunkrat eine Programmentscheidung gegen den Intendanten durchsetzen will oder umgekehrt, der Intendant sich gegen die Beanstandung einer Programmentscheidung durch den Rundfunkrat wehren möchte, liegt eine Organstreitigkeit mit anstaltsinterner Kontrolle vor. Statthafte Klageart ist für die Organe der

---

50 *BVerfGE* 136, 9.

51 Hierzu wiederum *Bortnikov* JuS 2017, 27.

52 Www.zdf.de/zdfunternehmen/zdf-verwaltungsrat-mitglieder-100.html.

53 *BVerfG* NVwZ 1999, 175; vgl. auch *BVerfGE* 83, 238, 336 f. Konkret ging es um eine Beschwerde des Zentralrats Deutscher Sinti und Roma, die unter Berufung auf die Berücksichtigung des Zentralrates der Juden in Deutschland ein subjektives Recht auf Berücksichtigung geltend gemacht hatten.

54 *BVerfG* 25.3.2014 – BVerfGE 136, 9 Rn. 71 unter Verweis auf *BVerfGE* 83, 238, 334 f.

55 Zu Ausnahmen bei Radio Bremen Dörr/Kreile/Cole/*Dörr* E. 2. b).

56 So z.B. im Falle des WDR.

Anstalt die allgemeine Leistungsklage. Die Rechte des Intendanten ergeben sich aus dessen Verantwortung für die Programmgestaltung,[57] die er als Träger eigener Rechte wahrnimmt.[58] Der Rundfunk- bzw. Fernsehrat hat demgegenüber eigenverantwortlich[59] das Recht, die Einhaltung der Programmgrundsätze zu überwachen.[60]

III. Programmauftrag

22 Der Programm- und Versorgungsauftrag des öffentlich-rechtlichen Rundfunks ist in den §§ 11 und 19 RStV einfachgesetzlich konkretisiert.[61] Jedenfalls seit Gründung des privaten Rundfunks ist er Anlass für Meinungsverschiedenheiten über seinen Umfang.[62]

1. Klassischer Programmauftrag

23 Nach § 11 Abs. 1 S. 1 RStV haben die öffentlich-rechtlichen Rundfunkanstalten „durch die Herstellung und Verbreitung ihrer Angebote als Medium und Faktor des Prozesses freier individueller und öffentlicher Meinungsbildung zu wirken und dadurch die demokratischen, sozialen und kulturellen Bedürfnisse der Gesellschaft zu erfüllen."[63] Im dualen System tritt die in **§ 11 Abs. 1 S. 2–6 und Abs. 2 RStV** niedergelegte und dynamisch interpretierte Aufgabe der **Grundversorgung**[64] hinzu. Hier besteht für den öffentlich-rechtlichen Rundfunk die Pflicht, im Interesse von Informationsfreiheit und Demokratie, ein vielfältiges, umfassendes und ausgewogenes mediales Angebot zu sichern.[65] Um dieser Aufgabe nachkommen zu können, sieht § 12 RStV einen Finanzgewährleistungsanspruch des öffentlich-rechtlichen Rundfunks vor. Die frühere Gebühren- und nunmehrige Beitragsfinanzierung verpflichtet ihn, ein umfassendes Programm anzubieten, das die Bereiche Information, Bildung, Beratung und Unterhaltung zu beinhalten hat (§ 11 Abs. 1 S. 4 RStV). Es muss die gesamte Bandbreite des gesellschaftlichen Lebens und der kulturellen Vielfalt[66] widerspiegeln, sich an jeden richten und technisch für jeden erreichbar sein.

24 Im dualen System bedingen Funktionsfähigkeit und Aufgabenerfüllung der öffentlich-rechtlichen Rundfunkanstalten die Freiräume der privaten Veranstalter. Der umfassende Programmauftrag der öffentlich-rechtlichen Anstalten rechtfertigt die geringeren Programmanforderungen an nicht beitragsfinanzierte private Veranstalter, die lediglich ein Mindestmaß an inhaltlicher Ausgewogenheit, Sachlichkeit und gegenseitiger Achtung bieten müssen. Grund hierfür ist, dass sie aufgrund ihrer Werbefinan-

57 Vgl. etwa § 25 Abs. 1 S. 1 SWR-StV.

58 *VG Hamburg* DVBl 1980, 491; s. auch *Herrmann/Lausen* § 11 Rn. 45, 68 f.

59 Dazu *Puttfarcken* FS Ule, 1980, S. 63, 65 f.

60 Vgl. etwa § 20 Abs. 1 S. 2 ZDF-StV. Zur Frage der inhaltlichen Voraussetzungen einer solchen Vorabweisung *Gersdorf* Grundzüge des Rundfunkrechts, Rn. 336.

61 Dazu *Schüller* S. 96 ff.

62 Hierzu *Dörr/Holznagel/Picot* ZUM 2016, 920, 928.

63 Dazu *Gersdorf* in BeckOK InfoMedienR, RStV § 11 Rn. 14–16.

64 *BVerfGE* 73, 118 ff. – 4. Rundfunkurteil; 74, 297 ff. – 5. Rundfunkurteil; 83, 238 ff. – 6. Rundfunkurteil.

65 Zur Finanzierung des öffentlich-rechtlichen Rundfunks unten Rn. 58 ff.

66 Zum besonderen Wert des öffentlich-rechtlichen Rundfunks als Kulturträger *Dörr* Funkkorrespondenz 29/2013, 13 ff; zur rechtlichen Zulässigkeit der derzeitigen Forderungen der Filmwirtschaft nach einer Festschreibung einer konkreten Anzahl von Sendeplätzen für Kinofilme in den öffentlich-rechtlichen Programmen *Hain/Wierny* K&R 2013, 448.

zierung zielgerichtet besonders kapitalkräftige Zielgruppen bedienen müssen und dabei nur bedingt auf Breite, Ausgewogenheit und Vielfalt achten können.[67] Diese geringeren Anforderungen können aber wiederum nur akzeptiert werden, wenn der öffentlich-rechtliche Rundfunk die Maßgaben des Rundfunkstaatsvertrages für seinen Programmauftrag erfüllt.[68] Betrachtet man indes die Anforderungen in den Bundesländern[69] an Programmauftrag und -grundsätze im Hinblick auf private Vollprogramme, so dürfte jedenfalls in der Praxis die Abweichung weit weniger deutlich sein.

25 Durch den 12. RÄStV wurde § 19 RStV neu gestaltet. Danach steht es den in der ARD zusammengeschlossenen Landesrundfunkanstalten, dem ZDF und dem Deutschlandradio frei, zur Erfüllung ihres Auftrags nach § 11 RStV geeignete Übertragungswege zu nutzen. Erfasst werden von der Vorschrift alle Angebote, die im Rahmen des gesetzlichen Auftrags erbracht werden.[70] Zu den Übertragungswegen zählen analoge und digitale Satellitenverbreitung, analoge und digitale Kabelverbreitung sowie die analoge und digitale Terrestrik. Außerdem fällt die Verbreitung von Rundfunkprogrammen über das Internet in den Anwendungsbereich von § 19 S. 1 RStV.[71]

Die Regelung trägt also einerseits den durch die Digitalisierung sowohl der Fernseh- (DVB-T bzw. seit 2017 DVB-T2[72]) als auch der Hörfunksignalübertragung (DAB) bewirkten Veränderungen Rechnung, indem sie den Normadressaten hinsichtlich der Auswahl der zur Verbreitung genutzten Übertragungswege Ermessen einräumt. Andererseits begrenzt sie das Ermessen durch eine Bindung an die Grundsätze der Wirtschaftlichkeit und Sparsamkeit (§ 19 S. 2 RStV). Das heißt, es wird nicht ein Übertragungsweg (z.B. digitale Terrestrik) bevorzugt, sondern an erster Stelle stehen wirtschaftliche Erwägungen. Um einen Rückschritt hin zur analogen terrestrischen Verbreitung aus Kostengründen zu vermeiden, bestimmt § 19 S. 3 RStV, dass bereits in digitaler Form verbreitete Programme nicht mehr analog verbreitet werden dürfen. Das Ermessen erstreckt sich folglich darauf nicht.

26 Unter Bezugnahme auf die in § 19 RStV normierte Wahlfreiheit waren mehrere unterinstanzliche Klagen verschiedener Kabelnetzbetreiber gegen die ARD auf Entgeltzahlung für die Einspeisung von öffentlich-rechtlichen Programmen abgewiesen wor-

---

67 *BVerfGE* 73, 118 ff. – 4. Rundfunkurteil.

68 Freilich wird von privaten Veranstaltern beklagt, dass die Interpretation des Auftrags durch den öffentlich-rechtlichen Rundfunk, die Grenzen des dualen Systems zu deren Lasten verschiebt, weil der öffentlich-rechtliche Rundfunk gebühren- bzw. nunmehr beitragsfinanziert Felder besetzt, die bis dahin den privaten Unternehmen vorbehalten waren. So führte der lange nach der Gründung des privat finanzierten Kinderkanals SuperRTL gegründete öffentlich-rechtliche Kinderkanal KIKA zu einer Veränderung der Rahmenbedingungen für den privaten Rundfunk. Auch wenn sich die Frage nach der Angemessenheit des Einkaufs besonders quotenwirksamer Inhalte (z.B. Fußball) unter Vernachlässigung weniger populärer Inhalte (z.B. Leichtathletik) und deren Vereinbarkeit mit dem auf Vielfalt angelegten Programmauftrag bisweilen stellt, wird man dieses Vorgehen des öffentlich-rechtlichen Rundfunks solange nicht beanstanden können, wie es dem Programmauftrag entspricht. Das Feld des Kinderfernsehens zu besetzen, erscheint vor diesem Hintergrund rechtlich nicht problematisch.

69 So etwa § 31 LMG NRW.

70 Dazu gehören auch die programmbegleitenden Telemedien mit sendungsbezogenem Inhalt, vgl. *Hartstein/Ring/Kreile/Dörr/Stettner* RStV § 19 Rn. 3.

71 Ausführliche Darstellung bei *Hartstein/Ring/Kreile/Dörr/Stettner* RStV § 19 Rn. 4.

72 Hierzu 1. Kap. Rn. 13. Seit Frühjahr 2017 ist DVB-T2 als Nachfolger des DVB-T im Regelbetrieb.

den.[73] Der Funktionsauftrag des öffentlich-rechtlichen Rundfunks schreibt den Veranstaltern keine Signalweiterleitung speziell durch die Einspeisung in Kabelnetze vor, sondern weist ihnen im Gegenteil ein Auswahlermessen hinsichtlich der Übertragungswege zu.[74] Dies hat im Juni 2015 und im April 2016 auch der BGH entschieden.[75]

27 Die in Deutschland geltenden Bestimmungen über die Belegung analoger und digitaler Kabelnetze beruhen auf der Richtlinie 2002/22/EG (Universaldienstrichtlinie (UDRL). Die Bestimmung des § 31 Abs. 2 UDRL sieht insoweit keine grundsätzliche Entgeltpflicht für Rundfunkveranstalter vor, sondern ermöglicht es den Mitgliedstaaten lediglich, unter bestimmten Voraussetzungen ein Entgelt zugunsten der übertragungspflichtigen Netzbetreiber festzulegen. Im Rahmen der nationalen Gesetze bzw. Staatsverträge besteht indes keine Vorschrift i.S.d. Art. 31 Abs. 2 UDRL, die ein angemessenes Entgelt als Äquivalent für die Übertragungspflicht der Netzbetreiber vorschreibt. Aus den unterschiedlichen landesrechtlichen Regelungen ergibt sich nur, dass die für das jeweilige Bundesland gesetzlich bestimmten Rundfunkprogramme vorrangig in die Kabelanlagen eingespeist werden müssen. Zwar erklärt etwa § 18 Abs. 10 LMG NRW im Hinblick auf Tarife und Entgelte die Vorschriften des RStV in der jeweils geltenden Fassung für entsprechend anwendbar.[76] Allerdings beschäftigt sich § 52d RStV lediglich mit der diskriminierungsfreien Ausgestaltung von zivilrechtlich vereinbarten Entgelten und Tarifen, ohne jedoch einen rundfunkrechtlichen Kontrahierungszwang zugunsten der Netzbetreiber zu statuieren.[77] Da ein Anspruch auf Zahlung eines Einspeiseentgelts somit weder aus dem Rundfunk- oder Telekommunikationsrecht, noch aus dem allgemeinen kartellrechtlichen Missbrauchsverbot abzuleiten ist, können die öffentlich-rechtlichen Rundfunkveranstalter die Einspeiseleistung auf Grundlage der Must-carry-Pflicht[78] unentgeltlich in Anspruch nehmen.[79] Die den Kabelnetzbetreibern insoweit entstehenden Kosten können diese an ihre Endkunden weitergeben. Anders als bei Anbietern von Satelliten- und Terrestrikübertragung, welche lediglich eine technische Dienstleistung gegenüber den öffentlich-rechtlichen Rundfunkanstalten erbringen, nutzt ein Kabelbetreiber die öffentlich-rechtlichen Pro-

---

73 *LG Köln* ZUM 2013, 502 mit Berufung zum *OLG Düsseldorf* WuW 2014, 1209; *LG Stuttgart* MMR 2013, 548, mit Berufung zum *OLG Stuttgart* ZUM 2015, 63; *LG München I* 25.4.2013 – 17 HK O 16920/12 (unveröffentlicht) mit Berufung zum *OLG München* ZUM 2014, 339; vgl. zu den rechtlichen Hintergründen *Holznagel/Salwitzek* K&R 2013, 454; vor dem *OLG München* ist das Berufungsverfahren zwischen Kabel Deutschland und dem Bayerischen Rundfunk, 28.11.2013, ZUM 2014, 339. Revisionsverfahren zum *BGH* v. 16.6.2015, BGHZ 205, 355 und vom 12.4.2016, NZKart 2016, 374, hierzu unten Rn. 27.

74 *LG Köln* ZUM 2013, 502, 508.

75 Hierzu sogleich Rn. 27.

76 Vgl dazu Schwartmann/Sporn/*Janik* LMG NRW, § 18.

77 *Dörr* ZUM 2013, 81, 109 f.; *Hain* Rechtsgutachten im Auftrag der ARD, S. 103 f; a.A. *Fink/Keber* MMR-Beil. 2013, 1, 38 ff.

78 Zum Anpassungsbedarf des digitalen Must-carry-Regimes zugunsten landesspezifischer Vielfaltsgesichtspunkte *Schütz/Schreiber* MMR 2014, 161 ff.

79 *Dörr* ZUM 2013, 81 unter Bezugnahme auf die Rundfunk- und Informationsfreiheit als Grundlage des öffentlich-rechtlichen Kabelbelegungsregimes; *Ladeur* ZUM 2013, 511; *ders.* ZUM 2012, 939 ff.; a.A. *Fink/Keber* MMR-Beil. 2013, 1, die einen aus dem Grundversorgungsauftrag abzuleitenden Kontrahierungszwang der öffentlich-rechtlichen Rundfunkanstalten annehmen; *Trute/Broemel* MMR-Beilage 11/2012, 1, die von einer kartellrechtlichen Missbräuchlichkeit ausgehen, da eine unentgeltliche Verbreitung weder bei privaten noch bei öffentlich-rechtlichen Programmanbietern marktüblich sei, sondern sich vielmehr allein als Ausdruck des medienrechtlichen Sonderstatus der öffentlich-rechtlichen Rundfunkveranstalter darstelle.

gramme zugleich als Vorprodukte zu seinem Kabelangebot an die Endkunden.[80] Dies hat der BGH 2015[81] und erneut 2016[82] unter Zurückverweisung an die Vorinstanzen[83] bestätigt. Der klagenden Kabelnetzbetreiberin steht demnach gegenüber der beklagten Rundfunkanstalt kein Anspruch auf Fortsetzung des Einspeisevertrages bzw. auf Neuabschluss eines solchen Vertrages zu unveränderten Bedingungen zu. Eine solche Kontrahierungspflicht lasse sich weder den Regelungen des Rundfunkrechts noch Art. 14 GG und Art. 12 GG entnehmen. Aus der bestehenden Pflicht der beklagten Rundfunkanstalt, die Programmsignale zur Verfügung zu stellen und der Pflicht der klagenden Kabelnetzbetreiberin zur Einspeisung dieser Signale aus § 52b RStV folge nicht eine Verpflichtung der Beklagten zur Zahlung eines bestimmten Entgelts als Gegenleistung für die Einspeisung der Programmsignale. Auch ein Rückgriff auf kartellrechtliche Bestimmungen komme nicht in Betracht, da zwar von einer marktbeherrschenden Stellung der Beklagten auszugehen sei, nicht jedoch von einem missbräuchlichen Verhalten i.S.d. § 19 Abs. 2 GWB. [84] Der BGH hat die Sache 2015 zurückverwiesen weil eine ausreichende Feststellung dazu fehlte, ob die Beklagten zusammen mit den anderen beteiligten Rundfunkveranstaltern unter Verstoß gegen § 1 GWB die Beendigung dieses Vertrages vereinbart und die Kündigung Folge einer solchen Absprache war.[85]

2. Programmauftrag und Neue Medien

28 Durch das Internet verlagert sich das Konkurrenzverhältnis über die Grenzen des dualen Rundfunksystems hinweg.[86] Es entsteht angesichts von Internet-Aktivitäten der öffentlich-rechtlichen Rundfunkanstalten zunehmend ein Nebeneinander von öffentlich-rechtlichen Online- Angeboten und solchen privater Anbieter, die nicht notwendig Rundfunkveranstalter sein müssen.[87] In diesem Zusammenhang wird die Auslegung des Programmauftrags durch die öffentlich-rechtlichen Rundfunkanstalten und namentlich die Digitalisierungsstrategie der ARD[88] heftig kritisiert.[89] Strategisch geht es dabei um die Funktion und Position des öffentlich-rechtlichen Rundfunks beim Übergang der dualen Rundfunk- in eine duale und digitale Medienordnung.[90]

2.1 Online-Aktivitäten

29 Weil die Verbreitungswege für den Rundfunk durch das Nebeneinander der herkömmlichen Verbreitung und des Internets sich künftig zu einem Netz entwickeln werden, betreiben die öffentlich-rechtlichen Rundfunkanstalten eine Reihe von Aktivitäten im Online-Bereich. ARD, ZDF und Deutschlandradio hatten sich im Jahre 2004 im Rahmen einer Selbstbindungserklärung auf Grundlage von § 3 Abs. 3 S. 3

80 *LG Köln* ZUM 2013, 502, 509.
81 *BGH* 16.6.2015, BGHZ 205, 355.
82 *BGH* 12.4.2016, NZKart 2016, 374.
83 Siehe 24. Kap.
84 Siehe hierzu etwa auch *OVG Koblenz* 28.7.2016, MMR 2016, 783, 784 mit Bezug auf BGHZ 205, 355.
85 Hierzu auch *Dörr* JuS 2016, 86.
86 Umfassend hierzu *Dörr/Holznagel/Picot* ZUM 2016, 920, 921 f., 936 f.
87 Vgl. www.mercedes-benz.tv/.
88 „Die ARD in der digitalen Medienwelt" Strategiepapier, verabschiedet in der ARD-Arbeitssitzung am 18.6.2007, abgedr. in epd medien 53/2007, 3 ff.
89 Vgl. etwa *de Posch* epd medien 67/2007, 27 ff.
90 Vgl. auch *Eberle* ZUM 2006, 439 ff.

RFinStV (§ 3 Abs. 1 S. 4 RFinStV a.F.) dazu verpflichtet, ihre Ausgaben für das Online-Angebot auf 0,75 % ihres Gesamtaufwandes zu beschränken.[91] Eine Überprüfung der KEF für den nachfolgenden Bericht ergab indes Überschreitungen dieser Selbstbindung. Daraufhin erklärten die öffentlich-rechtlichen Rundfunkanstalten, dass sie ihre Selbstbindungserklärungen über das Jahr 2008 nicht erneuern werden. Sie waren ferner der Ansicht, dass eine Überschreitung der Selbstbindungserklärung nicht vorliege, da bestimmte Aufwandsbereiche bei der Überprüfung außen vor bleiben müssten.[92] Auch in jüngerer Zeit ist eine offensive Digitalisierungsstrategie der öffentlich-rechtlichen Rundfunkanstalten zu beobachten.

Das Dachportal **ARD.de** steht für ein Online-Angebot mit den Webseiten ARD.de/home, tagesschau.de, sportschau.de, boerse.ARD.de, ratgeber.ARD.de, wissen.ARD.de, kultur.ARD.de, kinder.ARD.de und intern.ARD.de, das durch eine gemeinsame Navigationsleiste verbunden ist. Die Kategorien Fernsehen und Hörfunk sind unter dasErste.de bzw. radio.ARD.de verfügbar, daneben gibt es die ARD-Mediathek. Das ARD Online-Angebot wird von Redaktionen mit abgegrenzten Themenbereichen betreut. Die Intendanten der ARD einigten sich bereits 2007 auf ein Strategiepapier (**„Digitalisierungsstrategie“**)[93] für verschiedene digitale Vertriebswege.[94] Die Inhalte betrafen etwa HDTV, Handy-TV, Audio- und Videoportale sowie digitale Zusatzangebote im Hörfunk. Bei der Verbreitung von Inhalten über die neuen Verbreitungskanäle spielt die „Tagesschau“ eine besondere Rolle. 2010 begann der Einstieg in HDTV-Übertragungen.[95] **30**

Die Anstalten stellen in Übereinstimmung mit den gesetzlichen Anforderungen gem. § 11d RStV im Internet Angebote zu Bildung, Information, Beratung und Unterhaltung zur Verfügung.[96] Die Gremien des öffentlich-rechtlichen Rundfunks überprüfen seit 2009 sämtliche Online-Angebote von ARD und ZDF auf ihre Übereinstimmung mit dem öffentlich-rechtlichen Auftrag. Die Regelung verlangt insbesondere vor dem Hintergrund der beitragsfinanzierten Konkurrenz für private Telemedien, dass nur Angebote mit publizistischem Mehrwert in das öffentlich-rechtliche Onlineangebot aufgenommen werden. Dazu ist das sog. Dreistufentestverfahren nach § 11 f Abs. 4 RStV zu durchlaufen. Das mit dem 12. RÄStV eingeführte Genehmigungsverfahren[97] **31**

91 15. KEF Bericht, Bd. 1, S. 119, Ziff. 270.

92 16. KEF Bericht, S. 207 ff., Ziff. 486 ff.

93 „Die ARD in der digitalen Medienwelt“ Strategiepapier v. 18.6.2007, epd medien 53/2007, 3. Bereits im Jahr 2000 hatte der damalige Intendant des WDR einen sehr deutlichen strategischen Standpunkt bezogen und den Ausbau des Internet neben Fernsehen und Hörfunk zu einer „dritten Programmsäule“ des öffentlich-rechtlichen Rundfunks ausgerufen. Darin lag eine klare Abkehr von der bloßen Programmbegleitung des Rundfunks, verbunden mit der Schaffung eines eigenen Programms mit online-spezifischen Angeboten und Formaten für die Internet-Nutzer. Der Rundfunkauftrag – so die damalige Sichtweise – müsse zu einem umfassenden Kommunikationsauftrag fortgeschrieben werden, aus dem ein Anspruch auf gleichberechtigte Teilhabe an allen relevanten Programmplattformen der „digitalen Welt“ erwachse. Vgl. *Pleitgen* Wer die Zukunft verstehen will, sollte in die Vergangenheit schauen, Rede in der öffentlichen Sitzung des Rundfunkrats des WDR am 28.6.2000.

94 „Die ARD in der digitalen Medienwelt“ Strategiepapier, verabschiedet in der ARD-Arbeitssitzung am 18.6.2007, abgedr. in epd medien 53/2007, 3 ff.

95 Dazu 8. Kap. Rn. 10 ff., 15 f. in diesem Kontext auch *Dörr/Holznagel/Picot* Legitimation und Auftrag des öffentlich-rechtlichen Fernsehens in Zeiten der Cloud.

96 Dazu BeckOK InfoMedienR/*Gersdorf* RStV § 11d Rn. 1–3.

97 Für eine detaillierte Beschreibung der einzelnen Stufen des Verfahrens vgl. Rn. 57 ff.

stellt in drei Stufen fest, ob bestimmte Online-Angebote der öffentlich-rechtlichen Rundfunkanstalten von deren Auftrag erfasst sind. Andernfalls dürfen die Rundfunkanstalten ihre Inhalte in der Regel nicht länger als sieben Tage nach der Sendung zum Abruf bereithalten.

32 Die Debatte um das Bestehen eines Grundversorgungsauftrages außerhalb des klassischen Rundfunks erstreckt sich neben dem Internetzugang mittels Desktopgeräten vor allem auf mobile Endgeräte. In den Fokus geraten ist dabei die kostenlose „Tagesschau-App“[98], eine Applikation für die verschiedenen Betriebssysteme von Smartphones und Tablet-PCs, welche seit Dezember 2010 als zusätzliches Angebot bereitgestellt wird und seither über 10 Millionen mal heruntergeladen wurde.[99]. Dabei werden die Inhalte des Internet-Portals „tagesschau.de“ in Form einer Applikation auf die mobilen Endgeräte übertragen, um eine schnellere Abrufbarkeit des Angebots und eine Anpassung an die kleineren Formate der Smartphones zu gewährleisten. Während der NDR-Rundfunkrat[100] die wichtigste Informationsmarke der ARD auch auf mobilen Plattformen vertreten wissen will, ist die kostenlose App von Verbänden und Verlegern scharf kritisiert worden, weil sie die Geschäftsmodelle der ebenfalls auf diesem Markt aktiven Verlagshäuser bedrohe.[101] Mehrere Zeitungsverlage, deren redaktionelles Angebot auch elektronisch, teilweise über Apps, abrufbar ist, haben daher im Juni 2011 die ARD sowie den für die Produktion zuständigen NDR auf Unterlassung hinsichtlich der Verbreitung der „Tagesschau-App“ verklagt. Nachdem zunächst ein generelles Verbreitungsverbot begehrt worden war, mussten die Verleger aus prozessualen Gründen eine Konkretisierung ihres Unterlassungsantrags auf einen konkreten Tag vornehmen. Damit hatte das LG Köln als erstes Gericht ein Urteil auf Basis des in §§ 11d ff. RStV normierten Online-Auftrags des öffentlich-rechtlichen Rundfunks zu fällen.[102] Im September 2012 gab es der Klage insoweit statt, als die Verbreitung der „Tagesschau-App“ in Form des auf einen bestimmten Tag (15.6.2011) bezogenen Angebots zu unterlassen sei. Zwar sei die streitgegenständliche App als Telemedium anzusehen, welches den Drei-Stufen-Test nach § 11f RStV durchlaufen habe und genehmigt worden sei. Dies ergebe sich aus der Einheitlichkeit der Angebote „tagesschau.de“ und „Tagesschau-App“, die sich lediglich im Rahmen ihrer technischen Aufbereitung unterschieden und daher keiner getrennten Prüfung und Genehmigung bedürften.[103] Allerdings sei die „Tagesschau-App“ in ihrer konkreten zur Überprüfung gestellten Form v. 15.6.2011 ein unzulässiges nichtsendebezogenes presseähnliches Angebot i.S.v. § 11d Abs. 2 Nr. 3 letzter HS RStV[104], welcher eine Marktverhaltensregel gem. § 4 Nr. 11 UWG darstelle.[105] Als presseähnlich könne ein Angebot dann bezeichnet werden, wenn es aus Nutzersicht geeignet sei, als „Ersatz“ für die Lektüre von Presse i.S.d. herkömmlichen Printmedien (Zeitungen oder Zeitschriften) zu dienen, wobei insoweit nicht auf einzelne Beiträge, sondern vielmehr auf

---

98 Vgl. dazu *Paulus/Nölscher* ZUM 2017, 179, 185; *Ory* K&R 2011, Editorial zu Heft 3.
99 Www.tagesschau.de/app/.
100 Der NDR ist innerhalb der ARD für die Umsetzung der „Tagesschau-App“ verantwortlich.
101 Vgl. etwa Bezahlmodelle des Axel Springer Verlages mit Angeboten wie „SPIEGEL-App“, „BILD-App“ und „WELT-App“.
102 *LG Köln* ZUM-RD 2012, 613.
103 *LG Köln* ZUM-RD 2012, 613, 616 f.
104 Vgl. hierzu *Neuhoff* ZUM 2012, 371 ff.
105 *LG Köln* ZUM-RD 2012, 613, 617.

das Gesamtangebot abgestellt werden müsse.[106] Presseähnlichkeit sei daher bei einer optischen Dominanz zeitungsähnlicher Textbeiträge ohne ausgewiesenen oder erkennbaren Sendebezug anzunehmen.[107] Weiterführende Verknüpfungen zu audiovisuellen Medien am Ende der Textbeiträge seien insoweit irrelevant, da der Nutzer primär die Informationen wahrnehme, die ihm unmittelbar zugänglich seien.[108] Während die Bedeutung des Urteils in Rundfunk und Presse durchaus unterschiedlich und teils konträr bewertet worden ist,[109] betonte das LG Köln selbst die begrenzte Reichweite seiner Entscheidung, welche die aus der Presseähnlichkeit resultierende Unzulässigkeit der „Tagesschau-App" ausschließlich für den streitgegenständlichen Tag im Juni 2011 festlege.[107] Dass der vielschichtige Problemkreis rund um das telemediale Betätigungsfeld der öffentlich-rechtlichen Rundfunkanstalten ohnedies noch lange nicht abschließend gelöst ist, zeigt schon die durchwachsene Resonanz auf das Urteil in Wissenschaft und Praxis. Keine Einwände bestehen – jedenfalls im Ergebnis – gegen die Annahme, die „Tagesschau-App" sei von der rechtsaufsichtlichen Bestätigung des Telemedienkonzepts zu dem Angebot „tagesschau.de" umfasst.[110] Zwar könnte es sich aufgrund der mit Kosten verbundenen, erforderlichen technischen Veränderung um ein neues oder jedenfalls verändertes Angebot handeln, das einem eigenen Drei-Stufen-Test-Verfahren unterzogen werden müsste. Sofern man – mit den Klägerinnen – ebenfalls von inhaltlichen Änderungen ausgeht,[111] könnte auch I. a) Nr. 4 des ARD-Genehmigungsverfahrens für ein neues oder verändertes Angebot sprechen. Auch würde es sich dann nicht um ein technikneutrales Online-Angebot i.S.v. I. b) Nr. 3 des ARD-Genehmigungsverfahrens handeln, da die betroffenen Inhalte – sofern man im Rahmen der App eine inhaltliche Veränderung annimmt – nicht lediglich auf einem neuen Verbreitungsweg angeboten würden. Für die Einheitlichkeit von „tagesschau.de" und „Tagesschau-App" und der damit verbundenen Erstreckung der einmal erteilten Genehmigung auf beide Angebote spricht jedoch die Tatsache, dass bereits im Rahmen des Telemedienkonzepts zu „tagesschau.de" die Nutzung von Applikationen zur leichteren Zugänglichmachung telemedialer Inhalte auf diversen Endgeräten Erwähnung findet.[112] Kritisiert wurde das Urteil des LG Köln insbesondere im Hinblick auf die Einordnung der „Tagesschau-App" in die wettbewerbsrechtlich geprägte Kategorie „presseersetzend", welche der in § 2 Abs. 2 Nr. 20 RStV definierten Presseähnlichkeit als Bestandteil des öffentlichen Medienrechts nicht gerecht werde.[113] Weiterer zentraler Kritikpunkt war die „zweifelsfreie" Annahme des LG Köln, dass § 11d Abs. 2 Nr. 3 letzter HS RStV eine Marktverhaltensregel und kein Marktzutrittsverbot

106 *LG Köln* ZUM-RD 2012, 613, 617 f.
107 *LG Köln* ZUM-RD 2012, 613, 619.
108 *LG Köln* ZUM-RD 2012, 613, 618.
109 So erklärte die ehemalige ARD-Vorsitzende *Piel*, das Urteil habe „keine grundsätzliche Klärung" in der Frage der Presseähnlichkeit gebracht (Pressemitteilung der ARD v. 27.9.2012); der NDR-Intendant *Marmor* äußerte, die „Entscheidung gehe ins Leere" (Pressemitteilung der ARD v. 27.9.2012); dagegen sah der Präsident des BDZV in dem Urteil eine „über den Tag hinausweisende" Bedeutung (FAZ v. 28.9.2012, 1).
110 *Hain/Brings* WRP 2012, 1495, 1496 f.
111 A.A. ARD und NDR, die in Bezug auf die Inhalte von „tagesschau.de" und der „Tagesschau-App" von einer „reduzierten Identität" in dem Sinne ausgehen, dass dieselben Inhalte im Rahmen der App lediglich in einem anderen, leichter lesbaren Format dargestellt werden (zu den Ansichten beider Parteien *LG Köln* ZUM-RD 2012, 613, 614 f.).
112 Vgl. Telemedienkonzepte des Norddeutschen Rundfunks – Angebotsbeschreibung für tagesschau.de und eins-extra.de v. 25.6.2010, S. 35.
113 *Hain/Brings* WRP 2012, 1495, 1499; *Neuhoff* jurisPR-ITR 24/2012 Anm. 6.

darstelle, welches vor den ordentlichen Gerichten nicht hätte beanstandet werden können.[114] Einer gesonderten Klärung bedarf die vorgelagerte grundsätzliche Frage, ob digitale Medienangebote wie die „Tagesschau-App“ den Einsatz nicht unerheblicher Rundfunkbeiträge rechtfertigen können. Dies ist nur dann der Fall, wenn das jeweilige Angebot vom öffentlich-rechtlichen Rundfunkauftrag umfasst ist. Bejaht man dies für die „Tagesschau-App“ und vergleichbare Angebote, besteht indes eine nicht zu unterschätzende Verdrängungsgefahr im Hinblick auf die Presse, welche ihre Print- und Internetangebote aus Zeitungsverkäufen und Werbeeinnahmen finanzieren muss.[115]

33 Ob im Falle der „Tagesschau-App“ die Auftragsschranke des § 11d Abs. 2 Nr. 3 letzter HS RStV tatsächlich einschlägig ist und damit einem Eingriff in die Pressefreiheit durch die telemediale Expansion der öffentlich-rechtlichen Rundfunkanstalten entgegengewirkt werden kann, hat das OLG Köln im Rahmen seines Berufungsurteils[116] im Dezember 2013 offen gelassen. Aufgrund der Freigabe des vom NDR-Rundfunkrat beschlossenen Telemedienkonzepts durch die Niedersächsische Staatskanzlei als Rechtsaufsichtsbehörde sah sich das OLG Köln an deren rechtliche Bewertung gebunden.[117] Die Konformität des Telemedienangebots „tagesschau.de“ mit den Vorgaben des RStV sei im Rahmen des Drei-Stufen-Tests umfassend, insbesondere unter Berücksichtigung der Presseähnlichkeit gem. § 11d Abs. 2 Nr. 3 letzter HS RStV,[118] geprüft und festgestellt worden.[119] Die hiervon ausgehende Legalisierungswirkung erfasse nicht nur das Konzept als solches, sondern auch darauf basierende konkrete Angebote wie die „Tagesschau-App“.[120] Aufgrund der über den konkreten Fall hinausgehenden Bedeutung ließ das OLG Köln die Revision zum BGH zu. Dieser hob die Entscheidung des OLG Köln auf und verwies diese an das Oberlandesgericht zurück. Der BGH verneinte eine Bindungswirkung an die Entscheidung des Rundfunkrates.[121]

34 Am 30.9.2016 erklärte das OLG Köln nach eigener Überprüfung die „Tagesschau App“ in ihrer Version vom 15.6.2011 aufgrund von Presseähnlichkeit für unzulässig.[122] Hierfür griff das OLG Köln auf die zuvor vom BGH entwickelten Maßstäbe zurück. Die App sei unzulässig, sofern diese als „presseähnlich“ qualifiziert werden könne. Der Gestaltungsschwerpunkt müsse aus Nutzersicht rundfunk- oder fernsehähnlich sein. Die App dürfe also nicht durch stehende Texte und Bilder geprägt sein.[123]

35 Dafür wurde die Gesamtheit der nichtsendungsbezogenen Inhalte bewertet, die dem Gericht vorlagen. Bereits die Start- und Übersichtsseiten der App bestanden nach der Wertung des Gerichts ausschließlich aus Text und Standbildern.[124] Bei vielen der Beiträge handele es sich darüber hinaus um geschlossene Nachrichtentexte. Auch argu-

---

114 *Hain/Brings* WRP 2012, 1495, 1498; *Neuhoff* jurisPR-ITR 24/2012 Anm. 6; *Peifer* GRUR-Prax 2012, 521, 522 ff.
115 Dazu *Starck* JZ 2013, 103, 104.
116 *OLG Köln* K&R 2014, 127.
117 *OLG Köln* K&R 2014, 127 Rn. 38 ff.
118 *OLG Köln* K&R 2014, 127 Rn. 53.
119 *OLG Köln* K&R 2014, 127 Rn. 47.
120 *OLG Köln* K&R 2014, 127 Rn. 50; zu diesem Thema *Dietrich* UFITA 2016, 417 ff.
121 *BGH* BGHZ 205, 195.
122 *OLG Köln* K&R 2016, 749.
123 *OLG Köln* K&R 2016, 749, 750.
124 *OLG Köln* K&R 2016, 749, 751.

mentiert das OLG Köln, dass hauptsächlich Texte und Standbilder bei einer Großzahl der Beiträge im Vordergrund stünden. Insgesamt sei eine Presseähnlichkeit somit zu bejahen.[125]

Das ZDF stellt seit Februar 2013 mit der ebenfalls kostenlosen „heute-App" ein vergleichbares Telemedienangebot zur Verfügung. Allerdings ist auch diese Nachrichten-App vom Bundesverband Deutscher Zeitungsverleger (BDZV) als zu textlastig und damit presseähnlich kritisiert worden.[126] Ferner betreibt das ZDF – ebenso wie die ARD mit der ARDmediathek – die **ZDFmediathek**[127] und sieht hierin großes Zukunftspotential. Über das Angebot können Videos in TV-Qualität, auf Abruf oder live, nach der Sendung im Hauptprogramm oder schon vor der linearen Verbreitung gezeigt werden. Es gibt insbesondere einen Sieben-Tage-Rückblick für zahlreiche Sendungen, Live-Streams und interaktive Anwendungen.[128] Im Gegensatz zur „heute-App" ist die ebenfalls vom ZDF bereitgestellte „Mediathek-App"[129] aufgrund ihres hohen Anteils an Bewegtbildbeiträgen unter Verzicht auf längere Texte bei den Zeitungsverlegern durchweg auf positive Resonanz gestoßen.[130] **36**

Neben eigenen Angeboten haben sich ARD und ZDF auch bereits in gemeinsamen Online-Aktivitäten versucht. So hatten sie im April 2012 zusammen mit weiteren Produktions- und Rechtehandelsunternehmen die Video-On-Demand Online-Plattform „Germany,s Gold" gegründet. Hiergegen bestanden indes von Anfang an wettbewerbsrechtliche Bedenken des Bundeskartellamtes. Insbesondere die zu erwartende Absprache im Hinblick auf Preise und Auswahl der Videos bereiteten Probleme. Überdies war nach Auffassung des Bundeskartellamtes durch die Beitragsfinanzierung von ARD und ZDF eine erhebliche Wettbewerbsverfälschung auf dem Video-On-Demand-Markt zu befürchten. Nachdem das Bundeskartellamt – bestätigt durch das *OLG Düsseldorf*[131] – bereits im März 2011 ein vergleichbares Vorhaben der privaten Rundfunkveranstalter RTL und ProSiebenSat1 aufgrund der drohenden Verstärkung des marktbeherrschenden Duopols beider Sendergruppen untersagt hatte,[132] war dies auch für die entsprechende öffentlich-rechtliche Plattform zu erwarten. Daher haben ARD und ZDF die Fortführung des gemeinsamen Projekts nun aufgegeben. **37**

Mehr und mehr sollen eigens für das Internet produzierte Inhalte verbreitet werden. Es handelt sich dabei etwa um Informations- und Ratgeberangebote für jüngere Internet-Nutzer, auf die im laufenden Programm hingewiesen wird. Hiermit soll der Tatsache Rechnung getragen werden, dass klassische Rundfunkprogramme an Akzeptanz verlieren, während die des Internet spiegelbildlich wächst.[133] Der Blick auf die Netzauftritte der Rundfunkanstalten zeigt dementsprechend ein facettenreiches Bild. Neben Informationen über den zeitlichen Ablauf der Fernseh- und Hörfunkprogramme und die Organisations- und Personalstruktur der Rundfunkanstalten finden **38**

125 *OLG Köln* K&R 2016, 749, 752.
126 S. www.bdzv.de/aktuell/pressemitteilungen/artikel/detail/bdzv_heute_app_des_zdf_zu_textlastig/.
127 S. www.zdf.de/ZDFmediathek/startseite.
128 Vgl. www.zdf.de/ZDFmediathek/hauptnavigation/startseite#/hauptnavigation/sendung-verpasst.
129 Auch die ARD bietet mittlerweile eine derartige App an.
130 S. www.bdzv.de/aktuell/pressemitteilungen/artikel/detail/zeitungsverleger_mediathek_app_des_zdf_ist_die_loesung/.
131 Urteil v. 8.8.2012 – D 332 VI Kart 4/11[V], MMR-Aktuell 2012, 335641.
132 S. FAZ v. 24.2.2011, www.faz.net/aktuell/wirtschaft/netzwirtschaft/prosieben-sat-1-und-rtl-kartellamt-gegen-videodienst-der-privatsender-1592240.html.
133 *Müller-Terpitz* S. 3; *Held* S. 29; *Ricker* ZUM 2001, 28, 32.

sich zahlreiche ergänzende und vertiefende Hintergrundinformationen zu bereits gesendeten Beiträgen sowie Live-Streamings und Podcasts von Beiträgen. Allerdings geht das Angebot auch über programmbegleitendes und -wiederholendes hinaus. Das ZDF bietet unter „heute-Nachrichten" eine Reihe redaktionell gestalteter Beiträge an, die im Hauptprogramm nicht gesendet werden und von Online-Redakteuren erstellt werden. Es wird die Möglichkeit zum „Chat" mit Prominenten oder zu „Onlinespielen" geboten.[134] Ebenfalls in Planung ist die sog. „ZDF-ProgrammApp", in der neben dem Liveprogramm zahlreiche Mitmachmöglichkeiten im Rahmen herkömmlicher Formate wie Unterhaltungsshows oder „ZDF-Sportstudio" angeboten werden sollen.[135] Über „Shops", etwa bei der ARD den WDR-Shop[136] oder den SWR-Shop,[137] wird eine breite Produktpalette vertrieben.[136] Neben Waren, bei denen ein Programmbezug erkennbar ist (z.B. Merchandising-Artikel zur Sendung mit der Maus), finden sich auch solche – etwa Tonträger oder Bücher – deren Bezug zur öffentlich-rechtlichen Sendetätigkeit nicht ersichtlich ist. Diese „Shops" werden zwar – wie sich aus dem Impressum der jeweiligen Seite entnehmen lässt – nicht unmittelbar von den Anstalten betrieben.[138] Sie sind aber von den Seiten der Anstalten verlinkt und werden von den Rezipienten bei nicht näherem Hinsehen als Angebot der Sender wahrgenommen. Bisweilen wurde der Programmbezug umgekehrt, indem im Fernsehen für ein Internetformat geworben wurde.[139]

2.2 Programmauftrag für Onlinedienste

39 Es zeigt sich also, dass es sich bei den Online-Aktivitäten der Rundfunkanstalten nicht um die Nutzung des Internet als weiteren Verbreitungsweg für das klassische Hörfunk- und Fernsehangebot (IP-TV, Webcasting) im Rahmen von § 19 RStV handelt, sondern vielmehr um eine verstärkte und in vielen Fällen beitragsfinanzierte Nutzung des Internet, die jedoch in den Grenzen von § 11d RStV grundsätzlich vom Auftrag der Sender gedeckt ist. Dabei werden teilweise vom Rundfunk gelöste Angebote unter Nutzung der besonderen Möglichkeiten des Internet verbreitet.[140] Es stellt sich hier die Frage nach der rechtlichen Zulässigkeit dieser Aktivitäten im Hinblick auf eine beitragsfinanzierte Benachteiligung von Privatunternehmen innerhalb und außerhalb des Dualen Systems.[141]

2.2.1 Europarechtliche Einordnung

40 Im Rahmen der Überprüfung der vormaligen Gebührenfinanzierung (seit 1.1.2013 Beitragsfinanzierung) des öffentlich-rechtlichen Rundfunks anhand der wettbewerbs- und beihilferechtlichen Bestimmungen des EG-Vertrags (heute Vertrag über die Arbeitsweise der Europäischen Union – AEUV) haben die Europäische Kommission und die Bundesregierung im April 2007 eine Einigung erzielt. Private Wettbewerber

134 So etwa bei der Sendung mit der Maus und insgesamt im Kika.

135 So *Dr. Eckart Gaddum* Leiter der Hauptredaktion Neue Medien des ZDF, pro media 6/2013, 12, 13.

136 S. www.wdrshop.de/.

137 S. www.swr-shop.de/.

138 Der WDR-Shop wird von der WDR mediagroup GmbH und der SWR-Shop von der SWR Media Services GmbH, Geschäftsbereich Merchandising, betrieben.

139 So in der ZDF-„Web-Soap" „Etage Zwo", die ab November 2000 für einige Monate parallel im linearen Fernsehen und im Netz ausgestrahlt wurde, dazu *Brenner* S. 207, 209.

140 Dazu *Müller-Terpitz* AfP 2008, 335.

141 Vgl. hierzu insbesondere die aktuelle Problematik um die rechtliche Zulässigkeit der „Tagesschau-App" unter Rn. 32 ff.

hatten insbesondere die Aktivitäten des öffentlich-rechtlichen Rundfunks in den neuen Medien beklagt. Das Verfahren wurde unter verschiedenen Auflagen eingestellt.[142] Ob in der Aussage der Kommission eine Absicherung digitaler Handlungsspielräume in der digitalen Welt gesehen werden kann und Online-Angebote sowie digitale Fernsehprogramme für die Kommission nun zum Auftrag des öffentlich-rechtlichen Rundfunks zählen, ist indes nicht sicher. Die Aussage der Kommission geht lediglich dahin, dass Online-Angebote der Rundfunkanstalten beihilferechtlich zulässig ausgestaltet werden können. Um die Vereinbarkeit der damaligen Gebührenfinanzierung des deutschen öffentlich-rechtlichen Rundfunks mit dem europäischen Wettbewerbsrecht sicherzustellen, hatte die Bundesrepublik Deutschland zugesagt, nationale Regelungen zu installieren. Mit dem 12. RÄStV wurden in den §§ 11d–11f RStV spezielle Vorschriften für den Telemedienauftrag der öffentlich-rechtlichen Rundfunkanstalten eingeführt. Nach § 11d RStV dürfen die in der ARD zusammengeschlossenen Landesrundfunkanstalten, das ZDF und das Deutschlandradio bestimmte Telemedien schon kraft Gesetzes anbieten.[143] Die Zulässigkeit anderer Angebote ist gem. § 11f RStV durch eine Prüfung anhand des Drei-Stufen-Tests[144] als besonderes Genehmigungsverfahren für neue oder grundlegend veränderte Telemedienangebote des öffentlich-rechtlichen Rundfunks sicherzustellen.

2.2.2 Verfassungsrechtliche Einordnung

41 Unabhängig von der generellen verfassungsrechtlichen Einordnung der telemedialen Abrufdienste als Rundfunk[145] stellt sich die Frage, bis zu welcher Grenze Aktivitäten in diesem Bereich den öffentlich-rechtlichen Rundfunkanstalten offen stehen. Für das BVerfG dient der Rundfunk einer umfassenden, freien und individuellen öffentlichen Meinungsbildung. Dem öffentlich-rechtlichen Rundfunk kommt hier die Funktion des Grundversorgers zu. Dieser Grundversorgungsauftrag korreliert mit einer Bestands- und Entwicklungsgarantie des öffentlich-rechtlichen Rundfunks. Teilweise wird das umfassende Online-Engagement des öffentlich-rechtlichen Rundfunks auf diese Entwicklungsgarantie gestützt. Sicherung von Vielfalt und kommunikativer Chancengerechtigkeit im Online-Bereich setze die Gestattung eines multimedialen Angebots, über die Programmbegleitung hinaus, voraus. Dürfe der öffentlich-rechtliche Rundfunk nicht in diesem umfassenden Sinne an neuen, medienübergreifenden Entwicklungen teilhaben, bestehe die Gefahr, dass die Rezipienten anderenfalls das Interesse auch an den klassischen Angeboten des öffentlich-rechtlichen Rundfunks verlören, so dass eine diesbezügliche Restriktion mit einer Annexfunktion der Online-Dienste zu verfassungsrechtlichen Bedenken führe.[146] Ob dieser Ansatz aber im Hinblick auf den für das BVerfG zentralen Gedanken der **Vielfaltssicherung** übertragbar ist, muss bezweifelt werden.

42 Die Ausgestaltung der Rundfunkordnung zur Sicherung der Meinungsvielfalt ist nach Ansicht des BVerfG Aufgabe des Gesetzgebers. Diese Vielfaltsicherung ist „nicht durch den Wegfall der durch die Knappheit von Sendefrequenzen bedingten Sondersi-

142 Europäische Kommission: „Staatliche Beihilfe E 3/2005 – Die Finanzierung der öffentlich-rechtlichen Rundfunkanstalten in Deutschland", der Brüsseler Bescheid v. 24.4.2007 zur Einstellung des Prüfverfahrens gegen Deutschland bzw. ARD und ZDF in epd medien 39/2007, 3 ff.

143 *Hartstein/Ring/Kreile/Dörr/Stettner* RStV § 11d Rn. 2.

144 *Sokoll* NJW 2009, 885.

145 Vgl. zum Telemedienauftrag der öffentlich-rechtlichen Rundfunkanstalten Rn. 28 ff.

146 Vgl. in diesem Sinne etwa *Gounalakis* ZUM 2003, 180, 188; *Held* S. 21; *Michel* ZUM 1998, 350, 356 f.

tuation entbehrlich geworden (…). Dies hat sich im Grundsatz durch die technologischen Neuerungen der letzten Jahre und die dadurch ermöglichte Vermehrung der Übertragungskapazitäten sowie die Entwicklung der Medienmärkte nicht geändert.“[147] Anlass der gesetzlichen Ausgestaltungspflicht der Rundfunkordnung ist zum einen die hohe Suggestivkraft des Fernsehens.[148] Zum anderen erkennt das BVerfG die durch die Werbefinanzierung bedingte Erhöhung von Vielfaltsdefiziten.[149] Schließlich werden im Konzentrationsdruck und im Eingreifen vertikal integrierter Unternehmen (Inhalt und Technik in einer Hand) in den Medienmarkt vielfaltverengende Faktoren gesehen.[150]

43 Bezogen auf neue technische Entwicklungen hat das BVerfG in seiner Entscheidung vom 11.9.2007 folgendes ausgeführt: „Um der Bestands- und Entwicklungsgarantie für den öffentlich-rechtlichen Rundfunk (…) gerecht zu werden und die Erfüllung seines Funktionsauftrags zu ermöglichen, muss der Gesetzgeber vorsorgen, dass die dafür erforderlichen technischen, organisatorischen, personellen und finanziellen Vorbedingungen bestehen (…). Dem entspricht die Garantie funktionsgerechter Finanzierung. Die Mittelausstattung muss nach Art und Umfang den jeweiligen Aufgaben des öffentlich-rechtlichen Rundfunks gerecht werden (…)“.[151]

44 Im Hinblick auf die **neuen Medien** weist das BVerfG darauf hin, dass die Wirkungsmöglichkeiten des Rundfunks „zusätzliches Gewicht dadurch (gewönnen), dass die neuen Technologien eine Vergrößerung und Ausdifferenzierung des Angebots und der Verbreitungsformen und -wege gebracht sowie neuartige programmbezogene Dienstleistungen ermöglicht haben“.[152] Zudem müsse „das Programmangebot auch für neue Inhalte, Formate und Genres sowie für neue Verbreitungsformen offen bleiben (…), der Auftrag also dynamisch an die Funktion des Rundfunks gebunden (sein) (…)“. Daher dürfe „der öffentlich-rechtliche Rundfunk nicht auf den gegenwärtigen Entwicklungsstand in programmlicher, finanzieller und technischer Hinsicht beschränkt werden“.[153]

45 Die öffentlich-rechtlichen Rundfunkanstalten genießen zwar weitgehende Freiheiten in der Entscheidung über die Programmgestaltung zur Erfüllung ihres Funktionsauftrags. Es ist ihnen aber untersagt, „ihren Programmumfang über den Rahmen des Funktionsnotwendigen hinaus auszuweiten.“[154] Die dynamische Entwicklung des Auftrags ist auch in Zeiten der Digitalisierung untrennbar mit dem Erfordernis der Vielfaltssicherung in einer Sondersituation verbunden, vor deren Hintergrund die Entwicklungsgarantie zu sehen ist. Sie wird im dualen Rundfunksystem durch Mängel an Reichweite, programmlicher Vielfalt und programmlicher Breite des privaten Rundfunks gerechtfertigt.[155] Dies hat sich – wie das BVerfG 2007 ausdrücklich betonte –

147 *BVerfGE* 119, 181, Ziff. 115.
148 *BVerfGE* 119, 181, Ziff. 116; Krautscheid/Schwartmann/*Dörr* S. 39, 41.
149 *BVerfGE* 119, 181, Ziff. 117; *Dörr/Schwartmann* Rn. 204.
150 *BVerfGE* 119, 181, Ziff. 118.
151 *BVerfGE* 119, 181, Ziff. 123.
152 *BVerfGE* 119, 181, Ziff. 116; *Schwartmann* S. 11 ff.
153 *BVerfGE* 119, 181, Ziff. 123. Die hierdurch ausgesprochene Stärkung des öffentlich-rechtlichen Rundfunks greift offenbar der Entwurf eines Antrags von CDU/CSU und SPD zur Neuordnung der Medienpolitik auf und geht etwa im Hinblick auf dessen Entwicklungsmöglichkeit im Online-Bereich weiter; dazu *Hieber* FAZ v. 25.10.2007, 39.
154 *BVerfGE* 119, 181, Ziff. 125; in diese Richtung auch *Lilienthal* epd medien 74/2007, 2.
155 *Müller-Terpitz* AfP 2008, 335.

„im Grundsatz durch die technologischen Neuerungen der letzten Jahre und die dadurch ermöglichte Vermehrung der Übertragungskapazitäten sowie die Entwicklung der Medienmärkte nicht geändert.“[156] Die Verfassung gebietet Vielfaltssicherung im dualen Rundfunksystem auf der anderen Seite aber nur, „solange die privaten Veranstalter den klassischen Rundfunkauftrag (…) nicht in vollem Umfang erfüllen.“[157] In der 6. Rundfunkentscheidung wurde die Bedeutung der Neuen Dienste für die Meinungsbildung als vergleichsweise gering eingestuft und der Grundversorgungsauftrag ausdrücklich vorerst nicht auf diesen Bereich erstreckt. Wenn neue Kommunikationsdienste „künftig Funktionen des herkömmlichen Rundfunks übern(ä)hmen“, könne indes anderes gelten.[158]

Auch die Offenheit des Programmangebots für neue Inhalte, Formate und Genres sowie für neue Verbreitungsformen ist dynamisch an die Funktion des Rundfunks gebunden. Für die Erfüllung des Funktionsauftrages des öffentlich-rechtlichen Rundfunks und die Vielfaltssicherung kommt es aber nicht darauf an, die duale Rundfunkordnung auf neue Bereiche zu erstrecken, sondern im Rahmen des dualen Systems eine freie, umfassende und vielfältige Berichterstattung zu gewährleisten.[159] Es stellt sich also auf der Basis der Rspr. des BVerfG die **Frage**, ob das die Ausdehnung des Grundversorgungsauftrages rechtfertigende **Vielfaltsdefizit im Bereich der neuen Dienste** tatsächlich zu beklagen ist. In diesem Fall geböte die Verfassung aus Vielfaltsgesichtspunkten die Erstreckung des Funktionsauftrages über die vom BVerfG 2007 erneut gezogenen Grenzen der „programmbezogenen Dienstleistungen“[160] hinaus.[161] 46

An einem Vielfaltsdefizit wird man, angesichts der nahezu grenzenlosen Auswahl an frei verfügbaren Online-Angeboten des öffentlich rechtlichen Rundfunks, erhebliche Zweifel anmelden müssen. Angesichts der Kleinteiligkeit der einzelnen Angebote und des anfangs geringeren Rezipientenkreises hatten Online-Angebote ursprünglich keine dem Fernsehen auch nur annährend vergleichbare Suggestivkraft und Breitenwirkung und damit nicht die Meinungsrelevanz des Rundfunks.[162] Allerdings hat die Bedeutung von Smartphones und Tablet-PCs, die Empfang und Nutzung solcher Online-Dienste jederzeit sowie an jedem Ort ermöglichen, in den letzten Jahren erheblich zugenommen.[163] Gerade in der jüngeren Zielgruppe sind daher teilweise 47

156 *BVerfGE* 119, 181, Ziff. 115.

157 *BVerfGE* 83, 238, 299.

158 *BVerfGE* 83, 238, 302 f. unter Berufung auf *BVerfGE* 74, 297, 353; dazu *Müller-Terpitz* S. 12 f.

159 *BVerfGE* 83, 238, 296. Aus diesem Grund ist die pauschale Aussage des ehemaligen rheinland-pfälzischen Ministerpräsidenten *Beck* missverständlich, wonach die Entwicklungsgarantie des öffentlich-rechtlichen Rundfunks durch diese Entscheidung formuliert sei, SZ v. 12.9.2007, 2; krit. insoweit auch *Müller* FAZ v. 12.9.2007, 2; *Grimberg* TAZ v. 12.9.2007, 2.

160 *BVerfGE* 119, 181, Ziff. 116. Vgl. auch § 11d Abs. 2 Nr. 2 RStV. Warum sich allerdings durch die Onlinemöglichkeiten die Suggestivkraft des Rundfunks für das BVerfG erhöhen soll, ist unklar. Die Suggestivkraft wird durch Hinzutreten weiterer Verbreitungswege und neuer programmbezogener Möglichkeiten weder erhöht noch gemindert. Missverständlich insoweit *BVerfGE* 119, 181, Ziff. 116.

161 So zu Recht *Müller-Terpitz* AfP 2008, 335.

162 *Dörr* weist darauf hin, dass eine Änderung des Nutzerverhaltens hin zu einer größeren Meinungsrelevanz eine Erweiterung des Funktionsauftrages rechtfertigen könnte: Dörr/Kreile/Cole/*Dörr* B. Rn. 60.

163 Im Jahr 2016 lag der Anteil der Smartphone-Nutzer in Deutschland bei 73 %, Quelle: Bitcom, Anteil der Smartphone-Nutzer in Deutschland in den Jahren 2012 bis 2016, bei den 14-29jährigen liegt der Anteil sogar bei 95 %, Anteil der Smartphone-Nutzer in Deutschland nach Altersgruppe im Jahr 2016, abrufbar über www.statista.de.

Verschiebungen zu Lasten des Rundfunks erkennbar.[164] Obwohl das Internet durch die Mischung verschiedener Medienangebote und Kommunikationsfunktionen in den letzten Jahren stark an Bedeutung gewonnen hat, ist jedoch insbesondere im Unterhaltungsbereich der Rundfunk in Gestalt des Fernsehens nach wie vor Leitmedium.[164] Angesichts der rasanten technologischen Entwicklungen, die künftig weiter fortschreiten werden, kann bestimmten Online-Angeboten eine dem Rundfunk vergleichbare Suggestivkraft zwar schwerlich abgesprochen werden. Die Breitenwirkung des Internets ist indes noch nicht mit derjenigen des Rundfunks identisch. Auch wenn von einer dem klassischen Rundfunk vergleichbaren Wirkkraft der neuen Medien somit noch nicht gesprochen werden kann, bietet die zunehmende Fokussierung der Nutzer auf den Online-Bereich für die öffentlich-rechtlichen Rundfunkanstalten in mancher Hinsicht Vorteile. Schließlich sind Online-Dienste wesentlich kostengünstiger als klassische Rundfunkprogramme, lassen sich genau auf Zielgruppen zuschneiden und sind für die Werbewirtschaft gerade im Hinblick auf jüngere Zielgruppen attraktiv.[165] All dies vermag zwar das Interesse des öffentlich-rechtlichen Rundfunks an unbeschränktem, über die verfassungsmäßigen Vorgaben der §§ 11d ff. RStV hinausreichendem Online-Engagement zu erklären, nicht jedoch verfassungsrechtlich zu rechtfertigen. Das hohe qualitative Niveau der privaten Angebote lässt die Funktion des öffentlich-rechtlichen Rundfunks als Netzanbieter von „Glaubwürdigkeitsinseln" entbehrlich erscheinen. Da Online-Angebote in vielen Fällen frei verfügbar sind, gebieten auch sozialstaatliche Gründe keine unbegrenzte Betätigung des öffentlich-rechtlichen Rundfunks in diesem Bereich, zumal diese Beitragserhöhungen erforderlich machen könnten. Der Einsatz dieser Mittel etwa – wie im **Digitalisierungskonzept** vorgesehen – zur Gründung eigener Nachrichten- und Informationskanäle,[166] würde zu einer Verzerrung des Wettbewerbs mit privaten Anbietern etwa aus dem Printbereich führen und insofern verfassungs- und gemeinschaftsrechtlich problematisch sein.

48 Die Gremienvorsitzendenkonferenz der ARD hat zu diesen Fragen im Juni 2010 ein Gutachten des ehemaligen Präsidenten des BVerfG *Papier* zur Abgrenzung von Rundfunk und Presse im Internet vorgelegt.[167] Dieser vertritt die Auffassung, dass Online-Publikationen unter den Rundfunkbegriff fallen und leitet daraus ab, dass die öffentlich-rechtlichen Rundfunkanstalten auch im Internet einen Grundversorgungsauftrag zu erfüllen hätten. Für Papier gehört „eine umfassende Internet-Berichterstattung mittlerweile zu den verfassungsrechtlich gebotenen Mindestaufgaben der öffentlich-rechtlichen Rundfunkanstalten". Die Verfassung verpflichte den Gesetzgeber dazu, ARD und ZDF als „die Informationsquelle" im Internet einzurichten, weil sie „die Gewähr für Objektivität und Binnenpluralität" biete. Diese Wertung findet indes in der Rspr. des BVerfG keine Stütze. Danach darf der öffentlich-rechtliche Rundfunk nicht auf den gegenwärtigen Entwicklungsstand in programmlicher, finanzieller

164 *Busemann/Engel* Media Perspektiven 3/2012, 133, 146.

165 *Müller-Terpitz* AfP 2008, 335.

166 „Die ARD in der digitalen Medienwelt" Strategiepapier, verabschiedet in der ARD-Arbeitssitzung am 18.6.2007, epd medien 53/2007, 11.

167 Gutachten „über die Abgrenzung der Rundfunk- und Pressefreiheit zur Auslegung des Begriffs der „Presseähnlichkeit" und Anwendung des Verbots nichtsendungsbezogener presseähnlicher Angebote gem. § 11d Abs. 2 Nr. 3 HS 3 RStV (unter Berücksichtigung der Frage der Verfassungsmäßigkeit der Regelung und ggf. Korrekturnotwendigkeit des Staatsvertrags in Bezug auf programmgestaltende Verbote)", erstattet im Auftrag der Konferenz der Gremienvorsitzenden der ARD von *Hans-Jürgen Papier* und *Meinhard Schröder* epd medien 60/2010, 16 ff.

und technischer Hinsicht beschränkt werden. Von dieser Aussage sind auch dessen Aktivitäten im Netz getragen, wie sie derzeit im Rundfunkstaatsvertrag verankert sind. Von einer umfassenden Internet-Berichterstattung als verfassungsrechtlich gebotener Mindestaufgabe und einer medialen Leuchtturmfunktion des öffentlich-rechtlichen Rundfunks bei der Befriedigung des „Bedürfnisses des Bürgers nach Orientierung" wie dies im Gutachten behauptet wird, ist in der Rspr. des BVerfG aber keine Rede.[168]

2.2.3 Einfachgesetzliche Einordnung

Mit dem 12. RÄStV wurde der öffentlich-rechtliche Programmauftrag in den §§ 11, 11a, 11b, und 11c RStV weit möglichst konkretisiert. Insbesondere der Bereich öffentlich-rechtlicher Telemedienangebote erfuhr in § 11d RStV eine gesonderte Regelung. § 11e RStV verpflichtet ARD, ZDF und Deutschlandradio, Satzungen und Richtlinien betreffend die Verwirklichung ihres Auftrags sowie für das Verfahren zur Erstellung von Angebotskonzepten und das Verfahren für neue oder veränderte Telemedien zu erlassen.[169] § 11f RStV enthält den bereits erwähnten Drei-Stufen-Test. Hintergrund dieser Vorschrift sind die in der Einstellungsentscheidung der Europäischen Kommission vom 24. Juli 2007 enthaltenen förmlichen Zusagen der Bundesrepublik, „zweckdienliche Maßnahmen" im Rundfunkstaatsvertrag zu treffen, um die Bedenken der Kommission bezüglich der bisherigen Ausgestaltung der Rundfunkgebühr im Hinblick auf das europäische Beihilferecht der Art. 86 ff. EG (heute Art. 107 ff. AEUV) auszuräumen.[170] Ob ein Telemedien-Angebot des öffentlich-rechtlichen Rundfunks nach dem RStV zulässig ist, beurteilt sich folglich anhand der in §§ 11 ff. RStV vorgesehenen Kriterien, insbesondere nach §§ 11d und f RStV. Der mit dem 19. Rundfunkänderungsstaatsvertrag neu eingefügte § 11g RStV regelt schließlich in Verbindung mit der Negativliste der Anlage zu § 11g Abs. 5 S. 1 RStV die inhaltlichen Anforderungen an das Jugendangebot der Rundfunkanstalten der ARD und des ZDF. Hierzu soll nach § 11g Abs. 1 RStV das Jugendangebot „die Lebenswirklichkeit und die Interessen junger Menschen als Zielgruppe in den Mittelpunkt stellen und dadurch einen besonderen Beitrag zur Erfüllung der öffentlich-rechtlichen Auftrags nach § 11 leisten". 49

2.2.3.1 Programmauftrag

§ 11 Abs. 1 S. 1 RStV ist als Generalklausel ausgestaltet und definiert die grundlegenden Aufgaben des öffentlich rechtlichen Rundfunks.[171] Auftrag der öffentlich-rechtlichen Rundfunkanstalten ist danach, „durch die Herstellung und Verbreitung ihrer Angebote als Medium und Faktor des Prozesses freier individueller und öffentlicher Meinungsbildung zu wirken und dadurch die demokratischen, sozialen und kulturellen Bedürfnisse der Gesellschaft zu erfüllen". Die Definition bedient sich der Worte des BVerfG[172] und bleibt dabei bewusst allgemein. Den eigentlichen Programmauftrag beinhalten § 11 Abs. 1 S. 2–5 RStV. Die öffentlich-rechtlichen Rundfunkanstalten haben in ihren Angeboten einen „umfassenden Überblick über das internationale, europäische, nationale und regionale Geschehen in allen wesentlichen Lebensberei- 50

168 Kritisch auch *Gersdorf* AfP 2010, 421 ff.

169 Dazu Paschke/Berlit/Meyer/*Hesse/Nickel* 27. Abschnitt Rn. 71 ff.

170 KOM (2007) 1761 endg., „Staatliche Beihilfe E 3/2005 – Die staatliche Finanzierung der öffentlich-rechtlichen Rundfunkanstalten", epd medien 39/2007, 3.

171 *Hartstein/Ring/Kreile/Dörr/Stettner* RStV § 11 Rn. 7.

172 *BVerfGE* 12, 205 ff.; 57, 295 ff.; 73, 118 ff.

chen zu geben. Sie sollen hierdurch die internationale Verständigung, die europäische Integration und den gesellschaftlichen Zusammenhalt in Bund und Ländern fördern. Ihre Angebote haben der Bildung, Information, Beratung und Unterhaltung zu dienen. Sie haben Beiträge insbesondere zur Kultur anzubieten. Auch Unterhaltung soll einem öffentlich-rechtlichen Angebotsprofil entsprechen.“ Ob die Anstalten diesem Anspruch gerecht werden, wird nicht zuletzt[173] von der Medienpolitik angezweifelt und überprüft. Insbesondere angesichts der mangelnden Unterscheidbarkeit der Inhalte werden Bedenken geäußert.[174] § 11a Abs. 1 RStV legt fest, was unter dem Begriff „Angebote“ zu verstehen ist. Neben den klassischen Hörfunk- und Fernsehprogrammen sind das die über das Internet verbreiteten **Telemedien**. Letztere sind daher seit dem 12. RÄStV im Anschluss an das „Zweite Rundfunkgebührenurteil“ des BVerfG[175] vom Programmauftrag des § 11 Abs. 1 RStV erfasst.

2.2.3.2 Telemedien nach § 11d RStV

51 Mit dem 12. RÄStV wurde die Vorschrift des § 11d RStV eingefügt. In dessen Absatz 1 wird nochmals klargestellt, dass Telemedien zu den Angeboten des öffentlich-rechtlichen Rundfunks gehören. Insoweit wird nur bestätigt, was bereits § 11a Abs. 1 RStV bestimmt. Die öffentlich-rechtlichen Rundfunkanstalten haben nunmehr sogar die Pflicht, zur Erfüllung ihres Auftrags nach § 11 RStV Telemedien anzubieten. Allerdings hat der Auftrag nach § 11d Abs. 1 RStV nur das Angebot von journalistisch-redaktionell veranlassten und journalistisch-redaktionell gestalteten Telemedien im Blick. Angebote, die keinerlei Bezug zur öffentlichen Meinungsbildung haben, dürfen von den öffentlich-rechtlichen Rundfunkveranstaltern nicht angeboten werden.

52 **Journalistisch-redaktionell veranlasste** Telemedien sind durch eine planvolle, auf eine zeitnahe Herstellung und Weiterverbreitung eines Angebots gerichtete Tätigkeit gekennzeichnet. Dabei müssen sie einen Beitrag zur öffentlichen Meinungsbildung i.S.d. § 11 Abs. 1 RStV leisten. Journalistisch-redaktionell ist eine Tätigkeit, die recherchierenden, auswählenden und gewichtenden Charakter hat sowie eine systematisierende und strukturierende Aufbereitung eines die öffentliche Meinungsbildung berührenden Gegenstandes beinhaltet.[176]

53 **Journalistisch-redaktionell gestaltete** Telemedien sind demgegenüber solche, die den Gegenstand eines Angebots auf eigenständige Weise in Text, Bild oder Ton darstellen. Somit fallen zufällige Anordnungen von Informationen auf einer Internetseite nicht in den Anwendungsbereich. Dennoch sind an die Gestaltung eines Telemediums keine allzu hohen Anforderungen zu stellen. Entscheidend ist, dass das Gesamtbild als publizistisch sinnvolle Anordnung von Inhalten erkennbar ist.[177] Das gilt schon deshalb, weil die Telemedien im Unterschied zum Rundfunk kein lineares Angebot (geprägt durch einen Sendeplan) darstellen.

54 Handelt es sich also um journalistisch-redaktionell veranlasste und gestaltete Telemedien, ist deren Zulässigkeit aber noch nicht geklärt. Vielmehr muss ein Telemedienangebot einer Prüfung der Vorgaben des § 11d Abs. 2 RStV unterzogen werden. Außer-

173 Dazu *Schwartmann* FAZ v. 5.11.2009, 8.
174 Dazu epd medien 13/2011, 11 über eine Initiative der Sächsischen Staatskanzlei; krit. auch *Gehringer* epd medien 13/2011, 3 ff.
175 *BVerfGE* 119, 181, Ziff. 116.
176 *Hartstein/Ring/Kreile/Dörr/Stettner* RStV § 11d Rn. 8.
177 *Hartstein/Ring/Kreile/Dörr/Stettner* RStV § 11d Rn. 9.

dem sind die Verbote des § 11d Abs. 5 S. 1–3 RStV sowie der in der Anlage zu § 11d Abs. 5 S. 4 RStV vorgesehene Negativkatalog unzulässiger Angebote zu beachten. Schließlich müssen öffentlich-rechtliche Telemedienangebote gem. § 11d Abs. 3 RStV eindeutig inhaltlich ausgerichtet sein, um sie von den Angeboten kommerzieller Anbieter abgrenzen zu können. Besonderer Aufmerksamkeit bei der Zulässigkeitsprüfung bedarf die Regelung des § 11d Abs. 2 RStV. So werden die in Nr. 1 und 2 des § 11d Abs. 2 RStV beschriebenen Telemedienangebote dem öffentlich-rechtlichen Rundfunk kraft Gesetzes übertragen. Davon erfasst sind nach Nr. 1 die Verlängerung der Ausstrahlung einer Sendung im Internet für die Dauer von sieben Tagen zum Abruf (für Fußballspiele der 1. und 2. Bundesliga gilt die 24-Stunden-Frist) sowie gem. Nr. 2 das Bereithalten von auf diese Sendung bezogenen Begleitangeboten in Form von Telemedien (sog. **Seven-Days-Catch-Up**).[178] Zeit- und kulturgeschichtliche Inhalte dürfen nach Nr. 4 hingegen zeitlich unbegrenzt archiviert und zugänglich gehalten werden. § 11d Abs. 2 Nr. 3 RStV erlaubt es, Sendungen und sendungsbezogene Telemedien auch nach Ablauf der in §§ 11d Abs. 2 Nr. 1 HS 1 und Nr. 2 RStV genannten Fristen in den Mediatheken anzubieten, wenn sie in Einklang mit § 11f RStV in einem entsprechenden Telemedienkonzept beschrieben und angebotsabhängig eine Befristung der Verweildauer festgelegt ist. So hält etwa die ARD seit Ende 2015 im Rahmen ihrer Multiplattformstrategie auf Grundlage des Telemedienkonzepts von Juni 2010[179] die „Tatort"-Krimis nunmehr 30 Tage in der Mediathek vor.[180]

Ein Telemedienangebot gilt als **sendungsbezogen** i.S.d. § 11d Abs. 2 Nr. 2 RStV, wenn ein unmittelbarer Bezug zu einer im Fernsehen ausgestrahlten konkreten Sendung vorliegt. Der Begriff der Sendung wird in § 2 Abs. 2 Nr. 2 RStV definiert. Eine Sendung ist danach ein inhaltlich zusammenhängender, geschlossener und zeitlich begrenzter Teil eines Rundfunkprogramms. Darauf muss sich das Telemedium beziehen. Der Bezug auf eine bestimmte Sendung muss dabei klar erkennbar sein. Außerdem ist § 11d Abs. 2 Nr. 2 RStV und damit die Zulässigkeit eines Telemediums kraft Gesetzes nur gegeben, wenn es sich ausschließlich aus Materialen und Quellen zusammensetzt, die für die in Bezug genommene Sendung genutzt wurden. Schließlich muss ein sendungsbezogenes Telemedium die Sendung unterstützend begleiten und vertiefen. Dabei darf es sich aber nicht so weit von der zugrundeliegenden Sendung entfernen, dass es als eigenständiges Telemedium i.S.d. § 11f Abs. 3 RStV einzustufen ist. Liegen diese drei Voraussetzungen kumulativ vor, handelt es sich um ein kraft Gesetz zulässiges sendungsbezogenes Telemedium.[181] Ein Telemedium, das sich nicht in den Grenzen des § 11d Abs. 2 Nr. 2 RStV hält (was in der Praxis häufig der Fall ist, da Telemedienangebote oftmals nicht nur unterstützend begleiten und vertiefen), kann nur nach erfolgreich durchlaufenem Drei-Stufen-Test i.S.v. § 11f Abs. 4 RStV zulässig sein. **55**

Unter den Voraussetzungen von § 11d Abs. 2 Nr. 3 2. HS und Nr. 4 RStV wird dem öffentlich-rechtlichen Rundfunk die Möglichkeit eröffnet, auch **nichtsendungsbezogene Telemedien** anzubieten, sofern diese einem Drei-Stufen-Test nach § 11f RStV Stand gehalten haben. Das gilt aber nicht für **presseähnliche nichtsendungsbezogene** **56**

---

178 *Hartstein/Ring/Kreile/Dörr/Stettner* RStV § 11d Rn. 18.

179 Telemedienkonzepte der gemeinschaftlichen Angebote ARD.de und einsplus.de, ab S. 34, Auflistung der Inhalte ab S. 37, abrufbar unter www.ard.de/download/658452/ARD_de_und_einsplus_de.pdf.

180 Hierzu Meldung vom 30.11.2015, abrufbar unter www.daserste.de/unterhaltung/krimi/tatort/specials/tatort-verpasst-jetzt-30-tage-als-video-mediathek-100.html.

181 *Hartstein/Ring/Kreile/Dörr/Stettner* RStV § 11d Rn. 24.

Telemedien nach § 11d Abs. 2 Nr. 3 letzter HS RStV. Das Angebot derartiger Telemedien ist dem öffentlich-rechtlichen Rundfunk ausdrücklich untersagt, um unerwünschte Wettbewerbsvorteile des gebührenfinanzierten öffentlich-rechtlichen Rundfunks gegenüber der Presse zu verhindern.[182] Der Vorteil der Gebührenfinanzierung ist nämlich nur in den Bereichen gerechtfertigt, in denen der öffentlich-rechtliche Rundfunk die ihm zugewiesene Aufgabe der Grundversorgung erfüllen muss. Diese Regelung war im Vorfeld des 12. RÄStV heftig umstritten. Insbesondere von Seiten der Zeitungsverleger wurde ein weites Verständnis des Begriffs gefordert, um durch einen möglichst weitgehenden Ausschluss des öffentlich-rechtlichen Rundfunks aus dem Bereich des Online-Journalismus die eigene Marktposition zu sichern.[183] Nach der nunmehr geltenden Lösung hat sich kein gänzliches Verbot presseähnlicher nichtsendungsbezogener Telemedienangebote durchgesetzt. Die Legaldefinition des § 2 Abs. 2 Nr. 20 RStV bestimmt, dass ein „presseähnliches Angebot nicht nur elektronische Ausgaben von Printmedien, sondern alle journalistisch-redaktionell gestalteten Angebote, die nach Gestaltung und Inhalt Zeitungen oder Zeitschriften entsprechen", umfasst. Angesichts der Medienkonvergenz kann diese Definition höchstens Anhaltspunkte für eine Abgrenzung liefern. Jedenfalls muss auf die (besonders textbezogene) Gestaltung des Gesamtbilds eines Angebots abgestellt werden, da die sonstigen Merkmale wenig trennscharf sind. Im Sommer 2010 wurde der Streit um die Online-Aktivitäten des öffentlich-rechtlichen Rundfunks durch ein von der GVK in Auftrag gegebenes Gutachten zur Erstreckung des öffentlich-rechtlichen Grundversorgungsauftrags wieder aktuell, in dem der ehemalige Präsident des BVerfG *Papier* die weitreichende Auffassung vertritt, der öffentlich-rechtliche Grundversorgungsauftrag erstrecke sich von Verfassungs wegen auf jegliche Berichterstattung im Internet.[184] Höchstrichterlich geklärt ist inzwischen die Kontroverse diverser Zeitungsverleger mit ARD und NDR über den Umfang dieses Auftrags im Hinblick auf die Zulässigkeit der Tagesschau-App unter dem Aspekt der Presseähnlichkeit.[185]

2.2.3.3 Drei-Stufen-Test[186]

57 Ebenfalls mit dem 12. RÄStV wurde in § 11f RStV der Drei-Stufen-Test für öffentlich-rechtliche Telemedienangebote eingeführt. Planen die öffentlich-rechtlichen Rundfunkanstalten neue Telemedienangebote oder die Veränderung bestehender Angebote, sind sie gem. § 11f Abs. 4 S. 1 RStV verpflichtet, „gegenüber ihrem zuständigen Gremium darzulegen, dass das geplante, neue oder veränderte, Angebot vom Auftrag umfasst ist". Anhand einer dreistufigen Prüfung muss das zuständige Gremium dann entscheiden, ob das geplante (neue oder veränderte) Telemedium den Anforderungen des RStV genügt. Nach § 11f Abs. 4 S. 2 Nr. 1 RStV wird auf der **ersten Prüfungsstufe** nur konkretisiert, was § 11f Abs. 4 S. 1 RStV bereits zum Ausdruck bringt. Das Angebot muss dem öffentlich-rechtlichen Funktionsauftrag entsprechen, was nur der Fall ist, wenn es „den demokratischen, sozialen und kulturellen Bedürf-

182 *Gersdorf* Legitimation und Limitierung von Online-Angeboten des öffentlich-rechtlichen Rundfunks, 2009, S. 72 ff.
183 *Hartstein/Ring/Kreile/Dörr/Stettner* RStV § 11d Rn. 15.
184 *Papier/Schröder* Funkkorrespondenz 32/2010, 3 ff.; vgl. dazu kritisch *Gersdorf* AfP 2010, 421 ff.; auch *Schwartmann* KStA v. 27.7. 2010 Per Verfassung ins Internet?.
185 Vgl. hierzu Rn. 32 f.
186 Beck'scher Online-Kommentar Informations- und Medienrecht/*Gersdorf* 14. Edition Stand: 1.11.2016, § 11 f RStV Rn. 14; *Sokoll* NJW 2009, 885 ff.; *Dörr* ZUM 2009, 897 ff.

nissen der Gesellschaft entspricht", die Vorgaben des § 11d Abs. 1, Abs. 3 S. 1 RStV erfüllt und nicht gegen einen der Verbotstatbestände des § 11d Abs. 2 Nr. 3, Abs. 5 RStV oder der Anlage zu § 11d Abs. 5 S. 2 RStV verstößt.[187] Der Durchführung eines Drei-Stufen-Tests bedarf es gar nicht erst, wenn das zuständige Gremium feststellt, dass ein bestimmtes Angebot dem öffentlichen-rechtlichen Rundfunk nach § 11d Abs. 2 Nr. 1 oder Nr. 2 RStV bereits kraft Gesetzes zufällt. Ist das nicht der Fall, ist auf der **zweiten Stufe** zu klären, „in welchem Umfang durch das Angebot in qualitativer Hinsicht zum publizistischen Wettbewerb beigetragen wird." Dafür müssen gem. § 11f Abs. 4 S. 3 RStV drei Kriterien beachtet werden. Erstens sind die Qualität und der Umfang der „frei zugänglichen" Angebote in die Betrachtung einzubeziehen. Zweitens muss untersucht werden, welche „marktrelevanten" Auswirkungen das neue oder veränderte Angebot haben wird, wobei dafür der gesamte Markt einzubeziehen ist, also nicht nur die frei zugänglichen, sondern wohl auch die kostenpflichtigen Angebote berücksichtigt werden müssen.[188] Drittens ist die „meinungsbildende Funktion angesichts bereits vorhandener vergleichbarer Angebote, auch des öffentlich-rechtlichen Rundfunks" zu beurteilen. Auf dieser zweiten Stufe liegt der Schwerpunkt des Prüfungsverfahrens im Rahmen des Drei-Stufen-Tests. Schließlich beschäftigt sich auf der **dritten Stufe** das zuständige Gremium damit, „welcher finanzielle Aufwand für das Angebot erforderlich ist". Dabei darf der finanzielle Aufwand nicht außer Verhältnis zum publizistischen Mehrwert des Angebots stehen.[189] Hat ein neues oder verändertes öffentlich-rechtliches Telemedienangebot den Drei-Stufen-Test erfolgreich durchlaufen, ist seine Zulässigkeit grundsätzlich geklärt. Dennoch sind umso mehr Zweifel an Sinn und Zweck sowie der Verfassungsmäßigkeit dieses Verfahren angebracht, als die öffentlich-rechtlichen Rundfunkanstalten ihre früher gebühren- und heute beitragsfinanzierten Online-Aktivitäten beständig weiter ausbauen.[190] Mit Blick auf das oben erwähnte Gutachten und die durch die Haushaltsabgabe nunmehr konsolidierten Gebühreneinnahmen des öffentlich-rechtlichen Rundfunks, wird gefragt, ob mit dem Drei-Stufen-Test der erhoffte Ausgleich bewirkt werden kann.[191]

IV. Finanzierung des öffentlich-rechtlichen Rundfunks

Während private Rundfunkunternehmen sich gem. § 43 RStV im Wesentlichen über Werbung i.S.d. § 2 Abs. 2 Nr 7 RStV (auch Teleshopping, sonstige Einnahmen, insbesondere Entgelte der Teilnehmer, sowie eigene Mittel) finanzieren,[192] ist dies bei den öffentlich-rechtlichen Rundfunkanstalten wegen der in § 13 RStV vorrangig vorgesehenen Beitragsfinanzierung nur in vergleichsweise engen Grenzen der Fall.[193] Die 58

187 *Hartstein/Ring/Kreile/Dörr/Stettner* RStV § 11f Rn. 36.
188 *Hartstein/Ring/Kreile/Dörr/Stettner* RStV § 11f Rn. 43.
189 *Hartstein/Ring/Kreile/Dörr/Stettner* RStV § 11f Rn. 46.
190 *Wimmer* ZUM 2009, 601 ff.
191 *Ladeur* ZUM 2009, 906 ff.
192 Zu neuen Einnahmequellen der privaten Rundfunkveranstalter *Roether* epd medien 66/2007, 3 ff.
193 So erzielten die drei umsatzstärksten privaten Rundfunkveranstalter RTL, ProSieben und Sat.1 von Januar bis September 2016 rund 2 Mrd. EUR (RTL), 1.7 Mrd. EUR (Pro 7) und 1.5 Mrd. EUR (Sat1) Bruttowerbeeinnahmen. Die ARD-Anstalten und das ZDF nahmen indes lediglich 213 Mio. EUR bzw. 209 Mio. EUR durch die Ausstrahlung von Werbung ein (vgl. hierzu sowie zu den Werbeumsätzen aller anderen Rundfunkveranstalter http://de.statista.com/statistik/daten/studie/175423/umfrage/werbeumsaetze-der-tv-sender-im-fernsehwerbemarkt/).

Gebühreneinnahmen (seit dem 1.1.2013 Beitragseinnahmen[194]) betrugen im Jahr 2015 insgesamt rund 8,1 Mrd. EUR.[195] Mit dem Recht der Finanzierung des privaten Rundfunks befasst sich in diesem Handbuch ein eigener Beitrag.[196]

1. Beitragsfinanzierung des öffentlich-rechtlichen Rundfunks

59 Die Finanzierung des öffentlich-rechtlichen Rundfunks dient der „„Gewährleistung der Rundfunkfreiheit in der dualen Rundfunkordnung“.[197] Hierzu gehört „die Sicherung der Funktionsfähigkeit des öffentlich-rechtlichen Rundfunks unter Einschluss seiner bedarfsgerechten Finanzierung.“[197] Diese wird in einem Zusammenspiel des Staatsvertrages für Rundfunk und Telemedien (RStV) mit dem Rundfunkbeitragsstaatsvertrag (RBStV) und dem Rundfunkfinanzierungsstaatsvertrag (RFinStV) geregelt und soll vorwiegend aus Beiträgen erfolgen (§ 13 Abs. 1 S. 1 HS 2 RStV).[198]

1.1 Die ehemalige Rundfunkgebühr

60 Nach § 2 Abs. 2 Rundfunkgebührenstaatsvertrag (RGebStV) war die Rundfunkgebühr eine Leistung, die jeder Rundfunkteilnehmer erbringen musste. Das BVerfG stellte für die Pflicht zu ihrer Zahlung ausschließlich auf das Bereithalten eines Empfangsgerätes ab.[199] Es war hierbei unbeachtlich, ob das Gerät auch seinem Zweck entsprechend genutzt wurde. Die Gebühr spaltete sich nach § 2 Abs. 1 RGebStV, in eine Grund-[200] und eine **Fernsehgebühr**[201] auf, deren Höhe in § 8 RFinStV a.F. festgehalten war. Die Voraussetzungen, unter denen sie anfiel, regelten die §§ 3-6 RGebStV, wobei § 3 die Anzeigepflicht für das Bereithalten eines Endgerätes normierte. § 8 RGebStV enthielt einen Ordnungswidrigkeitentatbestand für Verstöße gegen die Anzeigepflicht und das Nichtzahlen der Gebühr.

61 Mit dem 8. RÄStV trat für die Gebührenfinanzierung ab dem 1.1.2007 eine weitere Neuerung ein. Für **„neuartige Rundfunkempfangsgeräte** (insbesondere Rechner, die Rundfunkprogramme ausschließlich über das Internet wiedergeben können)“ die „im nicht ausschließlich privaten Bereich“ zum Empfang bereitgehalten wurden, war unter bestimmten Umständen eine Gebühr zu entrichten. Dies nämlich dann, wenn sie nicht „ein und demselben Grundstück oder zusammenhängenden Grundstücken zuzuordnen“ waren und nicht „andere Rundfunkempfangsgeräte dort zum Empfang bereit gehalten“ wurden (§ 5 Abs. 3 S. 1 RGebStV). Weil es Computer als Desktops oder als mobile Notebooks, aber auch internetfähige Handys ermöglichen, über das Internet Fernsehen zu empfangen, bestand unter den beschriebenen Voraussetzungen seit Ablauf des 31.12.2006 (§ 11 Abs. 2 RGebStV) aufgrund der bloßen Empfangsmöglichkeit[202] die Pflicht, diese Geräte anzumelden und Gebühren zu zahlen. Betroffen

194 Vgl. dazu Rn. 64 ff.

195 Gesamterträge und Verteilung bis zum Jahr 2015 sind abrufbar unter https://de.statista.com/statistik/daten/studie/163022/umfrage/gesamtertrag-der-gez-seit-2005/.

196 Dazu 6. Kap.

197 *BVerfGE* 119, 181, Ziff. 114.

198 *BVerfGE* 90, 60, 90 f. (3. Leitsatz); 119, 181, Ziff. 127.

199 *BVerfGE* 87, 181, 201; zuletzt *BVerfGE* 119, 181, Ziff. 127.

200 Zuletzt 5,52 EUR.

201 Zuletzt 11,51 EUR.

202 Für verpackte Empfangsgeräte in Supermärkten galt diese Pflicht indes nicht, *OVG Münster* 19 A 377/06, ZUM 2007, 586; 19 A 378/06, zu finden über juris; 19 A 379/06, LRE 54, 359; vgl. auch FAZ v. 5.3.2007, 38.

waren etwa Ladenlokale und Betriebsstätten. Allerdings beschränkte sich diese Pflicht nach einer Kompromisslösung der Länder auf die Grundgebühr in Höhe von 5,76 EUR (§ 8 Nr. 1 RFinStV a.F.). Dies bestätigte das BVerwG mit Urteilen vom 27.10.2010 und wies damit die Klagen ab, in denen argumentiert worden war, dass die betreffenden Computer nicht zum Rundfunkempfang genutzt würden. Das BVerwG entschied, dass es sich bei internetfähigen PCs um Rundfunkempfangsgeräte i.S.d. Rundfunkgebührenstaatsvertrages handele, die der entsprechenden Regelung unterfielen. Da der Gleichheitssatz des Art. 3 Abs. 1 GG für das Abgabenrecht jedoch verlange, dass die Gebührenpflichtigen durch ein Gebührengesetz rechtlich und tatsächlich gleich belastet werden, könnten die Rundfunkanstalten an der Gebührenpflichtigkeit von internetfähigen PCs auf Dauer nur festhalten, wenn diese sich auch tatsächlich durchsetzen lasse. Andernfalls könne sich die gesetzliche Gebührengrundlage doch als verfassungswidrig erweisen. Insoweit werde der Gesetzgeber die weitere Entwicklung zu beobachten haben.[203] Das BVerfG nahm die hiergegen gerichtete Verfassungsbeschwerde nicht zur Entscheidung an.[204] Auch wenn damit die Erstreckung der Rundfunkgebührenpflicht auf neuartige Empfangsgeräte für die rechtliche Praxis feststand, konnte diese Erkenntnis angesichts der seinerzeit bereits unmittelbar bevorstehenden Neuregelung der Rundfunkfinanzierung über einen geräteunabhängigen Haushaltsbeitrag nur noch von geringer Relevanz sein.[205]Allerdings kommt dem Nichtannahmebeschluss auch für das neue Modell des Rundfunkbeitrags insoweit Bedeutung zu, als das BVerfG die Möglichkeit einer ausschließlich nutzungsabhängigen Zahlungspflicht für rechtlich problematisch hält. Eine derartige Zugangsbeschränkung stehe dem Grundversorgungsauftrag des öffentlich-rechtlichen Rundfunks entgegen.[206]

Von dem den Rundfunkanstalten zustehenden Gesamtgebührenaufkommen standen 62 den Landesmedienanstalten gem. § 10 RFinStV knapp 2 % zur Verfügung. Hieran hat sich auch nach Einführung des Rundfunkbeitrages nichts geändert. Dies rechtfertigt sich dogmatisch daraus, dass im dualen Rundfunksystem auch private Veranstalter nicht dem freien Wettbewerb überlassen werden dürfen und deshalb unter die öffentlich-rechtliche Aufsicht der Landesmedienanstalten gestellt werden.[207] Gebührengläubiger im Hinblick auf die Grundgebühr waren dementsprechend nach § 7 Abs. 1 RGebStV die Landesrundfunkanstalt, das Deutschlandradio in dem im RFinStV bestimmten Umfang sowie die Landesmedienanstalt, in deren Bereich das Rundfunkempfangsgerät zum Empfang bereitgehalten wurde. Das Aufkommen aus der Fernsehgebühr stand gem. § 7 Abs. 2 RGebStV der Landesrundfunkanstalt und in dem im RFinStV bestimmten Umfang der Landesmedienanstalt, in deren Bereich das Fernsehempfangsgerät zum Empfang bereitgehalten wurde, sowie dem ZDF zu. Der Anteil des ZDF nach § 9 Abs. 2 RFinStV a.F. errechnete sich dabei aus dem Aufkommen aus der Fernsehgebühr nach Abzug der Anteile der Landesmedienanstalten.

Die Rundfunkgebühren wurden von der Gebühreneinzugszentrale (GEZ), einer 63 öffentlich-rechtlichen, nicht rechtsfähigen Gemeinschaftseinrichtung der Landesrundfunkanstalten der ARD, des ZDF und des Deutschlandradio eingezogen.

---

203 *BVerwG* NJW 2011, 946; 17/09, GewArch 2011, 94; 21/09, MMR 2011, 258.
204 *BVerfG* NJW 2012, 3423.
205 *Von Coelln* jurisPR-ITR 22/2012 Anm. 4.
206 *BVerfG* NJW 2012, 3423; vgl. auch *VG Regensburg* BeckRS 2010, 54037.
207 Dörr/Kreile/Cole/*Dörr* E. Rn. 102.

1.2 Der Rundfunkbeitrag als neues Modell der Rundfunkfinanzierung

64 Bereits im Juni 2010 kamen die Ministerpräsidenten der Länder überein, dass Reformbedarf im Hinblick auf das bisherige Rundfunkfinanzierungsmodell bestehe. Einem von Paul Kirchhof im Auftrag von ARD, ZDF und Deutschlandradio erstellten Gutachten[208] folgend einigte man sich darauf, die geräteabhängige Gebühr abzuschaffen und diese durch einen haushaltsbezogenen Rundfunkbeitrag zu ersetzen. Nachdem der 15. RÄStV am 15.12.2010 von den Ministerpräsidenten der Länder unterzeichnet worden war, trat dieser am 1.1.2013 in Kraft.

65 Im Zuge der durchgeführten Reform der Rundfunkfinanzierung[209] sollte der Gebührenbegriff eine begriffliche Klarstellung erfahren und fortan „Beitrag" heißen. Um einen solchen handelte es sich im verfassungsrechtlichen Sinne allerdings schon bei der vormaligen „Rundfunkgebühr".[210] Anders als von einer konkreten Gegenleistung abhängige Gebühren werden Beiträge für die Bereitstellung einer Leistung erhoben, ohne dass es einer tatsächlichen Inanspruchnahme bedarf. Das war auch nach alter Rechtslage bereits der Fall – der Gebührentatbestand war erfüllt, sofern Geräte zum Empfang bereit gehalten wurden; auf das tatsächliche Konsumieren öffentlich-rechtlicher Sendungen kam es hingegen nicht an.

66 Der nunmehr geltende Rundfunkbeitrag sieht eine pauschale Abgabe pro Haushalt vor, ohne Rücksicht darauf, ob tatsächlich ein Rundfunkgerät vorhanden ist. Die frühere Unterscheidung zwischen Grund- und Fernsehgebühr ist entfallen. Im privaten Bereich ist daher für jede Wohnung von deren Inhaber gem. § 2 Abs. 1 RBStV ein Rundfunkbeitrag zu entrichten. Der Begriff der Wohnung wird in § 3 Abs. 1 RBStV legaldefiniert. Auch nach dem neuen Finanzierungsmodell soll sich aber der bisher zu zahlende Betrag von 17,98 EUR für Privathaushalte nicht erhöhen.[211] Für die von Betriebsstätten zu zahlenden Beiträge ist gem. § 5 Abs. 1 RBStV eine Staffelung vorgesehen, so dass die bisher zu leistenden Sätze proportional zu den Mitarbeitern steigen.[212] Anders als vom Gutachten angeregt, hielten die Ministerpräsidenten an der Möglichkeit der **Befreiung** bzw. Ermäßigung von Rundfunkbeiträgen für sozial Schwache und behinderte Menschen fest (§ 4 RBStV).[213] Beitragsgläubiger sind gem. § 10 Abs. 1 RBStV die Landesrundfunkanstalt, das ZDF in dem im RFinStV bestimmten Umfang[214], das Deutschlandradio sowie die Landesmedienanstalt, in deren Bereich sich die Wohnung oder die Betriebsstätte des Beitragsschuldners befindet.

67 Das Kirchhof-Gutachten sieht in einem haushaltsbezogenen Rundfunkbeitrag gleich mehrere Vorteile: Zum einen werde damit die **Konvergenzproblematik** gelöst, zum anderen werde eine verlässliche Basis für eine **zeitgemäße Rundfunkfinanzierung** geschaffen. Schließlich würde dadurch auch eine **Reduktion des Datenaufkommens** erreicht. Die **Beeinträchtigung der Privatsphäre** der Bürgerinnen und Bürger durch

208 *Kirchhof* Gutachten über die Finanzierung des öffentlich-rechtlichen Rundfunks, 2010.

209 Näheres hierzu unter 3. Kap. Rn. 84.

210 So auch *Kirchhof* S. 47.

211 *Kirchhof* S. 50 f.; vgl. dazu auch § 8 RFinStV.

212 *Kirchhof* S. 70 f.

213 Vgl. zur Rechtmäßigkeit der Heranziehung behinderter Menschen zu einem Drittelbeitrag, auch wenn diese vor der Umstellung der Rundfunkfinanzierung von der Gebührenpflicht befreit waren *VG Ansbach* 25.7.2013 – AN 14 K 13.00535 – juris.

214 Vgl. § 9 Abs. 1 RFinStV.

Rundfunkgebührenbeauftragte der GEZ werde in Zukunft unterbleiben, da die Kontrolle entfalle, ob ein Rundfunkgerät zum Empfang bereitgehalten werde.[215]

Datenschützer sehen die Einschätzungen zur Privatsphäre der Beitragspflichtigen teilweise kritisch und halten das Vorhaben wegen der neuen Rolle des Beitragsservice als Nachfolger der GEZ für bedenklich.[216] Hintergrund sind die umfassenden Auskunftsansprüche im Hinblick auf die Feststellung von Wohnungsinhabern und Inhabern von Betriebsstätten, die der neue Rundfunkbeitragsstaatsvertrag[217] den öffentlich-rechtlichen Rundfunkanstalten einräumt. Datenschutzrechtlich problematisch erscheinen zudem die weitreichenden Anzeigepflichten der Wohnungsinhaber.[218] ARD und ZDF haben auf die Kritik mit einem Gutachten zu "Datenschutzrechtlichen Fragen im Zusammenhang mit der Einführung eines Rundfunkbeitrags"[219] reagiert. Es gelangt zu dem Ergebnis, die Regelungen im Rundfunkbeitragsstaatsvertrag, insbesondere der geplante einmalige Meldedatenabgleich, regelmäßige Meldedatenübermittlungen und Anzeige- sowie Auskunftspflichten seien ebenso wie Auskunftsrechte gegenüber öffentlichen und nichtöffentlichen Stellen unter datenschutzrechtlichen Aspekten nicht zu beanstanden. **68**

Nicht nur bei Datenschützern ist der neue Rundfunkbeitrag indes auf Kritik gestoßen. **69** So kommt insbesondere Degenhart in einem ausführlichen Gutachten für den Handelsverband Deutschland (HDE)[220] zu dem Ergebnis, dass der Rundfunkbeitrag sowohl formelles als auch materielles Verfassungsrecht verletze.[221] Da es sich bei dem Beitrag nicht um eine Vorzugslast, sondern um eine Steuer handele, fehle es im Hinblick auf den Rundfunkbeitragsstaatsvertrag bereits an der gesetzgeberischen Zuständigkeit der Länder.[222] Überdies begründe die unterschiedslose Beitragspflichtigkeit aller Unternehmen in materieller Hinsicht einen Verstoß gegen Art. 3 GG. In Anbetracht der degressiven Staffelung der Beiträge würden große Filialunternehmen deutlich höher belastet als Unternehmen, die bei gleicher Mitarbeiterzahl nur wenige Betriebsstätten unterhalten.[223] Eine verfassungswidrige Gleichbehandlung ungleicher Sachverhalte liege ferner auch deshalb vor, weil mit dem Rundfunkbeitrag auch Raumeinheiten belastet würden, für die die nunmehr unwiderlegliche gesetzliche Vermutung der Rundfunkteilnahme nicht zutreffe.[223] Weitere verfassungsrechtliche Bedenken bestehen wegen der Verbreiterung der Beitragsbasis und durch den Wegfall der Unterscheidung zwischen Grund- und Fernsehgebühr zu erwartender Mehr-

---

215 *Kirchhof* S. 58.

216 Vgl. hierzu den FAZ.net-Artikel „Die Supermeldebehörde“, www.faz.net.

217 Vgl. hierzu auch Rn. 64 und 3. Kap. Rn 84.

218 Vgl. den 15. Rundfunkänderungsstaatsvertrag, mit dem der bisherige Rundfunkgebührenstaatsvertrag aufgehoben und durch einen neuen Rundfunkbeitragsstaatsvertrag ersetzt worden ist.

219 Vgl. hierzu die Pressemeldung der ARD v. 14.9.2011 (www.ard.de/home/intern/Gebuehrenreform__Kritiker_irren_mehrfach/264410/index.html) sowie das am 20.9.2010 in Berlin vorgestellte Gutachten von *Hans-Peter Bull* „Datenschutzrechtliche Fragen im Zusammenhang mit der Einführung eines Rundfunkbeitrags“.

220 Bereits im Jahr 2010 hatte Degenhart für den Autovermieter „Sixt“ ein ähnliches Gutachten erstellt, welches die damals noch in Planung befindliche Reform ebenfalls für verfassungswidrig erklärte, vgl. www.heise.de/newsticker/meldung/Sixt-Gutachten-erklaert-GEZ-Reform-fuer-verfassungswidrig-1104924.html.

221 *Degenhart* K&R Beihefter 1/2013 zu Heft 3, 1 ff.

222 *Degenhart* K&R Beihefter 1/2013 zu Heft 3, 1, 3.

223 *Degenhart* K&R Beihefter 1/2013 zu Heft 3, 1, 4.

einnahmen[224] im Hinblick auf die Aufkommensneutralität der neuen Rundfunkfinanzierung.[225] Denn der Gesetzgeber hat nicht nur die verfassungsrechtlich gebotene Finanzausstattung der öffentlich-rechtlichen Rundfunkanstalten zu sichern, sondern auch die Abgabenbelastung der Rundfunkteilnehmer auf das Maß des Funktionsnotwendigen zu begrenzen.[226] Nach anderer Ansicht stellt der Rundfunkbeitrag einen Beitrag im finanzverfassungsrechtlichen Sinne dar,[227] für den die Gesetzgebungskompetenz der Länder bereits aus der Sachkompetenz für den Rundfunk folgt.[228] Dem Einwand einer rechtlichen Ungleichbehandlung wird entgegengehalten, dass im Hinblick auf die Beitragspflichtigkeit stets der gleiche Tatbestand (Betriebsstätte) nach denselben Kriterien (Anzahl sozialversicherungspflichtiger Beschäftigter) zu Grunde gelegt werde.[228] Gegen die vermeintliche Verfassungswidrigkeit der unwiderlegbaren Vermutung der Rundfunkteilnahme lässt sich einwenden, dass der Gesetzgeber gar nicht die tatsächliche Inanspruchnahme des Rundfunkempfangs fingiert, sondern vielmehr auf den Inhaber bestimmter Raumeinheiten abstellt, in denen typischerweise die Möglichkeit zur Nutzung von Rundfunkangeboten besteht.[229] Auch ARD, ZDF und Deutschlandradio haben ein Gutachten veröffentlicht, welches die Verfassungsmäßigkeit des Rundfunkbeitrags bestätigt.[230] Danach soll die herausragende Eignung der Abgabenform des Beitrags zur Rundfunkfinanzierung von der Notwendigkeit entbinden, auf herkömmliche, rechtsstaatlich unverlässliche Begriffskategorien zurückzugreifen.[231] Ein zukunftsfähiger Beitragstatbestand müsse sich angesichts der Medienkonvergenz und des bisherigen Erhebungsdefizits vom Gerätebezug lösen und sich stattdessen dem Menschen als Informationsempfänger i.S.v. Art. 5 Abs. 1 S. 1 Alt. 2 GG zuwenden.[232] Weitgehende Einigkeit besteht indes darüber, dass die derzeitigen Regelungen über den Rundfunkbeitrag noch nicht vollständig ausgereift sind.[233]

70 Auch auf dem Klageweg ist die neue Rundfunkfinanzierung bereits vielfach angegriffen worden. So hat der Verband Deutscher Grundstücksnutzer (VDGN) bereits zwei Verfassungsbeschwerden gegen den Rundfunkbeitrag wegen Verletzung des informationellen Selbstbestimmungsrechts aus Art. 2 Abs. 1 i.V.m. Art. 1 Abs. 1 GG und Verletzung des Gleichheitssatzes gem. Art. 3 Abs. 1 GG erhoben. Das BVerfG hat indes beide Beschwerden mangels hinreichender Substantiierung gem. §§ 23 Abs. 1, 92 BVerfGG als unzulässig verworfen.[234] Ferner hat das BVerfG auch die Verfassungsbe-

224 Tatsächlich rechnen die öffentlich-rechtlichen Rundfunkanstalten für das Jahr 2013 gegenüber dem Vorjahr mit Mehreinnahmen von insgesamt 80 Mio. EUR. Die Beitragseinnahmen liegen damit voraussichtlich 1 Prozent über den Gebührenerträgen des Jahres 2012, vgl. Funkkorrespondenz 41/2013, 13. Vor diesem Hintergrund hat die Kommission zur Ermittlung des Finanzbedarfs der Rundfunkanstalten (KEF) eine Empfehlung ausgesprochen, den Rundfunkbeitrag ab dem Jahr 2015 um 73 Cent auf 17,25 EUR pro Monat abzusenken, vgl. 19. Bericht der KEF von Februar 2014.

225 Vgl. dazu *Degenhart* ZUM 2011, 193, 198 f.

226 *BVerfGE* 119, 181, 219 ff.

227 *Birk* S. 34.

228 *Schneider* ZUM 2013, 472, 478.

229 *Schneider* ZUM 2013, 472, 473; Vgl. auch BayLT-Drucks. 16/7001, 12 f.

230 *Kube* Der Rundfunkbeitrag – Rundfunk- und finanzverfassungsrechtliche Einordnung, Rechtsgutachten im Auftrag von ARD, ZDF und Deutschlandradio (Juni 2013).

231 So auch *Bornemann* K&R 2013, 557, 558.

232 *Kube* S. 61 ff.

233 Zu diesem Ergebnis kommt auch das von ARD, ZDF und Deutschlandradio in Auftrag gegebene Gutachten von *Kube* S. 63 f.

234 *BVerfG* 23.1.2013 – 1 BvR 2603/12 und Nichtannahmebeschluss v. 25.3.2013 – 1 BvR 1700/12.

schwerde eines streng gläubigen Christen, welcher aus religiösen Gründen über keine Empfangsmöglichkeit für Rundfunk und Internet verfügt, nicht zur Entscheidung angenommen. Dies folge aus dem in § 90 Abs. 2 S. 1 BVerfGG zum Ausdruck kommenden Grundsatz der Subsidiarität der Verfassungsbeschwerde, wonach im vorliegenden Streitfall zunächst der Verwaltungsrechtsweg zu beschreiten sei.[235] Auch zwei Popularklagen beim Bayerischen Verfassungsgerichtshof blieben erfolglos. Mit einer derartigen Klage als abstraktem Normenkontrollverfahren kann geltend gemacht werden, eine Rechtsnorm schränke die Grundrechte der (Bayerischen) Verfassung in unzulässiger Weise ein. Der Antragsteller im Verfahren Vf. 8-VII-12 wandte sich insoweit gegen die Vorschriften zur Rundfunkbeitragspflicht im privaten (§ 2 Abs. 1 RBStV) und im nicht privaten Bereich (§ 5 Abs. 1 RBStV). Diese Regelungen verstoßen nach dessen Auffassung insbesondere gegen den allgemeinen Gleichheitssatz (Art. 118 Abs. 1 BV), die allgemeine Handlungsfreiheit (Art. 101 BV) und das informationelle Selbstbestimmungsrecht (Art. 101 i.V.m. Art. 100 BV). Einen Antrag des Antragstellers im Verfahren Vf. 8-VII-12 auf Erlass einer einstweiligen Anordnung gegen den einmaligen Meldedatenabgleich[236] zum Zwecke der Bestands- und Ersterfassung im Rahmen der Erhebung von Rundfunkbeiträgen nach § 14 Abs. 9 RBStV hat der Bayerische Verfassungsgerichtshof ebenfalls abgewiesen.[237]

Der Abgleich diene der Vermeidung von Vollzugsdefiziten sowie einer größeren Beitragsgerechtigkeit und sei ein effizientes Kontrollinstrument, mit dem in der Umstellungsphase eine verlässliche und möglichst vollständige Erfassung der Beitragsschuldner sichergestellt werden könne. Die angegriffene Datenübermittlung und -verarbeitung unterliege zudem der strikten Zweckbindung an Bestands- und Ersterfassung und werde durch entsprechende Löschungspflichten flankiert (§ 14 Abs. 9 S. 2 und 5 i.V.m. § 11 Abs. 5 S. 2 und 3 RBStV). Bei der zweiten zur Entscheidung verbundenen Popularklage (Vf. 24-VII-12) handelt es sich um ein von der Drogeriemarktkette Rossmann angestrengtes Verfahren, welches gegen eine Verletzung der allgemeinen Handlungsfreiheit (Art. 101 BV) und des Gleichheitsgebots (Art. 118 Abs. 1 BV) gerichtet ist. Da im nicht privaten Bereich für jede Betriebsstätte ein Rundfunkbeitrag zu entrichten ist, werden nach Auffassung der Firma Rossmann Unternehmen mit vielen Betriebsstätten bei gleicher Mitarbeiterzahl zu Unrecht stärker belastet als solche mit wenigen Filialen.[238] Sofern man insoweit eine verfassungswidrige Ungleichbehandlung bejaht, liegt hierin zugleich eine Verletzung der allgemeinen Handlungsfreiheit. Denn eine nicht verfassungskonform ausgestaltete Abgabenregelung hält sich weder im Rahmen der gesetzlichen Schranken i.S.v. Art. 101 BV, noch kann sie Bestandteil der verfassungsmäßigen Ordnung nach Art. 2 Abs. 1 GG sein.[239] Der Verfassungsgerichtshof erklärte im Ergebnis die Vorschriften des Rundfunkbeitragsstaatsvertrags über die Erhebung eines Rundfunkbeitrags im privaten Bereich für jede Wohnung (§ 2 Abs. 1 RBStV) und im nicht privaten

235 *BVerfG* 12.12.2012 – 1 BvR 2550/12 – juris.

236 Die rund 70 Mio. Datensätze wurden von den Einwohnermeldeämtern am 3.3.2013 ermittelt. Diese Daten werden dem Beitragsservice von ARD, ZDF und Deutschlandradio aufgeteilt in vier Tranchen jeweils im März und September der Jahre 2013 und 2014 übermittelt, vgl. www.rundfunkbeitrag.de/buergerinnen_und_buerger/einmaliger_meldedatenabgleich/.

237 *VerfGH Bayern* NJW 2014, 3215.

238 S. Meldung in der FAZ vom 9.1.2013, www.faz.net/aktuell/feuilleton/medien/neuer-rundfunkbeitrag-jetzt-klagt-rossmann-12019094.html.

239 *Degenhart* K&R Beihefter 1/2013 zu Heft 3, 1, 20.

Bereich für Betriebsstätten (§ 5 Abs. 1 RBStV) sowie für Kraftfahrzeuge (§ 5 Abs. 2 S. 1 Nr. 2 RBStV) als mit der Bayerischen Verfassung vereinbar. Bei dem Rundfunkbeitrag handele es sich um eine nichtsteuerliche Abgabe, die in die Gesetzgebungskompetenz der Länder fällt.[240] Sie sei sowohl im privaten wie auch im nicht privaten Bereich im Gegensatz zu einer Steuer nicht „voraussetzungslos" geschuldet, sondern werde als Gegenleistung für das Programmangebot des öffentlich-rechtlichen Rundfunks erhoben. Dem Charakter einer Vorzugslast stehe nicht entgegen, dass auch die Inhaber von Raumeinheiten, in denen sich keine Rundfunkempfangsgeräte befinden, zahlungspflichtig sind.[241] Der Verhältnismäßigkeitsgrundsatz zwinge den Gesetzgeber nicht dazu, eine Befreiungsmöglichkeit für Personen vorzusehen, die von der ihnen eröffneten Nutzungsmöglichkeit keinen Gebrauch machen wollen.[242] Im privaten Bereich werde mit der Anbindung der Beitragspflicht an das Innehaben einer Wohnung (§ 3 Abs. 1 RBStV) die Möglichkeit der Rundfunknutzung als abzugeltender Vorteil sachgerecht erfasst.[243]

71 Am 18.3.2016 befasste sich das BVerwG mit dem Rundfunkbeitrag und erklärte ihn für rechtskonform.[244] Dies begründete das Gericht auch in diesem Fall damit, dass es sich um eine rundfunkspezifische nicht steuerliche Abgabe handele und folglich die Kompetenzregelungen des GG keine Anwendung fänden.[245]

72 Die Abgabe werde nicht voraussetzungslos erhoben. Der Rundfunkbeitrag stelle „die Gegenleistung für den individuellen zurechenbaren Vorteil dar, die öffentlich-rechtlichen Rundfunkprogramme empfangen zu können". Der Rundfunkbeitrag sei zudem notwendig, um eine Abhängigkeit von Werbeeinnahmen und staatlichen Zuschüssen zu vermeiden, damit der Rundfunkauftrag pflichtgemäß wahrgenommen werden kann.[246]

73 Die herrschende Ansicht in der Literatur kritisiert die Ansicht des BVerwG.[247] Hauptsächlich wird mit der zu starken Steuerähnlichkeit des Beitrages argumentiert. Vielfach kritisiert wird, dass es beinahe unmöglich ist, sich von der Beitragspflicht befreien zulassen und sie somit von so gut wie jedem bezahlt werden muss.[248] Auch spreche gegen das Vorliegen einer nicht steuerlichen Abgabe, dass der Beitrag an das Innehaben einer Wohnung gebunden ist.[249] Denn das Innehaben einer Wohnung trifft auf den „typischen" deutschen Steuerzahler zu. Die Argumentation der Gegenseite, dass andere Anknüpfungspunkte für die Gebühr (z.B. das Bereithalten eines Empfangsgerätes) nicht bzw. nur schwer überprüfbar seien, erscheint wenig überzeugend. Insbesondere dann, wenn man bedenkt, dass von der alten Rundfunkgebühr Abstand genommen wurde, weil der technische Fortschritt es möglich machte, Rundfunksender standort- und mediumunabhängig zu empfangen.[250] Der Streit um den Rundfunkbei-

---

240 *VerfGH Bayern* NJW 2014, 3215, 3218.
241 *VerfGH Bayern* NJW 2014, 3215, 3217.
242 *VerfGH Bayern* NJW 2014, 3215, 3220.
243 *VerfGH Bayern* NJW 2014, 3215, 3222.
244 *BVerwG* NJW 2016, 2601.
245 MMR-Aktuell 2016, 376767.
246 *BVerwG* NVwZ 2016, 1081, 1082.
247 Beispielsweise *Kämmerer* DStR 2016, 2370 ff.; *Kratzmann* DÖV 2015, 743 ff.; *Groh* ZUM 2015, 651 ff.
248 Vgl. *Kämmerer* DStR, 2016, 2370, 2371.
249 *Groh* ZUM 2015, 651.
250 Vgl. *Kämmerer* DStR, 2016, 2370, 2372.

trag ist damit jedoch noch nicht abschließend geklärt. Über eine erneute Verfassungsbeschwerde diesbezüglich wird voraussichtlich 2017 entschieden.[251]

Ferner hat die Autovermietung Sixt gegen einen an sie gerichteten Beitragsbescheid geklagt, wonach allein im ersten Halbjahr 2013 rückständige Rundfunkbeiträge und Säumniszuschläge in einer Gesamthöhe von 1 408 562,94 EUR zu entrichten waren. Seit Januar 2013 musste der Autovermieter neben der Abgabe für jedes Auto in seiner Flotte auch Abgaben für die zahlreichen Vermietstationen zahlen, obwohl diese Stationen nach Angaben von *Sixt* über keine Möglichkeit zum Rundfunkempfang verfügen. Das BVerwG hat die Revision von Sixt – ebenso wie u.a. die des Discounters Netto – im Dezember 2016 zurückgewiesen.[252] Das BVerwG hat – weitgehend im Einklang mit der oben bereits dargestellten Entscheidung des BayVerfGH sowie der Entscheidung des BVerwG vom 18.3.2016 – entschieden, dass es sich bei dem Rundfunkbeitrag um eine rundfunkspezifische nichtsteuerliche Abgabe handelt, so dass die Länder regelungsbefugt sind. Die verfassungsrechtliche Rechtfertigung des Rundfunkbeitrags liegt laut BVerwG darin, dass die verfassungsrechtlich verankerte Rundfunkfreiheit eine Finanzierungsgarantie für den öffentlich-rechtlichen Rundfunk umfasst und der Beitrag die Rundfunkempfangsmöglichkeit abgilt. Bei Betriebsstätten und gewerblich genutzten Fahrzeugen beziehe sich der Vorteil auf die Möglichkeit der Nutzung des Programmangebots für die Erledigung betrieblicher Aufgaben, für die Beschäftigten und/oder für die Kunden. Ferner sei der Rundfunkbeitrag in seiner jetzigen Form zu rechtfertigen, da auch im nicht privaten Bereich – gerade durch die neuen Empfangsmöglichkeiten wie Smartphones, Tablets etc. – eine „Flucht aus der (früheren) Rundfunkgebühr" vorgekommen sei und somit durch den neuen Beitrag eine Belastungsgleichheit der Erhebung der Rundfunkgebühr vermieden werden sollte. Die Höhe des Beitrags wiederum sei nicht zu beanstanden, weil sie (wie auch im privaten Bereich) eine angemessene Kehrseite des erlangten Vorteils für die Beschäftigten und Kunden darstelle.[252] Auch in diesem Fall sind Verfassungsbeschwerden in Vorbereitung.[253] 74

Im Januar 2017 hat das BVerwG dann nochmals klargestellt, dass der Rundfunkbeitrag pro Wohnung, insbesondere also auch für Zweiwohnungen, erhoben werden darf, so dass ein Nutzer mit mehreren Wohnungen den Beitrag entsprechend mehrfach zu entrichten hat.[254] 75

1.3 Rundfunkfinanzierung in der beihilferechtlichen Einschätzung der Europäischen Kommission

Die Einordnung der früheren Rundfunkgebühren bzw. heutigen -beiträge als europäische Beihilfen spielt für die Finanzierung des öffentlich-rechtlichen Rundfunks eine wichtige Rolle. Beihilfen sind staatliche Maßnahmen, die bestimmten Unternehmen wirtschaftliche Vorteile gewähren, so dass der Wettbewerb und der Handel im Binnenmarkt verfälscht werden. Es muss staatlich oder aus staatlichen Mitteln ein finanzieller Vorteil gewährt werden, der zu einer Begünstigung führt, aufgrund derer eine 76

251 Mehr dazu unter: www.heise.de/tp/features/Rundfunkbeitrag-Entscheidung-fuer-Fruehsommer-2017-erwartet-3373492.html.

252 *BVerwG* 7.12.2016 – 6 C 12.15, 6 C 13.15, 6 C 14.15, 6 C 49.15, zitiert nach juris.

253 Pressemitteilung *Sixt* v. 7.12.2016, https://about.sixt.com/websites/sixt_cc/German/2999/news-details.html?newsID=1593473#news-EQS.

254 *BVerwG* 25.1.2017 – 6 C 15.16; 6 C 23.16 et al., zitiert nach juris.

Wettbewerbsverfälschung und eine Beeinträchtigung des zwischenstaatlichen Handels eintreten.[255] Ob eine Beihilfe vorliegt und diese zulässig ist, ist zweistufig zu prüfen. Nach der Annahme einer staatlichen Finanzzuführung auf der ersten Stufe ist auf der zweiten Stufe zu untersuchen, ob die Zuwendung unter Berücksichtigung der Ausnahmetatbestände mit dem gemeinsamen Markt vereinbar ist.[256] Als solche **Ausnahme** kommt im Falle der früheren Rundfunkgebühr bzw. des heutigen Rundfunkbeitrags zum einen **Art. 107 Abs. 3 lit. d) AEUV** in Betracht. Danach können Beihilfen zur **Förderung der Kultur** und der Erhaltung des kulturellen Erbes als mit dem Binnenmarkt vereinbar angesehen werden. Dies gilt aber nur, soweit sie die Handels- und Wettbewerbsbedingungen in der Gemeinschaft nicht in einem Maß beeinträchtigen, das dem gemeinsamen Interesse zuwiderläuft.[257] Eine weitere Ausnahme, die für den öffentlich-rechtlichen Rundfunk in Betracht kommt, enthält Art. 106 Abs. 2 AEUV für Unternehmen, die mit Dienstleistungen von **allgemeinem wirtschaftlichem Interesse** betraut sind.[258]

77 Zwischen der Europäischen Kommission, die nach Art. 108 AEUV für die Kontrolle von Verstößen gegen das Beihilferecht zuständig ist, und der Bundesrepublik Deutschland bestand Streit darüber, ob die damaligen Rundfunkgebühren als staatliche Beihilfen einzuordnen sind.[259] Das im April 2007 nach einer Vereinbarung zur Erfüllung von Auflagen eingestellte Verfahren wurde aufgrund einer Beschwerde des Verbandes Privater Rundfunk und Telemedien (VPRT) gegen die Bundesrepublik Deutschland im Jahr 2005 eingeleitet.[260] Der Verband kritisierte die mangelnde Transparenz bei der Verteilung der Gebühren, die Aktivitäten der öffentlich-rechtlichen Rundfunkanstalten in den neuen Medien sowie deren Aktivitäten beim Handel mit Sportübertragungsrechten. Die Kommission hat in einer Entscheidung v. 24.4.2007 ihren Standpunkt bekräftigt, wonach es sich bei der deutschen Finanzierungsgarantie und der Gebührenfinanzierung auch in der bestehenden Form[261] tatbestandlich um staatliche Beihilfen[262] handelt. Auch der EuGH hat in einer Entscheidung zum Vergaberecht klargestellt, dass die öffentlich-rechtlichen Rundfunkanstalten öffentliche Auftraggeber i.S.d. Richtlinien 92/50 EWG und 2004/18 EG sind und dementsprechend das Kriterium der „überwiegenden Finanzierung durch den Staat" bejaht.[263] Obwohl sich das Urteil des EuGH mit den Grundsatzfragen der Rundfunkfreiheit nicht unmittelbar befasste, dürften hieraus dennoch Rückschlüsse auf die Beihilfequalität der Rundfunkfinanzierung zu ziehen sein. Der EuGH betont insoweit ausdrücklich das Erfordernis einer funktionellen, am Schutzzweck der einschlägigen Vorschriften, orientierten Betrachtungsweise. Eine „Finanzierung durch den Staat" sei demnach nicht nur anzunehmen, wenn die jeweiligen Finanzmittel den öffentlichen Haushalt unmittelbar durchlaufen, sondern auch bereits dann, wenn der Staat den öffentlich-rechtlichen Rundfunkanstalten das

---

255 Dazu eingehend Callies/Ruffert/*Cremer* Art. 107 AEUV Rn. 10 ff.

256 Streinz/*Koenig/Kühling* EUV/EGV, zum vormaligen Art. 87 EG Rn. 5.

257 Vgl. dazu Callies/Ruffert/*Cremer* Art. 107 AEUV Rn. 78.

258 Für eine solche Ausnahme *Hartstein/Ring/Kreile/Dörr/Stettner* B 4, Rn. 45 f.

259 Zur Darstellung der Entwicklung des Verfahrens *Schüller* S. 128 ff.

260 Vgl. zum Verfahrensablauf Dörr/Kreile/Cole/*Heer-Reißmann* F. Rn. 97 ff.

261 KOM (2007) 1761 endg., „Staatliche Beihilfe E 3/2005 – Die staatliche Finanzierung der öffentlich-rechtlichen Rundfunkanstalten", Ziff. 216, epd medien 39/2007, 9.

262 KOM (2007) 1761 endg., „Staatliche Beihilfe E 3/2005 – Die staatliche Finanzierung der öffentlich-rechtlichen Rundfunkanstalten", Ziff. 216, epd medien 39/2007, 12.

263 *EuGH* Rs. C-337/06, Slg. 2007, I-11173-11222, Rn. 48 f. – Bayerischer Rundfunk u.a. ./.GEWA.

Recht einräume, die Gebühren (heute Beiträge) selbst einzuziehen.[264] Die Übertragbarkeit der vergaberechtlichen Entscheidung des EuGH auf die hier in Rede stehende Beihilfeproblematik liegt insoweit nahe, als auch dort die Staatlichkeit der Finanzzuführung notwendiges Merkmal des Beihilfebegriffs ist.[265] Lediglich ein Jahr später wies das EuG die Einnahmen aus den Rundfunkgebühren ausdrücklich als staatliche Mittel aus. Begründet wurde dies insbesondere damit, dass die Pflicht zur Zahlung nicht auf eine vertragliche Verbindung zwischen der dänischen öffentlich-rechtlichen Rundfunkanstalt TV2 und dem jeweiligen Gebührenschuldner, sondern – wie auch bei der ehemaligen Rundfunkgebühr in Deutschland – auf den bloßen Besitz eines Fernseh- oder Radiogeräts zurückgehe.[266]

Die Bundesrepublik Deutschland stand demgegenüber zumindest bis zum **78**
Abschluss des zur Verfahrenseinstellung führenden Kompromisses aus dem April 2007 auf dem Standpunkt, dass bei den damaligen Rundfunkgebühren schon tatbestandlich nicht von Beihilfen auszugehen sei. Diesen Standpunkt stützte sie auf Entscheidungen des EuGH, die zwar nicht zum Rundfunkbereich ergangen sind, sich aber nach Auffassung der Bundesregierung hierauf übertragen lassen. So verneinte der EuGH in der Entscheidung Ferring/Acoss[267] das Vorliegen einer Beihilfe auf Tatbestandsebene im Hinblick auf den wirtschaftlichen Vorteil bei einem mit einer gemeinwirtschaftlichen Aufgabe betrauten Unternehmen, wenn sich die Kosten von Aufgabenerfüllung und Vergünstigung decken. In der Entscheidung Altmark Trans[268] stellte der EuGH vier Kriterien für das Vorliegen einer Beihilfe bei Unternehmen mit gemeinwirtschaftlicher Aufgabe auf, die bei der Gebührenfinanzierung gegen das Vorliegen eines wirtschaftlichen Vorteils sprechen. Da die Rundfunkgebühren und -beiträge nach dem oben geschilderten Verfahren staatsfrei und mit Hilfe der KEF festgesetzt werden, konnte der Standpunkt der Bundesregierung auch auf die Entscheidung Preußen Elektra[269] gestützt werden. Hier ging es um das Merkmal der (fehlenden) Staatlichkeit. Für den EuGH liegt Staatlichkeit vor, wenn der Staat eine irgendwie geartete Kontrolle über Mittel innehat. Dies ist der Fall, wenn diese unmittelbar aus dem Haushalt stammen oder wenn sie mittelbar über öffentliche oder private Einrichtungen ausgezahlt werden, die staatlich benannt oder errichtet sind.[270]

Die Einstellung des Verfahrens im April 2007 erfolgte, nachdem die Bundesrepublik **79**
Deutschland im Dezember 2006 Vorschläge zur Änderung der Rundfunkfinanzierungsregelung unterbreitet hatte. Auf deren Basis mussten nun binnen zwei Jahren ab

264 *EuGH* Rs. C-337/06, Slg. 2007, I-11173-11222, Rn. 47 – Bayerischer Rundfunk u.a. ./.GEWA.

265 Vgl. *Degenhart* K&R 2009, 289, 292.

266 *EuG* Rs. T-309/04, T-317/04, T-329/04 und T-336/04, ZUM 2009, 208, 2011 – TV2 u.a. ./.Kommission.

267 *EuGH* Rs. C-53/00, Slg. 2001, I-9067 – Ferring/Acoss.

268 *EuGH* Rs. C-280/00, Slg. 2003, I-7747; weiterführend *Bartosch* EuZW 2004, 295 ff.

269 *EuGH* Rs. C-379/98, Slg. 2001, I-2099; s. hierzu *Koenig/Kühling* ZUM 2001, 537 ff.

270 Zu diesen Entscheidungen Dörr/Kreile/Cole/*Heer-Reißmann* F. Rn. 97. Am 24.10.2007 hat die Kommission aus beihilferechtlichen Gründen die in NRW geplante Förderung für das digitale terrestrische Fernsehen untersagt. Es sollte zur Erleichterung des Umstiegs von der analogen auf die digitale Rundfunkübertragung mit 6,8 Mio. EUR auf fünf Jahre gefördert werden, dass private Rundfunkveranstalter ihre Programme über DVB-T verbreiten. Für die Kommission liegt hierin insbesondere ein Verstoß gegen den Grundsatz der Technologieneutralität, da die Verbreitung über Kabel und Satellit benachteiligt werde; dazu epd medien 85/2007, 9 f.

dem Datum der Einstellung **„zweckdienliche Maßnahmen"** durch die Bundesrepublik Deutschland getroffen werden, um die Bedenken der Kommission auszuräumen.[271]

80 Dazu zählte zum ersten eine klare Definition des öffentlich-rechtlichen Auftrags hinsichtlich neuer Mediendienste.[272] Dabei kam es der Kommission vornehmlich auf eine Konkretisierung der Programmkonzepte und des Auftrags des öffentlich-rechtlichen Rundfunks in Bezug auf digitale Zusatzkanäle[273] an. Zudem sollte der gemeinwirtschaftliche Charakter des genannten Angebots unter Berücksichtigung der auf dem Markt vorhandenen Programme beachtet werden.[274] Ferner sei – so die Kommission – den Rundfunkanstalten ihr hinreichend präzise definierter öffentlicher Auftrag förmlich zu übertragen.[275]

81 Die Umsetzung dieser Verpflichtungen war neben der Gebührenfrage ein zweites wichtiges Thema des **12. RÄStV**. Die erwähnte **Definition des Funktionsauftrages** des öffentlich-rechtlichen Rundfunks stellte auf Grund der Rspr. des **BVerfG** ein besonderes Problem dar, denn sie stand im Widerspruch zum Einstellungsbeschluss der **Kommission** aus dem April 2007 und den in diesem Zusammenhang eingegangen Verpflichtungen der Bundesrepublik Deutschland. Während das BVerfG aus Gründen der Staatsferne des Rundfunks eine abstrakte Festlegung zuließ, verlangte die Kommission eine konkrete Festlegung des Funktionsauftrages, die eine stärkere Kontrolle des Rundfunks durch den Staat implizierte. Eine Einhaltung der Kriterien aus dem Einstellungskompromiss tat besonders Not, weil das **Europarecht** im Kollisionsfall bis zur Überschreitung der Wesensgehaltsgrenze **Vorrang** gegenüber dem Verfassungsrecht genießt und sich bei Nichtbeseitigung des Dissenses durchgesetzt hätte.

82 Es konnte nicht um eine ungebremste gebührenfinanzierte Expansion des öffentlich-rechtlichen Rundfunks in den Neuen Medien, namentlich dem Internet, und nicht um die unbegrenzte Einrichtung neuer Spartenkanäle gehen. Daher musste der Rundfunkgesetzgeber den **Rahmen** für die Beteiligung des öffentlich-rechtlichen Rundfunks an den neuen Verbreitungswegen und im Hinblick auf neue Formate **stecken** und dabei auch die Frage nach der Kosten-Nutzen-Relation für die Betätigung in den neuen Medien stellen. Zu erwägen war weiter, wie die den öffentlich-rechtlichen Rundfunk nach der Rspr. des BVerfG legitimierende Qualität im Internet gewahrt werden konnte.

83 Vor diesem Hintergrund wurde von ARD und ZDF für die betroffenen Angebote nach dem Vorbild des britischen **„Public-Value-Tests" der sog. Drei-Stufen-Test** eingeführt.[276]

---

271 Kritisch zur Entscheidung der Kommission, *Lilienthal* epd medien 39/2007, Editorial. Mangels Kompetenz ist das BVerfG auf den Standpunkt der Kommission und die mit den „zweckdienlichen Maßnahmen" verbundenen möglichen Eingriffe in die Programmautonomie der Rundfunkanstalten in seiner jüngsten Rundfunkentscheidung nicht eingegangen.

272 KOM (2007) 1761 endg., „Staatliche Beihilfe E 3/2005 – Die staatliche Finanzierung der öffentlich-rechtlichen Rundfunkanstalten", Ziff. 309 ff. epd medien 39/2007, 23.

273 KOM (2007) 1761 endg., „Staatliche Beihilfe E 3/2005 – Die staatliche Finanzierung der öffentlich-rechtlichen Rundfunkanstalten", Ziff. 309.

274 KOM (2007) 1761 endg., „Staatliche Beihilfe E 3/2005 – Die staatliche Finanzierung der öffentlich-rechtlichen Rundfunkanstalten", Ziff. 310.

275 KOM (2007) 1761 endg., „Staatliche Beihilfe E 3/2005 – Die staatliche Finanzierung der öffentlich-rechtlichen Rundfunkanstalten", Ziff. 312.

276 *Hartstein/Ring/Kreile/Dörr/Stettner* RStV § 11f Rn. 16; vgl. außerdem oben Rn. 57.

Ferner verlangte die Kommission angemessene Vorkehrungen zur Verhinderung von Überkompensation und Quersubventionierung innerhalb des öffentlich-rechtlichen Rundfunks.[277] Die Führung getrennter Bücher sollte es ermöglichen, zwischen den öffentlich-rechtlichen und sonstigen Tätigkeiten zu unterscheiden.[278] Kommerzielle Tätigkeiten sollten von den Aufgaben im Zusammenhang mit dem öffentlich-rechtlichen Auftrag getrennt werden und der Kontrolle der Landesrechnungshöfe unterstehen. Dies entspricht den Anforderungen der auf der Grundlage von Art. 86 Abs. 3 EG (heute Art. 106 Abs. 3 AEUV) ergangenen Transparenzrichtlinie. Sie bezweckt eine angemessene und wirkungsvolle Anwendung der Beihilfenvorschriften auf öffentliche und private Unternehmen. Finanzielle Transaktionen zwischen Staaten und öffentlichen Unternehmen sollen transparent gestaltet werden (Art. 1 der Transparenzrichtlinie). Zudem legt die Richtlinie eine Pflicht zur getrennten Buchführung fest (Art. 2 Abs. 1 lit. d) Transparenzrichtlinie), um etwaige Quersubventionen offenzulegen.[279] **84**

Außerdem wurde die Einhaltung marktwirtschaftlicher Grundsätze bei kommerziellen Tätigkeiten der öffentlich-rechtlichen Rundfunkanstalten angemahnt.[280] Diese Vorgaben sind in den §§ 16a–e RStV umgesetzt.[281] **85**

Schließlich muss erhöhte Transparenz auch bei der Vergabe von Sublizenzen für Sportrechte gewahrt werden. Solche Rechte sollen zwar im bestehenden Umfang auch mit Exklusivlizenzen erworben werden können. Um eine Weitergabe nicht genutzter Teilrechte zu sichern, sind aber Sublizenzierungsmodelle einzuführen. Der Weiterverkauf der Sublizenzen muss zu angemessenen Preisen und transparent geschehen.[282] **86**

1.4 Finanzgewährleistungsanspruch nach nationalem Recht

Die Veranstaltung von Rundfunk steht nicht nur unter technischen, organisatorischen und personellen Bedingungen. Die inhaltlich unabhängige Erfüllung des öffentlich-rechtlichen Programmauftrages setzt auch eine angemessene Finanzausstattung der Rundfunkanstalten voraus.[283]Verfassungsrechtlicher Rechtfertigungsgründe hierfür sind die Wahrnehmung der für die Demokratie vor dem Hintergrund der Bedeutung von Individual- und Massenkommunikation entscheidenden Aufgaben sowie die Erfüllung des Grundversorgungsauftrages,[284] bei dem insbesondere Ausgewogenheit **87**

---

277 KOM (2007) 1761 endg., „Staatliche Beihilfe E 3/2005 – Die staatliche Finanzierung der öffentlich-rechtlichen Rundfunkanstalten", Ziff. 315 ff.

278 KOM (2007) 1761 endg., „Staatliche Beihilfe E 3/2005 – Die staatliche Finanzierung der öffentlich-rechtlichen Rundfunkanstalten", Ziff. 265.

279 Die Anwendbarkeit der Richtlinie auf Rundfunkanstalten setzt deren Einordnung als Unternehmen voraus, die in verschiedenen Bereichen tätig sind (Art. 2 Abs. 1 lit. e) Transparenzrichtlinie). Zudem kommt es gem. Art. 4 Abs. 2 lit. c) Transparenzrichtlinie darauf an, ob die Rundfunkgebühr als Beihilfe i.S.v. Art. 107 AEUV [ex Art. 87 EGV] einzustufen ist, so dass für Rundfunkanstalten Art. 106 Abs. 2 AEUV [ex Art. 86 EGV] zur Anwendung gelangt. Dazu *Hain* MMR 2001, 219 ff.

280 KOM (2007) 1761 endg., „Staatliche Beihilfe E 3/2005 – Die staatliche Finanzierung der öffentlich-rechtlichen Rundfunkanstalten", Ziff. 318 ff.

281 Siehe dazu unten Rn. 98 ff.

282 KOM (2007) 1761 endg., „Staatliche Beihilfe E 3/2005 – Die staatliche Finanzierung der öffentlich-rechtlichen Rundfunkanstalten", Ziff. 321 ff. Dazu und zu den Auswirkungen der Kommissionsentscheidung auch die Pressemitteilung der Kommission zur Einstellung des Verfahrens gegen die Bundesrepublik Deutschland betr. die Finanzierung des öffentlich-rechtlichen Rundfunks durch die Rundfunkgebühr http://europa.eu/rapid/press-release_IP-07-543_de.htm.

283 *BVerfGE* 73, 118, 158.

284 *BVerfGE* 73, 118, 158; 87, 181, 199 f.

unter Berücksichtigung der Bedürfnisse aller gesellschaftlichen Gruppen eine wichtige Rolle spielen.[285] Aus diesem Grund ist es dem öffentlich-rechtlichen Rundfunk verwehrt, nur besondere – etwa besonders kaufkräftige Zielgruppen – im Auge zu haben. Das Programm muss alt und jung, arm und reich, intellektuell und weniger intellektuell interessierte Rezipienten gleichermaßen ansprechen. Private Rundfunkunternehmen sind demgegenüber frei, ihr Angebot auf spezielle Zielgruppen zuzuschneiden. Dieser Nachteil ist gegenüber den öffentlich-rechtlichen Rundfunkanstalten auszugleichen, damit der öffentlich-rechtliche Rundfunk im publizistischen Wettbewerb mit den privaten Veranstaltern bestehen kann.

1.4.1 Verfassungsrechtliche Vorgaben im Dualen System

88 Um seine Aufgaben im dualen System funktionsgerecht wahrnehmen zu können, hat der öffentlich-rechtliche Rundfunk einen Finanzgewährleistungsanspruch gegenüber dem Staat.[286] Im dualen Rundfunksystem vertraut der Gesetzgeber nämlich nur für die privaten Anbieter „im Wesentlichen auf Marktprozesse". Der „öffentlich-rechtliche Rundfunk unterliegt demgegenüber (anders als der private) besonderen normativen Erwartungen an sein Programmangebot". Dessen Veranstalter sind „besonderen organisatorischen Anforderungen zur Sicherung der Vielfalt und Unabhängigkeit unterworfen". Die Erfüllung des klassischen Funktionsauftrages umfasst „neben seiner Rolle für die Meinungs- und Willensbildung, neben Unterhaltung und Information (…) kulturelle Verantwortung". Das duale Rundfunksystem ist nur dann verfassungskonform, wenn der öffentlich-rechtliche Rundfunk diese Funktion ausfüllt und „er im publizistischen Wettbewerb mit den privaten Veranstaltern bestehen kann". Nur in diesem Fall sind nämlich die weniger strengen Anforderungen an private Veranstalter zu rechtfertigen.[287] Weil er der Bestands- und Entwicklungsgarantie für den öffentlich-rechtlichen Rundfunk verpflichtet ist, „muss der Gesetzgeber vorsorgen, dass die dafür erforderlichen technischen, organisatorischen, personellen und finanziellen Vorbedingungen bestehen".[288] Insofern muss „das Programmangebot auch für neue Inhalte, Formate und Genres sowie für neue Verbreitungsformen offen bleiben" und der Auftrag „dynamisch an die Funktion des Rundfunks gebunden" sein.[289] Aus diesem Grund „darf der öffentlich-rechtliche Rundfunk nicht auf den gegenwärtigen Entwicklungsstand in programmlicher, finanzieller und technischer Hinsicht beschränkt werden".[290] Vielmehr muss die Finanzierung „entwicklungsoffen und entsprechend bedarfsgerecht gestaltet werden". Ferner muss die Mittelausstattung im Rahmen der funktionsgerechten Finanzierung „nach Art und Umfang den jeweiligen Aufgaben des öffentlich-rechtlichen Rundfunks gerecht werden".[291]

89 Diese Vorgaben sind in **§§ 12 ff. RStV** einfachgesetzlich verankert. Die Finanzausstattung muss den öffentlich-rechtlichen Rundfunk in die Lage versetzen, „seine verfassungsmäßigen und gesetzlichen Aufgaben zu erfüllen; sie hat insbesondere den Bestand und die Entwicklung des öffentlich-rechtlichen Rundfunks zu gewährleisten."

285 *BVerfGE* 31, 314, 326; 57, 295, 325.
286 *BVerfGE* 74, 297; 83, 238, 310; 87, 181, 198; dazu *Hartstein/Ring/Kreile/Dörr/Stettner* § 12 Rn. 6 ff.
287 *BVerfGE* 119, 181, Ziff. 122; *BVerfGE* 73, 118, 158 f., 171; 74, 297, 325; 83, 238, 297, 316; 90, 60, 90.
288 *BVerfGE* 119, 181, Ziff. 123 (vgl. *BVerfGE* 73, 118, 158).
289 *BVerfGE* 119, 181, Ziff. 123; (vgl. *BVerfGE* 83, 238, 299; s. schon *BVerfGE* 74, 297, 350 f.).
290 *BVerfGE* 119, 181, Ziff. 123; (vgl. *BVerfGE* 74, 297, 350 f.; 83, 238, 298).
291 *BVerfGE* 119, 181, Ziff. 123 (vgl. *BVerfGE* 78, 101, 103 f.; 87, 181,198; 90, 60, 90, 99).

1.4.2 Sicherung durch Verfahren

Da die Art und Weise der Finanzierung ein Instrument zur Usurpation des Rundfunks durch den Staat wäre, die es aufgrund der Staatsfreiheit des Rundfunks und der daraus resultierenden Programmautonomie von Verfassungs wegen zu verhindern gilt, hat das BVerfG in Entscheidungen aus den Jahren 1994 und 2007 genaue Vorgaben zum Verfahren der Gebührenfestsetzung (heute Beitragsfestsetzung) gemacht. Es soll insbesondere das Dilemma[292] verfahrensrechtlich absichern, dass die Rundfunkanstalten bei der Art und Weise ihrer Funktionserfüllung weitgehend frei sind.[293] **90**

Nach der 2007 bestätigten[294] Systematik des 8. Rundfunkurteils von 1994[295] soll sich der Betrag, den der öffentlich-rechtliche Rundfunk zur Erfüllung seiner Aufgaben benötigt, nicht anhand von materiellen Regelungen konkretisieren und errechnen lassen. Es ist vielmehr erforderlich, die Rundfunkfreiheit im Zusammenhang mit der Beitragsfestsetzung im Wege eines sachgerechten Verfahrens zu schützen. Dieses hat das **BVerfG** in Grundzügen vorgegeben[296] und es hat seinen Niederschlag in den **§§ 1–7 Rundfunkfinanzierungsstaatsvertrag** (RFinStV) gefunden. Besondere Bedeutung hat dabei die **Kommission zur Überprüfung und Ermittlung des Finanzbedarfs der Rundfunkanstalten** (KEF), für die eine rundfunk- und politikfreie Zusammensetzung vorgeschrieben ist[297] und deren Aufgaben und Befugnisse in § 3 RFinStV niedergelegt sind. Die Unabhängigkeit der KEF-Mitglieder ist zudem durch den Rundfunkfinanzierungsstaatsvertrag ausgestaltet. Das Gremium besteht gem. § 4 RFinStV aus 16 unabhängigen Sachverständigen, die durch die Länder benannt werden und die bestimmten Bereichen entstammen sollen,[298] damit die funktionsgerechte Finanzierung mittels Verfahren gewährleistet wird. **91**

Der RFinStV gibt ein **dreistufiges Verfahren**, bestehend aus Bedarfsanmeldung (§ 1 RFinStV), Bedarfsüberprüfung (§ 3 RFinStV) und Beitragsfestsetzung (§ 8 RFinStV) vor. Die **Bedarfsanmeldung** der öffentlich-rechtlichen Rundfunkanstalten beruht auf ihren Programmentscheidungen und muss sich nach den Grundsätzen der Wirtschaftlichkeit und Sparsamkeit richten. Die fachliche (nicht politische) Kontrolle der **Bedarfsprüfung** durch die KEF bezieht sich darauf, ob sich die Anmeldung im rechtlich umgrenzten Rundfunkauftrag bewegt und ob der abgeleitete Finanzbedarf vorliegt und in Einklang mit den Grundsätzen von Wirtschaftlichkeit und Sparsamkeit ermittelt wurde. Die Prüfung der KEF mündet in einem konkreten Beitragsvorschlag auf der Grundlage des überprüften Finanzbedarfs, der in einem KEF-Bericht an die Landesregierungen niedergelegt wird, der mindestens alle zwei Jahre erstattet werden muss. Er enthält Stellungnahmen, wann und in welcher Höhe eine Neufestsetzung der **92**

292 Dazu Dörr/Kreile/Cole/*Dörr* E. Rn. 90 ff.

293 *BVerfGE* 90, 60, 91 f. In der Entscheidung aus dem Jahr 2007 zieht das BVerfG die Grenze beim Funktionsnotwendigen; vgl. *BVerfGE* 119, 181, Ziff. 125.

294 *BVerfGE* 119, 181, Ziff. 128-143.

295 *BVerfGE* 90, 60 ff.

296 S.o. Rn. 89.

297 *BVerfGE* 90, 60, 103.

298 Wirtschaftsprüfung, Unternehmensberatung, Betriebswirtschaft, Rundfunkrecht, Medienwirtschaft und -wissenschaft, Rundfunktechnik, Landesrechnungshöfe, vgl. § 4 Abs. 4 RFinStV.

Rundfunkgebühr bzw. des heutigen Rundfunkbeitrags erfolgen soll.[299] Die **Festsetzung** des Beitrags erfolgt sodann im Wege des RBStV. Diesem müssen alle Landesparlamente zustimmen, wobei Abweichungen von dem Vorschlag der KEF nur in begründeten Ausnahmefällen zulässig sind.[300] Eine solche Abweichung darf sich nur aus Gesichtspunkten des Informationszuganges und der Sozialverträglichkeit der Gebühr bzw. des heutigen Beitrags ergeben.[301] Wenn der Beitrag nicht wie beantragt festgesetzt wird, so ist dies im Einzelnen zu begründen.

93 In dem der Entscheidung des BVerfG von 2007 zugrunde liegenden Sachverhalt hatten die Länder die Höhe der damals geltenden Gebühr gem. Vorschlag der KEF im 8. RÄStV um 0,21 EUR monatlich gekürzt. Zudem hatten sie die Erhöhung erst drei Monate später als vorgeschlagen zum 1.4.2005 in Kraft gesetzt. Aus diesem Grund hatten die ARD-Rundfunkanstalten sowie das ZDF und das Deutschlandradio[302] sowohl gegen die Festsetzung der damaligen Rundfunkgebühr für den Zeitraum 1.4.2005 bis 31.12.2008 als auch gegen die Erweiterung der Kriterien zur Bedarfsanmeldung der Rundfunkanstalten ab 1.1.2009 Verfassungsbeschwerden eingelegt.[303] In seiner Entscheidung vom 11.9.2007 gab das BVerfG den Rundfunkanstalten im Wesentlichen Recht. Die vorgenommene Gebührenfestsetzung unterhalb der KEF-Empfehlung stellt danach eine Verletzung der Rundfunkfreiheit dar.[304] Teilweise verstößt die Abweichungsentscheidung als solche gegen die Rundfunkfreiheit. In anderen Fällen ist sie für das BVerfG nicht nachvollziehbar oder legt nach dessen Wertung offensichtlich falsche Annahmen zugrunde.[305] Das BVerfG sah eine Neufestsetzung der damaligen Gebühren bis zum 1.1.2009 als nicht erforderlich an. Gegebenenfalls steht den Rundfunkanstalten aber ein Ausgleich zu, wenn sie aufgrund des Abzuges Nachteile erlitten haben.[306] Mit dem 16. RÄStV wurde der Beitrag erstmals von vormals 17,98 EUR auf 17,50 EUR ab April 2015 gesenkt, § 8 RFinStV.[307]

---

299 Während die KEF in ihrem 18. Bericht im Dezember 2011 noch einen ungedeckten Finanzbedarf von 304,1 Mio. EUR festgestellt und im Rahmen des 19. Berichts eine Absenkung des Rundfunkbeitrags um 0,73 EUR auf 17,25 EUR pro Monat ab dem Jahr 2015 empfohlen hatte (umgesetzt durch den 16. RÄStV, so dass der Beitrag ab April 2015 monatlich 17,50 EUR betrug), empfahl die KEF im 20. Bericht von April 2016 eine Absenkung um weitere 30 Cent auf 17,20 EUR vgl. 20. Bericht der KEF von April 2016, S. 298 abrufbar unter http://kef-online.de/fileadmin/KEF/Dateien/Berichte/20._Bericht.pdf.

300 *BVerfGE* 90, 60, 103 f.

301 Seit April 2015 betragen die Gebühren/Beiträge nach dem Vorschlag der KEF 17,50 EUR.

302 Vgl. den Vortrag der Intendanten der Kläger und des Ministerpräsidenten *Beck* in epd medien 34-35/2007, 31 ff.

303 In der mündlichen Verhandlung wurden neben Fragen der aktuellen Gebührenhöhe und -festsetzung sowie der Änderung der KEF-Prüfmaßstäbe auch alternative Gebührenfestsetzungsmodelle erörtert. In den Medien wurde schon vor der Verhandlung über eine grds. Änderung der zuletzt 1994 vertretenen großzügigen Auffassung des BVerfG zum Rundfunkauftrag der öffentlich-rechtlichen Rundfunkanstalten vor dem Hintergrund der Digitalisierung spekuliert; *Theurer* FAZ v. 7.4.2007, 43. Die mündliche Verhandlung selbst näherte eher Spekulationen auf eine maßvolle, wenn auch spürbare Neuordnung des Gebührenrechts zulasten der Rundfunkanstalten als auf einen Paradigmenwechsel mit Auswirkungen auf das gesamte duale System; vgl. etwa *Lilienthal* epd medien 3435/2007, 3 ff.

304 *BVerfGE* 119, 181, Ziff. 158.

305 *BVerfGE* 119, 181, Ziff. 160 ff.

306 *BVerfGE* 119, 181, Ziff. 199.

307 Dazu Beck'scher Online-Kommentar Informations- und Medienrecht/*Martini* 14. Edition Stand: 1.11.2015 RStV Präambel Rn. 36.

94 Eine Kontrolle des Gebühren- bzw. nunmehrigen Beitragsvorschlages durch den Gesetzgeber ist indes ausdrücklich zulässig, da dieser mit der Festsetzung die demokratische Verantwortung für die Entscheidung trägt.[308] Diese Überprüfungsmöglichkeit stellt für das BVerfG keine „bloße Missbrauchskontrolle" dar. Eine Korrektur hat die „Belange der Gebührenzahler" (heute Beitragszahler) zu berücksichtigen.[309] Da der Weg des Beitragszahlers zur Information „durch die Höhe der Gebühr (heute Beitrag) unangemessen belastet oder versperrt" werden kann, muss eine Kürzungsentscheidung des Gesetzgebers den „Ausgleich zwischen den Interessen der Bürger und dem Recht der Anstalten zur autonomen Entscheidung über das Rundfunkprogramm im Rahmen des gesetzlichen Funktionsauftrags und eine darauf abgestimmte Finanzierung" leisten.[310] Jedenfalls aber ist zu verhindern, dass über die Korrektur der Gebühren- bzw. heutigen Beitragsentscheidung Medienpolitik betrieben wird.[311] Auch „außerhalb des Rundfunks liegende Faktoren wie die allgemeine wirtschaftliche Lage, die Einkommensentwicklung oder sonstige Abgabenbelastungen der Bürger darf der Gebührengesetzgeber (heute Beitragsgesetzgeber) im Rahmen der Abweichungsbefugnis berücksichtigen, soweit sie sich auf die finanzielle Belastung der Gebührenzahler (heute Beitragszahler) auswirken oder deren Zugang zur Information durch Rundfunk gefährden".[311] Praktisch hat der Gesetzgeber freilich nur sehr **geringe Kontrollmöglichkeiten**,[312]weil der Umfang der vormaligen Rundfunkgebühr und des heutigen Rundfunkbeitrags vom Funktionsauftrag der Anstalten abhängt, den diese im Ergebnis selbst festlegen.[313]

95 Die KEF prüft seit 2009 auch, ob der Finanzbedarf, den die Anstalten angemeldet haben, unter Berücksichtigung der gesamtwirtschaftlichen Entwicklung und der Entwicklung der Haushalte der öffentlichen Hand ermittelt wurde (Art. 6 Nr. 2, 8. RÄStV). Die ebenfalls gegen diese Ergänzung der Prüfkriterien der KEF eingelegte Verfassungsbeschwerde führte nicht zum Erfolg, weil diese Kriterien nicht als zusätzlicher Prüfungsgegenstand hinzutreten sollen, sondern im Wege der verfassungskonformen Auslegung als Hilfskriterien für dessen nähere Bestimmung zu verstehen seien.[314]

2. Sonstige Finanzierungsquellen des öffentlich-rechtlichen Rundfunks

96 Neben Beiträgen kann sich der öffentlich-rechtliche Rundfunk auch aus anderen Quellen finanzieren, grundsätzlich auch über Werbung oder Sponsoring. Diese Finanzierungsformen hält das BVerfG aber für „vielfaltverengend". Sie dürfen deshalb die vormalige

308 *BVerfGE* 119, 181, Ziff. 146.
309 *BVerfGE* 119, 181, Ziff. 150.
310 *BVerfGE* 119, 181, Ziff. 151.
311 *BVerfGE* 119, 181, Ziff. 152.
312 So auch *Lilienthal* epd medien 73/2007, 2. Dem Urteil insofern zust. *Anschlag* Funkkorrespondenz 37/2007, 3 ff.
313 *BVerfGE* 119, 181, Ziff. 132. „Der Gesetzgeber kann die Funktion des öffentlich-rechtlichen Rundfunks in abstrakter Weise festlegen und damit auch den Finanzbedarf umgrenzen (vgl. *BVerfGE* 90, 60, 95). Der Genauigkeit dieser gesetzgeberischen Vorgaben sind allerdings durch die Programmfreiheit der Rundfunkanstalten Grenzen gesetzt. In der Art und Weise, wie die Rundfunkanstalten ihren gesetzlichen Funktionsauftrag erfüllen, sind sie frei. Die Bestimmung dessen, was die verfassungsrechtlich vorgegebene und gesetzlich näher umschriebene Funktion aus publizistischer Sicht erfordert, steht ihnen aufgrund der Gewährleistung des Art. 5 Abs. 1 S. 2 GG zu (vgl. *BVerfGE* 90, 60, 91)."
314 *BVerfGE* 199, 18, Ziff. 200 ff.

Gebühren- und heutige Beitragsfinanzierung nicht in den Hintergrund drängen.[315] Inwieweit die teilweise Finanzierung über Werbung und Sponsoring „die Unabhängigkeit des öffentlich-rechtlichen Rundfunks gegenüber dem Staat stärken" kann, „bedarf der fortwährenden Überprüfung".[316] Das BVerfG ist hier in der Entscheidung von 2007 zurückhaltender geworden, so dass zu erwägen ist, inwieweit „die Nutzung dieser Finanzierungsarten angesichts der mit ihr verbundenen Risiken eine Rücksichtnahme auf die Interessen der Werbewirtschaft, eine zunehmende Ausrichtung des Programms auf Massenattraktivität sowie eine Erosion der Identifizierbarkeit öffentlich-rechtlicher Programme weiterhin rechtfertigen kann".[317] Der RStV lässt jedenfalls bislang in § 13 für die öffentlich-rechtlichen Rundfunkanstalten auch „sonstige Einnahmen" zu. Hierzu zählt insbesondere eine begrenzte Finanzierung durch Werbung und Sponsoring.[318] Nach § 16 RStV sind im öffentlich-rechtlichen Fernsehen an Werktagen jeweils maximal 20 Minuten Werbung vor 20:00 Uhr zulässig. Die Grenze für den öffentlich-rechtlichen Hörfunk liegt grundsätzlich bei 90 Minuten werktäglich. Die Höchstgrenzen haben insbesondere den Sinn, die Konkurrenz auf dem Werbemarkt für private Rundfunkunternehmen zu senken. Allerdings können die Länder gem. § 17 RStV Änderungen der Gesamtdauer, der tageszeitlichen Begrenzung sowie der Beschränkung der Werbung auf Werktage vereinbaren. § 15 RStV enthält Maßgaben für die Art und Weise des Einfügens von Werbung durch Produktplatzierung.[319] Sponsoring nach § 2 Abs. 2 Nr. 9 RStV ist für den öffentlich-rechtlichen Rundfunk auch außerhalb der Werbezeiten zulässig. Teleshopping gem. § 2 Abs. 2 Nr. 10 RStV ist nach § 18 RStV mit Ausnahme von Teleshopping-Spots im öffentlich-rechtlichen Rundfunk indes grundsätzlich unzulässig. In der Diskussion stand zuletzt

---

315 *BVerfGE* 119, 181, Ziff. 127. Vgl. auch *BVerfGE* 83, 238, 311; 87, 181, 199; 90, 60, 91.

316 So *BVerfGE* 83, 238, 290 f.; 90, 60, 91.

317 *BVerfGE* 119, 181, Ziff. 127. Auf den insoweit festzustellenden Wechsel weist zu Recht *Prantl* SZ v. 12.9.2007, 4 mit dem Hinweis „Das heißt im Klartext: Werbung und Sponsoring sind zu streichen." hin.

318 Während die ARD im Rahmen ihres Programms auch regional differenzierte Werbung zeigen darf, hat das *VG Berlin* der ProSiebenSat1 Media AG die Auseinanderschaltung von Werbung nach bestimmten regionalen Gebieten untersagt. Die geplanten regional differenzierten Werbefenster seien von der bundesweiten Sendeerlaubnis für das Fernsehprogramm ProSieben nicht erfasst. Ebenso wenig bestehe ein Anspruch auf entsprechende Erweiterung der Sendeerlaubnis. Die Regionalwerbung im Rahmen der ARD sei insoweit nicht vergleichbar, weil diese keiner entsprechenden Zulassung bedürfe. Da das *VG Berlin* (26.9.2013 – 27 K 231.12) die Sprungrevision zugelassen hat, hat die ProSiebenSat1 Media AG vor dem BVerwG geklagt und Recht bekommen. Das BVerwG urteilte am 17.12.2014 – 6 C 32.13 NVwZ-RR 2015, 339 – dass es nicht gegen Bestimmungen des Rundfunkrechts verstoße, wenn im Rahmen eines bundesweiten Fernsehprogramms Werbespots mit regional beschränktem Verbreitungsgebiet gesendet werden. Zum Problem regional differenzierter Werbung in bundesweit verbreiteten Fernsehprogrammen vgl. auch *Dörr/Wagner* ZUM 2013, 525.

319 Der Verband für Product-Placement hat anlässlich einer Rüge durch die Deutsche Public Relations Gesellschaft (DPRG) im Hinblick auf die Show „Wetten, dass..?" vom Februar 2011 gefordert, dass die Regelungen zur Zulässigkeit von Produktplatzierungen für öffentlich-rechtliche und private Fernsehsender vereinheitlicht werden (Pressemitteilung v. 20.8.2013). Die maßgeblichen Bestimmungen der §§ 15, 44 RStV unterscheiden sich dadurch, dass bezahlte Platzierungen im Privatfernsehen auch bei eigenen Produktionen zulässig sind. Die öffentlich-rechtlichen Rundfunkanstalten hat der Verbandsvorsitzende *Kettmann* ferner dahingehend kritisiert, dass diese Produktplatzierungen gerade im Rahmen von geeigneten fiktionalen Koproduktionen durch entsprechende Vertragsklauseln mit den jeweiligen Produzenten künstlich unterbänden (epd medien aktuell v. 25.10.2013, Nr. 205a). ARD und ZDF haben indessen klargestellt, dass sie entgeltlichen Produktplatzierungen nach wie vor ablehnend gegenüberstehen, weil der diesbezügliche Verzicht zur Qualität und Akzeptanz des öffentlich-rechtlichen Programms beitrage (vgl. *Mozart* W&V v. 21.8.2013, abrufbar unter www.wuv.de/medien/).

ein vollständiges Verbot öffentlich-rechtlicher Werbe- und Sponsoringaktivitäten.[320] Allerdings konnten sich die Ministerpräsidenten am 9.6.2010 nicht auf ein derartiges Verbot einigen. Mit dem zum 1.1.2013 in Kraft getretenen 15. RÄStV ist gem. § 16 Abs. 6 RStV zumindest das Sponsoring bei ARD und ZDF der Werbung gleichgestellt worden. Das bedeutet, dass Sponsoring an Sonn- und Feiertagen sowie nach 20 Uhr nunmehr unzulässig ist.[321] Hiervon ausgenommen ist indes das Sponsoring der Übertragung von sportlichen Großereignissen i.S.v. § 4 Abs. 2 RStV.

Durch den am 1.1.2016 in Kraft getretenen 18. RÄStV erfolgte die Klarstellung, dass Werbung als Teil des Programms anzusehen ist, § 7 Abs. 2 RStV. Geregelt ist zudem ein grundsätzliches Verbot regionaler Werbung in bundesweiten Fernsehprogrammen (öffentlich-rechtlich und privat), wobei es hier die Option einer Öffnungsklausel durch den jeweiligen Landesgesetzgeber gibt, § 7 Abs. 11 RStV. **97**

3. Kommerzielle Betätigung der öffentlich-rechtlichen Rundfunkanstalten

Durch den 12. RÄStV wurden die Vorschriften der §§ 16a–16e RStV über die kommerzielle Betätigung der öffentlich-rechtlichen Rundfunkanstalten eingefügt. Die neuen Regelungen sind vor dem Hintergrund der Überprüfung der Finanzierungsvorschriften für die öffentlich-rechtlichen Rundfunkanstalten durch die EU-Kommission anhand der Art. 107 ff. AEUV (Beihilfe-Vorschriften) zu betrachten. Von Seiten privater Wettbewerber waren ARD und ZDF Wettbewerbsverstöße unter anderem auf Grund der unscharfen Trennung der kommerziellen Tätigkeiten der öffentlich-rechtlichen Rundfunkanstalten von den zur Erfüllung des öffentlich-rechtlichen Auftrags notwendigen finanziellen Mitteln vorgeworfen worden. Um diese Vorwürfe zu entkräften und die Einstellung des Verfahrens zu erreichen, verpflichtete sich die Bundesrepublik zur Konkretisierung des öffentlich-rechtlichen Auftrags durch Aufnahme neuer Vorschriften in den RStV. § 16a RStV stellt dementsprechend klar, dass ARD, ZDF und das Deutschlandradio berechtigt sind, **kommerzielle Tätigkeiten** auszuüben. Hierunter sind gem. § 16a Abs. 1 S. 2 RStV Betätigungen zu verstehen, bei denen Leistungen auch für Dritte im Wettbewerb angeboten werden, insbesondere Werbung und Sponsoring, Verwertungsaktivitäten, Merchandising, Produktion für Dritte und die Vermietung von Senderstandorten an Dritte. **98**

Kommerzielle Tätigkeiten stehen nicht per se im Widerspruch zu den originären Aufgaben der öffentlich-rechtlichen Rundfunkanstalten. Wirtschaftliche Aktivitäten sind in Randbereichen vom Schutzbereich der Rundfunkfreiheit nach Art. 5 Abs. 1 S. 2 GG umfasst.[322] Grundvoraussetzung jeder wirtschaftlichen Tätigkeit der Rundfunkanstalten ist jedoch die **strenge Bindung an den Grundversorgungsauftrag.** Eine Verfolgung wirtschaftlicher Ziele, die sich vom Auftrag lösen, ist nicht mehr vom grundgesetzlichen Schutzbereich umfasst.[323] Tätigkeiten, die mit diesem Auftrag nicht in enger Verbindung stehen, sind also unzulässig. Diese Bindung findet sich nunmehr auch in § 16b Abs. 1 Nr. 1 RStV. Sieht man § 16a RStV im Kontext der Rspr. des BVerfG und des § 16b RStV wird deutlich, dass die Regelungen im Rundfunkstaatsvertrag nur zu einer Kodifizierung dessen führen, was bereits in den Rundfunkgesetzen und Staatsverträgen der Rundfunkanstalten festgelegt war bzw. der Rspr. des BVerfG entspricht. **99**

---

320 So auch *Kirchhof* S. 52.
321 Die inhaltlich identische Regelung für die Werbung findet sich in § 16 Abs. 1 S. 4 RStV.
322 *BVerfGE* 83, 238, 303.
323 *BVerfGE* 83, 238, 304.

100 Eine Neuerung stellt indes die Anforderung dar, dass sämtliche kommerzielle Tätigkeiten von rechtlich selbständigen **Tochtergesellschaften** zu übernehmen sind. Die öffentlich-rechtlichen Rundfunkanstalten sind dabei verpflichtet, sich strukturell von diesen Töchtern zu trennen. Es ist ihnen künftig untersagt, für ihre Tochtergesellschaften Verpflichtungen zu übernehmen.[324] Zweck dieser Vorgaben aus dem Beihilfekompromiss[325] war es, Quersubventionierungen auszuschließen und somit Wettbewerbsverzerrungen zu verhindern. Dazu dürfen kommerzielle Tätigkeiten grundsätzlich nur noch durch eigenständige Tochtergesellschaften der öffentlich-rechtlichen Rundfunkanstalten erbracht werden, § 16a Abs. 1 S. 4 RStV. Lediglich bei geringer Marktrelevanz dürfen Rundfunkanstalten noch selbst kommerziell tätig werden, sind dann jedoch zur getrennten Buchführung verpflichtet, § 16a Abs. 1 S. 5 RStV. In § 16e RStV wird das Haftungsverbot der Rundfunkanstalten für ihre Tochter- und Beteiligungsunternehmen kodifiziert. Die Vorschrift ist im Zusammenhang mit den Vorgaben des Beihilfekompromisses[326] so zu verstehen, dass neben dem Verbot der klassischen Haftungsübernahme auch jegliche Verpflichtungsübernahme untersagt ist. Dadurch soll ausgeschlossen werden, dass den kommerziellen Töchtern unmittelbar oder mittelbar finanzielle Mittel aus den Rundfunkgebühren, die nunmehr als Beiträge ausgestaltet sind, zu Gute kommen.[327] Den öffentlich-rechtlichen Rundfunkanstalten muss dementsprechend auch versagt sein, Bürgschaften oder anderweitige Schuldübernahmen für ihre Tochtergesellschaften zu übernehmen. Das hat zur Folge, dass den Töchtern aufgrund dieser Sicherungsmittel der insolvenzfesten Rundfunkanstalten keine vorteilhaften Kreditbedingungen gewährt werden können, womit Wettbewerbsverfälschungen im Verhältnis zu anderen Marktteilnehmern ausgeschlossen werden.[328] Daneben ist in dem Haftungsverbot auch das Verbot von Gewinnabführungsverträgen zu sehen, wodurch eine Haftung auf Verluste der Tochtergesellschaften begründet würde, vgl. § 302 AktG. Derlei Verträge sind in Konzernstrukturen weit verbreitet, da sie insbesondere den Vorteil haben, dass nicht mehr die Tochter-, sondern die Muttergesellschaft, hier also die Rundfunkanstalt, für die Gewinne der Tochtergesellschaft steuerpflichtig wird. Etwaige Gewinne einzelner Tochtergesellschaften, die diese grundsätzlich selbst zu versteuern hätten, wären sodann von der Rundfunkanstalt zu versteuern. Bei mehreren Tochtergesellschaften, mit denen jeweils Gewinnabführungsverträge bestehen, bedeutet das, dass sich der zu versteuernde Ertrag aus der Summe der Gewinne der Tochtergesellschaften abzüglich der Verluste anderer Töchter, die keine Gewinne erwirtschaften konnten und somit auch nicht steuerpflichtig sind, errechnet. Im Ergebnis können sich daraus bedeutende steuerliche Vorteile ergeben. Das Verbot dieser Gewinnabführungsverträge führt folglich dazu, dass die Tochtergesellschaften ihre Gewinne wieder selbst versteuern müssen und dadurch im Einzelfall deutlich höheren steuerlichen Belastungen ausgesetzt sein können. Die Beteiligungen im Rahmen der Rundfunkanstalten erfolgen in vielen Fällen über meh-

---

324 Konsequenz aus diesen Vorgaben ist, dass das ZDF, welches bislang seine Werbevermarktung selbst vorgenommen hat, im November 2008 gemeinsam mit der ARD Werbetochter AS&S die ARD & ZDF Fernsehwerbung GmbH gegründet hat, um diese mit ihren kommerziellen Werbetätigkeiten zu betrauen, vgl. auch epd medien Nr. 91/2008, 12 f.

325 KOM (2007) 1761 endg. „Staatliche Beihilfe E 3/2005 – Die staatliche Finanzierung der öffentlich-rechtlichen Rundfunkanstalten“, epd medien 39/2007, 9.

326 KOM(2007) 1761 endg., Rn. 379.

327 So auch die Begr. zum Zwölften Staatsvertrag zur Änderung rundfunkrechtlicher Staatsverträge, S. 25.

328 Vgl. die Begr. zum Zwölften Staatsvertrag zur Änderung rundfunkrechtlicher Staatsverträge, S. 32.

rere Generationen von Tochter- und Enkelgesellschaften hinweg. Daraus ergibt sich eine komplexe und stark verwobene Struktur, mit Beteiligungen auf unterschiedlichen Ebenen. Im Hinblick auf diese Beteiligungsstrukturen, hat es den Rundfunkanstalten rein praktisch erhebliche Probleme bereitet, ihre Unternehmensstrukturen diesen neuen Anforderungen anzupassen.

Außerdem sind in § 16a RStV kommerzielle Tätigkeiten an marktkonformes Verhal- **101**
ten gebunden. Rundfunkanstalten sind damit im Geschäftsverkehr mit ihren Tochter- oder Beteiligungsgesellschaften an die gleichen Bedingungen gebunden, die im Verkehr mit freien Wettbewerbern gelten würden. Hieraus ist den Rundfunkanstalten insbesondere untersagt, Dienste der Tochtergesellschaften ohne angemessene Vergütung anzunehmen. Umgekehrt dürfen auch die Rundfunkanstalten selbst Dienstleistungen, wie etwa das Zur-Verfügung-Stellen von Sendeanlagen, ihren Töchtern nur zu den Marktbedingungen anbieten, die auch für Wettbewerber einschlägig wären. Man spricht diesbezüglich vom – im Rahmen von Konzerngesellschaften entwickelten – sog. Fremdvergleichsgrundsatz oder „arm's length principle."[329] Der Zweck dieser Anforderungen an die Marktkonformität besteht insbesondere darin, dass kommerzielle Tätigkeiten der Rundfunkanstalten nicht über Rundfunkbeiträge finanziert werden sollen. Die Geschäftsbeziehungen, die die Anstalten zur Erfüllung ihres Auftrages eingehen müssen, haben folglich unter marktüblichen Bedingungen zu erfolgen. Damit soll verhindert werden, dass Vergütungen weit unter Marktniveau vereinbart werden und die daraus resultierenden Verluste innerhalb der Konzernstruktur durch die öffentlich-rechtlichen Rundfunkanstalten und somit durch die Rundfunkbeiträge ausgeglichen werden. Primäre Konsequenz daraus ist, dass der Finanzbedarf der Rundfunkanstalten an der Marktkonformität gemessen wird und dieser nicht erhöht werden darf, sofern die Anstalten sich bei ihren Tätigkeiten nicht an die marktüblichen Grundsätze gehalten haben.[330] Für Wettbewerber bedeutet dieses Kriterium jedoch auch, dass diese am Markt zu gleichen Bedingungen wie die Tochter- oder Beteiligungsgesellschaften der öffentlich-rechtlichen Rundfunkgesellschaften zu behandeln sind. Es besteht also die Möglichkeit, einzelne Geschäftsbeziehungen im Hinblick auf die Marktkonformität zu überprüfen und bei Verstößen anzugreifen. Die Beteiligung als solche dürfte in dieser Hinsicht jedoch allenfalls dann angreifbar sein, wenn sich allgemein eine Marktkonformität in der Beziehung zwischen der Rundfunkanstalt und dem konkreten Tochter- oder Beteiligungsunternehmen ausschließen lassen würde. Zunächst ist eine kommerzielle Tätigkeit vor der Aufnahme durch die zuständigen Gremien der Rundfunkanstalten gem. § 16a Abs. 2 RStV zu genehmigen. Dabei muss die kommerzielle Tätigkeit, die über die Tochtergesellschaft ausgeübt werden soll, nach Art und Umfang beschrieben werden. Dazu wird es nicht genügen, den Gesellschaftszweck des Unternehmens wiederzugeben, da dieser in der Regel sehr weit gefasst ist, um künftige Tätigkeiten nicht an gesellschaftsvertraglichen Vorgaben scheitern zu lassen. Um eine Prüfung in Bezug auf die Vereinbarkeit mit dem Grundversorgungsauftrag anstellen zu können, sind folglich der aktuelle Zweck und

329 S. www.oecdobserver.org/news/fullstory.php/aid/670/Transfer_pricing:_Keeping_it_at_arms_length .html; s. auch Begr. zum Zwölften Staatsvertrag zur Änderung rundfunkrechtlicher Staatsverträge, S. 25.

330 Vgl. KOM (2007) 1761 endg., Rn. 390 sowie die Begr. zum Zwölften Staatsvertrag zur Änderung rundfunkrechtlicher Staatsverträge, S. 25.

die Betätigungsfelder detailliert anzugeben.[331] Ebenso ist hinreichend konkret darzulegen, wie die Marktkonformität gewahrt werden soll, was in der Regel durch einen Fremdvergleich mit den Betätigungen anderer Unternehmen des Marktes erfolgen dürfte, § 16a Abs. 2 Nr. 1, 2 RStV. Ferner sind die etwaigen Maßnahmen zur Umsetzung der Vorgaben für eine getrennte Buchführung und eine effiziente Kontrolle darzulegen, § 16a Abs. 2 Nr. 3, 4 RStV.

102 Gem. § 16c RStV obliegt es den Aufsichtsgremien der Rundfunkanstalten, ein effektives Beteiligungscontrolling durchzuführen. Der Intendant hat diesem Gremium einen jährlichen Beteiligungsbericht vorzulegen. Dieser Bericht enthält Angaben über sämtliche unmittelbare und mittelbare Beteiligungen und deren wirtschaftliche Bedeutung für die Anstalt, eine gesonderte Darstellung der Beteiligungen mit kommerziellen Tätigkeiten und den Nachweis der Erfüllung der staatsvertraglichen Vorgaben im Hinblick auf kommerzielle Tätigkeiten, sowie eine Darstellung der Kontrolle der Beteiligungen einschließlich besonderer Vorgänge. Der Bericht ist den zuständigen Rechnungshöfen und der rechtsaufsichtsführenden Landesregierung zu übermitteln, § 16c Abs. 2 S. 3 RStV. Die Rechnungshöfe prüfen die Wirtschaftlichkeit der Beteiligungsunternehmen, an denen die Rundfunkanstalten unmittelbar oder mittelbar mit Mehrheit beteiligt sind, soweit diese eine solche Prüfung in ihren Gesellschaftsverträgen oder Satzungen vorsehen. Die Anstalten sind verpflichtet, darauf hinzuwirken, dass diese Kontrollbefugnis in den Gesellschaftsverträgen oder Satzungen der Beteiligungsgesellschaften aufgenommen wird, § 16c Abs. 3 S. 2 RStV.

103 Außerdem müssen die Rundfunkanstalten bei Mehrheitsbeteiligungen gem. § 16d RStV darauf hinwirken, dass die jeweiligen Beteiligungsunternehmen den Abschlussprüfer i.S.v. § 319 Abs. 1 S. 1 HGB im Rahmen des Jahresabschlusses nur im Einvernehmen mit dem zuständigen Rechnungshof bestellen (§ 16d Abs. 1 S. 1 RStV). Ferner ist dafür Sorge zu tragen, dass die Marktkonformität der Tätigkeiten auf Grundlage zusätzlicher von dem jeweiligen Rechnungshof festzulegender Fragestellungen geprüft wird (§ 16d Abs. 1 S. 2 RStV). Die Ergebnisse werden dem zuständigen Rechnungshof mitgeteilt (§ 16d Abs. 1 S. 6 RStV). Dieser teilt das Ergebnis der Prüfungen sodann dem jeweiligen Intendanten, dem jeweiligen Aufsichtsgremium der Rundfunkanstalt und den Beteiligungsunternehmen mit (§ 16d Abs. 2 S. 1 RStV). Über die wesentlichen Ergebnisse werden ferner die zuständige Landesregierung und der Landtag, sowie die KEF unterrichtet (§ 16d Abs. 2 S. 2 RStV). Damit wird sichergestellt, dass die zuständige Rechtsaufsicht unmittelbar von etwaigen Verstößen Kenntnis erlangt und entsprechend Abhilfe schaffen kann.[332] Diese Vorgaben dienen der Kontrolle, Transparenz und Lenkbarkeit der Beteiligungen der öffentlich-rechtlichen Rundfunkanstalten. Außerdem wird dadurch die Finanzbedarfsermittlung der Rundfunkanstalten überprüft und sichergestellt, dass der Bedarf nicht durch nicht marktkonformes Verhalten erhöht wird.

---

331 Vgl. dazu die Begr. zum Zwölften Staatsvertrag zur Änderung rundfunkrechtlicher Staatsverträge, S. 26.

332 So auch die Begr. zum Zwölften Staatsvertrag zur Änderung rundfunkrechtlicher Staatsverträge, S. 31.

5. Kapitel
Privater Rundfunk

I. Grundsätzliches

1 In der Bundesrepublik Deutschland unterliegt privater Rundfunk einem besonderen Rechtsregime. Seine Legitimation bezieht das Rundfunkrecht aus der herausgehobenen Rolle, die dem Rundfunk für die soziale, kulturelle und politische Entwicklung der Gesellschaft zukommt. Rundfunk ist, und das hat das Bundesverfassungsgericht in ständiger Rechtsprechung immer betont, von schlechthin konstituierender Bedeutung für die freiheitlich demokratische Grundordnung.[1] Damit der Rundfunk seiner Rolle als Medium und Faktor des verfassungsrechtlich geschützten Prozesses der freien Meinungsbildung gerecht werden kann, bedarf es einer **positiven Ordnung**, nämlich materieller, organisatorischer und prozeduraler Regelungen, die die Normziele des Art. 5 Abs. 1 GG zu gewährleisten geeignet sind.[2] Die zunächst knappen Übertragungskapazitäten und die hohen Kosten einer Rundfunkveranstaltung ließen nicht erwarten, dass sich Rundfunk ohne gesetzgeberische Ausgestaltung im freien Meinungsmarkt etablieren und entwickeln können würde. Die Rundfunkregulierung dient darüber hinaus der Wahrung des Grundsatzes der **Staatsfreiheit**. Der Gesetzgeber, ein Adressat des Art. 5 GG, darf seinen grundsätzlich weiten Gestaltungsspielraum nicht dazu nutzen, den Rundfunk für bestimmte Meinungsrichtungen zu instrumentalisieren. Die Restriktionen, denen private Rundfunkveranstalter im Vergleich zu anderen Wirtschaftsunternehmen in stärkerem Maße ausgesetzt sind, korrespondieren mit besonderen Privilegien. In der Präambel zum RStV sind diese angesprochen, wenn dort den **privaten Veranstaltern** Ausbau und Fortentwicklung eines privaten Rundfunksystems ermöglicht werden, wozu ihnen ausreichende Sendekapazitäten zu Verfügung gestellt und angemessene Einnahmequellen erschlossen werden sollen. Auch wenn Kritiker angesichts der veränderten Rundfunklandschaft und des Umfelds, in dem sich Rundfunk heute bewegt, bezweifeln mögen, dass die bestehenden Regelungen den verfassungsmäßigen Anforderungen noch genügen und die Balance zwischen Rundfunkfreiheit und Wirtschaftsfreiheit noch wahren, kann die Erläuterung in einem Praxishandbuch die Diskussion an dieser Stelle nicht vertiefen. Aus praktischer Sicht mag zunächst interessieren, wie sich das Rundfunkrecht, mit dem wir derzeit umzugehen haben, darstellt.

II. Die Besonderheiten des privaten Rundfunkrechts

2 Das Verständnis der konkreten Regelungen und gesetzlichen Anforderungen soll zunächst dadurch erleichtert werden, dass noch einmal kurz an die besonderen Herausforderungen und strukturellen Eigenarten der Rundfunkregulierung erinnert wird. Die Herausforderung des modernen Rundfunkrechts resultiert aus der Tatsache, dass Gesetzgeber, Regulierungsbehörden, Rundfunkveranstalter, Infrastrukturbetrei-

1 *BVerGE* 12, 205, 206.
2 *BVerfGE* 57, 295, 320; *Leibholz/Rinck* GG, Art. 5 Rn. 406; *Dörr/Schwartmann* Medienrecht, 5. Aufl. 2015, Rn. 171.

ber und nicht zuletzt Nutzerinnen und Nutzer mit einer sich **ständig fortentwickelnden Medienlandschaft** konfrontiert sind. Die technischen Entwicklungen der letzten Jahre sind zahlreich. Die Digitalisierung der Angebotserstellung und der Verbreitungswege führt zu neuen Programm- und Nutzungsformen. Rundfunk über das Internet, IP-TV, digitaler Hörfunk, Hybrid-TV, HD-TV, DVB-T2 und Handy-TV sind Beispiele hierfür.[3] Inhalteanbieter und Programmveranstalter sehen sich der Notwendigkeit ausgesetzt, zusätzlich zu den klassischen Refinanzierungsinstrumenten neue Erlösquellen aufzutun. Plattformanbieter sind zunehmend zwischen Nutzer und Inhalteanbieter eingebunden und stellen wichtige Flaschenhälse dar. Die Grenzen zwischen Rundfunk, Telemedium und Presse verschwimmen, verschiedene Angebote vermischen sich bzw. werden auf derselben Plattform angeboten. Wie Smartphones und Tablets werden auch Fernsehempfangsgeräte smart und ermöglichen den Zugang sowohl zu linearen Rundfunkangeboten als auch dem Internet. Der Zugang bei connected tv erfolgt über Apps, die von Geräteherstellern selbst zu Portalen zusammengestellt werden. Diese Art des Navigierens ist bislang zumindest unter dem Gesichtspunkt des chancengleichen und diskriminierungsfreien Zugangs nicht rundfunkrechtlich reguliert.[4] In diesem Umfeld gewinnen auch Fragen des Signalschutzes für Anbieter klassischer Rundfunkprogramme zunehmend an Bedeutung.

3 Hinzu kommt das sich verändernde Mediennutzungsverhalten. Zwar hat das klassische lineare Fernsehen nach wie vor hohen Stellenwert. Vor allem jüngere Zuschauergruppen nutzen zunehmend Medieninhalte auf Abruf, z.B. über YouTube, Netflix oder Spotify. Informationen werden über Intermediäre vermittelt, die sich als Suchmaschinen wie z.B. Google oder soziale Netzwerke wie Facebook, Twitter nicht dem klassischen Plattformbegriff zuordnen lassen. Diese Strukturen, die sich nicht als Medieninhalteanbieter begreifen und die Auswahl und Auffindbarkeit der über sie zugänglichen Inhalte nicht nach medienrechtlichen Kriterien steuern, haben zusätzlich zu den oben bereits geschilderten Entwicklungen in der letzten Zeit die Diskussion über die moderne Medienordnung, neue Rahmenbedingungen und Regulierungsinstrumente gefördert. Die in diesem Zusammenhang von der Bundesregierung eingesetzte Bund-Länder-Kommission hat sich nicht nur mit Handlungsbedarf im Zusammenhang mit der Überarbeitung der AVMD-Richtlinie und des Jugendmedienschutzes befasst, sondern hat auch untersucht, inwieweit über kartellrechtliche und rundfunkrechtliche Vielfaltssicherungsmodelle, eine neue Verortung des Plattformbegriffs bzw. der Plattformregulierung solche Intermediäre in einen Regulierungszusammenhang gestellt werden sollen. Diese Bund-Länder-Kommission soll Vorschläge für eine der Medienkonvergenz angemessene Medienordnung auf nationaler und internationaler Ebene erarbeiten und dabei auch die bessere Verzahnung der Arbeit der nach Bundes- bzw. Landesrecht zuständigen Behörden untersuchen.[5] Der Bericht der Bund-Länder-Kommission mit Handlungsempfehlungen liegt seit Juni 2016 vor.[6]

---

3 Einen guten Überblick über Entwicklungen und Problemlagen gibt der jährlich aktualisierte Digitalisierungsbericht der Landesmedienanstalten, derzeit Digitalisierungsbericht 2016, Herausgeberin: die medienanstalten – ALM GbR, abrufbar unter www.die-medienanstalten.de.

4 Zu den Problemlagen u.a. *Schütz/Schreiber* MMR 2012, 659; die Medienanstalten – ALM GbR, Wie smart ist die Konvergenz? Markt und Nutzung von Connected TV, abrufbar unter www.die-medienanstalten.de.

5 Grundlage der Arbeit dieser Kommission hierfür war unter anderem das von *Kluth/W. Schulz* erstellte Gutachten Konvergenz und regulatorische Folgen, Gutachten im Auftrag der Rundfunkkomission der Länder, Oktober 2014, abrufbar unter www.hans-bredow-institut.de.

6 Bericht Bund-Länder-Kommission zur Medienkonvergenz, Juni 2016, abrufbar unter www.bundesregierung.de.

Für den Nutzer bedeutet das immer mehr Bedarf nach Medienkompetenz. Rundfunkangebote klassischer Ausprägung sind zunehmend nur ein Bestandteil des Angebotsbündels, mit dem z.T. supranational agierende Unternehmen Inhalte crossmedial verwerten, bzw. Infrastrukturen vermarkten. Das Rundfunkrecht soll diese Entwicklungen aufgreifen bzw. vorwegnehmen und steuern. Der sich aus dem Normziel des Art. 5 GG ergebende Auftrag an den Gesetzgeber hält diesen in stärkerem Maße dazu an, mit seinen Mitteln einen Entwicklungsprozess zu fördern. Nicht die Einhaltung und Wahrung eines für einmal verfassungskonform befundenen Zustands steht im Vordergrund. Es bedarf vielmehr einerseits bestimmter, andererseits dynamischer und flexibler Regelungen um den erwünschten Zustand bei sich ständig entwickelndem Regulierungsgegenstand zu gewährleisten. **4**

Der Rundfunkstaatsvertrag und die Landesmediengesetze operieren daher mit Zielvorgaben, wie etwa den Programmgrundsätzen, mit unbestimmten Rechtsbegriffen und mit Satzungs- und Richtlinienermächtigungen, die die konkretere **Ausgestaltungen** in die Hände der **Landesmedienanstalten** legen. Fragen der Auslegung und des rechtskonformen Verhaltens sind in stärkerem Maße dem Dialog zwischen Regulierten und Regulierer überantwortet als auf anderen Rechtsgebieten. Eine weitere Besonderheit, die das Rundfunkrecht auszeichnet, resultiert aus der Einordnung des Rundfunks als **Kulturgut**. Rundfunkgesetzgebung ist nach der Kompetenzaufteilung des GG Ländersache. Seit der Einführung des satellitenübertragenen Rundfunks stellt sich das Rundfunkrecht der Herausforderung, bundesweite, bzw. sich europaweit auswirkende Sachverhalte durch Landesgesetz zu regeln. **5**

Den vielleicht vorläufigen Höhepunkt in der Herausforderung stellt die Entwicklung dar, dass zunehmend abseits der klassischen Rundfunkübertragungswege das Internet zur Verbreitung auch von Rundfunkinhalten genutzt und Angebote weltweit empfangen werden können. Gesetzgebung zur Regulierung des privaten Rundfunks in der Bundesrepublik Deutschland unterliegt daher nicht nur der Notwendigkeit zur Harmonisierung der Gesetzgebung in den einzelnen Bundesländern und der Regeln für den öffentlich-rechtlichen Rundfunk im dualen System. Sie erfordert auch die Beachtung europäischer Rechtsrahmen, wie etwa der AVMD-Richtlinie,[7] die sich über den Grundsatz der Bundestreue auch auf den Landesgesetzgeber auswirken. **6**

Die Besonderheiten des Rundfunks in der Bundesrepublik Deutschland und seine Doppelnatur stellen nicht nur Anforderungen an den Gesetzgeber, sondern auch an die Aufsicht. Während die Aufsicht über den öffentlich-rechtlichen Rundfunk durch in seinen Aufbau integrierte Gremien wahrgenommen wird, obliegt diese Aufgabe für den privaten Rundfunk den staatsunabhängig aufgebauten und gebührenfinanzierten Landesmedienanstalten. Eine im Verhältnis zu den Strukturen des Rundfunks angemessene Rundfunkregulierung bedeutet für sie nicht nur die verstärkte Zusammenarbeit untereinander und den Austausch mit dem öffentlich-rechtlichen Rundfunk und seinen Gremien. In den Sachverhalten, in denen das Rundfunkrecht zu den allgemeinen Regeln des Wirtschaftsrechts hinzukommt, etwa im Bereich der Medienkonzentration, bedarf es zudem der Zusammenarbeit mit den Kartellbehörden. Da in der Bundesrepublik Deutschland die Gesetzgebungshoheit für die Infrastruktur und die Inhalte auseinanderfallen, ergeben sich viele Berührungspunkte zwischen der Arbeit **7**

---

7 RL 2010/13/EU des europäischen Parlaments und des Rates v. 10.3.2010 zur Koordinierung bestimmter Rechts- und Verwaltungsvorschriften der Mitgliedsstaaten über die Bereitstellung audiovisueller Mediendienste.

der **Landesmedienanstalten** und jener der Bundesnetzagentur. Strukturen wie die EPRA[8] und bilaterale Gespräche mit den in anderen europäischen Ländern für die Rundfunkaufsicht zuständigen Behörden bieten die Plattform für den Austausch in grenzüberschreitenden Angelegenheiten. Die sich aus diesem Konzert von Rechtssystemen mit unterschiedlichen Zielsetzungen, Kompetenz- und Organisationsverteilungen ergebenden Schwierigkeiten zeigen sich z.B. am Fall der Förderung von DVB-T. Deutschen Landesmedienanstalten wurde seitens der Europäischen Kommission die nach den jeweiligen Landesmediengesetzen mögliche und notwendige Förderung untersagt, da sie eine unzulässige Beihilfe darstelle. Klagen der Landesmedienanstalten in Berlin-Brandenburg und NRW vor dem Europäischen Gericht scheiterten daran, dass das Gericht nicht ihnen, sondern nur der nach deutschem Recht allenfalls mittelbar involvierten Bundesrepublik Deutschland die Klagebefugnis zusprach.[9] Die Bundesrepublik Deutschland, die in dem Berliner Verfahren ebenfalls geklagt hatte, unterlag schließlich vor dem EuGH, der die von ihr vorgebrachten Rechtsmittelgründe für nicht stichhaltig erachtete.[10] Konsequenzen für die Meinungsbildung, wie sie der Rundfunkregulierung im engeren Sinne immanent sind, scheinen eine untergeordnete Rolle zu spielen. Wie schon bei der Diskussion um die digitale Dividende 2 scheint die grundgesetzliche Gewichtung von Inhalt und ihm dienend die Übertragungskapazität sich ständig mehr zu verschieben. Das gilt insbesondere, wenn europäische Verordnungen, wie die im November 2015 in Kraft getretene Telekom-Binnenmarkt-Verordnung,[11] als unmittelbar geltendes Recht rundfunkrelevante Sachverhalte vorstrukturieren. Auch wenn das Thema Netzneutralität noch nicht Regelungsgegenstand des Rundfunkstaatsvertrages ist, ist es in einzelnen Landesmediengesetzen[12] als Aufgabe für Landesmedienanstalten verankert. Bei der Entwicklung der Leitlinien zur **Netzneutralität** durch das Gremium europäischer Regulierungsstellen für elektronische Kommunikation (BEREC)[13] war die Bundesnetzagentur vertreten, die Landesmedienanstalten allenfalls informell einbezogen. Es wird abzuwarten sein, inwieweit die Ergebnisse der Bund-Länder-Kommission zur besseren Verzahnung der Arbeit der Regulierungsbehörden bzw. die in das novellierte TKG[14] integrierten Abstimmungspflichten in der Praxis gelebt werden.

III. Rechtsgrundlagen des privaten Rundfunkrechts

8 Die einfachgesetzliche Ausgestaltung der durch Art. 5 Abs. 1 S. 2 GG garantierten Rundfunkfreiheit obliegt den Landesgesetzgebern, Art. 70 Abs. 1, 30 GG. Zu den landesrechtlichen Rechtsgrundlagen zählen zunächst die **Landesmediengesetze**, wobei sich die Länder Berlin und Brandenburg sowie Hamburg und Schleswig-Holstein

8 European platform of regulatory authorities.

9 Beschl. des *EuG* v. 6.10.2009 – T-8/06 (mabb) und v. 5.10.2009 – T-2/08 (LfM).

10 *EuGH* 15.9.2011 (C-544/09 P).

11 VO (EU) 2015/2120 des Europäischen Parlaments und des Rates vom 25.11.2015 über Maßnahmen zum Zugang zum offenen Internet und zur Änderung der Richtlinie 2000/22/EG über den Universaldienst und Nutzerrechte bei elektronischen Kommunikationsnetzen und -diensten sowie der Verordnung (EU) Nr. 531/2012 über das Roaming in öffentlichen Mobilfunknetzen in der Union (http://eur-lex.europa.eu/legal-content/DE/TXT/?uri=CELEX%3A32015R2120).

12 § 88 Abs. 3 und 12 LMG NRW, § 1 Abs. 9 ThürLMG NRW.

13 Www.berec.europa.eu.

14 § 123 Abs. 2 S. 3 TKG.

jeweils auf ein gemeinsames Landesmediengesetz verständigt haben. Daneben ist 1987 der **Rundfunkstaatsvertrag** getreten, in dem die Landesgesetzgeber in Bezug auf länderübergreifende Sachverhalte gemeinsame Regelungen formuliert haben und der durch entsprechende Transformationsgesetze in den Bundesländern zu dem jeweiligen Landesmediengesetz gleichrangigen Landesrecht wird. Der Rundfunkstaatsvertrag, derzeit in der Fassung des 19. RÄStV, hat sich zunächst darauf beschränkt, das duale System von öffentlich-rechtlichem und privatem Rundfunk zu etablieren und zu strukturieren und für den privaten Rundfunk inhaltliche Vorgaben zu harmonisieren. Neben der Formulierung solcher Normen im Rundfunkstaatsvertrag selbst, geschah und geschieht diese Harmonisierung auch über die Ermächtigung zum Erlass gemeinsamer oder übereinstimmender Satzungen und Richtlinien.[15] Mit dem privaten Rundfunk befasst sich der Rundfunkstaatsvertrag im dritten Abschnitt, den §§ 20–47. Dort werden zunächst Zulassungsfragen und verfahrensrechtliche Belange (§§ 20–24 RStV) behandelt. §§ 25–34 RStV,[16] befassen sich mit der Sicherung der Meinungsvielfalt. Die Organisation der Medienaufsicht und die Finanzierung besonderer Aufgaben werden in §§ 35–40 RStV behandelt, Programmgrundsätze und das Einräumen von Sendezeit für Dritte in §§ 41 f. RStV. §§ 43–46a RStV betreffen die Finanzierung des privaten Rundfunks insbesondere durch Werbung und Teleshopping und § 47 RStV den Datenschutz. Die Regelungen zu Plattformen und Übertragungskapaziäten (§§ 50–53b) gewinnen zunehmend an Bedeutung für die praktische Arbeit. Näher ausgestaltet und umgesetzt werden die Grundlagen in den Landesmediengesetzen der Länder.[17] In Teilbereichen weichen diese auf Grund der Besonderheiten des landesweiten Rundfunks von den Regelungen im Rundfunkstaatsvertrag ab.[18] Von besonderer Bedeutung für den privaten Rundfunk sind zudem der Jugend-[19] und Datenschutz.[20] Schließlich stellen sich Abgrenzungsfragen mit Blick auf das Telekommunikationsrecht.

IV. Regulierungsbehörden im privaten Rundfunk

Die geschilderte Gemengelage im Bereich der Rechtsgrundlagen hat auch zur Folge, 9
dass die vom Rundfunkrecht betroffenen Inhalte- und Infrastrukturanbieter bzw. die Nutzerinnen und Nutzer mit der Arbeit unterschiedlicher Regulierungsbehörden konfrontiert sind. Die nachfolgende Darstellung beschränkt sich im Wesentlichen auf die Landesmedienanstalten, da sie im Bereich der Rundfunkregulierung den umfassends-

15 Hierzu zählen u.a. die Satzung über die Zugangsfreiheit zu digitalen Diensten und zur Plattformregulierung gem. § 53 RStV, die Satzung der Landesmedienanstalten über Gewinnspielsendungen und Gewinnspiele (Gewinnspiel-Satzung) und die Gemeinsamen Richtlinien der Landesmedienanstalten für die Werbung, die Produktplatzierung, das Sponsoring und das Teleshopping im Fernsehen (WerbeRL/Fernsehen) sämtlich abrufbar unter www.die-medienanstalten.de.

16 S. dazu 5. Kap. Rn. 34 ff.

17 Vgl. etwa zum 2009 novellierten LMG-NRW den Überblick *Kocks/Senft* AfP 2010, 336, 338 ff.

18 So in Nordrhein-Westfalen insbesondere im Medienkonzentrationsrecht. Dazu *Schwartmann* Die Beteiligung von Presseunternehmen am Rundfunk in Nordrhein-Westfalen, 2009; *ders.* ZUM 2009, 842 ff.

19 Vgl. dazu 7. Kap. Rn. 54 ff.

20 Allgemeine Regelungen des Datenschutzes im Bundesdatenschutzgesetz und den Datenschutzgesetzen der Länder stehen für Rundfunk und Telemedien spezifische Regelungen zur Seite. Die Landesgesetzgeber einerseits im Rundfunkstaatsvertrags sowie den Landesmediengesetzen, auf der anderen Seite der Bund im Telemediengesetz sind um den Datenschutz im Bereich der Medien bemüht.

ten Auftrag haben. Erwähnt werden sollen darüber hinaus die Datenschutzbeauftragten des Bundes und der Länder, des Bundeskartellamts sowie insbesondere der Bundesnetzagentur, der wesentliche Regulierungsfunktionen im Bereich der technischen Infrastrukturen zukommen.

1. Landesmedienanstalten

10 Die Landesmedienanstalten sind die vom Landesgesetzgeber insbesondere zur Zulassung und Aufsicht über den privaten Rundfunk eingesetzten Regulierungsbehörden. Aufgrund der Zusammenarbeit der Bundesländer Berlin/Brandenburg und Hamburg/Schleswig-Holstein beträgt ihre Anzahl derzeit 14.[21] Mit Blick auf das Gebot der Staatsfreiheit des Rundfunks haben die Länder besondere Modelle der Finanzierung und der Organisation gewählt, die gewährleisten sollen, dass auch über die Aufsichtsstruktur kein unzulässiger staatlicher Einfluss genommen wird. Die Landesmedienanstalten finanzieren ihre Arbeit nicht aus Steuermitteln, sondern aus einem Anteil am Rundfunkbeitragsaufkommen.[22] Nahezu alle Landesmedienanstalten bestehen aus einem hauptamtlich tätigen Teil, dem Direktor, Präsidenten oder Geschäftsführer und dessen Mitarbeiterstab, sowie einem ehrenamtlich besetzten Organ, in dem neben einigen von den Parlamenten oder Fraktionen entsandten Vertretern, vorwiegend Vertreter tätig sind, die von gesellschaftlich relevanten Gruppen entsandt wurden und ehrenamtlich als Sachwalter des Interesses der Allgemeinheit fungieren.[23] Sie genügen damit den Anforderungen des Grundgesetzes bzw. des Bundesverfassungsgerichts, das diese Art von Aufbau als ein taugliches Modell zur Wahrung der Rundfunkfreiheit bezeichnet.[24] Die jeweils landesgesetzlich definierte Aufgabenstellung der Landesmedienanstalten ist im Kern gleich. Sie wird durch § 40 RStV umrissen, der die Aufgabenfelder vorgibt, für die der den Landesmedienanstalten zur Verfügung stehende Anteil am Rundfunkbeitrag verwendet werden kann. Hierzu zählen Zulassungs- und Aufsichtsfunktionen und die Förderung Offener Kanäle. Weiter steht es dem Landesgesetzgeber frei, entsprechende Regelungen zu schaffen und die Förderung technischer Infrastruktur, die Förderung von Projekten mit neuartigen Rundfunkübertragungstechniken, Formen der nichtkommerziellen Veranstaltung von lokalem und regionalem Rundfunk und Projekte zur Förderung der Medienkompetenz zur ermöglichen. Hiervon haben die Landesgesetzgeber unterschiedlichen Gebrauch gemacht. So finden sich Regelungen zum nichtkommerziellen Rundfunk oder zur Förderung der Medienkompetenz in nahezu allen Landesmediengesetzen in unterschiedlicher Ausprägung wieder.

21 Landesanstalt für Kommunikation (LfK), Bayerische Landeszentrale für neue Medien (BLM), Medienanstalt Berlin-Brandenburg (mabb), Bremische Landesmedienanstalt (brema), Medienanstalt Hamburg/Schleswig-Holstein (MA HSH), Hessische Landesanstalt für privaten Rundfunk und neue Medien (LPR Hessen), Medienanstalt Mecklenburg-Vorpommern (MMV), Niedersächsische Landesmedienanstalt für privaten Rundfunk (NLM), Landesanstalt für Medien Nordrhein-Westfalen (LfM), Landeszentrale für Medien und Kommunikation (LMK), Landesmedienanstalt Saarland (LMS), Sächsische Landesanstalt für privaten Rundfunk und neue Medien (SLM), Medienanstalt Sachsen-Anhalt (MSA), Thüringer Landesmedienanstalt (TLM).

22 § 10 RFinStV.

23 Anders die mabb, dort besteht der Medienrat aus sieben vom Parlament entsandten Sachverständigen.

24 *BVerfGE* 83, 238, 335 f.

2. Zusammenarbeit der Landesmedienanstalten

Zur besseren Gewährleistung einer standortunabhängigen Gleichbehandlung privater Veranstalter sowie der besseren Durchsetzbarkeit bundesweiter Entscheidungen haben sich die Landesmedienanstalten für die Bearbeitung grundsätzlicher, länderübergreifender Angelegenheiten bereits zu einem frühen Zeitpunkt zur **Arbeitsgemeinschaft der Landesmedienanstalten in der Bundesrepublik Deutschland (ALM)** zusammengeschlossen. Die selbst gewählten Strukturen der Zusammenarbeit und die daraus resultierenden Beschlüsse konnten jedoch lediglich Empfehlungscharakter besitzen. Zuerst mit der Einsetzung der **Kommission zur Ermittlung der Konzentration im Medienbereich (KEK)** 1994 und der **Kommission für Jugendmedienschutz (KJM)** 2002 und der grundlegenden Reformen der Struktur der Medienaufsicht im 10. RÄStV 2008 haben die Landesgesetzgeber einen anderen Weg beschritten. Der Rundfunkstaatsvertrag setzt für bestimmte Aufgabenfelder Kommissionen ein, die der jeweils zuständigen Landesmedienanstalt im Einzelfall als Organ dienen. Die Beschlüsse dieser Organe sind für die zuständige Landesmedienanstalt bindend. Es handelt sich hier nicht um eine Zusammenarbeit der Landesmedienanstalten im engeren Sinne. Gleichbehandlung und effiziente Aufgabenerledigung der bundesweiten Sachverhalte soll darüber erreicht werden, dass für bestimmte Felder allen Landesmedienanstalten dasselbe Organ zur Verfügung steht. In den Aufgabengebieten, die von Gesetzgebern nicht Kommissionen zugewiesen worden sind, für die sich aber gleichfalls Abstimmungsnotwendigkeiten ergeben, arbeiten die Landesmedienanstalten wie bisher zusammen. 11

2.1 Zusammenarbeit in der ALM

Die Felder und Formen der Zusammenarbeit der Landesmedienanstalten in der ALM sind im Vertrag über die Zusammenarbeit der Arbeitsgemeinschaft der Landesmedienanstalten in der Bundesrepublik Deutschland (ALM) – **ALM-Statut**[25] niedergelegt. Hierzu zählen insbesondere die Wahrnehmung der Interessen der Mitgliedsanstalten auf dem Gebiet des Rundfunks auf nationaler und internationaler Ebene, Informations- und Meinungsaustausch mit Rundfunkveranstaltern, Beobachtung und Analyse der Programmentwicklung und anderes. Die besonderen Aufgaben der ALM stellen die Abstimmungen über den Erlass gemeinsamer Satzungen und Richtlinien sowie dort, wo der Rundfunkstaatsvertrag das vorsieht, die Herstellung des Benehmens und Durchführung des Erfahrungsaustausches mit den öffentlich-rechtlichen Rundfunkveranstaltern dar. Die ALM besteht aus der **Direktorenkonferenz (DLM)**, zusammengesetzt aus den gesetzlichen Vertreterinnen und Vertretern der Häuser, der **Gremienvorsitzendenkonferenz (GVK)**, bestehend aus den Vorsitzenden der Beschlussgremien sowie der **Gesamtkonferenz (GK)**, in der die GVK und die DLM aufgehen. Mindestens einmal jährlich werden dort Angelegenheiten behandelt, die für das duale Rundfunksystem von grundsätzlicher medienpolitischer Bedeutung sind. Für die Zeit ab 2014 haben sich die Medienanstalten auf eine Modifizierung ihrer Arbeitsstrukturen geeinigt. Das bisherige System der Beauftragten wird abgelöst durch Fachausschüsse, die die Arbeit der ZAK und der DLM vorbereiten sollen, die Fachausschüsse für Regulierung, für Netze, Technik und Konvergenz sowie für Medienkompetenz, Bürgermedien und Jugendschutz. Lediglich die Funktionen des Europabeauftragten und des Beauftragten für Haus- 12

25 Abrufbar unter www.die-medienanstalten.de.

halt bleiben erhalten. Für Rechtsgeschäfte und die Trägerschaft der Gemeinsamen Geschäftsstelle ist die ALM eine Gesellschaft bürgerlichen Rechts und firmiert als ALM GbR.

2.2 Organe

13 Mit der Reform der Medienaufsicht durch den 10. RÄStV bleibt es dabei, dass es auch für bundesweite Sachverhalte keine gemeinsame Zuständigkeit der Landesmedienanstalten gibt, sondern die Aufgabenerledigung der jeweils zuständigen Landesmedienanstalt obliegt (§ 35 Abs. 1 RStV). Zur Erfüllung der Aufgaben nach § 35 Abs. 1 RStV und nach den Bestimmungen des JMStV dienen der jeweils zuständigen Landesmedienanstalt bei der Erfüllung ihrer Aufgaben folgende Organe:
- die Kommission für Zulassung und Aufsicht (ZAK),
- die Gremienvorsitzendenkonferenz (GVK),
- die Kommission zur Ermittlung der Konzentration im Medienbereich (KEK),
- die Kommission für Jugendmedienschutz (KJM).

14 Aufgaben und Zusammensetzung der Organe sind im Rundfunkstaatsvertrag jeweils genau aufgeführt. Die Mitglieder der Organe sind bei der Erfüllung ihrer Aufgaben an Weisungen nicht gebunden.[26] Ihre Beschlüsse sind gegenüber den anderen Organen der zuständigen Landesmedienanstalt bindend.[27]

15 Die **ZAK** besteht aus den jeweils nach Landesrecht bestimmten gesetzlichen Vertretern, den Direktoren, Präsidenten oder Geschäftsführern. Die Aufgaben der ZAK ergeben sich aus § 36 Abs. 2 RStV und betreffen im Wesentlichen Zulassungs- und Aufsichtsangelegenheiten, bestimmte Entscheidungen im Zusammenhang mit den vielfaltssichernden Maßnahmen nach dem Rundfunkstaatsvertrag und Behandlung von Plattformangelegenheiten.

16 Die **GVK** in ihrer Eigenschaft als Organ ist zuständig für Auswahlentscheidungen bei den Zuweisungen von Übertragungskapazitäten und für die Entscheidung über die Belegung von Plattformen, § 36 Abs. 3 RStV.

17 Die Zuständigkeit der **KEK** ist in § 36 Abs. 4 RStV geregelt. Ihre Zuständigkeit erstreckt sich auf die abschließende Beurteilung von Fragestellungen der Sicherung der Meinungsvielfalt im Zusammenhang mit der bundesweiten Veranstaltung von Fernsehprogrammen. Die KEK besteht aus sechs Sachverständigen des Rundfunk- und des Wirtschaftsrechts, von denen drei die Befähigung zum Richteramt haben müssen und sechs nach Landesrecht bestimmten gesetzlichen Vertretern der Landesmedienanstalten. Die Sachverständigen werden von den Ministerpräsidenten der Länder einvernehmlich berufen, die sechs Vertreter der Landesmedienanstalten durch die Landesmedienanstalten für die Amtszeit der KEK gewählt. Bis zum Inkrafttreten des 10. Rundfunkänderungsstaatsvertrages sollte der „Zuständigkeitsverlust" der Landesmedienanstalten durch Zwischenschaltung des mit bindender Wirkung entscheidenden Organs KEK und die in diesem Zusammenhang diskutierten verfassungsrechtlichen Fragestellungen und Fragestellungen der Kompetenzen über die KDLM, die Konferenz aller Direktoren der Landesmedienanstalten, abgefedert bzw. aufgelöst werden. Die KDLM diente nach § 35 i.V.m. § 36 Abs. 1 RStV a.F. ebenso wie die KEK der jeweils zuständigen Landesmedienanstalt als Organ bei der Erfüllung der sich im

26 § 35 Abs. 8 RStV, § 14 Abs. 7 S. 1 JMStV.
27 § 35 Abs. 9 S. 5 RStV, § 17 Abs. 1 S. 5 JMStV.

Zusammenhang mit der Sicherung der Vielfalt im privaten bundesweiten Fernsehen ergebenden Aufgaben. Sie konnte von der zuständigen Landesmedienanstalt angerufen werden, sobald diese vom Votum der KEK abweichen wollte. Seit dem 10. RÄStV ist dieses Korrektiv im RStV nicht mehr verankert, da zugleich die Zusammensetzung der KEK geändert und zu den Sachverständigen die gesetzlichen Vertreter der Landesmedienanstalten hinzugetreten sind.

Die **KJM** ist zuständig für die abschließende Beurteilung von Angeboten nach dem JMStV, insbesondere für die Überwachung der Bestimmungen dieses Staatsvertrages, die Anerkennung von Einrichtungen der Freiwilligen Selbstkontrolle, die Prüfung und Genehmigung von Verschlüsselungs- und Vorsperrungstechniken sowie die Anerkennung von Jugendschutzprogrammen. Ferner nimmt sie zu den Initiierungsanträgen bei der Bundesprüfstelle für jugendgefährdende Medien und für Anträge bei der Bundesprüfstelle auf Initiierung Stellung.[28] **18**

2.3 Gemeinsame Geschäftsstelle

Ein weiterer Baustein in dem Bemühen um Harmonisierung der Regulierung unter Wahrung der Gesetzgebungskompetenz der Länder und der Beibehaltung der Zuständigkeit jeweils einer Landesmedienanstalt ist in der Bildung der **Gemeinsamen Geschäftsstelle** mit Sitz in Berlin zu sehen. Dort wird die Arbeit der Organe, aber auch die Zusammenarbeit der Landesmedienanstalten in der ALM administrativ und koordinierend verzahnt.[29] Während die Gemeinsame Geschäftsstelle ihre Aufgabe zunächst für die ALM, DLM, GVK und ZAK wahrgenommen hat, sind die bislang eigenständig agierenden Geschäftsstellen der KJM und KEK seit September 2013 ebenfalls integriert. Mit der Einrichtung einer standortgebundenen Geschäftsstelle mit festen Mitarbeiterinnen und Mitarbeitern unabhängig vom Wechsel der Vorsitzanstalt der ALM bietet sich Rundfunkveranstaltern, Infrastrukturbetreibern, Nutzerinnen und Nutzern sowie allen am Mediengeschehen Beteiligten neben den weiterhin zuständigen Landesmedienanstalten ein zusätzlicher transparenter Ansprechpartner. **19**

V. Regulierungsfelder

Rundfunk ist **Kulturgut** und damit **Ländersache**. Betrachtet man, wie sich in der Bundesrepublik Deutschland trotz einheitlicher Landessprache kulturelle regionale Verschiedenheiten ergeben, kann es nicht verwundern, dass auch die Landesmediengesetze in ihren Regelungen diese Vielfalt widerspiegeln. Beginnend mit der Tatsache, dass in Bayern aufgrund des Art. 111a der Landesverfassung Rundfunk nur in öffentlich-rechtlicher Trägerschaft stattfindet und die Bayerische Landesmedienanstalt insoweit als Veranstalter agiert und nicht endend mit dem Vielfaltsgewinn, den der Beitritt der fünf neuen Bundesländer bedeutet hat, wird deutlich, dass die Darstellungen in einem Praxishandbuch nicht alle Regelungen und Modelle abschließend aufzählen kann. Insbesondere in den Feldern, in denen der RStV Mittel zwar bereitstellt, den Landesgesetzgeber aber nicht verpflichtet, entsprechende Aufgaben zu definieren, ist **20**

28 Dazu eingehend 7. Kap. Rn. 56, Jugendschutz. Obwohl der Jugendmedienschutz-Staatsvertrag auch Regelungen enthält, die auf den öffentlich-rechtlichen Rundfunk anwendbar sind, ist die KJM in ihrer Zuständigkeit auf Verfahren gegen private Rundfunkveranstalter beschränkt.

29 § 35 Abs. 7 RStV § 7 ALM-Statut.

unterschiedlicher Gebrauch davon gemacht worden, Strukturen des nichtkommerziellen Rundfunks oder der Förderung von Medienkompetenz zu etablieren. Regelungen zum Hörfunk sieht der RStV erst seit kurzem vor, da Hörfunk aus verschiedenen Gründen terrestrisch landesweit bzw. regional oder lokal veranstaltet und verbreitet wurde und so lange Zeit von einem mangelnden Harmonisierungsbedarf ausgegangen werden musste. Die folgende Darstellung beschränkt sich daher auf die Regulierungsfelder, die in den Rundfunkstaatsverträgen als übergreifend identifiziert worden sind.

1. Zulassung

21 Für private Rundfunkveranstalter gilt ein verfahrensrechtlich als präventives Verbot mit Erlaubnisvorbehalt zu verstehender Zulassungsvorbehalt.[30] Wer privaten Rundfunk veranstalten will, bedarf nach § 20 Abs. 1 RStV grundsätzlich der **Zulassung durch eine Landesmedienanstalt**.[31] Während sich die anzusprechende Landesmedienanstalt für lokale, regionale oder landesweite Angebote aus der Natur der Sache ergibt, lässt der Rundfunkstaatsvertrag für länderübergreifende Angebote die Frage der **örtlichen Zuständigkeit** offen. Zuständig ist nach § 36 Abs. 1 RStV die Landesmedienanstalt, bei der der Antrag eingeht. Eine Zuständigkeitsvermutung etwa nach dem Sitz des antragstellenden Unternehmens gibt es nicht, wenngleich die räumliche Nähe zu einer Landesmedienanstalt möglicherweise praktisch sein kann. Nachdem der Rundfunkstaatsvertrag seit 2008 nunmehr auch Zulassungsvoraussetzungen und Verfahren einheitlich regelt und die Entscheidung letztlich durch das gemeinsame Organ ZAK getroffen wird, ist die Lizenzierung zumindest in dieser Hinsicht von den standortpolitischen Gesichtspunkten weitgehend befreit. Eher die **sachliche Zuständigkeit** betrifft die Frage, ob eine Landesmedienanstalt für die Zulassung von Programmen zuständig sein kann, die sich überwiegend oder ausschließlich an die Zuschauer und Zuhörer eines anderen Landes richtet. Handelt es sich nicht um deutschen Auslandsrundfunk wie etwa die Deutsche Welle, für die eine Bundeszuständigkeit besteht, beantwortet sich die Frage in der Praxis im Übrigen nach der AVMD-Richtlinie. Trifft eine der dort aufgeführten Zuständigkeitsvermutungen die Bundesrepublik Deutschland als Mitgliedsstaat, kann die Aufsicht nur über eine Landesmedienanstalt wahrgenommen werden, die dementsprechend auch zur Lizenzierung berufen sein muss. Die Zuständigkeit einer Landesmedienanstalt in der Bundesrepublik Deutschland kann sich daher neben der für Veranstalter, die hier niedergelassen sind, auch für solche ergeben, die nicht über eine Niederlassung in einem Mitgliedstaat der Europäischen Union verfügen, aber eine in der Bundesrepublik Deutschland gelegene Satellitenbodenstation für die Aufwärtsstrecke nutzen. Auf die Frage der notwendigen Niederlassung wird im Zusammenhang mit den persönlichen Zulassungsvoraussetzungen noch einzugehen sein.

22 Die Zulassung wird in Form eines Verwaltungsaktes erteilt. Sie kann mit Nebenbestimmungen versehen werden, wenn durch besondere Nebenbestimmungen die Erfüllung von Zulassungsvoraussetzungen sichergestellt werden soll. Gegen die Versagung einer Zulassung bzw. gegen entsprechende Maßgaben kann der Antragsteller im Wege der Verpflichtungsklage vorgehen, ggf. im verwaltungsgerichtlichen Eilverfahren. Fragen der Lizenzdauer und der Möglichkeit der Verlängerung der Zulassung werden im RStV nicht ausdrücklich geregelt. Die Landesmediengesetze enthalten insoweit ergänzende Regelungen. So sehen die Landesmediengesetze in Bayern und

30 Hahn/Vesting/*Bumke* Beck'scher Kommentar zum Rundfunkrecht, 3. Aufl. 2012, § 20 Rn. 32.

31 Eine Ausnahme enthält § 20b RStV für Internethörfunk.

Niedersachsen mittlerweile die Möglichkeit vor, Lizenzen unbefristet zu erteilen.[32] Bei der Prüfung, ob und welche Regelungen der Landesmediengesetze ergänzend herangezogen werden können, wie es § 20 Abs. 1 S. 2 HS 2 RStV vorsieht, ist immer der Wille des Gesetzgebers im Auge zu behalten, für bundesweit verbreiteten Rundfunk einheitliche Regelungen abschließend aufstellen zu wollen.[33]

Dies gilt auch für das Verfahren. Zuständig ist die Landesmedienanstalt, bei der der Antrag eingegangen ist. Sie hat sich dabei für die Zulassung, wie auch für die Rücknahme oder des Widerrufs der Zulassung der ZAK zu bedienen. Der ZAK als Organ der Landesmedienanstalt kommt ebenso wie den übrigen Organen insoweit jedoch keine Außenvertretung zu. Das bedeutet, dass die zuständige Landesmedienanstalt alleiniger Ansprechpartner des Antragstellers ist und bleibt und selbst für die Einbindung der ZAK, der KEK und der ggf. weiter betroffenen Organe zu sorgen hat und in der von ihr ausgefertigten Lizenz und später in der Aufsicht die Entscheidungen der Organe bündelt. In der Praxis sind die Folgen der Zuständigkeitsverteilung im föderalen Prozess daher keinesfalls so gravierend und intransparent, wie Kritiker des Systems dies gerne behaupten. Das One-Stop-Shop-Prinzip, das einige nach einer verfassungsrechtlich nicht möglichen Bundesanstalt oder einer Medienanstalt der Länder rufen lässt, ist im RStV weitgehend herbeigeführt. Eine Variation der Frage der Zuständigkeit hat allerdings zu einem Rechtsstreit zwischen Landesmedienanstalten geführt. Das VG Schleswig-Holstein hatte sich mit der Frage auseinanderzusetzen, ob ein Programmveranstalter, hier Sat.1, auf die bereits durch eine Landesmedienanstalt, die LMK, erteilte bundesweite Zulassung verzichten und bei konzerninterner Umstrukturierung des Veranstalters, aber gleichbleibendem Programm, die Zulassung bei einer anderen Landesmedienanstalt, hier der MA HSH, beantragen kann. Kläger in diesem Verfahren waren die rheinland-pfälzische und hessische Landesmedienanstalten sowie einer der Drittsendezeiten- bzw. Regionalprogrammanbieter. Das VG Schleswig-Holstein hat insoweit eine nicht eingeschränkte Dispositionsbefugnis des Programmveranstalters angenommen, die es ihm auch erlaube, auf die Zulassung zu verzichten. Im Übrigen hat es unter Hinweis auf das Prioritätsprinzip des § 36 Abs. 1 RStV und das verbindliche Entscheidungsmonopol der ZAK die Klagebefugnis der klagenden Landesmedienanstalten verneint.[34] 23

Die Zulassung eines Veranstalters bedeutet auch nicht das Einfrieren auf den bei der Zulassung vorzufindenden Sachverhalt. Änderungen in der Beteiligungsstruktur des Veranstalters oder den sonstigen Einflussverhältnissen sind nach § 29 RStV anzeigepflichtig und können von der zuständigen LMA als unbedenklich bestätigt werden, wenn unter den veränderten Voraussetzungen eine Zulassung erteilt werden könnte. Für Änderungen anderer maßgeblicher Umstände ergibt sich die Pflicht zur Mitteilung aus § 21 Abs. 6 RStV. 24

Die im Rundfunkstaatsvertrag harmonisierten Prüfungspunkte bestehen im Wesentlichen aus der Feststellung der Lizenzierungsbedürftigkeit des Angebotes, den Vorgaben an die Zusammensetzung des Veranstalters, die Einhaltung der inhaltlichen Anforderungen an das Angebot, die Einhaltung der Regelungen zur Sicherung der Meinungsvielfalt und nicht zuletzt der Prognose, ob der Veranstalter wirtschaftlich 25

32 So ausdrücklich Art. 26 Abs. 2 BayMG.

33 Die Begr. zum 10. RÄStV zu § 20 spricht von abschließenden Regeln.

34 *Schleswig-Holsteinisches VG* 23.5.2013 (11 A 3/13, 11 A 4/13, 11 A 5/13) – die Urteile sind nicht veröffentlicht, das OVG Schleswig-Holstein hat zwischenzeitlich die Berufung zugelassen.

und organisatorisch in der Lage sein wird, seine Erklärungen zur Einhaltung der inhaltlichen Vorgaben an das Programm auch einzulösen. Im Zulassungsverfahren trifft den Antragsteller eine umfassende Auskunfts- und Vorlagepflicht, die sich auch auf die unmittelbar oder mittelbar Beteiligten, verbundene Unternehmen oder alle, die in diesem Zusammenhang maßgebliche sonstige Einflüsse ausüben können, erstreckt. Den umfassenden Auskunfts- und Vorlagepflichten, die in § 21 RStV weiter ausgeführt sind, stehen gem. § 22 RStV ebensolche Ermittlungsbefugnisse der Landesmedienanstalten gegenüber.

1.1 Zulassungsbedürftigkeit

26 Zulassungsbedürftig sind Angebote, denen Rundfunkqualität zugesprochen werden muss. Eine Legaldefinition findet sich in § 2 Abs. 1 RStV. Danach ist Rundfunk ein linearer Informations- und Kommunikationsdienst; er ist die für die Allgemeinheit zum zeitgleichen Empfang bestimmte Veranstaltung und Verbreitung von Angeboten im Bewegtbild oder Ton entlang eines Sendeplans unter Benutzung elektromagnetischer Schwingungen. Zu den persönlichen Zulassungsvoraussetzungen des § 20a RStV gehört zunächst die unbeschränkte Geschäftsfähigkeit bzw. der Zulassungsnehmer darf die Fähigkeit, öffentliche Ämter zu bekleiden, nicht durch Richterspruch verloren haben, das Grundrecht der freien Meinungsäußerung nicht nach Art. 18 GG verwirkt haben und darf als Vereinigung nicht verboten sein. Darüber hinaus nimmt der RStV einzelne Angebote aus dem Rundfunkbereich wieder heraus bzw. nimmt insoweit eine **Negativabgrenzung** vor. Angebote, die weniger als 500 potentiellen Nutzern zum zeitgleichen Empfang angeboten werden, zur unmittelbaren Wiedergabe aus Speichern von Empfangsgeräten bestimmt sind, ausschließlich persönlichen oder familiären Zwecken dienen, nicht journalistisch-redaktionell gestaltet sind oder aus Sendungen bestehen, die jeweils gegen Einzelentgelt freigeschaltet werden, sind nach § 2 Abs. 3 RStV ausgenommen. Die sich hieraus ergebenden Definitions- und Abgrenzungsfragen verdienen zu Recht ein eigenes Kapitel im Handbuch. An dieser Stelle sei nur kurz auf einen aktuellen Schwerpunkt hingewiesen. Da zunehmend Inhalte über Videoplattformen wie YouTube geplanter, umfangreicher und ausdifferenzierter eingestellt werden und sowohl in der Breitenwirkung als auch im Professionalisierungsgrad klassischen Rundfunkangeboten immer mehr gleichkommen, haben die Landesmedienanstalten eine entsprechende Handreichung zur Beratung erarbeitet und ins Netz gestellt.[35]

27 Um nicht lizenzierungsbedürftigen Rundfunk handelt es sich darüber hinaus bei **Hörfunkangeboten**, die ausschließlich im **Internet** verbreitet werden und nach § 20b RStV lediglich der Anzeigepflicht unterliegen. Ist der Anbieter eines elektronischen Informations- und Kommunikationsdienstes der Auffassung, dass es sich bei seinem Angebot nicht um lizenzierungsbedürftigen Rundfunk handelt, kann er Rechtssicherheit dadurch erhalten, dass er sich dies bei der zuständigen Landesmedienanstalt bestätigen lässt. Stellt die Landesmedienanstalt in diesem Rahmen allerdings fest, dass dem Angebot Rundfunkcharakter beizumessen ist, muss der Anbieter nach seiner Wahl unverzüglich einen Zulassungsantrag stellen oder innerhalb von drei Monaten sein Angebot so verändern, dass kein Rundfunk mehr vorliegt, § 20 Abs. 2 S. 3 RStV.

35 Checkliste der Medienanstalten für Veranstalter von Web-TV, abrufbar unter www.die-medienanstalten.de.

1.2 Vorgaben an den Veranstalter

Die seit Inkrafttreten des 10. RÄStV im RStV harmonisierten **persönlichen Zulassungsvoraussetzungen** dienen zunächst der Sicherstellung der rechtlichen Verantwortung des Veranstalters. Eine bestimmte Organisationsform ist nicht vorgeschrieben, zulassungsfähig ist vielmehr jede natürliche oder juristische Person, die die Vorgaben des § 20a RStV erfüllen kann. Eine kleinere Einschränkung besteht für Aktiengesellschaften. Diese Einschränkung korrespondiert mit dem in den meisten Landesmediengesetzen niedergelegten **Verbot der Übertragung** einer Zulassung. Einem Veranstalter in der Rechtsform einer Aktiengesellschaft darf nur dann eine Zulassung erteilt werden, wenn in der Satzung bestimmt ist, dass die Aktien nur als Namensaktien oder als Namensaktien und stimmrechtslose Vorzugsaktien ausgegeben werden dürfen. Zu den persönlichen Zulassungsvoraussetzungen gehört auch die Vorgabe, dass der Veranstalter Gewähr dafür bieten muss, unter Beachtung der gesetzlichen Vorschriften und der auf dieser Grundlage erlassenen Verwaltungsakte Rundfunk zu veranstalten, § 20a Abs. 1 Ziff. 6 RStV. 28

Der Veranstalter muss seinen Wohnsitz oder Sitz in der Bundesrepublik Deutschland, einem sonstigen Mitgliedsstaat der Europäischen Union oder einem anderen Vertragsstaat des Abkommens über den Europäischen Wirtschaftsraum haben und gerichtlich verfolgt werden können. Weitere standortpolitisch bedingte Vorgaben, wie sie in der Vergangenheit in mehreren Landesmediengesetzen enthalten waren, wie etwa das Erfordernis des Sitzes oder der Produktion im Bundesland enthält der Rundfunkstaatsvertrag nicht und setzt damit den Europäischen Gedanken der Niederlassungsfreiheit um. Der Gedanke, dass eine Landesmedienanstalt in der Bundesrepublik Deutschland auch die Lizenz an einen Veranstalter mit Sitz in z.B. Italien erteilen soll, erscheint auf den ersten Blick befremdlich. Ein Korrektiv ergibt sich über die Zuständigkeit der AVMD-Richtlinie, die in diesem Fall die Aufsicht und Zuständigkeit den italienischen Behörden zuweisen würde. In der Norm ist jetzt klargestellt, dass diese Voraussetzungen bei antragstellenden juristischen Personen von den **gesetzlichen oder satzungsmäßigen Vertretern** erfüllt sein müssen. Die Zulassungsvoraussetzungen des § 20a Abs. 3 RStV dienen der Umsetzung des Grundsatzes der **Staatsfreiheit des Rundfunks**, der zu den elementaren Grundsätzen aus Art. 5 Abs. 1 S. 2 GG gehört,[36] indem nach § 20a Abs. 3 RStV etwa juristische Personen des öffentlichen Rechts mit Ausnahme von Kirchen und Hochschulen, politische Parteien und Wählervereinigungen und mit diesen verbundenen Unternehmen von der Zulassung ausgeschlossen sind. Dies gilt sowohl für inländische, als auch für ausländische öffentliche oder staatliche Stellen. Während Zulassungsanträge von ausschließlich staatlich oder öffentlich-rechtlich besetzten Unternehmen eher die Rarität sein dürften, hat sich in der Vergangenheit mehrfach die Frage gestellt, ob damit eine Beteiligung gänzlich ausgeschlossen ist. Diese Frage hat das Bundesverfassungsgericht zumindest für politische Parteien verneint. In einer Entscheidung zu einer entsprechenden Regelung des Hessischen Privatrundfunkgesetzes hat das Bundesverfassungsgericht entschieden, dass das absolute Verbot für politische Parteien, sich an privaten Rundfunkveranstaltern zu beteiligen, keine zulässige gesetzgeberische Ausgestaltung der Rundfunkfreiheit sei. Das absolute Beteiligungsverbot verfehle die vom Gesetzgeber herzustellende angemessene Zuordnung der verschiedenen Rechts- 29

36 Paschke/Berlit/Meyer/*Held* Gesamtes Medienrecht, 3. Aufl. 2016, 74 Rn. 1.

positionen.[37] Das Bundesverfassungsgericht sah hier die Tatsache, dass auch Parteien sich auf Rundfunkfreiheit berufen können, nicht ausreichend gewürdigt.

30 Die Frage der Staatsferne stellt sich in letzter Zeit aktueller denn je, da sich das Kommunikationsverhalten staatlicher Stellen und Behörden geändert hat. Mediale Verlautbarungen von Hoheitsträgern insbesondere über soziale Medien werfen die Frage auf, ob es sich hierbei noch um zulässige Informationstätigkeit oder bereits um verfassungsrechtlich bedenkliche Rundfunkangebote handelt.[38] Das Gebot der Staatsfreiheit des Rundfunks kommt in Bezug auf ausländische öffentliche oder staatliche Stellen allerdings nur im Rahmen des Zulassungsverfahrens zum Zuge. Die Einschränkungen gelten nicht für den Fall der Weiterverbreitung. Nach § 51b RStV sind die in Europa in rechtlich zulässiger Weise veranstaltenden Programme im Regelfall ohne weitere Kontrolle weiterzuverbreiten. Das führt dazu, dass Programme, an denen ausländische staatliche Beteiligungen in einem Umfang bestehen, die mit § 20a Abs. 3 S. 3 RStV nicht vereinbar wären, mit einer europäischen Zulassung weiterzuverbreiten sind.[39]

1.3 Anforderungen an das Programm

31 Bei den sachlichen Zulassungsvoraussetzungen steht die Frage im Vordergrund, ob das geplante Programm von seiner Anlage her geeignet ist, den Vorgaben des Rundfunkstaatsvertrages zu entsprechen. Neben den angeforderten Erklärungen der Veranstalter zur Einhaltung der Programmgrundsätze, der Regelungen zu Werbung und Teleshopping bzw. Sponsoring, der Regelungen zu Gewinnspielen und der Regelungen zum Schutz der Menschenwürde und zum Jugendschutz nach dem JMStV dienen zum Nachweis Programmschemata und weitere Programmerläuterungen sowie Angaben zu den Sendezeiten. Die Zulassung erfordert die Benennung eines Programmverantwortlichen sowie die Benennung eines Jugendschutzbeauftragten, der die Voraussetzungen des § 7 Abs. 3 und 4 JMStV erfüllen muss.

32 Da nach § 20 Abs. 1 S. 2 in der Zulassung für Veranstalter bundesweit verbreiteter Programme die Programmkategorie (Voll- oder Spartenprogramm) festzulegen ist, muss das Programmschema die Wünsche des Veranstalters insoweit auch stützen und z.B. bei Vollprogrammen ausweisen, dass das Programm vielfältige Inhalte aufweist und Information, Bildung, Beratung und Unterhaltung einen wesentlichen Teil des Gesamtprogramms bilden.[40]

1.4 Wirtschaftliche und organisatorische Leistungsfähigkeit

33 Anders als in einigen Landesmediengesetzen ist die Voraussetzung der wirtschaftlichen und organisatorischen Leistungsfähigkeit des Veranstalters in den nunmehr für den bundesweiten Rundfunk harmonisierten Zulassungsvoraussetzungen nicht ausdrücklich aufgeführt. Als Unterfall des § 20a Abs. 1 Ziff. 6 RStV wird in der Regel die Prüfung durchzuführen sein, ob der Veranstalter nicht nur nach seiner Struktur und den vorgelegten Erklärungen zu den materiellen Zulässigkeitsnormen, sondern auch

37 *BVerfGE* 121, 30 ff.

38 Dazu z.B. *Müller-Franken* Unzulässige Staatsmedien oder zulässige Informationstätigkeit?, AfP 2016, 301 ff. und *Gersdorf* Staatliche Kommunikationstätigkeit, AfP 2016, 293 ff.

39 *Hartstein/Ring/Kreile/Dörr/Stettner* Rundfunkstaatsvertrag, Loseblatt, § 20a Rn. 19.

40 Zu der Frage, ob tagesaktuelle Nachrichten notwendige Bestandteile eines Vollprogramms sind s. *Hain* K&R 2010, 638 ff.

nach seinem organisatorischen Aufbau und den Wirtschaftsdaten die Gewähr dafür bietet, unter Beachtung der gesetzlichen Vorschriften und der Festlegungen des Zulassungsbescheides Rundfunk zu veranstalten. Wirtschafts- Organisations- und Stellenpläne können insoweit auf Plausibilität geprüft werden.

1.5 Einhaltung der Regelungen zur Sicherung der Meinungsvielfalt

Unter Einschaltung der KEK ist im Verfahren der Zulassung von Fernsehprogrammen ebenfalls zu prüfen, ob Bedenken gegen die Einhaltung der Regelungen zur **Sicherung der Meinungsvielfalt** bestehen. Für den Hörfunk, auch den bundesweit verbreiteten Hörfunk, gelten die Regelungen der §§ 25 ff. RStV nicht. Insoweit wirkt die Annahme fort, dass es hier keiner harmonisierten Vielfaltsregelungen bedarf. Das Medienkonzentrationsrecht dient dem Ziel, das Entstehen vorherrschender Meinungsmacht eines Veranstalters zu verhindern und damit i.S.d. verfassungsrechtlichen Vorgabe zu gewährleisten, dass der Rundfunk nicht einzelnen gesellschaftlichen Gruppen ausgeliefert wird, sondern in ihm inhaltlich die Vielfalt der Meinungen im Wesentlichen zum Ausdruck kommen muss. 34

Der dritte Unterabschnitt des RStV enthält Momente der Außen- und Innenpluralität; er formuliert Anforderungen an den privaten Rundfunk in seiner Gesamtheit sowie Vorgaben für jedes einzelne Programm, wobei insbesondere die Vollprogramme einem verstärkten Programmauftrag zu genügen haben. Dort müssen die bedeutsamen, politischen, weltanschaulichen und gesellschaftlichen Kräfte und Gruppen angemessen zu Wort kommen. Bis zum Jahr 1997 verfolgte der Gesetzgeber den Ansatz der Außerpluralität durch ein Marktanteilsmodell. Die Anzahl der Programme, insbesondere der für die Meinungsvielfalt besonders bedeutsamen Voll- und Informationsspartenprogramme, die von einem Unternehmen veranstaltet werden durften, waren begrenzt. Nach der Neuordnung des Medienkonzentrationsrechts im Sinne eines **Zuschauermarktanteilsmodells**[41] gilt nun der Grundsatz, dass ein Unternehmen in der Bundesrepublik Deutschland eine unbegrenzte Anzahl von Programmen veranstalten darf, es sei denn, es erlangt dadurch vorherrschende Meinungsmacht. Erreichen die einen Unternehmen zurechenbaren Programme im Durchschnitt eines Jahres einen Zuschauermarktanteil von 30 %, so wird – unwiderleglich – vermutet, dass vorherrschende Meinungsmacht gegeben ist. Bei Erreichen eines Zuschaueranteils von 25 % ist darüber hinaus zu gewichten, welche Stellung das Unternehmen auf medienrelevanten verwandten Märkten hat. Ergibt eine Gesamtbeurteilung seiner Aktivitäten im Fernsehen und auf medienrelevanten verwandten Märkten, dass der hierdurch erzielte Meinungseinfluss dem eines 30 %igen Zuschauermarktanteils im Fernsehen entspricht, greift die Vermutung vorherrschender Meinungsmacht ebenfalls ein. Von dem tatsächlichen Zuschaueranteil können allerdings Prozentpunkte in Abzug gebracht werden, wenn bereits vielfaltssichernde Maßnahmen bestehen. Der Zuschaueranteil vermindert sich um zwei Prozentpunkte, wenn in dem dem Unternehmen zurechenbaren Vollprogramm mit dem höchsten Zuschaueranteil **Regionalfensterprogramme** aufgenommen sind. Bei gleichzeitiger Aufnahme von **Sendezeit für Dritte** können weitere drei Prozentpunkte in Abzug gebracht werden. Die Frage, ob es sich bei den in § 26 Abs. 2 RStV genannten Zuschauermarktanteilsgrenzen um starre Untergrenzen handelt, ist in der Vergangenheit von der KEK und den Landes- 35

41 Dieses wiederum ist auch nicht unumstritten. Dazu *Krautscheid/Schwartmann* Fesseln für die Vielfalt?, 2009.

medienanstalten unterschiedlich gesehen worden. Während die KEK davon ausgeht, dass auch außerhalb der Vermutensregelungen nach dem Rundfunkstaatsvertrag eine vorherrschende Meinungsmacht angenommen werden kann,[42] haben die Landesmedienanstalten in Form der KDLM die Auffassung vertreten, dass es sich um echte Vermutungsregelungen handelt und der KEK kein weitergehender Entscheidungsfreiraum zusteht. Die Schwierigkeiten der Gewichtung der Meinungsmacht in unterschiedlichen Mediengattungen haben sich im Verfahren Springer/Pro7Sat1deutlich gezeigt, in dem die KEK die Auswirkungen von Marktmacht auf sogenannten medienrelevanten verwandten Märkten im Print- Hörfunk- und Onlinebereich festzustellen versucht hat. Über die Entscheidung der KEK zur Bewertung der Cross-Ownership-Phänomene hat nunmehr das Bundesverwaltungsgericht insofern entschieden, als es die Sache an den Bayerischen Verwaltungsgerichtshof zurückverwiesen hat. Dieser hatte sich materiell nicht mit den Berechnungen der KEK beschäftigt, weil er Springer nach Aufgabe der Übernahmepläne das berechtigte Interesse an der nachträglichen Feststellung abgesprochen hatte. Das Bundesverwaltungsgericht sah dies anders, weil aufgrund der ungünstigen BLM-Entscheidung damit zu rechnen gewesen sei, von einem potentiellen Veräußerer gar nicht als ernsthafter Verhandlungspartner für eine künftige Übernahme in Betracht gezogen zu werden.[43] In seiner Entscheidung vom 15.2.2012, gegen die die Revision nicht zugelassen worden war, hatte der BayVGH die Rechtsauffassung Springers bestätigt. Das Bundesverwaltungsgericht hat zwischenzeitlich am 22.1.2013 der Nichtzulassungsbeschwerde der formal richtigen Beklagten, der BLM, stattgegeben. Mit Urteil vom 29.1.2014 (6 C 2.13) hat das BVerwG die Revision der BLM zurückgewiesen und damit einen vorläufigen Schlusspunkt unter die Debatte gesetzt. Jedenfalls bei einem Zuschaueranteil von unter 20 % werde die Stellung auf dem Fernsehmarkt nach den Wertungen des Gesetzgebers regelmäßig nur noch ein so geringes Gewicht haben, dass es auch unter Berücksichtigung von Aktivitäten auf verwandten medienrelevanten Märkten nicht mehr zur Annahme vorherrschender Meinungsmacht ausreiche.

36 Stellt die KEK vorherrschende Meinungsmacht nach diesen Normen fest, so darf dem Unternehmen eine Zulassung nicht erteilt bzw. von ihm eine Beteiligung nicht erworben werden. Die KEK hat mit dem Unternehmen zu erörtern, ob es ihm zurechenbare Beteiligungen an Veranstaltern aufgeben will bzw. dort wo es relevant ist, seine Marktstellung auf medienrelevanten verwandten Märkten vermindern möchte oder die im Rundfunkstaatsvertrag vorgesehenen vielfaltssichernden Maßnahmen, Einräumung der Sendezeit für unabhängige Dritte oder Einrichtung eines Programmbeirates, ergreifen will. Bei einer Vielzahl von Programmvorhaben dürften sich im Zulassungsverfahren aus den Vorgaben zur Sicherung der Meinungsvielfalt keine Probleme ergeben. In die Nähe der relevanten Zuschauermarktanteile gelangen allenfalls die RTL-Group bzw. die ProSiebenSat.1 Media AG mit ihren Angeboten. Die diesen Gruppen zuzurechnenden beiden bundesweit verbreiteten reichweitenstärksten Fernsehvollprogramme, RTL und Sat.1 sind ohnehin verpflichtet, mindestens im zeitlichen und regional differenzierten Umfang der Programmaktivitäten zum 1.7.2002 Regio-

42 *KEK*-Beschl. v. 10.1.2006-KEK 293-1-5.

43 Vgl. dazu *BayVGH* v. 7.7.2009 und *BVerwG* v. 24.11.2010; zum Ausgangsverfahren Böge/Doetz/Dörr/Schwartmann/*Dörr* Wieviel Macht verträgt die Vielfalt?, 2007, S. 21 ff. Zur parallelen Kartellrechtsproblematik *BGH* v. 8.6.2010; dazu *Schwartmann* Wann ist ein Markt ein Markt?, abrufbar unter www.lto.de/de/html/nachrichten/653/Wann-ist-ein-Markt-ein-Markt/.

nalfensterprogramme fortzuführen.[44] Hauptprogrammveranstalter und Fensterprogrammveranstalter sollen dabei nicht zueinander im Verhältnis eines verbundenen Unternehmens stehen. Einige Regionalfensterprogramme genügten dieser Anforderung zunächst nicht. Für eine Übergangszeit sah der Rundfunkstaatsvertrag ein Moratorium vor. Jetzt überlässt er dies dem Landesgesetzgeber, indem bereits bestehende landesrechtliche Regelungen die Unabhängigkeit auch in anderer Weise sicherstellen können.[45]

Die Entscheidungspraxis der KEK im Zusammenhang mit der Vielfaltssicherung berührt eine Frage, die durch das Bundesverfassungsgericht abschließend beantwortet zu sein scheint, nämlich die Frage nach dem Begriff des Veranstalters. Als Veranstalter ist danach anzusehen, wer bezogen auf das Gesamtprogramm dessen Struktur festlegt, die Abfolge plant, die Sendungen zusammenstellt und unter einheitlichen Bezeichnung dem Publikum anbietet.[46] Entscheidend ist die Programmverantwortung bei der Gesamtgestaltung.[47] **37**

Die KEK hat in einigen Fällen Programme Infrastrukturbetreibern zugerechnet.[48] Ob der Gesetzgeber die sicherlich bestehenden Gefährdungspotentiale nicht doch abschließend über die Regelungen zur Plattformregulierung aufgegriffen hat und sie dort besser verortet sind, oder ob auch hier die Regelungen zur Sicherung der Meinungsvielfalt greifen, ist noch kein Thema gerichtlicher Auseinandersetzung geworden. Bislang hat die Entscheidungspraxis der KEK noch zu keiner Ablehnung der Zulassung geführt. Es bestehen aber unterschiedliche Auffassungen der KEK und der Landesmedienanstalten über die Vorlagepflicht sogenannter Plattformverträge. **38**

Veranstalter von Fernsehprogrammen haben nicht nur alle geplanten Änderungen der Beteiligungsverhältnisse und relevanten Einflussmöglichkeiten anzuzeigen und prüfen zu lassen. Sie unterliegen darüber hinaus den **Publizitätspflichten** des § 23 RStV. Einmal jährlich bis zum Ende des Septembers hat der Veranstalter unabhängig von seiner Rechtsform nach Maßgabe der Vorschriften des HGB für das vorangegangene Geschäftsjahr seinen Jahresabschluss und einen Lagebericht zu erstellen und bekanntzugeben sowie eine Aufstellung seiner Programmbezugsquellen vorzulegen. Diese Vorschriften zielen auf die Transparenz der Medienkonzentration und unterlagen zunächst dem Vorbehalt einer Überprüfung. Diesen Erprobungscharakter haben die Publizitätspflichten verloren, sie bestehen weiterhin.[49] Angesichts der Tatsache, dass unter die zulassungspflichtigen Rundfunkangebote zunehmend gestreamte Internetangebote fallen, die sich in Organisation, Bedeutung und Reichweite deutlich von klassischen Rundfunkangeboten unterscheiden, sollte neu gedacht werden. Soweit nicht für diese Angebote de lege ferenda von der Zulassungspflicht ohnehin abgesehen werden sollte, wären zumindest, ähnlich wie bei Teleshoppingangeboten, Ausnahmeregelungen im Bereich des Medienkonzentrationsrechts angebracht. **39**

44 § 25 Abs. 4 S. 1 RStV.
45 § 25 Abs. 4 S. 4 RStV.
46 *BVerfGE* 97, 298, 310.
47 *Hahn/Vesting/Bumke* Beck'scher Kommentar zum Rundfunkstaatsvertrag, 3. Aufl. 2012, § 20 Rn. 33.
48 S. z.B. KEK 573 – BonGusto und KEK 618 – Heimatkanal.
49 *Hahn/Vesting/Bumke* Kommentar zum Rundfunkstaatsvertrag, 3. Aufl. 2012, § 23 Rn. 4.

1.6 Sonderfall Teleshopping

40 Reine Teleshoppingangebote, d.h. Angebote, die ausschließlich aus direkten Angeboten an die Öffentlichkeit für den Absatz von Waren oder die Erbringung von Dienstleistungen gegen Entgelt bestehen, waren zunächst ausdrücklich durch den Mediendienste-Staatsvertrag den zulassungs- und anzeigefreien Mediendiensten zugeordnet. Insbesondere als Ausfluss der AVMD-Richtlinie sieht der Rundfunkstaatsvertrag für dieses Angebot jetzt ebenfalls eine Zulassungspflicht vor, stellt sie allerdings den übrigen Rundfunkangeboten nicht vollständig gleich. Die Annahme, dass es sich bei solchen Angeboten um für die Meinungsvielfalt nachrangige Angebote handelt, setzt sich auch nach Einführung der Zulassungspflicht dadurch fort, dass Teleshoppingangebote von den Anwendungen der bereits geschilderten medienkonzentrationsrechtlichen Regelungen ausgenommen sind. Im Übrigen gelten die Normen des Rundfunkstaatsvertrags dort, wo sie ausdrücklich auch auf Teleshopping erstreckt sind. Angeboten, die bei Inkrafttreten der Regelung bereits auf dem Markt waren, ist die „Erstzulassung" durch den RStV selbst erteilt worden.[50]

VI. Zugang zu Übertragungskapazitäten – §§ 50 ff. RStV

41 Soweit der RStV von der Zuweisung von Übertragungskapazitäten spricht und der zuständigen Landesmedienanstalt für diese Aufgabe die ZAK und für unter Umständen erforderliche Auswahlentscheidungen auch die GVK zur Seite stellt, machen die entsprechenden Regelungen deutlich, dass Zuweisungsmöglichkeit und -pflicht nunmehr auf die Fälle knapper Übertragungskapazitäten beschränkt sind. Lediglich im Bereich der auch nach Digitalisierung nicht unbegrenzt zur Verfügung stehenden terrestrischen Übertragungskapazitäten gilt weiterhin die Annahme, dass es eines Zuweisungsaktes der Landesmedienanstalt bedarf, damit der Anbieter diese Kapazität nutzen kann. Gibt ein Anbieter an, für die Verbreitung seines Programms Satellitenkapazitäten oder das Internet nutzen zu wollen, dient dies allenfalls noch zur Bestätigung der Tatsache, dass es sich um bundesweit verbreiteten Rundfunk handeln soll. Das zunächst in Baden-Württemberg und Nordrhein-Westfalen eingeführte **„Führerscheinprinzip"**, das die Zuweisung der Übertragungskapazität von der Zulassung entkoppelt, ist nun im Rundfunkstaatsvertrag umgesetzt.

42 Im Bereich der **digitalen Terrestrik** hat die Novellierung des RStV zu Erleichterungen geführt. Während diese Kapazitäten zunächst als reine Frequenzen für Landesrundfunk angesehen wurden und es bei der Einführung von DVB-T noch des gemeinsamen und parallelen Kraftaktes bedurfte, um in verschiedenen Ländern annähernd zeitgleich zu dem selben Ergebnis zu kommen, erkennt der RStV nunmehr an, dass im Zeitalter der Digitalisierung auch im Feld der Terrestrik länderübergreifend gedacht werden kann und muss. Zunächst können entsprechende Kapazitäten durch die Ministerpräsidenten der Länder in einstimmigem Beschluss zur Verfügung gestellt bzw. zugeordnet werden. Die Zuweisung kann dann durch **eine** Landesmedienanstalt erfolgen. Interessen und Belange der übrigen Landesmedienanstalten werden durch die gemeinsame Ausschreibung und die Entscheidung in der ZAK bzw. im Auswahlfall in der GVK berücksichtigt. Erstmals können neben **Einzelangeboten** nun auch **Plattformanbietern** Kapazitäten zugewiesen werden. Ob und welche sachgerechte

50 Art. 7 Abs. 2 12. RÄStV.

Verteilung sich hier ggf. anbietet, überlässt der Gesetzgeber den Landesmedienanstalten, die diese Entscheidung je nach den tatsächlichen und technischen Gegebenheiten des Einzelfalls vornehmen müssen. Die finanziellen, organisatorischen und sonstigen Anstrengungen, die Inhalteanbieter, Infrastrukturbetreiber, Gerätehersteller und Nutzer bei erfolgreicher Einführung digitaler Rundfunktechniken auf sich nehmen müssen, werden durch ein solches gebündeltes und transparentes Verfahren erleichtert. Nach wie vor scheinen die wirtschaftlichen Bedingungen schwierig und setzen insbesondere ein abgestimmtes Vorgehen im dualen System mit den öffentlich-rechtlichen Rundfunkveranstaltern voraus, denen für die Entwicklung digitaler Angebote Ressourcen durch die KEF zur Verfügung gestellt werden können.

Neben dem offenen System für nicht knappe Satellitenübertragungskapazitäten bzw. das Internet und der weiterhin bestehenden Notwendigkeit der per Verwaltungsakt ausgesprochenen Zuweisung terrestrischer Übertragungskapazitäten beinhaltet der RStV für den Bereich des Kabels ein drittes Verfahren. Mit Einführung der Figur des **Plattformanbieters** adressiert der Rundfunkstaatsvertragsgeber Normen und Verfahren an die Betreiber technischer Infrastrukturen und unterwirft sie im Rundfunkrecht eigenen Anforderungen. Hinsichtlich der analogen Kabelbelegung akzeptiert der Rundfunkstaatsvertrag nach wie vor landesrechtliche Regelungen. Darüber hinaus erstreckt er die bislang für den Bereich des digitalen Kabels entwickelten Must-carry-Vorgaben und das bereits installierte System der nachgehenden Missbrauchsaufsicht auf alle technischen Übertragungskapazitäten und dort agierende Plattformen und ergänzt sie um Anforderungen, die bislang aus dem Zulassungsrecht für Rundfunkinhalte bekannt sind. Alle Anbieter, die unter die Legaldefinition des RStV für Plattformanbieter fallen, unterliegen zunächst denselben Grundanforderungen und der Aufsicht durch die zuständige Landesmedienanstalt. Für die Angebote in allen Plattformen gilt die verfassungsmäßige Ordnung. Die Vorschriften der allgemeinen Gesetze und die gesetzlichen Bestimmungen zum Schutz der persönlichen Ehre sind einzuhalten. Plattformanbieter sind für eigene Programme und Dienste verantwortlich und im Übrigen verpflichtet, Verfügungen der Aufsichtsbehörden gegen Programme und Dienste Dritter umzusetzen und insoweit nachrangig auch selbst in Anspruch zu nehmen, § 52a RStV. Darüber hinaus unterliegen sie der Missbrauchs-aufsicht durch die zuständige Landesmedienanstalt gem. § 52f RStV. Marktbeherrschende Anbieter von Plattformen in offenen Netzen oder Netzen, die sich nicht auf die unveränderte Weiterleitung eines Gesamtangebotes beschränken bzw. die eine gewisse Anzahl an angeschlossenen Wohneinheiten bzw. Nutzern überschreiten, haben darüber hinaus bestimmte Belegungsregeln, Vorgaben an die technische Zugangsfreiheit, Entgelte und Tarife zu beachten. Auch hier gibt es eine zuständige Landesmedienanstalt, nämlich die, bei der die notwendige Anzeige eingeht. Die Feststellung, dass es sich um eine Plattform i.S.d. RStV handelt, welchen Anforderungen sie zu genügen hat und ob sie dies tut, trifft die zuständige Landesmedienanstalt durch die ZAK. Einzelheiten hierzu haben die Landesmedienanstalten in der **Zugangssatzung** nach **§ 53 RStV** vereinbart. Der Schwerpunkt der Aufsichtspraxis liegt dabei weniger auf der Frage ob Rundfunkangeboten Zugang zu digitalen Plattformen gewährt werden muss, sondern eher darauf, zu welchen Konditionen dies zu geschehen hat bzw. ob bei der HD-Verbreitung kleineren Veranstaltern chancengleiche Konditionen und Zugang zu so genannten CPS-Modellen eröffnet ist.[51] **43**

51 So in den nicht veröffentlichten Entscheidungen der ZAK über die Beschwerde von WeltN24 (ZAK-Pressemitteilung 01/2016), zum CPS-Modell der Vodafone Kabel Deutschland (ZAK-Pressemitteilung 05/2016) und der Entscheidung zum Entgeltmodell des Plattformbetreibers NetCologne (ZAK-Pressemitteilung 04/2017).

VII. Aufsicht über den privaten Rundfunk

44 Rundfunkangebote und Telemedien unterliegen der ständigen Aufsicht. Nicht nur bei der Zulassung oder bei Mitteilung anzeigebedürftiger Veränderungen sondern auch außerhalb dieser Verfahren kann zu prüfen sein, ob das Angebot noch im Einklang mit den gesetzlichen Vorgaben steht. Programmbeschwerden von Zuschauern und Zuhörern und die Programmbeobachtung durch die Landesmedienanstalten können Aufsichtsverfahren auslösen. Die Entscheidung ein Beanstandungs- oder Ordnungswidrigkeitenverfahren einzuleiten, steht dabei nach den allgemeinen Regeln des Verwaltungsverfahrensrechts bzw. dem OWiG im pflichtgemäßen Ermessen der zuständigen Landesmedienanstalt. Seit Inkrafttreten des 10. RÄStV kann jede Landesmedienanstalt gegenüber der zuständigen einen Verstoß anzeigen und diese damit verpflichten, sich – durch die ZAK – mit der Anzeige zu befassen. Stellt die zuständige Landesmedienanstalt fest, dass ein Anbieter gegen Bestimmungen des Rundfunkstaatsvertrags verstoßen hat, trifft sie die erforderlichen Maßnahmen. Hierzu zählen nach § 38 Abs. 2 S. 2 RStV insbesondere die **Beanstandung**, die **Untersagung**, die **Rücknahme** und der **Widerruf**. Daneben enthält § 49 RStV eine Reihe von Tatbeständen, nach denen Verstöße auch im Rahmen eines **Ordnungswidrigkeitenverfahrens** geahndet werden können. Die zuständige Landesmedienanstalt kann nach § 49 Abs. 4 RStV darüber hinaus bestimmen, dass Beanstandungen sowie rechtkräftige Entscheidungen in einem Ordnungswidrigkeitenverfahren von dem betroffenen Veranstalter **in seinem Rundfunkprogramm verbreitet werden**.

45 Die Bandbreite der Normen, deren Nichtbefolgung ein Beanstandungsverfahren nach sich ziehen kann bzw. die Bandbreite möglicher Ordnungswidrigkeiten ist groß. Neben **Verstößen gegen programmliche Vorgaben** sind es vor allem **Verletzungen von Verfahrensregeln** bzw. die **Nichtbefolgung von Anzeige- und Mitteilungspflichten**, die Grundlage solcher Verfahren sein können.

1. Werberegelungen

46 Einen Schwerpunkt der Aufsichtsarbeit der Landesmedienanstalten haben in der Vergangenheit stets mögliche **Werbeverstöße**[52] gebildet. Da dieser Bereich ein eigenes Kapitel des Praxishandbuchs einnimmt, kann auf eine vertiefte Darstellung an dieser Stelle verzichtet werden. Fragen der Einhaltung der Mengenbeschränkung sowie des Grundsatzes der Trennung von Werbung und Programm und entsprechende Kennzeichnungspflichten haben seit Einführung des privaten Rundfunks Veranstalter, Landesmedienanstalten und Gerichte beschäftigt. Dies gilt insbesondere für Fragen der **Schleichwerbung**, gem. § 2 Abs. 2 Ziff. 8 RStV definiert als die Erwähnung oder Darstellung von Waren, Dienstleistungen, Namen, Marken oder Tätigkeiten eines Herstellers von Waren oder eines Erbringers von Dienstleistungen in Sendungen, wenn sie vom Veranstalter absichtlich zu Werbezwecken vorgesehen ist und mangels Kennzeichnung die Allgemeinheit hinsichtlich des eigentlichen Zweckes dieser Erwähnung oder Darstellung irreführen kann. Ein prominentes Beispiel aus der letzten Zeit stellt die Beanstandung

52 Vgl. dazu eingehend 6. Kap. Rn. 37 ff.

der im Programm von Pro7 ausgestrahlten „Wok-WM“ dar.[53] Wie auch im Fall der „Ostershow“[54] bei Sat.1 stand die Frage im Vordergrund, ob die Platzierung von Markennamen und Emblemen auch dann zur Annahme von Schleichwerbung führen kann, wenn es sich um die Übertragung einer von einem Drittunternehmen verantworteten Veranstaltung handelt. Die Gerichte haben sich im Ergebnis der Argumentation der Programmveranstalter nicht angeschlossen. Die Wok-WM sei nicht mit einem sonstigen Sportereignis zu vergleichen, das unabhängig von einer Fernsehübertragung stattfinde, sie werde ausschließlich für die Fernsehübertragung veranstaltet. Daher könne nicht von einer rechtlich zulässigen „aufgedrängten Werbung“ ausgegangen werden.[55] Die zwischen Zulassungsfragen und Werberegulierung stehende Frage der Zulässigkeit des Auseinanderschaltens sog. regionaler Werbespots hat zwischenzeitlich an Brisanz eingebüßt. Nachdem das Bundesverwaltungsgericht[56] zunächst entschieden hatte, dass es nicht gegen die Bestimmungen des Rundfunkrechts verstoße, wenn im Rahmen eines bundesweiten Fernsehprogramms Werbespots mit regional beschränktem Verbreitungsgebiet gesendet würden, da Gegenstand der Lizenzierung nur redaktionelle Programminhalte, nicht aber auch die Werbung sei, hat der Gesetzgeber zwischenzeitlich hier nachgearbeitet und in § 7 Abs. 11 RStV klargestellt, dass eine solche Praxis grundsätzlich nicht zulässig ist, es sei denn, sie sei nach Landesrecht erlaubt.

---

53 Bei der von ProSieben ausgestrahlten Sendung „Wok-WM“ besteht die Besonderheit, dass die antretenden Teams nach Markenartikeln benannt sind und von deren Herstellern gesponsert werden. Aufgrund dieser starken Markenpräsenz wurde die bei ProSieben gezeigte Sendung „Wok-WM“ von der Medienanstalt Berlin-Brandenburg (MABB) wegen der Ausstrahlung von Schleichwerbung beanstandet. Die hiergegen von ProSieben gerichtete Klage wies das *VG Berlin* mit Urteil v. 11.12.2008 zurück. ProSieben hatte sich darin insbesondere darauf berufen, keine Einflussmöglichkeiten auf die Organisation und Abwicklung der Sendung gehabt zu haben. Das Gericht sah dies anders und führte aus, dass ProSieben für die unzulässige optische und verbale Einbindung von Markennamen, welche Schleichwerbung darstelle, verantwortlich sei. Die Erwähnung und Darstellung sei auch absichtlich zu Werbezwecken vorgesehen. Diese Werbeabsicht des Senders ergebe sich aus den Einflussmöglichkeiten des Senders auf die Produktion der „Wok-WM“, weil ihm nach dem maßgeblichen Lizenzvertrag mit der TV-Produktionsfirma redaktionelle Mitbestimmungsrechte zustanden. Diese hätte ProSieben zur Unterbindung der Werbung ausüben können und müssen (vgl. *VG Berlin* ZUM-RD 2009, 292 ff.).

54 In der Sendung „Jetzt geht's um die Eier! Die große Promi-Oster-Show“, die 2006 von Sat.1 ausgestrahlt wurde, war mehrmals ein großer, aufblasbarer goldfarbener Osterhase mit rotem Halsband und Schriftzug eingeblendet, ebenso wie Werbebanner der Herstellerfirma. Die LMK sprach daraufhin eine Beanstandung wegen Verstoßes gegen § 1 Abs 2 LMG i.V.m. § 7 Abs. 6 S. 1 RStV aus. Hiergegen klagte Sat.1 und berief sich insbesondere darauf, dass sie nicht Veranstalterin der Sendung gewesen sondern die Veranstaltung von einer externen Firma organisiert worden sei. Im Übrigen habe es sich um „aufgedrängte Werbung“ gehandelt, deren Übertragung, wie auch bei sonstigen Sportveranstaltungen, unvermeidbar gewesen sei. Mit Urteilen v. 15.2.2008 und 17.12.2008 wiesen sowohl das VG Neustadt, wie auch das in der Berufungsinstanz zuständige OVG Koblenz die Klage ab. Zur Begr. führten die Gerichte aus, dass es sich bei den gezeigten Einblendungen um Schleichwerbung gehandelt habe, welche von der jeweils zuständigen Landesmedienaufsicht auch beanstandet werden dürfe. Auch sei Sat.1 die richtige Adressatin, da sie für die Ausstrahlung der Fernsehsendung in ihrem Programm verantwortlich gewesen sei und diese technisch durchgeführt habe. Darüber hinaus dürfe die bei der Übertragung von Sportveranstaltungen vielfach erkennbare Werbung deshalb ins Bild kommen, weil der Informationswert eines Trainerinterviews, des Fußballspielberichts, etc. die Wirkung der mitübertragenen Werbung übersteige. Bei einer Unterhaltungssendung sei dies aber nicht der Fall (vgl. Urteil des *VG Neustadt* v. 15.2.2008 – 6 K 599/07.NW (abrufbar unter www.webhosting-und-recht.de/urteile/Verwaltungsgericht-Neustadt-20080215.html); Urteil des *OVG Koblenz* ZUM 2009, 507 ff.; *Lamprecht-Weißenborn* MMR, 5/2008, XX).

55 *OVG Rheinland-Pfalz* ZUM 2009, 507 ff.; *VG Berlin* ZUM-RD 2009, 292 ff.

56 Entscheidung des *BVerwG* 17.12.2014 – 6C32.13.

47 In Umsetzung der AVMD-Richtlinie erlaubt der Rundfunkstaatsvertrag nunmehr die sogenannte **Produktplatzierung**, d.h. die gekennzeichnete Erwähnung oder Darstellung von Waren, Dienstleistungen, Namen, Marken, Tätigkeiten eines Herstellers von Waren oder eines Erbringers von Dienstleistungen in Sendungen gegen Entgelt oder eine ähnliche Gegenleistung mit dem Ziel der Absatzförderung, so die Begriffsbestimmung in § 2 Abs. 2 Nr. 11 RStV. Danach ist auch die kostenlose Bereitstellung von Waren oder Dienstleistungen Produktplatzierung, sofern die betreffende Ware oder Dienstleistung vom bedeutenden Wert ist. § 44 RStV und § 7 Abs. 7 RStV enthalten weitere Vorgaben. So ist Produktplatzierung nur zulässig in Kinofilmen, Filmen und Serien, Sportsendungen und Sendungen der leichten Unterhaltung, sofern es sich nicht um Sendungen für Kinder handelt. In Nachrichten, Sendungen zum politischen Zeitgeschehen, Ratgeber- und Verbrauchersendungen, Kindersendungen oder Übertragungen von Gottesdiensten ist Produktplatzierung auch dann ausgeschlossen, wenn es sich um kostenlose Bereitstellungen handelt. § 7 Abs. 7 RStV regelt u.a., dass die Produktplatzierung die redaktionelle Verantwortung und Unabhängigkeit hinsichtlich Inhalt und Sendeplatz unbeeinträchtigt lassen muss und das Produkt nicht zu stark herausgestellt werden darf.[57] Die Norm enthält ferner Hinweis- und Kennzeichnungspflichten. ARD, ZDF und Landesmedienanstalten haben sich auf eine einheitliche Kennzeichnung verständigt; für den privaten Rundfunk ergibt sich dies aus Ziff. 4 Nr. 7 WerbeRL. Die Kennzeichnungspflicht entfällt für Sendungen, die nicht vom Veranstalter selbst oder von einem mit dem Veranstalter verbundenen Unternehmen produziert oder in Auftrag gegeben worden sind, wenn nicht mit zumutbaren Aufwand ermittelbar ist, ob Produktplatzierung enthalten ist, hierauf ist hinzuweisen, § 7 Abs. 7 RStV. Diese Regelung entspricht der bisherigen Handhabung bei der Bewertung von Sendungen aus dem Ausland bzw. Übernahme von Drittproduktionen. Auch bislang wurden dort Verstöße gegen Anforderungen des deutschen Werberechts unter dem Gesichtspunkt der Zumutbarkeit gehandhabt, wenn ein Verzicht auf die Übertragung nicht verlangt, der Verstoß nicht in anderer Weise durch vertragliche Absprachen verhindert werden kann.[58] Auch im Bereich der Werbeaufsicht unter den Stichworten Trennung von Werbung und Programm und Kennzeichnung werblicher Inhalte hat die zunehmende Bedeutung des Internets, insbesondere die zunehmende Bedeutung sozialer Netzwerke und Videoplattformen, an Aktualität gewonnen.[59]

2. Programmgrundsätze

48 Neben den Werbefragen haben stets auch Fragen der Einhaltung der Programmgrundsätze oder die der **Wahrung der Menschenwürde** im Fokus der Aufsichtsarbeit gestanden. Formate wie Big Brother oder das RTL-Dschungelcamp, Frauentausch oder die Super Nanny haben auch in der Öffentlichkeit Diskussionen ausgelöst, ob

---

57 In seiner Entscheidung vom 23.7.2014 – *BVerwG* 6C31.13 hat sich das BVerwG im Fall der Live-Schaltungen von Sat.1 in das „Hasseröder Männer-Camp" nicht der Auffassung der beanstandenden Landesmedienanstalt angeschlossen, dass hier eine zu starke Herausstellung des Produktes anzunehmen sei. Das Gericht stellte seine Beurteilung darauf ab, dass der aufgenommene Handlungsstrang hinreichend starke Bezüge zum redaktionellen Sendungskonzept aufweise und sich so trotz der angenommenen werblichen Motivlage noch in das übrige Sendungsgeschehen inhaltlich einpasst.

58 *Hahn/Vesting/Ladeur* Beck'scher Kommentar zum Rundfunkrecht, 3. Aufl. 2012, § 7 Rn. 67.

59 S. z.B. die FAQ's der Landesmedienanstalten zur Werbung bei YouTube, abrufbar unter www.die-medienanstalten.de.

und inwieweit die Menschenwürde in der Disposition einzelner Probanten steht und wie beachtlich Einwilligungen in diesem Zusammenhang sein können.

Nach § 41 RStV gilt für Rundfunkprogramme die verfassungsmäßige Ordnung. Die Rundfunkprogramme haben die Würde des Menschen sowie die sittlichen, religiösen und weltanschaulichen Überzeugungen anderer zu achten. Sie sollen die Zusammengehörigkeit im vereinten Deutschland sowie die internationale Verständigung fördern und auf ein diskriminierungsfreies Miteinander hinwirken. Die Vorschriften der allgemeinen Gesetze und die gesetzlichen Bestimmungen zum Schutz der persönlichen Ehre sind einzuhalten. Auch wenn diese Programmgrundsätze auf ohnehin geltende Gesetze verweisen bzw. ihnen keine konkreten Handlungspflichten entnommen werden können[60] machen sie an dieser Stelle deutlich, welche Erwartungshaltungen die Gesellschaft an Rundfunkprogramme haben darf. **49**

3. Gewinnspiele

Die Notwendigkeit, neue Refinanzierungsmöglichkeiten für das Programm aufzutun, **50**
führte zu programmlichen Phänomenen, die ebenfalls besondere Anforderungen an die Aufsicht stellten. Nach Klingeltönen und Sexclips waren und sind es **Gewinnspiele** und **Gewinnspielsendungen**, die unter Nutzerschutzgesichtspunkten, insbesondere Minderjährigenschutzgesichtspunkten, zu untersuchen und zu beurteilen sind. Während Gewinnspiele und Gewinnspielsendungen zunächst nur durch freiwillige Vereinbarungen der Veranstalter, sich den von den Landesmedienanstalten entwickelten Auslegungs- und Anwendungsrichtlinien zu unterwerfen, reguliert werden konnten, ist mit Inkrafttreten des 10. RÄStV der Gesetzgeber tätig geworden. § 8a RStV erklärt Gewinnspielsendungen und Gewinnspiele grundsätzlich für zulässig, unterwirft sie aber dem **Gebot der Transparenz** und des **Teilnehmerschutzes**. Die Abgrenzung zum unzulässigen Glücksspiel wird vor allem über das **Teilnahmeentgelt** vorgenommen, das in der Norm auf 0,50 EUR gedeckelt ist. Den Landesmedienanstalten ist in § 46 RStV freigestellt, die Anforderungen der Norm in einer Satzung oder Richtlinie näher auszugestalten. Für Gewinnspiele in vergleichbaren Telemedien, d.h. Telemedien, die an die Allgemeinheit gerichtet sind, gilt § 8a RStV entsprechend. Was die Ahndung von Verstößen anbelangt, hat der Gesetzgeber einen interessanten Weg gewählt. Nach § 49 Abs. 1 S. 2 Nr. 5 RStV handelt ordnungswidrig auch, wer einer Satzung nach § 46 S. 1 i.V.m. § 8a RStV zuwiderhandelt, soweit die Satzung für einen bestimmten Tatbestand auf diese Bußgeldvorschrift verweist. Den Landesmedienanstalten hat der Gesetzgeber daher nicht nur anheimgestellt, sich zur Konkretisierung wahlweise einer Satzung oder Richtlinie zu bedienen, sondern es noch darüber hinaus in ihre Hände gelegt, entsprechende Ordnungswidrigkeitentatbestände in der Satzung zu formulieren.[61] Von dieser Ermächtigung haben die Landesmedienanstalten Gebrauch gemacht und **übereinstimmende Gewinnspielsatzungen** erlassen.[62] Die Satzung enthält vor allem Regelungen zum Jugendschutz, zur Transparenz, Irreführungs- und Manipulationsverbote, Vorgaben zum Spielablauf, -gestaltung und –auflösung sowie Informationspflichten genereller Art und solche während des Spielverlaufs. Der von 9Live im Wege der abstrakten Normenkontrolle angerufene Bayerische Verwal-

---

60 *Hahn/Vesting/Hahn/Witte* Beck'scher Kommentar zum Rundfunkrecht, 3. Aufl. 2012, § 41 Rn. 14.
61 Hierzu ausf. *Hartstein/Ring/Kreile/Dörr/Stettner* Rundfunkstaatsvertrag, Loseblatt, § 49 Rn. 82.
62 Satzung der Landesmedienanstalten über Gewinnspielsendungen und Gewinnspiele (Gewinnspielsatzung) abrufbar unter www.die-medienanstalten.de.

tungsgerichtshof hat mit Urteil vom 28.10.2009[63] die Gewinnspielsatzung überwiegend für rechtmäßig befunden. Nach Auffassung des Gerichtes findet allerdings die Erstreckung des Geltungsbereichs der Satzung über den Bereich des Rundfunks hinaus auf die sog. vergleichbaren Telemedien in den Bestimmungen des RStV keine tragfähige Grundlage. Ein Satzungsrecht sei den Landesmedienanstalten insoweit nicht ausdrücklich eingeräumt, der erweiternden Auslegung stehe bereits entgegen, dass in Bayern nicht die beklagte BLM zuständig für die Überwachung von Telemedien sei. Weiterhin wurden Regelungen der Satzung im Zusammenhang mit den Transparenzpflichten, dem Schutz der Nutzerinnen und Nutzer vor übermäßiger Teilnahme, Vorgaben in Bezug auf den Ausfallzeitraum, die Gesamtdauer von Gewinnspielsendungen und entsprechende Informations- und bzw. Dokumentationspflichten für unwirksam erklärt. Auf die Revision von 9Live hatte die BLM Anschlussrevision eingelegt. Da die ProSiebenSat.1-Gruppe die wesentlichen Vorgaben der Gewinnspielsatzung mittlerweile erfüllte, hatten sich die Direktoren der Landesmedienanstalten mit den Sendern 9Live, Sat.1, kabel1 und ProSieben zwischenzeitlich geeinigt und einen Vergleich hinsichtlich der Erledigung von zurückliegenden Verstößen gegen die Gewinnspielsatzung geschlossen. Im Rahmen dieses Vergleichs hatten sich die Sender verpflichtet, Einsprüche gegen neun erlassene Bußgeldbescheide zurückzunehmen, welche damit wirksam wurden und zu einer Zahlungsverpflichtung von Bußgeldern in Höhe von insgesamt 100 000 EUR führten. Darüber hinaus wurde die Rücknahme von Widersprüchen und Klagen gegen medienrechtliche Beanstandungen vereinbart. Mit der Rücknahme der beim Bundesverwaltungsgericht eingelegten Revision im Normenkontrollverfahren gegen die Gewinnspielsatzung wurde das Urteil des Bayerischen Verwaltungsgerichtshofs rechtskräftig.[64]

63 *BayVGH* v. 28.10.2009 – 7 N 09 1377.

64 ZAK-Pressemitteilung 17/2010 v. 24.11.2010, abrufbar unter www.die-medienanstalten.de.

6. Kapitel
Recht der Werbung im Rundfunk

Literatur: *von Bentivegni* in Limper/Musiol, Handbuch des Fachanwalts Urheber- und Medienrecht, 2011, S. 808; *Berlit* Die Rechtsprechung der Instanzgerichte zum Recht des unlauteren Wettbewerbs XIV, GRUR-RR 2014, 49; *Bornemann* Der Jugendmedienschutz-Staatsvertrag der Länder, NJW 2003, 787; *Bornemann/von Coelln/Kraus/Hepach/Himmelsbach/Lörz* Bayerisches Mediengesetz, Kommentar und Textsammlung, Loseblatt; *Bosman* Rundfunkrechtliche Aspekte der Trennung von Werbung und Programm, ZUM 1990, 545; *ders.* Verfassungsrechtliche Aspekte eines Werbeverbots für den öffentlich-rechtlichen Rundfunk, ZUM 2003, 444; *Büscher* Aus der Rechtsprechung des EuGH und des BGH zum Wettbewerbsrecht in den Jahren 2011–2013, GRUR 2013, 969; *ders.* Aus der Rechtsprechung des EuGH und des BGH zum Wettbewerbsrecht seit Ende 2013, GRUR 2015, 5; *Castendyk* Die Neuregelung der Produktplatzierung im Fernsehen – Definition, Systematik, Prinzipien und Probleme, ZUM 2010, 29; *ders.* Werbeintegration im TV-Progamm – wann sind Themen Placements, Schleichwerbung oder Sponsoring?, ZUM 2005, 857; *Castendyk/Dommering/Scheuer* European Media Law, 2008; *Danwitz* Zur Regulierung von "product placement" bei der Novellierung der EU-Fernsehrichtlinie, AfP 2005, 417; *Dolzer u.a. (Hrsg.)* Bonner Kommentar zum Grundgesetz, Loseblatt; *Dörr/Schwartmann* Medienrecht, 5. Aufl. 2014; *Eberle/Rudolf/Wasserburg* Mainzer Rechtshandbuch der Neuen Medien, 2003; *Eimeren/Frees* Fast 50 Millionen Deutsche online – Multimedia für alle?, Media Perspektiven 2010, 334; *Engels/Giebel* Das neue Fernsehwerberecht, ZUM 2000, 265; *Engels/Jürgens/Fritzsche* Die Entwicklung des Telemedienrechts im Jahr 2006, K&R 2007, 57; *Götting/Nordemann* UWG, Handkommentar, 3. Aufl. 2016; *Gounalakis* Werbung im Rundfunkprogramm – Zwischen Trennungsgebot und Schleichwerbeverbot, WRP 2005, 1476; *Gundel* Die EMRK und das Verbot der ideellen Rundfunkwerbung – Entwarnung für § 7 Abs. 9 RStV?, ZUM 2013, 921; *Hahn/Vesting* Beck'scher Kommentar zum Rundfunkrecht, 3. Aufl. 2012; *Hain* Das werberechtliche Trennungsgebot und dieses flankierende Regelungen, K&R 2008, 661; *Hartstein/Ring/Kreile/Dörr/Stettner* Rundfunkstaatsvertrag, Loseblatt; *Hesse* Rundfunkrecht, 3. Aufl. 2003; *Hoeren* Das Telemediengesetz, NJW 2007, 801; *Kitz* Das neue Recht der elektronischen Medien in Deutschland – sein Charme, seine Fallstricke, ZUM 2007, 368; *Kleist/Lamprecht-Weißenborn/Scheuer* Markt ohne Marketing?, 2008; *Köhler/Bornkamm* Wettbewerbsrecht, 35. Aufl. 2017; *Kreile/Diesbach* Der neue Jugendmedienschutz-Staatsvertrag – was ändert sich für den Rundfunk, ZUM 2002, 849; *Ladeur* Neue Werbeformen und der Grundsatz der Trennung von Werbung und Programm, ZUM 1999, 672; *Leitgeb* „Undue prominence“ bei Product-Placement – Anmerkung zu Oberverwaltungsgericht Rheinland-Pfalz, Urteil vom 22. August 2013 – 2 A 10002/13.OVG, ZUM 2013, 987; *Lenz/Borchardt* EU-Verträge, 6. Aufl. 2012; *Lindloff/Fromm* Ist gekennzeichnete redaktionelle Werbung auf Webseiten strafbar? - Strafrechtliche Relevanz des Verschleierns von Werbehandlungen, MMR 2011, 359; *Matzneller* Rechtsrahmen der Werbung für Webradios, AfP 2013, 298; *Nikles/Roll/Spürck/Umbach* Jugendschutzrecht, 3. Aufl. 2011; *Paschke/Berlit/Meyer* Hamburger Kommentar Gesamtes Medienrecht, 3. Aufl. 2016; *Petersen* Medienrecht, 5. Aufl. 2010; *Piper/Ohly/Sosnitza* Gesetz gegen den unlauteren Wettbewerb, 7. Aufl. 2016; *Rossen-Stadtfeld* Grenzen der Staatsaufsicht im Bereich des kommerziellen Rundfunks, ZUM 2008, 1; *Sauer* § 5 Pkw-EnVKV und audiovisuelle Mediendienste – Kennzeichnungspflicht für Werbevideos in den YouTube-Kanälen und Online-Videotheken der Pkw-Hersteller und Händler, WRP 2016, 807; *Schiwy/Schütz/Dörr* Medienrecht, Lexikon für Praxis und Wissenschaft, 5. Aufl. 2010; *Schmitz* Übersicht über die Neuregelung des TMG und des RStV, K&R 2007, 135; *Spindler/Schuster* Recht der elektronischen Medien, 3. Aufl. 2015; *Tschentscher/Klee* Aktuelle Rechtsprobleme der Werbung im privaten Rundfunk, ZUM 1994, 146.

A. Die Werbung in den Medien

1 Werbung spielt immer noch und in immer neuen Formen[1] eine wesentliche Rolle in der Medienwelt. Für den privaten Rundfunk weist § 43 RStV[2] ausdrücklich auf Werbung als zulässige Einnahmequelle hin. Für den öffentlich-rechtlichen Rundfunk ist dies in § 13 RStV statuiert. Durch die Werbung wird die Existenz insbesondere der frei verfügbaren Medien ermöglicht und gesichert. Sie dient der Finanzierung von Medien und damit letztlich insgesamt der Informationsvermittlung und der Entfaltung der Meinungsfreiheit. Diesem Aspekt trägt auch die Regulierung Rechnung, indem sie eine Balance zwischen der Erreichung notwendiger Schutzziele einerseits und der Sicherung der Finanzierungsgrundlage für Medieninhalte andererseits herzustellen versucht. In diesem Sinne sind gerade im Rundfunkbereich Deregulierungstendenzen erkennbar, die einhergehen mit der Begrenzung werblicher Betätigungen der öffentlich-rechtlichen Rundfunkveranstalter. Bereits mit der Richtlinie über audiovisuelle Mediendienste (AVMD-Richtlinie) wurde auf die Entwicklungen im Medienbereich und deren Auswirkungen auf die Finanzierung des kommerziellen Fernsehens mit einer Liberalisierung der Werberegeln reagiert.[3] Diese Entwicklung setzt sich aktuell, erkennbar in den Beratungen zur Reform der AVMD-Richtlinie, fort.[4]

2 Werbung bezeichnet die kommerzielle Kommunikation zwischen verschiedenen Marktteilnehmern. Da die Regulierung der Werbung unterschiedlichen Zweckrichtungen folgt und sie sich je nach eingesetztem Medium und anvisierter Zielgruppe in ihrer Erscheinungsform unterscheidet, variiert auch das, was gesetzlich unter Werbung verstanden wird, je nach Regelungsnorm. Allgemein geht das Begriffsbild aber dahin, dass Werbung jede Äußerung bei der Ausübung eines Handels, Gewerbes, Handwerks oder freien Berufs ist, die mit dem Ziel getätigt wird, den Absatz von Waren oder die Erbringung von Dienstleistungen, einschließlich unbeweglicher Sachen, Rechte und Verpflichtungen, zu fördern.[5]

3 Das Recht, zu werben, fällt in den Schutzbereich der Grundrechte. So umfasst Art. 12 Abs. 1 GG Werbung als Teil der beruflichen Außendarstellung, Art. 5 Abs. 1 GG zugleich die Werbung als Gegenstand oder Mittel der Meinungsäuße-

1 Siehe nur neuere Werbeformen wie beispielsweise die digitale Außenwerbung (Digital out of Home oder „DooH“).

2 Rundfunkstaatsvertrag v. 31.8.1991, in der Fassung des 20. Rundfunkänderungsstaatsvertrages v. 8.12.2016, in Kraft seit 1.1.2017 bzw. 1.9.2017.

3 S. Erwägungsgründe 4 sowie 81 und 85 der Richtlinie 2010/13/EU des Europäischen Parlaments und des Rates vom 10.3.2010 zur Koordinierung bestimmter Rechts- und Verwaltungsvorschriften der Mitgliedstaaten über die Bereitstellung audiovisueller Mediendienste (Richtlinie über audiovisuelle Mediendienste – AVMD-Richtlinie).

4 Entwurf einer Richtlinie des Europäischen Parlaments und des Rates zur Änderung der Richtlinie 2010/13/EU zur Koordinierung bestimmter Rechts- und Verwaltungsvorschriften der Mitgliedstaaten über die Bereitstellung audiovisueller Mediendienste im Hinblick auf sich verändernde Marktgegebenheiten COM(2016) 287 final, abrufbar unter: http://eur-lex.europa.eu/legal-content/DE/TXT/PDF/?uri=CELEX:52016PC0287&from=EN .

5 Vgl. Art. 2 lit. a RL 2006/114/EG des Europäischen Parlaments und des Rates v. 12.12.2006 über irreführende und vergleichende Werbung.

rung.[6] Werberestriktionen müssen daher als Schrankenregelung begriffen werden und unterliegen einer entsprechenden Rechtfertigungspflicht. Neben der verfassungsrechtlichen Dimension ist Werbung darüber hinaus in das System der Grundfreiheiten des europäischen Binnenmarktes einzuordnen.[7] Werbebeschränkungen, die nicht produkt-, sondern nur vertriebsbezogene Maßnahmen darstellen, unterfallen dabei grundsätzlich nur dann der Warenverkehrsfreiheit, wenn sie inländische und aus anderen Mitgliedstaaten stammende Erzeugnisse rechtlich wie tatsächlich nicht in gleicher Weise berühren. Sie sind damit regelmäßig als zulässige allgemeine Verkaufsmodalitäten anzusehen, die nicht geeignet sind, den Marktzugang für Waren aus anderen Mitgliedstaaten zu erschweren.[8] Ist eine Dienstleistung Gegenstand der Werbung oder stellt gerade die Werbung selbst eine Dienstleistung dar,[9] kommt die im Verhältnis zu den anderen Grundfreiheiten subsidiäre Dienstleistungsfreiheit zum Tragen. Hiernach sind Beschränkungen der Freiheit des Dienstleistungsverkehrs zumindest dem Grundsatz nach unzulässig; sie können jedoch nach der Ausnahmeregelung des Art. 62 i.V.m. Art. 52 AEUV (ex-Art. 55 i.V.m. 46 EGV) aus Gründen der öffentlichen Ordnung, Sicherheit oder Gesundheit gerechtfertigt sein. Der EuGH hat in seiner Rechtsprechung weitere Ausnahmen zugelassen: Ihm folgend sind (unterschiedslos geltende) Beschränkungen ferner dann zulässig, wenn sie dem Schutz zwingender Gründe des Allgemeininteresses dienen.[10] Ein solches wurde etwa in Form des Schutzes der Rundfunkteilnehmer vor übermäßiger Werbung gesehen.[11] Nationale Werbebeschränkungen bedürfen danach auch aus dem Blickwinkel europäischen Rechts der Rechtfertigung.[12]

Werberestriktionen erfolgen mit dem Ziel, die Unabhängigkeit der Medien vor der Einflussnahme Dritter sicherzustellen,[13] zum Schutz des Verbrauchers, aber auch eines fairen Wettbewerbs. Sie sind in unterschiedlichen Kodifizierungen zu finden. Hierbei ist zu differenzieren zwischen allgemeingültigen wettbewerbs- oder verbraucherbezogenen Regelungen, die für alle Medien anwendbar sind, wie das Gesetz gegen den unlauteren Wettbewerb (UWG), und spezialgesetzlichen Regelungen, die nur für bestimmte Medien oder bestimmte Produkte bzw. Dienstleistungen gelten. Dazu gehören z.B. die Landespresse- **4**

---

6 Vgl. auch zur Einordnung von in Werbeanzeigen enthaltenen Meinungsäußerungen des Werbenden in den Schutzbereich der Meinungs- bzw. Pressefreiheit des Zeitschriftenherausgebers grundlegend *BVerfGE* 102, 347 – Benetton-Werbung; *BVerfGE* 107, 275 – Benetton-Werbung II. Die durch Art. 10 EMRK geschützte Freiheit der Meinungsäußerung umfasst nach der Rechtsprechung des Europäischen Gerichtshofs für Menschenrechte ebenfalls die Verbreitung von Informationen geschäftlicher Art durch einen Unternehmer, u.a. in Form von Werbebotschaften, vgl. *EGMR* 24.2.1994 - 15450/89, Series A, Nr. 285-A – Casado Coca/Spanien, Abs. 35f m.w.N. Von gleicher Bedeutung und Tragweite ist Art. 11 der EU-Charta (vgl. zuletzt *EuGH* 17.12.2015 – C-157/14, juris, Rn. 63 ff.).

7 Vgl. hierzu und zu Entwicklungen auf europäischer Ebene *Kleist/Lamprecht-Weißenborn/Scheuer* S. 15 ff.

8 *Lenz/Borchardt/Lux* Art. 34 Rn. 38.

9 Der Gerichtshof prüft mitunter beide Grundfreiheiten parallel, vgl. *EuGH* verb. Rs. C-34/95, C-35/95, C-36/95, Slg. 1997, I-3843 – Konsumentombudsmannen/de Agostini.

10 Vgl. *Lenz/Borchardt/Seyr* Art. 56/57 Rn. 23.

11 *EuGH* Rs. 52/79, Slg. 1980, 833, Abs. 15 – Debauve.

12 Zum Grundsatz der Verhältnismäßigkeit vgl. *EuGH* Rs. C-390/99, Slg. 2002, I-6087, Abs. 33 – Canal Satélit Digital: „nicht in einem Missverhältnis zum angestrebten Ziel"; *EuGH* Rs. 352/85, Slg. 1988, 2085, Abs. 36 – Bond van Adverteerders.

13 *Gounalakis* WRP 2005, S. 1476 ff.; *Eberle/Rudolf/Wasserburg/Friccius* Kap. V Rn. 19.

gesetze, die Landesmediengesetze, die ausführlichen Regelungen für Rundfunkwerbung im Rundfunkstaatsvertrag (RStV), das Telemediengesetz (TMG), das Telekommunikationsgesetz (TKG) oder der Jugendmedienschutz-Staatsvertrag (JMStV).[14] Als nicht gesetzliche Maßgaben gelten die im Rahmen der Selbstregulierung auferlegten Verhaltensregeln wie die Publizistischen Grundsätze des Deutschen Presserats (z.B. der Pressekodex) oder die Regelwerke des Zentralverbands der deutschen Werbewirtschaft (z.B. die Verhaltensregeln des Deutschen Werberats gegen Herabwürdigung und Diskriminierung von Personen aus dem Jahr 2014) als Leitlinien für deren Mitglieder. Zur Durchführung der gesetzlichen Vorgaben aus den rundfunkrechtlichen Staatsverträgen der Länder sind die Landesmedienanstalten ihrer Ermächtigung und zugleich Verpflichtung nach § 46 RStV zum Erlass Gemeinsamer Richtlinien (so z.B. die Gemeinsamen Richtlinien der Landesmedienanstalten für die Werbung, die Produktplatzierung, das Sponsoring und das Teleshopping im Fernsehen bzw. Hörfunk)[15] nachgekommen („WerbeRL/Fernsehen" bzw. WerbeRL/Hörfunk"). Die Rechtsnatur der Richtlinien als norminterpretierende oder normkonkretisierende Verwaltungsvorschrift ist nicht abschließend geklärt.[16] Für die Auslegung und Anwendung der werberechtlichen Vorschriften des § 7 RStV hat das BVerwG jedoch festgestellt, dass den Landesmedienanstalten aufgrund fehlender besonderer Komplexität der Entscheidungsfindung kein Beurteilungsspielraum zukommt und es sich daher bei den hierauf bezogenen Richtlinien lediglich um norminterpretierende Verwaltungsvorschriften handelt.[17] Den Richtlinien kommt insofern dann allenfalls eine interne Bindungswirkung für das Handeln der Landesmedienanstalten als Medienaufsicht zu.[18] Für die Gerichte sind die Richtlinien hingegen nicht bindend und die Entscheidungen der Medienaufsicht vollumfänglich gerichtlich überprüfbar.

5 Nachfolgend werden werberechtliche Bezüge des Medienrechts unter besonderer Berücksichtigung des Rundfunks aufgezeigt. Schwerpunkt wird hierbei auf das Gesetz gegen den unlauteren Wettbewerb und den Rundfunkstaatsvertrag gelegt.

B. Werbung und Wettbewerbsrecht

6 Das Wettbewerbsrecht[19] ist eine der tragenden Säulen des Medien- und Werberechts und für Medienunternehmen von vielfacher Bedeutung. Es dient insbesondere ihrem Schutz vor unlauteren geschäftlichen Handlungen von Mitbewerbern oder anderen Marktteilnehmern. Daneben stehen ebenso Interessen der Verbraucher sowie der All-

14 Darüber hinaus gibt es zahlreiche produkt- und berufsbezogene Regelungen mit Werbebeschränkungen wie z.B. das Heilmittelwerbegesetz (HWG), das Lebensmittel-, Bedarfsgegenstände- und Futtermittelgesetzbuch (LFGB), das Weingesetz, die Bundesrechtsanwaltsordnung (BRAO) oder die Bundesnotarordnung (BNotO), s. hierzu die Übersicht in *Schiwy/Schütz/Dörr* S. 749 ff.

15 Gemeinsame Richtlinien i.d.F. v. 23.2.2010 (WerbeRL/Hörfunk) bzw. 18.9.2012 (WerbeRL/Fernsehen). Äquivalent für den öffentlich-rechtlichen Rundfunk sind die ARD-Richtlinien für Werbung, Sponsoring, Gewinnspiele und Produktionshilfe sowie die ZDF-Richtlinien für Werbung, Sponsoring, Gewinnspiele und Produktionshilfe, jeweils in der Fassung v. 12.3.2010.

16 Zum Diskussionsstand und mit weiteren Nachweisen *Matzneller* AfP 2013, 298, 302.

17 *BVerwG* 22.6.2016 - 6 C 9.15, juris, Rn. 16; 14.10.2015 - 6 C 17.14, Rn. 32 ff., NVwZ-RR 2016, 142, 146; 23.7.2014 - 6 C 31.13, BVerwGE 150, 169 Rn. 48.

18 *Bornemann* ZUM 2012, 89 ff.: Rechtssatzcharakter mit Außen- und Bindungswirkung.

19 Vgl. dazu i.Ü. 14. Kap.

gemeinheit im Fokus des Wettbewerbsrechts.[20] Ein funktionsfähiger Wettbewerb ist zudem zwar kein Garant, jedoch grundlegende Voraussetzung für die Meinungsvielfalt und für die Möglichkeit einer unabhängigen Meinungsbildung.[21] Insofern stellt das Wettbewerbsrecht zugleich einen Baustein zur Sicherung auch publizistischer Vielfalt dar.[22] Es unterlag in den letzten Jahren mehreren Reformen.

I. Die UWG-Novellen 2004, 2008 und 2015

Bereits 2004 wurde das UWG neu gestaltet und in seiner Systematik grundlegend geändert.[23] Der Begriff des Handelns im geschäftlichen Verkehr zu Zwecken des Wettbewerbs wurde durch den der Wettbewerbshandlung ersetzt. 2008 folgte erneut eine tiefgreifende Änderung des UWG.[24] Die Novelle diente der Umsetzung der Richtlinie über unlautere Geschäftspraktiken (UGP-Richtlinie).[25] Sie ersetzt den Begriff der Wettbewerbshandlung durch den der geschäftlichen Handlung.[26] 7

2015 wurde eine weitere UWG-Novelle erlassen. Sie dient der verbesserten Umsetzung der UGP-Richtlinie.[27] Der Gesetzgeber musste erneut tätig werden, weil die in der UWG-Novelle 2008 erfolgte Umsetzung der UGP-Richtlinie nicht den vom EuGH formulierten Anforderungen an eine korrekte Umsetzung entsprach und die Kommission dies beanstandet hatte.[28] 8

Das UWG 2015[29] enthält schon in den Allgemeinen Bestimmungen einige Neuerungen: In § 2 Abs. 1 Nr. 7 UWG wurde der Begriff der „fachlichen Sorgfalt" durch den Begriff der „unternehmerischen Sorgfalt" ersetzt. Der Begriff der „Marktgepflogenheiten" wurde durch den der „anständigen Marktgepflogenheiten" ersetzt. Neu hinzu kamen in § 2 Abs. 1 Nr. 8 UWG die Definition der „wesentlichen Beeinflussung des wirtschaftlichen Verhaltens des Verbrauchers" in Umsetzung von Art. 2 lit. e UGP-Richtlinie sowie in § 2 Abs. 1 Nr. 9 UWG die Definition der „geschäftlichen Entscheidung" in Umsetzung des Art. 2 lit. k UGP-Richtlinie. 9

---

20 Vgl. § 1 UWG.

21 S. *Dörr/Schwartmann* Rn. 380.

22 Unmittelbarer Regelungsgegenstand bundesrechtlicher Vorgaben darf nicht die Sicherung publizistischer Vielfalt, sondern muss die effektive Regulierung des Wettbewerbs, bei medienspezifischen Sachverhalten unter Berücksichtigung der besonderen Bedingungen der Medienmärkte, sein. Zum Erfordernis der „wesensmäßigen und historischen Zugehörigkeit" der jeweiligen Materie vgl. *BVerfGE* 7, 29, 40; 36, 193, 203; 36, 314, 319; 48, 367, 373.

23 S. dazu auch 14. Kap. Rn. 9 ff. m.w.N.

24 Erstes Gesetz zu Änderung des Gesetzes gegen den unlauteren Wettbewerb v. 22.12.2008 (BGBl I S. 2949); nach weiteren Änderungen neugefasst durch Bekanntmachung v. 3.3.2010 (BGBl I S. 254).

25 Richtlinie 2005/29/EG des Europäischen Parlaments und des Rates vom 11.5.2005 über unlautere Geschäftspraktiken im binnenmarktinternen Geschäftsverkehr zwischen Unternehmen und Verbrauchern und zur Änderung der Richtlinie 84/450/EWG des Rates, der RL 97/7/EG, 98/27/EG und 2002/65/EG des Europäischen Parlaments und des Rates sowie der VO (EG) Nr. 2006/2004 des Europäischen Parlaments und des Rates (Richtlinie über unlautere Geschäftspraktiken), ABlEU Nr. L 149/22 v. 11.6.2005.

26 Siehe zu den Entwicklungen im Wettbewerbsrecht in den Jahren 2011–2013 GRUR 2013, 969 ff. Der Begriff der Wettbewerbshandlung ist jedoch weiter für alle Handlungen maßgeblich, die vor dem Inkrafttreten der UWG-Novelle 2008 stattgefunden haben.

27 Zweites Gesetz zur Änderung des Gesetzes gegen den unlauteren Wettbewerb v. 2.12.2015 (BGBl I S. 2158), die sog. UWG-Novelle 2015.

28 Siehe zu den Neuerungen insgesamt *Köhler/Bornkamm* 35. Aufl. § 2 Rn. 2.28.

29 In der Fassung vom 3.3.2010, zuletzt geändert am 17.2.2016.

10 § 3 UWG enthält nach wie vor eine allgemeine (Abs. 1) und eine Verbrauchergeneralklausel (Abs. 2) sowie einen Verweis auf stets unzulässige Handlungen (Abs. 3 i.V.m. Anhang § 3 Abs. 3 UWG). In § 3 Abs. 1 UWG wurde jedoch die Spürbarkeitsklausel entfernt. Nun sind nach § 3 Abs. 1 UWG alle unlauteren geschäftlichen Handlungen unzulässig. In § 3 Abs. 2 UWG wurde die Relevanzklausel des Art. 5 Abs. 2 UGP-Richtlinie (Eignung zur wesentlichen Beeinflussung des wirtschaftlichen Verhaltens des Verbrauchers) übernommen. Ferner wurde die Unterscheidung zwischen geschäftlichen Handlungen, die Verbraucher erreichen, und solchen, die sich an sie richten, übernommen. Der Begriff der „fachlichen Sorgfalt" wurde auch hier durch den der „unternehmerischen Sorgfalt" ersetzt.

11 In §§ 3a–7 UWG sind Beispiele für unlautere geschäftliche Handlungen aufgeführt, welche die in der Vergangenheit richterrechtlich entwickelten Fallgruppen aufgreifen. In § 3a UWG ist nun der Rechtsbruchtatbestand des § 4 Nr. 11 UWG 2008 geregelt und wurde mit einer Spürbarkeitsklausel i.S.d. bisherigen § 3 Abs. 1 UWG 2008 ergänzt. § 4 UWG wurde deutlich umstrukturiert und enthält statt zahlreicher Einzelfälle nur noch die bisherigen Regelungen über den Mitbewerberschutz (§ 4 Nr. 7–10 UWG 2008), überführt in § 4 Nr. 1–4. An die Stelle der Tatbestände des § 4 Nr. 1 und 2 UWG 2008 trat § 4a UWG, welcher aggressive geschäftliche Handlungen betrifft. Der Tatbestand des § 4 Nr. 3 UWG 2008 entfiel. An seine Stelle trat, soweit es Verbraucher betrifft, das Verbot der verdeckten Werbung in § 5a Abs. 6 UWG.[30] Offenbar glaubten die Gesetzesverfasser, dass der Schutz der sonstigen Marktteilnehmer sich dann aus dem (unangetastet gelassenen) § 5a Abs. 1 UWG ergebe.[31] Nach anderer Ansicht wird der Schutz der sonstigen Marktteilnehmer durch eine analoge Anwendung des § 5a Abs. 6 UWG gewährleistet.[32] Die Tatbestände des § 4 Nr. 4 und 5 UWG 2008 fielen ebenfalls weg. Ihr Regelungsgehalt soll durch § 5a Abs. 2 und 4 UWG abgedeckt werden. § 4 Nr. 6 UWG 2008 wurde ersatzlos gestrichen, da die Regelung mit der UGP-Richtlinie nicht vereinbar war. Der Irreführungstatbestand des § 5 Abs. 1 S. 1 UWG 2008 wurde durch die Aufnahme einer Relevanzklausel dem Art. 6 Abs. 1 UGP-Richtlinie angepasst. Zugleich wurde klargestellt, dass die Vorschrift auch dem Schutz der sonstigen Marktteilnehmer dient. § 6 UWG regelt die vergleichende Werbung, die grundsätzlich gem. § 6 Abs. 1 UWG zulässig, jedoch unter den Voraussetzungen des § 6 Abs. 2 UWG unlauter ist. § 7 UWG behandelt die unzumutbaren Belästigungen.

12 Im Folgenden sollen die wettbewerbsrechtlichen Aspekte der Werbung in den Medien dargestellt werden, insbesondere im Rundfunk, daneben aber auch in der Presse. Wettbewerbsrechtlich relevant können insbesondere kritische Berichte über eigene oder fremde Produkte und die werbliche Einbindung von Produkten sein. Ein Augenmerk wird daher auf die Verbote unterschwelliger und getarnter Werbung gelegt.

---

30 Es war nicht die Absicht des Gesetzgebers, den Schutz der sonstigen Marktteilnehmer zu beseitigen. Vielmehr heißt es dazu in den Gesetzesmaterialien: „§ 4 Nr. 3 entfällt, da der Regelungsgehalt sich nunmehr in § 5a und dort zum Schutz von Verbrauchern insbesondere in Absatz 6 findet.", BT-Drucks. 18/6571, 15.

31 S. *Köhler/Bornkamm* § 5a Rn. 7.9.

32 S. *Köhler/Bornkamm* § 5a Rn. 2.16 und 7.9. Die UGP-Richtlinie steht dem nicht entgegen.

II. Anwendbarkeit des UWG

1. Geschäftliche Handlung und objektiver Zusammenhang

Für die Anwendbarkeit des UWG muss zunächst eine geschäftliche Handlung vorliegen (§ 2 Abs. 1 Nr. 1 UWG).[33] Eine geschäftliche Handlung ist jedes Verhalten einer Person zugunsten des eigenen oder eines fremden Unternehmens bei oder nach einem Geschäftsabschluss, das mit der Förderung des Absatzes oder des Bezugs von Waren oder Dienstleistungen oder mit dem Abschluss oder der Durchführung eines Vertrags über Waren oder Dienstleistungen objektiv zusammenhängt; als Waren gelten auch Grundstücke, als Dienstleistungen auch Rechte und Verpflichtungen. **13**

Das wettbewerbsrechtlich relevante Verhalten kann aus einem Tun oder Unterlassen bestehen. In Art. 2 lit. d UGP-Richtlinie ist als konkretes Beispiel einer Geschäftspraktik die „kommerzielle Mitteilung einschließlich Werbung und Marketing“ angeführt. Das Verhalten bedarf wie bisher eines Unternehmensbezugs. **14**

Auch nach der UWG-Novelle 2015 ist wesentliches Tatbestandsmerkmal der objektive Zusammenhang.[34] Die Auslegung des Erfordernisses des objektiven Zusammenhangs muss anhand des Schutzzwecks der UGP-Richtlinie erfolgen und bedarf zur verbindlichen Klärung weiterhin der Rechtsprechung.[35] Aus dem Erwägungsgrund 7 S. 1 und 2 der UGP-Richtlinie ist jedoch zu schließen, dass ein objektiver Zusammenhang zwischen Handlung und Absatzförderung anzunehmen ist, wenn die Handlung das Ziel hat, die geschäftlichen Entscheidungen des Verbrauchers in Bezug auf Produkte zu beeinflussen. Für diese Auslegung spricht auch die Erwähnung der Werbung in der Richtlinie. Auch redaktionelle Beiträge sind nach dem Kriterium des objektiven Zusammenhangs zwischen Handlung und Absatzförderung zu beurteilen. Ein objektiver Zusammenhang liegt nicht vor, wenn ein Beitrag nur der Information und Meinungsbildung dient. Die Beurteilung erfolgt anhand der bisherigen Maßstäbe. Maßgeblich ist, ob ein Beitrag vorrangig der Werbung dient. Eine Werbung ist im Hinblick auf die Presse- und Rundfunkfreiheit nicht bereits dann anzunehmen, wenn der Beitrag objektiv geeignet ist, den Absatz eines fremden Unternehmens zu fördern. So fehlt es z.B. an einer geschäftlichen Handlung, wenn ein wissenschaftlicher Beitrag allenfalls reflexartige Auswirkungen auf den Markt habe und bei objektiver Betrachtung nicht dem Ziel der Absatzförderung diene, dies ggf. sogar bei Drittmittelförderung.[36] Wenn das geförderte Unternehmen ein Entgelt bezahlt hat, liegt jedoch immer ein objektiver Zusammenhang und damit eine geschäftliche Handlung vor. Eigenwerbung ist ebenfalls stets eine geschäftliche Handlung.[37] **15**

---

33 Zu den Entwicklungen im Wettbewerbsrecht nach 2013 s. *Büscher* GRUR 2015, 5 ff.

34 Wesentlicher Unterschied der Gesetzeslage nach der Novelle 2008 zu der Regelung nach der Novelle von 2004 ist die Ersetzung des Erfordernisses der Wettbewerbsförderungsabsicht durch das Tatbestandsmerkmal des objektiven Zusammenhangs und die Ausdehnung auf Handlungen, die in objektivem Zusammenhang mit dem Abschluss oder der Durchführung eines Vertrags über Waren oder Dienstleistungen stehen. Daran hat auch die Novelle 2015 nichts geändert.

35 S. dazu *Köhler/Bornkamm* § 2 Rn. 43.

36 *OLG Frankfurt* GRUR-Prax 2017, 361, mit Anm. *Hilger.*

37 *OLG Frankfurt* GRUR-RR 2007, 16, 18; vgl. für Eigenwerbung auch *OLG Köln* GRUR-RR 2008, 404.

2. Vor der Novelle 2008: Wettbewerbsförderungsabsicht

16 Für Handlungen, die vor der Novelle 2008 stattgefunden haben, ist als subjektive Komponente zusätzlich noch die Wettbewerbsförderungsabsicht erforderlich: In der Regel begründet das objektive Vorliegen einer Wettbewerbshandlung die Vermutung einer Wettbewerbsabsicht. Eine Ausnahme von dieser Regel gilt jedoch für Presse, Rundfunk und Telemedien, wenn diese im Rahmen ihrer Berichterstattung in den Wettbewerb eingreifen.[38] Die Wettbewerbsförderungsabsicht als subjektive Voraussetzung fehlt demgemäß in der Regel, wenn Medienunternehmen oder Journalisten über Produkte berichten oder diese kritisieren.[39] Derartige Stellungnahmen sind Ausfluss der freien Berichterstattung,[40] auch wenn diese sich faktisch auf Mitbewerber auswirken können. In derartigen Fällen kann die Wettbewerbsförderungsabsicht nicht vermutet werden, sondern muss positiv festgestellt werden.[41] Die Privilegierung findet allerdings nur im publizistischen Kernbereich Anwendung und nicht im Rahmen des Werbe- und Anzeigengeschäfts.[42]

17 Anders zu beurteilen sind jedoch Fälle, in denen Wettbewerber Produkte in redaktionellen Berichten bewerben wollen. Hierbei ist zu unterscheiden zwischen Berichten durch Personen, die außerhalb des Medienunternehmens stehen und eigenen Berichten des Medienunternehmens. Im ersten Fall reicht allein der Umstand, dass Autoren für ein Unternehmen tätig sind, das sie hervorheben, noch nicht für eine Wettbewerbsförderungsabsicht i.S.d. UWG-Novelle 2004. Es müssen weitere Umstände hinzukommen wie z.B. eine Nennung des Arbeitgebers, auch wenn diese nicht erforderlich ist.[43] Erfolgt eine Produktempfehlung wie im zweiten Fall durch das Medienunternehmen selbst, kommt es darauf an, ob eine werbliche Hervorhebung vorliegt. Eine solche ist unzulässig. Liegt keine werbliche Hervorhebung vor, ist in einer Produktempfehlung nicht unbedingt ein Wettbewerbsverstoß zu sehen.[44] Es ist vielmehr an den Unternehmen, Berichte in eigener journalistischer Verantwortung zu erstellen. Gesondert zu betrachten sind jedoch Fälle, in denen ein Unternehmen am Erfolg eines Produkts beteiligt ist. Dann kann Wettbewerbsförderungsabsicht vorliegen.[45] Zu erwähnen sind in diesem Zusammenhang auch Fälle, in denen Interviewpartner oder Gäste einer Sendung Produkte erwähnen. Wenn dies vorher abgesprochen war, kann darin eine Wettbewerbsförderungsabsicht liegen. Wenn keine Absprache vorliegt, ist der Moderator angehalten, eventuelle Werbung durch Lenkung des Gesprächs zu verhindern.

---

38 Vgl. hierzu *Schiwy/Schütz/Dörr* S. 754 f.
39 S. *BGH* NJW 1990, 1529 f.; NJW-RR 1986, 1484.
40 *BGH* NJW 1997, 1304 f.
41 Vgl. dazu *BGH* GRUR 1986, 812.
42 Zur Trennung von Werbung und Inhalt s. auch unten Rn. 42 f.
43 S. *BGH* AfP 1997, 522 ff.
44 *BGH* NJW-RR 1994, 1385.
45 Vgl. *OLG München* AfP 1986, 348; zu beachten sind in diesem Zusammenhang jedoch die Vorschriften des RStV zu Begleitmaterialien, wonach Hinweise auf Begleitmaterialien unter den dort genannten Voraussetzungen zulässig sind; s. dazu unten Rn. 97.

III. Verbot unterschwelliger Werbung

Die unterschwellige Werbung fiel vor der Novelle 2015 als Unterfall der menschenverachtenden Werbung unter § 4 Nr. 1 UWG 2008. § 4 Nr. 1 UWG 2008 ist nun in § 4a UWG über aggressive geschäftliche Handlungen aufgenommen worden.[46] Danach handelt unlauter, wer eine aggressive geschäftliche Handlung vornimmt, die geeignet ist, den Verbraucher oder sonstigen Marktteilnehmer zu einer geschäftlichen Entscheidung zu veranlassen, die dieser andernfalls nicht getroffen hätte. § 4a UWG bezweckt den Schutz der Entscheidungsfreiheit der Verbraucher und sonstigen Marktteilnehmer[47] und ist erst zu prüfen, wenn kein Tatbestandsmerkmal des Anhang § 3 Abs. 3 UWG erfüllt ist.[48] 18

Die unterschwellige Werbung kann nach der UWG-Reform 2015 als aggressiv gem. § 4a Abs. 1 S. 2 Nr. 2 (Nötigung einschließlich der Anwendung körperlicher Gewalt) oder Nr. 3 UWG (unzulässige Beeinflussung) einzuordnen sein. [49] Das Verbot des § 4a Abs. 1 S. 2 Nr. 2 UWG enthält in Übereinstimmung mit Art. 8 UGP-Richtlinie den Aggressionstatbestand der Nötigung.[50] Hier können sich Schnittmengen mit Tatbeständen des Anhangs zu § 3 Abs. 3 UWG ergeben. Darüber hinaus überschneidet sich der Nötigungstatbestand des Nr. 2 mit der unzulässigen Beeinflussung nach Nr. 3, ohne dass eine exakte Abgrenzung möglich ist. Eine trennscharfe Unterscheidung ist allerdings auch nicht erforderlich, weil die Rechtsfolge der Unterlauterkeit die Gleiche ist.[51] 19

Als aggressive geschäftliche Handlung kann auch die unterschwellige, subliminale Werbung einzuordnen sein, bei der der Umworbene überhaupt nicht mehr die Möglichkeit hat, sich die Werbebotschaft bewusst zu machen.[51] Subliminale Werbung liegt vor, wenn der Verbraucher sie rational nicht mehr erfasst, sie jedoch „unter der Schwelle seines Bewusstseins“ wahrnimmt. Bei der subliminalen Werbung werden Produkte, Slogans oder Marken kurzzeitig eingeblendet. Die Werbebotschaft erfolgt versteckt und nur für den Bruchteil einer Sekunde, wird vom Unterbewusstsein aber wahrgenommen und führt zur Beeinflussung der Kaufentscheidung. Der manipulative Charakter steht im Vordergrund. Ähnlich wie bei der getarnten Werbung[52] nimmt der Betroffene sie nicht wahr und hat keine Möglichkeit, sich ihr zu entziehen.[53] Über die 20

46 § 4a UWG dient der Umsetzung der Art. 8 und 9 UGP-Richtlinie und ist richtlinienkonform unter Beachtung der vom EUGH aufgestellten Grundsätze auszulegen, s. *Köhler/Bornkamm* Einl. Rn. 3.13.

47 Schutzzweck ist dabei die Sicherstellung der Wahlfreiheit des Verbrauchers, s. *Ohly/Sosnitza/Sosnitza* 7. Aufl., § 4a Rn. 1–3.

48 S. dazu Rn. 10.

49 S. *Ohly/Sosnitza/Sosnitza* 7. Aufl., § 4a Rn. 15. Die unterschwellige Werbung kann auch unter § 5a Abs. 6 UWG fallen, siehe *Götting/Nordemann* 7. Aufl., § 5a Rn. 238.

50 Nötigung liegt vor, wenn ein Verbraucher mit Gewalt oder durch Drohung mit einem empfindlichen Übel zu einem von diesem nicht gewollten Verhalten veranlasst wird. Physischer Druck äußert sich in physischer Nötigung (Gewaltanwendung, körperlichem Zwang). Er ist, da er darauf zielt und geeignet ist, die freie Willensentschließung des Betroffenen auszuschalten, stets unlauter.

51 S. *Ohly/Sosnitza/Sosnitza* 7. Aufl., § 4a Rn. 13 f.

52 S. Rn. 27, 28 f.

53 Nach a.A. ist diese Werbeform grds. zulässig, es sei denn der Umworbene hat keine Chance, sich den werbenden Charakter zu vergegenwärtigen, s. hierzu *Petersen* § 8 Rn. 31.

spezialgesetzlichen Verbote in § 7 Abs. 3 S. 2 RStV und § 6 Abs. 1 Nr. 1 TMG[54] hinaus, wonach keine unterschwelligen Techniken eingesetzt werden dürfen bzw. kommerzielle Kommunikationen klar erkennbar sein müssen, ist subliminale Werbung generell unlauter wegen Nötigung bzw. unzulässiger Beeinflussung der Verbraucher gem. § 4a Abs. 1 Nr. 2 bzw. 3 UWG.

21 Nach anderer Ansicht ist die unterschwellige Werbung unter das Verbot der verdeckten Werbung in § 5a Abs. 6 UWG einzuordnen, da dem Adressaten der subliminalen Werbung die Möglichkeit der bewussten Wahrnehmung und die Grundlage einer bewussten Kaufentscheidung genommen wird.[55]

IV. Verbot getarnter Werbung

22 Je nach Art eines Mediums, in dem eine Werbung getarnt wird, kann dem Verhalten Dritter unterschiedliche Bedeutung beigemessen werden. Dementsprechend gelten auch unterschiedliche spezialgesetzliche Regelungen für Presse, Rundfunk und Telemedien.[56] Ein Verstoß gegen sie stellt zugleich einen Rechtsbruch nach § 3a UWG (entspricht § 4 Nr. 11 UWG 2008) dar, da sie Marktverhaltensregelungen zum Schutze der Verbraucher sind.

23 Das Verhältnis der spezialgesetzlichen Reglungen i.V.m. § 3a UWG zu § 3 Abs. 3 i.V.m. Anhang Nr. 11 UWG und zu § 5a Abs. 6 UWG ist umstritten. Zum Teil wird angenommen, die spezialgesetzlichen Regelungen seien selbstständig neben § 5a Abs. 6 UWG anwendbar.[57] Spezialgesetzliche Regelungen sind z.B. die Trennungsgebote in §§ 7, 7a, 8, 8a, 58 RStV oder in den Landespressegesetzen. Verstöße gegen diese Vorschriften seien grds. unlauter unter dem Gesichtspunkt des Rechtsbruchs i.S.v. § 3a UWG, sofern eine geschäftliche Handlung vorliegt. Daneben komme ein Verstoß gegen §§ 3 Abs. 1, 5a Abs. 6 UWG im Hinblick auf die Täuschung der Hörer und Zuschauer über den Werbecharakter einer zum Programmteil gehörenden Sendung in Betracht. Ein Verstoß gegen § 10 Landespressegesetz BW (BW LPrG) sei beispielsweise unlauter unter dem Gesichtspunkt der Verschleierung des Werbecharakters i.S.v. § 5a Abs. 6 UWG.[58] Nach der „noch" herrschenden Meinung läge „auch" ein Rechtsbruch i.S.d. § 3a UWG vor.[59] Nach dieser Ansicht können Verstöße gegen spezialgesetzliche Regelungen den Tatbestand des Rechtsbruchs erfüllen und nach § 3 Abs. 1 UWG geahndet werden.[60]

---

54 S. dazu Rn. 43 und 104.

55 *Götting/Nordemann* 3. Aufl., § 5 Rn. 0.157, § 5a Rn. 238.

56 S.o. Rn. 5.

57 *Köhler/Bornkamm* § 5a Rn. 7.12, 7.68; *Götting/Nordemann* 3. Aufl., § 5a Rn. 314.

58 Nach *Köhler/Bornkamm* 35. Aufl. § 5a Rn. 7.41 „sofern die weiteren Voraussetzungen des § 5a Abs. 2 UWG erfüllt sind"; weshalb nach dieser Ansicht auch der Tatbestand des § 5 Abs. 2 UWG erfüllt sein muss, erschließt sich nicht. Aus der Systematik des § 5a Abs. 6 UWG geht hervor, dass dies die speziellere Norm ist und ein Rückgriff auf § 5a Abs. 2 UWG überflüssig ist, siehe *Lindloff/Fromm* MMR 2011, 359, 361.

59 *Köhler/Bornkamm* § 5a Rn. 7.41 f.

60 *Köhler/Bornkamm* § 5a Rn. 7.12.

Nach anderer Ansicht ist vorrangig ein Rechtsbruch gem. § 3a UWG zu prüfen,[61] so auch der BGH im Fall GOOD NEWS II: Gegenstand der Prüfung waren zwei redaktionell aufgemachte Beiträge, die nicht in ausreichendem Maße als Anzeigen gekennzeichnet waren. Das strikte Gebot der Kenntlichmachung von Anzeigen wird nach höchstrichterlicher Rechtsprechung grundsätzlich verletzt, wenn der präzise Begriff der Anzeige vermieden und stattdessen ein unscharfer Begriff (vorliegend „Sponsored by“) gewählt wird. Die Kennzeichnung der Beiträge mit den Wörtern „Sponsored by“ reicht nicht aus, um den Anzeigencharakter der Veröffentlichungen zu verdeutlichen. Entscheidend ist, ob der werbliche Charakter einer Veröffentlichung für einen durchschnittlich informierten und situationsadäquat aufmerksamen Leser bereits auf den ersten Blick ohne jeden Zweifel und nicht erst nach einer analysierenden Lektüre des Beitrags erkennbar ist.[62] Es lag ein Verstoß gegen das Gebot der Trennung von Beiträgen mit redaktionellem Inhalt und Werbung des § 10 LPrG BW vor. Bei § 10 LPrG BW handelt es sich um eine Marktverhaltensregelung i.S.v. § 3a UWG. Die Marktverhaltensreglung verfolgt zum einen das Ziel, die Irreführung der Leser zu verhindern, zum anderen, die Objektivität und Neutralität der Presse zu erhalten. Damit soll – auch außerhalb des geschäftlichen Verkehrs – der Gefahr eines sachfremden Einflusses auf die Presse begegnet werden. Insofern erfüllt das presse- und medienrechtliche Trennungsgebot eine wichtige Funktion zum Schutz der Objektivität und Neutralität der Presse und des Rundfunks, die allein durch ein lauterkeitsrechtliches Verbot der redaktionellen Werbung nicht erfüllt werden könnte.[63] Die Anwendung des § 10 LPrG BW erfordert nach Ansicht des BGH nicht, dass es sich um eine Werbeanzeige handeln muss. Die Sponsoren werden in unmittelbarem Zusammenhang mit den redaktionellen Beiträgen genannt. Dadurch wird zumindest mittelbar der Absatz der Waren oder Dienstleistungen der genannten Sponsoren gefördert. Es ist nicht erforderlich, dass in dem Beitrag das geförderte Produkt kenntlich gemacht wird. Ein Einsatz zu Zwecken der Verkaufsförderung ist anzunehmen, wenn ein Unternehmer die Absicht hat, durch den bezahlten redaktionellen Artikel den Absatz seiner Waren oder Dienstleistungen zu fördern. Von einer solchen Absicht ist immer dann auszugehen, wenn der Beitrag – wie im vorliegenden Fall – objektiv eine Werbung enthält.[64] Es kommt auch nicht darauf an, ob das Entgelt gerade für die konkret in Rede stehende Veröffentlichung bezahlt wurde. Der für § 10 LPrG BW erforderliche Zusammenhang zwischen Finanzierung und Veröffentlichung ist daher auch dann **24**

61 § 3a UWG konkretisiere den Begriff der Unlauterkeit in § 3 Abs. 1 UWG. Da seit der UWG-Reform 2015 § 3a UWG eine eigene Spürbarkeitsklausel enthält, sei insoweit ein Rückgriff auf § 3 Abs. 1 UWG, anders als unter dem UWG 2004, nicht mehr erforderlich. Auf die Generalklausel des § 3 Abs. 1 UWG könne nicht zurückgegriffen werden, um Gesetzesverstöße lauterkeitsrechtlich zu sanktionieren, die nicht den Voraussetzungen des § 3a UWG genügen, s. *Ohly/Sosnitza/Ohly* 7. Aufl., § 3a Rn. 8. Nach dem erklärten Willen des Gesetzgebers sollen Gesetzesverstöße aber nur dann als unlauter zu beurteilen sein, wenn die betreffende Norm eine Marktverhaltensregel darstellt. Daher kommt eine ergänzende Anwendung des § 3 Abs. 1 UWG auf Marktzutrittsregelungen oder auf Gesetzesverstöße im Vorfeld des Marktgeschehens nicht in Betracht, s. auch *BGH* GRUR 10, 657 Rn. 25 – *Zweckbetrieb; BGH* GRUR 11, 431 Rn. 11. Daran hat sich durch die UWG-Reform von 2015 nichts geändert.

62 *BGH* GRUR 2014, 879, 882 GOOD NEWS I; vgl. zu § 4 Nr. 3 UWG BGH GRUR 2013, 644 Rn. 21 = WRP 2013, 764 – Preisrätselgewinnauslobung V.

63 *BGH* GRUR 2012, 1056, Rn. 10 und 13 – GOOD NEWS II; *BGH* GRUR 2014, 879, Rn. 16 – GOOD NEWS II.

64 Vgl. BGH GRUR 2011, 163 Rn. 18 – Flappe; Begründung zum Regierungsentwurf eines Ersten Gesetzes zur Änderung des Gesetzes gegen den unlauteren Wettbewerb, BT-Drucks. 16/10145, 32.

gegeben, wenn der Unternehmer an den Verleger vorab ein Entgelt zahlt, damit seine getarnte Werbung in regelmäßigen oder unregelmäßigen Abständen veröffentlicht wird. Der Verleger muss das Entgelt nicht in unmittelbarem zeitlichem Zusammenhang mit der Veröffentlichung erhalten. Daher kommt es auch nicht darauf an, dass der Inhalt der in Rede stehenden redaktionellen Beiträge nicht von den Sponsoren beeinflusst worden ist.[65]

25 Ein Rechtsbruch nach § 3a UWG liegt z.B. auch vor, wenn auf der Facebook-Seite eines Unternehmens gepostete Bilder nicht vom Unternehmen entsprechend den gesetzlichen Vorgaben (hier PKW-EnvKV) kommentiert werden, selbst die Fotos nicht vom Unternehmen selbst, sondern von einem Fan gepostet wurden.[66]

26 Darüber hinaus ist getarnte Werbung wettbewerbsrechtlich in § 3 Abs. 3 i.V.m. Anhang Nr. 11 UWG sowie in § 5a Abs. 6 UWG (ersetzt den früheren § 4 Nr. 3 UWG 2008) geregelt. § 3 Abs. 3 i.V.m. Nr. 11 Anhang UWG ist vorrangig zu prüfen. Nach § 3 Abs. 3 i.V.m. Anhang Nr. 11 UWG. Stets unzulässig ist der vom Unternehmer finanzierte[67] Einsatz redaktioneller Inhalte zu Zwecken der Verkaufsförderung,[68] ohne dass sich dieser Zusammenhang aus dem Inhalt oder aus der Art der optischen oder akustischen Darstellung eindeutig ergibt (als Information getarnte Werbung). Die Feststellung der Unzulässigkeit nach § 3 Abs. 3 UWG erfolgt ohne Spürbarkeits- bzw. Relevanzprüfung (per-se Verbot).[69] § 3 Abs. 3 i.V.m. Anhang Nr. 11 UWG setzt zwingend voraus, dass der Unternehmer die getarnte Werbung bezahlt hat, wobei hier jede Gegenleistung, auch in Form von Waren, Dienstleistungen oder Anzeigenaufträgen, in Betracht kommt.[70]

27 Ist die Handlung nicht nach § 3 Abs. 3 i.V.m. Anhang Nr. 11 UWG unzulässig, erfolgt eine Prüfung nach § 5a Abs. 6 UWG.[71] § 5a Abs. 6 UWG enthält das Verbot der verdeckten Werbung.[72] Die Regelung entspricht dem presserechtlichen Gebot der Trennung von Werbung und redaktionellem Teil und gilt für alle Medien (Presse, Film, Hörfunk und Fernsehen). Schon nach der Gesetzesbegründung zur UWG-Novelle 2004 wurde das medienrechtliche Schleichwerbeverbot ausdrücklich auf alle Formen

---

65 *BGH* GRUR 2014, 879, 882 GOOD NEWS II.

66 *OLG Celle* GRUR-Prax 2017, 360 mit Anm. *Brtka*.

67 Vgl. s. dazu *Köhler/Bornkamm* Anhang zu § 3 Abs. 3 Nr. 11, Rn. 11.4: Der Begriff ist weit auszulegen (ebenso *OLG Düsseldorf* WRP 2011, 1085, 1087). Es fällt darunter jede Gegenleistung, in Geld, in Form von Waren oder Dienstleistungen oder sonstigen Vermögenswerten (ebenso *OLG Hamburg* WRP 2010, 1183, 1184). Dazu kann auch das Versprechen eines Anzeigenauftrags gehören (ebenso *OLG Düsseldorf* WRP 2011, 1085, 1087/1088). Die Problematik der Anwendung der Vorschrift besteht nur im Nachweis einer „Finanzierung“ (vgl. auch *EuGH* WRP 2011, 1052 Rn 33 – ALTER CHANNEL). Allerdings kann sich der Schluss auf eine Finanzierung auch aus Indizien ergeben, etwa wenn in dem Beitrag nur das Produkt eines Unternehmers genannt, der Beitrag zweimal hintereinander veröffentlicht und außerdem von einer Anzeige des Unternehmers flankiert wird (*OLG Düsseldorf* WRP 2011, 1085, 1088).

68 Der Begriff der Verkaufsförderung ist weit auszulegen. Er umfasst alle Maßnahmen, die unmittelbar oder mittelbar dazu dienen, den Absatz der Waren oder Dienstleistungen eines Unternehmens zu fördern, vgl. *BGH* GRUR 2011, 163 Rn 18 – Flappe.

69 S. *Köhler/Bornkamm* Anh. zu § 3 Abs. 3, Rn. 0.4.

70 S. *Köhler/Bornkamm* Anh. zu § 3 Abs. 3 Rn. 11.4.

71 Vgl. dazu *Piper/Ohly/Sosnitza* 7. Aufl. § 3 Rn. 2.

72 Der Gesetzgeber bezieht sich in der Gesetzesbegründung auf die spezialgesetzlichen Regelungen der §§ 7 RStV und 6 Abs. 1 und 2 TMG und stellt klar, dass das medienrechtliche Schleichwerbeverbot auf alle Formen der Werbung zu beziehen ist, s. noch zu § 4 Nr. 3 UWG 2008 BT-Drucks. 15/1487, 17.

der Werbung ausgedehnt. Es erfasste auch die Tarnung sonstiger Wettbewerbshandlungen.[73] Nach der UWG-Novelle von 2008, in der der Begriff der Wettbewerbshandlung durch den der geschäftlichen Handlung ersetzt wurde, liegt gem. § 4 Nr. 3 UWG 2008 eine Verschleierung vor, wenn das äußere Erscheinungsbild einer geschäftlichen Handlung so gestaltet wird, dass die Verbraucher (oder sonstigen Marktteilnehmer) den Werbecharakter bzw. den geschäftlichen Charakter nicht klar als solchen erkennen.[74] Das UWG 2015 stellt nun auf das Fehlen der Kenntlichmachung des kommerziellen Zwecks ab. Nach § 5a Abs. 6 UWG handelt unlauter, wer den kommerziellen Zweck einer geschäftlichen Handlung nicht kenntlich macht, sofern sich dieser nicht unmittelbar aus den Umständen ergibt, und das Nichtkenntlichmachen geeignet ist, den Verbraucher zu einer geschäftlichen Entscheidung zu veranlassen, die er andernfalls nicht getroffen hätte. Der kommerzielle Zweck stellt keine Besonderheit einer geschäftlichen Handlung dar. Vielmehr wohnt jeder geschäftlichen Handlung schon definitionsgemäß (§ 2 Abs. 1 Nr. 1 UWG) ein geschäftlicher und somit ein kommerzieller Zweck inne, weil sie „zugunsten des eigenen oder eines fremden Unternehmens" erfolgt, also unternehmerischen Interessen dient, gleichviel ob es um die Förderung des Absatzes oder Bezugs oder den Abschluss oder die Durchführung eines Vertrags geht.[75] § 5a Abs. 6 UWG beschränkt sich nicht auf das Verbot der getarnten Werbung, sondern bezieht sich auf alle geschäftlichen Handlungen.[76] Maßgeblich ist die Sichtweise des durchschnittlich informierten, aufmerksamen und verständigen Verbrauchers oder sonstigen Marktteilnehmers.[77]

V. Formen getarnter Werbung

1. Allgemeines

Es ist zu unterscheiden zwischen verschiedenen Formen getarnter Werbung und redaktioneller Werbung (Schleichwerbung) einerseits (wobei die Grenzen fließend sind) sowie Produktplatzierung andererseits. Getarnte Werbung liegt beispielsweise vor, wenn Anzeigen in Zeitschriften und Zeitungen für den „flüchtigen Durchschnittsleser"[78] nicht erkennbar sind, weil sie nicht als solche gekennzeichnet sind. 28

Die Tarnung kann verschiedentlich erfolgen:[79] Unlauter handelt, wer vorgibt, sich wissenschaftlich oder fachlich zu äußern, obwohl er in Wahrheit werben will. Wenn bei scheinbar privaten Äußerungen der kommerzielle Zweck verschleiert wird, die Äußerungen in Wahrheit aber der Förderung eines Unternehmens dienen, liegt Unlauterkeit vor. Besondere Bedeutung kommt dabei den sozialen Netzwerken zu. Die Entwicklung ermöglicht immer neue Formen der Verschleierung von Werbung. Ein Beispiel ist der Einsatz von „influencers", die im Internet posten und bestimmte 29

73 Begr. RegE UWG zu § 4 Nr. 3, BT-Drucks. 15/1487, 17.

74 *BGH* GRUR 2013, 644 – Preisrätselgewinnauslobung V.

75 *Köhler/Bornkamm* § 5a Rn. 7.23.

76 Er erfasst daher – im Unterschied zu § 4 Nr. 3 UWG 2008 – auch Handlungen bei Abschluss und Durchführung eines Vertrags. Der Begriff der geschäftlichen Handlung reicht auch weiter als der der Geschäftspraktiken i.S.d. Art. 2 lit. d UGP-Richtlinie und des Art. 7 As. 2 UGP-Richtlinie, s. *BGH* WRP 2014, 1058 Rn. 3 - GOOD NEWS II; *Köhler/Bornkamm* § 5a Rn. 7.22.

77 Vgl. *Köhler/Bornkamm* § 5a Rn. 7.24.

78 *BGH* NJW 1974, 1141 f.

79 *Köhler/Bornkamm* § 5a Rn. 7.34 ff.

Produkte empfehlen. Wenn sie Werbung mit Inhalten vermischen und der Nutzer nicht erkennt, dass es sich um Werbung handelt, liegt Unlauterkeit vor. Ein Indiz ist die Zahlung eines Entgelts.[80] Die Grenze zur Unlauterkeit beispielsweise ist überschritten, wenn für die Betätigung des „gefällt mir" Buttons auf Facebook ein Entgelt bezahlt werden soll. Gleiches gilt für nutzergenerierte Inhalte (sog. „User Generated Content") Postings, Tweets und Einträge in Blogs und Bewertungsportale.[81] Getarnte Werbung liegt aber auch vor, wenn beispielsweise einem Werbebrief der Anschein einer privaten Mitteilung oder eines amtlichen Dokuments gegeben wird, um erhöhte Aufmerksamkeit zu generieren.[82]

2. Redaktionelle Werbung/Schleichwerbung

30 Ein Unterfall der getarnten Werbung ist die redaktionelle Werbung. Es wird ein neutraler oder objektiver Bericht, also ein redaktioneller Beitrag vorgetäuscht, wo es sich in Wirklichkeit um eine Anzeige handelt.[83] Redaktionelle Werbung kann weitaus wirksamer sein als eine gekennzeichnete Werbung. Der Verbraucher wird aber getäuscht, wenn ihm statt redaktioneller Inhalte bezahlte Werbung nahe gebracht wird.[84] Redaktionelle bzw. Schleichwerbung ist gem. § 3 Abs. 3 i.V.m. Anhang Nr. 11 UWG bzw. § 5a Abs. 6 UWG verboten. Wenn ein Entgelt bezahlt wird, greift in der Regel schon der vorrangig zu prüfende Tatbestand des § 3 Abs. 3 Anhang Nr. 11 UWG. Der Rundfunkstaatsvertrag, der das ausdrückliche Verbot der Schleichwerbung für Rundfunk und fernsehähnliche Telemedien enthält,[85] definiert Schleichwerbung als die Erwähnung oder Darstellung von Waren, Dienstleistungen, Namen, Marken oder Tätigkeiten eines Unternehmens in Sendungen, wenn sie vom Veranstalter absichtlich zu Werbezwecken vorgesehen ist und mangels Kennzeichnung die Allgemeinheit über ihren Zweck irreführen kann. Eine Erwähnung oder Darstellung gilt insbesondere dann als beabsichtigt, wenn sie gegen Entgelt oder eine ähnliche Gegenleistung erfolgt. Das Wettbewerbsrecht wird relevant, wenn der Beitrag das Ziel hat, den Wettbewerb des Unternehmens zu fördern, was stets anzunehmen ist, wenn ein Entgelt gezahlt oder erwartet wird.[86] Unlauter ist es insbesondere, Anzeigen im Stil und in der Aufmachung von redaktionellen Beiträgen zu veröffentlichen, ohne den Anzeigencharakter zu verdeutlichen.[87] Verbraucher messen fachlichen Äußerungen grds. mehr Bedeutung bei als den Werbeaussagen eines Unternehmens.[88]

---

80 *Köhler/Bornkamm* § 5a Rn. 7.70.

81 *Köhler/Bornkamm* § 5a Rn. 7.76 ff. m.w.N.

82 *KG* WRP 2015, 1534.

83 Nach der Rechtsprechung müssen Anzeigen als solche gekennzeichnet sein, *BGH* NJW 1974, 1141 f.; 1981, 2573 f.; NJW-RR 1994, 872 f.; GRUR 1996, 791 ff. Demgemäß statuieren auch die Richtlinien des Zentralausschusses der Werbewirtschaft für redaktionell gestaltete Anzeigen in Ziff. 1, dass eine Anzeige, die für den flüchtigen Durchschnittsleser nicht den Charakter einer entgeltlichen Veröffentlichung erkennen lässt, irreführend gegenüber Lesern und unlauter gegenüber Mitbewerbern ist, abrufbar unter www.zaw.de.

84 S. *Köhler/Bornkamm* Anh. zu § 3 Abs. 3, Rn. 11.1.

85 Hierzu Rn. 45 ff. und Rn. 106.

86 Nach Nr. 11 des Anh. zu § 3 Abs. 3 UWG ist die als Information getarnte Werbung unzulässig. Von einer in diesem Sinne unzulässigen Werbung ist bei einem vom Unternehmer finanzierten Einsatz redaktioneller Inhalte zu Zwecken der Verkaufsförderung auszugehen, wenn sich dieser Zusammenhang nicht aus dem Inhalt oder aus der Art der optischen oder akustischen Darstellung eindeutig ergibt, vgl. *BGH* GRUR 2011, 163 f.

87 S. z.B. *BGH* GRUR 1981, 835.

88 StRspr., vgl. nur *BGH* GRUR 1994, 441 f.; GRUR 1997, 541, 543; GRUR 1997, 907, 909.

Redaktionelle Werbung kann daher auch dann wettbewerbswidrig sein, wenn kein Entgelt bezahlt wird. Voraussetzung ist, dass der Beitrag ein Unternehmen oder seine Produkte über das sachlich notwendige Maß hinaus werbend darstellt. Unlauter nach § 5a Abs. 6 UWG handelt daher, wer vorgibt, sich zu einer Frage fachlich zu äußern, in Wahrheit aber für ein bestimmtes Unternehmen werben will. **31**

Eine übermäßig werbende Berichterstattung liegt z.B. vor, wenn Namen oder Hersteller genannt werden, obwohl dies zur Informationsvermittlung nicht nötig ist.[89] Werbung erscheint so unter dem Deckmantel eines redaktionellen Beitrags. Der Rezipient erwartet im redaktionellen Teil eine objektiv-kritische, nicht von gewerblichen Interessen geleitete Information einer unabhängigen Redaktion als Beitrag zur Meinungsbildung, nicht aber eine von Eigeninteressen des Werbenden geprägte Reklame.[90] Werbung im Gewande eines redaktionellen Beitrags führt daher regelmäßig zur Irreführung des Lesers oder Zuschauers durch Verschleierung des Werbecharakters der Veröffentlichung[91] und erfüllt daher den Tatbestand des § 5a Abs. 6 UWG.

Die übermäßige Werbung ohne sachliche Rechtfertigung wird von der Rechtsprechung anhand mehrerer Kriterien geprüft. Dabei sind alle Umstände des Einzelfalls wie Inhalt, Anlass und Aufmachung des Beitrags und das Vorliegen eines publizistischen Anlasses zu prüfen.[92] Ein publizistischer Anlass ist gegeben, wenn im Hinblick auf das Informationsbedürfnis der Öffentlichkeit sachliche Gründe für die Nennung eines Unternehmens oder Produkts bestehen. Ein solcher Anlass bestehe nicht mehr, wenn eine Unterrichtung der Leser oder Zuschauer auch ohne Nennung einer bestimmten Marke geschehen könne.[93] Hinsichtlich Inhalts und Aufmachung muss für den Leser bereits auf den ersten Blick und ohne jeden Zweifel erkennbar sein, dass es sich der Sache nach um Werbung für den Hersteller des ausgelobten Produkts handelt. In diesem Zusammenhang genügt es nicht, dass der Verkehr die äußerst positive Beschreibung des Produkts erkennt. Er muss vielmehr sofort und zweifelsfrei erkennen, dass diese Beschreibung der Bewerbung des Produkts dient und nicht von der Redaktion verantwortet wird.[94] Als redaktionelle Werbung wurde daher ein redaktioneller Beitrag gewertet, der das Produkt über das durch eine sachliche Information bedingte Maß hinaus werbend dargestellt hatte.[95] Wettbewerbswidrig ist nach der Rechtsprechung des BGH z.B. die Bezeichnung namentlich genannter Ärzte und Anwälte als die „500 besten Ärzte Deutschlands“[96] und die „500 besten Anwälte Deutschlands“[97]. Die Veröffentlichung sog. Bestenlisten diene der unzulässigen Förderung fremden Wettbewerbs, die von einer entsprechenden Absicht getragen sei. Es liege keine journalistische Recherche vor, sondern die Informationen beruhen auf Empfehlungen von außen. Die Wettbewerbsförderungsabsicht ergebe sich durch die **32**

89 Vgl. *BGH* AfP 1998, 221, 223; *OLG München* AfP 1997, 917, 919.

90 Vgl. *Köhler/Bornkamm* § 5a Rn. 7.37 m.w.N.

91 S. *BGH* GRUR 1981, 835; 1994, 821 f.; 1997, 907, 909.

92 *BGH* GRUR 2013, 644; *OLG München* WRP 2014, 1074; s. auch *Köhler/Bornkamm* § 5a Rn. 7.40 m.w.N.

93 S. *Köhler/Bornkamm* § 5a Rn. 7.53 m.w.N.

94 Vgl. *BGH* GRUR 2013, 644 Rn. 21 – Preisrätselgewinnauslobung V; *OLG Karlsruhe* GRUR-RR 2013, 515 – Aufenthalt im Schloss.

95 *OLG Karlsruhe* GRUR-RR 2013, 515 – Aufenthalt im Schloss; *Berlit* GRUR-RR 2013, 515.

96 *BGH* NJW 1997, 2679.

97 *BGH* NJW 1997, 2681.

übermäßig anpreisende Darstellung bestimmter Marktteilnehmer.[98] Mit der Erhöhung bestimmter Marktteilnehmer gehe eine Herabsetzung anderer einher. Unlauterkeit ist dann gegeben, wenn keine sachlichen, nachprüfbaren und aussagekräftigen Beurteilungskriterien zu Grunde liegen. Eine unzulässige redaktionelle Werbung liegt z.B. vor, wenn ein Unternehmen oder ein Produkt pauschal angepriesen wird,[99] eine Marke optisch besonders hervorgehoben wird oder der Kauf eines Produkts geradezu empfohlen wird.[100]

33 Nach der Rechtsprechung des BGH (noch zu § 4 Nr. 3 UWG 2008) liegt ein Verstoß gegen das Verbot getarnter Werbung auch vor, wenn der werbliche Charakter der Veröffentlichung für einen durchschnittlich informierten und situationsadäquat aufmerksamen Leser nicht bereits auf den ersten Blick, sondern erst nach einer analysierenden Lektüre des Beitrags erkennbar wird.[101] Für den Leser muss sofort, eindeutig und unmissverständlich erkennbar sein, dass es sich der Sache nach um Werbung für ein Produkt handelt.[102]

3. Produktplatzierung

34 Ein weiterer Unterfall der getarnten Werbung ist die Produktplatzierung. Produktplatzierung ist nach § 2 Abs. 2 Nr. 11 RStV die gekennzeichnete Erwähnung oder Darstellung von Waren, Dienstleistungen, Namen, Marken oder Tätigkeiten eines Herstellers von Waren oder eines Erbringers von Dienstleistungen in Sendungen gegen Entgelt oder eine ähnliche Gegenleistung mit dem Ziel der Absatzförderung. Bei der Produktplatzierung ist das Produkt so lange sichtbar, dass es als solches auch erkannt wird und erkannt werden soll.[103] Bei der rechtlichen Einordnung ist zu differenzieren: Während bei Fernsehfilmen die Vorschriften des RStV anwendbar sind,[104] besteht für Kinofilme kein spezialgesetzliches Gebot der Trennung von Werbung und Programm. Hier gilt ein weniger strenger Maßstab.[105] Zu rechtfertigen ist dies mit der den Massenmedien gegenüber anderen Medien beigemessenen erhöhten Meinungsbildungsrelevanz.

35 Im Grundsatz ist es nicht zu beanstanden, wenn bei einem Beitrag oder in einem Spielfilm Waren oder Dienstleistungen dargestellt werden. Die Grenze zu getarnter Werbung i.S.v. § 5a Abs. 6 UWG ist jedoch überschritten, wenn ein Film in seiner Tendenz auf Werbung ausgerichtet ist oder Produktplatzierung im Übermaß enthält. Ein Entgelt lässt sich nicht immer nachweisen, daher ist nach der Lebenserfahrung schon dann von einer geschäftlichen Handlung auszugehen, wenn ein Produkt auffällig häufig oder lang und ohne erkennbare redaktionelle oder künstlerische Veranlassung dargestellt wird. Voraussetzung ist allerdings auch, dass die Verschleierung rechtserheblich ist. Hier besteht ein Zwiespalt: Einerseits darf nicht verschleiert werden, d.h. die Produkte müssen erkennbar sein, andererseits dürfen sie auch nicht werblich in den

98 Vgl. auch *Schiwy/Schütz/Dörr* S. 758 f.
99 *BGH* GRUR 1997, 139 f.
100 *BGH* GRUR 1994, 441 f.
101 Demnach verstößt ein in einer Zeitschrift abgedruckter Beitrag, der mit „Preisrätsel" überschrieben ist, und sowohl redaktionelle als auch werbliche Elemente enthält, gegen das Verschleierungsverbot des § 4 Nr. 3 UWG 2008, vgl. *BGH* GRUR 2013, 244 ff.
102 *BGH* GRUR 2013, 247.
103 S. zur Voraussetzung der Absicht Hahn/Vesting/*Schulz* § 2 Rn. 115 ff.
104 S. dazu unten Rn. 37 ff.
105 Vgl. *BGHZ* 130, 205.

Vordergrund treten. Ein völliges Verbot von Produktplatzierung wäre lebensfremd. Es sollte eine Orientierung am dramaturgisch Notwendigen erfolgen. Eine Einbindung sollte dann und so lange erfolgen, wie es der Lebenswirklichkeit entspricht. Maßgeblich sind wiederum Art, Umfang und Intensität der Einbindung. Entscheidend für die rechtliche Bewertung ist, dass der Zuschauer in dem Zeitpunkt, in dem er Eintritt für einen Film bezahlt, nicht damit rechnet, dass dieser Werbung im Übermaß enthalten werde. Daher ist es für die Werbenden sinnvoll, die Produktplatzierung für die Werbeadressaten kenntlich zu machen, z.B. durch Informationen auf der Eintrittskarte.[106]

VI. Rechtsfolgen

Als Rechtsfolgen sieht das UWG in § 8 den Beseitigungs- bzw. Unterlassungsanspruch vor, in § 9 UWG den Schadenersatzanspruch und in § 10 UWG den Anspruch auf Gewinnabschöpfung. In §§ 16 ff. UWG sind Strafvorschriften kodifiziert.[107] 36

C. Werbung im Rundfunk

Die Werbung im Rundfunk ist für private Rundfunkunternehmen[108] eine bestandsnotwendige Finanzierungsvoraussetzung.[109] Aufgrund ihrer funktionserheblichen Bedeutung ist sie dem verfassungsrechtlichen Schutz des Art. 5 Abs. 1 S. 2 GG zuzuordnen, weshalb jede Beschränkung der Rundfunkwerbung immer auch eine Beschränkung der Rundfunkfreiheit kommerzieller Anbieter bedeutet.[110] Für die öffentlich-rechtlichen Rundfunkveranstalter ist die Rundfunkgebühr nach § 13 Abs. 1 HS 2 RStV vorrangige Finanzierungsquelle.[111] Gleichwohl können sich auch die Rundfunkanstalten der Werbung als Einnahmequelle bedienen, § 13 Abs. 1 HS 1 RStV. Der Gesetzgeber ist verfassungsrechtlich indes nicht gehindert, einzelne Finanzierungsformen des öffentlich-rechtlichen Rundfunks, mithin auch diejenige der Werbung, zu beschränken oder auszuschließen. Vielmehr sprechen sogar gute Gründe für einen Verzicht auf kommerzielle Programmbestandteile, denn es wäre dann i.S.d. Vielfalt sichergestellt, dass die Programmgestaltung frei von jeglichen kommerziellen Interessen ist. Der Gesetzgeber muss in jedem Fall aber die funktionsgerechte Finanzierung sichern.[112] 37

---

106 *BGH* GRUR 1995, 744.

107 S. dazu im Einzelnen 14. Kap. Rn. 17 ff.

108 S. zum Begriff des Rundfunks oben 3. Kap. Rn. 8 ff.

109 *Rossen-Stadtfeld* ZUM 2008, 8 f; *Bornemann/von Coelln/Hepach/Himmelsbach/Lörz* Art. 8 Rn. 4; die finanzielle Grundlage des kommerziellen-privaten Rundfunks muss ganz überwiegend durch den Verkauf von Werbezeiten hergestellt und gesichert werden, vgl. *BVerfGE* 83, 238, 297; 87, 181, 199.

110 Vgl. *BVerfGE* 73, 118, 165; Dolzer/*Degenhart* Art. 5 Rn. 738, 864; *Tschentscher/Klee* ZUM 1994, 146, 152; *Ladeur* ZUM 1999, 672, 675.

111 Zu den verfassungsrechtlichen Aspekten einer Werbebefreiung des öffentlich-rechtlichen Rundfunks *Bosman* ZUM 2003, 444.

112 *BVerfGE* 74, 297, 342.

38 Im Vergleich zu den Printmedien sind die Erscheinungsformen von Werbung in den elektronischen Medien ungleich vielfältiger. Diesem Umstand sind detailreiche Regelungen im Rundfunkstaatsvertrag geschuldet. Werbung im Rundfunk wird in § 2 Abs. 2 Nr. 7 RStV definiert als jede Äußerung bei der Ausübung eines Handels, Gewerbes, Handwerks oder freien Berufs, die von einem öffentlich-rechtlichen oder einem privaten Veranstalter oder einer natürlichen Person entweder gegen Entgelt oder eine ähnliche Gegenleistung oder als Eigenwerbung mit dem Ziel gesendet wird, den Absatz von Waren oder die Erbringung von Dienstleistungen gegen Entgelt zu fördern. Im Fokus steht das Interesse des Werbenden an der Absatzförderung; erfasst ist nur Wirtschafts-, nicht hingegen ideelle Werbung.[113]

39 Unentgeltliche Beiträge im Dienst der Öffentlichkeit einschließlich Spendenaufrufe zu Wohlfahrtszwecken sind zulässig, § 7 Abs. 9 S. 3 RStV. Ausdrücklich statuiert § 7 Abs. 9 S. 1 RStV jedoch das Verbot sog. politischer Werbung sowie Werbung weltanschaulicher oder religiöser Art.[114] Hierdurch soll verhindert werden, dass sich einzelne politische oder weltanschauliche Gruppierungen zusätzliche Sendezeit erkaufen und damit das Gleichgewicht des „Zu-Wort-Kommens" aller gesellschaftlichen Kräfte im Rundfunk[115] unterlaufen.[116] Eine Ausnahme bildet die Verpflichtung bundesweiter privater Rundfunkveranstalter zur Einräumung von Sendezeit zum Zweck der Wahlwerbung und der Übertragung religiöser Sendungen.[117] Das in den Maßgaben zur Wahlwerbung enthaltene Verbot des Zukaufs sonstiger Werbezeiten sichert insofern zugleich auch das durch das Bundesverfassungsgericht postulierte Gebot der abgestuften Chancengleichheit der politischen Parteien ab.[118]

40 Bei der Regulierung kommerzieller Programmbestandteile im Rundfunk werden verschiedene Formate unterschieden. Diese sind, neben der Werbung mit ihrer besonderen Ausprägung der Produktplatzierung, das Sponsoring und das Teleshopping sowie im weiteren Sinne die Veranstaltung von Gewinnspielen. Der RStV enthält hierzu allgemeine Regelungen (§§ 7 ff.), daneben spezifische Regelungen für den Rundfunk (für den öffentlich-rechtlichen Rundfunk in §§ 15 f. und für den privaten Rundfunk in §§ 44 ff.) sowie seit seiner 9. Änderungsfassung auch für Telemedien (§§ 58 ff.).[119] Im Zuge der Umsetzung der AVMD-Richtlinie[120] durch den 13. RÄStV[121] wurden Begrifflichkeiten und Anforderungen an die Rundfunkwerbung umfassend reformiert und weitreichenden Liberalisierungen zugeführt. Vor dem Hintergrund des spezifischen Auftrags des öffentlich-rechtlichen Rundfunks[122] unterliegt dieser weitergehenden Einschränkungen als der private Rundfunk. Für Telemedien gilt eine weiterhin

---

113 *Hartstein/Ring/Kreile/Dörr/Stettner* § 7 Rn. 3; Hahn/Vesting/*Ladeur* § 7 Rn. 14; *Hesse* 3. Kap. Rn. 50; *Castendyk* ZUM 2005, 857, 858; a.A. *Engels/Giebel* ZUM 2000, 265, 268.

114 Kritisch hierzu im Kontext der Einordnung dieses Verbots in die Rechtsprechung des Europäischen Gerichtshofs für Menschenrechte *Gundel* ZUM 2013, 921 ff.

115 StRspr. *BVerfGE* 57, 295, 324; 12, 205, 262; 31, 314, 325 f.

116 Vgl. auch das in § 25 Abs. 2 RStV verankerte Verbot der im hohen Maße ungleichgewichtigen Beeinflussung der öffentlichen Meinungsbildung durch einzelne Programme.

117 Zur Wahlwerbung noch näher Rn. 100.

118 Hierzu *Gundel* ZUM 2013, S. 921, 922.

119 Siehe zu Inhalt und Systematik des RStV die Übersicht in 3. Kap. Rn. 76 ff.

120 Siehe Rn. 1 Fn. 5.

121 Dreizehnter Staatsvertrag zur Änderung rundfunkrechtlicher Staatsverträge (13. Rundfunkänderungsstaatsvertrag) v. 30.9.2009, in Kraft getreten zum 1.4.2010.

122 Zum Funktionsauftrag des öffentlich-rechtlichen Rundfunks vgl. *Hartstein/Ring/Kreile/Dörr/Stettner* § 11 Rn. 5.

abgestufte Regulierung. Für den privaten Rundfunk haben die Landesmedienanstalten von ihrer Ermächtigung nach § 46 S. 1 RStV Gebrauch gemacht und die WerbeRL/Fernsehen und die WerbeRL/Hörfunk erlassen, welche die Vorschriften des RStV konkretisieren.[123]

Da die Werbung als Refinanzierungsmittel insbesondere für private Rundfunkunternehmen von essenzieller Bedeutung ist, soll im Folgenden schwerpunktmäßig auf die sie betreffenden Vorgaben eingegangen werden. **41**

I. Die Trennung von Werbung und Programm und Erkennbarkeit

Die beiden wesentlichen Prinzipien des Rechts der Werbung im Rundfunk – wie auch der Presse – sind das Gebot der Trennung von Werbung und redaktionellem Inhalt sowie das Kennzeichnungsgebot.[124] Während letzteres die Gestaltung der Werbung mit Blick auf deren Erkennbarkeit betrifft, stellt das Trennungsgebot Anforderungen an die räumliche und zeitliche Präsentation der Werbung.[125] Zweck dieser Vorgaben ist es, den mit der Vermengung von Programm und Werbung einhergehenden Gefahren zu begegnen.[126] Hierzu gehört der Schutz der Unabhängigkeit der Medien vor der Einflussnahme Dritter ebenso wie der Schutz des Vertrauens des Adressaten in eine von verdeckten Interessen Dritter freie Informationsgebung.[127] Für den Rundfunk ist die Trennung der zur Meinungsbildung und Unterhaltung dienenden Programmteile von der Werbung verfassungsrechtlich gefordert.[128] Zentrale Aufgabe des Rundfunks ist die Gewährleistung und Förderung der freien individuellen und öffentlichen Meinungsbildung und der Meinungsvielfalt,[129] weshalb die Rundfunkfreiheit eine Indienstnahme des Rundfunks für außerpublizistische Zwecke strikt verbietet.[130] **42**

Das Trennungsgebot ist im Grundsatz in § 7 Abs. 3 RStV verankert. Die einst normierte Vorgabe, dass Werbung und Teleshopping nicht nur als solche klar erkennbar, sondern auch durch optische bzw. akustische Mittel eindeutig von anderen Programmteilen „getrennt“ sein müssen, ist mit den Änderungen des 13. RÄStV dem Erfordernis der Erkennbarkeit und der „Unterscheidbarkeit“ gewichen. Der Rundfunkstaatsvertrag verlangt seitdem, auch in Bezug auf den Einsatz neuer Werbetechniken, dass Werbung und Teleshopping dem Medium angemessen durch optische oder akustische Mittel oder räumlich eindeutig von anderen Sendungsteilen „abgesetzt“ sein müssen. Die Eindeutigkeit der Absetzung hängt jeweils von der Gestaltung des Mittels und **43**

123 Vgl. Rn. 4 Fn. 15.

124 Normiert sind beide in § 7 Abs. 3 S. 1 und S. 3 RStV. Sie werden zum Teil unter das sog. Trennungsgebot (wohl im weiteren Sinne) subsumiert. Vgl. zur Thematik Hahn/Vesting/*Ladeur* § 7 Rn. 28 ff.; Eberle/Rudolf/Wasserburg/*Friccius* Kap. V Rn. 19; *Petersen* § 15 Rn. 2.

125 Beide Grundsätze haben eine jeweils eigenständige Bedeutung: *BVerwG* 14.10.2015 - 6 C 17.14, Rn. 9 ff.

126 Vgl. *Gounalakis* WRP 2005, 1476 ff.; Eberle/Rudolf/Wasserburg/*Friccius* Kap. V Rn. 19.

127 Vgl. *Gounalakis* WRP 2005, 1476. Unter wettbewerbsrechtlichen Gesichtspunkten soll der Trennungsgrundsatz zudem sicherstellen, dass der Rundfunk gegenüber dem Markt objektiv und neutral bleibt und den jeweiligen Marktteilnehmern gleiche wettbewerbliche Ausgangsbedingungen gewährleistet; vgl. hierzu *Gounalakis* WRP 2005, 1476; *Castendyk* ZUM 2005, 857.

128 Vgl. *Hain* K&R 2008, 661, 662 ff.

129 StRspr., vgl. *BVerfGE* 90, 60, 87 f.; 87, 181, 197; 83, 238, 295 f; 57, 295, 319 f.

130 *BVerfGE* 90, 60, 87 f.; 87, 181, 201 f.

der Dauer der Einblendung ab.[131] Entscheidend ist, ob das verwendete Mittel aufgrund des Gesamteindrucks zu einer eindeutigen Zäsur führt. Dabei bedarf es auch im Fernsehen nicht zwingend eines optischen Mittels.[132]

44 Das Trennungsgebot findet seinen Ausdruck in einer Reihe weiterer Vorgaben. So sind etwa eine Vermischung von Programm und Werbung in Form der Schleichwerbung, Produkt- und Themenplatzierung sowie entsprechende Praktiken ausdrücklich untersagt, § 7 Abs. 7 S. 1 RStV.[133] Das Programm darf inhaltlich und redaktionell weder von der Werbung noch von Werbetreibenden beeinflusst werden, § 7 Abs. 2 S. 2 RStV. Auch dürfen keine unterschwelligen Techniken eingesetzt werden, § 7 Abs. 3 S. 2 RStV.[134] Neben einer Reihe von Kennzeichnungsvorschriften gilt das generelle Verbot der Irreführung der Verbraucher.[135] Verstöße gegen diese und andere in § 7 RStV statuierten Gebote und Verbote sind nicht nur weitgehend bußgeldbewehrt (§ 49 Abs. 1 Nr. 2–9, Abs. 2 RStV), sondern sie können auch wettbewerbsrechtlich relevant sein.[136]

II. Schleichwerbung

45 Einen Verstoß gegen das Trennungsgebot stellt regelmäßig die Schleichwerbung dar. Sie ist gem. § 7 Abs. 7 S. 1 RStV ausdrücklich verboten. Schleichwerbung liegt nach § 2 Abs. 2 Nr. 8 RStV in der Erwähnung oder Darstellung von Waren, Dienstleistungen, Namen, Marken oder Tätigkeiten eines Herstellers von Waren oder eines Erbringers von Dienstleistungen in Sendungen, wenn sie vom Veranstalter absichtlich zu Werbezwecken vorgesehen ist und mangels Kennzeichnung die Allgemeinheit hinsichtlich des eigentlichen Zwecks dieser Erwähnung oder Darstellung irreführen kann. Entscheidendes Merkmal der Schleichwerbung ist die Integration der Werbung in die Sendung. Ihre Unzulässigkeit bedingt sich durch die Irreführung des Rezipienten über die nicht redaktionell begründete, sondern vielmehr werbliche Intention der Erwähnung oder Darstellung etwa bekannter Markenartikel, wenn eine entsprechende Kennzeichnung der Sendung fehlt. Eine Erwähnung oder Darstellung gilt nach der Definition der Schleichwerbung insbesondere dann als vom Veranstalter zu Werbezwecken beabsichtigt, wenn sie gegen Entgelt oder eine ähnliche Gegenleistung erfolgt. Das Merkmal der Entgeltlichkeit ist für die Schleichwerbung indes nur Indiz,

131 Die Eindeutigkeit der Absetzung der Werbung vom Programm ist, so das BVerwG, aufgrund einer Gesamtbetrachtung aus der Perspektive eines aufmerksamen, aber nicht hoch konzentrierten Zuschauers zu beurteilen. An der eindeutigen Absetzung fehle es regelmäßig, wenn das Mittel in die laufenden Bilder eines Programmhinweises eingeblendet wird. Vgl. *BVerwG* 14.10.2015 – 6 C 17.14, Rn. 24 und 31.

132 Vgl. *BVerwG* 14.10.2015 – 6 C 17.14, Rn. 22. Anders statuiert dies die WerbeRL/Fernsehen in Ziff. 3 Abs. 1 Nr. 1, wonach der Beginn der Fernsehwerbung durch ein „optisches Signal“ (Werbelogo) eindeutig gekennzeichnet sein muss.

133 Eine Durchbrechung des Trennungsgrundsatzes stellen die Ausnahmen der §§ 15, 44 RStV betreffend Formen zulässiger Produktplatzierung (hierzu Rn. 52 ff.) dar, vgl. *Hartstein/Ring/Kreile/Dörr/Stettner* § 7 Rn. 46; mit dem Hinweis darauf, dass es sich hierbei nicht notwendig um einen Widerspruch handelt, *Castendyk* ZUM 2010, 29, 33.

134 Das Verbot des Einsatzes subliminaler Techniken ist vom Verbot der Schleichwerbung zu trennen; zur Wirkung subliminaler Werbung *Hartstein/Ring/Kreile/Dörr/Stettner* § 7 Rn. 31.

135 § 7 Abs. 1 Nr. 3 RStV.

136 In Betracht kommen ein Verstoß gegen §§ 3 und 5a Abs. 6 UWG wegen Unzulässigkeit bzw. Verstoßes gegen das Verbot verdeckter Werbung oder Unlauterkeit gem. § 3a UWG unter dem Gesichtspunkt des Rechtsbruchs; s.o. Rn. 11 ff.

nicht hingegen wie bei der Werbung (mit Ausnahme der Eigenwerbung) konstitutives Merkmal. Zur Feststellung der Werbeabsicht bedarf es daher regelmäßig einer wertenden Gesamtbetrachtung, ob die in eine Sendung integrierte werbliche Darstellung eines Produkts noch durch programmlich-redaktionelle Erfordernisse gerechtfertigt ist.[137] Auch Erwähnungen und Darstellungen in fremd produzierten Sendungen, d.h. in Ko-, Auftrags- und Kaufproduktionen, sind dem Rundfunkveranstalter u.U. als Werbeabsicht zuzurechnen.[138] Ein starkes Indiz für eine Werbeabsicht kann sein, dass etwa eine vergünstigte Überlassung der Übertragungsrechte an die Mitausstrahlung von Werbung gekoppelt ist.[139] Nach Ansicht des BVerwG übernimmt ein Rundfunkveranstalter, der eine fremdproduzierte Sendung ausstrahlt, jedoch auch in programmlich-redaktioneller Hinsicht deren Konzept.[140] Insofern kann ebenso eine Gesamtbetrachtung eine Werbeabsicht indizieren.

Abzugrenzen von der unzulässigen Schleichwerbung ist die mit dem 13. RÄStV eingeführte (zulässige) Produktplatzierung. Produktplatzierung war als besondere Form der programmintegrierten Werbung zuvor nicht ausdrücklich geregelt, jedoch insofern als unzulässig zu bewerten, als sie regelmäßig gegen das Trennungsgebot bzw. Schleichwerbeverbot verstieß. Produktplatzierung hatte sich dennoch, sowohl in Kinospielfilmen als auch in Fernsehproduktionen, unter Ausnutzung der regulatorischen Spielräume[141] zu einer gängigen Praxis entwickelt.[142] Der vor diesem Hintergrund vorgenommenen Liberalisierung auf europäischer Ebene wurde, ungeachtet des verbliebenen Umsetzungsspielraums,[143] in Deutschland weitgehend gefolgt.[144] 46

1. Indizien für Schleichwerbung

Ob die Darstellung von Waren oder Dienstleistungen in einer Sendung absichtlich zu Werbezwecken vorgesehen ist, ist im Einzelfall anhand von objektiven Indizien festzustellen, die unter Beachtung der Programmfreiheit des Veranstalters und seines redaktionellen Gestaltungsspielraums ermittelt werden müssen.[145] Sie müssen auf einen zielgerichteten Erfolgswillen beim Rundfunkveranstalter hinweisen; allein das Wissen um eine Werbewirkung oder deren Inkaufnahme genügt nicht.[146] Wichtiges Indiz kann einerseits eine vom Werbepartner erbrachte Gegenleistung für die Darstellung oder Erwähnung sein. Diese kann dem Sender, seinen Angestellten oder freien Mitarbeitern, Kameraleuten, Regisseuren oder auch vermittelnden Werbeagenturen 47

137 Vgl. *BVerwG* 22.6.2016, - 6 C 9.15, juris, Rn. 23.

138 *VG Berlin* ZUM 1998, 1049 – Feuer, Eis und Dynamit.

139 Hahn/Vesting/*Schulz* § 2 RStV Rn. 120; S. zu Auftragsproduktionen auch noch unten Rn. 49.

140 Dies gelte ungeachtet der von ihm jeweils eingegangenen lizenzvertraglichen Verpflichtungen, vgl. *BVerwG* 22.6.2016 – 6 C 9.15, juris, Rn. 24.

141 Etwa die Regelung zum Sponsoring, zur Produktplatzierung in Fremdproduktionen, die mangels Werbeabsicht des Senders diesem nicht zurechenbar ist, zu Begleitmaterialien zu Sendungen und zu unentgeltlichen Produktionshilfen.

142 Hierzu *Castendyk* ZUM 2010, 30.

143 Die AVMD-Richtlinie sieht in Art. 11 Abs. 3 die Möglichkeit eines „opt-out" vor.

144 Kritisch zur Umsetzung der europäischen Vorgaben mit Blick auf das verfassungsrechtlich bedeutsame Trennungsgebot *Hain* K&R 2008, 661; zur Lockerung des Trennungsgebots aus europarechtlicher Sicht *von Danwitz* AfP 2005, 417.

145 Vgl. *Hartstein/Ring/Kreile/Dörr/Stettner* § 7 RStV Rn. 51 f; *Gounalakis* WRP 2005, 1476, 1480, u.a. *OVG Rheinland-Pfalz* ZUM 2009, 507, 510 – Promi-Oster-Show; *OVG Berlin-Brandenburg* ZUM 2007, 765, 766 – OBI; *Niedersächsisches OVG* ZUM-RD 1999, S. 406 – ADAC.

146 Vgl. *VG Düsseldorf* 28.4.2010 - 27 K 4657/08 – Typisch Deutsch! Essen aus der Heimat.

zugeflossen sein.[147] Neben der Zahlung von Geld kommt hier etwa das kostenlose oder vergünstigte Zurverfügungstellen von Requisiten, Dienstleistungen oder sendefähigem Material in Betracht. Ein Indiz liegt andererseits aber insbesondere auch dann vor, wenn

- eine vertragliche Verpflichtung für die Einbindung von Unternehmen, Marken oder Produkten besteht,
- bereits bei der Entstehung eines Beitrags oder Films eine Programmintegration geplant wird,
- die Produktions- oder Lizenzkosten ungewöhnlich gering sind,
- die Werbewirkung übermäßig intensiv ist oder
- die Art, Dauer und Intensität der Darstellung bzw. Erwähnung redaktionell nicht gerechtfertigt ist.

2. Redaktionelle Veranlassung

48 Von einer Werbeabsicht kann dann nicht ausgegangen werden, wenn die Erwähnung konkreter Waren oder Dienstleistungen der Lebenswirklichkeit entspricht oder eine redaktionelle Veranlassung für ihre Einbindung in eine Sendung besteht.[148] Werbung muss und kann „als Bestandteil der realen Umwelt bei Berichten und Darstellungen aus dieser Umwelt nicht künstlich ausgespart werden".[149]

49 Bei Eigen- und Auftragsproduktionen kann und muss hingegen darauf hingewirkt werden, dass eine übermäßige Werbewirkung durch die Darstellung von Waren oder Markennamen vermieden wird. Bei der Einblendung kleinerer Gegenstände ist dies in der Regel möglich, indem z.B. Namen überklebt oder neutrale Verpackungen verwendet werden. Zuweilen lässt sich eine Einblendung von Produkten oder gängigen Marken jedoch auch nicht vermeiden.[150] Soweit die Einbindung von Waren oder Dienstleistungen der Abbildung von „Lebenswirklichkeit" dient, ist sie – erfasst vom verfassungsrechtlich geschützten Programmauftrag –[151] als zulässig anzusehen. In diesen Fällen spricht das Indiz gegen eine Werbeabsicht des Rundfunkveranstalters,[151] wenn die Darstellung nicht übermäßig häufig oder besonders präsent im Bild erfolgt. Die Darstellung von Produkten ist darüber hinaus auch möglich, wenn ein redaktioneller Anlass hierfür besteht. So ist z.B. das Zeigen einer Zeitschrift dann zulässig (und gem. § 63 UrhG u.U. sogar geboten), wenn diese etwa als Quelle der Information dient.

50 Dementsprechend ist in Ziff. 4 Abs. 3 Nr. 3 WerbeRL/Fernsehen das Schleichwerbeverbot dahingehend konkretisiert, dass das Darstellen von Waren oder deren Herstellern bzw. von Dienstleistungen oder deren Anbietern nicht als Schleichwerbung angesehen wird, wenn dies aus überwiegend programmlich-dramaturgischen Gründen erfolgt oder Information zur Verdeutlichung des Inhalts der Sendung ist.

---

147 Vgl. *Hartstein/Ring/Kreile/Dörr/Stettner* § 7 Rn. 51.

148 Vgl. zu den europäischen Vorgaben auch Mitteilung der Europäischen Kommission zu Auslegungsfragen in Bezug auf bestimmte Aspekte der Bestimmungen der Richtlinie "Fernsehen ohne Grenzen" über die Fernsehwerbung (2004/C 102/02), Abs. 34.

149 *BGHZ* 110, 278.

150 S. dazu auch *Herrmann/Lausen* § 23 Rn. 64.

151 *Hartstein/Ring/Kreile/Dörr/Stettner* § 7 Rn. 52.

Vor diesem Hintergrund ist auch die Darstellung von Namen und Marken bei der Sportberichterstattung zu beurteilen. Wird die Ausstattung von Spielern sowie die Werbung auf Banden von den Vereinen, Verbänden oder Veranstaltern vorgegeben oder veranlasst, ist ihre Abbildung in der Sendung zulässig.[152] Die Einblendung kann bei den Aufnahmen und bei der Berichterstattung in der Regel nicht vermieden werden (sog. „aufgedrängte Werbung"). Ihre Überblendung wäre zudem wirklichkeitsfremd. Anderes gilt, wenn es sich um Veranstaltungen handelt, die zum Zweck der Fernsehübertragung durchgeführt werden. Hier muss der Sender Einfluss auf die Produktion der Veranstaltung nehmen, um Werbebotschaften zu unterbinden.[153] **51**

III. Produktplatzierung

Laut Rundfunkstaatsvertrag sind Produktplatzierung und Schleichwerbung grundsätzlich verboten. Daneben gelten aber weitreichende Ausnahmen sowohl für den privaten (§ 44 RStV) als auch für den öffentlich-rechtlichen Rundfunk (§ 15 RStV), nach denen Produktplatzierungen zulässig sind, sofern sie bestimmten formellen Anforderungen genügen (§ 7 Abs. 7 S. 2–6 RStV). **52**

1. Begriff der Produktplatzierung

Per Definition ist Produktplatzierung die gekennzeichnete Erwähnung oder Darstellung von Waren, Dienstleistungen, Namen, Marken, Tätigkeiten eines Herstellers von Waren oder eines Erbringers von Dienstleistungen in Sendungen gegen Entgelt oder eine ähnliche Gegenleistung mit dem Ziel der Absatzförderung. Erfolgt die Bereitstellung von Waren oder Dienstleistungen kostenlos, liegt Produktplatzierung nur dann vor, wenn die betreffende Ware oder Dienstleistung von bedeutendem Wert ist. Unter diese sog. Produktbeistellungen fallen etwa Produktionshilfen oder die Zurverfügungstellung von Preisen. Der Wert bestimmt sich für jede einzelne Ware oder Dienstleistung und für jede Produktion gesondert. Als relevante Grenze haben die Landesmedienanstalten in Ziff. 4 Abs. 3 Nr. 2 der WerbeRL/Fernsehen 1 % der Produktionskosten ab einer Untergrenze von 1 000 EUR festgelegt. Eine Addition der Werte einzelner Leistungen findet nur statt, wenn mehrere durch den gleichen Werbepartner erfolgen. Werden geringwertige Güter kostenlos zur Verfügung gestellt, so ist zu beachten, dass diese zwar nicht den Tatbestand der Produktplatzierung erfüllen, dass für sie aber dennoch das Verbot zu starker Herausstellung i.S.v. Schleichwerbung (§ 7 Abs. 7 S. 1 RStV) gilt. **53**

Wie bei der Schleichwerbung steht auch hinter der sichtbaren Produkterwähnung oder -darstellung die Intention der Absatzförderung. Einer Werbeabsicht des Veranstalters selbst bedarf es indes anders als bei der Schleichwerbung nicht.[154] Wesentliches Unterscheidungsmerkmal zur Schleichwerbung ist die Kennzeichnung.[155] Durch sie wird das eigentliche Ziel der Einbeziehung in das Programm, nämlich die Werbewirkung, bei der Produktplatzierung anders als bei der Schleichwerbung offengelegt. **54**

---

152 Vgl. *OLG München* WPR 1976, 393.
153 *VG Berlin* ZUM-RD 2009, 292 – WOK-WM.
154 *Castendyk* ZUM 2010, 31; vgl. auch Begr. zum 13. RÄStV zu Art. 1 Nr. 3.
155 Vgl. auch *Hartstein/Ring/Kreile/Dörr/Stettner* § 7 Rn. 3.

2. Voraussetzungen einer zulässigen Produktplatzierung

55 Die Erlaubnis der Produktplatzierung im privaten Rundfunk erstreckt sich auf entgeltliche wie unentgeltliche Produktplatzierungen und ist abhängig vom jeweiligen Programmgenre. Im öffentlich-rechtlichen Rundfunk sind hingegen entgeltliche Produktplatzierungen nur zulässig, sofern sie in Fremdproduktionen enthalten sind. Darüber hinaus stellt das Gesetz inhaltliche Anforderungen an die Ausgestaltung der Produktplatzierung sowie an ihre Kennzeichnung.

2.1 Genres

56 Entgeltliche Produktplatzierungen dürfen im privaten Rundfunk nur in Kinofilmen, Filmen und Serien, Sportsendungen und Sendungen der leichten Unterhaltung enthalten sein. Unentgeltliche Produktplatzierungen, d.h. Produktbeistellungen, sind darüber hinaus zulässig, sofern es sich nicht um Nachrichten, Sendungen zum politischen Zeitgeschehen, Ratgeber- und Verbrauchersendungen, Sendungen für Kinder oder Übertragungen von Gottesdiensten handelt.

57 Problematisch kann die Einstufung von Sendungen sein, die verschiedene Elemente enthalten. In keinem Fall dürfen Produktplatzierungen in Sendungen, auch nicht in Kinofilmen oder Serien, enthalten sein, die sich überwiegend an ein kindliches Publikum wenden.[156] Bei Programmformaten, die sowohl unterhaltende als auch informierende Elemente besitzen (bspw. „Die Super Nanny", „Raus aus den Schulden") ist für die Einstufung als Sendung der leichten Unterhaltung oder als Ratgebersendung entscheidend, welcher Anteil überwiegt. Sendungen, die neben unterhaltenden Elementen im Wesentlichen informierenden Charakter haben oder Verbraucher- bzw. Ratgebersendungen mit Unterhaltungselementen sind nicht als Sendungen der leichten Unterhaltung zu qualifizieren.[157] Indizwirkung kann hier der durch den Sender im Rahmen der Lizenzerteilung vorgenommenen Kategorisierung zukommen.[158]

58 In Sendungen des öffentlich-rechtlichen Rundfunks sind entgeltliche Produktplatzierungen in den gleichen Genres wie im privaten Rundfunk erlaubt (Kinofilme, Filme und Serien, Sportsendungen und Sendungen der leichten Unterhaltung), aber nur dann, wenn diese nicht vom Veranstalter selbst oder von einem mit dem Veranstalter verbundenen Unternehmen produziert oder in Auftrag gegeben wurden. Unentgeltliche Produktplatzierungen sind im gleichen Maß wie beim privaten Rundfunk zulässig.

2.2 Kennzeichnungspflichten

59 Enthält eine Sendung eine Produktplatzierung, ist hierauf eindeutig hinzuweisen. So ist die Sendung zu Beginn und zum Ende sowie bei deren Fortsetzung nach einer Werbeunterbrechung angemessen zu kennzeichnen (§ 7 Abs. 7 S. 3 RStV). Dies wird nach den WerbeRL/Fernsehen dann angenommen, wenn die Kennzeichnung für die Dauer von mindestens 3 Sekunden die Abkürzung „P" sowie einen erläuternden Hinweis (wie z.B. „Unterstützt durch Produktplatzierungen") enthält. Sendungen, die nicht vom Veranstalter selbst oder von einem mit dem Veranstalter verbundenen Unternehmen[157] produziert oder in Auftrag gegeben worden sind, brauchen nicht gekennzeich-

156 Vgl. *Castendyk* ZUM 2010, 34; Hahn/Vesting/*Ladeur* § 15 Rn. 14.

157 § 44 S. 2 RStV; gleiches gilt für Sendungen in Regionalfensterprogrammen und Fensterprogrammen nach § 31 RStV.

158 Vgl. *Castendyk* ZUM 2010, 34.

net zu werden, wenn nicht mit zumutbarem Aufwand ermittelbar ist, ob Produktplatzierung enthalten ist (§ 7 Abs. 7 S. 5 RStV). Auch dieser Umstand erfordert aber einen entsprechenden Hinweis an den Zuschauer.

Der Hinweis auf den Produktplatzierer unter zusätzlicher Einblendung eines Marken- **60**
logos sowie weitere Hinweise im Teletext und/oder im Internet werden als zulässig erachtet.[159]

Im Übrigen darf Produktplatzierung die redaktionelle Verantwortung und Unabhän- **61**
gigkeit hinsichtlich Inhalt und Sendeplatz nicht beeinträchtigen (§ 7 Abs. 7 S. 2 Nr. 1 RStV). Die Hoheit über die Art und Weise der Einbindung in die Sendung und das Programm muss daher beim Veranstalter verbleiben, der seine Entscheidung anhand publizistischer Kriterien trifft.

Das in der Sendung erwähnte oder dargestellte „Produkt" – hierunter sind nach der **62**
Definition der Produktplatzierung sowohl Waren, Dienstleistungen, Namen, Marken oder auch Tätigkeiten von Unternehmen zu verstehen – darf außerdem nicht „zu stark herausgestellt" werden.[160] Der Gesetzgeber geht hier ersichtlich davon aus, dass nicht bereits die deutliche Wahrnehmbarkeit des Produkts der Zulässigkeit entgegensteht. Vielmehr wird mit dem Merkmal des zu starken Herausstellens der Zielsetzung der Produktplatzierung Rechnung getragen, welche definitionsgemäß gerade in der Förderung des Absatzes liegt und daher aus Perspektive des Produktplatzierenden eine Wahrnehmbarkeit des Produktes durch den Rezipienten grundlegend voraussetzt. Ob ein unzulässiges Herausstellen gegeben ist, muss anhand einer Bewertung im Einzelfall entschieden werden. Indizien hierfür können z.B. Art, Dauer und Intensität der Darstellung sein.[161] Der Annahme von Schleichwerbung liegt zugrunde, dass die Darstellung des Produkts als solches von anderen als redaktionellen, namentlich werblichen, Interessen getrieben ist, die dem Rezipienten nicht offen gelegt werden. Bei der Produktplatzierung liegt der Einbindung eines konkreten Produkts in die Sendung jedoch dem Begriff nach gerade das (kenntlich gemachte) werbliche Interesse zugrunde. Es liegt daher nahe, die Grenze der Zulässigkeit in Bezug auf das Merkmal des Herausstellens des Produkts dort anzunehmen, wo die redaktionelle Integrität der Sendung durch die Art und Weise der Einbindung des Produktes beeinträchtigt wird. In Abgrenzung zu Dauerwerbesendungen[162] steht bei Sendungen, die lediglich Produktplatzierung enthalten, bei diesen nicht der Werbecharakter erkennbar im Vordergrund, sondern weiterhin der von werblichen Interessen losgelöste publizistische Inhalt. Das BVerwG hat klargestellt, dass bei der Produktplatzierung ein angemessener Ausgleich zwischen werblichen Belangen einerseits und redaktionellen Belangen andererseits gewahrt sein muss.[163] Der Grad des Unzulässigen wird damit nicht schon dann erreicht, wenn die Einbindung eines Produkts nicht mehr durch redaktionelle Erfordernisse oder die Notwendigkeit der Abbildung der Lebenswirklichkeit gerecht-

159 Ziff. 4 Abs. 3 Nr. 5 WerbeRL/Fernsehen.

160 Vgl. § 7 Abs. 7 S. 2 Nr. 3 RStV. Die europäischen Vorgaben hierzu enthält Art. 11 Mediendiensterichtlinie; die englische Fassung verwendet den Begriff „undue prominence".

161 Vgl. hierzu Begründung zum 13. RÄStV (NRW LT-Drucks. 14/10436, 31)

162 Zu den Charakteristika der Dauerwerbesendungen vgl. § 7 Abs. 5 RStV: der Werbecharakter muss erkennbar im Vordergrund stehen und die Werbung muss einen wesentlichen Bestandteil der Sendung darstellen.

163 *BVerwG* 23.7.2014 - 6 C 31.13, Rn. 49.

fertigt ist.[164] Er ist erst dann überschritten, wenn der Werbezweck das Sendungsgeschehen dominiert, mithin der natürliche Handlungsablauf gegenüber dem Werbezweck in den Hintergrund gerückt ist.[165]

63 Schließlich darf die Produktplatzierung nicht unmittelbar zu Kauf, Miete oder Pacht von Waren oder Dienstleistungen auffordern, insbesondere nicht durch spezielle verkaufsfördernde Hinweise auf die betreffenden in die Sendung eingebundenen Waren oder Dienstleistungen.[166]

2.3 Themenplatzierung

64 Eine weitere mit dem 13. RÄStV begrifflich neu eingefügte, jedoch nicht legaldefinierte Form werblicher Aussage im Programm ist die Themenplatzierung. Nach gemeinem Verständnis umfasst sie Programmintegrationen werblicher Art, die keine konkreten Produkte, Marken oder Dienstleistungen betreffen und nur einen mittelbaren Produktbezug aufweisen.[167] Wird bei der Produktplatzierung die Marke, das Produkt oder die Dienstleistung eines bestimmten Anbieters in das Programm eingebunden, ist dies bei der Themenplatzierung ein Thema oder eine Aussage, die dem dafür zahlenden Werbepartner zugutekommt. Themenplatzierung ist damit eine unzulässige Beeinflussung des Programminhalts bzw. der redaktionellen Verantwortung und Unabhängigkeit des Veranstalters, und ausdrücklich nach § 7 Abs. 7 S. 1 RStV untersagt.[168] Der Programmverantwortliche muss über Themen, die aufgegriffen werden sollen, entscheiden, nicht aber darf der Werbepartner oder Sponsor Initiator hierfür sein.

65 Der Europäische Gesetzgeber begreift Themenplatzierung als Unterfall der unzulässigen Produktplatzierung bzw. der unzulässigen programmlichen Einflussnahme durch einen Sponsor.[169] Nach diesem engen Verständnis, das ebenso dem Rundfunkstaatsvertrag zugrunde liegt,[170] sind gegen Entgelt oder eine vergleichbare Leistung in eine Sendung eingefügte Botschaften, die nicht der Absatzförderung dienen, keine Themenplatzierung. Gleichwohl ist bei derartigen werblichen Formaten das allgemeine Beeinflussungsverbot des § 7 Abs. 2 S. 2 RStV zu beachten, das entsprechend der Definition der Werbung für Wirtschaftswerbung gilt, sich aus teleologischen Erwägungen aber auch auf die nach § 7 Abs. 9 RStV als unzulässig eingestufte Werbung politischer, weltanschaulicher oder religiöser Art erstreckt.

164 Für eine solche restriktive Auslegung des Merkmals des Herausstellens noch *OVG Koblenz* 22.8.2013 – 2 A 10002/13.OVG; dem folgend auch *Leitgeb* ZUM 2013, 987, 988 f., a.A. *VG Neustadt a.d. Weinstraße* 31.10.2012 - 6 K 792/12.MZ.

165 Vgl. auch *VG Hannover* 18.2.2016 – 7 A 13293/14, Rn. 29.

166 Vgl. zur Reichweite und zum Vergleich mit den für das Sponsoring geltenden Grenzen Rn. 68.

167 Vgl. hierzu *Castendyk* ZUM 2010, 29, 36 f; *ders.* ZUM 2005, 857, 861.

168 Vgl. hierzu Themenplatzierung in der Serie „Marienhof", vgl. epd medien v. 10.10.2005, 25 ff. Der Fall betraf einen kurzen, von der „Arbeitsgemeinschaft Textiler Bodenbelag" geförderten Dialog, in dem die Vorteile eines Teppichs gegenüber einem Holzfußboden gelobt wurden. Ausführlich hierzu: *Castendyk* ZUM 2005, 857.

169 Erwägungsgrund 63 der AVMD-Richtlinie.

170 Deutet der Wortlaut des § 7 Abs. 7 S. 1 RStV nicht darauf hin, dass es sich bei der Themenplatzierung um einen Unterfall der Produktplatzierung handelt, stellt die Begründung zum 13. RÄStV betreffend die Einfügung des Verbots der Themenplatzierung auf die europäischen Vorgaben ab.

IV. Teleshopping

Eine besondere Form der Werbung im Rundfunk ist das Teleshopping. Es umfasst Sendungen, in denen die Zuschauer durch Präsentation von Waren oder Dienstleistungen unmittelbar zu deren Erwerb oder Inanspruchnahme, etwa mittels telefonischer Bestellung, aufgefordert werden. Das Gesetz kennt unterschiedliche Formate des Teleshoppings. Dies sind einerseits Teleshoppingspots oder -fenster, welche in ein Voll- oder Spartenprogramm eingefügt werden. Sie unterscheiden sich voneinander durch ihre Dauer. Während Teleshoppingfenster eine Mindestdauer von 15 Minuten haben müssen, weisen Spots regelmäßig eine Dauer von bis zu 90 Sekunden auf.[171] Andererseits besteht die Möglichkeit zur Veranstaltung reiner Teleshoppingkanäle. Auch wenn diese seit dem 12. RÄStV[172] nicht mehr den Telemedien, sondern dem Rundfunk zuzuordnen sind, finden die Vorgaben des Rundfunkstaatsvertrages auf sie nur begrenzt Anwendung, vgl. § 1 Abs. 4 RStV. Im öffentlich-rechtlichen Rundfunk sind nur Teleshopping-Spots zulässig, § 18 RStV. Für die Einfügung anderer Werbeformen in das Programm eines Teleshoppingkanals gelten die allgemeinen Werberegeln entsprechend. Die Vorgaben der §§ 7a und 45 RStV zur Einfügung und zum zulässigen Umfang der Werbung finden jedoch keine Anwendung. **66**

V. Sponsoring

Von der Werbung und von Produktplatzierungen abzugrenzen ist das Sponsoring.[173] **67** Dem Sponsoring kommt erhebliche wirtschaftliche Bedeutung zu, und es trägt in hohem Maße zur Finanzierung von Sendungen bei.[174] Sponsoring i.S.d. RStV ist jeder Beitrag einer natürlichen oder juristischen Person oder einer Personenvereinigung, die an Rundfunktätigkeiten oder an der Produktion audiovisueller Werke nicht beteiligt ist, zur direkten oder indirekten Finanzierung einer Sendung, um den Namen, die Marke, das Erscheinungsbild der Person oder Personenvereinigung, ihre Tätigkeit oder ihre Leistungen zu fördern, § 2 Abs. 2 Nr. 9 RStV. Anders als bei der Werbung ist die Absatzförderung beim Sponsoring nur sekundäres Ziel. Sponsoring unterliegt daher nicht den Werberegelungen der §§ 7, 16 und 45 RStV, sondern gesonderten Vorschriften und Beschränkungen nach § 8 RStV. Insofern ist das Sponsoring gerade auch für den öffentlich-rechtlichen Rundfunk interessant, da die für die Werbung geltende strenge Sendezeitbegrenzung keine Anwendung findet. Zu unterscheiden sind verschiedene Formen des Sponsorings: Zum einen kann eine Sendung gesponsert werden (Sendungssponsoring), zum anderen ein Ereignis selbst (Ereignissponsoring). Des Weiteren gibt es für Werbetreibende die Möglichkeit, in den Titel einer Sendung aufgenommen zu werden (Titelsponsoring). Eine Kombination verschiedener Sponsoringformen ist ebenso möglich wie eine Kombination mit Produktplatzierung und Gewinnspielen. Hierbei sind jedoch die jeweiligen für die Werbeformate statuierten gesetzlichen Grenzen zu berücksichtigen. So sind etwa ausdrückliche Hinweise auf ein

171 Zu den gleichlautenden Begrifflichkeiten der Fernsehrichtlinie Castendyk/Dommering/Scheuer/*Castendyk* § 1 TWFD Rn. 198.

172 Zwölfter Staatsvertrag zur Änderung rundfunkrechtlicher Staatsverträge (Zwölfter Rundfunkänderungsstaatsvertrag) v. 18.12.2008, in Kraft getreten zum 1.6.2009.

173 Dazu *von Limper/Musiol/Bentivegni* 9. Kap. Rn. 164 ff.

174 Vgl. zur wirtschaftlichen Bedeutung des Sponsorings und zur Entwicklung des Sponsoringmarktes *Hartstein/Ring/Kreile/Dörr/Stettner* § 8 Rn. 9 f.

Produkt eines Unternehmens innerhalb der Handlung einer Sendung nicht ohne weiteres mit seiner Rolle als Sponsor vereinbar.[175]

1. Sendungssponsoring

68 Gesponsert werden können Sendungen, d.h. auch Kurzsendungen wie Wetterberichte oder Verkehrshinweise, mit Ausnahme von Nachrichtensendungen und Sendungen zur politischen Information. Nach den Werberichtlinien ist das Sponsern von Programmhinweisen oder Werbung, wie z.B. Spotwerbung, Dauerwerbesendungen oder Teleshopping-Fenstern, nicht zulässig. Dies ist vor dem Hintergrund der europäischen Vorgaben, die deutlich zwischen „Sendungen" und sonstigen Programmbestandteilen differenzieren, konsequent: „Audiovisuelle kommerzielle Kommunikation" ist der Definition nach lediglich einer Sendung „beigefügt" oder „darin enthalten" und damit nicht selbst als „Sendung" einzustufen (Art. 1 Abs. 1 lit. h).

69 Zur direkten oder indirekten Finanzierung einer Sendung können Entgeltleistungen oder Kostenvergünstigungen für den Sendeveranstalter, hier auch die Bereitstellung von Sachmitteln oder Dienstleistungen, dienen. Entgeltleistungen sind nur dann als Sponsoring anzusehen, wenn sie zur Unterstützung der Sendung insgesamt erbracht werden. Erfolgt die Zahlung für eine konkrete Produktpräsentation, ist dies, sofern kein Fall einer Schleichwerbung vorliegt, der Produktplatzierung zuzuordnen.

70 Beim Sendungssponsoring muss zu Beginn oder am Ende der Sendung auf den Sponsor hingewiesen werden, § 8 Abs. 1 S. 1 RStV. Die Wiederholung des Sponsorhinweises vor und nach Werbeeinblendungen oder sonstigen Programmunterbrechungen ist zulässig, jedoch nicht erforderlich. Auch dürfen Sponsoren in Zusammenhang mit den entsprechenden Programmhinweisen genannt werden. Der Hinweis auf den Sponsor muss deutlich, in vertretbarer Kürze und in angemessener Form erfolgen. Zulässig ist auch der Hinweis durch Bewegtbild. Neben oder anstelle des Namens des Sponsors kann auch dessen Firmenemblem oder eine Marke, ein anderes Symbol des Sponsors, ein Hinweis auf seine Produkte oder Dienstleistungen oder ein entsprechendes unterscheidungskräftiges Zeichen eingeblendet werden. Sponsorenlogos dürfen nicht gezeigt werden beim Sponsoring von Kindersendungen und Sendungen religiösen Inhalts, § 8 Abs. 6 S. 2 RStV. Üblich und zulässig ist ein Hinweis, mit dem für „die freundliche Unterstützung durch …" gedankt wird, doch haben sich mittlerweile auch andere kreativere Formen von Hinweisen etabliert, in denen imageprägende Slogans eingesetzt werden. Überschreitet der gesetzliche Pflichthinweis auf den Sponsor jedoch die Schwelle zur Werbung nach § 2 Abs. 2 Nr. 7 RStV durch unmittelbar absatzfördernde Aussagen, müssen für ihn die für Werbespots geltenden Maßgaben Anwendung finden, insbesondere seine Dauer in die stündlichen Werbezeitgrenzen einbezogen werden. Gleiches gilt für Sponsorenhinweise, die nicht im Zusammenhang mit der gesponserten Sendung ausgestrahlt werden.[176] Gem. Ziff. 7 Abs. 3 Nr. 1 WerbeRL/Fernsehen bzw. WerbeRL/Hörfunk soll der Hinweis insofern nur den Zeitraum beanspruchen, der erforderlich ist, um den Hinweis auf die Fremdfinanzierung deutlich wahrzunehmen. Der Hinweis soll einen eindeutigen Bezug zur Sendung herstellen und außer einem imageprägenden Slogan keine zusätzlichen werblichen Aussagen zu Sponsor, Produkten oder Marken enthalten.

---

175 Hierzu Rn. 71.

176 Vgl. *EuGH* 17.2.2016 – C-314/14, Rn. 41 ff.

Der Sponsor darf keinen Einfluss auf den Inhalt oder den Programmplatz der gesponserten Sendung nehmen, durch den die redaktionelle Verantwortung und Unabhängigkeit des Rundfunkveranstalters beeinträchtigt würde (§ 8 Abs. 2 RStV). Die gesponserte Sendung selbst darf nicht zum Verkauf, zum Kauf oder zur Miete oder Pacht von Erzeugnissen oder Dienstleistungen des Sponsors oder eines Dritten, vor allem durch entsprechende besondere Hinweise, anregen (§ 8 Abs. 3 RStV). Diese beiden Kriterien entsprechen denen, die auch für die Produktplatzierung gelten. Während jedoch bei der Produktplatzierung dem Wortlaut nach erst die unmittelbare Aufforderung zu einer geschäftlichen Handlung als unzulässig definiert wird, ist beim Sponsoring darauf abgestellt, dass nicht zu Kauf, Miete oder Pacht angeregt werden darf. Die dem Wortlaut nach unterschiedlichen Anknüpfungspunkte haben ihre Grundlage in der deutschen Sprachfassung der AVMD-Richtlinie. Die englische und französische Sprachfassung der Richtlinie bestätigen eine damit verbundene inhaltliche Unterscheidung jedoch nicht.[177] 71

Zu den Rahmenbedingungen des Sponsorings hat die Europäische Kommission schon 2004 Erläuterungen vorgenommen, die im Grundsatz auch heute noch Geltung beanspruchen dürften, soweit die AVMD-Richtlinie hier weiterhin an denselben Kriterien der Fernsehrichtlinie festhält. Danach ist es im Allgemeinen als unzulässig anzusehen, während der Ausstrahlung gesponserter Sendungen ausdrücklich auf die Produkte oder Dienstleistungen des Sponsors oder eines Dritten hinzuweisen, wenn diese nicht lediglich der Kennzeichnung des Sponsors oder der Herstellung des Zusammenhangs zwischen der Sendung und dem Unternehmen des Sponsors dienen.[178] Gleiches wird insofern auch für die Produktplatzierung zu gelten haben. Liegt ein solcher Hinweis dennoch vor, wird zugleich regelmäßig ein Verstoß gegen das Trennungsgebot bzw. das Schleichwerbeverbot vorliegen. 72

Beschränkungen gelten außerdem für bestimmte Unternehmen. So dürfen Unternehmen, deren Haupttätigkeit die Herstellung oder der Verkauf von Zigaretten und anderen Tabakerzeugnissen ist, nicht als Sponsoren auftreten, § 8 Abs. 5 RStV. Das Verbot entspricht dem des § 21b Abs. 2 des Vorläufigen Tabakgesetzes[179] und korrespondiert mit den generellen Verboten von Werbung für Tabakerzeugnisse in Hörfunk, Fernsehen und weitestgehend auch Telemedien.[180] 73

2. Ereignissponsoring

Beim Ereignissponsoring wird eine Veranstaltung oder ein Ereignis Gegenstand des Sponsorings.[181] Es unterfällt nicht den Regelungen des § 8 RStV.[182] Das Ereignissponsoring ist insbesondere bei Sportereignissen häufig anzutreffen. Der Sponsor kann der Veranstaltung auch seinen Namen geben („BMW Golf Turnier"). Da der Sponsor 74

177 Art 10 AVMD-Richtlinie stellt für das Sponsoring auf „unmittelbar … anregen" ab, Art. 11 Mediendiensterichtlinie für die Produktplatzierung auf „unnmittelbar … auffordern". In der englischen und französischen Fassung sind die Formulierungen in beiden Fällen identisch („not directly encourage"; „incitent pas directement").

178 Mitteilung der Europäischen Kommission zu Auslegungsfragen in Bezug auf bestimmte Aspekte der Bestimmungen der Richtlinie „Fernsehen ohne Grenzen" über die Fernsehwerbung (2004/C 102/02), Abs. 55 f.

179 Vorläufiges Tabakgesetz in der Fassung der letzten Änderung vom 22.5.2013 (BGBl I S. 1318).

180 Vgl. §§ 21a, 21b Vorläufiges Tabakgesetz.

181 S. dazu *Herrmann/Lausen* § 23 Rn. 70.

182 *Bosman* ZUM 1990, 545, 554 f.; Hahn/Vesting/*Brinkmann* § 8 Rn. 10.

ohnehin während der Veranstaltung meist optisch präsent ist (z.B. durch Bandenwerbung oder auf Trikots), besteht keine Veranlassung für den Rundfunkveranstalter, nochmals gesondert auf das Sponsoring hinzuweisen.[183] Verpflichtet sich der Rundfunkveranstalter, auf den Sponsor in der Sendung hinzuweisen, liegt hierin ein Verstoß gegen den Trennungsgrundsatz bzw. das Schleichwerbeverbot.[184]

3. Titelsponsoring

75 Eine weitere, ebenfalls bei Sportevents, aber auch in anderen Bereichen etablierte Form des Sponsorings ist das Titelsponsoring.[185] Dabei erfolgt eine Verknüpfung des Titels einer Sendung mit einem bestimmten Unternehmen oder mit Produkten bzw. Marken, wie z.B. „Doppelpass – Die Krombacher Runde" oder „MegaClever! – Die NKL-Show". Titelsponsoring ist als besondere Form des Sponsorings nach § 2 Abs. 2 Nr. 9 RStV zulässig, soweit die allgemeinen Anforderungen an das Sponsoring gem. § 8 Abs. 2–6 RStV eingehalten werden. Insbesondere darf auch eine Sendung mit Titelsponsoring nicht zum Kauf von Produkten anregen. Bei der Erwähnung des Namens, der Firma, eines Produkts oder einer Marke im Titel der Sendung dürfen keine werblichen Effekte in den Vordergrund rücken. Die journalistische Unabhängigkeit muss gewahrt bleiben.

VI. Virtuelle Werbung

76 Digitale Bildbearbeitungstechniken ermöglichen die Einblendung von Schriftzügen oder Logos, die real in dem im Bild gezeigten Umfeld nicht existieren.[186] Die Technik findet insbesondere zur Differenzierung von Werbebotschaften bei Übertragungen in verschiedenen Ländern Anwendung und erfreut sich etwa bei Sportveranstaltungen großer Beliebtheit, da hier die Werbung ausländischer Unternehmen auf Banden durch regionale Werbung ersetzt werden kann. Derartige sog. virtuelle Werbung ist gem. § 7 Abs. 6 S. 3 RStV zulässig, wenn am Anfang und am Ende der betroffenen Sendung darauf hingewiesen wird, dass die am Ort der Übertragung vorhandene Werbung durch nachträgliche Bildbearbeitung verändert wird. Sie darf zudem nur eine am Ort der Übertragung ohnehin bestehende Werbung ersetzen; die Schaffung neuer Werbeflächen (sog. virtuelle Billboards), so auch die nachträgliche Einfügung von Gegenständen in eine Sendung (sog. virtuelle Placements), ist unzulässig. Gem. Ziff. 3 Abs. 4 WerbeRL/Fernsehen darf die am Ort vorhandene statische Werbung auch nicht durch Werbung mit Bewegtbildern ersetzt werden.

---

183 S. *Hartstein/Ring/Kreile/Dörr/Stettner* § 8 Rn. 16.

184 *BGHZ* 117, 353. Als Argumentation dafür, dass kein gesonderter Hinweis auf den Sponsor erfolgen muss, wird auch angeführt, dass typischerweise keine Gefahr bestehe, dass der Sponsor Einfluss auf die Sendung nimmt, vgl. hierzu *Petersen* § 15 Rn. 15 m.w.N. Zu berücksichtigen ist indes, dass in der Praxis gelegentlich auch die Sponsoren der Veranstaltung als Lizenzgeber auftreten.

185 Das Titelsponsoring ist abzugrenzen vom sog. Verlags-TV wie z.B. Stern-TV oder Spiegel-TV, s. dazu *Hartstein/Ring/Kreile/Dörr/Stettner* § 8 Rn. 37.

186 S. Hahn/Vesting/*Ladeur* § 7 Rn. 73.

VII. Besondere Formen von Werbung und medialer Einbindung

Über die im RStV ausdrücklich geregelten Werbeformate hinaus haben sich in der Praxis weitere Formen medialer Einbindung werblicher Interessen herausgebildet, deren Zulässigkeit sich nach allgemeinen Vorgaben zu richten hat. Neue Werbemodelle können zudem auch lizenzrechtlich von Relevanz sein. **77**

1. Gewinnspiele

Werden Geld- und Sachpreise dem Sendeveranstalter von Dritten zur Auslobung an das Publikum im Rahmen von redaktionell gestalteten Gewinnspielen oder Quizveranstaltungen zur Verfügung gestellt, handelt es sich hierbei nicht um Sponsoring, wenn die Bereitstellung dem Rundfunkveranstalter nicht als finanzielle Unterstützung der Sendung insgesamt dient.[187] Gleichwohl ist bei der Darstellung der Preise und der Nennung des Preisgebers das Gebot der Trennung von Werbung und Programm bzw. das Schleichwerbeverbot zu beachten.[188] Die Einbindung darf nicht zu einer übermäßigen werblichen Darstellung oder Anpreisung des Produktes führen. Gem. Ziff. 8 WerbeRL/Fernsehen ist eine zweimalige Nennung der Firma bzw. zur Verdeutlichung des Produkts auch eine zweimalige kurze optische Darstellung des Preises in Form von Bewegtbildern zulässig. Eine von einem Rundfunkveranstalter angebotene Sendung, im Rahmen derer sich Zuschauer entgeltlich, etwa durch Anwahl einer Mehrwertdienstenummer, an einem Gewinnspiel beteiligen können, ist u.U. selbst als Teleshopping bzw. (Eigen-)Werbung einzustufen.[189] **78**

2. Ausstatterhinweise

Darüber hinaus können Produkte, Dienstleistungen oder Räumlichkeiten von Dritten zur Produktion einer Sendung bereitgestellt werden. Soweit es sich hierbei nicht um einen Fall der Produktplatzierung handelt, insbesondere keine gezielte Darstellung des Produktplatzierenden innerhalb der Sendung erfolgt, hat hier ein Hinweis auf ein Sachsponsoring zu erfolgen.[190] Es gelten i.Ü. die Grenzen des zulässigen Sponsorings, d.h. es darf keine werbliche Darstellung im Programm erfolgen und der Hinweis selbst darf keine werbliche Form aufweisen.[191] Gem. Ziff. 12 Abs. 2 WerbeRL/Fernsehen können bei der Übertragung von Sportveranstaltungen bei der Einblendung von Grafiken (bspw. Zeiteinblendungen, Spiel- und Messstände) die Firmennamen oder Produktnamen von technischen Dienstleistern abgebildet werden, wenn diese im direkten funktionalen Zusammenhang mit der Einblendung stehen. **79**

---

187 So auch Hahn/Vesting/*Brinkmann* § 8 Rn. 11.

188 Kritisch hierzu *Petersen* § 15 Rn. 4. Bei Gewinnspielen, bei denen mit einfachen Fragen Interesse erzeugt werde und die Preise mit allen Vorzügen dargestellt würden, handele es sich um lupenreine Werbung. Der Verstoß gegen das Trennungsgebot sei besonders eklatant, da mitunter schwer erkennbar sei, wo die werbende Einflussnahme beginne.

189 Vgl. hierzu *EuGH* Rs. C-195/06, Slg. 2007, I-8817 – ORF.

190 Eine Verpflichtung, auf den Ausstatter wie auf einen Sponsor hinzuweisen, enthalten die Werberichtlinien nicht, vgl. auch *Hartstein/Ring/Kreile/Dörr/Stettner* § 8 Rn. 24. § 8 Abs. 1 RStV verlangt den gesetzlichen Hinweis auf den Sponsor jedoch bereits bei auch „teilweise" gesponserten Sendungen. Hierbei kann es nicht darauf ankommen, in welcher Form die Unterstützung der Sendung erfolgt.

191 Hahn/Vesting/*Brinkmann* § 8 Rn. 11.

3. Regionalisierung und Personalisierung von Werbung

80 Werbemärkte grenzen sich nicht nur sachlich und u.U. zeitlich, sondern vor allem auch geografisch voneinander ab. Die Bestrebungen von Veranstaltern bundesweiten Fernsehens dahin, regionale und lokale Werbemärkte für sich zu erschließen, sind daher strategisch nachvollziehbar. Lokale und regionale Medien sehen diese Vorstöße hingegen mit Sorge, da sie angesichts neuer Wettbewerber um den Verlust ihrer Refinanzierungsgrundlage fürchten. Um einer Gefährdung regionaler und lokaler Meinungsvielfalt vorzubeugen,[192] wurde mit dem am 1.1.2016 in Kraft getretenen 18. RÄStV die territoriale Auseinanderschaltung von Werbung in für bundesweite Verbreitung lizenzierten oder beauftragten Programmen ausdrücklich für unzulässig erklärt bzw. ihre Zulässigkeit unter den Vorbehalt ergänzender landesrechtlicher Regelungen gestellt (§ 7 Abs. 11 S. 1 RStV). Die Maßgaben gelten für private wie öffentlich-rechtliche Rundfunkveranstalter gleichermaßen. Das BVerwG hatte zuvor, anders als noch das VG Berlin in der ersten Instanz,[193] die regionenspezifische Werbung nach bis dato geltender Rechtslage für zulässig erachtet.[194] Diesem Ergebnis lag im Wesentlichen zugrunde, dass das Gericht die Werbung nicht als von der Zulassung eines Programms erfasst ansah; die Zulassungspflicht gem. § 20 Abs. 1 S. 1 RStV erstreckt sich nach Ansicht des Gerichts vielmehr nur auf redaktionell gestaltete Programminhalte. Neben der daraufhin im RStV ausdrücklich verankerten Beschränkung der Zulässigkeit regionenspezifischer Werbung in bundesweiten Programmen wurde daher auch die Klarstellung aufgenommen, dass es sich bei Werbung um einen Programmbestandteil (§ 7 Abs. 2 S. 1 RStV) und bei der regionenspezifischen Differenzierung um einen lizenzrelevanten Sachverhalt handelt (§ 7 Abs. 11 S. 2 RStV). Die landesrechtlichen Zulassungen für nicht bundesweite Inhalte können an inhaltliche Bedingungen, etwa die Verbreitung redaktioneller regionaler Inhalte, geknüpft werden. Unterstrichen wird hiermit die Zielsetzung: die Erhaltung und Förderung regionaler Meinungsvielfalt.[195]

81 Ein anderer Fall der zielgruppenspezifischen Ansprache potenzieller Kunden ist die personalisierte Werbung. Diese spielt vor allem, aber nicht nur im nicht-linearen Bereich eine Rolle. Bei der sog. „Dynamic Ad Insertion" können dem Nutzer im digitalen Livestream eines Rundfunkprogramms andere Werbespots eingeblendet werden als sie der Zuschauer empfängt, der das Programm über klassische Verbreitungswege rezipiert. Derartige Werbemaßnahmen sind regelmäßig nicht umfasst von den Maßgaben der regionenspezifischen Werbung, soweit sie nicht nach territorialen Merkmalen differenzieren und die Werbung damit grundsätzlich auch bundesweit für eine Ausstrahlung in Frage kommt.[196] Darüber hinaus können im Zuge der Verknüpfung linearer und nicht-linearer Inhalte auf Smart-TVs beim sog. „Addressable TV" Overlays mit zielgruppenspezifischen Werbeinhalten über dem linearen Fernsehprogramm erfolgen. Derartige personalisierte Werbeeinblendungen erfolgen aus dem nicht-linearen Bereich und tangieren insofern keine lizenzrechtlichen Fragen.[197]

---

192 Vgl. Begründung zum 18. RÄStV, Schleswig-Holstein LT-Drucks. 18/3400, 11 ff.

193 *VG Berlin* 26.9.2013 - VG 27 K 231.12.

194 *BVerwG* 17.12.2014 - 6 C 32.13.

195 Medienberichten zufolge hat ProSiebenSat.1 Verfassungsbeschwerde erhoben. Das Unternehmen sieht in den Neuregelungen des 18. RÄStV die Rundfunkfreiheit und den Gleichheitssatz verletzt.

196 Hierfür sprechen zum einen der Wortlaut des § 7 Abs. 11, der auf eine „nichtbundesweite" Verbreitung abstellt, zum anderen auch der Sinn und Zweck der Norm, die den Schutz der lokalen und regionalen Werbemärkte und damit der lokalen und regionalen Vielfalt im Fokus hat.

197 Vgl. zur generellen mit den Möglichkeiten des Smart-TV einhergehenden Problematik Rn. 113.

4. Kombination verschiedener Werbeformen

Die gesetzlichen Vorgaben gelten jeweils für spezifische Werbeformen. Dies schließt **82**
eine Kombination verschiedener Werbeformen nicht aus. Die Zulässigkeit richtet sich jeweils nach den für die Werbeformen geltenden Anforderungen. So können gesponserte Sendungen ebenso Produktplatzierungen des Sponsors wie vom Sponsor finanzierte Gewinnspiele enthalten. Für das Sponsoring und das Produktplatzieren gelten gleichermaßen, dass auf einen ausdrücklichen Hinweis auf die Produkte oder Dienstleistungen des Sponsors verzichtet werden muss, soweit dieser nicht lediglich der Kennzeichnung des Sponsors oder des Produktplatzierenden dient.[198]

VIII. Dauerwerbesendung

Dauerwerbesendungen sind gem. § 7 Abs. 5 RStV zulässig, wenn der Werbecharakter **83**
erkennbar im Vordergrund steht und die Werbung einen wesentlichen Bestandteil der Sendung darstellt. Ein typisches Format einer Dauerwerbesendung ist die Game-Show. Ein derartiges Programm ist trotz der Verbindung redaktioneller Inhalte mit Werbung zulässig, wenn es insgesamt als Werbung deklariert wird. Es muss zu Beginn als Dauerwerbesendung angekündigt und während des gesamten Verlaufs als solche gekennzeichnet werden.[199] Der Schriftzug hat sich nach den Werberichtlinien durch Größe, Form und Farbgebung deutlich lesbar vom Hintergrund der laufenden Sendung abzuheben. Dauerwerbesendungen definieren sich nach Ziff. 3 Abs. 3 WerbeRL/Fernsehen bzw. WerbeRL/Hörfunk als Sendungen mit einer Länge von mindestens 90 Sekunden.[200] Sie sind redaktionell gestaltet, der Werbecharakter steht erkennbar im Vordergrund und die Werbung stellt einen wesentlichen Bestandteil der Sendung dar.

Dauerwerbesendungen können durch Werbespots unterbrochen werden.[201] Sie unter- **84**
liegen nach der Neuregelung durch den 13. RÄStV nur mehr im öffentlich-rechtlichen Rundfunk zeitlichen Begrenzungen und sind hier auf die tägliche Sendezeit für Werbung anzurechnen.[202] Dauerwerbesendungen dürfen sich nicht an Kinder richten.

IX. Einfügung und zulässiger Umfang der Werbung

Die Einfügung von Werbung in das Programm ist anders als die zulässige Gesamt- **85**
dauer der Werbung für den öffentlich-rechtlichen und den privaten Rundfunk unterschiedlich geregelt.

---

198 Vgl. hierzu ausführlich zum Sponsoring Rn. 67 ff. und zur Produktplatzierung Rn. 52 ff.

199 Zur Unzulässigkeit der Bezeichnung als „Promotion“, *VG Berlin* ZUM 2008, 810.

200 Für eine weniger restriktive Auslegung: *Hartstein/Ring/Kreile/Dörr/Stettner* § 7 Rn. 33 f.

201 Spots sind nach den allgemeinen Maßgaben optisch oder akustisch von der Dauerwerbesendung abzusetzen; anders: *Hartstein/Ring/Kreile/Dörr/Stettner* § 7 Rn. 39. Einer restriktiven Auslegung gegen den Gesetzeswortlaut ist nicht zu folgen, da insbesondere die Kennzeichnung der Dauerwerbesendung nur für die Sendung selbst gilt und Spotwerbung gerade nicht der gesetzlichen Privilegierung unterfällt.

202 § 16 Abs. 1 S. 1 RStV; s. dazu auch unten Rn. 86 ff.; vgl. auch *Hartstein/Ring/Kreile/Dörr/Stettner* § 7 Rn. 38.

1. Gesamtdauer der Werbung

86 Im öffentlich-rechtlichen Rundfunk sind Werbung und Teleshopping im Fernsehen gem. § 16 Abs. 1 RStV nur im Ersten Deutschen Fernsehen („Das Erste“) der ARD und im Programm „Zweites Deutsches Fernsehen“ des ZDF zulässig. In den weiteren bundesweit verbreiteten Fernsehprogrammen von ARD und ZDF (vgl. § 11b RStV) sowie in den Dritten Fernsehprogrammen findet Werbung nicht statt, § 16 Abs. 2 RStV. Die Gesamtdauer beträgt jeweils höchstens 20 Minuten werktäglich im Jahresdurchschnitt. Nach 20 Uhr sowie an Sonntagen und im gesamten Bundesgebiet anerkannten Feiertagen dürfen Werbesendungen nicht ausgestrahlt werden. Innerhalb einer Stunde darf die Dauer der Spotwerbung 20 % nicht überschreiten, § 16 Abs. 3 RStV. Für den Hörfunk sind die Länder gem. § 16 Abs. 5 RStV berechtigt, den Landesrundfunkanstalten bis zu 90 Minuten Werbung werktäglich im Jahresdurchschnitt einzuräumen.[203] In Telemedienangeboten der öffentlich-rechtlichen Sender sind Werbung – nach der Begriffsdefinition der Werbung damit auch Eigenwerbung – und Sponsoring unzulässig, § 11d Abs. 5 S. 1 RStV.

87 Im privaten Rundfunk darf die Sendezeit für Fernsehwerbespots und Teleshopping-Spots gem. § 45 Abs. 1 S. 1 RStV nicht mehr als 20 % der stündlichen Sendezeit in Anspruch nehmen. Hinweise zu Produktplatzierungen und Sponsorhinweise sind wie auch beim öffentlich-rechtlichen Rundfunk nicht einzurechnen. Gleiches gilt für Hinweise auf das eigene Programm (z.B. Programmankündigungen und -trailer, Eigenpromotion), Hinweise auf Begleitmaterialien zu Sendungen, unentgeltliche Beiträge im Dienst der Öffentlichkeit, einschließlich Spendenaufrufe zu Wohlfahrtszwecken, sowie gesetzliche Pflichthinweise (z.B. aufgrund § 4 Abs. 5 Heilmittelwerbegesetz für OTC-Produkte).[204]

88 Die bis zum 12. RÄStV geltende Begrenzung der täglichen Werbezeit wurde für das private Fernsehen aufgehoben. Da sich die Sendezeitregel für den privaten Rundfunk damit nur mehr auf Spot-Werbung bezieht, unterliegen andere, längere Werbeformate wie Dauerwerbesendungen[205] hier keiner zeitlichen Beschränkung mehr. Anderes gilt für Split Screen-Werbung. Diese ist ausdrücklich nach § 7 Abs. 4 S. 2 auf die Dauer der Spotwerbung anzurechnen.

89 Für regionale und lokale Fernsehsender können die Länder abweichende Werbezeitgrenzen bestimmen, § 46a RStV. Dies gilt für die Anzahl der Unterbrechungen von Serien, Reihen und Dokumentarfilmen, Kinofilme und Nachrichtensendungen nach § 7a Abs. 3 RStV, die Höhe des stündlichen Werbezeitenanteils nach § 45 Abs. 1 RStV sowie die zeitliche Anrechnung von Split-Screen-Werbung nach § 7 Abs. 4 S. 2 RStV.

2. Einfügung der Werbung

90 Die Einfügung der Werbung richtet sich sowohl für den öffentlich-rechtlichen als auch für den privaten Rundfunk nach § 7a RStV.

---

203 Abw. kann am Werbevolumen von 1986 festgehalten werden; Übersicht über die Werbegrenzen bei *Hartstein/Ring/Kreile/Dörr/Stettner* § 16 Rn. 14 ff. Aufgrund der Maßgabe „im Jahresdurchschnitt“ weicht der tatsächliche tägliche Umfang der Werbezeit zum Teil deutlich von diesen gesetzlich bestimmten Mittelwerten ab.

204 S. hierzu unten Rn. 99.

205 S. hierzu Rn. 83.

Generell unzulässig sind sowohl im Hörfunk als auch im Fernsehen Werbeunterbrechungen von Gottesdiensten sowie von Sendungen für Kinder. Zu letzteren werden solche Sendungen gezählt, die sich nach Inhalt, Form oder Sendezeit überwiegend an unter 14-Jährige wenden. Einzelne Sendungen, die durch verbindende Elemente so gestaltet sind, dass sie wie eine einheitliche Kindersendung erscheinen, sind ebenfalls als Kindersendung in diesem Sinne zu verstehen, so dass keine Werbung zwischen den einzelnen Teilen gesendet werden darf.[206] **91**

Es gilt für das Fernsehen – mit Sonderregel für die Übertragung von Sportveranstaltungen – das Blockwerbegebot, wonach einzeln gesendete Werbe- (wie auch Teleshopping-) Spots die Ausnahme bleiben müssen. Die WerbeRL/Fernsehen verlangt hier mindestens zwei aufeinander folgende Werbe- oder Teleshoppingspots. Aufgegeben wurde jedoch die Vorgabe, dass Fernsehwerbung zwischen den einzelnen Sendungen eingefügt werden muss. Zusätzlich gilt die Regel, dass durch die Einfügung der Werbung der Zusammenhang von Sendungen unter Berücksichtigung der natürlichen Sendeunterbrechungen sowie der Dauer und der Art der Sendung weder beeinträchtigt noch die Rechte von Rechteinhabern verletzt werden dürfen. **92**

Für die Häufigkeit der zulässigen Werbeunterbrechungen gilt, dass Filme, Kinofilme und Nachrichtensendungen für jeden programmierten Zeitraum von mindestens 30 Minuten nur einmal für Fernsehwerbung (oder Teleshopping) unterbrochen werden dürfen. Die Begrenzung findet keine Anwendung auf Formate, deren Integrität als weniger schutzwürdig angesehen wird: Serien, Reihen und Dokumentarfilme. Während eine Serie durch einen fortlaufenden Handlungszusammenhang gekennzeichnet ist, bestehen Reihen aus mehreren Sendungen, die jedenfalls, etwa durch gemeinsame thematische, inhaltliche und formale Schwerpunkte, ein gemeinsames Konzept aufweisen.[207] Bei der Ermittlung der Länge des Programms ist der programmierte Zeitraum zugrunde zu legen (Bruttoprinzip), mithin die Sendezeit unter Einschluss der Werbeunterbrechung(en). Anforderungen an die Einhaltung eines zeitlichen Abstandes zwischen Werbeunterbrechungen bestehen nicht. **93**

3. Split Screen

Gem. § 7 Abs. 4 RStV ist eine Teilbelegung des ausgestrahlten Bildes mit Werbung zulässig, wenn die Werbung vom übrigen Programm eindeutig optisch getrennt und als solche gekennzeichnet ist. Unter Teilbelegung der ausgestrahlten Bilder ist die parallele Ausstrahlung redaktioneller und werblicher Inhalte zu verstehen. Die Trennung von Werbung und Programm erfolgt durch die räumliche Aufteilung des Bildschirms in Form eines Split Screens. Dies kann sowohl durch Spotwerbung in einem gesonderten Fenster, als auch durch optisch hinterlegte Laufbandwerbung, sog. Werbecrawls, in denen in Textlaufzeiten am Bildschirmrand Informationen mit werblichen Inhalten angeboten werden, erfolgen. Eine eindeutige Kennzeichnung liegt jedenfalls dann vor, wenn das Werbefenster während des gesamten Verlaufs den Schriftzug „Werbung" aufweist. Split Screen-Werbung bei der Übertragung von Gottesdiensten **94**

206 Ziff. 6 Abs. 1 WerbeRL/Fernsehen ebenso wie Ziff. 6 Abs. 1 WerbeRL/Hörfunk.

207 Vgl. zum Begriff der Reihe auch Ziff. 6 Abs. 4 WerbeRL/Fernsehen. Mit unterschiedlichen Tendenzen: *VG Hannover* AfP 1994, 84; *OVG Niedersachsen* ZUM 1994, 661; *OLG Celle* ZUM 1997, 834; zur europäischen Vorlage *EuGH* Rs. C-245/01, Slg. 2003, I-12489 – RTL Television.

sowie in Sendungen für Kinder ist unzulässig. Die Dauer der Werbung in Form von Split Screens ist auf die zulässige Werbezeit i.S.v. §§ 16 und 45 RStV anzurechnen. Die Split Screen-Werbung kann auch mit Ton unterlegt werden.[208] Werbung im Split Screen wird von der Werbewirtschaft vorzugsweise eingesetzt, da dabei die Gefahr, dass Zuschauer während der Werbung in andere Programme umschalten, wesentlich geringer ist und daher eine erhöhte Wahrnehmung des Spots gesichert ist.

X. Hinweise auf eigene Programme, Begleitmaterial, Social Advertising und Wahlwerbung

95 Der RStV kennt Programmbestandteile, die trotz werbenden Charakters nicht oder nur begrenzt den Werbevorschriften unterfallen. Hierzu gehören gem. § 16 Abs. 4 RStV bzw. § 45 Abs. 2 RStV Hinweise des Rundfunkveranstalters auf eigene Programme und Begleitmaterialien, unentgeltliche Beiträge im Dienste der Öffentlichkeit einschließlich Spendenaufrufe zu Wohlfahrtszwecken sowie gesetzliche Pflichthinweise.

96 Eigenwerbung der Rundfunkveranstalter ist, auch wenn sie im eigenen Programm unentgeltlich bzw. ohne Gegenleistung erfolgt, ausdrücklich dem Werbebegriff des § 2 Abs. 2 Nr. 7 RStV zugeordnet. Für sie gelten damit die allgemeinen Werberegeln, insbesondere das Trennungsgebot. Da Werbung auch in Form der Eigenwerbung dem Ziel der Absatzförderung dienen muss, liegt Eigenwerbung vor, wenn der Veranstalter eigene Produkte, Dienstleistungen, Programme oder Sender bewirbt.[209] Demgegenüber sind Programmhinweise, insbesondere Trailer, die aus Programmauszügen bestehen, nicht als Eigenwerbung, sondern als Teil des Programms anzusehen.[210] Die Werberichtlinien gehen hierüber hinaus und nehmen gänzlich die sog. Sender- bzw. Eigenpromotion, d.h. etwa Hinweise auf eigene Programme oder einzelne Sendungen, aber auch Hinweise auf Veranstaltungen sowie sonstige Ereignisse außerhalb der Programme vom Werbebegriff aus, Ziff. 9 Abs. 1 WerbeRL/Fernsehen. Gleiches gilt für im Zusammenhang mit einer Sendung ausgestrahlte Hinweise auf deren Bezugsmöglichkeiten und für Hinweise auf mit dem Inhalt der Sendung in Verbindung stehende Produkte und Dienstleistungen (wie z.B. Spiele, Klingeltöne, Wallpaper), Ziff. 9 Abs. 2 WerbeRL/Fernsehen.

97 Vom Gesetzgeber ist hier ausdrücklich vorgesehen, dass Programmhinweise, aber auch Hinweise auf Begleitmaterialien, bspw. Bücher, Videos oder Spiele, die direkt

---

208 Dafür spreche die Anrechenbarkeit auf die Dauer der Werbung gem. §§ 16 und 45 RStV. Ein entspr. Verbot hätte der Gesetzgeber ausdrücklich formulieren müssen, vgl. dazu *Hartstein/Ring/Kreile/Dörr/Stettner* § 7 Rn. 32e.

209 Zum Ausschluss sog. Cross-Promotion zwischen Sendern derselben Senderfamilie aus dem Begriff der Eigenwerbung vgl. *VG Berlin* ZUM 2002, 933 ff. (bestätigt durch *OVG Berlin* 24.5.2007 - OVG 11 N 1.07); kritisch hierzu Hahn/Vesting/*Schulz* § 2 Rn. 98; allgemein dazu *Hartstein/Ring/Kreile/Dörr/Stettner* § 45 Rn. 26.

210 Vgl. insofern auch Erwägungsgrund 96 der AVMD-Richtlinie. Verkürzt scheint der Ansatz, Programmankündigungen im Free-TV deshalb nicht dem Begriff der Eigenwerbung zuzuordnen, weil der Rezipient für das Programm kein Entgelt zahlt und es daher an der Ausrichtung auf eine Absatzförderung gegen Entgelt fehle; so aber *Engels/Giebel* ZUM 2000, 265, 279. Eine derart unmittelbare Leistungsbeziehung wird vom Gesetz nicht vorausgesetzt.

von diesen Programmen abgeleitet sind, jedenfalls nicht auf die nach §§ 16, 45 RStV zulässigen Werbezeitgrenzen anzurechnen sind.[211]

Gleiches gilt für unentgeltliche Beiträge im Dienst der Öffentlichkeit einschließlich Spendenaufrufe zu Wohlfahrtszwecken. Hierzu gehören Hilfsaktionen in Katastrophenfällen oder Spendenaufrufe in Sendungen ebenso wie sonstige Aufrufe zu wohltätigen Zwecken zur Aufklärung über Gesundheit, Verbraucherschutz oder etwa zur Förderung des Umweltschutzes.[212] Sog. Social Advertising ist grundsätzlich zulässig und fällt nicht unter das Verbot der Werbung politischer, gesellschaftlicher oder religiöser Art, § 7 Abs. 9 S. 3 RStV.[213] Da derartige Beiträge weder entgeltlich erfolgen noch der Absatzförderung dienen, erfüllen sie nicht die Kriterien des Werbebegriffs des RStV; der ausdrückliche Ausschluss aus der Werbezeitgrenze durch §§ 16 Abs. 3, 45 Abs. 3 RStV dient insofern nur der Klarstellung. 98

Ebenfalls von der Werbezeitregel ausgenommen sind gesetzliche Pflichthinweise. Dies ist etwa die Verpflichtung nach den Vorgaben des Heilmittelwerbegesetzes, bei Fernsehwerbung für apothekenpflichtige Arzneimittel außerdem den Text „Zu Risiken und Nebenwirkungen lesen Sie die Packungsbeilage und fragen Sie Ihren Arzt oder Apotheker“ vor neutralem Hintergrund gut lesbar wiederzugeben und gleichzeitig zu sprechen (§ 4 Abs. 5 Heilmittelwerbegesetz). 99

Einen Sonderfall im Gefüge der Werbevorgaben bildet die sog. Wahlwerbung. Diese unterfällt nicht dem wirtschaftbezogenen Werbebegriff des § 2 Abs. 2 Nr. 7 RStV, und ist dennoch als Ausnahme zum Verbot der ideellen Werbung in gesetzlich umrissenen Grenzen zulässig.[214] Für bundesweit verbreiteten privaten Rundfunk sieht § 42 Abs. 2 RStV vor, dass Parteien während ihrer Beteiligung an den Wahlen zum Deutschen Bundestag gegen Erstattung der Selbstkosten angemessene Sendezeit einzuräumen ist, wenn mindestens eine Landesliste für sie zugelassen wurde. Eine entsprechende Vorgabe gilt für Wahlen zum Europäischen Parlament. Wann eine einzuräumende Sendezeit als angemessen zu gelten hat, bestimmt sich zum einen unter Berücksichtigung der Rundfunkfreiheit des Rundfunkveranstalters, zum anderen unter Beachtung des in Art. 3 Abs. 1 und 3 i.V.m. Art. 21 GG und § 5 Abs. 1 S. 1 Parteiengesetz (ParteiG) verankerten Grundsatzes auf Chancengleichheit der politischen Parteien.[215] Für den öffentlich-rechtlichen Rundfunk und für auf Landesebene agierende Sender enthalten Landesgesetze weitergehende Regelungen. 100

211 Urheberrechtlich gilt jedoch zu beachten, dass die Eigenpromotion der Werbung gleichgestellt wird. Daher muss für die Verwendung von Musik in Trailern das Filmherstellungsrecht eingeholt werden. Mit den zwischen den Rundfunkveranstaltern und der GEMA in der Regel abgeschlossenen Rahmenverträgen werden den Sendern zwar die Filmherstellungsrechte für Eigen- und Auftragsproduktionen eingeräumt, nicht jedoch für Werbung, vgl. dazu *Hartstein/Ring/Kreile/Dörr/Stettner* § 45 Rn. 25.

212 Vgl. Ziff. 5 WerbeRL/Fernsehen.

213 Nimmt der Rundfunkveranstalter allerdings eine Geldzahlung für derartige Beiträge entgegen, sind sie wie Werbung zu werten, vgl. *Hartstein/Ring/Kreile/Dörr/Stettner* § 45 Rn. 28.

214 Vgl. zum Verbot politischer Werbung, soweit sie Werbung aus Anlass eines zugelassenen Volksbegehrens und eines Volksentscheids erfasst *VGH Bayern* DVBl 2007, 1113.

215 Näher zur Zuteilung von Sendezeiten, Dauer und Platzierung der Spots *Hartstein/Ring/Kreile/Dörr/Stettner* § 42 RStV Rn. 11 ff.

XI. Verstöße

101 Die Verantwortlichkeit für die Einhaltung der Werbebestimmungen liegt beim Rundfunkveranstalter. Zuständig für die Überwachung der privaten Rundfunkveranstalter sind die Landesmedienanstalten. § 49 RStV enthält insofern einen Ordnungswidrigkeitenkatalog mit werberelevanten bußgeldbewehrten Tatbeständen. Sie richten sich an die Person des Rundfunkveranstalters bzw. dessen Geschäftsführung oder Programmverantwortliche.[216] Eine Ordnungswidrigkeit kann mit einer Geldbuße von bis zu 500 000 EUR belegt werden. Gem. § 29a OWiG ist auch Gewinnabschöpfung möglich.

D. Werbung in Telemedien

102 Die Werbung in Telemedien ist im RStV und im TMG geregelt. Das TMG enthält die technische Regulierung, während die inhaltliche Regulierung im RStV normiert ist.[217]

I. Technische Regulierung im Telemediengesetz

103 Das TMG findet für alle Telemedien Anwendung. Übereinstimmend mit der Begriffsbestimmung der Telemedien des RStV sind dies alle elektronischen Informations- und Kommunikationsdienste, soweit es sich hierbei nicht um Dienste der Telekommunikation (§§ 3 Nr. 24 und 25 TKG) oder um Rundfunk (§ 2 Abs. 1 und 2 RStV) handelt. Zu ihnen gehören mithin auch Pay-TV-Angebote, deren Sendungen jeweils gegen Einzelentgelt freigeschaltet werden, und Teletextangebote, aber seit dem 12. RÄStV nicht mehr Teleshopping.[218]

104 Ausdrücklich geregelt sind im TMG Informationspflichten für E-Mail-Werbung (sog. Anti-Spam-Regelung)[219] und insbesondere das Gebot der Erkennbarkeit: Gem. § 6 Abs. 1 Nr. 1 TMG muss kommerzielle Kommunikation klar als solche erkennbar sein. Kommerzielle Kommunikation ist gem. § 2 Nr. 5 S. 1 TMG jede Kommunikation, die der unmittelbaren oder mittelbaren Förderung des Absatzes von Waren, Dienstleistungen oder des Erscheinungsbilds eines Unternehmens, einer sonstigen Organisation oder einer natürlichen Person dient, die eine Tätigkeit im Handel, Gewerbe oder Handwerk oder einen freien Beruf ausübt, und unterliegt damit einem weiten Begriffsverständnis.[220] Im Übrigen findet in Bezug auf Werbung der RStV Anwendung: Gem. § 1 Abs. 4 TMG ergeben sich die an die Inhalte von Telemedien zu richtenden Anforderungen aus dem RStV.[221]

---

216 *Hartstein/Ring/Kreile/Dörr/Stettner* § 7 Rn. 8.

217 Der gesamte Bereich des E-Commerce unterliegt hinsichtlich der inhaltlichen Anforderungen nunmehr der Aufsicht der Landesmedienanstalten, s. *Hoeren* NJW 2007, 801 f.

218 Zur Abgrenzung im Einzelnen 10. Kap. Rn. 8 ff.

219 S. dazu und zur wettbewerbsrechtlichen Relevanz *Engels/Jürgens/Fritzsche* NJW 2007, 57, 62 ff.; *Schmitz* K&R 2007, 135, 137; *Hoeren* NJW 2007, 801, 804.

220 Zum Begriffsverständnis der kommerziellen Kommunikation nach dem TMG im Vergleich zum Begriff der Werbung nach dem RStV vgl. *Kitz* ZUM 2007, 368, 372 m.w.N.

221 S. zur Abgrenzung zwischen Rundfunk und Telemedien sowie zum Begriff der Telemedien mit journalistisch-redaktionell gestalteten Angeboten *Engels/Jürgens/Fritzsche* K&R 2007, 57 f.; *Schmitz* K&R 2007, 135 f. Die Vorschriften des TMG und des RStV sind z.T. kumulativ anwendbar, vgl. dazu *Engels/Jürgens/Fritzsche* NJW 2007, 57, 63.

II. Inhaltliche Regulierung im Rundfunkstaatsvertrag

Parallel zu den Regelungen im Telemediengesetz enthält der RStV inhaltliche Vorgaben zu Telemedien.[222] Gem. §§ 1 Abs. 1 HS 2 RStV gelten für Telemedien die §§ 48 ff. RStV, Maßgaben für Werbung finden sich konkret in § 58 Abs. 1–3 RStV. 105

Allgemein gibt § 58 Abs. 1 RStV rundfunkrechtlich[223] für alle Telemedien das Trennungs- und Kennzeichnungsgebot vor: Demgemäß muss Werbung in Telemedien als solche klar erkennbar und vom übrigen Inhalt der Angebote eindeutig getrennt sein. Es dürfen in der Werbung keine unterschwelligen Techniken eingesetzt werden. 106

Darüber hinaus wird Werbung in bestimmten Formen von Telemedien den gleichen Anforderungen unterworfen wie Werbung im Rundfunk. So sind für das Sponsoring beim Fernsehtext die für das Sponsoring im Rundfunk geltenden Vorgaben des § 8 RStV entsprechend anwendbar. Gleiches gilt für audiovisuelle Mediendienste auf Abruf, die außerdem den allgemeinen Werbegrundsätzen des § 7 RStV unterliegen. Die Kategorie der audiovisuellen Mediendienste auf Abruf ist der Nomenklatur der AVMD-Richtlinie entnommen und soll deren systemkonforme Umsetzung sicherstellen.[224] Umfasst sind Telemedien, die nach Form und Inhalt fernsehähnlich sind und die von einem Anbieter zum individuellen Abruf zu einem vom Nutzer gewählten Zeitpunkt und aus einem vom Anbieter festgelegten Inhaltekatalog bereitgestellt werden. Die Fernsehähnlichkeit weist auf das Erfordernis bewegter Bilder mit oder ohne Ton hin, die das Format einer Sendung aufweisen, insbesondere Spielfilme, Sportberichte, Fernsehfilme und -spiele sowie Dokumentarfilme. Ein typischer Fall eines audiovisuellen Mediendienstes auf Abruf sind Video-on-Demand-Angebote. 107

Neue Relevanz erlangen die für Telemedien geltenden Maßgaben heute mit dem Phänomen der sozialen Netzwerke wie Youtube, Instagram, Facebook, Snapchat oder Twitter. Darin bereitgestellte Inhalte, insbesondere Fotos oder Videos, die Produkte oder Leistungen in Bezug nehmen und Werbebotschaften enthalten oder auch von entsprechenden Unternehmen, etwa durch die kostenlose Zurverfügungstellung von Produkten oder Leistungen, gesponsert sind, unterliegen den allgemeinen Regelungen zur Werbung und bedürfen entsprechender Kennzeichnung.[225] 108

Ebenfalls um den Anforderungen der Mediendiensterichtlinie gerecht zu werden, werden die Werberegelungen für Fernsehprogramme auch auf Telemedienangebote nach § 2 Abs. 3 Nr. 5 RStV erstreckt, bei denen die Freischaltung der ausgestrahlten Sendungen jeweils gegen Einzelentgelt erfolgt. Für sie gelten auch die Regeln über die Einfügung von Werbung und Teleshopping in das Programm (§ 8 RStV) und die Werbezeitgrenzen des § 45 RStV. 109

Verletzungen der Werbevorgaben können als bußgeldwerte Ordnungswidrigkeit geahndet werden. § 49 Abs. 1 S. 2 Nr. 15–27 RStV enthält entsprechende, für Telemedien anwendbare Tatbestände. Die Aufsicht bestimmt sich nach dem jeweiligen Landesrecht (vgl. § 49 Abs. 3 S. 1 RStV). 110

222 Dazu eingehend 10. Kap. Rn. 122 ff.

223 Sie tritt insofern neben die wettbewerbliche Regelung des UWG zum Trennungsgebot. § 58 Abs. 1 RStV ist Schutzgesetz i.S.d. UWG, vgl. *Hartstein/Ring/Kreile/Dörr/Stettner* § 58 RStV Rn. 5.

224 Vgl. Begr. zum 13. RÄStV zu Art. 1 Nr. 21.

225 Zur Frage der Einstufung von Youtube-Channels als „audiovisuelle Mediendienste" *Sauer* WRP 2016, 807.

E. Werbung und Jugendmedienschutz

111 Durch den Jugendmedienschutz soll gewährleistet werden, dass Kinder und Jugendliche zu den ihre Entwicklungen beeinträchtigenden oder gefährdenden Inhalten keinen oder nur einen der Altersstufe entsprechenden Zugang erhalten. Gesetzliche Regelungen finden sich hierzu vor allem im Jugendschutzgesetz (JuSchG) und im Jugendmedienschutz-Staatsvertrag (JMStV). Das JuSchG behandelt das Recht der Trägermedien, während der JMStV den Jugendschutz in den Telemedien und im Rundfunk regelt.[226] In letzterem finden sich konkrete Vorgaben betreffend den Jugendschutz in der Werbung, im Teleshopping und beim Sponsoring, die über die des RStV, aber auch über die allgemeinen Beschränkungen der §§ 4, 5 JMStV[227] zum Schutz von Kindern und Jugendlichen, hinausgehen.

112 Grundsätzlich darf danach durch Werbung keine körperliche oder seelische Beeinträchtigung von Kindern und Jugendlichen, d. h. Minderjährigen, erfolgen, § 6 Abs. 2 JMStV.[228] Werbung, die sich an Kinder oder Jugendliche richtet, ist damit insbesondere[229] unzulässig, wenn sie direkte Kaufappelle enthält, das besondere Vertrauen von Kindern und Jugendlichen zu Eltern, Lehrern und Vertrauenspersonen ausnutzt oder Minderjährige ohne berechtigten Grund in gefährlichen Situationen zeigt. Sie darf nicht, wenn sie sich auch an Kinder oder Jugendliche richtet, deren Interessen schaden oder deren Unerfahrenheit auszunutzen, § 6 Abs. 4 JMStV. Geht von Werbung die Gefahr aus, dass sie die Entwicklung von Kindern oder Jugendlichen zu einer eigenverantwortlichen oder gemeinschaftsfähigen Persönlichkeit beeinträchtigt, darf diese nicht zusammen mit Angeboten, die sich an Kinder oder Jugendliche richten, präsentiert werden, § 6 Abs. 3 JMStV. Die Vorgabe entspricht dem allgemeinen, für Telemedien geltenden Trennungsgebot des § 5 Abs. 5 JMStV. Gem. § 6 Abs. 5 JMStV darf sich Werbung für alkoholische Getränke nicht an Kinder oder Jugendliche richten, nicht in der Art der Darstellung Kinder oder Jugendliche besonders ansprechen oder diese beim Alkoholgenuss darstellen. Werbung für indizierte Angebote ist nur den Bedingungen zulässig, die auch für die Verbreitung des Angebots selbst gelten. Die Vorschriften des § 6 JMStV gelten gem. § 6 Abs. 6 JMStV entsprechend für Teleshopping. Angebote unterliegt den Beschränkungen des § 6 Abs. 1 JMStV.[230] Die Regelungen zur Werbung gelten für Teleshopping und seit dem 13. RÄStV auch für Sponsoring entsprechend. Teleshopping darf zudem nicht gezielt Minderjährige ansprechen, § 6 Abs. 5 S. 1 JMStV. Die Aufsicht über die Einhaltung der Regelungen des JMStV obliegt, anders als die allgemeine Aufsicht über die Telemedien, den Landesmedienanstalten. Funktionell zuständig ist die Kommission für Jugendmedienschutz

---

226 S. zu den Auswirkungen des JMStV auf den Rundfunk *Kreile/Diesbach* ZUM 2002, 849 ff.

227 Staatsvertrag über den Schutz der Menschenwürde und den Jugendschutz in Rundfunk und Telemedien (Jugendmedienschutz-Staatsvertrag – JMStV) v. 10.–27.9.2002 i.d.F. des 13. RÄSV vom 6.4.2016.

228 Auf eine beeinträchtigende Wirkung durch das Beworbene selbst kommt es nicht an; s. Hahn/Vesting/*Ladeur* § 6 JMStV Rn. 18; Paschke/Berlit/Meyer/*Liesching* Kap. 82 Rn. 20; auch Anreize zur Nachahmung einschließend Spindler/Schuster/*Erdemir* § 6 JMStV Rn. 9.

229 Bei der Aufzählung in § 6 Abs. 2 JMStV dürfte es sich – wenn auch nicht ausdrücklich als solche bezeichnet – um Regelbeispiele handeln, s. *Bornemann* NJW 2003, 787, 790; a.A. Spindler/Schuster/*Erdemir* § 6 JMStV, Rn. 10.

230 Im Einzelnen *Hartstein/Ring/Kreile/Dörr/Stettner* § 6 JMStV, Rn. 3 ff.

(KJM).[231] Als Besonderheit im Bereich des Jugendmedienschutzes ist den Aufsichtsmaßnahmen der KJM die Befassung der jeweiligen Einrichtung der Freiwilligen Selbstkontrolle vorgelagert.[232]

F. Herausforderungen der Werberegulierung

Die Regulierung der Werbung in den elektronischen Medien ist vor dem Hintergrund **113**
der Möglichkeiten digitaler Verbreitungstechniken sowie der zunehmenden Verbindung der Endgeräte mit dem Internet und der damit einhergehenden zeitgleichen Verfügbarkeit von Inhalten über verschiedene Verbreitungswege mit neuen Fragestellungen konfrontiert. Lineare Medienangebote können mit nicht-linear angebotenen Inhalten verknüpft werden. Als problematisch und wettbewerblich u.U. benachteiligend stellen sich hierbei die Möglichkeiten dar, Rundfunkinhalte auf dem Bildschirm mit Telemedienangeboten zu überlagern. Derartige Überblendungen von Werbung oder ihre Einblendungen bei gleichzeitiger Skalierung des linearen Angebots werden daher kritisch bewertet. Perspektivisch sollen derartige Praktiken daher an die Einwilligung des Inhalteanbieters geknüpft werden.[233] Wenn Inhalte am Ende auf demselben Endgerät landen und sich den Bildschirm u.U. sogar zur selben Zeit teilen, unterscheidet der Nutzer nicht mehr über deren Herkunft als lineares oder non-lineares Medium. Die an den Mediengattungen in ihrer klassischen Erscheinungsform „Rundfunk“ oder „Telemedium“ anknüpfenden unterschiedlich strengen Anforderungen an die Werbung sind daher zukünftig generell zu überdenken. Die Grundlage für eine derart weitgreifende Anpassung muss jedoch zunächst in den Vorgaben der AVMD-Richtlinie geschaffen werden.[234]

---

231 Vgl. § 14 Abs. 2 JMStV. Zur Ausgestaltung des Aufsichtssystems durch den JMStV s. *Kreile/Diesbach* ZUM 2002, 849, 852 ff.

232 Vgl. §§ 20 Abs. 3 und 5, 19 JMStV; zum Konzept der regulierten Selbstregulierung vgl. 31. Kap. Rn. 91.

233 Vgl. Bericht der Bund-Länder-Kommission zur Medienkonvergenz vom Juni 2016, S. 29, abrufbar unter: www.rlp.de/fileadmin/rlp-stk/pdf-Dateien/Medienpolitik/2016-06-01_-01-_Bericht_BLKM_pol_Steuerungsgruppe_FINAL_bf.pdf.

234 Zu den Bestrebungen der Europäischen Kommission vgl. *Grünbuch* über die Vorbereitung auf die vollständige Konvergenz der audiovisuellen Welt: Wachstum, Schöpfung und Werte, COM(2013) 231 final. Der zwischenzeitlich von der Europäischen Kommission vorgelegte Entwurf einer Reform der AVMD-Richtlinie vom 25.5.2016, COM(2016) 287 final (vgl. Rn. 1 Fn. 6), hält weiterhin an der Differenzierung fest.

7. Kapitel
Jugendschutzrecht

Literatur: *Bornemann/Erdemir* Jugendmedienschutz-Staatsvertrag, 2016; *Bosch* Die „Regulierte Selbstregulierung“ im Jugendmedienschutz-Staatsvertrag, 2007; *Cole* Der Dualismus von Selbstkontrolle und Aufsicht im Jugendmedienschutz, ZUM 2005, 462; *Dörr/Kreile/Cole* Handbuch Medienrecht, Recht der elektronischen Massenmedien, 2. Aufl. 2010; *Erbs/Kohlhaas* Strafrechtliche Nebengesetze, Loseblatt; *Eyermann* VwGO-Kommentar, 14. Aufl. 2014; *Fechner* Medienrecht, 17. Aufl. 2016; *Frey/Rudolph* Der Jugendmedienschutz-Staatsvertrag im Lichte des Gemeinschaftsrechts, ZUM 2008, 563; *Hahn/Vesting* Beck'scher Kommentar zum Rundfunkrecht, 3. Aufl. 2012; *Hartstein/Ring/Kreile/Dörr/Stettner/Cole/Wagner* Rundfunkstaatsvertrag, Kommentar zum Staatsvertrag RStV und JMStV, Loseblatt,; *Hoeren/Sieber/Holznagel* Handbuch Multimedia-Recht, Loseblatt; *Hoffmann-Riem* Regelungsstrukturen für öffentliche Kommunikation im Internet, AöR 2012, 509; *Hopf* Der Jugendmedienschutz-Staatsvertrag, K&R 2011, 6; *Hopf/Braml* Das Verhältnis der KJM zur FSF anhand einer kritischen Würdigung der Entscheidung des VG Berlin vom 6.7.2006, ZUM 2007, 23; *dies.* Die Entwicklung des Jugendmedienschutzes 2012/2013, ZUM 2013, 837; *Kreile/Diesbach* Der neue Jugendmedienschutz-Staatsvertrag – was ändert sich für den Rundfunk?, ZUM 2002, 849; *Liesching* Das neue Jugendschutzgesetz, NJW 2002, 3281; *ders.* KJM oder Landesmedienanstalten? Wer darf welche Jugendschutzaufgaben wahrnehmen?, MMR 2012, 360; *Marberth-Kubicki* Der Beginn der Internet-Zensur – Zugangssperren durch Access-Provider, NJW 2009, 1792; *Maurer* Allgemeines Verwaltungsrecht, 18. Aufl. 2011; *Petersen* Medienrecht, 5. Aufl. 2010; *Möhrke-Sobolewski/Klas* Zur Gestaltung des Minderjährigenschutzes in digitalen Informationsdiensten, K&R 2016, 373; *Schiwy/Schütz/Dörr* Medienrecht, Lexikon für Praxis und Wissenschaft, 5. Aufl. 2010; *Schnabel* Das Zugangserschwerungsgesetz – Zum Access-Blocking als ultima ratio des Jugendschutzes, JZ 2009, 996; *Sellmann* Die FSM zwischen staatlicher Lenkung und Selbstregulierung, MMR 2006, 723; *Sieber* Sperrverpflichtungen gegen Kinderpornografie im Internet, JZ 2009, 653; *Spindler/Schuster* Recht der elektronischen Medien, 3. Aufl. 2015; *Ukrov* Jugendschutzrecht, 2004.

A. Schutzpflichten des Staates

Der Staat hat die Pflicht, Kinder und Jugendliche vor Einflüssen, die ihre Persönlichkeitsentwicklung beeinträchtigen können, besonders zu schützen (Art. 1 Abs. 1, Art 2 Abs. 1 GG). Das Bundesverfassungsgericht hat in einer Vielzahl von Entscheidungen den Jugendschutz als „Ziel von bedeutsamem Rang und ein wichtiges Gemeinschaftsanliegen“[1] betont. Zu Medieninhalten, die geeignet sind, die Entwicklung von Kindern und Jugendlichen zu eigenverantwortlichen und gemeinschaftsfähigen Persönlichkeiten zu beeinträchtigen oder zu gefährden, sollen sie keinen oder nur ihrem jeweiligen Alter entsprechenden Zugang erhalten.[2] Daher gehört es traditionell zu den bedeutsamsten Zielen der Medienpolitik, Gewaltszenen, sexuelle Darstellungen oder andere sittlich anstößige Sendungen aus Gründen des Jugendschutzes zu begrenzen oder – sofern erforderlich – gänzlich zu untersagen. Im Vordergrund stehen dabei die Instrumente des negativen Jugendschutzes, bei denen nicht primär die Verbreitung 1

1 *BVerfGE* 30, 336, 348; 77, 346, 356; 83, 130, 139.
2 *Hopf/Braml* ZUM 2013, 837.

von kind- und jugendgerechten Angeboten gefördert, sondern vielmehr der Zugang und die Verbreitung von unerwünschten Angeboten begrenzt werden soll.[3] Zugleich hat der Staat Institutionen zur Kontrolle von Medieninhalten zu schaffen, welche Kinder und Jugendliche in ihrer natürlichen Entwicklung beeinträchtigen können.

B. Schutzpflichten Privater

I. Einführung von Internetfiltern

2 Neben dem Staat sind allerdings auch Private in der Pflicht, Minderjährige vor dem Konsum entwicklungsgefährdender Inhalte zu schützen. Vor allem Erziehungsberechtigte können einer Konfrontation mit unerwünschten Angeboten durch die Installation geeigneter Jugendschutzsoftware vorbeugen. Dem gestiegenen Bedürfnis nach Jugendschutz durch Programme, die geeignete Internetangebote altersdifferenziert freischalten bzw. ungeeignete Inhalte blockieren, trägt der novellierte Jugendmedienschutz-Staatsvertrag (JMStV) Rechnung. Danach obliegt nun den anerkannten Selbstkontrolleinrichtungen die Beurteilung über die Eignung von Jugendschutzprogrammen i.S.v. § 11 Abs. 1 JMStV sowie solchen nach § 11 Abs. 2 JMStV, die also lediglich auf einzelne Altersstufen ausgelegt sind oder den Zugang zu Telemedien innerhalb geschlossener Systeme ermöglichen (z.B. Spielekonsolen). Bislang wurde auf die Verwendung derartiger – insbesondere durch die Kommission für Jugendmedienschutz anerkannte – Programme verzichtet.[4] Die geänderten Vorschriften des Jugendmedienschutz-Staatsvertrages sollen daher die technische Entwicklung und den vermehrten Einsatz von Jugendschutzprogrammen vorantreiben.[5] Ziel ist die Anpassung an die Entwicklungen der Medienkonvergenz und das damit einhergehende Nutzungsverhalten von Kindern und Jugendlichen[6].[7] Gerade bei mobilen Endgeräten, die von Minderjährigen verstärkt genutzt werden, bestehen erhebliche Schutzlücken im Hinblick auf den technischen Jugendschutz und es gibt noch keine anerkannten Filterprogramme für mobile Endgeräte.[8] Vor diesem Hintergrund wird auf Jugendschutzfilter nach britischem Vorbild hingewiesen.[9] Ende des Jahres 2013 hatten die vier großen Internetprovider in Großbritannien auf Druck der Regierung Jugendschutzfilter installiert, die pornographische Inhalte blockieren sollen. Dabei handelt es sich um vorinstallierte Programme, die auf Wunsch des Anschlussinhabers deaktiviert werden können. Andererseits können – je nach Bedürfnis des Anschlussinhabers – auch weitere Inhalte zu anderen jugendgefährdenden Themenbereichen (z.B. Gewalt, Suizid- und Magersuchtforen) gefiltert werden.[10]

3 Hoeren/Sieber/*Holznagel* Teil 20 (Jugendschutz) Rn. 134.

4 Vgl. dazu www.heise.de/newsticker/meldung/Jugendschuetzer-Wirtschaft-muss-ihren-Beitrag-leisten-2118854.html.

5 Hierzu Bornemann/Erdemir/*Schwartmann/Hentsch* § 1 JMStV Rn. 15.

6 *Möhrke-Sobolewski/Klas* K&R 2016, 373, 375 f.

7 Amtl. Begr. zum 19. RÄndSt.V, Bay LT-Drucks.17/9700, 13.

8 Vgl. dazu www.heise.de/newsticker/meldung/Landesmedienchef-rechtfertigt-Forderung-nach-Pornofilter-2112422.html.

9 So der Direktor der Niedersächsischen Landesmedienanstalt *Andreas Fischer* sowie der CSU-Politiker *Norbert Geis.*

10 Vgl. etwa www.heise.de/newsticker/meldung/Landesmedienchef-will-Pornofilter-fuer-das-Internet-in-Deutschland-2110803.html.

II. Kritik

3 In Deutschland wird die Einführung eines derartigen verpflichtenden Filters weiterhin diskutiert. Zwar wurde der Anstoß zur Diskussion über die Verantwortung der Internetprovider grundsätzlich als positiv begrüßt. Andererseits wurde die mangelnde Effizienz eines solchen Filtersystems bemängelt und vor unerwünschten Nebenwirkungen gewarnt.[11] An vergleichbaren Bedenken scheiterte im Jahr 2011 bereits das Gesetz zur Bekämpfung der Kinderpornographie in Kommunikationsnetzen (Zugangserschwerungsgesetz).[12] Hiermit wurden die großen Internetprovider verpflichtet, den Zugriff auf kinderpornographische Inhalte anhand einer vom Bundeskriminalamt herausgegebenen und täglich aktualisierten Liste zu sperren.[13] Nachdem das Gesetz Anfang 2010 zunächst in Kraft getreten war, wurde es bereits Ende 2011 wieder aufgehoben.[14] Grund für die Aufhebung waren erhebliche Proteste in Gesellschaft und Politik.[15] Kritisiert wurde dabei die umfassende Kontrolle der Internetkommunikation. Zudem wurde die Befürchtung geäußert, die Filterung von Inhalten könne auf weitere Problembereiche ausgeweitet werden, so dass das Internet einer weitreichenden Zensur unterworfen sei.[16] Ferner wurde auf die Gefahr verwiesen, dass legale Inhalte versehentlich gesperrt (sog. Overblocking) und dadurch die Meinungs- und Informationsfreiheit unverhältnismäßig beeinträchtigt werden.[17] Dass Bedenken dieser Art durchaus gerechtfertigt sind, zeigt sich aktuell am Beispiel Großbritanniens. Hier wurden nicht – wie beabsichtigt – ausschließlich pornographische Inhalte, sondern teils auch harmlose oder sogar beratende Webseiten gesperrt.[18] Dennoch sind die auf freiwilliger Basis verwendbaren Jugendschutzprogramme derzeit die einzig sinnvolle und in Anbetracht der rechtlichen Vorgaben auch verhältnismäßige Alternative. Insbesondere vor dem Hintergrund einer ständig vernetzten Gesellschaft mit einem schier unermesslichen Umfang an telemedialen Inhalten sind Filterprogramme auch aus Anbietersicht die praktikabelste Lösung, ohne dabei eine abschreckende Vor- bzw. Zugangssperre zu errichten. Im Jahre 2012 wurde erstmals ein Jugendschutzprogramm staatlich anerkannt.[19] Tatsächliche Verhältnismäßigkeitsabwägungen lassen sich dabei beispielhaft an den Eignungsvoraussetzungen von Jugendschutzprogrammen belegen, welche die gesetzlich geregelten Anerkennungskriterien spezifizieren. Somit richtet sich die erforderliche Filterleistung nach dem sog. „Paretoprinzip", wonach die geforderte Zuverlässigkeit eines

11 Zu den diesbezüglichen Stellungnahmen der Deutschen Kinderhilfe und des Verbands der deutschen Internetwirtschaft e.V. *eco* vgl. www.heise.de/newsticker/meldung/Jugendschuetzer-Wirtschaft-muss-ihren-Beitrag-leisten-2118854.html.

12 BGBl I 2010, 78 ff.

13 Vgl. dazu *Schnabel* JZ 2009, 996 ff.

14 Gesetz zur Aufhebung von Sperrregelungen bei der Bekämpfung von Kinderpornographie in Kommunikationsnetzen (BGBl I 2011, 2958).

15 So wurde beispielsweise eine Online-Petition gegen das Gesetz eingereicht, die von über 134 000 Menschen unterzeichnet worden war.

16 *Marberth-Kubicki* NJW 2009, 1792, 1795.

17 *Sieber* JZ 2009, 653, 660.

18 Vgl. dazu www.zeit.de/digital/internet/2014-02/pornofilter-internetfilter-deutschland.

19 Das JusProg-Jugendschutzprogramm wurde im Jahr 2012 von der staatlichen Kommission für Jugendmedienschutz (KJM) offiziell anerkannt und erfüllt damit die Anforderungen des § 11 JMStV. JusProg sichert durch die Anerkennung für Anbieter von Internet-Inhalten die im Jugendmedienschutzstaatsvertrag vorgesehene „Privilegierung".

Programms erst dann gegeben ist, wenn vier von fünf Angeboten zutreffend beurteilt wurden. Entscheidend ist dabei nicht nur das „Underblocking", sondern insbesondere auch das „Overblocking.[20]

4 Derartige Probleme machen deutlich, dass die Funktionsweise des Internets bei der konkreten Ausgestaltung einer Sperrmaßnahme keinesfalls unberücksichtigt bleiben darf. Weil die jederzeitige Verfügbarkeit einer nahezu unbegrenzten Informationsfülle maßgebliches Charakteristikum des Internets ist,[21] wirken zu großflächig ansetzende Sperrmaßnahmen den netzseitigen Grundprinzipien und damit auch der verfassungsrechtlich garantierten Informationsfreiheit entgegen. Andererseits müssen Kinder und Jugendliche vor entwicklungsbeeinträchtigenden Einflüssen geschützt werden, die das Internet bereithält und mit hoher Geschwindigkeit verbreitet. Die Schwierigkeit besteht folglich darin, die Meinungs- und Informationsfreiheit mit den ebenfalls verfassungsrechtlich garantierten Belangen des Jugendschutzes im Wege praktischer Konkordanz in Einklang zu bringen.

III. Verantwortlichkeit der Provider

5 Hinsichtlich der Providerverantwortlichkeit muss entsprechend der §§ 7 ff. TMG zwischen Access-, Host- und Contentprovidern differenziert werden. Der Anbieterbegriff nach dem Jugendmedienschutz-Staatsvertrag (vgl. § 3 Nr. 2 JMStV) ist z.T. umstritten.[22] Die h.M. geht von einem weiten Anbieterbegriff aus, so dass die §§ 8 ff. TMG Anwendung finden.[23] Ein pauschaler Ausschluss von Access-Providern geht aber zu weit. Zugangsanbieter (Accessprovider) verbreiten zwar regelmäßig keine eigenen Inhalte. Allerdings stellen sie die maßgebliche Infrastruktur zur Verfügung, um auf die im Internet bereitgehaltenen Informationen zugreifen zu können. Auch wenn die Provider für entwicklungsbeeinträchtigende Angebote rechtlich nicht verantwortlich sind, tragen sie doch in wesentlichem Maße dazu bei, dass Kinder und Jugendliche mit Inhalten konfrontiert werden, die ihrem Alter und Entwicklungsstand unangemessen sind.[24] Provider können entsprechend der §§ 8 ff. TMG auch aus jugendschutzrechtlicher Sicht zur Verantwortung gezogen werden. Infolge des Dritten Gesetzes zur Änderung des Telemediengesetzes[25] sind Ansprüche gegen Access-Provider allerdings auf einen Sperranspruch nach § 7 Abs. 4 S. 1 TMG begrenzt. Forderungen nach Filter-

---

20 Vgl. die Kriterien für die Eignungsanforderungen für Jugendschutzprogramme auf welche sich die anerkannten Freiwilligen Selbstkontrollen (USK, FSM, FSK, FSF) im Benehmen mit der Kommission für Jugendmedienschutz geeinigt haben: www.kjm-online.de/fileadmin/Download_KJM/Rundfunk/Kriterien_f%C3%BCr_die_Eignungsanforderungen_f%C3%BCr_Jugendschutzprogramme_12.10.2016.pdf.

21 Vgl. dazu *Schnabel* JZ 2009, 996.

22 Vgl. m.w.N. Bornemann/Erdemir/*Gutknecht* § 3 JMStV Rn. 10–16.

23 Danach folgt die Definition des Anbieters nach § 3 Nr. 2 JMStV der Begriffsbildung des Angebotes nach Nr. 1 und enthält damit einen weiten *Anbieterbegriff* (vgl. BayLT-Drucks 14/10246, 15; *Mynarik* Jugendschutz, S. 83 ff.; *Ukrow* Jugendschutzrecht, Rn. 401).

24 Zur vergleichbaren Stellung der Provider im Hinblick auf Urheberrechtsverletzungen und möglichen Lösungsansätzen *Schwartmann* Vergleichende Studie über Modelle zur Versendung von Warnhinweisen durch Internet-Zugangsanbieter an Nutzer bei Urheberrechtsverletzungen, abrufbar unter www.bmwi.de/DE/Mediathek/publikationen,did=474202.html.

25 Vgl. Drittes Gesetz zur Änderung des TMG vom 28.9.2017, in Kraft getreten am 18.10.2017, BGBl I vom 12.10.2017, 3530.

systemen, die derartige Angebote von Minderjährigen fernhalten, sind daher nachvollziehbar. Andererseits muss auch das Internet in seinen Eigengesetzlichkeiten respektiert werden, die einer Zensur nur bedingt zugänglich sind.[26]

Vor diesem Hintergrund gilt es, den verfassungsrechtlichen Schutzauftrag für Kinder und Jugendliche mit der Zwecksetzung des Internets als „kommunikativem Möglichkeitsraum"[26] zu verbinden. Gelingen könnte dies mit einem Programm nach britischem Vorbild, das entwicklungsbeeinträchtigende Inhalte per Voreinstellung filtert. Sofern dem Anschlussinhaber eine Deaktivierung des Filtersystems vorbehalten bliebe, würde seine Informationsfreiheit im Hinblick auf die betroffenen Angebote nicht unangemessen beeinträchtigt. Durch die Möglichkeit des Widerspruchs würde auch das Vertrauensverhältnis der Provider zu ihren Kunden und damit die grundrechtlich geschützte Berufsfreiheit nicht unzumutbar gestört. Weil eine derart voreingestellte Schutzmaßnahme den Erziehungsberechtigten kein aktives Tun abverlangt, sondern die jugendgefährdenden Inhalte bereits vom Provider gesperrt werden, wäre im Vergleich zu anderen Jugendschutzprogrammen eine weitaus höhere Verbreitung zu erwarten. 6

Neben der Programmierung eines Filtersystems, das jugendschutzrelevante Inhalte genau und zuverlässig erkennt, wird eine weitere Herausforderung wohl darin bestehen, die Provider ohne gesetzlichen Zwang zur Einführung derartiger Sperrmaßnahmen zu bewegen. Sollte dies nicht gelingen, bestünde indessen auch die Möglichkeit einer gesetzlichen Regelung.[27] Das Modell eines voreingestellten Jugendschutzfilters, der entwicklungsbeeinträchtigende Angebote präzise filtert, wobei die betroffenen Inhalte auf Wunsch des Anschlussinhabers auch freigeschaltet werden können, würde die Rechtspositionen aller Beteiligten hinreichend berücksichtigen und keinen unverhältnismäßigen Eingriff in deren Grundrechte darstellen. 7

C. Gesetzliche Ausgestaltung

Die gesetzlichen Regelungen zum Jugendschutz in den Medien finden sich seit einer weitreichenden Neuregelung im Jahr 2003 im Jugendschutzgesetz (JuSchG) des Bundes sowie im Staatsvertrag über den Schutz der Menschenwürde und den Jugendschutz in Rundfunk und Telemedien (JMStV) der Länder.[28] Während das JuSchG vor allem den Jugendschutz in der Öffentlichkeit sowie Verbreitungsbeschränkungen bei jugendgefährdenden Trägermedien (Printmedien, Videos, CD-Roms, DVDs, Kinofilme, etc.) regelt, wurde mit dem JMStV ein einheitlicher Jugendschutz für den Rundfunk und die Telemedien verankert. Beide Regelwerke ergänzen einander und bieten durch ihr gesetzliches Zusammenwirken umfassenden Schutz vor jugendgefährdenden Einflüssen in Öffentlichkeit und Medien.[29] Dennoch gibt es Verbesserungsbedarf, so dass weiterhin Bestrebungen existieren, wonach ein einheitliches JuSchG geschaffen 8

26 *Hoffmann-Riem* AöR 2012, 509, 528.

27 Allerdings hat sich etwa die Staatskanzlei Rheinland-Pfalz bereits gegen die gesetzliche Einführung eines derartigen Filtersystems ausgesprochen, vgl. dazu www.heise.de/newsticker/meldung/Landesmedienchef-rechtfertigt-Forderung-nach-Pornofilter-2112422.html.

28 Abrufbar unter www.kjm-online.de.

29 *Hopf/Braml* ZUM 2013, 837.

werden soll. In einigen Bereichen zeichnen sich somit schwer nachvollziehbare Differenzen bei der Behandlung von jugendschutzrelevanten Inhalten ab, die dringend zu vereinheitlichen sind.[30] Angesichts der zunehmenden Nutzung von Social-Media-Plattformen, Blogs, Foren, Chatangeboten und Videoportalen, die häufig einen ungehinderten Zugang zu gefährdenden oder beeinträchtigenden Inhalten bieten, steht das Jugendschutzrecht vor neuen Herausforderungen, die es nicht nur auf nationaler, sondern zugleich auf europäischer Ebene[31] zu bewältigen gilt.[32]

I. Gesetzgebungskompetenzen

9 Grund für die Zweiteilung des deutschen Jugendschutzrechts sind die unterschiedlichen Gesetzgebungskompetenzen des Bundes und der Länder. Hier ergibt sich eine besondere Gemengelage. Für den Erlass von Rechtsvorschriften zum Jugendschutz steht dem Bund gem. Art. 74 Abs. 1 Nr. 7 GG die konkurrierende Gesetzgebungskompetenz für das Recht der öffentlichen Fürsorge zu, welches auch das Recht der Jugendfürsorge mit einschließt, insbesondere um Gefahren für Jugendliche bereits im Vorfeld der Jugendhilfe abzuwehren.[33] Hingegen fällt der Jugendschutz im Rahmen der klassischen Rundfunkangebote in die Kompetenz der Länder, da diese Materie einen engen Bezug mit der Rundfunkregulierung aufweist, die der Erreichung kommunikationsbezogener Ziele wie Vielfalt und kommunikativer Chancengerechtigkeit dient und eindeutig den Ländern obliegt.[34]

10 Bis zur Neuregelung des Jugendmedienschutzes im Jahr 2003 bestand der unbefriedigende Zustand, dass dieselben Inhalte je nach Art ihrer Verbreitung unterschiedlichen Regularien und Aufsichtsbehörden unterlagen. Der Jugendschutz für klassische Rundfunkangebote fiel in die Regelungskompetenz der Landesgesetzgeber und wurde entsprechend in den Landesmediengesetzen bzw. dem Rundfunkstaatsvertrag gesichert. Ebenfalls der Gesetzeskompetenz des Landesgesetzgebers unterlagen die sogenannten Mediendienste, die ähnlich wie klassische Rundfunkangebote zur Verbreitung an die Allgemeinheit bestimmt waren, denen aber das Moment der Darbietung fehlte. Teledienste, d.h. nach der bis 2002 geltenden Definition im Teledienstegesetz alle elektronischen Informations- und Kommunikationsdienste, die für eine individuelle Nutzung von kombinierbaren Daten wie Zeichen, Bilder oder Töne bestimmt waren, und denen eine Übermittlung mittels Telekommunikation zugrunde lag, wurden nach dem Informations- und Kommunikationsdienstegesetz (IuKDG) für den Jugendschutz dem Gesetz über die Verbreitung jugendgefährdender Schriften und Medieninhalte (GjS) des Bundes zugeordnet, das zugleich auch den Jugendschutz in sog. Trägermedien regelte. Die sich daraus ergebenden Rechtsunsicherheiten, Abgrenzungs- und Anwendungsprobleme sind mit Inkrafttreten des Jugendmedienschutz-Staatsvertrages

30 Z.B. Anforderungen an den Vertrieb von Inhalten mit einer Altersfreigabe ab 18 Jahren beim Versandhandel im Vergleich zu solchen beim digitalen Download; umstritten ist hier, ob beim Versandhandel eine „Alterssichtprüfung" im Gegensatz zu einer dem Schutzniveau eines „Einschreiben eigenhändig" vergleichbaren Form genügt.

31 Vgl. in neuerer Zeit etwa RL 2011/92/EU zur Bekämpfung des sexuellen Missbrauchs und der sexuellen Ausbeutung von Kindern sowie der Kinderpornografie v. 13.12.2011, abrufbar unter http://eur-lex.europa.eu/LexUriServ/LexUriServ.do?uri=OJ:L:2011:335:0001:0014:DE:PDF.

32 *Hopf/Braml* ZUM 2013, 837, 840 ff.

33 *Fechner* 6. Kap. Rn. 5.

34 *Hahn/Vesting* § 1 JMStV Rn. 39.

(JMStV) zwar nicht völlig gelöst, jedoch abgemildert worden. Der Bund nahm seine Regelungskompetenz für den Jugendschutz in den neuen Medien zurück, sodass die Bundesländer eine einheitliche staatsvertragliche Regelung für alle elektronischen Medien und den Rundfunk vornehmen konnten. Der Anwendungsbereich des Jugendmedienschutz-Staatsvertrages erstreckt sich nunmehr auf elektronische Informations- und Kommunikationsmedien (Rundfunk und Telemedien), soweit sie nicht Telekommunikationsdienste i.S.d. Telekommunikationsgesetzes (TKG) sind und löst damit die entsprechenden Regelungen im Rundfunkstaatsvertrag, im Mediendienste-Staatsvertrag[35] sowie im Gesetz über die Verbreitung jugendgefährdender Schriften und Medieninhalte[36] ab.

II. Das Jugendschutzgesetz

1. Anwendungsbereich

Die medienrechtlich relevanten Vorschriften des JuSchG finden sich in dessen Abschnitten 3 und 4 (§§ 11–25) und betreffen sog. Trägermedien.[37] Der im zuvor geltenden GjS verwandte Begriff „Schriften" wurde im Zuge der Neuregelung durch den Oberbegriff „Trägermedien" ersetzt, da Schriften nicht mehr typisch für die Medienwelt sind.[38] Nach der Legaldefinition des § 1 Abs. 2 S. 1 JuSchG sind Trägermedien „Medien mit Texten, Bildern oder Tönen auf gegenständlichen Trägern, die zur Weitergabe geeignet, zur unmittelbaren Wahrnehmung bestimmt oder in einem Vorführ- oder Spielgerät eingebaut sind", also alle mobilen Datenträger.[39] 11

Darüber hinaus wird nach § 1 Abs. 2 S. 2 JuSchG auch die unkörperliche elektronische Verbreitung[40] der gegenständlichen Verbreitung gleichgestellt. Jedoch ist es technisch bereits nicht möglich, nicht digitalisierte Medienträger elektronisch zu verbreiten. Wird ein entsprechender Inhalt zuvor in ein elektronisch übertragbares Datenformat umgewandelt, also z.B. durch Einscannen digitalisiert und auf dem Rechner gespeichert, so liegt in der Regel bereits kein Trägermedium i.S.d. § 1 Abs. 2 S. 1 JuSchG mehr vor,[41] sondern vielmehr ein Telemedium, dessen Regelung gem. § 16 JuSchG dem Landesrecht vorbehalten ist.[42] Rundfunksendungen sind vom Anwendungsbereich des JuSchG gem. § 1 Abs. 2 S. 2 JuSchG ausdrücklich ausgenommen. 12

35 Dieser war bis zum 28.2.2007 in Kraft.

36 Dieses war bis zum 31.3.2003 in Kraft.

37 Regelungen zu Telemedien, die in die Liste jugendgefährdender Medien nach § 18 JuSchG aufgenommen sind, bleiben gem. § 16 JuSchG dem Landesrecht vorbehalten.

38 BT-Drucks. 14/9013, 17.

39 Z.B. Disketten, Video- und Audiokassetten, CD-Roms, DVDs, Blu-rays, etc., nicht aber Festplatten und Speicherchips, soweit sie in Computern bzw. Datenrechnern fest installiert und nur durch erheblichen Aufwand von diesen zur Weitergabe zu trennen sind (vgl. *Liesching* NJW 2002, 3281, 3283).

40 So etwa Verbreitung von Musik, eines Videos oder einer Zeitschrift als Attachement zu einer E-Mail oder Faxe, auch wenn sie beim Empfänger nicht ausgedruckt sind, vgl. BT-Drucks. 14/9013, 18.

41 Anders nur, wenn die Inhalte eines Datenträgers direkt als Attachement einer E-Mail übermittelt werden oder anderen Nutzern durch unmittelbaren Online-Zugriff über das Internet zur Verfügung gestellt werden, z.B. in einer Online-Tauschbörse (vgl. *Liesching* NJW 2002, 3281, 3283; Erbs/Kohlhaas/*Liesching* §1 JuSchG Rn. 13).

42 Vgl. *Liesching* NJW 2002, 3281, 3283 f.; *Petersen* § 16 Rn. 6.

2. Alterskennzeichnung

13 Das Instrument der Alterskennzeichnung für Filme sowie Film- und Spielprogramme ist in § 14 JuSchG normiert. Es verfolgt den Zweck, dass an entsprechende Inhalte nur Kinder und Jugendliche der gekennzeichneten Altersstufe gelangen. Der Kennzeichnungspflicht unterliegen Filme, Film- oder Spielprogramme, die geeignet sind, die Entwicklung von Kindern und Jugendlichen oder ihre Erziehung zu einer eigenverantwortlichen und gemeinschaftsfähigen Persönlichkeit zu beeinträchtigen (§ 14 Abs. 1 JuSchG). Hierdurch soll die Entwicklung von Kindern und Jugendlichen umfassend, d.h. sowohl in körperlicher und geistiger als auch in seelischer Hinsicht, geschützt werden.[43] Die Alterskennzeichnung wird von der obersten Landesbehörde oder von einer Organisation der freiwilligen Selbstkontrolle[44] vorgenommen. Die Kennzeichnungspflicht ergibt sich aus dem Verbot mit Erlaubnisvorbehalt bzw. dem Freigabevorbehalt (insbesondere § 12 Abs. 1 JuSchG). Jedes Medium muss gekennzeichnet sein, unabhängig von seinem tatsächlichen Beeinträchtigungspotential, sonst gelten die gesetzlichen Restriktionen. Auch offensichtlich nicht beeinträchtigende Trägermedien sind zu kennzeichnen. Gem. § 14 Abs. 7 JuSchG kann die Kennzeichnung als „Info- oder Lehrprogramm" durch den Anbieter selbst erfolgen.

3. Liste jugendgefährdender Medien (Indizierung)

14 Neben der Alterskennzeichnung normiert das JuSchG das schärfere Mittel der Indizierung jugendgefährdender Medien. Träger- und Telemedien, die geeignet sind, die Entwicklung von Kindern oder Jugendlichen oder ihre Erziehung zu einer eigenverantwortlichen und gemeinschaftsfähigen Persönlichkeit zu gefährden, sind gem. § 18 Abs. 1 S. 1 JuSchG von der Bundesprüfstelle für jugendgefährdende Medien (BPjM) in eine Liste jugendgefährdender Medien aufzunehmen (Indizierung). Ist ein Träger- oder Telemedium in die Liste nach § 18 JuSchG aufgenommen, entfällt die Kennzeichnungspflicht nach § 14 JuSchG (§ 14 Abs. 3 S. 1 JuSchG). Insbesondere verhindert eine Kennzeichnung per Verwaltungsakt eine spätere Indizierung (§ 18 Abs. 8 JuSchG). Soweit § 18 Abs. 1 JuSchG explizit auch die Telemedien benennt, ist § 18 Abs. 6 JuSchG zu beachten, wonach eine Aufnahme von Telemedien in die Liste der jugendgefährdenden Medien nur auf Antrag der zentralen Aufsichtsstelle der Länder für den Jugendmedienschutz erfolgt.

15 Dabei wird bei der Aufnahme in die Liste zwischen online und nicht online erhältlichen Träger- und Telemedien differenziert:[45] Während jugendgefährdende oder bestimmte strafbare Trägermedien, die nicht im Internet erhältlich sind, in einer öffentlichen Liste geführt werden (Listenteile A und B, § 18 Abs. 2 Nr. 1 und 2 JuSchG), werden Telemedien oder online abrufbare Trägermedien, die jugendgefährdend oder nach Ansicht der Bundesprüfstelle strafbaren Inhalts sind, in nicht öffentlichen Listen[46] aufgenommen (Listenteile C und D, § 18 Abs. 2 Nr. 3 und 4 JuSchG).[47]

---

43 Erbs/Kohlhaas/*Liesching* § 14 JuSchG Rn. 4.

44 So die FSK für Filme und die USK für Computerspiele, dazu unten Rn. 48 ff.

45 Bei Führung einer einheitlichen öffentlichen Liste war die bedenkliche Entwicklung zu beobachten, dass der Index zu einem Wegweiser für jugendgefährdende Internet-Inhalte pervertierte, vgl. Erbs/Kohlhaas/*Liesching* § 18 JuSchG Rn. 28.

46 Zum Anspruch auf Einsichtnahme in die nicht öffentliche Liste jugendgefährdender Medien gem. § 3 Nr. 2 IFG vgl. *VG Köln* ZUM 2013, 906.

47 Erbs/Kohlhaas/*Liesching* § 18 JuSchG Rn. 28.

Es wird erwogen, die vier Listen auf zwei zusammenzulegen, wobei die Aufnahme in eine Liste unabhängig vom Verbreitungsweg erfolgen soll. Solange der Schutzzweck nicht gefährdet ist, könnte eine öffentliche Listenführung eingeführt werden. Außerdem wird diskutiert, ob bei einer Strafrechtsrelevanz automatisch die zuständige Strafverfolgungsbehörde informiert werden soll.

Die Bundesprüfstelle für jugendgefährdende Medien, die für die Indizierung zuständig ist, wird in der Regel auf Antrag (§ 21 Abs. 1 JuSchG), ausnahmsweise von Amts wegen tätig (vgl. § 21 Abs. 4 JuSchG). Antragsberechtigt sind gem. § 21 Abs. 2 JuSchG vor allem das Bundesfamilienministerium, die obersten Landesjugendbehörden, die zentrale Aufsichtsstelle der Länder für den Jugendmedienschutz, die Landesjugendämter und die Jugendämter. Für den Antrag auf Streichung aus der Liste und für den Antrag auf Feststellung, dass ein Medium nicht mit einem bereits in die Liste aufgenommenen Medium ganz oder im Wesentlichen inhaltsgleich ist, sind grundsätzlich auch die Urheber, die Inhaber der Nutzungsrechte sowie bei Telemedien die Anbieter antragsberechtigt (§ 21 Abs. 2 i.V.m. Abs. 7 JuSchG). Erfasst sind hierbei die sich aus den §§ 31 i.V.m. 15 ff. UrhG ergebenden Nutzungsrechte, auch bei lediglich zwischenzeitlicher Rechtsübertragung, es sei denn eine Antragsberechtigung widerspricht eindeutig dem vorgesehenen Zweck der erfolgten Rechtsübertragung. 16

Die Rechtsfolgen einer Indizierung unterscheiden sich nach der Liste, in der das jeweilige Trägermedium eingetragen ist. Das JuSchG regelt die Rechtsfolgen einer Indizierung in den öffentlichen Listen, während sich die Rechtsfolgen einer Indizierung in den nicht öffentlichen Listen aus dem JMStV ergeben (vgl. § 16 JuSchG sowie § 4 Abs. 1 Nr. 11, Abs. 2 Nr. 2 JMStV).[48] Als Rechtsfolgen einer Indizierung in den öffentlichen Listen regelt § 15 JuSchG zahlreiche Verbote für den Umgang mit jugendgefährdenden Medien. So normiert § 15 Abs. 1 Nr. 1 JuSchG für Trägermedien, deren Aufnahme in die (öffentliche) Liste jugendgefährdender Medien nach § 24 Abs. 3 S. 1 JuSchG bekannt gemacht ist, das Verbot, diese einem Kind oder einem Jugendlichen anzubieten, zu überlassen oder sonst zugänglich zu machen. Darüber hinaus dürfen diese Trägermedien auch nicht an einem Ort, der Kindern oder Jugendlichen zugänglich ist oder von ihnen eingesehen werden kann, ausgestellt, angeschlagen, vorgeführt, angeboten, angekündigt, angepriesen oder sonst zugänglich gemacht werden (§ 15 Abs. 1 Nr. 2 und Nr. 6 JuSchG). Neben weiteren Tatbeständen ist zudem das Herstellen, Beziehen, Liefern, Vorrätighalten oder Einführen jugendgefährdender Trägermedien zu einer entsprechenden Verwendung verboten (§ 15 Abs. 1 Nr. 7 JuSchG). 17

Schwer jugendgefährdende Trägermedien unterliegen den gleichen Beschränkungen, ohne dass es einer Aufnahme in die Liste und einer Bekanntmachung bedarf (§ 15 Abs. 2 JuSchG). Dabei handelt es sich um solche Trägermedien, die einen der in §§ 86, 130–131 StGB oder §§ 184–184c StGB bezeichneten Inhalte haben oder die den Krieg verherrlichen, leidende Menschen in einer die Menschwürde verletzenden Weise darstellen, besonders realistische, grausame und reißerische Darstellungen selbstzweckhafter Gewalt beinhalten,[49] Kinder und Jugendliche in unnatürlicher, geschlechtsbetonter Körperhaltung darstellen oder offensichtlich geeignet sind, die Entwicklung von Kindern und Jugendlichen oder ihre Erziehung zu einer eigenverantwortlichen und gemeinschaftsfähigen Persönlichkeit schwer zu gefährden (§ 15 Abs. 2 Nr. 1–5 JuSchG). 18

48 Erbs/Kohlhaas/*Liesching* § 18 JuSchG Rn. 29.

49 Der § 15 Nr. 3a JuSchG wurde im Juli 2008 als Reaktion auf die sog. „Killerspiele" neu eingeführt (vgl. *Fechner* 6. Kap. Rn. 10 und 13).

19 Die vorgenannten Verstöße stellen gem. § 27 Abs. 1 JuSchG eine Straftat dar, die bei vorsätzlicher Begehung mit Freiheitsstrafe bis zu einem Jahr oder Geldstrafe geahndet wird.

III. Der Jugendmedienschutz-Staatsvertrag

1. Anwendungsbereich (Zweck des Vertrages)

20 Der Anwendungsbereich des Staatsvertrags ist weiter als sein Kurztitel – Jugendmedienschutz-Staatsvertrag – vermuten lässt. Nach § 1 JMStV ist sein Zweck der einheitliche Schutz der Kinder und Jugendlichen vor Angeboten in elektronischen Informations- und Kommunikationsmedien, die deren Entwicklung oder Erziehung beeinträchtigen oder gefährden sowie der Schutz vor solchen Angeboten in elektronischen Informations- und Kommunikationsmedien, die die Menschenwürde oder sonstige durch das Strafgesetzbuch geschützte Rechtsgüter verletzen. Insoweit gilt der JMStV für Rundfunk und Telemedien[50] und beabsichtigt den Schutz sämtlicher Mediennutzer – Jugendlicher und Erwachsener.[51]

2. Klassifizierung von Angeboten

21 Der JMStV differenziert zwischen absolut unzulässigen (§ 4 Abs. 1 JMStV) und relativ unzulässigen Angeboten (§ 4 Abs. 2 JMStV) sowie entwicklungsbeeinträchtigenden Angeboten (§ 5 JMStV). Darüber hinaus finden sich weitergehende Beschränkungen für Werbung und Teleshopping in § 6 JMStV.

2.1 Unzulässige Angebote (§ 4 JMStV)

22 § 4 JMStV beinhaltet Angebote, die grundsätzlich unzulässig sind und daher im Rundfunk sowie in den Telemedien weder verbreitet noch zugänglich gemacht werden dürfen. Dabei werden in § 4 Abs. 1 JMStV die absolut unzulässigen Angebote aufgeführt, die sowohl für den Rundfunk als auch für die Telemedien generell unzulässig sind. Hierbei handelt es sich vor allem um Angebote, die zugleich einen objektiven Tatbestand des Straf- oder Völkerstrafgesetzbuches erfüllen,[52] gegen die Menschenwürde verstoßen, Gewalt verharmlosen oder verherrlichen, zum Rassenhass aufstacheln, hart pornographisch[53] oder sonst wie geeignet sind, die Entwicklung von Kindern und Jugendlichen zu gefährden. Das Ausstrahlungs- bzw. Verbreitungsverbot gilt „unbeschadet strafrechtlicher Verantwortlichkeit", d.h. auch ohne Vorliegen der subjektiven oder weiterer spezifischer strafrechtlicher Tatbestandsvoraussetzungen.[54] Dabei gilt das vorgenannte Verbot für die in § 4 Abs. 1 JMStV aufgeführten Tatbestände ohne jede Einschränkung und unabhängig vom Alter der Nutzer (absolut unzulässige Angebote). In § 4 Abs. 2 JMStV werden hingegen die jugendgefährdenden Angebote aufgeführt, die nur zum Teil einem Verbreitungsverbot unterliegen (relativ unzulässige Angebote). Darunter fallen die einfachen pornographischen Inhalte, solche die in den Teilen A und C der Liste nach § 18 JuSchG aufgenommen oder mit diesen inhalts-

50 *Spindler/Schuster* § 2 JMStV Rn. 1; *Hahn/Vesting* § 1 JMStV Rn. 2.
51 Bornemann/Erdemir/*Schwartmann/Hentsch* § 1 JMStV Rn. 5; *Spindler/Schuster* § 1 JMStV Rn. 16.
52 *Hahn/Vesting* § 4 JMStV Rn. 19.
53 *Hahn/Vesting* § 4 JMStV Rn. 64.
54 *Spindler/Schuster* § 4 JMStV Rn. 1.

gleich sind sowie als Auffangtatbestand sonstige Inhalte, die offensichtlich geeignet sind, Kinder und Jugendliche in ihrer Entwicklung zu gefährden.[55] Diese Angebote sind in Telemedien zulässig, wenn sichergestellt ist, dass sie nur Erwachsenen zugänglich sind (geschlossene Benutzergruppen). Im Rundfunk sind sie weiterhin unzulässig.

Da damit im Rahmen der geschlossenen Benutzergruppen sichergestellt sein muss, **23** dass Kinder oder Jugendliche keinen Zugang zu diesen Angeboten haben, muss ein verlässliches Altersverifikationssystem dies gewährleisten. Dies ist nach den Anforderungen der Kommission für Jugendmedienschutz (KJM), der „zentralen Aufsichtsstelle für den Jugendschutz und Schutz der Menschenwürde"[56] durch eine über einen persönlichen Kontakt erfolgende Volljährigkeitsprüfung („face-to-face-Kontrolle") anhand von amtlichen Ausweisdaten und zudem durch eine beim einzelnen Nutzungs- bzw. Bestellvorgang erfolgende Authentifizierung sicherzustellen.[57]

Die Anerkennung von solchen Systemen durch die KJM als hoheitliche Aufsicht ist **24** im JMStV nicht vorgesehen, vielmehr überträgt § 4 Abs. 2 S. 2 JMStV diese Verantwortung dem jeweiligen Anbieter. Dieser hat sicherzustellen, dass sein Angebot tatsächlich nur Erwachsenen zugänglich ist. Die KJM erteilt einem solchen Anbieter auf Nachfrage kostenpflichtige und verbindliche Rechtsauskunft darüber, ob er mit dem von ihm verwendeten System seiner Pflicht zur altersabhängigen Zugangsbeschränkung aus § 4 Abs. 2 S. 2 JMStV genügt.[58] Solche Altersverifikationssysteme können durch anerkannte Einrichtungen der freiwilligen Selbstkontrolle (z.B. USK.online oder FSM) auf Nachfrage des Anbieters geprüft und beurteilt werden. Hierbei kann der Anbieter auch prüfen lassen, ob er mit dem verwendeten System seiner Pflicht zur altersabhängigen Zugangsbeschränkung aus § 4 Abs. 2 S. 2 JMStV genügt. Eine Reihe solcher Systeme sind durch die KJM bereits positiv bewertet worden.

2.2 Entwicklungsbeeinträchtigende Angebote (§ 5 JMStV)

Entwicklungsbeeinträchtigende Angebote sind solche, die zwar nicht die strengen **25** Verbotsvoraussetzungen für jugendgefährdende Medieninhalte nach § 4 JMStV erfüllen, in ihrer Wirkung jedoch die Entwicklung von Kindern und Jugendlichen nachteilig beeinträchtigen können. Derartige Angebote dürfen nur unter den Einschränkungen des § 5 JMStV verbreitet oder zugänglich gemacht werden. Eine Entwicklungsbeeinträchtigung gem. § 5 JMStV setzt voraus, dass ein Kind (wer noch nicht 14 Jahre alt ist)[59] bzw. ein Jugendlicher (wer 14 Jahre, aber noch nicht 18 Jahre alt ist)in seiner **Entwicklung** zum eigenverantwortlichen und gemeinschaftsfähigen Individuum **gehemmt, gestört** oder **geschädigt** wird (§ 5 Abs. 1 JMStV). Dabei findet grundsätzlich eine Gesamtbetrachtung des Angebots statt.[60] Es sind vom JMStV vorgesehene Restriktionen zu beachten, wenn ein Angebot in seiner Wirkung geeignet ist, die Entwicklung junger Menschen in einer bestimmten Altersgruppe nachteilig zu beein-

---

55 Zur offensichtlich schweren Jugendgefährdung durch ein suizidverherrlichendes Internetforum *LG Konstanz* 13.12.2012 – 5 Ns 44 Js 2826/11.

56 Begr. JMStV, BayLT-Drucks. 14/10246, 21.

57 Abrufbar unter www.kjm-online.de – dort ist auch der Download der bislang erfolgten Positivbewertung von Konzepten möglich.

58 Hartstein/Ring/Kreile/Dörr/Stettner/*Wagner* JMStV § 4 Rn. 65a; Hoeren/Sieber/*Holznagel* Teil 20, Rn. 64.

59 Vgl. § 3 Abs. 1 JMStV ist im Zuge der Novelle gestrichen worden, da die Definition bereits in § 1 JuSchG enthalten ist. Es wurde dafür zusätzlich in § 5 Abs. 5 JMStV 2016 eingefügt.

60 Hartstein/Ring/Kreile/Dörr/Stettner/*Wagner* JMStV § 5 Rn. 12 ff.

trächtigen.[61] Das ist anzunehmen, wenn der mutmaßliche Eintritt einer Gefährdung von Kindern oder Jugendlichen zu besorgen ist.[62] Ein Einzelfallnachweis der Beeinträchtigung der Entwicklung von Minderjährigen zu einer eigenverantwortlichen und gemeinschaftsfähigen Persönlichkeit ist nicht erforderlich.[63] Beeinträchtigungen i.S.d. Vorschrift sind Hemmungen, Störungen oder Schädigungen. Dazu können insbesondere Angebote führen, welche die Nerven von Kindern und Jugendlichen überreizen, übermäßige Belastungen hervorrufen, die Phantasie über Gebühr erregen oder die Erziehung zu verantwortungsbewussten Menschen in der Gesellschaft hindern.[64] § 5 JMStV schützt damit Eigenverantwortlichkeit als individuelle und Gemeinschaftsfähigkeit als soziale Komponente. Maßstab der Beurteilung ist der „durchschnittlich (entwickelte) Minderjährige" einer jeweiligen Altersgruppe. Die jüngeren und schwächeren Mitglieder sind hierbei zwar angemessen zu berücksichtigen; die mögliche Wirkung auf besonders gefährdungsgeneigte Kinder und Jugendliche muss aber unberücksichtigt bleiben.[65] Daran sind die zu begutachtenden Angebote zu messen.

26 Bei entwicklungsbeeinträchtigenden Angeboten i.S.d. § 5 JMStV kann der Anbieter seiner Pflicht dadurch entsprechen, dass er durch technische oder sonstige Mittel die Wahrnehmung des Angebots durch Kinder oder Jugendliche der betroffenen Altersstufe unmöglich macht oder wesentlich erschwert oder das Angebot zu Zeiten verbreitet oder zugänglich macht, in denen Kinder oder Jugendliche der betroffenen Altersstufe üblicherweise die Angebote nicht wahrnehmen (§ 5 Abs. 3 Nr.1 und 2 JMStV). Im Zuge des novellierten JMStV ist nicht mehr die KJM, sondern sind die Einrichtungen der Freiwilligen Selbstkontrolle für die Beurteilung und Anerkennung von Jugendschutzprogrammen zuständig (§ 11 Abs. 1 JMStV). Die Prüfung und Genehmigung sonstiger Verschlüsselungs- und Vorsperrungstechniken (technische Mittel) können entweder durch die Einrichtungen der Freiwilligen Selbstkontrolle vorgenommen werden oder durch die KJM.

2.3 Besonderheiten bei Werbung und Teleshopping (§ 6 JMStV)

27 Regelungen zum Jugendschutz in der Werbung und im Teleshopping finden sich in § 6 JMStV. Neben den allgemeinen in §§ 4 und 5 JMStV enthaltenen Beschränkungen, die auch für Werbung und Teleshopping gelten, normiert § 6 JMStV weitergehende Anforderungen[66] und richtet sich an alle Anbieter von Rundfunk und Telemedien i.S.v. § 2 Abs. 1 JMStV.[67]

28 Nach § 6 Abs. 1 S. 1 JMStV ist Werbung für indizierte Angebote nur unter den Bedingungen zulässig, die auch für die Verbreitung des indizierten Angebotes gelten. Es erfolgt also ein Verweis auf die Regelungen der §§ 18, 15 JuSchG.[68] Das hat zur Folge, dass Werbung für Angebote, die wegen ihres strafbaren Inhalts in die Liste nach § 18

61 *Spindler/Schuster* § 5 JMStV Rn. 2; *Hahn/Vesting* § 5 JMStV Rn 3.
62 *BVerwGE* 39, 197, 198; *Liesching* JMS 2002, S. 112; enger noch *BVerwGE* 25, 318, 321. Sofern eine entwicklungsbeeinträchtigende Wirkung allerdings nur auf Kinder zu befürchten ist, genügt es, wenn ein Anbieter von Telemedien die jeweiligen Inhalte getrennt von für Kinder bestimmten Angeboten verbreitet oder abrufbar hält (vgl. § 5 Abs. 5 JMStV).
63 *Spindler/Schuster* § 5 JMStV Rn. 2.
64 *Spindler/Schuster* § 5 JMStV Rn. 5 ff.
65 *Spindler/Schuster* § 5 JMStV Rn. 8.
66 S. amtl. Begr. zu § 6 JMStV.
67 *Hahn/Vesting* § 6 JMStV Rn. 1.
68 Einzelheiten dazu oben unter Rn. 14.

JuSchG aufgenommen wurden (Listenteile B oder D), generell unzulässig ist, während Werbung für Angebote, die wegen ihres jugendgefährdenden Inhalts in die Liste aufgenommen wurden (Listenteile A und C), in Telemedien innerhalb geschlossener Benutzergruppen zulässig ist.[69]

In § 6 Abs. 2–5 JMStV sind spezielle Ge- und Verbote für die Werbegestaltung enthalten.[70] § 6 Abs. 2 JMStV enthält das Verbot, Kindern und Jugendlichen körperlichen oder seelischen Schaden zuzufügen und setzt damit Art. 16 Abs. 1 der EG-Fernsehrichtlinie um.[71] Darüber hinaus normiert die Vorschrift in Nr. 1–4 speziellere Schutzbestimmungen, die insbesondere direkte Kaufappelle unter Ausnutzung der Unerfahrenheit und Leichtgläubigkeit oder des besonderen Vertrauens von Kindern und Jugendlichen verbieten.[72] Werbung gegenüber Kindern und Jugendlichen ist dabei aber nicht per se unzulässig, ebenso wenig wie solche, die sich lediglich als Reflex an Minderjährige richtet. Die Ausrichtung muss hingegen anhand einer Gesamtbeurteilung der jeweiligen Werbung erfolgen, so dass eine Kombination aus der direkten Anrede mit „Du" und darüber hinaus die überwiegende Verwendung von kinder- oder jugendtypischen Begrifflichkeiten eine an Minderjährige gerichtete Ansprache begründen kann. Alleine die Anrede mit „Du" oder eine comic-hafte grafische Darstellung genügen nicht. Der spezielle Schutz hinsichtlich der wirtschaftlichen Entscheidungsfreiheit von Minderjährigen ergibt sich aus dem UWG.[73] 29

Werbung, deren Inhalt geeignet ist, die Entwicklung von Kindern und Jugendlichen zu einer eigenverantwortlichen und gemeinschaftsfähigen Persönlichkeit zu beeinträchtigen, ist von Angeboten, die sich an Kinder und Jugendliche richten, zu trennen (§ 6 Abs. 3 JMStV). Für den Rundfunk regelt § 44 S. 1 Nr. 1 und 2 RStV zudem, dass Sendungen für Kinder nicht durch Produktplatzierungen unterbrochen werden dürfen. 30

Richtet sich eine Werbung auch an Kinder und Jugendliche oder werden diese als Darsteller eingesetzt, so darf sie den Interessen dieses geschützten Personenkreises nicht schaden und nicht dessen Unerfahrenheit ausnutzen (vgl. § 6 Abs. 4 JMStV). Dabei ist es nicht erforderlich, dass sich die Werbung speziell an Kinder und Jugendliche richtet. Vielmehr genügt es, wenn sie jedenfalls „auch" an Kinder oder Jugendliche gerichtet ist.[74] Auch hier ist diejenige Werbung nicht erfasst, die nicht zielgerichtet und lediglich reflexartig Minderjährige erreicht, da die Generalklausel ansonsten unangemessen ausufern würde. § 6 Abs. 4 JMStV ist kein Auffangtatbestand. Schutz vor rein wirtschaftlichen Aspekten der Werbung gegenüber Minderjährigen wird nicht 31

69 Bornemann/Erdemir/*Schwartmann/Ohr* § 6 JMStV Rn. 6; *Spindler/Schuster* § 6 JMStV Rn. 5.

70 *Spindler/Schuster* § 6 JMStV Rn. 6.

71 S. amtl. Begr. zu § 6 JMStV; zum europarechtlichen Hintergrund: Die „Richtlinie des Rates v. 3.10.1989 zur Koordinierung bestimmter Rechts- und Verwaltungsvorschriften der Mitgliedstaaten über die Ausübung der Fernsehtätigkeit (89/552/EWG)" sah mit ihrem Inkrafttreten erstmals verbindliche Jugendschutzregelungen für den Fernsehbereich in Europa vor. Diese sog. „Fernsehrichtlinie" wurde durch Inkrafttreten der RL 2007/65/EG am 19.12.2007 geändert und wird nunmehr als „Richtlinie über audiovisuelle Mediendienste („AVMD-RL") bezeichnet. Diese erweitert ihren Anwendungsbereich, in dem sie ihre jugendschutzrechtlichen Vorgaben nun nicht mehr nur auf „Fernsehprogramme" erstreckt, sondern auch Regelungen für „audiovisuelle Mediendienste auf Abruf" (z.B. Video-on-Demand) enthält (vgl. mit weiteren Einzelheiten *Frey/Rudolph* ZUM 2008, 564 ff.); zu deren geplanter Novellierung s. 3. Kap. Rn. 18 f.

72 Zur Unzulässigkeit von an Kinder gerichteten Kaufangeboten im Hinblick auf zusätzliche Funktionen innerhalb von Online-Spielen vgl. *BGH* 17.7.2013 – I ZR 34/12.

73 Bornemann/Erdemir/*Schwartmann/Ohr* § 6 Rn. 23 f.

74 *Spindler/Schuster* § 6 JMStV Rn. 11.

durch den JMStV, sondern durch das BGB und das UWG vermittelt. Werbung, die transparent gestaltet ist und keinen übertriebenen Kaufdruck erzeugt, sondern lediglich eine restriktiv gestaltete Möglichkeit der Nutzung präsentiert oder anbietet (z.B. „Facebook-Button“), lässt sich nicht unter den Begriff der Interessenschädigung subsumieren. Bei der Beurteilung sind insbesondere die Regelungen zur Verantwortlichkeit nach dem TMG zu beachten.[75]

32 Werbung für alkoholische Getränke darf sich weder an Kinder und Jugendliche richten, noch diese besonders ansprechen oder beim Alkoholgenuss darstellen (§ 6 Abs. 5 JMStV). Diese Vorschrift setzt Art. 15 der EG-Fernsehrichtlinie[76] um und erstreckt sich auf sämtliche Angebote von Rundfunk und Telemedien.[77]

33 Die zuvor in § 6 Abs. 5 S. 2 JMStV enthaltene Erweiterung der Anwendbarkeit der Vorschrift auf Werbung für Tabakerzeugnisse in den Telemedien ist durch den 13. RÄStV mit Wirkung v. 1.4.2010 aufgehoben worden. Allerdings regelt § 8 Abs. 4 RStV, dass Sendungen nicht von Tabakunternehmen gesponsert werden dürfen. Es gilt somit ein generelles Tabakwerbeverbot im Rundfunk.[78] Überdies enthält § 21a VTabakG in Umsetzung der RL 2003/33/EG ein Werbeverbot für Tabakerzeugnisse speziell für den Hörfunk (Abs. 2), die Presse (Abs. 3) sowie in Diensten der Informationsgesellschaft (Abs. 4), zu denen neben dem Internet auch das Fernsehen gehört.[79]

34 § 6 Abs. 6 S. 1 JMStV erweitert die Anwendbarkeit von § 6 Abs 1–5 JMStV auf das Teleshopping und Sponsoring. § 6 Abs. 6 S. 2 JMStV enthält das Verbot, Kinder oder Jugendliche durch Teleshopping dazu anzuhalten, Kauf- oder Miet- bzw. Pachtverträge für Waren oder Dienstleistungen zu schließen.[77]

2.4 Rechtsfolgen

35 Ein Verstoß gegen die Vorschriften der §§ 4, 5 und 6 JMStV stellt je nach Tatbestand eine Straftat oder eine Ordnungswidrigkeit dar (§§ 23, 24 JMStV). Im Falle einer Straftat ist die Strafandrohung Freiheitsstrafe bis zu einem Jahr bei vorsätzlicher Begehung und bis zu sechs Monaten bei fahrlässiger Begehung oder Geldstrafe. Im Falle einer Ordnungswidrigkeit kann eine Geldbuße bis zu 500 000 EUR – bei fahrlässiger Begehung bis zu 250 000 EUR (§ 17 Abs. 2 OWiG) – verhängt werden (§ 24 Abs. 3 JMStV). Voraussetzung für eine Sanktionierung ist dabei stets, dass der Beschuldigte auch Adressat des Verbots ist, d.h. den Inhalt zu verantworten hat.[80] Vom Adressatenkreis sind laut der Überschrift des VI. Abschn. des JMStV „Ahndung von Verstößen der Anbieter mit Ausnahme des öffentlich-rechtlichen Rundfunks“ der öffentlich-rechtliche Rundfunk und seine Mitarbeiter ausgenommen. Die Übereinstimmung dieser Ungleichbehandlung von öffentlich-rechtlichem und privatem Rundfunk mit Art. 3 GG ist indessen fraglich.[81]

36 Nach § 23 JMStV begeht eine Straftat, wer entgegen § 4 Abs. 2 S. 1 Nr. 3 und S. 2 JMStV Angebote verbreitet oder zugänglich macht, die offensichtlich geeignet sind, die Entwicklung oder Erziehung von Kindern und Jugendlichen schwer zu gefährden.

---

75 Bornemann/Erdemir/*Schwartmann/Ohr* § 6 Rn. 44 f.

76 S. Rn. 29.

77 S. amtl. Begr. zu § 6 JMStV.

78 Im Einklang auch mit Art. 15 Abs. 1 der Europarechtskonvention.

79 *Erbs/Kohlhaas/Liesching* § 21a VTabakG Rn. 10.

80 Hoeren/Sieber/*Holznagel* Rn. 196.

81 *Spindler/Schuster* § 23 JMStV Rn. 4.

Bei Telemedien ist § 23 JMStV nur erfüllt, wenn die entsprechenden Angebote außerhalb geschlossener Benutzergruppen verbreitet oder zugänglich gemacht werden.[82] Verstöße gegen die übrigen Ge- und Verbote der §§ 4, 5 und 6 JMStV stellen grundsätzlich lediglich Ordnungswidrigkeiten dar (§ 24 JMStV).

Vorsätzliche Verstöße gegen die absoluten Verbreitungsverbote des § 4 Abs. 1 Nr. 1-11 JMStV und das relative Verbreitungsverbot des § 4 Abs. 2 S. 1 Nr. 1 JMStV können darüber hinaus aber auch Tatbestände des allgemeinen Strafrechts verwirklichen (vgl. §§ 86, 86a, 130, 130a, 131, 184 ff. StGB).[83] Liegt ein Straftatbestand vor, so ist der Ordnungswidrigkeitentatbestand diesem gegenüber subsidiär (§ 21 OWiG). 37

Straftaten – auch solche nach § 23 JMStV – werden von der Staatsanwaltschaft verfolgt (§ 160 StPO). Die zuständigen Verwaltungsbehörden für die Verfolgung der Ordnungswidrigkeiten nach dem JMStV sind die Landesmedienanstalten (LMA), die ihre Entscheidungen durch die KJM[84] treffen (§ 24 Abs. 4 JMStV i.V.m. § 36 Abs. 1 Nr. 1 OWiG). Die zuständige LMA kann bestimmen, dass Beanstandungen nach einem Rechtsverstoß gegen die Bestimmungen des JMStV und rechtskräftige Entscheidungen in einem Ordnungswidrigkeitsverfahren vom Anbieter in seinem Angebot verbreitet oder zugänglich gemacht werden. Inhalt und Zeitpunkt der Bekanntgabe bestimmt die zuständige LMA nach pflichtgemäßem Ermessen (§ 24 Abs. 6 JMStV). 38

Ist ein Anbieter von Telemedien Mitglied einer anerkannten Einrichtung der Freiwilligen Selbstkontrolle oder unterwirft er sich ihren Statuten, so ist gem. § 20 Abs. 5 S. 1 JMStV bei angeblichen Verstößen gegen den Jugendschutz, mit Ausnahme von Verstößen gegen § 4 Abs. 1 JMStV, durch die KJM zunächst die entsprechende Einrichtung damit zu befassen.[85] Verstöße des Anbieters, die das Zugänglichmachen von Pornographie, Indizierten Liste A oder C Inhalten bzw. fehlerhaft geschlossene Benutzergruppen betreffen, sind somit vom Vorbefassungsschutz einer Einrichtung der Freiwilligen Selbstkontrolle erfasst. Die KJM darf Maßnahmen gegen den Anbieter erst dann treffen, wenn „die Entscheidung oder die Unterlassung einer Entscheidung der anerkannten Einrichtung der Freiwilligen Selbstkontrolle die rechtlichen Grenzen des Beurteilungsspielraums überschreitet" (§ 20 Abs. 5 S. 2 JMStV). 39

Umstritten ist, ob gegen den Anbieter ein Straf- oder Bußgeldverfahren auch dann durchgeführt werden darf, wenn dessen Angebot von einer anerkannten Einrichtung der Freiwilligen Selbstkontrolle als zulässig eingestuft worden ist.[86] 40

---

82 *Liesching* § 23 JMStV Rn. 3.

83 *Hoeren/Sieber/Holznagel* Rn. 197.

84 Dazu nachfolgend unter Rn. 56 ff.

85 Für Rundfunk bzw. Rundfunkveranstalter gilt der Vorbefassungsschutz nach § 20 Abs. 3 S. 1 JMStV für vorlagefähige Sendungen. Für nichtvorlagefähige Sendungen gilt § 20 Abs. 3 S. 3 JMStV.

86 Ausführlich dazu Hoeren/Sieber/*Holznagel* Teil 20 Rn. 199 ff.; s. dazu auch *Hahn/Vesting* § 20 JMStV, Rn. 53, wonach der Wortlaut des § 20 Abs. 5 JMStV keine Stütze dafür biete, dass die gerichtliche Ahndung einer Straftat nach § 23 JMStV wegen einer Entscheidung einer anerkannten Einrichtung der Freiwilligen Selbstkontrolle ausgeschlossen sei, soweit nicht ihr Beurteilungsspielraum überschritten ist. Eine solche Einschränkung sieht Abs. 5 ausdrücklich nur für Maßnahmen der KJM vor.

3. Novellierung des JMStV

3.1 Gescheiterte Novellierung 2010/2011

41 Der JMStV sollte mit dem 14. RÄStV nach Ratifikation in den Ländern zum 1.1.2011 novelliert werden. Ziel der geplanten Neuregelung war es, das System der regulierten Selbstregulierung beständig zu stärken und weiter zu entwickeln sowie der fortschreitenden Konvergenz der Medien Rechnung zu tragen. Wesentliche Neuerung der Novellierung sollte die Einführung einer freiwilligen Alterskennzeichnung von Internetangeboten sein, wie sie bislang lediglich für Trägermedien im Jugendschutzgesetz vorgesehen ist. Der Anbieter sollte seine jugendschutzrechtliche Verpflichtung dadurch erfüllen können, dass er sein Angebot freiwillig mit einem Alterskennzeichen versieht, das für ein anerkanntes Jugendschutzprogramm programmiert ist, so dass bestimmte Inhalte im Netz für jüngere Nutzer hätten gesperrt werden können. In der Neufassung des Jugendmedienschutz-Staatsvertrages (JMStV) sollten die Jugendschutz-Richtlinien aus Rundfunk- und Fernsehen auch auf Neuerungen durch das Internet übertragen werden. Die Provider sollten verpflichtet werden, entspr. Programme leichter zugänglich zu machen. Zugleich sollten die staatlichen Stellen die Eltern auf solche Filter-Software aufmerksam machen. Damit hätte es in der Hand der Erziehungsberechtigten gelegen, ob sie ein Jugendschutzprogramm auf dem Rechner installieren wollen, um ihren Kindern altersgerechtes Surfen zu ermöglichen und sie vor jugendgefährdenden bzw. entwicklungsbeeinträchtigenden Inhalten zu schützen. Kurz vor dem geplanten In-Kraft-Treten formulierten Anbieter von Online-Inhalten Bedenken, wie die neuen Anforderungen inhaltlich zu definieren und technisch umzusetzen seien. Zugleich äußerte die „Netzgemeinde" erhebliche Vorbehalte gegenüber einem Entwurf, der vor allem der Erotikindustrie nutze, indem dieser das Tätigwerden im Netz erleichtert werde. Die für den 1.1.2011 geplante Novellierung des Jugendmedienstaatsvertrages markierte eine Kluft zwischen der „Netzgesellschaft" und der Politik. Während sich die Politik zum Schutz von Kindern und Jugendlichen auf Gesetze verlässt, verlangen die Nutzer mehr Selbstbestimmung und setzen auf die Aufklärung von Kindern und Eltern. Dem JMStV wurde technisches Unverständnis sowie Lobbypolitik vorgeworfen. Der Staatsvertag scheiterte letztlich an der Ratifikation in Nordrhein-Westfalen. Nachdem zunächst die Fraktionen von CDU, FDP und den Linken erklärt hatten, dem JMStV nicht zustimmen zu wollen, schlossen sich dem später auch die Regierungsfraktionen von SPD und den Grünen an. Quer durch die Fraktionen gab es Kritik hinsichtlich der Wirksamkeit und Praktikabilität der geplanten Regelungen sowie erhebliche Bedenken gegen eine drohende Einschränkung der Meinungsvielfalt.[87]

3.2 JMStV 2016

42 Am 1.10.2016 ist der überarbeitete JMStV in Kraft getreten. Nach wie vor sind potentiell jugendbeeinträchtigende Inhalte zu bewerten und anschließend Schutzmaßnahmen zu ergreifen. Wesentliche Änderungen betreffen zunächst die Kompetenzzuweisung an die Einrichtungen der freiwilligen Selbstkontrolle. Bisher lag die Zuständigkeit für die Anerkennung von Jugendschutzprogrammen bei der Kommission für Jugendmedienschutz (KJM). Sie wurde nun auf die Einrichtungen der Freiwilligen Selbstkontrolle (USK, FSM, FSK, FSF) übertragen. Um die Jugendschutzprogramme zu fördern, wurden die anerkennungsfähigen Jugendschutzprogramme erweitert. Erfasst werden somit auch Programme, die lediglich auf einzelne Altersstufen ausgelegt sind und solche, die den Bereich proprietärer (geschlossener) Systeme betreffen. Hinzugefügt wurde eine

87 Zur gescheiterten Novellierung des JMStV vgl. eingehend *Hopf* K&R 2011, 6.

Haftungsprivilegierung zugunsten solcher Anbieter, die ihre Angebote zwar mit einer Altersbeschränkung versehen, diese aber fahrlässig zu niedrig angesetzt haben (§ 24 Abs. 1 Nr. 4 JMStV n.F.). Zudem wurde mehr Rechtssicherheit geschaffen, indem die Anerkennung der Selbstkontrollen nicht länger befristet ist (§ 19 Abs. 2 a.E. gestrichen). Weiterhin wurden Fristen für Entscheidungen der KJM eingeführt (z.B. §§ 14 Abs. 6 und 19b Abs. 2 JMStV n.F.). Bei Maßnahmen der Aufsicht (jugendschutz.net/KJM/LMA) gibt es nun eine Hinweispflicht hinsichtlich der Möglichkeit einer Mitgliedschaft bei einer Freiwilligen Selbstkontrolle und der Rechtsfolgen (§ 20 Abs. 7 JMStV n.F.).

Der neue JMStV erfuhr schon im Vorfeld erhebliche Kritik. Weil freiwillige Alters- 43
kennzeichnungen für Internetangebote auch bereits in dem 2010/2011 gescheiterten Entwurf gefordert worden waren, steht der Vorwurf fehlender Innovation im Raum. Weiterhin wird auf die Wirkungslosigkeit eines freiwilligen Labeling-Konzepts verwiesen, das auf internationaler Ebene bereits gescheitert sei.[88] Ferner wird die vorgesehene Privilegierung derjenigen, die eine Alterskennzeichnung vornehmen, als Verstoß gegen das Haftungssystem der §§ 7 ff. TMG kritisiert, sofern etwa ein Blog-Betreiber die Kommentare seiner Leser im Wege einer Vorabkontrolle überprüfen müsse.[89]

D. Aufsicht

I. Aufsicht nach dem Jugendschutzgesetz

1. Landes- und Bundesbehörden

Als oberstes Ministerium ist das Bundesministerium für Familie, Senioren, Frauen 44
und Jugend (im Folgenden: Bundesfamilienministerium) für den Jugendschutz im Bereich Film und Trägermedien zuständig. Darüber hinaus sind Zuständigkeiten der obersten Landesjugendbehörden sowie deren Zusammenarbeit mit freiwilligen Selbstkontrolleinrichtungen im JuSchG normiert (vgl. etwa §§ 11, 12, 13, 14 JuSchG).

2. Die Bundesprüfstelle für jugendgefährdende Medien (BPjM)

Die BPjM ist eine selbständige Bundesoberbehörde mit eigenem Haushalt, die dem 45
Bundesfamilienministerium nachgeordnet ist. Sie ist für die Indizierung jugendgefährdender Medien[90] (vgl. §§ 17 Abs. 2, 18 JuSchG) sowie die Führung der Liste jugendgefährdender Medien (vgl. § 24 JuSchG) zuständig. Trotz der Einbindung in die Behördenorganisation, sind die „Mitglieder der Bundesprüfstelle nicht an Weisungen gebunden" (§ 19 Abs. 4 JuSchG), sondern nur dem Gesetz unterworfen. Ein staatlicher Eingriff in die Entscheidung über die Indizierung eines Mediums erfolgt somit nicht.[91]

---

88 Vgl. den Kommentar von *Holger Bleich* unter www.heise.de/newsticker/meldung/Kommentar-Stillstand-als-Fortschritt-beim-Jugendmedienschutz-2155525.html.

89 Der Entwurf des JMStV betont indessen, dass „weder eine Ausdehnung der Haftung für fremde Inhalte nach dem TMG vorgenommen, noch eine Haftung nach den allgemeinen Gesetzen begründet werden" soll, vgl. unter www.heise.de/ct/artikel/Jugendschutz-Novelle-nimmt-soziale-Medien-ins-Visier-2153767.html.

90 Dazu oben Rn. 14 ff.

91 Vgl. *Dörr/Kreile/Cole* Rn. 66.

46 Die personelle Besetzung der BPjM ist in § 19 JuSchG festgelegt. Sie besteht aus einer oder einem vom Bundesfamilienministerium benannten Vorsitzenden, je einer oder einem von jeder Landesregierung zu benennenden Beisitzerin oder Beisitzer und weiteren vom Bundesfamilienministerium benannten Beisitzerinnen oder Beisitzern aus den Kreisen der Kunst, der Literatur, des Buchhandels und der Verlegerschaft, der Anbieter von Bildträgern und Telemedien, der Träger der freien und öffentlichen Jugendhilfe, der Lehrerschaft und den Kirchen und anderen Religionsgemeinschaften.[92]

47 Hinsichtlich der Indizierung von Internetseiten findet eine enge Zusammenarbeit der BPjM mit der KJM statt. Erhält die BPjM einen Indizierungsantrag einer antragsberechtigten Stelle, so übermittelt sie diesen der KJM, die dann den Antrag bewertet. Die Stellungnahme der KJM wird von der BPjM bei der Frage, ob das jeweilige Angebot indiziert wird, maßgeblich berücksichtigt. Beide Institutionen verfolgen hier eine gemeinsame Spruchpraxis. Darüber hinaus ist die KJM hinsichtlich der Indizierung von Internetseiten auch selbst antragsberechtigt.[93]

3. Die freiwillige Selbstkontrolle

48 Mit ihrer Gründung im Jahr 1949 ist die Freiwillige Selbstkontrolle der Filmwirtschaft (FSK) die älteste Selbstkontrolleinrichtung Deutschlands.[94] Hauptaufgabe der FSK ist es, freiwillige Altersfreigabeprüfungen für Bildträger, die für die öffentliche Vorführung bzw. Zugänglichmachung und Verbreitung in Deutschland vorgesehen sind, durchzuführen. Die Anwesenheit von Kindern und Jugendlichen bei öffentlichen Filmveranstaltungen sowie die öffentliche Freigabe von Bildträgern für Kinder und Jugendliche ist – soweit es sich nicht um Informations-, Instruktions- und Lehrfilme handelt – nur gestattet, wenn die Filme bzw. Programme von der obersten Landesbehörde oder einer Organisation der freiwilligen Selbstkontrolle gem. § 14 Abs. 6 JuSchG gekennzeichnet worden sind (§§ 11 Abs. 1, 12 Abs. 1 JuSchG).

49 Die FSK stellt eine Organisation der freiwilligen Selbstkontrolle dar, die die gem. § 14 JuSchG gesetzlich vorgeschriebene Alterskennzeichnung im Auftrag der Obersten Landesjugendbehörden vornimmt. Sie befindet sich in der Rechts- und Verwaltungsträgerschaft der Spitzenorganisation der Filmwirtschaft e.V. (SPIO), einem Dachverband von derzeit 17 Berufsverbänden der deutschen Film-, Fernseh- und Videowirtschaft, die insgesamt mehr als 1100 Mitgliedsfirmen repräsentieren.[95]

50 Die Prüfung durch die FSK ist freiwillig, jedoch haben sich die Mitglieder der SPIO verpflichtet, nur von der FSK geprüfte Produkte öffentlich anzubieten. Bildträger, die einer entsprechenden Prüfung nicht unterzogen wurden, werden nur für Erwachsene freigegeben.

51 Die Kennzeichnung geprüfter Filme erfolgt entsprechend § 14 Abs. 2 JuSchG mit den Prädikaten „Freigegeben ohne Altersbeschränkung“, „Freigegeben ab sechs Jahren“, „Freigegeben ab zwölf Jahren“, „Freigegeben ab sechzehn Jahren“ und „Keine Jugendfreigabe“.

52 Für die Kontrolle von Computerspielen hat sich als freiwillige Selbstkontrolle der Computerspielewirtschaft im Jahr 1994 die Unterhaltungssoftware Selbstkontrolle (USK)

92 Weitere Einzelheiten unter www.bundespruefstelle.de/.

93 S. www.kjm-online.de/de/pub/jugendschutz_in_telemedien/indizierungen.cfm.

94 S. www.fsk.de.

95 S. www.spio.de.

gegründet.[96] Die USK wird getragen durch die Freiwillige Selbstkontrolle Unterhaltungssoftware GmbH, deren Gesellschafter die Industrieverbände der Spiele entwickelnden, produzierenden und in Deutschland vertreibenden Industrie (Bundesverband Interaktive Unterhaltungssoftware e.V. – BIU und Bundesverband der Entwickler von Computerspielen e.V. – G.A.M.E.) sind.[97] Die USK kann zu Gunsten der Computerspieleindustrie Alterskennzeichnungen vornehmen, so dass eine Indizierung der Trägermedien gem. § 18 Abs. 8 JuSchG ausgeschlossen ist. Trägermedien, die eigentlich gegen das Jugendschutzrecht verstoßen, können auf diese Weise legalisiert werden,[98] so dass sich auch hier das Problem der sog. regulierten Selbstregulierung stellt.

Des Weiteren existiert mit der Freiwilligen Selbstkontrolle Fernsehen e.V. (FSF) seit 2003 eine weitere anerkannte Einrichtung zur Programmprüfung und Vergabe von Altersfreigaben für Fernsehsendungen.[99] Ferner befasst sich die Freiwillige Selbstkontrolle Multimedia-Dienstanbieter e.V. (FSM) mit dem Jugendschutz in Online-Medien. Dabei handelt es sich um eine anerkannte Einrichtung der Freiwilligen Selbstkontrolle für Webangebote.[100]Als Untergliederung der USK besteht darüber hinaus seit 2011 die USK.online und für die FSK die FSK.online. Dabei handelt es sich um anerkannte Einrichtungen der Freiwilligen Selbstkontrolle für Webangebote, wobei sich die USK.online[101] im Jahre 2016 darüber hinaus auch für den **Rundfunkbereich** hat anerkennen lassen. 53

II. Aufsicht nach dem Jugendmedienschutzstaatsvertrag

1. Der Jugendschutzbeauftragte

Wer länderübergreifendes Fernsehen veranstaltet, geschäftsmäßig allgemein zugängliche Telemedien anbietet, die entwicklungsbeeinträchtigende oder jugendgefährdende Inhalte enthalten, oder eine Suchmaschine anbietet, hat grundsätzlich einen Jugendschutzbeauftragten zu bestellen (§ 7 Abs. 1 JMStV). Eine Ausnahme hiervon gilt nach § 7 Abs. 2 JMStV für Anbieter von Telemedien mit weniger als 50 Mitarbeitern oder solchen, die nachweislich weniger als zehn Millionen Zugriffe im Monatsdurchschnitt verzeichnen. Entsprechendes gilt für Veranstalter, die nicht bundesweit verbreitetes Fernsehen veranstalten, da ansonsten der Aufwand innerhalb eines Unternehmens unter Umständen unverhältnismäßig hoch sein würde.[102] Sie können auf die Bestellung eines Jugendschutzbeauftragten verzichten, wenn sie sich einer Einrichtung der freiwilligen Selbstkontrolle anschließen und diese die entsprechenden Aufgaben wahrnimmt. Hierdurch werden kleine Anbieter privilegiert und können den Anforderungen des § 7 JMStV dennoch ausreichend Rechnung tragen. § 7 JMStV unterscheidet somit zwischen der Verpflichtung zur Bestellung eines Jugendschutzbeauftragten (Abs. 1) und der bloßen Delegation der Aufgaben an eine Einrichtung der Freiwilligen Selbstkontrolle (Abs. 2). § 7 Abs. 2 JMStV hat nicht den Sinn und Zweck, ein größeres Unternehmen bei der Wahl und Bestellung eines externen 54

96 S. www.usk.de.
97 S. www.usk.de/die-usk/ueber-uns/.
98 *Fechner* 6. Kap. Rn. 9.
99 S. www.fsf.de.
100 S. www.fsk.de/index.asp?SeitID=466&TID=466.
101 S. www.usk.de/extramenue/login/publisher/angebot/mitgliedschaft/.
102 Vgl. amtl. Begr. zu § 7 Abs. 2 JMStV.

Jugendschutzbeauftragten zu beschränken. Vielmehr ist das Unternehmen bei der Bestellung eines Jugendschutzbeauftragten völlig frei, solange dieser die in § 7 JMStV beschriebenen, weiteren Voraussetzungen erfüllt.[103]

55 Im Außenverhältnis ist der Jugendschutzbeauftragte Ansprechpartner für die Nutzer. Als solcher ist er für die Entgegennahme von Beschwerden und Anfragen von Nutzern in Belangen des Jugendschutzes zuständig.[104] Im Innenverhältnis ist er vom Anbieter bei Fragen der Herstellung, des Erwerbs, der Planung und der Gestaltung von Angeboten sowie bei allen Entscheidungen zur Wahrung des Jugendschutzes zu beteiligen und entsprechend zu informieren (vgl. § 7 Abs. 3 JMStV). Dabei ist er gem. § 7 Abs. 4 S. 2 JMStV weisungsfrei. Er besitzt allerdings lediglich Beratungsfunktion und hat keine selbständigen Entscheidungsbefugnisse (vgl. auch § 7 Abs. 3 S. 3 JMStV).[105] Der Jugendschutzbeauftragte soll neben der Geschäftsleitung Ansprechpartner für die Freiwillige Selbstkontrolle bzw. für die Aufsicht durch die KJM sein - sofern der Jugendschutzbeauftragte nicht ohnehin an eine Freiwillige Selbstkontrolleeinrichtung ausgelagert wurde.[106]

2. Die Kommission für Jugendmedienschutz (KJM)

56 Die Kommission für Jugendmedienschutz (KJM) nimmt als zentrale Stelle gemäß dem JMStV die Aufsicht über den Jugendschutz im Rundfunk und den Telemedien wahr. Sie sorgt dort für die Umsetzung der Bestimmungen des JMStV. Dabei dient sie der jeweils zuständigen Landesmedienanstalt gem. § 35 Abs. 2 S. 2 RStV als Organ bei der Erfüllung ihrer Aufgaben. Aufgabe der KJM ist nach § 14 Abs. 1 S. 1 JMStV die Überprüfung der Einhaltung der für die Anbieter geltenden Bestimmungen nach dem JMStV. Seit 2003 bediente sie sich zur Aufgabenerfüllung einer Stabsstelle. Diese war bei der Bayerischen Zentrale für neue Medien (BLM) angesiedelt und ihr oblag die Erledigung der inhaltlichen und rechtlichen Aufgaben der KJM, etwa im Rahmen der Aufsicht die stichprobenartige Sichtung von Telemedienangeboten und die Behauptung von Verstößen gegen den JMStV gegenüber der jeweiligen Einrichtung der Freiwilligen Selbstkontrolle (§ 20 Abs. 5 S. 1 JMStV). Mit dem 10. RÄStV ist 2010 eine Gemeinsame Geschäftsstelle (GGS) der Landesmedienanstalten in Berlin für alle Kommissionen[107] errichtet worden. Infolge dieser Neuorganisation hat die KJM-Stabstelle ihre Tätigkeit nunmehr eingestellt.[108] Seit dem 1.9.2013 werden die Aufgaben der Stabsstelle teils in der GGS, teils beim Vorsitzenden der KJM in München und teils in den Landesmedienanstalten bearbeitet.

57 Mitglieder der (KJM) sind sechs Direktoren der Landesmedienanstalten sowie vier von den für den Jugendschutz zuständigen obersten Landesbehörden und zwei von der für den Jugendschutz zuständigen obersten Bundesbehörde benannte Sachverständige (§ 14 Abs. 3 JMStV).[109] Diese Zusammensetzung dient nicht nur der bundeseinheitlichen Handhabung von Sachverhalten im Bereich des Rundfunks und der

---

103 Bornemann/Erdemir/*Gutknecht* § 7 JMStV Rn. 14 f.

104 *Spindler/Schuster* § 7 JMStV Rn. 12-16.

105 *Hahn/Vesting* § 7 JMStV Rn. 10.

106 Vgl. amtl. Begr. zu § 7 Abs. 3 JMStV.

107 Organe Kommission für Zulassung und Aufsicht (ZAK), Gremienvorsitzendenkonferenz (GVK), Kommission zur Ermittlung der Konzentration im Medienbereich (KEK) und KJM.

108 Kritisch zu dieser Umstrukturierung *Liesching* MMR 2012, 360.

109 Kritisch zur Ausgestaltung der KJM *Bosch* S. 277 ff.

Telemedien, sondern soll darüber hinaus durch Beteiligung von Behörden, denen der Jugendschutz auf anderen Feldern obliegt, fachlichen Austausch und die einheitliche Handhabung sicherstellen.

3. Zusammenarbeit von KJM und Freiwilliger Selbstkontrolle

Der JMStV hat ein System der Verzahnung zwischen der KJM und den Einrichtungen der Freiwilligen Selbstkontrolle[110] geschaffen, das im Rahmen der **regulierten Selbstregulierung** organisiert ist. Dieses System ist zweistufig aufgebaut: Während die Selbstkontrolleinrichtungen die Medienanbieter kontrollieren, überprüft die KJM die Selbstkontrolleinrichtungen.[111] Das Modell kombiniert auf diese Weise Selbst- und staatliche Regulierung. Der Staat gibt dabei den Rahmen vor und beansprucht sodann nur noch eine eingeschränkte Letztkontrolle zur Verhinderung eines unzureichenden Schutzes durch die Selbstkontrolle. Nimmt die zuständige Landesmedienanstalt an, dass ein Anbieter, der einer anerkannten Einrichtung der Freiwilligen Selbstkontrolle angehört, gegen die Bestimmungen dieses Staatsvertrages (JMStV) verstoßen hat, wird sie daher nicht ohne Weiteres aufsichtsrechtlich tätig. Vielmehr ist hier die freiwillige Selbstkontrolle zwischen geschaltet. § 20 Abs. 5 S. 2 JMStV[112] lässt Maßnahmen gegen den Anbieter durch die KJM nämlich nur dann zu, wenn die Einrichtung der Freiwilligen Selbstkontrolle erstens über eine Verstoßbehauptung entschieden hat und wenn zweitens diese Entscheidung oder die Unterlassung einer Entscheidung die rechtlichen Grenzen des Beurteilungsspielraums der Selbstkontrolleinrichtung überschritten hat, der sich aus den Bestimmungen des JMStV und der dazu erlassenen Satzungen und Richtlinien ergibt.[113] Dieses Privileg ist ein wichtiger Anreiz für Medienanbieter, sich der Selbstkontrolle anzuschließen. Eine breite Teilhabe der Veranstalter wiederum ist zentral für die Funktionsfähigkeit des Gesamtsystems.[114] **58**

Im Jugendmedienschutz sind zwei gegenläufige Interessen zu harmonisieren. Der Staat muss den Schutz Minderjähriger vor Gefahren durch mediale Angebote aus dem Bereich „Sex and Crime" gewährleisten. Zugleich hat er aber die Medien von staatlichem Einfluss freizuhalten. Bei der Aufsicht sind Schutz durch Kontrolle und staatliche Neutralität bei inhaltlichen Fragen zugleich geboten. Zudem spielen die ökonomischen Belange der Anbieter eine Rolle. Das Problem des Jugendschutzes ist also ein innerer Konflikt. Es liegt auf der Hand, dass gerade mit den Anforderungen des Jugendschutzes nicht vereinbare Angebote bei Minderjährigen und Erwachsenen auf Interesse stoßen und deshalb ökonomisch besonders reizvoll sind. Das System der Co-Regulierung ist zur Lösung dieses Konflikts insofern aber gut geeignet, als es möglichen Vollzugs-, Wissens- und Steuerungsdefiziten beim Staat begegnen kann.[115] Es weist aber zugleich eine unübersehbare Schwäche auf, die jeder freiwilligen Selbstkontrolle innewohnt. Sie liegt darin, dass der Rückzug des Staates aus der Freiheitsphäre des Bürgers ein gesteigertes Maß an Verantwortung und die **59**

---

110 Bisher als Einrichtungen der Freiwilligen Selbstkontrolle anerkannt sind die Freiwillige Selbstkontrolle der Filmwirtschaft (FSK), die FSK.online für Webangebote, die Freiwillige Selbstkontrolle Fernsehen e.V. (FSF), die Unterhaltungssoftware Selbstkontrolle (USK) und die Freiwillige Selbstkontrolle Multimedia-Diensteanbieter e.V. (FSM).

111 *Hahn/Vesting* § 19 JMStV Rn. 1.

112 Für Rundfunk gilt § 20 Abs. 3 JMStV.

113 *Spindler/Schuster* § 20 JMStV Rn. 16.

114 Vgl. Dörr/Kreile/Cole/*Cole* Rn. 48.

115 Dazu im Einzelnen *Bosch* S. 78 ff.

Bereitschaft voraussetzt, ökonomische Interessen den Jugendschutzbelangen im konkreten Fall unterzuordnen. Je geringer die Kontrolldichte ist, desto größer ist die Gefahr des Freiheitsmissbrauchs. Konkret muss also bei der Selbstkontrolle der Gefahr, dass die Veranstalter die Jugendschutzvorschriften eher wirtschafts- als jugendschutzorientiert auslegen, Rechnung getragen werden. Soll die Nähe der kontrollierten Anbieter zu den Kontrollierenden das System des Jugendschutzes nicht konterkarieren, so muss auf die sachangemessene Ausübung der freiwilligen Kontrolltätigkeit, der gerade wegen des erheblichen Vertrauensvorschusses, den der JMStV den Anbietern und der Selbstkontrolle einräumt, besonderes Augenmerk gelegt werden. Dieses Postulat ist für Anbieter von Telemedien, deren Angebote lediglich anzeigepflichtig sind, besonders augenfällig. Sie unterliegen nicht dem für Rundfunkveranstalter geltenden Lizenzierungserfordernis, können aber etwa über gewaltverherrlichende oder pornographische Abrufinhalte in erheblichem Maße entwicklungsbeeinträchtigend wirken.

3.1 Aufgabe der freiwilligen Selbstkontrolle am Beispiel der FSM

60 Die Freiwillige Selbstkontrolle Multimedia-Diensteanbieter (FSM) überprüft nach § 19a Abs. 1 JMStV „im Rahmen ihres satzungsgemäßen Aufgabenbereichs die Einhaltung der Bestimmungen des Staatsvertrages (…) bei (…) ihnen angeschlossenen Anbietern". Sie ist ein gemeinnütziger privatrechtlicher Verein, der sich mit Jugendmedienschutz in Onlinemedien befasst,[116] und von der KJM als Selbstkontrolleinrichtung für den Bereich Telemedien anerkannt ist. Diensteanbieter haben die Möglichkeit, sich dem im JMStV vorgesehenen Modell der regulierten Selbstregulierung anzuschließen und sich damit der Kontrolle der FSM zu unterwerfen. Die Mitglieder genießen dadurch die im JMStV vorgesehene **Privilegierung** der anerkannten Selbstkontrolle nach § 20 Abs. 5 JMStV. Selbiges gilt beispielsweise für eine Mitgliedschaft bei der Freiwilligen Selbstkontrolle USK.online, die neben dem Telemedien-Bereich auch für den Rundfunkbereich staatlich anerkannt ist Die FSM gibt sich eine Beschwerdeordnung (im Folgenden: FSM-BO). Sie verfügt über eine Beschwerdestelle, die für den Schutz von Kindern und Jugendlichen vor Angeboten in Telemedien, die geeignet sind, deren Entwicklung oder Erziehung zu eigenverantwortlichen und gemeinschaftsfähigen Persönlichkeiten zu beeinträchtigen oder zu gefährden, zuständig ist. Zudem werden dort Angebote in Telemedien behandelt, die die Menschenwürde oder sonstige durch den JMStV geschützte Rechtsgüter verletzen. Im Hinblick auf die unüberschaubare Menge der Medienangebote im Internet, bei der nur ein kleiner Bruchteil der illegalen Inhalte erfasst werden kann, spielen Beschwerden von Nutzern für das Auffinden und die anschließende Ahndung von Verstößen eine zentrale Rolle.[117] Die eingehenden Beschwerden werden auf Grundlage einer Vereinssatzung gere-

---

116 S. www.fsm.de/ueber-uns.

117 *Hahn/Vesting* § 19 JMStV Rn. 34; Hartstein/Ring/Kreile/Dörr/Stettner/*Wagner* § 20 JMStV Rn. 14; *Sellmann* MMR 2006, 723; *Cole* ZUM 2005, 469. Entspr. heißt es in der amtl. Begr.: "Hat aber die Selbstkontrolle geprüft und der Anbieter evtl. Vorgaben beachtet, überprüft die Aufsicht nur, ob sich die Selbstkontrolle im Rahmen des Beurteilungsspielraumes gehalten hat, der vom Staatsvertrag und dazu erlassenen Satzungen und Richtlinien eingeräumt wird (…) Der Beurteilungsspielraum kann insbesondere bei falscher Auslegung eines Rechtsbegriffs oder unzutreffender Tatsachenermittlung überschritten sein"; abrufbar unter www.kjm-online.de/fileadmin/Download_KJM/Recht/Amtliche_Begruendung_zum_JMStV_korrigiert.pdf.

gelt. Der Prüfung liegen der von den Mitgliedern verabschiedete Verhaltenskodex, die Prüfgrundsätze der FSM sowie der JMStV mit dessen Satzungen und Richtlinien der KJM zugrunde.

3.2 Ablauf das Prüfverfahrens

Das Prüfverfahren gestaltet sich dabei wie folgt: Es beginnt mit einer Verstoßbehauptung durch die KJM, die im Rahmen ihrer Aufsicht auf ein Angebot stößt, das bei kursorischer Betrachtung auf einen Verstoß hindeutet. Diesen Vorgang beschreibt und konkretisiert die KJM, indem sie eine Verstoßbehauptung formuliert, die sie der Selbstkontrolleinrichtung zur Überprüfung und Entscheidung vorlegt. Dort wird sie einem mit mindestens drei Prüfern besetzten Beschwerdeausschuss vorgelegt, der über den durch die KJM behaupteten Verstoß gegen den JMStV entscheidet. Gegenüber dem jeweiligen Mitglied ergeht im Falle einer begründeten Beschwerde abhängig von der Schwere des Verstoßes entweder ein Hinweis mit Abhilfeaufforderung, eine Rüge oder eine Vereinsstrafe. Äußerstenfalls kann der Vereinsausschluss ausgesprochen werden. Nach ordnungsgemäßer Abhilfe durch das betroffene Mitglied wird das Verfahren eingestellt. Unbegründete Beschwerden werden zurückgewiesen. 61

Die **Prüfentscheidung** der vorab mit behaupteten Verstößen gegen den Jugendschutz befassten anerkannten Einrichtung der Freiwilligen Selbstkontrolle bindet die KJM gem. **§ 20 Abs. 5 S. 2 JMStV** nur dann, wenn die Entscheidung oder Unterlassung die rechtlichen Grenzen des Beurteilungsspielraums der Selbstkontrolleinrichtung nicht verletzt. Dies muss die KJM prüfen und ggf. Aufsichtsmaßnahmen ergreifen. Bei **Beurteilungsfehlern** des Beschwerdeausschusses, ist die in § 20 Abs. 5 JMStV verankerte „Sperrwirkung" also ausgehebelt. 62

3.3 Umfang und Grenzen des Beurteilungsspielraums der Freiwilligen Selbstkontrolle

In der Praxis sind Meinungsverschiedenheiten zwischen hoheitlicher Aufsicht und freiwilliger Selbstkontrolleinrichtung über Umfang und Ausgestaltung des Beurteilungsspielraums wegen des geschilderten Konflikts an der Tagesordnung. Es kommt daher maßgeblich auf die Auslegung der Reichweite des Beurteilungsspielraums der Selbstkontrolleinrichtung an. Im Staatsvertrag sind die rechtlichen Grenzen dieses Beurteilungsspielraums nicht im Einzelnen festgelegt. Zwar ist keine Rspr.[118] zum Beurteilungsspielraum der Kontrolleinrichtungen vorhanden, jedoch verweist die amtl. Begr. zu § 20 Abs. 3 JMStV auf die Grundsätze, die in der Rspr. für Beurteilungsspielräume der Verwaltung aufgestellt worden und auf 63

118 In der rundfunkrechtlichen Entscheidungen zur MTV-Serie „I want a famous face" stellte das VG Berlin lediglich fest, dass die Behauptung der KJM, die Freiwillige Selbstkontrolle Fernsehen (FSF) habe eine Entwicklungsbeeinträchtigung von Kindern oder Jugendlichen nicht geprüft, evident falsch gewesen sei. Es verurteilte die KJM, dies in einer Pressemitteilung klarzustellen. Ob das Ergebnis der Prüfung der FSF zutreffend gewesen ist, war hingegen nicht Gegenstand der Prüfung, so dass auch keine Aussagen darüber getroffen wurden, ob die FSF die Grenzen des Beurteilungsspielraums überschritten hatte, vgl. *VG Berlin* MMR 2006, 704. Dazu *Hopf/Braml* ZUM 2007, 23 ff. Zum Beurteilungsspielraum der Einrichtungen der Freiwilligen Selbstkontrolle vgl. auch Hartstein/Ring/Kreile/Dörr/Stettner/*Wagner* § 20 JMStV Rn. 14; *Sellmann* MMR 2006, 723; ausführlich *Bosch* Die regulierte Selbstregulierung im JMStV, 342 ff.

die Einrichtungen der Freiwilligen Selbstkontrolle zu übertragen sind.[119] So heißt es in der amtlichen Begründung: „Der Beurteilungsspielraum kann insbesondere bei **falscher Auslegung eines Rechtsbegriffs** oder **unzutreffender Tatsachenermittlung** überschritten sein. Ist dies der Fall, so stehen der KJM sämtliche Maßnahmen zur Verfügung, die das anzuwendende Landesrecht vorsieht. Damit soll jeder Missbrauch vermieden und sollen **grobe Fehleinschätzungen korrigiert** werden."[120] Nicht ausreichend für die Annahme eines Bewertungsfehlers ist es hingegen, dass die staatliche Aufsichtsbehörde lediglich zu einer anderen Auffassung gelangt als die Einrichtung der Freiwilligen Selbstkontrolle.[121] Ein gerichtlich überprüfbarer **Rechtsverstoß** liegt hiernach nur dann vor, **wenn** das Entscheidungsgremium

- Verfahrensfehler begeht,
- von einem unrichtigen bzw. unvollständigen Sachverhalt ausgeht,
- anzuwendendes Recht verkennt,
- allgemeingültige Bewertungsmaßstäbe verletzt oder
- sich von sachfremden Erwägungen leiten lässt.[122]

64 Nach der Rspr. muss die Einrichtung der Freiwilligen Selbstkontrolle erkennen lassen, dass sie den zu Grunde liegenden Sachverhalt durch ihre Prüfer hinreichend ermittelt hat und diese die relevanten Gesichtspunkte angemessen und vertretbar gewichtet haben.[123] Zu berücksichtigen sind dabei die Vorgaben des JMStV, die hierzu erlassenen Satzungen und Richtlinien sowie die von der Selbstkontrolleinrichtung im Rahmen ihrer Satzung und Beschwerdeordnung vorgegebenen Verfahrensschritte und aufgestellten Vorgaben für die Entscheidungen der Prüfer.[124] Hierfür muss die Kontrolleinrichtung ihre Entscheidung umfassend begründen. Anderenfalls ist es der KJM nicht möglich zu erkennen, ob der Beurteilungsspielraum tatsächlich überschritten wurde. Das bedeutet, dass eine fehlende oder unzureichende Begründung zum Verlust der Privilegierung führen kann.[125]

---

119 Vgl. Hartstein/Ring/Kreile/Dörr/Stettner/*Wagner* § 20 JMStV Rn. 14; *Maurer* Allg. Verwaltungsrecht, § 7 Rn. 31 ff.; konkret zum JMStV Hartstein/Ring/Kreile/Dörr/Stettner/*Wagner* § 20 JMStV Rn. 3; *Kreile/Diesbach* ZUM 2002, 849, 855. Zu den Kategorien insgesamt *Bosch* Die „Regulierte Selbstregulierung" im Jugendmedienschutz, S. 352 ff.

120 Amtl. Begr. zu § 20 Abs. 3 JMStV, abrufbar unter www.kjm-online.de/fileadmin/Download_KJM/Recht/Amtliche_Begruendung_zum_JMStV_korrigiert.pdf.

121 *Cole* ZUM 2005, 469; *Hartstein/Ring/Kreile/Dörr/Stettner* § 20 JMStV Rn. 14; *Cole* ZUM 2005, 469; *Sellmann* MMR 2006, 723.

122 *Eyermann/Rennert* VwGO, 14. Aufl. 2016, § 114 Rn. 78; spezifisch zum Beurteilungsspielraum der Selbstkontrolleinrichtungen; *Cole* ZUM 2005, 469; Hartstein/Ring/Kreile/Dörr/Stettner/*Wagner* § 20 JMStV Rn. 14 ff.

123 *VG München* 21.12.2004 – M 17 S 04.4817; *VGH München* 22.5.2005 – 7 CS 05.79; *VG Berlin* MMR 2006, 704.

124 Dazu eingehend *Bosch* S. 315 ff; s.a. *Hahn/Vesting* § 20 JMStV Rn. 33.

125 *Hahn/Vesting* § 20 JMStV Rn. 38.

8. Kapitel
Rundfunktechnik und Infrastrukturregulierung

Literatur: *Bauer/von Einem* Handy TV-Lizenzierung von Urheberrechten unter Berücksichtigung des „2. Korbs“, MMR 2007, 698; *Charissé* Kabelkommunikation zwischen Rundfunk- und Urheberrecht, K&R, 2002, 164; *Christmann* Rechtliche Rahmenbedingungen für Plattformbetreiber, ZUM 2009, 7; *Conrad* Die Feuerzangenbowle und das Linsengericht: Der Vergütungsanspruch nach § 20b II UrhG, GRUR 2003, 561; *Diesbach* Verkauf von territorial begrenzten Senderechten in Europa und Verschlüsselungsverlangen, ZUM 2002, 680; *Dörr/Janik/Zorn* Der Zugang zu den Kabelnetzen und die Regelungen des europäischen Rechts, 2002; *Dörr/Kreile/Cole* Handbuch Medienrecht – Recht der elektronischen Massenmedien, 2. Aufl. 2010; *Dörr/Volkmann* Die Kabelbelegungsregelungen im Hessischen Privatrundfunkgesetz unter Berücksichtigung europarechtlicher Vorgaben, 2005; *Eggers* Filmfinanzierung, 5. Aufl. 2007; *Enßlin* Kontrahierungszwang für Anbieter von Dienstleistungen für das digitale Fernsehen, 2000; *Fink/Cole/Keber* Europäisches und Internationales Medienrecht, 2008; *Fink/Keber* Übertragungspflichten ohne Einspeiseentgelt?, MMR Beilage 2/2013; *Flatau* Neue Verbreitungsformen für Fernsehen und ihre rechtliche Einordnung: IPTV aus technischer Sicht, ZUM 2007, 1; *Fuchs/Kunow* Disruption im Plattformmarkt?, Digitalisierungsbericht 2016, S. 9 ff.; *Grünwald* Analoger Switch-Off, 2001; *Hain/Steffen/Wierny* Das deutsche Must-Carry-Regime auf dem Prüfstand, MMR 2014, 24; *Hartstein/Ring/Kreile/Dörr/Stettner* Rundfunkstaatsvertrag, Loseblatt; *Holznagel/Behle/Schumacher* Zusammenarbeit der Medien-und TK-Aufsicht bei der Sicherung der Zugangsfreiheit, FS Henle, 2007; *Janik* Kapitulation vor der eingetretenen Konzentration?, AfP 2002, 104; *ders.* Der deutsche Rundfunkbegriff im Spiegel technischer Entwicklungen, AfP 2000, 7; *ders.* Rundfunkregulierung auch im Internet?, K&R 2001, 572; *ders.* in Schiwy/Schütz/Dörr, Medienrecht, 5. Aufl. 2010, S. 78; *ders.* in Beck'scher TKG Kommentar, 4. Aufl. 2013; *Jarass/Pieroth* GG, 14. Aufl. 2016; *Kaufmann* Kompression und Bandbreite im Wettlauf, Elektronik 16/2000, 68; *Kibele* Multimedia im Fernsehen, 2001; *Klußmann* Lexikon der Informations- und Kommunikationstechnik, 3. Aufl. 2001; *König* Die Einführung des digitalen Fernsehens, 1997; *König/Haratsch* Ring frei im DVB-T Beihilfenstreit vor der Europäischen Kommission – Terrestrisch digitaler Rundfunk vor dem Aus?, ZUM 2005, 275; *König/Kühling* Rundfunkstaatsvertragliche Störsignale für das digitale terrestrische Fernsehen DVB-T?, AfP 2004, 3; *dies.* EG-beihilfenrechtlicher „Switch-Off“ für das digitale terrestrische Fernsehen DVB-T?, K&R 2004, 201; *Mailänder* Fernsehen mit verschlüsselten Grenzen, ZUM 2002, 706; *Mand* Das Recht der Kabelweitersendung. Kabelweiterleitung von Rundfunkprogrammen im Licht des § 20b UrhG, 2004; *ders.* § 20b Abs. 2 UrhG und das neue Urhebervertragsrecht, ZUM 2003, 812; *Ory* Rechtliche Überlegungen aus Anlass des „Handy-TV“ nach dem DMB-Standard, ZUM 2007, 7; *Popp/Parke/Kaumanns* Rechtemanagement in der digitalen Medienwelt, MediaPerspektiven 2008, 453; *Schmittmann/Kempermann* Anmerkung zu EuGH vom 22.12.2008 – Rs. C-336/07, AfP 2009, 31; *Schrape* Digitales Fernsehen, Marktchancen und ordnungspolitischer Regelungsbedarf, 1995; *Schricker* Urheberrecht, 4. Aufl. 2010; *Schütz* Kommunikationsrecht, 2005; *Schulz/Seufert/Holznagel* Digitales Fernsehen, Regulierungskonzepte und -perspektiven, 1999; *Sharma* Der chancengleiche Zugang zum digitalen Fernsehkabelnetz, 2009; *Trute/Broemel* Der Verbreitungsauftrag der öffentlich-rechtlichen Rundfunkanstalten, MMR Beilage 11/2012; *Weisser/Glas* Die medienrechtliche Regulierung von Plattformen, ZUM 2009, 914; *Weisser/Höppener* Kabelweitersendung und urheberrechtlicher Kontrahierungszwang, ZUM 2003, 597; *Weißenborn* Der Zugang des Rundfunks zu seinen Frequenzen, IRIS plus 2007, 2.

I. Einführung

1 Die Rundfunklandschaft befindet sich in einer Phase des Umbruchs und der Neubestimmung, in der bisherige Geschäftsmodelle auf den Prüfstand gestellt, neue Verbreitungs- und Finanzierungsformen erprobt und die Balance des dualen Rundfunksystems politisch neu justiert werden. Diese Veränderungsprozesse sind gekennzeichnet von einem sprunghaften Anstieg von Programminhalten, die über die unterschiedlichsten Verbreitungswege und Endgeräte empfangen werden können, sowie einer Verwischung der Grenzen zwischen klassischen Rundfunkprogrammen einerseits und Telemedien andererseits. Der ausschlaggebende Impuls dieser Entwicklung ist jedoch nicht inhaltlicher, sondern vielmehr technischer Natur. Denn erst durch den technischen Prozess der Digitalisierung und Komprimierung von Informationen wurden die Voraussetzungen geschaffen, um Programminhalten neue Verbreitungsmöglichkeiten und Geschäftsmodelle zu eröffnen. Die Veränderung von Geschäftsmodellen in der digitalen Welt kann beispielhaft an der erfolgreichen Veränderung des Vertriebsmodells von „Netflix" nachvollzogen werden, das sich von einem überwiegend national operierenden DVD-Verleih hin zu einem Subscription Video-On-Demand-Dienst verwandelte, der das Internet als Vertriebsweg für seine globale Expansionsstrategie verwendet. Die Digitalisierung des Rundfunks und der damit einhergehende Prozess der (technischen) Medienkonvergenz stellt die Initialzündung für einen Anstieg von Programmangeboten und eine erhebliche Erweiterung der Programm- und Meinungsvielfalt dar. Ein wichtiges Symbol für diese Entwicklung ist das sog. „web 2.0" und die damit verbundene Möglichkeit eines jeden Internetnutzers, eigene digitale Inhalte im Internet zu verbreiten. Der Erfolg von „YouTube" und den dort zum Abruf bereit gestellten Videoclips (sog. „user-generated content") beweist nicht nur erneut die besondere Attraktivität von audio-visuellen Inhalten, sondern bildet einen Antagonismus zu der bisherigen Monopolisierung von audio-visuellen Inhalten, die in der durch Frequenzknappheit geprägten „analogen Welt" in der Hand nur weniger Rundfunkveranstalter lag. Die Digitalisierung verändert nicht nur die Art und Weise wie audio-visuelle Inhalte produziert, verbreitet und vermarktet werden, sondern führt entsprechend auch auf Seiten der Konsumenten zu einer Veränderung der Rezeptionsgewohnheiten hinsichtlich der Endgeräte, der Nutzungsweise und des Nachfrageverhaltens. Dieser oftmals auch als Medienkonvergenz beschriebene Prozess verlangt von den Marktbeteiligten ein hohes Maß an Flexibilität und Veränderungswillen und macht auch – wie die erregte Diskussion um die Einführung der Rundfunkgebühr für internetfähige PCs und die nunmehr erfolgende Umstellung auf eine Haushaltsabgabe gezeigt hat – vor medienfremden Unternehmen und Privathaushalten nicht halt. Im Rahmen dieses Veränderungsprozesses treten Verwerfungen auf, die vor allem dadurch hervorgerufen werden, dass eine nationale – häufig zudem föderal fragmentierte – Regulierung auf internationale Marktakteure trifft, die mit ihren internetbasierten Geschäftsmodellen (z.B. YouTube, Netflix, AmazonPrime etc.) versuchen, die Medienkonvergenz für einen möglichst weltweiten Marktauftritt zu nutzen. Dies führt zu unterschiedlichen Regulierungsbedingungen für nationale Unternehmen gegenüber ihren internationalen Wettbewerbern und verlangt eine konsistente und konvergente Regulierung, die ein Zusammenwirken der Gesetzgeber auf Bundes- und Landesebene im Kontext einer immer stärker globalisierten Medienwelt erfordert. Erste Ansatzpunkte für eine modernere Medienregulierung wurden deshalb im Rahmen einer Bund-

Länder-Kommission zur Medienkonvergenz erarbeitet, die sich hierbei mit audiovisuellen Mediendiensten, Jugendschutz, Kartellrecht, Plattformregulierung als auch Intermediären beschäftigte.[1]

2 In dieser Umbruchphase ändern sich auch die Nutzungsgewohnheiten und Rezeptionsweisen der Zuschauer, da Rundfunkinhalte nicht mehr ausschließlich von einem Anbieter an viele Rezipienten zur zeitgleichen Nutzung gesendet werden (Punkt-zu-Multipunkt-Verbindung). Vielmehr werden die Zuschauer durch die im Internet verwendete „streaming"-Technologie verstärkt in die Lage versetzt, im Wege des Programmabrufs (Punkt-zu-Punkt-Verbindung) über den Zeitpunkt der Rezeption selbständig zu entscheiden (z.B. Video-On-Demand-Angebote). Es sind hierbei aber auch moderne Endgeräte wie der Personal Video-Recorder (PVR), die einen maßgeblichen Einfluss auf die Veränderung des Nutzungsverhaltens haben werden, da diese Geräte mit großen Festplatten zur zeitgleichen Speicherung verschiedener Rundfunkprogramme ausgestattet sind. Dadurch wird der Zuschauer in die Lage versetzt, die klassischen Rundfunkverbreitungswege nur noch dazu zu verwenden, den PVR mit neuen Programmen zu füttern, die entsprechend den individuellen Vorlieben gespeichert und erst zu einem späteren Zeitpunkt abgerufen werden. Die technischen Rahmenbedingungen einer effizienten, cloud-basierten Programmspeicherung (sogenannter Network-PVR) wurden hierbei bereits zum Gegenstand höchstrichterlicher Rechtsprechung.[2] Ferner erobern auch Internet-Giganten wie Google und Apple das heimische TV-Gerät, indem durch die Einbindung des Internetzugangs in das Fernsehgerät bei entsprechender Verwendung zusätzlicher „Konvergenz-Geräte" eine Fusion der linearen Rundfunkwelt mit der nicht-linearen Internetwelt ermöglicht wird (z.B. Google-TV oder Apple TV). Hybride Fernsehgeräte, die über einen integrierten Internetzugang und entsprechende Programmier-Schnittstellen verfügen, werden zunehmend auch von den Programmveranstaltern genutzt, die entsprechende interaktive Applikationen entwickeln, mit denen der Fernsehzuschauer aus dem laufenden Programm heraus einen Ausflug in die Internetwelt unternehmen kann, um dort weitergehende Informationen oder Zusatzdienste in Anspruch zu nehmen. Die damit einhergehende technische Emanzipation des Zuschauers und seine wachsende Fähigkeit der selbstbestimmten Rezeption von Inhalten weit über die Grenzen des herkömmlichen Fernsehens hinweg wird von den Gazetten bereits plakativ betitelt: „Der Zuschauer ist tot, es lebe der Nutzer."[3] Jedoch können bei interaktiven Nutzungsformen die individuellen Nutzungsdaten gespeichert und auf ihrer Grundlage mit Hilfe von Algorithmen entsprechende personalisierte Programmempfehlungen ausgesprochen werden, so dass auch das Spannungsfeld von Nutzung und Empfehlung zu einer Veränderung gegebenenfalls aber auch Verfestigung der inhaltlichen Präferenzen des Rezipienten führt. In dieser Situation ist der europäische und deutsche Gesetzgeber bemüht, mit dem raschen

---

1 Bericht der Bund-Länder-Kommission zur Medienkonvergenz, Juni 2016, abrufbar unter: www.rlp.de/fileadmin/rlp-stk/pdf-Dateien/Medienpolitik/2016-06-01_-01-_Bericht_BLKM_pol_Steuerungsgruppe_FINAL_bf.pdf.

2 *BGH* 11.4.2013 – I ZR 152/11 – Internet-Videorecorder II; I ZR 151/11 – Shift.TV.

3 Vgl. FAZ v. 31.8.2007, 16. Hierbei sind Nutzergemeinschaften bzw. soziale Netzwerke neue Zielgruppen, die insbesondere durch Anbieter wie Facebook und WhatsApp erschlossen werden. Die im Vergleich zu den USA strengeren Datenschutzstandards in Deutschland haben sich in diesem Zusammenhang als Wettbewerbsnachteil für deutsche Anbieter in diesem Marktsegment erwiesen.

Tempo der technischen Veränderungsprozesse Schritt zu halten und der gewachsenen Bedeutung der technischen Verbreitungsinfrastrukturen und Empfangstechnik gerecht zu werden. Infrastrukturbetreiber, Inhalteanbieter, Internetdienste und kommerzielle Vermarkter dieser Inhalte erweitern in immer neuen Kooperationsformen ihre Geschäftsfelder und geraten hierbei in ein komplexes Geflecht wechselseitiger Abhängigkeiten, in deren Mitte der Nutzer steht, da er Inhalte auf verschiedene Wege empfangen und auch verbreiten kann. Auch die Grenzen zwischen der Produktion und der Verbreitung von Inhalten werden immer fließender, da im Rahmen verschiedener Unternehmenszusammenschlüsse eine immer stärkere vertikale Integration geschaffen wird.[4] Ferner nimmt die maschinengesteuerte Einflussnahme auf den Meinungsbildungsprozess mittels sog. Social-Bots über die vermehrt Fake-News und Hasskriminalität in sozialen Netzwerken verbreitet werden, eine immer bedeutsamere Rolle ein, so dass auch zu hinterfragen ist, ob die hinter der Medienregulierung stehenden Überzeugungen zur Art und Weise der Massenkommunikation noch zeitgemäß sind.[5] Umso schwieriger ist die gesetzgeberische Aufgabe, bei der positiven Ausgestaltung der Rundfunkordnung[6] einerseits die wirtschaftlichen Rahmenbedingungen der Inhalteanbieter im dualen System angemessen zu berücksichtigen und andererseits eine technologieneutrale Regulierung zu schaffen, die zu keinen Verzerrungen des immer stärker werdenden Infrastruktur- und Plattformwettbewerbs führt. Insbesondere die Fragen des Zugangs zu Verbreitungswegen und der technischen Ausgestaltung der Empfangsgeräte sind Gegenstand gemeinschaftsrechtlicher sowie nationaler medien- und telekommunikationsrechtlicher Regulierung. Hierbei verfolgt das Gemeinschaftsrecht das Ziel einer strikten Trennung zwischen der Regulierung von Inhalten und der Regulierung von Infrastrukturen[7] wobei die Diskussion um die komplexen Fragen der sog. „Neutralität" gezeigt haben, dass dieses Trennungsprinzip teilweise schwierig aufrecht zu erhalten ist.[8] Auf der Ebene der nationalen Infrastrukturregulierung, die im Folgenden näher dargestellt wird, kommt es in vielen Fällen zu einer parallelen Anwendung von tele-

4 Eine vertikale Integration wie sie beispielsweise bei den ARD-Sendeanstalten durch die Verbindung von Programmproduktion und der nachfolgenden Verbreitung über eigene terrestrische Sendemasten schon seit den 50er Jahren besteht, vollzieht sich auch heutzutage beispielsweise durch den Zusammenschluss von großen Produktionsstudios mit Infrastrukturbetreibern (geplanter Zusammenschluss von AT&T und Time Warner) oder Vermarktungsplattformen (Fusion von 21Century Fox mit SKY genehmigt im April 2017).

5 Zur Verantwortung von sozialen Netzwerken im Hinblick auf sog. Hasskriminalität vgl. hierzu die Diskussion zu dem Entwurf eines Gesetzes zur Verbesserung der Rechtsdurchsetzung in sozialen Netzwerken (Netzwerkdurchsetzungsgesetz), der im März 2017 vom BMJV veröffentlicht wurde.

6 StRspr. vgl. *BVerfGE* 57, 295, 320; 73, 118, 152; 74, 297, 324; 83, 238, 296. Der Forderung des BVerfG zur positivrechtlichen Absicherung der Meinungsvielfalt ist der Gesetzgeber nachgekommen, indem er mit den §§ 25 ff. RStV einfachgesetzliche Regelungen getroffen hat, die insbesondere durch das Zuschaueranteilsmodell eine Vielfaltgewährleistung ermöglichen; vgl. hierzu auch *Janik* AfP 2002, 104 ff. m.w.N.

7 Richtlinie 2002/21/EG des Europäischen Parlaments und des Rates v. 7.3.2002 über einen gemeinsamen Rechtsrahmen für elektronische Kommunikationsnetze und -dienste (Rahmenrichtlinie); ABlEG Nr. L 108/33 v. 24.4.2002.

8 Die VO (EU) 2015/2120 zur Gewährleistung eines „offenen Internets" setzt sich primär mit den Fragen eines diskriminierungsfreien Verkehrsmanagements auseinander, gestattet aber auch eine Differenzierung bei der internetbasierten Verbreitung von sog. „Spezialdiensten", die aufgrund ihrer inhaltlichen Ausrichtung erhöhte Qualitätsstandards bei der Verbreitung benötigen. Dies hat zu anhaltenden politischen Diskussionen über die weitere zukünftige Ausgestaltung des Internets als Hauptverbreitungsweg im Informationszeitalter geführt.

kommunikationsrechtlichen Regelungen des Bundes, der die Gesetzgebungskompetenz für Fragen der Infrastrukturregulierung inne hat,[9] und den inhaltsbezogenen Bestimmungen des Medienrechts, das der Gesetzgebungskompetenz der Länder unterliegt.[10] Die damit einhergehenden rechtlichen Friktionen und teilweise verfassungsrechtlich bedenklichen Formen der Doppelregulierung zeugen einerseits von der Komplexität der Regelungsmaterie und den zugrundeliegenden technischen Zusammenhängen sowie andererseits von den kompetenzrechtlichen Verteilungskämpfen zwischen dem Bund und den Ländern. Flankiert werden die vorgenannten Veränderungsprozesse von der politischen Diskussion, wie die Zugangs- und Nutzungsbedingungen in einer vom Internet dominierten digitalen Medienwelt ausgestaltet werden sollen.

II. Digitalisierung

1. Politische Bedeutung

Die politische Bedeutung der Digitalisierung erklärt sich vor dem Hintergrund der wirtschaftlichen Wachstumsprognosen und -erwartungen, die an die Digitalisierung von Inhalten und die gleichzeitige Verbreitung von schnellen (breitbandigen) Internetzugängen sowie die Vervielfachung der Distributions- und Rezeptionsmöglichkeiten über verschiedene Infrastrukturen anknüpft.[11] Die Europäische Kommission sieht in der digitalen Technik sogar die Grundlage für eine umfangreiche und bedeutende Wachstums- und Beschäftigungsstrategie innerhalb der Europäischen Gemeinschaft.[12] Der technische Prozess der Digitalisierung hat jedoch insbesondere eine herausragende und aktuelle Bedeutung für den Informations- und Kommunikationsbereich, da sie die ehemals vorwiegende Verbreitungsform – die analoge Aufnahme- und Sendetechnik – bereits fast vollständig ersetzt hat. Dieser analoge Switch-Off ist nicht nur von Seiten der Medienwirtschaft erwünscht, sondern inzwischen auch in nahezu allen europäischen Staaten politischer Konsens, da mit der Digitalisierung erhebliche Vorteile verbunden sind. Diese liegen gegenüber dem analogen Rundfunk bislang in erster Linie in der effizienteren Frequenznutzung, der einfacheren Speicherung und Archivierung der Inhalte, der allgemein besseren Bild- und Tonqualität, der Mehrkanalfähigkeit sowie mittelbar in einer größeren Programmvielfalt. So hatte in Deutschland die Bundesregierung einer frühen Empfehlung der Initiative „Digitaler Rundfunk" folgend[13] in § 63 Abs. 5 TKG festgelegt, dass die Frequenzzuteilungen für die analoge Rundfunkverbreitung für den Fernsehrundfunk bis spätestens Ende 2010 und für den UKW-Hörfunk bis spätestens Ende 2015 widerrufen werden solle, was zur Folge haben soll, dass danach nur noch die digitale terrestrische Übertragung möglich 3

9 Gesetzgebungskompetenz des Bundes für Wirtschaftsfragen und Telekommunikation gem. Art. 74 Abs. 1 Nr. 1, 7, 11; 73 Nr. 13 GG.

10 Gesetzgebungskompetenz der Länder für rundfunkrelevante Fragen gem. Art. 30, 70 GG.

11 Vgl. Mitteilung der Kommission an den Rat, das Europäische Parlament, den Europäischen Wirtschafts- und Sozialausschuss und den Ausschuss der Regionen: eEurope 2005: Eine Informationsgesellschaft für alle, KOM(2002) 263 endgültig sowie die Initiative „i2010 – Eine Europäische Informationsgesellschaft für Wachstum und Beschäftigung" KOM(2005), 229 endgültig.

12 Vgl. „Digitale Agenda" der EU Kommission, abrufbar unter http://ec.europa.eu/information_society/digital-agenda/index_de.htm.

13 Vgl. Startszenario 2000, BMWi Dokumentation Nr. 481, S. 3 f.

ist. Aufgrund des langsamen Digitalisierungsprozesses beim Hörfunk wurde jedoch in § 63 Abs. 5 TKG eine Verlängerungsoption vorgesehen, auf deren Grundlage die analoge UKW-Verbreitung um bis zu 10 weitere Jahre ermöglicht wurde. Bereits heute nutzen über 92 % der ca. 38 Mio. deutscher TV-Haushalte digitales Fernsehen,[14] so dass das politische Ziel einer vollständigen Digitalisierung der Verbreitungswege in greifbare Nähe rückt. Im Bereich des terrestrischen Fernsehens ist der Digitalumstieg durch die ausschließliche Nutzung von DVB-T (Digital Video Broadcasting Terrestrial) zum Zweck der terrestrischen TV-Verbreitung mittlerweile vollständig vollzogen worden. Jedoch sind die Kosten der DVB-T-Verbreitung angesichts der vergleichsweise geringen Nutzungsakzeptanz signifikant, weshalb sich bislang nur die öffentlich-rechtlichen Programmveranstalter eine flächendeckende DVB-T-Verbreitung leisten. Private Programmveranstalter nahmen eine DVB-T-Verbreitung in der Regel nur in Ballungszentren vor, da die Programmverbreitung in den bevölkerungsärmeren ländlichen Gebieten nicht wirtschaftlich ist. Gerade wegen der hohen Kosten dieses Verbreitungsweges konnte die terrestrische Fernsehverbreitung erst durch eine Subventionspolitik initiiert werden, die jedoch aufgrund ihrer wettbewerbsverzerrenden Wirkung auf den Infrastrukturwettbewerb von Seiten der EU-Kommission beendet wurde.[15] Ab dem 29.3.2017 begann die Umstellung vom bisherigen terrestrischen Übertragungsstandard DVB-T auf den moderneren Standard DVB-T2, der aufgrund einer höheren Übertragungsbandbreite erstmals eine terrestrische Verbreitung von Programmen im hochauflösenden HDTV-Bildstandard ermöglicht. Die Verbreitung von Programmen privater Programmveranstalter erfolgt hierbei wie zuvor in erster Linie in Ballungsgebieten und zudem erstmals in verschlüsselter Form, um mittels entsprechender Abonnementsentgelte zusätzliche Distributionserlöse zu erwirtschaften, die zur Finanzierung der kostenintensiven terrestrischen Verbreitung beitragen. Beim Satellitenfernsehen wurde der vollständige Umstieg von analoger auf digitale Verbreitungstechnik im Mai 2012 vollzogen, indem die bis dahin noch vorhandene analoge Satelliten-Verbreitung der Rundfunkprogramme beendet wurde. Von diesen Migrationsproblemen verschont werden hingegen die jüngsten Übertragungswege (z.B. DSL, offenes Internet, LTE), welche bereits von Anfang an ausschließlich digital nutzbar sind, so dass in erster Linie nur die klassischen Rundfunkverbreitungswege Terrestrik (Radio), Satellit und Kabel von einem zukünftigen Umstieg auf (ausschließlich) digitale Verbreitungstechnik betroffen sind bzw. waren. Jedoch muss hierbei berücksichtigt werden, dass die Geschwindigkeit und der Erfolg dieser Migrationsprozesse im Wesentlichen von den Faktoren Frequenzknappheit, Zuschauernachfrage und Verbreitungskosten abhängig sind. Wie sich der Umstellungsprozess auf ausschließlich digitale Verbreitungstechnik in dem Verbreitungsweg terrestrischer Hörfunk (insbesondere UKW) vollzieht, bleibt abzuwarten, da in der Regel die Zuschauer durch den Erwerb eines digitalen Endgerätes den Umstellungsprozess individuell steuern. Unter Berücksichtigung dieses nachfrageorientierten Digitalisierungsprozesses und der Reichweitenabhängigkeit vieler werbefinanzierter Programmanbieter ist es naheliegend, eine Beendigung der parallelen analogen Frequenznutzung deshalb von dem bereits erreichten Nutzungsgrad des digitalen Empfangsweges abhängig zu machen. Gerade der Bereich des digitalen Hörfunks (DAB) hat gezeigt, dass trotz eines bundesweit ausgebauten digitalen Sendenetzes die Nutzungsakzeptanz von digitalem

14 Vgl. Digitalisierungsbericht 2016: tns-infratest; abrufbar unter www.die-medienanstalten.de.

15 Vgl. zu den europarechtlichen Problemstellungen bei der Einführung von DVB-T *König/Kühling* K&R 2004, 201 ff.; *König/Haratsch* ZUM 2005, 275 ff.

Radio noch sehr gering ist, da der Preis der Endgeräte vergleichsweise hoch ist und nicht alle analog verfügbaren Programme auch digital verbreitet werden. Zugleich nimmt die Radionutzung über das Internet beständig zu, da über dieses Verbreitungsmedium ebenfalls ein mobiler Zugriff auf Radioinhalte mit mobilen Endgeräten (meist mittels Smartphone oder Tablet) problemlos möglich ist und zudem die Vielfalt des Angebots unvergleichlich größer ist. Ferner ermöglicht das Internet-Streaming den Programmveranstaltern eine erhebliche Senkung der Verbreitungskosten. Problematisch ist jedoch, ob und inwieweit die Mechanismen der Werbefinanzierung eines in der Regel lokal/regional ausgerichteten Radioangebots auf ein meist international verfügbares Hörfunkangebot übertragen werden können. Im Bereich der Kabelverbreitung nutzen im Jahr 2016 jedoch bereits über 82 % der Kabelhaushalte das digitale Programmangebot, so dass der Ausstieg aus der ineffizienten und kapazitätsintensiven analogen Verbreitungstechnik in den nächsten Jahren zu erwarten ist.

Der Kabelnetzbetreiber Unitymedia wird aufgrund der überdurchschnittlich hohen digitalen Nutzung in seinem Netz bereits im Juni 2017 die analoge TV-Verbreitung einstellen. Folglich ist zu erwarten, dass danach viele Kabelnetzbetreiber der Empfehlung der Medienanstalten und des Kabelnetzbetreiber-Verbandes ANGA oder der Vorgabe des Sächsischen Gesetzgebers nach § 4 Abs. 6 SächsPRG folgen und die analoge TV-Verbreitung zum Ende des Jahres 2018 einstellen werden. Die Migration des analogen Hörfunks hin zu digitaler Radionutzung stellt sich jedoch aufgrund der geringen Durchdringung digitaler Radioempfänger schwieriger dar, weshalb die Digitalisierung der TV- und Radio-Verbreitung – wie auch bei der Terrestrik zu beobachten ist – sich zeitlich versetzt vollziehen wird. 4

Da die Medien- und Kommunikationsbranche sehr schnellen Veränderungszyklen unterworfen ist, müssen angesichts der Vielzahl der technischen Veränderungen und Möglichkeiten stets die telekommunikationsrechtlichen Rahmenbedingungen berücksichtigt werden, die in § 2 Nr. 7 TKG die Sicherstellung der effizienten und störungsfreien Nutzung von Frequenzen auch unter Berücksichtigung der Belange des Rundfunks als eines der maßgeblichen Regulierungsziele des Telekommunikationsgesetzes nennen. Gerade die effizientere Frequenznutzung[16] und die wesentlich geringeren Probleme mit möglichen Störstrahlungen bzw. Interferenzen sind hierbei signifikante Vorteile des Digitalisierungsprozesses, weshalb die digitale Frequenznutzung nicht nur aus Sicht der Marktteilnehmer und Zuschauer vorteilhaft ist, sondern auch aus regulatorischer und gesamtwirtschaftlicher Sicht große Vorzüge aufweist. 5

1.1 Die Digitalisierung von Programminhalten

Der wesentliche technische Unterschied der digitalen[17] zur analogen[18] Aufnahme- und Sendetechnik besteht darin, dass die Darstellung und Übertragung von Informationen 6

16 Bspw. wurden die durch die Umstellung auf DVB-T freigewordenen terrestrischen Übertragungsfrequenzen (Digitale Dividende) von der Bundesnetzagentur nunmehr im Rahmen einer Auktion an die etablierten Mobilfunkbetreiber versteigert, die die günstigen Ausbreitungseigenschaften dieser ehemaligen Rundfunkfrequenzen für breitbandige Internetdienste nutzen möchten (Long Term Evolution Technologie = LTE).

17 Der Begriff „digital“ stammt von dem lateinischen Wort digitus (= Finger, Ziffer) ab und bedeutet, dass (Kommunikations-)Inhalte in Form von Zahlen dargestellt werden.

18 Der Begriff „analog“ (griechisch, lateinisch) bedeutet „entsprechend“ und bedeutet, dass derartige Signale zu einem beliebigen Zeitpunkt innerhalb eines physikalisch möglichen Bereiches einen beliebigen Wert annehmen können, vgl. *Klußmann*.

nicht mehr durch eine kontinuierliche Amplitude erfolgt, die hierbei die Dimensionen Zeit und Wert abbildet.[19] Die Übersetzung aller Bildinformationen (z.B. Helligkeit, Farbe, Ton), die den Zeit- und Wertbereich der Bildpunkte beschreiben, geschieht nicht mehr mittels einer Schwingung (Amplitude), sondern in einer geordneten Folge von einzelnen (diskreten) Zahlenwerten, die in das binäre System codiert werden. In diesem binären System werden alle Bildinformationen ausschließlich mit den beiden Werten 0 und 1 – die sog. Bits – ausgedrückt. Übertragen auf den Fernsehbereich bedeutet das, dass Programme nicht mehr durch elektrische Schwingungen in Form von Bild-, Ton- und Synchronisierungswellen, sondern als digitaler Datenstrom in Gestalt eines Binär-Codes gesendet werden. Dieser digitale Binär-Code wird über die Frequenzen des jeweiligen Übertragungsweges verbreitet.

7 Sofern die Bild- und Tonsignale audiovisueller Inhalte nicht bereits mit digitaler Aufnahmetechnik produziert werden oder wurden, sondern noch in analoger Form vorliegen, müssen sie erst mittels der (Quell-) Codierung bzw. des sog. Encodings in digitale Signale umgewandelt werden. Hierzu werden erstens die Zeitwerte der analogen Signale ermittelt (Abtastung), zweitens den einzelnen Zeitwerten ein jeweiliger Amplitudenwert zugeordnet (Quantisierung) und drittens die so erfassten Signalwerte in eine Abfolge binärer Werte umgeformt (Codierung). Bei der Quellcodierung digitaler Fernsehbilder hat sich der MPEG-2 Standard international durchgesetzt und wurde sowohl in Europa als auch in den USA gesetzlich festgeschrieben. Dieser Codierungsstandard konnte sich für die Umwandlung von Bewegtbildern deshalb durchsetzen, weil er eine Reduktion der Datenmenge durch die Verwendung von Kompressionsverfahren ermöglicht[20] und damit eine der wichtigsten Voraussetzungen für den Erfolg des digitalen Fernsehens schafft.[21] Beim Encoding von analogen Bewegtbildern und Tönen entsteht ein sehr hohes Volumen digitaler Daten, deren Verbreitung eine enorme Speicher- und Übertragungskapazität erfordern würde.[22] Die Komprimierungsverfahren nach dem MPEG-2 Standard ermöglichen jedoch eine derart effiziente Datenreduktion, dass im Ergebnis die digitalen Signale eine erheblich geringere

---

19 Vgl. zum allgemeinen Prozess der Digitalisierung auch Schiwy/Schütz/Dörr/*Janik* Medienrecht, S. 78 ff.

20 Der übliche Kompressionsfaktor liegt zwischen 10 und 25, vgl. *Kaufmann* Elektronik 16/2000, 68 ff.

21 Bei dem MPEG-2 Verfahren erfolgt die Reduktion des ursprünglichen Datenvolumens im Wesentlichen dadurch, dass nicht alle Daten übertragen werden, die zur vollständigen Darstellung digitaler Bilder und Töne notwendig sind. Diese Kompression wird möglich, indem die aufeinanderfolgenden Einzelbilder für kurze Zeit digital zwischengespeichert und abgetastet werden. Sodann werden irrelevante Daten ausgesondert (Irrelevanz-Reduktion) und die Übertragung redundanter Daten eingeschränkt (Redundanz-Reduktion). Die Reduktion redundanter Daten erfolgt aber nicht nur durch den Vergleich der aufeinanderfolgenden Bilder (inter-frame-coding) sondern auch bei der Analyse einzelner Bildflächen (8x8 Pixel) eines jeden Einzelbildes (intra-frame-coding). Redundante Daten beinhalten gleichbleibende Informationen, wie z.B. Bildausschnitte, die sich nicht verändern (sog. Bildpunktkonstanten). Bei der Redundanzreduktion werden deshalb im Ergebnis die Binärcodes mit häufig wiederkehrenden Informationen kürzer dargestellt als seltener wiederkehrende Binärcodes. Bei der Irrelevanzreduktion werden solche Bild- und Toninformationen weggelassen, die der menschliche Organismus aufgrund seiner psychooptischen und psychoakustischen Fähigkeiten nicht wahrnehmen kann (z.B. leise Geräusche unterhalb der Ruhehörschwelle). Vgl. hierzu *Schrape* S. 12; *Schössler* S. 6 f.; *Kibele* S. 17; *Grünwald* S. 11.

22 Ein hochaufgelöstes digitales Bildsignal benötigt unkomprimiert die dreißigfache Übertragungskapazität eines analogen Bildsignals und selbst ein digitales Standardbildsignal benötigt noch die fünffache Kapazität, vgl. *Schrape* S. 11.

Übertragungskapazität benötigen als die analogen Signale.[23] Da die derzeit schnell voranschreitende Umstellung auf hochauflösende Bildformate (HDTV und UltraHD) und die beginnende Einführung von 3-D-Filmen erneut die zur Programmübertragung benötigte Übertragungskapazität um ein Vielfaches erhöht, werden hierfür weiterentwickelte Kompressionsverfahren verwendet wie MPEG-4 mit dem H264 Codec für HDTV Inhalte und HEVC mit dem H265-Codec für UltraHD bzw. 4K. Es ist deshalb bereits jetzt abzusehen, dass sich in Zukunft der MPEG-4 Standard, der auch bei IPTV und DVB-T2 verwendet wird, aufgrund seiner höheren Datenkompression und der damit verbundenen effizienteren Nutzung von Übertragungskapazitäten den MPEG-2 Standard in der Praxis vollständig ablösen wird.[24] Diese Entwicklung wird auch politisch forciert, indem die Kommission zur Ermittlung des Finanzbedarfs (KEF) den öffentlich-rechtlichen Sendeunternehmen die Finanzierung der Satellitenverbreitung im SD-Standard bislang nur bis zum Ende des Jahres 2019 genehmigt hat. Neben der Art und Weise der Datenkompression ist auch die für den Sendevorgang verwendete Modulation sowie das Bandbreitenmanagement (insbesondere das Multiplexing) für die Frage der effizienten Nutzung von Übertragungskapazitäten von besonderer Bedeutung.

1.2 Multiplexing

Digitale Programmsignale benötigen eine weitaus geringere Übertragungskapazität (Bandbreite) als analoge Programmsignale, die die gesamte Bandbreite eines frequenztechnisch festgelegten Übertragungskanals beanspruchen. Um eine effiziente Nutzung der vorhandenen Übertragungskapazitäten sicherzustellen, werden auf den festgelegten Übertragungskanälen digitale Transportdatenströme verbreitet, die zwar die gleiche oder eine ähnlich Bandbreite wie die analogen Programmsignale benötigen, aber statt nur einem Programm eine Vielzahl von Programmen beinhalten. Denn mehrere digitale Programmsignale werden durch den technischen Vorgang des Multiplexings zu einem einheitlichen sendefähigen Transportstrom verpackt.[25] Durch die Möglichkeit des dynamischen Multiplexings werden den einzelnen digitalen Programmsignalen innerhalb des Multiplexes keine konstanten Bandbreiten zugeteilt, sondern die Gesamtmenge der Übertragungsbandbreite (z.B. 50 Mbit/s je digital genutzten Kabelkanalplatz) wird den Programmen des Multiplexes bedarfsgerecht zugewiesen. Dadurch können Programmen, die aufgrund eines hohen Bewegtbildanteils (z.B. Sportübertragungen) eine vergleichsweise große Bandbreite benötigen, zusätzliche Übertragungsbandbreiten zugeteilt werden, während im gleichen Moment ein anderes Programm des selben Multiplexes nur einen geringen Kapazitätsbedarf hat (z.B. Standbilder oder Zeichentrickfilme). Diesen Transportdatenströmen bzw. Multiplexen werden beim Vorgang des Multiplexings bzw. dem „Verpacken" noch weitere digitale Informationen hinzugefügt, die für die weitere Programmverarbeitung und -darstellung von großer Bedeutung sind (z.B. weitere digitale Fernseh- und 8

23 Die digitale Übertragung eines üblichen analogen Fernsehprogramms mit einer von PAL gewohnten Bildqualität (625 Zeilen pro Einzelbild) würde eine Datenrate von ca. 270 Mbit/s benötigen. Der MPEG-2 Standard ermöglicht eine effiziente Reduktion der Datenmenge solcher Programme, so dass diese meist mit einer durchschnittlichen Datenrate von 3,5–4,5 Mbit/s übertragen werden.

24 Benötigt ein in MPEG-2 decodiertes Programm in Standardqualität (SDTV) eine Übertragungskapazität von 3–6 Mbit/s ist für die Verbreitung des selben Programms in gleicher Qualität im MPEG-4 Verfahren eine Übertragungskapazität von 2,5–4 Mbit/s ausreichend.

25 Mit Hilfe des MPEG-2-Transport-Multiplexverfahrens werden die Datenpakete organisiert, wobei diesen eine festgelegte Länge von 188 Byte zugewiesen ist.

Hörfunkprogramme, Programm Service Informationen (PSI-Daten), Netzwerkinformationen (NIT = Network Information Table), Startzeiten von Programmen (EIT = Event Information Table), genaue Programmbeschreibungen (SDT = Service Description Table), Jugendschutzinformationen, Kopierschutzinformationen, Informationsdienste, Benutzerführer bzw. „electronic programme guides" (EPGs), Verschlüsselungsinformationen (EMM und ECM), Fehlerkorrekturprogramme und gesonderte Kennungen, sog. „Paket-Identifier" (PID)).

Nach der technischen Verknüpfung (Verpackung oder „Packaging") dieser unterschiedlichen Informationen in ein einheitliches digitales Sendesignal, dem Multiplex, wird dieser Transportdatenstrom an den Empfänger übermittelt und belegt hierbei nur eine Sendefrequenz bzw. einen „Kanal", was zu einer wesentlichen Erweiterung des Programmangebots durch effektivere Nutzung der Übertragungsfrequenzen führt. Dies wird im Rundfunkbereich besonders anschaulich, denn beispielsweise im analogen Fernsehen über Kabelnetze wird eine Sendefrequenz (Übertragungskanal mit einer Bandbreite von ca. 8 MHz) mit nur einem analogen Fernsehprogramm belegt, wohingegen die digitale Verbreitung eine Nutzung dieser Frequenz durch einen Multiplex mit zehn bis sechzehn Fernsehprogrammen in SD-Qualität und zusätzlichen Diensten ermöglicht. Die Anzahl der Fernsehprogramme, die innerhalb eines Multiplexes verbreitet werden können, ist davon abhängig, wie viel Bandbreite einem Programm im Rahmen des dynamischen Multiplexings zugeteilt und welche Modulation bei der Übertragung des Multiplexes verwendet wird.[26]

2. Bilddarstellung

9 Angesichts einer Entwicklung, in der immer mehr Privathaushalte ihre Wohnzimmer mit Bild- und Audiotechnik zu Heimkinos aufrüsten und somit die Verbreitung von LCD- oder Plasma-Flachbildschirmen mit Bilddiagonalen von über 90 cm sprunghaft zunimmt, gewinnt die Form (Format) und Qualität (Bildauflösung) der Bilddarstellung einen wachsenden Stellenwert. Da der ehemals vergebliche Versuch, die Einführung des hochauflösenden Fernsehens mittels eines auf europäischer Ebene vorgegebenen Standards (HD-MAC)[27] zu fördern, sich mahnend in Erinnerung ruft, vertrauen die Gesetzgeber derzeit stärker auf eine marktgetriebene Entwicklung leistungsfähiger Bildstandards und setzen auf eine flankierende Gesetzgebung statt auf starre Normierungseingriffe.

2.1 High Definition Television (HDTV)

10 Im Gegensatz zur analogen Bilddarstellung im PAL- und SECAM-Format bietet die HDTV-Technik eine bessere Bildqualität mittels einer höheren Bildauflösung. Diese hohe Bildauflösung wird durch die Verwendung einer höheren Anzahl von Bildzeilen und Bildpixeln je Zeile erreicht. Beispielsweise verwenden die HD-Formate 1080p und 1080i eine Auflösung von 1 920 Bildpixel je Zeile bei einer Darstellung in 1080

---

26 Bspw. ermöglicht bei der Kabelverbreitung die Modulation in 64 QAM (Bandbreite von 38 Mbit/s) eine Übertragung von bis zu 12 Programmen in SD-Qualität je Multiplex, hingegen kann durch die Verwendung der 256 QAM Modulation (Bandbreite von ca. 50 Mbit/s) ein Multiplex mit bis zu 16 Programmen in SD-Qualität übertragen werden.

27 Vgl. Art. 2 der Richtlinie 95/47/EG des Europäischen Parlaments und des Rates v. 24.10.1995 über die Anwendung von Normen für die Übertragung von Fernsehsignalen.

Bildzeilen.[28] Bei der Bildauflösung im UltraHD-Standard wird mit einer Darstellung von 3840 x 2160 Pixel bei 60 Bildern pro Sekunde (UHD1 oder 4K) oder sogar doppelt so hoch auflösend 7680 x 4320 Pixel bei 120 Bildern pro Sekunde (UHD2 oder 8K). Im Vergleich hierzu verwendet der analoge Bildstandard PAL eine Auflösung von je 346 Pixeln in 625 Bildzeilen. Die Übertragung von HDTV-Formaten benötigt aufgrund der höheren Bildauflösung deshalb weitaus höhere Übertragungsraten, z.B. von ca. 10–16 Mbit/s je Einzeldienst bei HDTV-Programmen im MPEG-4 Standard.[29] Betreiber von Telekommunikationsnetzen wie beispielsweise Breitband-Kabelnetzen verfügen jedoch in der Regel über Kabelkanäle mit einer Bandbreite von 8 MHz, die eine Übertragungsrate von 50 Mbit/s (256 QAM Modulation) erlauben. Herkömmliche TV-Dienste benötigen eine vergleichsweise geringe Übertragungsrate von ca. 3-4 Mbit/s und somit nur einen Bruchteil der Übertragungskapazität, die für HDTV-Dienste oder gar UHD-Dienste benötigt werden.

Ebenfalls in HDTV-Qualität werden derzeit 3-D-Filme produziert. Die räumliche **11** Bilddarstellung wird hierbei durch die gleichzeitige Verwendung von zwei räumlich leicht versetzten Filmkameras erzeugt (Stereoskopie), die den Abstand der Augen und das damit verbundene Raumempfinden reproduzieren. Jede Filmkamera nimmt hierbei das Bild für nur ein Auge auf. Der stereoskopische Effekt (das Raumempfinden bzw. der 3-D-Effekt) stellt sich ein, wenn die beiden Filme gleichzeitig auf dem gleichen Bildschirm gezeigt werden, aber dennoch von den beiden Augen jeweils getrennt wahrgenommen werden. Um dies zu erreichen, können verschiedene Verfahren verwendet werden. Am bekanntesten sind hierbei die anaglyphe Projektion und die Shuttertechnik. Bei der anaglyphen Projektion werden die beiden Filme zeitgleich auf den Bildschirm gesendet und die notwendige optische Trennung erfolgt dadurch, dass der Film für das rechte Auge rot und der für das linke Auge grün eingefärbt wird. Durch das Tragen einer entsprechenden Brille mit einem roten und einem grünen Glas kann das rechte Auge nur den roten Film erkennen (der grüne wird ausgeblendet) und das linke Auge nimmt entsprechend nur den grünen Film wahr. Bei der Shuttertechnik werden die beiden Filme dagegen abwechselnd in sehr schnellen Intervallen gezeigt (meist weit mehr als 50 Bilder pro Sekunde, d.h. über 25 Bilder pro Sekunde für jeden der beiden Filme). Die benötigte Trennung der Wahrnehmung durch die Augen erfolgt durch gleichzeitig mit dem Film ausgestrahlte Infrarot-Steuersignale, die von der benötigten und mit dem TV-Gerät synchronisierten Shutterbrille dergestalt verarbeitet werden, dass sich die beiden LCD-Brillengläser in den vorgegebenen Intervallen abwechselnd öffnen und schließen.

Eine medien- oder telekommunikationsrechtliche Regulierung von Bildstandards wie **12** HDTV oder 3-D ist derzeit nicht vorhanden. Die Sendeunternehmen stellen die TV-Ausstrahlung derzeit von SDTV (Standard Definition Television) auf HDTV um, während die Filmindustrie bereits verstärkt in die Produktion in UHD und 3-D-Technik eingestiegen ist. Von Versuchen hierbei regulatorische Vorgaben zu machen, wird derzeit auch mit Blick auf die in den 90er Jahren gescheiterte Zwangseinführung des analogen HDTV-Standards HD-MAC abgesehen. Da die Verbreitung allein von herkömmlichen HDTV-Programmen (MEPG-4 Standard) im Vergleich zu SD-Program-

28 Vgl. *Klußmann* S. 436.

29 Vgl. hierzu die ausführlichen Darstellungen im Arbeitsdokument der Kommissionsdienststellen: Der Beitrag des Breitbildformats und der hochauflösenden Fernsehdienste zur globalen Verbreitung des digitalen Fernsehens, SEK (2004) 46, 33 f.

men das ca. 3- bis 4-fache an Übertragungskapazität benötigt, konnten bislang über DVB-T keine HDTV-Programme verbreitet werden. Dies ändert sich nunmehr mit dem im März 2017 begonnenen Umstieg auf DVB-T2 Technologie, die weitaus mehr Kapazitäten für die Rundfunkübertragung bereitstellt, jedoch auch kompatible Empfangsgeräte voraussetzt, so dass ein Austausch der vorhandenen DVB-T Receiver seitens der Zuschauer erforderlich ist.

2.2 Bildformate

13 In Europa hat sich zunächst das Bildschirmformat 4:3 etabliert und war lange Zeit der maßgebliche Standard im Bereich der Fernsehempfangsgeräte. Dies hat sich jedoch mit der Einführung des aus dem Kinobereich bekannten Breitbildformats 16:9 stark geändert, das von allen modernen Flachbildschirmgeräten verwendet wird. Dieses Bildformat ist in erster Linie für moderne Fernsehgeräte mit einer Bildschirmdiagonale von über einem Meter vorgesehen und ist optimal auf das menschliche Gesichtsfeld abgestimmt. Die Darstellung von 16:9 Formaten auf herkömmlichen Fernsehgeräten mit 4:3 Format führt jedoch zu Kompatibilitätsproblemen in Form von Bildverzerrungen oder Bildverkürzungen, da diese Geräte nicht für weitwinklige Kinoformate ausgelegt sind.[30] Die Anpassung des Weitwinkelformats 16:9 auf das kleinere, aber vergleichsweise höhere 4:3 Format kann mit Hilfe von unterschiedlichen Verfahren umgesetzt werden. Erstens kann das 16:9 Format unter Beibehaltung der vollen Bildzeilenzahl in der Horizontalen zusammengepresst werden, um der geringeren Bildbreite des 4:3 Formats zu entsprechen. Dadurch entstehen jedoch überaus störende Verzerrungen der Bilddarstellungen, weshalb dieser Weg in der Praxis nicht verwendet wird. Im zweiten („pan" und „scan"-) Verfahren wird das Breitbildformat in der Vertikalen an das 4:3 Format angepasst, so dass die Darstellung im Hinblick auf die Bildhöhe kompatibel ist. Dies führt zu der nachteiligen Folge, dass die „überstehende" Bildhorizontale am rechten und linken Bildrand „abgeschnitten" wird. In der Praxis hat sich deshalb das sog. Letterbox-Verfahren durchgesetzt, bei dem das Breitbildformat vollständig erhalten bleibt, indem die Bildhorizontale an das 4:3 Format angepasst wird. Dies führt jedoch zu einer Verkleinerung des gesamten Bildes und hat zur Folge, dass auf einem herkömmlichen 4:3 Bildschirmgerät am oberen und unteren Bildrand schwarze Balken erscheinen.[31]

14 Ähnliche Kompatibilitätsprobleme entstehen, wenn auf einem 16:9 Breitbildschirmgerät Fernsehfilme dargestellt werden sollen, die im 4:3 Format produziert und gesendet werden.[32] Hierbei bestehen ebenfalls die Möglichkeiten der Bilddehnung, der Bildvergrößerung (Zoom-Verfahren, das zum Abschneiden der oberen und unteren Bildbereiche führt und nur den zentralen Bildbereich darstellt) und der partiellen Bildanpassung im Letterboxverfahren, wobei in diesem Fall die schwarzen Balken rechts und links des Fernsehbildes entstehen. Eine Beseitigung von derartigen Kompatibilitätsproblemen könnte theoretisch durch das 14:9 Format ermöglicht werden, das aber auf der Ebene der Filmproduktion mit Einschränkungen verbunden ist.[33] Praktisch wird das Kompatibilitätsproblem jedoch dadurch gelöst, dass die Sendeunternehmen ihre

30 Vgl. *Dörr/Janik/Zorn* S. 32.

31 Vgl. Beck'scher TKG-Kommentar/*Janik* § 49 Rn. 3 ff.

32 Vgl. hierzu die technischen Darstellungen im Arbeitsdokument der Kommissionsdienststellen: Der Beitrag des Breitbildformats und der hochauflösenden Fernsehdienste zur globalen Verbreitung des digitalen Fernsehens, SEK (2004) 46, 42 ff.

33 Vgl. Beck'scher TKG-Kommentar/*Janik* § 49 Rn. 5.

Programmverbreitung auf 16:9 umgestellt haben und Fernsehgeräte mit 4:3 Format in Deutschland nur noch sehr selten im Einzelhandel erworben werden können. De facto hat sich folglich der 16:9 Standard durchgesetzt und verdrängt somit sukzessive alle Geräte, die noch mit dem 4:3 Format arbeiten.

2.3 Regulierung von Breitbildformaten

Die Verwendung von Breitbildformaten wird durch die Gesetzgebung nicht vorgeschrieben, da im Bereich des Mediensektors auf eine marktorientierte Entwicklung von offenen Standards beispielsweise durch das DVB-Konsortium vertraut wird. Die Bestimmung des § 49 Abs. 1 TKG enthält somit lediglich eine Verpflichtung zum Schutz des 16:9 Formats, sofern dieser politisch förderungswürdige Bildstandard verwendet wird. Die Betreiber öffentlicher Telekommunikationsnetze werden deshalb zur Weiterverbreitung der Fernsehdienste im Breitbildformat verpflichtet, sofern diese Dienste zuvor in diesem Format zur Verbreitung in ihren Netzen übergeben wurden. Diese Form des Formatschutzes betrifft jedoch nur den Übertragungsvorgang, nicht aber den Empfangsvorgang. Die problemlose Darstellung des 16:9 Formats erfordert, dass auch die Endgeräte (TV-Geräte, Decoder) das 16:9 Format technisch unterstützen.[34] **15**

16:9 Formate werden insbesondere bei der Verwendung von HDTV-Produktionen eingesetzt. Führt die Übertragung von HDTV-Formaten (vor allem beim kapazitätsintensiven UHD) jedoch aufgrund der hohen Datenraten zu Kapazitätsengpässen und damit zu Übertragungsproblemen, stellt dies nicht eine Verletzung des Formatschutzes i.S.d. § 49 Abs. 1 TKG dar. **16**

III. Verbreitungsinfrastrukturen

Aufgrund des Prozesses der technischen Konvergenz zwischen Verbreitungswegen und rundfunktauglichen Empfangsgeräten stehen für die Verbreitung von Kommunikationsangeboten je nach Inhalt, Art und Weise der Kommunikationsform unterschiedliche Verbreitungswege zur Verfügung. Als klassischer Verbreitungsweg für die Individualkommunikation (Telefonie und E-Mails) wurden früher in erster Linie eine schmalbandige Festnetzverbindung (Kupferdoppelader bzw. twisted pair) genutzt. Als klassische Verbreitungswege für die Massenkommunikation in der Form des Rundfunks stehen in erster Linie die Breitbandkabelnetze und Satelliten sowie die ehemals vorherrschende terrestrische Funktechnik zur Verfügung. Nach dem Verkauf der Breitbandkabelnetze von der Deutschen Telekom an private Investoren in den Jahren 2000 bis 2003 wurden die Breitbandkabelnetze rückkanalfähig ausgebaut, so dass im Rahmen von Triple Play-Angeboten neben Rundfunk auch Internet und Telefonie über diese Infrastruktur angeboten werden. An diese Entwicklung knüpfen nunmehr Satellitenbetreiber an, die diesen Verbreitungsweg ebenfalls für diese Formen der Individualkommunikation umstellen. Überdies wurden im Zuge der technischen Konvergenz noch weitere Übertragungswege für die Rundfunknutzung erschlossen wie beispielsweise DSL-Netze, die eine Fernsehübertragung unter Nutzung des Internet Protokolls ermöglichen (IPTV). Ferner entsteht derzeit eine Vielzahl neuer breitbandiger Verbreitungsinfrastrukturen. So errichten in den Ballungszentren kommunale **17**

34 Vgl. Beck'scher TKG Kommentar/*Janik* § 49 Rn. 7.

Netzbetreiber häufig zusammen mit den örtlichen Stadtwerken neue Glasfaserinfrastrukturen. Hingegen wurden in den ländlichen Gebieten überwiegend terrestrische Infrastrukturen aufgebaut wie beispielsweise die LTE-Technologie (Long Term Evolution), die insbesondere die langwelligeren terrestrischen Funkfrequenzen oberhalb von 790 MHz nutzen, oder WLAN-Netze, die über Richtfunkstrecken an ein Glasfaser-Backbone angeschlossen werden. Die ehemals gehegten Erwartungen an DMB, DVB-H oder UMTS-Netze als die aus damaliger Sicht wichtigsten breitbandigen Zukunftstechnologien sind hingegen nicht erfüllt worden. Deshalb werden nunmehr zunehmend auch in ländlichen Gebieten unter Inanspruchnahme von staatlichen Fördermitteln breitbandige Glasfaserinfrastrukturen errichtet. Ferner bauen auch private Kabelnetzbetreiber ihre Netze in ländlichen Regionen weiter aus und durch die Nutzung der Vectoring-Technologie ist auch die Deutsche Telekom in der Lage, höhere Internet-Bandbreiten anzubieten, die eine Fernseh-Übertragung ermöglichen.

18 Verbreitungswege mit großen Übertragungskapazitäten sind aber nicht nur wegen der heutzutage besonders nachgefragten Internetnutzung, sondern vor allem wegen ihrer Möglichkeit zur Übertragung von Rundfunkinhalten seit jeher von besonderer gesellschaftspolitischer Bedeutung. Im Hinblick auf den Zugang von Rundfunkinhalten zu Verbreitungswegen hat das Bundesverfassungsgericht in einer Zeit, die fast ausschließlich von einer terrestrischen Verbreitungstechnik dominiert war, festgestellt, dass „eine Übertragungstechnik, bei der ein Empfang der Sendungen für alle sichergestellt ist“[35] als Bestandteil der Bestandsgarantie des Rundfunks zu qualifizieren ist, und die Nutzung der Verbreitungswege mithin einen wichtigen Bestandteil der durch Art. 5 Abs. 1 S. 2 GG geschützten Rundfunktätigkeit darstellt. Die damalige Ausgangssituation, die durch einen extremen Mangel an terrestrischen Übertragungskapazitäten geprägt war, hat sich heute durch die weit verbreitete Nutzung der Satelliten und der Kabelinfrastrukturen grundlegend geändert. Im Hinblick auf die digitale Verbreitungstechnik ist meist nur noch bei den terrestrischen Infrastrukturen ein Kapazitätsmangel vorhanden. Bei der Auferlegung von Übertragungsverpflichtungen an Infrastrukturbetreiber ist jedoch immer mit Blick auf die zur Verfügung stehenden Übertragungskapazitäten ein verhältnismäßiger Ausgleich zwischen den Interessen des Rundfunkunternehmens einerseits und den nach Art. 12 Abs. 1 GG und Art. 14 Abs. 1 GG andererseits geschützten Interessen der Eigentümer der jeweiligen Infrastruktur zu schaffen.[36] Im Rahmen des 10. RÄStV haben die Landesgesetzgeber im Rahmen der sog. „Plattformregulierung“ erstmals versucht, alle digitalen Verbreitungsvorgänge einem einheitlichen Regulierungsansatz zuzuführen. Ob der begrüßenswerte Ansatz einer technologieneutralen Infrastrukturregulierung auch in der Praxis tatsächlich zu einer regulatorischen Gleichbehandlung der unterschiedlichen und miteinander im Wettbewerb stehenden Verbreitungsinfrastrukturen führte, muss angesichts der dynamischen Veränderungsprozesse, die beispielsweise durch Internetdienste wie Google-TV ausgelöst werden, indes bezweifelt werden.[37]

---

35 *BVerfGE* 74, 297, 326.

36 Bereits der europäische Rechtsrahmen verlangt gem. Art. 31 Universaldienstrichtlinie, dass Übertragungsverpflichtungen nur in verhältnismäßigem Umfang auferlegt werden dürfen.

37 Vgl. 3. Kap. Rn. 81.

1. Terrestrik

1.1 Übertragungstechnik

Aufgrund der historischen Entwicklung der Funktechnik ist das analoge terrestrische Sendernetz der traditionelle Verbreitungsweg für Rundfunkinhalte, über den die Programmsignale mittels Funktechnik über hochgelegene Funktürme weiträumig ausgestrahlt werden. Das terrestrische Verbreitungsnetz wurde ehemals von der Deutschen Bundespost unterhalten und wird heutzutage überwiegend von der Media Broadcast GmbH betrieben. Aus historischen Gründen betreiben auch einzelne öffentlich-rechtliche Sendeanstalten wie beispielsweise der Hessische Rundfunk und der Westdeutsche Rundfunk eigene terrestrische Sendenetze, über welche sie in analoger und digitaler Form ihre Rundfunkinhalte verbreiten (vertikale Integration). Die Programmsignale werden mit einer terrestrischen Dach- oder Zimmerantenne empfangen und an das Fernsehempfangsgerät weitergeleitet. Wegen der Frequenzknappheit (zumeist sind nur sechs terrestrische Frequenzgänge für TV verfügbar) sowie der hohen Übertragungskosten wurde dieser Übertragungsweg jedoch zunächst nur von den öffentlich-rechtlichen Sendeunternehmen genutzt. Seit Beginn des privaten Rundfunks im Jahr 1984 konnte die Terrestrik, die meist nur den Empfang von 6–8 Programmen ermöglichte, aufgrund der damit verbundenen Frequenzknappheit und der hohen Übertragungskosten nur von wenigen privaten Rundfunkanbietern genutzt werden. Die Bedeutung der analogen Terrestrik als Rundfunkübertragungsweg ist seit dem Erfolg der Übertragungswege Satellit und Kabel, die im Vergleich hierzu über ein Vielfaches der Übertragungskapazität verfügen, erheblich zurückgegangen, so dass im Jahr 2002 nur noch 4 % der Fernsehhaushalte auf den analogen terrestrischen Empfang zurückgriffen. Mit der im Jahr 2003 begonnenen Umstellung auf digitale Übertragungstechnik (DVB-T[38]) für Fernsehprogramme konnte die Terrestrik erneut an Attraktivität und Zuschauern gewinnen, da auf den digitalisierten Frequenzen statt einem analogen nunmehr vier digitale Programme verbreitet werden können, so dass in DVB-T-Verbreitungsgebieten in der Regel bis zu 24 Programme empfangbar waren.[39] Bei der DVB-T-Umstellung wurden jedoch die vorhandenen analog genutzten Sendefrequenzen für die digitale Nutzung umgewidmet. Dies hat zur Folge, dass die Einführung der digitalen Verbreitungstechnik die Einstellung der analog terrestrischen Verbreitung der Rundfunkprogramme bedingt („analogue switch off"). DVB-T ist trotz der Vorteile einer effizienteren Frequenznutzung sowie der Möglichkeit der mobilen Nutzung für die Programmveranstalter in Relation zu den erreichten Fernsehhaushalten ein überaus kostenintensiver Verbreitungsweg, so dass die privaten Programmveranstalter – anders als die flächendeckend verbreiteten öffentlich-rechtlichen Sendeunternehmen – bislang nur in Ballungsräumen eine DVB-T Verbreitung nachfragen und sich deshalb nicht oder nur eingeschränkt für die Nutzung dieser terrestrischen Übertragungskapazitäten beworben haben. Die Terrestrik hat sich deshalb von einem ehemals flächendeckenden Verbreitungsweg, der die Grundversorgung der Bevölkerung mit Rundfunk sicherstellen sollte, zu einem Ballungsraumrundfunk ent- 19

38 DVB-T = Digital Video Broadcasting Terrestrial.

39 Sofern der DVB-T Standard durch eine Umstellung von der bisherigen MPEG-2 Komprimierung auf eine MPEG-4 Komprimierung weiterentwickelt wird (DVB-T2), können auf einem bislang analog genutzten Kanal sogar bis zu 8 digitale Programme terrestrisch verbreitet werden. Dies würde dann erstmals die erforderlichen Kapazitäten schaffen, um auch TV-Programme in HD-Auflösung über DVB-T zu übertragen.

wickelt.[40] Auch durch die Weiterentwicklung der kabelgebundenen Verbreitungsinfrastrukturen zu internetfähigen Kommunikationsplattformen, die zudem aufgrund der größeren Übertragungsbandbreiten in der Lage sind, eine Vielzahl von bandbreitenintensiven HDTV-Programmen zu übertragen, nahm die Bedeutung der Terrestrik als Verbreitungsinfrastruktur erneut ab. Auch aufgrund des fehlenden Angebots an Pay-TV-Programmen gerät die digitale Terrestrik im Vergleich mit anderen Infrastrukturen erneut ins Hintertreffen. Mit der ab März 2017 begonnenen Weiterentwicklung der DVB-T-Verbreitungstechnik hin zu der DVB-T2- Technik, die die MPEG-4-Kompressionstechnik verwendet, werden weitere Übertragungskapazitäten für die digitale Terrestrik geschaffen werden, so dass die Programmverbreitung nunmehr im HDTV-Standard verbreitet wird. Die DVB-T2-Verbreitung ersetzt aber die bisherige DVB-T-Verbreitung, die im Gegenzug eingestellt wird. Ferner erfolgt die DVB-T2-Verbreitung der privaten Programmveranstalter in verschlüsselter Form, so dass der Empfang dieser Programme den Abschluss eines entsprechenden kostenpflichtigen Abonnements voraussetzt. Die technische Umstellung von DVB-T auf DVB-T2 erfordert auf Seiten der Empfangshaushalte jedoch auch eine Umstellung der Empfangsgeräte. Die bisherigen DVB-T-Empfangsgeräte sind mit dem DVB-T2-Standard nicht kompatibel. Der Vorteil von DVB-T2 beruht vor allem darauf, dass eine höhere Modulation verwendet wird (256 QAM statt bisher 64 QAM), die zum einen höhere Übertragungskapazitäten schafft (und damit eine HDTV-Übertragung erlaubt), aber zum anderen einen für den Zuschauer radikalen technischen Umstellungsprozess (Wechsel des Empfangsgeräts) erfordert.

Unabhängig von dem technischen Umstellungsprozess auf DVB-T2 wird auch wegen der Verschlüsselung der privaten Programme abzuwarten sein, ob der terrestrische Empfang wie bislang auch weiterhin komplementär zum Satelliten- und Kabelempfang für den Rundfunkempfang auf entsprechenden Zweit- oder Drittgeräten oder zur mobilen Nutzung (z.B. im Auto, auf Laptops oder portablen TV-Geräten mit eingebauten DVB-T2-Tunern) eingesetzt wird.[41]

20 Das terrestrische Sendenetz für die digitale Hörfunkübertragung (DAB[42]) wurde bereits vor längerer Zeit bundesweit vollständig ausgebaut. Da die DAB-Frequenzen über eine eigenständige Netzinfrastruktur bereitgestellt werden, die parallel zu dem analogen Sendenetz existiert, müssen für die digitale Verbreitung von Hörfunkprogrammen keine analogen UKW-Frequenzen abgeschaltet werden (Simulcast).[43] Folglich vollzieht sich der Übergang von analoger auf digitale Verbreitung nicht wie bei DVB-T durch eine abrupte Abschaltung der analogen zu Gunsten einer digitalen Übertragung, so dass die Nutzer selber entscheiden können, ob sie weiterhin die analoge Technik nutzen wollen oder bereits auf die digitale Verbreitung umstellen möch-

---

40 Zur regionalen Verfügbarkeit von Programmen der privaten Programmveranstalter vgl. die Übersichtskarte abrufbar unter www.ueberallfernsehen.de/.

41 Nach Angaben des Digitalisierungsberichts 2016 ist auf Basis der Verkaufszahlen von DVB-T-Empfängern davon auszugehen, dass zwar 9 % der TV Haushalte DVB-T (komplementär) nutzen, wenn jedoch nur die Erstgerätenutzung in Betracht gezogen wird, kommt DVB-T nur noch auf eine Nutzungsquote von ca. 5,2 %. Vgl. Digitalisierungsbericht 2016: tns-Infratest abrufbar unter: www.die-medienanstalten.de.

42 DAB = Digital Audio Broadcasting.

43 Simulcast bezeichnet die parallele Verbreitung der gleichen Programminhalte über den gleichen Verbreitungsweg sowohl in analoger wie digitaler Technik. Ein Simulcast eröffnet dem Nutzer einen eigenen Entscheidungsfreiraum bzgl. der jeweils verwendeten Empfangstechnik.

ten. Aufgrund der zusätzlichen digitalen Verbreitungskosten werden derzeit noch weniger Programmveranstalter digital über DAB verbreitet, als über die analogen UKW-Frequenzen empfangen werden können. Überdies sind die DAB-Empfänger noch erheblich teurer als konventionelle Radios, so dass bislang nur wenige Zuhörer überhaupt diesen Verbreitungsweg nutzen.

1.2 Rechtliche Rahmenbedingungen

Die Regulierung der terrestrischen Verbreitung hat sowohl telekommunikationsrechtliche als auch rundfunkrechtliche Anknüpfungspunkte, die in erster Linie die Vergabe der Übertragungsfrequenzen an Netzbetreiber (Netzbetrieb) und Programmveranstalter (Programmverbreitung) betreffen. Die telekommunikationsrechtliche Frequenzvergabe erfolgt in einem abgestuften System der planerischen Frequenzverwaltung, die in drei aufeinander aufbauenden Schritten umgesetzt wird. In einem ersten Schritt wird von der Bundesregierung nach Maßgabe des § 53 TKG ein nationaler Frequenzbereichszuweisungsplan erstellt. Hierbei werden unter Berücksichtigung der durch die International Telecommunications Union (ITU) international koordinierten Frequenzzuweisungen[44] bestimmte Frequenzbereiche dem Rundfunk zugewiesen. Im Rahmen der sog. „Digitalen Dividende“ erfolgte jedoch eine frequenzplanerische Umwidmung von einzelnen vormals dem Rundfunk zugewiesenen DVB-T Frequenzen, die nunmehr der mobilen Internetnutzung gewidmet wurden. Die Bundesnetzagentur versteigerte diese Frequenzen an Mobilfunkbetreiber, die diese Frequenzen für terrestrische Internetdienste – insbesondere zur Versorgung der ländlichen Gebiete – mittels LTE-Technologie verwenden müssen. Die konkrete Nutzung der Frequenzen soll nach Maßgabe der allgemeinen Zielsetzungen des TKG effizient und störungsfrei erfolgen. 21

Derartige terrestrische Rundfunkfrequenzen (DVB-T) werden durch die BNetzA im Rahmen eines Ausschreibungsverfahrens nach § 61 Abs. 5 TKG und nach Maßgabe des von den Bundesländern definierten Versorgungsbedarfs vergeben, §§ 55 Abs 1, 57 TKG i.V.m. §§ 50, 51 RStV.[45] Wurden einem Betreiber eines terrestrischen Sendenetzes Frequenzen zur Rundfunkübertragung durch die BNetzA zugewiesen, ist dieser jedoch nicht frei bei der anschließenden Nutzung oder Vergabe dieser Übertragungskapazitäten. Denn zum einen ist die Art der Frequenznutzung zum Zweck der Rundfunkübertragung im Rahmen der telekommunikationsrechtlichen Frequenzvergabe für ihn bindend und zum anderen wird ihm auch die konkrete Belegung der terrestrischen Übertragungskapazitäten mit entsprechenden Rundfunkprogrammen bzw. Telemedienangeboten im Rahmen des medienrechtlichen Zuordnungsverfahrens vorgeschrieben, § 51 RStV.[46] 22

Die Art und Weise der Vergabe von drahtlosen (terrestrischen) Übertragungskapazitäten an Programmanbieter wurde im Rahmen des RÄStV-10 durch die Bestimmungen der §§ 51, 51a RStV geregelt. Danach entscheiden die Ministerpräsidenten der Länder in einem ersten Schritt über die Zuordnung von Übertragungskapazitäten an die öffentlich-rechtlichen Sendeanstalten und – in Vertretung für die privaten Programmveranstalter – an die Landesmedienanstalten (Zuordnungsverfahren nach § 51 RStV). In einem zweiten Schritt schreiben die Landesmedienanstalten (durch die 23

---

44 Vgl. hierzu ausführlich *Hartstein/Ring/Kreile/Dörr/Stettner* § 50 Rn. 4 ff.

45 Vgl. *Weißenborn* IRIS plus 2007, 2 ff.

46 Vgl. dazu *Hartstein/Ring/Kreile/Dörr/Stettner* § 51 Rn. 4 ff.

ZAK) die für die privaten Rundfunkveranstalter zugeordneten Übertragungskapazitäten aus (Ausschreibungsverfahren gem. § 51a Abs. 2) und weisen diese Kapazitäten einzelnen Programmveranstaltern oder Plattformbetreibern zu, welche einen entsprechenden Zuweisungsantrag gestellt haben (Zuweisungsverfahren). Sofern im Rahmen des Zuweisungsverfahrens aufgrund eines Frequenzengpasses unter mehreren Antragstellern eine Auswahlentscheidung zu treffen ist, trifft die GVK diese Entscheidung unter Berücksichtigung von Vielfaltkriterien gem. § 51a Abs. 4. Im Ergebnis werden durch dieses verzahnte rundfunkrechtliche Zuordnungsverfahren von den in der Regel sechs vorhandenen DVB-T-Frequenzen den öffentlich-rechtlichen Sendeanstalten drei Frequenzen zugeteilt (ARD zwei, ZDF eine Frequenz). Die restlichen Übertragungskapazitäten werden von den Landesmedienanstalten ausgeschrieben. Sofern sich die großen Senderfamilien RTL-Mediengruppe und ProSiebenSat1 an diesen Ausschreibungen beteiligen, erhalten sie in dem nach § 51a RStV durchgeführten Vergabeverfahren bislang in der Regel jeweils eine volle Übertragungskapazität (vier Programmplätze).[47] Aufgrund der vollständigen Belegung der terrestrischen Verbreitungsfrequenzen mit einem Gesamtangebot, das ausschließlich durch die Ministerpräsidenten und Landesmedienanstalten zusammengestellt wird, wird der terrestrische Sendenetzbetreiber Media Broadcast als Betreiber einer Programmplattformbetreiber i.S.d. § 2 Abs. 1 Nr. 13 RStV i.V.m. § 52b Abs. 3 Nr. 2 RStV qualifiziert und unterliegt dadurch nicht der weitergehenden spezifischen Plattformregulierung nach §§ 52b RStV (must-carry-Regulierung).

24 Im November 2003 wurde in Berlin erstmals mit der Ausstrahlung von DVB-T begonnen, wobei die privaten Programmanbieter seitens der Landesmedienanstalt finanzielle Zuwendungen erhielten, was zum einen wegen der eingeschränkten Möglichkeiten der Verwendung von Rundfunkgebühren nach § 40 RStV problematisch ist[48] und zum anderen ein beihilferechtliches Missbrauchsverfahren der EU-Kommission nach Art. 107 AEUV (ex 87 EGV) auslöste.[49] Die EU-Kommission fördert den Digitalumstieg als wichtiges Ziel der Gemeinschaft, verlangt jedoch, dass die Mitgliedstaaten die Art und Weise der finanziellen Unterstützungsleistungen im Einklang mit den subventionsrechtlichen Bestimmungen gem. Art. 107, 108 AEUV (Art. ex 86, 87 EGV) infrastrukturneutral ausgestalten, um Diskriminierungen zu Lasten einzelner Infrastrukturbetreiber zu verhindern.[50]

---

47 Vgl. dazu *Hartstein/Ring/Kreile/Dörr/Stettner* § 51a Rn. 8 ff.

48 Vgl. *König/Kühling* AfP 2004, 3 ff.

49 Vgl. Kommission, Beihilfe C 25/2004, Einführung des terrestrisch digitalen Fernsehens (DVB-T) in Berlin-Brandenburg, ABlEU 2004 Nr. C 216/5; *König/Kühling* K&R 2004, 201 ff.; *König/Haratsch* ZUM 2005, 275 ff.

50 Nach der Eröffnung eines Vertragsverletzungsverfahrens gegen die Bundesrepublik Deutschland (http://europa.eu.int/comm/competition/state_aid/decisions/36_2004/en.pdf) hat die EU-Kommission im Oktober 2007 entschieden, dass auch das geplante Vorhaben zur finanziellen Förderung der DVB-T Verbreitung in Nordrhein-Westfalen nicht mit den Beihilfevorschriften des EG-Vertrags in Einklang steht und deshalb untersagt werden; vgl. Pressemitteilung vom 24.10.2007 IP/07/1587 (Az. C 34/2008). Die gegen die Kommissionsentscheidung seitens der MABB erhobene Nichtigkeitsklage wurde vom EuG als unzulässig abgewiesen (*EuG* 6.10.2009 – T-24/06).

2. Satellit

2.1 Übertragungstechnik

Begünstigt durch den signifikanten Rückgang der Kosten der Empfangstechnik und aufgrund des großen über Satellit empfangbaren Programmangebots hat dieser Verbreitungsweg in den letzten Jahren die größten Zuwachsraten bei den deutschen Fernsehhaushalten erfahren. Über 46 % der ca. 38 Mio. Fernsehhaushalte in Deutschland nutzen die Satellitentechnik zum Rundfunkempfang,[51] weshalb dieser Verbreitungsweg gemessen an seiner Reichweite zur wichtigsten Verbreitungsinfrastruktur für Rundfunkdienste geworden ist. Für viele Fernsehveranstalter ist die Nutzung dieses Verbreitungswegs jedoch unabhängig von der Zuschauerreichweite unerlässlich, da sie die Satellitenübertragung in vielen Fällen allein schon zur Heranführung der Programmsignale an die terrestrischen Sendenetze sowie an die Kabelkopfstationen zwecks paralleler Verbreitung über diese Infrastrukturen nutzen. **25**

Bislang haben sich von den 10 Satellitenbetreibern mit insgesamt mehr als 20 Satelliten im westeuropäischen Markt vor allem zwei Anbieter von Satellitenplattformen etablieren können. Zum einen SES Astra S. A. (Luxemburg) mit den Astra-Satelliten auf den gängigen Orbitpositionen 19,2° Ost und 28,2° Ost und zum anderen Eutelsat S. A. (Frankreich) mit den Hotbird-Satelliten vor allem auf den Orbitpositionen 13° Ost und 8° West. Diese Nachrichten- und Kommunikationssatelliten umkreisen die Erde auf sog. geostationären Positionen in ca. 36 000 km Höhe, so dass sie von der Erde aus betrachtet immer an demselben Ort stehen.[52] Von einer sog. Uplink-Satellitenschüssel (ca. 9 m Durchmesser) werden die Programminhalte zu dem entsprechenden Satelliten gesendet. Letzterer empfängt das Signal der Bodenstation auf dem Satelliten-Transponder (Signalweg mit einer Kapazität von 36 MHz), verstärkt es und sendet es zurück auf die Erde. In der großflächigen Empfangszone des Satelliten (footprint) kann – sofern eine Sichtverbindung gegeben ist – das Programmsignal mit einer Parabolantenne empfangen werden (ca. 60–90 cm Durchmesser). Bei der Satellitenverbreitung wird das Modulationsverfahren QPSK[53] verwendet, weshalb das Satellitensignal in eine für Fernsehgeräte taugliche Signalaufbereitung (QAM-Standard[54]) moduliert werden muss. Beim Direktempfang der Satellitensignale mit sog. Sat-ZF-Anlagen muss deshalb das Signal vom Zuschauer durch einen eigenen Satellitenreceiver zuvor aufbereitet werden, um auf dem Fernsehgerät dargestellt werden zu können. Diese Form der Signalmodulation mittels eines zusätzlichen Empfangsgeräts wird beim Aufbau von sog. SMATV-Anlagen[55] vermieden, da diese die Satellitensignale zentral für alle versorgten Haushalte im QAM-Standard aufbereiten und in der Regel über ein Hausverteilnetz an die angeschlossenen Haushalte verbreiten, die dann zum Empfang keinen zusätzlichen Satelliten-Receiver benötigen. **26**

Da auf einem digitalen Transponder im Gegensatz zu einem analogen Transponder, der nur 1 Programm verbreiten kann, 8-10 Fernsehprogramme in SD-Qualität verbreitet werden können, ist die Programmvielfalt beim digitalen Satellitenempfang um ein **27**

51 Vgl. hierzu Digitalisierungsbericht 2016: tns-Infratest abrufbar unter: www.die-medienanstalten.de.

52 Die Umlaufbahn eines geostationären Satelliten nennt man geosynchron, da seine Umlaufbahn um die Erde der Rotationsdauer der Erde um ihre eigene Achse entspricht (23 Std., 56 Min., 4,09 Sek. = 1 siderischer Tag).

53 QPSK = Quadrature Phase Shift Keying.

54 QAM Quadrature Amplitude Modulation.

55 SMATV = Satellite Master Antenna Television.

Vielfaches höher als beim analogen Empfang, und die Kosten der digitalen Verbreitung sind entsprechend niedriger. Dies führte letztlich dazu, dass sich die Rundfunkveranstalter in Zusammenarbeit mit SES Astra entschieden haben, die analoge Programmverbreitung über Satellit in Deutschland im Mai 2012 zu beenden.

Die Zahl der empfangbaren Programme kann seitens des Zuschauers bzw. Empfängers durch den Einsatz von sog. Twin-LNBs[56] vergrößert werden. Ein LNB empfängt die von der Satellitenschüssel eingefangenen und zurückgespiegelten Programmsignale und setzt diese für die kabelgestützte Weiterverbreitung zum Endgerät um. Sofern zwei LNB parallel eingesetzt werden (Twin-LNB) können die Satellitensignale von Transpondern zweier unterschiedlicher Satellitenpositionen empfangen werden (z.B. Astra und Hotbird), was zu einer erheblichen Ausweitung des empfangbaren Programmangebots führt.

2.2 Rechtliche Rahmenbedingungen

28 Auch im Hinblick auf die Nutzung von satellitären Übertragungskapazitäten stellen sich allein schon wegen der großen Bedeutung dieses Übertragungsweges für die Rundfunkveranstalter medienrechtliche Zugangsfragen. Im Fokus stehen dabei die Bedingungen, unter denen Satellitenbetreiber ihre Übertragungskapazitäten (Transponder) an die Rundfunkveranstalter vermieten. Doch da die Satellitenbetreiber nicht in Deutschland ansässig sind, unterliegen die Betreiber der Satellitenplattformen bei der Vergabe der Transponderkapazitäten faktisch nicht dem rundfunkrechtlichen Regulierungsregime der Plattformregulierung nach § 2 Abs. 1 Nr. 13 i.V.m. § 52 RStV ff.[57] Sowohl Eutelsat als auch SES Astra betreiben auch eigene digitale Verbreitungsplattformen für die Pay-TV Vermarktung und die Verschlüsselung von Free-TV-Programmen. Darüber hinaus hat SES Astra bereits im Jahr 2009 eine Programmplattform zur Verschlüsselung und Verbreitung von HDTV-Inhalten der RTL-Gruppe und ProSiebenSat.1-Gruppe entwickelt (sog. HD+-Plattform), die den Zuschauern Zugang zu diesen HD-Programmen nur gegen Bezahlung einer zusätzlichen Freischaltungsgebühr ermöglicht. Durch diese Programmplattform, die eine Programmplattform gem. § 2 Abs. 2 Nr. 13 i.V.m. § 52b Abs. 3 RStV darstellt, können die Programmveranstalter ihre Programmsignale mittels der eingesetzten Verschlüsselung schützen und zudem eine weitere Einnahmequelle erschließen, die sie somit weniger abhängig von Werbeeinnahmen machen. Zur Erbringung der hierzu benötigten technischen Dienstleitungen hat SES Astra seinerzeit den digitalen Play-Out Center (APS) von Premiere erworben,[58] um mit Hilfe dieser technischen Infrastruktur eine eigene Verbreitungsplattform aufzubauen, die in erster Linie Verschlüsselung, Multiplexing und den Satelliten-up-link ermöglicht. Diese Verbreitungsplattform von SES Astra mit Sitz in Unterföhring (Deutschland) unterliegt sowohl der Plattformregulierung nach §§ 52 ff. RStV als auch, im Hinblick auf den Betrieb des Verschlüsselungssystems, der

---

56 LNB = Low Noise Block Converter. Der LNB ist das im Brennpunkt einer Parabolantenne befindliche Empfangsgerät einer Satellitenempfangsanlage, der Satellitenprogramme, welche in hohen Frequenzbereichen von bspw. 10,7-11,75 oder 11,8-12,75 GHz übertragen werden, auf niedrige Frequenzen im unteren MHz Bereich umsetzt und dadurch die Verbreitung mittels Koaxialkabel und den nachgelagerten Empfang mit einem Satellitenreceiver ermöglicht.

57 Auch das Regulierungssystem zur Zuordnung und Zuweisung von Rundfunkübertragungskapazitäten gem. §§ 51 und 51a kann faktisch nicht auf ausländische Satellitenbetreiber angewendet werden.

58 Vgl. hierzu *BKartA* Beschl. v. 28.12.2004 – B7-150/04.

Regulierung des § 50 TKG und des § 52c RStV. Einer Belegungsverpflichtung nach § 52b unterliegt die Programmplattform von SES Astra (HD Plus GmbH) jedoch wegen des Ausnahmetatbestandes des § 52b Abs. 3 RStV nicht, da sowohl die must-carry-Programme nach § 52b Abs. 1 Nr. 1 als auch ein vielfältiges Gesamtangebot nach § 52b Abs. 1 Nr. 2 (can-carry-Programme) mit einer Satellitenschüssel über die gleiche Orbitalposition in SD-Qualität empfangbar sind, die auch für die satellitäre Verbreitung der verschlüsselten HD-Programme der HD+-Plattform verwendet wird. Für die Frage des Betriebs von Satellitenverbreitungs- und -vermarktungsplattformen ist in Deutschland überdies die wettbewerbsrechtliche Regulierung durch das Bundeskartellamt von entscheidender Bedeutung.[59]

3. Kabel

3.1 Übertragungstechnik

29 Unter den klassischen Rundfunkverbreitungswegen wird das Breitbandkabelnetz in Deutschland meist als der Königsweg bezeichnet, da zumindest bis zum Jahr 2014 die meisten Fernsehhaushalte über diese Infrastruktur ihre Rundfunksignale bezogen. Trotz etwas rückläufiger Anschlusszahlen sind noch immer ca. 46 % der deutschen Fernsehhaushalte an diese Infrastruktur angeschlossen. Das überregionale Kabelverteilnetz wurde vormals von der Deutschen Bundespost zu Beginn der 80er Jahre aufgebaut und besteht teilweise noch immer aus einer Vielzahl einzelner Teilnetze, in die über sog. Kabelkopfstationen die in der Regel satellitär oder teilweise auch terrestrisch herangeführten Programmsignale eingespeist werden. In der Vergangenheit wurden die kleineren Teilnetze meist über AMTV-Richtfunkstrecken mit Programmsignalen versorgt, damit nicht an jeder einzelnen Kabelkopfstation der kostenintensive Empfang und die Programmaufbereitung aller Programme separat erfolgen muss.[60] Im Zuge der Modernisierung der Kabelnetzinfrastruktur, die durch eine Frequenzerweiterung und Einrichtung eines Rückkanals gekennzeichnet ist, wurden sowohl die Netzelemente im Verteilnetz als auch die Hausverteilanlagen weitgehend durch moderne Netzkomponenten ersetzt, so dass die Netze überregionaler Kabelnetzbetreiber ganz überwiegend aus Glasfaser bestehen. Insbesondere wurden aber die Teilnetze bzw. „Kabelinseln“ mittels großer Glasfaserringe miteinander verbunden, so dass die ehemaligen AMTV-Richtfunkstrecken oder auch der lokale Satellitenempfang durch eine leitungsgebundene Versorgung abgelöst wurden. Hierdurch entstehen teilweise große Netzcluster, die zumindest bei den drei großen Netzbetreibern Vodafone, Unitymedia und Telecolumbus mehrere Bundesländer umfassen.

30 Bei der Verbreitung von Rundfunkinhalten von der Signalquelle bis zum Zuschauer werden verschiedene Verbreitungsetappen, sog. Netzebenen, unterschieden. Die Netzebene 1 verbindet die Studiotechnik des Programmveranstalters mit einer terrestrischen Sendestation, einem Satelliten-Uplink oder direkt mit einem Kabelnetz. Auf der Netzebene 2 wird das Programmsignal vom Satelliten-Uplink zu dem Satelliten-Transponder im All und von dort auf die Erde zurück zu einer Satelliten-Empfangsanlage (z.B. Kabelkopfstation oder einer Direktempfangsanlage) gesendet. Auf der

---

59 Vgl. hierzu *BKartA* Beschl. v. 28.12.2004 – B7-150/04; auch die ursprünglich von Premiere mit dem Sportsender arena vereinbarte Kooperation hinsichtlich der Vermarktung des Senders arena über die Satellitenplattform von Premiere musste aufgrund des Widerstands des BKartA aufgegeben werden (MSG II und Premiere/arena).

60 Zur Geschichte und Struktur der Kabelnetze vgl. auch *Sharma* S. 51 ff.

Netzebene 3 werden die empfangenen Rundfunksignale durch die Kabelnetze großflächig in die Stadtgebiete bis in die Straßenzüge zu den einzelnen Häusern verteilt. In den Wohnhäusern befinden sich die sog. Hausverteilnetze (Netzebene 4), welche über die meist im Keller gelegenen Übergabepunkte mit dem Kabelnetz der Netzebene 3 verbunden sind und von dort aus die einzelnen Wohneinheiten versorgen. In den Wohnungen selbst wird das Fernsehgerät mit einem Antennenkabel (Netzebene 5) an das Hausverteilnetz angeschlossen. Anders als international üblich, existiert in Deutschland die strukturelle Besonderheit, dass die Eigentumsverhältnisse an der Netzebene 3 und 4 überwiegend getrennt sind. So wird die Netzebene 3 in der Regel von den Kabelgesellschaften Vodafone, die die Kabel Deutschland erworben hat, und Unitymedia betrieben. Die Netzebene 4 wird nur teilweise von den vorgenannten Gesellschaften der Netzebene 3 betrieben. Vielmehr steht die Netzebene 4 entweder im Eigentum von professionellen Netzebene 4-Betreibern, der Wohnungswirtschaft oder von Endkunden. Die sog. Netzebene 4-Betreiber (wie beispielsweise teilweise die Telecolumbus) schließen sich entweder an die Netze der Netzebene 3-Betreiber an, um die Rundfunksignale aus deren Netzen zu empfangen und an die Endkunden weiterzuverkaufen, oder aber sie bauen eigene Kabelkopfstationen auf (eigene Netzebene 3-Technik) mit denen sie kleinere Netzinseln bestehend aus Netzebene 3 und Netzebene 4 mit Rundfunksignalen versorgen. Der Bereich der Endkunden besteht zum einen aus großen Wohnungsbaugesellschaften, die die Rundfunksignale für ihre Mieter beziehen und diesen im Rahmen der Nebenkostenabrechnung[61] in Rechnung stellen und zum anderen aus Privatleuten, die beispielsweise in Einfamilienhäusern das Hausverteilnetz selbst errichtet haben und dieses selbständig betreiben.

31 Das herkömmliche Kabelnetz wird in einem Frequenzbereich von ca. 40–862 MHz genutzt. In diesem Frequenzspektrum werden die vorhandenen Kabelkanäle überwiegend für digitale Dienste wie Digital-TV, Video-On-Demand, Internet und Telefonie verwendet. In den meisten Kabelnetzen werden jedoch in der Regel noch über 30 Kanäle in analoger Form für Fernseh- und Radioangebote verwendet. Im Gegensatz zu einem analogen Kabelkanal können auf einem digital genutzten Kabelkanal statt nur einem in der Regel 12–16 Fernsehprogramme in SD-Qualität verbreitet werden. Vor dem Hintergrund der immer weitergehenden Nachfrage nach Übertragungskapazitäten für die Verbreitung von HD-Programmen, der Nutzung interaktiver Dienste wie Video-On-Demand sowie der steigenden Nachfrage nach High-Speed-Internetzugängen ist die Umwidmung der noch vorhandenen analogen Kabelkanäle für eine effizientere, digitale Nutzung die notwendige und logische Folge.

32 Ihre wesentliche Stärke entfalten die Kabelnetze jedoch erst im Fall der Einrichtung eines Rückkanals, mit dessen Hilfe über das Breitbandkabelnetz auch ein Internetzugang geschaffen werden kann und hierbei auf der Basis der DOCSIS 3.0 Technologie hohe Übertragungsgeschwindigkeiten von 500 Mbit/s angeboten werden können. Mit der Einführung des DOCSIS 3.1-Standards wird die Leistungsfähigkeit der Kabelnetze noch erweitert, so dass Internetgeschwindigkeiten von über 1 Bbit/s standardmäßig möglich sind. Dabei wird das Internet als „always on"-Medium verwendet, so dass entweder eine vom genutzten Datenvolumen unabhängige Flatrate angeboten wird, oder nur für die empfangenen bzw. versendeten Datenmengen, nicht aber für die „Online-Zeit", Entgelte berechnet werden. Durch die Entwicklung der vormals

61 Die Möglichkeit zur Umlage von Kosten der Rundfunkversorgung auf die Mietnebenkosten besteht für unterschiedliche Infrastrukturen nach Maßgabe des § 2 Nr. 15 BetrKV.

unidirektionalen Rundfunkverteilnetze zu rückkanalfähigen Kommunikationsnetzen, die hohe Internet-Bandbreiten zur Verfügung stellen, können die Breitbandziele der Bundesregierung (Internetzugänge mit über 50 Mbit/s sollen 100 % der Bevölkerung zum Jahr 2018 technisch zur Verfügung stehen) erreicht werden. Über den Internetzugang wird in der Regel auch Telefonie (sog. „Voice over IP"), angeboten. Das gemeinsame Angebot von Rundfunk, High-Speed-Internetzugang und Telefonie (sog. „Triple-Play") über denselben Kommunikationsweg macht das Kabel zu einer zukunftsorientierten und ökonomisch attraktiven Infrastruktur, die nicht mehr nur als reines Rundfunkverteilnetz genutzt wird, sondern vielmehr eine Kommunikationsinfrastruktur bereitstellt, über die eine Vielzahl multimedialer Dienste zu empfangen sind.

3.2 Rechtliche Rahmenbedingungen

Die Kabelnetze, über die Telekommunikationsdienste für die Öffentlichkeit erbracht 33
werden, unterliegen ausgehend von den Vorgaben des europäischen Telekommunikationsrechtsrahmens[62] einer weitreichenden telekommunikationsrechtlichen Regulierung.

3.2.1 Rundfunkrechtliche Regulierung

Im Hinblick auf die rundfunkrechtlich besonders wichtige Frage der Regulierung des 34
Zugangs zu den teilweise knappen Übertragungskapazitäten des wichtigsten Rundfunkverbreitungsweges sind die Regelungen zu Art, Weise und Umfang der (hoheitlichen) Kabelbelegungsvorschriften in allen Mitgliedstaaten der europäischen Union seit jeher von herausragender Bedeutung. Der Gemeinschaftsgesetzgeber hat in Art. 31 Universaldienstrichtlinie (UDRL)[63] einen technologieneutralen Regulierungsansatz für alle Infrastrukturbetreiber gewählt und hierbei trotz des Grundsatzes der Inhaltsneutralität des europäischen TK-Rechtsrahmens einen Ausgleich zwischen den Interessen des Rundfunks einerseits und den Interessen der Eigentümer der jeweiligen Übertragungsinfrastrukturen andererseits geschaffen. In Anbetracht der zunehmenden Wahlfreiheit der Verbraucher bzgl. des genutzten Empfangsweges und des starken Infrastrukturwettbewerbes wurde in Art. 31 UDRL festgelegt, dass die Mitgliedstaaten nur dann Infrastrukturbetreibern zumutbare Übertragungsverpflichtun-

---

62 Nach der durch die EU-Kommission ermöglichten Öffnung der nationalen TK-Märkte für den Wettbewerb wurde der europäische Rechtsrahmen für die Telekommunikation im Jahr 2002 vollständig überarbeitet und bestand zunächst aus einem kohärenten Richtlinienbündel in Form einer Rahmen-Richtlinie (RL 2002/21/EG) und zugehörigen Einzelrichtlinien (Universaldiensterichtlinie 2002/22/EG; Zugangs-Richtlinie 2002/19/EG; Genehmigungs-Richtlinie 2002/20/EG). Mit zeitlicher Verzögerung wurde der Rechtsrahmen durch die Datenschutzrichtlinie für elektronische Kommunikation 2002/58/EG, die RL 2002/77/EG über den Wettbewerb auf den Märkten für elektronische Kommunikationsnetze und -dienste und den Beschluss der Kommission v. 14.9.2004 zur Änderung des Beschlusses 2002/627/EG zur Einrichtung der Gruppe Europäischer Regulierungsstellen für elektronische Kommunikationsnetze und -dienste ergänzt. Der sog. TK-Rechtsrahmen wird seitdem fortwährend überarbeitet. Jüngst wird eine weitreichende Ergänzung des TK-Rechtsrahmens auf der Grundlage des Vorschlags für eine Richtlinie des Europäischen Parlaments und des Rates über den europäischen Kodex für die elektronische Kommunikation [COM(2016) 590 final – 2016/0288 (COD)] diskutiert. Diese Überarbeitung ist vor allem ein Ausfluss der europäischen Strategie zur Schaffung eines digitalen Binnenmarktes – vgl. Mitteilung der Kommission COM (2015)192 – und eine Reaktion auf die tiefgreifenden Veränderungsprozesse der sog. Digitalwirtschaft.

63 Universaldienstrichtlinie 2002/22/EG, ABlEG Nr. L 108/51 v. 24.4.2002.

gen für Rundfunkdienste auferlegen dürfen, wenn diese Netze von den Nutzern als Hauptmittel zum Empfang von Rundfunkprogrammen genutzt werden. Überdies dürfen derartige Übertragungsverpflichtungen nur auferlegt werden, soweit sie zur Erreichung klar umrissener Ziele von allgemeinem Interesse erforderlich sind; sie müssen verhältnismäßig und transparent sein und regelmäßig überprüft werden. Diese gemeinschaftsrechtliche Vorgabe des Art. 31 UDRL wurde im Hinblick auf die analogen Kabelbelegungsvorschriften formell und nur teilweise in § 51b Abs. 3 RStV übergeleitet, ohne jedoch diese „Rahmengesetzgebung" inhaltlich auszufüllen. Danach sind landesrechtliche Regelungen zur analogen Kanalbelegung für den Rundfunk zulässig, soweit sie zur Erreichung klar umrissener Ziele von allgemeinem Interesse erforderlich sind. Insbesondere können diese Vorgaben zur Sicherung einer pluralistischen, am Gebot der Meinungsvielfalt und Angebotsvielfalt orientierten Medienordnung getroffen werden. Folglich unterliegen die Kabelnetze rundfunkrechtlichen Regulierungen unterschiedlichster „Landesfärbung", die die jeweils zuständige Landesmedienanstalt berechtigen, zum Zweck der Meinungsvielfaltsicherung den Kabelnetzbetreibern per Verwaltungsakt konkrete Vorgaben hinsichtlich der Belegung der Kabelkanäle mit bestimmten Programmangeboten (sog. must-carry Programme) zu machen. Im Rahmen der rundfunkrechtlichen Netzregulierung ist jedoch zu beachten, dass die must-carry Regelungen in Abhängigkeit davon, ob es sich um analog oder digital verbreitete Rundfunkprogramme handelt, in Struktur und Umfang sehr unterschiedlich sein können.

35 Aufgrund der das Angebot weit übersteigenden Nachfrage nach analogen Übertragungskapazitäten unterliegt die analoge Kabelbelegung einer sehr restriktiven Zugangsregulierung, die gem. § 51b Abs. 3 RStV der jeweiligen Ausgestaltung durch den Landesgesetzgeber unterworfen ist. Die Bundesländer haben ihre diesbezügliche Ausgestaltungsfreiheit in Anspruch genommen, weshalb die jeweiligen Kabelbelegungsvorschriften somit sehr unterschiedlich ausgeprägt sind. Während in einigen Bundesländern eine liberale Regulierung den Kabelnetzbetreibern in gewissem Umfang einen Belegungsfreiraum zubilligt,[64] werden in anderen Bundesländern ausnahmslos alle verfügbaren analogen Kabelkanäle von Belegungsvorgaben der Landesmedienanstalt erfasst,[65] obwohl sich die gesetzgeberische Zielsetzung allein in der Verhinderung von Meinungsmonopolen durch Gewährleistung eines vielfältigen Programmangebots erschöpft.[66] Ein solches vollständiges analoges Kabelbelegungsmonopol einer Landesmedienanstalt ist nach weitverbreiteter Auffassung mit dem Grundsatz einer verhältnismäßigen Ausgestaltung der Belegungsvorgaben nicht vereinbar.[67] Auch die Europäische Kommission sah die Umsetzung der Universaldienstrichtlinie in Deutschland als unzureichend an und leitete ein Vertragsverletzungsverfahren gegen die Bundesrepublik Deutschland ein.[68] Deshalb war es lange Zeit umstritten, ob

---

64 Z.B. in Baden-Württemberg (§ 21 LMedienG), Sachsen (§ 38 Abs. 1 Nr. 2 Sächs PRG), NRW (§ 18 LMG) und im Saarland (§ 53 Abs. 2 SMG).

65 Z.B. in Niedersachsen (§ 37 NMedienG).

66 Vgl. *Charissé* K&R 2002, 164, 167.

67 *Dörr/Volkmann* S. 65 und 78 ff.

68 Wegen der fehlenden Verhältnismäßigkeit der must-carry-Verpflichtungen in einzelnen Bundesländern hat die Europäische Kommission ein Vertragsverletzungsverfahren gegen die Bundesrepublik Deutschland eröffnet und das VG Hannover ein Vorabentscheidungsverfahren des EuGH veranlasst (*VG Hannover* 14.6.2007 – 7 A 5462/06).

die unionsrechtlichen Bestimmungen des Art. 31 Universaldienstrichtlinie[69] einer Vollbelegung des analogen Kabelnetzes durch die Landesmedienanstalten entgegensteht. Dennoch hat der EuGH in einem Urteil v. 22.12.2008 den Mitgliedsstaaten die Befugnis für ein umfassendes Belegungsregime bis zur Vollbelegung zugestanden, obwohl der Wortlaut der Universaldienstrichtlinie ("bestimmte Fernsehkanäle") für ein gegenteiliges Ergebnis spricht.[70] Ein wesentlicher Grund für die Annahme der Verhältnismäßigkeit eines derart weitgehenden Regulierungseingriffes durch den Landesgesetzgeber sah der EuGH in seiner Entscheidung darin gegeben, dass der betroffene Kabelnetzbetreiber eine wirtschaftliche Kompensation für den hoheitlichen Eingriff in sein Eigentum durch die Zahlung von Einspeiseentgelten erhält, die die von der must-carry Regelung begünstigten Sendeunternehmen für die Kabelverbreitung ihrer Programme an die Kabelnetzbetreiber zahlen.

Im Gegensatz zu der landesrechtlich sehr fragmentierten Regulierung der analog 36
genutzten Kabelnetze wird die digitale Kabelbelegung im Rahmen der „Plattformregulierung“ bundeseinheitlich durch § 2 Abs. 2 Nr. 13 i.V.m. §§ 52, 52a und 52b RStV geregelt. Plattformbetreiber werden, sofern sie nicht einem der privilegierenden Merkmale des § 52 Abs. 1 S. 2 RStV unterfallen (privilegierte Plattformen), von der ZAK in der Regel als Plattformbetreiber i.S.d. § 2 Abs. 2 Nr. 13 RStV eingestuft. Von Belegungsvorgaben nach § 52b RStV verschont bleiben gem. § 52b Abs. 3 RStV zudem sog. Programmplattformen, die jedoch weiterhin den technischen Plattformanforderungen nach § 52c RStV entsprechen müssen.[71]

Nach § 52b erfolgt die Belegung der Kabelnetze mit digitalen Programmen in einem dreistufigen Regulierungskonzept. Nach § 52b Abs. 1 Nr. 1 RStV werden dem Kabelnetzbetreiber zunächst Belegungsvorgaben (must-carry) für die drei digitalen Programmbouquets von ARD und ZDF, für die privaten Programmangebote, welche gem. § 25 RStV Regionalfensterprogramme verbreiten, sowie für regionale Programminhalte auferlegt. Gem. § 52b Abs. 1 Nr. 2 RStV ist der Kabelnetzbetreiber berechtigt, in einem Umfang, der der Programmanzahl der must-carry-Programme gem. Abs. 1 Nr. 1 entspricht, die digitalen Kabelkapazitäten unter Berücksichtigung von Vielfaltsaspekten selber zu belegen (can-carry). Bei der Programmauswahl darf

---

69 Art. 31 Abs. 1 RL 2002/22/EG in der durch RL 2009/136/EG geänderten Fassung:
Die Mitgliedstaaten können zur Übertragung bestimmter Hör- und Fernsehrundfunkkanäle und ergänzender, insbesondere zugangserleichternder Dienste, die behinderten Endnutzern einen angemessenen Zugang ermöglichen, den ihrer Rechtshoheit unterliegenden Unternehmen, die für die öffentliche Verbreitung von Hörfunk-und Fernsehrundfunkkanälen genutzte elektronische Kommunikationsnetze betreiben, zumutbare Übertragungspflichten auferlegen, wenn eine erhebliche Zahl von Endnutzern diese Netze als Hauptmittel zum Empfang von Hörfunk- und Fernsehrundfunkkanälen nutzt. Solche Pflichten dürfen nur auferlegt werden, soweit sie zur Erreichung der von den einzelnen Mitgliedstaaten ausdrücklich festgelegten Ziele von allgemeinem Interesse erforderlich sind, und sie müssen verhältnismäßig und transparent sein. Die Mitgliedstaaten überprüfen die Pflichten nach Unterabs. 1 spätestens ein Jahr nach dem 25.5.2011, es sei denn der betreffende Mitgliedstaat hat eine solche Überprüfung innerhalb der beiden vorangegangenen Jahre vorgenommen. Die Mitgliedstaaten überprüfen die Übertragungspflichten regelmäßig. Vgl. ausf. dazu *Dörr/Volkmann*; *Hartstein/Ring/Kreile/Dörr/Stettner* § 51b Rn. 21 ff.

70 *EuGH* Rs. C-336/07, Slg. 2008, I-10889 – Kabel Deutschland/NLM.; dazu *Hartstein/Ring/Kreile/Dörr/Stettner* § 51b Rn. 27 ff.; *Schmittmann/Kempermann* AfP 2009, 31 ff.

71 Eine Liste der Plattformbetreiber (einschließlich der privilegierten Plattformanbieter und der Programmplattformen) ist abrufbar unter: www.die-medienanstalten.de/themen/plattformen-netze/plattformanbieter.html.

der Kabelnetzbetreiber in diesem Vielfaltsbereich jedoch keine Programme berücksichtigen, die ihm nach § 28 RStV von Seiten der KEK zugerechnet oder von ihm exklusiv vermarktet werden, § 52b Abs. 4 RStV. Gem. § 52b Abs. 1 Nr. 3 darf der Kabelnetzbetreiber schließlich unter Beachtung der allgemeinen Gesetze die restlichen Kabelkapazitäten nach eigenen Auswahlkriterien belegen (non-must-carry).[72] Seit dem 10. RÄStV haben nach § 52b Abs. 1 Nr. 1 RStV nunmehr grundsätzlich alle öffentlich-rechtlichen Programme einen must-carry status. Dieser must-carry-Sstatus gilt derzeit jedoch nach weit verbreiteter Meinung nur für die in SD-Qualität verbreiteten Programme, so dass ein Plattformanbieter nicht verpflichtet ist, neben der Verbreitung von öffentlich-rechtlichen SD-Programmen zusätzlich auch noch die kapazitätsintensiven HD-Varianten dieser Programme zu verbreiten. Gesetzlich nicht geregelt ist jedoch die Frage, ob der must-carry status dann automatisch für HD-Programme gilt, wenn die vom must-carry-Status begünstigten Sender die SD-Verbreitung ihrer Programme auch über Satellit eingestellt haben, so dass sich ein Plattformbetreiber entweder veranlasst sieht, das ihm über Satellit zur Verbreitung zur Verfügung stehende Programm zu verbreiten oder das HD-Programm in eine SD-Qualität zu konvertieren.[73] Ferner hat der Plattformbetreiber in technischer Hinsicht Freiheiten bei der Verbreitung von Programmen, da er nicht verpflichtet ist, vorgefertigte Multiplexe/Programmpakete der öffentlich-rechtlichen Sendeanstalten zu verbreiten, sondern nur deren einzelne Programme bei der Verbreitung berücksichtigen muss. In gleicher Weise ist ein Plattformbetrieber nicht verpflichtet, die von Programmveranstaltern zusammen mit den Programmsignalen versendeten HbbTV-Signale zu verbreiten, da die HbbTV-Signale keinen integralen Bestandteil des Programmsignals darstellen noch einen Teletext oder eletronischen Programmführer darstellen, deren Verbreitung nach der Gesetzesbegründung zum 10. RÄStV auch von der must-carry-Regulierung des § 52b RStV erfasst sein soll. Vielmehr handelt es sich bei HbbTV Signalen um nicht-lineare vergleichbare Telemediendienste gem. § 52a Abs. 3 S. 1 i.V.m. § 2 Nr. 13 RStV zu deren Verbreitung ein Plattformbetreiber nicht verpflichtet ist.[74]

Für eine Verbreitung von digitalen Hörfunkangeboten sieht § 52b Abs. 2 RStV eine entsprechende Regelung vor, die ergänzt wird in S. 3 durch Hinweise zum Verfahren bei Mischplattformen (mit Rundfunk- und Hörfunkprogrammen), die der Regelfall sind. Ob und inwieweit die landesrechtlichen Belegungsvorgaben für analoge Programme sowie die Regelung des § 52b RStV für den Plattformbetreiber unbedingte Übertragungsverpflichtungen begründet, ist derzeit Gegenstand mehrerer Gerichtsverfahren. Die öffentlich-rechtlichen Sendeunternehmen gehen nach der Kündigung ihrer Einspeiseverträge mit Vodafone und Unitymedia davon aus, dass die must-carry-

---

72 Vgl. *Hartstein/Ring/Kreile/Dörr/Stettner* § 52b m.w.N.

73 Gegen eine Konversion eines HD-Signals in ein SD-Signal spricht das technische Veränderungsverbot nach § 52a Abs. 3 S. 1 RStV, da diese technische Veränderung jedoch zu einer Effizienzsteigerung bei der Verbreitung führt, kann diese Maßnahme gem. § 52a Abs. 3 S. 2 RStV gestattet sein.

74 In einem Beschwerdeverfahren der ARD hat die ZAK als zuständiges Binnenorgan der Landesmedienanstalten 23.6.2015 entschieden, dass das HbbTV-Signal weder technisch noch inhaltlich zum Transportstrom des Rundfunksignals gehört. Der Begriff „Programm" in § 52a Abs. 3 S. 1 RStV umfasse nur das Rundfunkprogramm selbst, also Bild und Ton, nicht aber weitere, das Programm lediglich begleitende Dienste. (vgl. Pressemitteilung der ZAK abrufbar unter: www.die-medienanstalten.de/presse/pressemitteilungen/kommission-fuer-zulassung-und-aufsicht/detailansicht/article/zak-pressemitteilung-062015-zak-trifft-grundlegende-entscheidungen-zur-plattformregulierung.html).

Regelungen eine Verbreitungspflicht des Netzbetreibers begründen.[75] Die genannten Kabelnetzbetreiber sehen in den must-carry-Regelungen Belegungsvorgaben, bei deren Umsetzung zwischen den Sendeunternehmen und den Netzbetreibern ein entgeltlicher Einspeisevertrag abgeschlossen werden muss, der die Kompensation für die Nutzung der Übertragungskapazitäten regelt.[76]

Der Bundesgerichtshof wurde in der Folge mit den Urteilen verschiedener Instanzgerichte befasst und machte grundlegende Ausführungen zum Verständnis der must-carry-Regulierung. Danach hat das durch einen must-carry-Status begünstigte Sendeunternehmen eine marktbeherrschende Stellung i.S.d. § 19 GWB, die dieser nicht missbräuchlich ausnutzen dürfe. Ferner seien die must-carry-Bestimmungen, die den Plattformbetreiber zu einer Einspeisung und Übertragung bestimmter gebührenfinanzierter Programme verpflichten, im öffentlichen Interesse geschaffen worden. Sie sollen danach sicherstellen, dass die öffentlich-rechtlichen Rundfunkanstalten ihrem Grundversorgungsauftrag nachkommen können, dienen jedoch nicht dazu, diese wirtschaftlich zu begünstigen. Die Einspeisung und Verbreitung hat daher zu angemessenen Bedingungen zu erfolgen, deren Festlegung den Beteiligten obliegt.[77] Die Konditionen der Programverbreitung müssen zudem gem. § 52d RStV angemessen und diskriminierungsfrei ausgestaltet sein.[78] **37**

Neben der zentralen Vorschrift der Kabelbelegung treffen den Kabelnetzbetreiber **38** noch weitere Vorschriften der Plattformregulierung. Der Kabelnetzbetreiber ist als Plattformbetreiber jedoch nur für eigene Programme und Dienste, nicht aber für die Inhalte Dritter verantwortlich (§ 51a Abs. 2). Ob die in den Kabelnetzen verbreiteten Programme den medienrechtlichen Anforderungen genügen, wird von den Landesmedienanstalten insbesondere im Hinblick auf die Weiterverbreitung von ausländischen Programmen überprüft. Um den Landesmedienanstalten eine derartige Überprüfung zu ermöglichen, sind die Programmveranstalter bereits einen Monat vor Beginn der Programmeinspeisung verpflichtet, im Rahmen einer Weiterverbreitungsanzeige den Landesmedienanstalten mitzuteilen, welche Programme in Zukunft in ihren Netzen digital verbreitet werden (§ 51a Abs. 2).[79] Hierbei müssen die Programmveranstalter ihre rundfunkrechtliche Lizenz vorweisen und die Einhaltung medienrechtlicher Anforderungen versichern (z.B. Jugendschutz, Abgeltung von Urheberrechten etc.). Diese Einhaltung medienrechtlicher Standards durch ausländische Programmveranstalter wird einerseits durch das im Europarecht zur

75 Vgl. *Dörr* ZUM 2013, 81 ff.; *Hain/Steffen/Wierny* MultiMedia und Recht, 2014, 24 ff.

76 Vgl. *Fink/Keber* MMR Beilage 2/2013; *Trute/Broemel* MMR-Beilage 11/2012.

77 Vgl. *BGH* 16.6.2015 (KZR 83/13 und KZR 3/14) sowie *BGH* 12.4.2016 (KZR 31/14). *VG Hamburg* stellte in seinem Urteil vom 29.4.2015 unter Verweis auf das rechtsstaatliche Prinzip des Gesetzesvorbehalts fest, dass in § 52b RStV keine Pflicht zu einer unentgeltlichen Verbreitung enthalten sei. Vielmehr habe ein Plattformbetreiber lediglich „sicherzustellen“, dass die abstrakt umschriebenen technischen Kapazitäten ihren Netzen für die vom Gesetz benannten Zwecke „zur Verfügung stehen“. Ein ausdrücklich auf die Verbreitung der Programme gerichteter Normbefehl sei damit nicht ersichtlich. In der Folge hatte der Kabelnetzbetreiber Unitymedia eine zeitlich reduzierte Verbreitung von vier öffentlich-rechtlichen must-carry-Programmen vorgenommen.

78 Die ZAK wurde wiederholt mit Beschwerdeverfahren hinsichtlich der Verbreitungskonditionen befasst und hat in mehreren Verfahren den betroffenen Plattformbetreiber zu einer diskriminierungsfreien Erhebung von Verbreitungsentgelten aufgefordert.

79 Auch für die analoge Kabelbelegung gibt es entsprechende landesmedienrechtliche Vorschriften, die eine Weiterverbreitungsanzeige vom Kabelnetzbetreiber fordern, vgl. § 24 Abs. 1 LMG NRW, § 44 Abs. 1 HPRG.

Errichtung eines gemeinsamen Binnenmarktes eingeführte Anerkennungsprinzip sowie durch den Abschluss völkerrechtlicher Abkommen[80] ermöglicht.

39 Als Plattformanbieter haben die Kabelnetzbetreiber ferner das Diskriminierungsverbot und Gleichbehandlungsgebot nach §§ 52c, 52d RStV zu beachten. Im Rahmen der Satzungsermächtigung des § 53 RStV haben die Landesmedienanstalten weitergehende konkretisierende Bestimmungen zur Plattformregulierung erlassen.[81]

3.2.2 Wettbewerbsrechtliche Regulierung

40 Die Kabelnetzbetreiber der Netzebene 3 schließen mit den Programmanbietern (Free-TV) sog. Einspeiseverträge, bei denen sich die Kabelnetzbetreiber zum Empfang, Einspeisung und Transport der Programmsignale und die Programmanbieter zur Entrichtung eines Einspeiseentgeltes verpflichten (Einspeisemarkt). Bei Verbreitung von Free-TV Programmen erbringen die Kabelnetzbetreiber gegenüber den Programmanbietern eine von diesen nachgefragte Transportdienstleistung (sog. Transportmodell). Die mit der Kabelverbreitung erzielte technische Reichweite des Programms ist ein entscheidender Faktor für die Bemessung der Werbeentgelte gegenüber der werbetreibenden Wirtschaft. Hiervon abzugrenzen ist die Verbreitung von Pay-TV-Programmen, bei denen der Kabelnetzbetreiber als Nachfrager von bestimmten Programmen auftritt. Der Kabelnetzbetreiber entrichtet an die jeweiligen Programmanbieter entsprechende Lizenzentgelte und wird im Gegenzug berechtigt, die Programme in eigenen Programmpaketen gegen ein entsprechendes Abonnemententgelt an Endkunden zu vermarkten. In diesem sog. Vermarktungsmodell steht nicht die Transportdienstleistung, sondern die Vermarktung eines eigenen Programmproduktes, welches aus ausgewählten Programmangeboten besteht, im Vordergrund. Für die Installation eines Kabelanschlusses und die Lieferung von Rundfunksignalen an die angeschlossenen Kabelnetzbetreiber der Netzebene 4, die Wohnungswirtschaft oder Privathaushalte, erhalten die Kabelnetzbetreiber ebenfalls ein entsprechendes Entgelt. Die Einspeiseentgelte vergüten Leistungen für den Programmempfang, die technische Aufbereitung der Signale sowie deren Verbreitung in den tieferen Netzebenen. Die Endkundenentgelte werden für die Verbreitung der Programme in den Verteil- und Anschlussnetzen entrichtet, so dass es hinsichtlich der Programmverbreitung in Kabelnetzen zu einer anteiligen Kostentragung durch Sender und Endkunden kommt. Sowohl die Einspeiseentgelte als auch die Endkundenentgelte unterlagen in der Vergangenheit der Preisregulierung durch die Regulierungsbehörde für Telekommunikation und Post (RegTP).[82] Nach Inkrafttreten des TK-Rechtsrahmens und nach Durchführung der Marktanalyse in dem von der Europäischen Kommission definierten Marktsegment, dem sog. Markt 18 (Markt für Rundfunkübertragungsdienste) und den Festlegungen der Präsidentenkammer zur Marktanalyse wurde diese Regulierung im Wesentlichen fortgeschrieben, so dass die drei großen Kabelnetzbetreiber der Netzebene 3 weiterhin einer nachträglichen Preisregulierung nach § 38 TKG im Einspeisemarkt unterlagen. Ferner unterlagen die Kabelnetzbetreiber der Netzebene 3 im sog. Signallieferungsmarkt hinsichtlich

---

80 Europäisches Übereinkommen über das grenzüberschreitende Fernsehen v. 5.5.1989, BGBl II 1994, 638.

81 Zu Hintergründen und kritischen Anmerkungen zur Plattformregulierung vgl. *Christmann* ZUM 2009, 7 ff.; zur Plattformregulierung und ihrer satzungsrechtlichen Ausgestaltung vgl. *Weisser/Glas* ZUM 2009, 914 ff.

82 *RegTP* 30.4.1998 – BK 3 A BK – Anschlussnetz; *RegTP* 24.3.1999 – BK 3b 99/001.

ihres Vorleistungsproduktes, dem Rundfunksignal, gegenüber Netzebene 4-Betreibern einer gesonderten nachträglichen Preisregulierung. Entgelte, die gegenüber den Kunden der Wohnungswirtschaft oder Einzelendkunden erhoben werden unterlagen keiner speziellen telekommunikationsrechtlichen Regulierung. Ferner mussten die regulierten Kabelnetzbetreiber ein Diskriminierungsverbot nach § 19 TKG und § 42 TKG beachten und zudem waren weitere Auflagen wie beispielsweise die Veröffentlichung eines Standardangebots nach § 23 TKG zu befolgen.[83] Aufgrund der seitens der EU-Kommission durchgeführten überarbeiteten Märkteempfehlung wurde angesichts des stark angestiegenen Infrastrukturwettbewerbes, bei dem meist mehrere Infrastrukturanbieter im Wettbewerb um die Programmverbreitung bzw. um die Versorgung mit Programmangeboten stehen, der sog. Markt 18 aus der Liste der zur Regulierung empfohlenen Märkte gestrichen.[84] Die Bundesnetzagentur hat in der Festlegung der Präsidentenkammer vom 7.10.2010 entschieden, dass an einer sektorspezifischen Regulierung des Einspeisemarktes und des Signallieferungsmarktes für Kabelnetzbetreiber nicht länger festzuhalten sei, weshalb die Regulierungsauflagen in einem zweiten Schritt widerrufen wurden. Durch die Aufgabe der sektorspezifischen Regulierung durch die BNetzA nach Maßgabe des TKG ist nunmehr das Bundeskartellamt auf der Basis des allgemeinen Kartellrechts zuständig, um individuelle Fallkonstellationen auf ihre Wettbewerbskonformität zu überprüfen.

Bei der Erbringung von Internetdienstleistungen und Telefonie haben die Betreiber **41**
von Breitbandkabelnetzen in der Regel keine beträchtliche Marktmacht und unterliegen deshalb keiner restriktiven Zugangsregulierung, sondern müssen vor allem die allgemeinen Bestimmungen des TKG und die ergänzenden Verordnungen beachten. Von besonderer Bedeutung sind hierbei die Vorschriften zum Kunden- und Datenschutz.

Nur im sog. Markt 1, dem Markt für Terminierungsleistungen in das eigene Telefon- **42**
netz, unterliegen Breitbandkabelnetzbetreiber einer weiteren speziellen telekommunikationsrechtlichen Regelung. Hierbei legt die Bundesnetzagentur im Rahmen einer ex ante-Regulierung gem. § 31 TKG die Entgelte fest, die für die Entgegennahme von Telefonanrufen auf der untersten Netzkoppelungsebene erhoben werden dürfen. Hierbei ist zu unterscheiden, ob die unterste Netzkoppelungebene eine PSTN-Schnittstelle eines entsprechenden Ortsnetzes ist (so z.B. bei der Deutschen Telekom) oder eine NGN-Schnittstelle eines modernen IP-basierten Telefonnetzes (so z.B. bei Kabelnetzbetreibern wie Unitymedia).

Ferner sind für die Verlegung von Kabelnetzen auf öffentlichem Grund die Vorschrif- **43**
ten der §§ 68 ff. TKG zum öffentlichen Wegerecht von besonderer Bedeutung. Danach ist der Bund gem. § 68 TKG berechtigt, die öffentlichen Wege zum Zwecke der Verlegung von Telekommunikationslinien zu nutzen. Die Bundesnetzagentur kann gem. § 69 TKG dieses Nutzungsrecht auf Antrag einem Anbieter von Telekommunikationsdienstleistungen für die Öffentlichkeit übertragen, so dass dieser in die Lage versetzt wird, öffentliche Straßen und Plätze zwecks Verlegung von Kabelanlagen zu nutzen. Für die Verlegung von Kabelnetzen auf privatem Grund ist der Kabelnetzbetreiber – sofern kein Ausnahmetatbestand des § 78 TKG vorliegt – verpflichtet, zuvor einen entsprechenden Gestattungsvertrag mit dem jeweiligen Grundstückseigentümer abzu-

83 Vgl. beispielhaft die Regulierungsverfügung BK 3b-06-014/R.

84 Vgl. die überarbeitete Märkteempfehlung der EU-Kommission vom 17.12.2007 (ABlEU Nr. L 311 v. 28.12.2007).

schließen, um dadurch ein privatrechtliches Nutzungsrecht zu erwerben. Die Regelung des § 77a TKG gibt Telekommunikationsunternehmen Zugang zu passiver Infrastruktur und erleichtert dadurch den Auf- und Ausbau von modernen Infrastrukturen. Basierend auf der Kostensenkungs-Richtlinie (2014/61/EU) wurden zudem mit dem sog. DigiNetz-Gesetz weitere Vorschriften in das TKG aufgenommen, um den Ausbau von leistungsstarken Infrastrukturen für die Versorgung der Bevölkerung mit hohen Internetgeschwindigkeiten zu fördern und zu beschleunigen. Die wichtigsten Bereiche sind der Zugang zu passiven Infrastrukturen (§§ 77a, d TKG), die Koordinierung von Bauvorhaben (§§ 77h, i TKG), ein Netzabschlussrecht im Gebäude inklusive Mitnutzungsanspruch passiver Hausinfrastruktur (§§ 77k TKG) sowie eine Verpflichtung zur Verlegung von passiver Infrastruktur (insbesondere Kabelschächte) und Glasfaser in Neubaugebieten (§§ 77i TKG).

3.2.3 Urheberrechtliche Regulierung

44 Im Gegensatz zu Satellitenbetreibern und Betreibern terrestrischer Funknetze und trotz der hoheitlichen Kabelbelegungsvorgaben unterliegen Kabelnetzbetreiber einer speziellen urheberrechtlichen Regulierung nach §§ 20, 20b und 87 Abs. 5 UrhG. Das Recht der Kabelweitersendung kann nach § 20b Abs. 1 UrhG von den Rechteinhabern nicht individuell, sondern nur kollektiv durch entsprechende Verwertungsgesellschaften geltend gemacht werden.[85] Diese Verwertungsgesellschaftspflichtigkeit besteht nicht für Rechte, die von Sendeunternehmen selbst wahrgenommen werden. Die Sendeunternehmen sind jedoch nach § 87 Abs. 5 UrhG verpflichtet, im Hinblick auf die Vereinbarung einer angemessenen Bedingung Vertragsverhandlungen mit den Kabelnetzbetreibern zu führen. Ob und inwieweit ein Kabelnetzbetreiber zur Kabeleinspeisung durch das Anbieten angemessener Bedingungen auch ohne Zustimmung des Programmanbieters berechtigt ist, ist bislang umstritten.[86] Die Fragen der Vergütungspflichtigkeit der Kabelweitersendung sind stark umstritten, da sich die Kabelnetzbetreiber in einem rechtlichen Spannungsfeld zwischen rundfunkrechtlichen Belegungsvorgaben (must-carry) zum Schutze der Meinungsvielfaltsicherung und vertraglichen Verbreitungsverpflichtungen befinden.[87] Im Gegensatz hierzu knüpft das Urheberrecht an der Beteiligung der Rechteinhaber an den geldwerten Vorteilen an, die aus der wirtschaftlichen Verwertung von urheberrechtlich geschützten Werken resultiert. Die Pflicht des Kabelnetzbetreibers zu einer kostenorientierten Bereitstellung von Übertragungskapazitäten für Rundfunkanbieter konfligiert hierbei mit dem urheberrechtlichen Prinzip der Gewinnabschöpfung bei marktwirtschaftlichen Verwertungsakten, die unter eigenverantwortlicher Nutzung urheberrechtlich geschützter Rechte erfolgen. Insbesondere der Ausfallhaftungsanspruch der Kabelnetzbetreiber nach § 20b Abs. 2 UrhG gehört seit seiner Einführung durch das 4. Urheberrechtsände-

---

85 Dieser Grundsatz der Verwertungsgesellschaftspflichtigkeit soll das Rechteclearing erleichtern und wurde in Umsetzung des Art. 9 der Kabel-/Satelliten-Richtlinie (93/83/EWG) v. 27.9.1993 in das Urheberrechtsgesetz aufgenommen. Sendeunternehmen sind von der Verwertungsgesellschaftspflicht ausgenommen, Art. 10 der Kabel-/Satelliten-Richtlinie. Auf europäischer Ebene wird im Rahmen der SatCab-Verordnung die Ausdehnung des Prinzips der Verwertungsgesellschaftspflichtigkeit auch auf mobile und nicht-lineare Verbreitungsvorgänge diskutiert.

86 *Weisser/Höppener* ZUM, 597 ff.; *Mand* Das Recht der Kabelweitersendung. Kabelweiterleitung von Rundfunkprogrammen im Licht des § 20b UrhG, 2004; eine Einwilligungsfiktion oder Erschöpfung des Verbotsrechts des Senders wurde von der Rspr. zwar erwogen, aber im konkreten Fall abgelehnt *BGH* GRUR 2000, 699 ff. (Kabelweitersendung).

87 Vgl. *Charissé* K&R 2002, 164, 168 f.

rungsgesetz zu den umstrittensten Rechtsproblemen.[88] Überdies ist seit der Einführung des Urhebervertragsrechts durch die Schaffung des gesonderten Ausfallshaftungsanspruchs nach § 32 UrhG unklar, ob und inwieweit § 20b Abs. 2 UrhG noch eine eigenständige Bedeutung beanspruchen kann.[89] Das Urteil des *EuGH* 16.3.2017 – C-138/16 könnte jedoch zu einem Paradigmenwechsel führen, da der Gerichtshof die kabelbasierte Verbreitung von inländischen Programmen nicht als eine Kabelweitersendung an einen neuen Personenkreis bewertete, vielmehr sei die Erlaubnis zur Programmverbreitung an einen inländischen Personenkreis durch einen Kabelnetzbetreiber bereits bei der Erteilung der Erlaubnis zur ursprünglichen Ausstrahlung dieser Werke durch die nationale Rundfunkanstalt berücksichtigt worden.

4. Internet – IPTV

4.1 Übertragungstechnik

Die Rundfunkverbreitung findet auch über das Internet oder unter Nutzung des Inter- 45
netprotokolls statt. Insbesondere Radioprogramme werden aufgrund der geringeren Übertragungskapazitäten, die für die Live-Streams benötigt werden, bereits seit vielen Jahren von den Sendeanstalten parallel im Internet verbreitet. Vor allem durch die DOCSIS 3.0-Technologie für Breitbandkabelnetze und die DSL-Technik für Kupferdoppeladernetze wurden in den vergangenen Jahren die Übertragungsgeschwindigkeiten sehr stark erhöht, so dass auch Fernsehprogramme ohne wesentliche Qualitätsverluste über das Internet verbreitet werden können.[90] Da breitbandige Internetverbindungen in den meisten deutschen Haushalten verfügbar sind, konnte sich das Internet immer stärker als Rundfunkübertragungsweg etablieren, der in ähnlich starker direkter Konkurrenz zu Terrestrik, Satellit und Kabel steht. Anbieter wie Zattoo und Waipu verbreiten ein Portfolio linearer Rundfunkprogramme unter Nutzung der IP-Streaming- Technologie über das offene Internet an ihre registrierten Kunden (geschlossene Benutzergruppe) und auch Sendeunternehmen haben begonnen, ihre linearen Programme und einzelne Sendungen auf Abruf über eigene Websites oder entsprechende Apps den Rezipienten zur Verfügung zu stellen. Anbieter wie Netflix, AmazonPrime und Maxdome nutzen ebenfalls das Internet als Vertriebsweg für ihre bezahlpflichtigen Abonnementdienste für Filme, Serien und weitere Dienste, jedoch kann das Portal YouTube bei weitem die meisten Nutzer auf sich ziehen. Auch die traditionellen Telekommunikationsunternehmen haben ihr Produktportfolio um die neue Sparte „Rundfunk“ erweitert, um den Kunden ein sog. „Triple Play-Angebot“ unterbreiten zu können. Insbesondere die dem Internet „angeborene“ Abruffunktionalität, die durch den Aufbau einer rückkanalfähigen Punkt-zu-Punkt-Verbindung stets gegeben ist, ermöglicht es, über das Internet Filme als video-on-demand Dienste anzubieten. Durch diese individuelle Zugriffsmöglichkeit auf eine virtuelle Videothek hat das Internet eine erhebliche Auswirkung auf die Veränderung der allgemeinen Nutzungsgewohnheiten und das Wettbewerbsverhältnis der Distributionswege.[91] Dies hat auch erheblichen Einfluss auf die medienrechtliche Einordnung bzw. Abgrenzung

88 Vgl. *Conrad* GRUR 2003, 561 ff.
89 *Mand* ZUM 2003, 812–820.
90 *Flatau* ZUM 2007, 1 ff.
91 *Fuchs/Kunow* S. 9 ff.

von Diensten als Rundfunk, Medien- oder Teledienste.[92] Die Landesmedienanstalten haben sich von ihren früheren Festlegungen abgewendet und qualifizieren Rundfunkangebote, die über das Internet bzw. unter Nutzung des Internetprotokolls verbreitet werden, grundsätzlich als Rundfunk i.S.d. § 20 RStV.

46 Technisch ist jedoch zwischen Web-TV bzw. Internet-Fernsehen im allgemein zugänglichen world wide web und IPTV zu unterscheiden. Das Web-TV nutzt die Streaming-Technologie in Form von Live-Streams, die zeitgleich mit den über andere Verbreitungswege verbreiteten Programminhalten im Internet jedem Nutzer zur Verfügung gestellt werden (z.B. Zattoo, Waipu, Apps der Sendeunternehmen, etc.). Trotz des notwendigen Aufbaus einer entsprechenden Verbindung zwischen dem Nutzer und dem Server, über welchen der Live-Stream zur Verfügung gestellt wird, handelt es sich bei Live-Streams um linear verbreitete Rundfunkangebote, da sie ohne zeitliche Verzögerung an die Allgemeinheit „gesendet" werden. Davon zu unterscheiden sind Programminhalte, die auf Servern zum individuellen zeitversetzten, nicht-linearen Abruf zur Verfügung gestellt werden (z.B. Abrufinhalte in Mediatheken, Netflix, Maxdome, etc.); diese Abrufangebote werden in der Regel rechtlich als Telemedien qualifiziert. Für die Bereitstellung von Abrufinhalten wurden unterschiedlichste Begrifflichkeiten entwickelt, die meist nicht trennscharf verwendet werden. Audiovisuelle Abrufinhalte fallen grundsätzlich unter den technischen Oberbegriff Video-On-Demand (VoD), wobei aus wirtschaftlicher Sicht unter VoD in erster Linie Programmplattformen verstanden werden, die Programminhalte zum kostenpflichtigen Abruf bereitstellen; entweder Bezahlung je Film (Transactional VoD) oder monatliche Abonnements für eine Filmbibliothek (Subscriptional VoD). Mit dem Begriff „Catch-Up TV" werden hingegen Inhalte bezeichnet, die meist noch 7 Tage nach der linearen TV-Verbreitung auf Video-On-Demand-Plattformen kostenfrei zur Verfügung gestellt werden. Noch kürzer verfügbar sind Programminhalte beim sog. Instant Re-Start bzw. Start-Over, da bei dieser Abruffunktionalität ein bereits laufendes lineares Rundfunkprogramm nochmals von Anfang an gestartet werden kann, so lange die Sendezeit des Programms noch nicht beendet ist. Als „Podcasts" werden hingegen in der Regel audiovisuelle Inhalte bezeichnet, die ähnlich wie Catch-Up-TV zum kostenfreien Abruf bereitgestellt werden. Erfolgte die Nutzung der Abrufinhalte bislang meist am Computer, ermöglichen die VoD Plattformen von Kabelnetzbetreibern und DSL-Anbietern sowie hybride TV-Geräte, die einen Internetzugang über Funkverbindungen aufbauen, oder Zusatzdienste wie Google-TV eine Verschmelzung zwischen Fernsehen und Internet, so dass das TV-Gerät immer mehr zu einem Bilddarstellungsgerät wird, auf dem die unterschiedlichsten Inhalte linear oder nicht-linear genutzt werden können. Das Web-TV bzw. die Videonutzung im Internet gewann auch wegen der komfortablen Zugriffsmöglichkeit über Apps in den letzten Jahren großen Zuspruch. Insgesamt zeigt sich der Trend zur meist komplementären Nutzung von internetbasierten Rundfunk und Video-On-Demand-Inhalten auch in der stetig steigenden Anzahl von interaktiven TV-Geräten, die mit dem Internet verbunden sind (sog. iDTV), wobei auch Laptops, Spielkonsolen, Streamingboxen etc. immer stärker genutzt werden.[93] Dieser Wachstumstrend setzt sich beständig fort, insbesondere bei jüngeren Nutzergruppen.

---

92 Vgl. auch *Janik* AfP 2000, 7 ff.; *ders.* K&R 2001, 572 ff.; *Gersdorf* Der Rundfunkbegriff – Vom technologieorientierten zum technologieneutralen Begriffsverständnis, 2007.

93 Im Jahr 2016 verfügten über 45 % der TV-Haushalte über ein an das Internet angeschlossene Fernsehgerät, vgl. Digitalisierungsbericht 2016, Chart-Report S. 51 ff.

Von diesen Formen des „Internet-Fernsehens“ ist der speziellere Begriff „IPTV“ abzugrenzen, der jedoch ebenso wenig ein legal definierter Begriff ist. IPTV ist die Bezeichnung eines Übertragungsstandards, der die Rundfunkverbreitung unter Verwendung des Internet-Protokolls ermöglicht. In der Praxis wird unter IPTV jedoch meist die lineare Verbreitung von Rundfunkprogrammen unter Nutzung des Internetprotokolls über DSL-Netze verstanden.[94] Die Einschränkung des Begriffsverständnisses auf die Übertragung über DSL-Netze ist jedoch grundsätzlich nicht zutreffend, da die Rundfunkübertragung unter Verwendung des Internetprotokolls auch über alle klassischen Verbreitungswege realisiert werden kann, und angesichts der technischen Konvergenz ist es in Zukunft nicht fernliegend, dass sich dieser IP-basierte Übertragungsstandard auch in den herkömmlichen Infrastrukturen durchsetzen wird. **47**

Anders als beim Web-TV werden im Rahmen des IPTV einem zuvor registrierten Nutzerkreis Rundfunkprogramme zugeleitet, wobei der Empfang über einen an das DSL-Modem angeschlossenen speziellen Decoder erfolgt, der die Darstellung der Programme auf dem Fernsehgerät ermöglicht. Die Programme werden von den Telekommunikationsunternehmen innerhalb der eigenen Infrastruktur nur in den zur Rundfunkübertragung reservierten Übertragungskapazitäten verbreitet. Hierbei wird die IP-Multicast Funktionalität verwendet, mit Hilfe derer ein Inhalt nicht mehr jedem einzelnen Nutzer gesondert zugesendet wird (Unicast), sondern es werden mehrere Nutzer in eine Gruppe zusammengefasst, der Inhalt nur einmal an diese Gruppenadresse gesendet und erst im letzten Netzknotenpunkt im DSLAM für mehrere Empfänger vervielfacht.[95] Durch das IP-Multicast werden große Mengen an Übertragungsbandbreiten eingespart und somit eine wesentliche Voraussetzung zur Realisierung von IPTV geschaffen. Trotz der Verwendung des IP-Multicast werden noch immer hohe Bandbreiten für die IPTV-Verbreitung benötigt. Deshalb können IPTV-Angebote in der Regel nur in Netzen vermarktet werden, die entsprechend hohe Übertragungskapazitäten von meist über 16 Mbit/s bereitstellen und dadurch einen ausreichenden Qualitätsstandard gewährleisten.[96] Die Übertragung von bandbreitenintensiven HD-Programmen über IPTV-Netze erfolgt in der Regel erst bei verfügbaren Bandbreiten von ca. 50 Mbit/s. **48**

4.2 Rechtliche Rahmenbedingungen

Telekommunikationsunternehmen, die über ihre DSL-Netze IPTV anbieten, werden **49**
gem. § 2 Abs. 2 Nr. 13 RStV als Plattformbetreiber qualifiziert und unterliegen der Plattformregulierung nach §§ 52 ff. RStV.[97] Auch im Bereich des Urheberrechts hat eine Gleichstellung zwischen den traditionellen Kabelnetzbetreibern und den Betreibern von DSL-Netzen eingesetzt, so dass die oben gemachten Ausführungen zu der urheberrechtlichen Regulierung von Breitbandkabelnetzen auf die Betreiber von DSL-Netzen übertragen werden können.

94 Das Internetprotokoll wird jedoch auch auf anderen Infrastrukturen (z.B. Breitbandkabelnetze, Mobilfunk) zur Übertragung von Rundfunkinhalten eingesetzt, weshalb IPTV nicht zwingend mit einem bestimmten Übertragungsweg in Verbindung gebracht werden kann.

95 Vgl. *Birkel* S. 9 f.

96 Vgl. zu den technischen Grundlagen *Birkel* S. 5 ff.

97 Vgl. zu den Belegungsverpflichtungen die vorstehende Darstellung unter Rn. 36, die für IPTV-Anbieter identisch sind.

50 Anbieter von Web-TV Angeboten, die über das offene Internet (www) verbreitet werden (z.B. zattoo), werden nach § 2 Abs. 1 Nr. 13 RStV zwar als Plattformbetreiber qualifiziert, dennoch ist die spezifische Plattformregulierung der §§ 52 ff. RStV in der Regel nicht auf diese Plattformen anwendbar, da diese mangels marktbeherrschender Stellung nicht der Plattformregulierung unterworfen werden, § 51 Abs. 1 S. 2 RStV.[98]

5. Mobilfunknetze

5.1 Übertragungstechnik

51 Durch die verbesserten Möglichkeiten der digitalen Datenkompression und der gleichzeitigen Ausweitung der digitalen Übertragungsbandbreiten im Bereich der terrestrischen Übertragungsnetze (UMTS, LTE und zukünftig 5G) sowie die noch immer steigende Nutzung von mobilen Endgeräten wie Smartphones oder Tablet PCs, die sich in besonderer Weise für die Darstellung audiovisueller Inhalte eignen, entsteht derzeit ein neuer wachstumsstarker Markt für mobile Nutzung audiovisueller Inhalte, die insbesondere über entsprechende Applikationen (Apps) abgerufen bzw. angesteuert werden. In diesem Zusammenhang gewinnt nicht nur die mobile Internetnutzung, sondern auch das Mobilfernsehen an Bedeutung. Beispielsweise werden die Rechte zur Übertragung der Fußball-Bundesliga auf mobile Endgeräte (web/mobile streaming) durch die DFL als gesonderte Rechtekategorie (sog. OTT-Rechte) verwertet. Mobilfernsehen bedeutet in diesem Zusammenhang die terrestrische Übertragung audio-visueller Inhalte auf mobile Endgeräte. Es handelt sich somit bei strenger Kategorisierung der Verbreitungswege um eine weitere Entwicklungsstufe des klassischen terrestrischen Fernsehens, wobei zur Programmübertragung in der Regel IP-Protokolle verwendet werden. Die EU-Kommission knüpfte im Zusammenhang mit „Mobile-TV" hohe Erwartungen an die Eröffnung neuer Geschäftsfelder und an einen hohen Nutzen für die Verbraucher.[99] „Mobile-TV" gilt als Wahrzeichen der langjährig beschworenen Medienkonvergenz, da hierdurch in besonders anschaulicher Form in einem Endgerät die Verbindung von Massenkommunikation (Fernsehen) und Individualkommunikation (Telefonie) realisiert wird. Das iPhone war hierbei zwischenzeitlich die Ikone dieser Konvergenzentwicklung. Der erste Schritt in Richtung mobile TV-Nutzung war jedoch bereits der Einbau von DVB-T-Empfängern in Laptops, wodurch diese portablen Geräte den Programmempfang fernab stationärer Empfangsantennen ermöglichten – sogar beim Autofahren kann der Fernsehempfang über DVB-T unter Einschränkungen genutzt werden. Die konsequente Weiterentwicklung erfolgte durch die Einführung neuer Übertragungsstandards für die mobile Nutzung. Die Übertragung von audio-visuellen Inhalten über UMTS- und LTE-Netze (LTE kann unter Laborbedingungen Übertragungsgeschwindigkeiten bis zu 300 Mbit/s erzielen) ist zwar bereits seit längerer Zeit möglich, jedoch ist die Struktur des für die Individualkommunikation entwickelten Mobilfunk-Netzes, das die Verbreitung der Inhalte an kleinere Funkzellen

---

98 Die Liste der sog. privilegierten Plattformbetreiber ist abrufbar unter: www.die-medienanstalten.de/themen/plattformen-netze/plattformanbieter.html; vgl. hierzu auch *Hartstein/Ring/Kreile/Dörr/Stettner* § 52 Rn. 4.

99 Vgl. Mitteilung der Kommission zur Stärkung des Binnenmarktes für das Mobilfernsehen v. 18.7.2007, SEC 2007.

vorsieht, nicht für eine große Anzahl zeitgleicher Abrufe aus der gleichen Funkzelle ausgelegt. Aufgrund der auftretenden Frequenzengpässe beim zeitgleichen Abruf von Fernsehprogrammen in Mobilfunk-Netzen (insbesondere bei der Übertragung von HD- oder UHD-Programmen) und den meist verbrauchsabhängigen Mobilfunktarifen sind diese Netze für die datenintensive TV-Nutzung bislang nur eingeschränkt massentauglich. In den Focus der öffentlichen Diskussion traten vormals zwei spezielle Übertragungsverfahren, die auf vorhandene digital terrestrische Rundfunknetze aufbauen und speziell für die Übertragung audio-visueller Inhalte auf mobile Endgeräte entwickelt wurden und parallel verwendet werden können. So nutzt der Übertragungsstandard DMB (Digital Multimedia Broadcast) schmalbandige Datenkanäle des DAB-Netzes, welches ursprünglich nur auf die digitale Radioverbreitung ausgerichtet war und bereits bundesweit ausgebaut ist.[100] Hingegen greift der DVB-H Standard auf die breitbandigen Frequenzen des DVB-T „Fernsehnetzes" zurück.[101] Diese unterschiedlichen Netztopologien bewirken, dass für die Übertragung audio-visueller Inhalte unterschiedlich hohe Datenraten zur Verfügung stehen. Bei DVB-H stehen den Programmen zwischen 3–4 Mbit/s zur Verfügung. Hingegen können beim DMB-Standard nur Datenraten von 0,2–0,4 Mbit/s durch ein Programm genutzt werden. Nachdem die Versuche zur Einführung von DMB und DVB-H in Deutschland als gescheitert angesehen werden müssen, ruhen nun die Hoffnungen auf der LTE-Technologie (Long Term Evolution bzw. 4G), die im Jahr 2011 zunächst mit dem Fokus auf der Versorgung der ländlichen Regionen mit breitbandigen Internetanschlüssen eingeführt wurde, sowie auf der zukünftigen 5G-Technologie. Die für LTE verwendeten ehemaligen terrestrischen Rundfunkfrequenzen, die in den Jahren 2010 und 2014 im Rahmen der sog. „Digitalen Dividende I" (zwischen 790 MHz und 862 MHz) und „Digitale Dividende II" (zwischen 690 MHz und 790 MHz) für terrestrische Internetdienste verfügbar gemacht wurden, haben aufgrund ihrer relativ niedrigen Frequenzen gute Ausbreitungseigenschaften. Deshalb können die LTE-Netzbetreiber über diese Funkfrequenzen Internet-Übertragungsgeschwindigkeiten von mindestens 5 Mbit/s je Nutzer gewährleisten – je nach verwendeter Version von LTE sind theoretisch sogar bis zu 300 Mbit/s im download möglich (LTE Advanced). Bei der zukünftigen LTE-Version 5G sind theoretisch sogar bis zu 10 Gbit/s download-Geschwindigkeit realisierbar. Auf der Basis großer LTE-Bandbreiten sowie der zunehmenden Verfügbarkeit von WLAN-Hotspots sowie der Einführung von verbrauchsunabhängigen Mobilfunktarifen werden folglich verstärkt audiovisuelle Inhalte über mobile Endgeräte genutzt werden, weshalb Mobile-TV mittlerweile zu einem festen Bestandteil der Verbreitungsstrategien von Sendeunternehmen und Plattformanbietern wurde.

---

100 In Deutschland hatte die Programmplattform Mobiles Fernsehen Deutschland GmbH damit begonnen, Fernsehprogramme über DMB zu verbreiten und an Nutzer von empfangstauglichen Mobilfunkgeräten und anderen mobilen Endgeräten zu vermarkten. Dieser Testbetrieb wurde eingestellt.

101 Vgl. *Ory* ZUM 2007, 7, 9 f.; bereits im Jahr 2006 wurde der DVB-H Standard in Italien als Standard für den Regelbetrieb des Mobilfernsehens eingeführt.

5.2 Rechtliche Rahmenbedingungen

52 UMTS und LTE sind derzeit die einzigen terrestrischen Sendenetze für Mobile-TV.[102] Die LTE-Technologie nutzt neben dem Frequenzbereich oberhalb von 1 800 MHz vor allem das Frequenzspektrum von 690–862 MHz. Die Bundesnetzagentur hat diese Funkfrequenzen im Jahr 2010 und 2014 an die etablierten Mobilfunkunternehmen versteigert und hierbei zur Auflage gemacht, den Netzbetrieb zuerst in den ländlichen Gegenden aufzubauen, um in den sog. „weißen Flecken" eine breitbandige Internetversorgung zu gewährleisten. Die Nutzung dieser ehemaligen Rundfunkfrequenzen für Internetdienste ist sowohl ein Element der Digitalen Agenda der EU-Kommission[103] als auch ein wichtiger Aspekt der Breitbandstrategie der Bundesregierung.[104]

53 Die über Mobilfunknetze verbreiteten linearen Programmangebote unterfallen dogmatisch auch einer Plattformregulierung nach § 52 RStV. Bisher nutzen jedoch vor allem bereits etablierte Plattformbetreiber wie Deutsche Telekom oder Vodafone die mobile TV-Verbreitung als Ergänzung zur vorrangig vorgenommenen Programmverbreitung über deren Festnetzinfrastrukturen. Aber auch sog. OTT-Anbieter wie zattoo nutzen ebenfalls die Verbreitung über Mobilfunknetze für ihren Plattformbetrieb.

54 Aus urheberrechtlicher Sicht kann Mobile-TV zwar nicht als eigenständige Nutzungsart gegenüber den herkömmlichen Verbreitungsformen von TV und Radio angesehen werden, da alle linearen Sendevorgänge unabhängig von der verwendeten Infrastruktur zunächst dem Senderecht nach § 20 UrhG unterfallen. Jedoch werden im Hinblick auf die Verbreitung von Programmen über diese terrestrischen Sendenetze Parallelen zu der speziellen Regelung der Kabelweitersendung nach § 20b UrhG gezogen.[105] Hierbei offenbaren sich jedoch erneut die bei der Kabelverbreitung bekannten und aus einer fehlenden Technologieneutralität des Urheberrechts resultierenden Probleme und Streitstände bei der urheberrechtlichen Bewertung von Verbreitungsvorgängen. Im Gegensatz hierzu ist eine wettbewerbsfördernde technologieneutrale Regulierung bereits in § 1 TKG zum Zweck des Telekommunikationsgesetzes erhoben

---

102 DMB konnte sich auf dem Markt wegen zu geringer Bandbreiten nicht durchsetzen. Der DVB-H-Standard wurde von der EU-Kommission zwar als Standard für Mobilfernsehen in Europa gem. Art. 17 Abs. 1 Rahmen-Richtlinie (RL 2002/21/EG) in die Liste der Standards aufgenommen, die von den Mitgliedsstaaten gefördert werden sollen. Aber in Deutschland ist die kommerzielle Nutzung von DVB-H nach einem Frequenzvergabeverfahren im Jahr 2007 gescheitert, da das private Konsortium Mobile 3.0 im Nachgang zum medienrechtlichen Zuweisungsverfahren es nicht vermochte, diese DVB-H Frequenzen erfolgreich an die Programmveranstalter zu vermarkten. Der DVB-H Sendebetrieb wurde eingestellt und ein zweiter Anlauf zur Nutzung dieser Frequenzen wurde nicht mehr unternommen.

103 Vgl. die Digitale Agenda sieht zum Jahr 2020 eine flächendeckende Verbreitung von Internetanschlüssen mit Übertragungsgeschwindigkeiten von mindestens 30 Mbit/s vor und für 50 % der EU Bürger sollen zu diesem Zeitpunkt sogar Internetzugänge mit Übertragungsgeschwindigkeiten von über 100 Mbit/s verfügbar sein. Vgl. hierzu Informationen der EU-Kommission unter http://ec.europa.eu/information_society/digital-agenda/index_de.htm und http://ec.europa.eu/information_society/digital-agenda/documents/digital-agenda-communication-de.pdf.

104 Vgl. die ursprüngliche Breitbandstrategie der Bundesregierung vom Februar 2009 sah als flächendeckendes Versorgungsziel einen Internetanschluss mit mindestens 1 Mbit/s in 100 % der Haushalte bis zum Jahr 2010 vor und bis zum Jahr 2014 sollten 75 % der Bevölkerung mit einem Internetzugang versorgt werden können, der eine Übertragungsgeschwindigkeit von über 50 Mbit/s aufweist. Dieses Breitbandziel wurde im Koalitionsvertrag aus dem Jahr 2013 dahingehend erhöht, dass bis zum Jahr 2018 alle deutschen Haushalte Zugang zu Internetzugängen mit mindestens 50 Mbit/s haben sollen.

105 Vgl. *Ory* ZUM 2007, 7 f.; *Bauer/von Einem* MMR 2007, 699.

worden. Im Hinblick auf die stetig wachsende Bedeutung der mobilen Rundfunkverbreitung hat die EU-Kommission nunmehr das Bedürfnis der Marktteilnehmer erkannt, Rechtssicherheit für die drahtlose Verbreitung von Rundfunkinhalten zu schaffen und präferiert eine Übertragung der erfolgreichen Lizenzierungsprinzipien der SatCab-Richtlinie – Ursprungslandprinzip und Verwertungsgesellschaftspflichtigkeit – auf mobile-TV.[106]

IV. Verschlüsselungs- und Empfangstechnik

1. Zugangsberechtigungssysteme

1.1 Zugangsberechtigungssysteme: Nutzen und Technik

Die Verwendung von Zugangsberechtigungssystemen hat aus mehreren Gründen eine große und stetig wachsende wirtschaftliche Bedeutung. Hierbei spielen die Verwertung urheberrechtlich geschützter Nutzungsrechte und die kommerzielle Entwicklung neuer Angebotsformen und Inhalte sowie Aspekte der Netzsicherheit eine entscheidende Rolle. Im Vordergrund des wirtschaftlichen Interesses steht hierbei die Möglichkeit, mit Hilfe von Zugangsberechtigungssystemen den Zugriff auf Programminhalte für jeden einzelnen Nutzer zu steuern. Dadurch wurde die technische Voraussetzung geschaffen, um eine inhaltlich differenzierte und individualisierte Abrechnung von Rundfunkdiensten zu ermöglichen. Rechtlich und ökonomisch höchst bedeutungsvoll ist dabei vor allem, dass Senderechte gegenständlich aufspaltbare Nutzungsrechte sind, die sowohl zeitliche als auch räumliche sowie quantitative Beschränkungen ermöglichen,[107] so dass aus urheberrechtlicher Sicht die Verwertungskaskade[108] von Programminhalten um neue Lizenzstufen bereichert wird.[109] Erst durch die Verschlüsselung der Programminhalte und die damit ermöglichte Zugangskontrolle kann der Rechteinhaber seine Programmrechte etappenweise auswerten und sein durch das Urheberrecht vermittelte Ausschließlichkeitsrecht in einer Weise ausüben, dass er durch den Einsatz dieser Zugangstechniken praktisch in die Lage 55

---

106 Vgl. Vorschlag für eine VO des Europäischen Parlamentes und des Rates mit Vorschriften für die Wahrnehmung von Urheberrechten und verwandten Schutzrechten in Bezug auf bestimmte Online-Übertragungen von Rundfunkveranstaltern und die Weitersendung von Fernseh- und Hörfunkprogrammen, COM(2016) 594 final.

107 *Schricker/Schricker* Vor §§ 28 ff. Rn. 53.

108 Klassische Verwertungskaskade: Kinoauswertung, Kauf-Video/DVD, Verleih-Video/DVD, Video-on-Demand über Internet oder Kabel, Premium-Pay-TV als kostenpflichtiges Premierenfernsehen, Pay-TV als Pay-per-View und Pay-per-Channel sowie Free-TV mit Erstausstrahlung, Zweitausstrahlung und unbegrenzten Wiederholungen, vgl. *Kreile* in Hdb. Medienrecht – Recht der elektronischen Massenmedien, 2010, 370 sowie *Eggers* S. 50.; vgl. zu jüngeren Entwicklungen in den Verwertungsfenstern *Popp/Parke/Kaumanns* MediaPerspektiven 2008, 453, 459. Zur europarechtlichen Bewertung *EuGH* Rs. 62/79, Slg. 1980, 881; dazu *Fink/Cole/Keber* Rn. 36 ff.

109 Im Rahmen der digitalen Rundfunkverbreitung schaffen Zugangsberechtigungssysteme die technischen Voraussetzungen, dass neben der klassischen Form des werbefinanzierten Rundfunks neuartige Angebotsformen entwickelt werden können, die durch direkte Abrechnung mit den Rezipienten finanziert werden. Zu diesen Angebotsformen zählen beispielsweise Pay-per-view, Near-video-on-demand, Video-on-demand, Pay-per-channel, Pay-per-time. Gerade im Hinblick auf die jugendschutzrechtlichen Anforderungen des § 4 JMStV ermöglichen es Verschlüsselungssysteme im Zusammenspiel mit geeigneten Altersverifikationssystemen, geschlossene Benutzergruppen aufzubauen, der jugendgefährdende Inhalte zugeleitet werden dürfen, die ansonsten im frei empfangbaren Rundfunk nicht verbreitet werden dürften.

versetzt wird, über die Art, den Umfang und die Bedingungen der Nutzung seiner Rechte zu bestimmen.[110] In Ausübung dieses Herrschaftsrechts über die Nutzung des eigenen Programms kann der Veranstalter bzw. Rechteinhaber beispielsweise der Pay-TV-Auswertung einen zeitlichen Vorsprung vor der Free-TV-Auswertung einräumen, Senderreichweiten bestimmen und eine territoriale Abgrenzung des Lizenzgebietes vornehmen.[111] Um insbesondere bei der satellitären Programmverbreitung die exklusive Lizenzauswertung im Nachbarland nicht zu beeinträchtigen (z.B. bei wertvollen Sportrechten wie Champions League), was wegen der weitreichenden Ausleuchtzone der Satellitensignale jedoch regelmäßig der Fall ist, verlangen die Lizenzgeber im Fall der digitalen Programmverbreitung eine Verschlüsselung, um der territorialen Beschränkung des Nutzungsrechts gerecht zu werden.[112]

56 Zugangsberechtigungssysteme gestatten den Zugriff auf Programminhalte nur den berechtigten Nutzern, die ihre Nutzungsberechtigung bzw. Autorisierung mittels der auf einer Smart Card gespeicherten Daten nachweisen können. Das Kernstück eines Zugangsberechtigungssystems ist eine Codierungs-Software. Sie dient einerseits der Verschlüsselung von Programmsignalen beim Sendevorgang und andererseits ermöglicht sie empfängerseitig die Entschlüsselung dieser Signale. Bei funktionaler Betrachtung besteht ein Zugangsberechtigungssystem aus einer Vielzahl unterschiedlicher Komponenten. Hierzu zählen senderseitig das Subscriber Authorisation System (SAS), eine Software, deren zentraler Bestandteil das Verschlüsselungssystem bzw. Conditional Access System zur Generierung von Zugangsberechtigungscodes (EMM und ECM) ist,[113] und der Scrambler, der die Programmsignale mit Hilfe des standardisierten Common Scrambling-Verfahrens verwürfelt. Auf Seiten des Empfängers muss ein digitales Fernsehempfangsgerät bzw. eine Set-Top-Box mit einem Verschlüsselungssystem und einem Descrambler, welcher auf den Common Scrambling-Algorithmus zurückgreift, sowie eine Smart Card vorhanden sein. Nicht unmittelbar zum Zugangsberechtigungssystem gehört das externe System der Kundenverwaltung (SMS – Subscriber Management System), das jedoch insofern von Bedeutung ist, als es die kundenspezifischen Daten verwaltet, auf deren Grundlage für jeden Kunden eine individuelle Zugangsberechtigung (EMM) generiert wird. Diese sehr unterschiedlichen Komponenten müssen zusammenwirken, um ein funktionierendes System der Zugangskontrolle zu bilden, über das der Vertrieb von Pay-TV Programmen ermöglicht wird.[114]

57 Sobald ein Kunde einen Nutzungsvertrag hinsichtlich des Empfangs verschlüsselter Programminhalte abgeschlossen hat, wird seine Smart Card für das betreffende Programm durch die Generierung einer entsprechenden EMM freigeschaltet. Hierzu wird zumeist über ein Call Center, in welchem die Mitarbeiter die Kundenwünsche entgegennehmen

---

110 Vgl. *Dörr/Kreile/Cole/Kreile* Hdb. Medienrecht, S. 347.

111 Vgl. *Mailänder* ZUM 2002, 706.

112 Vgl. *Diesbach* ZUM 2002, 680 ff.; Beck'scher TKG-Kommentar/*Janik/Kühling* § 50 Rn. 7. Bspw. verschlüsselt der österreichische Sender ORF seine satellitären Programmsignale, um beim Rechteeinkauf eine Kostenreduktion durch eine Begrenzung für das Österreichische Staatsgebiet vornehmen zu können. Anderenfalls könnten die Sendelizenzen nicht territorial begrenzt, sondern nur für die gesamte deutsche Sprachzone (Deutschland, Österreich, Schweiz, Norditalien) erworben werden.

113 Vgl. *Enßlin* S. 35.

114 Vgl. Beck'scher TKG-Kommentar/*Janik/Kühling* § 50 Rn. 18 ff.; *Dörr/Janik/Zorn* S. 24 ff.; *Schütz* Rn. 484 ff.

und bearbeiten, dem SAS sowohl die Kartennummer als auch der individuelle Programmwunsch zugeleitet, was technisch eine Anbindung des SMS an das SAS voraussetzt. Im SAS wird für jeden Kunden ein gesonderter Zugangsberechtigungscode generiert, um dessen Zugangsberechtigung im nachgelagerten Empfangsvorgang überprüfen zu können. Hierzu wird eine kundenspezifische Autorisierungsinformation (sog. EMM – Entitlement Management Message) generiert. Am Ort der Programmverbreitung (Satelliten-Uplink oder Kabelkopfstation) wird zum anderen mittels eines ECM-Generators eine programmspezifische Autorisierungsinformation erzeugt (sog. ECM – Entitlement Control Message), in welcher das Kontrollwort zur Entschlüsselung des Common Scrambling Algorithmus enthalten ist. EMMs und ECMs bilden das eigentliche Schloss des Zugangsberechtigungssystems und werden intervallartig von neuem generiert. Sie werden mit einem speziellen Conditional Access System[115] verschlüsselt, mit entsprechenden Identifizierungsdaten (PSI – Programme Specific Information) gekennzeichnet, die sie im Rahmen des weiteren Verarbeitungsprozesses als Zugangsberechtigungscodes erkennbar machen, und schließlich zur weiteren Signalaufbereitung dem Multiplexer zugeführt. Die eigentlichen Programmsignale werden nicht gesondert verschlüsselt, sondern durch den Scrambler mit einem allgemeinen standardisierten Kodieralgorithmus (Common Scrambling) derart verwürfelt, dass die Wiederherstellung des ursprünglichen Programmsignals nur durch einen im Empfangsgerät vorhandenen Descrambler ermöglicht wird. Der Descrambler kann jedoch nur dann das verwürfelte Programmsignal entschlüsseln, wenn diesem zuvor das von den ECMs transportierte Kontrollwort zugeleitet wurde. Die verwürfelten Programmsignale und die ihnen zugewiesenen spezifischen Programminformationen (PSI-Daten) werden mit Hilfe des Multiplexers zusammen mit den individuellen Zugangsberechtigungscodes in einen einheitlichen Transportstrom verpackt und sodann versendet. Die Zuschauer erhalten diese gebündelten Programmsignale über Satellit oder Kabel in ihre Wohnungen geliefert und empfangen die verschlüsselten Programminhalte mittels Decodern bzw. Set-Top-Boxen. Diese Empfangsgeräte verfügen über einen Schacht, in welchen der Kunde seinen „Schlüssel“, die Smart Card, welche in der Regel Scheckkartenformat hat, und auf der Daten zur Kundenidentifikation in einem Chip gespeichert sind, einführt. Die zusammen mit den Programmsignalen versendeten Zugangsberechtigungscodes werden entschlüsselt und kontinuierlich mit den auf der Smart Card gespeicherten Daten abgeglichen. Verläuft diese Autorisierungsprüfung positiv, wird dem Descrambler das Kontrollwort zugeleitet, das zuvor vom Scrambler generiert wurde und zusammen mit den ECM-Daten in dem Transportstrom enthalten ist. Im Descrambler werden dann diejenigen Programmsignale entschlüsselt, für die mittels der EMM eine entsprechende Nutzungsberechtigung nachgewiesen wurde. Der Descrambler setzt die im Common Scrambling-Algorhitmus verwürfelten Programmsignale mittels des Kontrollwortes wieder zusammen, und die nachgelagerte Decodereinheit konvertiert das digitale Programm in analoge Bildsignale, die durch angeschlossene herkömmliche Fernsehgeräte dargestellt werden können.

Der Empfang verschlüsselter Pay-TV-Programme setzt folglich nicht nur den **58**
Abschluss eines entsprechenden Nutzungsvertrages, sondern auch ein hierfür geeignetes Empfangsgerät voraus, das über das entsprechende Verschlüsselungssystem ver-

115 In Deutschland werden vorwiegend die CA-Systeme Nagra sowie NDS verwendet. Im europäischen Ausland finden vorwiegend die Conditional Access Systeme von Irdeto, Viaccess, Mediaguard und Cryptoworks Anwendung.

fügt. Das Empfangsgerät muss jedoch nicht zwingend ein Zugangsberechtigungssystem fest integriert haben (so genanntes „embedded CA"), sondern kann auch verschiedene CA-Systeme verwenden, sofern das Empfangsgerät über eine Common Interface-Schnittstelle (CI) verfügt, die das Einsetzen von CA-Systemen in Modulform ermöglicht. Anstelle einer Set-Top-Box mit Verschlüsselungssystem kann der Zuschauer deshalb auch ein iDTV-Gerät, d.h. ein Fernsehgerät mit integriertem Decoder sowie ein CI-Modul verwenden, das ein Verschlüsselungssystem enthält und in den hierfür vorgesehenen CI-Schacht eingeschoben wird. Um Programminhalte zu entschlüsseln, muss der Zuschauer noch seine Smart Card zum Nachweis der Autorisierung für den Programmempfang in das CI-Modul einschieben. Modernere Empfangsgeräte, wie die Horizon-Box, sind über eine konstante Internetverbindung mit dem CA-System im Play-Out Center verbunden und können deshalb auf den Einsatz von Smart Cards verzichten. Die Authorisierungsdaten werden in diesem Fall direkt zwischen dem Decoder und dem CA-System online ausgetauscht und abgeglichen.

1.2 Regulierung von Zugangsberechtigungssystemen

59 Da Zugangsberechtigungssysteme ein technisch ausgereiftes, aber deshalb umso gravierenderes Hindernis für den Empfang von Programminhalten darstellen und somit für die Verwendung durch die Rundfunkveranstalter von großer Bedeutung sind, unterliegen die Funktionsweisen und die Verwendung dieser Systeme nicht nur einer telekommunikationsrechtlichen, sondern auch einer rundfunkrechtlichen Regulierung. Nach § 52c Abs. 1 Nr. 1 RStV i.V.m. § 14 der Zugangssatzung[116] dürfen Rundfunkanbieter bei der Verbreitung ihrer Dienste durch die Verwendung von Zugangsberechtigungssystemen weder diskriminiert, noch unbillig behindert werden.[117] Die wesentlich weitergehende telekommunikationsrechtliche Regulierung kommt parallel[118] zur Anwendung und ist mit der rundfunkrechtlichen Regelung durch § 50 Abs. 4 TKG und § 52e Abs. 2 RStV verbunden. Die Regelung des § 50 Abs. 1 TKG dient der Sicherung der Netzhoheit des jeweiligen Netzbetreibers gegen Programmpiraterie mittels des Einsatzes eines Verschlüsselungssystems und verpflichtet deshalb Anbieter von Zugangsberechtigungssystemen, diese technisch so zu gestalten, dass eine Übergabe der Kontrollfunktionen (EMM und ECM) und damit eine neuerliche Verschlüsselung des Programms (Simulcrypt) möglich ist.[119] Die Bestimmung des § 50 Abs. 2 TKG betrifft hingegen Fragen der Lizenzvergabe und verpflichtet die Inhaber von gewerblichen Schutzrechten an Zugangsberechtigungssystemen, diese Lizenzen allen Dritten, die ein berechtigtes Interesse nachweisen können (z.B. Programmanbietern, Decoderherstellern und Plattformbetreibern), zu chancengleichen, angemessenen und nichtdiskriminierenden Bedingungen einzuräumen.[120] Eine mit § 52c Abs. 1 Nr. 1 RStV i.V.m. § 14 Zugangssatzung fast inhaltsgleiche, jedoch speziellere Regelung ist in § 50 Abs. 3 Nr. 1 TKG enthalten und verpflichtet Anbieter und Verwender von Zugangsberechtigungssystemen (z.B. Plattformbetreiber), Rundfunkanbietern die Nutzung ihrer Systeme und die hierzu erforder-

116 Zugangssatzung wurde nach § 53 RStV von den Landesmedienanstalten zur Konkretisierung der Zugangsfragen, die im Rahmen der Plattformregulierung behandelt werden, erlassen und ist abrufbar unter www.alm.de/fileadmin/Download/Gesetze/Zugangs-und_Plattformsatzung_04.03.2009.pdf.

117 Vgl. hierzu auch *Christmann* ZUM 2009, 7, 13; *Weisser/Glas* ZUM 2009, 914, 920; *Hartstein/Ring/Kreile/Dörr/Stettner* § 52c Rn. 11 ff.

118 *Schütz* Rn. 488.

119 Vgl. Beck'scher TKG-Kommentar/*Janik/Kühling* § 50 Rn. 38 ff.

120 Vgl. Beck'scher TKG-Kommentar/*Janik/Kühling* § 50 Rn. 49 ff.

lichen Auskünfte zu chancengleichen, angemessenen und nichtdiskriminierenden Bedingungen anzubieten. Anbieter von Zugangsberechtigungssystemen (jedoch nicht die bloßen Verwender dieser Systeme) müssen zudem Kostentransparenz herstellen und die Entgelte gegenüber der Bundesnetzagentur anzeigen (§ 50 Abs. 3 Nr. 2–4 TKG).[121] Um die Einhaltung der telekommunikationsrechtlichen und rundfunkrechtlichen Anforderungen überprüfen zu können, sind die Anbieter und Verwender von Zugangsberechtigungssystemen zur Anzeige ihrer Tätigkeit gegenüber der Bundesnetzagentur (§ 50 Abs. 3 Nr. 4 TKG) und der zuständigen Landesmedienanstalt (§ 52c Abs. 2 RStV) verpflichtet. Im Rahmen eines abgestimmten Verfahrensablaufs prüfen beide Regulierungsinstanzen in vertrauenensvoller Zusammenarbeit und in engem gemeinsamen Austausch die Einhaltung der jeweiligen regulatorischen Bestimmungen, wobei die Verfahrensleitung bei der Bundesnetzagentur liegt und die Kommission für Zulassung und Aufsicht (ZAK) für die jeweilig zuständige Landesmedienanstalt Informationsrechte und -pflichten inne hat sowie eine eigene medienrechtliche Prüfungskompetenz ausübt.[122] Die Regelung des § 50 TKG verlässt die grundlegende telekommunikationsrechtliche Systematik und nimmt ohne vorherige Feststellung des Bestehens einer beträchtlichen Marktmacht – die zudem gesetzlich nicht definiert ist – hoheitliche Regulierungseingriffe vor. Nach § 50 Abs. 5 TKG und den darin genannten Voraussetzungen besteht die Möglichkeit, die Regulierung gegenüber den betroffenen Marktteilnehmern aufzuheben oder zu ändern, sofern diese nicht (mehr) über beträchtliche Marktmacht verfügen.[123]

Überdies wurde die Verwendung des Common Scrambling-Algorithmus zunächst für alle Verschlüsselungsprozesse als maßgeblicher Standard telekommunikationsrechtlich festgelegt, ohne diesen für den Verbreitungsvorgang verpflichtend zu normieren. Doch aufgrund der gesetzlichen Verpflichtung nach § 48 Abs. 3 Nr. 1 TKG müssen alle Decoder bei der Verbreitung von verschlüsselten digitalen Signalen den einheitlichen europäischen Kodieralgorithmus „Common Scrambling" verwenden,[124] wodurch dieser Standard de facto auch für den Verbreitungsvorgang vorgegeben wurde. Dieser einheitliche Kodieralgorithmus ist Grundbestandteil des DVB-Übertragungsverfahrens und beinhaltet das von einem Industriekonsortium entwickelte „Common Descrambling System" und die „Common Scrambling Technology". Diese Spezifikation ist eine von der Normungsorganisation ETSI genormte „offene" Spezifikation und für jeden Hersteller verfügbar.[125] 60

Beim „Common Scrambling" werden alle Daten entsprechend den Anforderungen der Spezifikation bei dem Verschlüsselungsvorgang verwürfelt (scrambling) und können durch den ebenfalls dieser Spezifikation entsprechenden Decoder wieder in einen 61

121 Vgl. Beck'scher TKG-Kommentar/*Janik/Kühling* § 50 Rn. 68 ff.

122 Vgl. Eckpunkte für das gemeinsame Verfahren zwischen Bundesnetzagentur und Landesmedienanstalten nach § 49 Abs. 3, § 50 Abs. 4 und § 51 Abs. 3 TKG zur Zugangsoffenheit von Anwendungsprogrammierschnittstellen und Zugangsberechtigungssystemen, Mitteilung Nr. 7/2006, ABl. der BNetzA 1/2006, 36; Verfahrensbeschreibung des Verwaltungsverfahrens zur Prüfung der Anzeige nach § 50 Abs. 3 Nr. 4 TKG gem. § 50 Abs. 4 TKG abrufbar unter www.bundesnetzagentur.de/media/archive/4559.pdf; *Holznagel/Behle/Schumacher* FS Henle.

123 Vgl. Beck'scher TKG-Kommentar/*Janik/Kühling* § 50 Rn. 110 ff.

124 Vgl. Beck'scher TKG-Kommentar/*Janik/Kühling* § 48 Rn. 26 ff.

125 Das ETSI ist von vier Unternehmen, den Lizenzgebern, mit der Verwaltung der Lizenzvergabe betraut worden. Jedes Unternehmen kann danach die Lizenz bei ETSI beantragen und muss im Rahmen der Antragstellung zunächst Lizenz- und Verwaltungsgebühren bezahlen.

einheitlichen Datenstrom zusammengesetzt werden (descrambling). Dadurch werden alle verwürfelten digitalen Programmsignale für die Empfänger erst dann wieder erkennbar, wenn sie von dem Descrambler wieder zusammengesetzt wurden. Die „echte" Verschlüsselung mit Hilfe von Zugangsberechtigungssystemen beruht hingegen auf den vorgenannten individualisierten Autorisierungsdaten (EMM und ECM). Diese Daten werden dem bereits verwürfelten Programmsignal hinzugefügt, und erst nach erfolgreicher Autorisierungsprüfung können die verwürfelten Programmsignale vom Descrambler mittels eines Kontrollwortes, das von der ECM freigegeben wird, wieder zusammengesetzt werden. Die Verwendung des einheitlichen Common Scrambling Systems ermöglicht eine funktionale Trennung von Verwürfelung einerseits und Verschlüsselung andererseits und schafft damit die technische Voraussetzung für die Verwendung verschiedener Verschlüsselungssysteme im Simulcryptverfahren.[126] Aufgrund der Ausnahmeregelung des § 48 Abs. 3 Nr. 1 TKG zugunsten der IPTV-Betreiber können bei der verschlüsselten Verbreitung von Rundfunkinhalten über das Internet (IPTV) derzeit proprietäre DRM-Systeme (Digital Rights Management) verwendet werden, die mit Duldung der Bundesnetzagentur von der telekommunikationsrechtlichen Vorgabe abweichen.

62 Bei DRM-Systemen erfolgt der Schutz der Inhalte mit der Verschlüsselungstechnologie oder digitalen Wasserzeichen. Eine Freischaltung erfolgt nur bei den zuvor registrierten und authentifizierten Kunden, wobei die Authentifizierung mittels digitaler Signatur oder zuvor registrierten Passwörtern oder mittels biometrischer Verfahren erfolgen kann.

2. Digitale Empfangsgeräte

63 Zur Nutzung des digitalen Fernsehens auf herkömmlichen Fernsehgeräten sind immer zusätzlich digitale Empfangsgeräte notwendig. Denn die an den Rezipienten übertragenen digitalen Fernsehsignale können auf herkömmlichen TV-Geräten nicht verarbeitet und dargestellt werden, da diese Endgeräte noch immer auf rein analoger Basis arbeiten[127] und die digitalen Datencontainer folglich nicht direkt in analoge Bilddarstellung umsetzen können. Es gibt also streng genommen noch kein digitales Fernsehen, sondern nur digital nutzbare Übertragungswege und analoge Bilddarstellungen. Sofern nicht bereits digitale Endgeräte wie beispielsweise Smartphones oder Tablet PCs genutzt werden, muss der digitale Programmdatenstrom somit in einem letzten Zwischenschritt wieder in ein analoges Bildsignal decodiert werden, um für den Zuschauer auf dem Fernsehbildschirm sichtbar zu werden. Hierzu ist ein (zusätzliches) digitales Empfangsgerät notwendig. Wegen der Möglichkeit, den vorhandenen Fernseher zu behalten, sind die Set-Top-Boxen als digitale Zusatzgeräte bisher am weitesten verbreitet. Eine andere digitale Empfangsmöglichkeit besteht darin, dass ein Decoder bereits in das Fernsehgerät fest integriert ist (iDTV) – diese modernen Flachbildschirmgeräte werden in den nächsten Jahren die herkömmli-

126 Im Simulcryptverfahren werden die Programmsignale verschiedener Anbieter gleichzeitig mit verschiedenen Verschlüsselungssystemen verschlüsselt. Durch dieses Verfahren wird die Möglichkeit geschaffen, mit einem (beliebigen) Decoder, der nur über ein einziges fest integriertes Verschlüsselungssystem verfügt, verschlüsselte Programminhalte von verschiedenen Programmanbietern zu entschlüsseln. Anderenfalls müsste der Zuschauer zum Empfang unterschiedlich verschlüsselter Programminhalte entweder einen jeweils entsprechenden Decoder oder aber einen Decoder mit Common Interface sowie die jeweils benötigten CICA-Module anschließen (Multicryptverfahren).

127 Eine Ausnahme bilden hier moderne Rundfunkempfänger wie Smartphones und Tablet PCs, die bereits eine ausschließlich digitale Bilddarstellung auf den kleinen Bildschirmen ermöglichen.

chen Röhrenfernseher vollständig ersetzen. Neben Smartphones und Tablets können auch PCs, sofern sie mit einem Modem und TV-Karten ausgestattet sind, als digitale Rundfunkempfangsgeräte dienen, die den zusätzlichen Schritt der Analogisierung der Programmsignale nicht vollziehen müssen, da die Bildverarbeitung und -darstellung bereits vollständig auf digitaler Basis funktioniert.

Im Decoder wird der digitale Datencontainer bzw. Multiplex mit Hilfe des Demultiplexers wieder in seine ursprünglichen Bestandteile, die einzelnen Sendesignale und SI-Daten, zerlegt. Dies wird mit Hilfe der PSI-Daten (Programme Specific Information) ermöglicht, die zuvor beim Multiplexing den einzelnen Bestandteilen des Datencontainers beigefügt wurden und die unterschiedlichen Datenpakete entsprechend ihren Eigenschaften (Video-, Audiosignale, Verschlüsselungsdaten, Systemdaten etc.) kennzeichnen. Mehrere zeitgleich arbeitende PSI-Filter erkennen die Bestandteile des zerlegten Datenstroms und ordnen diese den verschiedenen Ausgangskanälen des Demultiplexers zu. Alle unverschlüsselten Daten können nun decodiert und somit in analoge Signale umgewandelt werden. **64**

Anders verhält es sich aber mit verschlüsselten Datenströmen (z.B. Pay-TV), da diese zuvor mit Hilfe der Smart Card einer Autorisierungsprüfung unterzogen und sodann einem Descrambler zugeführt werden müssen, der die Verwürfelung der Daten wieder rückgängig macht, so dass das Programm wieder vollständig auf dem Bildschirm erscheinen kann. Erst nachdem die verschlüsselten Programmsignale auf diese Weise wieder entschlüsselt wurden, werden sie dem Decoder zugeleitet, der dann die Umwandlung in analoge Signale vornimmt. **65**

2.1 Anwendungs-Programmierschnittstelle (API)

2.1.1 Funktionsweise

Die Steuerung der einzelnen Hardwarekomponenten (z.B. Demultiplexer, MPEG-Decoder, Descrambler, CICA-Modul,[128] DVD-Laufwerk etc.), die in der Set-Top-Box enthalten und über einen Treiber zugänglich sind, erfolgt über die Betriebssoftware. Zusätzlich muss die Betriebssoftware auch unterschiedliche Arten von Anwendungssoftware (z.B. EPG, Webbrowser etc.) erkennen und diese verschiedenen Anwendungen zeitgleich durchführen können. Um dies zu ermöglichen, stellt die Betriebssoftware eine Schnittstelle bereit, auf die die einzelnen Anwendungen aufgesetzt werden können. Geschieht dies nicht, entsteht ein Kompatibilitätsproblem, das dazu führt, dass die Betriebssoftware nur solche Hard- und Softwareanwendungen unterstützt, die zuvor auf die eigene Programmierung abgestimmt wurden. In diesem Zusammenhang dienen Anwendungs-Programmierschnittstellen (API) bei der Bedienung von Decodern als Kommunikationsoberflächen und mithin als Eintritts- und Ausgangstor von interaktiven Anwendungen, die von digitalen Decodern dargestellt werden können. Das API bestimmt, wie eine in dem Decoder ankommende Information oder Anwendung von der Middleware verstanden und umgesetzt werden kann, so dass der Decoder diese Anwendung mittels des Betriebssystems und der entsprechenden Hardware verarbeiten und letztlich auf dem Fernsehgerät zur Darstellung bringen kann. Ein API ist daher ein wesentlicher Bestandteil einer Middleware und stellt das Bindeglied zwischen einer beliebigen Anwendung und den spezifischen Funktionsweisen des Decoders dar, die die Anwendung umsetzen sollen. Dem API kommt somit in erster Linie eine Vermittlungs- **66**

128 CICA-Modul = Common Interface Conditional Access Modul.

funktion für erweiterte oder interaktive Dienste zu. Hingegen ist für die bloße Wiedergabe von gegebenenfalls verschlüsselten digitalen Rundfunksignalen ein einfacher Decoder ohne Anwendungs-Programmierschnittstelle (sog. zapping-box) ausreichend.[129] Programmanbieter oder Plattformbetreiber entwickeln in der Regel bestimmte Anwendungen (z.B. elektronische Programmführer, abrufbare Zusatzinformationen, Spiele) zur Verarbeitung durch ein API einer bestimmten Middleware (z.B. Open TV, MHP), was zur Folge hat, dass das API einer anderen Middleware (z.B. NDS Media Highway) die in der Anwendung enthaltenen Informationen nicht umsetzen kann, so dass die Anwendung auf dieser Set-Top-Box letztlich nicht zur Darstellung gelangt[130] oder es sogar zu einem Systemversagen der Set-Top-Boxen kommt.[131] Dieses Kompatibilitätsproblem kann grundsätzlich auf verschiedene Arten gelöst werden. Einerseits besteht die Möglichkeit des sog. re-authoring, andererseits kann durch die Normierung eines einzigen API das Ziel der Interoperabilität aller Endgeräte sichergestellt werden. Im Fall des re-authoring wird eine Anwendung jeweils an die verschiedenen APIs angepasst, die von den Betreibern der Übertragungsplattformen (Satellit, Kabel, Terrestrik, DSL) eingesetzt werden, bzw. in den Decodern vorhanden sind. Dies erfordert grundsätzlich einen erhöhten Aufwand an Programmierungsarbeit.

67 Im Gegensatz hierzu kann Interoperabilität grundsätzlich auch mittels einer Standardisierung der APIs in allen Empfangsgeräten hergestellt werden. Die Festlegung auf einen europäisch genormten API-Standard – beispielsweise MHP[132] – beseitigt jedoch nicht alle Kompatibilitätsprobleme, da die Notwendigkeit eines – wenngleich reduzierten – re-authoring bestehen bleibt. Denn bei der Implementierung eines API in eine Set-Top-Box treten herstellerspezifische Abweichungen auf, die nur durch ein entsprechendes re-authoring vollständig beseitigt werden können.[133]

---

129 Grundsätzlich wird zwischen folgenden Decodertypen unterschieden: 1) Zapping-Boxen (ohne API), 2) Decoder mit API für erweiterte Zusatzdienste (z.B. HTML Funktionalität), 3) Decoder für interaktive Anwendungen, die über echte Rückkanalfähigkeit verfügen.

130 Anwendungs-Programmierschnittstellen (API) ermöglichen die Verbindung verschiedener Software-Anwendungen mit den unterschiedlichen Hardware-Komponenten eines Decoders, so dass die Funktionsfähigkeit dieser Anwendungen sichergestellt werden kann. APIs werden in diesem Zusammenhang oftmals als „execution engines" bezeichnet. Hiervon begrifflich zu unterscheiden sind sog. „presentation engines" (z.B. HTML-Browser), die die nachfolgende Darstellung der Anwendungen auf dem Fernseh-Bildschirm ermöglichen. Vgl. hierzu CENELEC, Standardisation in digital interactive television, S. 17.

131 Im Europäischen Markt werden von der Decoderindustrie derzeit verschiedene Middlewares verwendet: u.a. Open TV, MediaHighway, MHEG5, BetaNova, Liberate, MSTV und vereinzelt auch MHP.

132 Bislang wurden von der ETSI verschiedene MHP Versionen genormt, die durch einen unterschiedlich hohen Interaktivitätsgrad gekennzeichnet sind: MHP 1.0 sowie deren nachgebesserte Versionen MHP 1.1 und MHP 1.2; mit einer DVB-HTML Funktionalität zur Darstellung von HTML basierten Inhalten, die die Integration von typischen Inhalten aus dem Bereich des Internets ermöglicht.

133 Zu diesen Kompatibilitätsproblemen kommt es zum einen dadurch, dass das gleiche standardisierte API abhängig von der Verbreitungsinfrastruktur (Satellit, Kabel, Terrestrik), in der das Endgerät eingesetzt werden soll, in unterschiedlicher Form in die Set-Top-Boxen implementiert werden muss. Zum anderen definiert bspw. der MHP-Standard bestimmte Kernfunktionen, die aber von dem Verwender entsprechend erweitert werden können, um den individuellen Anforderungen der Gerätehersteller oder denen der Programmanbieter gerecht zu werden. Aufgrund dieser Abweichungen müssen die Anwendungen von den Inhalteanbietern in der Regel an jede spezifische Hardware-Umgebung bzw. für die Decoder der unterschiedlichen Hersteller individuell angepasst werden, weshalb trotz reduziertem Umfang ein re-authoring unerlässlich bleibt.

2.1.2 Regulierung

Die Europäische Kommission hat gem. Art. 17 RL 2002/21/EG (Rahmenrichtlinie) die Möglichkeit, APIs zu normieren. Die Kommission hat hierbei von dem dort vorgesehenen Verfahren Gebrauch gemacht und am 31.12.2002 eine Liste von Standards bzw. Spezifikationen im Amtsblatt der Europäischen Union veröffentlicht, um die Mitgliedstaaten hierdurch zu ermutigen, Interoperabilität zu unterstützen. Die Kommission muss danach gem. Art. 18 Abs. 3 Rahmenrichtlinie im Rahmen eines Überprüfungsverfahrens feststellen, in welchem Maß Interoperabilität in den einzelnen Mitgliedstaaten hergestellt werden konnte, und ob eine verbindliche Normung durch den europäischen Gesetzgeber notwendig und angemessen ist, um das Regulierungsziel der Verbreitung digitaler interaktiver Rundfunkdienste mittels Interoperabilität zu erreichen. **68**

Im deutschen Recht unterliegen APIs der telekommunikationsrechtlichen Regulierung nach § 48 Abs. 2 Nr. 2 TKG, wonach grundsätzlich offene Schnittstellenspezifikationen verwendet werden müssen, sei es, dass diese Spezifikationen zuvor auf europäischer Ebene genormt wurden, oder sei es, dass sich derartige offene Standards als marktüblich durchgesetzt haben. Ferner wird die Offenheit der Schnittstelle dadurch sichergestellt, dass die Inhaber von gewerblichen Schutzrechten an Programmierschnittstellen nach § 49 Abs. 2 TKG in nichtdiskriminierender Weise alle Informationen Dritten zugänglich machen müssen, die diese benötigen, um entsprechende Dienste voll funktionsfähig anzubieten, die auf dieser Programmierschnittstelle aufbauen. **69**

Überdies werden APIs auch der rundfunkrechtlichen Regulierung nach § 52c Abs. 1 Nr. 2 RStV unterworfen, die die Verwender dazu verpflichtet, durch diese Schnittstellen keine Behinderung oder Diskriminierung von Programmanbietern zu bewirken.[134] **70**

Diese parallele Regulierung von APIs durch §§ 48, 49 TKG einerseits und § 52c Abs. 1 Nr. 2 RStV andererseits ist mit dem verfassungsrechtlichen Verbot der Doppelregulierung[135] schwerlich in Einklang zu bringen. Gemäß dem verfassungsrechtlichen Grundsatz aus Art. 31 GG, dass Bundesrecht Landesrecht bricht, ist davon auszugehen, dass die im Übrigen auch speziellere telekommunikationsrechtliche Regelung die rundfunkrechtliche Regelung in einer Weise verdrängt, dass letztere nichtig ist,[136] soweit sie von §§ 48 Abs. 2 Nr. 2, 49 Abs. 2 TKG abweicht. Verfahrensrechtlich prüfen sowohl die Bundesnetzagentur als auch die Landesmedienanstalten durch die ZAK die Einhaltung der telekommunikationsrechtlichen und rundfunkrechtlichen Bestimmungen innerhalb eines zwischen diesen Regulierungsbehörden abgestimmten Verfahrens.[137] **71**

Im Übrigen ist zu beachten, dass die Regelungen der §§ 48, 49 TKG und 52c Abs. 1 Nr. 2 RStV nur dann zur Anwendung kommen, „soweit“ Decoder derartige Programmierschnittstellen bereithalten. Handelt es sich indes um reine Zapping-boxen, d.h. Decoder ohne APIs, kommen diese Bestimmungen nicht zur Anwendung.[138] **72**

---

134 Vgl. hierzu auch *Hartstein/Ring/Kreile/Dörr/Stettner* § 52c Rn. 11 ff.

135 *BVerfGE* 36, 193, 202 f.; 61, 149, 204; 67, 299, 321.

136 Vgl. *Jarass/Pieroth* Art. 31 GG Rn. 5.

137 Vgl. Eckpunkte für das gemeinsame Verfahren zwischen Bundesnetzagentur und Landesmedienanstalten nach §§ 49 Abs. 3, 50 Abs. 4 und 51 Abs. 3 TKG zur Zugangsoffenheit von Anwendungsprogrammierschnittstellen und Zugangsberechtigungssystemen, Mitteilung Nr. 7/2006, ABl. der BNetzA 1/2006, 36; Verfahrensbeschreibung des Verwaltungsverfahrens zur Prüfung der Anzeige nach § 50 Abs. 3 Nr. 4 TKG gem. § 50 Abs. 4 TKG, abrufbar unter www.bundesnetzagentur.de/media/archive/4560.pdf; *Holznagel/Behle/Schumacher* FS Henle, 2007.

138 Vgl. Beck'scher TKG-Kommentar/*Janik* § 48 Rn. 24; *Schütz* Rn. 494.

2.2 Common Interface

73 Decoder können mit Common Interface Schnittstellen („CI“) ausgestattet werden, um Interoperabilität beim Einsatz verschiedener Verschlüsselungssysteme zu gewährleisten. Soll ein Decoder dementsprechend in die Lage versetzt werden, unterschiedlich verschlüsselte Dienste zu empfangen, muss das Empfangsgerät multicryptfähig werden, d.h. durch die parallele oder alternative Verwendung verschiedener Verschlüsselungssysteme in der Lage sein, die jeweiligen unterschiedlich verschlüsselten Programmsignale zu entschlüsseln. Hierzu ist es notwendig, dass der Decoder mit einer Schnittstelle für den Einsatz von sog. Conditional Access-Modulen ausgestattet ist. Diese sog. CA-Module sind mit PCMCIA-Karten vergleichbar, die bei Computern eingesetzt werden, und verfügen über ein System zur Entschlüsselung des jeweiligen Zugangsberechtigungssystems und über eine zusätzliche Vorrichtung zum Einführen der individuellen Smart-Card, der Kundenkarte des Zuschauers, die der Abgleichung der Zugangskontrollnachrichten zum Zweck der Autorisierung dient. Je nachdem, mit welchem Verschlüsselungssystem das vom Rezipienten gewünschte Programm verschlüsselt wurde, muss dieser ein entsprechendes CA-Modul in die schachtartige Schnittstelle – das sog. Common Interface („CI“) – einsetzen und zusätzlich seine Empfangsberechtigung mit der Smart-Card, die er von dem jeweiligen Programmanbieter erhält, nachweisen.[139]

74 Die Common Interface-Schnittstelle wurde ebenfalls normiert und gehört zu den Standards, die von der Europäischen Kommission nach Art. 17 Abs. 1 RRL im Amtsblatt der Europäischen Union veröffentlicht wurden.[140] Nach § 48 Abs. 2 Nr. 1 TKG müssen digitale Fernsehgeräte, die über eine Bildschirmdiagonale von über 30 cm verfügen über eine Schnittstelle verfügen, die den Anschluss einer Set-Top-Box und eines Zugangsberechtigungssystems erlaubt. Deshalb baut die Geräteindustrie seit Jahren in die iDTV-Geräte SCART-Buchsen und CI-Schnittstellen ein. Hingegen müssen digitale Fernsehgeräte ohne Bildschirme bzw. Set-Top-Boxen nach § 48 Abs. 2 Nr. 1 TKG nicht zwingend mit einem CI ausgestattet sein. Damit hat der Gesetzgeber für Set-Top-Boxen bewusst eine Systemfestlegung vermieden[141] und die faktische Marktsituation berücksichtigt, da derzeit fast ausschließlich Set-Top-Boxen mit nur einem fest eingebauten Verschlüsselungssystem („embedded CA“) entwickelt werden. Die Möglichkeit, mehrere unterschiedliche Set-Top-Boxen an das Fernsehgerät anzuschließen, wird jedoch bereits durch die in § 48 Abs. 1 TKG erfolgte verbindliche Normierung der SCART-Buchse als Schnittstelle für die entsprechenden Verbindungskabel, sichergestellt. Gegenüber dem Anschluss eines zweiten Decoders stellt die integrierte CI-Schnittstelle eine gleichwertige, aber aus Platzgründen komfortable Alternative dar, Interoperabilität beim Einsatz verschiedener Verschlüsselungssysteme sicherzustellen. Da die bisher vom DVB-Konsortium standardisierte CI-Schnittstelle Kopier- und Jugendschutzfunktionalitäten nicht in ausreichendem Maß unterstützte, wurde diese Schnittstellentechnologie nunmehr durch das sog. CI+ Konsortium bzw. der CI+ LLP weiterentwickelt, so dass durch eine zusätzliche DES-Verschlüsselung zwischen dem CI-Modul und dem aufnehmenden Endgerät (sog. „host“) zumindest dem Kopierschutzinteresse der Sendeunternehmen und Filmstudios Rechnung getragen werden kann.

139 Vgl. hierzu *Dörr/Janik/Zorn* S. 41.
140 Standard CENELEC EN 50211 und CENELEC R206-001.
141 Vgl. Beck'scher TKG-Kommentar/*Janik* § 48 Rn. 14; *Schütz* Rn. 492.

3. Navigator und Electronic Programme Guide (EPG)

3.1 Funktionsweise

Durch die Digitalisierung der Produktions- und Übertragungstechnik entstehen günstige Voraussetzungen für die Entstehung und Verbreitung einer großen Programmvielfalt. Ein wesentliches Kennzeichen der Digitalisierung ist daher die Vervielfachung des nutzbaren Programmangebots, das in Zukunft neben Rundfunkprogrammen und Telemedien auch eine Fülle multimedialer Anwendungen und Dienste enthalten wird. Damit der Zuschauer die Möglichkeit hat, sich in der Informations- und Angebotsflut zu orientieren bzw. die gewünschten Inhalte schnell auszuwählen und anzusteuern, benötigt er eine Navigationshilfe. Navigationssysteme sind aus der Sicht der Rezipienten somit entscheidend für die spätere Programmauswahl und -nutzung. Abhängig von der Zugriffsebene gibt es deshalb allgemeine und spezielle Navigationshilfen. Eine allgemeine Navigationshilfe bietet der Basis-Navigator, der von Seiten des Herstellers in die Set-Top-Box oder in das TV-Gerät installiert wird oder als allgemeine Programmliste[142] von Plattformanbietern verbreitet wird. Der Basis-Navigator bildet die oberste Benutzeroberfläche, d.h. die allgemeinste Form des übergeordneten Programmzugriffs, die der Decoder bereitstellt. Er liest meist die standardisierten Service-Informationen (SI-Daten)[143] oder die ausgesendeten Programmlisten und eröffnet den Rezipienten Zugang zu allen empfangbaren Serviceangeboten und Programmen. Diese SI-Daten beinhalten beispielsweise die Art und den Namen des Programms, Inhaltsbeschreibungen und Startzeiten der (auch nachfolgenden) Sendungen. Auf der Ebene der Programmpräsentation erscheinen alle empfangbaren Programminhalte sowie meist anbieterspezifische Programmführer, sog. Electronic Programme Guides („EPG").[144] Erst mit dem nächsten Schritt wechselt der Empfänger die Zugriffsebene und wählt entweder direkt ein Programmangebot oder als neue Benutzeroberfläche einen EPG aus. Der EPG ist ein spezielles Navigationsprogramm, das mehr als eine bloße Listung der vorhandenen Programmangebote vornimmt und den Zuschauern helfen soll, sich einen Überblick über das gesamte Programmangebot zu verschaffen und sodann zielgerichtet das Wunschprogramm einzuschalten. Die unterschiedlichen EPGs können verschiedene Servicefunktionen enthalten und unterscheiden sich stark in Art und Umfang der Programminformation. Denn es gibt zum einen die EPGs, die von den Programmanbietern speziell für ihre eigenen Bouquets konzipiert werden und folglich nur die eigenen Programme (vollständig) berücksichtigen. Diese EPGs können so programmiert sein, dass sie auch zusätzliche interaktive Multimediaanwendungen (z.B. Video Streams) und Serviceleistungen beinhalten, die von Seiten des Programmanbieters den Bouquets hinzugefügt wurden, um (ausschließlich) das eigene Angebot möglichst attraktiv zu präsentieren. Zum anderen kann der Zuschauer aber auch auf programmübergreifende (neutrale) EPGs zurückgreifen, die wie eine elektronische Programmzeitschrift eine vollständige Programmdarstellung ermöglichen.[145] 75

142 Programmlisten werden technisch auch als LCN bezeichnet (Logical Channel Numbering).

143 Damit diese SI-Daten vom Navigator gelesen werden können, müssen sie einheitlich programmiert werden, wofür ein entspr. DVB-Standard entwickelt wurde: DVB-SI (DVB Service Information), EN 300468: Dienste-Informationssystem zur Selbstkonfiguration der Empfänger und zur Information über Programme.

144 Vgl. *König* S. 42.

145 So liegt es im Interesse der Plattformbetreiber nicht nur die bouquetbezogenen EPGs der einzelnen Sender, sondern umfassenden Zuschauer-Service zu bieten, der sämtliche Programme und interaktive Angebote umfasst.

76 Über EPGs können z.B. Fernsehfilme über Suchbegriffe aufgefunden oder nach Genres geordnet und mit Lesezeichen vorgemerkt werden, ferner können Programmempfehlungen ausgesprochen und eine individuelle Programmvorauswahl programmiert werden. Zusätzlich können die Nutzungsprofile der Zuschauer gespeichert und dadurch die Programmpräferenzen bestimmt werden, um ihnen diese als zusätzliche Selektion anzubieten. Der wesentliche Unterschied der EPGs zu dem Basisnavigator besteht somit in dem größeren programmbezogenen Angebotsspektrum, das weitergehende Informationen zu Sendungen, Bilder und Videoclips, verlinkte Hintergrundinformationen sowie Zugriff auf Applikationen wie z.B. Teleshopping, Kindersicherung etc. enthält. Der EPG kann deshalb gezielt als Marketinginstrument zur Zuschauerbindung eingesetzt werden.[146] EPGs werden in der konvergenten Medienwelt zur zentralen Schnittstelle zwischen dem Anbieter und dem Nutzer, die dem Zuschauer ermöglichen, seine Interessen schnell und intuitiv zu verwirklichen oder aber auch das Interesse des Zuschauers auf bestimmte Inhalte lenken können. Ein Beispiel für einen besonders erfolgreichen EPG ist die Benutzeroberfläche und Steuerungsfunktion des iPhones.[147]

77 Aus technischer Sicht ist der EPG eine Softwareanwendung, die einem Browser vergleichbar ist und passend zu dem API einer Set-Top-Box konfiguriert werden muss, damit der EPG vom Decoder dargestellt werden kann.

3.2 Regulierung

78 Nach § 52c Abs. 1 Nr. 3 RStV i.V.m. § 2 Abs. 2 und § 15 Zugangssatzung unterliegen nicht jegliche Formen der Zugriffssteuerung einer Regulierung, sondern nur Benutzeroberflächen, die eine übergreifende Orientierung ermöglichen. Damit wurde der Basisnavigator bzw. ein programmübergreifender EPG einer medienrechtlichen Regulierung unterworfen. Ein bouqueteigener EPG, der in der Regel nur die Programme eines Bouquets (Programmpaket) darstellt und somit nur einen kleinen Ausschnitt des Gesamtangebots der Programme umfasst, unterliegt hingegen keiner Regulierung. Somit werden nur Anbieter von „übergeordneten Benutzeroberflächen“ verpflichtet, diese Steuerungssysteme diskriminierungsfrei auszugestalten, indem allen Rundfunkveranstaltern ein entsprechender Zugang zu diesen Navigationssystemen zu chancengleichen, angemessenen und diskriminierungsfreien Bedingungen angeboten werden müssen.[148] Nach § 15 Abs. 2 Zugangssatzung ist ein solcher diskriminierungsfreier Zugang jedenfalls dann gewährleistet, wenn der Zuschauer die Möglichkeit hat, mehrere Programmlisten mit mehreren Sortierungskriterien zu verwenden (z.B. Sortierung nach Programmreichweite, Genre oder Alphabet) und ferner die Möglichkeit hat, die Reihenfolge der Programmliste zu ändern oder eine eigene Programmliste anzulegen, und eine eigene Favoritenliste ohne Voreinstellungen angeboten wird. Die Landesmedienanstalten überwachen mit ihrem Hilfsorgan, der Kommission für Zulassung und Aufsicht (ZAK), die Einhaltung dieser Grundsätze und achten hierbei vorrangig darauf, dass die zur Erstellung einer Programmreihenfolge verwendeten Differenzierungskriterien stringent und diskriminierungsfrei angewendet werden.

---

146 Vgl. hierzu *Hartstein/Ring/Kreile/Dörr/Stettner* § 52c Rn. 11 ff.

147 Vgl. hierzu vertiefend *Goldmedia* EPGs in Europa 2014 – der westeuropäische Markt für elektronische Programmführer, Berlin 2009.

148 *Schütz* Rn. 502.

Da die Programmführung für den Zuschauer eine wichtige Servicefunktion darstellt, sind optische und inhaltliche Differenzierungen, d.h. verschiedene Formen der Ausgestaltung von Navigationssystemen grundsätzlich erlaubt und liegen im Zuschauerinteresse. Bei der Bewertung des Diskriminierungspotenzials eines Navigators ist es nach § 15 Zugangssatzung von besonderer Bedeutung, inwieweit der Zuschauer weitere Handlungsoptionen hat, insbesondere zwischen verschiedenen Navigatoren frei auswählen und sich auch eigene Favoritenlisten programmieren kann. Der Wettbewerb zwischen Navigatoren ist hierbei ein regulatorisch gewünschtes Ziel, das damit auch die Unterschiedlichkeit der Ausgestaltung von Programmlisten und –darstellungen voraussetzt und grundsätzlich auch Programmbewertungen, die im Print-Bereich ein wesentliches Kaufargument für Programmzeitschriften darstellen, zulässt. Zur Ermöglichung einer zeitnahen Missbrauchskontrolle unterliegen Navigatoren gem. § 52c Abs. 2 einer Anzeige- und Auskunftspflicht gegenüber den zuständigen Landesmedienanstalten, die entsprechende Verstöße nach § 49 Abs. 1 S. 2 Nr. 10 RStV als Ordnungswidrigkeit ahnden können.[149] Nach erfolgter Anzeige bei der zuständigen Landesmedienanstalt, befasst diese die ZAK mit der Prüfung des Navigators. Die Landesmedienanstalt trifft eine abschließende Entscheidung über die Diskriminierungsfreiheit des Navigators in Form eines feststellenden Verwaltungsaktes und übernimmt hierbei in der Regel die Prüfungsergebnisse der ZAK.

Da in einer konvergenten Medienwelt der Empfang von Rundfunkinhalten nunmehr **79**
über eine Vielzahl unterschiedlicher Endgeräte möglich ist, stellt sich die Frage, wie der aktuelle Rechtsrahmen zur Regulierung von Navigationsoberflächen weiterentwickelt werden soll. Insbesondere stellt sich die Frage, inwieweit neben den bisherigen Plattformbetreibern gem. § 2 Nr. 13 RStV zukünftig auch die Hersteller von Endgeräten – insbesondere von TV-Geräten – und OTT-Anbieter in die Regulierung einbezogen werden müssen, da der Zugriff auf Programminhalte in großem Umfang direkt über die EPGs der TV-Geräte oder Nutzeroberflächen der OTT-Anbierter erfolgt. Ferner wird diskutiert, ob bestimmte Programminhalte von großer Bedeutung auf die Meinungsvielfalt bei der Auffindbarkeit privilegiert werden sollen. Hierzu werden insbesondere ein veränderter Definitionsansatz in § 2 Nr. 13 RStV sowie ergänzende Regelungen in § 52c RStV erwogen, da das Thema „Auffindbarkeit" eine herausragende Bedeutung bei der digitalen Mediennutzung zukommt.

149 Vgl. hierzu *Hartstein/Ring/Kreile/Dörr/Stettner* § 52c Rn. 11 ff.

Presserecht

9. Kapitel
Presse- und Äußerungsrecht, insbesondere Recht der Wort- und Bildberichterstattung

Literatur: *von Becker* Rechtsfragen der Satire, GRUR 2004, 908; *Born* Gen-Milch und Goodwill – Äußerungsrechtlicher Schutz durch das Unternehmenspersönlichkeitsrecht, AfP 2005, 110; *Ebhardt* Rechtsfragen der Berichterstattung in Limper/Musiol, Handbuch des Fachanwalts Urheber- und Medienrecht, S. 175; *Flechsig* Schutz gegen Verletzung des höchstpersönlichen Lebensbereichs durch Bildaufnahme, ZUM 2004, 605; *Frömming/Peters* Die Einwilligung im Medienrecht, NJW 1996, 958; *Gottschalk* Wie kann eine Unterlassungsvereinbarung erlöschen, GRUR 2004, 827; *Grabenwarter* Schutz der Privatsphäre versus Pressefreiheit, AfP 2004, 309; *Grimm* Die Meinungsfreiheit in der Rechtsprechung des Bundesverfassungsgerichts, NJW 1995, 1967; *Hesse* § 201a StGB aus Sicht des öffentlich-rechtlichen Rundfunks, ZUM 2005, 432; *Himmelsbach* Zur Antwortpflicht des Verlages auf ein Abdruckverlangen, AfP 2006, 430; *Hoppe* Bildaufnahmen aus dem höchst persönlichen Lebensbereich – der neue § 201a StGB, GRUR 2004, 990; *Karaahmetoglu* Die Sprache der Gegendarstellung, AfP 2005, 433; *Klass* Die neue Frau an Grönemeyers Seite – ein zeitgeschichtlich relevantes Ereignis?, ZUM 2007, 818; *Kühl* Zur Strafbarkeit unbefugter Bildaufnahmen, AfP 2004, 190; *Ladeur/Gostomzyk* Mephisto reloaded – Zu den Bücherverboten der Jahre 2003/2004 und der Notwendigkeit, die Kunstfreiheit auf eine Risikobetrachtung umzustellen, NJW 2005, 566; *Löffler (Hrsg.)* Presserecht, 5. Aufl. 2006; *von Mangoldt/Klein/Starck* Das Bonner Grundgesetz, 4. Aufl. 1999; *Mann* Die Klarstellung nach der Stolpe-Rechtsprechung, AfP 2013, 326; *ders.* Zur Rechtswidrigkeit der Herstellung von Lichtbildern, AfP 2013, 16; *Maunz/Dürig/Herzog/Scholz* Grundgesetz, Loseblatt; *Obert/Gottschalk* § 201a StGB aus Sicht des privaten Rundfunks, ZUM 2005, 436; *Peters* Die publizistische Sorgfalt, NJW 1997, 1334; *Prinz/Peters* Medienrecht: die zivilrechtlichen Ansprüche, 1999; *Ricker/Weberling* Handbuch des Presserechts, 6. Aufl. 2012; *Rinsche* Verdachtsberichterstattung, AfP 2013, 1; *Sauren* Bedrohung der freien Berichterstattung durch den neuen § 201a StGB, ZUM 2005, 425; *Schulenberg* Das strafprozessuale Zeugnisverweigerungsrecht im deutsch-amerikanischen Vergleich, ZUM 1989, 212; *Sedelmaier* Zum rechtlichen Charakter des Abdruckverlangens, AfP 2007, 19; *ders.* Zur Änderung der Gegendarstellung im Verfahren und der Wahrung der Unverzüglichkeit/Aktualitätsgrenze durch unzulässige Erstfassung, AfP 2006, 24; *ders.* Die Sprache der Gegendarstellung, AfP 2005, 524; *Seelmann-Eggebert* Im Zweifel gegen die Meinungsfreiheit?, AfP 2007, 86; *Seitz/Schmidt/Schoener* Der Gegendarstellungsanspruch, 4. Aufl. 2010; *Soehring/Hoene* Presserecht, 5. Aufl. 2013; *Teubel* Die Rechtsprechung zur Berichterstattung über Prominente nach der Caroline-Entscheidung des EGMR, AfP 2006, 116; *Vogel* Bedrohung der freien Berichterstattung durch den neuen § 201a StGB, ZUM 2005, 449; *Wendt* Das Recht am eigenen Bild als strafbewehrte Schranke der verfassungsrechtlich geschützten Kommunikationsfreiheiten des Art. 5 Abs. 1 GG, AfP 2004, 181; *Wenzel (Hrsg.)* Das Recht der Wort- und Bildberichterstattung, 5. Aufl. 2003.

A. Die verfassungsrechtlichen Rahmenbedingungen in der Wort- und Bildberichterstattung

I. Die Freiheitsrechte des Art. 5 Abs. 1 GG

1. Meinungsäußerungsfreiheit

1 Die Meinung ist ein innerer, gedanklicher Vorgang,[1] weshalb besser der Begriff „Meinungsäußerungsfreiheit" benutzt wird. Das Recht schützt die Wiedergabe der eigenen und der fremden Ansicht. Sie erstreckt sich auf sämtliche Äußerungsformen, wobei Wort, Schrift und Bild lediglich Beispiele sind. Dabei kommt es nicht darauf an, ob die Äußerung wertvoll, richtig oder rational begründet oder ob sie von anderen für nützlich oder schädlich gehalten wird.[2] Auch ein öffentliches Informationsinteresse ist nicht Voraussetzung für die Meinungsfreiheit, denn das Grundrecht des Art. 5 Abs. 1 GG gewährleistet primär die Selbstbestimmung des einzelnen Grundrechtträgers über die Entfaltung seiner Persönlichkeit mit anderen.[3] Ein öffentliches Informationsinteresse ist lediglich geeignet, der Meinungsfreiheit in Abwägung mit anderen Grundrechten ein besonderes Gewicht zu verleihen.[3] Wird durch die Äußerung ein Beitrag zum geistigen Meinungskampf in einer die Öffentlichkeit berührenden Frage geleistet, spricht die Vermutung für die Zulässigkeit[4] und es sind auch scharfe Wendungen zulässig.[5] Bei einer ausschließlich privaten Auseinandersetzung besteht diese „Privilegierung" dagegen nicht ohne weiteres.[6]

2 Auch Tatsachenbehauptungen fallen grds. unter den Schutz der Meinungsäußerungsfreiheit. Die Äußerung von Tatsachen ist Voraussetzung von Bildung von Meinungen, die durch Art. 5 Abs. 1 GG umfassend geschützt werden;[7] allerdings werden solche Tatsachenbehauptungen vom Schutzbereich des Grundrechts ausgenommen, deren Unwahrheit dem sich Äußernden bekannt ist oder bereits im Zeitpunkt der Äußerung erwiesen ist; Art. 5 GG gibt kein Recht zur Lüge.[8] Geschützt ist auch die Wahl des Ortes und der Zeit der Äußerung.[9]

3 Art. 5 Abs. 1 S. 1 GG umfasst auch das Verbreiten unabhängig von ihrer konkreten Art und Weise (Zeitungen, Rundfunk, Handzettel usw.). Doch gibt das Recht auf Informationsverbreitung dem Verbreiter weder einen Anspruch gegen den Staat, ihm ein aufnahmebereites Publikum zu beschaffen[10] noch einen Anspruch gegen Dritte, die Information zur Kenntnis zu nehmen.[11]

---

1 *Wenzel/Burkhardt* § 6 Rn. 1.
2 *BVerfG* NJW 2001, 3613; 1994, 2943; AfP 1991, 388; *BGH* NJW 1964, 294.
3 *BVerfG* AfP 2010, 145, 147.
4 *BVerfG* NJW 1958, 257 – Lüth; NJW 1983, 1415 – Wahlkampfäußerung; NJW 1995, 3303 – Soldaten sind Mörder; *BGH* NJW 1994, 124, 125 f.
5 *BVerfG* NJW 1976, 1680 – Deutschland-Stiftung.
6 *BVerfG* NJW 1995, 3303 – Soldaten sind Mörder II; NJW 1999, 2262.
7 *BVerfG* NJW 2003, 277 – Juve-Handbuch; NJW 2003, 661; AfP 2000, 351 – DGHS II; NJW 1999, 3326, 3327 – MfS-Gehaltsliste; NJW 1999, 1322, 1324 – Helnwein; NJW 1983, 1415.
8 *BVerfG* NJW 2003, 3855; AfP 2003, 43; 1999, 160; *BVerfGE* 99, 197; 90, 247; 61, 8; 12, 113.
9 *BVerfG* NJW 1995, 3303 – Soldaten sind Mörder II.
10 *Maunz/Dürig/Herzog/Scholz* Art. 5 I, II GG Rn. 60.
11 *Von Mangoldt/Klein/Starck* Art. 5 GG Rn. 34.

2. Informationsfreiheit

Die Informationsfreiheit garantiert jedem Bürger das Recht, sich aus allgemein zugänglichen Quellen ungehindert zu unterrichten. Es umfasst sowohl das lediglich passive Empfangen von Informationen wie auch deren aktives Sammeln. **4**

Die Informationsfreiheit beschränkt sich auf „allgemein zugängliche Quellen". Dies ist dann der Fall, wenn die Informationsquelle technisch geeignet und bestimmt ist, der Allgemeinheit, d. h. einem individuellen nicht bestimmbaren Personenkreis, Informationen zu verschaffen.[12] **5**

3. Pressefreiheit

Die Pressefreiheit schützt die gesamte Tätigkeit der Presse, und zwar sowohl die aktive Beschaffung von Informationen und die Recherche[13] wie auch deren ungehinderten passiven Empfang, aber auch die freie Veröffentlichung und Verbreitung von Informationen sowie die Mitwirkung der Presse bei der Bildung der öffentlichen Meinung.[14] Der Schutz kommt aber nicht nur der Pressetätigkeit, sondern auch dem Presseerzeugnis selbst einschließlich des Anzeigenteils[15] zugute. Der Begriff „Presse" ist in weitem Sinn des „Druckwerks" zu verstehen. Er umfasst nicht nur sämtliche periodischen Druckwerke von Zeitungen, gleich ob Unterhaltungspresse oder nicht, sondern auch alles einmalig Gedruckte wie Bücher, Flugblätter, Handzettel etc. Auch bloße Werkszeitungen sind geschützt.[16] Der Absatzweg ist unerheblich. **6**

Die Pressefreiheit enthält vielfältige Schutzwirkungen, die nicht unmittelbar die Wort- und Bildberichterstattung betreffen, auf die hier aber nicht näher eingegangen werden kann. So umfasst sie z.B. den Informationsanspruch der Pressevertreter,[17] ihr Recht auf Gleichbehandlung gegenüber anderen Pressevertretern,[18] das **Zeugnisverweigerungsrecht** der Journalisten[19] sowie das **Redaktionsgeheimnis**[20] – beides auch verbunden mit einem gewissen Schutz vor Durchsuchungen und Beschlagnahme. In der jüngeren Zeit haben vor allem Durchsuchungen von Redaktionsräumen von Zeitungen und Zeitschriften dem BVerfG Gelegenheit gegeben, seine schon im SPIEGEL-Urteil[21] begründete Rspr. durch das sog. Cicero-Urteil[22] zu aktualisieren. Danach sind Durchsuchungen und Beschlagnahme in einem Ermittlungsverfahren gegen Presseangehörige verfassungsrechtlich unzulässig, wenn sie ausschließlich oder vorwiegend **7**

---

12 *BVerfGE* 90, 32; 33, 65; 28, 188; 27, 83.

13 *BVerfG* AfP 2007, 110, 114 – Cicero; *OLG Karlsruhe* AfP 2006, 482; zur bloßen Anwesenheit wartender Fotografen *KG Berlin* AfP 2008, 309.

14 *Ricker/Weberling* S. 47.

15 *BVerfG* NJW 2001, 591 – Benetton.

16 *BVerfG* NJW 1997, 386 – Werkszeitung.

17 Einfach gesetzlich geregelt in den Landespressegesetzen; *BVerfG* AfP 2008, 497: Unter Abwägung der unterschiedlichen Interessen und unter Wahrung des Verhältnismäßigkeitsgrundsatzes kann durch sitzungspolizeiliche Anordnung der Informationszugang durch eine „Poollösung" eingeschränkt werden.

18 *OLG Köln* AfP 2001, 218.

19 Umfassend dazu *Löffler* S. 981 ff.; LPG § 23; deutsch-amerikanischer Rechtsvergleich bei *Schulenberg* ZUM 1989, 212.

20 *BVerfG* AfP 1984, 94; ZUM 2005, 314.

21 *BVerfGE* 20, 162 – Spiegel.

22 *BVerfG* AfP 2007, 110 – Cicero; vgl. auch *BVerfG* ZUM 2005, 314.

dem Zweck dienen, die Person des Informanten zu ermitteln.[23] Die bloße Veröffentlichung eines Dienstgeheimnisses i.S.d. § 353b StGB durch einen Journalisten reicht im Hinblick auf Art. 5 Abs. 1 S. 2 GG nicht aus, um einen der strafprozessualen Ermächtigung zur Durchsuchung und Beschlagnahme genügenden Verdacht der Beihilfe des Journalisten zum Geheimnisverrat zu begründen.[24] Aber auch dann, wenn ein Journalist selbst Beschuldigter oder Mitbeschuldigter einer Straftat ist und der in § 97 Abs. 5 S. 1 StPO normierte strafprozessuale Beschlagnahmeschutz nicht greift, bleibt Art. 5 Abs. 1 S. 2 GG zu berücksichtigen; vage Anhaltspunkte und bloße Vermutungen reichen für eine Durchsuchung und Beschlagnahme nicht aus.[25]

8 In Abgrenzung zur Meinungsäußerungsfreiheit gilt, dass die Pressefreiheit berührt ist, wenn es um die im Pressewesen tätigen Personen in Ausübung ihrer Funktion, um ein Presseerzeugnis selbst, um seine institutionell-organisatorischen Voraussetzungen und Rahmenbedingungen und schließlich um die Institution der freien Presse an sich geht. Handelt es sich dagegen um die Zulässigkeit einer bestimmten Äußerung, so ist ungeachtet des Verbreitungsmediums die Meinungsäußerungsfreiheit maßgeblich.[26]

9 Über den individualrechtlichen Schutz von Pressetätigkeit und des Presseerzeugnisses hinaus verleiht Art. 5 Abs. 1 S. 2 GG schließlich der Institution freie Presse als solcher Grundrechtsschutz.[27]

4. Rundfunkfreiheit

10 Der Schutzbereich der Rundfunkfreiheit nach Art. 5 Abs. 1 S. 2 GG reicht ebenso wie bei der Pressefreiheit von der Beschaffung der Information bis zur Verbreitung. Er gewährleistet vor allem die Gestaltungsfreiheit im Programm[28] einschließlich der unterhaltenden Programme.[29] Er umfasst u.a. auch die Erstellung von Bild- und Tonaufnahmen im Gerichtssaal vor dem Beginn und nach dem Schluss der Hauptverhandlung.[30]

5. Filmfreiheit

11 Die in Art. 5 Abs. 1 S. 2 GG ebenfalls erwähnte Filmfreiheit umfasst dokumentarische Filme, Spielfilme und jede Art filmischer Äußerung und deren Verbreitung.

---

23 *BVerfG* AfP 2007, 110 – Cicero.

24 *BVerfG* AfP 2007, 110 – Cicero. Das BVerfG stellt hohe Hürden für die staatsanwaltliche Ermittlungspraxis auf. Da der Tatbestand des § 353b StGB nicht verwirklicht ist und eine Beihilfe daher nicht möglich ist, wenn Schriftstücke oder Dateien mit Dienstgeheimnissen versehentlich oder über eine nicht zur Geheimhaltung verpflichtete Mittelsperson nach außen gelangen oder der Geheimnisträger nur Hintergrundinformationen liefern will, die Veröffentlichung aber abredewidrig erfolgt, fordert das BVerfG spezifische tatsächliche Anhaltspunkte für das Vorliegen einer vom Geheimnisträger bezweckten Veröffentlichung des Geheimnisses und damit einer beihilfefähigen Haupttat; vgl. auch *OLG Brandenburg* Beschl. v. 14.8.2006 – 1 Ws 166/06 (nicht veröffentlicht) – Ablehnung der Eröffnung des Hauptverfahrens gegen beteiligte Journalisten.

25 *BVerfG* AfP 2015, 419, 421; zu Entschädigungsansprüchen bei rechtswidriger Beschlagnahme vgl. *BGH* AfP 2017, 234 ff.

26 *Ricker/Weberling* Hdb. Presserecht, S. 47; vgl. *BVerfGE* 95, 34 f.; 86, 128.

27 *BVerfGE* 80, 133; 66, 133; 20, 175.

28 *BVerfG* NJW 1994, 1942 – Rundfunkgebühr; NJW 1998, 2659.

29 *BVerfG* NJW 2000, 1859 – Lebach II.

30 *BVerfG* AfP 2009, 47.

II. Die Ausstrahlungswirkungen der Grundrechte aus Art. 5 Abs. 1 GG auf die zivilrechtliche Betrachtung der Wort- und Bildberichterstattung

Im Ausgangspunkte sollten die Grundrechte Abwehrrechte gegenüber dem Staat sein. **12** Darauf sind sie jedoch nicht beschränkt. Das BVerfG hat schon sehr früh im Lüth-Urteil geklärt, dass und wie die Grundrechte auch im Zivilrecht wirken.[31] Dem BVerfG obliegt, die Beachtung der grundrechtlichen Normen und Maßstäbe durch die Fachgerichte sicherzustellen.[32] Diese Überprüfung beschränkt sich jedoch nicht auf die Frage, ob die angegriffene Entscheidung Fehler erkennen lässt, die auf einer grds. unrichtigen Anschauung von der Bedeutung des Grundrechts beruhen. Das BVerfG hat vielmehr auch im Einzelnen zu prüfen, ob die Entscheidung bei der Feststellung und Würdigung des Sachverhalts sowie der Auslegung und Anwendung des einfachen Rechts die verfassungsrechtlich gewährleistete Meinungsfreiheit verletzt hat.[33] Insbesondere unterliegt die Interpretation der str. Äußerung der verfassungsrechtlichen Kontrolle. Es findet also eine sog. intensivierte Kontrolle statt.[34]

Die Ausstrahlungswirkung der Grundrechte aus Art. 5 Abs. 1 GG geht zudem über die **13** mittelbare Grundrechtswirkung noch hinaus insoweit, als sie den Umfang der Schranken ihrerseits beschränkt, und zwar durch die im Lüth-Urteil formulierte Wechselwirkungstheorie,[35] die auch und vor allem durch die Abwägung im Einzelfall verwirklicht wird.

Die Ausstrahlung von Art. 5 Abs. 1 GG in der Wort- und Bildberichterstattung ist **14** damit auf 3 Ebenen zu beachten:

1. bei der Bestimmung des Verständnisses der Äußerung,
2. bei der Auslegung der einschlägigen Gesetzesbestimmungen der allgemeinen Gesetze,
3. bei der Abwägung der kollidierenden Rechtspositionen.[36]

III. Die Grundrechtsschranken nach Art. 5 Abs. 2 GG

Art. 5 GG enthält in Abs. 2 einen generellen Schrankenvorbehalt in den Schranken **15** der Vorschriften der allgemeinen Gesetze, den gesetzlichen Bestimmungen zum Schutze der Jugend und dem Recht der persönlichen Ehre.

Die Frage, was unter **„allgemeinen Gesetzen“** zu fassen ist, insbesondere, wann kein **16** allgemeines Gesetz mehr vorliegt, hat seit Bestehen des Grundgesetzes zu vielfachen Diskussionen und vielfachen Nuancierungen in der Begriffsdefinition geführt.[37] Löffler/Ricker geben die heute h.M. wie folgt wieder: Unter „allgemeinen Gesetzen“

---

31 *BVerfGE* 7, 198.
32 StRspr. vgl. *BVerfG* NJW 1976, 1677 – DGB.
33 *BVerfG* AfP 2017, 147, 148; GRUR 2008, 539, 544 – Caroline von Monaco; NJW 1970, 799.
34 *BVerfG* NJW 1990, 1980.
35 *BVerfGE* 7, 198 – Lüth: „... Die allgemeinen Gesetze müssen in ihrer das Grundrecht beschränkenden Wirkung ihrerseits im Lichte der Bedeutung dieses Grundrechts gesehen und so interpretiert werden, dass der besondere Wertgehalt dieses Rechts ... auf jeden Fall gewahrt bleibt. ... Es findet ... eine Wechselwirkung in dem Sinne statt, dass die „allgemeinen“ Gesetze zwar dem Wortlaut nach dem Grundrecht Schranken setzen, ihrerseits aber aus der Erkenntnis der wertsetzenden Bedeutung dieses Grundrechts im freiheitlich demokratischen Staat auch ausgelegt und so in ihrer das Grundrecht begrenzenden Wirkung selbst wieder eingeschränkt werden müssen.“
36 *Grimm* NJW 1995, 1697, 1700.
37 Vgl. dazu *Löffler/Ricker* S. 69, S. 70 m.w.N.

(seien) „nur diejenigen zu verstehen, die sich nicht speziell gegen die Presse, insbesondere nicht gegen die Beschaffung einer Information oder die Äußerung einer Meinung als solcher richten, sondern die dem … Schutze eines anderen Rechtsguts dienen“.[38] Der Gefahr, dass der (einfache) Gesetzgeber dies umgeht, indem er seinem gegen die Meinung anderer und gegen die Presse gerichteten Gesetz einen generellen Zweck unterlegt, begegnet das BVerfG mit der „Lüth“-Formel: Danach hat auch dann, wenn ein Gesetz als „allgemeines Gesetz“ anzuwenden ist, die Rspr. im Einzelfall abzuwägen, ob eine Gesetzesbestimmung im Lichte der besonderen Bedeutung der Grundrechte aus Art. 5 Abs. 1 GG diesen Grundrechten gegenüber Vorrang haben und zu ihrer Einschränkung führen kann.[39]

17 Regelungen zum Jugendschutz enthalten z.B. das JSchG und der Jugendmedienschutz-Staatsvertrag. Der Ehrenschutz wird durch die §§ 185 ff. StGB i.V.m. § 374 ff. StPO und im Zivilrecht durch die §§ 823 ff. BGB sowie die Ansprüche auf Widerruf, Unterlassung und Schadensersatz gewährleistet.

IV. Das Zensurverbot

18 Beim Zensurverbot nach Art. 5 Abs. 1 S. 3 GG handelt es sich nicht um ein eigenständiges Grundrecht, sondern um eine „absolute Eingriffsschranke“,[40] mithin eine Schranken-Schranke.[41] Zensur in diesem Sinne ist nach h.M. nur die Vorzensur im Sinne einer formellen Vorkontrolle, also alle Beschränkungen vor der Herstellung oder Verbreitung eines Werkes der Kommunikation, insbesondere das Abhängigmachen von behördlichen Vorprüfungen und Genehmigungen des Inhalts.[42]

V. Die Kunstfreiheit und ihre Ausstrahlungswirkung auf die zivilrechtliche Betrachtung der Wort- und Bildberichterstattung

19 Nach dem Mephisto-Urteil liegt das Wesentliche einer künstlerischen Betätigung in der freien schöpferischen Gestaltung, in der Eindrücke, Erfahrungen, Erlebnisse des Künstlers durch das Medium einer bestimmten Formensprache zu unmittelbarer Anschauung gebracht werden. Die Abgrenzungsversuche der Kunst von Nichtkunst dürfen nicht auf der Ebene einer qualitativen Bewertung erfolgen; eine Differenzierung zwischen „guter“ und „schlechter“ und deswegen dem Schutzbereich nicht unterfallender Kunst stellt eine unzulässige Inhaltskontrolle dar.[43] Für Karikaturen und Satire gilt, dass diese grds. Kunst sein können, aber nicht in jeder Karikatur und Satire zugleich Kunst liegt.[44] Diese liegt nicht schon bei jeder Übertreibung, Verzerrung und Verfremdung vor.[45]

---

38 *Ricker/Weberling* S. 76 mit Verweis auf *BVerfGE* 7, 209; 21, 280; 26, 205; 28, 185 f.; 28, 292; 50, 240; 59, 263; 62, 244.

39 Vgl. *BVerfGE* 7, 208; 20, 176; 50, 241; 74, 377; 77, 75; 82, 280; 86, 10 f.; 90, 248; 93, 290; 94, 8.

40 *BVerfGE* 33, 53.

41 *Von Mangoldt/Klein/Starck* Art. 5 GG Rn. 159; *Maunz/Dürig/Herzog/Scholz* Art. 5 I GG Rn. 1, 78.

42 *BVerfGE* 87, 230; 83, 153; 73, 166; 33, 72.

43 *BVerfG* NJW 1987, 2661 – Strauss-Karikatur; für die Wesensmerkmale von Kunst vgl. *BVerfG* MDR 1985, 201-Anachronischer Zug.

44 Vgl. auch *OLG München* AfP 2013, 154.

45 *BVerfG* NJW 1998, 1386, 1387 – Münzen-Erna; NJW 2002, 3767 – Stern-Bonnbonns; für die Darstellung und Äußerungen eines sog. Commedians als Kunst vgl. *OLG München* AfP 2013, 154.

Anders als Art. 5 Abs. 1 GG ist die Kunstfreiheit schrankenlos gewährt. Nach dem Mephisto-Urteil des BVerfG[46] hat eine Konfliktlösung auf der Grundrechtsebene zu erfolgen. Die Grenzen der Kunstfreiheit könnten nur von der Verfassung selbst bestimmt werden,[47] z.B. durch die Grundrechte anderer Träger, etwa das Persönlichkeitsrecht, die Menschenwürde,[48] aber auch durch sonstige Rechtsgüter mit Verfassungsrang, z.B. Jugendschutz oder Eigentum. Infolgedessen bedarf es im Konfliktfall auf der Grundrechtsebene anzustellende Betrachtung einer Abwägung der widerstreitenden Grundrechtsinteressen. **20**

In der Praxis der Wort- und Bildberichterstattung liegt beim Persönlichkeitsrecht die entscheidende Frage, wann der Künstler befugt ist, einer individuellen Person zurechenbare Angaben zu benutzen, wenn die Darstellung geeignet ist, das Persönlichkeitsbild des Betroffenen zu beeinträchtigen. Im Mephisto-Urteil[46] bezeichnet es das BVerfG als wesentlich, ob und inwieweit das „Abbild" gegenüber dem „Urbild" in der künstlerischen Darstellung so verselbständigt erscheint, dass das individuelle, persönlich-intime zugunsten des allgemeinen, zeichenhafter „Figur" objektiviert ist.[49] In einem solchen Falle müsse das Persönlichkeitsrecht des Dargestellten zurücktreten. Ergebe aber eine Betrachtung nach den Umständen des Einzelfalls, dass der Künstler ein „Portrait" des Urbildes gezeichnet hat oder gar zeichnen wollte, komme es auf das Ausmaß der künstlerischen Verfremdung oder den Umfang und die Bedeutung der „Verfälschung" für den Ruf des Betroffenen oder für sein Andenken an.[50] **21**

Diese grundlegende Auffassung des Mephisto-Urteils war schon damals sehr umstr.[51] und hat mittlerweile anhand praktischer Fälle auch gegenüber Filmwerken[52] oder Theaterstücken[53] zu großen Kontroversen geführt. **22**

In seinem Beschl. v. 13.6.2007[54] in Sachen Esra hat das BVerfG nur eine schwere Beeinträchtigung des Persönlichkeitsrechts als ausreichend angesehen, um die Freiheit der Kunst zurücktreten zu lassen.[55] Zur Feststellung der Schwere sei eine kunstspezifische Betrachtung zur Bestimmung des durch Roman im jeweiligen Handlungszusammenhang dem Leser nahe gelegten Wirklichkeitsbezugs erforderlich. Dabei sei ein literarisches Werk zunächst einmal als Fiktion anzusehen.[56] Diese Vermutung gelte auch dann, wenn hinter den Romanfiguren reale Personen als Urbilder erkennbar seien. Allerdings bestehe zwischen dem Maß, in dem der Autor eine von der Wirklichkeit abgelöste ästhetische Realität schafft, und der

46 *BVerfG* NJW 1971, 1645.
47 *BVerfG* NJW 1971, 1645, 1646; NJW 2000, 596 – Deutschland muss sterben.
48 Auch postmortaler Schutz, vgl. *OLG Hamm* AfP 2006, 216.
49 Vgl. auch *BGH* GRUR 2005, 788, 790 – Esra.
50 Vgl. auch *BGH* GRUR 2005, 788, 790 – Esra; *KG* AfP 2004, 371 – Meere.
51 Vgl. nur die abw. Voten der Verfassungsrichter *Stein* und *Rupp-von Brünneck* NJW 1971, 1645, 1648 ff.
52 Vgl. *BGH* WRP 2009, 986 – Rotenburg; *OLG München* AfP 2013, 154, 156; *OLG Hamburg* ZUM 2007, 479 – Contergan; vgl. auch *Ladeur/Gostomzyk* NJW 2005, 566; *LG Frankfurt* AfP 2009, 78 – Baader-Meinhof-Komplex.
53 *BVerfG* GRUR 2009, 549 – Ehrensache.
54 *BVerfG* AfP 2007, 441; nach Zurückverweisung *BGH* GRUR 2008, 931; vgl. auch *BVerfG* AfP 2008, 155.
55 Vgl. dazu auch *EGMR* AfP 2015, 417, 418.
56 Vgl. auch dazu *EGMR* AfP 2015, 417, 418.

Intensität der Verletzung eine Wechselbeziehung. Je stärker die Übereinstimmung von Abbild und Urbild, desto schwerer wiegt die Beeinträchtigung des Persönlichkeitsrechts. Liegt eine solche schwere Persönlichkeitsrechtsverletzung vor und ist deshalb ein gerichtliches Verbreitungsverbot ergangen, kann der Verletzte nur ausnahmsweise zusätzlich eine Geldentschädigung beanspruchen.[57]

B. Die Wortberichterstattung

I. Grundsätzliches

1. Ermittlung des Aussagegehalts einer Äußerung

23 Die rechtliche Beurteilung einer Äußerung beginnt mit **Ermittlung ihrer richtigen Deutung.** Einer Äußerung eine Deutung zu geben, die sich aus ihrem Wortlaut nicht oder nicht mit hinreichender Klarheit ergibt, verstößt gegen Art. 5 Abs. 1 GG.[58] Die Ermittlung des Sinngehalts einer Äußerung steht sowohl der revisionsrechtlichen als auch der verfassungsgerichtlichen Überprüfung offen.

1.1 Empfängerverständnis

24 Maßstab der Interpretation einer Äußerung ist der **unbefangene Durchschnittsempfänger/-leser.**[59] Weder kommt es darauf an, wie der Kritiker sie glaubt zu verstehen oder verstanden wissen will.[60] Noch kommt es darauf an, was der die Äußerung Tätigende als Verständnis gewollt hat.[61] Nicht gleichzusetzen ist der unbefangene Durchschnittsempfänger mit dem flüchtigen Leser.[62]

1.2 Berücksichtigung des Verständnisses aufgrund des Mediums

25 Jedes Medium oder jede Gattung des Mediums hat eine besondere Ausdrucksweise. Z.B. liegt es in der Eigenart eines Fernsehberichts, dass er Worte und Bilder miteinander verknüpft, so dass deren Wechselwirkung, aber auch deren Gewichtung einem diesem Medium eigengesetzlichen Verständnis unterliegt.[63] So ist beim Fernsehen grds. vom Text auszugehen und den dazu gezeigten Bildern darf nicht ohne weiteres ein texterweiternder oder einengender Sinn beigelegt werden.[64] Unterhaltende Presse wie etwa Boulevardzeitungen oder Regenbogenzeitschriften sind darauf angewiesen, Sachverhalte in sprachlich verknappter Form darzustellen.

---

57 *BGH* AfP 2010, 75 – Esra.
58 *BVerfG* NJW 1995, 3303, 3305 – Soldaten sind Mörder II; NJW 1999, 483.
59 *BVerfG* NJW 1992, 1312, 1313; 1977, 799; *BGH* GRUR 70, 370, 372; 1981, 437.
60 *BGH* NJW 1961, 1914; 1966, 1214; 1998, 3047.
61 *BGH* GRUR 1982, 318.
62 *BVerfG* NJW 1977, 799; *LG Berlin* AfP 2007, 66.
63 Vgl. *BGH* NJW 1992, 1312, 1313 – Korruptionsprozess.
64 Vgl. *BGH* NJW 1992, 1312 – Korruptionsprozess.

1.3 Kontextbetrachtung

Die Äußerung ist als zusammenhängendes Ganzes **unter Berücksichtigung des Kontexts und der Begleitumstände** zu würdigen, soweit diese für die Rezipienten erkennbar sind.[65] Z.B. dürfen bei einer komplexen Äußerung nicht drei Sätze mit tatsächlichem Gehalt herausgegriffen und als unrichtige Tatsachenbehauptungen untersagt werden, wenn die Äußerung nach ihrem – zu würdigen – Gesamtzusammenhang in den Schutzbereich der Äußerungsfreiheit fallen kann und in diesem Fall eine Abwägung zwischen den verletzten Grundrechtspositionen erforderlich wird.[66] Zu berücksichtigen ist auch ggf. eine Wechselwirkung von Text und Bild.[67] **26**

Die Kontextbetrachtung hat bei Printmedien auch Bedeutung im Verhältnis Schlagzeile zu Artikelinhalt. Zunächst besteht keine Verpflichtung, in der Überschrift oder Schlagzeile eine Wiedergabe der Gesamtdarstellung vorzunehmen.[68] Andererseits soll z.B. eine Titelseite oder eine isolierte Schlagzeile auf der Titelseite ohne Rücksicht auf den Inhalt des Artikels auf den späteren Seiten des Mediums dann angegriffen werden können, wenn diese eine selbständige Aussage enthält[69] und ihr ein eigenständiger, von dem Bericht eindeutig zu trennender Sinngehalt zukommt.[70] Dies setzt allerdings zum einen voraus, dass die Artikelüberschrift eine in sich abgeschlossene und aus sich heraus interpretierbare Tatsachenbehauptung enthält[71] und zum anderen, dass sich dann aus der Schlagzeile auch der Betroffene selbst ergeben muss.[72] Diese Grundsätze gelten auch für Überschriften in Online-Erzeugnissen.[71] Ferner kann dies nicht der Fall sein, falls nachfolgende, etwa auf weiteren Seiten abgedruckte Artikelpassagen eine eindeutige Klarstellung des in der Schlagzeile oder Überschrift Gemeinten enthalten. Auch Dachzeilen oder Zwischenüberschriften sind bei der Kontextbetrachtung zu berücksichtigen.[73] Bei Internetveröffentlichungen gelten grds. keine anderen Anforderungen, wobei allerdings den Besonderheiten des Internets im Einzelfall Rechnung getragen werden muss. So können im Einzelfall z.B. von einer Internet-Suchmaschine unterbreitete Suchergänzungsvorschläge (Autocomplete-Funktion) mehrere Begriffe ein Aussagegehalt im Zusammenhang beider Begriffe zugemessen werden.[74] **27**

---

65 *BVerfG* NJW 1995, 3303 – Soldaten sind Mörder II; NJW 1996, 1529 – DGHS I; *BGH* AfP 2009, 137, 138 – Fraport; 2008, 297, 300 – Gen-Milch; NJW 2000, 656; AfP 1997, 634; NJW 1996, 1131, 1133; AfP 2007, 46 – Terroristentochter; AfP 2015, 41, 42; *OLG Karlsruhe* AfP 2006, 264; AfP 2001, 336, 337; *OLG Düsseldorf* AfP 2014, 70, 72.

66 *BGH* AfP 2009, 137, 138 – Fraport; 2009, 55; AfP 1997, 634; vgl. auch *BGH* NJW 2000, 656; 1996, 1131, 1133 – Der Lohnkiller; *OLG Düsseldorf* AfP 2014, 70, 72; *OLG Karlsruhe* AfP 2006, 264, 265; *OLG Köln* WRP 1986, 169; *LG Düsseldorf* AfP 2005, 566, 568.

67 *BVerfG* AfP 2008, 163; *BGH* AfP 2009, 485, 486; NJW 1992, 1312 – Korruptionsprozess; *KG* NJW-RR 1999, 1547; *LG Berlin* AfP 2000, 393 – Das Leben der Huren; AfP 2006, 386 – Owomoyela.

68 *BVerfG* AfP 1992, 51, 52; vgl. auch *KG Berlin* 13.4.1999 – 9 U 1606/99; für den Teaser einer App vgl. *LG München I* AfP 2015, 71, 72.

69 *BVerfG* NJW 1998, 1381; *BGH* NJW 1995, 861 – Caroline von Monaco I.

70 *LG München I* AfP 2015, 71, 72.

71 *OLG Hamburg* AfP 2015, 444, 445.

72 *OLG München* AfP 1981, 297.

73 Vgl. etwa *KG Berlin* NJW-RR 1999, 1547.

74 *BGH* AfP 2013, 260 – Autocomplete-Funktion.

1.4 Offene und verdeckte Äußerungen

28 Grds. ist nur angreifbar, was offen ausgesprochen wurde. Eine Ausnahme besteht nur dann, wenn die angegriffene Äußerung in ihrem Gesamtzusammenhang eine verdeckte oder versteckte Aussage enthält. Bei der Feststellung solcher **verdeckter Tatsachen** ist besondere Zurückhaltung geboten.[75] Eine im Zusammenspiel der offenen Aussagen enthaltene zusätzliche eigene Sachaussage des Autors muss die Grenzen des Denkanstoßes überschreiten und sich dem Leser als unabweisliche Schlussfolgerung nahe legen.[76]

29 Ein **Anspruch auf vollständige Berichterstattung** besteht grds. **nicht**, zumal die Medien aus einer Fülle von Fakten jene auszuwählen haben, über die berichtet werden soll und auch die Auswahl des „Berichtenswerten" der Grundrechtsfreiheit unterliegt. In Ausnahmefällen hat der BGH in einer **bewusst unvollständigen Berichterstattung** eine angreifbare unwahre Tatsachenbehauptung gesehen.[77] Im Übrigen kann dies nur für wesentliche Angaben gelten, die dazu dienen, dem Vorgang in seiner Kernaussage ein anderes Gewicht zu geben. Das kommt allerdings nur in Betracht, wenn sich dem Leser eine im Zusammenhang der offenen Aussagen enthaltene zusätzliche eigene Aussage als unabweisbare Schlussfolgerung aufdrängen muss.[78]

1.5 Rechtsbegriffe und andere Begrifflichkeiten

30 Die Sicht des unbefangenen Durchschnittslesers prägt auch das Verständnis von Begrifflichkeiten. So sind z.B. in der Regel **Rechtsbegriffe** nicht im rechtsdogmatischen Sinne zu verstehen, sondern so, wie dies allgemein alltagssprachlich verstanden wird.[79] Die Bezeichnung eines Betroffenen als „Mörder" bedeutet nicht notwendig, es liege ein Mordmerkmal vor.[80] Das Gleiche gilt für strafrechtliche Deliktsbegriffe wie „Betrug" oder „Unterschlagung" oder die Frage, ob mit einem bestimmten Begriff (z.B. „Sabotage") insgesamt eine strafrechtlich relevante Handlung oder der Vorwurf bewusster Schädigung verbunden sein muss.[81]

31 Bei **Äußerungen im politischen Meinungskampf** ist besondere Zurückhaltung geboten beim wörtlichen Verstehen. Gerade z.B. im Wahlkampf sind hastige, aber übertreibende und verzerrende Darstellungen keine Ausnahme.[82]

---

75 *BVerfG* ZUM 2004, 560, 561; *BGH* NJW 2000, 656, 657; AfP 1994, 295, 297; 299, 301; *BGHZ* 78, 9, 14 f.; *LG Düsseldorf* AfP 2007, 58, vgl. *LG Köln* AfP 2008, 450.

76 *BVerfG* ZUM 2004, 560, 561; *BGH* NJW 2000, 656, 657; AfP 1994, 295, 297; 299, 301; *BGHZ* 78, 9, 14 f.; *OLG Düsseldorf* AfP 2014, 70, 72; *OLG Dresden* 10.6.2008 – 4 U 0685/08; *LG Düsseldorf* AfP 2007, 58; *AG München* AfP 2012, 588, 589.

77 *BGH* AfP 2006, 65, 66 f.; vgl. *BGH* NJW 2000, 656, 657 – Korruptionsvorwurf; vgl. auch *OLG Karlsruhe* AfP 2006, 72, 73 („Schlussfolgerung war sehr naheliegend"); *LG Köln* AfP 2008, 450 („Schlussfolgerung lag nicht nahe und wesentliche Fakten wurden nicht vorenthalten").

78 *OLG Dresden* 16.6.2008 – 4 U 0685/08.

79 *BVerfG* NJW 1992, 1439, 1441 – Bayer-Beschluss; *BGH* NJW 2002, 1192, 1193; *OLG Köln* AfP 2003, 335, 337.

80 *OLG Karlsruhe* Justiz 1974, 223.

81 *BGH* GRUR 1971, 591.

82 So wird bspw. mit der Bezeichnung gegnerischer politischer Äußerungen als „Verleumdung" häufig nur zum Ausdruck gebracht, dass der Kritiker sie aus anderer politischer Sicht für falsch hält. Auch dies zeigt, dass die Auslegung der Äußerung zunächst einmal erfolgen muss, bevor die Beurteilung ansetzt, ob es sich bei einer Meinungsäußerung um unzulässige „Schmähkritik" handelt; *BGHZ* 42, 210, 220; *BGH* GRUR 1971, 529; *BGHZ* 42, 210, 220; *BGH* GRUR 1971, 529.

1.6 Mehrdeutige Darstellungen

Lange Zeit galt der Grundsatz der „verletzerfreundlichen Auslegung“ als fester Bestandteil des deutschen Presserechts. In seinem Klinik-Monopoly-Urteil hatte der BGH befunden: „Sind mehrere sich nicht gegenseitig ausschließende Deutungen des Inhalts an Äußerungen möglich, so ist der rechtlichen Beurteilung diejenige zugrunde zu legen, die dem in Anspruch genommenen günstiger ist und den Betroffenen weniger beeinträchtigt.“[83] 32

Eine grds. Wendung erfolgte durch den *Stolpe*-Beschluss des *BVerfG* v 25.10.2005.[84] 33
Für den Fall, dass von einem **mehrdeutigen Inhalt** auszugehen sei, unterschied das BVerfG zwischen Sanktionen wegen in der Vergangenheit erfolgter Meinungsäußerungen und wegen Sanktionen, die zukünftige Äußerungen betreffen. Bei einer Sanktion wegen in der Vergangenheit erfolgter Meinungsäußerungen verstoße ein Strafurteil oder ein die Verurteilung zum Schadensersatz, zum Widerruf oder zur Berichtigung aussprechendes zivilrechtliches Urteil gegen Art. 5 Abs. 1 S. 1 GG, weil negative Auswirkungen auf die generelle Ausübung des Grundrechts zu befürchten seien.[85] Ein gleicher Schutzbedarf bestehe indessen nicht bei gerichtlichen Entscheidungen über die **Unterlassung** zukünftiger Äußerungen. Hier sei im Rahmen der rechtlichen Zuordnung von Meinungsfreiheit und Persönlichkeitsschutz zu berücksichtigen, dass der Äußernde die Möglichkeit habe, sich **in der Zukunft** eindeutig auszudrücken und damit zugleich klarzustellen, welche Äußerungsinhalte der rechtlichen Prüfung zugrunde zu legen ist. Eine auf Unterlassung zielende Verurteilung könne der Äußernde vermeiden, wenn er eine ernsthafte und inhaltlich ausweichende Erklärung abgebe, die mehrdeutige Äußerung nicht oder nur mit geeigneten Klarstellungen zu wiederholen.[86]

Mag diese Rspr. auch pragmatisch und praktisch verfehlt sein,[87] so wird die Praxis 34
doch mit ihr leben müssen. Allerdings hat ein obiter dictum in der Entscheidung des BVerfG zu Gegendarstellungsverlangen gegen mehrdeutige Erstmitteilungen die Möglichkeit der Klarstellung zur Vermeidung einer Unterlassungsverpflich-

---

83 *BGH* AfP 2004, 56, 58; *LG Berlin* AfP 2004, 461, 62.

84 *BVerfG* AfP 2005, 544 ff.

85 *BVerfG* AfP 2005, 545, 546.

86 *BVerfG* AfP 2005, 544, 545.

87 Schon die Unterscheidung zwischen ausschließlich in die Zukunft gerichteten Unterlassungsanspruch und auf die Vergangenheit gerichteten Schadensersatz und Widerrufsanspruch überzeugt nicht. Denn im Unterlassungsanspruch nur eine Sanktion zu sehen, die die Beseitigung zukünftiger Beeinträchtigungen vermeiden will, blendet aus, dass bereits das erste Aufstellen der Behauptung durch die Indikation der Wiederholungsgefahr in der Rechtsfolge sanktioniert wird. Dies insbesondere vor dem Hintergrund, mit der in der Praxis erfolgenden anwaltlichen Abmahnung oder dem Verlust des Rechtsstreits in letzter Instanz infolge einer obergerichtlich „gefundenen“ neuen beeinträchtigenden Deutungsmöglichkeit unweigerlich Kostenfolgen verbunden sind (vgl. dazu *BGH* AfP 2007, 357). Konsequent wäre es mindestens, die erste anwaltliche Abmahnung der Gegenseite kostenfrei zu stellen. Dass der Prozess der freien Meinungsäußerung keinem Einschüchterungseffekt durch diese Rechtsprechung ausgesetzt werde, ist zudem ein unbewiesenes und den Praxiserfahrungen widersprechendes „Postulat“. Dass kein verfassungsrechtlich tragfähiger Grund bestehe, von einer Verurteilung zum Unterlassen abzusehen, weil die Äußerung mehrere Deutungsvarianten zulasse, stellt schließlich eine bloße Leerformel zur Rechtfertigung der Abkehr von der bisherigen Rechtsprechung dar.

tung noch einmal zugleich betont und ein Stück weit präzisiert.[88] Die Instanzgerichte haben dies bislang nur spärlich aufgegriffen. Unklar sind zudem noch viele Fragen dazu, wie etwa eine solche Klarstellung zu erfolgen hat.[89] Fraglich bleibt, ob die Grundsätze auch außerhalb mehrerer Tatsachenbehauptungen gelten. Für die Abgrenzung zwischen Meinungsäußerung und Tatsachenbehauptung hat das BVerfG dies bereits bejaht.[90] Allerdings könnte auch hier zu differenzieren sein. Maßgeblich für die Anwendung der Stolpe-Rechtsprechung sei, dass die Äußerung als eine geschlossene, aus sich heraus aussagekräftige, allerdings mehrdeutige Tatsachenbehauptung wahrgenommen werde; resultierten konkrete Interpretationsmöglichkeiten erst aus dem Zusammenspiel mehrerer Äußerungen, die für sich betrachtet zulässige Meinungsäußerungen bzw. wahre Tatsachenbehauptungen darstellten, finde die Stolpe-Rechtsprechung keine Anwendung;[91] dies scheint vom BVerfG[92] aber wieder in Frage gestellt zu werden, wenn es heißt, dass das Gericht bei mehrdeutigen Äußerungen die zur Verurteilung führende Bedeutung nicht zugrunde legen darf, ohne vorher die anderen möglichen Deutungen ausgeschlossen zu haben. Diese Textpassage ergibt aus Sicht des Verfassers nur dann Sinn, wenn eine ebenfalls denkbare Interpretation der Äußerung als Meinungsäußerung trotz der Stolpe-Rechtsprechung dann vom Gericht hätte zugrunde gelegt werden können. Höchstrichterlich ungeklärt ist die Anwendung der Stolpe-Rechtsprechung nach wie vor für verdeckte Tatsachenbehauptungen[93].

---

88 *BVerfG* AfP 2008, 58 ff.: In Anmerkung 33 dieser Entscheidung heißt es wörtlich: „Im Hinblick auf Ansprüche auf Unterlassung zukünftiger Äußerungen geht das Bundesverfassungsgericht davon aus, dass verfassungsrechtlich erhebliche Einschüchterungseffekte durch Maßnahmen des Persönlichkeitsschutzes nicht ausgelöst werden, soweit der Äußernde die Möglichkeit hat, die Beeinträchtigung des Persönlichkeitsrechts eines anderen ohne übermäßige Belastung für sich durch eigenes Tun abzuwehren. Bei mehrdeutigen Äußerungen kann dies durch Klarstellung ihres Inhalts geschehen. Soweit eine nunmehr eindeutige Aussage keine Rechtsverletzung bewirkt, entfällt ein Unterlassungsanspruch." In Anmerkung 34 wird hinzugefügt: „…(sind) auch verfassungsrechtlich erhebliche einschüchternde und einschnürende Wirkungen für den Grundrechtsgebrauch jedenfalls dann nicht zu erwarten, wenn diese Obliegenheit nur den Bereich bezogen wird, in dem ein erheblicher Teil des Publikums eine oder mehrere der Deutungsvarianten in einer das Persönlichkeitsrecht verletzenden Weise versteht Dabei muss gesichert sein, dass für die Klarstellung und damit für die Abwendung der Unterlassungsverpflichtung ein einfacher Weg eröffnet ist. Nachteilige Wirkungen auf die Ausübung der Kommunikationsfreiheit wären insbesondere zu erwarten, wenn eine hohe Kostenlast auf den zukäme, der eine mehrdeutige Äußerung getroffen hat, auch wenn er nach Erkennen der Mehrdeutigkeit und des persönlichkeitsverletzenden Inhalts einer Deutungsalternative eine Klarstellung vorgenommen hat, die eine Persönlichkeitsverletzung ausschließt."

89 Vergl. dazu *Mann* AfP 2011, 326 ff.

90 *BVerfG* AfP 2006, 349 – Babycaust; kritisch zum Stolpe-Urteil und zum Babycaust-Urteil, *Seelmann-Eggebert* AfP 2007, 86.

91 *LG Köln* AfP 2014, 170, 173.

92 *BVerfG* AfP 2015, 330, 332.

93 Für die Anwendung der Stolpe-Rechtsprechung: *OLG Köln* AfP 2006, 365; dagegen *LG Köln* AfP 2014, 170, 172; 2012, 185, 187; *AG München* AfP 2012, 588, 589; differenzierend, aber eher ablehnend *OLG Düsseldorf* AfP 2014, 70, 73: Es sei nicht diejenige Deutungsvariante zugrunde zu legen, die die intensivste Beeinträchtigung der Rechte des von der Berichterstattung Betroffenen darstellen würde; die Stolpe-Entscheidung beziehe sich nicht auf verdeckte Tatsachenbehauptungen.

1.7 Verdacht, Zweifel, Gerüchte

Wird ein **Verdacht** oder ein **Zweifel** geäußert oder eine Möglichkeit angedeutet oder werden Vermutungen ausgesprochen, kommt es darauf an, ob dadurch der Eindruck einer definitiven Behauptung vermittelt wird. Das gilt auch ähnlich für **Gerüchte**.[94] 35

1.8 Fragen

Fragen unterscheiden sich von Werturteilen und Tatsachenbehauptungen dadurch, dass sie keine Aussage treffen, sondern eine Aussage herbeiführen wollen. Sie sind auf eine Antwort gerichtet. Diese kann in einem Werturteil oder in einer Tatsachenmitteilung bestehen. Fragen selbst lassen sich jedoch keinem der beiden Begriffe selbst zuordnen, sondern besitzen eine eigene semantische Bedeutung.[95] Allerdings sind Fragesätze unter Berücksichtigung des Kontextes und die Umstände der Äußerung auszulegen.[96] Nicht jeder in Frageform gekleidete Satz ist als Frage einzuordnen. **„Rhetorische Fragen"** sieht der BGH nicht als Fragen im eigentlichen Sinne. Sie bilden vielmehr Aussagen, die sich entweder als Werturteil oder als Tatsachenbehauptung darstellen und rechtlich wie solche zu behandeln sind."[97] **Echte Fragen** dagegen, die eine Antwort herausfordern, sind nicht am Wahrheits- oder am Richtigkeitsmaßstab messbar. Solche echten Fragen sind nach Auffassung des BVerfG gleichfalls durch Art. 5 Abs. 1 S. 1 GG geschützt[98] und stehen Meinungsäußerungen gleich.[99] Allerdings kann in einer echten Frage im Einzelfall auch die Äußerung eines Verdachtes liegen, so dass die Grundsätze der Verdachtsberichterstattung Anwendung finden.[100] 36

1.9 Zitate

Zitate besitzen in zweierlei Hinsicht Aussagekraft: Im Hinblick auf den Inhalt der zitierten Äußerung[101] und im Hinblick auf die Tatsache, dass eine solche Äußerung des Zitierten tatsächlich erfolgt ist.[102] Ob eine Haftung wegen des Inhalts der zitierten Äußerung besteht, richtet sich nach dessen Klassifizierung als Meinungsäußerung oder Tatsachenbehauptung sowie nach den Grundsätzen der Verbreiterhaftung. Insoweit das Zitat die Aussage enthält, dass eine solche Äußerung des Zitierten tatsächlich gefallen ist, ist damit die wörtliche Wiedergabe gemeint.[103] 37

1.10 Satire

Da der **Satire**[104] die Übersteigerung, Verzerrung und Verfremdung eigen ist, ist zunächst der eigentliche Inhalt der Äußerung zu erfassen, indem dieser von seiner satirischen Einkleidung befreit wird, um sodann den dahinter liegenden Aussagegehalt der Äußerung zu ermitteln.[105] Dann sind sowohl der Aussagekern und seine Ein- 38

94 Vgl. *BGH* AfP 1975, 804 – Brüning.
95 *BGH* AfP 2004, 924.
96 *BVerfG* NJW 2003, 661; AfP 2014, 433, 435; *BGH* AfP 2004, 124 – Udo Jürgens/Caroline.
97 *BGH* AfP 2004, 124 – Udo Jürgens/Caroline.
98 *BVerfG* NJW 1992, 1442; 2003, 661.
99 *BVerfG* NJW 2003, 661.
100 Vgl. *OLG Hamburg* AfP 2009, 149, 151.
101 *BGH* NJW 1996, 1131; *KG* AfP 2001, 65; *OLG Celle* AfP 2002, 506.
102 *BVerfG* NJW 1980, 2072; NJW 1995, 861, 862 – Caroline von Monaco I.
103 *BGH* NJW 1982, 635.
104 Zu Rechtsfragen der Satire *von Becker* GRUR 2004, 908.
105 *BVerfG* WRP 2005, 595, 596 – Ron Sommer; *BVerfGE* 75, 369, 377 f.; 86, 1, 12; *BVerfG* NJW 1990, 1982, 1984; *BGH* AfP 2017, 157, 158; *OLG München* AfP 2013, 154, 155; *KG* ZUM 2005, 822, 823.

kleidung erneut darauf hin zu überprüfen, ob sie eine Kundgabe der Missachtung gegenüber der betroffenen Person enthalten.[106] Dabei ist für die Beurteilung der Einkleidung ein großzügigerer Maßstab anzulegen als für den Aussagekern selbst.[107] Denn satirische Übersteigerungen können als Stilmittel der Äußerung grds. selbst nicht schon als Kundgabe der Missachtung betrachtet werden.[108] Die in Form einer Satire geäußerte Meinung am Verhalten anderer Menschen findet aber ihre Grenze in der Schmähkritik oder einer Formalbeleidigung,[109] wobei die Menschen die Menschenwürde als unmittelbarer Ausfluss des Persönlichkeitsrechts auch gegenüber der Kunstfreiheit absolut ohne die Möglichkeit einer Güterabwägung wirken soll.[110]

1.11 Erkennbarkeit bei der Wortberichterstattung

39 Eine **Erkennbarkeit einer Person** kann gegeben sein, wenn die Informationen über das Medium an solche Leser geraten können, die aufgrund ihrer sonstigen Kenntnisse (etwa des beruflichen oder persönlichen Umfelds des Betroffenen) in der Lage sind, die Person zu identifizieren.[111]

2. Tatsachenbehauptung oder Meinungsäußerung

40 Die Einstufung einer Äußerung als Tatsachenbehauptung oder als Meinungsäußerung hat weit reichende Konsequenzen. Gegenüber Tatsachenbehauptungen sind im Falle der Unwahrheit oder auch im Falle der Wahrheit bei negativem Abwägungsergebnis im Einzelfall Unterlassungs-, Widerrufs- oder Gegendarstellungsansprüche möglich, ggf. Entschädigungs- und Schadenersatzansprüche. Bei der Meinungsäußerung muss in der Regel schon eine Schmähkritik oder Formalbeleidigung vorliegen, bevor eine eingeschränkte Anspruchspalette (Unterlassung, Geldentschädigung und Schadensersatz) in Frage kommen.

2.1 Kriterien der Abgrenzung

41 Nach h.M. liegt eine Tatsachenbehauptung vor, wenn der Gehalt der Äußerung der objektiven Klärung zugänglich ist und als etwas Geschehenes grds. dem Beweis offen steht.[112] Demgegenüber ist eine Meinungsäußerung durch die Elemente der Stellungnahme, des Dafürhaltens oder Meinens geprägt.[113] Problematisch wird die Abgrenzung dadurch, dass Werturteilen in der Regel ein (ggf. unausgesprochener) Tatsachenkern zugrunde liegt, von dem das Urteil nicht zu lösen ist oder tatsächliche Tatsachenbehaup-

106 *BVerfG* NJW 1998, 1836 – Münzen-Erna; 2001, 3613; 2002, 3767 – Stern-Bonnbonns; *BVerfG* WRP 2005, 595, 596 – Ron Sommer; *BGH* AfP 2017, 157, 158; NJW 2000, 2036 – Verdachtsberichterstattung; *KG* ZUM 2005, 822, 823; *OLG München* AfP 2013, 154, 155.

107 *BVerfG* NJW 1998, 386 – Münzen-Erna; *KG* ZUM 2005, 822, 823; *BGH* AfP 2017, 157, 158; *OLG München* AfP 2013, 154, 155.

108 Vgl. auch *BGH* AfP 2017, 157, 158; *KG Berlin* WRP 2007, 1496; *LG Berlin* ZUM 2005, 569.

109 *OLG München* AfP 2013, 154, 155.

110 *OLG München* AfP 2013, 154, 155 mit Verweis auf *BVerfG* AfP 1987, 677.

111 *BVerfG* 14.7.2004 – 1 BvR 263/03; *BGH* GRUR 2005, 788, 789 – Esra; *KG* AfP 2004, 371 – Meere.

112 *BVerfGE* 42, 143; *BVerfG* NJW 1983, 1415; 1994, 1779; 1995, 3303 – Soldaten sind Mörder II; 1996, 1529, 1539 – DGHS I; *BGH* NJW 1952, 660 – Konstanze; 1963, 1155 – Geisterreigen; 1966, 296 – Höllenfeuer; AfP 1975, 804 – Brüning I; NJW 1997, 1148 – Stern-TV; 2002, 1192; AfP 2015, 41, 42; 2015, 425, 427.

113 *BVerfG* NJW 1983, 1415 – Wahlkampfäußerung; 1992, 1439 – Bayer-Beschluss; 1995, 3303 – Soldaten sind Mörder II; 2003, 277 – Juve-Handbuch; *BGH* NJW 2002, 1192; AfP 2015, 425, 427; *OLG Köln* AfP 2003, 335, 336; AfP 2003, 267, 268; *OLG Nürnberg* AfP 2002, 328; *LG Stuttgart* ZUM 2001, 85, 86.

tungen und Werturteile in einem Satz miteinander verbunden werden oder ineinander übergehen.[114] In solchen Fällen muss abgegrenzt werden, was die Äußerung entscheidend prägt. Geschieht dies durch die Elemente der Stellungnahme, des Dafürhaltens oder Meinens, ist die gesamte Äußerung in vollem Umfang durch Art. 5 Abs. 1 GG als Meinungsäußerung geschützt.[115] Hingegen überwiegt der tatsächliche Charakter, wenn die Wertung sich als zusammenfassender Ausdruck von Tatsachenbehauptungen darstellt und damit eine Beweisaufnahme auf die Wahrheit der zusammengefassten tatsächlichen Umstände möglich ist.[116] Auch dürfen nicht aus einer komplexen Äußerung Sätze oder Satzteile mit tatsächlichem Gehalt herausgegriffen werden und als unrichtige Tatsachenbehauptungen untersagt werden, wenn die Äußerung nach ihrem zu würdigenden Gesamtzusammenhang in den Schutzbereich der freien Meinungsäußerung fallen kann.[117] Liegt objektive Mehrdeutigkeit zwischen Tatsachenbehauptung und Meinungsäußerung vor, wurde lange vertreten, dass im Zweifel Meinungscharakter anzunehmen sei.[118] Nach dem Stolpe-Beschluss des BVerfG ist dies problematisch und Gegenstand differenzierter Betrachtung geworden. Wo eine Trennung der tatsächlichen und der wertenden Bestandteile einer Äußerung nicht zulässig ist, muss die Äußerung im Interesse eines wirksamen Grundrechtsschutzes als Meinungsäußerung angesehen werden.[119]

2.2 Einzelfälle

Bei Tatsachen kann es sich auch um innere Tatsachen handeln. 42

Unbeachtlich für die Frage, ob Tatsachenbehauptung oder Meinungsäußerung vorliegt, ist die konkrete Formulierung.[120] Aus der Einstufung der Tatsachenbehauptung kann man sich nicht durch Formulierungen wie „ich meine, dass“ oder „angeblich sollen …“[121] stehlen. Umgekehrt kann eine als Tatsachenbehauptung formulierte Äußerung als Wertung einzustufen sein.[122] 43

Schlussfolgerungen können – je nach Formulierung und Kontext – Tatsachenbehauptungen oder Meinungsäußerungen sein. Dabei kommt es darauf an, ob die Schlussfolgerung als so zwingend dargestellt wird, dass für ein subjektives Meinen kein Raum vorhanden sei, weswegen sie als objektive Gegebenheit und damit als Tatsache angesehen werden muss.[123] Eine Schlussfolgerung zu Beweggründen oder den Absichten anderer dürfte eher als Meinungsäußerung anzusehen sein.[124] 44

---

114 Vgl. z.B. *BVerfG* NJW 1983, 1415, 1416; 1994, 1781, 1782; *BVerfG* NJW 1992, 1439 – Bayer-Beschluss; *BGH* GRUR 1966, 693 – Höllenfeuer; *OLG Nürnberg* AfP 2002, 328.

115 *BGH* AfP 2015, 425, 427; NJW 1996, 1131 – Lohnkiller; 2002, 1192, 1194; *BGH* AfP 2015, 41, 42; vgl. *OLG Nürnberg* AfP 2002, 328, 329; *OLG Brandenburg* NJW 1996, 1002.

116 *BGH* AfP 2015, 425, 427; 2008, 297, 299 – Gen-Milch; GRUR 1975, 36 – Arbeitsrealität; vgl. auch *OLG Nürnberg* AfP 2002, 328.

117 *BVerfG* AfP 2013, 389, 391; *BGH* AfP 2009, 588, 589.

118 *BVerfG* NJW 1983, 1414 – Wahlkampfäußerung; *BGH* NJW 1965, 1476; *OLG Köln* AfP 1998, 404; *OLG Karlsruhe* NJW-RR 2001, 766.

119 *BVerfG* AfP 2013, 389, 931.

120 *BVerfG* AfP 2004, 47 – Auch in einem als Kommentar zu verstehenden Artikel kann eine Tatsachenbehauptung enthalten sein.

121 *BGH* NJW 1986, 2503.

122 *BGHSt* 6, 159; *OLG Brandenburg* NJW 1996, 1002; *BVerfG* NJW 1983, 1415 „Die CSU ist die NPD von Europa.“

123 *OLG Hamburg* AfP 1990, 128.

124 *EGMR* AfP 2016, 24, 25.

45 **Rechtliche Beurteilungen** enthalten in aller Regel Meinungsäußerungen.[125] Dies gilt für zivilrechtliche als auch strafrechtliche Einstufungen und auch dann, wenn die Rechtsauffassung einer objektiven Beurteilung nicht standzuhalten vermag.[126] Eine Tatsachenbehauptung liegt dagegen vor, wenn die Äußerung sich nicht auf eine Rechtsauffassung beschränkt, sondern damit zugleich dem Adressaten die Vorstellung von konkreten Vorwürfen vermittelt, die beweismäßig überprüfbar sind.[127]

3. Behaupten und Verbreiten

46 Behaupter- und Verbreiterhaftung sind streng voneinander zu unterscheiden. Für Äußerungen Dritter ist der bloße Verbreiter jedenfalls dann nicht haftbar, wenn er sich die Äußerungen des Dritten **nicht zu eigen gemacht hat, sich ausreichend von ihr distanziert hat** und ein **berechtigtes Informationsinteresse der Öffentlichkeit** besteht.[128] Erlegte man der Presse in Fällen der Verbreitung fremder Tatsachenbehauptungen eine uneingeschränkte Verbreiterhaftung auf, führte dies dazu, dass die lediglich wiedergegebenen Tatsachenbehauptungen auf ihren Wahrheitsgehalt wie ein eigener Beitrag zu überprüfen wäre; eine solche Recherchepflicht könnte den Kommunikationsprozess unzulässig einschränken.[129]

3.1 Behaupten

47 Ein **Behaupten** ist eine Aussage über einen anderen, die eine eigene Erkenntnis oder eigene Mitteilung enthält.[130]

3.2 Verbreiten

48 Ein Verbreiten kann durch intellektuelles oder technisches Verbreiten erfolgen. Der in der Praxis häufigste Fall des intellektuellen Verbreitens ist die **Wiedergabe der Äußerung eines Dritten, bspw. als Zitat**. Das technische Verbreiten erfolgt ohne gedankliche Beziehung, bspw. durch den Drucker einer Zeitung oder den Grossisten oder Kioskinhaber. Die zivilrechtliche Haftung technischer Verbreiter unterliegt noch weitergehenden Einschränkungen.[131]

3.3 Sich-zu-eigen-machen, sich distanzieren

49 Ob ein Medium sich Fremdäußerungen zu eigen macht, hängt zunächst davon ab, wie die Darstellung vom Durchschnittsempfänger verstanden wird.[132] Ein Zu-eigenmachen liegt regelmäßig vor, wenn die fremde Äußerung so in den eigenen Gedankengang eingefügt wird, dass die gesamte Äußerung als eigene erscheint.[133] Das **Zueigen-machen** kann auch „zwischen den Zeilen" geschehen[134] oder durch weitere Umstände im Kontext der Berichterstattung erfolgen.[135]

125 Vgl. auch *OLG Köln* AfP 2003, 325; *LG Frankfurt/Main* AfP 1997, 566 – Lopez.
126 *BGH* NJW 1965, 294 – Volkacher Madonna; 1975, 1371 – Fiete Schulze; 1976, 1198 – Panorama; NJW 1982, 2246, 2247 – Illegalitätsvorwurf; *LG Frankfurt/Main* AfP 1997, 566.
127 *BGH* NJW 1982, 2246, 2247 – Illegalitätsvorwurf; *KG* ZUM 2005, 822, 824; *OLG Celle* AfP 2002, 508 – Prozessbetrug.
128 *BVerfG* AfP 2004, 49; *BGH* ZUM 2010, 329.
129 *BGH* ZUM 2010, 339.
130 *BGH* GRUR 1966, 653.
131 Vgl. Wenzel/*Burkhardt* § 10 Rn. 221 ff.
132 *BGH* NJW 1961, 364; 1964, 1144; 1995, 861, 864 – Caroline von Monaco I.
133 *BGH* ZUM 2010, 339; *BGHZ* 66, 182, 189 f.; *BGH* ZUM – RD 2009, 641.
134 *OLG Köln* NJW 1979, 1562.
135 *BGH* NJW 1995, 861 – Caroline von Monaco I.

Liegt der Kontext so, dass das Zitat gewissermaßen nur als Bestätigung der bereits geäußerten (eigenen) Auffassung erscheint, liegt ebenfalls ein Sich-zu-eigen-machen vor.[136] Auch in Haupt- und Zwischenüberschriften kann ein Sich-zu-eigen-machen liegen. **50**

Beim Medium Rundfunk, insbesondere bei Live-Sendungen, ist zu berücksichtigen, dass dieses besonders als „Markt der Meinungen" fungiert. Der BGH hat deshalb entschieden, dass die ohne Distanzierung erfolgte Ausstrahlung von Äußerungen Dritter noch nicht ohne weiteres bedeute, der Rundfunk identifiziere sich mit ihnen.[137] Dies gilt insbesondere, wenn konträre Auffassungen formal gegenüber gestellt werden. Allerdings kann eine Anmoderation oder eine durch den Beitrag entstehende Gesamttendenz wiederum zum Sich-zu-eigen-machen führen.[138] **51**

Auch bei Interviews liegt in der Regel kein Zu-eigen-machen der Äußerungen des Interviewten vor.[139] Ebenso reicht die eindeutige Kennzeichnung als gekürzter Fremdbericht für eine Distanzierung im Rahmen der Verbreitung in einer Presseschau aus.[140] **52**

Das **Sich-distanzieren** kann auf verschiedene Arten erfolgen. Nicht ausreichen wird es in der Regel, wenn die Äußerung durch leichte Relativierungen etwa in der Form „soweit ich weiß …" oder „ich nehme an …"[141] oder durch Einschübe wie „… soll" oder „… soll angeblich …"[142] erfolgt. Letzteres gilt insbesondere für die Äußerung von Gerüchten. Eine sich-zu-eigen-gemachte Behauptung kann auch nicht dadurch zur Verbreitung „umformuliert" werden, indem man sie gewissermaßen einem – gegebenenfalls sogar anonymisierten – Dritten „in die Schuhe schiebt", etwa durch die Formulierung „Es wird behauptet, dass …".[143] Eine fehlende Distanzierung kann auch vorliegen, wenn die Drittäußerung als alleinige Grundlage eines Beitrages verwertet wird und ihre Darstellung den Eindruck erweckt, die Angaben in der Drittäußerung träfen zu.[144] Demgegenüber kann ein erfolgreiches Sich-distanzieren unter Umständen durch das Setzen der Fremdäußerung in Anführungszeichen erfolgen.[145] Bei schwerwiegenden Vorwürfen wird von den Gerichten oft verlangt, die Gegenansicht gegenüber zu stellen.[146] **53**

136 *BVerfG* AfP 2004, 49; *BGH* AfP 2007, 700; AfP 1996, 144; *OLG Frankfurt* NJW 1981, 2707.
137 *BGH* NJW 1976, 1198, 1200 – Panorama.
138 Vgl. *BGH* NJW 1997, 1148, 1149 – Stern-TV; vgl. *BGH* NJW 1985, 1621 – Türkol.
139 Für ein Zeitschriften-Interview *BGH* ZUM 2010, 329; *OLG München* 12.12.2006 – 18 U 4341/06.
140 *BVerfG* AfP 2009, 480.
141 *OLG Köln* NJW 1962, 1121.
142 *BGH* NJW 1986, 2503, 2504; vgl. auch *OLG Hamburg* AfP 1997, 477.
143 Vgl. auch dazu *LG Hamburg* AfP 1973, 441, 443.
144 *LG Offenburg* AfP 2013, 429, 431.
145 *OLG Hamburg* ArchPR 1974, 11; *LG Stuttgart* ZUM 2001, 85, 86.
146 *BGH* NJW 1997, 1148, 1149 – Stern-TV.

II. Die Verletzung von Rechten Dritter durch die Wortberichterstattung

1. Persönlichkeitsrechte

1.1 Die Rechtsgrundlagen des allgemeinen Persönlichkeitsrechts

1.1.1 Deutsches Recht

54 Das allgemeine Persönlichkeitsrecht wird als eigenständiges Grundrecht aus Art. 2 Abs. 1 GG i.V.m. Art. 1 Abs. 1 GG abgeleitet.[147] Es ist ein sonstiges Recht i.S.v. § 823 Abs. 1 BGB. Nach h.M. handelt es sich um ein **Rahmenrecht,** dessen rechtswidrige Verletzung nur auf der **Grundlage einer umfassenden Güter- und Interessenabwägung** festgestellt werden kann.[148]

1.1.2 Art. 8 EMRK

55 Art. 8 Abs. 1 EMRK schützt das Recht jeder Person auf Achtung ihres Privat- und Familienlebens, ihrer Wohnung und ihrer Korrespondenz. Der Begriff „Privatleben" beinhalte nach Meinung des EGMR eine Reihe von Aspekten, die sich auf die Identität einer Person beziehen, wie etwa den Namen der Person[149] oder die physische und sittliche Integrität einer Person.[150] Allerdings ist der Schutz des Privatlebens mit der nach Art. 10 der Konvention garantierten freien Meinungsäußerung zu einem Ausgleich zu bringen.[151] Damit ist festzuhalten, dass auch im Anwendungsbereich der EMRK eine Abwägung der verschiedenen Menschenrechte miteinander stattfindet, grds. ähnlich dem deutschen Recht.[152]

1.2 Träger des allgemeinen Persönlichkeitsrechts

1.2.1 Natürliche Personen/postmortales Persönlichkeitsrecht

56 Träger des allgemeinen Persönlichkeitsrechts sind alle natürlichen Personen. Dies gilt unabhängig vom Bewusstsein der Persönlichkeit, mithin auch für Kleinkinder oder Geschäftsunfähige.[153] Mit dem Tode erlöschen die **ideellen Bestandteile des Persönlichkeitsrechts** grds. und wirken danach nur in ihrem (Teil-)Element des Fortwirkens der Menschenwürde i.S.d. Art. 1 Abs. 1 GG fort.[154] Gegenstand ist der allgemeine Achtungsanspruch, der davor schützt, herabgewürdigt oder erniedrigt zu werden. Daneben wird auch der sittliche, personale und soziale Geltungswert geschützt.[155] Dieser postmortale Schutz der ideellen Bestandteile des postmortalen Persönlichkeitsrechts ist auch nicht wie das Recht am eigenen Bild (§ 22 S. 3 KUG) auf 10 Jahre nach dem Tod der Person begrenzt.[156] Die vermögenswerten Bestandteile des Persönlichkeitsrechts erlöschen jedoch nach 10 Jahren.[156] Ein

---

147 Vgl. *BVerfG* NJW 2005, 883, 884; *BGH* NJW 2000, 2195.

148 *BVerfGE* 35, 202 – Lebach I; *BGH* NJW 1968, 1773; 1978, 751; 1981, 1366.

149 Rs. Burghartz ./. Schweiz, Urteil v. 22.2.1994, Serie A Bd. 280-B, S. 28, Rn. 24.

150 *EGMR* ZUM 2004, 651, 660.

151 *EGMR* ZUM 2004, 651, 660; dazu, dass auch Internet-Archive dem Anwendungsbereich des Art. 10 EMRK unterfallen, s. *EGMR* AfP 2014, 517ff..

152 Dies hat der *EGMR* jetzt auch für die Wortberichterstattung bestätigt, *EGMR* AfP 2016, 24ff.

153 Vgl. *BVerfG* NJW 2000, 1021 – Caroline von Monaco I; 2000, 2191 – Casiraghi; *BGH* GRUR 1974, 415.

154 *BVerfG* ZUM 2001, 584, 586 – Kaisen; *BGH* ZUM 2007, 54 – kinski-klaus.de.

155 *BVerfG* GRUR 2008, 549 – Ehrensache; ZUM 2001, 584, 586 – Kaisen; *OLG Düsseldorf* AfP 2000, 468; *OLG Hamm* AfP 2006, 261; *AG Charlottenburg* ZUM 2006, 680.

156 *BGH* ZUM 2007, 54 – kinski-klaus.de.

Angehöriger kann wegen der Veröffentlichung über einen Verstorbenen nur vorgehen, wenn dadurch unmittelbar sein eigenes Persönlichkeitsrecht tangiert wird.[157]

1.2.2 Juristische Personen

Juristische Personen können sich auch auf den Persönlichkeitsschutz berufen. Der Schutz ist jedoch schwächer ausgeprägt. Er gilt für die juristische Person nur, wenn und soweit er sich aus ihrem Wesen als Zweckschöpfung des Rechts und den ihr zugewiesenen Funktionen ergibt.[158] **57**

1.3 Einzelne Ausprägungen des allgemeinen Persönlichkeitsrechts

Das allgemeine Persönlichkeitsrecht kann vielgestaltige Ausprägungen haben. **58**

- Das Recht auf Selbstbestimmung bei der Offenbarung über persönliche Lebensumstände, z.B. in Gestalt des Rechts auf informationelle Selbstbestimmung oder in Bezug auf die Entscheidung, ob und wie jemand in der Öffentlichkeit hervortreten will; nicht aber das Recht, in der Öffentlichkeit so dargestellt zu werden, wie der Betroffene sich selber sieht oder von anderen gesehen werden möchte;[159]
- der Schutz vor Indiskretion in den verschiedenen Sphären des täglichen Lebens (Intimsphäre, Privatsphäre, Sozialsphäre, Öffentlichkeitssphäre);
- der Schutz vor der Unwahrheit;
- der Schutz von Ehre und Ruf;
- der Schutz vor der vermögensrechtlichen Verwertung des allgemeinen Persönlichkeitsrechts;[160]
- das Resozialisierungsinteresse eines Straftäters.

Diese Ausprägungen können terminologisch variieren oder sich überschneiden.

1.4 Erforderlichkeit einer Abwägung

Wie bereits ausgeführt muss die Reichweite des Schutzbereichs des allgemeinen Persönlichkeitsrechts mit schutzwürdigen Interessen des Berichterstattenden oder der Allgemeinheit aus Meinungsäußerungs-, Presse- und Kunstfreiheit abgewogen werden. Dabei reicht der Schutz des allgemeinen Persönlichkeitsrechts gegenüber Wortberichterstattung und Bildberichterstattung grundsätzlich verschieden weit; während die Veröffentlichung eines Bildes einer Person grundsätzlich eine rechtfertigungsbedürftige Beschränkung ihres allgemeinen Persönlichkeitsrechts begründet, ist dies bei personenbezogenen Wortberichten nicht ohne weiteres der Fall.[161] Es bedeutet einen **59**

---

157 Vgl. *BVerfG* ZUM 2007, 380, 382; *BGH* ZUM 2012, 474, 475; vgl. *BGH* ZUM 2006, 211; vgl. auch *LG Hamburg* AfP 2007, 382.

158 *BVerfG* NJW 2005, 883, 884; 1957, 665; 1967, 1411; vgl. auch *BGH* NJW 1994, 1281; *KG Berlin* AfP 2006, 76; vgl. *LG Frankfurt* AfP 2003, 468.

159 *BGH* AfP 2014, 58, 59; 2006, 60; zur Entscheidungsfreiheit über die Veröffentlichung des eigenen Nacktbildes unabhängig von der Erkennbarkeit als Ausprägung des Persönlichkeitsrechts vgl. *LG Frankfurt* AfP 2006, 381.

160 Persönlichkeitsrelevante Anspielungen können in kommerzieller Werbung zulässig sein, wenn hiermit zugleich Ereignisse oder eine Person von einem besonderen Informationsinteresse thematisiert oder sich mit ihr auseinandergesetzt wird, *BGH* AfP 2008, 598 – Lucky Strike/Dieter Bohlen; AfP 2008, 596 – Lucky Strike/Ernst August; *BGH* ZUM 2007, 56 – Lafontaine.

161 *BVerfG* AfP 2010, 562, 565 – Süßes Leben; *BGH* AfP 2012, 53, 54; 2012, 37, 38 – Caroline als Dauergast in Zürs.

ungleich stärkeren Eingriff in die persönliche Sphäre, wenn jemand das Erscheinungsbild einer Person in einer Lichtbildaufnahme fixiert, es sich so verfügbar macht und der Allgemeinheit vorführt.[162] Eine Wortberichterstattung ist bei vergleichbaren Themen zwar nicht stets in weiterem Umfang zulässig als eine Bildberichterstattung; es ist in solchen Fällen aber einer Frage der einzelfallbezogenen Beurteilung, ob eine Wort- oder die sie begleitende Bildberichterstattung die schwerwiegenderen Beeinträchtigungen des Persönlichkeitsrechts mit sich bringt.[162] Das allgemeine Persönlichkeitsrecht bietet dagegen keinen Schutz davor, überhaupt in einem Wortbeitrag individualisierend benannt zu werden, sondern nur in spezifischen Hinsichten.[163]

1.5 Die Freiheit der Meinungsäußerung und ihre Grenzen bei der Abwägung im Einzelfall (Schmähkritik, Formalbeleidigung, Menschenwürde)

60 Die Grenzen der Meinungsäußerungsfreiheit sind eng auszulegen. Der Persönlichkeitsschutz genießt nur Vorrang, wenn sich die Äußerung als Schmähkritik, reine Formalbeleidigung oder Angriff auf die Menschenwürde darstellt oder sonst die Einzelfallabwägung bei schwer wiegenden persönlichen Vorwürfen zu einer Verletzung führt.[164]

61 Eine **Schmähkritik** liegt vor, wenn die persönliche Kränkung und Herabsetzung das sachliche Anliegen völlig in den Hintergrund drängt und es nicht mehr um die Auseinandersetzung in der Sache, sondern um die Diffamierung des Betroffenen geht, der jenseits polemischer und überspitzter Kritik persönlich herabgesetzt und gleichsam an den Pranger gestellt werden soll.[165] Der Begriff der Schmähkritik ist dabei eng auszulegen[166] und im Übrigen eher auf die sog. Privatfehde beschränkt.[167] Dient der Beitrag dem geistigen Meinungskampf in einer die Öffentlichkeit wesentlich berührenden Frage, spricht die Vermutung für die Zulässigkeit.[168] Das gilt auch für eine der Wahrheit entsprechende Kritik an Gewerbetreibenden.[169] Zum anderen ist kein Raum dort für Schmähkritik, wo eine sachverhaltsmäßige Grundlage noch vorhanden ist, auf die sich die Äußerung bezieht.[170] Regelmäßig müssen auch Anlass und Kontext der Äußerung berücksichtigt werden.[171] Schließlich darf das Werturteil umso schärfer sein und

162 *BGH* ZUM 2011, 164, 165 – Party-Prinzessin.

163 *BVerfG* AfP 2010, 562, 565 – Süßes Leben.

164 *BVerfG* AfP 2013, 388, 389; 2006, 349 – Babycaust.

165 *BVerfG* AfP 2015, 331, 332; 2013, 388, 389; 2012, 549, 550; NJW 1991, 1475, 1477; 1995, 3303, 3304; *BGH* AfP 2015, 41, 43; 2009, 137, 139 – Fraport; *BGHZ* 143, 199, 209; *BGH* NJW 2002, 1192, 1193; WRP 2005, 236, 239; *OLG Karlsruhe* AfP 2001, 336, 337; *OLG Köln* AfP 2003, 267 – Datenmanipulation.

166 *BVerfG* AfP 2015, 331, 332; 2013, 388, 389; 2012, 549, 550; NJW 1995, 3303; 1999, 204; *BGH* AfP 2015, 41, 43; 2009, 588, 590; 2009, 137, 139 – Fraport; WRP 2005, 236, 239; AfP 2000, 167, 170; NJW 2000, 3421 – Babycaust; 2002, 1193; vgl. auch *OLG Karlsruhe* AfP 2001, 336 – klein gewachsener Patriarch.

167 *BVerfG* AfP 2015, 331, 332; 2013, 388, 389.

168 *BVerfG* AfP 2009, 49; *BVerfGE* 68, 226, 232; *BGH* AfP 2007, 46 – Terroristentochter; *OLG Frankfurt* ZUM 2012, 973, 974.

169 *BGH* AfP 2008, 297, 302 – Gen-Milch m.w.N.; 2015, 41, 43.

170 *BVerfG* AfP 2012, 549, 550; 2009, 361, 364 – durchgeknallter Staatsanwalt; 2009, 49, 50 – Dummschwätzer; *OLG Frankfurt* ZUM 2012, 973, 974; *LG Bonn* AfP 2005, 402; *LG Göttingen* NJW 1996, 1138.

171 *BVerfG* AfP 2009, 49; bei Einbettung in eine satirische Darstellung, *OLG Frankfurt* AfP 2008, 611; bei eingeschränktem Empfängerkreis und im Bereich Sozialsphäre *BVerfG* AfP 388, 389 – Winkeladvokat.

um so eher herabsetzenden Charakter haben, je stärker der Angegriffene von sich aus „Anlass“ zu einer derartigen Reaktion gegeben hat.[172]

Als nicht von der Meinungsäußerung geschützt gilt auch die reine **Formalbeleidigung.**[173] Es liegt auf der Hand, dass solche reinen Formalbeleidigungen i.d.R. keine sachverhaltsmäßige Grundlage haben und dabei bewusst eine Diffamierung im Vordergrund steht. Aber dies ist nicht zwingend. Die Schmähabsicht wird durch Formalbeleidigung lediglich, aber eben auch indiziert. 62

Es bleibt die Frage, ob Meinungsäußerungen in Abwägung mit dem Persönlichkeitsrecht des Betroffenen **unzulässig** sein können, **auch wenn sie keine Schmähkritik darstellen.** Dies haben BVerfG und BGH in Einzelfällen bejaht.[174] 63

1.6 Tatsachenbehauptungen

1.6.1 Grundsätzliches zum Schutzumfang

Wie dargetan fallen Tatsachenbehauptungen nicht von vornherein aus dem Schutzbereich des Art. 5 Abs. 1 S. 1 GG heraus. Allerdings ist eine unwahre Tatsachenbehauptung nach ständiger Rechtsprechung nicht geeignet, der verfassungsrechtlich geschützten Meinungsbildung zu dienen.[175] Als Konsequenz ist es sinnvoll zu unterscheiden: Liegt eine unwahre Tatsachenbehauptung, eine im Zeitpunkt der Äußerung nicht erweislich wahre Tatsachenbehauptung oder eine wahre, aber ehrenrührige Tatsachenbehauptung vor? 64

1.6.2 Unwahre Tatsachenbehauptungen

Bei **unwahren Tatsachenbehauptungen** genießt der Persönlichkeitsschutz uneingeschränkt Vorrang, ohne dass es auf eine Güter- und Interessenabwägung ankäme.[176] Es ist ferner allerdings erforderlich, dass durch die Unwahrheit auch das Persönlichkeitsrecht des Betroffenen verletzt wird;[177] ansonsten liegt eine nicht angreifbare sog. „wertneutrale Falschmeldung“ vor.[178] 65

Die Fallkonstellation einer unwahren Tatsachenbehauptung existiert in vielen Facetten. So liegt etwa eine unwahre Tatsachenbehauptung vor, wenn eine Zeitschrift auf einen Beitrag hinweist, in dem eine prominente Person „exklusiv“ zum ersten Mal über bestimmte Themen aus ihrem Privatleben spricht, falls diese Person überhaupt kein Gespräch mit einem Reporter dieser Zeitschrift geführt hat.[179] Des Weiteren kann in einem Fehlzitat oder einem verfälschten Wiedergabe einer Äußerung eine 66

---

172 Vgl. *BVerfGE* 12, 113, 132; 66, 116, 151; vgl. auch *LG Bonn* AfP 2005, 402.

173 *BGHZ* 39, 124 – ausgemolkene Ziege; *BGH* GRUR 1977, 801 – Halsabschneider; vgl. auch *LG Oldenburg* NJW-RR 1995, 1427 – Allergrößte Pfeife; *AG Schwäbisch Hall* NJW-RR 1996, 21 – „Schwarzer Affe“; problematisch *LG Berlin* AfP 1997, 735 – Ficken, Ficken, Ficken und nicht mehr an die Leser denken.

174 *BVerfG* AfP 2014, 133, 135 – durchgeknallte Frau; *BGH* NJW 2005, 592; 2000, 3421 – Babycaust; kritisch zu letzterem *Seelmann-Eggebert* AfP 2007, 86.

175 Vgl. u.a. *BGH* NJW 1960, 647; 1974, 1710; 1975, 1882; 1978, 1797; 1981, 2117; AfP 2015, 425, 427.

176 *BVerfGE* 54, 208, 219; *BVerfG* NJW 2003, 660, 661; *BGHZ* 90, 113, 116; 91, 117, 122.

177 *BVerfG* AfP 2008, 55 kein Abwehranspruch bei unwahrer Tatsachenbehauptung, die sich nicht in nennenswerter Weise auf das Persönlichkeitsbild des Betroffenen auswirken kann; vgl. auch *BGH* AfP 2006, 60; *LG Hamburg* AfP 2015, 69, 70.

178 *OLG Köln* AfP 2005, 287; *LG Köln* AfP 2007, 380 – Karl-Walter Freitag.

179 *BGH* NJW 1995, 861 ff.; vgl. aber auch *BGH* AfP 2006, 60.

unrichtige Tatsachenbehauptung liegen.[180] Auch eine verdeckte Tatsachenbehauptung kann eine unwahre Tatsachenbehauptung sein und unterliegt dann den identischen Rechtsfolgen.

1.6.3 Nicht erweislich wahre Tatsachenbehauptungen, Beweislast, pressemäßige Sorgfaltspflicht

67 Außerhalb des Schutzbereichs von Art. 5 Abs. 1 S. 1 GG liegen nur bewusst unwahre Tatsachenbehauptungen und solche, deren Unwahrheit bereits zum Zeitpunkt der Äußerung unzweifelhaft feststeht.[181] Alle übrigen Tatsachenbehauptungen, also auch zunächst nicht erweislich wahre Tatsachenbehauptungen mit Meinungsbezug, genießen den Grundrechtsschutz. Dies gilt auch und gerade dann, wenn sie sich später als unwahr herausstellen.[182] Der Wahrheitsgehalt fällt dann aber bei der Abwägung ins Gewicht, wobei jedoch bedacht werden muss, dass die Wahrheit im Zeitpunkt der Äußerung oft ungewiss ist und sich erst als Ergebnis während eines Diskussionsprozesses oder auch einer gerichtlichen Klärung herausstellt. Würde angesichts dieses Umstands die nachträglich als unwahr erkannte Äußerung stets mit Sanktionen belegt werden dürfen, so stünde zu befürchten, dass der grds. gewollte Kommunikationsprozess litte, weil risikofrei nur noch unumstößliche Wahrheiten geäußert werden könnten.[183] In der Abwägung kann die Nichterweislichkeit einer Tatsache z.B. dann hinzunehmen sein, wenn es sich um eine die Öffentlichkeit wesentlich berührende Frage handelt[184] oder wenn der Äußernde auf ein vorangegangenes Verhalten des Betroffenen reagiert.[185] Die vom BVerfG gedeckte Rechtsprechung hat sich in diesen Fällen dadurch geholfen, dass sie demjenigen, der nachteilige Tatsachenbehauptungen über andere aufstellt, **Sorgfaltspflichten auferlegt.** Diese richten sich im Einzelnen nach den Aufklärungsmöglichkeiten und sind etwa für die Medien strenger als für die Privatleute.[186]

68 Sind die Sorgfaltspflichten eingehalten, stellt sich aber später die Unwahrheit der Äußerung heraus, ist die Äußerung als im Äußerungszeitpunkt rechtmäßig anzusehen, so dass weder eine Wiederholungsgefahr noch i.d.R. eine Erstbegehungsgefahr gegeben ist. Besteht die auf konkreten Anhaltspunkten beruhende Gefahr, dass die Äußerung trotz besserer Erkenntnis in der Zwischenzeit aufrecht erhalten wird, besteht im Ausnahmefall Erstbegehungsgefahr.[183] Teilt das Medium hingegen mit, dass es nun, nachdem sich die Unwahrheit trotz sorgfaltsgemäßer Recherche nachteilig herausgestellt hat, an der Äußerung nicht mehr festhält, so wird i.d.R. keine Erstbegehungsgefahr bestehen. Wirkt die Beeinträchtigung des von der Äußerung Betroffenen nach Feststellung der Unwahrheit fort, ist ein Richtigstellungsanspruch nicht ausgeschlossen.[187] Allerdings darf dies nur für Einzelfälle besonders schwerwiegender Beeinträchtigungen gelten.

69 Bei Nichterweislichkeit der Wahrheit legt die Rechtsprechung dem Äußernden darüber hinaus eine (erweiterte) **Darlegungslast** auf, dass er mit seinen Recherchen die strenge Sorgfaltspflicht erfüllt hat und ihn dazu anhält, Belegtatsachen für seine Behauptungen

---

180 *BGH* AfP 2011, 484, 485 – Eva Hermann.
181 *BVerfG* AfP 2004, 47.
182 *BVerfG* NJW 1999, 1322, 1324 – Helnwein; vgl. *BVerfG* NJW 1983, 1415; 1994, 1781; 1994, 1779.
183 *BVerfG* NJW 1999, 1322, 1324 – Helnwein.
184 *BVerfG* AfP 2016, 530, 531; *BGHZ* 139, 95, 107.
185 *BVerfG* AfP 2016, 240, 242 – Recht auf Gegenschlag bei diffamierender Erstäußerung.
186 *BGH* NJW 1987, 2225; 1996, 1131; vgl. auch *BVerfG* NJW 1999, 1322, 1324 – Helnwein.
187 *BVerfG* NJW 1999, 1233, 1324 – Helnwein.

anzugeben.[188] Dagegen ist verfassungsrechtlich nichts gegen einzuwenden, wenn die Anforderungen an die Darlegungslast nicht zu Lasten der Meinungsfreiheit überspannt werden.[189] Insbesondere darf auch das Redaktionsgeheimnis nicht ausgehöhlt werden; ist ein Presseorgan deswegen an der Benennung eines Informanten gehindert, ist lediglich zu verlangen, dass wenigstens nähere Umstände vorgetragen werden, aus denen auf die Richtigkeit der Information geschlossen werden kann.[190]

1.6.4 Persönlichkeitsbeeinträchtigende wahre Tatsachenbehauptungen

Bei **wahren Tatsachen** muss eine **Einzelfallabwägung zwischen Meinungsäußerungsfreiheit und Persönlichkeitsschutz** erfolgen, wobei das Abwägungsergebnis von der Frage abhängt, in welcher Sphäre die Äußerung den Betroffenen berührt. Dabei werden – mit etwas unterschiedlicher Terminologie – **die Intimsphäre, die Privatsphäre, die Sozialsphäre und die Öffentlichkeitssphäre** unterschieden. Die Äußerung ist grds. nur dann rechtswidrig, wenn sie die Intim- oder Privatsphäre betrifft und – soweit die Privatsphäre betroffen ist – sich in der Abwägung nicht durch ein berechtigtes Interesse der Öffentlichkeit rechtfertigen lässt. 70

Die **Intimsphäre** umfasst den letzten unantastbaren Bereich menschlicher Freiheit.[191] Der Schutz der Intimsphäre wird grds. als absolut angesehen.[192] Dazu gehören insbesondere Vorgänge aus dem Sexualbereich[193] sowie nicht wahrnehmbare körperliche Gebrechen oder gesundheitliche Zustände (z.B. HIV-Infektion und Ergebnisse medizinischer Untersuchungen).[194] Intime Gespräche sind ebenfalls geschützt, auch dann wenn sie am Arbeitsplatz geführt werden.[195] Juristische Personen haben keine Intimsphäre.[196] Schwierig kann die **Abgrenzung zur Privatsphäre** sein. Die Zuordnung hängt maßgeblich davon ab, inwieweit auf Einzelheiten eingegangen wird. So trifft der bloße Hinweis auf ehebrecherische Beziehungen im Allgemeinen nur die Privatsphäre.[197] Auch kann die – wahrheitsgemäße – Berichterstattung über das Bestehen einer sexuellen Beziehung zweier Prominenter nicht die Intimsphäre betreffen, es sei denn, es werden wiederum intime Details dieser sexuellen Beziehung geschildert. Aus der Intimsphäre rührende Vorgänge können eine soziale Dimension erlangen. So z.B., wenn aus einer intimen Beziehung ein Kind hervorgeht und die Frage diskutiert wird, wer der Vater ist. Vertreten wird aber auch, dass die Vaterschaftsfrage Gegenstand der Privatsphäre sei.[198] 71

Der Schutz von Intimsphäre oder auch Privatsphäre versagen, wenn die Betroffenen ihre Intim- oder Privatsphäre **selbst öffentlich ausgebreitet haben**. Der Schutz entfällt – jedenfalls teilweise –,[199] wenn sich jemand selbst damit einverstanden zeigt, dass 72

---

188 Vgl. *BVerfG* ZUM 2007, 468, 470; *BGH* AfP 2013, 57, 58; NJW 1974, 1710, 1711; *LG Köln* AfP 2007, 153.
189 *BVerfG* NJW 1999, 1322, 1324 – Helnwein.
190 *LG Köln* AfP 2007, 153.
191 *BVerfGE* 6, 32, 41; 27, 1, 6; 32, 373, 378; 35, 220.
192 *BVerfG* NJW 2000, 2189; *BGH* NJW 1979, 647; 1981, 1366 – Wallraff II; 1999, 2893, 2894.
193 Vgl. *BGH* AfP 2004, 124 – Udo Jürgens/Caroline.
194 Vgl. *OLG Karlsruhe* AfP 1999, 489, 490 – Wachkomapatient; vgl. *LG München I* AfP 2002, 340 – Klick die E.
195 *BGH* NJW 1988, 1984, 1985 – Telefon-Sex im Büro.
196 *BGH* NJW 1981, 1089, 1091 – Wallraff II.
197 *BGH* NJW 1964, 1471 – Sittenrichter; 1999, 2893, 2894 – Scheidungsgrund.
198 *OLG Hamburg* NJW-RR 1991, 98.
199 *LG Berlin* AfP 2006, 190 – Auermann.

bestimmte, gewöhnlich als privat geltende Angelegenheiten öffentlich gemacht werden,[200] etwa indem er Exklusivverträge über die Berichterstattung aus seiner Privatsphäre abschließt[201] oder sich in die Öffentlichkeit drängt.[202] Gleiches kann für die Intimsphäre gelten, z.B. für die Veröffentlichung von Nacktfotos.[203]

73 Die **Privatsphäre** umfasst den Bereich, zu dem andere nur Zugang haben, soweit er ihnen gestattet wird. Der Schutzbereich ist **räumlich, thematisch und zeitlich bestimmt.**[204] Er umfasst insbesondere den häuslichen und familiären Bereich. Bsp. sind etwa die Auseinandersetzung mit sich selbst in Tagebüchern,[205] die vertrauliche Kommunikation unter Eheleuten,[206] den Bereich der Sexualität,[207] sozial von der Norm abweichendes Verhalten,[208] Krankheiten, sofern sie nicht ohne weiteres öffentlich sind[209] sowie in der Regel religiöse oder weltanschauliche Überzeugungen. Das allgemeine Persönlichkeitsrecht schützt dabei auch die Vertraulichkeit privaten E-Mail-Verkehrs; allerdings ist die Veröffentlichung rechtswidriger beschaffter oder erlangter Informationen von der Meinungsfreiheit der Presse umfasst und Gegenstand der Abwägung.[210] Dabei kommt es dann maßgeblich auf den Zweck der angegriffenen Äußerung und auf das Mittel an, z.B. ob es sich um einen Beitrag im geistigen Meinungskampf in einer die Öffentlichkeit wesentlich berührenden Frage handelt.[211]

74 Die Privatsphäre ist nicht absolut geschützt. Die Veröffentlichung ist zulässig, wenn eine alle Umstände des konkreten Falles berücksichtigende Interessenabwägung ergibt, dass das Informationsinteresse gegenüber den persönlichen Belangen des Betroffenen überwiegt.[212] In dieser Interessenabwägung können die verschiedensten Punkte einzubeziehen sein, z.B. die soziale Stellung des Betroffenen oder das öffentliche Interesse an den Lebensumständen eines Stars. So vermittelt das Persönlichkeitsrecht seinem Träger gerade keinen Anspruch darauf, öffentlich nur so dargestellt zu werden, wie es ihm selbst genehm ist.[213] Es gewährleistet insbesondere nicht, dass der Einzelne nur so dargestellt und nur dann Gegenstand öffentlicher Berichterstattung werden kann, wenn und wie er es wünscht.[214]

---

200 *BGH* NJW 2004, 762; 2004, 766; *LG Berlin* AfP 2004, 68 – Baltz; *LG München* AfP 2004, 331, AfP 2007, 57 – Tatjana Gsell.

201 *BVerfG* NJW 2000, 1021, 1023 – Caroline von Monaco; *KG Berlin* AfP 2010, 385 – Simone Thomalla; *LG Berlin* AfP 2006, 388 – Tatjana Gsell.

202 *OLG München* AfP 2005, 560 – Busenmacher-Witwe; *OLG Hamburg* ZUM 2006, 340 – Estefania Küster; *OLG Hamburg* AfP 2006, 173 – Dieter Bohlen; *LG München I* ZUM 2005, 497 – Tatjana Gsell; *LG Berlin* ZUM 2005, 175 – Busenmacher-Witwe; AfP 2006, 190 – Auermann; 2006, 388.

203 *BGH* AfP 2012, 47, 48 – Pornodarsteller; *OLG Frankfurt* NJW 2000, 594 – Katharina Witt.

204 *BVerfG* NJW 2000, 1021, 1023 – Caroline von Monaco; *BGH* NJW 1996, 1128 – Caroline von Monaco III.

205 *BVerfG* NJW 1990, 563.

206 *BVerfG* NJW 1970, 555.

207 *BVerfG* NJW 1978, 807; 1979, 595.

208 *BVerfG* NJW 1977, 1489.

209 *BVerfGE* 32, 373; *BGH* AfP 2012, 551, 552.

210 *BGH* AfP 2014, 534, 536; vgl. auch zum Betreten eines befriedeten Besitztums zum Zwecke der Informationserlangung *OLG Rostock* AfP 2015, 350, 352.

211 *BGH* AfP 2014, 534, 537.

212 *BVerfG* NJW 2000, 2189 – Scheidungsgrund; *BVerfG* NJW 2000, 2193; AfP 2001, 212, 214 f. – Personen der Zeitgeschichte II; *BGH* WRP 2013, 72, 74 – erkrankte Entertainerin; *BGHZ* 73, 120 – Kohl/Biedenkopf; *BGH* NJW 1999, 2893, 2894 – Scheidungsgrund.

213 *BVerfG* AfP 2010, 562, 565 – Süßes Leben; vgl. auch *BVerfGE* 82, 236, 269, 97, 125, 149; für eine Meinungsäußerung über das Vorgehen eines Presserechtsanwalts *BVerfG* KR 2010, 399.

214 *BVerfG* AfP 2010, 562, 565 – Süßes Leben.

Die **Sozialsphäre** umfasst die nach außen in Erscheinung tretende Sphäre der Person, in der das Verhalten von dieser Person von jedermann wahrgenommen werden kann, es aber nicht bewusst der Öffentlichkeit zugewendet ist. Darunter fällt bspw. die berufliche oder politische Betätigung einer Person[215] oder die Betätigung in einer sozialen Gemeinschaft auf öffentlichen Straßen. **75**

Ist die Sozialsphäre berührt, so kommt dem Informationsinteresse der Öffentlichkeit ein grds. Vorrang zu; wer sich im Wirtschaftsleben oder bspw. in der (Verbands-) Politik betätigt, muss sich in weitem Umfang der Kritik aussetzen.[216] Die Schwelle zur Persönlichkeitsrechtsverletzung wird bei der Mitteilung wahrer Tatsachen über die Sozialsphäre regelmäßig erst überschritten, wo sie einen Persönlichkeitsschaden befürchten lässt, der außer Verhältnis zu dem Interesse an der Verbreitung der Wahrheit steht.[217] Das Persönlichkeitsrecht verleiht keinen Anspruch darauf, nur so in der Öffentlichkeit dargestellt zu werden, wie es genehm ist.[218] Darüber hinaus bleibt eine Berufung auf das allgemeine Persönlichkeitsrecht versagt, wenn sich der Grundrechtsträger in freier Entscheidung gerade der Medienöffentlichkeit aussetzt, z.B. in dem er öffentliche Veranstaltungen besucht, die erkennbar auf ein großes, öffentliches Interesse stoßen; die Medien dürfen auch – daran anknüpfend – kommentierende Bemerkungen knüpfen.[219] Ein Recht, in selbst gewählter Anonymität zu bleiben, besteht demgegenüber nicht.[219] Auch Straftaten und strafrechtliche Ermittlungsverfahren gehören zur Sozialsphäre. Letztlich muss auch hier eine Einzelabwägung stattfinden, wenn auch viel dafür spricht, dass berechtigte Interessen der Öffentlichkeit den Persönlichkeitsschutz in der Regel überwiegen werden. Straftaten gehören zum Zeitgesehen, dessen Vermittlung Aufgabe der Presse ist; bei der Abwägung verdient für die tageaktuelle Berichterstattung über Straftaten das Informationsinteresse im Allgemeinen den Vorrang.[220] Insbesondere bei schweren Gewaltverbrechen ist daher ein über bloße Neugier und Sensationslust hinausgehendes Informationsinteresse an näherer Information über die Tat und ihren Hergang, über die Person des Täters und seine Motive sowie über die Strafverfolgung anzuerkennen.[220] Aber auch ein an sich geringes Interesse der Öffentlichkeit über leichte Verfehlungen kann im Einzelfall durch Besonderheiten, etwa in der Person des Täters oder des Tathergangs aufgewogen werden.[221] Zudem kann zu berücksichtigen sein, dass die Geringfügigkeit eines Tatvorwurfs zugleich geeignet sein kann, die Bedeutung der Persönlichkeitsbeeinträchtigung zu mindern.[222] Auch kann der Umstand von Bedeutung sein, dass die wahre Tatsache – möglicherweise aufgrund einer breiten Presseberichterstattung – bereits der Öffentlichkeit bekannt ist, so dass das Gewicht ihrer Weiterverbreitung durch das angegriffene Medium gegenüber dem Ersteingriff gemindert ist.[222] Gleichzeitig kann aber der Verweis auf Parallelveröffentlichungen das vom Betroffenen angegriffene Medium nicht generell entlasten.[222] Anders mag es aber z.B. bei Stigmatisierung, Ausgrenzung **76**

---

215 Für die Veröffentlichung der Basisdaten eines Arztes auf einem Bewertungsportal für Ärzte vgl. *BGH* AfP 2014, 529, 532.

216 *BVerfG* AfP 2010, 465; *BGH* AfP 1995, 404, 407 – Dubioses Geschäftsgebaren; 2007, 45; vgl. *OLG Düsseldorf* AfP 2014, 70, 71; für einen Bericht über die Tätigkeit eines Presserechtsanwalts *KG Berlin* AfP 2007, 490.

217 *BVerfG* AfP 2010, 465 Schwangerschaftsabbruch; VersR 2015, 336; K&R 2016, 593.

218 *BVerfG* K&R 2016, 593.

219 *BVerfG* AfP 2010, 562, 565 – Süßes Leben.

220 *BVerfG* AfP 2009, 365, 366; *BGH* AfP 2011, 176, 178 – Sedlmayr.

221 *BVerfG* AfP 2009, 365, 367.

222 *BVerfG* AfP 2010, 365, 368 – Hanfpflanze.

oder Prangerwirkung sein[223] oder Gefährdung der Resozialisierung eines Straftäters.[224] Zwar gewinnt mit zeitlicher Distanz zur Straftat das Resozialisierungsinteresse zunehmende Bedeutung; einen uneingeschränkten Anspruch, mit der Tat „allein gelassen zu werden“ erwächst aber nicht; maßgeblich bleiben die konkreten Umstände des Einzelfalls.[225] Auch nach Strafverbüßung eines Straftäters bleibt es aber für ein Online-Archiv grds. zulässig, einen Alt-Beitrag, in dem der Straftäter ursprünglich rechtmäßig namentlich genannt war zum Abruf bereit zu halten.[226] Ein anerkennenswertes Interesse der Öffentlichkeit besteht nicht nur über das aktuelle Zeitgeschehen, sondern auch an der Möglichkeit, vergangene zeitgeschichtliche Ereignisse anhand der unveränderten Originalberichte in den Medien zu recherchieren.[227]

77 Schließlich besteht die Öffentlichkeitssphäre, in der das Verhalten des Betroffenen von jedermann Kenntnis genommen werden kann oder sogar Kenntnis genommen werden soll. Hier besteht in aller Regel kein persönlichkeitsrechtlicher Schutz. Typisches Bsp. ist das öffentliche Auftreten von Politikern oder Künstlern.

1.7 Abwägung in Einzelfällen

1.7.1 Verdachtsberichterstattung

78 Straftaten sind Bestandteil des Zeitgeschehens, dessen Vermittlung zu den Aufgaben der Medien gehört.[228] Das Informationsinteresse verdient im Rahmen der gebotenen Abwägung jedenfalls dann Vorrang, wenn die pressemäßige Sorgfaltspflicht erfüllt ist.[229] Die Presse darf deshalb auch bei Verdacht Vorgänge aufgreifen. Dabei darf die Presse auch solche Tatsachen verbreiten, deren Wahrheitsgehalt im Zeitpunkt der Veröffentlichung noch nicht mit Sicherheit feststeht.[230] Dies gilt insbesondere auch bei **strafrechtlichen Ermittlungsverfahren.** Hierzu wurden von der Rspr. die Grundsätze der sog. „Verdachtsberichterstattung“ entwickelt. Aber auch außerhalb von Straftaten können die Grundsätze zur Zuverlässigkeit der Verdachtsberichtserstattung auf die Äußerung solcher Verdächte Anwendung finden, die das Ansehen des Betroffenen herabsetzen können.[231] Dabei kann im Einzelfall sogar in einer echten Frage die Äußerung einer Verdachtes liegen.[231] Voraussetzung einer zulässigen Verdachtsberichterstattung ist zunächst die **Beachtung der journalistischen Sorgfaltspflicht.** Dabei sind die Anforderungen an die pressemäßige Sorgfaltspflicht um so höher anzusetzen, je schwerer und nachhaltiger das Ansehen der Betroffenen durch die Veröffentlichung beeinträchtigt wird.[232] Die Darstellung darf keine Vorverurteilung des Betroffenen enthalten, also bspw. durch präjudizierende Formulierungen den Eindruck erwe-

---

223 *BVerfG* AfP 2011, 176, 177 – Sedlmayr; 2010, 465; AfP 2003, 43, 46; *BGH* AfP 2007, 44.

224 Vgl. *BVerfG* NJW 1973, 1226 – Lebach I; *OLG Hamm* AfP 1988, 258; *OLG Frankfurt* ZUM 2007, 546.

225 *BVerfG* AfP 2009, 365, 367; *BGH* AfP 2011, 176, 177 – Sedlmayr; 2013, 50, 52; 2013, 54, 56 – Apollonia.

226 *BGH* AfP 2011, 176, 180 – Sedlmayr; 2010, 77.

227 *BGH* AfP 2013, 54, 56.

228 *BVerfGE* 35, 202, 230 f.

229 Vgl. auch *OLG Karlsruhe* AfP 2006, 162.

230 *OLG Köln* AfP 2011, 601, 603 – Kachelmann.

231 *OLG Hamburg* AfP 2009, 149,151.

232 *BGH* NJW 1972, 1658, 1659; 1977, 1288, 1289 – Abgeordnetenbestechung; 2000, 1036 – Verdachtsberichterstattung.

cken, der Betroffene sei wegen der vorgeworfenen Handlungen bereits überführt.[233] Deshalb ist auch – sofern bekannt – über entlastende Tatsachen und Argumente zu berichten.[234] In aller Regel, jedenfalls bei schwerwiegenden Vorwürfen, ist dem Betroffenen Gelegenheit zur Stellungnahme zu geben.[235] Ausnahmen bestehen, wenn etwa der Betroffene sich bereits öffentlich dazu geäußert hat oder wenn eine Gelegenheit zur Stellungnahme sichtlich keinen Erfolg haben würde.[236]

Ferner muss ein **Mindestbestand an Beweistatsachen** vorhanden sein, die für den Wahrheitsgehalt bei Informationen sprechen.[237] Eine Strafanzeige kann theoretisch jeder erstatten und sie stellt damit in aller Regel noch nicht per se ein aussagekräftiges Indiz dar. Die Eröffnung eines Ermittlungsverfahrens bedeutet nur, dass die Staatsanwaltschaft vom Verdacht einer strafbaren Handlung Kenntnis erlangt und aufgrund des Legalitätsprinzips nachforscht (§ 160 StPO). Wird das Ermittlungsverfahren aber durchgeführt, ist dies regelmäßig ein Indiz für einen nicht völlig grundlosen Verdacht. Liegt ein Haftbefehl vor, verstärkt sich der Verdacht, ebenso wenn der Beschuldigte ein – widerrufbares – Geständnis abgelegt hat. **79**

Von Belang kann auch sein, **von wem die Indizien oder eine Identifikation kommen**. Teilt z.B. die Polizei oder die Staatsanwaltschaft die Indizien mit, darf die Presse in aller Regel darauf vertrauen, dass sie auf hinreichend sicheren Erkenntnissen beruhen.[238] Verlautbarungen des Bundesbeauftragten für die Unterlagen des Staatssicherheitsdienstes der DDR darf gesteigertes Vertrauen entgegengebracht werden.[239] Auch auf Agenturmeldungen seriöser Nachrichtenagenturen darf vertraut werden, es sei denn, die Agenturmeldung beruht ersichtlich selbst auf Information nicht verlässlicher Dritter (z.B. auf anderen Zeitungsmeldungen).[240] **80**

Alle diese Aspekte sind in der Gesamtabwägung mit dem Interesse der Öffentlichkeit und der Schwere der in Frage kommenden Straftat abzuwägen. **81**

Insbesondere die Frage, ob **identifizierende Fotos** veröffentlicht werden können, hängt von den Umständen des Einzelfalls und ihrer Abwägung ab.[241] Eine **namentliche Erwähnung** des Betroffenen kommt in Betracht, wenn das Informationsinteresse der Öffentlichkeit gegenüber dem Geheimhaltungsinteresse des Betroffenen überwiegt, z.B., wenn an der Person des Betroffenen aus seiner Funktion, seiner besonderen Persönlichkeit oder seiner Position heraus ein besonderes Interesse besteht.[242] Eine Namensnennung kommt daher in der Regel nur in Fällen schwerer Kriminalität **82**

---

233 *BGH* AfP 2015, 36, 39; NJW 2000, 1036 – Verdachtsberichterstattung; *OLG Brandenburg* NJW 1995, 886.

234 *BGH* NJW 2000, 1036, 1037 – Verdachtsberichterstattung; *OLG Düsseldorf* NJW 1980, 599.

235 *BGH* NJW 1996, 1131; 1997, 1148; 2000, 1036, 1037 – Verdachtsberichterstattung.

236 Vgl. dazu auch *OLG Köln* AfP 2011, 601 – Kachelmann: Bitte um Stellungnahme wäre Förmelei, wenn der Rechtsvertreter des Beschuldigten erklärt hat, sein Mandant werde keine weitere Erklärung zur Sache abgeben.

237 Vgl. *BVerfG* ZUM 2007, 468, 470; *BGH* AfP 2015, 36, 39; NJW 1997, 1148, 1149 – Stern-TV; *OLG München* ZUM 2009, 777; AfP 2001, 404; *LG Berlin* 18.1.1999 – 27 O 570/99.

238 *OLG Braunschweig* AfP 1975, 913; *OLG Dresden* 27.11.2003 – 4 U 991/03; für das Vertrauen auf die Rechtmäßigkeit einer Identifikation vgl. *BVerfG* AfP 2010, 365.

239 *BGH* AfP 2013, 57, 60.

240 *LG Berlin* 18.11.1999 – 27 O 570/99.

241 Vgl. auch *LG Berlin* AfP 2002, 62.

242 *OLG München* AfP 2003, 438; *OLG Frankfurt* 26.6.2003 – 16 U 44/03; *KG Berlin* NJW-RR 2005, 350; *OLG Hamburg* ZUM 2008, 63.

oder bei Straftaten in Betracht, die die Öffentlichkeit besonders berühren.[243] Aber auch außerhalb schwerer Straftaten kann eine Namensnennung im Rahmen einer Gesamtabwägung zulässig sein.[244] Ein identifizierender ursprünglich rechtmäßiger Artikel kann grundsätzlich auch dann noch in einem **Online-Archiv** zum Abruf bereitgehalten werden, wenn das Resozialisierungsinteresse des Betroffenen bei Strafverbüßung berührt wird; dabei fließt in die Abwägung ein, dass die Veröffentlichung ursprünglich zulässig war, die Meldung nur durch gezielte Suche auffindbar ist und erkennen lässt, dass es sich um eine frühere Berichterstattung handelt.[245] Ein besonderes Informationsinteresse der Öffentlichkeit besteht in aller Regel bei einem Zusammenhang von staatlichem Handeln mit strafbaren Verhalten von Amtsträgern[246] oder anderen der Öffentlichkeit zugewandten Organisationen (Kirchen, Religionsgemeinschaften, gemeinnützigen Vereinen), hierbei – je nach Umständen – auch unterhalb der Schwelle der Schwerkriminalität.

83 Stellt sich später heraus, dass der Verdacht nicht gerechtfertigt bleibt, so ist die Äußerung im Äußerungszeitpunkt als rechtmäßig anzusehen, falls die pressemäßige Sorgfaltspflicht erfüllt wurde. In diesem Fall kann dem Betroffenen ein von der Rechtsprechung entwickelter „äußerungsrechtlicher Folgenbeseitigungsanspruch“ dann zustehen, wenn die Beeinträchtigung fortdauert; dieser ist auf eine nachträgliche Mitteilung gerichtet, dass nach Klärung des Sachverhaltes der berichtete Verdacht nicht mehr aufrechterhalten werde, eine Richtigstellung kann nicht verlangt werden.[247] Dabei hat der Nachtrag so zu erfolgen, dass er möglichst den gleichen Leserkreis und den gleichen Grad an Aufmerksamkeit erreicht wie die Erstmitteilung.[248]

1.7.2 Persönlichkeitsrecht von Kindern

84 Der Persönlichkeitsschutz eines Kindes folgt auch aus dem eigenen Recht des Kindes auf ungehinderte Entfaltung seiner Persönlichkeit i.S.v. Art. 2 Abs. 1 i.V.m. Art. 1 Abs. 1 GG.[249] Der Bereich, in dem Kinder sich frei von öffentlicher Beobachtung fühlen und entfalten dürfen, muss deshalb in thematischer und räumlicher Hinsicht umfassender geschützt werden als bei erwachsenen Personen.[250] Eine Regelvermutung eines grundsätzlichen Vorrangs des allgemeinen Persönlichkeitsrechts gegenüber der Meinungsfreiheit bei Jugendlichen wäre jedoch zu undifferenziert und besteht deshalb nicht; vielmehr gilt das Erfordernis einer einzelfallbezogenen Abwägung.[251] Dabei sind auch unterhaltende Beiträge durch die Pressefreiheit geschützt, allerdings bedarf

---

243 *BVerfG* AfP 2009, 47; vgl. *BVerfG* AfP 2008, 156; 1973, 423; *BGH* NJW 1994, 1950, 1952; 2000, 1036, 1038 – Verdachtsberichterstattung; vgl. *LG Halle* AfP 2005, 188; *LG Berlin* AfP 2002, 62.

244 Vgl. *OLG Rostock* AfP 2015, 350, 351; etwas anderer Ansatz *OLG Karlsruhe* AfP 2015, 173, 176: Die Frage, ob ein Fall schwerer Kriminalität begrifflich vorliege, sei nicht abschließend durch die abstrakte Betrachtung des Strafrahmens, sondern unter Berücksichtigung des Informationsinteresses der Öffentlichkeit zu bestimmen.

245 *BGH* AfP 2010, 77; 2013, 54, 56 – Apollonia.

246 *BGH* NJW 2000, 1036, 1038 – Verdachtsberichterstattung; *LG Halle* AfP 2005, 188.

247 *BGH* AfP 2015, 36, 39; vgl. auch *BVerfGE* AfP 1997, 619; *BGHZ* 57, 325.

248 *OLG Hamburg* AfP 2015, 253, 255.

249 *BVerfG* NJW 2003, 3262 – Horoskop.

250 *BVerfG* AfP 2005, 459 – Charlotte Casiraghi; NJW 2003, 3262 – Horoskop; 2000, 1021, 1023 – Caroline von Monaco I; *BGH* AfP 2014, 325, 326; 2014, 58, 59; vgl. auch Anonymitätsrecht von Kindern, *LG Berlin* 24.2.2005 – 27 O 994/05.

251 *BVerfG* AfP 2012, 143, 146 – Ochsenknecht-Brüder, *BGH* AfP 2014, 325, 326; 2014, 58, 60.

es dann in besonderem Maße der Abwägung der kollidierenden Rechtspositionen.[252] Geht es um **Situationen elterlicher Hinwendung,** erfährt der Schutz des Persönlichkeitsrechts des Kindes zudem eine Verstärkung durch Art. 6 GG. Ein Schutzbedürfnis besteht nur dort nicht, wo sich Eltern mit ihren Kindern bewusst der Öffentlichkeit zuwenden.[253]

2. Das Recht am Unternehmen

Das in der *Constanze*-Entscheidung[254] und der *Höllenfeuer*-Entscheidung[255] vom BGH entwickelte – subsidiäre – Recht am Unternehmen im Äußerungsrecht ist ein **offener Tatbestand**. Ebenso wie beim Persönlichkeitsrecht wird die Rechtswidrigkeit einer Äußerung durch die Tatbestandsmäßigkeit des Eingriffs in das Recht beim Gewerbebetrieb nicht indiziert. Infolgedessen kann die Rechtswidrigkeit nach Feststellung der Tatbestandsfähigkeit **erst aufgrund einer Güter- und Pflichtenabwägung** festgestellt werden.[256] **85**

Eine aufgrund des § 823 Abs. 1 BGB angreifbare Äußerung gegenüber einem Unternehmen setzt zunächst einen bereits vorhandenen oder noch betriebenen Gewerbebetrieb voraus. Dabei besteht der Unternehmensschutz auch für Freiberufler.[257] Ein Eingriff setzt voraus, dass konkrete Umstände dargelegt werden, die hinreichend belegen, dass mit nachteiligen Folgen der Kritik zu rechnen ist. Zudem wird auch im äußerungsrechtlichen Bereich das Merkmal der Betriebsbezogenheit und dessen Vorgängers, des „unmittelbaren" Eingriffs, als **haftungsbeschränkendes Korrektiv** verwendet.[258] **86**

Bei der Güter- und Pflichtenabwägung ist insbesondere, wenn es um eine wahre Behauptung geht, bei der Annahme einer rechtswidrigen Beeinträchtigung äußerste Zurückhaltung geboten.[259] Je nach Bedeutung der öffentlichen Frage können auch überpointierte oder überspitzte Formen der Darstellung zulässig sein.[260] Ein Gewerbetreibender muss eine der Wahrheit entsprechende Kritik an seinen Leistungen grds. hinnehmen.[261] **87**

Der Schutz des Rechtes am Unternehmen kann sich konkret in vielen Anwendungsfällen äußern. Darunter fallen z.B. auch Boykott-Aufrufe,[262] der Hinweis auf Gefährlichkeit von Produkten,[263] die höchstrichterlich noch nicht geklärte Frage, ob heimliche Filmaufnahmen in der räumlichen Sphäre eines Unternehmens und/oder deren spätere Ausstrahlung zulässig sind[264] oder andere Formen. **88**

---

252 *BGH* AfP 2014, 58, 60.
253 *BVerfG* AfP 2005, 459 – Charlotte Casiraghi.
254 *BGH* NJW 1952, 660.
255 *BGH* NJW 1966, 1617.
256 *BGH* AfP 2015, 41, 42; 2008, 297, 299 – Gen-Milch; NJW 1991, 1532; 1966, 1617; 1976, 620; *KG Berlin* AfP 2006, 75; *OLG Köln* AfP 2003, 336.
257 Vgl. *OLG Brandenburg* NJW 1999, 3339, 3349.
258 Vgl. *BGH* ZIP 2009, 765; vgl. *OLG Köln* AfP 2003, 335, 337.
259 *BGH* NJW 1980, 881, 882 – Vermögensverwaltung; 1981, 1089, 1091 – Der Aufmacher I; *OLG Frankfurt* GRUR 1991, 49, 50 – Steuerberater.
260 Vgl. auch *BGH* AfP 2009, 137, 140 – Fraport („besonderes Interesse der Öffentlichkeit, das bei einer Beteiligung staatlicher Stellen an der Kontrolle der Geschäftsstätigkeit besteht"), vgl. auch *OLG Köln* AfP 2003, 337.
261 *BGH* AfP 2008, 297, 301 – Gen-Milch; 2002, 169; 1998, 399.
262 Vgl. *BVerfG* NJW 1967, 1161 – Blinkfüer; *BGH* NJW 1985, 1620 – Liedboykott.
263 Vgl. *BGH* NJW 1966, 2010 – Teppichkehrmaschine; 1987, 2746.
264 Vgl. *OLG Stuttgart* AfP 2015, 450 ff.

3. Beleidigungstatbestände

89 Die strafrechtlichen Beleidigungstatbestände sind Schutzgesetz i.S.d. § 823 Abs. 2 BGB. Über diese Vorschrift begründen sie auch im Äußerungsrecht Ansprüche. Schon wenn der objektive Tatbestand eines strafrechtlichen Beleidigungsdeliktes erfüllt ist, können Unterlassungs- und Widerrufsansprüche bestehen, da diese ein schuldhaftes Handeln nicht voraussetzen. Für Geldentschädigungsansprüche (Erfordernis des schweren Verschuldens) und Schadensersatzansprüche kommt es auf die schuldhafte Verwirklichung des Deliktes an.

4. Kreditgefährdung

90 § 824 BGB begründet Ansprüche bei der Behauptung oder Verbreitung einer unwahren Tatsachenbehauptung, die geeignet ist, den Kredit eines anderen zu gefährden oder sonst wie Nachteile für dessen Erwerb oder Fortkommen herbeizuführen. Die Vorschrift ist gegenüber dem Schutz des Rechtes des Unternehmens vorrangig, soweit es sich um unwahre Tatsachenbehauptungen handelt.[265] Zu betonen ist aber, dass der Kern der Aussage zu ermitteln ist.[265] Die Unwahrheit folgt nicht aus einer unbedeutenden Übertreibung oder dem Weglassen von Nebensächlichkeiten.[266]

91 Die Beweislast trägt grds. der Kläger. Die Kreditgefährdung oder Rufgefährdung muss nicht tatsächlich eingetreten sein. Es genügt die **Eignung zur Kredit- oder Rufgefährdung.**[267]

92 **Mittelbare Beeinträchtigungen** oder Reflexwirkungen reichen nicht aus.[268] Der Anspruchsteller muss individuell und unmittelbar betroffen sein. Die Kredit- oder Rufbeeinträchtigung muss durch die Kritik selbst drohen. Dies liegt z.B. nicht vor, wenn erst die Reaktion des Betroffenen auf die Kritik zu der Kredit- oder Rufgefährdung führt.[269]

93 **Verschulden** liegt gem. § 824 Abs. 1 letzter HS BGB nicht erst beim Dolus directus, sondern schon bei Fahrlässigkeit vor. Das Verschulden muss sich nach h.M. sowohl auf die Unwahrheit wie auch auf das Merkmal des Behauptens bzw. des Verbreitens beziehen, ebenso auf die Eignung zur Rufgefährdung.[270]

94 Gem. § 824 Abs. 2 BGB besteht keine Schadensersatzpflicht, wenn die Unwahrheit dem Mitteilenden unbekannt ist und er oder der Empfänger der Mitteilung an ihr ein berechtigtes Interesse hat. Im Einzelnen ist bei dieser Vorschrift vieles strittig.[271] Die Vorschrift kann als Rechtfertigungsgrund angesehen werden,[272] ähnlich § 193 StGB, für den neben dem § 824 Abs. 2 BGB kein Raum mehr ist. Strittig ist auch, ob § 824 Abs. 2 BGB eingreifen kann, wenn dem Behauptenden die Unwahrheit der Mitteilung schuldhaft unbekannt ist.[273] Nach h.M. findet § 824 Abs. 2 BGB keine Anwendung, wenn der Mitteilende die Unwahrheit billigend in Kauf nimmt (Dolus eventualis).[274]

---

265 *BGH* ZIP 2006, 317, 323.
266 *BGH* NJW 1985, 1621 – Türkol.
267 Vgl. *BGH* GRUR 1975, 89 – Brüning.
268 *BGH* GRUR 1989, 222 – Filmbesprechung; NJW 1978, 2151.
269 *OLG München* 5.12.1997 – 21 U 3776/97; Löffler/*Steffen* § 6 LPG Rn. 113.
270 *BGH* NJW 1966, 1857.
271 Vgl. Wenzel/*Burkhardt* § 5 Rn. 266.
272 Vgl. *BGH* NJW 1952, 660.
273 Vgl. Wenzel/*Burkhardt* § 5 Rn. 271 m.w.N.
274 *BGH* DB 1958, 276; vgl. Wenzel/*Burkhardt* § 5 Rn. 271.

III. Rechtswidrigkeit und Verschulden

1. Maßstäbe der Rechtswidrigkeit

Im Äußerungsrecht wird durch die Tatbestandsmäßigkeit die Rechtswidrigkeit **nicht ohne weiteres indiziert.** Vielmehr ist eine Äußerung dann als rechtmäßig zu behandeln, wenn der Mitteilende alle Sorgfaltsregeln beachtet hat.[275] Die Frage der Rechtswidrigkeit wird ferner dadurch beeinflusst, dass die Schutzgüter Persönlichkeitsrecht und Recht am eingerichteten und ausgeübten Gewerbebetrieb wegen ihrer generalklauselartigen Weite als offene Tatbestände angesehen werden. Das bedeutet, dass über die Rechtswidrigkeit erst **aufgrund einer situationsbezogenen Güter- und Interessenabwägung** entschieden wird. 95

2. Wahrnehmung berechtigter Interessen gem. § 193 StGB

Angesichts der Möglichkeit der subjektiven Rechtfertigung durch Beachtung journalistischer Sorgfaltspflichten und die Notwendigkeit einer Güterabwägung hat die gerichtliche Praxis die Vorschrift des § 193 StGB in den Hintergrund gerückt. Dies allerdings zu Unrecht. Denn bei § 193 StGB als auch ein im Zivilrecht geltender Rechtfertigungsgrund[276] handelt es sich gerade um eine Norm, über die die Grundrechte wirken. Nach § 193 StGB können Äußerungen gerechtfertigt sein, wenn sie zur Wahrnehmung berechtigter Interessen erfolgen. Auch hier müssen die wahrgenommenen mit den verletzten Interessen abgewogen werden. Im Äußerungsrecht ist das berechtigte Interesse das Informationsinteresse, also das Interesse des Mitteilungsempfängers, informiert zu werden.[277] 96

Auch das Bedürfnis, einfach unterhalten zu werden, ist als legitimes Interesse anerkannt.[278] Dies wurde bereits im Caroline I-Urteil ausdrücklich anerkannt.[279] Allerdings ist erlaubt, dass bei der Abwägung berücksichtigt wird, ob die Äußerung lediglich das Bedürfnis einer mehr oder minder breiten Leserschicht nach oberflächlicher Unterhaltung befriedigt.[280] 97

§ 193 StGB kann auch dann eingreifen, wenn sich eine aufgestellte Tatsachenbehauptung nachträglich als unwahr erweist. In diesem Fall ist bei der Prüfung der Wahrnehmung berechtigter Interessen die Wahrheit zu unterstellen und hypothetisch zu fragen, ob der Mitteilende berechtigte Interessen wahrgenommen hätte, wenn der Wahrheitsbeweis gelungen wäre.[281] Berechtigte Interessen setzen jedoch voraus, dass der Mitteilende die journalistische Sorgfaltspflicht beachtet hat. 98

Die sonstigen in § 193 StGB genannten Fälle sind lediglich Beispielsfälle für berechtigte Interessen. Sie besitzen insoweit keine eigenständige Bedeutung. 99

---

275 Vgl. *BVerfG* NJW 1999, 1322 – Helnwein; NJW-RR 2000, 1209, 1210; *BGH* NJW 1978, 2151; 1996, 1131 – Lohnkiller; 2000, 1036, 1037 – Verdachtsberichterstattung.

276 H.M., ferner wird vertreten, es handle sich um einen bloßen Schuldausschließungsgrund oder um einen Fall des erlaubten Risikos (für Letzteres Wenzel/*Burkhardt* § 6 Rn. 32).

277 Wenzel/*Burkhardt* § 6 Rn. 38.

278 *BVerfG* NJW 2000, 1021, 1024 – Caroline von Monaco I.

279 *BVerfG* NJW 2000, 1021, 1024 – Caroline von Monaco I; vgl. auch *BGH* NJW 2004, 762, 764.

280 *BVerfG* GRUR 2008, 539, 543 – Caroline von Monaco; NJW 2000, 1021, 1024 – Caroline von Monaco I; 2000, 2190; *LG Berlin* AfP 2003, 174.

281 *BGH* NJW 1985, 1621, 1622 – Türkol; AfP 1989, 669, 671 – Wünschelrute.

3. Journalistische Sorgfaltspflicht

100 Die **journalistische Sorgfaltspflicht** ist konkretisiert in den gesetzlichen Grundlagen für die einzelnen Medien, z.B. Landespressegesetz, Rundfunkstaatsverträge, Landesmediengesetze, Gesetze für die einzelnen öffentlich-rechtlichen Rundfunkanstalten oder Mediendienste Staatsvertrag. Es ist grds. ein strenger Maßstab anzulegen.[282] Allerdings würde eine Überspannung den verfassungsrechtlich geschützten Kommunikationsprozess zu sehr einschränken.[283] Es ist ausreichend, dass sie angesichts der Umstände des Falles vernünftigerweise in Betracht kommenden Recherchen hinreichend gründlich durchgeführt worden sind.[284] Was dies im Einzelnen bedeutet, hängt von den verschiedensten Faktoren ab. Insoweit kann auf die obigen Ausführungen zu nicht erweislichen Tatsachenbehauptungen und der Verdachtsberichterstattung verwiesen werden.

101 Bei **Äußerungen Dritter** ist zu differenzieren. Wurde eine Tatsachenbehauptung zu einer Meldung von einer anerkannten Nachrichtenagentur geliefert, besteht in aller Regel keine Verpflichtung zur Nachrecherche.[285] Etwas anderes kann gelten, wenn die Agenturmeldung selber Ungewissheit wiedergibt. Bezieht sich die Agenturmeldung wiederum auf ein anderes Medium (z.B. eine Zeitungsmeldung), so reicht dies i.d.R. nicht aus, die journalistische Sorgfaltspflicht als erfüllt anzusehen.[286] Dies mag wiederum einzuschränken sein, wenn es sich um eine besonders seriös anerkannte Medienquelle handelt.[287] Das vorgenannte „Agentur-Privileg“ gilt jedoch nicht für Persönlichkeitsrechtsverletzungen, die nicht durch eine Tatsachenbehauptung, sondern infolge fehlerhafter Abwägung der verschiedenene Rechtsgüter entstehen, z.B. bei einer unzulässigen Namensnennung eines Straftäters.[288] Strittig ist auch, ob die Sorgfaltspflichten geringer anzusetzen sind, wenn der Betroffene Erstveröffentlichungen in Medien, die unter Umständen auch schon länger zurückliegen, nicht widersprochen hat.[289] Ansonsten darf sich die Presse auf als zuverlässig anzusehende Informationsquellen verlassen, wie etwa Staatsanwaltschaften,[290] Polizei, Gerichte oder Behörden. Das gilt unbedingt hinsichtlich der Richtigkeit von mitgeteilten Tatsachen. Aber auch das Vertrauen in die Richtigkeit der rechtlichen Abwägungsentscheidung kann geschützt sein, beispielsweise indem – bei nachträglicher Erkenntnis in die Fehlerhaftigkeit der Abwägung – die Wiederholungsgefahr entfallen kann.[291]

---

282 Vgl. *BVerfG* 2003, 1855; 1999, 1322, 1324 – Helnwein; *BGH* NJW 1987, 2225; 1996, 1131; 1966, 1617, 1619 – Höllenfeuer.

283 *BVerfG* NJW 2004, 589, 590; vgl. *BVerfG* NJW-RR 2000, 1209, 1211 – Sorgfaltspflicht; vgl. auch *BVerfG* NJW 1980, 2072; 1999, 1322 – Helnwein; *LG Düsseldorf* AfP 2007, 58.

284 *BGH* GRUR 1969, 147, 151 – Korruptionsvorwurf.

285 *LG Köln* 28.2.2007 – 28 O 487/06; *LG München* AfP 1975, 758; *LG Hamburg* AfP 1990, 332; Wenzel/*Burkhardt* § 6 Rn. 135; keine Nachrecherchepflicht nach Pressemeldung der Bundesvereinigung einer Branche, *LG Berlin* AfP 2008, 636.

286 *OLG Hamm* NJW-RR 1993, 735, 736; *OLG Brandenburg* AfP 1995, 520, 522; *LG Berlin* 18.11.1999 – 27 O 570/99; vgl. aber auch *OLG Karlsruhe* AfP 2006, 162; *Peters* NJW 1997, 1334, 1337.

287 Wenzel/*Burkhardt* § 6 Rn. 131.

288 Vgl. *OLG Nürnberg* AfP 2007, 127.

289 Vgl. *OLG Köln* AfP 1991, 427; *KG Berlin* AfP 1992, 302; krit. hierzu Wenzel/*Burkhardt* § 6 Rn. 131.

290 *OLG Karlsruhe* AfP 1993, 586.

291 *BVerfG* AfP 2010, 365, 369 – Hanfpflanze.

An ihre Grenzen stößt die journalistische Sorgfaltspflicht, wenn keine Aufklärungsmöglichkeiten zu erwarten sind oder zumutbare Rechercheansätze nicht mehr bestehen. Ist neben einem Dementi ein Mehr an Information durch eine Rückfrage beim Betroffenen nicht zu erwarten, ist sie nicht erforderlich.[292] Dies gilt auch, wenn der Betroffene schon ausführlich zu Wort gekommen ist oder Stellung genommen hat.[293]

C. Die Bildberichterstattung

I. Das Recht am eigenen Bild als Teil des allgemeinen Persönlichkeitsrechts

Das in §§ 22 ff. KUG gewährleistete Recht am eigenen Bild ist eine einfach gesetzliche 102 Ausprägung des allgemeinen Persönlichkeitsrechts. Gegenüber Art. 2 Abs. 1 i.V.m. Art. 1 Abs. 1 GG stellen die §§ 22, 23 KUG **leges speciales** dar.[294] Das KUG sieht (mit Ausnahme des § 37 f. KUG) keine eigenen zivilrechtlichen Anspruchsgrundlagen vor, so dass für Unterlassungs-, Geldentschädigungs- und Schadensersatzansprüche auf § 823 Abs. 1 BGB i.V.m. § 1004 BGB bzw. i.V.m. § 249 ff. BGB zurückgegriffen werden muss.[294] Der durch das Recht am eigenen Bild skizzierte Teilbereich des allgemeinen Persönlichkeitsrechts räumt grds. allein dem Abgebildeten die Befugnis ein, darüber zu befinden, ob und in welcher Weise er sich in der Öffentlichkeit darstellt oder dargestellt wird.[295] Nicht zu verwechseln ist dies mit dem Wunsch des Abgebildeten, nur so in der Öffentlichkeit dargestellt zu werden, wie er sich selber sieht oder gesehen werden möchte. Darauf besteht kein Anspruch.[296] Die erforderliche Abwägung der Verfassungsgüter auf den verschiedenen Ebenen gewährleisten die als verfassungsgemäß angesehenen[297] §§ 22, 23 KUG durch ein abgestuftes Schutzkonzept. Die Rechtsprechung des BVerfG und der ordentlichen Zivilgerichte hat nach dem Caroline-Urteil des EGMR vom 24.6.2004 eine gewisse Akzentverschiebung erfahren.[298]

II. Begriff des Bildnisses

Unter einem Bildnis i.S.d. § 22 KUG ist die Darstellung der Person in ihrer wirklichen, 103 dem Leben entsprechenden Erscheinung zu verstehen. Abgebildet werden muss also ein erkennbar wiedergegebener Mensch. Demgegenüber kennt das KUG auch den Begriff des Bildes,[299] dessen Schutz nicht Gegenstand des Gesetzes ist. Beispielsweise

292 *OLG Köln* NJW 1963, 1634; *OLG Hamburg* NJW-RR 1996, 597; *OLG Frankfurt* NJW-RR 2003, 37.

293 Vgl. *OLG Hamburg* NJW-RR 1996, 597.

294 Löffler/*Steffen* § 6 LPG Rn. 119.

295 Vgl. *BVerfG* NJW 1999, 2358 – Greenpeace; 1973, 1296 – Lebach; *BGH* WRP 2004, 1494, 1495; tatbestandlich von §§ 22ff. KUG nicht erfasst, ist die Herstellung von Lichtbildern; vgl. dazu *Mann* AfP 2013, 16 ff.

296 *BVerfG* NJW 2000, 1021 – Caroline von Monaco; 1999, 2358 – Greenpeace.

297 *BVerfG* NJW 2000, 1021, 1023.

298 S. dazu Rn. 141.

299 § 23 Abs. 1 Nr. 2 oder Nr. 3 KUG.

wird die Abbildung einer Person, die nur als Beiwerk neben einer Landschaft oder einer sonstigen Örtlichkeit erscheint[300] oder Abbildung von Personen, die an Versammlungen, Aufzügen oder ähnlichen Vorgängen teilnehmen[301] nicht als Bildnisse, sondern lediglich als Bilder bezeichnet. Sie nehmen deshalb am Schutz des § 22 KUG nicht teil. Strittig ist die begriffliche Einbeziehung von Leichenfotos.[302]

III. Erkennbarkeit

104 Der Begriff des Bildnisses setzt die **Erkennbarkeit der abgebildeten Person** voraus. Sie ergibt sich i.d.R. aus den Gesichtszügen; dies schließt aber nicht aus, dass trotz deren Nichterkennbarkeit andere Merkmale die Person erkennbar machen,[303] z.B. der Zusammenhang mit früheren Veröffentlichungen,[304] Umstände aus dem Kontexttext oder aus der Bildunterzeile (Nennung einer konkreten Adresse oder einer besonderen Funktion des Abgebildeten), weitere Fotos im Kontext (z.B. Abbildung des Wohnhauses), Erwähnung des Namens im Begleittext,[305] Anfangsbuchstabe des Familiennamens oder Beruf des Abgebildeten.[306] Es genügt die Erkennbarkeit innerhalb eines Bekanntenkreises.[307] Allerdings kann das Vorwissen des Bekanntenkreises nicht unberücksichtigt bleiben.[308] Hat dieser Kreis beispielsweise davon Kenntnis, dass gegen den Betroffenen strafrechtlich ermittelt wird, kann auch die Erkennbarkeit für diesen Kreis infolge eines Bildnisses in Zusammenhang mit einer Berichterstattung über die Ermittlungen nicht entscheidend sein.[309] Der Abgebildete muss nicht nachweisen, tatsächlich von Dritten erkannt worden zu sein.[310] Allerdings kann die Tatsache, dass er tatsächlich (nur) aufgrund des Bildnisses bzw. dessen Kontextes erkannt worden ist, ein Indiz für die Erkennbarkeit bilden.[311]

105 Die Erkennbarkeit kann durch technische Hilfsmittel verhindert werden. (Z.B. Augenbalken oder „Pixelizing“). Dies muss so sorgfältig geschehen, dass die Gesichtszüge wirklich nicht identifizierbar werden.[312] Auch der Gebrauch eines Doppelgängers ändert nichts an der Erkennbarkeit des Verkörperten, wenn der Eindruck erweckt wird, bei dem Double oder Doppelgänger handelt es sich um den Prominenten selbst.[313] Dies kann auch gelten, wenn nicht die Gesichtszüge, sondern die Begleitum-

300 § 23 Abs. 1 Nr. 2 KUG.
301 § 23 Abs. 1 Nr. 3 KUG.
302 Dagegen: Wenzel/*von Strobl-Albeg* § 7 Rn. 10; dafür: *OLG Hamburg* AfP 1983, 466.
303 Vgl. *BGH* NJW 1979, 2205 – Fußballtorwart; *OLG Frankfurt* AfP 2006, 185 – Rothenburg; 2007, 378; *OLG Hamburg* AfP 1987, 703; *KG Berlin* AfP 2015, 249, 250; *LG Berlin* AfP 1997, 732; *LG Bremen* GRUR 1994, 897.
304 *OLG Hamburg* NJW-RR 1993, 923.
305 *BGH* NJW 1965, 2148 – Spielgefährtin.
306 *LG Berlin* NJW 1997, 1373.
307 *BGH* NJW 1979, 2205; *OLG Frankfurt* AfP 2007, 378.
308 Vgl. *KG Berlin* AfP 2015, 249, 250 (Sonderwissen des Erkennenden).
309 *KG Berlin* AfP 2011, 76, 79 – Koma-Saufen.
310 *KG Berlin* AfP 2015, 249, 50.
311 Vgl. *BGH* NJW 1992, 1312.
312 Zu kleiner Augenbalken schließt die Identifizierbarkeit nicht aus, *LG Berlin* AfP 1997, 732.
313 *BGH* NJW 2000, 2201 – Der blaue Engel; 1958, 459 – Sherlock Holmes; *LG Düsseldorf* AfP 2002, 64 – Kaiser Franz; *LG Berlin* AfP 2006, 388 – Owomoyela.

stände auf den Verkörperten hinweisen.[314] Auch eine karikierende Darstellung kann zur Erkennbarkeit führen.[315]

IV. Herstellungsart

Die Form der Abbildung ist für den Bildnisschutz unbeachtlich. Auch die Darstellung von Personen durch Zeichentrickfiguren, Fotomontagen, Schattenrisse,[316] Karikaturen oder sonst irgendwie durch – auch elektronische – Techniken gefertigte Darstellungen von Personen unterliegen dem Bildnisschutz. 106

V. Der Bildnisschutz nach den §§ 22, 23 KUG

1. Einwilligung

1.1 Rechtscharakter der Einwilligung

Gem. § 22 S. 1 KUG dürfen Bildnisse einer Person grds. nur mit Einwilligung des Abgebildeten verbreitet[317] oder öffentlich zur Schau gestellt werden. Die Rechtsnatur der **Einwilligung** ist strittig. Die h.M. sieht darin eine rechtsgeschäftliche Willenserklärung oder aber mindestens eine rechtsgeschäftliche Handlung.[318] 107

1.2 Erteilung der Einwilligung

Auf die Einwilligung sind die Regeln der §§ 116 ff. BGB anwendbar. Sie kann ausdrücklich, aber auch stillschweigend oder konkludent erklärt werden. Von stillschweigender Einwilligung ist auszugehen, wenn der Abgebildete die Anfertigung der Aufnahme in Kenntnis ihres Zweckes billigt[319] oder wenn aus dem Zweck oder den Umständen der Aufnahme selbst darauf zu schließen ist.[320] So kann z.B. aus Posieren oder Zuwinken oder einem fröhlichen Blick in die Kamera durchaus auf eine Einwilligung geschlossen werden.[321] Die Beweislast einer rechtswirksam vorliegenden Einwilligung trägt der Verbreiter der Abbildung.[322] Gem. § 22 Abs. 2 KUG gilt eine Einwilligung im Zweifel als erteilt, wenn der Abgebildete dafür, dass er sich abbilden ließ, eine Entlohnung erhielt (widerlegbare Vermutung[323]). 108

---

314 *BGH* NJW 2000, 2201 – Der blaue Engel; zur Übernahme äußerer Elemente, die in ihrem Zusammenspiel „zu einer Verdichtung zu einem Bildnis" der betroffenen Person selbst führt *OLG Köln* 2015, 347, 348 – Wer wird Millionär?.

315 Vgl. *OLG Hamburg* ZUM 2007, 157 – Joschka Fischer; für eine Silhouette s. *KG Berlin* ZUM 2007, 60; für eine Schauspielerin, die in einem „Doku-Drama" eine reale relative Person der Zeitgeschichte darstellt s. *LG Frankfurt* AfP 2009, 78 – Der Baader-Meinhof-Komplex.

316 *LG Berlin* NJW-RR 2000, 555.

317 Der quasi presseintern bleibende Abruf von Bildnissen durch Presseunternehmen stellt keine Verbreitungshandlung des Betreibers eines Bildarchivs dar. *BGH* GRUR 2011, 266, 267.

318 Vgl. *OLG München* ZUM 2001, 708 – Lebenspartnerschaft.

319 *BGH* GRUR 1968, 652, 654 – Ligaspieler; vgl. auch *BGH* VersR 2015, 335; vgl. *OLG Karlsruhe* AfP 2006, 467.

320 Vgl. *LG Berlin* AfP 2009, 517.

321 *BVerfG* NJW 2002, 3767 – Glosse und Satire.

322 *BGH* NJW 1965, 134 – Satter Deutscher; 1996, 1554 – Paul Dahlke; *OLG München* NJW-RR 1996, 93 – Anne-Sophie Mutter; *LG Berlin* AfP 2009, 517.

323 Vgl. aber dazu auch *OLG Stuttgart* AfP 1987, 693, 694; *OLG Hamburg* AfP 1981, 386.

109 Da die Einwilligung nach h.M. eine rechtsgeschäftliche Erklärung darstellt, ist **Geschäftsfähigkeit erforderlich.** Für die Einwilligung Minderjähriger gelten die §§ 107–113 BGB. Sie benötigen nach h.M. der Zustimmung ihres gesetzlichen Vertreters.[324] Die uneingeschränkte Anwendung der §§ 107 ff. BGB hätte jedoch zur Folge, dass die Eltern die Einwilligung für den Minderjährigen auch gegen dessen Willen erteilen könnten (§ 1629 i.V.m. § 164 BGB). Die h.M. fordert deshalb eine doppelte Einwilligung, nämlich sowohl des – einsichtsfähigen – Minderjährigen als auch der gesetzlichen Vertreter.[325]

1.3 Grenzen der Einwilligung

110 Der Erklärungsumfang der Einwilligung kann in räumlicher, zeitlicher und inhaltlicher Hinsicht beschränkt sein. Ihre Reichweite ist durch Auslegung nach den Umständen des Einzelfalls zu ermitteln.[326] So kann die Einwilligung auf eine aktuelle Veröffentlichung beschränkt sein[327] oder auf eine bestimmte Gattung von Medien.[328]

1.4 Anfechtung und Widerruf

111 Die Einwilligung ist anfechtbar gem. den §§ 119 ff. BGB. Denkbar ist insbesondere ein Erklärungsirrtum, z.B. wenn der Abgebildete glaubt, für eine Reportage über ein Sachthema interviewt zu werden, tatsächlich aber von einer Satiresendung „durch den Kakao gezogen" wird. Keine Anfechtung kommt in Betracht, wenn der Einwilligende Anlass, Zweck oder Art der geplanten Veröffentlichung falsch einschätzt, da hierin ein bloßer unbeachtlicher Motivirrtum liegt.

112 Eine Widerrufsmöglichkeit wird im Einzelfall, insbesondere bei wichtigen Gründen grds. bejaht.[329] In Frage kommt dies z.B. dann, wenn sich seit der erteilten Einwilligung die innere Einstellung des Betroffenen grundlegend geändert hat.[330] Beweisbelastet dafür ist jedoch der Betroffene.[331]

2. Schranken des Bildnisschutzes gem. § 23 Abs. 1 Nr. 1 KUG – Bildnisse aus dem Bereich der Zeitgeschichte

2.1 Begriffe der Zeitgeschichte

113 Der Begriff der Zeitgeschichte wird nicht geschichtswissenschaftlich, sondern **funktional** vom Informationsinteresse der Öffentlichkeit her bestimmt.[332] Er darf nicht zu eng verstanden werden; er umfasst nicht nur Vorgänge von historisch-politischer Bedeutung, sondern ganz allgemein das Zeitgeschehen, also alle Fragen von allgemeinem gesellschaftlichem Interesse und wird mithin vom Interesse der Öffentlichkeit

324 *BGH* NJW 1974, 1947 – Nacktaufnahme.
325 Vgl. *Frömming/Peters* NJW 1996, 958; *Prinz/Peters* Medienrecht, Rn. 835.
326 *OLG München* ZUM 2006, 939.
327 Vgl. *BGH* NJW 1968, 1091; 1979, 2203; 1979, 2205; WRP 2004, 1494, 1495; vgl. *OLG München* ZUM 2006, 939; *LG Berlin* AfP 2004, 455.
328 Vgl. auch *OLG Hamburg* AfP 1987, 703.
329 Vgl. z.B. *OLG München* AfP 1989, 570, 571.
330 *LG Köln* AfP 1996, 186; *Frömming/Peters* NJW 1996, 958.
331 *LG Köln* AfP 1996, 186.
332 *BVerfG* NJW 2000, 1021, 1025 – Caroline von Monaco.

bestimmt.[333] Auch durch unterhaltende Beiträge kann Meinungsbildung stattfinden; solche Beiträge können die Meinungsbildung unter Umständen sogar nachhaltiger anregen und beeinflussen als sachbezogene Informationen.[334] Bildnisse aus dem Bereich der Zeitgeschichte sind solche Bildnisse, deren Abbildungsgegenstand eine „Person der Zeitgeschichte“ ist. In einer langen Rechtsprechungspraxis unterschieden die Gerichte zwischen sog. absoluten und sog. relativen Personen der Zeitgeschichte.[335] Allerdings darf diese – auch nach dem Caroline-Urteil des EGMR – noch teilweise gebrauchte Kategorisierung nicht schematisch angewendet werden, sondern es muss nach wie vor eine **einzelfallsbezogene Abwägung** stattfinden.[336] Eine Abwägung der widerstreitenden Grundrechte ist dabei schon bei der Zuordnung zum Bereich der Zeitgeschichte erforderlich, wobei der Beurteilung ein normativer Maßstab zugrunde zu legen ist, der der Pressefreiheit und zugleich dem Persönlichkeitsschutz ausreichend Rechnung trägt (sog. abgestuftes Schutzkonzept).[337]

Absolute Personen der Zeitgeschichte sind Personen, die unabhängig von einem bestimmten zeitgeschichtlichen Ereignis aufgrund ihres Status oder ihrer Bedeutung allgemein öffentliche Aufmerksamkeit finden und deren Bildnis die Öffentlichkeit deshalb **um der dargestellten Person willen** der Beachtung Wert findet.[338] Der Betroffene ist gleichsam selbst das Ereignis, er selbst von öffentlichem Interesse. **114**

333 *BGH* AfP 2015, 337, 338; GRUR 2009, 584 – Andrea Casiraghi; GRUR 2009, 86 – Erkrankung Ernst August; AfP 2009, 485, 486 – Rätselzeitschrift; AfP 2009, 51 – Karsten Speck; AfP 2008, 499, 501 – Heide Simonis; AfP 2008, 507 – Shopping mit Putzfrau; AfP 2007, 121, 123 – Urlaubsfotos während Krankheit des regierenden Fürsten; NJW 2007, 1977; ZUM 2007, 858 – Oliver Kahn; GRUR 2007, 899 – Lebensgefährtin von Grönemeyer in Rom.

334 Vgl. auch *BVerfG* GRUR 2008, 539, 541, 542 – Caroline von Monaco: „Von der Eigenart oder dem Niveau des Presseerzeugnisses oder der Berichterstattung hängt der Schutz nicht ab.“ „Unterhaltung ist ein wesentlicher Teil der Medienbetätigung, der am Schutz der Pressefreiheit in seiner subjektiv-rechtlich wie objektiv-rechtlichen Dimension teilhat.“; *BGH* AfP 2008, 499, 502 – Heide Simonis; AfP 2008, 507 – Shopping mit Putzfrau; AfP 2007, 121, 123 – Urlaubsfotos während Krankheit des regierenden Fürsten; NJW 2007, 1977; ZUM 2007, 858 – Oliver Kahn, GRUR 2007, 899 – Lebensgefährtin von Grönemeyer in Rom.

335 Die Figuren gehen zurück auf *Neumann/Duisberg* JZ 1960,114.

336 *BVerfG* GRUR 2008, 539 – Caroline von Monaco; *BGH* WRP 2012, 72, 75 – erkrankte Entertainerin; GRUR 2009, 86 – Erkrankung Ernst August; *BGH* AfP 2009, 51 – Karsten Speck; AfP 2008, 499, 501 – Heide Simonis; AfP 2008, 507 – Shopping mit Putzfrau; AfP 2007, 121, 123; NJW 2007, 1977; ZUM 2007, 859 – Oliver Kahn; GRUR 2007, 899 – Lebensgefährtin von Grönemeyer in Rom; „Der Begriff einer „absoluten Person der Zeitgeschichte“ ergibt sich weder zwingend aus dem Gesetz noch aus der Verfassung …, ist aber verfassungsrechtlich unbedenklich, solange die einzelfallbezogene Abwägung zwischen dem Informationsinteresse der Öffentlichkeit und den berechtigten Interessen des Abgebildeten nicht unterbleibt.“ – *BVerfG* NJW 2000, 1021, 1025; die Rechtsfigur ist auch verzichtbar zugunsten einer Einzelfallabwägung – *BVerfG* GRUR 2008, 539 – Caroline von Monaco.

337 *BGH* AfP 2015, 337, 338; 2014, 324; 2012, 551, 552 – Gaby Köster; ZUM 2012, 140, 141 – Goldkinder; ZUM 2010, 701, 702 – Rosenball; GRUR 2009, 584 – Andrea Casiraghi; AfP 2009, 51 – Karsten Speck; AfP 2008, 499 – Heide Simonis; AfP 2008, 507 – Shopping mit Putzfrau; AfP 2007, 121 – Urlaubsfotos während Krankheit des regierenden Fürsten; *BGH* NJW 2007, 1977; GRUR 2007 – Lebensgefährtin von Grönemeyer in Rom; AfP 2004, 542 – Glas/Teewag; *OLG München* AfP 2013, 335.

338 *BVerfG* NJW 2000, 1021; 2001, 1921, 1922; *BGH* AfP 2009, 51, 52 – Karsten Speck; ZUM 2007, 470 – Villa in Kenia; NJW 1996, 985, 986; WRP 2004, 772, 773.

115 **Relative Personen der Zeitgeschichte** sind solche, die in Abhängigkeit von einem bestimmten zeitgeschichtlichen Ereignis in das Blickfeld der Öffentlichkeit geraten.[339] Das Ereignis der Zeitgeschichte selbst ist es, welches das Informationsinteresse begründet. Dementsprechend ist das Veröffentlichungsrecht des Bildnisses zeitlich, räumlich und thematisch durch den Zusammenhang mit dem Ereignis begrenzt.[340]

116 Strittig ist, ob und inwieweit der Ereignisbezug auch erlaubt, Bildnisse zu veröffentlichen, die den Abgebildeten nicht selbst bei dem Ereignis zeigen, also bei anderem Anlass entstanden sind. Das klassische **kontext-neutrale Foto** ist ein Portraitfoto.[341] Richtigerweise ist dies im Rahmen der Abwägung der Rechtsgüter zu entscheiden, wobei ein kontext-neutrales Foto in der Regel weniger persönlichkeitsbeeinträchtigend sein kann,[342] aber nicht sein muss. So hat z.B. das BVerfG angemerkt, dass die die Veröffentlichungsbefugnis dabei nicht einmal auf Portraitfotos beschränkt ist, sofern die Intensität einer Persönlichkeitsbeeinträchtigung nicht durch Erweiterung des Bildinhaltes zunimmt.[343]

117 Vor einer „Akzentverschiebung" in der BGH-Rechtsprechung nach dem Caroline-Urteil des EGMR konnte relative Person der Zeitgeschichte auch sein, wer eine absolute Person der Zeitgeschichte **begleitet** oder gemeinsam mit ihr auftritt bzw. ihr Angehöriger oder Lebenspartner ist.[344] Insoweit bestehe ein abgeleitetes Interesse der Öffentlichkeit, das nicht um der abgebildeten Person willen, sondern wegen des Interesses an der absoluten Person der Zeitgeschichte besteht, das aber auf die Person ausstrahlt von derjenigen der Öffentlichkeit begleitet wird. Dabei musste der Begleiter sowohl hinnehmen, zusammen mit der absoluten Person der Zeitgeschichte abgebildet zu werden als auch alleine, kontext-bezogen oder auch kontext-neutral je nach Abwägung im Einzelfall. Nach der neueren Linie des BGH ist das Informationsinteresse der Allgemeinheit, das sich auch gerade im Zusammenhang mit der zugehörigen Wortberichterstattung ergeben kann, von entscheidender Bedeutung. Zeigt das Bild den Betroffenen in einer erkennbaren privaten Situation, die in keinem Zusammenhang mit einem zeitgeschichtlichen Ereignis steht, überwiegt die Privatsphäre der Betroffenen.[345] Andererseits gehört auch zur Pressefreiheit der unterhaltenden Presse, dass über den sozialen Kontext einer Person berichtet wird; der Persönlichkeitsschutz greift erst dann ein, wenn die beanstandeten Äußerungen für sich genommen oder im Zusammenhang mit der Bildberichterstattung einen eigenständigen Verletzungseffekt aufweisen, etwa wenn sie in den besonders geschützten Kernbereich der Privatsphäre eingreifen oder Themen betreffen, die von vornherein überhaupt nicht in die Öffentlichkeit gehören.[346]

---

339 *BVerfG* NJW 2000, 1021; *BGH* GRUR 2007, 899 – Lebensgefährtin von Grönemeyer in Rom.

340 Vgl. auch *BGH* AfP 2015, 337, 339; 2013, 401.

341 *Prinz/Peters* Rn. 850.

342 *BVerfG* AfP 2006, 354; 2001, 212; *BGH* AfP 2012, 551, 554; *BGHZ* 151, 26, 32f.

343 *BVerfG* GRUR 2008, 539, 543 – Caroline von Monaco; NJW 2000, 1021; vgl. auch *BGH* AfP 2009, 51, 54 – Karsten Speck.

344 *BVerfG* NJW 2001, 1921.

345 *BGH* GRUR 2009, 655 – Sabine Christiansen; ZUM 2007, 470, 473 – Caroline und Ernst August; GRUR 2007, 899 – Lebensgefährtin von Grönemeyer in Rom; ZUM 2007, 858 – Oliver Kahn; zum Ganzen auch Klass, ZUM 2007, 818.

346 *BGH* AfP 2012, 53, 55.

Relative Personen der Zeitgeschichte können auch **Straftäter** sein. Denn Straftaten gehören zum Zeitgeschehen, dessen Vermittlung Aufgabe der Presse ist.[347] Bei der Abwägung kommt es neben der Art und Weise der Darstellung auch auf Natur und Schwere der Tat und die Person des Täters an[348] sowie darauf, wie lange die Tat bereits zurückliegt und ob ein aktueller Anlass für die Berichterstattung besteht. Auch Zeugen, Richter oder Rechtsanwälte können grds. relative Personen der Zeitgeschichte sein, z.B. aufgrund ihrer besonderen Rolle in einem Prozess von zeitgeschichtlichem Interesse.[349] Gegenüber Fernsehaufnahmen im Gerichtssaal kann das Persönlichkeitsrecht des Angeklagten ausnahmsweise überwiegen, wenn damit eine Prangerwirkung oder Stigmatisierung einhergeht; die Herstellung von Fernsehbildern im Gerichtssaal kann dann durch **sitzungspolizeiliche Anordnung** verboten werden.[350] Ein Verstoß gegen das sitzungspolizeiliche Verbot oder ein sitzungspolizeiliches Verpixelungsgebot führt aber nicht automatisch zu einem Veröffentlichungsverbot, sondern ist im Rahmen der Güterabwägung zu berücksichtigen.[351] Auch kann die sitzungspolitische Anordnung, z.B. in Form einer Anonymisierungsanordnung selbst verfassungswidrig sein, wenn in der Abwägung Presse- oder Rundfunkfreiheit überwiegen[352] oder wenn in der Anordnung, die für die Entscheidung maßgeblichen Gründe nicht offengelegt sind und dadurch den Betroffenen nicht zu erkennen gegeben wird, dass in die Abwägung alle dafür erheblichen Umstände eingestellt worden sind.[353] Das Persönlichkeitsrecht kann auch nicht im Rahmen einer sitzungspolitischen Verfügung in weiterem Umfang geschützt werden, als dies nach den §§ 22, 23 KUG der Fall ist.[354] Nicht rechtmäßig ist eine sitzungspolizeiliche Anordnung, die verfügt, dass Bildaufnahmen abzubrechen sind, wenn eine Person mit Ausnahme von Richtern oder Verteidigern die Aufnahme erkennbar abwehrt, da sie die Entscheidung über die Bildberichterstattung in die Hand der Betroffenen legt.[355] **118**

Kinder von absoluten Personen der Zeitgeschichte sind allein wegen ihrer Eltern keine relativen Personen der Zeitgeschichte.[356] Sie können aber solche relativen Personen der Zeitgeschichte dann sein, wenn sie gemeinsam mit ihren Eltern sich der **119**

---

347 *BVerfGE* 35, 202, 235 – Lebach; AfP 2009, 365; 2010, 365; *BGH* AfP 2000, 167; 2013, 50, 52.

348 *BGH* AfP 2009, 51 – Karsten Speck.

349 Für Richter und Rechtsanwälte: *BVerfG* AfP 2007, 117; für Zeugen: *BGH* NJW 1965, 2148 – Spielgefährtin I; *OLG Celle* AfP 1989, 575; *LG Berlin* AfP 2004, 68 – Baltz.

350 *BVerfG* AfP 2009, 48 – Holz-Klotz-Fall. In der Rechtsprechung des BVerfG zur Verdachtsberichterstattung bleibt der Beschl. ein Fremdkörper. Es ist zum einen zu berücksichtigen, dass die Ausführungen im Rahmen einer Folgeabschätzung im einstweiligen Anordnungsverfahren ergingen; zum anderen sind sie nicht auf Bildberichterstattung in der Presse zu übertragen. So heißt es: „Dabei ist zu beachten, dass auch eine um Sachlichkeit und Objektivität bemühte Fernsehberichterstattung i.d.R. einen weitaus stärkeren Eingriff in das Persönlichkeitsrecht darstellt als eine Wort- und Schriftberichterstattung in Hörfunk und Presse. Dies folgt aus der stärkeren Intensität des optischen Eindrucks und der Kombination von Ton- und Bild, aber auch aus der ungleich größeren Reichweite, die dem Fernsehen nach wie vor gegenüber anderen Medien zukommt." – *BVerfG* AfP 2009, 48 – Holz-Klotz-Fall.

351 *KG Berlin* AfP 2011, 76; 2010, 395.

352 *BVerfG* AfP 2009, 244 – Koma-Saufen.

353 *BVerfG* AfP 2016, 532.

354 *BGH* AfP 2011, 356, 359; ein unmittelbares Vorgehen gegen eine sitzungspolizeiliche Anordnung der Verpixelung durch Verfassungsbeschwerde scheitert aber in der Regel daran, dass der Rechtsweg nicht ausgeschöpft ist, *BVerfG* AfP 2015, 238, 239; zur Verfassungswidrigkeit einer vollständigen Untersagung von Bild- und Fernsehaufnahmen im Sitzungsaal vgl. *BVerfG* AfP 2012, 146 ff.

355 *BVerfG* K&R 2017, 41, 42.

356 *OLG Hamburg* AfP 1997, 535, 536.

Öffentlichkeit als Angehörige präsentieren oder im Pflichtenkreis der Eltern in öffentlichen Funktionen repräsentieren.[357] Ein Anspruch auf generelles Veröffentlichungsverbot des Bildnisses eines Minderjährigen besteht nicht.[358]

120 In ihrem (Kontext)-Bezug wird die Zeitgeschichte begrenzt durch den Aspekt der **Aktualität**. Hat sich bspw. eine Begleitperson von der absoluten Person der Zeitgeschichte getrennt, so wird ein überwiegendes Interesse der Öffentlichkeit nicht mehr oder nicht mehr lange bestehen.[359]

2.2 Informationsinteresse der Allgemeinheit

121 Die Ausnahmebestimmung des § 23 Abs. 1 KUG setzt ein **schutzwürdiges Informationsinteresse der Allgemeinheit** voraus. Der Begriff ist wegen der verfassungsrechtlichen Gewährleistung der Informationsfreiheitsrechte weit zu verstehen.[360] Dazu gehören alle Erscheinungen im Leben der Gegenwart, die von der Öffentlichkeit beachtet werden, bei ihr Aufmerksamkeit finden und Gegenstand der Teilnahme oder Wissbegier weiter Kreise sind und die nicht nur auf Schaulust und Neugier beruhen.[361] Dabei kann das Informationsinteresse auch durchaus nur regionaler oder lokaler Natur sein.[362] Die Presse muss auch einen Spielraum besitzen, innerhalb dessen sie nach publizistischen Kriterien entscheiden kann, was öffentliches Interesse beansprucht.[363] Art. 5 Abs. 1 S. 3 GG verbietet auch eine inhaltliche Bewertung des Beitrags auf seinen Wert und seine Seriösität.[364] Das Informationsinteresse der Allgemeinheit kann nicht deshalb verneint werden, weil ausschließlich ein Unterhaltungsinteresse verfolgt wird.[365] Gerade prominente Personen können der Allgemeinheit Möglichkeiten der Orientierung bei eigenen Lebensentwürfen bieten sowie Leitbild- und Kontrastfunktionen erfüllen.[366] Dabei kann auch die Abbildung eines Prominenten in der Presse zulässig sein, wenn er sich in einem öffentlichen Bereich befindet, in dem er aufgrund der Gesamtumstände damit rechnen muss, dass er dort wahrgenommen wird.[367] Erst bei der Güterabwägung kann es darauf ankommen, ob Fragen, die die Öffentlichkeit

---

357 *BGH* NJW 1996, 984, 985 – Caroline von Monaco II.

358 *BGH* AfP 2010,60.

359 Vgl. *OLG Hamburg* AfP 1993, 576.

360 *BGH* AfP 2007, 121, 123 – Urlaubsfotos während der Krankheit des regierenden Fürsten von Monaco.

361 *BGH* NJW 1979, 2203.

362 *BGH* AfP 2014, 324, 325.

363 *BVerfG* AfP 2010, 365, 367 – Hanfpflanze; GRUR 2008, 539 – Caroline von Monaco; *BGH* AfP 2015, 337, 338; 2012, 53, 55; ZUM 2010, 701, 702 – Rosenball; AfP 2009, 485, 487 – Rätselzeitschrift; GRUR 2009, 584 – Andrea Casiraghi; GRUR 2009, 86 – Erkrankung Ernst August; AfP 2009, 487; AfP 2009, 51 – Karsten Speck; AfP 2008, 499, 501 – Heide Simonis; AfP 2008, 507 – Shopping mit Putzfrau; NJW 2007, 1977; ZUM 2007, 858 – Oliver Kahn; GRUR 2007, 899 – Lebensgefährtin von Grönemeyer; ZUM 2007, 470 – Villa in Kenia; AfP 2007, 121, 123; ZUM 2007, 470, 472.

364 *BVerfG* GRUR 2008, 539 – Caroline von Monaco; *BGH* AfP 2009, 485, 487 – Rätselzeitschrift; GRUR 2007, 86 – Erkrankung Ernst August.

365 *BVerfG* GRUR 2008, 539, 542 – Caroline von Monaco; NJW 2000, 1021, 1024; *BGH* ZUM 2010, 701, 702 – Rosenball; AfP 2007, 121, 123; NJW 1996, 1128, 1130 – Caroline von Monaco III; 1995, 861 – Caroline von Monaco I; GRUR 2009, 584 – Andrea Casiraghi; *KG Berlin* AfP 2007, 375.

366 *BVerfG* GRUR 2008, 539 – Caroline von Monaco; *BGH* ZUM 2010, 701, 702 – Rosenball; GRUR 2009, 584, 586 – Andrea Casiraghi; GRUR 2009, 86 – Erkrankung Ernst August; AfP 2009, 51, 52 – Karsten Speck; AfP 2008, 499, 501 – Heide Simonis; AfP 2008, 507 – Shopping mit Putzfrau.

367 *BVerfG* 2017, 147.

wesentlich angehen, ernsthaft und sachbezogen erörtert werden oder ob lediglich private Angelegenheiten zur Befriedigung der Neugier ausgebreitet werden.[368] Das Selbstbestimmungsrecht der Presse erfasst dabei nicht die Entscheidung, wie das Informationsinteresse im Zuge der Abwägung mit kollidierenden Rechtsgütern herzustellen ist.[369] Für die Abwägung ist vielmehr von maßgebender Bedeutung, ob die Presse im konkreten Fall eine Angelegenheit von öffentlichem Interesse ernsthaft und sachgezogen erörtert und damit den Informationsbedarf des Publikums erfüllt und zur Bildung der öffentlichen Meinung beiträgt.[370] Dabei ist das Informationsinteresse nicht auf das aktuelle Zeitgeschehen beschränkt, sondern schließt auch die Möglichkeit ein, vergangene zeitgeschichtliche Ereignisse anhand der unveränderten Originalberichte in Online-Archiven der Medien zu recherchieren.[371] Der Informationswert einer Bildberichterstattung ist, soweit das Bild nicht schon als solches ein für die öffentliche Meinungsbildung bedeutsame Aussage enthält, im Kontext der dazugehörigen Wortberichterstattung zu ermitteln.[372] Andererseits kann die Bildberichterstattung über ein zeitgeschichtliches Ereignis auch zulässig sein, wenn einzelne Aussagen der Wortberichterstattung für unzulässig erklärt worden sind.[373]

2.3 Verbreitung zu Werbezwecken

Wer ausschließlich durch die **Verwertung des Bildnisses eines anderen zu Werbezwecken** sein kommerzielles Geschäftsinteresse befriedigen will, etwa durch die Verwendung des Bildnisses eines Prominenten, handelt nicht im Informationsinteresse der Allgemeinheit gem. § 23 Abs. 1 Nr. 1 KUG.[374] Ob ausschließlich Werbezwecke vorliegen, ist im **Gesamtkontext der Veröffentlichung** zu prüfen. Es gelten die gleichen Auslegungsmaßstäbe wie bei der Wortberichterstattung.[375] Wird zusammen mit einem kommerziellen Interesse ein Publikationsinteresse verfolgt, so ist jedoch der Anwendungsbereich des § 23 Abs. 1 KUG eröffnet.[376] Die Verwendung eines Prominentenfotos auf der Titelseite einer Zeitschrift bedeutet nicht automatisch, dass das Bildnis nur zur Werbung eingesetzt wird. Werbung für ein Presseerzeugnis selbst steht zudem unter dem Schutz des Art. 5 Abs. 1 GG.[377] Wenn bspw. im Inneren des Blattes ein 122

368 *BVerfG* GRUR 2008, 539, 543 – Caroline von Monaco; NJW 2000, 1021, 1024 – Caroline von Monaco; *BVerfGE* 34, 269, 283 – Soraya; *BVerfG* AfP 2007, 121, 123; *BGH* AfP 2012, 53, 55; ZUM 2012, 140, 141 – Goldkinder; AfP 2009, 485, 487 – Rätselzeitschrift; GRUR 2009, 665 – Sabine Christiansen; GRUR 2009, 584, 586 – Andrea Casiraghi; AfP 2008, 507 – Shopping mit Putzfrau; AfP 2007, 121,123; NJW 2007, 1977; ZUM 2007, 858 – Oliver Kahn; GRUR 2007, 899 – Lebensgefährtin von Grönemeyer in Rom; vgl. auch *LG Koblenz* ZUM 2007, 951 – Das Verhör.

369 *BVerfG* GRUR 2008, 539, 543 – Caroline von Monaco; *BGH* AfP 2009, 485, 487; AfP 2008, 163; AfP 2007, 208.

370 *BVerfG* GRUR 2008, 539 – Caroline von Monaco; *BGH* AfP 2009, 485, 487; GRUR 2009, 86 – Erkrankung Ernst August; AfP 2008, 610.

371 *BGH* K&R 2017, 42, 43 – Regierender Bürgermeister; AfP 2013, 54, 56.

372 *BGH* GRUR 2009, 665, 666 – Sabine Christiansen; *BGH* AfP 2009, 485, 486 – Rätselzeitschrift.

373 *BGH* ZUM 2010, 701, 702 – Rosenball.

374 *BGH* AfP 2009, 485, 487 – Rätselzeitschrift; NJW 2002, 2317 – Marlene Dietrich II; 2000, 2195 – Marlene Dietrich; 2000, 2201 – Der blaue Engel; 1997, 1152 – Bob Dylan; 1992, 2084 – Werbefoto; 1956, 1154 – Paul Dahlke; *LG Berlin* NJW 1996, 1142; *LG München* ZUM 2003, 418; AfP 2004, 295 – Dieter Bohlen; vgl. aber auch *LG Frankenthal* ZUM 2004, 317 – Dieter Bohlen; *LG Hamburg* ZUM 2007, 156 – Joschka Fischer.

375 *BVerfG* NJW 2000, 1026 – Kundenzeitschrift; *BGH* NJW 1997, 1152 – Bob Dylan.

376 *BGH* ZUM 1997, 133 – Bob Dylan; 2007, 55 – Lafontaine; *OLG Hamburg* ZUM 2007, 210; ZUM 2007, 371.

377 Vgl. auch *OLG Hamburg* ZUM 2007, 210; *LG Köln* AfP 2010, 406, 407.

redaktioneller Textbeitrag vorliegt, auf den das Titelblatt verweist, so entfällt das Informationsinteresse nicht. Denn der unbefangene Durchschnittsbetrachter bringt das Bild zunächst mit dem Textbeitrag im Inneren des Blattes in Verbindung.[378] Allerdings darf sich der redaktionelle Text nicht darauf beschränken, einen beliebigen Anlass für die Abbildung des Prominenten zu schaffen.[379] Auch die Werbung für eine geplante Zeitung mit der Titelseite einer Nullnummer dieser Zeitung, auf der eine prominente Person abgebildet ist, verletzt nicht allein deshalb das Recht am eigenen Bild der Betroffenen, weil der zur Abbildung gehörende Artikel in der Werbung nicht lesbar ist und in der Zeitung nicht erscheinen sollte; eine solche Werbung ist grundsätzlich zulässig, wenn sie die Öffentlichkeit über Gestaltung und Inhalt der geplanten Zeitung informiert.[380] Auch in satirischer – meinungsbildender – Auseinandersetzung mit einem aktuellen politischen oder öffentlichen Ereignis kann ein anerkennenswertes Informationsinteresse liegen.[381] Schließlich verletzt die Abbildung eines Prominenten auf der Titelseite eines Werbetestexemplars einer geplanten Zeitung das Recht am eigenen Bild, solange noch keine erschienene Ausgabe der Zeitung vorliegt, auf die Bezug genommen werden kann.[382]

2.4 Postmortaler Bildnisschutz und seine Schranken

123 Gem. § 22 Abs. 3 KUG endet der Bildnisschutz des KUG 10 Jahre nach dem Tode des Abgebildeten. Dies gilt jedenfalls für die ideellen Bestandteile des Persönlichkeitsrechts.[383] Ein längerer Schutz kann sich ergeben, soweit es um vermögenswerte Bestandteile des Persönlichkeitsrechts geht (z.B. die kommerzielle Nutzungsmöglichkeit eines Bildnisses); dann sind die entsprechenden Interessen des Abgebildeten jedenfalls mindestens solange geschützt wie die 10-Jahres-Frist des § 22 S. 2 KUG.[384] Ein längerer Schutz der ideellen Interessen kann sich auch ergeben, wenn der Schutz der Menschenwürde nach Art. 1 Abs. 1 GG berührt ist. Denn dessen grundrechtlicher Schutz ist nicht abwägungsfähig.[385] Auch nach seinem Tode darf der Einzelne in seinem allgemeinen Achtungsanspruch nicht herabgewürdigt oder erniedrigt werden.[386]

124 Zur Wahrnehmung des Schutzes von Bildnissen Verstorbener sind hinsichtlich der vermögenswerten Bestandteile und der daraus resultierenden Ansprüche die Erben und bezüglich der ideellen Interessen nach § 22 S. 3 KUG die Angehörigen befugt. § 22 S. 4 KUG definiert, wer als Angehöriger anzusehen ist.

3. Schranken des Bildnisschutzes gem. § 23 Abs. 1 Nr. 2–4 KUG

125 Weitere Schranken des Bildnisschutzes ergeben sich aus § 23 Abs. 1–4 KUG, deren praktische Bedeutung – mit Ausnahme des Beiwerk des § 23 Abs. 1 Nr. 2 KUG – beschränkt ist.

378 *BGH* NJW-RR 1995, 789 – Kundenzeitschrift; vgl. *LG Hamburg* ZUM 2007, 156 – Joschka Fischer.
379 *BVerfG* GRUR 2008, 539, 543 – Caroline von Monaco; *BGH* AfP 2009, 484, 487 – Rätselzeitschrift; GRUR 2009, 86 – Erkrankung Ernst August; *LG Köln* AfP 2010, 406, 408.
380 *BGH* AfP 2011, 350 ff. – Günther Jauch; *BGH* AfP 2010, 237 – Der strauchelnde Liebling.
381 *BGH* ZUM 2007, 56 – Lafontaine; *BGH* AfP 2008, 598 – Dieter Bohlen/Lucky Strike; *EGMR* AfP 2015, 323 – Dieter Bohlen/Lucky Strike; vgl. aber auch *OLG Hamburg* ZUM 2007, 371.
382 *BGH* AfP 2009, 546.
383 Vgl. *OLG Hamburg* ZUM 2005, 168.
384 *BVerfG* WRP 2006, 1361 – Der blaue Engel; *BGH* NJW 2000, 2201 – Der blaue Engel.
385 *BVerfG* NJW 2001, 2957 – Kaisen.
386 *BVerfG* NJW 1971, 1645, 1647 – Mephisto; vgl. auch *OLG Hamm* AfP 2006, 261 – Ehrensache.

4. Schranken-Schranken gem. § 23 Abs. 2 KUG – Berechtigte Interessen des Abgebildeten in der Abwägung

4.1 Verletzung der Intimsphäre

Die Verletzung der Intimsphäre, z.B. die Veröffentlichung von Nacktaufnahmen,[387] ist grds. unzulässig. Ausnahmen sind in seltenen Fällen – z.B. besonderes Informationsinteresse oder Verhalten des Betroffenen – denkbar.[388] **126**

4.2 Verletzung der Privatsphäre

Der Schutzbereich des Rechtes auf Privatsphäre bemisst sich in dreifacher Hinsicht, nämlich thematisch, räumlich und zeitlich. Thematisch werden Vorgänge erfasst, die aufgrund ihres Informationsgehaltes als privat eingestuft werden, weil die Angelegenheit naturgemäß dem persönlichen Bereich zugeordnet wird oder ihr öffentliches Zeigen als unschicklich oder peinlich gilt. Der Fortschritt von Aufnahmetechnik, z.B. Handykameras, führt zu gesteigerten Risiken für die Persönlichkeitsrechte von Prominenten.[389] Das Alltagsleben gehört grundsätzlich zur Privatsphäre, so dass dann eine Abwägung mit dem Informationsinteresse der Allgemeinheit stattfinden muss (Restaurant-Besuch,[390] Verlassen der Wohnung, Schlendern durch die Straßen, Ski-Urlaub, Tennisspiel o.Ä.). **127**

Räumlich erstreckt sich der Schutz der Privatsphäre auf einen Bereich, in dem der Einzelne zu sich kommen, sich entspannen oder auch gehen lassen kann; in dem er die Möglichkeit hat, frei von öffentlicher Beobachtung und damit der von ihr erzwungenen Selbstkontrolle zu sein, auch ohne dass er sich dort notwendig anders verhielte als in der Öffentlichkeit.[391] Der häusliche Bereich ist eine solche geschützte Sphäre.[391] Wo die Grenzen der geschützten Privatsphäre außerhalb des Hauses verlaufen, lässt sich jedoch nicht generell und abstrakt festlegen.[392] Jedoch ist bei der Abwägung zugunsten des Persönlichkeitsrechts auch zu berücksichtigen, ob die Aufnahme etwa unter Ausnutzung von Heimlichkeit oder beharrlicher Nachstellung entstand.[393] **128**

---

387 *BGH* NJW 1985, 1617 – Nacktaufnahme; 1974, 1974 – Nacktaufnahme; *OLG Hamburg* NJW 1996, 1151 – TV-Star oben ohne; *OLG Frankfurt* NJW 2000, 594, 595 – Katharina Witt.

388 *OLG Frankfurt* NJW 2000, 594 – Katharina Witt; vgl. auch *OLG Hamburg* AfP 1992, 159 – Schauspielerin halb nackt; *LG Köln* AfP 2016, 370, 374 – Natascha Kampusch; *LG Berlin* AfP 2004, 455 (kein berechtigtes Informationsinteresse); *LG Hamburg* AfP 2007, 385 – Desirée Nick.

389 *BVerfG* GRUR 2008, 539 – Caroline von Monaco.

390 Vgl. *OLG Köln* AfP 2013, 512, 514.

391 *BVerfG* GRUR 2008, 539 – Caroline von Monaco; NJW 2000, 1021, 1022 – Caroline von Monaco.

392 *BVerfG* NJW 2000, 1021, 1022 – Caroline von Monaco. „[Die Grenzen] können vielmehr nur aufgrund der jeweiligen Beschaffenheit des Orts bestimmt werden, den der Betroffene aufsucht. Ausschlaggebend ist, ob der Einzelne eine Situation vorfindet oder schafft, in der er begründetermaßen und somit auch für Dritte erkennbar davon ausgehen darf, dem Blick der Öffentlichkeit nicht ausgesetzt zu sein. Das BVerfG bestätigte damit in der Sache die von Spöttern sog. „60-Watt-Rechtsprechung" des BGH in einem anderen Fall, in dem Caroline von Monaco mit ihrem damaligen Lebenspartner in einem mit Glühbirnen nur schummrig beleuchteten Lokal am Tisch saß. Zwar habe sich Caroline einer begrenzten Öffentlichkeit ausgesetzt, es sei jedoch offensichtlich gewesen, „dass die Klägerin bei dem Gespräch mit Vincent Lindon für sich sein und nicht den Blicken einer breiteren, unbestimmten Öffentlichkeit darbieten wollte." – *BGH* NJW 1996, 1128, 1130.

393 *BVerfG* GRUR 2008, 539 – Caroline von Monaco; *BGH* GRUR 2009, 86, 87 – Erkrankung Ernst August; AfP 2009, 51 – Karsten Speck; AfP 2008, 499, 502 – Heide Simonis; AfP 2008, 507 – Shopping mit Putzfrau.

4.3 Kinder- und Jugendschutz

129 Der Bereich, in dem Kinder sich frei von öffentlicher Beobachtung fühlen und entfalten dürfen, soll umfassender geschützt sein als derjenige von Erwachsenen.[394] Dazu zählt auch das Anonymitätsinteresse.[395] Dies folgt nicht nur aus dem die spezifische Eltern-Kind-Beziehung schützenden Art. 6 Abs. 1 GG, sondern auch aus dem eigenen Recht des Kindes aus Art. 2 Abs. 1 i.V.m. Art. 1 Abs. 1 GG.[396] Ein Schutzbedürfnis fehlt damit nur dann, wenn sich die Kinder allein oder gemeinsam mit den Eltern **bewusst der Öffentlichkeit zuwenden,** etwa an öffentlichen Veranstaltungen teilnehmen oder gar im Mittelpunkt solcher Veranstaltungen stehen[397] und die Berichterstattung einen ausreichenden Bezug zu der Veranstaltung als zeitgeschichtliches Ereignis aufweist.[398] Ein Anspruch darauf, die Veröffentlichung jeglicher Fotos eines bestimmten Minderjährigen bis zu dessen Volljährigkeit zu unterlassen, besteht nicht.[399]

4.4 Verletzung von Ehre und Ruf

130 Das Foto kann selbst oder mittels des Kontext, in den es gestellt wird, Ehre und Ruf beeinträchtigen.[400]

4.5 Verletzung des Wahrheitsschutzes

131 Der Bildnisschutz umfasst auch den Schutz vor entstellender oder verfälschender Darstellungen, sofern dies persönlichkeitsrechtsverletzten Charakter haben kann. Dies gilt verstärkt in Zeiten der digitalen Bildbearbeitung, insbesondere in Fällen der Fotomontage.[401] Allerdings verletzt eine erkennbare Fotomontage, sofern sie keine falschen Tatsachenbehauptungen erhält und auch nicht fototechnisch geändert wurde, nicht schon allein das Persönlichkeitsrecht einer so abgebildeten Person.[402] Auch das Ereignis, auf das sich das Bildnis bezieht, muss tatsächlich geschehen sein; Spekulationen rechtfertigen keinen Eingriff in das Recht am eigenen Bild.[403]

Die Entstellung kann aber auch durch irreführende Vertauschung der Bildfolge, durch Auslassung oder sonstige Entstellungen oder durch das Bildnis entstehende falsche Eindrücke bewirkt werden.[404]

4.6 Satire

132 Auch die Bildnisveröffentlichung ist ihrer satirischen Einkleidung zu befreien, um sodann den dahinter liegenden Aussagegehalt der bildlichen Darstellung zu ermit-

---

394 *BVerfG* NJW 2000, 1021, 1023 – Caroline von Monaco; 2000, 2191.
395 Vgl. *KG Berlin* AfP 2007, 374.
396 *BVerfG* GRUR 2008, 539 – Caroline von Monaco; NJW 2000, 2191.
397 *BVerfG* NJW 2000, 1021, 1023 – Caroline von Monaco.
398 *BGH* AfP 2013, 399 – Eisprinzessin Alexandra.
399 *BGH* AfP 2010, 60.
400 *OLG Hamburg* ArchPR 1972, 150 – Unzulässig war bspw. die Verbreitung eines Bildausschnittes eines Fußballbundesspielers, dessen Penis teilweise sichtbar war, mit der Wortkommentierung „Er überzeugte die 30 000 Zuschauer nicht nur von seinen sportlichen, sondern auch von seinen männlichen Qualitäten."
401 S. insbesondere im Zusammenhang mit Satire *BVerfG* WRP 2005, 595, 596 – Ron Sommer.
402 *LG München I* AfP 2015, 89, 90.
403 *KG Berlin* AfP 2007, 366.
404 *BGH* NJW 1958, 459 – Sherlock Holmes; vgl. auch *OLG Karlsruhe* NJW-RR 1990, 1928 – Unfallfoto.

teln.[405] Dabei ist der ermittelte Aussagekern der Prüfung, ob ein Persönlichkeitsrecht verletzt ist, und der Güterabwägung ebenso zu unterziehen wie auch die Einkleidung der Aussage. Auch diese – also beim Bildnisschutz die bildliche Darstellung selbst – ist gesondert daraufhin zu überprüfen, ob sie eine Kundgabe der Missachtung einer Person enthält oder auf andere Weise das Persönlichkeitsrecht verletzt.[406] So hatten die Gerichte zu prüfen, ob die Verwendung eines technisch manipulierten Fotos des Gesichts eines prominenten Klägers eine eigenständige Persönlichkeitsbeeinträchtigung bewirkt. Die Bildaussage werde jedenfalls dann unzutreffend, wenn das Foto über rein reproduktionstechnisch bedingte und für den Aussagegehalt unbedeutende Veränderungen hinaus verändert werde.[407] Diese Unwahrheit hat dann Auswirkungen auf die Güterabwägung, gerade auch bei der Verwendung von fotografischen Abbildungen in satirischen Kontexten, wenn nämlich die Manipulation dem Betrachter nicht erkennbar ist, so dass er die Veränderungen nicht als Teil der für satirische Darstellungen typischen Verfremdungen und Verzerrungen deuten und damit für seine Meinungsbildung bewertend einordnen kann.[408]

4.7 Anonymitätsverletzung

Das allgemeine Persönlichkeitsrecht umfasst auch das berechtigte Interesse auf Anonymität. 133
So besteht ein berechtigtes Interesse eines Straftäters, durch eine (identifizierende) Bildnisveröffentlichung nicht in seiner Resozialisierung gefährdet zu sein. Allerdings vermittelt das allgemeine Persönlichkeitsrecht Straftätern keinen Anspruch darauf, in der Öffentlichkeit überhaupt nicht oder nicht mehr mit der Tat konfrontiert zu werden.[409] Bei Tatverdächtigen gelten auch bei der Bildberichterstattung die Grundsätze der Verdachtsberichterstattung.

4.8 Leben, Körper, Gesundheit

Ein entgegenstehendes berechtigtes Interesse kann vorliegen, wenn die Bildnisveröf- 134
fentlichung zu einer nicht ganz fern liegenden **Gefährdung von Leben, Körper, Gesundheit, Freiheit oder Eigentum** führen kann (z.B. Gefährdungssituation bei Privatpersonen, wenn sie Rache oder der Gefahr einer Entführung[410] ausgesetzt sind oder die Identifikation eines Geheimagenten durch ein Bildnis).[411] Bei Sicherheitsgefährdung setzt dies aber voraus, dass sich die betroffene Person sonst bemüht hat, ihre öffentliche Identifizierung zu vermeiden und nicht selbsttätig in der Öffentlichkeit in Erscheinung getreten ist.[410]

---

405 *BVerfG* WRP 2005, 595, 596 – Ron Sommer; *OLG München* AfP 2009, 419, 420 – gekreuzigter Bundestrainer; *OLG Hamm* ZUM 2004, 390 – TV Total.

406 *BGH* WRP 2005, 595, 597 – Ron Sommer; *OLG München* AfP 2009, 419, 420 – gekreuzigter Bundestrainer; *OLG Hamm* ZUM 2004, 390 – TV Total.

407 *BVerfG* WRP 2005, 595, 597 – Ron Sommer; *OLG Hamm* ZUM 2004, 390 – TV Total.

408 *BVerfG* WRP 2005, 595, 597 – Ron Sommer.

409 Vgl. *BVerfG* NJW 2000, 1859, 1860 – Verfilmung Fall Lebach; *KG Berlin* AfP 2007, 376; für Online-Archive vgl. *BGH* AfP 2010, 77.

410 *BVerfG* NJW 2000, 2194 – Flick-Tochter.

411 *OLG München* AfP 1991, 435 – Geheimagent.

5. Das Caroline-Urteil des EGMR – Inhalt und „Einpassung" in das deutsche Rechtssystem – Das Hannover II-Urteil des EGMR

135 Streitgegenstand des Caroline-Urteil des EGMR waren einige Fotoserien, die Caroline von Monaco allein oder in Begleitung von Dritten in Privatsituationen zeigen, beispielsweise im Ski-Urlaub oder mit ihrem zeitweisen Lebensgefährten auf der Terrasse eines Restaurants.

136 Der Gerichtshof sah – anders als das BVerfG – durch die Fotos die Rechte von Caroline von Monaco aus Art. 8 EGMRK verletzt. Dabei sind in der Beurteilung des Umfangs der Privatsphäre keine wesentlichen Unterschiede zur bundesdeutschen Rspr. zu erkennen. Allerdings bestehen wesentliche Unterschiede hinsichtlich des – nach der EGMRK durch Art. 10 geschützten – Ausgleichs mit der freien Meinungsäußerung und Pressefreiheit. Der EGMR **schränkte damals noch den „Schutzbereich" der Pressefreiheit ein:**

137 „Der Gerichtshof ist der Ansicht, dass ein grds. Unterschied gemacht werden muss zwischen einer Berichterstattung über Fakten, die – selbst wenn sie kontrovers behandelt werden – geeignet sind, zu einer Debatte in einer demokratischen Gesellschaft beizutragen, wenn sie sich auf Politiker bspw. in Ausübung ihrer Ämter bezieht, und einer Berichterstattung über Einzelheiten zum Privatleben einer Person, die überdies solche Funktionen wie im vorliegenden Fall nicht ausübt. Wenn die Presse im ersten Fall auch ihre wesentliche Rolle als „Wachhund" in einer demokratischen Gesellschaft spielt und dazu beiträgt, „Ideen und Informationen zu Fragen von öffentlichem Interesse weiterzugeben", so trifft dies auf den zweiten Fall nicht zu. …"[412]

138 Ferner kritisiert der EGMR die Figur der in der „absoluten" Person der Zeitgeschichte als nicht eindeutig unterscheidbar zur „relativen" Person der Zeitgeschichte, da bei dieser Unterscheidung der Einzelne nicht genau wisse, wann er sich in welchem Schutzbereich befinde. Das Kriterium der örtlichen Abgeschiedenheit sei zudem in der Praxis zu vage.[413]

139 Soweit der EGMR das Informationsrecht der Öffentlichkeit vor allem bei Aspekten des Privatlebens von Personen des öffentlichen Lebens, insbesondere bei Politikern als gegeben ansieht, hat er dieses Recht seitdem weiter gestärkt. Nicht nur bekräftigte er, dass die Grenzen zulässiger Kritik bei Politikern oder der Regierung weiter gezo-

---

412 Der EGMR fuhr dann fort: „Selbst wenn es ein Informationsrecht der Öffentlichkeit gibt, das in einer demokratischen Gesellschaft als wesentlich gilt und sich unter bestimmten Umständen auch auf Aspekte des Privatlebens von Personen des öffentlichen Lebens erstrecken kann, insbesondere im Fall von Politikern …, so trifft dies auf die vorliegende Sache nicht zu. … Der Gerichtshof ist … der Auffassung, dass … die Veröffentlichung der streitgegenständlichen Fotos und Artikel, die nur dem Zweck dienten, die Neugier eines bestimmten Publikums im Hinblick auf Einzelheiten aus dem Privatleben der Beschwerdeführerin zu befriedigen, trotz des Bekanntheitsgrads der Beschwerdeführerin nicht als Beitrag zu einer Debatte von allgemeinem gesellschaftlichen Interesse angesehen werden kann. … Unter diesen Voraussetzungen gebietet die freie Meinungsäußerung eine weniger weite Auslegung. … Außerdem hat die Öffentlichkeit dem Gerichtshof zufolge kein legitimes Interesse daran zu erfahren, wo die Beschwerdeführerin sich aufhält und wie sie sich allgemein in ihrem Privatleben verhält, selbst wenn sie sich an Orte begibt, die nicht immer als abgeschieden bezeichnet werden können, auch wenn sie eine bekannte Persönlichkeit ist. Und selbst wenn ein solches Interesse der Öffentlichkeit bestünde, ebenso wie ein kommerzielles Interesse der Zeitschriften an der Veröffentlichung von Fotos und Artikeln, so haben diese Interessen nach Auffassung des Gerichtshofs im vorliegenden Fall hinter dem Recht der Beschwerdeführerin am wirksamen Schutz ihres Privatlebens zurückzutreten."; *EGMR* ZUM 2004, 651, 661 und 662.

413 *EGMR* ZUM 2004, 651, 662.

gen seien als bei Privatpersonen; zur journalistischen Freiheit gehöre auch die Möglichkeit einer gewissen Übertreibung und sogar Provokation.[414]

Das damalige Urteil hat Zuspruch und Kritik erfahren. Unabhängig vom inzwischen revidierten **völligen Ausschluss der unterhaltenden Presse** aus dem Schutzbereich der Pressefreiheit blieb der Gerichtshof damals **jede Begründung dafür schuldig, warum es jenseits von Parlamentsdebatte, Pressekonferenzen von Regierungen und vergleichbaren Ereignissen nicht auch profanere Themen gibt, die Menschen interessieren können.**[415] **140**

Das BVerfG stellte bereits mit einem Beschl. des 2. Senats vom 14.10.2004 in einer Familienrechtssache das dogmatische Verhältnis zwischen Urteilen des EGMR und der Rspr. der Mitgliedstaaten aus seiner Sicht klar.[416] Es gab den Instanzgerichten die folgende „Handreichung" mit: **141**

„Solange im Rahmen geltender methodischer Standards Auslegungs- und Abwägungsspielräume eröffnet sind, trifft deutsche Gerichte die Pflicht, der konventionsgemäßen Auslegung den Vorrang zu geben. Etwas anderes gilt nur dann, wenn die Beachtung der Entscheidung des Gerichtshofes etwa wegen einer geänderten Tatsachenbasis gegen eindeutig entgegenstehendes Gesetzesrecht oder deutsche Verfassungsbestimmungen, namentlich auch gegen Grundrechte Dritter verstößt. „Berücksichtigen" bedeutet, die Konventionsbestimmung in der Auslegung des Gerichtshofs zur Kenntnis zu nehmen und auf den Fall anzuwenden, soweit die Anwendung nicht gegen höherrangiges Recht, insbesondere gegen Verfassungsrecht verstößt. Die Konventionsbestimmung muss in der Auslegung des Gerichtshofs jedenfalls in die Entscheidungsfindung einbezogen werden, das Gericht muss sich zumindest gebührend mit ihr auseinandersetzen."

13 Jahre danach ist zu konstatieren, dass die bundesdeutsche Gerichtsbarkeit der Instanzgerichte, des BGH und des BVerfG[417] den „Spagat" zwischen EGMR und BVerfG insoweit bewältigt hat, dass – unter Aufrechterhaltung des dogmatischen Grundgerüsts – die Privatsphäre in der einzelfallbezogenen Güterabwägung ein größeres Gewicht erlangt hat. So wird weiter betont – anders als beim Ansatz des EGMR – dass auch die Unterhaltungspresse am verfassungsrechtlichen Schutzbereich **142**

414 *EGMR* NJW 2000, 591; *EGMR* AfP 2016, 24, 25 – Axel Springer.

415 *Grabenwarter* AfP 2004, 309, 311.

416 Danach stehen die EMRK und ihre Zusatzprotokolle als völkerrechtliche Verträge, denen der Bundesgesetzgeber mit förmlichen Gesetz gem. Art. 59 Abs. 2 GG zugestimmt hat, innerhalb der deutschen Rechtsordnung im Range eines Bundesgesetzes (vgl. auch *BVerfG* GRUR 2008, 539, 541 – Caroline von Monaco). Deutsche Gerichte haben die Konvention wie anderes Gesetzesrecht des Bundes im Rahmen methodisch vertretener Auslegung zu beachten und anzuwenden. Konventionstext und die Rechtsprechung des EGMR dienen auf der Ebene des Verfassungsrechts als Auslegungshilfen für die Bestimmung von Inhalt und Reichweite von Grundrechten. Das Grundgesetz erstrebe zwar die Einführung Deutschlands in die Rechtsgemeinschaft, verzichte aber nicht auf die im letzten Wort der deutschen Verfassung liegende Souveränität. Insofern widerspreche es nicht dem Ziel der Völkerrechtsfreundlichkeit, wenn der Gesetzgeber ausnahmsweise das Völkervertragsrecht nicht beachtet, sofern nur auf diese Weise ein Verstoß gegen die tragenden Grundsätze der Verfassung abzuwenden sei. Bei der Berücksichtigung von Entscheidungen des Gerichtshofs haben die staatlichen Organe die Auswirkungen auf die nationale Rechtsordnung in ihre Rechtsanwendung einzubeziehen. Dies gelte – teilt das BVerfG mit erkennbarem Seitenblick zum Persönlichkeitsrecht mit – insbesondere dann, wenn es sich um ein in seinen Rechtsfolgen ausbalanciertes Teilsystem des innerstaatlichen Rechts handele, das verschiedene Grundrechtspositionen miteinander zum Ausgleich bringen wolle.

417 Grundlegend *BVerfG* GRUR 2008, 539 – Caroline von Monaco.

teilhabe,[418] wenn auch bei der Abwägung zu berücksichtigen sei, ob mit der Veröffentlichung lediglich private Interessen zur Befriedigung der Neugier verfolgt würden.[419] Es bestehe auch – bei Beachtung der stets noch notwendigen Einzelfallprüfung – kein Anlass, den Begriff der „absoluten Person der Zeitgeschichte“ fallen zu lassen.[420] Allerdings wird auch bei solchen Personen von den Gerichten nun in höherem Maße ein besonderes Informationsinteresse der Öffentlichkeit und ein Kontextbezug zu einem ein solches Interesse auslösenden Ereignis verlangt. Bereits bei der Auslegung des Tatbestandsmerkmals „aus dem Bereich der Zeitgeschichte“ sei eine Abwägung der widerstreitigen Grundrechte erforderlich.[421] **Das Merkmal des Informationsinteresses der Öffentlichkeit rückt damit in zunehmendem Maße in den Mittelpunkt der Abwägung.**[422] Dabei muss auch der Kontext mit einer zugehörigen Wortberichterstattung berücksichtigt werden.[423] Die Frage, ob die Instanzgerichte an die Rechtsprechung des BVerfG zur örtlichen Abgeschiedenheit als dessen tragende Gründe gebunden seien, ist zu Gunsten einer gelockerten Bindung zu beantworten.[424]

143 Inzwischen hat auch der EGMR seine Rechtsprechung relativiert und ist der Rechtsprechung des BVerfG entgegengekommen. Im Urteil Hannover II, das sich mit verschiedenen Bildberichterstattungen über Caroline und Ernst August von Hannover befasste, hat der EGMR den Mitgliedstaaten bei der Abwägung zwischen der Meinungsfreiheit und dem Recht auf Privatleben „einen gewissen Ermessensspielraum“ zugestanden.[425] Nähmen diese die Abwägung nach den vom EGMR vorgegebenen Kriterien vor, bedürfte es überzeugender Gründe, damit das EGMR die Entscheidung korrigiere.[426] Dabei wurden in der Entscheidung nun Caroline und Ernst August von Hannover als Personen des öffentlichen Lebens anerkannt und es wurde zugleich festgestellt, dass sich unter speziellen Umständen das öffentliche Informationsinteresse auch auf das Privatleben von Personen des öffentlichen Lebens erstrecken kann.[427] Abwägungskriterien könnten im Übrigen sowohl das vorangegangene Verhalten des Betroffenen als auch Inhalt, Aufmachung und Folgen der Veröffentlichung sein sowie die Umstände, unter denen das Foto aufgenommen wurde.[428] Auch bestätigte des EGMR die Rechtsprechung des BVerfG, wonach der Informationswert des Fotos im Licht des begleitenden Textberichts beurteilt werden kann.[428] Dabei hat der EGMR im Hannover II-Urteil auch seine Anforderungen an das Informationsinteresse der Öffentlichkeit und die Rolle der Presse präzisiert. Die Presse habe die Pflicht und

---

418 *BVerfG* WRP 2006, 1365, 1368 – Anke S.; *BGH* AfP 2007, 121, 123; *KG Berlin* AfP 2004, 564 – Herbert Grönemeyer und Freundin; ZUM 2005, 561, 562 – Abbildung der Potsdamer Villa von Günter Jauch; *LG Berlin* AfP 2006, 394 – Hochzeit Günter Jauch.

419 *BVerfG* ZUM 2006, 632; WRP 2006, 1365, 1368 – Anke S.; *BGH* AfP 2007, 121, 123.

420 *BVerfG* ZUM 2006, 632; *KG Berlin* AfP 2004, 564, 565.

421 *BVerfG* GRUR 2008, 539 – Caroline von Monaco; *BGH* AfP 2007, 121, 123.

422 *BVerfG* GRUR 2008, 539 – Caroline von Monaco ; vgl. *BGH* AfP 2007, 121, 124.

423 *BVerfG* AfP 2017, 147, 148; GRUR 2008, 539 – Caroline von Monaco; *BGH* GRUR 2009, 665, 666 – Sabine Christiansen; GRUR 2009, 584, 586 – Andrea Casiraghi; GRUR 2009, 86 – Erkrankung Ernst August; AfP 2009, 51 – Karsten Speck.

424 Für eine gelockerte Bindung im Hinblick auf die Völkerrechtsfreundlichkeit der Verfassung, *BGH* ZUM 2007, 470, 473; GRUR 2007, 899 – Lebensgefährtin von Grönemeyer in Rom.

425 *EGMR* K&R 2012, 179, 182 – Hannover II.

426 *EGMR* AfP 2016, 24, 25 – Axel Springer; 2015, 137 ff.; 2014, 430; *EGMR* K&R 2012, 179, 182 – Hannover II.

427 *EGMR* K&R 2012, 179, 183 – Hannover II; vgl. auch *EGMR* 2015, 137 für Hochzeitsfotos bekannter Künstler.

428 *EGMR* K&R 2012, 179, 183 – Hannover II.

Verantwortung, Informationen und Ideen zu allen Fragen des allgemeinen Interesses zu übermitteln und Fotos zu veröffentlichen; auch soweit sie sich z.B. mit dem Trend berühmter Persönlichkeiten befasse, Feriendomizile zu vermieten, beteilige sie sich an einer Debatte von allgemeinem Interesse.[429] Mit dem Hannover II-Urteil und dem Hannover III-Urteil sind vorläufige „Schlusssteine" unter die Diskussion über etwaige Divergenzen zwischen EGMR einerseits und BVerfG andererseits gesetzt. Beide Gerichte haben ihre Rechtsprechung anhand der Rechtsprechung des jeweils anderen Gerichtes überprüft und sich durch die Verlagerung von Gewichtungen und Akzentuierungen und durch Veränderung wichtiger Nuancen einander wesentlich angenähert, was der Rechtsicherheit äußerst dienlich ist. Der EGMR hat eine entsprechende Haltung auch für die Wortberichterstattung bestätigt.[430]

6. Strafrechtliche Folgen der Verletzung des Bildnisschutzes – §§ 201a StGB, 33 KUG

Mit § 201a StGB besteht seit dem 6.8.2004 ein eigener Straftatbestand bei Verletzung des höchst persönlichen Lebensbereichs durch Bildaufnahmen. Die Vorschrift ist im Einzelnen hoch umstritten.[431] § 201a Abs. 1 StGB schützt gegen das unbefugte Herstellen und Übertragen von Bildaufnahmen von Personen, die sich in einer Wohnung oder einem gegen Einblick besonders geschützten Raum befinden, falls dadurch der höchst persönliche Lebensbereich dieser Personen verletzt wird. Der Begriff des höchst persönlichen Lebensbereichs ist dabei dem StGB neu. Der Gesetzgeber wollte damit den Straftatbestand auf denjenigen Bereich privater Lebensgestaltung beschränken, in dem eine Abwägung zwischen dem Interesse der Allgemeinheit und dem Schutzinteresse des Einzelnen, wie sie bei einem Eingriff in die sonstigen persönlichen Lebensbereiche erforderlich ist, nicht stattfindet.[432] Dabei orientierte er sich an dem in der zivilrechtlichen Rspr. näher ausgeformten Begriff der Intimsphäre, mit dem er aber nicht identisch sein soll.[433] Die vom allgemeinen Persönlichkeitsrecht geschützte Privatsphäre fällt jedenfalls nicht unter dem Begriff des höchst persönlichen Lebensbereiches.[434] Die Bildaufnahmen müssen von Personen sein, die sich in einer Wohnung oder einen gegen Einblick besonders geschützten Raum befinden. Die Vorschrift will nur den „letzten Rückzugsbereich" des Einzelnen schützen. Damit unterfallen dem Begriff keine Räumlichkeiten, die einer beschränkten Öffentlichkeit zugänglich sind, wie etwa Geschäfts- oder Diensträume, Hotelhallen oder Flure.[434] Dagegen sind Toiletten, Umkleidekabinen oder ärztliche Behandlungszimmer geschützt. Als gegen Einblick besonders geschützter Raum soll nach der Gesetzesbegründung auch ein Garten fallen, sofern dieser durch eine hohe undurchdringliche Hecke, Zaun oder 144

429 *EGMR* AfP 2013, 500 ff. Hannover III.

430 *EGMR* AfP 2016, 24, 25 – Axel Springer.

431 *Sauren* ZUM 2005, 425; *Hesse* ZUM 2005, 432; *Obert/Gottschalk* ZUM 2005, 436; *Vogel* ZUM 2005, 449; *Hoppe* GRUR 2005, 990; *Flechsig* ZUM 2004, 605; *Wendt* AfP 2004, 181; *Kühl* AfP 2004, 190.

432 BT-Drucks. 15/2466, 5, 1. Spalte.

433 Nach der Gesetzesbegründung sollten mit dem Begriff der Intimsphäre verbundene möglicherweise einher gehende Assoziationen auf die Bereiche Sexualität und Nacktheit vermieden werden; vgl. auch *Flechsig* ZUM 2004, 605, 607; *Obert/Gottschalk* ZUM 2005, 436, 438 sprechen sich für eine eng an den Begriff der Intimsphäre orientierte Auslegung aus.

434 *Flechsig* ZUM 2004, 605, 610.

Mauer gegen Einblicke geschützt ist. Das Fotografieren eines Rechtsanwalts vom Nachbargrundstück, der in seiner Kanzlei hinter einem vorhanglosen Fenster stand, stellte keinen Verstoß dar. Die Kanzlei war weder Wohnung noch ein gegen Einblick besonders geschützter Raum.[435]

145 Verletzungshandlung ist das unbefugte Herstellen oder Übertragen von Bildaufnahmen. Mit Herstellung ist grds. jegliche Abbildungsvervielfältigung erfasst durch beliebige Bildträger, Bildaufnahmegeräte oder andere technische Mittel. Das Tatbestandsmerkmal des „Übertragens" ist unklar und wird weder durch Gesetz noch Gesetzbegründung definiert.

146 Nach § 201a Abs. 2 StGB wird ebenso bestraft, wer eine durch eine Tat nach Abs. 1 hergestellte Bildaufnahme gebraucht oder Dritten zugänglich macht. Damit sind der Gebrauch und die Weitergabe von Aufnahmen erfasst, die durch eine Tat nach Abs. 1 hergestellt wurde. § 201a Abs. 3 StGB bestraft das wissentlich unbefugte Weitergeben einer befugten Abbildung im Rückzugsbereich des Einzelnen, wenn dadurch dessen höchst persönlicher Lebensbereich verletzt wird. § 201a Abs. 4 i.V.m. § 74a StGB regelt die Möglichkeit, die verwendeten technischen Mittel einzuziehen.

147 § 201a StGB wurde als Antragsdelikt ausgestaltet und in § 205 StGB einbezogen. Der Einzelne, um dessen höchst persönlichen Lebensbereich es geht, soll selbst entscheiden können, ob er ein strafrechtliches Verfahren in Gang setzt oder nicht. Für den Strafantrag gelten die §§ 77, 77b StGB, §§ 206a, 260 Abs. 3 StPO. § 201a StGB ist jedoch kein Privatklagedelikt nach § 374 Abs. 1 StPO.

148 Die rechtspolitische Notwendigkeit des § 201a StGB war beim Gesetzgebungsverfahren heftig umstr., stand doch mit § 33 KUG ein teils weiterer, teils engerer Straftatbestand zur Verfügung. Der Schutz des § 33 KUG ist zum einen weiter, weil nicht nur Bildnisse, die den höchst persönlichen Lebensbereich betreffen, erfasst werden, zum anderen enger, weil bloße Herstellung des Bildnisses nicht erfasst war.

149 Weder die Vorschrift des § 33 KUG noch die Vorschrift des § 201a StGB haben seit ihrer Einführung eine praktische Rolle gespielt.

VI. Fotos von Sachen

150 Abbildungen von Sachen sind Bilder und unterfallen damit nicht dem Bildnisschutz nach § 22 KUG. Als verletzte Rechte Dritter kommen insbesondere Persönlichkeits-, Eigentums-,[436] Urheber-, Wettbewerbs-, Marken- und Hausrechte in Betracht. Eine Persönlichkeitsrechtsverletzung kann vorliegen, wenn die Verbreitung der Aufnahme

435 *OLG Karlsruhe* AfP 2006, 262, 263.

436 Eigentumsrecht berührt bei Fotografien von Gebäuden und anschließender gewerblicher Verwertung, wenn Fotografien von dem Grundstück aus aufgenommen wurden, *BGH* AfP 2011, 156; 2011, 158; 2011, 160.

eine Verletzung der Privat- oder sogar der Intimsphäre bedeutet.[437] Auch das Unternehmensrecht kann berührt sein, da sich ihre Sphäre auch auf die dem Hausrecht unterliegenden Bereiche erstreckt, z.B. wenn gegen den Willen des Berechtigten im räumlichen Bereich Film- und Fotoaufnahmen gefertigt werden.[438]

D. Die zivilrechtlichen Anspruchsgrundlagen

Die in der Praxis dominierenden Anspruchsgrundlagen sind der Unterlassungsanspruch, der Geldentschädigungsanspruch und der Gegendarstellungsanspruch. Weitere wichtige Anspruchsgrundlagen sind Berichtigungs-, Schadenersatz- und Bereicherungsansprüche. **151**

I. Der Unterlassungsanspruch

1. Voraussetzungen

Der aus § 1004 BGB entwickelte quasi-negatorische Unterlassungs- und Beseitigungsanspruch ist ein **höchst persönlicher Anspruch** und **nicht übertragbar.** Neben dem Anspruch auf Unterlassung weiterer Störungen kann er auch in entsprechender Anwendung von § 1004 Abs. 1 S. 1 BGB auf die Beseitigung eines durch eine unwahre Tatsachenbehauptung geschaffenen Zustandes fortdauernder Rufbeeinträchtigung gerichtet sein.[439] Neben der Beseitigung in Form des Berichtigungsanspruches kann der Betroffene bei im Internet abrufbaren Tatsachenbehauptungen den Störer auch zu Löschung bzw. zum Hinwirken auf Löschung in Anspruch nehmen.[439] Der Anspruch unterliegt identischen sachlich rechtlichen und beweismäßigen Voraussetzungen wie die ansonsten anerkannten Rechtsbehelfe; er kann nur verlangt werden, wenn und soweit die Behauptungen nachweislich falsch sind und die Abhilfemaßnahmen der Löschung unter Abwägung der beidseitigen Rechtspositionen geeignet, erforderlich und dem Störer zumutbar ist.[440] **152**

Der Unterlassungsanspruch setzt **Wiederholungs- oder Begehungsgefahr** voraus. Es ist strittig, ob die im Bereich des Wettbewerbsrechts entwickelte Rechtsprechung, dass **153**

---

437 *OLG Brandenburg* NJW 1999, 3339 – Wessi-Kuckuck; Wiedergabe des Wohnhauses eines Prominenten in einem Fernsehbeitrag zulässig, wenn keine genaue Ortsbeschreibung, *OLG Hamburg* AfP 2006, 182; unzulässig im Fall der Angabe des Stadtteils, *OLG Hamburg* AfP 2005, 75; unzulässig bei näheren Details, die Identifikation des Standorts erleichtern, *AG Charlottenburg* AfP 2009, 91 (problematisch); zulässig bei Berichterstattung über die Wohnverhältnisse eines ehemaligen Außenministers, *BGH* AfP 2009, 392; unzulässig, wenn kein ausreichendes öffentliches Interesse besteht („Die Villa in Potsdam ist der einzige Luxus, den sich die Familie leistet"), *KG* Berlin ZUM 2005, 561; kein Eingriff, wenn Wohnverhältnisse lediglich so präsentiert werden, wie sie jeder Passant sehen kann, *LG Berlin* AfP 2004, 149; vgl. auch *LG Berlin* AfP 2004, 152; zu Luftbildaufnahmen von (Ferien-) Domizilen Prominenter samt Wegbeschreibung *BVerfG* ZUM 2006; 633; vgl. *BGH* NJW 2004, 766.

438 *OLG München* AfP 1992, 78.

439 *BGH* AfP 2015, 425, 426.

440 *BGH* AfP 2015, 425, 427.

die Wiederholungsgefahr nach erfolgtem rechtswidrigen Eingriff grds. zu vermuten ist, auf das Presserecht in voller Schärfe übertragen werden kann.[441]

154 Wiederholungsgefahr besteht nicht, wenn die ursprüngliche Äußerung rechtmäßig erfolgte (z.B. bei Verdachtsberichterstattung oder wegen Wahrnehmung berechtigter Interessen). Stellt sich nachträglich heraus, dass die Äußerung – das hypothetische Wissen um ihre Unzulässigkeit unterstellt – unzulässig gewesen wäre, so kann höchstens noch Begehungsgefahr bestehen. Diese muss jedoch konkret festgestellt werden.[442]

155 Erscheinen in einem Verlag mehrere Publikationen, besteht regelmäßig nur die Gefahr, dass die konkrete Publikation die Behauptung wiederholen wird. Dies gilt jedenfalls dann, wenn die einzelnen Redaktionen der verschiedenen Publikationen voneinander getrennt sind. Der Tenor der Unterlassungsverpflichtungserklärung kann auf Unterlassen „in der X-Zeitung" beschränkt werden. Andernfalls muss die Wiederholungsgefahr für die andere Publikation besonders belegt werden.[443]

156 Liegt die Wiederholungsgefahr einmal vor, besteht sie in der Regel solange fort, bis der Äußernde oder der Verbreiter eine ernsthafte, nicht abweichende **strafbewehrte Unterlassungserklärung** abgegeben hat.[444] Ausnahmen können je nach Einzelfall bestehen. Die Wiederholungsgefahr bei Bildunterschriften kann z.B. durch Abgabe der Unterlassungserklärung für die Fotos entfallen.[445] I.d.R. wird z.B. die Wiederholungsgefahr entfallen, wenn der Äußernde eine Richtigstellung veröffentlicht hat.[446] Von der Absicht der Richtigstellung ist der Betroffene vorab nicht zu unterrichten.[447]

157 Auch wenn Meldungen von Behörden oder Nachrichtenagenturen veröffentlicht werden, die von diesen anschließend öffentlich korrigiert werden, ist nicht ohne Hinzutreten besonderer Umstände davon auszugehen, dass nach der Korrektur die Äußerungen wiederholt werden bzw. Begehungsgefahr besteht.[448]

158 Eine Unterlassungs-Erklärung hat **grds. uneingeschränkt, bedingungslos und unwiderruflich** zu erfolgen.[449] Zulässig ist jedoch die Bedingung, wonach das Versprechen nur für die Dauer eines allgemein verbindlichen Verbots gilt, das auf Gesetz oder höchst richterlicher Rechtsprechung oder einer bestimmten Verbotsrechtssprechung eines

---

441 Dafür: *OLG Frankfurt* NJW 2002, 1277, 1278; *OLG München* NJW-RR 2003, 111; einschränkend *KG Berlin* 22.12.2008 – 10 U 117/08: „Dieser Grundsatz [Wegfall der Wiederholungsgefahr ohne Abgabe einer Unterlassungserklärung allenfalls in ganz ungewöhnlichen Ausnahmefällen denkbar] gilt auch für den deliktischen Unterlassungsanspruch, jedoch nicht in gleicher Strenge. Während im Bereich des Wettbewerbsrechts die Verletzungshandlungen in der Regel dadurch geprägt sind, dass der Verletzer starke wirtschaftliche Interessen verfolgt, ist die Motivation des Verletzers im deliktischen Bereich vielfältiger Art. Dem ist bei der Bemessung der Anforderungen an die Entkräftung der Vermutung der Wiederholungsgefahr Rechnung zu tragen."

442 *BGH* NJW 1987, 2225, 2227 – Chemiegift.

443 *OLG Hamburg* ArchPR 1975, 111, 112; *OLG München* AfP 1983, 276, 278; a.A. Wenzel/*Burkhardt* § 12 Rn 17.

444 *OLG München* AfP 2004, 60.

445 *OLG Frankfurt* AfP 2006, 74.

446 *OLG Karlsruhe* AfP 1989, 572; *OLG Köln* WRP 1983, 226, 229; AfP 1989, 764; 1993, 744; *LG Hamburg* AfP 2011, 80, 82; a.A. *OLG Hamburg* v. 5.11.2002 – 7 U 40/02 – Schröders Haare; *KG Berlin* AfP 2010, 85; Urteil v. 22.12.2008 – 10 U 117/08; AfP 2005, 78.

447 *LG Hamburg* AfP 2011, 80, 82.

448 Vgl. *KG Berlin* 22.12.2008 – 10 U 117/08; *LG Oldenburg* AfP 1988, 79.

449 *BGH* NJW 1996, 723; vgl. auch *OLG Hamburg* AfP 2003: Auf Verbreiten beschränkte Erklärung räumt nicht Wiederholungsgefahr für Unterlassen aus.

OLG beruhen kann.[450] Bei Sachverhalten, in denen eine Tatsachenbehauptung nicht erweislich war oder unwahr ist, aber z.B. die Sorgfaltspflicht verletzt wurde, ist es zulässig sich vorzubehalten, die fragliche Äußerung zu wiederholen, falls sich herausstellt, dass der angenommene Sachverhalt sich im Zuge eines konkreten, bereits anhängigen Gerichtsverfahren als wahr erweist.

Mit der korrekten Unterlassungs-Erklärung erlischt der materiellrechtliche Anspruch. 159
Die Erklärung selbst ist ein abstraktes Schuldanerkenntnis, das die erloschene gesetzliche Unterlassungsschuld durch eine vertragliche Unterlassungsverpflichtung ersetzt.[451] Durch die Annahme der Unterlassungserklärung kommt ein Vertrag i.S.v. § 311 BGB zustande. In der Praxis wird häufig auf den Zugang der Annahmeerklärung verzichtet. Dies ist jedenfalls dann der Fall, wenn die Erklärung vom Geforderten nicht oder nicht wesentlich abweicht.[452] In der inhaltlichen Ausgestaltung eines Unterlassungsvertrages sind die Parteien grds. frei.[453]

Die Konventionalstrafe muss angemessen sein. In äußerungsrechtlichen Angelegen- 160
heiten ist regelmäßig ein Wert über 5 000 EUR absolut üblich. Häufig wird der sog. „Hamburger Brauch" gepflegt, nach der dem Verletzten eingeräumt wird, die **Höhe der Vertragsstrafe** bestimmen zu lassen, was nach § 315 BGB im Zweifel nach beliebigem Ermessen zu geschehen hat, um die Bestimmung dann einer gerichtlichen Überprüfung zuführen lassen zu können.[454]

Die Auslegung eines Unterlassungsvertrages richtet sich nach den allgemeinen für 161
die Vertragsauslegung geltenden Regeln; in der Revision wird überprüft, ob im Berufungsverfahren gesetzliche Auslegungsgrundsätze, Denkgesetze, Erfahrungssätze oder Verfahrensvorschriften verletzt wurden.[455] Wird gegen eine abgegebene Unterlassungserklärung verstoßen, so entsteht erneute Wiederholungsgefahr. Außer der Konventionalstrafe kann die Übernahme der Verpflichtung zur Zahlung einer (erheblich) höheren Vertragsstrafe gefordert werden. Ob statt dessen das Rechtschutzbedürfnis für eine neue Unterlassungsklage bestünde – soweit die Erklärung nicht unter einer auflösenden Bedingung abgeschossen, aufgehoben oder angefochten wurde –, ist strittig.[456]

Der Vertrag über die Unterlassungs-Erklärung kann grds. nur durch **Kündigung aus** 162
wichtigem Grund aus der Welt geschafft werden.[457] Die Kündigung wirkt lediglich ex nunc. Bis zur Wirksamkeit der Kündigung besteht die Vertragsstrafenverpflichtung

---

450 *BGH* NJW-RR 1993, 1000 – Bedingte Unterwerfung; 1997, 1706 – Altunterwerfung II.

451 *BGH* NJW 1998, 2439, 2440 – Altunterwerfung III. Infolgedessen bedarf die Erklärung der Schriftform des § 780 BGB mit Ausnahme § 350 HGB.

452 Vgl. *BGH* NJW-RR 2002, 1613 – Teilunterwerfung; kein Annahme- und Zugangsverzicht bei eingeschränkter Erklärung *OLG Karlsruhe* AfP 2009, 270; *LG Konstanz* 30.4.2008 – 3 O 422/07 B.

453 *BGH* GRUR 2006, 878 – Rn. 14 ff.; AfP 2015, 33, 34.

454 Vgl. *BGH* GRUR 1978, 192 – Hamburger Brauch; vgl. aber auch *LG München* AfP 2007, 502: Kein „Hamburger Brauch" mehr bei Abgabe einer zweiten Verpflichtungserklärung nach Verstoß; zur Berücksichtigung, dass ein zu unterlassender Artikel nur noch über eine „Such"-Funktion oder bei Kenntnis des genauen Zugriffspfades abrufbar ist, vgl. *LG Berlin* AfP 2009, 86.

455 *BGH* AfP 2015, 33, 34.

456 Vgl. *OLG Düsseldorf* WRP 1970, 71, 72; *OLG Hamburg* GRUR 1974, 108, 109; *OLG Köln* AfP 1987, 436.

457 Vgl. *Gottschalk* GRUR 2004, 827.

fort.[458] Auf die Kündigung findet § 626 Abs. 2 S. 1 BGB keine Anwendung.[459] Die Frist ist großzügig zu bemessen.[460] Ein Wegfall der Geschäftsgrundlage ist nur bei Änderung der Gesetzeslage oder der höchstrichterlichen Rspr. denkbar.[461]

163 Droht eine Rechtsverletzung, so kann ein Unterlassungsanspruch wegen Begehungsgefahr entstehen. In diesem Fall besteht Gelegenheit zur **vorbeugenden Unterlassungsklage.** Eine bloße Recherche begründet für sich betrachtet noch keine Begehungsgefahr.[462] Auch die Nachfrage nach der Identität eines Beschuldigten bei Gericht begründet noch nicht den Verdacht, dass die Identität auch tatsächlich in der Veröffentlichung aufgedeckt wird.[463] Liegt dem Verletzten ein fertig formulierter Artikel vor, wird die Begehungsgefahr zu bejahen sein; bei Vorfassungen ist das zweifelhaft. Kann ein Manuskript nicht vorgelegt werden, muss der tatsächliche Inhalt der vermuteten Äußerung glaubhaft gemacht werden. Dies ist in aller Regel nicht möglich, weil sich die Unterlassung in aller Regel gerade im Äußerungsrecht auf eine konkrete Äußerung im Gesamtkontext zu beziehen hat. Filmaufnahmen von Fernsehjournalisten begründen in der Regel noch keine Begehungsgefahr. Der konkrete Beitrag kann vor journalistischer Ausarbeitung und Schnitt der Sendung noch nicht bewertet werden.[464]

2. Anspruchsberechtigte

164 Anspruchsberechtigter ist derjenige, dessen rechtliche Sphäre verletzt oder bedroht wurde. Individuelle Betroffenheit setzt Erkennbarkeit voraus. Mittelbare Verletzung reicht nicht aus.[465] Sind mehrere Personen betroffen, so steht jedem selbständig ein Anspruch zu.

3. Anspruchsverpflichtete

165 Anspruchsverpflichtet ist jeder Störer, mithin jeder, der willentlich und adäquat kausal an der Beeinträchtigung mitgewirkt hat.[466] Dabei wird im Rahmen des § 1004 BGB auch derjenige als – unmittelbarer – Störer bezeichnet, der nach seiner Art des Textbeitrages sonst als Täter oder Teilnehmer anzusehen wäre.[467] Hinsichtlich der Verbreitung ist die Haftung eingeschränkt.[468] Passiv legitimiert sind insbesondere der Autor,

458 *BGH* NJW 1997, 1702 – Altunterwerfung I.
459 *BGH* NJW 1997, 1706 – Altunterwerfung II.
460 Wenzel/*Burkhardt* § 12 Rn. 33; „angemessene Frist" *LG Berlin* AfP 2003, 369.
461 *LG Berlin* AfP 2003, 369; eine andere rechtliche Beurteilung eines anderen Instanzgerichtes reicht jedenfalls nicht aus, *BGH* WRP 2010, 772.
462 *OLG Koblenz* AfP 2008, 213; *OLG Frankfurt* AfP 2003, 63; *OLG Hamburg* AfP 2000, 188; 1992, 279.
463 *OLG Frankfurt* AfP 2003, 63; wohl aber die konkrete Aussage eines Journalisten, er werde ein bestimmtes Foto oder konkrete Daten über den Lebenslauf eines Betroffenen veröffentlichen, *LG Köln* AfP 2003, 173.
464 Vgl. *BGH* NJW 1998, 2141; vgl. *OLG Hamburg* ZUM 2000, 163; vgl. auch *LG Stuttgart* AfP 2003, 471; unrichtig deshalb *OLG München* AfP 1992, 78, 80 (Filmaufnahmen in Kanzleiräumen eines Rechtsanwalts gegen dessen ausdrücklich erklärten Willen).
465 Für die mangelnde Betroffenheit nur aufgrund der Zugehörigkeit zu einer Adelsfamilie vgl. *LG Berlin* AfP 2013, 71, 73.
466 *BGH* NJW 1997, 2180; AfP 1998, 624 – Möbelklassiker; AfP 2015, 425, 427.
467 *BGH* AfP 2015, 427, 428.
468 Vgl. auch für die Haftung eines deutschen Vertreibers einer im Ausland verlegten Zeitschrift *OLG München* AfP 2001, 140.

der Verleger, mithin also der Verlag, in dem eine Druckschrift erscheint bzw. eine Rundfunkanstalt, die die Ausstrahlung einer Sendung ermöglicht. Der Herausgeber, dessen Aufgabe in der Regel auf die Überwachung der Tendenz einer Zeitung und die geistige Oberleitung der Veröffentlichung von Beiträgen gerichtet ist,[469] haftet in der Regel nicht. Ausnahmen bestehen nur dann, wenn er an dem angegriffenen Beitrag konkret in irgendeiner Weise mitgewirkt hat. Inwieweit der Chefredakteur für nicht von ihm selbst redigierte Beiträge haftet, richtet sich nach den ihm vom Verleger zugewiesenen Aufgaben und danach, wie detailliert das Arbeitsgebiet der Ressort-Redakteure abgegrenzt ist.[470] Hat der Chefredakteur im Wesentlichen nur zu koordinieren, so scheidet eine zivilrechtliche Verantwortlichkeit aus. Der „verantwortliche Redakteur" ist als solcher „verantwortlich" durch die Benennung im Impressum. Diese dient der Durchsetzung des staatlichen Strafanspruchs, besagt aber nichts über die tatsächliche Funktion in Bezug auf die Inhaltsprüfung. Sind solche Pflichten jedoch tatsächlich übertragen worden, haftet er auch zivilrechtlich.[471] Beim Vorgehen gegen den angestellten Redakteur wird vertreten, dass es bei einstweiligem Rechtsschutz an einem Verfügungsgrund fehle, weil davon auszugehen sei, dass die angegriffene Äußerung durch das Publikationsorgan des Arbeitgebers weiterhin erfolgt und die Beeinträchtigung durch den Erlass einer einstweiligen Verfügung deshalb nicht beseitigt werden könne.[472]

Bei mehreren Störern steht dem Verletzten ein selbständiger Anspruch gegen jeden **166**
Störer zu.

4. Prozessuale Besonderheiten des Unterlassungsanspruchs

Grds. betrifft der Anspruch **nur die konkrete Verletzungshandlung.**[473] Auch muss zwi- **167**
schen Behaupten und Verbreiten unterschieden werden. Häufig verwendet wird die Formulierung „behaupten und/oder behaupten lassen und/oder verbreiten und/oder verbreiten lassen."[474]

Bei verdeckten Behauptungen empfiehlt sich im Tenor die Wiedergabe der die ver- **168**
deckte Behauptung auslösenden Textpassagen zusammen mit einer Darstellung des entstehenden **Eindrucks**[475] („... soweit dadurch der Eindruck entsteht, dass ...") oder mit einem klarstellenden Zusatz (z.B. „... ohne zugleich darzustellen, dass ...").

In Ausnahmefällen kommt auch das Gesamtverbot einer Äußerung in Betracht, z.B. **169**
wenn die konkrete Verletzungsform mit zulässigen Teilen der Darstellung so verbunden ist, dass diese Teile ohne Veränderung des Sinnzusammenhangs oder der Gesamtstruktur nicht voneinander getrennt werden können oder wenn der Sinn des Gemeinten sich erst aus dem Zusammenhang ergibt, die Einzelteile aber für sich rechtlich unangreifbar sind. Ein Gesamtverbot bei Verletzung der Privatsphäre kommt jedoch

---

469 *OLG Celle* AfP 1992, 295.

470 *BGH* NJW 1979, 1041 – Ex-Direktor.

471 *BGH* NJW 1977, 626/627 – konkret; *OLG Düsseldorf* NJW 1980, 599; *OLG Köln* NJW 1987, 1418.

472 *OLG Düsseldorf* AfP 2015, 248, 249.

473 *BGH* WRP 2009, 990 – Andrea Casiraghi mit Fliege; unbegündet z.B. der Antrag, „Bilder aus dem privaten Alltag" nicht mehr zu verbreiten, *BGH* AfP 2008, 187 – van Almsick; AfP 2008, 507 – Shopping mit Putzfrau: Antrag unbegründet „Fotos der Klägerin ... wie in der Ausgabe... geschehen."[zu veröffentlichen].

474 Zum Verbreiten und Verbreiten lassen s. *OLG Koblenz* WRP 1984, 105, 107.

475 Vgl. auch *OLG Karlsruhe* AfP 2006, 72.

dann nicht in Betracht, wenn es denkbare Fälle gibt, in denen in Zukunft berichtet werden kann, nur zum jetzigen Zeitpunkt im streitgegenständlichen Kontext möglicherweise nicht.[476]

170 Nach h.M. ist auch in Presserechtssachen grds. eine vorherige **Abmahnung** erforderlich. Die Dauer der zu setzenden Frist bestimmt sich nach den Umständen des Einzelfalls. Ist sie zu kurz bemessen, setzt die Abmahnung eine angemessene Frist in Lauf. Eine ordnungsgemäße Abmahnung setzt einen eindeutig gekennzeichneten Streitgegenstand,[477] die Fristsetzung und die – ggf. auch konkludent erfolgende – Androhung gerichtlicher Schritte sowie den entsprechenden Zugang beim Passivlegitimierten[478] voraus. In Ausnahmefällen kann sie entbehrlich sein, wenn konkrete Anhaltspunkte dafür bestehen, dass der Abgemahnte sich nicht unterwerfen wird. Verstreicht die gesetzte Abmahnungsfrist fruchtlos, löst ein Anerkenntnis im Prozess nicht mehr die Kostenfolgen des § 93 ZPO aus.

171 Grds. ist der **Zivilrechtsweg** gegeben. Dies gilt auch bei Vorgehen gegen öffentlichrechtliche Rundfunkanstalten und bei Streitigkeiten wegen gerichtlicher und staatsanwaltlicher Presseerklärungen.[479] Allerdings ist bei Äußerungen von Beamten im Rahmen hoheitlicher Tätigkeit der Verwaltungsrechtsweg nach § 40 Abs. 2 VwGO gegeben.[480]

172 Die **örtliche Zuständigkeit** bei Unterlassungsansprüchen aus unerlaubter Handlung bestimmt sich nach dem allgemeinen Gerichtsstand des Beklagten i.S.v. §§ 13, 16 ZPO sowie nach dem Gerichtsstand des § 32 ZPO. Die **internationale Zuständigkeit** für Persönlichkeitsrechtsverletzungen durch Internetveröffentlichungen richtet sich nach verschiedenen Rechtsgrundlagen.[481] Nach einer Entscheidung des EuGH zur EuGVVO besteht für den Betroffenen die Möglichkeit, entweder bei den Gerichten des Mit-

---

476 Etwa wenn untersagt werden soll, insgesamt über die Liebesbeziehung eines Prominenten zu schreiben, wenn es in Zukunft Fälle geben kann, in denen die Aufdeckung dieser Liebesbeziehung von einem die Privatsphäre überlagerten öffentlichen Informationsinteresse gedeckt sein kann; vgl. auch *KG Berlin* AfP 2006, 479.

477 Falls und soweit die streitgegenständliche Äußerung wegen fehlerhafter Güterabwägung beanstandet wird, muss von einer wirksamen Abmahnung verlangt werden, dass in ihr wenigstens dem Grunde nach angeblich nicht beachtete Abwägungsfaktoren genannt werden. Eine Abmahnung, die sich inhaltlich auf den Hinweis beschränkt, dass „die angegriffene Berichterstattung die Persönlichkeitsrechte des Mandanten verletzen“ sollte nicht als ausreichend angesehen werden. Die Abmahnung zwecks Unterlassung einer Tatsachenbehauptung enthält auch nicht a maiore ad minus zugleich die Abmahnung eines durch die Tatsachenbehauptung vermittelten Eindrucks, *LG Frankfurt* 22.7.2010 – 2-3 O 208/10.

478 *OLG Bamberg* AfP 2009, 565 (Fax-Abmahnung bei anderer Redaktion des gleichen Verlags nicht ausreichend).

479 *OLG Karlsruhe* AfP 2006, 264; *OLG Düsseldorf* NJW 2005, 1791.

480 Vgl. *BGH* NJW 1978, 1860.

481 In Streitigkeiten zwischen Personen, die ihren (Wohn)sitz in einem Mitgliedstaat der EU (außer Dänemark) haben, bestimmt sich die internationale Zuständigkeit nach der VO (EG) Nr. 44/2001 des Rates vom 22.12.2000 über die gerichtliche Zuständigkeit und die Anerkennung und Vollstreckung von Entscheidungen in Zivil- und Handelssachen (EuGVVO). In Streitigkeiten, an denen in Norwegen, Island oder der Schweiz ansässige Personen beteiligt sind, ist das Übereinkommen über die gerichtliche Zuständigkeit und die Anerkennung und Vollstreckung von Entscheidungen in Zivil- und Handelssachen vom 30.10.2007 (Übereinkommen von Lugano II) zu beachten, dass der EuGVVO sehr angenähert ist. In außereuropäischen Sachverhalten – insbesondere im Verhältnis zu den USA – ist dagegen in Ermangelung internationaler Übereinkommen regelmäßig § 32 ZPO einschlägig.

gliedstaats, in dem der Urheber dieser Inhalte niedergelassen ist, oder bei den Gerichten des Mitgliedstaats, in dem sich der Mittelpunkt ihrer Interessen befindet, eine Haftungsklage auf Ersatz des gesamten entstandenen Schadens zu erheben. Anstelle einer Haftungsklage auf Ersatz des gesamten entstandenen Schadens kann diese Person ihre Klage auch vor den Gerichten des Mitgliedstaats erheben, in dessen Hoheitsgebiet ein im Internet veröffentlichter Inhalt zugänglich ist oder war. Diese sind dann nur für die Entscheidung über den Schaden zuständig, der im Hoheitsgebiet des Mitgliedstaats des angerufenen Gerichts verursacht worden ist. Der Ort, an dem eine Person den Mittelpunkt ihrer Interessen habe, entspreche im Allgemeinen ihrem gewöhnlichen Aufenthalt. Internetangebote können an einen örtlichen Gerichtsstand der unerlaubten Handlung überall dort begründen, wo das Internetangebot bestimmungsgemäß abrufbar ist,[482] und zwar unabhängig vom Stand des Servers.[483] Im Rahmen des § 32 ZPO sind für im Internet abrufbare Veröffentlichungen die deutschen Gerichte international zuständig, wenn die beanstandeten Inhalte objektiv einen deutlichen Bezug zum Inland in dem Sinne aufweisen, dass eine Kollision der widerstreitenden Interessen nach den Umständen des konkreten Falls, insbesondere aufgrund des Inhalts der Meldung im Inland tatsächlich eingetreten sein kann oder eintreten kann; dies ist dann anzunehmen, wenn eine Kenntnisnahme der Meldung im konkreten Fall erheblich näher liegt als es aufgrund der bloßen Abrufbarkeit der Fall wäre und die behauptete Beeinträchtigung des Persönlichkeitsrechts durch Kenntnisnahme von der Meldung (auch) im Inland eintreten würde.[484] Dabei wird die Zuständigkeit deutscher Gerichte nicht schon dadurch begründet, dass der Betroffene an seinem Wohnsitz im Inland die Äußerungen abgerufen hat und diese vereinzelt Geschäftspartnern bekannt geworden sind.[485] Richten sich die in fremder Sprache und Schrift gehaltenen Berichte über Vorkommnisse im Ausland ganz überwiegend an Adressaten im Ausland, liegt ein ausreichender Inlandsbezug nicht vor.[485] Richtet sich ein regionaler Tageszeitungsverlag in seinem Internetauftritt an seine Leser spricht dies, soweit keine anderweitigen Indizien bestehen, nicht für eine Zuständigkeit außerhalb seines Verbreitungsgebietes.[486] Bei vorbeugenden Unterlassungsklagen ist hypothetisch zu fragen, wo die Äußerung üblicherweise verbreitet, empfangen oder abrufbar wäre. Bei Druckschriften besteht ein sog. fliegender Gerichtsstand, d.h., der Gerichtsstand bemisst sich nach dem Begehungsort, an dem die Druckschrift erscheint, und nach den Orten, an denen sie verbreitet wird. Der örtliche Gerichtsstand bei Hörfunk- und Fernsehsendungen wird durch die Empfangsmöglichkeit an einem betreffenden Ort bestimmt.

Einstweilige Verfügungen sind nach § 137 ZPO beim **Gericht der Hauptsache** zu beantragen, mithin bei jedem Gericht, an dem die Hauptsacheklage erhoben werden kann. 173
Wird ein einstweiliges Verfügungsverfahren eingeleitet, so kann infolge des fortbestehenden Wahlrechts aus § 35 ZPO die Hauptsacheklage auch an einem anderen örtli-

---

482 *KG Berlin* NJW 1997, 3321; *LG Krefeld* AfP 2008, 99.

483 *BGH* NJW 2001, 624 – Auschwitz-Lüge im Internet; zur Zuständigkeit deutscher Gerichte bei Vorgehen gegen einen österreichischen Internetanbieter vgl. *KG Berlin* AfP 2006, 258; zur Zuständigkeit deutscher Gerichte bei einer im Ausland erscheinenden Zeitung, die auch im Inland in Print verbreitet wird, *OLG München* AfP 2008, 394.

484 *BGH* AfP 2010, 167; *BGH* AfP 2013, 260 – Autocomplete-Funktion; *OLG Frankfurt* AfP 2011, 278, 280.

485 *BGH* AfP 2011, 265, 267.

486 *OLG Frankfurt* AfP 2011, 278, 281; *OLG Jena* AfP 2014, 75, 76.

chen Gerichtsstand nach h.M. anhängig gemacht werden.[487] Die **sachliche Zuständigkeit** bemisst sich – auch bei nicht vermögensrechtlichen Streitigkeiten – nach § 23 Nr. 1 GVG daran, ob der Streitwert 5 000 EUR übersteigt. Einzelne zur Unterlassung gestellte Äußerungen sind jeweils getrennt zu beurteilen, es sei denn, sie betreffen im Kern denselben Gegenstand. Bei der **Dringlichkeit** kann keine starre 1-Monats-Frist angenommen werden,[488] die Maßstäbe werden in den einzelnen OLG-Bezirken dabei sehr unterschiedlich gehandhabt. Bei einer Buchveröffentlichung kann es bereits dringlichkeitsschädlich sein, wenn es für einen Betroffenen naheliegend war, dass das Buch persönlichkeitsrechtsverletzende Passagen enthält und Gelegenheit zur Kenntnisnahme bestand.[489] Die Vollziehung einer einstweiligen Verfügung hat nach § 929 Abs. 2 ZPO i.V.m. § 936 ZPO innerhalb eines Monats und im Parteibetrieb zu erfolgen.[490] Dabei sind auch solche Anlagen mit zuzustellen, auf die in der gerichtlichen Entscheidung ausdrücklich Bezug genommen wird.[491] Ein eine einstweilige Verfügung bestätigendes Urteil muss ebenfalls im Parteibetrieb zugestellt werden, um die Vollziehungsfrist zu wahren, wenn es eine wesentliche Änderung aufweist.[492]

174 Gem. § 543 ZPO bedarf die Revision gegen ein Berufungsurteil der Zulassung. Ansonsten muss Nichtzulassungsbeschwerde eingelegt werden.

175 Die **Vollstreckung** aus einem Unterlassungsurteil erfolgt nach § 890 ZPO und setzt Verschulden voraus. Dabei muss sich der Schuldner einer Unterlassungspflicht grundsätzlich auch das Verhalten Dritter zurechnen lassen, die in seinem Einflussbereich tätig sind, soweit die rechtliche und tatsächliche Möglichkeit der Einflussnahme besteht.[493] Eine Ausnahme besteht jedoch für die Zurechnung des Verhaltens anderer Presseorgane, da sie selbstständig für sich die Pressefreiheit in Anspruch nehmen können.[494] Eine Zurechnung ist auch bei Rechtsverletzungen zu bejahen, die äquivalent und adäquat auf die Erstveröffentlichung zurückzuführen sind;[495] z.B. bei RSS-Feeds bei Internetartikeln.[496] Grundsätzlich wohnt der Pflicht zur Unterlassung insoweit ein Moment der Verpflichtung zur Beseitigung inne, als der Unterlassungsschuldner ggf. auch durch aktives Tun Vorsorge dafür zu treffen hat, dass es nicht zu weiteren Störungen der untersagten Art kommt;[497] z.B. wird er bei Internetveröffentlichungen gegenüber Google den Antrag auf Löschung im Google-Cache bzw. auf Entfernung der von der Webseite bereits gelöschten Inhalte stellen.[498] Die zur Kerntheorie entwickelten Grundsätze sind bei der Frage, ob eine Wiederholung vorliegt, heranzuziehen. Bei der Auslegung sind Tatbestand und Urteilsgründe heranzuziehen. Wird ein Unterlassungstenor von Medien nur aus Referenzgründen wiederholt, liegt darin kein eigenständiger Verstoß gegen das Unterlassungsurteil.[499]

---

487 Wenzel/*Burkhardt* § 12 Rn. 126.
488 *OLG Brandenburg* NJW 1996, 660.
489 *LG Köln* AfP 2016, 370, 372 – Natascha Kampusch.
490 *OLG Brandenburg* AfP 2014, 453.
491 *LG München I* AfP 2015, 65.
492 *OLG Hamburg* AfP 2016, 157.
493 *KG Berlin* AfP 2013, 413, 414.
494 *KG Berlin* AfP 2013, 413, 414; a.A. offenbar *LG Hamburg* AfP 2015, 469, 470 bei Veröffentlichungen innerhalb einer Redaktionsgemeinschaft.
495 *BGH* AfP 2014, 135.
496 *BGH* AfP 2015, 33, 35.
497 *OLG Hamburg* AfP 2015, 260, 261; *OLG Celle* AfP 2015, 251, 252.
498 *OLG Celle* AfP 2015, 251, 252.
499 *OLG Frankfurt* NJW-RR 2001, 187; *OLG München* AfP 2001, 322.

II. Der Berichtigungsanspruch

Der Berichtigungsanspruch ist von der Rspr. als abgestuftes Instrumentarium ausgestaltet worden. Beim Berichtigungsanspruch handelt es sich um einen aus analoger Anwendung des § 1004 BGB in Verbindung mit einem verwirklichten Deliktstatbestand entwickelten Anspruch,[500] der – soweit er nicht auf einen förmlichen Widerruf gerichtet ist – in seiner Ausgestaltung als vom Deliktsrecht fortentwickelter Folgenbeseitigungsanspruch vom Nachweis des rechtswidrigen und schuldhaften Verhaltens des Störers befreit ist.[501] Auch aus diesem Grunde sind die verschiedenen Formen des Berichtigungsanspruches, bei denen auch nicht immer eine einheitliche Terminologie gepflegt wird, voneinander abzugrenzen: **176**

1. Abgrenzung

1.1 Widerruf

Ein Widerrufsanspruch steht dem Betroffenen bei **nachgewiesener Unwahrheit einer rechtswidrigen und schuldhaften Behauptung** zu, wenn ein solcher Widerruf zur Beseitigung eines fortwirkenden Störungszustandes **erforderlich** ist.[502] Die Darlegungslast für die Unwahrheit trifft grds. den Anspruchsteller.[503] Ein einfacher Widerruf lautet etwa wie folgt: „Die Behauptung, … , widerrufe ich hiermit als unwahr oder unrichtig.“. Oder: „In der X-Zeitung haben wir am … die Behauptung aufgestellt, … Diese Behauptung widerrufen wir als unwahr.“ U.U. kann ein qualifizierter Widerruf gefordert werden, z.B. wenn die bloße Negation der Behauptung Fragen offen lässt oder irreführen kann. Denkbar ist dann z.B. ein Zusatz oder eine Klarstellung etwa wie folgt: „… Tatsächlich verhält es sich so und so.“ **177**

1.2 Richtigstellung, Nichtaufrechterhaltung, berichtigende oder nachträgliche Ergänzung

Eine **Richtigstellung** kommt als milderes Mittel dann in Betracht, wenn die strengere Form des Widerrufs auf eine Demütigung des Anspruchsverpflichteten hinauslaufen würde.[504] **178**

Eine Richtigstellung kann etwa wie folgt lauten: „In der X-Zeitung hatten wir am … mitgeteilt, dass … Hierzu stellen wir richtig, dass nicht Y dafür verantwortlich war, sondern Z dieses oder jenes tat.“ **179**

Für die Formulierung und den Ort der Richtigstellung **verbietet sich jede schematische Betrachtung.** Eine Richtigstellung ist von der Rspr. z.B. für angemessen erachtet worden, wenn eine Äußerung nicht insgesamt unwahr war, sondern nur bezüglich eines Teilaspektes, der klargestellt oder „richtig gestellt“ werden kann,[505] oder wenn ein falscher Anschein entsteht oder wenn die Erstmitteilung missverständlich ist oder zu einer versteckten Behauptung führt[506] oder bei Namensverwechslungen. Der **180**

500 Vgl. *BVerfG* NJW 1998, 1381; 1999, 1322, 1324 – Helnwein.
501 *BVerfG* NJW 1998, 1381, 1383; 1999, 1322, 1324 – Helnwein; *BGH* AfP 2000, 167, 169.
502 Vgl. *BVerfG* NJW 1999, 1322, 1324 – Helnwein; *BGH* AfP 2000, 167, 169 – Namensnennung.
503 *LG Berlin* AfP 2004, 154.
504 *BGHZ* 31, 308, 318 – Alte Herren; *BGH* NJW 1972, 431 – Freispruch.
505 Vgl. *BGH* NJW 1982, 2246 – Illegalitätsvorwurf; AfP 1987, 502, 503 – Insiderwissen; es darf dann durch die Richtigstellung nicht der Eindruck erweckt werden, das behauptete Ereignis habe überhaupt nicht stattgefunden, *OLG Hamburg* AfP 2006, 77.
506 Wenzel/*Gamer* § 3 Rn. 65.

Anspruch auf Richtigstellung kann auch deren Ankündigung im Inhaltsverzeichnis und auf der Titelseite enthalten, sofern dort der interessierte Artikel ebenfalls angekündigt war.[507]

181 Ein **Nichtaufrechterhaltungs-Anspruch** ist vor allen Dingen für die Fälle gedacht, in denen der Nachweis der Unwahrheit nicht erbracht werden kann, wohl aber eine hohe Wahrscheinlichkeit dafür besteht, dass ernstliche Anhaltspunkte für die Wahrheit nicht bestehen können.[508] Zweifel gehen grds. zu Lasten des Klägers.[509]

182 Eine **berichtigende Ergänzung** kommt in Betracht, wenn durch fehlerhafte Auswahl oder Weglassung von Tatsachen ein falsches oder zumindest verzerrtes Bild entstanden ist. Ein solch berichtigender Ergänzungsanspruch kann etwa folgenden Wortlaut haben: „Zum Bericht in der X-Zeitung vom … und der darin getroffenen Aussage, dass …, ist ergänzend darauf hinzuweisen, dass …“

183 Einen Anspruch auf **nachträgliche Ergänzung** ist von der Rspr. nur bei der Fallgruppe anerkannt, dass im Anschluss an eine zutreffende Berichterstattung über eine strafgerichtliche Verurteilung (z.B. in erster Instanz) sich ein späterer Freispruch anschließt[510] oder wenn nach einer zulässigen Verdachtsberichterstattung der Verdacht später ausgeräumt ist und die Beeinträchtigung der Ermittlung fortwirkt.[511]

184 Ansprüche auf Richtigstellung, Nichtaufrechterhaltung oder Ergänzung erfolgen nicht auf deliktsrechtlicher Grundlage, sondern stellen verschuldensunabhängige Folgenbeseitigungsansprüche dar.

2. Voraussetzungen des Berichtigungsanspruchs

185 Der Anspruch zielt auf die Beseitigung einer fortwährenden Rufbeeinträchtigung. Gegenüber Unterlassungsansprüchen stellt der Widerruf damit sowohl ein Mehr als auch ein „Aliud“ dar. Ein Berichtigungsanspruch gleich welcher Abstufung besteht **nur bei Tatsachenbehauptungen.**[512]

186 Es ist höchst strittig, ob Berichtigungsansprüche – unterhalb der Ebene des Rechtswidrigkeit voraussetzenden Widerrufs – auch dann in Frage kommen, wenn eine rechtmäßig aufgestellte Behauptung nicht aus der Welt geschafft wird, obwohl sie sich inzwischen als unwahr herausgestellt hat und die Beeinträchtigung fortwirken kann. Der BGH[513] und das BVerfG[514] haben dies in Einzelfällen als möglich angesehen.

187 Ein Berichtigungsanspruch gleich welcher Form besteht jedoch nur, wenn er zur Beseitigung der fortdauernden Rufbeeinträchtigung des Betroffenen notwendig ist.[515] Er ist deshalb von einer **Abwägung im Einzelfall** zwischen dem Interesse des Betroffenen einerseits und dem Interesse des Mitteilenden andererseits, seine einmal geäu-

---

507 *LG Offenburg* AfP 2013, 429, 431.
508 Vgl. *BGHZ* 37, 187, 190 – Eheversprechen; *BGH* NJW 1960, 672 – La chatte.
509 *BGH* NJW 1976, 1198 – Panorama.
510 *BVerfG* AfP 1997, 619; *BGH* NJW 1972, 431 – Freispruch.
511 *BGH* AfP 2015, 36, 39; *OLG Hamburg* AfP 2015, 254, 255.
512 Vgl. *BGH* NJW 1976, 1198 – Panorama; 1982, 2246 – Illegalitätsvorwurf.
513 Vgl. *BGH* NJW 1966, 647, 649 – Reichstagsbrand.
514 *BVerfG* NJW 1999, 1322, 1324 – Helnwein.
515 *BVerfG* NJW 1998, 1381; *BGH* NJW 1965, 35 – Lüftungsfirma; AfP 1984, 33 – Kleiner Kreis; *OLG Hamburg* AfP 2006, 77.

ßerte Behauptung nicht zurücknehmen zu müssen,[516] abhängig. Diese kann z.B. zu Lasten des Anspruchs verlaufen, wenn eine bloße Übertreibung vorliegt, der Kern der Behauptung jedoch zutrifft, wenn es dem Betroffenen nur darum geht, sich rechtliche Vorteile in Bezug auf andere rechtliche Beziehungen oder innerhalb einer gerichtlichen Auseinandersetzung zu verschaffen,[517] wenn der Störer seinerseits provoziert wurde[518] oder wenn die Wirkung der Äußerung durch Zeitablauf verblasst wird und damit keine fortwirkende Quelle gegenwärtiger Rufbeeinträchtigung mehr ist. Allerdings hat in einem Einzelfall der BGH sogar nach mehr als 2 Jahren einen Anspruch bejaht.[519]

Der Anspruch kann auch entfallen, wenn das Medium die Darstellung bereits von sich aus berichtigt oder widerrufen hat. Ob diese **freiwillige Berichtigung** ausreicht, hängt vom Einzelfall ab.[520] Sie muss eindeutig sein. Die Mitteilung zusätzlicher Fakten ist unschädlich, wenn sie die Wirkung der Berichtigung nicht relativiert,[521] sondern lediglich den Sachverhalt ergänzt. Außerdem muss die „Waffengleichheit" insofern gewahrt sein, als die freiwillige Berichtigung in vergleichbarer Form und an vergleichbarer Stelle veröffentlicht wird wie die Erstmitteilung. Eine gleichsam „weggedrückte" Berichtigung reicht nicht aus.[522] Auch muss der gleiche Adressatenkreis durch die Art und Weise der Verbreitung der Berichtigung erreicht werden.[523] Der Anspruch wird auch nicht durch eine erwirkte Gegendarstellung ausgeschlossen.[524] **188**

Auch bei Bildnissen kommen Berichtigungsansprüche in Betracht, z.B. bei Fotomontagen oder Retuschen, die zu einer Rechtsverletzung führen. Der Anspruch besteht dann in der Regel in der Wiedergabe des richtigen Bildnisses zusammen mit einem erläuternden Berichtigungstext. Ein Anspruch kann auch dann bestehen, wenn die Rechtsverletzung gerade aus der Kombination von Bild und Text entsteht in der Form, dass eine Neuveröffentlichung des Bildes zusammen mit verbaler Berichtigung erfolgt. **189**

3. Anspruchsberechtigte und -verpflichtete

Für die Aktivlegitimation gilt grds. das Gleiche wie beim Unterlassungsanspruch.[525] Bei mehreren Betroffenen hat aber nicht unbedingt jeder Einzelne Ansprüche. Grds. muss der Berichtigungsanspruch dann nur einmal erfüllt werden. Allerdings ist für öffentlich-rechtliche Körperschaften der Anspruch auf Fälle zu beschränken, in denen die fortwirkende Rufbeeinträchtigung ein erhebliches Gewicht hat.[526] **190**

516 *BGH* NJW 1970, 557, 558 – Remington.
517 Vgl. *BGHZ* 31, 308 – Alte Herren.
518 *BGH* AfP 1992, 361, 363 – Plagiatsvorwurf II.
519 *BGH* NJW 1995, 861, 863 – Caroline von Monaco I; vgl. auch *BGH* AfP 2004, 124, 125 – Udo Jürgens/Caroline.
520 *BGH* GRUR 1982, 318 – Schwarzer Filz; vgl. *OLG Düsseldorf* AfP 1997, 711.
521 Zur „Entwertung" eines Widerrufs durch einen Redaktionsschwanz vgl. *LG Berlin* AfP 2009, 526.
522 Gleicher Teil eines Druckwerkes und gleiche Schrift ist nicht zwingend, *OLG Düsseldorf* AfP 1997, 711; für einen Widerruf auf der Titelseite einer Zeitschrift vgl. *BGH* NJW 1995, 861 – Caroline von Monaco.
523 *OLG Hamburg* AfP 1995, 515.
524 *LG Nürnberg-Fürth* AfP 1983, 420. Etwas anderes mag der Fall sein, wenn die Gegendarstellung wiederum von einer freiwilligen Berichtigung begleitet wird.
525 Für Behörden s. aber *LG Hamburg* AfP 2002, 450.
526 *BGH* AfP 2008, 381.

4. Probleme der Durchsetzung des Berichtigungsanspruchs

191 Die Berichtigung darf keine Irreführung enthalten. Der Kläger muss die Berichtigung **vorformulieren.**

192 Eine Berichtigung kann **grds. nur im Hauptsacheverfahren** verlangt werden.[527] Die Durchsetzbarkeit ist grds. vom Eintritt der Rechtskraft unabhängig. Ausnahmen sind im Falle des § 712 ZPO möglich,[528] mithin, wenn die Vollziehung dem Schuldner einen nicht zu ersetzenden Nachteil bringen würde. Zudem ist der Schuldner durch den Ersatzanspruch nach § 717 Abs. 2 ZPO geschützt.

III. Der Bereicherungsanspruch

193 Ein Bereicherungsanspruch aus Eingriffskondition ist anerkannt für eine persönlichkeitsrechtsverletzende Verwendung eines Bildnisses oder eines Namens oder sonstiger Persönlichkeitsrechtsmerkmale **zu Zwecken der Werbung.**[529] Es kommt dabei nicht darauf an, ob das Vermögen des Betroffenen in irgendeiner Weise durch die persönlichkeitsrechtsverletzende Ausnutzung zu Werbezwecken gemindert ist, etwa dass er – hypothetisch – für die Anfertigung des Bildnisses hätte Zeit aufwenden müssen oder das betroffene Persönlichkeitsrecht überhaupt hätte wirtschaftlich nutzen können, auch nicht auf der Bereitschaft des Betroffenen, über das betroffene Persönlichkeitsgut gegen Entgelt zu Werbezwecken überhaupt zu verfügen.[530] Kein solcher Anspruch kann hingegen bestehen, wenn die Presse über ein die Öffentlichkeit interessierendes Ereignis berichtet und schon gar nicht ersichtlich ist, dass kommerzielle Interessen des Betroffenen bestanden haben.[531]

194 Der Bereicherungsanspruch kann neben einem Unterlassungsanspruch geltend gemacht werden.[532]

195 Der Höhe nach ist dem Verletzten zumindest die Lizenzgebühr zu zahlen, die bei ordnungsgemäßem Rechtserwerb aufzuwenden gewesen wäre.[533] Bei der Bemessung des angemessenen Honorars sind alle Umstände des konkreten Einzelfalles zu berücksichtigen, wie etwa Auflagenstärke, Verbreitung, Art (z.B. Blickfang oder sogar Testimonial) und Gestaltung sowie die Werbewirkung (z.B. Bekanntheitsgrad, Sympathiewert).[534] Die Lizenzhöhe ist dem Sachverständigenbeweis zugänglich,[535] kann aber

527 *OLG Celle* BB 1964, 910; *OLG Bremen* AfP 1979, 355; *OLG Köln* AfP 1981, 358. Für die Durchsetzung der Abgabe einer vorläufigen Erklärung im e.V.-Verfahren die folgenden Einzelfälle: *OLG Hamburg* AfP 1971, 35; *OLG Köln* AfP 1972, 331; *OLG Frankfurt* GRUR 1993, 694; in der Praxis werden e.V.-Verfahren in aller Regel nicht zum Erfolg führen.

528 Vgl. auch *BGH* GRUR 1991, 159. Zu beachten ist dabei § 714 ZPO.

529 *BGH* NJW 1956, 1554 – Paul Dahlke; 2000, 2201 – Der blaue Engel; *OLG Köln* AfP 2015, 347, 350; *LG München I* AfP 2001, 420.

530 *OLG München* NJW-RR 1996, 539; *LG Hamburg* ZUM 2007, 156, 157 – Joschka Fischer; a.A. *OLG Hamburg* NJW-RR 1999, 1204; *LG Saarbrücken* NJW-RR 2000, 1571.

531 *BGH* ZUM 2012, 474, 477.

532 *BGH* NJW 1979, 2205, 2206 – Fußballtor.

533 *BGH* NJW 1992, 2084; *OLG München* AfP 2003 – Lizenzgebühr für „Blauer Engel"; *OLG Hamburg* AfP 2007, 371, 373; vgl. auch *LG Berlin* AfP 2004, 455; *LG Hamburg* ZUM 2007, 156 – Joschka Fischer.

534 *BGH* NJW 1992, 2085, 2085; *LG München* AfP 2006, 382 – Boris Becker II; *LG Hamburg* ZUM 2007, 156 – Joschka Fischer.

535 *LG München* AfP 2006, 382 – Boris Becker II.

auch gem. § 287 ZPO vom Gericht in freier Beweiswürdigung ermittelt werden.[536] Dies ist jedenfalls solange von Verfassungswegen nicht zu beanstanden, wie die Schätzung nicht mangels greifbarer Anhaltspunkte völlig „in der Luft hing".[537]

Der Bereicherungsanspruch endet mit dem Tod des Verletzten.[538] Besteht der Bereicherungsanspruch dem Grunde nach, steht dem Verletzten als Hilfsanspruch ein Auskunftsanspruch zur Verfügung.[539] **196**

IV. Schadensersatz

Das Verschulden ist in der Regel durch die rechtswidrige Verletzung des haftungsbegründenden Tatbestandes indiziert. Bei offenen Tatbeständen wie dem Persönlichkeitsrecht ist dagegen die **positive Feststellung der Rechtswidrigkeit** notwendig. **197**

Die – praktisch sehr relevante – **Kausalität** wird auf der Grundlage der Adäquanztheorie ermittelt.[540] Der Ersatz von Schäden, die nicht wegen, sondern nur gelegentlich einer rechtswidrigen Berichterstattung entstanden sind, können unter Umständen verfassungsrechtlich bedenklich sein, wenn wegen der Beeinträchtigung des Mutes zur Kommunikation die Pressefreiheit unverhältnismäßig eingeschränkt würde.[541] Verletzen mehrere Medien durch gleiche oder ähnliche Darstellung das in Frage stehende Recht des Verletzten, sollen sie als getrennt Schäden Verursachende auch getrennt haften.[542] **198**

Die Berechnung des Schadens folgt der Differenzlehre. Beim Eingriff in das Unternehmensrecht kann auch auf entgangenen Gewinn nach § 252 BGB geklagt werden. Es ist zu ermitteln, wie sich der Umsatz ohne die Veröffentlichung entwickelt hätte. Anhand des Umsatzes ist der hypothetische Gewinn zu berechnen, dessen Differenz zum tatsächlich erzielten dann den Schadensbetrag wiedergibt. Das Gericht kann zur Berechnung nach § 287 ZPO vorgehen. Als Schadensersatz kommt auch der Ersatz schadensmindernder Aufwendungen in Betracht,[543] sofern diese erforderlich sind[544] (§ 249 Abs. 2 S. 1 BGB). **199**

Aktiv- und Passivlegitimation entspricht dem zum Unterlassungsanspruch Gesagten.

Für Schadensersatzansprüche steht lediglich das Hauptsacheverfahren zur Verfügung. Die sachliche Zuständigkeit richtet sich nach dem Streitwert.

---

536 *OLG Hamburg* AfP 2007, 371, 373; *LG Hamburg* ZUM 2007, 156, 157 – Joschka Fischer.
537 *BVerfG* AfP 2009, 249, 250.
538 Wenzel/*Burkhardt* § 14 Rn 17; a.A. Wenzel/*von Strobl-Albeg* § 9 Rn. 17.
539 Vgl. *BGH* NJW 2000, 2195 – Marlene Dietrich.
540 Vgl. *BGHZ* 3, 261, 267; 7, 205.
541 Vgl. *BVerfG* NJW 2001, 1639.
542 *BGH* NJW 1985, 1617, 1620 – Nacktfoto; a.A. Wenzel/*Burkhardt* § 14 Rn. 32, der für die Haftung als Gesamtschuldner nach § 840 BGB eintritt.
543 Vgl. *BGH* NJW 1978, 210 – Alkoholtest. Beispiele sind Anzeigen oder Inserate.
544 Vgl. *BGH* NJW 1976, 1198 – Panorama; 1979, 2197 – Falschmeldung; *OLG Hamburg* AfP 2002, 50.

V. Der Geldentschädigungsanspruch

200 Der BGH hat erstmals in der Herrenreiter-Entscheidung[545] einen Schmerzensgeldanspruch bei Persönlichkeitsrechtsverletzungen bejaht. Heute ist der Geldentschädigungsanspruch dogmatisch auf der Grundlage von § 823 Abs. 1 BGB i.V.m. Art. 1 und 2 Abs. 1 GG gesichert. Maßgeblich ausgestaltet wurde dieser Anspruch dann in den Caroline von Monaco-Entscheidungen des BGH.[546] Beim Anspruch auf Geldentschädigung stünde der Gesichtspunkt der **Genugtuung** des Opfers im Vordergrund. Daneben diene der Rechtsbehelf **auch der Prävention.** Darin ist jedoch ausdrücklich **kein Gewinnabschöpfungsanspruch** zu sehen.[547]

201 Der Geldentschädigungsanspruch hat jedoch, soll er mit Art. 5 GG vereinbar sein, nur **subsidiären Charakter**[548] und darf überdies nur bei **erheblicher Beeinträchtigung der Persönlichkeitssphäre und schwerem Verschulden** zuerkannt werden.[549] Nach alledem bedingt ein Anspruch auf Geldentschädigung

- eine schwere Persönlichkeitsrechtsverletzung;
- schuldhaftes Handeln des Verletzers;
- ein Fehlen der Möglichkeit, die verursachte Beeinträchtigung auf andere Weise befriedigend auszugleichen;
- die Folgerung, dass die Umstände des Einzelfalls eine Geldentschädigung erforderlich machen.

202 Ob eine hinreichend schwere Persönlichkeitsrechtsverletzung vorliegt, ist nur anhand der **Gesamtumstände des Einzelfalls** zu ermitteln.[550] Beispiele können die Verletzung der Intimsphäre,[551] erfundene Interviews[552] oder Korruptionsverdacht ohne Anhaltspunkte[553] sein. Bei Bildveröffentlichungen kommt ein Anspruch ferner dann in Betracht, wenn mehrere gleichartige Verletzungen vorliegen, die für sich genommen nicht schwerwiegend sind, die jedoch in ihrer Gesamtheit als hartnäckige Verletzungen zu werten sind.[554] Die Darlegungs- und Beweislast trägt der Anspruchsteller.[555]

203 Auch an einem Mitverschulden des Betroffenen kann der Anspruch scheitern.[556]

204 Der Anspruch hat lediglich subsidiären Charakter. Kann die Verletzung auf andere Weise ausgeglichen werden, entfällt er.[557] Der Betroffene ist grds. gehalten, sich um einen solchen anderweitigen Ausgleich zu bemühen.[558] Wird z.B. ein Widerruf oder eine Richtigstellung auf Verlangen umgehend abgedruckt oder gesendet, so kann ein

545 *BGHZ* NJW 1958, 827.
546 *BGH* NJW 1995, 861; 1996, 984.
547 *BGH* NJW 1995, 861, 865; 1996, 984, 985.
548 Vgl. auch *LG Berlin* AfP 2002, 62; *OLG Nürnberg* ZUM 1997, 396.
549 *BVerfG* NJW 1973, 1221, 1224.
550 *BGH* NJW 1995, 861, 864; 1996, 984, 985; 1996, 985, 986; vgl. auch *LG Berlin* ZUM 2005, 350 – Beendigung einer Beziehung per SMS.
551 *BGH* NJW 1985, 1617 – Nacktfoto.
552 *BGH* NJW 1995, 861 – Caroline von Monaco I.
553 *BGH* NJW 1996, 1131, 1134 – Lohnkiller.
554 *BGH* AfP 1996, 138; das gilt nicht für die Wortberichterstattung, *OLG Hamburg* AfP 2008, 411.
555 *LG Köln* AfP 2002, 162.
556 *BGH* GRUR 1970, 370, 372 – Nachtigall; 1971, 698; 1980, 2801, 2807 – Medizin-Syndikat.
557 *BGH* NJW 1995, 861, 864 – Caroline von Monaco.
558 *BGH* NJW 1979, 1041.

Anspruch entfallen.[559] Versäumt er, andere Ausgleichsmaßnahmen geltend zu machen oder werden überzogene Zahlungsansprüche gefordert, ist der Anspruch im Zweifel nicht gegeben.[560]

Schließlich muss für die Geldentschädigung ein **unabwendbares Bedürfnis** bestehen.[561] **205**
Zu berücksichtigen sind Art und Schwere der Beeinträchtigung, ihr Anlass, Kontext und Beweggrund, Grad des Verschuldens sowie Präventionszweck.[562]

Anspruchsberechtigt sind nur natürliche lebende Personen. Juristische Personen oder **206**
Personengesellschaften können kein Genugtuungsbedürfnis haben.[563] Auch das postmortale Persönlichkeitsrecht gewährt keinen Geldentschädigungsanspruch.[564] Der Anspruch ist nicht übertragbar und nicht vererblich.[565] Mehrere Medien, die parallel verletzt haben, sollen einzeln haften.[566]

Die **Höhe der Geldentschädigung** hängt von den Umständen des Falles ab. Zu **207**
berücksichtigen sind die wirtschaftlichen Verhältnisse beider Teile, Bedeutung und Tragweite des Eingriffs, Intensität der Persönlichkeitsrechtsverletzung, Anlass und Beweggrund des Mediums oder Schwere des Verschuldens. Zu berücksichtigen kann auch die Eingriffsintensität durch Verbreitungsauflage oder Verbreitungsgebiet sein. Formelhafte Berechnungen, etwa solche, die sich an Umsatzerlösen orientieren, verbieten sich. Die Höhe kann bei Klagen in das Ermessen des Gerichts gestellt werden. Der Kläger ist jedoch verpflichtet ist, die ungefähre Höhe des geltend gemachten Anspruchs anzugeben.[567]

VI. Der Gegendarstellungsanspruch

1. Funktion und anwendbares Recht

Der Gegendarstellungsanspruch hat seine Wurzel im allgemeinen Persönlichkeits- **208**
recht und soll dem Betroffenen die Möglichkeit gewähren, zeitnah, an gleicher Stelle und mit entspr. Publizitätsgrad seine Sicht der Dinge zu einem mitgeteilten tatbestandlichen Sachverhalt im Wege der Selbstverteidigung einbringen zu können.[568]

Das Gegendarstellungsrecht ist eine zersplitterte Rechtsmaterie. Jedes der 16 Bundes- **209**
länder besitzt ein eigenes Landespressegesetz und ein eigenes Landesrundfunk- oder Landesmediengesetz mit jeweils unterschiedlichen Vorschriften. Hinzu kommen ver-

559 Vgl. *BGH* NJW 1970, 1077; *OLG Köln* AfP 1991, 427.
560 Vgl. *OLG Karlsruhe* ZUM 2003, 504; vgl. *OLG Stuttgart* NJW 1981, 2817 – Rudi Carrell; *OLG München* NJW-RR 2000, 472; *LG Berlin* AfP 2008, 320.
561 *BGH* NJW 1995, 861, 864 – Caroline von Monaco I.
562 Generalpräventive Gründe reichen bei *OLG Hamm* ZUM 2004, 393 – TV Total; bei einem Roman, der einem Verbreitungsverbot unterworfen wurde in Abwägung mit der Kunstfreiheit trotz schwerwiegender Verletzung keine Geldentschädigung; *BGH* WRP 2010, 275 – Esra; auch der Kontext einer öffentlichen, kontroversen und scharf geführten Diskussion kann die Notwendigkeit einer Geldentschädigung entfallen lassen, *BVerfG* AfP 2017, 228, 229.
563 A.A. *Born* AfP 2005, 110.
564 *BGH* ZUM 2012, 474, 475; NJW 1974, 1371 – Fiete Schulze; 2000, 2195, 2197 – Marlene Dietrich; AfP 2006, 67.
565 *BGH* AfP 2017, 239; 2014, 328 ff.
566 *BGH* NJW 1985, 1617, 1619 – Nacktfoto.
567 Vgl. *BGH* NJW 1964, 1767; NJW 1974, 1551; *OLG Karlsruhe* ZUM 2001, 883.
568 Vgl. *BGH* NJW 1976, 1198, 1201 – Panorama.

schiedenste Regelungen für den öffentlich-rechtlichen Rundfunk, je nach Rundfunkanstalt, sowie der Mediendienste-Staatsvertrag. Es ist deshalb für den Praktiker zwingend geboten, sich der jeweilig anwendbaren Regelung zu vergewissern. Da verfahrensrechtlich die Vorschriften über die einstweilige Verfügung entsprechend anwendbar sind, findet auch keine Revision zum BGH statt,[569] die der Rechtsvereinheitlichung dienen könnte.

2. Voraussetzungen des Gegendarstellungsanspruchs

210 Eine Gegendarstellung ist **nur gegenüber Tatsachenbehauptungen** möglich. Bei **mehrdeutigen** Tatsachenbehauptungen ist eine Gegendarstellung nur zulässig, wenn sich die gegendargestellte Aussage der Erstmitteilung als unabweisliche Schlussfolgerung aufdrängen muss, nicht schon, wenn der Erstmitteilung eine nicht fern liegende Deutung unterstellt wird oder sie einen nicht fern liegenden Eindruck vermittelt.[570] Bei Verdachtsberichterstattung dürfte sich die Gegendarstellung wohl nicht gegen den geäußerten Verdacht als solches richten, da in ihm ein Sachverhalt noch nicht als feststehend dargestellt wurde und insoweit noch keine Tatsachenbehauptung vorliegt; allerdings kann sich die Gegendarstellung gegen einzelne im Zusammenhang mit dem Verdacht geäußerte Tatsachenbehauptungen richten oder dagegen, ob ein Verdacht überhaupt erhoben wurde.[571] Auch aus einer Fotomontage können sich grundsätzlich gegendarstellungsfähige Tatsachenbehauptungen ergeben; allein in der Zusammensetzung mehrerer Einzelfotos liegt aber noch keine solche Behauptung.[572]

211 Auch auf **Zitate**, also auf mitgeteilte Äußerungen Dritter, kann entgegnet werden.[573] Dabei ist auch die Entgegnung möglich, der Zitierte habe eine solche Äußerung gar nicht getan.[574] Allerdings ist bei der Wiedergabe der Ausgangsmitteilung und der Entgegnung stets notwendig darzustellen, dass die Gegendarstellung sich gegen die Äußerung eines Dritten wendet und nicht gegen eine selbst von dem Druckwerk oder der Sendeanstalt aufgestellte Behauptung.[575]

3. Anspruchsberechtigte und -verpflichtete

212 Anspruchsberechtigt ist die **betroffene Person oder Stelle.** Der Begriff ist weit zu verstehen. Darunter fallen natürliche Personen ebenso wie juristische, Handelsgesellschaften, nicht rechtsfähige Vereine, aber auch Organe von Gesellschaften oder auch Behörden. Der Anspruch ist **höchst persönlich.** Er steht Verstorbenen nicht zu und ist **nicht vererbungsfähig,** selbst wenn er vor dem Tod des Betroffenen tituliert war.[576] Erforderlich ist eine **individuelle, unmittelbare**[577] **Betroffenheit.** Das Betroffensein eines Angehörigen reicht nicht aus. Individuell betroffen kann auch nur sein, wer

---

569 Vgl. *BGH* NJW 1965, 1230; *BVerfG* AfP 1975, 800; kritisch dazu Wenzel/*Burkhardt* § 11 Rn. 32.

570 *BVerfG* AfP 2008, 58; *OLG Düsseldorf* AfP 2008, 208; AfP 2008, 523; *OLG Frankfurt* AfP 2008, 628; vgl. auch für Gegendarstellung gegenüber einer Frage *BVerfG* AfP 2014, 433 ff.

571 *Rinsche* AfP 2013, 1, 4.

572 *OLG Karlsruhe* AfP 2011, 282, 283.

573 *OLG München* ArchPR 1974, 108; *OLG Karlsruhe* NJW-RR 2000, 323; *OLG Düsseldorf* AfP 2000, 470.

574 *OLG Hamburg* NJW-RR 1994, 1179.

575 Vgl. *OLG Karlsruhe* AfP 2009, 267; AfP 1999, 373; *OLG Köln* AfP 2014, 340, 342; *LG Dresden* AfP 2006, 485.

576 *KG Berlin* AfP 2007, 137.

577 *LG München* AfP 2006, 81.

durch die Darstellung erkennbar ist.[578] Bei einer Mehrzahl von Betroffenen ist zwar grds. jeder berechtigt, mit einer eigenen Darstellung zu Wort zu kommen, jedoch gilt dies dann nicht, wenn bei gleicher Interessenwahrung inhaltsgleich Gegendarstellungen verlangt werden, ohne dass ein persönlich individuelles Interesse vorliegt.[579]

Anspruchsverpflichtet bei einem Druckwerk ist der im Impressum genannte verantwortliche Redakteur und der Verleger, mithin das Verlagsunternehmen, das das Erscheinen des Druckwerkes bewirkt.[580] **213**

4. Form der Gegendarstellung

Gegendarstellungen müssen **schriftlich** erfolgen. Die Gegendarstellung muss **unterzeichnet** sein. Wer zu unterzeichnen hat, kann je nach LPG unterschiedlich sein. Unterzeichnet der Betroffene,[581] so hat dies handschriftlich zu erfolgen. Maschinelle Unterzeichnung genügt nicht. Die Unterzeichnung mit dem Familiennamen reicht in der Regel aus, es sei denn, der Betroffene ist nur zusammen mit seinem Vornamen identifizierbar. Ist der Betroffene eine Personengesellschaft oder eine juristische Person, muss deutlich werden, dass die Unterzeichnung durch eine natürliche Person nicht in ihrem Namen selbst, sondern im Namen der Gesellschaft erfolgt.[582] Bei Zweifeln an der Echtheit der Unterschrift darf der Anspruchsverpflichtete eine Beglaubigung verlangen.[583] Die Unterschrift ist an den Schluss der Gegendarstellung zu setzen. Eine Angabe von Ort und Datum ist üblich, aber entbehrlich. In welcher Sprache die Gegendarstellung gegen eine fremdsprachige Erstmitteilung erfolgen kann, ist strittig.[584] **214**

Erfolgt – soweit zulässig – eine **Unterzeichnung durch Vertreter,** ist zu fragen, ob stets der gesetzliche Vertreter unterzeichnen muss oder auch ein rechtsgeschäftlich bestellter Vertreter ausreicht. Eine Reihe von Ländern fordern Unterzeichnung durch den gesetzlichen Vertreter.[585] Dies gilt auch in der Regel für rundfunkrechtliche Gegendarstellungen. Wegen der bestehenden Unsicherheiten ist deshalb stets zu empfehlen, eine Gegendarstellung durch den gesetzlichen Vertreter unterzeichnen zu lassen.[586] **215**

5. Zuleitung der Gegendarstellung und Abdruckverlangen

Streng zu unterscheiden ist zwischen dem Zugang der Gegendarstellung und dem Abdruckverlangen. **216**

---

578 Vgl. auch *OLG Düsseldorf* AfP 2000, 470; zur Rechtslage, wenn durch eine Erstmitteilung mehrere Personen betroffen sind, die Ansprüche geltend machen – *OLG Karlsruhe* AfP 2006, 373.

579 *OLG Frankfurt* AfP 2014, 73, 74.

580 Vgl. *OLG Düsseldorf* AfP 1988, 160.

581 *LG Frankfurt* AfP 2009, 73, 74. Der Betroffene ist auch der Einsender gem. § 10 Abs. 1 LPG Bayern.

582 *KG Berlin* AfP 2008, 394: Bei juristischer Person ist die vollständige Firmenbezeichnung anzugeben.

583 Vgl. § 10 Abs. 1 S. 3 LPG Bayern; vgl. auch Wenzel/*Burkhardt* § 11 Rn. 183.

584 *LG Darmstadt* AfP 2005, 484: muss in fremder Sprache erfolgen; *Karaahmetoglu* AfP 2005, 433; a.A. *Sedelmaier* AfP 2005, 524.

585 Baden-Württemberg, Brandenburg, Hamburg, NRW, Rheinland-Pfalz, Saarland, Sachsen und Schleswig-Holstein; in Bayern und Hessen wurde eine durch einen rechtsgeschäftlichen Vertreter unterzeichnete Gegendarstellung für unwirksam erklärt; vgl. für Prokuristen in Hessen *OLG Frankfurt* AfP 2003, 459; in Berlin, Bremen, Niedersachen und Sachsen-Anhalt besteht oberlandesgerichtliche Rechtsprechung zu Gunsten der rechtsgeschäftlichen Vertretung.

586 Für den Vorstand einer AG vgl. *OLG Düsseldorf* AfP 2006, 473.

217 Strittig ist zunächst, ob die unterschriftlich unterzeichnete Gegendarstellung **im Original** zugeleitet werden muss.[587] Teilweise sollen Telefaxe genügen.[588] Vorsorglich sollte (auch) immer das handschriftliche Original zugeleitet werden.

218 Das **Abdruckverlangen** stellt keine rechtsgeschäftliche, sondern eine geschäftsähnliche Handlung dar.[589] Es ist nicht formgebunden. In der Zuleitung der Gegendarstellung kann ein schlüssiges Abdruckverlangen gesehen werden. Die Zuleitung kann durch jedermann erfolgen. Das Abdruckverlangen kann vom Betroffenen oder von einem von ihm Beauftragten erfolgen. Wegen der Gefahr der Zurückweisung nach § 174 BGB ist jedoch zu raten, dem Abdruckverlangen eines willkürlichen Stellvertreters die Originalvollmacht beizulegen.[590] Im Antrag auf Erlass einer einstweiligen Verfügung auf Abdruck der Gegendarstellung kann kein wirksames Abdruckverlagen gesehen werden.[591]

219 Es reicht aus, wenn Gegendarstellung und Abdruckverlangen in dem Machtbereich des Empfängers gelangt sind; Erhalt seitens Redaktion oder Verlag genügt i.d.R.[592] Da dies jedoch strittig ist,[593] ist zu empfehlen, das Abdruckverlangen und die Zuleitung der Gegendarstellung an den Passivlegitimierten zu bewirken.[594] Die Zuleitung von Gegendarstellung und Zugang des Abdruckverlangens konkretisieren den Gegendarstellungsanspruch (sog. verhaltener Anspruch).[595]

220 Grds besteht eine Pflicht zur Bündelung der Gegendarstellung, wenn verschiedene Tatsachenbehauptungen in ein und demselben Artikel enthalten sind, damit nicht Gegendarstellungen gewissermaßen auf „Raten" gefordert werden.[596] Werden Abdruckverlangen für mehrere Gegendarstellungen zugeleitet, die sich gegen dieselbe Erstmitteilung richten, ist es erforderlich, dass der Anspruchssteller deutlich macht, mit welcher Fassung er sein Begehren als erfüllt erachtet; tut er dies nicht, entsteht hinsichtlich keiner Gegendarstellung ein Anspruch.[597]

---

587 So *OLG Köln* AfP 1985, 151; *OLG Hamburg* NJW 1999, 1613; *LG Düsseldorf* AfP 1993, 498; vgl. zum Meinungsstand *Seitz/Schmidt/Schoener* Der Gegendarstellungsanspruch, S. 71/72.

588 *OLG Saarbrücken* NJW-RR 1992, 730; *OLG München* AfP 1999, 72; nicht ausreichend *OLG Hamburg* AfP 2011, 72; *KG Berlin* AfP 2011, 72.

589 Str., a.A. *LG München* AfP 2006, 573; vgl. auch *Sedelmaier* AfP 2007, 19.

590 Vgl. auch *OLG Hamburg* ArchPR 1977, 49.

591 *LG Frankfurt* AfP 2009, 73, 74.

592 Muttergesellschaft des Verlages reicht nicht, *OLG Düsseldorf* AfP 2008, 523.

593 So wird zwar zum einen vertreten, dass es ausreicht, an die hausinterne zuständige Person, z.B. „An den verantwortlichen Redakteur" oder an „An die Redaktion" oder „An den Verlag" zu adressieren. Andererseits wird teilweise vertreten, dass die Zuleitung an den – nicht passivlegitimierten – Chefredakteur nicht ausreichend sei. Vgl. *OLG Köln* NJW 1962, 48; *Seitz/Schmidt/Schoener* Der Gegendarstellungsanspruch, S. 45.

594 Es ist zu empfehlen, auch weitere Fassungen den jeweils Passivlegitimierten zuzuleiten, selbst wenn sich nach dem ersten Abdruckverlangen ein Anwalt oder eine Rechtsabteilung gemeldet hat. Anwalt oder Rechtsabteilung als Adressat reicht in diesem Fall nach *OLG Hamburg* AfP 1979, 405 und *OLG Köln* AfP 1985, 151 aus; s. aber auch *OLG Hamburg* ArchPR 1971, 95 und *OLG Celle* ArchPR 1969, 74.

595 Wenzel/*Burkhardt* § 11 Rn. 162; *Sedelmaier* AfP 2007, 19.

596 Vgl. auch *LG Oldenburg* AfP 1986, 80.

597 *OLG Hamburg* AfP 2011, 72.

Nach fast allen Regelungen der LPG muss das Abdruckverlangen **unverzüglich,** spätestens innerhalb von 3 Monaten seit der Veröffentlichung zugegangen sein.[598] Bei der Unverzüglichkeit sind die Umstände des Einzelfalls maßgeblich.[599] So kann z.B. ein Zeitraum von 3–4 Wochen noch ausreichend sein, wenn davon ausgegangen werden kann, dass die Erstmitteilung dem Leser noch in Erinnerung geblieben ist.[600] Dabei hat auch Bedeutung, in welchen periodischen Abständen ein Druckwerk erscheint oder welcher Leserkreis das Druckwerk gewöhnlicherweise liest.[601] Wer Risiken vermeiden will, tut gut daran, das Gegendarstellungsbegehren und das Abdruckverlangen spätestens[602] innerhalb von 2 Wochen zuzuleiten. Für den Fristenbeginn ist die tatsächliche Kenntnisnahme ausschlaggebend. **221**

Wird die Gegendarstellung als nicht gesetzeskonform zurückgewiesen, kann sie überarbeitet und in einer neuen Fassung zugeleitet werden, ggf. mehrere Male. Jede neue Fassung muss unverzüglich nach der Zurückweisung der vorangegangenen zugeleitet werden.[603] Für Bayern gelten auch hier Besonderheiten.[604] **222**

Wegen des Unverzüglichkeitsgebot sehen die LPG überwiegend[605] eine echte Ausschlussfrist von 3 Monaten nach Veröffentlichung vor. Die Frist beginnt mit dem Erscheinen, d.h. mit der tatsächlichen Verbreitung des Druckwerkes. **223**

6. Abdruck der Gegendarstellung

Die Gegendarstellung ist in der nach dem Empfang der Einsendung nächstfolgenden, für den Druck nicht abgeschlossenen Nummer in dem gleichen Teil des Druckwerkes mit gleicher Schrift wie der beanstandete Text ohne Einschaltungen oder Weglassungen abzudrucken.[606] Werden Schriftgröße, Ort oder Verbot der Glossierung[607] nicht **224**

598 Die Anforderungen an die „Unverzüglichkeit“ werden sehr unterschiedlich gehandhabt; vgl. *OLG Stuttgart* AfP 2006, 252; *OLG Hamburg* AfP 2011, 72; NJW–RR 2001, 186; *LG Dresden* AfP 2006, 485; *LG Frankfurt/Oder* AfP 2004, 457 (14 Tage); keine starre 14-Tage-Frist: *KG Berlin* AfP 2009, 228; 2009, 61; LPG Hessen (Abdruck muss ohne schuldhaftes Zögern gefordert sein; vgl. auch *LG Frankfurt* AfP 2009, 73) und LPG Bayern (keine Fristbegrenzung, aber Gebot der Beachtung der Aktualitätsgrenze; vgl. dazu *LG München* AfP 2004, 578; ZUM 2005, 576); fristschädlich für ein zweites Abdruckverlangen kann auch die zunächst erfolgende Zuleitung des Abdruckverlangens durch eine nicht anspruchsberechtigte Person sein, vgl. *KG Berlin* AfP 2011, 187.

599 *KG Berlin* AfP 2009, 61, 62.

600 *OLG Hamburg* AfP 1994, 225.

601 So wurde bei einer Tageszeitung eine Aktualitätsgrenze von etwa 4 Wochen angenommen (*OLG München* NJW-RR 2002, 2271); eine Erstmitteilung auf der Titelseite führt nicht zu einer längeren Frist (*OLG München* AfP 2012, 161, 163); für einen Artikel in einer wöchentlich erscheinenden Zeitschrift etwa 4–6 Wochen (*OLG München* AfP 2001, 137), bei einer Fernsehsendung 2 Wochen (*LG Mainz* AfP 2007, 499).

602 *KG Berlin* AfP 2009, 61, 62; maßgeblich bleibt der Einzelfall, vgl. *KG Berlin* AfP 2011, 187; vgl. 2 Wochen für ein täglich ausgestrahltes Fernsehmagazin, *OLG Köln* AfP 2014, 340, 342.

603 Vgl. *OLG Hamburg* AfP 2011, 72; *OLG Düsseldorf* AfP 2001, 327; vgl. *OLG Stuttgart* ZUM 2006, 427; Zweitantrag nicht unverzüglich, wenn Erstfassung inhaltlich an groben, ohne weiteres erkennbaren Mängeln leidet; vgl. auch *Sedelmaier* AfP 2006, 24; vgl. auch *OLG Frankfurt* AfP 2010, 478: Kein unverzügliches Abdruckverlangen, wenn erstmals in der mündlichen Verhandlung des Berufungsinstanz eine Kürzungsermächtigung im Original vorgelegt wird.

604 Vgl. auch *OLG München* NJW-RR 2002, 1271.

605 Ausnahme Bayern und Hessen.

606 Einzelne Textabweichungen zwischen den verschiedenen LPG.

607 Zum Recht oder Verbot der Glossierung ist die Rechtslage in den Bundesländern unterschiedlich. Für Berlin vgl. *VerfGH Berlin* AfP 2006, 356 für BlnBraRStV.

beachtet oder nur mit Einschaltungen oder Weglassungen veröffentlicht oder die Bündelung aufgelöst, ist der Anspruch nicht erfüllt und der Abdruck kann erneut gefordert werden.[608] Statt eines Druckwerkes kann auch eine App, dort ggf. ein Teaser als „Überschrift", Ort einer Gegendarstellung sein.[609]

225 Der Begriff des gleichen Teils ist eng auszulegen. Im Einzelfall ist dies nicht nur die Seite, sondern auch die konkrete Rubrik.[610] Erscheint die Rubrik oder die Seite z.B. nicht täglich, kann der nächste Erscheinungstermin abgewartet werden. Eine Rubrik ist nicht extra einzurichten. Erscheint sie z.B. nicht mehr, muss der ähnlichste Teil des Druckwerkes gewählt werden. Ansonsten muss eine gleichwertige Stelle gesucht werden, aber kein „mehr."[611]

226 Der Grundsatz des gleichwertigen Teiles ist für die **Titelseite** eingeschränkt. Denn die Pressefreiheit gebietet, dass die Titelseite ihre Funktion nicht verlieren darf, eine Identifizierung des Blattes zu ermöglichen, die als besonders wichtig erachteten Mitteilungen aufzunehmen und das Interesse des Publikums zu erregen.[612] Deshalb kann die Veröffentlichung auf der Titelseite geboten sein; jedoch ist eine Reduzierung der Größe insoweit hinzunehmen, als die Funktionalität der Titelseite gewährleistet bleiben muss.[613] Wird der Beitrag auf der Titelseite angekündigt und findet sich die gegendarstellungsfähige Behauptung dann im Textteil in der Ausgabe, kommt im Einzelfall ein Hinweis auf der Titelseite auf die Gegendarstellung im Heft in Betracht.[614]

227 Unter dem Abdruck mit gleicher Schrift ist insbesondere Größe und Klarheit zu verstehen. Ausnahmen bestehen beim Titelblatt.[615] Die Unterschrift ist mit abzudrucken.

228 Zulässig ist es, die Gegendarstellung mit einem so genannten **Redaktionsschwanz** zu versehen, sofern dieser vom Text der Gegendarstellung deutlich getrennt als redaktionelle Anmerkung gekennzeichnet ist. Der **Redaktionsschwanz** verstößt nur dann nicht gegen das **Glossierungsverbot,** wenn er sich auf tatsächliche Angaben beschränkt[616] oder in der Kommentierung, die Gegendarstellung sei unabhängig von ihrem Wahrheitsgehalt abzudrucken.[617] Denkbar ist auch ein zustimmender Redaktionsschwanz („Herr Müller hat Recht"). Bei Gegendarstellung in einem Telemedium kann das Gericht dem Anbieter des Mediums verbieten, eine Erwiderung auf die Gegendarstellung mit dieser zu verknüpfen.[618]

229 **Anwaltskosten** sind nur dann zu erstatten, wenn die Darstellung eine schuldhaft unerlaubte Handlung ist mit der Folge, dass der Betroffene die Anwaltskosten als Schadensersatz erlangen kann oder unter den Voraussetzungen des Verzugs.[619] Wird gegen mehrere Antragsgegner vorgegangen und ist ein Vorgehen in einem einheitlichen

608 *BGH* NJW 1964, 1132; vgl. auch für die Glossierung *OLG Frankfurt* NJW 1965, 2163.
609 *LG München I* AfP 2015, 71, 72.
610 Vgl. *LG Koblenz* AfP 2005, 291.
611 Vgl. *LG München* ZUM 2003, 695.
612 *BVerfG* NJW 1998, 1381; *OLG Karlsruhe* AfP 2006, 168; ausf. *BVerfG* AfP 2014, 433, 434.
613 *OLG Karlsruhe* AfP 2006, 168; 2007, 54.
614 *OLG München* AfP 1991, 531.
615 Vgl. z.B. *OLG Karlsruhe* AfP 2006, 168.
616 Für Bayern finden sich die Grundsätze in der Entscheidung des *OLG München* NJW-RR 1999, 965.
617 Vgl. *OLG Dresden* ZUM 2002, 295.
618 *KG Berlin* AfP 2012, 474, 475.
619 Vgl. *OLG Saarbrücken* NJW 1997, 1376, 1379; *LG Hamburg* AfP 1990, 332; Wenzel/*Burkhardt* § 11 Rn. 211.

gerichtlichen Verfahren möglich, kann die Erstattung von Kosten rechtsmissbräuchlich sein, wenn ein einheitlicher Lebenssachverhalt in mehrere Prozessmandate aufgespalten wurde.[620]

Grds. gilt das **„Alles oder Nichts-Prinzip“**, d.h. wenn nur einer von mehreren Gegendarstellungspunkten unzulässig ist, erfasst dieser Mangel die gesamte Gegendarstellung und macht sie nicht abdruckfähig.[621] Dieses grds. Prinzip wurde und wird in den letzten Jahren von einzelnen OLG, z.B. für aus voneinander unabhängigen Punkten bestehenden Gegendarstellungen immer mehr aufgeweicht.[622] Insbesondere existiert eine sehr differenzierte Rspr. zu der Frage, ob, inwieweit und wann man noch im gerichtlichen Verfahren das Gegendarstellungsbegehren ändern kann.[623] Hier ist auf die **Besonderheiten der Rspr. im jeweiligen OLG-Bezirk** zu achten.[624] 230

Strittig ist auch, ob der Passivlegitimierte die Zurückweisung der Gegendarstellung begründen muss.[625] In der Praxis empfiehlt sich für den Verlag, wenigstens beispielhaft ein oder zwei Gründe in abstrahierter Form („Gegendarstellung ist irreführend“) („Es fehlt das berechtigte Interesse“) zu nennen. Eine Pflicht, auf formale Mängel bei der Ablehnung hinzuweisen, besteht nicht.[626] 231

7. Inhaltliche Mängel der Gegendarstellung und fehlendes berechtigtes Interesse

Die Gegendarstellung muss die Erstmitteilung, auf die die Gegendarstellung Bezug nimmt, mindestens sinngemäß wiedergeben. Dabei darf die Wiedergabe in keiner Weise verfälschend oder irreführend sein.[627] In der Praxis empfiehlt sich die wörtliche **Wiedergabe der Erstmitteilung.** Richtet sich die Gegendarstellung gegen einen wegen Mehrdeutigkeit der Formulierung erzeugten Eindruck, der sich nach dem Urteil des BVerfG als unabweisbare Schlussfolgerung darstellen muss,[628] sind die einzelnen Behauptungen der Erstmitteilung, aus denen sich der Eindruck ergibt, wiederzugeben. Entweder kann der **entstehende Eindruck** bei der Wiedergabe der Erstmitteilung berücksichtigt werden („... durch die Behauptung „...“ erweckt die X-Zeitung den Eindruck, ... Hierzu stelle ich fest: ...“). Denkbar ist aber auch, die Tatsache, dass sich die Gegendarstellung gegen einen Eindruck wendet, in der Entgegnung aufzunehmen („Soweit dadurch der Eindruck erweckt wird, dass ... , stelle ich hiermit fest: ...“). Jedenfalls muss in der Gegendarstellung zum Ausdruck kommen, dass sie sich gegen einen Eindruck richtet.[629] 232

Bei der Entgegnung muss es sich um eine echte „Gegendarstellung“ im Wortsinne handeln. Die Gegendarstellung darf nicht dazu benutzt werden, umfassende nicht zur Sache gehörende Ausführungen zu ergänzen (sog. Konzentrationsmaxime). Gegen- 233

---

620 *OLG Hamburg* AfP 2013, 414, 415 bei identischer Berichterstattung in verschiedenen Medien konzernrechtlich verbundener Unternehmen.

621 *OLG Karlsruhe* ZUM 2003, 314; *LG Mainz* AfP 2007, 499; *LG Berlin* AfP 2008, 532.

622 Vgl. z.B. *OLG Düsseldorf* AfP 2001, 327; *OLG Karlsruhe* AfP 2009, 267; ZUM 2003, 314; *OLG München* AfP 2003, 70; *OLG Stuttgart* 11.11.2008 – 17 O 539/08; *OLG Frankfurt* AfP 2008, 628.

623 Vgl. dazu auch *Sedelmaier* AfP 2006, 24; vgl. auch *LG Frankfurt* AfP 2009, 73, 74, wonach jedenfalls Änderungen, die die Gegendarstellung erst formal zulässig machen, nicht mehr die Unverzüglichkeit der Gegendarstellung in der ursprünglichen Fassung herbeiführen können.

624 Vgl. etwa *KG Berlin* AfP 2006, 83.

625 Im Einzelnen dazu Wenzel/*Burkhardt* § 11 Rn. 213.

626 Vgl. auch *LG Frankfurt* AfP 2009, 73, 75.

627 Vgl. *OLG Naumburg* ZUM 2006, 482, 485.

628 *BVerfG* AfP 2008, 58; s. auch *LG München* AfP 2012, 402, 403.

629 *OLG Köln* AfP 2014, 340, 343.

über Teilen eines Interviews kann der Betroffene nicht eine vollständige Gegendarstellung eines gesamten Interviews verlangen.[630] Erklärende Zusätze sind nur zulässig, soweit sie zum Verständnis der Erwiderung notwendig sind.[631] Oft kann durch zusätzliche Ergänzungen auch die Gefahr der Irreführung entstehen. Risiko vermeidend ist die bloße Negation der Erstmitteilung, die zulässig ist, sofern die Negation nicht ihrerseits irreführend ist.[632]

234 Die Gegendarstellung darf keinen strafbaren Inhalt haben. Sie darf auch keinen **offensichtlich unwahren Inhalt** haben.[633] An die **Offensichtlichkeit** werden strenge Voraussetzungen gestellt.[634] Für das Gericht liegt die offensichtliche Unwahrheit dann vor, wenn es davon unzweifelhaft ausgehen kann, ohne in eine Abwägung und Wertung von Glaubhaftmachungsmitteln eintreten zu müssen. Dies ist z.B. dann der Fall, wenn die Gegendarstellung in sich widersprüchlich ist oder Schriftstücke vorgelegt werden, aus denen erkennbar ist, dass der Betroffene selbst in der Vergangenheit etwas anderes behauptet hat als er in der Gegendarstellung zum Ausdruck bringen will. Zwei konträre eidesstattliche Versicherungen als Glaubhaftmachungsmittel reichen nicht aus.

235 Schließlich darf der Inhalt der Gegendarstellung **nicht irreführend** sein.[635] Dies kann bspw. dann vorliegen, wenn dem Leser durch die Entgegnung Schlussfolgerungen aufgezwungen werden, die unwahr sind oder wenn bewusst nur der halbe Sachverhalt in der Entgegnung mitgeteilt wird, um einen unwahren Eindruck zu erzeugen.[636]

236 Ferner ist die Gegendarstellung nicht abdruckfähig, wenn das **berechtigte Interesse** fehlt oder wenn sie persönlichkeitsneutral ist, also sich nicht in nennenswerter Weise auf das Persönlichkeitsbild des Betroffenen auswirkt.[637] Beim berechtigten Interesse handelt sich um ein teilweise in den LPG aufgeführtes, teilweise ungeschriebenes Tatbestandsmerkmal.[638] Das berechtigte Interesse kann bei der bloßen Belanglosigkeit der Ausgangsmitteilung fehlen.[639] Ein berechtigtes Interesse fehlt auch, wenn die Gegendarstellung die Erstmitteilung inhaltlich bloß bestätigt. Dann liegt auch schon keine „Gegen"-Darstellung im eigentlichen Sinne vor. Stellt die Redaktion von sich aus richtig, fehlt das berechtigte Interesse an einer Gegendarstellung, wenn dies uneingeschränkt und gleichwertig erfolgt.[640] Wird ein Widerruf veröffentlicht, fehlt für eine Gegendarstellung ebenfalls das berechtigte Interesse. Die Ergänzung eines Artikels im Fließtext einer Internetveröffentlichung, ohne Heraushebung, dass und inwieweit eine Ergänzung erfolgte, reicht jedoch nicht aus.[641] Bestehen inhaltliche Mängel, so fehlt es ebenfalls parallel an dem berechtigten Interesse. Das Gleiche gilt für eine Überschreitung des angemessenen Umfangs.

---

630 *LG Düsseldorf* AfP 2010, 87.
631 *OLG Karlsruhe* AfP 2009, 267; AfP 2007, 494; vgl. auch *OLG Frankfurt* AfP 2010, 478.
632 Vgl. *OLG Düsseldorf* AfP 2005, 368; *OLG Düsseldorf* AfP 2006, 473.
633 *BVerfG* NJW 2002, 356 – Gysi I.
634 *OLG Karlsruhe* AfP 2006, 168.
635 Vgl. *OLG Oldenburg* AfP 2011, 74; *OLG Düsseldorf* AfP 2005, 368; *LG Dresden* AfP 2005, 190; *LG München* ZUM 2006, 349.
636 *OLG Dresden* AfP 2002, 55.
637 *OLG Düsseldorf* AfP 2008, 83.
638 Vgl. etwa *OLG Naumburg* ZUM 2006, 482.
639 Vgl. *OLG Naumburg* ZUM 2006, 482, 484; vgl. *OLG Dresden* AfP 2002, 55.
640 Vgl. *OLG Hamburg* AfP 2010, 580; *OLG Naumburg* ZUM 2006, 48; *LG Berlin* AfP 2004, 148; *LG Berlin* AfP 2006, 381.
641 *OLG Karlsruhe* AfP 2016, 163, 164.

8. Probleme der Durchsetzung der Gegendarstellung

Die Durchsetzung des Anspruchs erfolgt **im Verfahren der einstweiligen Verfügung.** 237
Die prozessrechtliche Kompetenz liegt beim Landesgesetzgeber, da die Regelung zur Gegendarstellung presserechtlichen Charakter habe.[642] Für die Verfahrenseinleitung besteht keine Frist. Allerdings kann der durch die Zuleitung des Gegendarstellungsverlangens konkretisierte verhaltene Anspruch **verwirken.** Entscheidend ist hier der Aktualitätsbezug. Nach Ablauf von 3 Monaten seit der Erstveröffentlichung wird im Allgemeinen von einer Verwirkung bzw. von einem Wegfall des Rechtschutzbedürfnisses auszugehen sein; im Einzelfall auch nach erheblich kürzerer Zeit. Bei einer nachgebesserten neuen Fassung der Gegendarstellung ist der Aktualitätsbezug jedoch auf jeden Fall noch gewahrt, wenn er als hilfsweises Verlangen so rechtzeitig zugeleitet wird, dass über ihn noch im ersten Termin zur mündlichen Verhandlung entschieden werden kann.[643] Fehlt es an einer Zuleitung der Gegendarstellung, ist ein Antrag mangels Konkretisierung des Anspruchs unbegründet. Es ist zweckmäßig, dem Abdruckverpflichteten eine Erklärungsfrist zu setzen.[644] Verstreicht diese fruchtlos, fallen die Verfahrenskosten nach § 93 ZPO dem betroffenen Antragsteller auch dann zur Last, wenn er den Anspruch sofort anerkennt.[645]

Örtlich zuständig ist das Gericht, bei dem der Passivlegitimierte seinen allgemeinen Gerichtsstand hat, beim verantwortlichen Redakteur dessen Wohnort. Der Gerichtsstand der unerlaubten Handlung ist nicht einschlägig. Damit besteht kein sog. fliegender Gerichtsstand.[646] 238

Sachlich zuständig ist in aller Regel das Landgericht, da der Streitwert einer Gegendarstellungsforderung 5 000 EUR überschreiten wird. 239

Strittig wird die Frage beantwortet, ob es bei einer Änderung oder Kürzung der Gegendarstellung einer erneuten Unterzeichnung und einer neuen Gegendarstellung und Zuleitung an den Verlag bedarf.[647] 240

Gegen eine Zurückweisung eines Verfügungsantrages ohne mündliche Verhandlung durch Beschluss ist die **einfache Beschwerde** zulässig. Sie ist nicht fristgebunden, aber unterliegt dem Aktualitätserfordernis, so dass nach Zugang des Beschlusses sofort gehandelt werden sollte. 241

---

642 *BVerfG* AfP 1975, 800.

643 *OLG München* AfP 2001, 132, 137; vgl. zu der Problematik der Wahrung der Aktualitätsgrenze bei unzulässiger Erstfassung auch *Sedelmaier* AfP 2006, 24.

644 Zur Informationspflicht des Verlages über die Bereitschaft zum Abdruck und die Kostenfolgen vgl. *KG Berlin* AfP 2006, 476 mit Anm. *Himmelsbach* AfP 2006, 430; *KG Berlin* ZUM 2007, 537.

645 Vgl. *OLG Brandenburg* NJW-RR 1994, 1022.

646 *LG Stuttgart* AfP 2002, 340.

647 So z.B. Praxis am LG und OLG Hamburg; vgl. auch *LG Lüneburg* AfP 2006, 83; nach anderer Auffassung kann die erforderliche Zuleitung der Neufassung auch durch Übergabe an den Prozessbevollmächtigten bewirkt werden, so u.a. *OLG Frankfurt* AfP 1980, 225; *OLG Köln* NJW-RR 1990, 1119. Praktisch hat dies zur Folge, dass vorhandene Mängel der Gegendarstellung noch im Termin beseitigt werden können; in Frankfurt kann das Gericht sogar seinerseits Änderungen vornehmen, *OLG Frankfurt* AfP 1983, 279, 281; beim Kammergericht erübrigt sich eine erneute Zuleitung, wenn die später georderte Fassung den gleichen Aussagegehalt hat wie die ursprüngliche, *KG Berlin* ZUM 1985, 103, 104; ähnlich auch *OLG Brandenburg* NJW-RR 2000, 326, 327. Im Einzelnen sind weitere Details strittig; vgl. Wenzel/*Burkhardt* § 11 Rn. 250 ff.

242 Nach § 938 ZPO bestimmt das Gericht nach freiem Ermessen, welche Anordnung erforderlich ist. Ein Recht zur Änderung oder Kürzung der Gegendarstellung durch das Gericht ergibt sich daraus nicht.[648] Das Gericht kann aber die Modalitäten des Abdrucks wie Platzierung, Schriftgröße, Überschrift oder Erwähnung der Überschrift im Inhaltsverzeichnis anordnen.

243 Gegendarstellungsverfügungen können und müssen im **Parteibetrieb** innerhalb der Frist des § 929 Abs. 2 ZPO zugestellt werden. Der Ablauf der Vollziehungsfrist des § 929 Abs. 2 ZPO führt regelmäßig kraft gesetzlich unwiderleglicher Vermutung zu der Annahme eines veränderten Umstandes i.S.d. § 927 ZPO;[649] neben der Zustellung eines Parteibetriebes bedarf es jedenfalls innerhalb der Vollziehungsfrist keines Antrages nach § 888 ZPO. Zuzustellen ist die Ausfertigung selbst[650] oder eine beglaubigte Abschrift. Die **Vollstreckung** erfolgt nach § 888 ZPO,[651] da der Abdruck als unvertretbare Handlung anzusehen ist. Wird Widerspruch erhoben gegen eine Beschlussverfügung, kann das Gericht nach §§ 936, 924 Abs. 3 S. 2, 707 Abs. 1 ZPO anordnen, dass die Zwangsvollstreckung gegen oder ohne Sicherheitsleistung **einstweilig eingestellt** wird.[652]

9. Besonderheiten in Hörfunk und Fernsehen

244 Rundfunkveranstalter sind in der Regel bloße Verbreiter, so dass der Anspruch hier gegen das Verbreiten einer Tatsachenbehauptung besteht. Auch Rundfunkgegendarstellungen müssen innerhalb der Aktualitätsgrenze zugeleitet werden. Die Ausstrahlung der Gegendarstellung hat zur gleichen Sendezeit bzw. innerhalb des gleichen Programms oder der gleichen Programmsparte zu erfolgen wie die Erstmitteilung. Sämtliche den Privatfunk betreffenden gesetzlichen Regelungen verpflichten den Veranstalter, die Sendung aufzuzeichnen und – meistens für die Dauer von 6 Wochen – aufzubewahren sowie Einsicht zu gewähren und/oder dem Antragsteller auf seine Kosten Ausfertigungen, Abzüge oder Abschriften der Aufzeichnung zu übermitteln. Eine entsprechende Aufzeichnungspflicht und Auskunftsanspruch ergibt sich beim ZDF aus § 14 ZDF-Staatsvertrag. Soweit das Recht einzelner öffentlich-rechtlicher Rundfunkanstalten keinen Auskunftsanspruch kennt, kann er auf § 242 BGB gestützt werden.[653] Anspruchsverpflichtet ist beim öffentlich-rechtlichen Rundfunk die Rundfunkanstalt.

245 Für Fernsehsendungen der ARD ist jede Anstalt verantwortlich, unabhängig davon, wer produziert hat. Hinsichtlich der Zuständigkeit ist auf § 8 des ARD-Staatsvertrages zu verweisen. Danach wird dem Betroffenen zugemutet, zunächst die einbringende Anstalt zu ermitteln.[654] Dies muss zu einer Verlängerung der Aktualitätsfrist führen.

648 Vgl. *OLG Hamburg* AfP 1981, 408; *OLG Karlsruhe* AfP 1994, 317; 1994, 318; 1999, 74; a.A. *OLG Frankfurt* AfP 1982, 179.

649 *OLG Hamm* AfP 2011, 377, 378: a.A. *OLG Rostock* MDR 2006, 1425; *OLG Koblenz* AfP 2009, 59.

650 Vgl. *OLG Hamm* AfP 2011, 377, 378; *OLG München* AfP 2007, 53; bei nicht nur geringfügiger Änderung einer erstinstanzlichen Verfügung im Berufungsrechtsstreit beginnt die Vollziehungsfrist neu zu laufen, *OLG Karlsruhe* AfP 2008, 524.

651 Vgl. auch *OLG Koblenz* AfP 2009, 59; *OLG München* AfP 2002, 528; s. aber auch *OLG Hamm* AfP 2011, 377, 378.

652 Zur Wirkung der einstweiligen Einstellung vgl. *KG Berlin* AfP 2009, 140; *OLG Karlsruhe* AfP 2007, 368; vgl. auch *OLG München* AfP 2008, 309.

653 *Seitz/Schmidt/Schoener* Der Gegendarstellungsanspruch, S. 195.

654 Die Vorschrift ist verfassungsgemäß, *BVerfG* ZUM 2005, 473; s. für die ARD auch *OLG München* NJW 2001, 613.

Für das ZDF gilt der ZDF-Staatsvertrag. 246

Soweit private Rundfunkanstalten betroffen sind, ist das Gegendarstellungsrecht in 247
den Landesmedien- oder Landesrundfunkgesetzen, etwa § 43 LMG NRW geregelt. Beim Privatfunk ist teilweise der Veranstalter anspruchsverpflichtet, teilweise der Anbieter.[655]

655 In Bayern die Bayrische Landeszentrale für neue Medien gemeinsam mit dem betroffenen Anbieter – Art. 18 Abs. 4 BayMG.

Telemedienrecht

10. Kapitel
Telemedien[1]

Literatur: *Auernhammer* Datenschutz-Grundverordnung, Bundesdatenschutzgesetz und Nebengesetze, 5. Aufl. 2017; *Bender/Kahlen* Neues Telemediengesetz verbessert den Rechtsrahmen für Neue Dienste und Schutz vor Spam-Mails, MMR 2006, 590; *Blasi* Das Herkunftslandprinzip der Fernseh- und der E-Commerce-Richtlinie, 2004; *Bodewig* Elektronischer Geschäftsverkehr und Unlauterer Wettbewerb, GRURInt 2000, 476; *Borges* Pflichten und Haftung beim Betrieb privater WLAN, NJW 2010, 26; *Bornemann* Der Jugendmedienschutz-Staatsvertrag der Länder, NJW 2003, 787; *ders.* Der Sendeplan im Rundfunkrecht, ZUM 2013, 845; *Bosmann* Rundfunkgebühren für Business-TV?, K&R 2009, 780; *Braml/Hopf* Mehr Schutz für die Jugend oder mehr Sicherheit für den Anbieter?, ZUM 2012, 361; *Braun/Heckmann/Roggenkamp (Hrsg.)* juris Praxiskommentar Internetrecht, 3. Aufl. 2011; *Brömmelmeyer* Internetwettbewerbsrecht, 2007; *Czychowski/Nordemann* Grenzenloses Internet – entgrenzte Haftung?, GRUR 2013, 986; *Döring/Günter* Jugendmedienschutz: Alterskontrollierte geschlossene Benutzergruppen im Internet gem. § 4 Abs. 2 S. 2 JMStV, MMR 2004, 231; *Dürr* Der Gegendarstellungsanspruch im Internet, 2000; *Ehret* Internet-Auktionshäuser auf dem haftungsrechtlichen Prüfstand, CR 2003, 754; *Eifert* Rechenschaftspflichten für soziale Netzwerke und Suchmaschinen, NJW 2017, 1450; *Engel-Flechsig/Maennel/Tettenborn* Beck'scher IuKDG-Kommentar, 2001; *dies.* Das neue Informations- und Kommunikationsdienste-Gesetz, NJW 1997, 2981; *Engels/Jürgens/Fritzsche* Die Entwicklung des Telemedienrechts im Jahr 2006, K&R 2007, 57; *Erdemir* Jugendschutzprogramme und geschlossene Benutzergruppen, CR 2005, 275; *ders.* Der Jugendschutzbeauftragte für Rundfunk und Telemedien, K&R 2006, 500; *Ensthaler/Heinemann* Die Fortentwicklung der Providerhaftung durch die Rechtsprechung, GRUR 2012, 433; *Fitzner* Fortbestehende Rechtsunsicherheit in der Haftung von Host-Providern, MMR 2011, 83; *Frey* Haftungsprivilegierung der Access-Provider nach § 8 TMG? Auflösung eines Normwiderspruchs innerhalb des TMG, MMR 2014, 650; *Galetzka/Krätschmer* Strafrechtliche Verantwortlichkeit der Betreiber von sozialen Netzwerken, MMR 2016, 518; *Geppert/Schütz* Beck'scher TKG-Kommentar, 4. Aufl. 2013; *Gercke* Zugangsprovider im Fadenkreuz der Urheberrechtsinhaber, CR 2006, 210; *Gersdorf* Hate Speech in sozialen Netzwerken, MMR 2017, 439; *ders.* Grundzüge des Rundfunkrechts, 2003; *ders.* Der Rundfunkbegriff – Vom technologieorientierten zum technologieneutralen Verständnis, 2007; *Gersdorf/Paal* Informations- und Medienrecht, 2014; *ders.* Beck'scher Online-Kommentar InforMedienR RStV; *Gola/Schomerus* Bundesdatenschutzgesetz, 11. Aufl. 2012; *Gounalakis* Regulierung von Presse, Rundfunk und elektronischen Diensten in der künftigen Medienordnung, ZUM 2003, 180; *Gounalakis/Rhode* Elektronische Kommunikationsangebote zwischen Telediensten, Mediendiensten und Rundfunk, CR 1998, 487; *Grapentin* Neuer Jugendschutz in den Online-Medien, CR 2003, 458; *Grünwald/Nüßing* MMR 2016, 91; *Guggenberger* Das Netzwerkdurchsetzungsgesetz – schön gedacht, schlecht gemacht, ZRP 2017, 98; *Hacker* LÓréal/eBay: Die Host-Provider-Haftung vor dem EuGH, GRUR-Prax 2011, 391; *Härting* Allgegenwärtige Prüfungspflichten für Intermediäre, CR 2013, 443; *ders.* Internetrecht, 4. Aufl. 2010; *Hahn/Vesting* Beck'scher Kommentar zum Rundfunkrecht, 3. Aufl. 2012; *Hartstein/Ring/Kreile/Dörr/Stettner* Jugendmedienschutz-Staatsvertrag – RStV Kommentar, Teil I, II und III, Loseblatt; *Haucap/Dewenter* Ökonomische Auswirkungen von

---

1 Herrn Rechtsanwalt Marcel Maybaum und Herrn Rechtsreferendar Alexander Golland danken wir für die Unterstützung bei der Erstellung des Beitrages.

öffentlich-rechtlichen Online Angeboten, 2009; *Henning-Bodewig* Werbung im Kinospielfilm, GRUR 1996, 321; *Hoeren* Das Telemediengesetz, NJW 2007, 801; *Hoeren/Buchmüller* Entwicklung des Internet- und Multimediarechts im Jahr 2012, MMR-Beil. 2013, 1; *Hoeren/Sieber/Holznagel* Multimedia-Recht, Loseblatt; *Hoffmann* Die Entwicklung des Internetrechts bis Ende 2015, NJW 2016, 548; *ders.* Zivilrechtliche Haftung im Internet, MMR 2002, 284; *Hohlweck* Eckpfeiler der mittelbaren Verantwortlichkeit von Plattformbetreibern in der Rechtsprechung, ZUM 2017, 109; *Hopf* Der novellierte Jugendmedienschutz-Staatsvertrag – was ändert sich?, K&R 2016, 784; *Hopf/Braml* Die Entwicklung des Jugendmedienschutzes 2012/2013, ZUM 2013, 837; *Hornung* Die Haftung von W-LAN Betreibern, CR 2007, 88; *Jensen/Knoke* ZD-Aktuell 2016, 05416; *Jürgens* Marktzutrittsregulierung elektronischer Informations- und Kommunikationsdienste, 2005; *Kaestner/Tews* Informations- und Gestaltungspflichten bei Internet-Auktionen, WRP 2004, 391; *dies.* Informations- und Gestaltungspflichten bei Internet-Auktionen – Teil 2, WRP 2004, 509; *Kartal-Aydemir/Krieg* Haftung von Anbietern kollaborativer Internetplattformen – Störerhaftung für User Generated Content?, MMR 2012, 647; *Kartheuser/Gilsdorf* MMR-Aktuell 2016, 382533; *Keppeler* Was bleibt vom TMG-Datenschutz nach der DSGVO?, MMR 2015, 779; *Kitz* Das neue Recht der elektronischen Medien in Deutschland – sein Charme, seine Fallstricke, ZUM 2007, 368; *Klickermann* Telemedienangebote von ARD und ZDF im Fokus des Dreistufentests, MMR 2008, 793; *Knöfel* Der Rechtsanwalt als Jugendschutzbeauftragter für Telemedien, MMR 2005, 816; *Köhler/Bornkamm* Wettbewerbsrecht, 35. Aufl. 2017; *Koreng* Entwurf eines Netzwerkdurchsetzungsgesetzes: Neue Wege im Kampf gegen „Hate Speech"?, GRUR-Prax 2017, 203; *Ladeur* Zur Verfassungswidrigkeit der Regelung des Drei-Stufen-Tests für Onlineangebote des öffentlich-rechtlichen Rundfunks nach § 11f RStV, ZUM 2009, 906; *Lauber-Rönsberg* Rechtsdurchsetzung bei Persönlichkeitsrechtsverletzungen im Internet – Verantwortlichkeit von Intermediären und Nutzern in Meinungsforen und Personenbewertungsportalen, MMR 2014, 10; *Leistner* Grundlagen und Perspektiven der Haftung für Urheberrechtsverletzungen im Internet, ZUM 2012, 722; *Lement* Zur Haftung von Internet-Auktionshäusern, GRUR 2005, 210; *Lent* Beck'scher Online-Kommentar InfoMedienR RStV; *ders.* ZUM 2015, 134; *ders.* Elektronische Presse zwischen E-Zines, Blogs und Wikis, ZUM 2013, 914; *Leupold/Glossner* Münchener Anwaltshandbuch IT-Recht, 3. Aufl. 2013; *Liesching* Beck'scher Online-Kommentar JMStV; *ders.* Jugendschutzprogramme für „ab 18"-Internetangebote – Rechtliche Beleuchtung und Ausblick, MMR 2013, 368; *Limper/Musiol* Handbuch des Fachanwalts Urheber- und Medienrecht, 2010, S. 137; *Mand* Internationaler Versandhandel mit Arzneimitteln, GRURInt 2005, 637; *Mankowski* Anforderungen an Anbieterkennzeichnung bei Internetauftritten – Anbieterkennzeichnung im Internet, LMK 2007, 209718; *Mantz* Die Haftung des Betreibers eines gewerblich betriebenen WLANs und die Haftungsprivilegierung des § 8 TMG, GRUR-RR 2013, 497; *Martini* Beck'scher Online-Kommentar InfoMedienR RStV; *Michel* Senden als konstitutiver Bestandteil des Rundfunkbegriffs?, ZUM 2009, 453; *Mulch* Internet – Konkrete Anforderungen an Informationspflichten der Anbieter, MDR 2007, 309; *Nieland* Störerhaftung bei Meinungsforen im Internet, NJW 2010, 1494; *Nolte* Hate-Speech, Fake-News, das »Netzwerkdurchsetzungsgesetz« und Vielfaltsicherung durch Suchmaschinen, ZUM 2017, 552; *Nolte/Wimmers* Wer stört? Gedanken zur Haftung von Intermediären im Internet – von praktischer Konkordanz, richtigen Anreizen und offenen Fragen, GRUR 2014, 16; *Nordemann* Haftung von Providern im Urheberrecht – Der aktuelle Stand nach dem EuGH-Urteil v. 12.7.2011 – C-324/09 – LÓréal/eBay, GRUR 2011, 977; *Obergfell* Expansion der Vorbeugemaßnahmen und zumutbare Prüfpflichten von File-Hosting-Diensten, NJW 2013, 1995; *Ott* Beck'scher Online-Kommentar InfoMedienR TMG; *ders.* Impressumspflicht für Webseiten, MMR 2007, 354; *Paal* Beck'scher Online-Kommentar InfoMedienR TMG; *Peifer* Tagesschau-App zulässiges Telemedienangebot, GRUR-Prax 2014, 44; *Platho* Werbung, nichts als Werbung – und wo bleibt der Trennungsgrundsatz?, ZUM 2000, 46; *Rehbock* Medien- und Presserecht, 2005; *Richter* MMR 2014, 517; *Ring* Jugendschutz im Spannungsfeld zwischen Selbstregulierung der Medien und staatlicher Medienkontrolle, AfP 2004, 9; *Ring/Gummer* Medienrechtliche Einordnung neuer Angebote über neue Übertragungswege (z.B. IP-TV, Mobil-TV etc.), ZUM 2007, 433; *Rockstroh*

Impressumspflicht auf Facebook-Seiten – Wann werden Telemedien „in der Regel gegen Entgelt" angeboten?, MMR 2013, 627; *Rosenbaum/Tölle* Aktuelle rechtliche Probleme im Bereich Social Media – Überblick über die Entscheidungen der Jahre 2011 und 2012, MMR 2013, 209; *Rosenboom* Das Herkunftslandprinzip im europäischen Dienstleistungsrecht, 2003; *Roßnagel* Europäische Datenschutz-Grundverordnung, 2017; *ders.* Recht der Multimedia-Dienste Kommentar zum IuKDG und zum MDStV, Loseblatt 2005; *Roßnagel/Jandt* Rechtskonformes Direktmarketing – Gestaltungsanforderungen und neue Strategien für Unternehmen, MMR 2011, 86; *Roßnagel/Kleist/Scheuer* Die Reform der Regulierung elektronischer Medien in Europa, 2007; *Schantz* Die Datenschutz-Grundverordnung – Beginn einer neuen Zeitrechnung im Datenschutzrecht, NJW 2016, 1841; *Schmidtmann* Die neue „heute"-App des ZDF – ein presseähnliches Angebot?, ZUM 2013, 536; *Schmitz* Übersicht über die Neuregelung des TMG und des RStV, K&R 2007, 135; *P. Schmitz/Dierking* Inhalte- und Störerverantwortlichkeit bei Telekommunikations- und Telemediendiensten, CR 2005, 420; *Schoch* Konvergenz der Medien – Sollte das Recht harmonisiert werden, JZ 2002, 798; *Schulz* Medienkonvergenz light – Zur neuen Europäischen Richtlinie über audiovisuelle Mediendienste, EuZW 2008, 107; *Schulz/Jürgens* Die Regulierung von Inhaltediensten in Zeiten der Konvergenz, 2002; *Schuster* Prüfungspflichten des Portalbetreibers, GRUR 2013, 1201; *Schütz* Rundfunkbegriff: Neutralität der Inhalte oder der Übertragung? Konvergenz und Innovation, MMR 2009, 228; *Schwartmann* Verantwortlichkeit Sozialer Netzwerke nach dem Netzwerkdurchsetzungsgesetz, GRUR-Prax 2017, 317; *Schwarz/Peschel-Mehner* Recht im Internet, Loseblatt; *Schwiddessen* ZUM 2016, 716, 727 ff.; *Sesing* Das gallische Dorf im Netz: EuGH zur WLAN-Haftung, MMR 2016, 645; *Sesing/Baumann* Sperranspruch statt Störerhaftung?, MMR 2017, 583; *Sobola/K. Kohl* Haftung von Providern für fremde Inhalte, CR 2005, 443; *Sokoll* Der neue Drei-Stufen-Test für Telemedienangebote öffentlich-rechtlicher Rundfunkanstalten, NJW 2009, 885; *Söder* Beck'scher Online-Kommentar InfoMedienR BGB; *Spindler* Das neue Telemediengesetz – WLAN-Störerhaftung endgültig adé?, NJW 2017, 2305; *ders.* Der Regierungsentwurf zum Netzwerkdurchsetzungsgesetz – europarechtswidrig?, ZUM 2017, 473; *ders.* Das neue Telemediengesetz – Konvergenz in sachten Schritten, CR 2007, 239; *ders.* Europarechtliche Rahmenbedingungen der Störerhaftung im Internet – Rechtsfortbildung durch den EuGH in Sachen LÓréal/eBay, MMR 2011, 703; *ders.* Präzisierungen der Störerhaftung im Internet, GRUR 2011, 101; *ders.* NJW 2016, 2449, 2453; *Spindler/P. Schmitz/Geis* TDG, 2004; *Spindler/Schuster* Recht der elektronischen Medien, 3. Aufl. 2015; *Stadler* Proaktive Überwachungspflichten der Betreiber von Diskussionsforen im Internet, K&R 2006, 253; *Stickelbrock* „Impressumspflicht" im Internet – eine kritische Analyse der neueren Rechtsprechung zur Anbieterkennzeichnung nach § 6 TDG, GRUR 2004, 111; *Strömer* Der externe Jugendschutzbeauftragte, K&R 2002, 643; *Sümmermann* Die Novellierung des Jugendmedienschutz-Staatsvertrages – Eine Analyse der Änderungen für Rundfunk und Telemedien, AfP 2016, 388; *Schwiddessen* Konkurrierende Alterskennzeichnungsverfahren für TV-Produkte und Online-Angebote – Kosten- und Zeitersparnisse für die Wirtschaft?, ZUM 2016, 716; *Tettenborn* E-Commerce-Richtlinie: Politische Einigung in Brüssel erzielt, K&R 2000, 59; *Tettenborn/Bender/Lübben/Karenfort* Rechtsrahmen für den elektronischen Geschäftsverkehr, Beilage 1, K&R 12/2001; *Volkmann* Aktuelle Entwicklungen in der Providerhaftung im Jahr 2006, K&R 2007, 289; *Wandtke* Medienrecht, Praxishandbuch, 2008; *Weiner/Schmelz* Die elektronische Presse und andere neue Kommunikationsformen im neuen rechtlichen Regulierungsrahmen, K&R 2006, 453; *Weller* Beck'scher Online-Kommentar InfoMedienR TMG; *Wenzel* Das Recht der Wort- und Bildberichterstattung, 5. Aufl. 2003; *Wimmer* Der Drei-Stufen-Test nach dem 12. Rundfunkänderungsstaatsvertrag, ZUM 2009, 601; *Wimmer/Nawrath* ZUM 2016, 126 ff; *Woitke* Das „Wie" der Anbieterkennzeichnung gemäß § 6 TDG, NJW 2003, 871; *Zoebisch* Der Gegendarstellungsanspruch im Internet ZUM 2011, 390; *Zscherpe* Anforderungen an die datenschutzrechtliche Einwilligung im Internet, MMR 2004, 723.

I. Einleitung

1 Telemedien sind ein fester Bestandteil unserer heutigen Gesellschaft. Die signifikante Bedeutung, die sie für viele Bereiche des Alltags haben, wird in den kommenden Jahren bedingt durch den rasanten technischen Fortschritt nur zunehmen. Bereits die Herausgeber von Printmedien mussten mit ansehen, wie ihre Kernkompetenzen durch die neu hinzugekommenen Informationsangebote aufgegriffen und erweitert wurden. Dabei bringen die Telemedien mit der höheren Aktualität ein Gewicht in den Wettbewerb zu den Printmedien mit ein, das während der Dot.Com-Blase zu Beginn des 21. Jahrhunderts nicht wenige zu der Annahme verleitete, dass die Ära der Zeitungen und Zeitschriften endgültig vorbei sei. So schnell, wie ursprünglich erwartet, hat sich diese These noch nicht bewahrheitet. Vielmehr sind herkömmliche Printmedien dazu übergegangen, die Telemedien für erweiterte Informationsangebote zu nutzen, hatten sie doch bereits einen entsprechenden Redaktionsstamm in ihren Reihen, der nun auch die Nachfrage nach elektronischen Angeboten bedienen konnte. In jüngster Zeit hat der Trend „Weg vom traditionellen Print-Journalismus" und hin zu Telemedienangeboten allerdings wieder zugenommen. So stellte beispielsweise der Axel Springer-Verlag durch die spektakuläre Veräußerung eines großen Teils seiner Traditionsblätter die Weichen für eine weitgehende Online-, also Telemedienzukunft eines traditionsreichen Verlagshauses. Angebots- und Nutzungsverhalten bei Telemedien sind insbesondere in Bezug auf die Verbreitung und den Empfang von Bewegtbildern einem raschen Wandel unterworfen.

2 Auch die traditionelle Fernsehnutzung ist durch die und zugunsten der Telemedien zwar bisher nicht obsolet geworden, mit geänderten Übertragungswegen über gemanagte Netzwerke (IPTV) oder Internet (OTT – Over-The-Top-Content) haben sich aber neue, hybride Angebots- und Nutzungsformen entwickelt. Fernsehveranstalter, Netzbetreiber oder Plattformanbieter bieten die Programme in einer Vielzahl von Nutzungsmöglichkeiten an, bei denen der traditionelle „lineare" Empfang nur eine unter vielen ist. Stichworte hier sind Catch-Up-TV, Personal-Video-Recorder, Timeshift oder Start-Up TV, die Einbindung von EPGs (Electronic Program Guides) und die Personalisierung der Programmnutzung durch Einrichtung von Multi-User-Profilen. Nicht zuletzt sei hier auch der zunehmende Konsum von audiovisuellen Inhalten auf Videoplattformen (das bekannteste Beispiel ist YouTube) in der relevanten Zielgruppe der 14-29-Jährigen zu erwähnen, der nicht zum ersten Mal die Frage aufgeworfen hat, ob die Stellung des Fernsehens als Leitmedium überholt ist. Der Empfang erfolgt ferner auch nicht mehr nur unbedingt am heimischen, mittlerweile zumeist internetfähigen Fernseher, sondern theoretisch auf einer Vielzahl von Empfangsgeräten, vom Heimcomputer über Tablet-PCs, Videospielkonsolen bis hin zu Smartphones, ob zu Hause oder unterwegs. Dies macht die Abgrenzung zwischen Rundfunk und Telemediendiensten mitunter viel schwieriger, als die vermeintlich klare Unterteilung in lineare und nicht-lineare Dienste suggeriert. Unter Umständen muss in einem gemischten Telemedienangebot für jeden dieser Dienste geprüft werden, ob hier zulassungsbedürftiger Rundfunk oder ein zulassungsfreier Telemediendienst vorliegt.

3 Allerdings beschränken sich die Erscheinungsformen von Telemedien nicht auf aktuelle Informationsdienste und die Bereitstellung von Bewegtbildern. Amazon ist prägend für das Konsumverhalten, kein terrestrischer Shop kann noch ohne Online-Shop auskommen. Vom Einkauf bis hin zur Informationsbeschaffung in Online-Foren, Meinungsportalen und Blogs spielt sich ein erheblicher Teil des modernen Lebens und der

Wirtschaft im Internet ab. Bei dieser Vielfalt der Angebote und der schnellen Entwicklung der Materie muss der Gesetzgeber mit dem Dilemma leben, zum einen aktiv werden zu müssen, um einen erforderlichen Rechtsrahmen für die Telemedien zu gewährleisten, andererseits aber schon faktisch nicht in der Lage zu sein, jederzeit auf der Höhe der Zeit zu sein, um jegliche neue Entwicklung mit berücksichtigen zu können. Daher ist es erforderlich, neue Dienste technologieneutral zu erfassen, aber gleichzeitig genug Bestimmtheit vorzuweisen, um die Telemedien von den bereits bekannten Diensten mit einem anderen Regelungsregime abgrenzen zu können. Gerade Letzteres stellt die Anwender immer wieder vor Probleme, die durch die Konvergenz der Medien nicht verkleinert werden.

1. Historische Entwicklung

Telemedien sind ein fester Bestandteil unserer heutigen Gesellschaft. Die signifikante Bedeutung, die sie für viele Bereiche des Alltags haben, wird in den kommenden Jahren bedingt durch den rasanten technischen Fortschritt nur zunehmen. Bereits Ihre Anfänge gehen zwar schon zurück auf die Entstehung des Internets und auch der Bildschirmtext der Deutschen Bundespost in den 1980er Jahren kann in ihre Nähe gerückt werden, wirkliche Verbreitung fanden sie jedoch erst nach der Erfindung des World Wide Web im CERN in Genf Anfang der 1990er Jahre. Sind die Telemedien auch nicht auf Dienste des Internets beschränkt, so findet sich dort doch ihre hauptsächliche Verbreitung und der Siegeszug des Internets in der globalen Kommunikation ebnet den Weg für die Telemedien als Leitmedium der Gesellschaft des 21. Jahrhunderts. 4

Die Regelung der Telemediendienste in Deutschland geht zurück auf die Gründung einer gemeinsamen Arbeitsgruppe des Bundes „Multimedia" im Jahr 1995. Deren Findungen wurden Grundlage für die Arbeiten am IuKDG (Informations- und Kommunikationsdienstegesetz). Das IuKDG war ein Artikelgesetz, dessen wichtigster Teil die Einführung des TDG und des dazugehörigen TDDSG (Teledienstedatenschutzgesetz) war, das aber auch weitere Gesetzeswerke enthielt, die den wirtschaftlichen Aspekten der Telemediendienste einen Rahmen geben sollten. Gleichzeitig erarbeiteten die Länder den MDStV (Mediendienstestaatsvertrag). Die Trennung zwischen Telediensten im TDG und Mediendiensten im MDStV bereitete aber in der Praxis vom ersten Moment an erhebliche Abgrenzungsschwierigkeiten zwischen beiden Dienstearten, die durch die zusätzlich notwendige Abgrenzung zur Telekommunikation und dem Rundfunk noch verschärft wurden. Dennoch wurden diese beiden Kategorien beibehalten, als TDG und MDStV im Jahr 2001 eine grundlegende Überarbeitung erfuhren. Diese war zur Umsetzung der E-Commerce-Richtlinie notwendig geworden. Das Prinzip der wesentlichen Inhaltsgleichheit hielten Bund und Länder bei der Überarbeitung aufrecht. 5

Eine erstmalige Vereinheitlichung der Begriffe Teledienst und Mediendienst zu Telemedien bzw. zu Telemediendiensten fand im Rahmen der Novellierung des Jugendschutzrechtes im Jahr 2003 statt. Damals einigten sich die Länder darauf, die Jugendschutzvorschriften für Rundfunk, Teledienste und Mediendienste im Staatsvertrag über den Schutz der Menschenwürde und den Jugendschutz in Rundfunk und Telemedien (Jugendmedienschutz-Staatsvertrag – JMStV) einheitlich zu regeln. Zu diesem Zweck wurde der Anwendungsbereich des JMStV auf alle elektronischen Informations- und Kommunikationsdienste (Rundfunk und Telemedien) festgelegt, § 2 Abs. 1 6

JMStV. Gleichzeitig wurde in § 3 Abs. 2 Nr. 1 JMStV i.d.F. von 2003 erstmals der Begriff der Telemedien legal definiert als „Teledienste i.S.d. TDG und Mediendienste i.S.d. MDStV, soweit sie nicht Rundfunk i.S.d. RStV sind". Die Definition ist zwischenzeitlich durch „Angebote (Rundfunksendung oder Inhalte von Telemedien)" ersetzt worden.

7 Das zum 1.3.2007 in Kraft getretene TMG und der gleichzeitig in Kraft getretene 9. Rundfunkänderungsstaatsvertrag (RÄndStV) übernahmen diese Vereinheitlichung der Begriffe der Teledienste und Mediendienste zu Telemedien bzw. Telemediendiensten. Die Länder einigten sich darauf, die zuvor inhaltsgleichen Regelungen von TDG und MDStV einheitlich im TMG zu regeln, soweit sie wirtschaftsbezogen sind. Die inhaltsbezogenen Regelungen finden sich seitdem in Abschn. VI des Staatsvertrages für Rundfunk und Telemedien (Rundfunkstaatsvertrag, RStV). Daher spricht nun auch das TMG für den Anwendungsbereich des Gesetzes von „elektronischen Informations- und Kommunikationsdiensten", die Telemedien sind, soweit sie nicht der Telekommunikation oder dem Rundfunk zuzuordnen sind, § 1 Abs. 1 TMG. Dabei sollte die Qualifizierung einzelner Dienste ausdrücklich auch weiterhin an den Inhalten und nicht an ihrer Verbreitungstechnik oder -art festgemacht werden.[2]

2. EU-rechtlicher Rahmen

8 Der deutsche Rechtsrahmen für Telemedien unterliegt in weiten Teilen der europäischen Regulierung. Das Telemediengesetz (TMG) vom 26.2.2007[3] – sedes materiae des hiesigen Befassungsgegenstandes – ist in seinem Inhalt zwingende Umsetzung der sog. E-Commerce-Richtlinie (ECRL), der Richtlinie 2000/31/EG des Europäischen Parlaments und des Rates vom 8.6.2000 über bestimmte rechtliche Aspekte der Dienste der Informationsgesellschaft, insbesondere des elektronischen Geschäftsverkehrs, im Binnenmarkt („Richtlinie über den elektronischen Geschäftsverkehr").[4] Diese nimmt wiederum für die Bestimmung ihres sachlichen Anwendungsbereichs auf die „Dienste der Informationsgesellschaft" Rückgriff auf die Richtlinie 98/34/EG des Europäischen Parlaments und des Rates vom 22.6.1998 über ein Informationsverfahren auf dem Gebiet der Normen und technischen Vorschriften[5] in der Fassung der Richtlinie 98/48/EG des Europäischen Parlaments und des Rates v. 20.7.1998 zur Änderung der Richtlinie 98/34/EG über ein Informationsverfahren auf dem Gebiet der Normen und technischen Vorschriften.[6]

9 Von Bedeutung ist zudem die sog. AVMD-Richtlinie 2010/13/EU[7] (Richtlinie über audiovisuelle Mediendienste), die die ursprüngliche Richtlinie 2007/65/EG über audiovisuelle Mediendienste neu kodifiziert hat. Die Richtlinie gilt für klassisches Fernsehen (lineare Dienste) und nicht-lineare Abrufdienste, bei denen Diensteanbieter „Sendungen zur Information, Unterhaltung oder Bildung der allgemeinen Öffentlichkeit" unter eigener redaktionellen Verantwortung bereitstellen. Sie sieht für lineare Dienste grds. ein strengeres Regelungsregime als für nicht-lineare Dienste vor. Zwischen der AVMD-Richtlinie und der E-Commerce-Richtlinie gibt es thematische

2 BT-Drucks. 16/3078, 11.
3 BGBl I, 1766.
4 ABlEG Nr. L 178/1 v. 17.7.2000.
5 ABlEG Nr. L 204/37 v. 21.7.1998.
6 ABlEG Nr. L 217/18 v. 5.8.1998.
7 ABlEU Nr. L 95/10 v. 15.4.2010.

Überschneidungen, die Art. 4 Abs. 8 AVMD dahingehend auflöst, dass grds. beide Richtlinien Anwendung finden, bei einer Kollision aber regelmäßig die Regelungen der AVMD-Richtlinie vorgehen.[8]

Am 25.5.2016 hat die EU-Kommission einen Vorschlag für die Novellierung der **10**
AVMD-Richtlinie[9] veröffentlicht. Mit der Richtlinie soll u.a. das Herkunftslandprinzip gestärkt werden. Weiterer Schwerpunkt ist der Jugendschutz durch eine Angleichung der Standards für Fernsehübertragungs- und Abrufdienste vorgesehen, wobei sich hieraus für das deutsche Recht keine Änderungen ergeben sollten. Als neue Kategorie der Abrufdienste sollen Videoplattformdienste[10] in den Anwendungsbereich der AVMD-Richtlinie einbezogen werden. Hierbei handelt es sich um Dienste wie YouTube, die die öffentliche Zugänglichmachung und den Abruf von Inhalten Dritter ermöglichen, ohne selbst redaktionelle Aufgaben wahrzunehmen. Um die Unterwerfung unter die Regulierung sicherzustellen, sollen Videoplattformanbieter in dem Mitgliedstaat als niedergelassen gelten, in dem ein verbundenes Unternehmen niedergelassen ist, selbst wenn das die Plattform betreibende Unternehmen selbst nicht in der EU niedergelassen ist.[11] Diese sollen aus Gründen des Minderjährigenschutzes und der Bekämpfung von Hassreden teilweise in den Anwendungsbereich der Richtlinie einbezogen werden. Die Einführung einer allgemeinen Überwachungspflicht für Videoplattformanbieter ist damit aber nicht verbunden.[12]Die Regelungen sollen ausdrücklich kompatibel mit den Haftungsausnahmen für Anbieter eines Hostingdienstes nach Art. 14 ECLR bleiben.[13] Zu weiteren möglichen Neuerungen wird an anderer Stelle Bezug genommen.

3. Verfassungsrechtliche Vorgaben

Der verfassungsrechtliche Rahmen für Telemediendienste wird durch verschiedene **11**
Faktoren bestimmt: So werden sie grundsätzlich zunächst vom verfassungsrechtlichen Rundfunkbegriff nach Art. 5 Abs. 1 S. 2 GG erfasst. Dieser ist technologieneutral und gebietet die Beachtung von Wandlungen in der Medienlandschaft durch technische Neuerungen, die berücksichtigt werden müssen.[14] Der verfassungsrechtliche Rundfunkbegriff ist somit weiter als der einfachgesetzliche Rundfunkbegriff. Dies hat gleichermaßen zur Folge, dass Telemedienanbieter, deren Angebot redaktionell zusammengestellt ist und eine publizistische Relevanz aufweist, an die Allgemeinheit gerichtet ist und mittels elektromagnetischer Schwingungen verbreitet wird (was stets zutreffen dürfte), sich auf die Rundfunkfreiheit und die sich daraus ergebenden Rechte berufen können.[15] Zusätzlich haben die Telemedien aber Implikationen für das Wirtschaftsleben, die ebenfalls verfassungsrechtlich berücksichtigt werden müssen.

---

8 *Schulz* EuZW 2008, 107, 108; vgl. Schwarz/Peschel-Mehner/*Kreile* Medienrecht 13-G 1 Rn.10.

9 Der Text des Vorschlags ist verlinkt auf der allgemeinen Informationsseite zur Novellierung, abrufbar unter https://ec.europa.eu/digital-single-market/en/revision-audiovisual-media-services-directive-avmsd, letzter Abruf 16.3.2017.

10 Art. 1 Abs. 1 lit. aa des Richtlinienvorschlags.

11 Art. 1 Abs. 19 des Richtlinienvorschlages, treffend als „Lex Youtube" bezeichnet von *Hartmann* MMR-Aktuell 2016, 378714, beck-online. Bei mehreren Tochterunternehmen soll dem Konzern ein Wahlrecht zustehen, in welchem Mitgliedstaat der Plattformanbieter als zugelassen gelten soll.

12 S. Art. 15 RL 2000/31/EG über den elektronischen Geschäftsverkehr (ABlEG Nr. L 178/1 v. 4.5.2000).

13 Richtlinienvorschlag, a.a.O. (Fn. 9), S. 14.

14 Vgl. *BVerfGE* 74, 297, 350.

15 Vgl. zum Stand der verfassungsrechtlichen Diskussion Hahn/Vesting/*Schulz* § 2 RStV Rn. 13 f.

3.1 Grundrechtliche Relevanz

12 Der Rechtsrahmen für Telemediendienste soll daher ausdrücklich auch die wirtschaftlichen Bedingungen für die Betätigung und Nutzung der Dienste regeln. Schon daraus ergibt sich, dass die entsprechenden Grundrechte für die Anwender tangiert werden. Insbesondere Art. 12 GG (Berufsfreiheit) und Art. 14 GG (Eigentumsgarantie) müssen gewahrt werden. Neben der Rundfunkfreiheit spielen mit der Meinungs- und Pressefreiheit auch die anderen Kommunikationsgrundrechte des Art. 5 Abs. 1 GG eine erhebliche Rolle. Der Rechtsrahmen hat ebenfalls die Informationsfreiheit der Rezipienten gem. Art. 5 Abs. 1 S. 1 GG im Auge zu behalten. Nicht zuletzt wird durch die Erhebung und Verwendung personenbezogener Daten im Rahmen von Telemediendiensten auch das Grundrecht auf informationelle Selbstbestimmung der Nutzer nach Art. 2 Abs. 1 i.V.m. Art. 1 GG berührt.

3.2 Gesetzgebungskompetenz von Bund und Ländern

13 Das Aufkommen der Telemediendienste machte eine schon alte Grundsatzfrage wieder aktuell: Wer hat im föderalen System Deutschlands die Gesetzgebungskompetenz für solche Dienste? Diese seit der Einführung des Rundfunks in den 1920er Jahren immer wieder einmal aufgekommene Diskussion wurde zwar auch mit den ersten Gesetzeswerken für die Regelung von Telemediendiensten, dem TDG (Teledienstegesetz) und dem MDStV (Mediendienstestaatsvertrag), im Jahr 1997 nicht abschließend gelöst, aber zumindest hatten Bund und Länder mit inhaltsgleichem Landes- und Bundesrecht einen modus vivendi gefunden. Bund und Länder verständigten sich im Gesetzgebungsprozess darauf, dass der Bund seine Gesetzgebungskompetenz für den Bereich der Wirtschaft nach Art. 74 Abs. 1 Nr. 11 GG durch das TDG ausübt und die Länder von ihrer allgemeinen Zuständigkeit nach Art. 30, 70 GG durch den MDStV Gebrauch machen.[16] Kernpunkt der Einigung war, dass beide Seiten ihre Regelwerke im Bereich der Überschneidungen wortgleich oder zumindest inhaltsgleich abfassen.[17] Letztlich wurde diese Kompetenzabgrenzung auch bei der Vereinheitlichung der Gesetzeswerke zum TMG aufrechterhalten, nur dass man sich inzwischen geeinigt hat, keine parallelen Gesetzeswerke mehr zu verfassen, sondern insoweit die Regelungen übersichtlicher zu gestalten, als nunmehr die wirtschaftsregulierenden Bestimmungen weitestgehend im TMG zu finden sind und die inhaltsbezogene Regulierung im VI. Abschnitt des RStV.

II. Der Anwendungsbereich des TMG

14 Das TMG ist anwendbar auf die elektronischen Informations- und Kommunikationsdienste, die weder Telekommunikationsdienste nach § 3 Nr. 24 Telekommunikationsgesetz (TKG), noch telekommunikationsgestützte Dienste nach § 3 Nr. 25 TKG oder Rundfunk nach § 2 RStV sind, vgl. § 1 Abs. 1 TMG und § 2 Abs. 1 S. 2 RStV. Für Inhaltedienste ist damit entweder das TMG, das TMG i.V.m. dem VI. Abschnitt des RStV oder nur der RStV anwendbar. Unerheblich ist hierbei, ob die Dienste kostenlos zur Verfügung stehen oder für sie ein Entgelt erhoben wird.[18] Signaltransportdienste unterliegen dagegen der Regulierung durch das TKG.

---

16 Vgl. Roßnagel/*Roßnagel* Multimedia-Dienste, Einf. Rn. 102, 104.
17 Vgl. *Engel-Flechsig/Maennel/Tettenborn* NJW 1997, 2981, 2982.
18 Gersdorf/Paal InfoMedienR/*Martini* TMG § 1 Rn. 4.

Die Auswirkungen der Einordnung eines Dienstes unter die verschiedenen Regelungswerke können beträchtlich sein. Kernprinzip der Rechtsordnung für diese Telemediendienste ist, dass sie zulassungsfrei sind (§ 4 TMG, § 54 RStV). Auch eine Meldepflicht wie gem. § 6 TKG für Anbieter gewerblicher, öffentlich zugänglicher Telekommunikationsdienste besteht nicht. Folglich kann jeder Betreiber einer Webseite grds. Telemediendienste anbieten, ohne hierfür eine ordnungsbehördliche Genehmigung einholen zu müssen. Diese Genehmigungsfreiheit endet grundsätzlich dort, wo die angebotenen Informations- und Kommunikationsdienste dem Rundfunk zuzuordnen sind (§ 20 Abs. 2 RStV) und kein Web-Radio vorliegt (§ 20b RStV). 15

Im Bereich der Telemediendienste ist die Regelungsdichte weiter abgestuft. Während das TMG der Wahrung der wirtschaftsbezogenen Rahmenbedingungen für Online-Angebote dient, bringt schon die zusätzliche Anwendbarkeit des VI. Abschnitts des RStV deutlich höhere Anforderungen für die Gestaltung eines entsprechenden Angebots mit sich. Zwar ist ein Telemediendienst mit journalistisch-redaktioneller Gestaltung immer noch zulassungsfrei, vgl. § 4 TMG, § 54 Abs. 1 RStV, jedoch stellen die §§ 54 Abs. 2, 3, 55, 56 und 58 RStV Anforderungen auf, die die Landesgesetzgeber u.a. zur Wahrung der Meinungsvielfalt für erforderlich erachten. Für den Bereich des Datenschutzes im Rahmen von Inhaltsdiensten privater Rundfunkveranstalter gelten ausschließlich die Bestimmungen des TMG, vgl. § 47 Abs. 1 RStV. 16

Dies macht eine Abgrenzung zwischen den jeweiligen Diensten erforderlich. Dazu ist eine Negativabgrenzung vorzunehmen, bei der zu prüfen ist, ob ein elektronischer Informations- und Kommunikationsdienst entweder § 3 Nr. 24, 25 TKG oder dem Rundfunk unterfällt. Die Abgrenzung erfolgt dabei nicht bezogen auf den Anbieter, sondern auf den jeweiligen Dienst. Je nach Qualifikation der Dienste sind die unterschiedlichen Regelungswerke anzuwenden. Bei Mischangeboten ist der Anwendungsbereich des TMG eröffnet, soweit (auch) Inhalte bereitgestellt werden. Da die Abgrenzung der Telemedien von Rundfunk und Telekommunikation nur in negativer Hinsicht erfolgen kann, ist es notwendig, von den Definitionen der Dienste auszugehen, die nicht Telemedien darstellen. Sollte man danach zu dem Schluss kommen, dass der Dienst ein Telemediendienst ist, muss noch beurteilt werden, ob er mit oder ohne journalistisch-redaktionellem Inhalt ist. 17

1. Abgrenzung zum Rundfunk

Die Abgrenzung der Telemedien zum Rundfunk stellte die Diensteanbieter praktisch vor die größten und gleichzeitig grundlegendsten Probleme. Im Gegensatz zu Telekommunikationsdiensten, die nur die technische Übertragung von Signalen betreffen, handelt es sich beim Rundfunk, genau wie bei den Telemedien, um einen Inhaltedienst. Der Rundfunk ist aber wegen seiner größeren Breitenwirkung und der höheren Relevanz für die Meinungsbildung der Gesellschaft strengeren Anforderungen unterworfen als die Telemediendienste. Für einen Anbieter von Inhalten ist es daher von großer Wichtigkeit, ob er sich dem Regelungsregime des RStV unterwerfen muss, oder ob es sich bei seinen Angeboten lediglich um einen Telemediendienst handelt. Die Abgrenzung kann deshalb im Einzelfall so schwierig sein, weil die Anbieter von audiovisuellen Inhalten oft klassischen Rundfunkveranstaltern nicht mehr vergleichbar sind, die Verbreitungswege keine Zuordnung erlauben und auch die Empfangsmöglichkeiten sowohl diversifiziert als auch weitgehend austauschbar geworden sind. 18

19 Regelmäßig enthalten Internetauftritte von Rundfunkveranstaltern oder sonstiger Medienanbieter audiovisuelle Elemente in Form von Nachrichtenclips, die möglicherweise sogar nach einem bestimmten Programmschema eingebunden werden. Audiovisuelle Inhalte werden aber nicht nur in klassischen Nachrichtendiensten bereitgehalten. Unternehmen, Verbände oder Sportvereine nutzen ebenfalls audiovisuelle Inhalte für ihren Internetauftritt. Gerade Unternehmen nutzen dabei intensiv auch Videoplattformen wie YouTube oder Social Media-Dienste zur Zugänglichmachung von audiovisuellen Inhalten. Dies gilt im Übrigen auch für Anbieter audiovisueller Inhalte, die vom Typus her eher mit „klassischen Rundfunkveranstaltern" vergleichbar sind.[19] Videoplattformdienste erlauben es diesen Inhalteanbietern, ihre Angebote ohne proprietäre Plattformtechnik über das Internet zur Verfügung zu stellen. Mit Hilfe der Playlistfunktionen lassen sich dabei sogar Sendepläne simulieren, was die Grenzen zwischen Abrufdiensten und Rundfunk weiter verschwimmen lässt.

20 Zudem werden audiovisuelle Inhalte nicht mehr lediglich entweder am PC (über Internet) oder Fernseher (Signalzuführung über Kabel, Terrestrik oder Satellit) abgerufen oder empfangen. Eine Kombination aus klassischem Rundfunk mit der Möglichkeit der Nutzung des Internets auf einem Gerät (Smart-TV bzw. Hybrid- oder Connected-TV), ist ein gängiges Angebot vieler Fernsehhersteller geworden. Dabei besteht hier mittlerweile eine extrem fragmentierte Anbieterseite für die entsprechenden Plattformen. Audiovisuelle Angebote können heute Endnutzern überdies sowohl im als auch außerhalb des Haushalts über verschiedene Endgeräte angeboten werden, vom Tablet-PC, der Videospielkonsole, dem Smart-Phone über den klassischen PC oder Notebook bis hin zum Fernsehgerät (Multiscreen-Nutzung). Auf das Empfangsgerät oder die Technik der Signalzuführung kommt es dabei für die zu nutzenden Dienste immer weniger an. So können auf verschiedenen Empfangsgeräten gleichermaßen lineare wie nicht-lineare Inhalte abgerufen und empfangen werden.

21 Die Bewertung dieser multimedialen Angebote macht in der Praxis oft erhebliche Probleme. Die Abgrenzung zum Rundfunk erfolgt auf einfachgesetzlicher Ebene unter weitgehender Übernahme der Abgrenzung zwischen linearen und nicht-linearen audiovisuellen Diensten aus der AVMD-Richtlinie im 12. Rundfunkänderungsstaatsvertrag vornehmlich über den technischen Begriff der „Linearität". Nach der Legaldefinition des § 2 Abs. 1 RStV ist Rundfunk „ein linearer Informations- und Kommunikationsdienst". Linearität bedeutet, dass der Dienst zum zeitgleichen Empfang entlang eines Sendeplans bestimmt ist. Weiter muss der Dienst zur Veranstaltung und Verbreitung von Bewegtbild und Ton bestimmt sein, an die Allgemeinheit gerichtet sein und unter Benutzung elektromagnetischer Schwingungen verbreitet werden. Der einfachgesetzliche Rundfunkbegriff ist damit insoweit weiter als der Anwendungsbereich der AVMD-RL, da § 2 Abs. 1 S. 1 RStV auch Radio erfasst. § 2 Abs. 3 RStV beinhaltet einen Negativkatalog von Diensten, die aufgrund geringer Breitenwirkung und damit fehlender Meinungsbildungsrelevanz, fehlender journalistisch-redaktioneller Gestaltung oder sonstiger Ähnlichkeit zu Abrufdiensten (Sendungen, die jeweils gegen Einzelentgelt freigeschaltet werden) vom Rundfunkbegriff ausgenommen sind. Eine generelle Abgrenzung nach Anbieter oder Angebot lässt sich nicht vornehmen. Letztlich muss die Prüfung anhand des einzelnen konkreten Dienstes vorgenommen werden, sodass grds. auch für einzelne Rundfunkelemente in einem Gesamtangebot eine Zulassung eingeholt werden muss (vgl. § 20 Abs. 2 S. 1 RStV „wenn und soweit"), soweit diese sinnvoll abgrenzbar sind.

19 Ein Beispiel wäre der Anbieter BakeClub auf YouTube.

1.1 Vorgaben der AVMD-Richtlinie

Im Gegensatz zu der Abgrenzung von Telemedien und Telekommunikation ist die Abgrenzung von Telemedien zum Rundfunk nicht nur inhaltlich schwierig. Sie steht auch vor dem Problem, dass europarechtliche Vorgaben und der einfachgesetzliche Rundfunkbegriff nicht immer übereinstimmen. Die zentrale europäische Richtlinie ist die AVMD-RL,[20] die einen gemeinsamen Rechtsrahmen für alle audiovisuellen Mediendienste vorsieht. Nicht vom Anwendungsbereich der AVMD-RL erfasst ist der Hörfunk. Audiovisuelle Mediendienste sind Dienstleistungen, für die eine redaktionelle Verantwortung besteht und deren Hauptzweck in der Bereitstellung von Informationen, Unterhaltung oder Bildung für die allgemeine Öffentlichkeit besteht. Die Richtlinie unterscheidet zwischen Fernsehprogrammen gem. Art. 1 lit. e) AVMD-RL und audiovisuellen Mediendiensten auf Abruf nach Art. 1 lit. g) AVMD-RL. Der AVMD-RL sieht eine abgestufte Regulierungsdichte vor. Ein strengeres Regulierungsregime ist für Fernsehprogramme vorgesehen. Eine geringere Regulierungsdichte besteht für Abrufdienste. **22**

Ausgangspunkt für die Unterscheidung ist die Differenzierung zwischen linearen und nicht-linearen Diensten. Fernsehprogramme sind lineare Dienste. Darunter versteht die AVMD-RL Programme, die der Mediendiensteanbieter zum zeitgleichen Empfang auf Grundlage eines Programmplans zur Verfügung stellt. Audiovisuelle Mediendienste auf Abruf zeichnen sich dadurch aus, dass sie für den Empfang zu einem vom Nutzer gewählten Zeitpunkt und auf dessen individuellen Abruf hin aus einem festgelegten Programmkatalog bereitgestellt werden. Laut Erwägungsgrund 27 der AVMD-RL sollen zu den Fernsehprogrammen insbesondere analoges und digitales Fernsehen, Live-Streaming, Webcasting und der zeitversetzte Videoabruf („Near-video-on-demand") zählen. Als Beispiel für einen audiovisuellen Mediendienst auf Abruf nennt Erwägungsgrund 27 hingegen das „Video-on-demand". **23**

Ein Aspekt der AVMD-RL hat für erhebliche Schwierigkeiten bei der Umsetzung ins deutsche Recht gesorgt: Die Abrufdienste nach Art. 1 lit. g) der Richtlinie unterliegen ebenfalls der ECRL, soweit es sich bei ihnen um Dienste der Informationsgesellschaft im Sinne der Transparenzrichtlinie handelt, vgl. Erwägungsgrund 25 AVMD-RL. Der Anwendungsbereich der ECRL ist technisch abgegrenzt und nicht technologieneutral. Das BVerfG verlangt aber, dass bei der Einstufung von Diensten unter den Rundfunkbegriff nicht an eine bereits eingeführte Technik angeknüpft werden kann.[21] Die Abgrenzung zwischen Rundfunk und Telemedien wurde daher früher anhand des qualitativen Kriteriums der Meinungsbildungsrelevanz vorgenommen. Dementsprechend wurden z.B. Teleshoppingsender nach alter Rechtslage nicht als Rundfunk angesehen. Die europarechtlichen Vorgaben zwangen hier zu einer schwierigen Neuorientierung des deutschen Gesetzgebers. Europarechtlich wird eben keine Unterscheidung zwischen Rundfunk und Telemedien getroffen. Die Abgrenzung zwischen audiovisuellen Mediendiensten mit geringerer Meinungsbildungsrelevanz und solchen, die wegen ihrer höheren Meinungsbildungsrelevanz einer strikteren, rundfunkrechtlichen Regulierung bedürfen wird hier aber entlang **24**

---

20 RL 2010/13/EU des Europäischen Parlaments und des Rates v. 10.3.2010 zur Koordinierung bestimmter Rechts- und Verwaltungsvorschriften der Mitgliedstaaten über die Bereitstellung audiovisueller Mediendienste (Richtlinie über audiovisuelle Mediendienste), ABlEU Nr. L 95/1 v. 15.4.2010.

21 *BVerfG* 74, 297; *BVerfG* 83, 238.

der Kriterien linear und nicht-linear bestimmt.[22] Inhaltedienste, die nicht audiovisuelle Mediendienste sind, werden nicht von der AVMD-RL, sondern von der ECRL erfasst.

1.2 Linearität, Sendeplan und Allgemeinheit

25 Die primäre Abgrenzung zwischen Rundfunk und Telemediendiensten erfolgt immer noch über das Merkmal der Linearität, das der Rundfunkstaatsvertrag aus der AVMD-RL übernommen hat. Linearität wird in § 2 Abs. 1 RStV definiert als Bestimmung „zum zeitgleichen Empfang und Ausstrahlung entlang eines Sendeplans". Über das Merkmal wird Rundfunk von Abrufdiensten abgegrenzt. Technisch kann als Wesensmerkmal von Rundfunk angesehen werden, dass die Kommunikation grundsätzlich als Punkt-zu-Mehrpunkt-Verbindung ausgestaltet ist. Der Gegensatz hierzu ist die individuelle Punkt-zu-Punkt-Kommunikation. [23] Eine rein technische Unterscheidung zwischen Punkt-zu-Punkt- oder Punkt-zu-Mehrpunkt-Verbindung ist aber nicht ausreichend. Bei der „Bestimmung" kommt es nur auf den allgemeinen Zweck an, eine gemeinsame Öffentlichkeit herzustellen, die tatsächliche Nutzung ist nicht entscheidend.[24] Ansonsten wäre das Merkmal für die Abgrenzung zu Abrufdiensten untauglich, da einerseits auch Sendungen in Abrufdiensten „gleichzeitig" wiedergegeben werden können, andererseits bei der Wiedergabe von Livestreams oder dem Abspielen von Sendungen aufgrund einer Playlist in einer Mediathek oder Videoplattform technisch auch immer ein „individueller Abruf" erfolgt. Wenn die Inhalte für den einzelnen, individuellen Zugriff des Nutzers bereitgestellt werden, dieser aktiv darauf zugreifen muss und ein etwaiger zeitgleicher Empfang mit anderen Nutzern lediglich technisch möglich aber ansonsten dem zufälligen Nutzungsverhalten überlassen ist, liegt kein Rundfunk vor.

26 Beispiel für einen Abrufdienst i.d.S. ist nach der AVMD-RL das „Video-on-Demand", bei dem der Anbieter audiovisuelle Inhalte zum individuellen Zugriff durch die Nutzer bereithält. „Video-on-Demand"-Dienste in diesem Sinne sind z.B. Online-Videotheken wie Maxdome, Netflix oder Amazon Prime. Abrufdienste sind ebenfalls die Mediatheken der öffentlich-rechtlichen Rundfunkanstalten sowie der privaten Sender, die Inhalte auch nach Ausstrahlung als Catch-Up-Dienst bereithalten. Wie der Dienst konkret ausgestaltet ist oder ob die Inhalte nur zeitweise zum Streaming freigeschaltet oder zum Download erworben werden, hat rundfunkrechtlich keine Bedeutung, wird aber z.B. für Anbieter urheberrechtlich bei der Frage des Rechteerwerbs relevant sein.

27 Die Ausstrahlung muss zudem entlang eines Sendeplans erfolgen. Was ein Sendeplan ist, wird weder im RStV noch in der AVMD-RL legal definiert. Nach § 2 Abs. 2 Nr. 2 RStV ist eine Sendung „ein inhaltlich zusammenhängender, geschlossener, zeitlich begrenzter Teil eines Rundfunkprogramms". In engem Zusammenhang mit dem Sendeplan steht die in Art. 1 Abs. 1 lit. c) AVMD-RL konkretisierte „redaktionelle Verantwortung" als eine wirksame Kontrollausübung hinsichtlich der Zusammenstellung und Bereitstellung von Sendungen „entweder anhand eines chronologischen Sendeplans" oder mittels eines Katalogs bei Abrufdiensten.

---

22 *Michel* ZUM 2009, 453, 458.

23 Schwarz/Peschel-Mehner/*Kreile* Medienrecht 13-G 1 Rn. 30.

24 Hahn/Vesting/*Schulz* § 2 RStV Rn. 42a.

Das Angebot sollte einem traditionellen Fernsehprogramm ähneln.[25] Um sinnvoll von einem Sendeplan sprechen zu können, müssen mehrere einzelne (abgeschlossene) Sendungen in festgelegter zeitlicher Reihenfolge gesendet werden. Die Ausstrahlung und Wiederholung einer Einzelsendung ist nicht ausreichend.[26] Gleiches gilt, wenn die Ausstrahlung unregelmäßig erfolgt. An die Länge der Einzelsendung selber sind keine hohen Anforderungen zu stellen. Auch kurze Sequenzen „aus lokalen Nachrichten, Sport oder Unterhaltung" können den Sendebegriff erfüllen.[27] Die Landesmedienanstalten gehen in ihrer Checkliste „Web-TV" entsprechend davon aus, dass Rundfunk jedenfalls bei einmaliger oder sporadischer Verbreitung einer Sendung nicht vorliegt.[28] Folgen die Sendungen nicht unmittelbar aufeinander, so dass eine dem klassischen Rundfunk vergleichbare Situation des Ausgeliefertseins an das Programmschema nicht entsteht, ist nicht mehr von Rundfunk auszugehen, auch wenn eine chronologische Anordnung grundsätzlich erkennbar ist.[29] Liegt etwa ein monatlicher Abstand zwischen Einzelsendungen, ist eine rundfunkrechtliche Regulierung grundsätzlich nicht erforderlich. Hier kommt es aber auf eine Einzelfallprüfung an. Die Landesmedienanstalten gehen etwa auch bei einer wöchentlichen Ausstrahlung von Pressekonferenzen von Rundfunk aus. **28**

Viel diskutiert wurde die Einordnung von „Near-Video-on-Demand"-Diensten, wobei diese praktisch wohl eher keine Bedeutung mehr haben. Diese Angebote sind technisch zwar Abrufdienste. Der Empfänger steigt aber in ein laufendes, in Schleifen wiederholtes Programm ein, das zum zeitgleichen Empfang bestimmt ist. Die AVMD-RL ordnet diese Dienste den Fernsehprogrammen zu (Erwägungsgrund 27 AVMD-RL).[30] Im Ergebnis wird in Deutschland die europäische Abgrenzung übernommen, nach der „Near-Video-on-Demand"-Dienste dem Rundfunk zuzuordnen sein sollen.[31] **29**

Schließlich muss der Dienst für die Allgemeinheit bestimmt sein. Auch bei linearen audiovisuellen Diensten ist dies nicht stets der Fall, wie sich aus § 2 Abs. 3 Nr. 1 RStV ergibt, der Dienste mit weniger als 500 potentiellen Nutzern vom Rundfunkbegriff ausnimmt.[32] Fraglich ist, ob darüber hinaus Dienste, bei denen die Kommunikation an einen bestimmten und überschaubaren Empfängerkreis gerichtet ist, vom Rundfunkbegriff trotz Linearität ausgenommen sind. Diese Frage ist für Pay-TV geklärt, da § 2 Abs. 1 S. 2 RStV diese dem Rundfunk zuordnet. Bei geschlossenen Benutzergruppen bleibt sie aber virulent, sofern diese nicht ohnehin unter die Bagatellgrenze in § 2 Abs. 3 Nr. 1 RStV fallen. Soweit sich audiovisuelle Mediendienste nur an Gruppen richten, die durch gemeinsame Merkmale (z.B. Beruf) verbunden sind, die Mitglieder dieser Gruppe in einer besonderen Beziehung zum Anbieter stehen und der Dienst lediglich zur Befriedigung der besonderen Interessen dieser Gruppe dient, sind diese **30**

---

25 Hahn/Vesting/*Schulz* § 2 RStV Rn. 42c.

26 Hahn/Vesting/*Schulz* § 2 RStV Rn. 42c; BeckOK InfoMedienR/*Martini* RStV § 2 Rn. 5; a.A. *Bornemann* ZUM 2013, 845, 848 f.

27 *EuGH* EuZW 2016, 238, 239.

28 Checkliste „Web-TV", abrufbar unter www.die-medienanstalten.de/ [zuletzt abgerufen am 20.3.2017].

29 BeckOK InfoMedienR/*Martini* RStV § 2 Rn. 5; a.A. Schwarz/Peschel-Mehner/*Kreile* Medienrecht 13-G 1 Rn. 34; im Ergebnis wohl auch *Bornemann* ZUM 2013, 845, 848 f.

30 Vgl. hierzu *EuGH* 2.6.2005, Rs. C-89/04 – Mediakabel.

31 *EuGH* Rs. C 89/04 – Mediakabel BV ./. Commissariaat vor de Media, ABlEG Nr. C 182/16 v. 23.7.2005; Spindler/Schuster/*Holznagel* RStV § 2 Rn. 31.

32 Die BLM z.B. wendet im Übrigen bei 500 bis 10 000 parallelen Zugriffsmöglichkeiten wie bei Angeboten in kleinen Kabelnetzen ein vereinfachtes Verfahren an, § 13 FSS.

richtigerweise nicht mehr an die „Allgemeinheit" gerichtet.[33] Letztlich fehlt diesen Diensten für geschlossene Benutzergruppen die notwendige Breitenwirkung und damit Meinungsbildungsrelevanz. Firmen- bzw. Business-TV, das sich ausschließlich an Mitarbeiter eines bestimmten Unternehmens richtet, fällt so aus der rundfunkrechtlichen Regulierung heraus.[34] Kunden-TV hingegen richtet sich an die Allgemeinheit und ist daher Rundfunk.[35]

1.3 Inhalteneutralität des einfachgesetzlichen Rundfunkbegriffs?

31 Die im deutschen Recht vorherrschende Technologieneutralität der Regulierung sorgt für erhebliche Schwierigkeiten bei der richtigen Zuordnung der jeweiligen Dienste. Die Abgrenzung fällt vor allem deshalb so schwer, weil Rundfunk auch immer ein elektronischer Informationsdienst ist und damit auch Telemedium[36] und sowohl Rundfunk als auch Telemedien in ihren Ausprägungen dem verfassungsgerichtlichen Rundfunkbegriff subsumiert werden können.[37] Aufgrund der Schwierigkeiten bei der Abgrenzung setzten anfangs viele Versuche, Rundfunk von anderen elektronischen Informations- und Kommunikationsdiensten zu unterscheiden, bei dem Kriterium der Allgemeinheit aus der Definition des § 2 Abs. 1 S. 1 RStV an. Diese Unterscheidung berücksichtigt allerdings nicht die Technologieneutralität des verfassungsrechtlichen Rundfunkbegriffs. Denn danach ist ein Dienst an die Allgemeinheit gerichtet, wenn eine beliebige Öffentlichkeit auf ihn zurückgreifen kann, was auch bei Abrufdiensten der Fall ist, es sei denn, der Zugang zu ihnen steht, wie bei E-Mails, nur einem begrenzten Personenkreis offen.[38] Daher musste die Abgrenzung zwischen Rundfunk und Telemediendiensten an inhaltlichen Kriterien vorgenommen werden, die vor allem auf die Meinungsrelevanz des jeweiligen Dienstes abstellt. Nur wenn ein Dienst gesteigerte Relevanz für die öffentliche Meinungsbildung aufwies, war er dem Rundfunk zuzuordnen.[39] Diese Abgrenzung wurde im Rahmen der Prüfung des Darbietungsmerkmals vorgenommen. Mit dem Verzicht auf das Darbietungselement erscheint auf den ersten Blick der neue Rundfunkbegriff nun inhalteneutral zu sein.[40] Damit wären alle an die Allgemeinheit verbreiteten Inhalte, die zum zeitgleichen Empfang bestimmt sind, dem Rundfunk zuzuordnen. Anderseits wären dementsprechend alle anderen Inhaltedienste konsequenterweise den Telemedien zuzurechnen.

32 Der Gesetzgeber ging allerdings davon aus, dass auch nach der Neufassung das Kriterium der Meinungsrelevanz seine Bedeutung behalten sollte. Mit der Neuformulierung des § 2 Abs. 1 S. 1 RStV war lediglich eine europarechtskonforme Konkretisierung des Rundfunkbegriffs beabsichtigt. Ausdrücklich wird in der Begründung zum 12. RÄndStV ausgeführt, dass die Definition „unverändert die Veranstaltung von Angeboten für die Allgemeinheit und die damit bereits bisher herangezogenen Kriterien der Breitenwirkung, Aktualität und Suggestivkraft umfasst". Die Abgrenzung zu Sachverhalten ohne Rundfunkcharakter soll nun durch die Ausnahmetatbestände des

---

33 Schwarz/Peschel-Mehner/*Kreile* Medienrecht 13-G 1 Rn. 26; s. auch Hahn/Vesting/*Schulz* § 2 RStV Rn. 43.

34 *Bosmann* K&R 2009, 780, 783; Spindler/Schuster/*Holznagel* § 2 RStV Rn. 40.

35 Spindler/Schuster/*Holznagel* § 2 RStV Rn. 40

36 So auch *Jürgens* S. 88; *Engels/Jürgens/Fritzsche* K&R 2007, 57, 58.

37 Vgl. *Jürgens* S. 89.

38 *Gounalakis* ZUM 2003, 180, 184.

39 *Gersdorf* Rundfunkrecht, Rn. 161.

40 Vgl. *Schütz* MMR, 2009, 228, 229.

§ 2 Abs. 3 RStV erfolgen. Dort werden Angebote für einen begrenzten Empfängerkreis oder ohne journalistisch-redaktionelle Gestaltung von der rundfunkrechtlichen Regulierung ausgenommen. Die Begründung des 12. RÄndStV betont, dass diese Angebote im Hinblick auf die Kriterien, die zur Begründung der Meinungsbildungsrelevanz herangezogen wurden, nicht dem Rundfunkbegriff unterfielen und deshalb aus dem Anwendungsbereich des Rundfunkrechts auszugrenzen seien. Die Begründung widerspricht so dem Wortlaut des § 2 Abs. 1 S. 1 RStV, der wegen des Verzichts auf das Darbietungselement eigentlich von einer Inhalteneutralität des Rundfunks auszugehen scheint.[41]

Die Unstimmigkeiten zwischen europarechtlichem Rahmen, Begründung und Fassung des RStV zeigen sich bei der konkreten Prüfung einzelner Dienste. Teleshopping wurde nach § 2 Abs. 1 S. 4 RStV a.F. explizit den Telemedien zugeordnet. Diese Angebote sind aber linear i.S.v. Art. 1 lit. e) AVMD-RL. Unter Hinweis auf die AVMD-RL wurde die Vorschrift durch den 12. RÄndStV gestrichen. Art. 7 Abs. 2 des 12. RÄndStV ordnet darüber hinaus ausdrücklich an, dass alle Teleshoppingkanäle für den Zeitraum von zehn Jahren als zugelassen gelten. Zwingend ist eine solche Einordnung allerdings nur, wenn der Verzicht auf das Darbietungselement eine wirkliche Bedeutung hätte. Wird nun aber die Meinungsrelevanz im § 2 Abs. 3 RStV geprüft, erscheint die Zuordnung von Teleshopping zum Rundfunk plötzlich gar nicht mehr so klar. Es ist zumindest zweifelhaft, inwiefern Teleshoppingangebote die nach § 2 Abs. 3 Nr. 4 RStV erforderliche journalistisch-redaktionelle Gestaltung aufweisen. **33**

Im Ergebnis ist davon auszugehen, dass eine strikte Inhalteneutralität des einfachgesetzlichen Rundfunkbegriffs nicht mit den unionsrechtlichen Vorgaben, aber auch nicht mit den gesetzgeberischen Zielen und verfassungsrechtlichem Rahmen zu vereinbaren ist. Ob eine Abgrenzung nur über die Ausnahmetatbestände des § 2 Abs. 3 RStV dieser Vorgabe gerecht wird, ist zumindest zweifelhaft. Richtigerweise dürfte unter Beachtung der verfassungsrechtlichen Vorgaben und in richtlinienkonformer Auslegung von § 2 Abs. 1 S. 1 RStV die Meinungsbildungsrelevanz dort bereits mit hineinzulesen sein. Offen ist lediglich, bei welchem Tatbestandsmerkmal. Nach der Begründung zum 12. RÄndStV sollen die Elemente Aktualität, Breitenwirkung und Suggestivkraft im Rahmen des Tatbestandsmerkmals „Allgemeinheit" geprüft werden, über das dann neben einer quantitativen Prüfung des Allgemeinbezugs auch eine qualitative Bewertung erfolgen muss.[42] Da lediglich das Kriterium der Breitenwirkung aber mit dem Merkmal „Allgemeinheit" sinnvoll korreliert, die Elemente Suggestivkraft und Aktualität aber nur schwer in dieses eher quantitative Element einzufügen sind, erscheint es auch im Interesse einer klareren Abgrenzung der Tatbestandsmerkmale und der besseren Prüfbarkeit sinnvoll, die Meinungsbildungsrelevanz als (weiteres) ungeschriebenes Tatbestandsmerkmal zu prüfen.[43] **34**

1.4 Ausnahmekatalog des § 2 Abs. 3 RStV

§ 2 Abs. 3 RStV nimmt bestimmte Dienste von der rundfunkrechtlichen Regulierung aus, selbst wenn diese Dienste grds. Rundfunk i.S.d. § 2 Abs. 1 S. 1 RStV sind. Nach § 2 Abs. 3 Nr. 1 RStV sind Angebote kein Rundfunk, wenn sie jedenfalls weniger als 500 **35**

---

41 *Schütz* MMR, 2009, 228, 229.

42 Spindler/Schuster/*Holznagel/Kibele* § 2 RStV Rn. 41k.

43 Vgl. Spindler/Schuster/*Holznagel* § 2 RStV Rn. 44; wohl auch Hahn/Vesting/*Schulz* § 2 RStV Rn. 42b; a.A. Schwarz/Peschel-Mehner/*Kreile* Medienrecht 13-G 1 Rn. 34.

Nutzern zum zeitgleichen Empfang angeboten werden. Nach Vorstellung des Gesetzgebers ist in diesem Bereich nicht mehr davon auszugehen, dass das Angebot für die Allgemeinheit bestimmt ist.[44] Ferner sei insbesondere der Einfluss auf die Meinungsbildung zu gering.[45] Wächst ein ursprünglich zulassungsfreier Mediendienst über diese Grenze hinaus, obliegt der ZAK gem. §§ 20 Abs. 2, 36 Abs. 2 Nr. 8 RStV die Einordnung des Dienstes als Rundfunk („jedenfalls"). Im Fall des IPTVs kann dies durch Begrenzung auf nicht mehr als 500 parallele Streams eingehalten werden.[46] Fraglich ist, ob die Begrenzung auf 500 gleichzeitige Nutzer sinnvoll ist und nicht mindestens großzügig von der Öffnungsklausel Gebrauch gemacht werden sollte. Die Formulierung „jedenfalls" lässt einen Freiraum für die Beurteilung durch die Medienanstalten. Diese haben zum Teil Dienste mit bis zu 10 000 parallelen Streams einem vereinfachten Genehmigungsverfahren unterstellt.[47]

36 Darüber hinaus ist grundsätzlich zu fragen, ob eine Reichweite von 500 Nutzern überhaupt tatsächlich die Breitenwirkung darstellt, die notwendig ist, um einen Dienst als Rundfunk zu qualifizieren. Insbesondere der Hinweis auf die Reichweite eines lokalen Hörfunksenders, auf den die 500 Nutzer-Grenze zurückzuführen ist, mag hier nicht überzeugen. Zwar mag es sein, dass ein lokaler Hörfunksender trotz Lizenzpflicht nur eine solch geringe Reichweite erzielen kann; daraus den Schluss zu ziehen, deswegen müssten andere Dienste, die nicht originär dem Rundfunk entstammen, nun hoch reguliert werden, ist indessen verfehlt. Viel eher sollte die Lizenzpflicht für lokale Hörfunksender fallen gelassen werden. Aus Pluralitätsgründen ist sie ohnehin nicht mehr zwingend notwendig, denn mit dem Internet und den darüber entstandenen Empfangsmöglichkeiten von Informationen ist eine Außenpluralität entstanden, die die bekannten Begründungen für die Notwendigkeit einer starken Rundfunkregulierung zumindest überdenkenswert macht.

37 Ausgenommen sind ferner gem. § 2 Abs. 3 Nr. 3 RStV Dienste, die ausschließlich persönlichen oder familiären Zwecken dienen. Die Vorschrift dürfte eher der Vollständigkeit dienen. Ein persönlicher oder familiärer linearer audiovisueller Mediendienst ist nur schwer vorstellbar. Kein Rundfunk sind Angebote, die nicht bestimmten journalistischen Handlungsregelungen entsprechen und die keine gewisse organisationale Verfestigung aufweisen, also redaktionell sind, § 2 Abs. 3 Nr. 4 RStV.[48] Auf eine professionelle Ausgestaltung kommt es dabei nicht an. Keine journalistische Gestaltung weisen reine Datendienste mit der Wiedergabe von Wetter- oder Börsendaten auf.[49] Gleiches gilt für reine Webcams, die nur unmittelbar über Streaming Geschehnisse wiedergeben.[48]

38 Zudem werden Dienste, die „Video-on-Demand"-Angeboten vergleichbar sind, aus der rundfunkrechtlichen Regulierung herausgenommen. Kein Rundfunk sind Dienste, die zur unmittelbaren Wiedergabe aus Speichern von Empfangsgeräten bestimmt sind, § 2 Abs. 3 Nr. 2 RStV. Hiermit sind sog. Push-Dienste gemeint, die grds. linear gesendet werden, auf die der Nutzer aber aufgrund eines speziellen Berechtigungsschlüssels „Video-on-Demand"-vergleichbar zugreift. Die rechtliche Einordnung von

44 Begründung zum 12. RÄStV, Begr. zu Art. 1, zu Nr. 3.
45 Spindler/Schuster/*Holznagel* RStV § 2 Rn. 97.
46 Hahn/Vesting/*Schulz* § 2 RStV Rn. 49.
47 S. § 13 FSS der BLM.
48 Hahn/Vesting/*Schulz* § 2 RStV Rn. 56.
49 BeckOK InfoMedienR/*Martini* RStV § 2 Rn. 15; vgl. *LG Oldenburg* ZUM-RD 2013, 24, 25.

„Pay-per-View" ist heute sowohl auf unionsrechtlicher Ebene als auch einfachgesetzlich geklärt. Nach der AVMD-RL gehören „Pay-per-View"-Angebote als Abrufdienste den nicht-linearen Mediendiensten an. Auf einfachgesetzlicher Ebene nimmt § 2 Abs. 3 Nr. 5 RStV solche Sendungen aus dem Rundfunkbegriff aus, die jeweils gegen Einzelentgelt frei geschaltet werden. Dies wird damit begründet, dass diese Angebote aufgrund der Art der Rezeption mit den nicht-linearen Angeboten vergleichbar wären.[50] Nach deutschem Verständnis sind diese Angebote damit lediglich Telemedien. Auch hier fehlt es an einer mit den klassischen Rundfunkangeboten vergleichbaren Meinungsbildungsrelevanz, da die einzeln freigeschaltete Sendung nicht gleichzeitig von einer Allgemeinheit empfangen wird.

1.5 Einzelne Abgrenzungsfragen – Online-Auftritte mit audiovisuellen Elementen, „Rundfunk" auf Videoplattformen und in Social Media, Business-TV

Audiovisuelle Inhalte in Nachrichtenportalen, Vereins-TV-Portalen oder Plattformangeboten im Internet sind nur Rundfunk, wenn sie linear empfangen werden, für die Allgemeinheit bestimmt sind und die erforderliche Meinungsbildungsrelevanz aufweisen. Entscheidend ist die aktive Rolle des Anbieters bei der Verbreitung und die passive Rezeption anstelle der aktiven Anwahl einer einzelnen Sendung durch den Nutzer. Wenn das Angebot zum Abruf an einem durch den Nutzer bestimmten Zeitpunkt verfügbar ist und dieser selbst das Angebot starten und beenden kann, ist aufgrund der fehlenden Linearität nicht von Rundfunk auszugehen. Werden audiovisuelle Inhalte zum Einzelabruf auf eine Webseite oder einen Social Media-Account eingestellt, liegt kein Rundfunk mehr vor. **39**

Damit fallen auch Kanäle und Playlists von Anbietern auf Videoplattformen wie YouTube aus dem Rundfunkbegriff heraus. Hier kann zwar ein Anbieter ein gewisses Programmschema vorgeben und damit auch einen Sendeplan simulieren. Der Abspielvorgang wird aber immer individuell in Gang gesetzt. Die Startsendung lässt sich individuell auswählen und ein Wechsel der „Einzelsendung" ist wie in einer Online-Videothek jederzeit möglich.[51] Wenn allerdings diese Inhalte vom Anbieter parallel auch über Live-Streams zur Verfügung gestellt werden, kann für diesen Teil des Angebots der Rundfunkbegriff erfüllt sein.[52] **40**

Web-TV (Web-Casting), bei der die Erst- oder Parallelausstrahlung im Netz erfolgt, ist grundsätzlich Rundfunk. Dies kann nach Ansicht der Medienanstalten auch schon die wöchentlich ausgestrahlte Pressekonferenz sein, sofern die Sendung ein Mindestmaß an journalistischer Gestaltung aufweist, da ein Sendeplan vorliegt. Entsprechend musste beispielsweise der FC Bayern München für sein (allerdings wesentlich reich- **41**

---

50 Begründung zum 12. RÄStV, Begründung zu Art. 1, zu Nr. 3.

51 Für einen weiteren Rundfunkbegriff Spindler/Schuster/*Holznagel* § 2 RStV, Rn. 36, der wohl auch einige YouTube-Angebote als Rundfunk qualifizieren will.

52 Dies gilt im Fall „PietSmietTV" auf der Plattform twitch.tv (nicht aber für den gleichnamigen YouTube Kanal). Bei dem Angebot handelt es sich um einen Streaming-Kanal, der an sieben Tagen pro Woche über 24 Stunden überwiegend „Let's Plays", die das Spielen von Games zeigen, verbreitet (vgl. die Pressemitteilung der LfM NRW vom 21.3.2017 – www.lfm-nrw.de/service/pressemitteilungen/pressemitteilungen-2017/2017/maerz/zak-beanstandet-verbreitung-des-lets-play-angebots-pietsmiettv-per-internet-stream.html). In den Erläuterungen zu der „PietSmiet TV-Entscheidung" der ZAK (abrufbar unter: www.die-medienanstalten.de/fileadmin/Download/Themen/Zulassung/Erläuterungen_der_ZAK_zur_PietSmiet-Entscheidung.pdf) fordert die Kommission zurecht eine zeitgemäße Anpassung des Rundfunkbegriffs durch den Gesetzgeber. Siehe hierzu auch 1. Kap. Rn. 16.

haltigeres) Web-TV-Angebot eine Zulassung der ZAK über die Bayerische Landeszentrale für neue Medien einholen. Die einmalige oder unregelmäßige Veranstaltung eines Google Hangouts ist dagegen mangels Sendeplan kein Rundfunk.[53]

42 Für Smart-TVs, bei denen der Fernseher alleine oder in Verbindung mit einem Dongle oder einer Set-Top-Box als Empfangsplattform für verschieden Dienste fungiert (Hybrid-TV), ergeben sich keine Besonderheiten. Für jeden einzelnen Dienst ist zu untersuchen, ob dieser den Rundfunkbegriff erfüllt. Soweit Anbieter und Dienste wie Netflix oder Amazon Prime über Apps auf Smart-TVs empfangbar sind, ändert sich nichts an ihrem Charakter als „Video-on-Demand"-Dienst. Dies gilt auch, wenn neue Eigenproduktionen nach einem festgelegten Veröffentlichungsplan eingestellt werden. Hier gilt das oben für Playlists auf Videoplattformen ausgeführte. Im Vordergrund steht weiterhin der Abrufcharakter, es handelt sich um Telemediendienste und nicht um Rundfunk.

43 Ein viel diskutierter Grenzfall ist das Live-Streaming von Ereignissen, die nicht vom Dienstanbieter selbst in eine bestimmte chronologische Ordnung gebracht werden. Dies betrifft vor allem Sportereignisse, insbesondere etwa die Olympischen Spiele. Der „Sendeplan" wird hier vom Veranstalter des Ereignisses vorgegeben. Mangels freier Anwählbarkeit des Angebots durch den Zuschauer und Bindung an das Schema soll aber auch hier grundsätzlich zulassungspflichtiger Rundfunk vorliegen.[54] Dies ist richtig, da immer noch ein „Sendeplan" vorliegt. Ob dieser von einem Dritten inhaltlich vorgeben wird, kann höchstens bei Prüfung der Veranstaltereigenschaft eine Rolle spielen, vermag aber nichts an der Einstufung des Dienstes selbst als Rundfunk ändern.

44 Firmen- bzw. Business-TV ist kein Rundfunk, soweit sich das Angebot ausschließlich an Mitarbeiter eines bestimmten Unternehmens richtet. Unerheblich ist, ob das Angebot nur eigenen Mitarbeitern oder (auch) mit dem Unternehmen eng verbundene Dritten zur Verfügung gestellt wird. Auch in letzterem Fall liegt regelmäßig kein Rundfunk vor.[55] Unter dem Begriff Kunden-TV werden Dienste verstanden, die gezielt an Geschäftslokale gespielt werden, um dort als audio- oder audiovisueller Dienst an Kunden (Ladenbesucher) weiterverbreitet zu werden. Kunden-TV richtet sich also im Ergebnis nicht nur an Mitarbeiter oder eng verbundene Dritte, sondern ist für alle Kunden im Laden hörbar. Da die Erstausstrahlung aber auf den beschränkten Kreis der Geschäftspartner oder Filialen des Anbieters begrenzt ist und die anschließende Hör- oder Sichtbarmachung für die Endkunden ohne den Einsatz elektromagnetischer Schwingungen erfolgt, soll ebenfalls kein Rundfunk vorliegen.[56] Dies ist zweifelhaft, denn soweit grundsätzlich jeder potentiell Kunde ist, richtet sich das Angebot an die Allgemeinheit.[57] Im Gegensatz hierzu soll bei Hotel- oder Krankenhausfunk Rundfunk vorliegen.[58] Eigenwerbekanäle von Unternehmen sind Rundfunk.[59] Sofern bei diesen Diensten die Rundfunkeigenschaft erfüllt ist,

---

53 Vgl.www.die-medienanstalten.de/presse/pressemitteilungen/kommission-fuer-zulassung-und-aufsicht/detailansicht/article/zak-pressemitteilung-032013-medienanstalten-zu-hangouts-bei-google-geplanter-live-chat-mit.html, [zuletzt abgerufen am 30.3.2017].

54 BeckOK InfoMedienR/*Martini* RStV § 2 Rn. 6; *Bornemann* ZUM 2013, 845, 848.

55 *Bosmann* K&R 2009, 780, 783; Spindler/Schuster/*Holznagel* § 2 RStV Rn. 40.

56 *OVG Münster* ZUM-RD 2005, 48, 49 f.; Hahn/Vesting/*Schulz* § 2 RStV Rn. 45.

57 Spindler/Schuster/*Holznagel* § 2 RStV Rn. 40

58 *OVG Münster* ZUM-RD 2005, 48, 49 f.

59 BeckOK InfoMedienR/*Bornemann* § 45a RStV Rn. 8.

stellt sich aber stets die Frage einer Ausnahme nach § 2 Abs. 3 Nr. 1 RStV wegen der (möglicherweise) begrenzten Nutzerzahl.

Insgesamt ist bei Angeboten, die möglicherweise einer rundfunkrechtlichen Regulierung unterfallen, eine enge Kooperation mit der jeweiligen Landesmedienanstalt zu empfehlen. So können Anbieter auch Freiräume jenseits der Frage Rundfunk/Telemedium gewinnen und ein umständliches rundfunkrechtliches Zulassungsverfahren mitunter vermeiden. Zudem sehen die Landesmediengesetze „Experimentierklauseln" vor, die in Absprache mit der zuständigen Landesmedienanstalten die Befreiung von der rundfunkrechtlichen Genehmigungspflicht bei Pilotprojekten oder Betriebsversuchen ermöglichen können. Auch auf solche Regelungen kann bei neuen audiovisuellen Internetangeboten im Einzelfall zurückgegriffen werden.[60] 45

1.6 Rechtspolitische Bewertung und Ausblick

De lege ferenda stellt sich die Frage, ob die strikte Unterteilung in lineare und nichtlineare audiovisuelle Dienste, wie sie die AVMD-RL vorsieht und als grds. Weichenstellung vom Rundfunkstaatsvertrag übernommen wurde, sinnvoll ist. Wenn der lineare Empfang nur eines von vielen Angeboten und Nutzungsformen auf einer diversifizierter Medienplattform ist, das letztlich neben den anderen Nutzungsmöglichkeiten nicht sonderlich heraussticht, ist ein unterschiedliches Regelungsregime für Rundfunk und Telemedien nur schwer zu rechtfertigen. Im Hinblick auf die massive Etablierung hybrider Angebote, ist bereits jetzt ein deutliches Fragezeichen an die Stellung des linearen Fernsehens bei der Mediennutzung zu setzen. Der derzeitige Reformprozess der AVMD-Richtlinie wäre geeignet, diesem gesellschaftlichen Umbruch in der heutigen Mediennutzung Rechnung zu tragen. Allerdings halten sowohl der ursprüngliche Vorschlag der Kommission zur Novellierung der AVMD-RL[61] als auch die Entwürfe von Parlament[62] und Rat[63] an der Unterteilung in lineare und nichtlineare Dienste fest.[64] Gleichwohl lassen alle Entwürfe eine stärkere Fokussierung auf hybride Angebote, insbesondere eine Erweiterung des Geltungsbereichs der Richtlinie auf Videoplattformdienste, erkennen.[65] Sollte der Trilog zwischen Kommission, Parlament und Rat zügig voranschreiten, kann zum Jahresende 2017 eine reformierte AVMD-RL erwartet werden. Auch auf nationaler Ebene wurde die Reformbedürftigkeit des Rundfunkrechts erkannt: Derzeit wird über einen neuen Rundfunkstaatsvertrag diskutiert, der dem technologischen Wandel begegnen und den Rechtsunsicherheiten beim Einsatz von Videoplattformen für Livestreams im Wege eines „abgestuften Systems" beheben soll. So sollen insbesondere Einzelpersonen mit geringer Reichweite nicht zum Erwerb einer kostenintensiven Rundfunklizenz verpflichtet sein.[66] 46

---

60 S.auch z.B. § 30 Abs. 1 LMG NRW oder § 16 Abs. 1 LMG BW.

61 Abrufbar unter https://ec.europa.eu/transparency/regdoc/rep/1/2016/DE/1-2016-287-DE-F1-1.PDF [zuletzt abrufen am 28.8.2017].

62 Abrufbar unter www.europarl.europa.eu/sides/getDoc.do?type=REPORT&reference=A8-2017-0192&language=DE [zuletzt abrufen am 28.8.2017].

63 Abrufbar unter http://data.consilium.europa.eu/doc/document/ST-9691-2017-INIT/de/pdf [zuletzt abrufen am 28.8.2017].

64 Eine Synopse der Entwürfe ist abrufbar unter www.emr-sb.de/tl_files/EMR-SB/content/PDF/AVM-Beitraege/AVMD-Synopse_deutsch.pdf [zuletzt abrufen am 28.8.2017].

65 Vgl. etwa Art. 1 Abs. 1 aa) und ba) sowie Art. 28a ff. der jeweiligen Entwürfe.

66 Siehe www.faz.net/aktuell/feuilleton/debatten/rundfunklizenz-fuer-youtuber-kreative-amateure-muessen-frei-bleiben-15164842.html [zuletzt abrufen am 28.8.2017].

2. Unbedenklichkeitsbestätigung und Rückholklausel

47 Um dem Diensteanbieter von Telemedien im Graubereich zwischen Telemedien und Rundfunk Rechtssicherheit zu gewähren, sieht § 20 Abs. 2 RStV ein Verfahren vor, das ihn insbesondere vor einem Ordnungswidrigkeitsverfahren nach § 49 Abs. 1 Nr. 17 RStV wegen Rundfunkveranstaltung ohne rundfunkrechtliche Zulassung schützt. Der Diensteanbieter kann nach S. 3 der genannten Bestimmung bei der zuständigen Landesmedienanstalt einen Antrag auf rundfunkrechtliche Unbedenklichkeit stellen. Wird dem entsprochen, so verfügt er über die Erklärung, dass sein Dienst materiell nicht dem Rundfunk zuzuordnen ist und dass er unter dem Aspekt der Anwendung rundfunkrechtlicher Bestimmungen als unbedenklich einzustufen ist. Wenngleich es sich hierbei nur um eine rechtliche Beurteilung durch die Landesmedienanstalt handelt, so erhält der Antragsteller doch einen feststellenden Verwaltungsakt, der ihn bei Rechtskraft vor der Notwendigkeit schützt, ein rundfunkrechtliches Zulassungsverfahren zu beschreiten.[67]

48 Unabhängig von einem Antrag des Diensteanbieters auf Unbedenklichkeitsbestätigung lässt § 20 Abs. 2 RStV der zuständigen Landesmedienanstalt die Möglichkeit, einen Telemediendienst, der sich in Richtung Rundfunk entwickelt, doch einem Rundfunkzulassungsverfahren zu unterwerfen (rundfunkähnliche Informations- und Telekommunikationsdienste).[68] Die Landesmedienanstalt kann sich also stets ihre aufsichtsrechtliche Zuständigkeit über den Dienst zurückholen. Schon aus diesem Grunde ist es zu empfehlen, die Unbedenklichkeitsbestätigung aus eigenem Antrieb frühzeitig zu beantragen, bevor die Landesmedienanstalt ihrerseits tätig wird. Wird die Feststellung getroffen, dass sich ein elektronischer Informations- und Kommunikationsdienst dem Rundfunk so angenähert hat, dass er dem Rundfunkbegriff zuzuordnen ist, so muss der Anbieter, nachdem die Feststellung ihm bekannt gegeben ist, nach seiner Wahl unverzüglich einen Zulassungsantrag stellen oder innerhalb von drei Monaten den elektronischen Informations- und Kommunikationsdienst so anbieten, dass der Dienst nicht dem Rundfunk zuzuordnen ist.

3. Abgrenzung zu den Diensten des TKG

49 Die Abgrenzung der Telemediendienste zu den Diensten des TKG erfolgt aufgrund einer funktionalen Betrachtung. Das Telekommunikationsgesetz bezieht sich weit überwiegend auf den technischen Aspekt der Telekommunikation. Soweit es sich bei dem zu beurteilenden Dienst um eine Transportleistung handelt, d.h. der Dienst sich ganz auf die Übertragung von Signalen beschränkt, findet nur das TKG Anwendung. Nach Auffassung der Rechtsprechung kommt es dabei nicht darauf an, ob die Signalübertragung durch den Diensteanbieter selbst oder durch Dritte (Access-Provider) über das offene Internet erfolgt. Danach kann auch ein Anbieter von E-Mail-Diensten wie Google mit seinem Dienst Gmail der telekommunikationsrechtlichen Regulierung und damit der Melde-

67 Vgl. auch Spindler/Schuster/*Holznagel* § 20 RStV Rn. 14.

68 Wann Rundfunk vorliegt, bestimmt sich aber ausschließlich nach § 2 RStV. Liegt hiernach kein Rundfunk vor, kann über § 20 Abs. 2 keine besondere Zuständigkeit der Landesmedienanstalten begründet werden, Hahn/Vesting/*Schulz* § 20 RStV Rn. 4.

pflicht nach § 6 Abs. 1 TKG unterliegen.[69] Wenn es aber um die Inhalte geht, dann sind auch das TMG und, je nach Ausgestaltung des Dienstes, der RStV anwendbar.[70] Im Bereich des Datenschutzes beschränkt § 11 Abs. 3 TMG die Anwendbarkeit des TMG auf §§ 15 Abs. 8 und 16 Abs. 2 Nr. 2, 4 TMG, wenn die Dienste überwiegend in der Signalübertragung bestehen. Bei jeder Dienstleistung des Anbieters ist daher zu prüfen, ob die Transportleistung oder der transportierte Inhalt im Vordergrund steht.[71] Eine Ausnahme besteht auch in den Fällen, in denen die Dienstleistung zwar weit überwiegend in der Übertragung von Signalen besteht, aber nicht ausschließlich (telekommunikationsgestützte Dienste, § 3 Nr. 25 TKG)[72]. Diese unterliegen ausschließlich dem TKG.

III. Regelungsregime der Telemediendienste

Das TMG regelt gewisse gemeinsame Prinzipien, die für alle Telemediendienste gelten. 50
Darüber hinaus finden sich im VI. Abschnitt des RStV weitergehende Anforderungen für die Telemedien mit journalistisch-redaktionell gestalteten Inhalten. Die im TMG getroffenen Regelungen setzen, insofern den Gesetzgebungskompetenzen folgend, die wirtschaftlichen Rahmenkoordinaten für Telemedien. Sie regeln insbesondere wichtige Grundprinzipien wie das Herkunftslandprinzip, die Zulassungsfreiheit und die Haftungsprivilegierung. Tragender Gedanke des Haftungsregimes von Telemedienanbietern ist neben der vollen Haftung für eigene Inhalte eine nach Anbietertypen differenzierte Haftung für übermittelte oder zwischengespeicherte Fremdinhalte. Telemedienanbieter unterliegen einer weitgehenden Impressumspflicht, die sogar kommerzielle Auftritte in sozialen Netzwerken betreffen kann. Diese Grundprinzipien entstammen teilweise den Vorgaben der ECRL, aber sie sind auch Weiterentwicklungen des ursprünglichen IuKDG, das 1997 Vorreiter für die Regelung von elektronischen Informations- und Kommunikationsdiensten in Europa war. Daneben enthält das TMG spezielle Regelungen zum Datenschutz sowie Bußgeldbestimmungen. Weitere Regelungen für „rundfunkähnliche" Telemediendienste finden sich im VI. Abschnitt des RStV. Hieraus ergeben sich weitere Anforderungen für Telemedien mit journalistisch-gestalteten Angeboten (§ 54 Abs. 2 RStV) oder fernsehähnliche Abrufdienste (§ 58 Abs. 3 RStV).

---

69 *VG Köln* MMR 2016, 141 ff.; kritisch dazu *Grünwald/Nüßing* MMR 2016, 91 ff. Wegen der Nutzung von Netzinfrastruktur Dritter handelt es sich eigentlich um „Over-the-Top"(OTT-)-Dienste, die bisher einhellig den Telemediendiensten zugerechnet wurden. Z.T. wird im Nachgang zu der Entscheidung des VG Köln mittlerweile terminologisch zwischen OTT 1-Diensten wie Gmail, bei denen das kommunikative Element im Vordergrund stehen soll, und OTT 2-Diensten (z.B. Netflix, Amazon Prime, Spotify), bei denen der Charakter eines Inhaltedienstes deutlicher sein soll und die daher sicher aus der telekommunikationsrechtlichen Regulierung herausfallen sollen, unterschieden.

70 *BGH* NJW 2002, 361, 362; Geppert/Schütz/*Schütz* § 3 Rn. 79; vgl. Spindler/Schuster/*Holznagel/Ricke* § 1 TMG Rn. 15.

71 *Hoeren* NJW 2007, 801, 802.

72 Nach § 3 Nr. 25 TKG sind dies Dienste, „die keinen räumlich und zeitlich trennbaren Leistungsfluss auslösen, sondern bei denen die Inhaltsleistung noch während des Telekommunikationsflusses erbracht wird". Dies betrifft Mehrwert- (0190er oder 0900er Rufnummern) und Auskunftsdienste.

1. Begriffsbestimmungen

51 In § 2 TMG werden die für das Gesetz wesentlichen Begriffe definiert. Die einzelnen Legaldefinitionen orientieren sich dabei deutlich an den entsprechenden Begriffen der ECRL, wie sie in Art. 2 ECRL festgelegt sind, ohne sie aber wortgleich zu übernehmen. Wichtig sind vor allem die Definitionen des Diensteanbieters, § 2 S. 1 Nr. 1 TMG, sowie die des niedergelassenen Diensteanbieters, § 2 S. 1 Nr. 2 TMG. Diese dienen zur Bestimmung des Adressatenbereichs des Gesetzes und auch zur Beurteilung der Frage, ob ein Diensteanbieter im Inland niedergelassen ist und somit ausschließlich der deutschen Gesetzgebung unterworfen ist oder ob er in den Genuss des Herkunftslandprinzips kommen kann.

1.1 Diensteanbieter

52 Diensteanbieter nach § 2 S. 1 Nr. 1 TMG ist jede natürliche oder juristische Person, die eigene oder fremde Telemedien zur Nutzung bereithält oder den Zugang zur Nutzung vermittelt. Der juristischen Person gleichgestellt ist eine Personengesellschaft, die mit der Fähigkeit ausgestattet ist, Rechte zu erwerben und Verbindlichkeiten einzugehen, § 2 S. 2 TMG. Dadurch wird deutlich, dass das Gesetz jeden erfasst, der entsprechende Angebote bereithält.[73] Der Anbieter muss mindestens eine der drei in der Definition genannten Tätigkeiten erbringen, um als Diensteanbieter i.S.d. TMG zu gelten, er ist aber nicht darauf beschränkt, nur diese eine Tätigkeit zu leisten. Das Gesetz unterscheidet zwischen der Bereithaltung eigener und fremder Telemedien sowie der Zugangsvermittlung. Der zweite HS stellt klar, dass bei audiovisuellen Mediendiensten die Person Diensteanbieter ist, die die Auswahl und Gestaltung der angebotenen Inhalte wirksam kontrolliert.

53 Ein Diensteanbieter bietet Telemedien an, soweit er Dritten die Nutzung von eigenen oder fremden Telemedien ermöglicht.[74] An die Art der Bereithaltung werden keine allzu hohen Anforderungen gestellt. Es reicht aus, dass der Diensteanbieter technisch die Möglichkeit dazu hat. Nicht erforderlich ist, dass er die notwendigen Server besitzt; er kann auf fremde Speicherkapazitäten für die Erbringung seines Angebots zurückgreifen.[75] Der Anbieter muss jedoch dazu in der Lage sein, eigenständig und frei darüber zu entscheiden, wie er die Speicherkapazitäten nutzt.

54 Zu den Personen, die eigene Telemedien bereithalten, gehören auch die Anbieter privater Homepages. Für die Diensteanbietereigenschaft ist keine gewerbliche Ausrichtung des Angebots notwendig, die Bereithaltung muss noch nicht mal auf Dauer angelegt sein.[76] Damit fällt auch die vorübergehende Veröffentlichung von bspw. Urlaubsfotos durch eine Privatperson unter das Bereithalten eigener Telemedien zur Nutzung. Eine weitere Kategorie können auch Nutzer von Telemedien sein, die selbst Inhalte auf der entsprechenden Seite einstellen, also eine Situation wie sie in Zeiten von User Generated Content häufig vorkommt.[77] Diensteanbieter und Nutzer gem. § 2 S. 1 Nr. 3

---

73 Arbeitnehmer oder Erfüllungsgehilfen werden von § 2 S. 1 Nr. 1 TMG nicht erfasst, vgl. Spindler/Schuster/*Ricke* § 2 TMG Rn. 4.

74 Spindler/Schuster/*Ricke* § 2 TMG Rn. 2.

75 *OLG Frankfurt* MMR 2007, 379; Spindler/Schuster/*Hoffmann* § 7 TMG Rn. 12.

76 Vgl. Gesetzesbegründung zum IuKDG, BT-Drucks. 13/7835, 19.

77 *Rockstroh* MMR 2013, 627, 628; vgl. die Begründung zum Entwurf eines Gesetzes über rechtliche Rahmenbedingungen für den elektronischen Geschäftsverkehr (Elektronischer-Geschäftsverkehr-Gesetz – EGG) BT-Drucks. 14/6098, S. 16 linke Spalte; a.A. *Lorenz* K&R 2008, 340, 341.

TMG sind keine dichotomen Begriffe. Ein Nutzer eines Online-Auftritts etwa von eBay,[78] auf Immobilienplattformen[79] oder Facebook[80] kann gleichzeitig selbst Diensteanbieter sein und den Pflichten des TMG oder auch des RStV unterliegen. Hier ist als Beispiel ein Channel bei YouTube anzuführen, die Shop-Seite eines Powersellers bei eBay oder Auftritte in sozialen Netzwerken wie Facebook, Xing, Twitter. Bei audiovisuellen Abrufdiensten ist derjenige Diensteanbieter, der die redaktionelle Verantwortung für die angebotenen Inhalte wahrnimmt.[81]

Dass ein Diensteanbieter nicht selbst Eigentümer der für sein Angebot notwendigen **55**
Infrastruktur sein muss, impliziert bereits, dass Dienstleistung entsprechender Art auch durch Dritte erbracht werden kann. Bei diesen Dienstleistern handelt es sich um sog. Host-Provider, der die Telemedien anderer zur Nutzung bereithält, mithin also fremde Telemedien zur Nutzung bereithält und somit ebenfalls Diensteanbieter nach § 2 S. 1 Nr. 1 TMG ist. Neben den Anbietern von Speicherkapazität zählen zu dieser Kategorie von Diensteanbietern auch die Betreiber von Diskussionsforen, Gästebüchern, Chatrooms, Blogs, Seiten auf Social Networks und vielen anderen Diensten, die Nutzern es ermöglichen, Inhalte einzubringen.[82]

Der Diensteanbieter, der den Zugang zur Nutzung von Telemedien vermittelt, kann **56**
zweierlei Angebote bereithalten: Zum einen kann es der schon mehrfach erwähnte Access-Provider sein, der über die technische Dienstleistung des Bereitstellens eines Internetzugangs den Zugang zu den jeweiligen Inhalten vermittelt.[83] Auch Suchmaschinen sind grds. Telemediendienste, und je nach genutzter Funktion kann der Betreiber auch Diensteanbieter i.S.d. § 2 S. 1 Nr. 1 TMG sein.[84] Da der Diensteanbieter nach TMG nicht auf eine der Tätigkeiten beschränkt sein muss, ist auch ein fließender Übergang für die Adressatenstellung des Anbieters unschädlich.

1.2 Niedergelassener Diensteanbieter

Die Legaldefinition des niedergelassenen Diensteanbieters stammt weitgehend aus **57**
der ECRL (dort Art. 2 lit. c)). Sie soll es ermöglichen, zu ermitteln, welcher Rechtshoheit ein Anbieter von Telemedien unterliegt. Niedergelassen ist der Diensteanbieter nicht an dem Ort, wo die technische Infrastruktur – insbesondere die Speicherserver für eine Website – zu finden sind, sondern an dem Ort, wo der Anbieter seine Wirtschaftstätigkeit ausübt, bei mehreren Niederlassungen der Ort, an dem der Mittelpunkt der Tätigkeiten des Anbieters für den Telemediendienst zu finden ist, § 2a Abs. 1 TMG.[85]

78 *OLG Oldenburg* GRUR 2007, 37.
79 *LG München I* Beck RS 2009, 07615.
80 *LG Regensburg* MMR 2013, 246.
81 BeckOK InfoMedienR/*Martini* TMG § 2 Rn. 11.
82 *Wimmers/Schulz* Heise Online-Recht, 2011, B. III. 34 f.
83 BeckOK InfoMedienR/*Martini* TMG § 2 Rn. 7a; a.A. *Frey* MMR 2014, 550, 651. Frey sieht Access-Provider als reine TK-Dienste als nicht vom TMG erfasst ansieht, § 8 TMG in richtlinienkonformer Auslegung allerdings auf Access-Provider anwenden will.
84 Vgl. Hoeren/Sieber/Holznagel/*Sieber/Höfinger* Teil 18.1 Allgemeine Grundsätze der Haftung Rn. 107 ff.
85 Vgl. Erwägungsgrund 19 ECRL.

2. Herkunftslandprinzip

58 Im immer stärker zusammenwachsenden Europa und vor allem aufgrund der Internationalität des Internet erschien es dem europäischen Richtliniengeber erforderlich, zur Wahrung der primärrechtlichen Waren- und Dienstleistungsfreiheit in der sekundärrechtlichen Regelung des elektronischen Geschäftsverkehrs das Herkunftslandprinzip explizit zu verankern, vgl. Art. 3 ECRL. Analog zum Sendestaatsprinzip der Richtlinie über audiovisuelle Mediendienste wird in Art. 3 Abs. 2 ECRL festgelegt, dass der freie Verkehr von Diensten der Informationsgesellschaft nicht aus Gründen eingeschränkt werden darf, die in den koordinierten Bereich, der in Art. 2 lit. h) ECRL definiert ist, fallen. Der deutsche Gesetzgeber hat das Herkunftslandprinzip in § 3 TMG in nationales Recht umgesetzt. Es besagt, dass der ausländische Diensteanbieter sich nur nach seinem Heimatrecht, nicht auch noch nach deutschem Recht richten muss, wenn und weil er seine Dienste auch in Deutschland erbringt oder sie hier entgegengenommen werden. Umgekehrt heißt es für den in Deutschland niedergelassenen Anbieter, dass er sich nur nach deutschem Recht verhalten muss, nicht auch noch die anderen Rechtsordnungen einzuhalten hat, in die seine Dienste hineinspielen. Das Herkunftslandprinzip des TMG geht dem Kollisionsrecht vor[86] und kennt kein Günstigkeitsprinzip; soweit § 3 TMG anwendbar ist, kommt ausschließlich das Recht des Herkunftsstaats zur Anwendung.[87]

2.1 Anwendungsbereich des Herkunftslandprinzips

59 Für alle in Deutschland niedergelassenen Diensteanbieter gilt deutsches Recht auch dann, wenn sie geschäftsmäßig ihre Dienste in einem anderen Mitgliedstaat erbringen und/oder anbieten, § 3 Abs. 1 TMG. Für Diensteanbieter, die Telemedien in Deutschland geschäftsmäßig erbringen oder anbieten und in einem anderen Mitgliedstaat niedergelassen sind, bestimmt dagegen § 3 Abs. 2 TMG, dass der freie Dienstleistungsverkehr mit der Ausnahme von Abs. 3–5 nicht eingeschränkt wird, sie mithin dem Recht des Staates ihrer Niederlassung unterworfen sind. Für Anbieter aus Nicht-EU-Drittstaaten gilt die Regelung nicht.[88] Für diese Angebote gelten die Regelungen des Internationalen Privatrechts. Gleiches gilt, wenn die Dienste nur in Drittländern angeboten werden.[89] Für die Anwendung marktverhaltensregelnder Regelungen wie der Informationspflichten nach § 5 TMG gilt das Marktortsprinzip. Deutsches Wettbewerbsrecht ist anwendbar, wenn die Wettbewerbshandlung im Internet bestimmungsgemäß auf den Marktort Deutschland einwirken soll.[90] Damit können Anbieter in solchen Drittstaaten auch den Regelungen des TMG unterfallen, sofern sich ihr Angebot gezielt auf Deutschland richtet.[91]

60 Insgesamt hat das Herkunftslandprinzip nach TMG einen breiteren sachlichen Anwendungsbereich als die ECRL ihn vorgesehen hat, denn anders als die ECRL verlangt das TMG für seine Anwendung keine auf Gewinnerzielungsabsicht ausge-

---

86 Der BGH prüft das Herkunftslandprinzip nach Bestimmung des anwendbaren Rechts als Ausschlussgrund, vgl. *BGH* GRUR 2006, 513, 515 – Arzneimittelwerbung im Internet; *BGH* 5.10.2006 – I ZR 229/03, Rn. 16 – Pietra di Soln.

87 Zum Überblick über die kollisionsrechtliche Problematik s. Spindler/Schuster/*Pfeiffer/Weller/Nordmeier* § 3 TMG Rn. 7.

88 *OLG Hamm* MMR 2014, 175, 176.

89 BeckOK InfoMedienR/*Weller* TMG § 3 Rn. 6.

90 *BGH GRUR* 2010, 847, 848; *BGH* MMR 2006, 461, 462.

91 A.A. *LG Siegen* MMR 2013, 722 mit krit. Anm. *Kleinemenke.*

richtete Tätigkeit.[92] Es ist lediglich eine geschäftsmäßige Erbringung des Telemediendienstes gefordert. Diese liegt aber laut Gesetzesbegründung zum Gesetz über rechtliche Rahmenbedingungen für den elektronischen Geschäftsverkehr (Elektronischer Geschäftsverkehrgesetz = EGG), mit dem das damalige TDG den Anforderungen der ECRL angepasst wurde, bei einer nachhaltigen Tätigkeit mit oder ohne Gewinnerzielungsabsicht vor; lediglich private Gelegenheitsgeschäfte seien davon nicht betroffen.[93] Eine wirtschaftlich geprägte Tätigkeit, deren Kern gerade die Gewinnerzielungsabsicht ist, ist also nicht erforderlich. Damit sind auch die Internet-Auftritte öffentlicher Einrichtungen wie Bibliotheken, Universitäten Schulen oder Museen vom Herkunftslandprinzip erfasst.[94]

§ 3 TMG ist ausschließlich auf Online-Aktivitäten anwendbar. Das bedeutet, dass vor allem für den weiten Bereich des Versandhandels nicht alle Teile der Geschäftsabwicklung vom Herkunftslandprinzip umfasst sind. Lediglich der Teil, der online erfolgt, insbesondere die Werbung und der Vertragsabschluss, können in den Genuss des Herkunftslandprinzips kommen, die Auslieferung der Waren oder Erbringung der Dienstleistungen dagegen unterliegen dem dafür anwendbaren Recht.[95] Für die Auslieferung von Waren und Erbringung von Dienstleistungen können aber u.U. die primärrechtlichen Prinzipien des freien Verkehrs zur Anwendung kommen.[96] 61

2.2 Ausnahmen vom Herkunftslandprinzip

Zunächst ist festzuhalten, dass § 3 TMG schon denklogisch in den Bereichen nicht zur Anwendung kommen kann, für die nach § 1 TMG, insbesondere § 1 Abs. 5 TMG, das gesamte Gesetz keine Anwendung findet. Ist aber das Gesetz anwendbar, so sind im Bereich des Herkunftslandprinzips die in § 3 Abs. 3–5 TMG normierten Ausnahmen zu beachten. Die Ausnahmen unterscheiden sich in generelle Ausnahmen, die dazu führen, dass das Herkunftslandprinzip nicht angewendet werden kann, und Einzelfallausnahmen, bei denen das Herkunftslandprinzip grds. anwendbar ist, aber in dem speziellen Fall wegen einer Ausnahmesituation nicht angewandt wird. 62

2.2.1 Generelle Ausnahmen

Zu den generellen Ausnahmen zählen insbesondere die Ausnahmen für vertragliche Schuldverhältnisse hinsichtlich Verbrauchern, § 3 Abs. 3 Nr. 2 TMG, die Zulässigkeit von unaufgeforderten elektronischen Werbemaßnahmen, § 3 Abs. 4 Nr. 3 TMG, Immaterialgüterrecht, § 3 Abs. 4 Nr. 6 TMG, und Gewinnspiele, soweit sie Glücksspiele sind, die einen geldwerten Einsatz erfordern, § 3 Abs. 4 Nr. 4 TMG. 63

---

92 Art. 2 lit. c) ECRL verlangt die Ausübung einer Wirtschaftstätigkeit, das schließt Betreiber von privaten Homepages oder auch von Universitäten aus dem Anwendungsbereich aus, vgl. *Blasi* S. 335.

93 Vgl. BT-Drucks. 14/6098, 17.

94 Spindler/Schuster/*Micklitz/Schirmbacher* § 5 TMG Rn. 9.

95 Vgl. *Blasi* S. 325; *Rosenboom* S. 170 f.; *Tettenborn* K&R 2000, 59, 61 spricht insofern bildhaft aber auch verdeutlichend von einer „Materialisierung“ der Aktivitäten, die zur Anwendbarkeit des spezifischen Rechts führt.

96 Zur Zulässigkeit des über eine Webseite abgewickelten Versandhandels von Arzneimitteln nach Primärrecht vgl. *EuGH* ABlEU Nr. C 47/5 v. 21.2.2004 – DocMorris; *EuGH* GRURInt 2005, 637 ff. – Mand.

2.2.2 Einzelfallausnahmen

64 Anders als bei den generellen Ausnahmen ist bei den Einzelfallausnahmen nach § 3 Abs. 5 TMG das Herkunftslandprinzip grds. zu beachten. Nur wenn im Einzelfall der Schutz eines der in Nr. 1–3 genannten Güter geboten ist, darf vom freien Verkehr der Dienste der Informationsgesellschaft abgewichen werden. Dazu ist erforderlich, dass eine ernsthafte und schwerwiegende Beeinträchtigung der in Nr. 1–3 genannten Schutzziele droht oder bereits vorliegt. Nach einer Interessenabwägung zwischen den Interessen des Diensteanbieters und denen des Mitgliedstaates an der Wahrung der Schutzziele muss sich die Einschränkung als verhältnismäßig herausstellen; für die Feststellung der Verhältnismäßigkeit ist die Kommission zuständig, die gem. § 3 Abs. 5 S. 2 TMG über die Ergreifung einer entsprechenden Maßnahme unterrichtet werden muss. Die Einzelfallausnahmen als Eingriffsmöglichkeit der Mitgliedstaaten in das Herkunftslandprinzip sind eng auszulegende Notinstrumente, deren Anwendung nur bei entsprechend großer Gefahr für das Schutzgut zu rechtfertigen ist.[97]

65 Liegt eine Ausnahme vom Herkunftslandprinzip vor, so besagt dies noch nicht ipso iure, dass jeder ausländische Anbieter auch deutsches Recht einhalten muss und auch nicht, dass der in Deutschland niedergelassene Anbieter das Recht eines jeden Staates einhalten muss, in dem er seinen Dienst anbietet. Es entfällt vielmehr nur die Privilegierung des Herkunftslandprinzips mit der Folge, dass nach dem jeweiligen Kollisionsrecht zu prüfen ist, welchen Staates Recht anwendbar ist. Diese Frage beantworten das Internationale Privatrecht, Strafrecht und Verwaltungsrecht des jeweiligen Empfangsstaates.

3. Zulassungsfreiheit

66 Ein Telemediendienst bedarf – im Gegensatz zum Rundfunk – weder der Anmeldung noch der Zulassung, § 4 TMG (vgl. auch § 54 Abs. 1 S. 1 RStV). Hintergrund ist sowohl der regulatorische Ansatz des Gesetzgebers, um die Entwicklung neuer Angebote im Bereich der Informations- und Kommunikationsdienste zu fördern,[98] als auch die europarechtliche Vorgabe des Art. 4 ECRL.

67 Die Anmeldungs- und Zulassungsfreiheit betrifft jedoch ausschließlich Telemediendienste, sie stellt nicht von Zulassungserfordernissen frei, die sich unter Umständen aus anderen Vorschriften ergeben. Das wird durch die Formulierung „im Rahmen der Gesetze" deutlich. Von Relevanz wird diese Unterscheidung vor allem im Bereich der zulassungspflichtigen Berufe: So kann ein Rechtsanwalt zwar ohne eine ausdrückliche Genehmigung einen Telemediendienst in Form einer Website betreiben, für die Ausübung des Berufs als Anwalt bedarf er aber dennoch der Zulassung nach BRAO.

4. Informationspflichten

68 §§ 5 und 6 TMG enthalten besondere Informationspflichten für Telemedienanbieter. Die Vorschriften enthalten allerdings keine abschließende Regelung für Telemedienangebote. Weitere Informationspflichten können sich zusätzlich aus anderen Vorschriften ergeben, die sich teilweise mit den Regelungen des TMG überschneiden. So gelten für Telemedien grds. auch Informationspflichten aus dem Fernabsatzrecht (ins-

97 *Tettenborn/Bender/Lübben/Karenfort* Beilage 1, K&R 2001, 12.
98 S. *Spindler/Schmitz/Geis* § 5 TDG Rn. 1; Beck IuKDG-Komm/*Tettenborn* § 4 TDG Rn. 1.

besondere §§ 312c ff. BGB i.V.m. Art. 246 ff. EGBGB). Nach § 312j Abs. 3 BGB ist die Entgeltpflichtigkeit eines Angebots besonders hervorzuheben. Für Telemedien mit journalistisch-redaktioneller Gestaltung gelten die Informationspflichten nach § 55 RStV. Insbesondere ist hierbei an die Debatte um die sog. Impressumspflicht des Verantwortlichen zu denken, die u.a. die Frage zum Gegenstand hat, ob über den § 55 Abs. 2 RStV z.B. Anbieter von sog. „Bürgerjournalismus" (Blogs/Mikroblogs) weitergehende Impressumspflichten treffen.[99] Gesellschaftsrechtsrechtliche Vorgaben verpflichten Unternehmen in geschäftlicher Korrespondenz einschließlich E-Mail zu bestimmten Angaben über Firma, Rechtsform, Ort der Niederlassung oder Registergericht (vgl. §§ 37a HGB, 125a HGB, § 35a GmbHG, § 25a GenG, § 80 AktG).[100] Weitere Vorgaben enthalten die Regelungen der Dienstleistungs-Informationspflichten-Verordnung (DL-InfoV) und der Preisangabenverordnung (PAngV).

4.1 Allgemeine Informationspflichten

Als Ausdruck des Verbraucherschutzes[101] verlangt § 5 TMG von den Anbietern von Telemedien weitreichende Informationsangaben. Die Vorschrift wird ganz herrschend als i.S.d. UWG das Marktverhalten regelnd angesehen,[102] weswegen es immer wieder zu regelrechten Abmahnwellen wegen unvollständigen Informationsangaben kommt.[103] Problematisch erscheint das Verhältnis von § 5 TMG zu § 55 RStV. Denn während § 5 TMG die privaten Angebote, die nicht gegen Entgelt erfolgen, von der Anbieterkennzeichnung ausnimmt, legt § 55 Abs. 1 RStV dem Anbieter wieder einige solche Pflichten auf. Darauf wird später noch einzugehen sein. 69

Adressaten von § 5 TMG sind Diensteanbieter, die geschäftsmäßig in der Regel gegen Entgelt Telemedien anbieten. Der Anbieter muss daher zwei Kriterien erfüllen, um den Pflichten von § 5 TMG unterworfen zu sein: Er muss ein nachhaltiges, also auf Dauer angelegtes, Telemedium anbieten[104] und dies muss in der Regel gegen Entgelt erfolgen. Mit der Einfügung des zweiten Kriteriums reagierte der Gesetzgeber auf erhebliche Kritik, da im TDG bisher nur ein geschäftsmäßiges Angebot erforderlich war und so auch rein private, unkommerzielle Telemedien den Informationspflichten unterworfen waren. Nunmehr ist klargestellt, dass rein private Homepages – zumindest nach TMG[105] – nicht mehr der so genannten „Impressumspflicht" unterworfen sind.[106] Allerdings bleibt die Formulierung von § 5 TMG unscharf. Laut Gesetzesbegründung zum EGG soll das Merkmal der Entgeltlichkeit eine gewisse wirtschaftliche Gegenleistung voraussetzen und damit die Vorschrift der ECRL angeglichen werden.[106] Nicht deutlich wird, wofür, von wem und in welcher Form die Gegenleistung erbracht werden soll. Da eine Angleichung an die ECRL erfolgen sollte, ist aber davon auszugehen, dass mit der Entgeltlichkeit jede im Wirtschaftsleben relevante Tätigkeit erfasst werden soll,[107] mithin also auch Informationsseiten von Unterneh- 70

99 *Lent* ZUM 2015, 134.
100 Vgl. hierzu *Leupold/Glossner* Teil 2. Das Recht des elektronischen Geschäftsverkehrs, Rn. 454 ff.
101 *Stickelbrock* GRUR 2004, 111.
102 *BGH* GRUR 2007, 159, 160 – Anbieterkennzeichnung im Internet; *OLG Jena* GRUR-RR 2006, 283; *OLG Oldenburg* GRUR-RR 2007, 54; a.A. *Brömmelmeyer* S. 336.
103 Vgl. *Rockstroh* MMR 2013, 627.
104 S. zum Begriff der Geschäftsmäßigkeit oben Rn. 60; vgl. Spindler/Schuster/*Micklitz/Schirmbacher* § 5 TMG Rn. 8.
105 Zu Informationspflichten nach § 55 RStV s. Rn. 128 f.
106 BT-Drucks. 14/6098, 14.
107 *Bender/Kahlen* MMR 2006, 590, 592.

men,[108] da diese in erster Linie für Marketingzwecke verwendet werden, oder Online-Shops über entsprechende Informationsangaben verfügen müssen. Auch ansonsten unentgeltliche Telemedien werden teilweise erfasst, soweit sie über indirekte wirtschaftliche Einnahmen wie Werbebanner kommerziellen Belangen dienen.[109] Die Informationspflichten gelten auch für noch nicht fertig gestellte Webseiten, sofern mit diesen bereits geschäftliche Zwecke verfolgt werden.[110]

71 Von der Informationspflicht erfasst sind auch Nutzer von Portalen und Online-Plattformen, soweit diese selbst dritten Nutzern wiederum als Diensteanbieter entgegentreten. Die Nutzung von eBay als Verkaufsplattform fällt unter § 5 TMG, wenn eine gewisse Häufigkeit und Planmäßigkeit der Angebote vorliegt.[111] Gleiches gilt für das Einstellen von Angeboten auf Immobilienplattformen, die dann vom Makler mit einem Impressum[112] und im Hinblick auf das Fernabsatzrecht auch mit einer Widerrufsbelehrung zu versehen sind. Unternehmensauftritte auf Social Media-Plattformen wie Twitter, Facebook oder Xing[113] unterfallen § 5 TMG, wenn sie von Dritten als eigenständige Auftritte wahrgenommen werden und die Unternehmen eigenständig Einfluss auf die Gestaltung nehmen können.[114] Dies dürfte bei Facebook-Seiten regelmäßig der Fall sein.[115] Nach unterinstanzlicher Rspr. ist allerdings ausreichend, wenn ein Link zum Impressum auf der Webseite des Unternehmens eingerichtet ist, solange die allgemeinen Anforderungen an die Erkennbarkeit und Wahrnehmbarkeit der Informationen erfüllt sind.[116] Veröffentlicht die PR-Abteilung eines Unternehmens lediglich einzelne Beiträge in einem „fremden Forum", so ist die Schwelle zum Diensteanbieter noch nicht überschritten und § 5 TMG nicht anwendbar.[117]

72 Die zur Verfügung zu stellenden Informationen umfassen nach dem Katalog des § 5 Abs. 1 Nr. 1–7 TMG den Namen und die Anschrift, bei juristischen Personen zusätzlich die Rechtsform, den Vertretungsberechtigten und ggf. das Stamm- oder Grundkapital sowie den Gesamtbetrag der ausstehenden Einlagen, Kontaktinformationen (z.B. E-Mail-Kontaktmöglichkeit nebst elektronischer Anfragemaske[118]), bei zulassungsbedürftigen Diensten Angaben zur zuständigen Aufsichtsbehörde sowie das jeweilige Handelsregister, Vereinsregister, Partnerschaftsregister oder Genossenschaftsregister, in das der Anbieter eingetragen ist und die entsprechende Registernummer. Weiter anzugeben ist die jeweilige berufsständische Kammer, die gesetzliche Berufsbezeichnung und der Staat, in dem diese verliehen wurde, sowie die Bezeichnung der und

---

108 *OLG Düsseldorf* MMR 2013, 718, 719.

109 *Spindler* CR 2007, 239, 245; *Ott* MMR 2007, 354, 355.

110 *LG Aschaffenburg* 3.4.2012 – 2 HK O 14/12 = MMR Aktuell 2012, 3365516; vgl. *Rosenbaum/Tölle* MMR 2013, 209, 2011.

111 *OLG Oldenburg* GRUR 2007, 37; *OLG Jena* GRUR-RR 2006, 283 ff.; vgl. zu den Informationspflichten von solchen Anbietern und den Gestaltungsmöglichkeiten der Anbieterkennzeichnung auf eBay *Kaestner/Tews* WRP 2004, 391 ff.; *dies.* WRP 2004, 509 ff.

112 *LG München I* Beck RS 2009, 07615.

113 *LG Heidelberg* MMR 2012, 607.

114 *OLG Düsseldorf* MMR 2008, 682; Spindler/Schuster/*Micklitz/Schirmbacher* § 5 TMG Rn. 13a.

115 Vgl. *LG Regensburg* MMR 2013, 246.

116 *LG Aschaffenburg* MMR 2012, 607; vgl. *Rosenbaum/Tölle* MMR 2013, 209, 210.

117 Spindler/Schuster/*Micklitz/Schirmbacher* § 5 TMG Rn. 13a.

118 *EuGH* MMR 2009, 25; ob daneben auch eine Telefonnummer angegeben muss, ist str., vgl. *OLG Oldenburg* NJW-RR 2007, 189; dies dürfte zu empfehlen sein, um eine nicht-internetgestützte Kontaktmöglichkeit alternativ bereit zu halten, vgl. Spindler/Schuster/*Micklitz/Schirmbacher* § 5 TMG Rn. 46.

Informationen über den Zugang zu den berufsrechtlichen Regelungen. Betroffen hiervon sind zunächst die klassischen freien Berufe: Ärzte, Rechtsanwälte, Steuerberater und Wirtschaftsprüfer, aber auch Apotheker oder Psychotherapeuten. In den Anwendungsbereich fallen aber auch weitere Berufe, bei denen die Führung eines bestimmten Titels von Voraussetzungen abhängig ist. Hierzu gehören z.B.: Architekten, Stadtplaner (beratende Ingenieure), Heilpraktiker, medizinisch-technische Assistenten, Hebammen, Physiotherapeuten etc. Für die Information über berufsständische Regelungen dürfte regelmäßig die Verlinkung auf die jeweiligen Kammer-Webseiten genügen.[119] Zusätzlich ist gegebenenfalls die Umsatzsteueridentifikationsnummer oder Wirtschafts-Identifikationsnummer anzugeben. Bei Kapitalgesellschaften ist anzugeben, wenn diese sich in Liquidation befinden.

Die nach § 5 TMG vorzuhaltenden Informationen müssen gem. Abs. 1 leicht erkennbar, unmittelbar erreichbar und ständig verfügbar bereit gehalten werden. Über die Ausgestaltung dieser drei Merkmale, die gewährleisten sollen, dass ein Verbraucher weiß, mit wem er in geschäftlichen Kontakt tritt, gab es lange Streit, der erst vom BGH endgültig entschieden wurde.[120] Eine leichte Erkennbarkeit der Informationen liegt vor, wenn der Anbieter für zu den Informationen führende Links die Bezeichnung „Impressum" oder „Kontakt" wählt; eine solche Bezeichnung habe sich inzwischen allgemein durchgesetzt und es sei dem durchschnittlichen Nutzer bekannt, dass dahinter die Anbieterkennzeichnung zu finden sei. Indes genügt ein mit „Info" beschrifteter Button, der auf den eigenen Internetauftritt mit dem dort enthaltenen Impressum verweist, nicht der Impressumpflicht.[121] Die unmittelbare Erreichbarkeit der Informationen liegt vor, wenn die Informationen ohne wesentliche Zwischenschritte aufgerufen werden kann. Dazu reicht es aus, wenn die Informationen erst in zwei Schritten, also bspw. zuerst mit einem Klick auf „Kontakt" und dann auf „Impressum" eingesehen werden können, soweit der Nutzer nicht mehrere nicht ganz eindeutige Links anklicken muss[120] oder die entscheidenden Informationen auch auf der Angebotsseite vorhanden, dort aber unrichtig oder jedenfalls unklar sind.[122] Unschädlich ist, wenn der Nutzer ein wenig scrollen, also auf der Seite herunterblättern muss.[123] Ausreichend ist auch, wenn sich bei Bestreichen eines Links „E-Mail" die entsprechende Adresse unmittelbar in einem Fenster mit Klartext öffnet. Erst wenn die Informationen auf einer dritten oder noch späteren Seite sind oder sehr verschlungen oder nur mit tiefergehenden Kenntnissen in der Informationstechnologie zu finden sind, ist die unmittelbare Erreichbarkeit nicht mehr gegeben.[124] Die ständige Verfügbarkeit der Informationen ist gegeben, wenn der Anbieter sie nicht nur vorübergehend bereithält. Sie müssen grds. zu jeder Zeit und nach Möglichkeit von jeder Unterseite aus erreichbar sein. Allerdings stellt die kurzzeitige Nichterreichbarkeit einer 73

119 Ebenso Spindler/Schuster/*Micklitz/Schirmbacher* § 5 TMG Rn. 63.
120 *BGH* GRUR 2007, 159 – Anbieterkennzeichnung im Internet.
121 OLG *Düsseldorf* MMR 2014, 393; kritisch hierzu BeckOK InfoMedienR/*Ott* TMG § 5 Rn. 19 (Bei Facebook kann zwar auch ein neuer Reiter „Impressum" angelegt werden, der dann zum Impressumstext führt. Jedoch funktioniert diese Lösung nicht in allen Facebook-Apps für mobile Geräte. Auf diesen werden zusätzliche Reiter ggf. nicht angezeigt und mit dieser Lösung daher den Vorgaben des § 5 nicht genügt).
122 *OLG Hamm* MMR 2010, 29, 30.
123 Es reicht aus, dass die Informationen auffindbar und nicht versteckt angebracht sind: *Brömmelmeyer* S. 317; langwieriges Scrollen kann dagegen eine leichte Erreichbarkeit verhindern, vgl. Spindler/Schuster/*Micklitz/Schirmbacher* § 5 TMG Rn. 18.
124 Vgl. *Mankowski* LMK 2007, 209718 m.w.N.

Impressumsseite für die Dauer der Bearbeitung der Datei keinen Verstoß gegen § 5 TMG dar.[125] Vor allem aber darf es nicht notwendig sein, sog. Plug-Ins, also Erweiterungen der Browser-Software oder sonstige weitere Programme zu installieren, um die Anbieterkennzeichnung sichtbar zu machen. Insoweit bedeutet „ständig" verfügbar, dass die Information überhaupt verfügbar ist.[126] Auch wenn die Rspr. die Anforderungen an die Gestaltung der Informationen nach § 5 TMG mittlerweile klarer gestaltet hat, muss der Anbieter sorgfältig bei der Erstellung seiner Seiten vorgehen. Unklarheiten in der Gestaltung der Angaben gehen grds. zu Lasten des Anbieters[127] und auch eine Erreichbarkeit über zwei Klicks erfüllt nicht immer die Merkmale der leichten Erkennbarkeit und der unmittelbaren Erreichbarkeit, sollte der Nutzer dadurch intensiver suchen müssen. Zu beachten ist auch, dass die Impressumspflicht Auswirkungen auf Dritte haben kann. So besteht für den Betreiber eines Internetportals für anonyme Kleinanzeigen eine wettbewerbliche Verkehrspflicht (§ 3 UWG), dafür zu sorgen, dass gewerbliche Anbieter ihrer Impressumspflicht nachkommen.[128]

74 Die notwendig zu machenden Angaben finden sich in § 5 Abs. 1 Nr. 1–7 TMG. Danach ist zunächst der volle[129] Name, eine ladungsfähige Anschrift – Postfach reicht nicht aus – und eine Möglichkeit für die schnelle elektronische Kontaktaufnahme und unmittelbare Kommunikation erforderlich. Letzte Erfordernisse werden durch die Angabe der E-Mail-Adresse und einer Telefonnummer gewahrt.[130] Bei juristischen Personen als Anbieter sind darüber hinaus noch diesbezügliche Angaben wie bspw. die Vertretungsberechtigten und die Registernummer beim jeweiligen Register anzugeben. Anbieter, die für ihre Tätigkeit eine behördliche Genehmigung benötigen, müssen die zuständige Aufsichtsbehörde nennen. Anbieter, die einen freien Beruf ausüben, sind verpflichtet, ihre Berufsbezeichnung, den diese verleihenden Staat, die Kammerzugehörigkeit und die berufsrechtlichen Regelungen anzugeben. Inhaber einer Umsatzsteueridentifikationsnummer müssen diese ebenfalls in den Informationen aufführen und schließlich werden auch Angaben über die Liquidation oder Abwicklung von Aktiengesellschaften, Gesellschaften mit beschränkter Haftung oder Kommanditgesellschaften auf Aktien verlangt, soweit eine solche Situation vorliegt. § 5 Abs. 2 TMG macht deutlich, dass auch weitergehende Informationen erforderlich sein können, wenn die entsprechenden Normen einschlägig sind. Das können z.B. die Vorschriften zum Fernabsatz nach §§ 312c ff. BGB sein.[131] Andererseits erscheint nicht ausgeschlossen, dass im Wettbewerbsrecht der Verstoß gegen bestimmte Impressumsvorgaben unter die Bagatellklausel des § 3 Abs. 2 S. 1 UWG fällt.[132]

4.2 Besondere Informationspflichten

75 § 6 TMG normiert bestimmte besondere Informationspflichten, die gewahrt werden müssen, soweit es sich bei den Telemedien um kommerzielle Kommunikationen handelt. Der Begriff der kommerziellen Kommunikationen ist in § 2 Nr. 5 TMG legaldefi-

---

125 *OLG Düsseldorf* 4.11.2008 – 20 U 125/08, 20 U 125/08, Rn. 18 in juris („wenige Minuten").
126 Vgl. *Woitke* NJW 2003, 871, 873; *Stickelbrock* GRUR 2004, 111, 114.
127 *Mulch* MDR 2007, 309, 311.
128 *OLG Frankfurt* MMR 2009, 194, 195; OLG *Düsseldorf* MMR 2013, 649, 650 f.
129 *OLG Düsseldorf* 4.11.2008 – 20 U 125/08, 20 U 125/08, Rn. 21 in juris.
130 Ganz h.M., anstatt vieler *Kaestner/Tews* WRP 2004, 391, 395; *Stickelbrock* GRUR 2004, 111, 113.
131 *Erdemir* K&R 2006, 500, 502 hält darüber hinaus auch die Angabe des Jugendschutzberaters (s. dazu Rn. 145 ff.) samt Namen und E-Mail-Adresse für erforderlich.
132 Vgl. aber *OLG Hamm* MMR 2008, 469.

niert und meint jede Art der Werbung und Selbstdarstellung.[133] Damit sind die besonderen Informationspflichten nicht nur auf die Werbung beschränkt, sondern beziehen sich auf das Handeln im geschäftlichen Verkehr im Allgemeinen.[134] § 6 TMG soll unter anderem sicherstellen, dass der Nutzer jederzeit weiß, wer der Anbieter des Telemediums ist, damit er sich über die Objektivität des jeweiligen Angebots Gedanken machen kann. Das ist wichtig, da das dem Medien- und Wettbewerbsrecht immanente Trennungsgebot[135] ausdrücklich nur für Telemedien mit journalistisch-redaktioneller Gestaltung normiert ist.[136] Aufgrund der Informationspflichten nach § 6 TMG kann sich ein Nutzer aber auch bei Angeboten, die nicht den zusätzlichen Pflichten aus dem VI. Abschnitt des RStV unterfallen, immer ein Bild davon machen, wer für die gemachten Angaben verantwortlich zeichnet und ist so in der Lage, eine Irreführung durch eine falsch verstande Webseite, die sich als sachliche Information darstellt, in Wahrheit aber werbenden Charakter hat, zu vermeiden. Um diese Informationsmöglichkeit des Nutzers zu gewährleisten, werden in Abs. 1 Nr. 1–4 bestimmte Vorgaben gemacht, die bei kommerzieller Kommunikation, zu der nach herrschender Meinung auch die Werbung per E-Mail[137] oder SMS gehört, beachtet werden müssen. Unternehmenswebseiten bedürfen allerding keiner gesonderten Kennzeichnung als Ganzes, soweit sich der Werbecharakter klar erkennbar aus dem Gesamtauftritt ergibt, etwa wenn Produkte und Dienstleistungen des Unternehmens beschrieben werden.[138] Hier kann der verständige und aufgeklärte Nutzer regelmäßig den Werbecharakter erkennen. Gleiches gilt für Pop-Ups, bei denen auch regelmäßig aus dem Kontext auf den werbenden Charakter geschlossen werden kann, ohne dass es einer besonderen Kennzeichnung bedürfte. Hyperlinks, denen die Verlinkung einer werbenden Webseite nicht klar entnehmbar ist, bedürfen der Kennzeichnung.[139]

§ 6 Abs. 3 TMG sieht vor, dass neben den besonderen Informationspflichten nach TMG auch die Vorschriften des UWG anwendbar bleiben. Das ist insbesondere bedeutsam für die Zulässigkeit von sog. Spam, also unerwünschter Werbung, in erster Linie mittels elektronischer Post, die nach § 7 Abs. 2 UWG eine unzumutbare Belästigung und daher eine unlautere Handlungsweise nach § 3 UWG darstellt.[140] Mit dem am 9.10.2013 in Kraft getretenen „Gesetz gegen unseriöse Geschäftspraktiken" wurde § 6 Abs. 1 TMG in § 7 Abs. 2 Nr. 4 UWG integriert. Auch wettbewerbsrechtlich muss jede Werbe-E-Mail, unabhängig davon, ob sie mit Einwilligung versandt wurde, und jede aufzurufende Internetseite die Vorgaben des § 6 Abs. 1 TMG einhalten.[141] Hinzuweisen ist noch darauf, dass seit dem 9.1.2016 gem. Art. 14 I 1 VO (EU) Nr. 524/2013 gewerbliche Diensteanbieter die Europäische Online-Streitbeilegungs-Plattform „leicht zugänglich" verlinken müssen.[142] Dies dürfte auch gelten, wenn der Online-Händler seine Waren über Internetplattformen Dritter (ebay, Amazon Marketplace) 76

133 Spindler/Schuster/*Holznagel/Ricke* § 2 TMG Rn. 10.
134 *Bodewig* GRURInt 2000, 475, 476.
135 Vgl. *Köhler/Bornkamm* § 4 UWG Rn. 3.38–3.40.
136 S. Rn. 133.
137 Vgl. nur Spindler/Schuster/*Micklitz/Schirmbacher* § 6 TMG Rn. 45.
138 *Leitgeb* ZUM 2009, 39, 43; Spindler/Schuster/*Micklitz/Schirmbacher* § 6 TMG Rn. 26.
139 Spindler/Schuster/*Micklitz/Schirmbacher* § 6 TMG Rn. 26.
140 Zu § 7 UWG vgl. *Köhler/Bornkamm* § 7 UWG Rn. 1 ff.
141 *Köhler* NJW 2013, 3473.
142 Vgl. *Hoffmann* NJW 2016, 548.

absetzt.[143] Das Fehlen eines Links auf die Plattform ist ein Wettbewerbsverstoß.[144] Nach § 36 VSBG muss darauf hingewiesen werden, ob der Diensteanbieter zur Teilnahme an einem solchen Verfahren bereit oder verpflichtet ist.

4.3 Verbot von Spam

77 Der Gesetzgeber sah allerdings den Schutz vor Spam durch § 7 UWG nicht als ausreichend an und sah sich daher gezwungen, eine weitere Vorschrift über Spam in das TMG aufzunehmen, die den redlichen Nutzer von E-Mails besser schützen soll.[145] Um dies zu erreichen, verpflichtet § 6 Abs. 2 TMG die Versender von Werbe-E-Mails, den Charakter der kommerziellen Kommunikation nicht zu verschleiern oder verheimlichen, wobei das Gesetz in S. 2 des Abs. auch gleich noch eine Legaldefinition des Verschleierns oder Verheimlichens anführt. Diese Tatbestandsmerkmale liegen vor, wenn die Kopf- und Betreffzeile der E-Mail absichtlich so gestaltet sind, dass der Empfänger vor Einsichtnahme in den Inhalt der Kommunikation keine oder irreführende Informationen über die tatsächliche Identität des Absenders oder den kommerziellen Charakter der Nachricht erhält. Eine Verschleierung der Informationen soll nach der Gesetzesbegründung vorliegen, wenn falsche Angaben gemacht wurden, insbesondere suggeriert wird, die E-Mail stamme von einer offiziellen Stelle; eine Verheimlichung liegt vor, wenn gar keine Angaben gemacht sind.[146] Entsprechendes gilt für die Verschleierung des Charakters als kommerzielle Kommunikation, also als Werbemaßnahme. Ziel dieser Vorschrift ist es, den Empfänger der Nachricht vor irreführenden Angaben dadurch zu schützen, dass bereits vor Öffnen der Mail ihr Werbecharakter bereits erkennbar ist, die E-Mail also direkt ausgefiltert werden kann, ohne dass eine weitere Beschäftigung mit der E-Mail erfolgen muss.[147] Damit soll es dem Empfänger ermöglicht werden, Spam besser durch entsprechende Filter und Programme auszusortieren.[146] Die Anwendbarkeit der Norm auf die Versendung von Werbe-SMS ist umstritten. Für eine Anwendbarkeit spricht, dass SMS im Wettbewerbsrecht unter den Begriff elektronische Post subsumiert werden. Auch erfasst die wettbewerbsrechtliche „Parallelvorschrift" des § 7 Abs. 2 Nr. 4 UWG SMS.[148]

78 Bei einem absichtlichen Verstoß gegen § 6 Abs. 2 TMG kann nach § 16 Abs. 1, 3 TMG ein Bußgeld von bis zu 50 000 EUR festgesetzt werden. Anstatt der Geldbuße nach § 16 Abs. 3 TMG kann auch eine Gewinnabschöpfung in Form des Verfalls nach § 29a OWiG erfolgen.

5. Haftungsprivilegierung

79 Das TMG sieht in §§ 7–10 TMG verschiedene Regelungen zur Verantwortlichkeit eines Diensteanbieters vor.[149] Diese Verantwortlichkeitsregeln stellen eine Weiterentwicklung der bereits in § 5 TDG in der Fassung des IuKDG von 1997 eingeführten Haftungsprivilegierung dar, die auch dazu dienen sollte, den Zweck des IuKDG, nämlich den Wandel zur Informationsgesellschaft zu unterstützen,[150] zu fördern. Das Ziel,

143 Zweifelnd *Hoffmann* a.a.O. Fn. 154.
144 *OLG München* BeckRS 2016, 108898.
145 S. BT-Drucks. 16/3078, 14 f.; *Bender/Kahlen* MMR 2006, 590, 593.
146 BT-Drucks. 16/3078, 15.
147 *Roßnagel/Jandt* MMR 2011, 86, 91
148 Ebenso Spindler/Schuster/*Micklitz/Schirmbacher* § 6 TMG Rn. 101a.
149 Dazu Limper/Musiol/*Burkart* Kap. E, Rn. 137 ff.
150 BT-Drucks. 13/7385, 16.

diesen Wandel durch ein höchstmögliches Maß an Rechtssicherheit für Internet-Dienstanbieter zu unterstützen, ist allerdings weitgehend verfehlt worden. Die Konkretisierung der Pflichten in der gerichtlichen Praxis hat eine kaum mehr übersehbare Kasuistik hervorgebracht, bei der die Regelungen des TMG nur bedingt eine Rolle spielen.[151] Mehr Rechtssicherheit brachte indes das Dritte Gesetz zur Änderung des TMG,[152] das am 13.10.2017 in Kraft getreten ist.

5.1 Das Prinzip der Haftungsprivilegierung

Dabei geht das Gesetz von unterschiedlichen Haftungsmaßstäben für eigene und **80** fremde Inhalte des Diensteanbieters aus. Während er nach § 7 Abs. 1 TMG für eigene Inhalte nach den allgemeinen Gesetzen haftet, stellen ihn §§ 8–10 TMG – in einem gewissen Rahmen – für fremde Inhalte von der Verantwortlichkeit frei. Die Verantwortlichkeitsvoraussetzungen der §§ 7–10 TMG sind als zusätzliche anspruchsbegründende Merkmale innerhalb des jeweiligen Tatbestands zu prüfen.[153]

5.1.1 Anwendungsbereich der Verantwortlichkeitsregeln

Die Verantwortlichkeitsregeln des TMG haben einen breiten horizontalen Ansatz. Sie **81** gelten neben dem Zivilrecht[154] auch für das Strafrecht[155]. Dies ergibt sich zum einen aus der Verwendung des Begriffes „Verantwortlichkeit“ und zum anderen aus den Vorgaben der ECRL, deren Verantwortlichkeitsbegrenzungen in Art. 12–14 ECRL grds. auf alle Rechtsgebiete anzuwenden sind.[156] Rechtspraktisch ist der Anwendungsbereich allerding weitgehend eingeschränkt. Der BGH und ihm folgend die instanzengerichtliche Rspr. haben die Verantwortlichkeitsregeln weitgehend nur auf die verschuldensabhängige Haftung, also die strafrechtliche Verantwortlichkeit und die Schadensersatzhaftung, angewendet. Auf den Bereich der verschuldensabhängigen nunmehr weitgehend entfallenen Störerhaftung, der faktisch in urheber-, wettbewerbs- oder persönlichkeitsrechtlichen Streitigkeiten die größte Bedeutung hat,[157] fanden damit die Verantwortlichkeitsregeln keine oder zumindest keine vollständige Anwendung.[158] Allerdings werden für den Bereich der Hostproviderhaftung die gesetzlichen Wertungen des § 10 TMG bei der

---

151 Vgl. *Spindler* GRUR 2011, 101, 103 ff.

152 Vgl. Drittes Gesetz zur Änderung des TMG vom 18.9.2017, in Kraft getreten am 113.10.2017, BGBl I vom 12.10.2017, 3530.

153 Die dogmatische Einordnung der Verantwortlichkeitsregeln ist umstritten. Der BGH spricht zwar auch von einer „Filterfunktion“, prüft die Voraussetzungen der §§ 7–10 TMG als anspruchsbegründende Merkmale, *BGH* MMR 2004, 166. Diskutiert wird auch ein 2-stufiges Modell, mit dem den Verantwortlichkeitsregelungen die Rolle eines Nachfilters zugewiesen wird, vgl. den Überblick bei Spindler/Schuster/*Hoffmann* Vorb. §§ 7 ff. TMG Rn. 26 ff.

154 Ausgenommen die verschuldensunabhängige Produkthaftung und Datenschutz, Spindler/Schuster/*Hoffmann* Vorb. §§ 7 ff. TMG Rn. 13 ff.

155 Spindler/Schuster/*Hoffmann* Vorb. §§ 7 ff. TMG Rn. 15; BeckOK InfoMedienR/*Paal* TMG § 7 Rn. 9–10, beck-online

156 Vgl. *Freytag* CR 2000, 600, 604.

157 *Nolte/Wimmers* GRUR 2014, 16, 19; im Bereich des Lauterkeitsrechts geht der BGH spätestens seit der Entscheidung *BGH* GRUR 2011, 152, 156 (Rn. 48) – Kinderhochstühle im Internet I zur „Aufgabe“ der Störerhaftung im Lauterkeitsrecht und zu einer reinen Haftung für Täterschaft oder Teilnahme aus, vgl. Köhler/Bornkamm/*Köhler/Feddersen* UWG § 8 Rn. 2.2c

158 Zur Hostproviderhaftung (§ 10 TMG) *BGH* MMR 2004, 668 = NJW 2004, 3102 – Internet-Versteigerung I; MMR 2007, 507, 510 – Internet-Versteigerung II, mit Anm. *Spindler*; GRUR 2011, 152 – Kinderhochstühle im Internet I; vgl. *Lauber-Rönsberg* MMR 2014, 10, 11; *Czychowski/Nordemann* GRUR 2013, 986, 989 f.

Ermittlung der Prüfungspflichten und Zumutbarkeitserfordernisse des Plattformbetreibers berücksichtigt.[159] Der I. Zivilsenat des BGH geht hierzu davon aus, dass die Vorgaben des Art. 14 Abs. 1 ECLR, wie sie vom EuGH u.a. in der L'Oréal/eBay-Entscheidung[160] konkretisiert und vom deutschen Gesetzgeber in § 10 TMG umgesetzt wurden, im Einklang mit den in der Rspr. entwickelten Grundsätzen stehen.[161] Da der EuGH aber ebenfalls erkennbar von der Anwendbarkeit der Art. 12–15 ECLR auf Unterlassungsansprüche ausging, wäre der nächste logische Schritt, die Verantwortlichkeitsregeln unmittelbar im Rahmen von Unterlassungsansprüchen anzuwenden.[162]

5.1.2 Eigene und fremde Inhalte

82 Eine Haftungsprivilegierung des Anbieters besteht nur für fremde Inhalte. Dies ergibt sich schon aus dem Wortlaut von § 7 Abs. 1 und 4 TMG, die die Haftung des Diensteanbieters für eigene Inhalte normieren, sowie den §§ 8–10 TMG, die jeweils auf fremde Informationen Bezug nehmen. Allerdings bleibt eine Grauzone zwischen diesen beiden Begriffen, nämlich bei solchen fremden Inhalten, die sich ein Diensteanbieter zu eigen macht.[163] Sollte sich der Anbieter die fremden Inhalte zu eigen gemacht haben, ist er für diese Inhalte genauso haftbar wie für seine eigenen. Zu eigen macht ein Anbieter sich originär fremde Inhalte, also Inhalte eines Dritten, wenn er sie so übernimmt, dass sie sich aus Sicht eines objektiven Dritten so darstellen, als ob der Anbieter selbst für sie die Verantwortung tragen will bzw. es sich um eigene Inhalte handelt.[164] Es ist eine objektive Gesamtbetrachtung der Umstände vorzunehmen, der eigene Wille des Anbieters hat allenfalls indizielle Bedeutung.[165] Daher führen pauschale Distanzierungen – der sog. „Disclaimer“ – nicht zu einem automatischen Ausschluss des Sich-zu-eigen-Machens.[166]

83 Die Abgrenzung zwischen eigenen und fremden Inhalten hat die Rspr. intensiv beschäftigt und manch kuriose Blüten in der instanzengerichtlichen Rspr. getrieben. So ging in einer Entscheidung das LG Hamburg davon aus, dass ein Diskussionsforum grds. ein Telemedium mit journalistisch-redaktioneller Gestaltung ist, mit der Folge, dass auch von Dritten eingestellte Inhalte als zu eigenen gemachte Inhalte des Anbieters behandelt wurden. Diese viel zu weitgehende Qualifizierung erfolgt ohne Begründung und ist, soweit ersichtlich, nicht aufgegriffen worden.[167]

84 Der BGH hat mittlerweile eine Reihe von Prüfungskriterien entwickelt, die für ein Sich-zu-eigen-Machen sprechen: die redaktionelle Kontrolle durch den Plattformbetreiber, die Einbeziehung der konkreten Inhalte in den „redaktionellen Kerngehalt der Internetseite", Kennzeichnung einzelner Drittbeiträge mit einen gemeinsamen

---

159 Vgl. *Kartal-Aydemir/Krieg* MMR 2012, 647, 649.
160 *EuGH* 12.7.2011 – C-324/09 = MMR 2011, 596 mit Anm. *Hoeren*.
161 *BGH* MMR 2012, 178 (Rn. 22).
162 *Leupold/Glossner* Teil 2. Das Recht des elektronischen Geschäftsverkehrs, Rn. 659; *Hacker* GRUR-Prax 2011, 391, 393; für eine Begrenzung auf § 8 und 9 TMG *Nolte/Wimmers* GRUR 2014, 16, 20; a.A. für die Beibehaltung der Störerhaftung *Ensthaler/Heinemann* GRUR 2012, 433, 435 f.
163 Dagegen Hoeren/Sieber/Holznagel/*Sieber/Höfinger* Teil 18.1 Rn. 39.
164 Vgl. Spindler/Schuster/*Hoffmann* § 7 TMG Rn. 15.
165 *Härting* Internetrecht, Rn. 1655.
166 Vgl. dazu nur Spindler/Schuster/*Hoffmann* § 7 TMG Rn. 29 ff.
167 *LG Hamburg* MMR 2007, 450; a.A. *LG Köln* MMR 2009, 218; abl. zu einer Vorab-Prüfpflicht für Forenbetreiber auch *Nieland* NJW 2010, 1494, 1497.

Erkennungszeichen der Plattform. In diesen Fällen ist von einem Sich-zu-eigen-Machen auszugehen, selbst wenn erkennbar ist, dass der Inhalt ursprünglich nicht vom Plattformbetreiber, sondern von Dritten stammt.[168] Ein Sich-zu-eigen-Machen von fremden Inhalten durch einen Anbieter wird vor diesem Hintergrund vor allem dann vorliegen, wenn er aktiv eingreift und so die Wahrnehmungsmöglichkeit für die Information bewusst veranlasst und beeinflusst. Die bloße Bereitstellung einer technischen oder publizistischen Infrastruktur ist hierfür nicht ausreichend.[169] In diesem Sinne macht sich etwa YouTube die Inhalte der Nutzer nicht zu eigen.[170] Das gleiche gilt für automatisierte Vorgänge, die eine Information in den Vordergrund einer Webseite rücken lassen oder eine prinzipielle Kontrollmöglichkeit.[171] Auch ein fehlendes gemeinsames Logo und eine untergeordnete Bedeutung im redaktionellen Angebot können gegen ein Zu-eigen-Machen sprechen.[172] Die relativ ausdifferenzierten Kategorien bringen Folgeprobleme mit sich. Wenn eine Haftungsverschärfung damit eintritt, dass eine redaktionelle Kontrolle der Inhalte durch den Intermediär erfolgt, kann dies den Fehlanreiz setzen, Inhalte möglichst wenig zu kontrollieren.[173]

Bei der notwendigen Beurteilung, ob ein Anbieter sich fremde Inhalte zu eigen macht, muss auch die ECRL berücksichtigt werden, die insoweit ein engeres Verständnis der eigenen Inhalte kennt und vor allem auf die technische Herrschaft über die Information abstellt.[174] In der neueren Rspr. hat der EuGH vor allem die Unterscheidung zwischen einem „aktiven" und einem „neutralen" Diensteanbieter in den Vordergrund gerückt.[175] Wesentliche inhaltliche Unterschiede, die sich konkret in der unterschiedlichen Behandlung einzelner Dienste niederschlagen würden, sollten sich hieraus aber nicht ergeben.[176] **85**

5.1.3 Die Freistellung von der Verantwortlichkeit für fremde Inhalte

Soweit es sich bei in Streit stehenden Informationen nicht um eigene und auch nicht um zu-eigen-gemachte Inhalte handelt, sondern um fremde Informationen, kommt der Diensteanbieter in den Genuss der Haftungsprivilegierung der §§ 8–10 TMG. Diese Privilegierungstatbestände sind auf verschiedene Formen der Diensteerbringung ausgelegt. Dadurch soll den unterschiedlichen Charakteristika der Dienste Rechnung getragen werden. Die Formen sind die Durchleitung von Informationen, § 8 TMG, die Zwischenspeicherung selbiger, § 9 TMG, und die Speicherung von Informationen, § 10 TMG. **86**

§ 8 TMG befreit die Diensteanbieter, die fremde Informationen in einem Kommunikationsnetz übermitteln oder zu denen sie den Zugang zur Nutzung vermitteln. Damit **87**

---

168 *BGH* GRUR 2010, 616 ff. – marions-kochbuch.de; vgl. *OLG Hamburg* ZUM 2012, 500, 502 f. = MMR 2011, 49 – Sevenload; *LG Hamburg* ZUM 2012, 596 – GEMA/YouTube; nachfolgend *OLG Hamburg* ZUM-RD 2016, 83; vgl. *Lauber-Rönsberg* MMR 2014, 10, 11.

169 Vgl. *BGH* MMR 2009, 608 – spickmich.

170 *OLG Hamburg* ZUM-RD 2016, 83, 100 ff.

171 Vgl. *BGH* NJW 2004, 3102, 3103 – Internet-Versteigerung, vgl. Spindler/Schuster/*Hoffmann* § 7 TMG Rn. 18.

172 *OLG Hamburg* MMR 2011, 49 – Sevenload.

173 *Lauber-Rönsberg* MMR 2014, 10, 11; *Nolte/Wimmers* GRUR 2014, 16, 21.

174 So auch *Schmitz/Dierking* CR 2005, 420, 425; *Sobola/Kohl* CR 2005, 443, 445.

175 *EuGH* 12.7.2011 – C-324/09 – L'Oréal/eBay = MMR 2011, 596 mit Anm. *Hoeren*; *EuGH* GRUR 2010, 445 – Google und Google France; s. *Spindler* MMR 2011, 703.

176 *Wimmer/Nolte* GRUR 2014, 16, 20 f.

sind vor allem Access-Provider, auch wenn sie den Zugang über WLAN vermitteln, erfasst, aber auch andere Zugangssysteme, wie z.B. Peer-to-Peer-Netzwerke oder Konzern-Netze. Eine weitere Haftungserleichterung folgte durch das Dritte Gestz zur Änderung des Telemediengesetzes.[177] § 9 TMG betrifft Anbieter, die eine automatische, zeitlich begrenzte Zwischenspeicherung von fremden Informationen vornehmen, soweit diese dem Zweck dient, die entspr. Informationen anderen Nutzern auf deren Anfrage hin effizienter zur Verfügung zu stellen. Diese Verantwortlichkeitsregelung findet vor allem auf Anbieter von Caching- und Mirroring-Diensten Anwendung.[178] § 10 TMG betrifft schließlich die Speicherung von fremden Informationen für einen dritten Nutzer. Dieses sog. Hosting, bei dem der Anbieter dem Nutzer Speicherplatz zur Verfügung stellt, wird zum einen von Anbietern von Webspace oder Datenbanksystemen vorgenommen, die ihren Kunden Speicherplatz für eine Webseite zur Verfügung stellen, aber andererseits auch Angebote wie Diskussionsforen, Gästebücher, Internet-Auktionshäuser, die Bereithaltung eines Blog-Systems und soziale Netzwerke (Facebook).[179] Nicht zuletzt aus diesem Grund kommt § 10 TMG die größte Bedeutung im System der Verantwortlichkeitsbefreiungen zu. Zwar wurden vor dem Hintergrund von Urheberrechtsverletzung über Tauschbörsen zunehmend auch Access-Provider zur Haftung herangezogen,[180] womit der Anwendung des § 8 TMG erhöhte Bedeutung zukam. Infolge des neuen § 8 Abs. 1 S. 2 TMG ist eine Haftung für Access-Provider nunmehr allerdings weitestgehend entfallen. Sie sind lediglich einem etwaigen Sperranspruch nach § 7 Abs. 4 S. 1 TMG ausgesetzt. Der weite Anwendungsbereich von § 10 TMG in Verbindung mit der immer stärker werdenden Relevanz von Angeboten wie Diskussionsforen, Videoplattformen[181] und Internet-Auktionen hat dafür gesorgt, dass sich die Gerichte, und in der Folge die Literatur, vornehmlich mit der Verantwortlichkeit für das Hosting auseinander zu setzen hatten.

88 Anknüpfungspunkt für § 10 TMG ist die Speicherung fremder Informationen. Für eine solche Speicherung reicht es bereits aus, dass ein Nutzer, der nicht identisch mit dem Diensteanbieter ist, Beiträge in ein Diskussionsforum einstellt[182] oder aber auch ein Blog betreibt, dessen Infrastruktur vom Diensteanbieter bereit gehalten wird. Weitere typische Host-Provider sind File-Hosting-Dienste[183] oder soziale Netzwerke.[184]

177 Vgl. Fn. 156.

178 Von Caching spricht man bei einer Zwischenspeicherung von Webseiten, auf die häufig zugegriffen wird und deren Inhalt deswegen vom Anbieter auf einem eigenen Server vorgehalten wird, um diesen Zugriff zum einen zu beschleunigen und zum anderen die transportierte Datenmenge zu verringern. Diese Aufgabe übernehmen so genannte Proxy-Server. Beim Mirroring wird dagegen ein bestimmter Datenbestand „gespiegelt", d.h. eins zu eins auf einem anderen Datenspeicher abgebildet. Dieses Verfahren dient häufig auch der Datensicherung.

179 Zur Haftung von Facebook nach § 10 TMG vgl. *LG Würzburg* 7.3.2017 – 11 O 2338/16.

180 S. dazu *Gercke* CR 2006, 210 ff., zur die Haftung eines privaten WLAN Inhabers *BGH* NJW 2010, 2061 – Sommer unseres Lebens, mit Anm. *Nenninger*; zur Haftung eines gewerblichen WLAN-Inhabers (Eigentümer einer Ferienwohnung) nach § 8 TMG *LG Frankfurt/Main* ZUM-RD 2014, 36 – Ferienwohnung, vgl. hierzu *Manz* GRUR-RR 2013, 497; vgl. auch *EuGH* 24.11.2011 – C-70/10 = ZUM 2012, 29 – Scarlet/SABAM.

181 S. zu dem Sonderproblem der „Embedded Videos" *Ott* ZUM 2008, 556 ff.

182 Vgl. Spindler/Schuster/*Hoffmann* § 10 TMG Rn. 13.

183 Vgl. *BGH* MMR 2013, 185 Rn. 21 – Alone in the Dark.

184 *Härting* Internetrecht, Rn. 1680.

Um zur Verantwortung gezogen werden zu können, muss der Diensteanbieter Kenntnis von der entsprechenden fremden Information erlangt haben. Insofern ist positive Kenntnis erforderlich, ein Kennenmüssen reicht nicht aus.[185] Dass ein Kennenmüssen nicht ausreicht, ist eine Konsequenz aus § 7 Abs. 2 S. 1 TMG, worin ausdrücklich festgelegt wird, dass Diensteanbieter keinerlei Überwachungs- und Prüfpflichten bezüglich der von ihnen übermittelten oder gespeicherten Informationen treffen.[186] Würde man aber ein Kennenmüssen für die Kenntnis i.S.d. § 10 TMG ausreichen lassen, so führte dies indirekt zu einer Prüfpflicht, die gerade nicht dem gesetzgeberischen Willen entspricht.[187] Damit werden z.B. Sharehoster-Provider wie rapidshare.com von der Haftungsprivilegierung erfasst, selbst wenn über die zur Verfügung gestellten Dienste rechtsverletzende Handlungen begangen werden.[188] Anbietern solcher Dienste kann nicht generell unterstellt werden, ein von der Rechtsordnung nicht gebilligtes Geschäftsmodell zu betreiben.[189] Solange illegale Nutzungszwecke nicht überwiegen oder aktiv beworben werden, ist nicht davon auszugehen, dass der Anbieter Kenntnis von illegal auf seinen Seiten gespeicherten Daten hat.[190] **89**

Nicht geregelt hat der Gesetzgeber, wann Kenntniserlangung eintritt. Denkbar sind dazu drei verschiedenen Varianten: Der Diensteanbieter wird von einem Dritten – häufig wird das die Person sein, die Ansprüche geltend macht – auf die entsprechende Information hingewiesen, der Anbieter beteiligt sich selbst an Vorgängen um die entsprechende Information oder eine vom Diensteanbieter mit der Wahrnehmung verschiedener Aufgaben im Rahmen des Angebots betraute Person[191] erhält Kenntnis von der Information. Im letzteren Fall wird dem Diensteanbieter die Kenntnis des Moderators zugerechnet.[192] Soweit der Anbieter durch einen Hinweis eines Dritten Kenntnis erlangen soll, muss dieser Hinweis hinreichend konkret sein. Es reicht nicht ein allgemeiner Hinweis auf mögliche Rechtsverletzungen aus, sondern der Hinweis muss so konkret gestaltet sein, dass der Anbieter ihn mit einer einfachen Suchroutine finden kann.[193] **90**

Allein die Kenntnis von der Information reicht aber noch nicht aus, damit der Anbieter nicht mehr in den Genuss der Haftungsprivilegierung von § 10 TMG kommt. Er muss zudem Kenntnis von der Rechtswidrigkeit der Information erhalten.[194] Dieses Merkmal kann je nach den Umständen offensichtlich sein, zum Beispiel wenn es um pornografische oder volksverhetzende Inhalte geht, es kann aber auch wesentlich **91**

---

185 Hoeren/Sieber/Holznagel/*Holznagel* Teil 18.1, Rn. 83; Spindler/Schuster/*Hoffmann* § 10 TMG Rn. 13; *Strömer/Grootz* K&R 2006, 553, 554.

186 In Umsetzung von Art. 15 Abs. 1 ECRL.

187 *Stadler* K&R 2006, 253, 255 f.; so auch *Strömer/Grootz* K&R 2006, 553, 554.

188 Vgl. *BGH* MMR 2013, 185 Rn. 24 – Alone in the Dark; Vorinstanz *OLG Düsseldorf* MMR 201, 250 – Rapidshare III.

189 So noch *OLG Hamburg* GRUR-RR 2009, 95.

190 Zutr. *OLG Düsseldorf* ZUM 2010, 483, 484 – Rapidshare; *OLG Köln* MMR 2007, 786, 787.

191 Solche Konstellation findet man häufig in Diskussionsforen, in denen sog. Moderatoren gewisse (diskussions)lenkende Funktionen innehaben.

192 *Strömer/Grootz* K&R 2006, 553, 554; dies gilt allerdings nicht für strafrechtliche Verantwortlichkeit, da das Strafrecht keine Zurechnung der Kenntnisse Dritter kennt, Spindler/Schuster/*Hoffmann* § 10 TMG Rn. 29.

193 Spindler/Schuster/*Hoffmann* § 10 TMG Rn. 26.

194 Spindler/Schuster/*Hoffmann* § 10 TMG Rn. 23; *Fitzner* MMR 2011, 83, 85; *Hoffmann* MMR 2002, 284, 288; *Ehret* CR 2003, 754, 759; *Sobola/Kohl* CR 2005, 443, 447; a.A. Hoeren/Sieber/Holznagel/*Sieber/Höfinger* Teil 18.1 Rn. 84 ff.

schwieriger zu erfassen sein, vor allem bei eventuellen Schutzrechtsverletzungen. Soweit die Rechtswidrigkeit nicht offensichtlich ist, muss der Anbieter in die Lage versetzt werden, zumindest kursorisch die Rechtswidrigkeit zu prüfen.[195] Dabei wird der rechtsunkundige Anbieter gegenüber dem rechtskundigen privilegiert, denn letzterer kann die Rechtswidrigkeit einer ihm bekannt gewordenen fremden Information leichter einschätzen und hat daher unter Umständen eine kürzere Reaktionsfrist; dem rechtsunkundigen Anbieter muss nämlich zugestanden werden, zunächst Auskunft über die Rechtswidrigkeit einer Information einholen zu können. Im Gegensatz zur tatsächlichen Kenntnis von der Information, sieht § 10 Nr. 1 Alt. 2 TMG zumindest für Schadensersatzansprüche auch eine Haftung vor, wenn Tatsachen oder Umstände vorliegen, nach denen die Rechtswidrigkeit offensichtlich ist. Diese Formulierung kann im Sinne einer Haftung bei grob fahrlässiger Unkenntnis verstanden werden. Offensichtlichkeit ist gegeben, wenn die Rechtswidrigkeit auf der Hand liegt und der Anbieter bewusst „die Augen davor verschließt", oder wenn genügend Tatsachen bekannt sind, mit denen sich die konkrete rechtswidrige Information ohne weiteres auffinden lässt.[196]

92 Der Anbieter verliert seine Befreiung von der Verantwortlichkeit für durch ihn gespeicherte fremde Informationen, wenn er nach Kenntniserlangung nicht unverzüglich tätig wird, um die Information zu entfernen oder den Zugang zu ihr zu sperren, § 10 Nr. 2 TMG. Die Frage der Unverzüglichkeit orientiert sich dabei an der Erkennbarkeit der Rechtswidrigkeit: bei offensichtlich rechtswidrigen Informationen ist die Frist zur Entfernung der Information deutlich kürzer als wenn der Anbieter erst noch die Rechtswidrigkeit prüfen (lassen) muss.[197] Nach dem Willen des Gesetzgebers muss dem Anbieter die Entfernung oder Zugangssperrung auch technisch möglich und zumutbar sein,[198] wobei im Rahmen der Zumutbarkeit auch der Grundsatz der freien Meinungsäußerung Berücksichtigung finden muss, sodass bei einer technisch unmöglichen Entfernung einzelner Beiträge die Sperrung des gesamten Angebots nur ultima ratio sein kann.[199] § 10 S. 2 TMG lässt keine Haftungsprivilegierung zu, wenn die rechtswidrige Information aus der Sphäre des Anbieters stammt.[200] Für Informationen eines Nutzers, der dem Diensteanbieter untersteht oder von ihm beaufsichtigt wird, haftet dieser nach den allgemeinen Regeln. Ob Unterstellung- und Beaufsichtigungsverhältnisse bestehen, muss im Einzelfall anhand der jeweilig im Hintergrund stehenden Regelungen überprüft werden. So dürfte z.B. die Haftungsprivilegierung für Schulträger bei Rechtsverletzungen durch Schüler entfallen, soweit diese während der allgemeinen Schulaufsicht erfolgen.[201]

5.2 Die Haftung der Diensteanbieter im Einzelnen

93 Während die Befreiung von der Verantwortlichkeit im Strafrecht und für zivilrechtliche Schadensersatzansprüche dem Gesetz klar entnommen werden kann und auch allgemein anerkannt ist, war die Möglichkeit der Inanspruchnahme der Diensteanbieter

195 *Strömer/Grootz* K&R 2006, 553, 555.
196 Hoeren/Sieber/Holznagel/*Sieber/Höfinger* Teil 18.1 Rn. 91.
197 *Strömer/Grootz* K&R 2006, 553, 555 sehen insgesamt einen Zeitraum zwischen 24 Stunden für offensichtliche Verletzungen und einer Woche ab Kenntniserlangung als angemessen an.
198 BT-Drucks. 14/6098, 25.
199 Spindler/Schuster/*Hoffmann* § 10 TMG Rn. 46.
200 Vgl. *Sobola/Kohl* CR 2005, 443, 448.
201 Spindler/Schuster/*Hoffmann* § 10 TMG Rn. 50.

auf Unterlassung für fremde Informationen seit jeher stark umstritten. Dieser Streit rührte vor allem aus einem Konflikt der Befreiung von Überwachungspflichten nach § 7 Abs. 2 S. 1 TMG und einer Auferlegung von solchen Pflichten aus einer Unterlassungsverpflichtung her, ist aber nunmehr durch die Neufassung der §§ 7, 8 TMG entschieden.[202] Grds. war zwar jeder Störer und Adressat von Beseitigungs- oder Unterlassungsansprüchen, der in irgendeiner Weise willentlich adäquat und kausal zur Verletzung des geschützten Rechtsguts beiträgt. Wörtlich genommen bedeutete dies eine uferlose Haftung. Die Störerhaftung wurde daher durch das Dritte Gesetz zur Änderung des Telemediengesetzes weitgehend abgeschafft.[203]

5.2.1 Grundsätze des BGH zur Anbieterhaftung

Wenngleich der Bestand der Störerhaftung im Haftungssystem des §§ 7 ff. TMG derzeit fraglich und die Reichweite und Inhalte etwaiger Ansprüche im Zuge des Dritten Änderungsgesetzes zum TMG auf einen Sperranspruch der Rechtsinhaber begrenzt ist, so seien an dieser Stelle dennoch die nunmehr wohl überholten Grundsätze des BGH zur Anbieterhaftung dargelegt. 2004 hat der BGH ein Grundsatzurteil[204] zur Anwendbarkeit der Störerhaftung trotz der Haftungsprivilegierungsnormen des TMG gefällt. Obwohl dieses Urteil wegen seiner Auswirkungen stark in der Kritik der Literatur steht,[205] haben die Instanzgerichte es insgesamt in ihre Rspr. aufgenommen,[206] sodass sich Diensteanbieter bei der Erbringung ihres Angebots auf die Vorgaben des BGH einstellen mussten. Die strikte Begrenzung des Anwendungsbereichs der Verantwortlichkeitsregeln auf die Verschuldenshaftung ist allerdings, wie insbesondere in der „Stiftparfum"-Entscheidung[207] des I. Zivilsenats zum Ausdruck gekommen, mittlerweile aufgeweicht und durch die Änderung des Telemediengesetzes überholt.[208] Trotzdem bestimmen die in der „Internet-Versteigerung I" aufgestellten Grundsätze immer noch so weitgehend die Rechtsentwicklung, dass diese zunächst noch einmal dargestellt werden sollte. 94

In seiner Grundlagenentscheidung beschäftigte sich der BGH zunächst mit der Anwendbarkeit der Haftungsprivilegierung auf Unterlassungsansprüche und lehnte diese ab, da die Freistellung von der Verantwortlichkeit nur auf strafrechtliche Verantwortlichkeit und Schadensersatzhaftung anwendbar sei. Zur Begründung führt der BGH an, dass bereits die ECRL in Erwägungsgrund 46 und Art. 14 Abs. 3 ECRL den Mitgliedstaaten nicht die Möglichkeit nehme, Unterlassungsansprüche von der Haftungsprivilegierung auszunehmen. Diese Möglichkeit habe der deutsche Gesetzgeber durch § 8 Abs. 2 S. 2 TDG – § 7 Abs. 2 S. 2 TMG a.F. (nunmehr § 7 Abs. 3 TMG) – wahrgenommen.[209] Die Kritik der Literatur an dieser Rechtsprechung stieß sich vor allem an der Auslegung von § 7 Abs. 2 S. 2 TMG a.F. Denn der Wortlaut sprach nur von einer Entfernung oder Sperrung einer Information nach den allgemeinen Gesetzen und nicht davon – wie Art. 14 Abs. 3 ECRL –, dass verlangt werden kann, dass eine 95

202 Vgl. Fn. 156.
203 Vgl. Drittes Gesetz zur Änderung des Telemediengesetzes vom 18.9.2017 in Kraft getreten am 13.10.2017, BGBl 2017 I Nr. 67, S. 3540 vom 12.10.2017.
204 *BGH* NJW 2004, 3102 ff. – Internet-Versteigerung I.
205 Vgl. *Sobola/Kohl* CR 2005, 443, 449; *Stadler* K&R 2006, 253, 254.
206 Vgl. *OLG Hamburg* 30.9.2009 – 5 U 111/08, Rn. 65 in juris.
207 *BGH* MMR 2012, 178 (Rn. 22).
208 Anders aber noch der VI. Zivilsenat, *BGH* MMR 2012, 124, 126; vgl. *Nolte/Wimmers* GRUR 2014, 16, 20.
209 Vgl. insgesamt dazu *BGH* NJW 2004, 3102, 3103 f – Internet-Versteigerung.

Rechtsverletzung verhindert wird. Nur letzteres aber wäre im Sinne eines Unterlassungsanspruchs zu sehen, § 7 Abs. 2 S. 2 TMG a.F. dagegen regele nur eine Löschungs- und Beseitigungspflicht.[210] Infolge der Dritten Änderung des TMG[211] bestimmt § 8 Abs. 1 S. 2 TMG nunmehr, dass Access-Provider außerhalb ihrer eigenen Verantwortlichkeit nicht mehr wegen rechtswidriger Handlungen der Nutzer auf Schadensersatz, Beseitigung oder Unterlassung in Anspruch genommen werden können. Ansprüche der Rechteinhaber sind auf einen Sperranspruch nach § 7 Abs. 4 TMG begrenzt.

96 Einen willentlich und adäquat kausalen Tatbeitrag für eine Rechtsverletzung sah der BGH in „Internet-Versteigerung I" bereits in der Eröffnung einer Plattform für Internet-Versteigerungen, letztendlich waren die hierfür aufgestellten Grundsätze aber auf jegliche Diensteplattformen anzuwenden, bei denen Nutzer zur Generierung von Content beitragen können, also auch Diskussionsforen, Gästebücher, Blogs, Internet-Enzyklopädien (Wikis) und auch Videoseiten. Das Gericht erkennt an, dass eine solche Plattform nicht betrieben werden kann, wenn dem Anbieter eine generelle Prüfungspflicht auferlegt wird und nahm so die Grundsätze des § 7 Abs. 2 S. 1 TMG in seine Rspr. mit auf.[212] Daher bestehen für Plattformbetreiber oder Betreiber sozialer Netzwerke grds. weder Vorabprüfpflichten noch Pflichten zum generellen Betrieb umfassender Überwachungs- oder Filtersysteme.[213] Allerdings zieht es dort eine Grenze, wo der Anbieter auf eine Rechtsverletzung hingewiesen wird.[214] Auf einen solchen Hinweis hin muss der Anbieter nicht nur seiner Verpflichtung zur Entfernung oder Sperrung der jeweiligen rechtsverletzenden Information nachkommen, sondern darüber hinaus auch dafür sorgen, dass zukünftig möglichst keine weiteren solchen Rechtsverletzungen geschehen (Notice-and-take-down-Verfahren).[212]

97 Auf diese Maßgabe aufbauend hat die Rspr. in den letzten Jahren die Maßstäbe für zumutbare Prüfpflichten differenzierend nach Rolle und Funktion des Störers, ob dieser etwa kommerzielle oder nicht-kommerzielle Zwecke verfolgt, dem Grad der Erkennbarkeit der Rechtsverletzung, den Kosten, die für die Erfüllung der Pflichten anfallen, den Rechtsschutzmöglichkeiten des Rechteinhabers und der Bedeutung der verletzten Rechtsgüter ausdifferenziert.[215] Dabei sind Diensteanbietern mit hohem Gefährdungspotential wie File-Hosting-Diensten höhere Prüfpflichten zumutbar als Diensteanbietern mit eher niedrigerem Gefährdungspotential.[216] Auch kann sich aus diesen Kriterien eine Subsidiarität der Inanspruchnahme des Access- gegenüber der Haftung des Betreibers einer Webseite oder des Host-Providers ergeben.[217] Ist das Geschäftsmodell von vornherein auf die Rechtsverletzung durch die Nutzer angelegt oder fördert der Diensteanbieter durch eigene Maßnahmen die Gefahr der Rechtsverletzung, so ist dieser sogar schon vor Kenntnis der konkreten Verletzung verpflichtet, die Gefahr auszuräumen.[218]

---

210 *Sobola/Kohl* CR 2005, 443, 449; *Stadler* K&R 2006, 253, 254.

211 Vgl. Fn. 204.

212 *BGH* NJW 2004, 3102, 3104 – Internet-Versteigerung.

213 Vgl. aus unionsrechtlicher Sicht zum fehlenden Erfordernis von Vorabprüfungspflichten für den Host-Provider *EuGH* GRUR 2012, 382 – SABAM; zum Access-Provider ZUM 2012, 29 – Scarlet /SABAM.

214 Vgl. *OLG Düsseldorf* MMR 2010, 483, 484.

215 *Leistner* ZUM 2012, 722, 724; *Hohlweck* ZUM 2017, 109, 110; vgl. *BGH* ZUM 2016, 349, 359 – Störerhaftung des Access-Providers.

216 *BGH* MMR 2013, 185 – Alone in the Dark, mit Anm. *Hoeren*; vgl. *Obergfell* NJW 2013, 1995, 1997; *Ensthaler/Heinemann* GRUR 2012, 433, 437.

217 *BGH* ZUM 2016, 349, 359 (Rn. 82 f.) – Störerhaftung des Access-Providers.

218 *BGH* GRUR 2009, 841 – Cybersky.

Der Störerbegriff selbst ist damit wenig aussagekräftig und dessen Bestand und Umfang steht durch die Dritte Änderung des TMG auf dem Prüfstand. Die Haftung von Telemedienanbietern steht und fällt stets mit der Verletzung von Prüfpflichten. Für das Wettbewerbsrecht hat der BGH das Konzept der Störerhaftung konsequenterweise auch aufgegeben,[219] hält an diesem im Bereich der Verletzung absoluter Rechte aber weiterhin fest.[220] **98**

Dieses Haftungsregime hat auch Konsequenzen für die Zulässigkeit kostenpflichtiger Abmahnungen des Anbieters durch den Verletzten. Nur wenn der Anbieter bereits Kenntnis von der rechtswidrigen Information hatte, ist eine kostenpflichtige Abmahnung möglich. Denn da den Anbieter weder nach TMG noch nach den Grundsätzen des BGH eine generelle Überwachungspflicht trifft, ist Auslöser seiner Haftung die Kenntnis von dem rechtswidrigen Inhalt. Aber nur wenn der Anbieter bereits haftet, ist eine kostenpflichtige Abmahnung möglich; eine Erstabmahnung, mit der er in Kenntnis von rechtswidrigen Inhalten gesetzt wird, ist dagegen kostenfrei und verpflichtet auch noch nicht zur Abgabe einer strafbewehrten Unterlassungserklärung.[221] **99**

5.2.2 Einzelfragen

Die Rspr. des BGH bedeutet keine vollständige Aushebelung der Haftungsprivilegierung des TMG und vor allem ergibt sich daraus auch keine generelle Überwachungspflicht für den Anbieter. Allerdings setzt der BGH nach Kenntniserlangung des Anbieters von rechtswidrigen Inhalten auf seinem Angebot den Grundsatz des § 7 Abs. 2 S. 1 TMG teilweise außer Kraft. Teilweise deswegen, weil der BGH nach Kenntniserlangung vom Anbieter nicht nur verlangt, das konkrete Angebot unverzüglich zu sperren (Takedown), sondern auch zukünftige gleichartige Rechtsverletzungen „möglichst" zu verhindern (Staydown). Die Einschränkung „möglichst" legt dabei fest, dass eine Zumutbarkeits-Grenze für die Verhinderung künftiger Rechtsverletzungen besteht.[222] Der BGH sieht als Verhinderungsmöglichkeit insbesondere den Einsatz vorgezogener automatisierter Filterverfahren an, es ist also nicht ausreichend, manuell nach Rechtsverletzungen gleicher Qualität zu suchen.[223] Während Markenverletzungen damit relativ zuverlässig verhindert werden können, ist im Bereich der Persönlichkeitsverletzungen, die die vorwiegenden Rechtsverletzungen in Diskussionsforen darstellen, die Bandbreite der möglichen ehrverletzenden Äußerungen so groß, dass eine zuverlässige Filterung unmöglich ist.[224] Nicht mehr zumutbar sind Kontrollmaßnahmen, bei denen jeder Treffer eines Suchprogramms noch manuell überprüft werden muss, wenn es sich um eine erhebliche Anzahl von Treffern handelt und die Menge der tatsächlich rechtsverletzenden Inhalte relativ gering ist.[225] **100**

219 *BGH* GRUR 2011, 152 – Kinderhochstühle im Internet I; Köhler/Bornkamm/*Köhler/Feddersen* UWG § 8 Rn. 2.2c; *Härting* CR 2013, 443, 445; krit. *Spindler* GRUR 2011, 101, 102 f., vgl. auch Rn. 84.

220 *BGH* GRUR 2015, 485 – Kinderhochstühle im Internet III.

221 So auch *Lement* GRUR 2005, 210, 213; *Engels/Jürgens/Fritzsche* K&R 2007, 57, 65.

222 Vgl. auch den dritten Leitsatz, S. 3 der Entscheidung des *BGH* NJW 2004, 3102 – Internet-Versteigerung.

223 *Lement* GRUR 2005, 210, 212.

224 Vgl. *OLG Düsseldorf* MMR 2006, 618, 620.

225 *BGH* GRUR 2011, 152 – Kinderhochstühle im Internet I.

101 Zumeist beschäftigte sich die Rspr. mit der Ausgestaltung der Reichweite der Unterlassungsverpflichtungen von Host-Providern.[226] Gegenstand waren insbesondere Entscheidungen zu eBay-Angeboten sowie zu zunehmend wichtiger werdenden Angeboten mit User Generated Content, insbesondere auf YouTube. Bei File-Hosting-Diensten besteht die Verpflichtung, nicht nur die erneute konkrete Verletzungshandlung zu verhindern, sondern auch jede gleichartige Rechtsverletzung in Bezug auf das geschützte Werk. Hierzu ist ein nur das Hochladen von neuen Dateien kontrollierender Wortfilter nicht ausreichend. Auch die bereits eingespeicherten Dateien müssen dementsprechend überprüft werden (Nachfilter). Die ermittelten Treffer sind danach manuell zu überprüfen. Der Provider muss die Prüfung auch selbst vornehmen und kann den Rechtinhaber nicht auf die Nutzung eines vom Provider zur Verfügung gestellten Systems zur Auffindung rechtsverletzender Inhalte verweisen.[227] Die Löschung rechtmäßiger Kopien im Rahmen der Überprüfung ist grds. zumutbar. In Frage kommt auch die Verpflichtung zur Sperrung von Nutzerkonten von Wiederholungstätern.[228] Soweit in Linksammlungen Hyperlinks auf Dateien auf den Servern des Hosting-Dienstes verweisen, ist notfalls eine manuelle Kontrolle einer einstelligen Zahl von Links zumutbar.[229] Liegt ein Hinweis auf Rechtsverletzungen auf der verlinkten Internetseite vor, besteht eine Verpflichtung zur Prüfung, ohne dass es darauf ankommt, ob es sich um eine klare Rechtsverletzung handelt.[230] In Bezug auf die Kontrolle externer Links trifft den Anbieter insofern eine „Marktbeobachtungspflicht.[231] Dies gilt umso mehr, wenn der Betreiber einer Internet-Plattform seine neutrale Rolle verlässt und aktiv den Zugriff zu rechtsverletzenden Angeboten eröffnet. So hat der Diensteanbieter, der sogenannte Adword-Konten bei Suchmaschinen unterhält, bei denen nach Eingabe eines Suchbegriffs die jeweiligen Anzeigen mit einem elektronischen Verweis auf die Plattform des Anbieters in der Trefferliste angezeigt werden, eine Kontrollpflicht in Bezug auf die Verlinkungen, die sich auf die konkreten Produkte beziehen, die schon Gegenstand einer Rechtsverletzung waren.[232] Dies mag ein Unternehmen wie eBay noch leisten können. Eine Überwachung des Internets im Hinblick auf bestimmte Werke oder Verletzungsformen dürfte so manchen anderen Anbieter aber an seine wirtschaftlichen und organisatorischen Leistungsgrenzen bringen.[233] Die Pflichten des Providers dürfen nicht soweit ausgedehnt werden, dass sie in der praktischen Umsetzung zu einem Verbot auch von rechtmäßigen Inhalten führen, etwa weil dieser allein schon wegen der damit verbundenen Kosten sich wirtschaftlich gezwungen sieht, alle entsprechenden Angebote zu entfernen, selbst wenn sie möglicherweise rechtmäßig sind.[234] Entsprechend sind die Prüf- und Handlungspflichten des Anbieters nur in die Zukunft gerichtet und beziehen sich ausschließlich auf solche Rechtsverletzungen, „die nach der ersten Inkenntnissetzung neu in den Dienst eingestellt

226 Einen neueren Überblick über die Rspr. bieten *Hoeren/Buchmüller* MMR-Beilage 2013, 1, 10 ff. (Beitrag *Kuta*).
227 *OLG Hamburg* ZUM-RD 2016, 83, 100 ff.
228 *LG Hamburg* ZUM 2012, 596 – GEMA/YouTube.
229 *BGH* MMR 2013, 185, 187 f. – Alone in the Dark mit Anm. *Hoeren*
230 *BGH* MMR 2016, 171.
231 *BGH* GRUR 2013, 1030 Rn. 60 – File-Hosting-Dienst; krit. *Wimmer/Nolte* GRUR 2014, 16, 19, 23.
232 *BGH* GRUR 2013, 1229, 1232 – Kinderhochstühle im Internet II; *BGH* GRUR 2015, 485, 491 – Kinderhochstühle im Internet III.
233 *Nolte/Wimmers* GRUR 2014, 16, 23.
234 *Nordemann* GRUR 2011, 977, 981.

worden sind“.[235] Eine rückwärtige Durchkämmung und Filterung des Datenbestandes ist nicht erforderlich.

Bei persönlichkeitsrechtsverletzenden Blogeinträgen treffen den Hostprovider umfangreiche Sachverhaltsermittlungspflichten, deren Umfang sich aus einer Interessensabwägung im Einzelfall ergibt.[236] Eine Beanstandung ist an den für den „Blog Verantwortlichen zur Stellungnahme weiterzuleiten“. Bei Ausbleiben der Stellungnahme ist der Beitrag zu löschen. Gibt der Verantwortliche eine substantiierte Stellungnahme ab, ist wiederum eine Stellungnahme des Betroffenen einzuholen. Ergibt sich danach eine Rechtsverletzung, ist der Beitrag zu löschen.[237] Praktikabilität – gilt das Verfahren für Tatsachen oder Meinungsäußerungen und was bedeutet substantiiert? – und dogmatische Begründung – letztlich wird dadurch eine Verpflichtung zur Kenntnisverschaffung begründet, die nicht mehr weit von einer Kenntnispflicht entfernt ist – sind zweifelhaft.[238] Noch offen ist, ob sich hieraus eine Registrierungspflicht für Nutzer ergibt.[239] Gegenüber Betreibern von Bewertungsportalen besteht kein genereller Löschungsanspruch von negativen Beiträgen.[240] Dies gilt auch für anonyme oder pseudonyme Bewertungen.[241] Zum geschilderten Sachverhaltsermittlungsverfahren hat das LG Nürnberg-Fürth in einer Entscheidung über den Antrag auf Löschung eines Eintrags in einem Bewertungsportal ausgeführt, dass die Vorlage von Patientenakten, aus denen sich ergibt, dass die negativ bewertete Behandlung im fraglichen Zeitraum nicht stattgefunden hat, die Rechtsverletzung ausreichend substantiiert bestreitet.[242] Der Forenbetreiber selbst hat bei klaren Rechtsverletzungen, auf die er hingewiesen wurde, das Angebot zu sperren und weitere entsprechende Rechtsverletzungen zu verhindern.[243] Dabei ist die Abgrenzung zwischen zulässiger Meinungsäußerung und unzulässiger Schmähkritik oft schwierig. Jenseits von Formalbeleidigungen sollten die Anforderungen an die Anbieter hier nicht überspannt werden, ansonsten ist dem Betreiber zu empfehlen, bei Beanstandungen im Zweifel immer zu löschen. Dies mag zwar im Interesse höflicherer Umgangsformen im Internet wünschbar sein, ist aber im Hinblick auf die Meinungs- und ggf. die Presse- oder Kunstfreiheit bedenklich. Pro-aktive Kontrollpflichten hinsichtlich der eingestellten Beiträge treffen den Forenbetreiber, sofern er selbst die rechtsverletzenden Äußerungen herausgefordert hat. Beispiel ist ein Blogbetreiber, der zur Verunglimpfung einer Moderatorin eines Fernsehgewinnspiels aufgerufen hat.[244] **102**

Auch die nunmehr durch das Dritte Gesetz zur Änderung des TMG[245] entfallene Haftung von WLAN-Providern wurde regelmäßig thematisiert, sowohl aus Sicht von professionellen Anbietern[246] als auch unvorsichtigen Privatleuten,[247] die ihr heimisches **103**

235 *OLG Hamburg* ZUM-RD 2016, 83, 100 ff.
236 *BGH* BB 2016, 1484.
237 *BGH* GRUR 2012, 311 (Rn. 27).
238 *Nolte/Wimmers* GRUR 2014, 16, 24; *Schuster* GRUR 2013, 1201, 1206 f. schlägt die Einrichtung einer neutralen Online-Schiedsstelle vor.
239 Dafür *Lauber-Rönsberg* MMR 2014, 10, 12 f.
240 Vgl. *OLG Hamburg* 18.1.2012 – 5 U 51/11, Rn. 73 in juris.
241 Vgl. *OLG Hamm* 3.8.2011 – I-3 U 196/10, Rn. 4 ff. in juris.
242 *LG Nürnberg-Fürth* 8.5.2012 – 11 O 2608/12, BeckRS 2012, 09985.
243 *BGH* GRUR 2012, 751 – RSS-Feeds; vgl. *Schuster* GRUR 2013, 1201, 1203.
244 *LG Hamburg* MMR 2008, 265.
245 Vgl. Drittes Gesetz zur Änderung des TMG vom 18.9.2017, in Kraft getreten am 13.10.2017, BGBl 2017 I Nr. 67, S. 3530 vom 12.10.2017.
246 *LG Frankfurt/Main* ZUM-RD 2014, 36 – Ferienwohnung, vgl. hierzu *Mantz* GRUR-RR 2013, 497.
247 *BGH* NJW 2010, 2061 – Sommer unseres Lebens; vgl. dazu *Borges* NJW 2010, 2624 ff.

WLAN ungeschützt ließen. Dabei legten die Gerichte meist unterschiedliche Maßstäbe an, je nachdem, ob es sich um ein kommerzielles oder ein privates Angebot handelte, auf dem Rechtsverletzungen begangen wurden.[248] Nach Ansicht des BGH traf den Betreiber eines privaten WLAN eine „Prüfpflicht", die die Absicherung des Netzes gegen die Nutzung durch Unbefugte umfasst. Diese umfasste aber nicht die Pflicht, die Sicherungen fortwährend zu aktualisieren und jeweils dem neuesten Stand der Technik anzupassen.[249] Eine Haftung für Ehepartner besteht im Regelfall nicht, solange keine konkreten Anhaltspunkte für Rechtsverletzungen gegeben sind.[250] Minderjährige Kinder müssen vom Anschlussinhaber eindringlich über die Rechtswidrigkeit der Nutzung von Filesharing-Diensten belehrt werden.[251] Bei gewerblichen WLANs entfiel die Haftung, wenn der Anbieter dem Nutzer rechtswidrige Handlungen untersagt oder die Nutzung nur zu eingeschränkten Zwecken wie dem Abruf von E-Mails erlaubt.[252] Durch das 2. Gesetz zur Änderung des Telemediengesetzes wurden die Anbieter von WLAN-Internetzugängen auch ausdrücklich in § 8 Abs. 3 TMG als Access Provider benannt.[253] Grundlegend für das 2. Gesetz zur Änderung des Telemediengesetzes waren die Schlussanträge des Generalstaatsanwalts in der EuGH-Entscheidung „McFadden".[254] Der EuGH wich jedoch in seinem Urteil in dieser Rechtssache[255] erheblich von den Schlussanträgen ab, indem er die Auffassung vertrat, eine Verpflichtung zur Sicherung eines WLAN durch Verschlüsselung sei zumutbar. Das erklärte Ziel, Rechtssicherheit für WLAN-Betreiber zu schaffen und die flächendeckende Ausstattung Deutschlands mit Hotspots zu fördern, konnte mit der überarbeiteten Regelung nicht erreicht werden.

104 Um nun WLAN-Betreibern die notwendige Rechtssicherheit zu bringen, ihr WLAN Dritten anbieten zu können, ohne dabei befürchten zu müssen, für deren Rechtsverstöße haftbar gemacht zu werden, und dem allgemeinen Bedürfnis nach einem öffentlichen Internetzugang zu entsprechen,[256] legte der Gesetzgeber den Entwurf eines 3. Gesetzes zur Änderung des Telemediengesetzes vor der am 13.10.2017 in Kraft getreten ist.[257] Das Gesetz, das bisweilen kritisch aufgenommen wurde,[258] sieht in einem novellierten § 8 Abs. 1 S. 2 TMG ausdrücklich vor, dass privilegierte Dienstleister (darunter WLAN-Betreiber i.S.d. unveränderten § 8 Abs. 3 TMG) nicht wegen einer rechtswidrigen Handlung eines Nutzers auf Schadensersatz, Beseitigung oder Unterlassung in Anspruch genommen werden dürfen. Als Rechtsschutzmöglichkeit

---

248 Zur Entwicklung der Rspr. allgemein: *Volkmann* K&R 2007, 289 ff; einzelne wichtige Entscheidungen sind hier zu finden: *OLG Hamburg* MMR 2006, 744 ff. – heise.de; *OLG Düsseldorf* MMR 2006, 618 ff.; *BGH* 27.3.2007, Az. VI ZR 101/06 Rn. 13; *LG Hamburg* MMR 2006, 763; zur Haftung für offene WLAN vgl. auch *Hornung* CR 2007, 88.

249 *BGH* NJW 2010, 2061, 2062 – Sommer unseres Lebens.

250 *BGH* BeckRS 2016, 116060; *OLG Frankfurt* GRUR-RR 2013, 246 – Filesharing durch Ehepartner.

251 *OLG Köln* 15.1.2013 – I-6 W 12/13, 6 W 12/13, Rn. 5 in juris.

252 *LG Frankfurt/Main* ZUM-RD 2014, 36, 39 – Ferienwohnung

253 In Kraft seit dem 27.7.2016.

254 *Sesing* MMR 2016, 645, 646; *Spindler* NJW 2017, 2305.

255 *EuGH* NJW 2016, 3503 – McFadden.

256 Begr. RegE, BT-Drucks.18/12202 S. 1.

257 Vgl. Drittes Gesetz zur Änderung des TMG vom 18.9.2017, in Kraft getreten am 13.10.2017, BGBl 2017 I Nr. 67, S. 3530 vom 12.10.2017.

258 Siehe etwa *Sesing/Baumann* MMR 2017, 583; *Spindler* NJW 2017, 2305.

wird dem Inhaber verletzter Immaterialgüterrechte[259] ein Anspruch auf Netzsperren nach § 7 Abs. 4 S. 1 TMG gegen den WLAN-Betreiber zugestanden, sofern für den Rechteinhaber keine andere Möglichkeit besteht, der Rechtsverletzung abzuhelfen. Die jeweilige Maßnahme muss gem. § 7 Abs. 4 S. 2 des Entwurfs zumutbar und verhältnismäßig sein. Dabei berücksichtigt der Gesetzesentwurf jedoch nicht die sich – typischerweise bei privaten WLAN-Betreibern – stellende Problematik, dass der Diensteanbieter zugleich Nutzer des eigenen Netzwerks ist.[260] Zudem ist offen, ob von der abschließenden Regelung des § 7 Abs. 4 S. 1 TMG sämtliche Access Provider erfasst sein sollen, oder ob mit dem novellierten TMG nur die Störerhaftung des WLAN-Betreibers abgeschafft wird, hingegen „klassische" Access Provider weiterhin als Störer in Anspruch genommen werden können.[261]

Bei Suchmaschinenbetreibern scheidet regelmäßig eine Störerhaftung aus, sofern sie keinen Tatbeitrag leisten, der über das bloße Erzielen des Suchergebnisses hinausgeht.[262] Suchmaschinen erbringen eine grds. neutrale, technische Dienstleistung. Prüfpflichten können wegen der unübersehbaren Datenmenge und der großen Relevanz von Suchmaschinen für das Auffinden von Daten überhaupt diesen nur in geringem Umfang auferlegt werden.[263] Insbesondere scheidet eine Haftung für Snippets (Inhalt und Anzeige von Suchergebniseinträgen) aus, da es sich um technisch generierte Aussagefragmente handelt, denen kein Aussagegehalt zugewiesen werden kann.[264] Die auf einem Algorithmus beruhende Suchwortergänzungsfunktion (Autocomplete) eines Suchmaschinenbetreibers kann allerdings in das allgemeine Persönlichkeitsrecht des Betroffenen eingreifen. Den Diensteanbieter treffen hier grds. die allgemeinen Takedown- und Staydown-Pflichten.[265] Ähnliches gilt, wenn ein Plattformbetreiber wie Google mit dem Dienst Google Shopping als Ergebnis einer Suche Bilder bestimmten Suchergebnissen zuordnet, und so etwa Produktfotografien, die für Markenartikel zur Verfügung gestellt wurden, auch die Angebote sonstiger Händler bewerben. Der Anbieter soll in diesem Fall auch die Kontrolle über die Bereithaltung des Werkes ausüben, wenn die Ergebnisse automatisch unter Verwendung eines Algorithmus erstellt und angezeigt werden.[266] Bei der Anzeige von Vorschaubildern durch eine Bildersuchmaschine geht der BGH grds. von einem Eingriff in das Urheberrecht aus, sieht diesen aber regelmäßig durch eine Einwilligung des jeweiligen Rechteinhabers, der die Bilder ins Netz gestellt hat, gedeckt, sofern dieser die Bilder nicht speziell gegen Drittzugriff geschützt hat.[267] **105**

259 Obwohl der Entwurf von „Rechten am geistigen Eigentum" spricht, sind alle Immaterialgüterrechte gemeint, Persönlichkeitsrechte werden jedoch nicht erfasst, *Spindler* NJW 2017, 2305, 2306.

260 Hoeren/Sieber/Holznagel/*Sesing* Teil 18.5 Rn. 119.

261 Für eine Anwendung der Störerhaftung auf „klassische" Access Provider *Sesing/Baumann* MMR 2017, 583, 586, dagegen *Spindler* NJW 2017, 2305, der insoweit die Anwendung des neu geschaffenen § 7 Abs. 4 TMG auf klassische Access-Provider befürwortet.

262 *Härting* Internetrecht, Rn. 1743.

263 *Wimmer/Nolte* GRUR 2014, 16, 25.

264 *OLG Hamburg* MMR 2011, 685, 686; differenzierend, sofern Snippets ein eigener Sinngehalt zukommt *KG* MMR 2010, 495, 496.

265 *BGH GRUR* 2013, 751 ff. – Autocomplete; vgl. *Härting* CR 2013, 443, 444.

266 *KG* ZUM-RD 2016, 459 – Davidoff-Parfum; *OLG Düsseldorf* ZUM 2016, 869 Rn. 25 – Bevorzugter Händler; vgl. *Hohlweck* ZUM 2017, 109, 112 f.

267 *BGH* NJW 2012, 1886, 1887.

6. Datenschutz[268]

106 Bei der Nutzung von Telemedien, die vorwiegend im Internet stattfindet, fallen eine große Zahl personenbezogener Daten an. Diese Daten sind für die Anbieter von Telemedien von hohem wirtschaftlichem Wert. Nicht nur sind sie für die Abwicklung der Abrechnung von Bedeutung, sie bilden auch die Grundlage für vielfältige Marketingaktivitäten und somit für weitere Entwicklungschancen der Anbieter. Gleichzeitig ist von den Anbietern aber auch das vom Bundesverfassungsgericht im Volkszählungsurteil[269] konkretisierte Recht auf informationelle Selbstbestimmung nach Art. 2 Abs. 1 i.V.m. Art. 1 Abs. 1 GG des jeweiligen Nutzers zu wahren. Den Ausgleich dieser widerstreitenden Interessen soll das Datenschutzrecht gewährleisten, wobei der 4. Abschnitt des TMG für den Datenschutz im Zusammenhang mit der Erbringung von Telemediendiensten Spezialnormen zur Verfügung stellt, die eine Subsidiarität des Bundesdatenschutzgesetzes (BDSG) bewirken. Auf letzteres oder andere allgemeine Datenschutzgesetze, wie solche der Länder, ist nur dann Rückgriff zu nehmen, wenn das TMG keine Regelung trifft, § 12 Abs. 4 TMG.

6.1 Datenschutzvorschriften des TMG

6.1.1 Anwendungsbereich, § 11 TMG

107 Zunächst wird durch § 11 Abs. 1 TMG die Bereitstellung von Telemedien im Dienst- oder Arbeitsverhältnissen für ausschließlich berufliche oder dienstliche Zwecke bzw. zur Steuerung von Arbeits- oder Geschäftsprozessen von der Anwendung des Telemediendatenschutzes ausgeschlossen. Das heißt, dass im Dienst- und Arbeitsverhältnis auch unter Subsidiaritätsgesichtspunkten das Bundesdatenschutzgesetz (BDSG) zur Anwendung kommt.[270] Außerdem stellt § 11 Abs. 2 TMG klar, dass der Datenschutz des TMG nur für personenbezogene Daten natürlicher Personen gilt. § 11 Abs. 3 TMG berücksichtigt die Doppelregulierung bestimmter Diensteanbieter, wie den Access-Providern, und unterstellt sie mit Ausnahme des Koppelungsverbots des § 12 Abs. 3 TMG und § 15 Abs. 8, § 16 Abs. 2 TMG ausschließlich dem telekommunikationsrechtlichen Datenschutz.

108 Der Begriff des personenbezogenen Datums ist der zentrale Anknüpfungspunkt für alle Rechte und Pflichten, die sich aus dem Datenschutz für die Diensteanbieter und Nutzer ergeben. Er ist im TMG nicht selbst legaldefiniert, so dass auf § 3 Abs. 1 BDSG Rückgriff zu nehmen ist, nach dem personenbezogene Daten alle Einzelangaben über persönliche oder sachliche Verhältnisse einer bestimmten oder bestimmbaren Person sind. Mit den Einzelangaben sind alle solchen Informationen über persönliche oder sachliche Verhältnisse gemeint, die sich auf eine bestimmte oder bestimmbare Person beziehen oder geeignet sind, einen Bezug zu ihr herzustellen.[271] Informationen betreffen die sachlichen oder persönlichen Verhältnisse einer Person, wenn sie die Person selbst charakterisieren oder aber einen auf sie beziehbaren Sachverhalt beschreiben.[272] Ob die Angaben bestimmte oder bestimmbare Personen charakterisieren

---

268 Im Rahmen dieses Beitrags ist es nicht möglich, alle datenschutzrechtlichen Vorgaben des TMG zu behandeln, daher wird eine Reduzierung auf die für Telemedien wesentlichen vorgenommen. Vgl. weiterführend Hoeren/Sieber/Holznagel/*Helfrich* Teil 16.

269 *BVerfGE* 65, 1 ff.

270 Vgl. *Gola/Schomerus* § 1 BDSG Rn. 23, 24.

271 *Gola/Schomerus* § 3 BDSG Rn. 3.

272 *Gola/Schomerus* § 3 BDSG Rn 3.

unterscheidet sich danach, ob die Informationen unmittelbar einen Rückschluss auf die Person zulassen – etwa weil ein Name angegeben ist – oder ob es anhand ihrer möglich wird, mit den normalerweise der verarbeitenden Stelle zur Verfügung stehenden Hilfsmitteln ohne unverhältnismäßigen Aufwand eine Bestimmung vorzunehmen,[273] wobei hier je nach Einzelfall strengere oder weniger strenge Maßstäbe anzusetzen sind.[273] Die Bandbreite der vorstellbaren Informationen, die personenbezogene Daten darstellen können, ist sehr groß. Natürlich sind das in erster Linie der Name, die Anschrift und sonstige Adressdaten eines Nutzers, es können aber auch solche Daten wie Kreditkartennummern, IP-Adressen,[274] Cookies, Hard- und Softwaredaten sein.[275] Auf den Erhebungszweck der Daten kommt es nicht an, es werden alle anfallenden Daten erfasst.

6.1.2 Verbot mit Erlaubnisvorbehalt

Diese große Vielfalt an Daten des Nutzers darf der Diensteanbieter grds. nicht erheben oder verwenden. Nur wenn ihm die Erhebung oder Verwendung durch das TMG oder eine andere Rechtsvorschrift, die sich ausdrücklich auf Telemedien bezieht, erlaubt wird oder der Nutzer einwilligt, ist ihm die Erhebung oder Verwendung erlaubt, § 12 Abs. 1 TMG. **109**

Die Erhebung und die Verwendung von Daten sind unterschiedliche Arten, wie der Anbieter sich die Daten verschafft bzw. zunutze macht. Für die Definition der Erhebung von Daten kann auf § 3 Abs. 3 BDSG zurückgegriffen werden, nach dem darunter das Beschaffen von Daten über den Betroffenen zu verstehen ist und damit eine Voraussetzung für die Verwendung selbiger schafft.[276] Der Begriff der Verwendung ist dagegen nicht legaldefiniert und wurde mit dem TMG erst neu eingeführt, obwohl eigentlich nur redaktionelle Änderungen bei der Überführung des TDDSG in das TMG vorgenommen werden sollten.[277] Letztendlich wird man unter der Verwendung wohl eine Zusammenfassung der im TDDSG noch zu findenden Begriffe der Verarbeitung und Nutzung sehen müssen, mithin nach § 3 Nr. 4, 5 BDSG jegliches Speichern, Verändern, Übermitteln, Sperren, Löschen und alle sonstigen Nutzungen von personenbezogenen Daten. **110**

6.1.2.1 Gesetzliche Erlaubnis – Bestandsdaten und Nutzungsdaten, §§ 14, 15 TMG

Das TMG sieht zwei spezialgesetzliche Erlaubnisse für die Erhebung und Verwendung von personenbezogenen Daten vor, § 14 TMG und § 15 TMG. Beiden gemein ist, dass sie an die Erforderlichkeit anknüpfen, um die gesetzliche Erlaubnis zu eröffnen. Der Unterschied liegt in der Frage, wann welcher Tatbestand zum Tragen kommt. § 14 TMG zielt dabei auf die Entstehung eines Vertragsverhältnisses zwischen Anbieter und Nutzer ab, also auf den Beginn der Wahrnehmung der Nutzungsmöglichkeit des Dienstes, während § 15 TMG das eigentliche laufende **111**

273 *Gola/Schomerus* § 3 BDSG Rn. 10.

274 Nach der Rechtsprechung des EuGH sind auch dynamische IP-Adressen für einen Anbieter von Online-Mediendiensten ein personenbezogenes Datum, sofern dieser über rechtliche Mittel verfügt, die betreffende Person anhand der Zusatzinformationen, über die der Internetzugangsanbieter dieser Person verfügt, bestimmen zu lassen (Ls. 1), *EuGH* 19.10.2016 – C-582/14 – Breyer/Deutschland, EuZW 2016, 909.

275 Vgl. zu den drei Letzteren Hoeren/Sieber/Holznagel/*Schmitz* Teil 16.2 Rn. 78 ff.

276 *Gola/Schomerus* § 3 BDSG Rn. 24.

277 BT-Drucks. 16/3078, 15.

Nutzungsverhältnis behandelt. Im Falle des § 14 TMG erlaubt das Gesetz, personenbezogene Daten zu erheben, soweit sie für die Begründung, inhaltliche Ausgestaltung oder Änderung eines Vertragsverhältnisses zwischen einem Dienstanbieter und dem Nutzer eines Telemediums erforderlich sind (Bestandsdaten). Für die Frage der Erforderlichkeit ist dabei ein enger Maßstab anzulegen: es kommt nicht nur auf eine Zweckmäßigkeit an, sondern die Erhebung und Verwendung der Bestandsdaten muss unerlässlich für die Begründung und Ausgestaltung des Vertrags sein, wobei die Beurteilung anhand des konkreten Vertragsverhältnisses vorzunehmen ist.[278] Für § 15 TMG muss es erforderlich sein, personenbezogene Daten zu erheben und zu verwenden, um die Inanspruchnahme von Telemedien zu ermöglichen und abzurechnen (Nutzungsdaten). Auch für diese Daten, die sich aus der konkreten Nutzung des Dienstes ergeben und für die § 15 Abs. 2 S. 2 TMG einen nicht abschließenden Beispielskatalog bereithält, gilt ein enger Maßstab der Erforderlichkeit, wobei Abs. 2–8 die Erforderlichkeit weiter ausgestalten, vor allem was die Abrechnung der Nutzung angeht. Der EuGH hat nunmehr im Hinblick auf Art. 7 lit. f der DatenschutzRL 95/46/EC entschieden, dass diese Ausnahmetatbestände zu eng und nicht unionsrechtskonform sind. Eine gesetzlich vorweggenommene Wertung ohne Ausnahmemöglichkeit und Abwägung im Einzelfall ist unzulässig.[279] Dies ist zwar ein Schritt im Hinblick auf die weitere Harmonisierung des Datenschutzrechts in diesem Bereich. Eine ähnliche Abwägung ist schließlich auch in Art. 6 Abs. 1 lit. f DSGVO vorgesehen, die ab dem 25.5.2018 gelten wird. Aus deutscher Sicht ist damit aber eine Senkung des datenschutzrechtlichen Niveaus verbunden.[280]

6.1.2.2 Die Einwilligung des Nutzers

112 Soweit weder das TMG mit §§ 14, 15 noch andere Rechtsvorschriften, die sich ausdrücklich auf Telemedien beziehen (vgl. § 12 Abs. 1 Alt. 2 TMG), die Erhebung oder Verwendung erlauben, ist es dem Diensteanbieter nur möglich, entsprechende Daten zu erheben oder zu verwenden, wenn der Nutzer darin einwilligt. Diese Einwilligung muss aus freien Stücken geschehen, insbesondere darf der Anbieter die Nutzung des Dienstes nicht von einer Einwilligung zur Nutzung der Daten des Nutzers für andere Zwecke abhängig machen, wenn ein Zugang zu den entsprechenden Angeboten sonst gar nicht oder nicht in zumutbarer Weise möglich ist, § 12 Abs. 3 TMG. Darüber hinaus muss der Nutzer über die Erhebung und Verwendung seiner Daten informiert sein, § 13 Abs. 1 TMG. Dabei ist für die Einwilligungserklärung im Normalfall nach § 4a Abs. 1 S. 3 BDSG die Schriftform erforderlich und wenn der Text der Einwilligungserklärung von dem Anbieter vorgegeben wird, unterliegt er der Inhaltskontrolle nach §§ 305 ff. BGB. Das TMG sieht eine Abweichung bei der Form vor, indem es in § 13 Abs. 2 TMG erlaubt, die Einwilligung auch elektronisch zu erklären. An diese Form der Einwilligung sind recht hohe Anforderungen gestellt, die in § 13 Abs. 2 Nr. 1–4 TMG genannt sind. Danach muss sichergestellt sein, dass der Nutzer die Einwilligung bewusst und eindeutig erteilt hat, die Einwilligung protokolliert wird, der Nutzer den Inhalt der Einwilligung jederzeit abrufen kann und auch mit Wirkung für

278 Hoeren/Sieber/Holznagel/*Schmitz* Teil 16.2 Rn. 172; Spindler/Schuster/*Spindler/Nink* § 14 TMG Rn. 4.

279 *EuGH* 19.10.2016 – C-582/14 – Breyer/Deutschland, EuZW 2016, 909; vgl. *Jensen/Knoke* ZD-Aktuell 2016, 05416, beck-online.

280 Vgl. dazu auch *Kartheuser/Gilsdorf* MMR-Aktuell 2016, 382533, beck-online.

die Zukunft jederzeit widerrufen kann; auf letzteres muss er nach § 13 Abs. 3 TMG ausdrücklich hingewiesen werden. Eine pauschale Einwilligung für alle Apps, die auf einem mobilen Endgerät installiert werden, reicht nicht aus, die Einwilligung muss für jede App einzeln erteilt werden.[281]

Vor allem die bewusste und eindeutige Erteilung sowie die Protokollierung der Einwilligung stellen nicht ganz einfach zu überwindende Hürden für die elektronische Erteilung der Einwilligung dar.[282] Es empfiehlt sich, den Text der Einwilligungserklärung als separaten Text vorzuhalten und sich vom Nutzer bei der Anmeldung bestätigen zu lassen, dass er die Einwilligung erteilt, vorzugsweise durch eine Checkbox, die der Nutzer anklicken kann,[283] auf jeden Fall muss eine bewusste und klare Bestätigung erfolgen, um das erste Merkmal zu erfüllen. In Bezug auf § 4a BDSG hat der BGH entschieden, dass ein Opt-Out in Form einer Abwahlmöglichkeit – sofern diese durch Platzierung und Druck hinreichend hervorgehoben wird – den Anforderungen an eine wirksame Einwilligung genügt.[284] Diese zu schriftlichen Einwilligungserklärungen ergangene Rechtsprechung lässt sich jedoch nicht auf die in § 13 Abs. 2 TMG geregelte elektronische Einwilligung und das dort geforderte Gebot einer bewussten und eindeutigen Erteilung übertragen.[285] Ausreichend, aber auch erforderlich ist daher ein Opt-In; ein bloßes Wegklicken eines vorangekreuzten Kästchens genügt jedenfalls im Bereich der Telemediendienste nicht. Die Protokollierung dieser Einwilligung lässt sich über entsprechenden Programm- bzw. Webseitencode gestalten. **113**

Ein separater Text für die Einwilligungserklärung bringt vor allem dann einen Vorteil, wenn noch weitere AGB vorgehalten werden und die Nutzung des Dienstes auch durch Minderjährige erfolgt. Durch die Separierung des Textes wird zunächst der Voraussetzung der besonderen Hervorhebung nach § 4a Abs. 1 S. 4 BDSG Rechnung getragen. Zusätzlich hat sie aber auch geltungserhaltenden Charakter für den Fall von Rechtsgeschäften mit Minderjährigen. Soweit die Eltern nicht in die Willenserklärung des Minderjährigen einwilligen, sind die AGB – und mit ihnen in den AGB enthaltene Einwilligungserklärungen in den Datenschutz – zunächst schwebend unwirksam und bei endgültiger Verweigerung der Einwilligung durch den Erziehungsberechtigten nichtig, §§ 107, 108 BGB. Wenn aber die AGB und die Einwilligungserklärung getrennt werden, so besteht zumindest die Möglichkeit, dass letztere ihre Wirksamkeit auch ohne Einwilligung der gesetzlichen Vertreter behält. Denn die datenschutzrechtliche Einwilligungserklärung ist keine zustimmungsbedürftige Willenserklärung, sondern eine Realhandlung, die lediglich die Einsichtsfähigkeit in die Tragweite des Betroffenen erfordert, Geschäftsfähigkeit ist dagegen nicht erforderlich.[286] Die Tragweite ist die Rechtfertigung eines Eingriffs in die informationelle Selbstbestimmung durch die Einwilligung. Dazu ist nicht die Geschäftsfähigkeit erforderlich, sondern nur, dass der Betroffene erkennt, welche Folgen seine Einverständniserklärung haben **114**

281 Spindler/Schuster/*Nink/Spindler* TMG § 13 Rn. 14-17.

282 Ausf. zur elektronisch erteilten Einwilligung *Zscherpe* MMR 2004, 723 ff.

283 *Zscherpe* MMR 2004, 723, 726 rät weitergehend zu einer zusätzlichen Übermittlung des Einwilligungstextes per E-Mail.

284 *BGH* NJW 2008, 3055, 3056 f. – Payback; bestätigt in *BGH* NJW 2010, 864, 866 f. – Happy Digits.

285 Mit unterschiedlicher Begründung Auernhammer/*Schreibauer* § 13 TMG Rn. 37; Spindler/Schuster/*Spindler/Nink* § 13 TMG Rn. 13; Taeger/Gabel/*Moos* § 13 TMG Rn. 21.

286 Vgl. *Zscherpe* MMR 2004, 723, 724.

kann.[287] Selbstverständlich ist diese Einsichtsfähigkeit nicht bei jedem Minderjährigen gegeben, aber gerade in der heutigen Zeit, in der Jugendliche immer mehr die elektronischen Medien nutzen, kann davon ausgegangen werden, dass zumindest 16-jährige hinreichend sensibilisiert sind und wissen, welche Folgen eine Einwilligung in die Erhebung und Verwendung von personenbezogenen Daten mit sich bringen kann. Bei jüngeren Minderjährigen wird auf den jeweiligen Einzelfall abzustellen sein.

115 Die Einwilligung auf elektronischem Weg ist dann nicht mehr möglich, oder umfasst zumindest nicht mehr den gesamten Datenerhebungs- und -verarbeitungsvorgang, wenn die Abwicklung des zugrundeliegenden Geschäfts nicht ausschließlich ein Telemediendienst ist, sondern auch sonstige Elemente beinhaltet. Die Datenschutzvorschriften des TMG gelten nämlich ausschließlich für Sachverhalte, die dem TMG zuzuordnen sind. Sobald sich der Vorgang nicht mehr ausschließlich in diesem Bereich abspielt, sind das BDSG oder, wenn vorhanden, andere spezielle Datenschutzgesetze anwendbar.[288]

6.2 Auskunftsansprüche

116 Auch wenn die personenbezogenen Daten der Nutzer prinzipiell geschützt und von den Anbietern nicht an Dritte herausgegeben werden sollen, eröffnet das TMG für bestimmte Dritte die Möglichkeit, Kenntnis von den Daten zu erlangen. Dies geschieht über die in § 14 Abs. 2 TMG normierte Auskunftsermächtigung für Zwecke der Strafverfolgung und der Gefahrenabwehr durch die Polizeibehörden der Länder sowie im Rahmen ihrer gesetzlichen Aufgaben auch für Verfassungsschutzbehörden des Bundes und der Länder, für den Bundesnachrichtendienst und den Militärischen Abschirmdienst. Aufgrund der Regelung sind Diensteanbieter bei einer entsprechenden Anordnung durch die datenschutzrechtliche Vorgaben des TMG nicht an der Weitergabe der Daten gehindert.[289] Die Vorschrift ist selbst keine Anspruchsgrundlage. Die Voraussetzungen der Anordnungen oder die zivilrechtlichen Auskunftsansprüche bestimmen sich weiterhin nach dem jeweils anwendbaren Recht.[290]

117 Zusätzlich zu diesen aus sicherheitspolitischen Gesichtspunkten verständlichen Auskunftsmöglichkeiten gesteht § 14 Abs. 2 TMG auch solchen Dritten die Auskunftserteilung zu, die ihre Rechte an geistigem Eigentum durchsetzen wollen. Nach der Gesetzesbegründung soll dieser Auskunftsanspruch der Umsetzung der Enforcement-Richtlinie[291] dienen.[292] Die Auskunftserteilung ist nicht auf gerichtliche Verfahren oder Anordnungen begrenzt, sie kann auch durch ein einfaches Auskunftsersuchen geltend gemacht werden.[293] Dies eröffnet weitreichende Möglichkeiten, Auskunft bei den Anbietern von Telemedien einzuholen, allerdings immer nur im Bereich der gewerblichen Schutzrechte; ebenso häufig, wenn nicht häufiger vorkommende Persönlichkeitsrechtsverletzungen in Telemedien erlauben es den Verletzten nicht, beim

---

287 *Zscherpe* MMR 2004, 723, 724 zieht zu Recht einen Vergleich mit dem Kommunalwahlrecht einiger Bundesländer, das es Jugendlichen ab 16 Jahren ermöglicht, eine politische Wahlentscheidung zu treffen.

288 Vgl. Hoeren/Sieber/Holznagel/*Schmitz* Teil 16.2 Rn. 42 ff.; *Spindler* CR 2007, 239, 243.

289 Braun/Heckmann/Roggenkamp/*Heckmann* Kap. 9 Datenschutzrecht Rn. 332.

290 Spindler/Schuster/*Spindler/Nink* § 14 TMG Rn. 9.

291 Richtlinie 2004/48/EG des Europäischen Parlaments und des Rates v. 29.4.2004 zur Durchsetzung der Rechte des geistigen Eigentums, ABlEU Nr. L 157 v. 30.4.2004.

292 Vgl. BT-Drucks. 16/3078, 16.

293 A.A. Braun/Heckmann/Roggenkamp/*Heckmann* Kap. 9 Rn. 336.

Anbieter um die Herausgabe der entsprechenden Informationen zu bitten.[294] Im Zuge der Beratungen zum 2. Gesetz zur Änderung des Telemediengesetzes hat der Gesetzgeber zunächst einen entsprechenden Vorschlag des Bundesrats nicht aufgenommen, der neben dem Eigentum auch die „Persönlichkeitsrechte“ in § 14 Abs. 2 TMG aufgeführt wissen lassen wollte.[295]

Der normierte Auskunftsanspruch führt zu einer Auskunftsverpflichtung der Diensteanbieter, das Wort „**darf**“ soll sich nur auf die Befugnis zur Herausgabe der Daten ohne Verletzung datenschutzrechtlicher Bestimmungen beziehen, es soll dem Anbieter aber kein Ermessen bei der Entscheidung über das Ob der Herausgabe einräumen.[296] Allerdings ist für Inhaber von gewerblichen Schutzrechten, die sich auf § 14 Abs. 2 TMG berufen, der Nutzwert der Vorschrift dennoch eingeschränkt, denn momentan sieht das TMG zwar eine Auskunftspflicht über Bestandsdaten und über die Verweisung des § 15 Abs. 5 TMG auf § 14 Abs. 2 TMG auch für Nutzungsdaten vor, jedoch wird damit häufig nur eine IP-Adresse zu ermitteln sein, nicht aber auch weitere Daten, die die tatsächliche Feststellung der Person des Verletzers ermöglichen. Dazu müssten sich die verletzten Schutzrechtinhaber dann mit der jeweiligen IP-Adresse an den Access-Provider des Verletzers wenden, der aber durch den TK-Datenschutz reguliert wird, der (noch) keinen entsprechenden Auskunftsanspruch kennt.[297] Um dann an die letztendlich relevanten Daten wie Name und Adresse des Anschlussinhabers zu gelangen, ist der verletzte Dritte auf die Möglichkeiten nach dem TKG angewiesen, die deutlich höhere Hürden für die Auskunftserteilung vorsehen. **118**

Im Rahmen der späteren Debatte über Persönlichkeitsrechtsverletzungen in sozialen Netzwerken sind die vorgenannten Pläne zur Erweiterung des Auskunftsanspruchs des § 14 Abs. 2 TMG wieder aufgenommen worden. Im Juni 2017 verabschiedete der Deutsche Bundestag das Gesetz zur Verbesserung der Rechtsdurchsetzung in sozialen Netzwerken,[298] welcher im Juli 2017 vom Bundesrat angenommen wurde und das am 1.10.2017 in Kraft getreten ist.[299] Das Artikelgesetz enthält in Art. 1 das eigentliche Netzwerkdurchsetzungsgesetz (NetzDG). Die Einführung des NetzDG wurde bereits im Entwurfsstadium vor allem wegen seiner fraglichen Verfassungs- und Europarechtskonformität stark kritisiert.[300] Das NetzDG findet nach § 1 Abs. 1 NetzDG auf soziale Netzwerke Anwendung, wobei Plattformen, die journalistisch-redaktionell gestalteten Angebote, welche vom Diensteanbieter selbst verantwortet werden, und **119**

294 Nicht zuletzt deswegen steht die Regelung unter erheblicher Kritik, vgl. nur *Spindler* CR 2007, 239, 243; eine erweiternde Auslegung hat § 14 Abs. 2 TMG beim Recht auf Kenntnis der eigenen Abstammung gefunden, *LG Stuttgart* MMR 2008, 486.

295 Vgl. *Spindler* NJW 2016, 2449, 2453.

296 Vgl. Gegenäußerung der Bundesregierung zu einer Stellungnahme des Bundesrates, BT-Drucks. 16/3135, 2.

297 Vgl. *Spindler* CR 2007, 239, 243.

298 BR-Drucks. 536/17.

299 BT-Drucks. 18/12727 v. 14.6.2017, BGBl I 2017, Nr. 61, S. 3352. Vgl. dann auch ausführlich 1. Kap. Rn. 19.

300 Siehe etwa *Eifert* NJW 2017, 1450; *Gersdorf* MMR 2017, 439; *Guggenberger* ZRP 2017, 98; *Koreng* GRUR-Prax 2017, 203; *Nolte* ZUM 2017, 552; *Spindler* ZUM 2017, 473; *Wissenschaftliche Dienste des Deutschen Bundestags* Ausarbeitung WD 10 – 3000 – 037/17, abrufbar unter https://www.bundestag.de/blob/510514/eefb7cf92dee88ec74ce8e796e9bc25c/wd-10-037-17-pdf-data.pdf [letzter Abruf 24.8.2017]; das letztlich verabschiedete Gesetz begrüßend *Schwartmann* GRUR-Prax 2017, 317.

Plattformen mit weniger als 2 Mio. Nutzern im Inland vom Anwendungsbereich ausgenommen werden (§ 1 Abs. 1 S. 2, Abs. 2 NetzDG). Art. 2 des Gesetzes sieht eine Änderung von § 14 Abs. 2 TMG dahingehend vor, dass auch „andere absolut geschützte Rechte" erfasst werden. Demnach können Anbieter von Telemedien künftig bei Persönlichkeitsrechtsverletzungen um Auskunft ersucht werden. Diese Änderung droht eine einschüchternde Wirkung des Nutzers zur Folge zu haben, da die bloße Möglichkeit, für eine kontroverse Äußerung mit einem gerichtlichen Verfahren überzogen zu werden, bei vielen Nutzern zu einer Selbstzensur führen wird.[301] Auch droht der Schutz durch die erhöhten Anforderungen von Art. 23 Abs. 2 DSGVO und § 24 BDSG-neu unterlaufen zu werden.[302] Zudem können technisch versierte Nutzer auf Anonymisierungsdienste ausweichen, was einen zusätzlichen kontraproduktiven Effekt auf die Arbeit von Strafverfolgungsbehörden haben könnte.[303] Nach Art. 3 des bislang nicht verkündeten Artikelgesetzes sollen NetzDG und TMG-Änderung zum 1.10.2017 in Kraft treten.

6.3 Aktuelle Reformen im Datenschutzrecht

120 Der Europäische Gesetzgeber hat mit Verabschiedung der Datenschutz-Grundverordnung (DSGVO) im Mai 2016 den Grundstein für ein neues, europaweit einheitliches Datenschutzrecht gelegt. Die DSGVO findet ab 25.5.2018 Anwendung und löst die aus dem Jahr 1995 stammende Datenschutz-Richtlinie 95/46/EG ab. Sie enthält einige Öffnungsklauseln, in denen die einzelnen Mitgliedstaaten Regelungsspielräume haben. Neben der DSGVO wurde auch ein Entwurf für eine über die Achtung des Privatlebens und den Schutz personenbezogener Daten in der elektronischen Kommunikation und zur Aufhebung der Richtlinie 2002/58/EG (sog. ePrivacy-Verordnung) vorgelegt,[304] welche spezifische Vorgaben für die Datenverarbeitung personenbezogener Daten beim Einsatz von Telemedien vorsieht. Nach Art. 27 Abs. 1 ePrivacy-VO-E soll die ePrivacy-VO zeitgleich mit der DSGVO in Kraft treten. Um das deutsche Datenschutzrecht an die neuen Vorgaben anzupassen und verbleibende Regelungsspielräume auszufüllen, hat der deutsche Gesetzgeber das Gesetz zur Anpassung des Datenschutzrechts an die VO (EU) 2016/679 und zur Umsetzung der Richtlinie (EU) 2016/680 (DSAnpUG-EU) verabschiedet. Kernstück dieses Gesetzes ist die Einführung eines grundlegend reformierten BDSG, welches das bisher geltende BDSG zum 25.5.2018 ablöst.

121 Aufgrund des europarechtlichen Vorrangs der Verordnung kommt das nationale BDSG nur subsidiär zur Anwendung.[305] Die datenschutzrechtlichen Vorschriften des TMG, §§ 11 ff. TMG, basieren wesentlich auf der Datenschutzrichtlinie für elektronische Kommunikation 2009/136/EG (sog. ePrivacy-Richtlinie). Sie werden ebenfalls – jedenfalls zu einem großen Teil[306] – im Wege des Anwendungsvorrangs von der DSGVO verdrängt.[307] Sofern der Europäische Gesetzgeber allerdings die die ePrivacy-Richtlinie ablösende ePrivacy-VO nicht rechtzeitig verabschiedet, wird es ab

---

301 *Koreng* GRUR-Prax 2017, 203, 205; *Nolte* ZUM 2017, 552, 559.
302 *Guggenberger* ZRP 2017, 98, 100; *Spindler* ZUM 2017, 473, 486.
303 *Koreng* GRUR-Prax 2017, 203, 205.
304 Entwurf abrufbar unter http://eur-lex.europa.eu/legal-content/DE/TXT/PDF/?uri=CELEX:52017PC0010 [letzter Abruf 24.8.2017].
305 Roßnagel/*Roßnagel* § 2 Rn. 5 ff.; *Schantz* NJW 2016, 1841.
306 Ausführlich Roßnagel/*Geminn/Richter* § 4 Rn. 269 ff.
307 *Keppeler* MMR 2015, 779, 781 ff.; Roßnagel/*Geminn/Richter* § 4 Rn. 303; *Schantz* NJW 2016, 1841.

dem 25.5.2018 einen Zeitraum geben, in dem die DSGVO den für Telemedien zentralen datenschutzrechtlichen Rechtsrahmen darstellt, bevor diese dann teilweise durch spezifischere Datenschutzvorschriften der ePrivacy-VO als *lex specialis* verdrängt wird. In jedem Fall drohen Betreibern von Telemedien bei Datenschutzverstößen enorme Bußgelder: Sowohl Art. 83 Abs. 5 DSGVO als auch Art. 23 Abs. 3 ePrivacy-VO-E sehen Bußgelder von bis zu 20 Mio. EUR oder 4% des weltweiten Unternehmensumsatzes, je nachdem, welcher Betrag höher ist, vor. Nach dem deutschen TMG waren Datenschutzverstöße lediglich mit Bußgeldern i.H.v. bis zu 50 000 EUR bedroht (§ 16 Abs. 3 TMG).

7. Weitere Anforderungen an journalistisch-redaktionell gestaltete und fernsehähnliche Telemedien

Ursprüngliche Intention des Gesetzgebers bei der Novellierung des Rechts für Telemedien war es, den Rechtsrahmen weitestgehend zu vereinheitlichen. Dies war allerdings aus kompetenz-rechtlichen Gründen[308] nur teilweise, nämlich für die wirtschaftlichen Aspekte möglich. Die Gesetzgebungskompetenzen für die inhaltlichen Anforderungen liegen aber auch weiterhin bei den Ländern. Von dieser Kompetenz machen sie mit den Regelungen für journalistisch-redaktionell gestaltete Telemedien[309] Gebrauch, die sich im VI. Abschnitt des RStV finden lassen. Dort finden sich weitere Anforderungen für die Anbieter der Telemedien, wie die Einhaltung journalistischer Grundsätze, weitergehende Informationspflichten, das Gegendarstellungsrecht, den Redaktionsdatenschutz, die Werbung und schließlich die Aufsicht über die Anbieter betreffend. Vorneweg verpflichtet § 54 Abs. 1 RStV die Anbieter auf die verfassungsmäßige Ordnung und zur Beachtung der allgemeinen Gesetze sowie den Schutz der persönlichen Ehre. Soweit diese weiteren Anforderungen dem Presserecht und/oder Rundfunkrecht entstammen oder an dieses angelehnt ist, soll an dieser Stelle nur eine kurze Skizzierung der Anforderungen erfolgen und zusätzlich auf die Besonderheiten für Telemedien hingewiesen werden.[310] **122**

7.1 Telemedien ohne und mit journalistisch-redaktionell gestaltetem Inhalt

Für „Telemedien mit journalistisch-redaktionell gestalteten Angeboten" gelten presseähnliche Anforderungen. Diese Angebote haben nach § 54 Abs. 2 RStV den „anerkannten journalistischen Sorgfaltspflichten" zu entsprechen. Nach § 55 Abs. 2 RStV ist für diese Angebote zusätzlich ein Verantwortlicher zu benennen. Gem. §§ 55 Abs. 3, 9a RStV steht den Anbietern ein Informationsanspruch gegenüber Behörden zu. Dritte haben gegen Anbieter einen aus dem Presserecht entnommenen Gegendarstellungsanspruch unter den in § 56 RStV geregelten Voraussetzungen. Zudem gelten Sonderregelungen zum Datenschutz (§ 57 RStV). Die zwei Kategorien der Telemedien lassen sich teilweise noch schwieriger voneinander abgrenzen als das bei der Abgrenzung der Telemedien vom Rundfunk der Fall ist. Diese Schwierigkeiten haben ihren Ursprung in der problematischen Verteilung der Gesetzgebungskompetenzen und sind seit Erlass des IuKDG und des MDStV Bestandteil der Regulierung elektronischer Medien. **123**

---

308 S. Rn. 13.
309 S.a. Rn. 50 ff.
310 I.Ü. s. 7. Kap. Rn. 1 ff.

124 Für die Einstufung eines Telemediendienstes als journalistisch-redaktionell gestaltet kann nicht, wie früher, allein auf die teilweise oder gänzliche Wiedergabe von periodischen Druckerzeugnissen abgestellt werden, denn Angebote dieser Art stellen nur eine Fallgruppe der entsprechenden Telemediendienste dar. Dies entspricht auch dem gegenüber der Entstehungszeit des IuKDG und MDStV stark veränderten medialen Umfeld. Informierende und meinungsbildende Online-Angebote haben mittlerweile einen eigenständigen Charakter und sind nur noch teilweise an typische Offline-Presseangebote angebunden.[311] Jenseits der traditionellen Presse hat sich eine Meinungslandschaft etabliert, bei der die Berichterstattung und Kommentierung von Ereignissen oft interaktiv über Blogs und Dienste wie Twitter, Online-Foren und soziale Netzwerke erfolgt. Solche Angebote können professionell als Alternative zum Print- und Rundfunkjournalismus angeboten werden (z.B. die „Huffington-Post"), von Journalisten außerhalb ihrer eigentlichen Tätigkeit gestaltet oder privat von jedem interessierten Bürger betrieben werden. Diese elektronische Presse kann auch den Schutz der Pressefreiheit genießen.[312] Die Anwendung der Regelungen für journalistisch-redaktionell gestaltete Angebote auf solche „meinungsbildenden" Angebote jeder Art ist aber nicht immer sinnvoll. Daher ist es erforderlich, generelle Kriterien für die journalistisch-redaktionelle Gestaltung zu definieren, die presseähnliche Telemedien identifizieren. Die gesetzgeberischen Vorgaben hierfür ergeben sich aus den Elementen „journalistisch" und „redaktionell", also eine inhaltliche, die die publizistische Zwecksetzung für die öffentliche Meinungsbildung vorgibt, sowie eine formale. Beide Komponenten sind miteinander verknüpft, eine inhaltliche Auseinandersetzung alleine ohne eine der Auseinandersetzung dienende Darstellung der Inhalte reicht nicht aus.[313]

125 Journalistisch-redaktionell sind alle Angebote, die einer Bearbeitung unterzogen werden (gestaltend oder kommentierend) und die Ergebnisse der Bearbeitung an Dritte medial vermitteln[314] und einen gewissen Grad an organisatorischer Verfestigung aufweisen, der Kontinuität gewährleistet.[315] Das Angebot muss in sich abgeschlossen sein. Dabei ist in der Praxis oft problematisch, ob einzelne Elemente eines Dienstes als unselbstständige Teile eines Gesamtangebots oder als selbstständige, abtrennbare Angebote zu bewerten sind. In der Rechtsprechung ist dabei umstritten, ob für das Angebot eines Diensteanbieters eine Gesamtbetrachtung oder eine Einzelbetrachtung einzelner selbstständiger Angebotsteile erfolgen soll.[316] Die Inhalte müssen ausgewählt und strukturiert werden sowie gesellschaftliche Relevanz aufweisen.[317] Nur soweit ein Mindestmaß an inhaltlicher Auseinandersetzung mit den angebotenen

---

311 Vgl. *Lent* ZUM 2013, 914.

312 *BVerfG* ZUM-RD 2012, 129; *BVerfG* ZUM-RD 125, 128 zu *BGH* ZUM-RD 2011, 290 – AnyDVD; die Einordnung ist je nach Ausgestaltung umstritten, diskutiert wird auch die Rundfunkfreiheit oder ein übergreifendes Grundrecht auf Telekommunikationsfreiheit, vgl. m.w.N. *Lent* ZUM 2013, 914 Fn. 3.

313 *Weiner/Schmelz* K&R 2006, 453, 457.

314 Grundlegend *Gounalakis/Rhode* CR 1998, 487, 490; aus der neueren Literatur vgl. Hahn/Vesting/*Held* Rn. 40 ff.; Spindler/Schuster/*Smid* Recht der elektronischen Medien, § 54 RStV Rn. 7.

315 Hahn/Vesting/*Held* § 54 RStV Rn. 55.

316 Bietet ein Anbieter Dienste zum Teil kostenlos und zum Teil auf anderen Webpages kostenpflichtig an, ist umstritten, ob ein unselbstständiges, so etwa *VG Stuttgart* BeckRS 2016, 48137, beck-online, oder ein selbstständiges Angebot, so etwa *VG Schwerin* BeckRS 2015, 48173, beck-online, vorliegt; m.w.N. BeckOK InfoMedienR/*Lent* RStV § 54 Rn. 5.

317 Hahn/Vesting/*Held* § 54 RStV Rn. 49, 51.

Informationen stattfindet, kann die öffentliche Meinungsbildung im Vordergrund stehen.[318] Daher ist die reine Übermittlung von Daten, ohne dass ein menschliches Dazwischentreten erfolgt, von der journalistisch-redaktionellen Gestaltung nicht erfasst. Inhalte mit erkennbarer Eigendarstellung sind regelmäßig nicht journalistisch. Hier fehlt die für Journalismus kennzeichnende Fremddarstellung und daher publizistische Autonomie des Angebots.[319] Deshalb ist die erkennbar private Meinungsäußerung oder Eigendarstellung in Social Media-Auftritten grds. nicht journalistisch. Ebenfalls nicht journalistisch ist die unternehmerische Eigendarstellung auf einer Website oder in sonstigen elektronischen „Unternehmensbroschüren", soweit sich diese in einer bloßen Eigenwerbung erschöpft und nicht Fremddarstellung mit gewisser Selektivität, Strukturierung und Aktualität aufweist.[320] Dies gilt auch für kommerzielle Kommunikation. Liegt der Schwerpunkt eines Angebots etwa auf der kommerziellen Vermarktung von Daten über die Vergabe öffentlicher Aufträge, liegt keine journalistische Gestaltung vor.[321] Bei gemeinschaftlichen lexikonartigen Schreibprojekten (Wikipedia oder die themenspezifischen Wikis) fehlt das Element der Berichterstattung, so dass hier ebenfalls regelmäßig kein journalistisch-redaktionelles Angebot vorliegt. E-Books sind mangels Aktualität bzw. Aktualisierungen nicht journalistisch sondern Telemedien.[322] Bei Meinungsforen neigt die Rspr. zu einer großzügigen Annahme eines journalistisch-redaktionell gestalteten Angebots bei Nutzerbeiträgen, die dann als eigene Informationen des Forumsbetreibers behandelt werden.[323] Richtigerweise dürfte es sich bei den Nutzerbeiträgen aber regelmäßig um rein private Äußerungen handeln.[324] Der Forumsbetreiber bearbeitet die Beiträge auch regelmäßig weder inhaltlich noch formal.[325] Bei einer Internetdatenbank soll für die journalistisch-redaktionelle Gestaltung schon genügen, dass die darin abrufbaren Informationen nicht beliebig von den Nutzern eingestellt, sondern vom Anbieter oder seinen Mitarbeitern recherchiert und, soweit sie von Dritten stammen, redaktionell geprüft und gesichtet wurden.[326] Regelmäßig journalistisch-redaktionell sind Angebote von Online-Ablegern klassischer Printmedien (Spiegel Online, faz.net, etc.), diese fallen bereits unter das Regelbeispiel von § 54 Abs. 2 S. 1 RStV und der folgenden Vorschriften, oder reine Internetdienste wie „Heise online".[327] Sind diese Angebote mit Mediatheken verbunden, ist im Einzelfall zu prüfen, ob diese so selbstständig sind, dass diese als eigenständiges Angebot zu werten sind.[328] Bei Blogs ist eine Einzelfallbetrachtung zu treffen, ob private Meinungsäußerung oder publizistische Tätigkeit vorliegt. Ein hoher Grad an Selektivität, Aktualität, Breitenwirkung und Langlebigkeit sprechen für eine publizistische Tätigkeit. Thematische Fokussierungen hindern die

318 *OVG Bautzen* NVwZ 2015, 1783, 1784; vgl. *VG München* BeckRS 2016, 47886, beck-online; *Weiner/Schmelz* K&R 2006, 453, 457.

319 *Lent* ZUM 2013, 914, 917; vgl. *Zoebisch* ZUM 2011, 390, 393.

320 *OLG Bremen* ZUM 2011, 416; für eine weitere Auslegung bei unternehmerischen Websites *OVG Münster* 22.11.2006 – 13 B 1796/06, Rn. 47 (Juris) als Bestätigung von *VG Köln* 11.8.2006, – 6 L 736/06, Rn. 38 (Juris); Spindler/Schuster/*Mann/Smid* Presserecht Rn. 23.

321 *VG Stuttgart* BeckRS 2016, 48137, beck-online.

322 BeckOK InfoMedienR/*Lent* RStV § 54 Rn. 4; *Braml/Hopf* ZUM 2015, 842, 846.

323 *LG Hamburg* MMR 2007, 450 sieht sogar Meinungsforen als journalistisch-redaktionell gestaltete Telemedien an, a.A. *OLG Düsseldorf* MMR 2006, 618, 619.

324 *OLG Düsseldorf* MMR 2006, 618, 619; so auch *Lent* ZUM 2013, 914, 919.

325 Vgl. *LG Duisburg* MMR 2013, 334 mit Anm. *Heidrich*.

326 *VG Stuttgart* 22.4.2010 – 1 K 943/09, Rn. 29 in juris.

327 Dies gilt unabhängig von den Distributionswegen wie Webpage, Mailversand oder über AppStores.

328 *EuGH* EuZW 2016, 238, 240.

Einstufung als journalistisch-redaktionell nicht.[329] Internet-Portale jeglicher Coleur können so als journalistisch-redaktionell eingestuft werden, soweit die regelmäßige Berichterstattung im Vordergrund steht.[330] Elektronische Anzeigenblätter mit Berichterstattungsteil sind ebenfalls journalistisch-redaktionell, sofern sie eine erkennbar gewollt publizistische Wirkung innehaben.[331]

7.2 Journalistische Grundsätze

126 Anbieter von Telemedien mit journalistisch-redaktioneller Gestaltung sind zur Wahrung der anerkannten journalistischen Grundsätze verpflichtet, § 54 Abs. 2 S. 1 RStV, und müssen Nachrichten auf Inhalt, Herkunft und Wahrheit prüfen, § 54 Abs. 2 S. 2 RStV. Außerdem muss gem. § 54 Abs. 3 RStV angegeben werden, ob Meinungsumfragen, die die Anbieter durchführten, repräsentativ sind.

127 Die Wahrung der journalistischen Grundsätze ist eine Pflicht, die sich aus der Inanspruchnahme der Presse-, Rundfunk- und Filmfreiheit nach Art. 5 Abs. 1 S. 2 GG ergibt, die eine gesteigerte Verantwortlichkeit gegenüber der Öffentlichkeit mit sich bringt.[332] Diese Verpflichtung trifft auch die Anbieter von Telemedien mit journalistisch-redaktioneller Gestaltung, da auch sie einen Beitrag zur Meinungsbildung leisten.[333] Nicht endgültig geklärt ist bisher, ob für Anbieter von Telemedien mit journalistisch-redaktioneller Gestaltung, die nicht der Sphäre professioneller Journalisten zuzurechnen sind, die gleichen Maßstäbe der Sorgfalt heranzuziehen sind wie für die Berufspresse.[334] Diese Frage stellte sich nach der bis 1.3.2007 geltenden Rechtslage noch nicht, da der MDStV die journalistischen Grundsätze nur für Verteildienste und für Mediendienste, die vollständig oder teilweise Inhalte periodischer Druckerzeugnisse wiedergeben, vorschrieb, § 11 Abs. 2 MDStV. § 54 Abs. 2 RStV ist dagegen auf alle Telemedien mit journalistisch-redaktioneller Gestaltung anwendbar, also bspw. auch auf Blogs von Privatleuten, sofern diese journalistisch-redaktionell gestaltet sind.[335] Teilweise wird daher gefordert, dass der Sorgfaltsmaßstab je nach Zumutbarkeit für den einzelnen Anbieter abgestuft werden muss und diese Abstufung sich an der publizistischen Relevanz des jeweiligen Angebots orientieren soll.[333] Der Betreiber eines Internetforums kann sich entsprechend nicht auf das „Laienprivileg"[336] berufen, wenn die von ihm betriebene Webseite „eine auf Dauer angelegte mediale Öffentlichkeit schafft", mit der er zur öffentlichen Meinungsbildung beiträgt.[337] Gänzlich von der Sorgfaltspflicht freigestellt werden können auch private Anbieter von journalistisch-redaktionell gestalteten Telemedien freilich nicht. Ihnen ist zumindest eine rudimentäre Prüfung der von ihnen veröffentlichten Inhalte zuzumuten, die sich je nach Art des Telemediangebots und der Berichterstattung im Einzelfall weiter verdichten kann.

---

329 *VG München* BeckRS 2016, 47886, beck-online.
330 *VG München* BeckRS 2016, 47886, beck-online; *Lent* ZUM 2013, 914, 918.
331 Spindler/Schuster/*Mann/Smid* Presserecht Rn. 22.
332 Vgl. Wenzel/*Burkhardt* Hdb. des Äußerungsrechts, 6. Kap. Rn. 110; BeckOK InfoMedienR/*Söder* BGB § 823 Rn. 70.
333 Vgl. *Weiner/Schmelz* K&R 2006, 453, 459.
334 Vgl. *Härting* Internetrecht, Rn. 70.
335 Vgl. Hahn/Vesting/*Held* § 54 Rn. 51.
336 BeckOK InfoMedienR/*Söder* BGB § 823 Rn. 67.
337 *LG Köln* ZUM 2012, 900, 902, bei einem Forumsbetrieb von 10 Jahren und ca. 60 000 Einträgen.

7.3 Weitergehende Informationspflichten

§ 55 RStV normiert für Anbieter von Telemedien, die in seinen Anwendungsbereich fallen, wie auch schon § 5 TMG, gewisse Informationspflichten. Dies überrascht vor allem deshalb, da der Kreis der Verpflichteten nach § 55 Abs. 1 RStV weiter ist als der nach § 5 TMG. § 55 Abs. 1 RStV erfasst auch Anbieter unentgeltlicher Telemedien, wenn die Angebote nicht persönlichen oder familiären Zwecken dienen. Die Länder wollten alle privaten Telemedien von der Informationspflicht nach § 55 RStV ausnehmen.[338] Warum sie dazu von der Formulierung des § 5 TMG abweichen, ist nicht ersichtlich und führt dazu, dass für entgeltfreie Telemedien, die nicht ausschließlich persönlichen und familiären Zwecken dienen, zumindest der Name und die Anschrift sowie bei juristischen Personen auch der Vertretungsberechtigte angegeben werden müssen.[339] Problematisch dabei ist, dass ein Anbieter solcher Telemedien voraussichtlich gar nicht erwartet, dass Informationspflichten auch im RStV zu finden sein könnten.[340] Abgesehen von der unterschiedlichen Reichweite von § 5 TMG und § 55 Abs. 1 RStV hat die Aufnahme von Informationspflichten in den RStV auch die Folge, dass die Landesmedienanstalten als Aufsichtsbehörden auch über die Einhaltung dieser Pflichten wachen können.[341] 128

Anbieter von Telemedien mit journalistisch-redaktioneller Gestaltung trifft zusätzlich nach § 55 Abs. 2 RStVdie Pflicht, einen Verantwortlichen namentlich mitsamt seiner Anschrift zu benennen. § 55 Abs. 2 S. 3 RStV schreibt ferner vor, dass diese Position nur bekleiden darf, wer seinen ständigen Aufenthalt im Inland hat, nicht infolge Richterspruchs die Fähigkeit zur Bekleidung öffentlicher Ämter verloren hat, voll geschäftsfähig ist und unbeschränkt strafrechtlich verfolgt werden kann. § 55 Abs. 3 RStV verweist schließlich für Anbieter von Telemedien mit journalistisch-redaktioneller Gestaltung auf den § 9a RStV und spricht solchen Anbietern auf diesem Weg ein Informationsrecht gegenüber Behörden zu. Das ist allerdings auch das einzige journalistische Privileg, das Anbietern gewisser Telemedien automatisch zukommt. Ansonsten treffen sie grds. nur journalistische Pflichten, ohne, wie ihre Kollegen von der herkömmlichen Presse oder anderen Medien, auch die dazugehörigen Privilegien automatisch zu erhalten.[342] 129

7.4 Gegendarstellung

§ 56 RStV räumt Betroffenen gegenüber Anbietern von Telemedien mit journalistisch-redaktioneller Gestaltung einen Anspruch auf Gegendarstellung ein. Dieser orientiert sich im Wesentlichen an den Prinzipien der presserechtlichen Gegendarstellungsansprüchen.[343] Eine telemedienspezifische Besonderheit ergibt sich bei der Verknüpfung der Gegendarstellung mit der ursprünglichen Tatsachenbehauptung. Die Gegendarstellung ist unmittelbar verknüpft mit der Tatsachenbehauptung anzubieten, das heißt sie muss entweder auf derselben Seite zu finden sein oder ihr unmittelbar folgen.[344] Diese unmittelbare Verknüpfung muss so lange sichergestellt sein, wie die Tatsachenbehauptung auf dem Telemedium zu finden ist, § 56 Abs. 1 S. 3 RStV. Die 130

---

338 Drucks. 14/558 des Landtags von Baden-Württemberg, 38.
339 Zu Recht krit. zu dieser Entwicklung *Kitz* ZUM 2007, 368, 371; vgl. auch *Richter* MMR 2014, 517.
340 *Engels/Jürgens/Fritzsche* K&R 2007, 57, 63.
341 Vgl. *Hoeren* NJW 2007, 801, 803.
342 Krit. dazu *Hoeren* NJW 2007, 801, 803.
343 Vgl. Spindler/Schuster/*Mann* § 56 RStV Rn. 3; *Rehbock* Medien- und Presserecht, Rn. 189.
344 Spindler/Schuster/*Mann* § 56 RStV Rn. 22; Hahn/Vesting/*Schulz* § 56 RStV Rn. 45.

Gegendarstellung muss aber auch nach Entfernen der Tatsachenbehauptung weiter an vergleichbarer Stelle angeboten werden, bis die gleiche Verfügbarkeitsdauer der ursprünglichen Tatsachenbehauptung erreicht ist; das gilt auch dann, wenn die Tatsachenbehauptung schon vor Aufnahme der Gegendarstellung entfernt wurde, § 56 Abs. 1 S. 4 RStV. § 57 Abs. 3 RStV sieht eine Vorhaltungspflicht von personenbezogenen Daten im Zusammenhang mit Gegendarstellungen vor.

7.5 Redaktionsdatenschutz

131 § 57 RStV sieht für bestimmte Fälle Abweichungen von den üblichen Datenschutzvorschriften vor, die unterschiedliche konkrete Anwendungsbereiche haben. Unternehmen und Hilfsunternehmern der Presse als Anbieter von journalistisch-redaktionell gestalteten Telemedien sind gem. § 57 Abs. 1 RStV nur einem eingeschränkten datenschutzrechtlichen Regime unterworfen, wenn sie die Daten ausschließlich für eigene journalistisch-redaktionelle oder literarische Zwecke nutzen. Konkret sind das §§ 5, 7, 9 und 38a BDSG; die Vorschriften des TMG finden daneben keine Anwendung. Problematisch an dieser Vorschrift ist der tatsächliche persönliche Anwendungsbereich. Soweit man Weblogging als Graswurzeljournalismus und damit in unmittelbarer Nähe zur Presse verortet ansieht, läge es nahe, den Verfassern von entsprechenden Blogs ebenfalls Medienprivilegien wie diese datenschutzrechtlichen Vorschriften zukommen zu lassen. Allerdings sind zur Presse prinzipiell nur Druckerzeugnisse zuzuordnen und § 57 Abs. 1 RStV soll das der Presse zustehende Medienprivileg lediglich auf Nebentätigkeiten der Presseunternehmen erweitern.[345] Damit wären aber Weblogs von dem Anwendungsbereich ausgenommen. Es bleibt abzuwarten, wie sich in Zukunft die Rspr. zu dieser Frage entwickeln wird, bis zu einer abweichenden Entscheidung sollten Betreiber entsprechender Angebote auch weiterhin die Datenschutzvorschriften des TMG beachten.

132 Soweit ein Fall des § 57 Abs. 1 RStV vorliegt, haben die Anbieter nur eingeschränkte Auskunftspflichten über personenbezogene Daten Dritter, § 57 Abs. 2 RStV. Ein Betroffener kann, solange der Anbieter die Daten ausschließlich für die eigenen journalistisch-redaktionellen Zwecke nutzt, Auskunft über die Verarbeitung nur dann verlangen, wenn durch die Verarbeitung schutzwürdige Interessen des Betroffenen verletzt werden. Allerdings kann der Anbieter die Auskunft aus bestimmten Gründen verweigern: Weder darf durch die Auskunft die journalistische Aufgabe des Anbieters beeinträchtigt werden, indem sein Informationsbestand ausgeforscht wird, noch dürfen Rückschlüsse aus den Angaben auf die Herkunft der Information geschlossen werden können. In jedem Fall kann der Betroffene die Berichtigung unrichtiger Daten verlangen. Anbieter, die sich der Selbstregulierung des Pressekodex und der Beschwerdeordnung des deutschen Presserats unterwerfen, sind von der Auskunftsverpflichtung ausgenommen, § 57 Abs. 2 S. 4 RStV.

7.6 Werbung

133 Auch für die Werbung im Rahmen von Telemedien trifft der VI. Abschnitt Regelungen. So wird in § 58 Abs. 1 S. 1 RStV festgelegt, dass Werbung und übrige Inhalte voneinander zu trennen sind und § 58 Abs. 1 S. 2 RStV verbietet subliminale Techniken (Schleichwerbung). Damit findet eines der wichtigsten werberechtlichen Instrumente,

345 Vgl. Begr. zum 9. RÄStV, LT-Drucks. Baden-Württemberg, 14/558, 39; Hahn/Vesting/*Herb* § 57 RStV Rn. 4 ff.

nämlich der Trennungsgrundsatz,[346] auch auf die Telemedien Anwendung. Daneben verweist § 58 Abs. 2 RStV für Sponsoring bei Teletext auf die einschlägigen Vorschriften für den Rundfunk. Nach § 58 Abs. 3 RStV gelten für fernsehähnliche Angebote im Geltungsbereich des RStV die werberechtlichen Regelungen der §§ 7 und 8 RStV entsprechend. Fernsehähnlich sind solche Angebote, die zum individuellen Abruf aus einem „vom Anbieter festgelegten Inhaltekatalog bereit gestellt werden". Werden die Sendungen gegen Einzelentgelt freigeschaltet (§ 2 Abs. 3 Nr. 5 RStV), gelten zusätzlich die §§ 7a (Einfügung von Werbung) und 45 (Dauer der Werbung) RStV. Für Gewinnspiele in Telemedien gilt § 8a RStV entsprechend. Die Werbung für Glücksspiele in Telemedien ist gem. § 5 Abs. 3 GlüStV im Fernsehen oder Internet grds. verboten. Werbeerlaubnisse für Lotterien und Sportwetten können den Veranstaltern und Vermittlern von Glücksspielangeboten im Einzelfall erteilt werden.

IV. Öffentlich-rechtliche Telemedienangebote

Ein Schwerpunkt des 12. RÄStV war die Schaffung eines europarechtskonformen Rahmens für das Online-Angebot der öffentlich-rechtlichen Sender. Mit den neuen Regelungen der §§ 11d und 11f RStV wurden die Zusagen aus dem sogenannten Beihilfenkompromiss in nationales Recht umgesetzt.[347] Der Beihilfenkompromiss beendete ein beihilfenrechtliches Verfahren der Kommission gegen die Bundesrepublik.[348] Die Kommission hielt die alte Regelung, dass öffentlich-rechtliche Telemedienangebote „programmbegleitend und mit programmbezogenem Inhalt" zulässig waren, für nicht hinreichend präzise. Deutschland verpflichtete sich daraufhin, für eine höhere Transparenz bei der Bestimmung und Überprüfung der erforderlichen Finanzierung aus öffentlichen Mitteln zu sorgen. Dazu musste der Auftrag des öffentlich-rechtlichen Rundfunks präzisiert und eine schärfere Trennung zwischen den auftragsbezogenen und rein kommerziellen Aktivitäten gezogen werden. **134**

§ 11 Abs. 1 S. 1 RStV gibt den Auftrag an den öffentlich-rechtlichen Rundfunk, „durch die Herstellung und Verbreitung ihrer Angebote als Medium und Faktor des Prozesses freier individueller und öffentlicher Meinungsbildung zu wirken und dadurch die demokratischen, sozialen und kulturellen Bedürfnisse der Gesellschaft zu erfüllen". Dieser Auftrag umreißt auch das Betätigungsfeld „Telemedien" für die öffentlich-rechtlichen Rundfunkanstalten. Diese müssen der Bildung, Information, Beratung und Unterhaltung dienen.[349] Sie müssen einen Überblick über das Geschehen in allen Lebensbereichen bieten, ob international oder lokal. **135**

Diese Ermächtigung wird in § 11d RStV konkretisiert. § 11d Abs. 1 RStV ermächtigt die Anstalten zum Veranstalten von Telemedien, die „journalistisch-redaktionell veranlasst und journalistisch-redaktionell gestaltet sind". In Betracht kommen insbesondere die recherchierende Sammlung, die auswählende und gewichtende Bewertung recherchierter Quellen oder die systematisierende und strukturierende sprachliche **136**

346 *BVerfG* NJW 2005, 3201; *BGH* GRUR 1996, 744, 747 – Feuer Eis und Dynamit I; *Henning-Bodewig* GRUR 1996, 321, 330; *Platho* ZUM 2000, 46, 47.

347 Vgl. *Wimmer* ZUM 2009, 601, 605 ff.; Entscheidung der Kommission v. 24.4.2007, K(2007) 1761 endg.

348 Vgl. zum Hintergrund *Sokoll* NJW 2009, 885, 886; *Klickermann* MMR, 2008, 793.

349 *Klickermann* MMR 2009, 740.

und sonstige Aufbereitung.[350] § 11d Abs. 2 RStV nennt dafür einige typische Angebotsformen. Konzeptuell differenziert der RStV zwischen Sendungen, sendungsbezogenen[351] Telemedien und nichtsendungsbezogenen Telemedien. Von der Ermächtigung umfasst ist das Angebot zum Abruf der eigenen Sendungen bis zu 7 Tage nach Ausstrahlung, von bestimmten Großereignissen oder von Spielen der 1. und 2. Fußballbundesliga bis zu 24 Stunden danach. Gleiches gilt für die Bereitstellung von inhaltlich auf konkrete Sendungen bezogenem Material, das diese ergänzt und vertieft. Sendungen und sendungsbezogene Telemedien unterliegen aber zeitlichen Grenzen hinsichtlich ihrer Einstelldauer ins Internet. Eine längere Verweildauer als 7 Tage ist nur möglich, wenn ein Telemedienkonzept vorliegt und der Drei-Stufen-Test des § 11f Abs. 4 RStV erfolgreich durchgeführt wurde. Nichtsendungsbezogene Telemedien dürfen nur nach Vorlage eines Telemedienkonzepts und gem. dem „Drei-Stufen-Test" durchgeführt werden. Unzulässig in diesen Angeboten ist Werbung und Sponsoring oder eine flächendeckende lokale Berichterstattung, vgl. § 11d Abs. 5 RStV und die „Anlage zu § 11d Abs. 5 S. 4 des Rundfunkstaatsvertrages – Negativliste öffentlich-rechtlicher Telemedien". Für Telemedien nach § 11d Abs. 2 S. 1 Nr. 3 und 4 RStV sind Telemedienkonzepte vorzulegen, die Zielgruppe, Inhalt, Ausrichtung und Verweildauer der geplanten Angebote näher beschreiben. Strikt untersagt gem. § 11 Abs. 2 S. 3 Nr. 3 3. HS sind presseähnliche Telemedienangebote. Hieran entzündete sich der langjährige Streit um die „Tagesschau-App". Mehrere Zeitungsverleger hatten dabei gegen die ARD aus Lauterkeitsrecht mit der Begründung geklagt, zu einem bestimmten Stichtag 2011 hätte die App dieser Negativanforderung nicht entsprochen. Das OLG Köln hat nach Zurückverweisung durch den BGH[352] mittlerweile entschieden, dass das Angebot zu dem fraglichen Zeitpunkt presseähnlich gewesen ist, da Standbilder und Texte deutlich im Vordergrund standen und damit eine Ähnlichkeit zur „klassischen" Presse gegeben war. [353] Stehen dagegen audiovisuelle Elemente im Vordergrund, ist die Presseähnlichkeit zu verneinen.

137 Der Drei-Stufen-Test ist für das bestehende Angebot, für neue oder veränderte Angebote (§ 11f Abs. 3 RStV) und für ausschließlich im Internet verbreiteten Hörfunk (§ 11c Abs. 1 S. 2 RStV) durchzuführen. Weitere Erläuterungen und der genaue Verfahrensablauf finden sich in den Richtlinien der einzelnen Rundfunkanstalten. Ob ein neues oder verändertes Angebot vorliegt, ist dabei zunächst anstaltsintern zu prüfen. Ein verändertes Angebot liegt vor, wenn die inhaltliche Gesamtausrichtung des Angebots oder die angestrebte Zielgruppe verändert wird. Kein verändertes oder neues Angebot ist die Einführung einer „Tagesschau-App", das Inhalte der Seite „tagesschau.de" für mobile Empfangsgeräte zugänglich macht, sofern das Telemedienange-

---

350 Vgl. BayLT-Drucks. 16/260, 16.

351 Nach der aktuellen Rechtsprechung des OLG Köln liegt ein sendungsbezogener Beitrag nur vor, wenn der zeitliche und inhaltliche Bezug zu der Sendung ausgewiesen wird, wobei auf die Sicht des (durchschnittlichen) Nutzers des Angebots abzustellen ist, vgl. *OLG Köln* GRUR 2017, 311 – Tagesschau-App II.

352 *BGH* ZUM 2015, 989, 992; vorangehend *OLG Köln* BeckRS 2014, 00242 mit Anm. *Peifer* GRUR-Prax 2014, 44; vgl. auch *Schmidtmann* ZUM 2013, 536 zur „heute-App". Streitig war auch, ob es sich bei §§ 11d und 11f RStV um Marktverhaltensnormen i.S.d. UWG handelt oder um Marktzugangsnormen für öffentliche-rechtliche Veranstalter; so noch in der Vorauflage und ebenso *Peifer* GRUR-Prax 2014, 44; s. zu § 16a RStV (Rechtmäßigkeit der kommerziellen Betätigung öffentlich-rechtlicher Rundfunkanstalten) *LG Hamburg* BeckRS 2013, 19515; s. auch *Wimmer/Nawrath* ZUM 2016, 126 ff.

353 *OLG Köln* ZUM 2017, 247, 251.

bot, zu dem der Zugang eröffnet wurde, bereits genehmigt wurde.[354] Anschließend muss die Anstalt dem zuständigen Gremium im Rahmen des Drei-Stufen-Tests darlegen: (1) dass das Angebot den Bedürfnissen der Gesellschaft in demokratischer, sozialer und kultureller Hinsicht entsprechen wird, (2) dass das Angebot in qualitativer Hinsicht zum publizistischen Wettbewerb beiträgt und schließlich (3) muss der Veranstalter Aussagen über den finanziellen Aufwand für das Angebot treffen. Dabei sind „Quantität und Qualität der vorhandenen frei zugänglichen Angebote", die Auswirkungen auf den Markt und die meinungsbildende Funktion im Hinblick auf das bestehende Angebot zu berücksichtigen, § 11f Abs. 4 S. 3 RStV. Dieser Test ist angelehnt an den britischen „Public-Value-Test", nach dem die Aufsichtsbehörde der BBC über neue Telemedienangebote entscheidet.[355] Zuständige Gremien sind die Rundfunkräte der ARD-Anstalten, der Fernsehrat des ZDF und der Hörfunkrat des Deutschland-Radio.[356] Diese haben Dritten innerhalb einer Frist von 6 Wochen ab Veröffentlichung des Vorhabens Gelegenheit zur Stellungnahme zu geben. Die marktlichen Auswirkungen sind von einem Gutachter zu prüfen. Die Entscheidung ist zu begründen und zu veröffentlichen. Der RStV selber sieht keine Rechtsschutzmöglichkeit für Dritte gegen diese Entscheidung vor. Übrig bliebe nur die Anrufung der zuständigen Rechtsaufsicht, in der Regel die jeweilige Landesregierung.[357] Ein völliger Ausschluss von subjektiven Rechten ist aber mit Art. 19 Abs. 4 GG nicht zu vereinbaren. Private Telemedienanbieter dürften zumindest eine gerichtliche Überprüfung beanspruchen können, ob die marktlichen Auswirkungen des geplanten Angebots auf das eigene Angebot ausreichend ermittelt wurden oder mit dem diesen zustehenden Gewicht in die Abwägungsentscheidung eingeflossen sind.[358]

Die Konzeption des Tests ist nicht unproblematisch und in der Literatur kritisch aufge- **138**
nommen worden. Insbesondere Teststufe 1 erscheint als Entscheidungskriterium kaum tauglich. Dass Angebote irgendwie den sozialen oder kulturellen Bedürfnissen der Gesellschaft entsprechen, wird wohl stets darzulegen sein.[359] Ähnliches gilt für die 3. Teststufe, die Prüfung des finanziellen Aufwands des Angebots. Relevanter scheint der zweite Prüfungspunkt: Die Frage des Beitrags zum publizistischen Wettbewerb. Im Rahmen einer Prognoseentscheidung wird die Wettbewerbssituation nach Hinzutreten des Angebots überprüft. Dazu ist zunächst die aktuelle Wettbewerbssituation quantitativ zu erfassen.[360] Dies geschieht durch eine Marktabgrenzung, wie sie aus der kartellrechtlichen Prüfung bekannt ist.[361] Zur Prüfung der Auswirkungen des geplanten Dienstes sind der betroffene Markt[362] und bestimmte Kandidatenmärkte (vor und nachgelagerte Märkte, verwandte

354 *OLG Köln* BeckRS 2014, 00242 mit Anm. *Peifer* GRUR-Prax 2014, 44.

355 S. *DLM* Positionspapier der Landesmedienanstalten zum Drei-Stufen-Test v. 25.5.2009, abrufbar unter www.die-medienanstalten.de/fileadmin/Download/Publikationen/Positionen/Aktuell_ab_2008/Programm_25.05.09_Dreistufentest_Positionspapier_LMA.pdf [zuletzt abgerufen am 31.1.2014]; *Sokoll* NJW 2009, 885, 886.

356 Krit. zur Eignung des Rundfunkrats *Ladeur* ZUM 2009, 906, 912.

357 *Sokoll* NJW 2009, 885, 887.

358 *Wimmer* ZUM 2009, 601, 609.

359 Ebenso *Wimmer* ZUM 2009, 601, 606.

360 Vgl. die Darstellung bei *Klickermann* MMR 2009, 742.

361 Krit. *DLM* Positionspapier der Landesmedienanstalten zum Drei-Stufen-Test v. 25.5.2009, S. 18 f.; *Haucap/Dewenter* Ökonomische Auswirkungen von öffentlich-rechtlichen Online-Angeboten, Kurzfassung S. iii.

362 Krit. wegen der Begrenzung auf Online-Angebote *DLM* Positionspapier der Landesmedienanstalten zum Drei-Stufen-Test v. 25.5.2009, S. 14; vgl. auch S. 18 f.

Märkte) zu untersuchen.[363] Pay-Angebote sind dabei nicht zu berücksichtigen, können aber bei der Frage der marktlichen Auswirkungen berücksichtigt werden.[364] Das reine Vorhandensein eines gleichen oder gleichartigen privaten Angebots ist kein Hinderungsgrund.[365] Die vorhandenen Angebote sind anschließend qualitativ zu gewichten, wobei z.B. journalistische Sorgfaltspflichten berücksichtigt werden. Anschließend wird die Wettbewerbssituation nach Hinzutreten des Angebots ins Auge gefasst. Nutzungsverhalten und Auswirkungen auf die privaten Angebote sind dabei abzuwägen. Der publizistische Mehrwert des geplanten Angebots kann in der Gesamtabwägung eine Rolle spielen. Zu berücksichtigen ist auch die Qualität sowohl des bereits vorhandenen wie auch des geplanten Angebots. Für sich genommen sind diese Gesichtspunkte aber auch kein ausschlaggebendes Kriterium. Das neue Telemedienangebot muss insbesondere keinen qualitativen oder sonstigen Mehrwert bieten.[366] Maßgeblich bleibt immer die Frage nach dem „Mehr" an publizistischem Wettbewerb. Im Ergebnis scheint daher auch dieses Kriterium kaum tauglich, um eine Begrenzung öffentlich-rechtlicher Telemedienangebote zu erreichen.

139 Im Ergebnis ist die Regelung zum Schutz privater Anbieter vor beitragsfinanzierter Konkurrenz untauglich. Auch verfahrensrechtlich bestehen hier Bedenken. Entscheidend für die Frage, ob der Beihilfenkompromiss in der Praxis auch hält, wird sein, ob die Aufsichtsgremien wirklich unabhängige eigene Entscheidungen treffen. Hier ist problematisch, dass die Entscheidungsgrundlagen nur den „am Verfahren beteiligten Gremien" zugänglich gemacht werden (Ziff. II.6 GVK-Richtlinie E) und das Gutachten erst nach Abschluss des Verfahrens veröffentlicht wird (Ziff. II.9).[367]

V. Jugendschutz in den Neuen Medien

140 Die Vorschriften zum Jugendschutz in den neuen Medien finden sich nicht im TMG oder RStV, sondern sie sind einheitlich für alle elektronischen Informations- und Kommunikationsmedien im JMStV geregelt, § 2 Abs. 1 JMStV. Die weiteren den Geltungsbereich des JMStV bestimmenden Absätze des § 2 haben nur klarstellenden Charakter. Im Jahr 2010 beschlossen die Staatskanzleien der Ministerpräsidenten den letzten Entwurf zur Novellierung des JMStV. Dieser sollte nach Abnahme durch die Ministerpräsidenten zum 1.1.2011 in Kraft treten.[368] Zunächst scheiterte die Novellierung an der ablehnenden Haltung Nordrhein-Westfalens. Gleichwohl unterschrieben die Ministerpräsidenten der Länder und die Regierenden Bürgermeister der Stadtstaaten im Dezember 2015 den 19. Rundfunkänderungsstaatsvertrag, dessen Art. 5 zu einer gemäßigten Neuregelung des JMStV führte. Die Änderungen traten zum 1.10.2016 in Kraft.[369]

141 Die Systematik des Jugendschutzes in elektronischen Medien beruht auf einer Einstufung von Angeboten, die gem. § 3 Nr. 1 JMStV entweder Sendungen oder Inhalte von Telemedien sein können, in Kategorien nach dem Grad ihrer Gefährlichkeit für die Entwicklung von Kindern und Jugendlichen. Diese im allgemeinen Teil zu findenden

---

363 *Sokoll* NJW 2009, 885, 888.
364 *Wimmer* ZUM 2009, 607; *Klickermann* MMR 2009, 742.
365 Vgl. *Klickermann* MMR 2009, 740, 742.
366 BeckOK InfoMedienR/*Gersdorf* RStV § 11f Rn. 14.
367 *DLM* Positionspapier der Landesmedienanstalten zum Drei-Stufen-Test v. 25.5.2009, S. 11.
368 Vgl. *Hopf/Braml* ZUM 2013, 837.
369 Zu den Einzelheiten s. *Hopf* K&R 2016, 784 ff.; *Sümmermann* AfP 2016, 388 ff.

Kategorien werden noch ergänzt durch Regelungen des Jugendschutzes in der Werbung und über die Bestellung eines Jugendschutzbeauftragten. Anbieter sind Rundfunkveranstalter oder Anbieter von Telemedien, § 3 Nr. 2 JMStV. Zur Konkretisierung der durch den Staatsvertrag aufgestellten Anforderungen, insbesondere mit Blick auf die verwendeten unbestimmten Rechtsbegriffe, haben die Landesmedienanstalten gemeinsame Richtlinien erlassen, die so genannten Jugendschutzrichtlinien.[370]

1. Angebotskategorien

Der JMStV kennt drei Kategorien von Angeboten, die in seinen Anwendungsbereich fallen. Das sind die per se unzulässigen Angebote nach § 4 Abs. 1 JMStV, die prinzipiell unzulässigen Angebote nach § 4 Abs. 2 JMStV, für die aber für Telemedien Ausnahmen gemacht werden können, und die entwicklungsbeeinträchtigenden Angebote nach § 5 JMStV. 142

1.1 Absolut unzulässige Angebote nach § 4 Abs. 1 JMStV

§ 4 Abs. 1 JMStV stellt einen Verbotskatalog für das Angebot bestimmter Inhalte auf. Dieser orientiert sich vor allem an den bestehenden strafrechtlichen Verboten der Verbreitung bestimmter Inhalte, wie solchen, die volksverhetzenden Charakter haben oder bspw. der Kinder- und/oder Jugendpornographie zuzurechnen sind. Dabei beschränkt sich der Katalog nicht auf die strafrechtlichen Verbote, sondern geht teilweise darüber hinaus. Auch bezieht er sich nur auf den objektiven Tatbestand der entsprechenden strafrechtlichen Verbote, sollte wegen mangelnden Vorsatzes oder aus sonstigen Gründen eine Verurteilung nach der strafrechtlichen Norm nicht möglich sein, so ist das Angebot solcher Telemedien immer noch unzulässig und kann nach §§ 23, 24 JMStV geahndet werden.[371] Im Bereich der Darstellung von Kindern und Jugendlichen in unnatürlich geschlechtsbetonter Körperhaltung und der harten Pornographie sind über die Realdarstellungen hinaus auch virtuelle Darstellungen unzulässig, § 4 Abs. 1 Nr. 9, 10 JMStV, jeweils 2. HS. Dies ist insbesondere vor dem Hintergrund der immer besseren Qualität von Computerbildern wichtig, um auf diesem Wege Umgehungsversuche des Verbots verhindern zu können.[372] 143

1.2 Relativ unzulässige Angebote nach § 4 Abs. 2 JMStV

Neben dem absoluten Verbot nach § 4 Abs. 1 JMStV findet sich in § 4 Abs. 2 JMStV ein für Telemedien relatives Verbot des Angebots von Pornographie, das in die Teile A und C der Liste nach § 18 JuSchG aufgenommenen Werke, und Inhalte, die offensichtlich geeignet sind, die Entwicklung von Kindern und Jugendlichen schwer zu gefährden, betrifft. 144

Das Verbot des § 4 Abs. 2 JMStV ist relativ, da S. 2 den Anbietern von Telemedien das Angebot derartiger Inhalte ermöglicht, soweit sichergestellt wird, dass sie im Wege einer geschlossenen Benutzergruppe nur Erwachsenen zugänglich sind. Die Einrichtung einer geschlossenen Benutzergruppe ist auch für die nach dem neuen Glücksspielstaatsvertrag zugelassenen Online-Glücksspiele (Lotterien und Sportwetten) erforderlich. Eine solche geschlossene Benutzergruppe muss nach einhelliger Auffas- 145

370 Abrufbar unter www.kjm-online.de/fileadmin/Download_KJM/Recht/JuSchRiL.pdf [zuletzt abgerufen am 31.3.2017].

371 Vgl. *Grapentin* CR 2003, 458.

372 Ebenso *Ring* AfP 2004, 9, 11.

sung der zuständigen Stellen – in diesem Fall die Kommission für Jugendmedienschutz (KJM, vgl. § 14 JMStV) –, der Rechtsprechung und auch der Literatur für Kinder und Jugendliche eine effektive Barriere gegen den Zugang darstellen.[373] Inhaltliche Änderungen dürften sich daraus aber nicht ergeben. In der grundlegenden Entscheidung des BVerwG zur effektiven Barriere, die zwar zu § 184 StGB erging, aber allgemein als wegweisend für die Voraussetzungen von Altersverifikationssystemen (AVS) gesehen wird, heißt es, dass die „Wahrnehmung pornografischer Fernsehfilme durch Minderjährige effektiv erschwert" sein muss, dazu sei zum einen eine Feststellung des Alters notwendig und darüber hinaus muss noch eine weitere im System angelegte effektive Vorkehrung dafür sorgen, dass es Minderjährigen regelmäßig unmöglich ist, die entsprechenden Angebote wahrzunehmen.[374] Die Kommission für Jugendmedienschutz hat eine Liste veröffentlicht, auf der sie von ihr geprüfte und für ausreichend sicher erachtete Altersverifikationssysteme benennt.[375] Der Einsatz eines Altersverifikationssystems ist jedoch nicht auf ein dort gelistetes System beschränkt, sondern kann auch andere umfassen.

146 Es ist für eine effektive Barriere nach Auffassung der KJM ein zweistufiges System erforderlich, das im ersten Schritt eine zuverlässige Identifikation gewährleistet und im zweiten Schritt eine Authentifizierung der identifizierten Person bei der jeweiligen Nutzung. Die Identifikation kann grds. nur „face-to-face" geschehen, also durch einen persönlichen Kontakt, bei dem eine Erfassung eines amtlichen Ausweisdokuments genauso erforderlich ist, wie die Aufnahme der darin enthaltenen Daten in eine Datenbank.[376] Dieser Kontakt kann entweder durch das Post-Ident-Verfahren oder ähnliche Verfahren oder durch eine Verifikation in einem Ladengeschäft geschehen. Ein solches Verfahren bedeutet für Nutzer einen erheblichen Medienbruch und Zeitverzögerung. Für Anbieter ist es im Regelfall nicht tragfähig. Alternativ hat die KJM mittlerweile mehrere Verfahren positiv getestet, die auf eine bereits erfolgte „face-to-face"-Kontrolle etwas bei Eröffnung eines Bankkontos abstellen. Mittels des bei der Schufa verfügbaren Datenbestands können in diesem Fall die Anmeldedaten des Nutzers kontrolliert und dieser identifiziert werden. Technisch machbar, aber praktisch bisher weitgehend bedeutungslos ist die Identifizierung mittels der eID-Funktion des neuen Personalausweises. Ein Medienbruch bei der Auslieferung des Autorisierungscodes kann durch „Bankläufe", also der Übermittlung mittels Gut- oder Lastschrift im Online-Banking, oder durch Giropay-Überweisungen des Nutzers vermieden werden. Die im zweiten Schritt folgende Authentifizierung muss auf eine Art und Weise erfolgen, dass die einfache Weitergabe und/oder Vervielfältigung der Authentifizierungsmerkmale nicht möglich ist. Dies kann mittels technischer Maßnahmen erfolgen, also unter Einsatz einer Hardware-Komponente wie einer Chipkarte, einem USB-Stick oder ähnlichem, zu der zusätzlich noch eine PIN oder ein sonstiges Passwort abgefragt wird. Alternativ kommt eine subjektive Risikolösung in Betracht, bei der die Weitergabe durch das damit für den Nutzer verbundene Risiko, etwa finanzieller Art, verhindert wird.

---

373 Vgl. Eckpunkte der KJM zu AVS, abrufbar unter: www.kjm-online.de/telemedien/geschlossene-benutzergruppen.html [letzter Abruf 24.8.2017]; *BVerwG* AfP 2002, 257 ff.; *BGH* MMR 2003, 582 ff.; *KG* MMR 2004, 478 ff.; *Döring/Günter* MMR 2004, 231 ff.

374 *BVerwG* AfP 2002, 257, 260; diesen Maßstab übernehmend: *BGH* NJW 2008, 1882, 1884 – ueber18.de.

375 Abrufbar unter www.kjm-online.de/fileadmin/Download_KJM/Telemedien/AVS_Uebersicht.pdf [zuletzt abgerufen 24.8.2017].

376 Vgl. Eckpunkte der KJM zu AVS.

1.3 Entwicklungsbeeinträchtigende Angebote, § 5 JMStV

Mit der Kategorie der entwicklungsbeeinträchtigen Angebote nach § 5 JMStV kommt zu den absolut und relativ verbotenen Angebote nach § 4 JMStV noch eine dritte Stufe der unter den JMStV fallenden Telemedien hinzu. Entwicklungsbeeinträchtigende Angebote sind nach § 5 Abs. 1 JMStV dann gegeben, wenn sie die Entwicklung von Kindern und Jugendlichen zu einer eigenverantwortlichen und gemeinschaftsfähigen Persönlichkeit beeinträchtigen können.[377] 147

1.3.1 Der Begriff der Entwicklungsbeeinträchtigung

Die Entwicklung eines Kindes oder Jugendlichen wird in diesem Zusammenhang vom Gesetzgeber in zwei Ebenen betrachtet, nämlich der individuellen Entwicklung, sowie der sozialen Entwicklung, die beide zusammen nicht nur das soziale, geistige und seelische Wohl des Kindes oder Jugendlichen sicherstellen sollen, sondern die Persönlichkeit mit ihrem Sozialbezug insgesamt betreffen.[378] Die für die Entwicklung wichtigen Wertmaßstäbe ergeben sich vor allem aus der Verfassung, deren Grundwerte den Maßstab des gemeinschaftlichen Zusammenlebens bilden.[379] Darin eingeschlossen ist der respektvolle Umgang mit seinen Mitmenschen und Faktoren wie die Gleichberechtigung von Mann und Frau und weitere sozialethische Faktoren.[380] 148

Eine Entwicklungsbeeinträchtigung setzt voraus, dass das Kind in seiner Entwicklung zum eigenverantwortlichen und gemeinschaftsfähigen Individuum gehemmt, gestört oder geschädigt wird, wobei grds. eine Gesamtbetrachtung des in Frage stehenden Angebots, also bspw. des betreffenden Spielfilms, stattzufinden hat.[381] Allerdings können einzelne schwerwiegende Abschnitte, die ein Angebot prägen oder auch wegen der Gefahr des Zappings, also des nur kurzen Hereinschauens, ohne aber den gesamten Zusammenhang zu erfassen, in manchen Fällen es auch erforderlich machen, auf diese einzelnen Abschnitte für die Entwicklungsbeeinträchtigung abzustellen. Bei der Beurteilung, ob ein Angebot geeignet ist, die Entwicklung Kinder und Jugendlicher zu beeinträchtigen, kann nicht auf einen durchschnittlichen Minderjährigen abgestellt werden, sondern es muss nach 3.1.2 JuSchRiL der Landesmedienanstalten Rücksicht auf die schwächeren und noch nicht so entwickelten („gefährdungsgeneigte") Mitglieder der jeweiligen Altersgruppen genommen werden. 149

§ 5 Abs. 2 JMStV sieht eine Vermutungsregelung vor für Angebote, die bereits eine Alterseinstufung nach dem JuSchG erfahren haben, wobei diese Einstufung nachwirkt, also eine Einstufung eines Kinofilms auch für die Verbreitung via Rundfunk oder als Telemedium heranzuziehen ist.[382] Jedoch handelt es sich bei dieser Vermutungsregelung um eine solche, die widerlegbar ist. Das heißt, der Anbieter kann unter bestimmten Umständen die KJM oder eine von dieser anerkannten Stelle der Freiwilligen Selbstkontrolle um eine Ausnahmegenehmigung ersuchen. Für Rundfunkangebote bestimmt § 9 JMStV das Verfahren für die Widerlegbarkeit. Diese Umstände 150

377 Die durch den 19. RfÄndStV in S. 2 eingefügten Altersstufen entsprechen den Alterskohorten des § 14 Abs 2 JuSchG und haben allenfalls deklaratorische Bedeutung.

378 Vgl. Spindler/Schuster/*Erdemir* § 5 JMStV Rn. 5; *Hartstein/Ring/Kreile/Dörr/Stettner* § 5 JMStV Rn. 12.

379 Vgl. *Liesching BeckOK* § 5 JMStV Rn. 2.

380 S. hierzu *VG Hannover* K&R 2007, 230, 232.

381 *Hartstein/Ring/Kreile/Dörr/Stettner* § 5 JMStV Rn. 2.

382 *OVG Berlin* NJW 2003, 840, 841; *Erdemir* CR 2005, 275, 277.

können einerseits darin zu sehen sein, dass die Alterseinstufung sehr lange zurückliegt (15 Jahre) oder Änderungen an dem jeweiligen Angebot vorgenommen wurden, die eine Entwicklungsbeeinträchtigung ausschließen. Die Regelung findet entsprechend Anwendung auf Telemedienangebote.[383] Mit dem 19. Rundfunkänderungsstaatsvertrag wurde ein neues Verfahren zur Alterskennzeichnung von TV-Produkten und Online-Angeboten eingeführt (vgl. § 5 Abs. 2 S. 3–5 JMStV).[384] Nach dem Durchwirkungsverfahren können Altersbewertungen von den anerkannten JMStV-Selbstkontrolleinrichtungen für die Auswertung auf DVD und Blu-ray übernommen werden. Dies gilt sowohl für Rundfunk- als auch Telemedienangebote.

1.3.2 Die Folgen einer Einstufung als entwicklungsbeeinträchtigend

151 Soweit ein Angebot als entwicklungsbeeinträchtigend für bestimmte Altersgruppen von Minderjährigen einzustufen ist, hat der Anbieter gem. § 5 Abs. 1 JMStV dafür Sorge zu tragen, dass Kinder oder Jugendliche der entsprechenden Altersgruppe üblicherweise nicht wahrnehmen können. Damit ist nicht gemeint, dass die betroffenen Altersgruppen sie gar nicht wahrnehmen können dürfen, sondern es muss im Regelfall bei normalen Medienkonsumverhalten ausgeschlossen sein.

152 Der Gesetzgeber hat dem Anbieter mehrere Möglichkeiten gegeben, seinen Pflichten aus § 5 Abs. 1 JMStV nachzukommen. Gem. § 5 Abs. 3 Nr. 1 und Nr. 2 JMStV kann er dies entweder durch technische oder sonstige Mittel tun oder dadurch, dass er die betreffenden Angebote nur zu einer Zeit ausstrahlt, in der Minderjährige sie nicht wahrnehmen. Letzteres Kriterium ist für Anbieter von Telemedien so gut wie immer unpraktikabel, nämlich dann, wenn sie Betreiber von Angeboten wie Webseiten oder Video-on-Demand-Diensten sind, deren Vorteil gerade ist, dass sie jederzeit und überall abgerufen werden können. Solchen Anbietern kommt § 5 Abs. 3 Nr. 1 JMStV entgegen, der es erlaubt, den Pflichten aus § 5 Abs. 1 JMStV dadurch nachzukommen, dass technische oder sonstige Mittel die Wahrnehmung des Angebots durch Kinder oder Jugendliche der betroffenen Altersstufe unmöglich machen oder wesentlich erschweren. Dabei ist der Anbieter gerade nicht auf technische Mittel beschränkt, sondern er kann auch von den Nutzern die Zusendung einer Personalausweiskopie verlangen oder die Nutzung kostenpflichtig machen.[385] Ihm bleibt es auch unbenommen, eine geschlossene Benutzergruppe einzurichten. Deklaratorisch wurde § 5 Abs. 3 S. 2 JMStV eingefügt, wonach nicht entwicklungsbeeinträchtigende Angebote als „ohne Altersbeschränkung" gekennzeichnet und ohne Einschränkung verbreitet werden können.

153 Die Nutzung technischer Mittel sollte für einen Anbieter erste Wahl sein, da es den Arbeitsaufwand vor allem für Angebote mit einem größeren Nutzerkreis erheblich verringert, weil der Anbieter nicht mehr eigenhändig die Personalausweiskopien verwalten muss. Allerdings bestehen für die Anbieter auch gewisse Hürden in dieser Frage, denn zum einen müssen die technischen Mittel auch durch die Nutzer akzep-

---

383 Vgl. *Liesching* BeckOK § 9 JMStV Rn. 7.

384 Dieses Verfahren ist in der Literatur zu Recht auf heftige Kritik gestoßen. Die Durchwirkungsregelungen sind verfassungswidrig. Denn sie überschreiten die Gesetzgebungskompetenz der Bundesländer, denn die Freigabe von Trägermedien ist abschließend in § 14 Abs. 6 S. 2 JuSchG geregelt. Insofern ist im Rahmen der konkurrierenden Gesetzgebung die Gesetzgebungskompetenz der Länder wegen der Bundesgesetzgebung gesperrt, ebenso *Liesching BeckOK* § 5 JMStV Rn. 7; *Schwiddessen* ZUM 2016, 716, 727 ff.

385 *Liesching* BeckOK § 5 JMStV Rn. 9.

tiert werden und zum anderen sollten die jeweiligen technische Mittel durch die KJM gem. § 11 Abs. 1 S. 2 JMStV als Jugendschutzprogramm anerkannt sein.[386] Ohne eine solche Anerkennung begeht der Anbieter eine Ordnungswidrigkeit nach § 24 Abs. 1 Nr. 4 JMStV, wenn das genutzte Programm als „technisches Mittel" unzulänglich ist und ein Verstoß gegen § 5 Abs. 1 JMStV vorliegt.[387] Ein Jugendschutzprogramm ist geeignet, wenn es einen nach Altersstufen differenzierten Zugang zu Telemedien ermöglicht und eine dem Stand der Technik entsprechende Erkennungsleistung ausweist. Es muss darüber hinaus benutzerfreundlich ausgestaltet und nutzerautonom verwendbar sein. Ein Jugendschutzprogramm kann vom Anbieter auf zwei Seiten genutzt werden, um den Vorgaben des § 11 JMStV zu entsprechen: entweder er schaltet ein solches Programm vor, das heißt, er gestaltet das Angebot so, dass nur nach der Anmeldung bei einem solchen Jugendschutzprogramm die Nutzung möglich wird, oder er programmiert sein Angebot in einer Weise, dass ein nutzerseitig eingesetztes Programm entsprechende Funktionen ausüben kann. Erstere Methode ähnelt stark den AVS der geschlossenen Benutzergruppen, die grds. auch Anwendung finden können. Wie für die AVS für Angebote nach § 4 Abs. 2 JMStV gilt auch bei § 11 JMStV i.V.m. § 5 Abs. 3 Nr. 1 JMStV, dass ein System, das nur die Eingabe einer Personalausweis- oder Kreditkartennummer erfordert, nicht ausreichend ist, da diese zu leicht anderweitig zu beschaffen sind und damit Minderjährige das System zu leicht umgehen können.[388] Bei der zweiten Methode versieht der Anbieter sein Angebot mit sog. Ratings oder Labeln, die den Inhalt charakterisieren und von nutzerseitigen Programmen ausgelesen werden, welche dann den Zugang zu den Inhalten nur bestimmten Personen ermöglichen.[389] Die zweite Methode setzt verstärkt auf die Erziehungsverantwortung der Eltern von Minderjährigen, da sie die entsprechenden Programme installieren bzw. aktivieren und schließlich konfigurieren müssen. Für den Anbieter stellen sie allerdings eine geringere Beeinträchtigung seiner Tätigkeit dar, da prinzipiell die generelle Erreichbarkeit aufrechterhalten wird und nur bei aktiviertem nutzerseitigen Filterprogramm der Inhalt eingeschränkt dargestellt wird. Außerdem können die Nutzer hier eher bestimmen, was sie als gefährlich einstufen und was nicht, es findet insoweit keine Vorauswahl durch den Anbieter statt.[390]

Die Vorschrift war faktisch lange Zeit bedeutungslos. Erst 2012 hat die KJM die **154** Anerkennungen zweier Jugendschutzprogramme ausgesprochen („JusProg" das Jugendschutzprogramm der DTAG), die sich aber zunächst nur auf die entwicklungsbeeinträchtigenden Inhalte „ab 16" erstrecken sollte. Für „ab 18"-Angebote sollte die Anerkennung erst ab Sommer 2013 gelten und stand zudem unter Widerrufsvorbehalt.[391] Insbesondere der Widerrufsvorbehalt hat erhebliche rechtliche Zweifel ausgelöst, da der Vorbehalt „von dem nicht fristgerechten Nachweis einer ‚wesentlichen Verbreitung' der Schutzoption des Jugendschutzprogramms im jeweiligen Einzelfall

---

386 Kriterien für die Anerkennung hat die KJM unter www.kjm-online.de/fileadmin/Download_KJM/Rundfunk/Informationen-fr-JSP-Anbieter_Stand_2011-05-11.pdf veröffentlicht [letzter Abruf 24.8.2017].

387 Die Anerkennung selber ist aber nur fakultativ, Spindler/Schuster/*Erdemir* § 11 JMStV Rn. 7.

388 *OLG Dresden* NJOZ 2007, 1564, 1571; es stellt sich auch die Frage, ob nach dieser Entscheidung die Zusendung einer Personalausweiskopie weiterhin ausreichend ist, denn auch solche Kopien sind leicht zu erhalten, so dass die Situation ähnlich der Eingabe der Personalausweisnummer ist.

389 Die gängigen Internetbrowser sehen solche Funktionen vor.

390 Vgl. *Grapentin* CR 2003, 458, 461.

391 *Liesching* MMR 2013, 368; vgl. *Braml/Hopf* ZUM 2012, 361.

abhängig gemacht" wurde, es jedoch doch Aufgabe der KJM sei, bereits im Anerkennungsverfahren das Vorliegen der gesetzlichen Voraussetzungen für die Anerkennung zu prüfen. [392]

155 Ist eine entwicklungsbeeinträchtigende Wirkung nur auf Kinder zu befürchten, kommt der Anbieter bei einer Trennung des Angebots von seinen Angeboten für Kinder der Verpflichtung nach § 5 Abs. 1 JMStV nach. Bei Telemedien, die sich Nachrichten und Berichten zum politischen Zeitgeschehen widmen, ist § 5 Abs. 1 JMStV gem. § 5 Abs. 6 JMStV nicht anwendbar. Dies galt bis Oktober 2016, soweit ein berechtigtes Interesse an einer konkreten Darstellung oder Berichterstattung bestand. Das bedeutete, dass eine solche Berichterstattung auch dann zulässig war, wenn sie entwicklungsbeeinträchtigend für Minderjährige war. Allerdings galt dies nur solange, wie die Berichterstattung ausschließlich der Information dient, eine reißerische oder voyeuristische Berichterstattung ist von der Ausnahme des § 5 Abs. 6 JMStV nicht gedeckt.[393] Durch den 19. RÄndStV wurde durch die Abänderung des Wortlauts eine „Beweislastumkehr" vorgenommen. Nunmehr gilt die Privilegierung von Inhalten zum politischen Zeitgeschehen, es sei denn, es besteht kein berechtigtes Interesse an der konkreten Form der Darstellung oder Berichterstattung.

156 Werden Inhalte periodischer Druckerzeugnisses in Text und Bild wiedergegeben, gelten die Beschränkungen des § 5 Abs. 1 JMStV erst dann, wenn die KJM gegenüber dem Anbieter festgestellt hat, dass das Angebot entwicklungsbeeinträchtigend ist. Der ebenfalls durch den 19. RfÄndStV eingefügte Abs. 7 soll der fortschreitenden Medienkonvergenz Rechnung tragen und eine Angleichung an die Offline-Rechtslage bewirken, da Druckerzeugnisse zunehmend online vertrieben werden.[394] Die den Druckerzeugnissen inhaltlich identischen Angebote können demzufolge grds. uneingeschränkt verbreitet werden. Indes ist noch unklar, was der Gesetzgeber mit einer „Angleichung der Rechtslage an den Offline-Bereich" meint. Denn für entwicklungsbeeinträchtigende – anders als für gefährdende – Druckerzeugnisse bestehen keinerlei gesetzlichen Einschränkungen. Darüber hinaus ist fraglich, was unter der KJM-Feststellung zu verstehen ist. Denkbar wäre, die Feststellung (a) als Hinweis gem. § 18 Abs. 4 JMStV oder (b) als eine Form der Beanstandung i.S.d. § 20 Abs. 4 JMStV i.V.m. § 59 Abs. 2–4 RStV einzuordnen. Für die Annahme einer Beanstandung spricht, dass nach der (nachteiligen) Feststellung die Beschränkungen des § 5 Abs. 1 JMStV fortgelten. Dies hat Regelungscharakter mit Außenwirkung und stellt somit einen Verwaltungsakt dar, gegen den die Anfechtungsklage statthaft ist. Für die Annahme eines informellen Hinweises sprechen insbesondere der Verhältnismäßigkeitsgrundsatz und der Sinn und Zweck der Privilegierung, die ins Leere liefe, müsste der Anbieter kostenpflichtige Beanstandungen erwarten. Die Gesetzgebung ist nunmehr gefordert, diesen rechtsunsicheren Zustand zu beseitigen.

2. Jugendschutzbeauftragter

157 Um eine umfassendere Achtung der Vorschriften des JMStV zu gewährleisten, normiert § 7 JMStV die Pflicht, einen Jugendschutzbeauftragten zu bestellen, der gewisse Aufgaben im Umfeld von Telemedien mit zumindest teilweise entwicklungsbeeinträchtigenden oder jugendgefährdenden Inhalten zu erfüllen hat.

---

392 *VG Neustadt a.d.W.* MMR 2013, 408; s. *Liesching* MMR 2013, 368, 370 f.
393 *Bornemann* NJW 2003, 787, 790.
394 Vgl. BayLT-Drucks. 17/9700, 25.

2.1 Von der Verpflichtung erfasste Anbieter

Die zur Bestellung eines Jugendschutzbeauftragten verpflichteten Anbieter sind solche, die geschäftsmäßig Telemedien anbieten, die allgemein zugänglich sind und entwicklungsbeeinträchtigende oder jugendgefährdende Inhalte enthalten, sowie Anbieter von Suchmaschinen, unabhängig davon, ob entsprechende Inhalte enthalten sind, § 7 Abs. 1 JMStV. 158

2.1.1 Geschäftsmäßiges Anbieten von Telemedien

Der Begriff der Geschäftsmäßigkeit ist im JMStV nicht legaldefiniert. Es kann aber für seine inhaltliche Bedeutung auf die aus dem TMG bekannte Definition einer geschäftsmäßigen Tätigkeit als jede nachhaltige Tätigkeit mit oder ohne Gewinnerzielungsabsicht Rückgriff genommen werden.[395] Beachtet werden muss, dass die geschäftsmäßigen Telemedien im Rahmen des § 7 Abs. 1 JMStV nicht in der Regel gegen Entgelt erbracht werden müssen, wie das § 5 TMG für die Informationspflichten der Anbieter erfordert. Die Verpflichtung des § 7 JMStV trifft also auch Anbieter, die keine gewerbsmäßigen Absichten verfolgen und hat damit einen deutlich erweiterten Adressatenkreis als z.B. § 5 TMG. Vor dem Hintergrund der hohen Schutzwürdigkeit mit Verfassungsrang des Jugendschutzes ist ein solch erweiterter Adressatenkreis aber auch gerechtfertigt, denn für die Entwicklung eines Kindes oder Jugendlichen ist es unerheblich, ob sie durch ein entgeltpflichtiges oder ein kosten- und werbefreies Angebot gefährdet wird. Die Gefahrenlage ist in beiden Fällen identisch. 159

2.1.2 Allgemein zugängliches Telemedium

Das jeweilige Angebot muss nicht nur geschäftsmäßig erbracht werden, sondern auch allgemein zugänglich sein. Es werden also alle Telemedien erfasst, die von einem unbestimmten Personenkreis abgerufen werden können. Eine geschlossene Benutzergruppe i.S.d. § 4 Abs. 2 JMStV kann die Pflicht zur Bestellung eines Jugendschutzbeauftragten entfallen lassen, da der Sinn und Zweck der Einsetzung eines Jugendschutzbeauftragten, Angebote vor der Verbreitung einer Prüfung unter dem Gesichtspunkt des Jugendschutzes zu unterziehen, nicht verfolgt werden muss, wenn sich die Angebote von vornherein nur an Erwachsene richten.[396] 160

2.1.3 Enthalten von entwicklungsbeeinträchtigenden oder jugendgefährdenden Inhalten

Die Pflicht zur Bestellung des Jugendschutzbeauftragten trifft nur Anbieter von solchen Telemedien, die auch tatsächlich Inhalte enthalten, die von §§ 4, 5 JMStV erfasst werden. Soweit das Angebot keinerlei solche Inhalte enthält, wie das vor allem bei werbenden Inhalten für Produkte, die keinerlei Jugendschutzrelevanz haben, der Fall sein kann, ist die Bestellung eines Jugendschutzbeauftragten nicht erforderlich. Für die Beurteilung, ob solche Inhalte in dem Telemedien enthalten sind, ist zum einen auf die aktuelle Situation abzustellen, es ist aber zum anderen auch eine Prognose vorzunehmen, ob die durch das Angebot behandelten Themenbereiche regelmäßig auch jugendgefährdende oder zumindest entwicklungsbeeinträchtigende Materien behandeln können.[397] 161

395 S. Rn. 70.
396 Spindler/Schuster/*Erdemir* § 7 JMStV Rn. 8.
397 *Erdemir* K&R 2006, 500, 501.

2.1.4 Ausnahme für kleine Anbieter von Telemedien

162 Bestimmte Anbieter von Telemedien sind von der Verpflichtung der Bestellung eines Jugendschutzbeauftragten auch dann ausgenommen, wenn sie die eben genannten Bedingungen erfüllen. § 7 Abs. 2 JMStV befreit die Anbieter von der Bestellpflicht, die weniger als 50 Mitarbeiter beschäftigen oder nachweislich weniger als zehn Millionen Zugriffe im Monat auf ihr Angebot verbuchen. Dieser Wert ist als monatlicher Durchschnittswert über ein Jahr gerechnet zu erfassen und die Zugriffe sind nicht die Anzahl der verschiedenen Besucher des Angebots, sondern die tatsächliche Häufigkeit der Wahrnehmung des Angebots. Allerdings werden diese kleinen Anbieter nicht vollständig von den Obligationen aus § 7 JMStV entlastet, sie müssen sich vielmehr einer Organisation der Freiwilligen Selbstkontrolle anschließen und die Aufgaben des Jugendschutzbeauftragten durch diese wahrnehmen lassen. Sind sie dazu nicht bereit, müssen auch diese Anbieter einen Jugendschutzbeauftragten bestellen.

2.2 Aufgaben des Jugendschutzbeauftragten

163 Laut § 7 Abs. 3 JMStV ist der Jugendschutzbeauftragte Ansprechpartner für die Nutzer und er berät den Anbieter in Fragen des Jugendschutzes. Er erfüllt also eine Doppelfunktion, die sowohl das Vertrauen der Nutzer in das Angebot sicherstellen soll, als auch eine präventiv-gestaltende Rolle bei der Erstellung und Gestaltung des konkreten Angebots einnimmt.

164 Als Ansprechpartner der Nutzer für Fragen des Jugendschutzes übernimmt der Jugendschutzbeauftragte eine Ombudsfunktion, die unter anderem dazu dienen soll, dass ein Nutzer, der Bedenken wegen der Gestaltung des Angebots hat, nicht unbedingt direkt mit der Geschäftsführung sprechen möchte, sondern zunächst eine andere, für ihn weniger einschüchternde Ansprechperson bevorzugt. Neben der Entgegennahme von Beschwerden über Inhalte können auch die Beratung von Eltern zur Anwendung von nutzerseitigen Jugendschutzprogrammen oder auch, soweit ausnahmsweise erforderlich, die Information von Jugendschutz- oder Strafverfolgungsbehörden zur Ombudsfunktion des Jugendschutzbeauftragten gehören.[398]

165 Die wichtigere Aufgabe des Jugendschutzbeauftragten ist aber die Beratung des Anbieters in Fragen der Gestaltung des Angebots. Hierzu ist er gem. § 7 Abs. 3 S. 2 JMStV angemessen und rechtzeitig an Planungsprozessen zu beteiligen und zu informieren. Damit einher geht auch, dass er befugt ist, dem Anbieter Beschränkungen oder Änderungen des Angebots vorzuschlagen, § 7 Abs. 3 S. 3 JMStV. Der Anbieter ist jedoch nicht verpflichtet, den Anregungen des Beauftragten für Jugendschutz Folge zu leisten, dem Beauftragten stehen auch kein Vetorecht oder ähnliche Instrumente zu. Die Tätigkeit des Jugendschutzbeauftragten geht auch nicht so weit, dass er bei jeder unternehmerischen Entscheidung zu beteiligen wäre,[399] es beschränkt sich auf die für das Telemedienangebot relevanten Aspekte. Der Anbieter hat seit der Novellierung des JMStV wesentliche Informationen über den Jugendschutzbeauftragten leicht erkennbar, unmittelbar erreichbar und ständig verfügbar zu halten. Insbesondere müssen sie Namen und Daten enthalten, die eine schnelle elektronische Kontaktaufnahme ermöglichen. Wegen der Umsetzung können die Grundsätze des § 5 Abs. 1 TMG herangezogen werden.

---

398 Vgl. *Liesching* CR 2001, 845, 846; *Erdemir* K&R 2006, 500, 503.
399 *Erdemir* K&R 2006, 500, 503; vgl. *Liesching* BeckOK § 7 Rn. 12.

2.3 Anforderung an die Bestellung eines Jugendschutzbeauftragten

Für die Wahrnehmung seiner Aufgaben muss die beauftragte Person hinreichend qualifiziert sein, § 7 Abs. 4 JMStV. Das bedeutet zwar nicht, dass der Jugendschutzbeauftragte eine vertiefte Ausbildung in den Belangen des Jugendschutzes genossen haben muss, aber es wird doch eine zumindest in Grundzügen vorhandene praktische Erfahrung in der Angebotsbewertung und/oder der Befassung mit dem Jugendschutz verlangt.[400] Dazu gehören in Grundzügen auch juristische Kenntnisse, um mit den Bestimmungen des JMStV, JuSchG und StGB umgehen zu können.[401] 166

Der Jugendschutzbeauftragte kann sowohl aus dem Unternehmen des Anbieters kommen, als auch eine externe Person sein. In jedem Fall hat er ausdrücklich weisungsfrei zu arbeiten und er darf nicht benachteiligt werden, weil er seine Aufgaben wahrnimmt. Dazu sind ihm auch die notwendigen Mittel zur Verfügung zu stellen und er ist, soweit das nötig sein sollte, für seine Aufgaben unter Fortzahlung der Bezüge von seiner normalen Arbeit freizustellen. Die Weisungsfreiheit bedingt, dass eine Bestellung des Geschäftsführers eines Unternehmens zum Jugendschutzbeauftragten, wie es sich gerade für kleine Anbieter teilweise vermeintlich anbietet, nicht möglich ist. Eine solche Vorgehensweise ist mit der Funktion des Jugendschutzberaters als unabhängiger Berater des Anbieters und Ansprechpartner nicht vereinbar; es ist schlechthin nicht vorstellbar, zugleich die Beratungsfunktion als auch eine tragende Funktion bei geschäftsleitenden Entscheidungen einzunehmen. 167

Da es grds. auch möglich ist, externe Personen als Jugendschutzbeauftragte zu bestellen, kommt es auch immer wieder vor, dass Rechtsanwälte diese Position übernehmen. Das ist nicht zwingend notwendig, die Aufgaben des Jugendschutzbeauftragten stellen keine Rechtsberatung i.S.d. RDG dar, auch wenn sie juristische Elemente beinhalten mögen.[402] Allerdings besteht die Gefahr des Verlusts der anwaltlichen Unabhängigkeit, sollte der als Jugendschutzbeauftragte Rechtsanwalt gleichzeitig auch den Anbieter in Fragen des Jugendschutzes anwaltlich vertreten.[403] Von einer solchen Konstellation sollte also Abstand genommen werden. 168

VI. Aufsicht

Die Aufsicht über Telemedien und die mit ihnen in Zusammenhang stehenden Thematiken differenziert je nach in Frage stehendem Sachverhalt. Die meisten Aufsichtsbestimmungen sind im RStV zu finden, für den Jugendschutz jedoch befinden sich eigene Regelungen im JMStV. Die Aufsicht über Telemedien im Allgemeinen führen nach Landesrecht bestimmte Aufsichtsbehörden, § 59 Abs. 2 RStV, die Eingriffsbefugnisse bis hin zur Untersagung oder Sperrung eines Telemediendienstes haben (vgl. § 59 Abs. 3–5 RStV). Die Aufsicht über die Datenschutzbestimmungen, inklusive des Redaktionsdatenschutzes, haben dagegen die nach den allgemeinen Datenschutzbestimmungen zuständigen Behörden des Bundes und der Länder, § 59 Abs. 1 RStV. 169

400 Vgl. *Liesching* BeckOK § 7 Rn. 13.
401 *Erdemir* K&R 2006, 500, 504.
402 *OLG Düsseldorf* CR 2003, 447 ff.; a.A. *Strömer* K&R 2002, 643 ff.
403 Ausf. dazu *Knöfel* MMR 2005, 816 ff.; *Erdemir* K&R 2006, 500, 505 sieht in so einer Situation die Bestellung des Rechtsanwalt zum Jugendschutzbeauftragten als nicht ordnungsgemäß an und weist auf die Gefahr eines Ordnungsgeldes nach § 24 Abs. 1 Nr. 8 i.V.m. Abs. 3 JMStV hin.

Lediglich Unternehmen und Hilfsunternehmen der Presse als Anbieter von journalistisch-redaktionellen Telemedien, die sich dem deutschen Presserat angeschlossen haben, sind von dieser Aufsicht ausgenommen, § 59 Abs. 1 S. 3 RStV. Die Aufsicht über Anbieter von Telemedien mit journalistisch-redaktioneller Gestaltung ist in § 59 Abs. 6 RStV geregelt.

170 Die Aufsicht über Jugendschutzbestimmungen ist nicht im RStV geregelt, sondern wie die Jugendschutzbestimmungen selbst, im JMStV. Dort bestimmt § 20 Abs. 4 JMStV, dass die Aufsicht die zuständige Landesmedienanstalt durch die KJM führt und dass dies entsprechend § 59 Abs. 2-4 RStV geschieht, aber §§ 7–10 TMG geachtet werden müssen. Sollte ein Anbieter von Telemedien sich einer anerkannten Einrichtung der Freiwilligen Selbstkontrolle unterworfen haben, muss die KJM zunächst diese mit der Angelegenheit befassen, § 20 Abs. 5 JMStV.

171 Für alle Fälle der Aufsichtsführung gilt, dass die Anbieter dafür Sorge zu tragen haben, dass die Aufsichtsbehörden auf die Angebote entgeltfrei zugreifen können und die Aufsichtsbehörden nicht vom Zugriff auf die Angebote ausgeschlossen werden dürfen, § 59 Abs. 7 RStV.

Soziale Medien

11. Kapitel
Rechtsfragen beim Einsatz sozialer Medien

Literatur: *Berberich* Der Content „gehört" nicht Facebook! AGB-Kontrolle der Rechteeinräumung an nutzergenerierten Inhalten, MMR 2010, 736; *Bornemann/Erdemir (Hrsg.)* Jugendmedienschutz-Staatsvertrag, 2017; *Bräutigam* Das Nutzungsverhältnis bei sozialen Netzwerken – Zivilrechtlicher Austausch von IT-Leistung gegen personenbezogene Daten, MMR 2012, 635; *Bundesverband Digitale Wirtschaft (BVDW) e.V.* Social Media Kompass 2012/2013; *Busemann* Ergebnisse der ARD/ZDF-Onlinestudie 2013: Wer nutzt was im Social Web?, Media Perspektiven 7-8/2013, 391; *Däubler* Persönlichkeitsschutz des Arbeitnehmers im Internet, DuD 2013, 759; *Dörr* Die Googleisierung der Informationssuche, K&R 12/2013, Editorial; *ders.* Ein Grundrecht der Medienfreiheit – Gleiches Recht für alle?, K&R Beihefter 2/2013 zu Heft 5, 9; *Dörr/Schwartmann* Medienrecht, 5. Aufl. 2015; *Düwell/Brink* Die EU-Datenschutz-Grundverordnung und der Beschäftigtendatenschutz, NZA 2016, 665; *Ernst* Social Networks und Arbeitnehmer-Datenschutz, NJOZ 2011, 953; *ders.* Social Plugins: Der „Like-Button" als datenschutzrechtliches Problem, NJOZ 2010, 1917; *Föhlisch/Pilous* Der Facebook Like-Button – datenschutzkonform nutzbar? – Analyse und Risikoeinschätzung des „Gefällt mir"-Buttons auf Webseiten, MMR 2015, 631; *Gersdorf* pro media 5/2017, 33; *Gola/Jaspers/Müthlein/Schwartmann* Datenschutz-Grundverordnung im Überblick, 5. Aufl. 2017; *Gola* DSGVO, 2017; *Gola/Reif* Kundendatenschutz – Leitfaden für die Praxis, 3. Aufl. 2011; *Gola/Schomerus* Bundesdatenschutzgesetz, 12. Aufl. 2015; *Grabs/Bannour* Follow me! Erfolgreiches Social Media Marketing mit Facebook, Twitter und Co., 3. Aufl. 2014; *Hahn/Vesting (Hrsg.)* Rundfunkrecht, 3. Aufl. 2012; *Hain* Ist die Etablierung einer Internetdienstefreiheit sinnvoll?, K&R 2012, 98; *Härting* Allgegenwärtige Prüfungspflichten für Intermediäre, CR 2013, 443; *Hartstein/Ring/Kreile/Dörr/Stettner/Cole* Rundfunkstaatsvertrag, Kommentar zum Staatsvertrag RStV und JMStV, Loseblatt; *Haug* Geldentschädigung bei Persönlichkeitsverletzung im Internet, K&R 2014, 235; *Hentsch/Schwartmann* Falltraining im Urheberrecht, 2017; *Hoeren/Bensinger (Hrsg.)* Praxishandbuch Haftung im Internet, 2014; *Hoeren/Sieber/Holznagel (Hrsg.)* Multimedia-Recht, Loseblatt; *Hoffmann-Riem* Regelungsstrukturen für öffentliche Kommunikation im Internet, AöR 2012, 509; *Holznagel* Die Zukunft der Mediengrundrechte in Zeiten der Konvergenz, MMR 1/2011, Editorial; *Hopf/Braml* Die Entwicklung des Jugendmedienschutzes 2012/2013, ZUM 2013, 837; *Hornung/Müller-Terpitz (Hrsg.)* Rechtshandbuch Social Media, 2. Aufl. 2015; *Keber* Rechtskonformer Einsatz von Social Media im Unternehmen – Ausgewählte Einzelaspekte im Lichte aktueller Rechtsprechung; RDV 2014, 1; *Kilian/Heussen (Hrsg.)* Computerrecht, Loseblatt; *Kindhäuser/Neumann/Paeffgen (Hrsg.)* Strafgesetzbuch, 4. Aufl. 2013; *Köhler/Bornkamm (Hrsg.)* UWG, 35. Aufl. 2017; *Krüger/Maucher* Ist die IP-Adresse wirklich ein personenbezogenes Datum? Ein falscher Trend mit großen Auswirkungen auf die Praxis, MMR 2011, 433; *Kühling/Buchner* DSGVO, 2017; *Lackner/Kühl (Hrsg.)* StGB, 28. Aufl. 2014; *Laue/Nink/Kremer* Das neue Datenschutzrecht in der betrieblichen Praxis, 2016; *Leupold/Glossner* Münchener Anwaltshandbuch IT-Recht, 3. Aufl. 2013; *Lichtnecker* Die Werbung in sozialen Netzwerken und mögliche hierbei auftretende Probleme, GRUR 2013, 135; *Martini* Digitaler Nachlass und postmortaler Persönlichkeitsschutz im Internet, JZ 2012, 1145; *Maunz/Dürig (Hrsg.)* Grundgesetz-Kommentar, Loseblatt; *Mende/Oehmichen/Schröter* Gestaltwandel und Aneignungsdogmatik des Internets – Befunde aus den ARD/ZDF-Onlinestudien 1997 bis 2012, Media Perspektiven 1/2013, 33; *Möller/Walter* Kontakte als Geschäftsgeheimnis?,

Arbeit und Arbeitsrecht 1/2014, 8; *Müller-Broich* TMG, 2012; *Müller-Glöge/Preis/Schmidt* Erfurter Kommentar zum Arbeitsrecht, 17. Aufl. 2017; *Müller-Riemenschneider/Specht* Share oder Like? – Zur Reichweite der Einwilligung bei der Einbindung von Facebook-Buttons, K&R 2014, 77; *Nordemann* AGB-Kontrolle von Nutzungsrechtseinräumungen durch den Urheber, NJW 2012, 3121; *Oberwetter* Soziale Netzwerke im Fadenkreuz des Arbeitsrechts, NJW 2011, 417; *Ohly/Sosnitza* UWG, 7. Aufl. 2016; *Paal/Pauly* Datenschutz-Grundverordnung, 2017; *Palandt (Hrsg.)* Bürgerliches Gesetzbuch, 76. Aufl. 2017; *Pießkalla* Zur Reichweite der Impressumspflicht in sozialen Netzwerken, ZUM 2014, 368; *Piltz* Rechtswahlfreiheit im Datenschutzrecht?, K&R 2012, 640; *Rauer/Ettig* Kommentar zu EuGH, Urteil vom 13.2.2014 – C-466/12, K&R 2014, 256; *Roggan* G-10-Gesetz, 2012; *Rosenbaum/Tölle* Aktuelle rechtliche Probleme im Bereich Social Media – Überblick über die Entscheidungen der Jahre 2011 und 2012, MMR 2013, 209; *Roßnagel* Europäische Datenschutz-Grundverordnung 2016; *Sack* Der EuGH zu Art. 3 E-Commerce-Richtlinie – die Entscheidung „eDate Advertising", EWS 2011, 513; *Schönke/Schröder (Hrsg.)* Strafgesetzbuch, 29. Aufl. 2014; *Schricker/Loewenheim (Hrsg.)* Urheberrecht, 5. Aufl. 2017; *Schüßler/Zöll* EU-Datenschutz-Grundverordnung und Beschäftigtendatenschutz, DuD 2013, 639; *Schwartmann* Datentransfer in die Vereinigten Staaten ohne Rechtsgrundlage, EuZW 2015, 864; *ders.* Die Kunst des würdevollen Witzes, consulting.de v. 18.5.2017; *ders.* Die Meinungsfreiheit endet an den Schranken des Grundgesetzes, Interview in pro media 3/2017; *ders.* Für ein Mediengrundrecht, K&R 5/2013, Editorial; *ders.* So bekämpft man die Lüge im Netz, Frankfurter Allgemeine Zeitung vom 16.1.2017, 9; *Schwartmann/Hentsch* Eigentum an Daten – Das Urheberrecht als Pate für ein Datenverwertungsrecht, RDV 2015, 221; *dies.* Falltraining im Urheberrecht, 2017; *Schwartmann/Keber* Internetauftritt – So machen Sie Ihr soziales Netzwerk und Ihre Homepage rechtssicher, 2012; *Schwartmann/Keber/Godefroid* Sicherheit beim Surfen und Kommunizieren im Internet, 2014 (in Druck); *Schwartmann/Keber/Silberkuhl* Social Media im Unternehmen – Grundlagen, rechtliche Aspekte, Praxishilfen, 2014; *Schwartmann/Ohr* Recht der Sozialen Medien, 2015; *Schwenke* Nutzungsbedingungen sozialer Netzwerke und Onlineplattformen, WRP 2013, 37; *ders.* Social Media Marketing & Recht, 2012; *Simitis (Hrsg.)* Bundesdatenschutzgesetz, 8. Aufl. 2014; *Solmecke/Dam* Wirksamkeit der Nutzungsbedingungen sozialer Netzwerke – Rechtskonforme Lösung nach dem AGB- und dem Urheberrecht, MMR 2012, 71; *Spickhoff* Anmerkung zu BGH, Urteil vom 14.5.2013 – VI ZR 269/12, LMK 2013, 348782; *Spindler* Das Ende der Links: Framing und Hyperlinks auf rechtswidrige Inhalte als eigenständige Veröffentlichung, GRUR 2016, 157; *ders.* Gutachten F zum 69. Deutschen Juristentag: Persönlichkeitsschutz im Internet – Anforderungen und Grenzen einer Regulierung, 2012; *Spindler/Schuster (Hrsg.)* Recht der elektronischen Medien, 3. Aufl. 2015; *Sporn* Ein Grundrecht der Medienfreiheit – Gleiches Recht für alle!?, K&R Beihefter 2/2013 zu Heft 5, 2; *Stegbauer* Wikipedia – Das Rätsel der Kooperation, 2009; *Stuckenberg* Der mißratene Tatbestand der neuen Datenhehlerei (§ 202d StGB), ZIS 2016, 526; *Thüsing/Forst/Granetzny/Pötters/Traut* Beschäftigtendatenschutz und Compliance, 2. Aufl. 2014; *Ulbricht* Social Media und Recht – Praxiswissen für Unternehmen, 2. Aufl. 2013; *Van Eimeren/Frees* Ergebnisse der ARD/ZDF-Onlinestudie 2013: Rasanter Anstieg des Internetkonsums – Onliner fast drei Stunden täglich im Netz, Media Perspektiven 7-8/2013, 358; *Wandtke/Bullinger* Urheberrecht, 4. Aufl. 2014.

I. Definition und Bedeutung

1. Begriff und Wesensmerkmale

1 Die Bezeichnung soziale Medien (englisch: Social Media) dient als Oberbegriff für digitale Medien und Technologien, deren Funktionen es den Nutzern ermöglichen, untereinander zu kommunizieren und mediale Inhalte, die einzeln oder kombiniert

aus Texten, Bildern, Audio oder Video bestehen können, zu gestalten.[1] Derartige Angebote konnten in den letzten Jahren einen rasanten Anstieg der Nutzerzahlen verzeichnen. So sind mittlerweile mehr als drei Viertel (78 %) der Internetnutzer in mindestens einem sozialen Netzwerk angemeldet, wobei es sich bei zwei Dritteln (67 %) um aktive Nutzer handelt.[2] Während die Kommunikationsstruktur früherer Internetangebote noch stark an die rezeptive Kommunikationsstruktur der traditionellen Massenmedien angenähert war, werden heutige Erscheinungsformen in erheblichem Maße durch die Partizipation der Nutzer mitbestimmt und gestaltet.[3] Die auf diese Weise erzeugten Inhalte werden als sog. User Generated Content (benutzergenerierte Inhalte) bezeichnet. Neben der Darstellung der eigenen Persönlichkeit dienen soziale Medien auch der Interaktion der Nutzer untereinander. Zur Schau gestellte Inhalte können kommentiert, bewertet und weiter empfohlen werden. Der einzelne Nutzer kann auf diese Weise Kontakte aufbauen und pflegen. Zugleich erfährt er unmittelbare Rückmeldung im Hinblick auf die Außenwirkung seiner digitalen Identität. Indem jeder Nutzer für ihn relevante Inhalte auswählt, weiterverbreitet und sein Wohlgefallen kundtut, erhält der Einzelne eine durch sein sozial-mediales Umfeld selektierte Zusammenstellung von Informationen.

2. Chancen der Nutzung von sozialen Medien

2.1 Unternehmen

2 Die Nutzung sozialer Medien eröffnet vielfältige Anwendungsmöglichkeiten, von denen gerade Unternehmen in erheblichem Maße profitieren können. Angesichts der viralen Verbreitung von Inhalten, wie sie innerhalb von Social Media typischerweise stattfindet, können werbe- oder sonst öffentlichkeitsrelevante Maßnahmen einem weitreichenden Konsumentenkreis zugänglich gemacht werden. Zugleich besteht die Möglichkeit, im Wege des direkten Dialogs mit (potentiellen) Kunden zu kommunizieren. Neben einer authentischeren Außenwirkung entsteht auf diese Weise eine nachhaltige Kundenbindung.

3 Auch im Rahmen des Kundenservicemanagements kann sich der Einsatz sozialer Medien positiv auswirken. Entsprechend der dortigen, auf schnelllebige Interaktion ausgerichteten Kommunikationsstruktur können Fragen, Anregungen, Kritik oder Beschwerden unmittelbar artikuliert werden.[4] Folgt ein Unternehmen dieser kommunikativen Taktung und reagiert innerhalb kurzer Zeit auf die Mitteilungen der Kunden, trägt dies langfristig zu einem serviceorientierten Image bei. Neben der stetigen Verbesserung und Weiterentwicklung bestehender Produkte können die Kunden auch aktiv in die Entwicklung neuer Artikel einbezogen werden (sog. Crowdsourcing).[5]

4 Die Präsentation als offenes, kundennahes Unternehmen bietet zugleich die Basis für Empfehlungen, die sich die Nutzer untereinander aussprechen. Im Gegensatz zu unternehmensseitig organisierten Marketingmaßnahmen kommt den Beurteilungen anderer

1 Bundesverband Digitale Wirtschaft (BVDW) e.V., Social Media Kompass 2012/2013, S. 138.

2 *BITCOM* Soziale Netzwerke 2013 – Dritte, erweiterte Studie, abrufbar unter www.bitkom.org/files/documents/SozialeNetzwerke_2013.pdf.

3 Hornung/Müller-Terpitz/*Hohlfeld/Godulla* 2. Kap. Rn. 1.

4 So etwa das Service-Angebot der *Deutschen Telekom* über *Facebook* und *Twitter*, vgl. unter https://de-de.facebook.com/telekomhilft und https://twitter.com/Telekom_hilft.

5 Zum Phänomen des Crowdsourcing *Schwenke* Social Media Marketing & Recht, 2012, 4. Kap. S. 184 ff.

Kunden regelmäßig eine höhere Glaubhaftigkeit und Authentizität zu. Angesichts der viralen Effekte, die von Social Media ausgehen, kann über den empfehlenden Dialog von Kunde zu Kunde eine Vielzahl potentieller Neukunden erreicht werden.

5 Neben der aktiven Kommunikation mit den Kunden können über Social Media auch Beobachtungen angestellt werden, wie die Konsumenten ein Unternehmen oder dessen Produkte beurteilen. Auf diese Weise können wichtige Erkenntnisse über die eigene Außenwahrnehmung gewonnen werden, die ansonsten nur durch längerfristige Studien und Befragungen erlangt werden könnten. Auf diese unmittelbare Resonanz der Konsumenten kann ein Unternehmen zeitnah reagieren und ggf. Konsequenzen für künftige Vermarktungsstrategien ziehen.[6]

6 Des Weiteren können soziale Medien auch zur Gewinnung von geeigneten Arbeitnehmern genutzt werden. Zum einen besteht für jedes Unternehmen die Möglichkeit, sich selbst über Social Media-Profile als attraktiver Arbeitgeber zu präsentieren. Zum anderen können einzelne Bewerber – unter engen Voraussetzungen – auch gezielt über soziale Medien, insbesondere soziale Netzwerke, gesucht werden (sog. Social Media Monitoring). Möglich, allerdings ebenfalls nur in engen rechtlichen Grenzen zulässig ist die Gewinnung von Kundendaten über soziale Medien.[7]

2.2 Private

7 Dem einzelnen, nicht gewerblich handelnden Nutzer dient der Gebrauch sozialer Medien zu kommunikativen und sozialen Zwecken. Im Rahmen des Social Web kann er eine digitale Identität erschaffen (Identitätsmanagement), durch die Pflege bestehender und den Aufbau neuer Kontakte soziales Kapital bilden (Beziehungsmanagement) sowie an der kollektiven Wissensentstehung und Informationsverteilung teilhaben (Informationsmanagement).[8] Um gesellschaftlich oder politisch relevante Themen öffentlich zu machen, bedarf es nicht mehr der Befassung professionell organisierter massenmedialer Strukturen mit diesen Inhalten. Vielmehr kann der Einzelne diese Öffentlichkeit mithilfe sozialer Medien selbst herstellen.[9] Diskussionsgrundlagen bieten sich dabei nicht nur im Hinblick auf Themen von gesellschaftlich-politischer Bedeutung. Daneben besteht im Rahmen von Social Media-Diensten auch die Möglichkeit zur Spezialisierung, so dass auch individuelle Nischenthemen den jeweils interessierten Kreisen zugeführt werden können.

3. Risiken der Nutzung von sozialen Medien

3.1 Unternehmen

8 Während der direkte Kundenkontakt verbunden mit der schnellen und weitreichenden Verbreitung von Inhalten das Erscheinungsbild eines Unternehmens durchaus positiv beeinflussen kann, erwachsen aus diesen strukturellen Gegebenheiten sozialer Medien zugleich gewisse Risiken. Weil das Prinzip von Social Media auf fortlaufende Erstellung, Veröffentlichung und Kommentierung nutzergenerierter Inhalte ausgerichtet ist, werden auch Auswahl, Intensität und Dauer der Kommunikationsthemen

---

6 Vgl. dazu *Schwartmann/Keber/Silberkuhl* I. Kap. S. 16.

7 Zur datenschutzrechtlichen Zulässigkeit des Social Media Monitoring vgl. unten Rn. 252 ff.

8 Hornung/Müller-Terpitz/*Hohlfeld/Godulla* 2. Kap. Rn. 43.

9 Vgl. dazu Hornung/Müller-Terpitz/*Hohlfeld/Godulla* 2. Kap. Rn. 51.

von den Nutzern bestimmt. Kritische Beiträge über ein Unternehmen oder dessen Produkte können bestätigt oder weiterverbreitet werden. Schlimmstenfalls können sich die so publizierten negativen Inhalte verselbstständigen und sich zu einem sog. Shitstorm ausweiten. Im Nachhinein sind derartige Kommunikationskomplexe aus den öffentlichen Diskussionsräumen faktisch kaum mehr zu entfernen. Erfolgt in einem solchen Fall kein angemessener Umgang mit der Kritik, kann die positive Reputation eines Unternehmens nachhaltig beschädigt werden.[10]

Weitere Risiken können sich aus dem Einsatz unzureichend geschulter Mitarbeiter 9
ergeben. Mit der umfassenden Verbreitung sozialer Medien ist die Unternehmenskommunikation nicht mehr auf eine professionelle Marketingabteilung beschränkt. Vielmehr können sämtliche Mitarbeiter, etwa in Form von Blogs, unternehmensbezogene Informationen nach außen tragen. Dies birgt die Gefahr, dass Firmeninterna oder sonstige vertrauliche Informationen der breiten Öffentlichkeit zugänglich gemacht werden.[11] Hieraus können wiederum Spam-, Malware oder Phishing-Angriffe resultieren, die der Datensicherheit des Unternehmens weiteren Schaden zufügen.[12]

3.2 Private

Während die Teilhabe an sozialen Medien einerseits zur weitest möglichen Persön- 10
lichkeitsentfaltung beitragen kann, besteht andererseits die Gefahr einer erheblichen Persönlichkeitsbeschädigung. Mit dem wachsenden Verbreitungsgrad von Social Media erhöht sich zugleich der Druck auf den Einzelnen, an derartigen Aktivitäten zu partizipieren.[13] Ist der Nutzer im Umgang mit sozialen Medien nicht hinreichend vertraut oder geht er mit der Preisgabe persönlicher Informationen allzu sorglos um, besteht die Gefahr einer öffentlichen Bloßstellung, die angesichts digitaler Vervielfältigungsmöglichkeiten nicht auf die jeweils genutzte Plattform beschränkt bleiben muss. Je nachdem, welche Angaben zugänglich gemacht werden, können daneben auch vermögensrechtliche Interessen oder sogar die körperliche Integrität des Nutzers bedroht sein (so etwa im Fall von Konto- oder Adressdaten). Darüber hinaus kann sich der Einzelne durch den Gebrauch sozialer Medien auch mit Haftungsfragen konfrontiert sehen. Neben Urheber- und Persönlichkeitsrechtsverletzungen kann sich eine Mitverantwortlichkeit des Nutzers unter Umständen auch für solche Schäden ergeben, die aus der versehentlich unterlassenen Beschränkung von Einladungen auf bestimmte Kontaktpersonen resultieren.[14]

4. Arten von sozialen Medien

Auch wenn alle sozialen Medien strukturell durch die Leitidee des Netzwerkgedan- 11
kens geprägt sind, der kleinere interpersonale Sozialbeziehungen mit größeren Sozialgebilden verknüpft,[15] unterscheiden sich die einzelnen Angebote doch erheblich voneinander. Divergenzen ergeben sich insbesondere im Hinblick auf Art und Umfang der Kommunikationsangebote sowie auf die angesprochene Zielgruppe.

10 Beispiele zu erfolgreichem und missglücktem Krisenmanagement finden sich bei *Schwartmann/Keber/Silberkuhl* I. Kap. S. 17 f.
11 Zur Minimierung dieser Gefahren durch sog. Social Media Guidelines vgl. unten Rn. 244 ff.
12 *Schwartmann/Keber/Silberkuhl* I. Kap. S. 18.
13 Hornung/Müller-Terpitz/*Hohlfeld/Godulla* 2. Kap. Rn. 44.
14 Vgl. dazu Hornung/Müller-Terpitz/*Spindler* 5. Kap. Rn. 15.
15 Hornung/Müller-Terpitz/*Hohlfeld/Godulla* 2. Kap. Rn. 2.

4.1 Soziale Netzwerke

12 Soziale Netzwerke sind Kommunikationsplattformen, die regelmäßig eine Registrierung voraussetzen und daher von Außenstehenden kaum oder nur beschränkt eingesehen werden können. Nutzer können dort ein Personen- oder Unternehmensprofil erstellen, um Kontakte zu anderen registrierten Personen aufzubauen oder auf digitalem Wege zu pflegen. Verknüpfungen kommen dabei durch Freundschafts- oder Kontaktanfragen zustande, die sodann entsprechend bestätigt, jedoch auch abgelehnt werden können. Die Kommunikation zwischen den untereinander verbundenen Nutzern kann dabei auf vielfältigen Wegen erfolgen. Neben der Verbreitung eigener Inhalte können solche anderer Nutzer kommentiert und an die eigenen Kontakte empfehlend weiterverbreitet werden. Ebenso können Privatnachrichten lediglich an ausgewählte Nutzer versendet werden. Auch ist im Rahmen von Chats oder Videotelefonie eine Kommunikation in Echtzeit möglich.

13 Im Hinblick auf die angesprochene Zielgruppe ist vor allem danach zu unterscheiden, welchem Zweck das soziale Netzwerk dienen soll. Am häufigsten frequentiert sind solche Netzwerke, die nicht auf einen speziellen Themenbereich begrenzt, sondern sowohl für private als auch für berufliche Zwecke genutzt werden können (z.B. *Facebook*, *Google+* oder *Werkenntwen*). Daneben existieren solche Netzwerke, die vorwiegend zur Herstellung beruflicher Kontakte dienen (z.B. Xing oder LinkedIn). Ferner gibt es Plattformen, die lediglich auf einen bestimmten Personenkreis beschränkt sind (z.B. *schülerVZ* oder *studiVZ*).

14 Bekanntestes und erfolgreichstes Netzwerk ist bislang das 2004 von *Mark Zuckerberg* gegründete *Facebook*. Anfang 2014 wurden die Nutzerzahlen auf 27 Millionen geschätzt.[16] Auch wenn *Facebook* bereits als „All-in-one-Medium" im Sinne eines Kontakt-, Informations- und Unterhaltungsportals bezeichnet wird,[17] greift die Mehrheit der Nutzer auf die Dienste des Internets auch außerhalb des sozialen Netzwerks zurück.[18]

15 Relevant ist zudem die sog. Second Screen-Nutzung sozialer Netzwerke. Bemerkenswert ist insoweit, dass die Plattformen nicht lediglich einem in sich geschlossenen Kommunikationszweck dienen, sondern darüber hinaus auch unter direktem Bezug zu parallel konsumierten Fernsehsendungen genutzt werden.[19] Dadurch gewinnt das Phänomen des sog. Social TV zunehmend an Bedeutung. Dabei können sich Nutzer vor, während oder im Anschluss an ein Fernsehformat in sozialen Netzwerken über den Inhalt des jeweiligen Programms austauschen.[20]

16 Neuere Entwicklungen gehen dahin, die vom Nutzer preisgegebenen Daten auch über die Grenzen des jeweiligen sozialen Netzwerks verwertbar zu machen. So eröffnet etwa *Google* über einen einzelnen Account den Zugang zu sämtlichen unternehmenseigenen Plattformen und Diensten. Auf diese Weise können beispielsweise über das soziale Netzwerk *Google+* generierte Nutzerdaten zur personalisierten Suche herangezogen werden. In diesem Fall werden dem Nutzer nicht nur allgemein zugängliche,

16 Vgl. unter http://de.statista.com/statistik/daten/studie/70189/umfrage/nutzer-von-facebook-in-deutschland-seit-2009/.

17 Hornung/Müller-Terpitz/*Hohlfeld/Godulla* 2. Kap. Rn. 32 unter Verweis auf *Mende/Oehmichen/Schröter* Media Perspektiven 1/2013, 33, 43.

18 Vgl. *Busemann* Media Perspektiven 7-8/2013, 391, 396.

19 Dazu Hornung/Müller-Terpitz/*Hohlfeld/Godulla* 2. Kap. Rn. 41.

20 So etwa bei den Livesendungen des Casting-Formats „The Voice of Germany" (ProSieben/Sat.1).

sondern auch solche Suchtreffer angezeigt, die im Zusammenhang mit seinen Netzwerkkontakten stehen.[21] Ein weiteres Beispiel für die Synchronisierung verschiedener Nutzerkonten stellt nunmehr der im Februar 2014 erfolgte Zusammenschluss von *Facebook* und dem Instant Messaging-Dienst *WhatsApp* dar.[22]

4.2 Instant Messaging-Dienste

Mit der zunehmenden Verbreitung mobiler Endgeräte und insbesondere Smartphones haben auch mobile Nachrichten-Applikationen an Bedeutung gewonnen (z.B. *WhatsApp* oder *Threema*). Dabei handelt es sich um eine spezielle Software für Mobilgeräte, die es den Nutzern über die Grenzen verschiedener Betriebssysteme hinweg erlaubt, Kurznachrichten auszutauschen, ohne auf die Versendung von SMS zurückzugreifen.[23] Neben dem Nachrichtenaustausch können die Nutzer – wie in den sozialen Netzwerken – Kontaktlisten pflegen, Gruppen bilden sowie Bild-, Video- und Audiodateien versenden. Ist ein anderer Nutzer, zu dem eine kontaktmäßige Verknüpfung besteht, gleichzeitig innerhalb des Programms aktiv, wird dies unmittelbar angezeigt, so dass eine Kommunikation in Echtzeit stattfinden kann. 17

Obwohl auch die herkömmlichen sozialen Netzwerke als mobile Applikationen verfügbar sind[24] und teils sogar eigene Messenger-Dienste anbieten,[25] stellen die Instant Messaging-Dienste mit mehr als 430 Mio. aktiven Nutzern[26] den Netzwerken gegenüber eine erhebliche Konkurrenz dar. Angesichts der Gefahr abwandernder Nutzer hat sich *Facebook* daher im Februar 2014 zum Kauf des weltgrößten Messenger-Dienstes *WhatsApp* entschlossen.[27] 18

4.3 Blogs

Während der medial öffentliche Diskurs früher ausschließlich durch journalistisch-redaktionelle Inhalte geprägt war, ist es heute grundsätzlich jedem Einzelnen möglich, zu sämtlichen Themen unabhängig von ihrer gesellschaftlichen Relevanz zu publizieren. Die erforderliche Präsentationsstruktur hierfür bieten sog. Blogs, die mit kostenfreier und einfach zu bedienender Software erstellt und verwaltet werden können.[28] 19

Die Bezeichnung Blog ist eine Kurzform des Begriffs „Weblog", der sich wiederum aus den Termini „Web" und „Log/Logbuch" zusammensetzt. Verstanden wird hierunter eine öffentlich zugängliche Internetpublikation im Sinne eines Online-Tagebuchs. Innerhalb dieses kommunikativen Rahmens verbreitet der jeweilige Autor (sog. Blogger) ausgewählte Inhalte zu bestimmten Themen in Text-, Audio- oder Videoform. Die Leser des Blogs können auf die Einträge des Autors (sog. Postings) regelmäßig mit Kommentaren reagieren. Auch können Blogeinträge über soziale Netzwerke an Personenkreise verbreitet werden, die den betreffenden Blog bislang nicht verfolgen. 20

---

21 Vgl. dazu unten Rn. 291.
22 Vgl. dazu unten Rn. 289.
23 Vgl. dazu Hornung/Müller-Terpitz/*Hohlfeld/Godulla* 2. Kap. Rn. 31.
24 So etwa die *Facebook*-App unter https://itunes.apple.com/de/app/facebook/id284882215?mt=8.
25 So etwa der *Facebook*-Messenger unter https://itunes.apple.com/de/app/facebook-messenger/id454638411?mt=8.
26 So der weltgrößte Instant Messaging-Dienst *WhatsApp*, vgl. unter www.tweaktown.com/news/34968/whatsapp-sees-50-billion-messages-per-day-more-than-all-sms-combined/index.html.
27 Zu möglichen datenschutzrechtlichen Konsequenzen vgl. unten Rn. 289.
28 Z.B. http://de.wordpress.org/.

Neben der kommunikativen Vernetzung zwischen Autor und Lesern findet zugleich eine wechselseitige Bezugnahme verschiedener Blogs untereinander statt.[29]

21 Neben Privatpersonen[30] nutzen auch Unternehmen,[31] Rundfunkveranstalter[32] und Zeitungsverlage[33] die Wirkmacht von Blogs. Unabhängig von der offiziellen Unternehmenskommunikation existieren auch Mitarbeiter[34]– und CEO-Blogs,[35] in denen Angestellte bzw. der Vorstandsvorsitzende oder der Geschäftsführer über aktuelle Unternehmensentwicklungen, aber auch persönliche Erlebnisse schreiben.

4.4 Microblogs

22 Eine spezielle Erscheinungsform des Bloggens sind sog. Microblogging-Dienste.[36] Auch hier können Autoren zu selbst gewählten Themen Einträge verfassen und diese von ihrer Leserschaft kommentieren lassen. Im Unterschied zu den regulären Blogs sind die veröffentlichten Inhalte hier allerdings auf eine bestimmte Anzahl von Zeichen begrenzt.[37] Dies ermöglicht eine reduzierte Art der Kommunikation, die auf die schnelle Interaktion der Microblogging-Nutzer angelegt ist. Ähnlich wie bei den sozialen Netzwerken kann die Kommunikation auch hier auf die angemeldeten Leser, die die Nachrichten eines bestimmten Autors abonniert haben (sog. Follower), beschränkt werden. Ebenfalls möglich ist die Versendung von Direktnachrichten an einen bestimmten Leser.

23 Besonderen Anklang finden Microblogs bei der jüngeren Zielgruppe zwischen 14 und 29 Jahren. Neben der originären Kommunikation mit anderen Nutzern kommt auch hier der parallelen Nutzung von Fernsehen und sozialem Medium (Social TV) Bedeutung zu.[38]

4.5 Wikis

24 Als Wikis werden durch Querverweise verknüpfte Webseiten bezeichnet, deren Inhalte von den Nutzern nicht nur gelesen, sondern auch geändert oder ergänzt werden können. Durch das gemeinschaftliche Zusammentragen von Informationen und Wissen entsteht so ein themenübergreifendes Nachschlagewerk, das ohne Registrierung genutzt werden kann.[39] Aus welchen Motiven die mitwirkenden Nutzer im Hinblick auf die Verbesserung, Ergänzung oder Aktualisierung der Wiki handeln, ist bis-

29 Hornung/Müller-Terpitz/*Hohlfeld/Godulla* 2. Kap. Rn. 27 sprechen bereits von einer Vernetzung aller Blogs zu einer sog. Blogosphäre; in diesem Sinne auch *Grabs/Bannour* Follow me!, 2012, S. 176.

30 Den ersten Platz der Blogcharts belegte im Januar 2014 der Satire-Blog „Der Postillion" von *Stefan Sichermann*, vgl. unter http://deutscheblogcharts.de/.

31 Vgl. etwa www.bmwblog.com/ oder http://blog.audi.de/

32 Vgl. etwa http://blog.tagesschau.de/.

33 Vgl. etwa http://blogs.faz.net/.

34 Vgl. etwa http://blog.daimler.de/ oder www.frostablog.de/.

35 Vgl. etwa den Blog von *Bill Marriott* (CEO der internationalen Hotelkette *Marriott*) unter www.blogs.marriott.com/marriott-on-the-move/.

36 Bekanntester Anbieter dürfte *Twitter* sein, obwohl daneben auch noch andere Dienste existieren (so etwa *Tumblr* oder *Soup*). *Google* hat seinen Microblogging-Dienst *Google Buzz* indessen mittlerweile eingestellt.

37 Bei dem Microblogging-Dienst *Twitter* dürfen die sog. *Tweets* höchstens 140 Zeichen umfassen.

38 So kommt es bereits bei 58 % der 14–29-Jährigen zu einer gelegentlichen Parallelnutzung von TV und Internet, vgl. Hornung/Müller-Terpitz/*Hohlfeld/Godulla* 2. Kap. Rn. 41.

39 Bekanntestes Beispiel ist die Online-Enzyklopädie *Wikipedia*.

lang nicht hinreichend geklärt.[40] Weil die (Mit-)Autoren eines Beitrags nicht namentlich genannt werden und infolge der Mitwirkung auch kein materieller Vorteil erlangt wird, verbleibt als treibende Kraft allein das ideelle Interesse der Partizipation an einem der Allgemeinheit dienenden Gemeinschaftsprojekt.

4.6 Webforen

Webforen sind virtuelle Diskussionsräume, die den Nutzern die Gelegenheit zum Austausch von Fragen, Meinungen, Erfahrungen und Gedanken bieten. Sie können thematisch offen[41] oder auf ein bestimmtes Thema[42] oder eine bestimmte Zielgruppe[43] beschränkt sein. Sobald die Diskussion durch den ratsuchenden Beitrag eines Nutzers eröffnet wird, können die anderen Nutzer hierauf antworten. Durch gegenseitige Bezugnahmen und Ergänzungen der Antwortbeiträge entsteht so eine interaktive Kommunikation. Teils findet eine Überwachung durch Administratoren oder Moderatoren statt, so dass beleidigende oder sonst unangemessene Beiträge zeitnah entfernt werden können. **25**

4.7 Bewertungsportale

Über Bewertungsportale können Nutzer ihre Erfahrungen mit Produkten,[44] Dienstleistungen,[45] Unternehmen/Arbeitgebern,[46] Pflegeeinrichtungen[47] und Personen[48] publizieren. Die Bewertung erfolgt dabei entweder durch textliches Verfassen einer Beurteilung und/oder durch die Einordnung in ein portaleigenes Bewertungssystem. Die nachfolgenden Nutzer erhalten auf diese Weise einen Überblick, wie sich das jeweilige Bewertungssubjekt bzw. –objekt zu vergleichbaren Personen bzw. Gegenständen verhält. **26**

4.8 Multimediaportale

Multimediaportale bieten die Möglichkeit, Video- oder Audio-Inhalte sowohl zu konsumieren als auch selbst zu veröffentlichen. Die für soziale Medien charakteristische Interaktion mit anderen Nutzern kommt dadurch zustande, dass die eingestellten Inhalte kommentiert werden können. Überdies wird die Anzahl der Abrufe durch andere Nutzer sichtbar gemacht und eine hieran ausgerichtete Rangfolge erstellt. Darüber hinaus können die Inhalte per Link im Rahmen der sozialen Netzwerke verbreitet und so einem weiteren Nutzerkreis zugänglich gemacht werden. **27**

---

40 Hornung/Müller-Terpitz/*Hohlfeld/Godulla* 2. Kap. Rn. 30 unter Verweis auf *Stegbauer*, der das Phänomen der Wikis als „Rätsel der Kooperation“ betrachtet.
41 Z.B. die Ratgeber-Plattformen www.gutefrage.net/ oder www.wer-weiss-was.de/.
42 Z.B. das Auto- und Motorradforum http://autoforum.kfz-auskunft.de/.
43 Z.B. das Teenager-Forum www.teenstalk.de/.
44 Z.B. das thematisch offene Produktbewertungsportal www.ciao.de/.
45 Z.B. das Bewertungsportal für Restaurants www.restaurant-kritik.de/.
46 Z.B. das Bewertungsportal für Arbeitgeber www.jobvoting.de/.
47 Z.B. das Bewertungsportal für Pflegeheime www.pflegeheimvergleich.de/.
48 Z.B. die Bewertungsportale für Lehrer und Professoren www.spickmich.de/ und www.meinprof.de/.

II. Regelwerke der sozialen Medien

1. Anwendbares Recht

28 Dem Zugang zu sozialen Medien ist regelmäßig die zwingende Bestätigung der jeweiligen Nutzungsbedingungen vorgeschaltet. Hierin werden die rechtlichen Rahmenbedingungen festgelegt, die je nach Eigenart des sozialen Mediums verschiedentlich ausgestaltet sein können. Sofern die Social Media-Anbieter allerdings im Ausland ansässig sind, muss zuallererst geklärt werden, welches Recht auf die vertragliche Ausgestaltung anwendbar ist. Dies bestimmt sich nach der sog. Rom-I-VO.[49] Danach unterliegt der Vertrag grundsätzlich dem von den Parteien gewählten Recht (Art. 3 Rom-I-VO). Handelt es sich indessen um einen Verbrauchervertrag nach Art. 6 Abs. 1 Rom-I-VO, darf die Rechtswahl gem. Art. 6 Abs. 2 S. 2 Rom-I-VO nicht dazu führen, dass dem Verbraucher der Schutz entzogen wird, der ihm durch diejenigen Bestimmungen des Staates gewährt wird, in dem er seinen gewöhnlichen Aufenthalt hat. Enthält also das deutsche Recht gegenüber dem von den Parteien gewählten verbraucherfreundlichere Vorschriften, sind diese ungeachtet der vorgenommenen Rechtswahl anzuwenden.[50] Vorrang gegenüber rechtlichen Vereinbarungen zwischen Social Media-Anbietern und Nutzern genießen auch solche Vorschriften, deren Einhaltung von einem Staat als so entscheidend für die Wahrung seines öffentlichen Interesses angesehen wird, dass sie ohne Rücksicht auf eine etwaige Rechtswahl auf alle Sachverhalte anzuwenden sind, die in ihren Anwendungsbereich fallen (Art. 9 Abs. 1 Rom-I-VO). Als derartig zwingende Eingriffsnorm kommt insbesondere § 1 Abs. 5 BDSG in Betracht, der den Anwendungsbereich deutschen Datenschutzrechts bei Sachverhalten mit Auslandsbezug festlegt.[51] Art. 3 DSGVO ordnet den räumlichen Anwendungsbereich des europäischen und damit auch des deutschen Datenschutzrechts mit Wirkung ab dem 25.5.2018 neu und erklärt für die Verarbeitung personenbezogener Daten europaweit das Sitzland – (Art. 3 Abs. 1 DSGVO – Niederlassung in EU ist an der Datenverarbeitung beteiligt) und das Marktortprinzip (Art. 3 Abs. 2 DSGVO – Verantwortlicher oder Auftragsverarbeiter mit Sitz außerhalb der EU) für anwendbar.[52]

2. Leistungsumfang

29 Grundsätzlich ist der Anbieter des sozialen Mediums zur Ermöglichung der Kommunikation zwischen den Nutzern und der Speicherung von nutzergenerierten Inhalten verpflichtet.[53] Den Schwerpunkt der Leistung bildet daher die Eröffnung des Zugangs zu einer technischen Online-Plattform, die die kontaktmäßige Verknüpfung mit anderen Nutzern ermöglicht.[54] Weil die fortschreitende technische Entwicklung und die im Wandel begriffenen Bedürfnisse der Nutzer bisweilen eine Anpassung des sozialen

49 VO (EG) Nr. 593/2008 des Europäischen Parlaments und des Rates v. 17.6.2008. Nach Art. 2 Rom-I-VO betrifft die Rom-I-VO nicht nur Sachverhalte innerhalb der Europäischen Union. Vielmehr ist sie zur Bestimmung des anwendbaren nationalen Rechts auch dann heranzuziehen, wenn der Bezug zu einem Staat außerhalb der Europäischen Union in Rede steht.
50 Vgl. dazu Hornung/Müller-Terpitz/*Bräutigam/Sonnleithner* 3. Kap. Rn. 37.
51 Vgl. dazu unten Rn 68 ff.
52 Dazu Gola/*Pilz* DSGVO, Art. 1, Rn. 4.
53 Hoeren/Sieber/Holznagel/*Redeker* Teil 12 Rn. 419.
54 Hornung/Müller-Terpitz/*Bräutigam/Sonnleithner* 3. Kap. Rn. 9.

Mediums an diese Parameter erforderlich machen, wird regelmäßig auf die Festlegung eines konkreten Leistungsumfangs verzichtet oder dessen Änderung vorbehalten.[55]

3. Social Media-Vertrag

Stimmt der Nutzer den Bedingungen des Social Media-Anbieters zu, kommt zwischen beiden Parteien ein Vertrag zustande (§§ 145 ff. BGB). Ist der Nutzer minderjährig, richtet sich die Wirksamkeit eines solchen Vertrages nach der Zustimmung des gesetzlichen Vertreters (§ 107 BGB). Dies gilt nicht nur für kostenpflichtige, sondern auch für kostenfreie Angebote, weil sich die Anbieter sozialer Medien regelmäßig weitreichende Rechte an den nutzergenerierten Inhalten einräumen lassen und zugleich das verfassungsrechtlich verbürgte Recht auf informationelle Selbstbestimmung nachteilig beeinträchtigt wird.[56] Praktische Schwierigkeiten bereitet indessen die Verifikation der durch den gesetzlichen Vertreter erteilten Zustimmung zum Abschluss eines Social Media-Vertrages. Global tätige Anbieter verzichten bislang auf sichere Prüfsysteme und verlassen sich vielmehr auf die Selbstauskunft der Nutzer.[57] 30

Weil sämtliche Regelungen vom Anbieter für eine Vielzahl von Verträgen vorformuliert und einseitig gestellt sind, handelt es sich um Allgemeine Geschäftsbedingungen i.S.v. § 305 Abs. 1 BGB. Die wirksame Einbeziehung dieser Bedingungen gem. § 305 Abs. 2 BGB erfolgt regelmäßig dadurch, dass der Nutzer die Kenntnisnahme des vorgegebenen Regelwerks bestätigen muss, um sich bei dem sozialen Medium überhaupt registrieren zu können.[58] § 305 Abs. 2 BGB verlangt allerdings nicht nur, dass der Verbraucher den Inhalt der Allgemeinen Geschäftsbedingungen überhaupt wahrnehmen kann. Erforderlich ist vielmehr, dass ihm die Möglichkeit verschafft wird, von den Bedingungen in zumutbarer Weise Kenntnis zu nehmen. Dies ist insbesondere dann nicht gewährleistet, wenn deutsche Verbraucher, die von dem jeweiligen Social Media-Anbieter im Übrigen auch in deutscher Sprache angesprochen werden, die Allgemeinen Geschäftsbedingungen nur in englischer Sprache abrufen können. Es kann insoweit nicht erwartet werden, dass der durchschnittliche Verbraucher Vertragsbedingungen in englischer (Rechts-)Sprache ohne Weiteres verstehen kann.[59] 31

Die gelegentlich verwendete Bezeichnung als Social-Media-Vertrag ist rein beschreibender Natur, weil es an der expliziten gesetzlichen Regelung eines solchen Vertragstyps fehlt. Da jedenfalls die Basisdienste sozialer Medien unentgeltlich zugänglich sind (sog. Freemium-Angebote),[60] handelt es sich regelmäßig um Verträge sui generis 32

55 *Twitter* behält sich die Änderung oder Einstellung von Diensten im Rahmen seiner AGB sogar ausdrücklich vor, vgl. unter https://twitter.com/tos?PHPSESSID=57a411f70b1964a2bc78b82638ba1843 (dort unter Nr. 1: Grundlegende Bedingungen). *Facebook* unterstellt mit der Weiternutzung des Netzwerks trotz geänderter Nutzungsbedingungen das Einverständnis im Hinblick auf die jeweiligen Änderungen, vgl. unter www.facebook.com/legal/terms (dort unter Nr. 14.3).

56 Hornung/Müller-Terpitz/*Hornung* 4. Kap. Rn. 77; *Bräutigam* MMR 2012, 635, 637.

57 Zur Einwilligungsfähigkeit Minderjähriger im Hinblick auf die Verwendung personenbezogener Daten durch Social Media-Anbieter Hornung/Müller-Terpitz/*Hornung* 4. Kap. Rn. 83 ff.

58 Hoeren/Sieber/Holznagel/*Paul* Teil 7.4 Rn. 143.

59 *LG Berlin* Versäumnisurteil v. 9.5.2014 – 15 O 44/13. Es handelte sich dabei um einen Rechtsstreit des Bundesverbands der Verbraucherzentralen gegen den Instant Messaging-Dienst *WhatsApp*. Da die Entgegennahme der Klageschrift nach gerichtlich veranlasstem Zustellungsversuch am Sitz der *WhatsApp Inc.* in Kalifornien verweigert worden war, kam es zum Erlass eines Versäumnisurteils.

60 Zur Frage, ob die umfassende Einräumung von Nutzungs- und Verwertungsrechten an den Daten der Nutzer als entgeltliche Leistung gesehen werden kann: Hornung/Müller-Terpitz/*Bräutigam/Sonnleithner* 3. Kap. Rn. 18 ff.

i.S.v. § 311 Abs. 1 BGB.[61] Kostenpflichtige Dienste lassen sich hingegen als Werkverträge mit Dauerschuldcharakter qualifizieren. Die Verfügbarkeit und Funktionsfähigkeit sind dem hierfür zahlenden Nutzer als tatsächlicher Erfolg geschuldet.[62]

33 Darüber hinaus können Social Media-Verträge danach abgegrenzt werden, ob sie für private oder gewerbliche/berufliche Zwecke genutzt werden. Im Falle einer privaten Nutzung handelt es sich um einen Verbrauchervertrag i.S.v. § 310 Abs. 3 BGB. Dient der betreffende Account dagegen vornehmlich beruflichen Zwecken, liegt nach § 343 HGB ein Handelsgeschäft vor. Speziell verbraucherschützende Vorschriften kommen dem gewerblich handelnden Nutzer dann nicht zu Gute. Auswirkungen kann die Einordnung als Verbraucher auch auf das anwendbare Recht haben.[63]

4. Wirksamkeit typischer Klauseln

34 Gem. § 305c Abs. 1 BGB werden solche Bestimmungen in Allgemeinen Geschäftsbedingungen nicht Vertragsbestandteil, die nach den jeweiligen Umständen so ungewöhnlich sind, dass der Vertragspartner des Verwenders nicht mit ihnen zu rechnen braucht. Diskutiert wird dies im Bereich der sozialen Medien insbesondere im Hinblick auf solche Klauseln, mit denen sich die Social Media-Anbieter weitreichende urheberrechtliche Nutzungsrechte einräumen lassen.[64] Nach der sog. Zweckübertragungslehre i.S.v. § 31 Abs. 5 UrhG überträgt der Urheber im Zweifel keine weiterreichenden Rechte, als der Zweck des zugrundeliegenden Vertrages es erfordert.[65] Weil der Anbieter einer Social Media-Plattform für seine Zwecke regelmäßig nur das Recht zur Vervielfältigung der Nutzerinhalte (§ 16 UrhG), zur öffentlichen Zugänglichmachung (§ 19a UrhG) sowie das Bearbeitungsrecht (§ 23 UrhG) benötigt, wird teilweise angenommen, dass der Nutzer mit einer darüber hinausgehenden Rechteeinräumungsklausel nicht rechnen müsse.[66] Dagegen kann indessen angeführt werden, dass einer Klausel, die nach § 305c Abs. 1 BGB nicht Vertragsbestandteil wird, ein Überrumpelungs- oder Übertölpelungseffekt innewohnen muss.[67] Angesichts der medialen Beachtung von Social Media und der damit verbundenen öffentlichen Debatte, die auch die Nutzungsbedingungen sozialer Medien umfasst, kann ein derartiges Überraschungsmoment nicht in jedem Fall umfassender urheberrechtlicher Nutzungsrechtseinräumungen automatisch bejaht werden. Vielmehr bedarf es der genauen Prüfung jeder Klausel unter besonderer Berücksichtigung von Art und Umfang der Rechteeinräumung.[68]

---

61 Zur fehlenden Anwendbarkeit der Regelungen für Dienstvertrag (§§ 611 ff. BGB), Werkvertrag (§§ 631 ff. BGB) oder Auftrag (§§ 662 ff. BGB) Hornung/Müller-Terpitz/*Bräutigam/Sonnleithner* 3. Kap. Rn. 22 ff.

62 Hoeren/Sieber/Holznagel/*Redeker* Teil 12 Rn. 421.

63 Vgl. dazu oben Rn. 28.

64 Vgl. etwa Ziff. 5.B.ii. der Nutzungsbedingungen des Instant Messaging-Dienstes *WhatsApp*: "(…) you hereby grant WhatsApp a worldwide, non-exclusive, royalty-free, sublicenseable and transferable license to use, reproduce, distribute, prepare derivative works of, display, and perform the Status Submissions in connection with the WhatsApp Service and WhatsApp's (and its successor's) business, including without limitation for promoting and redistributing part or all of the WhatsApp Service (and derivative works thereof) in any media formats and through any media channels."

65 Vgl. dazu Wandtke/Bullinger/*Wandtke/Grunert* § 31 Rn. 39 ff.

66 *Berberich* MMR 2010, 736, 737; *Nordemann* NJW 2012, 3121; *Solmecke/Dam* MMR 2012, 71, 72.

67 Vgl. etwa *BGH* NJW 1990, 577; NJW-RR 2004, 1397.

68 Hornung/Müller-Terpitz/*Bräutigam/Sonnleithner* 3. Kap. Rn. 50 f.

Unabhängig davon, ob im Einzelfall eine überraschende Klausel im Sinne des § 305c Abs. 1 BGB angenommen wird, kann die über den konkreten Vertragszweck hinausgehende Übertragung urheberrechtlicher Nutzungsrechte eine unangemessene Benachteiligung gem. § 307 Abs. 2 Nr. 1 BGB i.V.m. § 31 Abs. 5 UrhG darstellen. Dementsprechend wird in der Zweckübertragungslehre, die den Urheber möglichst umfassend an der wirtschaftlichen Verwertung seines Werkes beteiligen will, teilweise ein gesetzliches Leitbild gesehen, dessen Nichtberücksichtigung im Rahmen Allgemeiner Geschäftsbedingungen eine unangemessene Benachteiligung der Nutzer sozialer Medien darstellt.[69] Hiervon abweichend sieht der Bundesgerichtshof (BGH) die Zweckübertragungslehre lediglich als Ausdruck einer teleologischen Auslegungsregel ohne Leitbildcharakter.[70] Hieran dürfte die auf § 307 Abs. 2 Nr. 1 BGB i.V.m. § 31 Abs. 5 UrhG gestützte Unwirksamkeit einer urheberrechtlichen Rechteeinräumungsklausel nach höchstrichterlicher Rechtsprechung letztlich scheitern.[71] **35**

Allerdings kann sich die unangemessene Benachteiligung einer allzu umfangreichen Rechteeinräumungsklausel aus einem Verstoß gegen das Transparenzgebot i.S.v. § 307 Abs. 1 S. 2 BGB ergeben. Der Nutzer ist danach unangemessen benachteiligt, sofern die betreffende Bestimmung nicht klar und verständlich formuliert ist.[72] An der erforderlichen Transparenz fehlt es, sofern der Nutzer durch die Allgemeinen Geschäftsbedingungen des Social Media-Anbieters pauschal zur Einräumung von Nutzungsrechten verpflichtet wird, ohne dass die zu übertragenden Rechte im Einzelnen aufgeschlüsselt werden.[73] Aus dem Rechtsgedanken der Zweckübertragungslehre folgt, dass für den Nutzer stets erkennbar sein muss, welche konkreten Nutzungsarten dem Vertragspartner eingeräumt werden sollen (sog. Spezifizierungslast).[74] **36**

Eine unangemessene Benachteiligung der Social Media-Nutzer kann sich weiterhin aus einer AGB-Klausel ergeben, die eine freie Weiterübertragung (§ 34 Abs. 1 UrhG) und Unterlizenzierung (§ 35 Abs. 1 UrhG) urheberrechtlicher Nutzungsrechte unabhängig von der Zustimmung des Urhebers zugunsten des Anbieters statuiert. Anders als im Falle der Zweckübertragungslehre besteht hier insoweit Einigkeit, als dem Zustimmungserfordernis gesetzlicher Leitbildcharakter zukommt. Ein Verstoß gegen § 307 Abs. 2 Nr. 1 BGB ist daher anzunehmen, sofern die Nutzungsbedingungen eines Social Media-Anbieters die Weiterübertragung und/oder Unterlizenzierung von Nutzungsrechten ohne Zustimmung des Urhebers vorsehen.[75] **37**

Neben urheberrechtlichen Übertragungsklauseln ist auch die Einhaltung datenschutzrechtlicher Einwilligungserfordernisse der AGB-Kontrolle unterworfen. Ist eine Einwilligung erforderlich,[76] muss sich aus den einschlägigen AGB-Klauseln eindeutig ergeben, **38**

69 Vgl. *LG Berlin* ZD 2012, 276; bestätigt durch *KG Berlin* K&R 2014, 280, ohne dabei jedoch näher auf die Zweckübertragungslehre einzugehen. Auch die herrschende Meinung in der Literatur geht vom Leitbildcharakter der Zweckübertragungslehre aus, vgl. dazu Hornung/Müller-Terpitz/*Bräutigam/Sonnleithner* 3. Kap. Fn. 127 m.w.N.

70 *BGH* GRUR 1984, 45, 49; K&R 2012, 597. So früher auch *LG Berlin* ZUM-RD 2008, 18.

71 Hornung/Müller-Terpitz/*Bräutigam/Sonnleithner* 3. Kap. Rn. 61.

72 Zur Unwirksamkeit fremdsprachiger Nutzungsbedingungen mangels wirksamer vertraglicher Einbeziehung und wegen Verstoßes gegen das Transparenzgebot vgl. *LG Berlin* Versäumnisurteil v. 9.5.2014 – 15 0 44/13 (o. Rn 13) und Hornung/Müller-Terpitz/*Bräutigam/Sonnleithner* 3. Kap. Rn. 58.

73 Hornung/Müller-Terpitz/*Bräutigam/Sonnleithner* 3. Kap. Rn. 63.

74 *Schwenke* WRP 2013, 37, 39.

75 Hornung/Müller-Terpitz/*Bräutigam/Sonnleithner* 3. Kap. Rn. 62.

76 Dies ist der Fall, sofern personenbezogene Daten erhoben und genutzt werden und kein gesetzlicher Erlaubnistatbestand (etwa §§ 14 ff. TMG, §§ 28 ff. BDSG) einschlägig ist.

zu welchem Zweck und in welchem Umfang personenbezogene Daten genutzt werden sollen.[77] So muss der Nutzer etwa darauf hingewiesen werden, dass die Verwendung seiner Daten für personalisierte Werbeeinblendungen beabsichtigt ist.[78]

5. Verstöße gegen Verhaltensregeln

39 Neben den Nutzungsbedingungen halten die Social Media-Anbieter häufig auch Verhaltensregeln oder Communitystandards bereit, die insbesondere den zwischenmenschlichen Umgang der Nutzer untereinander betreffen. Ebenso wie bei den Nutzungsbedingungen handelt es sich dabei um Allgemeine Geschäftsbedingungen i.S.v. § 305 Abs. 1 BGB., die der ordnungsgemäßen vertraglichen Einbeziehung bedürfen (§ 305 Abs. 2 BGB) und im Hinblick auf ihre Wirksamkeit der Inhaltskontrolle unterliegen (§§ 307 ff. BGB). Obwohl die Verhaltensregeln gerade die Beziehungen der Nutzer untereinander betreffen, entfalten sie unmittelbare Geltung ausschließlich vertikal im Verhältnis zwischen Nutzer und Anbieter. Eine horizontale Wirkung im Hinblick auf die Nutzer untereinander besteht dagegen nicht. Zwar können die zwischen Plattformbetreiber und Nutzer vereinbarten Bedingungen im Verhältnis zwischen den Nutzern fortwirken, indem sie dort als Auslegungshilfe herangezogen werden.[79] Dies gilt jedoch nur dann, wenn zwischen den Nutzern ein Vertragsverhältnis begründet worden ist, welches einer Auslegung nach §§ 133, 157 BGB dem Grunde nach zugänglich ist. Im Rahmen sozialer Medien gehen die Nutzer untereinander indessen regelmäßig keine vertraglichen Beziehungen ein. An der Tagesordnung sind vielmehr gesetzliche Schuldverhältnisse in Form von Schadenersatz- oder Unterlassungsansprüchen, etwa dann, wenn ein Nutzer über einen anderen persönlichkeitsverletzende Inhalte verbreitet.[80]

40 Verstoßen die Nutzer im gegenseitigen Umgang gegen die Verhaltensregeln, muss demnach der Social Media-Anbieter tätig werden, um die Einhaltung der von ihm aufgestellten gemeinschaftlichen Standards durchzusetzen bzw. wiederherzustellen. Insoweit kommt die Entfernung des regelwidrigen Inhalts, die kurz- oder längerfristige Sperrung des Nutzeraccounts, von welchem der Verstoß ausgeht, oder bei schwerwiegenden Verstößen die vollständige Löschung des Profils in Betracht.[81]

6. Beendigung der Social Media-Nutzung

6.1 Kündigung

41 Während sich die Social Media-Anbieter im Rahmen ihrer Nutzungsbedingungen bzw. Verhaltensregeln Möglichkeiten einer vertraglichen Loslösung vorbehalten, besteht für die Nutzer regelmäßig kein großes praktisches Bedürfnis, den Social Media-Vertrag im Wege einer offiziellen Kündigung zu beenden. Weil die Dienste

---

77 Zu datenschutzrechtlichen Aspekten im Umgang mit sozialen Medien vgl. unten Rn. 60 ff.

78 Hornung/Müller-Terpitz/*Bräutigam/Sonnleithner* 3. Kap. Rn. 70 unter Verweis auf *LG Berlin* ZD 2012, 276.

79 *BGH* MMR 2002, 95; NJW 2011, 2643.

80 Hornung/Müller-Terpitz/*Bräutigam/Sonnleithner* 3. Kap. Rn. 53.

81 Vgl. etwa Ziff. 5.2 der Nutzungsbedingungen („Erklärung der Rechte und Pflichten") von *Facebook* oder Ziff. 8 der Allgemeinen Geschäftsbedingungen von *Twitter*. Zur Unwirksamkeit einer solchen Klausel („Wenn Du gegen den Inhalt oder den Geist dieser Erklärung verstößt oder anderweitig mögliche rechtliche Risiken für uns erzeugst (...)") wegen Verstoßes gegen das Transparenzgebot (§ 307 Abs. 1 S. 2 BGB) *LG Berlin* ZD 2012, 276.

sozialer Medien regelmäßig unentgeltlich angeboten werden, kann die Nutzung schlichtweg eingestellt werden, ohne dass eine förmliche Abmeldung erfolgen muss. Dementsprechend finden sich in Social Media-Verträgen meist auch keine besonderen Kündigungsregelungen.[82]

Handelt es sich ausnahmsweise um einen entgeltlichen Vertrag oder nimmt der jeweilige Nutzer kostenpflichtige Premium-Dienste eines sozialen Mediums in Anspruch, liegt es dagegen im Interesse beider Parteien, die Kündigungsmodalitäten explizit zu regeln. Die rechtliche Zulässigkeit derartiger Regelungen in Allgemeinen Geschäftsbedingungen richtet sich hier nach § 309 Nr. 9 BGB. Danach darf der Nutzer nicht länger als zwei Jahre an den Vertrag gebunden werden (§ 309 Nr. 9 a BGB). Unzulässig ist ebenfalls die stillschweigende Verlängerung des Vertragsverhältnisses um mehr als ein Jahr (§ 309 Nr. 9 b BGB) sowie die Festlegung einer längeren Kündigungsfrist als drei Monate vor Ablauf der zunächst vorgesehenen oder stillschweigend verlängerten Vertragsdauer (§ 309 Nr. 9 c BGB).[83] 42

6.2 Tod des Accountinhabers

Mit dem Tod des Inhabers eines Social Media-Accounts erlischt nicht zugleich dessen virtuelle Präsenz im Internet. Vielmehr bleiben die Daten und Inhalte, die der Nutzer zu Lebzeiten generiert hat, auf dem Server des jeweiligen Anbieters bestehen. Zur Abwicklung bestehender Vertragsverhältnisse des Verstorbenen sind Angehörige immer häufiger auch auf den Zugang zu online hinterlegten Informationen und Dokumenten angewiesen. Gem. § 1922 Abs. 1 BGB geht mit dem Tode einer Person deren Vermögen als Ganzes auf die Erben über. Körperliche Datenträger, auf denen sich die benötigten Informationen befinden, werden von dieser Universalsukzession erfasst und sind daher von vornherein dem unbeschränkten Zugriff der Erben eröffnet. Dies gilt nicht nur für das jeweilige Speichermedium selbst, sondern auch für die darauf befindlichen Daten.[84] Schwieriger stellt sich dies im Hinblick auf diejenigen Daten dar, die auf dem Server eines Social Media-Anbieters gespeichert sind. Weil der Tod des Nutzers an den Eigentumsverhältnissen hinsichtlich des Servers nichts ändert, ist fraglich, ob die Erben dennoch Zugriff auf die Daten des Verstorbenen beanspruchen können. Mangels entgegenstehender Interessen geht nach § 1922 Abs. 1 BGB auch der Social Media-Vertrag als Schuldverhältnis auf die Erben über. Aus erbrechtlicher Perspektive ergibt sich ein Zugriffsrecht auf die Accountdaten daher aus dem Eintritt in die Vertragsposition des verstorbenen Nutzers. Hieraus können die Erben zugleich einen Auskunftsanspruch im Hinblick auf die jeweiligen Zugangsdaten (Benutzername und Passwort) herleiten.[85] 43

Sofern aber im Wege des Erbrechts ein uneingeschränkter Zugang zu sämtlichen Accounts des Verstorbenen eröffnet wird, trägt dies weder dem verfassungsrechtlich verankerten postmortalen Persönlichkeitsschutz noch den einfachrechtlichen Belangen des Datenschutzes hinreichend Rechnung. Das Auskunfts- und Nutzungsverlangen der Erben im Hinblick auf die Daten des Erblassers muss dort seine Grenze finden, wo bereits das Wissen um das künftige Bestehen derartiger Ansprüche die freie 44

82 Vgl. dazu Hornung/Müller-Terpitz/*Bräutigam/Sonnleithner* 3. Kap. Rn. 79.
83 Vgl. dazu Hornung/Müller-Terpitz/*Bräutigam/Sonnleithner* 3. Kap. Rn. 77 f.
84 *Martini* JZ 2012, 1145, 1147.
85 Hornung/Müller-Terpitz/*Bräutigam/Sonnleithner* 3. Kap. Rn. 95.

Entfaltung der Persönlichkeit des Erblassers zu Lebzeiten hindert.[86] Der Nutzer eines E-Mail- oder Social Media-Accounts wird sich in den betreffenden Kommunikationsräumen unter Umständen anders verhalten, wenn er weiss, dass seine Erben nach seinem Ableben auf sämtliche dort vorgehaltenen Inhalte und Informationen zugreifen können. Vor diesem Hintergrund muss dem Verstorbenen ein Recht auf Respektierung seines zu Lebzeiten kreierten Persönlichkeitsbildes zugestanden werden. Solange der Erblasser nicht den ausdrücklichen oder stillschweigenden Willen zur Freigabe seiner Daten zum Ausdruck gebracht hat, ist der Diensteanbieter daher nicht zur Herausgabe der jeweiligen Zugangsdaten an die Erben berechtigt. Als problematisch kann sich das grundsätzliche Verbot der Datenweitergabe indessen im Hinblick auf vermögensrechtliche Positionen des digitalen Nachlasses darstellen. Sind im Rahmen des Accounts etwa geschäftliche Daten hinterlegt, sind die Erben auf den Erhalt dieser Informationen regelmäßig angewiesen und können diesen aufgrund des ganzheitlichen Vermögensübergangs nach § 1922 Abs. 1 BGB auch beanspruchen. Praktische Schwierigkeiten ergeben sich jedoch aus der Trennung privater, dem postmortalen Persönlichkeitsschutz unterliegenden, und die Vermögenssphäre betreffenden, den Erben zugänglichen Daten. Handelt es sich um einen gemischt-genutzten Account, bedarf es einer sorgfältigen Trennung beider Bereiche. Insoweit wird es Aufgabe der Diensteanbieter sein, die technischen Voraussetzungen für eine solche datenmäßige Differenzierung zu schaffen.[87] Zugleich müssen Funktionen geschaffen werden, die dem Nutzer bereits bei erstmaliger Registrierung eine Entscheidung abverlangen, wie mit seinen Daten im Todesfall verfahren werden soll.[88] In einem vom Berliner Kammergericht entschiedenen Fall hatte die Mutter eines 2012 verstorbenen Mädchens gerichtlich Zugriff auf das Facebook-Konto ihres Kindes gefordert. Das Unternehmen hatte den Zugriff verweigert und sich dabei auch auf den Datenschutz berufen. Das Landgericht hatte in erster Instanz zugunsten der Mutter entschieden und ihr einen Anspruch auf Herausgabe der Logindaten zugesprochen. In zweiter Instanz gab das Kammergericht Facebook Recht und wies die Klage der Mutter ab.[89] Danach bekommt die Mutter keinen Zugriff in die Kommunikation ihrer Tochter mit Dritten über Facebook. Auch ein theoretisch denkbarer erbrechtlicher Anspruch ändere daran nichts. Selbst wenn nach § 1922 BGB ein Anspruch der Mutter bestünde, scheitere seine Durchsetzbarkeit an § 88 Abs. 3 TKG. Denn § 88 Abs. 3 TKG verbiete es, den Eltern der Verstorbenen die Umstände und die Inhalte der über den Facebook-Account der Verstorbenen abgewickelten und auf den Servern von Facebook noch gespeicherten Kommunikation mitzuteilen. Die dahinterstehende erbrechtliche Frage ließ das Gericht mit seiner Entscheidung unbeantwortet. Das Kammergericht Berlin hat die Revision ausdrücklich zugelassen. Somit darf mit einer höchstrichterlichen Entscheidung in diesem Zusammenhang gerechnet werden.

---

86 *Martini* JZ 2012, 1145, 1150.

87 *Martini* JZ 2012, 1145, 1152.

88 Zur möglichen Ergänzung des § 13 Abs. 4 TMG um eine Nr. 3a, die die Diensteanbieter verpflichten soll, den Nutzern eine Regelung für den Datenumgang im Todesfall zu ermöglichen *Martini* JZ 2012, 1145, 1154.

89 *KG Berlin* 31.5.2017 – , Az. 21 U 9/16.

III. Betroffene Rechtsgebiete

45 Auch wenn die Bezeichnung Social Media in der rechtlichen Terminologie keine Erwähnung findet, beschreibt sie doch ein Kommunikationsphänomen, das eine Vielzahl von Rechtsgebieten betrifft. Regelmäßig können die sich aus der Nutzung sozialer Medien ergebenden Rechtsfragen mithilfe der Vorschriften dieser Regelungsbereiche sachgemäß gelöst werden. So sind bestimmte Aspekte des Urheberrechts, des Datenschutzrechts, des Persönlichkeitsrechts, des Wettbewerbsrechts, des Jugendschutzrechts sowie des Strafrechts auch für den rechtlichen Umgang mit Social Media maßgebend. Neben diese technikneutralen Regelungen treten solche Vorschriften des Rundfunk- und Telemedienrechts, die sich speziell an die nicht-linearen Angebotsstrukturen sozialer Medien richten. Darüber hinaus enthalten auch die allgemeinen Regelungsbereiche Bestimmungen, die sich mit den Gegebenheiten des Internets befassen.[90]

46 Dass das Phänomen der Social Media mit den bestehenden Regelungsstrukturen weitgehend beherrschbar ist, darf indes nicht darüber hinwegtäuschen, dass die stetige Weiterentwicklung derartiger Kommunikationsstrukturen fortlaufend neue Rechtsfragen aufwirft, denen das geltende Recht nicht oder jedenfalls nicht in hinreichendem Maße begegnet.[91] Um diese rechtlichen Unzulänglichkeiten erkennen und beheben zu können, bedarf es jedoch zunächst einer eingehenden Darstellung der rechtlichen Verhältnisse, denen die sozialen Medien derzeit unterworfen sind.

1. Urheberrecht

1.1 Anwendbarkeit deutschen Urheberrechts

47 Anknüpfungspunkt des internationalen Urheberrechts stellt das sog. Territorialitätsprinzip dar. Danach steht dem Urheber nicht ein einheitliches, im Ursprungsland des Werkes begründetes, weltweit gültiges Urheberrecht zu (sog. Universalitätsprinzip). Vielmehr besitzt er ein Bündel an nationalen Urheberrechten, die nach Inhalt, Umfang, Schutzdauer und sonstigen Modalitäten unterschiedlich ausgestaltet sein können.[92]

48 Unabhängig davon, ob das Territorialitätsprinzip als kollisions- oder lediglich als sachrechtliche Bestimmung zu verstehen ist, stellt es den Ausgangspunkt des sog. Schutzlandprinzips dar.[93] Dieses kollisionsrechtliche Prinzip findet sich in Art. 8 Abs. 1 Rom-II-VO[94] und ist für die Bestimmung des anwendbaren Urheberrechts maßgeblich.[95] Auf außervertragliche Schuldverhältnisse aus einer Verletzung von Rechten des geistigen Eigentums ist danach das Recht des Staates anzuwenden, für den der Schutz beansprucht wird. Das Recht des jeweiligen Schutzlandes entscheidet dabei grundsätzlich über alle mit dem Urheberrecht zusammenhängenden Fra-

90 So etwa die Regelungen über den Vertragsschluss (§§ 145 ff. BGB) oder über die Allgemeinen Geschäftsbedingungen (§§ 305 ff. BGB).

91 Zum gesetzgeberischen Handlungsbedarf vgl. unten Rn. 282 ff.

92 Schricker/Loewenheim/*Katzenberger* Vor §§ 120 ff. Rn. 120 ff.

93 Schricker/Loewenheim/*Katzenberger* Vor §§ 120 ff. Rn. 124.

94 Verordnung (EG) Nr. 864/2007 des Europäischen Parlaments und des Rates vom 11.7.2007.

95 Nach Art. 3 Rom-II-VO betrifft die Rom-II-VO nicht nur Sachverhalte innerhalb der Europäischen Union. Vielmehr ist sie zur Bestimmung des anwendbaren nationalen Rechts auch dann heranzuziehen, wenn der Bezug zu einem Staat außerhalb der Europäischen Union in Rede steht.

gen. Dazu gehören etwa die Schutzvoraussetzungen und die damit verbundene Entstehung des Urheberechts, Inhalt und Umfang des Schutzes, Schutzdauer und sonstige Erlöschenstatbestände.[96] Ebenso maßgeblich ist das Recht des Schutzlandes zur Beantwortung der Frage, ob das Urheberrecht durch eine grenzüberschreitende Verwertungshandlung verletzt ist und welche Rechtsfolgen hiermit verbunden sind. Um das Recht des jeweiligen Schutzlandes zur Anwendung zu bringen, ist stets ein hinreichender Inlandsbezug erforderlich. Ein solcher ist dann gegeben, wenn jedenfalls Teilakte der grenzüberschreitenden Verletzungshandlung auf dem Gebiet des Schutzlandes vorgenommen worden sind.[97]

49 Keine kollisionsrechtlichen Regelungen stellen indes die §§ 120 ff. UrhG dar. Sie enthalten keine Verweisung auf das deutsche Recht, sondern bestimmten vielmehr den persönlichen Anwendungsbereich des UrhG.[98]

1.2 Eigene Inhalte

50 Stellt ein Nutzer im Rahmen seines Social Media-Profils eigene, von ihm erstellte Inhalte zur Schau und handelt es sich dabei um persönliche geistige Schöpfungen, die eine gewisse Kreativität und Individualität aufweisen (sog. Schöpfungshöhe), liegt ein Werk i.S.v. § 1 UrhG vor. Als Urheber kann der Nutzer grundsätzlich frei entscheiden, ob, wo, wann und in welchem Umfang er sein Werk der Allgemeinheit zur Verfügung stellen möchte. Allerdings lassen sich die Social Media-Anbieter bei erstmaliger Registrierung häufig weitreichende Nutzungsrechte an diesen Werken einräumen, die über den eigentlichen Vertragszweck hinausgehen. Sofern die zu übertragenden Rechte dabei nicht konkret benannt werden, sondern vielmehr eine pauschale Rechteeinräumung festgelegt ist, verstößt eine derartige Klausel im Rahmen Allgemeiner Geschäftsbedingungen gegen das Transparenzgebot nach § 307 Abs. 1 S. 2 BGB und ist folglich unwirksam.[99] Auch kann im Einzelfall eine überraschende Klausel i.S.v. § 305c Abs. 1 BGB gegeben sein, die aufgrund ihrer den Nutzer überrumpelnden Wirkung nicht Bestandteil des Social Media-Vertrages wird.[100]

1.3 Fremde Inhalte

51 Regelmäßig werden Social Media-Profile hingegen nicht nur mit eigenen, sondern auch mit fremden Inhalten gefüllt. Sofern diese die notwendige Schöpfungshöhe erreichen, genießen sie den Schutz des Urheberrechts. Aus der Verwendung fremder Inhalte ohne vorherige Einräumung entsprechender Nutzungsrechte durch den Urheber ergeben sich daher zahlreiche Anknüpfungspunkte für mögliche Rechtsverletzungen.

1.3.1 Hochladen fremder Werke

52 So setzt grundsätzlich bereits das Hochladen eines urheberrechtlich geschützten Werkes ein Vervielfältigungsrecht (§ 16 UrhG) des Nutzers voraus, da auf dem Server des Social Media-Anbieters eine neue Kopie gespeichert wird.[101] Etwas anderes gilt nur

96 Schricker/Loewenheim/*Katzenberger* Vor §§ 120 ff. Rn. 127.
97 Schricker/Loewenheim/*Katzenberger* Vor §§ 120 ff. Rn. 135.
98 Schricker/Loewenheim/*Katzenberger* Vor §§ 120 ff. Rn. 125.
99 Vgl. dazu oben Rn. 36.
100 Vgl. dazu oben Rn. 34.
101 Hornung/Müller-Terpitz/*Spindler* 5. Kap. Rn. 6; zu möglichen Urheberrechtsverletzungen durch die Nutzung von *Facebook*-Miniaturbildern im Rahmen des Teilens oder Postens von Links *Rosenbaum/Tölle* MMR 2013, 209, 212.

dann, wenn der Nutzer den fremden Inhalt lediglich einem eng begrenzten Personenkreis zur Verfügung stellt. In diesem Falle handelt es sich um eine zulässige Privatkopie i.S.v. § 53 Abs. 1 UrhG.[102] Wird indessen der private Kreis verlassen, kommt dem Nutzer, der das fremde Werk im Rahmen seines Profils verwendet, keine Schranke des Urheberrechts zugute. Vielmehr handelt es sich dann um ein öffentliches Zugänglichmachen (§ 19a UrhG), das der vorherigen Rechteeinräumung durch den Urheber bedarf.[103] Die Grenze zwischen zulässiger Privatkopie und erlaubnispflichtiger öffentlicher Verwendung ist dort zu ziehen, wo ein überschaubarer Kreis persönlich bekannter Personen überschritten wird. Auch wenn insoweit keine absolute zahlenmäßige Begrenzung gezogen werden kann, wird der Umfang einer Privatkopie jedenfalls dann überschritten sein, wenn nicht nur diejenigen Personen, mit denen der Nutzer selbst im Rahmen des sozialen Mediums vernetzt ist, sondern gezielt auch deren Kontakte durch die urheberrechtlich geschützten Inhalte angesprochen werden.[104]

1.3.2 Verlinkung und Framing

53 Urheberrechtlich problematisch kann ferner das Anbieten von Links im Rahmen des eigenen Social Media-Profils sein, sofern diese den Zugang zu fremden, im Internet veröffentlichten Werken eröffnen. Das Setzen eines Links auf eine vom Berechtigten öffentlich zugänglich gemachte Webseite stellt zwar dem Grunde nach keine urheberrechtlich relevante Nutzungshandlung dar. Es handelt sich dabei lediglich um eine elektronische Verknüpfung der den Link enthaltenden Datei mit einer anderen in das Internet eingestellten Datei.[105] Dies gilt auch im Falle sog. Deep Links, die unter Umgehung der Startseite einen unmittelbaren Zugriff auf tieferliegende Ebenen der Webseite ermöglichen, auf der sich das geschützte Werk befindet.[106] Der Abruf der jeweiligen Inhalte wird durch die Verlinkung lediglich technisch erleichtert, ohne dass jedoch die Möglichkeit der Kenntnisnahme auf die Inanspruchnahme des Links beschränkt wäre. Vielmehr ermöglicht der Berechtigte durch die Einstellung des Werkes ins Internet bereits selbst die Vornahme urheberrechtlicher Nutzungshandlungen durch die Abrufenden. Die Gefahr rechtswidriger Nutzungen wird durch die Verlinkung nicht qualitativ verändert, sondern nur insofern erhöht, als dadurch der Zugang zum Werk erleichtert und dieses unter Umständen einer größeren Nutzerzahl eröffnet wird.[107] Ungeachtet dessen verbleibt die grundlegende Entscheidung, ob die urheberrechtlich geschützten Inhalte der Öffentlichkeit des Internets zugänglich bleiben sollen, stets bei dem jeweiligen Rechteinhaber.[108] Entfernt er das betreffende Werk im Nachhinein, geht der Link auf der entsprechenden Webseite ins Leere.[107] Der Linksetzende haftet demnach jedenfalls nicht als Täter für eine öffentliche Zugänglichmachung. Eine Haftung als Störer für rechtsverletzende Inhalte der verlinkten Internetseite bleibt dagegen möglich.[109]

---

102 *Schwartmann/Hentsch* Falltraining im Urheberrecht, S. 37 f., 71 f.

103 Zur Reichweite der urheberrechtlichen Einwilligung bei der Einbindung des *Facebook* Like- und Share-Buttons *Müller-Riemenschneider/Specht* K&R 2014, 77.

104 Wandtke/Bullinger/*Heerma* § 15 Rn. 19.

105 *BGH* MMR 2003, 719, 721 – Paperboy.

106 *BGH* MMR 2011, 47, 48 – Session-ID.

107 *BGH* MMR 2003, 719, 722 – Paperboy.

108 *Schwartmann/Hentsch* Falltraining im Urheberrecht, S. 44, 100.

109 Zu den diesbezüglichen Voraussetzungen *BGH* 18.6.2015 – I ZR 74/14. – ueber18.de.

54 Eine Urheberrechtsverletzung ist allerdings dann anzunehmen, wenn der Berechtigte das geschützte Werk zwar auf einer öffentlichen Webseite zum Abruf bereithält, dabei jedoch technische Schutzmaßnahmen einsetzt, um den Zugang nur in eingeschränkter Weise zu ermöglichen. Das Setzen eines Hyperlinks, der unter Umgehung dieser Schutzmaßnahmen einen unmittelbaren Zugriff auf die betreffenden Inhalte ermöglicht, greift in das Recht der öffentlichen Zugänglichmachung nach § 19a UrhG ein.[110] Unerheblich ist dabei, ob es sich um wirksame technische Maßnahmen i.S.v. § 95a UrhG handelt. Vielmehr genügt es, dass der Berechtigte überhaupt Schutzmaßnahmen getroffen hat und diese für Dritte als solche erkennbar sind. Maßgeblich ist insoweit der nach außen tretende Wille des Berechtigten, den Werkzugang lediglich in eingeschränktem Umfang zu ermöglichen.[111]

55 Bestätigung haben diese nationalen Leitlinien auch auf europäischer Ebene gefunden. Auf entsprechende Vorlage des schwedischen *Svea Hovrätt* hat der Europäische Gerichtshof (EuGH) den Anwendungsbereich der öffentlichen Wiedergabe i.S.v. Art. 3 Abs. 1 der RL 2001/29/EG[112] dahingehend eingeschränkt, dass keine urheberrechtliche Nutzungshandlung in diesem Sinne vorliegt, wenn auf einer Internetseite Verlinkungen zu Werken bereitgestellt werden, die auf einer anderen Internetseite frei zugänglich sind.[113] Ermöglicht ein Link den Nutzern der entsprechenden Seite indes die Umgehung beschränkender Schutzmaßnahmen, die auf der ursprünglichen Seite, auf der das geschützte Werk zu finden ist, getroffen wurden, ist eine öffentliche erlaubnispflichtige Wiedergabe anzunehmen.[114]

56 Mit dieser Entscheidung des EuGH war indes noch nicht abschließend geklärt, ob diese Grundsätze auch dann gelten, wenn der Link in das eigene Profil dergestalt eingebettet ist, dass er die unmittelbare Wiedergabe des fremden Werkes ersetzt (sog. Framing). Allerdings hatte der EuGH die rechtliche Zulässigkeit des Framings hier bereits angedeutet. In Bezug auf die Erlaubnispflichtigkeit von Verlinkungen hatte er ausgeführt, dass eine öffentliche Wiedergabe auch dann nicht angenommen werden könne, wenn das Werk bei Anklicken des betreffenden Links in einer Art und Weise angezeigt wird, die den Eindruck vermittelt, dass es auf der Seite erscheint, auf der sich der Link befindet, obwohl es in Wirklichkeit einer anderen Seite entstammt.[115] Mit diesem obiter dictum deutete der EuGH bereits an, dass die für herkömmliche Verlinkungen geltenden Grundsätze auf die Fälle des Framings Anwendung finden.[116]

57 Auf entsprechende Vorlage des BGH[117] bestätigte der EuGH die Rechtmäßigkeit des Framings sodann auch ausdrücklich.[118] Während der BGH aufgrund der zentralen Rolle des Framing-Nutzers bei der Werkvermittlung davon ausging, dass sich dieser das fremde Werk durch die Einbettung in seine eigene Internetseite zu eigen mache,[119] lehnt der EuGH eine derartige Einordnung grundsätzlich ab. Dies soll jedenfalls mit Blick auf solche Inhalte gelten, die mit Erlaubnis des Rechteinhabers für alle Internet-

110 *BGH* MMR 2011, 47, 48 – Session-ID.
111 *BGH* MMR 2011, 47, 49 – Session-ID.
112 Vgl. die entsprechende Vorschrift im Rahmen des deutschen Rechts unter § 15 Abs. 2 UrhG.
113 *EuGH* K&R 2014, 256, 258 Rn. 32 – Svensson.
114 *EuGH* K&R 2014, 256, 258 Rn. 31 – Svensson.
115 *EuGH* K&R 2014, 256, 258 Rn. 29 – Svensson.
116 Vgl. hierzu *Rauer/Ettig* K&R 2014, 259.
117 *BGH* MMR 2013, 596, 597 – Die Realität.
118 *EuGH* NJW 2015, 148.
119 Vgl. hierzu *BGH* MMR 2013, 596, 599 – Die Realität.

nutzer frei zugänglich sind. Eine erlaubnispflichtige öffentliche Wiedergabe nimmt der EuGH nur an, wenn ein geschütztes Werk unter Verwendung eines technischen Verfahrens, das sich von dem bisher verwendeten unterscheidet, wiedergegeben wird oder sich das Werk an ein neues – vom Berechtigten nicht bedachtes Publikum richtet.[120] Ob eine erlaubnis- und vergütungspflichtige Nutzungshandlung vorliegt, hängt demnach weniger von der konkreten Darstellungsform als einfacher Link oder als Frame, sondern vielmehr davon ab, ob das Werk einem weiteren, bislang nicht erreichten Nutzerkreis zugänglich gemacht wird.[121] Steht somit ein urheberrechtlich geschützter Inhalt mit Erlaubnis des Urhebers im Internet für jedermann zum Abruf bereit und wird sodann im Wege des Framings in eine andere Internetpräsenz eingebunden, wird hierdurch kein neues Publikum erreicht. Der Einholung einer erneuten Erlaubnis des Urhebers bedarf es daher nicht.[122]

Strengere Anforderungen werden nach neuerer Rechtsprechung des EuGH allerdings **58**
dann gestellt, wenn der verlinkte bzw. eingebettete[123] Inhalt offensichtlich rechtswidrig veröffentlicht und der entsprechende Link mit Gewinnerzielungsabsicht gesetzt wurde.[124] In diesem Falle könne von dem Linksetzenden erwartet werden, dass er die erforderlichen Nachprüfungen hinsichtlich der Erlaubnis des Urheberrechtsinhabers zur Veröffentlichung des jeweiligen Inhalts vorgenommen habe. Es sei daher zu vermuten, dass die in Gewinnerzielungsabsicht erfolgende Verlinkung in voller Kenntnis der Geschütztheit des Werks und der möglicherweise fehlenden Erlaubnis des Rechteinhabers erfolge. Werde unter Berücksichtigung dieser widerleglichen Vermutung ein Link zu einem unbefugt im Internet veröffentlichten Werk gesetzt, sei somit eine öffentliche Wiedergabe i.S.v. Art. 3 Abs. 1 der Richtlinie 2001/29/EG[125] anzunehmen.[126]

Bedeutung kommt in diesem Zusammenhang schließlich der Entscheidung Stichting **59**
Brein des EuGH aus dem Jahr 2017 zum Streaming zu, wonach das Streaming von Medieninhalten auf Online-Plattformen nicht mehr als urheberrechtlich unbeachtliche flüchtige Speicherung zu bewerten ist. Wer einen Inhalt streamt, von dem er wissen muss, dass dieser in der Regel nicht kostenlos angeboten wird, der handelt „anomal" und damit urheberrechtswidrig[127]

2. Datenschutzrecht

Während sich datenintensive Anwendungen im Rahmen sozialer Medien bei den Nut- **60**
zern großer Beliebtheit erfreuen, fehlt es an Bestrebungen der Anbieter, die hierdurch generierten Daten hinreichend zu schützen. Probleme des Datenschutzes ergeben sich vor allem deshalb, weil die Geschäftsmodelle der Anbieter gerade auf der

120 *EuGH* NJW 2015, 148, 149.
121 *EuGH* NJW 2015, 148, 149; so auch bereits *EuGH* K&R 2014, 256, 258 – Svensson.
122 Hierzu auch *Schwartmann/Hentsch* Falltraining im Urheberrecht, S. 44.
123 Zwar bezieht sich die Entscheidung des *EuGH* lediglich auf das Setzen von Links. Anzunehmen ist aber, dass diese Grundsätze in gleicher Weise auf die Fälle des Framings Anwendung finden können.
124 Auch der BGH nimmt unter Berufung auf die Ausführungen des *EuGH* NJW 2015, 148 eine erlaubnispflichtige öffentliche Wiedergabe an, wenn der jeweilige Inhalt ohne Zustimmung des Rechteinhabers im Wege des Framings zugänglich gemacht wurde, vgl. hierzu *BGH* 9.7.2015 – I ZR 46/12 – Die Realität II sowie *Spindler* GRUR 2016, 157.
125 Vgl. die entsprechende Vorschrift im Rahmen des deutschen Rechts unter § 15 Abs. 2 UrhG.
126 *EuGH* NJW 2016, 3149.
127 *EuGH* 26.4.2017, RS – C-527/15.

Sammlung, Auswertung und Weitergabe der Daten beruhen. Die Aufmerksamkeit der Nutzer richtet sich zwar zunehmend auch auf Aspekte des Datenschutzes und der Datensicherheit. Eine konsistente Bereitschaft zum Wechsel des Social Media-Anbieters ist indes nur dann gegeben, wenn dieser über vergleichbare Anwendungen verfügt und unter den Nutzern eine vergleichbare Popularität aufweist.[128]

61 Am 25.5.2018 wird die RL 95/46/EG (Datenschutz-Richtlinie) und damit auch deren nationale Umsetzung in Form des BDSG durch die europäische Datenschutz-Grundverordnung (DSGVO) ersetzt werden. Anders als die Datenschutz-Richtlinie entfaltet die DSGVO unmittelbare Geltung in der gesamten EU (Art. 288 AEUV). Allerdings wird die **unmittelbare Geltung** durch verschiedene allgemeine und spezifische Öffnungsklauseln durchbrochen. Dies bedeutet, dass den Mitgliedsstaaten in bestimmten Bereichen ein gesetzgeberischer Spielraum verbleibt, den sie mit nationalen Regelungen ausfüllen können. Derartige Öffnungsklauseln bestehen insbesondere für den Beschäftigtendatenschutz (Art. 88 DSGVO) und die Verarbeitung von personenbezogenen Daten zu journalistischen, literarischen, künstlerischen oder wissenschaftlichen Zwecken (sog. Medienprivileg, Art. 85 Abs. 2 DSGVO).

62 Mit der DSGVO sollen ein einheitliches Datenschutzniveau und somit einheitliche Wettbewerbsbedingungen in allen Staaten der Europäischen Union geschaffen werden. Zudem berücksichtigt die DSGVO die mit der Globalisierung und Digitalisierung verbundenen datenschutzrechtlichen Herausforderungen. Neugeregelt ist insbesondere das sog. Marktortprinzip, das den Anwendungsbereich der DSGVO auch auf außereuropäische Unternehmen erstreckt, deren Angebot sich an einen bestimmten nationalen Markt innerhalb der EU richtet (Art. 3 Abs. 2 DSGVO). Ebenfalls neu eingeführt wird das sog. One-Stop-Shop-Prinzip (Art. 56 Abs. 1 DSGVO), wonach für Unternehmen mit grenzüberschreitender Datenverarbeitung die zentrale Zuständigkeit einer Aufsichtsbehörde am Hauptsitz des Unternehmens begründet wird.[129] Darüber hinaus sieht Art. 80 DSGVO ein Verbandsklagerecht zur Durchsetzung von Betroffenenrechten mit und ohne Auftrag der betroffenen Person vor.

Hinweis: Um die **Rechtslage vor und nach dem 25.5.2018** wiedergeben zu können wird im Folgenden zunächst die zum Zeitpunkt des Erscheinens des Praxishandbuchs geltende Rechtslage dargestellt und jeweils in nachfolgenden Ausblicken auf das europäische Datenschutzrecht Hinweise auf die künftige Rechtslage gegeben.

2.1 Verfassungsrechtlicher Schutz personenbezogener Daten

63 Schutz finden personenbezogene Daten sowohl durch europäische als auch nationale Verfassungsbestimmungen. So sieht die EU-Grundrechtecharta den Schutz entsprechender Daten ausdrücklich in Art. 8 EU-Grundrechtecharta vor. Im Rahmen der Europäischen Menschenrechtskonvention und des Grundgesetzes werden personenbezogene Daten dagegen nicht explizit geschützt. Allerdings wird der Schutz hier aus dem Recht auf Achtung des Privat- und Familienlebens nach Art. 8 EMRK bzw. dem Recht auf informationelle Selbstbestimmung aus Art. 2 Abs. 1 i.V.m. Art. 1 Abs. 1 GG abgeleitet.[130] Handelt es sich – wie etwa im Falle von integrierten Chat-Funktionen oder Voice-over-IP-Diensten – um eine „unkörperliche Übermittlung von Informatio-

128 Vgl zur mangelnden Wechselbereitschaft der Nutzer Hornung/Müller-Terpitz/*Beyerbach* 9. Kap. Rn. 123.

129 Vgl. hierzu *Gola/Jaspers/Müthlein/Schwartmann* Datenschutz-Grundverordnung im Überblick.

130 Hornung/Müller-Terpitz/*Hornung* 4. Kap. Rn. 6 und 10.

nen an individuelle Empfänger mit Hilfe des Telekommunikationsverkehrs", ist diese Art der Kommunikation zugleich von den Gewährleistungen des Fernmeldegeheimnisses nach Art. 10 GG umfasst.[131]

Um dem verfassungsrechtlichen Schutz größtmögliche Wirksamkeit zu verleihen, obliegen dem Staat aufgrund dieser Vorschriften nicht nur negative Unterlassungs-, sondern auch positive Handlungspflichten. Dem Einzelnen steht demnach nicht nur ein Abwehrrecht gegenüber rechtswidrigen staatlichen Datenzugriffen zu. Um den Schutz personenbezogener Daten möglichst umfassend zu gewährleisten, muss der Staat zugleich die Einhaltung datenschutzrechtlicher Vorschriften durch private Social Media-Anbieter sicherstellen.[132] 64

2.2 Einfachgesetzlicher Schutz personenbezogener Daten

Auf einfachgesetzlicher Ebene sind die über soziale Medien verbreiteten personenbezogenen Daten nach Maßgabe der Vorschriften des TMG und des BDSG geschützt. Weil die Social Media-Dienste nicht auf die Übertragung von Signalen über Telekommunikationsnetze beschränkt sind und typischerweise auch nicht dem einfachgesetzlichen Rundfunkbegriff unterfallen, handelt es sich um Telemedien i.S.v. § 1 Abs. 1 S. 1 TMG.[133] Datenschutzrechtlichen Vorrang genießen daher die Regelungen der §§ 11 ff. TMG (vgl. § 1 Abs. 3 S. 1 BDSG). Darüber hinaus finden gem. § 12 Abs. 3 TMG indessen auch die Vorschriften des BDSG Anwendung. Aus diesem Wechselspiel beider Gesetze resultieren zahlreiche Grundprinzipien, die den datenmäßigen Umgang im Rahmen sozialer Medien näher ausgestalten.[134] 65

2.3 Anwendbarkeit deutschen Datenschutzrechts

2.3.1 § 1 Abs. 5 BDSG als Kollisionsnorm

Weil die Anbieter sozialer Medien in aller Regel nicht in Deutschland ansässig sind,[135] stellt sich die Frage der Anwendbarkeit deutschen Datenschutzrechts. Grundsätzlich können hiervon sowohl Anbieter mit Sitz in der Europäischen Union oder in einem anderen Vertragsstaat des Abkommens über den Europäischen Wirtschaftsraum als auch solche, die in sonstigen Drittstaaten angesiedelt sind, erfasst sein. 66

Im Falle des grenzüberschreitenden Verkehrs richtet sich die Frage, ob das deutsche Datenschutzrecht Anwendung findet, stets nach den Vorgaben des § 1 Abs. 5 BDSG. Dies gilt nicht nur für die Regelungen des BDSG, sondern auch für die datenschutzrechtlichen Bestimmungen des TMG (§§ 11 ff.). Zum einen stellt das in § 3 TMG normierte Herkunftslandprinzip keine eigenständige Kollisionsnorm, sondern lediglich ein sachrechtliches Beschränkungsverbot dar.[136] Zum anderen schließt bereits § 3 Abs. 3 Nr. 4 TMG die Anwendbarkeit dieses Prinzips für das Datenschutzrecht aus.[137] 67

---

131 Hornung/Müller-Terpitz/*Hornung* 4. Kap. Rn. 7 f.

132 Dazu Hornung/Müller-Terpitz/*Hornung* 4. Kap. Rn. 12.

133 Vgl. dazu unten Rn. 131.

134 So etwa das Verbotsprinzip (§§ 4 Abs. 1, 4a BDSG, § 12 Abs. 1 TMG) oder der Grundsatz der Datenvermeidung und Datensparsamkeit (§ 3a BDSG, § 13 Abs. 6 TMG). Mit weiteren Beispielen Hornung/Müller-Terpitz/*Hornung* 4. Kap. Rn. 16.

135 Sofern dies ausnahmsweise der Fall ist, ergibt sich die Anwendbarkeit deutschen Datenschutzrechts aus § 1 Abs. 2 Nr. 3 BDSG.

136 *BGH* NJW 2012, 2197, 2199; vgl. dazu auch unten Rn. 132 f.

137 Dazu Hornung/Müller-Terpitz/*Hornung* 4. Kap. Rn. 22.

Ausblick auf das neue europäische Datenschutzrecht: Die **Anwendbarkeit** des Datenschutzrechts wird sich unter Geltung der DSGVO nach deren Art. 2 (sachlicher Anwendungsbereich) und 3 (räumlicher Anwendungsbereich) richten, wobei das im Juni 2017 mit Blick auf die DSGVO geänderte BDSG in seinem § 1 den sachlichen Anwendungsbereich für Deutschland aufgreift. Anders als § 1 BDSG vor der Änderung von 2017 unterscheidet die DSGVO beim persönlichen Anwendungsbereich nicht mehr und gilt für natürliche und juristische Personen, unabhängig davon, ob es sich dabei um **öffentliche** oder **nicht-öffentliche Stellen** handelt.[138]

2.3.2 Verantwortliche Stelle innerhalb EU/EWR

68 Für Social Media-Betreiber mit Sitz in der Europäischen Union bzw. im Europäischen Wirtschaftsraum gilt deutsches Recht jedoch ausschließlich dann, wenn die verantwortliche Stelle nicht nur die Datenerhebung, -verarbeitung oder -nutzung in Deutschland vornimmt, sondern dies zugleich durch eine Niederlassung im Inland erfolgt (§ 1 Abs. 5 S. 1 BDSG). Besteht dagegen keine innerdeutsche Niederlassung, gilt das nationale Datenschutzrecht des entsprechenden Sitzlandes.

69 Sowohl im BDSG als auch im Rahmen der Vorschriften der Datenschutz-Richtlinie ist ausschließlich der Begriff der verantwortlichen Stelle definiert, wohingegen eine Definition des Niederlassungsbegriffs unterbleibt.[139] Gem. § 3 Abs. 7 BDSG ist jede Person oder Stelle datenschutzrechtlich verantwortlich, die personenbezogene Daten für sich selbst erhebt, verarbeitet oder nutzt oder dies durch einen anderen im Auftrag vornehmen lässt. Für die Verarbeitung Verantwortlicher i.S.v. Art. 2d der Datenschutz-RiLi ist die natürliche oder juristische Person, Behörde, Einrichtung oder jede andere Stelle, die allein oder gemeinsam mit anderen über die Zwecke oder Mittel der Verarbeitung von personenbezogenen Daten entscheidet. Maßgeblich auf den Begriff der Niederlassung stellt Art. 4 Abs. 1a Datenschutz-Richtlinie ab, dessen nationale Umsetzung § 1 Abs. 5 S. 1 BDSG darstellt. Danach hat jeder Mitgliedsstaat die Vorschriften des nationalen Datenschutzrechts auf alle Verarbeitungen personenbezogener Daten anzuwenden, die im Rahmen der Tätigkeiten einer Niederlassung ausgeführt werden, die der für die Verarbeitung Verantwortliche im Hoheitsgebiet dieses Mitgliedsstaats besitzt. Aus jener Bestimmung leitet das *OVG Schleswig* ab, dass eine Niederlassung in diesem Sinne nicht zwingend eine (eigene) verantwortliche Stelle darstellen müsse.[140] Regelmäßig scheide dies bereits deshalb aus, weil es im Hinblick auf die Niederlassung an der von Art. 2d der Datenschutz-Richtlinie geforderten Kompetenz zur Entscheidung über die Zwecke und Mittel der Verarbeitung von personenbezogenen Daten fehle.[141] Soweit eine Niederlassung nicht als verantwortliche Stelle zu qualifizieren sei, sei für die Anwendbarkeit des deutschen Datenschutzrechts in richtlinienkonformer Auslegung

138 Zu den Anwendungsvoraussetzungen *Laue/Nink/Kremer* Das neue Datenschutzrecht in der betrieblichen Praxis, § 1 Rn. 6 ff.

139 Ausführungen zum Begriff der Niederlassung finden sich nur im 19. Erwägungsgrund der Datenschutz-RiLi. Danach setzt eine Niederlassung im Hoheitsgebiet eines Mitgliedsstaats die effektive und tatsächliche Ausübung einer Tätigkeit mittels einer festen Einrichtung voraus. Die Rechtsform einer solchen Niederlassung, die eine Agentur oder eine Zweigstelle sein kann, ist in dieser Hinsicht nicht maßgeblich.

140 *OVG Schleswig* NJW 2013, 1977 f. als Bestätigung der Vorinstanz *VG Schleswig* BeckRS 2013, 46930; hierauf Bezug nehmend *OVG Schleswig* BeckRS 2013, 49918.

141 *OVG Schleswig* NJW 2013, 1977.

des § 1 Abs. 5 S. 1 BDSG nicht der Belegenheitsort der verantwortlichen Stelle, sondern vielmehr der Sitz der Niederlassung maßgebend.[142]

Die zentrale Bedeutung des Begriffs der Niederlassung als Einfallstor für die Anwendbarkeit nationalen Datenschutzrechts hat nunmehr auch der EuGH bestätigt.[143] Demnach ist die datenschutzrechtliche Verantwortlichkeit aufgrund der in einem Mitgliedsstaat belegenen Niederlassung bereits dann anzunehmen, wenn es sich dabei um eine Zweigniederlassung oder Tochtergesellschaft handelt und diese die Aufgabe hat, in dem betreffenden Mitgliedsstaat für die Förderung des Verkaufs und den Verkauf der angebotenen Waren oder Dienstleistungen selbst zu sorgen.[144] Zur Begründung führt der Gerichtshof das Bestehen einer untrennbaren Verbindung zwischen den von der Niederlassung ausgehenden Werbeaktivitäten und den sonstigen datenverarbeitenden Tätigkeiten des Verantwortlichen an.[145] Mit diesem weiten Verständnis des Niederlassungsbegriffs hat der EuGH die praktische Wirksamkeit der Datenschutz-RiLi und damit auch die effektive Durchsetzung des Datenschutzrechts der Mitgliedsstaaten gestärkt. Im Besonderen gilt dies für die international operierenden Social Media-Anbieter, denen die maßgeblichen Strukturen der Datenverarbeitung häufig von zentralen Mutterkonzernen vorgegeben werden. Um in den nationalen europäischen Märkten Präsenz zu zeigen und dennoch die Anwendbarkeit des strengen Datenschutzrechts eines Mitgliedsstaats zu unterlaufen, wurden die Aufgabenfelder einer solchen Niederlassung häufig auf Marketing- oder sonstige Nebentätigkeiten ohne personenbezogenen Datenumgang beschränkt.[146] Eine solche Praxis wird künftig nicht mehr möglich sein. Soweit die Social Media-Betreiber über eine Niederlassung in einem Mitgliedsstaat verfügen und die dort vorgenommenen Aktivitäten die Haupttätigkeit des Anbieters jedenfalls unterstützen, hat der EuGH klargestellt, dass in diesen Fällen das Datenschutzrecht des betroffenen Mitgliedstaates Anwendung finden soll.[147] **70**

2.3.3 Verantwortliche Stelle außerhalb EU/EWR

Anbieter aus anderen territorialen Bereichen, die personenbezogene Daten im Inland erheben, verarbeiten oder nutzen, unterfallen dem deutschen Recht dagegen auch ohne deutsche Niederlassung (§ 1 Abs. 5 S. 2 BDSG). Abweichendes könnte jedoch dann vereinbart werden, wenn die Kollisionsnorm des § 1 Abs. 5 BDSG der freien Rechtswahl der Parteien unterläge (Art. 3 Rom I-VO). Dadurch könnte das deutsche Datenschutzrecht abbedungen und durch die vereinbarte Geltung des nationalen Rechts eines anderen Staates ersetzt werden.[148] Vieles spricht indessen dafür, dass es sich bei den Datenschutzregelungen des BDSG und des TMG um zwingend anzuwen- **71**

142 *OVG Schleswig* NJW 2013, 1977, 1979.
143 *EuGH* 13.5.2014 – C-131/12 – Google Spain SL, Google Inc./AEPD, Mario Costeja González.
144 *EuGH* 13.5.2014 – C-131/12 – Google Spain SL, Google Inc./AEPD, Mario Costeja González, Rn. 60.
145 *EuGH* 13.5.2014 – C-131/12 – Google Spain SL, Google Inc./AEPD, Mario Costeja González, Rn. 56.
146 Hornung/Müller-Terpitz/*Hornung* 4. Kap. Rn. 25; vgl. auch *OVG Schleswig* NJW 2013, 1977, 1978, wonach die *Facebook Germany GmbH* ausschließlich im Bereich Anzeigenakquise und Marketing tätig ist.
147 Kritisch hierzu Hornung/Müller-Terpitz/*Hornung* 4. Kap. Rn. 26 m.w.N.
148 So *LG Berlin* K&R 2012, 300, 302.

dende Eingriffsnormen i.S.v. Art. 9 Rom I-VO handelt.[149] Ausweislich der Begründung zum Entwurf eines Gesetzes zur Änderung des BDSG stellt die Kollisionsregel des § 1 Abs. 5 BDSG einen Kompromiss zwischen den Belangen der Wirtschaft (Anwendung des gewohnten nationalen Datenschutzrechts) einerseits und dem Gesichtspunkt der Rechtssicherheit (Schutzrechte der von der Datenverarbeitung Betroffenen) dar.[150] Es handelt sich daher um eine Vorschrift, die für die Wahrung des öffentlichen, insbesondere politisch-wirtschaftlichen Interesses von solcher Bedeutung ist, dass eine Abbedingung im Sinne anderweitiger Rechtswahl nicht in Betracht kommt.[151]

72 **Ausblick auf das neue europäische Datenschutzrecht:** Nach Art. 2 Abs. 1 DSGVO gilt die Verordnung „für die ganz oder teilweise automatisierte Verarbeitung personenbezogener Daten sowie für die nichtautomatisierte Verarbeitung personenbezogener Daten, die in einem Dateisystem gespeichert sind oder gespeichert werden sollen." Sie ist nach Abs. 2 insbesondere nicht anwendbar, wenn die Verarbeitung „durch natürliche Personen zur Ausübung ausschließlich **persönlicher oder familiärer Tätigkeiten"**[152] oder „durch die zuständigen Behörden zum Zwecke der Verhütung, Ermittlung, Aufdeckung oder Verfolgung von Straftaten oder der Strafvollstreckung, einschließlich des Schutzes vor und der Abwehr von Gefahren für die öffentliche Sicherheit" erfolgt.

73 Art. 3 DSGVO ordnet den räumlichen **Anwendungsbereich** neu und erklärt für die Verarbeitung personenbezogener Daten europaweit grundsätzlich das **Sitzland** – (Art. 3 Abs. 1 DSGVO – Niederlassung in EU ist an der Datenverarbeitung beteiligt) und das **Marktortprinzip** (Art. 3 Abs. 2 DSGVO – Verantwortlicher oder Auftragsverarbeiter mit Sitz außerhalb der EU) für anwendbar.[153] Es kommt also wegen der Europäisierung des Datenschutzrechts für dessen Anwendbarkeit nicht mehr darauf an, in welchem Mitgliedstaat ein Anbieter eines Telemediendienstes als Verantwortlicher oder Auftragsverarbeiter seine Niederlassung hat. Damit sind insbesondere auch **Anbieter sozialer Mediendienste** erfasst, die ihre Dienste von außerhalb der EU in der EU erbringen.[154] Die geschilderten Probleme der **Niederlassung** relativieren sich nach dem neuen Datenschutzrecht.

74 Es kommt bei der Prüfung der **Anwendbarkeit** der DSGVO darauf an,

- ob der sachliche Anwendungsbereich durch die Verarbeitung personenbezogener Daten eröffnet ist,
- ob der persönliche Anwendungsbereich eröffnet ist, also ob die verantwortliche Stelle konkret Adressat der DSGVO ist
- und ob der räumliche Anwendungsbereich der DSGVO eröffnet ist, also der datenschutzrechtlich relevante Vorgang in der EU stattfindet.

---

149 So *VG Schleswig* BeckRS 2013, 46930; Hornung/Müller-Terpitz/*Hornung* 4. Kap. Rn. 21; speziell im Hinblick auf § 1 Abs. 5 BDSG *Piltz* K&R 2012, 640, 644 f.

150 BR-Drucks. 461/00, S. 76; zum Ausgleich der Bedürfnisse der Wirtschaft und des Einzelnen auf europäischer Ebene vgl. insb. Erwägungsgründe 3, 7, 8 und 10 der RL 95/46/EG, deren Art. 4 durch § 1 Abs. 5 BDSG in deutsches Recht umgesetzt worden ist.

151 Mit weiteren Argumenten *Piltz* K&R 2012, 640, 643 ff.

152 So auch § 1 Abs. 2 Nr. 3 HS 2 BDSG a.F.; siehe dazu unten, Rn. 81.

153 Dazu Gola/Pilz DSGVO, Art. 1, Rn. 4.

154 Zum Marktortprinzip und dessen Wirkungen ühling/Buchner/*Klar* Art. 3 DSGVO, Rn. 6 ff.

2.4 Personenbezogene Daten

Die Nutzung sozialer Medien wird maßgeblich durch die Preisgabe und Verwendung personenbezogener Daten bestimmt. Gem. § 3 Abs. 1 BDSG sind dies Einzelangaben über persönliche oder sachliche Verhältnisse einer bestimmten oder bestimmbaren Person. Dabei handelt es sich um Daten, die identifizierende oder beschreibende Informationen über den Betroffenen selbst oder über einen auf ihn beziehbaren Sachverhalt enthalten.[155] Bestimmbar sind die Daten, sofern sie mit dem Namen des Betroffenen verbunden sind oder sich aus dem Inhalt bzw. dem Zusammenhang der Bezug unmittelbar herstellen lässt. Ist dies nicht der Fall, sind die Daten nur dann personenbezogen, wenn der Betroffene bestimmbar ist. Hierfür kommt es auf die Kenntnisse, Mittel und Möglichkeiten der speichernden Stelle an. Sie muss den Bezug mit den ihr normalerweise zur Verfügung stehenden Hilfsmitteln und ohne unverhältnismäßigen Aufwand durchführen können. Der Begriff des Personenbezugs ist daher relativ und für jede verantwortliche Stelle gesondert zu bestimmen.[156] **75**

Weil die Aktivitäten im Rahmen sozialer Medien meist eine Registrierung des Nutzers voraussetzen, handelt es sich bei den Daten, die innerhalb der Social Media-Profile gespeichert werden, regelmäßig um personenbezogene Daten. Selbst wenn sich der Betroffene anstelle seines echten Namens mit einem Pseudonym registriert, kann anhand der von ihm zur Verfügung gestellten Nutzerdaten eine Identifizierung mit großer Wahrscheinlichkeit vorgenommen werden.[157] **76**

Personenbezogene Daten können durch die Anbieter sozialer Medien unter Umständen auch dann erhoben werden, wenn die Nutzer sich außerhalb ihres Social Media-Accounts im Internet bewegen. Geschehen kann dies durch sog. Social Plug-Ins. Dabei handelt es sich um Anwendungen, die in eine bestimmte Webseite integriert werden und diese mit einem sozialen Medium verbinden.[158] Der Nutzer erhält so die Möglichkeit, seine Vorliebe bzw. seine Zustimmung für bestimmte Webinhalte im Rahmen des Social Media-Dienstes kundzutun und an seine Kontaktpersonen weiterzuempfehlen. Für den Betreiber der jeweiligen Webseite bedeutet dies eine Steigerung seiner Popularität. Der Social Media-Anbieter erhält, sobald die entsprechende Seite aufgerufen wird, jedenfalls aber, wenn das Plug-In aktiv angeklickt worden ist, die IP-Adresse des Nutzers und kann auf dessen Computer einen sog. Cookie ablegen.[159] Dabei handelt es sich um eine kleine Textdatei mit Identifikationsnummer, die bei erstmaligem Abruf einer Webseite an den Computer des Nutzers gesendet wird. Dadurch wird der Nutzer bei jedem erneuten Besuch der Seite als dieselbe Person erkannt, ohne jedoch namentlich identifizierbar zu sein. Auf diese Weise kann ein aussagekräftiges Profil der Nutzerpersönlichkeit erstellt werden, das sodann zur Platzierung von personalisierten Werbeanzeigen genutzt werden kann.[160] **77**

---

155 *Gola/Schomerus* BDSG, § 3 Rn. 5; Müller-Glöge/Preis/Schmidt/*Franzen* § 3 Rn. 2.

156 *Gola/Schomerus* BDSG, § 3 Rn. 10.

157 Hornung/Müller-Terpitz/*Hornung* 4. Kap. Rn. 35.

158 Beispielhaft können insoweit der „Like-Button" von *Facebook*, der „+1-Button" von *Google* oder der „*Tweet*-Button" von *Twitter* genannt werden.

159 Hornung/Müller-Terpitz/*Hornung* 4. Kap. Rn. 38; vgl. zu den technischen Abläufen am Beispiel von *Facebook ULD* Datenschutzrechtliche Bewertung der Reichweitenanalyse durch *Facebook*, abrufbar www.datenschutzzentrum.de/facebook/facebook-ap-20110819.pdf, dort S. 7 f.

160 Vgl. dazu *Schwartmann/Keber/Godefroid* Sicherheit beim Surfen und Kommunizieren im Internet, 2014, S. 49 ff.

78 Ob den durch die IP-Adresse[161] und den durch die Cookies generierten Informationen Personenbezug zukommt, hängt maßgeblich davon ab, wie sich der Nutzer vor, während und nach dem Besuch der Webseite mit Social Plug-In verhält. Ist der Nutzer während des Besuchs der Webseite zugleich bei dem betreffenden Social Media-Dienst eingeloggt oder verzichtet er im Rahmen seiner Browser-Einstellungen auf das Löschen von Cookies, ist seine Identität für den Social Media-Anbieter jedenfalls bestimmbar.[162]

2.5 Datenschutzrechtliche Verantwortlichkeit

2.5.1 Social Media-Anbieter

79 Anknüpfungspunkt sämtlicher datenschutzrechtlicher Verpflichtungen ist die Qualifikation als verantwortliche Stelle i.S.v. § 3 Abs. 7 BDSG. Hierunter fällt jede Person oder Stelle, die personenbezogene Daten für sich selbst erhebt, verarbeitet oder nutzt oder dies durch andere im Auftrag vornehmen lässt. Der Kreis der danach als verantwortliche Stelle anzusehenden Institutionen ist nach der Konzeption des Datenschutzrechts weit zu fassen.[163] Insbesondere soll jedes Unternehmen für Verarbeitungstätigkeiten, die in seinem Tätigkeits- und Haftungsbereich stattfinden, rechtlich verantwortlich sein und diese Verantwortung erst dann verlieren, wenn es in tatsächlicher Hinsicht keine Möglichkeit mehr hat, auf den Verarbeitungsvorgang einzuwirken.[164] Diese Verantwortlichkeit wird auch nicht dadurch ausgeschlossen, dass die jeweiligen Informationen von den Nutzern selbst in den Social Media-Dienst eingestellt werden. Zwar haben auch diese ein nicht unerhebliches Interesse daran, dass die betreffenden Angaben im Rahmen des Nutzerprofils zum Abruf bereitgehalten und damit datenmäßig verarbeitet werden. Maßgeblich ist indessen, dass das Betreiben des sozialen Mediums in erster Linie im eigenen unternehmerischen Interesse des Anbieters und somit „für sich selbst" i.S.v. § 3 Abs. 7 BDSG erfolgt. Die persönlichen Informationen, die der Nutzer im Rahmen seines Profils oder innerhalb der sozialen Interaktion mit anderen zugänglich macht, werden von den Social Media-Betreibern systematisch ausgewertet und zwecks individuell angepasster Werbung zu Persönlichkeitsprofilen zusammengefügt. Dieser Verarbeitungsprozess wird allein durch den jeweiligen Anbieter gesteuert.[165] Einmal verbreitete Daten sind der Verfügungsmacht und Kontrolle des Nutzers dauerhaft entzogen. Der Tätigkeits- und Haftungsbereich der Social Media-Betreiber ist daher vollständig eröffnet.[166]

---

161 Zur Frage des Personenbezugs bei IP-Adressen *EuGH* 19.10.2016 – C-582/14 – Breyer. Dazu Kühling/Buchner/*Klar/Kühling* Art. 4 Abs. 1 DSGVO, Rn. 28, 35.

162 So erhält etwa *Facebook* bei jedem Aufruf eines in einer Webseite eingebundenen Social Plug-Ins eine über zwei Jahre gültige Cookie-ID. Dadurch wird die Aufzeichnung des Surfverhaltens des Nutzers über diesen Zeitraum ermöglicht, sofern der Cookie nicht zwischenzeitlich gelöscht wird. Vgl. dazu unter *ULD* Datenschutzrechtliche Bewertung der Reichweitenanalyse durch Facebook, abrufbar www.datenschutzzentrum.de/facebook/facebook-ap-20110819.pdf, dort S. 8.

163 Vgl. auch *EuGH* 13.5.2014 – C-131/12 – Google Spain SL, Google Inc./AEPD, Mario Costeja González, Rn. 34.

164 *OLG Hamburg* NJW-RR 2011, 1611, 1612; Simitis/*Dammann* (Hrsg.), BDSG, § 3 Rn. 225.

165 Hornung/Müller-Terpitz/*Hornung* 4. Kap. Rn. 43.

166 Zur vergleichbaren Situation der datenschutzrechtlichen Verantwortlichkeit eines Suchmaschinenbetreibers *EuGH* 13.5.2014 – C-131/12 – Google Spain SL, Google Inc./AEPD, Mario Costeja González, Rn. 32 ff.

2.5.2 Anbieter von Social Plug-Ins

Neben den Social Media-Anbietern kommen auch diejenigen Betreiber, die Social Plug-Ins in ihre Webseiten integrieren, als verantwortliche Stellen nach § 3 Abs. 7 BDSG in Betracht. Erst die Einbindung solcher Anwendungen schafft die Vernetzung zu den sozialen Medien und ermöglicht die umfassende Datenverarbeitung durch deren Betreiber. Eine Entbindung von der datenmäßigen Verantwortlichkeit kommt auch nicht unter dem Aspekt der Auftragsdatenverarbeitung i.S.v. § 11 BDSG in Betracht. Insoweit fehlt es sowohl an einem Auftragsverhältnis als auch an der Möglichkeit zur Einflussnahme auf die Datenverarbeitung des Social Media-Betreibers.[167] Datenschutzrechtliche Pflichten treffen daher sowohl die Anbieter sozialer Medien als auch die Webseitenbetreiber, die durch die zugehörigen Plug-Ins die Analyse des Nutzungsverhaltens erst ermöglichen.[168] 80

2.5.3 Nutzer

Darüber hinaus stellt sich die Frage, ob auch den Nutzern selbst eine datenschutzrechtliche Verantwortlichkeit zukommen kann. Angesichts der Tatsache, dass die Daten innerhalb sozialer Netzwerke maßgeblich durch die Nutzer generiert und verbreitet werden, erscheint die Annahme einer potentiellen Mitverantwortlichkeit naheliegend. Allerdings schließt § 1 Abs. 2 Nr. 3 BDSG die Anwendbarkeit des Gesetzes aus, sofern die Erhebung, Verarbeitung oder Nutzung der Daten ausschließlich für persönliche oder familiäre Tätigkeiten erfolgt. Ein Ausschluss der datenschutzrechtlichen Verantwortlichkeit im Hinblick auf private Social Media-Aktivitäten wäre demnach grundsätzlich denkbar. Indessen hat der EuGH die Veröffentlichung personenbezogener Daten, die einer unbegrenzten Zahl von Personen im Internet zugänglich sind, nicht von dieser Privilegierung umfasst gesehen.[169] Eine ausschließlich persönliche oder familiäre Zwecksetzung kann folglich nur dann angenommen werden, wenn die betreffenden Daten ausschließlich einem begrenzten Kreis an Kontaktpersonen innerhalb des sozialen Mediums zugänglich gemacht werden. Ist dagegen eine uneingeschränkte Zugriffsmöglichkeit für alle Social Media-Nutzer eröffnet, besteht eine gemeinschaftliche Verantwortlichkeit des datenschutzrechtlichen Nutzers sowie des Dienste-Anbieters i.S.v. § 3 Abs. 7 BDSG.[170] Dies gilt allerdings nur dann, wenn der Nutzer eines ohne Zugangsbeschränkung zugänglichen Profils personenbezogene Daten selbst verarbeitet oder der Social Media-Anbieter in dessen Auftrag tätig wird. Zu verneinen ist dies bei sog. Fanpages,[171] die den Betreibern mit Hilfe eines durch den Social Media-Anbieter kostenfrei zur Verfügung gestellten Werkzeugs statistische Informationen über die Nutzer verschaffen. Bei dieser sog. Reichweitenanalyse handelt es sich weder um eine eigene noch um eine Auftragsdatenverarbeitung.[172] Personenbezogene Daten werden dabei ausschließlich vom Nutzer der Fanpage direkt zu 81

167 *Ernst* NJOZ 2010, 1917, 1918.

168 Hornung/Müller-Terpitz/*Hornung* 4. Kap. Rn. 51.

169 *EuGH* MMR 2004, 95, 96 – Lindqvist/Schweden zu Art. 3 Abs. 2 der Richtlinie 95/46 (Datenschutz-RiLi).

170 Hornung/Müller-Terpitz/*Hornung* 4. Kap. Rn. 44 ff., der zugunsten der Nutzer eine stärkere haftungsmäßige Differenzierung im Sinne eines abgestuften datenschutzrechtlichen Pflichtensystems fordert.

171 Dabei handelt es sich um Social Media-Profile, die von Unternehmen, gemeinnützigen Einrichtungen, Künstlern und Prominenten eingerichtet werden, um sich zu präsentieren und einen kommunikativen Austausch mit den Nutzern zu ermöglichen, vgl. dazu *VG Schleswig* K&R 2013, 824, 825.

172 *VG Schleswig* K&R 2013, 824, 826.

dem das Analyse-Werkzeug vorhaltenden Social Media-Anbieter übertragen. Der Betreiber des Fanprofils kommt demgegenüber mit den personenbezogenen Nutzerdaten in keinerlei datenschutzrechtlich relevanten Kontakt. Für eine datenschutzrechtliche Verantwortlichkeit nach den Grundsätzen der Auftragsdatenverarbeitung fehlt es an einem vertraglichen Weisungsrecht des Fanpage-Betreibers gegenüber dem Social Media-Anbieter im Hinblick auf die Erhebung, Verarbeitung oder Nutzung personenbezogener Daten.[173] Nimmt der Nutzer demnach keine Stellung als „Herr der Daten" ein, weil die Zwecke und Mittel der Datenverarbeitung ausschließlich von dem Anbieter des sozialen Mediums bestimmt werden, kommt er als verantwortliche Stelle nach § 3 Abs. 7 BDSG für die aus der Unterhaltung eines Social Media-Profils resultierenden Datenverarbeitungsvorgänge nicht in Betracht.[174]

82 **Ausblick auf das neue europäische Datenschutzrecht:** Die Definition der **personenbezogenen Daten** in **Art. 4 Nr. 1 DSGVO** enthält für den hier relevanten Bereich keine nennenswerten inhaltlichen Änderungen im Vergleich zur Fassung des § 3 Abs. 7 BDSG (a. F.).

83 Auch die verantwortliche Stelle, die nunmehr „Verantwortlicher" heißt, ist in Art. 4 Nr. 7 DSGVO ohne nennenswerte inhaltliche Abweichungen vom BDSG a. F. definiert. Danach ist „**Verantwortlicher**" die natürliche oder juristische Person, Behörde, Einrichtung oder andere Stelle, die allein oder gemeinsam mit anderen über die Zwecke und Mittel der Verarbeitung von personenbezogenen Daten entscheidet; sind die Zwecke und Mittel dieser Verarbeitung durch das Unionsrecht oder das Recht der Mitgliedstaaten vorgegeben, so kann der Verantwortliche beziehungsweise können die bestimmten Kriterien seiner Benennung nach dem Unionsrecht oder dem Recht der Mitgliedstaaten vorgesehen werden." Zu berücksichtigen ist aber, dass die Verantwortlichkeit auch verschiedene Verantwortliche bei gemeinsam zu treffenden Entscheidungen als **gemeinsam Verantwortliche** treffen kann.[175]

84 Auch mit Blick auf den **Auftragsverarbeiter**, der nun in Art. 4 Nr. 8, 28 ff. DSGVO geregelt ist, und die Ausnahme von der Anwendbarkeit für **persönliche und familiäre Tätigkeiten** (Art. 2 Abs. 2 c DSGVO), entspricht die neue Rechtslage für die Praxis inhaltlich im Wesentlichen der nach dem § 1 Abs. 2 Nr. 3 BDSG a. F.

2.6 Gesetzliche Grundlagen des Datenumgangs

85 Personenbezogene Daten dürfen gem. § 4 Abs. 1 BDSG, § 12 Abs. 1 TMG nur dann erhoben, verarbeitet und genutzt werden, wenn hierfür eine gesetzliche Grundlage vorhanden ist oder eine Einwilligung des Betroffenen besteht.[176]

86 Bestands- und Nutzungsdaten (etwa Name, Geburtsdatum oder IP-Adresse) dürfen gem. § 14 Abs. 1 bzw. § 15 Abs. 1 TMG erhoben und verwendet werden, soweit dies für die Begründung, inhaltliche Ausgestaltung oder Änderung des Social Media-Vertrages bzw. für die Inanspruchnahme von Telemedien oder deren Abrechnung erforderlich ist. Die Erstellung von Nutzungsprofilen, die von den Anbietern sozialer Medien

---

173 *VG Schleswig* K&R 2013, 824, 826 f.

174 *VG Schleswig* K&R 2013, 824, 827.

175 Kühling/Buchner/*Hartung* Art. 4 Nr. 7 DSGVO, Rn. 12.

176 Mit Blick auf den Datenschutz für Social-Media-Angebote wird auch die **Verordnung über Privatsphäre und elektronische Kommunikation** bedeutsam werden, für die ein Kommissionsentwurf vom 10.1.2017 vorliegt. www.bvdw.org/fileadmin/downloads/mepo/Entwurf_ePrivacy_Verordnung_dt.pdf.

insbesondere für Zwecke personalisierter Werbung vorgenommen wird, ist gem. § 15 Abs. 3 S. 1 TMG nur zulässig, sofern der Name des Betroffenen pseudonymisiert wird und der Nutzer der Profilbildung nicht widerspricht. Damit der Betroffene im Nachhinein nicht doch identifiziert werden kann, dürfen die Nutzungsprofile nicht nachträglich mit den Daten über den Träger des Pseudonyms zusammengeführt werden (§ 15 Abs. 3 S. 3 TMG).

Handelt es sich dagegen um Inhaltsdaten, die der Nutzer aus freien Stücken innerhalb seines Social Media-Profils preisgibt, richtet sich die Zulässigkeit des Datenumgangs nach §§ 28, 29 BDSG. Sofern der Anbieter des sozialen Mediums diese Angaben im Rahmen von Interessenprofilen bündelt und auswertet, nutzt er die personenbezogenen Daten als Mittel zur Erfüllung eigener Geschäftszwecke. Die Verwertung der Daten ist daher gem. § 28 Abs. 1 Nr. 1 BDSG nur dann zulässig, wenn es für die Begründung, Durchführung oder Beendigung des Social Media-Vertrages erforderlich ist. Zu beachten ist allerdings, dass sich die Erforderlichkeit der Datenverarbeitung nach der Zweckbestimmung des jeweiligen sozialen Mediums richtet und daher denkbar weit ausgestaltet werden kann.[177] Für die werbliche Nutzung der Daten normiert § 28 Abs. 3 BDSG ein zusätzliches Einwilligungserfordernis. **87**

Werden im Rahmen eines sozialen Mediums indessen Inhaltsdaten über Personen preisgegeben, die selbst nicht als Nutzer registriert sind, richtet sich die Zulässigkeit der Datenverarbeitung mangels Vertragsverhältnisses, dessen Begründung, Durchführung oder Beendigung die Verwertung rechtfertigen könnte (§ 28 Abs. 1 Nr. 1 BDSG), nach § 29 Abs. 1 S. 1 Nr. 1 BDSG. Auch verfolgt der Social Media-Anbieter in diesem Falle regelmäßig keinen eigenen, über die bloße Übermittlung der Daten hinausgehenden Geschäftszweck.[178] Problematisch ist jedoch insoweit, dass die Verwertung der Drittdaten sowie deren Übermittlung die Vornahme von Einzelfallprüfungen voraussetzt, weil § 29 Abs. 1 Nr. 1 und Abs. 2 S. 1 Nr. 1 BDSG die Feststellung eines schutzwürdigen Interesses des Betroffenen bzw. eines berechtigten Interesses desjenigen, dem die Daten übermittelt werden, verlangt.[179] Weil dies den Social Media-Anbieter regelmäßig vor unlösbare praktische Probleme stellen und die grundrechtlich gewährleistete Kommunikationsfreiheit der Nutzer – gerade im Rahmen von Bewertungsportalen – unverhältnismäßig beschränkt würde, verlangt der BGH lediglich in Bezug auf die schutzwürdigen Interessen des Betroffenen (§ 29 Abs. 1 S. 1 Nr. 1 BDSG) eine Abwägung zwischen dessen Recht auf informationelle Selbstbestimmung und den Kommunikationsfreiheiten des Nutzers, der die Drittdaten verwendet. Auf die Darlegung und Aufzeichnung eines berechtigten Interesses desjenigen, der die entsprechenden Daten wahrnimmt (§ 29 Abs. 2 S. 1 Nr. 1 BDSG) kann in verfassungskonformer Auslegung der Vorschrift dagegen verzichtet werden.[180] **88**

Sofern keiner der o.g. Erlaubnistatbestände eingreift, kann der Datenumgang gem. § 12 Abs. 1 TMG, §§ 4 Abs. 1, 4a BDSG ausschließlich durch Einwilligung des Betroffenen gerechtfertigt werden. Wirksamkeit kann diese indes nur im Hinblick auf die eigenen Daten des jeweiligen Nutzers entfalten. Handelt es sich dagegen um Daten Dritter, die der Nutzer im Rahmen seines Social Media-Profils verbreitet, genügt es **89**

177 Hornung/Müller-Terpitz/*Hornung* 4. Kap. Rn. 56.
178 So etwa im Fall des Lehrerbewertungsportals www.spickmich.de, vgl. *BGHZ* 181, 328, 336.
179 Hornung/Müller-Terpitz/*Hornung* 4. Kap. Rn. 63 ff.
180 *BGHZ* 181, 328, 343 f.; krit. dazu Hornung/Müller-Terpitz/*Hornung* 4. Kap. Rn. 63.

nicht, wenn der Anbieter im Rahmen seiner Geschäftsbedingungen voraussetzt, dass die Zustimmung des Dritten zur Preisgabe der Daten vorgelegen habe.[181]

90 **Ausblick auf das neue europäische Datenschutzrecht:** Die gesetzlichen Grundlagen des Umgangs mit personenbezogenen Daten ändern sich ab dem 25.5.2018. Inhaltlich ändert sich aber im Vergleich zum bis dahin geltenden Recht mit Blick auf die hier behandelten Fragen der Datenverarbeitung zu vertraglichen Zwecken jedenfalls bei den Grundlagen der Datenverarbeitung wenig. Die Zulässigkeit der Datenverarbeitung zur Erfüllung eines Vertrages ist in **Art. 6 Abs. 1. S. 1, b) DSGVO** geregelt. Die dortigen Vorgaben entsprechen inhaltlich dem auch schon nach dem BDSG a. F. geltenden Recht. Zu berücksichtigen ist aber, dass sich die Interessenabwägung ganz allgemein nach Art. 6 Abs. 1 S. 1 f DSGVO richtet. Bis auf weiteres ist nicht ersichtlich warum die unter dem BDSG erarbeiteten Abwägungsparameter nicht weiter zur Anwendung kommen sollten.

91 Über die Zulässigkeitsregeln hinaus, wurde das europäische Datenschutzrecht aber um Transparenz und Informationspflichten nach Art. 12 ff. DSGVO ergänzt. Eine faire und transparente Verarbeitung setzt unbestritten voraus, dass der Betroffene über die Existenz eines Verarbeitungsvorgangs und dessen Zwecke unterrichtet wird. Dementsprechend beinhaltet der Grundsatz der Transparenz, dass eine für die Öffentlichkeit oder die betroffene Person bestimmte Information präzise, leicht zugänglich und verständlich sowie in klarer und einfacher Sprache abgefasst ist. Besondere Bedeutung kommt dem Transparenzerfordernis in Situationen zu, wo die große Zahl der Beteiligten und die Komplexität der dazu benötigten Technik den Betroffenen nicht ohne weiteres erkennen lassen, ob, von wem und zu welchem Zweck ihn betreffende personenbezogene Daten erfasst werden. Die Einschränkungen der Betroffenenrechte, die die Öffnungsklausel des Art. 23 DSGVO legitimiert, ergeben sich auch unter Geltung der DSGVO auf nationaler Ebene aus dem Bundesdatenschutzgesetz (2018). Es enthält die Anpassung des Datenschutzrechts des Bundes gem. der DSGVO.

92 Wie bereits im BDSG vor 2018 wird auch in der DSGVO zwischen Informationspflichten im Falle der **Datenerhebungbeim Betroffenen** (Art. 13 DSGVO) und **bei Dritten** (Art. 14 DSGVO) unterschieden. Allerdings werden die Informationspflichten durch die DSGVO erheblich erweitert. Hinzu kommen **Auskunftspflichten** nach Art. 15 bis 22 und 34 DSGVO. Während in den einschlägigen Normen des bis zur Wirkung der DSGVO geltenden BDSG keine Vorgaben zur Form der Informationserteilung enthalten sind, finden sich entsprechende Anforderungen nunmehr in Art. 12 DSGVO. Hiernach hat der Verantwortliche geeignete Maßnahmen zu treffen, um der betroffenen Person alle die Datenverarbeitung betreffenden Informationen in präziser, transparenter, verständlicher und leicht zugänglicher Form in einer klaren und einfachen Sprache zu übermitteln.

93 Die Übermittlung kann verweigert werden, wenn er glaubhaft machen kann, dass der Berechtigte nach Art. 15–22 DSGVO nicht identifizierbar ist (Art. 15 Abs. 2 DSGVO). Die Erfüllung der Pflichten nach Art. 12 DSGVO kann sowohl schriftlich als auch in anderer Form, insbesondere auch elektronisch (Regelfall) erfolgen, wobei der Nutzer grundsätzlich über die Form bestimmt (Art. 12 Abs. 1 DSGVO). Eine mündliche Information ist nur zulässig, sofern der Betroffene dies verlangt und seine Identität in

181 Hornung/Müller-Terpitz/*Hornung* 4. Kap. Rn. 71.

anderer Form nachgewiesen wird. Um den Transparenzanforderungen Rechnung zu tragen, können die Informationen über die beabsichtigte Verarbeitung auch in Kombination mit standardisierten Bildsymbolen (Icons) bereitgestellt werden. Zu diesbezüglichen Festlegungen ist die Kommission im Wege delegierter Rechtsakte befugt.

Die Pflichten nach Art. 15–2 DSGVO sind unverzüglich, spätestens aber inner- **94**
halb eines Monats zu erfüllen, wenn nicht in besonderen Fällen eine Fristverlängerung gewährt werden kann (Art. 12 Abs. 3). Nach dem Grundsatz des Art. 12 Abs. 5 DSGVO sind die Pflichten nach Art. 13 und 14 sowie die Ansprüche aus Art. 15–22 sowie 34 DSGVO bis zur Grenze der Exzessivität für den Nutzer kostenlos zu erfüllen.[182]

Soweit bei Sozialen Mediendiensten das **Telemediengesetz** für den Datenschutz ein- **95**
schlägig ist, ist die Rechtslage ab dem **25.5.2018** besonders unbefriedigend. Da die Datenschutzvorschriften der §§ 11 ff. TMG jedenfalls teilweise eine Umsetzung der am 25.5.2018 unwirksam werdenden Datenschutzrichtlinie darstellen, dürften diese insoweit mit der Aufhebung der Richtlinie unwirksam werden. Wenn die für Telemedien speziellere E-Privacy-Verordnung[183] zu diesem Zeitpunkt noch nicht in Kraft getreten ist, dürften die datenschutzrechtlichen Fragen von Telemediendiensten in einer Übergangsphase unmittelbar nach der Datenschutz-Grundverordnung zu behandeln sein.[184]

2.7 Rechtsfragen transnationaler Datenübermittlung

Zahlreiche Rechtsprobleme ergeben sich daraus, dass die im Rahmen sozialer Medien **96**
eingebrachten Daten ohne Rücksicht auf die Herkunft der Nutzer in den USA übermittelt und dort gespeichert werden. Um diesen Datentransfer zwischen der EU und den USA trotz der Existenz zweier unterschiedlicher Datenschutz-Systeme rechtskonform zu gestalten, hatte die Europäische Kommission im Jahr 2000 das sog. Safe-Harbor-Abkommen verabschiedet. Hierdurch wurde den USA mit Blick auf die übermittelten personenbezogenen Daten ein angemessenes, dem europäischen Standard entsprechendes Schutzniveau bescheinigt.[185] Nach der Datenschutz-Grundverordnung ist die **Drittlandsübermittlung** in **Art. 44 ff. DSGVO** ohne nennenswerte Abweichungen von bis zu deren wirksam werden geltenden Recht geregelt.

Gegen diese Angemessenheitsentscheidung wandte sich der Österreicher Max **97**
Schrems, der die Speicherung personenbezogener Daten auf US-Servern durch *Facebook* in Anbetracht des durch Edward Snowden aufgedeckten NSA-Skandals und des hiermit einhergehenden weitreichenden Datenzugriffs amerikanischer Geheimdienste für unzulässig erachtete. Dies hat der EuGH ausdrücklich bestätigt. Zum einen folge die Unzulässigkeit aus der fehlenden Bindungswirkung des Safe Harbor-Abkommens für staatliche veranlasste Datenzugriffe.[186] Zum anderen enthalte die Angemessenheitsentscheidung keine ausreichenden Maßnahmen, inwieweit die USA mittels nationaler Rechtsvorschriften oder internationaler Verpflichtungen ein angemessenes

182 Dazu ein Überblick in *Gola/Jaspers/Müthlein/Schwartmann* Die Datenschutz-Grundverordnung im Überblick, 3. Aufl (2017), 5.4 ff.

183 Abrufbar unter: https://ec.europa.eu/digital-single-market/en/news/proposal-regulation-privacy-and-electronic-communications.

184 Zu Einzelheiten in Roßnagel/*Geminn/Richter* Europäische Datenschutz-Grundverordnung, § 4 Rn. 265 ff.

185 Vgl. hierzu *Schwartmann* EuZW 2015, 864.

186 *EuGH* BeckRS 2015, 81250, Rn. 86.

Datenschutzniveau gewährleisten.[187] Darüber hinaus müssten die Vorgaben von Safe Harbor nicht eingehalten werden, wenn diese im Konflikt zu einem US-amerikanischen Gesetz stünden.[188] Diese Beschränkungen würden auch nicht durch eine nationale Vorschrift zum Schutze der Betroffenen flankiert.[189]

98 Nunmehr ist das ungültige Safe-Harbor-Abkommen durch das sog. "EU-US Privacy Shield" abgelöst worden.[190] Hierdurch soll der Zugang US-amerikanischer Sicherheitsbehörden zu personenbezogenen Daten von EU-Bürgern klar beschränkt und durch das US-Handelsministerium kontrolliert werden.

3. Meinungsfreiheit und Persönlichkeitsrecht

99 Der Gedanken- und Informationsaustausch, welcher über die sozialen Medien vollzogen wird, bringt selbstverständlich nicht nur positive Inhalte hervor. Als digitales Abbild des realen Lebens finden sich auch hier negative und kritische Äußerungen oder Bewertungen über andere Nutzer. Rechtliche Relevanz erlangen diese Bekundungen, sobald die sachliche Ebene der Auseinandersetzung zugunsten von persönlichen Herabsetzungen, Diffamierungen oder sonstiger unzulässiger Schmähkritik verlassen wird. Strafrechtlich werden derartige Äußerungsformen von den Beleidigungstatbeständen (§§ 185 ff. StGB) erfasst.[191] Zivilrechtlich lassen sich aus der Verletzung des allgemeinen Persönlichkeitsrechts (Art. 2 Abs. 1 GG i.V.m. Art. 1 Abs. 1 GG) Beseitigungs-, Unterlassungs- und Schadensersatzansprüche (§§ 823, 1004 Abs. 1 BGB analog) ableiten.

3.1 Anwendbarkeit deutschen Rechts zum Schutze der Persönlichkeit

100 Die zur Bestimmung des auf außervertragliche Schuldverhältnisse anzuwendenden Rechts dienende Rom-II-Verordnung kann im Falle der Verletzung von Persönlichkeitsrechten nicht herangezogen werden. Gem. Art. 1 Abs. 2 lit. g Rom-II-VO sind derartige Konstellationen vom Anwendungsbereich der Verordnung ausdrücklich ausgenommen.[192]

101 Zur Bestimmung des anwendbaren Rechts sind daher die in Art. 40 EGBGB getroffenen Kollisionsregelungen anzuwenden. Eine Verdrängung durch die für Telemedien geltende Spezialnorm des § 3 TMG findet insoweit nicht statt, weil es sich dabei nicht um eine Kollisionsnorm, sondern um ein sachrechtliches Beschränkungsverbot handelt.[193] Gem. Art. 40 Abs. 1 S. 1 EGBGB unterliegen Ansprüche aus unerlaubter Handlung dem Recht des Staates, in dem der Ersatzpflichtige gehandelt hat (sog. Handlungsort).Unter den Begriff der unerlaubten Handlung fallen dabei auch Persönlichkeits- oder Ehrverletzungen.[194] Allerdings kann der Verletzte verlangen, dass anstelle dieses Rechts das Recht des Staates angewandt wird, in dem der deliktische

---

187 *EuGH* BeckRS 2015, 81250, Rn. 83.

188 *EuGH* BeckRS 2015, 81250, Rn. 85.

189 *EuGH* BeckRS 2015, 81250, Rn. 88.

190 Siehe Pressemitteilung Europäische Kommission vom 12.7.2016 abrufbar unter http://europa.eu/rapid/press-release_IP-16-2461_de.htm.

191 Vgl. dazu unten Rn. 200 und 204.

192 Zu den Hintergründen dieser Regelung *Spickhoff* LMK 2013, 348782.

193 Vgl. dazu unten Rn 132 f.

194 *EuGH* NJW 2012, 137, 139 – eDate Advertising zur insoweit vergleichbaren Frage der gerichtlichen Zuständigkeit.

Erfolg eingetreten ist (Art. 40 Abs. 1 S. 2 EGBGB, sog. Erfolgsort). Maßgeblich ist insoweit, wo die Achtung, die der von der Persönlichkeitsverletzung Betroffene in seinem Lebenskreis genießt, gestört bzw. gefährdet wird.[195]

3.2 Meinungsfreiheit

102 Gem. Art. 5 Abs. 1 S. 1 Alt. 1 GG hat jeder das verfassungsmäßig verbürgte Recht, seine Meinung in Wort, Schrift und Bild frei zu äußern und zu verbreiten. Dies gilt auch und gerade im Hinblick auf diejenigen Inhalte, die innerhalb sozialer Medien kundgetan werden. Dem grundrechtlichen Schutz unterliegen insoweit – unabhängig von ihrer thematischen Ausrichtung und ihrem sachlichen Wert – Äußerungen, die wesentlich durch Elemente der Stellungnahme, des Dafürhaltens oder des Meinens geprägt sind.[196] Geschützt sind aber auch Tatsachenbehauptungen, also solche Äußerungen, die einem Wahrheitsbeweis zugänglich sind,[197] soweit sie Voraussetzung für die Meinungsbildung sind und der tatsächliche Gehalt gegenüber der Wertung in den Hintergrund tritt.[198] Etwas anderes gilt nur im Falle bewusst unwahrer Behauptungen, deren Unwahrheit bereits im Zeitpunkt der Äußerung unzweifelhaft feststeht.[199] Wahre Aussagen sowie scharfe oder überspitzte Kritik müssen dagegen regelmäßig hingenommen werden.[200]

103 Auch wenn die Gewährleistung der Meinungsfreiheit in erster Linie als Abwehrrecht des Bürgers gegen Eingriffe des Staates zu verstehen ist, übt sie doch zugleich einen bedeutenden Einfluss auf das bürgerliche Recht aus. So darf keine zivilrechtliche Vorschrift, die das Verhältnis zwischen den Nutzern sozialer Medien und deren Anbietern bestimmt, in Widerspruch zu diesem Grundrecht stehen. Vielmehr müssen Auslegung und Anwendung derartiger Vorschriften stets im Geiste der Meinungsfreiheit vorgenommen werden.[201]

3.3 Allgemeines Persönlichkeitsrecht

104 Beschränkt wird der Schutzbereich der Meinungsfreiheit gem. Art. 5 Abs. 2 GG durch die Vorschriften der allgemeinen Gesetze, die gesetzlichen Bestimmungen zum Schutze der Jugend und dem Recht der persönlichen Ehre. Besondere Einschränkungen im Hinblick auf die Nutzung sozialer Medien ergeben sich aus den strafrechtlich sanktionierten Beleidigungsdelikten (§§ 185 ff. StGB) sowie den Vorschriften zum Schutz des allgemeinen Persönlichkeitsrechts (§§ 823 ff., 1004 Abs. 1 BGB) analog. In beiden Fällen handelt es sich um allgemeine Gesetze i.S.v. Art. 5 Abs. 2 GG.

105 Das allgemeine Persönlichkeitsrecht, welches verfassungsrechtlich aus der allgemeinen Handlungsfreiheit in Verbindung mit der Menschenwürde aus Art. 2 Abs. 1 i.V.m. Art. 1 Abs. 1 GG abgeleitet wird, verleiht dem Einzelnen die Entscheidungsbefugnis darüber, ob, wie und in welchem Umfang er sich gegenüber Dritten darstellen möchte.[202] Allerdings besteht kein Anspruch darauf, in der Öffentlichkeit ausschließ-

---

195 *BGH* NJW 2012, 2197, 2199; NJW 2013, 2348 – Autocomplete-Funktion.
196 *BVerfGE* 61, 1, 9; 85, 1, 14.
197 *BVerfGE* 90, 241, 247.
198 *BVerfGE* 61, 1, 9; 85, 1, 15.
199 *BVerfGE* 61, 1, 8 f.; 85, 1, 15; 99, 185, 197.
200 *Dörr/Schwartmann* Rn. 65.
201 *BVerfGE* 7, 198, 205 ff.
202 Zum Schutz der Selbstdarstellung als Gewährleistung des allgemeinen Persönlichkeitsrechts in Maunz/Dürig/*Di Fabio* GG, Art. 2 Rn. 166 ff.

lich so dargestellt zu werden, wie der Betroffene sich selbst sieht oder von anderen gesehen werden möchte. Die Gewährleistung des allgemeinen Persönlichkeitsrechts bewahrt ihn aber vor verfälschenden oder entstellenden Darstellungen seiner Person, die für die Persönlichkeitsentfaltung von wesentlicher Bedeutung sind.[203] Geschützt werden verschiedene Aspekte, die für die freie Persönlichkeitsentwicklung des Einzelnen von Bedeutung sein können. Im Rahmen von Social Media sind insbesondere der Schutz der persönlichen Ehre vor ansehensschädigenden Äußerungen, das Recht am eigenen Bild sowie das Recht auf informationelle Selbstbestimmung von Bedeutung.[204] Hinsichtlich der Schutzintensität ist danach zu differenzieren, in welche Sphäre des Persönlichkeitsrechts eingegriffen wird. Sofern die Intimsphäre einer Person betroffen ist, liegt stets ein unzulässiger Eingriff in das allgemeine Persönlichkeitsrecht vor. Äußerungen, die dagegen lediglich die Sozialsphäre eines anderen Menschen tangieren, hat dieser regelmäßig hinzunehmen.[205]

106 Zwischen diesen beiden Fallgruppen sind Eingriffe in die Privatsphäre anzusiedeln. Ob die Meinungsfreiheit eines Social Media-Nutzers durch das Persönlichkeitsrecht des von der jeweiligen Äußerung Betroffenen beschränkt wird, ist hier stets im Rahmen einer einzelfallbezogenen Abwägungsentscheidung festzustellen. Die entsprechende Güterabwägung kann daher nicht abstrakt vorweggenommen werden. Allerdings muss die Meinungsfreiheit immer dann zurücktreten, wenn die Äußerung die Menschenwürde eines anderen antastet.[206] Weil diese als Wurzel aller Grundrechte allerdings mit keinem anderen Einzelgrundrecht abwägungsfähig ist, bedarf die Annahme, dass der Gebrauch der Meinungsfreiheit auf die Menschenwürde durchschlägt, stets einer sorgfältigen Begründung.[207] Ferner tritt die Meinungsfreiheit regelmäßig bei herabsetzenden Äußerungen, die sich als Formalbeleidigung oder Schmähkritik darstellen, zurück. Hiervon ist dann auszugehen, wenn es nicht mehr um eine Auseinandersetzung in der Sache, sondern vielmehr um die Herabsetzung einer Person geht.[208] Stellt die betreffende Äußerung dagegen weder einen Angriff auf die Menschenwürde, noch eine Formalbeleidigung oder Schmähung dar, ist im Rahmen der Abwägung vor allem die Schwere der Persönlichkeitsverletzung maßgeblich.[208] Handelt es sich bei der persönlichkeitsverletzenden Äußerung indessen um einen Beitrag zur öffentlichen Meinungsbildung,[209] besteht eine Vermutung zugunsten der Freiheit der Rede.[210]

107 Als besonders problematisch stellt sich die Abwägung zwischen Meinungsfreiheit und allgemeinem Persönlichkeitsrecht im Bereich der Satire dar. Da diese Kunstform in hohem Maße durch Übertreibungen und Verzerrungen geprägt ist, ist hier ein besonders großzügiger Maßstab anzulegen. In satirischer Form geäußerte Kritik am Verhalten Dritter findet ihre Grenze allerdings ebenfalls dort, wo es sich um eine reine Schmähung oder Formalbeleidigung handelt oder die Menschenwürde angetastet wird. Zumindest teilweise ist dies im Falle des Gedichts „Schmähkritik" angenommen

---

203 *BVerfGE* 97, 125, 148f.; 99, 185, 193.

204 Vgl. zu weiteren Ausprägungen des allgemeinen Persönlichkeitsrechts *Dörr/Schwartmann* Rn. 312.

205 Zur Abgrenzung der einzelnen Sphären *Dörr/Schwartmann* Rn. 313ff.

206 So für die Kunstfreiheit *BVerfGE* 75, 369, 380; ausdrücklich auch für die Meinungsfreiheit *BVerfGE* 93, 266, 293.

207 *BVerfGE* 93, 266, 293.

208 *BVerfGE* 93, 266, 294.

209 Möglich wäre dies etwa in einem politischen oder gesellschaftlichen Blog.

210 StRspr. *BVerfGE* 7, 198, 208/212; 61, 1, 11.

worden, welches der Fernsehmoderator Jan Böhmermann unter Bezugnahme auf den türkischen Präsidenten Erdogan in seiner Sendung „Neo Magazin Royale“ verlesen hatte. Das zulässige Maß eines satirischen Beitrags sah das LG Hamburg mit Blick auf bestimmte Passagen des Gedichts durch „das Aufgreifen rassistisch einzuordnender Vorurteile und einer religiösen Verunglimpfung sowie angesichts der sexuellen Bezüge“ als überschritten an.[211] Die Entscheidung ist zutreffend, weil es dem Moderator im Rahmen einer Gesamtabwägung auch im Ergebnis erkennbar um eine tiefgreifende Ehrverletzung ohne Sachbezug zum Verhalten des Politikers geht. Demgegenüber hat das LG Hamburg im Rahmen eines einstweiligen Verfügungsverfahrens die „politisch unkorrekte“ Bezeichnung einer AfD-Politikerin als „Nazi-Schlampe“ unbeanstandet gelassen, nachdem diese auf einem Parteitag gefordert hatte, „die Political Correctness gehöre auf den Müllhaufen der Geschichte.“ Diese Entscheidung über einen Witz zu Political Correctness ist wegen des Sachbezuges zur Äußerung der Politikerin, der im Falle Erdogan gerade nicht erkennbar ist, ebenfalls richtig.[212]

3.4 Rechtsfolgen bei Persönlichkeitsverletzungen

3.4.1 Vorgehen gegen den Äußernden

Ist die Verbreitung eines persönlichkeitsverletzenden Beitrags im Rahmen eines sozialen Mediums festgestellt, steht dem Betroffenen zunächst ein Beseitigungsanspruch im Hinblick auf die rechtswidrigen Inhalte zu (§§ 823 Abs. 1, 1004 Abs. 1 S. 1 BGB analog i.V.m. Art. 2 Abs. 1, 1 Abs. 1 GG). Droht eine Wiederholung der rechtsverletzenden Äußerung oder steht zu befürchten, dass eine kerngleiche Aussage getätigt wird, besteht zugleich ein Unterlassungsanspruch (§§ 823 Abs. 1, 1004 Abs. 1 S. 2 BGB analog i.V.m. Art. 2 Abs. 1, 1 Abs. 1 GG. **108**

Daneben sind auch Schadensersatzansprüche (§ 823 ff. BGB) möglich, sofern der Äußernde den persönlichkeitsverletzenden Beitrag innerhalb des sozialen Mediums vorsätzlich oder fahrlässig verbreitet hat und dem Betroffenen hierdurch ein Schaden entstanden ist. Ein Anspruch auf eine Geldentschädigung besteht allerdings nur im Falle eines schwerwiegenden Eingriffs, dessen Auswirkungen nicht in anderer Weise befriedigend aufgefangen werden können.[213] Ob eine schwerwiegende Verletzung des Persönlichkeitsrechts gegeben ist, muss unter Berücksichtigung der Umstände des Einzelfalls beurteilt werden und hängt insbesondere von der Bedeutung und Tragweite des Eingriffs, von Anlass und Beweggrund des Handelnden sowie von dem Grad seines Verschuldens ab.[214] Möglich ist die Gewährung von Schadensersatzansprüchen einerseits bei Eingriffen in den Gewerbebetrieb. Im Rahmen sozialer Medien kann dies etwa durch unangemessene Bewertungen von Produkten oder Dienstleistungen oder entsprechende Boykottaufrufe geschehen.[215] Andererseits kommen aber auch persönlichkeitsverletzende Fallgestaltungen im Privat- oder Arbeitsumfeld in Betracht.[216] **109**

---

211 *LG Hamburg* 10.2.2017 – 324 O 402/16.

212 *LG Hamburg* 11.5.2017 – 324 O 217/17. Dazu *Schwartmann* Die Kunst des würdevollen Witzes, consulting.de v. 18.5.2017: www.consulting.de/hintergruende/kolumne/einzelansicht/die-kunst-des-wuerdevollen-witzes/

213 Vgl. dazu mit aktuellen Entwicklungen der Rechtsprechung *Haug* K&R 2014, 235.

214 StRspr. vgl. etwa *BGH* NJW 1985, 2644, 2645 f.; *LG Berlin* ZUM 2012, 997, 998.

215 *Dörr/Schwartmann* Rn. 350.

216 Vgl. etwa *LG Berlin* ZUM 2012, 997; *ArbG Bochum* BeckRS 2012, 70844; *AG Bergisch Gladbach* BeckRS 2011, 24506.

3.4.2 Vorgehen gegen die Social Media-Anbieter

110 Darüber hinaus ist zugleich eine Haftung des Social Media-Anbieters, über dessen Plattform die Persönlichkeitsverletzung verbreitet wird, möglich. Zwar wird eine Haftung auf Schadensersatz meist ausscheiden, weil die Anbieter sozialer Medien nach § 10 TMG insoweit von der Verantwortlichkeit für die nutzergenerierten Inhalte regelmäßig befreit sind. Eine Inanspruchnahme als Störer, kann nur unter den neuen Bedingungen des Dritten Gesetzes zur Änderung des TMG erfolgen.[217]

3.4.3 Maßnahmen der Social Media-Anbieter

111 Ferner behalten sich auch die Anbieter sozialer Medien regelmäßig Maßnahmen gegen Nutzer vor, die persönlichkeitsverletzende Inhalte zu Lasten Dritter verbreiten.[218] In Betracht kommen dabei die Entfernung entsprechender Beiträge sowie die Sperrung oder Löschung des Nutzerprofils.

3.5 Phänomen Fake News

112 Aktuell wird das Grundrecht auf Meinungsfreiheit mit Blick auf die Verbreitung sog. Fake News über die sozialen Medien diskutiert. Hierbei handelt es sich um bewusst unwahre Tatsachenbehauptungen, die im Interesse einer – häufig politisch motivierten – Meinungsmanipulation verbreitet werden. Während Meinungsäußerungen sehr weitgehend über Art. 5 Abs. 1 GG geschützt sind, können unwahre bzw. nicht erweislich wahre Tatsachenbehauptungen rechtlich angegriffen werden. Wird im Rahmen einer solchen Tatsachenbehauptung auf eine konkrete Person Bezug genommen, kommt zunächst eine Strafverfolgung des Fake-News-Autors nach §§ 185 ff. StGB in Betracht. Schwierigkeiten werden sich hier allerdings häufig mit Blick auf eine zuverlässige Identifizierung des Täters ergeben. Ohnedies gelangt das Strafrecht an seine Grenzen, wenn es sich um Falschmeldungen ohne Personenbezug handelt. Eine Strafbarkeit ist hier nur dann gegeben, wenn die öffentliche Sicherheit, etwa im Falle einer frei erfundenen Bombendrohung, gefährdet wird. Somit verbleibt eine Vielzahl an Falschmeldungen, die zwar geschmacklos sind, aber dem Anwendungsbereich des Strafrechts nicht unterfallen.

113 Zivilrechtliche Beseitigungs- und Unterlassungsansprüche gem. §§ 823 Abs. 1, 1004 BGB analog können grundsätzlich sowohl gegenüber dem Fake-News-Autor, als auch gegenüber dem Social Media-Betreiber geltend gemacht werden. Letztere sind zwar nicht zu einer proaktiven Suche, wohl aber zur Löschung rechtsverletzender Inhalte ab Kenntnis verpflichtet. Erhebliche Schwierigkeiten ergeben sich allerdings mit Blick auf die Umsetzung dieser Verpflichtung. Häufig können Falschmeldungen nicht eindeutig als solche identifiziert werden. Dies gilt insbesondere dann, wenn wahre Begebenheiten oder Aussagen verkürzt oder in einem anderen als dem ursprünglichen Kontext dargestellt werden. Hier bedarf es vertiefter Rechtskenntnisse sowie deren konsequenter Anwendung. Darüber hinaus werden die Kriterien der Löschung aufgrund der US-amerikanischen Herkunft vieler Social Media-Betreiber und des im dortigen Recht verankerten "free speech-Grundsatzes" häufig weiter gefasst als dies nach deutschem Rechtsverständnis der Fall wäre.

---

217 Vgl. dazu unten Rn. 217 f.

218 Vgl. etwa *Facebook* Erklärung der Rechte und Pflichten Nr. 5.2.

Auf entsprechende Forderung der Bundesregierung hat Facebook nunmehr angekündigt, die Funktionen zur Meldung von Fake News verbessern zu wollen. Wird eine Nachricht mehrfach als Fake gemeldet, soll sie demnach an externe Spezialisten zur Faktenprüfung weitergeleitet und gegebenenfalls mit einer Warnung versehen werden.[219] Auch sollen die Algorithmen, die die Inhalte im Newsfeed der Mitglieder bestimmen, angepasst werden. Wird ein Beitrag nicht geteilt, nachdem die Nutzer ihn gelesen haben, könnte dies als Warnsignal in die Gewichtung einfließen.[220] **114**

Darüber hinaus wäre die Entwicklung eines abgestuften Schutzsystems nach dem Vorbild des Jugendmedienschutzes denkbar. Ausgangspunkt ist das Modell der sog. Regulierten Selbstregulierung. Hier schließen sich die Anbieter in Selbstkontrolleinrichtungen zusammen. Diese wiederum sind durch die Landesmedienanstalten anerkannt und kontrollieren die Anbieter im Rahmen der mit ihren Mitgliedern vereinbarten Regelungen. Die Aufsicht der Landesmedienanstalten kommt nur insoweit zum Tragen, als die rechtlichen Grenzen des den Selbstkontrolleinrichtungen zugestandenen Beurteilungsspielraums überschritten werden.[221] Für mehr Transparenz könnte darüber hinaus eine verstärkte Zusammenarbeit von Presse und Rundfunk sorgen. Jeder Inhalt, der den insoweit geltenden erhöhten journalistischen Sorgfaltsanforderungen entspricht, könnte mit einem Siegel gekennzeichnet werden, welches auf die geprüfte Herkunft verweist.[222] **115**

Über die Selbstverpflichtungen der Social Media-Betreiber hinaus muss die Rechtsdurchsetzung in sozialen Netzwerken auch von Gesetzes wegen verbessert werden. Mit am 1.10.2017 in Kraft getretenen Netzwerkdurchsetzungsgesetz (NetzDG)[223] werden künftig gesetzliche Compliance-Regeln für soziale Netzwerke eingeführt. Hierunter fällt etwa die bußgeldbewehrte Verpflichtung, halbjährlich einen Bericht über den Umgang mit Hasskriminalität herauszugeben. Darüber hinaus werden die Betreiber der sozialen Netzwerke verpflichtet, offensichtlich rechtswidrige Inhalte i.S.d. §§ 86, 86a, 89a, 91, 100a, 111, 126, 129–129b, 130, 131, 140, 166, 184b i.V.m. 184d, 185–187, 201a, 241 oder 269 StGB innerhalb von 24 Stunden nach Eingang der Beschwerde zu löschen. Verstöße gegen die genannten Verpflichtungen werden durch das Bundesamt für Justiz als zuständige Verfolgungsbehörde geahndet. Vom Anwendungsbereich des NetzDG ausgenommen bleiben Plattformen mit journalistisch-redaktionell gestalteten Angeboten, die vom Diensteanbieter selbst verantwortet werden sowie soziale Netzwerke mit weniger als zwei Millionen Nutzern im Inland.[224] Darüber hinaus werden dem § 14 TMG neue Absätze 3–5 angefügt. Der Diensteanbieter darf hiernach aufgrund gerichtlicher Anordnung Auskunft über bei ihm vorhandene Bestandsdaten erteilen, soweit dies zur Durchsetzung zivilrechtlicher Ansprüche wegen der Verlet- **116**

---

219 Vgl. hierzu *Schwartmann* So bekämpft man die Lüge im Netz, FAZ vom 16.1.2017, 9.

220 Vgl. hierzu den Blogeintrag des *Facebook*-Managers *Adam Mosseri*, abrufbar unter http://newsroom.fb.com/news/2016/12/news-feed-fyi-addressing-hoaxes-and-fake-news/.

221 Vgl. hierzu Bornemann/Erdemir/*Braml* JMStV, § 19 Rn. 3 ff.

222 Vgl. hierzu *Schwartmann* FAZ v. 16.1.2017, 9. Dazu auch *Schwartmann* promedia 3/2017, S. 12 ff.

223 Vlg. auch 1. Kap. Rn. 19.

224 Zur Problematik im Ganzen *Schwartmann* „Die Meinungsfreiheit endet an den Schranken des Grundgesetzes", Interview in pro media, 3/2017, S. 12 ff.

zung absolut geschützter Rechte aufgrund rechtswidriger Inhalte, die von § 1 Abs. 3 NetDG erfasst werden, erforderlich ist.[225]

4. Rundfunkrecht

4.1 Social Media als Rundfunk

117 Während mit dem Begriff Social Media ein tatsächliches Kommunikationsphänomen beschrieben wird, trifft diese Bezeichnung noch keine Aussage über die Zuordnung zu einer rechtlichen Gattung und dem damit verbundenen Regelungsbereich. Gerade die begriffliche Abgrenzung zwischen Rundfunk und Telemedien stellt sich indessen als praktisch bedeutsam dar. Insbesondere gilt für den Bereich des Rundfunks die hierfür durch das Bundesverfassungsgericht (BVerfG) entwickelte Sonderdogmatik.[226] Einfachgesetzlich bestehen für den Rundfunk ferner spezielle Zulassungs- und sonstige Pflichten, die für telemediale Angebote nicht gelten. Andererseits genießt der Rundfunk aufgrund seiner Sonderstellung, die mit der von ihm ausgehenden Aktualität, Suggestivkraft und Breitenwirkung begründet wird, spezielle Privilegien, welche den anderen Mediengattungen teils verwehrt bleiben. Angesichts dieser unterschiedlichen Voraussetzungen müssen die sozialen Medien in dem bestehenden gesetzlichen Gefüge verortet werden, um die insoweit anwendbaren Regelungsanforderungen konkret bestimmbar zu machen.

4.2 Verfassungsrechtlicher Rundfunkbegriff

118 Im verfassungsrechtlichen Sinne sind die Angebote sozialer Medien als Rundfunk zu qualifizieren. Zwar können die Nutzer im Rahmen sämtlicher Dienste eigene Beiträge veröffentlichen, Inhalte anderer Nutzer gezielt auswählen und mit diesen individuell kommunizieren. Allerdings weisen soziale Medien in großen Teilen zugleich massenkommunikative Elemente auf, die für die öffentliche Meinungsbildung von Relevanz sein können. So wird dem Nutzer durch den Social Media-Anbieter eine Vielzahl an Inhalten dargeboten, die er sodann im Sinne eines Programms konsumieren kann Einen bestimmten qualitativen Anspruch fordert der verfassungsrechtliche Rundfunkbegriff i.S.d. Art. 5 Abs. 1 S. 2 GG indessen nicht.[227]

4.3 Einfachgesetzlicher Rundfunkbegriff

119 Rundfunk im einfachgesetzlichen Sinne ist gem. § 2 Abs. 1 S. 1 RStV ein linearer Informations- und Kommunikationsdienst im Sinne einer für die Allgemeinheit und zum zeitgleichen Empfang bestimmten Veranstaltung und Verbreitung von Angeboten in Bewegtbild oder Ton entlang eines Sendeplans unter Benutzung elektromagnetischer Schwingungen. Die Subsumtion sozialer Medien unter diese Begrifflichkeit scheitert regelmäßig am Merkmal der Linearität. Über Social Media verbreitete Inhalte sind nicht gleichzeitig an eine Vielzahl von Empfängern gerichtet, sondern

---

225 Vgl. kritisch dazu *Gersdorf* pro media 5/2017, S. 33 ff; Gutachten Prof. Dr. Gerald Spindler zum Netzwerkdurchsetzungsgesetz, www.bitkom.org/Bitkom/Publikationen/Kurzzusammenfassung-des-Gutachtens-von-Prof-Dr-Gerald-Spindler-zum-Netzwerkdurchsetzunsgesetz.html; auch Stellungnahme des DAV, abrufbar unter https://anwaltverein.de/de/newsroom/sn-41-17-netzwerkdurchsetzungsgesetz-netzdg ; Ladeur/Gostomzyk, Zur Verfassungsmäßigkeit des „Netzwerkdurchsetzunzgsgesetzes“, Bitkom-Gutachten 2017.

226 Zu der Frage, ob die Sonderdogmatik des Rundfunks den heutigen Gegebenheiten noch angemessen Rechnung trägt vgl. unten Rn. 283 f.

227 Hornung/Müller-Terpitz/*Beyerbach* 9. Kap. Rn. 8 ff.

können von den Nutzern jederzeit zu einem selbst gewählten Zeitpunkt abgerufen werden. Zwar stehen dem Nutzer innerhalb des jeweiligen Dienstes zahlreiche inhaltliche Angebote im Sinne eines vom Anbieter zusammengestellten Programms zur Verfügung. Allerdings handelt es sich dabei nicht um einen Verteil-, sondern um einen Abrufdienst, dessen Inanspruchnahme der Entscheidung des Nutzers vorbehalten bleibt. Auch fehlt es bei den Inhalten sozialer Medien häufig an Bewegtbild oder Ton sowie der Verbreitung entlang eines Sendeplans. Angesichts der aktiven Gestaltungs- und Auswahlmöglichkeiten unterfallen die gängigen Social Media-Angebote daher nicht dem einfachgesetzlichen Rundfunkbegriff.[228] Spezielle Zulassungserfordernisse oder sonstige Pflichten, die von den Rundfunkveranstaltern zu beachten sind, treffen die Anbieter sozialer Medien daher nicht.

5. Telemedienrecht

Im Telemedienrecht stehen **erhebliche Änderungen** bevor. Mit der **E-Privacy-Verordnung**, die zur Aufhebung der E-Privacy-Richtlinie und der „Cookie-Richtlinie" und damit auch zur Aufhebung des Telemediengesetzes führen wird, steht im Telemedienrecht eine vergleichbare Entwicklung bevor wie dies im harmonisierten Datenschutzrecht der Fall ist. Die bei Manuskriptabgabe im Entwurf vom 10.1.2017[229] vorliegende E-Privacy-Verordnung regelt die Nutzung elektronischer Kommunikationsdienste und wird damit das für Telemediendienste und damit auch für Soziale Mediendienste das zentrale Regelwerk werden. Sie wird die gesamte Online-Branche mit herkömmlichen Telekommunikationsdiensten ebenso betreffen, wie mit sog. Over-the-top-Diensten (OTT). Auch soll sie die Maschine-zu-Maschine-Kommunikation (Internet-of-Things, IOT) regeln. Dass die Verordnung wie geplant zeitgleich mit der DSGVO am 25.5.2018 Wirkung erlangt, erscheint bei der Fertigstellung des Manuskripts zu diesem Handbuch sehr unwahrscheinlich und ein Eingehen auf mögliche Inhalte wäre spekulativ. **120**

5.1 Social Media als Telemedien

Nach alledem sind Social Media-Dienste im Rahmen des einfachen Rechts als Telemedien einzuordnen. Diese sind gem. § 1 Abs. 1 S. 1 TMG, § 2 Abs. 1 S. 3 RStV als elektronische Informations- und Kommunikationsdienste, soweit sie nicht Telekommunikationsdienste nach § 3 Nr. 24, (…), telekommunikationsgestützte Dienste nach § 3 Nr. 25 des Telekommunikationsgesetzes oder Rundfunk nach § 2 des Rundfunkstaatsvertrages sind, negativ definiert. Die Anwendbarkeit des TKG scheidet in Bezug auf die Dienste sozialer Medien bereits deshalb aus, weil deren Leistungsumfang sich nicht in der technischen Übertragung von Daten erschöpft.[230] Vielmehr werden die technischen Wege der Telekommunikation genutzt, um die Inhalte der Nutzer in einer bestimmten Art und Weise abbilden und weiterverbreiten zu können. **121**

5.2 Anwendbarkeit deutschen Telemedienrechts

Da die Anbieter sozialer Medien regelmäßig im Ausland angesiedelt sind, stellt sich auch hier wiederum die Frage nach der Anwendbarkeit deutschen Rechts. Nach dem Herkunftslandprinzip des § 3 Abs. 1 TMG – unterliegen vorbehaltlich der in den Abs. 3 **122**

---

228 Hornung/Müller-Terpitz/*Beyerbach* 9. Kap. Rn. 21 ff.

229 Abrufbar unter: https://ec.europa.eu/digital-single-market/en/news/proposal-regulation-privacy-and-electronic-communications.

230 Hornung/Müller-Terpitz/*Beyerbach* 9. Kap. Rn. 28.

und 4 vorgesehenen Ausnahmen – in Deutschland niedergelassene Diensteanbieter und ihre Telemedien den Anforderungen des deutschen Rechts auch dann, wenn die Telemedien in einem anderen Staat innerhalb des Geltungsbereichs der Richtlinien 2000/31/EG (E-Commerce-RiLi) und 89/552/EWG (Fernseh-RiLi) angeboten oder erbracht werden. Der Anbieter soll sich insoweit an seinem Heimatrecht orientieren können und nicht einer Doppelkontrolle durch das Recht zweier oder sogar mehrerer Staaten unterworfen sein. Gleichzeitig ist aber zu prüfen, ob das Recht des Mitgliedstaates, in dem die Telemedien angeboten werden, bezogen auf den gleichen Sachverhalt, möglicherweise liberaler ist. Ist letzteres der Fall, so findet das strengere deutsche Recht keine Anwendung.[231] Abweichend von der Gewährleistung des freien Dienstleistungsverkehrs i.S.v. § 3 Abs. 2 TMG erklärt § 3 Abs. 5 TMG deutsches Recht im Hinblick auf besonders schutzwürdige Bereiche auch dann für anwendbar, wenn der Diensteanbieter die Telemedien in Deutschland anbietet, jedoch in einem anderen Staat im Geltungsbereich der genannten Richtlinien niedergelassen ist. Steht also der Schutz der öffentlichen Sicherheit und Ordnung, einschließlich des Jugendschutzes (§ 3 Abs. 5 Nr. 1 TMG) oder der Schutz der Interessen der Verbraucher (§ 3 Abs. 5 Nr. 3 TMG) in Rede, ist die Anwendbarkeit deutschen Rechts unabhängig davon gegeben, ob es gegenüber dem Recht des anderen Staates günstiger ist.

123 Unklar war lange Zeit, ob es sich bei § 3 Abs. 1 TMG um eine Kollisionsnorm oder um ein Beschränkungsverbot handelt. Im Rahmen eines Vorabentscheidungsverfahrens hat der EuGH indessen klargestellt, dass Art. 3 der E-Commerce-RiLi, der durch § 3 TMG in nationales Recht umgesetzt ist, dahin auszulegen sei, dass er keine Umsetzung in Form einer speziellen Kollisionsregel verlange. Jedoch müssten die Mitgliedstaaten grundsätzlich sicherstellen, dass der Anbieter eines Dienstes des elektronischen Geschäftsverkehrs keinen strengeren Anforderungen unterliegt, als sie das im Sitzstaat dieses Anbieters geltende Sachrecht vorsieht.[232] In diesem Sinne hat nunmehr auch der BGH die Rechtsnatur des § 3 Abs. 1 TMG als sachrechtliches Beschränkungsverbot anerkannt.[233] Gegen eine Einordnung als Kollisionsnorm spricht i.Ü. § 1 Abs. 5 TMG, der ausdrücklich festlegt, dass das TMG keine Regelungen im Bereich des internationalen Privatrechts trifft.[234]

124 Sofern aber § 3 TMG nicht als Kollisionsnorm fungiert, muss die Frage des anwendbaren Rechts mithilfe anderer kollisionsrechtlicher Vorschriften beantwortet werden. Einschlägig sind insoweit die Bestimmungen des internationalen Privatrechts, namentlich die Rom I- (vertragliche Schuldverhältnisse) und die Rom II-Verordnung (außervertragliche Schuldverhältnisse) innerhalb der Europäischen Union sowie die ergänzenden Vorschriften des EGBGB innerhalb Deutschlands. Findet nach diesen Kollisionsnormen deutsches Recht Anwendung, ist die Regelung des § 3 TMG eigentlich überflüssig, weil sie lediglich erneut darauf verweist, dass in Deutschland niedergelassene Anbieter deutschem Recht unterliegen.

125 Möglich und im Hinblick auf einige Social Media-Dienste sogar wahrscheinlich ist aber auch, dass sich die Niederlassung des Anbieters weder in Deutschland noch in der Europäischen Union befindet. Auch in diesen Fällen sind die allgemeinen

---

231 *Müller-Broich* TMG, § 3 Rn. 2.
232 *EuGH* EuZW 2011, 962, 966; vgl. dazu auch *Sack* EWS 2011, 513 ff.
233 *BGH* MMR 2012, 703, 704.
234 Hornung/Müller-Terpitz/*Beyerbach* 9. Kap. Rn. 107.

kollisionsrechtlichen Regelungen anwendbar.[235] § 3 TMG gilt hier – ungeachtet seiner Verdrängung durch das Kollisionsrecht – nicht.[236] Ebenso wenig ist die Vorschrift dann anwendbar, wenn die Parteien die Geltung einer anderen Rechtsordnung vereinbart haben. Dies ergibt sich bereits aus den jeweiligen Kollisionsnormen (Art. 3 Rom-I-VO, Art. 14 Rom-II-VO, Art. 42 EGBGB). Darüber hinaus stellt aber auch § 3 Abs. 3 Nr. 1 TMG klar, dass das Herkunftslandprinzip die Freiheit der Rechtswahl unberührt lässt.

5.3 Gesetzliche Vorgaben nach RStV

5.3.1 Anwendbarkeit rundfunkrechtlicher Vorschriften

Auch wenn es sich bei den Social Media-Diensten formal um Telemedien handelt, kann eine strikte Trennung zwischen den Regelungen des TMG und den für den Rundfunk im einfachrechtlichen Sinne geltenden Vorschriften des RStV nicht immer durchgehalten werden. Angesichts der zunehmenden medialen Konvergenz stellt sich die rein nach Begrifflichkeiten abgrenzende Differenzierung zwischen Rundfunk und Telemedien als zu formalistisch dar. Überdies kommt beiden Gattungen vielfach bereits eine vergleichbare Wirkmacht zu, wobei die Reichweite telemedialer Angebote diejenige des Rundfunks in Einzelfällen sogar übersteigen kann.[237] Vor diesem Hintergrund wird in einigen Fällen die Anwendbarkeit rundfunkrechtlicher Vorschriften auf den Bereich der Telemedien erweitert (vgl. etwa §§ 1 Abs. 1 HS 2, 20 Abs. 2, 50 RStV für rundfunkähnliche Dienste oder § 58 Abs. 3 RStV für fernsehähnliche Dienste).[238] Dabei handelt es sich regelmäßig um solche Dienste, die zwar nicht dem einfachrechtlichen, aber doch dem weiteren verfassungsrechtlichen Rundfunkbegriff unterfallen.[239] 126

Die Frage nach der Anwendbarkeit des deutschen Rechts ist auch hier nach den oben genannten Grundsätzen unter Heranziehung der Rom-Verordnungen sowie dem EGBGB zu beantworten. Ebenso gilt das sachrechtliche Beschränkungsverbot des § 3 TMG für die Vorschriften des RStV (vgl. § 60 Abs. 1 S. 1 RStV).[240] 127

---

235 *Müller-Broich* TMG, § 3 Rn. 6.

236 Hornung/Müller-Terpitz/*Beyerbach* 9. Kap. Rn. 111.

237 Hornung/Müller-Terpitz/*Beyerbach* 9. Kap. Rn. 31.

238 Keine Anwendung auf soziale Medien finden grundsätzlich die Vorschriften über die Plattformregulierung (§§ 52 ff. RStV). Plattformen in offenen Netzen wie dem Internet sind vom Anwendungsbereich der Vorschriften von vornherein ausgenommen, soweit sie dort über keine marktbeherrschende Stellung verfügen (§ 52 Abs. 1 S. 2 Nr. 1 RStV). Selbst wenn aber eine marktbeherrschende Stellung angenommen wird, widerspricht die Zwecksetzung der §§ 52 ff. RStV einer unmittelbaren Anwendbarkeit auf Social Media-Dienste. Die betreffenden Vorschriften dienen der Regulierung solcher Anbieter, die aufgrund ihrer technisch-vermittelnden Funktion darüber entscheiden können, welche Angebote von Rundfunk und vergleichbaren Telemedien (§ 2 Abs. 2 Nr. 13 RStV) überhaupt übertragen werden (sog. Gatekeeper-Position). Soziale Medien sind dagegen nicht primär mit der Selektion von Drittinhalten befasst (zu selektiven Tendenzen vgl. aber unten Rn. 275 f.). Vielmehr liegt ihre Hauptintention in der Bereithaltung von Kommunikationsstrukturen zur Generierung fremder Inhalte, an deren Sammlung und Auswertung werbliche Geschäftsmodelle anknüpfen. Vgl. dazu sowie zum Ansatz einer möglichen Erweiterung des Anwendungsbereichs der §§ 52 ff. RStV auf marktmächtige Social Media-Anbieter Hornung/Müller-Terpitz/*Beyerbach* Rechtshandbuch Social Media, 2014, 9. Kap. Rn. 33 ff. und 125.

239 Hornung/Müller-Terpitz/*Beyerbach* 9. Kap. Rn. 32.

240 Hornung/Müller-Terpitz/*Beyerbach* 9. Kap. Rn. 106.

5.3.2 Grundsatz der Zulassungsfreiheit

128 Darüber hinaus hält der RStV mit den Vorschriften der §§ 54 RStV einen eigenen Abschnitt über Telemedien bereit. Als wesentliches Unterscheidungsmerkmal zum Rundfunk legt § 54 Abs. 1 S. 1 RStV zunächst die Zulassungs- und Anmeldefreiheit für Telemedien fest (vgl. auch § 4 TMG). Eine Ausnahme vom Grundsatz der Zulassungsfreiheit normiert § 20 Abs. 2 S. 1 RStV für die Kategorie der rundfunkähnlichen Telemedien. Da der RStV auf eine gesetzliche Definition dieser Begrifflichkeit verzichtet, muss insoweit auf die dem Rundfunk zugeschriebenen Attribute der Aktualität, Breitenwirkung und Suggestivkraft zurückgegriffen werden.[241] Demnach ist ein Dienst umso rundfunkähnlicher, je höher die Wirkintensität der verbreiteten Inhalte ist, je stärker die redaktionelle Gestaltung der Inhalte ist, je realitätsnaher sie präsentiert werden, je größer die Reichweite und die gleichzeitige Rezeptionsmöglichkeit ist und je weniger Interaktivität des Nutzers den Rezeptionsvorgang bestimmt.[242] Unter Berücksichtigung dieser Kriterien sind Social Media-Dienste regelmäßig nicht als rundfunkähnliche Telemedien zu qualifizieren. Zwar kommt den sozialen Medien häufig eine hohe Aktualität und Breitenwirkung zu. Indessen fehlt es in den meisten Fällen an der dem Rundfunk innewohnenden Suggestivkraft. Im Rahmen sozialer Medien ist der Nutzer gerade nicht auf den passiven Konsum vorgegebener Inhalte beschränkt. Wesentliches Merkmal derartiger Dienste ist vielmehr die aktive Partizipation und Interaktion der Nutzer. Insoweit obliegt es weitgehend der Entscheidung des Einzelnen, welche Inhalte er zur Kenntnis nimmt. Angesichts dieser nutzereigenen Selektion wird die Wahrnehmung bestimmter Inhalte nicht primär durch den Anbieter des sozialen Mediums, sondern vielmehr durch den Betroffenen selbst gesteuert.[243] Eine regulierungsbedürftige Suggestivkraft geht von den gängigen Social Media-Angeboten daher nicht aus. Es handelt sich folglich nicht um rundfunkähnliche Telemedien, die einer Zulassung i.S.v. § 20 Abs. 2 S. 1 RStV bedürfen.[244]

5.3.3 Inhaltliche Anforderungen an Telemedien

129 Nach § 1 Abs. 4 TMG ergeben sich die an die Inhalte von Telemedien zu richtenden besonderen Anforderungen aus dem Rundfunkstaatsvertrag. Auch wenn sie grundsätzlich keiner Zulassung bedürfen, stellen § 54 Abs. 1 S. 2 und 3 RStV dementsprechend bestimmte inhaltliche Mindestanforderungen für Telemedien auf. Danach gilt für telemediale Angebote die verfassungsmäßige Ordnung. Insbesondere sind die Vorschriften der allgemeinen Gesetze und die gesetzlichen Bestimmungen zum Schutz der persönlichen Ehre einzuhalten. Soweit die Social Media-Dienste dem verfassungsrechtlichen Rundfunkbegriff unterfallen, sind die betreffenden Regelungen – mit Ausnahme der Vorschriften zum Schutze der Jugend, welche im JMStV Berücksichtigung finden – lediglich als deklaratorische Wiederholung der aus Art. 5 Abs. 2 GG resultierenden Schranken auf einfachgesetzlicher Ebene zu betrachten.[245] Abgesehen von der Einhaltung dieser inhaltlichen Mindeststandards, die die Ausgestaltung telemedialer Angebote insbesondere den Grenzen des Strafrechts unterstellen, sind die Telemedien den Reglementierungen des Rundfunks nicht unterworfen. Im Besonderen gilt

241 Vgl. dazu etwa *BVerfGE* 57, 295, 326.
242 *DLM* Drittes Strukturpapier zur Unterscheidung von Rundfunk und Mediendiensten, Ziff. 2.4.1, abrufbar unter www.alm.de/fileadmin/user_upload/3Strukturpapier.pdf.
243 Zu den Ausnahmen vgl. unten Rn. 291 f.
244 Hornung/Müller-Terpitz/*Beyerbach* 9. Kap. Rn. 43.
245 Hornung/Müller-Terpitz/*Beyerbach* 9. Kap. Rn. 45.

dies für die inhaltlichen Verpflichtungen, die mit der Wahrung der Meinungsvielfalt einhergehen. Die Anbieter sozialer Medien sind dahingehenden Vorgaben nicht unterworfen, weil sie eine dem Rundfunk vergleichbare Suggestivkraft jedenfalls nach der derzeitigen Ausgestaltung des RStV nicht aufweisen.[246]

Des Weiteren formuliert § 54 Abs. 2 RStV die Pflicht zur Befolgung der anerkannten journalistischen Grundsätze für solche Telemedien, die journalistisch-redaktionell gestaltete Angebote enthalten, in denen insbesondere vollständig oder teilweise Inhalte periodischer Druckerzeugnisse in Text oder Bild wiedergegeben werden. Entspricht also der Inhalt eines Telemediums vollständig oder teilweise den Gestaltungsmaßstäben eines Presse- oder Rundfunkberichts, muss es den gleichen Sorgfaltsanforderungen wie die beiden letztgenannten Mediengattungen genügen. Eine journalistisch-redaktionelle Gestaltung ist dann anzunehmen, wenn sich die Zusammenstellung von Inhalten aus Nutzersicht als systematisch-organisierte Auswahl präsentiert, die den Eindruck einer qualifizierten, professionellen und glaubwürdigen Information erweckt.[247] Hieraus ergeben sich die Verpflichtungen des Telemedienanbieters zur Sachlichkeit, Seriosität und Wahrheit, deren Ausgangspunkt stets in einer sorgfältigen Recherchetätigkeit liegt.[248] Die Angebote sozialer Medien sind diesen Pflichtenstellungen indes regelmäßig nicht unterworfen. Das Augenmerk liegt hier auf dem Erstellen und Verbreiten von Inhalten durch die Nutzer. Selbst wenn sich der Anbieter die Entfernung einzelner Beiträge vorbehält, fehlt es an einer systematischen Anordnung und Auswahl der Inhalte im Sinne einer klassischen Endredaktion.[249] Für die Nutzer ist dies im Übrigen auch ohne weiteres erkennbar, da unter den jeweiligen Inhalten in der Regel der Name des Veröffentlichenden erscheint. Selbst wenn dies – wie etwa bei der Wissensplattform *Wikipedia* – nicht der Fall ist, verweist jedenfalls der Anbieter auf die fehlende inhaltlich-organisatorische Einwirkung.[250] Die journalistisch-redaktionelle Ausgestaltung eines Social Media-Angebots ist jedoch ausnahmsweise in solchen Fällen denkbar, in denen die Partizipation und Interaktion der Nutzer untereinander gegenüber der systematisch angeordneten Präsentation ausgewählter Informationen nahezu vollständig zurücktritt.[251] Angesichts der Presse- bzw. Rundfunkähnlichkeit besteht dann auch die Verpflichtung des Anbieters zur unverzüglichen Gegendarstellung einer Person oder Stelle, die durch eine in dem journalistisch-redaktionellen Angebot aufgestellte unzutreffende Tatsachenbehauptung betroffen ist (§ 56 RStV). 130

5.3.4 Impressumspflicht

Über die diversen inhaltlichen Vorgaben hinaus verpflichtet § 55 RStV die Anbieter von Telemedien, die nicht ausschließlich persönlichen oder familiären Zwecken dienen, zur leicht erkennbaren, unmittelbar erreichbaren und ständig verfügbaren Bereitstellung bestimmter Identifikationsmerkmale wie Name und Anschrift. Ebenso wie bei Presse und Fernsehen soll auch bei Telemedien bekannt sein, wer für das 131

246 Hornung/Müller-Terpitz/*Beyerbach* 9. Kap. Rn. 46.
247 Hornung/Müller-Terpitz/*Beyerbach* 9. Kap. Rn. 54 f.; Hahn/Vesting/*Held* § 54 RStV Rn. 48 ff.
248 Hornung/Müller-Terpitz/*Beyerbach* 9. Kap. Rn. 63.
249 Hornung/Müller-Terpitz/*Beyerbach* 9. Kap. Rn. 56 ff.
250 Vgl. dazu unter http://de.wikipedia.org/wiki/Hilfe:FAQ/%C3%9Cbersicht#Wer_ist_verantwortlich_f.C3.BCr_die_Artikel_in_der_Wikipedia.3F.
251 Möglich wäre dies etwa im Rahmen eines Blogs, vgl. dazu Hornung/Müller-Terpitz/*Beyerbach* 9. Kap. Rn. 59 f., der auch die Qualifizierung einzelner Beiträge innerhalb eines sozialen Mediums als journalistisch-redakionelle Gestaltung in Betracht zieht (Rn. 61).

jeweilige Angebot verantwortlich ist. Im Falle von gesetzlichen Verstößen ist so eine Rechtsverfolgung gesichert.[252] Diese rundfunkrechtliche Impressumspflicht gilt dabei nicht nur für reguläre Internetauftritte, sondern erstreckt sich zugleich auf solche Abwandlungen, die für mobile Endgeräte konzipiert worden sind.[253] Als Adressaten der Impressumspflicht kommen nicht nur die eigentlichen Seitenbetreiber, sondern auch die Nutzer des jeweiligen Angebots in Betracht. Etwas anderes gilt nur dann, wenn sich aus dem personell beschränkten Zugang oder dem Inhalt eine persönliche oder familiäre Zwecksetzung des Angebots ergibt. Wird also ein Social Media-Profil hauptsächlich zur privaten Darstellung der eigenen Person gegenüber den Kontakten innerhalb des sozialen Mediums eingesetzt, ist der Betroffene der Impressumspflicht nicht unterworfen.[254] Handelt es sich dagegen jedenfalls teilweise um eine gewerbliche Präsentation, ist diese nach den Vorgaben des § 55 Abs. 1 RStV impressumspflichtig. Einer verschärften Impressumspflicht unterliegen ferner die Anbieter von Telemedien mit journalistisch-redaktionell gestalteten Angeboten. Gem. § 55 Abs. 2 RStV treten in diesem Falle die weitergehenden Informationspflichten der §§ 5 und 6 TMG hinzu.[255]

5.3.5 Werberechtliche Grundsätze

132 Ferner enthält § 58 Abs. 1 S. 1 RStV das Gebot der Trennung von Werbung und Inhalt. Demnach muss Werbung als solche klar erkennbar und vom übrigen Inhalt der Angebote eindeutig getrennt sein.[256] Diese Verpflichtung gilt indes nicht nur für den Bereich der Telemedien, sondern durchzieht vielmehr das gesamte Medienrecht (vgl. etwa für den Rundfunk § 7 Abs. 3 S. 1 RStV).[257] Ergänzt wird das telemediale Trennungsgebot durch die besonderen Informationspflichten des § 6 TMG, wonach kommerzielle Kommunikationen klar als solche zu erkennen sein müssen. Relevant werden die genannten Werbevorgaben insbesondere im Falle von Hyperlinks, die zu einem werbenden Angebot führen, oder im Bereich des sog. viralen Marketings. Hierunter sind professionelle Imagekampagnen für ein Unternehmen oder ein Produkt zu fassen, die vornehmlich als Videos auf multimediale Plattformen gestellt werden, wobei die unternehmensseitige Herkunft für den Nutzer kaum erkennbar ist.[257] Um den gesetzlichen Anforderungen zu genügen, bedarf es sowohl in Bezug auf die Hyperlinks als auch mit Blick auf die Werbevideos eines deutlichen Hinweises auf den werblichen Charakter.

133 Darüber hinaus verbietet § 58 Abs. 1 S. 2 RStV den Einsatz unterschwelliger Techniken in der Werbung. § 58 Abs. 3 RStV unterstellt fernsehähnliche Telemedien den zusätzlichen Reglementierungen der §§ 7 und 8 RStV.

---

252 Hornung/Müller-Terpitz/*Beyerbach* 9. Kap. Rn. 64.

253 So müssen etwa auch sog. Smartphone-Apps den Anforderungen des § 55 RStV genügen, vgl. dazu *OLG Hamm* CR 2010, 609, 611.

254 Hornung/Müller-Terpitz/*Beyerbach* 9. Kap. Rn. 71.

255 Zu §§ 5 und 6 TMG vgl. unten Rn. 150 ff. sowie 277 f.

256 Unter Berücksichtigung des Trennungsgebots ist insbesondere die rechtliche Zulässigkeit der Klausel 10.3 in den *Facebook*-Nutzungsbedingungen fragwürdig. Darin erklärt *Facebook*, „bezahlte Dienstleistungen und Kommunikationen möglicherweise nicht immer als solche kennzeichnen“ zu können. Vgl. dazu *Lichtnecker* GRUR 2013, 135, 139.

257 Hornung/Müller-Terpitz/*Beyerbach* 9. Kap. Rn. 81.

5.3.6 Telemediale Aktivitäten öffentlich-rechtlicher Rundfunkanstalten

134 Über die allgemeinen Regelungen im Rahmen des RStV hinaus existieren mit den §§ 11d RStV spezielle Regelungen zur Begrenzung des telemedialen Engagements der öffentlich-rechtlichen Rundfunkanstalten. Gem. § 11d Abs. 1 RStV dürfen diese journalistisch-redaktionell veranlasste und gestaltete Telemedien anbieten. Vom Funktionsauftrag des öffentlich-rechtlichen Rundfunks sind nach § 11d Abs. 2 RStV der Abruf von Sendungen (Nr. 1) und hierauf bezogenen Telemedien (Nr. 2) bis zu sieben Tage nach Ausstrahlung des jeweiligen Programms umfasst. Sendungen nach Ablauf dieser Frist sowie nichtsendungsbezogene Telemedien und Archive mit zeit- und kulturgeschichtlichen Inhalten dürfen gem. § 11d Abs. 2 Nr. 3 und Nr. 4 RStV erst nach erfolgreichem Durchlaufen des sog. Dreistufentests nach § 11f RStV angeboten werden.[258] Gänzlich unzulässig sind gem. § 11d Abs. 3 letzter HS RStV nichtsendungsbezogene presseähnliche Angebote.

135 Soziale Medien werden von den öffentlich-rechtlichen Rundfunkanstalten zunehmend eingesetzt, um den Zuschauern Gelegenheit zur Diskussion und Beteiligung zu geben. Insbesondere im Rahmen politischer Talkshows dienen die verschiedenen Social Media-Dienste als interaktive Kommunikationskanäle, um das Publikum in Form von Kommentaren und Fragen in die Sendung unmittelbar einzubinden. Überdies verfügen ARD und ZDF über eigene *YouTube*-Kanäle, die verschiedene Programmbeiträge zum Abruf bereithalten,[259] und bieten diverse Möglichkeiten, im Rahmen von Foren[260] oder Chats[261] über einzelne Sendungen oder Programme zu diskutieren.[262] Soweit die bestehenden Angebote auf bestimmte Sendungen bezogen und demnach journalistisch-redaktionell veranlasst sind, ergeben sich im Hinblick auf die rechtliche Zulässigkeit der telemedialen Betätigung des öffentlich-rechtlichen Rundfunks keine Probleme. Weiterreichende Angebote, die sich zunehmend von der Programmgestaltung lösen und stattdessen eigene – speziell für die Kommunikationskanäle des Internets konzipierte – Inhalte bereithalten, überschreiten demgegenüber die rechtlichen Grenzen der §§ 11d RStV.[263] Im Hinblick auf das Verbot nichtsendungsbezogener presseähnlicher Angebote ist insbesondere die rechtliche Zulässigkeit der sog. Tagesschau-App umstritten.[264] Für den Bereich der sozialen Medien sind derartige Online-Aktivitäten allerdings nicht relevant, weil ihnen das charakteristische Element der Partizipation und Interaktion fehlt.[265]

5.4 Gesetzliche Vorgaben nach TMG

5.4.1 Weitergehende Impressums- und Informationspflichten

136 Handelt es sich um geschäftsmäßige, in der Regel gegen Entgelt angebotene Telemedien bzw. kommerzielle Kommunikationen, die Telemedien oder Bestandteile von Telemedien sind, stellen die §§ 5 und 6 TMG weitere – über § 55 RStV hinausge-

258 Vgl. dazu eingehend 4. Kap. Rn. 50.
259 Vgl. dazu www.youtube.com/user/ARD und www.youtube.com/user/zdf.
260 Vgl. etwa das Forum zur bekannten Krimi-Reihe Tatort unter https://forum.daserste.de/showthread.php?t=738272.
261 Vgl. etwa www.zdf.de/maybrit-illner/chat-immer-donnerstags-nach-der-sendung-20976992.html.
262 Vgl. den Überblick zu Social TV und Social Radio-Angeboten auf http://social.ard.de/.
263 Hornung/Müller-Terpitz/*Beyerbach* 9. Kap. Rn. 133.
264 Vgl. dazu eingehend 4. Kap. Rn. 26 f.
265 Hornung/Müller-Terpitz/*Beyerbach* 9. Kap. Rn. 129.

hende – Informations- bzw. Impressumspflichten auf.[266] Neben Name und Anschrift müssen etwa eine schnelle elektronische Kontaktaufnahme und unmittelbare Kommunikation ermöglicht werden (§ 5 Abs. 1 Nr. 2 TMG). Erforderlich sind zugleich Angaben bezüglich etwaiger Registereintragungen (§ 5 Abs. 1 Nr. 4 TMG) oder berufsständischer Zugehörigkeiten (§ 5 Abs. 1 Nr. 5 TMG). Überdies müssen kommerzielle Kommunikationen klar als solche zu erkennen sein (§ 6 Abs. 1 Nr. 1 TMG). Ein geschäftsmäßiges Telemedienangebot ist immer dann gegeben, wenn es sich um eine subjektiv auf einen längeren Zeitraum ausgerichtete Tätigkeit handelt, die üblicherweise – im Sinne einer typisierenden Betrachtungsweise – mit Gewinnerzielungsabsicht ausgeführt wird. Erfolgt also ein bestimmtes Telemedienangebot typischerweise nur gegen Entgelt, ist der Anbieter eines vergleichbaren kostenfreien Dienstes nicht automatisch von den Informationspflichten der §§ 5, 6 TMG entbunden.[267]

137 Im Rahmen sozialer Medien erlangen die aus §§ 5, 6 TMG resultierenden Pflichten vor allem bei solchen Angeboten Bedeutung, die als Überleitung auf weiterführende kommerzielle Webseiten dienen. In Betracht kommen dabei insbesondere Fanseiten oder Unternehmensprofile innerhalb sozialer Netzwerke, die sodann mit dem offiziellen (kommerziellen) Internetauftritt einer Person, eines Unternehmens oder eines Produkts verlinkt sind.[268] Demgegenüber stellt die rein private Nutzung eines Social Media-Profils keine impressumspflichtige Tätigkeit i.S.d. §§ 5, 6 TMG dar.[269] Diesem Prinzip ist auch durch § 13 Abs. 6 TMG Rechnung getragen, der die Ermöglichung anonymisierter oder pseudonymisierter Nutzung von Telemedien vorschreibt, ohne jedoch den geschäftsmäßig handelnden Diensteanbieter von seinen Informationspflichten zu entbinden.[270]

138 Verstößt ein Telemedienanbieter absichtlich (§ 16 Abs. 1 TMG) bzw. vorsätzlich oder fahrlässig (§ 16 Abs. 2 TMG) gegen die Informationspflichten der §§ 5 und 6 TMG, begeht er eine Ordnungswidrigkeit. Neben wettbewerbsrechtlichen Unterlassungsansprüchen (§ 8 UWG) und zivilrechtlichen Schadensersatzansprüchen (§ 823 Abs. 2 BGB i.V.m. §§ 5, 6 TMG) kommt daher auch die Ahndung mit einer Geldbuße bis zu 50 000 EUR in Betracht.

5.4.2 Datenschutzrechtliche Vorgaben

139 Spezielle datenschutzrechtliche Regelungen im Verhältnis zwischen Anbieter und Nutzer finden sich in §§ 11–15a TMG. Sind allerdings über Bestands- und Nutzungsdaten (§§ 14 f. TMG) hinaus auch Inhaltsdaten betroffen, sind neben diesen Vorschriften auch die Regelungen des BDSG heranzuziehen. Datenschutzrechtliche Privilegien gelten gem. § 57 Abs. 1 RStV für Unternehmen oder Hilfsunternehmen der Presse, die als Anbieter von Telemedien personenbezogene Daten ausschließlich zu eigenen journalistisch-redaktionellen oder literarischen Zwecken erheben, verarbeiten oder nutzen. Für soziale Medien weist dieses sog. Medienprivileg wenig Relevanz auf, weil es abgesehen von der äußerst selten anzunehmenden journalistisch-redaktionellen Zwecksetzung lediglich auf (Hilfs-)Unternehmen der Presse Anwendung findet.[271]

266 Zur Reichweite der Impressumspflichten in sozialen Netzwerken *Pießkalla* ZUM 2014, 368 ff.

267 Hornung/Müller-Terpitz/*Beyerbach* 9. Kap. Rn. 91 ff.

268 Hornung/Müller-Terpitz/*Beyerbach* 9. Kap. Rn. 93.

269 Zur ebenfalls fehlenden Anwendbarkeit des § 55 RStV in diesen Fällen vgl. oben Rn. 117.

270 Hornung/Müller-Terpitz/*Beyerbach* 9. Kap. Rn. 97.

271 Der Blog einer Privatperson wäre demnach trotz etwaiger journalistisch-redaktioneller Gestaltung nicht von der Privilegierung des § 57 Abs. 1 RStV erfasst.

Soweit bei Sozialen Mediendiensten das **Telemediengesetz** für den Datenschutz einschlägig ist, ist die Rechtslage ab dem **25.5.2018** besonders unbefriedigend. Da die Datenschutzvorschriften der §§ 11 ff. TMG jedenfalls teilweise eine Umsetzung der am 25.5.2018 unwirksam werdenden Datenschutzrichtlinie darstellen, dürften diese insoweit mit der Aufhebung der Richtlinie unwirksam werden. Wenn die für Telemedien speziellere **E-Privacy-Verordnung**[272] zu diesem Zeitpunkt noch nicht in Kraft getreten ist, dürften die **datenschutzrechtlichen Fragen von Telemediendiensten** in einer Übergangsphase unmittelbar nach der **Datenschutz-Grundverordnung** zu behandeln sein.[273] **140**

6. Wettbewerbsrecht

Gerade für Unternehmen stellen die Social Media-Dienste ein effektives Mittel zur Bewerbung ihrer Produkte dar. Auch wenn es sich dabei häufig nicht um den konventionellen Weg massenmedialer Werbung handelt, müssen sich die entsprechenden Maßnahmen doch innerhalb des werberechtlichen Gesetzesrahmens halten. Das Werberecht der Telemedien basiert dabei auf dem allgemeinen Wettbewerbsrecht (UWG), den relevanten Regelungen des Jugendschutzrechts (JMStV) sowie den einschlägigen Bestimmungen aus RStV und TMG. **141**

6.1 Anwendbarkeit deutschen Wettbewerbsrechts

Nach Art. 6 Abs. 1 Rom-II-VO ist auf außervertragliche Schuldverhältnisse aus unlauterem Wettbewerbsverhalten das Recht des Staates anzuwenden, in dessen Gebiet die Wettbewerbsbeziehungen oder die kollektiven Interessen der Verbraucher beeinträchtigt worden sind oder wahrscheinlich beeinträchtigt werden. **142**

Beeinträchtigt ein unlauteres Wettbewerbsverhalten dagegen ausschließlich die Interessen eines bestimmten Wettbewerbers, ist Art. 4 Rom-II-VO für die Bestimmung des anwendbaren Rechts maßgeblich. Danach ist das Recht des Staates anzuwenden, in dem der Schaden eintritt, unabhängig davon, in welchem Staat das schadensbegründende Ereignis oder indirekte Schadensfolgen eingetreten sind (Art. 4 Abs. 1 Rom-II-VO). Haben Schädiger und Geschädigter zum Zeitpunkt des Schadenseintritts ihren gewöhnlichen Aufenthalt allerdings in demselben Staat, unterliegt die wettbewerbswidrige Handlung dem Recht dieses Staates (Art. 4 Abs. 2 Rom-II-VO). Ergibt sich ferner aus den Gesamtumständen, dass die unlautere Handlung eine offensichtlich engere Verbindung mit einem anderen als dem Staat des Schadenseintritts oder demjenigen des gewöhnlichen Aufenthalts aufweist, ist das Recht dieses Staates anzuwenden (Art. 4 Abs. 3 S. 1 Rom-II-VO). Eine offensichtlich engere Verbindung mit einem anderen Staat kann sich gem. Art. 4 Abs. 3 S. 2 Rom-II-VO insbesondere aus einem bereits bestehenden Rechtsverhältnis zwischen den Parteien – wie einem Vertrag – ergeben, das mit der betreffenden unlauteren Handlung in enger Verbindung steht. **143**

6.2 Schutzzweck des UWG

Die allgemeinen Vorgaben des Wettbewerbsrechts finden sich in den Vorschriften des Gesetzes gegen den unlauteren Wettbewerb (UWG). Dieses dient dem Schutz von Mitbewerbern, Verbrauchern und sonstigen Marktteilnehmern (§ 1 S. 1 UWG). **144**

---

272 Abrufbar unter: https://ec.europa.eu/digital-single-market/en/news/proposal-regulation-privacy-and-electronic-communications.

273 Zu Einzelheiten in Roßnagel/*Geminn/Richter* Europäische Datenschutz-Grundverordnung, § 4 Rn. 265 ff.

Zugleich schützt es das Interesse der Allgemeinheit an einem unverfälschten Wettbewerb (§ 1 S. 2 UWG). Ausgeschlossen ist indes die Berücksichtigung sonstiger Allgemeininteressen.[274] Ebenso wenig sind die wettbewerblichen Strukturen der Marktverhältnisse von den Schutzzwecken des UWG umfasst, weil dieses ausschließlich auf das Verbot unlauterer Verhaltensweisen abzielt.[275]

6.3 Die relevanten Tatbestände im Einzelnen

145 Am 10.12.2015 ist das Zweite Gesetz zur Änderung des Gesetzes gegen den unlauteren Wettbewerb in Kraft getreten.[276] Mit der Novelle sind allerdings lediglich klarstellende Anpassungen im UWG vorgenommen worden, die der Gesetzgeber zur Umsetzung der Richtlinie 2005/29/EG für erforderlich gehalten hat.

6.3.1 § 3 Abs. 1 UWG

146 Nach der Generalklausel des § 3 Abs. 1 UWG sind unlautere geschäftliche Handlungen unzulässig. § 3 Abs. 2 UWG definiert den Maßstab der Unlauterkeit gegenüber Verbrauchern. Geschäftliche Handlungen, die sich an Verbraucher richten oder diese erreichen, sind demnach unlauter, wenn sie nicht der unternehmerischen Sorgfalt entsprechen und dazu geeignet sind, das wirtschaftliche Verhalten des Verbrauchers wesentlich zu beeinflussen. Abzustellen ist hierbei auf den durchschnittlichen Verbraucher bzw. sofern eine bestimmte Verbrauchergruppe angesprochen wird, ein durchschnittliches Mitglied dieser Gruppe (§ 3 Abs. 4 UWG).

147 Anknüpfungspunkt des gesamten Lauterkeitsrechts und zugleich Abgrenzungskriterium gegenüber dem allgemeinen Deliktsrecht[277] ist der Begriff der geschäftlichen Handlung. Hierunter versteht § 2 Abs. 1 Nr. 1 UWG jedes Verhalten einer Person zugunsten des eigenen oder eines fremden Unternehmens vor, bei oder nach einem Geschäftsabschluss, das mit der Förderung des Absatzes oder des Bezugs von Waren oder Dienstleistungen oder mit dem Abschluss oder der Durchführung eines Vertrags über Waren oder Dienstleistungen objektiv zusammenhängt. Eine geschäftliche Handlung ist nur dann gegeben, wenn dem Verhalten, dessen Wettbewerbswidrigkeit in Rede steht, auch Außenwirkung im Sinne eines Marktbezuges zukommt. Ein solcher liegt dann vor, wenn die Handlung ihrer Art nach auf die Marktteilnehmer einwirken und damit das Marktgeschehen beeinflussen kann. Rein unternehmensinterne Handlungen stellen demnach keine geschäftliche Handlung i.S.v. § 2 Abs. 1 Nr. 1 UWG dar.[278]

148 Nach der UWG-Reform 2015 ist die zuvor in § 3 UWG ausdrücklich enthaltene Bagatellklausel entfallen. Nach der ursprünglichen Regelung waren geschäftliche Handlungen unlauter und damit unzulässig, wenn sie geeignet sind, die Interessen von Mitbewerbern, Verbrauchern oder sonstigen Marktteilnehmern spürbar zu beeinträchtigen. Allerdings ist das Merkmal der Spürbarkeit nicht gänzlich entfallen. In § 3a UWG, welcher den zuvor in § 4 Nr. 11 UWG a.F. geregelten Rechtsbruchtatbestand enthält, ist die Bagatellklausel nach wie vor ausdrücklich enthalten. Die

274 Köhler/Bornkamm/*Köhler* § 3 Rn. 117.
275 Köhler/Bornkamm/*Köhler* § 3 Rn. 122.
276 BGBl I 2015, Nr. 49.
277 Köhler/Bornkamm/*Köhler* § 2 Rn. 3 sowie Begründung zum RegE UWG 2004 zu § 1, BT-Drucks. 15/1487, 16.
278 Köhler/Bornkamm/*Köhler* § 2 Rn. 35 f.

Interessen der Mitbewerber können dann beeinträchtigt sein, wenn sie einen Schaden in Gestalt einer vermögenswerten Einbuße oder in Gestalt einer Minderung ihrer Marktchancen erleiden oder erleiden können.[279] Eine wesentliche Beeinflussung des wirtschaftlichen Verbraucherverhaltens ist ferner anzunehmen, wenn eine geschäftliche Handlung vorgenommen wird, um die Fähigkeit des Verbrauchers, eine informierte Entscheidung zu treffen, spürbar zu beeinträchtigen und damit den Verbraucher zu einer geschäftlichen Handlung zu veranlassen, die er andernfalls nicht getroffen hätte (§ 2 Abs. 1 Nr. 8 UWG).

Auch in die §§ 4a, 5 und 5a UWG ist die Bagatellklausel aufgrund der dortigen Bezugnahmen auf die Entscheidungsrelevanz der jeweiligen geschäftlichen Handlung hineinzulesen. Ferner ist auch für die §§ 4, 6 und 7 UWG anzunehmen, dass das Spürbarkeitserfordernis hier immanent enthalten ist.[280] Eine tatsächliche Beeinträchtigung muss hiernach allerdings nicht eingetreten sein. Vielmehr genügt die bloße Eignung im Sinne einer objektiven Wahrscheinlichkeit, dass die konkrete Handlung zu einer spürbaren Interessenbeeinträchtigung führen kann.[281] Ob eine Auswirkung spürbar ist, ist dabei nicht quantitativ zu beurteilen, sondern erfordert eine Wertung anhand der Schutzzwecke des UWG.[282] **149**

Nach wie vor ist das in Rede stehende Wettbewerbsverhalten somit nach einer Gesamtwürdigung aller relevanten Umstände zu beurteilen.[283] Insbesondere sind hier die Folgen des konkreten Marktverhaltens zu berücksichtigen. Demnach sollen derartige Verletzungshandlungen aus dem Verbotsbereich des UWG ausgeschlossen werden, die sich auf das Marktgeschehen kaum auswirken.[284] An die Anwendbarkeit der Bagatellklausel sind nach der Intention des Gesetzgebers indes strenge Maßstäbe anzulegen.[285] Das Erfordernis der spürbaren Beeinträchtigung soll nämlich in keinem Falle zur Legalisierung minderschwerer unlauterer Wettbewerbshandlungen missbraucht werden. Mit Blick auf die Auffangfunktion der Generalklausel des § 3 Abs. 1 UWG ist allerdings stets zu prüfen, ob nicht durch deren Anwendung eine bewusste Tatbestandsbegrenzung der §§ 3 Abs. 3 sowie 3a–7 UWG umgangen wird.[286] **150**

6.3.2 § 3 Abs. 3 UWG

Die Vorschrift des § 3 Abs. 3 UWG erklärt die im Anhang des UWG aufgeführten geschäftlichen Handlungen gegenüber Verbrauchern stets für unzulässig (sog. Schwarze Liste). Durch diese Regelung soll Rechtssicherheit gefördert und zugleich ein hohes Verbraucherschutzniveau gewährleistet werden. Da die im Anhang zu § 3 Abs. 3 UWG aufgeführten Fallgruppen stets unzulässig sind, hat eine Prüfung der spürbaren Auswirkungen der geschäftlichen Handlung auf die Entscheidung des Verbrauchers zu unterbleiben.[287] **151**

---

279 Köhler/Bornkamm/*Köhler* § 2 Rn. 119.
280 So auch Ohly/Sosnitza/*Sosnitza* § 3 Rn. 67, die das Spürbarkeitserfordernis nach wie vor als Voraussetzung der Unlauterkeit benennen.
281 Köhler/Bornkamm/*Köhler* § 3 Rn. 3.22.
282 Köhler/Bornkamm/*Köhler* § 2 Rn. 122.
283 Ohly/Sosnitza/*Sosnitza* § 3 Rn. 34
284 Ohly/Sosnitza/*Sosnitza* § 3 Rn. 33 ff.
285 Ohly/Sosnitza/*Sosnitza* § 3 Rn. 81 unter Verweis auf die Begründung zum RegE UWG 2004 zu § 3, BT-Drucks. 15/1487, S. 17.
286 Ohly/Sosnitza/*Sosnitza* § 3 Rn. 13.
287 Köhler/Bornkamm/*Köhler* Anhang zu § 3 Abs. 3 Rn. 0.4.

152 Relevanz im Hinblick auf die werbliche Nutzung sozialer Medien weist insbesondere § 3 Abs. 3 UWG i.V.m. Nr. 11 Anhang UWG auf. Eine stets unzulässige Handlung ist danach der vom Unternehmer finanzierte Einsatz redaktioneller Inhalte zu Zwecken der Verkaufsförderung, ohne dass sich dieser Zusammenhang aus dem Inhalt oder aus der Art der optischen oder akustischen Darstellung eindeutig ergibt (als Information getarnte Werbung). Ebenfalls in Bezug auf Social Media bedeutsam und gem. § 3 Abs. 3 UWG i.V.m. Nr. 23 Anhang UWG stets unzulässig ist die unwahre Angabe oder das Erwecken des unzutreffenden Eindrucks, der Unternehmer sei Verbraucher oder nicht für Zwecke seines Geschäfts, Handels, Gewerbes oder Berufs tätig. Möglich ist dies etwa, wenn ein Unternehmer von ihm selbst verfasste Äußerungen von angeblich zufriedenen Kunden auf seiner Profil-Seite innerhalb eines sozialen Netzwerks oder im Rahmen eines Internet-Bewertungsportals veröffentlicht.[288]

6.3.3 § 5a UWG

153 Vor der UWG-Reform 2015 war die Verschleierung des Werbecharakters in § 4 Nr. 3 UWG a.F. geregelt. Hiernach handelte unlauter insbesondere, wer den Werbecharakter von geschäftlichen Handlungen verschleiert. Nunmehr ist die entsprechende Regelung in der neu geschaffenen Vorschrift des § 5a Abs. 6 UWG aufgegangen. Im Gegensatz zur alten Rechtslage ist die Irreführung durch Unterlassen in § 5a UWG nun umfassender geregelt. Unlauter handelt demnach, wer dem Verbraucher eine wesentliche Information vorenthält, die dieser je nach den Umständen benötigt, um eine informierte geschäftliche Entscheidung zu treffen und deren Vorenthalten geeignet ist, den Verbraucher zu einer geschäftlichen Entscheidung zu veranlassen, die er andernfalls nicht getroffen hätte (§ 5a Abs. 2 S. 1 UWG). Als Vorenthalten gilt auch das Verheimlichen wesentlicher Informationen, die Bereitstellung wesentlicher Informationen in unklarer, unverständlicher oder zweideutiger Weise sowie die nicht rechtzeitige Bereitstellung wesentlicher Informationen (§ 5a Abs.2 S. 2 UWG). § 5a Abs. 6 UWG regelt sodann ausdrücklich, dass unlauter auch handelt, wer den kommerziellen Zweck einer geschäftlichen Handlung nicht kenntlich macht, sofern sich dieser nicht unmittelbar aus den Umständen ergibt, und das Nichtkenntlichmachen geeignet ist, den Verbraucher zu einer geschäftlichen Entscheidung zu veranlassen, die er andernfalls nicht getroffen hätte.

154 Eine Verschleierung des Werbecharakters ist somit nach wie vor anzunehmen, wenn das äußere Erscheinungsbild der geschäftlichen Handlung so gestaltet wird, dass die Verbraucher oder sonstigen Marktteilnehmer den Werbecharakter nicht klar und eindeutig erkennen können. Maßgebend ist dabei die Sichtweise des durchschnittlich informierten, situationsadäquat aufmerksamen und verständigen Verbrauchers oder sonstigen Marktteilnehmers.[289] Grundlage des in § 5a UWG – ebenso wie in Nr. 11 des Anhangs zu § 3 Abs. 3 UWG – enthaltenen Verbots redaktioneller Werbung ist die damit regelmäßig einhergehende Irreführung des Lesers bzw. Nutzers, der dem Beitrag auf Grund seines redaktionellen Charakters unkritischer gegenübertritt und ihm dadurch größere Bedeutung und Beachtung beimisst.[290]

---

288 Köhler/Bornkamm/*Köhler* Anhang zu § 3 Abs. 3 Rn. 23.3.
289 Köhler/Bornkamm/*Köhler* § 5a Rn. 7.24.
290 *BGH* GRUR 2013, 644, 646 – Preisrätselgewinnauslobung V.

155 Irreführend und damit unzulässig ist die Verschleierung des Werbecharakters einer geschäftlichen Handlung i.S.d. § 5a Abs. 6 UWG allerdings nur dann, wenn das Verschweigen auch geeignet ist, die Verbraucher zu einer geschäftlichen Entscheidung zu beeinflussen, die sie andernfalls nicht getroffen hätten. Diese Eignung ist bereits dann zu bejahen, wenn die Wahrscheinlichkeit, dass der Verbraucher zu einem Vertragsschluss, etwa zum Kauf des getarnt beworbenen Produkts, veranlasst wird, durch die geschäftliche Handlung objektiv erhöht wird.[291]

156 Innerhalb sozialer Medien ist diese Form der unzulässigen Werbung etwa in Gestalt des viralen Marketings denkbar. Dabei handelt es sich um Werbekampagnen, die vornehmlich als Videos auf multimedialen Plattformen eingestellt werden, wobei die unternehmensseitige Herkunft für den Nutzer kaum erkennbar ist.[292]

6.3.4 § 3a UWG

157 Nach § 3a UWG handelt unlauter, wer einer gesetzlichen Vorschrift zuwiderhandelt, die auch dazu bestimmt ist, im Interesse der Marktteilnehmer das Marktverhalten zu regeln. Im Hinblick auf Werbeaktivitäten innerhalb sozialer Medien kommen als gesetzliche Vorschriften in diesem Sinne insbesondere § 6 Abs. 1 Nr. 1 TMG, § 58 Abs. 1 RStV sowie § 6 JMStV in Betracht.

158 In Ergänzung zu § 5a Abs. 6 UWG ordnet § 6 Abs. 1 Nr. 1 TMG speziell für Telemedien an, dass kommerzielle Kommunikationen klar als solche erkennbar sein müssen. Eine vergleichbare Regelung enthält § 58 Abs. 1 RStV. Danach muss Werbung innerhalb von Telemedien als solche klar erkennbar und vom übrigen Inhalt der Angebote eindeutig getrennt sein.[293] § 6 Abs. 1–5 JMStV legen ferner den Rechtsrahmen für den Jugendschutz in der Werbung fest. Demnach darf etwa die Liste jugendgefährdender Medien nicht zu Werbezwecken verbreitet oder zugänglich gemacht werden (§ 6 Abs. 1 S. 2 JMStV). Ebenso wenig dürfen Kinder und Jugendliche durch Werbung körperlich oder seelisch beeinträchtigt werden (§ 6 Abs. 2 HS 1 JMStV). Verboten sind ebenfalls direkte Aufrufe zum Kauf bzw. zur Miete von Waren oder Dienstleistungen an Minderjährige (§ 6 Abs. 2 HS 2 Nr. 1 JMStV), die unmittelbare Aufforderung an Kinder und Jugendliche, ihre Eltern oder Dritte zum Kauf der beworbenen Waren oder Dienstleistungen zu bewegen (§ 6 Abs. 2 HS 2 Nr. 2 JMStV), das besondere Vertrauen von Kindern und Jugendlichen zu Eltern, Lehrern und anderen Vertrauenspersonen auszunutzen (§ 6 Abs. 2 HS 2 Nr. 3 JMStV) sowie das Zeigen von Minderjährigen ohne berechtigten Grund in gefährlichen Situationen (§ 6 Abs. 2 HS 2 Nr. 4 JMStV). § 6 Abs. 6 JMStV ordnet darüber hinaus die entsprechende Geltung der Abs. 1–5 für Teleshopping und – das im Rahmen von Social Media unter Umständen relevante – Sponsoring an.

159 Neben einer gesetzlichen Zuwiderhandlung fordert § 3a UWG, dass die entsprechende Vorschrift zumindest auch dazu bestimmt sein muss, im Interesse der Marktteilnehmer das Marktverhalten zu regeln. Als Marktverhalten ist dabei jede Tätigkeit auf einem Markt anzusehen, durch die ein Unternehmer auf die Mitbewerber, Verbraucher oder sonstige Marktteilnehmer einwirkt. Hiervon sind nicht nur das Angebot und die Nachfrage von Waren oder Dienstleistungen sowie der Abschluss und die Durchführung von Verträgen, sondern auch die Werbung, einschließlich der bloßen

291 Köhler/Bornkamm/*Köhler* § 5a Rn. 7.28.
292 Vgl. dazu unten Rn 256.
293 Vgl. dazu oben Rn. 132.

Aufmerksamkeitswerbung umfasst. Nicht um Marktverhalten handelt es sich dagegen bei Tätigkeiten wie Produktion, Forschung oder Schulung, die keine unmittelbare Außenwirkung entfalten.[294]

160 Wie sich bereits aus dem Wortlaut des § 3a UWG ergibt, muss der Schutz der Interessen der Marktteilnehmer weder der einzige noch der primäre Zweck der gesetzlichen Vorschrift sein.[295] Unerheblich ist ferner, ob die Zwecksetzung der Vorschrift den Schutz aller Marktteilnehmer, nur der Mitbewerber, nur der Verbraucher oder nur der sonstigen Marktteilnehmer umfasst. Nicht ausreichend ist indes, wenn die Norm ausschließlich einem wichtigen Gemeinschaftsgut oder den Interessen Dritter, etwa Arbeitnehmern, Gläubigern oder Schuldnern, zu dienen bestimmt ist und nicht zugleich auch den Interessen von Marktteilnehmern zugute kommen soll. Welcher Normzweck im konkreten Fall gegeben ist, muss durch Auslegung der einschlägigen Bestimmung ermittelt werden.[296]

6.3.5 § 5 UWG

161 Unlauteres Verhalten kann sich ferner aus der Vornahme einer irreführenden geschäftlichen Handlung ergeben (§ 5 Abs. 1 S. 1 UWG). Nach § 5 Abs. 1 S. 2 UWG ist eine geschäftliche Handlung irreführend, wenn sie unwahre Angaben oder sonstige zur Täuschung geeignete Angaben über bestimmte Umstände enthält. Unter den Begriff der Angabe sind alle Tatsachenbehauptungen zu fassen, die nach der Verkehrsauffassung für den Kaufentschluss der potentiellen Kunden wesentlich sind.[297] Irreführend ist eine Werbeangabe dann, wenn mit ihr sachlich etwas Unrichtiges behauptet wird. Eine Irreführung kann allerdings auch dann gegeben sein, wenn die Angabe zwar objektiv richtig, jedoch nach Auffassung der maßgeblichen Verkehrskreise, an die sich die Werbung richtet, geeignet ist, irrige Vorstellungen hervorzurufen.[298] Lediglich vage, verschwommene Formulierungen oder bloß allgemein gehaltene Aussagen reichen für die Annahme einer irreführenden Angabe nur dann aus, wenn ein beachtlicher Teil der angesprochenen Verkehrskreise mit der objektiv richtigen Angabe eine unrichtige Vorstellung verbindet.[299]

162 Im Rahmen von sozialen Medien sind insbesondere solche Werbemaßnahmen relevant, die für den Verkehr nicht ohne weiteres als solche erkennbar sind. Die Wettbewerbswidrigkeit derartiger geschäftlicher Handlungen ergibt sich zwar regelmäßig bereits aus § 5a UWG bzw. § 3 Abs. 3 UWG i.V.m. Nr. 11 Anhang UWG. Allerdings kann auch § 5 UWG einschlägig sein, wenn es sich um derart getarnte Werbung handelt, die dem Umworbenen zu Unrecht den Eindruck vermittelt, es handele sich um eine objektive, Vertrauen verdienende, jedenfalls aber um eine Information, die nicht durch das betreffende Unternehmen verbreitet worden ist.[300] Innerhalb von Social Media-Diensten kann eine irreführende Werbung in diesem Sinne etwa durch bezahlte Nutzermeinungen hervorgerufen werden. Dabei werden Nutzer durch das Versprechen von Prämien oder sonstigen geldwerten Vorteilen dazu angehalten, die Produkte eines Unternehmens etwa in Bewertungsportalen oder Blogs positiv emp-

294 Köhler/Bornkamm/*Köhler* § 3a Rn. 1.62.
295 Köhler/Bornkamm/*Köhler* § 3a Rn. 1.64.
296 Köhler/Bornkamm/*Köhler* § 3a Rn. 1.61.
297 Köhler/Bornkamm/*Bornkamm/Feddersen* § 5 Rn. 1.21.
298 Köhler/Bornkamm/*Bornkamm/Feddersen* § 5 Rn. 1.57.
299 Köhler/Bornkamm/*Bornkamm/Feddersen* § 5 Rn. 1.60.
300 Ohly/Sosnitza/*Sosnitza* § 5 Rn. 171.

fehlend hervorzuheben bzw. die Produkte der Konkurrenz entsprechend abzuwerten.[301] Allein die Betätigung des sog. Like-Buttons auf *Facebook* stellt indes für sich gesehen noch nicht zwingend eine positive Empfehlung in diesem Sinne dar. Ein dahingehendes Verkehrsverständnis, dass der „Gefällt mir"-Button als Gütesiegel auf Grund persönlicher Erfahrung verstanden werden könnte, ist nicht anzunehmen.[302] Gerade vor dem Hintergrund, dass sowohl dem Netzwerk als auch den übrigen Nutzern das Motiv und die Hintergründe dieser Gefallensäußerung in Ermangelung weiterer Angaben unbekannt bleiben, kann diese Bekundung nicht im Sinne einer besonderen Wertschätzung oder Güte, geschweige denn, als persönliche Erfahrung des Nutzers mit dem Mitteilungsobjekt verstanden werden.[303] Unter Berücksichtigung der Nutzerwirklichkeit ist die Betätigung des „Gefällt mir"-Buttons daher als rein unverbindliche Gefallensäußerung zu verstehen, die sich – bezogen auf ein Unternehmen – auch in einem allgemeinen Informationsinteresse erschöpfen kann.[304] Für verbindliche Gefallensäußerungen besteht demgegenüber die Möglichkeit, entsprechende Textmitteilungen abzufassen (sog. Postings), die auch den nötigen Spielraum zur Begründung der Positivbewertung bieten.[303]

6.3.6 § 6 UWG

Unlauter handelt ferner gem. § 6 Abs. 2 UWG, wer vergleichend wirbt,[305] wenn der 163
Vergleich keine geeigneten Beschaffenheits- oder Preisfaktoren heranzieht (Nr. 1 und Nr. 2), zu einer Verwechslungsgefahr im geschäftlichen Verkehr führt (Nr. 3), eine Rufausnutzung oder –beeinträchtigung herbeiführt (Nr. 4), Waren, Dienstleistungen, Tätigkeiten, persönliche oder geschäftliche Verhältnisse eines Mitbewerbers herabsetzt oder verunglimpft (Nr. 5) oder der Vergleich eine Ware oder Dienstleistung als Imitation oder Nachahmung eines kennzeichenrechtlich geschützten Produkts darstellt (Nr. 6). Im Hinblick auf soziale Medien ergeben sich insoweit keine wesentlichen Besonderheiten.

6.3.7 § 7 UWG

Eine geschäftliche Handlung, durch die ein Marktteilnehmer in unzumutbarer Weise 164
belästigt wird, ist unzulässig (§ 7 Abs. 1 S. 1 UWG). Dies gilt nach § 7 Abs. 1 S. 2 UWG insbesondere für Werbung, obwohl erkennbar ist, dass der angesprochene Marktteilnehmer diese Werbung nicht wünscht.

Nicht nur, aber gerade auch im Rahmen sozialer Medien sind unerwünschte Nachrich- 165
ten ein gängiger Weg, um die Nutzer mit werblichen Inhalten zu konfrontieren. Während die herkömmlichen Werbe-Emails angesichts der Masse an Spam-Nachrichten bei dem durchschnittlichen Empfänger nur wenig Beachtung finden, werden mittels interner Messaging-Systeme versendete Mitteilungen innerhalb sozialer Medien regelmäßig mit größerer Aufmerksamkeit wahrgenommen.[306] Lauterkeitsrechtliche Relevanz weist ein derartiges Verhalten dann auf, wenn eine vorherige ausdrückliche Einwilligung des Adressaten fehlt. Da die Einwilligung für den konkreten Fall sowie in Kenntnis der Sachlage erteilt sein muss und eine Generaleinwilligung, etwa aufgrund

301 Hoeren/Sieber/Holznagel/*Solmecke* Teil 21.1 Rn. 40.
302 Zu den datenschutzrechtlichen Problemen des Like-Buttons *Föhlisch/Pilous* MMR 2015, 631.
303 *LG Hamburg* MMR 2013, 250.
304 *LG Hamburg* MMR 2013, 250, 251.
305 Zur Definition vergleichender Werbung vgl. § 6 Abs. 1 UWG.
306 *Ulbricht* S. 99.

der bloßen Angabe einer E-Mail-Adresse, nicht ausreicht,[307] wird es an einer wirksamen Erklärung in diesem Sinne regelmäßig fehlen. In diesem Falle ist eine unzumutbare Belästigung durch Werbung unter Verwendung elektronischer Post stets anzunehmen (§ 7 Abs. 2 Nr. 3 UWG). Unter dem Begriff elektronische Post ist dabei jede über ein öffentliches Kommunikationsnetz verschickte Text-, Sprach-, Ton- oder Bildnachricht zu verstehen, die im Netz oder im Endgerät des Empfängers gespeichert werden kann, bis sie von diesem abgerufen wird.[308] Hierunter fallen sowohl E-Mails als auch SMS (short message service) und MMS (multimedia message service). Daneben sind allerdings auch Nachrichten innerhalb sozialer Medien erfasst. Auch diese sind für die massenhafte Versendung von werblichen Botschaften geeignet und unterfallen insoweit dem Regelungszweck des § 7 Abs. 2 Nr. 3 UWG.[309]

166 Des Weiteren kommt die Annahme einer unzumutbaren Belästigung durch Social Media-Werbeaktivitäten auch unter dem Gesichtspunkt des § 7 Abs. 2 Nr. 4 UWG in Betracht. Unlauteres Handeln ist danach bei Werbung mit einer Nachricht gegeben, bei der die Identität des Absenders, in dessen Auftrag die Nachricht übermittelt wird, verschleiert oder verheimlicht wird, bei der gegen § 6 Abs. 1 TMG verstoßen oder der Empfänger aufgefordert wird, eine Website aufzurufen, die gegen diese Vorschrift verstößt oder bei der keine gültige Adresse vorhanden ist, an die der Empfänger eine Aufforderung zur Einstellung solcher Nachrichten richten kann, ohne dass hierfür andere als die Übermittlungskosten nach den Basistarifen entstehen. Das Verbot anonymer elektronischer Werbung soll es dem Werbeadressaten ermöglichen, sich vor unerbetener Werbung dadurch zu schützen, dass er den Werbenden ohne wesentliche Erschwernisse kontaktieren kann. Im Falle einer einmal erteilten Einwilligung besteht sodann die Möglichkeit, diese zu widerrufen. Stellt das betreffende Unternehmen die Werbeaktivitäten daraufhin nicht ein oder bestand eine Einwilligung zu keinem Zeitpunkt, können mithilfe der Kontaktdaten auch Ansprüche gegen den Werbenden durchgesetzt werden.[310]

167 Ausnahmsweise stellt die Versendung von Werbung unter Verwendung elektronischer Post indes keine unzumutbare Belästigung dar. Voraussetzung hierfür ist gem. § 7 Abs. 3 UWG, dass das werbende Unternehmen die elektronische Postadresse des Kunden im Zusammenhang mit dem Verkauf einer Ware oder Dienstleistung erhalten hat, die Adresse ausschließlich zur Direktwerbung für ähnliche Waren und Dienstleistungen des Unternehmens verwendet wird, der Kunde der Verwendung nicht widersprochen hat und er bei der Erhebung und jeder erneuten Verwendung der Adresse klar und deutlich auf die jederzeitige Widerspruchsmöglichkeit hingewiesen wird, ohne dass ihm dadurch zusätzliche Kosten entstehen. Der Ausschluss einer unzumutbaren Belästigung in den genannten Fällen soll den elektronischen Handel fördern. Die Interessen des Werbeadressaten werden dadurch nicht unangemessen beeinträchtigt. Da er die Leistungen des werbenden Unternehmens bereits in Anspruch genommen hat, wird der Durchschnittskunde die Werbung für ähnliche Produkte und Dienstleistungen regelmäßig nicht als Belästigung, sondern als nützliche Information empfinden.[311] Vor diesem Hintergrund rechtfertigt die einmal aufgenommene Ver-

---

307 *OLG Köln* MMR 2013, 516, 517 – Hausnotruf; Köhler/Bornkamm/*Köhler* § 7 Rn. 186 und 188.
308 Köhler/Bornkamm/*Köhler* § 7 Rn. 196.
309 *Ulbricht* S. 100.
310 Köhler/Bornkamm/*Köhler* § 7 Rn. 208.
311 Köhler/Bornkamm/*Köhler* § 7 Rn. 202.

tragsbeziehung das werbliche Anbieten weiterer wesensverwandter Produkte ohne vorherige Einwilligung des Kunden. Sobald dieser jedoch der künftigen Verwendung seiner Adresse zu Werbezwecken widerspricht, stellt jede weitere werbliche Aktivität mittels elektronischer Post eine unzumutbare Belästigung i.S.d. § 7 Abs. 2 Nr. 3 UWG dar (sog. Opt-out-Verfahren).[312]

Sind die werblichen Aktivitäten eines Unternehmens nicht von der Privilegierung des § 7 Abs. 3 UWG erfasst oder hat der Kunde dem Erhalt ähnlicher Werbeangebote widersprochen, verbleibt innerhalb des lauterkeitsrechtlichen Rahmens nur die Möglichkeit des sog. Opt-in-Verfahrens.[313] Ohne vorherige ausdrückliche Zustimmung dürfen demzufolge keine Mitteilungen mit werblichen Inhalten versendet werden. **168**

6.4 Rechtsfolgen wettbewerbswidrigen Handelns

6.4.1 Unterlassungsanspruch

Wer eine nach § 3 i.V.m. §§ 3a, 4, 4a, 5, 5a, 6 UWG oder § 7 UWG unzulässige geschäftliche Handlung vornimmt, kann gem. § 8 Abs. 1 S. 1 UWG auf Beseitigung und bei Wiederholungsgefahr auf Unterlassung in Anspruch genommen werden. Der Anspruch auf Unterlassung besteht bereits dann, wenn eine derartige Zuwiderhandlung droht (§ 8 Abs. 1 S. 2 UWG). Der auf Abwehr künftiger Wettbewerbsverstöße gerichtete Unterlassungsanspruch stellt das wichtigste Schutzinstrument im Rahmen des Lauterkeitsrechts dar. Zu seiner Geltendmachung sind Mitbewerber, bestimmte Verbände, qualifizierte Einrichtungen zum Schutz der Verbraucherinteressen sowie die Industrie- und Handels- oder Handwerkskammern (§ 8 Abs. 3 Nr. 1–4 UWG) berechtigt. **169**

Ist es bereits in der Vergangenheit zu einem wettbewerbswidrigen Verhalten gekommen, handelt es sich um einen sog. Verletzungsunterlassungsanspruch, der das Bestehen einer Wiederholungsgefahr voraussetzt. Diese liegt vor, wenn eine Wiederholung des wettbewerbswidrigen Verhaltens aufgrund äußerlich erkennbarer Umstände ernsthaft und greifbar zu besorgen ist. In Anbetracht des bereits begangenen Verstoßes wird die Wiederholungsgefahr im Hinblick auf identische sowie kerngleiche Verletzungsformen widerleglich vermutet. Zur Widerlegung dieser tatsächlichen Vermutung dient regelmäßig die Abgabe einer strafbewehrten Unterlassungserklärung. Hierdurch verpflichtet sich der Verletzer, die konkret beanstandete Handlung sowie kerngleiche Verhaltensweisen künftig zu unterlassen. Um dieser Verpflichtung hinreichend Nachdruck zu verleihen, wird zugleich die Zahlung einer Vertragsstrafe für jeden Fall der Zuwiderhandlung zugesichert.[314] Nachträglich entfallen kann die Wiederholungsgefahr durch rechtskräftiges Unterlassungsurteil, durch einstweilige Verfügung mit entsprechender Abschlusserklärung oder einen Vergleich, in dem sich der Verletzer strafbewehrt zur Unterlassung künftiger Verstöße verpflichtet.[315] **170**

Sofern ein Wettbewerbsverstoß tatsächlich noch nicht eingetreten ist, kann dennoch ein vorbeugender Unterlassungsanspruch bestehen. Voraussetzung hierfür ist, dass ein Verstoß erstmals unmittelbar drohend bevorsteht (sog. Erstbegehungsgefahr).[316] **171**

312 Köhler/Bornkamm/*Köhler* § 7 Rn. 202.
313 Vgl. dazu *Ulbricht* S. 101.
314 Köhler/Bornkamm/*Bornkamm* § 8 Rn. 1.32 ff.
315 Köhler/Bornkamm/*Bornkamm* § 8 Rn. 1.46 ff.
316 Köhler/Bornkamm/*Bornkamm* § 8 Rn. 1.15.

Anders als bei der Widerholungsgefahr wird der Nachweis der Erstbegehungsgefahr nicht durch eine tatsächliche Vermutung erleichtert. Der Anspruchsberechtigte trägt daher die volle Darlegungs- und Beweislast. Für eine Erstbegehungsgefahr können etwa Drohungen, Warnungen, Absichtserklärungen oder vorbereitende Maßnahmen, die einen künftigen Eingriff unmittelbar befürchten lassen, angeführt werden. Dabei muss es sich jedoch um greifbare Anhaltspunkte handeln, die ein bevorstehendes wettbewerbswidriges Verhalten nahelegen.[317]

6.4.2 Abmahnung

172 Vor der gerichtlichen Geltendmachung eines Unterlassungsbegehrens soll der Schuldner gem. § 12 Abs. 1 S. 1 UWG abgemahnt und ihm die Gelegenheit gegeben werden, den Streit durch Abgabe einer mit einer angemessenen Vertragsstrafe bewehrten Unterlassungsverpflichtung beizulegen. Aus der Abmahnung muss deutlich hervorgehen, welches geschäftliche Verhalten konkret beanstandet wird. Eine umfassende rechtliche Würdigung ist indes nicht erforderlich. Um den drohenden Unterlassungsprozess möglichst abzuwenden, muss der Schuldner sodann zur Abgabe einer Unterwerfungserklärung aufgefordert werden. Durch die Verpflichtung, eine bestimmte wettbewerbswidrige Handlung nicht bzw. nicht noch einmal zu begehen, kann der Schuldner die bestehende Erstbegehungs- bzw. Wiederholungsgefahr beseitigen. Ob er eine derartige Verpflichtungserklärung abgeben oder sich dem Risiko einer prozessualen Auseinandersetzung stellen möchte, muss der potentielle Unterlassungsschuldner innerhalb einer angemessenen Frist überdenken können. Die Angemessenheit der Frist ist stets nach den Umständen des Einzelfalls zu bestimmen und kann – bei besonderer Eilbedürftigkeit – von wenigen Stunden – bis hin zu einer Woche oder zehn Tagen reichen.[318]

6.4.3 Ersatz der Abmahnkosten

173 War die Abmahnung berechtigt,[319] kann der Unterlassungsgläubiger gem. § 12 Abs. 1 S. 2 UWG Ersatz der erforderlichen Aufwendungen verlangen. Macht der Gläubiger – im Falle der verweigerten Unterwerfungserklärung durch den Schuldner – allerdings ausschließlich diesen Ersatzanspruch geltend und verzichtet dagegen auf die Unterlassungsklage, spricht dies regelmäßig für die mangelnde Ernsthaftigkeit des Unterlassungsverlangens. Folgerichtig wird dann auch die isolierte Zahlungsklage auf Ersatz der Abmahnkosten abzuweisen sein.[320]

6.4.4 Schadensersatz und Gewinnabschöpfung

174 Wer vorsätzlich oder fahrlässig eine nach § 3 i.V.m. §§ 3a, 4, 4a, 5, 5a, 6 UWG oder § 7 UWG unzulässige geschäftliche Handlung vornimmt, ist den Mitbewerbern ferner zum Ersatz des daraus entstehenden Schadens verpflichtet. Schuldner dieses Anspruchs ist nur, wer den Wettbewerbsverstoß als Täter, Mittäter, mittelbarer Täter oder Teilnehmer begangen hat. Dabei muss es sich indes nicht zwingend um einen Unternehmer handeln, der zu dem Geschädigten in einem konkreten Wettbewerbs-

317 Köhler/Bornkamm/*Bornkamm* § 8 Rn. 1.17 und 1.23.

318 Köhler/Bornkamm/*Bornkamm* § 12 Rn. 1.15 ff.

319 Berechtigt ist jede Abmahnung, die nicht entbehrlich ist, um den Gläubiger vor Kostennachteilen im Falle eines sofortigen Anerkenntnisses zu bewahren, vgl. dazu Köhler/Bornkamm/*Bornkamm* § 12 Rn. 1.82.

320 Köhler/Bornkamm/*Bornkamm* § 12 Rn. 1.21b.

verhältnis steht. Schuldner kann vielmehr auch eine Privatperson oder eine staatliche Einrichtung sein, die das wettbewerbswidrige Verhalten eines Unternehmens gefördert hat. Die Haftung des Schädigers für zurechenbares Verhalten Dritter richtet sich nach den allgemeinen gesetzlichen Vorschriften (§§ 31, 278, 831 BGB).[321] Gläubiger des Anspruchs kann ausschließlich ein Mitbewerber, also gem. § 2 Abs. 1 Nr. 3 UWG jeder Unternehmer sein, der mit einem oder mehreren Unternehmern als Anbieter oder Nachfrager von Waren oder Dienstleistungen in einem konkreten Wettbewerbsverhältnis steht.

Sofern der Verletzer durch die unzulässige geschäftliche Handlung einen Gewinn zu Lasten einer Vielzahl von Abnehmern erzielt hat, kommt zugleich ein Anspruch auf Herausgabe dieses Gewinns an den Bundeshaushalt in Betracht (§ 10 Abs. 1 UWG). Anspruchsberechtigt sind dabei die Verbände, Einrichtungen und Kammern i.S.v. § 8 Abs. 3 Nr. 2–4, die auch zur Geltendmachung von Beseitigungs- und Unterlassungsansprüchen befugt sind. Ob eine Vielzahl von Abnehmern betroffen ist, richtet sich nach den Umständen des Einzelfalls und ist zahlenmäßig nicht eindeutig bestimmbar.[322] Nach der Gesetzesbegründung muss es sich jedenfalls um einen größeren Personenkreis handeln.[323] 175

Der Gewinnabschöpfungsanspruch soll Schutzlücken und Durchsetzungsdefizite im Falle sog. Streuschäden verhindern. Handelt es sich nämlich um eine Vielzahl von Abnehmern, die lediglich in geringem Maße geschädigt werden, besteht – sofern der Schaden im Rahmen kleinerer Alltagsgeschäfte überhaupt bemerkt wird – regelmäßig eine hohe Hemmschwelle zur Geltendmachung von vertraglichen oder deliktischen Ansprüchen. Sammelklagen, die die Rechtsdurchsetzung zugunsten des einzelnen Geschädigten erleichtern würden, scheitern häufig daran, dass die Betroffenen nicht ohne weiteres zu ermitteln sind. Ohne den Anspruch aus § 10 Abs. 1 UWG würde dem Verletzer daher ein Gewinn verbleiben, der aus einem wettbewerbswidrigen Verhalten hervorgegangen ist (sog. Marktversagen).[324] 176

6.5 Vorgaben der Social Media-Anbieter

Neben den gesetzlichen Vorgaben halten die Social Media-Anbieter regelmäßig auch eigene Bestimmungen zur Reglementierung von Werbung vor. Über den Verweis auf die Einhaltung der geltenden Gesetze hinaus stellen die Anbieter dabei Werbegrundsätze auf, die teilweise über die Anforderungen der deutschen Rechtslage hinausgehen.[325] 177

Handelt ein Werbender den diesbezüglichen Vorgaben zuwider, liegt es im Ermessen des jeweiligen Social Media-Anbieters, wie auf diesen Vertragsverstoß zu reagieren ist. Neben der zeitweiligen Sperrung kommt im Falle erheblicher oder wiederholter Verstöße sogar die Löschung des Accounts in Betracht. Da werbliche Aktivitäten 178

---

321 Köhler/Bornkamm/*Köhler* § 9 Rn. 1.3.

322 Die diesbezüglichen Auffassungen reichen von drei bis zu 50 als Mindestanzahl geschädigter Abnehmer, vgl. dazu Köhler/Bornkamm/*Köhler* § 10 Rn. 12.

323 Begründung zum RegE UWG 2004 zu § 10, BT-Drucks. 15/1487, 24.

324 Köhler/Bornkamm/*Köhler* § 10 Rn. 3 und 4.

325 Vgl. etwa die *Facebook*-Werberichtlinien, wonach bestimmte „Produkte oder Dienstleistungen für Erwachsene" überhaupt nicht beworben werden dürfen oder Werbeanzeigen für Alkohol in bestimmten Ländern gänzlich verboten sind (Ziff. IV. Teil A. und B.), abrufbar unter https:// de-de.facebook.com/ad_guidelines.php.

innerhalb sozialer Netzwerke einen großen Nutzerkreis erreichen und sich zudem in erheblicher Geschwindigkeit verbreiten, kann der vereitelte Zugang zu derart effektiven Werbekanälen für ein Unternehmen häufig schwerer wiegen als die gesetzlich vorgesehenen Sanktionsmöglichkeiten im Rahmen des UWG.[326]

7. Jugendschutzrecht

7.1 Verhältnis von JuSchG und JMStV

179 Vor allem bei jungen Nutzergruppen stoßen telemediale Angebote insbesondere in Gestalt sozialer Medien auf große Akzeptanz. Umso bedeutsamer ist es, Kinder und Jugendliche vor solchen Inhalten zu schützen, die ihre Entwicklung oder Erziehung beeinträchtigen oder gefährden können. Während das JuSchG vor allem den Jugendschutz im Hinblick auf sog. Trägermedien (Printmedien, Videos, CD-ROMs, DVDs, Kinofilme, etc.) regelt, wurde mit dem JMStV ein einheitlicher Jugendschutz für den Rundfunk und die Telemedien verankert.[327] Beide Regelwerke ergänzen einander und bieten durch ihr gesetzliches Zusammenwirken umfassenden Schutz vor gefährdenden Einflüssen in Öffentlichkeit und Medien.[328]

180 Der Jugendschutz im Rahmen sozialer Medien unterfällt indessen hauptsächlich dem Anwendungsbereich des JMStV, weil sich dieser gem. § 2 Abs. 1 JMStV auf Rundfunk und Telemedien bezieht.[329] Darüber hinaus gelten das TMG sowie die für Telemedien anwendbaren Vorschriften des RStV (§ 2 Abs. 2 JMStV).[330]

7.2 Schutzrahmen des JMStV

181 Der JMStV unterscheidet im Rahmen seines Schutzsystems zwischen unzulässigen und entwicklungsbeeinträchtigenden Angeboten (§§ 4, 5 JMStV). Innerhalb dieser Kategorien ist wiederum zwischen absolut und relativ unzulässigen Angeboten zu unterscheiden. Die in § 4 Abs. 1 Nr. 1–11 JMStV genannten Inhalte sind stets unzulässig und unterliegen demnach einem absoluten Verbreitungsverbot. Dabei handelt es sich etwa um gewaltverherrlichende, volksverhetzende, kinderpornographische oder allgemein gegen die Menschenwürde verstoßende Angebote. In sonstiger Weise pornographische Inhalte, die jedoch keine strafrechtliche Relevanz aufweisen, sind gem. § 4 Abs. 2 Nr. 1 JMStV ebenfalls grundsätzlich unzulässig. Etwas anderes gilt indes für derartige Angebote in Telemedien, wenn von Seiten des Anbieters sichergestellt ist, dass sie nur Erwachsenen im Sinne einer geschlossenen Benutzergruppe zugänglich gemacht werden (§ 4 Abs. 2 S. 2 JMStV). Bemerkenswert ist insoweit, dass diese unter der Voraussetzung eines verlässlichen Altersverifikationssystems gewährte Privilegierung ausschließlich den Telemedien und gerade nicht dem klassischen Rundfunk vorbehalten ist. Unter Berücksichtigung von Art. 3 Abs. 1 GG erscheint diese

---

326 Vgl. dazu *Lichtnecker* GRUR 2013, 135, 139.

327 Vgl. dazu eingehend 7. Kap. Rn. 2.

328 *Hopf/Braml* ZUM 2013, 837.

329 Zur Abgrenzung dieser beiden Kategorien sowie von Tele- und Trägermedien Bornemann/Erdemir/*Schartmann/Ohr* JMStV, § 2 Rn. 5 ff.

330 Insbesondere gilt das Herkunftslandprinzip nach § 3 TMG auch im Anwendungsbereich des JMStV. Allerdings handelt es sich dabei nicht um eine echte Kollisionsnorm, sondern lediglich um ein sachrechtliches Beschränkungsverbot (vgl. dazu oben Rn. 133 f.). Die Anwendbarkeit des deutschen Jugendschutzrechts bestimmt sich daher nach den allgemeinen kollisionsrechtlichen Vorschriften.

Unterscheidung insbesondere mit Blick auf das digital verbreitete Fernsehen zweifelhaft. Dieses weist gegenüber telemedialen Angeboten keine derart wesentlichen Differenzen auf, die zu einer Rechtfertigung der rechtlichen Ungleichbehandlung im Hinblick auf den Jugendmedienschutz führen könnten.[331]

Relativ unzulässige Angebote, die geeignet sind, die Entwicklung von Kindern und Jugendlichen zu einer eigenverantwortlichen und gemeinschaftsfähigen Persönlichkeit zu beeinträchtigen, dürfen gem. § 5 Abs. 1 JMStV verbreitet werden, sofern die Anbieter dafür Sorge tragen, dass Kinder oder Jugendliche der betroffenen Altersstufen sie üblicherweise nicht wahrnehmen. Bereits der Wortlaut der Vorschrift macht deutlich, dass die insoweit einzuhaltenden Schutzmaßnahmen weniger streng als in § 4 Abs. 2 S. 2 JMStV ausgestaltet sind.[332] Nach § 5 Abs. 3 JMStV kann der Anbieter den in Absatz 1 aufgestellten Anforderungen durch technische Mittel (Nr. 1) oder zeitliche Zugangsbeschränkungen (Nr. 2) nachkommen. Den technischen Erfordernissen i.S.v. § 5 Abs. 3 Nr. 1 JMStV kann der Anbieter insbesondere dadurch genügen, dass entwicklungsbeeinträchtigende Angebote i.S.v. Abs. 1 für ein als geeignet anerkanntes Jugendschutzprogramm programmiert werden oder ihnen ein solches Programm vorgeschaltet ist (§ 11 Abs. 1 JMStV). Die Anerkennung der Eignung wird dabei durch die zuständige Landesmedienanstalt – konkret durch die Kommission für Jugendmedienschutz (KJM) – erteilt, sofern das betreffende Jugendschutzprogramm einen nach Altersstufen differenzierten Zugang ermöglicht oder vergleichbar geeignet ist (§ 11 Abs. 2 und 3 JMStV). Allerdings existieren bislang nur wenige Programme, die diesen gesetzlichen Standards nach Auffassung der KJM entsprechen. Erstmalig im Jahr 2013 hat sie zwei Jugendschutzprogramme als geeignet i.S.v. § 11 Abs. 3 JMStV anerkannt.[333] **182**

7.3 Freiwillige Alterskennzeichnung für soziale Medien

Darüber hinaus verpflichtet § 12 JMStV Anbieter von Telemedien, die ganz oder im Wesentlichen mit bestimmten nach § 12 JuSchG gekennzeichneten oder für die jeweilige Altersstufe freigegebenen Trägermedien inhaltsgleich sind, zu einem Hinweis auf eine vorhandene Kennzeichnung. Soziale Medien sind von dieser Kennzeichnungspflicht indes nicht betroffen, weil es ihnen regelmäßig an der Inhaltsgleichheit mit bestehenden Trägermedien fehlt. Ungeachtet dessen besteht die Möglichkeit einer freiwilligen Alterskennzeichnung. Die Alterskennzeichnung kann sowohl durch den Anbieter selbst als auch durch eine anerkannte Einrichtung der freiwilligen Selbstkontrolle erfolgen. Um den Entwicklungen der Medienkonvergenz und dem hiermit einhergehenden veränderten Nutzungsverhalten von Kindern und Jugendlichen Rechnung zu tragen, sind in § 5 Abs. 1 S. 2 JMStV nunmehr die Alterstufen des JuSchG übernommen worden. **183**

331 *Hartstein/Ring/Kreile/Dörr/Stettner/Wagner* § 4 JMStV Rn. 65.

332 Hornung/Müller-Terpitz/*Beyerbach* 9. Kap. Rn. 87.

333 Vgl. dazu *Bleich* Kommentar: Stillstand als Fortschritt beim Jugendmedienschutz, abrufbar unter www.heise.de/newsticker/meldung/Kommentar-Stillstand-als-Fortschritt-beim-Jugendmedienschutz-2155525.html.

8. Strafrecht

8.1 Soziale Medien als Ausgangspunkt strafbaren Verhaltens

184 Die globalen Begegnungsräume, die durch die Nutzung sozialer Medien geschaffen und stetig erweitert werden, bieten zugleich den Ausgangspunkt für eine Vielzahl strafrechtlich relevanter Verhaltensweisen. Das Internet eröffnet Kommunikationsstrukturen, die es dem Nutzer ermöglichen, seine wahre Identität weitgehend versteckt zu halten. Diese (vermeintliche) Anonymität stellt häufig den Ausgangspunkt für Straftaten dar, zu deren Begehung es im realen Leben unter Umständen nicht gekommen wäre. Zum einen nimmt mit der Begegnung in digitalem Umfeld die Hemmschwelle in Bezug auf gesetzlich geschützte Bereiche des Gegenübers ab. Zum anderen werden gerade im Rahmen sozialer Medien durch den massenhaften Umlauf personenbezogener Daten erleichterte Gegebenheiten zur Vornahme strafbarer Handlungen geschaffen. Des Weiteren ermöglicht die technische Ausgestaltung sozialer Medien die schnelle Verbreitung illegal erlangter oder manipulierter Daten. Hinzu kommt, dass die vollständige Entfernung einmal veröffentlichter Inhalte angesichts unmittelbarer Vervielfältigungsmöglichkeiten kaum mehr gelingen kann.

8.2 Anwendbarkeit deutschen Strafrechts

185 Ebenso wie bei anderen durch Social Media betroffenen Rechtsgebieten stellt sich auch im Rahmen des Strafrechts zunächst die Frage nach der Anwendbarkeit deutschen Rechts. Gem. § 3 StGB gilt das deutsche Strafrecht für Taten, die im Inland begangen werden (Territorialitätsprinzip). Dies ist nach § 9 StGB der Fall, wenn der Täter im Inland gehandelt hat oder im Falle des Unterlassens hätte handeln müssen oder an dem der zum Tatbestand gehörende Erfolg eingetreten ist oder nach der Vorstellung des Täters eintreten sollte. Deutsches Strafrecht ist demnach anwendbar, sofern der Handlungs- oder Erfolgsort der Tat in Deutschland anzusiedeln ist. Angesichts der weltweiten Möglichkeiten zur Nutzung des Internets wird sich der Handlungsort einer mit sozialen Medien in Beziehung stehenden Straftat indes häufig im Ausland befinden. Die Anwendbarkeit deutschen Strafrechts kann dann ausschließlich über den im Inland liegenden Erfolgsort begründet werden. Vielfach bereitet die Bestimmung eines konkreten Erfolgsorts mit Blick auf die globale Verbreitung sozialer Medien jedoch Schwierigkeiten. Dies gilt insbesondere dann, wenn nicht die Begehung eines klassischen Erfolgs-, sondern eines abstrakten Gefährdungsdelikts in Frage steht.[334] Um auch in diesen Fällen zu einer Anwendbarkeit des deutschen Strafrechts zu gelangen, hat die Rechtsprechung eine Erweiterung des Handlungsbegriffs dahingehend vorgenommen, dass eine Handlung im Inland bereits dann angenommen wird, wenn die tatbestandlichen Wirkungen dort eintreten.[335]

186 Unabhängig vom Recht des Tatorts kann deutsches Strafrecht bei Taten mit Auslandsbezug über das passive/aktive Personalitätsprinzip (§ 7 StGB), das Schutzprinzip (§ 5 StGB) sowie das Weltrechtsprinzip (§ 6 StGB) Anwendung finden.[336]

---

334 Hornung/Müller-Terpitz/*Esser* 7. Kap. Rn. 10 ff.

335 Hornung/Müller-Terpitz/*Esser* 7. Kap. Rn. 12 unter Verweis auf *KG* NJW 1999, 3500, 3502.

336 Dazu eingehend Hornung/Müller-Terpitz/*Esser* 7. Kap. Rn. 13 ff.

8.3 Materielle Straftatbestände

8.3.1 Mögliche Straftatbestände im Hinblick auf soziale Medien

187 Als Plattformen für Kommunikation und Datenaustausch, deren Nutzung weitgehend ohne Preisgabe der eigenen Identität möglich ist, können soziale Medien zur Begehung verschiedener Straftaten beitragen oder deren tatbestandliche Verwirklichung erleichtern. Dies gilt insbesondere für die Beleidigungsdelikte (§§ 185 ff. StGB), die Verbreitung pornographischer Schriften (§§ 184 ff. StGB), die Anbahnung sexueller Kontakte zu Minderjährigen (§ 176 Abs. 4 Nr. 3 StGB), die Verletzung des persönlichen Lebens- und Geheimbereichs (§§ 201 ff. StGB), Nachstellung („Cyberstalking“, § 238 StGB), Nötigung (§ 240 StGB) sowie Bedrohung (§ 241 StGB). Des Weiteren relevant sind straf- oder bußgeldbewehrte Verstöße gegen das Urheberrechtsgesetz (§§ 106 ff. UrhG). Möglich ist auch die Verwirklichung von Straftaten nach dem Versammlungsgesetz (§§ 21 ff. VersG), soweit es um die Veranstaltung sog. *Facebook*-Parties geht, bei denen eine Einladung über das sozialer Netzwerk nicht nur an die gewünschten Kontaktpersonen, sondern versehentlich an eine erheblich größere Nutzerzahl verschickt wird, was sodann am Tag der Feier zu ausufernden Zuständen vor Ort führen kann. Regelmäßig wird eine diesbezügliche Strafbarkeit indessen an der Erfüllung des engen Versammlungsbegriffs scheitern.[337] Aufgrund des überwiegenden Spaßcharakters wird es meist an der auf Teilhabe an der öffentlichen Meinungsbildung gerichteten Zwecksetzung fehlen. Ungeachtet dessen kommt bei derartigen Ansammlungen jedoch die Verwirklichung allgemeiner Tatbestände des StGB (etwa Hausfriedensbruch, § 123 StGB, oder Sachbeschädigung, § 303 StGB) in Betracht.[338]

8.3.2 Phänomen Sexting

188 Relevanz im Hinblick auf soziale Medien weist insbesondere das sog. Sexting auf. Dieser Begriff setzt sich aus den Worten Sex und Texting zusammen und beschreibt eine Form der sexuellen Kommunikation, die häufig über soziale Netzwerke oder Instant Messaging-Dienste vorgenommen wird. Regelmäßig werden dabei selbst produzierte intime Bilder der eigenen oder einer anderen Person über die jeweiligen Internetdienste verbreitet.[339] Soweit den Bild- oder Videoaufnahmen kein pornographischer Charakter zuzuschreiben ist, kommt eine Verletzung des Rechts am eigenen Bild in Betracht (§§ 22, 23 KUG), wenn das entsprechende Material ohne Einwilligung des Betroffenen verbreitet wird. Handelt es sich dagegen um Material, das sexuelle Vorgänge aus ihrem sozialen Kontext löst und in grob aufdringlicher Weise in den Vordergrund rückt,[340] ist dessen Verbreitung gem. § 184 Abs. 1 StGB insbesondere strafbar, wenn es einer Person unter achtzehn Jahren zugänglich gemacht wird (Nr. 1) oder es an eine Person gelangt, die den Verbreitenden hierzu nicht aufgefordert hat (Nr. 6).

337 Vgl. dazu *BVerfGE* 104, 92, 104.

338 Hornung/Müller-Terpitz/*Esser* 7. Kap. Rn. 257 ff.; vgl. zur zivilrechtlichen Haftungssituation bei den sog. *Facebook*-Parties unten Rn. 287.

339 Vgl. zur Definition www.projuventute.ch/sexting/landingpage.html.

340 Kindhäuser/Neumann/Paeffgen/*Frommel* § 184d Rn. 11; Schönke/Schröder/*Eisele* StGB, § 184 Rn. 8.

189 Allerdings wird Sexting häufig gerade von Minderjährigen praktiziert. Betroffen sind daher pornographische Schriften,[341] die sexuelle Handlungen von, an oder vor Kindern (Personen unter vierzehn Jahren, § 1 Abs. 1 Nr. 1 JuSchG, § 176 Abs. 1 StGB) bzw. Jugendlichen (Personen von vierzehn bis achtzehn Jahren, § 1 Abs. 1 Nr. 2 JuSchG, § 184c Abs. 1 StGB) zum Gegenstand haben. Nach dem Schutzzweck der einschlägigen Vorschriften der §§ 184b und 184c StGB sind hiervon grundsätzlich auch sog. Scheinerwachsene, also Jugendliche, die wie ein Erwachsener aussehen, und sog. Scheinjugendliche, die aufgrund ihrer körperlichen Entwicklung oder Darstellung eindeutig wie Jugendliche aussehen, erfasst.[342] Im Gegensatz zu den in § 184 Abs. 1 StGB genannten Inhalten ist die Verbreitung kinder- oder jugendpornographischer Inhalte generell und unabhängig davon unter Strafe gestellt, an wen sie erfolgt (§§ 184b Abs. 1 Nr. 1, 184c Abs. 1 Nr. 1 StGB). Eine Verbreitung ist auch dann anzunehmen, wenn die Weitergabe der Daten nicht auf einem festen Datenträger erfolgt, sondern die entsprechenden Dateien im Internet bereitgestellt werden. Es genügt insoweit die kurzzeitige Fixierung der strafbaren Inhalte innerhalb des Arbeitsspeichers.[343] Zugleich liegt in dem Bereitstellen von Dateien im Internet ein öffentliches Zugänglichmachen (§§ 184b Abs. 1 Nr. 2, 184c Abs. 1 Nr. 2 StGB). Auch der minderjährige Abgebildete selbst kann sich nach diesen Vorschriften strafbar machen, sofern er nicht unter vierzehn Jahre und damit als Kind i.S.v. §§ 176 Abs. 1, 19 StGB strafunmündig ist. Straflos ist indessen der Besitz oder die Besitzverschaffung von jugendpornographischen Materialien, soweit es sich um solche Schriften handelt, die ein Minderjähriger im Alter von unter achtzehn Jahren mit Einwilligung der dargestellten Person hergestellt hat (§ 184c Abs. 4 S. 2 StGB). Ziel dieser strafrechtlichen Privilegierung sind solche Handlungen, die innerhalb von sexuellen Beziehungen zwischen Jugendlichen in gegenseitigem Einverständnis vorgenommen werden.[344] Im Hinblick auf kinderpornographische Inhalte besteht eine derartige Ausnahmeregelung nicht. Besitz und Besitzverschaffung sind hier stets unter Strafe gestellt. Etwas anderes gilt nach § 184b Abs. 5 StGB nur dann, wenn der Besitz oder die Besitzverschaffung der Erfüllung rechtmäßiger dienstlicher oder beruflicher Pflichten dienen.[345] Aufgrund der Verweisung in § 184c Abs. 5 StGB gilt diese Ausnahmeregelung auch im Hinblick auf jugendpornographische Schriften.

190 Handelt es sich dagegen nicht um Reproduktionen von Bild- oder Tonträgern, sondern um Echtzeitübertragungen, die unter Verwendung von Webcam-Aufnahmen im Live-Stream-Verfahren über das Internet vorgenommen werden, fehlt es indes an einer hinreichenden datenmäßigen Fixierung der pornographischen Inhalte, die zur Verwirklichung der §§ 184–184c StGB erforderlich wäre.[346] Zur Schließung dieser Strafbarkeitslücke ordnet § 184d S. 1 StGB eine Bestrafung nach den §§ 184–184c StGB auch für die Fälle an, in denen eine pornographische Darbietung durch Rund-

341 Unter den Begriff der Schriften sind gem. § 11 Abs. 3 StGB auch Ton- und Bildträger, Datenspeicher und Abbildungen zu fassen.

342 Schönke/Schröder/*Eisele* StGB, § 184c Rn. 5 sowie zur Ausnahme der Besitzstrafbarkeit nach § 184c Abs. 4 StGB, die Handlungen Scheinjugendlicher nicht erfassen soll Schönke/Schröder/*Eisele* StGB, § 184c Rn. 8.

343 Schönke/Schröder/*Eisele* StGB, § 184b Rn. 5 unter Verweis auf *BGHSt* 47, 58 f.

344 BT-Drucks. 16/3439, S. 9.

345 In Betracht kommt dies etwa bei Beamten der Kriminalpolizei oder der Staatsanwaltschaft sowie bei Sachverständigen oder Psychologen.

346 Schönke/Schröder/*Eisele* StGB, § 184d Rn. 1; Lackner/Kühl/*Lackner* § 184d Rn. 3.

funk, Medien- oder Teledienste verbreitet wird. Der Rundfunkbegriff umfasst dabei sämtliche für die Allgemeinheit bestimmten Bild- und Tonübertragungen. Mit den Medien- und Telediensten als elektronische Informations- und Kommunikationsdienste sind zugleich Darbietungen im Internet erfasst.[347] Da Bild- oder Tonaufnahmen angesichts der hinreichenden Perpetuierung ihrer Inhalte bereits von §§ 184–184c StGB erfasst werden, sind unter den Begriff der Darbietung ausschließlich Live-Übertragungen zu fassen.[348] Abweichend von §§ 184–184c StGB, die im Rahmen der Verbreitung eine körperliche Weitergabe der pornographischen Inhalte verlangen, ist der Verbreitungsbegriff des § 184d StGB weiter gefasst. Hierunter ist jede Art der Übertragung einer pornographischen Darstellung an die Allgemeinheit zu verstehen. Nicht erfasst sind somit Darbietungen, die sich lediglich an einzelne Personen richten. Ist indessen eine überindividuelle Verbreitung der pornographischen Inhalte bezweckt, ist der Tatbestand des § 184d S. 1 StGB bereits mit dem Zugänglichmachen der Darbietung erfüllt.[349] Von dieser Strafbarkeit ausgenommen sind jedoch pornographische Inhalte nach § 184 Abs. 1 StGB, soweit diese über Medien- oder Teledienste verbreitet werden und durch technische oder sonstige Vorkehrungen sichergestellt ist, dass die pornographische Darbietung Personen unter achtzehn Jahren nicht zugänglich ist (§ 184d S. 2 StGB). Einen Tatbestandsausschluss nimmt § 184d S. 2 StGB nur für die Verbreitung sog. weicher Pornographie i.S.v. § 184 Abs. 1 StGB vor. Weitere Einschränkungen bestehen im Hinblick auf den Verbreitungsweg, der den Rundfunk bewusst aus dem Anwendungsbereich der Regelung ausnimmt. Zugleich sind effektive Verifikationsmaßnahmen zur Erkennung von Personen unter achtzehn Jahren zu treffen, denen die – im Übrigen rechtlich zulässigen – pornographischen Inhalte nicht zugänglich sein dürfen. Im Umkehrschluss besteht demnach ein absolutes Verbreitungsverbot für harte Pornographie i.S.v. §§ 184a–184c StGB sowie für weiche Pornographie nach § 184 Abs. 1 StGB, soweit sie auf dem Wege des Rundfunks verbreitet wird.[350]

8.3.3 Möglicher Reformbedarf

Auch wenn die bestehenden Tatbestände des materiellen Strafrechts demnach auch **191**
innerhalb sozialer Medien grundsätzlich anwendbar sind, bedürfen die dadurch gewachsenen Kommunikationsstrukturen teilweise einer Anpassung an die Gesetzmäßigkeiten des Internets. Diskutiert wird dabei insbesondere die Einführung einer Strafschärfung bzw. eines eigenständigen Qualifikationstatbestandes für Beleidigungen im Internet. Begründet wird dies mit der besonderen Verwerflichkeit, die angesichts des breiten Rezipientenkreises und der nahezu unbegrenzten Auffindbarkeit

347 Im Rahmen des TMG ist die Differenzierung zwischen Medien- und Telediensten (§ 2 MDStV a.F., § 2 TDG a.F.) aufgegeben und die Rechtsanwendung mit dem einheitlichen Begriff der Telemedien vereinfacht worden (§ 1 Abs. 1 S. 1 TMG).

348 Schönke/Schröder/*Eisele* StGB, § 184d Rn. 4; Lackner/Kühl/*Lackner* § 184d Rn. 3. Wird eine solche Live-Übertragung durch einen Nutzer aufgezeichnet und gespeichert, macht er sich durch diese Besitzverschaffung – soweit es sich um kinder- oder jugendpornographische Inhalte handelt – nach §§ 184b Abs. 4, 184c Abs. 4 StGB strafbar, vgl. dazu Schönke/Schröder/*Eisele* StGB, § 184d Rn. 8.

349 Schönke/Schröder/*Eisele* StGB, § 184d Rn. 5.

350 Kritisch zur Differenzierung zwischen Rundfunk und Medien- oder Telediensten im Hinblick auf die Zulässigkeit der Verbreitung weicher Pornographie Schönke/Schröder/*Eisele* StGB, § 184d Rn. 6.

über den Online-Weg erreicht wird.[351] Die Pläne zur Einführung eines Straftatbestands der Datenhehlerei sind nunmehr in Gestalt des § 202d StGB verwirklicht worden.[352] Wer Daten (§ 202a Abs. 2), die nicht allgemein zugänglich sind und die ein anderer durch eine rechtswidrige Tat erlangt hat, sich oder einem anderen in eigen- oder fremdnütziger Bereicherungs- oder Schädigungsabsicht verschafft, einem anderen überlässt, verbreitet oder sonst zugänglich macht, wird demnach mit Freiheitsstrafe bis zu drei Jahren oder mit Geldstrafe bestraft.[353]

8.4 Prozessuale Eingriffsbefugnisse

192 Grundsätzlich gelten die strafprozessualen Eingriffsbefugnisse der StPO innerhalb sozialer Medien in gleicher Weise wie unter nicht-digitalen Umständen. Probleme ergeben sich allerdings dann, wenn durch das Internet neuartige Ermittlungsmöglichkeiten eröffnet werden, die von den bestehenden gesetzlichen Grundlagen nicht gedeckt sind. Schwierigkeiten bereitet etwa die Fahndung nach Personen mit Hilfe sozialer Netzwerke. Die insoweit einschlägigen Vorschriften der §§ 131 ff. StPO sehen eine derartige Fahndungsmaßnahme nicht vor. Zwar erlaubt Nr. 3.2. der Anlage B der Richtlinien für das Strafverfahren und das Bußgeldverfahren (RiStBV) die Platzierung von Fahndungsaufrufen auf speziellen Internetseiten. Die Einschaltung privater Anbieter soll dabei jedoch grundsätzlich unterbleiben. Die Nutzung sozialer Medien zur Öffentlichkeitsfahndung ist daher nach geltender Rechtslage nicht vorgesehen. In der polizeilichen Praxis wird von der bislang nur ausnahmsweise zulässigen Einbindung privater Social Media-Anbieter indessen bereits Gebrauch gemacht.[354] Hieraus ergeben sich nicht nur Fragen der strafprozessualen Legitimation. Vielmehr resultieren aus dieser Fahndungspraxis auch datenschutzrechtliche Probleme. Zwar stellt jede Veröffentlichung von Abbildungen des Beschuldigten bereits für sich gesehen ein erhebliches datenschutzrechtliches Risiko dar, weil im Internet bereitgehaltene Inhalte stets gespeichert, vervielfältigt und damit dauerhaft auffindbar gemacht werden können. Im Rahmen sozialer Medien werden diese Risiken angesichts der auf weitreichenden Datenaustausch angelegten Zwecksetzung indes auf ein Maximum gesteigert. Gerade vor dem Hintergrund der erheblichen Konsequenzen, die sich hieraus bis in ferne Zukunft für einen Beschuldigten ergeben können, erscheint eine explizite gesetzliche Ausgestaltung von Fahndungsmaßnahmen über Social Media dringend geboten.[355] Klarstellungs- bzw. Änderungsbedarf besteht darüber hinaus auch im Hinblick auf die Zulässigkeit weiterer Ermittlungsmaßnahmen, die in Bezug auf soziale Medien häufig an ihre Auslegungs- und Anwendungsgrenzen stoßen.[356]

---

351 Hornung/Müller-Terpitz/*Esser* 7. Kap. Rn. 70 ff., der allerdings auch auf die Gefahr einer „Überkriminalisierung“ hinweist, welche der ultima-ratio-Funktion des Strafrechts sowie der grundrechtlich geschützten Meinungsfreiheit zuwiderliefe.

352 Kritisch hierzu *Stuckenberg* ZIS 2016, 526 ff.

353 Ein entsprechender Gesetzesentwurf des Bundesrates ist im Juli 2013 bereits in den Bundestag eingebracht worden, vgl. BT-Drucks. 17/14362, abrufbar unter http://dipbt.bundestag.de/doc/btd/17/143/1714362.pdf.

354 Vgl. etwa das *Facebook*-Profil der Polizei Hannover unter https://de-de.facebook.com/PolizeiHannover.

355 Hornung/Müller-Terpitz/*Esser* 7. Kap. Rn. 373.

356 So etwa im Fall einer verdeckten Online-Durchsuchung oder der Beschlagnahme von Inhalten im Rahmen eines Facebook-Profils, vgl. dazu Hornung/Müller-Terpitz/*Esser* 7. Kap. Rn. 315 unter Verweis auf *AG Reutlingen* DRiZ 2012, 171.

9. Haftungsrecht

Ihre strukturelle Prägung erhalten soziale Medien durch die Dreiecksbeziehung zwischen dem Diensteanbieter und dem einzelnen Nutzer, der wiederum mit einer Vielzahl weiterer Nutzer vernetzt ist.[357] Aus diesem Beziehungsgeflecht resultieren eine Reihe haftungsrechtlicher Problemkreise. Neben der Verantwortlichkeit der Nutzer für eigene und fremde Handlungen kommt auch eine Haftung der Social Media-Betreiber in Betracht.[358] Diese können sowohl für eigene Pflichtverletzungen als auch für Handlungen der Nutzer im Rahmen der Störerhaftung verantwortlich sein.[359] 193

9.1 Verantwortlichkeit der Nutzer

9.1.1 Haftung für eigene Inhalte

Im Verhältnis der Nutzer untereinander sind häufig Kommunikationsdelikte verwirklicht. Die Beleidigung, Diffamierung, Anprangerung oder Belästigung anderer Nutzer mit Hilfe elektronischer Kommunikationsmittel wird dabei unter den englischsprachigen Begriff des sog. Cyberbullying gefasst. Als mögliche Haftungsgrundlagen kommen hier die Verletzung des allgemeinen Persönlichkeitsrechts (§§ 823, 1004 Abs. 1 BGB analog, Art. 2 Abs. 1 i.V.m. Art. 1 Abs. 1 GG), die Behauptung oder Verbreitung kreditgefährdender oder sonst nachteiliger unwahrer Tatsachen (§ 824 BGB) oder auch die Verwirklichung der strafrechtlichen Beleidigungstatbestände (§§ 185 StGB) in Betracht. Werden ferner auch Abbildungen des Betroffenen ohne dessen Einwilligung verbreitet, ist zudem das Recht am eigenen Bild (§§ 22, 23 KUG) als besondere Ausprägung des allgemeinen Persönlichkeitsrechts betroffen.[360] Der Nutzer, von dem derartige Eingriffe ausgehen, kann insofern Unterlassungs- und/oder Schadensersatzansprüchen sowie einer strafrechtlichen Verfolgung ausgesetzt sein. 194

Möglich ist auch die Verletzung von Immaterialgüterrechten innerhalb sozialer Medien. Allerdings kommt dies nur dann in Betracht, sofern der Nutzer im geschäftlichen Verkehr handelt (§§ 14 Abs. 2, 4, 15 Abs. 2, 3 MarkenG). Denkbar ist dies insbesondere im Falle gewerblich genutzter Profile oder im Rahmen sog. Fanpages, die einen kommerziellen Zweck verfolgen.[361] 195

Möglich ist darüber hinaus eine Verantwortlichkeit als Teilnehmer an bestimmten Delikten, die sich als Folge des sorgfaltswidrigen Umgangs mit Privatsphäreneinstellungen innerhalb eines sozialen Mediums darstellen. In Betracht kommen dabei insbesondere die sog. *Facebook*-Parties, welche anstelle einer privaten Feier zu einem nahezu unkontrollierbaren Massenevent ausarten, weil der betroffene Nutzer die über das soziale Netzwerk verschickte Einladung versehentlich einem unbeschränkten Nutzerkreis eröffnet hat.[362] Unter Umständen kann der Nutzer hier für Schäden in Anspruch genommen werden, die durch die ungeladenen Gäste – etwa auf Nachbargrundstücken – entstanden sind. Fraglich ist indes, ob derartige Geschehensabläufe für den einladenden Nutzer vorhersehbar sind. Nur dann könnte ihn nämlich eine Verkehrspflicht zur besonders sorgsamen Kontrolle seiner Profileinstellungen tref- 196

357 Hornung/Müller-Terpitz/*Spindler* 5. Kap. Rn. 1.
358 Vgl. hierzu im Hinblick auf soziale Netzwerke ausführlich Hoeren/Bensinger/*Trinkl/Piltz* Kap. 13.
359 Vgl. in Hoeren/Bensinger/*Schwartmann/Polzin* Kap. 6 Rn. 25 ff.
360 Hornung/Müller-Terpitz/*Spindler* 5. Kap. Rn. 5.
361 Hornung/Müller-Terpitz/*Spindler* 5. Kap. Rn. 13.
362 Zur diesbezüglichen strafrechtlichen Verantwortlichkeit vgl. oben Rn. 201.

fen.[363] Angesichts der zurückliegenden intensiven medialen Berichterstattung kann eine Verantwortlichkeit des Betroffenen bei Unterlassen der entsprechenden Vorkehrungen durchaus angenommen werden. Ohne Zweifel ist eine Schadensersatzhaftung allerdings dann gegeben, wenn ein Nutzer eine große Personenzahl vorsätzlich zu einer Demonstration oder einem ähnlichen Event aufruft.[364]

9.1.2 Haftung für fremde Inhalte

197 Für fremde rechtsverletzende Inhalte, die im Rahmen seines Profils auffindbar sind, ist der einzelne Nutzer nicht per se verantwortlich. Da er sowohl eigene als auch fremde Telemedien zur Nutzung bereithält, ist er ebenso wie der Betreiber des sozialen Mediums als Diensteanbieter i.S.d. § 2 Nr. 1 TMG zu qualifizieren. Dementsprechend kann auch dem einzelnen Nutzer die Haftungsprivilegierung des § 10 TMG zugute kommen. Dies gilt allerdings nur solange, wie der Nutzer von den rechtsverletzenden fremden Kommentaren seiner Kontaktpersonen innerhalb seines Profils noch keine Kenntnis genommen hat.[365] Sobald er die betreffenden Inhalte gelesen hat, sind ihm jedenfalls diejenigen Tatsachen oder Umstände bekannt, aus denen die rechtswidrige Handlung oder Information offensichtlich wird (§ 10 Nr. 1 TMG). Um eine Haftung zu umgehen, muss der Nutzer sodann unverzüglich tätig werden, um die Information zu entfernen oder den Zugang zu ihr zu sperren (§ 10 Nr. 2 TMG).[366]

198 Soweit der Nutzer fremde Inhalte übernimmt, weiterverbreitet, verändert oder mit eigenen Inhalten verbindet, kann er von der Haftungsprivilegierung des § 10 TMG von vornherein nicht profitieren, da in diesen Fällen entweder von einem Zu-Eigen-Machen des fremden Inhalts oder der Schaffung eines neuen eigenen Inhalts auszugehen ist.[367]

199 Ebenso wenig kommen dem Nutzer die Haftungsprivilegierungen der §§ 8–10 TMG[368] zugute, sofern er als Störer in Anspruch genommen wird.[369] Dies ergibt sich bereits aus § 7 Abs. 2 TMG. Demnach bleiben Verpflichtungen zur Entfernung oder Sperrung der Nutzung von Informationen nach den allgemeinen Gesetzen auch im Falle der Nichtverantwortlichkeit des Diensteanbieters nach den §§ 8–10 TMG unberührt. Zwar verhält sich die Verantwortlichkeit als Störer akzessorisch zu den möglichen haftungsrelevanten Delikten der Nutzer. Jedoch geht die Störerhaftung weit über den Umfang

---

363 Hornung/Müller-Terpitz/*Spindler* 5. Kap. Rn. 15.

364 Hornung/Müller-Terpitz/*Spindler* 5. Kap. Rn. 16.

365 Hornung/Müller-Terpitz/*Spindler* 5. Kap. Rn. 41.

366 Vgl. Hoeren/Bensinger/*Schwartmann/Polzin* Kap. 6 Rn. 19.

367 Hornung/Müller-Terpitz/*Spindler* 5. Kap. Rn. 42 f.; Hoeren/Bensinger/*Schwartmann/Polzin* Kap. 6 Rn. 15.

368 Durch das Zweite Gesetz zur Änderung des Telemediengesetzes v. 21.6.2016 (BGBl I 2016, 1766 ff.) ist die Haftungsprivilegierung § 8 TMG auf die Betreiber öffentlicher WLAN-Netze erstreckt worden. Eine Haftung auf Schadensersatz ist somit ausgeschlossen. Unterlassungsansprüche sowie der Ersatz von Abmahnkosten blieben dagegen möglich, sofern der Anbieter vor Zugang der Abmahnung keine angemessenen Sicherungsmaßnahmen (z.B. Passwortverschlüsselung i.V.m. Identitätsnachweis). Vgl. hierzu *EuGH* EuZW 2016, 821 – McFadden). Durch das Dritte Gesetz zur Änderung des TMG vom 28.9.2017, in Kraft getreten am 13.10.2017 (BGBl I 2017 Nr. 67 S. 3530) ist eine Haftung von Betreibern öffentlicher WLAN-Netze im Rahmen von Schadensersatz, Unterlassungs- und Beteiligungsansprüchen nunmehr ausgeschlossen, vgl. § 8 Abs. 1 S. 2 TMG n.F. Rechtsinhaber sind auf die Geltendmachung eines Sperranspruchs nach § 7 Abs. 4 S. 1 TMG n.F. beschränkt.

369 Vgl. Hoeren/Bensinger/*Schwartmann/Polzin* Kap. 6 Rn. 30 ff.

der Teilnehmerhaftung im Sinne des § 830 BGB hinaus.[370] Als Störer kann nämlich jeder haften, der in irgendeiner Weise willentlich und adäquat-kausal an der Herbeiführung einer rechtswidrigen Beeinträchtigung mitgewirkt hat. Dabei ist ohne Belang, ob den Störer ein Verschulden trifft oder ob er sonst nach der Art seines Tatbeitrags als Täter oder Gehilfe anzusehen wäre.[371] Um die Haftung des Störers nicht grenzenlos auszuweiten, wird dessen Verantwortlichkeit durch die Kriterien der Möglichkeit und Zumutbarkeit der Erfolgsverhinderung begrenzt.[372] Die Möglichkeit zur Beseitigung einer Beeinträchtigung kann sich daraus ergeben, dass der Betroffene zur Beherrschung der Störungsquelle in der Lage ist oder auf jemanden Einfluss nehmen kann, der die Beendigung der Beeinträchtigung herbeizuführen vermag. Ist dies der Fall, ist für die Störerhaftung von maßgeblicher Bedeutung, ob dem Betroffenen eine Verletzung zumutbarer Prüfungspflichten zur Last fällt.[373] Da der Nutzer von fremden, möglicherweise rechtsverletzenden Inhalten im Rahmen seines Profils regelmäßig genaue Kenntnis hat, treffen ihn insoweit wesentlich höhere Prüfungspflichten als den Anbieter des sozialen Mediums, der mit einer nahezu unüberschaubaren Anzahl fremder Inhalte konfrontiert ist. Allerdings ist der Nutzer einer Störerhaftung nur dann ausgesetzt, wenn er zur Entfernung von Inhalten nach den technischen Gegebenheiten des Social Media-Anbieters überhaupt in der Lage ist.[374] Andernfalls fehlt es ihm an der Möglichkeit zur Beseitigung der Beeinträchtigung. Zwar könnte er den Anbieter hinzuziehen und diesen zur Löschung der rechtsverletzenden Inhalte auffordern. Allerdings dürfte dies keine Möglichkeit der Einflussnahme darstellen, die der tatsächlichen Beherrschung einer Störungsquelle im o.g. Sinne gleichkommt. Ob und inwieweit die Rechtsfigur der Störhaftung im Zuge des Dritten Änderungsgesetzes zum Telemediengesetz[375] Bestand haben wird bleibt abzuwarten.

9.1.3 Minderjährige

Neben den Privilegierungen des TMG sieht das BGB zusätzliche Haftungserleichterungen zugunsten minderjähriger Nutzer vor. Gem. § 828 Abs. 1 BGB besteht keine Verantwortlichkeit für die Zufügung von Schäden, sofern der Nutzer nicht das siebente Lebensjahr vollendet hat. Bis zur Vollendung des 18. Lebensjahres wird die Verantwortlichkeit des minderjährigen Nutzers sodann widerleglich vermutet, sofern ihm bei Begehung der schädigenden Handlung nicht die zur Erkenntnis der Verantwortlichkeit erforderliche Einsicht fehlte (§ 828 Abs. 3 BGB). **200**

Anstelle des Minderjährigen oder unter den Voraussetzungen des § 828 Abs. 3 BGB neben dessen Haftung tritt unter Umständen die Verantwortlichkeit der Aufsichtspersonen. Gemäß § 832 Abs. 1 S. 1 BGB sind diese zum Ersatz des Schadens verpflichtet, den der Minderjährige einem Dritten widerrechtlich zufügt. Eine Verantwortlichkeit besteht nur dann nicht, wenn der Aufsichtspflicht genüge getan oder der Schaden **201**

370 Hornung/Müller-Terpitz/*Spindler* 5. Kap. Rn. 45.

371 Vgl. etwa *BGH* NJW 2013, 2348, 2350 – Autocomplete-Funktion. Von diesem Störerbegriff des VI. Senats weicht allerdings derjenige des I. Senats ab vgl. dazu *Härting* CR 2013, 443.

372 *BGH* NJW 2013, 2348, 2350 – Autocomplete-Funktion; Hoeren/Bensinger/*Schwartmann/Polzin* Kap. 6 Rn. 32 m.w.N.

373 Vgl. etwa *BGH* NJW 1997, 2180, 2181 f. – Architektenwettbewerb; *BGHZ* 148, 13, 17 f. – ambiente.de; *BGHZ* 158, 236, 251 – Internetversteigerung I; siehe auch Hoeren/Bensinger/*Schwartmann/Polzin* Kap. 6 Rn. 39 m.w.N.

374 Hornung/Müller-Terpitz/*Spindler* 5. Kap. Rn. 54 f.

375 Vgl. Rn. 199.

auch bei gehöriger Aufsichtsführung entstanden sein würde (§ 832 Abs. 1 S. 2 BGB). Indes dürfen an die Überwachungspflichten der Eltern keine allzu hohen Anforderungen gestellt werden. Eine Verpflichtung, die Nutzung des Internets durch das Kind zu überwachen, dessen Computer zu überprüfen oder dem Kind den Zugang zum Internet ganz oder teilweise zu versperren, besteht grundsätzlich nicht. Generell genügt daher die Belehrung über rechtswidrige und somit zu unterlassende Verhaltensweisen. Eingehende Kontrollen sind nur erforderlich, soweit tatsächliche Anhaltspunkte für eine Missachtung der aufgestellten Verbote bestehen.[376] Ein generelles Verbot zur Nutzung sozialer Medien durch Minderjährige ist weder verhältnismäßig noch trägt es den heutigen Gegebenheiten sowie den Kommunikationsweisen junger Menschen angemessen Rechnung.[377]

9.2 Verantwortlichkeit der Anbieter

9.2.1 Haftung für Datensicherheit

202 Zuallererst sind die Social Media-Anbieter für die Sicherung der Daten, die innerhalb des sozialen Mediums verbreitet und gespeichert werden, verantwortlich. Zwar handelt es sich dabei lediglich um eine vertragliche Nebenpflicht. Aufgrund ihrer herausragenden Bedeutung stellt die Einhaltung der Datensicherheit jedoch eine Kardinalpflicht dar, die im Rahmen Allgemeiner Geschäftsbedingungen unter keinen Umständen abbedungen werden kann. Neben dem Verstoß gegen vertragliche Pflichten kommen auch Verletzungen des Urheber- oder des Datenschutzrechts sowie des Rechts am eigenen Bild in Betracht. Werden etwa Abbildungen oder sonstige urheberrechtlich geschützte Werke ohne Erlaubnis des Rechteinhabers verwendet oder Dritten zugänglich gemacht, ist der Anbieter für die Verletzung der ihm obliegenden Sicherungspflichten verantwortlich.[378] Gleiches gilt, soweit personenbezogene Daten entgegen den Vorschriften des BDSG erhoben, verarbeitet oder genutzt werden. Insoweit stellt § 9 BDSG sowohl für öffentliche als auch nichtöffentliche Stellen die Verpflichtung auf, technische und organisatorische Maßnahmen zu treffen, die erforderlich sind, um die Ausführung der Vorschriften des BDSG zu gewährleisten. Handelt es sich dagegen um nicht-personenbezogene Daten, ist der sorgfaltswidrige Umgang mit diesen Angaben nur dann haftungsrechtlich relevant, wenn rechtlich geschützte Geheimnisse betroffen oder Daten verloren gehen, verändert oder zerstört werden.[379] Das bloße Ausspähen nicht-personenbezogener Daten, die nicht der rechtlich geschützten Geheimnissphäre unterliegen, löst indes keine haftungsrechtliche Verantwortlichkeit aus, weil die Daten in ihrer inhaltlichen Ausrichtung nicht verletzt und damit der Mitbesitz des Nutzers daran nicht gestört wird.[380]

9.2.2 Haftung für eigene und fremde Anwendungen

203 Stellt der Anbieter eigene Software-Anwendungen bereit, ist er für dadurch verursachte Schäden nach den allgemeinen Haftungsregeln verantwortlich. Integriert er etwa eine Suchfunktion in sein Social Media-Angebot, haftet er für die dadurch ent-

376 *BGH* NJW 2013, 1441, 1442 – Morpheus.

377 Hornung/Müller-Terpitz/*Spindler* 5. Kap. Rn. 61.

378 Hornung/Müller-Terpitz/*Spindler* 5. Kap. Rn. 17 f.

379 Zur Obliegenheit des Nutzers zur eigenständigen Datenspeicherung (Backup) und einem etwaigen Mitverschulden im Falle der Nichtvornahme Hornung/Müller-Terpitz/*Spindler* 5. Kap. Rn. 21.

380 Hornung/Müller-Terpitz/*Spindler* 5. Kap. Rn. 19.

standenen Rechtsverletzungen wie alle sonstigen Suchmaschinenanbieter.[381] Stellt der Anbieter dagegen fremde Software bereit und weist diese auch ausdrücklich als solche aus, bestehen wesentlich geringere Sicherungs- und Kontrollanforderungen. Im Gegensatz zu den eigenen Diensten ist der Anbieter hier nicht nach den strengen Grundsätzen der deliktischen Produkthaftung verantwortlich.[382]

9.2.3 Haftung für Inhalte der Nutzer

Für rechtsverletzende Inhalte der Nutzer haftet der Anbieter eines sozialen Mediums **204** regelmäßig nicht auf Schadensersatz. Aufgrund der fremden Informationen, die für die Nutzer gespeichert werden, kommt ihm insoweit die Haftungsprivilegierung des § 10 TMG zugute.[383] Zwar könnte das Kriterium der Fremdheit unter dem Gesichtspunkt des Zu-Eigen-Machens der Nutzerinhalte verneint werden. Hierfür könnten etwa die teils weitreichenden Rechteeinräumungen sprechen, die die Social Media-Anbieter von den Nutzern im Vorfeld der Registrierung verlangen.[384] Allerdings ist nach europäischem Verständnis, welches bei der Auslegung des auf Art. 14 der Richtlinie 2000/31/EG (E-Commerce-RiLi) beruhenden § 10 TMG zu berücksichtigen ist, maßgeblich auf die Position des Diensteanbieters abzustellen. Hat dieser nicht lediglich eine neutrale, sondern eine aktive Rolle inne, die ihm Kenntnis und Kontrolle über rechtsverletzende Inhalte der Nutzer verschafft, kommt ihm die Haftungsprivilegierung des § 10 TMG nicht zugute.[385] Derartige Kenntnisnahme- und Kontrollmöglichkeiten sollen jedenfalls dann gegeben sein, wenn die fremden Inhalte durch den Anbieter optimiert oder beworben werden.[386] Den Anbietern sozialer Medien wird eine aktive Stellung in dem beschriebenen Sinne indes regelmäßig nicht zuzuschreiben sein. Zwar stellen sie den Nutzern bestimmte Dienste und Anwendungen zur Verfügung. Allerdings fehlt es angesichts der nahezu unüberschaubaren Anzahl von Nutzerbeiträgen an der realen Möglichkeit zur aktiven Kenntnisnahme, Einwirkung und Mitgestaltung der Inhalte.[387]

Ungeachtet etwaiger Haftungsprivilegierungen können Social Media-Anbieter im **205** Rahmen der Störerhaftung herangezogen werden. Allerdings ist der Diensteanbieter nicht von vornherein zur Prüfung sämtlicher Angebote auf etwaige Rechtsverletzungen verpflichtet.[388] Etwas anderes gilt nur dann, wenn es sich um besonders schutzwürdige Bereiche, wie etwa Kinderpornographie, handelt.[389] Eine Störerhaftung kommt folglich erst dann in Betracht, wenn der Anbieter von einer konkreten Rechtsverletzung Kenntnis erlangt hat.[390] Welche Prüfungspflichten ihm von diesem Zeitpunkt an

---

381 Vgl. für den Fall persönlichkeitsrechtsverletzender Suchwortergänzungsvorschläge *BGH* NJW 2013, 2348 – Autocomplete-Funktion; vgl. zur datenschutzrechtlichen Verantwortlichkeit der Suchmaschinenbetreiber unten Rn. 272.

382 Hornung/Müller-Terpitz/*Spindler* 5. Kap. Rn. 23 f.

383 Vgl. dazu Hoeren/Bensinger/*Schwartmann/Polzin* 6. Kap. Rn. 6 ff.; *Schwartmann/Keber* Internetauftritt, 2012, S. 64 ff.

384 Zu den weiteren Kriterien, die im Rahmen einer Gesamtabwägung für ein Zu-Eigen-Machen fremder Inhalte sprechen *BGH* MMR 2010, 556, 557 f. – marions-kochbuch.de.

385 Vgl. Hoeren/Bensinger/*Schwartmann/Polzin* Kap. 6 Rn. 14 ff. m.w.N.

386 Vgl. dazu *EuGH* MMR 2011, 596, 603 – LÓréal ./. eBay.

387 Hornung/Müller-Terpitz/*Spindler* 5. Kap. Rn. 35 ff.

388 Zum Nichtbestehen einer Verpflichtung zur Einrichtung eines Filtersystems für soziale Netzwerke zum Schutz geistigen Eigentums vgl. *EuGH* K&R 2012, 269 – SABAM ./. Netlog; s. auch Hoeren/Bensinger/*Schwartmann/Polzin* Praxishandbuch Haftung im Internet, 2014, Kap. 6 Rn. 40.

389 *BGH* NJW 2013, 2348, 2350 – Autocomplete-Funktion.

390 *BGHZ* 194, 339, 348 – Alone in the Dark.

zumutbar sind, kann abstrakt kaum bestimmt werden und ist somit grundsätzlich von der Komplexität des mutmaßlichen Rechtsverstoßes abhängig. Während eine Rechtsverletzung im Falle der Missachtung von Urheber- oder Markenrechten verhältnismäßig einfach festzustellen ist, setzt die Feststellung einer Rechtsverletzung im Bereich des Persönlichkeitsrechts eine Interessenabwägung voraus. Hier muss der Social Media-Anbieter nach Kenntnisnahme von der etwaigen Beeinträchtigung den mutmaßlichen Verletzer zur Stellungnahme auffordern. Leugnet dieser den behaupteten Verstoß, muss wiederum dem mutmaßlich Verletzten Gelegenheit zur Erwiderung gegeben werden. Auf Basis dieser Eingebungen ist sodann zu entscheiden, ob der Anbieter die streitigen Inhalte entfernen oder innerhalb seines Angebots belassen will.[391] Ob hiervon nicht nur der konkrete Rechtsverstoß, sondern auch ähnliche, gleichartige Inhalte erfasst sind, hängt davon ab, wie offensichtlich der kerngleiche Verletzungsgehalt zu Tage tritt.[392] Allerdings sind die Betreiber sozialer Netzwerke durch das am 1.10.2017 in Kraft getretene NetzDG von Gesetzes wegen zu einer zügigeren Prüfung rechtsverletzender Inhalte verpflichtet. Im NetzDG finden sich nunmehr konkrete zeitliche und organisatorische Vorgaben zum Umgang mit Beschwerden über rechtswidrige Inhalte. Handelt es sich um offensichtlich rechtswidrige Inhalte, die besonders schwerwiegende Straftatbestände erfüllen, regelt das NetzDG, dass die Betreiber sozialer Medien zur Löschung der Inhalte innerhalb von 24 Stunden nach Beschwerdeeingang verpflichtet sind. Für sonstige rechtswidrige Inhalte ist in der Regel eine siebentägige Frist zur Entfernung oder Sperrung vorgesehen. Durch das Gesetz soll der zunehmenden Verbreitung von Hasskriminalität und anderen strafbaren Inhalten in sozialen Netzwerken entgegen gewirkt werden.[393]

IV. Social Media im Unternehmen

1. Verpflichtung der Arbeitnehmer zur Nutzung von sozialen Medien

206 Ob die Nutzung sozialer Medien im Rahmen des Arbeitsverhältnisses verpflichtend angeordnet werden kann, hängt maßgeblich von der Zwecksetzung der jeweiligen Plattform ab. Handelt es sich um ein ausschließlich freizeitorientiertes Medium, umfasst das Direktionsrecht des Arbeitgebers keine derartige Anordnungsbefugnis. Die zulässige Statuierung einer Mitwirkungspflicht kann indessen dann in Betracht kommen, wenn die Mitwirkung im Rahmen einer beruflich orientierten Plattform[394] in Rede steht.[395] Eine derartige Verpflichtung setzt allerdings zusätzlich voraus, dass gerade der konkrete Aufgabenbereich des Arbeitnehmers die Teilnahme an dem sozialen Medium erforderlich macht oder jedenfalls nahelegt. Möglich ist dies im Rahmen von Tätigkeitsfeldern mit Kundenbezug, etwa im Bereich der Öffentlichkeitsarbeit oder Human Resources.[396]

---

391 Hornung/Müller-Terpitz/*Spindler* 5. Kap. Rn. 49.

392 Hornung/Müller-Terpitz/*Spindler* 5. Kap. Rn. 50.

393 Vgl. hierzu oben Rn. 116 sowie 1. Kap. Rn. 19.

394 So etwa bei *XING* oder *LinkedIn*.

395 *Schwartmann/Keber/Silberkuhl* Social Media im Unternehmen – Grundlagen, rechtliche Aspekte, Praxishilfen, 2014, III. Kap. S. 60.

396 *Schwartmann/Keber/Silberkuhl* Social Media im Unternehmen – Grundlagen, rechtliche Aspekte, Praxishilfen, 2014, III. Kap. S. 60; *Keber* RDV 2014, 1, 7; *Däubler* DuD 2013, 759, 761.

Weitere Einschränkungen bestehen, sofern das Social Media-Profil ein Lichtbild des Arbeitnehmers enthalten soll. Gem. § 22 S. 1 des Kunsturhebergesetzes (KUG) darf dies nur mit Einwilligung des Betroffenen geschehen.[397] Eine einmal erteilte Einwilligung kann grundsätzlich mit Wirkung für die Zukunft widerrufen werden, soweit das Abgebildet-Werden nicht ausnahmsweise eine arbeitsvertragliche Hauptpflicht darstellt.[398] 207

2. Private Nutzung sozialer Medien am Arbeitsplatz

2.1 Bedeutung

Steht dem Arbeitnehmer an seinem Arbeitsplatz ein Computer mit Internetzugang zur Verfügung, ist hiervon prinzipiell nur die Erlaubnis zur dienstlichen oder dienstlich-veranlassten Nutzung umfasst.[399] Angesichts der hohen Geschwindigkeit mit der die Kommunikation innerhalb sozialer Medien teils in Echtzeit stattfindet, ist allerdings die zunehmende Tendenz einer betriebsfremden Privatnutzung der Arbeitsmittel zu beobachten. Hieraus folgt die Verminderung effektiver Arbeitszeit und -leistung, die vom Arbeitgeber dennoch vollumfänglich vergütet wird. Andererseits ist fraglich, ob ein umfassendes Verbot privater Internetnutzung gerade im Hinblick auf die große Beliebtheit sozialer Medien, den tatsächlichen Gegebenheiten in hinreichendem Maße Rechnung trägt. 208

2.2 Erlaubnis privater Internetnutzung

Auf die private Nutzung des Internets hat der Arbeitnehmer grundsätzlich keinen Anspruch. Als Inhaber des Internetzugangs steht dem Arbeitgeber die Entscheidungsbefugnis darüber zu, ob und inwieweit den Mitarbeitern die Nutzung der betrieblichen Ressourcen zu privaten Zwecken gestattet sein soll.[400] 209

Erlaubt der Arbeitgeber die private Nutzung von Social Media im Rahmen der Arbeitszeit, kann dies ausdrücklich oder konkludent geschehen. Eine konkludente Erlaubnis kann sich insbesondere durch sog. Betriebliche Übung ergeben. Hierunter wird die regelmäßige Wiederholung bestimmter Verhaltensweisen des Arbeitgebers verstanden, aus denen der Arbeitnehmer schließen kann, dass ihm eine Leistung oder Vergünstigung auf Dauer gewährt werden soll. Eine solche betriebliche Übung tritt indessen nicht ein, wenn der Arbeitgeber von der Privatnutzung sozialer Medien unter Verwendung der betrieblichen Arbeitsmittel keinerlei Kenntnis hat. Andernfalls würde bereits das Unterlassen entsprechender Kontrollmaßnahmen zu einer konkludenten Erlaubnis führen. Darüber hinaus wird teilweise gefordert, eine betriebliche Übung erst dann anzunehmen, wenn der Arbeitgeber die private Nutzung mindestens ein halbes Jahr gekannt und geduldet hat. Aufgrund dieser Voraussetzungen ergeben sich für den Arbeitnehmer allerdings erhebliche Darlegungs- und Beweisprobleme. Der Nachweis, dass der Arbeitgeber die private Nutzung sozialer Medien am Arbeitsplatz über einen längeren Zeitraum hinweg bewusst geduldet hat, dürfte kaum oder jedenfalls unter beachtlichen Schwierigkeiten zu führen sein.[401] 210

---

397 Dazu *Oberwetter* NJW 2011, 417, 419.

398 Denkbar wäre eine derartige arbeitsvertragliche Hauptpflicht etwa bei Fotomodellen oder sonstigen in der Öffentlichkeit stehenden Personen, vgl. zur Zulässigkeit der Abbildung von Arbeitnehmern im Internet *Däubler* DuD 2013, 759, 760.

399 Zur Abgrenzung von dienstlicher, dienstlich-veranlasster und privater Internetnutzung *Hegewald* in Münchener Anwaltshandbuch, 2013, Teil 8 Rn. 9 ff.

400 *Hegewald* in Münchener Anwaltshandbuch, 2013, Teil 8 Rn. 12.

401 *Hegewald* in Münchener Anwaltshandbuch, 2013, Teil 8 Rn. 59 ff.

2.3 Nachträgliches Verbot privater Internetnutzung

211 Hat der Arbeitgeber die Erlaubnis zur privaten Internetnutzung am Arbeitsplatz zunächst erteilt, möchte diese jedoch künftig nicht mehr aufrechterhalten, stellt sich die Frage, wie die vormals abgegebene Erklärung beseitigt werden kann. Ist die Gestattung im Rahmen des Arbeitsvertrages enthalten oder beansprucht der Arbeitnehmer die Privatnutzung aufgrund betrieblicher Übung, muss der Arbeitgeber eine Änderungskündigung aussprechen. Dadurch wird die ursprüngliche Vereinbarung beseitigt und das Beschäftigungsverhältnis unter den geänderten Bedingungen fortgesetzt. Aus Gründen der Vereinfachung ratsam ist es jedoch, der vertraglich vereinbarten Erlaubnis zur Privatnutzung von vornherein einen Widerrufsvorbehalt anzufügen. Die Gestattung wird dann zunächst unbefristet erteilt. Allerdings verbleibt dem Arbeitgeber die Möglichkeit, sich unproblematisch und zeitnah von der gewährten Vergünstigung zu lösen.[402]

212 Ähnlich stellt sich die Rechtslage im Falle einer Betriebsvereinbarung dar.[403] Auch hier besteht gem. § 77 Abs. 5 BetrVG die Möglichkeit einer Kündigung. Sofern keine abweichende Vereinbarung besteht, ist jedoch eine gesetzliche Kündigungsfrist von drei Monaten vorgesehen. Allerdings gelten die entsprechenden Regelungen der Betriebsvereinbarung selbst nach der wirksamen Kündigung fort, bis sie durch eine andere Abmachung ersetzt worden sind (§ 77 Abs. 6 BetrVG). Möglich und empfehlenswert ist es insoweit, den Ausschluss dieser gesetzlich angeordneten Nachwirkung von vornherein in der Betriebsvereinbarung festzulegen.[404]

3. Festlegung des Nutzungsumfangs

213 Unabhängig davon, ob der betriebliche Internetzugang ausschließlich zur dienstlichen oder auch zur privaten Verwendung freigegeben ist, empfiehlt sich in jedem Falle eine ausdrückliche Regelung über den erlaubten Nutzungsumfang. Die Befolgung und Akzeptanz derartiger betrieblicher Vorgaben kann nur dann erreicht werden, wenn der Rahmen zulässiger Verhaltensweisen hinreichend klar und deutlich kommuniziert wird. Festlegungen dieser Art können insbesondere im Rahmen eines Aushangs, einer Rundmail oder einer Betriebsvereinbarung, aber auch innerhalb des Arbeitsvertrages getroffen werden. Gerade im Hinblick auf die private Nutzung sozialer Medien am Arbeitsplatz bietet sich die Aufnahme einer Regelung zum Nutzungsumfang in sog. Social Media Guidelines an.[405]

4. Mitbestimmungsrecht des Betriebsrats

214 Sofern die Internetnutzung zu privaten Zwecken am Arbeitsplatz erlaubt werden soll, ist stets zu beachten, dass dadurch Fragen der Ordnung des Betriebs und des Verhaltens der Arbeitnehmer im Betrieb betroffen sind. Hieraus ergibt sich gem. § 87 Abs. 1 Nr. 1 BetrVG ein zwingendes Mitbestimmungsrecht des Betriebsrats.[406] Gestattet der Arbeitgeber dagegen ausschließlich die dienstliche Internetnutzung,

402 *Hegewald* in Münchener Anwaltshandbuch, 2013, Teil 8 Rn. 66 und 68 f. mit entsprechendem Formulierungsvorschlag.

403 Dabei handelt es sich um einen Vertrag zwischen Arbeitgeber und Betriebsrat, der Rechte und Pflichten für sämtliche Arbeitnehmer begründet.

404 *Hegewald* in Münchener Anwaltshandbuch, 2013, Teil 8 Rn. 64 f.

405 Vgl. dazu unten Rn. 245 ff.

406 *Hegewald* in Münchener Anwaltshandbuch, 2013, Teil 8 Rn. 21.

bedarf es keiner Beteiligung des Betriebsrats. Vielmehr genügt in diesen Fällen die einseitige Anordnung des Komplettverbots.[407]

5. Kontrolle durch den Arbeitgeber

Welche Kontrollbefugnisse dem Arbeitgeber im Hinblick auf die Privatnutzung von sozialen Medien am Arbeitsplatz zustehen hängt maßgeblich davon ab, ob die Arbeitnehmer ausschließlich zur dienstlichen oder auch zur privaten Verwendung des Internetzugangs berechtigt sind. 215

5.1 Erlaubnis ausschließlich dienstlicher Internetnutzung

Im Falle ausschließlich dienstlich gestatteter Nutzung ist die Kontrolle des Kommunikationsverhaltens der Arbeitnehmer im Hinblick auf Social Media grundsätzlich in vollem Umfang zulässig. Maßgeblich sind insoweit die Vorschriften des Bundesdatenschutzgesetzes (BDSG). Soweit der private Gebrauch des Internetzugangs untersagt ist, tritt der Arbeitgeber gegenüber den Arbeitnehmern nicht als Anbieter von Telekommunikationsdiensten i.S.d. § 3 Nr. 6 TKG in Erscheinung.[408] Die Subsidiaritätsklausel des § 1 Abs. 3 BDSG findet daher keine Anwendung. 216

Gem. § 4 Abs. 1 BDSG sind die Erhebung, Verarbeitung und Nutzung personenbezogener Daten nur zulässig, soweit eine gesetzliche Vorschrift dies erlaubt oder der Betroffene eingewilligt hat. Ein derartiger gesetzlicher Erlaubnistatbestand ergibt sich im Rahmen des Arbeitnehmerdatenschutzes aus § 32 Abs. 1 S. 1 BDSG. Danach dürfen personenbezogene Daten eines Beschäftigten für Zwecke des Beschäftigungsverhältnisses erhoben, verarbeitet oder genutzt werden, wenn dies für die Entscheidung über die Begründung eines Beschäftigungsverhältnisses oder nach Begründung des Beschäftigungsverhältnisses für dessen Durchführung oder Beendigung erforderlich ist. Zur Durchführung des Beschäftigungsverhältnisses dient nicht nur die Überprüfung der Einhaltung arbeitsvertraglicher Haupt- und Nebenpflichten, sondern jede Wahrnehmung von Rechten, die mit dem Arbeitsverhältnis in Zusammenhang steht. Sofern den Arbeitnehmern die private Nutzung der Arbeitsmittel untersagt ist, stellt die Duldung von Kontrollen zur Befolgung dieses Verbots regelmäßig eine arbeitsvertragliche Nebenpflicht dar, deren Durchsetzung zur Durchführung des Beschäftigungsverhältnisses erforderlich ist.[409] Einer Überprüfung zugänglich sind dabei sowohl die Verbindungs- als auch die Inhaltsdaten. Neben der Art der genutzten Dienste (IP-Adresse), der übertragenen Datenmenge sowie des zeitlichen Umfangs darf der Arbeitgeber folglich auch die konkreten Kommunikationsabläufe wahrnehmen.[410] Die persönlichkeitsrechtlichen Belange des Arbeitnehmers sind insoweit nicht unverhältnismäßig beeinträchtigt, weil ihm innerhalb der Arbeitszeit ohnedies nur die dienstliche Internetnutzung gestattet ist. 217

Einer arbeitnehmerseitigen Einwilligung, die die Erhebung Verarbeitung und Nutzung personenbezogener Daten zur Kontrolle des Nutzungsverhaltens im Internet ebenfalls rechtfertigen könnte, bedarf es nach den vorangegangenen Überlegungen nicht mehr, weil § 32 Abs. 1 S. 1 BDSG insoweit bereits eine vollumfängliche Kontrolle erlaubt. 218

---

407 *Hegewald* in Münchener Anwaltshandbuch, 2013, Teil 8 Rn. 16.
408 *Hegewald* in Münchener Anwaltshandbuch, 2013, Teil 8 Rn. 74.
409 *Hegewald* in Münchener Anwaltshandbuch, 2013, Teil 8 Rn. 78.
410 *Hegewald* in Münchener Anwaltshandbuch, 2013, Teil 8 Rn. 79 f.

5.2 Erlaubnis dienstlicher und privater Internetnutzung

219 Erlaubt der Arbeitgeber neben der dienstlichen auch die private Nutzung des Internets, tritt er den Arbeitnehmern als Diensteanbieter i.S.v. § 3 Nr. 6 TKG gegenüber.[411] Hiermit geht die Verpflichtung zur Wahrung des Fernmeldegeheimnisses einher (§ 88 Abs. 2 S. 1 TKG). Dem Fernmeldegeheimnis unterliegen gem. § 88 Abs. 1 S. 1 TKG der Inhalt der Telekommunikation und ihre näheren Umstände, insbesondere die Tatsache, ob jemand an einem Kommunikationsvorgang beteiligt ist oder war. Den Diensteanbietern ist es folglich untersagt, sich oder anderen über das für die geschäftsmäßige Erbringung der Telekommunikationsdienste (…) erforderliche Maß hinaus Kenntnis vom Inhalt oder den näheren Umständen der Telekommunikation zu verschaffen (§ 88 Abs. 3 S. 1 TKG). Eine Verwendung dieser Kenntnisse für andere als die vorgenannten Zwecke ist nach § 88 Abs. 3 S. 3 TKG nur zulässig, soweit eine gesetzliche Vorschrift dies vorsieht und sich dabei ausdrücklich auf Telekommunikationsvorgänge bezieht.

220 Innerhalb des für die geschäftsmäßige Erbringung erforderlichen Rahmens hält sich die Erhebung und Verwendung personenbezogener Arbeitnehmerdaten im Zusammenhang mit der zumindest auch privaten Internetnutzung folglich nur, soweit es um Verkehrs- oder Bestandsdaten geht, die zum Aufbau bzw. zur Aufrechterhaltung der Telekommunikation oder zur Entgeltabrechung (§ 96 Abs. 1 TKG) oder zum Erkennen, Eingrenzen oder Beseitigen von Störungen oder Fehlern an Telekommunikationsanlagen (§ 100 Abs. 1 TKG) notwendig sind. Außerhalb dieser Zwecksetzung darf der Arbeitgeber als Diensteanbieter gem. § 88 Abs. 3 S. 3 TKG i.V.m. § 100 Abs. 3 S. 1 TKG Bestands- und Verkehrsdaten auch dann erheben und verwenden, wenn tatsächliche Anhaltspunkte für eine rechtswidrige Inanspruchnahme der Telekommunikationsnetze und -dienste bestehen, soweit die entsprechenden Daten zum Aufdecken und Unterbinden dieses Verhaltens erforderlich sind. Als gesetzliche Vorschrift i.S.v. § 88 Abs. 3 S. 3 TKG, die zur Legitimation eines Eingriffs in das Fernmeldegeheimnis geeignet ist, kommt möglicherweise auch § 32 Abs. 1 S. 2 BDSG in Betracht. Zur Aufdeckung von Straftaten dürfen danach personenbezogene Daten erhoben, verarbeitet oder genutzt werden, wenn tatsächliche Anhaltspunkte dafür bestehen, dass der betroffene Arbeitnehmer im Beschäftigungsverhältnis eine Straftat begangen hat und der Datenumgang insbesondere nach Art und Ausmaß im Hinblick auf den Anlass nicht unverhältnismäßig ist. Häufig wird sich das Kontrollbedürfnis des Arbeitgebers indes in der Feststellung betriebsfremder Privatnutzung von Internet- und E-Mail-Anwendungen erschöpfen, ohne dass konkrete Anhaltspunkte im Hinblick auf die Verwirklichung etwaiger Straftatbestände bestehen.[411] Über die erörterten Erlaubnistatbestände hinaus ist der Arbeitgeber zur Wahrung des Fernmeldegeheimnisses verpflichtet, so dass weder Verbindungs- noch Inhaltsdaten einer Kontrolle unterzogen werden dürfen.[412]

221 Ohne Rücksicht auf die beschriebenen Reglementierungen steht es dem Arbeitnehmer indes auch hier frei, den Arbeitgeber durch entsprechende Einwilligung von den Beschränkungen des TKG zu befreien und ihm eine Kontrolle sämtlicher Kommuni-

411 Kilian/Heussen/*Polenz* Teil 13 Rn. 25.

412 Bemerkenswert sind allerdings Tendenzen in der arbeitsgerichtlichen Rechtsprechung, die das Fernmeldegeheimnis dort enden lassen, wo der Arbeitnehmer bestimmte Online-Inhalte zur Kenntnis genommen und auf einem betrieblichen Speichermedium belassen hat. Derartige Inhalte sollen dem Arbeitgeber in den Grenzen des BDSG zu Kontrollzwecken offenstehen, vgl. dazu *LAG Niedersachen* MMR 2010, 639 sowie *LAG Berlin-Brandenburg* BB 2011, 2298.

kationsvorgänge zu ermöglichen. Für die Einwilligung gelten die Vorgaben des § 4a BDSG, weil das TKG insoweit keine spezifischen Regelungen vorhält.[413]

Einen Sonderfall stellt die zeitlich beschränkte Erlaubnis zur privaten Internetnutzung dar. Hat der Arbeitgeber die Privatnutzung ausschließlich innerhalb der Pausenzeiten oder vor Beginn bzw. nach Ablauf der regulären Arbeitszeit gestattet, ist die zulässige Prüfungsdichte unterschiedlich ausgestaltet.[414] Aus § 32 Abs. 1 S. 1 BDSG ergibt sich eine unbeschränkte Kontrollbefugnis des Arbeitgebers im Hinblick auf diejenigen Zeiträume, in denen der Arbeitnehmer ausschließlich zu dienstlichen Internetnutzung befugt ist. In den zur privaten Nutzung freigegebenen Zeitfenstern tritt der Arbeitgeber demgegenüber als Telekommunikationsanbieter i.S.v. § 3 Nr. 6 TKG auf und unterliegt damit den eingeschränkten Kontrollmöglichkeiten, die der Wahrung des Fernmeldegeheimnisses Rechnung tragen. 222

5.3 Rechtsfolgen bei Überschreitung der Kontrollbefugnisse

Unzulässige Kontrollmaßnahmen des Arbeitgebers können verschiedene Rechtsfolgen nach sich ziehen. Die über die rechtlichen Grenzen des BDSG und des TKG hinausgehende Überwachung der Arbeitnehmer im Hinblick auf die Modalitäten der Internetnutzung stellt eine Verletzung des Rechts auf informationelle Selbstbestimmung als Ausprägung des allgemeinen Persönlichkeitsrechts nach Art. 2 Abs. 1 GG i.V.m. Art. 1 Abs. 1 GG dar. Da letzteres zugleich als sonstiges Recht i.S.v. § 823 Abs. 1 S. 1 BGB geschützt ist, steht dem Arbeitnehmer ein Anspruch auf Unterlassung der rechtswidrigen Kontrollen nach § 823 Abs. 1 BGB i.V.m. § 1004 Abs. 1 S. 2 BGB analog zu. Zugleich bestehen Ansprüche aus § 823 Abs. 2 BGB i.V.m. den jeweils einschlägigen Schutzgesetzen des BDSG bzw. des TKG. Des Weiteren kann der betroffene Arbeitnehmer die Löschung der in unzulässiger Weise erlangten Daten verlangen. Ein solcher Anspruch kann sich als lex specialis aus § 35 Abs. 2 Nr. 1 oder 3 BDSG oder allgemein aus § 823 Abs. 1 BGB i.V.m. § 1004 Abs. 1 S. 1 BGB analog ergeben. Nicht in Betracht kommen regelmäßig Ersatzansprüche, die auf die Restitution eines materiellen Schadens gerichtet sind, da die Vermögensposition des Arbeitnehmers durch die Überschreitung der Kontrollbefugnisse nicht verschlechtert wird.[415] 223

Möglicherweise drohen dem Arbeitgeber aufgrund der Verletzung des Fernmeldegeheimnisses auch strafrechtliche Konsequenzen. § 206 StGB schützt insoweit die Verletzung des Post- oder Fernmeldegeheimnisses. § 44 Abs. 1 BDSG i.V.m. § 43 Abs. 2 Nr. 1 BDSG bestraft die vorsätzliche unbefugte Erhebung oder Verarbeitung personenbezogener Daten, die nicht allgemein zugänglich sind. Allerdings fordert § 44 Abs. 1 BDSG als zusätzliches objektives bzw. subjektives Tatbestandsmerkmal ein Handeln gegen Entgelt oder in Bereicherungs- oder Schädigungsabsicht. Sofern keines der genannten Merkmale einschlägig ist, können die rechtswidrigen Kontrollmaßnahmen des Arbeitgebers jedoch als Ordnungswidrigkeit nach § 43 Abs. 2 Nr. 1 BDSG sanktioniert werden.[416] 224

Ferner kann aus der Überschreitung der gesetzlichen Kontrollbefugnisse ein Beweisverwertungsverbot resultieren, das es dem Arbeitgeber verbietet, sich im Rahmen eines arbeits- oder strafrechtlichen Prozesses auf diejenigen Beweismittel zu berufen, 225

413 *Hegewald* in Münchener Anwaltshandbuch, 2013, Teil 8 Rn. 96.
414 Vgl. dazu *Hegewald* in Münchener Anwaltshandbuch, 2013, Teil 8 Rn. 95.
415 Vgl. dazu *Hegewald* in Münchener Anwaltshandbuch, 2013, Teil 8 Rn. 100 ff.
416 Vgl. dazu *Hegewald* in Münchener Anwaltshandbuch, 2013, Teil 8 Rn. 104.

die durch die rechtswidrigen Kontrollen erlangt worden sind. Ein derartiges Beweisverwertungsverbot kommt dem Arbeitnehmer indes nur dann zugute, wenn die Verletzung seines Persönlichkeitsrechts nicht aufgrund überwiegender berechtigter Interessen des Arbeitgebers gerechtfertigt ist.[417] Denkbar wäre ein Überwiegen der Arbeitgeberinteressen etwa dann, wenn der konkrete Verdacht bestünde, dass ein Arbeitnehmer, dem die Privatnutzung des Internets innerhalb der Arbeitszeit grundsätzlich erlaubt ist, unter einem Pseudonym ein Social Media-Profil unterhält und darüber regelmäßig betriebliche Interna verbreitet. Zusätzliche Voraussetzung für die prozessuale Verwertbarkeit des Beweismittels ist allerdings, dass die an sich rechtswidrige Kontrolle als praktisch einzig erfolgversprechende Maßnahme zur Überführung des Arbeitnehmers in Betracht kommt und sich im Rahmen einer Gesamtschau nicht als unverhältnismäßig darstellt.[417]

6. Kritische Äußerungen der Arbeitnehmer über soziale Medien

226 Während im Rahmen der Arbeitszeit auf die Social Media-Nutzung der Arbeitnehmer Einfluss genommen werden kann, stehen dem Arbeitgeber im Hinblick auf deren freizeitliche Beschäftigung mit sozialen Medien keinerlei Kontrollbefugnisse zu. Für Unternehmen bietet die Kommunikation ihrer Mitarbeiter über soziale Medien sowohl Chancen als auch Risiken. So kann die Außenwirkung durch wohlwollende unternehmensbezogene Äußerungen aus dem Kreise der Beschäftigten positiv gesteigert werden. Im Gegensatz zu einem solchen Authentizitätsgewinn kann der Ruf des Arbeitgebers durch kritische Aussagen seiner Mitarbeiter allerdings erheblichen Schaden nehmen. Zwar sind auch solche über Social Media getätigte Äußerungen von der grundrechtlich geschützten Meinungsfreiheit gedeckt.[418] Allerdings ergeben sich aus dem Arbeitsverhältnis für beide Parteien gewisse Loyalitäts- und Rücksichtnahmepflichten nach § 241 Abs. 2 BGB, die gerade auch im Umgang mit sozialen Medien zu beachten sind. Hieraus folgt, dass der Arbeitnehmer arbeitgeberkritische Anschauungen im Rahmen der Meinungsfreiheit zwar kundtun kann, jedoch solche Äußerungen zu unterlassen hat, die den berechtigten Interessen des beschäftigenden Unternehmens zuwiderlaufen und diesem Schaden zufügen können.[419] Bewusst unwahre Tatsachenbehauptungen sowie ehrverletzende Aussagen fallen bereits aus dem Schutzbereich der Meinungsfreiheit heraus, stehen darüber hinaus aber auch im Widerspruch zu den arbeitsvertraglichen Rücksichtnahmepflichten des Arbeitnehmers.[420]

227 Unabhängig von einer konkreten Äußerung ist im Hinblick auf den Umfang der Loyalitäts- und Rücksichtnahmepflichten auch der erhebliche Verbreitungsgrad in Betracht zu ziehen, der durch einen unternehmenskritischen Beitrag innerhalb sozialer Medien erreicht werden kann. Angesichts großer Mitgliederzahlen und der weltweiten Abrufbarkeit von Social Media-Plattformen gehen negative Aussagen der Arbeitnehmer, die auf diesem Wege getätigt werden, weit über die Folgen betriebsinterner Äußerungen hinaus.[421] Trotz dieser generellen Weichenstellung, die eine besondere Ausprägung der Rücksichtnahmepflicht im Umgang mit sozialen Medien nahelegt, muss der Schweregrad einer Pflichtverletzung durch den Arbeitnehmer stets

417 *Hegewald* in Münchener Anwaltshandbuch, 2013, Teil 8 Rn. 97.
418 Zur Meinungsfreiheit vgl. auch oben Rn. 108 f.
419 *Oberwetter* NJW 2011, 417, 419.
420 Vgl. dazu auch oben Rn. 108.
421 Vgl. *LAG Berlin-Brandenburg* BeckRS 2009, 55187.

unter Berücksichtigung der Umstände des konkreten Einzelfalls festgestellt werden. Dabei ist insbesondere in Betracht zu ziehen, ob die Äußerung für sämtliche Nutzer des sozialen Mediums oder lediglich für einen bestimmten Personenkreis zugänglich gemacht worden ist.[422]

Ist die Verletzung von Loyalitäts- und Rücksichtnahmepflichten durch eine Äußerung **228** des Arbeitnehmers innerhalb eines sozialen Mediums festgestellt, kommen verschiedene Sanktions- bzw. Reaktionsmaßnahmen des Arbeitgebers in Betracht. Vor dem Ausspruch einer Kündigung ist der Arbeitnehmer grundsätzlich zunächst abzumahnen. Daneben oder alternativ können dem betroffenen Mitarbeiter unter Umständen auch bestimmte Befugnisse entzogen werden.[423] Lediglich im Falle besonders drastischer, unternehmensschädigender Äußerungen kommt eine außerordentliche fristlose Kündigung in Betracht.[424] Voraussetzung hierfür ist das Vorliegen eines wichtigen Grundes. Gem. § 626 Abs. 1 BGB ist ein solcher anzunehmen, wenn Tatsachen vorliegen, aufgrund derer dem Kündigenden unter Berücksichtigung aller Umstände des Einzelfalls und unter Abwägung der Interessen beider Vertragsteile die Fortsetzung des Arbeitsverhältnisses nicht zugemutet werden kann. Insoweit muss zunächst geprüft werden, ob ein bestimmter Sachverhalt für sich gesehen einen wichtigen Kündigungsgrund darstellt. Ist dies der Fall, muss weiterhin geprüft werden, ob die Fortsetzung des Arbeitsverhältnisses nach den Umständen des Einzelfalls und unter Berücksichtigung der beiderseitigen Interessenlage zumutbar ist oder nicht.[425]

Arbeitsrechtliche Konsequenzen kommen auch dann in Betracht, wenn der Arbeit- **229** nehmer eine unternehmenskritische Äußerung zwar nicht selbst tätigt, eine solche jedoch im Rahmen eines sozialen Mediums befürwortet oder unterstützt. Diese Problematik stellt sich insbesondere im Rahmen sozialer Netzwerke, die derartige Unterstützungsfunktionen anbieten (etwa der „Gefällt-mir"-Button bei *Facebook*).[426]

7. Verrat von Betriebs- und Geschäftsgeheimnissen über soziale Medien

Neben der aus dem arbeitsrechtlichen Näheverhältnis resultierenden Pflicht zur **230** Unterlassung kritischer, zugleich unternehmensschädigender Äußerungen ist der Arbeitnehmer im Rahmen der Kommunikation über Social Media auch zur Wahrung von Betriebs- und Geschäftsgeheimnissen verpflichtet. Dies sind solche Tatsachen, die im Zusammenhang mit dem Geschäftsbetrieb stehen, nur einem eng begrenzten Personenkreis bekannt und nicht offenkundig sind und im berechtigten wirtschaftlichen

---

422 *Oberwetter* NJW 2011, 417, 419.

423 So hat das *LAG Hessen* den Entzug der Schreibberechtigung aufgrund des Verstoßes gegen betriebsinterne Verhaltensregeln im Hinblick auf ein firmeninternes Portal nicht als offensichtlich unzulässig angesehen, vgl. *LAG Hessen* MMR 2008, 599.

424 Einen wichtigen Grund zur außerordentlichen Kündigung hat das *BAG* beispielsweise darin gesehen, dass ein Mitarbeiter die betrieblichen Verhältnisse seines Arbeitgebers mit dem nationalsozialistischen Terrorsystem und den in den Konzentrationslagern begangenen Verbrechen verglichen hatte, vgl. *BAG* NZA 2006, 650.

425 *ArbG Bochum* BeckRS 2012, 70844 m.w.N.

426 Eine fristlose Kündigung vermag die bloße Betätigung des entsprechenden *Facebook*-Buttons im Hinblick auf beleidigende Äußerungen eines anderen Nutzers indes nicht zu rechtfertigen, weil es sich dabei regelmäßig um eine spontane Reaktion ohne nähere Überlegung handelt, die in ihrem Bedeutungsgehalt nicht zu hoch eingeschätzt werden sollte, vgl. dazu *ArbG Dessau-Roßlau* K&R 2012, 442.

Interesse des Arbeitgebers geheim gehalten werden sollen.[427] Strafrechtlich sanktioniert wird der Verrat solcher Geheimnisse über § 17 UWG. Für die Strafbarkeit nach dieser Vorschrift genügt es, wenn die geheimzuhaltenden Inhalte bereits zuvor im Internet auffindbar waren, der Zugang durch die erneute Veröffentlichung jedoch spürbar erleichtert worden ist.[428]

8. Social Media Guidelines

231 Die immense Bedeutung, die sozialen Medien im Privatleben zukommt, schlägt sich gleichermaßen auch im Arbeitsalltag der Nutzer nieder. Nicht nur besteht die Gefahr von Produktivitätsverlusten, indem die verfügbaren Arbeitsmittel während der Arbeitszeit zur privaten Social Media-Nutzung verwendet werden.[429] Vielmehr ergeben sich auch Sicherheitsrisiken im Hinblick auf die Preisgabe von Unternehmensdaten oder sonstiger vertraulicher Interna. Daneben besteht die Gefahr von Rufschädigungen oder Imageverlusten, wenn sich Mitarbeiter, die als solche erkennbar sind, negativ über das beschäftigende Unternehmen äußern oder derartige Aussagen von Kollegen unterstützen.[430]

232 Um die negativen Auswirkungen im Umgang mit sozialen Medien möglichst gering zu halten, empfiehlt sich die Einführung sog. Social Media Guidelines. Dabei handelt es sich um unternehmensinterne Richtlinien, die den Arbeitnehmern Handlungsempfehlungen und/oder verbindliche Leitlinien im Hinblick auf die Nutzung sozialer Medien an die Hand geben. Im Rahmen eines solchen Regelwerks kann festgelegt werden, ob und ggf. in welchem Umfang die Befassung mit Social Media auch innerhalb der Arbeitszeit erlaubt ist.[431] Zugleich können die Mitarbeiter über die Gefahren und speziellen Kommunikationsmechanismen des Social Web aufgeklärt werden. Dabei sollten Datenschutz-, Urheberrechts-, und sonstige Sicherheitsaspekte sowie der Umgang mit Vorgesetzten, Kollegen, Kunden und Konkurrenzunternehmen thematisiert und entsprechende Grenzen aufgezeigt werden (sog. Netiquette). Nicht zuletzt sollte auf die arbeitsrechtlichen Folgen (insbesondere Abmahnung und Kündigung)[432] im Falle von Verstößen gegen die aufgestellten Regelungen hingewiesen werden.[433] Derartige Konsequenzen kommen indessen nur in Betracht, wenn es sich um verbindliche Regelungen und nicht um bloße Verhaltensempfehlungen handelt.[434]

---

427 Als Geschäftsgeheimnisse in diesem Sinne sind auch Kontakte innerhalb sozialer Netzwerke zu verstehen, die in Ausübung der beruflichen Tätigkeit des Arbeitnehmers erlangt wurden. Vgl. dazu sowie zu den hieraus resultierenden rechtlichen Folgen *Möller/Walter* Arbeit und Arbeitsrecht 1/2014, 8 ff.

428 *Oberwetter* NJW 2011, 417, 420.

429 Vgl. dazu oben Rn. 222 ff.

430 Zu den rechtlichen Grenzen kritischer Äußerungen über den Arbeitgeber im Rahmen von sozialen Medien vgl. oben Rn. 240 ff.

431 Außerhalb der Arbeitszeit kann die generelle Nutzung sozialer Medien durch den Arbeitgeber dagegen nicht untersagt werden, vgl. dazu *Schwartmann/Keber/Silberkuhl* Social Media im Unternehmen – Grundlagen, rechtliche Aspekte, Praxishilfen, 2014, I. Kap. S. 19.

432 Möglich ist aber auch der Entzug der Schreib- und Leseberechtigung für das betriebsinterne Internet, vgl. dazu *Hess. LAG* MMR 2008, 599.

433 Arbeitsrechtliche Konsequenzen können sich nur aus Zuwiderhandlungen gegen verbindliche Regelungen, nicht jedoch aus der Nichtbefolgung von bloßen Handlungsempfehlungen ergeben.

434 *Ulbricht* S. 154.

Ob die Einführung von Social Media Guidelines der Mitbestimmung des Betriebsrats bedarf, ist für jede einzelne Klausel der Richtlinien gesondert zu bestimmen. Sind Fragen der Ordnung des Betriebs und des Verhaltens der Arbeitnehmer im Betrieb betroffen (§ 87 Abs. 1 Nr. 1 BetrVG) oder geht es um die Einführung oder Anwendung technischer Einrichtungen, die zur Überwachung des Verhaltens oder der Leistung der Arbeitnehmer objektiv geeignet sind (§ 87 Abs. 1 Nr. 7 BetrVG), besteht ein Mitbestimmungsrecht des Betriebsrats. Dies gilt auch dann, wenn die jeweilige Regelung zwar unverbindlich formuliert ist, aber dennoch Materien i.S.v. § 87 Abs. 1 Nr. 1 oder Nr. 7 BetrVG betrifft.[435] Werden die Social Media Guidelines in Form einer Betriebsvereinbarung festgelegt, kommen dem Betriebsrat ohnehin umfassende Mitspracherechte zu.[436] Unabhängig davon, ob der Betriebsrat zur Mitbestimmung berechtigt ist, ist es indessen ratsam, diesen an der Entscheidungsfindung über Art und Umfang der Richtlinien zu beteiligen. Auf diese Weise werden die Social Media Guidelines auch bei den Arbeitnehmern auf hohe Akzeptanz stoßen, da deren Interessen über den Betriebsrat Eingang in das Regelwerk finden können.[437] 233

Um alle relevanten Bereiche abzudecken, sollte die Erstellung von Social Media Guidelines idealerweise von Mitarbeitern aus den Bereichen der Öffentlichkeitsarbeit, des Personalwesens, der Rechtsabteilung und der Unternehmensleitung vorgenommen werden. Zugleich bedarf es allerdings gewisser Vorkenntnisse im Umgang mit sozialen Medien, um die Richtlinien sachgerecht ausgestalten zu können.[438] Des Weiteren müssen branchenspezifische Unterschiede und Besonderheiten berücksichtigt werden.[439] Neben der Schaffung von Richtlinien, die den Arbeitnehmern im Hinblick auf den Umgang mit sozialen Medien Orientierung bieten sollen, ist die gezielte Schulung der Mitarbeiter für den erfolgreichen Einsatz von Social Media im Sinne der Unternehmensbelange von herausragender Bedeutung. Nur durch die Ausbildung entsprechender Kompetenzen im Bereich des Social Web können die hinter den Social Media Guidelines stehenden Grundsätze verstanden und als eigene Verhaltensmaßstäbe anerkannt und umgesetzt werden. 234

9. Bring your own Device

Mit dem sog. Bring your own Device-Verfahren wird eine Unternehmensstrategie bezeichnet, die den Mitarbeitern ermöglicht, private Endgeräte (Smartphones, Tablet-PCs oder Notebooks) zugleich für berufliche Zwecke zu nutzen.[440] Mit den Freiräumen, die dem Arbeitnehmer durch dieses Verfahren eröffnet werden, gehen indes zahlreiche Unwägbarkeiten für den Arbeitgeber einher. Zum einen muss ein Zugriff des Arbeitgebers auf ausschließlich private Daten des Arbeitnehmers vermieden wer- 235

---

435 *Ulbricht* S. 149 f.

436 Zu Social Media Guidelines auf Grundlage von Betriebsvereinbarungen Thüsing/Forst/Granetzny/Pötters/Traut/*Thüsing/Traut* Beschäftigtendatenschutz und Compliance, 2014, § 14 Rn. 57 ff.

437 *Ulbricht* S. 151 f.

438 *Ulbricht* S. 157.

439 So ist etwa bei Ärzten, Anwälten, Steuerberatern oder Banken besonderes Augenmerk auf die Datensicherheit und sonstige Geheimhaltungspflichten im Hinblick auf bestehende Patienten-, Mandanten- und Kundenverhältnisse zu legen.

440 *Schwartmann/Keber/Godefroid* Sicherheit beim Surfen und Kommunizieren im Internet, 2014, S. 116.

den. Zum anderen muss verhindert werden, dass unbefugte Dritte auf geschäftliche Daten Zugriff nehmen können. Besondere Gefahren ergeben sich insoweit, wenn der Arbeitnehmer auf dem betreffenden Gerät auch Social Media-Dienste nutzt. Gibt er dabei in großem Umfang personenbezogene Daten preis, erhöht sich das Risiko eines unbefugten Datenzugriffs um ein Vielfaches.

236 Um derartige Schwachstellen der Datensicherheit möglichst gering zu halten, sollten diejenigen Mitarbeiter, die das Bring your own Device-Verfahren nutzen, zur Einhaltung zusätzlicher Sicherheitsmaßnahmen verpflichtet werden. Beispielsweise sollten geschäftliche Daten ausschließlich verschlüsselt versendet werden. Zugleich sollten Arbeitnehmer zur Installation und regelmäßigen Aktualisierung geeigneter Antiviren-Programme verpflichtet werden. Des Weiteren sollten auch Regelungen über die Rückführung der geschäftlichen Daten im Falle einer Beendigung des Arbeitsverhältnisses getroffen werden.[441] Ebenfalls zweckmäßig ist die Aufstellung von Verhaltensregeln, die im Falle von Verlust, Diebstahl oder Beschädigung des Gerätes zu befolgen sind.[442] Die Einhaltung derartiger datenmäßiger Sicherheitsstandards kann dabei insbesondere im Rahmen von Social Media Guidelines festgehalten werden.[443]

237 Soweit der Arbeitgeber die Einhaltung der gebotenen Sicherheitsmaßnahmen nicht allein in die Verantwortung seiner Mitarbeiter stellen will, kann er mithilfe sog. Mobile Device Management-Systeme Kontrolle über die mobilen Endgeräte erlangen. Dadurch können die entsprechenden Sicherheitsprogramme ohne Zutun der Mitarbeiter auf die jeweiligen Geräte aufgespielt und bei Bedarf aktualisiert werden. Überdies bieten derart zentrale Konfigurationssysteme den Vorteil, dass der Zugriff auf Unternehmensdaten unmittelbar gesperrt werden kann, sobald ein Sicherheitsverstoß auf dem Gerät festgestellt wird.[444]

238 Alles in allem bringt die Einführung des Bring your own Device-Verfahrens sowohl Vor- als auch Nachteile mit sich. Mit dem täglichen Umgang und der damit verbundenen Routine, die der Arbeitnehmer mit dem in seinem Eigentum stehenden Endgerät in Freizeit und Beruf erlangt, wird regelmäßig eine Effizienzsteigerung im Hinblick auf die individuelle Arbeitsleistung einhergehen. Andererseits resultieren aus der dauernden Verfügungsgewalt, die der Mitarbeiter über das Gerät und damit auch über die unternehmensbezogenen Daten ausübt, erhebliche Sicherheitsrisiken.[445] Da der Arbeitgeber insoweit stets auf den sorgfältigen Datenumgang durch den Arbeitnehmer angewiesen ist, muss der Entscheidung für das Bring your own Device-Verfahren stets eine einzelfallbezogene Abwägung vorausgehen.

---

441 Vgl. dazu *Schwartmann/Keber/Godefroid* Sicherheit beim Surfen und Kommunizieren im Internet, 2014, S. 117 f.

442 Vgl. dazu *Schwartmann/Keber/Godefroid* Sicherheit beim Surfen und Kommunizieren im Internet, 2014, S. 119.

443 Vgl. dazu oben Rn. 245 ff.

444 *Schwartmann/Keber/Godefroid* Sicherheit beim Surfen und Kommunizieren im Internet, 2014, S. 117 f.

445 Vgl. dazu *Schwartmann/Keber/Godefroid* Sicherheit beim Surfen und Kommunizieren im Internet, 2014, S. 120 f.

10. Social Media Monitoring

10.1 Begriff und Bedeutung

Mit dem Begriff des Social Media Monitoring wird eine Strategie umschrieben, die das Beobachten, Erfassen und Analysieren von nutzergenerierten Inhalten innerhalb sozialer Medien beinhaltet.[446] Die nahezu unbegrenzten Informationskapazitäten, die im Rahmen der virtuellen Kommunikationsräume des Internets vorgehalten und stetig fortentwickelt werden, stellen sich gerade für Unternehmen als Erkenntnisquellen von unschätzbarem Wert dar. Zum einen können die Bedürfnisse der Kunden offengelegt und in künftige Produktentwicklungen einbezogen werden. Zum anderen kann gezielt nach potentiell geeigneten Arbeitnehmern gesucht oder können Bewerber über die bereits bekannten Angaben hinaus begutachtet werden. Derartige Recherchen können durch die Kommunikations- oder Marketing-Abteilung eines Unternehmens oder durch einen extern beauftragten Monitoring-Anbieter vorgenommen werden. **239**

Auch wenn die Nutzer sozialer Medien häufig weitreichende persönliche Informationen gegenüber einem breiten Publikum preisgeben, ist die zielgerichtete Informationssuche durch Unternehmen im Rahmen von Social Media nicht unbeschränkt zulässig. Begrenzt werden derartige Monitoring-Aktivitäten durch die Bestimmungen des Datenschutzrechts. Social Media Monitoring ist demnach grundsätzlich erlaubt, jedoch auf bestimmte Informationszwecke (§ 32 BDSG) bzw. auf allgemein zugängliche Daten (§§ 28, 29 BDSG) beschränkt. **240**

10.2 Bewerbersuche über soziale Medien

Angesichts der Vielzahl persönlicher Angaben, die die Social Media-Nutzer im Rahmen ihrer Profile verbreiten, stellen soziale Medien gerade für potentielle Arbeitgeber einen wertvollen Zugang zu Informationen dar, deren Preisgabe im persönlichen Umgang mit dem Bewerber unter Umständen nicht erfolgt wäre. Sofern ein Unternehmen diesen Weg zur Erlangung von Auskünften einschlägt, sind hiermit indes zahlreiche datenschutzrechtliche Probleme verbunden. **241**

Beschafft sich der mögliche spätere Arbeitnehmer im Rahmen einer gezielten Internet-Recherche personenbezogene Daten über den Betroffenen, sog. Social Media Recruiting),[447] handelt es sich dabei um eine Datenerhebung i.S.v. § 3 Abs. 3 BDSG. Speichert er die so erlangten Daten, liegt nach § 3 Abs. 4 BDSG zugleich eine Datenverarbeitung vor. Gem. § 4 Abs. 1 BDSG ist die Erhebung, Verarbeitung und Nutzung personenbezogener Daten nur zulässig, soweit ein gesetzlicher Erlaubnistatbestand eingreift oder der Betroffene eingewilligt hat. An einer wirksamen Einwilligung wird es indes regelmäßig fehlen.[448] Selbst wenn ein Bewerber mit der Erhebung und/oder Verarbeitung ihn betreffender personenbezogener Daten grundsätzlich einverstanden wäre, bedürfte es nach § 4a Abs. 1 S. 2 BDSG eines Hinweises auf den vorgesehenen Zweck des Datenumgangs. Zugleich müsste auf die Folgen hingewiesen werden, die mit einer Verweigerung der Einwilligung einhergehen. Da die Einwilligung auf der freien Entscheidung des Betroffenen beruhen muss (§ 4a Abs. 1 S. 1 BDSG), wären die **242**

446 Vgl. dazu www.rechtzweinull.de/archives/175-social-media-monitoring-datenschutz-was-unternehmen-beim-durchsuchen-des-social-web-beachten-sollten.html.

447 Zum Begriff *Keber* RDV 2014, 190, 191.

448 *Keber* RDV 2014, 190, 191.

entsprechenden Hinweise noch im Vorfeld einer etwaigen Zustimmung zu erteilen. Den praktischen Gegebenheiten eines Bewerbungsverfahrens wird dieses Vorgehen in aller Regel nicht entsprechen.[449]

243 Fehlt es demnach an einer wirksamen Einwilligung, kann sich die Zulässigkeit der Datenerhebung, –verarbeitung oder –nutzung nur noch aufgrund gesetzlicher Vorschrift ergeben. Ungeachtet einer solchen Legitimation verlangt jedoch §4 Abs. 2 S. 1 BDSG, dass personenbezogene Daten nur beim Betroffenen selbst zu erheben sind (Grundsatz der Direkterhebung). Nimmt der potentielle Arbeitgeber seine Personalrecherche indes innerhalb von Social Media-Diensten vor, findet die Datenerhebung gerade nicht beim Nutzer selbst, sondern bei dem jeweiligen Anbieter des sozialen Mediums statt.[450] Eine Ausnahme vom Grundsatz der Direkterhebung gilt gem. §4 Abs. 2 S. 2 BGSG allerdings dann, wenn eine Rechtsvorschrift die Datenerhebung ohne Mitwirkung des Betroffenen ausdrücklich vorsieht oder zwingend voraussetzt. Als derartiger Ausnahmetatbestand kommt zunächst § 32 Abs. 1 S. 1 BDSG in Betracht.[451] Danach dürfen personenbezogene Daten eines Beschäftigten für Zwecke des Beschäftigungsverhältnisses erhoben, verarbeitet oder genutzt werden, wenn dies für die Entscheidung über die Begründung eines Beschäftigungsverhältnisses oder nach Begründung des Beschäftigungsverhältnisses für dessen Durchführung oder Beendigung erforderlich ist. Um Beschäftigte im Sinne dieser Vorschrift handelt es sich gem. §3 Abs. 11 BDSG nicht nur bei Arbeitnehmern (Nr. 1), sondern auch bei Bewerbern für ein Beschäftigungsverhältnis sowie bei Personen, deren Beschäftigungsverhältnis bereits beendet ist (Nr. 7). Aufgrund der Zweckbindung an das Beschäftigungsverhältnis muss die Beschaffung von Daten allerdings auf fachliche Kenntnisse, Fähigkeiten und Erfahrungen des Betroffenen beschränkt bleiben.[452] Keinen Aufschluss gibt § 32 Abs. 1 S. 1 BDSG indes darüber, aus welchen Quellen die Daten beschafft werden dürfen. §28 Abs. 1 S. 1 Nr. 3 BDSG[453] legt insoweit fest, dass das Erheben, Speichern, Verändern oder Übermitteln personenbezogener Daten oder ihre Nutzung als Mittel für die Erfüllung eigener Geschäftszwecke zulässig ist, wenn die Daten allgemein zugänglich sind.[454] Dies ist anzunehmen, wenn sich die Daten sowohl ihrer technischen Ausgestaltung als auch ihrer Zielsetzung nach dazu eignen, einem individuell nicht bestimmbaren Personenkreis Informationen zu vermitteln.[455] Zu bejahen ist dies im Hinblick auf solche Informationen, die durch die Dienste herkömmlicher Suchmaschinen erlangt worden sind. Weitaus schwieriger ist die allgemeine Zugänglichkeit von Daten zu beurteilen, die aus Social Media-Profilen entstammen. Maßgeblich kann insoweit sein, ob es sich um ein berufs- oder freizeitorientiertes Medium handelt. Bei freizeitorientierten, regelmäßig für private Zwecke

---

449 Hoeren/Sieber/Holznagel/*Solmecke* Teil 21.1 Rn. 43.

450 Hoeren/Sieber/Holznagel/*Solmecke* Teil 21.1 Rn. 44.

451 Vgl. dazu auch *Keber* RDV 2014, 190, 192.

452 Vgl. BT-Drucks. 16/13657, 36.

453 Für geschäftsmäßige Social Media Monitoring-Anbieter gilt §29 Abs. 1 S. 1 Nr. 1 BDSG. In diesem Falle sind auch die Grundsätze der Auftragsdatenverarbeitung nach §11 BDSG zu beachten. Da das beauftragende Unternehmen für die Einhaltung der datenschutzrechtlichen Vorgaben verantwortlich bleibt (§11 Abs. 1 S. 1 BDSG) ist auf die vertragliche Ausgestaltung der Monitoring-Tätigkeit besonderes Augenmerk zu legen (§11 Abs. 2 BDSG).

454 Zum Verhältnis von §32 zu §28 BDSG, der ausschließlich in der Variante des §28 Abs. 1 S. 1 Nr. 1 durch §32 BDSG als lex specialis verdrängt wird *Hegewald* in Münchener Anwaltshandbuch, 2013, Teil 8 Rn. 77 unter Verweis auf BT-Drucks. 16/13657, S. 20f.

455 Simitis/*Simitis* BDSG, §28 Rn. 151.

genutzten Angeboten, kann sich ein Verbot der Datenerhebung zu geschäftlichen Zwecken bereits aus den Nutzungsbedingungen des jeweiligen sozialen Mediums ergeben.[456] Überdies wird in Betracht zu ziehen sein, ob es sich um ein geschlossenes oder der Öffentlichkeit des Internets zugängliches Nutzerprofil handelt.[457] Jedenfalls wird die allgemeine Zugänglichkeit nicht bereits dadurch ausgeschlossen, dass sich der Arbeitgeber innerhalb des sozialen Mediums anmelden muss, um die Profile anderer Nutzer tatsächlich einsehen zu können.[458] Ohnedies fordert § 28 Abs. 1 S. 1 Nr. 3 BDSG neben dem Kriterium der allgemeinen Zugänglichkeit stets eine einzelfallbezogene Interessenabwägung. Dass der Datenzugang grundsätzlich eröffnet ist, berechtigt demnach nur dann zur Datenerhebung und -speicherung, wenn nicht das schutzwürdige Interesse des Betroffenen das berechtigte Interesse des jeweiligen Unternehmens als verantwortliche Stelle offensichtlich überwiegt.

Mit dem im Jahr 2010 eingebrachten Entwurf zur Änderung des BDSG sollte der **244** Beschäftigtendatenschutz und insbesondere die Datenerhebung im Rahmen von sozialen Medien einer konkreten Regelung (§ 32 Abs. 6 BDSG-E) zugeführt werden. Nach heftiger Kritik von Datenschützern, Gewerkschaften und der damaligen Opposition ist das entsprechende Gesetzgebungsvorhaben allerdings bislang nicht umgesetzt worden.[459]

Auf europäischer Ebene hat die Kommission Anfang des Jahres 2012 den Gesetzes- **245** entwurf zur DSGVO vorgestellt. Nunmehr wird das BDSG mit Wirkung zum 25.5.2018 durch die DSGVO ersetzt werden.[460] Dadurch soll der Datenschutz in Europa modernisiert, aktualisiert und vereinfacht werden.[461] Dreh- und Angelpunkt des Beschäftigtendatenschutzes ist dabei die Regelung des Art. 88 DSGVO. Danach können die Mitgliedsstaaten „spezifischere Vorschriften zur Gewährleistung des Schutzes der Rechte und Freiheiten hinsichtlich der Verarbeitung personenbezogener Beschäftigtendaten" erlassen, die insoweit an die Stelle der allgemeinen Bestimmungen der DSGVO treten.[462] Trotz dieser Öffnungsklausel darf der Regelungsrahmen der Verordnung nicht durch eine laxere oder strengere nationale Gesetzgebung unterlaufen werden.[463]

10.3 Kundenbeobachtung über soziale Medien

Neben der gezielten Informationssuche über potentielle Arbeitnehmer sind auch per- **246** sonenbezogene Kundendaten für Unternehmen von besonderem Wert. § 28 Abs. 1 S. 1 Nr. 1 BDSG erlaubt insoweit das Erheben, Speichern, Verändern oder Übermitteln personenbezogener Daten oder ihre Nutzung als Mittel für die Erfüllung eigener Geschäftszwecke, wenn es für die Begründung Durchführung oder Beendigung eines rechtsgeschäftlichen oder rechtsgeschäftsähnlichen Schuldverhältnisses mit dem Betroffenen erforderlich ist. Die Zulässigkeit einer umfassenden Beschaffung von

456 Hoeren/Sieber/Holznagel/*Solmecke* Teil 21.1 Rn. 45 unter Verweis auf Ziff. 5.4.1. der Allgemeinen Geschäftsbedingungen des sozialen Netzwerks *StudiVZ*.
457 *Schwartmann/Keber/Silberkuhl* Social Media im Unternehmen – Grundlagen, rechtliche Aspekte, Praxishilfen, 2014, III. Kap., S. 70.
458 *Ernst* NJOZ 2011, 953, 955.
459 Vgl. dazu *Hegewald* in Münchener Anwaltshandbuch, 2013, Teil 8 Rn. 73.
460 Zu den Regelungen im Einzelnen *Paal/Pauly* DSGVO, 2017.
461 Vgl. dazu *Schüßler/Zöll* DuD 2013, 639.
462 Vgl. hierzu eingehend *Düwell/Brink* NZA 2016, 665.
463 *Schüßler/Zöll* DuD 2013, 639, 641.

Informationen über einen Kunden wird indes regelmäßig über den konkreten Zweck des Schuldverhältnisses hinausgehen und somit am Merkmal der Erforderlichkeit scheitern.[464]

247 Zwar erlaubt § 28 Abs. 2 Nr. 1 i.V.m. Abs. 1 S. 1 Nr. 2 BDSG die Verwendung der Daten in gewissen Grenzen auch für andere als die ursprünglich festgelegten Zwecke. Voraussetzung hierfür ist allerdings, dass dies zur Wahrung berechtigter Interessen des Unternehmens erforderlich ist und kein Grund zu der Annahme besteht, dass das schutzwürdige Interesse des Kunden an dem Ausschluss der Datenverwendung überwiegt.[465]

248 Vor diesem Hintergrund bedarf es zur Beschaffung von Kundendaten über Social Media-Dienste regelmäßig der Einwilligung des Betroffenen (§ 4 Abs. 1 BDSG). Auch hier muss gem. § 4a Abs. 1 BDSG eine umfassende Belehrung über den vorgesehenen Zweck der Erhebung, Verarbeitung oder Nutzung, sowie, soweit nach den Umständen des Einzelfalls erforderlich oder auf Verlangen, ein Hinweis auf die Folgen einer verweigerten Einwilligung erfolgen. Ebenso ist eine Einwilligung dann erforderlich, wenn ein Unternehmen bereits über bestimmte Kundendaten verfügt, diese jedoch mit Informationen aus Social Media-Diensten abgeglichen und ergänzt werden sollen.[466]

V. Social Media Marketing

1. Definition

249 Der Begriff Social Media Marketing beschreibt solche Marketingmaßnahmen, bei denen eine Person oder ein Unternehmen mithilfe sozialer Medien in direkten Kontakt mit den Nutzern tritt. Die Kontaktaufnahme mit den Nutzern erfolgt dabei insbesondere über soziale Netzwerke, Blogs, Microblogging-Dienste und Multimedia-Plattformen.[467]

2. Unterschiede zum herkömmlichen Marketing

250 Während traditionelle Werbekampagnen langfristig geplant und juristisch geprüft werden, ist dies im Rahmen des Social Media Marketing kaum möglich. Angesichts der hohen Geschwindigkeit, der die Kommunikation innerhalb sozialer Medien unterliegt, müssen auch die hierin platzierten Werbemaßnahmen mit dieser Schnelllebigkeit Schritt halten. Große von langer Hand vorbereitete Werbemaßnahmen werden daher zusehends durch kleinere Beiträge auf verschiedenen sozialen Plattformen ersetzt oder ergänzt. Durch die Einbindung der Nutzer und den damit verbundenen stetigen Gedankenaustausch, der insbesondere Gelegenheit für Fragen, Anregungen und Kritik bietet, gewinnt der Werbende in seiner Außenwirkung an Transparenz und Authentizität.[468]

464 *Schwartmann/Keber/Silberkuhl* Social Media im Unternehmen – Grundlagen, rechtliche Aspekte, Praxishilfen, 2014, III. Kap. S. 70; vgl. dazu auch Simitis/*Simitis* BDSG, § 28 Rn. 57.

465 Vgl. dazu mit konkreten Beispielen *Gola/Reif* Kundendatenschutz, S. 194 f.

466 *Schwartmann/Keber/Silberkuhl* Social Media im Unternehmen – Grundlagen, rechtliche Aspekte, Praxishilfen, 2014, III. Kap. S. 71.

467 Vgl. dazu *Schwenke* Social Media Marketing & Recht, 2012, 1. Kap. S. 2.

468 Vgl. dazu *Schwenke* Social Media Marketing & Recht, 2012, 1. Kap. S. 4 f.

Eine weitere Besonderheit des Social Media Marketing besteht darin, dass die Planung von Werbemaßnahmen nicht mehr allein einer professionellen Marketingabteilung obliegt. Vielmehr können Mitarbeiter aus sämtlichen Bereichen an der Unternehmenskommunikation innerhalb sozialer Medien mitwirken. Geschehen kann dies beispielsweise durch den Blog eines Unternehmens, der von den Mitarbeitern mit Inhalten beruflicher und privater Art ausgefüllt wird.[469] **251**

3. Rechtliche Zulässigkeit des Direktmarketings

Das Direktmarketing erfasst alle Werbemaßnahmen, die unter aktiver Kontaktaufnahme mit dem Kunden erfolgen. Geschehen kann dies etwa in Form von Newslettern, E-Mails oder persönlichen Nachrichten innerhalb sozialer Medien. Weil der Kunde aufgrund der zielgerichteten Adressierung zur Kenntnisnahme der Werbebotschaft faktisch gezwungen ist, stellt dies eine besonders effektive Form des Marketings dar.[470] **252**

Zulässig ist die persönliche werbliche Ansprache eines potentiellen Kunden allerdings nur dann, wenn dieser in den Erhalt solcher Nachrichten ausdrücklich eingewilligt hat. Eine lediglich konkludente Einwilligung, etwa durch Veröffentlichung der eigenen E-Mail-Adresse auf einer Webseite, ist dagegen nicht ausreichend. Ebenso wenig genügt es den Anforderungen an eine wirksame Einwilligung, wenn die Zustimmung des Kunden von vornherein unterstellt wird und lediglich durch Entfernung eines gesetzten Kontrollhäckchens beseitigt werden kann (sog. Opt-out-Verfahren).[471] Fehlt es an einer wirksamen Einwilligung, stellt die Versendung persönlicher Werbenachrichten eine unzumutbare Belästigung i.S.v. § 7 Abs. 2 Nr. 3 UWG dar.[472] Aufgrund dessen kann das werbende Unternehmen insbesondere durch Verbraucherschutzverbände oder einen Konkurrenten kostenpflichtig abgemahnt und gegebenenfalls auf Unterlassung in Anspruch genommen werden (§§ 12 Abs. 1 S. 1, 8 UWG).[473] Zugleich droht die Sperrung bzw. Löschung des Social Media-Accounts durch den Anbieter des sozialen Mediums.[474] **253**

Umstritten ist auch die wettbewerbsrechtliche Zulässigkeit sog. Tell-a-friend-Funktionen. Im Unterschied zu Werbemaßnahmen, die auf Initiative eines Unternehmens erfolgen, findet die Verbreitung hier durch einen eigenverantwortlich handelnden Nutzer an seine Kontakte innerhalb des sozialen Mediums statt. Wettbewerbskonform ist dies, solange die privat initiierte Empfehlung keine weiteren unternehmensgesteuerten Werbeinformationen enthält und dem Absender keine materiellen Vorteile versprochen werden.[475] **254**

Als unlauter i.S.v. § 7 Abs. 2 Nr. 3 UWG sowie § 5 Abs. 1 S. 1, S. 2 Nr. 1 UWG und § 3a UWG i.V.m. §§ 28 Abs. 3 S. 1, 4a Abs. 1 S. 1, S. 2 BDSG ist dagegen die sog. Freundefinder-Funktion von *Facebook* zu qualifizieren. Demnach ist es unzulässig, einen Ver- **255**

---

469 Vgl. dazu oben Rn. 21.

470 Vgl. dazu *Schwenke* Social Media Marketing & Recht, 2012, 7. Kap. S. 345 ff.

471 Vgl. dazu *Schwenke* Social Media Marketing & Recht, 2012, 7. Kap. S. 352 f.

472 Vgl. dazu oben Rn. 179.

473 Zu den Rechtsfolgen wettbewerbsrechtlicher Verstöße vgl. oben Rn. 183 ff.

474 So verbietet etwa *Facebook* im Rahmen seiner Nutzungsbedingungen das Posten nicht genehmigter Werbekommunikation (beispielsweise Spam) und droht im Falle eines Verstoßes die Einstellung seiner Dienste an (vgl. Nr. 3 Abs. 1 und Nr. 15 der Nutzungsbedingungen).

475 Hoeren/Sieber/Holznagel/*Solmecke* Multimedia-Recht, Teil 21.1 Rn. 37 ff. unter Verweis auf *OLG Nürnberg* MMR 2006, 111 und *LG Berlin* K&R 2009, 823.

braucher ohne dessen Einwilligung per E-Mail mit der Freundschaftsanfrage eines bereits bei *Facebook* registrierten Nutzers zu kontaktieren. Anders als bei der Tell-a-friend-Funktion wirkt *Facebook* hier – neben dem Nutzer, der die Adressdaten des betroffenen Verbrauchers herausgibt – als Mittäter bzw. mittelbarer Täter an der Erstellung und dem Versand der betreffenden E-Mails mit.[476]

4. Verschleierung des Werbecharakters

256 Als wettbewerbsrechtlich problematisch kann es sich ebenfalls darstellen, wenn werbliche Inhalte nicht als solche kenntlich gemacht, sondern vielmehr verschleiert werden.[477] Eine unzulässige verdeckte Werbemaßnahme i.S.v. § 5a Abs. 6 UWG i.V.m. Nr. 11 des Anhangs zu § 3 Abs. 3 UWG (sog. Schwarze Liste) liegt etwa dann vor, wenn ein Unternehmen einen selbst initiierten positiven Blogbeitrag unter dem Namen einer Privatperson veröffentlicht. Werden Nutzer sozialer Medien mithilfe von Prämien oder sonstigen materiellen Vorteilen im Rahmen von sozialen Netzwerken, Bewertungsplattformen oder Diskussionsforen zur besonderen Herausstellung eines Unternehmens animiert, ohne den werblichen Charakter der Äußerung zu offenbaren, stellt auch dies eine wettbewerbswidrige Handlung gem. § 5a Abs. 6 UWG i.V.m. Nr. 11 des Anhangs zu § 3 Abs. 3 UWG sowie § 3a UWG i.V.m. § 6 TMG dar.[478] Zugleich kann eine Irreführung i.S.v. § 5 Abs. 1 S. 1, S. 2 Nr. 1 UWG gegeben sein, wenn es an einem Hinweis auf den materiellen Vorteil, der für die positive Nutzerbewertung gewährt worden ist, fehlt.[479] Unzureichend gekennzeichnete Werbeaktivitäten finden sich auch im Rahmen von Videos, die auf den einschlägigen Multimediaportalen veröffentlicht werden. Hier werden aufsehenerregende Inhalte gezeigt, die durch die Nutzer innerhalb der sozialen Medien weiterverbreitet werden. Häufig ist dabei – wie von dem werbenden Unternehmen regelmäßig bezweckt – nicht oder nur schwer ersichtlich, dass es sich um eine geplante Marketingaktion handelt. Die wettbewerbsrechtliche Zulässigkeit solcher Maßnahmen erfordert daher die Einblendung eines entsprechenden Hinweises am Anfang und/oder am Ende des Werbevideos.[480]

5. Gewinnspiele

257 Gewinnspiele sind wirksame Mittel, um die Aufmerksamkeit potentieller Kunden zu erregen und so den Bekanntheitsgrad eines Unternehmens oder eines Produktes zu steigern. Auch und gerade im Rahmen sozialer Medien können Gewinnspiele als effektive Marketingmaßnahmen dienen. Neben den allgemeinen gesetzlichen Vorgaben (z.B. Angabe klarer und eindeutiger Teilnahmebedingungen) sind dabei auch spezifische rechtliche Anforderungen im Hinblick auf Social Media zu beachten. Wäh-

---

476 *LG Berlin* ZD 2012, 276, das *Facebook* als Mittäter ansieht; bestätigt durch *KG Berlin* K&R 2014, 280, das *Facebook* allerdings als mittelbaren Täter qualifiziert sowie zuletzt *BGH* NJW 2016, 3445; kritisch zur Rolle des Nutzers im Rahmen dieser Haftungsmodelle Hornung/Müller-Terpitz/*Bräutigam/Sonnleithner* 3. Kap. Rn. 72.

477 Vgl. dazu oben Rn. 152 ff.

478 Hoeren/Sieber/Holznagel/*Solmecke* Teil 21.1 Rn. 40 f. Die Betätigung des sog. Like-Buttons auf *Facebook* stellt hingegen keine positive Empfehlung dar, sondern ist lediglich als „unverbindliche Gefallensäußerung" anzusehen (vgl. dazu oben Rn. 147). Vgl. dazu *LG Hamburg* MMR 2013, 250; zur Möglichkeit einer anderen Deutungsweise Hoeren/Sieber/Holznagel/*Solmecke* Teil 21.1 Rn. 41a.

479 Vgl. etwa *OLG Hamm* GRUR-RR 2011, 473; Hoeren/Sieber/Holznagel/*Solmecke* Teil 21.1 Rn. 41.

480 Hoeren/Sieber/Holznagel/*Solmecke* Teil 21.1 Rn. 36.

rend einige Anbieter die Veranstaltung von Gewinnspielen gänzlich untersagen, stellen andere spezielle Richtlinien auf, die es zu beachten gilt, sofern ein materieller Vorteil ausgelobt wird.[481] Insbesondere dürfen die Nutzer durch die Teilnahmeaufforderung oder die Gewinnbenachrichtigung nicht belästigt werden.[482] Die Vorschrift des § 58 Abs. 4 RStV, die für rundfunkähnliche Telemedien auf die Gewinnspielvorgaben des § 8a RStV verweist, ist im Hinblick auf soziale Medien dagegen kaum von Bedeutung, weil es sich bei diesen nicht um derartige Telemedien handelt.[483]

VI. Aufbau einer unternehmensbezogenen Social Media-Präsenz

1. Bedeutung

Selbst wenn kein aktives Social Media Marketing betrieben wird, kann ein Unter- **258**
nehmen durch Kundenbewertungen oder öffentliche Diskussionen, etwa im Rahmen von Blogs, zum Gegenstand sozialer Medien werden. Um auf die eigene Außendarstellung Einfluss nehmen zu können, empfiehlt es sich daher, eine offizielle Social Media-Präsenz einzurichten, die das Unternehmen in der gewünschten Art und Weise repräsentiert. Darüber hinaus bietet die Kommunikation über soziale Medien für Unternehmen vielfältige Möglichkeiten, sich die Wirkungen der viralen Verbreitung von Inhalten zu nutze zu machen.

2. Wahl des Accountnamens

Um einen breiten Kundenkreis zu erreichen, ist die möglichst leichte Auffindbarkeit **259**
einer Social Media-Präsenz von elementarer Bedeutung. Hierfür muss zunächst geprüft werden, ob die gewünschte Bezeichnung im Rahmen der jeweiligen Social Media-Plattform bereits verwendet wird.[484] Sofern dies nicht der Fall ist, empfiehlt sich eine zeitnahe Registrierung. Ist der favorisierte Accountname dagegen besetzt, kann ein rechtliches Vorgehen sinnvoll sein, wenn an der betreffenden Bezeichnung Namens- oder Kennzeichenrechte bestehen.

Entsprechend dem bekannten Phänomen des Domain-Grabbings ist im Hinblick auf **260**
soziale Medien die Erscheinung des sog. Account-Grabbings zu beobachten. Hierunter ist die Erstellung eines Accounts innerhalb eines sozialen Mediums ohne eigene Nutzungsabsicht zu verstehen. Die Registrierung erfolgt demnach allein in der Erwartung, den Account zu einem späteren Zeitpunkt an den jeweiligen Namens- oder Kennzeicheninhaber verkaufen zu können.[485] Gem. § 12 BGB bzw. § 14 MarkenG können hier Unterlassungs-, Auskunfts- und Schadenersatzansprüche bestehen, sofern eine hinreichende Gefahr von Zuordnungsverwirrungen oder Verwechslungen

481 Vgl. etwa die Richtlinien für Promotions, die *Facebook* seinen Nutzern vorgibt, sofern sie im Rahmen des sozialen Netzwerks Verlosungen und Promotions anbieten wollen.

482 So dürfen etwa bei *Facebook* Gewinnspiele ausschließlich innerhalb von Applikationen stattfinden, die zwar in das Profil des Veranstalters eingebettet sind, deren Inhalte jedoch nicht auf den Servern von *Facebook* gespeichert sind, vgl. vgl. dazu sowie zu weiteren Anforderungen an Gewinnspiele im Allgemeinen und im Rahmen von Social Media *Schwenke* Social Media Marketing & Recht, 2012, 1. Kap. S. 322 ff.

483 Vgl. dazu oben Rn. 139.

484 Ob dies der Fall ist, kann beispielsweise auf www.namecheck.com oder www.namechk.com eingesehen werden.

485 Zum Phänomen des Account-Grabbings eingehend *Ulbricht* S. 12 ff.

besteht. Handelt es sich bei dem Account-Grabber und dem betroffenen Unternehmen um Konkurrenten, kommen zugleich lauterkeitsrechtliche Ansprüche nach dem UWG in Betracht, sofern der Nachweis einer wettbewerblichen Behinderungsabsicht geführt werden kann. Im Falle einer vorsätzlichen sittenwidrigen Schädigung kommen darüber hinaus Schadenersatzansprüche nach § 826 BGB in Betracht.[486]

261 Neben einem Vorgehen gegen den Account-Grabber empfiehlt es sich zugleich, den Betreiber des jeweiligen sozialen Mediums von der Namens- bzw. Kennzeichenrechtsverletzung in Kenntnis zu setzen. Sobald dies geschehen und die Rechtsverletzung hinreichend belegt ist, besteht eine Verpflichtung des Betreibers, den rechtsverletzenden Account zu sperren bzw. zu löschen. Zugleich muss er für die Verhinderung künftiger Rechtsverletzungen Sorge tragen.[487] Vor diesem Hintergrund halten die Social Media Betreiber regelmäßig standardisierte Eingabemasken vor, um den Nutzern die Meldung etwaiger Rechtsverletzungen zu erleichtern.[488]

3. Impressumspflicht

262 Gem. § 5 TMG besteht für Diensteanbieter geschäftsmäßiger Telemedien eine Impressumspflicht.[489] Dies bedeutet, dass verschiedene Informationen, wie Name, Anschrift, Adresse der elektronischen Post, etwaige Registereinträge und Kammerzugehörigkeiten leicht erkennbar, unmittelbar erreichbar und ständig verfügbar gehalten werden müssen.[490] Auch wenn sich ein Unternehmen innerhalb eines sozialen Mediums bewegt, dessen Betreiber selbst über ein vollständiges Impressum verfügt, müssen die in § 5 Abs. 1 TMG genannten Angaben zum Abruf bereitgehalten werden.[491] Allerdings ist der Impressumspflicht insoweit ausreichend Rechnung getragen, wenn die entsprechenden Informationen auf der offiziellen Webseite des Unternehmens bereitgehalten werden und hinreichend deutlich wird, dass diese Angaben auch für das Social Media-Profil gelten sollen.[492]

263 Im Falle eines rein privat genutzten Accounts besteht hingegen keine Impressumspflicht. Dies gilt ebenso für ausschließlich unternehmensinterne Dienste (etwa ein Blog im Rahmen des betriebseigenen Intranets). Wird ein Social Media-Profil dagegen sowohl privat als auch geschäftlich genutzt, ist ein den Anforderungen des § 5 TMG entsprechendes Impressum zu erstellen.[493]

4. Erkennbarkeit kommerzieller Kommunikation

264 Wird ein Social Media-Account für die Zwecke eines Unternehmens und damit kommerziell genutzt, muss dies gem. § 6 Abs. 1 Nr. 1 TMG klar erkennbar sein.[489] Dient der Auftritt im Rahmen eines sozialen Mediums dem Absatz von Waren oder Dienst-

---

486 Zu den Anspruchsgrundlagen gegen Account-Grabber im Einzelnen *Ulbricht* S. 13 ff.

487 *Ulbricht* S. 15. Zur Haftung der Social Media-Anbieter für Rechtsverletzungen der Nutzer vgl. oben Rn. 218 f.

488 Vgl. etwa unter http://de-de.facebook.com/help/contact/208282075858952 oder https://support.twitter.com/forms/trademark.

489 Vgl. dazu oben Rn. 150 ff.

490 Eines Rückgriffs auf die Impressumspflicht des § 55 Abs. 1 RStV bedarf es insoweit nicht mehr, weil die dort vorgeschriebenen Angaben allesamt in § 5 TMG enthalten sind.

491 *LG Aschaffenburg* MMR 2012, 38; *OLG Düsseldorf* MMR 2008, 682, 683.

492 Hoeren/Sieber/Holznagel/*Solmecke* Teil 21.1 Rn. 3.

493 Vgl. dazu *Schwenke* Social Media Marketing & Recht, 2012, 2. Kap. S. 48 ff.

leistungen oder soll das Unternehmensimage positiv beeinflusst werden, liegt in jedem Falle eine kommerzielle Nutzung vor. Weil die Kenntlichmachung dem Schutz der Verbraucher vor der Verschleierung werblicher Interessen dient, ist im Zweifelsfall stets von einer kommerziellen Nutzung auszugehen, die eines expliziten Hinweises bedarf.[494] Dieser Hinweis muss dabei um so deutlicher sein, je weniger der kommerzielle Charakter ansonsten erkennbar ist.[495]

5. Mitbestimmung des Betriebsrats

Darüber hinaus ist zu beachten, dass eine unternehmensseitig betriebene Social Media-Präsenz, die die Veröffentlichung von Besucher-Beiträgen im Rahmen einer Kommentarfunktion oder eines Gästebuchs ermöglicht, der Mitbestimmung des Betriebsrats bedarf. Mitbestimmungspflichtig ist hier die Entscheidung des Arbeitgebers, Postings, die auf das Verhalten oder die Leistung von Arbeitnehmern bezogen sind, unmittelbar zu veröffentlichen. In diesem Falle besteht die Gefahr, dass der Arbeitgeber gezielt nach Nutzerkommentaren mit Negativbewertungen bestimmter Arbeitnehmer sucht und hieran spätere Sanktionen knüpft. Angesichts des so erzeugten Überwachungsdrucks stellt die Eröffnung derartiger Kommentarfunktionen eine (potentielle) Überwachung von Arbeitnehmern durch eine technische Einrichtung i.S.d. § 87 Abs. 1 Nr. 6 BetrVG dar, die der Zustimmung des Betriebsrats bedarf.[496] **265**

VII. Übernahme eines Social Media-Accounts

1. Vertragsübernahme

Hat sich eine Social Media-Präsenz erst einmal etabliert, stellt sie einen effektiven Kommunikationsweg dar, um die Inhalte, die der Account-Inhaber für verbreitungswürdig erachtet, einer breiten Öffentlichkeit zugänglich zu machen. Selbst wenn der Account bislang ausschließlich für private, nicht-kommerzielle Zwecke genutzt wurde, erlangt er mit dem Eintritt einer gewissen Bekanntheit einen Vermögenswert, der durch den „Verkauf" der Social Media-Präsenz realisiert werden kann.[497] Schwierigkeiten ergeben sich allerdings daraus, dass die Vornahme eines solchen Rechtsgeschäfts nicht allein durch den Account-Inhaber und den entsprechenden Kaufinteressenten bewirkt werden kann. Da der Account-Inhaber mit dem jeweiligen Anbieter regelmäßig in einem vertraglichen Verhältnis steht,[498] ist meist auch der Social Media-Betreiber in die Übertragung des Profils einbezogen.[499] Soweit ein bestehender **266**

494 *Schwenke* Social Media Marketing & Recht, 2012, 2. Kap. S. 18 ff.

495 *Schwenke* Social Media Marketing & Recht, 2012, 2. Kap. S. 23 mit entsprechenden Formulierungsvorschlägen.

496 *BAG* GWR 2017, 82.

497 Beispielhaft kann insoweit der deutsche Blogger *Robert Basic* angeführt werden, der seinen Blog „Basic Thinking" im Jahr 2009 über die Auktions-Plattform *Ebay* für 46 902 EUR versteigert hat. Vgl. dazu www.spiegel.de/netzwelt/web/blog-verkauf-basic-thinking-bringt-46-902-euro-ein-a-601539.html.

498 Zum Social Media-Vertrag vgl. oben Rn. 30 ff.

499 Einen Sonderfall stellt insoweit der Verkauf eines Blogs dar, weil die kommunikativen Strukturen hier nicht durch einen Social Media-Anbieter zur Verfügung gestellt werden und daher auch kein entsprechendes Vertragsverhältnis begründet wird. Der Verkauf eines Blogs kann demnach im Zwei-Personen-Verhältnis zwischen Käufer und Verkäufer (Blog-Inhaber) vollzogen werden.

Account innerhalb eines sozialen Mediums rechtsgeschäftlich auf einen anderen Nutzer übertragen wird, tritt dieser vollständig in die bestehende Vertragsposition des bisherigen Nutzers ein. Es handelt sich folglich um eine Vertragsübernahme gem. §§ 311 Abs. 1, 241 BGB.[500] Dieses gesetzlich nicht ausdrücklich geregelte Rechtsinstitut kann als dreiseitiger Vertrag oder als Vertrag zwischen der ausscheidenden und der eintretenden Partei unter Zustimmung des anderen Teils ausgestaltet sein.[501]

2. Haftungsfragen

2.1 Übertragender

267 Verweigert der Social Media-Betreiber die Zustimmung, kann die Vertragsübernahme nicht wirksam vollzogen werden. Der bisherige Account-Inhaber bleibt in diesen Fällen Vertragspartner des Anbieters. Allerdings stellt die fehlende Übertragbarkeit des Social Media-Accounts einen Rechtsmangel i.S.v. § 435 BGB dar. Soweit sich der „Käufer" hierauf beruft, ist der Account-Inhaber als „Verkäufer" den in § 437 BGB aufgeführten Gewährleistungsansprüchen ausgesetzt. Etwas anderes gilt nur dann, wenn im Rahmen des Übernahmevertrages auf die Möglichkeit einer unwirksamen Übertragung ausdrücklich hingewiesen und eine diesbezügliche Gewährleistungshaftung ausgeschlossen worden ist.[502]

268 Darüber hinaus kann der Account-Inhaber haftungsrechtlich für Rechtsverletzungen herangezogen werden, die der potentielle Erwerber der fehlgeschlagenen Vertragsübernahme über das Profil vornimmt.[503] Möglich ist allerdings auch hier der vertragliche Ausschluss einer solchen Haftung, indem der Erwerber den Übertragenden von möglichen Ansprüchen Dritter für die Zukunft freistellt.[504]

2.2 Erwerber

269 Ist die Vertragsübernahme wirksam vollzogen worden und der Erwerber demnach in die Position des bisherigen Account-Inhabers eingetreten, haftet er von diesem Zeitpunkt an für alle über den Account verübten Rechtsverletzungen. Um eine mögliche Mitverantwortlichkeit für etwaige Verstöße des bisherigen Account-Inhabers von vornherein auszuschließen, sollte eine derartige Vereinbarung in den Übernahmevertrag aufgenommen werden.[504]

3. Einräumung von Nutzungsrechten

270 Soweit der zu übertragende Social Media-Account urheberrechtlich geschützte Inhalte enthält und diese weiterhin öffentlich zugänglich sein sollen, müssen dem Erwerber entsprechende Nutzungsrechte eingeräumt werden. Steht allerdings die Übernahme eines Accounts in Rede, der ausschließlich kleinteilige, kurze Inhalte enthält, stellt sich die Frage, ob die dortigen Angebote überhaupt die zur Entstehung des Urheberrechts erforderliche Schutzhöhe aufweisen. Geschützte Werke i.S.d. UrhG

---

500 Hoeren/Sieber/Holznagel/*Solmecke* Teil 21.1 Rn. 75; zur Vertragsübernahme im Allgemeinen Palandt/*Grüneberg* BGB, § 398 Rn. 41 ff.

501 Zu beiden Varianten *BGH* NJW 1986, 918; NJW-RR 2005, 958, 959; NJW-RR 2010, 1095.

502 *Ulbricht* S. 68.

503 *Ulbricht* S. 67 f.; vgl. zur Haftung des Inhabers eines *Ebay*-Accounts für Rechtsverletzungen Dritter, die über den entsprechenden Account begangen worden sind *BGH* NStZ 2008, 516; GRUR 2009, 597 – Halzband.

504 *Ulbricht* S. 69.

sind gem. § 2 Abs. 2 UrhG nur persönliche geistige Schöpfungen. Der Urheber muss demnach etwas schaffen, das eine über das bloße sinnlich wahrnehmbare Substrat hinausgehende Aussage oder Botschaft enthält.[505] Unerheblich ist dabei grundsätzlich der quantitative Umfang einer Schöpfung. So kann auch ein aus wenigen Zeilen bestehendes Gedicht schutzfähig sein, soweit es jedenfalls ein Mindestmaß an geistigem Gehalt und Individualität aufweist.[506] Folglich kann etwa den lediglich 140 Zeichen umfassenden Nachrichten im Rahmen eines *Twitter*-Accounts (sog. *Tweets*) eine Werkqualität i.S.d. UrhG nicht generell abgesprochen werden.[507] In der Regel wird es an einer Schutzfähigkeit aufgrund der geringen Wortanzahl indes fehlen.

Etwas anderes gilt jedoch im Falle eines sog. *Twitter*-Streams, der eine Vielzahl **271** von häufig chronologisch angeordneten Nachrichten enthält. Eine solche Nachrichtensammlung kann als Datenbank i.S.v. § 87a Abs. 1 UrhG schutzfähig sein. Voraussetzung hierfür ist das Bestehen einer Sammlung von Werken, Daten oder anderen unabhängigen Elementen, die systematisch oder methodisch angeordnet und einzeln mit Hilfe elektronischer Mittel oder auf andere Weise zugänglich sind und deren Beschaffung, Überprüfung oder Darstellung eine nach Art oder Umfang wesentliche Investition erfordert. Selbst wenn die einzelnen Nachrichten für sich gesehen keine Werkqualität aufweisen, stellen sie jedenfalls in ihrer Gesamtheit eine Sammlung unabhängiger Elemente dar, die systematisch angeordnet und einzeln mit Hilfe elektronischer Mittel zugänglich sind. Eine wesentliche Investition ist bei allen menschlichen, finanziellen und technischen Leistungen anzunehmen, die entweder quantitativ bezifferbar sind oder qualitativ in geistiger Anstrengung oder einem Verbrauch an menschlicher Energie liegen und die Gesamtheit der zusammengestellten Informationen als ein selbstständiges, schützenswertes Wirtschaftsgut ausweisen.[508] Jedenfalls bei besonders umfangreichen Nachrichtensammlungen, die eine thematische oder nach sonstigen Kriterien geschaffene Anordnung aufweisen, kann demnach eine wesentliche Investition anzunehmen sein.[509] Handelt es sich folglich um eine Datenbank i.S.v. § 87a Abs. 1 UrhG steht demjenigen, der die Investition vorgenommen hat, als Datenbankhersteller (§ 87a Abs. 2 UrhG) ein dem Urheberrecht verwandtes Leistungsschutzrecht zu.[510] Zur weiteren Verwendung der Datenbankinhalte bedarf der Erwerber des Social Media-Accounts daher der Zustimmung des ursprünglichen Inhabers und Datenbankherstellers. Im Falle einer widerrechtlichen Verletzung des Leistungsschutzrechts stehen diesem die in §§ 97 ff. UrhG normierten Ansprüche zu.[511]

505 Schricker/Loewenheim/*Loewenheim* § 2 Rn. 18.
506 Schricker/Loewenheim/*Loewenheim* § 2 Rn. 46.
507 So auch Hoeren/Sieber/Holznagel/*Solmecke* Teil 21.1 Rn. 76; a.A. dagegen *Ulbricht* S. 59.
508 Schricker/Loewenheim/*Vogel* § 87a Rn. 44.
509 *Ulbricht* S. 60, der darauf verweist, dass insbesondere Linklisten von der Rechtsprechung bereits als Datenbanken i.S.v. § 87a UrhG qualifiziert worden sind (vgl. *LG Köln* ZUM-RD 2000, 304 sowie *AG Rostock* MMR 2001, 631); Hoeren/Sieber/Holznagel/*Solmecke* Teil 21.1 Rn. 76.
510 Vgl. zur Rechtsnatur Schricker/Loewenheim/*Vogel* Vor §§ 87a ff. Rn. 28 ff.
511 Schricker/Loewenheim/*Vogel* Vor §§ 87a ff. Rn. 33.

VIII. Zukunft von sozialen Medien

1. Sättigungseffekte

272 Mit der Gattung sozialer Medien und der damit verbundenen Entwicklung des Social Web als Raum der Kommunikation, Interaktion und Partizipation[512] haben die einschlägigen Diensteanbieter innerhalb der letzten Jahre einen rasanten Nutzerzuwachs erfahren. In Anbetracht dieser Erfolgsgeschichte sind weitere Social Media-Dienste entstanden, deren Akzeptanz und Durchsetzung bei den Nutzern vor allem durch den Innovationsgrad der jeweiligen Anwendung geprägt war.

273 Angesichts der Perspektiven, die die Teilhabe an sozialen Medien sowohl für Unternehmen als auch für Private eröffnet, wird dem Phänomen Social Media auch künftig große Bedeutung zukommen. Ohne interaktive, partizipatorische und soziale Komponenten ist die Nutzung des Internets nicht mehr denkbar. Nichts desto weniger ist die Sättigung der Bevölkerung mit sozialen Medien absehbar. Dementsprechend wird voraussichtlich im Jahr 2018 der Anteil der Internetnutzer in Deutschland bei maximal 82–85 % seinen vorläufigen Höchststand erreicht haben.[513] Weil nicht sämtliche Internetnutzer auch von Social Media-Diensten Gebrauch machen, wird der Anteil derer, die in sozialen Medien aktiv sind, noch unter dem genannten Wert liegen.[514]

2. Konzentration von Datenmacht

2.1 Facebook und WhatsApp

274 Mit der Übernahme des stetig wachsenden Instant Messaging-Dienstes *WhatsApp* ist der Anbieter des weltweit bekanntesten sozialen Netzwerks *Facebook* den bevorstehenden Sättigungseffekten am Social Media-Markt zuvorgekommen. Zugleich hat die datenmäßige Machtkonzentration im Bereich der sozialen Medien durch den Zusammenschluss eine neue Dimension erreicht. Nunmehr liegen die Daten von mehr als 1,2 Mrd. Facebook- und 450 Mio. *WhatsApp*-Nutzern in der Verfügungsgewalt eines Konzerns. Dass es insoweit zu einem Datenaustausch kommen wird, liegt angesichts des außergewöhnlich hohen Kaufpreises von umgerechnet 14 Milliarden Euro nahe.[515] Zugleich ist davon auszugehen, dass auch die personenbezogenen Daten der neugewonnenen *WhatsApp*-Nutzer zu kommerziellen Zwecken genutzt werden sollen.[516]

---

512 Dazu Hornung/Müller-Terpitz/*Hohlfeld/Godulla* 2. Kap. Rn. 1 ff.

513 *Van Eimeren/Frees* Media Perspektiven 7-8/2013, 358, 360.

514 Dazu sowie zu einem möglichen erneuten Anstieg der Social Media-Nutzung, wenn die Gruppe der heute 14–29-Jährigen an die Stelle älterer Nutzergruppen tritt, die sich bislang nur vereinzelt innerhalb sozialer Medien bewegen Hornung/Müller-Terpitz/*Hohlfeld/Godulla* 2. Kap. Rn. 42.

515 Da Facebook zur Übernahme von WhatsApp gegenüber der EU falsche Angaben gemacht hat, hat die EU-Kommission im Mai 2017 eine Strafzahlung von 110 Mio. EUR gegen Facebook verhängt. Facebook hatte im Zuge der Übernahme erklärt, dass es nicht zuverlässig möglich sein werde, einen automatischen Datenabgleich zwischen den Benutzerkonten beider Dienste einzurichten. Diese Erklärung erwies sich im Nachgang als unwahr, vgl. Meldung unter www.heise.de/newsticker/meldung/WhatsApp-Uebernahme-EU-verlangt-110-Mio.-Euro-Strafe-von-Facebook-3716526.html.

516 So der Hamburger Datenschützer *Caspar*, vgl. unter www.faz.net/aktuell/wirtschaft/netzwirtschaft/der-facebook-boersengang/whatsapp-uebernahme-die-sorgen-der-datenschuetzer-12812062.html.

2.2 Auswahl und Filterung von Inhalten

Neben der kaum kontrollierbaren Sammlung und Verarbeitung personenbezogener Nutzerdaten liegt eine erhebliche Gefahr der Machtkonzentration zugunsten einzelner Internetdiensteanbieter in der weitreichenden Filterung von Inhalten. So werden etwa Statusmeldungen innerhalb des sozialen Netzwerks *Facebook* nicht ausschließlich in zeitlicher Chronologie, sondern nach Präferenz der Nutzer angezeigt. Wird ein bestimmter Beitrag besonders häufig kommentiert oder „gelikt", kann dies zu dessen Priorisierung innerhalb des Neuigkeiten-Rankings führen.[517] Gleiches gilt nach dem sog. Last Actor-Algorithmus für Meldungen derjenigen Personen, mit denen der jeweilige Nutzer besonders häufig interagiert oder deren Profile er regelmäßig besucht.[518] Auf diese Weise wirkt der Social Media-Anbieter auf die Wahrnehmbarkeit der Beiträge und damit häufig zugleich auf deren tatsächliche Wahrnehmung durch den einzelnen Nutzer ein. 275

Von derartigen Auswahl- und Filterfunktionen macht auch der Suchmaschinenanbieter *Google* Gebrauch, indem er eine Personalisierung der angezeigten Suchergebnisse vornimmt. Ermöglicht wird dies durch verschiedene Technologien, die Informationen erfassen und speichern, sobald der Nutzer eine Suchanfrage stellt, einen bestimmten Suchtreffer aus der Ergebnisliste anklickt und die hiermit verlinkte Internetseite aufruft.[519] Die hierdurch erlangten Informationen werden hauptsächlich zur Generierung individualisierter, den Interessen und Vorlieben des jeweiligen Nutzers entsprechender Suchergebnisse und Werbung verwendet.[520] Darüber hinaus behält sich *Google* die Verknüpfung personenbezogener Daten aus einem seiner Dienste mit Informationen und personenbezogenen Daten aus anderen *Google*-Diensten vor. Verfügt ein Nutzer demnach über einen *Google*-Account und ist während eines Suchvorgangs, der ebenfalls über selbigen Anbieter vorgenommen wird, in sein Nutzerkonto eingeloggt, erscheinen neben den allgemeinen Suchtreffern auch personalisierte Suchergebnisse, die sich vorwiegend aus suchthematisch relevanten Beiträgen anderer Nutzer des sozialen Netzwerks *Google+* zusammensetzen.[521] Zwar sollen diejenigen Ergebnisse, die auf persönlichen Daten der Nutzer beruhen, besonders gesichert und in ihrer Darstellung von den allgemeinen Suchergebnissen deutlich getrennt sein.[522] Dies darf indes nicht darüber hinwegtäuschen, dass durch eine derartige Verknüpfung von Suchanfragen mit Kontakten und Inhalten aus sozialen Netzwerken die Verfügungsgewalt über Datenmengen neuen Ausmaßes begründet wird. 276

2.3 Staatlicher Datenzugriff

Mit den Unmengen an Daten, die innerhalb sozialer Medien verbreitet, gesammelt und gespeichert werden, können indes nicht nur kommerzielle Interessen von Social 277

517 Vgl. dazu www.facebook.com/business/news/News-Feed-FYI-A-Window-Into-News-Feed.

518 Vgl. dazu http://techcrunch.com/2013/08/06/facebook-story-bumping/.

519 Vgl. dazu *Schwartmann/Keber/Godefroid* Sicherheit beim Surfen und Kommunizieren im Internet, 2014, S. 49 ff.

520 Daneben führt *Google* die Bereitstellung, die Wartung, den Schutz und die Verbesserung bestehender sowie die Entwicklung neuer Dienste als Verwendungszwecke für die erhobenen Nutzerinformationen an. Vgl. hierzu die Datenschutzerklärung von *Google* unter www.google.com/intl/de/policies/privacy/.

521 Vgl. dazu die Datenschutzerklärung von *Google* unter www.google.com/intl/de/policies/privacy/.

522 Vgl. dazu sowie zur personalisierten Suche im Allgemeinen www.spiegel.de/netzwelt/web/neuer-algorithmus-google-sucht-dich-a-808170.html.

Media-Anbietern und deren Partnerunternehmen bedient werden. Möglich ist darüber hinaus auch eine staatliche Ausspähung des Datenverkehrs. Geplant oder jedenfalls angedacht ist insoweit eine Echtzeitüberwachung sozialer Medien durch den Bundesnachrichtendienst (BND). Die im Rahmen von Blogs, Foren, sozialen Netzwerken oder Instant Messaging-Diensten ausgetauschten Inhalte könnten demnach überwacht werden, noch während die betroffenen Nutzer dort aktiv sind.[523]

278 Mit der Datensammelpraxis des BND hatte sich im Jahr 2014 bereits das Bundesverwaltungsgericht (BVerwG) zu befassen.[524] Dabei ging es um die strategische Telekommunikationsüberwachung, hauptsächlich des E-Mail-Verkehrs, durch den *BND* im Jahr 2010. Anhand von über 30 000 Suchbegriffen wurden dabei mehr als 37 Mio. sog. Treffer unter anderem im Bereich „Internationaler Terrorismus" erzielt, von denen schließlich 213 als nachrichtendienstlich relevant eingestuft wurden.[525] Die gegen dieses Vorgehen erhobene Klage auf Feststellung, dass der BND durch die strategische Telekommunikationsüberwachung im Jahr 2010 insbesondere bezogen auf den E-Mail-Verkehr das Fernmeldegeheimnis des Klägers[526] verletzt hat, wurde indes als unzulässig abgewiesen. Zur Begründung führte das BVerwG an, dass die Feststellungsklage stets auf einen konkreten, gerade den Kläger betreffenden Sachverhalt bezogen sein müsse. Auch wenn die persönliche Betroffenheit im Hinblick auf den Kläger kaum auszuschließen sei und er sich angesichts der Heimlichkeit der Überwachung in einer Beweisnot befinde, könne die Rechtmäßigkeit behördlicher Maßnahmen im Rahmen des verwaltungsgerichtlichen Verfahrens keinesfalls einer allgemeinen Überprüfung unterzogen werden. Eine Kontrolle der Überwachungsmaßnahmen des BND sei bereits durch die sog. G-10-Kommission des Bundestages hinreichend gewährleistet.[525]

279 Demnächst wird sich auch das BVerfG mit der Frage zu befassen haben, ob die einschlägigen Vorschriften des Gesetzes zur Beschränkung des Brief-, Post- und Fernmeldegeheimnisses (sog. G-10-Gesetz) den Anforderungen der Verfassung Rechnung tragen.[527] Insbesondere wird dabei zu prüfen sein, ob die betreffenden Vorschriften geeignet sind, die Telekommunikationsüberwachung insoweit zu begrenzen, als die Zwecke legitimer Auslandsüberwachung erfüllt sind.

280 Vergleichbare Probleme ergeben sich im Hinblick auf die nachrichtendienstliche Überwachung sozialer Medien. Die Rechtmäßigkeit diesbezüglicher Maßnahmen richtet sich ebenfalls nach dem G-10-Gesetz. Soweit dieses den BND zur Überwachung und Aufzeichnung der Telekommunikation berechtigt,[528] kann hiervon auch der Nachrichten-

---

523 Vgl. dazu www.spiegel.de/netzwelt/netzpolitik/bnd-will-soziale-netzwerke-live-ausforschen-a-972606.html.

524 *BVerwG* 28.5.2014 – 6 A 1.13.

525 Pressemitteilung Nr. 35/2014 *BVerwG* 6 A 1.13 v. 28.5.2014.

526 Dabei handelte es sich um den Berliner Rechtsanwalt *Härting*, der vor allem die Vertraulichkeit seiner anwaltlichen Korrespondenz mit ausländischen Mandanten gefährdet sah.

527 Mit Unterstützung der Gesellschaft für Freiheitsrechte hat die Menschenrechtsorganisation Amnesty International Verfassungsbeschwerde gegen das G-10-Gesetz eingereicht.

528 Gem. § 1 Abs. 1 Nr. Nr. 1 und Nr. 2 des G-10-Gesetzes ist der BND zur Abwehr von drohenden Gefahren für die freiheitliche demokratische Grundordnung oder den Bestand oder die Sicherheit des Bundes oder eines Landes einschließlich der Sicherheit der in der Bundesrepublik Deutschland stationierten Truppen der nichtdeutschen Vertragsstaaten des Nordatlantikvertrages sowie im Rahmen seiner Aufgaben nach § 1 Abs. 2 des BND-Gesetzes auch zu den in § 5 Abs. 1 S. 3 Nr. 2 bis 7 und § 8 Abs. 1 S. 1 bestimmten Zwecken berechtigt, die Telekommunikation zu überwachen und aufzuzeichnen (…).

austausch über soziale Medien betroffen sein. Der Begriff der Telekommunikation i.S.v. § 1 Abs. 1 G-10-Gesetz umfasst insoweit alle Formen der Nachrichtenübermittlung unter Raumüberwindung in nicht-körperlicher Weise mittels technischer Einrichtungen und damit gerade auch den Informationsaustausch über das Internet.[529] Datenschützer kritisieren bereits, der BND sei aufgrund seiner weiten Aufgabenzuweisung faktisch in der Lage, Datensammlungen und –auswertungen in unverhältnismäßigem Ausmaß vorzunehmen.[530] Rechtliche Klarheit wird insoweit erst durch die Entscheidung des BVerfG zu erwarten sein. Den maßgeblichen Anknüpfungspunkt stellt dabei zwar zunächst nur die Überwachung des E-Mail-Verkehrs dar. Allerdings wird die Beurteilung der Rechtmäßigkeit dieser Überwachungsmaßnahmen wohl auch im Hinblick auf die Überwachung sozialer Medien richtungsweisend sein.

3. Marktmacht der Nutzer

Grundsätzlich werden die Bedingungen, unter denen ein Social Media-Dienst genutzt 281 werden kann, von den jeweiligen Anbietern vorgegeben. Dem Einzelnen steht eine Entscheidung folglich nur darüber zu, ob er überhaupt einen Vertrag abschließen möchte. Die konkrete Ausgestaltung des Vertragsverhältnisses bleibt dagegen dem Diensteanbieter vorbehalten. Begründet liegt dies regelmäßig in der wirtschaftlich machtvollen Stellung, die den einschlägigen Unternehmen zukommt. Initiativen, die sich für die Schaffung von Mitbestimmungsrechten der Nutzer einsetzen, sind häufig zum Scheitern verurteilt, weil eine derartige Einflussnahme den Interessen der Anbieter, insbesondere im Hinblick auf die umfangreiche Datensammlung, zuwiderläuft.[531]

Eigene Aktivitäten, die den Nutzern Mitwirkungsrechte oder Abstimmungsmöglich- 282 keiten im Hinblick auf die inhaltliche und vertragliche Ausgestaltung der Social Media-Nutzung einräumen, werden die Betreiber nur dann in Erwägung ziehen, wenn eine nachhaltige Schädigung der eigenen Reputation und/oder eine spürbare Abwanderung der Nutzer droht.[532] Trotz der bestehenden strukturellen Übermacht der Social Media-Anbieter können die Nutzer aber in gewisser Weise auf die Ausgestaltung der Plattformen Einfluss nehmen. Um bei den Unternehmen nachhaltig Gehör zu finden, ist die Mobilisierung einer möglichst großen Nutzerzahl erforderlich. Nur durch das Auftreten als homogene Masse (sog. Crowd Pressure) kann das strukturelle Ungleichgewicht zwischen Anbieter und Nutzern beseitigt oder jedenfalls vermindert werden.[533] Zugleich kann durch den breit angelegten Kommunikationsrahmen die notwendige Aufmerksamkeit und Diskussionsgrundlage für Themen geschaffen werden, die bei den Anbietern ansonsten keine hinreichende Beachtung finden. Über massenmediale Kommunikationswege können derartige Anliegen ferner in den Fokus der breiten Öffentlichkeit gelangen und über einen längeren Zeitraum dort gehalten werden.

---

529 *Roggan* G-10-Gesetz, § 1 Rn. 11.

530 So etwa der Mannheimer Verfassungsrechtler *Bäcker* vgl. unter www.spiegel.de/politik/deutschland/nsa-ausschuss-bnd-arbeitet-laut-gutachten-verfassungswidrig-a-971197.html.

531 Zum Versuch der Schaffung einer sog. *Facebook*-Union Hornung/Müller-Terpitz/*Bräutigam/Sonnleithner* 3. Kap. Rn. 115; vgl. auch www.theguardian.com/media/2010/aug/09/facebook-users-union-demands-payment.

532 Zur weitgehenden Folgenlosigkeit derartiger Abstimmungsmöglichkeiten am Beispiel der *Facebook*-Nutzungsbedingungen *Bräutigam* MMR 2012, 635, 640.

533 Hornung/Müller-Terpitz/*Bräutigam/Sonnleithner* 3. Kap. Rn. 116.

283 Trifft ein derart gezieltes Zusammenwirken den Social Media-Anbieter indessen nicht mit hinreichender Intensität, wird er sich zur Anpassung an die Erwartungen der Anwender nicht ohne Weiteres veranlasst sehen. In diesem Falle kann der Druck des Nutzerkollektivs durch den Wechsel zu alternativen, nutzerfreundlicheren Anbietern verstärkt werden.[534] Auch wenn demnach die grundlegenden Bedingungen zur Nutzung von sozialen Medien unternehmensseitig vorgegeben werden, können die Nutzer doch in gewisser Weise hierauf Einfluss nehmen, indem sie auf die Diensteanbieter durch ihr reaktives Verhalten am Social Media-Markt einwirken. Aufgrund des spürbaren Drucks, der durch das Nutzerkollektiv und/oder die Öffentlichkeit erzeugt wird, können auf diese Weise deutliche Verbesserungen erreicht werden.[535]

4. Gesetzgeberischer Handlungsbedarf

4.1 Aufgabe der rundfunkrechtlichen Sonderdogmatik

284 Angesichts der fortschreitenden technischen und gesellschaftlichen Entwicklung, die dem Internet eine immer größere Bedeutung zukommen lässt, bestehen erhebliche Zweifel, ob die Sonderstellung des Rundfunks berechtigterweise noch aufrechterhalten werden kann. Sofern das BVerfG diese Sonderdogmatik nicht mehr mit der Knappheit der Übertragungsfrequenzen begründet,[536] sondern nunmehr auf die Aktualität, Suggestivkraft und Breitenwirkung des Rundfunks abstellt,[537] drängt sich die Frage nach einer vergleichbaren Wirkmacht telemedialer Angebote auf. Einigkeit dürfte jedenfalls insoweit bestehen, als Informationen über Telemedien ebenso aktuell verbreitet werden können wie über den Rundfunkweg. Mit Blick auf die jederzeitige Abrufbarkeit entsprechender Dienste über mobile Endgeräte wird häufig sogar von einem höheren Aktualitätsgrad telemedialer Angebote auszugehen sein.[538] Auch in Bezug auf Suggestivkraft und Breitenwirkung kann eine Überlegenheit des klassischen Rundfunks nicht mehr durchweg angenommen werden. Gerade die sozialen Medien weisen insoweit hohe – teils noch ansteigende – Nutzerzahlen auf, die sich über sämtliche Altersstufen hinweg erstrecken. Dass von derartigen Angeboten eine hohe Suggestivkraft ausgehen kann, zeigt etwa die über das soziale Netzwerk *Facebook* sowie den Microblogging-Dienst *Twitter* erfolgreich betriebene Rekrutierung von Hochwasserhelfern aus ganz Deutschland.[539] Daneben ist auf verschiedene Künstler zu verweisen, die über multimediale Plattformen wie *YouTube* einen erheblichen Bekanntheitsgrad mit Millionen von Abonnenten erlangt haben.[540]

285 Sofern aber Meinungsrelevanz und Gefährdungspotenzial telemedialer Angebote mit der Wirkmacht des klassischen Rundfunks vergleichbar oder dieser teils sogar überle-

---

534 Dass die Nutzer eine Abwanderung zu anderen Social Media-Angeboten bisweilen nicht nur in Betracht ziehen, sondern tatsächlich umsetzen, zeigt bereits das schnelle Bekanntwerden des Instant Messaging-Dienstes *Threema*, der bereits kurze Zeit nach der Übernahme von *WhatsApp* durch *Facebook* in den einschlägigen Download-Charts zu finden war.

535 Vgl. beispielhaft zu Verbesserungen im Bereich des Datenschutzes Hornung/Müller-Terpitz/*Bräutigam/Sonnleithner* 3. Kap. Rn. 119.

536 So noch *BVerfGE* 31, 314, 326.

537 *BVerfGE* 90, 60, 87.

538 So auch Hornung/Müller-Terpitz/*Beyerbach* 9. Kap. Rn. 118.

539 Vgl. dazu www.faz.net/aktuell/feuilleton/medien/facebook-twitter-flut-lisa-mueller-gefaellt-das-hochwasser-2013-12211121.html.

540 Vgl. etwa den *YouTube*-Kanal der Comedy-Gruppierung *YTitty* mit fast drei Millionen Abonnenten unter www.youtube.com/user/YTITTY.

gen sind, verliert die rundfunkrechtliche Sonderdogmatik ihre Berechtigung. An ihre Stelle sollte auf verfassungsrechtlicher Ebene ein einheitliches Grundrecht der Medienfreiheit treten, das auf die Differenzierung medialer Gattungen verzichtet.[541] Ausgangspunkt einfachgesetzlicher Regulierung wäre dann nicht mehr die – bisweilen schwierige – Einordnung als Rundfunk oder Telemedium.[542] Stattdessen müsste eine gattungsübergreifende Regulierung nach den Kriterien der Meinungsbildungsrelevanz und des allgemeinen Gefährdungspotenzials eines Angebots erfolgen.[543]

4.2 Verbesserung datenschutzrechtlicher Standards

Im Hinblick auf Auswahl und Gestaltung von Datenverarbeitungssystemen gibt § 3a **286**
S. 1 BDSG das Ziel vor, die Erhebung, Verarbeitung und Nutzung personenbezogener Daten so gering wie möglich zu halten. Insbesondere sind personenbezogene Daten zu anonymisieren oder pseudonymisieren, soweit dies nach dem Verwendungszweck möglich ist und keinen im Verhältnis zu dem angestrebten Schutzzweck unverhältnismäßigen Aufwand erfordert (§ 3a S. 2 BDSG). Tatsächlich leiten die meisten Social Media-Anbieter hieraus jedoch keine konkreten Verhaltensweisen ab, die den in § 3a BDSG normierten Grundsätzen hinreichend gerecht werden. Regelmäßig zieht dies auch keine Konsequenzen nach sich, weil die Missachtung der vorgegebenen Datensparsamkeit kaum durch Schadensersatzansprüche oder Aufsichtsmaßnahmen sanktioniert wird.[544] Datenschutzrechtliche Standards müssen daher konkreter gefasst und an die spezifischen Gegebenheiten sozialer Medien angepasst werden. Ein Schritt in diese Richtung wird durch Art. 25 DSGVO getan. Vorgegeben wird hier die Verpflichtung zu Datenschutz durch Technikgestaltung und datenschutzfreundliche Voreinstellungen. Insbesondere muss durch entsprechende Voreinstellungen sichergestellt sein, dass personenbezogene Daten nicht ohne Eingreifen des Betroffenen einer unbestimmten Personenzahl zugänglich gemacht werden. Umfangreiche Datenverarbeitungen durch die Anbieter sind somit ausschließlich dann zugelassen, wenn der Nutzer eine bewusste Änderung dieser Modalitäten vornimmt. Des Weiteren käme eine automatische Benachrichtigung in Betracht, sofern die Daten eines Nutzers von einem anderen Nutzer weiterverbreitet werden.[545] Denkbar wäre ebenfalls ein Quarantäne-Bereich für Daten Dritter, die erst mit deren Zustimmung freigegeben oder andernfalls gelöscht werden.[544] Um die Auswahl eines sozialen Mediums nach den Kriterien der Datensicherheit und –sparsamkeit zu ermöglichen, sollten diese Standards anhand von Gütesiegeln zertifiziert werden.[546] Angedacht ist darüber hinaus die Etablierung einer Verwertungsgesellschaft Datenschutz auf internationaler Ebene. In Anlehnung

541 So *Sporn* K&R Beihefter 2/2013 zu Heft 5, 2 ff.; befürwortend auch *Hain* K&R 2012, 98, 103 und Hornung/Müller-Terpitz/*Beyerbach* 9. Kap. Rn. 119; a.A. *Dörr* K&R Beihefter 2/2013 zu Heft 5, 9 ff. Zu den Anforderungen an ein derartiges Mediengrundrecht *Schwartmann* K&R 5/2013, Editorial.

542 Zu den begrifflichen Zuordnungsschwierigkeiten Hornung/Müller-Terpitz/*Beyerbach* 9. Kap. Rn. 114.

543 Dazu 3. Kap. Rn. 34 f.

544 *Spindler* Gutachten zum 69. DJT, S. 124.

545 Hornung/Müller-Terpitz/*Hornung* 4. Kap. Rn. 87 f. Praktiziert wird dies bereits im Rahmen der Smartphone-App *Snapchat*. Hier können Fotos und Videos ausgetauscht werden, wobei die versendeten Inhalte nach wenigen Sekunden durch einen automatischen Selbstzerstörungsmechanismus gelöscht werden. Hält der Empfänger ein bestimmtes Foto oder Video per Screen-Shot fest, wird der Versender hiervon in Kenntnis gesetzt. Dazu sowie zu den bestehenden Schutzlücken und Umgehungsmöglichkeiten www.snapchat-tricks.de/.

546 Hornung/Müller-Terpitz/*Hornung* 4. Kap. Rn. 88; *Spindler* Gutachten zum 69. DJT, S. 125.

an urheberrechtliche Strukturen könnte auf diese Weise für bestimmte datenmäßige Nutzungen eine kollektive Wahrnehmung der Vergütungsinteressen einzelner Betroffener erfolgen.[547]

287 Einen wesentlichen Schritt zur Erhöhung des datenschutzrechtlichen Niveaus im Rahmen des Internets hat im Mai 2014 der EuGH vorgenommen.[548] Danach hat ein Suchmaschinenbetreiber im Anwendungsbereich der Datenschutz-RiLi Links zu Drittwebseiten, die Informationen zu einer Person enthalten und im Rahmen der Suchergebnisse angezeigt werden, zu entfernen, soweit der Betroffene dies verlangt und die Information über ihn zum gegenwärtigen Zeitpunkt nicht mehr dem ursprünglichen Zweck der Datenverarbeitung entspricht.[549] Dies gilt unabhängig davon, ob es sich um sachlich richtige Informationen handelt oder dem Betroffenen durch die Einbeziehung der betreffenden Daten in die Ergebnisliste ein Schaden entstanden ist.[550] Zur Begründung hat der EuGH darauf verwiesen, dass jede Verarbeitung personenbezogener Daten während der gesamten Dauer ihrer Ausführung zulässig sein muss. Daher sei stets zu prüfen, ob der Betroffene ein Recht darauf habe, dass die Information über ihn zum gegenwärtigen Zeitpunkt nicht mehr durch eine Ergebnisliste, die im Anschluss an eine Personensuche im Internet angezeigt wird, mit seinem Namen in Verbindung gebracht wird. Insoweit sei grundsätzlich von einem Überwiegen dieser Rechte des Betroffenen gegenüber den wirtschaftlichen Interessen des Suchmaschinenbetreibers sowie dem Informationsinteresse der Öffentlichkeit auszugehen.[551] Auch wenn die genannten Grundsätze vordergründig nur für Suchmaschinenbetreiber gelten, kommt ihnen Relevanz auch im Hinblick auf viele Social Media-Anbieter zu. Soweit sie im Rahmen ihres Angebots entsprechende Suchfunktionen vorhalten, sind daher auch die Betreiber sozialer Medien in die datenschutzrechtliche Verantwortlichkeit einbezogen.

288 Unter Geltung der **Datenschutz-Grundverordnung** hat das „Recht auf Vergessen werden“ in **Art. 17 DSGVO** Einzug in das europäische Datenschutzrecht gehalten. Die Norm geht über die Entscheidung des EuGH hinaus und verleiht dem Betroffenen das Recht, von dem Verantwortlichen zu verlangen, dass ihn betreffende personenbezogene Daten **unverzüglich gelöscht** werden, sofern einer der in der Norm genannten Gründe zutrifft. Hat der Verantwortliche die zu löschenden personenbezogenen **Daten** öffentlich gemacht, hat er unter Berücksichtigung verfügbarer Technologien und der hiermit verbundenen Implementierungskosten angemessene Maßnahmen zu treffen, um **andere Verantwortliche**, die die personenbezogenen Daten verarbeiten, darüber zu **informieren**, dass der **Betroffene** von ihnen die **Löschung aller Links** zu diesen Daten oder von **Kopien** oder Replikationen hiervon **verlangt** hat.[552] Die Bedeutung des „Rechts auf Vergessen werden“ für Anbieter sozialer Mediendienste ist nicht zu unterschätzen und in ihren Einzelheiten genau zu beobachten.

---

547 *Bräutigam* MMR 2012, 635, 641; hierzu auch *Schwartmann/Hentsch* RDV 2015, 221.

548 Zum sog. Recht auf Vergessenwerden *Schwartmann/Ohr* Recht der Sozialen Medien, Rn. 286.

549 *EuGH* 13.5.2014 – C-131/12 – Google Spain SL, Google Inc./AEPD, Mario Costeja González, Rn. 92 ff.

550 *EuGH* 13.5.2014 – C-131/12 – Google Spain SL, Google Inc./AEPD, Mario Costeja González, Rn. 93 und 96.

551 *EuGH* 13.5.2014 – C-131/12 – Google Spain SL, Google Inc./AEPD, Mario Costeja González, Rn. 96 f.

552 Dazu ein Überblick in *Gola/Jaspers/Mühlein/Schwartmann* Die Datenschutz-Grundverordnung im Überblick, 3. Aufl (2017), 5.5.2.

4.3 Verhinderung und Aufbruch überragender Marktstellung

Vor neuen Herausforderungen steht die medienrechtliche Gesetzgebung nicht nur im Hinblick auf die erheblichen Datenmengen, die sich in der Verfügungsgewalt einiger weniger Diensteanbieter befinden. Regelungsbedarf besteht vor allem auch im Hinblick auf die „Kommunikationsmonopole", die sich im Bereich des Internets – namentlich durch *Facebook* und *Google* – gebildet haben. Die überragende Marktmacht einzelner Unternehmen hat regelmäßig zur Folge, dass sich neue Anbieter kaum behaupten können. Da der Zweck von Social Media-Diensten in der Vernetzung und Kommunikation mit möglichst vielen Nutzern besteht, stellt der Wechsel zu einem neuen Anbieter mit einer (noch) geringen Mitgliederzahl in vielen Fällen keine attraktive Handlungsoption dar. Um eine derart schwierige Einführungsphase bis zur Etablierung eines Dienstes zu überstehen, bedarf es nicht unerheblicher finanzieller Rücklagen. Gerade hieran fehlt es neuen Anbietern regelmäßig. Der Markteintritt durch potentielle Mitbewerber ist damit faktisch ausgeschlossen oder jedenfalls mit kaum überwindbaren Schwierigkeiten verbunden.[553] **289**

Neben dieser kartellrechtlichen Problematik ergeben sich aus der überragenden Machtstellung einiger weniger Anbieter zugleich Gefahren für die Meinungs- und Informationsvielfalt. Durch die Alleinstellung dieser Unternehmen am Markt können sie Macht darüber ausüben, welche Inhalte von den Nutzern zur Kenntnis genommen werden.[554] Vergleichbare Angebote, die eine größere Meinungs- und Informationsbandbreite gewährleisten könnten, finden aufgrund ihrer geringeren Bekanntheit beim Nutzer kaum Verwendung. **290**

Lösungen zum Aufbruch dieser Strukturen können hier nicht im Abbau von Zulassungshürden gesehen werden. Die Zulassung telemedialer Angebote ist gem. § 54 Abs. 1 S. 1 RStV, § 4 TMG ohnehin zulassungsfrei. Probleme bestehen vielmehr im Hinblick auf die dauerhafte Behauptung an einem monopolähnlichen Markt. Da derartige Schwierigkeiten vor allem in der fehlenden Wechselbereitschaft der Nutzer begründet sind, könnte ein möglicher Regulierungsansatz in der Verpflichtung der „Quasi-Monopolisten" zur Schaffung eines technischen Zugangs zu Konkurrenzangeboten liegen. Dieses Modell der Interoperabilität ist im Rahmen der Zugangsregulierung des Telekommunikationsrechts (§§ 16, 21 TKG) bereits angelegt und könnte auf den Bereich der Telemedien übertragen werden. Praktisch umgesetzt werden könnte dies beispielsweise über entsprechende Buttons oder Verlinkungen, die dem Nutzer eine netzwerkübergreifende Kommunikation mit sämtlichen Kontaktpersonen ermöglichen.[555] **291**

4.4 Anpassung des Medienkonzentrationsrechts

Des Weiteren stellt sich mit Blick auf die herausragende Bedeutung des Internets die Frage nach einer Anpassung des Medienkonzentrationsrechts im Sinne der §§ 25 ff. RStV. Zwar werden zur Ermittlung vorherrschender Meinungsmacht eines Unternehmens unter bestimmten Voraussetzungen grundsätzlich auch die sog. medienrelevan- **292**

---

553 Dazu Hornung/Müller-Terpitz/*Beyerbach* 9. Kap. Rn. 123 ff.

554 Für den Fall *Google Dörr* K&R 2013, Editorial zu Heft 12; *Holznagel* MMR 2011, Editorial zu Heft 1; *Hoffmann-Riem* AöR 2012, 509, 534 ff.

555 Dazu sowie zu dem weiteren Lösungsansatz einer Erstreckung der Vorschriften über die rundfunkrechtliche Plattformregulierung (§§ 52 ff. RStV) auf die Problematik telemedialer Machtstrukturen Hornung/Müller-Terpitz/*Beyerbach* 9. Kap. Rn. 125.

ten verwandten Märkte herangezogen. Gemäß § 26 Abs. 2 S. 2 Alt. 2 RStV wird die vorherrschende Meinungsmacht eines Unternehmens mit einem jahresdurchschnittlichen Zuschaueranteil von 25 % vermutet, wenn eine Gesamtbeurteilung seiner Aktivitäten im Fernsehen und auf medienrelevanten verwandten Märkten ergibt, dass der dadurch erzielte Meinungseinfluss dem eines Unternehmens mit einem Zuschaueranteil von 30 % im Fernsehen entspricht. Demnach können prinzipiell auch Tätigkeitsfelder im Rahmen des Internets Berücksichtigung finden.[556] Offen bleibt nach dem Gesetzeswortlaut indessen, wie die Umrechnung von Marktanteilen telemedialer Angebote in rundfunkmäßige Zuschaueranteile zu erfolgen hat. § 26 Abs. 2 S. 3 RStV legt insoweit nur fest, unter welchen Voraussetzungen der tatsächliche (fernsehmäßige) Zuschaueranteil zu reduzieren ist. Hieraus wird deutlich, dass die Regelungen zur Sicherung der Meinungsvielfalt eine stark fernsehzentrierte Ausrichtung aufweisen, die den tatsächlichen Gegebenheiten und insbesondere der Meinungsmacht bestimmter Internetanwendungen nicht mehr gerecht wird.[557]

556 A.A. Spindler/Schuster/*Holznagel/Grünwald* § 26 RStV Rn. 16.
557 Vgl. auch Hornung/Müller-Terpitz/*Beyerbach* 9. Kap. Rn. 119.

12. Kapitel
Technische Aspekte des Einsatzes von Social Media

Gut 84 % der Deutschen ab 14 Jahren sind im Internet aktiv.[1] Im Durchschnitt sind sie ca. zwei Stunden täglich online, wobei die mobile Nutzung von Smartphones, Tablets etc. wesentlich zugenommen hat. Dabei verwenden sie Apps, schreiben E-Mails, engagieren sich in sozialen Netzwerken und vieles mehr. Doch wie das Internet funktioniert, wie die Daten von einem Ort zum anderen gelangen, ist vielen Nutzern nicht bekannt. Im Folgenden wollen wir erklären, wie Daten z.B. von einer Webseite zum Nutzer am Computer zuhause oder auf sein Smartphone gelangen (Kap. 1). Außerdem schauen wir uns Techniken der Nutzeridentifikation und -beobachtung an (Kap. 2 und 3) sowie die Kriterien, auf die beim Einsatz von privaten Geräten in Unternehmen geachtet werden müssen, insbesondere, wenn Apps darauf installiert sind (Kap. 4). 1

I. Technische Grundlagen der Datenübertragung im Internet

1. Internet-Protokolle

Das Internet ist eine Ansammlung von miteinander vernetzten Knotenpunkten und Leitungen, um Daten von einem Ort zum anderen zu transportieren (s. Abb. 1). Die Leitungen sind die Verbindungen zwischen den Knotenpunkten, also zwischen den Routern, Rechnern oder Servern. Aufgrund normierter Protokolle können Geräte unterschiedlicher Hersteller miteinander kommunizieren. Wo die Knotenpunkte sind, wie sie mit dem Internet verbunden sind und auch und um welche Art von Daten es sich handelt, ist für den Datentransport gleichgültig. So bleibt es dem Nutzer verborgen, dass das Internet seinem Wesen nach ein Zusammenschluss von Telekommunikationsnetzwerken unterschiedlichster Unternehmen, „Carrier“ genannt, ist. Daten fließen im Allgemeinen durch die Einflusssphäre von unterschiedlichsten Unternehmen und häufig sogar durch die von unterschiedlichen Nationalstaaten. Ein Umstand, den sich die NSA und ihre kooperierenden Geheimdienste bei der weltweiten Internet- und Telefonüberwachung zu Nutze gemacht haben.[2] 2

1 ARD/ZDF Online Studie 2016. URL: www.ard-zdf-onlinestudie.de/index.php, letzter Zugriff 3.1.2017.

2 C't magazin (2013): Globaler Abhörwahn. Wie digitale Kommunikation belauscht wird, www.heise.de/ct/artikel/Globaler-Abhoerwahn-1913829.html, letzter Zugriff 21.2.2017.

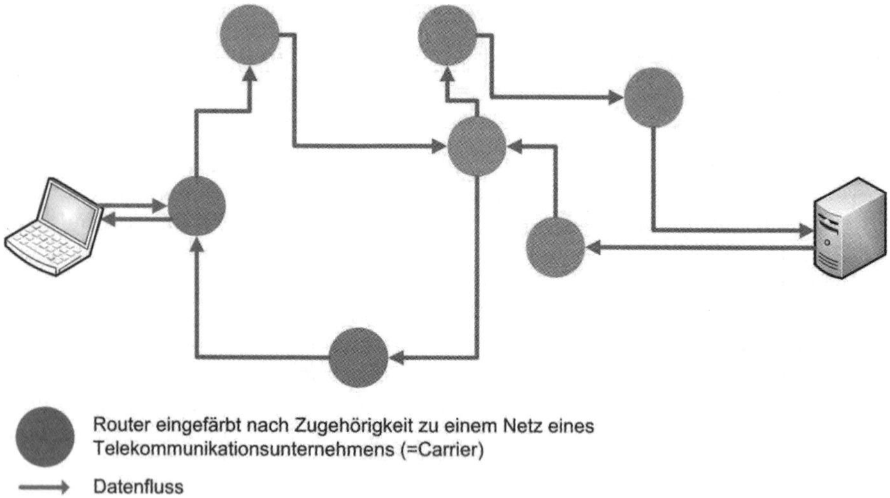

Abb. 1: Datenflüsse im Internet als Zusammenschluss unterschiedlicher Telekommunikationsnetze

3 Angenommen, Mona Muster möchte sich gerne einen neuen Tablet PC kaufen und ruft dafür von ihrem Computer zuhause aus die Webseite eines Geräteanbieters auf. Spätestens in dem Moment, in dem sie ihren Browser öffnet, wird ihr Computer Teil des weltweiten Netzwerkes und bereit für die Kommunikation mit Routern und Servern sowie mit anderen Endgeräten (PCs, Tablets, Smartphones usw.). Die Router legen den Weg eines Datenpakets fest, indem sie die Datenpakete von einem Netzwerkknotenpunkt zum nächsten weiterleiten. Dabei folgen sie bestimmten Regeln, die u.a. Rücksicht auf die Auslastung der Leitungen nehmen. Die Wege sind daher dynamisch und nicht vorhersagbar. Server sind Rechner, die anderen Endgeräten, wie PCs oder Smartphones (Clients), bestimmte Dienste anbieten. Dies könnte z.B. ein Adserver sein, der die Einblendung von Werbung auf verschiedensten Webseiten steuert oder ein Webserver, der eine Internetseite zum Abruf anbietet.

4 Für die Kommunikation der verschiedenen Geräte müssen sie die gleiche Sprache sprechen. Das regeln sog. Protokolle, welche technische Spezifikationen sind. Es gibt insgesamt ca. 500 Netzwerkprotokolle, die der Verbindung im Internet dienen. Während einer Datenübertragung von Monas PC zu demjenigen des Tablet-Anbieters kommen immer verschiedene Protokolle gleichzeitig zum Einsatz. Jedes Protokoll konzentriert sich dabei auf einen Aspekt der Datenübertragung. Ein bekanntes Protokoll ist das Hypertext Transfer Protocol, kurz HTTP, das die Übertragung von Webseiten ermöglicht. Die meisten werden es von der Anzeige in der Adressleiste im Browserfenster her kennen.

5 Möchte Mona Muster eine E-Mail-Anfrage an einen Onlineshop senden, geschieht die Übertragung der E-Mail-Daten mittels „Simple Mail Transfer Protocol" (SMTP). Das Transportieren der Daten übernehmen u.a. das Internet Protokoll (IP) und das „Transmission Control Protocol" (TCP). Zum Abholen bzw. Empfangen einer E-Mail mit einem PC oder Smartphone benötigt man wieder andere Internet-Protokolle, wie z.B. POP3 (Post Office Protocol) oder IMAP (Internet Message Access Protocol).

2. IP-Adresse

Damit ein Brief den richtigen Empfänger erreicht, benötigt er eine eindeutige 6
Adresse. Genauso verhält es sich auch mit dem Datenverkehr: Damit ein Datenpaket den gewünschten Empfänger erreicht, wird dem PC von Mona Muster eine eindeutige IP-Adresse zugewiesen. Ohne diese eindeutige IP-Adresse ist keine Internet-Kommunikation möglich. Die Daten könnten theoretisch zwar „abgeholt" werden, doch niemand wüsste, wohin sie geliefert werden sollen. E-Mails würden ihre Empfänger nicht erreichen und auch Daten einer aufgerufenen Webseite könnten nicht den PC von Mona Muster zuhause erreichen.

Ohne IP-Adresse wäre also die Internetkommunikation, wie wir sie täglich nutzen, 7
nicht möglich. Jedem Gerät, das in einem Computernetzwerk oder mit dem Internet verbunden ist, wird eine eigene IP-Adresse zugewiesen, welche aus Zahlen besteht. In der Vergangenheit wurden hauptsächlich IPv4-Adressen verwendet, die aus 32 Bits bestehen, die binär in 4 Oktetten dargestellt werden können (Abb. 2).

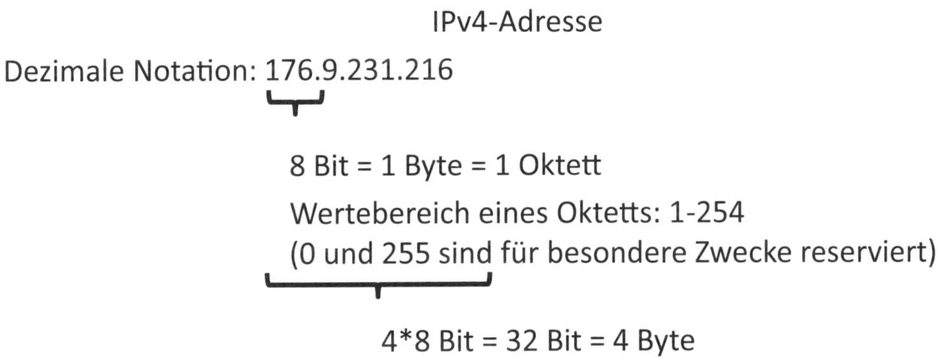

Abb. 2: Aufbau einer IP-Nummer

Weil auch jedem mobilen Endgerät eine eigene IP-Nummer zugewiesen werden muss, 8
steigt der Bedarf an IP-Nummern zurzeit rapide an. Die für Nordamerika reservierten IPv4-Adressen sind bereits alle vergeben.[3] Weltweit sind nur noch Restbestände verfügbar. Aus diesem Grund wurden IPv6-Adressen entwickelt, welche aus 128 statt aus 32 Bit bestehen. Je länger eine IP-Adresse ist, desto mehr unterschiedliche Adressen können vergeben werden. 128 Bit-Adressen erlauben $2^{128} = 3{,}4 \cdot 10^{38}$ einzigartige IP-Nummern. Damit könnte weltweit jedem Gerät eine eigene, lebenslang gültige IP-Nummer zugeordnet werden. Die Umstellung von IPv4 auf IPv6 findet bereits statt, d.h. die Nutzung der IPv4-Adressen wird abnehmen und in der Zukunft ganz eingestellt werden.

In Deutschland werden die IP-Adressen vom RIPE Network Coordination Cen- 9
tre (RIPE NCC) verwaltet. Dieses weist lokalen Internet Registraren (LIR) IP-Adressblöcke zu, welche wiederum die IP-Adressen an ihre Kunden weitergeben (verkaufen). Diese Local Internet Registries sind meist Internetdiensteanbieter,

3 Heise Online (2015): IPv4-Adress-Pool in Nordamerika endgültig erschöpft; www.heise.de/newsticker/meldung/IPv4-Adress-Pool-in-Nordamerika-endgueltig-erschoepft-2826871.html, letzter Zugriff 3.1.2017.

wie die Deutsche Telekom. Doch auch Unternehmen (z.B. Xing AG) und akademische Institutionen können als LIR tätig sein.[4]

2.1 Statische und dynamische IP-Adresse

10 Bei den IP-Adressen unterscheidet man zwischen statischen und dynamischen IP-Adressen. Dabei ist es unerheblich, ob es sich um IPv4 oder IPv6-Adressen handelt. Dem PC von Mona Muster wird, wie bei den meisten privaten Anwendern üblich, bei jedem Besuch im Internet eine andere IP-Adresse zugewiesen. Diese Adressierung ist dynamisch und kann damit bei jedem Internet-Besuch variieren. So können IP-Adressen nacheinander mehrfach genutzt werden, denn ein Gerät gibt seine IP-Nummer beim Ausschalten wieder zurück.

11 Statische IP-Adressen bleiben immer gleich. Sie werden nach Abschalten des Gerätes nicht wieder zurückgegeben und sind damit beim erneuten Verbinden mit dem Internet wieder dieselben. Statische IP-Nummern sind insbesondere für Server, die aus dem Internet erreichbar sein sollen, wichtig und müssen meist zusätzlich zu einem Internetanschluss erworben werden.

12 Eine Anwendung, die IP-Adressen erkennen und speichern kann, wie bspw. ein Webstatistik-Dienst, kann nicht feststellen, ob die IP-Adresse eine dynamische oder statische ist. Der Unterschied ist lediglich ein organisatorischer beim Internet Service Provider. Dieser Umstand ist erheblich bei der rechtlichen Beurteilung, ob es sich bei der IP-Adresse um ein personenbezogenes Datum handelt.

3. Das World Wide Web: Ein Dienst im Internet

13 Das World Wide Web (WWW) ist nur eine von vielen Möglichkeiten, das Internet zu nutzen. Sein Grundprinzip ist die flexible Gestaltung. So können Anwendungen unterschiedlicher Anbieter für den Benutzer neu zusammengestellt werden. Auf einer Webseite können viele zusätzliche Angebote eingebunden werden, wie bspw. Werbung, eine Webstatistik, ein Newsfeed, der Wetterdienst, Videoplayer etc. Trotzdem wird die Webseite vom Besucher als ein einziges Angebot wahrgenommen.

14 Abb. 3 zeigt eine übliche Komposition einer Webseite. Betrachtet man bspw. Webseiten von Parteien, so findet man Bilder, Videos und Karten mit den nächstgelegenen Verbänden oder Terminen. Dazu greift der jeweilige Betreiber für die Besucher unsichtbar auf weitere Dienstleister zurück. Beispiele:

- Youtube liefert die Videos,
- Flickr stellt Bilder bereit und
- Google steuert die Karte und weitere programmtechnische Funktionen bei.

4 Eine Liste aller LIRs, die in Deutschland registriert sind, findet man unter www.ripe.net/membership/indices/DE.html, letzter Zugriff 21.2.2017.

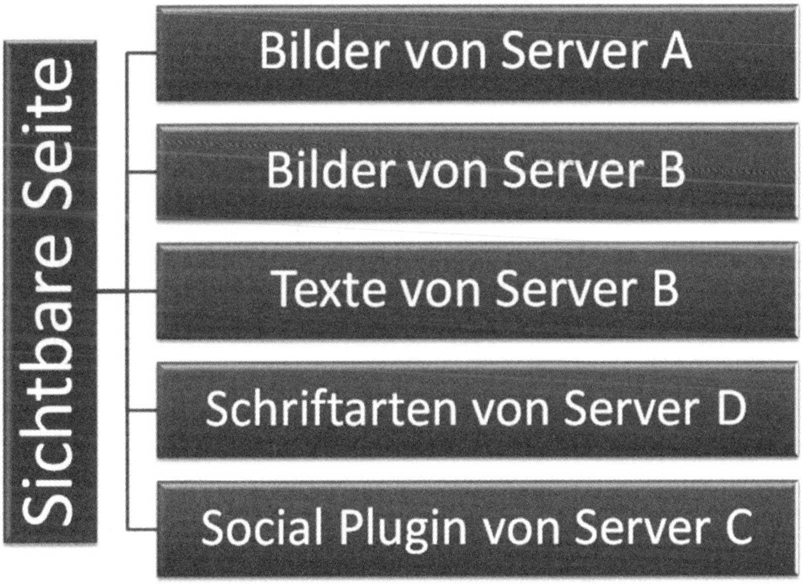

Abb. 3: Eine Webseite komponiert aus verschiedenen drei Diensten

Diese Dienste werden mittels eines sog. „iframe“[5] in die Webseite eingebunden, um an **15** bestimmten Stellen aufgerufen werden zu können. Wenn ein Webseitenbesucher Java Script aktiviert hat, welches mit den gängigen Webbrowsern standardmäßig der Fall ist, bemerkt er davon nichts. Die Elemente sehen aus, als ob sie direkt vom Seitenbetreiber stammen. Erst, wenn der Webbrowser so eingestellt ist, dass Skripte nicht standardmäßig akzeptiert werden, sondern manuell freigeschaltet werden müssen, kann ein Nutzer zumindest teilweise erkennen, welche Elemente eingebettet sind. Dies ist mit der Browsererweiterung „Noscript“ für den Mozilla Firefox möglich.[6] NoScript erlaubt es dem Nutzer, die Ausführung von Skripten selektiv zu steuern. So können bspw. skriptbasierte Cookies (s. Rn. 39) gar nicht erst gesetzt werden und viele Elemente, wie der Facebook Like-Button oder eine Karte von Google werden gar nicht erst angezeigt. Wenn der Nutzer es möchte, kann er die Ausführung des jeweiligen Skripts aktivieren.

Da die IP-Adresse als personenbezogenes Datum betrachtet wird,[7] erhält die Kompo- **16** sition einer Webseite mittels fremder Dienste eine Datenschutzdimension. Denn bei

5 Iframe, kurz von „Inlineframe“: „Durch einen iframe können Inhalte von externen Quellen in die eigene Webseite eingebunden werden, ohne dass der Besucher dies bemerkt. Dies können z.B. kleine Elemente, wie Werbebanner, sein, aber auch ganze Webseiten. So bemerkt ein Webseitenbesucher unter Umständen gar nicht mehr, wenn er auf eine andere Webseite umgeleitet wurde, da der iframe die gleiche Größe wie die vorherige Webseite hat.“ Aus: Auer/*Reinsdorff/Jakobs/Lepperhoff* Vom Datum zum Dossier, 2011, S. 58.

6 URL: http://noscript.net/, letzter Zugriff 21.2.2017.

7 Düsseldorfer Kreis (2009): Datenschutzkonforme Ausgestaltung von Analyseverfahren zur Reichweitenmessung bei Internet Angeboten. Beschluss der obersten Aufsichtsbehörden für den Datenschutz im nicht-öffentlichen Bereich am 26./27.11.2009 in Stralsund. URL: www.bfdi.bund.de/SharedDocs/Publikationen/Entschliessungssammlung/DuesseldorferKreis/Nov09Reichweitenmessung.html?__blob=publicationFile., letzter Zugriff 21.2.2017; so auch der EuGH (EU:C:2016:779 v. 19.10.2016).

jedem Datentransfer im Internet wird die IP-Nummer der jeweiligen Besucher übertragen. Die IP-Nummer eines Besuchers wird bei eingebetteten Diensten sowohl an die Seitenbetreiber wie auch an Dienstleister wie Google (Maps und Youtube) übermittelt, ohne dass der Besucher es bemerkt.

17 Beim Aufruf einer Webseite und der Inanspruchnahme von darauf bereit gestellten Diensten, wie z.B. das Anschauen eines Videos über Youtube, erhält der jeweils bereit stellende Server jedoch nicht nur die IP-Nummer des jeweiligen Benutzers. Der Webserver liefert die vom Besucher angeforderten Inhalte aus – wie eine Webseite, oder ein Video – und protokolliert deren Auslieferung. Am Beispiel eines gängigen „Apache"-Servers wird im Folgenden Umfang und Inhalt der Protokollierung erläutert.

18 Ohne anderweitige Einstellungen, protokolliert der Apache-Server im sog. „Access Log" für jeden an ihn gerichteten Abruf folgende Daten:

- die IP-Nummer des Besuchers bzw. Abrufers,
- die „User-ID" (Benutzerkennung) des Besuchers, falls sich der Besucher namentlich angemeldet hat,
- Datum und Uhrzeit des Abrufs,
- die abgerufene Datei (z.B. das angesehene Video),
- einen Code, der den Erfolg des Abrufs oder den aufgetretenen Fehler angibt und
- die übertragene Datenmenge.

19 Die User-ID ist beim herkömmlichen Betrachten einer Webseite i.d.R. nicht vorhanden, da Besucher sich nicht anmelden, um kostenfreie Webseiten zu betrachten.

20 Das Format, in dem die Daten protokolliert werden, wird als „Common Log Format" bezeichnet. Häufig kommt auch das „Combined Log Format" zum Einsatz, das folgende zusätzliche Informationen umfasst:

- Den „Referer", d.h. die URL der Webseite, von der der Besucher zu dieser Seite kam, und
- sein „User-Agent".

21 Der User-Agent ist als ein optionales Feld im Protokoll „HTTP" definiert, dass in der Praxis immer vom Browser an den Server übermittelt wird. Es wird häufig dazu verwendet, um dem Webserver Informationen, z.B. über den verwendeten Browser des Webseitenbesuchers mitzuteilen. So kann der Server bspw. die Anzeige eines Angebots anpassen, wenn mit einem Smartphone oder Tablet darauf zugegriffen wird.[8] Der Inhalt dieses Feldes ist nicht vorgeschrieben, daher übermitteln Browser im Feld User-Agent unterschiedliche Informationen. Häufig übermittelte Angaben sind:

- Name und Version des Browsers,
- Version des Betriebssystems und
- bei Mobilgeräten u.U. auch Angaben zur Firmware und Hardware.

22 Die erfassten Informationen werden u.a. dazu verwendet, um Besucher bzw. deren Geräte wieder zu erkennen (siehe Rn. 47).

23 Sofern der Betreiber sie nicht explizit abgeschaltet hat, protokolliert jeder Webserver diese Daten. Ob ein Webserver protokolliert oder nicht, kann der Besucher jedoch nicht feststellen.

8 RFC 2616: https://tools.ietf.org/html/rfc2616, letzter Zugriff 21.2.2017.

4. Datentransfer bei E-Mail

Bei Anbietern von kostenfreien E-Mail-Konten, wie von Google oder 1&1 (Web.de, GMX.de), können deren Kunden auf einer Webseite ihre E-Mails bearbeiten. Daher sieht eine E-Mail auf den ersten Blick wie eine Anwendung des World Wide Web aus. Tatsächlich werden E-Mails jedoch anders übertragen als Webseiten. **24**

Zum Schreiben einer E-Mail werden neben den Webseiten, genannt „Webmail", auch lokal auf dem PC, Smartphone oder Tablet installierte Programme, wie z.B. Microsoft Outlook oder Mozilla Thunderbird, verwendet. Nachdem Mona Muster eine E-Mail abgesendet hat, liefert das E-Mail-Programm die E-Mail bei ihrem E-Mail-Server ein. Jedem E-Mail-Konto muss immer ein E-Mail-Server zugeordnet sein, der E-Mails von dem entsprechenden Konto entgegen nimmt. Dieser Server leitet die E-Mail daraufhin an den nächsten zuständigen E-Mail-Server weiter, der sie wiederum an den nächsten zuständigen E-Mail-Server weiterleitet. Die Weiterleitung einer E-Mail kann über beliebig viele Stationen erfolgen. Solange, bis ein E-Mail-Server feststellt, dass er ein Konto mit der Empfänger-E-Mail-Adresse besitzt. Der Server wird die E-Mail nun in das entsprechende Konto ablegen. Der Empfänger ruft die E-Mail später z.B. mit seinem Tablet ab. **25**

Für die Einlieferung und Übertragung von E-Mail-Server zu E-Mail-Server wird das Protokoll SMTP verwendet (s.a. Rn. 2). Den E-Mail-Abruf durch den Empfänger ermöglichen die Protokolle POP3 und IMAP (Abb. 4). **26**

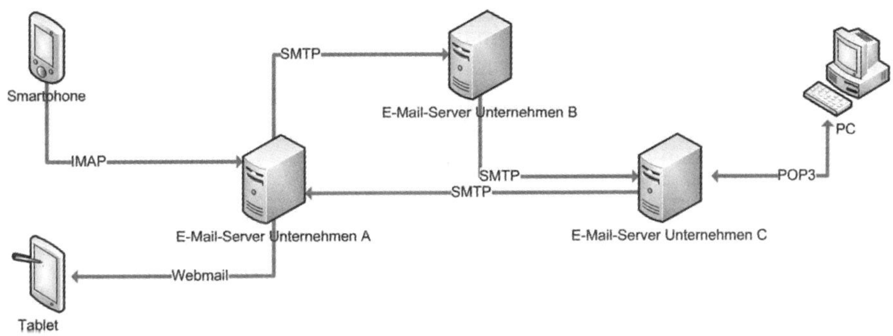

Abb. 4: Übertragung einer E-Mail

Jeder am Transport beteiligte E-Mail-Server quittiert den Empfang direkt in der E-Mail, d.h. er öffnet die E-Mail und verändert sie. Die Quittierung steht in den Kopfzeilen, dem sog. „Header", welche für die Benutzer normalerweise ausgeblendet sind. Der jüngste Eintrag steht oben. Von unten nach oben gelesen ergibt sich so der Weg, den die E-Mail vom Sender zum Empfänger genommen hat. **27**

Da die Entwickler des SMTP einen Massen- bzw. kommerziellen Einsatz nicht intendiert hatten, sieht das Protokoll keine Sicherungsmaßnahmen gegen Einsichtnahme oder Veränderung einer E-Mail vor.[9] Aus diesem Grund kann jeder an der Übertragung beteiligte Server den Inhalt der E-Mail sowie die Quittierung verändern oder löschen. So lässt sich dem Empfänger ein anderer Weg der E-Mail vorgaukeln, um **28**

9 Wikipedia (2014): E-Mail. URL: https://de.wikipedia.org/wiki/E-Mail; letzter Zugriff: 21.2.2017.

bspw. Spam- oder Phishing-E-Mails[10] plausibler erscheinen zu lassen. Die Absenderadresse einer E-Mail wird für die technische Übertragung gar nicht benötigt. Sie dient lediglich als Information für den Empfänger und lässt sich ohne Folgen für die Übertragung beliebig fälschen. So tragen Spam- oder Phishing-E-Mails i.d.R. gefälschte Absenderinformationen.

29 Bei der Einlieferung und beim Abholen von E-Mails wird heute häufig zusätzlich eine SSL-Verschlüsselung (SSL = Secure Sockets Layer) eingesetzt. Seit der Normierung durch die IETF[11] heißt SSL offiziell „TLS" für „Transport Layer Security".

30 Um den Inhalt einer E-Mail vor unbefugter Kenntnisnahme zu schützen, kann eine Ende-zu-Ende-Verschlüsselung eingesetzt werden. Eine Signierung sichert den Inhalt gegen unbefugte Veränderung ohne ihn zu verschlüsseln. Die Verschlüsselung oder Signierung umfasst jedoch nur den Inhalt der E-Mail, nicht aber ihre Kopfzeilen oder die Absenderadresse. Die Absenderadresse und die Kopfzeilen und damit die Quittierung lassen sich bei einer signierten oder verschlüsselten E-Mail verändern ohne die Signatur zu beschädigen.

31 Es können auch E-Mails versendet werden, ohne dass der Empfänger Hinweise auf die Identität des Absenders erhält. Dafür gibt es E-Mail-Server, die eingelieferte E-Mails akzeptieren, auch wenn kein E-Mail-Konto vorhanden ist. Sie werden „open relay" genannt. Der Empfänger hat dann kaum eine Möglichkeit, den Absender zu identifizieren.

32 Ursprünglich war der Inhalt einer E-Mail ohne Formatierung gedacht, d.h. als reine Textübertragung. Um E-Mails zu formatieren, z.B. durch verschiedene Schriftarten oder farbige Schrift, wird der Inhalt mittels HTML wie eine Webseite codiert und übertragen. So lassen sich Links in Phishing-E-Mails tarnen oder verborgene Zählpixel[12] verstecken. Ob eine E-Mail als Text oder HTML formatiert wurde, bleibt dem Leser unter Umständen auf den ersten Blick verborgen. Gewissheit gibt nur ein Blick in den Quelltext, den ein E-Mail-Programm auf Wunsch anzeigt.

33 Wo E-Mails nach der Zustellung gespeichert werden, hängt vom Empfänger ab und wie er auf seine E-Mails zugreift. Wenn er ein Programm auf seinem PC oder Tablet nutzt, das mittels „POP3" E-Mails abruft, so werden diese vom Server heruntergeladen – und damit auf dem Server gelöscht, sofern der Empfänger nichts Gegenteiliges konfiguriert hat – und lokal auf dem jeweiligen Gerät gespeichert. Greift er via „IMAP" zu, dann verbleiben die E-Mails auf dem Server und der Empfänger hat lokal nur eine Kopie. Bei Zugriff via Webmail, d.h. beim Lesen der E-Mails mit einem

10 „Mit Phishing wird das Stehlen von z.B. Zugangsdaten zu Online-Banking-Systemen über das Internet bezeichnet. Der Begriff ist eine englische Wortschöpfung, die sich wahrscheinlich von den englischen Worten „password" und „fishing" ableitet." Aus: Auer-*Reinsdorff/Jakobs/Lepperhoff* Vom Datum zum Dossier, 2011, S. 130.

11 IETF = Internet Engineering Task Force, das Ziel der IETF ist es, die Funktionsweise des Internet zu verbessern, www.ietf.org/, letzter Zugriff 21.2.2017.

12 Mit Zählpixeln, auch „Webpixel" oder „Webbugs" genannt, können Informationen über Surfgewohnheiten gesammelt werden. Zählpixel sind kleine unsichtbare Bilder, die in den HTML-Code von E-Mails oder Webseiten eingebunden sind. So kann man bspw. jeder E-Mail oder Seite eines Webauftritts ein individuelles Bild zuordnen, das beim Seitenaufruf bzw. dem Aufruf der E-Mail geladen wird. Mittels einer Webstatistik können die Bildaufrufe gesammelt und ausgewertet werden, so dass klar wird, welche Webseiten bzw. E-Mails wann betrachtet wurden. Diese Technik wird besonders gerne eingesetzt, um Besucher, die Skripte deaktiviert haben, trotzdem zu erfassen.

Browser, verbleibt die E-Mail auf dem Server des Anbieters und es wird keine lokale Kopie abgelegt.

5. Tell a friend-Funktion

Hat Mona Muster in einem Internetshop einen Tablet PC gefunden, der ihr gefällt, möchte sie vielleicht einem Freund davon erzählen. Daher freut sie sich über einen Empfehlungslink bei dem Produkt. Dieser erlaubt es ihr, anderen eine E-Mail zukommen zu lassen, die einen Link zu der von ihr besuchten und für interessant befundenen Webseite enthält. Dazu gibt Mona ihre eigene und die E-Mail-Adresse ihres Freundes ein, manchmal zusätzlich auch ihren und dessen Namen. **34**

Der *BGH* bewertet in seinem Urteil vom 12.9.2013 (I ZR 208/12)[13] diese „Tell a friend"-Funktion kritisch (so auch in seinem Urteil vom 14.1.2016, I ZR 65/14). Das Urteil besagt, dass die E-Mails, die daraus generiert werden, als Werbe-E-Mails zu betrachten seien und der Empfänger nicht in den Empfang eingewilligt habe. Damit ist eine Möglichkeit zur Abmahnung gegeben. **35**

Technisch gesehen geschieht bei der Versendung einer Tell a friend-E-Mail fast das gleiche, wie beim Versand einer herkömmlichen E-Mail. Nur, dass hierbei der Anbieter der Webseite als Mittler fungiert und die E-Mail absendet. Das Empfehlungsformular auf der Webseite erzeugt serverseitig, d.h. auf dem Server des Webseiten-Anbieters eine Werbe-E-Mail an die von Mona eingegebene E-Mail-Adresse. Dies geschieht, ohne dass eine Prüfung durchgeführt wird, ob Mona zur Nutzung der fremden E-Mail-Adresse berechtigt ist. So kann jeder, der Monas E-Mail-Adresse kennt, in ihrem Namen dieses Formular ausfüllen und an beliebige Empfänger versenden. **36**

Der Unterschied zur Versendung einer solchen Empfehlungs-E-Mail mittels des eigenen E-Mail-Programms oder mittels eines dritten Webservers ist folgender: Versendet Mona eine E-Mail mithilfe ihres Mailprogramms, indem sie z.B. den Link in eine geöffnete E-Mail einkopiert, so ist sie als Privatperson die Daten verarbeitende Stelle und kann bestimmen, wem sie etwas schickt. Bei einer Empfehlungs-E-Mail generiert der Shop die E-Mail. Somit ist der Shop die Daten verarbeitende Stelle und dieser hat auch die Kontrolle, was mit den Daten geschieht. Der Nutzer hat nur die Möglichkeit, die Formularfelder auszufüllen und auf „absenden" zu klicken. **37**

Trotzdem haben Webseitenbetreiber die Möglichkeit, Empfehlungslinks in ihre Seiten einzubinden. Technisch könnte dies mit einem sogenannten „mailto"-Link geschehen. Klickt Mona Muster auf so einen Link, würde sich – sofern mit ihrem Browser ein E-Mail-Programm verknüpft ist – eine E-Mail mit Mona als Absender öffnen. Der Webseitenbetreiber hat bei der Programmierung des Links die Möglichkeit, Inhalte für die Betreffzeile, den Inhalt der E-Mail und sogar die Empfängeradresse vorzuformulieren. Klickt Mona auf einen solchen Link, hätte sie die Möglichkeit, alle vorformulierten Inhalte zu ändern oder zu löschen und somit die Kontrolle über die von ihr versendeten Daten. **38**

---

13 *BGH* 12.9.2013 – I ZR 208/12, http://dejure.org/dienste/vernetzung/rechtsprechung?Text=I%20ZR%20208/12.

II. Nutzeridentifikation

1. Nutzeridentifikation mittels Cookies

39 Ein Cookie ist eine kleine Textdatei, die vom Webserver mittels des Browsers auf das Gerät des Nutzers übertragen und dort gespeichert wird. Er kann beliebigen Text enthalten, je nachdem, was vom Betreiber bestimmt wird. Darum können in einem Cookie verschiedenste Informationen hinterlegt werden, wie z.B. eine ID-Nummer, mit der erkannt werden kann, ob Mona Muster schon einmal diese Webseite besucht hat. Ihr Browser weiß genau, welcher Cookie von welcher Webseite stammt und schickt bei jedem erneuten Besuch der Seite die Informationen des passenden Cookies an den jeweiligen Webserver zurück. Damit dienen Cookies als Speicher für Informationen zur Benutzeridentifikation. Im Unterschied zu Skripten (wie z.B. bei Flash-Cookies, s.u.) erhebt ein Browser-Cookie (auch HTTP-Cookie genannt) jedoch nicht eigenständig Daten. Den Weg, den ein Cookie nimmt, ist in Abb. 5 dargestellt.

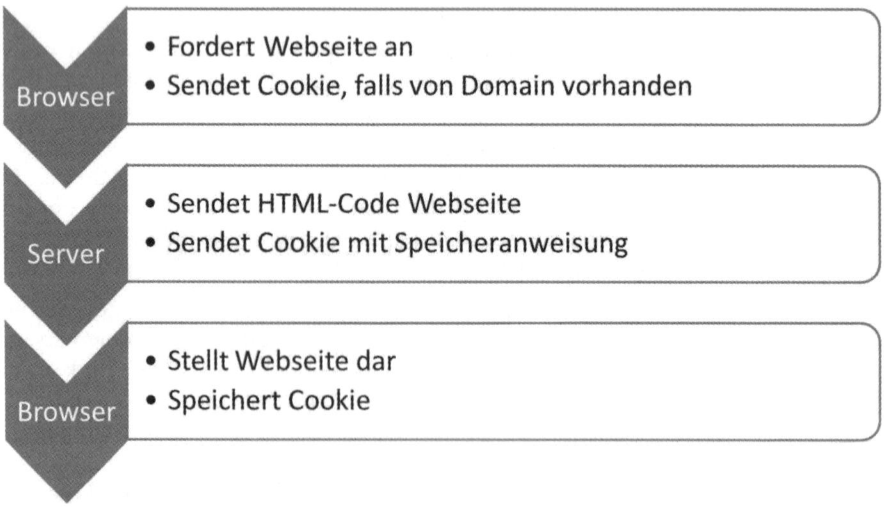

Abb. 5: Weg eines HTTP- oder Browser-Cookies

40 Weil Cookies bei jedem Datenabruf übertragen werden, kann das Betrachten von nur einer Webseite zu mehreren Cookies von verschiedenen Webservern führen. Ruft Mona bspw. eine Nachrichtenwebseite auf, auf der eine Werbung von einem Adserver eingeblendet wird und evtl. noch zusätzliche Dienste, so können auf Monas Rechner von all diesen Diensten Cookies abgelegt werden.

41 Man unterscheidet nach dem technischen Aufbau zwischen Browser-Cookies und Flash-Cookies (s.u.) sowie nach dem Einsatzzweck zwischen folgenden Arten:

- Komfort-Cookies für persönliche Einstellungen wie z.B. Login-Daten oder Spracheinstellungen,
- Session-Cookies, die zur Steuerung einer Webseite benötigt werden und
- Tracking-Cookies zur Nutzeridentifikation.

42 Cookies erlauben eine langfristige Beobachtung, solange sie nicht gelöscht werden. Sie sind nicht an die IP-Nummer, sondern an den verwendeten Browser gekoppelt. Wer mehrere Browser oder Geräte nutzt, erhält so verschiedene Cookies. Eine Ausnahme ist der Flash Cookie. Dieser wird von Adobe Flash Player gesetzt und speichert Daten unabhängig vom Browser. Damit kann das Surfverhalten der Nutzer aufgezeichnet werden, auch wenn sie unterschiedliche Browser verwenden.

Laut eigenen Angaben von Adobe verwenden über 1 Mrd. Geräte weltweit den Flash Player, um Multimedia-Applikationen zu nutzen, wie bspw. Browserspiele, Videos und Animationen.[14] Flash-Cookies werden durch Skriptsprachen, wie z.B. „Java Script", übertragen. Sie sind an die Ausführung des Adobe Flash-Players gebunden und können beliebige, d.h. auch beliebig viele Informationen enthalten. Sie können so z.B. bereits gelöschte Browser-Cookies wieder herstellen ohne dass der Surfer davon erfährt.[15] **43**

Browser-Cookies können vom Nutzer direkt im Browser verwaltet werden. Mona Muster kann entscheiden, ob sie Cookies überhaupt zulassen möchte, sie kann bereits gesetzte Cookies löschen sowie deren Speicherdauer beschränken. Denn jeder Cookie hat eine vom Server bestimmte Verweildauer, die bei jedem Besuch der Webseite von neuem beginnt. Flash-Cookies hingegen müssen mit dem Einstellungsmanager des Flash Players bearbeitet werden, was vielen Nutzern nicht eingängig ist. In der Regel haben sie auch eine längere Gültigkeitsdauer als Browser-Cookies. **44**

Die Gültigkeitsdauer eines Cookies wird häufig bei jedem Besuch der Cookie setzenden Webseite neu gesetzt. Deshalb bemisst sich die Gültigkeitsdauer nicht nach dem ersten Besuch einer Webseite, sondern nach dem letzten. Ein Cookie mit einer zweijährigen Gültigkeitsdauer kann auf diese Weise auch fünf Jahre oder länger genutzt werden. **45**

Nutzungsprofile und Webstatistiken können jedoch auch ohne die Verwendung von Cookies erstellt werden, wenn auch etwas aufwändiger. Mehrere Informationen müssen dazu kombiniert werden, wie die Art des Browsers, installierte Schriften etc. Da immer mehr Personen auf die Akzeptanz von Cookies verzichten, kommt dem sogenannten Browser-Fingerabdruck (s. Rn. 47), der auf die Kombination ebendieser Daten setzt, eine immer größere Bedeutung zu. Der Browser-Fingerabdruck schickt sich an, die Cookies abzulösen und entzieht sich damit weithin der Kontrolle der Nutzer. **46**

2. Nutzeridentifikation mittels Browser-Fingerabdruck

Weil immer mehr Websurfer ihre Cookie-Einstellungen aufgrund von Datenschutzbedenken anpassen, wird ein Browser-Fingerabdruck für das Marketing immer interessanter. Denn unabhängig davon, ob Mona Muster in ihrem Browser das Setzen von Cookies deaktiviert hat, überträgt ihr Browser bei jedem Datenabruf : **47**

- die IP-Nummer des Endgeräts,
- den sog. „Referer", der zeigt, von welcher Seite aus der Besucher die Webseite aufgerufen hat,
- den Browser und das Betriebssystem von Monas PC, Smartphone etc.,
- die Dateinamen aller Elemente der aufgerufenen Webseite sowie
- Datum und Zeit des Seitenabrufs.

---

14 Adobe (2017): Adobe Flash runtimes/Statistics, www.adobe.com/products/flashruntimes/statistics.html, letzter Zugriff 1.2.2017.

15 Das Wiederherstellen von gelöschten Browser-Cookies wird "Respawning" genannt. S.a. Ayenson et.al.: Flash Cookies and Privacy II: Now with HTML5 and ETag Respawning, http://papers.ssrn.com/sol3/papers.cfm?abstract_id=1898390, letzter Zugriff 23.2.2017.

48 Die o.g. Daten können durch gezieltes Auslesen durch Skripte ergänzt werden, z.B. um die Bildschirmauflösung, installierte Browser Plug-ins und Schriftarten oder das Betriebssystem des Geräts zu ermitteln. Durch die individuelle Konfiguration von Computern, kann ein solcher Browserfingerabdruck einzigartig sein. Die Individualität eines Browsers hängt dabei insbesondere von der Menge der für den Fingerabdruck herangezogenen Daten ab.[16, 17]

49 Auf der Webseite Panopticlick der Electronic Frontier Foundation kann jeder Nutzer die Einzigartigkeit seines Browsers selbst prüfen.[18] Wir haben dies beispielhaft zweimal getan: Unser Browser enthält das Plug-in „NoScript" (s. Kap. 1.3), welches die Ausführung von (Daten-abfragenden) Skripten verhindert. Der Browsertest zeigt, dass ohne Skripte 350 Browser von 4 Mio. die gleiche Konfiguration aufweisen. Werden Skripte aktiviert, ist die Konfiguration unter den 4 Mio. Vergleichskonfigurationen einzigartig.

50 Wenn einem Webseitenbetreiber zusätzlich zu dem Browserfingerabdruck noch weitere Daten von Mona, wie z.B. ihre Anmeldeinformationen von einem Onlineshop oder ihre E-Mail-Adresse bekannt sind, kann ihr Endgerät unter Umständen eindeutig ihrer Person zugeordnet werden.

III. Nutzerbeobachtung

1. Webstatistik – aktive Nutzerbeobachtung

51 Wer eine Webseite betreibt, möchte in der Regel auch, dass sich dieses Engagement lohnt. Daher sind Webseitenbetreiber daran interessiert, den Erfolg ihrer Webseite zu messen. Eine solche Messung wird Reichweitenanalyse oder Webstatistik genannt. Zumeist kommen dafür Webstatistik-Dienste zum Einsatz, die die Besuche auf den entsprechenden Seiten auswerten. Wie solche Dienste datenschutzkonform eingesetzt werden können, ist in dem Beschluss des Düsseldorfer Kreises vom 26./27.11.2009 festgelegt.[19] Er enthält unter anderem folgende Anforderungen an die technische und organisatorische Ausgestaltung:

a) Widerspruchsmöglichkeit,
b) Verkürzung der IP-Nummern,
c) Datenlöschung,
d) Zusammenführungsverbot.[20]

---

16 *Eckersley* How Unique Is Your Web Browser? in: Proceedings of the Privacy Enhancing Technologies Symposium (PETS 2010), Springer Lecture Notes in Computer Science, https://panopticlick.eff.org/static/browser-uniqueness.pdf, letzter Zugriff 17.2.2017.

17 Heise (2010): Fast alle Browser sind eindeutig identifizierbar. http://heise.de/-1002375, letzter Zugriff 3.1.2017.

18 *Panopticlick*: How unique – and trackable – is your browser?, https://panopticlick.eff.org, letzter Zugriff 3.1.2017.

19 Düsseldorfer Kreis (2009): Datenschutzkonforme Ausgestaltung von Analyseverfahren zur Reichweitenmessung bei Internet-Angeboten, www.bfdi.bund.de/SharedDocs/Publikationen/Entschliessungssammlung/DuesseldorferKreis/Nov09Reichweitenmessung.pdf;jsessionid=9CB5AD003C6B9355EE3BEB9822C4E12A.1_cid354?__blob=publicationFile, letzter Zugriff 3.1.2017.

20 Die Darstellung der technischen Anforderungen folgt: Xamit (2011): Webstatistiken im Test – Welcher Dienst ist in Deutschland legal, 8. Update vom 4.10.2011, www.xamit-leistungen.de/veroeffentlichungen/studien-und-tests/index.php, letzter Zugriff 3.1.2017.

a) Widerspruchsmöglichkeit: Es muss jedem Webseitenbesucher die Möglichkeit gegeben werden, der Erstellung eines Nutzungsprofils von ihm zu widersprechen. Eine Webpräsenz muss also auch ohne Profilbildung genutzt werden können. In der Regel meldet der Besucher seinen Widerspruch beim Statistik-Dienstleister mittels eines Cookies an. Er erhält dazu einen Widerspruchs-Cookie auf dem Gerät, mithilfe dessen er gerade diese Webseite aufruft. Wenn Mona Muster also einmal von ihrem PC aus einen Widerspruch anmeldet, so muss sie es auch von ihrem Smartphone aus tun, wenn sie nicht möchte, dass ihre Besuche erfasst werden sollen. Immer, wenn dieser Widerspruchs-Cookie gesendet wird, verwertet der Statistik-Dienstleister die Daten nicht für das Nutzungsprofil. Eine Einrichtung, die für alle Webstatistikanbieter die Widersprüche sammelt, existiert nicht.

b) Verkürzung der IP-Nummern: Vollständige IP-Nummern dürfen zusammen mit den Nutzungsprofilen nur dann analysiert und verwendet werden, wenn der Besucher vor Anzeige der Webseite explizit seine Zustimmung geäußert hat. Dies würde bedeuten, dass dem Besucher eine Webseite mit der Frage nach seiner Einwilligung gezeigt werden muss, bevor er eine Webpräsenz betritt. Erst danach würde ihm die eigentliche Webseite angezeigt. Dadurch würde jedoch das Surfen im Internet massiv beeinträchtigt, weshalb IP-Nummern nur gekürzt gespeichert und verarbeitet werden sollen. Durch die Kürzung verlieren IP-Nummern ihren Status als personenbezogenes Datum. Sie sind anonymisiert. Eine Geolokalisierung[21] etwa kann auch mit einer verkürzten IP-Nummer durchgeführt werden.[22] Ein häufiges Missverständnis ist die Annahme, dass IP-Nummern, die zwar verkürzt gespeichert werden, trotzdem in vollständiger Form für Analysen, wie eine Geolokalisation, genutzt werden dürfen. Auf Seite 2 des Beschlusses heißt es eindeutig: „Die Analyse des Nutzungsverhaltens unter Verwendung vollständiger IP-Adressen (einschließlich einer Geolokalisierung) ist aufgrund der Personenbeziehbarkeit dieser Daten daher nur mit bewusster, eindeutiger Einwilligung zulässig.“[23] Das bedeutet, dass bereits eine Analyse ohne dass die Daten gespeichert werden, eine Verkürzung der IP-Nummer erfordert.

c) Datenlöschung: Die Nutzungsprofile müssen auf Verlangen des Besuchers und sobald die Nutzungsprofile für die Nutzungsanalyse nicht mehr benötigt werden, gelöscht werden. Eine rückwirkende Löschung einzelner Nutzungsprofile auf Verlangen lässt sich technisch jedoch kaum umsetzen. Denn um die Profile eines Nutzers löschen zu können, wird seine Cookie-ID benötigt, damit seine Daten gefunden werden können. Ein legales Nutzungsprofil mit verkürzter IP-Nummer enthält als einziges Identifikationsmerkmal nur eine eindeutige Identifikationsnummer in einem Cookie, die sogenannte „Cookie-ID“. Bei Session-Cookies, die nur für einen Webseitenbesuch gültig sind, oder bei entsprechender Browsereinstellung, die Cookies beim Beenden des Browser automatisch löscht, müsste der Besucher bei sei-

21 Mit Geolokalisierung wird hier die Zuordnung einer geographischen Position zu einer IP-Adresse bezeichnet. So kann man z.B. erkennen, ob der Webseitenbesucher aus dem In- oder Ausland bzw. mit einem dem In- oder Ausland zugeordneten Computer auf die Seite zugreift. Auch die Zuordnung zu einem Bundesland ist bspw. möglich.

22 *Kühn* DuD 2009, 747 ff.

23 *Düsseldorfer Kreis* (2009): Datenschutzkonforme Ausgestaltung von Analyseverfahren zur Reichweitenmessung bei Internet-Angeboten, S. 2, www.bfdi.bund.de/SharedDocs/Publikationen/Entschliessungssammlung/DuesseldorferKreis/Nov09Reichweitenmessung.pdf;jsessionid=9CB5AD003C6B9355EE3BEB9822C4E12A.1_cid354?__blob=publicationFile, letzter Zugriff 3.1.2017.

nem Löschwunsch die Identifikationsnummern aller Cookies mitliefern. Praktisch ist dies jedoch nicht umsetzbar. Daher sollen Nutzungsprofile nach Erstellung der Webstatistik, also bei Nutzungsende, automatisch gelöscht werden.

d) Zusammenführungsverbot: Sowohl der Webseitenbetreiber als auch der Statistikdienstleister muss geeignete technische und organisatorische Maßnahmen treffen, um die Zuordnung von Nutzungsprofilen zu Personen zu verhindern. Wenn ein Webseitenbetreiber keine personenbezogene Anmeldung hat und der Statistikdienstleister keine vollständigen IP-Nummern speichert und keine weiteren personalisierten Dienste, wie z.B. E-Mail, anbietet, dann verfügen sie i.d.R. nicht über weitere Daten von Personen, mit denen sie die Nutzungsprofile verknüpfen könnten.

52 Webstatistikdienste können sehr viele Daten unterschiedlichster Natur sammeln und auswerten. Die Open Source Software „Piwik" wurde vom Unabhängigen Landeszentrum für Datenschutz in Schleswig-Holstein (ULD) für datenschutzkonform einsetzbar erklärt.[24, 25] Die Software kann u.a. folgendes:[26]

- Statistiken über Seitenabrufe in Echtzeit und für bestimmte Zeiträume anfertigen,
- Geolokation der Besucher für eine genaue Erkennung von Land, Region, Stadt, Organisation,
- Analyse von Browser, Betriebssystem, Referer, IP-Nummer, u.v.m.,
- Analyse von Seitenübergängen: was haben die Besucher vor und nach einer bestimmten Seite gemacht?,
- Cookies setzen zur eindeutigen Nutzererkennung,
- den Erfolg von Kampagnen für den E-Commerce erfassen,
- kann für mehrere Webseiten gleichzeitig verwendet werden,
- Daten können auf ewig gespeichert bleiben.

53 Obwohl Piwik datenschutzkonform eingesetzt werden kann, kommt es immer auf denjenigen an, der den Dienst konfiguriert, ob dieser auch gesetzeskonform genutzt wird.

54 Dass in Deutschland eher nicht datenschutzkonforme Dienste bzw. ihre nicht rechtskonformen Versionen – wie z.B. Google Analytics ohne IP-Nummern-Anonymisierung – zum Einsatz kommen, zeigt das Xamit Datenschutzbarometer 2015: Auf nur 59 % der Webseiten, die eine Webstatistik einsetzen, tun dies im Sinne der Kriterien des Düsseldorfer Kreises.[27]

2. Social Plug-ins – passive Nutzerbeobachtung

55 Während Webstatistikdienste bewusst zur Nutzerbeobachtung auf Webseiten eingesetzt werden, gibt es auch Techniken bzw. Funktionalitäten, die nicht nur für den

---

24 Unabhängiges Landeszentrum für Datenschutz Schleswig-Holstein (2011): Hinweise und Empfehlungen zur Analyse von Internet-Angeboten mit „Piwik", www.datenschutzzentrum.de/uploads/projekte/verbraucherdatenschutz/20110315-webanalyse-piwik.pdf letzter Zugriff 3.1.2017.

25 Eine Auswahl an datenschutzkonform einsetzbaren Diensten zeigt auch die Studie „Webstatistiken im Test – Welcher Dienst ist in Deutschland legal", 8. Update vom 4.10.2011, www.xamit-leistungen.de/veroeffentlichungen/studien-und-tests/index.php, letzter Zugriff 3.1.2017.

26 Zum technischen Hintergrund s.a.: Xamit (2007): Wissen Sie, was Sie tun? Wissen Sie, wer es noch weiß?, www.xamit-leistungen.de/veroeffentlichungen/studien-und-tests/index.php, letzter Zugriff 23.2.2017.

27 *Xamit* Datenschutzbarometer, 2015, S. 19, www.xamit-leistungen.de/veroeffentlichungen/studien-und-tests/index.php, letzter Zugriff 3.1.2017.

Nutzer einer Webseite sondern auch für deren Betreiber im Verborgenen geschehen. Obwohl Empfehlungsmarketing ein wichtiger Erfolgsfaktor in der Marketingstrategie vieler Unternehmen ist, ist zu beobachten, dass sich sog. „Social Plug-ins" seit ihrer Einführung im Jahr 2010 einer abnehmenden Beliebtheit erfreuen. So wurde der Like" – oder „Gefällt mir" – Button von Facebook zusammen mit Googles Pendant „+1" 2015 auf 7,5% der deutschen Webseiten eingesetzt.[28] Im Jahr 2013 waren es noch 8,6 %.

Damit mithilfe des Facebook-Like-Buttons Empfehlungen ausgesprochen werden können, kann der Webseitenbetreiber den von Facebook zur Verfügung gestellten Skript-Code oder einen „iframe"[29] in die eigene Seite einfügen. Wenn Mona Muster nun eine Seite oder ein Element darauf gefällt und hier der Like-Button angezeigt wird, kann sie mit nur einem Klick auf den Button anderen Facebook-Mitgliedern zeigen, dass ihr dies gefällt. **56**

Das hier vorgestellte technische Prinzip des Facebook-Like-Buttons gilt im Grunde für alle Social Plug-ins. Nur die übertragenen Daten können variieren. Sobald Mona eine Webseite aufruft, auf der der Like-Button angezeigt wird, passiert – von ihr unbemerkt – auf technischer Ebene folgendes: Über eine von Facebook bereitgestellte Schnittstelle hat der mittels Skript oder iframe eingebettete Button den Server des sozialen Netzwerks kontaktiert. Je nachdem, welchen Mitgliedsstatus Mona bei Facebook hat oder ob sie Facebook schon früher einmal besucht hat, werden mindestens eine (nämlich die IP-Nummer) bis zu alle der folgenden Informationen an Facebook übermittelt:[30] **57**

- IP-Nummer des Endgerätes, von dem aus die Seite aufgerufen wurde (deutsche IP-Nummern werden vor Speicherung anonymisiert),
- Cookie, der zwei Jahre gültig bleibt,
- Datum und Uhrzeit des Aufrufs,
- URL der aufgerufenen Seite,
- Browsertyp,
- Facebook-Benutzer-ID.

Allein durch das Laden der Webseite inklusive des Buttons wird die IP-Nummer übermittelt, ohne dass Mona aktiv auf den Button geklickt hat und ohne, dass sie davon etwas mitbekommt. Wenn sie dann noch weitere Webseiten aufruft, auf der ebenfalls ein Like-Button eingebunden ist, wird Facebook über alle diese Seitenbesuche informiert. **58**

Wenn Mona kein Facebook-Mitglied ist, aber trotzdem auf den Like-Button klickt, wird von Facebook ein Cookie gesetzt, welcher bei jedem erneuten Besuch dieser oder einer anderen Seite mit Facebook-Elementen an Facebook gesendet wird und **59**

---

28 *Xamit* Datenschutzbarometer, 2014, S. 21.

29 Iframe, kurz von „Inlineframe": „Durch einen iframe können Inhalte von externen Quellen in die eigene Webseite eingebunden werden, ohne dass der Besucher dies bemerkt. Dies können z.B. kleine Elemente, wie Werbebanner, sein, aber auch ganze Webseiten. So bemerkt ein Webseitenbesucher unter Umständen gar nicht mehr, wenn er auf eine andere Webseite umgeleitet wurde, da der iframe die gleiche Größe wie die vorherige Webseite hat." Aus: *Auer-Reinsdorff/Jakobs/Lepperhoff* Vom Datum zum Dossier, 2011, S. 58.

30 Heise Online (2011): Like-Button: Facebook erklärt Details zur Speicherpraxis, http://heise.de/-1339079, letzter Zugriff 23.2.2017.

der eine Gültigkeit von zwei Jahren hat.[31] Der Landesbeauftragte für den Datenschutz Mecklenburg-Vorpommern vermutet, dass neben der IP-Nummer auch ein Browserfingerabdruck (s. Rn. 47) genommen wird, sofern der Nutzer Java Script aktiviert hat.[32] In den populären Browsern ist dies die standardmäßige Einstellung. Nur Facebook selber hat Einfluss auf die Daten, die übertragen werden. Der Besucher kann lediglich durch seine Cookie-Einstellungen das Setzen der Cookies verhindern.

60 Die Konferenz der Datenschutzbeauftragten des Bundes und der Länder hat am 13.3.2013 eine Orientierungshilfe zur Verwendung von Sozialen Netzwerken vorgelegt, die Betreibern und Nutzern der Plattformen die Anforderungen des deutschen Datenschutzes an diese Dienste darlegt.[33]

61 Mehrere Landesdatenschutzbeauftragte haben inzwischen ihre öffentlichen Stellen dazu aufgefordert, den Like-Button von Facebook nicht (mehr) einzusetzen oder zumindest die vom Heise Verlag im September 2011 vorgestellte 2-Klick-Lösung zu verwenden.[34, 35] Diese zeigt den Like-Button erst nach expliziter Einwilligung des Besuchers an.[36] Vorher werden laut Heise keine Daten an Facebook übermittelt, sondern lediglich ein Bild vom Server des Webseitenbetreibers angezeigt. Mittlerweile gibt es das Plug-in in einer überarbeiteten Version mit dem Namen Shariff.[37] Das ULD sieht diese Lösung jedoch als unzureichend an. Zum einen wegen mangelnder Transparenz darüber, was Facebook mit den Daten macht und weil die Einwilligung der Nutzer nicht informiert sei, da der Umfang der übermittelten Informationen von Facebook nicht bekannt geben wird.[38]

---

31 *Arbeitskreis I der Ständigen Konferenz der Innenminister und -senatoren der Länder* (IMK) (2012) Ergebnisbericht der Arbeitsgruppe des AK I „Staatsrecht und Verwaltung" zum Datenschutz in Sozialen Netzwerken vom 4.4.2012, s. 7f., www.datenschutzzentrum.de/internet/20120404-AG-Soz-Netzw-AK-I-IMK.pdf, letzter Zugriff 23.2.2017.

32 *Schneider* (2010): Facebook „Like"-Button. In: Virtuelles Datenschutzbüro.

33 *Konferenz der Datenschutzbeauftragten des Bundes und der Länder* (2013) Orientierungshilfe „Soziale Netzwerke", www.bfdi.bund.de/SharedDocs/Publikationen/Entschliessungssammlung/DSBundLaender/85DSK_SozialeNetzwerkeBrauchenLeitfaden.html, letzter Zugriff 17.2.2017.

34 *Der Bayerische Landesbeauftragte für den Datenschutz* (2013) Facebook & Co. Datenschutzverstöße bayerischer Behörden durch die direkte Einbindung von Social Plugins (Like-Button etc.) in ihren Internetauftritt, www.datenschutz-bayern.de/presse/20130422_Facebook.html, letzter Zugriff 23.2.2017.

35 *Der Landesbeauftragte für den Datenschutz* (2013): Prüfung durch den Landesbeauftragten für den Datenschutz zeigt Wirkung: Öffentliche Einrichtungen verzichten auf den Like-Button von Facebook, www.baden-wuerttemberg.datenschutz.de/wp-content/uploads/2013/11/PM-%C3%9Cberpr%C3%BCfung-%C3%B6ffentlicher-Websites-abgeschlossen.pdf, letzter Zugriff 3.1.2017.

36 Heise Online (2011): 2 Klicks für mehr Datenschutz, http://heise.de/-1333879, letzter Zugriff 23.2.2017.

37 Heise online (2014): Datenschutz und Social Media: Der c't Shariff ist im Einsatz, https://heise.de/-2470103, letzter Zugriff 3.1.2017.

38 Heise online (2011): Facebook vs. Datenschützer: Streit um Like-Button geht weiter, http://heise.de/-1338660, letzter Zugriff 23.2.2017.

IV. Technische Besonderheiten bei mobilen Geräten

1. BYOD

Durch die sich ständig weiter verbreitende Nutzung von mobilen Geräten, besonders von Smartphones und Laptops, löst sich die Grenze von privater und geschäftlicher Nutzung immer mehr auf. So nutzten im Jahr 2016 66 % der erwachsenen Deutschen das Internet mobil.[39] Unternehmen erlauben es ihren Mitarbeitern zunehmend, ihre privaten Mobilgeräte auch beruflich zu nutzen und sie ggf. in das firmeneigene Netzwerk zu integrieren. Dies nennt man „Bring your own device“ oder kurz BYOD. Durch BYOD erhoffen sich die Organisationen u.a. Effizienzsteigerungen und eine erhöhte Mitarbeitermotivation.[40] **62**

Für ein Unternehmen stellt die Integration von privaten Geräten jedoch erhebliche Ansprüche an die unternehmenseigene IT-Landschaft und birgt zudem nicht zu unterschätzende Risiken. Da das Thema BYOD ganze Bücher füllen kann, sei hier nur ein kurzer Überblick über die technischen Aspekte gestattet. **63**

Inwieweit das Unternehmen – und auch der Eigentümer des Gerätes – selbst bestimmen kann, was mit den Daten geschieht, die auf dem Mobilgerät gespeichert sind oder übermittelt werden, hängt ganz entscheidend vom Betriebssystem des Gerätes ab. Vereinfacht ausgedrückt ist das Betriebssystem Herr des Geräts. Jede Anwendung („App“) ist ein geduldeter Gast. Denn das Gerät steht immer unter Kontrolle des Betriebssystem- und Geräteherstellers. Bei einem Apple iPhone mit dem Betriebssystem iOS kontrolliert Apple alles, was mit dem Smartphone oder Tablet geschieht, d.h. alle Anwendungen, die mit Hilfe des Geräts ausgeführt werden: Telefonie, Messaging, Internet-Verbindungen, Apps, Standort-Dienste u.v.m. Bei Android-Geräten kontrolliert dies Google und der jeweilige Smartphone-Hersteller. Die Entwickler von Apps legen ihrerseits fest, welche Daten über die Nutzung erhoben und zu ihren Servern übertragen werden. So kommt man schnell auf drei oder vier Akteure, die Nutzungsdaten erheben und für eigene Zwecke verarbeiten. **64**

Abb. 6 und Abb. 7 stellen Smartphones mit verschiedenen Betriebssystemen jeweils als das Zentrum eines digitalen Ökosystems dar. Die Grenzen dieses Systems werden softwareseitig vom Betriebssystem und dem dazugehörigen Marktplatz bestimmt. Bei Apple zudem noch vom Hersteller der Hardware. **65**

---

39 *ARD/ZDF Online Studie* 2016, www.ard-zdf-onlinestudie.de/index.php, letzter Zugriff 3.1.2017.

40 *Bitkom* (2012) Private Smartphones werden für den Job genutzt, www.bitkom.org/de/themen/54633_73615.aspx, letzter Zugriff 3.1.2017.

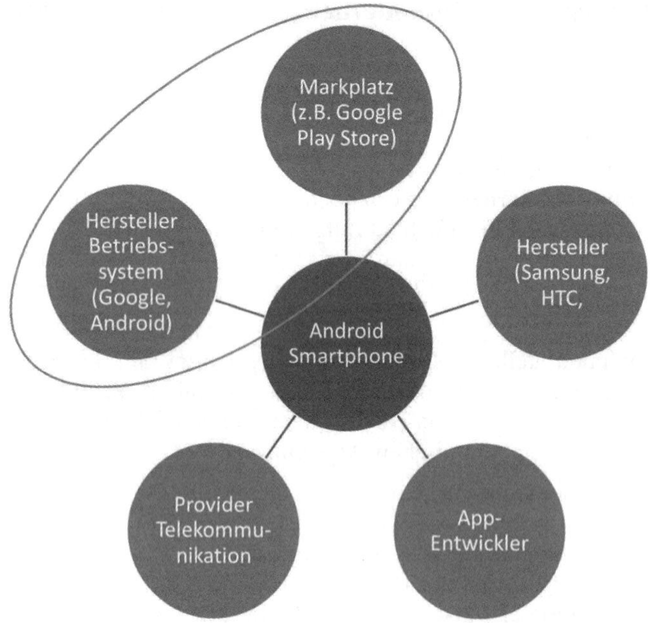

Abb. 6: Digitales Ökosystem mit einem Android-Smartphone als Kern

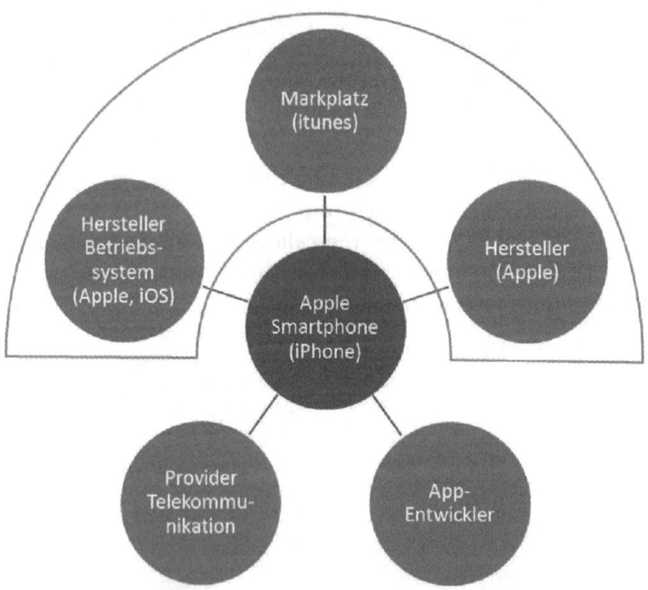

Abb. 7: Digitales Ökosystem mit einem Apple-Smartphone als Kern

66 Für die Integration von BYOD in Organisationen empfiehlt es sich, ein sog. „Mobile Device Management" (MDM) einzusetzen, mit dem Mobilgeräte zentral verwaltet werden können. Die Administration von Smartphones und Tablets sollte den gleichen Richtlinien folgen, wie sie auch beim Verwenden von Laptops u.a. mobilen Geräten gelten. Besonders wichtig ist bei Mobiltelefonen die strikte Trennung privater und geschäftlicher Daten. Dies wird durch eine Kapselung der Unternehmensdaten erreicht, wobei der dadurch entstehende Datencontainer zusätzlich verschlüsselt werden sollte. Das Bundesamt für Sicherheit in der Informationstechnik (BSI) weist darauf hin, dass es in hohem Maße vom jeweiligen Betriebssystem des Endgeräts abhängt, ob das MDM-System das Gerät in angemessener Weise steuern und die vorgegebenen Sicherheitsrichtlinien durchsetzen kann: „Bei iOS verwendet beispielsweise jedes MDM-System die sogenannte „Configuration Utility". Daher kann ein MDM-System nicht mehr Einstellungen vornehmen, als diese Schnittstelle bereitstellt."[41]

Zusätzlich muss ein Mobilgerät für den Fall vorbereitet werden, dass es verloren geht oder gestohlen wird. Um die Daten in einem solchen Fall vor unbefugtem Zugriff zu schützen, wird oft eine Fern- bzw. Remote-Löschung durchgeführt. Dabei sollte technisch sichergestellt werden, dass ausschließlich Unternehmensdaten gelöscht werden. Sollten private Daten oder Apps (aus Versehen) gelöscht werden, kann eine Schadensersatzpflicht ausgelöst werden. Auch das Löschen von SD-Karten gestaltet sich schwierig, sobald mehr als eine verwendet wird.[42] 67

Remote-Löschungen stoßen an ihre Grenzen, wenn Täter an den Daten interessiert sind. Wird ein gestohlenes Gerät unmittelbar nach dem Diebstahl von Mobilfunkverbindungen abgeschirmt, erreicht der Löschbefehl das Gerät nicht. Die Täter haben jetzt genügend Zeit, zu versuchen, die Zugangssperren zu überwinden. Eine Remote-Löschung kann eine zusätzliche Sicherheitsbarriere sein, eine Daten- und Geräteverschlüsselung ersetzt sie nicht. 68

Für die Praxis in den Unternehmen heißt das, dass es nur Einzelfalllösungen geben kann. Diese muss sich das Unternehmen technisch und rechtlich genau anschauen, um danach den Nutzen gegen die Risiken abzuwägen. In einer im Jahr 2013 durchgeführten Studie wurde bekannt, dass 90 % der befragten IT-Leiter und Entscheidungsträger nach der Einführung von BYOD dadurch entstandene Sicherheitsprobleme hatten.[43] 69

2. Apps

Ein Smartphone ohne App wird von den meisten als wenig smart betrachtet. Denn gerade die vielen kleinen Anwendungen machen ein Telefon oder einen Tablet PC erst so richtig attraktiv für die Nutzer. Immerhin werden von 44 % der Deutschen, die das Internet nutzen, auch Apps genutzt – Tendenz steigend.[44] 70

Was die meisten App-Nutzer nicht wissen und die Apps selber verschweigen, ist, dass sie ein sehr starkes Eigenleben führen. Das Fraunhofer-Institut für Angewandte und Integrierte Sicherheit (AISEC) hat 10.000 Apps auf mögliche Sicherheitsmängel und 71

---

41 *Bundesamt für Sicherheit in der Informationstechnik (BSI)* (2013) Überblickspapier Consumerisation und BYOD. Version 1.2 v. 31.7.13, S. 4, www.bsi.bund.de/SharedDocs/Downloads/DE/BSI/Grundschutz/Download/Ueberblickspapier_BYOD_pdf.pdf?__blob=publicationFile, letzter Zugriff 23.2.2017.

42 Google (2014): Remote-Löschung eines Mobilgeräts, https://support.google.com/a/answer/173390?hl=de, letzter Zugriff 23.2.2017.

43 Heise online (2013): Studie: „Bring Your Own Device" zwar ratsam, oft aber noch schädlich, http://heise.de/-2035084, letzter Zugriff 23.2.2017.

44 *ARD/ZDF* Online Studie 2013, www.ard-zdf-onlinestudie.de/index.php, letzter Zugriff 23.2.2017.

Datenschutzverstöße hin untersucht.[45] Die Forscher fanden heraus, dass mehr als 90 % der Apps eine Verbindung zum Internet verlangen und mehr als 1 700 diese aufbauen, sobald das Gerät startet und online ist. Die Mehrzahl der getesteten Apps verschickt sogar sofort beim ersten Start der App persönliche Daten, ohne dass dies der Nutzer erfährt. Die meisten der untersuchten Apps kommunizieren unverschlüsselt und gut ein Viertel gaukelt eine Verschlüsselung nur vor. Nach einer Untersuchung der TU Darmstadt zusammen mit dem Fraunhofer SIT sollen 56 Mio. Datensätze deshalb ungeschützt auf Online-Speichern liegen. Die Datensätze enthalten je nach App Angaben über Passwörter, Fotos und Krankendaten.[46]

72 Insgesamt wurden Datenübertragungen an 4 358 Server weltweit gemessen, was nicht nur unter Datenschutzgesichtspunkten mehr als bedenklich ist. Für ein Unternehmen, dass BYOD zulässt, kann gerade diese Datenübertragung an Dritte zum Verhängnis werden. Denn fast die Hälfte der Apps kann den Aufenthaltsort bestimmen und insgesamt 3 930 Apps senden ständig den Status des Gerätes. Dadurch werden bspw. Bewegungs- und Reiseprofile von Mitarbeitern möglich. Von maßgeblicher Bedeutung ist auch, dass 448 Apps eindeutig persönliche Daten, wie die „International Mobile Station Equipment Identity" (IMEI) übermitteln. Die IMEI ist eine 15stellige Seriennummer, mit der jedes Gerät, das eine SIM-Karte besitzt, eindeutig identifiziert werden kann, um Telefonverbindungen aufbauen zu können. Die IMEI kann nicht verändert werden, d.h. sie eignet sich gut zur Identifikation, auch App übergreifend.

73 Da zahlreiche Apps werbefinanziert sind, enthalten sie Funktionen zum Nachladen von Werbung und Erfassung des Nutzerverhaltens. Diese Funktionen werden in Form von Programmbibliotheken seitens der Werbenetzwerke, wie z.B. Google, den Entwicklern von Apps zur Verfügung gestellt. Diese bauen die Bibliotheken in ihre App ein, und sparen sich die Entwicklungsarbeit die Werbefunktionen selber zu erstellen. 2013 enthielten 71 % der Top 400 der kostenlosen Apps aus dem deutschen App Store Tracking- und Werbefunktionen.[47] Für Nutzer dieser Apps bedeutet das, dass teilweise in der App-Beschreibung nicht erwähnte Dritte Daten über ihr Nutzungsverhalten inkl. Bewegungsdaten erhalten. Welche Daten erhoben werden, liegt im Ermessen der Werbenetzwerke.

74 Apps fragen bei der Installation an, ob der Nutzer ihnen Zugriffsrechte auf unterschiedliche Daten (z.B. Adressbuch) oder Dienste (z.B. Standortbestimmung) gestattet. Die Reichweite ist häufig nicht erkennbar. Werden Rechte verweigert, startet die App nicht. Ein nachträgliches Einschränken von Zugriffsrechten ist je nach installiertem Betriebssystem nur mit Fachwissen oder gar nicht möglich. Ursache ist, dass der Nutzer und Käufer eines Smartphones keine administrativen Rechte an dem Gerät erhält. Ein PC-Käufer dagegen hat vollständigen administrativen Zugriff auf sein Gerät, der es ihm erlaubt, z.B. die Betriebssystemeinstellungen zu ändern und nachträglich die Zugriffsrechte von Programmen detailliert einzuschränken. Im Unterschied zum PC lassen Smartphones i.d.R. keinen Wechsel des Betriebssystems zu.

---

45 *Fraunhofer-Institut für Angewandte und Integrierte Sicherheit (AISEC)* 10000 Apps und eine Menge Sorgen, Pressemitteilung 5.3.2013, www.aisec.fraunhofer.de/de/medien-und-presse/pressemitteilungen/2014/20140403_10000_apps.html, letzter Zugriff 23.2.2017.

46 Heise Online (2015): Unzählige Apps speichern private Daten unsicher in der Cloud, https://heise.de/-2671988, letzter Zugriff 3.1.2017.

47 *Haider* DuD 2014, 16.

Ein Nutzer muss daher vor der Installation einer App entscheiden, ob er mit dem Zugriff der Anwendung auf die Daten oder Dienste seines Gerätes einverstanden ist. Da viele Apps jedoch gar nicht erst mitteilen, welche Daten sie erheben und versenden, ist eine informierte Entscheidung oft kaum möglich. **75**

Sondergebiete des Medienrechts

13. Kapitel
Kartellrecht und Medien

Literatur: *Alexander* Die Probeabonnement-Entscheidung des BGH – Schnittbereich kartellrechtlicher, lauterkeitsrechtlicher und medienrechtlicher Aspekte, ZWeR 2007, 239; *Bechtold* GWB Kartellgesetz Gesetz gegen Wettbewerbsbeschränkungen, Kommentar, 7. Aufl. 2013; *Bremer/Martini* Kartellrechtsreform und Sicherung der Pressevielfalt, ZUM 2003, 942; *Emmerich* Kartellrecht, 12. Aufl. 2012; *Europäische Kommission* Europäische Wettbewerbspolitik und die Verbraucher, Amt für amtliche Veröffentlichungen der Europäischen Gemeinschaften, 2005; *Hellmann/Bruder* Kartellrechtliche Grundsätze der zentralen Vermarktung von Sportveranstaltungen, EuZW 2006, 359; *Langen/Bunte* Kommentar zum deutschen und europäischen Kartellrecht, Bd. 1 Deutsches Kartellrecht, Bd. 2 Europäisches Kartellrecht, 12. Aufl. 2014; *Mestmäcker* Veranstalterrechte als Fernsehrechte, FS O. Sandrock, 2000, S. 689; *Neumann u.a.* „Offene Medienordnung", Gutachten des Wissenschaftlichen Beirats beim Bundesministerium für Wirtschaft und Technologie vom 18.11.1999; *Russ* Kartellrechtliche Bezüge des Medienrechts in Limper/Musiol, Handbuch des Fachanwalts Urheber- und Medienrecht, 2010, S. 1219; *Schürnbrand* Die Anwendung des Kartellrechts im Bereich des Sports, ZWeR 2005, 396; *Siebert* Music is Spiritual. The Music Business is not. (*van Morrison*) or Minimum Prices in Music Charts are incompatible with Article 81 of the EC Treaty, European Competition Law Review 2007, 601; *Wissmann (Hrsg.)* Telekommunikationsrecht, 2. Aufl. 2006.

A. Die 7. bis 9. GWB-Novelle

Anlass der vorletzten umfassenden Novellierung des GWB, die in die 7. GWB-Novelle mit Geltung ab 1.7.2005 mündete, war die Verabschiedung der VO (EG) Nr. 1/2003 v. 16.12.2002 zur Durchführung der ehemals in den Art. 81 und 82 EG-Vertrag (nunmehr Art. 101 und 102 des Vertrages über die Arbeitsweise der Europäischen Union, im Folgenden „AEUV") niedergelegten Wettbewerbsregeln durch den Rat der Europäischen Union. Diese Verordnung ist am 1.5.2005 in Kraft getreten. Die bis zu diesem Zeitpunkt bestehende grundsätzlich Anmelde- und Genehmigungspflicht für wettbewerbsbeschränkende Vereinbarungen wurde überführt in ein System der sog. Legalausnahme. Wettbewerbsbeschränkende Vereinbarungen gelten danach automatisch als freigestellt, wenn sie die Freistellungsvoraussetzungen des Art. 101 Abs. 3 AEUV erfüllen. Gleichzeitig wurde der Vorrang des europäischen Rechts hinsichtlich der Zulässigkeit wettbewerbsbeschränkender Vereinbarungen, Beschlüssen von Unternehmensvereinigungen und abgestimmter Verhaltensweisen i.S.d. Art. 101 Abs. 1 AEUV erheblich erweitert.[1] Eine Angleichung der materiellen Regelungen bei der Zusammenschlusskontrolle wurde bei der 7. GWB-Novelle nicht vorgenommen, da bei ihrer Verabschiedung im Jahr 2005 die novellierte Fassung der europäischen Fusionskontrollverordnung 1

1 Vgl. RegBegr. zum RegE 2004, BT-Drucks. 15/3640.

(Verordnung (EG) Nr. 139/2004 v. 20.1.2004 über die Kontrolle von Unternehmenszusammenschlüssen (FKVO)) erst kurze Zeit in Kraft war und somit auf europäischer Ebene noch keine ausreichenden Erfahrungen vorlagen.

2 Der Regierungsentwurf sah im Zusammenhang mit der Zusammenschlusskontrolle allerdings geänderte Bestimmungen für Presseunternehmen vor. Als Grund hierfür wurde die wirtschaftlich schwierige Lage der Printbranche angeführt. Die neuen Regelungen sollten den Unternehmen vor allem die Möglichkeit bieten, ihre wirtschaftliche Basis zu verbreitern, und so das Überleben der vielfältigen deutschen Presselandschaft sichern. So sollte damals mit § 31 eine Vorschrift eingefügt werden, die einen neuen Ausnahmetatbestand für Zeitungsverlage schafft, indem alle Kooperationen im Anzeigenbereich von der Anwendung des § 1 freigestellt werden. Weiter sollten Zusammenschlüsse, soweit sie dazu dienen, eine Anzeigenkooperation zu praktizieren, von der Anwendung der Zusammenschlusskontrolle ausgenommen werden. Daneben war vorgesehen, den Multiplikator für die Berechnung der Umsätze, die mit Verlag, Herstellung und Vertrieb von Zeitungen und Zeitschriften oder deren Bestandteilen erzielt werden, von zwanzig auf zehn herabzusetzen, um die Handlungsspielräume von Presseunternehmen zu erweitern. Dies hätte dazu geführt, dass die Zusammenschlusskontrolle in diesem Bereich erst ab einem weltweiten Umsatz der beteiligten Unternehmen von 50 Mio. EUR anwendbar ist. Durch die Veränderung des Multiplikators wäre zudem die Bagatellmarktschwelle in § 35 Abs. 2 S. 1 Nr. 2 von 750 000 EUR auf 1,5 Mio. EUR angehoben worden.[2] Der Vermittlungsausschuss hat in seiner Beschlussempfehlung die Streichung dieser Änderungen empfohlen.[3] Die Vorschriften sind daraufhin nicht in die GWB-Novelle eingeflossen. Die Diskussion um entsprechende Änderungen wurde auch nach Verabschiedung der Novelle fortgeführt.

3 Ziel der 8. GWB Novelle, die am 30.6.2013 in Kraft getreten ist, ist es, Unterschiede zwischen deutscher und europäischer Fusionskontrolle weiter zu verringern, um eine weitgehend gleichlaufende Beurteilung von Zusammenschlussvorhaben auf deutscher und europäischer Ebene zu ermöglichen. Gleichzeitig sollte mit der Novelle der Handlungsspielraum kleinerer und mittlerer Presseunternehmen angemessen erweitert werden. Die Missbrauchsvorschriften wurden anwenderfreundlicher gestaltet und die Position der Verbraucherverbände wurde durch eine angemessene Beteiligung an der privatrechtlichen Kartellrechtsdurchsetzung verbessert. Schließlich sollte das kartellrechtliche Bußgeldverwahren effizienter gestaltet und sichergestellt werden, dass das wettbewerbliche Handeln der Krankenkassen dem Kartellrecht unterliegt.[4]

4 Mit der 8. GWB-Novelle wurde sodann für die Zusammenschlusskontrolle das auf europäischer Ebene seit 2004 maßgebliche Untersagungskriterium der „erheblichen Behinderung wirksamen Wettbewerbs“ („significant impediment to effective competition“, sogenannter SIEC-Test) in das GWB übernommen. Nach bisherigem Recht musste das Bundeskartellamt einen Zusammenschluss untersagen, wenn zu erwarten war, dass er eine marktbeherrschende Stellung begründet oder verstärkt (§ 36 Abs. 1 a.F.). Bis 2004 war auch in der europäischen Fusionskontrolle das Marktbeherrschungskriterium entscheidender Prüfmaßstab. Seit 2004 ist die Begründung oder Verstärkung einer marktbeherrschenden Stellung in der europäischen Fusionskontrolle nur noch ein Regelbeispiel für die Generalklausel der erheblichen Behinderung wirk-

2 Vgl. RegBegr. zum RegE 2004, BT-Drucks. 15/3640.
3 Vgl. Empfehlung des Vermittlungsausschusses 2005, BT-Drucks. 15/5735.
4 Vgl. RegBegr. zum Gesetzentwurf, BT-Drucks. 17/9856 S. 17.

samen Wettbewerbs. Die Übernahme des SIEC-Tests ins GWB erlaubt eine weitgehend gleichlautende Beurteilung von Fusionsvorhaben auf deutscher und europäischer Ebene. Der Gesetzgeber geht darüber hinaus davon aus, dass die deutsche Rechtsanwendungspraxis dadurch die Entwicklung in der Fusionskontrolle innerhalb und außerhalb der Europäischen Union besser mitgestalten kann. Der SIEC-Test ist mittlerweile in den nationalen Rechtsordnungen der Mitgliedstaaten der Europäischen Union das häufigste materielle Prüfkriterium.[5]

Neben einer Reihe weiterer Neuregelungen, etwa im Hinblick auf Nebenbestimmungen 5
in Freigabeentscheidungen (§ 40 Abs. 3) kam es zu Angleichungen bei der Pressefusionskontrolle. Angesichts der Veränderungen der wirtschaftlichen Rahmenbedingungen für Presseunternehmen, die durch die fortschreitende Entwicklung der digitalen Mediennutzung eingetreten sind, sah sich der Gesetzgeber zu einer Anpassung der pressespezifischen Aufgreifschwelle (§ 38 Abs. 3) veranlasst. Daher wurde der Multiplikator von 20 auf 8 verringert. Damit soll es Presseunternehmen erleichtert werden, ihre wirtschaftliche Basis durch Zusammenschlüsse abzusichern und ihre Wettbewerbsfähigkeit auch in Konkurrenz zu anderen Mediengattungen zu behaupten. Die Reduzierung des bisherigen Multiplikationsfaktors auf 8 soll vor allem kleineren und mittleren Zeitungsverlagen Fusionen zur Steigerung ihrer Wettbewerbsfähigkeit erleichtern.[6]

Der Ausschuss für Wirtschaft und Energie hat am 8.3.2017 umfassende Änderungen 6
am GWB beschlossen. Bereits am 28.9.2016 hat die Bundesregierung den Gesetzentwurf eines Neunten Gesetzes zur Änderung des Gesetzes gegen Wettbewerbsbeschränkungen (Regierungsentwurf zur 9. GWB-Novelle) veröffentlicht.[7] Der Referentenentwurf war am 1.7.2016 veröffentlicht worden. Am 9.6.2017 ist die 9. Novelle des GWB in Kraft getreten.[8] Die Novelle setzt unter anderem die Kartellschadensersatz-Richtlinie 2014/104/EU über bestimmte Vorschriften für Schadensersatzklagen nach nationalem Recht wegen Zuwiderhandlungen gegen wettbewerbsrechtliche Bestimmungen der Mitgliedstaaten und der Europäischen Union um.

Insbesondere bei Medienmärkten bestehen eine Reihe von Beziehungen, bei denen die Leistungen nicht monetär entgolten werden. Um eine gemeinsame Betrachtung der unentgeltlichen und der entgeltlichen Seite bei der Marktabgrenzung zu ermöglichen, wurde in einem neuen § 18 Abs. 2a GWB folgende Regelung eingefügt:

„Der Annahme eines Marktes steht nicht entgegen, dass eine Leistung unentgeltlich erbracht wird."

§ 18 Abs. 3a GWB wird neu eingefügt und stellt fest:

„Insbesondere bei mehrseitigen Märkten und Netzwerken sind bei der Bewertung der Marktstellung eines Unternehmens auch zu berücksichtigen: 1. direkte und indirekte Netzwerkeffekte, 2. die parallele Nutzung mehrerer Dienste und der Wechselaufwand für die Nutzer, 3. seine Größenvorteile im Zusammenhang mit Netzwerkeffekten, 4. sein Zugang zu wettbewerbsrelevanten Daten, 5. innovationsgetriebener Wettbewerbsdruck."

5 Vgl. RegBegr. zum Gesetzentwurf, BT-Drucks. 17/9856, S. 19.
6 Vgl. RegBegr. zum Gesetzentwurf, BT-Drucks. 17/9856, S. 20.
7 BT-Drucks. 18/10207.
8 Gesetz gegen Wettbewerbsbeschränkungen in der Fassung der Bekanntmachung vom 26.6.2013 (BGBl II S. 1750, 3245), das durch Art. 2 Abs. 1 des Gesetzes vom 18.7.2017 (BGBl I S. 2739) geändert worden ist.

In der Fusionskontrolle wurde in einem neuen § 35 Abs. 1a GWB das Transaktionsvolumen als neuer Tatbestand festgelegt, um Marktverschließungseffekte und Markteintrittsbarrieren zu verhindern, sowie Innovationspotential zu schützen:

„Die Vorschriften über die Zusammenschlusskontrolle finden auch Anwendung, wenn (...) der Wert der Gegenleistung für den Zusammenschluss mehr als 400 Mio. Euro beträgt (...)".

Im Regierungsentwurf ist das Transaktionsvolumen von 350 Mio. EUR auf 400 Mio. EUR angehoben worden. Zudem muss jetzt das zu erwerbende Unternehmen eine Inlandstätigkeit aufweisen. Dieses neue kaufpreisbezogene Aufgreifkriterium zielt insbesondere auf Transaktionen mit digitalen Plattformen ab. Es vermag die wirtschaftliche Bedeutung eines Zusammenschlusses in der digitalen Wirtschaft besser abzubilden.

B. Verfahren vor den deutschen Kartellbehörden und Gerichten

I. Überblick über die Verfahrensarten

7 Neben dem Vergaberecht[9] sind im GWB hauptsächlich die Zusammenschlusskontrolle (§§ 35 ff.),[10] die Missbrauchsaufsicht (§§ 18 ff.) sowie die Kartellaufsicht (§§ 1 ff.) geregelt. Für die Zusammenschlusskontrolle ist ausschließlich das Bundeskartellamt zuständig (§§ 39 ff.) während sich die Zuständigkeitsverteilung zwischen dem Bundeskartellamt und den Landeskartellbehörden bei der Missbrauchs- und Kartellaufsicht nach § 48 Abs. 2 richtet.

8 Bei der Zusammenschlusskontrolle[11] erfolgt die Verfahrenseinleitung nach Anmeldung des Zusammenschlusses (§ 39). Die Anmeldepflicht eines Zusammenschusses ergibt sich aus § 35, in dem die Umsatzschwellen für eine Anmeldung beim Bundeskartellamt geregelt sind. Das Bundeskartellamt hat auf seiner Homepage ein Merkblatt zur deutschen Fusionskontrolle sowie ein Formular zur Anmeldung eines Zusammenschlusses beim Bundeskartellamt – versehen mit Kommentaren – zum Herunterladen veröffentlicht.[12] Das Merkblatt erläutert kurz zentrale Begriffe, die für die Anmeldung von Bedeutung sind, d.h. Schwellenwerte, Fristen, Zusammenschlusstatbestände, Feststellung der beteiligten Unternehmen usw., und es beschreibt die Grundzüge des Fusionskontrollverfahrens in Deutschland. Im Hinblick auf besondere Regelungen für einzelne Branchen wird bei der Berechnung der Umsatzerlöse auf die Besonderheiten bei Presse- und Rundfunkzusammenschlüssen hingewiesen. Das Zusammenschlussverfahren endet mit einer Freigabe oder einer Untersagung (§ 40 Abs. 2).

---

9 Vgl. 24. Kap.

10 Paragraphen ohne Gesetzesbezeichnung beziehen sich auf das GWB.

11 Vgl. zu den Einzelheiten der Zusammenschlusskontrolle *Langen/Bunte/Ruppelt* Bd. 1, §§ 35 ff. m.w.N.; *Emmerich* §§ 14–19.

12 S. www.bundeskartellamt.de/wDeutsch/merkblaetter/Fusionskontrolle/MerkblFusion.php.

Untersagungskriterium für Zusammenschlüsse, die der Anmeldepflicht unterliegen, ist seit 30.6.2013 die erhebliche Behinderung wirksamen Wettbewerbs. Die bisherige Untersagungsvoraussetzung der Begründung oder Verstärkung einer marktbeherrschende Stellung, die seit Einführung der deutschen Fusionskontrolle im Jahr 1973 das alleinige Prüfkriterium war, gilt allerdings ebenso weiter wie die dazu ergangene Entscheidungspraxis der Gerichte, etwa zur Frage, wann eine marktbeherrschende Stellung durch einen Zusammenschluss verstärkt wird. Die Begründung oder Verstärkung einer marktbeherrschenden Stellung stellt stets eine erhebliche Behinderung wirksamen Wettbewerbs dar. Insofern gilt sie als Regelbeispiel in § 36 Abs. 1 fort. Untersagungen werden voraussichtlich auch in Zukunft überwiegend anhand dieses Kriteriums erfolgen.[13] 9

Missbrauchsverfahren[14] werden von Amts wegen, in der Regel auf Beschwerde von Marktteilnehmern, eingeleitet. Die Kartellbehörde hat diesbezüglich ein Aufgreifermessen. Daneben kann gegen missbräuchliches Verhalten eines marktbeherrschenden Unternehmens (§ 18) – das nach § 19 Abs. 1 verboten ist – auch auf dem Zivilrechtsweg auf Unterlassung geklagt werden. Wenn das Verfahren nicht eingestellt wird (§ 61 Abs. 2), dann wird es im Verwaltungsverfahren[15] mit einer Untersagung (§ 32 Abs. 1), der Anordnung von Maßnahmen (§ 32 Abs. 2), Verpflichtungszusagen (§ 32b) oder im Bußgeldverfahren (§ 81)[16] mit der Verhängung von Geldbußen abgeschlossen. 10

Das Beschwerdeverfahren[17] ist in §§ 63–73, das Rechtsbeschwerdeverfahren[18] in §§ 74–76 GWB geregelt. Gem. § 63 steht den am Verfahren Beteiligten gegen die Entscheidungen der Kartellbehörden die Beschwerde zu. Nach § 63 Abs. 4 entscheidet über die Beschwerde ausschließlich das für den Sitz der Kartellbehörde zuständige Oberlandesgericht. Für Beschwerden gegen Entscheidungen des Bundeskartellamts ist das Oberlandesgericht Düsseldorf zuständig. Gem. § 74 Abs. 1 findet gegen Beschlüsse der Oberlandesgerichte die Rechtsbeschwerde an den Bundesgerichtshof statt, wenn die Rechtsbeschwerde zugelassen wurde. Die Nichtzulassung der Rechtsbeschwerde durch das Oberlandesgericht kann gem. § 75 Abs. 1 selbständig durch Nichtzulassungsbeschwerde angefochten werden. 11

II. Besonderheiten von Zusammenschlüssen im Presse- und Rundfunkbereich

Neben der Aufgabe der Zusammenschlusskontrolle, den wirtschaftlichen Wettbewerb durch Verhinderung einer übermäßigen Unternehmenskonzentration zu verhindern, verfolgt die bereits durch die dritte Novelle des GWB von 1976 verschärfte „Pressefusionskontrolle“ zusätzlich die Aufgabe, durch Erhaltung der Wettbewerbsstruktur auf den Pressemärkten die Meinungsvielfalt im Pressewesen zu sichern und damit einen Beitrag zum Erhalt der Pressefreiheit gem. Art. 5 Abs. 1 GG zu leisten.[19] Nunmehr ist 12

13 Vgl. RegBegr. zum Gesetzentwurf, BT-Drucks. 17/9856, S. 28.
14 Vgl. zu den Einzelheiten der Missbrauchsaufsicht *Langen/Bunte/Schultz* §§ 19 ff. m.w.N.; *Emmerich* §§ 9–11.
15 Vgl. *Langen/Bunte/Bornkamm* Bd. 1, § 32 Rn. 8 f.
16 Vgl. *Langen/Bunte/Raum* Bd. 1, § 81 Rn. 11 ff.
17 Vgl. zu den Einzelheiten des Beschwerdeverfahrens *Bechtold* §§ 63 ff.
18 Vgl. zu den Einzelheiten des Rechtsbeschwerdeverfahrens *Bechtold* §§ 74 ff.
19 *Emmerich* § 31, III.; *BGH* NJW 1980, 1381 – Springer/Elbe Wochenblatt.

in § 35 Abs. 1 i.V.m. § 38 Abs. 3 geregelt, dass die Umsätze für den Verlag, die Herstellung und den Vertrieb von Zeitungen, Zeitschriften und deren Bestandteile das Achtfache der Umsatzerlöse in Ansatz zu bringen ist. Diese Bereiche unterliegen damit einer achtmal niedrigeren Anmeldeschwelle als Zusammenschlüsse in sonstigen Wirtschaftsbereichen. Bei der Herstellung, dem Vertrieb und der Veranstaltung von Rundfunkprogrammen und dem Absatz von Rundfunkwerbezeit bleibt es hingegen nach § 38 Abs. 3 bei der Verzwanzigfachung der Umsatzerlöse.

13 Wirtschaftlicher Wettbewerb ist notwendige Voraussetzung für publizistischen Wettbewerb und damit Meinungsvielfalt. Grundlegend sind insoweit nach wie vor die Ausführungen des Bundesgerichtshofs im Fall „Gemeinsamer Anzeigenteil".[20] Der Bundesgerichtshof hat im Zusammenhang mit der Frage, ob eine Anzeigenzwangskombination sachlich gerechtfertigt sei, weil sie der Entfaltung der Presse- und Meinungsvielfalt dienen könne, ausgeführt: „Der Schutz der Verlegertätigkeit durch Art. 5 Abs. 1 GG erfährt [...] Einschränkungen, wenn er auf gleichrangige, unerlässliche Voraussetzungen für einen freien Meinungskampf trifft. Hierzu gehört vor allem die Sicherung des freien Wettbewerbs auf dem Pressemarkt; denn nur dann, wenn neben dem publizistischen auch der wirtschaftliche Wettbewerb im Pressebereich geschützt wird, ist eine freie Entfaltung der Meinungen gewährleistet. Aus Art. 5 Abs. 1 GG lässt sich daher eine einschränkende Anwendung der Wettbewerbsnormen nicht herleiten; vielmehr ist ihre konsequente Anwendung gerade von grundlegender Bedeutung für ein freies Pressewesen.[21]" Da das Kartellrecht die Funktionsfähigkeit des wirtschaftlichen Wettbewerbs sichert, schützt es damit zugleich auch die Meinungsvielfalt.[22]

14 Allerdings ging der Gesetzgeber davon aus, dass die durch die 3. GWB-Novelle eingeführte Rechenklausel für Presseerzeugnisse der wirtschaftlichen Rahmenbedingungen auf den Pressemärkten angepasst werden muss. Die heutigen Pressemärkte kennzeichne mit dem Internet als bedeutendem Informationsmedium eine gewachsene Konkurrenz durch neue Anbieter, andere Mediengattungen sowie ein geändertes Mediennutzungsverhalten. In diesem Umfeld soll die Reduzierung des Multiplikators von 20 auf 8 die Schwellenwerte erhöhen, ab denen das Bundeskartellamt einen Zusammenschluss zwischen Zeitungs- oder Zeitschriftenverlagen nach den Regeln der Fusionskontrolle prüft. Gegenwärtig ist die Fusionskontrolle erst ab einem gemeinsamen weltweiten Umsatz der beteiligten Presseunternehmen von 62,5 Mio. EUR statt wie zuvor ab 25 Mio. EUR, sowie bei Inlandsumsätzen eines Unternehmens von 3,215 Mio. EUR und eines weiteren von 625 000 EUR anwendbar. Durch die Senkung des Multiplikators wurde auch die Bagatellmarktschwelle in § 36 Abs. 1 S. 2 im Pressebereich von 750 000 EUR auf 1,875 Mio. EUR angehoben. Der Gesetzgeber geht davon aus, dass diese Änderung die Spielräume der Verlage zur Stabilisierung ihrer wirtschaftlichen Basis durch Zusammenschlüsse angemessen erweitert und ihre Wettbewerbsfähigkeit mit anderen Medien stärkt.[23] Zukünftig wird der Multiplikator 8 auch für den Vertrieb und die Veranstaltung von Rundfunkprogrammen und den Absatz von Rundfunkwerbezeiten gelten.[24]

---

20 *BGH* WuW/E 1965 ff.
21 *BGH* WuW/E 1965, 1966.
22 Gutachten über eine „Offene Medienordnung" des *Wissenschaftlichen Beirats beim Bundesministerium für Wirtschaft und Technologie* v. 18.11.1999, S. 15.
23 Vgl. RegBegr. zum Gesetzentwurf, BT-Drucks. 17/9856, S. 29.
24 Vgl. Gesetzentwurf der Bundesregierung, BT-Drucks. 18/10207, S. 23.

Zentrales Kriterium für die Zusammenschlusskontrolle nach dem GWB ist die Marktbeherrschung. Nach § 18 Abs. 2 S. 1 ist ein Unternehmen marktbeherrschend, wenn es als Anbieter oder Nachfrager von Gütern oder Leistungen ohne Wettbewerber ist, keinem wesentlichen Wettbewerb ausgesetzt ist oder eine im Verhältnis zu seinen Wettbewerbern überragende Marktstellung hat. 15

Die Beurteilung, ob ein Unternehmen marktbeherrschend ist, erfordert zunächst die Abgrenzung der sachlich und räumlich relevanten Märkte. 16

Die sachlich Marktabgrenzung nach dem GWB erfolgt nach dem Bedarfsmarktkonzept. Dabei wird auf die Sicht der Marktgegenseite abgestellt und geprüft, welche Güter und Leistungen aus Sicht eines verständigen Verbrauchers ohne Weiteres zur Deckung eines bestimmten Bedarfs als austauschbar angesehen werden.[25] Dabei wird allerdings nicht auf den Kommunikationsinhalt abgestellt. Durch das Abstellen auf die unterschiedliche Bedürfnisbefriedigung und nicht die redaktionelle Ausrichtung und damit den Inhalt der Meinung, ist die Fusionskontrolle mit dem verfassungsrechtlichen Gebot der Staatstunabhängigkeit der Presse vereinbar Mit anderen Worten: Medienfusionskontrolle ist meinungsneutral.[26] 17

Im Pressebereich gibt es eine Vielzahl sachlicher und räumlicher Märkte. Zudem wird unterschieden in Leser- und Anzeigenmärkte.[27] Auf den Lesermärkten wird zwischen Tageszeitungen und Wochenzeitschriften unterschieden.[28] Bei den Tageszeitungen ist eine weitere Unterscheidung in Straßenverkaufszeitungen und Abonnementzeitungen vorzunehmen, wobei auf die wesentlichen Unterschiede in der Breite und Tiefe der Berichterstattung, in der Art der Darstellung und in den Nachrichten- und Berichtsschwerpunkten abgestellt wird.[29] 18

Bei Zeitschriften werden innerhalb der Publikumszeitschriften gesonderte Märkte für Special-Interest-Produkte gebildet. Die Marktabgrenzung hängt dabei ab von Aufmachung der Zeitschrift, Preis, Erscheinungshäufigkeit und des spezifischen Interessengebiets, z.B. Fernsehzeitschriften, Frauenzeitschriften, populärwissenschaftliche Zeitschriften.[30] 19

In räumlicher Hinsicht sind die Lesermärkte nach dem jeweiligen Verbreitungsgebiet des Presseobjektes abzugrenzen. Hier gibt es bundesweite, regionale und lokale Märkte. 20

In die Anzeigenmärkte sind neben den entgeltlichen Zeitungen und Zeitschriften auch unentgeltlich an Leser verteilte Presseobjekt, also z.B. Anzeigenblätter, Veranstaltungshefte, zu zählen, soweit sie entgeltliche Anzeigemöglichkeiten anbieten. Marktgegenseite bei den Anzeigenmärkten sind nicht die Leser sondern die Anzeigenkunden, also im Wesentlichen die werbetreibende Wirtschaft. In sachlicher Hinsicht sind sie häufig weiter abzugrenzen, als Lesermärkte, je nachdem ob aus Sicht der Anzeigenkunden eine Austauschbarkeit besteht. Zwischen Leser- und Anzeigenmärkten besteht auf- 21

25 *Bechtold* § 17 Rn. 7.

26 Vgl. *Bremer/Martini* ZUM 2003, 942 ff.

27 *Bechtold* § 19 Rn. 13.

28 *BGH* WuW/E 2212, 2121 – Gruner+Jahr/Zeit I; *BGH* WuW/E 2433, 2436 f. – Gruner+Jahr/Zeit II.

29 *BGH* WuW/E 1854, 1856 f. – Zeitungsmarkt München; *BKartA* WuW DE-V 695, 696 – Tagesspiegel/Berliner Zeitung I; *BKartA* WuW DE-V 1361, 1362 – Tagesspiegel/Berliner Zeitung II; *BKartA* WuW DE-V 1163, 1171 – Springer/ProSiebenSat.1.

30 Vgl. hierzu *BGH* WuW/E DE-R 1925 ff. – National Geographic II.

grund der sog. Auflagen-Anzeigen-Spirale bei Zeitungen und Zeitschriften eine hohe Interdependenz: Eine hohe Auflage führt zu einer starken Stellung auf dem Anzeigenmarkt, dies sichert dann wiederum die Stellung auf dem Lesermarkt ab.

22 Inwieweit künftig auch bei unentgeltlichen Zeitungen und Zeitschriften ein sachlich relevanter Lesermarkt angenommen wird, muss die Anwendung des neuen § 18 Abs. 2a zeigen.

23 Fernsehsender veranstalten Fernsehprogramme und strahlen diese aus. Dabei ist bei der kartellrechtlichen Beurteilung zu unterscheiden zwischen für den Zuschauer frei empfangbaren Fernsehprogrammen (Free-TV) und Fernsehprogrammen, für die der Zuschauer im Wege eines Abonnements oder pro Sendung bezahlt (Pay-TV). Private Veranstalter im frei empfangbaren Fernsehen, finanzieren sich weit überwiegend durch während des Programms in Blöcken ausgestrahlte Fernsehwerbung.

24 Ein Fernsehzuschauermarkt besteht gegenwärtig nur bei Pay-TV. Im frei empfangbaren Fernsehen fehlt es mangels Entgelts an einer für den Leistungsaustausch im Marktprozess wesentlichen Voraussetzung. Gleichwohl hat die Anzahl der Zuschauer einen wesentlichen Einfluss auf den Fernsehwerbemarkt. Den Zuschaueranteilen der Fernsehsender kommt für die Stellung auf dem Fernsehwerbemarkt eine wichtige Bedeutung zu. Die Zuschaueranteile haben einen gewissen Einfluss auf die Anteile am Fernsehwerbemarkt.

25 Sachlich ist im Free-TV von einem Fernsehwerbemarkt auszugehen. Der Markt umfasst die Bereitstellung von Werbezeiten der Veranstalter von Fernsehprogrammen an Dritte.[31] Anbieter auf diesem Markt sind die Veranstalter werbefinanzierter Free-TV Fernsehprogramme und – soweit sie Werbezeiten anbieten – Pay-TV-Sender bzw. deren Vermarktungsgesellschaften. Die Werbeeinnahmen der öffentlich-rechtlichen Fernsehsender fließen –anders als die Gebühreneinnahmen – in den Fernsehwerbemarkt ein.

26 Der Markt bildet gegenüber den Märkten der Hörfunkwerbung sowie den Print- und Online-Anzeigenmärkten einen eigenen sachlich relevanten Markt. Nachfrager auf diesem Markt ist die werbetreibende Industrie, die sich ganz überwiegend von Media-Agenturen betreuen lässt. Die Media-Agenturen nehmen die Werbebuchungen bei den Fernsehsendern bzw. deren Vermarktungsgesellschaften vor.

27 Inwieweit künftig auch bei Free-TV ein sachlich relevanter Zuschauermarkt angenommen wird, muss die Anwendung des neuen § 18 Abs. 2a zeigen.

28 Räumlich wird der Fernsehwerbemarkt entsprechend den Werbebelegungsmöglichkeiten abgegrenzt. Zu unterscheiden sind dabei der bundesweite Fernsehwerbemarkt und regionale Fernsehwerbemärkte. Im Hinblick auf unterschiedliche nationale Rechtsvorschriften, bestehende Sprachbarrieren und kulturelle Besonderheiten geht das Bundeskartellamt bei bundesweit ausstrahlenden Fernsehsendern grundsätzlich von einem nationalen Markt aus.[32]

29 Sachlich gibt es im Hörfunk den Hörfunkwerbemarkt. Einzubeziehen sind Hörfunksender, die sich über Hörfunkwerbung finanzieren. Künftig könnten aufgrund von § 18 Abs. 2a auch Höhrermärkte anzunehmen sein. Räumlich wird gemessen am Sendegebiet nach bundesweiten, landesweiten sowie regionalen/lokalen Märkten unterschieden.

---

31 Vgl. *BKartA* WuW DE-V 53 – Premiere.

32 *BKartA* WuW/E DE-V, 1163, 1167 – Springer/ProSiebenSat.1.

Zur Beurteilung der Marktstellung sind der Marktanteil, die Finanzkraft, Zugang zu Beschaffungs- und Absatzmärkten, Verflechtungen mit anderen Unternehmen, Marktzugangsschranken etc. heranzuziehen. Die überragende Marktstellung wird also in der kartellrechtlichen Zusammenschlusskontrolle nicht eindimensional am Marktanteil, sondern an einem ganzen Bündel markt- und unternehmensbezogener Kriterien gemessen. Im Rahmen der Zusammenschlusskontrolle durch die Europäische Kommission hat das Kriterium des Marktanteils in der jüngeren Vergangenheit eine weitere Relativierung erfahren. Nach § 18 Abs. 5 sind zwei oder mehr Unternehmen marktbeherrschend, soweit zwischen ihnen ein wesentlicher Wettbewerb nicht besteht und sie in ihrer Gesamtheit die Voraussetzung des § 18 Abs. 5 erfüllen. Dem Kriterium des Marktanteils kommt zwar im Rahmen der Vermutung (§ 18 Abs. 4) Bedeutung zu, es ist aber auch in der deutschen Zusammenschlusskontrolle im Rahmen der qualitativen Gesamtwürdigung markt- und unternehmensbezogener Strukturkriterien nur ein – sicherlich bedeutendes – Kriterium von mehreren. Ab bestimmten Marktanteilen bestehen nach § 18 Abs. 6 Vermutungen für eine einzelmarktbeherrschende Stellung bzw. für marktbeherrschende Oligopole. Diese Vermutungen sind nach § 18 Abs. 7 widerlegbar. Es handelt sich insoweit um eine Beweislastumkehr. Allerdings ist zu berücksichtigen, dass die Kartellbehörden auch hierbei dem Amtsermittlungsgrundsatz verpflichtet sind. **30**

Bei vertikalen Zusammenschlüssen, kommt es auf den einzelnen Märkten nicht zu Marktanteilsadditionen. Hier ist es erforderlich, andere Kriterien zu berücksichtigen. So sind hier z.B. die Kriterien Zugang zu Beschaffungs- und Absatzmärkten sowie Marktzutrittsschranken zu berücksichtigen. **31**

Das Bundeskartellamt hat im Medienbereich den Erwerb des Breitbandkabelnetzes der Deutschen Telekom AG durch das Unternehmen Liberty Media untersagt.[33] Dort wäre es durch den vertikalen Zusammenschluss zur Verstärkung der bestehenden marktbeherrschenden Stellungen auf dem Endkundenmarkt bei Kabelanschlüssen (Netzebene 4), dem Signallieferungsmarkt, und dem Einspeisemarkt gekommen.[34] **32**

Keinen Einfluss hat das Bundeskartellamt (ex ante) allerdings auf internes Unternehmenswachstum. Wenn also ein Breitbandkabelnetzbetreiber in den Inhaltemarkt einsteigt und etwa seinen Kabelkunden Pay-TV Pakete anbietet, greift die Zusammenschlusskontrolle nach dem GWB nicht. Erst wenn eine marktbeherrschende Stellung entsteht greift die (ex post) Missbrauchsaufsicht nach § 19. **33**

Bei benachbarten Märkten sind bei der wettbewerblichen Beurteilung auch Wechselwirkungen zwischen den verschiedenen Medien – also crossmediale Effekte – im Rahmen der Gesamtbetrachtung zu berücksichtigen. **34**

Die EU-Kommission geht davon aus, dass obwohl es sich bei Pay-TV und Free-TV um unterschiedliche Märkte handele, gleichwohl zwischen diesen Märkten eine Wechselbeziehung bestehe. Je vielfältiger und attraktiver das Programmangebot im Free-TV ist, desto geringer ist der Anreiz für die Zuschauer, zusätzlich Pay-TV zu abonnieren.[35] Auch der EuGH geht davon aus, dass ein konglomerater Zusammenschluss aufgrund der möglichen Hebelwirkung zukünftiger Verhaltensweisen der Beteiligten die Untersagungsvoraussetzungen erfüllen kann.[36] **35**

---

33 *BKartA* WuW DE-V 558 – Liberty/VIOLA.

34 Vgl. *BKartA* Tätigkeitsbericht 2001/2002, S. 196 ff.

35 COMP M.993 Bertelsmann/Kirch/Premiere = *EG Kommission* WuW/E EU-V 222 Rn. 87 ff. – Bertelsmann/Kirch/Premiere.

36 Rs. C-12/03 Kommission/Tetra Laval = WuW/E EU-R 875 – Kommission/Tetra/Laval.

36 Auf nationaler Ebene hat der BGH die Untersagung des Bundeskartellamts des Erwerbs der regionalen Abonnement-Tageszeitung Donau-Kurier durch den Süddeutschen Verlag bestätigt.[37] In der Entscheidung führt der BGH aus, die Wettbewerbsposition eines Unternehmens kann durch den Zusammenschluss mit einem finanzstarken anderen Unternehmen, insbesondere, wenn dies in demselben wirtschaftlichen Bereich tätig ist, in der Weise verstärkt werden, dass potenzielle Wettbewerber entmutigt werden.[38] Eine marktbeherrschende Stellung würde nicht nur dann verstärkt, wenn durch den Zusammenschluss Marktanteile hinzugewonnen werden, sondern auch dann, wenn die Fähigkeit zur Abwehr des nachstoßenden Wettbewerbsdrucks verstärkt oder auch nur erhalten oder gesichert wird.[39]

37 Diese crossmedialen Effekte spielten bei dem Zusammenschlussverfahren Axel Springer AG/ProSiebenSat.1 Media AG[40] eine entscheidende Rolle. Auf den betroffenen Märkten, namentlich dem bundesweiten Fernsehwerbemarkt, dem Lesermarkt für Straßenverkaufszeitungen und dem Anzeigenmarkt, kam es zu keinen Marktanteilsadditionen. Das Bundeskartellamt hat allerdings marktübergreifende Effekte in die Beurteilung mit einbezogen, die zu einer Stärkung der bereits bestehenden marktbeherrschenden Stellung des wettbewerbslosen Oligopols auf dem Fernsehwerbemarkt, bestehend aus den Sendern der RTL-Gruppe und der ProSiebenSat.1-Gruppe sowie der Bild-Zeitung auf dem Lesermarkt und auf dem Anzeigenmarkt führen. Das OLG Düsseldorf[41] und der BGH[42] haben die Entscheidung bestätigt.

38 Ebenfalls um das wettbewerbslose Oligopol der RTL-Gruppe und der ProSiebenSat.1-Gruppe ging es in einer weiteren Entscheidung des Bundeskartellamts. So wurde das Vorhaben von RTL und Pro7Sat.1, ein Gemeinschaftsunternehmen für den Aufbau und den Betrieb einer Online-Video-Plattform zu gründen, untersagt. Die Gründung dieses Gemeinschaftsunternehmen hätte nach Auffassung des Bundeskartellamts in der geplanten Form das weiterhin bestehende marktbeherrschende Oligopol der beiden Sendergruppen auf dem Markt für Fernsehwerbung weiter verstärkt. Die zu erwartenden Koordinierung geschäftlicher Interessen über das Gemeinschaftsunternehmen würde zudem einen Verstoß gegen das Verbot wettbewerbsbeschränkender Vereinbarungen darstellen. Das Bundeskartellamt geht davon aus, dass nur bei einer offenen, rein technischen Plattform die Vorteile durch die erhöhte Reichweite für Video-on-Demand Angebote die bestehenden Nachteile für den Wettbewerb aufwögen. In der geplanten Form des Gemeinschaftsunternehmens bestünden jedoch Zugangsbeschränkungen die den Effekt hätten, die bestehenden Verhältnisse auf dem Fernsehwerbemarkt zu konservieren und auf das Segment der Video-Werbung in Online-Videoinhalten zu übertragen.[43]

39 Das Bundeskartellamt hat das Vorhaben der Mobilfunknetzbetreiber T-Mobile, Vodafone und O_2 freigegeben, ein Gemeinschaftsunternehmen zur Aufbau und Betrieb einer Plattform für mobile Fernsehübertragung nach dem DVB-H-Standard

---

37 *BGH* WuW/E 2276 – Süddeutscher Verlag/Donau Kurier.
38 *BGH* WuW/E 2276, 2283 – Süddeutscher Verlag/Donau Kurier.
39 *BGH* WuW/E 1854, 1856, 1860 – Zeitungsmarkt München.
40 WuW *BKartA* DE-V 1163, 1173 f. – Springer/ProSiebenSat.1.
41 *OLG Düsseldorf* VI-Kart 7/06 (V), Beschl. v. 3.12.2008.
42 *BGH* KVR 4/09, Beschl. v. 8.6.2010.
43 *BKartA* B6-94/10 – Online-Video-Plattform, Entscheidung v. 17.3.2011.

zu gründen.[44] Im Rahmen der fusionskontrollrechtlichen Prüfung hat das Bundeskartellamt einerseits Märkte untersucht, die in direktem Zusammenhang mit der mobilen Rundfunk-/Fernsehübertragung stehen. Dazu zählen der Endkundenmarkt für mobilen Rundfunk, der Markt für den Großhandel mit Programmpaketen für mobilen Rundfunk und der Markt für den Erwerb von Vermarktungsrechten für Programme. Bei diesen Märkten handelt es sich um neu entstehende Technologiemärkte, die noch nicht so stabil sind, dass sie eine marktbeherrschende Stellung begründen könnten. Weiter wurden die Auswirkungen auf die Marktposition der Mutterunternehmen auf den Mobilfunkendkundenmärkten für Datendienste und Sprachtelefonie untersucht. Hier wurde geprüft, ob der Zusammenschluss angesichts der bereits bestehenden hohen Marktanteile von T-Mobile, Vodafone und O_2 zusammen zur Entstehung oder Verstärkung einer gemeinsamen marktbeherrschenden Stellung (Oligopol) führen würde. Dies wurde im Ergebnis verneint, da es sich beim Markt für Mobilfunk-Datendienste um einen jungen, sich dynamisch entwickelnden Markt handele, der wenig Anreize für oligopolistisches Parallelverhalten biete. Beim Markt für Sprachtelefonie, wo offen gelassen wurde, ob bereits eine gemeinsame marktbeherrschende Stellung besteht, wurde seinerzeit die strategische Bedeutung des mobilen Fernsehens als gering eingeschätzt, so dass es jedenfalls zu keiner Verstärkungswirkung kommen würde.

III. Kartellaufsicht in Medienmärkten

§ 1 verbietet Vereinbarungen zwischen Unternehmen, Beschlüsse von Unternehmensvereinigungen und aufeinander abgestimmte Verhaltensweisen, die eine Verhinderung, Einschränkung oder Verfälschung des Wettbewerbs bezwecken oder bewirken. 40

1. Ausnahmen vom Kartellverbot im Medienbereich

Im Medienbereich gibt es eine Reihe von Ausnahmen von diesem Verbot. So ist die Preisbindung bei Zeitungen und Zeitschriften in § 30 geregelt. Diese Vorschrift stellt eine Ausnahme vom Verbot der vertikalen Preisbindung gem. § 1 dar. Sie gilt für die Herstellung und den Vertrieb über sämtliche Handelsstufen. Umfasst sind gem. § 30 Abs. 1 S. 2 neben Zeitungen und Zeitschriften auch Produkte, die Zeitungen und Zeitschriften reproduzieren oder substituieren und bei der Gesamtwürdigung als überwiegend verlagstypisch anzusehen sind, sowie kombinierte Produkte, bei denen eine Zeitung oder Zeitschrift im Vordergrund steht. Gem. § 30 Abs. 3 kann das Bundeskartellamt die Preisbindung für unwirksam erklären, wenn bestimmte Kriterien, wie eine missbräuchliche Handhabung der Preisbindung oder eine Preisbildung oberhalb des Marktpreises, erfüllt sind. Eine missbräuchliche Handhabung kann beispielsweise darin liegen, dass ein preisbindender Verlag den Abonnementpreis für eine Zeitschrift deutlich unter dem gebundenen Preis festsetzt, der für den Einzelhandelsvertrieb zwingend ist. Allerdings gesteht der BGH[45] dem preisbindenden Verlag, für den Abonnements wirtschaftlich günstiger sind als der Vertrieb über den Einzelhandel, zu, günstige Probeabonnements anzubieten, die dazu dienen, die Abonnentenzahlen zu erhöhen. 41

44 *BKartA* B7-61/07, Beschl. v. 13.8.2007.
45 *BGH* WuW DE-R 1779 – Probeabonnement; ausf. dazu *Alexander* ZWeR 2007, 239 ff. m.w.N.

42 In dem mit der 8. GWB-Novelle eingeführten § 30 Abs. 2a ist geregelt, dass § 1 nicht gilt für Branchenvereinbarungen zwischen Vereinigungen von preisbindenden Presseverlagen einerseits, und Vereinigungen von deren Abnehmern, die im Preis gebundene Zeitungen und Zeitschriften mit Remissionsrecht beziehen und mit Remissionsrecht an Letztverkäufer verkaufen (Presse-Grossisten), andererseits. Dies setzt voraus, dass die preisbindenden Presseverlage und Presse-Grossisten den flächendeckenden und diskriminierungsfreien Vertrieb von Zeitungen und Zeitschriften im stationären Einkauf i.S.v. Art. 106 Abs. 2 AEUV gewährleisten. Die §§ 19 und 20 bleiben unberührt.

43 Eine weitere Ausnahme vom Kartellverbot ist die Buchpreisbindung. Diese ist nicht mehr wie früher im GWB geregelt, sondern im Gesetz über die Preisbindung für Bücher (BuchPrG). Zweck des Gesetzes ist die Sicherung eines breiten Buchangebots, das durch die Existenz einer großen Anzahl von Verkaufsstellen für eine breite Öffentlichkeit zugänglich sein soll (§ 1 BuchPrG). Anders als bei der Preisbindung bei Zeitungen und Zeitschriften nach § 30 sind Buchverlage verpflichtet, die Buchpreise zu binden. Dies ergibt sich aus § 5 BuchPrG.

2. Kartellfälle im Medienbereich

44 In der Vergangenheit hat das Bundeskartellamt einige Kartellfälle im Medienbereich behandelt.

45 So hat es im Jahr 2006 die Pläne der Fernsehsender-Gruppen ProSiebenSat.1 und RTL geprüft, ihre über Satellit direkt an Haushalte „Direct to Home" (DTH) Programme (ProSieben, Sat.1, Kabel 1, N24, RTL, Super RTL, VOX, n-tv) künftig – über den Satellitenbetreiber SES Astra – zu verschlüsseln. Die Freischaltung der Programme sollte nur gemeinsam gegen ein wiederkehrendes Entgelt erfolgen, an dem die Sendergruppen beteiligt worden wären. Das Bundeskartellamt sah das verfolgte Geschäftsmodell – koordinierte Einführung der Verschlüsselung mit gemeinsamer Freischaltung, Entgelterhebung bei den Zuschauern durch SES Astra und Beteiligung der Sendergruppen an den Entgelten – als kartellrechtlich problematisch an und drohte eine Untersagung an. Die ProSiebenSat.1-Gruppe erklärte daraufhin die Abstandnahmen von dem Vorhaben.[46]

46 Weiter prüfte das Bundeskartellamt 2007 eine Kooperation zwischen den Pay-TV Sendern arena und Premiere.[47] Die geplante Kooperation hätte aus Sicht des Bundeskartellamts zu einer Marktaufteilung zwischen arena und Premiere geführt. Nachdem den Unternehmen eine Untersagung angedroht wurde, haben sie die Vereinbarung überarbeitet und sind schließlich zu einer kartellrechtlich tolerablen Lösung gelangt.

IV. Missbrauchsaufsicht in Medienmärkten

47 Marktbeherrschende Unternehmen unterliegen der Missbrauchsaufsicht der §§ 19 und 20. § 19 Abs. 1 verbietet die missbräuchliche Ausnutzung einer marktbeherrschenden Stellung[48] durch ein oder mehrere Unternehmen. Der Marktbeherrschungsbegriff

46 Vgl. Tätigkeitsbericht des BKartA 2005/2006, S. 107 ff.
47 Vgl. Pressemitteilung v. 18.7.2007, www.bundeskartellamt.de.
48 Vgl. Rn. 15.

ergibt sich aus § 18. § 18 Abs. 4 und 6 enthalten Kriterien für die Marktbeherrschungsvermutung. Allerdings greifen die Vermutungsregeln erst ein, wenn für ihr Vorliegen objektive Anhaltspunkte gegeben sind. Das bloße, letztlich immer vorhandene Nichtausschließenskönnen künftiger Entwicklungen genügt für die Anwendung der Vermutungsregel nicht.[49]

§ 19 Abs. 2 enthält – zur Konkretisierung des unbestimmten Rechtsbegriffs in 48
Abs. 1 – Regelbeispiele.[50] Das OLG Stuttgart[51] hat im Rahmen des Ausbeutungs- und Behinderungsmissbrauchs Koppelungsfälle – im zu prüfenden Fall ging es um Anzeigen in verschiedenen Verlagsobjekten eines Verlages – im Prinzip als typische Fälle von Machtmissbrauch angesehen, jedoch eingeräumt, dass der Vorwurf missbräuchlicher Ausnutzung einer marktbeherrschenden Stellung bei wirtschaftlicher Rechtfertigung, z.B. Sanierungsbedürfnis, Rationalisierungseffekt, entfallen kann.

Medienspezifische Besonderheiten ergeben sich bei der Missbrauchsaufsicht aus § 20 49
Abs. 1.

Das Bundeskartellamt hat am 2.3.2016 ein Verfahren gegen Facebook eingeleitet. 50
Diese Verfahrenseinleitung erfolgte, obwohl die Teilnahme am sozialen Netzwerk unentgeltlich erfolgt. Die Behörde geht dem Verdacht nach, dass Facebook durch die Ausgestaltung seiner Vertragsbestimmungen zur Verwendung von Nutzerdaten seine mögliche marktbeherrschende Stellung auf dem Markt für soziale Netzwerke missbraucht. Facebook erhebt von seinen Nutzern in großem Umfang persönliche Daten aus verschiedensten Quellen. Durch die Bildung von Nutzerprofilen ermöglicht das Unternehmen Werbekunden ein zielgenaues Werben. Um den Zugang zum sozialen Netzwerk zu erhalten, muss der Nutzer zunächst in diese Datenerhebung und -nutzung einwilligen, indem er sich mit den Nutzungsbedingungen einverstanden erklärt. Der Umfang der erteilten Einwilligung ist für die Nutzer nur schwer nachzuvollziehen. Das Bundeskartellamt hegt erhebliche Zweifel an der Zulässigkeit dieser Vorgehensweise insbesondere nach dem geltenden nationalen Datenschutzrecht. Soweit ein Zusammenhang mit der Marktbeherrschung besteht, könnte ein solcher Verstoß auch kartellrechtlich missbräuchlich sein.[52]

V. Konkurrenz von Kartell- und sektorspezifischem Medien- und Urheberrecht

Im Medienbereich besteht eine Reihe von sog. Verwertungsgesellschaften. Die Zuläs- 51
sigkeit der Bildung und Tätigkeit von Verwertungsgesellschaften nach deutschem Recht ergab sich aus dem Urheberrechtswahrnehmungsgesetz (UrhWG)[53], nunmehr Verwertungsgesellschaftengesetz (VGG) nach dessen § 1 Abs. 1 (§ 132 Abs. 1 und § 77 VGG) der Erlaubnis bedarf, wer Nutzungsrechte, Einwilligungsrechte oder Vergü-

49 *OLG Düsseldorf* WuW/E DE-R 1159, 1161 – BASF/NEPG.

50 Zu den Regelbeispielen vgl. *Langen/Bunte/Ruppelt* Bd. 1, § 19 Rn. 92 ff. m.w.N.

51 *OLG Stuttgart* WuW/E OLG 2126 – Kombinationstarif I.

52 Vgl. www.bundeskartellamt.de/SharedDocs/Meldung/DE/Pressemitteilungen/2016/02_03_2016_Facebook.html, abgerufen am 24.3.2017.

53 Seit dem 1.6.2016 gilt ein neues Verwertungsgesellschaftengesetz (Verwertungsgesellschaftengesetz vom 24.5.2016, BGBl I S. 1190, zuletzt geändert durch BGBl I S. 2541 vom 17.7.2017). Das Gesetz setzt die EU-Richtlinie RL 2014/26/EU v. 26.2.2014 um und ersetzt das bisherige UrHWG.

tungsansprüche, die sich aus dem Urheberrechtsgesetz erbeben, für Rechnung mehrerer Urheber oder Inhaber verwandter Schutzrechte zur gemeinsamen Ausübung wahrnimmt. Zuständige Behörde ist das Patentamt, das gem. § 18 Abs. 3 UrhWG (nunmehr § 75 I VGG) über die Erlaubnis und den Widerruf der Erlaubnis im Einvernehmen mit dem Bundeskartellamt entscheidet. Die Verwertungsgesellschaft ist gem. § 6 UrhWG (§ 9 VGG) verpflichtet, die zu ihrem Tätigkeitsbereich gehörenden Rechte und Ansprüche auf Verlangen der Berechtigen zu angemessenen Bedingungen wahrzunehmen. Die Einnahmen sind nach festen Regeln aufzuteilen. Gem. § 11 UrhWG (§§ 23 ff. und 34 VGG) unterliegt die Verwertungsgesellschaft einem Abschlusszwang bezüglich der Einräumung von Nutzungsrechten.[54]

52 Verwertungsgesellschaften sind regelmäßig gegenüber den Nutzern von Urheberrechten marktbeherrschend. In diesen Fällen gelten die Missbrauchsvorschriften der §§ 19 und 20. § 30 Abs. 2 GWB a.F. enthielt eine Sondervorschrift für den Fall, dass der Inhalt eines Vertrages nach § 16 Abs. 4 UrhWG (§§ 129, 130 VGG) durch das Oberlandesgericht festgesetzt worden ist. Dem Bundeskartellamt stand dann die Anwendung der Vorschriften des GWB nur offen, soweit der Vertrag missbräuchlich gehandhabt wurde.[55] Offen ist bislang, ob nach Wegfall des § 30 Abs. 2 GWB a.F. dessen Rechtsgedanke fort gilt.

53 Im Bereich Telekommunikation sieht das Telekommunikationsgesetz (TKG) in § 2 Abs. 3 S. 1 vor, dass die Vorschriften des GWB unberührt bleiben, soweit nicht durch dieses Gesetz ausdrücklich abschließende Regeln getroffen werden. Die Aufgaben und Zuständigkeiten der Kartellbehörden bleiben gem. S. 2 dieser Vorschrift unberührt.

54 Eine Zusammenarbeit zwischen dem Bundeskartellamt und der Bundesnetzagentur ist im TKG vorgesehen, um möglichst auszuschließen, dass im Bereich Telekommunikation bei der Marktbewertung und der Anwendung der Vorschriften des GWB andere Maßstäbe angewandt werden als in anderen Wirtschaftsbereichen.[56] Die Zusammenarbeit ist in § 123 Abs. 1 TKG geregelt. Danach sind eine Reihe von Mitwirkungsrechten sowie Koordinations- und Mitteilungspflichten vorgesehen. Diese umfassen nach § 123 Abs. 1 S. 1 TKG insbesondere die Einholung des Einvernehmens des Bundeskartellamts bei Entscheidungen über die Marktdefinition (§ 10 TKG), die Marktanalyse (§ 11 TKG), den Ausschluss vom Vergabeverfahren (§ 61 Abs. 3 TKG) und die Feststellung, dass im Falle des Frequenzhandels keine Verzerrung des Wettbewerbs auf dem sachlich und räumlich relevanten Markt zu besorgen ist (§ 62 Abs. 2 Nr. 3 TKG). Das Einvernehmen ist für die Bundesnetzagentur bindend. Das Stellungnahmerecht des Bundeskartellamts umfasst nach § 123 Abs. 1 S. 2 TKG die Zugangsregulierung, die Entgeltregulierung, sonstige Verpflichtungen sowie die Besondere Missbrauchsaufsicht.

55 Gem. § 123 Abs. 1 S. 3 TKG gibt das Bundeskartellamt der Bundesnetzagentur Gelegenheit zur Stellungnahme, wenn es im Bereich der Telekommunikation Verfahren nach den §§ 19 und 20 Abs. 1 und 2 GWB, Art. 101 AEUV (Missbrauchsaufsicht) oder nach § 40 Abs. 2 GWB (Zusammenschlusskontrolle) durchführt.

---

54 Vgl. *Bechtold* Vor § 28 Rn. 7.
55 Vgl. *Bechtold* Vor § 28 Rn. 9.
56 Ausf. dazu *Wissmann* Kap. 2 Rn. 78-83.

C. Verfahren im Rahmen des Vertrages über die Arbeitsweise der Europäischen Union (ex-EGV, nachfolgend AEUV)

Der AEUV und die einschlägigen Verordnungen der Europäischen Kommission enthalten keine Sonderregelungen für bestimmte Bereiche des Medienrechts. Zusammenschlüsse von Medienunternehmen unterliegen denselben Voraussetzungen wie andere Zusammenschlüsse nach dem Europäischen Recht. Die Wettbewerbsregeln in Art. 101 ff. AEUV sind auf Medienunternehmen anzuwenden. Auch die von den deutschen Bundesländern praktizierte Rundfunkkonzentrationskontrolle auf Grundlage des Rundfunkstaatsvertrages von 1997 wird auf Art. 21 Abs. 4 der VO (EG) Nr. 139/2004 (Fusionskontrollverordnung) gestützt.[57] **56**

I. Europäische Zusammenschlusskontrolle

Für die Prüfung von Zusammenschlüssen mit gemeinschaftsweiter Bedeutung ist ausschließlich die Europäische Kommission zuständig.[58] Ein Zusammenschluss hat gemeinschaftsweite Bedeutung, wenn die beteiligten Unternehmen einen weltweiten Gesamtumsatz von mehr als 5 Mrd. EUR und einen gemeinschaftsweiten Gesamtumsatz von mehr als 250 Mio. EUR erzielen. Diese Schwellenwerte ergeben sich aus Art. 1, ihre Berechnung aus Art. 5 Fusionskontrollverordnung. Ein Zusammenschlussvorhaben ist – ebenso wie nach nationalem Recht – gem. Art. 4 Fusionskontrollverordnung vor seinem Vollzug bei der Europäischen Kommission anzumelden. Die Einzelheiten der Anmeldung sowie der Anmeldevordruck (Formblatt CO) sind in der VO (EG) Nr. 802/2004 der Kommission geregelt.[59] **57**

Nach Art. 10 Abs. 1 Fusionskontrollverordnung endet die erste Frist nach 25 Arbeitstagen, innerhalb der die Europäische Kommission entscheidet, ob sie dem angemeldeten Vorhaben entweder zustimmt oder die vertiefte Prüfungsphase einleitet, wenn sie der Auffassung ist, dass das Zusammenschlussvorhaben einen wirksamen Wettbewerb erheblich beeinträchtigen könnte. Die vertiefte Prüfungsphase nimmt in der Regel bis zu 90 Arbeitstage in Anspruch. Unter bestimmten, in Art. 10 Abs. 2 Fusionskontrollverordnung geregelten Voraussetzungen ist eine Verlängerung dieser Frist auf 105 bzw. 125 Arbeitstage möglich. Nach Abschluss des Verfahrens kann die Europäische Kommission nach Art. 8 Fusionskontrollverordnung dem Vorhaben mit oder ohne Nebenbestimmungen zustimmen oder es untersagen, wenn die Unternehmen nicht in der Lage waren, angemessene Lösungen für die von der Europäischen Kommission beanstandeten Wettbewerbsprobleme vorzuschlagen. **58**

Die Europäische Kommission hat mehrere Mitteilungen zur Auslegung verschiedener Aspekte der Fusionskontrolle veröffentlicht, die den analytischen Rahmen für die Beurteilung wettbewerbsrechtlicher Auswirkungen von Zusammenschlüssen erläutern und einige der bei der Fusionskontrolle verwendeten Schlüsselbegriffe erklären, z.B. die Mitteilung über den Begriff des Zusammenschlusses.[60] **59**

57 *Emmerich* § 14 Rn. 12.
58 Zur Zusammenschlusskontrolle durch die Europäische Kommission vgl. *Emmerich* § 15.
59 *Europäische Kommission* S. 11.
60 Sämtliche Mitteilungen finden sich auf der Homepage der Europäischen Wettbewerbsbehörden: http://ec.europa.eu/comm/competition.

60 Die Europäische Kommission hat sich in einigen Zusammenschlussverfahren mit Online-Märkten befasst. Dabei ist sie im Verfahren Google/DoubleClick[61] zunächst von folgender Untergliederung der Online-Werbung ausgegangenen:

- Auswahlmechanismus, d.h. wie die Anzeige ausgewählt wird, damit sie auf dem Bildschirm des Benutzers erscheint. Daraus folgen zwei Kategorien, nämlich suchgebundene Anzeigen, die neben den Ergebnissen der Suchabfrage erscheinen und nicht-suchgebundene Anzeigen, die auf beliebigen Websites erscheinen, sowie Kleinanzeigen.
- Format der Online-Werbung, d.h. Text, Grafik, Rich Media,
- Abrechnungsmechanismus nach „cost per click" („CPC") oder Tausender-Kontakt-Preis („TKP"),
- Distributionskanal, d.h. direkt oder über Vermittlung (selbst, Ad-Netzwerke oder Ad-Börsen sowie ferner Mediaagenturen).

61 Damit eine Onlinewerbung zur richtigen Zeit am richtigen Ort auf der Fläche der Website erscheint, werden sog. Adserving-Tools benötigt. Bei ihrer Beurteilung ist die Kommission, auf vorgenannten Feststellungen basierend, von folgenden Märkten ausgegangen:

- Der Markt für Online-Werbung ist von den Märkten für Offline-Werbung abzugrenzen. Eine Unterscheidung zwischen suchgebundenen und nicht-suchgebundenen Anzeigen wurde offen gelassen. Dabei wurde einerseits festgestellt, dass beide Werbearten als komplementär einzustufen sind, sie andererseits in einem gewissen Maße Druck aufeinander ausüben. Räumlich handelt es sich um einen nach Sprachgrenzen innerhalb des EWR zu untergliedernden Markt.
- Im Bereich Vermittlung von Online-Werbung wurde offen gelassen, ob eine weitere Unterteilung erforderlich ist. Es bestanden keine Hinweise, die für eine weitere Unterteilung gesprochen hätten. Räumlich wurde von einem mindestens EWR-weiten Markt ausgegangen.
- Es wurde davon ausgegangen, dass ein getrennter Markt für die Bereitstellung von Adserving für Displaywerbung existiert, der von Adserving für andere Anzeigeformen abzugrenzen ist. Dieser Markt ist weiter nach der Bereitstellung dieser Dienstleistungen an Werbetreibende und an Website-Betreiber zu untergliedern. Räumlich wurde von einem mindestens EWR-weiten Markt ausgegangen.

62 Im Fall Microsoft/Yahoo![62] hat sich die Kommission mit den verschiedenen Märkten im Bereich Internetsuche und Internetwerbung auseinandergesetzt. Dabei hat sie zunächst folgende Märkte in Betracht gezogen:

Internetsuche:

Suchmaschinen dienen der Suche von Informationen im Internet. Das Suchergebnis erscheint in einem Ranking. Es kann aus Text, Karten, Bildern, Videos oder anderen Inhalten bestehen. Allgemeine Internetsuche ist dabei zu trennen von vertikaler Internetsuche, die auf bestimmte Bereiche abzielt, z.B. auf Medizin, Reisen etc. Weiter ist die allgemeine Internetsuche abzugrenzen von Suchen, die sich nur auf eine bestimmte Website beschränken, z.B. Facebook oder MySpace.

61 COMP/M.4731 – Google/DoubleClick, v. 11.3.2008.
62 COMP/M.5727 – Microsoft/Yahoo!, v. 18.2.2010.

Suchmaschinenwerbung:

- Unterscheidung nach dem Auswahlmechanismus der Werbung. Dabei wird Suchwerbung nach dem Suchbegriff gewählt während Nicht-Suchwerbung nach dem Inhalt der Website gewählt wird ohne dass ein Kontext zur Suche besteht. Zunehmend wird diese Werbung mit zusätzlichen Auswahlkriterien versehen, etwa der geografische Standort des Suchenden. Eine dritte Kategorie ist die klassifizierte Werbung, d.h. Werbung, die als Hauptinhalt der Website angezeigt wird (z.B. Immobilienangebote in einer bestimmten Region, Handwerker in einer bestimmten Stadt).
- Unterscheidung nach Erscheinung oder Format der Werbung;
- Unterscheidung nach Medium auf dem die Werbung erscheint (z.B. mobile adds für smartphones);
- Unterscheidung nach dem Preismechanismus für die Werbung („cost-per-click" oder TKP).

Der Entscheidung wurden folgende Produktmärkte zugrunde gelegt: **63**

Online-Werbung:

Unter Bezugnahme auf die Entscheidung im Fall Google/Double Click erfolgte eine Unterscheidung zwischen online- und offline-Werbung. Online-Werbung wird als getrennter Markt betrachtet während eine Unterscheidung in such- und nicht- suchgebundene Werbung offen gelassen wurde. Auch die Marktabgrenzung für mobile Suchwerbung wurde offen gelassen. Offen gelassen wurde weiter die Frage, ob ein gesonderter Markt für Internetsuche besteht. Allerdings wurde diese Frage diskutiert (Rn. 85, 86 der Entscheidung).

Räumlich sind die Online-Werbemärkte, wie bereits in Google/Double Click, national oder nach Sprachräumen abzugrenzen.

Internetsuche:

Für die Internetsuche wurde diskutiert, ob diese weiter als national ist, weil Suchmaschinenanbieter weltweit agieren und das gesamte Internet (www) durchsuchen, oder doch national weil die Suchenden regelmäßig nach Resultaten in ihrer Sprache suchen (Rn. 96–98 der Entscheidung).

Im Rahmen der wettbewerblichen Beurteilung wurde festgestellt, dass Microsoft und Yahoo insgesamt nur über geringe Marktanteile verfügen (unter 15 %). Daher bestanden keine „betroffenen Märkte" i.S.d. Fusionskontrollverordnung. Microsoft und Yahoo stehen sich nur in Frankreich und dem Vereinigten Königreich im Wettbewerb um Such-Werbung gegenüber und haben jeweils geringe Marktanteile. Es kann nicht davon ausgegangen werden, dass ohne den Zusammenschluss Yahoo eine neue Suchmaschine etabliert hätte. Yahoo's Marktanteil ist in den letzten Jahren, zugunsten Googles, gesunken. Für Yahoo allein waren die Investitionskosten zu hoch. Auch Microsoft ist es nicht gelungen seinen Marktanteil erheblich zu steigern (lack of scale), ebenfalls aufgrund der starken Marktstellung von Google. Aufgrund dieser Marktstruktur wurde es nicht als wahrscheinlich erachtet, dass Microsoft/Yahoo nach dem Zusammenschluss die Werbepreise erhöhen. Es könne sogar erwartet werden, dass die Unternehmen nach dem Zusammenschluss effektiver mit Google im Wettbewerb stehen. Im Hinblick auf Suchmaschinennutzer wird davon ausgegangen, dass auch nach dem Zusammenschluss die Unternehmen einen Anreiz zu Innovation haben. Yahoo verdient nur an Werbeerlösen für Werbung die auf der weiterhin separaten Yahoo Suchmaschine geschaltet wird. **64**

II. Europäisches Kartellverbot und Missbrauchsaufsicht

65 Neben den Vorschriften im GWB, die seit der 7. GWB-Novelle[63] weitgehend an Europäisches Recht angeglichen sind, sind gem. Art. 101 AEUV Kartelle untersagt[64] und der Missbrauch einer marktbeherrschenden Stellung wird nach Art. 102 AEUV geahndet.[65] Die nationalen Wettbewerbsbehörden der EU-Mitgliedstaaten sowie nationale Gerichte sind berechtigt, diese Vorschriften anzuwenden, um EU-Wettbewerbsrecht durchzusetzen. Die Einzelheiten für die Anwendung Europäischen Rechts sind in § 22 geregelt. Nationale Kartellbehörden und Gerichte können, ebenso wie die Europäische Kommission, anordnen, dass wettbewerbsbeschränkende Vereinbarungen und Verhaltensweisen eingestellt werden und Geldbußen gegen Unternehmen verhängen, die gegen die Vorschriften im EU-Wettbewerbsrecht verstoßen haben. Die Europäische Kommission und die nationalen Wettbewerbsbehörden informieren sich innerhalb des Europäischen Wettbewerbsnetzes „European Competition Network" (ECN)[66] gegenseitig über neue Fälle, um Mehrfachuntersuchungen zu vermeiden. Auch im Vorfeld von Entscheidungen erfolgt eine gegenseitige Unterrichtung, um eine einheitliche Rechtsanwendung zu gewährleisten.

66 Nach Art. 101 AEUV sind Vereinbarungen zwischen Unternehmen, Beschlüsse von Unternehmensvereinigungen und aufeinander abgestimmte Verhaltensweisen, welche den Handel zwischen Mitgliedstaaten zu beeinträchtigen geeignet sind, und eine Verhinderung, Einschränkung oder Verfälschung des Wettbewerbs innerhalb des Gemeinsamen Marktes bezwecken oder bewirken, verboten. In Art. 101 Abs. 1 a)–e) AEUV sind Regelbeispiele für verbotene Verhaltensweisen enthalten, Solche Vereinbarungen sind gem. Art. 101 Abs. 2 AEUV automatisch nichtig. Die Europäische Kommission oder eine nationale Wettbewerbsbehörde kann Unternehmen aufgeben, rechtswidrige Vereinbarungen einzustellen und gegen diese Unternehmen Geldbußen verhängen. Weder Art. 101 noch Art. 102 AEUV unterscheiden beim Unternehmensbegriff zwischen privaten und öffentlichen Unternehmen. Daher steht es außer Frage, dass die Wettbewerbsregeln in gleichem Maße für beide Unternehmensformen gelten soweit sie eine wirtschaftliche Tätigkeit ausüben.[67] Rundfunkanstalten als öffentliche Unternehmen sind folglich, soweit sie wirtschaftlich tätig sind, etwa Werbezeiten vermarkten, Unternehmen i.S.v. Art. 101 und 102 AEUV.[68]

67 Nach Art. 101 Abs. 3 AEUV können einschränkende Vereinbarungen zwischen Unternehmen zulässig sein, wenn sie wettbewerbsfördernde Wirkung haben, indem sie beispielsweise den technischen Fortschritt unterstützen oder zu Verbesserungen beim Vertrieb beitragen. Um freigestellt zu werden, müssen sie unter angemessener Beteiligung der Verbraucher an dem entstehenden Gewinn zur Verbesserung der Warenerzeugung oder -verteilung oder zur Förderung des technischen oder wirtschaftlichen Fortschritts beitragen, ohne den Unternehmen für diese Ziele unerlässliche Beschränkungen aufzulegen oder für einen wesentlichen Teil der betreffenden Waren den Wettbewerb auszuschalten. Auf Grundlage von Art. 81 Abs. 3 EG-Vertrag (nun Art. 101 Abs. 3 AEUV) hat die Europäische Kommission zur Erreichung dieser Ziele

---

63 *Langen/Bunte/Bunte* Bd. 1, Einf. GWB Rn. 25b ff.
64 Vgl. zu den Einzelheiten des Kartellverbots *Langen/Bunte/Bunte* Bd. 2, Art. 81 Rn. 1 ff.
65 Vgl. zu den Einzelheiten der Missbrauchsaufsicht *Langen/Bunte/Dirksen* Bd. 2, Art. 82 Rn. 1 ff.
66 Vgl. zu den Einzelheiten des ECN *Langen/Bunte/Sura* Bd. 2, Vor Art. 11-16 VO 1/2003 Rn. 1 ff.
67 *Emmerich* § 3 Rn. 35.
68 *Emmerich* § 3 Rn. 38, *EuGH* Slg. 1974, 407, 430 f. – Sacchi.

Gruppenfreistellungsverordnungen erlassen, welche die Voraussetzungen für die Freistellung bestimmter Kategorien von Vereinbarungen im Einzelnen festlegen.[69] Weiter hat die Europäische Kommission Orientierungshilfen dafür herausgegeben, wie die vorgenannten Voraussetzungen anzuwenden sind, damit Unternehmen zwischen wettbewerbskompatiblen und unzulässigen Vereinbarungen unterscheiden können. In diesem Zusammenhang zu erwähnen ist der Leitfaden der Europäischen Kommission zur kartellrechtlichen Beurteilung horizontaler und vertikaler Vereinbarungen.[70]

Ein Beispiel aus dem Medienbereich für die Anwendung von Art. 81 Abs. 3 EG-Vertrag (nun Art. 101 Abs. 3 AEUV) – noch vor Inkrafttreten der VO (EG) Nr. 1/2003 – auf den gemeinsamen Vertrieb jenseits der Marktanteilsschwelle von 15 % ist die zentrale Vergabe der Fernsehübertragungsrechte für die Spiele der „Champions League" durch die UEFA für die Bundesliga durch den DFB, die von der Europäischen Kommission 2003 und 2005 freigestellt wurde.[71] Die Europäische Kommission ist nach der Verpflichtungszusage[72] des Ligaverbandes, die Ligarechte in mehreren Paketen in einem transparenten und diskriminierungsfreien Verfahren anzubieten und die Laufzeit der von drei Spielzeiten nicht zu überschreiten, zu dem Ergebnis gelangt, dass kein Anlass zum Tätigwerden bestand und hat das Verfahren eingestellt.[73] **68**

Art. 102 AEUV untersagt den Missbrauch einer marktbeherrschenden Stellung und gelangt unter folgenden Voraussetzungen zur Anwendung: **69**

- Das Unternehmen hat eine beherrschende Stellung inne. Dazu werden den Marktanteil und andere Faktoren herangezogen, wie beispielsweise ob schlagkräftige Wettbewerber und ein eigenes Vertriebssystem vorhanden sind oder das Unternehmen privilegierten Zugang zu Rohstoffen hat, die es ihm ermöglichen, sich dem normalen Wettbewerbsdruck zu entziehen.
- Das Unternehmen beherrscht den europäischen Markt oder einen wesentlichen Teil[74] davon.
- Das Unternehmen nutzt seine Stellung, um etwa überhöhte Preise von Verbrauchern zu verlangen oder aber zu niedrige Preise, um Wettbewerber zu verdrängen oder Neuzugänge vom Markt fernzuhalten bzw. bestimmten Kunden diskriminierende Vorteile einzuräumen.

Die Europäische Kommission oder nationale Wettbewerbsbehörden können einen solchen Missbrauch untersagen und gegen das betreffende Unternehmen Geldbußen festsetzen. **70**

Die Europäische Kommission führt bereits ein mehrjähriges Missbrauchsverfahren gegen Google bzw. das Mutterunternehmen Alphabet.[75] Das wichtigste Produkt von **71**

---

69 *Langen/Bunte/Bunte* Bd. 2, Einf. EG-Kartellrecht, Rn. 22 ff. m.w.N.

70 Verordnungen und Leitfäden der Kommission werden im Amtsblatt der Europäischen Union veröffentlicht. Sie finden sich auch auf der Homepage unter http://europa-eu.int/comm/competition/antitrust/legislation/entente3_en.html#iii_1.

71 *Kommission* Entscheidung v. 23.7.2003, ABlEG Nr. L 291/25, 43, 47 ff.; WuW/E EuV 1041 – Bundesliga; dazu *Hellmann/Bruder* EuZW 2006, 359; *Mestmäcker* FS Sandrock, S. 689; *Schürnbrand* ZWeR 2005, 396, 408 ff.

72 Vgl. hierzu 10. Kap. Rn. 90.

73 *Kommission* Entscheidung v. 23.7.2003, COMP/37.398 – Champion League und v. 19.1.2005, COMP/37.214 – Gemeinsame Vermarktung der Medienrechte an der deutschen Bundesliga.

74 *Bechtold* § 36 Rn. 51.

75 Vgl. https://ec.europa.eu/germany/news/kommission-erweitert-kartellverfahren-gegen-google_de17, abgerufen am 24.3.2017.

Google ist die allgemeine Internetsuche. Sie liefert den Verbrauchern für sie unentgeltliche Suchergebnisse mit zu den Suchanfragen passender Online-Werbung. Google erzielt einen erheblichen Teil seiner Einnahmen mit Suchmaschinenwerbung. Google hat daher ein Interesse daran, dass möglichst viele Nutzer die von ihm platzierte Werbung sehen, entweder auf seinen eigenen Websites oder auf denen von Dritten.

Nach Auffassung der Kommission hat Google bei allgemeinen Internetsuchdiensten und Suchmaschinenwerbung auf den Websites Dritter mit einem Marktanteil von über 90 % bzw. über 80 % im gesamten EWR eine marktbeherrschende Stellung inne. Eine marktbeherrschende Stellung ist nach EU-Wettbewerbsrecht an sich kein Problem. Allerdings dürfen marktbeherrschende Unternehmen ihre starke Marktstellung nicht missbrauchen, indem sie den Wettbewerb auf dem Markt, auf dem sie die beherrschende Stellung innehaben, oder auf benachbarten Märkten einschränken.

Die Kommission hat **im November 2010 ein Verfahren eingeleitet**, das die Bevorzugung des eigenen Preisvergleichsdienstes durch Google sowie die Beschränkungen betraf, die das Unternehmen bestimmten Dritten in Bezug auf deren Möglichkeiten auferlegt, auf ihren Websites Suchmaschinenwerbung von Wettbewerbern Googles anzuzeigen. In den heutigen Mitteilungen der Beschwerdepunkte wird die vorläufige Auffassung der Kommission dargelegt, dass die Art und Weise, auf die Google versucht hat, möglichst viele Nutzer für seine eigenen Websites zu gewinnen und die Möglichkeiten für Wettbewerber, Suchmaschinenwerbung auf Websites Dritter zu platzieren, zu begrenzen, gegen die EU-Kartellvorschriften verstößt.

Die Kommission hat damals auch Verfahren zur Vorzugsbehandlung, die Google seinen anderen spezialisierten Suchdiensten in seinen allgemeinen Suchergebnissen gewährt, sowie zu Bedenken in Bezug auf das Kopieren von Webinhalten konkurrierender Unternehmen und übermäßige Beschränkungen für werbende Unternehmen eingeleitet und setzt diese Untersuchungen fort.

72 Auch von der laufenden kartellrechtlichen Untersuchung der Kommission zum Google-Betriebssystem Android und zu bestimmten mobilen Anwendungen sind die heutigen Mitteilungen der Beschwerdepunkte unabhängig. Hierzu hat die Kommission im April 2016 eine **Mitteilung der Beschwerdepunkte** an Google und Alphabet gerichtet.

73 Das Bundeskartellamt hat auf Grundlage von Art. 81 EG-Vertrag (nun Art. 101 AEUV) ein Kartellverfahren gegen den Verband der Phonographischen Wirtschaft e.V. geführt.[76] Der Verband, dem etwa 90 % der Tonträgerindustrie einschließlich der vier großen Musikproduzenten Universal, SonyBMG, Warner Music und EMI als Mitglieder angehören, ermittelt in regelmäßigen Abständen eine Rangliste der meistverkauftesten Hits an den Endverbraucher. Das Regelwerk des Verbandes sah vor, dass nur diejenigen Verkäufe für die Ermittlung der offiziellen deutschen TOP 100 Musik-Charts (Hitparade) relevant sind, die oberhalb eines vom Verband festgelegten Mindestpreises verkauft werden. Der Mindestpreis bezog sich sowohl auf den Herstellerabgabepreis als auch auf den Verkaufspreis an den Endverbraucher. Nachdem der Verband neue, umsatzbezogene Regeln eingeführt hat, wurde das Verfahren eingestellt. Das Bundeskartellamt sieht in der Vorgabe von Mindestpreisen einen Verstoß gegen das Verbot wettbewerbsbeschränkender Absprachen i.S.v. Art. 81 Abs. 1 des EG-Vertrags (nun Art. 101 Abs. 1 AEUV). Die Festsetzung von Preisen nach Art. 81

---

76 Im Einzelnen dazu *Siebert* European Competition Law Review 2007, 601.

Abs. 1a) EG-Vertrag (nun Art. 101 Abs. 1a) AEUV) umfasst nicht nur die Festsetzung von Verkaufspreisen sondern auch Minimum- und Zielpreise.[77] Zwar ist der Musikproduzent grundsätzlich in seiner Preisgestaltung frei. Allerdings entfaltet der Mindestpreis aufgrund der Bedeutung der Charts die Wirkung einer Preisfestsetzung. Ziel ist die Verhinderung von Wettbewerb mit Niedrigpreisprodukten. In ihrer Wirkung versperren die Mindestpreise Tonträgerproduzenten mit günstigeren Produktionen, die unterhalb des Mindestpreises verkauft werden, den Zutritt zu den Charts. Außerdem wird der Preiswettbewerb zwischen den Produzenten durch das Mindestpreiskriterium beschränkt. Die Absenkung des Herstellerabgabepreises unter den Mindestpreis kann zum Ausschluss des Musiktitels aus den Charts führen, da die Verkäufe insoweit nicht mehr gezählt werden. Eine Rechtfertigung der Beschränkung nach Art. 81 Abs. 3 EG-Vertrag (nun Art. 101 Abs. 3 AEUV) liegt nach Auffassung des Bundeskartellamts nicht vor. Die Mindestpreise führen weder zu Vorteilen für den Verbraucher noch sind sie erforderlich. Die Festsetzung des Mindestpreises durch die im Verband zusammengeschlossenen Tonträgerproduzenten erfolgt auf der Grundlage nicht nachvollziehbarer Kriterien und damit willkürlich. Während zwar in den meisten EU-Mitgliedstaaten die Musik-Charts ebenfalls auf Grundlage von Regelungen über Mindestpreise zustande kommen, findet allerdings in den Hitparaden Italiens, Irlands und Ungarns die Chart-Ermittlung ohne Mindestpreise statt.

III. Europäisches Beihilferecht

Ein Unternehmen, dem staatliche Beihilfen gewährt werden, erhält einen möglicherweise ungerechtfertigten Vorteil gegenüber seinen Mitbewerbern. Daher verbietet Art. 107 Abs. 1 AEUV grundsätzlich staatliche Beihilfen, sofern sie nicht aus Gründen der allgemeinen wirtschaftlichen Entwicklung gerechtfertigt sind. Damit das Beihilfeverbot eingehalten wird und die Ausnahmebestimmungen dazu einheitlich angewandt werden, achtet die Europäische Kommission darauf, dass die gewährten Beihilfen den EU-Vorschriften entsprechen. Auch im Bereich Medien gibt es immer wieder Beihilfefälle. So ordnete die Europäische Kommission im Mai 2004 an, dass die dänische öffentlich-rechtliche Fernsehanstalt TV2 zuviel bezahlten Ausgleich zurückzahlen muss, den sie für die Erfüllung öffentlicher Aufgaben erhalten hatte. Das Prüfverfahren war aufgrund einer Beschwerde eines kommerziellen dänischen Rundfunkbetreibers eingeleitet worden. Die Untersuchung durch die Europäische Kommission zeigte, dass TV2 staatliche Beihilfen erhalten hatte, welche die Kosten für die Erfüllung des öffentlichen Auftrags weit überschritten. TV2 konnte die Überkompensierung zur Finanzierung kommerzieller Tätigkeiten nutzen und wurde somit gegenüber seinen Mitbewerbern begünstigt, die keine staatliche Beihilfe erhalten hatten. TV2 musste nach Vorgaben der Europäischen Kommission die Überkompensierung zurückerstatten.[78] Deutsche Beihilfen für die Filmförderung durch einzelne Bundesländer wurden als mit dem Europäischen Beihilferecht vereinbar angesehen.[79] **74**

77 *ECJ* 30.1.1985, BNIC, ECR 191, 423.

78 COMP.N 313/2004 – Recapitalisation of TV 2 Denmark, Rn. 55.

79 COMP.N 250/2007 – Cultural film support Schleswig-Holstein Prolongation of N.411/2004; COMP.N 248/2007 – Film support Bayern Prolongation of N.411/2004; COMP.N 243/2007 – Filmförderung Hamburg Prolongation of N.411/2004; COMP.N 230/2007 – Filmstiftung NRW Prolongation of aid N 411/2004.

14. Kapitel
Wettbewerbsrecht und Medien

Literatur: *Berlit* Wettbewerbsrecht, 9. Aufl. 2014; *Boesche* Wettbewerbsrecht, 5. Aufl. 2016; *Ekey* Grundriss des Wettbewerbs- und Kartellrechts, 5. Aufl. 2016; *Emmerich* Unlauterer Wettbewerb, 10. Aufl. 2016; *Erdmann* Handbuch des Wettbewerbsrechts, 4. Aufl. 2010; *Fezer/Büscher/Obergfell* Lauterkeitsrecht: UWG, 3. Aufl. 2016; *Gloy/Loschelder/Erdmann* Handbuch des Wettbewerbsrechts, 4. Aufl. 2010; *Götting/Nordemann* UWG, 3. Aufl. 2016; *Köhler/Bornkamm* Gesetz gegen den unlauteren Wettbewerb, 35. Aufl. 2017; *Nordemann/Nordemann/Nordemann-Schiffel* Wettbewerbsrecht Markenrecht, 11. Aufl. 2012; *Petersen* Medienrecht, 5. Aufl. 2010; *Ohly/Sosnitza* Gesetz gegen den unlauteren Wettbewerb, 7. Aufl. 2016; *Teplitzky* Wettbewerbsrechtliche Ansprüche und Verfahren, 11. Aufl. 2016.

A. Einleitung

Der Begriff des Wettbewerbsrechts ist nicht gesetzlich definiert. Teilweise wird er in einem umfassenden Sinne als Klammer für das Recht des geistigen Eigentums (gewerbliche Schutzrechte und Urheberrecht), das Kartell- und das Lauterkeitsrecht verstanden. Teilweise subsumiert man hierunter nur Kartell- und Lauterkeitsrecht. Schließlich wird er – noch enger – als Synonym ausschließlich für das (im wesentlichen im UWG geregelte) Lauterkeitsrecht verstanden. Vorliegend wird letzteres zugrunde gelegt. Demgemäß findet der interessierte Leser die Behandlung des Kartellrechts im 13. Kap., das Urheberrecht im 26. und 34. Kap. und einen Überblick zu den gewerblichen Schutzrechten im 30. Kap. 1

Das Wettbewerbs- oder Lauterkeitsrecht bestimmt die Grenzen des „wie" im Wettbewerb der Unternehmen. Medienunternehmen stehen in einem – mehr oder weniger – heftigen Wettbewerb. Das gilt nicht nur seit eh und je für die Printmedien, sondern – spätestens seit Zulassung privater Betreiber – auch für die TV- und Rundfunkanbieter. Die Umwälzungen durch die digitale Revolution haben zu einer weiteren Verschärfung geführt. 2

Gerade die privaten Betreiber sind auf die Durchsetzung im Wettbewerb angewiesen. Je größer die Reichweite, desto lukrativer sind Werbeplätze bzw. -zeiten. Die Gewinnung von Werbekunden ist für ihre Finanzierung existenziell. Damit rückt das Werberecht ins Blickfeld. Hier überlagern sich allgemeine zivilrechtliche Restriktionen des UWG und besondere medienrechtliche Schranken, z.B. aufgrund des Rundfunkstaatsvertrags. Der letztere Gesichtspunkt wird in diesem Handbuch im rundfunkrechtlichen Teil besonders behandelt (6. Kap.). 3

Im vorliegenden Kapitel werden sämtliche Regelungen des Lauterkeitsrechts dargestellt, soweit sie eine besondere Relevanz für Medienunternehmen besitzen. Dies umfasst neben ausgesuchten materiellen Verbotstatbeständen auch die möglichen Rechtsfolgen sowie die Spezifika des Wettbewerbsverfahrensrechts. 4

B. Wettbewerbsrechtliche Grundlagen

I. Allgemeines

5 Das Lauterkeitsrecht hat seit der Jahrtausendwende mehrfach bedeutende Änderungen erfahren. Zu nennen ist die UWG-Novelle von 2004[1] mit u.a. der Aufhebung des Sonderveranstaltungsverbots (z.B. der Beschränkungen für Saisonschlussverkäufe), der Einführung einer sog. Bagatellklausel (s. genauer unten Rn. 30) und der Möglichkeit der Gewinnabschöpfung (s. genauer Rn. 185). Die ZugabeVO und das Rabattgesetz waren schon im Jahr 2001 aufgehoben worden (zu den Auswirkungen unten Rn. 89). Mit der weiteren am 30.12.2008 in Kraft getretenen Novelle[2] bezweckte der deutsche Gesetzgeber die (verspätete) Umsetzung der **Richtlinie über unlautere Geschäftspraktiken** (2005/29/EG;[3] im Folgenden: UGP-Richtlinie). Seitdem enthält das UWG im Anhang eine sog. **„Black List"** mit bestimmten unlauteren und gegenüber Verbrauchern per se verbotenen Geschäftspraktiken (Anh. zu § 3 Abs. 3 UWG). Weitere Änderungen brachten das **Gesetz zur Bekämpfung unerlaubter Telefonwerbung** und zur Verbesserung des Verbraucherschutzes bei besonderen Vertriebsformen vom 29.7.2009[4] sowie das am 9.10.2013 in Kraft getretene **Gesetz gegen unseriöse Geschäftspraktiken**.[5] Den vorläufigen Schlusspunkt stellt das zweite Gesetz zur Änderung des Gesetzes gegen den unlauteren Wettbewerb vom 2.12.2015[6] (**UWG-Novelle von 2015**) dar. Hiermit reagierte der Gesetzgeber auf ein 2014 von der EU-Kommission eingeleitetes Vertragsverletzungsverfahren wegen mangelhafter Umsetzung der zur Vollharmonisierung zwingenden UGP-Richtlinie. Das Gesetz hat hierdurch deutliche Umgestaltungen erfahren, die freilich im wesentlichen redaktioneller Natur sind, da die höchstrichterliche Rspr. schon bisher Umsetzungsdefizite durch richtlinienkonforme Auslegung weitgehend kompensiert hatte. Allgemein gilt, dass – anders als bis zum Ende der 90er Jahre – nicht mehr auf den flüchtigen, sondern den durchschnittlich informierten, „verständigen" Verbraucher als sog. **Verbraucherleitbild** abzustellen ist (s. genauer Rn. 28).

II. Schutzzweck des UWG

6 Das UWG schützt die Lauterkeit des Wettbewerbs. Hierbei geht das Gesetz von einem fairen Leistungswettbewerb aus. Der Unternehmer soll mit seiner Leistung im Wettbewerb bestehen. Das Gegenteil von einem **fairen Wettbewerb durch Leistung** ist ein Nichtleistungswettbewerb. Die Lauterkeit des Wettbewerbs ist allgemein durch eine **Abwägung der Interessen der Beteiligten** festzustellen. Wichtigste Rechtsfolgen sind ein Unterlassungsanspruch und der Anspruch auf Schadensersatz (s. genauer Rn. 165).

---

1 BGBl I S. 1414.
2 BGBl I S. 2949.
3 ABlEG Nr. L 149/22. Die Richtlinie war nach ihrem Art. 19 an sich bis zum 12.6.2007 in nationales Recht umzusetzen und ohne Rücksicht darauf seit dem 12.12.2007 unmittelbar anwendbar. Sie ist z.B. abgedr. in der Vorschriftensammlung *Eckardt/Klett* Wettbewerbsrecht, Gewerblicher Rechtsschutz und Urheberrecht, 5. Aufl., 2016, Nr. 6a.
4 BGBl I S. 2413.
5 BGBl I S. 3714.
6 BGBl I S. 2158.

Das Gesetz schützt gem. § 1 S. 1 UWG vor unlauteren geschäftlichen Handlungen **gleichermaßen** und **gleichrangig** 7

- Mitbewerber,
- Verbraucher,
- **sonstige Marktteilnehmer.**

Wie § 1 S. 2 UWG klarstellt, schützt es damit zugleich das Interesse der **Allgemeinheit an einem unverfälschten Wettbewerb** (sog. **Schutzzwecktrias**).[7] Der Schutz weitergehender sonstiger Allgemeininteressen (wie bspw. Umweltschutz, Tierschutz usw.) ist grundsätzlich nicht die Aufgabe des UWG.[8] 8

III. Grundbegriffe des UWG

Das deutsche UWG knüpft an die Regelungstechnik im europäischen Recht an und definiert in § 2 zunächst eine Reihe im Folgenden immer wieder benutzter Begriffe. Die Anzahl wurde durch die Novellen von 2008 und 2015 im Rahmen der Umsetzung der UGP-Richtlinie ergänzt. Die Wichtigsten sind: 9

1. Geschäftliche Handlung (§ 2 Abs. 1 Nr. 1 UWG)

Zentraler Begriff des UWG ist seit der Novelle von 2008 die „geschäftliche Handlung". Hiermit wurde das Gesetz an Art. 2d) der UGP-Richtlinie angepasst. Dies war notwendig, weil die UGP-Richtlinie – anders als bisher das deutsche UWG mit dem Begriff der „Wettbewerbshandlung" – als relevante „Geschäftspraktiken" auch Handlungen **bei** und **nach** Vertragsschluss betrachtet und auf eine Wettbewerbsförderungsabsicht verzichtet. Geschäftliche Handlung ist daher nach § 2 Abs. 1 Nr. 1 UWG nunmehr jedes Verhalten einer Person zugunsten des eigenen oder eines fremden Unternehmens vor, bei oder nach einem Geschäftsabschluss, das mit der Förderung des Absatzes oder des Bezugs von Waren oder Dienstleistungen oder mit dem Abschluss oder der **Durchführung eines Vertrages** über Waren oder Dienstleistungen **objektiv** zusammenhängt. 10

Der nötige objektive Unternehmensbezug für eine geschäftliche Handlung **fehlt** nur bei **rein privaten Tätigkeiten**[9] oder bei **amtlichen Handlungen** der öffentlichen Hand. Vertreibt die öffentliche Hand mittelbar oder unmittelbar Waren oder Dienstleistungen, so unterfällt auch ihr Handeln dem Wettbewerbsrecht.[10] Die Regeln des UWG gelten daher z.B. ohne weiteres für den **öffentlichen Rundfunk** im Zusammenhang mit Herstellung und Verbreitung der Programme. Für die Feststellung des Unternehmensbezugs geschäftlicher Handlungen und die Abgrenzung von privater Tätigkeit kann auf die bisherige Rspr. zur Wettbewerbshandlung zurückgegriffen werden. 11

---

7 S. nur *BGH* NJW 2001, 2089 – Vielfachabmahner m.w.N.

8 Vgl. nur Köhler/Bornkamm/*Köhler* § 1 UWG Rn. 41.

9 Zur Grenzziehung von privater zu unternehmerischer Tätigkeit bei **Verkauf über eBay** vgl. *BGH* NJW 2006, 2250; *OLG Frankfurt* NJW 2005, 1438 – Powerseller; OLGReport 2007, 508 mit Anm. *Müller* EWiR 2007, 477; *Szczesny/Holthusen* NJW 2007, 2586.

10 S. als illustratives Beispiel *OLG Stuttgart* AfP 2016, 171: Vertrieb eines „Amtsblattes" mit redaktionellem Teil und Anzeigen durch eine Gemeinde. Damit wird die Grenze zulässiger kommunaler Informationstätigkeit zu Lasten der Verleger von Tageszeitungen überschritten.

12 Neben dem objektiven Unternehmensbezug musste früher in subjektiver Hinsicht mit dem Ziel der Wettbewerbsförderung agiert werden. Die insoweit zu stellenden Anforderungen waren zwar gering. Jede Handlung eines Wirtschaftsunternehmens, die objektiv geeignet war, eigenen oder fremden Wettbewerb zu fördern, begründete eine tatsächliche (widerlegbare) Vermutung für eine entsprechende Absicht. Diese Absicht musste auch nicht die einzige und auch nicht die wesentliche Zielsetzung des Handelns sein. Es genügte, dass sie nicht völlig hinter den anderen Beweggründen zurücktrat.[11] Dieses Erfordernis ist mit der Neufassung des § 2 Abs. 1 Nr. 1 UWG und dem Abstellen auf das **Kriterium des objektiven Zusammenhangs** grundsätzlich entfallen.

13 Eine Sonderstellung kommt in diesem Zusammenhang noch **Presse, Rundfunk und Telemedien** zu, wenn ihre Berichterstattung über die Öffentlichkeit interessierende Themen Folgen für den Wettbewerb dritter Unternehmen hat. Eine geschäftliche Handlung liegt hier in restriktiver Auslegung des § 2 Abs. 1 Nr. 1 UWG nur dann vor, wenn eine Wettbewerbsförderungsabsicht gegeben ist. Diese Privilegierung des publizistischen Kernbereichs folgt aus **Art. 5 GG.** Sie entspricht der bisherigen stRspr. und deckt zu Recht auch polemische Kritik an Unternehmen, so lange nur die Information der Öffentlichkeit im Vordergrund steht und sich nicht eine Wettbewerbsförderungsabsicht positiv feststellen lässt.[12] Keine Sonderbehandlung genießen die Medienunternehmen folgerichtig, soweit sie sich außerhalb des eigentlichen publizistischen Schutzbereichs, z.B. bei der Kundenakquisition (Werbung von Abonnenten oder Anzeigenkunden), bewegen.

14 Nicht erforderlich ist für den Begriff der geschäftlichen Handlung das Vorliegen eines **Wettbewerbs-„verhältnisses“**. Auch der Monopolist unterliegt den Vorschriften des UWG, beispielsweise wenn er eine irreführende Werbung zu Lasten der Verbraucher betreibt.

2. Marktteilnehmer (§ 2 Abs. 1 Nr. 2 UWG)

15 Marktteilnehmer sind alle Personen, die als Anbieter oder Nachfrager von Waren oder Dienstleistungen tätig sind. Der Begriff ist ein Oberbegriff, der eingreift, wenn nicht lediglich Verbraucher (§ 2 Abs. 2 UWG) geschützt werden sollen, sondern auch Unternehmer (so beispielsweise in § 3a und § 7 Abs. 1 UWG).

3. Mitbewerber (§ 2 Abs. 1 Nr. 3 UWG) und Unternehmer (§ 2 Abs. 1 Nr. 6 UWG)

16 Der Begriff des Mitbewerbers wird in zahlreichen Einzelbestimmungen verwendet (§ 4 Nr. 1–4 und § 6 UWG). Erfasst ist sowohl der Mitbewerber auf der Seite des Angebots als auch der Nachfragewettbewerb. Mitbewerber ist demgemäß jeder Unternehmer, der mit einem oder mehreren Unternehmern als Anbieter oder Nachfrager von Waren oder Dienstleistungen in einem konkreten Wettbewerbsverhältnis steht. Das setzt keine Tätigkeit in derselben Branche oder auf derselben Wirtschaftsstufe voraus.[13] Ein konkretes Wettbewerbsverhältnis kann auch zwischen Unterneh-

11 StRspr., vgl. nur *BGH* ZIP 2007, 1455, 1457 – Irreführender Kontoauszug m.w.N.

12 Grundlegend *BGH* GRUR 1986, 812 – Gastrokritiker; diese Regeln gelten auch für Waren- und Dienstleistungsvergleiche durch unabhängige Organisationen, z.B. Stiftung Warentest; vgl. explizit zum neuen Recht z.B. *Emmerich* § 4 Rn. 20.

13 Begr. RegE UWG 2004, BT-Drucks. 15/1487, 16.

mern verschiedener Branchen oder Wirtschaftsstufen[14] oder bei an sich unterschiedlichen Vertriebsgebieten[15] bestehen, wenn durch eine geschäftliche Handlung ein Wettbewerbsverhältnis erst begründet wird.

Beispielhaft ist nach wie vor die Werbung des Kaffeevertreibers ONKO, der mit dem **17**
Spruch warb: „ONKO-Kaffee können Sie getrost statt Blumen verschenken." Grundsätzlich besteht zwar zwischen einem Kaffeevertriebsunternehmen und Blumenhändlern kein Wettbewerbsverhältnis, da sie verschiedenen Branchen angehören. Durch die besondere Art der Werbung wurde jedoch ein Wettbewerbsverhältnis geschaffen, da gerade auf die Substituierbarkeit von Kaffee und Blumen hingewiesen wurde.[16] Gleiches gilt, wenn ein Kosmetikunternehmen als Bezeichnung für eine Herrenkosmetikserie die Marke eines Whisky-Herstellers mit überragendem Ruf („Dimple") verwendet. Hierdurch wird zwischen dem Kosmetikunternehmen und dem Whisky-Hersteller ein konkretes Wettbewerbsverhältnis begründet. Es genügt, dass sich „der Verletzer in irgendeiner Weise in den Wettbewerb zu dem Betroffenen stellt. Das geschieht, wenn man sich an den guten Ruf einer fremden Ware anhängt, um ihn für den Absatz seiner eigenen Ware auszunutzen. Ein Wettbewerbsverhältnis wird durch eine Verletzungshandlung begründet, wenn eine wirtschaftliche Auswertung des Ansehens und des guten Rufes der in Bezug genommenen Ware durch den Inhaber dieses Rufes möglich ist."[17]

Zum **Begriff des Unternehmers** verwies das UWG ursprünglich auf § 14 Abs. 1 BGB.[18] **18**
Seit der Novelle von 2008 enthält § 2 Abs. 1 Nr. 6 UWG eine eigenständige Definition. Sie wurde durch den Zwang zur Anpassung an Art. 2b) der UGP-Richtlinie nötig. Danach sind in den Unternehmerbegriff einbezogen auch solche Personen, die im Namen oder im **Auftrag eines Unternehmers** handeln.

4. Nachrichten (§ 2 Abs. 1 Nr. 4 UWG)

Nachricht ist jede Information, die zwischen einer endlichen Zahl von Beteiligten **19**
über einen öffentlich zugänglichen elektronischen Kommunikationsdienst ausgetauscht oder weitergeleitet wird. Nicht eingeschlossen sind Informationen, die als Teil eines Rundfunkdienstes über ein elektronisches Kommunikationsnetz an die Öffentlichkeit weitergeleitet werden, soweit die Informationen nicht mit dem identifizierbaren Teilnehmer oder Nutzer, der sie erhält, in Verbindung gebracht werden können (§ 2 Abs. 1 Nr. 4 UWG).

Diese Definition entspricht dem **Begriffsinhalt** im **europäischen** Recht. Der Begriff **20**
des elektronischen Kommunikationsdienstes umfasst Telefonate, Faxgeräte und elektronische Post, einschließlich der SMS (s. auch 10. und 19. Kap.). Der Begriff der Nachrichten erlangt insbesondere im Zusammenhang mit den unzumutbaren Belästigungen in § 7 UWG Bedeutung.

14 *BGH* GRUR 2016, 1193 – Ansprechpartner: Wettbewerbsverhältnis zwischen Versicherer und Versicherungsmakler.
15 S. *BGH* NJW 2016, 3310 – Geo-Targeting.
16 *BGH* GRUR 1972, 553 – Statt Blumen Onko-Kaffee; s. auch *BGH* GRUR 2000, 828 – Lottoschein.
17 *BGH* GRUR 1985, 550 – Dimple; weitere Bsp. etwa bei *Boesche* Rn. 41.
18 Für den Verbraucherbegriff wird nach wie vor auf das BGB verwiesen, vgl. § 2 Abs. 2 UWG.

C. Relevante Verbotstatbestände für Medienunternehmen

21 Das UWG stellt in den Mittelpunkt verbotenen unlauteren Wettbewerbs **generalklauselartig** § 3. Nach dessen Abs. 1 sind unlautere geschäftliche Handlungen unzulässig. Dass mit der UWG-Novelle von 2015 der zweite HS („…,wenn sie geeignet sind, die Interessen von Mitbewerbern, Verbrauchern oder der sonstigen Marktteilnehmern spürbar zu beeinträchtigen.") entfallen ist, ist ohne materielle Bedeutung. Die sog. Spürbarkeits- oder Wesentlichkeitsschwelle ist lediglich aus redaktionellen Gründen an andere Stellen verschoben worden (s. genauer unten Rn. 30).

22 § 3 Abs. 1 UWG ist damit heute zunächst eine reine **Rechtsfolgenverweisung**. Zur genaueren Bestimmung der Unlauterkeit von geschäftlichen Handlungen hatte die Rspr. in der Vergangenheit bereits eine ganze Reihe typischer Fallgruppen entwickelt. Diese Fallgruppen hatte der Gesetzgeber mit der UWG-Reform von 2004 in den §§ 4–6 in gesetzliche Regelbeispiele gegossen. Diese Entwicklung hat sich mit der **Umsetzung der UGP-Richtlinie** durch die UWG-Novellen von 2008 und 2015 fortgesetzt. Die meisten Fälle unlauterer geschäftlicher Handlungen sind damit erfasst. Es besteht aber Einigkeit, dass dem § 3 Abs. 1 UWG nach wie vor die Funktion eines **Auffangtatbestandes** für Fälle mit vergleichbarem Unterlauterkeitsgehalt zukommt. Im Anwendungsbereich der UGP-Richtlinie ist allerdings zu beachten, dass wegen der dort angeordneten Vollharmonisierung kein höheres Schutzniveau möglich ist.[19]

23 Mit den UWG-Novellen von 2008 und 2015 ist der verbraucherschützende Charakter des UWG deutlich akzentuiert worden. § 3 UWG ist in Abs. 2 um eine sog. **Verbrauchergeneralklausel** ergänzt worden. Danach sind geschäftliche Handlungen, die sich an Verbraucher richten oder diese erreichen, unlauter, wenn sie nicht der **unternehmerischen Sorgfalt** (vgl. die Legaldefinition § 2 Abs. 1 Nr. 7 UWG) entsprechen und dazu geeignet sind, das wirtschaftliche Verhalten des Verbrauchers wesentlich zu beeinflussen. Letzteres ist laut § 2 Abs. 1 Nr. 8 UWG der Fall, wenn die Fähigkeit des Verbrauchers, eine informierte Entscheidung zu treffen, **spürbar** beeinträchtigt und er damit zu einer geschäftlichen Entscheidung (s. die neue Legaldefinition in § 2 Abs. 1 Nr. 9 UWG) veranlasst wird, die er andernfalls nicht getroffen hätte. Nach § 3 Abs. 3 UWG sind die im Anhang angeführten 30 Fälle geschäftlicher Handlungen (sog. **Black List**) **gegenüber Verbrauchern** stets unzulässig. Eine Änderung der Rechtslage war mit dieser Anpassung an die UGP-Richtlinie nach den Vorstellungen des Gesetzgebers nicht beabsichtigt.[20] In der Tat ist die Anknüpfung an die unternehmerische Sorgfalt bei der Lauterkeitsprüfung nicht neu und die in der Black List enthaltenen Fälle weisen viele Redundanzen mit den in den §§ 3a–6 enthaltenen Beispielen auf, so dass sie durchweg auch schon nach altem Recht zu verbieten gewesen wären.[21] Dennoch stellen sich auch neue, noch nicht abschließend beantwortete Fragen wie z.B., inwieweit die in der Black List zum Ausdruck kommenden Wertungen auch im b2b-Verkehr relevant sind.[22] Außerdem ist zu beachten, dass die UGP-Richtlinie auf eine **Vollharmonisierung** zielt, d.h. nicht nur nationale Maßnahmen mit niedrigerem, son-

19 S. etwa unter zutreffendem Hinweis auf die amtliche Begründung zur UWG-Novelle 2015 Köhler/Bornkamm/*Köhler* § 3 UWG Rn. 2.4.

20 Vgl. Begr. RegE UWG 2008, BT-Drucks. 16/10145, 15, 22.

21 Vgl. nur Köhler/Bornkamm/*Köhler* § 3 UWG Rn. 41 ff.

22 Vgl. Begr. RegE UWG 2008, BT-Drucks. 16/10145, 43 und etwa Köhler/Bornkamm/*Köhler/Bornkamm* § 3 UWG Rn. 44 und Anh. zu § 3 Abs. 3 UWG Rn. 0.12.

dern auch solche mit höherem Verbraucherschutzniveau sind untersagt.[23] Dies hat beispielsweise zur Aufhebung von § 4 Nr. 6 UWG a.F. geführt. Ob mit der UWG-Novelle 2015 nun die bestehenden redaktionellen Umsetzungsdefizite abgestellt sind, wird teilweise bezweifelt.[24]

Wurden die Fälle einer **unzumutbaren Belästigung** früher als Ausprägungen der Unlauterkeit und damit der Generalklausel des § 3 UWG gesehen, so hat schon die Novelle von 2008 mit diesem Verständnis gebrochen. Seitdem werden geschäftliche Handlungen, durch die ein Marktteilnehmer in unzumutbarer Weise belästigt wird, ohne Rückgriff auf § 3 Abs. 1 UWG und den Begriff der Unlauterkeit für unzulässig erklärt (§ 7 Abs. 1 S. 1 UWG). Mit diesem redaktionellen „Kniff" wird dem Verletzer der Rückgriff auf die sog. Spürbarkeits- oder Wesentlichkeitsschwelle (s. unten Rn. 30) abgeschnitten und damit das Schutzniveau erhöht (zu § 7 genauer unten Rn. 141 ff.). 24

I. Allgemeines

1. Unlauterkeit

Der Begriff „unlauter" im deutschen UWG harmonisiert die Terminologie auf der europäischen Ebene i.S.v. unlauter als unfair. Der alte Begriff der Sittenwidrigkeit im deutschen Gesetz hat heute eine andere Wertigkeit zum Inhalt und ist deshalb aufgegeben worden. Auf eine Definition der „Unlauterkeit" hat der Gesetzgeber bewusst verzichtet. Im Regierungsentwurf der UWG-Novelle von 2004 wird immerhin die Begriffsbestimmung in Art. 10bis der Pariser Verbandsübereinkunft zitiert, wonach unlauter alle Handlungen sind, die den anständigen Gepflogenheiten in Handel, Gewerbe und Handwerk oder selbstständiger beruflicher Tätigkeit zuwiderlaufen.[25] 25

Der Bereich der unlauteren geschäftlichen Handlung in § 3 Abs. 1 UWG ist in jedem Einzelfall anhand der **Wertungen** des **europäischen Unionsrechts,** der **verfassungsrechtlichen Grenzen** des **Grundgesetzes** und des **Schutzzweckes** des **UWG** zu konkretisieren. 26

Für den Begriff der Unlauterkeit einer geschäftlichen Handlung war es früher fraglich, ob und gegebenenfalls welche Kenntnis des Handelnden von den die Unlauterkeit begründenden Umständen erforderlich ist. Eine ausdrückliche Regelung fand sich im Gesetz nicht. Der Gesetzgeber hatte die Beantwortung der Frage nach **subjektiven Elementen der Unlauterkeit** bei der Verabschiedung der Novelle 2004 noch ausdrücklich Rechtsprechung und Literatur überlassen.[25] In der Zwischenzeit hat sich die Frage geklärt. Die UGP-RL und ihr folgend § 3 UWG gehen ersichtlich von einem rein objektiven Verständnis aus. Die Ansicht, dass es für die nachteiligen Wirkungen der Wettbewerbshandlung erheblich ist, ob der Handelnde die die Unlauterkeit begründenden Umstände kannte oder nicht und welche Vorstellungen er im Einzelnen hatte, wird folgerichtig nicht mehr vertreten. Subjektive Elemente sind daher für die Unlauterkeit nicht erforderlich.[26] 27

---

23 S. Art. 4 UGP-Richtlinie und *EuGH* NJW 2010, 1867 – Plus Warenhandelsgesellschaft (zu § 4 Nr. 6 UWG a.F.).

24 Vgl. insb. *Köhler* NJW 2016, 593, 598.

25 Begr. RegE UWG 2004, BT-Drucks. 15/1487, 16.

26 Statt aller Köhler/Bornkamm/*Köhler* § 3 UWG Rn. 2.16 ff. und die stRspr., etwa *BGH* NJW 2007, 2999 Rn. 21 – Außendienstmitarbeiter m.w.N.

2. Das maßgebliche Verbraucherleitbild

28 Maßstab für die Beurteilung der Unlauterkeit ist nicht ein abstrakter, objektiver Maßstab. Es kommt darauf an, wie die maßgebliche Zielgruppe die Angabe versteht. Als Maßstab für die Zielgruppe ist im deutschen Recht des UWG – ebenso wie im europäischen Rechtsbereich (Europäischer Gerichtshof)[27] – das **Leitbild des aufgeklärten, umsichtigen, kritisch prüfenden, verständigen Verbrauchers** zugrunde zu legen, der aufgrund ausreichender Information in der Lage ist, seine Entscheidungen auf dem Markt frei zu treffen. Seit den Novellen von 2008 und 2015 ist dies ausdrücklich in den §§ **2 Abs. 1 Nr. 8 und 3 Abs. 4 S. 1 UWG** kodifiziert.

29 Hierin liegt, gemessen an den Grundsätzen der ständigen deutschen Rechtsprechung bis zum Ende des letzten Jahrhunderts, eine deutliche **Liberalisierung** für die werbenden Unternehmen. Kam es früher z.B. bei der Beurteilung der Irreführung einer Werbung auf den „nicht unerheblichen Teil der angesprochenen Verkehrskreise" und damit auf den flüchtigen Verbraucher an (relevante Quote: 10–15 %), ist heute auf den verständigen, durchschnittlich informierten Verbraucher abzustellen. Von seiner Irreführung kann erst ausgegangen werden, wenn eine deutlich höhere Quote zu Fehlvorstellungen gelangt.[28]

3. Die sog. Spürbarkeits- oder Wesentlichkeitsschwelle

30 Die Verfolgung von Bagatellverstößen ist grundsätzlich ausgeschlossen. Eine entsprechende gesetzliche Regelung enthielt § 3 UWG erstmals in der Fassung der Novelle von 2004. Danach musste die fragliche Handlung geeignet sein, den Wettbewerb „nicht nur unerheblich" zu beeinträchtigen. In der Novelle von 2008 fand sich die Formulierung, dass eine unlautere geschäftliche Handlung nur dann unzulässig ist, wenn sie geeignet ist, die Interessen von Mitbewerbern, Verbrauchern oder sonstigen Marktteilnehmern „spürbar" zu beeinträchtigen (§ 3 Abs. 1 UWG a.F.). Mit dieser Änderung war, wie schon erwähnt, eine Anpassung an die Diktion der UGP-Richtlinie, aber keine Änderung der Rechtslage bezweckt.[29] Mit der Novelle von 2015 erfolgte eine nochmalige redaktionelle Korrektur. Die Spürbarkeit bzw. Wesentlichkeit der Beeinträchtigung findet sich jetzt nicht mehr in der Generalklausel des § 3 UWG, sondern in den einzelnen Normtatbeständen der Unlauterbarkeit (s. schon oben Rn. 5). Die Bagatell- oder Spürbarkeitsschwelle basiert ursprünglich auf der Rspr. des BVerfG: Es muss stets dargelegt werden, inwieweit eine unlautere Handlung geeignet ist, den fairen Leistungswettbewerb zu gefährden.[30] In der Praxis darf diese Schwelle nach den Vorstellungen des Gesetzgebers jedoch nicht zu hoch angesetzt werden.[31] **Keine Bagatellklausel** gilt für Verstöße gegen in der Black List aufgeführten geschäftlichen Handlungen und bei unzumutbaren Belästigungen nach § 7 UWG. Derartige Handlungen sind „stets" unzulässig (vgl. § 3 Abs. 3 und § 7 Abs. 2 UWG).

---

27 *EuGH* WRP 1998, 848 – Gut Springenheide; *EuGH* WRP 1999, 307 – Sektkellerei Kessler; s. auch Erwägungsgrund Nr. 18 der UGP-Richtlinie.

28 Eingehend zur Konkretisierung des Verbraucherleitbildes Köhler/Bornkamm/*Köhler* § 1 UWG Rn. 31 ff. m.w.N.

29 Vgl. nur Köhler/Bornkamm/*Köhler* § 3 UWG Rn. 220.

30 *BVerfG* NJW 2002, 1187, 1188 – Tier- und Artenschutz; *BVerfG* NJW 2003, 277, 278 – Veröffentlichung von Rechtsanwalts-Ranglisten.

31 Begr. RegE UWG 2004, BT-Drucks. 15/1487, 17.

Bei der Konkretisierung der Spürbarkeitsschwelle ist eine Abwägung zwischen dem Verstoß gegen die Lauterkeit einerseits und dem Nachteil andererseits vorzunehmen, den Mitbewerber, Verbraucher oder sonstige Marktteilnehmer durch den Wettbewerbsverstoß erleiden. Ob und inwieweit auch Allgemeininteressen in die Bewertung einfließen können oder müssen, ist strittig.[32] **31**

Die Rspr. ist (zu Recht) zurückhaltend mit der Annahme eines bloßen Bagatellverstoßes. Als „nicht nur unerheblich" bzw. nunmehr „spürbar" bzw. „wesentlich" ist ein Nachteil bereits dann anzusehen, wenn er nicht so geringfügig ist, dass ein durchschnittlich informierter, aufmerksamer und verständiger Marktteilnehmer ihm keine Bedeutung beimisst.[33] **32**

II. Einzelne Beispielsfälle unlauterer geschäftlicher Handlungen

Die mit der Novelle von 2004 begonnene gesetzliche Regelung von Fallgruppen unlauterer geschäftlicher Handlungen ist mit der Novelle von 2008 fortgesetzt und mit derjenigen von 2015 (vorläufig) abgeschlossen worden. Zusammenfassend festzustellen ist bei Betrachtung der Normen, dass quasi vor die Klammer gezogen sind exklusiv einmal verbraucherschützende Regelungen (die Verbrauchergeneralklausel des § 3 Abs. 2 UWG, die sog. Black List im Anhang zu § 3 Abs. 3 UWG und die Regelungen zur Irreführung durch Unterlassen in § 5a Abs. 2–6) und desweiteren der Mitbewerberschutz in § 4 UWG. Die weiteren Fallgruppen bezwecken den Schutz sämtlicher Marktteilnehmer (Rechtsbruch nach § 3a UWG, aggressive geschäftliche Handlungen nach § 4a UWG, Irreführung nach § 5 und § 5a Abs. 1 UWG, Beschränkungen vergleichender Werbung nach § 6 UWG). **33**

Dies bedeutet für die zu empfehlende **Prüfungsreihenfolge:** 1.) Liegt eine geschäftliche Handlung gegenüber Verbrauchern vor und ist ein Tatbestand der Black List erfüllt, so ist die Handlung ohne weiteres unzulässig. 2.) Liegt eine geschäftliche Handlung gegenüber Verbrauchern vor, ohne dass die Black List einschlägig ist, ist zu prüfen, ob ein in den §§ 3a–6 UWG geregelter Fall vorliegt oder zumindest die Verbrauchergeneralklausel des § 3 Abs. 2 UWG eingreift 3.) Handelt es sich um eine geschäftliche Handlung gegenüber Mitbewerbern, ist zunächst § 4 UWG anzuziehen. Sodann sind ggf. die bei geschäftlichen Handlungen gegenüber allen Marktteilnehmern anwendbaren Fallgruppen in §§ 3a–6 UWG zu prüfen. Sollte keine der gesetzlichen Fallgruppen einschlägig sein, kann sich die Unlauterkeit unmittelbar aus der Generalklausel des § 3 Abs. 1 UWG ergeben, wenn die betreffende Verhaltensweise von ihrem Unlauterkeitsgehalt her den Beispielsfällen entspricht.[34] Dass z.B. die Kartellbehörde nach § 26 Abs. 1 GWB Wettbewerbsregeln eines Verbandes anerkannt hat, ist nicht identisch mit dem Unlauterkeitsverdikt i.S.d. § 3 Abs. 1 UWG.[35] **34**

Im Folgenden werden aus den zahlreichen gesetzlichen Fallgruppen unlauterer geschäftlicher Handlungen diejenigen besonders herausgegriffen, mit denen Medienunternehmen vor allen Dingen in Berührung kommen können. Die Darstellung folgt der neuen gesetzlichen Reihenfolge nach der Novelle von 2015. **35**

---

32 Vgl. Köhler/Bornkamm/*Köhler* § 3 UWG Rn. 52 und 117.

33 Hierzu *BGH* WRP 2005, 778 – Atemtest; *BGH* GRUR 2011, 842 – RC-Netzmittel; Köhler/Bornkamm/*Köhler* § 3 UWG Rn. 2.23 mit weiteren Bsp.

34 *BGH* NJW 2009, 3365 – Auskunft der IHK.

35 Vgl. *BGH* GRUR 2006,773 – Probeabonnement; *Büscher* GRUR 2013, 969, 970.

1. Handlungen der sog. „Black List“ (§ 3 Abs. 3 UWG mit Anhang)

36 Die in dem Anhang zu § 3 Abs. 3 UWG aufgeführten geschäftlichen Handlungen gegenüber **Verbrauchern** sind **stets** unzulässig. Es bedarf folglich nicht der Feststellung einer Spürbar- bzw. Wesentlichkeit. Dies liegt daran, dass der im Anhang enthaltene Katalog von 30 Handlungen, was die Unlauterkeit anbetrifft, „über jeden Zweifel erhaben“ ist. Es handelt sich um evident und auch schon vor der Aufnahme in das deutsche UWG als unzulässig angesehene Praktiken. Die Nr. 13, 14 und 29 des Anhangs sind durch die Novelle von 2015 leicht redaktionell modifiziert worden. Den Wertungen der Black List kann auch bei geschäftlichen Handlungen gegenüber sonstigen Marktteilnehmern zumindest indizielle Bedeutung bei der Bestimmung der Unlauterkeit zukommen.

37 Die Nr. 1–24 betreffen sämtlich Irreführungen durch unwahre Angaben bzw. durch Unterlassen. Unzulässig ist demgemäß z.B. die unwahre Angabe, ein Unternehmer oder seine Ware sei von einer öffentlichen Stelle genehmigt (Nr. 4), bestimmte Waren seien nur für einen sehr begrenzten Zeitraum verfügbar (Nr. 7) oder der Unternehmer werde demnächst sein Geschäft aufgeben (Nr. 15). Unzulässig im Sinne einer Irreführung durch Unterlassen ist es z.B., wenn der Unternehmer bei Warenangeboten zu einem bestimmten Preis nicht über eine ausreichende Bevorratung aufklärt (Nr. 5). Auf die in der Black List enthaltenen Irreführungsfälle wird auch noch einmal im Zusammenhang mit den §§ 5 und 5a UWG verwiesen (s. unten 5.).

38 Die verbleibenden Nr. 25–30 stellen besonders aggressive Geschäftspraktiken dar, z.B. das Erwecken des Eindrucks, der Verbraucher könne bestimmte Räumlichkeiten nicht ohne vorherigen Vertragsschluss verlassen (Nr. 25) oder ohne Vertragsschluss sei sein Arbeitsplatz gefährdet (Nr. 30). Diese Fälle wären auch zu subsumieren unter § 4 Nr. 1 und 2 UWG a.F. bzw. den mit der Novelle von 2015 eingeführten § 4a UWG (s. dazu unten 4.).

2. Vorsprung durch Rechtsbruch (§ 3a UWG)

39 Die neue Vorschrift des § 3a UWG (bisher: § 4 Nr. 11 UWG) will verhindern, dass sich Wettbewerber, die Gesetze brechen, an die sich ihre Konkurrenten halten, einen Vorsprung durch diesen Rechtsbruch verschaffen. Bei der Bestimmung der hier relevanten Gesetze unterschied man früher sog. wertneutrale und wertbezogene Normen. Dies ist heute nicht mehr relevant, so dass auf die frühere Rspr. nur mit größter Vorsicht zurückgegriffen werden kann.[36] Heute ist maßgeblich, ob die fragliche Vorschrift (zumindest) auch dazu bestimmt ist, im Interesse der Marktteilnehmer das **Marktverhalten** zu **regeln.** Wegen der durch die UGP-Richtlinie angeordneten Vollharmonsierung kann ein Verstoß gegen eine nationale Marktverhaltensregelung die Unlauterkeit nach § 3a UWG nur begründen, wenn auch eine unionsrechtliche Grundlage besteht.[37]

2.1 Regelungen ohne Marktbezug

40 Der Verstoß gegen Regelungen ohne Marktbezug ist nicht unlauter i.S.d. § 3a UWG. Dabei genügt es auch nicht, dass sich ein Unternehmen durch Verstöße gegen derartige Regelungen u.U. indirekt einen Vorsprung vor seinen gesetzestreuen Mitbewerbern verschaffen kann. Zu diesen Regelungen gehören insbeson-

36 So zu Recht etwa Köhler/Bornkamm/*Köhler* § 3a UWG Rn. 1.
37 *BGH* GRUR 2016, 516 – Wir helfen im Trauerfall m.w.N.

dere:[38] Vorschriften, die nur die Art und Weise der Produktion regeln (z.B. **Umweltschutzvorschriften),**[39] **Arbeitnehmerschutzvorschriften,**[40] **Steuervorschriften,**[41] Vorschriften zum **Schutz geistigen Eigentums** (Begr.: Der Rechtsinhaber allein kann und muss entscheiden, welche Konsequenzen er aus der Verletzung zieht), Straßen- und Wegerecht[42] sowie die **Verkehrsvorschriften.**

2.2 Marktzutrittsregelungen

Von Marktverhaltensregelungen sind reine Marktzutrittsregelungen zu unterscheiden. **41**
Von letzteren spricht man bei Vorschriften, die Personen den Marktzutritt aus Gründen verwehren, die nichts mit ihrem Marktverhalten zu tun haben. Dies ist insbesondere der Fall, wenn das Verbot des Marktzutritts dem Schutz der Person oder des Unternehmens, in dem sie (bisher) tätig ist, oder allgemein der Wirtschaftslenkung dient (z.B. handels- und gesellschaftsrechtliche Wettbewerbsverbote für Handlungsgehilfen, Gesellschafter und Geschäftsführer; baurechtliche Vorschriften).[43]

Teilweise haben Marktzutrittsregelungen allerdings eine **Doppelfunktion,** indem sie **42**
zugleich eine bestimmte Qualität oder Unbedenklichkeit der angebotenen Waren oder Dienstleistungen im Interesse der Marktpartner (meist der Verbraucher) sicherstellen sollen. Soweit aus diesen Gründen eine bestimmte fachliche Qualifikation für den Marktzutritt gesetzlich verlangt wird, sind diese Zulassungsregelungen **zugleich** als **Marktverhaltensregelungen** i.S.d. § 3a UWG anzusehen (z.B. die Zulassungsregelungen für die freien Berufe der Rechtsanwälte, Ärzte, Apotheker, Steuerberater etc. sowie für das Handwerk und einzelne Gewerbe).[44]

2.3 Beispiele für Marktverhaltensregelungen

Die zur Unlauterkeit nach § 3a UWG führenden gesetzlichen Vorschriften können **43**
nicht abschließend, sondern nur beispielhaft aufgezählt werden.[45] Allgemein bezogen auf das **berufliche Tätigwerden** sind etwa zu nennen: Geschäftsmäßige Rechts- und Steuerberatung ohne entsprechende Erlaubnis nach dem RDG bzw. StBerG; Inverkehrbringen und Bewerben von Arzneimitteln ohne Zulassung nach AMG;[46] die Vergabe öffentlicher Aufträge unter Verstoß gegen die Pflicht zur Ausschreibung nach dem GWB,[47] Missachtung der Publizitätspflichten für Kapitalgesellschaften nach den §§ 325 ff. HGB.[48]

---

38 Köhler/Bornkamm/*Köhler* § 3a UWG, Rn. 36 ff. m.w.N.

39 Instruktiv *BGH* NJW 2000, 3351 – Abgasemissionen.

40 Daher keine Verletzung einer Marktverhaltensregelung bei Arbeitnehmerüberlassung ohne Erlaubnis (*BGH* GRUR 2017, 95 – Arbeitnehmerüberlassung) oder bei Nichtabführung der Sozialversicherungsabgaben bzw. Nichtzahlung des Mindestlohns (*KG Berlin* WRP 2017, 460).

41 Vgl. *BGH* GRUR 2010, 654 – Zweckbetrieb.

42 *BGH* EWiR 2006, 667 – **Kfz-Anhänger mit Werbeschildern:** Dass das Aufstellen eines mit Werbetafeln versehenen Kfz-Anhängers eine Sondernutzung öffentlicher Straßen darstellt und die deshalb erforderliche straßenrechtlich nötige „Sondernutzungserlaubnis" nicht vorliegt, rechtfertigt nicht den Vorwurf wettbewerbswidrigen Verhaltens.

43 Genauer Köhler/Bornkamm/*Köhler* § 3a UWG, Rn. 44 ff.

44 Beispielhaft *BGH* GRUR 2010, 1115 – Freier Architekt; s. wegen weiterer Einzelheiten Köhler/Bornkamm/*Köhler* § 3a UWG Rn. 51.

45 Umfassende Darstellung bei Köhler/Bornkamm/*Köhler* § 3a UWG, Rn. 59 ff.

46 Vgl. *BGH* NJW 2005, 2705 – Atemtest; *BGH* GRUR 2010, 1136 – UNSER DANKESCHÖN FÜR SIE.

47 So *BGH* WRP 2008, 1182 – Kommunalversicherer; ausf. zum Vergaberecht s. 24. Kap.

48 *LG Bonn* 31.8.2016 – 1 O 205/16 (zit. nach juris).

44 Bezogen auf die **Produkte und deren Absatz** sind erwähnenswert: Verstoß gegen das **Schleichwerbungsverbot** für öffentlich-rechtliche Rundfunkanstalten in § 7 Rundfunkstaatsvertrag (RStV), das **Verbot nichtsendungsbezogener presseähnlicher Angebote in Telemedien** in § 11d RStV,[49] Verstoß gegen Kennzeichnungsvorschriften nach dem Lebensmittel-, Bedarfsgegenstände- und Futtermittelgesetzbuch (LFGB),[50] dem Gesetz über Einheiten im Messwesen,[51] der KosmetikVO, Verstoß gegen Werbebeschränkungen z.B. nach dem HeilmittelwerbeG,[52] Verstoß gegen die PreisangabenVO,[53] Verstoß gegen die Ladenöffnungsregeln sowie **Verstoß gegen Informationspflichten** (z.B. Impressumsangabe nach TMG;[54] Widerrufsbelehrungen bei Fernabsatz- oder Haustürgeschäften;[55] Fehlen einer Verlinkung zu und Information über **Online-Streitbeilegungsplattform**).[56] Die Angabe in der Werbung, dass (unter Verstoß gegen § 475 Abs. 1 S. 1 BGB) ein **Gewährleistungsausschluss** erfolge, ist eine geschäftliche Handlung i.S.d. § 2 Abs. 1 Nr. 1 UWG und unterfällt zugleich § 3a UWG.[57] Die Vorschriften der §§ 307 ff. BGB über die **AGB-Kontrolle** können nach der neueren Rspr. ebenfalls Marktverhaltensregelungen enthalten.[58] § 2 UKlaG ist ohne Vorrang.[57]

45 Liegt danach ein objektiv rechtswidriges Verhalten vor, ist das Tatbestandsmerkmal einer unlauteren Zuwiderhandlung gegen die betreffende Marktverhaltensregelung i.S.d. §§ 3, 3a UWG gegeben. Auf subjektive Vorwerfbarkeit kommt es dann (für den Unterlassungsanspruch) nicht mehr an.[59]

3. Mitbewerberschutz (§ 4 UWG)

46 Der bisherige § 4 UWG ist durch die UWG-Novelle von 2015 beschränkt worden auf die Beispiele unlauterer Handlungen, in denen es um den Schutz von Mitbewerberinteressen geht. Die bisherigen Nr. 7–10 wurden inhaltlich unverändert als Nr. 1–4 übernommen. Die bisherigen Nr. 1–6 sind entfallen bzw. an andere Stellen verschoben (s. unten 4. sowie 5.2.7 und 5.2.8).

---

49 Vgl. grundlegend *BGH* WRP 2015, 1468 – **Tagesschau-App**; *OLG Köln* K&R 2016, 749; zu den Grenzen der Befugnis der Sender nach § 11a RStV, programmbegleitend Druckwerke anzubieten s. *BGH* GRUR-Prax 2017, 153 – ARD Buffet.

50 S. etwa *BGH* GRUR 2016, 738 – Himbeer-Vanille-Abenteuer II; s. auch die Rspr. zur **Health-Claims-Verordnung**, z.B. *BGH* GRUR 2015, 403 – Monsterbacke II.

51 *BGH* NJW 1993, 1993 – PS-Werbung I; s. auch zur Pkw-EnergieverbrauchskennzeichnungsVO *BGH* WRP 2010, 1143 – Gallardo Spyder; *BGH* GRUR 2012, 842 – Neue Personenkraftwagen.

52 *BGH* GRUR 2012, 1058 – Euminz; *OLG Köln* PharmR 2016,396. Ein gänzliches Verbot gilt für die Werbung für Prostitution nach §§ 119 Abs. 1, 120 Abs. 1 Nr. 2 OWiG, vgl. *BGH* NJW 2006, 3490 – Kontaktanzeigen.

53 Genauer *BGH* GRUR 2009, 1180 – 0,00 Grundgebühr; *BGH* WRP 2011, 55 – Preiswerbung ohne Umsatzsteuer; *BGH* GRUR 2013, 186 – Traum-Kombi.

54 Vgl. *Hoeren* NJW 2007, 801, 804.

55 Vgl. *OLG Hamm* GRUR-RR 2010, 217 – Vorabbelehrung.

56 S. die seit dem 9.1.2016 geltende Online-Streitbeilegungs-VO (524/2013/EU) und das am 1.4.2016 in Kraft getretene Verbraucherstreitbeilegungsgesetz (VSBG); *LG Bochum* VuR 2016, 275; *Zieger/Smirra* MMR 2016, 291.

57 *BGH* GRUR 2010, 1117 – Gewährleistungsausschluss im Internet.

58 *BGH* GRUR 2012, 949 – Missbräuchliche Vertragsstrafe; anders z.B. noch *OLG Köln* NJW 2007, 3647 und MMR 2008, 540.

59 Wichtige Klarstellung durch *BGH* NJW 2005, 2705 – Atemtest.

3.1 Geschäftsehrverletzung (§ 4 Nr. 1 UWG)

Unlauter handelt nach § 4 Nr. 1 UWG, wer die Kennzeichen, Waren, Dienstleistungen, Tätigkeiten oder persönlichen oder geschäftlichen Verhältnisse eines Mitbewerbers herabsetzt oder verunglimpft. Anders als in § 4 Nr. 2 UWG geht es hier um beleidigende **Werturteile** und nicht um unwahre Tatsachenbehauptungen.[60] **47**

Werturteile stehen grds. unter dem Schutz der Meinungsäußerungsfreiheit des Art. 5 GG. Die Grenze des Zulässigen ist stets überschritten bei einer pauschalen Herabsetzung des Wettbewerbers ohne erkennbaren, sachlich gerechtfertigten Grund (sog. **Schmähkritik**).[61] Ansonsten kann sich die Unzulässigkeit nur auf Grund einer Güter- und Interessenabwägung ergeben.[62] Typische Beispiele für unlauteres herabsetzendes Verhalten sind gegeben, wenn der Wettbewerber als unseriös hingestellt wird[63] oder grundlos über Vorgänge aus seinem Vor- oder Privatleben berichtet wird.[64] Gleiches gilt, wenn seine Waren oder Dienstleistungen herabgesetzt werden. **48**

3.2 Anschwärzung (§ 4 Nr. 2 UWG)

Nach § 4 Nr. 2 UWG handelt unlauter, wer zu Zwecken des Wettbewerbes über das Erwerbsgeschäft eines anderen, über die Person des Inhabers oder Leiters des Geschäfts, über die Waren oder gewerblichen Leistungen eines anderen Tatsachen behauptet oder verbreitet, die geeignet sind, den Betrieb des Geschäfts oder den Kredit des Inhabers zu schädigen. Dies kann etwa bei einer unbegründeten Abnehmerverwarnung der Fall sein.[65] Einschränkend gilt, dass gegen Äußerungen, die der Rechtsverfolgung oder -verteidigung in einem gerichtlichen oder behördlichen Verfahren dienen, grundsätzlich nicht vorgegangen werden kann.[66] Handelt es sich sonst um vertrauliche Mitteilungen und hat der Mitteilende oder der Empfänger der Mitteilung an ihr ein berechtigtes Interesse, so ist der Anspruch auf Unterlassung nur zulässig, wenn die Tatsachen der Wahrheit zuwider behauptet oder verbreitet sind. Der Anspruch auf Schadensersatz kann nur geltend gemacht werden, wenn der Mitteilende die Unrichtigkeit der Tatsachen kannte oder kennen musste. Die Vorschrift des § 8 Abs. 2 UWG findet entsprechende Anwendung. **49**

3.3 Ergänzender Leistungsschutz (§ 4 Nr. 3 UWG)

Die Übernahme fremder Leistungen ist in unserer Wettbewerbsordnung im Grundsatz erlaubt – ja, sie ist sogar teilweise geboten. Nur ein Aufbau auf fremden Leistungen gewährleistet den technischen und künstlerischen Fortschritt. Allerdings werden zahlreiche unternehmerische oder allgemein menschliche Leistungen durch Sondergesetze geschützt (MarkenG, PatentG, GebrauchsmusterG, UrhG, DesignG; s. 26. und **50**

60 Zur Abgrenzung illustrativ etwa *BGH* GRUR 2009, 1185 – Mecklenburger Obstbrände.

61 Vgl. nur *BVerfG* NJW 2009, 749 – Dummschwätzer.

62 BT-Drucks. 15/1487, 18; aus der Rspr. *BGH* NJW 2002, 3399 – Die Steinzeit ist vorbei; *BGH* NJW 2005, 2014 – Sparberaterin II.

63 Vgl. *BGH* NJW 2016, 3373 – Im Immobiliensumpf.

64 Ein drastisches Bsp. bietet *OLG Hamburg* NJW 1996, 1002: Ein Privatsender verlautbarte über einen Konkurrenten, „die Geschäftsführung eines Schmuddelsenders bedient sich für ihre Schmuddelkampagnen eines Schmuddelblattes"; vgl. ergänzend Köhler/Bornkamm/*Köhler* § 4 UWG Rn. 1.26.

65 *BGH* NJW 2006, 1432 – Unbegründete Abnehmerverwarnung.

66 *BGH* NJW 1998, 1399 – Bilanzanalyse Pro7; s. auch *BGH* GRUR 2010, 253 – Fischdosendeckel.

30. Kap.). Neben diesen besonderen Schutzrechten bietet § 4 Nr. 3 UWG in den – nicht abschließend – aufgeführten Fällen einen zusätzlichen Schutz wettbewerblicher Leistungen gegen Nachahmungen und wird daher auch als **ergänzender wettbewerbsrechtlicher Leistungsschutz** bezeichnet. Die genaue Abgrenzung der Anwendungsbereiche ist nicht vollkommen klar.[67]

51 **Unlauter** handelt, wer Waren oder Dienstleistungen anbietet, die eine **Nachahmung** der Waren oder Dienstleistungen der Mitbewerber sind, wenn er

- eine vermeidbare Täuschung der Abnehmer über die **betriebliche Herkunft** herbeiführt (§ 4 Nr. 3 a UWG) oder
- die **Wertschätzung der nachgeahmten** Ware oder Dienstleistung **unangemessen** ausnutzt oder beeinträchtigt (§ 4 Nr. 3 b UWG) oder
- die für die Nachahmung erforderlichen **Kenntnisse** oder Unterlagen **unredlich erlangt** hat (§ 4 Nr. 3 c UWG).

Der Schutz gegen Nachahmungen knüpft also nicht schon an das Vorliegen eines mit Mühe und Kosten verbundenen Leistungsergebnisses an, sondern an dessen **unlautere Ausnutzung** durch Wettbewerber in einer der genannten Fallgruppen. Aktivlegitimiert zur Verfolgung von Verstößen sind grundsätzlich nur der Hersteller des Originals und der Inhaber eines Exklusivvertriebsrechts (z.B. Alleinimporteur). Nach der Umsetzung der UGP-Richtlinie können unter den Voraussetzungen von Nr. 13 des Anh. zu § 3 Abs. 3 UWG bzw. des § 5 Abs. 2 UWG bei Verwechslungsgefahr zum Schutze der Verbraucher auch Mitbewerber und Verbände tätig werden.[68]

52 Unter den Begriff der Waren und Dienstleistungen fallen auch **TV-Sendeformate** (z.B. „Wer wird Millionär?"). Solche Formate sollen nach der Rspr. zwar in aller Regel mangels Werkcharakters nicht urheberrechtsfähig sein. Die Anwendbarkeit des Lauterkeitsrechts bei Nachahmung des Formats einer Fernsehshow u.Ä. wird dagegen vom Bundesgerichtshof für möglich gehalten.[69] Anders ist es bei einem durch Werbeeinnahmen finanzierten Internetportal, in das Besucher von Amateurfußballspielen selbst aufgenommene Filme einstellen können, die einzelne Szenen des Spielgeschehens von max. ein- bis eineinhalbminütiger Dauer wiedergeben. Hier handelt es sich nach Auffassung des BGH nicht um ein geschütztes Leistungsergebnis des die Spiele organisierenden Fußballverbandes. Das Interesse an einer wirtschaftlichen Verwertung der Spiele könne auf andere Weise gesichert werden (insbesondere durch die Untersagung von Filmaufnahmen unter Berufung auf das Hausrecht).[70] Die Entscheidung hat grundsätzliche Bedeutung für alle Veranstalter und die Betreiber von **Videoplattformen,** die ihren Nutzern die Veröffentlichung selbst gedrehter Videos erlauben.

53 Ungeschriebene Voraussetzung für den ergänzenden Leistungsschutz ist stets, dass die nachgeahmte Ware oder Dienstleistung **wettbewerbliche Eigenart** besitzt. Eine wettbewerbliche Eigenart kommt Produkten zu, wenn sie Merkmale aufweisen, die geeignet sind, auf die betriebliche Herkunft oder auf die Besonderheiten des Produktes hinzuweisen. Sie müssen nicht sonderschutzfähig (z.B. patentfähig) sein, dürfen aber

67 Vgl. nur zum Nebeneinander von Marken- und Wettbewerbsrecht m.w.N. *BGH* WRP 2007, 313 – Stufenleitern; GRUR 2008, 1196 – Rillenkoffer; *BGH* GRUR 2009, 79 – Gebäckpresse; *BGH* GRUR 2010, 642 – WM-Marken; *OLG Hamburg* GRUR-RR 2009, 224 – Yogurth Gums.

68 Vgl. etwa Köhler/Bornkamm/*Köhler* § 4 UWG Rn. 3.86.

69 S. *BGH* NJW 2003, 2828, 2830 – Sendeformat und unter 24. Kap. Rn. 70 f.; zur Urheberschutzfähigkeit des programmbegleitenden Materials von Fernsehsendern vgl. *OLG Dresden* MMR 2010, 625.

70 *BGH* GRUR 2011, 436 – hartplatzhelden.de.

auch nicht bloße „Allerweltserzeugnisse“ (Bsp.: Büroklammer) sein und müssen eine „gewisse Bekanntheit“ besitzen.[71]

Bei der Nachahmung unterscheidet man **54**

- die unmittelbare Leistungsübernahme,
- die fast identische Leistungsübernahme,
- die nachschaffende Leistungsübernahme.

Bei der **unmittelbaren Leistungsübernahme** wird die fremde Leistung uneingeschränkt und ohne jede Änderung übernommen (z.B. durch Nachdrucken, Einscannen, Kopieren). Bei der **fast identischen Leistungsübernahme** lehnt sich der Übernehmer sklavisch an das Original an; es sind nur geringfügige, für den Gesamteindruck unerhebliche Abweichungen vom Original feststellbar (z.B. leichte Maßabweichungen des sonst identisch nachgebildeten Möbels). Von der **nachschaffenden Leistungsübernahme** spricht man, wenn die fremde Leistung nicht unmittelbar oder fast identisch übernommen wird, sondern nur als Vorbild für eine eigene Leistung diente. Maßgeblich ist der **Gesamteindruck** und die Frage: Weist das Produkt wiedererkennbar wesentliche Elemente des Originals auf oder setzt es sich deutlich davon ab?

Ist hiernach eine Nachahmung gegeben, müssen grds. noch **besondere Unlauterkeitsmerkmale,** wie § 4 Nr. 3 UWG sie aufzählt, hinzukommen. Allerdings ist auch anerkannt, dass eine **Wechselwirkung** mit dem Grad der Nachahmung besteht: Je mehr die Nachahmung dem Original gleichkommt, desto geringere Anforderungen sind an die weiteren wettbewerblichen Umstände zu stellen.[72] Dies bedeutet etwa einerseits, dass die unmittelbare Leistungsübernahme regelmäßig als unlauter anzusehen ist. Andererseits bedarf es bei einer bloß nachschaffenden Übernahme sorgfältiger Prüfung der Unlauterkeitsmerkmale.[73] **55**

3.3.1 Täuschung über die betriebliche Herkunft (§ 4 Nr. 3a UWG)

Eine Herkunftstäuschung ist gegeben, wenn die angesprochenen Verkehrskreise den Eindruck gewinnen können, die Nachahmung stamme vom Hersteller des Originals oder einem mit ihm verbundenen Unternehmen (sog. look alikes). Nicht erforderlich ist es, dass der Verkehr das Unternehmen, dem er die erkannte Ware zuschreibt, namentlich kennt.[74] Andererseits genügt es z.B. nicht, dass eine **Bildschirmmaske** nachgeahmt wird, wenn sie Bestandteil einer umfassenden Software ist, nicht isoliert vertrieben wird und die unterschiedlichen Bezeichnungen der Softwareprodukte eine Herkunftstäuschung ausschließen.[75] **56**

Die Herkunftstäuschung muss **vermeidbar** sein. Das ist dann der Fall, wenn sie durch geeignete und zumutbare Maßnahmen verhindert werden kann. Dies ist hinsichtlich ästhetischer Elemente in der Regel durch eine Änderung der Produktgestaltung mög- **57**

71 Vgl. *BGH* WRP 2006, 75 – Jeans; *BGH* GRUR 2007, 984 – Gartenliege; *BGH* WRP 2011, 1070 – Lernspiele; *BGH* GRUR 2012, 1379 – Sandmalkasten.

72 Vgl. Köhler/Bornkamm/*Köhler* § 4 UWG Rn. 3.34 m.w.N.

73 Die von der Rechtsprechung ausgebildeten besonderen Fallgruppen des „Einschiebens in eine fremde Serie“ und des „Saisonschutzes für Modeneuheiten“ hat der BGH jüngst aufgegeben, vgl. *BGH* GRUR 2017, 79 – Segmentstruktur.

74 S. *BGH* WRP 2007, 1455 – Gartenliege.

75 Vgl. *OLG Karlsruhe* GRUR-RR 2010, 234 – Reisebürosoftware.

lich und zumutbar.[76] Bei technischen Erzeugnissen darf ein Nachahmer den **Stand der Technik** – soweit er gemeinfrei ist – übernehmen. Dennoch wird meist bei der Gesamtgestaltung des Produkts ein Spielraum bestehen, so dass weitgehende Nachahmungen des Originals unlauter erscheinen.[77]

3.3.2 Ausnutzung oder Beeinträchtigung der Wertschätzung (§ 4 Nr. 3b UWG)

58 Diese Fallgruppe wird auch mit **Rufausbeutung/Rufschädigung** umschrieben. Bei der **Rufausbeutung** wird der gute Ruf eines Produktes für das eigene Erzeugnis genutzt. Wird dabei der Ruf des fremden Produktes beeinträchtigt, liegt Rufschädigung vor. § 4 Nr. 3b UWG und § 14 Abs. 2 Nr. 3 MarkenG sind eigenständig nebeneinander bestehende Anspruchsalternativen.[78]

59 Ein bekanntes Beispiel lieferte Tchibo, als man unter der Bezeichnung „Royal-Calender" Damen- und Herrenarmbanduhren zum Preis von 39,95 DM anbot, die den Rolex-Modellen, die 4 650 und 3 250 DM kosteten, sehr ähnlich waren. Auf Geschmacksmusterschutz konnte sich die Fa. Rolex nicht berufen, da diese Sonderschutzrechte abgelaufen waren. Auch eine Herkunftstäuschung i.S.d. § 4 Nr. 3a UWG lag sicher nicht vor, da niemand annehmen konnte, dass Rolex-Uhren von Tchibo – und zudem für einen Bruchteil des Preises – angeboten wurden. Es wurde jedoch der gute Ruf von Rolex als eines Anbieters im Luxussegment durch die Veräußerung von Nachahmungen beeinträchtigt. Der BGH hat Tchibo folglich (zu Recht) den Vertrieb untersagt.[79]

3.3.3 Nachahmung und unredliche Kenntniserlangung (§ 4 Nr. 3c UWG)

60 Unlauter ist das Anbieten eines Nachahmungsproduktes auch dann, wenn die erforderlichen Kenntnisse oder Unterlagen unredlich erlangt worden sind. Die Unredlichkeit ist gegeben, wenn ein **strafbares Verhalten** vorliegt. In Betracht kommt sowohl der Verrat von Geheimnissen (§§ 17, 18 UWG)[80] als auch schlicht der Diebstahl entsprechender Unterlagen (§§ 242, 246 StGB). Hieran wäre zu denken, wenn ein Medienunternehmen ein neuartiges einführungsreifes Sende- oder Zeitungskonzept entwenden lässt.

61 Unredlich ist auch die Nutzung von Unterlagen und Kenntnissen, die unter einem **Vertrauensbruch** erlangt sind. Ein Vertrauensverhältnis wird schon durch die Anbahnung und erst recht die Durchführung eines Vertragsverhältnisses begründet (z.B. Arbeits-, Geschäftsbesorgungs-, Gesellschafts- oder Lizenzvertrag). Umgekehrt liegt **kein Vertrauensbruch** vor, wenn ein ausgeschiedener Mitarbeiter redlich erlangte Kenntnisse im eigenen oder fremden Betrieb verwertet.[81]

---

76 *BGH* GRUR 2003, 892 – Alt Luxemburg; *BGH* NJW 1992, 2700 – Pullovermuster; *BGH* NJW 1991, 1485 – Finnischer Schmuck.

77 Vgl. etwa *BGH* NJW-RR 2011, 45 – Femur-Teil; *BGH* GRUR 2010, 80 – LIKEaBIKE; *BGH* WRP 2009, 1372 – Ausbeinmesser.

78 Vgl. *OLG Köln* GRUR-RR 2010, 202 – Rotes Sparbuch für Gewinner.

79 *BGH* GRUR 1985, 876 – Tchibo./.Rolex I.

80 Beispielhaft *BGH* WRP 2008, 1085 – Schweißmodulgenerator.

81 Vgl. jeweils m.w.N. *BGH* NJW 2010, 3239 Rn. 30 – Telefonwerbung nach Unternehmenswechsel; Köhler/Bornkamm/*Köhler* § 4 UWG Rn. 3.62 und 4.44.

3.3.4 Im Besonderen: Ausbeuten fremder Werbung

62 Das Nachahmen einer fremden Werbung ist grds. zulässig. Etwas anderes gilt dann, wenn die Werbung, u.U. auch ein bloßer Werbeslogan, eine wettbewerbliche Eigenart besitzt und besondere Unlauterkeitsmerkmale hinzukommen (beispielsweise eine vermeidbare Herkunftstäuschung oder Rufausbeutung).[82] Diese Auffassung findet ihre wertungsmäßige Bestätigung darin, dass für Werbesprüche auch die Erlangung von Markenschutz in Betracht kommt. Darüber hinaus kann eine Werbung im Einzelfall urheberrechtlich geschützt sein (s. 26. Kap. Rn. 47 ff. und 77 ff.). Soweit Marken- oder Urheberschutz gegeben ist, findet § 4 UWG freilich als lex generalis keine Anwendung.

3.4 Gezielte Behinderung (§ 4 Nr. 4 UWG)

3.4.1 Allgemeine Gesichtspunkte einer Behinderung

63 Die Fallgruppe der gezielten Behinderung (§ 4 Nr. 4 UWG) richtet sich primär auf Wettbewerbsmethoden gegen die Mitbewerber. Das Tatbestandsmerkmal „gezielt" erfordert eine entsprechende konkrete geschäftliche Handlung – nicht ausreichend ist die bloße Behinderung als Folge des Wettbewerbs. Eine Behinderung in diesem Sinne liegt dann vor, wenn eine Maßnahme die wettbewerbliche Entfaltung des Mitbewerbers verhindert oder zu vernichten bezweckt. Nötig ist darüber hinaus stets eine Interessenabwägung unter Berücksichtigung des Grundsatzes der Wettbewerbsfreiheit. Ist das Eigeninteresse des Handelnden niedriger zu bewerten als das der übrigen Beteiligten, liegt eine unlautere Behinderung vor. Bei einer Druckausübung auf Lieferanten kann neben § 4 Nr. 4 UWG auch § 4a UWG eingreifen.

64 Erfolgt die Behinderung unter missbräuchlicher Ausnutzung einer marktbeherrschenden Stellung, findet auch das GWB Anwendung. Das GWB stellt im Verhältnis zu § 4 Nr. 4 UWG kein Spezialgesetz dar. § 4 Nr. 4 UWG ist neben dem GWB anwendbar (s. zu kartellrechtlichen Gesichtspunkten auch 13. Kap.).

3.4.2 Ausspannen von Kunden und Mitarbeitern

65 Das Abwerben von Kunden und Mitarbeitern ist als ein Bestandteil eines funktionierenden Wettbewerbs zu betrachten und daher nicht unlauter, sondern vielmehr systemimmanent und erwünscht. Es ist mithin grds. zulässig, einem vertraglich noch gebundenen Kunden dadurch bei einer ordentlichen Kündigung zu helfen, dass ihm ein vorbereitetes Kündigungsschreiben vorgelegt wird, das nach Einfügung des Kündigungstermins nur noch zu unterschreiben ist. Ein solches Verhalten ist ohne Hinzutreten besonderer Umstände weder als unangemessene unsachliche Einflussnahme auf Verbraucher noch als unlautere gezielte Behinderung eines Mitbewerbers zu beurteilen.[83] Nach der neueren Rspr. genügt auch nicht der **Einbruch in Vertriebsbindungssysteme** durch die Missachtung von Ausschließlichkeitsbindungen.

66 Unlauterkeit beim Ausspannen von Kunden liegt nur vor, wenn besondere Umstände hinzukommen (z.B. **Verleitung zum Vertragsbruch**). Hierunter fällt auch der Fall, dass von der Konkurrenz versucht wird, in die Exklusivvereinbarung zwischen Medienun-

82 Daher darf eine Modelagentur nicht den „Hollywood"-Schriftzug verwenden, vgl. genauer *LG München I* GRUR-Prax 2016, 314 – Hollywood.

83 *BGH* NJW 2005, 2012 – Kündigungshilfe; *BGH* WRP 2004, 1021 – Verabschiedungsschreiben; s. auch *BGH* GRUR 2012, 1153 – Unfallersatzgeschäft.

ternehmen und einem „Zeitzeugen" einzugreifen.[84] Das **Abfangen von Kunden vor dem Ladengeschäft des Mitbewerbers** ist dann z.B. zu beanstanden, wenn die Werber an in der Einfahrt haltende Fahrzeuge herantreten, um die Kunden zur Entgegennahme der Handzettel zu veranlassen, und diese sich diesem Versuch nicht ohne weiteres entziehen können.[85] Keine gezielte Mitbewerberbehinderung stellt es regelmäßig dar, wenn ein Unternehmen damit wirbt, **Rabattgutscheine** seiner Mitbewerber einzulösen. Zwar wird dadurch mittelbar die Werbemaßnahme des Mitbewerbers behindert, was dem Werbenden auch bewußt ist. Letztlich verfehlt die Werbung ihre Wirkung aber erst aufgrund einer bewußten Entscheidung des Verbrauchers. Eine solche „Behinderung" ist dem Leistungswettbewerb immanent und muss vom Mitbewerber hingenommen werden.[86]

67 Beim Abwerben von Mitarbeitern gelten dieselben Grundsätze. Eine Verleitung zum Vertragsbruch ist stets wettbewerbswidrig. Von der Verleitung ist das bloße **Ausnutzen** eines Vertragsbruchs zu unterscheiden.[87] Das Anrufen von Angestellten am Arbeitsplatz durch Konkurrenten oder **Headhunter** zur Abklärung eines etwaigen Wechselinteresses ist nicht rundweg unzulässig. Es kommt auf die Umstände des Einzelfalls an.[88]

3.4.3 Preiskampf

68 Der Unternehmer ist in der Preisgestaltung grds. frei. Allein der Umstand, dass ein Wettbewerber durch die Preisgestaltung eines Anderen Einbußen hinnehmen muss, begründet noch keine unlautere Behinderung. Dies hat der BGH in einer umstrittenen Entscheidung bekräftigt. Zugrunde lag folgender Fall: Händler B reagierte auf die Eröffnung eines Konkurrenzmarktes in der Nachbarschaft mit dem Werbeversprechen, die – auch im Rahmen eines Eröffnungsangebots – verlangten Preise „örtlich ansässiger Einzelhändler" unter zwei Voraussetzungen um 10 % zu unterbieten: Zum einen musste es sich um mit ihrem Sortiment identische Waren handeln, und zum anderen musste der Mitbewerber diese Waren zur selben Zeit günstiger als B anbieten. Von 14 Artikeln, die der Neuankömmling als Eröffnungsangebot bewarb, führte B seinerzeit drei in seinem Sortiment. Anders als die klagende Zentrale zur Bekämpfung unlauteren Wettbewerbs und beide Vorinstanzen (!) sah der BGH keinen Fall einer gezielten Behinderung eines Mitbewerbers durch systematische Preisunterbietung unterhalb der eigenen Einstandspreise. Eine Preisgestaltung, durch die lediglich die abstrakte Gefahr begründet werde, dass in einzelnen Fällen Waren unter Einstandspreis abgegeben würden, sei keine unter dem Gesichtspunkt der gezielten Behinderung von Mitbewerbern unlautere Wettbewerbshandlung. Sie sei objektiv nicht geeignet, einen oder mehrere Wettbewerber vom Markt zu verdrängen oder den Bestand des Wettbewerbs ernstlich zu gefährden.[89]

---

84 Vgl. *OLG Hamburg* ZUM-RD 1998, 116 – Monika Weimar; ergänzend *Petersen* § 8 Rn. 14 m.w.N.

85 S. dazu aktuell z.B. *OLG Frankfurt* GRUR-Prax 2017, 22; GRUR-Prax 2016, 418.

86 *BGH* GRUR 2017, 92 – Fremdcoupon-Einlösung.

87 Eingehend zur Abgrenzung *BGH* NJW 2007, 2999 Rn. 14 ff. – Außendienstmitarbeiter.

88 Vgl. *BGH* NJW 2004, 2080 – Direktansprache am Arbeitsplatz I; *BGH* NJW 2006, 1665 – Direktansprache am Arbeitsplatz II; *BGH* NJW 2008, 855 – Direktansprache am Arbeitsplatz III; stets unzulässig ist das persönliche Aufsuchen des fremden Betriebs zwecks Abwerbung dort beschäftigter Mitarbeiter, vgl. *BGH* GRUR 2008, 67; insgesamt auch *Ernst* GRUR 2010, 963.

89 *BGH* GRUR 2006, 596 – 10 % billiger mit Anm. *Dittmer* EWiR 2006, 665; inzwischen mehrfach bestätigt, z.B. durch *BGH* WRP 2009, 432 – Küchentiefstpreis-Garantie; *BGH* NJW 2010, 3306 Rn. 20 – Ohne 19 % Mehrwertsteuer.

Marktmächtige Unternehmen haben zu beachten, dass die Preisunterbietung im GWB als Spezialfall der unbilligen Behinderung geregelt ist. Eine unbillige Behinderung nach § 20 Abs. 3 S. 2 GWB liegt u.a. vor, wenn ein solches Unternehmen Waren oder gewerbliche Leistungen nicht nur gelegentlich unter Einstandspreis anbietet, es sei denn, es ist sachlich gerechtfertigt. Das UWG und GWB besitzen unterschiedliche Schutzrichtungen (zum GWB s. 13. Kap.). Allerdings wird eine Behinderung i.S.d. § 4 Nr. 4 UWG regelmäßig zu bejahen sein, wenn die Voraussetzungen des § 20 Abs. 3 S. 2 GWB erfüllt sind. **69**

3.4.4 Betriebsstörung

Bei der Betriebsstörung handelt es sich um unlautere Eingriffe in den Betriebsablauf eines Wettbewerbers (z.B. Einschleusen von Mitarbeitern als Spitzel, Einsatz von Hackern zum Eindringen in fremde Computersysteme, unberechtigtes Entfernen von Kontrollnummern).[90] **70**

3.4.5 Boykott

Unter Boykott wird die organisierte Absperrung eines Wettbewerbers vom Geschäftsverkehr verstanden. Der Boykott setzt mindestens **drei Beteiligte** voraus: **71**

- den Verrufer (jemand, der den Boykott ausruft),
- den Adressaten (jemand, der den Boykott durchführen soll),
- den Verrufenen (jemand, der boykottiert werden soll).

Wenn z.B. ein Brancheninformationsdienst für den Uhrenfachhandel (Verrufer) die Fachhändler (Adressaten) auffordert, bei „Kaffeeröstern" (Verrufene) gekaufte Uhren nicht zur Reparatur anzunehmen, ist dies der Fall.[91]

Der Tatbestand des Boykotts nach §§ 3, 4 Nr. 4 UWG ist vom Boykotttatbestand des § 21 GWB zu unterscheiden. Der Boykott i.S.d. §§ 3, 4 Nr. 4 UWG muss „zu Zwecken des Wettbewerbs" erfolgen. Ferner genügt eine bloße Anregung nicht. Der Aufruf zum Boykott nach §§ 3, 4 Nr. 4 UWG muss dazu geeignet sein, den freien Willen des Adressaten zu beeinflussen. Ansonsten decken sich die Merkmale des Boykotts nach § 21 GWB mit denen des Boykotts nach §§ 3, 4 Nr. 4 UWG (zum GWB s. 13. Kap.). **72**

3.4.6 Diskriminierung

Unter Diskriminierung wird die sachlich ungerechtfertigte unterschiedliche Behandlung von Personen verstanden. Das GWB enthält ebenfalls ein Diskriminierungsverbot (§ 19 Abs. 2 Nr. 1 GWB). Dieses kartellrechtliche Diskriminierungsverbot stellt allerdings kein allgemeines Verbot dar, da es sich nur an marktbeherrschende und marktstarke Unternehmen richtet (s. ergänzend 13. Kap.). Soweit kartellrechtlich bewusst auf ein Diskriminierungsverbot verzichtet worden ist, ist eine Herleitung eines Diskriminierungsverbotes aus § 3 UWG nicht erlaubt. Für die Fallgruppe der Diskriminierung i.S.d. §§ 3, 4 Nr. 4 UWG kommen daher nur wenige Ausnahmefälle in Betracht. **73**

---

90 Vgl. *BGH* GRUR 2009, 1075 – Betriebsbeobachtung und eingehend etwa *Boesche* Rn. 414 ff.

91 *BGH* NJW 1985, 60 – Kundenboykott; *Petersen* § 8 Rn. 10 ff. mit weiteren Bsp.

3.4.7 Behinderung bei Absatz, Bezug und Werbung

74 Diese Untergruppe der Behinderung stellt eine Art „Grundtatbestand" dar. Sie erfasst alle Formen der Behinderung, die nicht den anderen, bisher behandelten Untergruppen angehören.

75 Diskutiert wurde ein derartiger Fall vor einiger Zeit intensiv anhand der **„Fernsehfee"**-Entscheidung des Bundesgerichtshofs.[92] Ein Unternehmer produzierte und vertrieb ein Gerät, mit dem Werbeblöcke aus einem laufenden Fernsehprogramm automatisch ausgeblendet werden können. Ein privates Fernsehunternehmen sah in der „Fernsehfee" eine wettbewerbswidrige Behinderung. Dies hat der Bundesgerichtshof verneint. Ein Verstoß gegen § 4 Nr. 4 UWG liege nicht vor. Das Gerät „Fernsehfee" wirke sich nicht unmittelbar auf das Programm des Fernsehsenders aus, sondern nur mittelbar, insofern als der Kunde die Möglichkeit habe, die Werbung in einer Fernsehsendung durch einen Automaten ausschalten zu lassen. Eine mittelbare Einwirkung sei aber nur dann unlauter, wenn die Leistungen des Fernsehsenders auf dem Markt nicht mehr in angemessener Weise zur Geltung gebracht werden könnten und der „Fernsehfee"-Vertreiber sich dabei nicht wettbewerbseigener Mittel bediene. Dies sei nicht der Fall. Es würden nur Fernsehzuschauer angesprochen, die sich bewusst gegen Werbung entschieden hätten. Dem ist zuzustimmen. Letztlich steht der Vertrieb der „Fernsehfee" dem – unbedenklichen – Verkauf von Briefkastenaufklebern mit der Aufschrift „Keine Werbung" gleich (s. auch unten Rn. 141 ff. zum Belästigungsaspekt).

76 Von dem „Fernsehfee"-Fall zu unterscheiden ist das Angebot sog. **„Piratenkarten"**, die es ermöglichen, Pay-TV-Programme, für deren Entschlüsselung an sich die von den Pay-TV-Veranstaltern mitverkauften Decoderkarten benötigt werden, decodiert zu empfangen. Hier wird die „Erschleichung" des Zugangs zu einer entgeltlichen Leistung ermöglicht, was in Anwendung der allgemeinen Grundsätze als unlautere Behinderung anzusehen ist.[93] Gleiches gilt beim **Einsatz von Bot-Software** unter Verstoß gegen die Nutzungsbedingungen eines Computerspiels.[94]

77 Nicht zu beanstanden ist demgegenüber das Vorgehen eines **Internet-Suchdienstes,** der vom Berechtigten öffentlich zugänglich gemachte Informationsangebote (insb. Presseartikel) auswertet, indem er Nutzern unter Angabe von Kurzinformationen über die einzelnen Angebote durch **Deep-Links** den unmittelbaren Zugriff auf die nachgewiesenen Angebote ermöglicht und die Nutzer so an den Startseiten der ausgewerteten Internetauftritte vorbeiführt. Dass dies dem Interesse der Informationsanbieter an der Erzielung von Werbeeinnahmen widerspricht, führt nicht zur Unlauterkeit. Maßgeblich ist, dass die Tätigkeit des Suchdienstes und der Einsatz der Hyperlinks nur öffentlich zugänglich gemachte Informationsangebote und dies ohne **Umgehung technischer Schutzmaßnahmen** betrifft.[95]

78 Das Interesse von Diensteanbietern an der Generierung von Werbeeinnahmen wird auch tangiert durch die sog. **Adblocker.** Dies sind Computerprogramme, die Werbeeinblendungen gezielt blockieren können. Zur Zeit ist überaus streitig und noch nicht

---

92 *BGH* NJW 2004, 3032 – Werbeblocker mit Anm. *Hoeren* EWiR 2004, 1193; vgl. auch *LG Berlin* ZUM-RD 2004, 126 – Television Switch System.

93 Vgl. *OLG Frankfurt* NJW 1996, 264 f.

94 So *BGH* WRP 2017, 434 – World of Warcraft II.

95 S. *BGH* GRUR 2003, 985 – Paperboy; *BGH* WRP 2011, 1469 – Automobil-Onlinebörse; *EuGH* BeckRS 2014, 80413; zur Urheberrechtsverletzung bei Umgehung technischer Schutzeinrichtungen *BGH* GRUR-Prax 2010, 534 – Session-ID.

höchstrichterlich entschieden, ob Angebot und Vertrieb derartiger Programme eine gezielte Behinderung der Anbieter werbefinanzierter Internetseiten darstellt. Wohl überwiegend wird unter Hinweis auf die Parallele zur „Fernsehfee"-Entscheidung des BGH eine relevante Behinderung verneint, da die Werbeblockade vom Nutzer selbst installiert oder zumindest zugelassen wird.[96] Ob sich an dieser Einschätzung etwas ändert, wenn über eine sog. **„Whitelist"-Funktion** werbewillige Marktteilnehmer gegen Entgelt von der Blockade ausgenommen werden können, wird ebenfalls kontrovers diskutiert. Das OLG Köln hat dies kürzlich überraschend als aggressive Geschäftspraktik i.S.d. § 4a UWG angesehen.[97]

Zu gezielten Behinderungen i.S.d. § 4 Nr. 4 UWG kann es auch im Zusammenhang mit **79** der sog. **AdWord**-Werbung in Internetsuchmaschinen kommen. Dies ist der Fall, wenn ein Markeninhaber (z.B. Rolex) die Verwendung seines Kennzeichens für AdWord-Werbung sperrt und unter Zustimmungsvorbehalt stellt. Dadurch wird ein Unternehmen, das für den An- und Verkauf von Rolex-Uhren – markenrechtlich beanstandungsfrei[98] – unter Verwendung von Rolex als AdWord werben will, gezielt behindert.[99]

Ein unlauteres und gegen § 4 Nr. 4 UWG verstoßendes „Abfangen von Kunden" stellt **80** es dar, wenn ein Unternehmer eine absichtlich falsch geschriebene Internetadresse verwendet, um an Nutzern Geld zu verdienen, die sich beim Eingeben der Adresszeile in ihren Webbrowser vertippt haben (z.B. www.wetteronline.de). Einen Löschungsanspruch hat der Originalanbieter gegen den Betreiber dieser sog. **Tippfehler-Domain** nur, wenn damit zugleich Namens- oder Markenrechte verletzt werden. Bei einem beschreibenden Begriff wie wetteronline.de ist dies nicht der Fall.[100] Als Behinderung anzusehen ist auch der Fall, dass jemand auf eine Anfrage, einen Internet-Auftritt unter einem bestimmten Domain-Namen zu erstellen, diesen Namen für sich registrieren lässt.[101] Gleiches kommt in Betracht, wenn jemand eine im Ausland bereits eingetragene und für identische oder gleichartige Waren benutzte Marke im Inland anmeldet, um die darin liegende Sperrwirkung zweckfremd als Mittel des Wettbewerbskampfes einzusetzen.[102]

Einen Behinderungsaspekt weist auch die sog. **Marktstörung** auf. Hierunter versteht **81** man die Beeinträchtigung der Marktstruktur. Sie liegt vor, wenn eine Wettbewerbsmaßnahme dazu geeignet ist, durch die Beseitigung der Freiheit von Angebot und Nachfrage den Bestand des Wettbewerbs zu gefährden und die Konkurrenten zu verdrängen. Die Fallgruppe der Marktstörung bezieht sich demnach auf Marktwirkungen und nicht direkt auf den Schutz der Wettbewerber. Sie wird daher meist zu Recht unmittelbar aus der Generalklausel des § 3 Abs. 1 UWG abgeleitet. Überschneidungen können sich vor allem mit dem § 19 GWB ergeben, wobei § 3 UWG neben § 19 GWB anwendbar ist.[103]

---

96 *OLG Köln* K&R 2016, 528; *LG München I* MMR 2016, 406; *LG Stuttgart* K&R 2016, 362; *LG Köln* MMR 2016, 264; Köhler/Bornkamm/*Köhler* § 4 UWG Rn. 4.73; *Luckhaus* K&R 2016, 313; a.A. *LG Berlin* K&R 2016, 360; weitergehender Überblick zum Meinungsstand *Peifer* AfP 2016, 5.

97 *OLG Köln* K&R 2016, 528.

98 Zu den markenrechtlichen Rahmenbedingungen der AdWord-Werbung s. *BGH* GRUR 2014, 182 – Fleurop; *BGH* GRUR 2013, 290 – MOST-Pralinen; *BGH* GRUR 2011, 3032 – Bananabay II.

99 *BGH* GRUR 2015, 607 – Uhrenankauf im Internet.

100 *BGH* NJW 2014, 1534 – wetteronline.de.

101 Vgl. *BGH* GRUR 2005, 517 – Literaturhaus.

102 Genauer *BGH* WRP 2008, 785 – AKADEMIKS.

103 Weiterführend z.B. *Emmerich* § 19.

82 Ein in diesem Zusammenhang viel diskutiertes Beispiel bietet die **„20 Minuten Köln“**-Entscheidung des Bundesgerichtshofs.[104] Ein norwegischer Medienkonzern ließ in Köln eine **unentgeltliche,** ausschließlich aus Anzeigen finanzierte Tageszeitung unter dem Titel „20 Minuten Köln“ verteilen. Die Kölner Verlagsgruppe, die den „Kölner Stadt-Anzeiger“, „Kölnische Rundschau“ und „EXPRESS“ herausgibt, sah darin eine **unlautere Marktbehinderung,** denn nach einer kostenlosen Lektüre der wichtigsten Tagesereignisse würden die **kostenpflichtigen Zeitungen** weniger gekauft.

83 Der Bundesgerichtshof ist dieser Auffassung entgegengetreten: Ein Wettbewerbsverstoß gegen das UWG liege nicht vor. Das UWG sei neben dem Kartellgesetz (GWB), das die Offenhaltung der Märkte gewährleiste, anwendbar. Bei Beurteilung der Lauterkeit eines Verhaltens i.S.d. UWG sei die Zielsetzung des GWB zu berücksichtigen, so dass insbesondere zu beachten sei, „dass dem lauterkeitsrechtlichen Verbot nicht die Wirkung zukommt, ohnehin bestehende Marktzutrittsschranken zu erhöhen und damit zu einer Marktabschottung beizutragen.“ Im Geschäftsleben habe niemand Anspruch auf eine unveränderte Erhaltung seines Kundenkreises.

84 Neuartige und vielleicht besonders wirksame Wettbewerbsmaßnahmen seien nicht schon deshalb als unlauter zu missbilligen, weil sie sich für Mitbewerber wegen ihres Erfolges nachteilig auswirkten. Für die **Gratisverteilung von Anzeigenblättern mit redaktionellem Teil** könne ein Wettbewerbsverstoß nur dann angenommen werden, „wenn der redaktionelle Teil des Anzeigenblattes geeignet ist, für einen nicht unerheblichen Teil des Publikums eine **Tageszeitung zu ersetzen,** und wenn die ernstliche Gefahr besteht, dass deshalb die Tagespresse als Institution in ihrem verfassungsrechtlich garantierten Bestand bedroht wird“. Dies war nicht festzustellen. Der BGH hat diese Grundsätze kürzlich bestätigt im Falle der Abgabe einer Tageszeitung über sog. **ungesicherte Verkaufshilfen.**[105]

85 Auch **Wettbewerb der öffentlichen Hand** ist nicht per se unlauter. Der öffentlichen Hand ist es nicht grundsätzlich verwehrt, in Wettbewerb mit privaten Unternehmen zu treten. Sollte die öffentliche Hand marktbeherrschend bzw. marktstark i.S.d. § 18 GWB sein, ist sie (selbstverständlich) Adressat des kartellrechtlichen Behinderungsverbots (vgl. auch 13. Kap.).[106] Unterhalb der kartellrechtlichen Marktmachtschwellen können sich Beschränkungen aus dem UWG ergeben. Dies kommt insbesondere in Betracht, wenn spezielle (Zuständigkeits-)Regeln ein Tätigwerden der öffentlichen Hand verbieten bzw. – wie der Programmauftrag des öffentlich-rechtlichen Rundfunks – beschränken.[107] Ergänzend ist allerdings stets zu prüfen, ob das betreffende Verbot eine auf die Lauterkeit des Wettbewerbs bezogene Schutzfunktion hat.[108]

4. Aggressive geschäftliche Handlungen (§ 4a UWG)

86 Der mit der Novelle von 2015 neu geschaffene § 4a UWG dient der vollständigen Umsetzung der UGP-Richtlinie. Unlauter handelt nach § 4a Abs. 1 S. 1 UWG, wer eine aggressive geschäftliche Handlung vornimmt, die geeignet ist, den Verbraucher oder

104 *BGH* GRUR 2004, 602 – 20 Minuten Köln.

105 *BGH* AfP 2010, 241 – Stumme Verkäufer.

106 S. etwa *BGH* NJW 2003, 2684 – Konkurrenzschutz für Schilderpräger; *BGH* GRUR 2003, 164 – Altautoverwertung.

107 Vgl. hierzu etwa *OLG Koblenz* MMR 2001, 812 und generell zur rundfunkrechtlichen Sicht oben 3. und 4. Kap.

108 Vgl. eingehend *BGH* NJW 2002, 2646, 2647 – Elektroarbeiten; *BGH* GRUR 2009, 606 – Buchgeschenk vom Standesamt; *BGH* GRUR 2013, 301 – Solarinitiative.

sonstigen Marktteilnehmer zu einer geschäftlichen Entscheidung zu veranlassen, die dieser anderenfalls nicht getroffen hätte. Eine aggressive geschäftliche Handlung ist nach S. 2 gegeben, wenn sie im konkreten Fall unter Berücksichtigung aller Umstände geeignet ist, die Entscheidungsfreiheit des Verbrauchers oder sonstigen Marktteilnehmers erheblich zu beeinträchtigen durch 1. Belästigung, 2. Nötigung einschließlich der Anwendung körperlicher Gewalt oder 3. unzulässige Beeinflussung. Als unzulässige Beeinflussung ist wiederum nach S. 3 anzusehen, wenn der Unternehmer eine Machtposition gegenüber dem Verbraucher oder sonstigen Marktteilnehmer zur Ausübung von Druck, auch ohne Anwendung oder Androhung von körperlicher Gewalt, in einer Weise ausnutzt, die die Fähigkeit des Verbrauchers oder sonstigen Marktteilnehmers zu einer informierten Entscheidung wesentlich einschränkt. In Abs. 2 werden die Kriterien für die Aggressivität einer Handlung weiter erläutert.

In § 4a UWG sind vor allem aufgegangen die Nr. 1 und 2 des bisherigen § 4 UWG. **87**
Geschützt sind nach wie vor alle Marktteilnehmer. Gefordert war dies von der UGP-Richtlinie nicht (nur Verbraucher). Nach dem Wegfall des Spürbarkeitserfordernisses in § 3 Abs. 1 UWG (s.o. Rn. 21, 30) wurde das Relevanzerfordernis in § 4a UWG integriert.

Die Rspr. zur Beeinträchtigung der Entscheidungsfreiheit, wie sie zu § 4 Nr. 1 und 2 **88**
UWG a.F. ergangen ist, kann grds. fortgeführt werden.[109] Die Beeinträchtigung der Entscheidungsfreiheit z.B. durch unzulässigen Druck i.S.d. § 4a Abs. 1 S. 2 Nr. 3 UWG ist in vielfältiger Weise möglich. Auf eine eingehendere Darstellung muss hier verzichtet werden. Beispielhaft erwähnt sei nur die Entwicklung der sog. **Wertreklame**:

Die Werbung mit der Anlockwirkung einer besonders günstigen Preisgestaltung ist **89**
grds. zulässig, ja gewollte Folge und Ausdruck des Leistungswettbewerbs. Seit **Aufhebung des Rabattgesetzes und der ZugabeVO im Jahr 2001** und der Aufhebung des Sonderveranstaltungsverbotes im Jahr 2004 bestehen insoweit zusätzliche Freiheiten bei der Verkaufsförderung **(Sales Promotion)**. Möglich ist daher heute grds. die Reduzierung ganzer Sortimente (z.B. Baumarktwerbung: **„20 % auf Alles“**) und die Durchführung von Saisonschlussverkäufen ohne die früheren Beschränkungen durch § 7 UWG a.F.

Schon der – mit der UGP-Richtlinie vereinbare[110] – § 4 Nr. 4 UWG a.F. befasste sich **90**
mit der Preis- und der sog. Wertreklame nur unter dem Aspekt, dass die klare und eindeutige Angabe der Bedingungen für ihre Inanspruchnahme verlangt wurde (sog. **Transparenzgebot**). Nach der Aufhebung von § 4 Nr. 4 UWG a.F. ist insoweit nur noch eine Verletzung des Irreführungsverbots möglich (insb. § 5a UWG z.B. i.V.m. § 6 Abs. 1 Nr. 3 TMG), wonach auch das Verschweigen einer Tatsache irreführend sein kann, wenn die verschwiegene Tatsache für die Verbraucher wesentlich ist (s. genauer unten Rn. 98 ff.). Im Ergebnis bedeutet dies, dass Wertreklame bei transparenter Information über die Voraussetzungen der Inanspruchnahme regelmäßig zulässig ist (s. auch Nr. 21 des Anh. zu § 3 Abs. 3 UWG). Hierbei trägt die Rspr. auch durchaus den Besonderheiten des konkreten Werbemediums Rechnung. So kann es in der **Fernsehwerbung** genügen, statt der vollständigen Nennung der Bedingungen auf eine **Internetseite** zu verweisen.[111]

---

109 S. etwa *BGH* NJW 2015, 3508 – Schufa-Hinweis; zur Fortführbarkeit der Rspr. allgemein *Köhler* NJW 2016, 593, 596. S. auch *Fritzsche* WRP 2016, 1; *Scherer* GRUR 2016, 233.

110 So ausdrücklich *BGH* NJW 2010, 612 – Geld-zurück-Garantie II.

111 Vgl. eingehend *BGH* GRUR 2010, 158 – FIFA-WM-Gewinnspiel; *BGH* NJW 2010, 612 – Geld-zurück-Garantie II, m.w.N.

91 Heute ist es demgemäß grds. unbedenklich, wenn ein Teil eines Angebots unentgeltlich gewährt werden soll. Etwas anderes gilt **ausnahmsweise** dann, wenn § 4a Abs. 1 S. 2 Nr. 3 UWG bzw. § 3 Abs. 2 UWG zusätzlich ins Spiel kommen und „von der Vergünstigung eine derart starke Anziehungskraft ausgeht, dass der Kunde davon abgehalten wird, sich mit dem Angebot der Mitbewerber zu befassen. Von einem übertriebenen, die Wettbewerbswidrigkeit begründenden Anlocken kann in diesem Zusammenhang aber nur ausgegangen werden, wenn auch bei einem verständigen Verbraucher ausnahmsweise die Rationalität der Nachfrageentscheidung **vollständig** in den Hintergrund tritt.“[112]

92 Das danach notwendige Maß der Beeinträchtigung der Entscheidungsfreiheit durch „übertriebenes Anlocken“ ist nach den vorliegenden gerichtlichen Entscheidungen so hoch, dass ein unlauteres Verhalten nur noch theoretisch möglich sein dürfte. So wurde beispielsweise nicht beanstandet, dass dem für 2,30 EUR verkauften Heft einer Teenager-Zeitschrift eine kostenlose Sonnenbrille im Wert von 15,00 EUR beigefügt wurde.[113] Hierbei spielte auch keine Rolle, dass nach § 3 Abs. 4 S. 2 UWG Jugendliche besonders unter Schutz stehen, da sie durchaus in der Lage seien, in einem derartigen Fall eine rationale Kaufentscheidung zu treffen. Ausnahmsweise kann es anders sein, wenn ein regelrechter **psychischer Kaufzwang** entsteht.[114]

93 Die Gerichte haben im gleichen Zuge die frühere sehr restriktive **Rechtsprechung zu Geld- oder Warengutscheinen deutlich gelockert**. So ist die Werbung eines Fahrschulunternehmens nicht beanstandet worden, dass jeder Fahrschüler zur bestandenen Prüfung einen Gutschein über 500 DM für einen Fahrzeugkauf bei einem bestimmten Autohaus erhalte.[115] Gleiches gilt für eine Werbung mit der Angabe „Nur heute Haushaltsgroßgeräte **ohne 19 % Mehrwertsteuer“**, selbst wenn die Werbung erst am Tage des in Aussicht gestellten Rabatts erscheint.[116]

94 Generell unzulässig ist die Wertreklame nach wie vor bei der **Heilmittelwerbung,** wenn die Zuwendung nicht lediglich „geringwertig“ ist (§ 7 Abs. 1 HWG). Geringwertig in diesem Sinne ist z.B. die Gewährung einer Packung Papiertaschentücher durch den Apotheker, aber schon nicht mehr die Erstattung der Praxisgebühr von 10 EUR durch den Augenoptiker beim Erwerb einer vom Augenarzt verordneten Brille[117] oder die Gewährung eines 5 EUR-Einkaufsgutscheins durch eine Apotheke für die Einlösung eines Rezeptes.[118] Besteht die Zugabe aus mehreren Gegenständen, ist auf deren Gesamtwert abzustellen.[119] Bei Verstoß liegt zugleich ein Vorsprung durch Rechtsbruch nach § 3a UWG (s.o. Rn. 39) vor.

95 Die soeben dargestellten Grundsätze für die Wertreklame gelten auch für die Gewährung von Werbeprämien bei „Kunden werben Kunden“ (sog. **Laienwerbung**). Die frü-

---

112 *BGH* NJW 2003, 3632 – Einkaufsgutschein; s. auch *BGH* GRUR 2007, 981 – 150 % Zins-Bonus.

113 *BGH* GRUR 2006, 161 – Zeitschrift mit Sonnenbrille.

114 Beispiele: *BGH* WRP 2008, 214 – Tobias Taler; *BGH* GRUR 2008, 86 – Sonntagsrabatt; *BGH* GRUR 2009, 71 – Sammelaktion für Schokoriegel; *BGH* NJW 2014, 1014 – Runes of Magic; vgl. ergänzend *A. Steinbeck* WRP 2008, 865.

115 *BGH* WRP 2004, 1359 – 500 DM-Gutschein für Autokauf, mit Anm. *Schabenberger* EWiR 2005, 45.

116 So *BGH* NJW 2010, 3306 – Ohne 19 % Mehrwertsteuer, mit zu Recht krit. Anm. *Möller*; s. auch *BGH* GRUR 2010, 649 – Preisnachlass nur für Vorratsware.

117 *OLG Stuttgart* NJW 2005, 227.

118 *BGH* NJW 2010, 3721 – Unser Dankeschön für Sie; insgesamt zu Rabatten und Zugaben durch Apotheken *Mand* NJW 2010, 3681.

119 *BGH* GRUR 2012, 1279 – DAS GROSSE RÄTSELHEFT.

her bestehenden Restriktionen ergeben sich nicht länger aus der bloßen Gewährung nicht unerheblicher Werbeprämien, sondern setzen das Vorliegen sonstiger (ausnahmsweise) die Unlauterkeit begründender Umstände – wie etwa das Eingreifen des besonderen heilmittelrechtlichen Werbeverbotes – voraus.[120]

Die Grenzen der Lauterkeit wegen Beeinträchtigung der Entscheidungsfreiheit z.B. durch sog. Schockwerbung bzw. durch Werbung mit dem Mitgefühl (umwelt- bzw. tierschutzbezogene Werbung, Werbung mit der Erlösverwendung für einen guten Zweck)[121] sind im 6. Kap. bei der Behandlung des Rechts der Rundfunkwerbung angesprochen. Auf die Behandlung von Preisausschreiben, Preisrätseln und Gewinnspielen (sog. **aleatorische Reize**) wird unten im Zusammenhang mit § 5a UWG (Rn. 129 ff. eingegangen. Darauf wird insoweit verwiesen. 96

Reicht die Machtposition zur Ausübung von Druck i.S.d. § 4a Abs. 1 S. 2 UWG für das Unlauterbarkeitsverdikt nach § 4a UWG nicht aus, können Handlungen (z.B. Verkaufsförderungsmaßnahmen) gegenüber besonders schutzbedrüftigen Verbrauchern auch nach der Verbrauchergeneralklausel des § 3 Abs. 2 i.V.m. Abs. 4 S. 2 UWG zu verbieten sein.[122] 97

5. Irreführende geschäftliche Handlungen (§§ 5, 5a UWG)

Das Verbot irreführender geschäftlicher Handlungen in §§ 5, 5a UWG ist eine wichtige Fallgruppe unlauterer geschäftlicher Handlungen i.S.d. § 3 Abs. 1 UWG. Man spricht auch traditionell von der **„kleinen Generalklausel."** Die gesetzgeberische Fassung ist an der Irreführungsrichtlinie der EU orientiert (s. auch unten Rn. 222 f.). Die frühere strenge deutsche Rechtslage zum Irreführungsrecht besteht nicht mehr. Die bis zur Novelle von 2015 in § 3 Abs. 1 UWG enthaltene Relevanzschwelle findet sich heute in § 5 Abs. 1 S. 1 UWG. Außerdem ist ausdrücklich redaktionell klargestellt worden, dass auch sonstige Marktteilnehmer geschützt werden. Zu betonen ist, dass nach der schon mit der Novelle 2008 erfolgten Definition der geschäftlichen Handlung nicht mehr nur Irreführungen in der Werbung, sondern auch bei der Vertragsabwicklung einschlägig sein können. Irreführungen sind unter den Voraussetzungen des § 16 Abs. 1 UWG zudem strafbar (s. genauer Rn. 193 ff.). 98

Maßstab und **Leitbild** der Zielgruppe ist stets, wie schon erwähnt (s.o. Rn. 28), nach dem Willen des deutschen Gesetzgebers[123] ebenso wie im europäischen Bereich nach der Rspr. des EuGH[124] und im deutschen Bereich nach der neueren Rspr. des BGH[125] der **aufgeklärte, umsichtige, kritisch prüfende, verständige Verbraucher,** der aufgrund ausreichender Informationen in der Lage ist, seine Entscheidungen auf dem Markt frei zu treffen (vgl. heute ausdrücklich § 2 Abs. 1 Nr. 8 und § 3 Abs. 4 UWG). Nicht mehr maßgeblich ist der flüchtige, unaufmerksame und unkritische Durchschnittsverbraucher. 99

---

120 Grundlegend *BGH* NJW 2006, 3203 – Kunden werben Kunden mit Anm. *Möller* EWiR 2006, 733; s. auch *BGH* GRUR 2012, 1050 – Dentallaborleistungen.

121 Vgl. auch *Hartwig* NJW 2006, 1326 und zur unzulässigen Kaufaufforderung an Kinder *BGH* NJW 2014, 1014 – Runes of Magic.

122 Genauer *Köhler* NJW 2016, 593, 595.

123 Begr. RegE UWG 2004, BT-Drucks. 15/1487, 19.

124 S. etwa *EuGH* WRP 1998, 848 ff. – Gut Springenheide.

125 *BGH* GRUR 2001, 1061 – Mitwohnzentrale.de.

5.1 Voraussetzungen einer Irreführung

100 Irreführung ist das Hervorrufen einer falschen, von der Wirklichkeit abweichenden Vorstellung. Dies ist der Fall sowohl bei Aussagen, die **objektiv falsch** sind, als auch bei Aussagen, die zwar objektiv zutreffend sind, aber bei einer nicht unerheblichen Zahl der beteiligten Verkehrskreise eine **falsche Vorstellung** bewirken. Hierbei sind freilich Fehlvorstellungen nicht relevant, die darauf beruhen, dass der Verkehr nicht daran gewöhnt ist, dass eine Dienstleistung außer von dem früheren Monopolunternehmen auch von Wettbewerbern angeboten wird.[126]

101 Bei der Beurteilung einer irreführenden Werbung sind nach § 5 Abs. 1 S. 2 UWG **alle Bestandteile** zu berücksichtigen, insbesondere in ihr **enthaltene Angaben** über die **Merkmale der Waren** oder Dienstleistungen wie Verfügbarkeit, Art, Ausführung, Zusammensetzung; Verfahren und Zeitpunkt der Herstellung oder Erbringung, die Zwecktauglichkeit, Verwendungsmöglichkeit, Menge, Beschaffenheit, die geographische oder betriebliche Herkunft oder die von der Verwendung zur erwartenden Ergebnisse oder die Ergebnisse und wesentlichen Bestandteile von Tests der Waren oder Dienstleistungen; den **Anlass des Verkaufs** und den Preis oder die Art und Weise, in der er berechnet wird, und die Bedingungen, unter denen die Waren geliefert oder die Dienstleistungen erbracht werden; die geschäftlichen Verhältnisse, insbesondere die Art, die Eigenschaften und die Rechte des Werbenden, wie seine Identität und sein Vermögen, seine geistigen Eigentumsrechte, seine Befähigung oder seine Auszeichnungen und Ehrungen. Zahlreiche **Beispiele** für irreführende geschäftliche Handlungen finden sich seit der Novelle 2008 in den **Nr. 1–24 des Anhangs** zu § 3 Abs. 3 UWG.

5.1.1 Irreführung durch „Angaben“

102 Angabe ist jede Aussage, die ihrem Inhalt nach einem Tatsachenbeweis zugänglich ist. § 5 UWG erfasst lediglich objektiv nachprüfbare Aussagen. Leere Anpreisungen, reine Werturteile, bloße Meinungsäußerungen, suggestive Kaufappelle fallen nicht unter die „Angaben“ i.S.d. § 5 UWG (Beispiele: „Den und keinen anderen“;[127] „Nur die“; „die schönsten Bilder vom Galeristen X…“).

103 Soweit wertende Äußerungen jedoch einen **verdeckten nachprüfbaren Tatsachenkern** enthalten, fallen diese Äußerungen unter die „Angaben“ des § 5 UWG (Beispiele: „Das optimale Haftetikett“[128]; „die ideale Kur zum Abnehmen“[129]). Insbesondere können Tatsachenbehauptungen in Meinungsäußerungen versteckt werden und unterliegen dann immer den „Angaben“. Auch derjenige, der auf Äußerungen Dritter Bezug nimmt, macht sich diese zu eigen, seien es fiktive Dritte,[130] Presseveröffentlichungen, Testberichte oder wissenschaftliche Gutachten.

---

126 *BGH* GRUR 2011, 166 – Rote Briefkästen; s. auch zur Relevanz *BGH* WRP 2012, 1526 – Über 400 Jahre Brautradition.

127 Vgl. *BGH* GRUR 1965, 365 – Lavamat II.

128 *OLG Köln* WRP 1983, 515.

129 *OLG München* NJW-RR 1986, 199.

130 Vgl. *OLG Hamburg* WRP 1973, 648 – Tchibo-Mann: In einem TV-Spot erklärt ein „Tchibo-Mann“: „Für mich ist er Deutschlands frischester Kaffee“.

In welcher Form die **„Angaben“** gemacht werden – durch Sprache in Wort oder Schrift, durch bildhafte Darstellungen (s. § 5 Abs. 3 UWG), durch Marken oder sonstige Kennzeichen, selbst durch Tonfolgen – ist unerheblich.[131] **104**

Werden einzelne Angaben in einer Werbung besonders herausgestellt, spricht man von einer sog. **Blickfangwerbung**. Gibt der Blickfang nur „die halbe Wahrheit“ wieder, ist eine Aufklärung durch ein Sternchen- oder ähnlichen eindeutigen Hinweis nötig.[132] In der Printwerbung ist daher zur Erläuterung die bloße Verweisung auf eine Internetseite nicht ausreichend.[133] **105**

5.1.2 Irreführung durch Unterlassen (§ 5a UWG)

Eine irreführende geschäftliche Handlung kann auch in dem **Verschweigen einer Tatsache** liegen. Dabei ist „deren Bedeutung für die geschäftliche Entscheidung nach der Verkehrsanschauung sowie die Eignung des Verschweigens zur Beeinflussung der Entscheidung zu berücksichtigen“ (§ 5a Abs. 1 UWG). Die ursprünglich in § 5 UWG angesiedelte Regelung ist durch die UWG-Novelle von 2008 verselbstständigt und durch die Novelle von 2015 nochmals erweitert worden. **106**

Eine allgemeine Aufklärungspflicht besteht nach wie vor nicht. Der Verkehr erwartet eine derartige allgemeine Offenlegung für alle eventuell weniger vorteilhaften Eigenschaften einer Ware nicht. Eine **Informationspflicht** ist nach der ausdrücklichen Regelung in dem durch die UWG-Novelle von 2015 leicht abgeänderten § 5a Abs. 2 S. 1 UWG jedoch dann gegeben, wenn eine Information vorenthalten wird, die der Verbraucher je nach den Umständen benötigt, um eine informierte geschäftliche Entscheidung (§ 2 Abs. 1 Nr. 9 UWG) zu treffen und deren Vorenthaltung geeignet ist, den Verbraucher zu einer geschäftlichen Entscheidung zu veranlassen, die er andernfalls nicht getroffen hätte. Was als wesentlich anzusehen ist, erläutert § 5a in den ebenfalls novellierten Abs. 3 und 4 UWG. Details zum Tatbestandsmerkmal des Vorenthaltens finden sich in den neuen Abs. 2 S. 2 und Abs. 5. Regelungen zur sog. Schleichwerbung (s. auch unten Rn. 128 sind jetzt in Abs. 6 enthalten. **107**

Ein schon in der Vergangenheit häufig vorkommendes Beispiel der Irreführung durch Unterlassen ist die Bewerbung von Konsumgütern, ohne darauf hinzuweisen, dass es bereits ein neueres Modell gibt (**Auslaufmodell**).[134] Auch verbleibt es unter dem neuen UWG bei dem von der Rspr. des BGH in den **„Koppelungsangebots“**-Entscheidungen entwickelten **Transparenzgebot**.[135] Bei diesen Fällen handelt es sich um eine Irreführung durch Unterlassen gem. § 5a UWG. **108**

Die von Verbraucherschützern bei Verabschiedung der UWG-Novelle 2004 erhobene Forderung nach einem allgemeinen Tatbestand der Verletzung von ungeschriebenen Informationspflichten hat der Gesetzgeber in Umsetzung der UGP-Richtlinie mit § 5a **109**

---

131 Bsp. Abbildung des Kölner Doms auf Seifenstück als Hinweis auf Herkunft aus der Domstadt (*LG Köln* GRUR 1954, 210); Hühnergegacker in der Rundfunkwerbung für Teigwaren als Hinweis auf Frischeiverwendung (*BGH* GRUR 1961, 544 – Hühnergegacker).

132 *BGH* NJW 2016, 814 – All Net Flat; Köhler/Bornkamm/*Bornkamm/Feddersen* § 5 UWG Rn. 1.88 ff. m.w.N.

133 *OLG Bamberg* WRP 2016, 1147.

134 Vgl. *BGH* GRUR 2000, 616 – Auslaufmodell III; s. auch *OLG Hamburg* WRP 1992, 395 – Davidoff.

135 *BGH* NJW 2002, 3403 – Koppelungsangebot I; *BGH* NJW 2002, 3405 – Koppelungsangebot II; *Puskat* WRP 2004, 282.

Abs. 2–6 UWG durchweg erfüllt. Die Verletzung gesetzlich vorgeschriebener Informationspflichten kann darüber hinaus eine Unlauterkeit wegen Rechtsbruchs nach § 3a UWG darstellen (s.o. Rn. 39 ff.).

110 Die Regelungen zu Irreführungen durch Unterlassen in den Abs. 2–6 des § 5a UWG gelten nach ihrem Wortlaut nur bei geschäftlichen Handlungen gegenüber Verbrauchern. Aus § 5a Abs. 1 UWG kann jedoch nach zutreffender Auffassung entnommen werden, dass das Vorenthalten wesentlicher Informationen auch gegenüber sonstigen Marktteilnehmern irreführend ist. Zur Konkretisierung des Verbots kann zudem auf die Wertungen in den Abs. 2–6 des § 5a UWG zurückgegriffen werden.[136]

5.2 Einzelne Fallgruppen der Irreführung

5.2.1 Allein- oder Spitzenstellungsbehauptung

111 Bei der Alleinstellungswerbung nimmt der Werbende im Verhältnis zum Wettbewerb oder deren Produkten eine Spitzenstellung ein. Sie ist zulässig, wenn der Werbende tatsächlich einen **deutlichen Vorsprung** gegenüber seinen Konkurrenten aufzuweisen hat und dieser Vorsprung eine **Stetigkeit** bietet, d.h. wenn auch in Zukunft von einer Spitzenstellung ausgegangen werden kann.

112 Die Spitzenstellung kann durch den Superlativ („der größte“), den Komparativ („besser“) oder den Positiv („die Nr. 1“) in Anspruch genommen werden. Auch die Verwendung eines bestimmten Artikels („Das große deutsche Wörterbuch“) kann als die Inanspruchnahme einer Spitzenstellung aufgefasst werden. Weiteres Beispiel für eine **zulässige,** nicht irreführende Werbung: „Sport-Bild: Europas größte Sportzeitschrift“, wenn die Auflage dieser Zeitschrift wahr und der Vorsprung beachtlich und dauerhaft ist. **Beispiele** für eine unzulässige, irreführende Werbung: „Eduscho, eine der größten Kaffeeröstereien von Deutschland“, wenn sie einen Marktanteil von 9 % hat, während Mitbewerber 16 % und 20 % haben. Der dritte Platz genügte für diese Werbung nicht.[137] – Die Werbeaussage „Oddset, die Sportwette mit festen Quoten, nur bei Lotto!“ erweckt auch bei denjenigen Adressaten der Werbung, die kein spezielles Vorverständnis des Begriffs „Oddset“ besitzen, den Eindruck, dass der Lottoblock der einzige Anbieter solcher Wetten sei. Da dies falsch ist, ist die Werbung irreführend.[138]

113 Die Allein- oder Spitzenstellung muss hinsichtlich der relevanten Kriterien vorliegen. Wenn die Reichweite eines Nachrichtenmagazins mit wöchentlich 5,8 Mio. Lesern zwar über der Reichweite eines Konkurrenzblattes (5,64 Mio. Leser wöchentlich) liegt, dieses Konkurrenzblatt aber eine deutlich höhere verkaufte Auflage hat, darf nicht mit **„Marktführerschaft“** geworben werden. Der verständige Verbraucher macht die Marktführerschaft nicht (allein) an der sog. Reichweite, sondern an der verkauften Auflage fest.[139] Gleiches gilt für die Werbung „Europas größter Onlinedienst“, wenn der betreffende Provider zwar die meisten Kunden in Europa hat, diese den Dienst aber nicht am umfangreichsten nutzen.[140]

---

136 S. näher *Köhler* NJW 2016, 593, 596/7.

137 *BGH* GRUR 1969, 415 – Kaffeerösterei.

138 *BGH* NJW 2005, 150 – Nur bei Lotto mit Anm. *Just* EWiR 2005, 277; zur Beweislast vgl. *BGH* GRUR 2010, 352 – Hier spiegelt sich Erfahrung.

139 *BGH* GRUR 2004, 244 – Marktführerschaft; *BGH* WRP 2012, 1216 – Marktführer Sport.

140 Vgl. *BGH* GRUR 2004, 786 – Größter Onlinedienst.

Wer geltend macht, dass ein Werbender zu Unrecht eine Allein- oder Spitzenstellung für sich in Anspruch nehme, muss grundsätzlich die maßgeblichen tatsächlichen Voraussetzungen darlegen und beweisen. Für eine Beweiserleichterung oder **Beweislastumkehr** besteht kein Anlass, wenn, wie meist, die für die Beurteilung der Spitzenstellung maßgeblichen Tatsachen ohne erhebliche Schwierigkeiten dargelegt und bewiesen werden können.[141] **114**

5.2.2 Beschaffenheits- und Qualitätsangaben

Zur Beschaffenheit einer Ware gehört alles, was nach Auffassung des Verkehrs für die Würdigung einer Ware von Bedeutung ist. Irreführend ist daher die Verwendung der Bezeichnung „Heilbrunnen“ für ein künstliches Mineralwasser;[142] „echtes Leder“ für Kunstleder; „Medical“ für ein Kosmetikum; „Markenqualität“ für anonyme Ware[143] oder die Verwendung eines Zeichens mit dem Zusatz ®, ohne Inhaber einer solchen Marke zu sein;[144] Werbung mit einem tatsächlich nicht (oder nicht so) verliehenen Testergebnis von Stiftung Warentest.[145] Eine relevante Irreführung durch Unterlassen stellt es dar, wenn der Unternehmer mit einem Prüfzeichen wirbt, ohne Informationen zur Vergabe und den zugrundeliegenden Prüfanforderungen zu geben.[146] Irreführend sind auch sog. **Mogelpackungen**[147] sowie die **Werbung mit Selbstverständlichkeiten.**[148] Die Werbung mit einer **Garantie von 40 Jahren** ist nicht wettbewerbswidrig, wenn sie sich auf eine Sache bezieht, die bei normaler Benutzung eine entsprechend lange Lebensdauer hat.[149] **115**

In diesem Zusammenhang können auch sog. **Füllanzeigen** als Irreführung zu werten sein. Denn die unentgeltliche Veröffentlichung von Anzeigen kann bei entsprechendem Umfang zu einer Täuschung potentieller Anzeigenkunden über die Werbewirksamkeit des betreffenden Mediums führen.[150] Gleiches gilt bei unzutreffenden Angaben zum Erscheinungsdatum (z.B. bei einem Reiseführer), zu Auflagenhöhen oder Reichweiten.[151] **116**

5.2.3 Preiswerbung

Mit § 5 Abs. 4 UWG soll die Preistransparenz gefördert werden. Es herrscht der Grundsatz der „Preiswahrheit und -klarheit“. **Ergänzende Anforderungen** an die Preiswerbung ergeben sich aus der **PreisangabenVO.** Die Werbung mit Preissenkungen oder Preisgegenüberstellungen birgt ein besonders hohes Irreführungspotential. Sie ist nur zulässig, solange sie nicht gegen den **Grundsatz der „Preiswahrheit und** **117**

141 *BGH* NJW 2015, 1249 – Wir zahlen Höchstpreise; anscheinend großzügiger *OLG Köln* WRP 2016, 1391.
142 Vgl. zur Bezeichnung „Biomineralwasser“ *BGH* GRUR 2013, 401 – Biomineralwasser.
143 *BGH* GRUR 1989,754 – Markenqualität.
144 *BGH* NJW 2009, 2747 – Thermoroll; *BGH* GRUR 2011, 85 – Praxis Aktuell.
145 *BGH* WRP 2005, 1242 – Werbung mit Testergebnis.
146 Genauer *BGH* BB 2016, 1921 – LGA tested.
147 S. neuerdings § 43 Abs. 2 MessEG.
148 S. nur *BGH* WRP 2009, 435 – Edelmetallankauf.
149 *BGH* NJW 2008, 2995 – 40 Jahre Garantie.
150 So zu Recht *BGH* WRP 1997, 437 – Füllanzeigen.
151 Umfassend zu irreführenden Angaben im Verlagswesen Köhler/Bornkamm/*Bornkamm/Feddersen* § 5 UWG Rn. 4.128 ff.

-klarheit" verstößt.[152] Bei einem **Preisvergleichsportal im Internet** erwartet der Nutzer, mangels fehlender gegenteiliger Hinweise, eine höchstmögliche Aktualität. Es ist daher irreführend, wenn der tatsächlich verlangte Preis auch nur für einige Stunden über dem im Preisvergleichsportal angegebenen Preis liegt.[153]

118 Es wird vermutet, dass die Werbung mit einer Preissenkung irreführend ist, sofern der Ausgangspreis nur für eine unangemessen kurze Zeit gefordert wurde (§ 5 Abs. 4 S. 1 UWG). Diese Regelung ersetzt die alten Regelungen über Sonderveranstaltungen wie die Saisonschlussverkäufe oder Räumungsverkäufe. Die Regelung betrifft auch die Werbung mit sog. **Mondpreisen.** Bei einer Mondpreiswerbung werden unrealistische Ausgangspreise genannt, um mit scheinbaren attraktiven Preissenkungen werben zu können. Die Werbung mit Mondpreisen soll verhindert werden. Die Werbung mit einem durchgestrichenen Preis bezieht der Verbraucher – unabhängig von der Vertriebsform – regelmäßig auf den früher von dem werbenden Unternehmer verlangten Preis.[154] Wird in der Werbung dem verlangten Preis ein durchgestrichener, als **„UVP (unverbindliche Preisempfehlung)"** bezeichneter höherer Preis gegenübergestellt, erweckt dies beim Verbraucher den Eindruck, der höhere Preis sei von einem Dritten, nämlich dem Hersteller oder einem anderen Vorlieferanten, festgesetzt worden. Ist dies nicht der Fall, ist eine solche Preiswerbung irreführend.[155]

119 Die Frage, unter welchen Voraussetzungen der ursprünglich geforderte Preis nicht mehr als Vergleichswert herangezogen werden darf, ist eine Frage der Umstände des Einzelfalles, wie Warenart (langlebige Wirtschaftsgüter oder Waren des täglichen Bedarfs) und Wettbewerbssituation.

120 Die **Durchsetzbarkeit des Anspruchs** soll durch eine **Umkehr** der **Beweislast** erleichtert werden. Den Werbenden trifft die Beweislast, ob und in welchem Zeitraum der erhöhte Preis gefordert worden ist (§ 5 Abs. 4 S. 2 UWG). Diese neue gesetzliche Regelung wird teilweise als praktisch **undurchsetzbar** kritisiert, weil der Mitbewerber nicht wissen kann, wie lange der ursprüngliche Preis gefordert worden ist. Er müsse daher einen Prozess mit Behauptungen „ins Blaue hinein" riskieren.[156]

5.2.4 Verfügbarkeit beworbener Waren (Vorratswerbung)

121 Die Werbung für eine Ware ist irreführend, wenn sie nicht in ausreichender Menge vorrätig ist. Es handelt sich um einen Anwendungsfall der Irreführung durch Unterlassen nach § 5a UWG, der in den Nr. 5 und 6 des Anh. zu § 3 Abs. 3 UWG nach der Novelle 2008 gesetzlich geregelt ist (früher: § 5 Abs. 5 UWG 2004). Die erforderliche angemessene Vorratsmenge bemisst sich nach der Art der Ware sowie der Gestaltung und Verbreitung der Werbung zur Befriedigung der zu erwartenden Nachfrage. Eine **erhöhte Nachfrage** je nach Ausmaß der Attraktivität des Angebots ist **von vorneherein mit in Rechnung zu stellen.**[157]

---

152 Vgl. *BGH* GRUR 75, 78 – Preisgegenüberstellung; *BGH* WRP 2010, 1017 – Preisnachlass nur für Vorratsware; eingehend Köhler/Bornkamm/*Bornkamm/Feddersen* § 5 UWG Rn. 7.1 ff.

153 So *BGH* GRUR 2010, 936 – Espressomaschine; zur wettbewerbsrechtlichen Verantwortlichkeit des Händlers, wenn er dem Betreiber der Suchmaschine unzureichende oder irreführende Preisangaben mitgeteilt hat *BGH* GRUR 2010, 1110 – Versandkosten bei Froogle II.

154 *BGH* BB 2016, 849 – Durchgestrichener Preis II.

155 *OLG Frankfurt* WRP 2016, 903.

156 So *Köhler* NJW 2004, 2125; zur praktischen Handhabbarkeit der Regelung genauer Köhler/Bornkamm/*Bornkamm/Feddersen* § 5 UWG Rn. 3.111 ff.

157 Vgl. *BGH* GRUR 1984, 595 – adidas-Sportartikel; *BGH* GRUR 1992, 858 – Clementinen.

Im Regelfall ist ein Vorrat von **2 Tagen** ausreichend (Nr. 5 S. 2 des Anh. zu § 3 Abs. 3 UWG), es sei denn, der Werbende weist besondere Umstände nach, die eine geringere Bevorratung rechtfertigen. Nach der immer noch maßgeblichen Begründung zur Novelle 2004 kann eine Unterschreitung der Frist zulässig sein, wenn eine außergewöhnliche nicht zu erwartende hohe Nachfrage vorliegt oder wenn unvorhergesehene Lieferschwierigkeiten auftreten, die der Werbende nicht zu vertreten hat, oder wenn der Werbende das Produkt im Verhältnis zu seiner üblichen Produktpalette nicht gleichermaßen bevorraten konnte.[158] **122**

Der Werbende kann eine Irreführung vermeiden, wenn er den verfügbaren Warenvorrat in der Werbung genau nennt. Denn der Unlauterkeitsvorwurf folgt nicht aus der unzulänglichen Bevorratung der beworbenen Ware, sondern aus der unzureichenden Aufklärung über die unzureichende Bevorratung.[159] Allgemeine Zusätze wie **„solange der Vorrat reicht"** sind freilich in diesem Zusammenhang in der Regel nicht ausreichend.[160] **123**

Die vorstehend erläuterten Grundsätze gelten entsprechend auch für die Werbung eines **Internet-Versandhauses.**[161] **124**

5.2.5 Anlass des Verkaufs

Als Irreführung kommen Ankündigungen eines Räumungsverkaufs bei einer tatsächlich nicht vorliegenden Geschäftsaufgabe oder fingierten Schadensereignissen in Betracht (§ 5 Abs. 1 S. 2 Nr. 2 UWG und Nr. 15 des Anhangs zu § 3 Abs. 3 UWG).[162] Eine Verpflichtung, die Verkaufsförderungsmaßnahme zeitlich zu befristen, besteht nicht. Ist sie zeitlich befristet, ist der Gewerbetreibende zur Vermeidung der Irreführung zu einem entsprechenden Hinweis verpflichtet.[163] **125**

5.2.6 Angaben zum Unternehmen (insbes. Traditionswerbung)

Die Werbung mit dem Alter des Unternehmens („existiert seit ...") muss wahr sein. Ansonsten liegt eine Irreführung über eine relevante Angabe vor, da das Alter des Unternehmens regelmäßig Auswirkungen auf die Wertschätzung durch den Verkehr hat.[164] **126**

Auch die Unternehmensbezeichnung selbst kann irreführend sein. Bei Wirtschaftsunternehmen, die in der Firmenbezeichnung den Bestandteil „Bundes" führen, ist nach der Lebenserfahrung davon auszugehen, die Bundesrepublik Deutschland sei zumindest Mehrheitsgesellschafter.[165] In gleicher Weise wird man beim Fehlen entgegenstehender Hinweise annehmen, dass ein Unternehmen, in dessen Firma der Bestandteil **127**

---

158 Begr. RegE UWG 2004, BT-Drucks. 15/1487, 20.

159 S. nur *BGH* GRUR-Prax 2016, 136 – Smartphone-Werbung; *BGH* WRP 2011, 459 – Irische Butter.

160 Vgl. nur Köhler/Bornkamm/*Köhler* Anh. zu § 3 UWG, Rn. 5.20; zur Werbung mit einer beschränkt verfügbaren Zugabe *BGH* GRUR 2010, 247 – Solange der Vorrat reicht.

161 *BGH* NJW 2005, 2229 – Internet-Versandhandel; *BGH* GRUR 2012, 81 – Innerhalb 24 Stunden.

162 Begr. RegE UWG 2004, BT-Drucks. 15/1487, 14; s. auch *OLG Köln* GRUR-RR 2010, 250 – Die letzten sechs Ausverkaufstage.

163 *BGH* WRP 2008, 1508 – Räumungsfinale; *BGH* GRUR 2012, 209 – 10 % Geburtstagsrabatt.

164 S. etwa zum Umgang mit der Unternehmensgeschichte nach einer Unternehmensaufspaltung *OLG Frankfurt* GRUR-Prax 2016, 513; *Emmerich* § 15 Rn. 67 m.w.N.

165 *BGH* GRUR 2007, 1079 – Bundesdruckerei.

„Stadtwerke" enthalten ist, zumindest mehrheitlich in kommunaler Hand ist.[166] Der Namensbestandteil „Zentrum" weist nach wie vor auf eine besondere Bedeutung und Größe des Unternehmens hin.[167] Wer sich als „Ford-Vertragspartner" bezeichnet, erweckt damit den Eindruck, er sei „Vertragshändler". Ist dies falsch, liegt eine Irreführung vor.[168] Die Werbung eines Dienstleisters (konkret: Schädlingsbekämpfer) mit Adressen an Standorten, an denen tatsächlich keine Niederlassungen unterhalten werden, ist irreführend.[169]

5.2.7 Nichtkenntlichmachen des Werbecharakters (Schleichwerbung)

128 Unlauter handelt nach § 5a Abs. 6 UWG, wer den kommerziellen Charakter einer geschäftlichen Handlung nicht kenntlich macht, sofern sich dieser nicht unmittelbar aus den Umständen ergibt, und das Nichtkenntlichmachen geeignet ist, den Verbraucher – oder sonstigen Marktteilnehmer (s.o. Rn. 110) – zu einer geschäftlichen Entscheidung zu veranlassen, die er andernfalls nicht getroffen hätte. Die Regelung war bisher in § 4 Nr. 3 UWG a.F. enthalten (s. auch Nr. 11 und 22 des Anh. zu § 3 Abs. 3 UWG). Die Verschleierung von Werbemaßnahmen, sonstige getarnte Werbung, Product Placement etc. werden genauer in 6. Kap. bei der Behandlung des Rechts der Rundfunkwerbung angesprochen. Darauf wird hier verwiesen.

5.2.8 Verstoß gegen das Transparenzgebot bei Verkaufsförderungsmaßnahmen

129 Eine Irreführung stellt es auch dar, wenn über Preisnachlässe, Zugaben oder Geschenke bzw. bei Preisausschreiben oder Gewinnspielen nicht oder nicht vollständig informiert wird. Die Regelungen fanden sich bis zur Novelle von 2015 in § 4 Nr. 4 und 5 UWG. Seither sind sie nach den Vorstellungen des Gesetzgebers und allgemeiner Meinung in den §§ 5 und 5a UWG verortet.[170] Für den elektronischen Geschäftsverkehr bestehen mit § 6 Abs. 1 Nr. 3 und 4 TMG ausdrücklich entsprechende Informationspflichten. Bei nichtelektronischem Geschäftsverkehr gilt dies wegen der dort in gleicher Weise bestehenden Informationsanforderungen entsprechend.[171]

130 Auf die sog. Wertreklame durch Zugaben etc. wurde schon genauer oben bei 4. eingegangen. Gewinnspiele und Preisausschreiben sind ebenfalls ein bedeutsames Werbemittel. Man spricht von **aleatorischen Anreizen.** Das sind vom Zufall abhängige Reize, bei denen die Spielleidenschaft ausgenutzt wird.[172] Das Ausnutzen der Spielleidenschaft ist in manchen Fällen nicht nur i.S.d. §§ 5, 5a UWG wettbewerbswidrig, sondern auch nach §§ 284, 287 StGB strafbar und nach § 138 BGB nichtig.[173]

---

166 *BGH* WRP 2012, 1523 – Stadtwerke Wolfsburg.

167 *BGH* GRUR 2012, 942 – Neurologisch/Vaskuläres Zentrum.

168 *BGH* NJW-RR 2011, 1408 – Ford-Vertragspartner.

169 *OLG Köln* WRP 2017, 335.

170 Vgl. nur *OLG Jena* WRP 2016, 1387; *OLG Bamberg* WRP 2016, 1147; *Köhler* NJW 2016, 593, 597 m.w.N.

171 So zutreffend *OLG Bamberg* WRP 2016, 1147; *BGH* WRP 2014, 831 – Goldbärenbarren.

172 Vgl. genauer Köhler/Bornkamm/*Köhler* § 3 Rn. 8.71.

173 Das deutsche staatliche Wettmonopol in Gestalt des Glücksspielstaatsvertrags der Länder in der seit 2008 gültigen Fassung verstößt nicht (mehr) gegen Unionsrecht (*EuGH* WRP 2010, 1338, 1564 – Sportwetten). Dies gilt insbesondere für das Verbot des Veranstaltens und Vermittelns öffentlicher Gewinnspiele im Internet (*BGH* GRUR 2012, 193 – Sportwetten im Internet). Es handelt sich um eine Marktverhaltensregelung gem. § 3a UWG (s. weitergehend Köhler/Bornkamm/*Köhler* § 3a UWG Rn. 1.243 ff.).

Preisausschreiben, Preisrätsel oder Gewinnspiele, die nicht unter die §§ 284, 287 StGB fallen, sind grds. zulässig. Im Einzelfall zu beachten ist, dass die Teilnahmebedingungen nicht nur nach dem oben erläuterten **Transparenzgebot** klar und eindeutig angegeben werden müssen,[174] sondern dass bei der Ausgestaltung auch ein sog. **psychischer Kaufzwang** zu vermeiden ist (s. auch Nr. 16, 17 und 20 des Anh. zu § 3 Abs. 3 UWG).[175] Aus bürgerlich-rechtlicher Sicht ist zu ergänzen, dass der Unternehmer dem Verbraucher bei einer konkreten Gewinnzusage nach **§ 661a BGB** auf Erfüllung der Zusage haftet.[176] **131**

Dem im deutschen Lauterkeitsrecht überkommenen Verbot der Kopplung des Warenabsatzes mit der Teilnahme an Gewinnspielen und Preisausschreiben (§ 4 Nr. 6 UWG a.F.) hatte schon der EuGH den Garaus bereitet, indem er die Europarechtswidrigkeit der Norm festgestellte.[177] Erst mit der UWG-Novelle von 2015 ist die Norm (endlich) ersatzlos entfallen. **132**

6. Vergleichende Werbung

6.1 Grundsatz

Die vergleichende Werbung ist seit dem Jahr 2000 nicht mehr per se unlauter. Bezugnehmende vergleichende Werbung ist vielmehr **zulässig,** wenn sie **objektiv nachprüfbar** und **nicht herabsetzend** oder **irreführend** ist. Die Werbeaussagen müssen demnach einen mit einem zumutbaren Aufwand objektiv nachprüfbaren Inhalt haben. **133**

Eine vergleichende Werbung liegt nach § 6 Abs. 1 UWG begrifflich bei jeder mittelbaren oder unmittelbaren Bezugnahme auf einen Mitbewerber vor. Als vergleichende Werbung ist jede Werbung anzusehen, die unmittelbar oder mittelbar (zumindest) einen Wettbewerber oder die Erzeugnisse oder Dienstleistungen, die von einem Wettbewerber angeboten werden, erkennbar macht. Nicht erforderlich ist, dass der Mitbewerber in der Bezugnahme ausdrücklich genannt wird.[178] Andererseits muss stets ein Vergleich erfolgen, d.h. die bloße Anlehnung an den guten Ruf des Mitbewerbers oder die pauschale Abwertung von dessen Waren fallen nicht unter § 6 UWG.[179] **134**

6.2 Einzelne unzulässige Vergleiche

6.2.1 Vergleich mit Waren für anderen Bedarf oder Zweck

Eine vergleichende Werbung ist nach § 6 Abs. 2 Nr. 1 UWG unlauter, wenn der Vergleich sich nicht auf Waren oder Dienstleistungen für den gleichen Bedarf oder dieselbe Zweckbestimmung bezieht (Vergleich von „Äpfeln mit Birnen“). Hierbei ist jede Eigenschaft der Ware oder Dienstleistung als relevant anzusehen, die die Kaufentscheidung eines Durchschnittskunden bestimmen kann.[180] **135**

174 Vgl. *BGH* GRUR 2008, 724 – Urlaubsgewinnspiel; *BGH* WRP 2011, 863 – Einwilligungserklärung für Werbeanrufe.

175 Vgl. *BGH* GRUR 2009, 875 – Jeder 100. Einkauf gratis.

176 *BGH* NJW 2003, 3620; *BGH* NJW 2004, 1652.

177 *EuGH* NJW 2010, 1867 – Zentrale/Plus Warenhandelsgesellschaft; *BGH* GRUR 2011, 532 – Millionen-Chance II.

178 Grundlegend *BGH* NJW 1987, 437 – Cola-Test; s. auch *BGH* WRP 2012, 77 – Coaching-Newsletter.

179 Vgl. *BGH* GRUR 2005, 163 – Aluminiumräder; *BGH* WRP 2012, 77 – Coaching-Newsletter.

180 Vgl. *BGH* GRUR 2005, 172 – Stresstest.

6.2.2 Vergleich mit objektiv nicht nachprüfbaren Eigenschaften

136 Eine vergleichende Werbung ist nach § 6 Abs. 2 Nr. 2 UWG unlauter, wenn der Vergleich nicht objektiv auf eine oder mehrere wesentliche, relevante, nachprüfbare und typische Eigenschaften oder den Preis dieser Waren oder Dienstleistungen bezogen ist (Beispiel: Da man über Geschmack nicht streiten kann, ist ein Hamburger-Vergleich mit „schmeckt besser" nicht zulässig; etwas anderes gilt, wenn mit dem höheren Hackfleischanteil geworben würde).

6.2.3 Vergleich mit Verwechslungsgefahr

137 Eine vergleichende Werbung ist nach § 6 Abs. 2 Nr. 3 UWG unlauter, wenn der Vergleich im geschäftlichen Verkehr zu Verwechslungen zwischen dem Werbenden und einem Mitbewerber oder zwischen den von diesen angebotenen Waren oder Dienstleistungen oder den von ihnen verwendeten Kennzeichen führt.

6.2.4 Vergleich durch Ausnutzung oder Beeinträchtigung von fremden Kennzeichen

138 Eine vergleichende Werbung ist gem. § 6 Abs. 2 Nr. 4 UWG unlauter, wenn der Vergleich die Wertschätzung des von einem Mitbewerber verwendeten Kennzeichens in unlauterer Weise ausnutzt oder beeinträchtigt. Dies ist z.B. der Fall, wenn „a la Cartier" in einem Verkaufsangebot für Schmuckstücke von Drittunternehmen verwendet wird.[181] Bei der Bezeichnung von Verbrauchsmaterialien (z.B. für Drucker) kann eine Bezugnahme auf Zeichen des Originalproduzenten gerechtfertigt sein.[182]

6.2.5 Vergleich durch Herabsetzung oder Verunglimpfung

139 Eine vergleichende Werbung ist unlauter, wenn der Vergleich die Waren, Dienstleistungen, Tätigkeiten oder persönlichen oder geschäftlichen Verhältnisse eines Mitbewerbers herabsetzt oder verunglimpft (§ 6 Abs. 2 Nr. 5 UWG). Eine solche unzulässige Herabsetzung liegt z.B. dann vor, wenn das Konkurrenzprodukt als minderwertig dargestellt wird. Nicht ausreichend ist andererseits eine humorvolle oder ironische Anspielung auf einen Mitbewerber oder dessen Produkte in einem Werbevergleich, sofern sie weder den Mitbewerber dem Spott oder der Lächerlichkeit preisgibt noch von den Adressaten der Werbung wörtlich und damit ernst genommen wird.[183]

6.2.6 Vergleich durch Imitation oder Nachahmung

140 Eine vergleichende Werbung ist nach § 6 Abs. 2 Nr. 6 UWG unlauter, wenn der Vergleich eine Ware oder Dienstleistung **deutlich erkennbar** als Imitation oder Nachahmung einer unter einem geschützten Kennzeichen vertriebenen Ware oder Dienstleistung darstellt.[184] Der Betreiber eines Internetmarktplatzes haftet regelmäßig nicht nach § 6 Abs. 2 Nr. 6 UWG als Täter oder Teilnehmer, wenn in Angeboten mit Formulierungen „ähnlich" oder „wie" auf Marken eines Dritten Bezug genommen wird.[185]

---

181 *BGH* WRP 2009, 967 – Ohrclips.

182 *BGH* GRUR 2011, 1158 – Teddybär; *Büscher* GRUR 2013, 969, 982.

183 S. *BGH* GRUR 2010, 161 – Gib mal Zeitung!

184 *BGH* WRP 2008, 930 – Imitationswerbung; *BGH* GRUR 2011, 1153 – Creation Lamis.

185 *BGH* GRUR 2011, 152 – Kinderhochstühle im Internet.

III. Belästigung

1. Grundsatz

Eine geschäftliche Handlung, durch die ein Marktteilnehmer in unzumutbarer Weise belästigt wird, ist gem. § 7 Abs. 1 S. 1 UWG unzulässig. Seit der Novelle 2008 ist das Verbot der unzumutbaren Belästigung nicht mehr ein Anwendungsfall der Generalklausel des § 3 UWG. Dies war der Umsetzung der UGP-Richtlinie (insbesondere Nr. 26 des Anhangs zu § 3 Abs. 3 UWG) geschuldet, da danach stets von der Unzulässigkeit der Belästigungen auszugehen ist, ohne dass es auf die Spürbarkeit ankäme.[186] Mit dem Gesetz zur **Bekämpfung unerlaubter Telefonwerbung** ist 2009 überdies in § 20 UWG ein **Bußgeldtatbestand** geschaffen worden. **141**

Dass nur die in § 8 Abs. 3 UWG genannten Institutionen aktiv legitimiert sind zur Verfolgung von Verstößen gegen § 7 UWG, stellt die belästigten Marktteilnehmer selbst nicht schutzlos. Das Eindringen in den **privaten Lebensbereich des Verbrauchers und sonstiger Marktteilnehmer** verstößt nach allgemeiner Meinung auch gegen Verfassungs- und Zivilrecht. Der **räumlich-gegenständliche Bereich der Wohnung** inklusive des Briefkastens ist durch § 1004 BGB (Eigentum) und § 862 BGB (Besitz) geschützt. Das **allgemeine Persönlichkeitsrecht** wird durch § 1004 BGB und § 823 Abs. 1 BGB sowie § 823 Abs. 2 BGB i.V.m. Art. 2 Abs. 1 und Art. 1 Abs. 1 GG geschützt. Gleiches gilt für das **Recht am eingerichteten und ausgeübten Gewerbebetrieb**. Wertungswidersprüche zwischen Lauterkeits- und Zivilrecht sind nicht zu befürchten, da der BGH auch im Rahmen des § 823 BGB die Maßstäbe des § 7 UWG zur Anwendung bringt.[187] **142**

2. Einzelfälle unlauterer Belästigung

Die Generalklausel des § 7 Abs. 1 S. 1 UWG wird in Abs. 1 S. 2 und in Abs. 2 durch Fallgruppen konkretisiert. **143**

2.1 Werbung gegen den erkennbaren Willen

Eine Werbung gegen den erkennbaren Willen des Umworbenen ist eine unzumutbare Belästigung und damit unlauter (§ 7 Abs. 1 S. 2 UWG). Bei herkömmlicher Briefwerbung oder persönlicher Ansprache an der Haustür kann der Werbende grds. von der Zustimmung des Umworbenen ausgehen. Dies bedeutet, dass es Sache des Umworbenen ist, einen etwaigen entgegenstehenden Willen zum Ausdruck zu bringen (sog. **„Opt-out"**-Lösung). Er kann seinen entgegenstehenden Willen durch einen **Widerspruch** gegenüber dem Werbenden oder durch Hinweise an seiner **Eingangstür** gegen unerbetene Vertreterbesuche zu Werbezwecken oder durch einen Sperrvermerk an seinem **Briefkasten** zum Ausdruck bringen. Die Postzusteller sind verpflichtet, Hinweise auf Briefkästen zu beachten. Kommt es gleichwohl zu weiteren Werbesendungen, liegt eine unzumutbare Belästigung vor (vgl. § 7 Abs. 2 Nr. 1 UWG). Allerdings kann aus dem Aufkleber auf einem Briefkasten, der sich allgemein gegen den Einwurf von Werbung richtet, nicht darauf geschlossen werden, dass der Betreffende ein kos- **144**

186 Sachlich hat sich dadurch nichts geändert, da nach der Rspr. schon bei einer unzumutbaren Belästigung i.S.d. § 7 Abs. 2 UWG 2004 ein Bagatellverstoß von vorneherein ausschied, vgl. *BGH* NJW 2010, 3239 – Telefonwerbung nach Unternehmenswechsel.

187 Vgl. *BGH* WRP 2017, 700 m.w.N.; zur Schadensberechnung bei unzulässiger Telefonwerbung *BGH* NJW-RR 2016, 1511 – Lebens-Kost.

tenloses **Anzeigenblatt mit redaktionellem Teil** nicht erhalten möchte. Das gilt auch dann, wenn in dem Anzeigenblatt lose Werbeprospekte einliegen.[188]

145 Auch das Eigentum, der Besitz und das allgemeine Persönlichkeitsrecht sind beeinträchtigt, wenn der Empfänger durch „Keine Werbung"-Aufkleber zu erkennen gegeben hat, dass das Werbematerial unerwünscht ist, und trotzdem Werbung zugestellt worden ist. Der Werbende muss alles Zumutbare getan haben, um die Zustellung unerwünschter Werbung zu verhindern.[189] Von dem entgegenstehenden Willen des Umworbenen – und damit einer unzumutbaren Belästigung – kann ausnahmsweise auch stillschweigend nach den Umständen auszugehen sein. Dies ist etwa der Fall bei der sog. **Scheibenwischerwerbung**, d.h. dem Deponieren von Werbematerial hinter dem Scheibenwischer eines Autos.[190] Im Ergebnis ebenso zu beurteilen ist der Fall, wenn den Hinterbliebenen am Tage des Erscheinens der Todesanzeige Briefwerbung für Grabmale zugesandt wird. Die Pietät gebietet die Einhaltung einer Schonfrist von 2 Wochen.[191]

2.2 Telefonwerbung

146 Das Gesetz hat sich in § 7 Abs. 2 Nr. 2 UWG bezüglich dieses Werbemediums für die sog. **„Opt-in"-Lösung** entschieden, nach der eine **vorherige Einwilligung** des Umworbenen für die Zulässigkeit der Telefonwerbung erforderlich ist. Demgegenüber wäre nach der sog. **„Opt-out"-Lösung** eine Telefonwerbung nur dann als eine unzumutbare Belästigung anzusehen, wenn sie gegen den ausdrücklich erklärten Willen des Angerufenen erfolgt.[192]

147 Es wird im Übrigen – wie schon nach dem früheren Recht[193] – zwischen Telefonwerbung gegenüber Verbrauchern und der Telefonwerbung im geschäftlichen Bereich differenziert.

2.2.1 Telefonanrufe gegenüber Verbrauchern

148 Werbemaßnahmen gegenüber Verbrauchern durch Telefonanrufe ohne deren Einwilligung (sog. **„cold call"**) stellen eine unzumutbare Belästigung dar. Angesichts der Vielfältigkeit der Werbemethoden ist es nicht erforderlich, mit Telefonanrufen – und dies zudem erfahrungsgemäß besonders häufig in den Abend- oder Wochenendstunden – in den privaten Bereich des Verbrauchers einzudringen. Telefonwerbung gegenüber Privatpersonen ist seit der Novelle 2008 nur mit einer **vorherigen** und **ausdrücklichen** Einverständniserklärung des Beworbenen zulässig. Damit ist klargestellt, dass weder eine konkludente noch eine etwaige nachträgliche Billigung des Anrufs eine Einwilligung i.S.d. Gesetzes darstellen können.

149 **Das Bestehen einer Geschäftsbeziehung** zwischen den Beteiligten reicht nach neuem Recht für die Annahme eines Einverständnisses keinesfalls aus.[194] Ebenfalls keine Einwilligung ist gegeben, wenn der Verbraucher im Rahmen der Korrespondenz mit

---

188 *BGH* WRP 2012, 938 – Aufkleber „Keine Werbung".
189 *BGH* GRUR 1989, 225 – Handzettel-Wurfsendung.
190 Köhler/Bornkamm/*Köhler* § 7 UWG Rn. 117.
191 So zu Recht *BGH* WRP 2010, 1502 – Grabmalwerbung.
192 Diese Lösung hatte der Bundesrat noch bei der Beratung der Novelle 2004 gefordert, BT-Drucks. 15/1487, 31 f.; eingehend zum neuen Recht *Fezer* WRP 2010, 1075 ff.
193 *BGH* NJW 2000, 2677 – Telefonwerbung VI.
194 Bsp. für Unlauterkeit schon nach altem Recht *OLG Köln* NJW 2005, 2786 – Umstellung auf ISDN-Tarif.

einem Gewerbetreibenden ankreuzen soll, er wolle keine Werbung im Wege elektronischer Kommunikation erhalten, da dies im Ergebnis ein unzulässiges „Opt-out"-Erfordernis bedeuten würde.[195] Nicht angängig ist es auch, wenn der Verwender in klauselartigen Vorgaben abstrakt das Einverständnis des Verbrauchers mit telefonischer Werbung für „interessante Angebote" einzuholen sucht.[196] Nach der höchstrichterlichen Rspr. wird zutreffend auch das elektronisch durchgeführte sog. **Double-Opt-In-Verfahren** von vorneherein als ungeeignet angesehen, das Einverständnis des Verbrauchers zu belegen.[197] Eine wirksame Einwilligung erfordert eine gesonderte, nur auf die Einwilligung in die Telefonwerbung bezogene Zustimmungserklärung. Hierbei muss der Verbraucher explizit und konkret auf die Möglichkeit von Werbeanrufen, auf die Art der Werbung und das werbende Unternehmen hingewiesen werden.[198] Werden diese Anforderungen nicht erfüllt, liegt eine unzureichende verdeckte Generaleinwilligung vor.[199]

In bürgerlich-rechtlicher Hinsicht gilt, dass von einem Verbraucher während des **150** Telefonats mit einem Unternehmer geschlossene Verträge widerrufen werden können. Die Widerrufsfrist beginnt erst, wenn der Unternehmer seine Informationspflichten vollständig erfüllt und den Verbraucher in Textform über das Widerrufsrecht belehrt hat (§ 312 g BGB i.V.m. §§ 355 ff. BGB). Damit ist im Ergebnis die schon lange von Verbraucherschützerseite geforderte sog. **Bestätigungslösung** Gesetz geworden.

2.2.2 Telefonanrufe gegenüber sonstigen Marktteilnehmern

Gegenüber anderen Marktteilnehmern genügt deren zumindest **mutmaßliche Einwilligung** (§ 7 Abs. 2 Nr. 2 UWG). Telefonwerbung im geschäftlichen Bereich ist **151** also bereits dann zulässig, wenn das Einverständnis vermutet werden kann. Bei einer laufenden Geschäftsverbindung dürfte dies regelmäßig anzunehmen sein (Beispiel: Büroartikelhändler weist gewerbliche Kunden telefonisch auf neue Produkte hin).[200] Hierzu ist auch der Fall zu rechnen, dass ein Arbeitnehmer nach einem Wechsel zu einem anderen Unternehmen Kunden seines ehemaligen Arbeitgebers, die ihm aus seiner früheren Tätigkeit bekannt sind, anruft, um sie von dem Wechsel in Kenntnis zu setzen.[201] Ansonsten gilt, dass ein mutmaßliches Interesse eines Gewerbetreibenden an einer telefonischen Kontaktaufnahme durch potentielle Kunden vermutet werden kann; von einem solchen Interesse kann dagegen nicht ausgegangen werden, wenn die Kontaktaufnahme dazu dient, dass der Anrufende seine eigene Leistung anpreisen möchte.[202] Als unzumutbare Belästigung ist es anzusehen, wenn ein Unternehmen, das sich auf dem Gebiet der Reparatur und des Austauschs von Kfz-Glasscheiben betätigt, einen Unternehmer, an dessen Kraftfahrzeug es die Reparatur einer Scheibe durchgeführt hat, im Anschluss an die Abwicklung dieses Auftrags auf Handy durch ein Marktforschungsinstitut anrufen lässt, um nach seiner Zufriedenheit mit der Geschäfts-

---

195 S. *BGH* NJW 2008, 3055.
196 Vgl. *OLG Köln* MMR 2009, 470.
197 Vgl. *BGH* GRUR 2011, 936 – Double-opt-in-Verfahren.
198 *BGH* NJW 2013, 2683 – Einwilligung in Werbeanrufe II; *Büscher* GRUR 2013, 969, 983.
199 *BGH* WRP 2017, 700.
200 Vgl. *BGH* GRUR 2008, 189 – Suchmaschineneintrag, m.w.N.
201 S. *BGH* NJW 2010, 3239, 3241 f. – Telefonwerbung nach Unternehmenswechsel.
202 *BGH* GRUR 2007, 607 – Telefonwerbung für „Individualverträge".

abwicklung zu fragen, wenn der betreffende Unternehmer kein Einverständnis mit einem solchen Anruf erklärt und seine Handynummer nur überlassen hatte, weil es ihn bei der telefonischen Vereinbarung eines Reparaturtermins „für den Fall der Fälle“ hierum gebeten hatte.[203] Gleiches gilt, wenn ein Unternehmen, das Bürostühle vertreibt, unerbeten z.B. in Anwaltskanzleien anruft, um über das Sitzen am Arbeitsplatz zu informieren und Bürostühle zum Kauf anzubieten. Eine mutmaßliche Einwilligung kann nicht angenommen werden.[204]

2.3 Belästigung durch automatische Anrufmaschinen, Faxgeräte und elektronische Post

2.3.1 Grundsätzliche Regelung

152 Die Werbung unter Verwendung von **automatischen Anrufmaschinen, Faxgeräten** oder von **elektronischer Post** (E-Mail per Internet und SMS per Handy) **ohne** eine **vorherige ausdrückliche Einwilligung** des Adressaten stellt stets eine unzumutbare Belästigung dar (§ 7 Abs. 2 Nr. 3 UWG). Unerheblich ist **im Gegensatz zur Regelung der Telefonwerbung,** ob der Adressat Verbraucher oder Unternehmer ist. Sah der BGH vor der Novelle 2004 noch Fax- und E-Mail-Werbung gegenüber Gewerbetreibenden nicht als Wettbewerbsverstoß an,[205] so hatte er diese Auffassung schon vor der Novelle 2008 korrigiert.[206] Danach gilt: Auch die nur einmalige Zusendung von Werbe-Fax und -E-Mail ohne vorherige ausdrückliche Einwilligung stellt einen unmittelbaren Eingriff in den Gewerbebetrieb dar! Hierbei spielt es auch keine Rolle, dass Telefaxsendungen immer häufiger auf einen PC geleitet und nicht mit einem herkömmlichen Faxgerät ausgedruckt werden, so dass der ungewollte Papierverbrauch entfällt.[207] Es bleibt das zeitraubende Identifizieren und Löschen der Spam-Nachrichten.[208] Schafft ein Unternehmen auf seiner Website die Möglichkeit für Nutzer, Dritten unverlangt eine sog. **Empfehlungs-E-Mail** zu schicken, die auf den Internetauftritt des Unternehmens hinweist, ist das nicht anders zu beurteilen als eine unverlangt versandte E-Mail des Unternehmens selbst.[209] Gleiches gilt für **Einladungs-E-Mails** über die **Facebook**-Funktion „Freunde finden“.[210] Die automatisch generierten sog. „**No-Reply**“-Bestätigungs-E-Mails verstoßen gegen § 7 UWG, wenn sie Werbezusätze enthalten und der Betroffene dem Erhalt von Werbung zuvor ausdrücklich widersprochen hatte.[211]

---

203 *OLG Köln* WRP 2012, 725 – Telefonanruf durch Meinungsforschungsinstitut; ergänzend zur Behandlung von telefonischen **Meinungsforschungsumfragen** Köhler/Bornkamm/*Köhler* § 7 UWG Rn. 133.

204 So zu recht *OLG Frankfurt* WRP 2016, 745.

205 *BGH* GRUR 2004, 517 – E-Mail-Werbung.

206 Vgl. *BGH* NJW 2006, 3781 – Telefax-Werbung II; später bestätigt durch *BGH* NJW 2008, 2999 – FC Troschenreuth; *BGH* NJW 2009, 2958 – E-Mail-Werbung II.

207 *BGH* NJW 2006, 3781 – Telefaxwerbung II.

208 Einen gewissen Schutz vor unerbetener Faxwerbung schafft die Eintragung auf der sog. Robinson-Liste (www.retarus.de/robinsonliste).

209 *BGH* GRUR 2013, 1259 – Empfehlungs-E-Mail.

210 *BGH* GRUR 2016, 946 – Freunde finden.

211 Vgl. *BGH* NJW 2016, 870.

2.3.2 Ausnahmemöglichkeiten

Die Werbung unter Verwendung elektronischer Post stellt nach § 7 Abs. 3 UWG dann keine unzumutbare Belästigung dar, wenn **153**

- der Unternehmer die elektronische Postadresse von dem Kunden im Zusammenhang mit dem Verkauf einer Ware oder Dienstleistung erhalten hat (§ 7 Abs. 3 Nr. 1 UWG) und
- er diese Adresse zur Direktwerbung für eigene ähnliche Waren oder Dienstleistungen verwendet (§ 7 Abs. 3 Nr. 2 UWG),
- der Kunde der Verwendung nicht widersprochen hat (§ 7 Abs. 3 Nr. 3 UWG) und
- der Kunde bei der Erhebung der Adresse und bei jeder Verwendung jederzeit widersprechen kann, ohne dass hierfür andere als die Übermittlungskosten nach Basistarifen entstehen (§ 7 Abs. 3 Nr. 4 UWG).

Diese Ausnahmeregelung dient vorrangig der Nutzung der Postadresse im Rahmen einer bestehenden Kundenbeziehung.

2.4 Elektronische Nachrichten ohne Identität des Absenders

Nachrichten, bei denen die Identität des Absenders nicht ermittelbar ist, sind eine unzumutbare Belästigung. Die im Jahr 2013 durch das Gesetz gegen unseriöse Geschäftspraktiken redaktionell neu gefasste Regelung in § 7 Abs. 2 Nr. 4 UWG erfasst jegliche anonym durchgeführten Werbemaßnahmen und erleichtert die Durchsetzung von Ansprüchen und die Durchsetzung der Einstellung derartiger unlauterer Werbepraktiken. **154**

2.5 Sonstige Fälle

Eine Werbung kann auch aus anderen Gründen eine unzumutbare Belästigung darstellen, ohne dass der Umworbene seinen entgegenstehenden Willen zum Ausdruck gebracht haben muss, wenn dies beispielsweise gar nicht möglich war. Hier sind folgende Fälle erwähnenswert: **155**

2.5.1 Ansprache auf öffentlichen Straßen

Das Ansprechen in der Öffentlichkeit ist jedenfalls dann eine unzumutbare Belästigung, wenn der Werbende für den Angesprochenen nicht als solcher eindeutig erkennbar ist.[212] Hieran hält der Bundesgerichtshof auch mit Blick auf den idealtypischen mündigen Verbraucher fest: „Die Annahme ..., das **gezielte Ansprechen von Personen an öffentlichen Orten sei grds. als wettbewerbswidrig zu erachten,** entspricht der bisherigen herrschenden Meinung in Rechtsprechung und Literatur ...“. Dies ergibt sich zwar nicht schon aus der Überlegung, „viele Passanten würden durch die persönliche Ansprache in eine subjektive Zwangslage versetzt, der sie sich häufig nur dadurch entziehen zu können glaubten, dass sie auf das beworbene Angebot eingingen“. Es ist nämlich zu berücksichtigen, „dass die beteiligten Verkehrskreise heute stärker als früher auf die Wahrung eigener Interessen und weniger auf die Einhaltung bestimmter Umgangsformen bedacht sind. Mit der Gefahr einer Verstrickung oder Überrumpelung des Verbrauchers lässt sich die unzumutbare Belästigung der in Rede stehenden Werbemethode nicht mehr begründen. Für den mündigen Verbraucher **156**

---

212 *BGH* NJW 2004, 2593 – Ansprechen in der Öffentlichkeit I; *BGH* NJW 2005, 1050 – Ansprechen in der Öffentlichkeit II.

besteht in der Regel nicht die Gefahr, dass er sich hierdurch zu einem ihm an sich unerwünschten Vertragsschluss bewegen lässt.“[213]

157 Das den Unterlassungsanspruch dennoch rechtfertigende Unlauterkeitsmoment liegt „in dem **belästigenden Eingriff in die Individualsphäre** des Umworbenen und in dessen Recht, auch im öffentlichen Raum weitest gehend ungestört zu bleiben. Das Gewicht dieses Eingriffs ergibt sich … nicht so sehr aus der einzelnen beanstandeten Werbemaßnahme, sondern aus der Gefahr, dass im Falle ihrer Zulassung zahlreiche Anbieter von dieser Werbemethode Gebrauch machen und dass dann auch solche Mitbewerber, die selbst dieser Art von Werbung nicht zuneigen, sich aus Wettbewerbsgründen zu ihrer Nachahmung gezwungen sehen können … **Selbst wenn die mit einer bestimmten Werbemethode verbundene Belästigung im Einzelfall nur ein geringes Ausmaß erreicht, kann sie doch als wettbewerbswidrig zu verbieten sein, wenn anderenfalls (wie hier) damit gerechnet werden muss, dass weitere Gewerbetreibende in größerer Zahl die gleiche Methode anwenden werden und es durch die Nachahmung zu einer unerträglichen Beeinträchtigung der umworbenen Verbraucher kommen wird** … Bei dem Ansprechen von Passanten auf der Straße kommt noch ein weiterer Umstand hinzu, der eine solche Werbemaßnahme als unlauter erscheinen lässt. Der Werbende, der sich, **ohne als solcher erkennbar zu sein,** einem Passanten nähert, macht sich den Umstand zu Nutze, dass es einem Gebot der Höflichkeit unter zivilisierten Menschen entspricht, einer fremden Person, die sich beispielsweise nach dem Weg erkundigen möchte, nicht von vorneherein abweisend und ablehnend gegenüberzutreten …“.[214]

158 Die Zulässigkeit dieser Werbemethode folgt auch nicht aus der Existenz der gesetzlichen Regelungen zur Widerrufbarkeit von im Bereich öffentlicher Verkehrsflächen nach überraschendem Ansprechen abgeschlossenen Rechtsgeschäften. Denn: „… durch die in § 312 Abs. 1 Nr. 3 BGB vorgesehene Widerrufsmöglichkeit wird die mit der Ansprache von Passanten verbundene Gefahr einer den Interessen der Verbraucher zuwiderlaufenden Belästigung nicht ausgeräumt. Der nachträgliche Widerruf der Vertragserklärung beseitigt lediglich die zivilrechtlichen Folgen der (möglichen) Überrumpelung und nicht auch die wettbewerbsrechtliche Unlauterkeit wegen Belästigung, für die andere Kriterien als für die zivilrechtliche Beurteilung eines Rechtsgeschäfts maßgeblich sind … Der Umstand, dass der Gesetzgeber die werbliche Direktansprache nicht als unzulässig angesehen hat, weil er nicht die Unzulässigkeit der Direktansprache als solche, sondern nur die Widerruflichkeit der daraufhin abgeschlossenen Rechtsgeschäfte festgeschrieben hat, lässt … keinen Rückschluss auf die wettbewerbsrechtliche Zulässigkeit der in Rede stehenden Werbeform zu. Denn das Vertragsrecht befasst sich nur mit den Folgen einer Direktansprache, während die Beurteilung der Zulässigkeit der streitgegenständlichen Werbemethode dem Wettbewerbsrecht unter fällt. Der dem Verbraucher mit dem Recht des Widerrufs gewährte vertragsrechtliche Schutz vor den Folgen einer möglicherweise nach überraschender Ansprache unüberlegt abgegebenen rechtsgeschäftlichen Erklärung steht neben dem Schutz seines Rechts, unbelästigt zu bleiben.“[214]

159 Ist es schließlich nicht inkonsequent und gleichheitswidrig, das gezielte und individuelle Ansprechen an öffentlich zugänglichen Orten zu verbieten, wenn **Hausvertreterbesuche** seit jeher als grds. wettbewerbsrechtlich zulässig erachtet werden? Der BGH

---

213 *BGH* NJW 2004, 2593 – Ansprechen in der Öffentlichkeit I.

214 *BGH* NJW 2004, 2593 – Ansprechen in der Öffentlichkeit I.

widerspricht: „Zwar geht auch mit den für zulässig erachteten Haustürgeschäften eine Belästigung des Verbrauchers einher. Das rechtfertigt es jedoch nicht, über diese Beeinträchtigung hinaus eine weiter reichende Störung der Individualsphäre durch unaufgefordertes Ansprechen im öffentlichen Verkehrsraum zuzulassen.“[215]

2.5.2 Verteilung von Handzetteln

Die Verteilung von Handzetteln ist der Wertung des § 7 Abs. 1 S. 2 i.V.m. Abs. 2 Nr. 1 UWG folgend demgegenüber zulässig, wenn der Empfänger nicht ausdrücklich zu erkennen gegeben hat, dass er derartiges Werbematerial ablehnt. Die Werbung hilft dem Verbraucher sich einen Überblick über das Leistungsangebot zu verschaffen und dient damit seinem Interesse. Es kann daher nicht von vorneherein davon ausgegangen werden, dass jeder Umworbene diese Art von Werbung nicht wünscht. **160**

2.5.3 Zusendung unbestellter Ware

Die Zusendung unbestellter Ware führt nach dem bürgerlichen Recht nicht zu einem Vertragsschluss (vgl. § 241a BGB). Unabhängig davon stellt es regelmäßig, ebenso wie schon eine entsprechende Ankündigung, eine unzumutbare Belästigung i.S.d. § 7 UWG dar. Eine Aufforderung zur Bezahlung derartiger Waren fällt zudem unter die mit der UWG-Novelle von 2015 leicht redaktionell modifizierte Nr. 29 des Anhangs zu § 3 Abs. 3 UWG. Etwas anderes gilt nur dann, wenn der Unternehmer irrtümlich von einer Bestellung ausgegangen ist und der Irrtum seine Ursache nicht im Verantwortungsbereich des Unternehmers hat.[216] **161**

2.5.4 Postwurfsendungen

Die Zustellung von Werbung mittels Postwurfsendungen ist nicht unzulässig i.S.d. § 7 UWG. Die Postzusteller sind allerdings verpflichtet, Hinweise auf Briefkästen zu beachten. Unterbleibt dies, ist der Einwurf der Sendung als wettbewerbswidrig anzusehen (s. schon oben Rn. 144). **162**

2.5.5 Zeitungsbeilagen

Zeitungsbeilagen sind zulässig. Der Empfänger hat in die Zustellung der Zeitung eingewilligt und muss daher auch damit rechnen, dass die Zeitung – wie seit eh und je üblich – Beilagenwerbung enthält. **163**

2.5.6 Vertreterbesuche

Vertreterbesuche an der Haustür sind dem Verbraucher als typische Erscheinungsform des Direktvertriebs seit langem bekannt und werden von der ganz überwiegenden Rechtsprechung und Lehre als grds. zulässig angesehen (s. schon Rn. 159). Wie bei Postwurfsendungen ist aber eine „Opt-out“-Erklärung des Adressaten zu beachten (z.B. Schild an der Haustür: „Vertreter und Hausierer unerwünscht“). **164**

215 *BGH* NJW 2004, 2593 – Ansprechen in der Öffentlichkeit I.

216 *BGH* GRUR 2012, 82 – Auftragsbestätigung; ergänzend Köhler/Bornkamm/*Köhler* § 7 UWG Rn. 82 ff.; *Büscher* GRUR 2013, 969, 983.

D. Rechtsfolgen unlauteren Wettbewerbs

165 Typisch für das deutsche Lauterkeitsrecht ist, dass die Verfolgung von Verstößen nahezu ausschließlich mit den Mitteln des Privatrechts erfolgt. Eine behördliche Zuständigkeit im Sinne einer „Lauterkeitspolizei“ besteht – anders als teilweise im europäischen Ausland – nicht. Hieran hat sich auch durch die UGP-Richtlinie nichts geändert.[217] Für die Praxis steht im Zentrum des Interesses der Unterlassungsanspruch (s. sogleich Rn. 166 ff.).

I. Beseitigungs- und Unterlassungsanspruch

1. Grundsatz

166 Wer dem Verbot unlauteren Wettbewerbs zuwiderhandelt oder mit anderen Worten eine nach § 3 oder § 7 unzulässige geschäftliche Handlung vornimmt, kann auf **Beseitigung eines** fortwirkenden Störungs**zustandes** und auf **Unterlassung bei** drohender **Wiederholung**sgefahr in Anspruch genommen werden (§ 8 Abs. 1 S. 1 UWG). Bei einem fortdauernden Störungszustand beinhaltet dies konkret die Verpflichtung, im Rahmen des Möglichen und Zumutbaren auf Dritte einzuwirken. Demgemäß muss ein Schuldner, dem der Vertrieb eines Produktes untersagt worden ist, grundsätzlich durch einen **Rückruf des Produkts** dafür sorgen, dass bereits ausgelieferte Produkte von seinen (gewerblichen) Abnehmern nicht weiter vertrieben werden.[218] Ein (vorbeugender) Unterlassungsanspruch entsteht auch bereits, wenn durch ein entsprechendes Verhalten eine sog. **Erstbegehungsgefahr** hervorgerufen wird.[219]

167 Ein **Verschulden** bei der wettbewerbswidrigen unlauteren Handlung ist für den Anspruch auf Beseitigung oder Unterlassung **nicht** erforderlich – im Gegensatz zu dem Anspruch auf Schadensersatz (s. sogleich bei Rn. 181).

2. Kreis der Anspruchsberechtigten (Aktivlegitimation)

168 Der Kreis der Anspruchsberechtigten ist in § 8 Abs. 3 UWG **abschließend** aufgezählt. Insbesondere stehen dem einzelnen **Verbraucher keine individuellen Ansprüche** bei einem Wettbewerbsverstoß zu. Der Gesetzgeber hat anderslautenden politischen Forderungen nicht stattgegeben.[220] § 8 Abs. 3 UWG ist auch kein Schutzgesetz i.S.d. § 823 Abs. 2 BGB.

169 Demgemäß ist mit der Feststellung eines Wettbewerbsverstoßes gegen die oben in Rn. 21. eingehend dargestellten Regeln nicht automatisch die Frage beantwortet, wer nach dem UWG gegen diesen Verstoß mit Erfolg vorgehen kann. Diese sog. Aktivlegitimation steht nur den nachstehend abschließend dargestellten Personen bzw. Organisationen zu.

---

217 Nach Art. 11 Abs. 1 Unterabs. 3 haben die Mitgliedsstaaten ausdrücklich die Wahl zwischen einer gerichtlichen oder behördlichen Durchsetzung der Richtlinie, woraus der deutsche Gesetzgeber zutreffend den Schluss gezogen hat, dass kein Anpassungsbedarf besteht (vgl. Begr. UWG 2008, BT-Drucks. 16/10145, 18 f.). S. auch *Micklitz* Gutachten A zum 69. Deutschen Juristentag, München 2012, S. A 96 ff.

218 So neuerdings *BGH* GRUR-Prax 2017, 50.

219 Beispiel: *BGH* GRUR 2010, 1120 – Vollmachtsnachweis.

220 Begr. RegE UWG 2004, BT-Drucks. 15/1487, 22.

2.1 Mitbewerber

Anspruchsberechtigt ist nach § 8 Abs. 3 Nr. 1 UWG zunächst der von einer unzulässigen geschäftlichen Handlung **unmittelbar** betroffene und verletzte Mitbewerber.[221] Nur abstrakt betroffene Mitbewerber haben keine Klagebefugnis. Es bedarf folglich der Feststellung eines **konkreten** Wettbewerbsverhältnisses (s. § 2 Abs. 1 Nr. 3 UWG und oben Rn. 16 ff.). **170**

2.2 Verbände zur Förderung gewerblicher Interessen

Die Anspruchsberechtigung der Verbände zur Förderung gewerblicher oder selbstständiger beruflicher Interessen rechtfertigt sich aus der Funktion dieser Vereinigungen, die Mitgliederinteressen kollektiv wahrzunehmen. Wie sich aus § 8 Abs. 3 Nr. 2 UWG im Einzelnen ergibt, bedarf es einer genaueren Prüfung, ob tatsächlich Mitgliederinteressen betroffen sind[222] und ob der Verband angemessen ausgestattet ist.[223] Dies ist etwa der Fall für die Zentrale zur Bekämpfung unlauteren Wettbewerbs („Wettbewerbszentrale"), für Branchenverbände (z.B. die Einzelhandelsverbände), für Arbeitgeberverbände, für Verbände der Freiberufler (z.B. Deutscher Anwaltsverein). **171**

2.3 Qualifizierte Einrichtungen zum Schutz von Verbraucherinteressen

Die Anspruchsberechtigung der Verbraucherverbände ist nach Maßgabe des § 8 Abs. 3 Nr. 3 UWG in Verbindung mit dem Unterlassungsklagengesetz gegeben. Zur Verhinderung von früher nicht seltenen Missbräuchen – Stichwort: „Abmahnvereine" – ist heute nötig, dass die Einrichtung (nach Prüfung) in bei dem Bundesamt für Justiz und der EU-Kommission geführten Verzeichnissen eingetragen ist.[224] Beispiele: Bund der Versicherten e.V.; Bundesverband der Verbraucherzentralen e.V.; Deutscher Mieterbund e. V. **172**

2.4 Industrie- und Handelskammern; Handwerkskammern

Diese öffentlich-rechtlichen Körperschaften, in denen alle Gewerbetreibenden bzw. Handwerksbetriebe zusammengeschlossen sind, verfügen nach § 8 Abs. 3 Nr. 4 UWG über die Anspruchsberechtigung. **173**

3. Missbrauchstatbestand

Mit § 8 Abs. 4 UWG, der § 13 Abs. 5 UWG a.F. entspricht, soll die missbräuchliche Geltendmachung von Ansprüchen verhindert werden. Dies ist insbesondere dann anzunehmen, wenn es dem Anspruchsteller den Umständen nach nur um den Aufwendungs- bzw. Kostenersatzanspruch (§ 12 Abs. 1 S. 2 UWG; dazu näher unten Rn. 204) geht. Beispiel: Mehrere Konzerntochtergesellschaften mahnen einen Wettbewerber gleichlautend und vertreten durch denselben Rechtsanwalt wegen ein und derselben unzulässigen geschäftlichen Handlung ab. Dieses Verhalten kann nur einen Sinn haben: Den grds. jedem Verletzten für die Abmahnung zustehenden Kostenersatzanspruch (hier: Anwaltshonorar) zu **174**

---

221 Zur Entstehungsgeschichte genauer Köhler/Bornkamm/*Köhler/Feddersen* § 8 UWG Rn. 3.26.

222 Vgl. *BGH* GRUR 2009, 416 – Küchentiefstpreis-Garantie; *BGH* NJW 2012, 1812 – Überregionale Klagebefugnis.

223 Dazu etwa *BGH* WRP 2012, 454 – Glücksspielverband.

224 Eine aktuelle Übersicht der eingetragenen Einrichtungen findet man im Internet auf der Seite des Bundesamtes für Justiz (www.bundesjustizamt.de).

generieren.[225] Zu beachten ist freilich, dass es sich bei § 8 Abs. 4 UWG um einen Ausnahmetatbestand handelt, so dass Zweifel bei der Feststellung eines Missbrauchs auf Seiten des Anspruchstellers zu Lasten des Verletzers gehen.[226]

175 Liegen die Voraussetzungen vor, kann der Unterlassungsanpruch nicht mehr gerichtlich geltend gemacht werden. Eine nachfolgende Klage wäre unzulässig.[227] Umgekehrt kann der Anspruchsgegner nach dem mit dem Gesetz gegen unseriöse Geschäftspraktiken im Jahr 2013 angefügten § 8 Abs. 4 S. 2 UWG Ersatz der für seine zur Verteidigung gegen die missbräuchliche Abmahnung erforderlichen Aufwendungen verlangen. Weitergehende Ersatzansprüche bleiben unberührt (§ 8 Abs. 4 S. 3 UWG).

4. Kreis der Verpflichteten (Passivlegitimation)

176 „Wer" i.S.d. § 8 Abs. 1 UWG als Verletzer für den Unterlassungsanspruch passivlegitimiert ist, ist den deliktsrechtlichen Kategorien von Täterschaft und Teilnahme zu entnehmen. Danach ist Täter, wer – zumindest bedingt – vorsätzlich einen eigenen Wettbewerbsverstoß begeht; Teilnehmer, wer – zumindest bedingt – vorsätzlich den Wettbewerbsverstoß eines anderen fördert.[228] Die weitergehende, früher von der Rspr. allgemein anerkannte **Störerhaftung**, wonach es ausreicht, dass die betreffende Person in irgendeiner Weise willentlich und adäquat kausal an der Herbeiführung eines rechtswidrigen Zustandes mitgewirkt hat, findet nur noch in den Fällen der Verletzung von Immaterialgüterrechten, die als absolute Rechte auch nach den §§ 823 Abs. 1, 1004 BGB Schutz genießen, Anwendung.[229]

177 In den für das Lauterkeitsrecht typischen Fällen eines Verhaltensunrechts ist an die Stelle der Störerhaftung eine Haftung wegen Verletzung **„wettbewerbsrechtlicher Verkehrspflichten"** getreten. Danach ist – neben dem eigentlichen Täter – auch Täter einer unlauteren Wettbewerbshandlung, wer durch sein Handeln im geschäftlichen Verkehr die ernsthafte Gefahr begründet, dass *Dritte* durch das Wettbewerbsrecht geschützte Interessen von Marktteilnehmern verletzen, und nicht das Erforderliche unternimmt, um diese Gefahr im Rahmen des Möglichen und Zumutbaren zu begrenzen.[230]

178 Mitarbeiter von Presseorganen werden bei der **Veröffentlichung von Anzeigen** privilegiert: Nach stRspr. ist ein Unterlassungsanspruch gegen sie nur dann gegeben, wenn die Wettbewerbswidrigkeit der Anzeige **grob und unschwer erkennbar** ist, weil anderenfalls die grds. bestehende Prüfpflicht überstrapaziert und Art. 5 Abs. 1 GG verletzt würde.[231]

---

225 Vgl. *BGH* GRUR 2002, 357 – missbräuchliche Mehrfachabmahnung; GRUR 2006, 243 – MEGA SALE; GRUR 2009, 1180 – 0,00 Grundgebühr; *BGH* WRP 2013, 329 – Unbedenkliche Mehrfachabmahnung.

226 Vgl. *BGH* WRP 2010, 636 – Klassenlotterie; *KG* GRUR-RR 2008, 212; *OLG Hamburg* GRUR-RR 2009, 407 – Salami-Taktik; *OLG Köln* GRUR-RR 2010, 339.

227 S. *BGH* GRUR 2012, 730 – Bauheizgerät m.w.N.; dies gilt wegen des fehlenden Allgemeinbezugs so nicht im Urheberrecht, vgl. *BGH* NJW 2013, 787 – Ferienluxuswohnung.

228 Vgl. nur *BGH* GRUR 2008, 810 – Kommunalversicherer.

229 Vgl. jeweils m.w.N. *BGH* NJW 2007, 2636 – Internet-Versteigerung II; *BGH* GRUR 2008, 1097 – Namensklau im Internet; *BGH* WRP 2011, 1609 – Stiftparfüm.

230 *BGH* WRP 2007, 1173 – Jugendgefährende Medien bei eBay; *BGH* GRUR 2011, 152 – Kinderhochstühle im Internet.

231 Vgl. nur *BGH* GRUR 2002, 360 – H.I.V. POSITIVE II; *OLG Köln* GRUR Prax. 2010, 566 – Schlank-Sensation Nr. 1; umfassende Darstellung der Verantwortlichkeit der Presse und weitere Nachweise bei Köhler/Bornkamm/*Köhler* § 9 UWG Rn. 2.1. ff., 2.3.

Von großer praktischer Bedeutung ist, dass sich ein nach dem bisher Ausgeführten bestehender Unterlassungsanspruch gem. § 8 Abs. 2 UWG auch gegen den **Unternehmensinhaber** richtet – d.h. die OHG, die GmbH etc. –, wenn die Zuwiderhandlung von einem Mitarbeiter oder Beauftragten begangen wurde. Hierzu zählen alle Personen, die in die Betriebsorganisation eingebunden sind, z.B. auch Handelsvertreter und Franchise-Nehmer.[232] Die Zurechnung nach § 8 Abs. 2 UWG erfolgt auch bei Wettbewerbsverstößen einer Tochtergesellschaft zu Lasten der Muttergesellschaft.[233] **179**

Fällt der Unterlassungsschuldner in **Insolvenz**, wird ein schwebender Rechtsstreit gem. § 240 ZPO unterbrochen. Sowohl der Insolvenzverwalter als auch der Unterlassungsgläubiger können den Prozess in entsprechender Anwendung von § 86 Abs. 1 Nr. 3 InsO aufnehmen. Die durch die wettbewerbswidrigen Handlungen des Insolvenzschuldners begründete Wiederholungsgefahr rechtfertigt allerdings nicht automatisch die Annahme einer Begehungsgefahr in der Person des Insolvenzverwalters. Fehlt es an einem entsprechenden eigenen Verhaltens des Insolvenzverwalters (oder seiner Beauftragten), kann der Unterlassungsantrag nur für erledigt erklärt werden (§ 91a ZPO).[234] **180**

II. Schadensersatzanspruch

Wer eine nach § 3 oder § 7 unzulässige geschäftliche Handlung **vorsätzlich** oder **fahrlässig** vornimmt, ist verletzten Mitbewerbern – und nur ihnen – zum Ersatz des daraus entstehenden Schadens verpflichtet (§ 9 S. 1 UWG). Verbrauchern steht kein Schadensersatzanspruch zu. Dies gilt insbesondere auch dann, wenn sie durch eine irreführende Werbung zu einem Vertragsschluss bestimmt wurden. Anderenfalls würden einem Unternehmen, das sich mit einer später als irreführend eingestuften Werbung an die Allgemeinheit richtet, unabsehbare Schadensersatzpflichten drohen. Nach richtiger Auffassung sind die §§ 5, 5a UWG auch keine Schutzgesetze i.S.d. § 823 Abs. 2 BGB, ebenso wenig wie – über die allgemeinen zivilrechtlichen Rechtsinstitute hinausgehend – ein allgemeines Vertragsauflösungsrecht für Verbraucher anzuerkennen ist.[235] **181**

Ein weiteres (s.o. Rn. 178) **Presseprivileg**[236] enthält § 9 S. 2 UWG. Danach kann gegen verantwortliche Personen von periodischen Druckschriften[237] ein Schadensersatzanspruch nur bei einer vorsätzlichen Zuwiderhandlung geltend gemacht werden. Hierdurch soll verhindert werden, dass sich z.B. Herausgeber und/oder Redakteure eines Nachrichtenmagazins aus Furcht vor einer möglichen persönlichen Schadensersatzpflicht selbst einen „Maulkorb" umhängen. Die Vergünstigung gilt nicht nur für Fehler im redaktionellen Teil, sondern auch für das bekanntermaßen häufig hektische und fehlerträchtige Anzeigengeschäft.[238] Anzumerken ist, dass dies einen Schadensersatz- **182**

232 *BGH* GRUR 1995, 605 – Franchise-Nehmer; *BGH* GRUR 2012, 82 – Auftragsbestätigung.
233 Vgl. *BGH* GRUR 2005, 864 – Meißner Dekor II.
234 *BGH* GRUR 2010, 536 – Modulgerüst II; von der Verfahrensunterbrechung nicht erfasst wird der Anspruch auf Drittauskunft, vgl. *BGH* WRP 2010, 527 – Oracle.
235 So die Begr. zum UWG 2004, BT-Drucks. 15/1487, 22, 34, 43; eingehend mit Übersicht zum Meinungsstand Köhler/Bornkamm/*Köhler* § 9 Rn. 1.10.
236 Zu sonstigen Presserechtsfragen, u.a. dem presserechtlichen Gegendarstellungsanspruch, s. eingehend oben 9. Kap.
237 Nach richtiger Auffassung ist die Vorschrift auf sonstige Medien (Rundfunk, Onlinedienste), die periodisch Informationen übermitteln, analog anzuwenden, vgl. Köhler/Bornkamm/*Köhler* § 9 UWG Rn. 2.13.
238 S. nur *Petersen* § 8 Rn. 44.

anspruch gegen die (juristische) Person, die die Druckschrift verlegt, wegen fahrlässig begangener Wettbewerbsverstöße selbstverständlich nicht ausschließt.

183 Die Bemessung eines Schadensersatzanspruchs der Höhe nach ist häufig sehr schwierig. Wie will man z.B. ermitteln, welcher Umsatz bzw. Gewinn einem Unternehmen durch die irreführende Werbung eines Konkurrenten entgangen ist? Immerhin steht dem Verletzten zur Vorbereitung der notwendigen Schadensbezifferung nach stRspr., die heute zu **Gewohnheitsrecht** erstarkt ist (§ 242 BGB), ein **Auskunftsanspruch** zu.[239] Hierüber lassen sich Art, Zeitpunkt und Umfang des konkreten Verletzungsfalls ermitteln. Die Kausalität zwischen Verletzungsfall und einem Gewinnrückgang z.B. nach einer irreführenden Werbung wird sich auch so freilich regelmäßig nicht nachweisen lassen. Zu viele andere Faktoren können eine Rolle gespielt haben (saisonaler Einfluss, Modellwechsel etc.). Daneben gibt es für bestimmte Verbände gem. § 8 Abs. 5 UWG i.V.m. § 13 UKlaG inzwischen einen **Auskunftsanspruch gegen Telekommunikationsunternehmen** auf Bekanntgabe der Identität eines Anschlussinhabers.

184 Von großer praktischer Relevanz sind vor dem eben geschilderten Hintergrund die Vergünstigungen, die dem Verletzten bei der Schadensberechnung in den Fällen des ergänzenden Leistungsschutzes zugutekommen. Er kann, wie sonst nur bei Verletzung des allgemeinen Persönlichkeits- oder eines gewerblichen Schutzrechts bekannt, den Schaden auf dreifache Weise berechnen:[240]

- Verlangen des konkret berechneten Schadens,
- Verlangen einer angemessenen (fiktiven) Lizenzgebühr **(Lizenzanalogie),**
- Herausgabe des Verletzergewinns.[241]

III. Gewinnabschöpfungsanspruch

185 Wer eine nach § 3 oder § 7 unzulässige geschäftliche Handlung **vorsätzlich** vornimmt und hierdurch zu Lasten einer Vielzahl von Abnehmern einen Gewinn erzielt, kann von den gem. § 8 Abs. 2 UWG Aktivlegitimierten – mit Ausnahme der Mitbewerber – zusätzlich zur Herausgabe dieses Gewinns an den Bundeshaushalt in Anspruch genommen werden (§ 10 UWG).

186 Durchsetzungsdefizite des Wettbewerbsrechts bei Fällen mit sog. **Streuschäden,** in denen durch ein wettbewerbswidriges Verhalten eine **Vielzahl von Abnehmern jeweils nur einen geringen Schaden** erleiden, sollen durch diesen Anspruch behoben werden.[242] Der alte Satz „Unlauterer Wettbewerb lohnt sich immer!" soll der Vergangenheit angehören.

187 Die Anspruchsgrundlage des § 10 UWG ist im deutschen Recht und im ausländischen Recht ohne Vorbild. Angesichts der komplizierten Ausgestaltung – insbesondere hinsichtlich der Berechnung des herauszugebenden Gewinns (s. Abs. 2) – erscheint fraglich, ob sie über einen Appellcharakter hinauskommt.[243]

---

239 Vgl. genauer Köhler/Bornkamm/*Köhler* § 9 UWG Rn. 4.1 ff.

240 Vgl. wiederum zu den Einzelheiten Köhler/Bornkamm/*Köhler* § 9 UWG Rn. 1.36 ff.

241 Zu Details *BGH* NJW 2007, 1524 – Steckverbindergehäuse; *Loschelder* NJW 2007, 1503.

242 Begr. RegE UWG 2004 BT-Drucks. 15/1487, 23.

243 Vgl. etwa *Köhler* GRUR 2003, 265; ein Bsp. für eine Verurteilung bei einer sog. Kostenfalle im Internet bietet *OLG Frankfurt* MMR 2010, 614.

IV. Verjährung

Die Verjährungsvorschriften des § 11 UWG sind den mit der Schuldrechtsreform im Jahr 2002 geänderten allgemeinen Verjährungsvorschriften in § 199 Abs. 1 BGB angeglichen worden. **188**

1. Verjährung der Ansprüche auf Beseitigung und Unterlassung

Die Ansprüche nach § 8 UWG verjähren in **sechs Monaten** (§ 11 Abs. 1 UWG). Die Verjährungsfrist beginnt, wenn der Anspruch entstanden ist und der Gläubiger von den den Anspruch begründenden Umständen und der Person des Schuldners Kenntnis erlangt hat oder ohne grobe Fahrlässigkeit erlangen musste (§ 11 Abs. 2 UWG). Die Regelung des § 11 UWG ist entsprechend anwendbar auf den Anspruch auf Ersatz der **Abmahnkosten** nach § 12 Abs. 1 S. 2 UWG.[244] **189**

2. Verjährung der Aufwendungsersatzansprüche

Aufwendungsersatzansprüche nach § 12 Abs. 1 S. 2 UWG verjähren ebenfalls in **sechs Monaten** (§ 11 Abs. 1 UWG). Die Verjährungsfrist beginnt, wenn der Anspruch entstanden ist und der Gläubiger von den den Anspruch begründenden Umständen und der Person des Schuldners Kenntnis erlangt oder ohne grobe Fahrlässigkeit erlangen musste (§ 11 Abs. 2 UWG). **190**

3. Verjährung der Schadensersatzansprüche

Auch Schadensersatzansprüche nach § 9 UWG verjähren in **sechs Monaten** (§ 11 Abs. 1 UWG). Die Verjährungsfrist beginnt, wenn der Anspruch entstanden ist und der Gläubiger von den den Anspruch begründenden Umständen und der Person des Schuldners Kenntnis erlangt oder ohne grobe Fahrlässigkeit erlangen musste (§ 11 Abs. 2 UWG). **Schadensersatzansprüche** verjähren ohne Rücksicht auf die Kenntnis oder grob fahrlässige Unkenntnis in **zehn Jahren** von ihrer Entstehung, spätestens in **30 Jahren** von der den Schaden auslösenden Handlung an (§ 11 Abs. 3 UWG). **191**

4. Verjährung anderer Ansprüche

Andere Ansprüche, einschließlich des Gewinnabschöpfungsanspruchs, verjähren ohne Rücksicht auf die Kenntnis oder die grob fahrlässige Unkenntnis in **drei Jahren** von ihrer Entstehung an (§ 11 Abs. 4 UWG). **192**

V. Straf- und Bußgeldtatbestände

Das UWG enthält eine Reihe von Straftatbeständen (§§ 16–19 UWG) sowie in § 20 UWG einen Bußgeldtatbestand. **193**

1. Strafbare irreführende Werbung (§ 16 Abs. 1 UWG)

Wer in der Absicht, den Anschein eines besonders günstigen Angebots hervorzurufen, in öffentlichen Bekanntmachungen oder in Mitteilungen, die für einen größeren Kreis von Personen bestimmt sind (z.B. Werbeanzeigen, Postwurfsendungen), durch **194**

244 *BGH* NJW 1992, 429 – Abmahnkostenverjährung; Köhler/Bornkamm/*Köhler* § 11 UWG Rn. 1.16.

unwahre Angaben irreführend wirbt, macht sich strafbar. Erforderlich ist, dass die Tatsachen unwahr sein müssen. Insofern unterscheidet sich § 16 Abs. 1 UWG von § 5 UWG. Im Fall des § 16 Abs. 1 UWG ist also die **Wahrheit objektiv** zu prüfen, während die Irreführung in § 5 UWG auf der Vorstellung der **betroffenen Zielgruppe** beruht. In subjektiver Hinsicht ist Vorsatz und die Absicht erforderlich, den Anschein zu erwecken, ein besonders günstiges Angebot zu unterbreiten. Beispiele sind die Verbreitung fingierter Gewinnmitteilungen, um die Empfänger zum Erwerb von Waren zu veranlassen, und die Werbung für Kaffeefahrten mit unwahren Angaben über die Leistungen des Veranstalters.[245] § 16 Abs. 1 UWG ist unstreitig **Schutzgesetz i.S.d. § 823 Abs. 2 BGB**.[246]

2. Progressive Kundenwerbung (sog. Schneeballsystem, § 16 Abs. 2 UWG)

195 Wer es im geschäftlichen Verkehr unternimmt, Verbraucher zur Abnahme von Waren, Dienstleistungen oder Rechten durch das Versprechen zu veranlassen, sie würden entweder von dem Veranstalter selbst oder von einem Dritten besondere Vorteile erlangen, wenn sie andere zum Abschluss gleichartiger Geschäfte veranlassen, die ihrerseits nach der Art dieser Werbung derartige Vorteile für eine entsprechende Werbung weiterer Abnehmer erlangen sollen,[247] wird gem. § 16 Abs. 2 UWG mit Freiheitsstrafe bis zu zwei Jahren oder mit Geldstrafe bestraft. Die **zivilrechtliche Unzulässigkeit** der progressiven Kundenwerbung folgte schon früher aus § 3a i.V.m. § 16 Abs. 2 UWG. Ergänzend greift seit der Novelle 2008 ein **Nr. 14 des Anhangs zu § 3 Abs. 3 UWG**.[248]

3. Verrat von Geschäfts- und Betriebsgeheimnissen (§ 17 UWG)

196 Der Verrat von Geschäfts- oder Betriebsgeheimnissen, z.B. einer Liste mit Kundendaten,[249] ist in § 17 UWG unter Strafe gestellt. Hiervon erfasst ist sowohl der Verrat durch eine bei dem betreffenden Unternehmen angestellte Person (§ 17 Abs. 1 UWG) als auch das Eindringen durch Dritte (sog. Industriespionage, § 17 Abs. 2 UWG). Werden die Geheimnisse anschließend zur Nachahmung von Waren oder Dienstleistungen genutzt, liegt zivilrechtlich ein unlauteres Verhalten i.S.d. § 4 Nr. 3c UWG vor (s.o. Rn. 60f.).

4. Verwertung von Vorlagen (§ 18 UWG)

197 Mit Freiheitsstrafe bis zu zwei Jahren oder mit Geldstrafe wird bestraft, wer die ihm im geschäftlichen Verkehr anvertrauten Vorlagen oder Vorschriften technischer Art, insbesondere Zeichnungen, Modelle, Schablonen, Schnitte und Rezepte, zu Zwecken des Wettbewerbes oder aus Eigennutz unbefugt verwertet oder jemandem mitteilt.

198 Hierzu gehören u.U. auch **Marketingkonzeptionen.** Man sollte sich daher als Marketingagentur vor der Präsentation von Konzeptionen immer eine sog. **Vertraulichkeitserklärung** gegenzeichnen lassen, in der u.a. auf die Strafbarkeit unautorisierter Verwendung der Vorlage hingewiesen wird.

---

245 S. *BGH* WRP 2002, 1432 – Strafbare Werbung für Kaffeefahrten; *BGH* GRUR 2008, 818 – Strafbare Werbung im Versandhandel.

246 So ausdrücklich *BGH* GRUR 2008, 818.

247 Vgl. beispielhaft *BGH* NJW 2011, 1236 – „Schneeballseminare“.

248 Vgl. nur *OLG Frankfurt* WRP 2016, 631; *Scherer* NJW 2009, 324, 328 m.w.N.

249 Dazu *BGH* NJW 2006, 3424 – Kundendatenprogramm.

5. Verleiten und Erbieten zum Verrat (§ 19 UWG)

Die Anstiftung zu einem Vergehen gegen die §§ 17 oder 18 UWG wird nach § 19 UWG bestraft. **199**

6. Werbeanruf gegenüber Verbrauchern (§ 20 UWG)

Als Ordnungswidrigkeit mit einer Geldbuße bis zu 300 000 EUR kann belegt werden, wer vorsätzlich oder fahrlässig entgegen § 7 Abs. 1 i.V.m. § 7 Abs. 2 Nr. 2 UWG gegenüber einem Verbraucher ohne dessen vorheriger ausdrücklicher Einwilligung mit einem Telefonanruf oder i.V.m. § 7 Abs. 2 Nr. 3 UWG unter Verwendung einer automatischen Anrufmaschine wirbt. Die Regelung ist im Jahr 2009 durch das Gesetz zur Bekämpfung unerlaubter Telefonwerbung eingeführt und im Jahr 2013 durch das Gesetz gegen unseriöse Geschäftspraktiken verschärft worden. Sie wird flankiert durch einen weiteren Bußgeldtatbestand im TKG, wonach Anrufer bei Werbeanrufen ihre Rufnummer nicht unterdrücken dürfen, um ihre Identität zu verschleiern. Dafür droht ein Bußgeld bis zu 100 000 EUR (vgl. § 102 Abs. 2 i.V.m. § 149 Abs. 1 Nr. 17c TKG). Die Abschreckungswirkung der genannten Vorschriften scheint bescheiden zu sein. Im gesamten Jahr 2016 wurden z.B. wegen Verstoßes gegen § 20 UWG nur Bußgelder in einer Gesamthöhe von 50 000 EUR verhängt.[250] Die zuständige Bundesnetzagentur reklamiert nicht zu Unrecht, dass sie nur bei den belästigenden Telefonanrufen einschreiten könne, die die angerufenen Verbraucher anzeigen. **200**

E. Wettbewerbsverfahrensrecht

I. Abmahnung und Unterlassungsverpflichtungserklärung

Für das Wettbewerbsrecht seit eh und je typisch ist es, dass der Verletzte den Verletzer vor der gerichtlichen Geltendmachung eines Unterlassungsanspruchs abmahnt. Es hat seinen Grund darin, dass der Verletzte ansonsten vor Gericht riskiert, bei einem sofortigen Anerkenntnis des Verletzers die Kosten tragen zu müssen (§ 93 ZPO). In diesem Zusammenhang muss allerdings nicht der Verletzte beweisen, dass die Abmahnung dem Verletzer zugegangen ist. Es genügt die substantiierte Darlegung, dass das **Abmahnschreiben** abgesandt worden ist. Kann der **Zugang** nicht festgestellt werden, ist für eine Kostenentscheidung nach § 93 ZPO kein Raum, d.h. der Verletzer wird in die Kosten verurteilt.[251] **201**

Mit der **Abmahnung** wird der Verletzer aufgefordert, den Streit durch Abgabe einer mit einer angemessenen Vertragsstrafe bewehrten **Unterlassungsverpflichtungserklärung** (UVE) beizulegen (§ 12 Abs. 1 S. 1 UWG). Kommt der Verletzer diesem Verlangen nach, entfällt die Wiederholungsgefahr (s.o. Rn. 166 f.) und zugleich das Rechtschutzbedürfnis des Verletzten für ein gerichtliches Verfahren. **202**

Die Abfassung der UVE obliegt dem Verletzer. In der Praxis ist es üblich, der Abmahnung die verlangte UVE in Entwurfsform beizulegen. Die korrekte Fassung des zur **203**

250 S. FAZ v. 17.12.2016.
251 Vgl. *BGH* GRUR 2007, 629 – Zugang des Abmahnschreibens.

Unterlassung verlangten Verhaltens ist oft nicht einfach. Nach der Rspr. ist die sog. **konkrete Verletzungsform** in dem Unterlassungsbegehren zum Ausdruck zu bringen.[252]

204 Der Verletzte kann bei einer berechtigten Abmahnung vom Verletzer nach § 12 Abs. 1 S. 2 UWG den „Ersatz der erforderlichen Aufwendungen" verlangen.[253] Hierunter fallen in der Regel vor allem die durch die Beauftragung eines Rechtsanwalts entstandenen Gebühren.[254] Heftig umstritten ist, ob auf die anwaltliche Abmahnung § 174 S. 1 BGB anwendbar und ihre Wirksamkeit folglich von der Beifügung einer **Vollmacht** abhängig ist. Diese für die Praxis überaus wichtige Frage hat der BGH schon vor einiger Zeit mit überzeugender Begründung verneint.[255] An der Erforderlichkeit anwaltlicher Einschaltung kann es in einfach gelagerten Fällen bei Unternehmen mit eigener Rechtsabteilung oder auch bei der Selbstvertretung eines Rechtsanwalts fehlen.[256] Ebenfalls nicht erstattungsfähig sind die Anwaltskosten, wenn der Verletzte zuvor bereits selbst erfolglos eine Abmahnung ausgesprochen hatte.[257] Schließlich sind die Abmahnkosten nicht erstattungsfähig, wenn der Verletzte bereits eine sog. **Schubladenverfügung** erwirkt hatte; dies deshalb, weil dann die Abmahnung nicht mehr im Interesse des Verletzers liegt, sondern vielmehr die Abgabe eines sofortigen Anerkenntnisses günstiger ist.[258]

205 Der Verletzer sollte den Entwurf der UVE nie blind unterzeichnen, sondern genau prüfen bzw. prüfen lassen, ob das Unterlassungsverlangen nicht zu weit geht. Ist die UVE erst einmal unterschrieben und von dem Verletzten angenommen,[259] besteht ein Unterlassungsvertrag, der nicht vom Umfang des gesetzlichen Unterlassungsanspruchs abhängig ist. Häufig wird von Verletztenseite in die UVE auch das Anerkenntnis einer Auskunfts- und Schadensersatzverpflichtung sowie zur Tragung der Abmahnkosten in bestimmter – u. U. übersetzter Höhe – aufgenommen. Auch insoweit kann sich unreflektiertes Handeln schnell rächen.

206 Andererseits muss der Verletzer darauf achten, dass er keinen Zweifel an der Ernsthaftigkeit der Unterwerfung aufkommen lässt. Dies wäre etwa der Fall, wenn er in der UVE nicht, wie gefordert, die Vertragsstrafe zugunsten des abmahnenden Verletzten verspricht, sondern nur zugunsten einer karitativen Einrichtung. Da nicht sicher ist, ob und wie die Einrichtung die Einhaltung der UVE überwachen kann und wird, kann eine solche UVE – unabhängig von der Höhe der versprochenen Vertragsstrafe – die Wiederholungsgefahr nicht beseitigen.[260]

252 Vgl. zur notwendigen Bestimmtheit des Verfügungs- bzw. Klageantrags Köhler/Bornkamm/*Köhler* § 12 UWG Rn. 2.35 ff.

253 In diesem Zusammenhang liegt die Beweislast für den Zugang der Abmahnung beim Gläubiger, s. nur *Teplitzky* Kap. 41 Rn. 88a.

254 In dem durchschnittlichen Fall einer wettbewerbsrechtlichen Abmahnung ist die Geschäftsgebühr nach Nr. 2300 RVG VV nicht unterhalb einer 1,3-fachen Gebühr zu bemessen, vgl. *BGH* WRP 2010, 1495 – Vollmachtsnachweis; Fezer/Büscher/Obergfell/*Büscher* § 12 UWG Rn. 71, jeweils m.w.N.

255 *BGH* WRP 2010, 1495 – Vollmachtsnachweis; Fezer/Büscher/Obergfell/*Büscher* § 12 UWG Rn. 10 f.

256 Vgl. *BGH* BB 2007, 351; *BGH* GRUR 2008, 928 – Abmahnkostenersatz.

257 *BGH* GRUR 2010, 354 – Kräutertee; *BGH* WRP 2013, 329 – Unbedenkliche Mehrfachabmahnung.

258 *BGH* GRUR 2010, 257 – Schubladenverfügung.

259 Zum Zustandekommen des Unterlassungsvertrags genauer *BGH* GRUR 2010, 355 – Testfundstelle.

260 *LG Köln* WRP 2013, 123.

Ebenfalls kritisch ist es, wenn der Verletzer eine UVE nicht gegenüber dem berechtigterweise Abmahnenden, sondern gegenüber einem ebenfalls klagebefugten Dritten abgibt, von dem er nicht auch abgemahnt worden ist (sog. **Initiativunterwerfung**).[261] Haben den Verletzer dagegen mehrere berechtigte Abmahnungen erreicht, genügt es, wenn er einem Verletzten gegenüber die UVE abgibt und den weiteren Abmahnenden Kenntnis von dieser sog. **Drittunterwerfung** gibt. Ebenfalls weit verbreitet und unschädlich ist es, wenn man die UVE „ohne Anerkennung einer Rechtspflicht" abgibt.[262]

In der letzten Zeit wurde diskutiert, ob der Unterlassungsschuldner nicht auch statt einer vertragsstrafebewehrten Unterlassungserklärung eine **notarielle Unterlassungserklärung** abgeben könne. Damit lasse sich das Versprechen einer Vertragsstrafe gegenüber und zugunsten des Gläubigers vermeiden, da der notarielle Titel durch gerichtlichen Beschluss mit einer Ordnungsmittelandrohung nach § 890 Abs. 2 ZPO versehen werden könne.[263] Bedenkt man, dass die gerichtliche Ordnungsmittelandrohung nicht von heute auf morgen zu bekommen ist (und sich z.B. auch die Frage stellt, welches AG hierfür örtlich zuständig ist), ist klar, dass eine notarielle, nicht vertragsstrafebewehrte Unterlassungserklärung den Gläubiger nicht klaglos stellt. Zumindest bis zum Vorliegen des Ordnungsmittelbeschlusses besteht die Wiederholungsgefahr fort.[264] Es ist daher nicht damit zu rechnen, dass sich dieses Instrument breiter durchsetzen wird.[265] **207**

Welche Höhe ein angemessenes Vertragsstrafeversprechen haben muss, hängt von der Schwere des Wettbewerbsverstoßes ab. Abstrakt gesprochen muss es so hoch sein, dass angenommen werden kann, der Verletzer werde von weiteren Verstößen absehen. Bei einem „durchschnittlichen" Verstoß kann nach der Praxis der Wettbewerbskammern der Landgerichte ein Vertragsstrafeversprechen von wenigstens 5 001 EUR verlangt werden. Dies rührt aus der Zeit vor Inkrafttreten der UWG-Novelle, als die Landgerichte noch nicht umfassend gem. § 13 Abs. 1 S. 1 UWG zuständig waren[266] und man daher nur so die landgerichtliche Zuständigkeit für eine Vertragsstrafenklage sicherstellen konnte. **208**

Hat der Verletzer eine Vertragsstrafe mit einem bestimmten Betrag versprochen und ist er Kaufmann, ist ihm bei einem Verstoß gegen die UVE die Berufung gem. § 343 BGB darauf, dass es sich um einen geringen Verstoß handele und die Vertragsstrafe unverhältnismäßig hoch sei, verwehrt (§ 348 HGB). Das Gericht kann allenfalls eine **209**

261 Genauer *OLG Köln* WRP 2012, 221 – Drittunterwerfung.

262 Versäumt der Unterlassungsschuldner bei der Abgabe der UVE diese (zulässige) Einschränkung, kann dies nicht mit einem Anerkenntnis des zugrundeliegenden Unterlassungsanspruchs und der Pflicht zur Übernahme der Abmahnkosten gleichgesetzt werden, vgl. *BGH* GRUR 2013, 1252 – Medizinische Fußpflege.

263 S. insb. *Köhler* GRUR 2010, 6 ff.

264 So jetzt auch ausdrücklich *BGH* GRUR 2016, 1316 – Notarielle Unterwerfungserklärung; *OLG Düsseldorf* GRUR-Prax 2016, 272.

265 Ebenso Köhler/Bornkamm/*Bornkamm* § 12 UWG Rn. 1.154b.

266 Str.; wie hier u.a. *BGH* GRUR-Prax 2017, 20 (Hinweisbeschluss); *OLG Jena* NJW-RR 2011, 341; Fezer/Büscher/Obergfell/*Büscher* § 13 UWG Rn. 7; Gloy/Loschelder/*Spätgens* § 77 Rn. 3; a.A. *OLG Rostock* GRUR 2014, 304; Köhler/Bornkamm/*Köhler* § 13 UWG Rn. 2 m.w.N.

gewisse Reduzierung unter Anziehung von § 242 BGB vornehmen.[267] Dieses Risiko kann der Verletzer vermeiden, wenn er ein Vertragsstrafeversprechen nach dem sog. **„neuen Hamburger Brauch“** abgibt. Hier wird kein bestimmter Betrag versprochen, sondern dem Gläubiger innerhalb eines festgelegten Rahmens (z.B. „Vertragsstrafe bis zu 10 000 EUR“) die Bestimmung der konkret angemessenen Strafe überlassen. Missbrauch ist dabei ausgeschlossen, da die Strafhöhe nach § 315 Abs. 3 BGB der gerichtlichen Überprüfung unterliegt.[268]

210 Der in die Zukunft gerichtete Unterlassungsvertrag kann von dem Schuldner bei Vorliegen eines wichtigen Grundes gekündigt werden.[269] Als ein derartiger Grund, der dem Schuldner das Festhalten an der Vereinbarung unzumutbar macht, kommt in Betracht insbesondere eine Änderung der Rechtslage. **Beispiel**: Die Abgabe der UVE erfolgte wegen eines Rechtsbruchs (§ 3a UWG). Die verletzte gesetzliche Vorschrift wird später aufgehoben bzw. es ändert sich die Auslegung durch die höchstrichterliche Rspr. Der Schuldner kann dann den Unterlassungsvertrag kündigen.

II. Gerichtliches Verfahren

211 Wird keine UVE abgegeben, muss der Verletzte sich entscheiden, ob er die Sache auf sich beruhen oder gerichtlich klären lassen will.

212 Sachlich zuständig für Wettbewerbssachen – dies umfasst auch Ansprüche aus Vertragsstrafeversprechen (s.o. Rn. 208) – sind die **Landgerichte** (§ 13 UWG). Örtlich zuständig ist das Landgericht, in dessen Bezirk der Verletzer seine gewerbliche oder berufliche Niederlassung hat, in Ermangelung einer solchen seinen Wohnsitz bzw. inländischen Aufenthaltsort (vgl. § 14 Abs. 1 UWG). Für Rechtsstreitigkeiten zwischen unmittelbaren Wettbewerbern ist nach § 14 Abs. 2 UWG jedes Landgericht zuständig, in dessen Bezirk die Verletzung begangen ist (sog. **Begehungsort**). Bei Druckmedien ist dies das gesamte bestimmungsgemäße Verbreitungsgebiet. Beim Versand von Schreiben, Telefaxsendungen, E-Mails oder SMS ist Begehungsort neben dem Absendeort auch der Empfangsort. Bei unzulässigen geschäftlichen Handlungen, die über **Rundfunk, TV oder Internet** verbreitet werden, ist Empfangsort jeder Ort, an dem die Information Personen bestimmungsgemäß zur Kenntnis gebracht wird. Dies bedeutet im Ergebnis, dass der Verletzte bei einer bundesweiten unlauteren Werbung – z.B. in Presse oder Funk – die Wahl zwischen allen Landgerichten in Deutschland hat (sog. **fliegender Gerichtsstand**). Möglich ist insbesondere bei einer Werbung im Internet, dass der Werbende das Verbreitungsgebiet durch einen sog. **Disclaimer** einschränkt, indem er ankündigt, Adressaten in einem bestimmten Gebiet (oder Land) nicht zu beliefern.[270]

---

267 Vgl. *BGH* GRUR 2012, 949 – Missbräuchliche Vertragsstrafe; *BGH* NJW 2009, 1882 – Kinderwärmekissen. Beachte: Eine vom Gläubiger vorformulierte Unterlassungserklärung stellt eine AGB dar und ist gem. § 307 BGB unwirksam, wenn die vorgesehene Vertragsstrafe der Höhe nach „bereits auf den ersten Blick außer Verhältnis zu dem mit der Vertragsstrafe sanktionierten Verstoß und den Gefahren steht, die mit möglichen künftigen Verstößen für den Unterlassungsgläubiger verbunden sind“, vgl. *BGH* NJW 2014, 2180 – Vertragsstrafenklausel.

268 Eingehend m.w.N. Köhler/Bornkamm/*Bornkamm* § 12 UWG Rn. 1.142 f.

269 Vgl. *BGH* NJW 1997, 1702 – Altunterwerfung I; *BGH* NJW 2005, 2014 – Sparberaterin II.

270 Zur nötigen Eindeutigkeit und Ernsthaftigkeit eines solchen Disclaimers vgl. *BGH* GRUR 2006, 513 – Arzneimittelwerbung im Internet.

213 Noch anzumerken ist in diesem Zusammenhang, dass von der Bestimmung des Gerichtsstands die Frage nach dem anwendbaren materiellen Recht zu unterscheiden ist. Für den Bereich des **elektronischen Geschäftsverkehrs** ordnet § 3 TMG in Umsetzung der Richtlinie über den elektronischen Geschäftsverkehr das sog. **Herkunftslandprinzip** an. Dies bedeutet, dass für deutsche Diensteanbieter[271] auch dann (ausschließlich) deutsches Recht gilt, wenn sie ihre Dienste in anderen Staaten der EU anbieten (§ 3 Abs. 1 TMG). Umgekehrt versucht § 3 Abs. 2 S. 2 i.V.m. Abs. 5 TMG auf den ausländischen Diensteanbieter (auch) deutsches Lauterkeitsrecht zur Anwendung zu bringen. Dies findet wegen des Vorrangs des Unionsrechts freilich seine Grenze im Günstigkeitsprinzip.[272]

214 Für den Wettbewerbsprozess typisch ist, dass der Verletzte versucht, so schnell wie möglich eine **einstweilige Verfügung** des Gerichts zu erhalten (vgl. § 12 Abs. 2 UWG), mit der dem Verletzer sein Verhalten „bei Meidung eines für jeden Fall der Zuwiderhandlung verwirkten **Ordnungsgeldes bis zu 250 000 EUR** oder der Ordnungshaft bis zu 6 Monaten" (§ 890 ZPO) untersagt wird.

215 Aus § 12 Abs. 2 UWG ergibt sich die sog. **Dringlichkeitsvermutung,** d.h. der – neben dem Verfügungsanspruch – erforderliche Verfügungsgrund der Dringlichkeit wird (widerlegbar) vermutet. Als widerlegt ist diese Vermutung nach der Rspr. anzusehen, wenn der Antragsteller mit der Rechtsverfolgung nach Erlangung positiver Kenntnis zu lange zugewartet hat.[273] Eine in der Praxis gebräuchliche Faustregel sieht als schädlich einen Zeitraum ab 5 Wochen an.[274] Nicht als per se dringlichkeitsschädlich ist entgegen der hM das sog. **„forum-shopping"** anzusehen. Hiervon spricht man, wenn der Verfügungsantrag bei einem LG zurückgenommen wird, nachdem dieses signalisiert hat, die Verfügung nicht bzw. nicht ohne mündliche Verhandlung erlassen zu wollen, und die anschließende Anrufung eines anderen LG. Der Antragsgegner wird hierdurch – jedenfalls solange er nicht angehört worden ist – nicht beschwert.[275] Die Dringlichkeitsvermutung kann im Übrigen auch noch nach Erlass der einstweiligen Verfügung entfallen, wenn der Antragsteller nur eingeschränkt bzw. gar nicht aus der Verfügung vorgeht bzw. das Verfahren verzögert.[276]

216 Befürchtet man (z.B. aufgrund einer Abmahnung), dass ein Wettbewerber eine einstweilige Verfügung beantragen könnte, kommt die Hinterlegung einer sog. **Schutzschrift** (Legaldefinition in § 945a Abs. 1 S. 2 ZPO) bei den für die Antragstellung in Frage kommenden Gerichten in Betracht. In der Rspr. ist schon seit jeher anerkannt, dass solche vorbeugenden Schriftsätze vom Gericht zu berücksichtigen sind.[277] Um den Aufwand für alle Beteiligten zu reduzieren, ist aufgrund der neu geschaffenen §§ 945a und 945b ZPO ein elektronisches **Zentrales Schutzschriftenregister aufgebaut**

271 Ausf. zu Telemediendiensten oben 10. Kap.

272 Vgl. weitergehend Köhler/Bornkamm/*Köhler* Einl. UWG Rn. 5.22. m.w.N.

273 Zur Frage einer sog. Marktbeobachtungspflicht etwa *Teplitzky* Kap. 54 Rn. 29.

274 Genauer mit einer Übersicht der Praxis der deutschen Obergerichte Köhler/Bornkamm/*Köhler* § 12 UWG Rn. 3.15b.

275 Vgl. *Beyerlein* WRP 2005, 1463, 1466; a.A. *OLG Hamburg* GRUR 2007, 614 mit Anm. *Möller* EWiR 2007, 447; Köhler/Bornkamm/*Köhler* § 12 UWG Rn. 3.16a.

276 So z.B. bei Verzicht auf bestehende Vollstreckungsmöglichkeiten *OLG Köln* GRUR-RR 2010, 448; zweifelhaft *OLG Frankfurt* Beck RS 2010, 16885; s. insgesamt m.w.N. Köhler/Bornkamm/*Köhler* § 12 UWG Rn. 3.16 ff.

277 Vgl. *BGH* NJW 2003, 1257.

worden.[278] Grundsätzlich können Schutzschriften zwar auch weiter in Papierform bei einzelnen Gerichten eingereicht werden. Rechtsanwälte sind jedoch berufsrechtlich nach § 49c BRAO zur elektronischen Einreichung verpflichtet. Die elektronische Einstellung der Schutzschrift im Register gilt nach § 945a Abs. 2 ZPO als Einreichung bei allen ordentlichen Gerichten. Dies bedeutet, dass die Gerichte vor Erlass von einstweiligen Verfügungen ohne vorherige Anhörung des Gegners verpflichtet sind, eine Suchanfrage gem. § 945a Abs. 3 ZPO bei dem Register vorzunehmen.[279] Wird tatsächlich bei einem Gericht ein Verfügungsantrag eingereicht, sind die für die Hinterlegung der Schutzschrift entstandenen Kosten prozessual erstattungsfähig.[280] Dies gilt auch für die beim zentralen Schutzschriftenregister eingereichten Schutzschriften. Darauf, ob das Gericht, bei dem der Verfügungsantrag gestellt worden ist, die Schutzschrift vor seiner Entscheidung zur Kenntnis genommen hat, kommt es nicht an.[281]

217 Ist eine einstweilige Verfügung erlassen und vom Verletzer nicht beanstandet worden, so hat der Verletzte zu bedenken, dass, wie der Name schon sagt, die einstweilige Verfügung noch keine dauerhafte Regelung darstellt. Auch die ordnungsgemäß vollzogene[282] einstweilige Verfügung unterbricht nicht die Verjährung. Es besteht daher grds. Anlass und Notwendigkeit für das Nachschieben der ordentlichen (Unterlassungs-)Klage. Diese lässt sich für den Verletzer nur durch das sog. **Abschlusserklärung** vermeiden. Hierin erkennt er die einstweilige Verfügung „als endgültige Regelung" an. Die (anwaltlichen) Kosten des Verletzten für die mit einer **angemessenen Wartefrist**[283] versehenen Aufforderung zur Abgabe der Abschlusserklärung (Abschlussschreiben) trägt grundsätzlich – wie schon bei der UVE kennen gelernt – der Verletzer.[284]

218 Die **Streitwerte** sind in Wettbewerbssachen tendenziell hoch. Bei den meist im Mittelpunkt stehenden Unterlassungsansprüchen ist für die Wertbemessung in erster Linie die Bedeutung der Sache für den Kläger maßgeblich (vgl. § 51 Abs. 2 GKG). Verfügt er über eine gewisse Größe, wird er bei einer (angeblichen) Beeinträchtigung seiner wettbewerblichen Interessen leicht erhebliche Umsatz- und Ertragseinbußen befürchten müssen. Dem wirtschaftlich schwachen Unterlassungsschuldner droht daher gerade im Wettbewerbsrecht schnell nicht nur der Verlust des Prozesses, sondern auch seiner Existenz. Wohl vor diesem Hintergrund hat der Gesetzgeber im Jahr 2013 mit dem Gesetz gegen unseriöse Geschäftspraktiken die Möglichkeit vorgesehen, bei Fehlen aussagekräftiger Anhaltspunkte den Gebührenstreitwert mit 1 000 EUR zu bemessen (§ 51 Abs. 3 GKG). Offenbar soll der Anreiz zur Abmahnung geringfügiger Wettbewerbsverstöße schon unterhalb der Missbrauchsschwelle des § 8 Abs. 4 UWG gesenkt werden. Darüber hinaus ist die Regelung des § 12 Abs. 4 UWG a.F. für eine allgemeine Streitwertherabsetzung in einfachen Fällen ersetzt worden durch eine Regelung über eine einseitige **Streitwertbegünstigung** der wirtschaftlich schwächeren

278 Vgl. www.schutzschriftenregister.de.

279 S. nur Köhler/Bornkamm/*Köhler* § 12 UWG Rn. 3.40a.

280 Vgl. *BGH* GRUR 2007, 727 – Kosten der Schutzschrift II; *BGH* WRP 2008, 951 – Kosten der Schutzschrift III; *OLG Hamburg* MDR 2013, 1477; *Schmidt-Gaedke* WRP 2012, 60.

281 So zu recht *OLG Hamburg* GRUR-RR 2016, 431.

282 Zur notwendigen Vollziehung einer einstweiligen Verfügung (§ 929 Abs. 2 i.V.m. § 936 ZPO) s. Köhler/Bornkamm/*Köhler* § 12 UWG Rn. 3.61 ff.

283 Dazu genauer *BGH* NJW 2015, 3244 – Abschlussschreiben II.

284 Vgl. *BGH* WM 2007, 753 sowie zu Ausnahmen in einfach gelagerten Fällen; verlangt werden kann regelmäßig eine Geschäftsgebühr gem. Nr. 2300 RVG VV in Höhe von 1,3, vgl. *BGH* WRP 2010, 1169 – Nr. 2300 RVG VV.

Partei (§ 12 Abs. 4 und 5 UWG, § 51 Abs. 5 GKG). Notwendig ist u.a., dass glaubhaft gemacht werden kann, dass die Belastung mit den Prozesskosten nach dem vollen Streitwert die wirtschaftliche Lage der betreffenden Partei erheblich gefährden würde, dass ihr m.a.W. die Insolvenz drohen würde.[285] Viele Anträge auf Streitwertbegünstigung werden schon formal daran scheitern, dass der betreffende Antrag nicht vor der mündlichen Verhandlung gestellt worden ist (vgl. § 12 Abs. 5 S. 2 UWG).

Die Darstellung der weiteren Verfahrensbesonderheiten würde den vorliegenden Rahmen sprengen.[286] Unbedingt anzuempfehlen ist erforderlichenfalls die Beauftragung eines entsprechend spezialisierten Anwaltsbüros. **219**

III. Einigungsstellen

Eine Alternative zur Anrufung des Gerichts ist die Einschaltung der Einigungsstelle (§ 15 UWG). Diese bei den Industrie- und Handelskammern angesiedelten Einrichtungen bezwecken den gütlichen Ausgleich zwischen den Parteien. **220**

Die praktische Bedeutung der Einigungsstellen ist relativ gering, was aus Sicht des Verletzten auf die Eilbedürftigkeit einer Regelung zurückzuführen ist. Die möglichst umgehende Beantragung einer einstweiligen Verfügung ist für ihn meist erste Wahl. **221**

F. Internationale Aspekte

Das deutsche Lauterkeitsrecht ist in den letzten Jahren zunehmend durch das **vorrangige europäische Unionsrecht** beeinflusst worden. Neben den Entscheidungen des Europäischen Gerichtshofs haben vor allem mehrere Richtlinien der Europäischen Kommission eine Rolle gespielt. Durch § 5 Abs. 3 und § 6 UWG wurden z.B. die Richtlinien über irreführende und vergleichende Werbung (84/450/EWG und 97/55/EG) in innerstaatliches Recht umgesetzt, durch §§ 4a, 5a UWG und § 3 TMG die Richtlinie über den elektronischen Geschäftsverkehr (2000/31/EG), durch § 8 Abs. 3 Nr. 3 UWG (und das UnterlassungsklagenG) die Richtlinie über Unterlassungsklagen zum Schutz von Verbraucherinteressen (98/27/EG) sowie, wie schon eingangs erwähnt, mit der UWG-Novelle 2008 die **Richtlinie über unlautere Geschäftspraktiken** im binnenmarktinternen Geschäftsverkehr (2005/29/EG). **222**

Das anwendbare **nationale Wettbewerbsstatut** richtet sich jenseits des Anwendungsbereichs des Unionsrechts nach den Kollisionsregeln des deutschen **Internationalen Wettbewerbsrechts.** Da Wettbewerbsverstöße nach deutschem Verständnis als unerlaubte Handlungen zu qualifizieren sind, sind damit die Regeln des Internationalen Deliktsrechts einschlägig (Art. 40, 41 EGBGB; Art. 6 Rom-II-Verordnung). Danach ist regelmäßig deutsches Wettbewerbsrecht anwendbar, wenn die wettbewerblichen Interessen der Parteien (zumindest auch) in Deutschland aufeinander treffen (sog. **Marktortprinzip**).[287] Umgekehrt ist deutsches Wettbewerbsrecht dann nicht anwend- **223**

285 Vgl. *Köhler* NJW 2013, 3473, 3475 f.
286 Umfassend *Teplitzky* Wettbewerbsrechtliche Ansprüche und Verfahren.
287 Vgl. eingehend Köhler/Bornkamm/*Köhler* Einl. UWG Rn. 5.1. ff.

bar, wenn die wettbewerblichen Interessen ausschließlich im Ausland aufeinandertreffen. Dies gilt selbst dann, wenn es sich bei Verletztem und Verletzer um Inländer handelt. Die Sonderanknüpfung in Art. 40 Abs. 2 EGBGB an das gemeinsame Heimatrecht gilt im Wettbewerbsrecht im Hinblick auf das Marktortprinzip nicht.[288] Insgesamt ist damit nach wie vor ein hinreichend weiter Anwendungsbereich für die Bestimmungen des UWG gewährleistet.

288 *BGH* GRUR 2007, 245 Rn. 11 – Schulden Hulp; *BGH* NJW 2010, 3780 – Ausschreibung in Bulgarien; s. auch den Vorlagebeschluss zur Geltung des Arzneimittelpreisrechts für importierte Arzneimittel *BGH* NJW 2010, 3724 – Sparen Sie beim Medikamentenkauf!

15. Kapitel
Medienrecht und Sport

Literatur: *Becker* Zur Weiterentwicklung der Glücksspielregulierung, ZfWG 2017, 2; *Benecke/Groß* Das Recht am eigenen Bild im Arbeitsverhältnis, NZA 2015, 833; *Börding/von Schönfeld* Big Data im Leistungssport – Datenschutzrechtliche Anforderungen an die Vereine, SpuRt 2016, 7; *Bornemann* Der Sendeplan im Rundfunkrecht, ZUM 2013, 845; *Brost* Der lange Schatten von >>Murphy<< – droht das Ende der Exklusivität nationaler Urheberrechtslizenzen?, ZUM 2016, 689; *Bülow* Themen-Sponsoring im Fernsehen, CR 1999, 105; *Bullinger/Jani* Fußballübertragung in der virtuellen Welt, ZUM 2008, 879; *Coelln* Ausgleich zwischen Sportvermarktung und freier Sportinformation – Das Recht auf Kurzberichterstattung, SpuRt 2001, 221; *ders.* Hörfunkberichterstattung aus dem Stadion: Ein Konflikt zwischen Medienfreiheit und Vermarktungsrechten, SpuRt 2001, 134 und 185; *Conraths/Krüger* Das virtuelle Hausrecht des Online-Spiel-Betreibers – Wirksame Rechtsschutzmöglichkeit für Online-Spiel-Anbieter abseits des Vertragsrechts, MMR 2016, 310; *Coors* Der Einfluss von Sportagenturen auf den Fernsehrechtemarkt, AfP 2006, 216; *Daumann/Langer* Vermarktung von Sportleistung und Sportveranstaltung, in Fritzweiler (Hrsg.), Sport-Marketing und Recht, 2003; *Diekmann* Zur Mitwirkung der Lizenzfußballspieler bei der Vergabe von Fernsehrechten, UFITA 1995, 35; *Dittl* Unentgeltliche Kurzberichterstattung über Sportveranstaltungen im Fernsehen, 2013; *Dreier/Schulze* Urheberrechtsgesetz, 5. Aufl. 2015; *Dück/Terhorst* Zum Veranstalterverständnis im Profisport als Ausgangspunkt kartellrechtlicher Beurteilung der Zentralvermarktung der Fußball-Bundesliga, NZKart 2017, 56; *Ehmann* Monopole für Sportverbände durch ergänzenden Leistungsschutz?, GRURInt. 2009, 659; *Eilers* Fußballübertragungsrechte für Internet und Mobilfunktechnik – Abgegrenzte Gebiete oder Doppelvergabe der Fernsehrechte?, SpuRt 2006, 221; *Elter* Verwertung medialer Rechte der Fußballunternehmen, 2003; *Fikentscher* Gibt es sog. Hörfunkrechte? – Ein Diskussionsbeitrag, SpuRt 2002, 186; *ders.* Kommerzialisierung von Persönlichkeitsrechten im Sport, Recht und Sport, 2006; *ders.* Sportübertragungsrechte im Zeitalter der neuen Medien, UFITA 2005, 635; *Frey* Neue kartellrechtliche Spielräume für die Vermarktung medialer Rechte an der Fußball-Bundesliga, GRUR-Prax 2012, 365; *ders.* Leistungsschutzrecht für Presseverleger – Überlegungen zur Struktur und zu den Auswirkungen auf die Kommunikation im Internet, MMR 2010, 291; *ders.* Die Vergabe der medialen Rechte an der Fußball-Bundesliga, ZUM 2005, 585; *ders.* Neue Herausforderungen für die exklusive Contentverwertung, GRUR 2003, 931; *ders.* Anmerkung zum OLG Düsseldorf, GRUR-Prax 2013, 390; *Frey/Burkamp* Grenzen der Exklusivität in der Sportberichterstattung, K&R 2017, Beilage 1 zu Heft 7/8, 31; *Fritzweiler (Hrsg.)* Sport-Marketing und Recht, 2003, *Fritzweiler/Pfister/Summerer* Praxishandbuch Sportrecht, 3. Aufl. 2014; *Galli/Elter/Gömmel/Holzhäuser/Straub (Hrsg.)* Sportmanagement, 2. Aufl. 2012; *Geissinger* „Vorteil Agentur" Verwertung von Rechten an Sportveranstaltungen aus der Sicht großer Rechtevermarkter, in Fritzweiler (Hrsg.), Sport-Marketing und Recht, 2003; *Gersdorf/Paal* Informations- und Medienrecht, 1. Aufl. 2014; *Golla/Herbort* Zivilrechtlicher Bildnisschutz im Vorfeld von Weitergabe und Veröffentlichung, GRUR 2015, 648; *Gola/Schomerus* Bundesdatenschutzgesetz, 12. Aufl. 2015; *Gröpl* Fußball im Fernsehen – Zirkusspiele der modernen Art, SpuRt 2004, 181; *Günther* Umfang und zivilrechtliche Begrenzung der Aufnahmerechte an Sportveranstaltungen, insbesondere durch das besondere Persönlichkeitsrecht der Sportler, 2003; *Haas/Reimann* Das „Fernsehrecht" an Sportveranstaltungen als Abwehrrecht, SpuRt 1999, 182; *Härtl* Virtuelle Werbung: Was ist erlaubt?, GRUR-Prax 2015, 498; *Hahn/Vesting* Beck'scher Kommentar zum Rundfunkrecht, 3. Aufl. 2012; *Hartstein/Ring/Kreile/Dörr/Stettner* Kommentar zum Rundfunkstaatsvertrag, Loseblatt; *Heermann* Neues zum Leistungsschutzrecht für Sportveranstalter, GRUR 2015, 232; *ders.* Leistungsschutzrecht für Sportveranstalter de lege ferenda?, GRUR 2012, 791; *ders.* Fußball Kurzberichterstattung im Abseits?, SpuRt 2001, 188; *ders.* Sport und europäisches Kartellrecht, SpuRt 2003, 89; *ders.* Wem stehen die Verwertungsbefugnisse an Persönlichkeitsrechten von Lizenzfußballspielern zu? – Anmerkung zum Urteil des LG Frankfurt/Main vom 12.12.2008 Az.: 2-06 O 249/06, CaS 2009, 166; *Heinemann* Sportübertragungsrechte im europäischen Kartellrecht am Beispiel der Olympischen Spiele, ZEuP 2006, 337; *Hofmann* Verdient digitales Spielen ein Leistungsschutzrecht?, ZUM 2013, 279; *Holzhäuser/Bagger/Schenk* Ist E-Sport echter Sport?, SpuRt 2016, 94; *Horn* Zur Problematik der Übertragungsrechte für Fußballspiele im Fernsehen, Jura 1989, 17; *Kitzberger* Die werbliche Nutzung von Bildnissen und Namen von Profisportlern, ZUM 2011, 200; *Krebs/Becker/Dülk* Das gewerbliche Veranstalterrecht im Wege richterlicher Rechtsfortbildung, GRUR 2011, 391; *Kulka* Werbung im Zusammenhang mit der Übertragung von Sportveranstaltungen, Schriftenreihe des Württembergischen Fußballverbandes, Nr. 23; *Ladeur* Pay-TV und Exklusivverträge über Senderechte für Sportveranstaltungen, SpuRt 1998, 54; *ders.* Virtuelle Werbung in Sportübertragungen, SpuRt 2000, 45; *Lambertz* Kann denn «e-Sport Sport» sein?, causa sport 2017, 119; *Lauber-Rönsberg/Hartlaub* Personenbildnisse im Spannungsfeld zwischen Äußerungs- und Datenschutzrecht, NJW 2017, 1057; *Lehr/Brosius-Gersdorf* Kurzberichterstattung über Fußballbundesligaspiele, AfP 2001, 449; *Lenz* Das Recht auf Kurzberichterstattung – Bestätigung und Korrektur aus Karlsruhe, NJW 1999, 757; *Lochmann* Die Einräumung von Fernsehübertragungsrechten an Sportveranstaltungen, 2005; *Mahler* Ist ein neuer Veranstalterbegriff für den professionellen Ligasport notwendig?, SpuRt 2001, 8; *Mansdörfer* Strafbarkeit der Fernseh- und Internetwerbung für unionseuropäische Internetsportwetten und -lotterieangebote in Deutschland, ZfWG 2016, 94; *Maume* Der Amateurfußball in den Fängen des Wettbewerbs, MMR 2008, 797; *Mestmäcker* Veranstalterrechte als Fernsehrechte, FS O. Sandrock, 2000, S. 694; *Naumann* Zweikampf zwischen EuGH und BVerfG? – Der Fußball spaltet die Gerichte bei der Frage nach der Entgeltlichkeit des Kurzberichterstattungsrechts, ZUM 2014, 938; *Nesemann* Rund ums „Leder" – Von der EM 2008 bis zur WM 2010, NJW 2010, 1703; *Ohly* Gibt es einen Numerus clausus der Immaterialgüterrechte?, FS Schricker, 2005, S. 105; *ders.* Hartplatzhelden.de oder: Wohin mit dem unmittelbaren Leistungsschutz?, GRUR 2010, 487; *Ory* Fußballrechte im untechnischen Sinn, AfP 2002, 195; *ders.* Sind Broadcast-TV und IP-TV unterschiedliche Nutzungsarten?, K&R 2006, 303; *Paal* Leistungs- und Investitionsschutz für Sportveranstalter, 2014; *Pagenkopf* Der Neue Glücksspielvertrag – Neue Ufer, alte Gewässer, NJW 2012, 2918; *Partikel* Formularbuch für Sportverträge, 3. Aufl. 2015; *Peifer* Veranstalterschutz und Grenzen der Vermarktung von Exklusivrechten im Veranstaltungsbereich, AfP 2011, 540; *Platho* Werbung, nicht als Werbung – und wo bleibt der Trennungsgrundsatz?, ZUM 2000, 46; *Poley* Die Vermarktung des Hahnekamm-Skirennens in Kitzbühel, in Fritzweiler (Hrsg.), Sport-Marketing und Recht, 2003; *Reinholz* Planspiel: Urheberrechtsschutz für den Bundesligaspielplan?, GRUR-Prax 2011, 438; *Schmid-Petersen* Fußball im Radio – Können Sportveranstalter „Hörfunkrechte" vermarkten?, SpuRt 2003, 234; *ders.* Rechtliche Grenzen der Vermarktung von Persönlichkeiten: Computerspiel mit Oliver Kahn, SpuRt 2004, 248; *Schricker/Loewenheim* Urheberrecht, 5. Aufl. 2017; *Schwerdtner* Schutz der Persönlichkeitsrechte des Sportlers, Schriftenreihe des Württembergischen Fußballverbandes, Nr. 23; *Simitis* Bundesdatenschutzgesetz, 8. Aufl. 2014; *Stieper* Rezeptiver Werkgenuss als rechtmäßige Nutzung, MMR 2012, 12; *Stopper* Ligasport und Kartellrecht, 1997; *ders.* Wer ist Veranstalter und Rechtsträger im Profi-Fußball?, SpuRt 1999, 188; *Strauß* Hörfunkrechte des Sportveranstalters, 2006; *ders.* Zulässigkeit der Sportberichterstattung im Live-Ticker, SpuRt 2007, 6; *Summerer/Blask* Rechte an Spielplänen und Tabellen von Profiligen am Beispiel der DFL, SpuRt 2005, 50; *Summerer/Wichert* Kostenlose Radio-Sendungen über Fußball aus den Stadien?, SpuRt 2006, 55; *Tettinger* Das Recht des Rundfunks auf freie Berichterstattung bei Sportveranstaltungen, ZUM 1986, 497; *Viniol/Hofmann* Liberalisierte Glücksspielwerbung in Deutschland 2013?, MMR 2013, 434; *Waldhauser* Die Fernsehrechte des Sportveranstalters, 1999; *Wandtke/Bullinger* Praxiskommentar zum Urheberrecht, 4. Aufl. 2014; *Wenzel/Burkhardt/von Strobl-Albeg* Das Recht der Wort- und Bildberichterstattung, 5. Aufl. 2003; *Wetzel/Wichert* Fußball-Weltmeisterschaft im Free-TV: Ungerechtfertigter Eingriff in wirtschaftliche Grundrechte von Veranstalter und Zwischenhändler?, SpuRt 2001, 228; *Wertenbruch* Gibt es lizenzierbare Hörfunk-Übertragungsrechte des Sportveranstalters?, SpuRt 2001, 185.

I. Einführung[1]

Sport ist aus den Medien nicht wegzudenken. Die Berichterstattung über attraktive Sportveranstaltungen zieht Zuschauer oder Hörer an und bindet bestehende Nutzer an einen Anbieter. Hochwertige Sportprogramme helfen als so genannter Premium-Content bei der Herausbildung von Markenimages. Im Bereich der Neuen Medien soll die Sportberichterstattung den Durchbruch für innovative Bezahlinhalte bringen. Die Nachfrage nach Übertragungsrechten für Sportereignisse war daher nie größer als heute. Hinsichtlich der großen Sportevents wie Olympische Spiele, Fußball-Weltmeisterschaften und Fußball-Europameisterschaften ist ein ebenso starker Anstieg der Lizenzentgelte für die mediale Verwertung zu verzeichnen, wie dies für Ligawettbewerbe im Bereich des Fußballs gilt.[2] „Kleinere" Sportarten wie Volleyball oder Handball erzielen bei der Verwertung keine vergleichbaren Beträge. Jedoch erlangt die mediale Verbreitung auch bei Sportarten, die sich eines weniger großen Publikumsinteresses erfreuen, eine zunehmend wachsende Bedeutung: Die mediale Reichweite entscheidet häufig über Sponsorenengagements im Rahmen dieser Sportarten. Die Multiplikatorfunktion, die ein werbendes Unternehmen für sein(e) Produkt(e) oder sein Image über die mediale Verbreitung von Sportveranstaltungen erreichen kann, wird hier zum Entscheidungskriterium für ein Sponsoring. Bei Sportarten, die für sich genommen nur eine kleinere Zielgruppe ansprechen, verfestigt sich der Ansatz, die Bewegtbilder auf spartenübergreifenden Plattformen zu präsentieren, um so die Aufmerksamkeit zu bündeln und die mediale Reichweite zu erhöhen.[3] Eine ähnliche Entwicklung zeichnet sich im Amateursport ab, wo durch den Einsatz kostengünstiger Kameratechnologien sogar Live-Streaming-Angebote zu vertretbaren Kosten möglich sind und durch die Zusammenfassung einer Vielzahl von Amateursportereignissen neue Werbemöglichkeiten und andere Geschäftsmodelle mit Blick auf den „long tail" zu entwickeln sind.[4] Zudem wird zur Leistungsanalyse von Sportlern neben anderen technischen Methoden auch auf Bewegtbilder zurückgegriffen, was eine immer wichtiger werdende Auswertungsmöglichkeit medialer Inhalte bedeutet. 1

---

1 Mit Dank an Frau Judith Burkamp für die Unterstützung bei der Überarbeitung des Beitrags für die 4. Auflage.

2 Die „Übertragungsrechte" für die Begegnungen der Fußball-Bundesliga haben bspw. eine Wertsteigerung von ca. 80 Mio. EUR für die Saison 1996/97 auf ca. 412 Mio. EUR für die Saison 2010/11 erfahren. Für die Übertragungsrechte der Spielzeiten 2013/14 bis 2016/17 erhielt die DFL von den Sendeunternehmen rund 2,5 Mrd. EUR, was durchschnittlich Lizenzeinnahmen von 628 Mio. EUR pro Spielzeit entspricht, vgl. *Frey* GRUR-Prax 2012, S. 365. Für die Übertragungsrechte der Spielzeiten von 2017/18 bis 2020/21 erhielt die DFL insgesamt 4,64 Mrd. EUR, was pro Spielzeit zu einem Betrag von durchschnittlich 1,16 Mrd. EUR führt, www.bundesliga.de/de/dfl/dfl-ueberspringt-erstmals-milliarden-marke-bei-nationalen-medien-rechten-pro-saison-durchschnittlich-1-16-milliarden-euro-ab-2017-18-agmdsp.jsp, Abrufdatum: 27.3.2017. Als weiteres Bsp. seien die Olympischen Spiele genannt: Betrug der Preis für die Übertragungsrechte für die Olympischen Spiele im Jahr 1972 noch 17,5 Mio. USD, wurde mit dem Verkauf der Übertragungsrechte für die Olympischen Spiele im Jahr 2008 ein Betrag von mindestens 1,7 Mrd. USD erlöst, vgl. *Daumann/Langer* S. 19.

3 So z.B. das Bewegtbild-Portal „Sportdeutschland.TV", an dessen Rechtsträger der DOSB eine Minderheitsbeteiligung hält, abrufbar unter www.sportdeutschland.tv, Abrufdatum: 3.2.2017.

4 Beispiel ist hier das im Jahr 2017 gestartete Bewegtbild-Portal „sporttotal.tv" des gleichnamigen Unternehmens, einem Tochterunternehmen der _wige Media AG, abrufbar unter www.sporttotal.tv, Abrufdatum 27.3.2017; s. dazu auch SPONSORs vom 27.2.2017, www.sponsors.de/ist-das-der-tesla-des-sportbusiness (bezahlpflichtig), Abrufdatum: 27.3.2017.

II. Mediale Rechte an Sportveranstaltungen

2 Im Lichte der beachtlichen wirtschaftlichen Bedeutung der medialen Verwertung von Sportveranstaltungen stellt sich die Frage, ob und inwieweit die hieraus resultierende Wertschöpfung durch korrespondierende Rechte und Rechtspositionen an den Sportveranstaltungen abgesichert ist. Zwar wird in der Praxis von dem „Erwerb" und von dem „Verkauf" entsprechender „Rechte" gesprochen. Dieser Sprachgebrauch erweist sich bei einer genaueren Betrachtung jedoch als ungenau und sogar missverständlich. Das deutsche Recht kennt keinen gesetzlich geregelten Katalog von inhaltlich klar definierten medialen Rechten an Sportveranstaltungen. Vielmehr beschreibt dieser Sprachgebrauch für den Praktiker lediglich vereinfachend das Erlangen einer komplexen Rechtsposition, die sich als Ausfluss der Rechte zahlreicher Rechtssubjekte darstellt, welche an der betreffenden Sportveranstaltung im weitesten Sinne mitwirken und dem Erwerber die mediale Verwertung der Sportveranstaltung auf eine bestimmte Art und Weise gestattet. Als Rechtssubjekte im vorstehenden Sinn kommen namentlich die Sportler, Vereine, Verbände, Ligen sowie Sportstättenbetreiber in Betracht.

1. Fehlen eines gesetzlich geregelten Rechts an Sportveranstaltungen

3 Das deutsche Recht sieht kein eigenständiges (dingliches) Recht vor, das Sportveranstaltungen umfassend schützt und einem bestimmten Rechtssubjekt ausschließlich zuordnet. Die Rechtsposition im Hinblick auf eine Sportveranstaltung kann daher nicht mit dem Eigentum an einer Sache, das durch das BGB dem Eigentümer zugeordnet ist und gegenüber jedermann Wirkung entfaltet, oder dem Urheberrecht an einem Werk, an welchem das Urheberrechtsgesetz dem Urheber ein **erga omnes** wirkendes Ausschließlichkeitsrecht verleiht, verglichen werden. Ansätze, die urheberrechtlich begründete Positionen bemühen, um einen entsprechenden Schutz in Bezug auf Sportveranstaltungen zu begründen, können nicht überzeugen: Sport stellt bereits mangels Gedanken- und Gefühlsausdrucks keine persönliche geistige Schöpfung dar (vgl. § 2 Abs. 2 UrhG), sodass sich sportliche Wettbewerbe wegen des fehlenden Werkcharakters nicht als dessen künstlerische Darbietungen deuten lassen, die nach dem Urheberrechtsgesetz geschützt würden (vgl. § 73 1. Alt. UrhG).[5] Der Schutz von sportlichen Wettbewerben als künstlerische Darbietung vermag auch nicht über § 73 2. Alt UrhG begründet zu werden: Sportliche Wettbewerbe stellen keine Ausdrucksform der Volkskunst dar.[5] Aus den vorstehend genannten Gründen erlangt ein Sportveranstalter auch nicht die nach dem Urheberrechtsgesetz geschützte Rechtsposition eines „Veranstalters" i.S.d. § 81 UrhG.[6] Schließlich ließe sich erwägen, Sportlern und Sportveranstaltern in analoger Anwendung von §§ 73, 74 ff. bzw. 81 UrhG entsprechend geschützte Rechtspositionen zu gewähren. Allerdings ist eine für einen Analogieschluss erforderliche planwidrige Regelungslücke nicht ersichtlich, sodass mediale Rechte an Sportveranstaltungen der Verfestigung aufgrund anderweitiger Rechtspositionen bedürfen.[7]

---

5 *BGH* NJW 1990, 2815, 2817 – Sportübertragungen.

6 Vgl. zuletzt ausdrücklich *BGH* GRUR 2011, 436 Rn. 21 – Hartplatzhelden.de.

7 Vgl. zur Diskussion *Westerholt* ZIP 1996, 264, 264; *Haas/Reimann* SpuRt 1999, 182, 182; *OLG Frankfurt* SpuRt 1999, 200, 201; a.A. *Diekmann* UFITA 1995, 35, 47 ff.

2. Rechte des „Sportveranstalters“

Wie vorstehend ausgeführt, sieht das deutsche Recht kein originäres Recht an Sportveranstaltungen für Sportveranstalter vor. Jedoch sind Sportveranstalter deshalb nicht schutzlos gestellt. Sportveranstalter können sich auf unterschiedliche Rechte berufen, die ihnen im Zusammenhang mit ihrer Tätigkeit erwachsen.[8] 4

2.1 Hausrecht, §§ 1004, 903 BGB bzw. §§ 862, 859 BGB

Nach der herrschenden Meinung in der Rechtsprechung und Literatur steht dem Veranstalter eines Sportwettkampfs ein **Hausrecht zu, das ihn zur medialen Verwertung der von ihm erbrachten Leistung berechtigt.**[9] Dieses Recht leitet sich aus dem Eigentum des Eigentümers bzw. dem Besitz des Besitzers der Austragungsstätte gem. §§ 1004, 903 BGB bzw. §§ 862, 859 BGB ab. Das Hausrecht bildet die maßgebliche Grundlage für die Vergabe von medialen Übertragungsrechten an Sportereignissen aus Fußball- und Leichtathletikstadien sowie aus Sporthallen und aus anderen räumlich abgrenzbaren Sportstätten, die sich dinglich zuordnen lassen. Mediale Übertragungsrechte sind aus diesem Grund primär als Ausfluss von (Immobiliar-)Sachenrechten anzusehen.[10] Das Hausrecht erlaubt in erster Linie Maßnahmen zur Wahrung der äußeren Ordnung, die eine ungestörte Durchführung der Veranstaltung ermöglichen.[11] Über die Ordnungsaspekte eines geregelten Zutritts hinaus gewährt das Hausrecht die Befugnis zur Regelung des Zugangs.[12] Dies beinhaltet die Zutrittsgewährung zu bestimmten Zwecken und die Durchsetzung der Einhaltung dieser Zwecke mittels eines Hausverbots.[13] 5

Wie einige Fallbeispiele[14] aus der Praxis verdeutlichen, unterliegen die Abwehrmöglichkeiten, die aus dem Hausrecht erwachsen, aber **faktischen Grenzen.** Werden Bewegtbilder, die unter Verstoß gegen das Hausrecht gefertigt werden, nachträglich **durch Dritte verwertet**, greifen die Abwehransprüche aus §§ 1004, 903 BGB bzw. §§ 862, 859 BGB nicht.[15] Nach der Rspr. des für Immaterialgüterrechte zuständigen I. Zivilsenats vermittelt das Eigentum an einer Sache kein absolutes Recht an deren Erscheinungsbild, so dass in diesem Zusammenhang geschaffene Ablichtungen allenfalls Urheber-, aber keine Eigentumsrechte verletzen können.[16] „Illegale“ Aufzeichnungen, die nicht live und unmittelbar von der Sportstätte aus übertragen werden, sondern während des Sportereignisses ohne Wissen des Veranstalters erstellt und anschließend ggf. über das Internet Verbreitung finden, werden sich demnach unter Berufung auf das Hausrecht nicht unterbinden lassen.[17] Demgegenüber vertritt der für Eigentumsfragen zuständige V. Zivilsenat die Auffassung, dass nicht nur gegenüber 6

---

8 Vgl. dazu aus europäischer und rechtsvergleichender Perspektive, Study on sports organiser's rights in the European Union, Final Report, February 2014, T. M. C. Asser Instituut.

9 *BGH* NJW 2006, 377 – Hörfunkrechte; zuletzt *BGH* GRUR 2011, 436 Rn. 21 f. – Hartplatzhelden.de.

10 Vgl. *Wertenbruch* ZIP 1996, 1417, 1421. Die Konstruktion eines eingerichteten und ausgeübten Gewerbebetriebs, der über § 823 BGB geschützt wäre, sowie ein Schutz über das Lauterkeitsrecht wird demgegenüber als nachrangig angesehen, vgl. *Hoeren* JR 1998, 327, 333.

11 *BGH* NJW 2006, 377, 379; NJW 2010, 534, Stadionverbot randalierender Fans.

12 Vgl. *OLG München* GRUR-RR 2010, 258; a.A. *Fikentscher* SpuRt 2002, 186, 187.

13 Vgl. *BGH* NJW 2006, 1054 ff.

14 Beispielsfälle hierzu nennt Fritzweiler/*Schlindwein* S. 64 ff.

15 *Ohly* FS Schricker, S. 105, 113.

16 Vgl. *BGH* NJW 1989, 2251, 2251 – Friesenhaus.

17 Nach *BGH* JZ 1975, 491, 492 – Schloß Tegel – wird man indes entspr. Abwehransprüche gegen die Auswertung durch denjenigen, der unter Verstoß gegen das Hausrecht Bildnisse hergestellt hat, bejahen dürfen.

demjenigen, der Abbildungen gewerblicher Art unter Verstoß gegen das Hausrecht anfertigt, ein Unterlassungsanspruch geltend gemacht werden kann.[18] Ein solcher Anspruch könne unter Berufung auf das Eigentum grundsätzlich auch gegen Bildmaterial weiterverbreitende Dritte erhoben werden.[19] Dies sei auch dann der Fall, wenn der Eigentümer das Betreten seines Grundstücks zu privaten Zwecken gestattet habe.[20] Im Ergebnis leitet der V. Zivilsenat damit aus dem Sacheigentum eine (quasi-)dingliche Rechtsposition ab, die dem *erga omnes* wirkenden Urheberrecht und der daraus abgeleiteten Rechtsstellung inhaltlich sehr nahe kommt.[21] Dies resultiert letztlich aus der abweichenden Beurteilung des Verhältnisses von Urheberrecht und Sacheigentum zwischen dem I. und V. Zivilsenat des BGH.[22] Insofern bleibt abzuwarten, inwieweit der BGH auch die dogmatische Herleitung der medialen Rechte an Sportveranstaltungen aus dem Hausrecht weiterentwickeln wird. Einstweilen dürften die beschriebenen faktischen Grenzen der Rechtsdurchsetzung bestehen bleiben. Das gilt z.B. auch im Hinblick auf die Verbreitung von Abbildungen von Sportereignissen über Internetplattformen, die ihrerseits nicht ohne Weiteres als Störer in Anspruch genommen werden können.[23] Einen weiteren Problemfall, bei dem das Hausrecht leerläuft, bilden Aufzeichnungen, die von außerhalb der Veranstaltungsstätte aufgenommen werden.[24]

7 Das Hausrecht kommt nur dann zum Tragen, wenn die Sportveranstaltung an einem räumlich abgrenzbaren Ort in Form eines Stadions, einer Halle oder eines sonstigen Geländes, das kein öffentlicher Verkehrsraum ist, ausgetragen wird. Ausreichend dürften insofern physische Barrieren des Veranstalters sein, die den Zugang zu einem durch Abschirmung kontrollierbaren Gelände verhindern,[25] wie bspw. bei alpinen Skirennen. Schon bei der Austragung einer Sportveranstaltung im öffentlichen Verkehrsraum – bspw. eines Radrennens, eines Marathonlaufs oder einer Automobilralley – ist ein Rückgriff auf das Hausrecht nicht mehr möglich.[26] Teilweise wird in diesen Fällen versucht, ein „begrenztes Hausrecht“ mittels der als Sondernutzungserlaubnis des öffentlichen Grunds erworbenen Konzession zu begründen.[27] Die Frage nach der Gel-

---

18 Vgl. *BGH* GRUR 2013, 623 – Preußische Gärten und Parkanlagen II.

19 *BGH* GRUR 2011, 321 Rn. 8 – Preußische Gärten und Parkanlagen auf Internetportal; bestätigt durch *BGH* GRUR 2013, 623 – Preußische Gärten und Parkanlagen II.

20 *BGH* GRUR 2013, 623 – Preußische Gärten und Parkanlagen II. Der *V. Senat* bestätigt und konturiert seine frühere, heftig kritisierte Entscheidung in derselben Sache, s. *BGH* GRUR 2011, 323 – Preußische Gärten und Parkanlagen I.

21 *BGH* GRUR 2013, 623 Rn. 15. Sodann bejaht der BGH einen inhaltlich § 101 UrhG entsprechenden Anspruch des Eigentümers auf Auskunft über Anzahl der angefertigten Fotografien sowie der damit erzielten Einnahmen, *BGH* GRUR 2013, 623 Rn. 27.

22 Die Kritik in der Literatur ist mit der letzten Entscheidung des V. Senats nicht verstummt. Zu Recht wird eine Klärung durch den Großen Senat für Zivilsachen für erforderlich gehalten, s. *Elmenhorst* GRUR 2013, 627, 628.

23 Vgl. *BGH* GRUR 2011, 436 – Hartplatzhelden.de.

24 S. hierzu die „Waldbühne“-Entscheidung des *KG* GRUR 1952, 533: Hier wurde das Hausrecht dadurch umgangen, dass Kameraleute den Boxkampf von Bäumen filmten.

25 Vgl. *Hilty/Henning-Bodewig* Rechtsgutachten Leistungsschutzrecht für Sportveranstalter?, Working Paper, S. 49, www.dosb.de/fileadmin/fm-dsb/downloads/recht/Hilty_Gutachten_Leistungsschutzrechte.pdf, Abrufdatum: 23.3.2017.

26 *Günther* S. 111, 112.

27 So Fritzweiler/Pfister/*Summerer* S. 437 Rn. 92, der aus der bei „open air events“ einzuholenden Sondernutzungserlaubnis ein begrenztes Hausrecht ableitet; vgl. auch *Waldhauser* S. 71.

tung des Hausrechts stellt sich in neuerer Konstellation im eSport-Bereich:[28] Hier wird versucht, für Online-Spiele-Anbieter unter Berufung auf das von der Rechtsprechung anerkannte „virtuelle Hausrecht“ wirksame Rechtsschutzmöglichkeiten abseits des Vertragsrechts zu konstruieren.[29]

Im Bereich des Amateursports hat mittlerweile insbesondere der Bayerische Fußball-Verband (BFV) von der Möglichkeit, über das Hausrecht der Vereine ein vermarktbares Recht zu kreieren, Gebrauch gemacht. Der Verband macht die Bewegtbildberichterstattung sowie das Anfertigen von Aufnahmen von Spielen u.a. der Bayern- und Landesligen von einer Akkreditierung interessierter Medienunternehmen abhängig. Dies führte zu einem Rechtsstreit zwischen einigen Medienunternehmen und dem BFV, bei dem die Medienunternehmen ihrerseits u.a. unter Berufung auf eine gezielte Behinderung einen Unterlassungsanspruch nach den §§ 8, 4 Nr. 4 UWG (§ 4 Nr. 10 UWG a.F.) geltend machen. Mangels unangemessener Beeinträchtigung der wettbewerblichen Entfaltungsmöglichkeiten wurde ein Unterlassungsanspruch seitens des LG München I verneint.[30] Die Vereine hätten gerade zusammen mit dem Beklagten von der Ausübung des Hausrechts Gebrauch gemacht, ferner seien die Kläger nicht vollständig von der Bewegtbildberichterstattung ausgeschlossen.[30] Mit ähnlichen Argumenten wurde auch der Missbrauch einer marktbeherrschenden Stellung gem. § 19 Abs. 2 Nr. 1 GWB durch den BFV abgelehnt. Das OLG München bestätigte das landgerichtliche Urteil am 23.3.2017.[31] **8**

2.2 Wettbewerbsrechtliche Abwehrrechte gem. §§ 3 Abs. 1, 4 Nr. 3 UWG

Streitig ist, ob Sportveranstalter sich auf lauterkeitsrechtliche Ansprüche gem. §§ 3 Abs. 1, 4 Nr. 3 UWG berufen können.[32] Der wettbewerbsrechtliche Schutz ist insbesondere dann von Bedeutung, wenn das Hausrecht nicht weiterhilft. Dies ist in den vorstehend beschriebenen Konstellationen, in denen das Hausrecht an seine faktischen Grenzen gerät, aber auch bei der medialen Auswertung von rechtmäßig erstellten Aufzeichnungen durch unberechtigte Dritte gegeben. Sie werden regelmäßig auch herangezogen, um die Rechtsposition von Verbänden zu stützen, die sich nicht unmittelbare auf sachenrechtliche Positionen berufen können. **9**

Vor der Reform des UWG im Jahr 2004 konnten sich Veranstalter sowohl nach der Rechtsprechung als auch nach der Auffassung von Teilen der Literatur auf lauterkeitsrechtlichen Schutz in Form der verbotenen Übernahme fremder Leistungen berufen.[33] Obwohl nicht ganz unumstritten, wurde grundsätzlich z.B. ein Wettbewerbsverhältnis zwischen Sportveranstalter und Medien- bzw. Sendeanstalten bejaht, da sich beide mit **10**

---

28 Zur Frage, ob eSport als Sport angesehen werden kann, s. *Holzhäuser/Bagger/Schenk* SpuRt 2016, 94 sowie *Lambertz* causa sport 2017, 119.

29 *Conraths/Krüger* MMR 2016, 310.

30 *LG München I* 21.7.2016 – 17 HK O 12936/15.

31 *OLG München* NZKart 2017, 382.

32 Dafür Fritzweiler/Pfister/*Summerer* S. 437 Rn. 91, der einen Anspruch aus § 3 UWG bejaht; *Lochmann* S. 304; a.A. *Hilty/Henning-Bodewig* Rechtsgutachten Leistungsschutzrecht für Sportveranstalter? Working Paper, www.dosb.de/fileadmin/fm-dsb/downloads/recht/Hilty_Gutachten_Leistungsschutzrechte.pdf, Abrufdatum: 23.3.2017.

33 *Hilty/Henning-Bodewig* Rechtsgutachten Leistungsschutzrecht für Sportveranstalter? Working Paper, S. 40 f., www.dosb.de/fileadmin/fm-dsb/downloads/recht/Hilty_Gutachten_Leistungsschutzrechte.pdf, Abrufdatum: 23.3.2017; *BGH* NJW 1990, 2815, 2817 – Sportübertragungen; *Haas/Reimann* SpuRt 1999, 182, 186 f.

ihren Leistungen an potentielle Zuschauer wenden und daher denselben Interessentenkreis ansprechen würden.[34] Das Vorliegen einer sittenwidrigen Ausbeutung durch die unlautere Übernahme fremder Leistung begründete der BGH damit, dass eine Fernsehanstalt, die ein Fußballspiel live oder zeitversetzt überträgt, mit geringem eigenen technischen Aufwand unmittelbar das Ergebnis der organisatorischen und finanziellen Leistung des Veranstalters übernehme. Derjenige, der finanzielle Aufwendungen und das wirtschaftliche Risiko einer Veranstaltung trägt, müsse auch zur Verwertung und Abschöpfung des Profits berechtigt sein.

11 Inwieweit der wettbewerbsrechtliche Leistungsschutz von Sportveranstaltern nach der Reform des UWG im Jahr 2004 ein Ansatz für die Begründung medialer Rechte sein kann, ist streitig. Teilweise wird vertreten, die Reform führe zu einer restriktiveren Anwendbarkeit des UWG gegenüber der vorher geltenden Rechtslage, insbesondere im Hinblick auf die Leistungsübernahme in Form einer parasitären Ausnutzung von fremden Leistungen.[35] Auch die zum Amateursport ergangenen Urteile des LG und des OLG Stuttgart,[36] wonach die öffentliche Zugänglichmachung der von Privatpersonen aufgezeichneten Szenen aus Amateur-Fußballspielen durch die **Internet-Plattform „Hartplatzhelden"** unter die §§ 3, 4 Nr. 3 lit. b UWG (§§ 3, 4 Nr. 9 lit. b UWG a.F.) zu subsumieren ist, sind in der Literatur auf erhebliche Kritik[37] gestoßen. Diese Urteile fassen insbesondere die im Internet erfolgende Veröffentlichung von Privatvideos über Verbandsfußballspiele unter den Begriff der Nachahmung des § 4 Nr. 3 lit. b UWG (§ 4 Nr. 9 lit. b UWG a.F.) und sehen bereits in der Tatsache der Veröffentlichung den Tatbestand der Unlauterkeit erfüllt. Dabei berücksichtigen die Gerichte jedoch nicht, dass die Verbände – jedenfalls zum damaligen Zeitpunkt im Bereich des Amateurfußballs der klagende Württembergische Fußballverband (WFV) – nicht mit den Vereinen zusammenwirkten, um ein in medialer Hinsicht unternehmerisch vermarktbares Gut zu kreieren und dieses unter zur Hilfenahme des Hausrechts zu vermarkten, anders als dies bspw. bei dem DFL Deutsche Fußball Liga e.V. (früher Die Liga – Fußballverband e.V. bzw. Ligaverband) mit seinem operativen Arm, der DFL Deutsche Fußball Liga GmbH, der Fall ist. Folgerichtig hat der **BGH** die Klage des WFV abgewiesen.[38] Maßgeblich dafür war, dass die Veröffentlichung der Filmausschnitte entgegen der Ansicht des OLG Stuttgart **keine nach § 4 Nr. 3 lit. b UWG** (§ 4 Nr. 9 lit. b UWG a.F.) **unlautere Nachahmung** eines geschützten Leistungsergebnisses darstellt. Der Verband könne sich über die ihm angehörigen Vereine eine entsprechende wirtschaftliche Verwertung der Fußballspiele in seinem Verbandsgebiet dadurch hinreichend sichern, dass Besuchern der Fußballspiele Filmaufnahmen unter Berufung auf das Hausrecht untersagt werden.[39]

---

34 Fritzweiler/*Poley* S. 200.

35 Vgl. *Hilty/Henning-Bodewig* Rechtsgutachten Leistungsschutzrecht für Sportveranstalter?, Working Paper, S. 40 f., 45 ff., www.dosb.de/fileadmin/fm-dsb/downloads/recht/Hilty_Gutachten_Leistungsschutzrechte.pdf, Abrufdatum: 23.3.2017.

36 *LG Stuttgart* MMR 2008, 551; *OLG Stuttgart* MMR 2009, 395.

37 Zu den Stuttgarter Entscheidungen: *Frey* CR 2008, 530 ff.; *Hoeren* MMR 2008, 553 ff.; *Maume* Der Amateurfußball in den Fängen des Wettbewerbsrechts, MMR 2008, 797; *Ohly* Hartplatzhelden.de oder: Wohin mit dem unmittelbaren Leistungsschutz?, GRUR 2010, 487; *Ehmann* Monopole für Sportverbände durch ergänzenden Leistungsschutz?, GRURInt 2009, 659; *Peukert* Hartplatzhelden.de – Eine Nagelprobe für den wettbewerbsrechtlichen Leistungsschutz, WRP 2010, 316.

38 *BGH* GRUR 2011, 436 ff. – Hartplatzhelden.de.

39 *BGH* GRUR 2011, 436, 437 f. – Hartplatzhelden.de.

2.3 Recht am eingerichteten und ausgeübten Gewerbebetrieb, § 823 Abs. 1 BGB

Veranstalter von Sportwettbewerben können sich grundsätzlich auf das Recht am eingerichteten und ausgeübten Gewerbebetrieb gem. § 823 Abs. 1 BGB berufen.[40] Eine belastbare Rechtsprechung, die dem Veranstalter von Sportwettbewerben ein Recht zur Verwertung basierend auf dem Recht am eingerichteten und ausgeübten Gewerbebetrieb gewährt, existiert jedoch nicht. Bezweifelt wird in diesem Zusammenhang, dass die ungenehmigte Ausnutzung der wirtschaftlichen Leistung einen unmittelbaren betriebsbezogenen Eingriff in den Gewerbebetrieb darstellt.[41] Teilweise wird darüber hinausgehend vertreten, dem Recht am Unternehmen fehle im Hinblick auf die Möglichkeit einer medialen Verwertung einer Sportveranstaltung ein entsprechender Zuweisungsgehalt, da in der Regel lediglich eine Beeinträchtigung von Veräußerungschancen erfolge.[42] Das OLG Stuttgart sieht dagegen in seiner Entscheidung zu der Internet-Plattform „Hartplatzhelden" einen Anspruch des Amateurfußballverbands WFV aus diesem Rechtsinstitut als gegeben, aber nur subsidiär zu solchen aus dem UWG. Eine tiefergehende Prüfung nimmt es aufgrunddessen nicht vor.[43] In seiner vorher genannten Entscheidung hat der BGH das Urteil des OLG Stuttgart aufgehoben und die Klage abgewiesen. Der BGH hat einen Eingriff in den eingerichteten und ausgeübten Gewerbebetrieb mangels Eingriff in den rechtlichen Zuweisungsbereich verneint.[44] 12

2.4 Kennzeichen-, Namens- und Bildrechte

In vielen Fällen werden sich Sportveranstalter auf ihnen zustehende Kennzeichen- und Namensrechte berufen können. Zum Beispiel werden häufig die Namen von Sportvereinen, ihre **Logos und Embleme als Marken** geschützt sein. Das Oberlandesgericht Frankfurt hat z.B. entschieden, dass die Nutzung von Vereinsnamen und Trikotfarben bzw. -designs der Fußballvereine der beiden deutschen Fußballbundesligen in Computerspielen kennzeichenrechtlich relevant ist und eine Markenrechtsverletzung darstellen kann.[45] Aber auch die Namens- und Bildrechte der Spieler in Bezug auf ihre „vermögenswerten Bestandteile" können nach neuerer Rechtsprechung im Wege der Prozessstandschaft vom Sportveranstalter geltend gemacht werden. Das LG Frankfurt/Main sprach der DFL das Recht zu, Spielerrechte im Hinblick auf den Vertrieb eines Computerspiels, in dem Lizenzspieler der Bundesliga namentlich benannt und bildlich dargestellt wurden, geltend zu machen.[46] Das Gericht erkannte Ansprüche aus § 22 KUG, §§ 12, 823 Abs. 1, 1004 BGB in analoger Anwendung als gegeben an. Die entsprechenden Rechte seien lückenlos in den Spielerverträgen eingeräumt worden und den Spielern würden auch nicht in grundrechtswidriger Weise sämtliche Persönlichkeitsrechte entzogen. Die Lizenzierung greife nicht in den Kernbereich der Grundrechtspositionen der Spieler ein, zumal nur die Betätigung als Lizenzspieler 13

40 *BGH* NJW 1970, 2060 – Bubi Scholz; WuW/E 1990, 2627, 2634 – Globalvertrag; *Haas/Reimann* SpuRt 1999, 182, 187; *Mestmäcker* S. 694. Das Recht am eingerichteten und ausgeübten Gewerbebetrieb gelangt wegen Subsidiarität nur dann zur Anwendung, wenn der Anwendungsbereich des UWG nicht eröffnet ist, z.B. mangels Vorliegen einer geschäftlichen Handlung i.S.v. § 2 Nr. 1 UWG.

41 Vgl. insoweit *Haas/Reimann* SpuRt 1999, 182 und *Mestmäcker* S. 694.

42 *Lochmann* S. 265; a.A. Fritzweiler/Pfister/*Summerer* S. 437 Rn. 91.

43 *OLG Stuttgart* MMR 2009, 395.

44 Vgl. *BGH* GRUR 2011, 436, 439 – Hartplatzhelden.de.

45 *OLG Frankfurt* 22.11.2005 – 11 U 6/05.

46 *LG Frankfurt/Main* SpuRt 2009, 207 ff.

betroffen sei. Das Gericht beruft sich in diesem Zusammenhang auf die Entscheidungen des BGH zu „Paul Dahlke“,[47] „NENA“[48] und „Marlene Dietrich“.[49] Bereits dort sei der vermögensrechtliche Zuweisungsgehalt des Rechts am eigenen Bild anerkannt worden, auch wenn die Möglichkeit der Übertragbarkeit eines solchen Rechts nicht geklärt wurde.

2.5 „Sportveranstalter“ als Rechteinhaber

14 Mit den vorstehenden Ausführungen wurde ein Überblick darüber gegeben, auf welche denkbaren Rechte sich Veranstalter von Sportwettbewerben zur Begründung medialer Übertragungsrechte berufen können. Nicht erörtert wurde dabei die Frage, wem diese Rechte zustehen, insbesondere wer begrifflich als **Veranstalter** einer Sportveranstaltung aufzufassen ist. Oft wird in der Praxis übergreifend von dem „Sportveranstalter“ gesprochen. Allerdings erweist sich dieser Sprachgebrauch gerade im Hinblick auf die einzelnen Rechte als unscharf.

15 Unproblematisch ist zumeist die Bestimmung des Sportveranstalters als Rechteinhaber im Hinblick auf das Hausrecht. In der Regel ist der das Hausrecht innehabende Eigentümer bzw. Besitzer auch der Veranstalter der Sportveranstaltung.[50] Dies ist der den Wettkampf austragende Sportverein, ein „Boxstall“ oder ein sonstiger Beteiligter, nicht hingegen ein Sportverband.[51] Die Zuordnung von Kennzeichen- bzw. Namens- und Bildrechten bereitet ebenfalls keine größeren Schwierigkeiten. Auf das Recht am eingerichteten und ausgeübten Gewerbebetrieb dürften sich grundsätzlich neben den Vereinen auch Verbände berufen können. Im lauterkeitsrechtlichen Kontext hat die bisherige Rspr. zum alten UWG maßgeblich auf die Risikoträgerschaft abgestellt.[52] In Anlehnung an diese Rechtsprechung definierte die herrschende Meinung in der Literatur den Veranstalter und Berechtigten daher als denjenigen, „der in organisatorischer und finanzieller Hinsicht für die Veranstaltung verantwortlich ist, deren Vorbereitung und Durchführung übernimmt und dabei das unternehmerische Risiko trägt“.[53] Sportvereine und Sportverbände werden dabei lauterkeitsrechtlich regelmäßig als Mitberechtigte verstanden.

16 Auch in **kartellrechtlicher Hinsicht** musste sich die Rechtsprechung insbesondere im Rahmen der kartellrechtlichen Prüfung der Zentralvermarktung medialer Rechte in den Bereichen des Fußball-Ligasports mit der Frage der Veranstaltereigenschaft und daraus resultierenden Rechtspositionen auseinandersetzen. Im Hinblick auf das Vorliegen kartellrechtsrelevanter Unternehmensabsprachen war als Vorfrage zu klären, ob die Vereine oder der Verband Veranstalter sind bzw. ob beide zusammen als Mitveranstalter zu betrachten waren. Mit Beschluss v. 8.11.1995 hat das Kammergericht

---

47 *BGH* GRUR 1956, 427.

48 *BGH* GRUR 1987, 128.

49 *BGH* GRUR 2000, 709.

50 Vgl. *BGH* NJW 1990, 2815, 2817 – Sportübertragungen; 2006, 377, 379 – Hörfunkrechte.

51 Die so begründeten originären Rechte werden den Sportverbänden jedoch i.d.R. durch entspr. Bestimmungen in der Verbandssatzung eingeräumt, die die medialen Verwertungsrechte dem Verband zuordnen. Zur „Aktivierung“ dieser Rechte muss aber zusätzlich das Hausrecht durch die Vereine – dies zeigt die Rspr. zum Amateurbereich – tatsächlich ausgeübt werden.

52 *BGHZ* 27, 264, 266 – Box-Programmheft; *BGH* GRUR 1962, 254 f. – Fußball-Programmheft; *BGHZ* 39, 352, 354 f. – Vortragsabend; *BGH* NJW 1970, 2060 – Bubi Scholz.

53 *Mahler* SpuRt 2001, 8, 9; *Stopper* S. 79 ff.; *Westerholt* ZIP 1996, 265; vgl. dazu auch *Dück/Terhorst* NZKart 2017, 56.

Berlin in Übereinstimmung mit dem Bundeskartellamt noch dahingehend entschieden, dass Veranstalter die Vereine seien, die das betreffende Fußballspiel in ihrem – oder in dem von ihnen genutzten – Stadion ausrichten.[54] Der BGH erklärte in seinem Beschluss v. 11.12.1997 zur zentralen Vermarktung der Fernsehübertragungsrechte bei Europapokalheimspielen eine Mitberechtigung des Verbands für denkbar, wenn er die betreffenden „Wettbewerbe ins Leben gerufen, über Jahre durch zahlreiche Einzelmaßnahmen organisiert und geleitet und ihnen ein hohes Ansehen bei den Zuschauern verschafft hat".[55] Ebenso entschied das LG Frankfurt/Main anlässlich einer Klage der Vermarktungsgesellschaft Eisele gegen die zentrale Vermarktung der Fernsehübertragungsrechte durch die FIA (Fédération Internationale de l'Automobile). Es müsse darauf abgestellt werden, ob wesentliche Leistungen dazu beigesteuert werden, dass das Produkt auf das Interesse der Zuschauer und damit der Fernsehanstalten stößt.[56] Als Indizien für eine derartige Leistung könnten organisatorische Maßnahmen wie die Reglementierung der einzelnen Wettbewerbe und des Gesamtwettbewerbs, die Aufstellung der Voraussetzungen für die Qualifikation, die Überwachung des Reglements und des Sportereignisses vor Ort sowie die Dokumentation dieser Maßnahmen durch Lizenzierung des Namens für die Veranstaltung herangezogen werden. Erst durch diese Maßnahmen gewinne die Veranstaltung ein entsprechendes Ansehen.

Die kartellrechtliche Rechtsprechung des BGH und des LG Frankfurt/Main dürfte damit der sog. **Wertschöpfungstheorie** nahekommen, wonach derjenige als Veranstalter anzusehen ist, der ein Produkt mit vermarktungsfähiger Qualität ausstattet. Hieran anknüpfend wird in der Literatur als Veranstalter angesehen, „wer in organisatorischer und finanzieller Hinsicht für die Veranstaltung verantwortlich ist oder durch äquivalente Leistungen die Veranstaltung zu einem vermarktungsfähigen Produkt macht".[57] Ausfluss dieser Definition ist eine Ausweitung des Veranstalterbegriffs zugunsten der Sportverbände. 17

Der vorstehenden Ansicht scheint auch die EU-Kommission in ihrer kartellrechtlichen **Entscheidung zur UEFA-Champions-League**,[58] in der sie eine mögliche Mitinhaberschaft des einen Wettbewerb ausrichtenden Verbands an den medialen Rechten anerkennt, zu folgen. Darüber hinaus geht die Kommission in ihrer Champions-League-Entscheidung sogar davon aus, dass auch Auswärtsvereinen originäre Rechte an dem Sportereignis zustehen, an dem sie partizipieren. Als Begründung führt die Kommission an, dass die Beteiligung des Auswärtsvereins für die Veranstaltung und somit auch für die Aufzeichnung und Verwertung des Fußballspiels als Medieninhalt unverzichtbar sei und auch der auswärtige Verein aus diesem Grund wesentlichen Einfluss auf die Begebenheit der Veranstaltung hat.[59] 18

54 *KG* WuW/E *OLG* 5565, 5573; WuW 1996, 635, 643 – Fernsehübertragungsrechte.

55 *BGH* JR 1998, 327, 330 – Europapokalheimspiele.

56 *LG Frankfurt/Main* SpuRt 1998, 195, 196 mit Anm. *Bothor*; die Berufungsinstanz *OLG Frankfurt* SpuRt 1999, 200, 201 f., ließ die Entscheidung offen.

57 Fritzweiler/Pfister/*Summerer* S. 440 Rn. 99; *Mahler* SpuRt 2001, 8, 10; Galli/Elter/Gömmel/Holzhäuser/Straub/*Duvinage* S. 573 f.

58 Entscheidung v. 23.7.2003 COMP/37.398, ABlEU Nr. L 291/25 v. 8.11.2003, Rn. 122, 144, 177 – UEFA Champions League, www.eur-lex.europa.eu/LexUriServ/LexUriServ.do?uri=OJ:L:2003:291:0025:0055:EN:PDF, Abrufdatum: 23.3.2017; ohne ausdrückliche Stellungnahme: Entscheidungen der Kommission zur Zentralvermarktung der Bundesliga und FA Premier-League.

59 COMP/37.398, ABlEU Nr. L 291/25 v. 8.11.2003 Rn. 118 f. – UEFA Champions League.

19 Auch das **Bundeskartellamt** schließt sich nicht uneingeschränkt der Ansicht des BGH[60] zur Rechteinhaberschaft an, nach der diese insbesondere von dem Hausrecht des Sportveranstalters abgeleitet wird.[61] In seinem Beschluss zur Zentralvermarktung der Fußball-Bundesliga aus dem Jahr 2012 erachtet es diesen Ausgangspunkt für die wettbewerbsrechtliche Beurteilung für nicht hinreichend und geeignet, um die Wettbewerbsbeziehungen auf dem relevanten Markt zu erfassen.[62] In dem Bemühen, den Besonderheiten der „Ligaorganisation" gerecht zu werden, entfernt sich das Amt allerdings deutlich von den zivilrechtlichen Kriterien zur Bestimmung der Veranstaltereigenschaft. Das Amt kann sich dabei aber nicht zu einer klaren Bejahung einer Mitveranstaltereigenschaft des DFL Deutsche Fußball Liga e.V. und damit seiner Mitrechteinhaberschaft durchringen, was im Lichte des Grundsatzes der Einheitlichkeit der Rechtsordnung vorzugswürdig gewesen wäre. Die ausschließlich wettbewerbsrechtlich motivierten Erwägungen des Amts zu einem ligabezogenen „Bruchteilswert" eines jeden Spiels fügt der Diskussion dagegen einen weiteren dogmatischen Ansatz hinzu.[63] In dem Beschluss vom 11.4.2016 zur Verbindlicherklärung des Vermarktungsmodells der DFL ab der Saison 2017/18 betont das Amt, an den Überlegungen aus dem Jahr 2012 im Wesentlichen festzuhalten.[64] Auch die **Monopolkommission** setzt sich in ihrem Hauptgutachten 2016 mit dem Verhältnis der Rechtsprechung des BGH und der Praxis des Bundeskartellamts zur Veranstaltereigenschaft auseinander. Obwohl die Monopolkommission fordert, die Übertragungsrechte ihrem Inhalt nach gesetzlich zu definieren und bestimmten Rechteinhabern eindeutig zuzuweisen,[65] meint sie gleichzeitig, dass es keinen Widerspruch gebe. Die Rechtsprechung des BGH betreffe die Frage, ob Rechte an Übertragungen von Sportereignissen bestehen können und wem diese zustehen, das Bundeskartellamt unterstelle ebenfalls – implizit – dass es solche Rechte gebe, wobei die Rechte den Vereinen zustehen sollen.[66] Der Verwaltungspraxis des Bundeskartellamts kann dagegen eher die Tendenz entnommen werden, die Verbände im Profisport als Mitrechteinhaber anzusehen.[67]

20 Wer im Gefüge der Organisation und Ausrichtung eines Sportwettbewerbs Inhaber welcher Rechte ist, wird letztlich von den konkreten Umständen des Einzelfalles abhängen. In der Praxis wird häufig versucht, auf der Basis von **Satzungen und Richtlinien oder Lizenzvereinbarungen mit Vereinen** sowie sonstiger Vereinbarungen hinsichtlich der Ausübung des Hausrechts die unterschiedlichen Rechte bei einem Verband zu konzentrieren. Da sich über den rege diskutierten Begriff des Sportveranstalters nicht automatisch alle Rechtspositionen klären lassen, stellt die Bündelung

60 Vgl. *BGH* GRUR 2011, 436 Rn. 21 ff. – Hartplatzhelden.de; vgl. auch *Peifer* GRUR-Prax 2011, 181.

61 BKartA, Beschl. v. 12.01.2012, B 6-114/10 – Zentralvermarktung von Medienrechten, www.bundeskartellamt.de/SharedDocs/Entscheidung/DE/Entscheidungen/Kartellverbot/2012/B6-114-10.pdf?__blob=publicationFile&v=6, Abrufdatum: 23.3.2017.

62 Vgl. BKartA, Beschl. v. 12.01.2012, B 6-114/10 – Zentralvermarktung von Medienrechten, Rn. 40 ff.

63 Vgl. *Frey* GRUR-Prax 2012, 367.

64 Vgl. BKartA, Beschl. v. 11.4.2016, B6-32/15, Rn. 106 f., www.bundeskartellamt.de/SharedDocs/Entscheidung/DE/Entscheidungen/Kartellverbot/2016/B6-32-15.pdf?__blob=publicationFile&v=2, Abrufdatum: 28.3.2017.

65 Monopolkommission, XXI. Hauptgutachten – Wettbewerb 2016, Rn. 499, www.monopolkommission.de/images/HG21/HGXXI_Kap1_Zentralvermarktung.pdf, Abrufdatum: 6.2.2017.

66 Monopolkommission, XXI. Hauptgutachten – Wettbewerb 2016, Rn. 359.

67 Vgl. zum Ganzen auch *Dück/Terhorst* NZKart 2017, 56; ähnlich scheint auch das *OLG München* NZKart 2017, 382 von einer Mitveranstaltereigenschaft des Bayerischen Fußball-Verbands (BFV) im Amateurbereich auszugehen.

der Rechtspositionen aller Beteiligten ein probates Mittel dar, um für die Verwertungspraxis eine handhabbare Ausgangssituation für die Vermarktung medialer Rechte zu schaffen.

3. Diskussion um ein Leistungsschutzrecht des Sportveranstalters

Wie vorstehend ausgeführt, erlangt der Sportveranstalter keine Rechtsposition, die ihm die umfassende Kontrolle der medialen Verwertung der Veranstaltung erlaubt. Dies gilt auch für Spielpläne und Ergebnistabellen; ein Schutz des Veranstalters als Datenbankhersteller gem. § 87a UrhG wurde vom EuGH in Bezug auf Spielpläne von Begegnungen der englischen und schottischen Fußballmeisterschaften abgelehnt, da es an einer Investition gerade in Bezug auf die Datensammlung fehlte.[68] **21**

Gegen die Heranziehung des Hausrechts als Rechtsgrundlage für die Vergabe medialer Rechte an der Verwertung von Sportveranstaltungen wird vor allem vorgebracht, es könne die wertbildenden Faktoren der Veranstaltung in Form von komplexen Strukturen, die einer Veranstaltung das individuelle Gepräge verleihen, das wiederum ihren jeweiligen marktwirtschaftlichen Wert hervorbringe, nicht hinreichend widerspiegeln.[69] Unter Hinweis auf die strukturelle Überforderung des vorhandenen Rechtsrahmens wurden zudem Stimmen laut, die ein **eigenständiges quasi-dingliches Leistungsschutzrecht des Veranstalters eines Sportereignisses fordern.**[70] Frankreich hat z.B. im Jahr 1992 ein „droit d'organisateur" eingeführt,[71] das seit 2006 in Art. L 333 des „Code du Sport" geregelt ist. Auch Brasilien kennt eine als „Arenarecht" ausgestaltete gesetzliche Regelung, wonach „juristischen Personen des Sports" das Recht zusteht, die mediale Verwertung von Bildern der Veranstaltung „zu vereinbaren, zu genehmigen oder zu verbieten".[72] Prinzipiell dürfte das Gemeinschaftsrecht der Schaffung eines eigenen Leistungsschutzrechts des Veranstalters nicht entgegenstehen.[73] Auch die Monopolkommission spricht sich dafür aus, Vermarktungsrechte an Sportübertragungen allgemein gesetzlich klarzustellen, woraus geschlossen werden kann, dass auch sie eine einfachgesetzliche Regelung eines Leistungsschutzrechts für Sportveranstalter befürwortet.[74] **22**

---

68 *EuGH* SpuRt 2005, 64, 65 f. – Fixture Marketing.

69 Vgl. *Stopper* S. 190; *Hilty/Henning-Bodewig* Rechtsgutachten Leistungsschutzrecht für Sportveranstalter? Working Paper, S. 51, www.dosb.de/fileadmin/fm-dsb/downloads/recht/Hilty_Gutachten_Leistungsschutzrechte.pdf, Abrufdatum: 23.3.2017.

70 *Hilty/Henning-Bodewig* Rechtsgutachten Leistungsschutzrecht für Sportveranstalter?, Working Paper, www.dosb.de/fileadmin/fm-dsb/downloads/recht/Hilty_Gutachten_Leistungsschutzrechte.pdf, Abrufdatum: 23.3.2017; Die Diskussion um ein Leistungsschutzrecht für Sportveranstalter hat im Zusammenhang mit der Forderung der Presseverleger nach einem eigenen Leistungsschutzrecht wieder an Fahrt aufgenommen, vgl. dazu *Frey* MMR 2010, 291; vgl. auch Stellungnahme des DFB und der DFL zum 2. EU-Urheberrechtspaket, S. 6 f., www.bmjv.de/SharedDocs/Gesetzgebungsverfahren/Stellungnahmen/2016/Downloads/10282016_Stellungnahme_DFB_DFL_EU-Urheberrechtsreform.pdf?__blob=publicationFile&v=2, Abrufdatum: 6.2.2017.

71 Vgl. *Henning-Bodewig* ZUM 1994, 454, 456.

72 S. zu den Einzelheiten *Hilty/Henning-Bodewig* Rechtsgutachten Leistungsschutzrecht für Sportveranstalter?, Working Paper, S. 58 ff., www.dosb.de/fileadmin/fm-dsb/downloads/recht/Hilty_Gutachten_Leistungsschutzrechte.pdf, Abrufdatum: 23.3.2017.

73 Vgl. auch *EuGH* Urt. v. 4.10.2011, verb. Rs. C-403/08 und C-429/08, MMR 2011, 817, 820 Rn. 100 ff.

74 Monopolkommission, XXI. Hauptgutachten – Wettbewerb 2016, Rn. 362; vgl. Stellungnahme des DFB und der DFL zum 2. EU-Urheberrechtspaket, S. 7.

23 Der Einführung eines Leistungsschutzrechts für Veranstalter wird man jedoch kritisch entgegenhalten können, dass sich an der rechtspolitischen Rechtfertigung eines Leistungsschutzrechts für Sportveranstalter insofern zweifeln lässt, als diese nur in der Gefahr eines Marktversagens – die nicht ersichtlich ist – besteht. Zwar wird hierzu vertreten, dass auch andere Gründe, namentlich die (drohende) Beeinträchtigung gewichtiger Allgemeinwohlinteressen, im Rahmen der Einschätzungsprärogative ein Eingreifen seitens des Gesetzgebers in Form der Schaffung eines Leistungsschutzrechtes rechtfertigen können.[75] Es wird jedoch in Frage gestellt, ob ein Abrücken von dem geforderten (drohenden) Marktversagen für eine Einführung eines neuen Leistungsschutzrechts mit Blick auf allgemeinwohlorientierte (Sport-)Verbände, die gleichwohl aber wirtschaftlich tätig sind und insoweit gewinnorientiert handeln, gerechtfertigt werden kann.[76] Außerdem zeigt die Praxis, dass die Beteiligten auch ohne ein explizites Leistungsschutzrecht bislang einen Weg gefunden haben, mediale und andere Rechte an Sportveranstaltungen trotz der nur unvollkommenen Rechtsposition gewinnbringend zu vermarkten.[77]

4. Leistungsschutzrecht des Herstellers des Basissignals gem. § 94 UrhG

24 Sportverbände gehen teilweise dazu über, ihre Rechtsposition durch die **Eigenproduktion des audiovisuellen Basissignals**[78] einer Sportveranstaltung zu stärken. Im April 2006 gab die DFL bspw. erstmals bekannt, das Basissignal für die audiovisuelle Verwertung der Bundesliga-Spiele künftig selbst durch eine eigene Produktionsgesellschaft im Stadion erzeugen zu wollen. Auch der Deutsche Skiverband produziert mittlerweile die Bilder der deutschen Skiweltcupevents selbst.[79]

25 Die aufgezeichneten Bildfolgen und Bild- und Tonfolgen einer Sportübertragung werden regelmäßig als **Laufbilder (§ 95 UrhG)** einzustufen sein, können aber auch bei entsprechender Schöpfungshöhe Schutz als Filmwerk gem. § 2 Nr. 6 UrhG erlangen.[80] Während einfache Live-Übertragungen oder Berichte über den Ablauf von Sportveranstaltungen in der Regel nur Laufbildcharakter aufweisen, stellt die Verfilmung von Sportveranstaltungen ein Werk dar, wenn Kameraführung, Schnitt und Szenenauswahl eine schöpferische Gestaltung aufweisen.[81] Unabhängig davon, ob es sich bei den filmisch festgehaltenen Bildern des Sportereignisses um ein Filmwerk oder um Laufbilder handelt, hat der Hersteller des audiovisuell verwertbaren Basissignals das ausschließliche Recht zur Verwertung des Bild- und Tonträgers, auf den die Bilder aufgenommen sind (§ 94 UrhG). Die **eigene Herstellung des Basissignals stärkt im Ergebnis die Position der Sportverbände.**[82]

---

75 *Paal* S. 88.

76 Vgl. *Heermann* GRUR 2015, 232, 237.

77 Vgl. zur Diskussion auch Study on sports organiser's rights in the European Union, Final Report, February 2014, T. M. C. Asser Instituut.

78 Fernsehsignale, die bildlich gesprochen die Fernseh-Software darstellen, entstehen durch den Produktionsvorgang (Kamera, Bildregie, Ton etc.) und die Einspeisung in die Übertragungswege, *Elter* S. 100.

79 Vgl. SPONSORs 11/2016, Vom Verband zum Medienhaus, 24.

80 *Elter* S. 100.

81 Schricker/Loewenheim/*Loewenheim* UrhG § 2 Rn. 220 m.w.N.; Schricker/Loewenheim/*Katzenberger/N. Reber* UrhG § 95 Rn. 10.

82 Die Rolle als Produzent des Basissignals bietet der DFL auch eine stärkere Rechtsposition zur Bekämpfung der Verbreitung illegal erstellter Bewegtbilder an Bundesligaspielen über Internet-Plattformen, wie z.B. YouTube.

5. Leistungsschutzrecht des Sendeunternehmens gem. § 87 UrhG

Von dem Schutz des Filmherstellers gem. § 94 UrhG sind die Rechte der Sendeunternehmen zu unterscheiden. Nach Erzeugung des Basissignals erfolgt im weiteren Verlauf der Verwertungskette in der Regel die Ausstrahlung und Berichterstattung über ein Sportereignis durch ein **programmschaffendes Sendeunternehmen.** Die organisatorisch-wirtschaftliche Leistung der Veranstaltung bzw. der Durchführung von Funksendungen durch ein Sendeunternehmen schützt § 87 UrhG. Das Schutzrecht gem. § 87 UrhG tritt neben die Rechte am gesendeten Inhalt und ist von diesen unabhängig. Eine Grenze ist dort zu ziehen, wo lediglich die zeitgleiche und unveränderte Weitersendung einer fremden Sendung erfolgt und es an einem eigenen organisatorisch-technischen Aufwand zur Veranstaltung einer Sendung fehlt.[83] **26**

6. Rechte der Sportler

Wer eine Sportveranstaltung medial zu verwerten beabsichtigt, hat auch die Rechte der an der Sportveranstaltung mitwirkenden Sportler zu beachten. Sportler können sich auf ihr **allgemeines Persönlichkeitsrecht** gem. Art. 1 i.V.m. Art. 2 Abs. 1 GG berufen. Wichtige Erscheinungsformen des allgemeinen Persönlichkeitsrechts haben zudem einfachgesetzliche Ausgestaltungen gefunden, wie das Recht am eigenen Bild (§§ 22 ff. KUG) und das Namensrecht[84] (§ 12 BGB). **27**

6.1 Recht am eigenen Bild gem. §§ 22, 23 KUG

Bildnisse von Sportlern dürfen gem. § 22 KUG nur mit Einwilligung des Abgebildeten verbreitet oder öffentlich zur Schau gestellt werden. In der Praxis regeln Vereinssatzungen, Verbandssatzungen, Arbeitsverträge und gesonderte Lizenzvereinbarungen detailliert ausgestaltete Einwilligungen der Sportler, wodurch in der Regel umfassende Einwilligungen – teilweise über mehrere Stufen – am Ende in einer Hand gebündelt werden. Gleichwohl sind insbesondere im Amateurbereich auch konkludente Einwilligungen denkbar. **28**

Der Bildnisschutz findet sowohl bei Fotografien als auch bei Bewegtbildern Anwendung. Der Begriff des „Bildnisses“ setzt allein die **Erkennbarkeit der abgebildeten Person** voraus, sei es durch Merkmale, die sich aus dem Bild ergeben und die gerade der abgebildeten Person eigen sind oder die sich durch den beigegebenen Text ableiten lassen.[85] Auch die Nachbildung von Gesichtern einzelner Sportler in **Computersimulationen,** bspw. im Rahmen elektronischer Spiele, fällt angesichts des weiten Bildnisbegriffs unbeschadet der Art der technischen Darstellung in den Schutzbereich von §§ 22 f. KUG.[86] **29**

Insbesondere in Bezug auf die redaktionelle Berichterstattung unterliegt § 22 KUG jedoch einer Reihe von **Ausnahmen,** die als Ausprägung der in Art. 5 Abs. 1 S. 2 GG normierten Rundfunk- und Pressefreiheit in § 23 KUG Niederschlag gefunden haben. Die Einschränkungen betreffen Fallgestaltungen, in denen das Publikationsinteresse **30**

83 Dreier/Schulze/*Dreier* UrhG § 87 Rn. 6.

84 Vgl. zur Abbildung von Namen in Computerspielen *OLG Frankfurt* 22.11.2005 – 11 U 6/05, www.lareda.hessenrecht.hessen.de, Abrufdatum: 23.3.2017.

85 *BGH* GRUR 1979, 732, 733 – Fußballtor; Dreier/Schulze/*Specht* KUG § 22 Rn. 3.

86 *OLG Hamburg* ZUM 2004, 309, 310 – Oliver Kahn; auch *LG Frankfurt/Main* SpuRt 2009, 207 und *OLG Frankfurt* 22.11.2005 – 11 U 6/05.

das Selbstbestimmungsrecht des Sportlers überwiegt. So ist bspw. der Bildbericht über eine Sportveranstaltung gem. § 23 Abs. 1 Nr. 3 KUG auch ohne die Einwilligung von Sportlern zulässig, wenn sich die Berichterstattung auf die Darstellung des Geschehens beschränkt und einen repräsentativen Eindruck desselben vermittelt.[87] Daneben sind Bildnisse aus dem Bereich der Zeitgeschichte gem. § 23 Abs. 1 Nr. 1 KUG vom Bildnisschutz ausgenommen. Die frühere Rechtsprechung unterschied hier zwischen der Abbildung von **absoluten Personen der Zeitgeschichte,** d.h. Berühmtheiten, Prominente und Stars, die als Person im Interesse der Öffentlichkeit stehen, und **relativen Personen der Zeitgeschichte,** die nur vorübergehend aufgrund eines bestimmten Ereignisses ins Licht der Öffentlichkeit gerückt werden.[88] Der EGMR hat jedoch eine rein schematische Beantwortung der Frage, wann die Abbildung einer Person ohne Erlaubnis zulässig ist, anhand einer starren Kategorisierung einer betroffenen Person als „Teil der Zeitgeschichte" für unzulässig gehalten.[89] Es sei vielmehr in jedem Einzelfall zwischen den persönlichkeitsrechtlichen Interessen der Betroffenen und dem öffentlichen Informationsbedürfnis abzuwägen.[90] Hierbei ist von Bedeutung, ob das konkrete Bild die Person in einer öffentlichen Funktion oder als Privatperson zeigt.[91] Somit kommt der Einordnung als „Person der Zeitgeschichte" mittelbar noch weitere Bedeutung zu, obwohl der BGH – dem EGMR folgend – sich weitgehend vom Kriterium der Person der Zeitgeschichte zur Beurteilung eines zeitgeschichtlichen Ereignisses verabschiedet hat.[92] Ob ein Bildnis dem Bereich der Zeitgeschichte zuzuordnen ist, beurteilt sich nach neuerer Rechtsprechung anhand einer Abwägung zwischen den Rechten des Betroffenen nach Art. 1 Abs. 1, Art. 2 Abs. 1 GG und Art. 8 Abs. 1 EMRK und den Rechten der Presse nach Art. 5 Abs. 1 GG und Art. 10 Abs. 1 EMRK, wobei ein normativer Maßstab anzuwenden ist, der „die Pressefreiheit und zugleich den Schutz der Persönlichkeit und der Privatsphäre ausreichend berücksichtigt".[93] Es ist nach dem BGH gleichwohl zu berücksichtigen, ob es sich bei dem Betroffenen um eine Person des öffentlichen Interesses handelt, über die ggf. in größerem Umfang berichtet werden darf.[94] Unter den Begriff der Person des öffentlichen Interesses sind auch Profi-Sportler zu fassen, die vorher als absolute Person der Zeitgeschichte angesehen wurden.[95] Insgesamt wurden an die Einstufung von Sportlern und Trainern als absolute Personen der Zeitgeschichte nur geringe Anforderungen gestellt.[96] Aber auch weniger bekannte Sportler, die an einem Wettkampf teilnehmen, der von Interesse für die breite Öffentlichkeit ist, genießen ggf. keinen Bildnisschutz gem. §§ 22 ff. KUG.[97] Ferner können auch Fotos von Sportveranstaltungen, die nur regionale Bedeutung haben, Bildnisse aus dem Bereich der Zeitgeschichte darstellen.[98]

31 Bei der Vornahme der Interessenabwägung im Rahmen des § 23 Abs. 1 Nr. 1 KUG ist auch zu berücksichtigen, ob eine ausschließliche Verfolgung von Werbe-

87 Schricker/Loewenheim/*Götting* KUG § 23 Rn. 84 f.
88 Vgl. zur alten Rechtslage Dreier/Schulze/*Specht* KUG § 23 Rn. 4 ff.
89 Zur Berücksichtigung der Rspr. des *EGMR* Schricker/Loewenheim/*Götting* KUG § 23 Rn. 23 ff.
90 *EGMR* ZUM 2004, 651, 662.
91 *EGMR* GRUR 2012, 745, 748.
92 Dreier/Schulze/*Specht* KUG § 23 Rn. 10 mit Verweis auf *BGH* GRUR 2007, 523, GRUR 2007, 902.
93 *BGH* GRUR 2011, 259, 260 m.w.N.
94 *BGH* GRUR 2009, 584, 586 m.w.N.
95 Vgl. Wandtke/Bullinger/*Fricke* KUG § 23 Rn. 8.
96 Vgl. *OLG Frankfurt* AfP 1988, 62 f. – Boris Becker; *BGH* NJW 1968, 1091, 1091.
97 Fritzweiler/Pfister/*Summerer* S. 456 Rn. 145.
98 *BGH* GRUR 2013, 1065, 1066; vgl. auch *BGH* GRUR 2014, 804, 805.

zwecken vorliegt.[99] Nicht von § 23 KUG gedeckt ist die Verwendung des Bildnisses eines Sportlers zu **vornehmlich kommerziellen Zwecken,** d.h. wenn wirtschaftliche und unterhaltende Aspekte in den Vordergrund treten.[100] In diesem Fall fehlt es an einem schutzwürdigen Informationsinteresse der Allgemeinheit.[101] Überwiegend kommerzielle Geschäftsinteressen werden bei der **medialen Verbreitung eines Bildnisses zu Werbezwecken**[102] und bei der Verwendung computersimulierter Bildnisse eines Torwarts der deutschen Nationalmannschaft in einem öffentlich vertriebenen Computerspiel ohne Einwilligung des betroffenen Sportlers angenommen.[103] Im Rahmen der Abwägung ist allerdings zu berücksichtigen, dass allein das eigene wirtschaftliche Interesse eines Sportlers, finanziell an der Veröffentlichung seines Bildnisses beteiligt zu werden, die Zulässigkeit der Veröffentlichung nach einhelliger Meinung nicht einschränkt; nur in Ausnahmefällen kann das Interesse des Sportlers, sein Bildnis zur Erzielung eigener Einnahmen zu nutzen, berücksichtigt werden.[104] Ferner kann der Bildnisschutz gegenüber Art. 5 GG zurücktreten, wenn die Werbung aktuelle Geschehnisse im Zusammenhang mit Sportlern aufgreift und diese auf humorvolle oder satirische Weise kommentiert und verarbeitet.[105] Allerdings überwiegt das Persönlichkeitsrecht des abgebildeten Sportlers gegenüber dem Vermarktungsinteresse des Verkäufers, wenn bildliche Darstellungen nicht in erster Linie der Information der Öffentlichkeit oder der künstlerischen Darstellung dienen wie z.B. bei sog. Pop-Art-Porträts eines Sportlers, die über eBay verkauft werden und sich wie Fanartikel darstellen.[106] Schließlich darf der Sportler durch die Art der Darstellung und der Verbreitung, z.B. durch **Schmähkritik und Verunglimpfung,** nicht in seiner Ehre und seinem Ruf oder in seiner Intim- bzw. Privatsphäre verletzt werden. So ist z.B. die Verbreitung einer Ausschnittvergrößerung einer Torraumszene, die das Glied des Sportlers durch Hochrutschen des Hosenbeins teilweise entblößt zusammen mit dem Kommentar zeigt, „Er überzeugte die 30 000 Zuschauer nicht nur von seinen sportlichen, sondern auch von seinen männlichen Qualitäten",[107] unzulässig. Gleiches gilt im Fall der Bildberichterstattung über einen Sportler aus der Umkleidekabine, in der er nach einer Niederlage randaliert (räumlicher Schutz der Privatsphäre im Falle örtlicher Abgeschiedenheit).[108] § 23 Abs. 1 Nr. 1 KUG umfasst regelmäßig auch **Bildverfremdungen,** wie etwa Zeitlupenaufnahmen oder Ausschnittsvergrößerungen bzw. die Wiederholungen von Spielszenen, Fouls oder Verletzungshandlungen, da ihnen ein eigener Informationswert zukommt.[109] Bei

99 Dreier/Schulze/*Specht* KUG § 23 Rn. 23, 28.
100 *BGH* NJW 1979, 2203, 2204 – Fußballkalender; *OLG Frankfurt* NJW 1989, 402, 402 f. – Boris Becker; *OLG Düsseldorf* MMR 2013, 740 f.
101 Vgl. *BGHZ* 20, 345, 351; *BGH* GRUR 1979, 732, 733 – Fußballtor; *OLG Düsseldorf* MMR 2013, 740 f.; a.A. *RGZ* 125, 80, 84 f. – Tull Harder.
102 *BGH* NJW 1968, 1091, 1091 f. – Ligaspieler.
103 *OLG Hamburg* ZUM 2004, 309, 310 (Vorinstanz: *LG Hamburg* SpuRt 2004, 26, 28); hierzu auch *Schmid-Petersen* SpuRt 2004, 248 ff.; *Fikentscher* Recht und Sport Nr. 36, 34 ff.
104 Vgl. *BGH* NJW 1968, 1091, 1092 – Ligaspieler; NJW 1979, 2203, 2204 f. – Fußballkalender; *OLG München* ZUM 1985, 448, 451 – Fußballbilder; *LG Düsseldorf* WRP 1980, 46, 47 – Sammelbilder.
105 Vgl. *Kitzberger* ZUM 2011, 200.
106 *OLG Düsseldorf* MMR 2013, 740.
107 *OLG Hamburg* ArchPR 1972, 150.
108 Vgl. hierzu auch *Wenzel/Burkhardt/von Strobl-Albeg* 8. Kap. Rn. 68 ff.
109 *Schwerdtner* S. 114.

elektronisch angefertigten Abbildungen, z.B. in **Computerspielen,** dürfte hingegen – unabhängig von einer unzulässigen Kommerzialisierung – schon ein zeitgeschichtlicher Zusammenhang zu verneinen sein, da es sich nicht mehr um eine reale Situation handelt.[110]

32 § 23 Abs. 2 KUG statuiert im Einzelfall eine Verhältnismäßigkeitsprüfung. Fraglich ist allerdings, ob diese Norm aufgrund der im Rahmen von § 23 Abs. 1 Nr. 1 KUG nun erfolgenden umfassenden Interessenabwägung und einer ebenfalls denkbaren Vorverlagerung der Abwägung im Rahmen einer Prüfung des § 23 Abs. 1 Nr. 2–4 KUG überhaupt noch einen eigenen Anwendungsbereich hat.[111] Nach dem OLG Köln, das einen Fall des § 23 Abs. 1 Nr. 1 KUG zu entscheiden hatte, ist die Frage nur von akademischer Bedeutung, da abweichende Ergebnisse einer umfassenden Abwägung im Rahmen des § 23 Abs. 1 Nr. 1 KUG und einer zusätzlichen Prüfung im Rahmen des § 23 Abs. 2 KUG sich nicht denken lassen.[112]

6.2 Datenschutzrechte

33 Ebenfalls von Relevanz im Rahmen der medialen Auswertung einer Sportveranstaltung können Datenschutzrechte der Sportler sein. Gegenstand des Datenschutzes ist der Schutz des Einzelnen vor einer Beeinträchtigung seiner Persönlichkeitsrechte durch den Umgang mit seinen personenbezogenen Daten, vgl. § 1 Abs. 1 BDSG.[113] Die **Erhebung, Verarbeitung und Nutzung personenbezogener Daten** unterliegen nach § 4 Abs. 1 BDSG einem **Verbot mit Erlaubnisvorbehalt**.[114] Sie sind nur zulässig, soweit das **BDSG oder eine andere Rechtsvorschrift dies erlaubt** oder anordnet oder **der Betroffene eingewilligt** hat. Im Sport ist der Datenschutz in der Vergangenheit zwar noch wenig beachtet worden, da eine journalistisch-redaktionelle Berichterstattung datenschutzrechtlich durch das Medienprivileg besonders geschützt ist.[115] Besonders im Profibereich – aber nicht nur dort – werden aber verstärkt Big Data-Technologien zur Leistungsanalyse herangezogen. Die Berücksichtigung des Datenschutzrechts dürfte sich daher angesichts der zunehmenden Verbreitung technologiebasierter Leistungskontrollen und Videoanalysen in absehbarer Zeit ändern.[116] **Relevante Handlungen** in Form der **Erhebung, Verarbeitung oder Nutzung** personenbezogener Daten i.S.d. § 3 Abs. 3–5 BDSG kommen bei der medialen Auswertung von Sportereignissen grundsätzlich in Betracht bei der Anfertigung bzw. Auswertung von Videoaufnahmen, insbesondere zur technologiebasierten Analyse von Leistungen. Zusätzlich können Daten im Rahmen der Leistungsanalyse neben Kameras auch mithilfe von Sensoren und Computerprogrammen generiert werden.[117] Im Fall der **Weitergabe oder Veröffentlichung von Bildnissen bzw. Videoaufnahmen** von Sportveranstaltungen ist allerdings der ggf. gleichzeitig eröffnete Anwendungsbereich der Normen des KUG (§§ 22 ff. KUG) und des BDSG zu berücksichtigen. Dies kann z.B. Fragen hinsichtlich der Anforderungen an eine Einwilligung eines betroffenen Sportlers in die Verwendung

---

110 Vgl. *Schmid-Petersen* SpuRt 2004, 248, 249; *OLG Hamburg* ZUM 2004, 309, 310 – Oliver Kahn – lässt dies ausdrücklich offen.
111 Vgl. hierzu Dreier/Schulze/*Specht* KUG § 23 Rn. 47 f.
112 *OLG Köln* ZUM 2013, 684, 686.
113 Vgl. Gola/Schomerus/*Gola/Klug/Körffer* § 1 Rn. 1 f.
114 Vgl. Gola/Schomerus/*Gola/Klug/Körffer* § 4 Rn. 3.
115 S. zum Medienprivileg sogleich unter Rn. 34.
116 Vgl. *Börding/von Schönfeld* SpuRt 2016, 7, 8.
117 *Börding/von Schönfeld* SpuRt 2016, 7 f.

eines Bildnisses bzw. einer Videoaufnahme aufwerfen.[118] Nach dem BAG stellen die §§ 22, 23 KUG ein Bundesgesetz i.S.d. § 1 Abs. 3 S. 1 BDSG dar.[119] Die Normen des KUG gehen demnach dem BDSG vor, soweit sie auf personenbezogene Daten einschließlich deren Veröffentlichung anzuwenden sind. Das BAG sieht allerdings einen Wertungswiderspruch zwischen § 22 KUG und § 4a Abs. 1 S. 3 BDSG und nimmt sodann eine verfassungskonforme Auslegung des § 22 KUG dahingehend vor, dass auch im Arbeitsverhältnis eine Einwilligung seitens eines Arbeitnehmers der Schriftform bedarf.[119] Bei einer Medienberichterstattung bewirkt hingegen bereits das **Medienprivileg** die Abgrenzung der Anwendungsbereiche der Datenschutzgesetze und des KUG.[120] Es sind demnach ohnehin lediglich die Voraussetzungen des § 22 KUG im Hinblick auf das Erfordernis einer Einwilligung für die Verbreitung und öffentliche Zurschaustellung eines Bildnisses zu beachten, wenn nicht die Ausnahmetatbestände des § 23 Abs. 1 KUG greifen, bei deren Vorliegen keine Einwilligung des Abgebildeten erforderlich ist. Das Verhältnis von datenschutzrechtlichen Vorschriften und den Vorschriften des KUG muss auf Grund der ab dem 25.5.2018 anwendbaren DSGVO neu beurteilt werden.[121]

Bei Eingreifen des Medienprivilegs kommt es zu Einschränkungen der Anwendbarkeit des BDSG, insbesondere **gelangt § 4 BDSG**, welcher die Voraussetzungen der Zulässigkeit der Datenerhebung, -verarbeitung und -nutzung regelt, **nicht zur Anwendung**.[122] Das Medienprivileg wird durch die Presse- sowie die Rundfunkfreiheit in Art. 5 Abs. 1 GG verfassungsrechtlich vorgegeben.[123] Es stellt die Medien, insbesondere die Presse und auch den Rundfunk, bei der Erfüllung ihrer grundgesetzlich zuerkannten und garantierten Aufgaben von der Einhaltung bestehender Datenschutzvorschriften weitgehend frei, da keine journalistische Arbeit ohne die Erhebung, Verarbeitung und Nutzung personenbezogener Daten auch ohne Einwilligung der jeweils Betroffenen möglich ist.[124] Auch Telemedien sind, soweit sie Schutz durch Art. 5 Abs. 1 S. 2 GG genießen, vom Medienprivileg umfasst. Das Privileg findet in der Rahmenvorschrift des § 41 BDSG sowie in einigen medienrechtlichen Regelungen der Länder seine Ausprägung und greift, wenn die Daten ausschließlich **für eigene journalistisch-redaktionelle oder literarische Zwecke** bestimmt sind. Ein zentrales Kriterium bei der Beurteilung der Zweckbestimmung ist der Umfang der meinungsbildenden Wirkung eines Angebots für die Allgemeinheit: Die reine Übermittlung von erhobenen Daten an Nutzer fällt nach dem BGH nicht unter den besonderen Schutz, weil die bloße automatische Auflistung von redaktionellen Beiträgen noch nicht eine eigene journalistisch-redaktionelle Gestaltung[125] darstellt; erst wenn die meinungsbildende Wirkung für die Allgemeinheit prägender Bestandteil ist und nicht nur schmückendes Beiwerk, könne von einer solchen Gestaltung die Rede sein.[126] Das LG Köln ließ hinsichtlich 34

118 Vgl. *Benecke/Groß* NZA 2015, 833 ff.; vgl. auch *Golla/Herbort* GRUR 2015, 648, 649.
119 *BAG* MMR 2015, 544, 545.
120 Vgl. *Lauber-Rönsberg/Hartlaub* NJW 2017, 1057.
121 Zum Verhältnis zwischen DSGVO und KUG s. *Lauber-Rönsberg/Hartlaub* NJW 2017, 1057, 1059 ff.
122 Zu § 57 RStV vgl. *BGH* ZUM 2011, 647, 651 m.w.N.; zu § 41 BDSG Gola/Schomerus/*Gola/Klug/Körffer* § 41 Rn. 2.
123 *BGH* ZUM 2011, 647, 651.
124 Vgl. *BGH* NJW 2009, 2888, 2890 – spickmich.de; ZUM 2011, 647, 651.
125 Der *BGH* scheint dazu zu neigen, aus der objektiven Gestaltung eines Mediums auf die Zweckrichtung schließen zu wollen.
126 Vgl. *BGH* NJW 2009, 2888, 2890 – spickmich.de m.w.N.

der Erfüllung der durch den BGH entwickelten Kriterien zutreffend bereits seitens eines Anbieters bereitgestellte Hintergrundinformationen ausreichen.[127] Eine Datenverarbeitung **zu eigenen Zwecken** liegt z.B. vor, wenn die Daten eigenen Veröffentlichungen des betroffenen Medienunternehmens dienen.[128]

35 Soweit das Medienprivileg keine Anwendung findet, sind die Regeln des BDSG vollumfänglich zu beachten, wenn personenbezogene Daten generiert werden. **Personenbezogene Daten** sind nach § 3 Abs. 1 BDSG Einzelangaben über persönliche oder sachliche Verhältnisse einer bestimmten oder bestimmbaren natürlichen Person (Betroffener). Eine Einzelangabe ist eine Information, die sich auf eine bestimmte Person bezieht oder geeignet ist, zu dieser einen Bezug herzustellen.[129] Zu Angaben über persönliche Verhältnisse gehören u.a. der Name sowie das Erscheinungsbild, Eigenschaften, der Gesundheitszustand und das Aussehen einer Person.[130] Da Videoaufnahmen und mittels Sensoren generierte Daten sich jeweils auf den Spieler betreffende Umstände beziehen, die Rückschlüsse auf u.a. dessen Leistungsvermögen oder -bereitschaft ermöglichen, liegt insofern eine **Angabe über persönliche Verhältnisse** vor.[131] Den Daten, die aus einer Leistungsanalyse hervorgehen, kann ferner ein **„bestimmter oder bestimmbarer Sachverhalt“** in Form eines Leistungsprofils entnommen werden.[132] Für die Bestimmbarkeit einer Person muss grundsätzlich die Möglichkeit bestehen, ihre Identität festzustellen.[133] Die **Bestimmbarkeit** einer Person ist bei einer Videoaufnahme grundsätzlich zu bejahen, wenn ihr Gesicht erkennbar wird.[134] Zu berücksichtigen sind aber auch zusätzliche Kriterien, wie das sonstige Körperbild einer Person (Körperhaltung, Kleidung oder mitgeführte Gegenstände) und der Zeitpunkt und Ort der Aufnahme.[135] Beim Einsatz von Sensoren in Kleidungsstücken der Spieler und der Anfertigung eines detaillierten Leistungsbildes kann grundsätzlich von einem Personenbezug ausgegangen werden, es sei denn, das Datum lässt keine Zuordnung zum betroffenen Sportler zu.[136]

36 Bei Nichteingreifen des Medienprivilegs setzt die Zulässigkeit einer datenschutzrechtlich relevanten Handlung hingegen entweder einen **Erlaubnistatbestand aus dem BDSG oder einer anderen Rechtsvorschrift** oder eine **Einwilligung des Betroffenen**, § 4 Abs. 1 BDSG, voraus. Denkbar ist bei der Anfertigung von Videoaufnahmen von Sportereignissen zunächst eine zulässige Beobachtung öffentlich zugänglicher Räume mit optisch-elektronischen Einrichtungen gem. **§ 6b Abs. 1 Nr. 2, 3, Abs. 3 BDSG**. Eine Videoaufzeichnung zur medialen Verwertung bzw. Leistungsanalyse dient allerdings nicht dem Schutz des Objekts, bspw. der Sportstätte, sodass es schwerfallen dürfte, hier die Wahrnehmung des Hausrechts nach § 6b Abs. 1 Nr. 2 BDSG in Ansatz zu bringen.[137] Denkbar ist auch gem. § 6b Abs. 1 Nr. 3 BDSG eine Beobachtung zur **Wahrneh-**

127 *LG Köln* NJOZ 2010, 1933, 1935.
128 Vgl. *BGH* ZUM 2011, 647, 651 m.w.N.
129 Gola/Schomerus/*Gola/Klug/Körffer* § 3 Rn. 3.
130 Gola/Schomerus/*Gola/Klug/Körffer* § 3 Rn. 6.
131 Vgl. *Börding/von Schönfeld* SpuRt 2016, 7, 8 f.
132 Vgl. *Börding/von Schönfeld* SpuRt 2016, 7, 9.
133 Vgl. *BGH* GRUR 2015, 192, 194 Rn. 23.
134 *VG Ansbach* SVR 2015, 235, 236.
135 *VG Ansbach* SVR 2015, 235, 236; zur Kameraausrichtung auf eine Mannschaft vgl. *Börding/von Schönfeld* SpuRt 2016, 7, 8.
136 Vgl. *Börding/von Schönfeld* SpuRt 2016, 7, 8 m.w.N.
137 Vgl. Gola/Schomerus/*Gola/Klug/Körffer* § 6b Rn. 16.

mung berechtigter Interessen für konkret festgelegte Zwecke. Ein berechtigtes Interesse kann jedes tatsächliche Interesse wirtschaftlicher oder ideeller Art sein.[138] Der Begriff „Wahrnehmung berechtigter Interessen" ist aber dem eng auszulegenden Ausnahmetatbestand des § 28 Abs. 1 S. 1 Nr. 2 BDSG entlehnt: Was ein berechtigtes Interesse der verantwortlichen Stelle sein kann, bestimmt sich nicht allein nach deren subjektiven Interesse, z. B. durch Definition eines Geschäftszwecks, sondern muss objektiv begründbar sein.[139] Eine Wahrnehmung berechtigter Interessen ist regelmäßig nicht anzunehmen, wenn die Beobachtung Hauptzweck oder wesentlicher Nebenzweck der Geschäftstätigkeit ist, sodass eine Videoüberwachung mit dem Ziel der Vermarktung hierdurch gewonnener Bilder unzulässig wäre.[140] Eine Anfertigung von Videoaufnahmen zur Leistungsanalyse kann wegen des Mehrwerts für den Verein hingegen ein legitimes Interesse für diesen darstellen, bedeutet aber auch gleichzeitig einen Eingriff in die Rechte des Sportlers, wenn dieser keinen Überblick über Umfang und Zweck der generierten Daten hat und umfassende Leistungsprofile erstellt werden.[141] Infolgedessen wäre ein berechtigtes Interesse zu verneinen und eine Einwilligung würde erforderlich. Einen weiteren Erlaubnistatbestand, der bei der technologiebasierten Leistungsanalyse in Betracht kommt, stellt ferner § 28 Abs. 1 BDSG dar, bei Beschäftigungsverhältnissen kann auch § 32 Abs. 1 S. 1 BDSG einschlägig sein.[142] Eine etwaige **datenschutzrechtliche Einwilligung** des Betroffenen **i.S.d. § 4a Abs. 1 BDSG** muss für ihre Wirksamkeit nach S. 1 **auf der freien Entscheidung des Betroffenen beruhen** und bedarf nach S. 3 der **Schriftform** (§ 126 Abs. 1 BGB), soweit nicht wegen besonderer Umstände eine andere Form angemessen ist. Zu beachten ist insbesondere, dass die Einwilligung als Teil des Rechts auf informationelle Selbstbestimmung grundsätzlich jederzeit und ohne Angabe von Gründen **widerruflich** ist.[143] Unter bestimmten Umständen kann ein Widerruf allerdings ausgeschlossen sein. Dies kann insbesondere angenommen werden, wenn der Widerruf willkürlich erfolgt. Bei der Beurteilung sind die Grundsätze von Treu und Glauben zu beachten.[144] Ab dem 25.5.2018 sind des Weiteren die Regeln der DSGVO zu beachten.

6.3 § 823 Abs. 1 BGB i.V.m. dem allgemeinen Persönlichkeitsrecht

Soweit nicht das Recht eines Sportlers am eigenen Bild gem. § 22 KUG einschlägig ist, **37** kommt der Schutz des Sportlers gem. § 823 Abs. 1 BGB i.V.m. seinem allgemeinen Persönlichkeitsrecht in Betracht. Für Sportler sind im medialen Umfeld insbesondere die Fallgruppen der persönlichen Ehre, das Recht am gesprochenen Wort und an der eigenen Privat-, Geheim- und Intimsphäre[145] relevant. Geschützt wird der Sportler durch diese Fallgruppen allerdings nur gegen solche Darstellungen, die etwa seine Privatsphäre[146] offenlegen oder ihn in seinem öffentlichen oder beruflichen Wirken beeinträchtigen.

---

138 Simitis/*Scholz* § 6b Rn. 78.
139 Beschlussempfehlung und Bericht des Innenausschusses, BT-Drucks. 14/5793, 61; vgl. hierzu auch Simitis/*Scholz* § 6b Rn. 78.
140 Beschlussempfehlung und Bericht des Innenausschusses, BT-Drucks. 14/5793, 61.
141 Vgl. *Börding/von Schönfeld* SpuRt 2016, 7, 10.
142 Vgl. *Börding/von Schönfeld* SpuRt 2016, 7, 9.
143 *Simitis* § 4a Rn. 94; *Golla/Herbort* GRUR 2015, 648, 652.
144 Gola/Schomerus/*Gola/Klug/Körffer* § 4a Rn. 38; vgl. *Börding/von Schönfeld* SpuRt 2016, 7, 11.
145 Vgl. zu den Fallgruppen *Wenzel/Burkhardt/von Strobl-Albeg* 5. Kap. Rn. 16.
146 Vgl. dazu auch *OLG München* ZUM-RD 2017, 35.

6.4 Wettbewerbsrechtliches Abwehrrecht gem. § 3 UWG

38 Sportler können sich wegen der audiovisuellen Verwertung ihres Bildnisses nicht auf den wettbewerbsrechtlichen Schutz gem. § 3 UWG berufen.[147] Es fehlt an einer zur Wettbewerbsbeeinträchtigung eines Mitbewerbers geeigneten Wettbewerbshandlung. Der Begriff des Mitbewerbers erfordert gem. § 2 Abs. 1 Nr. 3 UWG ein **konkretes Wettbewerbsverhältnis.** Ein solches liegt nicht vor, da die Erwerbschancen des Sportlers durch die mediale Verwertung der Veranstaltung im Ganzen nicht gemindert werden.[148] Die finanziellen Partizipationsinteressen der Sportler gegenüber Dritten, wie dem Verein oder dem Verband, gelten außerhalb des Persönlichkeitsrechtsschutzes aufgrund der Entlohnung durch den Verein im Rahmen ihres Arbeitsverhältnisses als abgegolten.

III. Vergabe medialer Rechte in der Praxis

39 Wie dargelegt wurde, kann die Praxis nicht auf ein gesetzlich geregeltes Recht an Sportveranstaltungen zurückgreifen, das klar definierte Einzelbefugnisse vorsieht, um mediale Rechte zu lizenzieren. Auch die als Grundlage für die Vergabe medialer Rechte an Sportveranstaltungen herangezogenen einzelnen Rechtspositionen, insbesondere das Hausrecht, geben eine **inhaltliche Abgrenzung von zu lizenzierenden medialen Rechten** nicht vor. Daher bleibt es – vorbehaltlich ggf. bestehender kartellrechtlicher Vorgaben[149] – zunächst der Kautelarpraxis überlassen, mediale Rechte zu definieren, die den praktischen Bedürfnissen gerecht und vertraglich fixiert werden können. Während es bislang z.B. noch keine größeren Schwierigkeiten bereitet hat, Rechte für den Hörfunk von Rechten zur audiovisuellen Verwertung abzugrenzen, stellt die weitere Aufteilung der zuletzt genannten Rechte in der Praxis eine große Herausforderung dar. Der Grund hierfür findet sich in der **Konvergenz der Medien**: Dieselben audiovisuellen Inhalte können gleichzeitig und zeitversetzt über eine Vielzahl von Übertragungsinfrastrukturen (z.B. Kabel, Satellit, Terrestrik oder Telefonkabel) mit unterschiedlichsten Endgeräten (z.B. Fernseher, PCs, Notebooks, Tablets, Smartphones) Nutzern angeboten werden, wobei die Konturen zusehends verschwimmen.[150]

40 So überrascht es nicht, dass im Jahr 2006 die **Abgrenzung der „Fernsehrechte" und der „Internetrechte"** an der Fußball-Bundesliga in einem Streit zwischen der arena Sport Rechte und Marketing GmbH („Arena"), Tochter der Unity Media GmbH, der Deutschen Telekom AG („DTAG") und der DFL Deutsche Fußball Liga GmbH („DFL") mündete. Arena hatte von der DFL die Rechte zur Live-Übertragung von Spielen der Fußballbundesliga im „Fernsehen", die DTAG dieselben Rechte für das „Internet" erworben. Die DTAG beanspruchte das Recht,

---

147 Fritzweiler/Pfister/*Summerer* S. 457 Rn. 146.

148 Der Erwerb des Sportlers beruht vielmehr auf von der Fernseh- und Filmberichterstattung unabhängigen Einnahmequellen. So schon *Stopper* SpuRt 1999, 188, vor der Änderung des Lauterkeitsrechts im Jahr 2004; a.A: *Fikentscher* Recht und Sport Nr. 36, 41 f., *Fikentscher* zieht den Vergleich mit der Rechtsstellung des Orchestermusikers (*BGHZ* 33, 20) und bejaht aus diesem Grund wettbewerbsrechtlichen Schutz – allerdings nur bei Sonderkonstellationen.

149 Vgl. dazu unten Rn. 71 ff.

150 S. allgemein zur Diskussion verschiedener Abgrenzungsmöglichkeiten: *Frey* ZUM 2005, 585 ff.; *Eilers* SpuRt 2006, 221 ff.; *Ory* K&R 2006, 303 ff.

die auf das Internet-Protokoll gestützten Live-Übertragungsrechte auch über TV-Kabel und Satellit wahrzunehmen, während Arena das Live-Signal auch über das Internet ausstrahlen wollte. Schließlich einigten sich die Parteien mit der DFL dahingehend, dass die DTAG zusagte, die erworbenen Rechte ausschließlich für die Ausstrahlung über die konzerneigenen Hochgeschwindigkeitsnetze zu nutzen, nicht aber über Kabel und Satellit. Arena sagte im Gegenzug zu, auf die Weiterleitung eines IP-Signals an Dritte zu verzichten. Im Rahmen der letzten Vergabephase der Medienrechte an der Fußball-Bundesliga im Jahr 2016 für die Spielzeiten 2017/18 bis 2020/21 wurden **technologieneutrale Live-Pakete** ausgeschrieben. Diese Entwicklung hinsichtlich der Vergabe der Bundesliga-Rechte unterstreicht, welchen Einfluss die Konvergenz der Medien auf die Definition medialer Rechte in der Praxis hat. Aufgrund des auf Druck des Bundeskartellamts eingeführten Alleinerwerbsverbots hätte gleichwohl ein „OTT-Paket" vergeben werden müssen, das Live-Rechte für „Web-TV" und „Mobile-TV" enthalten sollte. Auch insofern hätte es zu Abgrenzungsschwierigkeiten kommen können, wenn nicht bereits neben Sky auch Eurosport ein technologieneutrales Live-Paket erworben hätte, wodurch dem Alleinerwerbsverbot bereits Rechnung getragen wurde. Es kam daher nicht mehr zur Vergabe des „OTT-Pakets".

1. Audiovisuelle Rechte

Die konkurrierenden Marktteilnehmer um audiovisuelle Sportinhalte, namentlich die 41
verschiedenen Infrastrukturanbieter, die öffentlich-rechtlichen Sender, die Privatsender und die New Media Player in Gestalt von Streaming Diensten betrachten audiovisuelle Sportinhalte nach wie vor als so genannten **Premium-Content,** der über die Gewinnung bzw. Bindung von Zuschauern und Nutzern entscheidet. Die Möglichkeit, Bewegtbilder durch unterschiedliche Verwerter verbreiten zu lassen, macht eine klare Abgrenzung audiovisueller Rechte zur Übertragung von Sportereignissen notwendig. Wie vorstehend bereits angedeutet wurde, erweist sich deren **Aufspaltung in einzelne audiovisuelle Rechtekategorien** jedoch als **komplex.** Systematisch lassen sich einige wesentliche Kriterien zur Abgrenzung von audiovisuellen Rechten heranziehen: Verwertungsformen und -umfang, Distributionskanäle, Übertragungsinfrastrukturen und -techniken sowie die Aufbereitung des Datenstroms. Schließlich lässt sich – allerdings wenig erfolgversprechend – versuchen, Kriterien für eine Abgrenzung in Anlehnung an rein rechtliche Kategorien, namentlich die im Urheberrecht vorgesehenen Verwertungsrechte, zu finden.

1.1 Verwertungsformen und -umfang

Als wichtiges und den Anforderungen der medialen Konvergenz standhaltendes 42
Kriterium zur Abgrenzung von audiovisuellen Rechten an Sportereignissen lassen sich unterschiedliche **Verwertungsformen** heranziehen, insbesondere die für die Vermarktung des Produkts Sport wesentliche **zeitliche Komponente.** Insoweit lässt sich zwischen der Live-, near Live- und der zeitversetzten Berichterstattung differenzieren. Um die Werthaltigkeit einzelner Verwertungsformen zu differenzieren, bietet sich die Möglichkeit einer Kombination mit unterschiedlichen **Embargofristen bzw. Auswertungsfenstern** an.[151] Unter dem Aspekt der Verwertungsformen besteht darüber hinaus die Möglichkeit einer Differenzierung danach, ob eine Verwertung

151 Vgl. hierzu *Frey* ZUM 2005, 585, 590.

unentgeltlich, z.B. im Free-TV, oder entgeltlich, z.B. im Pay-TV, über Pay-per-Channel, oder Pay-per-View, erfolgt.[152]

43 Ein weiteres bedeutendes Abgrenzungskriterium audiovisueller Rechte lässt sich zudem über die Festlegung des **Verwertungsumfangs** erreichen. Dabei lässt sich z.B. danach unterscheiden, ob ein Spiel in voller Länge oder nur als Spielzusammenfassung gezeigt werden darf, ob eine Highlight-Berichterstattung oder eine Verwertung im Rahmen von Konferenzschaltungen zulässig ist. Des Weiteren ist beim Fußball z.B. eine Aufspaltung der Berichterstattung nach einzelnen Spielen oder Spieltagen denkbar. Bei Olympischen Spielen ließe sich z.B. zusätzlich nach einzelnen Sportarten differenzieren. Im Ergebnis lässt sich über die Verwertungsformen und den -umfang an einer Sportveranstaltung ein vielen praktischen Bedürfnissen gerecht werdendes Spektrum an klar abgrenzbaren lizenzierbaren audiovisuellen Rechten kreieren.

1.2 Urheberrechtliche Verwertungsrechte

44 Zu erwägen ist zunächst, die im UrhG vorgesehenen unterschiedlichen Verwertungsrechte – ohne, dass das UrhG materiell Anwendung findet – für eine Abgrenzung audiovisueller Rechte an Sportveranstaltungen fruchtbar zu machen. Das UrhG unterscheidet bei den Verwertungsrechten z.B. zwischen dem **Recht der öffentlichen Zugänglichmachung** gem. § 19a UrhG und dem **Senderecht** gem. § 20 UrhG. Eine Abgrenzung in Anlehnung an das urheberrechtliche Senderecht und das Recht der öffentlichen Zugänglichmachung würde aber nur eine sehr grobe Differenzierung nach der zeitgleichen Übertragung von Sportveranstaltungen und einer pauschalen zeit- und ortunabhängigen Abrufmöglichkeit der Inhalte ermöglichen. Eine trennscharfe Abgrenzung eines differenzierten Spektrums an audiovisuellen Rechten lässt sich hiermit nicht erreichen. Zudem sind teilweise die Grenzen zwischen beiden Verwertungsrechten, z.B. in Bezug auf das Live-Streaming, umstritten.[153]

1.3 Distributionskanäle und Übertragungsinfrastrukturen und -techniken

45 Des Weiteren wird zur Abgrenzung der audiovisuellen Medienrechte regelmäßig auch auf die unterschiedlichen Distributionskanäle bzw. Verbreitungswege in ihren verschiedenen Ausprägungen abgestellt. Hierbei sollten allerdings stets die Übertragungsinfrastrukturen und -techniken im Blick behalten werden, da eine technisch unzureichende Differenzierung zu Abgrenzungsschwierigkeiten führen kann.

46 Als klassisches Kriterium zur Abgrenzung ist zunächst eine Unterscheidung nach den (noch) bestehenden Distributionskanälen in Gestalt von Fernsehen, Internet und Mobilfunk denkbar. Dieses Abgrenzungskriterium zog die DFL – aufgrund entsprechender kartellrechtlicher Vorgaben – noch im Rahmen der Vergabe der medialen Rechte an der Fußball-Bundesliga im Jahre 2005 zur Abgrenzung von audiovisuellen Rechten heran. Die Anknüpfung an diese teilweise verschwimmenden Distributionskanäle in einer konvergenten Welt bietet mangels der erforderlichen Trennschärfe allerdings eine nur **unzureichend belastbare Abgrenzungsmethode** für audiovisuelle Rechte an Sportveranstaltungen. Eine derart grobe Abgrenzung dürfte daher für die Praxis bereits als überholt gelten, zumindest soweit die Distributionskanäle als das

152 So vergab die UEFA im Dez. 2013 Lizenzen an das ZDF zur Ausstrahlung von 18 Partien der Champions-League pro Saison im Free-TV einerseits sowie an Sky zur Ausstrahlung sämtlicher Partien im Pay-TV andererseits, jeweils bis zur Saison 2017/18.

153 Vgl. hierzu *Frey* ZUM 2005, 585, 591.

maßgebliche Kriterium zur Abgrenzung audiovisueller Rechte fungieren sollen.[154] Das Bundeskartellamt und die DFL stellen bei der Abgrenzung der audiovisuellen Rechte mittlerweile auf unterschiedliche „Verbreitungswege“ ab, worunter sie insbesondere Kabel, Satellit, Terrestrik, IP-TV, Web-TV und Mobile-TV fassen.[155] Im Rahmen der Vergabe der Medienrechte an der Fußball-Bundesliga ab der Spielzeit 2017/18 wurden technologieneutrale Live-Pakete ausgeschrieben, aufgrund des erstmals durch das Bundeskartellamt angeordneten Alleinerwerbsverbots wurde aber zusätzlich ein „OTT-Paket“ festgelegt, das im Falle des Erwerbs der wesentlichen Live-Rechte an der Bundesliga durch einen einzigen Bieter ausgeschrieben werden sollte. Dieses „OTT-Paket“ war auf die Verbreitungswege Web-TV und Mobile-TV beschränkt und führte seinerseits zur Beschränkung anderer Pakete auf die Verbreitungswege Satellit, Terrestrik sowie Kabel/IP-TV.[156] Mit der Unterteilung in die formulierten „Verbreitungswege“ werden zwar mehr Differenzierungskriterien herangezogen, allerdings erscheint auch diese Methode bei genauerer Betrachtung als nicht trennscharf genug, da z.B. über Satelliten und über das Breitbandkabel sowohl eine Übertragung der Inhalte auf der Basis des Internetprotokolls als auch mittels klassischer Broadcasting-Technologien möglich ist. Eine bloße Differenzierung nach den formulierten „Verbreitungswegen“ kann für die Praxis daher ebenfalls nicht als alleiniges Kriterium zur Abgrenzung audiovisueller Rechte fungieren.

Es erscheint allerdings nicht ausgeschlossen, eine Abgrenzung audiovisueller Rechte anknüpfend an die einzelnen existierenden **Übertragungsinfrastrukturen** d.h. die physischen zur Übertragung von Inhalten genutzten Infrastrukturen wie Satellit, Terrestrik oder Breitbandkabel vorzunehmen. Da es sich dabei jedoch, wie bereits ausgeführt, nur um eine sehr grobe Abgrenzung handelt aufgrund der Möglichkeit, über Satelliten und über das Breitbandkabel sowohl eine Übertragung der Inhalte auf der Basis des Internetprotokolls als auch mittels klassischer Broadcasting-Technologien erfolgen zu lassen, ist eine ausreichende Trennschärfe nicht gegeben. Als denkbarer Ansatzpunkt für die Abgrenzung audiovisueller Rechte bietet sich aber grundsätzlich der Rückgriff auf die unterschiedlichen existierenden **Übertragungsinfrastrukturen und die einzelnen im Rahmen der Übertragungsinfrastrukturen genutzten Übertragungstechniken** im Wege einer Kombination der einzelnen Übertragungsinfrastrukturen mit den jeweils zur Verfügung stehenden Übertragungstechniken (z.B. DVB-C, DVB-S2X, DVB-T2, IP mit Sicherstellung eines Quality of Service – QoS (IPTV) und ohne QoS (WebTV)) an.[157] Eine eindeutige Differenzierung erfordert hier die Festlegung vieler technischer Details. 47

Als weiterer Ansatz für eine etwaige Konkretisierung der Rechte kann die **technische Aufbereitung von Inhalten** dienen. Schon frühere Ansätze gingen dahin, eine Abgrenzung der audiovisuellen Rechte nach der Höhe der Frequenz bei der Übertragung von Einzelbildern, der sog. „Framerate“, vorzunehmen.[158] Eine Differenzierung anhand der technischen Aufbereitung des Datenstroms ist ebenfalls denkbar: Dies setzt voraus, dass eine Festlegung der **Bildpunkte (Pixel)** des jeweiligen Videobildes erfolgt und eine Differenzierung dieser Bildpunkte für ein abgestuftes System vorgenommen 48

154 Vgl. *Frey* ZUM 2005, 585, 591.
155 Vgl. zu dieser Unterteilung auch BKartA, Beschl. v. 11.4.2016, B6-32/15, Rn. 15.
156 Vgl. BKartA, Beschl. v. 11.4.2016, B6-32/15, Rn. 14 ff.
157 Vgl. hierzu bereits *Frey* ZUM 2005, 585, 593.
158 Vgl. *Elter* S. 23.

wird.[159] Zu bedenken ist allerdings, dass Rechtekategorien, die an der Aufbereitung des Datenstroms festgemacht werden, aufgrund der Veränderung des technischen Umfelds und der Leistungsfähigkeit der verschiedenen Endgeräte „veralten“ können, da typische Konsumgewohnheiten nicht mehr abgebildet werden. Dieses Problem dürfte sich besonders bei längerfristigen Verträgen zeigen.

49 Insgesamt zu berücksichtigen ist bei der Abgrenzung der Rechte nach Kriterien, die Bezug nehmen auf Distributionskanäle, Übertragungsinfrastrukturen und -techniken oder die Aufbereitung des Datenstroms, dass auch eine präzise technische Differenzierung nicht immer ein sachgerechtes Kriterium darstellt. In der heutigen konvergenten Medienlandschaft bietet es sich daher an, **ein einheitliches technologieneutrales Recht zu kreieren**, das sämtliche Übertragungsinfrastrukturen und -techniken umfasst, soweit dem keine kartellrechtlichen Bedenken entgegenstehen.

1.4 Schlussfolgerungen für die lizenzvertragliche Praxis

50 Um audiovisuelle Rechte an Sportveranstaltungen zu definieren, die klar voneinander abgrenzbar sind, erscheint es regelmäßig zweckmäßig, auf unterschiedliche **Verwertungsformen und Verwertungsumfänge** abzustellen. Über die Verwertungsformen und den Verwertungsumfang lassen sich audiovisuelle Rechte am einfachsten abgrenzen. Aufgrund der Konvergenz der Medien dürfte den klassischen Distributionskanälen hingegen keine gewichtige Funktion mehr für eine Abgrenzung zukommen. Durchaus denkbar erscheint auch ein Rückgriff auf die **Übertragungsinfrastrukturen und -techniken** sowie die **Aufbereitung des Datenstroms.** Letztlich ermöglicht die **Kombination der aufgezeigten Kriterien** die Abgrenzung eines breiten Spektrums an audiovisuellen Rechten, die der jeweiligen Sportveranstaltung und den jeweiligen Marktgegebenheiten gerecht werden. Allerdings bedarf es neben der notwendigen juristischen Kompetenz konkreter **technischer Kenntnisse,** um die Abgrenzung audiovisueller Rechte an Sportveranstaltungen in der lizenzvertraglichen Praxis vorzunehmen.

2. „Hörfunkrechte“ bzw. Audio-Berichterstattung

51 Die „Hörfunkrechte“ an Sportereignissen bezeichnen das Recht, aus dem Stadion oder von einer anderen Veranstaltungsstätte zu berichten bzw. eine derartige Berichterstattung zu untersagen. Gegenstand ist die (Live-)Übertragung der Hintergrundgeräusche von der Veranstaltungsstätte, während ein Reporter das Geschehen so mit Kommentaren unterlegt, dass sich die Hörer ein Bild vom Ablauf der Veranstaltung machen können. Eine entgeltliche Vermarktung von Hörfunkrechten wird z.B. bei der Formel 1, im Boxsport und Tennis sowie im Fußball vorgenommen.[160] Der Hörfunk bzw. die Audio-Berichterstattung spielt bei den mit Übertragungsrechten erzielbaren Erlösen im Vergleich zu audiovisuellen Rechten eine geringere Rolle.[161] Allerdings gewinnen auch Audio-Rechte an Bedeutung. Ab der Saison 2017/18 hat sich Amazon diese Rechte in der Kategorie "Web/Mobile" gesichert – und trat damit zum ersten

159 Vgl. *Frey* ZUM 2005, 585, 594.

160 *Summerer/Wichert* SpuRt 2006, 55, 59; Fritzweiler/Pfister/*Summerer* S. 436 f.

161 Die Anstalten der ARD zahlten für das Recht der zeitlich beschränkten Berichterstattung aus den Bundesliga-Stadien von der Saison 2003/04 bis 2009 jährlich 4,5 Mio. EUR an die DFL. Ab der Saison 2017/18 bis zur Saison 2020/21 soll die ARD jährlich 6,73 Mio. EUR für Radioübertragungen seitens lokaler ARD-Stationen zahlen, vgl. hierzu SPONSORs v. 23.9.2016, www.sponsors.de/was-die-ard-fuer-die-bundesliga-bezahlt (bezahlpflichtig), Abrufdatum 5.4.2017.

Mal als Rechteinhaber in der Fußball-Bundesliga auf.[162] Dies zeigt auch, dass Audio-Rechte als Sprungbrett für neue Anbieter fungieren können. Zudem nutzen auch Clubs die Möglichkeit der Live-Berichterstattung per Audiospur, z.B. über die eigene Website. Das größer werdende Interesse an Audio-Rechten bringt es auch mit sich, dass der Umfang der jeweils vergebenen Nutzungsrechte sorgfältig bestimmt werden muss, da Rechte der Vereine auf der einen und diejenigen sonstiger Rechteinhaber auf der anderen Seite in Konflikt geraten können.[163]

Das **Bestehen von „Hörfunkrechten"** des Veranstalters war lange umstritten. Der BGH entschied im Jahr 2005 zur Radioberichterstattung aus Fußballstadien.[164] Kernpunkt der Entscheidung war die Frage, ob das Verlangen nach einem Entgelt für „Hörfunkrechte" eine Behinderung, Diskriminierung oder einen Missbrauch einer marktbeherrschenden Stellung durch die Rechteinhaber gem. §§ 20, 19 GWB darstellt. Der BGH sah in der durch Art. 5 Abs. 1 S. 2 GG gewährleisteten Rundfunkfreiheit der Hörfunkveranstalter keinen Grund für eine Zutrittsgewährung zum Stadion gegen bloßen Aufwendungsersatz. Dem Recht auf uneingeschränkte Information von Radiosendern aus Art. 5 Abs. 1 S. 2 GG stehe es angesichts des verfassungsrechtlichen Schutzes des Veranstalters aus Art. 12 Abs. 1 GG nicht entgegen, wenn Rundfunkübertragungen nur gegen Entgelt ermöglicht werden.[164] Nach der Rechtsprechung des BGH lassen sich „Hörfunkrechte" des Veranstalters ebenso wie andere mediale Rechte aus dem Hausrecht des Veranstalters gem. §§ 858, 1004 BGB ableiten.[165] Das Hausrecht sichert die Verwertung der beruflich erbrachten Leistung und nimmt damit an deren verfassungsrechtlicher Gewährleistung teil.[166] Einer Widerrechtlichkeit i.S.v. § 858 BGB stehe auch nicht entgegen, dass der Hörfunkreporter die Veranstaltung nicht „stört" oder behindert, da das Hausrecht eine private Zutrittsregulierung gewähre.[167] Insofern könne der Veranstalter bestimmen, dass mit dem Erwerb einer Eintrittskarte noch nicht die Befugnis zur Hörfunk- bzw. Audio-Berichterstattung aus dem Stadion erworben wird. Eine Verfassungsbeschwerde privater Radiosender gegen die Entscheidung des BGH wurde von dem BVerfG nicht zur Entscheidung angenommen. 52

Bei der Definition von Rechten zur Audio-Berichterstattung kann in Anlehnung an die für die Abgrenzung audiovisueller Rechte diskutierten Kriterien ggf. eine weitere Differenzierung der Rechte zweckmäßig sein. 53

162 Vgl. SPONSORs v. 9.6.2016, www.sponsors.de/dfl-verkauft-medienrechte-fuer-464-mrd-euro (bezahlpflichtig), Abrufdatum: 3.4.2017.

163 Aufgrund der Audio-Live-Übertragung auf mobilen Endgeräten durch zwei Bundesligavereine kam es wegen eines Verstoßes gegen die damaligen Vermarktungsrichtlinien zu einem Konflikt mit dem betroffenen Rechteinhaber. Dieser erzielte sodann eine neue Vereinbarung mit der DFL, vgl. SPONSORs v. 7.7.2015, www.sponsors.de/dfl-und-sport1-erreichen-neue-audio-vereinbarung (bezahlpflichtig), Abrufdatum: 29.3.2017.

164 *BGH* NJW 2006, 377, 380 – Hörfunkrechte.

165 *BGH* NJW 2006, 377, 379 – Hörfunkrechte; a.A. *AG Münster* ZUM 1995, 220 f., das Ansprüche aus § 823 BGB und § 1 UWG ablehnt und §§ 858, 1004 BGB nicht nennt. Wegen der erheblichen Eigenleistung des Reporters in Form der Kommentierung wird die Möglichkeit einer lauterkeitsrechtlichen Herleitung aus §§ 3, 4 UWG überwiegend abgelehnt: *Wertenbruch* SpuRt 2001, 185, 187; *Ory* AfP 2002, 195, 197; *Fikentscher* SpuRt 2002, 186, 187; *Coelln* SpuRt 2006, 134, 135; a.A. *Schmid-Petersen* SpuRt 2003, 234, 237. Gleiches dürfte für – ohnehin subsidiäre – deliktsrechtliche Ansprüche gelten, vgl. *Fikentscher* SpuRt 2002, 186, 187; *Coelln* SpuRt 2006, 134, 135.

166 *BGH* NJW 2006, 377, 377.

167 S.o., Rn. 5 ff. Hausrecht, §§ 1004, 903 BGB bzw. §§ 862, 859 BGB.

3. „Verspielungsrecht“ (Nachbildung in elektronischen Spielen)

54 Zunehmende Bedeutung erfährt auch das – bildlich umschriebene – **„Verspielungsrecht“** von Sportveranstaltungen oder Veranstaltungsserien. Hierunter ist das Recht zu verstehen, eine Veranstaltung durch die Übernahme ihrer wesentlichen Merkmale (z.B. teilnehmende Mannschaften, Sportler, Stadien, Veranstaltungsrahmen und konkrete Begegnungen) in elektronischen Spielen für Spielkonsolen, Computer und Mobilfunkgeräte nachzubilden. Abwehrrechte gegen derartige Nachbildungen liegen auf Seiten des Veranstalters bzw. teilnehmender Vereine insbesondere im Kennzeichen- und Namensrecht begründet.[168] Einzelne Sportler können ggf. Persönlichkeits- und Namensrechtsverletzungen geltend machen.[169] Entsprechende Rechte können über Vereinssatzung, Verbandssatzung, Arbeitsverträge oder gesonderte Lizenzvereinbarungen über mehrere Stufen bis hin zum einen Wettbewerb ausrichtenden Verband gebündelt sein.

4. Berichterstattung im Live-Ticker

55 Durch die sog. Live-Ticker Berichterstattung werden in der Regel die Ereignisse einer Sportveranstaltung noch während des Geschehens in Textform über verschiedene Kanäle nachrichtenmäßig verbreitet. Der Umfang reicht von einem kontinuierlichen Bericht über das Geschehen bis zur Information über die wichtigsten Ereignisse unmittelbar nach deren Eintritt, z.B. eines Torerfolges bei einem Fußballspiel. Aufgrund des Eingabe- und Weiterleitungserfordernisses ist die Wiedergabe regelmäßig leicht zeitversetzt. Als Verbreitungsplattformen dienen Online-Angebote von Zeitungen und Zeitschriften, der Sportvereine und sonstige Internet-Portale, Teletextdienste oder Nachrichtendienste von Mobilfunkbetreibern.

56 Erfolgt die **Berichterstattung vom Veranstaltungsort** selbst, kommt auch hier als maßgebliches Abwehrrecht das Hausrecht des Veranstalters in Betracht. Die Entscheidungsbefugnis des Hausrechtsinhabers ist jedoch eingeschränkt, wenn sich die Ausübung des Hausrechts als willkürlich darstellt.[170] Dies wird für möglich gehalten, solange der Nutzer die Live-Ticker-Berichterstattung ohne die Inanspruchnahme zusätzlicher äußerer Ressourcen des Veranstalters verwirklichen kann.[170] **Lauterkeitsrechtliche Ansprüche** des Veranstalters im Fall der Berichterstattung von einem anderen Ort als der Veranstaltungsstätte dürften schon mangels unmittelbarer Leistungsübernahme abzulehnen sein, da der Berichterstatter das Geschehen ausschließlich in geschriebener Form in seinen eigenen Worten wiedergibt.[171] Bei Inanspruchnahme der Berichterstattung eines Pay-TV-Programms durch den Verfasser des Live-Tickers kommen jedoch wettbewerbsrechtliche sowie vertragliche Ansprüche des Fernsehveranstalters in Betracht. Problematisch dürfte insofern nur die Nachweisbarkeit sein.[172]

---

168 Das *OLG Frankfurt* 22.11.2005 – 11 U 6/05, www.lareda.hessenrecht.hessen.de, Abrufdatum: 23.3.2017, hat entschieden, dass die Nutzung von Vereinsnamen und Trikotfarben bzw. -designs der Fußballvereine der beiden deutschen Fußballbundesligen in Spielen kennzeichenrechtlich relevant ist und ggf. eine Markenrechtsverletzung darstellen kann; vgl. auch *LG Frankfurt/Main* SpuRt 2009, 207.

169 S.o. Rn. 28 ff. Recht am eigenen Bild gem. §§ 22, 23 KUG; *OLG Hamburg* ZUM 2004, 309, 310 – Oliver Kahn. Die Geltendmachung dieser Rechte in Prozessstandschaft durch den Sportveranstalter ist im Hinblick auf ihren „vermögenswerten Bestandteil“ nach dem *LG Frankfurt/Main* SpuRt 2009, 207, möglich (vgl. auch Rn. 13).

170 *Strauß* SpuRt 2007, 6, 7; s. auch *Strauß* S. 162 ff.

171 *Strauß* SpuRt 2007, 6, 8.

172 *Strauß* SpuRt 2007, 6, 8/9.

IV. Rechtliche Rahmenbedingungen für Sport und Werbung in den Medien

1. Rundfunkzulassung

Bei der Wiedergabe und Verwertung von Sportereignissen in Form von audiovisuellen Angeboten kann auch das Erfordernis einer **Rundfunkzulassung i.S.d. § 20 RStV** zu beachten sein. Die Zulassung von bundesweit verbreitetem Rundfunk richtet sich unbeschadet der Bestimmungen der §§ 21 bis 39a RStV nach § 20a RStV, im Übrigen richtet sich die Zulassung nach Landesrecht. Nach § 36 Abs. 1 S. 1, Abs. 2 S. 1 Nr. 1 RStV ist für die Zulassung bundesweiter Veranstalter die Landesmedienanstalt zuständig, bei der der Antrag oder die Anzeige eingeht. Zuständig für die Aufgabe der Zulassung ist die Kommission für Zulassung und Aufsicht (ZAK) als Organ der zuständigen Landesmedienanstalt, vgl. §§ 35 Abs. 2 S. 1 Nr. 1, 36 Abs. 2 S. 1 Nr. 1 RStV. Der Kommission zur Ermittlung der Konzentration im Medienbereich (KEK) obliegt im Zusammenhang mit der bundesweiten Veranstaltung von Fernsehprogrammen die abschließende Beurteilung von Fragestellungen der Sicherung von Meinungsvielfalt, vgl. §§ 35 Abs. 2 S. 1 Nr. 3, 36 Abs. 4 S. 1, 2 RStV. 57

Es hat im Rahmen der Prüfung des Zulassungserfordernisses insbesondere eine Abgrenzung dahingehend zu erfolgen, ob das jeweilige Angebot als **Rundfunk oder Telemedium** einzustufen ist. Denn im Gegensatz zum Rundfunk sind Telemedien zulassungsfrei, vgl. § 54 Abs. 1 S. 1 RStV. Gem. § 2 Abs. 1 S. 1 RStV ist Rundfunk ein **linearer** Informations- und Kommunikationsdienst; er ist die für die Allgemeinheit und zum **zeitgleichen Empfang** bestimmte Veranstaltung und Verbreitung von Angeboten in Bewegtbild oder Ton entlang eines **Sendeplans** unter Benutzung elektromagnetischer Schwingungen. § 2 Abs. 3 RStV enthält hierzu Ausnahmetatbestände und führt Angebote auf, die kein Rundfunk sind. Es ist hier insbesondere die Bagatellgrenze des § 2 Abs. 3 Nr. 1 RStV zu beachten, nach der bei einem Angebot, das **weniger als 500 potenziellen Nutzern zum zeitgleichen Empfang angeboten** wird, kein Rundfunk vorliegt sowie das Erfordernis einer **journalistisch-redaktionellen Gestaltung** nach § 2 Abs. 3 Nr. 4 RStV. Auch wenn ein Angebot (ggf. ausschließlich) über das Internet erfolgt, steht dies einer Einordnung als Rundfunk nicht entgegen, denn sofern die Voraussetzungen des § 2 Abs. 1 RStV vorliegen und keiner der Ausnahmetatbestände des § 2 Abs. 3 RStV greift, fallen **Live-Streaming und Webcasting** ebenfalls unter den einfachgesetzlichen Rundfunkbegriff.[173] 58

Kennzeichnende Merkmale **journalistisch-redaktionell gestalteter Angebote** „sind eine gewisse Selektivität und Strukturierung, das Treffen einer Auswahl nach ihrer angenommenen gesellschaftlichen Relevanz mit dem Ziel des Anbieters, zur öffentlichen Kommunikation beizutragen, die Ausrichtung an Tatsachen (sog. Faktizität), ein hohes Maß an Aktualität, nicht notwendig Periodizität, ein hoher Grad an Professionalisierung der Arbeitsweise und ein gewisser Grad an organisierter Verfestigung, der eine gewisse Kontinuität gewährleistet".[174] Maßgeblich ist nicht, ob sich die Angebote an eine breite Öffentlichkeit richten. Vielmehr kann eine erkennbare publizistische Zielsetzung eines Angebots, also ein Angebot, welches – jedenfalls innerhalb einer Zielgruppe – auf Teilhabe am Prozess der öffentlichen Meinungsbildung angelegt ist, 59

---

173 Vgl. Erwägungsgrund 27 der AVMD-Richtlinie; BT-Drucks. 16/3078, 13; Gersdorf/Paal/*Martini* RStV § 2 Rn. 6a.

174 *OLG Bremen* NJW 2011, 1611, 1612; vgl. auch Hahn/Vesting/*Held* RStV § 54 Rn. 49 ff.

ausreichend sein.[175] Ob eine journalistisch-redaktionelle Gestaltung vorliegt, beurteilt sich daher stets anhand der Gestaltung eines Angebots im Einzelfall. Nach Auffassung der ZAK reicht bereits eine **Übertragung kommentierter Handballspiele** – ohne danach zu unterscheiden, ob ein deutscher oder englischer Kommentar erfolgt – aus, um eine journalistisch-redaktionelle Gestaltung anzunehmen.[176] Bei einer Übertragung unkommentierter Live-Bilder ohne jede weitere Bearbeitung soll hingegen keine journalistische Gestaltung vorliegen.[177]

60 **Telemedien** sind nach § 2 Abs. 1 S. 3 RStV bzw. § 1 Abs. 1 S. 1 TMG alle elektronischen Informations- und Kommunikationsdienste, soweit sie nicht Telekommunikationsdienste nach § 3 Nr. 24 TKG sind, die ganz in der Übertragung von Signalen über Telekommunikationsnetze bestehen oder telekommunikationsgestützte Dienste nach § 3 Nr. 25 TKG oder Rundfunk nach § 2 Abs. 1 S. 1 und 2 RStV sind. Unter den Telemedienbegriff fallen insbesondere Informations- und Kommunikationsdienste auf Abruf (**nicht-lineares Angebot**), da vom einfachgesetzlichen Rundfunkbegriff Linearität vorausgesetzt wird.[178] Beim Live-Streaming von Sportveranstaltungen stellt sich zudem die Frage nach dem Vorliegen eines Sendeplans (vgl. § 2 Abs. 1 S. 1 und Abs. 2 Nr. 1 RStV), bei dessen Fehlen das Angebot als Telemedium aufzufassen wäre. An das Vorliegen eines Sendeplans bei zeitlich zusammenhängenden Live-Streams werden indes keine besonders hohen Anforderungen gestellt, sodass – sofern die weiteren Voraussetzungen erfüllt sind – ein solches Angebot als Rundfunk gilt und einer Zulassung bedarf.[179] Auch die ZAK geht hinsichtlich des Live-Streamings der Handball-WM 2017 von „planmäßig" übertragenen Handballspielen aus.[180] Zur Feststellung, dass ein Angebot Telemedium ist und somit keine Rundfunkzulassung benötigt, kann bei der zuständigen Landesmedienanstalt ein Antrag auf rundfunkrechtliche Unbedenklichkeit gestellt werden, § 20 Abs. 2 S. 3 RStV. Die Beantragung einer solchen **Unbedenklichkeitsbescheinigung** ist zur Schaffung von Rechtssicherheit bei Bewegtbildangeboten zu empfehlen, wenn nicht von vorneherein davon auszugehen ist, dass ein Rundfunkangebot vorliegt.

2. Kurzberichterstattung und Berichterstattung über Großereignisse

61 Bei der Vermarktung medialer Rechte an Sportereignissen treffen unterschiedliche – teilweise entgegengesetzte – Interessen vieler Beteiligter aufeinander, namentlich von Vereinen, Ligen, Plattformanbietern und Sendern, aber auch von Spielern und schließlich der gesamten Öffentlichkeit. In der allgemeinen Diskussion um die Gewinn maximierende Vermarktung medialer Rechte an Sportereignissen taucht immer wieder die Frage nach Schranken durch die Rundfunkfreiheit und das Recht auf freien Zugang zu Informationen auf. Die Privilegierung zur Berichterstattung und audiovisuellen Übertragung von Sportveranstaltungen entspringt der in Art. 5 Abs. 1

---

175 *VGH Mannheim* NJW 2014, 2667, 2668 m.w.N.

176 ZAK-Pressemitteilung 02/2017 v. 31.1.2017, www.die-medienanstalten.de/presse/pressemitteilungen/kommission-fuer-zulassung-und-aufsicht/detailansicht/article/zak-pressemitteilung-022017-zak-beanstandet-internet-liveuebertragung-der-handball-wm-2017.html, Abrufdatum: 21.2.2017.

177 Vgl. epd medien Nr. 5 v. 3.2.2017, www.epd.de/fachdienst/fachdienst-medien/schwerpunktartikel/zak-beanstandet-handball-%C3%BCbertragung-im-internet, Abrufdatum: 22.2.2017.

178 Vgl. Hartstein/Ring/Kreile/Dörr/Stettner/*Dörr* RStV § 2 Rn. 31.

179 Gersdorf/Paal/*Martini* RStV § 2 Rn. 6a.

180 ZAK-Pressemitteilung 02/2017 v. 31.1.2017.

S. 2 GG geregelten **Rundfunkfreiheit** und dem **Schutz der freien Meinungsbildung.**[181] Die Veranstaltung von Sportereignissen genießt verfassungsrechtlichen Schutz gem. Art. 12 Abs. 1 GG, wenn sie Ausdruck einer **beruflichen Betätigung** ist, das heißt berufsmäßig ausgeübt wird.[182] Dies ist im Profisport im Hinblick auf sämtliche Beteiligten (einschließlich Schiedsrichter) der Fall. In sachlicher Hinsicht ist insbesondere geschützt, Dritte das sportliche Ereignis unmittelbar oder mittelbar in Bild und Ton miterleben zu lassen;[183] hierin spiegelt sich der wirtschaftliche Wert der beruflich erbrachten Leistung wider. Insbesondere die Akquisition von Werbung und die entgeltliche Vergabe der Übertragungsrechte fällt hierunter.[184] Die Ausübung der Veranstaltertätigkeit kann nur dann einer Beschränkung unterworfen werden, wenn dies nach vernünftigen Erwägungen des Gemeinwohls zweckmäßig erscheint.[184] Das Interesse der Allgemeinheit auf Zugang zu Informationen kann hierunter fallen.[184]

Grundrechte entfalten jedoch **keine unmittelbare Geltung zwischen Privatrechtssubjekten.** Ein Rundfunkveranstalter kann sich deshalb nicht unmittelbar auf Art. 5 Abs. 1 S. 2 GG berufen, um die Zulassung zu einem Sportereignis zwecks Berichterstattung zu verlangen.[185] Vielmehr bedarf es im Rahmen einer konkreten gesetzlichen Bestimmung einer Einzelfallabwägung der miteinander kollidierenden Grundrechtspositionen. 62

Vorgaben zum Zugang zu Sportereignissen enthält sowohl der Rundfunkstaatsvertrag als auch die „Richtlinie über audiovisuelle Mediendienste" („AVMD-Richtlinie")[186] der Europäischen Union. Die AVMD-Richtlinie erweitert die Bestimmungen der ehemaligen „Fernsehrichtlinie"[187] auf die gesamte audiovisuelle Branche. Sie erstreckt sich nunmehr auch auf Telemedien, die „in fernsehähnlicher Form audiovisuelle Inhalte anbieten" (audiovisuelle Mediendienste auf Abruf). 63

2.1 Recht auf Kurzberichterstattung, § 5 RStV

Als im Jahr 1988 die Fernsehübertragungsrechte für die Fußball-Bundesliga vergeben wurden, bestand wegen des Rechtserwerbs exklusiver Rechte durch einen Privatsender mit damals noch relativ geringer Reichweite die Gefahr des Ausschlusses weiter Teile der Bevölkerung von der Berichterstattung über die Spiele. Vor diesem Hintergrund wurde erstmals im Rundfunkstaatsvertrag vom 31.8.1991 ein Recht der Fernsehveranstalter auf unentgeltliche Kurzberichterstattung begründet. Heute regelt § 5 Abs. 1 S. 1 RStV, dass jedem in Europa zugelassenen Fernsehveranstalter ein **Recht auf unentgeltliche Kurzberichterstattung** über Veranstaltungen und Ereignisse 64

181 *BGH* NJW 2006, 377, 379/380 – Hörfunkrechte.

182 Darüber hinaus kann der Veranstalter dem Schutz aus Art. 14 GG unterstellt sein, vorausgesetzt dass das Recht zur exklusiven Vermarktung der Übertragungsrechte als vermögenswertes Recht gilt. Zu einem Schutz des Veranstalters aus Art. 14 GG hat das BVerfG bisher nicht eindeutig Stellung bezogen, da der Schutz mangels einer konkretisierten Gewinnerwartung regelmäßig hinter dem Schutz aus Art. 12 GG zurückbleibt.

183 *BGH* NJW 2006, 377 – Hörfunkrechte.

184 Vgl. *BVerfG* NJW 1998, 1627, 1628 – Kurzberichterstattung.

185 Vgl. m.w.N. *Tettinger* Schriftenreihe des WFV, Nr. 23, S. 39.

186 Vgl. vor allem Art. 14 und 15 der RL 2010/13/EU des Europäischen Parlaments und des Rates v. 10.3.2010 (Abl. L95/1) abrufbar unter: www.eur-lex.europa.eu/LexUriServ/LexUriServ.do?uri =OJ:L:2010:095:0001:0024:DE:PDF, Abrufdatum: 17.2.2017

187 Richtlinie des Rates v. 13.10.1989 zur Koordinierung bestimmter Rechts- und Verwaltungsvorschriften der Mitgliedsstaaten über die Ausübung der Fernsehtätigkeit (89/552/EWG), ABlEG Nr. L 298/23 v. 17.10.1989.

zusteht, die von **allgemeinem Informationsinteresse** sind. Die Hörfunkberichterstattung ist hiervon ausgenommen. Eine Regelung zur Kurzberichterstattung sieht auch die **AVMD-Richtlinie** in Art. 15 vor.[188] Das Kurzberichterstattungsrecht ist nicht gegen den Staat gerichtet, sondern gegen denjenigen, der über berichtenswerte Ereignisse und entsprechende Rechte verfügt.[189] § 5 RStV ist eine unmittelbare Konkretisierung der in Art. 5 Abs. 1 S. 2 GG statuierten Rundfunkfreiheit. Auch das BVerfG hat unter Abwägung der Rechte des Veranstalters aus Art. 12 GG und der Interessen der Sendeanstalten gem. Art. 5 Abs. 1 S. 2 GG wegen des Gemeinwohlbezugs die Verfassungsmäßigkeit einer Regelung des Gesetzes über den „Westdeutschen Rundfunk Köln“[190] zum Kurzberichterstattungsrecht im Kern bestätigt.[191]

65 Das BVerfG knüpft die Gewährleistung eines Rechts auf nachrichtenmäßige Kurzberichterstattung an die Vereinbarung einer Karenzzeit zwischen Veranstaltungsschluss und Fernsehübertragung.[192] Die Pflicht zur **Einhaltung einer Karenzzeit** ist nicht ausdrücklich gesetzlich normiert, sondern ergibt sich aus einer verfassungskonformen Auslegung von § 5 RStV.[193] Die Karenzzeit muss so bemessen sein, dass den Rechteinhabern grundsätzlich die Gelegenheit verbleibt, ihre Rechte gewinnbringend und ohne Beeinträchtigung des Zuschauerinteresses durch eine vorangehende oder parallele Kurzberichterstattung zu verwerten.[194]

66 Das Kurzberichterstattungsrecht schließt gem. § 5 Abs. 1 S. 2 RStV ausdrücklich das Recht auf **Zugang zum Veranstaltungsort** ein. Hieraus ergibt sich ein Spannungsverhältnis zu Art. 15 Abs. 3 AVMD-Richtlinie, der einen **Zugang zum Sendesignal** regelt.[195] Einem Mitgliedstaat steht es nach Art. 15 Abs. 4 AVMD-Richtlinie zwar zu, anstatt eines Zugangs zum Sendesignal ein **gleichwertiges System** einzurichten, das den Zugang mit anderen Mitteln unter fairen, angemessenen und diskriminierungsfreien Bedingungen ermöglicht, es ist jedoch zweifelhaft, ob durch einen Zugang zum Veranstaltungsort ein gleichwertiges System geschaffen wird. Nach dem 56. Erwägungsgrund der AVMD-Richtlinie zählt u.a. die Gewährung des Zugangs zum Ort des Ereignisses vor der Gewährung des Zugangs zum Sendesignal zu einem gleichwertigen Mittel, was zunächst bedeutet, dass ein Zugangsrecht in Gestalt des Zugangs zum Ort grundsätzlich von Art. 15 Abs. 4 AVMD-Richtlinie gedeckt ist.[196] Allerdings geht mit einem Zugang zum Veranstaltungsort im Vergleich zum Zugriff auf das Sendesignal des mit Exklusivrechten ausgestatteten Senders grundsätzlich ein höherer finanzieller Aufwand für Fernsehveranstalter einher, da diese eigene Aufnahmen anfertigen müssen. Aus wirtschaftlicher Sicht ist eine Gleichwertigkeit daher fragwürdig. Problematisch ist der Aspekt der Gleichwertigkeit bei einer Exklusivrechtevergabe insbe-

188 Vgl. Art. 15 der AVMD-Richtlinie, der allerdings auf Fernsehveranstalter, s. Art. 1 f), beschränkt ist. Die Fernsehveranstalter dürfen die die Kurzberichte enthaltenen Sendungen im Rahmen des Art. 15 Abs. 5 AVMD-Richtlinie auch in ihren Mediatheken vorhalten.

189 *BVerfG* NJW 1998, 1627, 1629, versteht unter dem in § 5 RStV gewählten Begriff des Veranstalters ebenfalls den Rechteinhaber.

190 § 3a WDR-G i.d.F. des 7. Rundfunkänderungsgesetzes v. 24.4.1995.

191 *BVerfG* NJW 1998, 1627, 1629.

192 S. *Heermann* SpuRt 2001, 188, 189 zur zulässigen Länge der Karenzzeit bei unüblich langer Hinauszögerung der Erstverwertung – betr. einen Streit zwischen ARD und Kirch Media bei Verschiebung des Sendezeitbeginns des Fußball-Bundesliga Magazins „ran“ auf 20.15 Uhr im Jahr 2001.

193 Vgl. *BVerfG* NJW 1998, 1627, 1630.

194 Vgl. *Heermann* SpuRt 2001, 188, 189.

195 Vgl. zur Problematik auch *Frey/Burkamp* K&R 2017, Beilage 1 zu Heft 7/8, 31, 36.

196 Vgl. *Naumann* ZUM 2014, 938, 946.

sondere auch dann, wenn sich der Veranstaltungsort im Ausland befindet: Das Zugangsrecht nach § 5 Abs. 1 S. 2 RStV ist territorial beschränkt auf die Bundesrepublik Deutschland,[197] sodass einem deutschen Fernsehunternehmer dann, wenn Sportereignisse im Ausland stattfinden, ein Zugang zum Veranstaltungsort verwehrt bleibt und mangels Regelung im RStV grundsätzlich kein Zugangsrecht zum Sendesignal gegenüber dem inländischen Sender mit Exklusivrechten besteht.[198] Nachteilige Auswirkungen hat diese Rechtslage z.B. auf die Kurzberichterstattung zu den Olympischen Spielen 2018 bis 2024, da die Spiele nicht in Deutschland stattfinden und der RStV den Sendern kein Recht auf Kurzberichterstattung gegenüber dem Exklusivrechteinhaber Eurosport (Discovery) zuspricht.[199] Hier stellt sich die Frage, ob § 5 Abs. 1 S. 2 RStV einer richtlinienkonformen Auslegung zugänglich ist. Die Rechtsprechung musste diese Frage bisher nicht klären.

Für eine Kurzberichterstattung ist kein gesteigertes Interesse des Publikums erforder- **67**
lich, vielmehr ist es ausreichend, wenn ein Ereignis von allgemeinem Informationsinteresse vorliegt.[200] Die Formulierung „zu eigenen Sendezwecken" ist weit und im Lichte der von § 5 Abs. 10 RStV vorgesehenen Zugriffsmöglichkeiten auf das Sendesignal Dritter zu verstehen. Der **Umfang zulässiger Kurzberichterstattung** ist sowohl zeitlich als auch inhaltlich durch § 5 Abs. 4 RStV beschränkt. Inhaltlich darf die Berichterstattung danach nicht über einen „nachrichtenmäßigen" Informationsgehalt hinausgehen. Dies beinhaltet das Aufzeigen von Schlüsselszenen durch bewegte Bilder.[201] Die Grenze ist dort zu ziehen, wo die Sendung (verdeckt) einen unterhaltenden Charakter annimmt. Dennoch kann der **nachrichtenmäßige Charakter** auch bei der Kumulierung mehrerer Kurzberichte über verschiedene Veranstaltungen der gleichen Gattung erhalten bleiben. Die zeitliche Obergrenze beträgt bei kurzfristig und regelmäßig wiederkehrenden Veranstaltungen in der Regel eineinhalb Minuten (vgl. § 5 Abs. 4 S. 3 RStV). Diese Zeitspanne gilt je Wettkampfereignis, gem. § 5 Abs. 4 S. 4 RStV muss allerdings auch in einer Zusammenfassung von Kurzberichten über Veranstaltungen vergleichbarer Art der nachrichtenmäßige Charakter gewahrt bleiben. Gem. § 5 Abs. 7 RStV kann der Veranstalter einer berufsmäßig durchgeführten Veranstaltung ein **billiges Entgelt** verlangen.[202] Diese Regelung geht auf die Entscheidung des BVerfG vom 17.2.1998 zurück.[203] Bei der Ermittlung des Entgelts ist zu berücksichtigen, dass das auf eine nachrichtenmäßige Berichterstattung beschränkte Kurzberichterstattungsrecht den wirtschaftlich primär interessanten Unterhaltungswert der Veranstaltung nur begrenzt vermitteln kann.[204] Nachdem der EuGH in seiner Entscheidung vom 22.1.2013 die Vereinbarkeit des Art. 15 Abs. 6 AVMD-Richtlinie, nach dem die Kostenerstattung die unmittelbar mit der Gewährung des Zugangs verbundenen zusätzlichen Kosten nicht übersteigen darf, mit der EU-Grundrechtecharta bejaht

197 Vgl. Hahn/Vesting/*Michel/Brinkmann* RStV § 5 Rn. 23.
198 Vgl. *Naumann* ZUM 2014, 938, 945.
199 Vgl. epd medien Nr. 1 v. 6.1.2017, Art. abrufbar unter www.epd.de/fachdienst/fachdienst-medien/schwerpunktartikel/jurist-kurzberichterstattungsrecht-bei-olympia-kaum-, Abrufdatum: 17.2.2017.
200 Hartstein/Ring/Kreile/Dörr/Stettner/*Stettner* RStV § 5 Rn. 34.
201 Vgl. hierzu Hartstein/Ring/Kreile/Dörr/Stettner/*Stettner* RStV § 5 Rn. 41 f.
202 Ist die Veranstaltung nicht „berufsmäßig durchgeführt", kann der Veranstalter von dem jeweiligen Kurzberichterstatter gem. § 5 Abs. 6 RStV nur das Eintrittsgeld und Ersatz der notwendigen Aufwendungen verlangen. Ein entspr. Anspruch auf billiges Entgelt lässt sich jedoch ggf. aus Art. 14 GG herleiten.
203 *BVerfG* NJW 1998, 1627, 1630.
204 Vgl. *Lehr/Brosius-Gersdorf* AfP 2001, 449, 452.

hat,[205] ist allerdings fraglich, ob die Vorschrift des § 5 Abs. 7 RStV weiterhin in der gegebenen Form Bestand hat.[206] Nach dem EuGH sind nur die technischen Kosten zu ersetzen. Diese können wie in dem vom EuGH entschiedenen Fall auch bei 0 EUR liegen, wenn der kurzberichtende Fernsehveranstalter selbst das Signal übernimmt.

68 Trotz der sehr gewichtigen unterschiedlichen Interessenlagen ist die **praktische Relevanz von § 5 RStV bisher gering geblieben.** Das Recht wird von den Sendern überwiegend als Argumentationsgrundlage bei den Vertragsverhandlungen genutzt. In der Praxis war es sogar teilweise üblich, dass die Sender bei Vertragsschluss einen Verzicht auf die Inanspruchnahme des gesetzlichen Rechts auf Kurzberichterstattung gem. § 5 RStV erklären. Fraglich ist allerdings, ob ein derartiger Verzicht aufgrund des fremdnützigen Charakters des Kurzberichterstattungsrechts und der Grundversorgungsaufgabe des öffentlich-rechtlichen Rundfunks nicht als unzulässig zu bewerten ist.[207]

2.2 Ereignisse von erheblicher gesellschaftlicher Bedeutung, § 4 RStV

69 Als im Jahr 1996 nach der Rechtevergabe für die Fußball-WM 2002 erstmals zu befürchten stand, dass die internationalen Begegnungen ausschließlich im Pay-TV ausgestrahlt werden, wurden auf europäischer und nationaler Ebene umgehend die Gesetzgebungsorgane tätig. Im Ergebnis sah der am 1.4.2000 in Kraft getretene Vierte Rundfunkänderungsstaatsvertrag in Umsetzung der zweiten EG-Fernsehrichtlinie 97/36 vom 30.6.1997[208] erstmals eine Sonderregelung für die Übertragung von Ereignissen von erheblicher gesellschaftlicher Bedeutung vor. Gem. § 4 RStV ist bei der fernsehmäßigen Ausstrahlung von Ereignissen von erheblicher gesellschaftlicher Bedeutung im Pay-TV durch den Fernsehveranstalter selbst oder Dritte sicherzustellen, dass das Ereignis zeitgleich zumindest in einem frei empfangbaren Fernsehprogramm ausgestrahlt werden kann. In diesem Fall kann eine **Exklusivität durchbrochen** werden. Auch wenn z.B. ein Pay-TV Sender die Übertragungsrechte hinsichtlich der genannten Großereignisse erwirbt, muss die Zulassung eines Dritten zu **„angemessenen Bedingungen"** ermöglicht werden. Das bedeutet aber auch, dass ein „fairer" und marktgerechter Preis durchaus verhandelt werden kann.[209] Jedes Land innerhalb der EU kann die von der Ausnahmeregelung erfassten Großereignisse selbst festlegen. Die Listenregelung in § 4 Abs. 2 RStV erfasst bisher die Olympischen Sommer- und Winterspiele sowie Ereignisse aus dem Bereich des Fußballs. Hinsichtlich anderer sportlicher Ereignisse – insbesondere hinsichtlich der Welt- und Europameisterschaften anderer Sportarten als Fußball – ist die Ermöglichung der zeitgleichen Übertragung im frei empfangbaren Fernsehprogramm nicht vorgesehen. Als Ausfluss der besonderen Identifikationsmöglichkeiten der Bevölkerung mit dem Ereignis fordert § 4 Abs. 2 RStV – von Ausnahmen in Nr. 1 und Nr. 2 abgesehen – eine deutsche Betei-

---

205 *EuGH* ZUM 2013, 202.

206 Vgl. hierzu Hartstein/Ring/Kreile/Dörr/Stettner/*Stettner* RStV § 5 Rn. 39; *Naumann* ZUM 2014, 938; vgl. zu Möglichkeiten einer richtlinienkonformen Auslegung auch *Dittl* S. 187 ff.

207 Näheres bei *Lehr/Brosius-Gersdorf* AfP 2001, 449, 454; a.A. *Coelln* SpuRt 2001, 221, 223.

208 Vgl. Art. 3a) Abs. 1 der Richtlinie 97/36/EG des Europäischen Parlaments und des Rates v. 30.6.1997 zur Änderung der Richtlinie 89/552/EWG des Rates zur Koordinierung bestimmter Rechts und Verwaltungsvorschriften der Mitgliedstaaten über die Ausübung der Fernsehtätigkeit, ABlEG Nr. L 202/60 v. 30.7.1997.

209 Vgl. hierzu auch *Gröpl* SpuRt 2004, 181, 184.

ligung.[210] Die Übertragung der Handball-WM 2017 über das Internet sowie die jüngste Vergabe der Rechte der UEFA Champions League an Sky sorgten in diesem Bereich u. a. für Diskussionen.[211]

Die über die Liste des § 4 Abs. 2 RStV hinausgehende Auswahl von Großereignissen, die im Free TV zu empfangen sein sollen, durch Belgien und das vereinte Königreich sind nach der Rechtsprechung der Unionsgerichte zu Art. 14 AVMD-Richtlinie ebenfalls mit den unionsrechtlichen Vorgaben vereinbar. **Belgien** stuft **alle Fußballspiele der Weltmeisterschaftsendrunde** und das Vereinigte Königreich stuft **alle Fußballspiele der Weltmeisterschaftsendrunde und der Endrunde der EURO** als Ereignisse von erheblicher gesellschaftlicher Bedeutung ein. Auf Grund der konkreten Wahrnehmung der Öffentlichkeit im Vereinigten Königreich und in Belgien riefen alle Spiele der Endrunden der beiden betroffenen Wettbewerbe bei dem Publikum ein Interesse hervor, das groß genug sei, um zu einem Ereignis von erheblicher gesellschaftlicher Bedeutung gehören zu können.[212] Die exklusive Übertragung von Sportwettbewerben im Pay-TV kann damit aufgrund der Listenregelung erheblich beschränkt werden.[213] **70**

3. Kartellrechtliche Grenzen

Wirtschaftliche Betätigungen im Zusammenhang mit Sport unterliegen dem Kartellrecht. Bei Sachverhalten des Sports gilt es stets die Besonderheit zu berücksichtigen, dass ökonomischer Wettbewerb auf die Funktion sportlichen Wettbewerbs angewiesen ist. Die **kartellrechtlichen Grenzen bei der Vergabe medialer Rechte an Sportveranstaltungen** werden durch das nationale und das europäische Kartellrecht gesteckt. Europäisches Kartellrecht dient dort als Maßstab, wo sich die Beurteilung nicht auf einen rein nationalen Sachverhalt beschränkt.[214] Aufgrund der Kommerzialisierung des Sports im Allgemeinen und der Internationalisierung des Fußballsports im Besonderen gelten zumindest die nationalen Ligaspiele nicht mehr als rein inländische Ereignisse ohne Auslandsberührung.[215] Gem. Art. 5 der VO (EG) Nr. 1/2003 haben auch die nationalen Behörden europäisches Kartellrecht anzuwenden. Ausnahmen, die allein nach nationalem Kartellrecht (§§ 1, 19 GWB) zu beurteilen sind, sind kaum praxisrelevant. Im Zusammenhang mit der Vergabe medialer Rechte an Sportveranstaltungen kann insbesondere das **Kartellverbot nach Art. 101 AEUV** relevant werden. Seit Inkrafttreten der VO (EG) Nr. 1/2003 des Rates zur Durchführung der in Art. 101 AEUV niedergelegten Wettbewerbsregeln müssen sich die am Markt beteiligten Unternehmen wegen der Abschaffung der früher geltenden **71**

---

210 Vgl. auch Beschl. der EU-Kommission v. 25.6.2007 über die Vereinbarkeit mit dem Gemeinschaftsrecht von Maßnahmen Deutschlands, ABlEU Nr. L 180 v. 10.7.2007, www.eur-lex.europa.eu/legal-content/DE/TXT/?uri=uriserv:OJ.L_.2007.180.01.0008.01.DEU&toc=OJ:L:2007:180:FULL, Abrufdatum: 23.3.2017.

211 Zur Diskussion um eine Änderung des § 4 RStV vor dem Hintergrund der Handball-WM 2017 vgl. *Frey/Burkamp* K&R, Beilage 1 zu Heft 7/8, 31, 35.

212 Vgl. zur Unionsrechtskonformität nationaler Regeln, die die exklusive Pay-TV-Übertragung von WM- und EM-Spielen in Belgien und dem Vereinigten Königreich verbieten, „EUG" 17.2.2011 – RS. T-385/07, T-55/08 und T-68/08 – FIFA und UEFA/Kommission sowie *EuGH* 18.7.2013 – C-201/11 P, C-204/11 P und C-205/11 P.

213 Vgl. *Frey/Burkamp* K&R, Beilage 1 zu Heft 7/8, 31, 35 f.

214 Vgl. zum Verhältnis auch § 22 GWB.

215 *Heermann* SpuRt 2003, 89, 90.

Anmeldepflicht wettbewerbsbeschränkender Vereinbarungen selbst Gewissheit verschaffen, ob eine Vereinbarung in den Anwendungsbereich des Kartellverbots fällt oder freistellungsfähig ist.

72 Vom Kartellverbot erfasst werden **Unternehmen und Unternehmensvereinigungen**. Vorfrage für die kartellrechtliche Beurteilung der Vermarktung medialer Rechte ist die Frage nach dem Rechteinhaber, der nach nationalen Vorschriften bestimmt wird. Gegenstand der Überprüfung der EU-Kommission waren bisher in der Regel Verbandssatzungen, die die Zentralvermarktung der medialen Rechte vorsehen und denen sich die Vereine unterwerfen (z.B. § 9 der Ordnung für die Verwertung kommerzieller Rechte des DFL Deutsche Fußball Liga e.V.).[216] Das Bundeskartellamt prüft regelmäßig im Rahmen von Verpflichtungszusagen (vgl. § 32b GWB) der DFL das Vermarktungsmodell für die Vergabe der medialen Rechte an der Fußball-Bundesliga. Dabei ging es zuletzt im Jahr 2016 in dem Beschluss, mit dem es die Verpflichtungszusage der DFL für bindend erklärte, davon aus, dass der Zentralvermarktung sowohl Beschlüsse einer Unternehmensvereinigung (DFL) als auch Vereinbarungen zwischen Unternehmen (Vereine und Kapitalgesellschaften) zugrunde liegen.[217]

73 Die kartellrechtliche Prüfung knüpft an den jeweils betroffenen Markt an. Entscheidend ist daher zunächst die Festlegung des **sachlich und räumlich relevanten Marktes.** Die sachlich relevanten Märkte werden in vorgelagerte Märkte für den Erwerb von Programmrechten und nachgelagerte Märkte auf der Ebene der Inhalte-Verwertung unterteilt. In räumlicher Hinsicht werden nationale Märkte definiert. Die EU-Kommission und das Bundeskartellamt tendieren zu einer engen Definition der sachlich relevanten Märkte (Produktmärkte). Gesondert zu betrachtende Produktmärkte sind z.B. (i) der Markt für große, meist internationale Sportereignisse wie die Olympischen Sommerspiele oder Fußballmeisterschaften[218] und (ii) der Markt für den Erwerb medialer Rechte an Fußballereignissen, die auf einer regelmäßigen Basis während des ganzen Jahres stattfinden.[219] Außerdem wurde bislang zwischen Übertragungen im frei empfangbaren Fernsehen, Pay-TV, Internet und mobilen Diensten unterschieden. Wie sich in dem beschriebenen Streit zwischen Arena und der DTAG um die Live-Übertragungsrechte an der Fußball-Bundesliga[220] gezeigt hat, verschwimmen die Konturen dieser Marktdefinitionen in einer konvergenten Medienlandschaft jedoch zusehends. Das Bundeskartellamt ging in seinem Beschluss zum Vermarktungsmodell für die Fußball-Bundesliga ab der Saison 2017/18 von einem Markt für nationale Medienrechte an ganzjährig ausgetragenen Fußballwettbewerben, an denen Vereine der Bundesliga sowie der 2. Bundesliga teilnehmen, aus.[221] Eine weitere z.B. infrastrukturbezogene Unterteilung der Rechte im Zusammenhang mit der Marktdefinition lehnt das Bundeskartellamt ausdrücklich ab. [222] Auf nachgelagerter Ebene tendiert das Bundeskartellamt insbesondere zu der

216 Abrufbar unter: www.bundesliga.de/de/dfl/statuten/, Abrufdatum: 3.4.2017.

217 Vgl. BKartA, Beschl. v. 11.4.2016, B6-32/15, Rn. 81 ff.

218 Entscheidung v. 10.5.2000 in der Sache IV/32.150 – Eurovision, ABlEG Nr. L 151/23 v. 24.6.2000.

219 Entscheidung v. 23.7.2003, COMP/37.398, ABlEU Nr. L 291 v. 8.11.2003 Rn. 56 ff. – UEFA Champions League; noch enger grenzt die Kommission den Markt in der Entscheidung Newscorp/Telepiù v. 2.4.2003 ein, COMP/M.2876, Rn. 18 ff., www.ec.europa.eu/competition/mergers/cases/decisions/m2876_en.pdf, Abrufdatum: 5.4.2017.

220 S.o. Rn. 41 Audiovisuelle Rechte.

221 Vgl. BKartA, 11.4.2016 – B6-32/15, Rn. 86 ff.

222 Vgl. BKartA, 11.4.2016 – B6-32/15, Rn. 86.

Betrachtung eines wettbewerblich besonders relevanten nationalen Markts für audiovisuelle Live-Bezahlangebote für die Fußball-Bundesliga, ohne zwischen linearen TV-Angeboten und Video-on-Demand zu unterscheiden.[223]

3.1 Marktabschottungseffekte gem. Art. 101 AEUV (ex Art. 81 EG)

Bei der kartellrechtlichen Überprüfung der Vermarktung medialer Rechte nimmt eine mögliche Beeinträchtigung der Marktteilnehmer durch Marktabschottungseffekte i.S.d. Art. 101 AEUV (ex Art. 81 EG) eine zentrale Rolle ein. Eine Marktabschottung ist anzunehmen, wenn ein oder mehrere Unternehmen ein strategisches Verhalten zeigen, das die Zugangsmöglichkeit potenzieller Wettbewerber auf vor- oder nachgelagerten Märkten beschränkt.[224] **74**

Im Kontext der Sportrechtevermarktung sind mehrere Fallkonstellationen zu beachten, die im Hinblick auf eine potentielle Marktabschottung relevant sind. Zu unterscheiden ist zwischen horizontalen und vertikalen Wettbewerbsbeschränkungen. Während unter erstgenannte z.B. eine **Vereinbarung zur Zentralvermarktung** oder der **gemeinsame Programmrechteerwerb** fällt, sind **Exklusivvereinbarungen,** bei denen das Angebot wichtiger Übertragungsrechte übermäßig eingeschränkt oder die Verbreitung der Medieninhalte über bestimmte **Distributionskanäle vollständig ausgeschlossen** wird,[225] vertikaler Natur. **75**

Zu der Gefahr einer Marktabschottung können **langlaufende Exklusivvereinbarungen** führen. Die EU-Kommission stellt dabei das markttypische Instrument von Exklusivvereinbarungen nicht grundsätzlich in Frage.[226] Allerdings lässt sich als Faustregel festhalten, dass die **Laufzeit einer Vereinbarung** zur exklusiven Rechteverwertung nach der Praxis der Kommission die Dauer von drei Jahren nicht überschreiten sollte.[227] Das Bundeskartellamt hat im Hinblick auf die Vergabe der medialen Rechte an der Fußball-Bundesliga seit der Vergabe für den Zeitraum ab der Saison 2009/2010 eine Laufzeit der Verwertungsverträge von vier Jahren unbeanstandet gelassen. Zuletzt mit Beschl. v. 11.4.2016 akzeptierte das Bundeskartellamt eine **vierjährige Laufzeit** der Exklusivverträge im Zusammenhang mit dem aktuellen Vermarktungsmodell der DFL für die Fußball-Bundesliga.[228] **76**

---

223 Vgl. BKartA, 11.4.2016 – B6-32/15, Rn. 93 ff.

224 Vgl. *Frey* GRUR 2003, 931, 934.

225 Einzelheiten *Frey* GRUR 2003, 931, 935 ff.

226 Vgl. Entscheidung v. 23.7.2003, COMP/37.398, ABlEU Nr. L 291 v. 8.11.2003 – UEFA Champions League; Entscheidung v. 19.1.2005, COMP/C-2/37.214 – Gemeinsame Vermarktung der Medienrechte an der deutschen Bundesliga, ABlEU Nr. L 134/46 v. 27.5.2005, www.eur-lex.europa.eu/LexUriServ/LexUriServ.do?uri=OJ:L:2005:134:0046:0046:DE:PDF, Abrufdatum: 5.4.2017, Entscheidung der Kommission zur britischen FA Premier League v. 22.3.2006, COMP 38/173, www.eur-lex.europa.eu/LexUriServ/LexUriServ.do?uri=OJ:C:2008:007:0018:0018:EN:PDF, Abrufdatum: 5.4.2017.

227 Im Fall der UEFA Champions League wurden grds. exklusive Vertragszyklen von drei Jahren freigestellt, Entscheidung v. 23.7.2003, COMP/37.398, ABlEU Nr. L 291 v. 8.11.2003, Rn. 200; den Zusammenschluss der wichtigsten Pay-TV-Anbieter in Italien Newscorp/Telepiù genehmigte die Kommission nur aufgrund der Zusage, dass die fusionierte Einheit Exklusivverträge mit italienischen Fußballclubs nur noch für einen Zeitraum von zwei Jahren abschließen darf, Entscheidung der Kommission v. 2.4.2003, Fall COMP/M.2876, Rn. 225, www.ec.europa.eu/comm/competition/mergers/cases/decisions/m2876_en.pdf, Abrufdatum: 5.4.2017.

228 Vgl. BKartA, Beschl. v. 12.1.2012, B 6-114/10 – Zentralvermarktung von Medienrechten, dazu *Frey* GRUR-Prax 2012, 365 sowie BKartA, Beschl. v. 11.4.2016, B6-32/15.

77 Nicht selten haben sowohl Erwerber von Rechten als auch Rechteinhaber Interesse an Vertragsabschlüssen über **umfassende Rechteangebote.** Während die Erwerber von Rechten hierdurch eine Alleinstellung in Bezug auf bestimmte Inhaltekategorien erreichen können, liegt der Vorteil für die Rechteinhaber bei der Kooperation mit nur wenigen Verwertern in einer Reduktion der Transaktions- und Überwachungskosten. Derartigen Strategien begegnete die EU-Kommission schon früh – insbesondere in Fällen der Zentralvermarktung medialer Rechte – durch die Verpflichtung der Rechteinhaber zur Segmentierung ihres Angebots: Dies kann durch die Ausschreibung von unterschiedlich definierten Programmpaketen und durch die Vergabe der jeweiligen Rechte an den Höchstbietenden[229] erfolgen. Auch **negativen Schutzrechten** zugunsten der Inhaber einzelner Rechtepakete (z.B. durch das Unterlassen der Vergabe von Übertragungsrechten für bestimmte Distributionskanäle oder überlange Sperrfristen) begegnet die Kommission kritisch.

78 Die Verpflichtung der Content-Verwerter zur **Erteilung von Unterlizenzen an Dritte** schafft in der Praxis der Kommission Zugang zu großen Rechtepaketen. Dies betrifft insbesondere den Fall von Einkaufsgemeinschaften wie die European Broadcasting Union (EBU). Die EBU verpflichtete sich, ungenutzte Rechte an Nicht-EBU-Mitglieder unterzulizenzieren.[230]

3.2 Zentralvermarktung medialer Rechte

79 In der Praxis hängt es in der Regel von der Sportart ab, ob die Vermarktung der medialen Rechte an einer Sportveranstaltung zentral oder dezentral im Wege der Einzelvermarktung durch Vereine oder sonstige Beteiligte erfolgt. In Europa besteht insbesondere im Hinblick auf bei Zuschauern sehr begehrte Veranstaltungsserien eine Tendenz zur Bündelung von Rechten in einer Hand und der anschließenden zentralen (exklusiven) Vermarktung dieser Rechte durch einen Verband.[231] Die EU-Kommission hat zur Zentralvermarktung medialer Rechte in mehreren Entscheidungen eine Fallpraxis entwickelt: Sie stellte die UEFA am 23.7.2003 im Hinblick auf die Vermarktung der Champions League[232] gem. Art. 101 Abs. 3 AEUV vom Kartellverbot frei. Aufgrund der Änderung des Kartellverfahrensrechts durch die VO (EG) Nr. 1/2003 kam es anschließend nicht mehr zu **Freistellungsentscheidungen.** Vielmehr nutzte die Kommission das Instrument, **Verpflichtungszusagen** von Sportverbänden für verbindlich zu erklären.[233] Die Kommission traf entsprechende Entscheidungen hinsichtlich der Verpflichtungszusagen des Deutschen Ligaverbands (DFL Deutsche Fußball Liga e.V.) betreffend die Rechtevergabe an der Deutschen Fußball-Bundesliga am

229 S. Verpflichtungszusagen der FA Premier League, Ziff. 7.5.

230 EBU Sublicensing Rules for Eurovision Sports Programmes, www3.ebu.ch/files/live/sites/ebu/files/Trainings/Sublicensing_rules_Eurovision_sports_programmes.pdf, Abrufdatum: 5.4.2017; Vgl. zu Unterlizenzregelungen auch die Entscheidung der Kommission v. 2.4.2003, Fall COMP/M.2876 – Newscorp/Telepiù (Fusionskontrollverfahren), Rn. 246 ff., www.ec.europa.eu/comm/competition/mergers/cases/decisions/m2876_en.pdf, Abrufdatum: 5.4.2017.

231 Vgl. den Überblick zu Frankreich, Italien, England, Dänemark, den Niederlanden und Spanien der Monopolkommission, XXI. Hauptgutachten – Wettbewerb 2016, Rn. 479 ff.

232 Entscheidung v. 23.7.2003, COMP/37.398 – UEFA Champions League, ABlEU Nr. L 291/25 v. 8.11.2003.

233 Vgl. zu den rechtlichen Unterschieden *Frey* ZUM 2005, 585, 587 f. Durch Geltung der KartellVO 1/2003 ab dem 1.5.2004 änderte sich das Verfahren; die Kommission nimmt keine Freistellungen mehr durch einen konstitutiv wirkenden Rechtsakt vor.

19.1.2005[234] sowie der britischen FA Premier League (FAPL) am 22.3.2006.[235] Die Verpflichtungszusagen gem. Art. 9 Abs. 2 der VO (EG) Nr. 1/2003 bewirken keine Bindung nationaler Behörden und Gerichte. Ein Verstoß kann gem. Art. 23 Abs. 2c) KartellverfahrensVO zu Geldbußen führen. Abzuschließende **Lizenzverträge** sind nicht Gegenstand des Verfahrens, diesbezüglich behält sich die EU-Kommission eine Prüfung vor. Die Kommissionsentscheidungen sind Einzelfallbeurteilungen, die einer Überprüfung durch das EuG in Luxemburg gem. Art. 263 Abs. 4 i.V.m. Art. 256 AEUV unterliegen.

Die Zusagen der Verbände lösen den bis dahin üblichen langfristigen Verkauf der 80
medialen Rechte an einen Vermarkter oder einen Sender je Land ab. Die Zusagen des **Deutschen Ligaverbands** (DFL Deutsche Fußball Liga e.V.) gegenüber der EU-Kommission betrafen unter anderem (i) die Aufteilung der angebotenen Medienrechte in definierte Rechtepakete, (ii) auf dreijährige Dauer begrenzte Vertragszyklen und (iii) die Eröffnung verschiedener Möglichkeiten zur individuellen Rechtevermarktung durch die Vereine.[236] Darüber hinaus verpflichtete sich der Verband, im Hinblick auf ungenutzte zentral vermarktete Rechte die Verwertung durch die Vereine selbst zuzulassen. Schließlich sahen die Zusagen **transparente sowie diskriminierungsfreie Vergabeverfahren** vor.[237]

Die EU-Kommission akzeptierte auch ein abweichendes **Paketmodell der FA Premier** 81
League. Parallele Live-Rechte für das Fernsehen und das Internet – wie sie aus den Verpflichtungszusagen der DFL resultierten – wurden mit dem Modell der englischen Liga vermieden. Nach dem der Kommission vorgelegten Vermarktungsmodell hat die FA Premier League 6 Pakete mit Kernbereich bei der audiovisuellen Live-Übertragung, 2 Pakete mit Kernbereich der zeitversetzten audiovisuellen Übertragung, 1 Paket für die audiovisuelle Übertragung per Mobilfunk und 7 Pakete mit dem Kernbereich Audio vergeben. Hierbei wurde im Wesentlichen die Gesamtzahl der Spiele innerhalb einer Serie aufgeteilt und unter den Erwerbern in mehreren Auswahlrunden, bei denen eine festgelegte Rangfolge galt, vergeben. Gem. Ziff. 3.2 der Verpflichtungszusagen war kein Bieter berechtigt, sämtliche audiovisuelle Pakete zu erwerben (sog. No-Single-Buyer Rule). Dieser Ansatz war mit Ausnahme des Mobilfunks im Hinblick auf die Distributionskanäle neutral. Den Abgrenzungsschwerpunkt bildete die Aufteilung der Spiele innerhalb einer Serie und die Rechtevergabe an unterschiedliche Erwerber sowie die Bestimmung unterschiedlicher Verwertungsformen und -umfange.[238] Im Hinblick auf spätere Vermarktungszyklen wurde das Vermarktungsmodell von der britischen Ofcom geprüft und insbesondere die **No-Single-Buyer Rule** weiterentwickelt.

234 Entscheidung v. 19.1.2005, COMP/C-2/37.214 – Gemeinsame Vermarktung der Medienrechte an der deutschen Bundesliga, ABlEU Nr. L 134/46 v. 27.5.2005, www.eur-lex.europa.eu/LexUriServ/LexUriServ.do?uri=OJ:L:2005:134:0046:0046:DE:PDF, Abrufdatum: 5.4.2017.

235 Entscheidung v. 22.3.2006, COMP/38.173 – FA Premier League.

236 S. im Einzelnen *Frey* ZUM 2005, 585, 588; in der Praxis nehmen mittlerweile zahlreiche Vereine diese Möglichkeit zur Einzelvermarktung wahr. Vgl. hierzu auch die „Richtlinie zur individuellen Nutzung und Verwertung medialer Vermarktungsrechte an den Spielen der Bundesliga und 2. Bundesliga", abrufbar unter www.bundesliga.de/de/dfl/statuten/, Abrufdatum: 17.8.2017.

237 S. im Einzelnen *Frey* ZUM 2005, 585, 588.

238 Vgl. zu der Praktikabilität der Abgrenzungskriterien oben Rn. 39 ff. Vergabe medialer Rechte in der Praxis.

82 Die Zentralvermarktung war aufgrund ihres **wettbewerbsbeschränkenden Charakters** lange Zeit umstritten. Ihr wurde insbesondere entgegengehalten, dass der gebündelte Verkauf von „Fernsehrechten" einschließlich der Rechte für das Internet und den Mobilfunk die Entwicklung neuer Medien hemme, da die Erwerber ihren traditionellen Geschäftsbereich schützen wollten.[239] Angesichts der aufgezeigten Fallpraxis der EU-Kommission, die mittels umfassender Verpflichtungszusagen und unter Berücksichtigung der Eigenheiten des Sports einen wettbewerbsrechtlichen Ausgleich schafft, sind die mit der Zentralvermarktung einhergehenden Bedenken lösbar. Seit der Entscheidung zur FA Premier League hat sich die EU-Kommission nicht mehr mit der kartellrechtlichen Beurteilung der Zentralvermarktung der Medienrechte nationaler oder internationaler Fußball-Wettbewerbe beschäftigt. Diese Aufgabe wird von den nationalen Kartellbehörden wahrgenommen. Aufgrund teilweise unterschiedlicher Standards, die sich in den Mitgliedsstaaten der EU entwickelt haben, fordert die Monopolkommission in ihrem Hauptgutachten 2016 wieder eine international einheitliche Verfahrensführung durch die EU-Kommission.[240]

83 Beispiele für die **Einzelvermarktung** lieferte bis zuletzt das europäische Ausland mit Spanien,[241] hier erzielte der Rekordmeister Real Madrid mit dem Verkauf seiner audiovisuellen Rechte einen Betrag in Höhe von ca. 1,1 Mrd. EUR für sieben Jahre ab 2007. Ausgehend von einer rein sportpolitischen Betrachtung, nach der ein für die Zuschauer hinreichend attraktiver sportlicher Wettbewerb nur bei ausgewogenen Kräfteverhältnissen erreicht werden kann, stand die Einzelvermarktung angesichts dieser Zahlen auch in der Kritik.[242] Doch auch die Einzelvermarktung schließt wettbewerbsrechtliche Verstöße nicht von vornherein aus. Ende 2013 verhängte die spanische Kartellbehörde u.a. gegen Real Madrid und den FC Barcelona Bußgelder von 3,9 Mio. EUR bzw. 3,6 Mio. EUR, weil die Vereine Übertragungsrechte an ihren Spielen exklusiv für vier Jahre vergeben hatten. Schließlich wurde auch die Zentralvermarktung in Spanien zur Saison 2016/17 durch eine Verordnung der Regierung eingeführt.[243]

84 Auf gemeinschaftsrechtlicher Ebene existieren – über die skizzierte Fallpraxis hinaus – keine bindenden Vorgaben zur Zentralvermarktung. Das **Weißbuch Sport der EU-Kommission** vom 11.7.2007 sieht aber vor, dass die Zentralvermarktung für die Einnahmeverteilung eine große Rolle spielt und damit für mehr Solidarität im Sport sorgen kann.[244] Die Kommission erkennt insbesondere die Bedeutung einer gerechten Einnahmeverteilung zwischen den Vereinen an. Daher empfiehlt sie den Sportorganisationen, gebührend auf die Einführung und Beibehaltung von Solidaritätsmechanismen zu achten. Sie stellt jedoch zugleich ausdrücklich fest, dass ein solcher Mechanismus sowohl die Form einer zentralen Vermarktung der Medienrechte

239 *Summerer* SpuRt 2004, 151, 152.

240 Monopolkommission, XXI. Hauptgutachten – Wettbewerb 2016, Rn. 494 ff.

241 In Italien, wo die Vereine ebenfalls ihre Rechte einzeln vermarkteten, wurde im Juni 2007 ein Gesetz gebilligt, das die Rückkehr zur Zentralvermarktung durch die LNP ermöglicht. Durch einen Wechsel zur Zentralvermarktung sollen gerechtere Bedingungen geschaffen werden.

242 Vgl. Independent European Sport Review 2006, 50, Rn. 3.77, www.eose.org/wp-content/uploads/2014/03/independant_european_sports_review1.pdf, Abrufdatum: 4.4.2017; Entschließung des Europäischen Parlaments zur Zukunft des Profifußballs in Europa, S. 13, Rn. 59, A 6-0036/2007.

243 Vgl. Monopolkommission, XXI. Hauptgutachten – Wettbewerb 2016, Rn. 481.

244 Weißbuch Sport, S. 18, www.eur-lex.europa.eu/legal-content/DE/TXT/?uri=celex:52007DC0391, Abrufdatum: 4.4.2017.

als auch einer Einzelvermarktung durch die Vereine annehmen kann.[245] In ihrer auf dem Weißbuch Sport aufbauenden Mitteilung zur europäischen Dimension des Sports aus dem Jahr 2011 sieht die EU-Kommission in der zentralen „Vermarktung von Medienrechten (…) ein gutes Beispiel für finanzielle Solidarität und Umverteilungsmechanismen im Sport". Zwar gehöre es zum Wesen der zentralen Vermarktung von Medienrechten, dass sie den Wettbewerb i.S.d. Art. 101 Abs. 1 AEUV einschränkt, aber sie könne andererseits Vorteile mit sich bringen, die die negativen Wirkungen überwiegen. Daher könne sie die Kriterien für eine Ausnahme gem. Art. 101 Abs. 3 AEUV erfüllen, sofern bestimmte Voraussetzungen gegeben sind. Die Kommission empfiehlt den Sportverbänden, für die zentrale Vermarktung von Medienrechten Mechanismen einzuführen, die eine angemessene Verteilung der Einkünfte bei voller Einhaltung des EU-Wettbewerbsrechts und gleichzeitiger Wahrung des Rechts der Öffentlichkeit auf Information sicherstellen.[246]

Das **Bundeskartellamt** befasst sich im Nachgang zu der Kommissionsentscheidung aus **85** dem Jahre 2005 intensiv mit der **Zentralvermarktung** und der **Vermarktung der Fußball-Bundesliga**. Im Zusammenhang mit seiner ersten Befassung mit dem Vermarktungsmodell der Fußball-Bundesliga im Jahre 2008 stellte es die Zentralvermarktung nicht grundsätzlich in Frage. Es forderte indes u.a. eine Berichterstattung im Free-TV samstags vor 20 Uhr, um eine angemessene Beteiligung der Verbraucher an den durch die Zentralvermarktung bewirkten Vorteilen für die Vermarktung der medialen Rechte an der Bundesliga sicherzustellen. Kritisch sah das Bundeskartellamt ferner den Zwang für die Fernsehsender, eine fertig konfektionierte Live-Berichterstattung **ohne eigene redaktionelle Bearbeitungsmöglichkeit** zu übernehmen. Auf diese Weise wäre nicht nur die Rechtevergabe durch die Zentralvermarktung, sondern eine weitere Marktstufe monopolisiert worden. Daher befürchtete das Bundeskartellamt nicht nur eine **Gefahr für den Qualitätswettbewerb,** sondern führte auch das eher kartellrechtsferne Argument an, die Presse- sowie Meinungsfreiheit könne leiden.[247] Die DFL hat den im Rahmen einer Pressemitteilung geäußerten Bedenken des Bundeskartellamts entsprochen. Dabei hat sie aber beklagt, dass das Bundeskartellamt keine förmliche Entscheidung erlassen hat. Eine gegen das Verhalten des Bundeskartellamtes gerichtete Beschwerde der DFL ist vom OLG Düsseldorf als unzulässig zurückgewiesen worden, da keine gerichtlich überprüfbare Untersagungsverfügung bestünde. Das Gericht machte deutlich, dass die kartellrechtliche Beurteilung für ein zukünftiges **Vermarktungsmodell ab der Spielzeit 2013/14** frühzeitig angestoßen und ggf. innerhalb von 12 Monaten einer gerichtlichen Entscheidung zugeführt werden könne.[248] Die DFL konfrontiert das Bundeskartellamt seitdem mit großem Vorlauf mit den jeweiligen Vermarktungsmodellen für die Fußball-Bundesliga. In seinem Beschl. v. 12.1.2012 zur Zentralvermarktung der Medienrechte an der Fußball-Bundesliga sprach sich das Bundeskartellamt ausdrücklich für die Zulässigkeit der Zen-

245 Weißbuch Sport, S. 19, www.eur-lex.europa.eu/legal-content/DE/TXT/?uri=celex:52007DC0391, Abrufdatum: 4.4.2017.

246 Vgl. Mitteilung der Kommission v. 18.1.2011 zur Entwicklung der europäischen Dimension des Sports, KOM(2011) 12 endg., S. 9, www.eur-lex.europa.eu/legal-content/DE/TXT/PDF/?uri=CELEX:52011DC0012&from=DE, Abrufdatum: 4.4.2017.

247 Vgl. zu den Einzelheiten das Hintergrundpapier des Bundeskartellamts zum Thema „Zentralvermarktung der Verwertungsrechte der Fußball Bundesliga ab dem 1.7.2009".

248 Vgl. *OLG Düsseldorf* 16.9.2009 – VI-Kart 1/09 (V), www.justiz.nrw.de/nrwe/olgs/duesseldorf/j2009/VI_Kart_1_09__V_beschluss20090916.html, Abrufdatum: 6.4.2017.

tralvermarktung aus.[249] Es eröffnete der DFL damit insgesamt neue kartellrechtliche Spielräume für die Vermarktung der Fußball-Bundesliga. Nicht nur, dass es von seiner in der Vergangenheit durchweg kritischen Haltung gegenüber der Zentralvermarktung abrückte. Es ließ dem Markt im Hinblick auf eine dynamische und konvergente Medienlandschaft insgesamt mehr Raum. Dies geschah auch auf die Gefahr hin, dass wesentliche Rechte an dem Premium-Content Bundesliga in einer Hand gebündelt werden können und Dritten somit der Marktzutritt erschwert wird.[250] In dem Beschl. v. 11.4.2016 zum **Vermarktungsmodell ab der Spielzeit 2017/18** unterstreicht das Bundeskartellamt, dass es an seiner grundsätzlichen Einschätzung zu den wettbewerbsbeschränkenden Wirkungen der Zentralvermarktung festhält.[251] Mit Blick auf den Markt für nationale Medienrechte an ganzjährig ausgetragenen Fußballwettbewerben, an denen Vereine der Bundesliga sowie der 2. Bundesliga teilnehmen, sieht das Amt oligopolistische Marktstrukturen, die nicht erwarten ließen, dass DFL, DFB und UEFA auch nur potentieller Wettbewerb erwachsen könnte. Dies ermögliche über die Ausgestaltung des Vermarktungsmodells die Beschränkung des Zugangs zu den Rechten durch Verknappung des Angebots sowie die Abschottung der nachgelagerten Märkte. Die Vergabe der wesentlichen Live-Rechte für die Spiele der Bundesliga und der 2. Bundesliga durch die DFL an einen einzigen Erwerber entscheide daher über die Marktstellung des Erwerbers auf dem nachgelagerten Markt für audiovisuelle Live-Bezahlangebote. Der Vergabeprozess stelle daher im Ergebnis bei der Möglichkeit eines Alleinerwerbs einen Wettbewerb um den Markt und um das Monopol dar.[252] Daraus leitet das Bundeskartellrecht auch für Deutschland die Notwendigkeit eines **Alleinerwerbsverbots (No-Single-Buyer Rule)** ab.[253] Aufgrund dessen sah das Vermarktungsmodell der DFL ein „OTT-Paket" vor, das im Falle des Erwerbs der wesentlichen Live-Rechte an der Bundesliga durch einen einzigen Bieter ausgeschrieben werden sollte. Dieses „OTT-Paket" war plattformexklusiv auf die Verbreitungswege Web-TV und Mobile-TV beschränkt und führte seinerseits zur Beschränkung anderer Pakete auf die Verbreitungswege Satellit, Terrestrik sowie Kabel/IP-TV. Allerdings kam dieses Paket nicht zur Ausschreibung, da bereits bei den plattformneutralen Live-Rechten neben Sky auch der Sender Eurosport zum Zuge kam, womit dem Alleinerwerbsverbot Rechnung getragen wurde.[254]

4. Rundfunkrechtliche Vorgaben für Werbung und Sponsoring

86 Wesentlicher Bestandteil aller rundfunkrechtlichen Vorgaben zu Werbung sind der Grundsatz der **Trennung von Werbung und Programm** und das allgemeine **Verbot irreführender Werbung.** Es gilt die Gefahr einer Einflussnahme auf die Unabhängigkeit des Rundfunks durch die Finanzierung Dritter in Form von Entgeltleistungen der Werbenden so gering wie möglich zu halten. § 7 RStV statuiert daher für Werbung u.a. ein Irreführungsverbot (Abs. 1 Nr. 3), ein Verbot der Programmbeeinflussung (Abs. 2) und das Trennungs- und Kennzeichnungsgebot (Abs. 3). Vorgaben für das Sponsoring

249 Vgl. *BKartA* 12.1.2012 – B 6-114/10 – Zentralvermarktung von Medienrechten.
250 Vgl. dazu ausf. *Frey* GRUR-Prax 2012, 365.
251 Vgl. *BKartA* 11.4.2016 – B6-32/15, Rn. 106.
252 *BKartA* 11.4.2016 – B6-32/15, Rn. 109 ff.
253 Vgl. *BKartA* 11.4.2016 – B6-32/15, Rn. 121 ff.
254 Vgl. zum Ganzen auch *Frey/Burkamp* K&R 2017, Beilage 1 zu Heft 7/8, 31, 33 f.

sind insbesondere enthalten in § 8 RStV.[255] Neben den im Rundfunkstaatsvertrag enthaltenen Regelungen sind die gemeinsamen Richtlinien der Landesmedienanstalten „für die Werbung, die Produktplatzierung, das Sponsoring und das Teleshopping im Fernsehen" und „für die Werbung, zur Durchführung der Trennung von Werbung und Programm und für das Sponsoring sowie Teleshopping im Hörfunk" maßgeblich.[256] Als Auslegungshilfe im öffentlichen Rundfunk dienen die „ARD-Richtlinien für Werbung, Sponsoring, Gewinnspiele und Produktionshilfe" sowie die „ZDF-Richtlinien für Werbung, Sponsoring, Gewinnspiele und Produktionshilfe".[257] Ein Verstoß gegen die Vorschriften des Rundfunkstaatsvertrags für privaten Rundfunk ist gem. § 49 Abs. 1, Abs. 2 RStV mit Bußgeld bewehrt. Verstöße gegen die Vorschriften zu Werbung und Sponsoring sind zudem in der Regel wettbewerbswidrig und geeignet, Unterlassungsansprüche von Mitbewerbern gem. §§ 3, 8 Abs. 1 UWG zu begründen. Diese können sich z.B. gegen den Programmveranstalter oder den Werbetreibenden richten. Ferner bestehen Schadensersatzansprüche gem. § 9 UWG, für die § 287 ZPO eine Erleichterung der Beweisführung gewährt.[258]

Gem. § 7 Abs. 7 S. 1 RStV ist **Schleichwerbung** i.S.d. § 2 Abs. 2 Nr. 8 RStV **unzulässig**. **87**
Das **eingeschränkte Verbot von Produktplatzierungen** i.S.d. § 2 Abs. 2 Nr. 11 RStV nach § 7 Abs. 7 RStV darf nur in gesetzlich festgeschriebenen Ausnahmen (vgl. insbesondere § 15 S. 1 Nr. 1 Var. 3 und § 44 S. 1 Nr. 1 Var. 3 RStV für Sportsendungen) durchbrochen werden und auch dann nur unter Einhaltung bestimmter Auflagen – wie etwa die Aufnahme eines Hinweises auf die im Programm enthaltene Produktplatzierung sowie die Wahrung redaktioneller Verantwortung und Unabhängigkeit hinsichtlich Inhalt und Sendeplatz. Ferner darf gem. § 7 Abs. 7 S. 1 Nr. 3 RStV das Produkt nicht zu stark herausgestellt werden, dies bedeutet aber nicht, dass die Sendungsgestaltung ausschließlich redaktionellen Kriterien folgen muss, solange ein angemessener Ausgleich zwischen werblichen und redaktionellen Belangen gewahrt ist.[259]

Neben den Beschränkungen der Art und Weise von Fernsehwerbung sind die Vorschriften zur Beschränkung des Werbeumfangs in §§ 7 f., 16 f. und 45 RStV zu beachten. **88**
Werbung darf bei Sportsendungen nur zwischen die eigenständigen Teile oder in die Pausen eingefügt werden, vgl. § 7a Abs. 2 S. 2 RStV. Unter Pausen sind nur die den Regeln des Spielablaufs folgenden Unterbrechungen zu verstehen, hingegen keine zufälligen Unterbrechungen, wie z.B. ein Freistoß oder Spielerwechsel.[260]

4.1 Veranstaltungs-Sponsoring

Förderobjekt des Sponsors beim Veranstaltungs-Sponsoring ist die Sportveranstaltung **89**
selbst. Die **Sponsorenhinweise erfolgen vor Ort** bei der jeweiligen Veranstaltung, z.B. auf Werbeflächen an den Spielfeldbanden oder auf den Spielertrikots. Ob und inwieweit die lokalen Sponsorenhinweise medial z.B. durch die Übertragung der Sportveranstaltung transportiert werden, bildet in vielen Fällen einen bedeutenden Beweggrund für das Sponsorenengagement und die Höhe des Sponsorenengagements.

---

255 Für Werbung und Sponsoring in Telemedien vgl. insbesondere § 58 RStV sowie § 6 Abs. 1 Nr. 1 TMG.
256 Abgedr. in Hartstein/Ring/Kreile/Dörr/Stettner RStV § 7 Anh. 3 und 4.
257 Abgedr. in Hartstein/Ring/Kreile/Dörr/Stettner RStV § 7 Anh. 1 und 2.
258 Fritzweiler/Pfister/*Summerer* S. 411 Rn. 19.
259 *BVerwG* NJOZ 2015, 944 – „Hasseröder Männer Camp".
260 Vgl. Mitteilung der EU-Kommission v. 28.4.2004 zu „Auslegungsfragen in Bezug auf bestimmte Aspekte der Bestimmungen der Richtlinie Fernsehen ohne Grenzen über die Fernsehwerbung", Rn. 23 f.

90 Rundfunkrechtliche **Werberegelungen finden keine unmittelbare Anwendung** auf das Veranstaltungs-Sponsoring, da diese als sog. „indirekte Werbung“ nur mittelbar zum Inhalt einer audiovisuellen Übertragung wird. Soweit ein Rundfunkveranstalter die Werbung vor Ort kontrolliert oder die Veranstaltung „nur zum Zweck der Sendung“ durchführt, sind jedoch das **Verbot von Schleichwerbung** und das **eingeschränkte Verbot von Produktplatzierungen** durch diesen zu beachten.[261] Insgesamt gilt es zu berücksichtigen, dass den Sendern die Möglichkeit erhalten bleiben muss, wichtige Sportereignisse zu übertragen, auch wenn die Veranstaltung selbst Werbung enthält. Gleiches gilt für die **Nennung von Namen der Veranstaltungsstätten und Veranstaltungstiteln,** die aufgrund einer Naming-Right-Vereinbarung die Unternehmens- oder Produktbezeichnung eines Förderers enthalten (z.B. Allianz-Arena). Eine Werbewirkung bei der Abbildung der Realität ist unvermeidbar.[262] Andererseits darf die am Austragungsort angebrachte Werbung nicht länger als unbedingt erforderlich eingeblendet oder gar „inszeniert“ ins Bild gesetzt werden.[263] Ein Verstoß gegen das Gebot der Trennung von Werbung und Programm liegt dann vor, wenn der übertragende Rundfunksender – z.B. aufgrund vorhergehender Einflussnahme durch den Veranstalter (aufgezwungene „Berichterstattung“) – unmittelbar vor sowie nach der Sendung durch Einblenden eines Firmen-Logos und einen kurzen Hinweistext auf die finanzielle Förderung des Ereignisses durch einen bestimmten Sponsor hinweist.[264] Die Trennung von Werbung und redaktionellem Programm ist in diesem Fall nicht hinreichend gewahrt. Etwas anderes gilt nur im Falle eines – in den Grenzen von § 8 Abs. 3 RStV zulässigen[265] – **„Doppelsponsoring“**, nämlich dann, wenn der Sponsor des Ereignisses zugleich die Sendung sponsert.[266]

4.2 Sendungs-Sponsoring

91 Unter Sendungs-Sponsoring ist die Förderung einer Sendung, die bspw. eine Sportveranstaltung wiedergibt, zu verstehen. Zur Aufklärung des Zuschauers über die Fremdfinanzierung der Sendung ist die Einblendung des Sponsors gem. § 8 Abs. 1 RStV durch deutlichen Hinweis zu Beginn oder am Ende der Sendung obligatorisch.[267] Früher bestand die Besonderheit beim Sendungs-Sponsoring darin, dass es die Möglichkeit eröffnete, auch über öffentlich-rechtliche Sender zur sog. „prime time“, d.h. nach 20 Uhr und an Sonn- und Feiertagen, (Image)-Werbung zu betreiben. Diese klassische Form der Aufmerksamkeitsgenerierung war bereits gem. § 16 Abs. 1 S. 4 RStV unzulässig. Mit Inkrafttreten des 15. Rundfunkänderungsstaatsvertrags am 1.1.2013 gilt dieses Verbot gem. § 16 Abs. 6 RStV auch für das Sendungs-Sponsoring bei öffentlich-rechtlichen Sendern nach 20 Uhr

261 Vgl. *VG Berlin* ZUM-RD 2009, 292 – Wok WM.

262 *Bülow* CR 1999, 105, 111; *Ladeur* SpuRt 2000, 45, 46.

263 Vgl. *Greffenius/Fikentscher* ZUM 1992, 526, 592.

264 *BGH* ZUM 1993, 92, 94/95 – Agfa-Gevaert; vgl. auch Ziff. 11.2 der ARD-Richtlinien für die Werbung, zur Durchführung der Trennung von Werbung und Programm und für das Sponsoring v. 6.6.2000.

265 *Kulka* S. 51, 69.

266 Bei Identität von Veranstalter und Sender wird das Sponsoring der Veranstaltung in der Regel als Mitfinanzierung einer Sportsendung, d.h. als zulässiges Sponsoring und nicht als eine Form der unzulässigen Produktplazierung qualifiziert, vgl. *Kulka* S. 51, 69.

267 Zur Sponsorenzeichen, die im Zusammenhang mit anderen als den gesponserten Sendungen ausgestrahlt werden und deren Anrechnung auf die Werbezeit, vgl. *EuGH* GRUR Int. 2016, 385, 389 f.

und an Sonn- und Feiertagen, sofern es sich nicht um die Übertragung von Großereignissen nach § 4 Abs. 2 RStV[268] handelt.

Die Zulässigkeit der Bezeichnung des Sponsors gem. § 8 RStV ist nicht auf die Nennung des Namens oder das Einblenden der Marke bzw. des Firmenemblems beschränkt. Auch die Nennung eines Produktnamens ist u.a. zulässig, was bei Unbekanntheit der hinter einem Produkt stehenden Firma von Bedeutung ist. Der **Sponsorenhinweis über bewegte Bilder** ist gem. § 8 Abs. 1 S. 1, HS 2 RStV zulässig. Selbst aus der Werbung bekannte Gestaltungsobjekte dürfen in den Hinweis eingefügt werden, z.B. das grüne Segelschiff aus der „Beck's"-Bierwerbung.[269] Sofern insbesondere die Voraussetzungen von § 8 Abs. 2–6 RStV erfüllt sind und keine werblichen Effekte in den Vordergrund rücken, ist auch das **Titel-Sponsoring** zulässig, bei dem der Name des Sponsors Teil des Sendungstitels wird.[270] 92

4.3 Grafik-Sponsoring

Zweifelhaft ist, ob während des Sendungsverlaufs dauerhaft oder wiederholte Einblendungen von Ergebnis- oder Zeitlisten, die mit dem Logo oder Namen eines Unternehmens oder Produkts versehen sind, mit dem Gebot der Trennung von Werbung und Programm vereinbar sind. In der Praxis wird das Grafik-Sponsoring als zulässig erachtet, wenn die Einblendung des Namens oder Logos aus Gründen des **Quellennachweises** gerechtfertigt ist: Erforderlich ist ein direkter funktionaler Zusammenhang zwischen der technischen Dienstleistung und der Einblendung, vgl. Ziff. 12 Abs. 2 der gemeinsamen Richtlinien der Landesmedienanstalten für die Werbung, die Produktplatzierung, das Sponsoring und das Teleshopping im Fernsehen. 93

4.4 Split Screen-Werbung

Gem. § 7 Abs. 4 RStV ist eine **Teilbelegung des ausgestrahlten Bildes mit Werbung,** die sog. „Split Screen"-Werbung, zulässig, wenn diese vom übrigen Programm eindeutig optisch getrennt und als Werbung gekennzeichnet ist. Über „Split Screen"-Technik können ein oder mehrere Werbespots in einem Fenster ausgestrahlt werden.[271] Die Anzahl der eingeblendeten Werbepartner sowie die graphische Ausgestaltung, z.B. kreisförmig oder schräg, sind bei eindeutiger Trennung vom Programm und Kennzeichnung als Werbung frei. Auch die sog. Ticker-Werbung (Crawl), die am unteren Rand des Fernsehbildschirms eingeblendet wird, ist eine zulässige Variante.[272] Sobald ein Teil des Bildschirms mit Werbung belegt ist, findet unabhängig von der Größe eine Anrechnung auf die Werbezeit gem. §§ 16, 45 RStV statt. 94

4.5 Virtuelle Werbung

Virtuelle Werbung bezeichnet die **computergesteuerte Manipulation realer Bilder** unter Austausch verschiedener Elemente mit dem Ziel, Werbebotschaften in das Sig- 95

268 Vgl. dazu oben Rn. 69.

269 Hartstein/Ring/Kreile/Dörr/Stettner/*Kreile* RStV § 8 Rn. 36; restriktiver aber wohl grds. *OLG Frankfurt* ZUM 1995, 800, 803.

270 Vgl. Ziff. 7 Abs. 10 der Werberichtlinien der Landesmedienanstalten; *Hartstein/Ring/Kreile/Dörr/Stettner* RStV § 8 Rn. 37, § 7 Rn. 55a.

271 Vgl. Mitteilung der EU-Kommission v. 28.4.2004 zu „Auslegungsfragen in Bezug auf bestimmte Aspekte der Bestimmungen der Richtlinie Fernsehen ohne Grenzen über die Fernsehwerbung", Rn. 41 ff.

272 Vgl. Hartstein/Ring/Kreile/Dörr/Stettner/*Kreile* RStV § 7 Rn. 32b.

nal, das vom Fernsehen empfangen oder von ähnlichen Technologien übermittelt wird, einzuspeisen.[273] Das Einfügen virtueller Werbung ermöglicht eine zielgruppenorientierte, bspw. länderspezifische Platzierung von Werbung. Gem. § 7 Abs. 6 RStV ist virtuelle Werbung ausdrücklich zulässig, wenn am Anfang und Ende der Sendung ein entsprechender Hinweis enthalten ist und die Werbung am Ort der Übertragung ohnehin bestehende Werbung ersetzt. Hierzu wird vertreten, dass solche Flächen, die im Stadion lediglich als Ansteuerungspunkt für computerisierte Einblendung dienen, mangels real vorhandener Werbung am Veranstaltungsort nicht mit virtueller Werbung überblendet werden können.[274] Die übertragene Werbung soll quantitativ auf das Maß beschränkt bleiben, das real existiert und das der Rezipient ohne die digitale Einspielung neuer Werbung empfangen würde, u.a. auch zum Schutz des redaktionellen Programms vor Überfrachtung mit Werbebotschaften.[275] Zur konkreten Ausgestaltung der virtuellen Werbung führt Ziff. 3 Abs. 4 Nr. 3 der gemeinsamen Richtlinien der Landesmedienanstalten für die Werbung, die Produktplatzierung, das Sponsoring und das Teleshopping im Fernsehen zudem an, dass statische Werbung, die am Ort der Übertragung vorhanden ist, nicht durch Werbung mit Bewegtbildern ersetzt werden darf. Darüber hinaus sollten bei der Frage, inwieweit sich virtuelle Werbung am Original zu orientieren hat, die Ausführungen der EU-Kommission berücksichtigt werden, wonach virtuelle Werbung nicht besser sichtbar oder aufdringlicher sein darf, als die am Veranstaltungsort gewöhnlich angebrachte oder tatsächlich sichtbare Werbung.[276]

5. Werbebeschränkungen für Tabak, Alkohol und Arzneimittel

96 § 8 Abs. 4 und Abs. 5 RStV schließt das Sendungs-Sponsoring für Unternehmen der Tabakindustrie sowie für Arzneimittel und medizinische Behandlungen, die nur auf ärztliche Verordnung erhältlich sind, aus. Die europäische Richtlinie für audiovisuelle Mediendienste sieht in Art. 11 Abs. 4 ferner weiterhin ein Verbot von Produktplatzierungen mit Tabakerzeugnissen und verschreibungspflichtigen Medikamenten ausdrücklich vor. Die Zulässigkeit von Arzneimittelwerbung ist im Einzelnen im Heilmittelwerbegesetz geregelt. Hinsichtlich der Werbung und des Sponsorings betreffend Tabakerzeugnisse finden sich neben den Regelungen in der AVMD-Richtlinie und dem RStV auch Regelungen im Tabakerzeugungsgesetz (TabakerzG).[277] Die Werbung für u.a. Tabakerzeugnisse ist gem. § 19 Abs. 1 TabakerzG im Hörfunk verboten, ferner ist es gem. § 19 Abs. 4 TabakerzG verboten, zur Förderung des Verkaufs von u.a. Tabakerzeugnissen Hörfunkprogramme zu sponsern. Grundsätzlich ist es nach § 19 Abs. 2 und 3 TabakerzG – bis auf die in § 19 Abs. 2 S. 2 Nr. 1 und 2 TabakerzG vorgesehenen Ausnahmen – ebenfalls verboten für u.a. Tabakerzeugnisse in der Presse oder einer anderen gedruckten Veröffentlichung sowie in „Diensten der Informationsgesellschaft" zu werben. Aus § 20 TabakerzG ergibt sich zudem ein Verbot der audiovisuellen kommerziellen Kommunikation i.S.d. AVMD-Richtlinie für u.a. Tabakerzeugnisse oder zugunsten von Unternehmen, deren Haupttätigkeit die Herstellung oder

---

273 Vgl. *Ladeur* SpuRt 2000, 47, Fn. 13; § 2a FIFA-Regulations for the Use of Virtual Advertising, abgedruckt in Hartstein/Ring/Kreile/Dörr/Stettner § 7 Rn. 60.

274 *Ladeur* SpuRt 2000, 45, 49; *Härtl* GRUR-Prax 2015, 498, 499.

275 Vgl. *Härtl* GRUR-Prax 2015, 498, 499; vgl. *Platho* ZUM 2000, 46, 51.

276 Vgl. Mitteilung der EU-Kommission v. 28.4.2004 zu „Auslegungsfragen in Bezug auf bestimmte Aspekte der Bestimmungen der Richtlinie Fernsehen ohne Grenzen über die Fernsehwerbung", Rn. 69; vgl. *Härtl* GRUR-Prax 2015, 498, 499.

277 Das TabakerzG dient der Umsetzung der RL 2014/40/EU.

der Verkauf von Tabakerzeugnissen darstellt.[278] Gem. Art. 1 Abs. 1 h) AVMD-Richtlinie zählen zur audiovisuellen kommerziellen Kommunikation u.a. Fernsehwerbung, Sponsoring, Teleshopping und Produktplatzierung. Gem. § 19 Abs. 5 TabakerzG ist ferner das Sponsern einer Veranstaltung oder Aktivität mit dem Ziel oder der direkten oder indirekten Wirkung, den Verkauf von u.a. Tabakerzeugnissen zu fördern verboten, wenn an der Veranstaltung oder Aktivität mehrere Mitgliedstaaten beteiligt sind, sie in mehreren Mitgliedstaaten stattfindet oder sie eine sonstige grenzüberschreitende Wirkung hat. Mit dem Sponsoringverbot bei grenzüberschreitenden Veranstaltungen und der auf nationaler Ebene geltenden freiwilligen Selbstbeschränkung der Zigarettenindustrie, keine Werbung in Sportstätten zu betreiben, verliert die Diskussion an Bedeutung, ob auch „zufällige" Werbeeinblendungen, z.B. eines von der Tabakindustrie gesponserten Ausrüstungsgegenstands, von den genannten medialen Werbeverboten erfasst werden. In § 21 TabakerzG ist eine Verbot von Werbung mit qualitativen Zielen geregelt.

Werbung für Alkohol ist in Deutschland in erster Linie durch § 6 Abs. 5 JMStV eingeschränkt. Demnach darf sich Werbung für Alkohol weder an Kinder noch an Jugendliche richten noch diese besonders ansprechen oder beim Alkoholgenuss darstellen. Art. 9 Abs. 1 e) der AVMD-Richtlinie sieht zudem vor, dass audiovisuelle werbliche Kommunikation keinen übermäßigen Alkoholverzehr fördern darf. Eine entsprechende Regelung enthält § 7 Abs. 10 RStV. Art. 22 der AVMD-Richtlinie normiert darüber hinaus einige allgemeine Bestimmungen für Alkoholwerbung. Für den Sportbereich sind b) und c) relevant, wonach Alkoholwerbung im Fernsehen nicht mit gesteigerter physikalischer Leistungsfähigkeit, d.h. dem Leistungssport im Allgemeinen, verbunden werden darf und nicht der Eindruck entstehen darf, dass Alkoholkonsum zu gesellschaftlichem Erfolg verhilft.[279] 97

6. Werbebeschränkungen für Sportwetten

Der erste Staatsvertrag zum Glücksspielwesen in Deutschland **(Glücksspielstaatsvertrag – GlüStV 2008)** trat zum 1.1.2008 in Kraft und sah eine Laufzeit bis Ende des Jahres 2011 vor. Er wurde im Nachgang zu dem **Urteil des BVerfG vom 28.3.2006,** Az. 1 BvR 1054/01,[280] von den deutschen Ländern verabschiedet. Das BVerfG hatte entschieden, dass das staatliche Sportwettmonopol in seiner zur Entscheidung vorliegenden Fassung mit Art. 12 Abs. 1 GG unvereinbar war. Insbesondere fehle es an Regelungen, die eine konsequente und aktive Ausrichtung des staatlichen Sportwettangebots am Ziel der Begrenzung der Wettleidenschaft und Bekämpfung der Wettsucht materiell und strukturell gewährleisten. Das BVerfG hatte die Länder aufgefordert, das auf Sportwetten anzuwendende Recht bis zum 31.12.2007 neu zu regeln und einen verfassungsgemäßen Zustand entweder durch eine konsequent am Ziel der Bekämpfung von Suchtgefahren ausgerichteten Ausgestaltung des Sportwettmonopols oder eine gesetzlich normierte und kontrollierte Zulassung gewerblicher Sportwettangebote durch private Wettunternehmen herzustellen.[281] Die Länder entschieden sich 98

278 Eine entspr. Bestimmung enthält Art. 9 Abs. 1 d) AVMD-Richtlinie.

279 Vgl. auch Ziff. 3 und Ziff. 8 der Verhaltensregeln des deutschen Werberats über die kommerzielle Kommunikation für alkoholhaltige Getränke (Stand 2009), www.werberat.de/sites/default/files/uploads/media/werberat_flyer_alkohol.pdf, Abrufdatum: 1.3.2017.

280 *BVerfG* NJW 2006, 1261 ff.

281 Vgl. *BVerfG* NJW 2006, 1261, 1267.

daraufhin für eine Verschärfung des staatlichen Monopols und zwar hinsichtlich des Glücksspielbereichs, soweit Teilaspekte nicht – wie bspw. Pferdewetten – traditionell durch den Bund reguliert werden. Auf Grund der vielfachen Kritik insbesondere der europäischen Rechtsprechung (z.B. *EuGH* v. 8.9.2010, Rechtssache C-409/06 – Winner Wetten GmbH/Bürgermeisterin der Stadt Bergheim, Rechtssachen C-316/07, C-358/07, C-359/07, C-360/07, C-409/07 und C-410/07 – Markus Stoß u.a./Wetteraukreis, Kulpa Automatenservice Asperg GmbH u.a./Land Baden-Württemberg, C-46/08 – Carmen Media Group Ltd/Land Schleswig-Holstein u.a., s. näher Rn. 86 der 2. Aufl.) und auf Grund der Befristung der Laufzeit des GlüStV 2008 bis zum Ende des Jahres 2011 überarbeiteten die Länder den Glücksspielstaatsvertrag, sodass am 1.7.2012 der Erste Glücksspieländerungsstaatsvertrag (GlüStV 2012) in Kraft getreten ist. Der GlüStV 2012 suspendiert während einer siebenjährigen Experimentierphase das staatliche Sportwettmonopol und sieht eine Zulassung privater Anbieter vor.[282] Jedoch auch der GlüStV-Ince 2012 blieb nicht kritiklos, was u.a. das Pilotverfahren (Az.: 7625/15/GROW) der EU-Kommission sowie die Entscheidung des EuGH vom 4.2.2016 in der Rechtssache – C-336/14 – Ince zeigen.[283]

99 Gem. § 10a Abs. 2 GlüStV 2012 dürfen **Sportwetten nur mit einer Konzession nach den §§ 4a ff. GlüStV 2012 veranstaltet werden**. Nach § 4a Abs. 3 S. 1 GlüStV 2012 ist die Zahl der Konzessionen zur Erreichung der Ziele des § 1 GlüStV 2012 zu beschränken. § 10a Abs. 3 GlüStV 2012 sieht für Sportwetten eine **Höchstzahl von 20 Konzessionen** vor.[284] Die im Herbst 2014 getroffene Auswahl von 20 Bewerbern führte jedoch zu einem Schwebezustand, da unterlegene Bewerber durch Eilanträge bzw. Hauptsacheentscheidungen die Umsetzung der Auswahlentscheidung in Form der Konzessionserteilung verhinderten.[285] Am 8.12.2016 einigte sich die Ministerpräsidentenkonferenz auf eine punktuelle Änderung des GlüStV 2012 hinsichtlich der Sportwetten: Nach dem am 16.3.2017 von den Ministerpräsidenten der Länder unterzeichneten **Zweiten Glücksspieländerungsstaatsvertrag** soll insbesondere die Kontingentierung der Sportwetten-Konzessionen für eine verlängerte Experimentierphase aufgehoben werden sowie allen 35 Bewerbern der zweiten Stufe des Konzessionsverfahrens die Tätigkeit vorläufig erlaubt werden.[286] Nach der Ratifizierung in den Länderparlamenten soll der GlüStV 2018 am 1.1.2018 in Kraft treten. Es ist jedoch mittlerweile fraglich, ob der neue GlüStV in Kraft tritt, da das Landesparlament von Schleswig-Holstein den Vertrag wohl nicht wie erforderlich ratifizieren wird.[287]

100 Glücksspiel liegt nach § 3 Abs. 1 S. 1 GlüStV 2012 vor, wenn im Rahmen eines Spiels für den Erwerb einer Gewinnchance ein Entgelt verlangt wird und die Entscheidung über den Gewinn ganz oder überwiegend vom Zufall abhängt. Ein Glücksspiel ist nach § 3 Abs. 2 GlüStV 2012 öffentlich, wenn für einen größeren, nicht geschlossenen Personenkreis eine Teilnahmemöglichkeit besteht oder es sich um gewohnheitsmäßig veranstaltete Glücksspiele in Vereinen oder sonstigen geschlossen Gesellschaften han-

---

282 Vgl. Abgeordnetenhaus Berlin, Drucks. 18/0122, 5.

283 Vgl. auch *Krewer* ZfWG 2017, 1; *EuGH* GRUR Int. 2016, 365.

284 Vgl. hierzu auch *VG Wiesbaden* WiVerw 2016, 223, das eine Beschränkung der Anzahl der Konzessionen auf 20 als europarechtswidrig einstuft.

285 Abgeordnetenhaus Berlin, Drucks. 18/0122, 1; vgl. u.a. *VGH Kassel* NZBau 2016, 111 und *VG Wiesbaden* 31.10.2016 – 5 K 1467/14.WI.

286 Abgeordnetenhaus Berlin, Drucks. 18/0122, 1 f., 3 ff.

287 S. Koalitionsvertrag für die 19. Wahlperiode des Schleswig-Holsteinischen Landtages (2017–2022) S. 11.

delt. **Nicht um Glücksspiel handelt es sich bei einem Fantasy-League-Spiel für die Bundesliga-Saison 2009/10 (Super-Manager)**, bei dem die Teilnehmer gegen Zahlung von 7,99 EUR unter Einsatz eines Spielbudgets eine fiktive Fußballmannschaft aus 18 Spielern der Bundesliga zusammenstellten, die Aufstellung zu jedem Spieltag der Bundesliga neu festlegten und auf der Grundlage einer Jury-Bewertung der Leistung dieser Spieler Tabellenplätze in drei fiktiven Ligen errangen. Das verlangte Entgelt stellt kein Entgelt für den Erwerb einer Gewinnchance dar, sondern ist lediglich als Teilnahmegebühr zu qualifizieren, die es den Spielern nur gestatte, überhaupt an dem Fantasy-League-Spiel teilzunehmen.[288] **Sportwetten** sind Wetten zu festen Quoten auf den Ausgang von Sportereignissen oder Abschnitten von Sportereignissen (Legaldefinition § 3 Abs. 1 S. 4 GlüStV 2012). Ein Fantasy-League-Spiel ist keine Sportwette (BVerwG a.a.O.); bei diesem wird nicht auf ein Ergebnis o.Ä. gewettet; vielmehr stellt dieses Spiel ein Planspiel dar, sodass dessen Veranstaltung und Vermittlung keiner glücksspielrechtlichen Erlaubnis bedarf.

Der **GlüStV 2012 verbietet grundsätzlich das Veranstalten und Vermitteln öffentlicher** **101**
Glücksspiele im Internet (§ 4 Abs. 4 GlüStV). Abweichend von dem Verbot aus § 4 Abs. 4 GlüStV 2012 können die Länder allerdings gem. §§ 4 Abs. 5, 10 Abs. 6, 10a Abs. 1 GlüStV 2012 die **Veranstaltung und Vermittlung von Sportwetten im Internet erlauben**, wenn keine Versagungsgründe nach § 4 Abs. 2 GlüStV 2012 vorliegen und die weiteren Voraussetzungen des § 4 Abs. 5 GlüStV 2012 – u.a. Ausschluss Minderjähriger oder gesperrter Spieler (Nr. 1), Höchsteinsatz je Spieler von 1 000 EUR pro Monat (Nr. 2), Ausschluss besonderer Suchtanreize durch schnelle Wiederholungen (Nr. 3), Entwicklung eines an die besonderen Bedingungen des Internets angepassten Sozialkonzepts (Nr. 4) – erfüllt sind sowie eine Konzession nach §§ 4a ff. GlüStV 2012 erteilt wurde (**präventives Verbot mit Erlaubnisvorbehalt**). Die in dem GlüStV 2012 vorgesehene Begrenzung auf die Zahl von 20 Sportwetten-Konzessionen soll mit dem GlüStV 2018 – jedenfalls für eine Experimentierphase – aufgehoben werden.

Wie auch bereits im GlüStV 2008 geregelt, können nach § 21 Abs. 1 S. 1 GlüStV 2012 **102**
Sportwetten als Kombinationswetten oder Einzelwetten auf den Ausgang von Sportereignissen erlaubt werden. Neu hinzugefügt wurde die Möglichkeit, Sportwetten auch auf **Abschnitte von Sportereignissen** anzubieten. Die Vermittlung von Sportwetten in Gebäuden oder Gebäudekomplexen, in dem sich eine Spielhalle oder eine Spielbank befindet, ist nicht zulässig (§ 21 Abs. 2 GlüStV 2012). Ebenfalls neu aufgenommen wurde ein Wettverbot für Beteiligte, die direkt oder indirekt auf den Ausgang des Wettereignisses Einfluss haben (z.B. aktive Sportler oder Funktionäre), sowie von diesen Personen beauftragte Dritte; diese Personen dürfen weder Sportwetten auf den Ausgang oder den Verlauf des Sportereignisses abschließen noch Sportwetten durch andere fördern (§ 21 Abs. 3 S. 2 GlüStV 2012). Durch diese Regelung soll die Integrität des Sports gesichert werden, wobei die Sicherung der Integrität des Sports als Aufgabe der Sportler, Sportveranstalter sowie nationalen unter internationalen Sportverbände zu verstehen ist (vgl. Erläuterungen zum Ersten Glücksspieländerungsstaatsvertrag).[289]

288 *BVerwG* 16.10.2013 – 8 C 21.12; ebenso wird ein Pokerturnier durch Erhebung einer bloßen Teilnahmegebühr noch nicht zum entgeltlichen Glücksspiel, *BVerwG* 22.1.2014 – 8 C 26.12.

289 Abrufbar unter www.gluecksspiel.uni-hohenheim.de/fileadmin/einrichtungen/gluecksspiel/Staatsvertrag/ErlaeuterungenGlueAendStV.pdf, Abrufdatum 3.3.2017.

103 Allerdings bleibt es weiterhin verboten, die Übertragung von Sportereignissen in Rundfunk und Telemedien mit der Veranstaltung und Vermittlung von Sportwetten zu verknüpfen (§ 21 Abs. 4 S. 1 GlüStV 2012). Während des Sportereignisses sind zudem Wetten auf einzelne Vorgänge (sog. Ereigniswetten) unzulässig, wohingegen Wetten auf das Endergebnis auch während des laufenden Sportereignisses zugelassen werden können (sog. Endergebniswetten), § 21 Abs. 4 S. 2 GlüStV 2012. Die Verknüpfung mit Trikot- und Bandenwerbung wird hingegen nicht mehr verboten (ex § 21 Abs. 2 S. 2 GlüStV 2008). Damit dürfte nunmehr ein Veranstaltungs-Sponsoring durch Anbieter von Sportwetten möglich sein.

104 Der Glücksspielstaatsvertrag regelt in § 5 GlüStV 2012 weiterhin **Werbebeschränkungen.** § 5 Abs. 3 S. 1 GlüStV 2012 begründet ein umfassendes Werbeverbot für öffentliches Glücksspiel im Fernsehen. Damit werden die Spotwerbung oder Dauerwerbesendungen i.S.d. § 7 RStV verboten. Daneben verbietet § 5 Abs. 3 S. 1 GlüStV 2012 ebenfalls die Werbung im Internet und sanktioniert damit ausdrücklich auch die in § 4 Abs. 4 GlüStV 2012 vorgesehene Untersagung der Veranstaltung und Vermittlung von öffentlichen Glücksspielen im Internet.

105 Die **Werbung für Sportwetten im Internet und im Fernsehen ist nicht per se ausgeschlossen, sondern ebenfalls als präventives Verbot mit Erlaubnisvorbehalt** ausgestaltet. Die Länder können Betreibern auf Antrag erlauben, für Sportwetten zu werben (§ 5 Abs. 3 S. 2 GlüStV 2012), wobei Werbung für Sportwetten im Fernsehen unmittelbar vor oder während der Live-Übertragung von Sportereignissen auf dieses Sportereignis nicht zulässig ist (§ 5 Abs. 3 S. 3 GlüStV 2012). Art und Umfang der erlaubten Sportwetten-Werbung konkretisieren die Länder in der nach § 5 Abs. 4 S. 1 GlüStV 2012 erlassenen Werberichtlinie.[290] In der Werberichtlinie wird in § 5 Ziff. 2 noch einmal klargestellt, dass Werbung für Sportwetten im Fernsehen unmittelbar vor oder während der Live-Übertragung von Sportereignissen nicht zulässig ist, soweit gerade die Bewettung des konkreten Sportereignisses beworben werden soll. Trikot- und Bandenwerbung wird in Form der Dachmarkenwerbung ausdrücklich für zulässig erklärt (§ 12 Abs. 1 Werberichtlinie; Ausnahme: Werbung bei Sportereignissen von Kindern- und Jugendlichen).

106 Die Werbeverbote gelten auch für Glücksspiele und Sportwetten, die rechtmäßig in anderen EU-Mitgliedstaaten veranstaltet und in Deutschland beworben werden. Die **Vereinbarkeit dieser Beschränkung der unionsrechtlichen Dienstleistungs- und Niederlassungsfreiheit durch den Glücksspielstaatsvertrag ist zweifelhaft.**[291] Insbesondere entschied der EuGH am 8.9.2010 in der Rechtssache C-409/06 – **Winner Wetten** GmbH/Bürgermeisterin der Stadt Bergheim, und in den verbundenen Rechtssachen C-316/07, C-358/07, C-359/07, C-360/07, C-409/07 und C-410/07 – Markus Stoß u.a/ Wetteraukreis, Kulpa Automatenservice Asperg GmbH u.a./Land Baden-Württemberg, C-46/08 – Carmen Media Group Ltd/Land Schleswig-Holstein u.a. sowie am

290 Vgl. hierzu *BayVerfGH* 25.9.2015 – Vf. 9-VII-13; Vf. 4-VII-14; Vf. 10-VII-14, der eine Unvereinbarkeit des Zustimmungsbeschlusses des Bayerischen Landtags zum Ersten GlüÄndStV mit dem Rechtsstaatsprinzip (Art. 3 Abs. 1 S. 1 BV) annimmt, soweit sich der Zustimmungsbeschluss u.a. auf § 5 Abs. 4 GlüStV 2012 bezieht; der Entwurf des GlüStV 2018 stellt mit einer Änderung des Begriffs „Richtlinien" zum Begriff „Auslegungsrichtlinien" in § 5 Abs. 4 S. 1 klar, „dass die Werberichtlinie als gesetzesauslegende Vorschrift der gerichtlichen Überprüfung unterliegt", vgl. Abgeordnetenhaus Berlin, Drucks. 18/0122, 7; vgl. auch *Becker* ZfWG 2017, 2, 11 f.

291 Vgl. auch *Mansdörfer* ZfWG 2016, 94.

4.2.2016 in der Rechtssache C-336/14 – Ince, dass die deutsche Regelung über Sportwetten eine Beschränkung des freien Dienstleistungsverkehrs und der Niederlassungsfreiheit darstellt. Gleichzeitig wies der Gerichtshof aber darauf hin, dass eine solche Beschränkung aus zwingenden Gründen des Allgemeininteresses wie der Vermeidung von Anreizen zu übermäßigen Ausgaben für das Spielen und der Bekämpfung der Spielsucht gerechtfertigt sein kann. Die nationalen Maßnahmen, mit denen diese Ziele erreicht werden sollen, müssten aber zu ihrer Verwirklichung geeignet sein und dürften nur solche Beschränkungen vorsehen, die dafür erforderlich sind. Die deutsche Regelung sei jedoch **nicht geeignet Glücksspiele in kohärenter und systematischer Weise zu begrenzen.**[292] Im Urteil vom 10.11.2016 geht das VG Regensburg allerdings nicht von einer Unionsrechtswidrigkeit des Werbeverbots aus und bejaht auch die Anwendbarkeit des Erlaubnisvorbehalts für Werbung i.S.d. § 5 Abs. 3 S. 2 GlüStV 2012 auf Sportwetten-Anbieter mit Sitz in einem anderen Mitgliedstaat.[293]

V. Vermarktungsstrukturen

1. Vermarktung medialer Rechte über Intermediäre/Agenturen

Mediale Rechte an Sportveranstaltungen können entweder im Wege der Eigenvermarktung, d.h. durch unmittelbare Rechtevergabe vom Rechteinhaber an den Verwerter, oder über eine Dritt-Vermarktung vergeben werden. Oftmals werden die jeweiligen Rechte nur mittelbar vom Rechteinhaber an den Erwerber übertragen, in diesem Fall tritt zwischen die beiden Marktteilnehmer eine **Vermarktungsagentur.** Vorteile bietet die Einschaltung einer Agentur aufgrund hoher **Spezialisierung** und deren **Marktkenntnis** sowie breitgefächerter Kontakte im Sport- und Medienmarkt.[294] Auf der anderen Seite haben die von den Agenturen häufig beanspruchten Präsenz- und Mitspracherechte sowie eine erhebliche Verteuerung der Rechte durch den **Agenturaufschlag** teilweise zur Rückkehr zur Eigenvermarktung einiger Verbände geführt: Die FIFA hat die TV-Rechte für die WM 2010 erstmals direkt ohne Einschaltung einer Agentur vergeben. Auch das IOC verhandelt die Vergabe der Übertragungsrechte an den Olympischen Spielen in Eigenregie. Schließlich vergibt z.B. auch die DFL die medialen Rechte an der Fußball-Bundesliga ohne die Einschaltung einer Agentur. **107**

Die Vermarktungsagentur erwirbt entweder selbst umfassende Rechte an einer Sportveranstaltung und handelt bei der Weitervermarktung im eigenen Namen oder die Agentur handelt lediglich als Vermittler zwischen Rechteinhaber und Verwerter. Daneben wird auch das sog. Buy-Out-Modell genutzt. **108**

292 Ähnlich hat der *EuGH* bereits hinsichtlich des italienischen Sportwettenmonopols am 6.3.2007 in der Rechtssache C-338/04 – Placanica – geurteilt, vgl. NJW 2007, 1515 ff. – mit Anm. *Haltern* S. 1520.

293 Vgl. *VG Regensburg* ZfWG 2017, 200, 207 f. Der EuGH sieht verwaltungsrechtliche Maßnahmen gegen Glücksspielanbieter weiterhin kritisch, s. *EuGH* 22.6.2017 – C-49/16, – Unibet International Ltd.

294 *Coors* AfP 2006, 216, 218.

1.1 Vermittlungsmodell

109 Beim Vermittlungsmodell schafft die vom Rechteinhaber beauftragte Vermarktungsagentur die **Grundlagen für einen Vertragsabschluss** zwischen Rechteinhaber und Verwerter, **ohne selbst in die Rechtekette einzutreten.** Ihre Leistung besteht in der Vermittlung oder dem Abschluss von Geschäften im Namen des Rechteinhabers. Sie fördert den Geschäftsabschluss durch das Einwirken auf einen Dritten und erhält im Gegenzug eine **Provision,** die in der Regel zwischen 15 und 25 % des Werts der von ihr vermittelten Rechte liegt. In der vertraglichen Regelung zwischen Rechteinhaber und Agentur bedürfen die Voraussetzungen für das Anfallen einer Provision der genauen Festlegung. Zu unterscheiden ist zwischen (i) einem lediglich vorbereitenden Tätigwerden, (ii) der Ermöglichung oder (iii) dem Herbeiführen eines Vertragsabschlusses.

1.2 Kommissionsmodell

110 Beim Kommissionsmodell beauftragt der Rechteinhaber vertraglich eine Agentur zur **Vermarktung seiner Rechte im eigenen Namen.** Der Agenturvertrag zwischen Rechteinhaber und Agentur beinhaltet die Berechtigung der Agentur zur Weiterlizenzierung von Rechten an Dritte, ohne dass der Rechteinhaber seine wirtschaftliche Eigentümerstellung verliert, vgl. § 383 ff. HGB. Wegen der kommissionsrechtlichen Weisungsgebundenheit und der Haftungsrisiken gem. § 384 HGB hat der Vermarkter dem **Rechteinhaber gewisse Mitspracherechte** einzuräumen und ggf. sogar die Genehmigung des Geschäftsabschlusses sicherzustellen. Zwar erfährt der Rechteinhaber dadurch, dass die Agentur im eigenen Namen auftritt, einen Verlust an Entscheidungsfreiheit und Gestaltungsmöglichkeiten, wodurch sich seine Einflussnahmemöglichkeit auf die Vermarktung reduziert; andererseits kann der Rechteinhaber ein Mindestmaß an Kontrolle bewahren, z.B. indem er die Wirksamkeit der von der Agentur abzuschließenden Verträge von seiner Zustimmung abhängig macht. Der Verwertungsvertrag ist entweder deckungsgleich mit dem Agenturvertrag oder hinsichtlich der zu lizenzierenden medialen Rechte aufgesplittet, wenn die Agentur die Rechte an unterschiedliche Verwerter vergibt.

1.3 Buy-Out-Modell

111 Das Buy-Out-Vertragsmodell bezeichnet die **Vermarktung der Agentur im eigenen Namen und für eigene Rechnung.** In diesem Fall zahlt die Agentur an den Rechteinhaber für den zwischengeschalteten Rechteerwerb ein im Vorfeld vereinbartes festes Entgelt. Die Rechteagentur wird dadurch zum **wirtschaftlichen „Eigentümer" der Rechte und trägt das gesamte Vermarktungsrisiko sowie das Haftungsrisiko gegenüber Dritten,** in der Regel dem Verwerter, für die Erfüllung des Vertrags durch den originären Rechteinhaber, z.B. den Verein oder Verband. Dieser wiederum trägt ggf. das Risiko der Entwicklung neuer, wirtschaftlich bedeutsamer Nutzungsarten, an deren Wertschöpfung er nach dem Ausverkauf der Rechte nicht mehr partizipieren kann. Da in dieser Hinsicht bei einem Rechte-Buy-Out häufig Unklarheiten entstehen, ist eine Klausel zu empfehlen, die regelt, ob auch Rechte an noch unbekannten Auswertungsmöglichkeiten übertragen werden.

2. Ausschreibung medialer Rechte

In mehreren kartellrechtlichen Entscheidungen hat die EU-Kommission festgelegt, dass im Wege der Zentralvermarktung vergebene Rechte in einem **transparenten und diskriminierungsfreien Verfahren** auszuschreiben sind. Neben Offenheit und Transparenz sollte das Ausschreibungsverfahren durch genau zu definierende und sachlich fundierte Vergabekriterien gekennzeichnet sein. Es gilt der Grundsatz, dass dort, wo aufgrund notwendiger Exklusivität schon kein Wettbewerb *im* Markt möglich ist, zumindest ein Wettbewerb *um* den Markt stattfinden sollte.[295] Die Vergabe der medialen Rechte durch den **DFL Deutsche Fußball Liga e.V. (vormals Die Liga – Fußballverband e.V.)** im Rahmen eines Ausschreibungsverfahren kann hier beispielhaft angeführt werden.[296] 112

VI. Medien-Verwertungsverträge

Verwertungsverträge, die mediale Rechte zum Gegenstand haben, weisen in der Regel einen **engen Bezug zu Terminologie und Struktur des Immaterialgüterrechts** auf. In der Praxis findet man daher häufig die Bezeichnung als Lizenzvertrag. 113

1. Rechtsnatur

Der Medien-Verwertungsvertrag ist ein **Vertrag sui generis,** der kauf-, miet- und pachtähnliche Elemente aufweisen kann.[297] Insbesondere in Sportarten, bei denen die Zuschaueraufmerksamkeit stark von nationaler Beteiligung abhängt und diese erst kurzfristig bekannt wird, können sog. „rate card“ Vereinbarungen[298] sinnvoll sein. In diesem Fall wird dem Rechteerwerber zunächst eine Option eingeräumt, die Übertragungsrechte wahrzunehmen. 114

2. Leistungsgegenstand

Gegenstand eines Vertrags zur Lizenzierung medialer Rechte ist die jeweilige Sportveranstaltung. Die zu erbringende **Hauptleistung** besteht in der Regel in der Pflicht des Lizenzgebers, dem Lizenznehmer ungehinderten Zutritt zum Veranstaltungsort für sämtliche Vertragszwecke zu verschaffen. Möglich ist die Lizenzierung von Rechten an mehreren Veranstaltungen, z.B. Serien, über mehrere Jahre oder Saisons hinweg, sowie einzelner Veranstaltungen. Die Gegenleistung besteht in einer Entgeltzahlung, für die eine Fälligkeit bzw. ggf. mehrere Fälligkeitstermine festzusetzen sind. Ggf. kann eine Vorauszahlungspflicht vereinbart werden oder eine Bankbürgschaft verlangt werden, die den Zahlungsanspruch absichert. Auch hier sind weitergehende Pflichten möglich, z.B. die Pflicht zur Ausstrahlung. Darüber hinaus sind **vertragliche Nebenpflichten** der Parteien festzulegen. Auf Seiten des Veranstalters kommt bspw. die Verpflichtung zur Errichtung von Fernsehtribünen (z.B. bei Skirennen), zur Beantragung der Zulassung von Begleitfahrzeugen (z.B. Radrennen) oder zur Schaffung sonstiger Erleichterungen für das Aufnahmeteam in Betracht. 115

---

295 *Heinemann* ZEuP 2006, 336, 360.

296 Vgl. Anh. zur Entscheidung der Kommission v. 19.1.2005, COMP/C-2/37.214, 14 f., www.ec.europa.eu/competition/antitrust/cases/dec_docs/37214/37214_89_1.pdf, Abrufdatum: 7.3.2017.

297 Fritzweiler/Pfister/Summerer/*Fritzweiler* S. 388 Rn. 167; Fritzweiler/Pfister/*Summerer* S. 462 Rn. 159.

298 Vgl. Fritzweiler/*Geissinger* S. 101, 110.

3. Definition einzelner Rechte

116 In der heutigen konvergenten Medienlandschaft werden mediale Rechte an Sportveranstaltungen in der Lizenzierungspraxis häufig, insbesondere zur Erfüllung kartellrechtlicher Verpflichtungen, durch die Vergabe einzelner Rechte in unterschiedliche Rechtepakete aufgespaltet. Sowohl zur Erfüllung kartellrechtlicher Vorgaben als auch losgelöst hiervon sind für eine konkrete Definition einzelner Rechtekategorien zahlreiche Möglichkeiten denkbar. Einzelne Rechte lassen sich im Wesentlichen über zeitlich geprägte **Verwertungsformen,** den **Verwertungsumfang,** über **Übertragungsinfrastrukturen und -techniken** sowie über weitere technische Parameter wie die **Aufbereitung des Datenstroms** definieren.[299]

117 Denkbar sind sowohl die positive Formulierung der Rechte als auch Negativformulierungen durch vertraglichen Ausschluss der Inhalteauswertung im Hinblick auf bestimmte Verwertungsformen bzw. -stufen. Der letztgenannte Fall wird insbesondere dann relevant, wenn die Vertragspartner einer „Kannibalisierung" der Auswertung durch andere Medien, z.B. über das Internet und den Mobilfunk, entgegenwirken möchten, indem sie eine solche Verwertung der Inhalte verbieten oder durch Sperrfristen weniger attraktiv machen möchten. Eine derartige Vorgehensweise ist allerdings kartellrechtlich bedenklich, da hierdurch Marktabschottungseffekte bewirkt werden können (s.o. Rn. 74 ff. Marktabschottungseffekte gem. Art. 101 AEUV).

4. Exklusivität

118 Exklusivität kann auf unterschiedlichen Ebenen begründet werden. So kann einem Verwerter das exklusive Recht zur gesamten und umfassenden medialen Auswertung der Sportveranstaltung vergeben werden. Auf einer weiteren Ebene kann Exklusivität in Bezug auf einzelne Rechtekategorien, z.B. Live-Rechte für das Free-TV und Pay-TV, vereinbart und schließlich auch Exklusivität in zeitlicher Hinsicht geregelt werden. Um zeitliche Exklusivität hinreichend zu sichern, werden in der Regel sog. **Holdback-Vereinbarungen,** d.h. Sperrfristen, in den Vertrag aufgenommen. Gerade im Hinblick auf die Vereinbarung von Exklusivität bezüglich einzelner Rechtekategorien bedarf es einer trennscharfen Abgrenzung, um eine inhaltliche Überschneidung der Rechte und damit ein Unterlaufen der Exklusivität auszuschließen.[300] Im Zusammenhang mit der exklusiven Rechtevergabe sind stets kartellrechtliche Vorgaben zu berücksichtigen (s.o. Rn. 74 ff. Marktabschottungseffekte gem. Art. 101 AEUV).

119 Trifft der Veranstalter vertragliche Vereinbarungen über die exklusive mediale Auswertung, hat er gem. § 5 Abs. 11 RStV dafür zu sorgen, dass das **Recht zur Kurzberichterstattung** gewahrt bleibt und mindestens ein anderer Fernsehveranstalter eine Kurzberichterstattung vornehmen kann. Mediale Übertragungsrechte sind mit dem Kurzberichterstattungsrecht belastet. Für den Fall, dass ein anderer Sender von dem Kurzberichterstattungsrecht Gebrauch macht, kann – je nach Interessenlage – ein Minderungsrecht des Lizenznehmers vorgesehen bzw. ausgeschlossen werden. Bei der Übertragung von **Großereignissen** i.S.d. § 4 Abs. 2 RStV ist ebenfalls zu beachten, dass die einem Pay-TV-Anbieter eingeräumte Exklusivität aufgrund gesetzlicher Regelungen durchbrochen werden kann.[301]

---

299 S. im Einzelnen Rn. 39 ff. Vergabe medialer Rechte in der Praxis.

300 S.o. Rn. 39 ff. Vergabe medialer Rechte in der Praxis zum Streit um die Internet-Rechte an der Fußball-Bundesliga zwischen Arena, Deutsche Telekom und DFL.

301 Vgl. dazu Rn. 69 f.

5. Unterlizenzierung

Da dem Rechteinhaber in der Regel an der **Kontrolle der Auswertungsmöglichkeiten** durch Dritte gelegen sein wird, bedürfen sowohl der Ausschluss eines Rechts zur Unterlizenzierung als auch die Gestattung der Unterlizenzierung vertragsgegenständlicher Rechte an Dritte einer konkreten vertraglichen Bestimmung. 120

6. Territorialität

Die Rechte werden in der Regel territorial begrenzt vergeben.[302] Sinnvoll kann die Festlegung des räumlichen Geltungsbereichs entlang nationaler Grenzen sein, wobei die Sicherung solcher Rechtevergaben erhebliche technische Maßnahmen erfordert. Eine Abgrenzung über die Sprache erscheint in der Regel nur bedingt hilfreich, da das Interesse am Ereignis unabhängig von der Verständlichkeit des Kommentators bestehen dürfte. Durch technische Mittel, wie die Verschlüsselung der Signale, lässt sich in der Regel die auf das Lizenzgebiet begrenzte Verbreitung sicherstellen. Aber auch in diesem Zusammenhang sind insbesondere die unionsrechtlichen Anforderungen zu beachten, die der EuGH in der Rechtssache „Karen Murphy“ aufgestellt hat. Der Gerichtshof sieht hier in der vertraglichen Absicherung einer absoluten territorialen Exklusivität Verstöße gegen die Dienstleistungsfreiheit und das europäische Wettbewerbsrecht.[303] Es wird vertreten, dass diese Entscheidung des EuGH eine Einzelfallrechtsprechung darstelle, die ausschließlich auf eine öffentliche Wiedergabe von Sportübertragungen mittels Satellitentechnik bezogen sei.[304] Zu berücksichtigen ist allerdings auch das Wettbewerbsverfahren der EU-Kommission (Case AT.40023 – Cross-border access to pay-TV) gegen US-amerikanische Filmstudios und u.a. Sky UK betreffend Filmlizenzvereinbarungen.[305] Aus den Vereinbarungen der Filmstudios mit Sky UK ergeben sich Beschränkungen, die es Sky UK verwehren, Verbrauchern außerhalb Irlands und des Vereinigten Königreichs zu den dort angebotenen Pay-TV-Diensten über Satellit und/oder online Zugang zu gewähren.[306] Betroffen war u.a. eine Vereinbarung seitens Paramounts und Sky UK, nach der Vertragspartner Sky UK, dem ein territorial beschränktes ausschließliches Recht für Pay-TV-(Abonnementdienste) sowie Video-on-Demand-Abonnementdienste hinsichtlich bestimmter Filme gewährt wurde, bei einer Übertragung im Internet z.B. zum Geoblocking angehalten war.[307] Die Kommission geht in ihrer Mitteilung der Beschwerdepunkte vom 23.7.2015 davon aus, dass die streitigen Klauseln – also auch die streitigen Bestimmungen, die eine Übertragung per Internet betrafen – geeignet sind, den Wettbewerb zu beeinträchtigen, das sie die Möglichkeit grenzüberschreitender passiver Verkäufe einschränken.[308] 121

302 Die UEFA verkaufte erstmals für die EM 2008 die Free-TV-Rechte in allen europäischen Staaten einzeln.

303 *EuGH* 4.10.2011, verb. Rs. C-403/08 und C-429/08, MMR 2011, 817.

304 *Brost* ZUM 2016, 689, 696f.; vgl. dazu auch *Frey/Burkamp* K&R 2017, Beilage 1 zu Heft 7/8, 31, 34f.

305 Vgl. Pressemitteilung der EU-Kommission v. 13.1.2014, www.europa.eu/rapid/press-release_IP-14-15_en.htm, Abrufdatum: 16.3.2017.

306 Vgl. Pressemitteilung IP/15/5432 der EU-Kommission v. 23.7.2015, www.europa.eu/rapid/press-release_IP-15-5432_de.htm, Abrufdatum: 16.3.2017; vgl. auch Zusammenfassung des Beschlusses der Kommission v. 26.7.2016, ABlEU Nr. C 437 v. 25.11.2016, mit dem die endgültigen Verpflichtungszusagen Paramounts für rechtsverbindlich erklärt werden; gegen den Beschl. der Kommission v. 26.7.2016 hat die Groupe Canal + am 8.12.2016 Klage eingereicht (Rs. T-873/16), vgl. ABlEU Nr. C 38 v. 6.2.2017.

307 Zusammenfassung des Beschl. der Kommission v. 26.7.2016, ABlEU Nr. C 437 v. 25.11.2016, Rn. 7f.

308 Zusammenfassung des Beschl. der Kommission v. 26.7.2016, ABlEU Nr. C 437 v. 25.11.2016, Rn. 13f.; vgl. auch Pressemitteilung IP/15/5432 der EU-Kommission v. 23.7.2015.

7. Produktion

122 Zu vereinbaren ist ferner die Produktionsverantwortlichkeit sowie die Übernahme der Produktionskosten für das audiovisuelle Material – sowohl im Hinblick auf das Basissignal als auch im Hinblick auf die Aufbereitung des Inhalts durch Kommentare und Schnitt. Dies beinhaltet die technischen Modalitäten für die Erzeugung und die ggf. vom Veranstalter bereit zu stellende Ausrüstung (z.B. Kameraanzahl, Fachpersonal, Kommentatorenplätze, etc.). Für den Fall qualitativer Mängel des Signals sind Gewährleistungsregeln aufzustellen.

8. Ausstrahlungsgarantie/Übertragungsmodalitäten

123 Um Sponsoren und damit auch dem Veranstalter selbst die Wertschöpfung an der von ihm erbrachten Leistung zu gewährleisten, übernimmt der Verwerter häufig eine Ausstrahlungsgarantie. Die genaue Ausgestaltung der Regelung wird sich an den **Sponsoringverträgen des Veranstalters** orientieren, die entsprechende Regelungen zur medialen Verwertung enthalten dürften. Dem Veranstalter kann ferner – selbstverständlich innerhalb **rundfunkrechtlicher Grenzen** – aufgrund anderweitiger Vermarktungsverträge an bestimmten Vereinbarungen im Hinblick auf die mediale Übertragung gelegen sein. Insbesondere das Recht zur Vergabe von TV-Sponsorships, zum Einsatz von Split Screen-Werbung und ggf. einzublendender virtueller Werbung bedürfen besonderer Absprachen. Denkbar sind auch Vereinbarungen zu Werbepausen und Sendungsunterbrechungen. Darüber hinaus müssen Regelungen für den Fall getroffen werden, dass eine Sportveranstaltung, z.B. ein Spiel, ausfällt, verschoben wird oder aus irgendeinem Grund wiederholt wird. Hier ist insbesondere eine Regelung zur Verteilung der finanziellen Risiken angezeigt.

9. Vertragslaufzeit/Kündigung

124 Die Vertragslaufzeit variiert in Abhängigkeit von der jeweiligen Sportveranstaltung. Längerfristige Verträge können – ebenso wie eine automatische Verlängerungsoption – kartellrechtswidrig sein (s.o. Rn. 74 ff. Marktabschottungseffekte gem. Art. 101 AEUV).

125 Es ist eine Kündigungsmöglichkeit aus wichtigem Grund, z.B. Nichterfüllung, vorzusehen. Angesichts der mit Doping verbundenen erheblichen Risiken des Zuschauerverlusts und der Skandale im Radsport in jüngerer Vergangenheit ist der Einbau einer **Doping-Klausel** zu empfehlen, die den Ausstieg aus dem Vertrag wegen Vertragsverletzung erlaubt.

10. Rechtegarantie/Freistellungsvereinbarung

126 Es sollte eine Klausel zur Rechtegarantie in den Vertrag aufgenommen werden. Hierin sichert der **Veranstalter zu, über die betreffenden Rechte in vollem Umfang zu verfügen.** Darüber hinaus unterwirft er sich einer Haftung bei Verstoß gegen die Garantie und verpflichtet sich, den **Erwerber von Ansprüchen Dritter freizustellen.**

11. Allgemeines

127 Schließlich ist an die allgemeinen Klauseln zu denken, d.h. Vertraulichkeitsabrede, salvatorische Klausel, Bestimmung des anwendbaren Rechts, Gerichtsstandvereinba-

rung. Für den Fall der Insolvenz sollte eine **Rechterückfallklausel** vereinbart werden, auch wenn deren Zulässigkeit umstritten ist. Bei Vereinbarungen mit internationalen Verwertern kann es sinnvoll sein, den Vertragspartner zu verpflichten, einen Zustellungsbevollmächtigten in Deutschland anzugeben.

16. Kapitel
Arbeitsrecht und Medien

A. Einleitung

Das gesetzlich normierte Arbeitsrecht ist in Deutschland nicht nach Branchen oder Industriezweigen unterteilt, es gilt vielmehr ein einheitliches Arbeitsrecht für alle privatrechtlich organisierten Arbeitgeber. Gleichwohl resultieren aus dem Grundgesetz und primär aus Art. 5 GG, welcher die Rundfunk-, Meinungs-, Presse- und Filmfreiheit schützt, Besonderheiten, die sich speziell auf die Anwendung des Arbeitsrechts auf Medienunternehmen auswirken. Die – im weitesten Sinne zu verstehende – „Meinung“ oder auch die Tendenz, die ein Medienunternehmen wie ein Verlag oder auch ein TV-Sender vertritt und die letztlich den Gegenstand der unternehmerischen Tätigkeit und damit deren Kern betrifft, verlangt nach einem flexibleren Einsatz insbesondere des meinungsbildenden Personals. Im individuellen Arbeitsrecht hat dies bspw. Auswirkungen auf die Beschäftigung von freien Mitarbeitern anstelle von Arbeitnehmern, die jeweils steuer- und sozialversicherungsrechtlich unterschiedliche Behandlungen erfahren. Auch die Befristung von Arbeitsverhältnissen ist in Medienunternehmen flexibler handhabbar als in anderen Unternehmen. In beiden Bereichen gelten demnach zugunsten des Arbeitgebers Besonderheiten, die in anderen Branchen und Industriezweigen nicht gegeben sind. Im kollektiven Arbeitsrecht ist in sog. Tendenzunternehmen die betriebliche und auch unternehmerische Mitbestimmung weniger ausgeprägt als in Unternehmen außerhalb des Medienbereiches. Auch bestehen zahlreiche Tarifverträge, die sich mitunter von Tarifverträgen anderer Industriezweige unterscheiden. 1

Der nachfolgende Teil befasst sich mit eben diesen Besonderheiten des Arbeitsrechts in Medienunternehmen einschließlich der steuer- und sozialversicherungsrechtlichen Auswirkungen. Allgemeine arbeitsrechtliche Themen werden nur insoweit behandelt, als deren Erläuterung zum weiteren Verständnis erforderlich oder gerade in Medienunternehmen von Relevanz ist; im Übrigen wird auf die einschlägige Literatur zum Arbeitsrecht verwiesen.[1] 2

1 Urheber- und Leistungsschutzrechte von Arbeitnehmern werden im 26. Kap. behandelt.

B. Individuelles Arbeitsrecht

I. Arbeits-, sozialversicherungs- und steuerrechtlicher Status von Mitarbeitern in Medienunternehmen

1. Arbeitsrechtlicher Begriff des Arbeitnehmers/Abgrenzung zu anderen Personengruppen

3 Allgemein unterschieden werden Arbeitnehmer, arbeitnehmerähnliche Personen und freie Mitarbeiter. Während erstere als abhängig Beschäftigte, die Arbeitsanweisungen nach Inhalt, Ort und Zeit ihrer Tätigkeit erhalten (persönliche Abhängigkeit), ein Arbeitsentgelt beziehen, das – sofern nicht geringfügige Beschäftigung („Mini-Job") vorliegt – der Lohnsteuer- und Sozialabgabenpflicht unterliegt, handelt es sich bei letzteren um selbständige Tätigkeiten, die dem jeweiligen Auftraggeber zuzüglich Mehrwertsteuer in Rechnung gestellt werden. Im Gegensatz zu freien Mitarbeitern sind arbeitnehmerähnliche Personen allerdings wirtschaftlich von ihrem Auftraggeber abhängig und werden daher in einzelnen Bereichen wie bspw. dem Urlaubsrecht (§ 2 S. 2 BUrlG) wie Arbeitnehmer behandelt. Ob ein Mitarbeiter in einem Medienunternehmen Arbeitnehmer, arbeitnehmerähnliche Person oder freier Mitarbeiter ist, ist oftmals nicht leicht zu beantworten, da die Kriterien der persönlichen und wirtschaftlichen Abhängigkeit nicht klar bestimmbar sind. Die Abgrenzung und Unterscheidung ist für den Arbeitgeber von erheblicher Bedeutung, da im Falle der Beschäftigung eines freien Mitarbeiters, der sich bei rechtlicher Betrachtung als abhängig beschäftigter Arbeitnehmer herauskristallisiert, sowohl Sozialversicherungsträger als auch das Finanzamt Nachforderungsansprüche gegen den Arbeitgeber geltend machen können. Überdies kann auch der Arbeitnehmer im Falle der Kündigung des vermeintlich freien Mitarbeitervertrages einwenden, er sei Arbeitnehmer und genieße daher kündigungsrechtlichen Bestandsschutz. In Medienunternehmen ist die Abgrenzung und Unterscheidung umso gewichtiger, als dort eine Vielzahl von freien Mitarbeitern beschäftigt wird. Zwar hat die Rspr. den Typus des „programmgestaltenden Mitarbeiters" speziell für Medienunternehmen geschaffen, für den der Abschluss eines freien Mitarbeitervertrages anstelle eines zumeist kostenintensiveren Anstellungsvertrages wegen dessen meinungsbildender und damit „programmprägender" Tätigkeit leichter möglich ist. Doch auch hier ist die Bestimmung dessen, was im Einzelfall ein „programmgestaltender Mitarbeiter" ist und ob dieser tatsächlich die Tendenz eines Medienunternehmens (mit) prägt, schwierig und regelmäßig Wertungsfrage, also mit Unsicherheiten behaftet.

1.1 Der Begriff des Arbeitnehmers

4 Das Gesetz definiert den Begriff des Arbeitnehmers nicht. Lediglich in § 84 Abs. 1 S. 2 HGB wird der Handelsvertreter als selbständiger Gewerbetreibender definiert, der allerdings nur dann selbständig ist, wenn er „im Wesentlichen frei seine Tätigkeit gestalten und seine Arbeitszeit bestimmen kann". Diese gesetzliche Wertung ist zwar nicht geeignet, die abhängige von der selbständigen Tätigkeit verlässlich abzugrenzen, doch liefert sie erste Anhaltspunkte dafür, welche Kriterien für die Abgrenzung entscheidend sind. Wer im Wesentlichen frei seine Tätigkeit und seine Arbeitszeit bestimmen kann, ist persönlich unabhängig und nicht von Weisungen eines Dritten abhängig. In Anlehnung an die gesetzliche Wertung sieht auch das BAG das wesentli-

che Kriterium für die Abgrenzung eines Arbeitsverhältnisses von dem Rechtsverhältnis eines freien Mitarbeiters in dem Grad der **persönlichen Abhängigkeit.**[2] Ein zur Annahme eines Arbeitsverhältnisses führender Grad der persönlichen Abhängigkeit liegt dann vor, wenn drittbestimmte Arbeit geschuldet ist und insbesondere hinsichtlich Arbeitsort, **Arbeitszeit** und **Arbeitsinhalt** kein eigenständiges Entscheidungsrecht besteht. Ein Arbeitnehmer arbeitet zu von dem Arbeitgeber vorgegebenen Arbeitszeiten an einem von diesem vorgegebenen Ort und erledigt die Arbeiten, die ihm aufgegeben werden. Er ist in eine betriebliche Organisation eingegliedert, in der er von Dritten vorgegebene Arbeiten erledigt. Er beschäftigt **keine eigenen Mitarbeiter,** arbeitet (zumeist) ausschließlich für den Arbeitgeber und trägt **kein eigenes unternehmerisches Risiko.**

Abzugrenzen ist die persönliche von der wirtschaftlichen Abhängigkeit, die in den 5
meisten Fällen gleichzeitig bestehen mag. Ist ein Arbeitnehmer indes bspw. wegen einer Erbschaft nicht auf die Einkünfte aus dem Arbeitsverhältnis angewiesen, so ändert dies nichts an seiner Einordnung als Arbeitnehmer. Wirtschaftliche Unabhängigkeit begründet nicht ein selbständiges Dienstverhältnis, wenn im Übrigen persönliche Abhängigkeit besteht.

Wann eine persönliche Abhängigkeit und damit ein Arbeitsverhältnis anzunehmen 6
ist, ist in jedem Einzelfall gesondert zu prüfen. Dabei sind insbesondere die genannten Kriterien der örtlichen, zeitlichen und fachlichen Weisungsgebundenheit sowie die Eingliederung in die betriebliche Organisation eines Dritten einander gegenüber zu stellen und zu gewichten. Es kommt auf eine Gesamtwürdigung aller maßgebenden Umstände des Einzelfalls an.[3] Ob ein Arbeits- oder ein freies Mitarbeiterverhältnis vorliegt, hängt ferner nicht davon ab, welche schriftlichen Vereinbarungen die Parteien getroffen haben. Entscheidend ist, wie das Vertragsverhältnis gelebt wird. Freie Dienstverträge enthalten oftmals eine Klausel, wonach der Dienstnehmer berechtigt ist, Arbeitsort und Arbeitszeit selbst zu bestimmen und für Dritte aktiv werden darf. Derartige Vereinbarungen können allenfalls ein Indiz für ein freies Mitarbeiterverhältnis sein; entscheidend ist jedoch, ob der Dienstnehmer tatsächlich diese Freiheiten in Anspruch nehmen kann.[4] Arbeitet er wöchentlich 40 Stunden für einen Dienstgeber in dessen Betrieb, so wird trotz anderslautender vertraglicher Vereinbarung einiges dafür sprechen, dass faktisch und auch rechtlich ein Arbeitsverhältnis vorliegt. In gleicher Weise ist es unerheblich, ob die Parteien in einem freien Dienstvertrag vereinbaren, dass der Dienstnehmer freier Mitarbeiter ist. Ob dies der Fall ist, ist einer Vereinbarung nicht zugänglich[3] und letztlich danach zu beurteilen, wie stark der Dienstnehmer persönlich von dem Dienstgeber abhängig ist. Gleichwohl kann es im Einzelfall unter dem Gesichtspunkt des **Vertrauensschutzes** verwehrt sein, sich auf das Vorliegen eines Arbeitsverhältnisses zu berufen; so kann der Dienstnehmer nach der Rspr. des BAG ein schützenswertes Vertrauen darauf genießen, dass sein Dienstverhältnis vom Dienstgeber nicht als Arbeitsverhältnis gesehen wird.[5] Der Dienstgeber handelt danach etwa rechtsmissbräuchlich, wenn er bestimmte Anteile der Vergütung mit der Begründung zurückverlangt, diese seien auf ein freies Dienstverhältnis gerichtet gewesen, während es sich tat-

2 *BAG* NZA 1998, 873, 875; 2000, 1102, 1103; NZA-RR 2007, 424, 425.
3 *BAG* NZA 2000, 1102, 1104; NZA-RR 2007, 424, 425.
4 *BAG* NZA-RR 2007, 424, 425; AP Nr. 65 zu § 72a ArbGG.
5 *BAG* NZA 2007, 321, 324.

sächlich um ein Arbeitsverhältnis gehandelt habe. Dies gilt freilich nicht mehr, wenn der Dienstnehmer selbst seinen Status als Arbeitnehmer geltend macht.[6]

7 **Örtliche Weisungsgebundenheit** besteht dann, wenn der Mitarbeiter verpflichtet ist, seine Dienste an einem Ort zu erbringen, den er nicht selbst bestimmen kann. Dies wird regelmäßig der Fall sein, wenn der Mitarbeiter seine Leistungen in einem Betrieb des Arbeitgebers leistet, weil für ihn dort ein Büro oder Arbeitsplatz eingerichtet ist oder sich dort die Produktionsmittel befinden, an und mit denen der Mitarbeiter arbeitet. Aber auch außerhalb des Betriebes tätige Mitarbeiter wie Kundenbetreuer oder auch Journalisten können hinsichtlich ihres Arbeitsortes engen Bindungen unterliegen. Im Gegensatz dazu kann auch ein Arbeitgeber einem Mitarbeiter die Wahl lassen, wo er seine Arbeitsleistungen erbringt. Dies lässt dann allerdings nicht unweigerlich auf ein freies Mitarbeiterverhältnis schließen, da gleichwohl enge zeitliche und fachliche Weisungsgebundenheit vorliegen kann, so dass ein Grad der persönlichen Abhängigkeit erreicht ist, der ein Arbeitsverhältnis annehmen lässt.

8 **Zeitliche Weisungsgebundenheit** liegt bei einem Mitarbeiter vor, wenn sowohl Dauer als auch zeitliche Lage der zu erbringenden Leistungen drittbestimmt sind. Besteht also nicht die Möglichkeit zu entscheiden, ob die Dienste vormittags oder nachmittags, in der Wochenmitte oder am Wochenende erbracht werden, so spricht dies bereits für das Vorliegen eines Arbeitsverhältnisses. Insbesondere spricht die Aufstellung von Dienstplänen für ein abhängiges Arbeitsverhältnis, da von vornherein feststeht, wann der Mitarbeiter seine Dienste zu erfüllen hat.[7] Etwas anderes kann jedoch dann gelten, wenn der Dienstnehmer maßgeblich auf die Erstellung von Dienstplänen einwirken kann, indem er Zeiten „vorgibt“, zu denen er nicht zur Verfügung steht und dies vom Dienstgeber auch berücksichtigt wird.[8] Die Bestimmung der Lage der Arbeitszeit ist nicht zu verwechseln mit der Bestimmung der Fertigstellung einer bestimmten Arbeitsleistung zu einem vorgegebenen Zeitpunkt. So kann sich auch ein freier Mitarbeiter verpflichten, bestimmte Leistungen wie die Erstellung eines Drehbuches oder das Abfassen eines Wortbeitrages zu einem bestimmten Zeitpunkt zu erbringen. Ein vereinbarter Fertigstellungszeitpunkt lässt dem freien Mitarbeiter hingegen die Möglichkeit zu bestimmen, wann (und wo) er an der Fertigstellung der versprochenen Leistung arbeitet.[9]

9 Auch die **inhaltliche (fachliche) Weisungsgebundenheit** ist ein Indiz für das Vorliegen eines Arbeitsverhältnisses. Wird dem Mitarbeiter drittbestimmt vorgegeben, welche Dienste er und wie er sie inhaltlich zu leisten hat, so schließt dies vielfach freie Mitarbeit aus. Allerdings ist zu beachten, dass hochqualifizierte Mitarbeiter und solche in gehobenen Positionen zumeist deutlich weniger inhaltliche Weisungen empfangen als Mitarbeiter, die einfache Tätigkeiten auf unteren Hierarchieebenen erbringen. Hochqualifizierte Mitarbeiter wie bspw. Regisseure oder auch Künstler genießen weitgehende Freiheiten bei der Ausgestaltung ihrer Arbeitsinhalte. Gleichwohl besteht auch bei hochqualifizierten Mitarbeitern rechtlich gesehen die jederzeitige Möglichkeit des Dienstgebers, inhaltlich auf die Dienstleistungen Einfluss zu nehmen. Das Recht, so zu verfahren, spricht für die Annahme eines Arbeitsverhältnisses. Von der inhaltlichen Weisungsgebundenheit abzugrenzen ist die Überprüfung der Qualität eines

6 *BAG* NZA 2007, 321, 324.
7 *BAG* AP Nr. 68 zu § 611 BGB Abhängigkeit.
8 *BAG* AP Nr. 65 zu § 72a ArbGG.
9 *BAG* NZA 2000, 1102, 1105.

Arbeitsergebnisses durch den Auftraggeber. Auch bei freien Mitarbeitern ist der Auftraggeber berechtigt, die Qualität der ihm in Erfüllung des freien Mitarbeitervertrages zugegangenen Arbeitsergebnisse zu kontrollieren und auch Verbesserungen anzumahnen, also gleichsam ein Rügerecht wahrzunehmen.[10]

Schließlich ist auch die **Eingliederung** eines Mitarbeiters in die **Organisation** eines Dritten ein starkes Indiz für ein Arbeitsverhältnis. Insbesondere dann, wenn der Dienstleistende nicht über eine eigene Organisationsstruktur verfügt, sondern sich vielmehr bestehender Strukturen des Dienstgebers (bspw. dessen Büroeinrichtung einschließlich Hard- und Software) bedient, liegt abhängige Beschäftigung vor. Eng hiermit verbunden ist auch die Frage des **unternehmerischen Risikos** des Dienstleistenden, ob er bspw. eigene Mitarbeiter beschäftigt und für mehrere Auftraggeber tätig ist. Wer nicht nur für einen Auftraggeber arbeitet, sondern seine Dienstleistungen mehreren Dritten anbietet, agiert wie ein Unternehmer und nicht wie ein abhängig Beschäftigter. 10

Abschließend kann festgehalten werden, dass ein Arbeitsverhältnis regelmäßig dann vorliegt, wenn der Dienstnehmer nach Zeit, Ort und Inhalt seiner Tätigkeit von den Weisungen eines Dritten abhängig, in dessen betriebliche Organisation eingebunden und nur für einen Dienstgeber tätig ist. Trägt er zudem selbst kein unternehmerisches Risiko und beschäftigt keine eigenen Mitarbeiter, so liegt ein Arbeitsverhältnis vor. Ob dies der Fall ist, richtet sich nicht nach den Parteivereinbarungen, sondern nach deren praktischer Umsetzung. 11

1.2 Der Arbeitnehmer in Medienunternehmen

Dem Grunde nach gelten die vorstehend benannten Abgrenzungskriterien auch für Mitarbeiter in Medienunternehmen. Das BAG vertrat hierzu bis zum Jahre 1982 in ständiger Rspr. die Auffassung, dass Mitarbeiter von Rundfunk- und Fernsehanstalten, auch wenn sie unmittelbar an der Herstellung einzelner Beiträge beteiligt sind, Arbeitnehmer seien, da sie auf den **technischen Apparat der Rundfunk- und Fernsehanstalten** zurückgriffen und damit in deren betriebliche Organisation eingegliedert seien. Diese Abhängigkeit der in Medienunternehmen Tätigen sei nicht geringer als die der außerhalb dieses Bereiches beschäftigten Arbeitnehmer.[11] 12

1.2.1 Erst durch Beschl. des BVerfG v. 13.1.1982, welchem 10 Urteile des BAG sowie 3 Urteile des LAG Düsseldorf von dem WDR zur Überprüfung vorgelegt wurden, änderte sich die Blickrichtung. Das BVerfG betonte die Bedeutung der in Art. 5 Abs. 1 S. 2 GG verankerten **Rundfunkfreiheit** für die Entscheidung der Rundfunkanstalt, auf welcher Grundlage sie das für sie tätige Personal beschäftigt. Eine der wesentlichen Aussagen des Urteils des BVerfG lautet in diesem Zusammenhang wie folgt: „… beschränkt sich dieser grundrechtliche Schutz der Bestimmung über das Rundfunkpersonal auf denjenigen Kreis von Rundfunkmitarbeitern, die an Hörfunk- und Fernsehsendungen inhaltlich gestaltend mitwirken. Das gilt namentlich, wenn sie typischerweise ihre eigene Auffassung zu politischen, wirtschaftlichen, künstlerischen oder anderen Sachfragen, ihre Fachkenntnisse und Informationen, ihre individuelle künstlerische Befähigung und Aussagekraft in die Sendungen einbringen, wie dies etwa bei Regisseuren, Moderatoren, Kommentatoren, Wissenschaftlern und Künst- 13

10 *BAG* NZA-RR 2007, 424, 427.
11 Vgl. nur *BAG* AP Nr. 36 zu § 611 BGB Abhängigkeit.

lern der Fall ist. Insofern umfasst der Schutz der Rundfunkfreiheit vorbehaltlich der noch zu erörternden Grenzen neben der Auswahl der Mitarbeiter die Entscheidung darüber, ob Mitarbeiter fest angestellt werden oder ob ihre Beschäftigung aus Gründen der Programmplanung auf eine gewisse Dauer oder ein bestimmtes Projekt zu beschränken ist und wie oft ein Mitarbeiter benötigt wird. Dies schließt die Befugnis ein, bei der Begründung von Mitarbeiterverhältnissen den jeweils geeigneten Vertragstyp zu wählen. Dagegen umfasst der verfassungsrechtliche Schutz des Art. 5 I 2 GG nicht Personalentscheidungen der Rundfunkanstalten, bei denen der dargelegte Zusammenhang fehlt. Dies ist namentlich der Fall, wenn sich die Entscheidungen auf Mitarbeiter beziehen, welche nicht unmittelbar den Inhalt der Sendungen mitgestalten. Hierzu zählen nicht nur das betriebstechnische und Verwaltungspersonal, sondern ebenso solche Mitarbeiter, deren Tätigkeit sich, wenn auch im Zusammenhang mit der Verwirklichung des Programms stehend, in dessen technischer Realisation erschöpft und ohne inhaltlichen Einfluss auf dieses bleibt."[12]

14 Mit der Geburt des solchermaßen definierten **programmgestaltenden Mitarbeiters** war die Rundfunkanstalt als Folge ihrer grundrechtlich geschützten Rundfunkfreiheit berechtigt, selbst zu entscheiden, ob sie mit einem programmgestaltenden Mitarbeiter einen Arbeitsvertrag oder aber einen freien Mitarbeitervertrag abschließt. Ebenso, hierauf wird im Rahmen der Befristung noch näher eingegangen,[13] ist die Rundfunkanstalt berechtigt, selbst zu entscheiden, ob sie einen unbefristeten oder einen befristeten Anstellungsvertrag mit einem programmgestaltenden Mitarbeiter abschließt. Als solche wurden exemplarisch genannt Regisseure, Moderatoren, Kommentatoren, Wissenschaftler und Künstler, wobei freilich auch bei diesen Berufsgruppen stets zu prüfen ist, ob sie tatsächlich ihre eigene Auffassung zu bestimmten Sachfragen einbringen. Im Gegensatz zu diesen Berufsgruppen ist das betriebstechnische und Verwaltungspersonal nicht programmgestaltend tätig, so dass für diese Mitarbeiter die allgemeinen Regeln der Abgrenzung zwischen freien Mitarbeitern und Arbeitnehmern (und die allgemeinen Befristungsregeln) gelten.[14]

15 **1.2.2** Das BAG hat nach dem Beschl. des BVerfG v. 13.1.1982 diesen nicht etwa dahingehend interpretiert, dass jeder programmgestaltende Mitarbeiter einer Rundfunkanstalt, der auf der Grundlage eines freien Mitarbeitervertrages beschäftigt wird, tatsächlich freier Mitarbeiter ist. Es hat den Beschl. vielmehr dahingehend verstanden, dass es für die Frage der Abgrenzung der freien Mitarbeiter von Arbeitnehmern nicht mehr, wie noch in früheren Entscheidungen des BAG, darauf ankomme, dass der jeweilige Mitarbeiter auf den **technischen Apparat der Rundfunkanstalt** angewiesen sei. Vielmehr solle es auch bei programmgestaltenden Mitarbeitern darauf ankommen, ob sie nach **Ort, Zeit und Inhalt** weisungsgebunden sind oder nicht. In seiner wohl bedeutsamsten Entscheidung zu der Frage der rechtlichen Einordnung von programmgestaltenden Mitarbeitern nach dem Beschl. des BVerfG hat das BAG am 11.3.1998 hierzu Folgendes ausgeführt: „Auch bei programmgestaltenden Mitarbeitern ist aber ein Arbeitsverhältnis zu bejahen, wenn der Sender innerhalb eines bestimmten zeitlichen Rahmens über die Arbeitsleistung verfügen kann. Das ist etwa der Fall, wenn ständig Dienstbereitschaft erwartet wird oder wenn der Mitarbeiter in nicht unerheblichem Umfang auch ohne entsprechende Vereinbarung herangezogen

12 *BVerfG* NJW 1982, 1447, 1448.
13 S. hierzu Rn. 72 ff.
14 Insoweit klarstellend *BAG* NZA 2013, 903, 905.

wird, ihm also letztlich Arbeiten zugewiesen werden. Werden programmgestaltende Mitarbeiter in Dienstplänen aufgeführt, ohne dass die einzelnen Einsätze im Voraus abgesprochen werden, ist dies ein starkes Indiz für die Arbeitnehmereigenschaft."[15]

In einem nur wenig beachteten Beschl. v. 18.2.2000 hat das BVerfG die Sichtweise des BAG unterstützt.[16] Der saarländische Rundfunk hatte Verfassungsbeschwerde gegen arbeitsgerichtliche Entscheidungen mit dem Argument erhoben, die Arbeitsgerichte hätten die Rundfunkfreiheit des Grundgesetzes missachtet. Das BVerfG sah dies anders und entschied, dass das angegriffene Urteil des LAG zurecht davon ausgehe, dass die Kläger Arbeitnehmer und nicht etwa freie Mitarbeiter des saarländischen Rundfunks seien. In Anknüpfung an die zwischenzeitlich ergangene Rspr. des BAG führte das BVerfG zunächst aus: „Maßgebliches Kriterium hierfür (die Einstufung eines Dienstverhältnisses als Arbeitsverhältnis, Anm. des Verf.) ist nach der Rspr. des BAG nicht mehr die Zugehörigkeit zu einem Mitarbeiterteam, wohl aber die Befugnis des Dienstberechtigten zur Verfügung über die Arbeitsleistungen des Mitarbeiters innerhalb eines bestimmten zeitlichen Rahmens."[17] 16

Hiernach können also auch mit programmgestaltenden Mitarbeitern nur dann freie Mitarbeiterverträge anstelle von Anstellungsverträgen abgeschlossen werden, wenn die Rundfunkanstalt bzw. der jeweilige Auftraggeber im Einzelnen nachweisen kann, dass gerade der Abschluss eines freien Mitarbeitervertrages mit dem programmgestaltenden Mitarbeiter notwendig ist, um die verfassungsrechtlich geschützte besondere Flexibilität des Arbeitgebers aus Gründen der Programmvielfalt gewährleisten zu können. In den zur Entscheidung vorgelegten Fällen handelte es sich konkret um eine über Jahre währende redaktionelle Mitarbeit für jeweils eine bestimmte, regelmäßig ausgestrahlte Sendung, so dass das BVerfG keine Notwendigkeit für den saarländischen Rundfunk erkennen konnte, gerade für diese Tätigkeit freie Mitarbeiter und nicht etwa Arbeitnehmer zu beschäftigen. Das BVerfG verwies den saarländischen Rundfunk darauf, einen gegebenenfalls notwendigen Austausch von Mitarbeitern dadurch herbeizuführen, dass befristete Arbeitsverträge abgeschlossen werden. Konkret wurde betont, dass ein sachlicher Grund für den Abschluss eines befristeten Vertrages bereits – worauf noch näher einzugehen sein wird[18] – dann vorliege, wenn es sich um die Befristung eines Vertragsverhältnisses mit einem programmgestaltenden Mitarbeiter handele.[19] Entscheidend ist demnach nicht nur, dass es sich um einen programmgestaltenden Mitarbeiter handelt. Es muss vielmehr von Seiten der Rundfunkanstalt bzw. des Auftraggebers auch dargelegt werden, dass die verfassungsrechtlich geschützte Flexibilität des Personaleinsatzes nur durch die Beschäftigung eines programmgestaltenden Mitarbeiters auf der Grundlage eines freien Mitarbeitervertrages gewährleistet werden kann. Diese Einschränkung hat es der Praxis zweifellos nicht leichter gemacht, mit programmgestaltendem Personal freie Mitarbeiterverträge abzuschließen. 17

1.2.3 Anhand verschiedener **medientypischer Berufsgruppen** soll nachfolgend – in alphabetischer Reihenfolge – aufgezeigt werden, welche Einordnung die Rspr. nicht nur des BAG, sondern auch der Instanzgerichte bislang vorgenommen hat. 18

---

15 *BAG* NZA 1998, 705 ff.
16 *BVerfG* NZA 2000, 653.
17 *BVerfG* NZA 2000, 653, 655.
18 S. hierzu Rn. 72 ff.
19 *BVerfG* NZA 2000, 656.

19 **Autoren**, zu denen Drehbuchautoren ebenso zählen wie Verlagsautoren, werden in den weit überwiegenden Fällen als freie Mitarbeiter beschäftigt werden können. Der Autor prägt mit seiner kreativen Arbeit den Inhalt des Werkes, welches sodann von der Rundfunkanstalt, dem TV-Produzenten oder dem Verlag genutzt wird. Der Autor wird damit regelmäßig programmgestaltend sein und als freier Mitarbeiter beschäftigt werden können. So ist das BAG in seiner Entscheidung v. 23.4.1980 bei einem Autor ohne weiteres von dem Status eines freien Mitarbeiters ausgegangen.[20] Ein **Bildberichterstatter** kann programmgestaltend tätig und damit freier Mitarbeiter sein.[21] Einer sog. **Codierungserfasserin** in einem Verlag hat das LAG Düsseldorf indes den Status einer freien Mitarbeiterin verwehrt.[22] Das BAG hat eine **Cutterin** aufgrund ihres geringen Einflusses auf den Inhalt der ausgestrahlten Beiträge als nicht programmgestaltende Mitarbeiterin eingeordnet und schließlich die Arbeitnehmereigenschaft anhand der allgemeinen Abgrenzungskriterien bejaht.[23] Einen **Einleger von Zeitungswerbungen** hat das LAG Düsseldorf als Arbeitnehmer qualifiziert.[24] Das LAG Schleswig-Holstein stufte einen **Journalisten** als freien Mitarbeiter ein.[25] Ein **Nachrichtensprecher und -übersetzer** wurde vom BAG mit Urteil v. 11.3.1998 als Arbeitnehmer eingestuft, da es dessen Aufgabe für die Deutsche Welle nur gewesen sei, vorgegebene Texte zu übersetzen sowie im Rahmen der Sendung vorzulesen. Ein irgendwie programmgestaltender Faktor fehlte ebenso wie das Recht zur freien Wahl von Arbeitszeit und -ort, so dass die Einordnung als Arbeitnehmer konsequent war.[26] Ein **Fotomodell** wurde von dem OLG Düsseldorf als Arbeitnehmer qualifiziert.[27] Ein **Fotoreporter**, der für die Zeitungsredaktion eines Verlages aktiv war, wurde vom BAG gleichfalls als Arbeitnehmer eingestuft.[28] Dieser bezog ein festes Honorar, war während fünf Tagen wöchentlich für den Verlag tätig und erhielt von der Redaktion Vorgaben bezüglich Motiv und Format der zu erstellenden Bilder; auch war er im Dienstplan eingetragen. Ebenso wurde ein **Kameraassistent** vom BAG als Arbeitnehmer eingestuft, da dieser Weisungen des Regisseurs und des Kameramannes zu befolgen hatte und damit als nicht programmgestaltender Mitarbeiter zum betriebstechnischen Personal zählte.[29] Ein **Lektor** in einer TV-Produktionsfirma kann freier Mitarbeiter sein. Dies entschied das AG Berlin mit Urteil v. 8.1.2004, obwohl dem Lektor eine komplette Arbeitsausstattung auf Kosten des Unternehmens zur Verfügung gestellt wurde (Telefonanlage, Faxgerät, Computer etc.).[30] Der **Musikbearbeiter** einer Rundfunkanstalt wurde vom BAG schon im Jahre 1977 als freier Mitarbeiter qualifiziert.[31] **Schauspieler** in Film und Fernsehen werden vielfach als Arbeitnehmer zu qualifizieren sein, da zumeist vorgegeben wird, auf welche Art und Weise die übernommene Rolle zu spielen ist sowie wann und wo Drehaufnahmen stattfinden. Das LAG

20 *BAG* AP Nr. 34 zu § 611 BGB Abhängigkeit.
21 *BAG* BB 1992, 1490.
22 *LAG Düsseldorf* DB 1989, 1343.
23 *BAG* NZA 2013, 903, 906.
24 *LAG Düsseldorf* DB 1980, 1222.
25 *LAG Schleswig-Holstein* AE 2004, 135.
26 *BAG* NZA 1998, 705; NZA-RR 2007, 424, 425.
27 *OLG Düsseldorf* NZA 1988, 59.
28 *BAG* NZA 1998, 839.
29 *BAG* NZA 1998, 1277.
30 *ArbG Berlin* NZA-RR 2004, 546.
31 *BAG* DB 1978, 596.

Bremen hat dementsprechend einen Schauspieler als Arbeitnehmer eingestuft.[32] Allerdings kann ein Schauspieler, der einen großen Bekanntheitsgrad erlangt und durch die Art und Weise seines Schauspiels einer Fernsehsendung oder einem Film den „wahren Charakter" verleiht, auch als programmgestaltender und damit als freier Mitarbeiter qualifiziert werden, so dass auch Schauspieler Selbständige sein können. Ein **Sportreporter**, der für den WDR Spiele der Fußballbundesliga sowie andere Sportveranstaltungen live kommentierte, wurde vom BAG als programmgestaltend eingestuft und das Vertragsverhältnis als freies Mitarbeiterverhältnis bestätigt. Wer live von Sportveranstaltungen berichte, sei journalistisch schöpferisch tätig und damit programmgestaltend, zumal sich aus dem Sachverhalt ergab, dass der Sportreporter weder in Dienstplänen eingetragen war noch verbindliche Zeitvorgaben für seinen Einsatz erhielt. In gleicher Weise hat das BAG mit Urteil v. 14.3.2007 entschieden. Danach war ein Sportreporter des Mitteldeutschen Rundfunks programmgestaltend und konnte daher als freier Mitarbeiter eingesetzt werden.[33] **Zeitschriften- oder Fernsehredakteure** werden, sofern sich deren Tätigkeit in der Zusammenstellung und Koordination von Rundfunk- bzw. Zeitschriften- und Zeitungsbeiträgen erschöpft, als Arbeitnehmer qualifiziert. So hielt das BAG einen „Redakteur und Chef vom Dienst" für einen abhängig beschäftigten Mitarbeiter und verneinte eine programmgestaltende Tätigkeit insbesondere wegen der Einbindung des Redakteurs in Dienstpläne.[34] Werden dagegen von einem Redakteur eigene Wort- und Bildbeiträge geleistet, kann sehr wohl auch eine programmgestaltende Tätigkeit vorliegen.[35] **Zeitungszusteller** werden regelmäßig als Arbeitnehmer eingestuft, da sie nach bestimmten örtlichen und zeitlichen Vorgaben Zeitungen austragen. Allerdings hatte das BAG einen Zeitungszusteller, der eine Vielzahl verschiedener Druckerzeugnisse zustellte und Hilfskräfte beschäftigte, zwar nicht als programmgestaltenden Mitarbeiter, sehr wohl aber als freien Mitarbeiter qualifiziert, da er eine eigene Organisation unterhielt, um die ihm übertragenen Aufgaben bewerkstelligen zu können.[36]

1.2.4 Das Urteil des BVerfG v. 13.1.1982, durch welches der Begriff des programmgestaltenden Mitarbeiters geschaffen wurde, bezog sich auf die Rundfunkfreiheit einer öffentlich-rechtlichen Rundfunkanstalt. Die Entscheidungsgründe erstreckten sich daher naturgemäß auf die in Art. 5 Abs. 1 GG niedergelegte „Rundfunkfreiheit", so dass das Urteil nicht ohne Weiteres auf privatrechtlich organisierte Presseunternehmen oder etwa Film- und Fernsehproduktionsgesellschaften übertragen werden kann. Ob sich solche Unternehmen überhaupt auf das Privileg des Abschlusses freier Mitarbeiterverträge mit „programmgestaltenden Mitarbeitern" berufen können, ist noch nicht abschließend geklärt. **20**

Das LAG München hat jedoch in einem Urteil v. 5.12.1990, in dem es um die Rechtswirksamkeit der Befristung eines Anstellungsverhältnisses zwischen einem Presseverlag und einer Zeitschriftenredakteurin ging, ausgeführt, dass für Presseunternehmen nichts anderes gelten könne als für Rundfunkanstalten. Die Unternehmen könnten sich auf Art. 5 Abs. 1 GG und damit auf die **Pressefreiheit** berufen, so dass im Aus- **21**

---

32 *LAG Bremen* BB 1990, 780.
33 *BAG* NZA-RR 2007, 424.
34 *BAG* NZA 1995, 161.
35 *BAG* AfP 1995, 693.
36 *BAG* NZA 1998, 368.

gangspunkt nichts anderes gelten könne als für TV-Sender.[37] Auch Verlage müssen hiernach einem wechselnden und damit „vielfältigen“ Lesergeschmack gerecht werden und bedürfen daher eines flexiblen Einsatzes von Personal. Nichts anderes gilt für Unternehmen, die für das öffentlich-rechtliche oder private Fernsehen Filme und Sendungen produzieren. Es kann keinen Unterschied machen, ob Rundfunkanstalten oder private Rundfunksender Sendungen und Filme selbst herstellen, oder aber diese bei unabhängigen Unternehmen in Auftrag geben. Auch im letzteren Fall muss das Unternehmen in die Lage versetzt werden, flexibel das Personal einzusetzen und bei programmgestaltenden Mitarbeitern anstelle von Anstellungsverträgen freie Mitarbeiterverträge abzuschließen.

22 Zu bedenken ist freilich, dass das BVerfG in seinem bereits zitierten Beschl. v. 18.1.2000[38] ausgeführt hat, dass sich das auf das besondere Grundrecht des Art. 5 GG berufende Unternehmen auch konkret darlegen muss, warum gerade der Abschluss eines freien Mitarbeitervertrages notwendig ist, um der Programmvielfalt gerecht werden zu können. Ist eine öffentlich-rechtliche Rundfunkanstalt von Gesetzes wegen zur „Programmvielfalt“ verpflichtet, ist dies bspw. für einen Zeitschriften- oder einen Zeitungsverlag nicht notwendig. Dieser folgt zumeist einer bestimmten gesellschaftlichen oder auch politischen Tendenz und beschäftigt daher gerade im tendenzbildenden Bereich Mitarbeiter, die diese Tendenz auch unterstützen. Insoweit kann sogar argumentiert werden, dass derartige Unternehmen gerade nicht Meinungsvielfalt als Pendant zur Programmvielfalt pflegen, sondern geradezu einseitig eine bestimmte Tendenz verfolgen, was nahelegen könnte, die Rspr. des BVerfG nicht anzuwenden. Auf der anderen Seite ist freilich zu beachten, dass auch der Gesetzgeber dem sog. **Tendenzunternehmen** einen besonderen, grundgesetzlich motivierten Schutz vor weitgehender Mitbestimmung durch Betriebsräte dadurch eingeräumt hat, dass in § 118 BetrVG die Mitbestimmungsrechte des Betriebsrates in solchen Tendenzunternehmen beschnitten sind, da die Ausrichtung des Unternehmens in politischer oder gesellschaftlicher Hinsicht nicht durch Mitbestimmungsrechte der Arbeitnehmer beeinträchtigt werden soll.[39] Hier zeigt sich aber eine Privilegierung solcher Unternehmen, die sich auf **Meinungs-, Presse- oder Filmfreiheit** stützen können, so dass davon auszugehen ist, dass nach der Rspr. des BVerfG auch Verlage und TV-Produktionsunternehmen bei dem Einsatz des Personals, sei es als Arbeitnehmer oder freier Mitarbeiter, sei es unbefristet oder befristet, bevorzugt behandelt werden.

23 **1.2.5** Hat die rechtliche Prüfung ergeben, dass ein Medienmitarbeiter „Arbeitnehmer“ ist, so findet auf den mit diesem abgeschlossenen Vertrag das gesamte Arbeitsrecht Anwendung. Der Arbeitnehmer genießt also in Betrieben mit mehr als 10 Arbeitnehmern und nach sechsmonatiger Betriebszugehörigkeit den vollen Schutz des Kündigungsschutzgesetzes (§§ 1, 23 KSchG) und ist nur noch unter bestimmten Voraussetzungen kündbar. Auch gelten für ihn die zwingenden arbeitsrechtlichen Gesetze wie bspw. das Arbeitszeitgesetz, das Entgeltfortzahlungsgesetz im Falle der Erkrankung des Arbeitnehmers und das Bundesurlaubsgesetz, welches einen Mindesturlaub von 20 Arbeitstagen (bezogen auf eine Fünf-Tage-Woche) garantiert.

---

37 *LAG München* LAGE Nr. 24 zu § 620 BGB.

38 NZA 2000, 653.

39 Gleiches gilt für die unternehmerische Mitbestimmung der Arbeitnehmer, die in Aufsichtsräten von Tendenzunternehmen nach dem Drittelbeteiligungs- und dem Mitbestimmungsgesetz ausgeschlossen ist.

Konsequenterweise führt die fehlerhafte Einordnung eines Medienmitarbeiters als freier Mitarbeiter dazu, dass dieser bspw. im Falle einer durch das Medienunternehmen veranlassten Kündigung des Vertragsverhältnisses Kündigungsschutzklage zum zuständigen Arbeitsgericht erheben kann. Auch wenn der vermeintlich freie Mitarbeiter in der Vergangenheit regelmäßig Rechnungen gestellt hat, ist er im Falle der Kündigung seines Vertragsverhältnisses durch das Medienunternehmen nicht daran gehindert, erstmals durch Einreichung einer Kündigungsschutzklage zu behaupten, er sei stets als abhängig beschäftigter Arbeitnehmer beschäftigt worden. Liegt dann tatsächlich abhängige Beschäftigung vor und kann das dann als Arbeitgeber einzustufende Medienunternehmen keine Kündigungsgründe vorweisen, wird der Arbeitnehmer mit seiner Kündigungsschutzklage erfolgreich sein. Zu bedenken ist freilich, dass diese Fälle in der Praxis der Medienunternehmen nicht alltäglich sind, da der klagende Medienmitarbeiter auch befürchten muss, von seinem dann als Arbeitgeber eingestuften Vertragspartner finanziell in Anspruch genommen zu werden. So geht nämlich das BAG[40] davon aus, dass der Arbeitgeber argumentieren kann, er hätte den Arbeitnehmer, wäre von Anfang an ein Arbeitsverhältnis festgestellt worden, nur zu einem geringeren Entgelt, welches sich bspw. aus für das Unternehmen geltenden Tarifverträgen ergibt, vergütet. Insoweit ist der klagende Arbeitnehmer dann gem. § 812 Abs. 1 S. 1 BGB bereichert, da ihm das als vermeintlich freier Mitarbeiter gezahlte Entgelt, welches über das Tarifentgelt hinaus geht, ohne Rechtsgrundlage gewährt wurde. Vor diesem Hintergrund sollte sich ein freier Mitarbeiter stets gut überlegen, ob er tatsächlich im Falle einer Kündigung des freien Mitarbeitervertrages Klage zum Arbeitsgericht erhebt, da Regressansprüche des Arbeitgebers in solchen Prozessen nicht ausgeschlossen werden können. Auf Vertrauensschutz kann sich der Arbeitnehmer in dieser Hinsicht nicht mehr berufen, wenn er selbst die Arbeitnehmerstellung geltend macht.[41] In der Praxis werden daher Statusstreitigkeiten bei Beendigung des Vertragsverhältnisses zumeist einvernehmlich und außerhalb der Arbeitsgerichte erledigt. 24

1.3 Arbeitnehmerähnliche Personen und freie Mitarbeiter

Hat die rechtliche Prüfung ergeben, dass ein Medienmitarbeiter nicht Arbeitnehmer und damit nicht in persönlicher Abhängigkeit beschäftigt ist, so ist sein Status der eines freien Mitarbeiters, auf den die arbeitsrechtlichen Gesetze grundsätzlich keine Anwendung finden. Eine Ausnahme bildet jedoch die Gruppe der arbeitnehmerähnlichen Personen, die zwar nicht persönlich von den Weisungen eines Arbeitgebers nach Ort, Zeit und Inhalt der Tätigkeit, indes wirtschaftlich von diesem abhängig sind. Arbeitnehmerähnliche Personen sind zwar freie Mitarbeiter im rechtlichen Sinne, doch ordnen einzelne Gesetze die Anwendbarkeit arbeitsrechtlicher Bestimmungen ausdrücklich auch auf arbeitnehmerähnliche Personen an. So bestimmt bspw. § 2 S. 2 BUrlG, dass auch arbeitnehmerähnliche Personen einen Mindestanspruch von 24 Werktagen (bezogen auf eine Sechs-Tage-Woche) auf bezahlten Urlaub haben. Ferner ordnet § 12a TVG an, dass bestimmte tarifvertragliche Rechte auch auf arbeitnehmerähnliche Personen Anwendung finden. Gestützt auf § 12a TVG ist bspw. der Tarifvertrag für arbeitnehmerähnliche freie Journalisten und Journalistinnen an Tageszeitungen v. 29.6.2016 ergangen. Schließlich sieht § 5 Abs. 1 S. 2 ArbGG vor, dass arbeitnehmerähnliche Personen Rechtsstreitigkeiten vor den Arbeitsgerichten auszutragen 25

40 *BAG* NZA 2002, 1328.
41 *BAG* NZA 2007, 321, 324.

haben, was zweifellos für eine klagende arbeitnehmerähnliche Person von Vorteil ist, da anders als bei den Zivilgerichten weder Gerichtskostenvorschüsse zu leisten noch im Falle des Unterliegens in der ersten Instanz die anwaltlichen Kosten der Gegenseite zu tragen sind. Dagegen bleibt es auch bei arbeitnehmerähnlichen Personen dabei, dass insbesondere das Kündigungsschutzgesetz keine Anwendung findet. Für die Kündigung einer arbeitnehmerähnlichen Person gilt daher, sofern in dem freien Mitarbeitervertrag nichts anderes geregelt ist, die Vorschrift des § 621 BGB, der die Kündigungsfrist an die Zeitabschnitte der Vergütung koppelt. Ist bspw. die Vergütung in einem freien Mitarbeitervertrag nach einzelnen Tagen bemessen, kann das Medienunternehmen das Dienstverhältnis an jedem Tag für den Ablauf des folgenden Tages und damit (nahezu) „fristlos" jederzeit und ohne Grund kündigen. Ist die Vergütung nach Monaten bemessen, kann die Kündigung spätestens am 15. eines Monats für den Schluss des Kalendermonats erfolgen. „Echte" freie Mitarbeiterverträge bieten daher anders als Arbeitsverträge ein erhebliches Maß an Flexibilität zugunsten des Medienunternehmens.

2. Sozialversicherungsrechtliche Einordnung von Mitarbeitern in Medienunternehmen

2.1 Sozialversicherungsrechtliche Behandlung von Arbeitnehmern

26 Für Arbeitnehmer besteht in allen Zweigen der Sozialversicherung, also in der Renten-, der Kranken-, der Pflege-, der Arbeitslosen- und der Unfallversicherung, Versicherungspflicht. Diese Versicherungspflicht liegt regelmäßig dann vor, wenn eine **Beschäftigung** im Sinne des Sozialversicherungsrechts vorliegt. Näheres hierzu enthält § 7 Abs. 1 SGB IV, der den Begriff der Beschäftigung als „die nichtselbständige Arbeit, insbesondere in einem Arbeitsverhältnis" definiert. Die Verwendung des Wortes „insbesondere" indiziert, dass auch die Tätigkeit außerhalb eines Arbeitsverhältnisses „Beschäftigung" und damit nicht selbständige Arbeit sein kann, die wiederum die volle Sozialversicherungspflicht nach sich zieht. Die Rspr. des BSG hat sich hingegen bei Fragen der Abgrenzung der abhängigen Beschäftigung von der freien Mitarbeit an der Rspr. des BAG orientiert, so dass der sozialversicherungsrechtliche und der arbeitsrechtliche Begriff des Arbeitnehmers praktisch identisch gehandhabt werden.

27 Gem. § 28e Abs. 1 SGB IV ist der **Arbeitgeber** für die Abführung des Gesamtsozialversicherungsbeitrags allein **verantwortlich.** Er hat festzustellen, ob überhaupt ein sozialversicherungspflichtiges Beschäftigungsverhältnis vorliegt und sodann die Berechnung sämtlicher Sozialabgaben vorzunehmen. Dies gilt sowohl für den Arbeitgeber- als auch für den Arbeitnehmeranteil. Somit ist der Arbeitgeber alleiniger Beitragsschuldner. Den Arbeitnehmeranteil zur Sozialversicherung kann der Arbeitgeber gem. § 28g SGB IV allein im Wege des Lohnabzugs geltend machen. Die Geltendmachung kann grundsätzlich nur im Auszahlungsmonat oder in den drei Folgemonaten erfolgen. Gleichfalls ist der Arbeitgeber allein verpflichtet, gem. § 150 SGB VII die Beiträge zur Unfallversicherung zu leisten. Arbeitnehmeranteile werden insoweit nicht abgeführt.

28 Die Verpflichtung des Arbeitgebers, Sozialabgaben für bei ihm beschäftigte Arbeitnehmer abzuführen, gilt grundsätzlich für die gesamte Dauer des Beschäftigungsverhältnisses. In der Praxis treten vielfach Schwierigkeiten bei der Frage auf, wie lange ein bestimmtes Arbeitsverhältnis dauert. Dies gilt insbesondere für von TV-Sendern oder auch Fernsehproduktionsgesellschaften beschäftigte Schauspieler. Nicht selten werden Schauspieler bei Film- und Fernsehproduktionen nur für die Tage angestellt, an denen die entsprechenden Szenen tatsächlich gedreht werden. Teilweise erfolgt die Beschäftigung auch für Proben und zum Zwecke der Nachsynchronisation nur an einzelnen Tagen. Vor diesem Hintergrund werden mit Schauspielern nicht selten sog. **Eintagesarbeitsverträge** abgeschlossen, die gleichsam morgens beginnen und abends enden. Diese Eintagesarbeitsverträge können sich über einen Monat verteilt des Öfteren wiederholen, so dass ein Schauspieler während eines Monats bspw. an 14 einzelnen Tagen auf der Grundlage 14 einzelner Arbeitsverträge tätig wird. Die Sozialversicherungsträger vertreten hierzu ganz offensichtlich die Auffassung, dass derartige Schauspieler für die Gesamtdauer des Anstellungsverhältnisses in einem sozialversicherungspflichtigen Beschäftigungsverhältnis stehen und deshalb ohne Unterbrechung zu versichern sind. Dementsprechend erfolgt die Berechnung der Sozialabgaben nicht für einen einzelnen Tag, sondern anhand des in einem Monat bezogenen Arbeitsentgelts. Hierdurch kann es zu erheblichen Verschiebungen bei der Berechnung der Sozialabgaben kommen. Diese Art der künstlichen Erstreckung mehrerer Eintagesarbeitsverhältnisse auf einen näheren Gesamtzeitraum erscheint praxisfern, da Schauspieler vielfach während eines Engagements weitere Arbeitsverhältnisse eingehen und für anderweitige schauspielerische Leistungen Arbeitsentgelt beziehen. Hinzu kommt, dass sich die Sozialversicherungsträger nicht über den ausdrücklichen Willen der Vertragsparteien, nämlich Eintagesarbeitsverträge abzuschließen, dadurch hinwegsetzen können, dass diese gleichsam addiert und zu einem längerfristigen Anstellungsverhältnis ausgedehnt werden. Gleichwohl ist in der Praxis darauf zu achten, dass die Sozialversicherungsträger entgegen der von einem Arbeitgeber vorgenommenen Berechnung der Sozialabgaben für einen Tag die Berechnung sehr wohl auf der Basis monatlicher Zahlungen durchführen.[42]

Sozialversicherungsträger orientieren sich bei der Abgrenzung der Person des abhän- **29**
gig Beschäftigten von der des freien Mitarbeiters an einem von der „Spitzenorganisation der Sozialversicherung" erstellten „**Abgrenzungskatalog** für im Bereich Theater, Orchester, Rundfunk- und Fernsehanbieter, Film- und Fernsehproduktionen tätige Personen", zuletzt erstellt am 13.4.2010.[43] Dieser Abgrenzungskatalog orientiert sich nahezu wörtlich an Entscheidungen des BAG zur Bestimmung freier Mitarbeiter einschließlich programmgestaltender Mitarbeiter. Es werden zahlreiche, in Medienunternehmen typische Berufe aufgeführt und als frei oder abhängig charakterisiert. Diese Typisierung ist freilich nur ein Anhaltspunkt und in der Praxis keine Garantie dafür, dass ein bei einem Medienunternehmen beschäftigter Mitarbeiter, der einem bestimmten Berufsbild angehört, per se freier oder abhängiger Mitarbeiter ist. Auch unter Anwendung des Abgrenzungskataloges kommt es stets auf die Betrachtung des Einzelfalls an.[44]

2.2 Sozialversicherungsrechtliche Behandlung von freien Mitarbeitern

Während der Arbeitgeber bei der Beschäftigung von Arbeitnehmern verpflichtet ist, **30**
den Gesamtsozialversicherungsbeitrag in Form von Arbeitgeber- und Arbeitnehmeranteilen an die zuständige Einzugsstelle abzuführen, so ist dies bei der Beschäfti-

42 Vgl. hierzu auch *von Hartlieb/Schwarz-Joch* Handbuch des Film-, Fernseh- und Videorechts, 5. Aufl. 2011, 274. Kap. Rn. 30 f.

43 Zu erhalten bspw. unter www.kuenstlersozialkasse.de.

44 *Boss* NZS 2010, 483, 487.

gung freier Mitarbeiter grundlegend anders. Für freie Mitarbeiter, die als „Künstler und Publizisten" für Medienunternehmen und auch sonstige Unternehmen tätig werden, gelten die zwingenden Regelungen des **Künstlersozialversicherungsgesetzes** (KSVG), wonach Beiträge zur Rentenversicherung, zur gesetzlichen Krankenversicherung und zur sozialen Pflegeversicherung zu entrichten sind (nicht hingegen zur Arbeitslosen- und Unfallversicherung, in die freie Mitarbeiter und auch Medienunternehmen keine Beiträge zahlen). Die Beiträge zur Künstlersozialversicherung werden zu 50 % von den freien Mitarbeitern, zu 30 % von den Unternehmen, die Leistungen von Künstlern und Publizisten entgegennehmen und verwerten, sowie zu 20 % von dem Bund, durch Zahlung eines Zuschusses, erbracht.[45] Mit den Aufgaben nach dem Künstlersozialversicherungsgesetz betraut ist die Künstlersozialkasse in Wilhelmshaven, die grundsätzlich sowohl auf Seiten des auftraggebenden Medienunternehmens als auch auf Seiten des Künstlers und Publizisten die ordnungsgemäße Berechnung und Abführung der Beiträge zur Künstlersozialversicherung prüft. Da es für die Künstlersozialkasse in der Vergangenheit schwierig war, insbesondere Unternehmen „aufzuspüren", die zur Zahlung einer Künstlersozialabgabe verpflichtet sind, hat der Gesetzgeber zum 1.6.2007 die Zuständigkeit zur Prüfung und Festsetzung der Künstlersozialabgabe für Unternehmen, die Arbeitnehmer beschäftigen, auf die Deutsche Rentenversicherung Bund in Berlin übertragen. Da diese über eine umfangreiche Datei der in Deutschland tätigen Arbeitgeber verfügt, hat diese die besseren Möglichkeiten der Erfassung von Medienunternehmen und sonstigen „Verwertern" der Leistungen von Künstlern und Publizisten, so dass in Zukunft damit zu rechnen sein dürfte, dass mehr und mehr Unternehmen zur Abführung der Künstlersozialabgabe verpflichtet werden; umso mehr kommt diesem Zweig der Sozialversicherung zunehmende Bedeutung zu.

31 **2.2.1** Nach § 1 KSVG sind selbständige Künstler und Publizisten in der Renten-, Kranken- und Pflegeversicherung pflichtversichert, wenn sie die künstlerische oder publizistische Tätigkeit erwerbsmäßig und nicht nur vorübergehend ausüben und im Zusammenhang mit der künstlerischen oder publizistischen Tätigkeit nicht mehr als einen Arbeitnehmer beschäftigen (soweit es sich bei diesem nicht um einen geringfügig Beschäftigten i.S.d. § 8 SGB IV handelt).

32 **„Künstler"** ist hiernach gem. § 2 KSVG, wer Musik, darstellende oder bildende Kunst schafft, ausübt oder lehrt; **„Publizist"** ist ferner, wer als Schriftsteller, Journalist oder in ähnlicher Weise (bis zum 31.12.2011: in anderer Weise) publizistisch tätig ist oder Publizistik lehrt. Ob jemand **„Künstler"** ist, richtet sich nicht nach der Qualität und Ästhetik seines Werkes, sondern allein danach, ob das Werk einen schöpferischen Mindestgehalt aufweist.[46] Insoweit wird der Begriff des Künstlers also weit ausgelegt, um möglichst sämtliche „schöpferische" Leistungen, die nicht nur vorübergehend erbracht werden, zu erfassen. So ist bspw. auch schon die Gestaltung eines jährlichen Geschäftsberichtes eines Unternehmens durch einen selbständigen Werbegrafiker „Kunst" i.S.d. Künstlersozialversicherungsgesetzes. Abzugrenzen ist dagegen die Kunst vom Handwerk, welches sich durch einen nur geringen schöpferischen, dafür umso größeren technischen Anteil an dem Werk auszeichnet.[47] Für den Bereich der

45 HzS/*Apidopoulos* 10/2003, Gruppe 2b Rn. 30 f.

46 *BVerfG* 17.7.1984 – 1 BvR 816/82; *BSG* SozR 3-5425 Nr. 14 zu § 2.

47 *Hennig* NZS 2005, 294 f.; s. auch www.kuenstlersozialkasse.de.

Fotografie hat das BSG in seinem Urteil v. 24.6.1998[48] ausgeführt, dass ein Fotograf dann schöpferisch und damit künstlerisch tätig ist, wenn die Motivwahl und die Motivgestaltung nach ästhetischen Gesichtspunkten (z.B. Ausdruck, Komposition, Licht, Schattenwurf, Perspektive, farbliche Gestaltung, Verfremdungseffekte, Weichzeichnung) erfolgt. Geht es hingegen um die Auswahl des geeigneten Filmmaterials, die Standortwahl oder die Ausleuchtung und Entwicklung des Films, so dominiert das technisch handwerkliche Gelingen der Aufnahme über das Schöpferische. Fehlt es hiernach an dem schöpferischen Anteil, so liegt die Eigenschaft eines „Künstlers" nicht vor. Hingegen kann nicht ausgeschlossen werden, dass ein „Publizist" i.S.d. § 1 KSVG anzunehmen ist, wenn dieser nämlich als Fotograf für die Presse arbeitet. Publizistische Fotografie liegt nach einem Urteil des BSG v. 27.3.1996 vor, wenn „das Abbilden von Personen, Gegenständen und Vorgängen der Zeitgeschichte mit tagesaktueller Bedeutung und der Nachrichten-, Informations- und Dokumentationswert des Bildes im Vordergrund" stehen.[49] Insgesamt ist also davon auszugehen, dass der Begriff des Künstlers weit ausgelegt wird und letztlich ein Mindestmaß überschreitender schöpferischer Anteil an der Arbeit genügt, um das an den Künstler gezahlte Entgelt unter die Künstlersozialversicherung fallen zu lassen.[50]

Dem entspricht es, dass das BSG in den vergangenen Jahren auch im Bereich der Werbung zunehmend freie Mitarbeiter dem Künstlersozialversicherungsgesetz unterworfen hat. Dabei rückt der Begriff des schöpferischen Gestaltens in den Hintergrund, da Werbung an sich schon Kunst sei und dementsprechend alle „Kreativen", die Werbung für einen Auftraggeber schaffen, als Künstler einzustufen seien. Hierzu zählen bspw. Werbefotografen, Visagisten, aber auch der Web-Designer.[51] Die in der Rspr. des BSG zu erkennende Tendenz lässt darauf schließen, dass der Begriff des „Künstlers" entmaterialisiert und letztlich darauf abgestellt wird, was der Auftraggeber mit dem Werk bezweckt. Ist Werbung bezweckt, so spricht dies nach der bisherigen Rspr. des BSG für eine künstlerische Nutzung, so dass die für das Werk gezahlte Vergütung der Künstlersozialversicherung unterliegt. **33**

Unter den Begriff des **„Publizisten"** i.S.d. § 2 KSVG fallen Schriftsteller, Journalisten oder in ähnlicher Weise publizistisch tätige oder Publizistik lehrende Personen. Das BSG hat in seiner Entscheidung v. 24.7.2003 diesen Begriff noch weit ausgedehnt. Der Begriff „beschränkt sich nicht auf die eigenschöpferische Wortgestaltung oder die inhaltliche Gestaltung und Aufmachung von Büchern und sog. Massenkommunikationsmitteln wie Zeitschriften, Zeitungen und Broschüren, sondern erfasst jeden im Kommunikationsprozess an einer öffentlichen Aussage schöpferisch Mitwirkenden."[52] Ob diese weite Ausdehnung des Begriffs auch nach Änderung des § 2 KSVG zum 1.12.2012 weiter Bestand haben wird, ist fragwürdig. Immerhin erfolgte die Änderung der Vorschrift aufgrund einer Empfehlung der Enquete Kommission im Jahre 2007, **34**

48 *BSG* 24.6.1998 – B 3 KR 11/97 R, n.v.

49 Zitiert nach *Jürgensen* Praxishandbuch Künstlersozialabgabe, 4. Aufl. 2016, S. 65; HzS/*Apidopoulos* 10/2003, Gruppe 2b Rn. 52.

50 So sieht das BSG etwa die Tätigkeit eines Tätowierers nur dann als künstlerisch an, wenn dieser sich nicht bloß handwerklich betätigt, sondern darüber hinaus auch als Künstler anerkannt wird oder an Kunstausstellungen teilnimmt, *BSG* BSGE 98, 152.

51 *BSG* 7.7.2005, B 3 KR 37/04 R – Web-Designer; 12.5.2005, B 3 KR 39/04 R – Visagist; 12.11.2003, B 3 KR 8/03 R – Werbefotograf.

52 *BSG* NJW 2004, 628.

die die Einordnung einer Trauerrednerin als Publizisten durch das BSG[53] als zu weit gehend einstufte.[54] Die Künstlersozialkasse scheint aber weiterhin beispielsweise Autoren, Schriftsteller, Bildjournalisten sowie die bereits erwähnten Pressefotografen als Publizisten einzuordnen.[55] Hinsichtlich des Begriffs des Journalisten hat das BSG bereits am 27.3.1996 ausgeführt, dass „journalistisch tätig ist, wer Informationen über das Zeitgeschehen in allen seinen Erscheinungsformen sammelt, darstellt oder würdigt. Darstellung oder Würdigung in sprachlicher Form bilden zwar die Regel; Fotografen, die sich mit aktueller Bildberichterstattung befassen, werden jedoch gleichfalls in journalistischer Weise publizistisch tätig."[56]

35 Liegt nicht nur vorübergehend eine Tätigkeit eines Künstlers oder Publizisten für den Auftraggeber vor, ist der freie Mitarbeiter in der Renten-, Kranken- und Pflegeversicherung pflichtversichert. Künstler und Publizisten haben gem. den §§ 15, 16, 16a KSVG an die Künstlersozialkasse Pflichtversicherungsbeiträge in Höhe des jeweiligen Betrages, der der Hälfte der gesetzlichen Beiträge für abhängig Beschäftigte (Arbeitnehmer) beträgt, abzuführen. Die Beiträge werden jeweils für einen Kalendermonat am 5. des Folgemonats zur Zahlung fällig.

36 **2.2.2** Während 50 % des Gesamtaufkommens der Künstlersozialversicherung von den versicherungspflichtigen Künstlern und Publizisten aufgebracht wird, haben die Unternehmen, die die Werke von Künstlern und Publizisten als Auftraggeber verwerten, einen weiteren Beitragsanteil in Höhe von 30 %, die sog. **Künstlersozialabgabe**, zu leisten. Gem. § 24 Abs. 1 KSVG sind insbesondere die nachfolgenden Unternehmen verpflichtet, die Künstlersozialabgabe abzuführen: Buch-, Presse- und sonstige Verlage, Presseagenturen, Theater, Orchester, Rundfunk, Fernsehen, Hersteller von bespielten Bild- und Tonträgern (und somit auch TV-Produktionsgesellschaften), Galerien, Kunsthändler, Werbeagenturen sowie Unternehmen, die für eigene Zwecke Werbe- oder Öffentlichkeitsarbeit betreiben und zu diesem Zwecke nicht nur gelegentlich Aufträge an selbständige Künstler oder Publizisten erteilen. Konkret geht es also um Unternehmen, die nicht nur gelegentlich Aufträge an frei mitarbeitende Künstler und Publizisten vergeben.

37 Die Höhe der Künstlersozialabgabe beläuft sich im Jahre 2017 auf 4,8 % des meldepflichtigen Entgelts. Gem. § 25 Abs. 1 KSVG sind Bemessungsgrundlage der Künstlersozialabgabe „die Entgelte für künstlerische oder publizistische Werke oder Leistungen, die das auftraggebende Unternehmen zahlt". Eine Definition des „Entgelts" ist in § 25 Abs. 2 KSVG enthalten. Hierzu zählt „alles, was der zur Abgabe Verpflichtete aufwendet, um das Werk oder die Leistung zu erhalten oder zu nutzen, abzüglich der in einer Rechnung oder Gutschrift gesondert ausgewiesenen Umsatzsteuer". Entgegen einem weitverbreiteten Irrtum sind nicht lediglich die Honorare für die erbrachte

---

53 *BSG* ZUM-RD 2006, 429.

54 BT-Drucks. 16/7000, 301, 302.

55 Vgl. Informationsschrift Nr. 6 zur Künstlersozialabgabe: www.künstlersozialkasse.de.

56 Vgl. hierzu *Jürgensen* Praxishandbuch Künstlersozialabgabe, 4. Aufl. 2016, S. 69; HzS/*Apidopoulos* 10/2003, Gruppe 2b, Rn. 52. Einen ersten Überblick über mögliche Berufe im kreativen Bereich der Künstler und Publizisten liefert *Jürgensen*, der insgesamt 400 Berufe zusammengestellt hat und eine Einschätzung abgibt, ob es sich um eine künstlerische oder publizistische Tätigkeit handelt oder nicht. Der Verfasser stellt selbst zu Recht darauf ab, dass es sich bei diesen 400 Tätigkeiten nur um eine erste Einschätzung handelt, da stets im Einzelfall zu beurteilen ist, ob tatsächlich eine Tätigkeit als Künstler oder Publizist vorliegt (*Jürgensen* Praxishandbuch Künstlersozialabgabe, 4. Aufl. 2016, S. 157 ff.).

Leistung selbst abgabepflichtig, sondern auch Nebenkosten und Auslagen, eventuell abgeführte Entgelte an Dritte, die an dem Werk mitgewirkt haben und auch Materialaufwendungen. Nicht meldepflichtig sind insoweit nur Reise- und Bewirtungskosten innerhalb der Freigrenzen des Einkommenssteuergesetzes, Entgelte an Verwertungsgesellschaften wie bspw. die GEMA, sowie steuerfreie Aufwandsentschädigungen.[57] Für alle sonstigen Entgelte (im Jahre 2017) ist die Künstlersozialabgabe in Höhe von 4,8 % auf diese Beträge an die Künstlersozialkasse abzuführen.

Abgabepflichtige Unternehmen sind gem. § 27 Abs. 1 KSVG verpflichtet, spätestens 38
bis zum 31.3. eines Jahres für das vorangegangene Jahr der Künstlersozialkasse die Summe der Entgelte für künstlerische oder publizistische Werke oder Leistungen zu melden. Unterlässt das Unternehmen diese Meldung, so ist die Künstlersozialkasse berechtigt, eine Schätzung vorzunehmen, die erfahrungsgemäß höher liegen wird als der Betrag, den das Unternehmen zu zahlen hätte, wenn die Entgelte rechtzeitig gemeldet worden wären. Neben der Meldepflicht ist das abgabepflichtige Unternehmen verpflichtet, gem. § 27 Abs. 2 KSVG innerhalb von 10 Tagen nach Ablauf jeden Kalendermonats eine Vorauszahlung auf die Abgabe an die Künstlersozialkasse zu leisten. Die Vorauszahlung entspricht einem Zwölftel der Bemessungsgrundlage für das vorausgegangene Kalenderjahr.[58] Hieraus lässt sich auch das übliche Prozedere der erstmaligen Erfassung eines Unternehmens durch die Künstlersozialkasse ableiten: Zunächst wird in Form eines sog. **Erfassungsbescheides** festgestellt, dass ein Unternehmen aufgrund seines unternehmerischen Zwecks,[59] welcher sich regelmäßig dem Handelsregister entnehmen lässt, in den Kreis der abgabepflichtigen Unternehmen fällt, da davon auszugehen ist, dass das Unternehmen freie Mitarbeiter beschäftigt, die als Künstler oder Publizisten unter das Künstlersozialversicherungsgesetz fallen. Nach Erfassung des Unternehmens ist dieses verpflichtet, spätestens bis zum 31.3. des Folgejahres für das abgelaufene Kalenderjahr mitzuteilen, in welcher Höhe Entgelte an Künstler und Publizisten gezahlt wurden. Daraufhin wird die zu zahlende Künstlersozialabgabe festgestellt und dient als Grundlage für die monatlichen Abschläge im Folgejahr.

Gem. § 31 KSVG verjähren die Ansprüche auf Zahlung der Künstlersozialabgabe ent- 39
sprechend dem § 25 SGB IV innerhalb von vier Jahren. Wurde also ein Unternehmen bislang nicht auf Zahlung der Künstlersozialabgabe von der Künstlersozialkasse in Anspruch genommen (bspw. weil die Künstlersozialkasse das Unternehmen noch nicht im Wege eines Erfassungsbescheides „entdeckt" hat), so kann die Erhebung der Künstlersozialabgabe rückwirkend für die abgelaufenen vier Jahre nachgeholt werden. Erfolgt also ein Erfassungsbescheid im Jahre 2017, so läuft ein Medienunternehmen Gefahr, dass es nicht nur für das Jahr 2017, sondern auch für die Jahre 2013 bis 2016 veranlagt wird.[60] Hat ein Presseunternehmen über mehrere Jahre hinweg mit freien Journalisten, Fotografen oder Bildberichterstattern oder hat ein TV-Produktionsunternehmen längere Zeit mit freien Regisseuren, Autoren oder Moderatoren zusammengearbeitet, die nicht selten hohe Honorare in Rechnung stellen, so können sich die nachträglich zu zahlenden Künstlersozialabgaben auf ein äußerst beachtliches Volumen emporschrauben.

---

57 Vgl. *Jürgensen* Praxishandbuch Künstlersozialabgabe, 4. Aufl. 2016, S. 78 f.

58 § 27 Abs. 3 S. 1 KSVG.

59 HzS/*Apidopoulos* 12/2006, Gruppe 2b Rn. 342 ff.

60 Die Abgabesätze in den Jahren 2013-2016 variierten zwischen 4,1 % und 5,2 %.

40 In diesem Zusammenhang ist auch zu beachten, dass in vielen Medienunternehmen nicht selten der **Geschäftsführer** einer GmbH zur Zahlung der Künstlersozialabgabe auf das an ihn gezahlte „Gehalt“ herangezogen werden kann. Nach stRspr. des BSG ist ein Geschäftsführer einer GmbH dann „selbständig“ i.S.d. Sozialversicherungsrechts, wenn er als geschäftsführender Gesellschafter die Geschicke des Unternehmens lenkt. Verfügt der Geschäftsführer über mehr als 50 % der Geschäftsanteile oder verfügt er bei geringeren Anteilen über eine Sperrminorität, so ist er nicht sozialabgabenpflichtig. Das Sozialversicherungsrecht behandelt ihn insoweit als Selbständigen, der, wenn er überwiegend als Geschäftsführer künstlerisch oder publizistisch und nicht operativ tätig ist, zur Künstlersozialabgabe heranzuziehen ist.[61] Diese Regelung ist vielen geschäftsführenden Gesellschaftern nicht bekannt, birgt aber für diese ein erhebliches Risiko, da die gesamten Geschäftsführergehälter rückwirkend für die vergangenen vier Jahre von der Künstlersozialkasse nachträglich – und selbstverständlich auch für die Zukunft – mit der Künstlersozialabgabe belegt werden können. Dies kann nur dann vermieden werden, wenn der geschäftsführende Gesellschafter entweder über eine Minderheit der Geschäftsanteile bzw. nicht über eine Sperrminorität verfügt, oder seine überwiegende Arbeitszeit kaufmännischen und operativen, nicht hingegen künstlerischen oder publizistischen Aktivitäten zuwendet.

41 Um die Zahlung der Künstlersozialabgabe an freie Mitarbeiter zu vermeiden, kann überlegt werden, ob nicht zunehmend mit solchen „freien Mitarbeitern“ zusammengearbeitet wird, die zu diesem Zwecke eine Kapitalgesellschaft wie eine GmbH oder auch eine englische Ltd. gegründet haben. In diesen Fällen ist das an die GmbH oder die Ltd. gezahlte Entgelt nicht abgabepflichtig, da Vertragspartner nicht ein „freier Mitarbeiter“, sondern eine juristische Person in Form einer Kapitalgesellschaft ist. Der Auftraggeber wird hierdurch von der Zahlung der Künstlersozialabgabe entbunden, wird diese allerdings bei wirtschaftlicher Betrachtung mittelbar an die GmbH oder Ltd. deshalb zahlen müssen, da diese wiederum für ihre Geschäftsführer eine Künstlersozialabgabe abführen wird, die kalkulatorisch dem Entgelt, welches von dem Auftraggeber zu zahlen ist, hinzugerechnet werden wird.[62] Letztlich vermeidet auf diese Art und Weise der Auftraggeber die unmittelbare Entrichtung der Künstlersozialabgabe und spart dadurch gegebenenfalls Verwaltungsaufwand. Er wird diese aber mittelbar über den kalkulatorisch von dem Auftragnehmer errechneten „Preis“ zahlen müssen.

2.3 Rechtsfolgen der fehlerhaften Einstufung von freien Mitarbeitern

42 Erweist sich der Auftraggeber nach einer rechtlichen Prüfung bspw. durch die Rentenversicherung Bund im Rahmen einer Betriebsprüfung als Arbeitgeber der bei ihm beschäftigten, vermeintlich freien Mitarbeiter, so ist er ab einem entsprechenden Bescheid der Rentenversicherung Bund verpflichtet, auf die ihm von dem Mitarbeiter in Rechnung gestellten Beträge Sozialabgaben abzuführen. Diese Pflicht bezieht sich auf alle Zweige der Sozialversicherung, also auf den Gesamtsozialversicherungsbeitrag. Ferner ist der Arbeitgeber verpflichtet, auch für die in der Vergangenheit gezahlten Honorare und Entgelte rückwirkend die Sozialversicherungsbeiträge an die Einzugsstelle abzuführen. Wie bereits im Rahmen der Künstlersozialabgabe erwähnt,

---

61 *BSG* 17.6.1999, B 3 KR 1/98 R, SozR 3-5425 Nr. 13 zu § 25, mit Anm. *Langguth* DStR 2008, 604 f.; HzS/*Apidopoulos* 10/2003, Gruppe 2b Rn. 88.

62 Vgl. hierzu *Jürgensen* Praxishandbuch Künstlersozialabgabe, 4. Aufl. 2016, S. 71 ff.

beträgt die Verjährung gem. § 25 Abs. 1 S. 1 SGB IV vier Jahre, im Falle vorsätzlich vorenthaltener Beträge gem. § 25 Abs. 1 S. 2 SGB IV sogar 30 Jahre.

Den Arbeitgeber treffen für die **rückwirkend** geschuldeten Beiträge sowohl die Arbeitgeber- als auch die Arbeitnehmeranteile, ohne dass er letztere von dem bei ihm beschäftigten „Arbeitnehmer" ersetzt verlangen kann. Geht man bis zur Höhe der Beitragsbemessungsgrenze von durchschnittlich etwa 20 % Arbeitnehmeranteil auf das gezahlte Entgelt aus, so können sich für die vergangenen Jahre erhebliche Nachzahlungsverpflichtungen ergeben, die insbesondere kleinere Medienunternehmen in ihrer wirtschaftlichen Existenz gefährden können. Die dem Arbeitgeber gem. § 28g SGB IV eingeräumte Möglichkeit, den Arbeitnehmeranteil durch Abzug vom Arbeitsentgelt im Rahmen der nächsten drei Lohn- und Gehaltszahlungen vorzunehmen, begrenzt die Regressmöglichkeit erheblich.[63] Verdient also bspw. ein Regisseur, der zuvor 5 000 EUR netto in Rechnung gestellt hat, nun 5 000 EUR brutto als Arbeitnehmer, so hat der Arbeitgeber zunächst die für den Auszahlungsmonat zu entrichtenden Sozialabgaben einschließlich der Arbeitnehmeranteile zu ermitteln und in Abzug zu bringen. Nach Abzug der Steuern kann der Arbeitgeber sodann für diesen Auszahlungsmonat und für die beiden weiteren Auszahlungsmonate bis zu der sich aus § 850c ZPO ergebenden Pfändungsfreigrenze rückwirkend zu zahlende Arbeitnehmeranteile zur Sozialversicherung in Abzug bringen. Gerade aber die zu beachtenden Pfändungsfreigrenzen führen dazu, dass die Abzugsmöglichkeit in den nächsten drei Lohn- und Gehaltszahlungsmonaten nur gering sein wird. 43

3. Steuerrechtliche Behandlung von Mitarbeitern in Medienunternehmen

3.1 Steuerrechtliche Behandlung von Arbeitnehmern und freien Mitarbeitern

Die Abgrenzung zwischen Arbeitnehmern und freien Mitarbeitern (einschließlich arbeitnehmerähnlicher Personen) folgt nach der Rspr. des BFH weitgehend der des BAG und des BSG. Insoweit kann auf die obigen Ausführungen verwiesen werden. Arbeitnehmer sind gem. §§ 1 Abs. 1, 2 Abs. 1 Nr. 4 EStG mit ihren Arbeitseinkünften steuerpflichtig, sie sind Schuldner der Einkommenssteuer. Aus Gründen der Vereinfachung ist der Arbeitgeber jedoch verpflichtet, die auf das Arbeitsentgelt anfallende Einkommenssteuer in der Form der Lohnsteuer nach den individuellen Steuermerkmalen des Arbeitnehmers zu errechnen und unmittelbar an das Finanzamt abzuführen. Für freie Mitarbeiter besteht eine derartige Abführungspflicht des Auftraggebers nicht. Vielmehr sind die freien Mitarbeiter selbst verpflichtet, die auf das ihnen von dem Auftraggeber gezahlte Honorar entfallende Einkommenssteuer in eigener Verantwortung abzuführen. Auf die voraussichtliche Steuerschuld hat der freie Mitarbeiter in der Regel monatlich oder auch quartalsweise festgesetzte Vorauszahlungen an das Finanzamt zu leisten. Darüber hinaus hat der freie Mitarbeiter die auf das Honorar anfallende Umsatzsteuer gesondert in der Rechnung auszuweisen und die Umsatzsteuer in der Regel unmittelbar nach Rechnungsstellung, also gegebenenfalls vor Zahlungseingang, an das Finanzamt abzuführen. Der Auftraggeber wiederum kann die ihm von den freien Mitarbeitern in Rechnung gestellte Umsatzsteuer als Vorsteuer von der von ihm an das Finanzamt zu entrichtenden Umsatzsteuer abziehen (§ 15 UStG) und auf diese Weise die Steuerschuld vermindern. 44

63 Ist das Vertragsverhältnis bereits beendet, kommt ein „Regress" überhaupt nicht mehr in Betracht. Vertragliche Vereinbarungen, die hiervon abweichen und den Arbeitnehmer zu einer weitergehenden Erstattung verpflichten, sind nichtig.

3.2 Steuerrechtliche Folgen einer fehlerhaften Einstufung von freien Mitarbeitern

45 Wird ein freier Mitarbeiter zu Unrecht als solcher behandelt und erweist er sich bspw. nach einer Prüfung durch das Betriebsstättenfinanzamt als abhängig beschäftigter Arbeitnehmer, so drohen auch hier – ähnlich wie im Bereich der Sozialversicherung – sowohl **Nachzahlungsansprüche** für die Vergangenheit als auch die Verpflichtung zur Einbehaltung und Abführung der Lohnsteuer in der Zukunft. Auch hier verjähren Lohnsteuerrückstände innerhalb von vier Jahren, bei grober Fahrlässigkeit innerhalb von fünf und im Falle von Vorsatz nach 10 Jahren. Auch wenn gem. § 38 Abs. 2 EStG der Arbeitnehmer Schuldner der Lohnsteuer ist, so bedeutet dies nicht, dass der Arbeitgeber nicht auch von dem Betriebsstättenfinanzamt in Anspruch genommen werden kann. Dieser haftet nämlich gem. § 42d Abs. 1 Nr. 1, Abs. 3 S. 1 EStG neben dem Arbeitnehmer für Lohnsteuerrückstände als Gesamtschuldner.

46 Eine Haftung droht allerdings grundsätzlich nur dann, wenn der Arbeitnehmer die von ihm als „freier Mitarbeiter" bezogenen Entgelte nicht bereits ordnungsgemäß im Rahmen seiner Einkommensteuererklärung erklärt und die darauf entfallende Einkommensteuer abgeführt hat. Denn soweit die Einkünfte des Mitarbeiters bei dessen einkommenssteuerlicher Veranlagung erfasst sind und die hierauf entfallende Einkommensteuer beglichen ist, erlischt auch die Haftung des Arbeitgebers.

47 Nach § 42d Abs. 3 S. 2 EStG steht es im pflichtgemäßen Ermessen des Finanzamtes zu ermitteln, welchen Gesamtschuldner – Arbeitgeber oder Arbeitnehmer – es für die Zahlung der rückständigen Lohnsteuer heranzieht. Der Verweis auf das „pflichtgemäße Ermessen" führt dazu, dass das Finanzamt trotz der bestehenden Gesamtschuldnerschaft den Arbeitnehmer in Anspruch zu nehmen hat, wenn die Steuer bei diesem schnell und einfach eingetrieben werden kann. Ist dies jedoch nicht der Fall, so ist gegen die Heranziehung des Arbeitgebers nichts einzuwenden. Dies vor allem auch dann, wenn das Betriebsstättenfinanzamt im Rahmen einer Betriebsprüfung nicht lediglich einen, sondern eine Vielzahl von gleichgelagerten Fällen aufgedeckt hat, in denen die Nachzahlung von Lohnsteuer angefordert wird. Gerade bei derartigen „Massenverfahren" ist es für das Finanzamt deutlich einfacher und auch praktikabler, die rückständigen Lohnsteuerzahlungen von dem Arbeitgeber als Gesamtschuldner zu fordern.[64] Wurde der Arbeitgeber von dem Betriebsstättenfinanzamt auf Nachzahlung rückständiger Lohnsteuer in Anspruch genommen, so ist der Arbeitgeber berechtigt, diese von dem Arbeitnehmer als Primärschuldner zurückzufordern. Je nach Höhe des Rückforderungsanspruches kann sich dessen Realisierung allerdings als schwierig erweisen, insbesondere dann, wenn der Arbeitnehmer nicht über die notwendigen finanziellen Mittel verfügt, um den Anspruch zu erfüllen. Das Haftungsrisiko verbleibt somit bei dem Arbeitgeber.

48 Wenig beachtet ist bislang, dass im Falle einer fehlerhaften Einstufung eines freien Mitarbeiters dieser zu Unrecht in der Vergangenheit **Umsatzsteuer** in Rechnung gestellt hat. War der freie Mitarbeiter Arbeitnehmer, so war er nicht berechtigt, Umsatzsteuer auszuweisen und einzunehmen. Auch der sich als Arbeitgeber herausstellende Auftraggeber war nicht berechtigt, Vorsteuer abzuziehen, da die Umsatzsteuer nicht von einem Unternehmer in Rechnung gestellt wurde. Solange die Umsatzsteuerveranlagung des Arbeitgebers noch nicht bestandskräftig ist, droht die Korrektur der geltend gemachten Vorsteuerbeträge. Bestandskraft tritt üblicherweise

64 Vgl. *Kunz/Kunz* DB 1993, 326, 328.

erst nach einer Betriebsprüfung durch Aufhebung des Vorbehalts der Nachprüfung für den Umsatzsteuerbescheid oder aber durch Ablauf der Festsetzungsfrist (grundsätzlich vier Jahre, bei leichtfertiger Steuerverkürzung fünf Jahre, bei Steuerhinterziehung zehn Jahre) ein.

Die vom Arbeitnehmer zu Unrecht ausgewiesene Umsatzsteuer kann der Arbeitgeber grundsätzlich von diesem als Schadensersatz oder nach bereicherungsrechtlichen Gesichtspunkten erstattet verlangen. Sofern aber dem Mitarbeiter selbst kein Verschulden vorzuwerfen ist, weil die Einstufung als freier Mitarbeiter durch den Arbeitgeber vorgenommen wurde, dürften schadensersatzrechtliche Ansprüche ausscheiden. Der Arbeitgeber ist in diesem Fall auf bereicherungsrechtliche Ansprüche beschränkt. Problematisch hierbei ist allerdings, dass der Arbeitnehmer die an ihn gezahlte Umsatzsteuer an das Finanzamt abgeführt hat und gem. § 14c Abs. 2 S. 2 UStG auch nicht ohne Weiteres von diesem zurückfordern kann, so dass er zunächst nicht bereichert ist. **49**

Der Arbeitnehmer kann allerdings die Berichtigung des geschuldeten Steuerbetrages nach dem in § 14c Abs. 2 UStG vorgesehenen Verfahren beantragen, was einigen administrativen Aufwand erfordert, letztendlich aber zur Rückzahlung des zu Unrecht abgeführten Umsatzsteuerbetrages führen wird. Hierzu ist er grundsätzlich aus vertraglichen Schadensminderungsgesichtspunkten auch verpflichtet, so dass der Arbeitgeber in der Regel gute Aussichten hat, die zu Unrecht ausgewiesene Umsatzsteuer erstattet zu erhalten. Probleme treten aber immer dann auf, wenn der Arbeitnehmer in Zahlungsschwierigkeiten gerät oder sogar in Insolvenz fällt, da in diesem Fall das Finanzamt die Umsatzsteuererstattung gegen rückständige Steuern verrechnen kann. Ist der Erstattungsanspruch aber beim Arbeitnehmer nicht durchsetzbar, führt dies letztlich zu einer endgültigen wirtschaftlichen Belastung des Arbeitgebers, da dieser die unberechtigt in Abzug gebrachte Vorsteuer dem Finanzamt erstatten muss. **50**

II. Befristung von Arbeitsverhältnissen mit Mitarbeitern in Medienunternehmen

Die Befristung von Anstellungsverträgen mit Arbeitnehmern bietet Medienunternehmen in ganz besonderem Maße die Möglichkeit, flexibel auf personelle Anforderungen des Marktes zu reagieren. Befristete Arbeitsverhältnisse enden automatisch durch Zeitablauf oder durch Erreichen eines bestimmten Zweckes, so dass sich die Frage nach dem Vorliegen der Voraussetzungen einer Kündigung nach dem Kündigungsschutzgesetz gar nicht erst stellt. Aus dem Teilzeit- und Befristungsgesetz sowie aus der Rspr. des BAG ergeben sich durchaus vielfältige Möglichkeiten der Befristung von Anstellungsverhältnissen mit Mitarbeitern in Medienunternehmen, die in der Praxis nicht immer ausgeschöpft werden. Zwar erfordern die insbesondere von der Rspr. geforderten Formalia bei Abschluss und Verlängerung befristeter Anstellungsverträge einen gewissen Verwaltungsaufwand, doch lohnt sich dieser, um auch über einen längeren Zeitraum befristete Anstellungsverträge rechtssicher abschließen zu können. **51**

Unterschieden werden in der Praxis Befristungen ohne und solche mit einem sog. **52**
„Sachgrund“. Der Begriff der „sachgrundlosen Befristung“ indiziert bereits, dass diese Form des befristeten Arbeitsvertrages grundlos möglich ist, der Arbeitgeber also

nicht gehalten ist, die Befristung in bestimmter Form zu legitimieren. § 14 Abs. 2 TzBfG betrifft diese „erleichterte Befristung“, die von allen Unternehmen für einen Zeitraum von bis zu zwei Jahren abgeschlossen werden kann; während dieses Zeitraumes ist eine dreimalige Verlängerung zulässig. § 14 Abs. 2a TzBfG gewährt „Jungunternehmen“ das Privileg der Befristung von bis zu vier Jahren, wobei bis zu einer Höchstdauer von vier Jahren beliebig oft befristete Verträge abgeschlossen werden können. § 14 Abs. 3 TzBfG sieht schließlich die Befristung eines Arbeitsvertrages bis zu einer Dauer von fünf Jahren vor, wenn der Arbeitnehmer bei Beginn des befristeten Arbeitsverhältnisses das 52. Lebensjahr vollendet hat und vor Beginn des befristeten Arbeitsverhältnisses mindestens vier Monate beschäftigungslos war. Auch hier ist bis zu einer Gesamtdauer von fünf Jahren die mehrfache Verlängerung des Arbeitsvertrages zulässig. Während die sachgrundlose Befristung nach § 14 Abs. 2 TzBfG nur als Zeitbefristung möglich ist, kommt die Sachgrundbefristung nach § 14 Abs. 1 TzBfG sowohl als Zeit- als auch als Zweckbefristung (hierbei endet der Arbeitsvertrag nicht durch Erreichen eines bestimmten Enddatums, sondern eines zuvor definierten Zwecks) in Betracht. Auch lassen sich die verschiedenen Befristungsarten miteinander kombinieren, so dass über längere Zeiträume hinweg befristete Anstellungsverhältnisse mit einem Arbeitnehmer abgeschlossen werden können.

53 Die Regelung des § 14 TzBfG gilt auch in Betrieben, die nicht mehr als 10 Arbeitnehmer beschäftigen, auf die also gem. § 23 Abs. 1 KSchG das Kündigungsschutzgesetz keine Anwendung findet.[65] Wird also bspw. in einem Betrieb mit 8 Arbeitnehmern mit einer neuen Arbeitskraft ein auf drei Jahre befristeter Arbeitsvertrag abgeschlossen, so ist diese Befristungsabrede unwirksam, wenn nicht ein sachlicher Grund vorliegt. Da Rechtsfolge einer unwirksamen Befristung regelmäßig das Vorliegen eines unbefristeten Arbeitsverhältnisses ist, ist diese Konsequenz bei Betrieben, in denen das Kündigungsschutzgesetz nicht greift, weitgehend ohne negative Folgen für den Arbeitgeber, da dieser das Arbeitsverhältnis jederzeit ohne Grund kündigen kann.[66] Weit wichtiger sind daher die nachfolgend dargestellten Regelungen über befristete Arbeitsverträge in Betrieben, die mehr als 10 Arbeitnehmer beschäftigen und daher an die restriktiven Bestimmungen des Kündigungsschutzgesetzes gebunden sind.

1. Sachgrundlose Befristung nach § 14 Abs. 2, 2a und 3 TzBfG

1.1 Sachgrundlose Befristung nach § 14 Abs. 2 TzBfG („erleichterte Befristung“)

1.1.1 Erstmalige Beschäftigung und Dauer der Befristung

54 § 14 Abs. 2 TzBfG lässt die sachgrundlose Befristung eines Anstellungsverhältnisses für einen maximalen Zeitraum von zwei Jahren zu. Der Arbeitgeber benötigt für den Abschluss einer solchen „erleichterten“ Befristungsabrede also keinen irgendwie gearteten Grund, der die Befristung legitimiert. Welchen Zeitraum die Befristung bis zur Höchstdauer von zwei Jahren umfasst, ist der Einigung der Vertragsparteien überlassen. Während des Höchstbefristungszeitraumes von zwei Jahren kann das Arbeitsverhältnis dreimal verlängert werden, so dass es während insgesamt vier Zeitabschnit-

65 *BAG* NZA 2005, 218; Hk-TzBfG/*Boecken* 4. Aufl. 2016, § 14 Rn. 117.

66 Dies freilich nur dann, wenn in dem Arbeitsvertrag neben der Befristung auch das Recht beider Parteien aufgenommen wurde, den Vertrag unter Einhaltung bestimmter, zumeist gesetzlicher Kündigungsfristen beenden zu können. Fehlt eine solche Regelung, so kann der Vertrag auch von dem Arbeitgeber in dem gebildeten Beispielsfall frühestens nach Ablauf von drei Jahren gekündigt werden.

ten befristet werden kann. So kann bspw. ein zunächst für sechs Monate befristeter Arbeitsvertrag dreimal um weitere sechs Monate oder aber einmal um 12 und sodann noch zweimal um drei Monate verlängert werden. Auch hier ist es allein Sache der Vertragsparteien zu entscheiden, in welchen bis zu maximal vier Zeitabschnitten sie das Vertragsverhältnis für höchstens zwei Jahre befristen.

Der rechtswirksame Abschluss einer sachgrundlosen Befristung nach § 14 Abs. 2 **55** TzBfG setzt allerdings voraus, dass zwischen den Parteien „zuvor" noch kein Arbeitsvertrag bestanden hat. Die Einschränkung durch das Wort „zuvor" ist zeitlich nicht begrenzt worden, so dass nach dem Wortlaut der Regelung jeder „wann auch immer" zeitlich vor der sachgrundlosen Befristung abgeschlossene Arbeitsvertrag mit dem selben Arbeitgeber oder dessen Rechtsvorgänger dazu führt, dass die Befristungsabrede jedenfalls nicht auf § 14 Abs. 2 TzBfG, also die sachgrundlose Befristung gestützt werden kann.[67] Das BAG hat zwischenzeitlich in einer Entscheidung v. 6.4.2011[68] geurteilt, dass eine „Zuvor-Beschäftigung" i.S.d. § 14 Abs. 2 S. 2 TzBfG nicht vorliege, wenn ein früheres Arbeitsverhältnis mehr als drei Jahre zurückliege. Hatte also beispielsweise ein Kameramann mit einem TV-Produktionsunternehmen einen auf 18 Monate befristeten Arbeitsvertrag abgeschlossen und stellte sich später heraus, dass mit diesem Arbeitnehmer 10 Jahre zuvor bereits ein befristeter Arbeitsvertrag für einen Zeitraum von acht Wochen als Werksstudent geschlossen wurde, so war die Befristung des Arbeitsverhältnisses bislang jedenfalls nicht als sachgrundlose Befristung gerechtfertigt, da mit dem Arbeitnehmer eben bereits „zuvor" ein Arbeitsverhältnis bestanden hat. Durch die zuvor zitierte Entscheidung des BAG ist nun klargestellt, dass nur solche vorhergehenden Arbeitsverhältnisse eine erleichterte Befristung ausschließen, die nicht länger als drei Jahre zurückliegen. Liegt eine „Zuvor-Beschäftigung" innerhalb dieses Zeitrahmens, so wäre die Folge, dass der Arbeitnehmer eine Entfristungsklage erfolgreich zum Arbeitsgericht erheben könnte mit der Konsequenz, dass er sich rechtlich in einem unbefristeten Arbeitsverhältnis befindet. Um ein solches Ergebnis zu vermeiden, sollte der Arbeitnehmer in einem befristeten Anstellungsvertrag zusichern, dass er innerhalb der letzten drei Jahre vor Beginn des neuen befristeten Arbeitsvertrages mit dem Arbeitgeber oder dessen Rechtsvorgänger kein Arbeitsverhältnis eingegangen ist. Sollte sich diese Zusicherung zu einem späteren Zeitpunkt als falsch herauskristallisieren, könnte der Arbeitgeber gegebenenfalls das Arbeitsverhältnis, wenn es denn wegen unzulässiger Befristung unbefristet ist, wegen einer arglistigen Täuschung gem. § 123 BGB anfechten.[69]

Das BAG hat schließlich entschieden, dass ein Berufsausbildungsverhältnis kein **56** Arbeitsverhältnis darstellt, welches unter das Vorbeschäftigungsverbot nach § 14 Abs. 2 S. 2 TzBfG fällt.[70] Damit kann bspw. ein TV-Produktionsunternehmen mit einem Kameramann, mit dem bereits zwei Jahre zuvor ein Berufsausbildungsvertrag bestand, einen sachgrundlos befristeten Arbeitsvertrag abschließen.

67 Hk-TzBfG/*Boecken* 4. Aufl. 2016, § 14 Rn. 121; *Meinel/Heyn/Herms* 5. Aufl. 2015, § 14 TzBfG Rn. 257.

68 *BAG* NZA 2011, 905.

69 *Meinel/Heyn/Herms* 5. Aufl. 2015, § 14 TzBfG Rn. 261.

70 *BAG* NZA 2012, 255.

1.1.2 Form der Befristungsabrede

57 Gem. § 14 Abs. 4 TzBfG bedarf die Befristung eines Arbeitsvertrages zu ihrer Wirksamkeit zwingend der **Schriftform**. Gem. § 126 Abs. 2 BGB muss die Unterzeichnung der Befristungsabrede durch die Vertragsparteien auf derselben Urkunde erfolgen.[71] Es empfiehlt sich also in jedem Falle, die Befristungsabrede sowohl vom Arbeitgeber als auch vom Arbeitnehmer auf derselben Urkunde im Original unterzeichnen zu lassen. Von wesentlicher Bedeutung ist dabei, dass die Befristungsabrede vor Arbeitsaufnahme durch den Arbeitnehmer von beiden Parteien schriftlich im Original (nicht etwa per Austausch im Wege Telefax) unterzeichnet wird. Nimmt der Arbeitnehmer zunächst seine Tätigkeit auf und vereinbaren die Parteien erst nach der ersten Arbeitsaufnahme eine schriftliche Befristungsabrede ohne Sachgrund nach § 14 Abs. 2 TzBfG, so wird hierdurch nicht ein wirksam befristeter Arbeitsvertrag abgeschlossen.[72] Dies gilt auch dann, wenn die Parteien zunächst mündlich eine Befristungsabrede getroffen haben, der Arbeitnehmer dann seine Arbeit aufnimmt und sodann rückwirkend die mündlich getroffene Vereinbarung schriftlich fixiert wird.[73] In diesem Fall stellt sich die Rechtslage so dar, dass der Arbeitnehmer infolge eines formunwirksam vereinbarten befristeten Arbeitsvertrages zunächst ein unbefristetes Arbeitsverhältnis eingegangen ist, so dass er im Anschluss daran keine sachgrundlose Befristung mehr eingehen kann, da dies nur möglich ist, wenn „zuvor" nicht bereits ein Vertragsverhältnis bestanden hat. Letzteres wäre aber der Fall, auch wenn dies nur für eine äußerst kurze Zeit gewesen sein sollte. Es ist also dringend darauf zu achten, dass Arbeitnehmer und Arbeitgeber vor der Arbeitsaufnahme durch den Arbeitnehmer die Befristungsabrede im Original unterzeichnen. Etwas anderes kann jedoch gelten, wenn der Arbeitgeber dem Arbeitnehmer ein von ihm unterschriebenes Exemplar eines Arbeitsvertrages mit Befristungsabrede zukommen lässt und damit deutlich macht, dass er das Arbeitsverhältnis nur unter der Bedingung einer schriftlichen Befristungsabrede schließen will. In diesem Fall soll die tatsächliche Arbeitsaufnahme keine konkludente Vereinbarung eines unbefristeten Arbeitsverhältnisses darstellen, so dass auch eine „nachträgliche" Befristung möglich bleibt.[74]

58 Das Formerfordernis des § 14 Abs. 4 TzBfG verlangt nicht, dass auch der Befristungsgrund bei einer sachgrundlosen Befristung benannt wird. Dies ist nur konsequent, da es eines solchen ohnehin nicht bedarf. Es genügt also die Angabe eines kalendermäßig bestimmten Endzeitpunktes. Eine Vertragsklausel könnte demnach wie folgt lauten:

59 „Das Arbeitsverhältnis beginnt am .... und endet am ...., ohne dass es einer Kündigung bedarf."

60 In diesem Zusammenhang ist auch dringend darauf zu achten, dass das Recht zum Ausspruch einer ordentlichen Kündigung während des Befristungszeitraumes ausdrücklich vereinbart wird, da es anderenfalls ausgeschlossen ist. Wird also bspw. ein befristeter Arbeitsvertrag für einen Zeitraum von zwei Jahren vereinbart, ohne dass das Recht zum Ausspruch einer ordentlichen Kündigung geregelt ist, so ist keine der Parteien berechtigt, während des zweijährigen Zeitraumes eine ordentliche Kündigung auszusprechen. Eine entsprechende vertragliche Regelung könnte wie folgt lauten:

---

71 Hk-TzBfG/*Boecken* 4. Aufl. 2016, § 14 Rn. 165.
72 *BAG* NZA 2008, 1184; ErfK/*Müller-Glöge* 17. Aufl. 2017, § 14 TzBfG Rn. 126.
73 *BAG* NZA 2008, 1184; NZA 2005, 923.
74 *BAG* NZA 2008, 1184.

„Das Arbeitsverhältnis beginnt am .... und endet am ...., ohne dass es einer Kündigung bedarf. Die ersten sechs Monate des Arbeitsverhältnisses geltend als Probezeit, innerhalb der das Arbeitsverhältnis von beiden Parteien mit einer Frist von zwei Wochen jederzeit gekündigt werden kann. Nach Ablauf der Probezeit gelten für beide Seiten die gesetzlichen Kündigungsfristen.“ 61

1.1.3 „Verlängerung“ der Befristung

Ist der Arbeitgeber also im Rahmen der sachgrundlosen Befristung gem. § 14 Abs. 2 TzBfG berechtigt, innerhalb eines Höchstzeitraumes von zwei Jahren einen einmal befristeten Arbeitsvertrag maximal dreimal zu verlängern, so ist stets darauf zu achten, dass die Verlängerung der ersten und auch der weiteren Befristung nicht formal fehlerhaft vorgenommen wird. Die Rspr. des BAG geht zunächst davon aus, dass von einer „Verlängerung“ der Befristung nur die Rede sein kann, wenn der Arbeitsvertrag **nur** bezüglich seiner **Laufzeit**, nicht jedoch hingegen irgendeines anderen Vertragsbestandteils modifiziert wird. Liegt auch nur eine andere Modifikation als die der Laufzeit vor, so geht das BAG nicht mehr von einer Verlängerung eines bereits bestehenden Arbeitsvertrages, sondern von einem Neuabschluss aus.[75] In diesem Falle könnte also eine sachgrundlose Befristung nicht mehr rechtswirksam vereinbart werden, da bereits, wie vorstehend erläutert, „zuvor“ ein befristeter Vertrag bestanden hat. Es ist also im Falle der „Verlängerung“ eines bereits befristeten Arbeitsvertrages im Rahmen der zweijährigen Höchstbefristungsdauer des § 14 Abs. 2 TzBfG dringend darauf zu achten, dass nur die Laufzeit hinsichtlich des Enddatums geändert wird. Wird gleichzeitig die Vergütung erhöht oder verringert, die Arbeitszeit verkürzt oder erhöht, das Betätigungs- und Einsatzgebiet des Arbeitnehmers abgeändert oder die Dauer des Urlaubs nur um einen Tag erhöht, liegt keine „Verlängerung“ mehr vor. Es empfiehlt sich vor diesem Hintergrund also in jedem Falle bspw. einen Nachtrag zu dem ersten befristeten Arbeitsvertrag dergestalt zu vereinbaren, dass in diesem nur geregelt wird, dass der bspw. bis zum 30.6.2017 abgeschlossene Arbeitsvertrag bis zum 30.11.2017 verlängert wird und alle übrigen Vertragsbestandteile erhalten bleiben. 62

Des Weiteren ist dringend darauf zu achten, dass die vorstehend beispielhaft dargelegte Abrede über die Verlängerung eines einmal befristeten Arbeitsvertrages vor Ablauf der Vorbefristung von beiden Parteien im Original unterzeichnet wird.[76] Das BAG hat entschieden, dass im Zweifel ein unbefristeter Arbeitsvertrag vorliegt, wenn die Verlängerungsabrede erst nach Ablauf der Vorbefristung von beiden Parteien im Original unterzeichnet wird. Haben die Parteien also bspw. einen befristeten Arbeitsvertrag bis zum 30.6.2017 geschlossen, arbeitet der Arbeitnehmer über diesen Zeitpunkt hinaus mit Zustimmung des Arbeitgebers weiter und unterzeichnen die Parteien dann am 7.7.2017 eine Verlängerungsabrede, so ändert diese nichts mehr daran, dass sich der Arbeitnehmer bereits ab dem 1.7.2017 gem. § 15 Abs. 5 TzBfG in einem unbefristeten Arbeitsvertrag befindet. Arbeitet nämlich ein Arbeitnehmer mit Wissen und Wollen des Arbeitgebers über den Zeitpunkt des Befristungsendes hinaus weiter, so ist im Zweifel davon auszugehen, dass die Parteien sich in einem unbefristeten Arbeitsvertrag befinden.[77] Hinzu kommt, dass jede Befristungsabrede und damit auch die Verlängerung eines bestehenden befristeten Arbeitsvertrages zu ihrer Wirksam- 63

75 *BAG* NZA 2003, 1092, 1093; 2006, 605, 606; 2007, 204; 2008, 883.
76 *BAG* BB 2001, 526.
77 Vgl. Hk-TzBfG/*Joussen* 4. Aufl. 2016, § 15 Rn. 72.

keit gem. § 14 Abs. 4 TzBfG der Schriftform bedarf. Arbeitet aber der Arbeitnehmer, wie in dem vorstehend gebildeten Beispielsfall, über den 30.6.2017 hinaus fort, ohne dass zuvor eine schriftliche Verlängerungsabrede erfolgt ist, können sich die Parteien auch nicht darauf berufen, dass sie sich mündlich auf eine Verlängerung verständigt haben.[78] Die mündliche Verlängerungsabrede ist formunwirksam, so dass sich der Arbeitnehmer auch in diesem Falle ab dem 1.7.2017 in einem unbefristeten Arbeitsverhältnis befindet.

64 Nicht anders ist die Rechtslage, wenn die Parteien des Arbeitsvertrages diesen zunächst, um den Beispielsfall fortzusetzen, zum 30.6.2017 beenden und sodann bspw. ab dem 10.7.2017 das zunächst beendete Vertragsverhältnis „verlängern" wollen. Auch diese Verlängerungsabrede wäre nicht wirksam, da nicht ein bereits bestehender Vertrag verlängert, sondern ein neuer abgeschlossen würde. Eine Verlängerung liegt nur dann vor, wenn ein bereits bestehender befristeter Arbeitsvertrag nahtlos und ohne jedwede Unterbrechung in den nächsten Arbeitsvertrag übergeht.[79] Im Grunde ist schon die Unterbrechung durch nur einen einzigen Tag schädlich. Endet also bspw. ein Vertragsverhältnis vereinbarungsgemäß an einem Freitag, den 31.7., so läge keine Verlängerung des befristeten Arbeitsvertrages vor, wenn der Arbeitnehmer am darauffolgenden Montag, den 3.8., einen befristeten Arbeitsvertrag unterzeichnet. Die durch das Wochenende verursachte Lücke würde dazu führen, dass keine Verlängerung eines befristeten Arbeitsvertrages vorliegt. Demnach kann der Praxis nur empfohlen werden, einen befristeten Arbeitsvertrag innerhalb des gem. § 14 Abs. 2 TzBfG normierten zweijährigen Höchstbefristungszeitraumes vor der Beendigung der Vorbefristung durch Unterzeichnung beider Vertragsparteien und ohne inhaltliche Veränderung – mit Ausnahme der Laufzeit – zu verlängern.

1.1.4 Rechtsfolgen einer unzulässigen Befristungsabrede

65 Haben die Parteien eine unzulässige Befristungsabrede vereinbart, so ist regelmäßige Folge das Bestehen eines unbefristeten Arbeitsvertrages, der nur im Wege der schriftlichen Kündigung oder des schriftlichen Aufhebungsvertrages beendet werden kann (§ 16 TzBfG). Die Kündigung des Arbeitsverhältnisses durch den Arbeitgeber wäre dann problemlos möglich, wenn in dessen Betrieb nicht mehr als 10 Arbeitnehmer beschäftigt sind, das Kündigungsschutzgesetz gem. dessen § 23 Abs. 1 also keine Anwendung findet. Ist der Arbeitnehmer dagegen in einem Betrieb mit mehr als 10 Arbeitnehmern beschäftigt und beträgt die Dauer der Beschäftigung bereits mehr als sechs Monate, so genießt er den vollen Schutz des Kündigungsschutzgesetzes und kann nur noch gekündigt werden, wenn dessen Voraussetzungen im Einzelnen vorliegen. Haben die Parteien des (unwirksam) befristeten Arbeitsvertrags nicht vereinbart, dass dieser während der Dauer der Befristung mit einer bestimmen – zumeist der gesetzlichen – Kündigungsfrist gekündigt werden kann, kommt erschwerend hinzu, dass der ungewollt unbefristete Arbeitsvertrag erstmals nach Ablauf des gleichwohl bereits vereinbarten befristeten Zeitraums ordentlich gekündigt werden kann. Nicht zuletzt deshalb ist auch dringend zu empfehlen, in den befristeten Arbeitsvertrag die Möglichkeit zum Ausspruch einer ordentlichen Kündigung unter Einhaltung einer bestimmten Frist aufzunehmen.

---

78 Vgl. *Meinel/Heyn/Herms* 5. Aufl. 2015, § 14 TzBfG Rn. 332, 348.

79 *H/W/K/Schmalenberg* 7. Aufl. 2016, § 14 TzBfG Rn. 109; *Meinel/Heyn/Herms* 5. Aufl. 2015, § 14 TzBfG Rn. 280.

Beruft sich der Arbeitnehmer auf die Unwirksamkeit der Befristungsabrede, so hat er diese spätestens nach Ablauf von drei Wochen nach dem vereinbarten Befristungsende durch Einreichung einer sog. Entfristungsklage zum zuständigen Arbeitsgericht feststellen zu lassen (§ 17 TzBfG). Wird diese Frist versäumt, so gilt die Befristungsabrede als wirksam und das Vertragsverhältnis entsprechend als beendet. **66**

1.2 Sachgrundlose Befristung nach § 14 Abs. 2a TzBfG

§ 14 Abs. 2a TzBfG lässt in den ersten vier Jahren nach der Gründung eines Unternehmens die kalendermäßige Befristung eines Arbeitsvertrages ohne Vorliegen eines sachlichen Grundes bis zur Dauer von vier Jahren zu; bis zu dieser Gesamtdauer ist die mehrfache Verlängerung einer Zeitbefristung zulässig. Neu gegründete Unternehmen („Jungunternehmer") werden durch diese Regelung insoweit privilegiert, als zunächst für einen Zeitraum von bis zu vier Jahren befristete Arbeitsverträge abgeschlossen werden können, ohne dass dies besonders legitimiert werden müsste. Der Aufbau eines neu gegründeten Unternehmens wird dadurch besonders erleichtert. Die Möglichkeit zur vierjährigen sachgrundlosen Befristung besteht nicht etwa ab dem ersten Tag der Existenz des neu gegründeten Unternehmens, sondern vielmehr bis zum letzten Tag des vierjährigen Zeitraumes. Die sachgrundlose und mehrfache Befristung bis zu einer Dauer von insgesamt vier Jahren ist also bis zu dem Zeitpunkt, in welchem das Unternehmen vier Jahre alt wird, möglich, so dass sie bis in das achte Jahr des Unternehmensbestandes hineinreichen kann.[80] Während der vierjährigen Befristungsdauer ist die Anzahl einzelner befristeter Arbeitsverträge anders als bei § 14 Abs. 2 TzBfG nicht begrenzt; es können also 10 oder auch 20 befristete Anstellungsverträge hintereinander abgeschlossen werden. **67**

Das Privileg der maximal vierjährigen Befristungsdauer gilt jedoch nur für solche Neugründungen von Unternehmen, die nicht im Zuge einer rechtlichen Umstrukturierung von Unternehmen und Konzernen herausgebildet worden sind. Gründet also bspw. ein großes Medienunternehmen durch Abspaltung eines Betriebes oder Betriebsteils eine neue Kapitalgesellschaft, so ist diese nicht berechtigt, mit einem neu eingestellten Arbeitnehmer sachgrundlose Befristungen auf der Grundlage des § 14 Abs. 2a TzBfG abzuschließen, da es sich um eine Neugründung im Zusammenhang mit der Umstrukturierung eines Unternehmens handelt. Durch diese Regelung soll rechtsmissbräuchlichen Umstrukturierungen vorgebeugt werden, die auch dadurch motiviert sind, in den abgespaltenen neuen Unternehmungen für den Arbeitgeber günstigere arbeitsrechtliche Bedingungen herbeizuführen. Anders stellt sich die Rechtslage allerdings dar, wenn ein in einem größeren Medienunternehmen bestehender Betrieb oder Betriebsteil von einem neu gegründeten Unternehmen im Wege des Betriebsübergangs nach § 613a BGB übernommen wird. In diesem Falle kann es sich sehr wohl um eine „Neugründung" handeln, so dass das Privileg der günstigeren Befristungsmöglichkeit nach § 14 Abs. 2a TzBfG greift.[81] Dies soll nach umstrittener, aber vorzugswürdiger Auffassung auch dann gelten, wenn der übernommene Betrieb bereits **68**

---

80 Vgl. *H/W/K/Schmalenberg* 7. Aufl. 2016, § 14 TzBfG Rn. 122; Hk-TzBfG/*Boecken* 4. Aufl. 2016, § 14 Rn. 132.

81 Vgl. *H/W/K/Schmalenberg* 7. Aufl. 2016, § 14 TzBfG Rn. 121; Hk-TzBfG/*Boecken* 4. Aufl. 2016, § 14 Rn. 133.

länger als vier Jahre existiert, da sich das Kriterium der Neugründung nach dem klaren Wortlaut nur auf das (übernehmende) Unternehmen und nicht auf den (übernommenen) Betrieb bezieht.[82]

1.3 Sachgrundlose Befristung nach § 14 Abs. 3 TzBfG

69 § 14 Abs. 3 TzBfG lässt schließlich den Abschluss eines zeitbefristeten Arbeitsvertrages sachgrundlos bis zu einer Dauer von fünf Jahren zu, wenn der Arbeitnehmer bei Beginn des befristeten Arbeitsverhältnisses das **52. Lebensjahr vollendet** hat, unmittelbar vor Beginn des befristeten Arbeitsverhältnisses mindestens vier Monate beschäftigungslos i.S.d. § 138 Abs. 1 Nr. 1 SGB III war, Transferkurzarbeitergeld bezogen oder an einer öffentlich geförderten Beschäftigungsmaßnahme nach den Regelungen des SGB II oder SGB III teilgenommen hat. Infolge dieser Regelung, die durch Gesetz v. 19.4.2007 zum 1.5.2007 in Kraft gesetzt wurde und mit der der Gesetzgeber auf die Europarechtswidrigkeit der Vorgängerregelung reagiert hat, können ältere Arbeitnehmer, die zuvor arbeitslos oder von Arbeitslosigkeit bedroht waren, in den „ersten Arbeitsmarkt" eingebunden werden. Mit einem 52-jährigen Arbeitnehmer, der zuvor bspw. vier Monate beschäftigungslos war, kann also ohne Sachgrund ein auf fünf Jahre befristeter Arbeitsvertrag abgeschlossen werden, der wiederum in diesem Zeitraum beliebig oft verlängert werden kann.

2. Befristung von Arbeitsverhältnissen „mit Sachgrund" nach § 14 Abs. 1 TzBfG

70 Während die sachgrundlose Befristung gem. § 14 Abs. 2, 2a und 3 TzBfG nur als Zeitbefristung, mit der schriftlich ein konkretes Enddatum vereinbart wird, denkbar ist, kann die Sachgrundbefristung nach § 14 Abs. 1 TzBfG sowohl als Zeit- als auch als Zweckbefristung vereinbart werden. Letztere sieht vor, dass das Arbeitsverhältnis nicht bei Erreichen eines bestimmten Enddatums, sondern bei Erreichen eines bestimmten, allerdings auch vorher definierten Zwecks, wie bspw. die Fertigstellung einer bestimmten TV-Produktion, endet.

2.1 Zeitbefristung aus sachlichem Grund

71 § 14 Abs. 1 TzBfG enthält verschiedene, nicht abschließend aufgeführte sachliche Befristungstatbestände. Die Auflistung dieser einzelnen Tatbestände in den Ziff. 1–8 folgt zu weiten Teilen der Rspr. der BAG, welches mit einer Vielzahl von Entscheidungen eine Typologie der sachlichen Befristungsgründe herausgearbeitet hat. Für den Bereich der Medienunternehmen sind nicht sämtliche Befristungsgründe von Interesse. Nachfolgend werden lediglich die Tatbestände berücksichtigt, die konkret im Bereich der Medienunternehmen von Relevanz sind.

2.1.1 „Rundfunkfreiheit" als sachlicher Befristungsgrund nach § 14 Abs. 1 S. 2 Nr. 4 TzBfG

72 Ähnlich wie im Bereich der Beschäftigung von freien Mitarbeitern anstelle abhängig beschäftigter Arbeitnehmer privilegiert die Rspr. des BAG als Folge der grundrechtlich geschützten **Rundfunkfreiheit** nach Art. 5 Abs. 1 GG die Befristung von Arbeitsverhältnissen mit **programmgestaltenden Mitarbeitern.** Einzelheiten hierzu hat das

82 Str., wie hier ErfK/*Müller-Glöge*, 17. Aufl. 2017, § 14 TzBfG, Rn. 104; *H/W/K/Schmalenberg*, 7. Aufl. 2016, § 14 TzBfG Rn. 121; a.A. Ascheid/Preis/Schmidt/*Backhaus* Kündigungsrecht, 5. Aufl. 2017, § 14 TzBfG Rn. 415h.

BAG zuletzt in seiner Entscheidung v. 26.7.2006[83] herausgearbeitet. Das Gericht hatte zu entscheiden, ob die Befristung eines Arbeitsverhältnisses zwischen einem TV-Produktionsunternehmen und einem Redakteur, welcher speziell für die Produktion zweier Fernsehsendungen beschäftigt wurde, in der Zeit vom 1.6.2003 bis zum 31.5.2004 sachlich begründet war. Es handelte sich um die 4. Befristung, der Redakteur war bereits seit dem 19.2.2001 bei der Beklagten beschäftigt.

Das BAG bestätigte zunächst seine frühere Rspr.,[84] wonach der in § 14 Abs. 1 S. 2 Nr. 4 TzBfG genannte Befristungsgrund der „Eigenart der Beschäftigung" bereits in dem Grundrecht der Rundfunkfreiheit zu sehen sei. Dieses Grundrecht umfasse das Recht der Rundfunkanstalten, dem Gebot der Vielfalt der zu vermittelnden Programminhalte bei der Auswahl, Einstellung und Beschäftigung derjenigen Rundfunkmitarbeiter Rechnung zu tragen, die bei der Gestaltung der Programme mitwirkten. Dies schließe auch die Entscheidung der Rundfunkanstalt darüber ein, ob Mitarbeiter fest oder nur für eine vorübergehende Dauer, also befristet beschäftigt werden. Demnach könne die Befristung der Arbeitsverträge mit programmgestaltend tätigen Arbeitnehmern mit der Rundfunkfreiheit gerechtfertigt werden. 73

Erste Voraussetzung einer durch die Rundfunkfreiheit legitimierten rechtswirksamen Sachgrundbefristung ist daher die Beschäftigung eines „programmgestaltenden Mitarbeiters". Bereits im Rahmen der Darstellung über die Abgrenzung freier Mitarbeiter von abhängig beschäftigten Arbeitnehmern wurde auf die Personen, die grds. programmgestaltende Mitarbeiter sein können, im Einzelnen näher eingegangen.[85] Im Bereich der Befristung hat das BAG bereits mehrere Male darüber befinden müssen, ob ein Arbeitnehmer programmgestaltend tätig ist oder nicht. In seinem Urteil v. 11.12.1991[86] hat das BAG bspw. die fünfjährige befristete Beschäftigung einer **Redaktionsleiterin** der ARD für rechtmäßig erachtet, da diese programmgestaltend sei. Zu dem gleichen Ergebnis gelangte das BAG in seiner Entscheidung v. 22.4.1998, in der es die zuletzt 15-monatige befristete Beschäftigung – zuvor waren bereits weitere befristete Arbeitsverträge abgeschlossen worden – mit einem **Lokalreporter einer Landesrundfunkanstalt** für rechtmäßig erachtete, da auch dieser programmgestaltend tätig sei:[87] Das BAG sah es nicht als entscheidend an, dass der Reporter Nachrichtenfilme von einer Länge zwischen 30 und 90 Sekunden erstellte. Es fügte hinzu, dass „auch bei kurzen Beiträgen (…) der Reporter nicht gleichzusetzen (sei) mit einem neutral aufzeichnenden Aufnahmegerät". Ebenfalls zugunsten des Arbeitgebers entschied das BAG in seiner Entscheidung v. 24.4.1996,[88] in der es um die befristete Beschäftigung einer **Hörfunkredakteurin** des Bayerischen Rundfunks ging. Wegen des inhaltlichen Einflusses, welchen die Redakteurin auf die von ihr redigierten Sendungen nehme, sei sie programmgestaltend, so dass auch die Befristungsabrede nicht zu beanstanden sei. 74

Im Vergleich zu den vorstehend dargelegten Befristungsentscheidungen des BAG erscheint das bereits erwähnte Urteil des BAG v. 26.7.2006[89] restriktiver. Zwar hat es 75

---

83 NZA 2007, 147; bestätigt durch *BAG* NZA 2009, 1253.
84 Hierzu insbesondere das Urteil v. 22.4.1998, *BAG* NZA 1998, 1277.
85 S. hierzu Rn. 17 ff.
86 *BAG* EzA Nr. 112 zu § 620 BGB.
87 *BAG* EzA Nr. 67 zu § 611 BGB Arbeitnehmerbegriff.
88 EzA Nr. 140 zu § 620 BGB.
89 NZA 2007, 147.

auch dort angenommen, dass ein Redakteur für eine TV-Produktionsgesellschaft zwei TV-Sendungen verantwortete und dabei inhaltlichen Einfluss auf die Sendungen nahm. Der Senat beließ es jedoch nicht bei der Feststellung, dass es sich um eine programmgestaltende Tätigkeit handelte, sondern nahm sodann eine umfassende und in der Praxis nur schwer von dem Arbeitgeber darzulegende und zu beweisende Abwägung der Interessen des TV-Produktionsunternehmens an einer befristeten Beschäftigung und dem sich auch aus dem Grundrecht der Berufsfreiheit (Art. 12 GG) des Redakteurs ergebenden Interesse an einer unbefristeten Beschäftigung vor. Letztlich sei die Prüfung in drei Schritten vorzunehmen: Zunächst müsste geprüft werden, ob die von dem Arbeitgeber produzierte Sendung „einen Austausch von Redakteuren erfordere", was im Falle einer möglichen Veränderung des produzierten Programms aufgrund veränderter „Berichtsgegenstände, Programmtechniken, Wettbewerbslagen und Publikumsbedürfnissen oder einem vergleichbaren und gleichermaßen grundgesetzlich geschützten Interesse" der Fall sein könne. Sei dies zu bejahen, sei zu prüfen, ob und in welchem Umfang die gebotene Programmänderung durch die Beschäftigung des Redakteurs in einem unbefristeten Arbeitsverhältnis erschwert oder verhindert worden wäre. Dies sei dann der Fall, wenn der Redakteur nicht über Fähigkeiten verfüge, die für ein etwaig neues Programm erforderlich seien. Zu den Fähigkeiten seien bspw. „Aktivität, Lebendigkeit, Einfallsreichtum, Sachlichkeit, Fairness oder künstlerisches Niveau" zu zählen, was naturgemäß nur schwer dargelegt und bewiesen werden kann. Abschließend sei dann die Rundfunkfreiheit des Art. 5 Abs. 2 S. 1 GG des Arbeitgebers mit der Berufsfreiheit auf Art. 12 Abs. 1 GG des Redakteurs abzuwägen.

76 Es liegt auf der Hand, dass diese dreistufige Prüfung mit erheblichen Unsicherheitsfaktoren belastet ist und der Arbeitgeber kaum je sicher sein kann, dass die Beschäftigung eines programmgestaltenden Mitarbeiters diesen Anforderungen genügt. Insbesondere dann, wenn ein programmgestaltender Mitarbeiter über mehrere Jahre hinweg befristet und ggf. aufgrund verschiedener befristeter Arbeitsverträge tätig wird, wird es umso schwieriger darzulegen, dass dem Gebot der Programmvielfalt mit unbefristet beschäftigten Arbeitnehmern nicht hinreichend entsprochen werden kann. In der Praxis wird man also genau prüfen müssen, ob die befristete Beschäftigung eines programmgestaltenden Mitarbeiters tatsächlich den hohen Anforderungen der Rspr. genügt.[90]

2.1.2 Befristung von Arbeitsverhältnissen mit nicht programmgestaltenden Mitarbeitern

77 Alle Mitarbeiter von Medienunternehmen, die nicht zu den programmgestaltenden Mitarbeitern zu zählen sind, können nicht rechtswirksam auf der Grundlage des § 14 Abs. 1 S. 2 Nr. 4 TzBfG befristet beschäftigt werden. Für diese Mitarbeiter kommen aber insbesondere die Sachgründe des vorübergehenden Arbeitskräftemehrbedarfs, der „Probezeit" sowie der Vertretung erkrankter, beurlaubter oder sich in Elternzeit befindender Arbeitnehmer in Betracht.

---

90 *Boecken* vertritt die Auffassung, dass die restriktive Rspr. des BAG nicht mit dem Urteil des *BVerfG* v. 13.1.1982 (NJW 1982, 1447 ff.) in Einklang zu bringen sei. Die Befristung müsse bereits dann durch die Rundfunkfreiheit sachlich gerechtfertigt sein, wenn feststehe, dass ein Arbeitnehmer programmgestaltend tätig sei. Für eine Abwägung mit Bestandsschutzinteressen des Arbeitnehmers sei in diesen Fällen kein Raum (Hk-TzBfG/*Boecken* 4. Aufl. 2016, § 14 Rn. 69 f.).

2.1.2.1 Die Befristung aus Gründen der **Erprobung** ist gem. § 14 Abs. 1 S. 2 Nr. 5 TzBfG jederzeit möglich. Die Probezeit darf jedoch einen Zeitraum von sechs Monaten nicht überschreiten.[91] Vereinbaren die Parteien dagegen ein befristetes Arbeitsverhältnis aus Gründen der Erprobung für einen Zeitraum von bspw. 10 Monaten, so wird diese Befristungsabrede – sofern sie nicht als sachgrundlose Befristung gem. § 14 Abs. 2 TzBfG gerechtfertigt ist oder ganz besondere Umstände dies ausnahmsweise rechtfertigen[92] – unwirksam sein. Zu beachten ist auch, dass eine Befristung aus Gründen der Erprobung dann nicht zulässig ist, wenn der Arbeitgeber die Fähigkeiten des Arbeitnehmers aufgrund einer Vorbeschäftigung bereits kennt.[93] Wurde also bspw. ein Kameramann bereits für vier Monate befristet beschäftigt und fünf Monate später erneut aus Gründen der Erprobung für weitere sechs Monate, so spricht Vieles dafür, dass diese Befristung aus Gründen der Erprobung unwirksam ist, da die Fähigkeiten des Arbeitnehmers dem Arbeitgeber aufgrund der Vorbeschäftigung bereits bekannt gewesen sein dürften. **78**

2.1.2.2 Von größerer Bedeutung ist freilich die Befristung aus Gründen eines **vorübergehenden Arbeitskräftemehrbedarfs** nach § 14 Abs. 1 S. 2 Nr. 1 TzBfG. Nach der Rspr. des BAG ist ein vorübergehender Personalbedarf dann gegeben, wenn der Arbeitgeber aufgrund konkreter Tatsachen prognostizieren kann, dass mit einiger Sicherheit nach Ablauf eines bestimmten Zeitraums der Personalmehrbedarf nicht mehr besteht. Die bloße Unsicherheit des Arbeitgebers darüber, wie sich der Bedarf an Personal künftig entwickelt, genügt nicht zur Rechtfertigung eines befristeten Arbeitsverhältnisses.[94] **79**

Im Bereich von Medienunternehmen kommt diese Sachgrundbefristung bspw. dann in Betracht, wenn eine TV-Produktionsgesellschaft den Auftrag zur Erstellung einer Fernsehsendung erhält und zur Erfüllung konkret dieses Auftrags vorübergehend weiteres Personal wie bspw. Darsteller, Kameraleute, Beleuchter und Requisiteure benötigt. Zumeist wird einer TV-Produktionsgesellschaft ein Auftrag zur Erstellung einer TV-Sendung etwa im Bereich der Serienproduktion nur für eine bestimmte Staffel erteilt, so dass von Anfang an absehbar ist, dass der Auftrag zeitlich befristet ist. Es besteht dann ein nur vorübergehender Arbeitskräftemehrbedarf, da zum Zeitpunkt des Abschlusses der befristeten Verträge nicht absehbar ist, ob der TV-Sender den Produktionsauftrag für eine oder mehrere weitere Staffeln verlängert. An dem Bestehen eines vorübergehenden Arbeitskräftemehrbedarfs kann hingegen dann gezweifelt werden, wenn ein solches Unternehmen bereits seit vielen Jahren eine bestimmte TV-Produktion erstellt. Dies kann dann im Falle einer Vielzahl abgeschlossener befristeter Arbeitsverträge Zweifel daran nähren, dass es sich tatsächlich nur um einen „vorübergehenden" Arbeitskräftemehrbedarf handelt. Auch wenn es für den Zeitraum des „vorübergehenden" Bedarfs keine feste Zeitgrenzen gibt, werden die Zweifel umso größer sein, wenn das TV-Format schon viele Jahre am Markt existiert. Wird also ein Darsteller bereits zum 10. Mal im 10. Jahr bei der Erstellung einer Serienproduktion befristet beschäftigt, könnte ein Arbeitsgericht Zweifel daran hegen, ob tatsächlich noch ein vorübergehender Arbeitskräftemehrbedarf besteht. **80**

---

91 *BAG* AP Nr. 45 zu § 620 BGB Befristeter Arbeitsvertrag; *H/W/K/Schmalenberg* 7. Aufl. 2016, § 14 TzBfG Rn. 46.

92 Vgl. Hk-TzBfG/*Boecken* 4. Aufl. 2016, § 14 Rn. 80.

93 *BAG* NZA 2004, 1333.

94 *BAG* NZA 2003, 149; 2004, 978, 979; Hk-TzBfG/*Boecken* 4. Aufl. 2016, § 14 Rn. 46.

81 **2.1.2.3** Schließlich kommt im Bereich der Medienunternehmen auch die Befristung wegen der Vertretung eines anderen Arbeitnehmers gem. § 14 Abs. 1 S. 2 Nr. 3 TzBfG in Betracht. Erkrankt ein Arbeitnehmer für eine längere Zeit oder lässt sich dieser beurlauben, so kann der Arbeitgeber für diesen Zeitraum ein befristetes Arbeitsverhältnis mit einem Ersatzarbeitnehmer eingehen. Gem. § 21 BEEG gilt dies auch für Arbeitnehmer, die sich in Mutterschutz und/oder Elternzeit befinden.

2.2 Zweckbefristung

82 Im Unterschied zur Zeitbefristung endet ein Arbeitsverhältnis im Bereich der Zweckbefristung nicht durch Erreichen eines bestimmten, vertraglich fixierten kalendermäßigen Endzeitpunktes, sondern vielmehr durch Erreichen eines in der Befristungsabrede definierten Zwecks. In diesen Fällen steht zwischen den Parteien fest, dass ein bestimmtes Ereignis in der Zukunft eintreten wird, unklar ist jedoch, wann dies der Fall sein wird. Erhält also bspw. ein TV-Produktionsunternehmen den Auftrag, einen bestimmten Fernsehfilm herzustellen, so kann zu Beginn unklar sein, wann der Film fertig gestellt sein wird. Würde bei dieser Konstellation ein bestimmtes Enddatum in dem befristeten Arbeitsvertrag bspw. mit einem Darsteller aufgenommen, so kann nicht ausgeschlossen werden, dass der Arbeitsvertrag zu früh oder zu spät endet, nämlich zu einem Zeitpunkt, zu dem der Film bereits abgedreht ist oder aber noch mitten in seiner Herstellung steckt. Um diese Unsicherheiten zu vermeiden, kann es sich anbieten, als Zweck der Befristung die Fertigstellung dieses konkret in Auftrag gegebenen Fernsehfilms aufzunehmen. Zu beachten ist dabei, dass (anders als bei einer Zeitbefristung) bei einer Zweckbefristung zwingend erforderlich ist, dass der konkrete Befristungsgrund, also der Zweck als solcher, in die schriftliche Befristungsabrede mit aufgenommen wird.[95] Während also bei einer Zeitbefristung nur das Enddatum in dem Vertrag enthalten sein muss, aber nicht der Zweck der Zeitbefristung, ist dies bei der reinen Zweckbefristung anders;[96] dies erklärt sich allein daraus, dass dem Arbeitnehmer Klarheit darüber verschafft werden muss, wann in etwa das Vertragsverhältnis endet. In der Praxis ist unbedingt darauf zu achten, dass der zur Beendigung des Arbeitsverhältnisses führende Zweck eindeutig bezeichnet wird, so dass ohne Zweifel feststellbar ist, welches Ereignis die Beendigung des Arbeitsverhältnisses zur Folge hat.[97]

83 Zu berücksichtigen ist ferner, dass bei Erreichen des Zwecks, also bspw. bei Fertigstellung des Fernsehfilms, das Arbeitsverhältnis nicht unmittelbar mit der Fertigstellung endet, sondern gem. § 15 Abs. 2 TzBfG erst zwei Wochen nach der schriftlichen Information des Arbeitnehmers über das Erreichen des Zwecks. Der Arbeitgeber tut also gut daran, den Arbeitnehmer rechtzeitig in Schriftform über die Fertigstellung des konkreten Projektes in Kenntnis zu setzen, damit zwei Wochen nach der Mitteilung das Arbeitsverhältnis auch enden kann. Unterbleibt die Mitteilung, so läuft das Arbeitsverhältnis bis zu der schriftlichen Mitteilung fort.

2.3 Form der Sachgrundbefristung

84 Ebenso wie die sachgrundlose Befristung nach § 14 Abs. 2 TzBfG bedarf auch die Sachgrundbefristung sowohl in den Fällen der Zeit- als auch der Zweckbefristung der

95 *BAG* NZA 2006, 321; *LAG Rheinland-Pfalz* 19.5.2004 – 9 Sa 2026/03 n.v.
96 *BAG* NZA 2006, 921, 923.
97 *BAG* NZA 2012, 1366, 1368.

Schriftform gem. § 14 Abs. 4 TzBfG, um überhaupt wirksam zu werden. Während bei der Zeitbefristung der Grund der Befristungsabrede nicht schriftlich fixiert werden muss, ist dies bei der Zweckbefristung anders. Bei der Zweckbefristung markiert gerade das Erreichen des Zwecks das Ende des Arbeitsverhältnisses, so dass der Zweck auch konkret benannt werden muss, da anderenfalls die Laufzeit des Arbeitsvertrages nicht bestimmt werden kann.[98] Des Weiteren ist dringend angeraten, die Befristungsabrede von beiden Parteien des Arbeitsvertrages vor Beginn der Arbeitsaufnahme durch den Arbeitnehmer unterzeichnen zu lassen.

Eine Zweckbefristungsabrede könnte wie folgt lauten: 85

„Das Arbeitsverhältnis beginnt am .... und endet mit Fertigstellung der 3. Staffel der TV-Produktion mit dem Titel „.........“, ohne dass es einer Kündigung bedarf, und zwar zwei Wochen nach Zugang einer schriftlichen Mitteilung des Arbeitgebers gegenüber dem Arbeitnehmer, dass die bezeichnete TV-Produktion fertig gestellt ist.“

3. Die Vereinbarung einer auflösenden Bedingung gem. § 21 TzBfG

Während die vorstehend behandelte Zweckbefristung dadurch charakterisiert ist, 86
dass die Parteien ein bestimmtes Ereignis als gewiss, aber dessen zeitlichen Eintritt als ungewiss angesehen haben, ist bei der auflösenden Bedingung zusätzlich ungewiss, ob ein bestimmtes Ereignis überhaupt eintritt. Die Parteien eines auflösend bedingten Arbeitsverhältnisses machen dessen Fortbestand also davon abhängig, dass ein in der Zukunft liegendes Ereignis eintritt, von dem zum Zeitpunkt des Vertragsschlusses noch gar nicht feststeht, ob es eintreten wird. § 21 TzBfG lässt auflösend bedingte Arbeitsverträge ausdrücklich zu und unterwirft deren rechtliche Voraussetzungen den gleichen Bestimmungen wie Zweckbefristungen. Dementsprechend endet auch hier das Arbeitsverhältnis nicht bereits mit der Mitteilung des Arbeitgebers darüber, dass die auflösende Bedingung eingetreten ist, sondern gem. §§ 21, 15 Abs. 2 TzBfG erst zwei Wochen nach schriftlicher Mitteilung über den Eintritt der auflösenden Bedingung.

Das BAG hat in seiner Entscheidung v. 2.7.2004[99] geurteilt, dass in einem Arbeitsver- 87
trag mit einer Schauspielerin geregelt werden darf, dass dieser endet, wenn die von der Schauspielerin bekleidete Rolle in einer Fernsehserie gestrichen wird. Der erkennende Senat hat hierin eine rechtmäßige auflösende Bedingung des Arbeitsverhältnisses gesehen. Konkret hatte der ausstrahlende TV-Sender entschieden, dass die Rolle künftig nicht mehr besetzt werden soll. Das TV-Produktionsunternehmen, welches im Auftrag des TV-Senders die Serie herstellte, sah sich daraufhin verpflichtet, das Arbeitsverhältnis mit der Schauspielerin zu beenden. Der Eintritt der auflösenden Bedingung wurde also nicht unmittelbar von dem Arbeitgeber, sondern von dessen Auftraggeber herbeigeführt. Gleichwohl ist davon auszugehen, dass auch dann, wenn der Drehbuchautor oder auch das TV-Produktionsunternehmen die Rolle aus der Serie streicht, das Arbeitsverhältnis infolge einer auflösenden Bedingung enden kann. In beiden Fällen muss nämlich die Entscheidung darüber, welche Rollen in einer Fernsehserie enthalten sind, dem Arbeitgeber oder dem mit diesem produzierenden Unternehmen vorbehalten sein.

---

98 *Hk-TzBfG/Boecken* 4. Aufl. 2016, § 14 Rn. 157 f.; *BAG* NZA 2006, 321, 323.
99 NZA 2004, 311.

88 Eine vertraglich vereinbarte auflösende Bedingung könnte wie folgt lauten:

89 „Das Arbeitsverhältnis beginnt am .... und endet, sobald die Rolle des Arbeitnehmers in der TV-Produktion mit dem Titel „........." entfällt, ohne dass es einer Kündigung des Arbeitsvertrages bedarf, und zwar zwei Wochen nach Zugang einer schriftlichen Mitteilung des Arbeitgebers gegenüber dem Arbeitnehmer, dass die bezeichnete Rolle entfallen ist."

4. Optionsabreden in Arbeitsverträgen

90 In der Praxis der Medienunternehmen werden nicht selten sog. Optionsabreden abgeschlossen, nach denen es zumeist einseitig dem Arbeitgeber vorbehalten ist, einen befristeten Arbeitsvertrag durch Erklärung gegenüber dem Arbeitnehmer für einen weiteren befristeten Zeitraum zu verlängern, ohne dass der Arbeitnehmer hierauf Einfluss nehmen kann. Hintergrund solcher Optionsabreden ist zumeist, dass der Arbeitnehmer für ein bestimmtes TV-Projekt bspw. als Darsteller benötigt wird und die Beendigung des Arbeitsverhältnisses durch den Darsteller die Fortsetzung der Produktion gefährden oder sogar verhindern könnte. Um sich hiergegen zu schützen, werden vielfach Optionsabreden vereinbart.

91 Die Rechtswirksamkeit derartiger Optionsabreden ist in Literatur und Rechtsprechung noch nicht abschließend geklärt. Zwar sind im Bereich der Arbeitsverträge mit Profisportlern bereits Entscheidungen ergangen, in denen die Rechtmäßigkeit von Optionsabreden festgestellt wurde.[100] In diesen Fällen bestand jedoch sowohl für den Arbeitnehmer als auch für den Arbeitgeber – konkret ging es um einen Lizenzspieler einer Profi-Fußballmannschaft – ein Optionsrecht, beide konnten also gegen den Willen des jeweils anderen die Verlängerung des Vertrags für einen bestimmten, zuvor vereinbarten Zeitraum herbeiführen. So hat auch das ArbG Ulm (ebenfalls im Hinblick auf Lizenzfußballspieler) entschieden, dass die Vereinbarung eines nur einseitigen Optionsrechts nicht unwirksam sei, sondern vielmehr dazu führe, dass ein solches Optionsrecht analog § 89 Abs. 2 S. 2 HGB auch der Gegenseite zustehe.[101] Diese Analogie ist freilich wenig überzeugend, da die Anpassung einer kürzeren Kündigungsfrist des Unternehmers an die längere Kündigungsfrist des Handelsvertreters wenig Anlass gibt, gegen den Willen der Vertragspartner ein beidseitiges Optionsrecht zu begründen.

92 In Optionsabreden bspw. mit Filmschaffenden soll dagegen nur der Arbeitgeber berechtigt sein, den Arbeitsvertrag zu verlängern, nicht hingegen der Filmschaffende. Derartig einseitige Verlängerungsoptionen können gegen § 622 Abs. 6 BGB verstoßen, der einen Gleichklang der Kündigungstermine des Arbeitgebers und des Arbeitnehmers vorsieht. Ist aber nur der Arbeitgeber berechtigt, die Dauer des Vertragsverhältnisses zu bestimmen, so könnte hierin ein Verstoß gegen diese Regelung zu sehen sein. Auf der anderen Seite darf freilich nicht unberücksichtigt bleiben, dass die durch Art. 5 GG geschützte Rundfunk- und Filmfreiheit zweifelsfrei bei Anstellungsverträgen mit programmgestaltenden Mitarbeitern eine einschränkende Auslegung des § 622 Abs. 6 BGB gebietet. Aber auch mit Darstellern, die nicht zu den programmgestaltenden Mitarbeitern zählen, müssen solche Regelungen zulässig sein, da sie im Ergebnis dem Abschluss einer auflösenden Bedingung ähneln. Für den Darsteller stellt sich der Abschluss eines optionierten Arbeitsvertrages so dar, als wäre dieser bereits für einen

---

100 Bspw. *LAG Köln* NZA 1997, 317.
101 *ArbG Ulm* NZA-RR 2009, 298.

längeren Zeitraum abgeschlossen. Zwar kann nur der Arbeitgeber durch Nichtausübung der Option die Laufzeit verkürzen, wenn die Rolle des Darstellers in einer TV-Produktion nicht mehr benötigt wird, doch kann dieses Ergebnis auch durch Abschluss einer zulässigen auflösenden Bedingung erzielt werden. Vor diesem Hintergrund erscheint es sachfremd, Optionsabreden in Anstellungsverträgen mit Darstellern und mit solchen Arbeitnehmern, dic konkret an Film- und Fernsehproduktionen teilnehmen, für unzulässig zu erklären.[102]

5. Gestaltungsmöglichkeiten in der Praxis

Die von Gesetzgebung und Rechtsprechung zur Verfügung gestellten Arten der zeitlichen Begrenzung von Arbeitsverträgen lassen verschiedenste Kombinationsmöglichkeiten zu, um einen flexiblen Personaleinsatz zu gewährleisten. Bei Neueinstellungen sollte stets bedacht werden, ob eine kalendermäßige Zeitbefristung, bei der also das Enddatum vertraglich fixiert wird, möglich ist. Sofern dies der Fall ist, sollte eine sachgrundlose, „erleichterte“ Befristung nach § 14 Abs. 2 TzBfG für einen maximalen Zeitraum von zwei Jahren vereinbart werden, da diese ohne jedwede Gründe abgeschlossen werden kann. Während eines Zeitraums von zwei Jahren besteht die Gelegenheit, einen Arbeitsvertrag zunächst bspw. für einen Zeitraum von sechs Monaten zu befristen, um sodann gegebenenfalls für weitere (maximal drei) Zeiträume bis zur Höchstbefristungsdauer von zwei Jahren den bestehenden Vertrag zu verlängern. Geachtet werden sollte darauf, ob während des Befristungszeitraumes eine ordentliche Kündigung des Arbeitsvertrages möglich sein soll. Bei einem befristeten Anstellungsvertrag mit einem Schauspieler kann dies durchaus nicht gewollt sein, da es notwendig sein kann, diesen während der gesamten Befristungsdauer an den Vertrag zu binden, um zu vermeiden, dass dieser andere Engagements, die ihm bspw. lukrativer erscheinen, annimmt und zu diesem Zwecke den Vertrag kurzfristig kündigt. In anderen Fällen kann es aber durchaus sinnvoll sein, ein Kündigungsrecht zu vereinbaren, um das Vertragsverhältnis vor Befristungsablauf – sofern dies kündigungsschutzrechtlich zulässig ist – zu kündigen. 93

Besteht nicht die Möglichkeit, das Vertragsende kalendermäßig zu fixieren, kommt von Beginn der Zusammenarbeit an nur eine Sachgrundbefristung in Form einer Zweckbefristung nach § 14 Abs. 1 TzBfG (oder auch eine auflösende Bedingung nach § 21 TzBfG) in Betracht. Möglich ist es aber auch, eine Zeit- mit einer Zweckbefristung zu kombinieren. Dies kann dann sinnvoll sein, wenn in etwa absehbar ist, wann das Vertragsverhältnis kalendermäßig enden soll, der Arbeitgeber jedoch annehmen muss, dass der Arbeitnehmer über das Ende des Befristungszeitraumes hinaus benötigt wird. Hier ist es zulässig, eine Zeitbefristung abzuschließen und hinzuzufügen, dass das Arbeitsverhältnis aber spätestens mit Erreichen eines bestimmten Zwecks endet. Eine solche kombinierte Zeit-/Zweckbefristung könnte wie folgt lauten: 94

„Das Arbeitsverhältnis beginnt am .... und endet am ...., ohne dass es einer Kündigung bedarf. Ist der Fernsehfilm mit dem Titel „.........“ bis zum Ende der Zeitbefristung nicht fertig gestellt, so endet das Arbeitsverhältnis spätestens mit Fertigstellung der bezeichneten Produktion, und zwar zwei Wochen nach Zugang einer schriftlichen Mitteilung des Arbeitgebers gegenüber dem Arbeitnehmer, dass die bezeichnete Produktion fertig gestellt ist.“ 95

---

102 Vgl. im Ergebnis auch *von Hartlieb/Schwarz-Altenburg* Handbuch des Film-, Fernseh- und Videorechts, 5. Aufl. 2011, 275. Kap. Rn. 12.

96 Des Weiteren ist es auch denkbar, einen befristeten mit einem auflösend bedingten Arbeitsvertrag zu kombinieren. Wenn es in dem vorstehend gebildeten Beispielsfall möglich ist, dass eine vorzeitige Beendigung des Arbeitsvertrages deshalb geboten ist, weil ein bestimmtes Ereignis eintritt, welches die Fortsetzung des Arbeitsvertrages ausschließt, kann zusätzlich eine auflösende Bedingung gem. § 21 TzBfG in den Arbeitsvertrag aufgenommen werden. Die vorstehend zitierte Vertragsklausel könnte dann wie folgt ergänzt werden:

97 „Das Arbeitsverhältnis endet abweichend von vorstehender Befristung dann, wenn die Rolle des Arbeitnehmers in der bezeichneten Produktion entfällt, und zwar zwei Wochen nach Zugang einer schriftlichen Mitteilung des Arbeitgebers gegenüber dem Arbeitnehmer, dass die Rolle in der bezeichneten Produktion entfallen ist."

98 Die erleichterte Befristung nach § 14 Abs. 2 TzBfG ist nicht mehr möglich, wenn „zuvor" mit dem Arbeitnehmer bereits ein befristeter oder unbefristeter Arbeitsvertrag bestanden hat. Im Falle einer Vorbeschäftigung ist jedoch jederzeit der Abschluss eines befristeten Vertrages mit Sachgrund gem. § 14 Abs. 1 TzBfG möglich, sofern freilich ein Sachgrund vorliegt. Sollte also ein Arbeitsverhältnis für zwei Jahre auf der Grundlage des § 14 Abs. 2 TzBfG „erleichtert" befristet worden sein, so kann im Anschluss daran eine weitere befristete Beschäftigung eingegangen werden, wenn ein entsprechender Sachgrund vorliegt. Sachgrundbefristungen können über einen Zeitraum von zwei Jahren hinaus vereinbart werden. Eine zeitliche Begrenzung nach oben gibt es nur insoweit, als ein für längere Zeit als fünf Jahre eingegangener befristeter Vertrag von dem Arbeitnehmer nach Ablauf von fünf Jahren mit einer Frist von sechs Monaten gekündigt werden kann (§ 15 Abs. 4 TzBfG). Kürzere befristete Arbeitsverträge oder auch mehrere hintereinander abgeschlossene „Kettenbefristungen", die einen Zeitraum von fünf Jahren überschreiten, können hingegen zulässig sein, wenn jeweils ein sachlicher Grund für die Befristung vorhanden ist. Im Falle einer solchen mehrfachen Befristung des Arbeitsverhältnisses werden nach der Rspr. des BAG auch keine erhöhten Anforderungen an den sachlichen Grund gestellt, wobei jedoch in solchen Fällen eine umfassende Missbrauchskontrolle durchgeführt wird.[103]

6. Befristung von Verträgen mit freien Mitarbeitern

99 Die Befristung von Verträgen mit freien Mitarbeitern unterliegt keinen gesetzlichen Beschränkungen. Sie spielt in der Praxis auch keine besondere Rolle, da auch unbefristete Verträge mit freien Mitarbeitern (und arbeitnehmerähnlichen Personen) jederzeit im Rahmen des § 621 BGB mit kurzen Kündigungsfristen gekündigt werden können. Insoweit ergibt sich die Flexibilität bei der Beschäftigung von freien Mitarbeitern bereits aus der jederzeitigen Kündigungsmöglichkeit des Vertragsverhältnisses, so dass es an sich keiner Befristung bedarf. Nur in den Fällen, in denen aus Sicht des auftraggebenden Unternehmens eine gewisse zeitliche Bindung ohne Kündigungsmöglichkeit bestehen soll, kann der Abschluss eines befristeten freien Mitarbeitervertrages sinnvoll sein.

103 So *BAG* NZA 2012, 1351 zu § 14 Abs. 1 S. 2 Nr. 3.

III. Auswirkungen des Allgemeinen Gleichbehandlungsgesetzes (AGG) auf Medienunternehmen

Zum 18.8.2006 trat das politisch sehr umstrittene Allgemeine Gleichbehandlungsgesetz (AGG) in Kraft. Mit diesem kam der deutsche Gesetzgeber seiner Pflicht zur Umsetzung der vier EU-Richtlinien,[104] welche den Schutz vor Diskriminierung regeln, nach. Der Schwerpunkt der Regelungen dieser EU-Richtlinien liegt darin, den Schutz im Bereich Beschäftigung und Beruf – auf welche sich die folgenden Ausführungen beschränken werden – hinsichtlich der Merkmale Rasse, ethnische Herkunft, Religion und Weltanschauung, Behinderung, Alter, sexuelle Identität und Geschlecht zu bestimmen. Im Hinblick auf die Merkmale Rasse und ethnische Herkunft sowie Geschlecht ist aber auch das Zivilrecht betroffen, insbesondere Verträge mit Lieferanten, Dienstleistern oder Vermietern. Während die inhaltlichen Auswirkungen des Gesetzes zum Zeitpunkt seines Inkrafttretens noch als gravierend eingeschätzt wurden,[105] so hat sich die Debatte inzwischen merklich abgekühlt, da die Praxis nicht so stark betroffen scheint wie zunächst befürchtet. **100**

1. Ziel und Inhalt des AGG

Gem. § 1 ist es Ziel des AGG, Benachteiligungen aus Gründen der Rasse oder wegen der ethnischen Herkunft, des Geschlechts, der Religion oder Weltanschauung, einer Behinderung, des Alters oder der sexuellen Identität zu verhindern oder zu beseitigen. Der Begriff der Benachteiligung wird in § 3 AGG legal definiert, wobei zwischen der unmittelbaren und der mittelbaren Benachteiligung zu unterscheiden ist. Unter den Begriff der Benachteiligung fällt auch die Belästigung, insbesondere die sexuelle Belästigung. **101**

Benachteiligungen sind unzulässig in Bezug auf das gesamte Arbeitsleben. Dieses umfassende Benachteiligungsverbot richtet sich an alle Arbeitgeber und erfasst den Schutz aller Beschäftigten, wobei als Beschäftigte auch Bewerber für ein Beschäftigungsverhältnis sowie die Personen, deren Beschäftigungsverhältnis beendet ist, gelten. Im Hinblick auf den Zugang zur Erwerbstätigkeit sowie den beruflichen Aufstieg sind auch Selbständige und Organmitglieder erfasst (§ 6 AGG). Für Kündigungen bestimmt jedoch § 2 Abs. 4 AGG ausdrücklich, dass ausschließlich die Bestimmungen zum allgemeinen und besonderen Kündigungsschutz gelten, das AGG mithin keine Anwendung finden soll. In zwei viel diskutierten Entscheidungen hatte das ArbG Osnabrück aber festgestellt, dass die Vorschriften des AGG auf die Kündigung trotz der in § 2 Abs. 4 AGG geregelten Ausnahme Anwendung finden, da § 2 Abs. 4 AGG europarechtswidrig sei.[106] Das BAG hat das Problem mittlerweile entschärft, indem es die Auslegung der kündigungsschutzrechtlichen Vorschriften – insbesondere der Regelungen zur sozialen Rechtfertigung – anhand der Wertungen und Vorschriften des AGG auslegt.[107] **102**

In den §§ 8–10 bestimmt das AGG Ausnahmen vom Benachteiligungsverbot. Eine unterschiedliche Behandlung ist demnach zum einen dann zulässig, wenn der Grund **103**

104 RL 2000/43/EG v. 29.6.2000 (ABlEG Nr. L 180/22), 2000/78/EG v. 27.11.2000 (ABlEG Nr. L 303/6), 2002/73/EG v. 23.9.2002 (ABlEG Nr. L 269/15) und 2004/113/EG v. 13.12.2004 (ABlEG Nr. L 373/37).

105 Vgl. u.a. *Bissels/Wisskirchen* NZA 2007, 169; *Schweibert/Willemsen* NJW 2006, 2583.

106 *ArbG Osnabrück* DB 2007, 1200; NZA 2007, 982.

107 *BAG* NZA 2009, 361.

für die unterschiedliche Behandlung wegen der Art der auszuübenden Tätigkeit oder der Bedingungen ihrer Ausübung eine wesentliche und entscheidende berufliche Anforderung darstellt, sofern der Zweck rechtmäßig und die Anforderung angemessen ist. Ferner dürfen Kirchen und Religionsgemeinschaften ihre Beschäftigten weiterhin mit Rücksicht auf deren Religion oder Weltanschauung auswählen dürfen, soweit dies im Hinblick auf ihr Selbstbestimmungsrecht oder nach Art der Tätigkeit gerechtfertigt ist („Kirchenklausel"). Im Übrigen ist auch eine unterschiedliche Behandlung wegen des Alters dann zulässig, wenn sie objektiv und angemessen und durch ein legitimes Ziel gerechtfertigt ist.

104 Der Arbeitgeber ist verpflichtet, die erforderlichen Maßnahmen zum Schutz vor Benachteiligungen zu treffen und im Falle der Benachteiligung von Beschäftigten entsprechende Maßnahmen zu ergreifen und zwar auch bei Verstößen anderer Beschäftigter oder bei solchen von Kunden. Verstößt der Arbeitgeber gegen das Benachteiligungsverbot, ist er verpflichtet, den hierdurch entstandenen Schaden zu ersetzen. Bei einer Nichteinstellung darf die Entschädigung jedoch drei Monatsgehälter nicht übersteigen, wenn der Beschäftigte auch bei benachteiligungsfreier Auswahl nicht eingestellt worden wäre. In allen anderen Fällen der Benachteiligung besteht keine gesetzlich festgelegte Obergrenze. Ein Verstoß des Arbeitgebers gegen das Benachteiligungsverbot begründet jedoch grds. keinen Anspruch auf Begründung eines Beschäftigungsverhältnisses. Einen etwaigen Entschädigungsanspruch muss der Beschäftigte grundsätzlich innerhalb einer Frist von zwei Monaten ab Kenntnis von der Benachteiligung schriftlich geltend machen.

2. Auswirkungen des AGG auf Medienunternehmen

105 Da sich das AGG an alle Arbeitgeber richtet, findet es auch zum Schutze der Beschäftigten in Medienunternehmen Anwendung. Grds. besteht somit auch hier ein umfassendes Benachteiligungsverbot im Hinblick auf die in § 1 AGG genannten Gründe. Andererseits greift auch hier zunächst der allgemeine Rechtfertigungsgrund des § 8 Abs. 1 AGG. Liegen die Voraussetzungen des § 8 Abs. 1 AGG vor, ist eine Ungleichbehandlung aus Gründen der Rasse oder wegen der ethnischen Herkunft, des Geschlechts, der Religion oder Weltanschauung, einer Behinderung, des Alters oder der sexuellen Identität somit zulässig. Als Maßstab, ob die Ungleichbehandlung gerechtfertigt ist, kann die Kontrollfrage dienen, ob der Arbeitgeber gerade für das Vorliegen der Anforderung ggf. auch mehr bezahlen würde.[108]

106 Keine Anwendung auf Medienunternehmen findet hingegen § 9 Abs. 1 AGG, wonach eine unterschiedliche Behandlung wegen der Religion oder Weltanschauung gerechtfertigt sein kann. Auf diese Vorschrift können sich nur Kirchen und deren Einrichtungen berufen, jedoch nicht sonstige Tendenzunternehmen, wie bspw. Presseunternehmen.[109] Eine Ungleichbehandlung wegen der Religion oder Weltanschauung seitens eines Arbeitgebers, der sich nicht auf § 9 Abs. 1 AGG berufen kann, kann aber bei Vorliegen der Voraussetzungen des § 8 Abs. 1 AGG gerechtfertigt sein. Zulässig ist zudem grds. eine Ungleichbehandlung wegen der politischen Anschauung, da dieses Merkmal nicht von dem Begriff der Weltanschauung umfasst wird und das AGG kei-

108 *Bezani/Richter* AGG, 2006, Rn. 179.

109 *Bauer/Göpfert/Krieger* AGG, 4. Aufl. 2015, § 9 Rn. 3; *Bezani/Richter* AGG, 2006, Rn. 199; *Wisskirchen/Bissels* NZA 2007, 169, 172.

nen Schutz vor der Ungleichbehandlung wegen politischer Anschauungen gewährt.[110] Nach der politischen Anschauung darf der Arbeitgeber – den allgemein geltenden Grundsätzen zufolge – aber wiederum nur dann fragen, wenn er ein besonderes, schützenswertes Interesse an der Kenntnis der politischen Einstellung des Bewerbers hat.[111] Insbesondere in Presseunternehmen und Verlagshäusern dürfte dies regelmäßig der Fall sein.

IV. Jugendarbeitsschutz in Medienunternehmen

In Medienunternehmen und insbesondere in solchen der Fernsehbranche werden **107** nicht selten Kinder und Jugendliche eingesetzt. Der Einsatz erfolgt bspw. als Darsteller in Fernseh- und Kinofilmen oder im Rahmen von TV-Serien oder Fernsehshows. Das Jugendarbeitsschutzgesetz setzt der Beschäftigung von Kindern und Jugendlichen in derartigen Produktionen allerdings Schranken, die dazu führen, dass dieser Personenkreis nicht in gleicher Weise beschäftigt werden darf wie Erwachsene. Nicht nur in Deutschland müssen sich Fernsehsender und Produktionsgesellschaften die Frage stellen, ob der Einsatz von Kindern und Jugendlichen gesetzlich zulässig ist, auch in den USA gerät eine solche Beschäftigung zunehmend auf den Prüfstand. So strahlte bspw. der US-amerikanische TV-Sender CBS das Format „Kid Nation“ im Jahre 2007 aus. An diesem Projekt versammelten sich von Kameras begleitet 40 Kinder 40 Tage lang in einer Wüste. Letztlich ging es um die Nachstellung des Romans „Herr der Fliegen“ von William Golding, in welchem das Sozialverhalten von auf einer Insel gestrandeten Kindern, die ihr eigenes Herrschaftssystem errichten, literarisch umgesetzt wird.[112] Ob ein solches Projekt, ungeachtet anderer Bedenken, in Deutschland arbeitsrechtlich zulässig wäre, muss zumindest bezweifelt werden.

1.1 Bei der Beschäftigung von Personen, die noch nicht 18 Jahre alt sind, differenziert **108** das Jugendarbeitsschutzgesetz zwischen Kindern und Jugendlichen. Kinder sind hiernach solche, die noch nicht 15 Jahre alt sind, während unter den Begriff der Jugendlichen die 15- bis 17-jährigen fallen (§ 2 Abs. 1, 2 JArbSchG). Die Beschäftigung von Kindern und Jugendlichen erfolgt nach unterschiedlichen gesetzlichen Kriterien. Allerdings werden Jugendliche, die der Vollzeitschulpflicht unterliegen, im Rahmen des Jugendarbeitsschutzgesetzes wie Kinder behandelt. Die Vollzeitschulpflicht beginnt bundesweit mit dem 6. Lebensjahr und endet nach neun Schuljahren. In Berlin, Brandenburg, Bremen, Thüringen und Nordrhein-Westfalen beträgt die Vollzeitschulpflicht indes 10 Schuljahre.[113] Dies dürfte im Ergebnis dazu führen, dass der Großteil der Jugendlichen, also der 15- bis 17-jährigen hinsichtlich der Beschäftigung wie Kinder zu behandeln sind, da Vollzeitschulpflicht zumeist noch vorliegen dürfte. Anzuwenden ist das Jugendarbeitsschutzgesetz auf alle Arten der abhängigen Beschäftigung von Kindern und Jugendlichen, aber auch auf Dienstleistungen, die der Arbeitsleistung von Arbeitnehmern ähnlich sind (§ 1 Abs. 1 Nr. 2 und 3 JArbSchG). Liegt also bspw. bei genauer rechtlicher Betrachtung ein Arbeitsverhältnis zwischen

---

110 *Bezani/Richter* AGG, 2006, Rn. 200; MünchKomm/*Thüsing* 7. Aufl. 2015, § 1 AGG Rn. 94 f.; *Schwab* DNotZ 2006, 649, 656; *Thüsing* NZA-Sonderbeilage Heft 22/2004, S. 3, 11; a.A. *Wisskirchen* DB 2006, 1491,1492.

111 *MünchKomm/Thüsing* 7. Aufl. 2015, § 1 AGG Rn. 94.

112 S. hierzu FAZ v. 22.8.2007 (Medienseite).

113 *H/W/K/Tillmanns* 7. Aufl. 2016, § 2 JArbSchG Rn. 2.

einem Jugendlichen und einem „Auftraggeber“ nicht vor, weil bspw. das Kind oder der Jugendliche frei ist in der Gestaltung seiner Arbeitszeit, so greift das Jugendarbeitsschutzgesetz gleichwohl, wenn die erbrachte Leistung der eines Arbeitnehmers ähnlich ist. Bewirkt wird hierdurch ein erweiterter Schutz von Kindern und Jugendlichen vor weitgehend fremdbestimmter Arbeit, die mit der Ausbildung und der Entwicklung von Kindern und Jugendlichen nach Auffassung des Gesetzgebers nicht oder nur begrenzt in Einklang zu bringen ist.

109 **1.2** Gem. § 5 Abs. 1 JArbSchG ist die Beschäftigung von Kindern grds. verboten. Wer noch nicht 15 Jahre alt ist, darf also in Medienunternehmen zunächst nicht beschäftigt werden. Das Gesetz sieht jedoch auch Ausnahmen vor. So ist die Beschäftigung von Kindern bspw. dann zulässig, wenn sie im Rahmen eines Betriebspraktikums während der Vollzeitschulpflicht erfolgt (§ 5 Abs. 2 Nr. 2 JArbSchG). Des Weiteren können gem. § 5 Abs. 3 JArbSchG Kinder über 13 Jahre – also nur die 14-jährigen, da Personen, die 15 Jahre oder älter sind, bereits als Jugendliche gelten – mit Einwilligung des Personensorgeberechtigten (zumeist die Eltern) beschäftigt werden, soweit die Beschäftigung leicht und für Kinder geeignet ist. Dies soll dann der Fall sein, wenn die Sicherheit, Gesundheit und Entwicklung der Kinder, die Schulbesuche und die Fähigkeit, dem Unterricht mit Nutzen zu folgen, nicht nachteilig beeinflusst werden. Ferner darf die Beschäftigung von Kindern nicht mehr als zwei Stunden täglich und nicht vor und während des Schulunterrichts erfolgen. Die Beschäftigung erfordert also grundsätzlich die Einwilligung des Personensorgeberechtigten, so dass zumeist die Eltern zuvor ihre Zustimmung zu der Beschäftigung zu erteilen haben. Da Jugendliche, die der Vollzeitschulpflicht unterliegen, nach dem Jugendarbeitsschutzgesetz wie „Kinder“ behandelt werden, gelten die vorstehenden Einschränkungen auch für diese. Allerdings sieht § 5 Abs. 4 JArbSchG vor, dass das Verbot der Beschäftigung von Jugendlichen während der Schulferien für höchstens vier Wochen im Kalenderjahr nicht gilt. Jugendliche können also auch während der Vollzeitschulpflicht während vier Wochen jährlich in den Schulferien Arbeitsleistungen erbringen, wobei allerdings die Einschränkungen der Beschäftigung von Jugendlichen nach den §§ 8 ff. JArbSchG zu beachten sind.

110 Die Beschäftigung von Kindern ist gem. § 6 JArbSchG in Ausnahmefällen dann zulässig, wenn die zuständige Aufsichtsbehörde (in der Regel das Gewerbeaufsichtsamt) vor Aufnahme der Beschäftigung seine Zustimmung erteilt hat. Für Medienunternehmen von Interesse ist insoweit § 6 Abs. 1 Nr. 2 JArbSchG, der die behördliche Zustimmung „bei Musikaufführungen und anderen Aufführungen, bei Werbeveranstaltungen sowie bei Aufnahmen im Rundfunk (Hörfunk und Fernsehen), auf Ton- und Bildträgern sowie Film- und Fotoaufnahmen“ zulässt. Dabei kann sich die Zustimmung bei Kindern über 3 bis 6 Jahre nur auf bis zu zwei Stunden täglich in der Zeit von 8:00 Uhr bis 17:00 Uhr und bei Kindern über 6 Jahre (bis zum vollendeten 14. Lebensjahr) auf bis zu drei Stunden täglich in der Zeit von 8:00 Uhr bis 22:00 Uhr beziehen. Ist also bspw. die Beschäftigung eines fünfjährigen Kindes innerhalb einer TV-Produktion, in der dieses schauspielerische Leistungen erbringen soll, beabsichtigt, so ist vor Beginn der Arbeitsaufnahme die Zustimmung der zuständigen Aufsichtsbehörde einzuholen. Zudem kann die Beschäftigung lediglich maximal zwei Stunden täglich in der Zeit von 8:00 Uhr bis 17:00 Uhr erfolgen. Weitere Voraussetzung ist nach § 6 Abs. 2 JArbSchG, dass erneut die Personensorgeberechtigten schriftlich in die Beschäftigung einwilligen und bestimmte Maßnahmen zum Schutz des Kindes gewährleistet sind. Bei der Beschäftigung von Kindern – wie auch von Jugendlichen –

ist zu beachten, dass Verstöße gegen die zwingenden Regelungen des Jugendarbeitsschutzgesetzes nach §§ 58, 59 JArbSchG bußgeldbewährte Ordnungswidrigkeiten darstellen. Ferner ist ein gegen die zwingenden Regelungen des Jugendarbeitsschutzgesetzes abgeschlossener Arbeitsvertrag mit einem Kind oder Jugendlichen gem. § 134 BGB nichtig. Kann das Arbeitsverhältnis hiernach nach den Regelungen über das faktische Arbeitsverhältnis jederzeit von beiden Parteien beendet werden, so bleibt der Arbeitgeber doch zur Zahlung des Entgeltes und insbesondere zur Erfüllung und Einhaltung der sich aus dem Gesetz ergebenden Schutzpflichten verpflichtet.[114]

1.3 Auch die Beschäftigung von Jugendlichen, also der 15- bis 17-jährigen unterliegt gesetzlich zwingenden Restriktionen, die sogar den Beschäftigungsverboten und den engen Ausnahmetatbeständen in Fällen der Beschäftigung von Kindern entsprechen, wenn der Jugendliche gem. § 2 Abs. 2 JArbSchG der Vollzeitschulpflicht unterliegt. Jugendliche, bei denen dies nicht der Fall ist, dürfen grundsätzlich gem. § 8 Abs. 1 JArbSchG nicht mehr als acht Stunden täglich und nicht mehr als 40 Stunden wöchentlich beschäftigt werden. Insoweit handelt es sich um Spezialregelungen zum Arbeitszeitgesetz, welches eine kalendertägliche Arbeitszeit von bis 10 Stunden vorsieht, wenn innerhalb von sechs Kalendermonaten oder innerhalb von 24 Wochen im Durchschnitt acht Stunden werktäglich nicht überschritten werden (§ 3 ArbZG). Gem. § 14 Abs. 1 JArbSchG gilt eine „Nachtruhe", nach der Jugendliche nur in der Zeit von 6:00 Uhr bis 20:00 Uhr beschäftigt werden dürfen. Eine Ausnahme für Medienunternehmen enthält wiederum § 14 Abs. 7 JArbSchG, wonach „bei Musikaufführungen, Theatervorstellungen und anderen Aufführungen, bei Aufnahmen im Rundfunk (Hörfunk und Fernsehen), auf Ton- und Bildträger sowie bei Film- und Fotoaufnahmen bis 23:00 Uhr" Jugendliche gestaltend mitwirken können. Eine behördliche Ausnahmegenehmigung ist hierfür nicht erforderlich. Des Weiteren gilt der Grundsatz, dass an Samstagen und Sonntagen Jugendliche nicht beschäftigt werden dürfen (§§ 16 Abs. 1, 17 Abs. 1 JArbSchG). § 16 Abs. 2 Nr. 7 JArbSchG lässt wiederum die Beschäftigung von Jugendlichen an Samstagen bei den Veranstaltungen zu, die vorstehend bei der Beschäftigung von Jugendlichen bis 23:00 Uhr (§ 14 Abs. 7 JArbSchG) aufgezählt wurden. Zu beachten ist, dass diese Ausnahmen nicht identisch sind mit der Ausnahme in § 17 Abs. 2 Nr. 5 JArbSchG, der sich auf die ausnahmsweise zulässige Beschäftigung von Jugendlichen an Sonntagen bezieht. Diese ist nur „bei Musikaufführungen, Theatervorstellungen und anderen Aufführungen sowie bei Direktsendungen im Rundfunk (Hörfunk und Fernsehen)" zulässig. Während also die Beschäftigung von Jugendlichen an Samstagen bei Aufnahmen im Bereich des Rundfunks und des Fernsehen, der Ton- und Bildträger sowie bei Film- und Fotoaufnahmen gestattet ist, gilt dies nicht für den Einsatz von Jugendlichen an Sonntagen. Dort ist eine Beschäftigung nur „bei Direktsendungen", also bei Live-Sendungen im Bereich des Hörfunks und des Fernsehens zulässig, Film- und Fotoaufnahmen dagegen nicht.[115] Samstags- und Sonntagsbeschäftigungen werden also im Bereich der Medien unterschiedlich gesetzlich gestattet. Des Weiteren gilt für Jugendliche die Fünf-Tage-Woche (§ 15 JArbSchG). Hiernach dürfen Jugendliche nur an fünf Tagen in der Woche beschäftigt werden, wobei die beiden wöchentlichen Ruhetage nach Möglichkeit aufeinanderfolgen sollen. Auch hier unterscheidet sich die Beschäftigung von Jugendli- **111**

114 Vgl. *von Harlieb/Schwarz-Joch/Klichowski* Handbuch des Film-, Fernseh- und Videorechts, 5. Aufl. 2011, 278. Kap. Rn. 10.

115 Vgl. ErfK/*Schlachter* 17. Aufl. 2017, § 17 JArbSchG Rn. 5.

chen von der von Erwachsenen, da das Arbeitszeitgesetz auch den Samstag als Werktag und damit regelmäßigen Arbeitstag, also eine Sechs-Tage-Woche nicht ausschließt (§ 3 ArbZG). Demnach darf ein Jugendlicher nicht an sechs oder sogar sieben Tagen in der Folge beschäftigt werden. Vielmehr sind stets zwei Ruhetage zu gewähren. Da die §§ 16, 17 JArbSchG grds. das Samstags- und Sonntagsarbeitsverbot normieren, geht der Gesetzgeber regelmäßig von einem Einsatz eines Jugendlichen von Montag bis einschließlich Freitag aus. In den Fällen, in denen ausnahmsweise eine Samstags- und Sonntagsbeschäftigung zulässig ist, sind dem Jugendlichen dann zwei freie Tage in der Zeit von Montag bis einschließlich Freitag zu gewähren. Da diese zusammenhängend erfolgen „sollen" (nicht „müssen"), kann der Arbeitgeber die freien Tage auch nicht zusammenhängend gewähren, wenn dringende betriebliche Gründe für eine Aufteilung sprechen.[116]

C. Kollektives Arbeitsrecht

112 Das kollektive Arbeitsrecht umfasst primär das Betriebsverfassungs-, das Mitbestimmungs- und das Tarifvertragsrecht. Während erstere sich mit Fragen der betrieblichen Mitbestimmung des Betriebsrates in Betrieben und Unternehmen bzw. mit der unternehmerischen Mitbestimmung in Aufsichtsräten beschäftigt, betrifft letzteres das Verhältnis der Gewerkschaften zu Arbeitgebern und Arbeitgeberverbänden und die Geltung von zwischen diesen Parteien ausgehandelten Tarifverträgen für von diesen erfasste Arbeitsverhältnisse.

I. Betriebliche und unternehmerische Mitbestimmung in Medienunternehmen

1. Betriebliche Mitbestimmung

1.1 Grundsätzliche Geltung des Betriebsverfassungsgesetzes

113 § 1 Abs. 1 BetrVG bestimmt, dass in Betrieben mit in der Regel mindestens fünf Arbeitnehmern Betriebsräte gewählt werden können. Es ist allein Sache der Arbeitnehmer zu entscheiden, ob sie einen Betriebsrat installieren wollen oder nicht. Haben die Arbeitnehmer in ihrem Betrieb einen Betriebsrat gewählt, so stehen diesem weitgehende Mitbestimmungsrechte zu, die sich nach den einschlägigen Regelungen des Betriebsverfassungsgesetzes insbesondere auf soziale (§§ 87 ff. BetrVG), **personelle** (§§ 92 ff. BetrVG) und **wirtschaftliche** Angelegenheiten (§§ 106 ff. BetrVG) beziehen. Die Mitbestimmung in sozialen Angelegenheiten ergibt sich insbesondere aus dem § 87 BetrVG, der bspw. die Mitbestimmung des Betriebsrates bei Beginn und Ende der täglichen Arbeitszeit einschließlich der Pausen sowie der Verteilung der Arbeitszeit auf die einzelnen Wochentage, die Aufstellung allgemeiner Urlaubsgrundsätze und der Urlaubspläne, der Einführung und Anwendung von technischen Einrichtungen (zu denen auch Telefonanlagen gehören können) und Fragen der betrieblichen Lohngestaltung (zu denen wiederum Fragen der Verteilung von Boni oder Prämien

116 Vgl. ErfK/*Schlachter* 17. Aufl. 2017, § 15 JArbSchG Rn. 1.

gehören) begründet. Bei diesen Mitbestimmungsrechten handelt es sich um sog. zwingende Mitbestimmungsrechte, die der Betriebsrat auch gegen den Willen des Arbeitgebers durchsetzen kann. Kommt nämlich eine Einigung zwischen Arbeitgeber und Betriebsrat nicht zustande, kann der Betriebsrat gem. § 76 Abs. 1 BetrVG die Einigungsstelle anrufen, die dann insbesondere durch die Stimme eines neutralen Vorsitzenden eine Regelung in Form eines Einigungsstellenspruchs gegen den Willen des Arbeitgebers herbeiführen kann.

Die Mitbestimmung in personellen Angelegenheiten bezieht sich in Unternehmen mit mehr als 20 Arbeitnehmern insbesondere auf die Mitbestimmung des Betriebsrates nach § 99 BetrVG, also auf die Mitbestimmung vor einer Einstellung, Eingruppierung, Umgruppierung oder Versetzung eines Arbeitnehmers. Ohne Zustimmung des Betriebsrates kann der Arbeitgeber die vorstehend benannten personellen Einzelmaßnahmen grds. nicht durchführen. Gegenstand der Mitbestimmung in personellen Angelegenheiten ist auch die Regelung des § 102 BetrVG (der auch in Betrieben mit weniger als 21 Arbeitnehmern greift), der die Mitbestimmungsrechte des Betriebsrates bei dem Ausspruch von Kündigungen vorsieht. Schließlich betrifft die Mitbestimmung in wirtschaftlichen Angelegenheiten primär die Beteiligungsrechte des Betriebsrates bei Betriebsänderungen im Sinne des § 111 BetrVG. In Unternehmen mit in der Regel mehr als 20 Arbeitnehmern hat der Arbeitgeber bei bestimmten Betriebsänderungen, also bspw. bei einem Personalabbau oder auch einer Zusammenlegung von Betrieben oder der Spaltung einzelner Betriebe oder Betriebsteile, mit dem Betriebsrat einen Interessenausgleich und mitunter auch einen Sozialplan abzuschließen. Letzterer sieht regelmäßig Abfindungszahlungen vor, wenn die Betriebsänderung mit wirtschaftlichen Nachteilen für die Arbeitnehmer, also bspw. betriebsbedingten Kündigungen einhergeht. **114**

Die Mitbestimmungsrechte eines Betriebsrates beziehen sich auf den Betrieb, für den er gewählt wurde, und nicht auf das Unternehmen. Insoweit unterscheidet das Betriebsverfassungsrecht zwischen dem Begriff des Unternehmens (oder Unternehmers) und dem des Betriebes. Das Unternehmen ist die juristische (oder natürliche) Person und der rechtliche Arbeitgeber des bei diesem beschäftigten Arbeitnehmers. Ein Betrieb ist dagegen die organisatorische und räumliche Einheit von sächlichen und immateriellen Betriebsmitteln, mit deren Hilfe der Betriebsinhaber (also der Unternehmer) allein oder in Gemeinschaft mit seinen Arbeitnehmern einen bestimmten arbeitstechnischen Zweck verfolgt, der sich nicht in der Befriedigung von Eigenbedarf erschöpft.[117] Ein Unternehmen kann damit mehrere Betriebe unterhalten, so dass sich in einem Unternehmen in mehreren Betrieben mehrere Betriebsräte konstituieren können. Sind in mehreren Betrieben eines Unternehmens Betriebsräte gewählt worden, so ist ein **Gesamtbetriebsrat** zu errichten (§ 47 Abs. 1 BetrVG). In jeden Gesamtbetriebsrat entsendet jeder Betriebsrat eine bestimmte Anzahl von Mitgliedern. Zuständig ist der Gesamtbetriebsrat für die Durchführung bestimmter Mitbestimmungsrechte in Angelegenheiten, die das gesamte Unternehmen oder mehrere Betriebe des Unternehmens betreffen und nicht durch die einzelnen Betriebsräte innerhalb ihrer Betriebe geregelt werden können. Insoweit ist der Gesamtbetriebsrat auch zuständig für Betriebe, in denen kein Betriebsrat gewählt worden ist (§ 50 Abs. 1 BetrVG). Ferner kann der Betriebsrat den Gesamtbetriebsrat beauftragen, eine **115**

117 *BAG* AP Nr. 12 zu § 1 BetrVG 1972; NZA 1989, 190; *H/W/K/Gaul* 7. Aufl. 2016, § 1 BetrVG Rn. 6; *Fitting* 28. Aufl. 2016, § 1 BetrVG Rn. 63.

Angelegenheit für ihn zu behandeln (§ 50 Abs. 2 BetrVG). Plant also bspw. der Unternehmer eine Betriebsänderung in Form eines größeren Personalabbaus, der sich auf mehrere Betriebe erstreckt, ist regelmäßig für die Verhandlung eines Interessenausgleichs und Sozialplans (Letzteres ist allerdings umstritten) der Gesamtbetriebsrat zuständig.

116 Bestehen in einem Konzern mehrere Unternehmen und mehrere Gesamtbetriebsräte, so können diese einen **Konzernbetriebsrat** errichten (§ 54 Abs. 1 BetrVG). Der Konzernbetriebsrat ist zuständig für die Behandlung von Angelegenheiten, die den Konzern oder mehrere Konzernunternehmen betreffen und nicht durch die einzelnen Gesamtbetriebsräte innerhalb ihrer Unternehmen geregelt werden können. Wie auch bei dem Gesamtbetriebsrat, so erstreckt sich auch bei dem Konzernbetriebsrat dessen Kompetenz auf Unternehmen, in denen kein Gesamtbetriebsrat besteht, und auf Betriebe ohne Betriebsrat (§ 58 Abs. 1 BetrVG). Schließlich kann ein Gesamtbetriebsrat mit der Mehrheit der Stimmen seiner Mitglieder den Konzernbetriebsrat beauftragen, eine Angelegenheit für ihn zu behandeln (§ 58 Abs. 2 BetrVG).

117 Das Betriebsverfassungsgesetz, welches den Betriebsräten, Gesamtbetriebsräten und Konzernbetriebsräten weitreichende Mitbestimmungsrechte zugesteht, gilt personell für alle Arbeiter und Angestellte in den Betrieben des Unternehmens. Freie Mitarbeiter und Selbständige fallen hingegen nicht in den personellen Anwendungsbereich des Betriebsverfassungsgesetzes, insoweit stehen den Betriebsräten keine Mitbestimmungsrechte zu. Ebenfalls nicht anwendbar ist das Betriebsverfassungsgesetz auf so genannte **leitende Angestellte** (§ 5 Abs. 3 BetrVG). Leitender Angestellter im Sinne des Betriebsverfassungsgesetzes ist hiernach ein Arbeitnehmer, der zur selbständigen Einstellung und Entlassung von Arbeitnehmern berechtigt ist, Generalvollmacht oder Prokura hat und die Prokura auch im Verhältnis zum Arbeitgeber nicht unbedeutend ist oder regelmäßig sonstige Aufgaben wahrnimmt, die für den Bestand und die Entwicklung des Unternehmens oder eines Betriebes von Bedeutung sind (§ 5 Abs. 3 Nr. 1–3 BetrVG). Bereits hieraus folgt, dass nicht jeder Arbeitnehmer, der auf einer gehobenen Hierarchieebene tätig ist, „leitender Angestellter" im Sinne des Betriebsverfassungsgesetzes ist. Zu den leitenden Angestellten zählen letztlich nur diejenigen Mitarbeiter, die tatsächlich über weitreichende Befugnisse und Kenntnisse verfügen und selbständige Entscheidungen treffen können, ohne dass ein Geschäftsführer, Vorstand oder sonstiger „leitender Mitarbeiter" seine vorherige Einwilligung zu einer bestimmten Maßnahme geben muss. In der Praxis bedeutet dies, dass es Unternehmen geben kann, in denen nur ein verschwindend geringer Teil von Mitarbeitern tatsächlich leitende Angestellte sind, da sich die Geschäftsführung oder der Vorstand weitreichende Entscheidungsbefugnisse vorbehalten und diese nicht delegiert haben. Unerheblich ist auch – obwohl dies oft in der Praxis anzutreffen ist –, dass in einem Arbeitsvertrag vereinbart wird, dass ein Arbeitnehmer leitender Angestellter i.S.d. § 5 Abs. 3 BetrVG ist. Individualvertragliche Vereinbarungen sind insoweit irrelevant.[118]

2. Bereichsausnahme für sogenannte „Tendenzbetriebe" (§ 118 BetrVG)

118 Das Betriebsverfassungsgesetz gilt uneingeschränkt nahezu für sämtliche privatrechtlich organisierte Arbeitgeber in Deutschland. Eine Ausnahme enthält hingegen § 118 BetrVG für Unternehmen und Betriebe, die unmittelbar oder überwiegend politi-

118 Vgl. *H/W/K/Gaul* 7. Aufl. 2016, § 5 BetrVG Rn. 49.

schen, koalitionspolitischen, konfessionellen, karitativen, erzieherischen, wissenschaftlichen oder künstlerischen Bestimmungen oder Zwecken der Berichterstattung oder Meinungsäußerung, auf die Art. 5 Abs. 1 S. 2 GG Anwendung findet, dienen. § 118 Abs. 1 BetrVG definiert dies insoweit, als die Vorschriften des Betriebsverfassungsgesetzes keine Anwendung finden, soweit die Eigenart des Unternehmens oder des Betriebs dem entgegensteht. Medienunternehmen, die demnach künstlerischen oder Zwecken der Berichterstattung oder Meinungsäußerung dienen, kommen somit in den Genuss einer Bereichsausnahme mit der Folge, dass bestimmte Mitbestimmungsrechte des Betriebsrates in eben diesen Unternehmen keine oder nur eine eingeschränkte Rolle spielen. Nachfolgend wird zunächst darzulegen sein, welche Medienunternehmen tatsächlich unter die Bereichsausnahme des § 118 BetrVG fallen. Sodann wird zu erörtern sein, wie sich die Bereichsausnahme konkret auf die Mitbestimmung der Betriebsräte auswirkt.

2.1 Tendenzbetriebe und -unternehmen

2.1.1 Für die Feststellung der Tendenzeigenschaft ist grundsätzlich auf das Unterneh- **119**
men und nicht auf den Betrieb abzustellen.[119] Zu fragen ist also danach, ob das Medienunternehmen „unmittelbar und überwiegend künstlerischen Bestimmungen" (§ 118 Abs. 1 Nr. 1 BetrVG) oder „Zwecken der Berichterstattung oder der Meinungsäußerung, auf die Art. 5 Abs. 1 S. 2 GG Anwendung findet" (§ 118 Abs. 1 Nr. 2 BetrVG), dient. Hat das Unternehmen allerdings mehrere Betriebe, so kommt es darauf an, ob jeder einzelner Betrieb als Tendenzbetrieb gewertet werden kann. So ist es durchaus denkbar, dass in einem Unternehmen tendenzgeschützte und tendenzfreie Betriebe existieren; in diesen Fällen kommt eine Einschränkung von Mitbestimmungsrechten des Betriebsrates in den tendenzfreien Betrieben nicht in Betracht.[120] In den Genuss eingeschränkter Mitbestimmungsrechte des Betriebsrates kommt ein Medienunternehmen allerdings nur dann, wenn es „unmittelbar und überwiegend" tendenzgeschützt ist. **„Unmittelbar"** bedeutet, dass die tendenzgeschützten Ziele Hauptzweck und nicht lediglich Nebenzweck des Unternehmens sein müssen. Insoweit muss die Tendenz in einem Unternehmen selbst verwirklicht werden, die Arbeitnehmer müssen selbst die Tendenz „erarbeiten" und beeinflussen können.[121] So muss bspw. eine Druckerei als Verlagsdruckerei Teil eines einheitlichen Betriebes eines Tendenzunternehmens sein oder als selbständiger Betrieb des Tendenzunternehmens Einfluss auf den Inhalt der Druckerzeugnisse nehmen können, nur dann liegt Unmittelbarkeit i.S.d. § 118 Abs. 1 (Einleitungssatz) BetrVG vor. Handelt es sich hingegen um eine „Lohndruckerei", die rechtlich verselbständigt lediglich mit dem Druck verlegerischer Erzeugnisse beauftragt ist, liegt eine „unmittelbare" Tendenz nicht vor.

Ob ein Unternehmen **„überwiegend"** tendenzgeschützte Aktivitäten verfolgt, richtet **120**
sich danach, in welchem Umfang und welcher Intensität das Unternehmen seine Tätigkeit diesen Zielen im Vergleich zu seinen anderen, nicht tendenzgeschützten Zielen widmet.[122] Dabei kommt es nicht so sehr auf die Umsatz- und Gewinnzahlen des Unternehmens an, da diese im Wesentlichen von Faktoren abhängig sind, die unabhängig vom Unternehmenszweck sind. Wesentliches Kriterium ist vielmehr der Ein-

119 *BAG* AP Nr. 51 zu § 118 BetrVG; *Richardi/Forst* 15. Aufl. 2016, § 118 BetrVG Rn. 25.
120 *Mengel* NZA 2001, 307, 308; *H/W/K/Hohenstatt/Dzida* 7. Aufl. 2016, § 118 BetrVG Rn. 2.
121 Vgl. ErfK/*Kania* 17. Aufl. 2017, § 118 BetrVG Rn. 6.
122 *BAG* AP Nr. 43 zu § 118 BetrVG 1972; ErfK/*Kania* 17. Aufl. 2017, § 118 BetrVG Rn. 7.

satz der Mitarbeiter, die zur Verwirklichung der tendenzgeschützten und nicht tendenzgeschützten Ziele regelmäßig eingesetzt werden. Maßgeblich ist insoweit die Arbeitszeitmenge, die regelmäßig zur Erreichung der verschiedenen Unternehmensziele aufgewandt wird. Bei der Ermittlung der Arbeitszeitmenge kommt es wiederum nicht ausschließlich auf die Tendenzträger an, also solche Mitarbeiter, die selbst inhaltlich auf die Tendenzverwirklichung Einfluss nehmen, sondern auf sämtliche Mitarbeiter, die der Tendenzverwirklichung mittelbar dienen, wie etwa Sekretariatsmitarbeiter oder das technische Personal.[123] Maßgeblich ist also bei der Beurteilung der Frage, ob ein Unternehmen „überwiegend" tendenzgeschützten Zielen nachkommt, welche **Arbeitszeit** die Mitarbeiter in den unternehmerischen Bereichen einsetzen und aufwenden, die den Tendenzschutz des Unternehmens begründen sollen.

121 **2.1.2** Der Zweck eines Medienunternehmens muss geistig-ideellen Bestimmungen (Abs. 1 Nr. 1) oder der Berichterstattung und Meinungsäußerung (Abs. 1 Nr. 2) dienen, um i.S.d. § 118 BetrVG tendenzgeschützt zu sein. Geistig-ideellen Bestimmungen dient ein Medienunternehmen, wenn es wissenschaftlichen oder künstlerischen Zwecken folgt. Wissenschaft ist insoweit alles, was nach Inhalt und Form als ernsthafter, planmäßiger Versuch zur Ermittlung der Wahrheit anzusehen ist. Dabei ist es unerheblich, ob grundlagen- oder anwendungsorientierte Forschung betrieben wird.[124] Insoweit kann bspw. ein wissenschaftlicher Buch- oder Zeitschriftenverlag als Tendenzunternehmen gewertet werden, wenn er überwiegend und unmittelbar diesem Tendenzzweck folgt.[125] Buch- und Zeitschriftenverlage können sich neben § 118 Abs. 1 Nr. 2 BetrVG, der auf den wissenschaftlichen Zweck eines Unternehmens abstellt, auch auf § 118 Abs. 1 Nr. 2 BetrVG stützen, der die Berichterstattung oder Meinungsäußerung als Unternehmenszweck zum Gegenstand hat. Insoweit wird für Verlage sicherlich der letztgenannte Anwendungsbereich im Mittelpunkt stehen, da Medienunternehmen zumeist Zwecken der Berichterstattung oder Meinungsäußerung zu dienen bestimmt sind.

122 Neben wissenschaftlichen Zwecken erwähnt § 118 Abs. 1 Nr. 1 BetrVG aber auch künstlerische Bestimmungen und verweist damit auf die Kunstfreiheit des Art. 5 Abs. 3 GG. Nach der Rspr. des BVerfG setzt „Kunst" einen schöpferisch-individualen Akt sinnlich anschaulicher Formgebung voraus, der auf kommunikative Sinnvermittlung nach außen gerichtet ist.[126] Damit aber fallen Werke der Sprache, der Musik, der Tanzkunst und der bildenden Künste sowie Lichtbild- und Filmwerke unter den Begriff der „künstlerischen Bestimmung" des § 118 Abs. 1 Nr. 1 BetrVG.[127] Dementsprechend wurden bspw. Film- und Herstellungsbetriebe, Musikverlage, Produzenten von LP, CD und MC sowie belletristische Buchverlage als tendenzgeschützte Unternehmen i.S.d. § 118 Abs. 1 Nr. 1 BetrVG wegen ihrer künstlerischen Bestimmung qualifiziert;[128] gleiches gilt für Theater,[129] Symphonieor-

---

123 *BAG* AP Nr. 47 zu § 118 BetrVG 1972; *H/W/K/Hohenstatt/Dzida* 7. Aufl. 2016, § 118 BetrVG Rn. 13.

124 *BAG* AP Nr. 47 zu § 118 BetrVG 1972.

125 *BAG* AP Nr. 39 zu § 118 BetrVG 1972; *Richardi/Forst* 15. Aufl. 2016, § 118 BetrVG Rn. 69

126 *BVerfG GRUR* 1971, 461, 463.

127 *Richardi/Forst* 15. Aufl. 2016, § 118 BetrVG Rn. 73.

128 Vgl. hierzu *Richardi/Forst* 15. Aufl. 2016, § 118 BetrVG Rn. 75; *Däubler/Kittner/Klebe/Wedde* BetrVG – Betriebsverfassungsgesetz, 15. Aufl. 2016, § 118 BetrVG Rn. 45; *BAG* AP Nr. 39 zu § 118 BetrVG 1972: Belletristischer Buchverlag.

129 *BAG* AP Nr. 32 zu § 118 BetrVG 1972.

chester,[130] Filmhersteller und -verleiher, Konzertagenturen, Tonträger, Verlage und Museen.[131] Nicht künstlerischen Zwecken zu dienen bestimmt sind dagegen Buch- und Schallplattenhandlungen[132] und Schallplattenherstellungsbetriebe.[133]

§ 118 Abs. 1 Nr. 2 BetrVG verweist mit der Bezugnahme auf die Berichterstattung und Meinungsäußerung als Zweck eines Unternehmens auf Art. 5 Abs. 1 S. 2 GG, also auf die Grundrechte der Pressefreiheit und der Freiheit der Berichterstattung durch Rundfunk und Film. In den Anwendungsbereich des § 118 Abs. 1 Nr. 2 BetrVG fallen auch solche Unternehmen, die keine politische Tendenz verfolgen, also bspw. Generalanzeiger.[134] Die Bandbreite der Unternehmen, die sich auf den Tendenzschutz nach dieser Vorschrift berufen können, ist groß. Es gehören zweifellos solche Unternehmen dazu, die Zeitungen oder Zeitschriften veröffentlichen[135] sowie Buchverlage, wobei die Breite des Verlagsprogramms nicht tendenzschädlich ist.[136] Ebenfalls erfasst werden Presse- und Nachrichtenagenturen[137] sowie private Rundfunk- und Fernsehsender.[138] Auch Film- und Fernsehproduktionsgesellschaften fallen in den Anwendungsbereich des § 118 Abs. 1 Nr. 2 BetrVG.[139] Nicht erfasst von dem Tendenzschutz des § 118 Abs. 1 Nr. 2 BetrVG werden hingegen reine Zeitschriftenhändler oder Lesezirkelunternehmen[140] sowie Verlage, die ausschließlich tendenzfreie Drucksachen verlegen, wie Adressbücher, Telefonbücher oder Formularsammlungen.[141] **123**

2.1.3 Liegt nach den vorstehenden Kriterien ein tendenzgeschütztes Medienunternehmen vor, so sind die Beteiligungsrechte des Betriebsrates eingeschränkt. Nach der Rspr. des BAG setzt die Einschränkung der betriebsverfassungsrechtlichen Beteiligungsrechte jedoch voraus, dass es sich um eine von dem Arbeitgeber geplante tendenzbezogene Maßnahme handelt, deren Verwirklichung durch eine Mitbestimmung des Betriebsrates verhindert oder zumindest ernstlich gefährdet werden kann. Eine derart ernstliche Beeinträchtigung kommt nur dann in Betracht, wenn die Maßnahme Arbeitnehmer trifft, deren Tätigkeit für die Tendenz des Unternehmens prägend ist, es sich also um Tendenzträger handelt. Dementsprechend muss es sich um eine tendenzbezogene Maßnahme handeln, die einen **Tendenzträger** betrifft.[142] Im Umkehrschluss bedeutet dies, dass arbeitsbezogene Maßnahmen des Medienunternehmens, die keinen Bezug zu der Tendenz aufweisen und keine Tendenzträger treffen, den betriebsverfassungsrechtlichen Mitbestimmungsrechten in gleicher Weise unterliegen, wie in jedem anderen Unternehmen auch. **124**

---

130 *BAG* AP Nr. 12 zu § 15 KSchG 1969.

131 Vgl. hierzu *H/W/K/Hohenstatt/Dzida* 7. Aufl. 2016, § 118 BetrVG Rn. 9.

132 *Richardi/Forst* 15. Aufl. 2016, § 118 BetrVG Rn. 76; *Däubler/Kittner/Klebe/Wedde* BetrVG – Betriebsverfassungsgesetz, 15. Aufl. 2016, § 118 BetrVG Rn. 46.

133 Vgl. *Däubler/Kittner/Klebe/Wedde* BetrVG – Betriebsverfassungsgesetz, 15. Aufl. 2016, § 118 BetrVG Rn. 46.

134 *BAG* AP Nr. 7 zu § 118 BetrVG 1972.

135 *BAG* NZA 2003, 166; AP Nr. 7 zu § 118 BetrVG 1972.

136 *BAG* AP Nr. 39 zu § 118 BetrVG 1972.

137 *Richardi/Forst* 15. Aufl. 2016, § 118 BetrVG Rn. 88.

138 *BAG* 27.7.1993, AP Nr. 51 zu § 118 BetrVG 1972; AP Nr. 50 zu § 118 BetrVG 1972.

139 *Richardi/Forst* 15. Aufl. 2016, § 118 BetrVG Rn. 89.

140 *Richardi/Forst* 15. Aufl. 2016, § 118 BetrVG Rn. 82.

141 Hess/Worzalla/Glock/Nicolai/Rose/Huke/*Hess* Kommentar zum Betriebsverfassungsgesetz, 9. Aufl. 2014, § 118 BetrVG Rn. 56; *Richardi/Forst* 15. Aufl. 2016, § 118 BetrVG Rn. 86.

142 *H/W/K/Hohenstatt/Dzida* 7. Aufl. 2016, § 118 BetrVG Rn. 21 f.; *BAG* AP Nr. 10 zu § 101 BetrVG 1972; AP Nr. 49 zu § 118 BetrVG 1972.

125 Der Begriff des Tendenzträgers, also des Arbeitnehmers, der Einfluss auf die Verwirklichung der geistig-ideellen Zielsetzung des Unternehmens nimmt, ist nicht etwa identisch mit dem des programmgestaltenden Mitarbeiters, der im Rahmen der Abgrenzung freier von abhängigen Mitarbeitern und der Befristung von Arbeitsverhältnissen von Relevanz ist.[143] Ausreichend ist vielmehr, dass der Arbeitnehmer an der Tendenzverwirklichung teilnimmt. Im Medienbereich ordnet das BAG solche Personen als Tendenzträger ein, die als Redakteure unmittelbar inhaltlich Einfluss auf die Berichterstattung und Meinungsäußerung eines Unternehmens nehmen können.[144] So hat das BAG bspw. entschieden, dass auch Redaktionsvolontäre Tendenzträger sein können.[145] In gleicher Weise sind Redakteure eines Radiosenders[146] und Redakteure einer Tageszeitung[147] und Sportredakteure[148] Tendenzträger. Ebenso können Anzeigenredakteure Tendenzträger sein.[144] Nicht zu den Tendenzträgern gehören dagegen Mitarbeiter des technischen oder sonstigen, nicht mit dem Inhalt einer Zeitung oder eines sonstigen Werks eines Medienunternehmens befassten Personals wie Buchhalter, Sekretärinnen und Zeitungsausträger.[149]

126 Liegt ein tendenzgeschütztes Medienunternehmen vor und werden von diesem tendenzbezogene Maßnahmen im Hinblick auf Tendenzträger angestoßen, so stellt sich die Frage nach der Einschränkung von Mitbestimmungsrechten des Betriebsrates in den bereits drei benannten Bereichen der personellen, sozialen und wirtschaftlichen Angelegenheiten.

2.2 Mitbestimmung in personellen Angelegenheiten

127 In personellen Angelegenheiten bestehen die Mitbestimmungsrechte des Betriebsrates zunächst insoweit uneingeschränkt fort, als es sich um Maßnahmen handelt, die nicht gegenüber Tendenzträgern erfolgen. Aber auch Maßnahmen gegenüber Tendenzträgern sind mitbestimmungspflichtig, wenn die Maßnahme an sich tendenzneutral ist. Als grundsätzlich tendenzneutral werden die allgemeinen personellen Angelegenheiten der §§ 92–98 BetrVG angesehen. So hat das BAG bspw. entschieden, dass die **Unterrichtungs- und Beratungspflicht** über die Personalplanung i.S.d. § 92 BetrVG auch bezüglich Tendenzträgern gilt.[150] Dementsprechend hat der Arbeitgeber auch in einem Medienunternehmen mit Tendenzcharakter den Betriebsrat über den gegenwärtigen und künftigen Personalbedarf bspw. auch der Redakteure sowie die sich hieraus ergebenden personellen Maßnahmen rechtzeitig und umfassend zu unterrichten. In gleicher Weise hat das BAG entschieden, dass auch die **Ausschreibung** von Arbeitsplätzen nach § 93 BetrVG mitbestimmungspflichtig ist, so dass der Betriebsrat verlangen kann, dass Arbeitsplätze auch von Tendenzträgern, die neu besetzt werden sollen, allgemein innerbetrieblich ausgeschrieben werden sollen.[151] Anders hat das BAG hinsichtlich der Beteiligung des Betriebsrates nach § 94 BetrVG geurteilt. Hiernach bedürfen **Personalfragebögen,** die sich auf Tendenzträger wie bspw. Redakteure, Jour-

143 Vgl. hierzu Rn. 17 ff., 72 ff.
144 *BAG* NZA 2010, 902, 904.
145 *BAG* AP Nr. 21 zu § 118 BetrVG 1972.
146 *BAG* AP Nr. 51 zu § 118 BetrVG 1972.
147 *BAG* AP Nr. 46 zu § 118 BetrVG 1972.
148 *BAG* AP Nr. 7 zu § 118 BetrVG 1972.
149 *BAG* AP Nr. 1 zu § 118 BetrVG 1972; *Richardi/Forst* 15. Aufl. 2016, § 118 BetrVG Rn. 126.
150 *BAG* AP Nr. 3 zu § 92 BetrVG 1972.
151 *BAG* AP Nr. 11 zu § 118 BetrVG 1972.

nalisten oder auch Regisseure beziehen, nicht der Zustimmung des Betriebsrates.[152] Schließlich hat das BAG entschieden, dass das Mitbestimmungsrecht des Betriebsrats betreffend die Durchführung betrieblicher Bildungsmaßnahmen nach § 98 Abs. 1, 3 und 4 BetrVG für Redakteure ausgeschlossen ist, sofern die Ausübung des Mitbestimmungsrechts zur Folge hat, dass der Redakteur nicht an Berufsbildungsmaßnahmen partizipieren kann.[153] Dementsprechend differenziert das BAG zwischen reinen Informationsrechten des Betriebsrates und zustimmungsbedürftigen Maßnahmen des Arbeitgebers, die also nur durchgeführt werden können, wenn tatsächlich die Zustimmung des Betriebsrates vorliegt.

Deutlich äußert sich diese Differenzierung auch im Bereich der in der Praxis wichtigen Mitbestimmungsregelungen der §§ 99 und 102 BetrVG. Beabsichtigt also der Arbeitgeber bspw. die **Einstellung** eines Tendenzträgers oder dessen Versetzung, so hat er hierüber den Betriebsrat in vollem Umfang gem. § 99 Abs. 1 BetrVG zu informieren und ihm die notwendigen Unterlagen auszuhändigen. Nach Auffassung des BAG beeinträchtigt die bloße Information des Betriebsrates und dessen Anhörung die Tendenz des Medienunternehmens nicht.[154] Dagegen entfällt das Zustimmungsverweigerungsrecht des Betriebsrates nach § 99 Abs. 2 BetrVG. Dies deshalb, weil sonst der Betriebsrat auf die geistig-ideelle Ausrichtung des Medienunternehmens Einfluss nehmen würde, wenn er verhindern könnte, dass ein Tendenzträger wie bspw. ein Redakteur oder auch ein Journalist eingestellt oder auf einen anderen Arbeitsplatz versetzt wird. Diesen Maßnahmen wohnt eine Tendenzbedingtheit inne, die mitbestimmungsfrei bleiben soll. Anders stellt sich dagegen das Mitbestimmungsrecht des Betriebsrates gem. § 99 Abs. 1 BetrVG bezüglich der Einstufung in eine Lohn- oder Gehaltsgruppe auch von Tendenzträgern dar. Hier vertritt das BAG die Auffassung, dass diese Maßnahmen tendenzfrei sind, so dass das Mitbestimmungsrecht in vollem Umfang erhalten bleibt.[155] **128**

Ähnlich gestaltet sich die Rechtslage bei der **Anhörung des Betriebsrates** im Falle einer Kündigung eines Tendenzträgers. Nach § 102 Abs. 1 BetrVG ist der Betriebsrat vor jeder Kündigung auch eines Tendenzträgers zu hören und entsprechend zu informieren. Ihm sind die Kündigungsgründe umfassend mitzuteilen.[156] Das Widerspruchsrecht des Betriebsrates gem. § 102 Abs. 3 BetrVG gegen den Ausspruch einer beabsichtigten Kündigung besteht hingegen im Falle der Kündigung eines Tendenzträgers nicht. Folgerichtig wird dadurch nicht der Weiterbeschäftigungsanspruch eines gekündigten Arbeitnehmers gem. § 102 Abs. 5 BetrVG ausgelöst,[157] da die erzwungene Weiterbeschäftigung eines Tendenzträgers ausgeschlossen bleiben soll. In die Systematik der aufgezeigten Rspr. passt es, dass das Mitbestimmungsrecht des Betriebsrates gem. § 105 BetrVG bezüglich der Einstellung oder personellen Veränderung eines leitenden Angestellten i.S.d. § 5 Abs. 3 BetrVG erhalten bleibt, da es sich hierbei um reine Informationsrechte handelt.[158] **129**

---

152 *BAG* AP Nr. 4 zu § 94 BetrVG 1972.
153 *BAG* NZA 2010, 902, 905.
154 *BAG* AP Nr. 18 zu § 118 BetrVG; hierzu auch *BVerfG* AP Nr. 14 zu § 118 BetrVG 1972.
155 *BAG* AP Nr. 27 zu § 118 BetrVG 1972; *Richardi/Forst* 15. Aufl. 2016, § 118 BetrVG Rn. 160.
156 *BAG* AP Nr. 1 zu § 130 BetrVG 1972; *Fitting* 28. Aufl. 2016, § 118 BetrVG Rn. 38; a.A. *Dzida/Hohenstatt* NZA 2004, 1084.
157 *Fitting* 28. Aufl. 2016, § 118 BetrVG Rn. 35.
158 *Richardi/Forst* 15. Aufl. 2016, § 118 BetrVG Rn. 168.

2.3 Mitbestimmung in sozialen Angelegenheiten

130 Die Mitbestimmung in sozialen Angelegenheiten gem. den §§ 87–89 BetrVG lässt im Wesentlichen Einschränkungen der Mitbestimmungsrechte des Betriebsrates nicht entstehen, da es regelmäßig um den wertneutralen Arbeitsablauf und die Organisation des Betriebes geht, die tendenzneutral sind.[159] Ausnahmen von diesem Grundsatz können jedoch in Einzelfällen bestehen. So hat das BAG bspw. bei der Geltendmachung eines Mitbestimmungsrechts auf der Grundlage des § 87 Abs. 1 Nr. 1 BetrVG (Fragen der **Ordnung des Betriebes**) angenommen, dass die Aufstellung von **Ethikregeln für Redakteure** wegen des Tendenzcharakters dieser Maßnahme nicht der Mitbestimmung des Betriebsrates unterliegt.[160] Auch bezüglich des Mitbestimmungsrechtes des Betriebsrates aus § 87 Abs. 1 Nr. 2 BetrVG hinsichtlich des Beginns und des Endes der **täglichen Arbeitszeit** können Einschränkungen bestehen, sofern deren Festlegung nicht nur aus technisch-organisatorischen Gründen, sondern wegen der Aktualität oder der inhaltlichen Ausgestaltung der Berichterstattung erfolgt.[161] Besteht eine Konnexität zwischen der Lage der täglichen Arbeitszeit und der Berichterstattung durch Redakteure, so ist das Mitbestimmungsrecht des Betriebsrates wegen der Tendenznähe der Maßnahme ausgeschlossen. Bereits dieses Beispiel zeigt, dass sich in der Praxis mitunter bereits im Vorfeld der Mitbestimmung Streitigkeiten zwischen Betriebsrat und Arbeitgeber darüber ergeben können, ob ein Mitbestimmungsrecht überhaupt besteht. So kann es auch durchaus sein, dass Fragen der Mitbestimmung bei Beginn und Ende der täglichen Arbeitszeit von Tendenzträgern teilweise mitbestimmungspflichtig, teilweise aber auch mitbestimmungsfrei sind, je nachdem, ob die einzelne Frage der Arbeitszeit Tendenznähe aufweist oder nicht.

2.4 Mitbestimmung in wirtschaftlichen Angelegenheiten

131 Die Mitbestimmung in wirtschaftlichen Angelegenheiten ist bereits gem. § 118 Abs. 1 S. 2 BetrVG zu Lasten des Betriebsrates insoweit eingeschränkt, als dort geregelt ist, dass die §§ 106–110 BetrVG nicht und die §§ 111–113 BetrVG nur anzuwenden sind, als sie den Ausgleich oder die Milderung wirtschaftlicher Nachteile für die Arbeitnehmer infolge von Betriebsänderungen regeln. Anders als bei der Mitbestimmung in sozialen und personellen Angelegenheiten hat der Gesetzgeber also bei der Mitbestimmung in wirtschaftlichen Angelegenheiten bereits eine ausdrückliche Ausnahmeregelung in § 118 BetrVG aufgenommen. Hieraus folgt zunächst, dass in Unternehmen mit Tendenzcharakter kein **Wirtschaftsausschuss** i.S.d. § 106 Abs. 1 BetrVG gebildet werden kann. Ein solcher ist üblicherweise in Unternehmen zu bilden, die mehr als 100 Arbeitnehmer beschäftigen. Der Arbeitgeber hat den Wirtschaftsausschuss rechtzeitig und umfassend über die wirtschaftlichen Angelegenheiten des Unternehmens unter Vorlage erforderlicher Unterlagen zu unterrichten. Diese Verpflichtung entfällt also gänzlich in Medienunternehmen, die einen Tendenzcharakter aufweisen. Auch wenn in Tendenzunternehmen ein Wirtschaftsausschuss nicht gebildet werden kann, bleibt die Verpflichtung des Arbeitgebers zur Unterrichtung der Belegschaft in einer Betriebsversammlung über die wirtschaftliche Lage und Entwicklung des Betriebes gem. § 43 Abs. 2 S. 3 BetrVG bestehen.[162] Diese Unterrichtung hat freilich

159 *BAG* AP Nr. 44 zu § 118 BetrVG 1972; hierzu auch *BVerfG* AP Nr. 67 zu § 118 BetrVG 1972; *Fitting* 28. Aufl. 2016, § 118 BetrVG Rn. 32.

160 *BAG* NZA 2003, 166.

161 *BAG* AP Nr. 50 zu § 118 BetrVG 1972.

162 *Fitting* 28. Aufl. 2016, § 118 BetrVG Rn. 43.

nur einmal jährlich stattzufinden und ist nicht mit der Überreichung und Vorlage von Unterlagen verbunden. Darüber hinaus bleibt der Arbeitgeber auch in Tendenzunternehmen verpflichtet, gem. § 80 Abs. 2 S. 2 BetrVG den Betriebsrat auf dessen Verlangen jederzeit die zur Durchführung seiner Aufgaben nach § 80 Abs. 1 BetrVG erforderlichen Unterlagen zur Verfügung zu stellen. Diese Unterlagen beziehen sich zwar weitgehend auf personalbezogene Maßnahmen, doch legt die Rspr. die Vorlagepflicht weit aus, so dass auch der Betriebsrat in Tendenzunternehmen ein weitreichendes Einsichtsrecht in Unterlagen geltend machen kann.

Die Mitbestimmungsrechte des Betriebsrates nach §§ 111–113 BetrVG werden einge- **132** schränkt und sind nur insoweit anwendbar, als sie den Ausgleich oder die Milderung wirtschaftlicher Nachteile für die Arbeitnehmer infolge der Durchführung einer Betriebsänderung regeln. Hieraus folgt wiederum, dass zunächst die Unterrichtungspflicht des Arbeitgebers aus § 111 BetrVG auch in Tendenzunternehmen bestehen bleibt. Das Tendenzunternehmen hat also den Betriebsrat rechtzeitig über eine geplante **Betriebsänderung** zu unterrichten und im Hinblick auf die sozialen Folgen mit ihm zu beraten. Die Unterrichtungs- und Beratungspflicht ist jedoch insoweit begrenzt, als sie sich nicht auf das „Ob" der Durchführung der Betriebsänderung bezieht, sondern nur auf die hierdurch eintretenden wirtschaftlichen Nachteile der Mitarbeiter des Tendenzunternehmens. Dies folgt daraus, dass sich nach dem ausdrücklichen Wortlaut des § 118 Abs. 1 S. 2 BetrVG das Mitbestimmungsrecht des Betriebsrates nicht auf die Verhandlung und den Abschluss eines Interessenausgleiches nach § 112 BetrVG bezieht. Der Interessenausgleich betrifft aber gerade die Einigung mit dem Betriebsrat über das „Ob" der Betriebsänderung. Erstreckt sich das Mitbestimmungsrecht des Betriebsrates hierauf aber gerade nicht, kann das Tendenzunternehmen auch nicht verpflichtet sein, den Betriebsrat hierüber entsprechend zu unterrichten und mit ihm das „Ob" der Betriebsänderung zu beraten.[163] Unterlässt das Tendenzunternehmen die rechtzeitige Unterrichtung und Beratung über die wirtschaftlichen Nachteile einer beabsichtigten Betriebsänderung, so sieht das Gesetz an sich keine negativen Konsequenzen für den Arbeitgeber vor. Dies deshalb nicht, weil die Verpflichtung zur Leistung des Nachteilsausgleichs nach § 113 Abs. 1 BetrVG daran anknüpft, dass der Arbeitgeber eine geplante Betriebsänderung nach § 111 BetrVG durchführt, ohne über diese einen Interessenausgleich mit dem Betriebsrat versucht zu haben. Ist der Arbeitgeber aber nicht verpflichtet, einen Interessenausgleich zu verhandeln und abzuschließen, so kann er auch nicht verpflichtet sein, infolge des Unterlassens den von der Betriebsänderung betroffenen Arbeitnehmern einen Nachteilsausgleich zu schulden.

Das BAG hat gleichwohl auch in Tendenzunternehmen einen Nachteilsausgleich nach **133** § 113 Abs. 3 BetrVG anerkannt, nämlich dann, wenn der Arbeitgeber eine Betriebsänderung durchführt, ohne den Betriebsrat rechtzeitig unterrichtet und Inhalte eines künftigen Sozialplanes mit diesem beraten zu haben.[164] Entgegen der überwiegenden Meinung in der Literatur[165] hält das BAG also eine Anwendung des § 113 BetrVG und

---

163 So auch *H/W/K/Hohenstatt/Dzida* 7. Aufl. 2016, § 118 BetrVG Rn. 28; *ArbG Frankfurt/Oder* NZA-RR 2001, 646, 647.

164 *BAG* 18.11.2003, AP Nr. 76 zu § 118 BetrVG 1972; 27.10.1998, AP Nr. 65 zu § 118 BetrVG 1972; hierzu *H/W/K/Hohenstatt/Dzida* 7. Aufl. 2016, § 118 BetrVG Rn. 30.

165 *Richardi/Forst* 15. Aufl. 2016, § 118 BetrVG Rn. 172; *H/W/K/Hohenstatt/Dzida* 7. Aufl. 2016, § 118 BetrVG Rn. 30.

damit die Zahlung eines Nachteilsausgleichs dann für geboten, wenn es das Tendenzunternehmen unterlässt, den Betriebsrat rechtzeitig, also vor Umsetzung der geplanten Betriebsänderung über eben diese zu unterrichten und die Inhalte eines künftigen Sozialplans zum Ausgleich der wirtschaftlichen Nachteile infolge der Umsetzung der geplanten Betriebsänderung zu erörtern. In der Praxis bedeutet dies, dass dem Tendenzunternehmen in jedem Falle zu raten ist, den Betriebsrat rechtzeitig über die Betriebsänderung in Kenntnis zu setzen und über die Möglichkeiten des Abschlusses eines Sozialplans zu beraten, um nach Umsetzung der Betriebsänderung Nachteilsausgleichsansprüche der Arbeitnehmer, die infolge der Umsetzung der Betriebsänderung wirtschaftliche Nachteile erleiden, zu verhindern, obwohl eine Pflicht zum Abschluss eines Interessenausgleichs nicht besteht.

3. Unternehmerische Mitbestimmung

134 Die Mitbestimmung der Arbeitnehmer erfolgt nicht nur auf betrieblicher Ebene durch die Gründung von Betriebsräten, sondern auch unternehmerisch auf der Ebene der Aufsichtsräte von Kapitalgesellschaften. Einschlägig sind insoweit das Drittelbeteiligungs- und das Mitbestimmungsgesetz. Während das Drittelbeteiligungsgesetz die Mitbestimmung von Arbeitnehmern in Aufsichtsräten von Unternehmen mit regelmäßig mehr als 500 Arbeitnehmern betrifft, bezieht sich das Mitbestimmungsgesetz auf Unternehmen mit mehr als 2 000 Arbeitnehmern.

3.1 Drittelbeteiligungsgesetz

135 Das Drittelbeteiligungsgesetz sieht eine Beteiligung der Arbeitnehmer in den Aufsichtsräten insbesondere von Aktiengesellschaften und GmbH vor, die mehr als 500 Arbeitnehmer beschäftigen. Lediglich solche Aktiengesellschaften, die bereits vor dem 10.8.1994 in das Handelsregister eingetragen worden sind, keine Familiengesellschaften sind und weniger als 500 Arbeitnehmer beschäftigen, haben ebenfalls einen Aufsichtsrat zu bilden, in den Arbeitnehmervertreter gewählt werden. § 4 Abs. 1 DrittelbG sieht vor, dass der Aufsichtsrat eines Unternehmens der bezeichneten Art zu einem Drittel aus Arbeitnehmervertretern bestehen muss (Drittelparität). Diese unternehmerischen Mitbestimmungsrechte der Arbeitnehmervertreter im Aufsichtsrat scheiden jedoch gem. § 1 Abs. 2 Ziff. 2 DrittelbG aus, wenn es sich um ein Unternehmen handelt, welches „unmittelbar und überwiegend" künstlerischen Bestimmungen oder Zwecken der Berichterstattung oder Meinungsäußerung dient. In diesen Fällen ist das Drittelbeteiligungsgesetz nicht anwendbar. § 1 Abs. 2 Ziff. 2 DrittelbG schließt also eine unternehmerische Mitbestimmung in Tendenzunternehmen gänzlich aus. Da die Voraussetzungen für das Vorliegen eines Tendenzunternehmens mit denen identisch sind, die in § 118 BetrVG normiert sind, kann insoweit auf die vorstehenden Ausführungen verwiesen werden.

3.2 Mitbestimmungsgesetz

136 Das Mitbestimmungsgesetz regelt die Mitbestimmung von Arbeitnehmern im Aufsichtsrat von Kapitalgesellschaften, die in der Regel mehr als 2 000 Arbeitnehmer beschäftigen. Im Unterschied zu der unternehmerischen Mitbestimmung auf der Grundlage des Drittelbeteiligungsgesetzes muss der Aufsichtsrat einer solchen Gesellschaft zur Hälfte aus Vertretern der Anteilseigner und der Arbeitnehmer (§ 7 Abs. 1 MitbestG) bestehen (paritätische Mitbestimmung). Auch hier gilt gem. § 1 Abs. 4 MitbestG, dass das Gesetz nicht anzuwenden ist auf Unternehmen, die „unmittelbar und überwiegend“ künstlerischen Bestimmungen oder Zwecken der Berichterstattung oder Meinungsäußerung dienen. Hier kann ebenfalls hinsichtlich der inhaltlichen Anforderungen an das Vorliegen eines Tendenzunternehmen auf die obigen Ausführungen zu § 118 BetrVG verwiesen werden.

II. Tarifvertragsrecht in Medienunternehmen

1. Grundsätzliches zur Anwendung von Tarifverträgen

Der Gesetzgeber hat es weitestgehend den Arbeitgebern bzw. Arbeitgeberverbänden und Gewerkschaften überlassen, die Arbeits- und Wirtschaftsbedingungen ihrer Mitglieder in kollektiven Verträgen selbständig und eigenverantwortlich, im Wesentlichen ohne staatliche Einflussnahme, zu regeln. Diese sog. **Tarifautonomie** ist verfassungsrechtlich in Art. 9 Abs. 3 GG verankert und wird durch den Abschluss von Tarifverträgen verwirklicht. Die Tarifverträge erfüllen dabei mehrere Funktionen. Zum einen sollen sie die strukturelle Unterlegenheit des einzelnen Arbeitnehmers ausgleichen und ein annähernd gleichgewichtiges Aushandeln der Arbeitsbedingungen ermöglichen. Tarifverträge sichern also insbesondere Mindestarbeitsbedingungen der Arbeitnehmer und haben damit eine Schutzfunktion.[166] Des Weiteren kommt ihnen eine Ordnungsfunktion zu, indem sie durch die Niederlegung der Arbeitsbedingungen sowohl den Gesetzgeber, als auch die Arbeitsvertragsparteien entlasten.[167] Schließlich kommt den Tarifverträgen auch die Friedensfunktion zu. Dies bedeutet, dass sich die Tarifvertragsparteien verpflichten, für die Laufzeit des Tarifvertrags sämtliche Kampfmaßnahmen (Streiks und Aussperrung) zu unterlassen.[168] 137

Das Tarifvertragsgesetz (TVG) regelt den Abschluss, den Inhalt und die Wirkung von Tarifverträgen. Tarifverträge können nur von den in § 2 Abs. 1 TVG genannten Tarifvertragsparteien geschlossen werden. Dies sind Gewerkschaften, einzelne Arbeitgeber sowie Vereinigungen von Arbeitgebern (Arbeitgeberverbände). Des Weiteren müssen sie schriftlich abgeschlossen werden (§ 1 Abs. 2 TVG). Tarifverträge können in Form von Verbandstarifverträgen zwischen den Arbeitgeberverbänden und den Gewerkschaften sowie in Form von Firmentarifverträgen zwischen dem einzelnen Arbeitgeber und einer Gewerkschaft geschlossen werden.[169] Im Hinblick auf den Inhalt eines Tarifvertrags ist insbesondere zwischen dem Manteltarifvertrag und dem Entgelttarifvertrag zu unterscheiden. Der Manteltarifvertrag regelt die allgemeinen Arbeitsbedingungen, der Entgelttarifvertrag die Vergütung für die Arbeitsleistung. Darüber hinaus existiert noch eine Vielzahl weiterer Verträge, bspw. zu Urlaubsansprüchen der Arbeitnehmer oder zu Sonderleistungen.[170] 138

Ein Tarifvertrag findet nur dann Anwendung auf ein Arbeitsverhältnis, wenn die Arbeitsvertragsparteien an diesen gebunden sind. Die wichtigste Form der Tarifbindung ist in § 3 Abs. 1 TVG geregelt. Danach sind die Mitglieder der Tarifvertragspar- 139

---

166 *BVerfG* AP Nr. 117 zu Art. 9 GG, Arbeitskampf; *H/W/K/Henssler* 7. Aufl. 2016, Einl. TVG Rn. 9.
167 *BAG* AP Nr. 1 zu § 1 TVG Durchführungspflicht; ErfK/*Franzen* 17. Aufl. 2017, § 1 TVG Rn. 2.
168 *BAG* AP Nr. 76 zu Art. 9 GG, Arbeitskampf; *Moll/Hamacher/van Laak* Münchener Anwaltshandbuch Arbeitsrecht, 4. Aufl. 2017, § 69 Rn. 50..
169 *Löwisch/Rieble* TVG, 4. Aufl. 2017, Grundlagen Rn. 21.
170 Vgl. *Löwisch/Rieble* TVG, 4. Aufl. 2017, Grundlagen Rn. 20.

teien und der Arbeitgeber, der selbst Partei des Tarifvertrages ist, tarifgebunden. Tarifbindung liegt nur dann vor, wenn Arbeitgeber und Arbeitnehmer Mitglieder der jeweils tarifschließenden Gewerkschaft bzw. des Arbeitgeberverbandes sind oder der Arbeitgeber selbst Partei des Tarifvertrags und der Arbeitnehmer Mitglied der tarifschließenden Gewerkschaft ist. Die Tarifbindung beginnt mit Abschluss des Tarifvertrags, wenn die Arbeitsvertragsparteien bereits Mitglieder des jeweiligen Verbandes sind bzw. wenn die Mitgliedschaft noch nicht besteht, mit Eintritt in den jeweiligen Verband.[171] Ist nur eine Arbeitsvertragspartei an den Tarifvertrag gebunden – zum Beispiel in dem Fall, dass zwar der Arbeitnehmer Mitglied einer Gewerkschaft ist, der Arbeitgeber jedoch keinem Arbeitgeberverband angehört und auch selbst nicht Partei eines Tarifvertrags ist –, so entfällt die Bindung des Arbeitsverhältnisses an die Rechtsnormen des Tarifvertrags.[172] Tarifbindung kann auch durch die Erklärung der Allgemeinverbindlichkeit gem. § 5 TVG durch das Bundesministerium für Arbeit und Soziales herbeigeführt werden; in diesen Fall gilt der Tarifvertrag unabhängig von der Mitgliedschaft in einem Verband. Im Medienbereich ist etwa der Tarifvertrag über das Redaktionsvolontariat v. 22.9.1990 für allgemeinverbindlich erklärt worden. Des Weiteren der Tarifvertrag über die Altersversorgung für Redakteurinnen und Redakteure v. 15.12.1997. Dessen Allgemeinverbindlichkeitserklärung erstreckt sich aber nicht auf die Länder Sachsen-Anhalt und Thüringen. Schließlich kann eine Anwendung des Tarifvertrages auch dadurch bewirkt werden, dass diese arbeitsvertraglich vereinbart wird. Dies erfolgt üblicherweise durch sog. Bezugnahmeklauseln, welche auf bestimmte Tarifverträge verweisen und damit deren Anwendung auf das Arbeitsverhältnis anordnen.[173]

140 Die Tarifgebundenheit bleibt solange bestehen, bis der Tarifvertrag endet (§ 3 Abs. 3 TVG). Tarifverträge enden üblicherweise durch deren Kündigung oder durch Zeitablauf bei befristeten Tarifverträgen.[174] Ein Austritt des Arbeitgebers aus dem Arbeitgeberverband bzw. des Arbeitnehmers aus der Gewerkschaft führt nicht dazu, dass die Tarifbindung automatisch endet. Die Tarifbindung bleibt bis zum Ende des Tarifvertrags (§ 3 Abs. 3 TVG) bestehen.[175] Ist ein Tarifvertrag abgelaufen, so ordnet § 4 Abs. 5 TVG an, dass die Rechtsnormen des abgelaufenen Tarifvertrags weiter gelten, bis sie durch eine andere Abmachung ersetzt werden. Die Tarifvertragsnormen wirken somit in dieser Zeit nach. Auch wenn der Tarifvertrag somit während der Nachwirkung unmittelbar fort gilt, so entfällt jedoch die zwingende Wirkung des Tarifvertrags. Dies bedeutet, dass die tarifvertraglichen Regelungen durch einzelvertragliche Vereinbarungen auch zu Ungunsten der Arbeitnehmer abgeändert werden können.[176]

141 Der Tarifvertrag enthält gem. § 1 Abs. 1 TVG Rechtsnormen, die den Inhalt, den Abschluss und die Beendigung von Arbeitsverhältnissen sowie betriebliche und betriebsverfassungsrechtliche Fragen betreffen können. Die normativen Regelun-

171 *H/W/K/Henssler* 7. Aufl. 2016, § 3 TVG Rn. 37.

172 *Von Hartlieb/Schwarz-Altenburg* Handbuch des Film-, Fernseh- und Videorechts, 5. Aufl. 2011, 283. Kap. Rn. 6.

173 ErfK/*Franzen* 17. Aufl. 2017, § 3 TVG Rn. 29 ff.; *H/W/K/Henssler* 7. Aufl. 2016, § 3 TVG Rn. 15 ff.

174 ErfK/*Franzen* 17. Aufl. 2017, § 3 TVG Rn. 21.

175 Vgl. *BAG* AP Nr. 8 zu § 3 TVG Verbandsaustritt; ErfK/*Franzen*, 17. Aufl. 2017, § 3 TVG Rn. 23; *von Hartlieb/Schwarz-Altenburg* Handbuch des Film-, Fernseh- und Videorechts, 5. Aufl. 2011, 283. Kap. Rn. 6.

176 *BAG* AP Nr. 7 zu § 4 TVG Nachwirkung; AP Nr. 21 zu § 77 BetrVG 1972; ErfK/*Franzen* 17. Aufl. 2017, § 4 TVG Rn. 63; *Löwisch/Rieble* TVG, 4. Aufl. 2017, § 4 Rn. 854.

gen eines Tarifvertrages gelten unmittelbar und zwingend für die an ihn gebundenen Parteien des Arbeitsvertrages und gestalten diesen wie ein Gesetz. Tarifverträge können die gesamte Bandbreite eines Arbeitsvertragsverhältnisses regeln und betreffen bspw. Abschlussnormen, also Regelungen, die den Abschluss eines Arbeitsvertrages betreffen und diesen etwa einem Formzwang (Schriftform) unterstellen. Den größten Bereich nehmen freilich die Inhaltsnormen ein, also diejenigen Regelungen, die sich bspw. auf Gehälter und Gagen, Arbeitszeiten, Urlaub, zusätzliche Vergütungen wie Gratifikationen und auch Rechteübertragungsregelungen beziehen. Schließlich enthalten Tarifverträge auch Beendigungsnormen, die sich auf die Beendigung eines Arbeitsvertrages bspw. durch die Vereinbarung von Kündigungsfristen erstrecken.

2. Konkrete Tarifverträge für Medienunternehmen

Die Tarifvertragsparteien haben auch für die Mitarbeiter in Medienunternehmen eine Vielzahl von Tarifverträgen abgeschlossen. Die nachfolgend aufgeführten sollen einen ersten Überblick über die „Tariflandschaft" vermitteln. 142

Von besonderer Bedeutung ist der Tarifvertrag für auf Produktionsdauer beschäftigte Film- und Fernsehschaffende, der zwischen Allianz Deutscher Produzenten – Film und Fernsehen e.V. einerseits und der Gewerkschaft ver.di abgeschlossen worden ist. Dieser Tarifvertrag besteht aus dem Manteltarifvertrag, dem Gagentarifvertrag und dem Tarifvertrag für Kleindarsteller jeweils vom 1.4.2016 sowie dem Tarifvertrag für Schauspielerinnen und Schauspieler vom 1.4.2014 und dem Ergänzungstarifvertrag Erlösbeteiligung Kinofilm vom 1.1.2014. Im privaten Rundfunk zu nennen ist u.a. der Manteltarifvertrag Lokalfunk NRW v. 3.5.1993, der zwischen der Tarifgemeinschaft Lokalfunk NRW (TGL) als Vertreterin des Verbandes der Betriebsgesellschaften in Nordrhein-Westfalen e.V. sowie des Verbandes lokaler Rundfunk in Nordrhein-Westfalen e.V. und dem Deutschen Journalisten-Verband e.V. – Gewerkschaft der Journalisten –, der Deutschen Angestellten-Gewerkschaft Berufsgruppe Kunst und Medien – sowie der Industriegewerkschaft Medien, Druck und Papier, Publizistik und Kunst (heute zusammen geschlossen in ver.di) geschlossen worden ist. Ähnlich lautende Tarifverträge bestehen in Bayern und Baden-Württemberg. Darüber hinaus sind die Tarifverträge für Arbeitnehmerinnen und Arbeitnehmer in Unternehmen des privatrechtlichen Rundfunks (TPR) zu nennen, die zwischen dem Tarifverband Privater Rundfunk und der Gewerkschaft ver.di sowie dem Deutschen Journalisten-Verband e.V. abgeschlossen worden sind. Bei diesen Tarifverträgen handelt es sich zum einen um den Manteltarifvertrag vom 26.3.2012, den Tarifvertrag zur Förderung der betrieblichen Altersvorsorge vom 17.9.2002, den Tarifvertrag für Redaktionsvolontärinnen und Redaktionsvolontäre im privaten Rundfunk vom 27.4.2005, sowie den Entgelttarifvertrag vom 14.6.2016 143

Für die Arbeitnehmerinnen und Arbeitnehmer in den technischen Betrieben sind ebenfalls Tarifverträge abgeschlossen worden. Der VTFF Verband Technischer Betriebe für Film- und Fernsehen e.V., Berlin und die Gewerkschaft ver.di haben die Tarifverträge für die Arbeitnehmerinnen und Arbeitnehmer in den technischen Betrieben für Film- und Fernsehen (VTFF) abgeschlossen. Diese bestehen aus dem einheitlichen Manteltarifvertrag, gültig ab dem 1.1.2003 (in der zum 1.1.2010 vereinbarten vierten Fassung vom 12.8.2010), dem Überleitungstarifvertrag, gültig ab dem 1.4.2003, dem Tarifvertrag zur Förderung der betrieblichen 144

Altersvorsorge, gültig ab dem 1.1.2003, sowie dem Entgelttarifvertrag, gültig ab dem 1.1.2010. Der Manteltarifvertrag sowie der Entgelttarifvertrag wurden jedoch zum Ende des Jahres 2011 gekündigt.

145 Für Solomitglieder und Bühnentechniker sowie Opernchor und Tanzgruppenmitglieder, die an kommunalen und Landestheatern beschäftigt werden, gilt seit dem 1.1.2003 der Normalvertrag Bühne, welcher zwischen dem Deutschen Bühnenverein – Bundesverband deutscher Theater, Köln und der Genossenschaft Deutscher Bühnen-Angehöriger, Hamburg, abgeschlossen worden ist.

146 Für den Bereich der Printmedien existiert ebenfalls eine Vielzahl von Tarifverträgen. Für Redakteurinnen und Redakteure an Tageszeitungen gilt der Manteltarifvertrag, in Kraft seit dem 1.1.2014, der Gehaltstarifvertrag mit Geltung ab 1.1.2016 und der Tarifvertrag über die Altersversorgung v. 15.12.1997, gültig ab 1.1.1999. Ferner besteht der Tarifvertrag für arbeitnehmerähnliche freie Journalistinnen und Journalisten an Tageszeitungen vom 29.6.2016 mit Geltung ab dem 1.1.2016 sowie der Tarifvertrag über das Redaktionsvolontariat an Tageszeitungen, gültig ab dem 1.11.2016. Entsprechende Tarifverträge gibt es auch für Redakteurinnen und Redakteure an Zeitschriften sowie das Redaktionsvolontariat an Zeitschriften. Auch hier gibt es den Gehaltstarifvertrag mit Geltung ab 1.4.2016, den Manteltarifvertrag in der Fassung v. 4.11.2011 sowie den Tarifvertrag über die Altersversorgung für Redakteurinnen und Redakteure an Zeitschriften, gültig ab 1.4.2013, und ferner den Tarifvertrag über das Redaktionsvolontariat an Zeitschriften mit Geltung ab 1.10.1990, welcher allgemeinverbindlich ist.

17. Kapitel
Recht der deutschen und europäischen Kulturförderung

Literatur: *Auswärtiges Amt* Bericht zur Auswärtigen Kulturpolitik, Berlin, o.J.; *BKM – Beauftragter der Bundesregierung für Kultur und Medien* Eckpunkte für die Systematisierung der Kulturförderung von Bund und Ländern und für die Zusammenführung der Kulturstiftung des Bundes und der Kulturstiftung der Länder zu einer gemeinsamen Kulturstiftung, 2003; *Beckmann* Die Kulturförderung der Europäischen Union, Jahrbuch für Kulturpolitik 2007, 2007, S. 251; *von Beyme* Kulturpolitik in Deutschland. Von der Staatsförderung zur Kreativwirtschaft, Wiesbaden, 2012; *Bischoff* Neuer Stellenwert der Kultur in der Politik, ZRP 1999, 240; *Böckenförde* Die Organisationsgewalt im Bereich der Regierung. Eine Untersuchung zum Staatsrecht der Bundesrepublik Deutschland, 1964; *Bornemann* Die Cultural Contact Points, EU-Kommission 2001, Europäische Regierung, Weißbuch, Nationale Kontaktstellen für das europäische Förderprogramm „KULTUR" (2007–2013), Jahrbuch für Kulturpolitik 2007, 2007, S. 263; *Bruhn/Mehlinger* Rechtliche Gestaltung des Sponsoring, Bd. 1 Allgemeiner Teil, Bd. 2 Spezieller Teil, 1994/1995; *Castendyk/Bark* Unterliegt das Filmförderungsgesetz der Beihilfekontrolle der Art. 87 ff. EGV?, Ein Beitrag zu den EG-rechtlichen Grenzen der Filmförderung in Deutschland, ZUM 2003, 480; *Danwitz* Die kulturbezogenen Aspekte in einer künftigen europäischen Verfassung, in Stern (Hrsg.), Kultur- und Medienpolitik im Kontext des Entwurfs einer europäischen Verfassung, 2005, S. 121; *Duvvuri* Öffentliche Filmförderung in Deutschland – Versuch einer ökonomischen Erfolgs- und Legitimationsbeurteilung, 2007; *Endreß* Kulturpolitik des Bundes, Strukturelle und inhaltliche Neuorientierung zur Jahrtausendwende?, 2005; *Enquete-Kommission „Kultur in Deutschland"* des Deutschen Bundestages, Schlussbericht, BT-Drucks. 16/7000 v. 11.12.2007; *EU-Kommission – Directorate General for Education and Culture* Die Kulturpolitik der Europäischen Kommission, Jahrbuch für Kulturpolitik 2007, 2007, S. 131; *Evers* Das Besserstellungsverbot im Wissenschaftsbereich, WissR 30/1977, 109; *Geier* Nationale Filmförderung und europäisches Beihilfenrecht, 2006; *Geis* Die „Kulturhoheit der Länder", DÖV 1992, 522; *Gern* Deutsches Kommunalrecht, 2. Aufl. 1997; *Heinrichs* Kommunales Kulturmanagement. Rahmenbedingungen, Praxisfelder, Managementmethoden, 1999; *Heinze* Kultursponsoring, Museumsmarketing, Kulturtourismus, ein Leitfaden für Kulturmanager, 2002; *ders. (Hrsg.)* Neue Ansätze im Kulturmanagement, Theorie und Praxis, 2004; *Henner-Fehr* Die EU fördert Kunst und Kultur. Was hat sich geändert?, KUF – Erfolgreich Kultur finanzieren, 2007, B 1.1–4; *Hense* Bundeskulturpolitik als verfassungs- und verwaltungsrechtliches Problem, DVBl 2000, 376; *Hofmann* 1961–1986, 25 Jahre Aufbau der Stiftung „Preußischer Kulturbesitz" in Berlin, Jahrbuch der Stiftung Preußischer Kulturbesitz XXII (1985), 1986, S. 27; *Isensee/Kirchhof* Handbuch des Staatsrechts, Bd. IV, 3. Aufl. 2006, S. 701; *KEA European Affairs* The Economy of Culture in Europe. Study prepared for the European Commission, 2006; *Kirchhoff* Subventionen als Instrument der Lenkung und Koordinierung, 1973; *Klein* Kulturpolitik, 2. Aufl. 2005; *Knoblich* Kunst- und Kulturförderung im föderativen System, 2004; *Köckritz/Dittrich/Lamm* Bundeshaushaltsordnung (BHO) Kommentar, Loseblatt; *Koenig/Kühling* Mitgliedstaatliche Kulturförderung und gemeinschaftliche Beihilfekontrolle durch die EG-Kommission, EuZW 2000, 197; *Köstlin* Die Kulturhoheit des Bundes. Eine Untersuchung zum Kompetenz- und Organisationsrecht des Grundgesetzes unter Berücksichtigung der Staatspraxis in der Bundesrepublik Deutschland, 1989; *ders.* Wissenschaftsfördernde Stiftungen, 2. Aufl. 1996; *ders.* Private Mittel für die Kultur – Strategien im Zeichen der Krise, in: Kulturmanagement und Kulturpolitik, Loseblatt F 3.11; *ders.* Kultur und Evaluation – Controlling statt Kontrolle. Evaluation als Lern- und Erkenntnisprozess, in Kulturmanagement und Kulturpolitik, Loseblatt D 3.5; *Kopp/Ramsauer* Verwaltungsverfahrensgesetz, 9. Aufl. 2005; *KPMG* Filmförderung in Deutschland und der EU – Förderarten und -institutionen auf einen Blick, 9. Aufl. 2006; *Krämer/Schmidt* Zuwendungsrecht, Zuwendungspraxis, Loseblatt; *Kulturkreis der Deutschen Wirtschaft im BDI* Unternehmerische Kulturförderung in Deutschland, Ergebnisse einer umfassenden Untersuchung des Kulturkreises der Deutschen Wirtschaft im BDI, 2010; *Lehmann* Kooperation und Konkurrenz. Die Stiftung Preußischer Kulturbesitz ist ein Modell mit Zukunft, Jahrbuch Preußischer Kulturbesitz 2001, 2002, S. 187; *Maaß* Kultur und Außenpolitik, 2005; *Mahrenholz* Die Kultur und der Bund – Kompetenzrechtliche Erwägungen anlässlich der Gründung der Bundeskulturstiftung im März 2002, DVBl 2002, 857; *Mangoldt/Klein/Starck* Kommentar zum Grundgesetz, Bd. 2, Art. 20–82, 5. Aufl. 2005; *Meinecke* Haushaltsrecht, 2. Aufl. 1996; *Meusel* Außeruniversitäre Forschung im Wissenschaftsrecht, 2. Aufl. 1999; *Meyer/Tiedtke/Meißner* Neue Rechtsformen für Kultureinrichtungen, 1996; *Müller/Singer* Rechtliche und institutionelle Rahmenbedingungen der Kultur in Deutschland. Bestandsaufnahme und Einordnung in die kulturpolitische Praxis von Bund und Ländern, Ausarbeitung für die Wissenschaftlichen Dienste des Deutschen Bundestages, Reg.-Nr. WF X – 106/03, 2004; *von Münch/Kunig* Grundgesetz-Kommentar, 5. Aufl. 2003; Münchener Kommentar zum Bürgerlichen Gesetzbuch, 2006; *Oppermann* Europarecht, 3. Aufl. 2005; *ders.* Kulturverwaltungsrecht, 1969; *Piduch* Bundeshaushaltsrecht. Kommentar zu den Art. 91a, 91b, 104a, 109-115 des Grundgesetzes und zur Bundeshaushaltsordnung, Loseblatt; *Pluschke* Kunstsponsoring. Vertragsrechtliche Aspekte, 2005; *Raabe* Blaubuch 2006, Kulturelle Leuchttürme in Brandenburg, Mecklenburg-Vorpommern, Sachsen, Sachsen-Anhalt und Thüringen, 2006; *Radaelli* The Open Method of Coordination: A new governance architecture for the European Union?, Swedish Institute for European Policy Studies, 2003; *Scheytt/Trockel* Kulturförderung auf der Basis von Richtlinien, 2005; *Schilling* Sponsoring, das Öffentlichkeit erzeugt, KUF – Erfolgreich Kulturfinanzieren, 2007; *Schleich* Nebenbestimmungen in Zuwendungsbescheiden des Bundes und der Länder, NJW 1988, 236; *Schulz* Neugestaltung der öffentlichen Kulturförderung in Deutschland, 2007; *Schuppert* Die Erfüllung öffentlicher Aufgaben durch verselbständigte Verwaltungseinheiten, 1981; *Schwencke* Das Europa der Kulturen – Kulturpolitik in Europa, 2. Aufl. 2006; *ders.* Europa fördert Kultur, Aus Politik und Zeitgeschichte 2004, 19; *ders.* Zur Einführung: Kleine Geschichte der Kulturpolitik in Europa, Jahrbuch für Kulturpolitik 2007, 2007, S. 17; *Singer* Kulturpolitik und Parlament. Kulturpolitische Debatten in der Bundesrepublik Deutschland seit 1945, Ausarbeitung für die Wissenschaftlichen Dienste des Deutschen Bundestages, Reg.-Nr. WF X – 078/03, 2003; *ders.* Auswärtige Kulturpolitik in der Bundesrepublik Deutschland, Konzeptionelle Grundlagen und institutionelle Entwicklung seit 1945, Ausarbeitung für die Wissenschaftlichen Dienste des Deutschen Bundestages, Reg.-Nr. WF X – 095/03, 2003; *Statistische Ämter des Bundes und der Länder* Kulturfinanzbericht 2016, 2016; *Steiner* Kulturauftrag im staatlichen Gemeinwesen, VVDStRL 42/1984, S. 7; *ders.* Neue Entwicklungen im Kulturverfassungsrecht, Die Ordnung der Freiheit, FS C. Starck, 2007, S. 449; *Stern* Das Staatsrecht der Bundesrepublik Deutschland, Bd. 1: Grundbegriffe und Grundlagen des Staatsrechts, Strukturprinzipien der Verfassung, 2. Aufl. 1984; *Stettner* Der verkaufte Staat: Zur Kompetenzabgrenzung zwischen Bund und Ländern bei der Kulturförderung, ZG 2002, 315; *Stockmann* Handbuch zur Evaluation. Eine praktische Handlungsanleitung, 2007; *Thiel* Sponsoring im Steuerrecht, DB 1998, 842; *Tipke/Lang* Steuerrecht, 18. Aufl. 2005; *Uhl* Der Handel mit Kunstwerken im europäischen Binnenmarkt – Freier Warenverkehr versus nationaler Kulturgutschutz, 1993; *Vogt (Hrsg.)* Kulturräume in Sachsen: eine Dokumentation zur Genese des sächsischen Kulturraumgesetzes und zum „Probejahr“ 1995, 2. Aufl. 1996; *Wagner/Sievers* Public Private Partnership. Begründungen und Modelle kooperativer Kulturpolitik, Handbuch Kulturmanagement, 2005; *Wolff/Bachof/Stober* Verwaltungsrecht, Bd. 2 5. Aufl. 1987, Bd. 3 5. Aufl. 2004.

A. Objekte und Themen der Kulturförderung

1 In der Literatur findet man eine ganze Reihe abstrakter **Umschreibungen von „Kultur“** als dem Objekt der Kulturförderung.[1] Unter staats-, politik- oder sozialwissenschaftlichen Gesichtspunkten ist dies ein legitimer Ansatz, geht es doch darum ein politisches Themenspektrum bzw. öffentliche Einflusssphären oder Gestaltungsmöglichkeiten zu umreißen. Für eine Darstellung des Rechts der Kulturförderung in der Praxis gilt es dagegen das Spektrum und die Differenzierungen der Fördermöglichkeiten vorzustellen. Wer fördert welche Themen? Welche Förderinstrumentarien haben sich für welche Themen bewährt?[2] Eine einheitliche abstrakte Definition von „Kultur“ hilft nicht weiter. Dazu unterscheiden sich die Ansätze der verschiedenen Kultursparten oder zwischen öffentlicher und privater Kulturförderung zu sehr. Eine Filmproduktion sucht und findet ihre Finanziers auf gänzlich anderen Wegen als Theater, Museen oder Musikschulen. Auf der staatlichen Seite engagieren sich Bund, Länder und Kommunen bei verschiedenen Themen unterschiedlich stark. Im privaten Sektor spielen die teils ähnlichen, teils divergierenden Motive von Investoren, Sponsoren und Mäzenen eine wichtige Rolle. Nicht zu unterschätzen ist das Potential der einzelnen Kultursparte, eigene Mittel zu erwirtschaften und damit einen Teil ihrer Kosten zu decken. Schließlich gibt es mannigfache Überschneidungen zwischen Kultur-, Wissenschafts-, Bildungs-, Wirtschafts- und Sozialpolitik. Insofern findet sich in der Kulturförderung eine Reihe von Akteuren, die sich gar nicht als Kulturförderer verstehen, sondern sich bspw. eher der Jugendpolitik oder der Wirtschaftsförderung zuordnen würden. Will man die unterschiedlichen Interessenten an Kulturförderung angemessen beraten, sollte man mindestens ansatzweise die Unterschiede in Themen, Arbeitsbedingungen und Organisationsformen des Kultursektors kennen.

2 Der Kulturbereich widmet sich nicht nur ganz unterschiedlichen Themen mit unterschiedlichen Mitteln, er entwickelt und verändert sich laufend. Insbesondere gibt es **keine eindeutige Systematik,** keine deutlich konturierten Kategorien förderfähiger Kultur. Zwischenformen und fließende Übergänge erschweren zusätzlich die Kategorisierung. Eine Darstellung der Objekte öffentlicher und privater Kulturförderung kann daher nur grob Themenfelder und potentielle Empfänger, d.h. Individuen, Personengruppen, Organisationen umreißen und die unterschiedliche Interessenlage bei Förderern und Geförderten andeuten. In der Praxis zeigen sich grob drei unterschiedliche Ansatzpunkte für Kulturförderung: Zunächst kann sie die unmittelbare Entstehung von Kunst und Kultur unterstützen (im Folgenden: Förderung des Kulturschaffens). Weiterhin hat sich öffentliche und private Kulturförderung seit jeher besonders um das Sammeln, Erhalten und die Auswertung kultureller Zeugnisse gekümmert (im Folgenden: Förderung des Kulturerbes – Kulturpflege). Schließlich geht es Kulturförderung darum die persönlichen Rahmenbedingungen zu fördern, unter denen Menschen Kultur schaffen oder konsumieren (im Folgenden: Förderung des kulturellen Umfelds).

1 Verschiedene Definitionsversuche bei *Oppermann* S. 6 ff.; Isensee/Kirchhof/*Steiner* S. 7, 8 ff.; *Endreß* S. 27 ff.; *Klein* S. 31 ff. Überblick über die historische Entwicklung des Kulturbegriffs bei *von Beyme* S. 11 f., 22 f.

2 Daneben ist regelmäßig zu klären, welche Ziele Kulturförderung verfolgt und an welchen Kriterien sie sich ausrichtet. Solche politikwissenschaftlichen Fragestellung können in diesem Rahmen nicht vorgestellt werden; vgl. dazu *Klein* S. 171 ff.

3 Die **Förderung des Kulturschaffens** zielt auf die künstlerische Äußerung ab und hat damit vor allem individuelle Künstler oder Künstlergruppen im Blickfeld. Die übliche Unterscheidung zwischen bildender und darstellender Kunst legt eine erste Differenzierungsmöglichkeit nahe, auch wenn sie letztlich mit vielen Übergangs- und Zwischenformen (Film, Videokunst, Installationen u.ä.) recht ungenau bleibt. Literatur und Komposition passen nicht wirklich in diese Kategorien. In der Praxis zielt öffentliche und private Kulturförderung in der Bildenden Kunst und Literatur eher auf die einzelne Künstlerpersönlichkeit (d.h. den Maler, Bildhauer, Autor, Komponist), die für ihre Arbeit Stipendien, Atelierförderung, Werkaufträge und Ausstellungsmöglichkeiten benötigt. Die Darstellende Kunst kennt selbstverständlich auch das Künstlerindividuum (Schauspieler, Regisseure, Tänzer, Musiker). Private und öffentliche Kulturförderung interessiert hier aber häufiger das Programm oder Projekt einer Künstlergruppe (Orchester, Theater, Filmteam u.Ä.). Mit der Zahl und Komplexität eines solchen „Gruppenwerkes" steigen nicht nur die Kosten einer Produktion (Schauspiel, Ballett, Oper, Film), es kommt schneller zu einer „Institutionalisierung" in freien Gruppen, festen Ensembles oder Produktionsgesellschaften, die als Antragsteller für private und öffentliche Unterstützung auftreten. Interessanterweise wirkt sich ein Unterscheidungsmerkmal zwischen Bildender und Darstellender Kunst, nämlich die vermeintliche „Beständigkeit" Bildender Kunst bzw. die „Flüchtigkeit" von Äußerungen Darstellender Kunst, wenn überhaupt eher unterschwellig auf Förderentscheidungen aus. Sicherlich fällt es privaten Mäzenen schwerer in eine Theaterproduktion oder Performance zu investieren als in ein Denkmal oder ein vermeintlich wertbeständigeres Objekt der Bildenden Kunst. Dies kann wieder ein Sponsor ganz anders sehen, dem es vor allem auf die Werbewirkung z.B. einer Orchester- oder Filmförderung ankommt. Für die öffentliche Hand ist wiederum eher das Einnahmepotential von Bedeutung, d.h. die Frage ob und welchen Anteil der Kosten ein Kulturvorhaben selbst erwirtschaften kann. Das liegt wiederum bei den Darstellenden Künsten (z.B. Film, Theater, Oper) höher als beim einzelnen Bildenden Künstler.

4 Bei der **Förderung des Kulturerbes (Kulturpflege)** geht es vor allem um das Sammeln, Erhalten, Erforschen und Auswerten von kulturellen Zeugnissen. Die Spannbreite ist enorm. Kulturpflege beschränkt sich nicht auf alte und neue Kunst, es geht heute um archäologische oder naturwissenschaftliche Objekte, Zeugnisse der Technikgeschichte oder der Alltagskultur, Bücher, Handschriften, Akten, Architektur- und Gartendenkmäler sowie vieles mehr.[3] In der Regel sind es größere öffentliche oder private Institutionen, die sich in der Kulturpflege engagieren: Museen, Bibliotheken, Archive, Denkmalpflegeorganisationen. Daneben gibt es Einzelpersonen wie private Sammler oder Denkmaleigentümer, die eine Unterstützung durch die öffentliche Hand oder private Stiftungen anstreben. Kulturförderung kann sowohl die Errichtung oder der Unterhalt einer entsprechenden Institution sein, die Gründung eines Museums, die kontinuierliche Finanzierung

3 Weitgehend ungeklärt ist bisher noch der Umgang mit dem immateriellen Kulturerbe wie es die UNESCO 2003 für das Weltkulturerbe unter Schutz gestellt hat – UNESCO Convention for the safeguarding of the Intangible Cultural Heritage v. 17.10.2003. Dort waren fünf Bereiche immateriellen Kulturerbes benannt:

- mündlich überlieferte Traditionen und Ausdrucksformen,
- darstellende Künste wie Musik, Tanz und Theater

(Fortsetzung der Fußnote 3 auf Folgeseite)

einer Bibliothek. Sie kann sich aber auch auf einzelne Projekte beziehen, den Ankauf eines Kunstobjektes, die Organisation einer Ausstellung, die Restaurierung eines Kunstwerks oder eines Denkmals. Förderung der Kulturpflege überschneidet sich häufig mit der Forschungsförderung. So gibt es eine Reihe von wichtigen Forschungseinrichtungen die gleichzeitig bedeutende Kultureinrichtungen sind, z.B. das Max-Planck-Institut für Kunstgeschichte – Bibliotheca Hertziana in Rom, das Deutsche Archäologische Institut oder die großen wissenschaftlichen Staatsbibliotheken in Berlin oder München. Daneben finanzieren Forschungsförderorganisationen (z.B. Deutsche Forschungsgemeinschaft, Thyssen-Stiftung, Akademien der Wissenschaften) seit langer Zeit wissenschaftliche Vorhaben von Ausgrabungen bis zu Bestandskatalogen oder Werkeditionen und tragen damit zu Erhalt und Verbreitung von Kultur bei. Ähnliche Überschneidungen finden sich zum Bildungssektor. Museen und Bibliotheken haben sich zu keiner Zeit auf das Sammeln und Erforschen ihrer Bestände beschränkt; die Allgemeinbildung breiter Bevölkerungsschichten war seit jeher ein ebenso wichtiges Ziel. Heute sind zumindest in den größeren Museen und Bibliotheken ganze Abteilungen für Vermittlung zuständig und zielen dabei nicht nur auf Kinder und Jugendliche, sondern auf alle Altersschichten. Schließlich gibt es im Rahmen der Auswärtigen Kulturpolitik mit den so genannten Mittlerorganisationen eine Besonderheit der Kulturpflege. Dabei handelt es sich um privatrechtlich organisierte, aber weitgehend vom Auswärtigen Amt finanzierte Organisationen (z.B. Goethe Institut e. V., Alexander von Humboldt-Stiftung) die neben Spezialfragen (Förderung der Deutschen Sprache, Förderung der Wissenschaft) vor allem die Förderung des internationalen Kultur- und Wissenschaftsaustausches zum Ziel haben.[4]

Bei der **Förderung des Kulturellen Umfeldes** geht es zunächst konkret um die Förderung der Ausbildung von Künstlern und Wissenschaftlern für den Kultursektor. Bei der öffentlichen Hand ist das Teil ihrer Hochschul- und Bildungspolitik. Im Vordergrund steht der Unterhalt staatlicher Kunstakademien, Fachschulen und der kulturbezogenen Fakultäten und Fachbereiche in den Universitäten. Interessanterweise gibt es in Deutschland aber auch eine lange Tradition privater Ausbildungsstätten wie Schauspiel- oder Kunstschulen. Zweitens ist an die kulturelle Bildung der breiten Öffentlichkeit zu denken. Staat und Kommunen tragen über Volkshochschulen, Öffentliche Bibliotheken, Musikschulen, Soziokulturelle Zentren dazu bei, die allgemeine Bevölkerung für kulturelle Fragen zu sensibilisieren. Viele Theater und Opernhäuser sowie eine Reihe der großen Orchester und Museen unterhalten Jugendprojekte mit großem Zulauf. Bund und Länder schreiben jährlich kulturelle Jugendwettbewerbe aus,[5] die besondere **5**

(Fortsetzung der Fußnote 3 von Vorseite)

- gesellschaftliche Bräuche, soziale Praktiken, Rituale und Feste
- Wissen und Praktiken im Umgang mit der Natur und dem Universum
- das Fachwissen über traditionelle Handwerkstechniken.

Das Übereinkommen ist im April 2006 in Kraft getreten. Deutschland ist ihr 2013 beigetreten. 2016 wurden die ersten beiden deutschen Anträge (Genossenschaftswesen, Falknerei-Erweiterungsantrag) in die Welterbeliste aufgenommen.
Bisher fehlt es nicht nur in Deutschland an einem konsistenten Schutzsystem für immaterielles Kulturerbe. Das ist nicht weiter erstaunlich, wenn man sich die Breite der möglichen Schutzobjekte anschaut. Auf der deutschen Vorschlagsliste stehen bspw.: Deutsche Brotkultur, Orgelbau und -musik, Rheinischer Karneval, Oberammergauer Passionsspiele, Handwerkerwanderschaft (Walz), Deutsche Theater- und Orchesterlandschaft.

4 *Köstlin* S. 67 ff.; *Maaß* S. 205 ff.; *Auswärtiges Amt* S. 38 ff.

5 Jugend musiziert, Treffen Junger Autoren, Theatertreffen der Jugend oder Treffen Junge MusikSzene.

Talente fördern, aber das allgemeine Verständnis für Kultur und Kunst verbessern sollen. Die öffentliche Hand leistet damit einen Beitrag, zukünftige „Konsumenten" für Kunst und Kultur heranzubilden und den „Markt" für Kunstschaffen und Kulturpflege zu bereiten. Die Überschneidungen zur Bildungs-, aber auch zur Sozialpolitik sind offensichtlich.[6] Drittens muss man zur Förderung des kulturellen Umfeldes auch die Gestaltung der rechtlichen Rahmenbedingungen für Kultur zählen. Heute wirken sich viele allgemeine Gesetze unmittelbar auf die wirtschaftliche und soziale Stellung von Künstlern und Kulturschaffenden aus. Man denke nur an das Urheberrecht, die Steuergesetzgebung oder die Künstlersozialkasse. Insofern wird der ordnungspolitische Aspekt von Kulturpolitik und -förderung wichtig. Konsequenterweise haben die Europäischen Gemeinschaften[7] und der Bund[8] für eine Kulturverträglichkeitsprüfung gesorgt. Jedes Gesetz, jede allgemeine Richtlinie oder Verordnung wird dabei auf ihre Auswirkungen auf den Kultursektor geprüft und gegebenenfalls harmonisiert. Und schließlich darf man die Wirtschaftsförderung im kulturellen Bereich nicht vergessen. Der Film- und Medienstandorte Deutschland oder Frankreich hätten sich ohne die wirtschaftliche Unterstützung des Staates (und privater Investoren) völlig anders entwickelt. In den letzten Jahren melden sich aber zunehmend andere Teile der Kulturwirtschaft und reklamieren eine stärkere Förderpolitik in Europa und der Bundesrepublik.[9]

B. Akteure der Kulturförderung – Ebenen, Themen, Rechtsrahmen

I. Europa[10]

1. Europarat

6 Seit seiner Gründung 1949 hat sich der Europarat (Council of Europe/Conseil de l'Europe) dem Thema Kultur angenommen. Dies zeigt sich in seinen Zielen:[11]

- Schutz der Menschenrechte, der pluralistischen Demokratie und der Rechtsstaatlichkeit,
- Förderung des Bewusstseins um die kulturelle Identität und Vielfalt Europas und Unterstützung von deren Entwicklung,
- Suche nach gemeinsamen Lösungen für die Herausforderungen, denen sich die europäische Gesellschaft gegenübersieht,
- Konsolidierung der demokratischen Stabilität in Europa durch Förderung politischer, rechtlicher und konstitutioneller Reformen.

---

6 Vgl. auch *Steiner* Rn. 4 ff.

7 Art. 151 Abs. 4 EGV; dazu näher unten Rn. 13.

8 Über die Einsetzung des Beauftragten der Bundesregierung für Kultur und Medien.

9 Vgl. KEA The Economy of Culture in Europe. Enquete-Kommission, S. 333 ff. Seit März 2010 bietet das Bundeswirtschaftsministerium gemeinsam mit dem Beauftragten für Kultur und Medien (BKM) ein eigenes Internetportal zum Thema an: www.kultur-kreativ-wirtschaft.de.

10 Einen kurzen historischen Überblick zur Geschichte der Kulturpolitik in Europa präsentiert *Schwencke* S. 17 ff. Er weist zu Recht auch auf die wichtige Rolle internationaler privater und öffentlicher Organisationen (UNESCO, KSZE, ICOMOS) für die Entwicklung einer europäischen Kulturpolitik bzw. der europäischen Dimension in der deutschen Kulturpolitik hin.

11 Die Satzung des Europarates v. 5.5.1949 ist in Art. 1 noch etwas allgemeiner. Die jeweils aktuellen Ziele finden sich auf der Website des Europarates (www.coe.int).

Der Europarat versteht sich vor allem als Plattform für das Gespräch auch und vor allem mit jenen Ländern die (noch) nicht zu einem europäischen Staatenbund gehören. Mitglieder des Europarates sind derzeit 47 Staaten von Albanien bis Zypern, darunter nahezu alle westeuropäischen, aber auch mehrere osteuropäische Länder.[12] Als jüngste Mitglieder kamen 2004 Monaco und 2007 Montenegro dazu; Weißrussland hat seinen Beitritt beantragt. Mehrere Länder haben Beobachter- oder Sondergaststatus beim Europarat oder einzelnen seiner Organe (Der Heilige Stuhl, Israel, Japan, Kanada, Mexiko oder USA). Organe des Europarates sind **7**

- das **Minister-Komitee,**[13]
- die **Parlamentarische Versammlung,**[14]
- das **Sekretariat** unter einem **Generalsekretär**[15] und
- der **Kongress der Gemeinden und Regionen Europas** (seit 1994).[16]

In seiner 1954 verabschiedeten Europäischen Kulturkonvention (European Cultural Convention) setzt sich der Europarat als konkrete kulturpolitische Ziele: Förderung des Bewusstseins einer europäischen kulturellen Identität sowie Entwicklung einer Politik zum Schutz des Kulturerbes. Neben dem Europäischen Kulturabkommen sind im Rahmen des Europarates folgende Abkommen verabschiedet worden: **8**

- Europäisches Übereinkommen zum Schutz archäologischen Erbes,
- Europäisches Übereinkommen über Straftaten im Zusammenhang mit Kulturgut,
- Übereinkommen zum Schutz des architektonischen Erbes Europas,
- Europäisches Übereinkommen über die Gemeinschaftsproduktion von Kinofilmen,
- Rahmenkonvention über den Wert des Kulturerbes in der Gesellschaft.

Das Kulturprogramm des Europarates will heute einerseits auf der politischen Ebene der breiten Öffentlichkeit den Zugang zu Kultur sicherstellen und über bessere Kenntnis anderer Kulturen den interkulturellen Dialog fördern. Andererseits umfasst das Kulturprogramm auf der operativen Ebene Maßnahmen, unsere Vergangenheit für die Zukunft zu rüsten, Kreativität zu fördern und Europas kulturelle Reichtümer sowohl in ihren Identitäten wie in ihren Unterschiedlichkeiten zu erhalten. Dazu gehören unter anderem Programme zur kulturellen Identität, zum interkulturellen Dialog, zur Förderung Kultureller Produktionen (Creating Cultural Capital) aber auch zur Filmförderung (Eurimages). Im Bereich des Kulturerbes gibt es einerseits Kulturprojekte im engen Sinne wie die Ausstellungen oder Kulturrouten des Europarates oder die Europäischen Denkmaltage, andererseits Programme zur technischen Qualifizierung und Netzwerkbildung (Archäologie – Schutz und Entwicklung, Digitalisierung von Kulturgut, European Heritage Network). **9**

2. Europäische Union

Am Beginn des Europäischen Einigungsprozesses stand nicht die Kultur, sondern die Wirtschaft. Die Gründung der Europäischen Gemeinschaft für Kohle und Stahl (Montanunion) und der Europäischen Wirtschaftsgemeinschaft (EWG) 1957 in Rom diente **10**

---

12 Aufnahmekriterien und -verfahren ergeben sich aus Art. 2 ff. Satzung Europarat.

13 Art. 13 ff. Satzung Europarat.

14 Art. 22 ff. Satzung Europarat; bis 1994 führte sie noch den Namen „Beratende Versammlung".

15 Art. 36 ff. Satzung Europarat; im Sekretariat ist derzeit die Generaldirektion IV für Bildung, Kultur- und Naturerbe, Jugend und Sport zuständig.

16 Statutory Resolution (94) 3 relating to the setting up of the Congress of Local and Regional Authorities of Europe v. 14.1.1994 und geändert durch Statutory Resolution (2000) 1 v. 15.3.2000.

vor allem wirtschaftspolitischen Interessen. Zu Beginn der 70er Jahre beschäftigten sich die Gremien der EWG erstmals formell mit kulturellen Themen.[17] Über die Frage nach der „Verbundenheit der europäischen Völker“ und die „Identität der Europäer“ gelangte der Begriff Kultur in Texte der Gemeinschaft, wenn auch mit einem weiterhin niedrigen Stellenwert. Wichtige nächste Entwicklungsstationen zu einer Europäischen Kulturpolitik waren 1973 die „Kriterien von Kopenhagen“, die erste Legislaturperiode 1979 bis 1983 des Europaparlaments (Einrichtung eines Ausschusses für Jugend, Kultur, Bildung, Information und Sport, Fanti-Bericht[18]) und die Einheitliche Europäische Akte von 1986 (Forderung nach verstärkter kultureller Zusammenarbeit). Erst 1992 schuf die Union sich im Vertrag von Maastricht eine Rechtsgrundlage für Kulturförderung, die mit dem Vertrag von Amsterdam 1997 ihre derzeitige Form in Art. 151 gefunden hat. Heute herrscht Einigkeit darüber: Bildung und Kultur sind Schlüsselfaktoren für Europas Wohlstand und Werte sowie für die Entwicklung einer europäischen Identität, die jeweilige nationale, regionale und lokale Zugehörigkeitsempfindungen ergänzt.[19] Zuletzt haben die Kommission der Europäischen Gemeinschaft im Mai 2007 bzw. der Rat der Europäischen Union im November 2007 in der „Europäischen Agenda für Kultur im Zeichen der Globalisierung“ eine Strategie für Kulturpolitik mit drei Zielen entwickelt: Förderung der kulturellen Diversität und des interkulturellen Dialogs, Kulturförderung als Katalysator für Kreativität und Kulturförderung als elementarer Bestandteil der Internationalen Beziehungen der EU.[20] Im Hinblick auf diese drei Zielbereiche arbeitet die Kommission daran, einen strukturellen Dialog mit dem Kultursektor aufzubauen, um die Gesamtheit der Akteure im Bereich der kulturellen Zusammenarbeit in Europa zu ermitteln und besser zu verstehen. Hier entwickeln sich momentan neue Arbeitsmethoden (z.B. offene Koordinierungsmethode[21]) und Partnerschaften (insbesondere mit Akteuren des Kulturbereichs wie Berufsverbänden, kulturellen Einrichtungen, Nichtregierungsorganisationen etc.).

11 Seit 1983 hat die EU regelmäßig Themenjahre ausgerufen. Hier finden sich auch kulturelle Themen, z.B. 1985 Musik, 1988 Film- und Fernsehen, 2001 Sprachen, 2008 interkultureller Dialog,[22] 2009 Kreativität und Innovation durch Bildung und Kultur oder 2018 Kulturelles Erbe.

12 Für die Kulturförderung und -politik sind folgende Organe der EU verantwortlich:

- Das **Europäische Parlament** (Art. 14 EUV, Art. 223 ff. AEUV), das die Bürger der Mitgliedstaaten direkt wählen; seine Rechte sollen in den nächsten Jahren noch mehr in Richtung einer echten Legislative, vergleichbar den nationalen Parlamenten erweitert werden.

---

17 *Schwenke* S. 19 ff. und 24 ff.

18 Hier fand sich zum ersten Mal die Forderung, mindestens 1 % des Haushalts in die Finanzierung des Sektors Kultur zu investieren.

19 Vgl. Entschließung des Rates v. 21.1.2002 über die Bedeutung der Kultur im Europäischen Aufbauwerk (ABlEG Nr. C 32/2), sowie die Entschließung des Rates v. 25.6.2002 über einen neuen Arbeitsplan für die Europäische Zusammenarbeit im Kulturbereich (ABlEG Nr. C 162/3).

20 Mitteilung IP/07/646 der Kommission v. 10.5.2007. Entschließung des Rates v. 16.11.2007 (ABlEU Nr. C 287/1). Für die nähere Erläuterung der Ziele s. bei der Mitteilung der Kommission dort unter Pkt. 3.1. ff. Interessant ist auch das Arbeitspapier Memo /07/180, das diese Mitteilung begleitet und eine Beschreibung der Europäischen Kulturförderung zu diesem Zeitpunkt liefert.

21 *EU Kommission* 2001, S. 28 f.; *Radaelli* 2003.

22 Entscheidung Nr. 1983/2006/EG des Parlaments und des Rates v. 18.12.2006, ABlEU Nr. L 412 v. 30.12.2006; vgl. auch *Beckmann* S. 251, 258.

- Der **Ministerrat** (Art. 16 EUV, Art. 237 ff. AEUV) zusammengesetzt aus je einem Vertreter der Regierungen der einzelnen Mitgliedsstaaten – je nach Themenspektrum vertreten hier die verantwortlichen Minister für Innen-, Verteidigungs- oder Kulturpolitik ihre Regierungen.
- Die **Europäische Kommission** (Art. 17 EUV, Art. 244 ff. AEUV), deren Mitglieder die Regierungen der Mitgliedsstaaten entsenden. Die Kommissare verantworten bestimmte Ressorts (Generaldirektionen) und sind mit Ministern auf nationaler Ebene vergleichbar. Kulturförderung liegt derzeit (2017) vor allem bei der Generaldirektion GD EAC – Bildung, Jugend, Sport und Kultur.
- **Cultural Contact Points** (CCP) – seit 1998 hat die Kommission in den Mitgliedsländern Organisationseinheiten eingerichtet, die interessierte Projektträger über die jeweils aktuellen europäischen Förderprogramme informieren und bei der Antragstellung beraten. Die CCP arbeiten als europäisches Netzwerk zusammen und sind in der Regel bei Trägerorganisationen angesiedelt, die auf nationaler Ebene bereits über Kulturförderung beraten. Die CCP sind bei der Vermittlung internationaler Kooperationspartner behilflich und bilden eine ständige Schnittstelle zwischen der Europäischen Kommission und den jeweiligen nationalen Fördereinrichtungen. In Deutschland wurde der CCP vom Deutschen Kulturrat in Zusammenarbeit mit der Kulturpolitischen Gesellschaft 1998 mit Sitz in Bonn eingerichtet und wird von der Generaldirektion Bildung und Kultur gemeinsam mit dem Beauftragten der Bundesregierung für Kultur und Medien finanziert.[23]

In Art. 167 AEUV hat die Union den rechtlichen Rahmen[24] und die Leitgedanken für **13**
eine europäische Kulturförderung niedergelegt.

- Gem. Art. 167 Abs. 1 AEUV ist die Gemeinschaft in ihrer Kulturpolitik mit einem gewissen Spannungsverhältnis konfrontiert. Einerseits sollen sich die einzelnen Kulturen der Mitgliedsstaaten unter Wahrung ihrer nationalen und regionalen Vielfalt erhalten und entwickeln; dies bedeutet eine Unterstützung der nationalen und regionalen Eigenheiten. Gleichzeitig soll europäische Kulturpolitik die Gemeinsamkeiten des kulturellen Erbes hervorheben, d.h. die gemeinsamen „europäischen" Grundlinien herausarbeiten und stärken. Hier zeigt sich der Subsidiaritätsgrundsatz, der für die gesamte Kulturförderung der EU gilt. Einerseits haben Maßnahmen der regionalen und nationalen Kulturpolitik absolut Vorrang vor denen der Gemeinschaft; andererseits werden die Mitgliedsstaaten ermuntert, im kulturellen Sektor zu kooperieren und auf verschiedenen Gebieten gemeinsame Maßnahmen umzusetzen.[25]
- Art. 167 Abs. 2 AEUV zählt vier Tätigkeitsfelder auf, bei denen die EU die Zusammenarbeit der Mitgliedsstaaten in kulturellen Fragen unterstützen und durch Gemeinschaftsmaßnahmen ergänzen soll. Es geht um (1) die Verbesserung der Kenntnis und Verbreitung der Kultur und Geschichte der europäischen Völker, (2) die Erhaltung und den Schutz des kulturellen Erbes von europäischer Bedeutung, (3) den nichtkommerziellen Kulturaustausch und (4) das künstlerische und literarische Schaffen, einschließlich des audiovisuellen Bereichs.

---

23 *Bornemann* S. 263 ff.; näheres www.ccp-deutschland.de.
24 Zum ins Stocken geratenen EU-Verfassungsprozess *Danwitz* S. 121, 123 ff.
25 Vgl. *Oppermann* § 28 Rn. 56; vgl. auch Mitteilung IP/07/646 der EU-Kommission v. 10.5.2007 Pkt. 2.

- Art. 167 Abs. 3 AEUV bevollmächtigt die Gemeinschaft mit einer eigenen „Auswärtigen Kulturpolitik", in dem er zur Zusammenarbeit mit dritten Ländern und den für den Kulturbereich zuständigen internationalen Organisationen, insbesondere mit dem Europarat, aufruft.
- Aufgrund der Kulturverträglichkeits- oder Querschnittsklausel (Art. 167 Abs. 4 AEUV) ist die Gemeinschaft verpflichtet, bei allen ihren Aktivitäten (z.B. dem Erlass von Verordnungen oder Richtlinien) den kulturellen Aspekten Rechnung zu tragen, insbesondere die Vielfalt der Kulturen in der Gemeinschaft zu wahren und zu fördern.[26] Die Kulturverträglichkeitsklausel relativiert die bisherige Dominanz der Wirtschaft in der EU. So konnte sich Deutschland im Jahr 2000 mit Erfolg auf diese Bestimmung berufen, als es um die wettbewerbsrechtliche Zulässigkeit der Buchpreisbindung ging.[27]
- Art. 167 Abs. 5 AEUV bevollmächtigt den Rat spezielle Förderprogramme für Kultur umzusetzen, verbietet aber gleichzeitig die Harmonisierung der Rechts- und Verwaltungsvorschriften der Mitgliedsstaaten.

14 Die Beschreibung des Rechtsrahmens europäischer Kulturförderung wäre unvollständig ohne einen Hinweis auf die spezielle Kulturklausel im Beihilferecht des EGV. Grds. sind nach dem Gemeinschaftsrecht staatliche Beihilfen verboten, die den Wettbewerb verfälschen und den Handel zwischen den Mitgliedsstaaten beeinträchtigen (Art. 107 Abs. 1 AEUV). Mit Art. 107 Abs. 3 d AEUV wird für den Kulturbereich eine Ausnahme etabliert. „Beihilfen zur Förderung der Kultur und der Erhaltung des kulturellen Erbes" sind mit europäischem Recht vereinbar, „soweit sie die Handels- und Wettbewerbsbedingungen in der Gemeinschaft nicht in einem Maß beeinträchtigen, das dem gemeinsamen Interesse zuwiderläuft". In der Praxis hat die Kommission diese Ausnahmeklausel angewandt, wo die Mitgliedsstaaten traditionelle Kulturförderung betreiben, z.B. das Verlagswesen, den Mediensektor oder die Förderung von Theatern, Museen und Galerien. Allerdings prüft die Kommission jeweils die kulturelle Zwecksetzung einer Beihilfe. So darf bei der Filmförderung nicht die Wirtschafts-, sondern muss die Kulturförderung im Vordergrund stehen. Produktionen, die nicht unter den Kulturbegriff der Kommission fallen, sind von der Förderung ausgeschlossen, z.B. Werbung und Pornografie. Die in Art. 107 Abs. 3 d AEUV vorgeschriebene Abwägung zwischen den berechtigten kulturpolitischen Interessen des Mitgliedstaates an einer Beihilfe einerseits und den gemeinschaftlichen Interesse an möglichst unverfälschten Handels- und Wettbewerbsbedingungen andererseits kann als spezielle Ausformung des Verhältnismäßigkeitsgrundsatzes verstanden werden. Im Fall der Filmförderung lässt die Kommission Beihilfe zu, wenn maximal 50 % der Gesamtkosten eines Films aus öffentlichen Mitteln zugeschossen werden; darüber hinaus sind weitere Ausnahmen zugunsten kleiner oder kulturell besonders wichtiger Filme möglich.[28]

15 Schließlich wirken sich viele Regelungen des allgemeinen Europarechts auf die Kulturförderung aus. Für Kulturschaffende sind besonders wichtig die Freizügigkeit (Art. 45 ff. AEUV), die Niederlassungsfreiheit (Art. 49 ff. AEUV) und die Dienstleis-

---

26 Vgl. Ratsentschließung Nr. 1997 C 36/4.

27 Entschließung des Rats ABlEG 2001 Nr. C 73/5. Im Rundfunkbereich hat *EuGH* Slg. 1993, I-487 ff. Rs. C-148/91 – Veronica Einschränkungen des freien Kapital- und Dienstleistungsverkehrs als kulturpolitische Berufsregelungen im Sinne zwingender Forderungen des Allgemeinwohls gutgeheißen.

28 Vgl. zur gesamten Thematik *Koenig/Kühling* S. 197 ff.; *Castendyk/Bark* S. 487; *Geier* Nationale Filmförderung.

tungsfreiheit (Art. 56 ff. AEUV).[29] Mittelbare Auswirkungen haben die Vorschriften zum Freien Warenverkehr (Art. 28 ff. AEUV)[30] oder zur Wettbewerbspolitik (Art. 101 ff. AEUV).

Auf dieser Grundlage hat die Gemeinschaft seit 1996 verschiedene Förderprogramme für Kultur aufgelegt. Auf dieser Grundlage hat die Gemeinschaft seit 1991 verschiedene Förderprogramme für Kultur und Medien aufgelegt. Bis 2014 gab es zwei getrennte Programmschienen für Allgemeine Kulturförderung (1996-1999: Programme **Kaleidoscope**, **Ariane** und **Raphael**; 2000-2006: **Kultur 2000**; 2007-2013: **Kultur 2007**) und Förderung von Film und Audiovisuellem (1991-1996: **MEDIA**; 1997 – 2000: **MEDIA II**; 2001-2006: **MEDIA plus**; 2007-2013: **MEDIA 2007**) mit jeweils unterschiedlichen Aktionsfeldern, Förderschwerpunkten und Zielen. 16

Ab 2014 sind die beiden Förderschienen offiziell unter dem Dach **KREATIVES EUROPA** vereinigt. Damit will **Kreatives Europa** den gemeinsamen Herausforderungen der beiden Förderbereiche begegnen: der Zersplitterung europäischer Märkte, der Digitalisierung und dem fehlenden Zugang zu privaten Finanzierungsmöglichkeiten. Übergeordnete Ziele sind der Erhalt und die Förderung sprachlicher und kultureller Vielfalt sowie die Stärkung der Wettbewerbsfähigkeit der gesamten Branche. Gleichzeitig gelte es die Europa-2020- Ziele für nachhaltiges Wachstum, Beschäftigung und sozialen Zusammenhalt mit zu verwirklichen. **Kreatives Europa** soll spezifisch: 17

- die Fähigkeit der europäischen Kultur- und Kreativbranche zum transnationalen und internationalen Arbeiten unterstützen;
- die grenzüberschreitende Verbreitung von kulturellen und kreativen Werken sowie die transnationale Mobilität von Kultur- und Kreativakteuren, insbesondere von Künstlern, fördern;
- neue und breitere Publikumsschichten (insbesondere Kinder, junge Menschen, Menschen mit Behinderungen und unterrepräsentierte Gruppen) erschließen und den Zugang zu kulturellen und kreativen Werken innerhalb der EU und darüber hinaus verbessern;
- die Kapitalkraft von Kleinen und Mittleren Unternehmen (KMU) sowie von mittelgroßen, Klein- und Kleinstorganisationen der Kultur- und Kreativbranche in nachhaltiger Weise stärken;
- die Entwicklung politischer Konzepte, Innovation, Kreativität, die Erschließung neuer Publikumsschichten und neue Geschäfts- und Managementmodelle durch die Unterstützung transnationaler politischer Zusammenarbeit fördern.

---

29 Grenzüberschreitende Rundfunksendungen gelten als Dienstleistungen (*EuGHE* 1974, 409 ff., Rs 155/73 – Sacchi). Dies gilt allerdings nur für die technische Seite, während die Programmhoheit gem. Art. 151 EGV i.V.m. Art. 6 Abs. 3 EUV bei den Mitgliedstaaten und nationalen Veranstaltern verbleibt.

30 Auch „Kulturgüter" (Bücher, Gemälde, Filme, etc.) sind Waren (*EuGHE* 1985, 17 ff. – „Leclerc"). Art. 30 EGV hält für nationales Kulturgut von künstlerischem, geschichtlichem oder archäologischem Wert nicht diskriminierende nationale Beschränkungen für möglich. Die EG hat den Kulturgüterschutz inzwischen gemeinschaftsrechtlich geregelt. So regelt die Richtlinie Nr. 93/7 (ABlEG 1993 Nr. L 74/74) die Rückgabe von Kulturgütern, die unrechtmäßig aus einem Mitgliedsstaat in einen anderen verbracht wurden. Die VO Nr. 3911/92 (ABlEG 1992 Nr. L 395/1) macht den Export von Kulturgütern in Drittstaaten von einer Ausfuhrgenehmigung des Herkunftsstaates abhängig, ausf. *Uhl* Handel mit Kunstwerken. Bei der Richtlinie Nr. 2001/84 (ABlEG Nr. L 272/32) geht es um die Beteiligung der Künstler am Erlös beim Weiterverkauf eines Kunstwerks als Teil seines Urheberrechts. Nach der Richtlinie verfügt der Künstler nunmehr über einen – degressiv ausgestalteten – Anspruch, am Weiterverkauf seiner Werke finanziell beteiligt zu werden.

18 In diesem Kontext stehen im Zeitraum von 2014-2020 1,46 Mrd. EUR zur Verfügung, 9 % mehr als in der letzten Förderperiode. 56 % der Gelder werden für das Teilprogramm MEDIA und 31 % für das Teilprogramm KULTUR ausgegeben. Weitere 13 % stehen programmübergreifenden Maßnahmen zur Verfügung, unter anderem ab 2016 für einen Garantiefonds, der voraussichtlich mit 121 Mio. EUR ausgestattet wird und kleinen und mittleren kulturellen und kreativen Unternehme den Zugang zu Krediten durch Bürgschaften erleichtern soll. Insgesamt geht es darum

19 Im Unterprogrammbereich **KULTUR** zielen die Förderbereiche auf:
- europäische Kooperationsprojekte,
- europäische Kulturplattformen,
- europäische Netzwerke,
- Literaturübersetzungsprojekte.

Im Unterprogrammbereich **MEDIA** sind die Aktionsfelder:
- unabhängige Produzenten (Projektentwicklung, Games, TV-Programming),
- Verleih und Vertrieb,
- Festivals und Märkte,
- weitere Förderungen (Training, Audience Development, International Coproduction Funds, Cinema Networks und Guaranteed Fund).

20 Neben diesen Förderprogrammen[31] haben sich in den letzten Jahren die Strukturfonds und die dazugehörigen Programme[32] zu besonders wichtigen Bausteinen europäischer Kulturförderung entwickelt. In den Jahren 2000–2006 unterstützen sie mit über 195 Mrd. EUR die Entwicklung benachteiligter Regionen sowie die gesellschaftliche und menschliche Entwicklung. Der Kulturbereich profitiert von den Strukturfonds, sobald hier wirtschaftliche Aktivitäten z.B. im Kulturtourismus oder bei elektronischen Dienstleistungen neue Arbeitsplätze schaffen oder die Wirtschaftsentwicklung einer Region ankurbeln. Auch Denkmalschutzmaßnahmen in den Förderregionen kommen häufig in den Genuss dieser Förderung. So hat das Land Brandenburg im Zeitraum zwischen 2000 und 2006 bei den Strukturfonds insgesamt 40 Mio. EUR europäische Fördermittel eingeworben bei 87 Mio. EUR Gesamtausgaben für Kulturstätten.[33]

3. Nicht-staatliche oder private Organisationen in Europa

21 Die Vielfalt europaweit aktiver nicht-staatlicher Kulturorganisationen lässt sich nicht mehr überschauen. Dabei geht es nicht allein um Interessenvertretung, Erfahrungsaustausch oder Netzwerkbildung, vielfach bilden sich konkrete Produktionsgemein-

31 Verwiesen sei hier kurz auf das Programm „Europa für Bürgerinnen und Bürger" (Beschl. Nr. 1904/2006/EG des Parlaments und des Rates v. 12.12.2006, ABlEU Nr. L 378 v. 27.12.2006), das die Kommission als Teil ihre Kulturförderung ansieht (vgl. Mitteilung Nr. IP/07/646 v. 10.5.2007, näher dazu *Beckmann* S. 251, 257 f.

32 Hierzu zu rechnen: EFRE (Europäischer Fonds für Regionale Entwicklung), ESF (Europäischer Sozialfonds), ELER (Europäischer Landwirtschaftsfonds für die Entwicklung des ländlichen Raums), Leader (Entwicklung des ländlichen Raumes), URBAN (wirtschaftliche und soziale Wiederbelebung krisenbetroffener Städte und Stadtviertel), Interreg (Förderung der Zusammenarbeit zwischen Regionen zu Zwecken der Wirtschaftsentwicklung einschließlich des kulturellen Bereichs), EQUAL (Bekämpfung aller Formen der Ungleichheit auf dem Arbeitsmarkt). Zusammenfassend: *Müller/Singer* S. 23 ff.; *Beckmann* S. 251, 258 ff.

33 *Schwencke* S. 24.

schaften (insbesondere im audiovisuellen Bereich). Insofern lassen sich hier nur ein paar nicht-staatliche europäische Kultureinrichtungen beispielhaft nennen:

- **„Europa Nostra“** versteht sich als paneuropäische Föderation des Kulturerbes und repräsentative Plattform für über 220 europäische NGOs. Europa Nostra will das Bewusstsein für Kulturerbe und seinen Wert in der allgemeinen Öffentlichkeit tiefer verankern und gleichzeitig zu einer Priorität der allgemeinen Politik machen. Ziele sind die Förderung hoher Qualitätsstandards in Konservierung, Architektur, Stadt- und Landschaftsplanung sowie die Forderung nach einer ausgeglichenen und nachhaltigen Entwicklung in Stadt und Land, in der gestalteten und natürlichen Umwelt. Europa Nostra organisiert den Kulturerbe-Preis der Europäischen Union/ Europa Nostra Awards und ist für die Koordinierung der Europäischen Denkmaltage zuständig.
- Die **European Cultural Foundation** (ECF) wurde 1954 als Privatorganisation niederländischen Rechts gegründet. Sie wird vom niederländischen Königshaus unterstützt und finanziert sich aus Lotto- und Totomitteln sowie über Forschungs- und Dienstleistungsverträge der Zentren und Institute der Stiftung in verschiedenen EG-Staaten. Die ECF bezeichnet sich selbst als führende unabhängige Organisation für kulturelle Entwicklung und Kooperation.[34]
- Frankreich und die deutschen Bundesländer haben 1990 durch völkerrechtlichen Vertrag den europäischen Fernsehkulturkanal **ARTE** in Straßburg gegründet.[35] Er hat gesellschaftsrechtlich den Status einer Europäischen Wirtschaftlichen Interessenvereinigung[36] und ist als Koproduzent ein der bedeutendsten europäischen Förderer von Dokumentar- und Spielfilmen.
- Das **European Forum for the Arts and Heritage** (EFAH/FEAP) gibt seit 1992 seinen über 5 000 Mitgliedsorganisationen eine Stimme in der Kultur. Als Verband auf europäischer Ebene entwickelt die EFAH politische Positionen für den Kultursektor und vertritt sie gegenüber den Institutionen der EU. Daneben koordiniert die EFAH gemeinsame Kampagne zur Verbesserung der Finanzausstattung der EU Kulturprogramme (z.B. „70 Cents for Culture“) und steht im Dialog mit anderen europäischen oder internationalen Organisationen sowie NGOs.
- Die **European Festivals Association** wurde 1952 auf Initiative verschiedener Künstler und Festivalmacher ins Leben gerufen. Ziel der EFA ist die Förderung der Bedeutung von Festspielen und ihrer wichtigen Rolle im internationalen Kulturaustausch. Sie fördert Kooperationen, Koproduktionen und sonstigen gemeinsamen Aktivitäten ihrer Mitglieder und sucht eine gemeinsame Politik zu formulieren.[37]

II. Der öffentliche Bereich in Deutschland – Staat und Kommunen

Für eine Geschichte der Kulturförderung in Deutschland gibt es bisher nur Studien zu einzelnen Teilbereichen, nicht aber eine umfassende Untersuchung. Insbesondere fehlt eine Analyse, wie sich über Jahrhunderte Fürstenhöfe, Kirchen und Bürgertum für kulturelle Fragen eingesetzt haben und wie daraus die heute vor- 22

34 Ausf. www.eurocult.org.
35 Vgl. Bad.Württ. GBl. 1991, 745.
36 *Oppermann* § 18 Rn. 50.
37 Www.efa-aef.org.

herrschende Stellung der öffentlichen Hand in der Kulturförderung entstand.[38] Im Ergebnis prägen die Prinzipien Dezentralität, Subsidiarität und Pluralität die öffentliche Kulturförderung in Deutschland, d.h. Bund, Länder und Gemeinden nehmen Aufgaben der Kulturpolitik jeweils eigenverantwortlich wahr. Das Grundgesetz räumt den größten Teil kulturpolitischer Kompetenzen den Länder (und Gemeinden) ein, so dass häufig von einer „Kulturhoheit der Länder" gesprochen wird. Dieser Begriff ist irreführend und wird oft missverständlich eingesetzt. Kulturhoheit ist kein Rechtsbegriff, an den sich irgendeine Rechtsfolge, schon gar keine Kompetenzzuweisung knüpft. Kulturhoheit ist lediglich ein in der politischen Praxis gebräuchlicher Sammelbegriff für verschiedene Befugnisse, die dem Staat im kulturellen Bereich zufallen.[39] Diese kulturpolitischen Befugnisse hat das Grundgesetz ebenso wenig allein den Ländern wie allein dem Bund übertragen. Die Länder verfügen nach der Verfassung über den größten Teil kulturpolitischer Kompetenzen, daneben sind aber auch dem Bund wichtige kulturstaatliche Funktionen eingeräumt, man denke etwa an die Zuständigkeiten für die Auswärtige Kulturpolitik (Art. 32, 73 Nr. 1, 87 Abs. 1 GG) oder die Repräsentation des Gesamtstaates in der Hauptstadt (Art. 22 Abs. 1 S. 2, 106 Abs. 8 GG). Im Bundesstaat des Grundgesetzes ist die Kulturhoheit kein ausschließliches Hausgut der Länder; sie ist vielmehr – wenn auch ungleichmäßig – auf Bund, Länder und Gemeinden verteilt. Gleichzeitig gibt es gerade in der Kulturförderung eine Vielzahl von Kooperationen und Verflechtungen zwischen Bund, Ländern und Gemeinden; der Kultursektor gilt als typisches Beispiel für „Kooperativen Föderalismus".[40] Trotz aller Abstimmungen – eine gemeinsame Kulturpolitik des Bundes und der Länder, die deutlich mehr wäre als die Summe der Aktivitäten dieser Akteure, lässt sich nicht beobachten, schon gar nicht, wenn man ein Minimum an gemeinsamer strategischer Ausrichtung erwartet.

23 Aus dem jüngsten Kulturfinanzbericht 2016[41] lässt sich mehr zur tatsächlichen Verteilung der öffentlichen Kulturförderung lernen. Danach haben 2013[42] die öffentlichen Haushalte der Bundesrepublik insgesamt über 9,9 Mrd. EUR für Kultur ausgegeben. Die Gemeinden (einschließlich der Zweckverbände) haben schon traditionell mit 45,5 % (4 495,9 Mio. EUR) den größten Anteil an den Kulturausgaben der öffentlichen Hand. Es folgen die Länder mit einem Anteil von 41 % (4 051,7 Mio. EUR). Der Bund wendet (trotz seiner wenigen Kompetenzen) immerhin 1 344,4 Mio. EUR, d.h. 13,6 % für Kultur auf. Insgesamt stellten die öffentlichen Haushalte für Kultur 1,68 % ihres Gesamtetats bzw. 117,06 EUR je Einwohner zur Verfügung. Aufschlussreich ist auch die Verteilung der Fördergelder auf verschiedene Sparten. Der Bereich Theater und Musik band den größten Teil der öffentlichen Kulturausgaben. Im Jahr 2013 waren dies 3,46 Mrd. EUR (35 % aller Kulturausgaben). Über 1,9 Mrd. EUR (19,4 %) flossen in die Finan-

---

38 *Knoblich* S. 8 f.; *Klein* S. 70 ff., 110 ff.; zur Kulturförderung in der Bundesrepublik Deutschland seit 1949 vgl. *Singer* Kulturpolitik.

39 Differenziert zum Begriff Kulturhoheit *Köstlin* S. 17 f.; *Geis* DÖV 1992, 522 ff.; *Hense* S. 376, 379 ff.; Isensee/Kirchhof/*Steiner* Rn. 16.

40 *Müller/Singer* S. 31; zur verfassungsrechtlichen Zulässigkeit von Bund-Länder-Kooperationen *Köstlin* S. 208 ff.

41 *Statistische Ämter* (2016), S. 29, 47, 70, 77.

42 2013 ist das letzte Jahr, für das ein „vorläufiges Ist" vorliegt. Für ein „abschließendes Ist" muss man bis 2011 zurückgehen.

zierung der Museen. Für Bibliotheken und Archive gab die öffentliche Hand 1,4 Mrd. EUR (14,4 %) aus. Die Ausgaben für die auswärtige Kulturpolitik betrugen 373,9 Mio. EUR. Für die Finanzierung der Kunsthochschulen brachten die öffentlichen Mittelgeber weitere 556,1 Mio. EUR auf. Fast 1,4 Mrd. EUR stellte die öffentliche Hand 2013 für den Bereich der Sonstigen Kulturpflege und 244,2 Mio. EUR für die Kulturverwaltung zur Verfügung. Die öffentliche Filmförderung lag in Deutschland 2013 bei rund 351,1 Mio. EUR, die statistisch allerdings nur teilweise in den Gesamtausgaben für Kultur enthalten sind.

Tab. 1: Öffentliche Ausgaben für Kultur 1995-2013 – Grundmittel[43] 24

	Mio. EUR	**EUR je Einwohner**	**Anteil am BIP in %**	**Anteil am GHH in %**
1995	7 467,8	-	0,40	-
2000	8 206,4	-	0,40	-
2005	8 037,0	-	0,35	1,61
2006	8 148,6	-	0,34	1,62
2007	8 460,3	-	0,34	1,67
2008	8 805,9	-	0,34	1,65
2009	9 138,8	-	0,37	1,64
2010	9 379,7	-	0,36	1,69
2011	9 403,4	117,06	0,35	1,69
2012 vorl. Ist	9 493,0	117,89	0,34	1,67
2013 vorl. Ist	9 892,0	122,48	0,35	1,68
Verteilung auf Bund, Länder und Gemeinden in 2013				
Bund	1 344,4	16,65	0,05	0,78
Länder (staatliche Ebene)	4 051,7	50,16	0,14	1,81
Gemeinden/ Zweckverbände	4 495,9	55,66	0,17	2,35
Verteilung auf Aufgabenbereiche in 2013				
Theater und Musik	3 462,0	42,86	0,123	0,589
Bibliothekswesen (inkl. Archive)	1 424,7	17,64	0,051	0,242
Museen, Sammlungen, Ausstellungen	1 917,2	23,74	0,068	0,326
Denkmalschutz und Denkmalpflege	494,1	6,12	0,018	0,084

43 *Statistische Ämter* (2016), S. 29, 47, 70, 77.

	Mio. EUR	EUR je Einwohner	Anteil am BIP in %	Anteil am GHH in %
Kulturelle Angelegenheiten im Ausland	399,7	4,95	0,014	0,068
Kunsthochschulen	556,1	6,89	0,020	0,095
Sonstige Kulturpflege	1 394,0	17,26	0,049	0,237
Verwaltung für kulturellle Angelegenheiten	244,2	3,02	0,009	0,042
Kulturausgaben insgesamt	**9 892,0**	**122,5**	**0,35**	**1,68**
nachrichtlich				
Kulturnahe Bereiche 2011	2 029,5	25,13	0,072	0,345
Filmförderung 2013	351,1	4,35	0,012	0,060

1. Bund

25 Auf Bundesebene engagieren sich folgende Organe oder Einrichtungen für Kulturförderung:

- **Bundestag** mit **Ausschuss für Kultur und Medien** und Unterausschuss Neue Medien sowie **Enquete-Kommission „Kultur in Deutschland"** (in der 15. und 16. Wahlperiode, 2003-2007),
- **Staatsminister/in beim Bundeskanzler – Beauftragte/r der Bundesregierung für Kultur und Medien** (BKM),[44] dessen Abteilung sich (2010) in fünf Gruppen mit je fünf bis sechs Referaten gliedert: Grundsatzfragen der Kulturpolitik und Zentrale Angelegenheiten (K 1), Kunst- und Kulturförderung (K 2), Medien und Film, Internationales (K 3), Geschichte und Erinnerung (K 4) sowie Grundsatzfragen der Kulturpolitik, Denkmal- und Kulturgutschutz (K 5),
- andere **Bundesministerien** für Spezialfragen, z.B. Bundesministerium für Arbeit und Soziales für Fragen der sozialen und beruflichen Sicherung von Künstlern und Kulturschaffenden, Bundesministerium der Justiz für rechtliche Rahmenbedingungen wie Urheber- oder Stiftungsrecht, Bundesministerium der Finanzen für Steuerrecht,
- **Bundesarchiv** und **Bundesinstitut für Kultur und Geschichte der Deutschen im östlichen Europa** als nachgeordnete und rechtlich unselbstständige Einrichtungen des BKM,

44 Diese Position wurde 1998 per Organisationserlass von der Bundesregierung neu geschaffen. Ihr wurden die Kulturabteilung des Bundesministeriums des Innern sowie einzelne Referate anderer Ministerien – z.B. die Filmförderung aus dem Bundesministerium für Wirtschaft zugeordnet. Allerdings verblieben von Anfang an bestimmte Kompetenzen in anderen Ministerien, z.B. Auswärtige Kulturpolitik beim Auswärtigen Amt, Ausbildung künstlerischer Berufe, kulturelle Bildung, Kulturelle Jugendwettbewerbe beim Bundesministerium für Bildung und Wissenschaft; vgl. *Bischoff* S. 240 ff.; *Hense* S. 376, 381 ff.; *Endreß* S. 133 ff.

- **Stiftung Preußischer Kulturbesitz,**[45] **Stiftung „Haus der Geschichte der Bundesrepublik Deutschland"**[46]**, Stiftung Deutsches Historisches Museum Berlin**[47]sowie verschiedene Stiftungen/**Gedenkstätten zur Erinnerung an Persönlichkeiten des politischen Lebens**[48] als bundesunmittelbare Stiftungen des öffentlichen Rechts nach Art. 87 Abs. 3 GG,
- **Filmförderungsanstalt,**[49] **Deutsche Bibliothek**[50] als bundesunmittelbare Anstalten des öffentlichen Rechts nach Art. 87 Abs. 3 GG,
- **Akademie der Künste**[51] in Berlin als bundesunmittelbare Körperschaft nach Art. 87 Abs. 3 GG,
- **Kulturveranstaltungen des Bundes in Berlin GmbH** mit der Bundesrepublik als Alleingesellschafterin,
- **Kulturstiftung des Bundes** gegründet von der Bundesrepublik als Stiftung des bürgerlichen Rechts,[52]
- **Stiftung Jüdisches Museum Berlin** als Übernahme zum 1.9.2001 einer von Berlin errichteten Stiftung öffentlichen Rechts in die alleinige Trägerschaft des Bundes

Auf dem Feld der Auswärtigen Kulturpolitik[53] treten folgende Akteure auf Bundesebene hinzu: **26**

- **Auswärtiges Amt**[54] mit einer Kultur- und Bildungsabteilung, die sich in 10 Referate gliedert,
- **Unterausschuss Auswärtige Kultur- und Bildungspolitik** des Auswärtigen Ausschuss im Deutschen Bundestag,
- **Deutsche Welle**[55] als bundesunmittelbare Anstalt des öffentlichen Rechts nach Art. 87 Abs. 3 GG,
- **Mittlerorganisationen der Auswärtigen Kulturpolitik,**[56] z.B. Goethe-Institut, ifa – Institut für Auslandsbeziehungen oder Alexander von Humboldt-Stiftung. Mittlerorganisationen sind rechtsfähige, meist privatrechtlich organisierte Einrichtungen, die auf der Grundlage von Rahmenverträgen und weitgehend finanziert durch das Auswärtige Amt die Planung und Gestaltung der kulturellen Zusammenarbeit mit

---

45 Gesetz zur Errichtung einer Stiftung „Preußischer Kulturbesitz" und zur Übertragung von Vermögenswerten des ehemaligen Land Preußen auf die Stiftung v. 25.7.1957 (BGBl I S. 841), zuletzt geändert durch Gesetz v. 28.6.1990 (BGBl I S. 1221).

46 Gesetz zur Errichtung einer selbstständigen Stiftung „Haus der Geschichte der Bundesrepublik Deutschland" v. 28.2.1990 (BGBl I S. 294).

47 Seit dem 30.12.2008: Gesetz zur Errichtung einer Stiftung „Deutsches Historisches Museum" (DHMG) v. 21.12.2008 (BGBl I S. 2891).

48 Z.B. Gesetz über die Errichtung einer Stiftung Bundeskanzler-Adenauer-Haus v. 24.12.1978 (BGBl I S. 1821).

49 Gesetz über Maßnahmen zur Förderung des deutschen Films i.d.F. der Bek. v. 24.8.2004 BGBl I S. 2277.

50 Gesetz über die Deutsche Bibliothek v. 31.3.1969 BGBl I S. 265 zuletzt geändert durch Gesetz v. 29.10.2001 BGBl I S. 2785, 2800.

51 Gesetz zur Errichtung der Akademie der Künste v. 1.5.2005 (BGBl I S. 1218).

52 Speziell zur kompetenzrechtlichen Grundlage bei der Gründung der Kulturstiftung des Bundes: *Mahrenholz* S. 857 ff.; *Stettner* S. 315 ff.

53 Zu konzeptionellen Grundlagen und der institutionellen Entwicklung vgl. *Singer*; *Maaß*; *Auswärtiges Amt*.

54 Zur Arbeitsteilung innerhalb der Bundesregierung, insbesondere mit dem BKM vgl. *Singer* S. 35 ff.

55 Gesetz über die Rundfunkanstalt des Bundesrechts „Deutsche Welle" v. 16.12.1997 (BGBl I S. 3094), zuletzt geändert durch Gesetz v. 19.6.2001 (BGBl I S. 1149, 1168).

56 *Köstlin* S. 67 ff., 131 ff., *Singer* S. 40 ff.; *Maaß* S. 205 ff.; *Auswärtiges Amt* S. 38 ff.

dem Ausland übernehmen. Die Vorteile dieser Konstruktion liegen in der weitgehenden Unabhängigkeit der Mittlerorganisationen. Die Mittler sind nicht nur unempfindlicher gegenüber politischen Krisen zwischen den Staaten, sie genießen meist auch eine hohe Glaubwürdigkeit. Sie können deshalb die Zielgruppen im Gastland besser und leichter ansprechen als die offiziellen deutschen Auslandsvertretungen.

27 Das Grundgesetz weist dem Bund vergleichsweise wenige ausdrückliche Kompetenzen für Kulturförderung zu (z.B. Auswärtige Kulturpolitik: Art. 32 Abs. 1, 73 Abs. 1 Nr. 1, 87 Abs. 1 GG; Repräsentation des Gesamtstaates in der Hauptstadt: Art. 22 Abs. 1 S. 2, 106 Abs. 8 GG). Allerdings gibt es nach Ansicht des Bundes[57] eine nationale Verantwortung für die Kulturentwicklung in Deutschland.[58] Insofern beruft er sich in der Staatspraxis für seine zahlreichen kulturpolitischen Aktivitäten auf stillschweigende Kompetenzen aus der Natur der Sache oder kraft Sachzusammenhangs.[59] Er begründet dies mit der nationalen oder internationalen, überregionalen oder landesübergreifenden Bedeutung der einzelnen kulturellen Aufgabe sowie generell mit dem Bedürfnis der gesamtstaatlichen Repräsentation. Demgegenüber bedarf nach Meinung der Länder[60] eine ungeschriebene Kompetenz des Bundes als Ausnahme zur grds. Zuständigkeit der Länder (Art. 30, 70 ff., 83 ff., 104a ff. GG) einer besonderen Rechtfertigung. Eine Kompetenz des Bundes kraft Natur der Sache lässt sich weder allein durch die Überregionalität einer Aufgabe noch allein durch deren gesamtstaatliche oder nationale Bedeutung, noch allein durch deren Auslandsbezug oder einen internationalen Kontext rechtfertigen. Insbesondere begründet die Tatsache, dass eine Aufgabe nur von mehreren Länder gemeinsam oder koordiniert sinnvoll erfüllt werden kann, für sich genommen keine Zuständigkeit des Bundes.

---

57 Zusammenfassend *BKM* I 1.

58 Vgl. dazu die Antwort der Bundesregierung auf eine Große Anfrage der CDU/CSU-Fraktion im Jahr 2001 (BT-Drucks. 14/6993 v. 27.9.2001). Obwohl die Anfrage sich auf die Perspektiven der Rock- und Popmusik in Deutschland bezog, illustriert die Stellungnahme doch die sehr weit reichende Verantwortung, in der sich der Bund sieht: „Die Zuständigkeit des Bundes (…) bezieht sich vor allem auf rechts- und ordnungspolitische Aspekte. Diese Verantwortung wird durch die Gestaltung der Rahmenbedingungen für die Entwicklung von Kunst und Kultur wahrgenommen. Darüber hinaus fördert er subsidiär Projekte und Einrichtungen, an denen ein besonderes bundesstaatliches Interesse besteht und in denen das Wesen des Gesamtstaates als föderal organisierter Kulturstaat zum Ausdruck kommt. Aus dieser Aufgabe leitet sich aber auch ab, drängende kulturpolitische Themen aufzugreifen und den gesellschaftlichen Diskurs mit Ländern und Kommunen, mit Interessenvertretungen aus Kultur und Wirtschaft anzuregen und zu führen."

59 Aktueller verfassungsrechtlicher Diskussionsstand: *Enquetekommission* S. 54 ff.; *März* Rn. 57 ff.; zum Kulturbereich *Köstlin* S. 38 ff. m.w.N.; speziell zur Kulturstiftung des Bundes *Mahrenholz* S. 857 ff.; *Stettner* S. 315 ff.

60 Zusammenfassend *BKM* I 1.

Tab. 2: Öffentliche Ausgaben des Bundes für Kultur 1995 bis 2014 in Mrd. EUR – Grundmittel[61] **28**

Jahr	**1995**	**2000**	**2005**	**2008**	**2011**	**2012 Vorl. Ist**	**2013 Vorl .Ist**	**2014 Soll**
				in Mio. €				
Theater und Musik	0,0	0,0	19,8	21,8	30,7	13,5	27,3	33,0
Bibliotheken	115,5	207,6	224,3	294,3	293,0	299,2	303,2	306,0
Museen, Sammlungen, Ausstellungen	70,1	115,9	249,0	253,4	266,6	298,8	306,5	306,2
Denkmalschutz Denkmalpflege	0,1	0,2	48,6	54,8	82,1	90,0	84,9	79,9
Kulturelle Angelegenheiten im Ausland	354,3	306,4	274,6	323,9	378,2	408,6	397,1	571,4
Kunsthochschulen	0,0	0,0	0,0	0,0	0,0	0,0	0,0	0,0
Sonstige Kulturpflege	404,7	350,9	185,1	163,2	196,8	198,0	225,5	230,0
Verwaltung für kulturelle Angelegenheiten	0,0	0,0	0,0	0,0	2,1	0,5	0,0	0,0
Insgesamt	**944,7**	**981,0**	**1 001,4**	**1 111,4**	**1 249,5**	**1 308,6**	**1 344,4**	**1 526,5**

61 In 2018 sollten nach dem Regierungsentwurf des Bundeshaushalts die Ausgaben im Kulturbereich auf insgesamt 1,67 Milliarden Euro steigen. Die Angaben der Tabelle beruhen auf der Kulturstatistik der Statistischen Ämter. *Statistische Ämter* (2014), S. 35, 49; (2016) S. 34, Erläuterungen zu größeren Schwankungen zwischen den Jahren: Bis 2001 verbuchte der Bunde den Großteil seiner Kulturausgaben unter Sonstige Kulturpflege. Seit der Umstellung auf die neue Haushaltssystematik werden die Ausgaben differenzierter ausgewiesen. Die Ausgaben der Stiftung Preußischer Kulturbesitz wurden lange Zeit unterschiedlich den Bereichen Museen bzw. Bibliotheken zugeordnet. Seit 2005 erlaubt die Datenlage des BKM eine genauere Zuordnung. Die Ausgaben für die „Rundfunk-Orchester und Chöre GmbH“ wurden einmalig im Jahr 2012 im Bereich Rundfunk und Fernsehen nachgewiesen.

29 Im Rahmen der so genannten Entflechtungsdebatte[62] in den Jahren 2002 und 2003 gelang es Bund und Länder in weiten Bereichen ihre Kulturförderung zu systematisieren und die nach gemeinsamer Ansicht verfassungsrechtlich unstrittigen Bundeskompetenzen zu identifizieren. Danach stehen dem Bund folgende Förderkompetenzen zu:[63]

- Auswärtige Kulturpolitik/Kulturförderung im Ausland (Art. 32 Abs. 1, 73 Abs. 1 Nr. 1, 87 Abs. 1 GG),[64] wobei Art. 23 Abs. 6 GG für die Vertretung gegenüber der Europäischen Union ein besonderes kooperatives Verfahren vorsieht. Für den Abschluss von Kulturabkommen mit anderen Staaten gilt das Verfahren des Lindauer Abkommens.[65]
- Repräsentation des Gesamtstaates einschließlich der gesamtstaatlichen Darstellung und Dokumentation der deutschen Geschichte (Natur der Sache – Repräsentation des Gesamtstaates),[66]
- Repräsentation des Gesamtstaates in der Hauptstadt (Art. 22 Abs. 1 S. 2, 106 Abs. 8 GG; Art. 2 Abs. 1 Einigungsvertrag in Verbindung mit dem Berlin-Bonn-Gesetz),[67]
- Preußischer Kulturbesitz (Art. 135 Abs. 4 GG),[68]
- UNESCO-Welterbe und Europäische Kulturstadt (Natur der Sache),[69]
- Gedenkstätten, Kriegsgräber und Gräber anderer Opfer des Krieges und Opfer der Gewaltherrschaft (Art. 74 Abs. 1 Nr. 10 GG),[70]
- Sicherung von Kulturgut und Geschichte ehemals deutscher Kulturlandschaften im östlichen Europa (Art. 32 Abs. 1, 74 Nr. 6 GG i.V.m. § 96 Bundesvertriebenengesetz),[71]

---

62 Zusammenfassend zu dieser Debatte: *Müller/Singer* S. 30 ff., 41 ff.

63 *BKM* Anlage Korb 1.

64 Pflege der Kulturbeziehungen zu anderen Staaten sowie europäischen internationalen und supranationalen Organisationen, Repräsentation der deutschen Kultur im Ausland, Unterstützung des internationalen Kulturaustausches, Förderung von deutschen Künstlern im Ausland und ausländischen Künstlern in Deutschland durch Studien- und Arbeitsaufenthalte, u.a. fördert der Bund: Deutsche Welle, Villa Massimo Rom, Fonds „Writers in Exile“, Goethe Institut u.a. Mittlerorganisationen, Deutsches Archäologisches Institut.

65 Vgl. *Köstlin* S. 63 ff. m.w.N.

66 Einschließlich der gesamtstaatlichen Darstellung und Dokumentation der deutschen Geschichte, sowie die Darstellung der deutschen Militärgeschichte in den Museen und militärhistorischen Sammlungen der Bundeswehr, u.a. fördert der Bund: Bundesarchiv, Deutsche Bibliothek Frankfurt/Main, Haus der Geschichte der Bundesrepublik Deutschland Bonn, Deutsches Historisches Museum Berlin, Kunst- und Ausstellungshalle Bonn, Otto-von-Bismarck-Stiftung Friedrichsruh, Alliierten Museum Berlin.

67 Der Bund fördert vor allem Einrichtungen aus dem Hauptstadtkulturvertrag und der Vereinbarten Förderung der Bundesstadt Bonn, z.B. Kulturveranstaltungen des Bundes in Berlin GmbH (Berliner Festspiele mit Martin-Gropius-Bau, Haus der Kulturen der Welt, Internationale Filmfestspiele Berlin), Akademie der Künste Berlin, Stiftung Jüdisches Museum Berlin, Beethovenhaus Bonn.

68 *BVerfGE* 10, 20, 40 f.

69 Kompetenz des Bundes – unbeschadet der innerstaatlichen Zuständigkeit der Länder – zur Beteiligung an der Wahrnehmung des internationalen Schutzauftrages gem. UNESCO-Konvention für das Welterbe der Menschheit von außerordentlichem universellem Wert als übergreifende internationale Verpflichtung. Hier wird u.a. gefördert: Europäisches Zentrum für Kunst und Industriekultur Völklinger Hütte. Andere Welterbestätten erhalten eine Bundesförderung auch über andere Kompetenztitel, insbesondere die „Leuchtturmförderung“ in den neuen Ländern.

70 Vgl. Gedenkstättenkonzeption des Bundes, BT-Drucks. 14/1569; Art. 18 Vertrag über gute Nachbarschaft, Partnerschaft und Zusammenarbeit zwischen der Bundesrepublik Deutschland und der Union der Sozialistischen Sowjetrepubliken v. 9.11.1990, u.a. fördert der Bund: Denkmal für die ermordeten Juden Europas Berlin, Topographie des Terrors Berlin.

71 U.a. fördert der Bund: Deutsches Kulturforum östliches Europa Potsdam; Schlesisches Museum Görlitz; Westpreußisches Landesmuseum Münster; Museum Ostdeutsche Galerie Regensburg.

- kulturelle Betreuung nationaler Minderheiten, fremder Volksgruppen und heimatloser Ausländer im Bundesgebiet (Kompetenz zur Umsetzung völkerrechtlicher Verpflichtungen),[72]
- Sicherung und Erwerb national wertvollen Kulturgutes und national wertvoller Archive gegen drohende Abwanderung sowie Schutz gegen absehbare Folgen eines bewaffneten Konfliktes (Art. 73 Abs. 1 Nr. 1 und Nr. 5a GG),
- Rückführung von Kulturgut (Art. 32 Abs. 1, 73 Abs. 1 Nr. 1, 74 Abs. 1 Nr. 9, 120 Abs. 1 GG),
- Dokumentation, Nachforschung und Rückgabe NS-verfolgungsbedingt entzogener Kulturgüter (Art. 74 Abs. 1 Nr. 9 GG),[73]
- Förderung von Kultureinrichtungen in Ostdeutschland („Leuchttürme" – Art. 35 Abs. 4 Einigungsvertrag),[74]
- Förderung der kulturellen Einheit Deutschlands (Art. 35 Abs. 7 Einigungsvertrag),
- Filmförderung (Art. 74 Abs. 1 Nr. 11 GG für die Wirtschaftsförderung, Natur der Sache für die Kulturelle Filmförderung[75]),
- Urheberrecht und Verlags- und Übersetzungsförderung (Art. 73 Nr. 9 GG),[76]
- Förderung von bundesweit tätigen Einrichtungen im Kulturbereich, die sozialleistungsähnliche Leistungen vergeben (Art. 74 Abs. 1 Nr. 12 GG).[77]

Abweichend von der Position der Länder beansprucht der Bund für sich eine generelle Kompetenz zur „Förderung von gesamtstaatlich bedeutsamen Kultureinrichtungen und Kulturprojekten,[78] insbesondere: **30**

- Förderung einzelner Kultureinrichtungen von nationalem Rang entsprechend jahrzehntelanger Staatspraxis und Vereinbarungen mit dem jeweiligen Sitzland,[79]
- Förderung von nationalen Denkmälern, insbesondere Geburtsstätten herausragender deutscher Künstlerinnen und Künstler,[80]
- Förderung der baulichen Erhaltung national bedeutsamer Kulturdenkmäler,[81]
- Sicherung und Erwerb national wertvollen Kulturgutes und national wertvoller Archive allgemein,
- bundesweite Förderung besonders begabter Künstlerinnen und Künstler aus allen Kultursparten, insbesondere durch Kulturförderfonds und Bundeswettbewerbe,[82]
- Projektförderungen für nationale und internationale Musik-, Tanz-, Theater- und Literaturprojekte sowie solcher Projekte der bildenden Kunst oder Architektur,[83]

---

72 U.a. fördert der Bund: Zentralrat Deutscher Sinti und Roma, Stiftung für das sorbische Volk Bautzen.

73 Z.B. fördert der Bund die Koordinierungsstelle für Kulturgutverluste in Magdeburg.

74 Ausf. *Raabe* Blaubuch 2006; u.a. fördert der Bund: Deutsches Meeresmuseum Stralsund, Stiftung Preußische Schlösser und Gärten Berlin-Brandenburg, Klassik Stiftung Weimar, Bauhaus Dessau, Luthergedenkstätten in Wittenberg und Eisleben, Franckesche Stiftungen Halle.

75 Zu dieser Unterscheidung *Köstlin* S. 109 ff., u.a. werden hier gefördert: Filmförderanstalt, Bundesfilmpreise – „Lola".

76 U.a. fördert der Bund: Deutscher Übersetzerfonds.

77 Künstlersozialversicherung Wilhelmshaven, Deutsche Künstlerhilfe beim Bundespräsidenten.

78 *BKM* Anlage Korb 2.

79 U.a. fördert der Bund: Schiller-Nationalmuseum und Deutsches Literaturarchiv Marbach, Bayreuther Festspiele, Bach-Akademie Stuttgart, Ruhrfestspiele Recklinghausen; documenta Kassel.

80 U.a. fördert der Bund: Freies Deutsches Hochstift mit Goethe-Geburtshaus Frankfurt am Main.

81 U.a. fördert der Bund: Denkmalschutzprogramm des Bundes soweit nicht Förderung von Kulturdenkmälern der unstreitigen Liste.

82 U.a. fördert der Bund: Bundeswettbewerb Gesang, Preis der Stiftung Buchkunst.

83 U.a. fördert der Bund: Ars Baltica; Art Cologne, Schillerjahr 2005.

- Förderung nichtstaatlicher inländischer Kulturorganisationen und Kulturverbände gesamtstaatlicher Bedeutung auf der Bundesebene (Dachverbände).[84]

31 Bis heute haben Bund und Länder ihre Meinungsverschiedenheiten über diese Zuständigkeiten nicht abschließend geklärt. Im Hinblick auf die Einberufung der gemeinsamen Kommission von Bundestag und Bundesrat zur Modernisierung der Bundesstaatlichen Ordnung (Föderalismuskommission) meinte man die Diskussion in dieses Gremium verlagern zu können.[85] Die Föderalismusreform von 2006 hat aber in keiner der strittigen Fragen Stellung bezogen.[86]

2. Länder

32 In Deutschland kümmern sich seit jeher vor allem die Länder um Kulturförderung; der Zentralstaat spielte immer nur eine nachgeordnete Rolle. Das Grundgesetz knüpft bei seiner Kompetenzverteilung also an eine lange Tradition des Bundesstaates an und schreibt die historisch gewachsene Struktur im Kulturbereich fort.[87] Die föderale Struktur ist tatsächlich ein Garant für die große Vielfalt und Breite des kulturellen Angebots in Deutschland. Kein anderes Land in Europa verfügt heute über eine ähnliche Dichte an Opern, Theatern, Orchester,[88] Museen, Bibliotheken. Dabei sind die Landesregierung vor allem für die herausragenden Einrichtungen von besonderem Rang für Land oder Landesteil zuständig (z.B. Staatstheater oder Staatsbibliotheken). Die Gemeinden verantworten die lokale Kulturförderung und tragen de facto die meisten kulturellen Einrichtungen in der Bundesrepublik.

33 Für die Länder ist Kulturpolitik ein wichtiges Instrument der Selbstdarstellung. Insofern garantieren fast alle Landesverfassungen nicht nur die Freiheit der Kunst, sondern erklären die Förderung von Kultur zur staatlichen und kommunalen Aufgabe.[89] Bayern,[90] Sachsen-Anhalt[91] und am weitestgehenden Sachsen[92] regeln die Kulturförderung in ihren Verfassungen detailliierter und zählen eine ganze Reihe von zu fördernden Kultureinrichtungen auf. Letztlich gestalten die Länder ihre Kulturförderung

---

84 U.a. fördert der Bund: Deutscher Kulturrat, Deutscher Musikrat, Deutsches Nationalkomitee für Denkmalschutz.

85 Vgl. Beschl. der Ministerpräsidentenkonferenz v. 18.12.2003 (MPK-Protokoll TOP 3).

86 Insbesondere ist unklar, ob oder inwieweit sich der Bund bei drohenden Streitfällen an das im Eckpunktepapier vorgesehene Konsultationsverfahren gebunden hält, vgl. *BKM* I 1 a. E., 3.

87 *Geis* S. 522 ff.; *Hense* S. 376, 379 f., 383 f.

88 Die Deutsche Theater- und Orchesterlandschaft steht derzeit (2016) auf der deutschen Vorschlagsliste für die UNESCO-Welterbeliste des immateriellen Kulturerbes. Der Antrag soll voraussichtlich der zuständigen General Assembly for Immaterial World Heritage) 2017 zur Annahme vorgelegt werden.

89 Art. 3c B-W Verfassung; Art. 20 f. Berl. Verfassung; Art. 34 Brdbg. Verfassung; Art. 11 Brem. Verfassung; Art. 10, 62 Hess. Verfassung; Art. 7, 16 M-V Verf.; Art. 6 Ns. Verf.; Art. 18 Abs. 1 N-W Verfassung; Art. 40 Abs. 1 R-P Verfassung; Art 34 Abs. 1 Saarl. Verfassung; Art. 7 Abs. 1 S-H Verfassung; Art. 27, 30 Thrg. Verf. Einzig die Hamb. Verfassung schweigt zum Thema Kunst und Kultur.

90 Art. 140, 141 Bay. Verfassung.

91 Art. 36 S-A Verfassung.

92 Art. 11 Sächs. Verfassung lautet: (1) Das Land fördert das kulturelle, das künstlerische und wissenschaftliche Schaffen, die sportliche Betätigung sowie den Austausch auf diesen Gebieten. (2) Die Teilnahme an der Kultur in ihrer Vielfalt und am Sport ist dem gesamten Volk zu ermöglichen. Zu diesem Zweck werden öffentlich zugängliche Museen, Bibliotheken, Archive, Gedenkstätten, Theater, Sportstätten, musikalische und weitere kulturelle Einrichtungen sowie allgemein zugängliche Universitäten, Hochschulen, Schulen und andere Bildungseinrichtungen unterhalten. (3) Denkmale und andere Kulturgüter stehen unter dem Schutz und der Pflege des Landes. Für ihr Verbleiben in Sachsen setzt sich das Land ein.

inhaltlich und strukturell sehr unterschiedlich.[93] Dies schlägt sich nicht zuletzt in einer sehr differenzierten Kulturfinanzierung der Länder nieder.

Tab. 3: Öffentliche Ausgaben für Kultur 2013 nach Ländern – Grundmittel[94] 34

	Mio. EUR	**EUR je Einwohner**	**Anteil am BIP in %**	**Anteil am GHH in %**
Baden-Württemberg	1 138,5	107,08	0,27	2,11
Bayern	1 319,9	104,72	0,26	2,08
Berlin	599,0	175,06	0,53	2,76
Brandenburg	243,2	99,30	0,40	1,96
Bremen	105,6	160,64	0,36	2,38
Hamburg	338,6	193,91	0,33	2,99
Hessen	644,4	106,60	0,26	1,96
Mecklenburg-Vorpommern	155,4	97,32	0,41	1,88
Niedersachsen	556,6	71,44	0,23	1,47
Nordrhein-Westfalen	1 560,9	88,83	0,26	1,75
Rheinland-Pfalz	259,1	64,88	0,21	1,34
Saarland	77,1	77,84	0,24	1,53
Sachsen	775,8	191,73	0,74	3,97
Sachsen-Anhalt	276,7	123,26	0,51	2,34
Schleswig-Holstein	193,5	68,71	0,24	1,45
Thüringen	303,3	140,36	0,57	2,64
Länder insgesamt	**8 547,6**	**105,83**	**0,30**	**2,05**

Trotz all dieser Unterschiede trifft man in allen Länder auf ähnliche Akteure: 35

- **Landesparlamente** mit **Ausschüssen für Kultur,**
- Kulturminister oder -senatoren mit eigener Ministerial- bzw. Senatsverwaltung. Teilweise sind die Kulturminister auch für Fragen der Wissenschaft und/oder der Bildung zuständig. In Schleswig-Holstein hat die Landesregierung (ähnlich wie zuvor Berlin und Nordrhein-Westfalen) das Kulturressort als Abteilung der Staatskanzlei angegliedert. Berlin und Nordrhein-Westfalen haben diese Lösung (Staatssekretär für Kultur in der Senats- bzw. Staatskanzlei) inzwischen aufgegeben. In Nordrhein-Westfalen ist seit 2010 Kultur eine eigene Abteilung eines Landesministeriums (seit 2015 im Ministerium für Familie, Kinder, Jugend, Kultur und Sport); Berlin hat seit Ende 2016 wieder einen eigenen Kultursenator.

93 Zur konkreten Gestaltung vgl. die verschiedenen Aufsätze zur Kulturförderung einzelner Bundesländer im Handbuch Erfolgreich Kultur finanzieren (KUF), B 2.2.

94 Inkl. der Ausgaben der Gemeinden. *Statistische Ämter* (2016), S.29.

- **Staatstheater, Landesbühnen, Staatliche Orchester oder Chöre, Staatliche Museen, Landesbibliotheken, Staatsarchive, Rundfunkanstalten, Filmförderungseinrichtungen, Landesdenkmalpflegebehörden, Landeskulturstiftungen** – die Länder betreiben viele dieser Kultureinrichtungen als rechtlich unselbstständige Anstalten und Eigenbetriebe oder als rechtlich selbstständige Anstalten, Stiftungen oder Gesellschaften (meist GmbH). Die rechtliche Selbstständigkeit ist meist auch ein Weg, Kommunen oder andere Länder in der Trägerschaft der Einrichtung zu beteiligen.[95]

36 Daneben sind zwei Einrichtungen für die Zusammenarbeit aller Länder in der Kulturförderung zuständig:

- Die **Ständige Konferenz der Kultusminister der Länder" (KMK)**[96] mit einem ständigen Sekretariat und Fachausschüssen wurde 1948, d.h. vor Gründung der Bundesrepublik, ins Leben gerufen. Ihr gehören als Mitglieder die jeweiligen Minister oder Senatoren für Bildung, Wissenschaft und Kultur an. Die KMK hat sich in der Praxis vor allem als Koordinierungsorgan in Bildungs- und Wissenschaftsfragen etabliert. Kulturelle Angelegenheiten sind deutlich seltener Beratungsgegenstand.
- **Kulturstiftung der Länder** – gegründet 1988 zur Förderung und Bewahrung von Kunst und Kultur nationalen Ranges. Dazu gehören vor allem vier Bereiche: (1) Förderung des Erwerbs von für die deutsche Kultur besonders wichtigen und bewahrungswürdigen Zeugnissen; (2) Förderung von und Mitwirkung bei Vorhaben der Dokumentation und Präsentation deutscher Kunst und Kultur; (3) Förderung zeitgenössischer Formen und Entwicklungen von besonderer Bedeutung auf dem Gebiet der Kunst und Kultur; (4) Förderung von überregional und international bedeutsamen Kunst- und Kulturvorhaben. Bis zur Kündigung des so genannten Mitwirkungsabkommens zum 31.12.2005 gehörte die Kulturstiftung der Länder auch zu den Fällen einer Bund-Länder Kooperation.[97]

37 In den Flächenstaaten stellt sich immer wieder die Frage nach dem Verhältnis zwischen Landes- und kommunaler Kulturförderung. Dabei geht es nicht um den allgemeinen Finanzausgleich zwischen Land und Kommunen, wie ihn alle Länder vorsehen, sondern eher um kulturelle Strukturpolitik. Länder und Kommunen stimmen sich in kulturpolitischen Fragen in unterschiedlicher Weise ab. Neben bilateralen Kontakten zwischen dem jeweiligen Kulturministerium und einzelnen Kommunen gibt es bei Themen von landesweiter Bedeutung vielfach eine Kooperation zwischen den kommunalen Spitzenverbänden und den zuständigen Ministerien. In Bayern sieht die Landesverfassung Bezirke als Selbstverwaltungskörperschaften vor mit dem Recht, überörtliche, d.h. auch kulturpolitische Angelegenheiten zu ordnen und zu verwalten, die über die Zuständigkeit oder das Leistungsvermögen der Landkreise und kreisfreien Städte hinausgehen.[98] Nordrhein-Westfalen hat sich in zehn Kulturregionen aufgeteilt, in denen Koordinierungsstellen zwischen Land und Kommunen vermitteln sollen. Sachsen schließlich hat – bisher einmalig in Deutschland – eine solidarische Kulturfinanzierung

---

95 Z.B. Stiftung Preußische Schlösser und Gärten Berlin-Brandenburg; Klassik Stiftung Weimar. Norddeutscher Rundfunk; Medienboard Berlin-Brandenburg, Deutschlandradio.

96 *Klein* S. 146 f.

97 Zu kompetenz- und verfahrensrechtlichen Fragen: *Köstlin* S. 75 ff., 262 ff.

98 § 1 Bezirksordnung für den Freistaat Bayern i.d.F. v. 5.12.1973; *Klein* S. 138.

mit seinem Kulturraumgesetz[99] eingeführt. Das Gesetz gliedert seit 1994 das Land entlang historischer Gebietsgrenzen in Kulturräume. Jeder Kulturraum bildet einen Zweckverband, dem die Landkreise und kreisfreien Städte angehören. Das Gesetz schreibt Kultur als Pflichtaufgabe der Gemeinden und Landkreise vor, die entsprechende konkretisierende Fördergrundsätze und -richtlinien erlassen müssen. Damit gibt es den regional bedeutsamen Kultureinrichtungen und -projekten finanzielle Sicherheit. Über eine Umlandfinanzierung ist für eine Lastenteilung zwischen Gemeinden mit größeren Kultureinrichtungen und dem restlichen Kulturraum gesorgt. Die Kulturfinanzierung obliegt aber nicht allein den kommunalen Gebietskörperschaften; auch der Freistaat Sachsen beteiligt sich am Umlageverfahren der Kulturraumfinanzierung und zwar jährlich mit einem Mindestbetrag von 76,6 Mio. EUR.

3. Kommunen

Die Kommunen, d.h. Städte, Gemeinden und Landkreise, nehmen in Deutschland einen eigenen Kulturauftrag auf lokaler Ebene wahr. Die verfassungsrechtliche Basis dafür bildet Art. 28 Abs. 2 GG bzw. entsprechende Bestimmungen der Landesverfassungen. Hier liegt die Verantwortung für die lokale Kulturförderung. Tatsächlich unterhalten die Kommunen in Deutschland die meisten kulturellen Einrichtungen in der Bundesrepublik und tragen so wesentlich zu der spezifischen kulturellen Vielfalt in Deutschland bei.[100] Kultur gehört zu den Selbstverwaltungsaufgaben der Gemeinden, bei denen die Länder lediglich die Rechtsaufsicht wahrnehmen. Trotz aller Differenzierung zwischen den Landes- und Kommunalverfassungen sind Kulturpflege und -förderung heute weitgehend als grundlegende Aufgabe der Kommunen im Sinne einer umfangreichen Daseinsvorsorge anerkannt. In der Praxis halten sich Bund und Länder bei Fragen lokaler Kulturpolitik zurück und handeln gleichsam im Sinne einer Subsidiarität der staatlichen gegenüber der kommunalen Kulturpolitik. Die Gemeinden sind in kulturellen Fragen vor Ort allzuständig; ihre Kompetenz findet ihre Grenzen letztlich nur in ihrer jeweiligen finanziellen Leistungsfähigkeit und in der Reichweite ihres Engagements.[101] **38**

---

99 Gesetz über die Kulturräume in Sachsen (Sächsisches Kulturraumgesetz – SächsKRG) v. 20.1.1994, i.d.F. v. 1.1.1997; ausf.: *Vogt* Kulturräume in Sachsen.

100 Ausf. *Heinrichs* Rn. 3 ff.

101 *Gern* Rn. 177; *Heinrichs* Rn. 106 ff., 117; Isensee/Kirchhof/*Steiner* Rn. 21 ff.

39 *Tab. 4: Öffentliche Ausgaben der Gemeinden für Kultur nach Gemeindegrößen 2013*[102] *(inkl. Gemeinde- und Zweckverbände ohne Stadtstaaten) – Laufende Grundmittel*

Kommunale Gebietskörperschaften	**Einheit**	**Kulturausgaben insgesamt**	**davon** **Theater, Konzerte u.ä.**	**Bibliotheken**	**Museen**	**Kulturverwaltung Sonst. Kulturpflege, Denkmalpflege**
Landkreise, Verbandsgemeinden, Bezirks-, Zweckverbände	1 000 €	447 367	121 830	107 318	88 708	129 511
	€ je Einw.	.	.	.	.	.
Kreisangehörige Städte und Gemeinden	1 000 €	1 340 061	343 358	357 257	243 465	395 981
	€ je Einw.	24,36	6,24	6,49	4,43	7,20
Kreisfreie Städte	1 000 €	2 382 768	1 338 362	387 822	392 829	263 755
	€ je Einw.	120,42	67,64	19,60	19,85	13,33
Zusammen	1 000 €	4 170 196	1 803 550	852 397	725 002	789 247
	€ je Einw.	55,76	24,11	11,40	9,69	10,55
darunter: Städte und Gemeinden mit .... Einwohnern						
500 000 und mehr	1 000 €	981 276	574 993	149 845	166 851	89 587
	€ je Einw.	150,94	88,44	23,05	25,66	13,78
200 000 - 499 999	1 000 €	874 323	513 221	137 078	140 877	83 147
	€ je Einw.	126,12	74,03	19,77	20,32	11,99
100 000 - 199 999	1 000 €	425 034	206 499	78 312	75 868	64 355
	€ je Einw.	75,03	36,45	13,82	13,39	11,36
20 000 - 99 999	1 000 €	969 724	298 360	239 308	182 745	249 311
	€ je Einw.	44,11	13,57	10,88	8,31	11,34
10 000 - 19 999	1 000 €	265 757	54 018	83 596	41 810	86 333
	€ je Einw.	21,68	4,41	6,82	3,41	7,04
3 000 - 9 999	1 000 €	169 157	30 207	51 198	24 391	63 361
	€ je Einw.	12,02	2,15	3,64	1,73	4,50
bis 2 999	1 000 €	37 558	4 422	5 742	3 752	23 642
	€ je Einw.	5,09	0,60	0,78	0,51	3,20

40 In Deutschland gibt es seit jeher unterschiedliche Kommunalverfassungen, in kulturellen Fragen finden sich bundesweit weitgehend die gleichen Akteure auf kommunaler Ebene:

- **Gemeinderäte** bzw. **Stadtverordnetenversammlungen** sind die zentrale politische Vertretung der Bürger und zuständig für die (kultur-)politische Führung der Gemeinde.
- Die Gemeinderäte bzw. Stadtverordnetenversammlungen bilden aus ihrer Mitte in der Regel beschließende oder beratende **Kulturausschüsse.** Beratenden Ausschüssen können dabei auch sachkundige Bürger angehören, die nicht Mitglieder des Gemeinderates angehören. Dies erweist sich gerade bei kulturellen Fragen als hilfreich.

102 Statistische Ämter (2016), 42 f.

- **Kulturdezernent** oder **Beigeordneter für Kultur** sind Wahlbeamte der Kommunen und politisch verantwortlich für die ihnen zugeordneten Ämter oder Themenbereiche. In größeren Gemeinden sind den Kulturdezernenten **Kulturamtsleiter** oder **Kulturreferenten**[103] als eigentliche Behördenleiter unterstellt.
- **Stadttheater, Stadtbibliotheken, Gemeindearchive, Städtische Kunstsammlungen, Stadtmuseen, Kommunale Kinos, Musikschulen, Soziokulturelle Zentren** und andere kulturelle Betriebe der Kommunen in verschiedenen Rechtsformen.

Überregional koordinieren sich Städte, Gemeinden und Landkreise kulturpolitisch über ihre Spitzenverbände: In der Kulturförderung spielt hier vor allem der **Deutscher Städtetag** eine wichtige Rolle. In ihm haben sich mehr als 3 400 Städte und Gemeinden mit insgesamt 51 Mio. Einwohnern zusammengeschlossen und er vertritt die Interessen aller kreisfreien und der meisten kreisangehörigen Städte. Der **Kulturausschuss des Deutschen Städtetages** hat durch seine zahlreichen Stellungnahmen, Kongresse und Publikationen die kommunale Kulturpolitik in der Bundesrepublik mitbestimmt. 41

III. Der nicht-staatliche Bereich in Deutschland – private Kulturförderung

Die nicht-staatliche Kulturförderung in der Bundesrepublik kennt eine so große Zahl von Akteuren, dass eine Aufzählung unmöglich ist.[104] Stattdessen muss der Versuch einer Systematisierung anhand von Beispielsfällen ausreichen. 42

Zunächst lässt sich nach der jeweiligen Motivation zwischen Mäzenen, Sponsoren oder Kulturunternehmern unterscheiden: 43

- **Mäzene** handeln vornehmlich altruistisch, d.h. vor allem im Interesse des einzelnen kulturellen Projekts, und stellen eigene Interessen hinten an.
- **Sponsoren** fördern Kultur, um gleichzeitig für sich oder ihr Unternehmen zu werben. Der wirtschaftliche Eigennutzen tritt in den Vordergrund.
- Für **Kulturunternehmer** wie Galeristen, Verlage, Filmproduzenten oder Betreiber von Privattheatern ist die Kulturförderung nicht mehr von ihren Unternehmerinteressen, d.h. der wirtschaftlichen Gewinnerzielungsabsicht, zu trennen.

Weiterhin kann man nach dem Objekt der Kulturförderung differenzieren; Private können sich sowohl unmittelbar für das Kulturschaffen, wie für die Pflege von Kultur oder die Verbesserung des kulturellen Umfeldes einsetzen: 44

- So unterstützen **Sammler, Galeristen, Kunstvereine, Literarische Gesellschaften,** aber auch **Investoren** oder einzelne **Stiftungen** (z.B. **Schering-Stiftung**) die aktuelle Kunstproduktion durch Ankäufe, Stipendien, öffentliche Lesungen, Ausstellungen oder Preise. Auch der **Kulturkreis der Deutschen Wirtschaft** beim Bundesverband der Deutschen Industrie engagiert sich vor allem im Bereich der zeitgenössischen Kunst.
- Im Bereich der Kulturpflege und des Denkmalschutzes engagieren sich eine Vielzahl von Stiftungen (z.B. **Deutsche Stiftung Denkmalschutz, Cornelsen Kulturstif-**

---

103 In Bayern bezeichnet „Kulturreferenten" allerdings den politischen Wahlbeamten, d.h. den Kulturdezernenten oder -beigeordneten.

104 Der Kulturkreis der Deutschen Wirtschaft hat 2010 die Ergebnisse einer umfassenden Untersuchung zur „Unternehmerischen Kulturförderung in Deutschland" veröffentlicht, vgl. Kulturkreis.

tung) und Fördervereinen (z.B. **Kaiser-Friedrich-Museums-Verein** in Berlin, **Freundeskreis der Kulturstiftung der Länder**), aber auch der einzelne Sammler, der seine Bestände der Öffentlichkeit in privaten oder öffentlichen Museen zur Verfügung stellt (z.B. **Kunsthalle Würth, Schwäbisch Hall**).

- Für die Verbesserung des kulturellen Umfeldes sind vor allem die **Verbände** und **Interessenvertretungen** des Kulturbereichs zu nennen, deren Zahl nicht mehr zu überschauen ist. Beispielhaft seien genannt: Deutscher Musikrat, Deutscher Kulturrat, Bundesverband Soziokultureller Zentren, Deutscher Museumsbund, Vereinigung der Landesdenkmalpfleger, Verband Bildender Künstler, Deutsche Filmakademie, Musikrat, Filmwirtschaftsverbände, Verlegerverbände, Literaturgesellschaften. Einige dieser Zusammenschlüsse üben heute wichtige politische Funktionen aus. Die Verwertungsgesellschaften [105] (VG Wort, GEMA u.a.) sind per Gesetz für das Eintreiben und die Verteilung der Urheberabgaben zuständig. Der Deutsche Bühnenverein vertritt die Theater und Orchester in den Tarifverhandlungen mit den Bühnengewerkschaften.
- Ebenfalls der Verbesserung des kulturellen Umfeldes widmen sich zahlreiche Stiftungen und Vereine, deren Hauptzweck eher in der **Wissenschafts-, Bildungs- oder Sozialförderung** liegt. Hier ist die Kultur ein wichtiger weiterer (mittelbarer) Nutznießer (z.B. **Thyssen Stiftung, Robert-Bosch-Stiftung**). Dazu kann man auch die **Förder- und Freundesvereine von Kunst- und Musikhochschulen** rechnen.

45 Schließlich sollte man unterscheiden zwischen den Privatpersonen, Stiftungen, Vereinen, die ihre Förderung ausschließlich aus eigener Kraft finanzieren, und solchen, die dazu öffentliche Zuwendungen einwerben. So haben in den letzten Jahrzehnten einzelne Unternehmerpersönlichkeiten oder Unternehmen mit Mitteln aus ihrem Vermögen Stiftungen ins Leben gerufen, die dank ihrer finanziellen Ausstattung unabhängig von einer öffentlichen Finanzierung agieren können (z.B. **Allianz Kulturstiftung, Zeit Stiftung Ebelin und Gerd Bucerius, Ostdeutsche Sparkassenstiftung**). Ebenso tragen sich die meisten Freundes- und Fördervereine der Museen und Theater allein aus den Beiträgen und Spenden ihrer Mitglieder. Andererseits finanzieren sich viele Verbände, Kunstvereine, Privattheater oder Kinos aus öffentlichen Zuschüssen. Hier verschwimmt die Grenze zwischen öffentlicher und nicht-staatlicher Kulturförderung.

C. Instrumente der Kulturförderung

46 Öffentliche und private Akteure der Kulturförderung verfügen über eine große Bandbreite von Instrumentarien, mit denen sie die Sache der Kultur allgemein befördern, konkrete Kulturvorhaben unterstützen aber auch ihre eigenen Anliegen und Interessen im Kultursektor umsetzen können. Diese Instrumente können jeweils sowohl allein, als auch kumulativ angewandt werden. So hat der Bund bspw. mit der Stiftung Preußischer Kulturbesitz per Gesetz eine eigene Einrichtung, in diesem Fall eine bundesunmittelbare Stiftung, geschaffen (dazu unten Rn. 51 ff.), bei der er aber mit allen 16 Bundesländern kooperiert (dazu unten Rn. 56 ff.). Gleichzeitig erhält die Stiftung ihre öffentliche Mittel über Zuwendungsbescheide des Bundes und der Länder (dazu unten Rn. 62 ff.).

105 Vgl. dazu näher 27. Kap. dieses Handbuchs.

I. Durchführung von kulturellen Veranstaltungen

Am unmittelbarsten fördern Staat und Kommunen Kultur, wenn sie selber in eigener Regie kulturelle Veranstaltungen durchführen ohne weitere Institutionen wie Theater, Agenturen o.Ä. als Veranstalter dazwischen zu schalten. Staat oder Kommunen können auf diese Weise am intensivsten auf kulturelle Projekte gestaltend einwirken, können aber auch in Konflikt mit der Kunstfreiheitsgarantie des Art. 5 Abs. 3 GG kommen. Kennzeichnend ist in diesen Fällen die zeitliche Beschränkung oder die Konzentration auf ein eng umrissenes Projekt. Mit der zeitlichen Befristung bekommt die kulturelle Maßnahme einen vorübergehenden Charakter. Dies ist aus kulturpolitischer Sicht für staatliche Stellen ein Nachteil, müssen sie doch bei allen ihren kulturpolitischen Aktivitäten Wert auf Nachhaltigkeit legen. Dies lässt sich nicht nur durch regelmäßige Wiederholung solcher Veranstaltungen erreichen (z.B. die jährliche Durchführung bestimmter Jugendwettbewerbe), sondern auch durch den systematischen Aufbau eigener Sammlungen oder den Erhalt des eigenen Denkmalbestandes. **47**

Beispiele aus der kulturpolitischen Praxis bei Bund, Ländern und Gemeinden. **48**

Bundesweite oder regionale Jubiläumsjahre (Einstein-Jahr, Staufer-Jahr), Bundes- oder Landesjugendwettbewerbe, Landesausstellungen, Ländertage (z.B. Brandenburg-Tag, Hessen-Tag), Stadtfeste, Ankauf von Kunst für eine eigene öffentliche Sammlung, Denkmalpflege an eigenen Gebäuden

So interessant die eigene Durchführung und Steuerung eines kulturellen Projekts sein kann, in vielen Fällen wird die staatlichen Körperschaften schon aus Kapazitätsgründen verzichten, Veranstaltungen selber durchzuführen. Tatsächlich sind die Grenzen zwischen eigener Durchführung (mit Unterstützung eines Dienstleister) und Projektförderung fließend. Rechtlich sind sie insbesondere bei Haftungsfragen relevant. So kann eine Kommune selber als Veranstalter auftreten und eine Agentur mit der Durchführung einer Veranstaltung beauftragen; die Haftung trägt in diesem Fall die Kommune. Alternativ kann die Kommune einer ihrer Kultureinrichtungen eine Projektförderung für diese Veranstaltung bewilligen, in deren Rahmen die Kultureinrichtung selber als Veranstalter auftritt und entsprechend haftet. **49**

In diesem Zusammenhang wird die Rolle von Beiräten oder Sachverständigenausschüssen im Bereich der Kulturförderung relevant.[106] Mit diesen Beiräten möchten sich staatliche Stellen unabhängigen Sachverstand in kulturpolitischen Fragen von außerhalb der Verwaltung verschaffen.[107] Gerade im Bereich der Kunstförderung wird so versucht, den Anforderungen der Freiheitsgarantie des Art. 5 Abs. 3 GG gerecht zu werden.[108] Beiräte haben meist keine eigenen Entscheidungsbefugnisse, sondern stehen den staatlichen Stellen nur „beratend“ zur Seite; die Letztentscheidung bleibt in jedem Fall bei der politisch verantwortlichen öffentlichen Stelle.[109] **50**

---

106 Auf der Bundesebene wären hier zu nennen: Auswahljury Villa Massimo (Rechtsgrundlage: Auswahlgrundsätze Villa Massimo BKM K 24 – 330 120/22 v. Sept. 2006), Ankaufskommission für den Erwerb zeitgenössischer Kunst für die Sammlung des Bundes – ohne förmliche Errichtungsgrundlage; Sachverständigenausschuss des Bundes für national wertvolles Kulturgut bzw. für national wertvolle Archive (§§ 5, 12 KultGSchG), Filmförderung: Vergabekommission, § 8 Filmförderungsgesetz v. 25.6.1979 (BGBl I S. 803), zuletzt geändert durch Gesetz v. 19.6.2001 (BGBl I S. 1149, 1173).

107 *Böckenförde* S. 149 ff.; *Schuppert* S. 271 ff.; *Köstlin* S. 163 ff.

108 *Köstlin* S. 151 ff.

109 *Köstlin* S. 164 – dort auch zum anders gelegenen Fall der Villa Massimo.

Dies gilt nicht bei Jurys, die über die Vergabe von Preisen beschließen; hier sind die Mitglieder in der Regel unabhängig und an Weisungen nicht gebunden.[110]

II. Errichtung und Betrieb kultureller Einrichtungen

51 Staat, Kommunen und Private haben immer schon eigene kulturelle Einrichtungen gegründet und betrieben. Dahinter steht das Interesse, eigene (Förder-)Initiativen dauerhaft zu institutionalisieren und die Steuerung dieser Einrichtung mitzubestimmen (z.B. als Gesellschafter bzw. über Aufsichts- oder Exekutivorgane).

52 Beispiele aus der kulturpolitischen Praxis:

Bund:	Stiftung Preußischer Kulturbesitz, Deutsche Welle, Deutsche Bibliothek, Bundesarchiv, Filmförderungsanstalt, Kulturstiftung des Bundes, Kulturveranstaltungen des Bundes in Berlin GmbH; Jüdisches Museum Berlin,
Länder:	Staatstheater, Landesmuseen, Landesbibliotheken und -archive, Kulturstiftung der Länder,
Kommunen:	Städtische Bühnen, Stadtmuseen, Kommunale Kinos, Kommunale Galerien, Soziokulturelle Zentren, Volkshochschulen, Musikschulen, Städtische Bibliotheken,
Private:	Private Theater oder Kunstsammlungen, Kinos, private (Förder-)Stiftungen, Kunstvereine.

53 Bei der Wahl der Rechtsform sind Staat und Kommunen weitgehend frei; nur in wenigen Fällen (Art. 87 Abs. 3 GG) sind bestimmte Rechtsformen vorgegeben. Der Staat muss bei der Errichtung von rechtlich selbstständigen (d.h. aus der unmittelbaren Verwaltung ausgegliederten) Einrichtungen auf den institutionellen Gesetzesvorbehalt achten.[111] In der Vergangenheit haben Staat und Kommunen ihre Einrichtungen meist in den klassischen öffentlich-rechtlichen Formen gegründet, d.h. als staatliche Behörde oder kommunales Amt, Anstalt, Eigen- oder Regiebetrieb, Körperschaft oder Stiftung.[112] In den letzten fünfzig Jahren sind vermehrt private Rechtsformen[113] hinzugekommen, insbesondere bürgerlich-rechtliche Stiftungen (z.B. Kulturstiftung des Bundes) oder Kapitalgesellschaften (z.B. Kulturveranstaltungen des Bundes in Berlin GmbH). Teilweise handelt es sich dabei um originäre Gründungen durch Staat oder Kommunen (z.T. in Kooperation[114]), teilweise kommt es auch zur Übernahme einer privaten Gründung. Mit der Gründung (oder Übernahme) einer eigenen Kultureinrichtung zeigen Staat und Kommunen deutlich ihr dauerhaftes kulturpolitisches Engagement. Anders als bei der Durchführung (einmaliger) kultureller Veranstaltungen oder bei der finanziellen Förderung eines zeitlich begrenzten Projektes führt die

---

110 Z.B. diverse Jurys im Rahmen der (Bundes-)Filmförderung, vgl. Filmförderungsrichtlinie v. 13.7.2005, Kap. XV.

111 *Köstlin* S. 117.

112 Umfassender Überblick zu den Rechtsformen öffentlicher Kultureinrichtung in der Praxis: *Meyer/Tiedtke/Meißner* S. 18 ff.

113 Theoretisch wäre hier auch an den „eingetragenen Verein" als Rechtsform zu denken; in der Praxis werden Staat und Kommunen nicht Mitglieder des Vereins, sondern integrieren diese in ihre Politik über öffentliche Zuwendungen oder spezielle öffentlich-rechtliche Fördervereinbarungen, so z.B. beim Goethe-Institut e.V.

114 Dazu näher im Anschluss unter Rn. 56 ff.

Gründung einer Kultureinrichtung zu langfristigen Bindungen, d.h. auch zu Verpflichtungen für den staatlichen Träger, die Kultureinrichtung kontinuierlich zu betreiben und nicht von heute auf morgen zu schließen. Bei Auflösungen von Kultureinrichtungen muss der staatliche Träger rechtliche Erwägungen wie Gesetzesvorbehalt, Grundrechts- oder Bestandsschutz beachten.[115] In der Praxis sprechen weniger rechtliche als finanzielle und politische Erwägungen gegen eine Auflösung. Anfangsinvestitionen, arbeitsrechtliche Komplikationen oder die kulturpolitische Bedeutung machen es meist kostspielig und politisch schwer vermittelbar, eine bestehende Einrichtung aufzulösen bzw. abzuwickeln. Fälle wie die Auflösung der Akademie der Wissenschaften zu Berlin oder des Schiller-Theaters in Berlin belegen dies. Selbst in den neuen Bundesländern scheut man in der Regel die Auflösung von Kultureinrichtungen und setzt auf Verkleinerung oder Kooperation (wie z.B. bei den Theatern in Weimar und Erfurt).

Privatpersonen sind auf privatrechtliche Rechtsformen beschränkt, müssen also die allgemeinen Regeln des Vereins-, Gesellschafts- oder Stiftungsrechts achten. Teilweise bedürfen sie einer staatlichen Genehmigung (z.B. im Stiftungsrecht). Auch diese Einrichtungen genießen, einmal gegründet Dauerhaftigkeit. Ihr Bestand ist jedoch nicht so sicher wie bei Einrichtungen in öffentlicher Trägerschaft. Geldmangel kann jederzeit zu Konkurs und Abwicklung führen. Letztlich steht es dem privaten Träger frei, einen Verein oder eine GmbH aus beliebigem Grund aufzulösen; politische Rückwirkungen muss er meist nicht befürchten. Lediglich die bürgerlich rechtliche Stiftung genießt (bei ausreichendem Stiftungsvermögen) größere Sicherheit, da der für die Führung der Stiftung maßgebliche Stifterwille einer Auflösung ebenso wie einer radikalen Änderung des Stiftungszweckes in aller Regel entgegensteht.[116] 54

Der Unterschied zwischen privater und öffentlicher Trägerschaft wird beim Zugang zu Veranstaltungen, insbesondere zu Veranstaltungsräumen relevant. Während Private völlig frei sind, wem sie ihre Veranstaltungen oder Räume öffnen oder wen sie davon ausschließen, kann es bei Einrichtungen in öffentlicher Trägerschaft im Einzelfall zu einem Rechtsanspruch auf Zugang oder Zulassung kommen.[117] 55

115 Ausf. zur vergleichbaren Rechtslage bei Forschungseinrichtungen: *Meusel* § 20 Rn. 318 ff.

116 *BVerfGE* 46, 73, 85; MünchKomm BGB/*Reuter* 5. Aufl. 2006, vor § 80 Rn. 49, 51; *Soergel/Siebert/Neuhoff* BGB, 13. Aufl. 2000 vor § 80 Rn. 13; *Köstlin* S. 1431 f. Eine Ausnahme bildet die Auflösung der Stiftung Kulturfonds. Dabei handelte es sich nicht um eine echte Stiftung im materiellen Sinne, da schon bei der Gründung den beteiligten Ländern eine Kündigungsmöglichkeit eingeräumt war; vgl. auch bei Rn. 60.

117 Ein solcher Rechtsanspruch ergibt sich bspw. aus materiell-objektivem Recht, z.B. Gemeindeordnungen oder öffentlichen Benutzungsordnungen. Sobald der Einzelne die dort aufgeführten Benutzungsbedingungen erfüllt, kann er – soweit die Kapazität es zulässt – auch Zugang beanspruchen. In der Praxis wird dies oft bei der Vermietung von Veranstaltungsräumen an politische Parteien relevant, die neben dem allgemeinem Zugangsrecht sich auch noch auf ihre besonders herausgehobene verfassungsrechtliche Stellung berufen können, vgl. *Wolff/Bachof/Stober* § 99 Rn. 12. In jüngster Vergangenheit versuchen einzelne Gemeinden einem Anspruch politischer Parteien auf Vermietung von städtischen Sälen dadurch zu entgehen, dass sie die Nutzung dieser Räume auf kulturelle Veranstaltungen begrenzen oder parteipolitische Veranstaltungen ausdrücklich ausschließen; vgl. FAZ v. 21.2.2007, S. 35 zu einem Urteil des *VG Oldenburg* v. 9.2.2007.

III. Kooperationen zur Kulturförderung

56 Fast alle öffentlichen und privaten Förderer von Kultur versuchen Partner zu finden, die sie bei einzelnen Projekten oder insgesamt unterstützen. Motiv ist häufig das Fehlen ausreichender eigener Ressourcen oder die Verteilung von Risiken, häufig sind aber auch gemeinsame Interessen oder das gemeinsame kulturelle Erbe entscheidend. Kooperationen werden als Instrumente der Kulturförderung rechtlich und politisch interessant, sobald sie über eine reine unkoordinierte parallele Förderung hinausgehen und ein Minimum an gemeinsamer Absprache zwischen den Partnern aufweisen. Solche Zusammenarbeit kann die unterschiedlichsten Formen annehmen, von mündlichen Verabredungen über vertragliche Vereinbarung bis hin zu gemeinsamen Gesellschaften oder Stiftungen. Auch thematisch finden sich Kooperationen in der ganzen Breite der Kulturpolitik.

57 Beispiele aus der kulturpolitischen Praxis:

Bund und Länder:	Stiftung Preußischer Kulturbesitz, Stiftung Preußische Schlösser und Gärten Berlin-Brandenburg, Deutsches Historisches Museum GmbH, Kunst- und Ausstellungshalle der Bundesrepublik Deutschland GmbH,
Bund, Länder, Kommunen:	Bayreuther Festspiele, Klassik Stiftung Weimar, Stiftung Brandenburgische Gedenkstätten,
Länder:	Kulturstiftung der Länder, DeutschlandRadio
Länder und Kommunen:	Staats-, Landes-, Stadttheater; Regionale Festspiele,
Kommunen:	Theater, Orchester,
Staat und Private:	Museumsstiftung Post und Telekommunikation; Servicegesellschaft Fredericus bei der Stiftung Preußische Schlösser und Gärten Berlin-Brandenburg[118],
Selbstständige Kultureinrichtungen:	Musikfest Berlin (Kooperation KBB GmbH – Berliner Festspiele mit Stiftung Berliner Philharmoniker).

58 Verfassungsrechtlich betrachtet setzt eine Kooperation zwischen Bund und Ländern voraus, dass beide Seiten gleichzeitig über entsprechende kulturpolitische Kompetenzen verfügen. Gleichzeitige Kompetenzen von Bund und Ländern sind keineswegs selbstverständlich. Eine echte kulturpolitische Doppelkompetenz im Kunstbereich hat bisher nur Art. 135 Abs. 4 GG für den Sonderfall des Preußischen Kulturbesitzes eröffnet.[119] Ansonsten verteilt die Verfassung Kompetenzen grds. überschneidungsfrei und schließt – dem ersten Anschein nach – aus, dass Bund und Länder für ein und dieselbe Materie zuständig sind.[120] Kooperationen sind aber denkbar, wenn im Einzelfall Bund und Länder über voneinander getrennte, parallele oder komplementäre Kompetenztitel verfügen.[121]

59 Soll die Kooperation sich nicht auf die Durchführung eines einzelnen Projektes beschränken, werden die Partner regelmäßig eine vertragliche Vereinbarung wählen und sich damit längerfristig binden. Im öffentlichen Bereich werden dazu meist Verwaltungsvereinbarungen geschlossen, die die Pflichten der Partner und ihre Einfluss-

118 Diese Kooperation hat sich 2016 mit der Übernahme aller Geschäftsanteile durch die SPSG in ein Auftragsverhältnis (Geschäftsbesorgungsvertrag) mit dem früheren Mitgesellschafter gewandelt.
119 *Köstlin* S. 75, 248 ff.
120 *BVerfGE* 36, 193, 202 f.; 61, 149, 204 f.; 67, 299, 320 f.; *Stern* S. 676; *März* Rn. 14, 25.
121 *Köstlin* S. 30 ff., 210 f.

sphären festlegen. Bei Privaten sind BGB-Gesellschaften, Arbeitsgemeinschaften, Vereine oder GmbH die häufigsten Kooperationsformen. Parallel dazu finden sich nicht selten weitere gemeinsame rechtliche Grundlagen in Gesellschaftsverträgen, Stiftungssatzungen oder Finanzierungsabkommen. Bei der Errichtung von selbstständigen Kultureinrichtungen unter Beteiligung des Staates ist der institutionelle Gesetzesvorbehalt zu beachten.[122]

Die Kooperation der öffentlichen Hand mit Privaten ist bisher weder begrifflich noch rechtsdogmatisch oder -systematisch aufgearbeitet. Unter dem Begriff Public-Private-Partnership werden die unterschiedlichsten Erscheinungsformen und Modelle solcher Zusammenarbeit diskutiert.[123] Manche Formen der Zusammenarbeit wie das Outsourcing oder Outcontracting lassen sich verhältnismäßig leicht als ein Auftragsverhältnis zwischen der öffentlichen Hand als Auftraggeber und dem Privaten als Auftragnehmer einordnen. Wird aber die Führung des Unternehmens eher partnerschaftlich bestimmt – wie bspw. in Betreiber- oder Beteiligungsmodellen[124] – genießen öffentliche Hand und Private weitgehende Freiheiten bei der Ausgestaltung ihrer Einflusssphären. Sicherlich sind auch bei der Gründung von Public-Private-Partnerships bestimmte rechtliche Grundstandards wie der Gleichbehandlungs- und der Verhältnismäßigkeitsgrundsatz zu beachten. Ansonsten werden die Partner auf „Best Practice" Empfehlungen rekurrieren, an denen man die für die Kooperation relevanten Rechtsfragen individuell gestaltet.[125] **60**

Tatsächlich darf man den Regelungsaufwand im Vorfeld und während solcher Kooperationen nicht unterschätzen. Bei der Gründung der Kooperation müssen die Partner die gegenseitigen Erwartungen, ihre jeweiligen Pflichten, und damit die Verantwortungs- und Haftungsbereiche genauer umreißen. Außerdem müssen sie sich auf wichtige Verfahrens- und Strukturfragen wie Finanzierungsanteile, Gremienzusammensetzung, Beschlussverfahren oder Stimmrechte einigen. Im laufenden Betrieb wird der Abstimmungsaufwand keineswegs geringer. Das Kooperationsverfahren wird dadurch schwerfällig, genießt aber – wie die Erfahrung zeigt – eine höhere Stabilität und langfristige Sicherheit.[126] Die Fälle, in denen sich einzelne Kooperationspartner aus einem funktionierenden gemeinsamen Vorhaben ganz oder teilweise zurückziehen, sind selten.[127] **61**

---

122 *Köstlin* S. 117.

123 *Wolff/Bachof/Stober* § 92; *Wagner/Sievers* Public Private Partnership.

124 Zu den verschiedenen Modellen: *Wolff/Bachof/Stober* § 92 Rn. 26 ff.

125 *Wolff/Bachof/Stober* § 92 Rn. 34 ff.

126 Für die Stiftung Preußischer Kulturbesitz ist dies in der Literatur gut dokumentiert, zuletzt z.B. *Lehmann* S. 187.

127 Ein solcher Ausnahmefall war die Auflösung der Stiftung Kulturfonds in den neuen Ländern. Diese war zwar in der Rechtsform einer Stiftung unter Beteiligung aller neuen Länder und Berlins gegründet worden, kannte aber von Anfang an Kündigungsmöglichkeiten. Nachdem die Länder Sachsen, Sachsen-Anhalt und Thüringen ihr Kündigungsrecht ausübten, musste die Stiftung in Liquidation gehen.

IV. Finanzielle Unterstützung kultureller Vorhaben

1. Finanzielle Unterstützung durch die öffentliche Hand – öffentliche Zuwendungen

62 Wenn Staat oder Kommunen kulturelle Vorhaben finanziell unterstützen wollen, bedienen sie sich in der Regel des Instruments der „öffentlichen Zuwendung". Zahl und Erscheinungsform öffentlicher Zuwendungen im Kulturbereich sind so vielgestaltig, dass hier auf eine Aufzählung aus der Praxis verzichtet wird. Stattdessen sei hier versucht, eine gewisse Systematik zu schaffen. Grds. kann man kulturelle Zuwendungen der öffentlichen Hand nach fünf Gesichtspunkten unterscheiden: nach Rechtsgrundlage, Empfänger, Zuwendungsart, Finanzierungsart und Kontrollinstrumentarium:

1.1 Rechtsgrundlage

63 Rechtsgrundlage für die Vergabe von öffentlichen Zuwendungen zur Kulturförderung sind in aller Regel Verwaltungsakte der zuständigen öffentlichen Stellen (Ministerien, Kulturämter). Nur in wenigen Einzelfällen beruhen diese Zuwendungsbescheide auf einer spezialgesetzliche Ermächtigungsgrundlage, z.B. § 96 Bundesvertriebenengesetz, § 3 Sächsische Kulturraumgesetz, verschiedene Denkmalschutzgesetze der Länder. In den meisten Fällen konkretisieren die Verwaltungsakte nur die allgemeine Ermächtigung zur Vergaben von Zuwendungen aus §§ 23, 44 BHO/LHO.[128]

1.2 Zuwendungsempfänger

64 Zuwendungsempfänger können natürliche Personen oder juristische Personen des privaten oder öffentlichen Rechts sein. Auch nichtrechtsfähige Kultureinrichtungen können Adressat eines Zuwendungsbescheides sein, sollten sich allerdings durch ihre Rechtsträger (z.B. Gemeinden) vertreten lassen. In der Praxis überweisen Bund, Länder und Gemeinden sogar ihren eigenen rechtlich selbstständigen Kultureinrichtungen die (Förder-)Mittel auf der Grundlage eines Zuwendungsbescheides. Dann gelten die Anforderungen von Zuwendungsrecht und Anstalts-, Stiftungs- bzw. Gesellschaftsrecht kumulativ. Während natürliche Personen meist nur für einen begrenzten Zeitraum (ein paar Monate, ein oder wenige Jahre) Zuschüsse erhalten (z.B. als Stipendien, Künstlerförderung, Kulturpreise), kommt es bei juristischen Personen viel häufiger zu einer wiederholten oder länger dauernden Förderung. Juristische Personen vertrauen deshalb häufig auf eine fortgesetzte öffentliche Förderung und sind so in stärkerem Maße von Staat oder Kommunen abhängig. Im Einzelfall hängt dies von der Höhe des Zuschusses im Verhältnis zu den Gesamtausgaben des Zuwendungsempfängers und von der Möglichkeit ab, sich andere öffentliche oder private Geldquellen zu erschließen. Mit dem Grad der Abhängigkeit wachsen die Möglichkeiten der öffentlichen Hand, auf das kulturelle Programm des Zuwendungsempfängers gestaltend Einfluss zu nehmen.

1.3 Zuwendungsart

65 Staat und Kommunen können ihre kulturellen Zuwendungen entweder in Form der **Projektförderung** oder als **Institutionelle Förderung** vergeben. Während die Projekt-

---

128 Auch die Kommunen können Zuwendungen zur Kulturförderung vergeben. Allerdings herrscht keine Einigkeit über die Ermächtigungsgrundlage, *Krämer/Schmidt* D I 1.2.2.

förderung nur auf einzelne konkret abgegrenzte kulturpolitische Vorhaben des Zuwendungsempfängers abzielt, unterstützt die öffentliche Hand mit der Institutionellen Förderung die gesamte oder einen nicht abgegrenzten Teil der Tätigkeit einer Kultureinrichtung.[129] Die institutionelle Förderung wird in der Praxis dann gewählt, wenn es nötig erscheint, nicht nur das konkrete kulturelle Programm, sondern auch die organisatorische Infrastruktur einer Einrichtung zu finanzieren. Insofern ist die institutionelle Förderung auf eine längere Dauer ausgerichtet und entfaltet, nicht zuletzt aus dem Gedanken des Vertrauensschutzes Bindungswirkung zugunsten der geförderten Einrichtung. Die Einstellung oder Beschränkung der Institutionellen Förderung einer Kultureinrichtung stößt auf Grenzen. Nach Ansicht des OVG Lüneburg führt die langjährige institutionelle Förderung zu einem Vertrauenstatbestand, der nur einen allmählichen Abbau der Förderung zulasse.[130] Bund und Länder verlangen angesichts solcher langfristigen Bindung und der damit verbundenen Folgeausgaben vor einer neuen institutionellen Förderung eine besonders sorgfältige Erforderlichkeitsprüfung. Insbesondere müssen die Zuwendungsbehörden untersuchen, ob im Einzelfall eine Projektförderung nicht schon den erheblichen Bundes- oder Landesinteressen genügt.[131] Inzwischen schließen Bund und Länder die Neubegründung von institutionellen Förderungen durch Parlamentsbeschluss oder Haushaltsaufstellungs-Richtlinien grds. aus.

Bei der politischen Einflussnahme unterscheiden sich beide Förderarten, dass Staat **66**
und Kommunen bei der Projektförderung ihren Einfluss nur auf einzelne kulturelle Vorhaben auszuüben vermögen, während sie bei der institutionellen Förderung das gesamte Programm der geförderten Kultureinrichtung steuern und überwachen können.[132] Der Unterschied zwischen Projektförderung und institutioneller Förderung schwindet, wenn – wie in der Praxis häufig festzustellen – die Projektförderung von Jahr zu Jahr an dieselben Kultureinrichtungen fließt. Die einzelne Einrichtung wird versuchen, ihre Projekte nach den vermeintlichen oder tatsächlichen Wünschen der öffentlichen Hand auszurichten, um sich so eine laufende Finanzquelle zu erschließen. Mit der Zeit führt deshalb die Projektförderung häufig zu Abhängigkeiten, die denen der institutionellen Förderung kaum nachstehen.

1.4 Finanzierungsart

Während die Zuwendungsart davon abhängt, welches kulturelle Vorhaben Staat oder **67**
Kommunen fördern wollen (Projekt, Institution), sagt die Finanzierungsart etwas zum Umfang der Förderung aus. Grundtypen sind Vollfinanzierung und Teilfinanzie-

129 Nicht ganz in das Schema Projektförderung – Institutionelle Förderung passen Fördermaßnahmen, die als Kulturpreise oder im weitesten Sinne als Wettbewerbe (z.B. Jugend musiziert) ausgestaltet sind. Hier werden nicht zukünftige Vorhaben gefördert, sondern nachträglich bereits erbrachte Leistungen belohnt. Allerdings können die Organisation, die den Preis verleiht, oder der Veranstalter des Wettbewerbs für ihre organisatorische Arbeit Projektmittel bekommen, in denen dann zumeist auch das Preisgeld mitenthalten sind.

130 *OVG Lüneburg* NJW 1977, 773.

131 *Krämer/Schmidt* C III 2.

132 Der öffentlichen Hand bleibt dabei die Möglichkeit, einzelne von ihr nicht gebilligte Veranstaltungen des Jahresprogramms von ihrer Finanzierung auszunehmen. Der Zuwendungsempfänger muss sich dann entweder Drittmittel zur Haushaltsdeckung suchen oder das Vorhaben ganz fallen lassen. Häufig sind die Forderungen der öffentlichen Hand nach Haushaltskürzungen zwar rein finanzpolitisch motiviert, wirken sich aber unmittelbar auf die Inhalte der Kulturpolitik aus.

rung.[133] Bei der Teilfinanzierung unterscheidet man weiterhin zwischen Anteilfinanzierung, Fehlbedarfsfinanzierung und Festbetragsfinanzierung. Die öffentliche Hand muss prüfen, welche Finanzierungsart unter Berücksichtigung der staatlichen oder kommunalen Interessen sowie der Interessen des zu fördernden kulturellen Vorhabens am besten den Grundsätzen der Wirtschaftlichkeit und Sparsamkeit gerecht wird.[134] Spätestens im Zuwendungsbescheid muss die Verwaltung die Finanzierungsart festlegen, da dies im Ergebnis unterschiedliche Rechtsfolgen insbesondere bei Mehr- oder Minderausgaben des kulturellen Vorhabens nach sich zieht.[135]

1.4.1 Vollfinanzierung[136]

68 Bei der Vollfinanzierung erstattet der Zuwendungsgeber die gesamten zuwendungsfähigen Ausgaben eines Kulturvorhabens. Eigenmittel des Projektträgers oder Drittmittel werden nicht angerechnet, verbleiben ihm also zur Gänze. Die Vollfinanzierung soll nach den Haushaltsordnungen von Bund und Ländern die absolute Ausnahme bleiben und ist in jedem Fall auf einen Höchstbetrag zu begrenzen. Die öffentliche Hand darf eine Vollfinanzierung allenfalls erwägen, wenn eine Kultureinrichtung an der Erfüllung des Zuwendungszweckes nicht das geringste Interesse hat.

1.4.2 Fehlbedarfsfinanzierung[137]

69 Bei der Fehlbedarfsfinanzierung finanziert der Zuwendungsgeber bis zu einer von ihm festzulegenden Höchstgrenze den Fehlbedarf, den ein Kulturvorhaben nicht durch eigene oder fremde Mittel decken kann. Die Fehlbedarfsfinanzierung eignet sich besonders für – im Kulturbereich häufig anzutreffende – finanzschwache Zuwendungsempfänger, d.h. Projekte oder Einrichtungen mit einem geringen Eigenmittelanteil. Die Fehlbedarfsfinanzierung ist für die öffentliche Hand regelmäßig die günstigste Finanzierungsart. Die geförderte Kultureinrichtung, bzw. das geförderte Kulturprojekt müssen zunächst alle verfügbaren Eigenmittel einsetzen. Minderausgaben oder zusätzliche Einnahmen kommen (soweit kein anderer öffentlicher Zuwendungsgeber beteiligt ist) in voller Höhe dem Zuwendungsgeber zu Gute.[138] Ein Nachschuss bei unabweisbaren Mehrausgaben ist durch die vorab festgelegte Förderhöchstgrenze in der Regel ausgeschlossen.[139] Die Fehlbedarfsfinanzierung entspricht dem Grundsatz der Subsidiarität[140] und ist bis heute die am häufigsten anzutreffende Finanzierungsart. Dabei zeigt sich in der Praxis mittlerweile ein deutlicher Nachteil:[141] Dem erfolgreich wirtschaftenden Kulturvorhaben werden alle zusätzlichen Einnahmen von seiner Zuwendung abgezogen. Die Fehlbedarfsfinanzierung regt also nicht zu wirtschaftlichem Handeln an; im Gegenteil: Die geförderte Kultureinrichtung wird es regelmäßig als „Bestrafung“ empfinden, wenn ihr zusätzlich erwirtschaftete Einnahmen oder Drittmittel nachträglich von der

133 VV zu § 44 BHO Nr. 2.2.

134 VV zu § 44 BHO Nr. 2.1.

135 Dazu: *Köckritz/Dittrich/Lamm* § 44 Erl. 24.3.

136 VV zu § 44 BHO Nr. 2.4.

137 VV zu § 44 BHO Nr. 2.2.2; insbesondere zur Interessenlage: *Köckritz/Dittrich/Lamm* § 44 Erl. 24.4.4. und *Krämer/Schmidt* D V 4.2.

138 Zur Verteilung von Minderausgaben bei unterschiedlichen Finanzierungsarten vgl. *Köckritz/Dittrich/Lamm* § 44 Erl. 24.4.6.

139 Einen faktischen Zwang zur Nachbewilligung bei unabweisbaren Mehrkosten sieht: *Köckritz/Dittrich/Lamm* § 44 Erl. 46.3.

140 Nr. 1.2 ANBest-I; *Köckritz/Dittrich/Lamm* § 23 Erl. 4.2.

141 Dazu *Schulz* S. 160 m.w.N.

Zuwendung abgezogen werden. Die Motivation, zusätzliche Anstrengungen zu unternehmen, ist damit gering. Insofern versuchen Zuwendungsgeber vermehrt Restmittel in das nächste Wirtschaftsjahr oder auf das nächste Projekt zu übertragen oder der Einrichtung ein Selbstbewirtschaftungsrecht einzuräumen.[142] Auf diesem Weg kann die betreffende Kultureinrichtung die Früchte ihres wirtschaftlichen Handelns wieder für die satzungsmäßigen Zwecke bzw. für vergleichbare kulturelle Projekte einsetzen und verwerten.

1.4.3 Anteilfinanzierung[143]

Bei der Anteilfinanzierung übernimmt die öffentliche Hand einen bestimmten **70** prozentual oder sachlich bestimmten Anteil der zuwendungsfähigen Ausgaben eines Kulturvorhabens bis zu einer im Zuwendungsbescheid bestimmten Höchstgrenze (z.B. x % der Gesamtausgaben, maximal y EUR; Personalausgaben bis zu einer Höhe von z EUR). Die Anteilfinanzierung kommt typischerweise nur bei Projektförderungen und nur dann in Betracht, wenn es sich um – im Kulturbereich eher selten anzutreffende – finanzstarke Zuwendungsempfänger (d.h. Projekte oder Institutionen mit einem hohen Anteil an Eigenmitteln) handelt, die der Zuwendungsgeber zu einer anderen Schwerpunktbildung in ihrem Programm bewegen will.[144] So kann die öffentliche Hand bspw. versuchen einen kommerziellen Veranstalter zu einem Kulturprojekt zu bewegen, das er normalerweise wegen zu geringer Einnahmeerwartung allein nicht durchführen würde. Kommt es bei der Anteilfinanzierung zu Minderausgaben, vermindert sich die Zuwendung entsprechend.[145] Bei unabweisbaren Mehrausgaben müsste sich theoretisch der Zuwendungsbetrag anteilmäßig erhöhen; in der Praxis verhindert dies aber die Förderhöchstgrenze. Insofern gehen unabweisbare Mehrausgaben regelmäßig zu Lasten des Zuwendungsempfängers.[146]

1.4.4 Festbetragsfinanzierung[147]

Bei der Festbetragsfinanzierung legt der Zuwendungsgeber einen bestimmten Förder- **71** betrag fest, den er anschließend weder nach oben noch nach unten verändern kann.[148] Dabei kann er entweder einen Gesamtförderbetrag vorsehen oder das Vielfache eines bestimmten Betrages für eine bestimmte (Förder-)einheit (z.B. × EUR pro Tagungsteilnehmer oder y EUR pro qm zu gestaltende Fläche) festsetzen.[149] Obwohl die Festbetragsfinanzierung heute[150] grds. gleichberechtigt neben Anteil- und Fehlbedarfsfi-

---

142 Kritisch zur Praxis des BKM: *Köckritz/Dittrich/Lamm* § 44 Erl. 81; § 15 Erl. 5.4.4.

143 VV zu § 44 BHO Nr. 2.2.1; *Köckritz/Dittrich/Lamm* § 44 Erl. 24.4.3.

144 *Köckritz/Dittrich/Lamm* § 44 Erl. 24.4.7.

145 Nr. 2.1 ANBest-I/P. Bei der Projektforderung gilt dies jedoch nur, wenn sich die Gesamtausgaben oder die Deckungsmittel insgesamt um mehr als 500 EUR ändern und es sich nicht um eine wiederkehrende Förderung desselben Zuwendungszweckes handelt, vgl. Nr. 2.2 ANBest-P.

146 *Köckritz/Dittrich/Lamm* § 44 Erl. 24.3.3.

147 VV zu § 44 BHO Nr. 2.2.3; insbesondere zur Interessenlage: *Köckritz/Dittrich/Lamm* § 44 Erl. 24.4.5.

148 Ausnahmsweise kann eine Zuwendungsbehörde dann auch noch den Festbetrag nachträglich kürzen, wenn die Summe der zuwendungsfähigen Ausgaben niedriger als der Festbetrag liegt. Dies ist zwar nicht ausdrücklich geregelt ergibt sich aber aus der Zweckbindung der Zuwendung (§ 23 BHO/LHO), sowie aus dem Rückforderungsvorbehalt, soweit der Zuwendungszweck nicht erfüllt wird (Nr. 9.2.2 ANBest-I, Nr. 8.2.2 ANBEst-P).

149 Nr. 2.2.3 VV zu § 44 BHO.

150 Nach der Streichung der alten Nr. 2.2.3 VV zu § 44 BHO, der die Festbetragsfinanzierung nur für „geeignete Fälle" zuließ.

nanzierung steht, ist sie in der Praxis der Kulturförderung nach wie vor eher die Ausnahme. Tatsächlich ist die Festbetragsfinanzierung ausgeschlossen, wenn zum Zeitpunkt der Bewilligung konkrete Anhaltspunkte dafür vorliegen, dass mit nicht bestimmbaren späteren Finanzierungsbeiträgen Dritter oder mit Einsparungen zu rechnen ist.[151] Bei Kulturveranstaltungen hegen Staat und Kommunen gerne hohe Erwartungen an Eintrittsgelder, mäzenatische oder Sponsorenmittel. Gleichzeitig lässt sich die Entwicklung dieser Einnahmepositionen nur schlecht vorhersagen. Trotzdem wäre auch im Kulturbereich häufiger an eine Festbetragsfinanzierung zu denken, gerade auch im Interesse einer stärkeren Verwaltungsvereinfachung oder Budgetierung. So kennt die Festbetragsfinanzierung ein vereinfachtes Verwaltungsverfahren,[152] das beim Zuwendungsgeber wie bei gefördertem Kulturprojekt zu Kostensenkungen führen sollte. Daneben kann ein fester, nicht kürzbarer Zuwendungsbetrag für den Empfänger einen entscheidenden Anreiz bilden, noch sparsamer mit seinen Mitteln umzugehen oder zusätzliche Drittmittel ein zu werben. Eine Strategie der „Budgetierung auf niedrigem Niveau"[153] ist allerdings riskant. Schätzt der Zuwendungsgeber den tatsächlichen Bedarf der Kultureinrichtung/des Kulturprojektes zu niedrig ein und budgetiert er einen Festbetrag der noch niedriger liegt als die unterste Grenze des tatsächlichen Bedarfs, kann ein Projekt schnell trotz aller Sparanstrengungen ins Defizit geraten. Der Zuwendungsgeber ist zwar nicht rechtlich, kann aber faktisch oder politisch zu einer Nachbewilligung gezwungen sein.[154]

1.5 Kontrollinstrumentarium

72 Schließlich unterscheiden sich Kulturzuwendungen danach, welches Kontrollinstrumentariums sich die öffentliche Hand bei ihrer Vergabe bedient. In allen Fällen gewähren Staat und Kommunen kulturelle Zuwendungen nur, wenn sich der Zuwendungsempfänger verpflichtet, einen bestimmten kulturpolitischen Zuwendungszweck zu erfüllen, und sich gleichzeitig allgemeinen und besonderen Nebenbestimmungen unterwirft.

1.5.1 Zuwendungszweck

73 Nach § 23 BHO/LHO darf die öffentliche Hand nur dann Zuwendungen an Stellen außerhalb ihrer Verwaltung leisten, wenn sie an der Erfüllung durch solche Stellen ein erhebliches Interesse hat, das ohne die Zuwendungen nicht oder nicht im notwendigen Umfang befriedigt werden kann. Mit dem Zuwendungszweck legen Staat und Kommunen kulturpolitische Aufgaben oder Ziele fest, die der Zuwendungsempfänger erfüllen soll. Dabei kann sich der Zuwendungszweck auf ein vergangenes Verhalten des Zuwendungsempfängers beziehen, die Zuwendung ist dann eine „Belohnung" für eine bestimmte Leistung oder bestimmtes (Wohl-)Verhalten in der Vergangenheit. Häufiger ist der Zuwendungszweck jedoch auf ein zukünftiges Verhalten gerichtet; die Zuwendung soll also dem Empfänger erleichtern, bestimmte kulturelle Aufgaben im

151 Nr. 2.2.3 VV zu § 44 BHO.

152 Kein verbindlicher Finanzierungsplan (Nr. 1.2. ANBest-P, letzter Satz), keine Rückforderung bei Minderausgaben oder zusätzlichen Deckungsmitteln (keine Geltung von Nr. 2 ANBest-P), Ausgabennachweis nur bis zur Höhe des Festbetrages (keine Geltung der Nr. 6.2.2 ANBest-P) kein Nachweis und keine Prüfung von Einzelausgaben bei Bewilligungen nach (Förder-)Einheiten (z.B. pro Tag, pro qm).

153 *Köckritz/Dittrich/Lamm* § 44 Erl. 24.4.5.

154 *Köckritz/Dittrich/Lamm* § 44 Erl. 46.3; zurückhaltender: *Krämer/Schmidt* D XI 12.4.

Interesse der öffentlichen Hand wahrzunehmen. Hier wird der Zuwendungszweck zum kulturpolitischen Steuerungselement, mit dem die öffentliche Hand den Träger, die Aufgaben und Ziele eines kulturellen Vorhabens bestimmt.

1.5.2 Nebenbestimmungen

Nebenbestimmungen sollen der öffentlichen Hand die Kontrolle ermöglichen, dass 74
die Zuwendung dem Zuwendungszweck gemäß verbraucht wird. Die Bewilligungsbehörde versieht den Zuwendungsbescheid dazu mit formularmäßigen sog. „Allgemeinen Nebenbestimmungen".[155] Typisch und wichtig sind insbesondere die Nebenbestimmungen:

- die Zuwendung nur zu dem im Zuwendungsbescheid angegebenen Zweck zu verwenden,[156]
- die vorgelegten Finanzierungspläne u.Ä. im Gesamtergebnis oder in bestimmten Grenzen einzuhalten,[157]
- weitergehende Abweichungen von den Plänen, Zuwendungsanträge bei anderen öffentlichen Stellen, das Fallenlassen oder den Wechsel des geplanten Projekts der Bewilligungsstelle rechtzeitig vorher mitzuteilen,
- die Beschäftigten institutionell geförderter Einrichtungen nicht besser zu stellen als vergleichbare Bedienstete der öffentlichen Hand (Besserstellungsverbot[158]),
- Risiken für Schäden an Personen, Sachen und Vermögen nur zu versichern, soweit eine gesetzliche oder vertragliche Pflicht besteht (Versicherungsverbot[159]),
- einen Verwendungsnachweis innerhalb einer bestimmten Frist vorzulegen[160] oder
- der Bewilligungsbehörde Einsicht in die Akten und ihre Prüfung zu gestatten.

Verstößt der Zuwendungsempfänger gegen eine dieser Nebenbestimmungen, läuft er 75
Gefahr, die Zuwendung zurückzahlen zu müssen. Auch wenn die Kulturverwaltungen in der Praxis meist versuchen, eine mildere Form der Abhilfe zu finden, verleiht schon die bloße Drohung einer Rückforderung den Nebenbestimmungen Effektivität. Kein Kulturvorhaben riskiert es, die einmal bekommenen (und in der Regel längst verbrauchten) Mittel wieder an die Staatskasse abführen zu müssen. Selbst die nachträglichen und damit verhältnismäßig schwachen Kontrollmittel (Einsichtsrecht, Verwendungsnachweis) entfalten insofern schon Durchsetzungskraft im Vorfeld. Über die Nebenbestimmungen zum Zuwendungsbescheid kann die öffentliche Hand die lau-

155 Nr. 5.1 VV zu § 44 BHO. Vier Arten lassen sich unterscheiden: Allgemeine Nebenbestimmungen für Zuwendungen zur Institutionellen Förderung (ANBest-I), für Zuwendungen zur Projektförderung (ANBest-P), zur Projektförderung an Gebietskörperschaften (ANBest-Gk) und zur Projektförderung auf Kostenbasis (ANBest-P-Kosten). Im Kulturbereich sind vor allem ANBest-I und ANBest-P relevant. Abgedruckt als Anlagen zur VV zu § 44 BHO in Vorschriftensammlung Bundesfinanzverwaltung H 0101 oder in den einschlägigen Kommentaren zu BHO bei § 44.

156 *Krämer/Schmidt* D XI, 2.

157 *Krämer/Schmidt* D XI, 5 f.

158 Nr. 1.3 ANBest-I/ANBest-P. *Krämer/Schmidt* D XI, 8; kritisch zum Besserstellungsverbot *Schleich* NJW 1988, 236, 242 f.; für den vergleichbaren Bereich der Forschung und Wissenschaft *Meusel* Rn. 363 m.w.N.; *Evers* WissR 1997, 109 ff.

159 Nr. 1.4 ANBest-I. *Krämer/Schmidt* D XI, 9. Dabei gilt die strenge Form des Versicherungsverbotes nur bei Kultureinrichtungen, die zu über 50 % aus öffentlichen Mitteln finanziert werden. Bei Kultureinrichtungen mit einem geringeren Finanzierungsanteil ist eine Versicherung möglich, soweit damit nicht gegen das Besserstellungsverbot verstoßen wird; kritisch zum Versicherungsverbot *Schleich* NJW 1988, 236, 242.

160 *Krämer/Schmidt* E.

fende kulturelle Arbeit der Zuwendungsempfänger (mit-)lenken und kontrollieren. Soweit sich die Nebenbestimmungen in dem durch den Zuwendungszweck vorgegebenen Rahmen halten und verhältnismäßig sind, begegnen sie keinen rechtlichen Bedenken.[161]

76 Schließlich haben sich in der Zuwendungspraxis verschiedene Regelungen herausgebildet, die meist weder schriftlich niedergelegt noch zwingend vorgegeben sind. So lehnt es in der Praxis die öffentliche Hand ab, ein bereits abgeschlossenes Kulturvorhaben nachträglich zu fördern[162] oder gar ein bereits entstandenes Defizit auszugleichen.[163] Sind für ein Kulturprojekt schon vor der Bewilligung Kosten entstanden (z.B. wissenschaftliches Personal für die Vorbereitung einer Ausstellung), so erkennt die öffentliche Hand diese nur als zuwendungsfähige Ausgaben an, wenn sie vor oder mit dem Zuwendungsbescheid den „vorzeitigen Maßnahmebeginn" gestattet. Manche Förderorganisationen lehnen dies allerdings strikt/in ihren Förderrichtlinien ab.[164] Schließlich wird in der kulturpolitischen Praxis meist die Möglichkeit einer gemeinsamen Förderung durch verschiedene Stellen einer Gebietskörperschaft[165] ausgeschlossen. So kommt es bspw. in Berlin selten oder nie zu einer gemeinsamen Förderung durch Kulturstiftung des Bundes und Hauptstadtkulturfonds. Selbst institutionell geförderte Kultureinrichtungen müssen bei Projektförderanträgen bei anderen Stellen ihres Trägers offen legen, wieweit das Projekt bereits an der Institutionellen Förderung teilhat. In jedem Fall ist auszuschließen, dass die öffentliche Hand Ausgaben mehrfach fördert.

1.5.3 Förderrichtlinien[166]

77 Förderrichtlinien sind besondere Verwaltungsvorschriften,[167] die in allgemeiner Form spezielle Regelungen für einzelne Förderbereiche vorsehen. Beispiele in der kulturpolitischen Praxis sind auf Bundesebene die Filmförderungsrichtlinien,[168] auf Landesebene die Verwaltungsvorschrift zur Denkmalförderung oder die Förderrichtlinie Kunst und Kultur des Freistaats Sachsen[169] oder auf kommunaler Ebene die Theaterförderrichtlinie der Landeshauptstadt München. Förderrichtlinien legen für Mitarbeiter der Kulturverwaltung verbindlich fest, nach welchen Leitlinien sie im betreffenden Förderbereich das Ermessen auszuüben haben. Das einzelne Kulturvorhaben kann als Zuwendungsempfänger aus den Förderrichtlinien keinen unmittelbaren Anspruch auf

161 Kritisch zum (kultur-)politischen Sinn verschiedener Auflagen *Schleich* NJW 1988, 236ff.; *Kirchhoff* S. 50ff., 61ff.

162 Ausnahmen sind selbstverständlich Zuwendungen in Form von Preisen, z.B. Bundesfilmpreise.

163 Zum möglichen faktischen (oder politischen) Zwang zur Nachbewilligung *Köckritz/Dittrich/Lamm* § 44 Erl. 46.3.

164 So bspw. die Stiftung Deutsche Klassenlotterie Berlin.

165 Nr. 1.4 VV zu § 44 BHO sehen diese Möglichkeit ausdrücklich vor. Tatsächlich wird man die gemeinsame oder parallele Förderung sauber von einer Doppel- oder Mehrfachförderung unterscheiden müssen.

166 Nr. 15.2 VV zu § 44 BHO; Grundsätze für Förderrichtlinien, RdSchr. BMF v. 20.9.1983, MinBlFin 1983 217; *Köckritz/Dittrich/Lamm* § 44 Erl. 6.; *Krämer/Schmidt* F III.

167 *BVerwGE* 104, 220, 222f.

168 Filmförderrichtlinien der BKM v. 13.7.2005, GMBl 2005, 918.

169 Verwaltungsvorschrift des Sächsischen Staatsministeriums des Innern über die Gewährung von Zuwendungen zur Erhaltung und Pflege von sächsischen Kulturdenkmalen und zur Aus- und Fortbildung der Denkmalpflege v. 20.12.1996 (SächsABl 758), zuletzt geändert durch VwV v. 16.1.2002 (SächsABl 259); Richtlinie des Sächsischen Staatsministeriums für Wissenschaft und Kunst zur Förderung der Kunst und Kultur im Freistaat Sachsen v. 27.9.2004 (SächsABl 895).

Förderung ableiten, wohl aber (über Art. 3 Abs. 1 GG) einen Anspruch auf Gleichbehandlung bei der Ausübung des Ermessens im Rahmen der Förderrichtlinien.[170] Tatsächlich helfen Förderrichtlinien heute den Antragstellern, Informationen über Fördermöglichkeiten und -bedingungen frühzeitig und komplett zu erhalten. Häufig werden sie als Besondere Nebenbestimmungen dem Zuwendungsbescheid beigefügt.[171]

1.5.4 Gremienmitgliedschaft

Bei einer Reihe von Zuwendungsempfängern des Kulturbereichs verfügt die öffentliche Hand noch über ein weiteres, gleichsam personelles Kontrollmittel: Vor allem institutionell geförderte Kultureinrichtungen räumen Vertretern der öffentlichen Hand Sitz und Stimme in ihren Organen ein. Dabei handelt es sich in den meisten Fällen um das zentrale Aufsichtsgremium (Kuratorium, Stiftungsrat, Aufsichtsrat o.Ä.) der Einrichtung, dem wichtige Entscheidungen über Wirtschaftsplan, Grundstücksgeschäfte oder Erwerbungspolitik vorbehalten sind.[172] Die Gremienbeteiligung lässt sich als spezielle Verwaltungstechnik verstehen, mit der die öffentlich Hand zwei Erfordernissen des Zuwendungsrechts gleichzeitig gerecht werden kann: Einerseits kann sie auf diese Weise sicherstellen, dass die jährliche Subventionierung der Einrichtung fortlaufend dem „erheblichen öffentlichen Interesse" i.S.d. § 23 BHO/LHO entspricht. Vertreter des Staates oder der Kommunen, die bereits im Planungsstadium in die Arbeit der Kultureinrichtung eingeschaltet werden, können besonders gut darauf achten, dass der Zuwendungszweck nicht nur im einzelnen Haushaltsjahr, sondern kontinuierlich über einen längeren Zeitraum gültig bleibt und dem „erheblichen öffentlichen Interesse" entspricht. Andererseits kann die öffentliche Hand über die Gremienbeteiligung ihrer Prüfungspflicht nach § 44 Abs. 1 BHO/LHO von innen, d.h. einrichtungsintern, nachkommen. Hier bildet die Gremienbeteiligung eine Alternative zu den parallel fortbestehenden (nachträglichen) Einsichts- und Prüfungsrechten der allgemeinen Nebenbestimmungen. Zusammengenommen erlaubt die Gremienbeteiligung der öffentlichen Hand, die kulturelle Arbeit des Zuwendungsempfängers kontinuierlich zu überwachen und, wenn es darauf ankommt, die eigenen kulturpolitischen Wunschvorstellungen durchzusetzen. 78

Angesichts des grundrechtlichen Schutz für die Freiheit der Kunst kann die Gremienbeteiligung dann zum Problem werden, wenn Staatsvertreter an konkreten künstlerischen Einzelfragen mitwirken, man denke an Ankaufsentscheidungen bei Museen, Anstellungen von Orchestermusikern oder ähnliches. Hier wirkt sich das Votum der Staatsvertreter in den Einrichtungsorganen nicht nur mittelbar auf die Grundrechtsausübung aus, der Staat kann unmittelbar den Inhalt der Grundrechtsausübung (mit-)bestimmen. Besonders problematisch wird dies, wenn das Gremium seine Entscheidung nicht gegen die Stimmen der Staatsvertreter oder sogar nur mit deren ausdrücklichen Billigung treffen kann. In der Praxis scheint es bisher nicht zu ernsthaften 79

---

170 *Kopp/Ramsauer* § 40 Rn. 26.

171 *Scheytt/Trockel* Kulturförderung.

172 § 65 BHO/LHO verpflichtet Bund und Länder, sich Sitz und Stimme in den Einrichtungsgremien einräumen zu lassen, an denen sie als Gesellschafter, Aktionär, Genosse oder Mitglied beteiligt sind. Im Kulturbereich trifft dies meistens nur bei Kultureinrichtungen zu, die als GmbH organisiert sind, z.B. Kulturveranstaltungen des Bundes in Berlin GmbH, Deutsches Historisches Museum GmbH. Auch die Errichtungsgesetze oder -satzungen sehen häufig die Beteiligung von Vertretern der öffentlichen Hand in den Aufsichtsgremien vor, z.B. Stiftung Preußischer Kulturbesitz, Stiftung Preußische Schlösser und Gärten Berlin-Brandenburg.

Konflikten gekommen zu sein. Einhellig berichten Zuwendungsempfänger des Kultursektors, dass die Vertreter der öffentlichen Hand sich bei der Entscheidung von Fachfragen zurückhalten und sich so gut wie immer dem künstlerischen oder wissenschaftlichen Urteil der Sachverständigen beugen. Bei einem Konflikt zwischen finanziellem Rahmen und künstlerischen Wünschen wird die endgültige Lösung meist in einem Gespräch aller Beteiligten entwickelt. Tatsächlich haben Kultureinrichtungen immer auch die Vorteile einer Beteiligung von Vertretern der öffentlichen Hand in ihren Gremien erfahren. In der Praxis wird ein Beamter, der als Gremienmitglied die Probleme und Wünsche der Kultureinrichtung gleichsam „von innen" kennt, sich intensiver für deren Interessen einsetzen als ein Beamter, dem die Einrichtung lediglich „von außen" bekannt ist.[173]

1.5.5 Evaluation

80 In jüngster Zeit gehen Staat und Kommunen dazu über, den Zuwendungsempfängern eine gesonderte Evaluation ihrer Institution oder des Förderprojektes abzuverlangen. Soweit sich das nur auf wirtschaftliche Zahlen bezieht, gibt es dazu genügend Erfahrung. Schwierig wird es, sobald inhaltliche Fragestellung des Projekts oder Programms auf ihre Wirkung zu untersuchen sind. Hier gibt es bisher kaum substantielle Erfahrungen, auch die Abgrenzung zu Audit, Benchmarking, Monitoring oder Controlling ist nicht immer klar.[174] Allerdings zwingen Evaluationsprozesse Zuwendungsgeber und -empfänger dazu, sich genau über Ziele und Handlungsschwerpunkte der einzelnen Förderung, des einzelnen geförderten Projektes oder der einzelnen Kultureinrichtung zu einigen. Nur dann lassen sich auch quantitative und qualitative Erfolgskriterien bestimmen, die einer Evaluation zugrunde gelegt werden können. Letztlich sollte sich der Zuwendungsgeber zurückhalten, Evaluation als Kontrollinstrument einzusetzen. Evaluationen sollten vor allem dem Zuwendungsempfänger helfen, selber seine Programme und Prozesse besser zu analysieren, zu steuern und kontinuierlich zu verbessern.[175]

2. Finanzielle Unterstützung durch Private

81 Bei der finanziellen Unterstützung durch Private[176] unterscheidet man grds. zwischen Spendern oder Mäzenen einerseits und Sponsoren andererseits. Während es dem Sponsor vor allem darum geht, für sich oder sein Unternehmen zu werben, handelt der Spender in erster Linie altruistisch, d.h. vor allem im Interesse des einzelnen kulturellen Unternehmens und ohne Eigennutz. Dies hatte vor allem steuerliche Konsequenzen für den privaten Förderer und die geförderte Unternehmung. Darüber hinaus sollten öffentlich (finanzierte) Kultureinrichtungen bei Zuwendungen von privater Seite jeden Anschein fremder Einflussnahme auf ihre Arbeit vermeiden, um die Integrität und die Neutralität öffentlicher Einrichtungen nicht in Frage zu stellen.[177]

173 *Hofmann* S. 27, 31.
174 *Stockmann* S. 71 ff.
175 *Köstlin* 2009b.
176 *Enquetekommission* S. 178 ff.
177 Die Bundesregierung hat 2003 deshalb eine Richtlinie zum Umgang mit Leistungen Privater (Sponsoring, Spenden, Schenkungen) für Behörden und Gerichte erlassen, Allgemeine Verwaltungsvorschrift zur Förderung von Tätigkeiten des Bundes durch Leistungen Privater (Sponsoring, Spenden und sonstige Schenkungen) v. 11.7.2003 (n.v.). Die Zuwendungsempfänger sind gebeten, diese Richtlinie ebenfalls zu beachten.

Andererseits wird es für Kultureinrichtungen zunehmend strategisch interessant, sich die Förderung von privaten Mäzenen oder Sponsoren dadurch zu erschließen, dass man sie stärker in programmatische Fragen miteinbezieht.[178]

2.1 Unterstützung durch Spender und Mäzene

Spenden sind Geld-, Sach- oder Dienstleistungen, die zur Förderung gemeinnütziger **82**
Einrichtungen[179] freiwillig oder aufgrund einer freiwillig eingegangenen Rechtspflicht erbracht werden, kein Entgelt für eine bestimmte Leistung des Empfängers sind und nicht in einem tatsächlichen wirtschaftlichen Zusammenhang mit dessen Leistungen stehen.[180] Als gemeinnützig anerkannte Kultureinrichtungen müssen Spendeneinnahmen nicht versteuern und können sie ohne Abzüge voll für ihre Vorhaben einsetzen. Sie stellen dem Mäzen eine Spendenbescheinigung aus.[181] Mit diesem Nachweis kann der kann seine Zuwendung als Sonderausgabe von der Steuer absetzen,[182] allerdings nur bis zu einer Obergrenze, die für „besonders förderungswürdig anerkannte kulturelle Zwecke" bei 10 % seiner Einkünfte liegt.

Öffentlich geförderte Kultureinrichtungen sind bei der Entgegennahme von Spenden **83**
gut beraten, diese sauber von den sonstigen Einnahmen getrennt zu halten. Grds. verlangt nämlich das Gesamtdeckungsprinzip des § 8 BHO, öffentliche Zuwendungen um private Einnahmen zu mindern.[183] Für zweckgebundene Spenden gilt dies nach herrschender Meinung nicht, wenn im Wirtschafts- oder Haushaltsplan der Einrichtung ein entsprechender Einnahmetitel vorgesehen ist. Aber selbst bei nicht zweckgebundenen Spenden Dritter kann man in der Regel unterstellen, dass der Spender in keinem Fall die öffentliche Hand finanziell „entlasten" will, sondern zusätzliche Aktivitäten der Einrichtung im Rahmen ihrer satzungsgemäßen Zwecke ermöglichen möchte.[184] Da dies in der Vergangenheit nicht unumstritten war, sichern heute die öffentlichen Zuwendungsgeber diese Möglichkeit in den meisten Fällen den Kultureinrichtungen durch entsprechende Einnahmetitel oder Vermerke in den Wirtschafts- bzw. Haushaltsplänen zu.

2.2 Unterstützung durch die Wirtschaft – Sponsoren

Im Gegensatz zur mäzenatischen Unterstützung sind die Motive eines Sponsors nicht **84**
vorwiegend altruistisch. Sponsoren fördern kulturelle Einrichtungen und Projekte durch Geld-, Sach- oder Dienstleistungen mit dem (unternehmerischen) Ziel, einen werblichen oder sonst öffentlichkeitswirksamen Vorteil zu erreichen. Sponsoring ist insofern vor allem ein Instrument des Marketings.[185] Die meisten Wirtschaftsunternehmen haben die Verantwortung für Sponsoring heute deshalb ihren Kommunikations- und Marketingabteilungen übertragen.

---

178 Vgl. dazu ausf. *Köstlin* 2009a.
179 Zur Gemeinnützigkeit ausf. unten Rn. 90 f.
180 *BFH* BStBl II 1988, 220, 221; DB 1988, 475; BStBl II 1991, 258, 259; *Thiel* DB 1998, 842, 843.
181 § 50 EStDV.
182 § 10b EStG bzw. § 9 Abs. 1 Nr. 2 KStG; vgl. auch § 48 und Anlage 1 EStDV.
183 Nr. 3 VV zu § 8 BHO; *Meusel* Rn. 342; *Piduch* § 8 Erl. 4.
184 Str.; wie hier *Meusel* Rn. 361; *Meinecke* S. 1488, differenzierend *Krämer/Schmidt* B III 3.3.6.3.
185 Zu verschiedenen Definitionen von Sponsoring in der betriebswirtschaftlichen Literatur s. *Witt* S. 49 ff. Zur Praxis des Sponsorings als Marketinginstrument s. *Heinze* Kultursponsoring, S. 75 ff.; *ders.* Neue Ansätze im Kulturmanagement, S. 24; *Schilling* E 6.1–1.

85 In der Praxis gilt es Sponsoring korrekt steuerrechtlich einzuordnen und entsprechend vertraglich abzusichern; dabei hilft der so genannte Sponsoringerlass des BMF.[186] Der Sponsor hat in der Regel ein großes Interesse, seine Sponsoring-Aufwendungen als Betriebsausgaben abzusetzen.[187] Dazu muss der Sponsor mit seiner Geld-, Sach- oder Dienstleistung wirtschaftliche Vorteile für sein Unternehmen[188] anstreben oder für Produkte seines Unternehmens werben. Üblicherweise weist deshalb das geförderte Kulturprojekt auf den Sponsor oder seine Produkte werbewirksam hin, z.B. auf Plakaten, Veranstaltungshinweisen, in Ausstellungskatalogen, auf den von ihm benutzten Fahrzeugen oder anderen Gegenständen. Die Berichterstattung in Zeitungen, Rundfunk oder Fernsehen kann einen wirtschaftlichen Vorteil des Sponsors begründen, wenn sie in seine Öffentlichkeitsarbeit eingebunden ist oder der Sponsor an Pressekonferenzen oder anderen öffentlichen Veranstaltungen der Kultureinrichtung mitwirken und eigene Erklärungen über sein Unternehmen oder seine Produkte abgeben kann. Entscheidend ist die „Öffentlichkeitswirksamkeit" der Sponsoringmaßnahme.[189]

86 Beim geförderten Kulturprojekt führen die Leistungen des Sponsors zu Einnahmen; der Empfänger hat naturgemäß ein erhebliches Interesse, diese Einnahmen möglichst vollständig für sein Kulturprogramm einzusetzen und keine oder nur wenig Steuer abzuführen. Entscheidend dafür ist die Zuordnung der einzelnen Geld- oder Sachleistung zum wirtschaftlichen Geschäftsbetrieb, zum Zweckbetrieb oder zur Vermögensverwaltung des gemeinnützigen Kulturprojektes.[190] Der Sponsoringerlass[191] hat in drei Richtungen eine Klarstellung gebracht:

- Die steuerliche Behandlung der Leistungen beim Empfänger hängt grundsätzlich nicht davon ab, wie die entsprechenden Aufwendungen beim leistenden Unternehmen steuerlich eingeordnet werden.
- Die gemeinnützige Kultureinrichtung agiert nicht als wirtschaftlicher Geschäftsbetrieb, wenn sie dem Sponsor nur die Nutzung ihres Namens in der Weise zu Werbezwecken gestattet, dass der Sponsor selbst auf seine Leistungen an die Körperschaft hinweist.
- Ebenso wenig liegt ein wirtschaftlicher Geschäftsbetrieb vor, wenn die steuerbegünstigte Kultureinrichtung lediglich auf die Unterstützung durch einen Sponsor hinweist, z.B. auf Plakaten, Veranstaltungshinweisen, in Ausstellungskatalogen. Dieser Hinweis kann unter Verwendung des Namens, Emblems oder Logos des

186 Erlass des *BMF* v. 18.2.1998 „Ertragssteuerliche Behandlung des Sponsoring" – Sponsoringerlass – (BStBl I 1998, 212 f.). Umfassend zu den vertrags- und steuerrechtlichen Aspekten mit vielen Beispielen und ausf. Vertragsmustern: *Pluschke* Kunstsponsoring.

187 Vgl. Rn. 3 ff. Sponsoringerlass BMF; *Pluschke* S. 267 ff.

188 Die wirtschaftlichen Vorteile von Sponsoring für ein Unternehmen kann in der Sicherung oder Erhöhung seines unternehmerischen Ansehens liegen, *BFH* BStBl II 1993, 441, 445. Der Sponsor kann auch dadurch einen wirtschaftlichen Vorteil für das Unternehmen erlangen, indem er Namen, Emblem oder Logo des Empfängers des Sponsorings öffentlichkeitswirksam einsetzt und dadurch auf seine (Sponsoring-)Leistung aufmerksam macht. Klarstellend Rn. 4, Sponsoringerlass BMF.

189 *Thiel* S. 842, 843; *BFH* BStBl II 1990, 237; DB 1990, 766.

190 Eine Zuordnung zum ideellen Bereich kommt beim Sponsoring streng genommen nicht in Betracht, da es hier ja definitionsgemäß um eine Gegenleistung (Werbung) handelt und insofern eine Einordnung als eine dem ideellen Bereich zuzuordnende Spende ausscheidet. So auch *Pluschke* S. 282 f. Der Sponsoringerlass des BMF fingiert Einnahmen aus Sponsoring trotzdem als dem ideellen Bereich zugehörig, solange der Gesponserte auf die Unterstützung durch den Sponsor lediglich ohne besondere Hervorhebung hinweist.

191 Erlass des Bundesministeriums für Finanzen v. 18.2.1998 „Ertragssteuerliche Behandlung des Sponsoring" – Sponsoringerlass – (BStBl I 1998, 212 f.).

Sponsors erfolgen. Eine darüber hinausgehende „besondere Hervorhebung" ist allerdings sofort dem wirtschaftlichen Geschäftsbetrieb zuzuordnen und gilt auch nicht als Zweckbetrieb.[192] Will die Kultureinrichtung in jedem Fall eine Ertragssteuerpflicht vermeiden, muss sie jegliche besondere Hervorhebung vermeiden.[193]

Umsatzsteuerrechtlich handelt es sich bei finanziellem oder Sachsponsoring jeweils um umsatzsteuerpflichtiges Entgelt für steuerpflichtige Leistungen der geförderten Kultureinrichtung an den Sponsor. Entweder liegen nach dem jeweiligen Sponsoring-Vertrag konkrete Werbeleistungen vor (z.B. Banden- oder Trikotwerbung, Anzeigen, Überlassen von Eintrittskarten für die Öffentlichkeitsarbeit des Sponsors u.Ä.) oder Duldungsleistungen (z.B. Nennung des Sponsors ggf. mit Logo in der Werbung der Kultureinrichtung, in Ausstellungskatalogen oder Programmheften).[194] Es gilt grds. der allgemeine Steuersatz. Bei Duldungsleistungen ohne besondere Hervorhebung des Sponsors oder ähnliche weitergehende Werbebotschaften, gilt der ermäßigte Steuersatz.[195] Die gesponserte Kultureinrichtung stellt deshalb dem Sponsor eine Rechnung mit gesondert ausgewiesener Umsatzsteuer aus (§ 14 UStG). **87**

Bei Sachsponsoring, d.h. bei Sach- oder Dienstleistungen des Sponsors an den Gesponsorten, handelt es sich umsatzsteuerrechtlich um Tausch oder tauschähnlichen Umsatz i.S.v. § 3 Abs. 12 UStG. Damit liegen auf beiden Seiten unternehmerische Tätigkeiten vor, die der Umsatzsteuerpflicht unterliegen.[196] Als Bemessungsgrundlage für die steuerpflichtige Leistung ist der gemeine Wert der Sach- oder Dienstleistung anzusetzen. Dies gilt sowohl für die Leistung des Sponsors als auch für die Leistung des geförderten Kulturprojektes. Dabei müssen die Leistungen des Sponsors und des Gesponserten nicht gleichwertig sein. Trotzdem sollte die Bewertung im Vorfeld genauer bedacht werden, insbesondere wenn der Sponsor ausschließlich Sach- oder Dienstleistungen erbringen will und eine nicht vorsteuerabzugsfähige Kultureinrichtung die Umsatzsteuer aus ihren liquiden Mitteln bestreiten muss. **88**

V. Gestalten besonderer rechtlicher Rahmenbedingungen

Die öffentliche Hand fördert Kultur auch, indem sie per Gesetz, Verordnung, Satzung, Richtlinien oder ähnliche Bestimmungen einen allgemein verbindlichen Ordnungs- oder Planungsrahmen schafft. Dabei gibt es einerseits Gesetze, die Kunst und Kultur **89**

---

192 In der Praxis fehlt bis heute (2007) eine Klarstellung, wann eine „besondere Hervorhebung" gegeben ist. Bundesfinanzministerium, Länder und Interessenvertreter der Sponsoringparteien haben das ursprünglich geplante Merkblatt mit Beispielen nicht erarbeitet; nach *Pluschke* S. 284 f. kann man aber von einer besonderen Hervorhebung ausgehen, wenn Namenszug, Emblem oder Logo des Sponsors das Plakat, den Veranstaltungshinweis oder sonstige Publikationsmedien des Gesponsorten nach Größe, Auffälligkeit oder Häufigkeit beherrscht.

193 So rechnet die Finanzverwaltung die Benennung eines Saals in einem Museum nach dem Sponsor nicht zum wirtschaftlichen Geschäftsbetrieb. Dagegen gilt es schon als eine „besondere Hervorhebung", wenn die Internet-Seite der gesponserten Kultureinrichtung nicht nur das Logo und den Namen des Sponsors nennt, sondern auch einen Link zu dessen Internet-Seite anbietet. Finanzministerium Bayern, Erl. v. 11.2.2000 – 33-S0183 – 12/14 – 59238; DB 2000, 548.

194 Soweit die Nennung ohne besondere Hervorhebung erfolgt, wird man in Anlehnung an den Sponsoringerlass einen wirtschaftlichen Geschäftsbetrieb des Gesponsorten und damit auch dessen Umsatzsteuerpflicht für diese Nennung verneinen; *Pluschke* S. 288 m.w.N. auch zur abw. Meinung.

195 § 12 Abs. 1 und Abs. 2, Nr. 8a S. 1 UStG.

196 *Pluschke* S. 287 f.

unmittelbar unter einen besonderen Schutz stellen: Art. 5 Abs. 3 GG, Urheber- und Markenrecht, Denkmalschutzgesetze; Kulturgüterschutz. Bei anderen Gesetzen ist die Kulturförderung nicht das primäre Ziel, sondern es geht um Themen wie Soziale Sicherung (z.B. Künstlersozialversicherung), Steuereinnahmen (z.B. Gemeinnützigkeit) oder Bildungsfragen (z.B. Ausbildungsrichtlinien für künstlerische Berufe). Schließlich strukturieren viele Länder und Gemeinden ihre Kulturförderung inzwischen über Kulturentwicklungsplanungen und machen damit ihre Förderaktivitäten für potentielle Empfänger transparent. Dieser Abschnitt muss sich angesichts der Fülle einschlägiger Rechtsregeln auf wenige Beispiele beschränken, die eine besondere Bedeutung für die Kulturförderung haben und nicht an anderer Stelle dieses Handbuchs beschrieben werden.

1. Künstlersozialversicherung

90 Deutschland hat 1983 mit der Künstlersozialversicherung[197] eine Lösung für die soziale Absicherung von selbständigen Künstlern und Publizisten gegen Risiken von Krankheit, Pflegebedürftigkeit und Alter geschaffen. Ähnlich wie bei Arbeitnehmern wird die Künstlersozialversicherung solidarisch finanziert. Rund 50 % tragen die Versicherten durch ihre Beiträge, rund 30 % die Verwerter künstlerischer und publizistischer Leistungen durch die Künstlersozialabgabe und rund 20 % übernimmt der Bund, der die Verwaltungskosten der Künstlersozialkasse in Wilhelmshaven trägt. Die Aufteilung der Beiträge ist Ausdruck des kulturhistorisch gewachsenen, besonderen Verhältnisses zwischen den Versicherten und den Verwertern sowie der besonderen Verantwortung, die der Bund für die Künstlersozialversicherung übernommen hat[198]. Deutschlands Kultur- und Sozialpolitiker werden dementsprechend nicht müde, die Künstlersozialversicherung als Meilenstein zu preisen. Immerhin waren 2015 über 184 000 freischaffende Künstler, Publizisten, Journalisten und andere Kulturschaffende über die KSK kranken-, pflege- und rentenversichert, verteilt auf rd. 35 % Bildende Kunst, 28 % Musik, 23 % Wort und 14 % Darstellende Kunst.

91 Allerdings gerät die Künstlersozialkasse alle Jahre wieder in Finanzierungsschwierigkeiten. Dies liegt vor allem an fehlenden Einnahmen aus der Künstlersozialabgabe. Der Abgabensatz ist zwar von 3,9 % in 2012 auf 5,2 % in 2014 gestiegen, jedoch kommen viele Unternehmen aus Unkenntnis oder fehlenden Kontrollen bzw. Sanktionen ihrer Zahlungspflicht nicht nach. Die Bundesregierung hat deshalb im Mai 2014 ein Gesetz zur Stabilisierung des Künstlersozialabgabesatzes im Bundestag eingebracht, das die Informationslage und die Kontrollmöglichkeiten verbessern soll.[199] Inzwischen prüft die Deutsche Rentenversicherung, die korrekte Abführung der verpflichtenden Künstlersozialabgabe. Für 2017 hat die Arbeitsministerin eine Absenkung der Künstlersozialabgabe auf 4,8 % angekündigt. Außerdem hat sie zugesichert, dass sie sich in der nächsten Legislaturperiode (ab 2017) eine Erhöhung des Bundeszuschusses vorstellen könne, um einer Schieflage der Künstlersozialversicherung aufgrund der Umbrüche durch die Digitalisierung und die vermehrte Selbstvermarktung von Künstlern und Publizisten entgegenzuwirken.

---

197 Gesetz v. 27.7.1981 (BGBl I 705), zuletzt geändert durch Gesetz v. 20.4.2007 (BGBl I 554).

198 Grds.: *Schulze* (2012) Rn. 258 ff. Zur aktuellen politischen Bewertung vgl. BT-Enquete-Kommission (2007), S. 297 ff.

199 BT Drucks. 18/1530 v. 26.5.2014

2. Gemeinnützigkeit – steuerrechtliche Förderung von Kultur

Der Staat fördert Kultur auch dadurch, dass er Kultureinrichtungen oder deren Förderung steuerlich begünstigt. Regelmäßig knüpft er solche Begünstigungen an die Voraussetzungen der Gemeinnützigkeit. Gem. § 52 AO kann eine Einrichtung zur Förderung von Kunst und Kultur, Landschafts- oder Denkmalschutz als gemeinnützig anerkannt werden, wenn sie diese Forderung unmittelbar,[200] ausschließlich[201] und selbstlos[202] verfolgt. Während Unmittelbarkeit und Selbstlosigkeit bei (nicht-kommerziellen) Kultureinrichtungen selten problematisch werden, bereitet die Ausschließlichkeit in der Praxis immer wieder Schwierigkeiten. Tatsächlich sind heute alle privaten und öffentlichen Kultureinrichtungen gezwungen, ihre Einkommenssituation durch den Verkauf von Publikationen oder Souvenirs, allgemeines Merchandising, Vermietung und Verpachtung von Räumen oder durch den Betrieb von Cafés oder Gaststätten zu verbessern. Da die meisten dieser Aktivitäten nicht gemeinnützig sind, scheint hier jeweils der gänzliche Verlust der Gemeinnützigkeit zu drohen. Allerdings sehen §§ 14, 58 und 65 AO verschiedene Ausnahmen von der Ausschließlichkeitsregel vor. 92

Im Gemeinnützigkeitsrecht unterscheidet man deshalb zwischen vier Tätigkeitsbereiche gemeinnütziger Kultureinrichtungen;[203] der Gesetzgeber versucht auf diese Weise, einen Ausgleich zwischen den Interessen der steuerbelasteten Privatwirtschaft und gemeinnützigen Kultureinrichtungen zu erreichen, soweit sie miteinander konkurrieren:[204] 93

- die Idealsphäre, d.h. der rein gemeinnützige Tätigkeitsbereich (insbesondere künstlerische Tätigkeiten, Aufbau von Kunst- oder Museumssammlungen, Denkmalpflege) und die damit verbundenen Einnahmen, also Spenden, Fördergelder, Zuschüsse der öffentlichen Hand,[205]
- die nicht steuerschädliche Vermögensverwaltung,[206] z.B. Einnahmen aus Vermietung oder Verpachtung von Räumlichkeiten der Kultureinrichtung, Anlage von Kapitalvermögen, Rechteverwaltung oder Lizenzvergabe,[207]
- der Bereich des steuerbelasteten wirtschaftlichen Geschäftsbetriebs.[208] Ein wirtschaftlicher Geschäftsbetrieb ist eine selbstständige nachhaltige Tätigkeit, durch die Einnahmen oder andere wirtschaftliche Vorteile erzielt werden und der über den

200 §§ 51, 57 AO.
201 §§ 51, 56 AO.
202 §§ 52 Abs. 1, 53, 54 Abs. 1, 55 AO.
203 *Thiel* DB 1998, 842, 845 f.
204 § 65 Nr. 3 AO; Tipke/Lang/*Hey* Steuerrecht, 20. Aufl. 2010, § 20 Rn. 7 m.w.N.
205 Erhellend ist in diesem Zusammenhang die nähere Definition in Anl. 1 zu § 48 Abs. 2 EStDV: Danach ist „Förderung kultureller Zwecke“ die ausschließliche und unmittelbare Förderung der Kunst, die Förderung der Pflege und Erhaltung von Kulturwerten sowie die Förderung der Denkmalpflege. „Förderung der Kunst“ umfasst die Bereiche der Musik, der Literatur, der darstellenden und bildenden Kunst und schließt die Förderung von kulturellen Einrichtungen, wie Theater und Museen sowie von kulturellen Veranstaltungen, wie Konzerte und Kunstausstellungen, ein. „Kulturwerte“ sind Gegenstände von künstlerischer und sonstiger kultureller Bedeutung, Kunstsammlungen und künstlerische Nachlässe, Bibliotheken, Archive sowie andere vergleichbare Einrichtungen.
206 „Förderung der Denkmalpflege“ bezieht sich auf die Erhaltung und Wiederherstellung von Bau- und Bodendenkmälern, die nach den jeweiligen landesrechtlichen Vorschriften anerkannt sind; die Anerkennung ist durch eine Bescheinigung der zuständigen Stelle nachzuweisen.
207 §§ 14, 58 AO.
208 § 64 i.V.m. § 14 AO.

Rahmen einer Vermögensverwaltung hinausgeht; die Absicht, Gewinn zu erzielen ist nicht erforderlich. Im Kulturbereich gilt dies z.B. für den Verkauf von Publikationen und Geschenkartikeln, der Betrieb von Museumsshops oder Theaterbuffets, allgemein das Merchandising, Vergabe von Werbeflächen, Sponsoring u.Ä.

- der Bereich des nicht steuerbelasteten Zweckbetriebs (als Sonderform des wirtschaftlichen Geschäftsbetriebs[209]). Zweckbetriebe sind durch drei Merkmale gekennzeichnet:
  (1) der Zweckbetrieb muss tatsächlich und unmittelbar satzungsmäßige Zwecke der Körperschaft verwirklichen, (2) die Körperschaft muss den Zweckbetrieb zur Verwirklichung ihrer satzungsmäßigen Zwecke unbedingt und unmittelbar benötigen, (3) der Wettbewerb zu nicht begünstigten Betrieben derselben oder ähnlichen Art muss auf das zur Erfüllung der steuerbegünstigten Zwecke unvermeidbare Maß begrenzt sein. Typische Zweckbetriebseinnahmen bei Kultureinrichtungen sind Eintrittsgelder oder Verkauf von Eigenpublikationen.

94 Bei anerkannter Gemeinnützigkeit gelten verschiedene Vergünstigungen für Kultureinrichtungen:

- Ertragssteuerlich werden Kultureinrichtung kraft Rechtsform dem Körperschaftssteuergesetz unterworfen, haben jedoch als gemeinnützige Einrichtungen von erzielten Einkünften keine Steuer zu entrichten.[210] Diese ertragsteuerliche Befreiung gilt für den ideellen Bereich, die Vermögensverwaltung und den Zweckbetrieb, nicht für den wirtschaftlichen Geschäftsbetrieb.
- Entsprechend ist die Befreiung von Gewerbe-[211] und Vermögenssteuer[212] geregelt.
- Grundbesitz gemeinnütziger Kultureinrichtungen wird nicht mit Steuern belegt, soweit er für die begünstigten kulturellen Zwecke genutzt wird.[213]
- Zuwendungen in Folge eines Erbfalles oder einer Schenkung sind nicht der Erbschafts- und Schenkungssteuer unterworfen, wenn die Zuwendung dem gemeinnützigen Zweck gewidmet worden ist und von der Kultureinrichtung dementsprechend eingesetzt wird.[214]
- Spenden können beim Spender bis zum erhöhten Satz von 10 % seiner Einkünfte als Sonderausgaben steuerlich geltend gemacht werden.
- Im Umsatzsteuerrecht sind folgende gemeinnützige Kultureinrichtungen des Bundes, der Länder und der Gemeinden und gleichartige Einrichtungen in anderer Trägerschaft[215] grds. von der Umsatzsteuer befreit:[216] Theater, Orchester, Kammermusikensembles, Chöre, Museen, botanische Gärten, zoologische Gärten, Tierparks, Archive, Büchereien sowie Denkmäler der Bau- und Gartenbaukunst. Ansonsten gilt für gemeinnützige Einrichtungen ein reduzierter Umsatzsteuersatz, soweit ihre

209 § 65 ff. AO. Ein Zweckbetrieb liegt vor, wenn der Betrieb in seiner Gesamtrichtung dazu dient die gemeinnützigen Zwecke der (Kultur-)Einrichtung zu verwirklichen, diese Zwecke nur durch einen solchen Geschäftsbetrieb erreicht werden können und der Betrieb nicht zu anderen Betrieben, die nicht gemeinnützig sind, in größerem Umfang in den Wettbewerb tritt, als es zur Erfüllung der gemeinnützigen Zwecke unvermeidbar ist.

210 § 5 Abs. 1 Nr. 9 KStG.

211 § 3 Nr. 6 GewStG.

212 § 3 Abs. 1 Nr. 12 VStG.

213 § 3 Abs. 1 Nr. 3 b GrStG.

214 § 13 Abs. 1 Nr. 16 b, 17 ErbStG.

215 Kultureinrichtungen in anderer Trägerschaft müssen dazu eine Bescheinigung der zuständigen Landesbehörde vorlegen, dass sie gleiche kulturelle Aufgaben wahrnehmen.

216 § 4 Nr. 20 UStG.

Umsätze nicht dem wirtschaftlichen Geschäftsbetrieb zuzurechnen sind.[217] Schließlich gibt es steuerliche Erleichterungen für den Im- und Export bestimmter umsatzsteuerpflichtiger Leistungen durch gemeinnützige Einrichtungen.[218]

3. Kulturentwicklungsplanung

Auch die strategische Planung kann man als ein Instrument der Kulturförderung verstehen. Was für Kulturmanager in kommerziellen Kulturbetrieben eine Selbstverständlichkeit ist und auch in öffentlich finanzierten Kultureinrichtungen immer häufiger wird, hält allerdings nur langsam Einzug auf der politischen Ebene in Bund, Ländern und Kommunen.[219] Dort beschränkt man sich eher auf die reine fiskalische Planung in jährlichen Haushaltsplänen und Mittelfristigen Finanzplänen. Diese reicht allerdings meist nicht aus, um in Zeiten knapper Ressourcen die erforderliche politische Prioritätensetzung vorzunehmen. Eine Kulturentwicklungsplanung[220] wird sich nicht auf die Analyse aktueller Kulturangebote, ihrer Zielgruppen und Potenziale beschränken, sondern lang- und mittelfristige Ziele sowie die daraus abgeleiteten Handlungsschwerpunkte und konkrete Umsetzungsmaßnahmen festlegen. Eine richtig verstandene Kulturentwicklungsplanung führt meist zu einer Schärfung des Angebotsprofils und einer Konzentration der Ressourcen auf die kulturpolitisch wichtigen Vorhaben. 95

D. Einzelheiten zur öffentlichen Filmförderung in Deutschland

I. Ziele öffentlicher Filmförderung

Öffentliche[221] Filmförderung verfolgt nicht nur kulturelle Ziele, sondern ist immer auch Wirtschaftsförderung. Dieser Doppelcharakter unterscheidet sie ganz wesentlich von anderen Arten der Kulturförderung und rechtfertigt eine separate Darstellung. 96

217 Nach der jüngsten Ergänzung des Umsatzsteuerrechts 2007 in § 12 Abs. 2 Nr. 8a S. 3 gilt der reduzierte Steuersatz in zwei Fällen auch nicht für den Zweckbetrieb und zwar wenn der Zweckbetrieb in erster Linie der Erzielung zusätzlicher Einnahmen durch Umsätze dient, die in unmittelbarem Wettbewerb mit dem allgemeinen Steuersatz unterliegenden Leistungen anderer Unternehmen ausgeführt werden oder wenn die Körperschaft mit den Leistungen Ihrer Zweckbetriebe ihre steuerbegünstigten satzungsgemäßen Zwecke selbst verwirklicht. Das BMF hat mit Schreiben v. 9.2.2007 (DStR 2007, 443) zu dieser Ergänzung Stellung genommen und ist auch auf Einzelfälle eingegangen. Stark vereinfacht kann ein Zweckbetrieb den reduzierten Steuersatz auch für solche Leistungen geltend machen, mit denen selbst nicht steuerbegünstigte Zwecke verwirklicht werden und die im Wettbewerb zu Leistung anderer nicht steuerbegünstigter Unternehmen stehen, wenn sein Gesamtumsatz i.S.d. § 19 Abs. 3 UStG unter der Besteuerungsgrenze des § 64 Abs. 3 AO (zz. 30 678 EUR) liegt oder wenn seine Umsätze aus diesen Leistungen weniger als 50 % der Einnahmen des Zweckbetriebes ausmachen.

218 § 4a Abs. 1 UStG.

219 *Enquetekommission* S. 93 ff.

220 *Heinze* S. 43 ff.; *Klein* S. 239 f.

221 Eine private kulturelle Filmförderung kann man de facto vernachlässigen. Film ist immer ein Wirtschaftsgut. Soweit Privatpersonen in der Filmproduktion finanziell engagieren, handelt es sich in aller Regel um eine Investition, bei der es kaum um altruistische kulturbezogene Ziele geht als um eine Geldanlage. In der Vergangenheit ging es bei privater Filmfinanzierung insofern meist um Steuersparmodelle, nicht so sehr um Förderung einer bestimmten Qualität von Film; vgl. *Duvvuri* S. 82 ff.

Bei den wirtschaftlichen Zielen geht es um die Stärkung der Produzenten sowie der Filmwirtschaft. Auf der Länderebene schließt dies auch die Förderung der regionalen Wirtschaftsstruktur mit ein. Kulturelle Ziele sind der Schutz des deutschen Films als Kulturgut und die Sicherung der kulturellen, nationalen Identität sowie der Angebotsvielfalt. In der Geschichte der deutschen Filmförderung[222] stand lange Zeit die Wirtschaftsförderung im Vordergrund. Mit der Zeit sind aber die kulturellen Aspekte deutlich wichtiger geworden. In der jüngsten Novellierung (2004) des Filmförderungsgesetzes stehen Wirtschafts- und Kulturförderung gleichberechtigt nebeneinander. In § 1 heißt es: Die Filmförderungsanstalt (FFA) fördert als bundesweite Filmförderungseinrichtung die Struktur der deutschen Filmwirtschaft und die kreativ-künstlerische Qualität des deutschen Films als Voraussetzung für seinen Erfolg im Inland und im Ausland. In der Begründung betont der BKM neben den wirtschaftlichen Zielen (strukturelle Stärkung, Steigerung von Handelsqualität) ausdrücklich die Ziele: kulturelle Vielfalt, ästhetische Qualität, Behauptung europäischer Filmgeschichten gegenüber US-amerikanischen.

Tab. 5 Filmförderung von Bund und Ländern 2013 in Mio. € (Haushaltsansätze)[223]

	FFA	**BKM**	**NRWS**	**MBB**	**FFF**	**MDM**	**FFHSH**	**MFG**	**NordM**	**Gesamt**
Kinofilm-Förderung	31,10	77,75	23,07	16,83	18,22	8,76	7,03	9,67	2,48	194,90
Kurzfilm-Förderung	0,60	0,74	0,36	0,17	0,00	0,05	0,17		0,17	2,26
Fernsehfilm-Förderung	-	-	5,02	3,11	4,70	1,02	1,39		2,76	18,00
Dokumentarfilm-Förderung	-	-	3)	1,09	-	0,79	1,61			
Drehbuchförderung (Kinofilm)	1,00	0,65	0,29	0,21	0,37	0,16	0,45	0,30	0,08	3,51
Projektentwicklungs-Förderung	-	-	0,66	0,41	0,54	0,64	0,58	-	0,29	3,12
Absatzförderung/ Verleih/Vertrieb	9,10	0,53	2,58	1,92	2,50	0,98	1,21	0,70	0,07	19,60
Medialeistung	9,40	-	-	-	-	-	-	-	-	9,40
Kinoinvestitionsförderung	7,70	-	0,31	-	0,34	-	-	0,25	0,16	8,76
Digitalisierungsförderung	18,30	6,00	-	0,61	1,09	-	0,21	1,00	0,49	27,70
Videothekenförderung	0,80	-	-	-	-	-	-	-	-	0,80
Programmanbieterförderung	4,30	-	-	-	-	-	-	-	-	4,30
Kopienförderung	0,70	0,40	0,02	-	0,05	-	-	-	0,05	1,22
Fortbildungs-/Ausbildungsförderung	0,20	0,13	0,94	0,85	0,00	0,57	0,22	-	0,17	3,08

222 *Duvvuri* S. 56 ff.

223 Statistische Ämter (2016), S. 70; FFA – Filmförderungsanstalt; BKM – Beauftragte der Bundesregierung für Kultur und Medien; FFF – FilmFernsehFonds Bayern; NRWS – Film und Medienstiftung Nordrhein-Westfalen GmbH; MBB – Medienboard Berlin-Brandenburg; FFHSH – Filmförderung Hamburg Schleswig-Holstein GmbH; MFG – Medien- und Filmgesellschaft Baden-Württemberg; MDM – Mitteldeutsche Medienförderung/NordM – Nordmedia – Erläuterung zu Kinofilm-Förderung: bei BKM sind 63,5 Mio. EUR für DFFF veranschlagt; bei MFG gibt die Zahl die gesamte Produktionsförderung wider. – Die Nachwuchsförderung wird bei NRWS, MBB, FFHSH und Nordmedia in anderen Rubriken berücksichtigt.

	FFA	BKM	NRWS	MBB	FFF	MDM	FFHSH	MFG	NordM	Gesamt
Innovations-, Rationalisierungs- und Forschungsförderung	0,30	-	-	1,03	-	-	-	-	-	1,33
Filmevent- und Festivalförderung	-	7,05	0,83	2,68	-	0,73	0,04	-	0,77	12,10
Nachwuchsförderung (Produktion)	-	-	3)	3)	0,91	2,08	3)	-	3)	2,99
Filmtheaterprogramm-Prämien	-	1,50	0,43	0,27	0,30	0,07	0,08	0,19	0,05	2,89
Werbung für den deutschen Film im In- und Ausland und gesamtwirtschaftliche Belange	5,70	2,97	0,06	0,07	0,07	0,06	0,04	-	0,03	8,99
Sonstiges	-	12,66	2,21	0,09	0,52	0,17	0,44	3,12	0,35	19,55
Insgesamt	**89,20**	**110,38**	**36,78**	**29,33**	**29,59**	**16,08**	**13,47**	**15,23**	**11,00**	**351,06**

II. Institutionen öffentlicher Filmförderung

Die öffentliche Filmförderung in Deutschland wird durch eine Reihe staatlicher und halbstaatlicher Einrichtungen auf Bundes- und Landesebene geprägt: **97**

- Beauftragter der Bundesregierung für Kultur und Medien (BKM),
- Filmförderanstalt als bundesunmittelbare rechtsfähige Anstalt des öffentlichen Rechts,
- Filmfördereinrichtungen der Länder: Medien- und Filmgesellschaft Baden-Württemberg, FilmFernsehFonds Bayern, Medienboard Berlin-Brandenburg GmbH, Filmbüro Bremen, Filmförderung Hamburg Schleswig-Holstein GmbH, Filmförderung des Landes Hessen, Landesfilmzentrum Mecklenburg-Vorpommern, Mitteldeutsche Medienförderung der Länder Sachsen, Sachsen-Anhalt und Thüringen, Nord Media Niedersachsen, Filmstiftung Nordrhein-Westfalen, Stiftung Rheinland-Pfalz für Kultur, Saarland Medien GmbH, Kulturelle Filmförderung Sachsen durch das Staatsministerium für Wissenschaft und Kunst, Kulturstiftung des Freistaates Sachsen, Kulturelle Filmförderung Sachsen-Anhalt durch das Landesverwaltungsamt, Kunststiftung des Landes Sachsen-Anhalt,
- Kuratorium junger deutscher Film,
- Öffentlich finanzierte Filmfestivals, z.B. Internationale Filmfestspiele Berlin, Internationale Kurzfilmtage Oberhausen, Internationales Leipziger Festival für Dokumentar- und Animationsfilm, Max-Ophüls-Preis Filmfestival Saarbrücken.

III. Objekte öffentlicher Filmförderung

Die einzelnen Förderinstitutionen in Bund und Ländern haben ihre Förderaktivitäten **98**
nach einer fast nicht mehr überschaubaren Zahl an Kriterien strukturiert. Zum einen geht es um die Unterstützung unterschiedlicher Phasen der Filmherstellung oder des

Filmvertriebs. Insofern nennen die Förderrichtlinien der verschiedenen Förderinstitutionen folgende Förderarten:

- Stoff-, Projektentwicklungs- und Vorbereitungsförderung,
- Drehbuchförderung,
- Produktion von Filmen,
- Postproduktionsförderung,
- Kopienförderung,
- Förderung von Filmmusik,
- Förderung der Präsentation auf Festivals,
- Verleih- und Vertriebsförderung,
- Filmabsatzförderung,
- Filmabspiel- und Kinoförderung,
- Videoförderung,
- Filmberufliche Weiterbildung,
- Investitionen filmtechnischer Betriebe,
- Forschungs-, Rationalisierungs- und Innovationsmaßnahmen.

99 Zum anderen unterscheiden die Institutionen zwischen verschiedenen Filmarten:

- Programmfüllende Filme (Vorführdauer mind. 79 Minuten, bei Kinderfilmen 59 Minuten),
- Kurzfilme,
- Kinder- und Jugendfilme,
- Dokumentarfilm,
- Abschluss- und Erstlingsfilme (Nachwuchsförderung),
- Fernsehproduktionen,
- fernsehgeeignete Kinoprojekte,
- Videoproduktionen,
- filmrelevante Produktionen mit interaktiven Inhalten (Digital Content Funding).

IV. Instrumente öffentlicher Filmförderung

1. Filmpreise und -prämien

100 Bund, einzelne Länder und Kommunen sowie die verschiedenen Filmfestivals vergeben jedes Jahr eigene Filmpreise. Zum größten Teil handelt es sich um reine Prämierungen oder Preisgelder für eine bestimmte herausragende Leistung. Die Filmpreise des BKM gehen darüber hinaus und sind meist zweckgebunden. Hier wird nicht nur eine (vergangene) Leistung gewürdigt, das Preisgeld soll in die Produktion eines neuen Filmprojekts mit künstlerischem Rang fließen. Die Preisträger erhalten die mit dem Filmpreis verbundene Geldprämie erst, wenn sie innerhalb einer bestimmten Frist einen fertigen neuen Film bzw. bei Drehbuchpreisen ein neues Drehbuch vorlegen.

2. Zuschüsse

101 Nicht rückzahlbare Zuschüsse werden in der deutschen Filmförderung vor allem auf Bundesebene von der Filmförderanstalt bzw. dem BKM gezahlt. Wichtigstes Förder-

instrumentarium des Filmförderungsgesetzes[224] ist die sog. Referenzförderung. Auf der Grundlage eines besonderen Erfolgs („Referenz") einer Filmproduktion in der Vergangenheit wird ein neues Filmprojekt gefördert. Die Antragsteller müssen dabei eine bestimmte Mindestzahl an Referenzpunkten für einen Film vorlegen. Die Referenzpunkte setzen sich aus dem Zuschauererfolg (Besucherzahl innerhalb eines Jahres nach Erstaufführung) und dem Erfolg bei internationalen Festivals und Preisen (z.B. Europäische oder deutsche Filmpreise, Festivalteilnahme oder -ehrungen) zusammen. Die Höchstfördersumme der Referenzfilmförderung beträgt zurzeit 2 Mio. EUR. Hat ein in Deutschland ansässiger Produzent die Voraussetzungen erfüllt, besteht ein Rechtsanspruch auf diese Zuschussförderung. Die Referenzmittel sind mit einer Verwendungsauflage versehen. Sie müssen innerhalb von zwei Jahren nach Zuerkennung in einen neuen Film investiert werden. Damit stehen dem Produzenten die Mittel nicht direkt zur Verfügung, sondern werden nach Antrag als Zuschuss ausschließlich für die Herstellung eines neuen Films gewährt. Entsprechende Referenzförderung gibt es auch für Filmvertrieb und Filmtheater.

Zum 1.1.2007 hat die Bundesregierung den Deutschen Filmförderfonds (DFFF) aufgelegt und wollte die Produktion von Kinofilmen in Deutschland zunächst drei Jahre lang mit 60 Mio. EUR jährlich unterstützen. Aus dem Fonds erhält jeder Produzent in Deutschland, der einen Kinofilm herstellt, auf Antrag zwischen 16 und 20 % der in Deutschland ausgegebenen Produktionskosten erstattet. Von der Maßnahme sollen nicht nur große Produktionen profitieren. Auch kleinere und mittlere Projekte mit einem Budget ab 1 Mio. EUR bei Spielfilmen können eine Teilerstattung der Produktionskosten beantragen. Näheres regelt eine entsprechende Richtlinie des BKM.[225] Bis Ende 2009 hatte der DFFF insgesamt 302 Projekte aller Kategorien und Genres mit Fördermitteln in Höhe von 178,1 Mio. EUR unterstützt. Die daran beteiligten Filmproduktionen lösten allein in der deutschen Filmwirtschaft Investitionen in Höhe von 1,1 Mrd. EUR aus. Durch diesen Erfolg bestärkt, hat die Bundesregierung die Laufzeit inzwischen zweimal um drei Jahre bis Ende 2015 verlängert. Auch der Filmförderfonds bewegt sich auf dem schmalen Grat zwischen Wirtschafts- und Kulturförderung. Vornehmliches Ziel ist nach Äußerungen des BKM, Deutschland als Produktionsstandort attraktiver zu machen, auch für internationale Großproduktionen. Schon aus Rücksicht auf das Beihilferecht der EU muss aber ein Minimum an kulturellem Inhalt sichergestellt sein.[226] Dementsprechend sieht die Richtlinie einen „Kulturellen Eigenschaftstest" vor. **102**

Nicht rückzahlbare Zuschüsse sieht auch der World Cinema Fund (WCF) vor, den die Internationalen Filmfestspiele Berlin als Initiativprojekt der Kulturstiftung des Bundes verwalten.[227] Ziel des WCF ist die Unterstützung von Filmen aus Regionen, deren Kinematographie durch politische und/oder ökonomische Krisen gefährdet ist. Die zu fördernden Projekte sollen sich mit der kulturellen Identität ihrer Region beschäftigen und zur Entwicklung der lokalen Filmindustrie beitragen. Zentrales Auswahlkriterium ist **103**

224 Gesetz über Maßnahmen zur Förderung des deutschen Films (Filmförderungsgesetz – FFG) i.d.F. der Bek. v. 24.8.2004 (BGBl I S. 2277) zuletzt geändert durch das Fünfte Gesetz zur Änderung des Filmförderungsgesetzes v. 22.2008 (BGBl I S. 3000). Die dazu ergangenen Richtlinien finden sich unter www.ffa.de unter dem Stichpunkt FFG-Regelsammlung.

225 Richtlinie Anreiz zur Stärkung der Filmproduktion in Deutschland v. 23.12.2009, www.ffa.de/downloads/dfff/richtlinie/DFFF-Richtlinie.pdf.

226 Vgl. oben Rn. 14.

227 Die entspr. Förderrichtlinie findet sich unter: www.berlinale.de/de/das_festival/world_cinema_fund/richtlinien_formulare/index.html.

die Qualität der Projekte. Besondere Berücksichtigung finden zudem Projekte, die Chancen auf einen internationalen Erfolg haben und Entwicklungsimpulse für die Filmkultur ihrer Herkunft versprechen. Adressaten des WCF sind Produktionen aus den Ländern Lateinamerikas, Afrikas, Naher und Mittlerer Osten, Zentralasien, Südostasien und dem Kaukasus. Der WCF unterscheidet sich von allen anderen Zuschüssen der deutschen Filmförderung durch seinen dezidiert internationalen Charakter. Zwar ist ein deutscher Partner in Produktion oder Vertrieb erforderlich; es muss sich aber nicht um eine Ko-Produktion mit Deutschland handeln. Der Film muss auch nicht ganz oder in Teilen in Deutschland hergestellt worden sein. Seit der Gründung des WCF im Oktober 2004 wurden 1 165 Projekte aus mehr als 70 Ländern eingereicht; bislang förderte der Fund 70 Filme aus etwa 30 Ländern mit Produktions- und Verleihmitteln. Eine Förderung durch den WCF gilt in der Filmbranche heute als "Gütesiegel" für künstlerisch anspruchsvolles und gesellschaftlich ambitioniertes Autorenkino. Zahlreiche bis heute realisierte Filme des WCF erhielten Einladungen und Auszeichnungen der wichtigsten internationalen Filmfestivals und herausragende Filmpreise, u.a. den Goldenen Bär der Berlinale 2009 („La teta asustada“), Goldene Palme Cannes 2010 („Uncle Bonmee“) sowie Oscar-Nominierungen 2010 („La teta asustada“ und „Ajami“).

3. Darlehen

104 Bund und Länder sehen bei ihrer Filmförderung außerdem verschiedene Modelle der Projektfilmförderung über bedingt rückzahlbare Darlehen vor. Erst nach Erreichen bestimmter Kriterien entsteht eine Rückzahlungsverpflichtung. So besteht diese z.B. nach § 39 FFG, sobald und soweit die Erträge aus der Verwertung des Films mindestens 5 % der von der FFA anerkannten Kosten eines Spielfilms liegen. Anders als die Referenzfilmförderung beruht die Projektförderung auf einer ex-ante Entscheidung, d.h. es wird nicht ein fertiger Film bzw. dessen Erfolg honoriert, sondern ein konkretes noch umzusetzendes Projekt wird aufgrund seiner Qualität oder Wirtschaftlichkeit gefördert. Die Bewertung von Qualität und Förderungswürdigkeit obliegt bei den meisten Förderinstitutionen einem Vergabegremium, z.B. bei der Filmförderungsanstalt der Vergabekommission nach § 8 FFG.

4. Bürgschaften

105 Im Bund und Nordrhein-Westfalen gibt es seit wenigen Jahren auch (wieder) das Förderinstrument der Bürgschaft. Auf diese Weise soll die Vor- und Zwischenfinanzierung von Filmen durch Banken erleichtert werden.[228]

5. Steuererleichterungen

106 Bis Dezember 2005 bestanden in Deutschland deutliche steuerliche Begünstigungen für die Spielfilmproduktion. Im Ergebnis entstanden viele geschlossene Medien- und Filmfonds entstanden, deren Mitglieder aufgrund von Verlustzuweisungen Steuern in größerem Umfang sparen bzw. zurückerhalten konnten. Die angespannte Haushaltslage von Bund und Ländern, aber auch die Beobachtung, dass die Fondsmittel zumeist nicht in heimische, sondern in US-amerikanische Produktionen flossen, führte zu einem Politikwechsel. Der Bundesgesetzgeber schaffte die entsprechenden Vergünstigungen ab. Damit sinkt die Rendite der Filmfonds; angesichts der Risiken rentiert das Engagement der Anleger nicht mehr. Existierende Fonds werden noch abgewickelt, neue kaum aufgelegt.

---

228 Vgl. § 31 FFG.

18. Kapitel
Grundzüge der Justizberichterstattung und der Öffentlichkeitsarbeit der Justiz

I. Einleitung

1. Status

Die Berichterstattung über strafrechtliche Ermittlungsverfahren und über Gerichtsverfahren – von der strafrechtlichen Hauptverhandlung bis zum Arbeitsgerichtsprozess ist ein wichtiger Baustein in der Medienlandschaft. Insgesamt hat die Berichterstattung über Rechtsthemen deutlich zugenommen. Gerade Gerichtsentscheidungen, die sich mit Alltagsfragen befassen, vom Mietrecht bis hin zum Autokauf, von Leistungen nach den Sozialgesetzbüchern bis hin zu arbeitsrechtlichen Fragen, finden eine große Resonanz in den Medien – und dies zu Recht. Dabei wird nicht mehr immer nur der Skandal gesucht oder das Ungewöhnliche aufgegriffen, die Journalisten haben gemerkt, dass auch „Alltagsfälle" über die die Gerichte entscheiden, für ihre Leser, Zuschauer und Zuhörer von großem Interesse sind. Eine Durchsicht größerer Regionalzeitungen zeigt etwa, dass sich dort vielfach bis zu 10 Meldungen am Tag in den verschiedenen Teilen der Zeitungen finden, die sich mit Gerichten und ihren Entscheidungen aber auch mit Ermittlungsverfahren befassen. 1

Darauf hat auch die Justiz reagiert. Sie betreibt viel mehr Öffentlichkeitsarbeit als in der Vergangenheit und stellt von sich aus ihre Arbeit als Dritte Gewalt im deutschen Staatssystem dar.[1] 2

Doch die Zusammenarbeit von Justiz und Medien ist weiterhin nicht einfach. Auf beiden Seiten hat es in den vergangenen gut 15 Jahren[2] ein Auf und Ab von Entwicklungen gegeben, die sie zum Teil näher zusammen und zum Teil weiter auseinander gebracht haben.[3] Besonders in den Blickpunkt der Öffentlichkeit geraten ist dies wieder bei den Auseinandersetzungen um die Vergabe der Presseplätze im sogenannten NSU-Prozess vor dem OLG München.[4] Hier hat sich gezeigt, dass die mangelhafte Zusammenarbeit innerhalb der Justiz und mit den Medien zum Teil absurde Folgen hat, etwa, dass die „Ziehung von Presseplätzen" 3

1 S. dazu ausf. Rademacher/Schmitt-Geiger/*Huff* Litigation-PR, Alles was Recht ist – Zum systematischen Stand der strategischen Rechtskommunikation, 2012, S. 268–277 und S. 293–301; s. auch umfassenden *Altenhain* Öffentlichkeit im Strafverfahren, Gutachten zum 71. Deutschen Juristentag Essen 2016; *von Coelln* AfP 2014, 193. So verfügen z.B. nahezu alle größeren Justizbehörden über einen „Mediensprecher", s. dazu *Huff* DRiZ 2009, 279.

2 Zum Stand im Jahr 1995 s. *Huff* Justiz und Öffentlichkeit, Schriftenreihe der Juristischen Gesellschaft zu Berlin, 1996.

3 Einen sehr guten Überblick über den aktuellen Stand der Zusammenarbeit gibt *Wankel* Handbuch für den Staatsanwalt, 5. Aufl. 2015, S. 1331 ff.; s.a. *Fricke* Recht für Journalisten, 2. Aufl. 2010, S. 426 ff.; *Ebert* FS 200 Jahre OLG Bamberg, 2009, S. 338 ff.; *Pruggmayer/Möller* K&R 2011, 234.

4 S. dazu im Ergebnis *BVerfG* AfP 2013, 233 (Vergabe der Presseplätze) und 24.4.2013 – 2 BvR 872/13 (keine Übertragung von Bildern in einen Nebenraum); *Kujath* AfP 2013, 269, *Huff* www.lto.de v. 6.3.2013 und 27.3.2013; zu den rechtspolitischen Überlegungen *Merk* DRiZ 2013, 234 und *Schuman* DRiZ 2013, 254.

von den Medien live übertragen wird. Dass es wesentlich besser geht, haben im Anschluss daran andere durchaus spektakuläre Verfahren, wie etwa das Steuerstrafverfahren gegen Uli Hoeneß (*LG München II*) und Christian Wulff (*LG Hannover*) gezeigt.

4 In fast allen Bundesländern gibt es Regelungen für die Medienarbeit der Justiz.[5] Diese Tätigkeit ist auch Gegenstand eingehender Untersuchungen geworden,[6] die die Entwicklungen nachzeichnen.

2. Aktuelle Entwicklungen

5 Aber auch in den Medien hat es erhebliche Veränderungen gegeben. So hat die Krise bei den Anzeigen zu einem deutlichen Umfangsrückgang bei den Tageszeitungen geführt. Zudem werden die Beiträge in den elektronischen Medien immer kürzer, auch wenn sich neue Informationskanäle etabliert haben.[7] Es gibt eine Entwicklung hin zum „Ankündigungs-Journalismus", also dass Ereignisse in besonderem Umfang vorher angekündigt werden, das eigentliche Ergebnis aber später nicht mehr die große Rolle spielt. Dies hat die Justiz selber genutzt, in dem immer mehr Gerichte z.B. auf anstehende mündliche Verhandlungen oder auch Urteilsverkündungen hinweisen und so Interesse an rechtlichen Themen wecken. Auch hier bestätigt sich die oben beschriebene Entwicklung. Oft wird der Fall aufgegriffen, das Ergebnis des Gerichts aber kaum oder gar nicht vermeldet. Daher ist hier eine besondere Sorgfalt bei der Auswahl der Themen für eine solche Meldung erforderlich, damit keine „Vorverurteilung" (die es nicht nur im Strafrecht gibt) stattfindet. Allerdings muss kein Mediensprecher der Justiz nur in „Juristendeutsch" formulieren, sondern ihm ist es erlaubt, allgemeinverständlich und durchaus deutlich zu formulieren und ebenso Begriffe zu verwenden, die sich in der Öffentlichkeit durchgesetzt haben.[8]

6 Des Weiteren kann man gerade bei Nachrichten den „Statement-Journalismus" beobachten, bei welchem Beiträge immer mehr aus kurzen einzelnen Statements zusammengesetzt werden. In einem solchen Statement kann etwa der Mediensprecher der Staatsanwaltschaft oder des Gerichts oft nur in ein oder zwei Sätzen (15–20 Sekunden) etwas sagen, eine fundierte Argumentation ist unmöglich. Es geht (leider) nur noch um die Vermittlung einer „Botschaft".[9] Gerade für juristische Zusammenhänge, die meist nicht nur schwarzweiß sind, ist diese Entwicklung besonders schwierig. Stellt sich die Justiz dieser Entwicklung aber nicht und schult ihre Sprecher, dann überlässt sie in vielen Fällen anderen die Interpretation. Dies liegt nicht im Interesse einer guten Medienarbeit.

7 Auffällig ist des Weiteren, dass außerhalb der großen Zeitungsredaktionen sich immer weniger Journalisten finden, die einen juristischen Hintergrund haben oder sich über längere Zeit mit juristischen Themen befassen. Oft werden zur Berichterstattung über

---

5 Z.B. die Medienrichtlinie des Landes Nordrhein-Westfalen (s. dazu *Huff* DRiZ 2008, 69) und die Richtlinie des Freistaats Bayern v. 1.1.2016, zuletzt geändert am 27.6.2016.

6 S. *von Coelln* Zur Medienöffentlichkeit der Dritten Gewalt, 2005 und *Gostomzyk* Die Öffentlichkeitsverantwortung der Gerichte in der Mediengesellschaft, 2006.

7 S. z.B. WDR 5 oder hr-info.

8 S. dazu anschaulich *VG Berlin* 31.1.2014 – 1 L 17/14 – „Pharmalobbyist". S. auch *OVG Münster* 4.8.2006 – 4 B 292/06, dass in einer deutlich formulierten Pressemitteilung keine Besorgnis der Befangenheit der Richter erkennen kann.

9 Dies wird z.B. sehr deutlich bei Sendungen wie „Brisant" (MDR), „Hallo Deutschland" (ZDF) oder „Explosiv" (RTL), in den Justizthemen immer mehr vorkommen.

juristische Themen Volontäre, Praktikanten und Hospitanten geschickt. Hier müssen die Justizsprecher oft erst einmal die Grundbegriffe erklären, damit die Berichterstattung nicht zu fehlerhaft wird.

Hinzu kommt die weiterhin wachsende Bedeutung des Internets und darauf basierender Angebote wie z.B. den Dienst „Twitter".[10] Über juristische Themen berichten nicht mehr nur die Medien, sondern zunehmend in Chats, auf eigenen Internetseiten oder in Foren viele Bürger, Interessengruppen etc.. Dokumente, z.B. Gerichtsentscheidungen finden rasch ihren Weg, oft auch kommentiert aus einer bestimmten Sichtweise, nahezu unkontrolliert in das Netz. Seiten mit juristischem Wissen, wie etwa die Seite ww.lto.de,[11] müssen sich auf dem Markt behaupten und haben es durchaus nicht einfach Autoren zu finden, die in der Lage sind, juristische Sachverhalte allgemein verständlich zu erläutern. Manchmal werden auch die Medien Opfer ihrer eigenen Sucht nach Geschwindigkeit. So wurde etwa bei der Verkündung des Urteils des BVerfG zum beantragten NPD-Verbot die Antragsverlesung durch den Vorsitzenden schon als das Urteil angesehen und im Minutentakt eine falsche Meldung in die Welt gesetzt, die dann ebenso rasch wieder eingefangen werden musste.[12] 8

Allerdings haben es die Juristen auch gelernt, die Medien durchaus für ihre Zwecke zu nutzen. So wird oft versucht, über die Medien Einfluss auf die Justiz zu nehmen. Beispiele sind hier eine Vielzahl von Presseerklärungen und Interviews von Richtern vor einer geplanten Schließung und Zusammenlegung kleinerer Gerichte, oder aber der Gang in die Medien des ehemaligen Präsidenten des nordrhein-westfälischen Staatsgerichtshofes in Bezug auf die Auswahlpraxis von Richtern durch das Justizministerium oder auch Belastungsklagen von Präsidenten und Behördenleitern bei den – erforderlichen – jährlichen Pressekonferenzen. Hier können sich Richter und Staatsanwälte immer noch der besonderen Aufmerksamkeit der Medien bei „Skandalen" etc. sicher sein. 9

Im Folgenden wird auf einige Grundfragen der Öffentlichkeitsarbeit der Justiz und auf aktuelle Entwicklungen eingegangen, ohne allerdings einen Anspruch auf die vollständige Wiedergabe aller Entwicklungen zu erheben.[13] 10

II. Grundsätze der Öffentlichkeitsarbeit

1. Pflicht zur aktiven Öffentlichkeitsarbeit

Jahrelang war umstritten, ob und wie die Justiz Öffentlichkeitsarbeit betreiben darf. Viele Richter vertraten die Auffassung, dass die Justiz eigentlich nur durch ihre Entscheidungen an die Öffentlichkeit geht – und diese eigentlich nur durch Zufall an die Öffentlichkeit drangen, von den obersten Bundesgerichten einmal abgesehen. Eine strukturierte Öffentlichkeitsarbeit fand nicht statt. 11

---

10 S. dazu auch *Kaulbach* ZRP 2009, 236 und *Krieg* K&R 2009, 673.

11 Ein Angebot von Wolters Kluwer Deutschland.

12 S. dazu *Freudenberg* NJW-aktuell H. 5/2017, S. 3.

13 S. dazu auch *Huff* DRiZ 2007, 309; *Huff* FS 100 Jahre Deutscher Richterbund, 2009, S. 151 ff. und *Huff* FS Gauweiler, 2009, S. 313 (besonders zu Auskünften in Jugendgerichtsverfahren); s. auch *Pruggmayer/Möller* K & R 2011, 234; *Trüg* NJW 2011, 1040 (z.T. aber oberflächlich zu Strafverfahren).

12 Als ein Meilenstein, als ein Plädoyer für eine aktive Öffentlichkeitsarbeit der Justiz, ist die Entscheidung des BVerwG aus dem Jahr 1997 anzusehen.[14] Das Gericht hat damals in einer Auseinandersetzung über die Veröffentlichungspraxis von Finanzgerichtsentscheidungen in der Fachpresse einige weit über den entschiedenen Einzelfall hinausgehende Kernaussagen formuliert:

13 „Mit der nahezu unumstrittenen Meinung in der Rechtsprechung und in der Literatur geht auch der Senat von einer Rechtspflicht der Gerichtsverwaltung zur Publikation veröffentlichungswürdiger Gerichtsentscheidungen aus. Diese Pflicht folgt aus dem Rechtsstaatsgebot einschließlich der Justizgewährungspflicht, dem Demokratiegebot und auch aus dem Grundsatz der Gewaltenteilung: Gerichtliche Entscheidungen konkretisieren die Regelungen der Gesetze; auch bilden sie das Recht fort (vgl. auch § 132 Abs. 4 GVG). Schon von daher kommt der Veröffentlichung von Gerichtsentscheidungen eine der Verkündung von Rechtsnormen vergleichbare Bedeutung zu. Der Bürger muss zumal in einer zunehmend komplexen Rechtsordnung zuverlässig in Erfahrung bringen können, welche Rechte er hat und welche Pflichten ihm obliegen; die Möglichkeiten und Aussichten eines Individualrechtsschutzes müssen für ihn annähernd vorhersehbar sein. Ohne ausreichende Publizität der Rechtsprechung ist dies nicht möglich. Rechtsprechung im demokratischen Rechtsstaat und zumal in einer Informationsgesellschaft muss sich – wie die anderen Staatsgewalten – darüber hinaus auch der öffentlichen Kritik stellen. Dabei geht es nicht nur darum, dass in der Öffentlichkeit eine bestimmte Entwicklung der Rechtsprechung als Fehlentwicklung in Frage gestellt werden kann. Dem Staatsbürger müssen die maßgeblichen Entscheidungen auch deshalb zugänglich sein, damit er überhaupt in der Lage ist, auf eine nach seiner Auffassung bedenkliche Rechtsentwicklung mit dem Ziel einer (Gesetzes-) Änderung einwirken zu können.“[15]

Angeknüpfend an diese Entscheidung hat das BVerfG mit seinem Beschluss vom 14.9.2015 entschieden, dass die Medien einen Anspruch auf die Übersendung eines nicht rechtskräftigen Urteils in einem Strafverfahren haben. [16] Die Bedeutung dieser Entscheidung wird in der Justiz (s. unten Rn. 17 ff.) immer noch nicht so ganz wahrgenommen, zeigt aber, dass manchmal um die Durchsetzung einer Idee gekämpft werden muss.

14 Dabei bedeutet eine aktive Medienarbeit nicht nur eine Öffentlichkeitsarbeit anhand von Gerichtsentscheidungen oder Verhandlungen im Gebäude. Sie besteht auch darin, die Öffentlichkeit über die Tätigkeit der Justizbehörden allgemein zu informieren.[17]

15 Diese allgemeine Information kann durch die verbreiteten Jahrespressegespräche der Gerichte und Staatsanwaltschaften geschehen, bei denen über die Situation der Behörde berichtet wird. Diese Jahrespressegespräche sollten von allen Behörden, vom Amtsgericht an, aber auf jeden Fall von allen Präsidialgerichten, genutzt werden. Sie bilden einen wichtigen Baustein in der Kommunikation mit den Medien, erleichtern das Kennenlernen und ermöglichen es, miteinander ins Gespräch zu kommen.

---

14 *BVerwGE* 104, 105 = NJW 1997, 2694 mit Besprechung *Huff* NJW 1997, 2651; *Glauben* 50 Jahre Verfassungs- und Verwaltungsgerichtsbarkeit Rheinland-Pfalz, 1997, S. 335 ff.

15 *BVerwGE* 104, 105.

16 *BVerfG* NJW 2015, 3708; dazu *Huff* K&R Editorial H. 12/2015; *Brink/Vogel* NJW2015, 3710; *von Coelln* AfP 201, 308; *Eisele/Heckel* VR 2016, 217.

17 Dazu ausf. Rademacher/Schmitt-Geiger/*Huff* Litigation-PR, Alles was Recht ist – Zum systematischen Stand der strategischen Rechtskommunikation, 2012, S. 268–277 und S. 293–301.

Weitere Instrumente sind z.B.: **16**
- Medieninformationen außerhalb von Verfahren (Zahlen und Personalien),
- Interviews und Besuche der Gerichte aus bestimmten Anlässen (Neubau etc.).

2. Pflicht zur Veröffentlichung von Gerichtsentscheidungen

Kommunikation ist eine Bringschuld der Justiz, es besteht eine Verpflichtung zur Öffentlichkeitsarbeit, so die Konsequenz aus den oben angesprochenen Grundsatzentscheidungen des BVerwG und des BverfG. Und diese Öffentlichkeitsarbeit findet heute nicht nur gegenüber den Medien statt. Seit der rasanten Entwicklung des Internets stellen gerade auch die Internetangebote der Justiz eine wichtige Informationsquelle dar. **17**

Auf wichtige Entscheidungen ist durch eine besondere Veröffentlichung hinzuweisen und wichtige Gerichtsentscheidungen sind nicht zu „verstecken".[18] Die Gerichte haben eine Pflicht von sich aus auf wichtige Entscheidungen hinzuweisen. Dies bedeutet sie müssen kenntlich machen, wann eine Entscheidung von dem Gericht veröffentlicht worden ist. Denn die Zeiträume zwischen der Verkündung einer Entscheidung und der Veröffentlichung der Entscheidungsgründe beträgt zum Teil einige Monate. Der interessierte Journalist kann überhaupt nicht erkennen, was denn das Gericht neu veröffentlicht hat, wenn eine Einstellung im Internet nur nach Datum und Aktenzeichen erfolgt. Mustergültig macht dies der Bundesgerichtshof, der ein „Einspieldatum" – also das Datum der Aufnahme der Entscheidungsgründe in der Datenbank des Gerichtshofes[19] – nennt. Dadurch kann der Journalist erkennen, was neu ist. **18**

Aus der Entscheidung des BVerwG lässt sich sogar eine weitergehende Pflicht herleiten: Zu wichtigen Entscheidungen ist nicht nur ein Leitsatz zu formulieren, sondern auch eine Medieninformation zu veröffentlichen. Denn bei der Vielzahl der mittlerweile gerade im Internet veröffentlichten Entscheidungen hat die Öffentlichkeit – und damit auch die Medien – einen Anspruch darauf. Im Regelfall erfüllen dies die Bundesgerichte von sich aus, aber bei den Instanzgerichten gibt es noch Nachholbedarf. **19**

Aus den Entscheidung des BVerwG und des BVerfG ergibt sich auch die Pflicht Auskunftsberechtigen (s.u. Rn. 22 ff.) anonymisierte Kopien einer von Ihnen angeforderten Gerichtsentscheidung zu übersenden. Alleine die Auskunft, dass es eine bestimmte Entscheidung gibt, nützt dem Journalisten nichts. Der Pflicht zur Veröffentlichung von Entscheidungen wird hier nur durch eine Weitergabe der vollständigen Entscheidung genügt. Der BGH hat diese Pflicht jetzt auch auf andere Interessierte erweitert und das ohne den Rückgriff auf § 299 ZPO.[20] Dabei darf die Entscheidung selbstverständlich in Bezug auf personenbezogene Daten anonymisiert werden und sollte dies auch. Das Argument, dass dies viel Arbeit mache, zählt nicht. Aber: Unter bestimmten Umständen können die Medien verlangen, dass die Namen der Richter, Staatsanwälte und auch Rechtsanwälte mitgenannt werden müssen, damit das Ziel journalistischer Arbeit auch über bestimmte Abläufe, betroffene Personen und ihre Handlungen zu untersuchen, erreicht werden kann.[21] Bei der Anonymisie- **20**

18 S. dazu *Huff* FS 100 Jahre Deutscher Richterbund, 2009, S. 151 ff.
19 Www.bundesgerichtshof.de und dann unter Aktuelle Entscheidungen.
20 So mehr als deutlich *BVerfG* NJW 2015, 3708 und jetzt *BGH* NJW 2917, 1819 mit zustimmender Anm. *Dölling*.
21 *BVerwG* NJW 2015, 807 in aller Deutlichkeit.

rung von Gerichtsentscheidungen sollte also darauf geachtet werden, dass zumindest Namen der beteiligten Richter und Staatsanwälte nicht geschwärzt werden. Auch die Namen der prozessbevollmächtigten Rechtsanwälte können stehen bleiben, wie es etwa regelmäßig das BVerfG bei seinen Entscheidungen im Internet praktiziert.

21 Aus der unten beschriebenen Auskunftspflicht der Gerichte und der Entscheidung des BVerwG[22] ergibt sich auch die Pflicht der Gerichte, Medienvertreter auf einen – wenn vorhanden – Verteiler der Gerichtsentscheidungen an die Medien aufzunehmen. Es ist hierbei der Grundsatz der Gleichbehandlung einzuhalten,[23] ebenso bei der Belieferung mit Entscheidungen in bestimmten Datenformaten.[24]

3. Auskunftspflichten aus dem Landespressegesetz

22 Neben der Verpflichtung zur aktiven Medienarbeit der Justiz ergibt sich insbesondere aus den Landespressegesetzen eine Informationspflicht der Justiz. So regelt z.B. der § 4 NRWLPG den Auskunftsanspruch der Medien.

23 Streitig ist zurzeit, ob die Landespressegesetze auch auf Bundesbehörden Anwendung finden. Das BVerwG hat dies verneint[25] und sieht sich damit heftiger Kritik ausgesetzt.[26] Das OVG Nordrhein-Westfalen hat sich dem entgegengestellt und sieht die Landespressegesetze weiterhin als anwendbar an.[27] Das BVerwG wird also neu entscheiden müssen, gegen das verneinende BVerwG-Urteil ist auch eine Verfassungsbeschwerde anhängig.[28]

24 Unbestritten ist, dass diese Vorschrift auch auf die Justizbehörden Anwendung findet,[29] so dass die Justizbehörden Auskunft erteilen müssen, wenn nicht eine Ausnahme i.S.d. § 4 Abs. 2 NRWLPG besteht. Dies stellt keine Amtspflichtverletzung dar.[30]

25 Solche Ausnahmen können gerade in Ermittlungsverfahren,[31] in Jugendgerichtsverfahren[32] oder bei Auskünften rund um das Steuerrecht[33] vorliegen (s. dazu unter Rn. 40 ff.).

26 Liegt eine Ausnahme nicht vor, so hat die Justiz Auskunft zu erteilen. Dies gilt insbesondere für allgemeine Auskünfte rund um die Justiz, etwa bei den Fragen nach Zahlen und Daten rund um das Gericht, sowie die Staatsanwaltschaft. Da heute auch die Justiz über nahezu alles eine Statistik führt, kann sie sich auch fast nie darauf berufen

22 *BVerwGE* 104, 105 = NJW 1997, 2694; *BVerfG* NJW 2015, 3708.

23 *BVerwGE* 104, 105 = NJW 1997, 2694 und *KG* NJW 1998, 3573 m. Anm.; *Huff* EWiR § 1 UWG 2/99, 39.

24 Zur unzulässigen Exklusiv-Belieferung der Juris GmbH durch die Bundesgerichte s. *VGH Mannheim* 7.3.2013 – 10 S 281/12.

25 *BVerwGE* 146, 56; dem *BVerwG* folgend etwa das *OVG Berlin-Brandenburg* AfP 2013, 537.

26 S. nur *Partsch* NJW 2013, 2858 (der an dem Verfahren als Bevollmächtigter beteiligt war) und *Partsch* K&R 2014, 145 mit Erwiderung *Huff* K&R 2014, 177.

27 *OVG Nordrhein-Westfalen* 18.12.2013 – 5 A 413/11 (nicht rechtskräftig) mit Besprechung *Partsch* K&R 2014, 145 und Erwiderung *Huff* K&R 2014, 177.

28 *BVerfG* 1 BvR 1452/13.

29 So insbesondere *OLG Stuttgart* AfP 1992, 291.

30 S. dazu *OLG Karlsruhe* AfP 2006, 264.

31 Dazu insbesondere *Lehr* NStZ 2009, 409 – allerdings in vielen Fällen zu einschränkend. S. auch *OVG Lüneburg* NJW 2013, 1177.

32 S. dazu *Huff* FS Gauweiler, 2009, S. 313.

33 Zu weitgehenden Auskünften s. *VG Saarlouis* NJW 2003, 3431.

(§ 4 Abs. 2 Nr. 4 NRWLPG), dass der Umfang der Auskunft das zumutbare Maß überschreitet. Ein Geheimhaltungsinteresse an solchen Zahlen besteht nicht.

Die Erteilung der Auskunft ist eine Verwaltungsaufgabe und geschieht durch den Behördenleiter – meistens delegiert auf den Mediensprecher. Nur diese sind berechtigt und verpflichtet die Auskünfte von Medien zu beantworten. Dies ergibt sich aus den Beamtengesetzen – z.B. aus der ausdrücklichen Regelung in § 70 BBG[34] – und insbesondere auch aus den Medienerlassen der Justizministerien. Diese Reglungen sind zulässig und stellen – auch bei Richtern – keine Einschränkung der Meinungsfreiheit (Art. 5 GG) dar. Denn für die Behörde spricht der Behördenleiter oder sein Beauftragter. Daher gelten auch nur offizielle Auskünfte des Behördenleiters (Mediensprechers) als Auskünfte der Behörde. Alle anderen Äußerungen stellen keine amtlichen Äußerungen dar. Medien müssen hier also überprüfen, in welcher Eigenschaft ein Behördenmitarbeiter eine Aussage tätigt. **27**

Gestritten wird in letzter Zeit immer mehr über die Frage, wer denn i.S.d. § 4 LPGNRW überhaupt auskunftsberechtigt ist. Allgemein wird meist davon ausgegangen, dass es Journalisten selber sind. Dies ist aber nach dem Wortlaut der meisten Landespressegesetze unzutreffend. So formuliert § 4 Abs. 1 LPGNRW: „den Vertretern der Presse die der Erfüllung ihrer öffentlichen Aufgabe dienenden Auskünfte zu erteilen". Es wird also nicht an der Person direkt, sondern an der Funktion, nämlich „den Vertretern der Presse", angeknüpft. Herzuleiten ist dies heute aus der besonderen Stellung der Medien aus Art. 5 GG. In der Praxis bedeutet dies, dass die Behörde prüfen muss, ob ein Vertreter eines Mediums eine Auskunft verlangt.[35] Denn wer nur privat einen Blog betreibt, wer eine Internetseite online hat, oder wer keine journalistischen Zwecke verfolgt, der hat keinen Anspruch auf Auskunft. So hat das *VG Augsburg*[36] einen presserechtlichen Auskunftsanspruch bei dem Betreiber eines Blogs verneint, weil es sich um kein „Presseorgan" handelt. Ebenso haben es mehrere Oberverwaltungsgerichte abgelehnt, in einer kommerziellen Kommunikation (Vergabeportal) ein journalistisch-redaktionell gestaltetes Angebot zu sehen, das nach der vergleichbaren Vorschrift des § 55 RStV zu einer Auskunft berechtigt.[37] Die auskunftsverpflichtete Behörde muss sorgfältig überprüfen, wem hier Auskunft erteilt wird, denn eine Auskunft an einen nichtberechtigten Anspruchsteller kann Amtshaftungsansprüche etc. nach sich ziehen. **28**

Wenn allerdings die Auskunftsberechtigung feststeht, dann darf keine Überprüfung mehr im Hinblick darauf erfolgen, ob es sich um eine aktuelle Berichterstattung, Hintergrundrecherchen oder auch nur unterhaltende Beiträge handelt. Die Entscheidung über den Inhalt der Berichterstattung treffen alleine die Medien und nicht der Auskunftsverpflichtete.[38] **29**

---

34 § 70 BBG: „Die Leitung der Behörde entscheidet, wer den Medien Auskunft erteilt".

35 S. *Lent* LKV 2015, 145, der sich mit dem Auskunftsrecht der elektronischen Medien insgesamt befasst.

36 *VG Augsburg* 31.5.2016 – Au 7 E 16.251.

37 Z.B. *OVG Berlin-Brandenburg* 13.8.2014 – 11 S 15/14; *VGH Baden-Württemberg* 25.3.2014 – 1 S 169/14

38 So zur Klarstellung *BVerfG* 9.2.2017 – 1 BvR 967/15 (dazu *Huff* www.lto.de v. 15.3.2017), bei der Frage des Sinn und Zwecks einer Bildberichterstattung im Strafverfahren gegen Jörg Kachelmann. Anschaulich auch *VG Augsburg* 31.5.2016 – Au 7 E 16.251.

30 Bei der Erteilung der Auskunft ist immer zu beachten, dass die Justizbehörden eine sog. „privilegierte Quelle“ sind.

Die Justiz ist insgesamt eine privilegierte Quelle i.S.d. Presserechts.[39] Die bedeutet, dass sich die Medien in der Regel auf die Verlautbarungen verlassen dürfen und nicht die offiziellen Äußerungen einer Behörde[40] gesondert überprüfen müssen. Die medienrechtlichen Sorgfaltspflichten sind hier reduziert. Dies hat auch gerade – wenn auch in etwas anderem Zusammenhang – das BVerfG noch einmal bestätigt.[41] Einige Ausreißer in der Arbeit von Staatsanwaltschaften und Gerichten führen hier nicht zu einer grundsätzlichen Änderung.[42] Denn die Medien können gerade oft bei staatlichen Äußerungen deren Wahrheitsgehalt nicht überprüfen.

31 Daher bleibt es bei dem Grundsatz: Verletzen staatliche Stellen ihre Pflichten bei der Abwägung zwischen Art. 2 GG (Persönlichkeitsrechte) und Art. 5 GG (Auskünfte im Rahmen der Erfüllung der Pressefreiheit), so haften nicht die Medien, sondern die verlautbarenden Behörden nach Amtshaftungsgrundsätzen.[43] Das LG Wiesbaden[44]hat in seiner vielbeachteten Entscheidung eine Reihe von Grundsätzen für die Medienarbeit gerade von Staatsanwaltschaften aufgestellt, die es zu beachten gibt. So werden die Grundsätze der Verdachtsberichterstattung auf die Tätigkeit der Medienstellen übertragen und auch die Mediensprecher an die Richtigkeit ihrer Aussagen erinnert. Solange es keine flächendeckende Entwicklung hin zu einer parteilichen oder regelmäßig falschen Medienarbeit der Justiz gibt, kann sich daran nichts ändern. Und dafür gibt es bisher keinerlei Anzeichen.

4. Auswahl der Mediensprecher

32 Eine wesentliche Rolle spielt die Person der Mediensprecherin/des Mediensprechers der Justiz.[45] Denn in unserer heutigen Medienlandschaft steht der Sprecher als Sprachrohr des Gerichts/der Staatsanwaltschaft oft im Mittelpunkt der Öffentlichkeit, vielfach sogar mehr als der Behördenleiter selber.

33 Daher muss die Justiz bei der Auswahl ihrer Sprecher besondere Sorgfalt walten lassen.[46] Notwendig ist dafür insbesondere sich klar zu machen, welches Profil eine Sprecherin/ein Sprecher haben sollte. Schon die Amtsbezeichnung sollte Abstand nehmen von den immer noch gebräuchlichen Bezeichnungen als „Pressedezernent“ oder „Pressereferent“. Ob die Bezeichnung „Medienmanager“ richtig ist, ist zu bezweifeln, sinnvoll ist der Begriff „Mediensprecher“. Denn nicht nur in der Justiz sondern auch in der Wirtschaft und der Verwaltung haben sich die Anforderungen an die Öffentlichkeitsarbeiter verändert.

---

39 S. dazu *Soehring/Hoene* Presserecht, 5. Aufl. 2013, § 2 Rn. 21c; Gersdorf/Paal/*Söder* Informations- und Medienrecht, 2014, § 823 Rn. 137 ff., 248 ff.

40 Dazu gehört auch die Äußerung eines Mediensprechers gegenüber eines Medienvertreters im privaten Umfeld, s. *LG Wiesbaden* NJW 2015, 2975 (Rn. 127) m. Anm.; *Huff* NJW 2015, 2985.

41 *BVerfG* 9.3.2010 – 1 BvR 1891/05.

42 Im Gegensatz zu Äußerungen von *Gernot Lehr* in verschiedenen Vorträgen. S. auch *Lehr* NJW 2013, 728.

43 S. ausf. *LG Wiesbaden* NJW 2015, 2975 m. Anm.; *Huff* NJW 2015, 2985; *OLG Hamm* NJW-RR 2015, 936, zum Vodafone-Komplex das *OLG Düsseldorf* NJW 2005, 604 und dazu *Becker-Toussaint* NJW 2004, 414 ff.; *Lorz* NJW 2005, 2657 *OLG Karlsruhe* AfP 2006, 264 – keine Amtspflichtverletzung bei wahrheitsgemäßer Presserklärung. S. auch *Trüg* NJW 2011, 1040 (1045).

44 *LG Wiesbaden* NJW 2015, 2975 m. Anm. *Huff* NJW 2015, 2985.

45 S. dazu nur *Huff* DRiZ 2009, 279.

46 Kritisch zu der Tätigkeit zu Unrecht *Pruggmayer/Möller* K & R 2011, 234, 240.

Aufgabe: Die Aufgabe eines Behördensprechers in der Justiz besteht heute darin, ein Konzept für eine aktive Medienarbeit zu entwickeln. Denn alleine das Reagieren auf Nachfragen von Journalisten ist nicht mehr ausreichend. So muss etwa bei Gerichten deutlich werden, welche Aufgaben heute die Richter und alle weiteren Justizangehörigen zu bewältigen haben, wie ein Gericht funktioniert und wie aktuelle Entwicklungen, wie etwa die Neuerungen im Familienrecht etc., sich auf die gerichtliche Praxis und damit auch auf die Bürger auswirken. Zu diesem Konzept gehören etwa das regelmäßige Jahrespressegespräch, die Hintergrundgespräche mit den Journalisten, die regelmäßige Unterrichtung der Öffentlichkeit über neue wichtige Gerichtsentscheidungen aber auch Überlegungen, wie auf den Wunsch immer mehr Bilder von Zeugen und Angeklagten zu erhalten, reagiert wird. Dabei darf nicht nur die Behördenleitung im Mittelpunkt stehen, sondern der Sprecher arbeitet für die ganze Behörde und muss sich auch so verstehen. **34**

Profil: Sehr häufig werden heute noch Richter oder Staatsanwälte aus einer Behörde mit der Medienarbeit betraut. Sie bringen dabei in der Regel gute juristische Kenntnisse mit, wissen zudem wie die Abläufe in ihrer Behörde sind. Meistens müssen sie allerdings die Medienarbeit lernen, wenn sie nicht ausnahmsweise Vorkenntnisse haben. Dafür bedarf es einer Offenheit für die Journalisten, eine hohe Belastungsfähigkeit gerade in schwierigen Situationen und auch die Bereitschaft, am Abend und am Wochenende für Auskünfte zur Verfügung zu stehen. Zudem muss sich juristische Genauigkeit mit einer verständlichen Sprache, sowohl im schriftlichen als auch im mündlichen Ausdruck, verbinden und auch der Mut bestehen, Sachzusammenhänge ohne alle juristischen Bedenken klar und deutlich zu formulieren. Bewährt hat sich in der letzten Zeit die Tätigkeit als Pressesprecher mit der eines Präsidialrichters oder eines Dezernenten in der Verwaltung zu kombinieren. Denn hier ist eine Nähe zum Behördenleiter gegeben und die Verwaltungsarbeit lässt sich öfters besser mit der Medienarbeit vereinbaren, als dies bei reiner rechtsprechender Tätigkeit der Fall ist. Allerdings muss der Mediensprecher je nach Behördengröße auch eine Entlastung erfahren – bis hin zur ausschließlichen Tätigkeit als Mediensprecher bei großen Behörden. **35**

Zu überlegen ist dabei, ob daher stets ein Richter/Staatsanwalt Sprecher werden muss. Möglich ist es doch auch für eine Behörde (oder auch für mehrere Behörden an einem Standort – Stichwort Justizzentrum) eine Angestelltenstelle zu schaffen auf der etwa ein Journalist mit juristischen Kenntnissen beschäftigt wird. Diese – auch durchaus zeitlich befristeten – Stellen sind für Interessenten sicherlich sehr attraktiv. **36**

Auswahl: Die Justiz in Deutschland zeichnet grundsätzlich eine sorgfältige Personalplanung aus. Dies ist jedoch bei den Mediensprechern nicht immer der Fall, wäre aber notwendig. **37**

Amtszeit: Streitig ist immer die Frage, wie lange die Amtszeit des Mediensprechers sein sollte. Unter Berücksichtigung einer Einarbeitungszeit, unter anderem im Hinblick auf die nötigen Kontakte zu den Medien, das auch das Aufbauen von Vertrauen umfasst, sollte an Amtszeiten von 3–5 Jahren gedacht werden. **38**

5. Änderungen durch das Internet

Das Internet bringt bei den Informationspflichten auch neue Verpflichtungen für die Justiz mit sich. Denn im Internet sind die Informationen auf Dauer vorhanden und **39** sind auch nach langer Zeit noch auffindbar. Für die Justiz ist dies besonders im Fall von Medieninformationen,[47] die fast immer auch im Internet veröffentlicht werden, bedeutsam. Dabei ist zu beachten, dass in diesen Fällen der Begriff „Medieninformation" zu kurz greift. Denn wenn eine Medieninformation auf der Homepage eingestellt wird, handelt es sich um eine allgemeine Information für die breite Öffentlichkeit, nicht mehr nur für die Journalisten.

40 Dabei ist es ausdrücklich zu begrüßen und eine Grundvoraussetzung für eine gute Öffentlichkeitsarbeit, dass jedes Gericht über einen eigenen Internetauftritt verfügt und, dass dort die veröffentlichten Medieninformationen vorrätig sind.

41 Mittlerweile gibt es eine Pflicht zur Aktualisierung von Medieninformationen.[48] Dies zwar nicht in der Art und Weise, dass die veröffentlichte Information aus dem Netz genommen wird, dies wäre der falsche Weg. Vielmehr muss durch Hinweise zu den Medieninformationen sichergestellt werden, dass ein Verfahrensfortgang Berücksichtigung findet,[49] gerade auch um die Persönlichkeitsrechte etwa in Ermittlungsverfahren zu wahren. Eine Löschung von Medieninformationen ist auch nach der neuen Rechtsprechung des BGH zu den online-Archiven der Medien nicht erforderlich.[50] Was einmal veröffentlicht worden ist, darf auch in den elektronischen Archiven der Justiz erhalten bleiben.[51]

42 Ein Beispiel: Eine Staatsanwaltschaft berichtet zulässigerweise durch eine Medieninformation über die Einleitung eines Ermittlungsverfahrens unter Namensnennung des Betroffenen. Wird später das Ermittlungsverfahren eingestellt, so ergibt sich die Pflicht, dies in der ursprünglichen Medieninformation durch einen ergänzenden Hinweis zu vermerken, der auch mit dem entsprechenden Datum der Änderung zu versehen ist. Denn nicht nur in den Medien wird oft nicht über den Fortgang der Angelegenheit berichtet, sondern auch bei Gerichtsverfahren gibt es häufiger Medieninformationen zu einer Instanzentscheidung, die dann aber nicht ihre Fortsetzung, etwa durch die Meldung über die Entscheidung der nächsten Instanz, findet. Auch in anderen Verfahren – z.B. im Zivilrecht – ist diese Vorgehensweise sinnvoll, auch wenn dies nicht unerhebliche Arbeit und Aufmerksamkeit der Justizmitarbeiter erfordert.

---

47 S. zur Formulierung nur *Huff* FS 2000 Badisches Oberhofgericht – OLG Karlsruhe, 2003, S. 239 ff.

48 S. nur *BGH* NJW 2013 229 (Gazprom-Manager); *OLG Düsseldorf* GRUR-RR 2011, 21 über die Pflicht der Medien zur Aktualisierung der Verdachtsberichterstattung. Gersdorf/*Paal/Söder* Informations- und Medienrecht, 2014, § 823 Rn. 260, 261.

49 So insbesondere *OLG Karlsruhe* AfP 2009, 57 für die Justiz und *AG München* NJW-RR 2006, 844 allgemein zu einem solchen Anspruch aus dem Wettbewerbsrecht.

50 *BGH* AfP 2010, 77 = NJW 2010, 757 mit Besprechung *Gounalakis* LMK 2010, 300818 und *Molle* ZUM 2010, 331; s. auch weitere Entscheidungen des *BGH* in der Folge, z.B. *BGH* GRUR 2010, 549.

51 Es sei denn, die Medieninformation war falsch und musste widerrufen werden – zu einem solchen Fall s. *BVerwG* NJW 1992, 62 (Vorinstanz *OLG Koblenz* NJW 1991, 2659); Paal/Söder/Gerstdorf Informations- und Medienrecht, 2014, § 823 Rn. 261; a.A. *Pruggmayer/Möller* K&R 2011, 234, 240.

III. Medienarbeit der verschiedenen Justizbehörden

1. Staatsanwaltschaften

Für besondere Aufmerksamkeit haben Staatsanwaltschaften gerade in den vergangenen Jahren gesorgt, als sie über mehr oder weniger spektakuläre Ermittlungsverfahren die Öffentlichkeit informiert haben.[52] Dies betraf z.B.: **43**

- die Sängerin einer Mädchen-Band in Bezug auf den Verdacht des ungeschützten Geschlechtsverkehrs trotz HIV-Infektion und die Infizierung eines Partners,[53]
- einen Bundestagsabgeordneten, dem der Vorwurf gemacht wurde, kinderpornografische Bilder gespeichert zu haben,[54]
- die Berichterstattung über die Verhaftung und die Anklageerhebung gegen einen bekannten Wettermoderator[55] oder im Fall des FC-Bayern-Präsidenten.

Die Staatsanwaltschaften müssen sehr streng die Grundsätze für eine **Verdachtsberichterstattung** einhalten. Diese Grundsätze gelten nicht nur für die Medien, sondern ganz besonders für die Staatsanwaltschaft, einer besonderen Pflichten unterliegenden, Behörde.[56] Wer das Recht als privilegierte Quelle[57] für sich in Anspruch nimmt, muss mit besonderer Sorgfalt arbeiten. **44**

Wie Lehr[58] und Molle[59] zu Recht feststellen, besteht zurzeit kein Anlass von den von der Rechtsprechung entwickelten Grundsätzen der Verdachtsberichterstattung abzuweichen. Dies bedeutet, dass Staatsanwaltschaften auch weiterhin über die Einleitung und die Anklageerhebung in öffentlichkeitswirksamen Verfahren berichten dürfen. Dies darf bei Prominenten auch unter Namensnennung geschehen, wenn diese Namen in der Öffentlichkeit bereits bekannt sind. Voraussetzungen für eine zulässige Verdachtsberichterstattung sind weiterhin: **45**

- ein Vorfall von gravierendem Gewicht,
- Mindestbestand an Beweistatsachen,
- keine Vorverurteilung des Betroffenen und Aufrechterhaltung der Unschuldsvermutung,
- möglichst neutrale Darstellung der Vorwürfe.

Auch wenn es aufgrund von immer neuen Berichterstattungen in den Medien schwerfällt, bleibt das eigentliche Ermittlungsverfahren nicht öffentlich, sind „Wasserstandsmeldungen" durch die Staatsanwaltschaften nicht zulässig. Von sich aus darf die Staatsanwaltschaft nur über wesentliche Ereignisse, wie etwa eine Verhaftung, berichten. Schon bei Durchsuchungen dürfen von der Staatsanwaltschaft zwar auf Nachfrage bestätigt werden, aber es erfolgt keine aktive Mitteilung durch die Behörde selber. Dafür fehlt es in aller Regel an einem Informationsbedürfnis und einer Informationspflicht der Staatsanwaltschaft. **46**

---

52 S. dazu ausf. *Zabel* GA 2011, 347 und *Gounalakis* NJW 2012, 1473.

53 Zu den Auseinandersetzungen s. nur die anschauliche und zutr. Entscheidung des *KG* ZUM-RD 2009, 600 und *KG* NJW-RR 2010, 522.

54 Der Abgeordnete wurde in erster Instanz zu einer Freiheitsstrafe von 15 Monaten auf Bewährung verurteilt – *LG Karlsruhe* 28.5.2010.

55 S. zu den zahlreichen presserechtlichen Auseinandersetzungen nur *LG Köln* 12.5.2010 – 28 O 175/10.

56 *LG Wiesbaden* NJW 2015, 2975 m. Anm. *Huff* NJW 2015, 2985; *OLG Hamm* NJW-RR 2015, 936.

57 S. dazu oben II. 2. und dazu *Soehring/Hoene* Presserecht, 5. Aufl. 2013, § 2 Rn. 21c.

58 NStZ 2009, 409; a.A. jetzt *Pruggmayer/Möller* K&R 2011, 234 (236).

59 ZUM 2010, 331.

47 Auch über einzelne Ermittlungsschritte, wie die Vorlage von Sachverständigengutachten, wichtigen Zeugenaussagen etc., hat die Behörde nicht zu berichten. Die gilt auch dann, wenn die Medien von anderen Verfahrensbeteiligten oder Dritten informiert werden.[60] Man kann verstehen, dass dies manchem Dezernenten, manchem Leitenden Oberstaatsanwalt schwerfällt, aber die rechtsstaatlichen Pflichten einer Behörde gebieten dies. Hier zeigt sich die besondere Rolle der Ermittlungsbehörden.

48 Hieran haben sich einige Staatsanwaltschaften in der Vergangenheit nicht gehalten.[61] So wurde etwa aus beschlagnahmten Akten berichtet, Tagebuchaufzeichnungen wurden in Pressekonferenzen verlesen etc.. Es muss in Zukunft vorgesorgt werden, dass so etwas nicht mehr passiert. Es betrifft auch Aussagen zum möglichen Strafrahmen, die zutreffend sein müssen.[62] In manchen Verfahren hat man den Verdacht, dass gezielt auch von Seiten der Ermittlungsbehörden Medien Unterlagen erhalten.[63] Die Staatsanwaltschaften zu einem rechtmäßigen Verhalten anzuhalten, ist eine Aufgabe der Generalstaatsanwaltschaften, die für eine entsprechende Schulung und Ausbildung sorgen müssen, was noch nicht im erforderlichen Umfang geschieht.

49 Der nächste Schritt nach der Berichterstattung über ein eingeleitetes Ermittlungsverfahren ist die Anklageerhebung durch die Staatsanwaltschaft, über die natürlich berichtet werden darf. Dies darf auch in Interviews etwa des Generalstaatsanwalts geschehen.[64]

50 Fraglich ist, wie weit die Ermittlungsbehörden Auskünfte zu abgeschlossenen Ermittlungsverfahren erteilen müssen, die zu keiner Ermittlung eines Täters geführt haben oder bei denen z.B. die Todesursache ermittelt wurde, wie etwa im Fall einer Berliner Jugendrichterin. Hier hat das *OVG Berlin-Brandenburg*[65] einen sehr weiten Auskunftsanspruch der Medien über die Umstände der Selbsttötung bejaht, die über die reine Mitteilung der Tatsache, dass es ein Fall der Selbsttötung war und ein Fremdverschulden ausgeschlossen werden kann, hinausgeht. Es ist immer eine sehr sorgfältige Abwägung der verschiedenen Interessen erforderlich, die sowohl den postmortalen Persönlichkeitsschutz wie auch die Interessen der Hinterbliebenen berücksichtigen müssen. Das Argument, dass die Medien die Möglichkeit erhalten, nachprüfen zu können, ob die Behörden ordentlich gearbeitet haben, geht sehr weit und daher ist ein weiter Auskunftsanspruch abzulehnen.

51 Im Verhältnis zur Polizei muss die Staatsanwaltschaft darauf achten, dass bei Ermittlungsverfahren, die in die Zuständigkeit der Staatsanwaltschaften fallen, die Hoheit der Medienauskünfte bei der Staatsanwaltschaft verbleibt, auch wenn dies die Polizei oft anders sieht. In einigen Ländern ist das auch in den entsprechenden Richtlinien ausdrücklich geregelt.

---

60 I.d.R. ist hier § 353d StGB nicht anwendbar, so dass kaum einmal hier gegen die Berichterstattung vorgegangen werden kann. S. dazu nur zum Fall *Mollath*, *LG Hamburg* 2.9.2013 – 629 Qs 34/13.

61 S. dazu auch die z.T. berechtigte Kritik von *Müller* NJW-aktuell, H. 43/2009, S. XII, der aber mit seinen Schlussfolgerungen zu weit geht.

62 *LG Wiesbaden* NJW 2015, 2975 m. Anm. *Huff* NJW 2015, 2985.

63 S. z.B. jetzt im Fall des ehemaligen DFB-Präsidenten Theo Zwanziger, wobei das *LG Frankfurt am Main* 22.3.2017 – 2-04 O 328/16 im konkreten Fall noch keine Amtspflichtverletzung sieht.

64 S. dazu *OVG Lüneburg* 12.7.2013 – 13 ME 112/13.

65 Urt. v. 11.11.2010 – 10 S 32/10.

Wichtig ist auch die Zusammenarbeit mit der Verteidigung.[66] Entgegen mancher Auffassungen ist es zwar nicht erforderlich, die Verteidigung vor einer Medieninformation oder einer Pressekonferenz zu informieren,[67] allerdings gebietet es das Gebot der Fairness im Umgang mit der Verteidigung, ihr die Medieninformationen der Staatsanwaltschaft zur Verfügung zu stellen.[68] Selbstverständlich muss die Anklage dem Betroffenen bzw. seinem Verteidiger zugestellt sein, bevor es zu einer Medieninformation über deren Inhalt kommt.[69] Auch, dass dies nicht erst parallel zur Versendung der Medieninformation oder der Einladung zu einem Mediengespräch geschieht, sondern mit einem gewissen Vorlauf, ist eine Selbstverständlichkeit.[70] Allerdings muss die Staatsanwaltschaft nicht der Verteidigung die Gelegenheit geben, sich schon vor der Veröffentlichung zu äußern. 52

2. Gerichte

Die Öffentlichkeitsarbeit der Gerichte setzt anders an, als die Medienarbeit der Staatsanwaltschaften. Sie beginnt im Einzelnen dann, wenn ein Prozess begonnen hat, etwa durch die Bestätigung des Eingangs einer Klage. 53

Bei den Auskünften nach den Landespressegesetzen ist besonders auch auf die Persönlichkeitsrechte zu achten. Hier muss etwa nach § 4 Abs. 2 LPGNRW eine Interessenabwägung vorgenommen werden, z.B., wenn es um die Frage der Namensnennung geht. Von Seiten der Justiz ist besondere Vorsicht geboten, es dürfen Namen von Beteiligten etc. nicht ohne weiteres genannt werden. Ausnahmen gibt es dann, wenn juristische Personen oder Behörden am Verfahren beteiligt sind. 54

Zu Recht veröffentlichen viele Gerichte sog. Terminvorschauen, Termintipps oder Terminkalender. Hier werden die Medien über anstehende wichtige Verhandlungen informiert. Es handelt sich dabei um eine vorweggenommene Beantwortung von Medienanfragen. Denn die Medien könnten, und darüber müsste Auskunft erteilt werden, Auskunft darüber verlangen, was in einer Woche für die Öffentlichkeit an interessanten Verfahren in einem Gericht stattfindet. 55

Bedenken habe ich allerdings, dass die Vorschauen auch im Internet veröffentlicht werden. Denn in vielen Vorschauen sind durchaus Daten enthalten, die zwar die Medien erhalten dürfen, die aber nicht für eine breite Öffentlichkeit gedacht sind. Hier sollte bei der Veröffentlichung Zurückhaltung geübt werden. Denn der „normale Bürger“ hat kein Recht darauf, vorab Informationen über Verfahren zu erhalten, die Medien hingegen schon. 56

Besondere Fragen der richtigen Medienarbeit stellen sich in Zusammenhang mit Jugendgerichtsverfahren. Hier sind die Besonderheiten der §§ 48 ff. JGG zu beachten. Allerdings gibt es keine Bedenken dagegen, wenn es sinnvoll erscheint, über den Ausgang von Jugendgerichtsverfahren zu berichten, wenn es bereits im Vorfeld eine Berichterstattung gegeben hat oder aber ein Interesse an dem Ausgang eines Verfah- 57

---

66 S. dazu *Lehr* NStZ 2009, 409; *Hohmann* NJW 2009, 881 und auch allgemein zum Umgang mit Journalisten *Hamm* FS zum 25jährigen Bestehen der AG Strafrecht im DAV, 2009, S. 139 ff.

67 So aber *Lehr* NStZ 2009, 409; s. dazu auch *VG Frankfurt/Main* StV 1997, 240; *VG Frankfurt* NJW 2001, 2038; *VGH Kassel* NJW 2001, 3802.

68 S. dazu auch *Huff* FS Christean Wagner, 2013, S. 143.

69 *LG Wiesbaden* NJW 2015, 2975 mit Anm. *Huff* NJW 2015, 2985.

70 S. dazu *VGH Kassel* NJW 2001, 3802.

rens (natürlich anonymisiert) nach dem Abschluss des Verfahrens besteht.[71] Auswüchse der Berichterstattung durch die Nebenklage über die Medien, wie *Freuding*[72] sie beschreibt, sind zwar sehr ärgerlich, lassen sich aber in einem Staat mit freien Medien und einer freien Anwaltschaft wohl nicht vermeiden.

3. Verhalten von Richtern und Staatsanwälten

58 Anlass für Diskussionen gibt aber leider auch immer wieder das Verhalten von Richtern und Staatsanwälten im Zusammenhang mit öffentlichkeitswirksamen Verfahren. So stellen sich diese gelegentlich so in den Mittelpunkt, dass Zweifel an einer Unbefangenheit aufkommen können.

59 Zunächst ist klarzustellen, dass die Medienarbeit im Zusammenhang mit einem Gerichtsverfahren nicht die Aufgabe des zuständigen Richters, sondern des Behördenleiters bzw. seines Mediensprechers ist. Ein Richter hat von sich aus aktiv keine Medienarbeit in seinen Verfahren zu betreiben und keine Stellungnahme gegenüber den Medien abzugeben. Auch der direkte Kontakt zu den Medien ist keine Aufgabe der Richter, er fällt in diesem Fall nicht unter Art. 5 GG. Sehr anschaulich beschreibt die damit verbundenen Gefahren – auch der Befangenheit des Richters – der 1. Strafsenat des BGH in dem Verfahren Wildmoser.[73] Hier hatte die Vorsitzende Richterin selbst versucht, ihr Bild in den Medien zu korrigieren.

60 Allerdings gibt es auch Fürsorgepflichten des Dienstherrn zum Schutz der Richter vor den Medien. So kann es nicht angehen, dass eine Arbeitsrichterin, die fast alleine an einem Arbeitsgericht tätig ist,[74] sich in einem unerwartet spektakulären Verfahren vielen Kameras und Medienvertretern gegenüber sieht, ohne eine Unterstützung durch das übergeordnete Gericht – z.B. des Mediensprechers.

61 Sehr weit gehen auch einige Richter, die in Strafverfahren bei der Verkündung des Urteils allgemeine Bemerkungen in der Form eines Vorspruchs etc. äußern, um z.B. Kritik am Gesetzgeber zu formulieren.[75] Ob dies wirklich die Aufgabe eines Richters ist, ist zu bezweifeln. Erlaubt ist dem Gericht natürlich eine „Medienzusammenfassung" der Entscheidungsgründe, wie es mittlerweile das BVerfG regelmäßig bei mündlichen Urteilsverkündungen praktiziert. Dort gibt es dann drei Dokumente: Das eigentliche Urteil, die Zusammenfassung durch den Vorsitzenden und die Medieninformation.

4. Bilder aus Gerichtsgebäuden

62 Medienberichterstattung bedeutet auch Bildberichterstattung, sei es im Fernsehen oder als Fotos. Daher ist es durchaus verständlich, dass die Medien immer mehr Bilder auch im Umfeld der Gerichtsberichterstattung herstellen und verbreiten wollen.

63 Auf der anderen Seite ist das Recht am eigenen Bild besonders geschützt. Gerade die Änderung der Rechtsprechung zu § 23 KUG weg von der „absoluten/relativen Person der Zeitgeschichte" hin zum „Ereignis der Zeitgeschichte" hebt auch die Persönlich-

71 S. dazu *Huff* FS Gauweiler, 2009, S. 313.
72 *Freuding* ZRP 2010, 159.
73 *BGH* 9.8.2006 – 1 StR 50/06 – hier insbesondere im ausf. und lesenswerten Tatbestand in der Urteilsveröffentlichung im Internet unter www.bundesgerichtshof.de.
74 So geschehen im sog. „Maultaschenfall" vor dem *ArbG Lörrach – Kammer Radolfzell.*
75 S. dazu *Thielmann* StV 2009, 607.

keitsrechte noch einmal besonders hervor.[76] Im Umfeld des Gerichtsverfahrens bedürfen die Beteiligten eines besonderen Schutzes, sei es als Angeklagte, als Zeugen oder auch als Nebenkläger.

4.1 Bilder aus dem Gebäude

Leider kommt es immer wieder vor, dass in Gerichtsgebäuden, auf Fluren und vor Gerichtssälen ohne Kenntnis der Behördenleitung Kameraleute und Fotografen Aufnahmen von Prozessbeteiligten anfertigen, oftmals ohne deren Zustimmung, durchaus auch unter Ausnutzung einer gewissen Drucksituation. **64**

Dabei ist klarzustellen, dass es kein Recht auf Bilder aus dem Gerichtsgebäude gibt. Das Hausrecht im Gerichtsgebäude liegt beim Behördenleiter, der entscheiden kann, ob und unter welchen Voraussetzungen er Bilder aus dem Gebäude zulässt.[77] Gerade im Umfeld von Prozessen sollte sehr zurückhaltend von Fotoerlaubnissen Gebrauch gemacht werden. **65**

4.2 Bilder im Umfeld der Hauptverhandlung

Umfangreich ist die Rechtsprechung und Literatur zu „Bildern aus der Hauptverhandlung“. Grundlage ist die sitzungspolizeiliche Hoheit des Vorsitzenden Richters, dem die Rechtsprechung zugesteht, Regelungen nach § 176 GVG zu erlassen.[78] Allerdings hat eine Diskussion darüber begonnen, welche Verbindlichkeit Anordnungen von Richtern haben und ob überhaupt Einschränkungen für Journalisten über den Saal hinauswirken können.[79] In der Gesetzgebung befindet sich ein „Gesetz zur Erweiterung der Medienöffentlichkeit in Gerichtsverfahren und zur Verbesserung der Kommunikation für Sprach- und Hörbehinderte (EMöGG)“.[80] In dem Gesetz soll besonders den Medien die Möglichkeit eröffnet werden, Verkündungen von Entscheidungen der obersten Bundesgerichte live zu übertragen und aufzuzeichnen.[81] Ob der Gesetzentwurf noch in der laufenden 18. Legislaturperiode verabschiedet wird, ist offen. **66**

Nach der Leitentscheidung des BVerfG im Honecker-Verfahren,[82] sind Bilder aus der Hauptverhandlung grundsätzlich erlaubt und zwar bis zum Aufruf der Sache. Mit Beginn der mündlichen Verhandlung bleibt es bei dem Verbot des § 169 GVG,[83] auch wenn der Präsident des BVerfG Andreas Voßkuhle für mehr Bilder zumindest aus dem BVerfG plädiert hat, aber sowohl von Richtern wie von vielen Journalisten dafür heftige Kritik einstecken musste. **67**

Bewährt hat sich dabei die Möglichkeit der Pool-Lösung, um eine Ordnung im Gerichtssaal zu erhalten. Erstmals eingesetzt im Honecker-Verfahren[82] hat sich dieses Verfahren mittlerweile durchgesetzt und ist auch vom BVerfG ausdrücklich anerkannt **68**

---

76 Als Folge der Caroline-Rechtsprechung des *EGMR* NJW 2004, 2647 s. *BVerfG* GRUR 2008, 539 und AfP 2010, 562 sowie *BGH* GRUR 2008, 1017; s. zuletzt *EGMR* K&R 2012, 187 und 179.

77 S. dazu *BVerfG* NJW-RR 2007, 1053.

78 S. dazu *Schlüter* AfP 2009, 557.

79 S. dazu *KG* 6.4.2010 – 9 U 45/09.

80 BT-Drucks. 18/10144 v. 26.10.2016.

81 Kritisch zum ersten Referentenentwurf *Huff* ZAP 2016, 763.

82 *BVerfGE* 91, 125 = NJW 1995, 184.

83 S. dazu *BVerfGE* 103, 44 = NJW 2001, 1633; zust. *Huff* NJW 2001, 1622; krit. *Diekmann* NJW 2001, 2452; s. weiter *Lehr* NStZ 2001, 63 und *Stürner* JZ 2001, 699.

worden.[84] Eine Pool-Lösung bedeutet, dass in der Regel nur zwei Kamerateams (öffentlich-rechtlicher Sender/privater Sender) und einige wenige Fotografen (Zeitung, Agentur, freier Fotograf) in den Saal zur Anfertigung der Aufnahmen zugelassen werden. Die Medien müssen sich selber auf einen jeweiligen Poolführer etc. verständigen. Die so angefertigten Aufnahmen werden kostenfrei allen interessierten Medien zur Verfügung gestellt. Somit kehrt – gegenüber früher zum Teil chaotischen Zuständen – heute sehr viel mehr Ruhe im Gerichtssaal ein.

69 Dabei muss sich sowohl das Gericht – einschließlich der Schöffen – wie auch die Staatsanwaltschaft filmen lassen.[85] Dies gilt nicht für Zeugen und Sachverständige und auch für die Rechtsanwälte, die sich aber in der Regel gerne fotografieren lassen.

70 Fraglich ist jedoch, in welchem Umfang sich der Angeklagte fotografieren und filmen lassen muss. Einige Beschlüsse des BVerfG sprechen zwar von der Möglichkeit Bilder herzustellen und dann von einer Pflicht zur Pixelung.[86] Es stellt sich aber die Frage, ob die Bilderherstellung nicht grundsätzlich untersagt werden kann, wenn der Angeklagte nicht zustimmt. Denn der BGH[87] hat entschieden, dass ein Verstoß gegen eine Pixelungsanordnung grundsätzlich dann keine Bedeutung hat, wenn ein Foto des Angeklagten nach den Grundsätzen der Bildveröffentlichung nach §§ 22, 23 KUG hätte veröffentlicht werden dürfen. Dies führt zur folgenden Überlegung:[88]

71 Es bestehen erhebliche Zweifel, ob es ein Angeklagter vor dem Beginn einer Hauptverhandlung dulden muss, gefilmt und fotografiert zu werden. Die Bilder etwa im sog. Marwa-Prozess vor dem LG Dresden, in dem der Angeklagte stark vermummt und gefesselt vorgeführt wurde, sind unwürdig. Ein Angeklagter, gleich welche Tat er begangen hat, und sich der öffentlichen Verhandlung nicht entziehen kann, muss es nicht dulden, dass er sich so vermummen muss, Zeitschriften vor sich hält etc., wenn er den Gerichtssaal betritt. Denn auch hier gilt selbstverständlich noch die Unschuldsvermutung. Meines Erachtens gehen hier die Persönlichkeitsrechte aus Art. 2 GG den Rechten der Medien aus Art. 5 GG vor. Dies wird dadurch unterstützt, dass der BGH entschieden hat, dass Bilder der Angeklagten, die außerhalb der Hauptverhandlung entstanden sind, veröffentlicht werden dürfen.[87] Meines Erachtens sollten sich die Angeklagten – auch in Zusammenarbeit mit ihren Verteidigern – gegen diese Art von Bildern wehren. Es verwundert, warum dies bisher nicht geschehen ist.

72 Und es gehört auch zu den Obhutspflichten eines Gerichts, dafür zu sorgen, dass ein Angeklagter, wenn irgend möglich, den Saal erst betritt, wenn keine Kameras mehr anwesend sind. In vielen Gerichtsgebäuden ist dies ohne weiteres möglich. Einen Verstoß gegen Art. 5 GG sehe ich hier nicht.

73 Der sog. NSU-Prozess vor dem OLG München mit einem zu Beginn zu geringen Angebot an Plätzen für die Medienvertreter hat zu der heftigen Diskussion geführt, ob es erlaubt ist, Bilder aus der Hauptverhandlung in einen weiteren Verhandlungs-

---

84 *BVerfG* NJW-RR 2008, 1069.

85 So *BVerfG* NJW 2000, 2890 mit Besprechung *Ernst* NJW 2001, 1624; danach immer wieder bestätigt, etwa *BVerfG* NJW-RR 2007, 1416; 12.11.2007 – 1 BvR 2855/05; NJW 2008, 977; NJW 2009, 2117.

86 *BVerfG* NJW 2003, 2523; NJW-RR 2008, 977; 27.11.2008 – 1 BvQ 46/06; NJW 2009, 2117.

87 *BGH* K&R 2011, 513 mit Anm. *Huff* K&R 2011, 517.

88 S. dazu ausf. Bouffier/Horn/Posek/Safferling/*Huff*, Grundgesetz und Europa, Liber Amicorum für Herbert Landau, 2016, S. 269 ff. So in der Grundüberlegung auch *Hauth* Sitzungspolizei und Medienöffentlichkeit, 2017.

saal zu übertragen. Es stellt sich die Frage, ob dies ein Verstoß gegen § 169 GVG und unter Umständen einen absoluten Revisionsgrund darstellt, wie das OLG München argumentierte. Zwar hat der BGH bereits 1989 im Fall Monika Böttcher/Weimar klargestellt, dass eine erweiterte Öffentlichkeit keinen absoluten Revisionsgrund darstellt[89] und daher waren die Ängste des OLG München sicherlich übertrieben. Meines Erachtens handelt es sich bei einer Übertragung in einen Nebensaal schon um keinen Verstoß gegen § 169 GVG. Denn die Übertragung fällt gerade nicht unter den Begriff der „öffentlichen Vorführung", sie unterfällt gerade nicht dem Schutzzweck des § 169 GVG. Vielmehr ist dies so zu sehen, wie eine Erweiterung des Gerichtssaals. Zwar hat das BVerfG[90] einen Anspruch auf die Übertragung in einen anderen Saal (noch) abgelehnt. Eine gesetzgeberische Klarstellung solcher Möglichkeiten wäre wünschenswert.[91]

5. Zugang von Journalisten zur Gerichtsverhandlung

74 Nachdem es lange Jahre keine Diskussionen um die Zulassung von Journalisten zu Gerichtsverhandlungen gab,[92] und auch der EGMR keinen unbegrenzten Zugang gewährt,[93] hat sich dies mittlerweile in Bezug auf die Vergaben knapper Plätze geändert. Nach Verfahren vor dem LG Ulm (Jugendgerichtsverfahren) und vor dem LG Dresden (Marwa-Prozess) für erhebliche Aufmerksamkeit[94] und Entscheidungen des BVerfG[95] und des OLG Stuttgart[96] gesorgt hatte, wurde dies besonders bei der Diskussion um die Vergabe der Presseplätze im NSU-Prozess vor dem OLG München[97] ausführlich und sehr kontrovers diskutiert.

75 Im Ulmer Fall hatte der Vorsitzende Richter einer Jugendstrafkammer angeordnet, dass neun Presseplätze für drei verschiedene Mediengattungen ausgelost wurden. Dieses Vorgehen ist ungewöhnlich. Wenn unter den Voraussetzungen des § 48 JGG Medienvertreter zugelassen werden, die dann für eine angemessene Berichterstattung zu sorgen haben, ist es erstaunlich, diese Plätze nicht an bestimmte Pressevertreter zu vergeben, sondern zu verlosen. In den Fällen des § 48 JGG dürfen Pressevertreter ausgewählt werden.[98]

76 In dem Fall des LG Dresden wurde der Zugang zur Hauptverhandlung nach dem Windhund-Prinzip geregelt, wobei je Medium nur ein Platz vergeben wurde. Jedoch wurde der Zugang später eröffnet als angekündigt und nicht alle Journalisten kamen zum Zuge. Gegen das Windhund-Prinzip bestehen erhebliche Bedenken. Zwar kann der Zugang von Pressevertretern durch Akkreditierung geregelt werden. Dies kann auch unter Fristsetzung geschehen. Aber die Plätze nach der Meldung – und damit nach dem Zufallsprinzip – zu vergeben, entspricht nicht dem Gleichbehandlungsgrundsatz des Art. 3 GG.

---

89 *BGH* NStZ 1989, 376 mit Anm. *Roxin*.
90 *BVerfG* 24.4.2013 – 2 BvR 872/13.
91 Zu den rechtspolitischen Überlegungen *Merk* DRiZ 2013, 234 und dagegen *Schuman* DRiZ 2013, 254. S. auch den Entwurf des EMöGG BT-Drucks. 18/10144 v. 26.10.2016 und dazu *Huff* ZAP 2016, 763.
92 S. dazu *von Coelln* DÖV 2006, 804 und *BVerfG* NJW 2003, 500.
93 *EGMR* NJW 2013, 521.
94 *Friedrichsen* ZRP 2009, 243.
95 *BVerfG* AfP 2009, 580.
96 *OLG Stuttgart* 8.10.2009 – 2 Ws 192/09.
97 *BVerfG* AfP 2013, 233.
98 S. dazu *Huff* FS Gauweiler, 2009, S. 313.

77 Die gleiche Diskussion wie in Dresden gab es auch Anfang 2013 bei der Vergabe der Plätze im Verfahren gegen Beate Tschäpe und andere unter dem Stichwort „NSU-Prozess". Hier wurde auch – meines Erachtens zu Unrecht – ein reines Windhundprinzip gewählt, dies war aber fehlerhaft ausgestaltet und hat auch zu deutlichen Worten des BVerfG geführt.[99] Insbesondere ausländische Medien hätten hier nicht übergangen werden dürfen, stellten die Verfassungsrichter klar.

78 Für die Zukunft hat Bock[100] wichtige Hinweise gegeben. Bei der Verteilung der Presseplätze muss mit großer Sorgfalt vorgegangen werden, es muss Klarheit darüber herrschen, wieviele Plätze es gibt, an wen diese verteilt werden, bis wann eine Akkreditierung möglich ist und es müssen Gruppen von Medienvertretern gebildet werden, damit die Plätze möglichst gerecht vergeben werden können. Dies hat z.B. im Verfahren gegen den ehemaligen Bundespräsidenten Christian Wulff vor dem LG Hannover im Gegensatz zu München ohne große Schwierigkeiten funktioniert.

79 Dabei dürfen die Journalisten in weitem Umfang über den Inhalt der öffentlichen Verhandlung berichten. Versuchen dies einzuschränken[101] hat der BGH zu Recht eine Absage erteilt.[102] Der BGH stellt klar, dass auch Inhalte, die außerhalb einer Hauptverhandlung so nicht veröffentlicht werden dürften, Gegenstand einer Berichterstattung aus dem Gerichtssaal sein dürfen.

6. Zusammenarbeit mit Rechtsanwälten

6.1 Litigation-PR

80 Seit einigen Jahren streben einige Rechtsanwälte und einige PR-Agenturen eine verstärkte Öffentlichkeitsarbeit im Wege der sog. Litigation-PR – übersetzt „prozessbegleitende Öffentlichkeitsarbeit" – an.[103] Damit soll gerade versucht werden, Einfluss auf die Öffentlichkeit und die Gerichte[104] auszuüben. Zwar sorgt diese neue Form der Öffentlichkeitsarbeit durchaus für Aufmerksamkeit.[105] Aber ob damit tatsächlich sich an der Arbeit von Journalisten etwas ändert, darf bezweifelt werden.[106] Richter und Staatsanwälte müssen allerdings damit rechnen, dass hier in vielen Verfahrensarten eine intensivere Öffentlichkeitsarbeit von Seiten verschiedener Verfahrensbeteiligten stattfindet. Insgesamt aber hat im heutigen Medienzeitalter die anwaltliche Dienstleistung der Begleitung der Medienaktivitäten seine Berechtigung, besonders weil Medienstrategien frühzeitig entwickelt werden müssen.[107]

---

99 *BVerfG* AfP 2013, 233.

100 *Bock* JurisMagazin 2014, 123.

101 *OLG Köln* K&R 2012, 366 mit Besprechungen *Huff* K&R 2012, 370, *Gostomzyk* AfP 2012, 122 und *Ladeur* ZUM 2012, 336.

102 *BGH* 19.3.2013 – VI ZR 106-108/12.

103 Aktuell dazu *Chmielewski* JUVE Rechtsmarkt 4/2017, 40 ff. unter der Überschrift „Ich sprüh's auf jede Wand".

104 Zu Richterbildern in der Presse s. nur *Tappert* DRiZ 2009, 46.

105 S. nur *Gerhardt* ZRP 2009, 247; *Huff* DRiZ 2010, 114; *Boehme-Neßler* ZRP 2009, 228; *Albin* AnwBl 2010, 311.

106 So auch *Möller* AnwBl 2010, 184.

107 S. dazu ausf. *Huff* FS Christean Wagner, 2013, S. 143.

6.2 Absprachen im Strafverfahren

Mit Spannung darf man darauf warten, wie sich die Neuregelung zu den Absprachen im Strafverfahren[108] auf die Zusammenarbeit zwischen Gericht, Staatsanwaltschaft und Rechtsanwälten auswirkt. Denn solche Absprachen sind gem. § 257c Abs. 3 StPO der Öffentlichkeit in öffentlicher Hauptverhandlung mitzuteilen. Hier müssen von allen Beteiligten Absprachen über den Wortlaut getroffen werden. Es kann also in diesen Verfahren durchaus auch eine gemeinsame Presseerklärung der Verfahrensbeteiligten geben. **81**

108 Zur Neuregelung s. nur *Müller/Jahn* NJW 2009, 2625; *Schlothauer/Weider* StV 2009, 600.

2. Teil Telekommunikationsrecht

19. Kapitel
Telekommunikationsrecht

Literatur: *Bechtold/Bosch* GWB, 8. Aufl. 2015; *Beine* Warteschleifen – Ende eines teuren Ärgernisses? – Verbraucherschutz-Regulierung nach der TKG-Novelle, MMR 2012, 567; *ders.* Neuerungen bei der Regulierung für den Breitbandausbau – Maßgebliche Änderungen insbesondere für TK-Unternehmen, MMR 2013, 430; *ders.* Das neue Frequenzrecht – Bedeutsame Änderungen durch die TKG-Novelle 2012, MMR 2013, 496; *Bullinger/Mestmäcker* Mulimediadienste, 1997; *Dahlke/Theis* „Neue Märkte" in der Rechtsanwendung, CR 2007, 227; *Ditscheid* Der neue Telekommunikationskundenschutz, MMR 2007, 210; *Ditscheid/Ufer* Die Novellierung des TKG 2009 – ein erster Überblick, MMR 2009, 367; *Dörr/Schwartmann* Medienrecht, 4. Aufl. 2012; *Ellinghaus* Das Telekom-Reformpaket der EU, CR 2010, 20; *Fetzer* Next Generation Regulierung für Next Generation Networks – Juristische und ökonomische Anforderungen an die Novellierung des TKG, MMR 2010, 515; *Geppert/Schütz* Beck'scher TKG-Kommentar 4. Aufl. 2013; *Gerpott* Regulierungsvorschlag der Kommission zur Verwirklichung eines integrierten europäischen Telekommunikationsmarktes, K&R 2013, 781; *Gersdorf* Rundfunk und E-commerce, RTKom 1999, 75; *Grewenig* Rechtsprobleme im Zusammenhang mit der Überarbeitung des Rechtsrahmens für die elektronische Kommunikation (TK-Review) durch die Europäische Kommission – aus Sicht des privaten Rundfunks, ZUM 2007, 96; *Hahn/Vesting* Beck,scher Kommentar zum Rundfunkrecht, 3. Aufl. 2012; *Herrmann/Lausen* Rundfunkrecht, 2. Aufl. 2004; *Ehrler/Ruhle/Berger* Regionalisierung der TK Regulierung: Mehr oder weniger Wettbewerb?, CR 2008, 703; *Holznagel* Die TKG-Novelle 2010, K&R 2010, 761; *ders.* Das neue TKG: Im Mittelpunkt steht der Verbraucher, NJW 2012, 1622; *Holznagel/Enaux/Nienhaus* Telekommunikationsrecht, 2. Aufl. 2006; *Immenga/Kirchner/Knieps/Kruse* Telekommunikation im Wettbewerb, 2001; *Klotz/Brandenberg* Der novellierte EG-Rechtsrahmen für elektronische Kommunikation – Anpassungsbedarf im TKG, MMR 2010, 147; *Klotz/Hofmann* Entwicklungen des Unionsrechts in den Netzwirtschaften im Jahr 2013, N&R 2014, 2; *Koenig/Busch* Zur Umsetzung der unionsrechtlich kodifizierten Investitionsanreize nach dem TK-Review im deutschen Telekommunikationsrecht, CR 2010, 357; *Koenig/Loetz/Neumann* Telekommunikationsrecht, 2004; *dies.* Sektorspezifische Regulierung im neuen Telekommunikationsrecht – Umsetzungsspielräume, verfassungsrechtliche Vorgaben und Verfahrensgestaltung, K&R Beilage 2/2003; *Koenig/Neumann* Telekommunikationsrechtliche Ansprüche auf Leistungen der Fakturierung und des Inkassos für Internet-by-Call-Dienstleistungen, K&R Beilage 3/2004; *Körber* TKG-Novelle 2011 – Breitbandausbau im Spannungsfeld von Europäisierung, Regionalisierung und Netzneutralität, MMR 2011, 215; *Kurth* „Euro-Regulierer" durch die Hintertür? – Notifizierungspflichten der nationalen Regulierungsbehörden gegenüber der EU-Kommission, MMR 2009, 818; *Kühling/Schall/Biendl* Telekommunikationsrecht, 2. Aufl. 2014; *Kühling/Heimeshoff/Schall* Künftige Regulierung moderner Breitbandinfrastrukturen, K&R Beilage 1/2010; *Ladeur* Frequenzverwaltung und Planungsrecht, CR 2002, 181; *Ladeur/Gostomzyk* Von der dienenden Funktion der Telekommunikation für den Rundfunk zur Konfliktbewältigung durch Frequenzplanungsrecht K&R 2011, 777; *Lang* Reform des EU-Datenschutz-Rechts K&R 2012, 145; *Loeck/Sassenberg* Telekommunikationsvertrag, Nummerierung und Kundenschutz – Entwicklungen im Jahr 2012, K&R 2012, 165; *Loewenheim/Meessen/Riesenkampff* Kartellrecht, GWB, 3. Aufl. 2016; *Meister* Das telekommunikationsrechtliche Frequenzplanungsrecht im System des allgemeinen Planungsrechts, 2004; *Mestmäcker* Das marktbeherrschende Unternehmen im Recht der Wettbewerbsbeschränkungen, 1959; *Möschel* Investitionsförderung als Regulierungsziel – Neuausrichtung des Europäischen Rechtsrahmens für die elektronische Kommunikation, MMR 2010, 450; *ders.* Der 3-Kriterien-Test in der Telekommunikation, MMR 2007, 343; *Müller-Terpitz* Reizthema: Netzneutralität – nach der Novelle ist vor der Novelle?, K&R 2012, 476; *Neumann/Koch* Telekommunikationsrecht, 2. Aufl. 2013; *Neumann* Der Kommissionsvorschlag für einen europäischen Kodex für elektronische Kommunikation, N&R 2016, 262; *Piepenbrock/Schuster* GWB und TKG: Gegeneinander, Nebeneinander oder Miteinander?, CR 2002, 98; *Roßnagel/Johannes/Kartal* Die TKG-Novelle 2012, K&R 2012244; *Sachs/Jasper* Regulierungsermessen und Beurteilungsspielräume – Verfassungsrechtliche Grundlagen, NVwZ 2012, 649; *Sachs/Jasper* Regulierungsermessen und Beurteilungsspielräume – Verfassungsrechtliche Grundlagen, NVwZ 2012, 649; *Säcker* Berliner Kommentar zum Telekommunikationsgesetz, 3. Aufl. 2013; *Scherer* Frequenzverwaltung zwischen Bund und Ländern unter dem TKG, K&R Beilage 2/1999; *ders.* Vernetzter Kontinent oder Kontinent der Netze?, MMR 2013, 685; *Scherer/Heinickel* Ein Kodex für den digitalen Binnemarkt, MMR 2017, 71; *dies.* Die TKG-Novelle 2012, NVwZ 2012, 585; *Schütz* Kommunikationsrecht, 2005; *Schütz/Attendorn/König* Elektronische Kommunikation, 2003; *Schuster* Vertragshandbuch Telemedia, 2001; *Schweda* Die audiovisuellen Medien im reformierten EG-Rechtsrahmen für elektronische Kommunikation, K&R 2010, 81; *Sörries* Die Vectoring-Technologie – Fluch oder Segen?, CR 2015, 162; *Spindler/Schuster* Recht der elektronischen Medien, 3. Aufl. 2015; *Topel* Das Verhältnis zwischen Regulierungsrecht und allgemeinem Wettbewerbsrecht nach dem europäischen Rechtsrahmen der Telekommunikation und dem TKG, ZWeR 2006, 27; *Ufer* Regionalisierung als Ausstieg aus der Regulierung, N&R 2008, 173; *ders.* Der Entwurf des DigiNetzG – Bewertung und Perspektive der geplanten Umsetzung der EU-Kostensenkungsrichtlinie, MMR 2016, 12; *ders.* Die TK-Transparenz-VO der BNetzA, Überblick und Bewertung, MMR 2015, 226; *von Schenck/Mueller-Stöfen* Die Datenschutz-Grundverordnung: Auswirkungen in der Praxis, GWR 2017, 171; *von Weizsäcker* Ex-ante-Regulierung von Terminierungsentgelten?, MMR 2003, 170; *Wegmann* Nutzungsrechte an Funkfrequenzen und Rufnummern, K&R 2003, 448; *Wrona* Telekommunikations- und Telemedienrecht in Limper/Musiol, Handbuch des Fachanwalts Urheber- und Medienrecht, 2011, S. 857.

A. Einführung

I. Überblick über die Gesetzesgeschichte

1 Das Telekommunikationsgesetz (TKG) aus dem Jahre 1996 bewirkte die vollständige Liberalisierung der Telekommunikationsmärkte, die unter den Vorläuferregelungen des Fernmeldeanlagengesetzes dem staatlichen Monopol unterlagen. Die Telekommunikationsmärkte wurden umfassend für den Wettbewerb geöffnet und alle bis dahin existierenden Monopolpositionen zum 1.1.1998 beseitigt. Die Liberalisierung der Telekommunikationsmärkte folgte der Einsicht, dass ein einzelnes mit ausschließlichen Rechten ausgestattetes Unternehmen die Innovations- und Wachstumspotenziale der Informations- und Kommunikationstechnologie nicht würde ausschöpfen können.[1] Eingeleitet wurde der Liberalisierungsprozess auf europäischer Ebene, und zwar im Wesentlichen mit der sog. Diensterichtlinie (90/388/EWG),[2] die schrittweise einzelne Bereiche der Telekommunikationsdienstleistungen dem Monopol entzog. Die Mitgliedstaaten der EU folgten dabei dem Beispiel der USA, wo die Liberalisierung bereits deutlich früher in Angriff genommen worden war. Zuständig für die Regulierung war zunächst die Regulierungsbehörde für Telekommunikation und Post, die – nachdem sie im Jahr 2005 auch die Zuständigkeiten für die Regulierung des Gas- und Stromsektors sowie im Jahr 2006 der Eisenbahninfrastruktur erhalten hat – als Bundesnetzagentur auftritt. Mit der neuen Namensgebung soll die Zuständigkeit für die Regulierung der wichtigsten Netzindustrien dokumentiert werden.

1 Vgl. Begr. Entwurf TKG 1996, BT-Drucks. 13/3609, 33.
2 ABlEG Nr. L 192 v. 24.7.1990.

In Umsetzung des im Rahmen des „1999 Review" erarbeiteten europäischen Richtlinienpaketes[3] wurde das TKG im Jahre 2004 grundlegend novelliert. Während zuvor die Marktöffnung im Vordergrund gestanden hatte, ging es in dieser nächsten Regulierungsphase darum, durch einen einheitlichen gesetzlichen Rahmen dem inzwischen in verschiedenen Marktsegmenten zu verzeichnenden Wettbewerb und dem Zusammenwachsen von Telekommunikation, Medien und Informationstechnologie (Konvergenz) Rechnung zu tragen. Zugleich sollte der Weg von einer sektorspezifischen hin zur allgemeinen kartellrechtlichen Wettbewerbsaufsicht geebnet werden. Im Jahre 2006 wurde das TKG in einer weiteren Novellierung um umfangreiche Verbraucherschutzregeln für die Inanspruchnahme von Telekommunikationsdienstleistungen ergänzt. Im Jahr 2007 wurde mit einer weiteren Novelle die Umsetzung des europäischen Rechtsrahmens ins nationale Recht abgeschlossen. Der schon während des Gesetzgebungsverfahrens heftig umstrittene und als „Lex Telekom" bezeichnete § 9a[4] zur Regulierungsfreistellung neuer Märkte („Regulierungsferien") trat dadurch in Kraft und führte zu einem Vertragsverletzungsverfahren gegen Deutschland.[5] Der EuGH beendete dieses Ende 2009 mit einem Urteilsspruch zugunsten der klagenden EU-Kommission und mit der Feststellung, dass die Aufnahme einer entsprechenden Regelung gegen den gemeinsamen Rechtsrahmen verstößt.[6] Auch das Jahr 2009 brachte eine Überarbeitung des TKG mit sich, mit der sowohl verbraucherschützende Normen (§§ 40, 66a ff., 102) als auch solche, die neue Geschäftsmodelle im TK-Bereich ermöglichen sollen (Innovative Dienste, § 95), Eingang in das TKG fanden.[7] 2

Fünf Jahre nach Inkrafttreten des EU-Richtlinien-Pakets aus dem Jahr 2002 hat die EU-Kommission eine Überprüfung des europäischen Telekommunikationsrechts („EU-Review") durchgeführt und im November 2007 neue telekommunikationsrechtliche Rechtsetzungsvorschläge vorgelegt. Nach umfangreichen Diskussionen trat das Paket in vielfach veränderter Form planmäßig am 18.12.2009 in Kraft. Die neuen Richtlinien des „Telekom-Reformpakets" („Better Regulation/Bessere Rechtsetzung" und „Citizen's Rights/Rechte der Bürger") mussten demnach bis zum 25.5.2011 in nationales Recht umgesetzt sein.[8] Zusätzlich galt es die ebenfalls zum Reformpaket 2009 gehörende Verordnung zur Schaffung des Gremiums Europäischer Regulierungsstellen für elektronische Kommunikation (GEREK) mit Sitz in Riga als Koordinierungsgremium der verschiedenen Regulierungsbehörden zu berücksichtigen.[9] Für das deutsche TKG waren damit notwendige Änderungen in den Bereichen Marktregulierung, Frequenznutzung und Verbraucherschutz verbunden, die aufgrund eines 3

---

3 Vgl. hierzu eingehend unten Rn. 18.

4 §§ ohne Gesetzesangabe sind in diesem Kapitel solche des TKG.

5 *Dahlke/Theis* CR 2007, 227.

6 *EuGH* 3.12.2009, Rs. C-424/07 – Kommission/Deutschland. Die Streichung der Norm aus dem TKG ist bereits mit Art. 2 des „Gesetzes zur Neuregelung des Post- und Telekommunikationssicherstellungsrechts zur Änderung telekommunikationsrechtlicher Vorschriften" erfolgt, BT-Drucks. 17/3306.

7 *Ditscheid/Ufer* MMR 2009, 367. Änderungen im TKG waren auch aufgrund des Gesetzes zur Bekämpfung unerlaubter Telefonwerbung und zur Verbesserung des Verbraucherschutzes bei besonderen Betriebsformen erforderlich, s. BGBl I S. 2413.

8 Richtlinie 2009/140/EG des Europäischen Parlaments und des Rates v. 25. 11. 2009, ABlEG Nr. L 337/37 v. 18.12.2009 („Better Regulation Richtlinie") und RL 2009/136/EG des Europäischen Parlaments und des Rates v. 25.11.2009, ABlEG Nr. L 337/11 v. 18.12.2009 („Citizen's Rights Richtlinie"); *Klotz/Brandenberg* MMR 2010, 147, 150; *Holznagel* K&R 2010, 761; *Körber* MMR 2011, 215

9 VO (EG) Nr. 1211/2009, ABlEG Nr. L 337/1 v. 18.12.2009. In englischer Sprache heißt das Gremium BEREC – Body of European Regulators for Electronic Communications.

langwierigen Rechtsetzungsverfahrens mit Verspätung zum 10.5.2012 in Kraft traten[10] Grund für die Kontroverse waren insbesondere die verbraucherschützenden Regelungen zu „kostenlosen Warteschleifen" (§ 66g)[11], sowie die Regelungen zur Förderung des Breitbandausbaus[12], zur Netzneutralität (§ 41a)[13] und zur Ausgestaltung der Frequenzregulierung.[14]

4 Daraufhin folgte im April 2013 ein von der EU-Kommission vorgelegtes Grünbuch mit dem die grundsätzliche Ausrichtung der europäischen Inhalte- und Medienregulierung thematisiert werden sollte.[15] Das Ergebnis war ein am 11.9.2013 veröffentlichtes Paket mit Vorschlägen zur weiteren Überarbeitung des EU-Rechtsrahmens für die Telekommunikationsmärkte. Unter dem Titel „Vernetzter Kontinent" umfasste dieses Paket einen Verordnungsvorschlag[16] sowie eine Empfehlung[17] und eine Mitteilung.[18] Damit sollte im Sinne weiterer Harmonisierung ein sich auf sämtliche Mitgliedsstaaten der EU erstreckender homogener Markt für Netze und Dienste geschaffen werden (sog. „Telekommunikations-Binnenmarkt"). Die Zugangsrichtlinie, Genehmigungsrichtlinie, Rahmenrichtlinie, Universaldienstrichtlinie und Datenschutzrichtlinie sowie die GEREK- und Roamingverordnung sollten mit diesem Vorschlag ergänzt werden.[19] Der Vorschlag bildete einen Paradigmenwechsel in der europäischen Regulierungspolitik ab, die zukünftig ein wettbewerbspolitisches und marktstrukturelles Leitbild des marktlichen (engen) Oligopols einiger weniger europaweit tätiger TK-Anbieter favorisiert. Die EU-Kommission war zu der Überzeugung gelangt, dass es eine viel zu hohe Anzahl an Netzbetreibern in Europa gibt und vielmehr eine Marktstruktur wie in den USA oder Asien mit wenigen großen Anbietern vorzugswürdig sei. Aufgrund einer intensiven Kontroverse in den Nationalstaaten aber auch in den europäischen Institutionen trat im November 2015 eine deutlich abgespeckt Verordnung („Telecom Single Market", sog. TSM-Verordnung) in Kraft, die immerhin zentrale Frage der Netzneutralität und des Mobilfunk-Roaming regelt.[20] Im Zusammen-

---

10 Ausführlich zur TKG-Novelle 2012: *Scherer/Heinickel* NVwZ 2012, 585; *Franzius* N&R 2012, 126; *Holznagel* NJW 2012, 1622; *Roßnagel/Johannes/Kartal* K&R 2012, 244.

11 Beck'scher TKG-Kommentar/*Ditscheid/Rudloff* § 66g m.w.N.; *Loeck/Sassenberg* K&R 2012, 165, 171; ausführlich: *Beine* MMR 2012, 567.

12 *Beine* MMR 2013, 430; *Scherer/Heinickel* NVwZ 2012, 585, 588.

13 Beck'scher TKG-Kommentar/*Nolden* § 41a m.w.N.; *Franzius* N&R 2012, 126, 133; *Müller-Terpitz* K&R 2012, 476.

14 *Beine* MMR 2013, 496; *Scherer/Heinickel* NVwZ 2012, 585, 591; insgesamt zu den Entwicklungsphasen des unionsrechtlichen Rahmens: *Kühling/Schall/Biendl* Rn. 5 ff.

15 Grünbuch über die Vorbereitung auf die vollständige Konvergenz der audiovisuellen Welt: Wachstum, Schöpfung und Werte v. 24.4.2013, KOM(2013) 231 endg.

16 Vorschlag für eine Verordnung über Maßnahmen zum europäischen Binnenmarkt der elektronischen Kommunikation und zur Verwirklichung des vernetzten Kontinents und zur Änderung der RL 2002/20/EG, 2002/21/EG und 2002/22/EG und der VO (EG) Nr. 1211/2009 und (EU) Nr. 531/2012, KOM (2013) 627 endg.

17 Empfehlung 2013/466/EU über einheitliche Nichtdiskriminierungsverpflichtungen und Kostenrechnungsmethoden zur Förderung des Wettbewerbs und zur Verbesserung des Umfelds für Breitbandinvestitionen, ABlEU 2013 Nr. L 251/13.

18 Mitteilung über den Telekommunikationsbinnenmarkt, KOM (2013) 634 endg.

19 Zu den einzelnen Richtlinien s. unten Rn. 20 ff.

20 Verordnung (EU) 2015/2120 des Europäischen Parlaments und des Rates vom 25.11.2015 über Maßnahmen zum Zugang zum offenen Internet und zur Änderung der RL 2002/22/EG über den Universaldienst und Nutzerrechte bei elektronischen Kommunikationsnetzen und -diensten sowie der VO (EU) Nr. 531/2012 über das Roaming in öffentlichen Mobilfunknetzen in der Union, ABlEU Nr. L 310/1; *Klotz/Hofmann* N&R 2014, 2; zur Kontroverse: *Gerpott* K&R 2013, 781.

hang mit der Netzneutralität trifft die TSM-VO wichtige Regelungen zu Zero-Rating, zum Datenverkehr-Management, zu den Bedingungen für die Erbringung von Spezialdiensten sowie zu erweiterten Transparenzverpflichtungen für die Anbieter von Internetzugangsdiensten. GEREK wurde durch die Verordnung verpflichtet, Leitlinien zur Auslegung der Verordnung zu veröffentlichen. Diese sollen eine möglichst einheitliche Anwendung der Verordnung innerhalb der EU sicherstellen.[21]

In einem neuen Anlauf entwickelte die EU-Kommission ihre im Mai 2015 vorgestellte „Strategie für einen digitalen Binnenmarkt für Europa".[22] Diese wurde weiterentwickelt zu einem am 14.9.2016 unterbreiteten Vorschlag für eine Richtlinie zur Schaffung des europäischen Kodex für die elektronische Kommunikation („European Electronic Communications Code", kurz „EECC") vorgelegt.[23] Damit sollen vier der fünf zentralen EU-Richtlinien in einem einzigen Rechtsakt zusammengeführt werden. Parallel soll mit dem Entwurf einer weiteren Verordnung[24] das Regulierungsgremium GEREK von einem derzeit im Wesentlichen beratenden Ausschuss zu einer vollwertigen EU-Agentur umgewandelt werden (im Detail s. Rn. 18, 19).[25] 5

II. Regelungsgegenstände des Telekommunikationsrechts

Während sich der europäische Rechtsrahmen, der Grundlage für das TKG ist, bis heute auf die Regulierung von elektronischen Kommunikationsnetzen und -diensten bezieht,[26] spricht das geltende TKG von Telekommunikation. Obgleich hierin zunächst nur ein terminologischer Unterschied zu sehen ist, der in der Regulierungspraxis keine Rolle gespielt hat, will der europäische Rechtsrahmen mit der Bezugnahme auf die umfassenderen Begriffe der Kommunikationsnetze und -dienste deutlich machen, dass angesichts der Konvergenz von Telekommunikation, Medien und Informationstechnologien ein einheitlicher Rechtsrahmen notwendig ist, um gleiche Markt- und Wettbewerbsbedingungen für die Anbieter der Dienste innerhalb der EU zu schaffen.[27] Das deutsche Recht hingegen verwendet weiterhin den Begriff der Telekommunikation. Dieser soll deshalb auch in dieser Darstellung genutzt werden. 6

Telekommunikation ist in § 3 Nr. 22 als der technische Vorgang des Aussendens, Übermittelns und Empfangens von Signalen mittels Telekommunikationsanlagen defi- 7

21 BEREC Guidelines on the Implementation by National Regulators of European Net Neutrality Rules (August 2016), BoR (16) 127. Hierzu ist auch ein GEREK-Erläuterungspapier verfügbar, BoR (16) 127b.

22 Mitteilung „Strategie für einen digitalen Binnenmarkt für Europa", KOM (2015) 192 endg.

23 Vorschlag für eine Richtlinie zur Schaffung des europäischen Kodex für die elektronische Kommunikation, KOM (2016) 590 endg.; dazu ein Arbeitsdokument zur Evaluierung des geltenden Rechtsrahmens, SWD (2016) 313 endg., sowie eine Zusammenfassung der wichtigsten Ergebnisse, SWD (2016) 305 endg., und einem Arbeitsdokument zur Folgenabschätzung, SWD (2016) 303 endg.,und dessen Zusammenfassung der wichtigsten Ergebnisse, SWD (2016) 304 endg.

24 Vorschlag für eine Verordnung des europäischen Parlaments und des Rates zur Einrichtung des Gremiums europäischer Regulierungsstellen für elektronische Kommunikation (GEREK) v. 14.9.2016, KOM (2016) 591 endg. (sog. „GEREK-VO").

25 Überblick bei *Scherer/Heinickel* MMR 2017, 71; *Neumann* N&R 2016, 262.

26 Richtlinie 2002/21/EG des Europäischen Parlaments und des Rates v. 7.3.2002 über einen gemeinsamen Rechtsrahmen für elektronische Kommunikationsnetze und -dienste (sog. „Rahmenrichtlinie"), ABlEG Nr. L 108/33.

27 Vgl. EG 5 Rahmenrichtlinie; Art. 1 Abs. 1 Vorschlag KOM (2013) 627 endg.

niert.[28] Dabei spielt es keine Rolle, ob die Signalübertragung die Übermittlung von Daten oder Sprache betrifft. Gegenstand der Telekommunikationsregulierung sind mithin alle die Märkte, auf denen Übertragungsdienstleistungen für bestimmte Inhalte erbracht werden. Hierbei kann es aufgrund des technologieneutralen Ansatzes des europäischen Rechtsrahmens nicht darauf ankommen, welche Inhalte mittels Telekommunikation übertragen werden. Hinsichtlich des Übertragungsvorganges müssen daher Rundfunk-, Medien- und Kommunikationsdienste im Grundsatz dem gleichen Regulierungsrahmen unterliegen. Nicht umfasst von der Regulierung der Kommunikationsmärkte sind hingegen die übertragenen Inhalte selbst.[29]

8 Gem. § 2 Abs. 2 dient die Regulierung der Telekommunikationsmärkte

- der Wahrung der Nutzer- und insbesondere der Verbraucherinteressen sowie des Fernmeldegeheimnisses (Nr. 1),[30]
- der Sicherstellung eines chancengleichen Wettbewerbs (Nr. 2),
- der Entwicklung des Binnenmarktes der EU (Nr. 3),
- der Sicherstellung einer Flächenversorgung mit Telekommunikationsleistungen zu erschwinglichen Preisen (Nr. 4),
- der Beschleunigung des Ausbaus von Hochleistungsnetzen (NGA) (Nr. 5),[31]
- der Förderung von Telekommunikationsdiensten bei öffentlichen Einrichtungen (Nr. 6),
- der Sicherstellung einer effizienten und störungsfreien Frequenznutzung (Nr. 7),
- der effizienten Nutzung von Nummerierungsressourcen (Nr. 8),
- der Wahrung der Interessen der öffentlichen Sicherheit (Nr. 9).

In § 2 Abs. 3 sind, entsprechend den Vorgaben aus Art. 8 Abs. 5 Rahmenrichtlinien (RRL) Regulierungsgrundsätze enthalten, die die Bundesnetzagentur bei der Verfolgung der in § 2 festgeschriebenen Regulierungsziele unterstützen sollen aber auch stets anzuwenden sind.[32] Der Katalog der in der Vorschrift enthaltenen Grundsätze ist nicht abschließend zu verstehen.

9 Entsprechend dem Zielekatalog sind auch die Regelungsgegenstände des TKG heterogen. Im Mittelpunkt stehen die Vorschriften der Marktregulierung (Teil 2). Dort werden die sektorspezifischen Wettbewerbsprobleme adressiert, die auch nach der Liberalisierung des Sektors noch bestehen. Das TKG ist insoweit sektorspezifisches Wettbewerbsrecht.[33] Es stellt sich damit die Frage der Abgrenzung zum Kartellrecht und der dort geregelten Verhaltenskontrolle für marktbeherrschende Unternehmen (§§ 19, 20 GWB, Art. 102 AEUV).[34] Das Gesetz beantwortet diese Frage in § 10 Abs. 2.[35] Hiernach unterliegen der Regulierung nach dem TKG solche Märkte des Sektors, die durch beträchtliche und anhaltende strukturell oder rechtlich bedingte Marktzutrittsschranken gekennzeichnet sind, langfristig nicht zu Wettbewerb tendie-

28 Beck'scher TKG-Kommentar/*Cornils* § 3 Rn. 74.

29 Vgl. Art. 1 Abs. 3, EG 5 Rahmenrichtlinie; *Neumann/Koch* Kap. 1 Rn. 3.

30 Das hitzig diskutierte Thema Netzneutralität bzw. deren Sicherstellung soll ausweislich der Gesetzbegründung über dieses Regulierungsziel abgesichert werden, vgl. BT-Drucks. 17/5707, 47.

31 *Möschel* MMR 2010, 450.

32 *Franzius* N&R 2012, 126; *Körber* MMR 2011, 215; BT-Drucks. 17/5707, 51.

33 Vgl. Berliner Kommentar/*Säcker* Einl. I Rn. 2.

34 Ex-Art. 82 EGV; der „Vertrag über die Arbeitsweise der Europäischen Union“ (AEUV) hieß bis zum 30.11.2009 „Vertrag zur Gründung der Europäischen Gemeinschaft“ und hatte eine abweichende Artikelabfolge. Die aktuelle Fassung beruht auf dem Lissabon-Vertrag.

35 Vgl. hierzu im Einzelnen unten Rn. 48 ff.

ren und auf denen das allgemeine Wettbewerbsrecht nicht ausreicht, um dem Marktversagen entgegenzuwirken. § 10 Abs. 2 definiert mithin die Eingriffsschwelle für Maßnahmen der Marktregulierung nach dem TKG anhand bestimmter Strukturmerkmale des jeweiligen Marktes. Märkte können hiernach entsprechend dem Zustand des Wettbewerbs dynamisch aus der sektorspezifischen Regulierung entlassen werden bzw. ihr wieder unterfallen. Die Prüfung der Wettbewerbssituation erfolgt in der sog. Marktanalyse nach § 11. Weil sie den Anwendungsbereich der sektorspezifischen Marktregulierung bestimmen, können die §§ 10, 11 als Kernnormen des TKG bezeichnet werden.

Neben der Marktregulierung ist ein wesentlicher Regelungsgegenstand des TKG die Frequenzregulierung einschließlich der Vorschriften zur Rundfunkübertragung (Teile 4 und 5). Im Rahmen der Frequenzplanung (§§ 52–54) definiert das TKG, welche Frequenzen zu welchen Zwecken genutzt werden dürfen. Darüber hinaus wird geregelt, unter welchen Bedingungen eine solche Nutzung erfolgen darf und ob es zur Nutzung eines individuellen staatlichen Zuteilungsaktes an den Nutzer der Frequenzen (sog. Einzelzuteilung) bedarf (§ 55). Da über Frequenzen nicht nur Kommunikationsdienste, sondern auch Rundfunk und rundfunkähnliche Kommunikationsdienste erbracht werden können, stellen sich hier diffizile Fragen der Abgrenzung zur Inhalte-, sprich Medien- und Rundfunkregulierung, zumal die technische Entwicklung eine Unterscheidung nach Individual- (Telekommunikation) und Massenkommunikation (Rundfunk) sowie zwischen Übertragungs- und Informationsvorgang angesichts des Zusammenwachsens der verschiedenen Technologien immer schwerer macht.[36] Zu beachten ist dabei auch die in Deutschland herrschende Kompetenzzuweisung in Regulierungsfragen: während die Gesetzgebung für die Telekommunikation, also den Übertragungsvorgang (§ 3 Nr. 22) der Zuständigkeit des Bundes unterfällt (Art. 73 Nr. 7, 87 f. GG), erfolgt die Regulierung der übertragenen Inhalte auf der Ebene der Länder.[37] 10

Weitere wichtige Regelungsgegenstände des TKG sind die Nummerierung (§§ 66 f.), der Universaldienst (§§ 78 ff.), das Fernmeldegeheimnis (§§ 88 ff.), der spezifische Datenschutz im Bereich des Kommunikationssektors (§§ 91 ff.) sowie die mit den zahlreichen vergangenen TKG-Novellen eingefügten sektorspezifischen Verbraucherschutzbestimmungen (§§ 40, 43a, 44a, 45, 45a ff., 46, 66a ff., 102).[38] Schließlich kommen die organisatorischen und verfahrensrechtlichen Regelungen zur Funktionsweise der Bundesnetzagentur hinzu (§§ 116 ff.). 11

Angesichts des Regelungsumfangs und der Unterschiedlichkeit der Regelungsmaterie konzentrieren sich die nachfolgenden Ausführungen auf die zentralen Bereiche der Markt- und Frequenzregulierung mit ihren Bezügen zum Kartell- und Medienrecht. Vor dem Hintergrund der Zielsetzung des Gesamtwerkes wird insbesondere der letztgenannte Themenkomplex einen breiten Raum in der Darstellung einnehmen. Einen weiteren Schwerpunkt bilden die Ausführungen zur Organisation und Funktion der Bundesnetzagentur. Die übrigen genannten Gebiete wurden nur am Rande behandelt. 12

---

36 *Ladeur/Gostomzyk* K&R 2011, 777.

37 Vgl. im Einzelnen unten Rn. 111 ff.

38 Zu letzterem s. *Ditscheid* MMR 2007, 210. Das Gesetz zur Bekämpfung unerlaubter Telefonwerbung und zur Verbesserung des Verbraucherschutzes bei besonderen Betriebsformen hat im Jahr 2009 ebenfalls verbraucherschützender Regelungen in das TKG eingeführt.

III. Der Unionsrechtsrahmen

1. Ausgangssituation

13 Die Kommission der Europäischen Gemeinschaften beschäftigte sich erstmals im Jahre 1987 mit dem Bereich der Telekommunikation, und zwar mit ihrem Grünbuch zur Telekommunikation vom 30.6.1987.[39] Zu dieser Zeit war der Wirtschaftssektor der Telekommunikation in fast allen Mitgliedstaaten noch fest in staatlichen Händen. Die Situation war dem öffentlichen Personennah- und -fernverkehr und dem Postwesen vergleichbar. Telekommunikationsdienstleistungen wurden entweder unmittelbar von staatlichen Institutionen oder durch staatlich kontrollierte Institutionen erbracht, die zumindest mit monopolartigen Rechten ausgestattet waren. Der Regelfall war ein umfassendes Monopol für den Netzbetrieb, die Erbringung von Telekommunikationsdienstleistungen für die Öffentlichkeit und den Bereich der Endgeräte (Zulassung, Inverkehrbringen, Montage, Wartung). Das Verbot der wettbewerblichen Erbringung von Telekommunikationsdienstleistungen sollte eine Mindestversorgung der Bevölkerung mit entsprechenden Dienstleistungen sicherstellen. Hierfür hatte der Staat einen Daseinsvorsorge-Auftrag.[40]

14 Der technologische Wandel und die Entwicklung der US-amerikanischen Telekommunikationsmärkte bestätigten jedoch bereits zu diesem Zeitpunkt, dass auch die Telekommunikationsindustrie dem Wettbewerb geöffnet werden könnte. Die Mitgliedstaaten der Europäischen Gemeinschaften erkannten das enorme ökonomische Potenzial, welches die Liberalisierung der Telekommunikationsmärkte eröffnen würde.

15 Die auf europäischer Ebene eingeleitete und im Wesentlichen auf Gemeinschaftsrechtsakten beruhende Öffnung der Telekommunikation für den Wettbewerb kann rückblickend in vier Phasen unterteilt werden;[41]

- bis 1990 wurden die staatlichen Monopole im Bereich der Endgeräte für die Telekommunikation abgebaut;[42]
- von 1990 bis 1998 wurden die Telekommunikationsmärkte schrittweise liberalisiert und gleichzeitig die Marktbedingungen durch die Einführung einer spezifischen Regulierung des Telekommunikationssektors harmonisiert;
- von 1998 bis 2002 wurde das Regulierungsregime überprüft („1999 Review") und an die gewandelten Bedingungen nach der Wettbewerbsöffnung angepasst;
- von 2007 bis Ende 2009 wurde der Rechtsrahmen von 2002 ebenfalls überprüft („2009 Review") und der Prozess mit einem umfangreichen Reformpaket abgeschlossen.

16 Mit dem im September 2016 vorgelegten Vorschlag für eine Richtlinie zur Schaffung des europäischen Kodex für die elektronische Kommunikation („European Electronic Communications Code", kurz „EECC") befindet sich die EU in der fünften Phase der Schaffung eines einheitlichen Rechtsrahmens. Mit ihr soll die Vollendung eines sich auf sämtliche Mitgliedsstaaten der EU erstreckenden Telekommunikationsbinnenmarktes eingeleitet werden.[43]

---

39 Grünbuch über die Entwicklung des gemeinsamen Marktes für Telekommunikationsdienstleistungen und Telekommunikationsgeräte, Juni 1987, KOM (1987) 290 endg.

40 Zur Monopolsituation vgl. den anschaulichen Überblick bei *Koenig/Loetz/Neumann* S. 49 ff.

41 Darstellung bei *Neumann/Koch* Kap. 2 Rn. 1 ff.

42 RL 88/301/EWG der Kommission v. 20.6.2008, ABlEU Nr. L 131/73 (sog. „Endgeräterichtlinie").

43 Vgl. oben Rn. 4a sowie unten Rn. 43.

2. Marktöffnung

17 Die Phase der Liberalisierung der Telekommunikationsmärkte wurde durch die sog. Diensterichtlinie 90/388/EWG[44] (im Folgenden: Diensterichtlinie) eingeleitet. Diese hatte zum Ziel, die Alleinrechte bei der Erbringung von Telekommunikationsdienstleistungen aufzuheben und den Wettbewerbern des ehemaligen Monopolisten angemessenen Netzzugang zu gewähren. Materieller Kern der Liberalisierungsmaßnahmen war demnach die Beseitigung der besonderen und ausschließlichen Rechte einzelner Unternehmen i.S.d. Art. 106 AEUV (ex-Art. 86 Abs. 1 EGV), d.h. faktisch die Beseitigung der Monopolstellung der staatlich kontrollierten Fernmeldeorganisationen.[45] In weiteren Liberalisierungsschritten wurde die Marktöffnung sodann bis zum Jahre 1998 auf die Bereiche der Satellitenkommunikation[46], die Kabelfernsehnetze[47] sowie auf den Mobilfunk[48] ausgeweitet. Durch die zeitgleich zur Diensterichtlinie veröffentlichten sog. ONP-Richtlinie (90/387/EWG[49]) sollten die Grundsätze für den Zugang von Wettbewerbern zu den ehemaligen Monopolnetzen harmonisiert werden. Hierdurch sollten wettbewerbliche Bedingungen der entstehenden Märkte geschaffen werden. Besondere Regelungen waren in diesem Bereich insbesondere deshalb erforderlich, um Diskriminierungen der neuen Wettbewerber durch die ehemaligen Monopolanbieter zu verhindern. Die neuen Wettbewerber waren auf den Zugang zu den ehemaligen Monopolnetzen angewiesen, um in den bereits liberalisierten Bereichen als Konkurrenten der ehemaligen Monopolunternehmen aufzutreten.

3. Der Rechtsrahmen und seine Überprüfung

18 Mit dem sog. Kommunikationsbericht 1999[50] wurde im Bereich des Gemeinschaftsrechts ein Prozess der Neuausrichtung begonnen („1999 Review"). Er endete nach vierjährigen Vorarbeiten mit der Verabschiedung des neuen Rechtsrahmens im Jahre 2002. Ziel der Überarbeitung des Rechtsrahmens war nicht mehr die Marktöffnung, sondern eine Flexibilisierung und Rückführung der Regulierung dort, wo sich infolge der Liberalisierung wirksamer Wettbewerb eingestellt hat. Dabei sollte sich die Regulierung dynamisch an der Wettbewerbssituation der Einzelmärkte des Telekommunikationssektors ausrichten. In bereits wettbewerblichen Märkten sollte zugleich der Weg hin zur allgemeinen kartellrechtlichen Wettbewerbsaufsicht geebnet werden. Darüber hinaus sollte mit dem Regulierungsrahmen der Konvergenz von Telekommunikation, Medien und Informationstechnologie Rechnung getragen werden. Infolgedessen sollte die Regulierung technologieneutral, d.h. unabhängig von der eingesetzten Übertragungstechnologie und unabhängig vom übertragenen Inhalt, ausfallen.

---

44 Richtlinie der Kommission v. 28.6.1990 über den Wettbewerb auf dem Markt für Telekommunikationsdienste, ABlEG Nr. L 192/10.

45 Vgl. *Koenig/Loetz/Neumann* S. 57.

46 Änderungsrichtlinie 94/46/EG, ABlEG Nr. L 268/15 (sog. „Satellitenrichtlinie").

47 Änderungsrichtlinie 95/51/EG, ABlEG Nr. L 256/49 (sog. „Kabelfernsehrichtlinie").

48 Änderungsrichtlinie 96/2/EG, ABlEG Nr. L 20/59 (sog. „Mobilkommunikationsrichtlinie").

49 Richtlinie des Rates v. 28.6.1990 zur Verwirklichung des Binnenmarktes für Telekommunikationsdienste durch Einführung eines offenen Netzzugangs (Open Network Provision-ONP), ABlEG Nr. L 192/10.

50 Mitteilung der Kommission an den Rat, das europäische Parlament, den Wirtschafts- und Sozialausschuss und den Ausschuss der Regionen: Entwicklung neuer Rahmenbedingungen für elektronische Kommunikationsinfrastrukturen und zugehörige Dienste – Kommunikationsbericht 1999, KOM (1999) 539 endg.

19 Der seit dem Jahr 2002 geltende Rechtsrahmen besteht im Wesentlichen aus fünf Richtlinien und einer Entscheidung: der Rahmenrichtlinie (2002/21/EG), der Zugangsrichtlinie (2002/19/EG), der Genehmigungsrichtlinie (2002/20/EG), der Universalrichtlinie (2002/22/EG), der Datenschutzrichtlinie für elektronische Kommunikation (2002/58/EG) und der Frequenzentscheidung (676/2002/EG). Der Rechtsrahmen wird durch weitere Rechtsakte ergänzt, die sukzessive in den letzten Jahren wichtige Herausforderungen des Telekommunikationssektors adressiert haben. Zu nennen sind hier die Richtlinie zur Vorratsdatenspeicherung[51], die NGA-Empfehlung,[52] die Terminierungs-Empfehlung[53] und die Roaming-Verordnung.[54] Im Mai 2014 trat zudem die Kostensenkungsrichtlinie[55] in Kraft. Sie ist einer der Bausteine, mit der die EU-Kommission die Ziele der „Digitalen Agenda für Europa" verwirklichen will.[56] Diese umfasst die Versorgung aller Europäer mit einer Downloadgeschwindigkeit von mindestens 30 Mbit/s bzw. 100 Mbit/s für mindestens 50 % der EU-Bevölkerung bis zum Jahr 2020. Mit der Kostensenkungsrichtlinie wird berücksichtigt, dass der Breitbandausbau eine der kostenintensivsten Herausforderungen des Binnenmarkts darstellt, zudem der schnelle flächendeckende und wirtschaftliche Ausbau moderner Breitbandnetze erklärtes Ziel von Politik und Wirtschaft ist.[57]

Ziel der zwischenzeitlich eingeleiteten Reformen des Rechtsrahmens war die weitere Stärkung des Binnenmarkts durch Anpassung an die technischen und wirtschaftlichen Entwicklungen im TK-Sektor sowie die Schaffung eines Schaffung eines harmonisierten Rechtsrahmens. Ein grundlegender Reformbedarf bestand viele Jahre lang nicht. Vielmehr ging es um das Aufgreifen der Herausforderungen, die sich aus der Errichtung glasfaserbasierter Breitbandinfrastrukturen (Next Generation Access) ergeben, sowie Verbesserungen im Detail. Dazu zählte eine Konkretisierung der Regulierungsinstrumente, eine Optimierung der Marktregulierungsverfahren, die effiziente Ausgestaltung des Zugangs zu Funkfrequenzen und die Stärkung von Verbraucherrechten.[58] Der 2009 Review umfasste wiederum die RL 2009/140/EG („Better Regulation"-Richtlinie) zur Änderung der Rahmenrichtlinie, der Zugangsrichtlinie und der Genehmigungsrichtlinie, die RL 2009/136/EG („Citizens Rights"-Richtlinie) zur Änderung der Universaldienstrichtlinie und der Datenschutzrichtlinie sowie die VO (EG) Nr. 1211/2009 zur Errichtung des neuen Gremiums Europäischer Regulierungsstellen für elektronische Kommunikation („GEREK"). GEREK hat die bislang als beratenden Ausschuss tagende European Regulators Group (ERG) abgelöst. Die

51 RL 2006/24/EG des Europäischen Parlaments und des Rates v. 15.3.2006 über die Vorratsspeicherung von Daten, die bei der Bereitstellung öffentlich zugänglicher elektronischer Kommunikationsdienste erzeugt oder verarbeitet werden, und zur Änderung der RL 2002/58/EG, ABlEG Nr. L 105/54.

52 Empfehlung der Kommission v. 20.9.2010 über den regulierten Zugang zu Zugangsnetzen der nächsten Generation („NGA-Empfehlung") (2010/572/EU), ABlEU Nr. L 251/35.

53 Empfehlung der Kommission v. 7.5.2009 über die Regulierung der Festnetz- und Mobilfunk Zustellungsentgelte in der EU (2009/396/EG), ABlEU Nr. L 124/1.

54 Dritte Roamingverordnung (EU) Nr. 531/2012, ABlEU Nr. L 172/10.

55 RL 2014/61/EU des Europäischen Parlaments und des Rates v. 15.5.2014 über Maßnahmen zur Reduzierung der Kosten des Ausbaus von Hochgeschwindigkeitsnetzen für die elektronische Kommunikation (Kostensenkungsrichtlinie), ABlEU Nr. L 155/1; hierzu: *Ufer* MMR 2016, 12.

56 Vgl. die Mitteilung der EU-Kommission v. 19.5.2010, Eine Digitale Agenda für Europa, KOM (2010) 245 endg. – nicht im ABlEU veröffentlicht.

57 Vgl. Ausschuss für Verkehr und digitale Infrastruktur, 15. Ausschuss, Beschlussempfehlung und Bericht, BT-Drucks. 18/2778.

58 Vgl. Vorschlag der EU-Kommission für eine Richtlinie zur Änderung des EG-Rechtsrahmens zur elektronischen Kommunikation v. 13.11.2007, KOM (2007) 697 endg., S. 2.

EU-Kommission konnte sich damit im Jahr 2007 weder mit ihrem Plan durchsetzen, das ihr zustehende Veto-Recht im Rahmen der von den nationalen Regulierungsbehörden durchzuführenden Marktdefinition und –analyseverfahren auch auf die darauffolgende Stufe der Abhilfemaßnahmen auszudehnen, noch eine europäische Regulierungsbehörde zu installieren.[59] Vielmehr ist es Aufgabe von GEREK, auf eine einheitliche Regulierung in ganz Europa hinzuarbeiten und damit den Telekom-Binnenmarkt zu stärken. Das Gremium besteht aus den Leitern der 28 nationalen Regulierungsbehörden, es übernimmt Beratungs- und Koordinierungsaufgaben und erhält im Wesentlichen die Möglichkeit, das nationale Marktregulierungsverfahren zu kommentieren.[60] Jüngst wurde im Zuge der „Strategie für einen digitalen Binnenmarkt für Europa“[61] auch von Seiten der EU-Kommission wieder der Vorschlag für eine Ausweitung der Befugnisse von GEREK hin zu einer eigenständigen EU-Agentur unterbreitet.[62] Mit dem jüngsten Reformvorhaben und der beabsichtigten Schaffung eines europäischen Kodexes („EECC“) wird ein deutlich umfassenderer Ansatz im Vergleich zu den zurückliegenden Überarbeitungen des Rechtsrahmens angestrebt. Gleich vier der fünf zentralen Richtlinien sollen in einem einzigen Rechtsakt zusammengeführt werden, konkret die nachfolgend dargestellte Rahmenrichtlinie 2002/21/EG, die Zugangsrichtlinie 2002/19/EG, die Genehmigungsrichtlinie 2002/20/EG und die Universaldienstrichtlinie 2002/22/EG. Der Zeitplan sieht vor, dass die Vorschläge bis zum Jahr 2020 finalisiert werden und bis zum Jahr 2022 in den Mitgliedstaaten umgesetzt sein sollen.

3.1 Die Rahmenrichtlinie

Die Rahmenrichtlinie[63] regelt die Ziele der Telekommunikationsregulierung und allgemeine Grundsätze, die Stellung und Aufgaben der nationalen Regulierungsbehörden (NRB) der Mitgliedstaaten und definiert den Anwendungsbereich. Sie sieht auch den bereits angesprochenen Grundsatz der Technologieneutralität vor.[64] Diese Richtlinie ist damit von hervorgehobener Bedeutung, denn sie enthält die übergreifenden Grundbestimmungen für die anderen Richtlinien des Reformpakets. Mit ihr wurde auch der zentrale Begriff der „beträchtlichen Marktmacht“ eingeführt. Daneben enthält sie u.a. Vorgaben für den Bereich der Nummerierung, der Frequenzverwaltung und der Wegerechte. 20

Von besonderer Bedeutung in der Rahmenrichtlinie sind die Vorschriften zur Marktregulierung (Art. 14–16). Nach dem Rechtsrahmen 2002 sollten nicht mehr alle Märkte des Telekommunikationssektors der Regulierung unterliegen, sondern nur noch solche, in denen kein wirksamer Wettbewerb festzustellen war. Grund für diese Abkehr war, dass mehr als sechs Jahre nach der Liberalisierung der Telekommunikationsmärkte die Marktöffnung vollzogen und sich in bestimmten Märkten zum Teil wettbewerbliche Strukturen herausgebildet hatten. Die Regulierung sollte sich den inzwischen komplexeren und sich dynamisch entwickelnden Märkten anpassen kön- 21

59 *Kurth* MMR 2009, 818; *Kühling/Schall/Biendl* Rn. 25.

60 *Neumann/Koch* Kap. 3 Rn. 103 f.; *Scherer/Heinickel* NVwZ 2012, 585, 586.

61 Mitteilung „Strategie für einen digitalen Binnenmarkt für Europa“, KOM (2015) 192 endg.

62 *Scherer/Heinickel* MMR 2017, 71 77.

63 RL 2002/21/EG des europäischen Parlaments und des Rates v. 7.3.2002 über einen gemeinsamen Rechtsrahmen für elektronische Kommunikationsnetze und -dienste, ABlEG Nr. L 108/33, geändert durch RL 2009/140/EG v. 25.11.2009, ABlEG Nr. L 337/37.

64 Vgl. EG 25 Rahmenrichtlinie.

nen.[65] Nur wenn kein wirksamer Wettbewerb besteht, ergibt sich Regulierungsbedarf. Die Marktregulierung und insbesondere die -abgrenzung soll daher den Grundsätzen des Wettbewerbsrechts folgen, vgl. Art. 15 Abs. 3 S. 1. Wirksamer Wettbewerb ist gem. Art. 16 Abs. 4 nicht gegeben, wenn ein Unternehmen in diesem Markt über beträchtliche Marktmacht verfügt und dieser Markt zugleich als regulierungsbedürftig erscheint. Die Regulierungsbedürftigkeit eines Marktes liegt vor, wenn der Markt durch beträchtliche Marktzutrittsschranken gekennzeichnet ist, der längerfristig nicht zu wirksamem Wettbewerb tendiert und das allgemeine Wettbewerbsrecht nicht ausreicht, um den Wettbewerbsproblemen entgegenzuwirken.[66] Ist der Markt regulierungsbedürftig und kommt einem Unternehmen beträchtliche Marktmacht zu, so sind diesem Unternehmen Regulierungsverpflichtungen aufzuerlegen (Art. 16 Abs. 4). Diese müssen geeignet und erforderlich sein, dem identifizierten Wettbewerbsproblem abzuhelfen. Welche Regulierungsmaßnahmen hiernach in Betracht kommen, ist in der Zugangsrichtlinie 2002/19/EG festgelegt.[67]

22 Das Verfahren zur Ermittlung eines Unternehmens mit beträchtlicher Marktmacht auf einem regulierungsbedürftigen Markt ist komplex. Die Rahmenrichtlinie sieht hierzu ein mehrstufiges Verfahren vor. Im ersten Schritt, der sog. Marktdefinition, werden jene Märkte abgegrenzt, die einer Regulierung unterfallen. Gem. Art. 15 Abs. 3 erfolgt die Marktdefinition durch die nationalen Regulierungsbehörden. Grundlage für die Marktdefinition ist aber die Empfehlung der EU-Kommission über relevante Produkt- und Dienstmärkte des elektronischen Kommunikationssektors, die für eine Vorabregulierung in Betracht kommen[68] (nachfolgend: Märkteempfehlung). Die Märkteempfehlung enthält im Rahmen einer europäischen Durchschnittsbetrachtung diejenigen Märkte, die nach Ansicht der EU-Kommission als Kandidatenmärkte für eine Regulierung in Betracht kommen. Die nationalen Regulierungsbehörden überprüfen dann im Rahmen ihrer Marktdefinition unter „weitestgehender Berücksichtigung" der Märkteempfehlung, ob die auf mitgliedstaatlicher Ebene abgegrenzten Märkte mit Rücksicht auf die nationalen Besonderheiten den von der EU-Kommission festgelegten Märkten entsprechen und tatsächlich als regulierungsbedürftig anzusehen sind (Art. 15 Abs. 3). Zwischenzeitlich wurden die ursprünglich bestehenden 18 auf nur noch 4 vorab (ex-ante) regulierungsbedürftige Märkte reduziert.[69] Die EU-Kommission kommt damit ihrem Auftrag aus Art. 15 Abs. 1 der Rahmenrichtlinie nach, dem zufolge sie die Märkteempfehlung regelmäßig hinsichtlich ihres Umfangs zu überprüfen hat. Das BVerwG sieht in den Regelungen der § 10 Abs. 2 S. 3 TKG und Art. 15 Abs. 1, 3 S. 1 eine widerlegbare gesetzliche Vermutung dafür, dass die in der Märkteempfehlung aufgeführten Märkte in Deutschland potenziell der Regulierung bedürfen.[70] Die Marktabgrenzung hat gem. Art. 15 Abs. 1 S. 2 nach den anerkannten kartellrechtlichen Prinzipien zu erfolgen.

---

65 Vgl. EG 25 Rahmenrichtlinie.

66 Vgl. EG 27 Rahmenrichtlinie.

67 Vgl. unten Rn. 31 f., 79 ff.

68 Empfehlung der Kommission v. 9.10.2014 über relevante Produkt- und Dienstmärkte des elektronischen Kommunikationssektors, die aufgrund der Richtlinie 2002/21/EG des Europäischen Parlaments und des Rates über einen gemeinsamen Rechtsrahmen für elektronische Kommunikationsnetze und -dienste für eine Vorabregulierung in Betracht kommen (2014/710/EU), sie ersetzt die bisherige Empfehlung 2007/879/EG, ABlEG Nr. L 344/65.

69 Abrufbar unter http://ec.europa.eu/digital-agenda/en/news/draft-revised-recommendation-relevant-markets.

70 *BVerwG* CR 2010, 721, 723; CR 2009, 366, 367; *Neumann/Koch* Kap. 3 Rn. 39.

Die EU-Kommission hat weiterhin die sog. „Leitlinien zur Marktanalyse und Ermittlung beträchtlicher Marktmacht" entwickelt, die im Wesentlichen ein Extrakt der einschlägigen europäischen Rspr. darstellen.[71] Auch diese Leitlinien haben den Grundsätzen des Wettbewerbsrechts zu folgen. Sie sollen einen Katalog von Kriterien zur Verfügung stellen, anhand derer die nationalen Regulierungsbehörden das Prozedere der Marktdefinition und -analyse vornehmen können.[72] Diese müssen nicht nur der Märkteempfehlung, sondern auch den Leitlinien bei der Definition der relevanten Märkte und der Einstufung von TK-Anbietern als Betreiber mit beträchtlicher Marktmacht („significant market power", kurz „SMP") weitestgehend Rechnung tragen,[73] um ihnen die geeigneten Verpflichtungen aufzuerlegen, mit denen perspektivisch ermittelte Wettbewerbsprobleme behoben werden können. Diese Vorgabe soll im Sinne der Harmonisierung des unionsweiten Rechtsrahmens für eine einheitliche Anwendung durch die nationalen Regulierungsbehörden sorgen.[74] Im Laufe des Jahres 2017 wird die EU-Kommission diese Leitlinien überarbeiten und insbesondere die Wirkung von Oligopolen aufgreifen. **23**

Sachlich werden einem relevanten Markt hiernach sämtliche Produkte oder Dienste zugeordnet, die nach ihren Eigenschaften, ihrem wirtschaftlichen Verwendungszweck und ihrer Preislage so nahe stehen, dass der verständige Verbraucher sie als für die Deckung eines bestimmten Bedarfs geeignet und als gegeneinander austauschbar ansieht (Bedarfsmarktkonzept).[75] Bei länderübergreifenden Märkten erfolgt die Marktdefinition durch die EU-Kommission selbst (Art. 15 Abs. 4). **24**

Räumlich hat sich der maßgebliche Markt bislang i.d.R. auf eine nationale Betrachtung bezogen. Regionale Märkte unterhalb einer nationalen Betrachtung sind aufgrund der Wettbewerbsentwicklung denkbar („Regionalisierung").[76] Der Telekommunikationsrechtsrahmen auf europäischer Ebene trägt auch einer weiteren Facette der Marktentwicklung Rechnung: Neue Anbieter im Telekommunikationsmarkt investieren vornehmlich in lokale Infrastrukturnetze und konnten vereinzelt auch bereits erhebliche Marktanteile erringen (Kabelnetzbetreiber, Stadtwerke, Energieversorger). Damit ist die Diskussion um geographische Aspekte der Regulierung und sub-nationale Märkte eröffnet worden. Der Regulierungsgrundsatz des Art. 8 Abs. 5 lit. e) Rahmenrichtlinie weist die nationale Regulierungsbehörde an, die vielfältigen Bedingungen im Zusammenhang mit Wettbewerb und Verbrauchern, die in den verschiedenen geografischen Gebieten innerhalb der Mitgliedstaaten herrschen, gebührend zu berücksichtigen. Erwägungsgrund 7 der Änderungsrichtlinie 2009/140/EG betont die Möglichkeit der nationalen Regulierungsbehörden, Märkte unterhalb der nationalen Ebene zu definieren und Verpflichtungen in Märkten und/oder geografischen Gebieten aufzuheben, wenn effektiver Wettbewerb bei der **25**

---

71 Leitlinien (2002/C 165/03) zur Marktanalyse und Ermittlung beträchtlicher Marktmacht nach dem gemeinsamen Rechtsrahmen für elektronische Kommunikationsnetze und -dienste, ABlEG 2002 Nr. C 165/6.

72 Insofern ist die Bezeichnung „Leitlinien zur Marktanalyse" missverständlich, denn sie gelten klar auch für den vorgelagerten Bereich der Marktdefinition, vgl. Beck'scher TKG-Kommentar/*Schütz* § 10 Rn. 5.

73 *Spindler/Schuster* TKG § 10 Rn. 58, 62.

74 Leitlinien (2002/C 165/03), Ziff. 9.

75 Vgl. Beck'scher TKG-Kommentar/*Pape* Vor § 9 Rn. 30 m.w.N.

76 *Ufer* N&R 2008, 173; *Ehrler/Ruhle/Berger* CR 2008, 703.

Infrastruktur besteht.[77] Im Hinblick auf das Marktdefinitionsverfahren greift dies Art. 15 Abs. 3 Rahmenrichtlinie auf.[78]

26 Auch in der NGA-Empfehlung von 2010 greift die EU-Kommission die regionale Marktbetrachtung erneut auf. Danach sollen die Regulierungsbehörden subnationale Märkte abgrenzen, „wenn sie eindeutig erhebliche und objektiv unterschiedliche Wettbewerbsbedingungen feststellen können, die über längere Zeit stabil bleiben".[79] Perspektivisch wird der Aspekt der Regionalisierung bei Marktdefinition und -analyse weiter an Bedeutung gewinnen. Der Vorschlag zum kommenden europäischen TK-Kodex („EECC") sieht in Art. 22 Abs. 1 ein hierfür neu geschaffenes Instrument vor, mit dem regelmäßig die Versorgungsbereiche der vorhandenen sowie der in den nächsten drei Jahren geplanten Breitbandnetze von der Regulierungsbehörde ermittelt werden sollen (sog. „Mapping"). Die Pflicht zur Berücksichtigung der damit erhobenen Daten soll die Abgrenzung regionaler Märkte in diesem Bereich erleichtern.

27 Sobald ein regulierungsbedürftiger Markt abgegrenzt worden ist, muss im nächsten Schritt im Wege der sogenannten Marktanalyse festgestellt werden, ob eine Position mit beträchtlicher Marktmacht vorliegt. Beträchtliche Marktmacht ist nach Art. 14 Abs. 2 gegeben, wenn eine der Marktbeherrschung gleichkommende Stellung eines Unternehmens vorliegt, die es ihm erlaubt, sich unabhängig von Wettbewerbern, Kunden und Verbrauchern zu verhalten. Das Unternehmen muss hiernach über einen unkontrollierten Verhaltensspielraum im Markt verfügen. Die Kriterien für die Annahme beträchtlicher Marktmacht wurden im Wesentlichen den Kriterien für die Ermittlung von Marktbeherrschung nach Art. 102 AEUV angeglichen.[80] Damit sollte im Sinne des deregulatorischen Ansatzes des neuen Rechtsrahmens der langfristige Übergang der Märkte in die Obhut des Wettbewerbsrechts vorbereitet werden.

28 Die Auferlegung von Regulierungsmaßnahmen obliegt alleine den nationalen Regulierungsbehörden. Im Rahmen der Marktdefinition und der Feststellung beträchtlicher Marktmacht sieht die Rahmenrichtlinie jedoch auch erhebliche Befugnisse bei der EU-Kommission. Neben der Möglichkeit, die Reichweite der Regulierung über die Märkteempfehlung zu steuern, kann die EU-Kommission nach Art. 7 Abs. 4 verlangen, dass die nationalen Regulierungsbehörden einen Entwurf zur Marktdefinition, soweit er von der Märkteempfehlung abweicht oder soweit Positionen mit beträchtlicher Marktmacht festgestellt werden, zurückziehen, wenn Auswirkungen auf den Handel zwischen den Mitgliedstaaten vorliegen und der Entwurf ein Hindernis für den Binnenmarkt darstellt oder die EU-Kommission ernsthafte Zweifel gegen die Vereinbarkeit des Entwurfs mit dem Gemeinschaftsrecht hegt. Da der EU-Kommission im Rahmen des Art. 7 Abs. 4 keine positive Ersetzungsbefugnis hinsichtlich des vorgelegten Entwurfes zusteht, ist das Verfahren als Veto-Verfahren bezeichnet worden. Bei Entscheidungen über „Regulierungsverpflichtungen" (Art. 7a) hat die EU-Kommission kein „echtes" Vetorecht wie im Fall der Marktdefinition und der Feststellung beträchtlicher Marktmacht, aber sie kann den notifizierten Maßnahmenentwurf der Regulierungsbehörde zumindest für drei Monate aufhalten, um in dieser Zeit gemeinsam mit BEREC und der BNetzA „die am besten geeignete und wirksamste

---

77 *Möschel* MMR 2010, 450, 453; *Ehrler/Ruhle/Berger* CR 2008, 703.

78 Vgl. zudem EG 9 und 10 der NGA-Empfehlung.

79 Ziffer 9 der Empfehlung der Kommission v. 20.9.2010 über den regulierten Zugang zu Zugangsnetzen der nächsten Generation („NGA-Empfehlung") (2010/572/EU), ABlEU Nr. L 251/35.

80 Vgl. Beck'scher TKG-Kommentar/*Korehnke/Ufer* § 11 Rn. 15 ff.

Maßnahme im Hinblick auf die Ziele des Artikels 8 RRL zu ermitteln, wobei die Ansichten der Marktteilnehmer und die Notwendigkeit, eine einheitliche Regulierungspraxis zu entwickeln, berücksichtigt werden." Ein prominentes Beispiel hierfür ist die sog. „Vectoring 2"-Entscheidung der BNetzA.[81]

Die Regelungen zur Mitwirkung der EU-Kommission an der Marktregulierung waren in Überprüfungsprozessen zu den Richtlinien heftig umstritten. Nachdem sich die EU-Kommission bereits mehrfach aufgrund massiver Gegenwehr von der Vorstellung verabschieden musste, eigene in den Mitgliedstaaten unmittelbar wirkende Eingriffsbefugnisse in Brüssel anzusiedeln, drängt sie immer wieder auf substantielle Mitwirkungsrechte.[82] Mit diesen Befugnissen war die zentrale Frage nach der Machtbalance zwischen EU-Kommission und nationalen Regulierungsbehörden im Rahmen der Marktregulierung verbunden. Das sogenannte „Art. 7-Verfahren" stellt daher einen Kompromiss zwischen notwendiger Harmonisierung der Regulierung der Telekommunikationsmärkte in der EU auf Gemeinschaftsebene und dem Subsidiaritätsgedanken dar. **29**

Eines der Anliegen der vergangenen Richtlinien-Reformen war die Optimierung der in der Rahmenrichtlinie geregelten Verfahrensschritte zur Marktregulierung, ohne dass das Grundgerüst des mit dem Richtlinienpaket aus dem Jahr 2002 geschaffenen Konzepts hätte verändert werden müssen.[83] Gleichzeitig lässt sich aus der Neuformulierung der Schlüsselnormen eine sichtbare Fokussierung auf die Schaffung von Investitionsanreizen und Planungssicherheit für Betreiber erkennen. In Art. 8 Abs. 2–4 TK-Rahmenrichtlinie werden politische Zielvorgaben der Regulierung fixiert, gleichzeitig sind jedoch bei der Umsetzung der Regulierungsmaßnahmen durch die Behörden die strikten Regulierungsgrundsätze des Art. 8 Abs. 5 zu befolgen. Dessen lit. d) sieht vor, dass die nationalen Regulierungsbehörden „effiziente Investitionen dadurch fördern, dass sie dafür sorgen, dass bei jeglicher Zugangsverpflichtung dem Risiko der investierenden Unternehmen gebührend Rechnung getragen wird." Um die erforderlichen Investitionen in die neuen Netze planbar zu machen, sollen die nationalen Regulierungsbehörden die Vorhersehbarkeit der Regulierung dadurch fördern, dass sie über angemessene Überprüfungszeiträume ein einheitliches Regulierungskonzept beibehalten.[84] Hierzu zählt auch die mögliche Verlängerung der Regulierungszyklen, die in der Vergangenheit regelmäßig auf zwei Jahre begrenzt sind. Art. 16 Abs. 6 lit. a) erlaubt nun, die Genehmigungsperioden auf drei bzw. mit Zustimmung der EU-Kommission auf sogar sechs Jahre zu verlängern.[85] Dem Aspekt zu tätigender Investitionen **30**

---

81 Regulierungsverfügung bezüglich des Zugangs zur Teilnehmeranschlussleitung betreffend die Telekom Deutschland GmbH, Beschluss v. 1.9.2016, BK3g-15/004. Mit der Entscheidung zum Einsatz von VDSL2-Vectoring in den bundesweit knapp 8 000 Nahbereichen rund um die Hauptverteiler (HVt) hatte die Regulierungsbehörde der Telekom Deutschland GmbH aufgrund einer zuvor gemachten Investitionszusage ein weitgehendes und von Wettbewerbsunternehmen heftig kritisiertes Vectoring-Ausbaumonopol in diesen Nahbereichen genehmigt.

82 *Kurth* MMR 2009, 818; jüngst durch den „single market": *Gerpott* K&R 2013, 781, 787.

83 *Klotz/Brandenberg* MMR 2010, 147; *Ellinghaus* CR 2010, 20; *Möschel* MMR 2010, 450.

84 Der Gesetzgeber hat hierzu im Rahmen der TKG-Novelle 2012 den § 15a geschaffen, der die Bundesnetzagentur dazu ermächtigt, durch Verwaltungsvorschriften ihre grds. Herangehensweise und Methoden für das Marktregulierungsverfahren zu beschreiben.; hierzu *Holznagel* K&R 2010, 761; *Franzius* N&R 2012, 126, 127. Die Bundesnetzagentur hat im Amtsblatt Nr. 1/2014 v. 15.1.2014 (Mitteilung Nr. 80) einen Konsultationsentwurf für eine Verwaltungsvorschrift gem. § 15a Abs. 1 TKG veröffentlicht, Az. BK 1-12/005.

85 Hierzu *Fetzer* MMR 2010, 515, 518 f.

in den Breitbandausbau wird auch der TK-Kodex („EECC") deutlich mehr Priorität zuweisen. Der derzeit drei Regulierungsziele umfassende Katalog in Art. 8 soll um ein weiteres Ziel ergänzt werden. Dann wird neben der Förderung des Wettbewerbs, des Binnenmarkts und der Interessen der EU-Bürger auch der Zugang zu und die Nutzung von sehr hochkapazitiver Datenkonnektivität („very high capacity data connectivity") zum Kanon der Regulierungsziele gehören. Mit dem „Konnektivitätsziel" ist eines der wichtigsten Anliegen des TK-Kodex verbunden, umschreibt es doch letztlich die regulatorisch gestützte Förderung des Ausbaus hochkapazitiver Netze.[86]

3.2 Die Zugangsrichtlinie

31 Die Regelungen über den Netzzugang und die Zusammenschaltung für die Nachfrager von Unternehmen mit beträchtlicher Marktmacht sind in der Zugangsrichtlinie[87] zusammengefasst. Nach dem in der Rahmenrichtlinie kodifizierten Verfahren der Marktregulierung müssen Unternehmen, die auf regulierten Märkten über beträchtliche Marktmacht verfügen, spezifische Regulierungsverpflichtungen auferlegt werden. Die Zugangsrichtlinie konkretisiert dieses Verfahren der Auferlegung von Vorab-Verpflichtungen (Art. 8), trifft darüber hinaus aber auch allgemeine Regelungen über den Zugang zu Netzen und Diensten. Für die Etablierung eines wettbewerblichen Marktumfelds ist die Zugangsrichtlinie damit von zentraler Bedeutung. Erfasst wird mit der Zugangsrichtlinie nur die sog. Vorleistungsregulierung, d.h. die Nachfrage von Unternehmen, die Vorprodukte des marktmächtigen Unternehmens nachfragen, um diese an ihre Endkunden weiterzureichen. Die Zugangsrichtlinie regelt damit, inwieweit ein marktmächtiges Unternehmen seine Leistungen einem dritten Unternehmen zu welchen Bedingungen als Vorprodukt anbieten muss, damit das Wettbewerbsunternehmen seinerseits am Markt agieren kann. Bei den nachgefragten Zugangsleistungen handelt es sich insbesondere um den Zugang zur Netzinfrastruktur eines entsprechenden Betreibers oder um eine sog. Zusammenschaltung. Mit einer Zusammenschaltung wird die Verknüpfung zwischen zwei Telekommunikationsnetzen bezeichnet, die Nutzern der verschiedenen Netze die Kommunikation untereinander erlauben.

32 Die in den Art. 9 ff. beschriebenen Maßnahmen dürfen nur Betreibern mit beträchtlicher Marktmacht nach einer Marktanalyse gem. Art. 16 Rahmenrichtlinie auferlegt werden. Sie stehen am Ende des in der Rahmenrichtlinie geregelten Marktanalyseverfahrens. Die Auferlegung erfolgt durch die nationalen Regulierungsbehörden. Im Mittelpunkt steht dabei die Netzzugangsverpflichtung (Art. 12). Bei den weiteren aufgezählten Regulierungsinstrumenten handelt es sich um die Gleichbehandlungsverpflichtung (Nichtdiskriminierung, Art. 10), die Verpflichtung zur Transparenz hinsichtlich der Bereitstellungsbedingungen für Zugangsleistungen (Art. 9), die Verpflichtung zur getrennten Buchführung für bestimmte Zugangsleistungen (Art. 11) sowie die Verpflichtung zur Preiskontrolle (Art. 13). Aufgrund der letztgenannten Verpflichtung können die nationalen Regulierungsbehörden Unternehmen mit beträchtlicher Marktmacht insbesondere verpflichten, ihre Vorleistungsentgelte anhand der für die Leistungserbringung entstehenden Kosten zu gestalten und offen zu legen. Dabei können bestimmte Kostenrechnungsmethoden vorgegeben werden.

---

86 *Scherer/Heinickel* MMR 2017, 71, 72; *Neumann* N&R 2016, 262, 264.

87 Vgl. RL 2002/19/EG des Europäischen Parlaments und des Rates v. 7.3.2002 über den Zugang von elektronischen Kommunikationsnetzen und zugehörigen Einrichtungen sowie deren Zusammenschaltung, ABlEG Nr. L 108/7, geändert durch RL 2009/140/EG v. 25.11.2009, ABlEG Nr. L 337/37.

Die EU-Kommission hat hierzu im Jahr 2013 eine weitere Empfehlung für die nationalen Regulierungsbehörden veröffentlicht.[88]

Die nationalen Regulierungsbehörden haben mit Abschluss des Review im Jahr 2009 zudem über den neu eingefügten Art. 13a ein weiteres Regulierungsinstrument erhalten, mit dem sie vertikal integrierte Telekommunikationsunternehmen als ultima ratio zwingen können, Netzbetrieb und Dienstleistungen innerhalb des Unternehmens voneinander zu trennen („funktionale Trennung“).[89] Der potenzielle Nutzen einer solchen Trennung soll in der Schaffung gleicher Wettbewerbsbedingungen, der Beseitigung des Anreizes zur Verdrängung von Wettbewerbern, der geringeren Barrieren für den Markteintritt und in einer Intensivierung des Wettbewerbs auf der Endkundenebene liegen. Langfristig soll dies zu geringeren Preisen, besserer Qualität und mehr Innovationen führen. Ein solcher Schritt soll jedoch nur dann vollzogen werden, wenn durch andere Vorabverpflichtungen kein wirksamer Wettbewerb in dem Mitgliedsstaat erzielt werden kann. Das Vorgehen bedarf einer vorherigen Genehmigung durch die EU-Kommission.[90] **33**

3.3 Die Genehmigungsrichtlinie

Die Genehmigungsrichtlinie[91] beschäftigt sich mit der Frage, inwiefern der Betrieb eines Telekommunikationsnetzes oder das Angebot eines Telekommunikationsdienstes einer staatlichen Erlaubnis unterliegen darf. Dies ist insoweit bedeutsam, als eine hoheitliche Erlaubnis für die Aufnahme einer Tätigkeit ein Marktzutrittshindernis darstellt. Es kann den Wettbewerb behindern und birgt insbesondere für ausländische Unternehmen ein Diskriminierungspotenzial, das der Schaffung eines einheitlichen Binnenmarktes für Telekommunikationsdienstleistungen in Europa zuwider laufen kann. Zugleich regelt die Genehmigungsrichtlinie, unter welchen Bedingungen ein Genehmigungsakt erfolgen darf. **34**

Die Richtlinie schreibt vor, dass Einzelgenehmigungen (in der Terminologie des deutschen Verwaltungsrechts mit einer Genehmigung durch Verwaltungsakt vergleichbar) nur noch in Ausnahmefällen statthaft sind. Dies stellt einen Paradigmenwechsel in der Telekommunikation dar, da zuvor jede Art von Netzbetrieb einer Erlaubnis (Lizenz) bedurfte. Zulässig sind Einzelgenehmigungen, wenn es um die Zuteilung knapper Ressourcen wie Funkfrequenzen geht. I.d.R. sollen sie aber durch Allgemeingenehmigungen ersetzt werden. Dieser Begriff ist dem deutschen Verwaltungsrecht unbekannt. Er umfasst, wie Art. 3 Abs. 2 Genehmigungsrichtlinie zu entnehmen ist, solche Genehmigungen, die ohne behördliche Einzelfallentscheidung gültig sind und allenfalls mit einer Anzeigepflicht verknüpft werden dürfen. Allgemeingenehmigungen können im deutschen Recht durch Gesetze oder auf administrative Ebene durch Allgemeinverfügungen umgesetzt werden.[92] **35**

---

88 Empfehlung der Kommission v. 11.9.2013 über einheitliche Nichtdiskriminierungsverpflichtungen und Kostenrechnungsmethoden zur Förderung des Wettbewerbs und zur Verbesserung des Umfelds für Breitbandinvestitionen, 2013/466/EU, ABlEU Nr. L 251/13.

89 Vgl. BT-Drucks. 17/5707, 64; zur nationalen Diskussion in der Vergangenheit *Holznagel/Enaux/Nienhaus* Rn. 25 ff.; aktuell *Roßnagel/Johannes/Kartal* K&R 2012, 244, 246.

90 *Holznagel* K&R 2010, 761, 763; *Klotz/Brandenberg* MMR 2010, 147, 149.

91 RL 2002/20/EG des Europäischen Parlaments und des Rates v. 7.3.2002 über die Genehmigung elektronischer Kommunikationsnetze und -dienste, ABlEG Nr. L 108/21.

92 Vgl. *Wegmann* K&R 2003, 448, 449.

36 An Einzel- wie Allgemeingenehmigungen dürfen nur solche Bedingungen staatlicherseits geknüpft werden, die in der Genehmigungsrichtlinie aufgeführt sind. Dies gilt insbesondere für Frequenznutzungsbedingungen. Die Auferlegung von Frequenznutzungsbedingungen durch den Mitgliedstaat soll auf das absolut notwendige Maß beschränkt bleiben, da hierdurch ebenfalls erhebliche Marktzutrittsschranken geschaffen werden können.

37 Bedingungen für Allgemein- und Einzelgenehmigungen können sich beziehen auf die Interoperabilität von Diensten, auf die Ermöglichung der Telekommunikationsüberwachung oder auf eine effektive und effiziente Frequenznutzung. Die Genehmigungsrichtlinie wurde im Jahr 2009 durch die RL 2009/140/EG überarbeitet.[93]

3.4 Die Universaldienstrichtlinie

38 Die Universaldienstrichtlinie 2002/22/EG[94] regelt, unter welchen Bedingungen Unternehmen Universaldienstverpflichtungen auferlegt werden können. Unter Universaldienst ist die Bereitstellung eines festgelegten Mindestangebots an Diensten für alle Endnutzer zu einem erschwinglichen Preis zu verstehen. Damit kann der Staat seiner Daseinsvorsorgeverpflichtung auch unter Wettbewerbsbedingungen nachkommen.

39 Zugleich enthält die Richtlinie einige Regelungen über die Regulierung von Endkundenmärkten, wobei eine solche Regulierung erst dann eingreifen soll, wenn die Zugangsregulierung auf Basis der Zugangsrichtlinie nicht zu wettbewerblichen Märkten geführt hat (Art. 17 Abs. 1 Universaldienstrichtlinie).

40 Der überarbeitete Rechtsrahmen sieht eine Reihe von Regelungen vor, die die Rechte der Verbraucher stärken sollen. Dazu zählt u.a. die Ermöglichung eines vereinfachten Anbieterwechsels, der nun innerhalb eines Tages erfolgen muss (Art. 30 Abs. 4), sowie Vorgaben zu den Längen der Vertragslaufzeiten. Hier muss den Kunden statt der üblichen zwei Jahre-Laufzeit als Alternative ein lediglich zwölf Monate dauernder Vertrag angeboten werden (Art. 30 Abs. 5). Eine weitere Neuerung legt den Schwerpunkt auf die Transparenz gegenüber dem Endkunden, der nun über die genauen Leistungen detailliert aufzuklären ist. Im Hinblick auf das Thema Netzneutralität ist die Befugnis der nationalen Regulierungsbehörde von Interesse, den Diensteanbietern die Erbringung von Mindestqualitäten auferlegen zu können, um eine Verschlechterung der Dienste und eine Behinderung oder Verlangsamung des Datenverkehrs in den Netzen zu verhindern.[95] Die bislang in Art. 19 a. F. angeordnete Verpflichtung zur Auferlegung der Betreiberauswahl (Call-by-Call) und Betreibervorauswahl (Preselection) ist ersatzlos gestrichen worden und nun im Anordnungskatalog des Art. 12 Abs. 1 der Zugangsrichtlinie verortet.

3.5 Die Datenschutzrichtlinie

41 Die Datenschutzrichtlinie 2002/58/EG[96] trifft Regelungen zum Spannungsverhältnis zwischen der wirtschaftlichen Verwertung von telekommunikationsbezogenen Daten

---

93 Änderungsrichtlinie 2009/140/EG v. 25.11.2009, ABlEG Nr. L 337/37.

94 RL 2002/22/EG des Europäischen Parlaments und des Rates v. 7.3.2002 über den Universaldienst und Nutzerrechte bei elektronischen Kommunikationsnetzen und -diensten, ABlEG Nr. L 108/51, geändert durch Richtlinie 2009/140/EG v. 25.11.2009, ABlEG Nr. L 337/37.

95 Vgl. Art. 22 der Universaldienstrichtlinie.

96 RL 2002/58/EG des Europäischen Parlaments und des Rates v. 12.7.2002 über die Verarbeitung personenbezogener Daten und den Schutz der Privatsphäre in der elektronischen Kommunikation, ABlEG Nr. L 201/37, geändert durch RL 2009/136/EG v. 25.11.2009, ABlEG Nr. L 337/11.

und den Interessen der Betroffenen, namentlich die Wahrung der Privatsphäre und Vertraulichkeit der Daten. Sie greift die sektorspezifischen Besonderheiten auf und fußt auf der allgemeinen Datenschutzrichtlinie von 1995.[97] Insbesondere wird geregelt, wie lange und zu welchen Zwecken Verkehrsdaten gespeichert werden dürfen. Wichtig ist auch die Regelung zur Verarbeitung von Standortdaten (Art. 9), die für Mobilfunkanwendungen von Bedeutung sein können. Sicherlich auch aufgrund einer Reihe von Datenskandalen in den Mitgliedsstaaten wurde mit der Änderungsrichtlinie der Schutz personenbezogener Daten weiter ausgedehnt. Art. 4 wurde so u.a. um eine Informationspflicht im Falle einer „Verletzung des Schutzes personenbezogener Daten" ergänzt. Schließlich werden die Diensteanbieter zusätzlich verpflichtet, ein Verzeichnis der Verletzungen des Schutzes personenbezogener Daten zu führen. Außerdem enthält die Richtlinie eine Neuregelung zur Verwendung von Cookies und Vorgaben bezüglich der Durchsetzung und Kontrolle von Datenschutzvorschriften. Die Richtlinie regelt nun zudem, dass elektronische Werbung (E-Mail, Fax, SMS, MMS) sowie maschinengenerierte Werbeanrufe grds. eine vorherige Zustimmung der Kunden voraussetzen. Die EU-Kommission hat Anfang 2012 Vorschläge für eine umfassende Reform des EU-Datenschutzrechts veröffentlicht, die weitreichende Konsequenzen in den Nationalstaaten zur Folge hat. Im Mittelpunkt der Überarbeitung des datenschutzrechtlichen Rahmens von 1995 steht die Verordnung im Hinblick auf die Verarbeitung personenbezogener Daten und den freien Datenverkehr (Datenschutz-Grundverordnung, kurz: DSGVO).[98] Damit beabsichtigt die EU-Kommission im Wesentlichen eine weitere Stärkung des Rechts auf informationelle Selbstbestimmung, einen verbesserten Umgang mit den Herausforderungen der Digitalisierung sowie die Harmonisierung des Datenschutzes in der Union.[99] Nach fast vierjähriger Verhandlung haben sich der Europäische Rat, das EU-Parlament und die EU-Kommission am 15.12.2015 über den Inhalt der EU-Datenschutz-Grundverordnung geeinigt. Die Datenschutz-Grundverordnung hebt die Datenschutzrichtlinie 95/46/EG auf, ist am 25.5.2016 in Kraft getreten und gilt aber unmittelbar in allen EU-Mitgliedstaaten erst ab dem 25.5.2018 (vgl. Art. 99 DSGVO). Die Datenschutz-Grundverordnung führt die bisherigen datenschutzrechtlichen Grundprinzipien fort und baut sie weiter aus. Die bislang maßgeblichen Grundsätze des „Verbots mit Erlaubnisvorbehalt", der „Datenvermeidung und Datensparsamkeit", der „Zweckbindung" und der „Transparenz" prägen auch die neue Datenschutz-Grundverordnung. Auch zur Datenübermittlung außerhalb der EU finden sich aufgrund der Bedeutung für die Rechte des Einzelnen an seinen personenbezogenen Daten nun Vorgaben in der DSGVO.[100]

3.6 Die Frequenzentscheidung

Die Frequenzentscheidung[101] zielte auf die Harmonisierung der Nutzung von Funkfrequenzen in der Union. Andernfalls könnten Hindernisse für die Entwicklung des Bin- **42**

97 RL 95/46/EG des Europäischen Parlaments und des Rates v. 24.10.1995 zum Schutz natürlicher Personen bei der Verarbeitung personenbezogener Daten und zum freien Datenverkehr, ABlEG Nr. L 281/31.

98 VO (EU) 2016/679 des Europäischen Parlaments und des Rates v. 27.4.2016zum Schutz natürlicher Personen bei der Verarbeitung personenbezogener Daten, zum freien Datenverkehr und zur Aufhebung der Richtlinie 95/46/EG (Datenschutz-Grundverordnung), ABlEU Nr. L 119/1.

99 Ausführlich: *Lang* K&R 2012, 145.

100 *Von Schenk/Mueller-Stöfen* GWR 2017, 171.

101 Entscheidung Nr. 676/2002/EG über einen Rechtsrahmen für eine gemeinsame Frequenzpolitik, ABlEG Nr. L 108.

nenmarktes entstehen. Die EU-Kommission wurde ermächtigt, zur Erreichung der Harmonisierungsziele Entscheidungen zu treffen und Umsetzungsfristen vorzugeben. Die Frequenzentscheidung sah die Gründung des sog. Frequenzausschusses vor, der Vertretern der Mitgliedstaaten besteht und von der Kommission geleitet wird. Er sollte sich im Wesentlichen mit der technischen Realisierung von Frequenzkonzepten befassen. Im Bereich der elektronischen Kommunikation unterliegt die Frequenzpolitik der Rahmenrichtlinie 2002/21/EG und der Genehmigungsrichtlinie 2002/20/EG.[102] Mit der Überarbeitung dieser Richtlinien im Rahmen des 2007 Review wurden beträchtliche Verbesserungen eingeführt, um für eine effiziente Frequenznutzung zu sorgen, die Starrheit in der Frequenzverwaltung zu lockern und den Zugang zu Funkfrequenzen zu erleichtern. Die EU-Kommission beschloss im März 2012 ein mehrjähriges Programm zur Funkfrequenzpolitik, das auf den EU-Regulierungsgrundsätzen für die elektronische Kommunikation und auf der Frequenzentscheidung beruht.[103] Damit sollte die „politische Orientierung und Zielsetzung für die strategische Planung und Harmonisierung der Frequenznutzung" in den Jahren 2011–2015 bestimmt werden. Der Vorschlag war Teil eines umfassenden Breitbandpakets, das mit drei einander ergänzenden Maßnahmen der Förderung und Verbreitung schneller Breitbanddienste dienen soll.[104] Möglich machte ein solches Vorgehen der EU-Kommission der mit dem Telekom-Paket neu eingefügte Art. 8a Abs. 3 der Rahmenrichtlinie, der bislang zum Teil in der Frequenzentscheidung geregelte Inhalte in diese überführt.[105] Der kommende TK-Kodex („EECC") wird auch im Bereich der Funkfrequenzen eine weitgehende Harmonisierung der Bereitstellung und der Geltungsdauer von Nutzungsrechten nach sich ziehen und damit die Vorgaben der Frequenzentscheidung tangieren.[106]

IV. Abgrenzung zum Kartellrecht

1. Unterschiede zwischen kartellrechtlicher und telekommunikationsrechtlicher Wettbewerbsaufsicht

43 Wie bereits dargelegt handelt es sich bei den Vorschriften des TKG zur Marktregulierung (§§ 9–43) um ein Sonderkartellrecht für den Telekommunikationssektor.[107] Die Regulierungsinstrumente stellen i.d.R. besondere Ausprägungen vorhandener kartellrechtlicher Eingriffsmöglichkeiten dar. Ein Grundverständnis des allgemeinen Kartellrechts ist daher für die Auslegung der relevanten telekommunikationsrechtlichen Vorschriften unerlässlich. Allerdings verfolgen die Regelungswerke im einzelnen unterschiedliche Zielsetzungen: während das allgemeine Kartellrecht den vorhandenen Wettbewerb vor Beschränkungen und Verfälschungen schützen soll, geht es bei der telekommunikationsrechtlichen Wettbewerbsaufsicht um die Schaffung von Wettbewerb auf solchen Märkten, die nicht von selbst zum Wettbewerb tendieren (arg e § 10 Abs. 2 S. 1). Die Regulierung nach dem TKG hat somit ein – wenn man so will –

102 Beide Richtlinien wurden durch die Richtlinie 2009/140/EG geändert, vgl. oben Rn. 19.

103 Beschluss Nr. 243/2012/EU des Europäischen Parlaments und des Rates vom 14.3.2012 über ein Mehrjahresprogramm für die Funkfrequenzpolitik, ABlEU Nr. L 81/7.

104 S. Mitteilung der EU-Kommission v. 20.9.2010, IP/10/1142.

105 *Ellinghaus* CR 2010, 20, 22.

106 *Scherer/Heinickel* MMR 2017, 71, 73.

107 Vgl. Beck'scher TKG-Kommentar/*Bongard* Vor § 9 Rn. 1.

planerisches oder steuerndes Element, was zweifelsohne in gewissem Widerspruch zur Ergebnisoffenheit des Wettbewerbsprozesses steht. Der Regulierer steht dabei vor der Herkulesaufgabe, den wettbewerblichen Zustand eines Marktes definieren zu müssen.[108]

Wie das GWB und die Wettbewerbsregeln des AEUV-Vertrages knüpft auch das TKG die besonderen Verpflichtungen des regulierten Unternehmens an seine Stellung im Markt.[109] Für ein Eingreifen des Bundeskartellamtes im Rahmen der allgemeinen Missbrauchskontrolle nach dem GWB ist i.d.R. erforderlich, dass das betroffene Unternehmen über eine marktbeherrschende Stellung i.S.d. §§ 19, 20 GWB verfügt. Gleiches gilt für ein Eingreifen der EU-Kommission nach Art. 102 AEUV. Kartellrechtlich ist diese gegeben, wenn ein Unternehmen in der Lage ist, sich in beträchtlichem Umfang unabhängig von seinen Wettbewerbern, Kunden und Lieferanten zu verhalten. Kennzeichnend für die Annahme einer marktbeherrschenden Stellung ist hiernach die fehlende Verhaltenskontrolle durch den Wettbewerb, die nunmehr durch die Wettbewerbsaufsicht ersetzt werden muss. Die Neutralisierung von Marktmacht wird somit zur Aufgabe des Rechts.[110] **44**

Zwar verwendet das TKG in § 11 Abs. 1 S. 2 eine andere Terminologie („beträchtliche Marktmacht"), in der Sache ist der dem europäischen Rechtsrahmen entstammende Topos der beträchtlichen Marktmacht dem kartellrechtlichen Begriff der Marktbeherrschung weitgehend angenähert.[111] Abgesehen von einigen telekommunikationsrechtlichen Besonderheiten, auf die noch einzugehen sein wird, sind die Bewertungskriterien im Wesentlichen identisch. Der wesentliche Unterschied zwischen der kartell- und telekommunikationsrechtlichen Beurteilung besteht darin, dass bei ersterer ein bestimmtes Verhalten des Marktbeherrschers ex-post auf seine Vereinbarkeit mit dem Kartellrecht zu beurteilen ist, während im Telekommunikationsrecht dem Unternehmen mit beträchtlicher Marktmacht ex ante Regulierungsverpflichtungen auferlegt werden, um bestimmten in einer Marktanalyse festgestellten Wettbewerbsproblemen abzuhelfen. Ein dem Wettbewerb abträgliches Verhalten soll auf diese Weise von vornherein vermieden werden. Mangels nachträglich konkret zu beurteilenden Marktverhaltens muss die telekommunikationsrechtliche Marktanalyse somit maßgeblich auf eine Prüfung der Marktstruktur abstellen und enthält entsprechend dem oben beschriebenen planerischen Ansatz ein prognostisches Element hinsichtlich des zukünftigen Verhaltens der Unternehmen im Markt.[112] Das Verhalten der Unternehmen muss antizipiert werden, um möglichen Wettbewerbsbeschränkungen mit Abhilfemaßnahmen entgegenzuwirken. Dies stellt erhebliche Anforderungen an die Begründung der Regulierungsentscheidungen. Die kartellrechtliche Prüfung missbräuchlichen Marktverhaltens ist in dieser Hinsicht vergleichsweise einfach. Sie ist reine Verhaltenskontrolle. **45**

Auch die Eingriffsinstrumentarien sind entsprechend der unterschiedlichen Zielsetzungen von Kartell- und Telekommunikationsrecht verschieden. Das Kartellrecht ist im Rahmen der Missbrauchsaufsicht sanktionsorientiert. Sowohl das nationale wie das europäische Kartellrecht belegt missbräuchliches Verhalten nach den §§ 19, 20 GWB bzw. Art. 102 AEUV mit Bußgeldern. Es hat aber kein zukunftsweisendes Element. **46**

---

108 Hierzu: *Piepenbrock/Schuster* CR 2002, 98.
109 Zur Abgrenzung vgl. Beck'scher TKG-Kommentar/*Cornils* § 2 Rn. 91.
110 Vgl. *Mestmäcker* S. 8.
111 Vgl. Beck'scher TKG-Kommentar/*Korehnke* § 11 Rn. 8, 15 f.
112 Vgl. Beck'scher TKG-Kommentar/*Korehnke/Ufer* § 11 Rn. 24.

Das Telekommunikationsrecht hingegen ist im Wesentlichen auf das zukünftige Verhalten der Unternehmen im Markt gerichtet. Die Verpflichtungen werden dem Unternehmen auferlegt, damit es sein Verhalten an diesen Maßstäben ausrichtet. Entsprechend dem festgestellten Marktversagen können diese ganz unterschiedlich ausfallen und reichen von Nichtdiskriminierungspflichten (§ 19) bis hin zur Vorab-Preiskontrolle, d.h. Entgelte vor ihrer Erhebung (ex-ante) genehmigen lassen zu müssen (§§ 27 ff.). Die durch die Bundesnetzagentur anordbaren Regulierungsverpflichtungen sind daher eher abstrakten gesetzlichen Verpflichtungen zu vergleichen, die das Wettbewerbsverhalten eines Unternehmens vorab regulieren. Aufgrund ihres beschriebenen Charakters greifen telekommunikationsrechtliche Maßnahmen weitaus mehr als die nachträglich (ex-post) eingreifenden Sanktionen des Kartellrechts in die unternehmerische Freiheit des regulierten Unternehmens ein und unterliegen daher einem erhöhten Rechtfertigungszwang. Zudem kann man sich sehr wohl die Frage stellen, ob die Anordnung so weit reichender Verpflichtungen durch eine Behörde mit dem Wesentlichkeitsgrundsatz des Grundgesetzes vereinbar ist.

47 Ein nicht zu unterschätzender Unterschied ist die zeitliche Komponente. Wettbewerbsrechtliche Schritte aufgrund der §§ 19, 20 GWB bringen einen erheblichen Aufwand bei der Sachverhaltsrecherche und beim Missbrauchsnachweis mit sich. Ein Zeitaufwand, der allzu häufig in der sich schnell wandelnden Telekommunikationsbranche nicht getätigt werden kann.

2. Anwendungsschwelle für das Telekommunikationsrecht

48 Anders als das Kartellrecht ist das Telekommunikationsrecht sektorales Recht. Fraglich ist, welches die Voraussetzungen sind, damit dieses sektorale Recht zur Anwendung gelangt. Der Gesetzgeber beantwortet diese Frage in § 10 Abs. 2 S. 1 TKG. Hiernach unterliegen keineswegs alle Märkte der Telekommunikation dem Anwendungsbereich des TKG, sondern nur solche, die von beträchtlichen Markteintrittsschranken geprägt sind, längerfristig nicht zu Wettbewerb tendieren und bei denen das allgemeine Kartellrecht nicht zur Regulierung des Marktes ausreicht. Die Reichweite der Regulierung wird also nicht mehr statisch für den gesamten Wirtschaftssektor bestimmt, sondern dynamisch anhand des Zustandes der jeweiligen dem Sektor zugehörigen Märkte. Der in § 10 Abs. 2 S. 1 verankerte sog. Drei-Kriterien-Test definiert mithin die Regulierungsbedürftigkeit von Telekommunikationsmärkten und folglich den Anwendungsbereich des Gesetzes. § 10 Abs. 2 S. 1 stellt damit eine der zentralen Normen des TKG dar. Erstaunlicherweise hat sie aber in der bisherigen Regulierungspraxis eine untergeordnete Rolle gespielt.[113]

49 Demgegenüber muss in jedem Einzelfall bezogen auf den jeweiligen Markt der Kriterienkatalog des § 10 Abs. 2 S. 1 bejaht werden, damit eine Regulierungsbedürftigkeit angenommen werden kann. Im Hinblick auf die Feststellung der Wettbewerbstendenz sind empirische ökonomische Analysen notwendig. In rechtlicher Hinsicht kommt insbesondere dem letzten Kriterium des § 10 Abs. 2 S. 1 Bedeutung zu. Nur wenn feststeht, dass das allgemeine Kartellrecht, und hierzu zählen sowohl die einschlägigen nationalen wie gemeinschaftsrechtlichen Vorschriften zum Missbrauch von Marktmacht (§§ 19, 20 GWB, Art. 102 AEUV einschließlich der Bußgeldvorschriften), nicht

---

113 Vgl. *Möschel* MMR 2007, 343 mit Nachweisen zur Behördenpraxis; kritisch auch *Topel* ZWeR 2006, 27, 33.

ausreicht, um dem Marktversagen entgegenzuwirken, ist eine Regulierung notwendig. Hierzu ist zunächst festzustellen, welches Wettbewerbsproblem konkret vorliegt, welche Sanktionsmöglichkeiten das allgemeine Kartellrecht bereithält und inwieweit sich diese im Hinblick auf das erkannte Wettbewerbsproblem als untauglich erweisen.

In Bezug auf die im Telekommunikationsrecht regelmäßig auftretenden Fallgruppen wie Preishöhenmissbrauch, Preis-Kosten-Scheren, Bündelungen oder Zugangsfragen erweist sich das Kartellrecht nicht als weniger eingriffstauglich.[114] Alleine der Hinweis, dass das Kartellrecht ein missbräuchliches Verhalten erst ex-post einer Sanktion zuführen kann und dass das Regulierungsrecht demgegenüber einen Missbrauch vorab verhindern könnte, ist nicht ausreichend. Dieser Strukturunterschied des Kartellrechts zu den ex-ante eingreifenden Regulierungssanktionen war dem Gesetzgeber bewusst, und trotzdem hat er die Prüfung der hinreichenden Effektivität des Kartellrechts angeordnet. Damit gibt er zu verstehen, dass das Kartellrecht auch im Bereich der Telekommunikation grds. zur Marktregulierung ausreicht. Nur wenn denn die besonderen Umstände der Wettbewerbsprobleme nach einer ex-ante-Regulierung nach dem TKG verlangen, ist diese auch geboten. Könnte die Frage nach dem Ausreichen des Kartellrechts zur Marktregulierung allein mit dem Hinweis auf die Strukturunterschiede zwischen beiden Regelungsmaterien beantwortet werden, würde die Prüfung zwangsläufig zugunsten des schärferen und früher eingreifenden Sanktionsinstrumentariums ausfallen und würde im Ergebnis ins Leere laufen. Es kann also bei der Prüfung nicht darum gehen, ob bestimmte Regulierungsziele im Sinne einer optimalen Zielerreichung besser, schneller oder einfacher durch Regulierungsmaßnahmen nach dem TKG erreicht werden können. Vielmehr ist die Feststellung notwendig, dass das Kartellrecht unter keinem Gesichtspunkt, dem spezifisch festgestellten Wettbewerbsproblem entgegenwirken kann. Diese Prüfung stellt hohe Prognoseanforderungen und scheint auch deshalb beim Regulierer unbeliebt. 50

Die beschriebene notwendige Einzelfallprüfung der Regulierungsbedürftigkeit von Telekommunikationsmärkten entspricht einem deregulatorischen Ansatz, wonach sich die Regulierung auf die spezifischen Wettbewerbsprobleme der Einzelmärkte des Telekommunikationssektors konzentrieren soll und diese Märkte, soweit sie nicht besonders regulierungsbedürftig erscheinen, aus der Regulierung entlassen und entsprechend den Märkten anderer Wirtschaftssektoren dem Kartellrecht überantwortet werden sollen.[115] Insoweit erweist sich das Telekommunikationsrecht als Übergangsrecht bis eine Regulierungsbedürftigkeit nach § 10 nicht mehr gegeben ist. Ergibt sich bei der Prüfung, dass eine Regulierungsbedürftigkeit nach dem TKG nicht (mehr) besteht, unterfallen diese Telekommunikationsmärkte alleine der kartellrechtlichen Missbrauchsaufsicht nach den §§ 19, 20 GWB, Art. 102 AEUV, die von den Kartellbehörden (Bundeskartellamt, EU-Kommission) ausgeübt wird. 51

3. Konkurrenz von Kartell- und Telekommunikationsrecht

Unterfällt ein Markt der Telekommunikationsregulierung, bleibt das Kartellrecht grds. daneben anwendbar, wie sich aus § 2 Abs. 4 ergibt. Eine Ausschlusswirkung des Telekommunikationsrechts besteht nur dann, wenn durch das TKG ausdrücklich eine abschließende Regelung getroffen wird.[116] 52

---

114 Vgl. *Möschel* MMR 2007, 343, 346.
115 Vgl. Begr. zu § 10 TKG, BT-Drucks. 15/2316, 84.
116 *Spindler/Schuster* TKG § 2 Rn. 18.

53 Unproblematisch ist dies, soweit das Kartellrecht einen Gegenstand regelt, der keine Entsprechung im TKG findet, wie beispielsweise die Fusionskontrolle. Die Fusionskontrolle im Telekommunikationssektor regelt sich daher ausschließlich nach dem GWB bzw. den entsprechenden europarechtlichen Bestimmungen wie der FKVO. Gleiches gilt für die Regelungen über Kartellabsprachen (§§ 1 ff. GWB). Insofern stellt sich in beiden Fällen erst gar kein Fall konkurrierender Regulierung.

54 Eine Konkurrenzsituation kann sich aber ergeben im Bereich der Verpflichtungen marktbeherrschender Unternehmen nach den §§ 19, 20 GWB. Diese können zugleich marktmächtig sein i.S.d. § 11 und so könnte sich eine Doppelregulierung für diese Unternehmen beispielsweise bei Zugangsverpflichtungen (Kontrahierungszwang mit Nachfragern einer Leistung nach § 21) oder bei der Entgeltregulierung (§§ 27 ff.) ergeben. Zu prüfen ist also, ob die Regelungen des TKG zur Marktregulierung abschließend i.S.d. § 2 Abs. 4 sind. Ein ausdrücklicher Hinweis, wie ihn das Gesetz verlangt, findet sich in den §§ 9 ff. nicht. Allerdings könnte man argumentieren, dass – da das Gesetz in § 10 Abs. 2 S. 1 die Prognose der Untauglichkeit des Kartellrechts zur Marktregulierung verlangt – festgestellt sei, dass der jeweilige Markt wirksam nur durch das Telekommunikationsrecht reguliert werden könne. Dem lässt sich entgegenhalten, dass § 10 Abs. 2 S. 1 von der Prognose spricht, dass das allgemeine Kartellrecht „allein" nicht ausreichend zur Marktregulierung sei; dass es damit aber im Falle der festgestellten Regulierungsbedürftigkeit trotzdem neben dem Telekommunikationsrecht zur Anwendung gelangen könne. Allerdings stellt sich in der Tat die Frage, welchen Sinn eine solche, sozusagen flankierende, Anwendung haben sollte, wenn ihre generelle Untauglichkeit bereits festgestellt wurde.[117]

55 Im Ergebnis wird die Frage ohnehin relativiert durch den Umstand, dass der nationale Gesetzgeber keinen Ausschluss höherrangigen Rechts, also der unionsrechtlichen Regelungen gegen den Missbrauch von Marktmacht durch beherrschende Unternehmen (Art. 102 AEUV) verfügen kann. Diese Regelungen bleiben daher ohnehin anwendbar. So müssen sich marktbeherrschende Unternehmen beispielsweise auch eine doppelte Wettbewerbskontrolle durch die nationalen Regulierungsbehörden und durch die EU-Kommission gefallen lassen.[118]

B. Regulierung nach dem Telekommunikationsgesetz

I. Marktregulierung

1. Überblick

56 Die Regelungen des TKG zur Marktregulierung sind eng an die entsprechenden Vorschriften der Rahmenrichtlinie angelehnt und folgerichtig als gestuftes Verfahren aufgebaut. Gem. § 10 hat zunächst auf der ersten Stufe eine Marktabgrenzung zu erfolgen, in der die regulierungsbedürftigen Märkte festgelegt werden. In der anschließenden Marktanalyse gem. § 11 werden die regulierungsbedürftigen Unternehmen

---

117 Ausführlich zum Streit zwischen Parallelitätsthese und Spezialitätsthese Beck'scher TKG-Kommentar/*Cornils* § 2 Rn. 97 f.

118 *EuGH* 14.10.2010, Rs. C-280/08P – Deutsche Telekom AG/EU-Kommission.

bestimmt. Aufgreifkriterium ist das Vorliegen beträchtlicher Marktmacht. Die §§ 12–15a betreffen insbesondere Verfahrensfragen im Hinblick auf die Beteiligung der EU-Kommission sowie anderer nationaler Regulierungsbehörden. Die zweite und die dritte Stufe der Marktregulierung betreffen die Rechtsfolgen festgestellter Marktmacht, und zwar insbesondere im Hinblick auf Fragen des Zugangs zu Netzen und Diensten des marktmächtigen Unternehmens (§§ 16 ff.) und hinsichtlich der Regulierung der Entgelte für den zu gewährenden Zugang (§§ 27 ff.)

2. Das Verfahren der Marktregulierung

2.1 Marktdefinition

Nach § 9 Abs. 1 unterliegen der Telekommunikationsregulierung Märkte, die regulie- **57**
rungsbedürftig sind und auf denen kein wirksamer Wettbewerb besteht. Als erster Schritt in dem gestuften Verfahren erfolgt die Festlegung der regulierungsbedürftigen Märkte im Rahmen der sog. Marktdefinition gem. § 10. Mit ihr wird in gewisser Weise der Anwendungsbereich der Marktregulierung bestimmt.[119] Die Marktdefinition wiederum umfasst zwei Prüfschritte: die eigentliche Marktabgrenzung (Marktabgrenzung im engeren Sinne) sowie die Prüfung der Regulierungsbedürftigkeit. Maßgeblich für die Marktabgrenzung im engeren Sinne ist entsprechend der Vorgaben des Unionsrechts die kartellrechtliche Praxis.

Die Märkte sind dabei in sachlicher wie räumlicher Hinsicht zu definieren (Markt- **58**
abgrenzung). In sachlicher Hinsicht ist zu prüfen, welche Produkte zu einem Markt zählen. Nach dem herrschenden Bedarfsmarktkonzept, das in einzelnen Fällen durch weitere Prüfungspunkte ergänzt wird,[120] ist maßgeblich die Austauschbarkeit von Produkten und Dienstleistungen aus Sicht des Nachfragers.[121] Ist eine Austauschbarkeit im Hinblick auf Eigenschaften, Verwendungszweck und Preis gegeben, zählen die Produkte und Dienstleistungen mit diesen Merkmalen zum gleichen Markt. Je enger die Marktabgrenzung, desto näher liegt kartellrechtlich die Annahme von Marktbeherrschung oder regulatorisch die Annahme beträchtlicher Marktmacht mit den daran anknüpfenden Verpflichtungen. Würde beispielsweise im Bereich der Erfrischungsgetränke ein Markt für Coca Cola abgegrenzt, so wäre Coca Cola in diesem Markt automatisch marktbeherrschend, da Coca Cola der einzige Anbieter des Produktes ist und somit keinem Wettbewerb ausgesetzt wäre. Ähnlich im Bereich der Telekommunikation: so wird vertreten, dass die Zustellung eines Telefongespräches (sei es im Festnetz oder im Mobilfunk) in einem Netz nicht durch die Zustellung des Gespräches in einem anderen Netz ersetzt werden könne.[122] Damit ist jedenfalls i.d.R. der jeweilige Netzbetreiber – weil einziger Anbieter der Leistung – marktbeherrschend bzw. marktmächtig. Der Markt wird also auf das Produkt eines einzelnen Unternehmens verengt, wobei in dem betreffenden Fall verkannt wird, dass die einzelnen Netzbetreiber im Wettbewerb um den Kunden stehen und die fehlende Substituierbarkeit der Leistung erst eine Folge der Entscheidung des Kunden ist, mit einem Netzbetreiber zu kontrahieren. In der regulatorischen Praxis der BNetzA im Bereich der Zusammenschaltungen („Intercon-

---

119 *Neumann/Koch* Kap. 3 Rn. 32.

120 Wie z.B. die Angebotsumstellungsflexibilität vgl. Beck'scher TKG-Kommentar/*Bongard* Vor § 9 Rn. 35 ff.; *BGHZ* 170, 299, 306 – „National Geographic II".

121 Vgl. Beck'scher TKG-Kommentar/*Schütz* § 10 Rn. 8 f.; *BVerwGE* 131, 41, 50.

122 Vgl. Beck'scher TKG-Kommentar/*Schütz* § 10 Rn. 52, 78 f.

nection") sind demnach alle Festnetz-Betreiber als auch Mobilfunk-Netzbetreiber sowie die Betreiber sog. virtueller Mobilfunknetze (MVNO) jeweils in ihren Netzen marktmächtig und Adressaten entsprechender Regulierungsverpflichtungen.[123]

59 Neben der sachlichen Abgrenzung muss auch eine räumliche Definition erfolgen. Es muss festgestellt werden, auf welchem räumlichen Gebiet sich der sachliche Markt erstreckt. I.d.R. ist dies eine nationale Abgrenzung, die sich auf das Gebiet der Bundesrepublik Deutschland erstreckt. Die Marktentwicklung könnte aber zukünftig – wie bereits in einigen anderen europäischen Staaten – auch in Deutschland zu einer regional differenzierten Auferlegung bzw. Befreiung von Vorabverpflichtungen führen. Eine sub-nationale Abgrenzung der Märkte war zwar nach dem TKG auch vor der Novelle 2012 im Rahmen des allgemeinen Marktregulierungsverfahrens schon möglich.[124] Bereits im Rahmen ihrer Marktanalyse für den damaligen Markt 5 (Bitstrom) im Jahr 2009 hatte sich die Bundesnetzagentur mit dieser Möglichkeit beschäftigt. Trotz der Feststellung eines durch Wettbewerb gekennzeichneten Bitstromzugangsmarktes in 771 von insgesamt ca. 8 000 Anschlussbereichen, lehnte die Behörde sowohl eine Abgrenzung regionaler Märkte als auch die Regionalisierung von Regulierungsmaßnahmen klar ab.[125] Die TKG-Novelle 2012 hat den Gedanken der Regionalisierung explizit in § 2 Abs. 3 Nr. 5 als zu berücksichtigenden Regulierungsgrundsatz eingeführt. Die erste Regulierungsentscheidung, die den Aspekt der Regionalisierung berücksichtigte, fiel im Oktober 2015. Dadurch wurde die Telekom in den von der BNetzA als wettbewerblich eingestuften 20 Städten aus der Regulierung für den Layer 3-Bitstromzugang entlassen.[126]

60 Es wird ersichtlich, dass die Marktabgrenzung für die Annahme von zu regulierender Marktmacht vorentscheidend ist. Kartell- und Regulierungsbehörden tendieren zu engen Marktabgrenzungen, weil ihnen dies eine sachgerechtere Marktregulierung ermöglicht.

61 Steht fest, welche Produkte ein Markt umfasst und wie er sich räumlich abgrenzt, ist in einem weiteren Schritt zu prüfen, ob dieser Produktmarkt der sektorspezifischen Regulierung unterfällt. Nach § 10 Abs. 2 S. 1 sind solche Märkte regulierungsbedürftig, die

(1) durch beträchtliche und anhaltende strukturelle oder rechtlich bedingte Marktzutrittsschranken gekennzeichnet sind,
(2) längerfristig nicht zu wirksamem Wettbewerb tendieren und auf denen
(3) die Anwendung des allgemeinen Wettbewerbsrechts allein nicht ausreicht, um dem betreffenden Marktversagen entgegenzuwirken.

62 Ein Markt ist regulierungsbedürftig, wenn diese drei Kriterien kumulativ erfüllt sind. Es ist bereits dargelegt worden, dass mit diesem sog. Drei-Kriterien-Test die Reichweite der sektorspezifischen Regulierung definiert wird.[127]

---

123 Für den Mobilfunk vgl. die Festlegung der Präsidentenkammer der BNetzA v. 19.1.2016, BK1-14/002.

124 *Ufer* N&R 2008, 173; *Ehrler/Ruhle/Berger* CR 2008, 703.

125 BNetzA Festlegung v. 16. 9.2010, ABl. BNetzA 2010, 3168, 3293 (Az. BK 1-09/007).

126 Regulierungsverfügung v. 28.10.2015 im Bereich des für Massenmarktprodukte auf der Vorleistungsebene an festen Standorten zentral bereitgestellten Zugangs (Bitstromzugang/Markt Nr. 3b der Märkteempfehlung 2014) (BK 3-14/114).

127 *Neumann/Koch* Kap. 3 Rn. 51; Beck'scher TKG-Kommentar/*Schütz* § 10 Rn. 13 f.; kritisch *Möschel* MMR 2007, 343.

Zu den Kriterien im Einzelnen: Die Prüfung der **Marktzutrittsschranken (1)** stellt den Ausgangspunkt dar. Diese können struktureller oder rechtlicher Natur sein. Strukturelle Marktzutrittsschranken können beispielsweise in unterschiedlichen Kostenstrukturen eines etablierten und eines neu in den Markt hinzutretenden Unternehmens bestehen. Rechtliche Marktzutrittsschranken können sich aus gesetzlichen oder behördlichen Entscheidungen, insbesondere Zulassungserfordernissen, ergeben.[128] Je höher die Marktzutrittsschranken sind, desto unwahrscheinlicher ist, dass der Wettbewerb durch Neueinsteiger in den Markt belebt wird. **63**

Weiterhin darf für die Annahme der Regulierungsbedürftigkeit längerfristig **keine Wettbewerbstendenz (2)** zu erkennen sein. Damit ist der Zustand des Wettbewerbs hinter der Zugangsschranke zu prüfen. In technologiegetriebenen, von Innovationen geprägten Märkten kann auch von noch nicht auf dem jeweiligen Markt tätigen Unternehmen Wettbewerbsdruck ausgehen und die Zugangsschranken relativieren.[129] Im Übrigen ist bei diesem Prüfungspunkt eine Prognose dahingehend erforderlich, ob das Fehlen eines wirksamen Wettbewerbs ein dauerhaftes Phänomen ist und nur durch Regulierung überwunden werden kann oder ob der Markt selbst Wettbewerbstendenzen aufweist. **64**

Schließlich ist festzustellen, ob das allgemeine **Wettbewerbsrecht zur Marktregulierung ausreicht (3)**. Nur diejenigen Märkte kommen für eine Regulierung nach dem TKG in Betracht, bei denen dies nicht der Fall ist. Insofern kann auf die Ausführungen zur Abgrenzung zwischen Kartell- und Telekommunikationsrecht verwiesen werden.[130] **65**

Die Bundesnetzagentur ist hierzu jedoch nicht auf eine völlig eigenständige Bewertung und Prognose angewiesen. Die Marktabgrenzung erfolgt nach § 10 Abs. 2 S. 3 auf der Grundlage und unter „weitestgehender Berücksichtigung" der überarbeiteten Märkteempfehlung sowie der Leitlinien[131] der EU-Kommission hierfür.[132] Empfehlungen haben nach dem Unionsrecht keinen bindenden Charakter, allerdings kann die Bundesnetzagentur auch nicht ohne weiteres andere Märkte abgrenzen als von der EU-Kommission im Rahmen ihrer typisierenden Durchschnittsbetrachtung vorgesehen. Von den in der Märkteempfehlung enthaltenen Märkten geht die Vermutung der Regulierungsbedürftigkeit aus. **66**

Die geforderte weitestgehende Berücksichtigung macht es notwendig, dass sich die Bundesnetzagentur sachlich fundiert mit der Märkteempfehlung und den Leitlinien auseinandersetzt und die dortige Marktabgrenzung im Falle eines Abweichens begründet zurückweist. Eine Marktabgrenzung kann sich nicht nur auf bestehende, sondern auch auf fiktive Märkte beziehen, auf denen zum Zeitpunkt der Marktdefinition kein tatsächliches Marktgeschehen herrscht.[133] Märkte sind für die sektorspezifische Regulierung unter Berücksichtigung der zukünftigen Marktentwicklung prognostisch zu bewerten.[134] **67**

---

128 Vgl. EG 12 Märkteempfehlung.

129 Vgl. Begr. Märkteempfehlung, S. 11.

130 Vgl. oben Rn. 48 ff.

131 Leitlinien (2002/C 165/03) zur Marktanalyse und Ermittlung beträchtlicher Marktmacht nach dem gemeinsamen Rechtsrahmen für elektronische Kommunikationsnetze und -dienste, ABlEG 2002 Nr. C 165/6.

132 Zur unionsrechtlichen Begründung vgl. oben Rn. 22.

133 *BVerwG* N&R 2009, 130, 131.

134 *BVerwG* CR 2010, 721, 724.

68 Der Bundesnetzagentur steht bei der Marktdefinition sowie bei der Marktanalyse ein Beurteilungsspielraum zu, was für die Frage der gerichtlichen Überprüfbarkeit von Regulierungsentscheidungen von erheblicher Relevanz ist.[135] Diese Bewertung war in der Vergangenheit heftig umstritten und wurde so 2011 zuerst vom BVerfG entschieden und im Anschluss vom Gesetzgeber in das TKG aufgenommen (§ 10 Abs. 2 S. 2).[136] Beide Verfahrensschritte – Marktdefinition und -analyse – können somit nur eingeschränkt gerichtlich überprüft werden. Verwaltungsgerichtlich ist die Prüfung darauf beschränkt, ob das notwendige Verfahren eingehalten wurde, der Sachverhalt korrekt ermittelt wurde, das anzuwendende Recht berücksichtigt wurde und ob die Behörde sich von sachfremden Erwägungen hat leiten lassen bzw. allgemeingültige Bewertungsmaßstäbe verletzt hat.

2.2 Marktanalyse

69 In der Marktanalyse wird untersucht, ob auf dem als regulierungsbedürftig erkannten Produktmarkt wirksamer Wettbewerb herrscht. Dies ist nicht der Fall, wenn auf diesen Märkten Unternehmen über beträchtliche Marktmacht verfügen (§ 11 Abs. 1 S. 2).

70 Es ist schon dargelegt worden, dass sich die Prüfung beträchtlicher Marktmacht an den kartellrechtlichen Topos der Marktbeherrschung anlehnt. Entsprechend der unionsrechtlichen Vorgaben[137] inkorporiert § 11 Abs. 1 S. 3 mit seiner Definition von beträchtlicher Marktmacht die Rspr. des EuGH[138] zur kartellrechtlichen Marktbeherrschung in das Gesetz. Hierzu ergeben sich aus den Leitlinien zur Marktanalyse eine Reihe zu beachtender Kriterien, vgl. § 11 Abs. 3 S. 1. Danach ist in einer wertenden Gesamtschau zu beurteilen, ob ein Unternehmen sich unabhängig von Wettbewerbern, Kunden und Lieferanten verhalten kann, mithin ob sein Verhaltensspielraum durch die Marktkräfte kontrolliert wird oder ob dies nicht mehr der Fall ist.[139] Nach kartellrechtlicher Praxis kommt es hierbei insbesondere auf den Marktanteil des in Rede stehenden Unternehmens an. Nach der Rspr. des EuGH kann ab an einem Marktanteil von 50 % regelmäßig auf eine Marktbeherrschung geschlossen werden.[140] Genau diese Einschätzung findet sich folglich auch in den Leitlinien.[141] Neben dem absoluten Marktanteil sind unter anderem der relative Marktanteil, die Anteilsentwicklung, die Marktzutrittsschranken, die Macht der Marktgegenseite, die Unternehmensressourcen, der Zugang zu den Kapitalmärkten, die Verflechtung mit anderen Unternehmen relevant.[142]

71 Nach § 11 Abs. 1 S. 3 ist das Vorliegen beträchtlicher Marktmacht nach dem TKG aber nicht identisch mit dem kartellrechtlichen Begriff der Marktbeherrschung.[143] Es muss vielmehr eine der Marktbeherrschung „gleichkommende Stellung“ vorliegen. Denn

---

135 A.A. noch in der 1. Aufl. Die stichhaltigeren Argumente sprechen jedoch für die Bejahung eines umfassenden Beurteilungsspielraums: BVerwG NVwZ 2008, 798; NVwZ 2009, 653; Beck'scher TKG-Kommentar/*Schütz*, § 10 Rn. 31; Beck'scher TKG-Kommentar/*Korehnke/Ufer* § 11 Rn. 79; zu den verfassungsrechtlichen Grenzen eines umfassenden Beurteilungsspielraums vgl. *Sachs/Jasper* NVwZ 2012, 649 ff.

136 *BVerfG* MMR 2012, 186; Vgl. Gesetzesbegründung zur TKG-Novelle 2012: BT-Drucks. 15/2316, 55, 61.

137 Vgl. oben Rn. 20 ff.

138 Vgl. *EuGH* Slg. 1978, 207, 286 – United Brands.

139 Vgl. Beck'scher TKG-Kommentar/*Korehnke/Ufer* § 11 Rn. 15 f.

140 Vgl. *EuGH* Slg. 1991, I-3359 – AKZO.

141 Ziff. 75 der Leitlinien zur Marktanalyse.

142 Umfassend: Beck'scher TKG-Kommentar/*Korehnke/Ufer* § 11 Rn. 17 ff.

143 BT-Drucks. 15/2316, 55, 62.

die Strukturmerkmale der telekommunikationsrechtlichen Prüfung verlangen einige Besonderheiten bei der Marktanalyse. So ist die kartellrechtliche Missbrauchsprüfung eine ex-post-Betrachtung eines bestimmten Marktverhaltens, die Marktanalyse nach § 11 hingegen eine Prognoseentscheidung in Bezug auf die künftigen Wettbewerbsverhältnisse. Schließlich ist das Ziel der Marktanalyse die Feststellung, ob der Markt zukünftig durch bestimmte besondere Verpflichtungen für die marktmächtigen reguliert werden soll. Der Prognosecharakter stellt hohe Anforderungen an die Feststellung beträchtlicher Marktmacht und führt im Falle von Unsicherheiten oder Nachweisschwierigkeiten dazu, dass ein Markteingriff unterbleiben muss.[144]

Darüber hinaus kann man sich die Frage stellen, ob allein die Feststellung beträchtli- **72**
cher Marktmacht angelehnt an die Marktbeherrschungskriterien für die Annahme, dass ein betreffendes Unternehmen zu regulieren ist, ausreichend ist. In der Regulierungstheorie wird vertreten, dass Regulierungsbedarf nur bestehe, wenn das Unternehmen über eine monopolistische Engpasseinrichtung („bottleneck") verfüge.[145] Eine solche Einrichtung liege vor, wenn eine Infrastruktur nicht mit angemessenen Mitteln dupliziert werden könne. Man spricht von der Doktrin der wesentlichen Einrichtungen („essential facilities"). In der Telekommunikation wird die Teilnehmeranschlussleitung im Festnetz (die letzte Meile der lokalen Infrastruktur zum Kunden) als solche qualifiziert, weil die Installationskosten für eine alternative Infrastruktur nicht wirtschaftlich erscheinen. Begründet wird die skizzierte Beschränkung der Regulierung mit ihrer Herkunft bzw. ihrer ursprünglichen Zielsetzung: sie sollte das frühere Staatsmonopol beseitigen. Nur wo trotz der Marktliberalisierung noch Überbleibsel der zu Monopolzeiten errichteten Infrastruktur zu finden seien und wo der Ex-Monopolist noch davon profitiere, weil eine alternative Infrastruktur nicht rentabel errichtet werden könne, sei Regulierung gerechtfertigt. Im Gegensatz hierzu unterwirft die derzeitige Regulierungspraxis mit dem Hinweis auf den Grundsatz der Technologieneutralität auch solche Telekommunikationsmärkte der Regulierung, die nie durch ein Monopol geprägt waren, wie z.B. der Mobilfunk.

Die bisherige Regulierungspraxis hat im Wesentlichen die Deutsche Telekom AG und **73**
damit den Ex-Monopolisten in den verschiedenen Telekommunikationsmärkten der Regulierung unterworfen.[146] Dies betrifft insbesondere die Regulierung der Vorprodukte, also der Leistungen, die andere Unternehmen in Anspruch nehmen, um ihrerseits Endkunden Telekommunikationsprodukte anzubieten. Darüber hinaus sind auch die Mobilfunknetzbetreiber Telekom Deutschland, Vodafone, Telefonica und E-Plus in dem Markt für Anrufzustellungen in ihre Netze als marktmächtig angesehen worden.[147] Diejenigen Unternehmen, die als sog. alternative Teilnehmernetzbetreiber („aTNB") ein öffentliches Telekommunikationsnetz im Teilnehmeranschlussbereich betreiben und den mit ihr zusammengeschalteten Netzbetreibern Terminierungsleistungen in ihrem Netz anbieten, werden von der Bundesnetzagentur für den Bereich der Anrufzustellung in einzelnen Festnetzen ebenfalls als marktmächtige Unternehmen reguliert.[148]

---

144 Vgl. Beck'scher TKG-Kommentar/*Korehnke/Ufer* § 11 Rn. 23 f.

145 Vgl. *Immenga/Kirchner/Knieps/Kruse* S. 20 ff.

146 Die Deutsche Telekom AG erbringt ihre Festnetz- und Mobilfunkdienstleistungen seit dem Jahr 2010 durch der Telekom Deutschland GmbH, die auch Adressat der behördlichen Regulierungsverfügungen ist.

147 Vgl. *BNetzA* Beschl. v. 29.8.2006, BK4c-06/002/R.

148 Vgl. *BNetzA* Beschl. v. 20.12.2016, BK3-16/023-102.

2.3 Konsultations- und Konsolidierungsverfahren

74 Gem. § 12 muss die Bundesnetzagentur zu den Ergebnissen der Marktdefinition und -analyse die interessierten Parteien (Abs. 1) sowie die Regulierungsbehörden der anderen Mitgliedstaaten und die EU-Kommission (Abs. 2) konsultieren.[149] Dabei reicht es nicht aus, dass im Rahmen des nationalen Konsultationsverfahrens ein Tenor der beabsichtigten Regulierungsverfügung veröffentlicht wird. Vielmehr ist zur Schaffung umfassender Transparenz ein Begründungsentwurf zur Konsultation zu veröffentlichen, der die maßgeblichen Gründe der beabsichtigten Verfügung umfasst.[150] Aufgrund ihrer Bedeutung für das Verfahren der Marktregulierung und ihrer spezifischen Ausgestaltung handelt es sich bei der Anhörung nach § 12 nicht um eine Spezialnorm des § 28 VwVfG, sondern um eine Regelung sui generis. Die Bedeutung des gesamten Verfahrens der Marktdefinition und -analyse kommt darin zum Ausdruck, dass im Gegensatz zu den regulären Entscheidungen die mit der Behördenleitung besetzte Präsidentenkammer der Bundesnetzagentur zuständig ist, § 132 Abs. 4.

75 § 12 Abs. 2 dient der Harmonisierung und der kohärenten Anwendung des europäischen Kommunikationsrechtsrahmens in Europa. Die §§ 10 Abs. 3, 11 Abs. 4 beschränken die Mitwirkung der übrigen nationalen Regulierungsbehörden bzw. der EU-Kommission daher auf die Fälle, dass Marktabgrenzung oder -analyse Auswirkungen auf den Handel zwischen den Mitgliedstaaten haben.

76 Wenn die Bundesnetzagentur die Ergebnisse ihrer Marktuntersuchung anderen Regulierern, der EU-Kommission sowie dem GEREK zur Verfügung stellt, spricht man von einer Notifizierung. Die Behörde muss dann den daraufhin gegebenenfalls eingegangenen Stellungnahmen der EU-Kommission, des GEREK und der übrigen nationalen Regulierungsbehörden „weitestgehend Rechnung tragen", § 12 Abs. 2 Nr. 2.[151] Es kommt also zu einer Mitwirkung ausländischer Behörden im deutschen Verwaltungsverfahren. Die Bundesnetzagentur ist zwar nicht an die Stellungnahmen gebunden (schon weil diese widersprüchlich sein können), sie muss sie aber angemessen berücksichtigen und sich mit ihnen begründet auseinandersetzen, insbesondere wenn sie ihnen nicht folgt.[152] In der Regulierungspraxis der Behörde wird das Vorbringen allerdings häufig schlichtweg zurückgewiesen.[153] Soweit die Bundesnetzagentur in ihrer Marktdefinition von der Märkteempfehlung abweicht oder soweit sie ein Unternehmen mit beträchtlicher Marktmacht bestimmt, kann die EU-Kommission verlangen, dass die Bundesnetzagentur ihren Entscheidungsentwurf zurückzieht, wenn die EU-Kommission ernsthafte Zweifel („serious doubt letter") an der Vereinbarkeit des Entwurfes mit dem Unionsrecht hat (§ 12 Abs. 2 Nr. 3 S. 2). Die Bundesnetzagentur ist an diesen Beschluss gebunden und kann ihren Entwurf entsprechend abändern. Der EU-Kommission steht aber keine positive Ersetzungsbefugnis hinsichtlich der nationalen Marktabgrenzung bzw. -analyse zu. Der auf Art. 7 Abs. 4 Rahmenrichtlinie zurückgehende Prozess wird deshalb als „Veto-Verfahren" bezeichnet.[154]

149 Nach Auffassung des BVerwG ist hierzu auch die Möglichkeit einer mündlichen Anhörung einzuräumen, vgl. *BVerwG* 29.10.2008, 6 C 38.07.

150 *BVerwGE* 131, 41, 59.

151 *Franzius* N&R 2012, 127, 129; *Roßnagel/Johannes/Kartal* K&R 2012, 244, 247.

152 Vgl. *Koenig/Loetz/Neumann* K&R Beilage 2/2003, 1, 8 f.

153 Bsp. BNetzA Beschl. v. 21.3.2011, Az. BK 3g-09/085.

154 *Neumann/Koch* Kap. 3 Rn. 110 ff.

Um Verzögerungen beim Notifizierungsprozess zu vermeiden, sieht Art. 7 Abs. 3 Rahmenrichtlinie vor, dass sowohl Marktdefinition und -analyse als auch die konkrete Abhilfemaßnahme parallel nach Brüssel gemeldet werden.[155] Erst seit der TKG-Novelle 2012 und der entsprechenden Änderung in § 13 notifiziert die Bundesnetzagentur daher ihre Entscheidungsentwürfe zu Entgeltgenehmigungen EU-rechtskonform regelmäßig auch nach Brüssel.[156] **77**

Die letzte Überarbeitung des EU-Rechtsrahmens hat die Mitwirkungsrechte der EU-Kommission ausgeweitet. Waren nach alter Rechtslage die Einflussmöglichkeiten noch auf den Prozess der Marktdefintion und –analyse weitestgehend beschränkt, so erlaubt die aktuelle Rahmenrichtlinie (Art. 7a) der EU-Kommission und GEREK ein Mitspracherecht bei den Regulierungsverpflichtungen. Das Veto-Recht wurde jedoch grds. nicht auf Abhilfemaßnahmen ausgeweitet, auch wenn die EU-Kommission eine solche Ausweitung sehr gerne durchgesetzt hätte. Damit kann sich im Gegensatz zu dem Veto-Recht aus Art. 7 Abs. 5 der Rahmenrichtlinie in diesem Fall die nationale Regulierungsbehörde gegen ernsthafte Bedenken der EU-Kommission und von GEREK hinwegsetzen und die Abhilfemaßnahme trotzdem beschließen (Art. 7a Abs. 7 Rahmenrichtlinie). Ein umfassendes Veto-Recht auch im Bereich der Abhilfemaßnahmen hat die EU-Kommission nur bei dem neuen Instrument der funktionellen Trennung erhalten, einer vertikalen Separierung eines über mehrere Wertschöpfungsstufen integrierten Unternehmens.[157] **78**

3. Die Auferlegung von Regulierungsverpflichtungen

Kommt einem Unternehmen beträchtliche Marktmacht zu, so wird es auf der zweiten Stufe der Marktregulierung auf Basis des Erlasses einer abstrakten Regulierungsverfügung verpflichtet. Die abstrakte Regulierungsverfügung ist wiederum auf der dritten Stufe Grundlage einer konkreten Regulierungsentscheidung bzw. Abhilfemaßnahme durch die Beschlusskammern der Bundesnetzagentur, § 9 Abs. 2. Bei der Auferlegung der Abhilfemaßnahmen im Rahmen der Regulierungsverfügung steht den Beschlusskammern ein umfassender Auswahl- und Gestaltungsspielraum im Hinblick auf die Regulierungsziele des § 2 TKG zu, den das BVerwG und BVerfG in bewußter Anlehnung an das Planungsermessen entwickelt haben.[158] Die der Beschlusskammer zur Verfügung stehenden Verpflichtungen finden sich im abschließenden Katalog der §§ 16 ff. Sie betreffen im Wesentlichen die Zugangs- und die Entgeltregulierung. Die Verpflichtungen nach den §§ 16 ff. ergeben sich zum Teil aus dem Gesetz selbst (z.B. §§ 16, 22 Abs. 1) zum Teil werden sie behördlich auferlegt (z.B. §§ 18–21). Im letztgenannten Fall handelt es sich i.d.R. um Ermessensvorschriften. Obwohl die behördlichen Maßnahmen **79**

155 Die EU-Kommission hatte im Jahr 2009 aufgrund einer Dissonanz zum EU-Recht ein durch das Einlenken der Bundesregierung wieder eingestelltes Vertragsverletzungsverfahren gegen die Bundesrepublik Deutschland eingeleitet: Die Bundesnetzagentur hatte es zuvor versäumt, ihre Regulierungsmaßnahmen zur Festsetzung der Mobilfunk-Zustellungsentgelte und deren Berechnungsweise mitzuteilen. Vgl. Pressemitteilung der EU-Kommission v. 24.6.2010, IP/10/804.

156 Erstmals mit den Konsultationsentwürfen in den Entgeltgenehmigungsverfahren zur Mobilfunkterminierung (BK 3–10/098 – /101). Seit 2012 sieht das TKG erweiterte Konsolidierungsschritte vor, die nun über die Notifizierung von Marktdefinition und -analyse sowie Regulierungsverfügung hinaus auch eine Abstimmung hinsichtlich der konkret auferlegten Regulierungsmaßnahmen mit Brüssel (GEREK und EU-Kommission) erforderlich macht.

157 Vgl. hierzu Rn. 33.

158 *BVerfG* NVwZ 2012, 694; *BVerwG* MMR 2009, 460; *Sachs/Jasper* NVwZ 2012, 649.

als Verwaltungsakt ergehen (§ 13 Abs. 3), haben sie eher abstrakte Natur, weil sie einem Unternehmen ein bestimmtes Verhalten (z.B. Zugangsgewährung) unabhängig vom Einzelfall für die Zukunft aufgeben. Man kann durchaus die Frage stellen, ob diese Fragen nicht eigentlich vom Gesetz selbst zu beantworten wären und ob die behördliche Auferlegung mit dem Wesentlichkeitsgrundsatz des GG vereinbar ist.

3.1 Zugangsregulierung

80 Die Zugangsregulierung betrifft die Frage, inwiefern ein Nachfrager Zugang zu Infrastruktureinrichtungen und sonstigen Dienstleistungen des marktmächtigen Unternehmens erhält, um seinerseits Telekommunikationsdienstleistungen anbieten zu können. I.d.R. geht es hierbei um Netzzugang, also den Zugang eines Wettbewerbers zum Telekommunikationsnetz eines marktmächtigen Unternehmens und seinen Einrichtungen. Zugangsverpflichtungen werden in der Regulierungsverfügung nur abstrakt auferlegt und bedürfen der Konkretisierung durch eine Zugangsvereinbarung bzw. – bei deren Nichtzustandekommen – eine Zugangsanordnung der Bundesnetzagentur.[159] Kernnorm ist § 21.[160] Hiernach kann die Bundesnetzagentur einen Netzbetreiber verpflichten, Netzzugang zu gewähren, insbesondere, wenn andernfalls der Wettbewerb auf dem Endnutzermarkt beeinträchtigt wird. Die Zugangsverpflichtung dient also der Herstellung von Wettbewerb auf einem dem Zugang nachgelagerten Markt. Verlangt beispielsweise ein Wettbewerber Zugang zur Teilnehmeranschlussleitung der Deutsche Telekom AG, dann will er ihr im Endkundengeschäft (also dort wo Netzanschlüsse und Telekommunikationsdienste an Verbraucher verkauft werden) Konkurrenz machen. Dieser Markt ist dem Markt, der die Nachfrage nach dem Vorprodukt umfasst, nachgelagert. Das Vorprodukt ist der Input für das Wettbewerbsprodukt. Die Zugangsverpflichtung dient also in diesem Sinne dem Eintritt des Wettbewerbers und der Öffnung des nachgelagerten Marktes und ist folglich auch weit formuliert.

81 Der gewährte Zugang muss gegebenenfalls auch „entbündelt" angeboten werden. Damit ist ein sehr kontroverses Thema angesprochen. Dies bedeutet, dass der Nachfrager nur die Leistungen (und keine weiteren) abnehmen muss, die er auch benötigt. Hintergrund ist, dass eine Marktabschottung durch ein marktmächtiges Unternehmen auch dadurch entstehen kann, dass dieses nachgefragte Leistungen mit nicht nachgefragten Leistungen bündelt und zu einem prohibitiven Preis verkauft, oder es durch die Bündelung versucht, seine Marktmacht in andere Märkte zu exportieren. Allerdings kann die Bündelung damit gerechtfertigt werden, dass sie technisch oder ökonomisch notwendig ist.[161] Eine Ausnahme von der Entbündelung hat die Bundesnetzagentur mit den beiden „Vectoring"-Entscheidungen der Jahre 2013 („Vectoring 1"[162]) und 2016 („Vectoring 2"[163]) vorgenommen. Mit diesen wurde der Zugang zur Teilnehmeranschlussleitung für Wettbewerber der Deutschen Telekom AG in bestimmten Frequenzbereichen eingeschränkt. Durch den Einsatz der VDSL2-Vectoring-Technologie kann das Übersprechen zwischen benachbarten Teilnehmeranschlussleitungen und die damit verbundene Störung reduziert werden, wodurch wiederum die Datenübertragungsraten erheblich gesteigert werden können. Voraussetzung für den Ein-

---

159 Vgl. *BVerwG* NVwZ-RR 2009, 918.
160 Der Zugangsbegriff ist legaldefiniert in § 3 Nr. 32.
161 Vgl. *BVerwG* MMR 2001, 681.
162 Beschluss v. 29.8.2013, BK3d-12/131.
163 Beschluss v. 1.9.2016, BK3g-15/004; *VG Köln* 17.3.2017 – 9 K 7870/16.

satz dieser Technik ist jedoch der alleinige Zugriff auf sämtliche für VDSL genutzte Teilnehmeranschlussleitungen.[164]

Bei der Zugangsgewährung muss der Regulierer in besonderem Maße die Regulierungsziele und -grundsätze berücksichtigen und prüfen, ob sie im Hinblick darauf gerechtfertigt sind. Denn mit der Zugangsgewährung ist ein erheblicher Grundrechtseingriff für das belastete Unternehmen verbunden. Das Gesetz gibt in § 21 Abs. 1 S. 2 einen Kriterienkatalog vor, der die Abwägung erleichtern soll. Damit weiterhin auch für das marktmächtige Unternehmen Investitionsanreize bestehen und Innovationen nicht behindert werden, müssen insbesondere die Anfangsinvestitionen des Netzeigentümers unter dem Aspekt etwaiger getätigter öffentlicher Investitionen sowie der Investitionsrisiken bei der Abwägung Berücksichtigung finden (Nr. 3). Werden Infrastrukturinvestitionen demgegenüber unangemessen mit der Hypothek der Zugangsverpflichtungen belegt und profitiert ein Dritter, der das eigene Risiko scheut, ohne weiteres davon, lohnt sich der mit der Investition verbundene Wettbewerbsvorstoß nicht. Das Ergebnis ist die Behinderung von Wettbewerb. Zudem kommt gerade der Infrastrukturinvestition und technologischen Innovationen entscheidende Bedeutung für einen funktionsfähigen Wettbewerb zu, wie § 2 Abs. 2 Nr. 6 verdeutlicht.[165] **82**

§ 21 Abs. 2 enthält eine beispielhafte Aufzählung von Zugangsverpflichtungen.[166] Sie reicht vom Zugang zu bestimmten Netzkomponenten (Nr. 1), über die Bereitstellung von Endkundendiensten zu Vorleistungsbedingungen (Nr. 3) bis hin zum Pflichtangebot von Inkassodiensten (Nr. 7). Nach § 21 Abs. 3 soll die Bundesnetzagentur marktmächtige Netzbetreiber insbesondere zur Zusammenschaltung ihres Netzes mit anderen Telekommunikationsnetzen verpflichten (Nr. 2). Die Zusammenschaltung dient dazu, dass die Nutzer verschiedener Netze miteinander kommunizieren können. **83**

Die Anordnung zur Zugangsgewährung kann von verschiedenen Verpflichtungen begleitet werden.[167] Hierzu zählen insbesondere das Diskriminierungsverbot (§ 19), die Transparenzverpflichtung (§ 20) sowie die Pflicht zur getrennten Rechnungslegung (§ 24). Nach § 19 Abs. 1 kann Bundesnetzagentur anordnen, dass Zugangsvereinbarungen einen gleichwertigen Zugang für Nachfrager gewähren müssen, sprich dass bei den Verträgen nicht ohne sachlichen Grund hinsichtlich der Vertragsbedingungen differenziert werden darf. § 19 Abs. 2 sieht eine Anordnungsbefugnis dahingehend vor, dass ein Dritter, der gleichartige Dienste erbringt, hinsichtlich der Leistungserbringung nicht nur mit seinen Konkurrenten gleich zu behandeln ist, sondern auch mit eigenen Unternehmensabteilungen des marktmächtigen Unternehmens. Hiernach kommt es also nicht darauf an, ob das marktmächtige Unternehmen eine Leistung bereits extern am Markt anbietet. Beispielsweise müsste ein vertikal integriertes Unternehmen, also ein Unternehmen, das auf verschiedenen Marktstufen (Endkunden, Großhandel etc.) tätig ist (wie dies in der Telekommunikation häufig der Fall ist), einem Dritten ein Produkt zu den gleichen Bedingungen anbieten wie dem eigenen Vertrieb. Schwierig ist in diesen Fällen naturgemäß der Nachweis der Diskriminie- **84**

164 *Sörries* CR 2015, 162.

165 Vgl. Begr. zu § 2 TKG, BT-Drucks. 15/2316, 77.

166 Im Rahmen der TKG-Novelle 2011 ist der Zugangsbegriff weit ausführlicher als bisher definiert worden (vgl. § 3 Nr. 32 TKG-E).

167 Grds. stehen die einzelnen Varianten der Zugangsregulierung alle gleichberechtigt nebeneinander, vgl. *BVerwGE* 130, 39, 42.

rung, weil die internen Verrechnungspreise – so denn (wie vielleicht bei konzernangehörigen Unternehmen) existent – für den Regulierer regelmäßig intransparent sind.

85 Das Transparenzgebot gem. § 20 besagt, dass das regulierte Unternehmen diejenigen Informationen, die für die Inanspruchnahme der entsprechenden Zugangsleistungen benötigt werden, gegenüber den Nachfragern (nicht gegenüber der allgemeinen Öffentlichkeit) veröffentlichen muss. § 20 Abs. 2 befugt die Bundesnetzagentur konkret, dem marktmächtigen Unternehmen vorzuschreiben, welche Informationen in welcher Form transparent zur Verfügung gestellt werden müssen.

86 Um Nachweisschwierigkeiten abzuhelfen, sieht § 24 vor, dass die Bundesnetzagentur einem Unternehmen auferlegen kann, für bestimmte Zugangsleistungen eine getrennte Rechnungsführung durchzuführen. Dies gilt insbesondere für die Vorleistungspreise vertikal integrierter Unternehmen (§ 24 Abs. 1 S. 2). Dabei muss die getrennte Rechnungslegung im Zusammenhang mit der angeordneten Zugangsleistung stehen; die Bundesnetzagentur kann nicht etwa für alle sich selbst zu Verfügung gestellten Vorleistungen eine getrennte Buchführung anordnen.

3.2 Entgeltregulierung

87 Im Rahmen der Entgeltregulierung (§§ 27 ff.) wird festgelegt, zu welchen Preisen das marktmächtige Unternehmen Zugangsleistungen zur Verfügung stellen muss. Sie ist von zentraler Bedeutung für die Wettbewerbsfähigkeit des Nachfragers, weil die Zugangsentgelte für das nachfragende Unternehmen Kosten darstellen und sich die Höhe der Zugangsentgelte damit unmittelbar auf dessen Möglichkeiten der Preissetzung auf dem nachgelagerten Markt auswirken. Auf der anderen Seite stellt die Preiskontrolle für das regulierte Unternehmen einen ganz erheblichen Eingriff in grundrechtlich geschützte Positionen (Art. 12, 14, 2 Abs. 1 GG) dar und erweist sich als der am schwersten wiegende regulatorische Eingriff. Dies gilt nicht zuletzt deshalb, weil die Kontrollprozeduren für die Unternehmen einen enormen Aufwand bedeuten. Das TKG unterscheidet grds. zwei verschiedene Arten der Entgeltregulierung: Zum einen die ex-ante-Regulierung (Entgeltgenehmigung, §§ 30 ff.), bei der die Bundesnetzagentur das beantragte Entgelt genehmigen muss, ehe dieses geltend gemacht werden kann. Zum anderen die ex-post-Regulierung bei der die Behörde die Entgelte im Rahmen einer nachträglichen Überprüfung für unwirksam erklären kann (§ 38 Abs. 1–4).

3.2.1 Entgeltgenehmigung (ex-ante-Entgeltregulierung)

88 Gem. § 30 Abs. 1 S. 1 unterliegen die Zugangsentgelte marktmächtiger Unternehmen regelmäßig der Genehmigung der Bundesnetzagentur. Andere als genehmigte Entgelte dürfen nicht abgerechnet werden (§ 37 Abs. 1). Soweit in Verträgen abweichende Entgelte vereinbart wurden, treten die genehmigten Entgelte an deren Stelle (§ 37 Abs. 2). Die Genehmigungsentscheidung der Bundesnetzagentur setzt grds. einen vorherigen Antrag des regulierten Unternehmens voraus, damit dieses durch die Antragstellung größtmöglichen Einfluss auf die Höhe der zu genehmigenden Entgelte hat. Dieser Antrag des marktmächtigen Unternehmens bildet den Rahmen für die Entgeltgenehmigung durch die Bundesnetzagentur.[168]

89 Genehmigungsbedürftige Entgelte sind genehmigungsfähig, wenn sie die Kosten der effizienten Leistungsbereitstellung (KeL) nicht überschreiten. § 32 Abs. 1 definiert

168 *BVerwG* MMR 2010, 207.

diese, die Auslegung des Begriffes der „effizienten Kosten" bestimmt die regulatorische Debatte jedoch seit Jahren und ist äußerst komplex. Infolgedessen können hier nur sie wichtigsten Punkte diskutiert werden. Die Idee hinter der Kostenorientierung der Entgelte ist, dass unter Wettbewerbsbedingungen die Preise sich den Grenzkosten annähern. Da es im Falle der Feststellung beträchtlicher Marktmacht an wirksamem Wettbewerb fehlt, dient die Entgeltgenehmigung – jedenfalls in der Theorie – der Simulierung des Wettbewerbspreises.[169] Der Regulierer muss hiernach den Wettbewerbspreis antizipieren,[170] was die Schwierigkeit der Aufgabe schon hinreichend umreißt. Das Effizienzkriterium verdeutlicht dabei, dass nur eine kostenminimale Produktion berücksichtigt werden kann, d.h., dass z.B. Leerstände von Anlagen bei der Kostenberechnung nicht akzeptiert werden können (Überkapazitäten sind nicht effizient). Grund für dieses Korrekturelement ist, dass marktmächtige zu Ineffizienzen neigen, weil sie gerade keinem wesentlichen Wettbewerb ausgesetzt sind.

Der EuGH hat im Jahr 2008 entschieden, dass die nationalen Regulierungsbehörden **90** bei der Ermittlung der monatlichen Überlassungsentgelte für die Teilnehmeranschlussleitung (TAL) die „tatsächlichen" Kosten des regulierten Unternehmens ansetzen müssen. Dieser Begriff umfasst die historischen Kosten, die auf Grundlage der Anschaffungs- und Herstellungskosten für die Infrastruktur zu berechnen sind, und die voraussichtlichen Kosten, die den Wiederbeschaffungskosten entsprechen. Auch das VG Köln geht dabei davon aus, dass der EuGH eine Kumulation dieser Ansätze verlangt und einen Wiederbeschaffungsansatz nur insoweit akzeptiert wie tatsächlich eine Wiederbeschaffung von Kupferinfrastruktur erfolgt bzw. zu erwarten ist. In einem späteren Revisionsurteil gestand das BVerwG der Regulierungsbehörde aber einen umfassenden Beurteilungsspielraum zu, sich hinsichtlich der Berechnungsmethode zwischen einer Berechnung des Investitionswertes nach den tatsächlich entstandenen Anschaffungs- und Herstellungskosten und einer solchen nach Wiederbeschaffungskosten zu entscheiden.[171] Sie muss beide Berechnungsmethoden in ihre Überlegungen einbeziehen. Die Bundesnetzagentur bemisst die Kosten der effizienten Leistungsbereitstellung daher nach wie vor ausschließlich auf Grundlage der Wiederbeschaffungskosten.[172]

Eine weitere Schwierigkeit bei der Kostenermittlung besteht darin, die Kosten zu **91** bestimmen, die zur Erbringung der Zugangsleistung notwendig sind. Einfach in der Zuordnung sind die sog. Einzelkosten, die nur für die Produktion der jeweiligen Zugangsleistung anfallen (§ 34 Abs. 2 S. 1). Das Problem in der Telekommunikation besteht aber darin, dass die Einzelkosten regelmäßig nur einen ganz geringen Teil der Unternehmenskosten ausmachen; der weitaus überwiegende Teil sind Gemeinkosten, die per definitionem gerade nicht einzelnen Diensten zugeordnet werden können – so dienen i.d.R. alle Kostenelemente, die das Telekommunikationsnetz betreffen, der Produktion verschiedener Leistungen. Der gesetzlich ermöglichte Gemeinkostenzuschlag (§ 32 Abs. 1 S. 1) muss deshalb durch eine Schlüsselung der Gemeinkosten auf die regulierte Zugangsleistung erfolgen. Wie dies zu erfolgen hat, ist im Einzelnen umstritten und hängt davon ab, ob überhaupt noch ein Zusammenhang mit der regu-

169 Vgl. Berliner Kommentar/*Busse von Colbe* Vor § 27 Rn. 6 f.
170 Vgl. Berliner Kommentar/*Groebel* § 31 Rn. 11.
171 *BVerwG* NVwZ 2012, 1047; ausführlich hierzu Beck'scher TKG-Kommentar/*Kühling* § 32 Rn. 45.
172 *EuGH* MMR 2008, 523 – Arcor AG & Co. KG/Bundesrepublik Deutschland; ebenso *VG Köln* MMR 2009, 211.

lierten Leistung besteht (Wie ist beispielsweise der Fahrzeugpool der Deutsche Telekom AG zu behandeln, wenn es um das Entgelt für die Anrufzustellung geht?). Eine einfache Methode besteht darin, die Gemeinkosten anhand der ausgebrachten Volumina zu verteilen (Verhältnis des Volumens der regulierten Leistung zur gesamten Produktionsmenge des Unternehmens). Aufgrund des inhärenten Widerspruchs, der in der produktbezogenen Schlüsselung von Gemeinkosten liegt, und der damit verbundenen Ungenauigkeiten ist jede Kostenzurechnung in der Telekommunikation jedenfalls zum Teil arbiträr und begegnet schon deshalb erheblichen Bedenken. In der Praxis werden die Fragen in der Weise gelöst, dass die Bundesnetzagentur die Entwicklung eines Kostenmodells in Auftrag gibt, das die Kostenzuordnung eines effizienten Betreibers simuliert.

92 Eine andere Methode, die das Gesetz zulässt, die genehmigungsfähigen Entgelte zu ermitteln, ist die Vergleichsmarktbetrachtung (§ 35 Abs. 1 S. 1 Nr. 1). Diese ist aus dem Kartellrecht bekannt, § 19 Abs. 4 Nr. 2 HS. 2 GWB. Hiernach ist der wettbewerbsanaloge Preis auf räumlichen Vergleichsmärkten zu ermitteln. Da die Vergleichsmärkte i.d.R. nicht identisch sein werden und Unsicherheiten verbleiben, ist dies mit einem Sicherheitszuschlag abzugelten.[173] Im Kartellrecht kommt auch noch ein Erheblichkeitszuschlag dazu, da von einem Marktmachtmissbrauch nur bei einem erheblichen Abweichen vom wettbewerbsanalogen Preis ausgegangen wird.[174] Ob dieser auch in der Telekommunikation Anwendung finden wird, ist bislang nicht abschließend geklärt.[175] Anders als im Kartellrecht können aber auch nicht wettbewerbliche Märkte zum Vergleich herangezogen werden, soweit diese reguliert sind.[176]

3.2.2 Nachträgliche Entgeltkontrolle (ex-post-Entgeltregulierung)

93 Gem. § 30 Abs. 1 S. 2 kann die Bundesnetzagentur von der Anordnung einer Genehmigungspflicht absehen und eine nachträgliche Kontrolle der Entgelte anordnen, wenn dies zur Erreichung der Regulierungsziele nach § 2 erforderlich ist. Der Gesetzgeber war sich bewusst, dass aufgrund der in der Märkteempfehlung der EU-Kommission enthaltenen „Ein Netz ein Markt"-Theorie viele Netzbetreiber aus dem Bereich der Kabel-, Mobilfunk- und alternativen Festnetze als marktmächtig angesehen werden würden. Eine Vielzahl von Unternehmen, insbesondere auch sehr kleine Netzbetreiber, wären dann gezwungen gewesen, das aufwendige Entgeltgenehmigungsverfahren zu durchlaufen. Damit wollte man i.S.d. Deregulierung das Verfahren erleichtern, indem man die Entgelte der Unternehmen, die nicht zugleich auf dem Endkundenmarkt marktmächtig sind, nur dann einer Kontrolle unterfallen sollten, wenn konkrete Anhaltspunkt für einen Missbrauch von Marktmacht nach § 28 vorlagen (§ 38 Abs. 2).[177] Hiernach kommt also nur ein punktuelles Eingreifen bei konkreten Verdachtsmomenten in Betracht. Ein Missbrauch nach § 28 liegt vor bei einem Preishöhenmissbrauch (§ 28 Abs. 1 S. 2 Nr. 1), bei einer Behinderung (Nr. 2) sowie im Falle der Diskriminierung (Nr. 3). Die Fallgruppen sind den Missbrauchsszenarien des § 19 GWB nachgebildet.[178] Die Einschätzung des Preishöhenmissbrauchs erfolgt dann grds. anhand eines sog. „Als-ob-Wettbewerbspreises".

173 *BGH* WuW/E 2967, 2975.
174 Vgl. *Loewenheim/Meessen/Riesenkampff/Götting* § 19 Rn. 77.
175 Vgl. *BNetzA* Beschl. v. 8.11.2004, BK4c-04-048/E 6.7.04, S. 16.
176 Vgl. Begr. zu § 33 TKG, BT-Drucks. 15/2316, 95.
177 Vgl. Begr. zu § 28 TKG, BT-Drucks. 15/2316, 93.
178 Vgl. Berliner Kommentar/*Groebel* § 28 Rn. 1.

Darunter versteht man einen fiktiven Preis, der sich bei funktionierendem Wettbewerb ergeben würde. Von einer missbräuchlichen Überhöhung kann erst dann gesprochen werden, wenn der ermittelte „Als-ob-Wettbewerbspreis" erheblich überstiegen wird.[179]

Trotz dieses gesetzgeberischen Ansatzes hat die Bundesnetzagentur alle Mobilfunknetzbetreiber, ohne dass diese über beträchtliche Marktmacht auf dem Mobilfunkendkundenmärkten verfügten, der ex-ante-Regulierung der Entgelte für die Anrufzustellung in ihren Netzen unterworfen. Anders könnten die Verbraucherinteressen, insbesondere der Festnetzkunden, nicht gewahrt werden mit der Folge, dass eine ex-post-Regulierung nicht zur Erreichung der Regulierungsziele ausreiche (§ 30 Abs. 1 S. 2).[180] **94**

4. Besondere Missbrauchsaufsicht

Die Bundesnetzagentur kann gem. § 42 Abs. 4 S. 1 einem missbräuchlich agierenden Unternehmen mit beträchtlicher Marktmacht ein Verhalten auferlegen oder untersagen und Verträge ganz oder teilweise für nichtig erklären. Der Erlass einer solchen Missbrauchsverfügung setzt jedoch das Vorhandensein eines abgegrenzten Marktes voraus, sowie die Feststellung der beträchtlichen Marktmacht des betroffenen Unternehmens. Anderenfalls unterliegen Märkte der allgemeinen Missbrauchsaufsicht nach §§ 19, 20 GWB.[181] **95**

5. Rechtsschutz

§ 13 Abs. 3 bestimmt, dass Marktdefinitions- und -analyseergebnisse nach den §§ 10, 11 Teil einer sog. Regulierungsverfügung sind, die gemeinsam mit der Anordnung der Regulierungsmaßnahmen als einheitlicher Verwaltungsakt ergeht. Über die Marktdefinition und -analyse wird mithin nicht isoliert mit Außenwirkung entschieden, es handelt sich vielmehr um reine Vorbereitungshandlungen im Verwaltungsverfahren. Damit soll ausgeschlossen werden, dass schon Marktdefinition oder -analyse vor den Verwaltungsgerichten, gegebenenfalls im einstweiligen Rechtsschutz, angegriffen wird. Die gerichtliche Prüfung der Fragen im Zusammenhang mit Marktdefinition und -analyse erfolgen also inzident im Rahmen des gegen die Regulierungsmaßnahme gerichteten Verfahrens. Dabei ist zu berücksichtigen, dass der Bundesnetzagentur im Rahmen der Marktdefinition ein Beurteilungsspielraum zusteht, der die gerichtliche Kontrolle einschränkt.[182] **96**

Da die Bundesnetzagentur nicht isoliert über Marktdefinition und -analyse nach außen entscheidet, kann eine bestimmte Feststellung auch nicht von dritter Seite gerichtlich erzwungen werden. Das BVerwG hat hierzu festgestellt, dass es sich bei den Ergebnissen der Marktdefinition- und -analyse um untrennbare Bestandteile der Regulierungsverfügung handelt. Nicht die „auf der Vorfragenebene" getroffenen Marktfestlegungen besäßen einen Regelungscharakter mit Außenwirkung i.S.v. § 35 Abs. 1 VwVfG, sondern nur die eigentliche Regulierunsgverfügung.[183] Überdies besteht auch kein subjektives Recht auf Durchführung einer Marktanalyse; daher kann erst recht kein bestimmtes Ergebnis beansprucht werden.[184] **97**

---

179 *Holznagel/Enaux/Nienhaus* Rn. 281.
180 *BNetzA* Beschl. v. 29.8.2006, BK 4c-06-002/R.
181 *Spindler/Schuster* Rn. 49.
182 Vgl. oben Rn. 67.
183 *BVerwG* MMR 2009, 460.
184 Vgl. Beck'scher TKG-Kommentar/*Korehnke* § 13 Rn. 24; *Scherer/Heinickel* NVwZ 2009, 1405.

98 Die Rechtfertigung der Auferlegung einer Zugangsverpflichtung überprüft die Bundesnetzagentur anhand der in § 21 Abs. 1 S. 2 Nr. 1–7 nicht abschließend festgelegten Kriterien. Diese Entscheidung der Behörde ist nur eingeschränkt gerichtlich überprüfbar, da sie damit von dem ihr eingeräumten Regulierungsermessen Gebrauch macht. Gerichtlich überprüfen lässt sich damit nur noch, ob nach einer umfassenden Erkenntnissammlung überhaupt eine Abwägung stattgefunden hat, ob die Interessen der Beteiligten ermittelt, ob keine sachfremden Erwägungen angestellt und die für die Abwägung wesentlichen Gesichtspunkte berücksichtigt wurden. Ein solcher Spielraum steht der Bundesnetzagentur auch bei der Auferlegung der übrigen Verpflichtungen nach §§ 19 ff. zu.[185] Hinsichtlich der Frage, ob den gesetzlichen Zugangsregelungen Drittschutz zugunsten der Wettbewerber des regulierten Unternehmens zukommt, gewähren die §§ 20, 21, 24 den Wettbewerbern grds. die Möglichkeit, im Wege der Verpflichtungsklage die Auferlegung weiterer Zugangsverpflichtungen zu betreiben. Dazu muss jedoch das klagende Unternehmen bereits im Verwaltungsverfahren die Auferlegung weiterer Verpflichtungen beantragt haben.[186]

99 Den Zusammenschaltungspartnern des regulierten Unternehmens steht aufgrund der unmittelbar privatrechtsgestaltenden Wirkung der Entgeltgenehmigung Rechtsschutz gegen die diesem erteilte Entgeltgenehmigung zu.[187] Dabei kommt es nicht darauf an, ob die als verletzt gerügte Norm auch dem Schutz des klagenden Wettbewerbers dient. Maßgeblich ist, dass durch die unmittelbar privatrechtsgestaltende Wirkung der Entgeltgenehmigung das verfassungsmäßige Recht, privatrechtliche Verträge frei von staatlichem Einfluss auszuhandeln, verletzt sein kann. Eine solch weitreichende Klagebefugnis zugunsten der Wettbewerbsunternehmen ist durch die in Art. Rahmen-Richtlinie niedergelegte unionssrechtliche Rechtsschutzgarantie gedeckt.[188]

II. Frequenz- und Rundfunkregulierung

1. Überblick

100 Funkfrequenzen haben für die moderne Telekommunikation eine überragende Bedeutung, da nur sie eine ortsungebundene Kommunikation ermöglichen. Die technische Entwicklung, insbesondere die Digitalisierung der Funktechnik und die damit verbundene Kapazitätserweiterung, hat ein rasantes Marktwachstum entfacht.[189] Bestes Beispiel hierfür ist der Mobilfunk: aus einer Nischenanwendung wurde innerhalb von wenigen Jahren ein Massenmarkt. Die Penetrationsraten in vielen Ländern der Erde übersteigen diejenigen der Festnetztelefonie bei weitem, so auch in Deutschland. Aber auch Dienste wie Hörfunk und Fernsehen, die nicht der Individualkommunikation dienen, sind für ihre Verbreitung auf die Nutzung von Frequenzen angewiesen. Da Frequenzen aber trotz der mit der Digitalisierung verbundenen Kapazitätsausweitung eine begrenzte Ressource darstellen, entscheidet die Verfügungsmacht über Frequenzen über die Möglichkeit von Unternehmen an den jeweiligen Märkten teilzunehmen. Die Frequenzregulierung soll dabei ausweis-

185 *BVerwG* 31.3.2008 – 6 C 14/07; 28.11.2007 – 6 C 42.06.
186 *BVerwG* 28.11.2007 – 6 C 42.06.
187 *VG Köln* 27.11.2008 – 1 K 1749/99.
188 *VG Köln* 17.4.2008 – 1 K 5206/06.
189 Vgl. den Überblick bei Beck'scher TKG-Kommentar/*Riegner/Kühn/Korehnke* Vor § 52 Rn. 1 ff.

lich § 2 Nr. 9 die effiziente und störungsfreie Nutzung dieser Ressourcen sicherstellen. Dem Allokationsverfahren kommt damit eine maßgebliche Bedeutung für die Marktentwicklung zu, wie nicht zuletzt die Versteigerungen der UMTS-Mobilfunkfrequenzen im Jahre 2000 sowie der Frequenzen in den Bereichen 800 MHz, 1,8 GHz, 2 GHz und 2,6 GHz für den drahtlosen Netzzugang im Jahr 2010 gezeigt haben.

Eine weitere Wirkung der Digitalisierung besteht darin, dass die herkömmliche Unter- **101**
scheidung zwischen Rundfunk-, Medien- und Telekommunikationsdiensten immer schwieriger wird. Fernsehen kann inzwischen, nicht nur über Kabel oder Satellit, sondern auch terrestrisch digital ausgestrahlt (DVB-T) oder über Datenleitungen übermittelt (IP-TV) werden und eröffnet damit grds. mehr Raum für eine individuelle Nutzung der Angebote. Die Konvergenz der Medien nimmt immer weiter zu. Über Mobilfunknetze, die ursprünglich der Individualkommunikation dienten, werden beispielsweise Abrufdienste in Bezug auf Film- und Fernsehangebote realisiert, die jedem Nutzer zur Verfügung stehen. Die Kombination von Mobilfunk- und DVB-H-Netzen wiederum eröffnet die Möglichkeit zu interaktivem ortsungebundenem Fernsehen.[190]

Mit der Digitalisierung ist schließlich eine deutlich effizientere Frequenznutzung ver- **102**
bunden. Hierdurch sind bisher für analogen Rundfunk genutzte Frequenzbereiche freigeworden (sog. „Digitale Dividende"). Die EU-Kommission begleitet diese Entwicklung durch eine weitgehende Harmonisierung der Frequenzpolitik. Dazu wurde ein mehrjähriges Programm für die europäische Frequenzpolitik erlassen (sog. Radio Spectrum Policy Programm), mit dem die einheitliche europaweite Bereitstellung der besonders leistungsfähigen Frequenzen um 700/800 MHz vorangetrieben werden soll.[191] Diese wurden in Deutschland zum Teil bereits 2010 (800 MHz) und 2015 (700 MHz) vergeben. Die laufende Überprüfung des europäischen Rechtsrahmens (fünfte Phase) wird der EU-Kommission weitere Instrumente für eine harmonisierte Frequenzpolitik an die Hand geben. Mit ihrem „Aktionsplan 5G" gibt die EU-Kommission einen Zeitplan vor, wonach bis 2020 in jedem Mitgliedsstaat mindestens eine Großstadt und bis 2025 alle städtischen Gebiete und die wichtigsten Landverkehrswege mit dem schnellen 5G-Internet abgedeckt sein sollen.[192] Auf nationaler Ebene hat die Bundesnetzagentur nach Abschluss der letzten Frequenzvergaben in 2015 den Blick in die Zukunft geworfen. Mit ihrem „Frequenzkompass" und darauf aufbauenden Orientierungspunkten aus dem Jahr 2016 will sie eine frühzeitige Diskussion über frequenzregulatorische Fragestellungen anstoßen.[193]

2. Technologie- und Diensteneutralität

Wie bereits erwähnt regelt das Telekommunikationsrecht den Übermittlungsvorgang **103**
beim Austausch oder Empfang von Informationen unabhängig vom übermittelten Inhalt. Gleichgültig ist, ob der Übertragungsvorgang der Individual- oder Massenkommunikation dient.[194] Dementsprechend greifen auch die Regeln zur Frequenzordnung (§§ 52 ff.) für jegliche Art der Frequenznutzung und im Grundsatz unabhängig

190 Vgl. Beck'scher TKG-Kommentar/*Riegner/Kühn/Korehnke* Vor § 52 Rn. 45.
191 Durchführungsbeschluss 243/2012/EU, ABlEU Nr. L 81/7.
192 Mitteilung v. 14.9.2016, KOM(2016) 588 endg.
193 Die Dokumente sind abrufbar auf der Themenseite der Behörde: www.bundesnetzagentur.de/mobilesbreitband.
194 Vgl. *Dörr/Schwartmann* Rn. 31.

davon, welcher Dienst über die Frequenzen erbracht wird. Die Frequenzregulierung erfasst mithin auch den Übertragungsvorgang hinsichtlich Rundfunk oder sonstiger an das Massenpublikum gerichteter Dienste. Dies entspricht den Zielsetzungen des Unionsrechts. Nach dem gemeinsamen Rechtsrahmen soll die Frequenzregulierung angesichts der technologischen Konvergenz technologieneutral sein, das heißt die Regulierung soll nicht nach der vom Nutzer der Frequenzen eingesetzten Übertragungstechnologie differenzieren.[195] So schreibt Art. 9 Abs. 3 Rahmenrichtlinie den Mitgliedsstaaten ausdrücklich vor, dass „alle Arten der für elektronische Kommunikationsdienste eingesetzten Technologien in den Funkfrequenzbändern genutzt werden können" (sog. Technologieneutralität).[196] Dieser Ansatz umfasst auch bereits auf der Grundlage des derzeit geltenden Rechtsrahmens eine Neutralität der Frequenzregulierung gegenüber den übertragenen Diensten und Inhalten (sog. Diensteneutralität, niedergelegt in Art. 9 Abs. 4 Rahmenrichtlinie Das TKG beinhaltet eine explizite Regelung zur Technologie- und Diensteneutralität bei der Übertragung von Telekommunikationsdiensten in § 54 Abs. 2.

104 Die EU-Kommission hat diese Grundsätze angesichts der Sonderregeln für den Rundfunk, die in einigen Mitgliedstaaten zu finden sind, im Rechtsrahmen für elektronische Kommunikation weiter geschärft, um hierdurch bestehende Wettbewerbsverzerrungen abzubauen. Entsprechende Sonderregeln sind auch im TKG zu finden. Zum Teil sind sie formeller Natur und dem Umstand geschuldet, dass die Länder für die Rundfunkgesetzgebung zuständig sind. So unterliegt die Frequenzzuweisung, soweit Rundfunkdienste betroffen sind, beispielsweise der Zustimmung des Bundesrates, § 53 Abs. 1 S. 2. Zum Teil sind die Regelungen aber auch materieller Art. So findet im Bereich der Rundfunkdienste anders als bei anderen Funkdiensten auch bei Frequenzknappheit kein Versteigerungsverfahren im Rahmen der Frequenzvergabe statt, § 61 Abs. 2 S. 3.

105 Die angesprochenen Sonderregeln für den Rundfunk haben ihren Ursprung in dem Grundsatz, dass die Regulierung des Kommunikationssektors nicht die Regulierung der übertragenen Inhalte erfasst, Art 1 Abs. 3 Rahmenrichtlinie. Diese bleibt, sofern das Unionsrecht nicht an anderer Stelle eine Regelung trifft, den mitgliedstaatlichen Vorschriften zur Sicherung der kulturellen Vielfalt und des Medienpluralismus überlassen.[197] Es ist aber zweifelhaft, ob mit dem Hinweis auf die Vielfaltsicherung beispielsweise die abweichenden Frequenzvergaberegeln gerechtfertigt werden können. Hierbei geht es nicht um Regulierung des einzelnen Inhalts, sondern um die Regulierung des Marktzutritts. Rundfunkanbieter werden gegenüber Inhabern anderer Frequenzen privilegiert, weil der Markteintritt zu deutlich geringeren Kosten erfolgen kann. Treten die Anbieter in Konkurrenz, was angesichts der Konvergenzentwicklung zunehmend der Fall ist, sind die von der EU-Kommission konstatierten Wettbewerbsverzerrungen nicht zu leugnen.

106 Das angeführte Beispiel macht die Schwierigkeiten der Grenzziehung zwischen Telekommunikations-, Medien- und Rundfunkregulierung deutlich. Insbesondere wird der Konflikt zwischen dem Grundsatz der Technologie- und Diensteneutralität, der auf die Herstellung gleicher Wettbewerbsbedingungen zielt, und der Zielsetzung der Sicherung der Meinungs- und Kulturvielfalt im Bereich der Medien- und Rundfunkre-

195 Vgl. Art. 8 Abs. 1 S. 3 und EG 5 Rahmenrichtlinie.
196 *Schweda* K&R 2010, 81, 83.
197 Vgl. EG 5 Rahmenrichtlinie.

gulierung deutlich. Als Schwierigkeit kommen die unterschiedlichen Regulierungsebenen hinzu. Während die Telekommunikationsregulierung mit dem Prinzip der Marktöffnung im Wesentlichen auf gemeinschaftlichen Rechtsakten beruht, erfolgen Medien- und gerade die Rundfunkregulierung im Wesentlichen auf der Ebene der Mitgliedsstaaten. In Deutschland besteht die zusätzliche Spezialität, dass die Rundfunkregulierung den Kernbereich der Kultushoheit der Länder ausmacht und die Gesetzgebung maßgeblich dort angesiedelt ist (Art. 30, 70 GG mit Ausnahme des Auslandsrundfunks gem. Art. 71, 73 Nr. 1, 87 GG).

3. Abgrenzung der Telekommunikations- von der Rundfunk- und Medienregulierung

Die Abgrenzung zwischen Telekommunikations- und Inhalteregulierung stößt heute praktisch auf Schwierigkeiten, weil angesichts der Konvergenz über ein Netz unterschiedliche Dienste oder Inhalte erbracht werden. Dienste der Individualkommunikation (Telekommunikation und nach herkömmlicher Definition vor Inkrafttreten des TMG Teledienste[198]) sind von massenkommunikativen Diensten (herkömmlicherweise Rundfunk- und Mediendienste) nicht mehr eindeutig unterscheidbar.[199] Infolgedessen stellt sich die Frage, welches Regulierungsregime unter diesen Konvergenzbedingungen auf den jeweiligen Dienst Anwendung findet und wie angesichts der technischen und marktlichen Entwicklungen die Anwendungsschwelle für die (weitergehende) Inhalteregulierung definiert werden kann. **107**

3.1 Das Unionsrecht

Das Unionrecht enthält keine Regelungen, die ein systematisches Herangehen an die aufgeworfenen Abgrenzungsprobleme erlauben. Zunächst bestimmt Art. 1 Abs. 3 Rahmenrichtlinie, dass der Rechtsrahmen für den Kommunikationssektor nicht die Inhalteregulierung und die audiovisuelle Politik der Union erfasst. Dies erlaubt aber noch keinen hinreichenden Aufschluss über den Umgang mit konvergenten Diensten. EG 10 Rahmenrichtlinie geht in diesem Zusammenhang davon aus, dass der Rechtsrahmen für den Kommunikationssektor dann auf einen Dienst Anwendung findet, wenn dieser zumindest überwiegend in der Signalübertragung besteht (z.B. E-Mail-Dienste). Dienste, bei denen dies nicht der Fall ist (wo also die Inhalte im Vordergrund stehen), sollen vom Kommunikationsrechtsrahmen nicht erfasst werden. Zugleich wird aber auch darauf hingewiesen, dass bei bestimmten Diensten (z.B. Internetdiensteanbieter) Kommunikations- und Inhalteregulierung nebeneinander Anwendung finden können. Nach dem letztgenannten Beispiel schließen sich mithin Inhalte- und Übertragungsregulierung nicht aus. **108**

Eine konkrete Regelung enthält Art. 31 Universaldienstrichtlinie zur Anwendbarkeit der Inhalteregulierung im Verhältnis der Telekommunikation zum Rundfunk. Werden über ein Kommunikationsnetz Hörfunk- und Fernsehdienste verbreitet, so können den Unternehmen gem. Art. 31 Abs. 1 Universaldienstrichtlinie nur insoweit Verpflichtungen zur Sicherung der Meinungs- und Kulturvielfalt auferlegt werden, als die Netze von den Endnutzern überwiegend zum Empfang von Fernsehen oder Hörfunk genutzt werden. Die entsprechenden Verpflichtungen müssen regelmäßig untersucht werden, ob sie angemessen sind. Die Regelung folgt der Einsicht, dass angesichts der **109**

---

198 Vgl. Beck'scher TKG-Kommentar/*Gersdorf* Einl. C Rn. 12.
199 Vgl. *Dörr/Schwartmann* Rn. 253.

Konvergenz der Medien Verpflichtungen, die an die Vielfaltsicherung anknüpfen, nur dann gerechtfertigt sein können, wenn wie bei Fernsehen und Rundfunk eine entsprechende Meinungsbildungsrelevanz besteht.[200] Wird ein Netz hingegen überwiegend zu Zwecken der Individualkommunikation genutzt, entfällt die Berechtigung zur Auferlegung weitergehender Verpflichtungen. Dann wirken entsprechende Verpflichtungen – wie beispielsweise die rundfunkrechtlichen „must-carry"-Verpflichtungen – als Wettbewerbshindernis. Die EU-Kommission beabsichtigt, die wettbewerbsbeschränkende Wirkung von „must-carry"-Verpflichtungen in der kommenden Überarbeitung des Kommunikationsrechtsrahmens noch intensiver zu adressieren.[201] Sie sieht einen erhöhten Rechtfertigungszwang insbesondere, weil die Anzahl der Distributionskanäle und Übertragungswege für Rundfunkinhalte aufgrund der Konvergenz angestiegen seien (DVB-T, IP-TV etc.).

110 In der Tat ist richtig, dass mit der Vielfalt der Übertragungswege der Bedarf für eine Inhalteregulierung zum Zwecke der Vielfaltsicherung sinkt. Je mehr Übertragungswege zur Verfügung stehen, desto weniger Meinungsmacht kommt dem einzelnen Angebot zu und je mehr wird bereits der Wettbewerb die verschiedenen Nutzerinteressen befriedigen.[202]

3.2 Abgrenzung im deutschen Recht

111 Die Abgrenzung der Telekommunikations- von der Rundfunk- und Medienregulierung im deutschen Recht ist diffizil und umstritten. Sie wird im Wesentlichen von der verfassungsrechtlichen Frage bestimmt, wie weit die Gesetzgebungskompetenz der Länder zur Sicherung der Meinungsvielfalt reicht. Konsens besteht wohl darin, dass aufgrund der unterschiedlichen Gesetzgebungskompetenzen zumindest Telekommunikations- und Rundfunkregulierung mit ihren unterschiedlichen Zielsetzungen nebeneinander stehen. Danach dient die Telekommunikationsregulierung der Regulierung des Übertragungsvorgangs, während die Rundfunkregulierung sich auf die Regulierung der übertragenen Inhalte bezieht, sofern sie denn als Rundfunk einzustufen sind. Die Regulierung der Telekommunikation unterliegt hiernach der Bundeskompetenz nach Art. 73 Nr. 7, 74 Abs. 1 Nr. 1, 72 Abs. 2, 87 f. GG, während die Länder nach Art. 30, 70 GG für den Rundfunk zuständig sind und hiervon mit den Regelungen im RStV bzw. den ausführenden Landesmediengesetzen Gebrauch gemacht haben. Streit besteht, ob die Regulierung von Tele- und Mediendiensten bei der Telekommunikations- oder der Rundfunkkompetenz zu verorten ist.[203]

3.2.1 Abgrenzung von Telekommunikations- und Telemediendiensten

112 Das deutsche Recht sieht nach der Verabschiedung des Telemediengesetzes (TMG) im März 2007 keine Differenzierung mehr zwischen Tele- und Mediendiensten vor.[204] Bund und Länder haben sich darauf geeinigt, die inhaltsbezogenen Regelungen in den RStV aufzunehmen, während sich alle sonstigen Regelungen, insbesondere die wirtschaftsregulierenden Bestimmungen, im TMG befinden.[205] Nach § 1 Abs. 1 TMG sind Telemedien all diejenigen Dienste, die nicht als Telekommunikation oder Rundfunk

200 Vgl. hierzu auch unten Rn. 123.
201 Vgl. Rn. 20.
202 Vgl. auch 8. Kap. Rn. 17.
203 Vgl. *Bullinger/Mestmäcker* S. 80 f.
204 Zur früheren Abgrenzung vgl. Beck'scher TKG-Kommentar/*Gersdorf* Einl. C Rn. 12 ff.
205 Vgl. 10. Kap. Rn. 11.

eingestuft werden können. Hiernach ist also zunächst zu entscheiden, ob ein Dienst Telekommunikation oder Rundfunk ist. Ist das zu verneinen, bleibt die Einstufung als Telemediendienst. Bei den Telemedien handelt es sich hiernach um eine Auffangkategorie.

Wie bereits erwähnt, ist der Begriff der Telekommunikationsdienstleistungen in § 3 **113**
Nr. 24 legaldefiniert. Die Abgrenzung zu den Inhalten erfolgt anhand des Merkmals der Übertragungs- bzw. Transportleistung, das für den Telekommunikationsdienst kennzeichnend ist.[206] Neben der herkömmlichen Sprachtelefonie soll nach überwiegender Meinung auch die Internettelefonie dieses Merkmal erfüllen.[207] Medien- und Teledienste hingegen dienen der Bereitstellung von Informationen. Erfüllen Dienste beide Merkmale, d.h. Transport und Inhalt-Information, so besteht Streit darüber, ob eine Zuordnung nach dem Schwerpunkt der Leistung vorzunehmen ist[208] oder ob für den jeweiligen Teil der Leistung das jeweilige Regulierungsregime zur Anwendung, was zwangsläufig eine Doppelregulierung zur Folge hätte.[209] Ein Internet-by-Call-Anbieter würde dann beispielsweise dieser Doppelregulierung unterfallen. Da § 1 Abs. 1 TMG nunmehr eine klare Abgrenzung der Dienste im Sinne eines „Entweder-Oder“ fordert, spricht vieles für die dargestellte Schwerpunkttheorie.

3.2.2 Abgrenzung zwischen Telekommunikations- und Rundfunkdiensten

Um in die Abgrenzungsfragen einzusteigen, ist es zunächst nötig, sich zu vergegenwärti- **114**
gen, was den Begriff des Rundfunks ausmacht. Die Begriffsdefinition in § 2 Abs. 1 RStV bringt letztlich keine Klarheit, weil sie im Wesentlichen an die Verbreitung der Inhalte an die Allgemeinheit anknüpft, was zur Erfassung des Phänomens Rundfunk nicht ausreichend erscheint. Vielmehr wird Rundfunk heute – anknüpfend an die Rspr. des BVerfG[210] – zunehmend technologieneutral und inhaltsbezogen definiert, wobei mit Blick auf Art. 5 GG auf die (im Verhältnis zum Mediendienst) gesteigerte Meinungsbildungsrelevanz des Rundfunks rekurriert wird.[211] Zielführend scheint der Ansatz, die Definition von Rundfunk im Lichte der besonderen Verpflichtungen zu betrachten, die mit der Veranstaltung von Rundfunk verbunden sind. Danach liegt die Berechtigung eines besonderen Rundfunkrechts in der suggestiven Macht der aktuellen Massenkommunikation aufgrund des gleichzeitigen Empfangs von laufenden Tönen und Bildfolgen in Echtzeit.[212] Entscheidend ist hiernach der massensuggestive Charakter eines Dienstes, der durch bestimmte technische Merkmale erreicht wird (z.B. Massenkommunikation in Echtzeit, Aktualität der Information). Die Art des Dienstes oder die Technologie, über die er erbracht wird, ist hiernach nicht entscheidend. Ihr kann aber indikative Bedeutung zukommen. So wird ein Abrufdienst, bei dem die individuelle Gestaltung im Vordergrund steht (Zeit des Abrufs, individuelles Sehen etc), nicht als Rundfunk qualifiziert werden können, weil eben keine Massenwirkung erzielt werden kann. Schon bei der Definition von Rundfunk ist auch zu berücksichtigen, dass sich aufgrund der techni-

---

206 Vgl. Berliner Kommentar/*Säcker* § 3 Rn. 38.

207 Vgl. *BNetzA* Eckpunkte für die regulatorische Behandlung von Voice over IP, S. 5 f., nicht allerdings, wenn nur ein reiner Verzeichnisdienst angeboten wird; Berliner Kommentar/*Säcker* § 3 Rn. 41.

208 So *Koenig/Neumann* K&R Beilage 3/2004, 8.

209 So Berliner Kommentar/*Säcker* § 3 Rn. 40 m.w.N. unter Verweis auf den alten § 2 Abs. 4 TDG.

210 Vgl. *BVerfGE* 83, 238, 302.

211 Vgl. *Gersdorf* RTkom 1999, 75, 77.

212 Vgl. *Herrmann/Lausen* S. 11.

schen Entwicklung die Verbreitungswege für massenkommunikative Inhalte (Kabel, Satellit, IP-TV, mobile Verbreitungswege wie DVB-H) vervielfacht haben und ein Kapazitätsmangel kaum noch festzustellen ist.[213] Dem einzelnen Verbreitungsweg kommt daher heute tendenziell weniger Relevanz für die Meinungsbildung als früher, als im Wesentlichen nur die Terrestrik verfügbar war.[214]

115 Werden über ein Kommunikationsnetz Rundfunkdienste erbracht oder beinhaltet ein Dienst unterschiedliche Teilleistungen, so werden die für den jeweiligen Dienst bzw. die jeweilige Teilleistung eingreifenden Regulierungsregime für nebeneinander anwendbar gehalten. Die Dienste müssen die Anforderungen beider Regulierungssysteme erfüllen. Dies folgt im Verhältnis Telekommunikation und Rundfunk aus den unterschiedlichen Zuständigkeiten von Bund und Ländern für die jeweilige Gesetzgebung.[215] Außerdem wird im Anschluss an eine Rspr. des BVerfG zum Fernmeldewesen, dem Telekommunikationsrecht im Verhältnis zum Rundfunk eine lediglich „dienende Funktion“ zugebilligt.[216] Mit der Telekommunikationsregulierung (durch den Bund) soll hiernach die den Ländern zustehende Gesetzgebung im Bereich des Rundfunks nicht beeinträchtigt werden dürfen.

116 Auf der anderen Seite muss auch das verfassungsrechtliche Verbot der Doppelregulierung beachtet werden.[217] Hiernach darf es für dieselbe Regelungsmaterie keine Doppelzuständigkeit geben; abzustellen ist hinsichtlich der Gesetzgebungszuständigkeit vielmehr auf die wesensmäßige Zugehörigkeit der Materie.[218] Dabei sind angesichts der Konvergenzentwicklung Zweifel an der dem Telekommunikationsrecht zugeschriebenen „dienenden Funktion“ im Verhältnis zum Rundfunk angebracht.[219] Da der Liberalisierungsauftrag für die Telekommunikation in den Art. 87 f. GG inzwischen mit eigenem Verfassungsrang ausgestattet ist, kann nicht grds. nur von einer Nachrangigkeit der Telekommunikationsgesetzgebung ausgegangen werden.

117 Hieraus lassen sich für die Abgrenzungsfragen folgende grobe Leitlinien entwickeln: grds. können Rundfunk- und Telekommunikationsregulierung nebeneinander zur Anwendung gelangen. Es gibt keine wechselseitige Sperrwirkung. Allerdings steht das Verfassungsrecht der Regelung gleicher Lebenssachverhalte durch unterschiedliche Regelungen entgegen. Insofern bricht in Kollisionsfällen Bundesrecht das Landesrecht (Art. 31 GG). Nicht zuletzt um Kollisionsfälle und eine Überregulierung bzw. Unsicherheiten für die betroffenen Unternehmen zu vermeiden, müssen Bund und Länder daher ihre Regulierungssysteme aufeinander abstimmen.

118 Eine weitere Schlussfolgerung ist, dass besonderes Augenmerk auf die Erfassung des Tatbestandes des Rundfunks zu legen ist. Die Konvergenz fordert noch mehr als vor der Digitalisierung, die Besonderheiten des Rundfunks herauszuarbeiten und von anderen Diensten abzugrenzen. Dabei ist zu beachten, dass unionsrechtlich von der notwendigen Meinungsbildungsrelevanz des Rundfunks nur ausgegangen werden kann, wenn das zu regulierende Kommunikationsnetz von den Nutzern als Hauptmittel zum Empfang von Rundfunk genutzt wird (Art. 31 Universaldienstrichtlinie).

---

213 Vgl. 8. Kap. Rn. 7.
214 Aus diesem Gedanken ist auch Art. 31 Universaldienstrichtlinie zu erklären.
215 Vgl. Beck'scher TKG-Kommentar/*Gersdorf* Einl. C Rn. 4; a.A. *Bullinger/Mestmäcker* S. 80.
216 Vgl. *BVerfGE* 12, 205, 227; s. auch *Scherer* K&R 2 zu 11/1999, 23.
217 Vgl. *BVerfGE* 36, 193, 202.
218 Vgl. *BVerfGE* 36, 193, 203.
219 Vgl. *Ladeur* CR 2002, 181, 185.

4. Überschneidungen zwischen Telekommunikations- und Rundfunkregulierung

Für verschiedene Regelungsbereiche sehen die telekommunikations- und rundfunkrechtlichen Regelungen sich überschneidende Vorschriften vor. Dies betrifft insbesondere die §§ 53 RStV sowie die §§ 48–51 und die dort enthaltenen Zugangsregeln. **119**

4.1 Regelungen mit Rundfunkbezug im TKG

Die §§ 48–51 sind mit Rundfunkübertragung überschrieben. Sie setzen verschiedene Regeln des europäischen Rechtsrahmens um, die den Übergang von der analogen zur digitalen Übertragungstechnik für Rundfunk betreffen. Zugleich werden Fragen des Zugangs zu digitalen Rundfunkdiensten aus Telekommunikationsnetzen geregelt. Die Vorschriften betreffen insbesondere die Verwendung von Zugangsberechtigungssystemen („conditional access systems", §§ 50, 48 Abs. 2 Nr. 1 und Abs. 3). Zugangsberechtigungssysteme ermöglichen es insbesondere, festzustellen, ob Nutzer bei Pay-TV-Angeboten berechtigt sind, einen bestimmten Inhalt zu sehen („pay-per-view"). Sie sorgen zudem für die Entschlüsselung der Sendungen.[220] Nach § 50 Abs. 3 müssen Anbieter von Zugangsberechtigungssystemen Rundfunkveranstaltern die Nutzung der Zugangsberechtigungssysteme zu chancengleichen, nicht-diskriminierenden Bedingungen ermöglichen. Dabei sollen Rundfunkveranstalter in die Lage versetzt werden, Nutzern eines Pay-TV-Dienstes über deren Endgerät Angebote machen zu können, ohne dass der Endkunde sich hierfür eine weitere „Set-up-Box" zulegen muss. Zudem müssen Fernsehempfangsgeräte auch unverschlüsselte Signale empfangen können (§ 48 Abs. 3 Nr. 2). Die Vorgaben nach § 50 Abs. 3 gelten – entsprechend der unionsrechtlichen Grundlage des Art. 6 Abs. 1 Zugangsrichtlinie – unabhängig von der Marktmacht des jeweiligen Anbieters und durchbrechen damit den Grundsatz, dass Zugangsverpflichtungen nach dem TKG nur nach entsprechender Marktanalyse und Feststellung beträchtlicher Marktmacht auferlegt werden können (§§ 9 Abs. 2, 11, 19). Allerdings können die gesetzlichen Verpflichtungen nach § 50 Abs. 5 aufgehoben werden, wenn eine Marktanalyse ergibt, dass keine beträchtliche Marktmacht vorliegt. **120**

4.2 Regelungen mit Telekommunikationsbezug im RStV

Nach § 53 Abs. 1 RStV haben Anbieter von Telekommunikationsdienstleistungen, die Rundfunk oder vergleichbare Telemedien verbreiten, zu gewährleisten, dass die eingesetzte Technik ein vielfältiges Angebot ermöglicht (§ 53 Abs. 1 S. 1 RStV).[221] Zugleich dürfen Anbieter von Rundfunk oder Telemedien insbesondere durch Zugangsberechtigungssysteme oder die Ausgestaltung der (Zugangs-)Entgelte nicht unbillig behindert oder diskriminiert werden (§ 53 Abs. 1 S. 2 RStV). Die Regelung beinhaltet mithin Verhaltenspflichten für Telekommunikationsanbieter im Verhältnis zu Inhalteanbietern, die bei extensiver Auslegung von § 53 Abs. 1 S. 2 RStV sogar dann eingreifen, wenn der Telekommunikationsanbieter selbst keine Rundfunkdienste erbringt.[222] Aus wettbewerblicher Sicht ist die Regelung insoweit problema- **121**

---

220 Vgl. hierzu im Einzelnen 8. Kap. Rn. 57 ff.

221 Nach dem 10. Rundfunkänderungsstaatsvertrag werden unter anderem anstelle des § 53 umfangreiche Regelungen zur Plattformregulierung von Telekommunikationsanbietern eingefügt (Stand: 17.10.2007). Die Regelungen finden sich zukünftig in den §§ 52 ff.

222 Nicht klar ist nämlich, ob § 53 Abs. 1 S. 2 RStV lediglich einen Unterfall des S. 1 darstellt oder ob die Regelungen sich nur zum Teil überlappen. Im letztgenannten Fall würde S. 2 auch andere als Telekommunikationsanbieter bzw. solche Telekommunikationsanbieter betreffen, die selbst keinen Rundfunk anbieten.

tisch, als Verpflichtungen zur Nichtdiskriminierung nur gerechtfertigt sind, wenn ein Marktversagen in Form einer i.d.R. marktbeherrschenden Stellung eines Unternehmens vorliegt (vgl. §§ 19 Abs. 4, 20 Abs. 1 GWB, Art. 102 AEUV); dies gilt insbesondere, wenn von dem Diskriminierungsverbot sogar die Entgeltgestaltung erfasst wird. Ungleichbehandlungen von Marktteilnehmern sind nämlich wettbewerbsimmanente Methoden zur Durchsetzung und zur Differenzierung des eigenen Angebots.[223] Nur wenn der Wettbewerb infolge von Marktmacht seine Kontrollfunktion eingebüßt hat, besteht Korrekturbedarf, weil die Marktgegenseite in besonderem Maße von dem marktbeherrschenden Unternehmen abhängig ist.[224] Diese Wertung liegt nicht nur dem allgemeinen Kartellrecht, sondern gerade auch dem Telekommunikationsrechtsrahmen zugrunde (§§ 11, 19, Art. 16 Abs. 3 und 4 Rahmenrichtlinie, Art. 8 Abs. 2, Art. 12 Zugangsrichtlinie). Wie bereits oben dargestellt, ist der dortige Begriff der beträchtlichen Marktmacht dem Topos der kartellrechtlichen Marktbeherrschung angenähert.

122 Die Länder betrachten die in § 53 RStV angeordnete Zugangsregulierung jedoch nicht aus wettbewerblicher, sondern aus dem Blickwinkel kommunikativer Chancengerechtigkeit als Ausdruck der Rundfunkfreiheit des Art. 5 Abs. 1 S. 2 GG.[225] Dabei sollen die regulierten Dienstleistungen nicht selbst Rundfunk im verfassungsrechtlichen Sinne sein müssen, damit sie der landesgesetzlichen Regulierung unterfallen können; vielmehr sei ausreichend, wenn ein ausreichender Inhaltsbezug zum Rundfunk gegeben sei.[226] Diese sehr weite Auslegung der Reichweite der Rundfunkregulierung begegnet nicht nur Zweifeln im Hinblick auf die Ausfüllung des Begriffes des hinreichenden Inhaltsbezuges, sie wirft auch Zweifel bezüglich der Gesetzgebungskompetenz auf. Denn insoweit adressiert § 53 Abs. 1 RStV weitgehend Regelungsbereiche, die auch bereits in den §§ 48–51 angesprochen werden. Dies gilt insbesondere im Hinblick die Ausgestaltung von Zugangsberechtigungssystemen (§§ 50, 48 Abs. 3) und Anwendungsprogrammierschnittstellen (§§ 48 Abs. 2 Nr. 2).[227] Der europäische Rechtsrahmen ordnet die Regelung dieser Fragen dem Kommunikationsrecht und nicht der Inhalteregulierung bzw. der audiovisuellen Politik i.S.d. Art. 1 Abs. 3 Rahmenrichtlinie zu. Die Regelung des § 53 Abs. 1 RStV steht auch nach deutschem Verfassungsrecht nicht mit dem Verbot der Doppelregulierung im Einklang.[228] Kollisionsfälle zwischen den Normen werden daher gem. Art. 31 GG zugunsten des Bundesrechts aufgehoben.[229] Für die Unternehmen bedeutet die problematische doppelte Behördenzuständigkeit (Bundesnetzagentur nach § 50 Abs. 4, Landesmedienanstalten gem. § 53)[230] jedenfalls erhebliche Rechtsunsicherheiten.

123 Wenn man unterstellt, dass § 53 Abs. 1 RStV eine wirksame Regelung darstellt, ist davon auszugehen, dass die Diskriminierungsverbote des § 53 Abs. 1 S. 2 RStV nur dann Anwendung finden, wenn – wie dies S. 1 nahe legt – die Telekommunikationsan-

---

223 Vgl. *Loewenheim/Meessen/Riesenkampff/Götting* § 20 Rn. 2.
224 Vgl. *Bechtold* § 20 Rn. 3.
225 Vgl. Beck'scher Kommentar zum Rundfunkrecht/*Schulz* § 53 RStV Rn. 12.
226 Vgl. Beck'scher Kommentar zum Rundfunkrecht/*Schulz* § 53 RStV Rn. 14, 16 f. m.w.N.
227 Zum technischen Hintergrund vgl. 8. Kap. Rn. 57 ff.
228 Vgl. Beck'scher TKG-Kommentar/*Janik* § 48 Rn. 1, § 50 Rn. 34 f.
229 Vgl. Beck'scher TKG-Kommentar/*Janik* § 50 Rn. 35.
230 Vgl. *Holznagel/Enaux/Nienhaus* Rn. 440; allerdings wollen sich die Behörden abstimmen, vgl. *BNetzA* Mitteilung 7/2006, ABl. BNetzA 2006, 36.

bieter selbst Rundfunk verbreiten.[231] Nach der gegenteiligen Ansicht, wonach solche Dienste nur zugänglich gemacht werden müssen, müssen die Nutzer dieser Dienste das Übertragungsnetz aber jedenfalls als Hauptmittel ihres Informationsbedarfes nutzen (Art. 31 Universaldienstrichtlinie), damit das Diskriminierungsverbot zur Anwendung gelangt.[232]

5. Frequenzregulierung

5.1 Internationale Frequenzregulierung

Funkfrequenzen sind ein öffentliches aber auch nur begrenzt verfügbares Gut von hohem gesellschaftlichem und wirtschaftlichem Wert. Die Frequenzverwaltung wird zwar von den Nationalstaaten wahrgenommen, da Frequenzen jedoch nicht an Staatsgrenzen halt machen, ist eine internationale Koordination der nationalen Frequenzverwaltung notwendig. Auf globaler Ebene wird diese Aufgabe von der internationalen Fernmeldeunion (ITU) wahrgenommen. 124

Die ITU ist seit 1947 eine Unterorganisation der Vereinten Nationen. Die Festlegungen der ITU zur Frequenzverwaltung sind in der Vollzugsordnung für den Funkdienst (VO Funk) niedergelegt.[233] Den wesentlichen Teil der VO Funk bildet der internationale Frequenzbereichszuweisungsplan, der auf internationalen Vereinbarungen basierend regelmäßig alle zwei bis drei Jahre im Rahmen von Weltfunkkonferenzen (World Radio Conference, WRC) überarbeitet und aktualisiert wird. Die nationalen Frequenzplanungen bewegen sich in diesem auf der WRC festgelegten Rahmen. Die internationalen Festlegungen sind insoweit bedeutsam, als hier darüber entschieden wird, für welche Dienste und Funkanwendungen wie viel Spektrum zur Verfügung steht. Folgt die Zuweisung nicht diskriminierungsfrei, kann dies wettbewerbsverzerrende Wirkungen haben. 125

5.2 Europäische Frequenzregulierung

Die Europäische Frequenzregulierung erfolgt zum einen im Rahmen der CEPT[234], zum anderen durch die zuständigen Gremien innerhalb der EU. Letztlich verbleibt die Frequenzverwaltung auch innerhalb der EU zunächst in der Kompetenz der Mitgliedsstaaten, da die EU selbst nicht in der ITU vertreten ist. 126

Der CEPT gehören derzeit 48 Mitglieder an, darunter alle EU-Staaten und EWR-Länder. Die Mitglieder sind jeweils Vertreter der Fachministerien oder sonstigen Verwaltungseinheiten, die für Funkangelegenheiten zuständig sind. Als zuständiges Arbeitsgremium fungiert der Europäische Kommunikationsausschuss (European Communications Committee, ECC). Die Arbeit des ECC konzentriert sich darauf, europäische Frequenznutzungskonzepte zu harmonisieren und Lösungen zur Unterbringung neuer Funkanwendungen im Spektrum zu finden. Daneben stehen die Aufgabe der europaweiten Vorbereitung und die strategische Abstimmung der Positionen der Mitgliedsländer auf den Weltfunkkonferenzen. Die Bundesnetzagentur vertritt gemeinsam mit dem Bundesministerium für Verkehr und digitale Infrastruktur (BMVI) die Interessen Deutschlands im ECC. 127

---

231 A.A. in Bezug Zugangsberechtigungssysteme Beck'scher Kommentar zum Rundfunkrecht/*Schulz* § 53 RStV Rn. 42.

232 Wohl auch Beck'scher Kommentar zum Rundfunkrecht/*Schulz* § 53 RStV Rn. 35, 39.

233 Vgl. Beck'scher TKG-Kommentar/*Riegner/Kühn(Korehnke* Vorb. Teil 5 Abschn. 1 Rn. 6 f.

234 Conférence Européenne des Administrations des Postes et des Télécommunications (CEPT).

128 Die Frequenzpolitik der EU steht in Konkurrenz zur Tätigkeit der CEPT, deren Mitglieder nur zum Teil der EU angehören. Kompetenzkonflikte sind aufgrund der sich überschneidenden Zuständigkeiten und dem Wunsch der EU-Kommission nach Kompetenzzuwachs vorgezeichnet. Die Frequenzregulierung in der EU wird heute durch drei Rechtsakte bestimmt: Die Entscheidung 676/2002/EG über einen Rechtsrahmen für die Frequenzpolitik (sog. Frequenzentscheidung),[235] der Beschluss der EU-Kommission 2002/622/EG über die Errichtung einer Gruppe für Frequenzpolitik[236] sowie die Richtlinie 2002/19/EG,[237] die als sog. Genehmigungsrichtlinie als Teil des im Jahre 2002 in Kraft getretenen Richtlinienpakets für den Kommunikationssektor ergangen ist. Nur die beiden letzten Regelwerke wurden im Jahr 2009 durch die Richtlinie 2009/140/EG überarbeitet.[238] Die Rechtsakte zielen darauf, die Nutzung von Funkfrequenzen zu harmonisieren, um Handelshemmnisse im gemeinsamen Binnenmarkt abzubauen. Zugleich sollen mit der Genehmigungsrichtlinie Marktzutrittsbarrieren für Unternehmen abgebaut werden. Dies wird insbesondere durch die Beschränkung einer individuellen Genehmigungspflicht (Einzelgenehmigung) auf bestimmte Einzelfälle erreicht. Das Fehlen einer allgemeinen Lizenzierungspflicht stellt einen Paradigmenwechsel im Rahmen der Telekommunikationsregulierung dar,[239] der durch den überarbeiteten europäischen Rechtsrahmen herbeigeführt wurde.

5.3 Nationale Frequenzregulierung

129 Die Frequenzordnung war in Deutschland seit jeher Sache des Bundes. Für das Grundgesetz ist die Zuweisung der Gesetzgebungskompetenz an den Bund durch das BVerfG bestätigt worden.[240] Danach erfordern die Interessen der Allgemeinheit eine „Ordnung des Funkverkehrs, die wirksam nur vom Bund vorgenommen werden kann“. Die maßgebliche Zuweisungsnorm ist Art. 73 Nr. 7 GG. Auch die Verwaltungskompetenz lag seit jeher beim Bund. Der Bund hat die Frequenzverwaltung stets in eigener Regie wahrgenommen.[241]

130 Die Vorschriften zur Frequenzordnung (§§ 52 ff.) bilden den ersten Abschnitt des Teils 5 des Gesetzes, in dem es um die Vergabe von Frequenzen, Nummern und Wegerechten, mithin um die Ressourcenverwaltung geht. Dabei regeln die §§ 52–54 die Frequenzplanung.

5.3.1 Frequenzplanung

131 Die Frequenzplanung gliedert sich in die Frequenzzuweisung (§ 53) sowie in die Erstellung des Frequenzplans gem. § 54. Die Frequenzzuweisung erfolgt durch die Bundesregierung, und zwar durch eine Frequenzverordnung. Dabei werden einzelnen Funkdiensten bestimmte Frequenzbereiche zugeordnet. Zurzeit erfasst die Frequenzzuweisung 37 Arten von Funkdiensten, so unter anderem den Amateurfunkdienst,

235 Vgl. oben Rn. 42.

236 Vgl. ABlEG 2002 Nr. L 198; die Gruppe ist ein Konsultationsgremium, das Fragen der Frequenzpolitik, die Koordinierung der politischen Ansätze sowie die Harmonisierung bei der Verfügbarkeit und der effizienten Nutzung des Frequenzspektrums in unterstützender und beratender Funktion bearbeitet.

237 Vgl. oben Rn. 34.

238 Änderungsrichtlinie 2009/140/EG v. 25.11.2009, ABlEG Nr. L 337/37.

239 Vgl. *Schütz/Attendorn/König* Rn. 69.

240 Vgl. *BVerfGE* 12, 205, 230.

241 Vgl. Beck'scher TKG-Kommentar/*Riegner/Kühn* Vor § 52 Rn. 81 f.

den Mobilfunkdienst oder den festen Funkdienst. Die Frequenzzuweisung dient im Wesentlichen einer effizienten und störungsfreien Nutzung der Funkfrequenzen der einzelnen Kategorien. Der Frequenzzuweisung kommt daher per Rechtsform als Verordnung verbindliche Außenwirkung zu, obwohl sie ihrem Wesen und der Systematik der §§ 52–54 nach in erster Linie auf eine rein verwaltungsinterne Wirkung gerichtet ist. Diese besteht in der Festlegung der Grundlage für den von der Bundesnetzagentur zu erlassenden Frequenzplan (§ 54 Abs. 1).[242] Frequenzzuweisungen, durch die Frequenzen dem Rundfunk zugewiesen werden, bedürfen der Zustimmung des Bundesrates, § 53 Abs. 1 S. 2. Hierdurch soll gewährleistet werden, dass die Belange der Länder im Hinblick auf eine ausreichende Versorgung des Rundfunks mit Frequenzen berücksichtigt werden.

Auf der nächsten Stufe der Frequenzplanung erstellt die Bundesnetzagentur auf der **132** Grundlage des Frequenzverordnung den sog. Frequenzplan (§ 54 Abs. 1 S. 1). Im Gegensatz zu der Regelung in § 53 Abs. 1 hat der Gesetzgeber in § 54 Abs. 1 davon abgesehen, die Rechtsform des Plans zu bestimmen. Nach herrschender Meinung handelt es sich bei dem Frequenzplan um eine Regelung ohne Außenwirkung, die als Verwaltungsvorschrift zu qualifizieren ist.[243] Ein unmittelbarer Rechtsschutz ist damit gegen den Frequenzplan nicht möglich. Vielmehr unterliegt die Planung der Inzidentkontrolle im Rahmen einer Klage gegen oder auf Erlass einer Frequenzzuteilung gem. § 55. Inhaltlich trifft der Frequenzplan weitergehende Festlegungen im Hinblick auf die Frequenzzuweisungen in der Frequenzbereichsverordnung. So kann z.B. eine sekundäre Zuweisung an einen anderen Funkdienst erfolgen und damit eine Nutzung dieses Frequenzbereiches für andere Anwendungen eröffnet werden.

5.3.2 Frequenzvergabeverfahren und -zuteilung

Die Vergabe von Nutzungsrechten für Frequenzspektrum hat eine enorme Bedeu- **133** tung, da Marktstruktur, Wettbewerbs und Investitionsanreize durch die Vergabe in großem Maße beeinflusst werden. Frequenzen bedürfen zu ihrer Nutzung der Zuteilung, § 55 Abs. 1 S. 1. Die Zuteilung erfolgt i.d.R. durch Allgemeinzuteilung nach § 55 Abs. 2. Da der Gesetzgeber nicht von der Möglichkeit Gebrauch gemacht hat, die Allgemeinzuteilung gesetzlich zu regeln,[244] ergeht sie als Allgemeinverfügung. In diesem Fall ist unter den festgelegten Voraussetzungen die Frequenznutzung durch jedermann gestattet. Ist eine Allgemeinzuteilung nicht möglich – z.B. weil eine intensive Koordinierung zwischen verschiedenen Nutzern notwendig ist – ergeht die Zuteilung als sog. Einzelzuteilung an den Antragsteller, und zwar in Form eines Verwaltungsaktes.[245] Diese muss sich im Rahmen der planerischen Vorgaben halten, § 55 Abs. 5. Betrifft die Frequenzzuteilung die Übertragung von Rundfunk (im Zuständigkeitsbereich der Länder[246]) muss die Bundesnetzagentur bei der Zuteilungsentscheidung das Benehmen mit den Behörden der Länder (Landesmedienanstalten oder Staatskanzleien) herstellen, § 57 Abs. 1 S. 1. Die Landesbehörden teilen hierzu der Bundesnetzagentur ihren Versorgungsbedarf mit (§ 57 Abs. 1 S. 2), damit die Versorgung der

242 Vgl. Beck'scher TKG-Kommentar/*Riegner/Kühn* § 53 Rn. 3.
243 Vgl. Beck'scher TKG-Kommentar/*Riegner/Kühn* § 54 Rn. 5; *Meister* S. 254 (noch zum Frequenznutzungsplan).
244 Vgl. hierzu Rn. 35.
245 Vgl. Beck'scher TKG-Kommentar/*Göddel* § 55 Rn. 7 f.
246 Vgl. zur Begriffsdefinition im Verhältnis zum frequenzplanerischen Rundfunkbegriff Beck'scher TKG-Kommentar/*Göddel* § 57 Rn. 2.

Bevölkerung mit Rundfunk sichergestellt werden kann. Beispiel für ein solches Verfahren ist die Vergabe von Frequenzen für den digitalen terrestrischen Rundfunk (DVB-T, DVB-H).

134 Sind mehr Anträge als Frequenzen vorhanden, vergibt die Bundesnetzagentur die Frequenzen erst nach Durchführung eines Vergabeverfahrens (§§ 55 Abs. 10).[247] Eine Knappheitssituation – wie von § 55 Abs. 10 vorausgesetzt – wird i.d.R. bei kommerziell attraktiven Anwendungen vorliegen. Bekanntestes Beispiel für ein Vergabeverfahren war die Versteigerung der UMTS-Mobilfunkfrequenzen im Jahre 2000 für ca. 50 Mrd. EUR. Neben der Anordnung eines Versteigerungsverfahrens (§ 61 Abs. 4) kommt auch die Festlegung eines Ausschreibungsverfahrens in Betracht (§ 61 Abs. 1 S. 1).

135 Streit besteht, ob das Versteigerungsverfahren den Regelfall darstellt[248] oder ob die Verfahren gleichrangig nebeneinander stehen.[249] Nach Rspr. des BVerwG kann die Bundesnetzagentur trotz festgestellter oder prognostizierter Frequenzknappheit von dem Erlass einer Vergabeanordnung absehen.[250] Angesichts der finanziellen Auswirkungen des Versteigerungsverfahrens kann die Auswahl des Verfahrens für die potentiellen Marktteilnehmer und ihre Geschäftspläne entscheidend sein. Mit der Versteigerung soll der wirtschaftliche Wert des Frequenzgutes ermittelt werden. Somit haben alle Teilnehmer gleiche Ausgangsvoraussetzungen für die Erschließung des Marktes, asymmetrische Marktzutrittsbedingungen werden vermieden. Die Vergabe in Form eines Ausschreibungsverfahrens birgt dagegen die Gefahr, dass durch die Ausschreibungsbedingungen bestimmte Teilnehmer bevorzugt werden. Für Frequenzen, deren Nutzungsrechte auslaufen, besteht zum einen die Möglichkeit der Verlängerung der aktuellen Nutzungsrechte nach § 55 Abs. 9, zum anderen die (Neu-)Vergabe der Frequenzen gem. § 55 Abs. 3 und 10 sowie § 61. Zukünftig ist über die erneute Bereitstellung der im Jahr 2000 versteigerten und bis Ende 2020 zugeteilten UMTS-Frequenzen im Bereich 2 GHz rechtzeitig zu entscheiden.

Zusammenschlussvorhaben wie die von Telefonica und E-Plus führen zu einer neuen Ausgangslage bei der Zuteilung von Frequenznutzungsrechten. In solchen Fällen muss die Bundesnetzagentur eine Entscheidung nach § 55 Abs. 7 und Abs. 8 fällen.[251]

136 Vom Bundesrat wurde durchgesetzt, dass Frequenzen, die planungsrechtlich als Rundfunkfrequenzen ausgewiesen sind, dem Versteigerungsverfahren entzogen sind (§ 61 Abs. 2 S. 3). Wie bereits erläutert ist diese Regelung mit Blick auf die Schaffung gleicher Wettbewerbsvoraussetzungen in konvergenten Märkten problematisch, weil sie zu einer Privilegierung von Rundfunk- gegenüber Telekommunikationsanbietern führt.[252]

247 Beck'scher TKG-Kommentar/*Göddel* § 55 Rn. 20 ff.
248 *BVerwG* NVwZ 2011, 1333; Beck'scher TKG-Kommentar/*Göddel/Geppert* § 61 Rn. 8.
249 So *Schütz* Rn. 361.
250 *BVerwG* NVwZ 2011, 613.
251 Vgl. Eckpunkte-Papier der BNetzA zum gegenständlichen Fusionsverfahren, BK 1-13/002.
252 Vgl. oben Rn. 105.

III. Kundenschutz

Seit 1991 werden die Kundenverträge über der Telekommunikationsdienstleistungen auf privatrechtlicher Basis geschlossen. Sie betreffen die Festnetztelefonie, den Mobilfunk (Verträge mit nachgelagerter Zahlungspflicht des Kunden oder sogenannte Prepaid-Karten, bei denen der Kunde vorausbezahlt), die Inanspruchnahme von Mehrwertdiensten oder Kabelanschlussen etc. Zur Rechtsnatur dieser Verträge werden in Rspr. und Lit. unterschiedliche Auffassungen vertreten; in Abhängigkeit von der jeweils erbrachten Leistung wird vertreten, dass es sich um Werk-, Dienst-, Miet- oder Verträge sui generis handele.[253] **137**

Das TKG enthält in den §§ 43a ff. und §§ 66a ff. besondere Regeln für einen sektorspezifischen Kundenschutz, der sich auf zum Teil auf die Gestaltung der Geschäftsbedingungen, zum Teil aber auch auf die Gestaltung der Angebote selbst bezieht. Ziel der Vorschriften ist neben der Stärkung des Verbraucherschutzes auch die Schaffung von mehr Rechtssicherheit für die im Bereich der Telekommunikation tätigen Unternehmen. Ob ein solch großes strukturelles Ungleichgewicht zwischen Telekommunikationsanbieter und Kunde besteht, welches Vorschriften rechtfertigt, die zum Teil erheblich über den durch die allgemeinen Gesetze verbrieften Kundenschutz hinausgehen, darf bezweifelt werden. Trotzdem sieht sich der Gesetzgeber immer wieder veranlasst, bei den diversen Novellierungen des TKG den Verbraucherschutz in der Telekommunikation weiter zu schärfen.[254] Die Vorschriften der §§ 43a ff. basieren größtenteils auf der Universaldienstrichtlinie, gehen aber überwiegend über diese Mindestvorgaben hinaus. Mittlerweile hat der Gesetzgeber ein breites Instrumentarium zur Verbesserung der Transparenz im Telekommunikationsmarkt geschaffen. Richtlinienvorgaben für die §§ 66a ff. sucht man hingegen vergeblich.[255] **138**

Einige der durch den TK-Review 2009 überarbeiteten Vorschriften der Universaldienstrichtlinie (Art. 21, 22) haben zur Folge, dass auch das deutsche TKG nun erheblich umfangreichere Vorschriften zur Transparenz im Hinblick auf Endkundenverträge beinhaltet. In § 43a sind die Bestandteile eines Vertrages über Telekommunikationsdienstleistungen im Einzelnen gesetzlich für den Fall festgelegt, dass der Kunde ein Verbraucher ist. Die Vorschrift soll Transparenz gegenüber dem Verbraucher schaffen. Die Regelung des § 43b enthält Vorschriften zur Laufzeit von Verträgen. § 45n regelt demgemäß die Transparenz und Veröffentlichung von Informationen, § 45n Abs. 1 ermächtigt das Bundesministerium für Wirtschaft und Technologie (BMWi) Rahmenvorschriften für die Dienstequalität und für zusätzliche Dienstmerkmale, die der Kostenkontrolle dienen, zu erlassen. Dies umfasst auch Mindestanforderungen, die bei der Erbringung eines Dienstes einzuhalten sind, § 45n Abs. 3. § 47b bestimmt, dass zulasten des Kunden von den gesetzlichen Vorgaben nicht abgewichen werden darf. Eine entsprechende Vereinbarung ist daher nichtig (§ 134 BGB) oder jedenfalls teilnichtig (§ 139 BGB). **139**

Auf Grundlage der neuen Transparenzvorgaben in den §§ 43a, 45n soll es Endkunden möglich werden, Umfang und Qualität von angebotenen Telekommunikationsdiens- **140**

253 Vgl. den Überblick bei *Holznagel/Enaux/Nienhaus* Rn. 349 m.w.N; zur Vertragsgestaltung und zur Wirksamkeit einzelner Klausel vgl. *Schuster/Eckert* S. 477 ff.

254 *Holznagel* NJW 2012, 1622.

255 *Ditscheid* MMR 2007, 210; *Ditscheid/Ufer* MMR 2009, 367.

ten zu vergleichen.[256] Die Bundesnetzagentur hat seither das Informationsverhalten der Festnetz- und Mobilfunkanbieter untersucht und mehrfach eine Messstudie zur Dienstequalität breitbandiger Internetzugänge sowie eine Untersuchung zur Transparenz von Telekommunikationsverträgen im Festnetz- und im Mobilfunkbereich durchgeführt. Die Vorgaben für die Anbieter von TK-Diensten finden sich in einer sog. TK-Transparenz-VO.[257] Die TK-Transparenzverordnung verfolgt das in § 45n TKG festgelegte Ziel des Gesetzgebers, dem Verbraucher im Telekommunikationsmarkt eine transparente, vergleichbare, ausreichende und aktuelle Information in einer klaren, verständlichen und leicht zugänglichen Form bereitzustellen.[258]

141 § 44a sieht eine besondere Haftungsregel vor: hiernach haftet ein Telekommunikationsanbieter – außer bei Vorsatz – pro Nutzer lediglich auf einen Schadenersatz von 12 500 EUR. Ist von einem schädigenden Ereignis eine Personenmehrzahl betroffen, so ist die Haftung auf insgesamt 10 Mio. EUR begrenzt. Die §§ 45e ff. enthalten eine Vielzahl von Regelungen für die Rechnungsstellung, so den Anspruch auf einen Einzelverbindungsnachweis (§ 45e), das Recht des Kunden auf Vorauszahlungsbasis Zugang zu öffentlichen Telefondiensten zu erlangen (§ 45f), Regelungen zum Rechnungsinhalt (§ 45h) sowie zu Einwendungen und zur Beweislast (§§ 45i, 45j).

142 Probleme beim Anbieterwechsel sind für viele Verbraucher ein Grund, nicht zu einem anderen Versorger zu wechseln, woraus sich eine Wettbewerbsbehinderung ergibt. Der Anbieterwechsel wird seit dem Jahr 2012 über eine Regelung in § 46 erleichtert.[259] Danach muss dieser in Umsetzung von Art. 30 Abs. 4 innerhalb von einem Kalendertag erfolgen. Eine solch kurze Frist stellt aber in Anbetracht der komplexen Prozesse eine Herausforderung für die beteiligten Unternehmen dar. Tatsächlich müssen in der Branche erhebliche Anstrengungen vorgenommen werden, um die Vorgaben des neuen § 46 einzuhalten.

143 Schließlich sind mit den letzten TK-Änderungsgesetzen eine Reihe von zusätzlichen verbraucherschützenden Normen im Bereich der Nummerierung in das Gesetz eingefügt worden (§§ 66a ff.), mit denen stark in die Produktgestaltung eingegriffen wird. Wer Mehrwert- (im Gesetz als Premiumdienste bezeichnet) oder Auskunftsdienste im Zusammenhang mit Telekommunikationsdienstleistungen anbietet, den trifft eine Verpflichtung zur Preisanzeige (§ 66a) und – soweit es um sprachgestützte Dienste geht – zugleich eine Pflicht zur Preisansage vor Beginn der Inanspruchnahme des Dienstes (§ 66b). Für den, der immer noch nicht ausreichend geschützt ist, greifen zudem Preishöchstgrenzen (§ 66d), die jedoch nicht einheitlich für den Bereich des Festnetzes und des Mobilfunks gelten. Die Dienstleistung darf zudem insgesamt nur 3 EUR/Min. kosten, wenn der Anbieter nicht gezwungen sein will, ein Legitimationsverfahren durchzuführen. Hierbei muss sich der Nutzer dann – als zur Inanspruchnahme der Leistung berechtigt – bei dem Anbieter registrieren lassen. Schließlich muss jede Verbindung zu den genannten Diensten nach 60 Minuten getrennt werden (§ 66e), wenn der Kunde nicht das Legitimationsverfahren durchlaufen hat. Hält der Anbieter die genannten Verpflichtungen nicht ein, geht er des Entgeltanspruches verlustig (§ 66h).

---

256 Vg. BT-Drucks. 15/5213, 21; Beck'scher TKG-Kommentar/*Ditscheid/Rudloff* § 45n Rn. 1.

257 Verordnung zur Förderung der Transparenz auf dem Telekommunikationsmarkt (TKTransparenzV) v. 19.12.2016, BGBl I, 2937.

258 *Ufer* MMR 2015, 216.

259 *Holznagel* NJW 2012, 1622, 1624.

Aufgrund anhaltender Diskussionen in der Öffentlichkeit sah sich der Gesetzgeber veranlasst, im Zuge der TKG-Novelle 2012 eine Regelung zu Warteschleifen bei Service-Hotlines aufzunehmen. An verschiedenen Stellen im Gesetz findet sich nunmehr die Maßgabe, dass Warteschleifen bei Premium- und Service-Diensten kostenlos sein müssen (§§ 3 Nr. 30c, 66g, 66h Nr. 8, 150 Abs. 7).[260] **144**

Auch der § 41a dient in gewisser Weise dem Kundenschutz, in dem eine willkürliche Verschlechterung von Diensten sowie eine ungerechtfertigte Behinderung oder Verlangsamung des Datenverkehrs in den Netzen zu verhindert werden soll. Systematisch befindet er sich aber in Teil 2 des TKG (Marktregulierung). Ein Versuch, die in dieser Vorschrift enthaltene Verordnungsermächtigung des BMWi mit Leben zu erfüllen und eine nationale Regelung zu Netzneutralität zu schaffen, ist in 2013 aufgrund einer kommenden europäischen Vorgabe fehlgeschlagen.[261] Regelungen zur Netzneutralität werden im Rahmen der TSM-VO in den Nationalstaaten umgesetzt.[262] Die Bundesnetzagentur bietet dem Verbraucher die Möglichkeit der Breitbandmessung.[263] Diese können damit die Geschwindigkeit ihres Internetzugangs ermitteln und dadurch die Leistungsfähigkeit ihres stationären und/oder mobilen Breitbandanschlusses bestimmen und auf einfache Weise Umfang und Qualität von Telekommunikationsdiensten zu vergleichen. Grundlage der Messung sind die Transparenzvorgaben im TKG (§§ 45a, 45n). **145**

IV. Die Bundesnetzagentur – Institution und Verfahren

Der Vollzug des TKG obliegt der Bundesnetzagentur für Elektrizität, Gas, Telekommunikation, Post und Eisenbahnen. Seit dem 13.7.2005 nimmt sie die Funktion der vormaligen Regulierungsbehörde für Telekommunikation und Post (RegTP) wahr. Mit ihren erweiterten Zuständigkeiten ist die Bundesnetzagentur nunmehr für die Regulierung der gesamten Netzindustrien verantwortlich. Hiervon werden Synergien und übergreifende Regulierungskonzepte erwartet. Maßgebliche Vorschriften zur Organisation der Behörde stehen neben dem TKG im Gesetz über die Bundesnetzagentur für Elektrizität, Gas, Telekommunikation, Post und Eisenbahnen (BEGTPG).[264] **146**

1. Stellung der Behörde

Die Bundesnetzagentur wird gem. § 116 als Bundesoberbehörde im Geschäftsbereich des Bundesministeriums für Wirtschaft und Energie (BMWi) tätig. Sie ist damit eine organisatorisch ausgegliederte Einheit des Ministeriums und damit Teil der bundesunmittelbaren Verwaltung. Dadurch untersteht die Behörde der Rechts-, Fach- und Dienstaufsicht des Ministeriums.[265] Im Zuge der Aufspaltung von Kompetenzen auf im Bundesministerium für Verkehr und digitale Infrastruktur (BMVI) müssen nun **147**

260 *Beine* MMR 2012, 567.
261 Sog. NNVO, ein Entwurf ist abrufbar auf der Internet-Seite des BMWi.
262 Vgl. oben Rn. 4.
263 Im Internet abrufbar unter: www.breitbandmessung.de.
264 Vgl. Gesetz über die Bundesnetzagentur für Elektrizität, Gas, Telekommunikation, Post und Eisenbahnen v. 7.7.2005 (BGBl 2009, 1970), das zuletzt durch Art. 4 des Gesetzes vom 29.8.2016 (BGBl I 2082) geändert worden ist.
265 Vgl. *Koenig/Loetz/Neumann* S. 217 ff.

viele aufsichtsrechtliche Entscheidungen des BMWi im Benehmen mit dem Bundesministerium für Verkehr und digitale Infrastruktur getroffen werden, vgl. § 3 Abs. 1 BEGTPG. Dies stellt keinen Verstoß gegen Unionsrecht dar. Gem. Art. 3 Abs. 2 Rahmenrichtlinie haben die Mitgliedstaaten lediglich dafür zu sorgen, dass die nationalen Regulierungsbehörden rechtlich und funktional von allen Unternehmen unabhängig sind, die elektronische Kommunikationsnetze, -geräte oder -dienste anbieten. Die Bundesrepublik Deutschland besitzt derzeit im Gegensatz zu vielen anderen Staaten noch Anteile in erheblichem Umfang an der Deutschen Telekom AG,[266] was Gegenstand andauernder Kritik durch Wettbewerber und auch der EU-Kommission ist. Die Trennung der Rollen als Anteilseigner und Träger einer weisungsgebundenen Regulierungsbehörde soll derzeit aber dadurch gewährleistet sein, dass diese Aufgaben durch verschiedene Ministerien (Bundesministerium für Finanzen bzw. für Wirtschaft und Technologie) wahrgenommen werden.

148 Die Bedeutung einer unabhängigen Regulierungsbehörde unterstreicht der mit der letzten Reform des Richtlinienpakets („2009 Review") eingefügte Art. 3 Abs. 3a Rahmenrichtlinie. Demnach handeln die Behörden unabhängig und sind nicht weisungsgebunden, auch die Position des Behördenleiters wird durch strenge Anforderungen an die Voraussetzungen für seine Entlassung gestärkt.

2. Organe der Behörde

149 Als Organe der Behörde bestimmen die Vorschriften des TKG den Präsidenten (§ 116) und die Beschlusskammern (§§ 132–136).

2.1 Präsident

150 Geleitet wird die Bundesnetzagentur von einem Präsidenten, der zusammen mit den beiden Vizepräsidenten vom Bundespräsidenten ernannt wird. Ihm obliegt sowohl die Leitung nach innen (Geschäftsführung) als auch nach außen (Vertretung).[267] Er wird für eine Amtsperiode von i.d.R. fünf Jahren gewählt und von der Bundesregierung auf Vorschlag des Beirats der Bundesnetzagentur benannt. Der Präsident ist in allen Angelegenheiten nach dem TKG entscheidungsbefugt, soweit diese nicht im Gesetz den Beschlusskammern zugewiesen sind (§ 116).

2.2 Beschlusskammern

151 Entscheidungen im Rahmen des Verwaltungsverfahrens fällen sog. Beschlusskammern in Form von Verwaltungsakten (§ 132 Abs. 1). Bei den Beschlusskammern handelt es sich um Ausschüsse i.S.v. § 88 VwVfG. Die Kammern sind justizförmig ausgestaltet. Sie sind mit einem Vorsitzenden und zwei Beisitzern besetzt (§ 132 Abs. 2). Die Besetzung wird durch das Bundesministerium für Wirtschaft und Technologie bestimmt. Mit der Kammerstruktur wurde die Gliederung des Bundeskartellamtes übernommen (§ 51 GWB). Es soll damit eine gewisse Unabhängigkeit der Bundesnetzagentur in ihren Entscheidungen gesichert werden, obgleich die Behörde der Fachaufsicht des Ministeriums unterliegt.

152 Die Beschlusskammern entscheiden in den Fällen der Marktregulierung, bei Festlegen des Vergabeverfahrens bei Frequenzknappheit (§ 55 Abs. 10) sowie über die Ausge-

---

266 Anteil des Bundes 14,83 % unmittelbar, dazu noch 16,87 % über die KfW Bankengruppe.
267 § 3 Abs. 1, 3 BEGTPG.

staltung eines solchen Vergabeverfahrens (§ 61). Darüber hinaus sind sie zuständig für die Ausgestaltung des Frequenzhandels (§ 62) sowie bei allen sonstigen Streitigkeiten im Zusammenhang mit Verpflichtungen aus dem TKG oder aufgrund des TKG zwischen Unternehmen (§ 133). Bei bestimmten grundlegenden Entscheidungen – wie für das Vergabeverfahren bei Frequenzknappheit oder bezüglich der Ausgestaltung des Frequenzhandels (§ 62) – entscheidet die Beschlusskammer als sog. Präsidentenkammer. Im Rahmen der Marktregulierung hat die Präsidentenkammer die Aufgabe, die zu regulierenden Märkte und die Unternehmen mit beträchtlicher Marktmacht festzulegen. Die Präsidentenkammer setzt sich aus dem Präsidenten und seinen Stellvertretern zusammen.

3. Sonstige Gremien

3.1 Beirat

Gem. § 5 BEGTPG wird bei der Bundesnetzagentur ein Beirat gebildet. Der Beirat **153** setzt sich aus jeweils 16 Mitgliedern des Deutschen Bundestages und 16 Vertretern oder Vertreterinnen des Bundesrates zusammen. Die Vertreter oder Vertreterinnen des Bundesrates müssen Mitglied einer Landesregierung sein oder diese politisch vertreten. Die Aufgaben des Beirats sind in § 120 abschließend beschrieben. Danach wirkt der Beirat bei der Bestellung des (Vize-)Präsidenten, am Vergabeverfahren für Frequenzen und bei der Auferlegung von Universaldienstverpflichtungen mit. Er berät die Bundesnetzagentur bei der Erstellung des Vorhabenplans und bei grds. marktrelevanten Entscheidungen.

Gem. § 120 Nr. 3 und 4 soll der Beirat zudem eine Überwachungsfunktion ausüben. **154** Im Ergebnis dient der Beirat der politischen Kontrolle der Tätigkeit der Bundesnetzagentur. Angesichts der politischen Bedeutung der von der Bundesnetzagentur für die Telekommunikationsmärkte zu treffenden Entscheidungen sollte die Bedeutung des Beirats aufgrund seiner politischen Besetzung nicht unterschätzt werden.

3.2 Wissenschaftliche Unterstützung

Beratende Gremien sind die in § 125 Abs. 1 genannten wissenschaftlichen Kommissio- **155** nen, die von der Bundesnetzagentur zur Vorbereitung von Entscheidungen und zur Begutachtung von Regulierungsfragen eingesetzt werden können. Diese wird insbesondere durch den „Wissenschaftlichen Arbeitskreis für Regulierungsfragen" (WAR) gewährleistet. Nach der Begründung zum Gesetzentwurf TKG 1996 kommt dem Einsatz wissenschaftlicher Kommissionen vor allem eine Entlastungsfunktion zugunsten der Regulierungsbehörde zu, wobei es im Ermessen der Behörde liegt, ob und zu welchen Gegenständen sie wissenschaftliche Kommissionen einsetzt.[268]

4. Verfahren

4.1 Allgemeine Verfahrensvorschriften und besondere Befugnisse

Der Bundesnetzagentur stehen die allgemeinen Befugnisse nach dem VwVfG zu. **156** Daneben treten die besonderen Befugnisse, die im TKG zum einen in den besonderen Teilen des Gesetzes geregelt sind (z.B. Anordnungen im Bereich der Entgeltregulierung nach § 29), sowie die Befugnisse der §§ 126–131. Insbesondere kann die Bundes-

---

268 Vgl. Beck'scher TKG-Kommentar/*Attendorn*/*Geppert* § 125 Rn. 8 f.

netzagentur aufgrund dieser Vorschriften Unternehmen, die Verpflichtungen aus dem Gesetz oder aufgrund des Gesetzes nicht erfüllen, ein bestimmtes Verhalten untersagen (§ 126) oder die für den Vollzug des Gesetzes erforderlichen Auskünfte bei Unternehmen einholen (§ 127).

157 Alle Entscheidungen der Bundesnetzagentur sind zu begründen und mit einer Rechtsmittelbelehrung zu versehen (§ 131 Abs. 1 S. 1).

4.2 Beschlusskammerentscheidungen

158 § 132 zählt eine Reihe von Entscheidungen auf, die nur durch Beschlusskammern getroffen werden können. Entscheidungen der Beschlusskammer ergehen gem. § 132 Abs. 1 S. 2 immer durch Verwaltungsakt. Das Verfahren vor den Beschlusskammern ist gerichtsähnlich ausgestaltet. Dabei entscheidet die Beschlusskammer aufgrund öffentlicher mündlicher Anhörung (§ 135 Abs. 3 S. 1 1. HS). Das Verfahren wird von der Beschlusskammer entweder von Amts wegen oder auf Antrag eingeleitet (§ 134 Abs. 1). Ob im jeweiligen Fall ein Antrags- oder Amtsverfahren zu führen ist ergibt sich nicht aus § 134, sondern aus der jeweiligen dem Streit zugrunde liegenden Norm.[269] § 134 ist lediglich die Aussage zu entnehmen, dass die Einleitung eines Beschlusskammerverfahrens in zwei Varianten möglich ist. Welche Variante für das jeweilige Verfahren vorgeschrieben ist, ist der jeweils streitentscheidenden Norm zu entnehmen. Dabei ist das Amtsverfahren der Regelfall. Reine Antragsverfahren sind selten. Beispiel ist insoweit das Anordnungsverfahren nach § 25, in dem ein Unternehmen den Zugang zum Telekommunikationsnetz eines anderen Unternehmens „beantragt" für den Fall, dass eine entsprechende Vereinbarung nicht zustande gekommen ist.

159 Die Form des Antrages und die Antragsbefugnis ist ebenfalls der entsprechenden streitentscheidenden Norm zu entnehmen. Ob ein Unternehmen berechtigt ist, ein Verfahren gegen ein anderes Unternehmen mittels Antrag einzuleiten, ist eine Frage des Drittschutzes der relevanten Norm. Besteht keine Antragsbefugnis, so ist der „Antrag" als Anregung an die Behörde zu sehen, von Amts wegen tätig zu werden. Hierzu ist die Behörde außer bei reinen Antragsverfahren berechtigt. Allerdings kann nur für den Fall, dass auch ein Antragsrecht besteht, die Behörde gegebenenfalls zum Einschreiten mittels Verpflichtungsklage gezwungen werden.

160 Ein wichtiger Verfahrensaspekt ist der Schutz von Geschäftsgeheimnissen. Dieser wird in Beschlusskammerverfahren durch die Regelung des § 136 sichergestellt, der die allgemeine Regelung des § 30 VwVfG ergänzt. Vor allem im Verfahren der Zugangs- und Entgeltregulierung wird die Vorlage oder Heranziehung von Unterlagen, die Betriebs- oder Geschäftsgeheimnisse enthalten (Finanz- oder Kostenunterlagen) regelmäßig notwendig sein. Betriebs- und Geschäftsgeheimnisse müssen gekennzeichnet werden und dürfen von der Bundesnetzagentur Dritten, auch den übrigen Verfahrensbeteiligten, nicht zugänglich gemacht werden. Die entsprechenden Passagen der Unterlagen müssen geschwärzt werden.

269 Vgl. Beck'scher TKG-Kommentar/*Attendorn* § 134 Rn. 14.

V. Gerichtsverfahren

Gegen Entscheidungen der Bundesnetzagentur ist der Verwaltungsrechtsweg gegeben. Klagen haben keine aufschiebende Wirkung (§ 137 Abs. 1). Der Gesetzgeber ist davon ausgegangen, dass zu Zwecken der Verfahrensbeschleunigung und zur Sicherstellung der Regulierungseffizienz regelmäßig ein Interesse an der sofortigen Vollziehbarkeit der Verwaltungsakte besteht. Wünscht der Betroffene die Herstellung der aufschiebenden Wirkung, so muss er diese im Verfahren nach § 80 Abs. 5 VwGO durch das Verwaltungsgericht anordnen lassen. **161**

Entscheidet die Behörde durch eine Beschlusskammer, findet auch kein Vorverfahren gem. den §§ 68 ff. VwGO statt (§ 137 Abs. 3). Die Überlegung dahinter ist, dass das Beschlusskammerverfahren durch seine gerichtsähnliche Ausgestaltung bereits eine höhere Gewähr für die Richtigkeit der Entscheidungen bietet. Eine erneute verwaltungsinterne Kontrolle sei daher überflüssig.[270] **162**

Eine weitere telekommunikationsspezifische Besonderheit besteht darin, dass der verwaltungsgerichtliche Instanzenzug verkürzt ist. Durch die Regelung des § 137 Abs. 3 S. 1 gibt es bei Beschlusskammerentscheidungen nur eine Tatsacheninstanz. In Beschlusskammerverfahren findet daher gegen ein Urteil oder eine andere Entscheidung des Verwaltungsgerichts grds. keine Berufung bzw. keine Beschwerde statt. Einzige Tatsacheninstanz ist das VG Köln, das wegen des Amtssitzes der Bundesnetzagentur in Bonn für alle Klageverfahren gegen deren Entscheidungen örtlich zuständig ist. **163**

Der Gesetzgeber hielt diese Verkürzung des Rechtsweges unter Rechtsschutzgesichtspunkten für vertretbar.[271] Lang andauernde Gerichtsverfahren führten, so die Gesetzesbegründung, zu Investitionsunsicherheiten und damit zu einer Beeinträchtigung der wirtschaftlichen Lage auf den Telekommunikationsmärkten. Auf der anderen Seite muss berücksichtigt werden, dass die Kumulierung der rechtschutzverkürzenden Maßnahmen (Anordnung der sofortigen Vollziehbarkeit, Streichung der zweiten Tatsacheninstanz) Unternehmen, die von Regulierungsentscheidungen betroffen sind (i.d.R. solche, die als marktmächtig eingestuft worden sind), mit erheblichen Hindernissen hinsichtlich der Durchsetzung ihrer Rechte konfrontiert. Die Verkürzung des Rechtsschutzes erweist sich dabei auch deshalb als problematisch, weil im Bereich des Eilverfahrens dem Betroffenen nur eine gerichtliche Überprüfungsmöglichkeit verbleibt. Mit einer ablehnenden Entscheidung des Verwaltungsgerichts im Verfahren des einstweiligen Rechtschutzes (beispielsweise weil im Verfahren nach § 80 Abs. 5 VwGO der Ausgang der Interessenabwägung offen ist und der Verwaltungsakte nicht offensichtlich als rechtswidrig qualifiziert werden kann) werden in den telekommunikationsrechtlichen Streitigkeiten regelmäßig Fakten geschaffen, die auch im Hauptsacheverfahren nur noch schwer rückgängig zu machen sind. Beispielsweise müssen im Rahmen der Entgeltregulierung streitige Entgelte auf der von der Bundesnetzagentur angeordneten Höhe abgerechnet werden, und es ist zweifelhaft, ob die Entgelte nach einem mehrjährigen Rechtsstreit in der Hauptsacheinstanz noch nachgefordert werden können. Vor diesen Hintergrund wiegt die Verkürzung des Rechtschutzes im Eilverfahren besonders schwer. **164**

---

270 Vgl. *Koenig/Loetz/Neumann* S. 227.
271 Vgl. Begr. zu § 135, BT-Drucks. 15/2316, 101.

3. Teil Datenschutzrecht

20. Kapitel
Datenschutzrecht

Literatur: *Albrecht/Jotzo* Das neue Datenschutzrecht der EU, 2017; *Bäcker/Hornung* EU-Richtlinie für die Datenverarbeitung bei Polizei und Justiz in Europa, ZD 2012, 147; *Bär* Verfassungsmäßigkeit der Online-Durchsuchung und anderer verdeckter Ermittlungsmaßnahmen in Datennetzen, MMR 2008, 315; *Baum/Schantz* Die Novelle des BKA-Gesetzes – Eine rechtspolitische und verfassungsrechtliche Kritik, Zeitschrift für Rechtspolitik 2008, 137; *Benda* Das Recht auf informationelle Selbstbestimmung und die Rechtsprechung des Bundesverfassungsgerichts zum Datenschutz, DuD 1984, 86; *Bizer* Web-Cookies, DuD 1998, 277; *Böckenförde* Auf dem Weg zur elektronischen Privatsphäre, JZ 2008, 925; *Böhm* Information Sharing and Data Protection in the Area of Freedom, Security and Justice, 2011; *Britz* Vertraulichkeit und Integrität informationstechnischer Systeme, DÖV 2008, 411; *Buermeyer* Die „Online-Durchsuchung". Technischer Hintergrund des verdeckten hoheitlichen Zugriffs auf Computersysteme, HRRS, Heft 4/2007, 154; *Burkert* Die Konvention des Europarates zum Datenschutz, CR 1988, 751; *Cornelius* Anmerkung zum Beschluss des BGH zur verdeckten Online-Durchsuchung, JZ 2007, 796; *Däubler/Klebe/Wedde/Weichert* Bundesdatenschutzgesetz, 2. Aufl. 2007; *Dörr/Kreile/Cole (Hrsg.)* Handbuch Medienrecht, Recht der elektronischen Massenmedien, 2011; *Eifert* Informationelle Selbstbestimmung im Internet, NVwZ 2008, 521; *Ellger* Der Datenschutz im grenzüberschreitenden Datenverkehr, 1990; *Erns/Seichter* Werben mittels E-Cards – Rechtliche Beurteilung als Spamming?, MMR 2006, 779; *Ernst* Social Plugins: Der „Like-Button" als datenschutzrechtliches Problem, NJOZ 2010, 1917; *Fink/Cole/Keber* Europäisches und Internationales Medienrecht, 2008; *Fink/Schwartmann/Cole/Keber* Textsammlung Europäisches und Internationales Medienrecht, 2. Aufl. 2012; *Foerster* Richtlinienwirkung im Horizontalverhältnis?, EuR 2012, 190; *Geis* Internet und Datenschutzrecht, NJW 1997, 288; *Ghiglieri/Oswald/Tews* HbbTV – I know what you are watching, Studie abrufbar unter: www.cased.de/files/2013_CASED_HbbTV.pdf; *Gerling/Gerling* Wie realistisch ist ein „Recht auf Vergessenwerden", DuD 2013, 445; *Gitter/Schnabel* Die Richtlinie zur Vorratsspeicherung und ihre Umsetzung in das nationale Recht, MMR 2007, 411; *Glauben* Vorratsdatenspeicherung schießt über das Ziel hinaus, DRiZ 2007, 33; *Gola* Beschäftigtendatenschutz und EU-Datenschutz-Grundverordnung, EuZW 2012, 332; *Gola/Schomerus* Kommentar zum Bundesdatenschutzgesetz, 10. Aufl. 2010; *Gola/Schulz* Der Entwurf einer EU-DSGVO, RDV 2013, 8; *Grabitz/Hilf* Das Recht der Europäischen Union, Bd. III Sekundärrecht, EG-Verbraucher- und Datenschutzrecht, Loseblatt; *Grimm* Der Datenschutz vor einer Neuorientierung, JZ 2013, 585; *Hanloser* Europäische Security Breach Notification, MMR 2010, 300; *ders.* Die BDSG-Novelle II: Neuregelungen zum Kunden- und Arbeitnehmerdatenschutz, MMR 2009, 594; *Hefermehl/Köhler/Bornkamm* Wettbewerbsrecht, 29. Aufl. 2011; *Hein* Rundfunkspezifische Aspekte des neuen Bundesdatenschutzgesetzes, NJW 1991, 2614; *Henke* Die Datenschutzkonvention des Europarates, 1986; *Hirsch* Das Grundrecht auf Gewährleistung der Vertraulichkeit und Integrität informationstechnischer Systeme, NJOZ 2008, 1907; *Hoeren* Was ist das „Grundrecht auf Integrität und Vertraulichkeit informationstechnischer Systeme"?, MMR 2008, 365; *Hoffmann-Riem* Der grundrechtliche Schutz der Vertraulichkeit und Integrität eigengenutzter informationstechnischer Systeme, JZ 2008, 1009; *Hofmann* Die Online-Durchsuchung – staatliches „Hacken" oder zulässige Ermittlungsmaßnahme?, NStZ 2005, 121; *Holznagel/Hartmann* Das „Recht auf Vergessenwerden" als Reaktion auf ein grenzenloses Internet, MMR 2016, 228; *Hornung* Eine Datenschutz-Grundverordnung für Europa?, ZD 2012, 99; *ders.* Fortentwicklung des datenschutzrechtlichen Regelungssystems des Europarats, DuD 2004, 719; *ders.* Ein neues Grundrecht, CR 2008, 299; *ders.* Die Festplatte als „Wohnung"?, JZ 2007, 828; *Jandt/Kieselmann* Das Recht auf Vergessen im Internet, DuD 2013, 235; *Jaspers* Die EU-Datenschutz-Grundverordnung, DuD 2012, 571; *Jotzo* Gilt deutsches Datenschutzrecht auch für Google, Facebook & Co. bei grenzüberschreitendem Datenverkehr?, MMR 2009, 232; *Kania/Sansone* Möglichkeiten und Grenzen des Pre-Employment-Screenings, NZA 2012, 360; *Keber* Neues zu SPAM, JurPC Web-Dok. 218/2004, Abs. 1; *ders.* Die Quellen – TKÜ nach § 15b HSOG, Die Polizei 2010, 167; *ders.* Big Data im Hybrid-TV – Mit dem Zweiten sieht das Erste besser, RDV 2013, 236; *ders.* ePrivacy-Verordnung der EU, IT-Sicherheit 3/2017, S. 58; *Kemper* Anforderungen und Inhalt der Online-Durchsuchung bei der Verfolgung von Straftaten, ZRP 2007, 105; *Klotz/Brandenberg* Der novellierte EG-Rechtsrahmen für elektronische Kommunikation, Anpassungsbedarf im TKG, MMR 2010, 147; *Kohler* Die Europarechtswidrigkeit der Kommissionsbefugnisse in der Grundverordnung, RDV 2013, 69; *Kort* Soziale Netzwerke und Beschäftigtendatenschutz, DuD 2012, 722; *Köhler/Lettl* Das geltende europäische Lauterkeitsrecht, der Vorschlag für eine EG-Richtlinie über unlautere Geschäftspraktiken und die UWG-Reform, WRP 2003, 1019; *Krause* Das Recht auf informationelle Selbstbestimmung, JuS 1984, 268; *Kremer* Datenschutzerklärungen von Social Media Diensten, RDV 2014, 73; *ders.* Wer braucht warum das neue BDSG, CR 2017, 367; *Lepperhoff/Papendorf* Bedeutung der jüngsten Änderungen des § 13 Abs. 7 TMG, DuD 2016, 107; *Lavranos* Datenschutz in Europa, DuD 1996, 400; *Leutheusser-Schnarrenberger* Vorratsdatenspeicherung – Ein vorprogrammierter Verfassungskonflikt, ZRP 2007, 9; *Lober/Falker* Datenschutz bei mobilen Endgeräten, K&R 2013, 357; *Mallmann* Zum datenschutzrechtlichen Auskunftsanspruch des Betroffenen, GewArch 2000, 354; *Micklitz/Schirmbacher* Distanzkommunikation im europäischen Lauterkeitsrecht, WRP 2006, 148; *Moos* Unmittelbare Anwendbarkeit der Cookie Richtlinie Mythos oder Wirklichkeit?, K&R 2012, 635; *Nolte* Das Recht auf Vergessenwerden, NJW 2014, 2238; *Oberwetter* Soziale Netzwerke im Fadenkreuz des Arbeitsrechts, NJW 2011, 417; *Ohlenburg* Der neue Telekommunikationsdatenschutz, MMR 2004, 431; *ders.* Die neue EU-Datenschutzrichtlinie 2002/58/EG – Auswirkungen und Neuerungen für elektronische Kommunikation, MMR 2003, 82; *Ott* Das Internet vergisst nicht – Rechtsschutz für Suchobjekte?, MMR 2009, 158; *Paal/Pauly* Datenschutz-Grundverordnung, DSGVO 2017; *Pache/Rösch* Die neue Grundrechtsordnung der EU nach dem Vertrag von Lissabon, EuR 2009, 769; *Pilz* Rechtswahlfreiheit im Datenschutzrecht?, K&R 2012, 640; *ders.* Der räumliche Anwendungsbereich europäischen Datenschutzrechts, K&R 2013, 292; *Priebe* Reform der Vorratsdatenspeicherung, EuZW 2014, 456; *Rogall-Grothe* Ein neues Datenschutzrecht für Europa, ZRP 2012, 193; *Roggan* Das neue BKA-Gesetz – zur weiteren Zentralisierung der deutschen Sicherheitsarchitektur, NJW 2009, 257; *Roßnagel (Hrsg.)* Handbuch Datenschutzrecht, 2003; *ders.* Datenschutz in globalen Netzen, Das TDDSG – ein wichtiger erster Schritt, DuD 1999, 253; *ders.* Die Novellen zum Datenschutzrecht – Scoring und Adresshandel, NJW 2009, 2716; *ders.* Die „Überwachungs-Gesamtrechnung" – Das BVerfG und die Vorratsdatenspeicherung, NJW 2010, 1238; *ders.* Europäische Datenschutz-Grundverordnung, 2017; *Roßnagel/Nebel/Richter* Was bleibt vom Europäischen Datenschutzrecht?, ZD 2015, 455 ff.; *Roßnagel/Pfitzmann/Garstka* Modernisierung des Datenschutzrechts, Gutachten im Auftrag des Bundesministeriums des Inneren, 2001; *Rüpke* Aspekte zur Entwicklung eines EU-Datenschutzrechts, ZRP 1995, 185; *Rux* Ausforschung privater Rechner durch die Polizei- und Sicherheitsbehörden, JZ 2007, 285; *Schaar* Datenschutz im Internet, 2002; *ders.* Datenschutzrechtliche Einwilligung im Internet, MMR 2001, 644; *ders.* EuGH-Entscheidung zur Fluggastdatenübermittlung – Grund zur Begeisterung?, MMR 2006, 425; *Schwartmann/Theodorou* Aktuelle Rechtsprechung des EuGH zum Datenschutzrecht, RDV 2014, 61; *Schwichtenberg* Die „kleine Schwester" der DSGVO, DuD 2016, 605; *Simitis (Hrsg.)* Kommentar zum Bundesdatenschutzgesetz, 6. Aufl. 2006; *ders.* Datenschutz und „Medienprivileg", AfP 1990, 14; *ders.* Übermittlung der Daten von Flugpassagieren in die USA: Dispens vom Datenschutz? NJW 2006, 2011; *Simitis/Damann/Mallmann/Reh (Hrsg.)* Dokumentation zum Bundesdatenschutzgesetz, Loseblatt; *Stadler* Verstoßen Facebook und Google Plus gegen deutsches Recht?, ZD 2011, 57; *Steinrötter* Kollisionsrechtliche Bewertung der Datenschutzrichtlinien von IT-Dienstleistern – Uneinheitliche Spruchpraxis oder bloßes Scheingefecht?, MMR 2013, 691; *Terhechte* Rechtsangleichung zwischen Gemeinschafts- und Unionsrecht – die Richtlinie über die Vorratsdatenspeicherung vor dem

EuGH, EuZW 2009, 199; *Thomale* Die Privilegierung der Medien im deutschen Datenschutzrecht, 2006; *Ulbricht* Der grenzüberschreitende Datenschutz im Europa- und Völkerrecht, CR 1990, 602; *Voigt/Alich* Facebook-Like-Button und Co. – Datenschutzrechtliche Verantwortlichkeit der Webseitenbetreiber, NJW 2011, 3541; *Wehr/Ujica* „Alles muss raus!" Datenspeicherungs- und Auskunftsplichten der Access-Provider nach dem Urteil des BVerfG zur Vorratsdatenspeicherung, MMR 2010, 667; *Weiler* Spamming – Wandel des europäischen Rechtsrahmens, MMR 2003, 223; *Westphal* Die neue EG-Richtlinie zur Vorratsdatenspeicherung, EuZW 2006, 555; *Wichert* Web-Cookies, DuD 1998, 273; *Woger* Der Entwurf für die ePrivacy-Verordnung, PinG 02.17, 80; *Wolff/Brink* BeckOK Datenschutzrecht, 2017; *Ziegenhorn/von Heckel* Datenverarbeitung durch Private nach der europäischen Datenschutzreform NVwZ 2016, 1585; *Zscherpe* Anforderungen an die datenschutzrechtliche Einwilligung im Internet, MMR 2004, 723.

I. Einführung

Der Begriff des Datenschutzes ist insoweit missverständlich, als man annehmen 1
könnte, er bezwecke in erster Linie den Schutz von Daten. Tatsächlich geht es um den Schutz des Menschen, genauer um den Schutz vor unreglementierter Datenverarbeitung.[1] In den achtziger und neunziger Jahren setzten sich Computer zunehmend sowohl am Arbeitsplatz als auch im häuslichen Bereich durch. Zeitgleich erfolgte eine fortschreitende Vernetzung von Einzelplatzrechnern zu komplexen Informationssystemen. An der Spitze dieser Entwicklung steht heute das Internet als ein weltweites Informationsnetz. Datenschutz ist vor diesem Hintergrund heute auch vor allem eine grenzüberschreitende Problemstellung.[2] Diesen faktischen Vorgaben trägt ein europäischer Rechtsrahmen Rechnung, dessen zentrale Eckpunkte völkerrechtlich das Datenschutzabkommen des Europarats und auf supranationaler Ebene (EU) sekundärrechtlich zunächst noch die europäische Datenschutzrichtlinie, die europäische Datenschutzrichtlinie für elektronische Kommunikation sowie ab dem 25.5.2018 die Datenschutz-Grundordnung (DSGVO), siehe dazu Rn. 24. Die europäische Datenschutzrichtlinie für elektronische Kommunikation soll durch eine Verordnung ersetzt werden (dazu Rn. 14). Die Richtlinie zur Vorratsdatenspeicherung ist gem. *EuGH* 8.4.2014 ungültig. Wegen der rechtspolitischen Bedeutung werden Richtlinie und Urteil hier weiterhin dargestellt (Rn. 15 f.).

Die mit dem Inkrafttreten des Vertrags von Lissabon am 1.12.2009 einhergehende grundlegende Umstrukturierung des europäischen Integrationsverbunds ist datenschutzrechtlich insoweit relevant, als sie die Grundrechtsordnung der Union im Allgemeinen[3] und Art. 8 der Charta der Grundrechte der Europäischen Union im Besonderen betrifft.[4] Art. 8 der Charta, der ein ausdrückliches Recht jeder Person auf den Schutz der sie betreffenden personenbezogenen Daten enthält (Art. 8 Abs. 1 der Charta) ist nunmehr verbindliches Unionsrecht im Range von Primärrecht (Art. 6 Abs. 1 EUV) und steht gleichrangig neben den zunächst als Gemeinschaftsgrund-

1 Däubler/Klebe/Wedde/Weichert/*Weichert* BDSG, Einl. S. 70.
2 *Geis* NJW 1997, 288.
3 Dazu *Pache/Rösch* EuR 2009,769 ff.
4 Der Art. 8 Abs. 1 der Charta entsprechende (und insoweit über die Vorgängervorschrift des Art. 286 EGV hinausgehende) Art. 16 Abs. 1 AEUV vermittelt keinen über Art. 8 der Charta hinausgehenden Schutz.

rechte in der Rechtsprechung des EuGH entwickelten Rechten, die den Schutz personenbezogener Daten ebenfalls umfassen.[5]

2 Wie sich die durch den Vertrag von Lissabon bedingte Doppelung der Rechtsquellen, der eine weitere hinzutreten kann[6] in der Praxis auswirkt, bleibt abzuwarten. Art. 8 der Charta hat der EuGH in einem Vorlageverfahren, in dem es um die Zulässigkeit der Veröffentlichung von Informationen über die Empfänger von Agrarhilfen auf der Internetseite der Bundesanstalt für Landwirtschaft und Ernährung ging, konturiert.[7] In seinem wegweisenden Urteil v. 13.5.2014 in Sachen Google ./. AEPD (C-131/12) hat der EuGH die Grundrechte aus Art. 7 und 8 der Charta ganz entscheidend gestärkt. Ein Suchmaschinenbetreiber kann danach verpflichtet sein, von der Ergebnisliste, die im Anschluss an eine anhand des Namens einer Person durchgeführten Suche angezeigt wird, Links zu von Dritten veröffentlichten Internetseiten mit Informationen zu dieser Person zu entfernen. Letztlich greift der EuGH damit Wertungen vor, die Gegenstand der DSGVO (Recht auf Vergessenwerden, dazu Rn. 27, Recht auf Vergessen) sind. Eine weitere und in der Literatur zu Recht kritisierte Entscheidung[8] des EuGH zu Art. 8 der Charta betrifft die Aufnahme von Fingerabdrücken in Reisepässen. Die Erfassung und Speicherung von Fingerabdrücken im Reisepass stellt danach zwar einen Eingriff in die Rechte auf Achtung des Privatlebens und auf Schutz personenbezogener Daten dar, ist aber gerechtfertigt, um die betrügerische Verwendung von Reisepässen zu verhindern.[9] Weit reichende Folgen hatte die Entscheidung des EuGH in Sachen Schrems vs. Data Protection Commissioner.[10] Am 6.10.2015 erklärte der EuGH die Entscheidung der Kommission, in der festgestellt wird, dass die Vereinigten Staaten von Amerika ein angemessenes Schutzniveau übermittelter personenbezogener Daten gewährleisten („Safe Harbor Abkommen"), für ungültig. Eine Reihe von Entscheidungen des EuGH betrifft den Grundrechtskonflikt zwischen dem Recht des Geistigen Eigentums einerseits und dem Datenschutz andererseits. Im Fall Promusicae ging es um die Offenlegung von Nutzerdaten, zu der die Internetzugangsanbieter nach Auffassung der Rechteinhaber auf Grundlage von Richtlinien zum Schutz des geistigen Eigentums verpflichtet waren.[11] Nach dem EuGH genießt keines der tangierten Rechte prinzipiellen Vorrang, so dass es Sache der Mitgliedstaaten ist, einen angemessenen Ausgleich sicherzustellen. Im Fall Scarlet Extended entschied der EuGH, dass jedenfalls die Verpflichtung eines Internet Service Providers, ein Filtersystem einzurichten, das eine aktive Überwachung der vollständigen Kommunikation seiner Kunden erfordert, mit dem Grundrecht auf Datenschutz nicht vereinbar ist.[12]

---

5 Hierzu u.a. *EuGH* 10.2.2009, Rs. 301/06 – Vorratsdatenspeicherung.

6 Die dritte Säule des unionsrechtlichen Grundrechtsschutzes ist der in Art. 6 Abs. 2 EUV vorgesehene Beitritt der EU zur EMRK. Hierdurch käme es zu einer direkten Anwendbarkeit der Grundrechte der Europäischen Menschenrechtskonvention, die dem EuGH bis dato nur als Rechtserkenntnisquelle dient, in der EU. Nach dem ablehnenden *EuGH* Gutachten 2/13 (Plenum) v. 18.12.2014 ist ein Beitritt derzeit aber eher unwahrscheinlich.

7 *EuGH* 9.11.2010 – C-92/09 und C-93/09 – Markus Schenke GbR u.a.

8 Dazu *Schwartmann/Theodorou* RDV 2014, 61 (67).

9 *EuGH* 17.10.2013 – C-291/12 – Schwarz/Stadt Bochum.

10 *EuGH* 6.10.2015 – C-362/14.

11 *EuGH* 29.1.2008 – C-275/06; dazu auch *EuGH* 19.2.2009, C-557/07 – LSG/Tele2.

12 *EuGH* 24.11.2011 – C-70/10 – SABAM ./. Scarlet Extended; zur Problematik zuletzt *EuGH* 19.4.2012 – C-461/10 – Bonnier Audio u.a/Perfect Communication.

II. Internationale Bezüge

1. Das Datenschutzübereinkommen des Europarats

Unter der Ägide des Europarats wurde am 28.1.1981 das Abkommen zum Schutz des Menschen bei der automatisierten Verarbeitung personenbezogener Daten geschlossen.[13] Die Konvention reflektiert Art. 8 Abs. 1 EMRK und die hierzu ergangene Rechtsprechung des EGMR, wonach das Recht auf Achtung des Privatlebens auch den Schutz personenbezogener Daten umfasst.[14] Das Abkommen, dem derzeit 50 Staaten verpflichtet sind,[15] trat für die Bundesrepublik Deutschland am 1.1.1985 in Kraft.[16] Das Übereinkommen findet Anwendung auf automatisierte Dateien/Datensammlungen und automatische Verarbeitungen von personenbezogenen Daten im öffentlichen und privaten Bereich, Art. 3 DatenschutzÜ. In dem Übereinkommen verpflichten sich die Staaten, in ihrem innerstaatlichen Recht gewisse datenschutzrechtliche Mindestvorgaben einzuhalten, Art. 4 DatenschutzÜ. Personenbezogene Daten sind in rechtlich einwandfreier Weise zu erheben und zu verarbeiten, sie dürfen nur für genau festgelegte, rechtmäßige Zwecke genutzt werden, müssen für den Verarbeitungszweck relevant, sachlich richtig und auf aktuellem Stand sein und sind so aufzubewahren, dass die Betroffenen lediglich innerhalb der für den jeweiligen Zweck erforderlichen Verarbeitungszeit identifiziert werden können, Art. 5 DatenschutzÜ. Gesonderte Vorschriften des Abkommens betreffen besonders sensible Daten. Das Abkommen konkretisiert diese nicht abschließend[17] als solche, die die rassische Herkunft, politische Anschauungen oder religiöse oder andere Überzeugungen erkennen lassen, sowie personenbezogene Daten, welche die Gesundheit oder das Sexualleben betreffen, Art. 6 DatenschutzÜ. Diese Daten dürfen nur automatisch verarbeitet werden, wenn das innerstaatliche Recht einen geeigneten Schutz gewährleistet. Im Datenschutzabkommen verpflichten sich die Vertragsstaaten ferner, jedermann die Möglichkeit einzuräumen, Auskunft über die zu ihm gespeicherten Daten zu verlangen, Art. 8 DatenschutzÜ. Die vorbezeichneten Rechte können nur dann eingeschränkt werden, wenn es im Recht einer Vertragspartei vorgesehen ist, wichtige Staatsinteressen wie die öffentliche Sicherheit tangiert sind und die Maßnahme verhältnismäßig ist. Das Übereinkommen enthält schließlich Bestimmungen zum grenzüberschreitenden Datenverkehr, Art. 12 DatenschutzÜ. Danach können die Staaten unter bestimmten Vorzeichen den grenzüberschreitenden Verkehr personenbezogener Daten reglementieren, wenn Daten in Staaten übermittelt werden sollen, in denen es kein vergleichbares Schutzniveau gibt.[18] Gegenwärtig wird die Anpassung des Datenschutzübereinkommens an die Herausforderungen des digitalen Zeitalters verhandelt. Dabei gilt es auch, das System mit den nunmehr novellierten unionsrechtlichen Vorgaben (DSGVO, Rn. 24) abzustimmen.[19] 3

---

13 ETS Nr. 108. Text bei *Fink/Schwartmann/Cole/Keber* A 40.

14 *EGMR* 26.3.1987 – No. 9248/81, Leander. Näher zu Art. 8 EMRK und der Datenschutzkonvention Fink/Cole/Keber/*Fink* Rn. 281 ff. Zur mittlerweile sehr ausdifferenzierten Rspr. des EGMR eingehend *Böhm* S. 25 ff.

15 Stand: 28.5.2017; zum Abkommen *Fink/Cole/Keber/Fink* Rn. 281 ff.

16 BGBl II 1985, 538; vgl. zum Abkommen *Henke*; *Burkert* CR 1988, 751 ff.; *Ellger* S. 460 ff.

17 Explanatory Report, Nr. 48.

18 Dazu *Ulbricht* CR 1990, 604.

19 Der Stand des Verfahrens und Änderungsentwürfe sind abrufbar unter www.coe.int/en/web/portal/28-january-data-protection-day-factsheet.

4 Am 1.7.2004 ist das Zusatzprotokoll zum Europäischen Übereinkommen zum Schutz des Menschen bei der automatischen Verarbeitung personenbezogener Daten bezüglich Kontrollstellen und grenzüberschreitendem Datenverkehr vom 8.11.2001[20] in Kraft getreten. Das Zusatzprotokoll ergänzt den Schutz personenbezogener Daten und der Privatsphäre, wie er in dem Abkommen von 1981 verankert ist, in zweifacher Hinsicht. Erstens sieht der Text vor, dass nationale Dienststellen eingerichtet werden, die darüber wachen, dass die im Vollzug des Übereinkommens erlassenen Gesetze und Vorschriften zum Schutz persönlicher Daten und zur grenzüberschreitenden Datenübermittlung eingehalten werden. Zweitens wird die grenzüberschreitende Datenübermittlung an Drittstaaten näher geregelt. Die Weitergabe der Daten ist nur gestattet, wenn der Empfängerstaat oder die empfangende internationale Organisation ein entsprechendes Datenschutzniveau aufzuweisen hat.[21]

2. Die Europäische Datenschutzrichtlinie (Geltung bis 24.5.2018)

5 Zu Beginn der neunziger Jahre verfügten nicht alle Mitgliedstaaten der Europäischen Gemeinschaft über Datenschutzvorschriften. Dies erwies sich zunehmend auch als Hemmnis für einen Gemeinsamen Markt.[22] Ferner hatte sich die zunächst rein wirtschaftlich geprägte Gemeinschaft zu einer politischen Union fortentwickelt, in der Grundrechte im Allgemeinen und die Grundrechtsqualität des Datenschutzes im Besonderen[23] anerkannt waren.

6 Vor diesem Hintergrund und nicht zuletzt auch, um die in dem Übereinkommen des Europarats vom 28.1.1981 zum Schutze der Personen bei der automatischen Verarbeitung personenbezogener Daten enthaltenen Grundsätze zu konkretisieren und zu erweitern,[24] verabschiedeten das Europäische Parlament und der Rat am 24.10.1995 die Richtlinie 95/46/EG zum Schutz natürlicher Personen bei der Verarbeitung personenbezogener Daten und zum freien Datenverkehr[25] (Datenschutzrichtlinie). Die Datenschutzrichtlinie ist verspätet[26] mit dem am 23.5.2001 in Kraft getretenen Gesetz zur Änderung des Bundesdatenschutzgesetzes[27] in deutsches Recht umgesetzt worden. Mit Wirkung vom 25.5.2018 wird die Datenschutzrichtlinie aufgehoben und durch die Vorgaben der DSGVO[28] (siehe dazu Rn. 24) abgelöst.

7 Die Richtlinie bezieht sowohl den privaten als auch den öffentlichen Sektor ein. Erfasst ist nicht nur die ganz oder teilweise automatisierte Verarbeitung personenbezogener Daten, sondern auch die nicht automatisierte Verarbeitung personenbezoge-

---

20 ETS Nr. 181; Text bei *Fink/Schwartmann/Cole/Keber* A 40a.

21 Zum Zusatzprotokoll *Hornung* DuD 2004, 719 ff.

22 *Rüpke* ZRP 1995, 186.

23 So schon der *EuGH* in Sachen Stauder./. Stadt Ulm, Rs. 29/69, Slg. 1964, 419.

24 Erwägungsgrund 11 der Richtlinie. Zum Verhältnis zwischen dem Datenschutzabkommen des Europarates und der Datenschutzrichtlinie vgl. Grabitz/Hilf/*Brühann* Richtlinie 95/46/EWG, Vorb. Rn. 62 ff.

25 ABlEG Nr. L 281/31 v. 23.11.1995, Text bei *Fink/Schwartmann/Cole/Keber* A 100.

26 Die Richtlinie war nach Art. 32 innerhalb von drei Jahren, mithin bis Oktober 1998 in innerstaatliches Recht umzusetzen.

27 BGBl I 2001, 904.

28 VO (EU) 2016/679 des Europäischen Parlaments und des Rates v. 27.4.2016 zum Schutz natürlicher Personen bei der Verarbeitung personenbezogener Daten, zum freien Datenverkehr und zur Aufhebung der Richtlinie 95/46/EG, ABlEU Nr. L 119 v. 4.5.2016.

ner Daten, die in einer Datei gespeichert sind, d. h. manuelle Verarbeitung.[29] Ausgeschlossen dagegen ist die Verarbeitung personenbezogener Daten, soweit sie von einer natürlichen Person zur Ausübung ausschließlich persönlicher oder familiärer Tätigkeiten vorgenommen wird, Art. 3 Abs. 2 letzter Spiegelstrich Datenschutzrichtlinie. Diese Ausnahme greift indes nicht, wenn die Verarbeitung personenbezogener Daten die familiäre Sphäre verlässt, etwa weil Angaben im Internet veröffentlicht werden und die Daten so einer unbegrenzten Zahl von Personen zugänglich gemacht werden.[30]

Die Grundprinzipien der personenbezogenen Datenerhebung, die zum Teil deckungsgleich mit denen des Datenschutzübereinkommens sind, führt die Datenschutzrichtlinie als Pflichten der Verarbeiter und Rechte der Betroffenen. Bei dem Grundsatz der Zweckbindung geht die Datenschutzrichtlinie über das Datenschutzabkommen des Europarats hinaus, denn die Zweckbindung muss nach Art. 6 Abs. 1 lit. b) der Richtlinie schon bei der Datenerhebung vorliegen und nicht erst bei Speicherung, wie es bei Art. 5b) des Datenschutzabkommens der Fall ist.[31] Zentrale Schaltstelle der Datenschutzrichtlinie ist sodann Art. 7, die ein Verbot mit Erlaubnisvorbehalt statuiert. Die Verarbeitung personenbezogener Daten darf lediglich erfolgen, wenn die betroffene Person eingewilligt hat oder einer der Erlaubnistatbestände des Art. 7b)–f) der Richtlinie vorliegt. Für sensible Daten gilt im Grundsatz ein Verarbeitungsverbot.[32] Die Rechte des Betroffenen umfassen das Auskunfts-, Berichtigungs-, Löschungs- und Widerspruchsrecht sowie das Recht auf Kenntnis der Herkunft von Dateien, Art. 12.[33] Für den Bereich der Medien ist Art. 9 der Datenschutzrichtlinie besonders relevant. Nach dieser Vorschrift können die Mitgliedstaaten für die Verarbeitung personenbezogener Daten, die allein zu journalistischen, künstlerischen oder literarischen Zwecken erfolgt, Ausnahmen vorsehen. Voraussetzung ist aber, dass dies notwendig ist, um das Recht auf Privatsphäre mit den für die Freiheit der Meinungsäußerung geltenden Vorschriften in Einklang zu bringen. Allzu enge Vorgaben an die Ausgestaltung eines innerstaatlich geregelten Medienprivilegs sind damit nicht verbunden.[34] Der EuGH weist in ständiger Rspr. vielmehr darauf hin, dass die anzustellende Abwägung der kollidierenden Rechtspositionen durch die Mitgliedstaaten zu leisten ist.[35] 8

3. Die Europäische Datenschutzrichtlinie für elektronische Kommunikation und geplante ePrivacy-Verordnung

Seit dem 12.7.2002 ist die Richtlinie 2002/58/EG über die Verarbeitung personenbezogener Daten und den Schutz der Privatsphäre in der elektronischen Kommunikation[36] (Datenschutzrichtlinie eKom) in Kraft. Die Richtlinie, die unter anderem die EG-Richtlinie über Datenschutz in der Telekommunikation 97/66/EG ersetzt,[37] war bis 9

---

29 Grabitz/Hilf/*Brühann* Richtlinie 95/46/EWG, Art. 3. Rn. 7.

30 Vgl. dazu *EuGH* 6.11.2003 - C-101/01, Ziff. 47 - Lindquist.

31 Weiterführend *Lavranos* DuD 1996, 402.

32 Zum Regel-Ausnahmemechanismus des Art. 8 der Datenschutzrichtlinie eingehend Roßnagel/Burkert/*Burkert* Handbuch Datenschutzrecht, Internationale Grundlagen, Rn. 49 ff.

33 Zur Auslegung des Art. 12 vgl. *EuGH* 5.7.2009 - C-553/07 - Rijkeboer.

34 Zum Medienprivileg im deutschen Recht s. Rn. 58.

35 Zur Auslegung des Art. 9 vgl. *EuGH* 11.6.2003 - C-101/01 - Lindqvist; Urteil v. 16.12.2008 - C-73/07 - Satakunnan Markkinapörssi und Satamedia.

36 ABlEG Nr. L 201/37.

37 Vgl. Erwägungsgrund 4 der Datenschutzrichtlinie elektronische Kommunikation.

zum 31.10.2003 umzusetzen.[38] Die Datenschutzrichtlinie eKom regelt bereichsspezifisch und damit spezieller als die Datenschutzrichtlinie den Datenschutz in neuen elektronischen Kommunikationsdiensten.[39] Gem. Art. 4 Abs. 1 muss der Betreiber eines öffentlich zugänglichen elektronischen Kommunikationsdienstes geeignete technische und organisatorische Maßnahmen ergreifen, um die Sicherheit seiner Dienste zu gewährleisten. Die Mitgliedstaaten haben die Vertraulichkeit der mit öffentlichen Kommunikationsnetzen und öffentlich zugänglichen Kommunikationsdiensten übertragenen Nachrichten und der damit verbundenen Verkehrsdaten durch innerstaatliche Vorschriften sicherzustellen, Art. 5. Verkehrsdaten i. S. d. Art. 6 Abs. 1 sind nach Verbindungsende grds. zu löschen oder zu anonymisieren.[40] Praxisrelevant sind weiter die rechtlichen Vorgaben für Email-Werbung und die Regelungen zu Cookies.[41]

10 Art. 13 der Datenschutzrichtlinie eKom betrifft unerbetene Nachrichten.[42] Nach Abs. 1 der Vorschrift darf die Verwendung von automatischen Anrufmaschinen, Faxgeräten oder elektronischer Post für die Zwecke der Direktwerbung gegenüber natürlichen Personen nur bei vorheriger Einwilligung der Teilnehmer gestattet werden.[43] Zweck der Vorschrift ist es, natürliche Personen als Teilnehmer eines elektronischen Kommunikationssystems vor einer Verletzung ihrer Privatsphäre durch unerbetene Nachrichten für Zwecke der Direktwerbung zu schützen.[44] Eine Ausnahme vom opt-in Prinzip ist nach Art. 13 Abs. 2 Datenschutzrichtlinie eKom für die Direktwerbung mittels elektronischer Post zulässig, wenn der Werbende die E-Mail-Adresse des Kunden im Zusammenhang mit dem Verkauf eines Produkts oder einer Dienstleistung erhalten hat, sofern die Kunden klar und deutlich die Möglichkeit erhalten, eine solche Nutzung ihrer E-Mail-Adresse bei der Erhebung und bei jeder Übertragung gebührenfrei und problemlos abzulehnen und wenn der Kunde diese Nutzung nicht von vornherein abgelehnt hat. Sowohl gegenüber natürlichen als auch juristischen Personen ist es nach Art. 13 Abs. 4 Datenschutzrichtlinie eKom verboten, eine E-Mail-Werbung zu verschicken, in der die Identität des Absenders verschleiert oder verheimlicht wird oder bei der keine gültige Adresse vorhanden ist, an die der Empfänger eine Aufforderung zur Einstellung solcher Nachrichten richten kann.

11 Ein Cookie ist ein Datensatz, der von einem Webserver erzeugt wird. Der Server übermittelt den Datensatz zunächst an den Webbrowser des Users, wo er dann als Cookiedatei auf der Festplatte des Rechners abgelegt wird. Cookies können zur Freischaltung geschützter Webseiten dienen, wenn in der Cookiedatei das entsprechende Passwort hinterlegt ist. Über Cookies können auch Nutzerprofile generiert werden, indem Informationen gesammelt werden, welche Seiten des Webservers abgerufen wurden und über welche Internetadresse (IP) des Users dies erfolgt ist.[45] Die Daten-

---

38 Dem ist die Bundesrepublik Deutschland zunächst nicht fristgerecht nachgekommen. Zum Vertragsverletzungsverfahren der Kommission gegen die Bundesrepublik Deutschland vgl. Pressemitteilungen der Kommission v. 5.12.2003, IP/03/1663 und die Pressemitteilung v. 1.4.2004, IP/04/435.

39 Der Anwendungsbereich ergibt sich aus Art. 3 der Datenschutzrichtlinie eKom. Zum Verhältnis der RL 2002/58/EG zu den RL 97/7/EG, 2000/31/EG (e-commerce Richtlinie) und 2002/65/EG (Fernabsatzrichtlinie) vgl. *Köhler/Lettl* WRP 2003, 1019, 1025.

40 Zu den Implikationen der Richtlinie zur Vorratsspeicherung von Daten s. Rn. 15 ff.

41 Hierzu auch *Ohlenburg* MMR 2003, 83; *Weiler* MMR 2003, 223.

42 Dazu *Micklitz/Schirmbacher* WRP 2006, 148 ff.

43 Die Datenschutzrichtlinie eKom geht danach grds. vom sog. opt-in Prinzip aus. Dazu *Keber* JurPC Web-Dok. 218/2004, Abs. 1 ff.

44 Erwägungsgründe 40–45 RL 2002/58/EG.

45 Zu Cookies vgl. *Wichert* DuD 1998, 273 ff.; *Bizer* DuD 1998, 277 ff.

schutzrichtlinie eKom sieht in Art. 5 Abs. 3 vor, dass die Benutzung elektronischer Kommunikationsnetze für die Speicherung von Informationen oder den Zugriff auf Informationen, die im Endgerät eines Nutzers gespeichert sind nur unter der Bedingung gestattet ist, dass der Nutzer klare und umfassende Informationen insbesondere über die Zwecke der Verarbeitung erhält und durch den Verantwortlichen auf das Recht hingewiesen wird, diese Verarbeitung zu verweigern.[46]

Am 19.12.2009 trat im Rahmen des TK-Reviews[47] die Änderungsrichtlinie 2009/136/ **12** EG in Kraft, die u.a. das Erfordernis der Einwilligung in die Verwendung von Cookies vorsieht[48] und die bereits bestehenden Vorgaben für die Zulässigkeit des Versendens elektronischer Nachrichten zu Zwecken der Direktwerbung verschärft.[49] Ebenfalls vor dem Hintergrund des TK-Reviews und datenschutzrechtlich relevant ist Art. 13a der Änderungsrichtlinie 2009/140/EG,[50] der die Sicherheit und Integrität öffentlich zugänglicher elektronischer Kommunikationsdienste betrifft und nähere Vorgaben zu den erforderlichen Vorsorgemaßnahmen enthält. Die Änderungsrichtlinien waren bis zum 25.5.2011 in nationales Recht umzusetzen.

Nachdem die Richtlinie 2009/136/EG in Deutschland nach wie vor nicht umgesetzt **13** ist,[51] stellt sich hinsichtlich des Einsatzes von Cookies die Frage, ob die Vorgaben in Art. 5 Abs. 3 Datenschutzrichtlinie tatsächlich, wie bisweilen in Literatur und datenschutzbehördlicher Praxis vertreten,[52] unmittelbar anwendbar sind. Voraussetzungen für die unmittelbare Wirkung von Richtlinien, die volle Rechtswirkung grds. erst nach Transformation in innerstaatliches Recht entfalten, sind nach der Rspr. des EuGH, dass erstens die Frist zur Umsetzung der Richtlinie abgelaufen und die Richtlinienbestimmung nicht oder nicht korrekt umgesetzt ist,[53] dass sie zweitens hinreichend klar formulierte Verpflichtungen der EU-Mitgliedstaaten enthält[54] und dass die Richtlinienbestimmung drittens subjektive Rechte enthält oder zumindest den Schutz Dritter bezweckt.[55] Lassen sich diese Vorgaben mit Blick auf Art. 5 Abs. 3 im Zweifel noch bejahen, scheitert die Annahme einer unmittelbaren Wirkung jedenfalls daran, dass der EuGH in stRspr. die hier in Frage stehende horizontale Direktwirkung (Wirkung zwischen Privaten, d.h. Nutzer auf der einen und Dienstanbietern auf der anderen Seite) von Richtlinien ablehnt.[56]

---

46 Vgl. auch Erwägungsgrund 25 der Richtlinie 2002/58/EG.

47 Zum Reformpaket *Klotz/Brandenberg* MMR 2010, 147.

48 Eine Einwilligung kann sich aus der entsprechenden Voreinstellung des Browsers ergeben, vgl. Erwägungsgrund 66 der Richtlinie.

49 Art. 2 der Änderungsrichtlinie modifiziert u.a. Art. 5 Abs. 3 und Art. 13 Abs. 4 der Datenschutzrichtlinie eKom. Konsolidierte Fassung abgedruckt bei *Schwartmann/Lamprecht-Weißenborn* Datenschutzrecht, 2010, B 8.

50 ABlEU Nr. C 337/37 v. 18.12.2009.

51 Im gescheiterten Gesetzentwurf der SPD-Fraktion v. 24.1.2012 zur Änderung des TMG (BT-Drucks. 17/8454) war die Umsetzung der Vorgaben des Art. 5 Abs. 3 Datenschutz-RL in § 13 Abs. 8 TMG-E vorgesehen.

52 Zur Problematik *Moos* K&R 2012, 635. Zum Streitstand auch *Lober/Falker* K&R 2013, 357, 362 Fn. 48.

53 *EuGH* Rs. 148/78, Slg. 1979, 1629 – Ratti; Rs. 152/84, Slg. 1986, 723 Rn. 46 – Marshall I.

54 Statt vieler *EuGH* Rs. 6/90 u. 9/90, Slg. 1991, I-5357 – Francovich.

55 Spindler/Schuster/*Neitzel* Recht der elektronischen Medien, Abschnitt 2. Zugangsregulierung, Vorb. III, Rn. 12.

56 *EuGH* Rs. C-91/92 Slg. 1994, I-3325 – Faccini Dori./.Recreb. Zur Problematik eingehend Grabitz/Hilf/Nettesheim/*Nettesheim* Art. 288 AEUV, Rn. 159.Vgl. ferner *Foerster* EuR 2012, 190, 195.

14 Die EU-Kommission hat am 10.1.2017 offiziell den Entwurf für eine neue „Verordnung des europäischen Parlaments und des Rates über die Achtung des Privatlebens und den Schutz personenbezogener Daten in der elektronischen Kommunikation und zur Aufhebung der RL 2002/58/EG (Verordnung über Privatsphäre und elektronische Kommunikation)“[57], nachfolgend ePrivacy-Verordnung vorgestellt. Die geplanten Regelungen sollen zu mehr Verbraucherschutz, mehr Vertraulichkeit in der elektronischen Kommunikation und einem wirkungsvolleren Endgeräteschutz führen. Im Vorschlag der Kommission sind auch explizite Vorgaben zur Datensicherheit vorgesehen. Es steht allerdings zu erwarten, dass die Vorschriften im nunmehr anstehenden Trilogverfahren durch Beteiligung von EU-Parlament und Ministerrat noch wesentliche Änderungen erfahren werden. Dabei ist der Zeitplan für die ePrivacy-Verordnung, die gemeinsam mit Geltung der DSGVO am 25.5.2018 in Kraft treten soll, sehr ambitioniert. Das wird auf jeden Fall zu einer äußerst knappen „Umsetzungsfrist“ für die Unternehmen führen. Die ePrivacy-Verordnung wird den kommunikationsbezogenen bereichsspezifischen Datenschutz, der bis dato im TKG und TMG geregelt ist, ersetzen und das Fernmeldegeheimnis übertragungstechnikneutral erweitern. Das ist im Grundsatz ebenso sachgerecht wie der Umstand, dass der Vorschlag den Spezifika der Internetökonomie (Monetarisierung von Daten) Rechnung trägt und den Anwendungsbereich des rechtlichen Rahmens insoweit zukunftssicher auf M2M (Maschine-zu-Maschine) Kommunikation erweitert.[58]

4. Die Richtlinie zur Vorratsspeicherung von Daten (ungültig gem. *EuGH* v. 8.4.2014)

15 Am 3.5.2006 trat die RL 2006/24/EG über die Vorratsspeicherung von Daten, die bei der Bereitstellung öffentlich zugänglicher elektronischer Kommunikationsdienste oder öffentlicher Kommunikationsnetze erzeugt oder verarbeitet werden[59] (RiLi-Vorratsdatenspeicherung) in Kraft. Die Richtlinie modifizierte die Richtlinie zum Datenschutz in der elektronischen Kommunikation (Richtlinie 2002/58/EG) und war bis zum 15.9.2007 in innerstaatliches Recht umzusetzen.[60]

16 Zweck der Richtlinie war die Harmonisierung der Vorschriften der Mitgliedstaaten über die Pflichten von Anbietern öffentlich zugänglicher elektronischer Kommunikationsdienste oder Betreibern eines öffentlichen Kommunikationsnetzes im Zusammenhang mit der Vorratsspeicherung bestimmter Daten, die von ihnen erzeugt oder verarbeitet werden. Sichergestellt werden soll, dass die Daten zum Zwecke der Ermittlung, Feststellung und Verfolgung von schweren Straftaten, wie sie von jedem Mitgliedstaat in seinem nationalen Recht bestimmt werden, zur Verfügung stehen.[61]

17 Art. 3 statuierte eine Vorratsspeicherungspflicht für die in Art. 5 ausgewiesenen Datenkategorien. Auf Vorrat zu speichernde Datenkategorien waren nach Art. 5 Abs. 1

57 COM(2017) 10 final, Dokument abrufbar unter: www.ec.europa.eu/digital-single-market/en/news/proposal-regulation-privacy-and-electronic-communications. Instruktiv zum Entwurf: *Woger* Der Entwurf für die ePrivacy-Verordnung, PinG 02.17, 80 ff.

58 *Keber* ePrivacy-Verordnung der EU, IT-Sicherheit 3/2017, 58 ff.

59 ABlEG Nr. L 105/54 v. 13.4.2006.

60 Art. 15 Richtlinie Vorratsdatenspeicherung. Von der in Art. 15 Abs. 3 der Richtlinie eingeräumten Möglichkeit, die Umsetzung hinsichtlich der Speicherung von Kommunikationsdiensten, die den Internetzugang, die Internet-Telefonie und E-Mails betreffen, bis zum 15.3.2009 aufzuschieben, hat Deutschland Gebrauch gemacht.

61 Art. 1 Abs. 1 Richtlinie Vorratsdatenspeicherung.

lit. a) – f) der Richtlinie die zur Rückverfolgung und Identifizierung der Quelle einer Nachricht benötigten Daten, die zur Identifizierung des Adressaten einer Nachricht benötigten Daten, die zur Bestimmung von Datum, Uhrzeit und Dauer einer Nachrichtenübermittlung benötigten Daten, die zur Bestimmung der Art einer Nachrichtenübermittlung benötigten Daten, die zur Bestimmung der Endeinrichtung oder der vorgeblichen Endeinrichtung von Benutzern benötigten Daten sowie die zur Bestimmung des Standorts mobiler Geräte benötigten Daten.

Jeder dieser Datenkategorien waren zu speichernde Datentypen zugewiesen. Dies **18** waren Verkehrsdaten einschließlich der Standortdaten, sowie solche Daten, die mit diesen in Zusammenhang stehen und zur Feststellung eines Teilnehmers oder Benutzers erforderlich sind. Konkret waren zu speichern mit Blick auf Telefonfestnetz und Mobilfunk die Rufnummer des anrufenden und des angewählten Anschlusses, Datum und Uhrzeit des Beginns und Endes eines Kommunikationsvorgangs, der in Anspruch genommene Telefondienst, im Falle des Mobilfunks auch die internationale Mobilteilnehmerkennung (IMSI) sowie die internationale Mobilfunkgerätekennung (IMEI) des anrufenden und angerufenen Anschlusses sowie die Standort Kennung (Cell-ID) bei Beginn der Verbindung. Mit Blick auf Internetzugang und Internet-E-Mail war unter anderem die dynamische oder statische IP-Adresse zu speichern. Im Ergebnis mussten also bei allen Telekommunikationsdiensten umfassende Informationen zum Ob und Wie der elektronischen Kommunikationsverbindungen, bei der Nutzung mobiler Endgeräte auch zum jeweiligen Aufenthaltsort des Nutzers vorgehalten werden. Nach Art. 6 der Richtlinie sorgten die Mitgliedstaaten dafür, dass die in Art. 5 angegebenen Datenkategorien für einen Zeitraum von mindestens sechs Monaten und höchstens zwei Jahren ab dem Zeitpunkt der Kommunikation auf Vorrat gespeichert wurden. Die Höchstfrist von zwei Jahren war unter den Voraussetzungen des Art. 12 verlängerbar.[62]

Am 6.7.2006 reichte England beim EuGH Klage gegen die umstrittene[63] Richtlinie zur **19** Vorratsdatenspeicherung ein.[64] Irland trug vor, der Zweck der Richtlinie bestehe einzig darin, die Ermittlung, Entdeckung und Verfolgung schwerer Verbrechen, einschließlich des Terrorismus, zu erleichtern. Unter diesen Umständen sei die einzig zulässige Rechtsgrundlage für die in der Richtlinie enthaltene Maßnahmen Titel VI EUV,[65] insbesondere die Art. 30, 31 Abs. 1 lit. c) und 34 Abs. 2 lit. b) gewesen. Tatsächlich stütze sich die Richtlinie aber auf Art. 95 EGV. Sie verstehe sich demnach als eine Maßnahme zur Angleichung der Rechts- und Verwaltungsvorschriften der Mitgliedstaaten, welche die Errichtung und das Funktionieren des Binnenmarktes zum Gegenstand haben.[66] In seiner Rechtsprechung zu Art. 95 EGV verlange der EuGH indes, dass eine auf der Grundlage dieser Vorschrift erlassene Richtlinie tatsächlich den vordergründigen Zweck haben soll, die Voraussetzungen für die Errichtung und das

---

62 Nach Art. 12 Abs. 1 RiLi Vorratsdatenspeicherung kann ein Mitgliedstaat die Höchstfrist verlängern, wenn „besondere Umstände“ vorliegen und er seine Absicht notifiziert und begründet. Eine nähere Bestimmung des Tatbestandsmerkmals „besondere Umstände“ fehlt dabei genauso wie eine Bestimmung, wie lange die Frist maximal verlängert werden darf.

63 Eingehend *Leutheusser-Schnarrenberger* ZRP 2007, 9 ff.; *Westphal* EuZW 2006, 555 ff.; *Glauben* DRiZ 2007, 33 ff.

64 *EuGH* Rs. C-301/06, ABlEU Nr. C 237/5 v. 30.9.2006.

65 Das Verfahren betraf die Rechtslage vor Inkrafttreten des Vertrags von Lissabon. Zum Verfahren eingehend Dörr/Kreile/Cole/*Schiedermair* S. 351 ff.

66 So auch die Erwägungsgründe 5 und 6 zu der RL 2006/24/EG.

Funktionieren des Binnenmarktes zu verbessern.[67] Zwar möge sich die Maßnahme letztlich auch auf das Funktionieren des Binnenmarktes auswirken. Wie die Entstehungsgeschichte der Richtlinie zeige, habe dies aber nie im Vordergrund gestanden. Dem Vortrag Irlands entsprechend waren Pläne zu einer europaweit einheitlichen Speicherung von Verbindungs- und Verkehrsdaten im Vorfeld in der Tat stets als Frage der justiziellen Zusammenarbeit im Rahmen der dritten Säule der Union beraten worden. Folgerichtig stand ursprünglich der Erlass eines Rahmenbeschluss im Raum.[68] Für den im April 2004 vorgelegten Entwurf zu einem Rahmenbeschluss konnte allerdings die erforderliche Einstimmigkeit nicht erreicht werden.[69] Am 21.9.2005 legte die Kommission dann den Richtlinienentwurf vor,[70] der sich auf Art. 95 EGV stützte und damit lediglich der qualifizierten Mehrheit der Stimmen bedurfte.[71]

20 Der EuGH wies die Klage Irlands am 10.2.2009 zurück.[72] Die Begründung des Gerichtshofs ist knapp und wenig überzeugend. Formalistisch weist er darauf hin, die Richtlinie über die Vorratsspeicherung von Daten sei schon deshalb nicht in der dritten Säule der Europäischen Union zu verorten, weil sie die Richtlinie 2002/58/EG (Datenschutzrichtlinie eKom) ändere, jene auf Art. 95 EGV gestützt sei und Änderungen durch Rechtsakte außerhalb des Gemeinschaftsrechts somit gegen Art. 47 EUV[73] verstießen.[74] Der EuGH trennt weiter strikt zwischen der in der Richtlinie geregelten Datenspeicherung und der dort nicht erfassten Weiterleitung der Daten an die Polizei- und Justizbehörden der Mitgliedstaaten.[75] Mit diesem Argument umgeht der EuGH dann auch einen potentiellen Widerspruch zu seiner Rspr. in Sachen Fluggastdaten,[76] bei dem es um die Übermittlung personenbezogener Daten ging. Einer Überprüfung der Richtlinie anhand der Gemeinschaftsgrundrechte entzog sich der EuGH schließlich mit Hinweis darauf, dass Irland einen diesbezüglichen Verstoß nicht gerügt habe.

21 Die Debatte um die Richtlinie zur Vorratsspeicherung von Daten hielt an. Eine Reihe von Mitgliedstaaten hatte die Richtlinie nicht wie vorgesehen umgesetzt. Die Kom-

67 *EuGH* Rs. C-376/98 – Deutschland/Europäisches Parlament und Rat („Tabakwerbeverbotsrichtlinie"), Slg. 2000, I-8419.

68 Ratsdokument 8958/04. Entwurf eines Rahmenbeschlusses über die Vorratsspeicherung von Daten v. 28.4.2004.

69 Zur Verhandlungsgeschichte eingehend *Leutheusser-Schnarrenberger* ZRP 2007, 9.

70 Vorschlag für eine Richtlinie des Europäischen Parlaments und des Rates über die Vorratsspeicherung von Daten, die bei der Bereitstellung öffentlicher elektronischer Kommunikationsdienste verarbeitet werden, und zur Änderung der Richtlinie 2002/58/EG; KOM(2005) 438 endg., ABlEU Nr. C 49/37 v. 28.2.2006.

71 Nach Art. 95 i.V.m. Art. 251 Abs. 2 EGV ist bei der Angleichung von Rechtsvorschriften zum Binnenmarkt nicht die Einstimmigkeit, sondern nur die qualifizierte Mehrheit der Stimmen erforderlich.

72 *EuGH* 10.2.2009 – C-301/06 – Irland/Parlament und Rat; eingehend dazu *Terhechte* EuZW 2009, 199 ff.

73 Nach Art. 47 EUV a.F. ließ der EUV das primäre Gemeinschaftsrecht unberührt.

74 *EuGH* 10.2.2009 – C-301/06 Rn. 78 – Irland/Parlament und Rat.

75 *EuGH* 10.2.2009 – C-301/06 Rn. 80 ff. – Irland/Parlament und Rat.

76 *EuGH* Rs. C-317, 318/04, Parlament u.a./Rat und Kommission u.a. („Fluggastdaten"), EuZW 2006, 403; dazu *Schaar* MMR 2006, 425; *Simitis* NJW 2006, 2011. In der Fluggastdatenentscheidung erklärte der EuGH den Beschl. des Rates über den Abschluss eines Abkommens zwischen der Europäischen Gemeinschaft und den Vereinigten Staaten von Amerika über die Verarbeitung von Fluggastdatensätzen und deren Übermittlung an die USA für nichtig und begründete dies u.a. damit, dass Art. 95 EGV den Beschl. des Rates nicht trage.

mission hatte Vertragsverletzungsverfahren gegen Irland,[77] Schweden,[78] Griechenland[79] und Österreich[80] geführt. Der irische High-Court entschied dann am 5.5.2010, dem EuGH die Frage vorzulegen (Art. 267 AEUV), ob die Richtlinie 2006/24/EG mit den Grundrechten der Gemeinschaft vereinbar ist.[81] Neben dem irischen High Court hatte auch der österreichische Verfassungsgerichtshof dem EuGH die Frage vorgelegt, ob die Art. 3–9 der RL 2006/24/EG mit Art. 7, 8 und 11 der Charta der Grundrechte der Europäischen Union vereinbar sind. Am 8.4.2014 entschied der EuGH, der das irische und das österreichische Verfahren gemeinsam verhandelte,[82] dass die Richtlinie zur Vorratsspeicherung ungültig ist. Grundsätzlich den Wertungen des Generalanwalts Cruz Villalón folgend stellte der EuGH fest, dass die mit der Richtlinie einhergehenden Eingriffe in das Grundrecht auf Achtung der Privatsphäre unverhältnismäßig sind.[83]

Einen Eingriff in den durch Art. 7 der Charta verankerten Schutz sowohl des Privatlebens als auch der Kommunikation sowie in den von Art. 8 der Charta erfassten Schutz personenbezogener Daten bejahte der EuGH und wies darauf hin, dass sich diese sogar als besonders schwer darstellten.[84] Ferner könne die Vorratsspeicherung der fraglichen Daten auch Auswirkungen auf die Nutzung der von der Richtlinie erfassten Kommunikationsmittel durch ihre Benutzer und in Folge dessen auf deren Ausübung der durch Art. 11 der Charta gewährleisteten Freiheit der Meinungsäußerung haben.[85] Mit Blick auf die Rechtfertigung des Eingriffs (Art. 52 Abs. 1 GR-Charta) bestätigte der EuGH dem Ziel der Bekämpfung schwerer Kriminalität zwar eine dem Gemeinwohl dienende Zielsetzung. Hinsichtlich der Erforderlichkeit fehle es aber an präzise formulierten Grenzen. So fehle in der Richtlinie eine Beschränkung der den Zugriff legitimierenden Straftaten ebenso, wie hinreichende Verfahrensgarantien auf der Zugriffsebene (bspw. Richtervorbehalt) fehlen. Der EuGH unterstrich auch, dass bei der Dauer der Speicherung mit Blick auf die verschiedenen Datenkategorien (Art. 5 RiLi) und ihrer Aufklärungsrelevanz zu differenzieren gewesen wäre.[86] 22

Im Nachgang zu seinem Digital-Rights-Urteil von 2014, mit dem er die Vorratsdatenspeicherungs-RL für ungültig erklärt hatte, hat der EuGH sich am 21.12.2016 zu nationalen Vorratsdatenspeicherungsregelungen geäußert. In seiner Entscheidung zu den Rechtssachen C-203/15 und C-698/15[87] unterstrich das Gericht, dass die Speicherung von Daten im Zusammenhang mit der Nutzung elektronischer Kommunikationsdienste zum Zweck der Vorbeugung schwerer Straftaten nur erlaubt sei, wenn sie „hinsichtlich der Kategorien der zu speichernden Daten, der erfassten elektronischen Kommunikationsmittel, der betroffenen Personen und der vorgesehenen Dauer der 23

77 *EuGH* 30.1.2010 – C-202/09.
78 *EuGH* 27.3.2010 – C-185/09.
79 *EuGH* 30.1.2010 – C-211/09.
80 *EuGH* 29.7.2010 – C-189/09.
81 Dazu *Albers/Reinhard* ZJS 6/2010, 768 m.w.N.
82 *EuGH* Verbundene Rs. C-293/12, C-594/12 – Digital Rights Ireland Ldt./Minister for Communications, Marine and Naturale Recourses u.a.; zum Urteil *Priebe* EuZW 2014, 456.
83 GA *Cruz Villalón* Schlussanträge v. 12.12.2013, C-293/12, C-594/12 – Digital Rights Ireland u.a. Dazu *Schwartmann/Theodorou* RDV 2014, 70 ff.
84 *EuGH* Verbundene Rs. C-293/12 – C-594/12, Rn. 37.
85 *EuGH* Verbundene Rs. C-293/12 – C-594/12, Rn. 28.
86 *EuGH* Verbundene Rs. C-293/12 – C-594/12, Rn. 56 ff.
87 *EuGH* 21.12.2016 – C-203/15, C-698/15 (Tele2 Sverige ua/Post- och telestyrelsen u.a.).

Vorratsspeicherung auf das absolut Notwendige beschränkt ist".[88] Das Gericht stellte ferner klar, dass die von dem weiterhin gültigen Art. 15 Abs. 1 S. 1 der Datenschutzrichtlinie eKom (RL 2002/58/EG) adressierte Ausnahme vom Grundsatz der Vertraulichkeit der Kommunikation nicht „zur Regel" werden dürften.[89]

5. Ausblick: Europäische Datenschutzgrundverordnung (Geltung ab 25.5.2019)

24 Am 25.1.2012 legte die Europäische Kommission ihren Vorschlag für eine Verordnung zum Schutz natürlicher Personen bei der Verarbeitung personenbezogener Daten und zum freien Datenverkehr (DSGVO-E) vor.[90] Ziel der damit angestoßenen Reform war eine Vollharmonisierung des Datenschutzrechts im Bereich der Wirtschaft,[91] sowie eine Anpassung des Rechtsrahmens an die Anforderungen des Internets.[92]

Am 22.11.2013 legte der Ausschuss für bürgerliche Freiheiten, Justiz und Inneres des Europäischen Parlaments (LIBE-Ausschuss) einen Bericht vor, der den Entwurf einer legislativen Entschließung und damit die Verhandlungsposition des EP zur Datenschutz-Grundverordnung enthielt.[93] Nachdem am 11.6.2015 auch der Rat sein Verhandlungsdokument[94] vorgelegt hatte, begannen im Juli 2015 die Verhandlungen zwischen Europäischem Parlament, Ministerrat und Kommission (Trilog).[95] Am Ende des dort verhandelten Kompromisses stand die Veröffentlichung der DSGVO (VO (EU) 2016/679) am 4.5.2016 im Amtsblatt der Europäischen Union.[96] Zwanzig Tage später trat die Verordnung in Kraft und sie wird zum 25.5.2018 in den Mitgliedstaaten unmittelbar anwendbares Recht sein (Art. 99 DSGVO, Art. 288 Abs. 2 AEUV).

Hinsichtlich mit der DSGVO kollidierender nationaler Regeln gilt nach der Rechtsprechung des EuGH ein umfassender Anwendungsvorrang, der auch nationale Grundrechte verdrängt.[97]

25 Die Datenschutzgrundverordnung besteht aus insgesamt elf Kapiteln. Kap. I (Art. 1-4) enthält allgemeine Bestimmungen, d.h. Zielsetzungen, den sachlichen und räumlichen Anwendungsbereich sowie zentrale Begriffsbestimmungen. Dabei knüpfen die Definitionen teilweise an dem datenschutzrechtlichen Acquis an, gehen aber auch darüber hinaus. Die Einwilligung als zentraler Erlaubnistatbestand für die Datenverarbeitung ist nach Art. 4 Ziff. 11 definiert als: „jede freiwillig für den bestimmten Fall, in infor-

88 *EuGH* 21.12.2016 – C-203/15, C-698/15, Rn. 108.

89 *EuGH* 21.12.2016 – C-203/15, C-698/15, Rn. 89.

90 KOM(2012) 11 endgültig.

91 Neben der Datenschutz-Grundverordnung wird künftig die Richtlinie für die Datenverarbeitung bei Polizei und Justiz treten, die den Rahmenbeschl. 2008/977/JI ersetzt. Zum Richtlinienvorschlag der Kommission *Bäcker/Hornung* ZD 2012, 147. Zur finalen Fassung, die gemeinsam mit der DatenschutzgrundVO im Amtsblatt der Europäischen Union vom 4.5.2016 veröffentlicht wurde (ABlEU Nr. L/119, 89 ff. v. 4.5.2016) *Schwichtenberg* DuD 9/2016, 605 ff.

92 Für einen Überblick *Rogall-Grothe* ZRP 2012, 193; *Grimm* JZ 2013, 585; *Gola/Schulz* RDV 2013, 8; *Ziegenhorn/von Heckel* NVwZ 2016, 1585.

93 A7-0402/2013.

94 Vgl. dazu *Roßnagel/Nebel/Richter* ZD 2015, 455.

95 Zum Verfahren insgesamt *Albrecht/Jotzo* S. 40 ff.

96 Abl. 2016 L 119, 1 ff.

97 StRspr. des EuGH seit *EuGH* 17.12.1970, Rs. 11/70 (Internationale Handelsgesellschaft), Slg. 1970, 1125, Rn. 3. Aus Sicht des BVerfG ist der Anwendungsvorrang von Sekundärrechtsakten gegenüber Verfassungsrecht, namentlich den Grundrechten bekanntlich differenzierter zu betrachten, vgl. *BVerfGE* 73, 339/378 ff. (Solange II), *BVerfGE* 89, 155/188 (Maastricht), BVerfGE 102, 147/163 (Bananenmarkt), BVerfGE 123, 267 (Lissabon), *BVerfGE* 126, 286 (Honeywell/Mangold).

mierter Weise und unmissverständlich abgegebene Willensbekundung in Form einer Erklärung oder einer sonstigen eindeutigen bestätigenden Handlung, mit der die betroffene Person zu verstehen gibt, dass sie mit der Verarbeitung der sie betreffenden personenbezogenen Daten einverstanden ist". Da die DSGVO nur insoweit Anwendung entfaltet (Art. 2 Abs. 1 DSGVO), ist der Begriff der „personenbezogenen Daten" entscheidend. Dies sind nach Art. 4 Nr. 1 DSGVO „alle Informationen, die sich auf eine identifizierte oder identifizierbare natürliche Person beziehen". Konkretisierend heißt es dort weiter, „als identifizierbar wird eine natürliche Person angesehen, die direkt oder indirekt, insbesondere mittels Zuordnung zu einer Kennung wie einem Namen, zu einer Kennnummer, zu Standortdaten, zu einer Online-Kennung oder zu einem oder mehreren besonderen Merkmalen, die Ausdruck der physischen, physiologischen, genetischen, psychischen, wirtschaftlichen, kulturellen oder sozialen Identität dieser natürlichen Person sind, identifiziert werden kann".[98] Vom Anwendungsbereich der DSGVO potentiell erfasst sind vor diesem Hintergrund auch die im Rahmen der Online-Kommunikation allgegenwärtigen IP-Adressen.[99]

Die in Kap. II (Art. 5-11) geregelten Grundsätze bauen auf den Prinzipien der Datenschutzrichtlinie 95/46 auf (dort Art. 6-8), enthalten aber zum Teil wichtige Ergänzungen und Konkretisierungen. So wird in Art. 5 Abs. 1 lit. a) DSGVO der Transparenzgrundsatz eingefügt und der Grundsatz der Datenminimierung wird klarer gefasst, Art. 5 Abs. 1 lit. c) DSGVO. In Art. 6 DSGVO werden die Erlaubnistatbestände für eine rechtmäßige Datenverarbeitung aufgezählt. Art. 7 DSGVO enthält dezidierte Vorgaben für die Einwilligung. Art. 8 DSGVO sieht besondere Bedingungen für die Rechtmäßigkeit der Verarbeitung personenbezogener Daten von Kindern im Zusammenhang mit Diensten der Informationsgesellschaft (etwa sozialen Netzwerken) vor. 26

Die Rechte der betroffenen Person (Kap. III, Art. 12-23) enthalten teilweise bemerkenswerte Neuerungen. Neben die Rechte auf Information, Auskunft, Berichtigung, Löschung und Widerspruch treten das Recht auf Vergessenwerden (Art. 17) und das Recht auf Datenübertragbarkeit (Art. 20). Zum Recht auf Vergessenwerden (Art. 17 Abs. 1 lit. a), das der EuGH bereits im Fall Google Spain aus Art. 12 der Datenschutzrichtlinie 95/46 entwickelt hatte,[100] gehört nach Art. 17 Abs. 2 DSGVO gegebenenfalls auch, dass der für die Verarbeitung Verantwortliche ein Löschungsverlangen an andere Stellen weiterleiten muss. Art. 20 DSGVO statuiert das Recht, Daten aus einem automatisierten Datenverarbeitungssystem auf ein anderes System zu übertragen. Die Vorschrift will damit „Lock-In-Effekten" gegensteuern. Geregelt ist sowohl der Anspruch auf Herausgabe der Daten in einem interoperablen Format[101] (Abs. 1) 27

---

98 In Erwägungsgrund 26 der DSGVO heißt es dazu u.a. „Um festzustellen, ob eine natürliche Person identifizierbar ist, sollten alle Mittel berücksichtigt werden, die von dem Verantwortlichen oder einer anderen Person nach allgemeinem Ermessen wahrscheinlich genutzt werden, um die natürliche Person direkt oder indirekt zu identifizieren, wie bspw. das Aussondern. Bei der Feststellung, ob Mittel nach allgemeinem Ermessen wahrscheinlich zur Identifizierung der natürlichen Person genutzt werden, sollten alle objektiven Faktoren, wie die Kosten der Identifizierung und der dafür erforderliche Zeitaufwand, herangezogen werden, wobei die zum Zeitpunkt der Verarbeitung verfügbare Technologie und technologische Entwicklungen zu berücksichtigen sind."

99 In einem Vorabentscheidungsverfahren entschied der *EuGH* am 19.10.2016 (Rs. C-582/14, Breyer/Bundesrepublik Deutschland), dass dynamische IP-Adressen personenbezogenen Daten i.S.d. EU Datenschutz-RiLi sind, wenn für einen Anbieter von Online-Mediendiensten die rechtliche Möglichkeit besteht, über weitergehende Informationen die Identität des Nutzers bestimmen zu lassen.

100 *EuGH* 13.5.2014, Rs. C-131/12; dazu *Nolte* NJW 2014, 2238; *Holznagel/Hartmann* MMR 2016, 228.

101 Vgl. dazu auch Erwägungsgrund 68 DSGVO.

als auch der Anspruch, dass der Verantwortliche die Daten direkt in ein Angebot eines anderen überträgt (Abs. 2).

28 Kap. IV (Art. 24-43) DSGVO adressiert die für die Verarbeitung Verantwortlichen sowie Auftragsverarbeiter und enthält auch dabei innovative Ansätze. So sieht Art. 25 DSGVO Pflichten vor, die dem für die Verarbeitung Verantwortlichen aus dem Grundsatz des Datenschutzes durch Technik (privacy by design) und dem Gebot datenschutzfreundlicher Voreinstellungen (privacy by default) erwachsen. Der Grundsatz des Datenschutzes durch Technik ist dabei allerdings wenig griffig formuliert. Konkreteres können die Aufsichtsbehörden im Rahmen des neu geschaffenen Europäischen Datenschutzausschusses und entsprechender Leitlinien und Empfehlungen (Art. 70 Abs. 1 lit. e DSGVO) bestimmen. Eine wichtige Regelung zur Datensicherheit enthält Art. 32 DSGVO, der einen EU-weiten Mindeststandard für IT-Sicherheit herstellen soll.[102] Art. 33 und 34 führen Meldepflichten für Datenschutzverstöße (data breach notification) ein, die gegenüber der Aufsichtsbehörde (Art. 33) und der betroffenen Person (Art. 34) zu erfüllen sind. Art. 37 ff. regeln Bestellungspflicht, Stellung und Aufgaben des Datenschutzbeauftragten.

29 Kap. V (Art. 44–50) DSGVO regelt die Übermittlung personenbezogener Daten in Drittländer. Der Transfer in Drittländer ist ausnahmsweise nach Art. 45 (Angemessenheitsbeschluss der Kommission) zulässig. Außerhalb einer solchen Feststellung der Kommission relevant sind geeignete Garantien, insbesondere Standard-Datenschutzklauseln (Art. 46 Abs. 2 lit. c und d), genehmigte Vertragsklauseln (Art. 46 Abs. 3 lit. a) und verbindlicher interner Datenschutzvorschriften von Unternehmensgruppen (Art. 46 Abs. 2 lit. b). Einen weiteren Ausnahmetatbestand (Ausnahmen für bestimmte Fälle) sieht Art. 49 DSGVO vor. Kap. VI (Art. 51–59) enthält nähere Vorgaben zur Stellung, Organisation, Aufgaben und Pflichten der nationalen Aufsichtsbehörden. Im Anschluss an Kap. VII (Art. 60–76), das u.a. Vorgaben zur Zusammenarbeit der Aufsichtsbehörden enthält, finden sich unter Kap. VIII (Art. 77–84) Regeln zu Rechtsbehelfen, Haftung und Sanktionen. Die Mitgliedstaaten werden dort verpflichtet, Verstöße gegen die Verordnung zu ahnden. Entsprechende Maßnahmen müssen wirksam, verhältnismäßig und abschreckend sein. Je nach Art des Verstoßes sind Geldbußen von bis zu 20 000 000 EUR oder im Fall eines Unternehmens von bis zu 4 % seines gesamten weltweit erzielten Jahresumsatzes des vorangegangenen Geschäftsjahrs (je nachdem, welcher der Beträge höher ist) möglich, Art. 83 Abs. 5 DSGVO.

30 Kap. IX (Art. 85–91) DSGVO enthält Vorschriften für besondere Datenverarbeitungssituationen. Art. 85 adressiert das datenschutzrechtliche Medienprivileg, dessen konkrete Ausgestaltung den Mitgliedstaaten obliegt (vgl. hierzu Rn. 58). Nach Art. 88 können die Mitgliedstaaten durch Rechtsvorschriften oder durch Kollektivvereinbarungen spezifischere Vorschriften für den Datenschutz vorsehen, müssen sich in diesem Fall aber an die Vorgaben des Art. 88 Abs. 2 DSGVO halten.[103] Die Datenverarbeitung zu im öffentlichen Interesse liegenden Archivzwecken, zu wissenschaftlichen oder historischen Forschungszwecken oder zu statistischen Zwecken regelt Art. 89 DSGVO, der in Abs. 1 diese Vorgänge grds. dem Anwendungsbereich der DSGVO zuweist. Die Abs. 2–4 eröffnen indes Gestaltungsspielräume zu Gunsten der Mitgliedstaaten.[103]

---

102 Dazu *Albrecht/Jotzo* S. 93.

103 Näher dazu *Albrecht/Jotzo* S. 135.

31 Kap. X (Art. 92–93) DSGVO betrifft delegierte Rechtsakte sowie Durchführungsrechtsakte und damit die Übertragung von Rechtssetzungsbefugnissen, bzw. Ausgestaltungsrechten zu Gunsten der Kommission. Im Vergleich zum Kommissionsentwurf wurde in der finalen Fassung der DSGVO von diesen Instrumentarien wesentlich zurückhaltender Gebrauch gemacht.[104]

32 Ausweislich der Schlussbestimmungen in Kap. XI (Art. 94–99) wird die Datenschutz-Richtlinie 95/46 mit Wirkung vom 25.5.2018 aufgehoben (Art. 94). Das ist der für die Praxis wichtige Zeitpunkt der Geltung der Datenschutzgrundverordnung gem. Art. 99 Abs. 2 DSGVO, der von ihrem Inkrafttreten am 24.5.2016 gem. Art. 99 Abs. 1 zu unterscheiden ist.[105] Das Verhältnis zur RL 2002/58/EG bestimmt Art. 95 DSGVO, der zunächst von einer Fortgeltung der Datenschutzrichtlinie-eKom (als lex specialis) ausgeht, in Erwägungsgrund 173 aber eine Überprüfung nach Inkrafttreten der DSGVO vorsieht, die den Hintergrund des Entwurfs für eine „Verordnung des europäischen Parlaments und des Rates über die Achtung des Privatlebens und den Schutz personenbezogener Daten in der elektronischen Kommunikation und zur Aufhebung der RL 2002/58/EG (ePrivacy-Verordnung, dazu Rn. 14)[106] vom 10.1.2017 stellt.

III. Nationales Datenschutzrecht

1. Überblick

33 Verfassungsrechtlich ruht der Schutz personenbezogender Daten auf mehreren Säulen. Im Zentrum steht das Recht auf informationelle Selbstbestimmung, Art. 2 Abs. 1 i.V.m. 1 Abs. 1 GG. Bedeutsam sind daneben Art. 10 und Art. 13 GG, die je nach zu Grunde liegender Konstellation vorrangig Schutz vermitteln. Ausgangspunkt des Rechts auf informationelle Selbstbestimmung ist die Überlegung, dass der Bürger nicht zum Objekt unkontrollierter Datenverarbeitung werden darf. Der Einzelne soll grds. selbst über die Preisgabe und Verwendung seiner Daten entscheiden können.[107] Andererseits kann informationelle Selbstbestimmung nicht unbegrenzt gewährleistet sein. Einschränkungen sind nach den Vorgaben des Bundesverfassungsgerichtes in eng definierten Grenzen zulässig. Beschränkungen bedürfen einer verfassungsgemäßen gesetzlichen Grundlage, die dem überwiegenden Allgemeininteresse geschuldet ist und die dem rechtsstaatlichen Gebot der Normenklarheit entsprechen muss. Dies bedeutet, dass die Voraussetzungen und der Umfang der durch eine Bestimmung bedingten Beschränkungen klar und für den Bürger eindeutig erkennbar sein müssen.[107] Diese Grundsätze hat das BVerfG auch auf Beschränkungen des Art. 10 Abs. 1 GG übertragen.[108] Auf einfachgesetzlicher Ebene finden sich allgemeine Regelungen zum Datenschutz im noch bis zum 24.5.2018 geltenden Bundesdatenschutzgesetz (BDSG) und in

104 *Paal/Pauly* Art. 92 Rn. 5.

105 Der zweijährige Übergangszeitraum soll Gesetzgebern, Verantwortlichen und Datenschutzbehörden dazu dienen, die nötigen gesetzgeberischen, vertraglichen und technischen und organisatorischen Vorkehrungen zur Umsetzung der DSGVO zu treffen. *Paal/Pauly* Art. 99 Rn. 2.

106 COM(2017) 10 final, Dokument abrufbar unter: www.ec.europa.eu/digital-single-market/en/news/proposal-regulation-privacy-and-electronic-communications. Zum Entwurf: *Woger* PinG 02.17, S. 80 ff.; *Keber* IT-Sicherheit 3/2017, 58 ff.

107 *BVerfGE* 65, 1 ff. = NJW 1984, 419.

108 *BVerfGE* 100, 313, 359.

den Datenschutzgesetzen der Länder.[109] Das Bundesdatenschutzgesetz regelt grds. den Datenschutz für die öffentlichen Stellen des Bundes und für nicht-öffentliche Stellen, die Landesdatenschutzgesetze regeln grds. den Datenschutz für die öffentlichen Stellen der Länder. Sowohl das Bundesdatenschutzgesetz als auch die Landesdatenschutzgesetze haben die Funktion von Auffanggesetzen für solche Materien, die nicht bereichsspezifisch geregelt sind. Derartige bereichsspezifische Vorschriften sind überaus zahlreich.[110] Vor allem die Bereiche der Strafverfolgung, der Gefahrenabwehr, der Telekommunikationssektor und das Recht der Telemedien enthalten bereichsspezifische Vorgaben. Relevant sind damit u.a. die Strafprozessordnung (StPO), das Gesetz zu Art. 10 Grundgesetz (G 10-Gesetz), das Gesetz über den militärischen Abschirmdienst (MAD-Gesetz), das Bundespolizeigesetz (BPolG), das Gesetz über das Bundeskriminalamt und die Zusammenarbeit des Bundes und der Länder in kriminalpolizeilichen Angelegenheiten (BKAG), das Gesetz über den Bundesnachrichtendienst (BND-Gesetz), das Bundesverfassungsschutzgesetz (BVerfSchG) sowie die datenschutzrechtlichen Vorschriften in §§ 91-107 Telekommunikationsgesetz (TKG) und §§ 11-15a Telemediengesetz (TMG).

2. Datenschutz auf verfassungsrechtlicher Ebene

34 Das Datenschutzrecht ist, anders als in einigen Landesverfassungen,[111] in der Verfassung der Bundesrepublik Deutschland nicht ausdrücklich erwähnt. Als Recht auf informationelle Selbstbestimmung ist es Spielart des allgemeinen Persönlichkeitsrechts (Art. 2 Abs. 1 i.V.m. 1 Abs. 1 GG) und damit verfassungsrechtlich verankert.[112] Das BVerfG hat in seinem „Volkszählungsurteil" im Jahre 1983 die wesentlichen Grundsätze herausgearbeitet, die das Recht der informationellen Selbstbestimmung nach wie vor beherrschen.[113] Weitere wichtige Konturen des informationellen Selbstbestimmungsrechts hat das Verfassungsgericht mit seinem Urteil vom 2.3.2006 zur Beschlagnahme von Kommunikationsverbindungsdaten auf einem PC[114] und durch seinen Beschluss vom 4.4.2006 zur präventiven polizeilichen Rasterfahndung gezogen.[115] Neben das Recht auf informationelle Selbstbestimmung aus Art. 2 Abs. 1 i.V.m. 1 Abs. 1 GG ist das Recht auf Gewährleistung der Vertraulichkeit und Integrität informationstechnischer Systeme getreten. Ebenfalls ausgehend vom Allgemeinen Persönlichkeitsrecht hat das BVerfG dieses Recht in seiner Entscheidung zur sog. Online-Durchsuchung vom 27.2.2008 aus der Taufe gehoben und seinen Inhalt näher bestimmt.[116] In engem Zusammenhang zu dem im Allgemeinen Persönlichkeitsrecht wurzelnden Schutz der Privatsphäre steht der über Art. 13 Abs. 1 GG gewährleistete Schutz eines räumlich gegenständlichen Rückzugsbereichs.[117] Art. 10 Abs. 1 GG

---

109 Überblick bei *Simitis/Damann/Mallmann/Reh* Teil A und B.

110 Datenschutzrechliche Bestimmungen finden sich im Gesetz über das Ausländerzentralregister, im Einkommensteuergesetz, im Gesetz über das Kreditwesen, im Gesetz über das Zentralregister und das Erziehungsregister, im Melderechtsrahmengesetz, im Passgesetz oder im Personenstandsgesetz. Zur Kritik an dieser „Normenflut" *Roßnagel/Pfitzmann/Garstka* S. 44 ff.

111 So in Art. 33 der Verfassung von Berlin.

112 *Simitis* § 1 Rn. 33.

113 *BVerfGE* 65, 1 ff. = NJW 1984, 419; eingehend dazu *Benda* DuD 1984, 86; *Krause* JuS 1984, 268.

114 *BVerfG* MMR 2006, 217.

115 *BVerfG* MMR 2006, 531.

116 *BVerfG* MMR 2008, 315 ff.

117 Epping/Hillgruber/*Fink* Beck'scher Online-Kommentar Grundgesetz, Stand: 1.2.2010, Art. 13 Rn. 1.

schließlich gewährleistet „die freie Entfaltung der Persönlichkeit durch einen Privaten, vor den Augen der Öffentlichkeit verborgenen Austausch von Nachrichten, Gedanken und Meinungen und wahrt damit die Würde des denkenden und freiheitlich handelnden Menschen“.[118] Das Fernmeldegeheimnis stand im Zentrum der Entscheidung des BVerfG vom 2.3.2010 zur Vorratsdatenspeicherung.[119]

2.1 Urteil des Verfassungsgerichts in Sachen Vorratsdatenspeicherung

Die Richtlinie über die Vorratsspeicherung von Daten[120] wurde in Deutschland mit dem „Gesetz zur Neuregelung der TK-Überwachung und anderer verdeckter Ermittlungsmaßnahmen sowie zur Umsetzung der Richtlinie 2006/24/EG vom November 2006“ umgesetzt.[121] Nach § 113a Abs. 2 S. 1 Nr. 1–3 TKG hatten die Anbieter von Telefondiensten einschließlich Mobilfunk- und Internettelefondiensten die Rufnummern des anrufenden und des angerufenen Anschlusses, den Beginn und das Ende der Verbindung sowie den jeweils genutzten Übermittlungsdienst zu speichern. Mobilfunkanbieter hatten nach § 113a Abs. 2 S. 1 Nr. 4a)–c) zusätzlich die SIM[122]-Karten- (IMSI[123]) und die Gerätekennung (IMEI[124]) sowie die zu Beginn der Verbindung genutzten Funkzellen jeweils des angerufenen und anrufenden Teilnehmers vorzuhalten. Die Anbieter von Diensten der elektronischen Post (E-Mail-Provider) hatten nach § 113a Abs. 3 TKG die E-Mail-Adresse, Benutzerkennung und IP-Adresse des Absenders sowie die E-Mail-Adresse des Empfängers und den Beginn und das Ende der Benutzung des Dienstes zu speichern. Die Anbieter von Internetzugangsdiensten (Access-Provider) mussten gem. § 113a Abs. 4 TKG die dem Nutzer zugewiesene IP-Adresse, die Kennung des benutzten Anschlusses und Beginn und Ende einer jeden Internetnutzung speichern. Gem. § 113b TKG durfte der nach § 113a Verpflichtete die danach gespeicherten Daten zur Verfolgung von Straftaten, zur Abwehr von erheblichen Gefahren für die öffentliche Sicherheit oder zur Erfüllung der gesetzlichen Aufgaben der Verfassungsschutzbehörden, des Bundesnachrichtendienstes und des Militärischen Abschirmdienstes an die zuständigen Stellen auf deren Verlangen übermitteln, soweit das jeweils einschlägige Fachrecht auf § 113a verwies und die Übermittlung im Einzelfall angeordnet war. 35

Mit Urteil v. 2.3.2010[125] erklärte das BVerfG die §§ 113a und 113b TKG, sowie den im Zuge der Neuerungen der Telekommunikationsüberwachung ebenfalls modifizierten § 100g Abs. 1 S. 1 StPO, soweit danach Verkehrsdaten nach § 113a TKG erhoben werden dürfen, für nichtig. Wie in den vorausgegangenen Entscheidungen im Eilverfahren (§ 32 Abs. 1 BVerfGG) im März[126] und Oktober 2008,[127] in denen das Gericht anordnete, dass § 113b TKG bis zur Entscheidung in der Hauptsache nur modifiziert 36

118 *BVerfGE* 67, 157, 171; 106, 28, 35; 110, 33, 53.
119 *BVerfGE* 1 BvR 256/08, 1 BvR 263/08, 1 BvR 586/08, MMR 2010, 356.
120 Dazu oben unter Rn. 15 ff.
121 BGBl I 2007, 3198 ff.
122 SIM = Subscriber Identity Module.
123 Die International Mobile Subscriber Identity ist eine 15-stellige, eindeutige Teilnehmernummer, die auf der SIM gespeichert ist.
124 IMEI = International Mobile Equipment Identity.
125 *BVerfG* 1 BvR 256/08 v. 2.3.2010, MMR 2010, 356 ff.; zum Urteil eingehend *Roßnagel* NJW 2010, 1238 ff. m.w.N.
126 ZUM 2008, 412 ff.
127 ZUM 2009, 279 ff.; zu den Entscheidungen im Eilverfahren eingehend: Dörr/Kreile/Cole/*Schiedermair* S 362 ff.

anzuwenden ist angekündigt, unterzogen die Karlsruher Richter die Normen zur Vorratsdatenspeicherung einer eingehenden Prüfung im Lichte des Art. 10 Abs. 1 GG. Das Verfassungsgericht, das sich trotz der Implikationen der Richtlinie 2006/24/EG nicht zu einer Vorlage an den EuGH veranlasst sah,[128] begründete seine Entscheidung im Kern damit, dass die fraglichen Bestimmungen den verfassungsrechtlichen Mindestanforderungen an Vorschriften zur Gewährleistung der Datensicherheit,[129] zum zulässigen Umfang der Datenverwendung,[130] zur Transparenz der Datenverwendung[131] sowie zum Rechtsschutz[132] nicht genügen. Zugleich stellte das BVerfG aber klar, dass eine vorsorglich anlasslose Speicherung von Telekommunikationsverkehrsdaten durch private Dienstanbieter nicht per se mit Art. 10 GG unvereinbar ist.[133] Ebenso wie der Europäische Gerichtshof[134] unterscheidet das BVerfG in seinem Urteil streng zwischen dem ersten Schritt der Datenerhebung und der nachfolgenden Verwendung der Daten. Dabei misst es dem Umstand, dass diese Ebenen wesensverschiedenen Akteuren (Speicherung durch Private, Verwendung der Daten durch den Staat) zugewiesen sind, entscheidende Bedeutung zu. Im Ergebnis rückt das Verfassungsgericht damit von seiner im Volkszählungsurteil eingeschlagenen Linie ab, wonach eine Informationserhebung auf Vorrat zu unbestimmten oder noch nicht bestimmbaren Zwecken unzulässig ist.[135]

37 Der Bundestag beschloss am 16.10.2015 das „Gesetz zur Einführung einer Speicherpflicht und einer Höchstspeicherfrist für Verkehrsdaten".[136] Die (wieder) eingeführten Speicherpflichten sind spätestens ab 1.7.2017 zu erfüllen (§ 150 Abs. 13 TKG). Hiergegen gerichtete Bedenken waren im einstweiligen Rechtsschutz vor dem BVerfG bis dato ohne Erfolg.[137] Derzeit ist offen, ob die Konzeption des Gesetzes zur Einführung einer Speicherpflicht und einer Höchstspeicherfrist für Verkehrsdaten den oben dargelegten Vorgaben des EuGH (vgl. Rn. 21 ff.) entspricht. Ein Gutachten[138] des Fachbereichs Europa zu den Implikationen der Art. 15 Abs. 1 RL 2002/58, der Art. 7, 8, 11 und 52 der Grundrechte-Charta sowie des EuGH-Urteils vom 21.12.2016 zur Vorratsdatenspeicherung gelangt insoweit zu einem negativen Befund.

---

128 *BVerfG* 2.3.2010 – 1 BvR 256/08, Rn. 180 ff.

129 *BVerfG* 2.3.2010 – 1 BvR 256/08, Rn. 271 ff. (betr. § 113a TKG).

130 *BVerfG* 2.3.2010 – 1 BvR 256/08, Rn. 276 ff. (betr. § 113b S. 1 Nr. 1); Rn. 285 ff. (betr. § 113b S. 1 Nr. 2 und 3).

131 *BVerfG* 2.3.2010 – 1 BvR 256/08, Rn. 280 (betr. § 100g Abs. 1 S. 1 StPO).

132 *BVerfG* 2.3.2010 – 1 BvR 256/08, Rn. 246 ff. Das BVerfG stellt Abfrage oder Übermittlung vorsorglich gespeicherter Daten grds. unter Richtervorbehalt und begründet das mit seiner Rechtsprechung, wonach bei Ermittlungsmaßnahmen, die einen schwerwiegenden Grundrechtseingriff bewirken, verfassungsrechtlich eine vorbeugende Kontrolle durch eine unabhängige Instanz geboten sein kann. Eine Ausnahme gelte nach Art. 10 Abs. 2 S. 2 GG nur für die Kontrolle von Eingriffen in die Telekommunikationsfreiheit durch die Nachrichtendienste. Hier könne an die Stelle einer vorbeugenden richterlichen Kontrolle die – gleichfalls spezifisch auf die jeweilige Maßnahme bezogene – Kontrolle durch ein von der Volksvertretung bestelltes Organ oder Hilfsorgan treten.

133 *BVerfG* 2.3.2010 – 1 BvR 256/08, 1. Leitsatz.

134 Zum Urteil des *EuGH* s.o. Rn. 19.

135 *BVerfGE* 65, 1, 46, NJW 1984, 419.

136 BGBl I 2015, 2218.

137 *BVerfG* 12.1.2016 – 1 BvQ 55/15.

138 Gutachten v. 12.1.2017, Az PE 6 – 3000 – 167/16.

2.2 Urteile des Verfassungsgerichts in Sachen Online-Durchsuchung

Die sog. Online-Durchsuchung beschreibt ein neues Ermittlungsinstrument, bei dem es darum geht, per Internet verdeckt auf die in einem Zielsystem abgelegten Informationen zuzugreifen, ohne dass diese Gegenstand eines vom User eingeleiteten Kommunikationsprozesses sind.[139] Der Einsatz der Maßnahme, die eine Infiltration des Systems mit einer den Zugriff auf die Festplatte ermöglichenden Software (Trojaner) voraussetzt, ist in der Strafverfolgung ebenso denkbar wie im Bereich der Gefahrenabwehr. Nachdem Strafverfolgungsbehörden die Durchführung entsprechender Maßnahmen bisweilen auf § 102 StPO gestützt hatten, der BGH diesem Konzept aber eine Absage erteilt hatte,[140] sah als erste landesrechtliche Regelung das Gesetz über den Verfassungsschutz in Nordrhein-Westfalen seit Dezember 2006 in § 5 Abs. 2 Nr. 11 S. 1 Alt. 2 den „heimlichen Zugriff auf informationstechnische Systeme auch mit dem Einsatz technischer Mittel" vor.[141] Das BVerfG gab den gegen diese Bestimmung eingelegten Verfassungsbeschwerden am 27.2.2008 im Wesentlichen statt[142] und hob das „Grundrecht der Gewährleistung der Vertraulichkeit und Integrität informationstechnischer Systeme" aus der Taufe.[143] Mit den hierzu herausgearbeiteten normativen Maßstäben beabsichtigt das Gericht, den spezifischen, durch die kommunikative Evolution und Vernetzung informationstechnischer Systeme bedingten Gefährdungen der menschlichen Persönlichkeit Rechnung zu tragen.[144] 38

Der Sache nach handelt es sich bei dem neuen Recht entgegen der insoweit missverständlichen Formulierung nicht um ein eigenständiges Grundrecht, sondern um eine weitere Facette des Allgemeinen Persönlichkeitsrechts, die vor Eingriffen in informationstechnische Systeme schützen soll, soweit der Schutz nicht durch andere Grundrechte, insbesondere Art. 10 GG, Art. 13 GG sowie das Recht auf informationelle Selbstbestimmung erfolgt.[145] Raum für das nur subsidiär anwendbare Recht besteht nach Auffassung des Verfassungsgerichts dann, wenn Art. 10 GG nicht greift, weil sich die telekommunikationsspezifische Gefährdungslage nicht realisiert,[146] der raumbezogene Schutz des Art. 13 GG versagt, weil er nicht auf die spezifische, standortunabhängige Gefährdung informationstechnischer Systeme zugeschnitten sei[147] und über Zugriffe auf einzelne Datenerhebungen, vor denen das Recht auf informationelle Selbstbestimmung schützt, hinausgegangen wird.[148] Der sachliche Schutzbereich betrifft informationstechnische Systeme und damit solche, die nicht lediglich Daten mit punktuellem Bezug zu einem Lebensbereich des Betroffenen enthalten, sondern die allein oder vernetzt personenbezogene Daten des Betroffenen in einem Umfang 39

139 Zur Technik eingehend *Buermeyer* HRRS 2007, 154 ff. Zu den Begrifflichkeiten, vor allem zur Abgrenzung von Online-Durchsuchung und Quellen-Telekommunikationsüberwachung (TKÜ) *Keber* Die Polizei 2010, 167.

140 *BGH* 31.1.2007 – StB 18/06; dazu *Cornelius* JZ 2007, 796 ff.

141 GV. NRW. 2006, 620.

142 *BVerfG* 27.2.2008 – 1 BvR 370/07, MMR 2008, 315 ff.

143 Dazu *Bär* MMR 2008, 315 ff.; *Böckenförde* JZ 2008, 925 ff. *Britz* DÖV 2008, 411 ff.; *Eifert* NVwZ 2008, 521 ff.; *Hoeren* MMR 2008, 365 f.; *Hoffmann-Riem* JZ 2008, 1009 ff.; *Hornung* CR 2008, 299 ff.; *Hirsch* NJOZ 2008, 1907 ff.

144 *BVerfG* 27.2.2008 – 1 BvR 370/07, Rn. 169.

145 *BVerfG* 27.2.2008 – 1 BvR 370/07, Rn. 167.

146 Dies ist bei der Online-Durchsuchung der Fall, weil Daten außerhalb eines laufenden Kommunikationsvorgangs („ruhende Daten") betroffen sind.

147 A.A. *Rux* JZ 2007, 292 ff.; dazu auch *Hornung* JZ 2007, 828 ff.

148 *BVerfG* 27.2.2008 – 1 BvR 370/07, Rn. 200.

enthalten können, die Einblicke in wesentliche Teile der Lebensgestaltung einer Person ermöglichen. Solche Systeme sind etwa stationäre oder tragbare Personalcomputer ebenso wie Mobiltelefone, die über einen großen Funktionsumfang verfügen und personenbezogene Daten vielfältiger Art speichern können.[149] Geschützt ist das Vertrauen des Nutzers darauf, dass die temporär oder dauerhaft gespeicherten Daten der Ausspähung durch heimlichen Zugriff grds. entzogen sind, sowie die Integrität des Systems an sich, das durch die den Zugriff ermöglichende Infiltration gegebenenfalls Schaden nehmen kann.[150] Das Verfassungsgericht stellt aber klar, dass das Grundrecht auf Gewährleistung der Vertraulichkeit und Integrität informationstechnischer Systeme nicht schrankenlos gewährleistet sei und Eingriffe zu präventiven Zwecken und zur Strafverfolgung grds. gerechtfertigt sein können.[151]

40 Das Verfassungsgericht verneinte in seiner Entscheidung, dass der dem Verfahren zu Grunde liegende § 5 Abs. 2 Nr. 11 S. 1 Alt. 2 VSG Nordrhein-Westfalen im Ergebnis als Rechtfertigung in Betracht kommt, da die Vorschrift weder hinreichend bestimmt, noch verhältnismäßig sei. Ein heimlicher Zugriff auf informationstechnische Systeme zum Schutz der Bevölkerung vor Gefahren durch terroristische Bestrebungen stelle zwar einen legitimer Zweck dar und sei im Lichte der Einschätzungsprärogative des Gesetzgebers auch geeignet und erforderlich, dieses Ziel zu erreichen.[152] Es fehle aber an der Angemessenheit der Regelung. Wegen der erheblichen Schwere des Eingriffs, die sich aus dem Umfang des Datenbestands, der Heimlichkeit der Maßnahme und der hohen Streubreite in Bezug auf (unbeteiligte) Dritte ergebe, müsse eine Ermächtigungsgrundlage einen Eingriff davon abhängig machen, dass tatsächliche Anhaltspunkte einer konkreten Gefahr für ein überragend wichtiges Rechtsgut vorlägen.[153] Weiter müssten verfahrensrechtliche Schutzvorkehrungen eingezogen werden; ein heimlicher Zugriff sei grds. unter den Vorbehalt richterlicher Anordnung zu stellen.[154] Derartige Vorkehrungen sehe die verfahrensgegenständliche Vorschrift des VSG Nordrhein-Westfalen ebenso wenig vor wie hinreichende gesetzliche Vorkehrungen, um Eingriffe in den absolut geschützten Kernbereich privater Lebensgestaltung zu vermeiden.[155] Die praktischen Schwierigkeiten, den Kernbereichsschutz in jedem Fall schon auf Datenerhebungsebene vollumfänglich zu gewährleisten, sieht das Verfassungsgericht und arbeitet ein zweistufiges Schutzkonzept heraus. Die gesetzliche Regelung hat darauf hinzuwirken, dass die Erhebung kernbereichsrelevanter Daten soweit wie informationstechnisch und ermittlungstechnisch möglich unterbleibt (erste Stufe). Durch geeignete Verfahrensvorschriften hat der Gesetzgeber sicherzustellen, dass dann, wenn (dennoch) Daten mit Bezug zum Kernbereich privater Lebensgestaltung erhoben worden sind, die Intensität der Kernbereichsverletzung und ihre Auswirkungen für die Persönlichkeit und Entfaltung des Betroffenen so gering wie möglich bleiben (zweite Stufe). Entscheidende Bedeutung für den Schutz hat insoweit die Durchsicht der erhobenen Daten auf kernbereichsrelevante Inhalte, für die ein geeignetes Verfahren vorzusehen ist, das den Belangen des Betroffenen hinreichend Rechnung trägt. Wenn eine Durchsicht kernbereichsrelevante Daten offenbart, sind diese

149 *BVerfG* 27.2.2008 – 1 BvR 370/07, Rn. 203.
150 *BVerfG* 27.2.2008 – 1 BvR 370/07, Rn. 204, 205, 240.
151 *BVerfG* 27.2.2008 – 1 BvR 370/07, Rn. 207.
152 *BVerfG* 27.2.2008 – 1 BvR 370/07, Rn. 219, 221, 224.
153 *BVerfG* 27.2.2008 – 1 BvR 370/07, Rn. 247.
154 *BVerfG* 27.2.2008 – 1 BvR 370/07, Rn. 257.
155 *BVerfG* 27.2.2008 – 1 BvR 370/07, Rn. 270.

unverzüglich zu löschen und eine Weitergabe oder Verwertung dieser Informationen ist ausgeschlossen.[156]

Durch das Gesetz zur Abwehr von Gefahren des internationalen Terrorismus durch das BKA vom 25.12.2008[157] wurde § 20k in das BKAG aufgenommen. Ausweislich der Gesetzesbegründung hielt man sich bei der dort geregelten Online-Durchsuchung in dem vom Verfassungsgericht gezogenen Rahmen.[158] Die gegen § 20k BKAG u.a. mit unzureichenden Regelungen zum Schutze des Kernbereichs privater Lebensgestaltung begründeten Verfassungsbeschwerden waren teilweise erfolgreich und haben zu einer Konkretisierung des zweistufigen Schutzkonzepts geführt.[159] 41

3. Einfachgesetzlicher, bereichsspezifischer Datenschutz

3.1 Datenschutzbestimmungen im Telekommunikationsgesetz

Im Rahmen der TKG Novelle 2004 wurde in §§ 91–107 TKG ein eigener, abschließender Datenschutzteil geschaffen und die bis dahin bestehende Konzeption über § 89 TKG a. F. und die Telekommunikationsdatenschutzverordnung (TDSV)[160] abgelöst.[161] Mit der Gesetzesnovellierung von 2012 sowie den Änderungen im „Gesetz zur Einführung einer Speicherpflicht und einer Höchstspeicherfrist für Verkehrsdaten" vom 10.12.2015[162] wurden dortige Vorschriften zur Verkehrsdatenspeicherung modifiziert (insbesondere §§ 113a ff.), nachdem das BVerfG diese zum Teil für verfassungswidrig erklärt hatte.[163] Vor dem Hintergrund der neuerlichen Entscheidung des EuGH[164] bleibt die Umsetzung der jüngsten Änderungen zur Speicherverpflichtungen zum 1.7.2017 (vgl. § 150 Abs. 13 TKG) angesichts der bereits angekündigten Verfassungsbeschwerden mit Spannung zu erwarten. § 91 TKG bestimmt den Anwendungsbereich des Telekommunikationsdatenschutzes. Regelungsgegenstand ist der Schutz personenbezogener Daten der an der Telekommunikation Beteiligten bei der Erhebung und Verwendung durch Diensteanbieter i.S.v. § 3 Nr. 6 TKG. Im Telekommunikationsdatenschutz gilt ebenso wie im allgemeinen Datenschutzrecht ein Verbot mit Erlaubnisvorbehalt, d.h. für die Erhebung und Verwendung personenbezogener Daten ist ein ausdrücklicher Erlaubnistatbestand erforderlich.[165] Die Nutzung von Bestandsdaten, also Daten, die für die Begründung, inhaltliche Ausgestaltung, Änderung oder Beendigung eines Vertragsverhältnisses über Telekommunikationsdienste erhoben werden,[166] ist in § 95 TKG geregelt. Danach ist die Weitergabe von Bestandsdaten zwischen kooperierenden Diensteanbietern in Grenzen ebenso zulässig (Art. 95 Abs. 1 S. 2), wie die Übermittlung der Bestandsdaten an Dritte, wobei Letztgenanntes aber einer ausdrücklichen Einwilligung des Teilnehmers bedarf (§ 95 Abs. 1 S. 3). Ebenfalls einer Einwilligung bedarf die Verwendung der Bestandsdaten zur Beratung der Teilnehmer oder zur Werbung für eigene Angebote, § 95 Abs. 2 S. 1. Vorgaben zur Einwil- 42

156 *BVerfG* 27.2.2008 – 1 BvR 370/07, Rn. 283.
157 BGBl I S. 3083 ff.; hierzu eingehend *Baum/Schantz* ZRP 2008, 137 ff.; *Roggan* NJW 2009, 257 ff.
158 BT-Drucks. 16/9588, 26.
159 *BVerfG* 20.4.2016 – 1 BvR 966/09; 1 BvR 1140/09, Rn. 217 ff.
160 BGBl I 2000, 1740.
161 Weiterführend *Ohlenburg* MMR 2004, 431.
162 BGBl. I S. 2218 (2221 ff.).
163 S. Rn. 35.
164 S. Rn. 23; 37.
165 Beck'scher TKG-Kommentar/*Robert* 3. Aufl. 2006, § 91 Rn. 1.
166 § 3 Nr. 3 TKG.

ligung enthält § 94 TKG, wonach diese auch elektronisch erteilt werden kann. Nach Ende des Vertragsverhältnisses sind die Bestandsdaten vom Diensteanbieter spätestens bis zum Ablauf des auf die Beendigung folgenden Kalenderjahres zu löschen, § 95 Abs. 3 TKG. Verkehrsdaten, also Daten, die bei der Erbringung eines Telekommunikationsdienstes erhoben, verarbeitet oder genutzt werden,[167] betrifft § 96 TKG. Die Erhebung von Verkehrsdaten (etwa die Nummer oder die Kennung der beteiligten Anschlüsse) ist nur zulässig, soweit sie für einen im TKG genannten Zweck erforderlich ist (§ 96 Abs. 1 S. 1). Die gespeicherten Verkehrsdaten dürfen über das Ende der Verbindung hinaus auch nur in sehr engen Grenzen verwendet werden (§§ 96 Abs. 1 S. 2). In Betracht kommt die Verwendung, wenn sie erforderlich ist zum Aufbau weiterer Verbindungen, für Abrechnungszwecke (§ 97), zur Erstellung von Einzelverbindungsnachweisen (§ 99), zur Ermittlung von Störungen oder der Aufdeckung missbräuchlicher Nutzung von Telekommunikationsdiensten (§ 100) oder zur Durchführung einer „Fangschaltung" (§ 101). Besonders relevant ist § 97 Abs. 3 TKG, wonach der Diensteanbieter nach Beendigung der Verbindung aus den Verkehrsdaten nach § 96 unverzüglich die für die Berechnung des Entgelts erforderlichen Daten zu ermitteln und nicht erforderliche Daten unverzüglich zu löschen hat (soweit sie nicht nach §§ 113a–g TKG n.F. zu speichern sind) Entgeltrelevante Daten dürfen bis zu 6 Monate nach Rechnungsversendung gespeichert werden, § 97 Abs. 3 S. 2 TKG. Nach § 97 Abs. 3 S. 3 TKG dürfen diese Daten auch gespeichert werden, wenn der Kunde gegen die Höhe der Rechnung Einwendungen erhebt; und zwar so lange, bis die Berechtigung der Einwände abschließend geklärt ist. Verkehrsdaten sind auch dynamische IP-Adressen, so dass sich die in der Praxis bedeutsame Frage stellt, ob bei einem zwischen Kunden und Access-Provider vereinbarten Pauschaltarif („Flatrate") die Datenspeicherung zu Abrechnungszwecken überhaupt erforderlich und damit zulässig sein kann. Die wohl herrschende Auffassung in Rspr. und Literatur hat dies verneint,[168] wobei im Einzelfall aber noch zu prüfen ist, ob die Speicherung nicht aus anderen Gründen (Störungen im Netz i.S.d. § 100 TKG) gerechtfertigt sein kann.[169] Standortdaten, also Daten, die in einem Telekommunikationsnetz erhoben oder verwendet werden und die den Standort des Endgeräts eines Endnutzers eines Telekommunikationsdienstes für die Öffentlichkeit angeben,[170] dürfen nach dem zuletzt 2012 ergänzten § 98 TKG[171] nur im zur Bereitstellung von „Diensten mit Zusatznutzen" erforderlichen Maß und innerhalb des dafür erforderlichen Zeitraums verarbeitet werden, wenn sie anonymisiert wurden, oder wenn der Teilnehmer seine Einwilligung erteilt hat. Die Einwilligung, die außerhalb des Anwendungsbereichs des § 98 Abs. 1 S. 4 TKG auch in elektronischer Form erklärt werden kann (vgl. § 94 TKG), muss bei Standortdaten in Konstellationen des § 98 Abs. 1 S. 4 TKG, die der Gesetzgeber als besonders sensibel einstuft, ausdrücklich, gesondert und schriftlich erteilt werden (§ 98 Abs. 1 S. 4 TKG). Wird das Standortdaten liefernde Gerät noch von weiteren Personen genutzt, muss der Teilnehmer diese von der erteilten Einwilligung in Kenntnis setzen (§ 98 Abs. 1 S. 7 TKG). Dadurch wird die ungewollte Preisgabe von Standortdaten

167 § 3 Nr. 30 TKG.

168 *LG Darmstadt* MMR 2006, 330; *BGH* MMR 2007, 37 (keine Entscheidung in der Sache); *OLG Karlsruhe* MMR 2009, 412; *OLG Zweibrücken* MMR 2009, 43; zur Problematik insgesamt *Wehr/Ujica* MMR 2010, 667.

169 Vgl. dazu *BGH* 13.1.2011 – III ZR 146/10; *BGH* 3.7.2014 – III ZR 391/13.

170 § 3 Nr. 19 TKG.

171 Erstes Gesetz zur Änderung des Telekommunikationsgesetzes und des Gesetzes über die elektromagnetische Verträglichkeit von Betriebsmitteln vom 27.7.2009, BGBl I S. 2409 ff.

durch den jeweiligen Nutzer verhindert.[172] In § 98 Abs. 4 wurde durch die Novellierung 2012[173] der Grundsatz der Datensparsamkeit (vgl. § 3a BDSG) nochmals ausdrücklich in die gesetzliche Bestimmung aufgenommen. Mit § 109a TKG wurde darüber hinaus ein weiterer Tatbestand geschaffen, der Benachrichtigungspflichten des Anbieters bei Verletzung des Schutzes personenbezogener Daten (**Security Breach Notifications**) begründet.

3.2 Datenschutzbestimmungen im Telemediengesetz

Das TMG regelt den Schutz personenbezogener Daten bei der Nutzung von Telemediendiensten i.S.v. § 1 Abs. 1 TMG in §§ 11–15a TMG. Die dort geregelten Normen reflektieren ausweislich der Gesetzesbegründung die „Errungenschaften, die durch die Regelungen des TDDSG und des MDStV zum Schutz der personenbezogenen Daten bei den Neuen Diensten erzielt wurden".[174] Die datenschutzrechtlichen Bestimmungen wurden zuletzt durch Art. 2 des Gesetzes zur Abwehr von Gefahren des internationalen Terrorismus durch das Bundeskriminalamt[175] sowie Art. 2 des Gesetzes zur Änderung datenschutzrechtlicher Vorschriften[176] und Art. 4 des IT-Sicherheitsgesetz (ITSiG)[177] angepasst.[178] **43**

Das am 30.6.2017 vom Bundestag beschlossene „Dritte Gesetz zur Änderung des Telemediengesetzes" und die damit einhergehende Abschaffung der Störerhaftung zu Gunsten der Betreiber von Internetzugängen über drahtlose lokale Netzwerke (WLAN)[179] hat insoweit datenschutzrechtliche Relevanz, als dort (§ 8 Abs. 4 TMG Nr. 1 n. F.) ausgeschlossen wird, dass WLAN-Anbieter von einer Behörde verpflichtet werden können, vor Gewährung des Zugangs die persönlichen Daten von Nutzern zu erheben und zu speichern (Registrierung). Das Gesetz stellt indes klar, dass Maßnahmen (auch die Identifikation der Nutzer) der Dienstanbieter auf freiwilliger Basis möglich bleiben (§ 8 Abs. 4 TMG Nr. 2 n. F.). **44**

Art. 2 des ebenfalls am 30.6.2017 im Bundestag beschlossenen „Gesetzes zur Verbesserung der Rechtsdurchsetzung in sozialen Netzwerken"[180] erweitert die datenschutzrechtliche Gestattungsnorm des § 14 TMG Abs. 2 um die Formulierung „oder anderer absolut geschützter Rechtsgüter" und ermöglicht damit die Herausgabe von Daten (durch Diensteanbieter) vor dem Hintergrund der zivilrechtlichen Durchsetzung des allgemeinen Persönlichkeitsrechts. Damit ist der von der Rechtsprechung wegen den engen und abschließenden Vorgaben in §§ 12 Abs. 2 und 14 Abs. 2 TMG als unzulässig qualifizierte Rückgriff auf einen Auskunftsanspruch gem. § 242 BGB[181] künftig insoweit entbehrlich. **45**

---

172 Zur Problematik um Einwilligung und „Kinderortungsdienste" *Ohlenburg* MMR 2004, 436.
173 Gesetz zur Änderung telekommunikationsrechtlicher Regelungen" v. 3.5.2012; BGBl. I S. 958 ff.
174 BT-Drucks. 16/3078, 12. Zu den Vorgängerbestimmungen des TDDSG eingehend *Roßnagel* DuD 1999, 253.
175 BGBl I 2008, 3083 ff. (betr. § 14 TMG).
176 BGBl I 2009, 2814 ff. (betr. §§ 11, 12, 16, 15a TMG).
177 G. v. 17.7.2015, BGBl I S. 1324 ff. (betr. § 13 TMG).
178 Weitere Änderungen und Ergänzungen des TMG erfolgten im 2. Telemedienänderungsgesetz v. 21.7.2016 (BGBl I S. 1766), seit 27.7.2016 in Kraft.
179 Vgl. dazu BT Drucks. 18/12202, 18/12496. Verabschiedeter Text in der Fassung der Beschlussempfehlung des Ausschuss für Wirtschaft und Energie (BT Drucks. 18/13010). Das „Dritte Gesetz zur Änderung des Telemediengesetzes" trat am 13.10.2017 in Kraft, BGBl I, 3530 ff.
180 BT-Drucks. 18/12356, 18/13013. Das Gesetz trat am 13.10.2017 in Kraft, BGBl I, 3352.
181 Dazu *BGH* 1.7.2014 – VI ZR 345/13.

46 § 11 TMG legt den Anwendungsbereich der datenschutzrechtlichen Bestimmungen im Wege einer Negativabgrenzung fest und schließt solche Telemediendienste aus, die im Dienst- und Arbeitsverhältnis zu ausschließlich beruflichen oder dienstlichen Zwecken oder innerhalb von oder zwischen nicht öffentlichen Stellen oder öffentlichen Stellen ausschließlich zur Steuerung von Arbeits- oder Geschäftsprozessen erfolgt (§ 11 Abs. 1 Nr. 1 und 2). Werden daher im Rahmen eines Dienst- und Arbeitsverhältnisses Telemediendienste (etwa der Zugang zu Angeboten im Internet) bereitgestellt und diese dienstlich genutzt, sind die Vorschriften des BDSG anzuwenden.[182] Handelt es sich dagegen um eine private Nutzung, die der Dienstherr gestattet hat, sind insoweit die Vorschriften des TMG anwendbar.[183] Nach § 12 Abs. 1 TMG ist die Erhebung und Verwendung personenbezogener Daten nur zulässig, soweit sie gesetzlich gestattet ist oder der Betroffene einwilligt (Verbot mit Erlaubnisvorbehalt). Willigt der Nutzer ein, so kann dies (in Abweichung vom Schriftformerfordernis des § 4a Abs. 1 S. 3 BDSG) im Wege einer elektronischen Einwilligung geschehen, § 13 Abs. 2 TMG.[184] Der Betroffene ist über Art, Umfang, Ort und Zweck der Erhebung und Nutzung seiner Daten vor deren Erhebung zu informieren, § 13 Abs. 1 TMG. Weiter hat er das Recht, Auskunft über die zu seiner Person gespeicherten Daten zu erhalten. § 13 Abs. 8 TMG verweist insoweit kategorisch auf § 34 BDSG. Dies ist nicht unproblematisch, da damit auch auf § 34 Abs. 7 BDSG verwiesen wird und eine Auskunftspflicht unter den dort geregelten Voraussetzungen entfallen kann. Derartige Ausnahmen waren weder im TDDSG noch in den datenschutzrechtlichen Bestimmungen des MDStV vorgesehen. In der Vergangenheit wurde die Einführung zusätzlicher Informationspflichten der Anbieter von Telemediendiensten mit nutzergenerierten Inhalten diskutiert.[185] Der im Rahmen des ITSiG 2015 neu eingefügte Abs. 7 des § 13 TMG stellt für geschäftsmäßig angebotene Telemedien bestimmte Sicherheitsanforderungen und betrifft damit bspw. Webshops und Unternehmenshomepages.[186]

§ 14 stellt einen Erlaubnistatbestand für die Erhebung und Nutzung von Bestandsdaten, also solcher Daten, die für die Begründung, inhaltliche Ausgestaltung oder Änderung eines Vertragsverhältnisses zwischen dem Diensteanbieter und dem Nutzer über die Nutzung von Telemedien erforderlich sind. § 15 erlaubt die Erhebung und Verwendung von Nutzungsdaten, bspw. Angaben über Beginn und Ende der jeweiligen Nutzung, soweit dies erforderlich ist, um die Inanspruchnahme von Telemedien zu ermöglichen und abzurechnen. Der im Rahmen der Änderungen 2009 eingeführte § 15a TMG verpflichtet Diensteanbieter, „Datenschutzpannen" den zuständigen Aufsichtsbehörden und den Betroffenen selbständig mitzuteilen (Security Breach Notification).[187]

3.3 Telekommunikations- und telemedienrechtlicher Datenschutz ab dem 25.5.2018

47 Durch die geplante E-Privacy-Verordnung (vgl. Rn. 14) wird der bereichsspezifische Datenschutz für die Telekommunikation wesentliche Änderungen erfahren. Soweit ersichtlich, ist der ambitionierte Zeitplan der Kommission aber nicht zu halten.[188]

182 §§ 12 ff. BDSG bei öffentlichen Stellen, §§ 27 ff. BDSG bei nicht öffentlichen Stellen.
183 Spindler/Schuster/*Spindler/Nink* Recht der elektronischen Medien, 2008, TMG § 11 Rn. 10.
184 Eingehend zur Einwilligung *Zscherpe* MMR 2004, 723; *Schaar* MMR 2001, 644.
185 Vgl. BR-Drucks. 156/II v. 21.3.2011.
186 Dazu *Lepperhoff/Papendor* DuD 2016, S. 107 ff.
187 Dazu *Hanloser* MMR 2010, 300 ff.
188 Vgl. dazu den Bericht des Rats der EU vom 19.5.2017 zum Stand der E-Privacy-Verordnung, abrufbar unter http://data.consilium.europa.eu/doc/document/ST-9324-2017-INIT/en/pdf.

Damit stellt sich (ein diesbezügliches Untätigbleiben des deutschen Gesetzgebers unterstellt) die Frage, welche Vorgaben insoweit ab dem 25.5.2018 gelten.[189] Auf Grundlage des Art. 95 DSGVO bleiben die Datenschutzregeln des Telekommunikationsgesetzes anwendbar, soweit sie auf RL 2002/58/EG beruhen.[190] Das setzt voraus, dass es sich um Anbieter öffentlich zugänglicher TK-Dienste handelt und muss für jede einzelne telekommunikationsdatenschutzrechtliche Bestimmung einzeln geprüft werden. Für den bezeichneten Adressatenkreis bleiben daher etwa §§ 96 und 97 TKG anwendbar, nicht aber § 98 Abs. 1 S. 4 TKG.[191] Vor dem Hintergrund der Öffnungsklausel des Art. 6 Abs. 2 DSGVO bleiben Vorschriften im Hinblick auf Universaldienste und solche vor dem Hintergrund der Gefahrenabwehr und Strafverfolgung anwendbar, was beispielsweise die Mindestspeicherpflichten nach §§ 113a–g TKG erfasst.[192]

Mit Blick auf den telemedienrechtlichen Datenschutz ab dem 25.5.2018 wird zum Teil vertreten, dass die Vorschriften zum TMG-Datenschutz durch die DSGVO vollständig verdrängt und nicht mehr anwendbar sein werden.[193] In der Sache wird man auch hier differenzieren müssen. Vor dem Hintergrund der Öffnungsklausel des Art. 6 Abs. 2 DSGVO können die Telemediendienstangebote von Behörden, Beliehenen sowie öffentlich-rechtlichen Rundfunkanstalten auch über den oben genannten Zeitpunkt hinaus an den §§ 11 ff. TMG gemessen werden.[194] Für private Diensteanbieter außerhalb der Bereichsausnahme d. Art. 6 Abs. 2 i. V. m. Art. 6 Abs. 1 lit. c und e werden die datenschutzrechtlichen Regeln des TMG in der Tat ab dem 25.5.2018 unanwendbar sein.[195] Das gilt auch vor dem Hintergrund des Art. 95 DSGVO, da die telemedienrechtlichen Datenschutzbestimmungen keine auf der RL 2002/58/EG beruhenden Pflichten umsetzen.[196] **48**

4. Das Bundesdatenschutzgesetz (Geltung bis 24.5.2018)

4.1 Novellierungen, Anwendbarkeit und Begriffsbestimmungen

Das BDSG wurde 2009 durch drei parallel laufende Novellierungen modifiziert.[197] Im **49**
Zentrum der Novellen I und III stand die Stärkung von Informations- und Auskunftsrechten zu Gunsten von Betroffenen im Fall des (Kredit-)Scorings. Die BDSG Novelle II war durch „Datenschutzskandale“ motiviert, die illegalen Datenhandel und

189 Zur Problematik eingehend Kremer, CR 2017, 367 ff.

190 Zum Verhältnis der DSGVO zur Richtlinie 2002/58/EG vgl. auch Erwägungsgrund 173 DSGVO sowie Art. 21 Abs. 5 DSGVO).

191 Einzelheiten bei Roßnagel/*Geminn/Richter* Europäische Datenschutzgrundverordnung 2016, S. 4, Rn. 224 ff.

192 Roßnagel/*Geminn/Richter* Europäische Datenschutzgrundverordnung 2016, S. 4 Rn. 263.

193 So *Keppler* MMR 2015, S. 779 ff.

194 Roßnagel/*Geminn/Richter* Europäische Datenschutzgrundverordnung 2016, S. 4 Rn. 270.

195 Nicht von der DSGVO tangiert werden und anwendbar bleiben die IT-sicherheitsrechtlichen Vorgaben in § 13 Abs. 7 TMG und die verbraucherschutzrechtliche Bestimmung des § 13 Abs. 4 Nr. 1 TMG.

196 Das gilt nach zutreffender Ansicht auch für § 15 Abs. 3 TMG, dazu Roßnagel/*Geminn/Richter* Europäische Datenschutzgrundverordnung 2016, S. 4 Rn. 295.

197 Gesetz zur Änderung des Bundesdatenschutzgesetzes, BGBl I 2009, 2254 (BDSG Novelle I); Gesetz zur Änderung datenschutzrechtlicher Vorschriften, BGBl I 2009, 2814 ff. (BDSG Novelle II); Gesetz zur Umsetzung der Verbraucherkreditrichtlinie, des zivilrechtlichen Teils der Zahlungsdiensterichtlinie sowie zur Neuordnung der Vorschriften über das Widerrufs- und Rückgaberecht, BGBl I 2009, 2355 ff. (Novelle III).

Fälle ausufernder Mitarbeiterkontrolle[198] in das Bewusstsein der Öffentlichkeit gerückt hatten.[199] Geändert wurde das BDSG dann weiter durch Art. 1 des Zweiten Änderungsgesetzes vom 25.2.2015 sowie das „Gesetz zur Änderung des Bundesdatenschutzgesetzes – Erhöhung der Sicherheit in öffentlich zugänglichen großflächigen Anlagen und im öffentlichen Personenverkehr durch optisch-elektronische Einrichtungen („Videoüberwachungsgesetz" v. 28.4.2017).[200] Vor dem Hintergrund der Datenschutzgrundverordnung[201] steht das im Bundestag am 28.4.2017 beschlossene Datenschutz-Anpassungs-Umsetzungsgesetz (DSAnpUG-EU),[202] mit dem das noch bis zum 24.5.2018 geltende BDSG abgelöst werden wird. Wichtiges Element des „BDSG Neu" als Teil des DSAnpVG sind die Bestimmungen zur Konkretisierung der DSGVO sowie die Ausgestaltung der dort geregelten Öffnungsklauseln. Das betrifft Vorgaben zur Verarbeitung besonderer Kategorien personenbezogener Daten ebenso wie Betroffenenrechte und Sanktionen (§§ 22–44 BDSG Neu).

50 Nach § 1 Abs. 2 des noch bis zum 24.5.2018 anwendbaren BDSG[203] gilt dieses zunächst für die Erhebung, Verarbeitung und Nutzung personenbezogener Daten durch öffentliche Stellen des Bundes sowie durch nicht-öffentliche Stellen. Öffentliche Stellen des Bundes sind die Behörden, die Organe der Rechtspflege und andere öffentlich-rechtlich organisierte Einrichtungen des Bundes, der bundesunmittelbaren Körperschaften, Anstalten und Stiftungen des öffentlichen Rechts sowie deren Vereinigungen ungeachtet ihrer Rechtsform, § 2 Abs. 1 S. 1 BDSG. Als „nicht-öffentliche Stelle" qualifiziert das Gesetz natürliche und juristische Personen, Gesellschaften und andere Personenvereinigungen des Privatrechts, soweit sie nicht zu den öffentlichen Stellen zählen, § 2 Abs. 4 BDSG. Diese unterliegen dem BDSG, soweit sie die Daten unter Einsatz von Datenverarbeitungsanlagen oder in oder „... die Daten in oder aus nicht automatisierten Dateien ..." verarbeiten, nutzen oder dafür erheben, § 1 Abs. 2 Nr. 3 BDSG. Die Anwendbarkeit des BDSG ist nach § 1 Abs. 2 Nr. 3 nur dann im nichtöffentlichen Bereich ausgeschlossen, wenn die dort genannten Tatbestände ausschließlich für persönliche oder familiäre Tätigkeiten erfüllt sind. Von den Anforderungen des Bundesdatenschutzgesetzes wird damit nur die im privaten Bereich verbleibende Datenverarbeitung nicht erfasst.

51 Personenbezogene Daten sind Einzelangaben über persönliche oder sachliche Verhältnisse einer bestimmten oder bestimmbaren natürlichen Person, § 3 Abs. 1 BDSG. Der Begriff der personenbezogenen Daten ist damit weit und reicht von Name und Alter bis zu Daten über Gesundheit, charakterliche Eigenschaften, Qualifikation und bestimmte Tätigkeitszeiten.[204] „Erheben" von Daten bedeutet das Beschaffen von Daten über den Betroffenen, § 3 Abs. 3 BDSG. Auch dieser Terminus ist weit zu verstehen, das Erheben

---

198 Dazu Fechner/*Keber* Konvergenz-Datenschutz-Meinungsforen, 2009, Bd. 5, S. 34 ff.

199 Übersicht zu den Novellen I-III bei *Gola/Schomerus* BDSG, Einl. Rn. 22 ff.; weiterführend *Roßnagel* NJW 2009, 2716 ff.; *Hanloser* MMR 2009, 594 ff.

200 BGBl. I S. 968 f.

201 VO (EU) 2016/679 des Europäischen Parlaments und des Rates vom 27.4.2016 zum Schutz natürlicher Personen bei der Verarbeitung personenbezogener Daten, zum freien Datenverkehr und zur Aufhebung der Richtlinie 95/46/EG; Überblick zu den Regelungen s. Rn. 24 ff.

202 BT-Drucks. 18/11325. Zum Gesetzgebungsverfahren Wolff/Brink/*Albers* BeckOK Datenschutzrecht, Art. 6 Rn. 65.

203 Bundesdatenschutzgesetz i.d.F. der Bekanntmachung v. 14.1.2003, BGBl I 2003, 66, zuletzt geändert durch Art. 1 des Gesetzes v. 22.8.2006, BGBl I 2006, 1970.

204 Simitis/*Dammann* § 3 Rn. 3.

reicht von dem Erfragen besonderer Angaben bis zu dem Fotografieren bestimmbarer Personen.[205] „Verarbeiten" ist das Speichern, Verändern, Übermitteln, Sperren und Löschen personenbezogener Daten, § 3 Abs. 4 BDSG. Diese Einzelvorgänge werden in § 3 Abs. 4 Nrn. 1-5 näher definiert. „Nutzen" ist jede Verwendung personenbezogener Daten, soweit es sich nicht um deren Verarbeitung handelt, § 3 Abs. 5 BDSG.

4.2 Verbot mit Erlaubnisvorbehalt

Zentrale Schaltstelle für die personenbezogene Datenverarbeitung ist § 4 Abs. 1 BDSG. 52
Danach ist die Datenerhebung, Datenverarbeitung und Datennutzung nur zulässig, soweit das BDSG oder eine andere Rechtsvorschrift dies erlaubt oder anordnet oder der Betroffene eingewilligt hat. Strukturell ist hier also das verfassungsrechtlich vorgezeichnete Verbot mit Erlaubnisvorbehalt geregelt. Das BDSG enthält in §§ 13–16 Erlaubnistatbestände zu Gunsten öffentlicher Stellen sowie in §§ 27 ff. Bestimmungen zur Datenverarbeitung nicht-öffentlicher Stellen und öffentlicher Wettbewerbsunternehmen. Andere Rechtsvorschriften i.S.d. § 4 Abs. 1 BDSG können solche des Bundes, der Länder, aber auch kommunale Satzungen sowie normative Teile von Tarifverträgen und Betriebs- oder Dienstvereinbarungen sein.[206] Die Einwilligung, § 4a BDSG stellt neben diesen Rechtsnormen eine eigene Legitimation der Datenverarbeitung dar.

4.3 Ansprüche des Betroffenen

Im öffentlichen Bereich ist dem Betroffenen auf Antrag Auskunft über die zu seiner 53
Person gespeicherten Daten, die Empfänger der Daten und den Zweck der Speicherung zu erteilen (§ 19 Abs. 1 Nr. 1–3 BDSG). Der Betroffene hat weiter ein Recht auf Berichtigung der Daten, wenn sie unrichtig sind (§ 20Abs. 1 BDSG). Dem Betroffenen steht ein Recht auf Löschung zu, wenn die Speicherung seiner personenbezogenen Daten unzulässig ist (§ 20 Abs. 2 Nr. 1) und ein Recht auf Sperrung, wenn einer Löschung Aufbewahrungspflichten entgegenstehen (§ 20 Abs. 3 Nr. 1).[207] Im nichtöffentlichen Bereich haben die verantwortlichen Stellen die Pflicht, den Betroffenen von der erstmaligen Speicherung seiner Daten zu eigenen Zwecken (§ 33 Abs. 1 S. 1 BDSG) bzw. von der erstmaligen Übermittlung gespeicherter Daten sowie der Art der übermittelten Daten (§ 33 Abs. 1 S. 2 BDSG) zu benachrichtigen. Eine Pflicht zur Benachrichtigung besteht allerdings nicht, wenn ein Ausnahmetatbestand des § 33 Abs. 2 greift. Zweck der Benachrichtigungspflicht i.S.d. § 33 Abs. 1 BDSG ist es, den Betroffenen in die Lage zu versetzen, von seinem Auskunftsrecht nach § 34 BDSG Gebrauch zu machen[208] und die Folgerechte auf Berichtigung, Löschung oder Sperrung unrichtiger Daten (§ 35 BDSG) wahrzunehmen. Wird eine Auskunft i.S.d. § 34 BDSG nicht erteilt, kann sich der Betroffene an die Aufsichtsbehörde nach § 38 BDSG wenden.[209]

---

205 Simitis/*Dammann* § 3 Rn. 109.

206 Däubler/Klebe/Wedde/Weichert/*Weichert* § 4 Rn. 2.

207 Sperren ist das Kennzeichnen gespeicherter personenbezogener Daten, um ihre weitere Verarbeitung oder Nutzung einzuschränken, § 3 Abs. 4 Nr. 4 BDSG.

208 Eingehend hierzu *Mallmann* GewArch 2000, 354 ff.

209 Nach § 38 Abs. 6 BDSG ist die Aufgabe der Datenschutzaufsicht den Ländern übertragen. In Berlin, Mecklenburg-Vorpommern, Hamburg, Schleswig-Holstein, Bremen, Nordrhein-Westfahlen, Niedersachsen und Sachsen wird die Datenschutzaufsicht durch den Landesbeauftragten für Datenschutz wahrgenommen. In Bayern, Baden-Württemberg, Brandenburg, Hessen und Sachsen-Anhalt erledigen Ministerien bzw. Regierungspräsidien diese Aufgabe. In Rheinland-Pfalz ist die Aufsichts- und Dienstleistungsdirektion Trier zuständig.

4.4 Ausblick: Zusammenspiel BDSG n. F. (2018) und DSGVO ab dem 25.5.2018

54 Das BDSG 2018 (BDSG n. F.) ist stets in seiner Abhängigkeit zur DSGVO zu sehen,[210] deren Öffnungsklauseln es ausfüllen soll. Zudem dient das BDSG n. F. der Umsetzung der RL (EU) 2016/680 vom 27.4.2016.[211]

55 Mit dem sachlichen Anwendungsbereich der DSGVO (Art. 2 DSGVO) korrespondiert § 1 BDSG n. F., der wie auch das BDSG, öffentliche Stellen des Bundes[212] (vgl. dazu §§ 1 Abs. 1 S. 1 Nr. 1, Abs. 4 sowie 2 Abs. 1, Abs. 3 BDSG n. F.) sowie nicht-öffentliche Stellen (vgl. dazu §§ 1 Abs. 1 S. 2, 2 Abs. 4, Abs. 5 BDSG n. F.) adressiert. Für die Anwendung auf nicht-öffentliche Stellen ist gem. § 1 Abs. 4 S. 2 BDSG n. F. weiter Voraussetzung, dass der Verantwortliche (Art. 4 Nr. 7 DSGVO) oder der Auftragsverarbeiter (Art. 4 Nr. 8 DSGVO) entweder personenbezogene Daten einer betroffenen Person (Art. 4 Nr. 1 DSGVO) im Inland verarbeitet (§ 1 Abs. 4 S. 2 Nr. 1 BDSG n. F.), oder die Verarbeitung personenbezogener Daten im Rahmen der Tätigkeiten einer inländischen Niederlassung des Verantwortlichen oder Auftragsverarbeiters erfolgt (§ 1 Abs. 4 S. 1 Nr. 2 BDSG n. F.), oder der Verantwortliche oder Auftragsverarbeiter zwar keine Niederlassung innerhalb der EU bzw. des EWR hat, die Tätigkeiten aber über das Marktortprinzip (Art. 3 Abs. 2 DSGVO) erfasst werden. Vor dem Hintergrund des Marktortprinzips spielen die mit § 1 Abs. 5 BDSG verbundenen Rechtsfragen (vgl. dazu unten, Rn. 65) künftig keine tragende Rolle mehr.

56 Die Konzeption des Verbots mit Erlaubnisvorbehalt (§ 4 Abs. 1 BDSG) ist auch Leitgedanke der DSGVO (Art. 5 Abs. 1 lit. a, Art. 6 Abs. 1 DSGVO), wobei die in Art. 6 Abs. 2 und 3 eröffneten Gestaltungsspielräume zu Gunsten des nationalen Gesetzgebers mit den §§ 3, 4, 23, 24, 25 und 26 BDSG n. F. adressierten Gestattungsnormen korrespondieren.

57 Das Auskunftsrecht der betroffenen Person (Art. 15 DSGVO) wird in §§ 29, 30, 34 BDSG n. F. näher konkretisiert. Durch das BDSG n. F. nicht weiter ausgestaltet und unmittelbar anwendbar ist das Recht auf Berichtigung, Art. 16 DSGVO. Das Recht auf Löschung, Art. 17 DSGVO adressiert § 35 BDSG n.F, während an Stelle des Rechts auf Sperrung (bspw. §§ 20 Abs. 3, 35 Abs. 3 BDSG), das Recht auf Einschränkung der Verarbeitung (Art. 18 DSGVO) tritt.

4.5 Datenschutz und Medienprivileg

58 Der Datenschutz im Medienbereich muss das Spannungsverhältnis zwischen der in Art. 5 Abs. 1 S. 2 GG garantierten Rundfunk- und Pressefreiheit und dem Recht des Betroffenen aus Art. 2 Abs. 1 i.V.m. 1 Abs. 1 GG auf informationelle Selbstbestimmung ausgleichen. Zu beachten ist also einerseits die außerordentlich wichtige Rolle des Rundfunks und der Presse für eine demokratische Gesellschaft, andererseits aber auch die möglichen Auswirkungen auf das Leben eines Betroffenen. Das deutsche

---

210 Vgl. dazu die GDD-Praxishilfe DSGVO VI, Textausgabe DSGVO mit Zuordnung des BDSG, abrufbar unter: www.gdd.de/downloads/praxishilfen/GDD-Praxishilfe_DS-GVO_6.pdf

211 RL (EU) 2016/680 des Europäischen Parlaments und des Rates vom 27.4.2016 zum Schutz natürlicher Personen bei der Verarbeitung personenbezogener Daten durch die zuständigen Behörden zum Zwecke der Verhütung, Ermittlung, Aufdeckung oder Verfolgung von Straftaten oder der Strafvollstreckung sowie zum freien Datenverkehr und zur Aufhebung des Rahmenbeschlusses 2008/977/JI des Rates, ABlEU Nr. L 119/89.

212 Zum Anpassungsbedarf der bezüglich öffentlicher Stellen der Länder grundsätzlich maßgeblichen Landesdatenschutzgesetze Kremer, CR 2017, 367 ff.

Recht präzisiert dieses Verhältnis über das sog. Medienprivileg.[213] Dies kommt in Vorschriften zum Ausdruck, die verhindern, dass die Betroffenen die Berichterstattung über die allgemeinen zivil- und strafrechtlichen Regelungen hinaus unterbinden können. Existierte kein solches Medienprivileg, könnten Betroffene aufgrund der allgemeinen Datenschutzregeln jederzeit ihre Ansprüche auf Auskunft, Berichtigung, Löschung oder Sperrung ihrer personenbezogenen Daten geltend machen und die Arbeit der Medien so massiv erschweren.

Diesen Vorgaben trägt § 41 Abs. 1 BDSG Rechnung. Danach haben die Länder in ihrer Gesetzgebung (nur) vorzusehen, dass für die Erhebung, Verarbeitung und Nutzung personenbezogener Daten von Unternehmen und Hilfsunternehmen der Presse ausschließlich zu eigenen journalistisch-redaktionellen oder literarischen Zwecken den Regelungen der §§ 5 (Datengeheimnis), 9 (Technische und organisatorische Maßnahmen) und 38a (Verhaltensregeln zur Förderung der Durchführung datenschutzrechtlicher Regelungen) BDSG sowie den Haftungsregelungen i.S.d. § 7 BDSG entsprechende Vorschriften existieren.[214] Die Vorschrift geht auf die ehemalige Rahmengesetzgebungskompetenz nach Art. 75 GG zurück.[215] Ergebnis dieser gesetzgeberischen Entscheidung ist, dass den Bundesländern aufgegeben wird, die Einhaltung datenschutzrechtlicher Mindeststandards zu regeln, die Presse nach Maßgabe des § 41 Abs. 1 BDSG aber grds. aus dem Anwendungsbereich des BDSG ausgenommen ist.[216] Dies bedeutet u. a., dass Presseunternehmen gegenüber die datenschutzrechtlichen Individualrechte der §§ 33–35 BDSG nicht geltend gemacht werden können und auch die Zulässigkeit der Datenverarbeitung nicht den strengen Vorgaben wie dem Vorhandensein einer gesetzlichen Grundlage oder dem Bestehen einer Einwilligung verpflichtet ist.[217] Ähnliches gilt gem. § 57 RStV für Unternehmen und Hilfsunternehmen der Presse als Anbieter von Telemedien, die personenbezogene Daten ausschließlich zu eigenen journalistisch-redaktionellen oder literarischen Zwecken verarbeiten.[218] Die zur Umsetzung von § 41 Abs. 1 BDSG in den jeweiligen Landespressegesetzen getroffenen Regelungen sind weitgehend identisch.[219] Datenschutzrechtlich relevant ist ferner der Pressekodex des Deutschen Presserates,[220] der eine freiwillige Selbstkontrolle der redaktionellen Datenverarbeitung etabliert. Nach Ziff. 8 des Pressekodex achtet die Presse das Privatleben des Menschen und seine informationelle Selbstbestimmung. Konkretisierend adressieren die Richtlinien 8.1 –8.11 bestimmte Konstellationen, etwa die Kriminalberichterstattung, die Berichterstattung über Unglücksfälle oder über eine Selbsttötung. **59**

§ 41 Abs. 1 BDSG betrifft die Presse und nicht die Rundfunkanstalten der Bundesländer sowie private Rundfunkveranstalter, trifft also keine Aussage zu deren Medienprivileg. Für den Auslandsrundfunk des Bundes, die Deutsche Welle, ergibt sich das **60**

213 Eingehend *Simitis* AfP 1990, 14 ff.; zu den unionsrechtlichen Vorgaben s.o. Rn. 8.

214 Eine diese Vorgaben umsetzende Regelung findet sich in § 12 Landesmediengesetz Rheinland-Pfalz.

215 Art. 75, aufgehoben durch Gesetz v. 28.8.2006, BGBl I S. 2034. Auch nach Fortfall der Rahmengesetzgebungskompetenz gilt § 41 Abs. 1 BDSG als Bundesrecht fort, Art. 125a Abs. 1 GG.

216 *Gola/Schomerus* § 41 Rn. 2.

217 Simitis/*Walz* § 41 Rn. 2.

218 Zur Anwendbarkeit von § 57 RStV auf Online-Archive *BGH* 9.2.2010 – VI ZR 244/08.

219 Vgl. § 12 LPrG Baden-Württemberg; Art. 10a BayPrG; § 16a BbgPG; § 5 LPrG Bremen; § 11 HPresseG; § 18a LPrG M-V; § 19 LPrG Niedersachsen; § 12 LPrG NW; § 12 LMG Rheinland-Pfalz; § 11 SMG; § 11a SächsPresseG; § 10a LPrG Sachsen-Anhalt; § 10 LPrG Schleswig-Holstein.

220 Der Pressekodex i.d.F. v. 22.3.2017 enthält die publizistischen Grundsätze (Pressekodex) sowie die Richtlinien für die publizistische Arbeit.

Medienprivileg aus § 41 Abs. 4 BDSG. Die Nichterfassung der Landesrundfunkanstalten sowie der Veranstalter privaten Rundfunks in § 41 BDSG erklärt sich aus der fehlenden Gesetzgebungskompetenz des Bundes.[221] Insoweit datenschutzrechtlich privilegierende Vorschriften enthalten der Rundfunkstaatsvertrag,[222] die Mehr-Länder-Staatsverträge,[223] Landesdatenschutz-,[224] Landesrundfunk-,[225] und Landesmediengesetze.[226] So kann ein von der Datenerhebung eines privaten Rundfunkveranstalters Betroffener nach § 47 RStV zwar Auskunft über die zu seiner Person gespeicherten Daten verlangen. Verarbeitet der Veranstalter die personenbezogenen Daten ausschließlich zu eigenen journalistisch-redaktionellen Zwecken, kann die Auskunft aber nach Abwägung der schutzwürdigen Interessen der Beteiligten verweigert werden, soweit durch die Mitteilung die journalistische Aufgabe des Veranstalters durch Ausforschung des Informationsbestandes beeinträchtigt würde oder aus den Daten Rückschlüsse auf Mitarbeiter und Informanten möglich sind, § 47 Abs. 2 RStV.

61 Mit Blick auf den persönlichen Anwendungsbereich des Medienprivilegs gem. § 41 BDSG sowie § 57 RStV und insbesondere im Hinblick auf Publikationen im Internet hat das Bundesverwaltungsgericht 2015 ausgeführt, dass das Medienprivileg kein allgemeines Meinungsprivileg sei und nicht auf alle Meinungsäußerungen, Foren oder Bewertungsportale im Internet Anwendung finde.[227] Aus dem Umstand, dass journalistische Tätigkeiten nicht Medienunternehmen vorbehalten sind (so der EuGH),[228] folge nicht, dass jegliche Verbreitung und Informationen, Meinungen oder Ideen in der Öffentlichkeit „allein zu journalistischen Zwecken“ erfolge.[227] Damit stellt das BVerwG einen engen Kontext zum verfassungsrechtlichen Pressebegriff des Art. 5 Abs. 1 S. 2 GG her.[229] Fraglich ist dann, ob und wenn ja welche Bedeutung dem Tatbestandsmerkmal „journalistisch redaktionell“ in § 41 BDSG und § 57 RStV zukommt. In anderem Kontext adressiert, aber auch mit Blick auf die Auslegung des Medienprivilegs fruchtbar, dürften insoweit die Kriterien des Kammergerichts Berlin sein.[230] Danach ist ein Angebot journalistisch redaktionell, wenn neben dem Element der Aktualität (mit Bezug zu aktuellen Vorkommnissen und politischen Fragestellungen), ein ausreichendes Maß an Faktizität (Faktizitätsanspruch aus Sicht des Anbieters) sowie an Professionalisierung der Arbeitsweise und des Grades an organisierter Verfestigung besteht.

62 Ab dem 25.5.2018 ist für das Medienprivileg zunächst die Öffnungsklausel des Art. 85 DSGVO zu berücksichtigen. Nach Art. 85 Abs. 1 DSGVO haben die Mitgliedstaaten die Vorgaben der Verordnung zum Datenschutz mit dem Recht auf freie Meinungsäußerung und Informationsfreiheit, einschließlich der Verarbeitung zu journalistischen Zwecken durch Rechtsvorschriften in Einklang zu bringen. Nach Art. 85 Abs. 2 DSGVO sehen die Mitgliedstaaten Abweichungen oder Ausnahmen von wesentlichen

221 Dazu *Hein* NJW 1991, 2614, 2615.
222 § 47 RStV für den privaten Rundfunk.
223 §§ 42 NDR-StV, 40 MDR-StV, § 17 ZDF-StV.
224 Vgl. etwa § 37 LDSG Ba-Wü.
225 Vgl. etwa § 61 RundfG M-V.
226 Vgl. etwa § 12 LMG Rh-Pf. Übersicht zur einfachgesetzlichen Ausgestaltung des Medienprivilegs bei Simitis/*Walz* § 41 Rn. 8 ff.
227 *BVerwG* 29.10.2015 – 1 B 32.15, Rn. 5.
228 *EuGH* 16.12.2008, Rs C-73/07 – Satakunnan Markkinapörssi Oy, Satamedia Oy, (Rn. 59; 61).
229 So auch *BGH* 23.6.2009 – VI ZR 196/08.
230 *KG Berlin* 28.11.2016 – 10 W 173/16.

Bestimmungen der DSGVO vor, wenn dies erforderlich ist, um das Recht auf Schutz der personenbezogenen Daten mit der Freiheit der Meinungsäußerung und der Informationsfreiheit in Einklang zu bringen. In diesem Bereich haben die Vorgaben der DSGVO also keinen Anwendungsvorrang. Das in Art. 85 Abs. 2 angesprochene Medienprivileg ist, wie auch die entsprechende Einschränkung des „Rechts auf Vergessenwerden" in Artikel 17 Absatz 3 lit. a) DSGVO zeigt, grundsätzlich weit zu verstehen. Nicht erfasst werden dürfte allerdings die Tätigkeit von Suchmaschinenbetreibern, da deren Datenverarbeitung nicht zu journalistischen Zwecken erfolgt.[231]

63 Auf nationaler Ebene wurde das Medienprivileg (in Gestalt des § 41 BDSG) in die Neufassung des BDSG (Geltung ab 25.5.2018, Rn. 49) nicht überführt,[232] so dass insoweit (ab 25.5.2018) die jeweiligen Bestimmungen des Landesmedienrechts (die wegen der Verweise in das BDSG a. F. jeweils redaktionell angepasst werden müssen) zu berücksichtigen sind. Letztgenannte tragen zweifellos dem in Art. 85 Abs. 2 DSGVO adressierten Minimalstandard Rechnung. Zweifelhaft ist aber, ob dies angesichts des weiten Gestaltungsauftrags (Artikel 85 Abs. 1 sowie Erwägungsgrund 153 DSGVO), der auch Konstellationen in Bundeskompetenz (nicht journalistisch aufbereitete Meinungsäußerungen) erfassen dürfte, zureichend ist.[233]

IV. Aktuelle Einzelfragen des Datenschutzes im Medienbereich

1. Soziale Netzwerke und Datenschutz

64 Die Nutzung sozialer Netzwerke wirft eine Fülle datenschutzrechtlicher Fragen auf, die hier nur angerissen werden können. Diese sind zum Teil dienstespezifisch, etwa der mit § 13 Abs. 6 TMG schwerlich zu vereinbarende Klarnamenzwang in den Nutzungsbedingungen marktführender Anbieter,[234] fehlende Transparenz der Nutzungsbedingungen und nutzerseitig gewählten Datenschutzeinstellungen oder das Einbinden von Social Media Plugins auf Webseiten.[235] Eine Reihe der bis dato nur unzureichend gelösten Probleme betrifft den Einsatz sozialer Netzwerke am Arbeitsplatz und steht damit vor arbeitnehmerdatenschutzrechtlichem Hintergrund. Durchsucht ein Unternehmer die Profile bei Xing oder Facebook nach geeigneten Bewerbern, werden personenbezogene Daten erhoben, so dass die Zulässigkeit dieses Vorgangs davon abhängt, ob ein gesetzlicher Erlaubnistatbestand dies rechtfertigt oder der Bewerber eingewilligt hat. Liegt eine Einwilligung nach §§ 4 Abs. 1, 4a BDSG nicht

---

231 So der EuGH ausdrücklich zum Medienprivileg des Art. 9 Datenschutz-RL 95/46 in Sachen Google Spain, *EuGH* 13.5.2014 – C 131/12, Rn. 85.

232 In der Gesetzesbegründung BT Drucks. 18/11325, 79 heißt es dazu: „Für die Verarbeitung personenbezogener Daten von Unternehmen und Hilfsunternehmen der Presse ausschließlich zu eigenen journalistisch-redaktionellen oder literarischen Zwecken fand das BDSG a. F. nach dem sog. Presseprivileg des § 41 Abs. 1 BDSG a. F. nur sehr eingeschränkt Anwendung. Für das Pressewesen sind nunmehr ausschließlich die Länder zuständig. Aus kompetenzrechtlichen Gründen kann § 41 Abs. 1 BDSG a. F. daher nicht beibehalten werden. Der Bundesgesetzgeber geht aber davon aus, dass die insofern zuständigen Landesgesetzgeber das Presseprivileg wie bisher absichern werden."

233 Zur Problematik in Roßnagel/*Hoidn* Europäische Datenschutzgrundverordnung 2016, § 4 Rn. 180.

234 Hierzu *Stadler* ZD 2011, 57.

235 Zu Social Media Plugins *Voigt/Alich* NJW 2011, 3541, 3542; *Ernst* NJOZ 2010, 1917, 1918.

vor, deren freiwillige Abgabe ohnehin fraglich wäre,[236] ist genauer zu untersuchen, ob allgemein zugängliche Daten i.S.d. § 28 Abs. 1 S. 1 Nr. 3 BDSG betroffen sind, bzw. personenbezogene Daten eines Beschäftigten für Zwecke des Beschäftigungsverhältnisses erhoben, verarbeitet oder genutzt werden, und dies „für die Entscheidung über die Begründung eines Beschäftigungsverhältnisses ... erforderlich ist", § 32 BDSG. Weiter ist sowohl problematisch, wie weit Arbeitnehmer am Arbeitsplatz soziale Netzwerke privat nutzen dürfen und ob der Arbeitgeber gegebenenfalls Kontrollen durchführen darf,[237] als auch, ob ein Arbeitgeber im Rahmen seines Direktionsrechts einen Arbeitnehmer anweisen kann, in einem sozialen Netzwerk aktiv zu sein.[238]

2. Soziale Netzwerke und anwendbares Datenschutzrecht

65 Da die Anbieter der nachfrageintensivsten sozialen Netzwerke Facebook, Twitter und Google+ ihren Hauptsitz jeweils in den Vereinigten Staaten von Amerika haben, stellt sich die Frage, ob deutsches Datenschutzrecht auf diese Dienste Anwendung findet.[239] Für das Social Network Facebook, das in Irland eine Niederlassung unterhält (Facebook Ireland Limited), liegt mittlerweile obergerichtliche Rechtsprechung vor. Die Entscheidungen des OVG Schleswig[240], des KG Berlin[241] sowie des OVG Hamburg[242] gelangen allerdings zu sehr unterschiedlichen Ergebnissen.[243]

66 Ausgangspunkt ist § 1 Abs. 5 BDSG, der mangels Spezialregelung auch die Anwendbarkeit des telemedienrechtlichen Datenschutzrechts steuert. Nach § 1 Abs. 5 S. 1 Alt. 1 findet das BDSG keine Anwendung, sofern eine in einem anderen Mitgliedstaat der Europäischen Union[244] belegene verantwortliche Stelle personenbezogene Daten im Inland erhebt, verarbeitet oder nutzt. Nach § 1 Abs. 5 S. 1 Alt. 2 ist das BDSG dagegen anwendbar, wenn die Erhebung, Verarbeitung oder Nutzung durch eine Niederlassung im Inland erfolgt. Nach § 1 Abs. 5 S. 2 findet das BDSG weiter auch dann Anwendung, sofern eine verantwortliche Stelle, die nicht in einem Mitgliedstaat der Europäischen Union[244] belegen ist, personenbezogene Daten im Inland erhebt, verarbeitet oder nutzt. In § 1 Abs. 5 BDSG klingen folglich zwei unterschiedliche Anknüpfungsprinzipien an. In erster Linie ist nach S. 1 maßgeblich, wo die verantwortliche Stelle ihre Niederlassung hat (Niederlassungs- bzw. Sitzprinzip). Verantwortliche Stelle ist dabei jede Person oder Stelle, die personenbezogene Daten für sich selbst erhebt, verarbeitet oder nutzt oder dies durch andere im Auftrag vornehmen lässt (§ 3 Abs. 7 BDSG). Hat die verantwortliche Stelle einen Sitz innerhalb der EU, ist das Recht des Sitzstaates maßgeblich, auf den Ort der Verarbeitungshandlung kommt es in diesem Fall nicht an. Der Ort der Datenverarbeitung und das darin anklingende Territorialitätsprinzip spielt aber ausnahmsweise nach S. 2 dann eine Rolle, wenn die

236 Dazu *Kania/Sansone* NZA 2012, 360, 363. Zur Praxis in den USA, wo Bewerber im Rahmen des Bewerbungsgesprächs „gebeten" werden, die Zugangsdaten zu ihren Social-Media Accounts zu offenbaren *Heermann* ZD-Aktuell 2012, 02891.

237 Überblick bei *Kort* DuD 2012, 722, 726.

238 Dazu *Oberwetter*, NJW 2011, 417, 419.

239 Einführend *Ott* MMR 2009, 158; *Jotzo* MMR 2009, 232; *Pilz* K&R 2013, 292 ff.

240 *OVG Schleswig Holstein* 22.4.2013 – 4 MB 10/13.

241 *KG Berlin* 24.1.2014 – 5 U 42/12.

242 *OVG Hamburg* 29.6.2016 – 5 Bs 40/16.

243 Eingehend hierzu *Steinrötter* MMR 2013, 691.

244 Erfasst werden auch die Vertragsstatten des Europäischen Wirtschaftsraums, EWR (Norwegen, Island und Liechtenstein).

verantwortliche Stelle nicht in einem Mitgliedstaat der EU belegen ist. Nach § 1 Abs. 5 BDSG bleibt allerdings sowohl unklar, was eine Niederlassung i.S.d. Vorschrift ist, noch wie genau sich der Ort der Verarbeitungshandlung bestimmen lässt.

Da § 1 Abs. 5 BDSG Vorgaben der Datenschutzrichtlinie 95/46/EG (Datenschutz-RL) **67** umsetzt, muss die Vorschrift im Lichte des insoweit maßgeblichen Art. 4 Abs. 1 Datenschutz-RL interpretiert werden. Nach Art. 4 Abs. 1 Datenschutz-RL wendet ein Mitgliedstaat sein nationales Datenschutzrecht auf alle Verarbeitungen personenbezogener Daten an, die im Rahmen der Tätigkeiten einer Niederlassung ausgeführt werden, die der für die Verarbeitung Verantwortliche im Hoheitsgebiet dieses Mitgliedstaats besitzt (Art. 4 Abs. 1 lit. a). Während der Begriff der Niederlassung in Art. 4 Abs. 1 lit. a) selbst nicht definiert wird, ist in Erwägungsgrund 19 S. 1 der Richtlinie davon die Rede, dass „eine Niederlassung eine feste Einrichtung voraussetzt, von der die jeweilige Tätigkeit ... effektiv und tatsächlich ausgeübt wird.“ Der für die Verarbeitung Verantwortliche ist in Art. 2 lit. d) Datenschutz-RL legaldefiniert als „die natürliche oder juristische Person, Behörde, Einrichtung oder jede andere Stelle, die allein oder gemeinsam mit anderen über die Zwecke und Mittel der Verarbeitung von personenbezogenen Daten entscheidet. Nach Art. 4 Abs. 1 lit. c) der Richtlinie hat ein Mitgliedstaat sein Datenschutzrecht auch auf Konstellationen anzuwenden, in denen der für die Verarbeitung Verantwortliche „... zum Zwecke der Verarbeitung personenbezogener Daten auf automatisierte oder nicht automatisierte Mittel zurückgreift, die im Hoheitsgebiet des betreffenden Mitgliedstaats belegen sind ...“. Was genau ein „Mittel“ i.S.d. Art. 2 lit. d) der Datenschutz-RL ist, wird in der Richtlinie nicht weiter definiert. Die Art. 29-Datenschutzgruppe bejaht jedenfalls die Möglichkeit, auch den Computer des Nutzers als ein solches „Mittel" zu qualifizieren.[245] Ob ein Zurückgreifen i.S.d. Art. 4 Abs. 1 lit. c) der Richtlinie normativ ausgelegt werden und schon dann gegeben sein kann, wenn das Angebot äußerlich erkennbar zumindest auch an deutsche Nutzer gerichtet ist, erscheint allerdings fraglich.[246]

Zur Bestimmung des anwendbaren Rechts für die Anbieter sozialer Netzwerke nach **68** dem unionsrechtlich überformten § 1 Abs. 5 BDSG sind nach alledem sorgfältige Feststellungen des entscheidenden Gerichts zu den Tatbestandsmerkmalen der Niederlassung (Tätigkeiten werden effektiv und tatsächlich ausgeübt?) und gegebenenfalls zum Ort der Verarbeitungshandlung (Rückgriff auf Mittel im Hoheitsgebiet?) erforderlich. Wie das Beispiel Facebook zeigt, können die Gerichte angesichts komplexer Konzernstrukturen und bedingt transparenter Abläufe der Datenverarbeitung zu sehr unterschiedlichen Erkenntnissen gelangen. Das OVG Schleswig (Hintergrund war eine auf § 13 Abs. 6 TMG gestützte Anordnung des Unabhängiges Landeszentrum für Datenschutz Schleswig-Holstein) verneinte die Anwendbarkeit deutschen Datenschutzrechts nach § 1 Abs. 5 S. 1 BDSG, da die Facebook Ireland Limited als 100-Prozent-Tochter der Facebook Inc. USA mit ihrem am Standort Dublin vorhandenen Personal und den Einrichtungen dort als Niederlassung in Irland zu qualifizieren sei.[247] In der Entscheidung des KG Berlin zum „Facebook Freundefinder“ (wettbewerbsrechtlicher Hintergrund) dagegen heißt es, von der Facebook Ireland Ltd. gehe keine effektive und tatsächliche Datenverarbeitung aus, da keine eigenen Datenverarbeitungsanlagen

245 WP 56, 30.5.2002 S. 12.

246 So *Jotzo* MMR 2009, 232 (237).

247 *OVG Schleswig Holstein* 22.4.2013 – 4 MB 10/13, das insoweit der Vorinstanz folgt, vgl. *VG Schleswig* 14.2.2013 – B 60/12; 8 B 61/12.

mit speziellem Personal eingesetzt würden.[248] Für das KG bleibt die Anwendbarkeit deutschen Datenschutzrechts nach § 1 Abs. 5 S. 2 BDSG folglich möglich. Diese kann sich, wie das KG in besagter Entscheidung ebenfalls bejaht, daraus ergeben, dass Cookies auf Rechnern von Usern (als Mittel im Rahmen unionsrechtskonformer Auslegung) in Deutschland abgelegt werden.[249] Das KG Berlin hat die Anwendbarkeit deutschen Datenschutzrechts darüber hinaus auf Grundlage einer Rechtswahl über die vom Nutzer angenommenen Nutzungsbedingungen[250] bejaht. Ob eine derartige Rechtswahl im Datenschutzrecht überhaupt möglich ist, wird in Rspr. und Lit. ebenso unterschiedlich gesehen, wie die genaue Reichweite des dt. Datenschutzrechts als Prüfungsmaßstab im Rahmen der AGB-Kontrolle.[251]

Der oben dargestellten Argumentation des OVG Schleswig folgt das OVG Hamburg in einer Entscheidung vom 29.6.2016 nicht.[252] Die Anwendbarkeit und Durchsetzbarkeit des deutschen Datenschutzrechts gegen die in Dublin ansässige europäische Hauptniederlassung Facebook Ireland Limited durch eine deutsche Datenschutzbehörde mit den Mitteln des § 38 Abs. 5 BDSG sei nach dem Stand der Rechtsprechung des EuGH[253] bis dato nicht geklärt. Aufschlussreich dürfte vor diesem Hintergrund der Ausgang des Verfahrens sein, in dem das BVerwG[254] dem EuGH Auslegungsfragen v.d.H. des Analysedienstes Facebook Insights vorgelegt hat.

3. Datenschutzrisiko Smart TV

69 Der durch „Smart-Phones" ausgelöste Trend macht vor Geräten der Consumer Electronics (CE) nicht halt. Fernsehbildschirme können über LAN oder WLAN mit dem Internet verbunden werden und sind damit genau wie Desktop-Computer und Smart-Phones zu bidirektionaler Kommunikation fähig. Die mit dem Rückkanal verbundenen Datenschutzrisiken des „Smart TV"[255] werden dabei zumeist verkannt.[256] Besonders wichtig ist Sensibilität in diesem Bereich aber, weil der Fernsehzuschauer in einer Situation entspannter, rein reaktiver Konsumption („lean-back") angetroffen wird, in der er möglicherweise eher zu offenen unbefangenen Reaktionen mit der transaktions-orientierten Macht des Internets neigt. Der durch Smart-TV eröffnete Rückkanal kann dabei sowohl zu den jeweiligen Diensteanbietern als auch zu den Geräteherstellern verlaufen.

---

248 *KG Berlin* 24.1.2014 – 5 U 42/12.

249 *KG Berlin* 24.1.2014 – 5 U 42/12, S. 26.

250 Vgl. dazu Ziff. 17.3 der Facebook-Erklärung der Rechte und Pflichten i.V.m. Ziff. 5 der Bedingungen für deutsche Nutzer www.de-de.facebook.com/legal/terms?locale=de_DE.

251 Zur Problematik eingehend *Piltz* K&R 2012, 640 ff.; *ders.* K&R 2013, 292, 296. *Kremer*, RDV 2/2014, 73 ff; *Härting* Rechtswahlklauseln in Datenschutzbestimmungen, CR-Online, Beitrag v. 25.7.2013, abrufbar unter www.cr-online.de/blog/2013/07/25/rechtswahlklauseln-in-datenschutzbestimmungen-was-ist-zu-beachten/; zur Apple-Datenschutzrichtlinie *LG Berlin* 30.4.2013 – 15 O 92/12.

252 *OVG Hamburg* 29.6.2016 – 5 Bs 40/16.

253 Das *OVG Hamburg* setzt sich in seiner Entscheidung eingehend mit den Urt. des *EuGH* in Sachen Google Spain (Urt. v. 13.5.2014 – C-131/12) und in Sachen Weltimmo (Urt. v. 1.10.2015 – C-230/14) auseinander.

254 *BVerwG* 25.2.2016 – 1 C 28.14.

255 Die Terminologie ist uneinheitlich. Synonym für „Smart-TV" verwendet werden die Begriffe „Connected TV" und „Hybrid-TV".

256 Eingehend zur Problematik *Keber* RDV 5/2013, 236 ff.

Beim Smart-TV muss man zunächst verschiedene Techniken unterscheiden. In einer Variante werden Online Inhalte über spezielle Portale von TV-Herstellern (bspw. „Samsung Smart-TV" oder „Panasonic Viera Connect") angeboten. Der Zugriff auf diese Inhalte erfolgt über TV-Apps, die in ihrer Erscheinungsform den Smartphone-Apps ähneln. Eine zweite und besondere Erscheinungsform des Smart-TV ist das Hybrid broadcast broadband TV (HbbTV), über das nicht alle Smart-TV-Geräte verfügen. Bei HbbTV erfolgt die Heranführung der Rundfunksignale (broadcastbasierte Dienste) über DVB-T, DVB-C oder DVB-S. Der Anschluss an das Internet (broadbandbasierte Dienste) erfolgt über eine beliebige breitbandige Internetverbindung (DSL, Kabel, direkter Glasfaserzugang). HbbTV liefert mit der sog. Red-Button-Funktion eine nahezu vollständige Verschmelzung (Konvergenz) von Fernsehen und Internet. Durch Drücken des Red Buttons auf der TV-Fernbedienung kann eine HbbTV (Internet-)Anwendung aus dem laufenden (linearen) Fernsehprogramm heraus gestartet werden. Dass ein entsprechendes Zusatzangebot verfügbar ist, wird auf dem Fernsehbildschirm durch Einblenden eines Red Button Emblems signalisiert. Anbieter der HbbTV Dienste sind die Fernsehsender. Neben den rundfunkbezogenen Anwendungen (broadcast-related autostart applications) ermöglicht HbbTV u.a. den Zugriff auf Teletext-Applikationen sowie auf von der Übertragung des Rundfunksignals unabhängige Anwendungen. Jene broadcast independent applications stammen von unterschiedlichsten Anbietern und erscheinen (wie bei den nicht HbbTV-fähigen Smart-TVs) als Apps auf dem Herstellerportal (TV-Apps). **70**

Datenschutzrechtlich wirft Smart-TV eine Reihe von Fragen auf. Das gilt in besonderer Form für HbbTV, betrifft aber auch für TV-Apps. Bei HbbTV ist die Auswertung des den broadcast Kanal betr. Sehverhaltens (TV-Reichweitenmessung) des Nutzers durch Rundfunkveranstalter technisch nicht nur dann möglich, wenn Nutzer den Red-Button auslösen und HbbTV-Anwendungen abfragen, sondern schon zu einem Zeitpunkt, in dem der Nutzer den Red-Button noch nicht ausgelöst hat.[257] Das liegt an der spezifischen Funktionsweise von HbbTV. Die initiale Anfrage des Red-Button erfolgt über eine URL, die mit dem DVB-Signal des fraglichen Senders übertragen wird. Das Smart-TV lädt beim Einschalten des HbbTV-Senders dann aus dem Internet die Grafik für die Darstellung des Red-Button sowie weitere Inhalte (bspw. Senderlogo-Bilder), die in der Folge über das eigentliche Fernsehbild gelegt werden. Technisch können nach Abruf der für das Anzeigen des Red-Buttons erforderlichen Inhalte in unterschiedlichen Zeitabständen (vom Nutzer unbemerkt) weitere Anfragen erfolgen. Diese periodischen Anfragen dienen in erster Linie der Aktualisierung von Red-Button-Inhalten, ermöglichen aber auch die Auswertung des Sehverhaltens des Nutzers, da bei jeder Aktualisierung feststeht, dass der Sender nach wie vor eingeschaltet ist.[258] Datenschutzrechtlich problematisch ist auch, dass bei Abfragen von Smart-TV-Inhalten über Smart-TV-Geräte die IP-Adresse übertragen wird und vom Anbieter gespeichert werden kann. Schließlich können auf smarten (sowohl HbbTV-fähigen wie nicht HbbTV-fähigen) Endgeräten Cookies gesetzt werden.[259] **71**

---

257 Vgl. hierzu die an der TU Darmstadt entstandene Studie „HbbTV – I know what you are watching" von *Ghiglieri/Oswald/Tews*. Die Studie ist online abrufbar unter www.sit.informatik.tu-darmstadt.de/fileadmin/user_upload/Group_SIT/Publications/05_Ghiglieri_Oswald_Tews_HbbTV-I_Know_What_Your_Are_Watching.pdf.

258 *Ghiglieri/Oswald/Tews* S. 9.

259 Zu Cookies oben Rn. 11 ff.

72 Sowohl bei rundfunkbezogenen HbbTV-Anwendungen sowie bei TV-Apps handelt es sich um Dienste, die sich nicht in der telekommunikationsrechtlichen Signalübertragung erschöpfen, die selbst aber kein Rundfunk i.S.d. RStV sind. Damit sind die datenschutzrechtlichen Bestimmungen der §§ 11 ff. TMG anwendbar. Nach § 12 Abs. 1 TMG dürfen personenbezogene Daten nur verwendet werden, wenn eine telemedienrechtliche Gestattungsnorm dies vorsieht, oder der Nutzer eingewilligt hat. Betrachtet man die HbbTV-spezifische Reichweitenanalyse und den Zugriff auf IP-Adressen[260] durch Smart-TV Geräte im Lichte der Gestattungsnorm für Nutzungsdaten nach § 15 TMG, dürfen diese nach Abs. 1 der Vorschrift nur erhoben werden, wenn und solange dies erforderlich ist, um die Nutzung eines Telemediendienstes zu ermöglichen. Periodische Anfragen in der Red-Button-Ladephase sind für die Inanspruchnahme des HbbTV-Angebots nicht erforderlich, so dass § 15 Abs. 1 TMG insoweit nicht greift. Erforderlich ist die Erhebung der IP, um ein angefragtes Datenpaket (HbbTV- oder TV-App-Inhalt) an die richtige Adresse (nachfragendes Smart-TV) zustellen zu können. Nach Ablieferung des Datenpakets ist der Nutzungsvorgang abgeschlossen und die IP-Adresse grds. zu löschen. Ein dauerhaftes Speichern der IP ist unzulässig. Die zeitlich begrenzte Speicherung zur Missbrauchskontrolle (§ 15 Abs. 8 TMG) spielt bei Smart-TV Anwendungen in der Praxis bisher keine Rolle. Werden Cookies zum Zweck der Erstellung von Nutzungsprofilen gesetzt, ist dies unter der Voraussetzung zulässig, dass Pseudonyme erstellt werden und der Nutzer dem nicht widerspricht (§ 15 Abs. 3 S. 1 TMG, opt-out). Weiter muss der Diensteanbieter den Nutzer auf sein Widerspruchsrecht im Rahmen der Datenschutzerklärung (Unterrichtung nach § 13 Abs. 1 TMG) hinweisen (§ 15 Abs. 3 S. 2 TMG). Geht man von der unmittelbaren Anwendbarkeit des Art. 5 Abs. 3 der Datenschutzrichtlinie elektronische Kommunikation aus, so ist das Setzen von Cookies zur Reichweitenanalyse (Google Analytics) ohne vorherige Zustimmung des Nutzers grds. unzulässig. In der Praxis werden gerade bei TV-Apps oftmals die Datenschutzerklärungen des korrespondierenden Web-Angebots übernommen. So wird darauf hingewiesen, die Annahme von Cookies könne über den Webbrowser abgewählt werden. Wie das in einer Smart-TV Umgebung mit rudimentärem Browser funktionieren soll, bleibt offen. Hieraus folgt eine Pflicht der Anbieter, TV-App-spezifische Datenschutzerklärungen zu formulieren und abrufbar zu halten. Die (öffentlich-rechtlichen sowie privaten) HbbTV-Sender halten mittlerweile spezielle Datenschutzerklärungen vor, die teilweise auch die Abwahl von Cookies (opt-out) erlauben. Der Düsseldorfer-Kreis veröffentlichte im September 2015 eine umfangreiche Orientierungshilfe zu den Datenschutzanforderungen an Smart-TV-Dienste.[261]

---

260 IP-Adressen werden nach mittlerweile herrschender Auffassung als personenbezogene (bzw. personenbeziehbare) Daten qualifiziert. Das folgt auch aus der Rspr. des *EuGH (Dritte Kammer)* 24.11.2011 – Rs. C-70/10, Rn. 51 – Scarlet Extended SA gegen Société belge des auteurs, compositeurs et éditeurs SCRL (SABAM). In Sachen Breyer/Bundesrepublik Deutschland (Rs. C-582/14) entschied der *EuGH* am 19.10.2016, dass dynamische IP-Adressen personenbezogene Daten i.S.d. EU-Datenschutz-RL sind, wenn für einen Anbieter von Online-Mediendiensten die rechtliche Möglichkeit besteht, über weitergehende Informationen die Identität des Nutzers bestimmen zu lassen.

261 Das Papier ist u.a. auf der Webseite des LDI NRW abrufbar unter: www.ldi.nrw.de/mainmenu_Aktuelles/Inhalt/Smart-TV_Orientierungshilfe/Orientierungshilfe_zu_Datenschutzanforderungen_an_Smart-TV-Dienste.php.

4. Teil Informationstechnikrecht

21. Kapitel
IT-Vertragsrecht

Literatur (Auswahl): *Auer-Reinsdorff* IT-Arbeitsverhältnisse, Regelungsbedarf in Arbeitsverhältnissen mit Programmierern und Urhebern, ITRB 2004, 116, *Bartsch* Softwarepflege nach neuem Schuldrecht, NJW 2002, 1526; *Basinski u.a.* Patentschutz für computer-softwarebezogene Erfindungen, GRUR Int 2007, 44; *Bauer/Witzel* § 651 BGB und die Neugestaltung des „Abnahmeverfahrens", ITRB 2003, 62; *Bayreuther* Zum Verhältnis zwischen Arbeits-, Urheber- und Arbeitnehmererfindungsrecht – Unter besonderer Berücksichtigung der Sondervergütungsansprüche des angestellten Softwareerstellers, GRUR 2003, 570; *Bierekoven* Lizensierung in der Cloud, ITRB 2010, 42; *Bischof/Intveen* Neue EVB-IT Musterverträge kauf und Instandhaltung, ITRB 2017, 119; *Bischof/Witzel* Softwarepflegeverträge, ITRB 2003, 31; *Czychowski/Bröcker* ASP – Ein Auslaufmodell für das Urheberrecht?, MMR 2002, 81; *Dietrich* ASP – öffentliche Zugänglichmachung oder unbekannte Nutzungsart?, ZUM 2010, 567; *Eickemeier/Fischer/Keppeler/Schulz/Bartels* IT-Beschaffungsprojekte: besondere Problemstellung, Teil II, ITBR 2017, 137; *Ernst* Agile Softwareprojekte und Vertragsauslegung, CR 2017, 285; *Fischl* Softwarekauf mit Kündigungsklausel?, ITRB 2004, 286; *Gennen* Auswirkungen hybrider Projektvorgehensmethoden auf den Softwareerstellungsvertrag, in Gesellschaft für Informatik (Hrsg.), Projektmanagement und Vorgehensmodelle, 2016; *Goldmann/Redecke* Gewährleistung bei Softwarelizenzverträgen nach dem Schuldrechtsmodernisierungsgesetz, MMR 2002, 3; *Grützmacher* Insolvenzfeste Softwarelizenz- und Softwarehinterlegungsverträge – Land in Sicht?, CR 2006, 289; *ders.* Vertragliche Ansprüche auf Herausgabe von Daten gegenüber dem Outsourcing-Anbieter, ITRB 2004, 260; *ders.* Außervertragliche Ansprüche auf Herausgabe von Daten gegenüber dem Outsourcing-Anbieter, ITRB 2004, 282; *ders.* Application Service Providing – Urhebervertragsrechtliche Aspekte, ITRB 2001, 59; *ders.* Softwarelizenzverträge und CPU-Klauseln, ITRB 2003, 179; *ders.* Lizenzmetriken und Copyright – ein Widerspruch? ITRB 2017, 141; *Hilty* Der Softwarevertrag – ein Blick in die Zukunft – Konsequenzen der trägerlosen Nutzung und des patentrechtlichen Schutzes von Software, MMR 2003, 3; *Hoeren* Die Pflicht zur Überlassung des Quellcodes, CR 2004, 781; *Hoeren/Sieber* Handbuch Multimedia-Recht, Loseblatt, Teil 12.3; *Hörl* Beratungshaftung im IT-Bereich nach neuem Schuldrecht, ITRB 2004, 87; *Hoffmann* Anmerkung zur Entscheidung des Bundesgerichtshofes vom 23.07.2009, VII ZR 151/08, MMR 2010, 23; *Intveen* Der EDV-Systemvertrag, ITRB 2001, 131; *ders.* Überleitungsvereinbarung bei gekündigten Outsourcingverträgen, ITRB 2014, 211; *Intveen/Lohmann* Die Haftung des Providers bei ASP-Verträgen, ITRB 2002, 210; *Junker* Die Entwicklung des Computerrechts in den Jahren 2001/2002, NJW 2003, 2792; *ders.* Die Entwicklung des Computerrechts in den Jahren 2002/2003, NJW 2004, 3162; *Karger* Vergütung bei Software-Erstellung, ITRB 2006, 255; *ders.* „Kooperation" bei komplexer Softwareentwicklung, ITRB 2004, 208; *Kilian/Heussen* Computerrechtshandbuch, Loseblatt; *Koch* Agile Softwareentwicklung-Dokumentation, Qualitätssicherung und Kundenmitwirkung, ITRB 2010, 114; *ders.* Weltweit verteiltes rechnen im Grid Computing, CR 2006, 42; *ders.* Application Service Providing als neue IT-Leistung, ITRB 2001, 39; *Kremer* Gestaltung von Verträgen für die agile Softwareerstellung, ITRB 2010, 283; *Lapp* Interaktion und Kooperation bei IT-Projekten, ITRB 2010, 69; *Lejeune* Shrinkwrap- und Clickwrap-Verträge in der Praxis, ITRB 2001, 263; *Liesching* Begründung, Umfang und Begrenzung der Beratungspflicht, ITRB 2016, 64; *Malatidis* „Co-Creation" und „Success as a Service" im Rahmen von (Standard-)SaaS, ITBR 2017, 109; *Marly* Praxishandbuch Softwarerecht, 6. Aufl. 2014; *Maume/Wilser* Viel Lärm um nichts? Zur Anwendung von § 651 BGB auf IT-Verträge, CR 2010, 209; *Metzger* Zur Zulässigkeit von CPU-Klauseln in Softwarelizenzverträgen, NJW 2003, 1994; *Möhring/Nicolini* Urheberrechtsgesetz, 3. Aufl. 2014; *Müglich/Lapp* Mitwirkungspflichten des Auftraggebers beim IT-Systemvertrag, CR 2004, 801; *Müller-Hengstenberg* Ist das Kaufrecht auf alle IT-Projekte anwendbar?, NJW 2010, 1181; *ders.* Vertragstypologie der Computersoftwareverträge,

CR 2004, 161; *Nägele/Jacobs* Rechtsfragen des Cloud Computing, ZUM 2010, 281; *Niemann/Paul* Bewölkt oder wolkenlos – rechtliche Herausforderungen des Cloud Computings, K&R 2009, 444; *von Olenhusen* Der Urheber- und Leistungsrechtsschutz von arbeitnehmerähnlichen Personen, GRUR 2002, 11; *Palandt* Bürgerliches Gesetzbuch, 76. Aufl. 2017; *Pohle/Ammann* Über den Wolken … – Chancen und Risiken des Cloud Computing, CR 2009, 273; *dies.* Software as a Service – auch rechtlich eine Revolution?, K&R 2009, 619; *Rath* Risiken und Nebenwirkungen bei Software Escrow, CR 2013, 78; *Redeker* IT-Recht, 6. Aufl. 2017; *ders. (Hrsg.)* Handbuch der IT-Verträge, Loseblatt; *ders.* Softwareerstellung und § 651 BGB, CR 2004, 88; *ders.* Auf ein Neues: Software in der Insolvenz des Softwarelieferanten, ITRB 2006, 212; *Röhrborn/Sinhart* CR 2001, 69; *Rössel* Patentierung von Computerprogrammen, ITRB 2002, 90; *Roth* Wege zum Quellcode II, ITRB 2005, 283; *Runte* Vergütung für Softwarepflege bei laufender „Gewährleistung", ITRB 2003, 253; *Schmidl* Softwareerstellung und § 651 BGB – ein Versöhnungsversuch, MMR 2004, 590; *Schneider* Handbuch des EDV-Rechts, 5. Aufl. 2017; *ders.* „Neue" IT-Projektmethoden und „altes" Vertragsrecht, ITRB 2010, 18; *Schneider/Bischof* Das neue Recht für Softwareerstellung/-anpassung, ITRB 2002, 273; *Schneider/von Westphalen* Software-Erstellungsverträge, 2. Aufl. 2013; *Schoengarth* Application Service Providing, 2005; *Schreiber-Ehle* Dokumentation in Softwareerstellungsverträgen, CR 2015, 469; *Schumacher* Service Level Agreements: Schwerpunkt bei IT- und Telekommunikationsverträgen, MMR 2006, 12; *Schweinoch* Geänderte Vertragstypen in Software-Projekten; *ders.* BGH: Anwendbarkeit von Kaufrecht auf Softwareerstellung und –Anpassung, CR 2009, 637; *Schuster/Reichl* Computerrecht, Cloud Computing, SaaS, CR 2010, 38, *Sedlmeier/Kolk* ASP – Eine vertragstypologische Einordnung, MMR 2002, 75; *Seffer/Beninca* OEM-Klauseln unter dem Gesichtspunkt des europäischen Kartellrechts, ITRB 2004, 210; *Söbbing* Service Level Agreements, ITRB 2004, 257; *ders.* IT-Leistungsbeschreibungen, ITRB 2003, 157; *ders.* Das IT- Outsourcing- und Business Process Outsourcing-Vertragswerk, ITRB 2004, 44; *ders.* Der Letter of Intent (LoI), ITRB 2005, 240; *ders.* Agile Projekte in der IT-rechtlichen Praxis, ITRB 2014, 214; *Spies* USA: Cloud Computing – Schwarze Löcher im Datenschutzrecht, MMR 2009, XI; *Steckler* Grundzüge des IT-Rechts, 3. Aufl. 2011; *Taeger* Digitale Evolution – Herausforderungen für das Informations- und Medienrecht, 2010; *Ulmer* Softwareüberlassung: Formulierung eines Lizenzvertrages, ITRB 2004, 213; *Ulmer/Brandner/Hensen (Hrsg.)* AGB-Recht, 12. Aufl. 2016; *Vander* Urheberrechtliche Implikationen des EDV-Leasings – „Rental Rights" im Blickpunkt, CR 2011, 77; *Wandtke/Bullinger* Praxiskommentar zum Urheberrecht: UrhR, 4. Aufl. 2014; *Witzel* Gewährleistung und Haftung in Application Service Providing Verträgen, ITRB 2002, 183; *dies.* AGB-Recht und Open Source Lizenzmodelle, ITRB 2003, 175; *Zahrnt* Vollpflege von Standardsoftware, CR 2004, 408; *ders.* Die Rechtsprechung zu Aufklärungs- und Beratungspflichten vor Computerbeschaffungen, NJW 1995, 1785; *Zdanowiecki* Die Cloud im Fokus der Bank-, Börsen- und Versicherungsaufsicht, CR 2015, 773.

A. Einleitung und Übersicht über die abgebildeten Lebenssachverhalte

1 Informationstechnologie (im Folgenden durchgängig nur IT) wird vorliegend als Oberbegriff für die Informations- und Datenverarbeitung verstanden. Seit mehreren Jahrzehnten durchdringt die Informations- und Datenverarbeitung immer stärker sämtliche Arbeits- und Lebensbereiche. Es geht mithin nicht nur um Geschäftsanwendungen wie Programme zur Unternehmenssteuerung (ERP-Programme) oder der

unmittelbaren Verbindung von Maschinen, die über Programme ohne weiteres menschliches Zutun kommunizieren und Prozesse auslösen oder durchführen („Industrie 4.0"/"Internet of Things" [IoT]), sondern auch um die (dem Nutzer nicht immer bewusste) Datenverarbeitung im Privatbereich wie z.B. die Nutzung sog. Fitness Tracker (elektronische Armbänder) oder intelligente Verbindung von privat genutzten Endgeräten mit dem Internet („Smart Home" – der Fernseher meldet das Sehverhalten an den Hersteller oder der Kühlschrank bestellt selbstständig Milch, wenn der Vorrat zur Neige geht). Das Marktvolumen im IT-Bereich liegt in Deutschland seit Jahren knapp unterhalb des dreistelligen Milliardenbereiches.

IT-Recht ist eine Querschnittsmaterie. Von diesem eher lebenssachverhaltsbezogenen **2**
Rechtsgebiet erfasst werden diejenigen Lebensbereiche, in denen IT genutzt wird. Regelungsbedarf besteht in diesem Bereich sowohl zivilrechtlich (Bsp.: inhaltliche Gestaltung von Verträgen über Beschaffung und Betrieb von IT einschließlich AGB-Problematik, E-Commerce und M-Commerce) wie öffentlich-rechtlich einschließlich des Strafrechts (Bsp.: TKG, Datenschutzrecht, §§ 202a, 303a, 303b StGB, Vergaberecht bis zum Zuschlag; s. hierzu auch BVB-IT/EVB-IT, 23. Kap.).

Behandelt wird im Folgenden ausschließlich das **IT-Vertragsrecht** als das Recht der **3**
Inhalte von Verträgen, in denen Geschäfte abgebildet werden, deren Hauptleistungsgegenstand aus Hard- und Software besteht oder damit eng zusammenhängt, insbesondere in Form der Implementierung von Hard- und Software. Durch den **technischen Fortschritt** haben sich in den letzten Jahren mit zunehmender Geschwindigkeit neue technische Möglichkeiten, Produkte und Leistungen und damit in Verträge zu gießende Lebenssachverhalte herausgebildet. Auch auf der **Rechtsnormseite** haben sich einige erhebliche Veränderungen mit Einfluss auf das IT-Vertragsrecht ergeben. Beispielhaft sei Folgendes genannt:

- Die Entwicklung im **Endgerätebereich** geht, was die Endanwendergeräte betrifft, zunehmend weg von festen lokalen Arbeitsstationen und größeren mobilen Rechnern (Notebooks) hin zu kleineren und intelligenteren Endgeräten, z.B. Tablets und Smartphones. Hiermit einher geht die Nutzung im Bedienungsumfang eher kleiner Computerprogramme, die eigens für solche Endgeräte geschrieben werden (Applications bzw. „**Apps**"). Apps werden zunehmend in geschäftlichen Zusammenhängen eingesetzt, mit dem mobilen Endgerät als Frontend und einer Verbindung zu einem rechenstarken Backend (Server).
- Die Virtualisierung von Computerprogrammnutzung und Infrastrukturbereitstellung und insbesondere die Datenvorhaltung im Internet nimmt immer weiter zu. So treten **Cloud Computing** bzw. **XaaS,** d.h. die vorübergehende und damit i.d.R. mietweise Nutzung von IT-Komponenten (z.B. Software, Speicherplatz, Infrastruktur, Plattformen), ungeachtet der datenschutzrechtlichen Herausforderungen, noch stärker hervor (vgl. unten Ziff. IV.2. und Ziff. V.). Es sind stetige Bemühungen erkennbar, insbesondere unter dem Gesichtspunkt der IT–Sicherheit und des Datenschutzes, das Cloud Computing sicherer zu machen, auch und gerade in regulierten Bereichen; vgl. z.B. den Anforderungskatalog „Cloud Computing Compliance Controls Catalogue" („C5") des Bundesamtes für Sicherheit in der Informationstechnologie (BSI)[1].

1 Abrufbar unter www.bsi.bund.de/DE/Themen/DigitaleGesellschaft/CloudComputing/Anforderungskatalog/Anforderungskatalog_node.html.

- In regulierten Bereichen, z.B. im Bereich des Versicherungswesens (VAG), des Kreditwesens (KWG), der Kapitalverwaltungsgesellschaften (KAGB) und der Energieversorgung (§ 11 Abs. 1a EnWG[2]) wird, z.T. europarechtlich begründet, durch Änderung des Aufsichtsrechts den allgemein steigenden Anforderungen an die Sicherheit der eingesetzten Informationstechnologie Rechnung getragen. Beispielsweise hat die **Bundesanstalt für Finanzdienstleistungsaufsicht** (BaFin) die (gesetzlichen) Anforderungen an das Risikomanagement einschließlich des Betriebs von Informationstechnologie und/oder an Auslagerungen/Ausgliederungen (Outsourcing) für Unternehmen, für die sie Aufsicht führt, in Rundschreiben präzisiert und die sog. MaComp,[3] die MaRisk[4] die KAMaRisk[5] und die MaGo[6] geschaffen bzw. neu gefasst, die u.a. als Teil des Risikomanagements Regelungen für den sicheren internen Einsatz von IT sowie die Steuerung externer IT-Dienstleister vorsehen. Den bei Drucklegung vorläufigen Zwischenstand markiert die „Konsultation 02/2017 – Bankaufsichtliche Anforderungen an die IT (BAIT)" vom 23.2.2017 auf der Basis von § 25a KWG, mit der die BaFin für den Sektor Kreditwesen Regelungen u.a. zur IT-Strategie, IT-Governance, zum Informationsrisikomanagement und für IT-Projekte, den IT-Betrieb und für Auslagerungen vorgibt.
- Wie erwähnt, spielt **Informationssicherheit** (einschließlich der Variante **Cybersicherheit** i.S.e. Härtung eingesetzter IT-Systeme gegen Angriffe über Netzwerke wie das Internet) eine immer größere Rolle. Deutschland hat u.a. mit dem IT-Sicherheitsgesetz (ITSiG[7]), das u.a. das BSIG und das TMG änderte, bereits 2015 entsprechende Maßnahmen ergriffen. Im Juli 2015 ist das IT-Sicherheitsgesetz (ITSiG) in Kraft getreten, das als Artikelgesetz insbesondere das BSIG geändert und dort die §§ 8a–8d BSIG eingefügt hat, die sich mit Kritischen Infrastrukturen KRITIS i.S.d. Definition in § 2 Nr. 10 BSIG befassen. Das Bundesministerium des Inneren (BMI) kategorisiert KRITIS dabei in neun Sektoren, denen jeweils Branchen zugeordnet werden:
  - Energie: Elektrizität, Gas, Mineralöl,
  - Wasser: Öffentliche Wasserversorgung, Öffentliche Abwasserbeseitigung,
  - Ernährung: Ernährungswirtschaft, Lebensmittelhandel,
  - Informationstechnik und Telekommunikation,
  - Transport und Verkehr: Luftfahrt, Seeschifffahrt, Binnenschifffahrt, Schienenverkehr, Straßenverkehr, Logistik,
  - Gesundheit: Medizinische Versorgung, Arzneimittel und Impfstoffe, Labore

---

2 § 11 Abs. 1a S. 1 EnWG lautet: „Der Betrieb eines sicheren Energieversorgungsnetzes umfasst insbesondere auch einen angemessenen Schutz gegen Bedrohungen für Telekommunikations- und elektronische Datenverarbeitungssysteme, die für einen sicheren Netzbetrieb notwendig sind."

3 Rundschreiben 4/2010 (WA) – Mindestanforderungen an die Compliance-Funktion und die weiteren Verhaltens-, Organisations- und Transparenzpflichten nach §§ 31 ff. WpHG für Wertpapierdienstleistungsunternehmen (MaComp) v. 7.6.2010, geändert am 8.3.2017.

4 Konsolidierte/überarbeitete Fassung im Rundschreiben 10/2012 (BA) – Mindestanforderungen an das Risikomanagement (MaRisk), Geschäftszeichen BA 54-FR 2210-2012/0002 v. 14.12.2012. Gemäß dem Jahresbericht 2016 der BaFin soll in 2017 eine überarbeitete Fassung der MaRisk erscheinen, nachdem der Entwurf im Februar 2016 zur Konsultation gestellt wurde.

5 Rundschreiben 1/2017 (WA) – Mindestanforderungen an das Risikomanagement von Kapitalverwaltungsgesellschaften – „KAMaRisk" in der Fassung v. 10.1.2017.

6 Rundschreiben 2/2017 (VA) – Mindestanforderungen an die Geschäftsorganisation von Versicherungsunternehmen (MaGo) v. 25.1.2017.

7 BGBl I, 2015, Nr. 31 v. 24.7.2015.

- Finanz- und Versicherungswesen: Banken, Börsen, Versicherungen, Finanzdienstleister,
- Staat und Verwaltung: Regierung und Verwaltung, Parlament, Justizeinrichtungen, Notfall-/ Rettungswesen einschließlich Katastrophenschutz,
- Medien und Kultur: Rundfunk (Fernsehen und Radio), gedruckte und elektronische Presse, Kulturgut, symbolträchtige Bauwerke.

In Ausführung dieser Neuerungen ist im Frühjahr 2016 die erste KRITIS–VO gem. § 10 Abs. 1 BSIG in Kraft getreten, in der i.E. definiert ist, was in Bezug auf die vorstehend vier erstgenannten Sektoren unter einer kritischen Infrastruktur zu verstehen ist, insbesondere, ab welchem Schwellenwert eine Infrastruktur als kritische anzusehen ist. Beispielsweise wird eine Kanalisation (und deren elektronische Steuerung) erst ab 500 000 angeschlossenen Einwohnern als KRITIS betrachtet. Eine zweite KRITIS-VO für weitere Sektoren war bei Drucklegung in Vorbereitung.
Im August 2016 ist auf europäischer Ebene die bis zum 10.5.2018 in nationales Recht umzusetzende „Richtlinie (EU) 2016/1148 des Europäischen Parlaments und des Rates vom 6.7.2016 über Maßnahmen zur Gewährleistung eines hohen gemeinsamen Sicherheitsniveaus von Netz- und Informationssystemen in der Union“[8] (NIS-RL) in Kraft getreten. Die EU versucht, über die in der NIS-RL vorgesehenen Maßnahmen das technische und organisatorische Sicherheitsniveau für Netz- und Informationssysteme (einschließlich Internet) in der gesamten EU signifikant zu erhöhen. Adressaten der Richtlinie sind u.a. Betreiber sog. „wesentlicher Dienste“ bzw. „digitaler Dienste“. Dabei ist der Begriff der wesentlichen Dienste mit dem Begriff der KRITIS im Grunde gleichzusetzen,[9] es geht um versorgungswichtige Einrichtungen in den Sektoren Energie, Verkehr, Bankwesen, Finanzmarktinfrastrukturen, Gesundheitswesen, Trinkwasserlieferung/–versorgung sowie digitale Infrastruktur, die bei einem eventuellen Sicherheitsvorfall von sog. „erheblichen Störungen“ mit entsprechenden Folgen für die Bevölkerung betroffen sein können. Unter der NIS-RL sollen zudem u.a. Computer–Notfallteams (CSIRT) geschaffen und die Zusammenarbeit auf nationaler und übernationaler Ebene verbessert werden. Im Übrigen sieht die NIS-RL für Betreiber wesentlicher Dienste cum grano salis ähnliche Verpflichtungen vor wie das BSIG es bereits für KRITIS vorsieht. Solche Maßnahmen sollen auch von den zuständigen Behörden überwacht werden dürfen. Im Februar 2017 hat die Bundesregierung einen Gesetzentwurf zur Umsetzung der NIS-RL in deutsches Recht vorgelegt.[10] Dieser Entwurf bezieht sich im Wesentlichen auf die Umsetzung der Anforderungen an „digitale Dienste“ in das BSIG, während im Hinblick auf „wesentliche Dienste“ eher geringe Anpassungen erfolgen müssen, da Deutschland bereits mit dem BSIG und den dort erfassten **KRITIS** gut aufgestellt ist.

- Mit der stetigen Weiterentwicklung und Verbesserung der im Grunde schon nicht mehr ganz neuen Technologie des **3D-Drucks** mehren sich die Angebote, mithilfe solcher Drucker die unterschiedlichsten Werkstücke herzustellen.

---

8 ABlEU Nr. L 194/1 v. 19.7.2016.
9 *Voigt/Gehrmann* ZD 2016, 355, 356.
10 Gesetzentwurf der Bundesregierung für einen Entwurf eines Gesetzes zur Umsetzung der Richtlinie (EU) 2016/1148 des Europäischen Parlaments und des Rates vom 6.7.2016 über Maßnahmen zur Gewährleistung eines hohen gemeinsamen Sicherheitsniveaus von Netz- und Informationssystemen in der Union, BT-Drucks. 18/11242 v. 20.2.2017.

- Im **Datenschutzrecht** hat es im April 2016 (u.a.) mit der Datenschutz-Grundverordnung[11] und im April 2017 mit dem Datenschutzanpassungs- und –umsetzungsgesetz EU[12] erhebliche Neuerungen gegeben, die sich in verschiedener Hinsicht mit dem Wirksamwerden am 25.5.2018 auch auf Vereinbarungen im Bereich des IT-Vertragsrechts auswirken, insbesondere im Zusammenhang mit Auslagerungen. Für die Darstellung des Datenschutzrechts wird auf das 20. Kap. verwiesen.
- **Agile und hybride Projektvorgehensmethoden**, z.B. nach der Methode Scrum, sind (jedenfalls bei Entwicklungsprojekten mit überschaubarem Umfang) weiter im Vordringen begriffen und gewinnen Einfluss auf die Rechtsnatur des Vertrages und damit auf die Vertragsgestaltung (vgl. unten Ziff. 9).[13]

4 Die für das IT-Vertragsrecht bedeutsamen Vertragskonstellationen können zunächst nach dem **Vertragsgegenstand** unterschieden werden.

- Als große **Produktgruppen** können **Hardware** einerseits und **Software** andererseits (zu den Begriffen s. nachstehend Rn. 10 ff.) unterschieden werden. In vielen Projekten erfolgt eine Beschaffung beider Produktarten; dies dürfte sich dann in der Betriebsphase (Wartung, Pflege und Weiterentwicklung) entsprechend fortsetzen.
- Sodann kann differenziert werden zwischen der Beschaffung von Hard- und/oder Software **auf Dauer** (i.d.R. Kauf oder Werkvertrag) und der Überlassung **auf Zeit** (i.d.R. Miete oder Leasing).
- Eine andere Unterscheidung kann die zwischen Verträgen in der **Beschaffungsphase/Projektphase** sein und Verträgen in dem Zeitraum nach der Beschaffung bzw. dem Projektabschluss **(Hardwarewartung, Softwarepflege und -weiterentwicklung, „Supportverträge“)**.
- Eine solche **Trennung in Beschaffung und Betrieb entfällt** im Bereich des **Cloud Computings**, wenn man von der Situation absieht, dass in größeren Projekten eine technisch-fachliche Ersteinrichtung des Cloudbetriebs bei dessen Beginn zu erfolgen hat und/oder Daten aus Altsystemen, die bis zur Verlagerung in die Cloud noch „on premise“ betrieben werden, in die Cloud zu migrieren sind. Zudem entfällt in einer solchen Konstellation im Idealfall die Beschaffung eigener Hardware im Ganzen.
- Ferner ist eine Unterscheidung denkbar zwischen Verträgen, die nur eine einmalige Beschaffung abbilden, und **Rahmenverträgen**, die eine dauerhafte Zusammenarbeit der Beteiligten über mehrere Beschaffungsmaßnahmen bzw. Projekte hin abbilden

---

11 VO (EU) 2016/679 des Europäischen Parlaments und des Rates vom 27.4.2016 zum Schutz natürlicher Personen bei der Verarbeitung personenbezogener Daten, zum freien Datenverkehr und zur Aufhebung der RL 95/46/EG, ABlEG Nr. L 119/1-88 v. 4.5.2016. Siehe auch die RL (EU) 2016/680 des europäischen Parlaments und des Rates vom 27.4.2016 zum Schutz natürlicher Personen bei der Verarbeitung personenbezogener Daten durch die zuständigen Behörden zum Zwecke der Verhütung, Ermittlung, Aufdeckung oder Verfolgung von Straftaten oder der Strafvollstreckung sowie zum freien Datenverkehr und zur Aufhebung des Rahmenbeschlusses 2008/977/JI des Rates, ABlEG Nr. L 119/89 ff. v. 4.5.2016, sowie den Entwurf der ePrivacy-Verordnung der EU (Verordnung des europäischen Parlaments und des Rates über die Achtung des Privatlebens und den Schutz personenbezogener Daten in der elektronischen Kommunikation und zur Aufhebung der Richtlinie 2002/58/EG (Verordnung über Privatsphäre und elektronische Kommunikation)) v. 10.1.2017, http://eur-lex.europa.eu/legal-content/DE/TXT/PDF/?uri=CELEX:52017PC0010.

12 Gesetz zur Anpassung des Datenschutzrechts an die VO (EU) 016/679 und zur Umsetzung der Richtlinie (EU) 2016/680 (Datenschutz-Anpassungs- und -Umsetzungsgesetz EU – DSAnpUG-EU), Drucksache 18/11325.

13 S. hierzu z.B. *Gennen* Auswirkung hybrider Projektvorgehensmethoden auf den Softwareerstellungsvertrag.

sollen, und die durch Einzelverträge (ggf. mit Leistungsscheinen und/oder Service Level Agreements) ausgeprägt werden, oder Allgemeinen Geschäftsbedingungen, die für eine Vielzahl von Geschäftsvorfällen gedacht sind.

Ist in dem Vertrag nur ein Aspekt eines komplexen Lebenssachverhalts abzubilden, so 5
z.B. der Kauf von Hardware, erscheint der rechtliche und fachliche Regelungsbedarf überschaubar, orientiert sich im Beispielsfall an den typischen Regelungen des Kaufrechts und es müssen lediglich die Besonderheiten beachtet werden, die mit dem speziellen Kaufgegenstand, der tunlichst Gegenstand einer auskömmlichen Leistungsbeschreibung sein sollte, einher gehen, wie dies bei anderen speziellen Kaufgegenständen außerhalb des IT-Bereichs auch der Fall wäre. Eine eher überschaubare Konstellation ist auch die isolierte Beschaffung von Software auf Dauer, denn auch hier geht die Rspr. grundsätzlich von der Anwendung von kaufrechtlichen Regelungen aus, bei der Überlassung auf Zeit von einer mietvertraglichen Gestaltung.

Besonderes Augenmerk ist demgegenüber auf solche Verträge zu richten, die komple- 6
xere Lebenssachverhalte abbilden. Für IT-Projekte, in denen eine Vielzahl von zusammenhängenden Leistungen zusammengefasst wird, z.B.

- Beratung/Dienstleistung im Vorfeld des Projekts,
- Beschaffung von Hardware zum Betrieb von noch anzuschaffender Software, zum Drucken usw.,
- Beschaffung von (Standard-)Software,
- Erstellung von Individualsoftware oder durchgreifende Überarbeitung von Standardsoftware auf Quellcodeebene,
- Anmieten von Datenleitungen,
- Hosting von Anwendungen, sofern diese nicht auf der beschafften Hardware betrieben werden,
- Migration von Daten aus einem Alt- in ein Neusystem,
- Projektsteuerung einschließlich der Steuerung von Subunternehmern,
- ggf. kombiniert mit Lösungen oder Teilen von Lösungen aus der Cloud,
- usw.

werden sog. „IT-Projektverträge" geschlossen. Die aus anderen Rechtsbereichen bekannte Generalunternehmerschaft, verbunden mit Subunternehmerschaft weiterer Lieferanten, kommt selbstverständlich auch im IT-Bereich vor. Häufig sind auch komplexe Vertriebsverträge, Verträge über das Outsourcing von IT-Leistungen oder IT-gestützten Leistungen (Auslagerungen) und Kooperationsvereinbarungen.

In diesem Kapitel sollen ausschließlich Vertragsgestaltungen vorgestellt werden, wel- 7
che IT-Leistungen ohne Bezug zum elektronischen Geschäftsverkehr (E-Commerce und M-Commerce) zum Gegenstand haben. Fallkonstellationen, welche im Zusammenhang mit E-Commerce und M-Commerce stehen, werden im 22. Kap. behandelt.

B. Wesentliche Grundbegriffe

Ohne ein zumindest rudimentäres technisches Grundwissen auf dem Gebiet der IT 8
sowie ohne eine gewisse Vorstellung vom typischen Verlauf und von den typischen fachlichen Schwierigkeiten eines IT-Projekts ist die praxisnahe Gestaltung rechtlicher

Lösungen schwierig. Eine technische Einführung kann dieses Werk nicht leisten;[14] an dieser Stelle sollen lediglich einige grundlegende Begriffe, die zum Verständnis des Kapitels über das IT-Vertragsrecht erforderlich sind, für die hier verfolgten Zwecke knapp erklärt werden. Weitere Erklärungen erfolgen ggf. an der jeweils relevanten Stelle.

9 Die Partei, welche die den Vertrag kennzeichnende Leistung erbringt, wird in diesem Kapitel zumeist „Anbieter" genannt, die diese Leistung empfangende Vertragspartei „Anwender". „Benutzer" ist i.d.R. die einzelne natürliche Person, die Hardware oder Software nutzt.

I. Software und Hardware

10 Zentrale Vertragsgegenstände und mithin Begriffe im IT-Vertragsrecht sind **Software**[15] und **Hardware.**

- Unter **Software** wird hier die Gesamtheit aller Computerprogramme (vgl. §§ 69a ff. UrhG) und deren zugehörige Dokumentation (§ 2 UrhG, d.h. soweit nicht bereits Teil des Computerprogramms, vgl. § 69a UrhG) verstanden, die auf einem Computer eingesetzt werden kann. Nach anderer Definition umfasst der Begriff der Software neben dem Computerprogramm (das Steuerungsbefehle enthält) auch Daten (die keine Steuerungsbefehle enthalten).
- Unter **Hardware** versteht man die physikalischen Bestandteile eines Computers bzw. einer sonstigen Komponente, einschließlich aller peripheren Einrichtungen. Zur Hardware zählen insbesondere
  - die CPU (Central Processing Unit), d.h. die Rechen- und Steuereinheit selbst, Grafikkarten, und sonstige Bestandteile des Rechners, wobei bisweilen der Rechner selbst als CPU bezeichnet wird,
  - Dateneingabegeräte wie Tastatur, Maus, Barcodeleser, Scanner usw.,
  - Datenausgabe- oder -anzeigegeräte wie Monitore, Drucker/Plotter usw.,
  - Datenspeicherungsgeräte wie Festplatten (HDD/SSD), optische Laufwerke, Flashlaufwerke usw.

11 In Bezug auf Software wird häufig unterschieden zwischen

- Systemsoftware zur internen Steuerung (einschließlich hardwarenahe Treiber) einer Hardwarekomponente und
- Anwendungen, die benutzerorientiert sind (z.B. Textverarbeitung, Datenbankprogramme, Enterprise-Resource-Planning-Software).

12 Elemente beider Arten von Software enthält Netzwerksoftware, die für die Kommunikation zwischen Computern zuständig ist, sowie Entwicklungssoftware, die dem Programmierer das Erstellen von Software ermöglicht. Unter Firmware versteht man die in einer Hardwarekomponente werksseitig abgelegte, zu deren Funktionieren notwendige Software (häufig Systemsoftware und Anwendung).

13 Software verfügt über einen **Quellcode** (= Source Code). Beim Quellcode handelt es sich um eine (kommentierte) Programmanweisung, die in einer Programmiersprache

---

14 Vgl. hierzu z. B. *Balzert* Lehrbuch der Softwaretechnik, 2./3. Aufl. 2009 ff. (div. Themen); DIN-Norm 44.300.

15 Zur Urheberrechtsschutzfähigkeit von Software, Datenbanken und Datenbankwerken s. 29. Kap.; zur Unterscheidung zwischen „Software" und „Computerprogramm" vgl. 29. Kap. Rn. 9 ff.

geschrieben ist. **Programmiersprachen** sind formale, abstrakte Sprachen zur Darstellung von Computerprogrammen (z.B. Java, Basic, Delphi, PHP, Pascal). Der Quellcode ist lesbar, kann aber i.d.R. von einem Computer nicht verstanden werden. Der Quellcode selbst kann ohne entsprechende Umwandlung selbst keine Befehle auslösen. Den Vorgang der Umwandlung in einen Code, der von dem Computer gelesen und ausgeführt werden kann, nennt man **Kompilieren.** Dazu wird der gesamte Quellcode eines Programms in den **Objektcode** (Maschinencode) „übersetzt". Die Software, die die Kompilierung durchführt, wird als Compiler bezeichnet. Beim Dekompilieren durch einen Decompiler (vgl. hierzu auch § 69e UrhG) wird aus dem Objektcode wieder lesbarer Quellcode generiert. Moderne Programmiersprachen wie z.B. Java werden teilweise während des Ablaufes in Echtzeit (runtime) vom Quellcode in den Maschinencode übersetzt, so dass im Grunde bei der Auslieferung des Codes immer auch der Quellcode mitgeliefert wird.

Software wird durch **Programmierung** erstellt. Selbst dann, wenn, wie heutzutage vielfach üblich, im Internet (frei) verfügbare Komponenten von Software, in Teilen Open Source, zusammengesetzt werden, ist es i.d.R. noch erforderlich, diese einzelnen Komponenten mit Code miteinander zu verbinden. Die Entwicklung von Software setzt i.d.R. die Kenntnis einer oder mehrerer Programmiersprachen voraus. Für den Programmiervorgang bedarf es aber nicht nur der Kenntnis von Programmiersprachen, sondern u.a. auch Fachkenntnisse über Benutzeroberflächen, Hardware und Algorithmen. **14**

Es gibt verschiedene Vorgehensweisen, wie ein Programmierer ein Programm erstellen kann. Typisch sind in der Realisierungsphase sog. „BTC-Cylces" (built – test – correct). Häufig wird ein Programm in voneinander unabhängige Module aufgeteilt (und ggf. modulweise von mehreren Gruppen von Programmierern parallel entwickelt). Diese kleineren Module sind als in sich selbst funktionsfähige Einheiten programmiert und können daher auch einzeln getestet werden. Erst nach erfolgreichen Tests werden sie miteinander integriert und über Schnittstellen (Datenübergabepunkte zwischen den einzelnen Modulen) verbunden. Bei der Programmierung bedient man sich auch sog. Programmbibliotheken. Dabei handelt es sich um eine Ansammlung einzelner Codeabschnitte, die innerhalb eines Programms aufgerufen werden können und die in einer Datei abgespeichert sind. Vielfach wird heute auch Software durch Software erzeugt, d.h. Software erzeugt nach Instruierung durch den Benutzer neue Software. **15**

Die objektorientierte Programmierung, kurz OOP, basiert auf dem Konzept der Objektorientierung und fördert Flexibilität und Wiederverwendbarkeit von Programmen. Die Grundidee der objektorientierten Programmierung ist, Daten und Funktionen, die auf diese Daten angewendet werden können, in einem sog. Objekt zusammenzufassen und nach außen zu kapseln, so dass Methoden fremder Objekte diese Daten nicht versehentlich manipulieren können. **16**

Bei Software kann ferner im Hinblick auf den Individualisierungsgrad vonseiten des Nutzers unterschieden werden zwischen **17**

- **Standardsoftware,**
- **modifizierter Standardsoftware** und
- **Individualsoftware.**

18 Standardsoftware ist Software, die von dem Anbieter für eine Vielzahl von Anwendern hergestellt wurde und i.d.R. als Produkt gleichsam „von der Stange" vertrieben wird (z.B. Textverarbeitung). Individualsoftware wird für einen einzelnen Anwender individuell, in einem „Projekt", programmiert (z.B. individuelles Warenwirtschaftssystem in einer neuen Branche mit anwenderspezifischen Funktionalitäten). Vielfach entwickelt sich aus Individualsoftware über mehrere parallel und/oder hintereinander verlaufende Projekte eine Art Standard, so dass der Softwarehersteller „vom Projekt zum Produkt" gelangt, also versucht, die Erfahrungen aus mehreren gleichartigen Projekten zu bündeln und später eine hierauf beruhende bzw. aus den verschiedenen Projekten gleichsam synthetisierte Standardsoftware anzubieten (was dazu führt, dass der Hersteller den unterschiedlichen Anwendern in diesen Projekten schlechterdings keine ausschließlichen Rechte einräumen kann, weil er sich sonst den Weg zum Produkt selbst verstellen würde).

19 Standardsoftware muss bisweilen, um bei einem einzelnen Anwender eingesetzt werden zu können, an dessen Belange angepasst werden; dies geschieht im Wege des sog. Customizing.[16] Das Customizing (Anpassung) kann durch Programmänderungen in Form von Individualprogrammierungen (unter Eingriff in den Quellcode) oder durch die sog. Parametrierung erfolgen. Bei der Parametrierung werden typischerweise keine Eingriffe in den Quellcode vorgenommen, sondern es werden in der Software vorhandene Einstellmöglichkeiten genutzt. Teilweise wird unter „Customizing" auch nur die letztgenannte Einstellung von Parametern verstanden. Vielfach verzichten Anwender in einem Projekt, wenn sie entdecken, dass ihre in einer Software zusätzlich abzubildenden Arbeitsabläufe keineswegs so einzigartig sind wie sie denken, darauf, für sich im Hinblick auf diese Differenzprogrammierung Individualsoftware erstellen zu lassen, sondern geben von vornherein die von ihnen beauftragten Änderungen zurück in den Standard (was (1) sich i.d.R. im Projektpreis ausdrücken wird und (2) die Releasefähigkeit der von dem Anwender genutzten Software verbessert, weil der Anbieter selbstständig für die Releasefähigkeit seines Standards sorgen wird). In einigen Fällen, z.B. bei Anwendungen zur Unternehmenssteuerung, fallen bisweilen Softwarehersteller und Customizing-Unternehmen auseinander: Von dem einen Unternehmen erwirbt man die Software („Kauf" von Nutzungsrechten), von dem anderen lässt man sich diese Software hernach ohne Eingriff in den Quellcode an die eigenen Bedürfnisse anpassen (Anpassung als „Dienstleistung"). Aus Sicht des Anwenders liegt natürlich auch hier eine einheitliche Leistung in Form der für der produktiven Gebrauch angepassten Software vor, denn der Anwender wünscht eine auf seine Bedürfnisse angepasste und funktionierende Software bzw. möchte das gesamte Konglomerat zurückweisen können, wenn es nicht die vereinbarten Eigenschaften hat. Demgegenüber wird der Anbieter im Zweifel darstellen, dass sein Standard stets funktionieren wird und das Projekt zur Anpassung des Standards an die Bedürfnisse durch Parametrisierung ein rechtlich gesondertes Vorhaben darstellt, also die von dem Anwender behauptete Einheitlichkeit gerade nicht gegeben ist.

20 Im Rahmen der elektronischen Erfassung, Zusammenstellung und Verwaltung von Daten (Einzelinformationen in Form von z.B. Kundenstammdaten, Personaldaten, Warenbestände, Aufträge), entstehen **Datenbanken** (Schutz über §§ 87a ff. UrhG; bei entsprechender Schöpfungshöhe ggf. auch als **Datenbankwerk**, vgl. § 4 UrhG). Datenbanken entstehen mit geordneter und dauerhafter Speicherung von Daten und – mit-

16 Schneider/von Westphalen/*Witzel* F Rn. 123.

hilfe einer Datenbankverwaltungssoftware – die Darstellung der vorhandenen Informationen nach den Bedürfnissen des Benutzers. Datenbanken sind mithin Ansammlungen von Daten, die zueinander in Beziehung stehen. Zur Herstellung der Datenbank und zur Verwaltung der Daten in der Datenbank braucht man eine (keinen Teil der Datenbank darstellende, vgl. § 4 Abs. 2 S. 2 UrhG) Datenbankenverwaltungssoftware; diese verfügt über Funktionalitäten, um Daten zu erfassen, zu suchen, zu sortieren oder zu kombinieren. Das Gesamtkonstrukt besteht also aus der Datenbanksoftware und der Datenbank.

Bei einer sog. **relationalen Datenbank** werden die Informationen in Tabellen gespeichert. Die Zeilen enthalten dabei die Informationen und die Spalten, die Eigenschaften eines Datensatzes sind. Die Suche erfolgt durch den Vergleich der Informationen eines Feldes in der einen Tabelle mit einem entsprechenden Feld in der anderen Tabelle, indem die Werte abgeglichen werden. Das Suchergebnis wird in einer dritten Tabelle dargestellt, in der die angeforderten Daten der durchsuchten Tabellen in Beziehung zueinander gesetzt werden. Enthält z.B. die erste Tabelle Daten zu Kunden, Kundenadressen und Kundennummer und eine andere Tabelle die Felder Waren, Bestellungen und Kundennummer, so kann die Datenbank die Felder „Kundennummer“ vergleichen und so Informationen zu Bestellungen bestimmter Kunden erstellen. **21**

II. IT-Projekt

Nach DIN 69 901 ist ein (IT-)Projekt, z.B. die Entwicklung und Inbetriebnahme umfangreicher Individualsoftware, ein Vorhaben, das – recht abstrakt definiert – im Wesentlichen „durch die Einmaligkeit der Bedingungen“ gekennzeichnet ist, wie z.B. Umfang der Aufgabe, Zielvorgabe, Besonderheit der Aufgabe, Komplexität, Schwierigkeitsgrad, Bedeutung der Aufgabe, zeitliche, personelle oder andere Begrenzungen, Abgrenzung gegenüber anderen Vorhaben, projektspezifische Organisation, „Interdisziplinarität“, Teamarbeit, Risiko und/oder eindeutig bestimmte Start- und Endtermine. Im umgangssprachlichen Sinne spricht man von einem IT-Projekt als einem abgrenzbaren, gesamthaft beschreibbaren Vorhaben, z.B. dem Austausch einer Serverfarm in einem Rechenzentrum sowie der auf diesen Servern betriebenen Anwendungssoftware. **22**

Ein IT-Projekt kann in unterschiedliche **Phasen** unterteilt werden. Eine für die hier verfolgten Zwecke ausreichende, sehr grobe und keine Rücksicht auf besondere Projektplanungs- und -steuerungsmethoden Rücksicht nehmende Einteilung differenziert zwischen der Planungs- und der Realisierungsphase, die nach traditionellen Projektvorgehensmodellen abgegrenzt und hintereinander geschaltet sind. In der **Planungsphase** sollen Studien und Analysen durchgeführt und detaillierte Konzepte für die Durchführung des Projekts erstellt werden, die Planungsphase endet idealiter mit einem Dokument, aus dem sich in allen notwendigen Details ergibt, was in der Realisierungsphase zu programmieren ist (Leistungsbeschreibung). Die **Realisierungsphase** enthält die Tätigkeiten zur Erreichung des Projektziels anhand des in der Planungsphase erzeugten (und i.d.R. für die Realisierungsphase statisch gehaltenen) Konzeptmaterials. Mit Abschluss dieser Realisierungsphase sollten die für das Projekt vereinbarten Leistungen erbracht sein. Selbstverständlich ergeben sich in der Realisierungsphase noch stets Änderungsanforderungen („Change Requests“) zur Abweichung von der ursprünglich **23** erstellten Planung, weil sich kaum jemals eine in der Planungsphase erstellte Leistungsbeschreibung als so genau und gleichzeitig so flexibel erweist, dass sie in der Realisierungsphase über viele Monate und ggf. Jahre unverändert benutzt werden kann. Je länger die Planungsphase andauert und je weniger strukturiert die Planung verläuft, umso häufiger sind Änderungsanforderungen nach Abschluss der Planung. Nach einer sich an die Realisierung anschließenden **Testphase** erfolgt schließlich die **Ablieferung bzw. Abnahme.** Dann ist das Projekt beendet, oft wird es eine förmliche Abschlusserklärung geben, und das Ergebnis des Projekts wird in Betrieb genommen („GoLive"). Die Realisierungsphase schließt demnach bei einer Individualsoftwareprogrammierung mit der Inbetriebsetzung der Software ab; ggf. folgt ein „Post-GoLive-Onsite-Support" während einer „Einschwungphase" der neuen Software. Es schließen sich im laufenden Betrieb (Betriebsphase) die **Mangelhaftungsphase** und, überschneidend hiermit, die bis zur Außerdienststellung bzw. Ablösung des Produkts reichende **Wartungs-/Pflegephase** an.

24 Ziel der Planungsphase ist es demnach in erster Linie, das Pflichtenprogramm des Anbieters sowie die Mitwirkungsobliegenheiten des Anwenders (jedenfalls bei werkvertraglicher Gestaltung so bezeichnet) festzulegen. In dieser Planungsphase werden bei traditionellen Vorgehensmodellen eine Soll-Ist-Analyse durchgeführt und hernach Lastenheft und Pflichtenheft konzipiert und meist auch eine valide Aufwandsschätzung erstellt, die mit Abschluss des Pflichtenhefts im Grunde bis auf einen konkreten Betrag hin. Das **Lastenheft** definiert dabei die funktionalen und nichtfunktionalen Anforderungen des Anwenders. Eine Definition findet sich in der VDI-Richtlinie VDI 2519 (s. auch DIN 69905/VDI/VDE 3694), wonach im Lastenheft alle Anforderungen aus Anwendersicht einschließlich aller Randbedingungen zu beschreiben sind. Die Erstellung des Lastenhefts ist daher typischerweise Aufgabe des Anwenders, denn nur er kann seine Bedürfnisse hinreichend (und möglichst abschließend) beschreiben. Das **Pflichtenheft** ist die verbindliche Beschreibung der Leistungen des Anbieters, im Grunde also die Umsetzung der im Lastenheft zusammengetragenen Anforderungen in die zu erbringenden Lieferungen und Leistungen: Nach Richtlinie VDI 2519 ist das Pflichtenheft die Beschreibung der Realisierung aller Anforderungen des Lastenhefts. Im Pflichtenheft werden die Inhalte mit den technischen Festlegungen verbunden.[17] Die technische Definition stimmt oft nicht mit dem juristischen Verständnis überein, außerdem wird in Verträgen oft eine uneinheitliche Terminologie verwendet. So wird z.B. das Dokument, in dem die Leistungen beschrieben werden, neben „Pflichtenheft" oft als „Feinspezifikation" bezeichnet, zudem kursieren Begriffe wie „Konzept", „Grobkonzept/-spezifikation", „Leistungsverzeichnis", „Leistungsbeschreibung" usw. Dabei verstehen sich diese Begriffe keineswegs synonym, vielmehr beschreiben diese Bezeichnungen durchaus verschiedene (inhaltliche) Dokumentenklassen, was aber in der vertraglichen Nomenklatur oft nicht beachtet wird. Ungeachtet der terminologischen Schwierigkeiten steht aber außer Frage, dass ein IT-Projekt nur gelingen kann, wenn der Anwender seine Anforderungen vollständig benennt und die (hieraus resultierenden) gesamten von dem Anbieter zu erbringenden fachlichen Leistungen in einem Dokument, gleich wie dieses benannt wird, mit einem ausreichenden, keine wesentlichen Fragen offen lassenden Detaillierungsgrad (notfalls: sukzessive) beschrieben werden. Ohne eine ausreichende Leistungsbeschreibung ist ein IT-Projekt kaum in dem vorgestellten Kosten-, Zeit- und Qualitäts-

17 Kilian/Heussen/*Wißner/Jäger* Nr. 300 S. 17.

rahmen zu Ende zu bringen. Rund 25 % aller IT-Projekte gelingen in diesem Sinne, weitere 50 % werden zwar beendet, aber unter Verfehlung der vereinbarten oder zumindest vorgestellten Ziele i.S.v. Kosten, Termine und Qualität, 25 % scheitern vollständig. Die Erarbeitung des Pflichtenhefts ist nach Ansicht der Rspr. Aufgabe des Anwenders, denn dieser hat zu definieren, welche Leistungen er erhalten möchte. Da er zumeist nicht in der Lage ist, diese Anforderungen zu definieren, überträgt er die Erstellung des Pflichtenhefts – und nicht selten die Erstellung aller diesem vorausgehender Dokumente/Konzepte – auf den Anbieter oder auf einen Dritten (externer Berater).

Innerhalb der Planungs- und Realisierungsphase werden weitere Teil-Projektschritte bzw. -phasen unterschieden. Welche sinnvollen Projektschritte hier definiert werden, orientiert sich an den Umständen des Einzelfalls. Auch können bestimmte Projektphasen, z.B. beim „Rollout" gleicher Anwendungen über mehrere Unternehmen eines Konzerns, zyklisch wiederholt werden. Je nach Art und Umfang des Projektes unterscheiden sich die einzelnen Projektschritte und -abläufe voneinander. 25

Moderne, zunehmend eingesetzte **Projektvorgehensmethoden** brechen das vorstehend beschriebene, bisweilen recht starre Hintereinanderschalten von Planungs- und Realisierungsphase mit den entsprechenden starren Teilphasen (so z.B. beim „Wasserfallmodell") auf. Hintergrund für diese sog. **agilen Methoden** ist, dass zum einen der Kunde schneller in den Vorteil einer lauffähigen, von ihm betrachtbaren und beurteilbaren Software kommen soll als dies bei einer langen Planungsphase der Fall wäre, und zum anderen auf im Laufe des Projekts veränderte Rahmenbedingungen bzw. Kundenwünsche schneller reagiert werden kann. Schon das für Ausschreibungen der öffentlichen Hand vorgesehene sog. V-Modell XT lässt mehr Flexibilität zu als das Wasserfallmodell. Beispielhaft sei die Methode „Scrum" geschildert, bei der mehrere aufeinander folgende kurze Realisierungszyklen eingesetzt werden, denen jeweils nicht zu viel Konzeptpapier, sondern eine von dem Kunden knapp geschilderte Aufgabe („Userstory") zugrunde liegt, und jeweils kurze Prüfungen („Reviews") am Ende der hintereinander geschalteten, mehreren kurzen Realisierungsphase, an deren Ende aber jeweils ein lauffähiges Stück Software entsteht („Sprints"). Solche agilen Methoden werden in Projekten mit eher geringerem Umfang immer häufiger eingesetzt, zunehmend auch in Großprojekten.[18] 26

Geführt wird das Projekt durch Projektmanagementmaßnahmen. Das **Projektmanagement** dient der Planung, Überwachung und Steuerung eines Projektes. Zum Projektmanagement gehören auch Maßnahmen zur **Qualitätssicherung** und eine **Projekt- und Ergebnisdokumentation**[19] der einzelnen Projektphasen/Leistungen; dies erfolgt heutzutage i.d.R. elektronisch. Wesentliches Element des Projektmanagements ist die Leitung des **Projekts** durch entsprechend qualifiziertes Führungspersonal. Wie das Projektmanagement im Einzelnen durchgeführt wird, hängt vom Umfang und der Größe des Projektes ab. Typischerweise werden in Projekten bestimmte Aufgaben bzw. Rollen vergeben, denen unterschiedliche Kompetenzen und Entscheidungsbefugnisse zukommen. Auf unterster Ebene erfolgt die Durchführung bestimmter Einzelaufgaben durch das **Projektteam.** Die Mitglieder eines Projektteams unterstehen dem jeweiligen **Projektleiter** (bei umfangreichen Projekten: Teilprojektleiter) und haben 27

18 *Ernst* CR 2017, 285 ff.; *Söbbing* ITRB, 2014, 214 ff.
19 *Schreiber-Ehle* CR 2015, 469 ff.

sich mit diesem abzustimmen. Übergeordnetes Überwachungs- und Steuerungsgremium ist oft ein sog. **(Projekt-)Lenkungsausschuss** oder „Steering Committee“, der/das für das Gesamtprojekt verantwortlich ist und jedenfalls das Eskalations- und Entscheidungsgremium darstellt, sofern dort jenseits dessen nicht auch Fachaufgaben wahrgenommen werden. Hinzu kommen ggf. spezielle externe Fachgruppen, die zur Erledigung spezieller Aufgaben herangezogen werden. Wie die einzelnen Teams besetzt sind, z.B. ausschließlich durch Mitarbeiter des Anbieters und lediglich durch Mitwirkung des Anwenders unterstützt, oder gar gemischt oder paritätisch (dies i.d.R., um im Laufe des Projekts das Know-how vom Anbieter auf den Anwender übergehen zu lassen), ist eine Frage der Vereinbarung im Einzelfall, hat aber oft auch Einfluss auf die Vertragsgestaltung. Während die Rollen beim Werkvertrag so verteilt sind, dass der Anbieter den Projekterfolg schuldet und der Anwender lediglich mitwirkt (§§ 642, 643 BGB), wird beim Dienstvertrag oft in gemischten Teams gearbeitet, die sich gemeinschaftlich bestimmten Aufgaben widmen (was arbeits- und sozialversicherungsrechtlich bisweilen Fragen der Scheinselbstständigkeit und/oder Arbeitnehmerüberlassung aufwirft).

C. Typisierte Lebenssachverhalte im IT-Vertragsrecht

I. Einleitung

28 Der Umfang dieser Darstellung lässt es nicht zu, alle denkbaren Lebenssachverhalte, die im IT-Vertragsrecht vorkommen können, intensiv zu betrachten. Es ist daher notwendigerweise der Blick auf lediglich einige ausgewählte und typisierte Lebenssachverhalte zu lenken.

29 Im IT-Bereich werden sowohl Leistungen im Massengeschäft erbracht (z.B. Verkauf von Standardsoftwareprogrammen oder Rechnern durch den Elektronikfachhandel) und damit auch typisierte Verträge unter Einsatz von AGB geschlossen, es kommt jedoch auch zu komplexen, zumindest teilweise individuell verhandelten Fallgestaltungen, in denen ein Bündel von Einzelleistungen erbracht wird und/oder bei denen es sich um Konstellationen unter Beteiligung mehrerer Leistungserbringer auf gleichen oder verschiedenen Herstellungs-/Vertriebsstufen.

30 Eine Reihe von IT-Leistungen können bzw. der jeweilige Vertrag zu ihrer Erbringung kann für sich vertragstypologisch unproblematisch einem bestimmten typisierten Schuldverhältnis des BGB zugeordnet werden. So liegt nichts näher – Weiteres s.u. – als den Erwerb einer auf Dauer nutzbaren Einzelplatzlizenz einer Textverarbeitungssoftware oder den Erwerb eines Monitors gegen Einmalzahlung dem Kaufrecht zu unterwerfen. Die meisten Situationen gehen jedoch über solche einfachen Lebenssachverhalte hinaus, und es kommt zur Übernahme weiterer Leistungspflichten. So kann sich ein Hardwareanbieter dazu verpflichten, die Hardware nach der Lieferung noch aufzustellen bzw. zu installieren und die Mitarbeiter des Vertragspartners in die Benutzung einzuweisen. Ein Softwareanbieter kann die Pflicht übernehmen, die Mitarbeiter des Anwenders (in regelmäßigen Abständen) zu schulen und/oder während der Nutzungszeit der Software dauerhaft eine Hotline zu betreiben, was man beides als Dienstvertrag ansehen würde. Löst man eine vorhandene Software durch eine neue Software ab, stellen sich Fragen der Datenmigration von einem System in ein anderes sowie Fragen des etwaigen Parallelbetriebs beider Systeme. [20]Folge davon ist, dass Verträge mit IT-Bezug vielfach **verschiedenartige Leistungsinhalte** zusammenfassen. Dies kann hinsichtlich der **vertragstypologischen Einordnung** zu Schwierigkeiten führen, da die unterschiedlichen Leistungspflichten auch rechtlich unterschiedlich charakterisiert werden und daher eine eindeutige Zuordnung zu einem bestimmten einheitlichen Vertragstypus des BGB für den gesamten Vertrag nicht möglich ist, was wiederum nicht zuletzt von Einfluss ist auf die Gestaltung von AGB.

Eine klare vertragstypologische Einordnung einer Leistung oder eines Leistungsbün- 31
dels ist von Vorteil, denn bei Regelungslücken kann auf die ergänzend eingreifende gesetzliche Regelung zurückgegriffen werden. Außerdem orientiert sich die AGB-Kontrolle an dem gesetzlich vorgegebenen Leitbild (vgl. § 307 Abs. 2 Nr. 1 BGB), daher muss sich der Verwender der vertraglichen Regelungen, gleich ob Anbieter oder Anwender, stets fragen, an welchem Leitbild sich eine AGB-Kontrolle ausrichten würde, um nicht die Unwirksamkeit einer Klausel zu riskieren. Die unsichere bzw. nicht eindeutige Zuordnung zu einem Vertragstyp des BGB muss *außerhalb* der AGB-Problematik aber nicht zwingend nachteilig sein. Im Schuldrecht besteht gerade kein strenger Typenzwang, so dass die Beteiligten innerhalb der zwingenden gesetzlichen Grenzen (z.B. §§ 134, 138, 276 Abs. 3 BGB) frei darin sind, die Inhalte ihrer Verträge zu bestimmen. Die vertragstypologische Einordnung kann ferner für die Nutzungsbeschränkungen in Bezug auf den Vertragsgegenstand Software bedeutsam sein; so dürfte im deutschen Recht eine „Kündbarkeit" eines im Zuge eines Kaufs eingeräumten Nutzungsrechts (z.B. als Sanktion durch den Verkäufer bei mengenmäßiger Überschreitung des Nutzungsrechts) nicht mit der Verpflichtung zur Eigentumsverschaffung nach dem Kaufrecht vereinbar sein, während bei einer mietweisen Gestaltung eine Befristung auf die Laufzeit des Mietvertrages zwingend erscheint und unproblematisch möglich ist.

Bei der Bestimmung der Rechtsnatur der Hauptleistungspflichten muss berücksichtigt 32
werden, dass aufgrund der Bündelung der unterschiedlichen Leistungen zusammengesetzte oder gemischte Verträge entstehen können. Ein **zusammengesetzter Vertrag** liegt vor, wenn nach dem Parteiwillen mehrere Verträge derart zu einem Gesamtgeschäft zusammengefasst werden, dass sie für die rechtliche Beurteilung eine Einheit bilden.[21] Hingegen sind bei einem gemischten Vertrag „die Bestandteile verschiedener Vertragstypen derart miteinander verbunden, dass sie nur in ihrer Gesamtheit ein sinnvolles Ganzes ergeben".[22] Gemischte Verträge können wiederum als **typische Verträge mit andersartiger Nebenleistung,** als **Typenkombinationsverträge,** als **gekoppelte Verträge** oder **Typenverschmelzungsverträge** eingeordnet werden. Ein Typenkombinationsvertrag liegt vor, wenn eine Partei mehrere, verschiedenen Verträgen entsprechend gleichwertige Leistungspflichten übernimmt.[23]

Die **rechtliche Behandlung** der gemischten Verträge erfolgt nach überwiegender 33
Ansicht wie folgt: Grundsätzlich ist für jede Leistungspflicht die für sie geltenden Vorschriften heranzuziehen. Kommt es aber zu einer Kollision der Vorschriften, ist das

20 *Intveen* ITRB 2014, 211, 213.
21 Vgl. *BGH* NJW 1980, 829.
22 Palandt/*Grüneberg* Überblick vor § 311 BGB Rn. 19.
23 Palandt/*Grüneberg* Überblick vor § 311 BGB Rn. 21.

Recht des Vertragstypus heranzuziehen, welches den rechtlichen Schwerpunkt bildet[24] oder welches dem Vertragszweck am besten entspricht.[25] Mithin bedarf es zunächst der Bestimmung, welche Leistungspflichten bestehen. Sodann muss anhand des jeweiligen Einzelfalls geprüft werden, ob es sich um einen zusammengesetzten oder gemischten Vertrag handelt und dann, wie dieser rechtlich zu behandeln ist. In der Praxis kann durch entsprechende Formulierung versucht werden, den Vertrag einem bestimmten Schuldverhältnis zuzuordnen. Ferner muss beim Fehlen eines eindeutig zuzuordnenden Vertragstypus, umso mehr darauf geachtet werden, dass die gegenseitigen Rechte und Pflichten detailliert und umfassend beschrieben werden. Auch bei Streitigkeiten ist die Rechtsnatur des Vertrages von Bedeutung, um so Anhaltspunkte für die Rechte und Pflichten der Parteien zu gewinnen.

II. Erwerb von Hardware (Kauf, Miete, Leasing)

34 Hardware ist eine Sache i.S.d. § 90 BGB. Die dauerhafte Überlassung von Hardware kann auf einem Kaufvertrag beruhen, für die zeitweise Überlassung kann ein Miet- oder Leasingvertrag geschlossen werden. Die zeitweise (mietweise) Nutzung von Hardware (virtualisiert) kann auch im XaaS-Modell erfolgen, also bei Nutzung von im Internet befindlicher Hardware eines Dritten. Die dauernde Funktionsbereitschaft von Hardware während der Betriebsphase wird durch den Abschluss eines (Voll-)Wartungsvertrages gewährleistet.

35 Die öffentliche Hand verwendet bei der Beschaffung von Hardware, bedingt durch das Kartell- bzw. Haushaltsvergaberecht, eigene Vertragsbedingungen. Diese wurden zunächst als Besondere Vertragsbedingungen (BVB) durch den Interministeriellen Ausschuss zur Koordinierung der elektronischen Datenverarbeitung in der Bundesverwaltung unter Federführung des Bundesinnenministers herausgegeben. Die BVB wurden sukzessive durch die Ergänzenden Vertragsbedingungen für die Beschaffung von IT-Leistungen (EVB-IT) abgelöst, die das Bundesministerium in Zusammenarbeit mit den Wirtschaftsverbänden erstellt hat. Auf diese Regelungen wird im 25. Kap. eingegangen.[26]

1. Hardwarekauf

36 Soll Hardware auf Dauer und endgültig (gegen Einmalzahlung) überlassen werden, handelt es sich um einen **Kaufvertrag.**[27] Diese vertragstypologische Einordnung bereitet in der Regel keine Schwierigkeiten.

1.1 Vertragliche Besonderheiten

37 Neben dem eigentlichen Vertragsgegenstand, der (Ab-)Lieferung von Hardware, können durch den Anbieter **Zusatzleistungen** wie beispielsweise Installationsarbeiten (i.d.R. zu behandeln wie ein „Kauf mit Montageverpflichtung"), Einweisungen oder

24 Vgl. *BGH* NJW 2002, 1571.

25 Palandt/*Grüneberg* Überblick vor § 311 BGB Rn. 26.

26 Vgl. dazu u.a. *Müller-Hengstenberg* BVB/EVB-IT-Computersoftware, 6. Aufl. 2003; *Feil/Leitzen* EVB-IT, 2003.

27 Redeker/*Bauer/Schneider* Handbuch der IT-Verträge, Kap. 1.1 Rn. 5; *Schneider* Handbuch des EDV-Rechts, F Rn. 7; *OLG Düsseldorf* NJW-RR 2000, 1223.

sonstige Leistungen übernommen werden. Dann ist zu klären, ob und wie diese sich auf die Einordnung als Kaufvertrag auswirken. In der Regel wird es sich um bloße Nebenleistungen handeln, die dem Vertrag kein anderes Gepräge geben. Es muss jedoch im Einzelfall geprüft werden, ob eher umfangreiche Zusatzleistungen dem Vertrag einen anderen oder zusätzlichen Schwerpunkt geben und so ein gemischter Vertrag (etwa Kauf- und Werkvertrag) vorliegt,[28] was z.B. der Fall sein kann, wenn es dem Anwender entscheidend darauf ankommt, dass er von dem Anbieter nicht nur die Hardware erwirbt, sondern dass dieser die Hardware auch – mit mehr als nur geringem Aufwand – unmittelbar in einen betriebsfertigen Zustand versetzt, z.B. nach der Anlieferung und Installation der Hardware auch noch (vom Anwender beigestellte) Software betriebsfertig installiert und ein „betriebsfertiges Gesamtsystem" bereitstellt. Erforderlich ist aber, dass die Zusatzleistungen (mit) prägend sind. Insbesondere bei komplexen Projekten können neben dem Hardwarekauf auch weitere Verträge mit weiteren Vertragstypen, z.B. ein Werkvertrag über Softwareerstellung, oder ein Dienstvertrag über die Erbringung von Beratungsleistungen geschlossen werden. Dies sind – vorbehaltlich der Vereinbarung eines Gesamtleistungserfolges (insbesondere: durch einen Leistungserbringer als Generalunternehmer) – gesonderte Vertragsgegenstände, die sich grundsätzlich auch bei dem Vorliegen eines gemischten Vertrages an der Einordnung des Hardwareerwerbs als Kauf nicht auswirken.[29]

Sind **mehrere Vertragsgegenstände** von Gewicht vorhanden, z.B. Hardware und Software, stellt sich aus Anwendersicht weiter die Frage, ob diese so miteinander verknüpft werden, dass sie rechtlich eine Einheit bilden und miteinander stehen und fallen sollen. Dies wirkt sich bei einer Leistungsstörung und insbesondere bei der Rückabwicklung des Vertrages aus, da bei einer einheitlichen Kaufsache auch eine einheitliche Rückabwicklung stattfindet. Auch wenn Software und Hardware nicht zwingend gemeinsam erworben werden müssen, kaufen Anwender aus ihrer Perspektive meist ein aufeinander abgestimmtes Paket und sehen dies als eine einheitliche Leistung an, die sie nicht teilweise annehmen wollen, sondern ganz oder gar nicht. **38**

Grundsätzlich gilt, dass von einem **einheitlichen Vertrag** nur dann auszugehen ist, wenn dafür eine gesetzliche Regelung oder eine vertragliche Vereinbarung besteht bzw. sich das Vorliegen einer rechtlichen Einheit aus den Umständen des Einzelfalls ergibt.[30] Dabei ist in erster Linie auf die Verkehrsanschauung abzustellen. Die Zusammenfassung in einer Vertragsurkunde begründet dafür lediglich eine Vermutung, die nach der Ansicht des BGH widerlegt sein kann, wenn es um den Kauf von Standardsoftware und um einen handelsüblichen Computer geht.[31] Ist in einem solchen Fall der Softwareüberlassungsvertrag wegen Mängeln der Software rückgängig gemacht oder gekündigt (Miete), wird der Hardwarevertrag nach Auffassung des BGH davon nicht berührt, so nicht besondere Umstände vorliegen.[32] Eine solche rechtliche Einheit kann beispielsweise durch die technische Zusammengehörigkeit/Unteilbarkeit, das Anbieten als System bzw. Leistungspaket oder durch eine ausdrücklich vereinbarte rechtliche Verknüpfung hergestellt werden.[33] Ist Inhalt des Kaufvertrages die Liefe- **39**

28 Vgl. *Schneider* Handbuch des EDV-Rechts, F. Rn. 6.
29 *Schneider* Handbuch des EDV-Rechts, F Rn. 12; a.A. *OLG Koblenz* CR 1988, 463; *OLG Celle* CR 1995, 152.
30 Vgl. *BGH* NJW 1988, 406.
31 *BGH* NJW 1987, 2004; a.A. *Redeker* IT-Recht, Rn. 682.
32 *BGH* NJW 1987, 2004.
33 Ausf. *Heussen* NJW 1988, 2441.

rung von Hardware mit einer Betriebssystemsoftware gegen Zahlung einer einmaligen Vergütung, ist grundsätzlich von dem Vorliegen eines einheitlichen Kaufvertrages auszugehen.[34] Auch bei der Lieferung von mehreren, zueinander gehörenden unterschiedlichen Hardwareteilen ist von einem einheitlichen Kaufvertrag über eine einheitliche Sache auszugehen (z.B. Kauf von Rechner und Eingabe- und Ausgabegeräten zum gemeinsamen Einsatz).

1.2 Vorvertragliches Stadium

40 Im vorvertraglichen Bereich ist auf die **Beratungs- und Aufklärungspflicht** des Anbieters hinzuweisen, deren Verletzung einen Anspruch wegen culpa in contrahendo gem. §§280, 311 Abs. 2, 241 Abs. 2 BGB herbeiführen kann.

41 Ohne das Vorliegen zu einem besonderen Vertrauensverhältnis führender besonderer Umstände ist das Bestehen genereller vorvertraglicher Aufklärungs- und Beratungspflicht zu verneinen,[35] allerdings werden vielfach im IT-Bereich keine besonders hohen Anforderungen an das Entstehen dieser Pflichten gestellt, weil es sich durchweg um technische Sachverhalte und Einzelparameter handelt, von denen viele Anwender, jedenfalls Verbraucher und Kleinunternehmer, beim Erwerbsvorgang keine konkrete Vorstellung haben. Der Anbieter von Hardware, der über ein größeres Wissen als der Anwender als Laie und über eine umfangreichere Erfahrung im IT-Bereich verfügt, hat diesen danach – im erforderlichen Umfang – zu beraten.[36] Maßgebend für den Umfang der Aufklärungs- und Beratungspflicht sind also insbesondere die Vorkenntnisse des Kunden; diese können bei einem Anwender, der eine eigene vielköpfige IT-Abteilung betreibt, erheblich sein, so dass praktisch kein Wissensgefälle mehr besteht. Zudem sind die konkreten Vorgaben des Anwenders bedeutsam. Dabei werden vonseiten des Anwenders zumeist die Anforderungen an Rechner formuliert anhand der Software, die auf dem Rechner mit einer bestimmten Mindestgeschwindigkeit (Antwortzeitverhalten in Abhängigkeit von Programm und Datenbankgröße) laufen soll. Hardware mit einer spezifischen Funktion (z.B. heute noch Nadeldrucker für das Drucken von Durchschreibesätzen, Barcodeleser mit einer bestimmten Empfindlichkeit, Monitore für Grafiker mit einer Hard- oder Software-Farbkalibrierungsmöglichkeit usw.) wird anhand der gestellten funktionalen Anforderungen ausgesucht. Hierzu erfolgt typischerweise eine Beratung durch den Anbieter. So wird es für den Anwender von Interesse sein, welche Speicherkapazität und/oder Rechengeschwindigkeit die Hardware aufweist, ob die Hardware mit einer bestimmten Software kompatibel oder für den intendierten Zweck einsetzbar ist. Andere Entscheidungen beschränken wiederum die Beratungspflichten: So soll die Beratungspflicht entfallen, wenn der Kunde sich hat anderweitig aufklären lassen oder bereits mit festen Vorstellungen auftritt.[37] Insgesamt kommt es also in besonderem Maße darauf an, ob es sich um einen Laien oder einen Fachkunden handelt, welches Produkt verkauft wird und ob der Kunde überhaupt einen Beratungsbedarf erkennen lässt.

---

34 Redeker/*Bauer/Schneider* Handbuch der IT-Verträge, Kap. 1.1 Rn. 5; *Redeker* IT-Recht, Rn. 508.

35 *Schneider* Handbuch des EDV-Rechts, D Rn. 236; *Zahrnt* NJW 1995, 1785.

36 *OLG Hamm* NJW-RR 2000, 1224; *OLG Köln* NJW 1994, 1355; *OLG Stuttgart* NJW-RR 1989, 598; *OLG Hamburg* NJW-RR 1988, 438.

37 Vgl. *Zahrnt* NJW 1995, 1785 m.w.N.

1.3 Pflichten des Verkäufers/Anbieters

Hauptleistungspflicht des Verkäufers/Anbieters sind Übergabe und Übereignung (§ 433 Abs. 1 BGB) der Hardware. 42

Eine detaillierte Bezeichnung des Kaufgegenstandes dient zum einen der eindeutigen Festlegung der geschuldeten Leistung und ist zum anderen notwendig, um das Vorliegen eines Mangels oder einer anderweitigen vertraglichen Pflichtverletzung beurteilen zu können. So kommt es zur Beurteilung der Mängelfreiheit der Sache primär auf die vereinbarte Beschaffenheit an, § 434 Abs. 1 BGB. Die Konkretisierung des Vertragsgegenstandes erfolgt oft in einem Kaufschein, in Bestellungen oder Auftragsbestätigungen. Vielfach spielen bei der Bestimmung der geschuldeten Eigenschaften auch Prospekte und anderes werbliches Material eine Rolle, die/das vonseiten des Vertriebs vor Kaufvertragsabschluss abgesetzt werden. 43

Bei der Festlegung der Beschaffenheit der Kaufsache ist aus Anbietersicht darauf zu achten, dass nicht ungewollt der Anschein erweckt wird, der Verkäufer übernehme eine über den Gehalt der gesetzlichen Sachmangelhaftung hinaus gehende **Garantie** für die Kaufsache, etwa weil er „sicher stellt“, „zusichert“ oder „garantiert“, die Hardware weise eine bestimmte Eigenschaft auf oder er stehe – insbesondere ohne Abschluss eines Wartungsvertrages – für eine bestimmte Beschaffenheit ein. Die Übernahme einer Garantie führt nach § 444 BGB zu einer Haftungsverschärfung. Abzugrenzen von einer solchen Garantie nach § 444 BGB sind bloße Erweiterungen der gesetzlichen Mangelhaftungsansprüche z.B. in zeitlicher Hinsicht, oder die Gewährung eines Rücktrittsrechts in Fällen, in denen lediglich eine Minderung noch vorgesehen ist. 44

Ist der Verkäufer nicht zugleich Hersteller, übernimmt letzterer aber eine (gesonderte) Garantie, so kann der Verkäufer diese an den Käufer „weitergeben“. Viele Hersteller von Hardware übernehmen eine besondere Haftung für die einwandfreie Beschaffenheit ihres Produktes. Dazu legen sie **Garantiescheine oder -karten** bei, in denen die Einzelheiten der Garantieübernahme näher beschrieben werden. Diese freiwillig übernommenen Garantien sind selbstständige Garantieverträge. Sie treten meist neben die gesetzliche Mängelhaftung des Verkäufers, so dass dem Käufer das Wahlrecht zusteht, ob er Ansprüche gegenüber dem Hersteller oder dem Verkäufer geltend macht.[38] Bei der Gestaltung solcher Garantien ist darauf zu achten, wem gegenüber eine Garantie übernommen werden soll. Beim Garantiekartensystem kommt es zum Abschluss eines selbständigen Garantievertrages zwischen dem Hersteller und dem Endkunden, bei dem der Verkäufer als Erfüllungsgehilfe, Bote oder Bevollmächtigter des Herstellers tätig wird.[39] Der Verkäufer füllt dazu die Garantiekarte aus und übergibt sie dem Kunden. 45

Zur Hauptleistungspflicht beim Hardwarekauf gehört auch die Lieferung der erforderlichen **Dokumentation,** d.h. eines **Benutzerhandbuches** oder einer **Bedienungsanleitung.**[40] Soweit zu der Hardware Software mitgeliefert wird (Betriebssystem/Treiber), muss auch für diese eine Bedienungsanleitung geliefert werden. Das Handbuch muss fachlich-inhaltlich so verfasst sein, dass es vom Käufer auch verstanden werden kann. Die Lieferung lediglich fremdsprachiger Dokumentation bedarf eines Hinwei- 46

38 MünchKomm-BGB/*Basedow* § 309 Nr. 8b Rn. 21.
39 *BGH* NJW 1988, 1726.
40 *BGH* NJW 1993, 461; NJW 1989, 3222.

ses in der Leistungsbeschreibung; für technisches Bedienpersonal (z.B. beim RZ-Betrieb) dürfte eine Bedienungsanleitung in englischer Sprache ausreichend sein. Ohne besonderen Hinweis dürfe die für einen nicht gewerblichen Endkunden bestimmte Bedienungsanleitung allenfalls kleine Details in Englisch enthalten,[41] während für gewerbliche Endkunden, insbesondere solche, die eine eigene IT-Abteilung haben oder ein Rechenzentrum betreiben, eine Dokumentation in englischer Sprache heute als üblich (und damit als Vertragserfüllung) angesehen werden kann. I.d.R. werden Handbücher heute als elektronische Bücher auf dem Installationsmedium (für das Betriebssystem) oder einem sonstigen Datenträger mitgegeben statt in ausgedruckter Form, das verlagert einerseits die Druckkosten auf den Kunden, ermöglicht diesem aber andererseits ein elektronisches Durchsuchen des Handbuches.

47 Wie bereits angesprochen, kann der Verkäufer **zusätzliche Leistungen** wie etwa die **Installation, Einweisung, Anpassung** oder das **Einrichten** der Hardware übernehmen. Diese können, je nach Vereinbarung, Haupt- oder Nebenleistung sein. Handelt es sich um Hauptleistungspflichten, ist von dem Vorliegen eines gemischten Vertrages auszugehen. Diskutiert wird vielfach, welche Zusatzleistungen auch ohne besondere Vereinbarung zum Lieferumfang gehören. So wurde z.B. in der älteren Rspr. eine Installationspflicht bejaht,[42] was man jedoch heute bei eher einfachen Systemen nicht mehr ohne Weiteres annehmen kann. Auch eine grundlegende Einweisung könnte bei komplexen Systemen Leistungspflicht sein. Um Missverständnisse über den Lieferumfang zu vermeiden, sollte in dem Vertrag ausgewiesen werden, welche Leistungen – ggf. gegen eine besondere Vergütung – geschuldet und welche nicht geschuldet werden. Es muss insbesondere klar vereinbart werden, ob eine schlichte Übergabe der Hardware erfolgt oder ob der Verkäufer diese betriebsbereit beim Anwender aufstellen muss.

48 Keine Hardware funktioniert ohne Betriebssystem und betriebssystemnahe Treiber. Diese sind dem Anwender zu überlassen; allerdings sind im Serverbereich auch Fälle nicht selten, in denen Hardware ohne Betriebssystem erworben wird (insbesondere, weil der Kunde noch über hinreichende Lizenzen verfügt und diese auf den neuen Maschinen einsetzt). Bei der Lieferung solcher zusätzlicher Software muss dem Anwender auch ein (einfaches) Nutzungsrecht hieran eingeräumt werden. Ohne ausdrückliche Nutzungsrechtseinräumung ist von der konkludenten Einräumung eines Nutzungsrechtes auszugehen in dem Umfang, der sich aus dem Vertragszweck oder der Branchenüblichkeit ergibt (§ 31 Abs. 5 UrhG). Im Hinblick auf die urheberrechtlichen und sonstigen Fragen kann insoweit auf die Erläuterungen zum Softwarekauf (s.u. Rn. 122) verwiesen werden.

1.4 Pflichten des Käufers/Anwenders

49 Hauptpflicht des Anwenders ist die Zahlung der vereinbarten **Vergütung.** Der Käufer hat darüber hinaus bestimmte, nicht im Gegenseitigkeitsverhältnis stehende Nebenpflichten. Eine **Mitwirkungspflicht** des Kunden ist beim Kauf, anders als beim Werkvertrag (s. § 642 BGB), nicht gesetzlich vorgesehen, der Käufer ist lediglich verpflichtet, die Kaufsache anzunehmen. Die **Annahme** der Sache ist vertragliche Nebenpflicht.

50 Soweit auch eine Mitwirkung des Anwenders zur ordnungsgemäßen Erfüllung des Vertrages notwendig ist, sollten diese zusätzlichen Pflichten vertraglich ausdrücklich

41 *Schneider* Handbuch des EDV-Rechts, F. Rn. 49.
42 Vgl. *LG Köln* CR 1986, 23.

festgehalten werden. Soll die Hardware durch den Verkäufer aufgestellt werden, kann der Anwender etwa verpflichtet werden, dafür zu sorgen, dass die Aufstellung und Installation bei ihm erfolgen kann, z.B. durch den Zugang zu seinen Räumlichkeiten, dem Vorhalten eines Anschlusses an das Telekommunikations- und das Stromnetz, das Schaffen sonstiger technischer Voraussetzungen (z.B. klimatisierte Räume für ein Rechenzentrum) oder die Bereitstellung von Personal mit bestimmten Fähigkeiten. Damit korrespondiert die Pflicht des Verkäufers, dem Kunden rechtzeitig mitzuteilen, welche zusätzlichen Anforderungen zu erfüllen sind.[43] Diese Pflichten müssen, um Vertragsbestandteil zu werden, ausdrücklich geregelt werden, weil das Kaufrecht, anders als das Werkvertragsrecht (§§ 642, 643 BGB), keine Mitwirkungspflichten vorsieht; i.Ü. empfiehlt sich eine vertragliche Klarstellung der geforderten Systemumgebung zur Vermeidung von Projektverzögerungen.

51 Handelt es sich auf beiden Seiten um ein Handelsgeschäft, so besteht nach § 377 HGB zur Vermeidung von Rechtsverlusten eine Untersuchungs- und Rügepflicht. Dazu zählt bei Hardware jedenfalls die Überprüfung, ob der geschuldete Vertragsgegenstand geliefert wurde, die Vollständigkeit der Lieferung und ob sonstige offensichtliche Mängel bestehen. Es besteht keine einheitliche Auffassung darüber, ob der Käufer auch einen Probebetrieb oder Testlauf vornehmen muss, um seiner Untersuchungspflicht nachzukommen. Im Grunde bestimmt sich der Umfang der Untersuchung danach, was einem ordnungsgemäßen Geschäftsgang entspricht.[44] Dabei gilt, dass die Untersuchung dem Anwender unter Berücksichtigung der Kosten, der Zeit und den notwendigen technischen Kenntnissen zumutbar sein muss.[45] Handelt es sich bei dem Anwender um einen gewerblich tätigen Laien, so muss ihm eine längere, jedoch weniger intensive Untersuchung zugebilligt werden. Bei der Lieferung von Hardware wird eine Untersuchung jedenfalls durch das Einschalten und das Laufenlassen der Programme erfolgen können. Denkbar ist bei bestimmten Arten von Maschinen auch, eine Untersuchung dann als abgeschlossen anzusehen, wenn die Maschine einen im Handbuch vorgesehenen „Selbsttest" beim Startvorgang abgeschlossen hat und die nach dem Selbsttest erwartete Prüfsumme in einem Display angezeigt wird bzw. keine Fehlermeldungen angezeigt werden.

1.5 Durchführung des Vertrages

52 Zur Durchführung des Vertrages gehört die Übergabe/**Ablieferung** der Hardware und ggf. die Erbringung zusätzlicher Leistungen.

53 Unter Ablieferung wurde bei EDV-Anlagen inklusive Software teils verstanden, dass die Kaufsache dem Kunden so übergeben wurde, dass er einen störungsfreien Probelauf durchführen konnte.[46] Dem hat sich der BGH nicht angeschlossen und entschieden, dass mangels anderweitiger Vereinbarung dann „abgeliefert" ist, wenn die Kaufsache vom Verkäufer in Erfüllungsabsicht derart in den Machtbereich des Käufers gebracht wird, dass dieser sie auf das Vorhandensein von Mängeln untersuchen kann.[47] Ablieferung bedeutet also die Übergabe der Kaufsache derart, dass der Käu-

---

43 Vgl. *Schneider* Handbuch des EDV-Rechts, F. Rn. 73; Redeker/*Bauer/Schneider* Handbuch der IT-Verträge, Kap. 1.1. Rn. 54.

44 *BGH* NJW-RR 1986, 52.

45 Vgl. hierzu Redeker/*Bauer/Schneider* Handbuch der IT-Verträge, Kap. 1.1 Rn. 57, 58.

46 Vgl. *OLG Köln* NJW 1991, 2156; *OLG Düsseldorf* WM 1989, 489.

47 *BGH* NJW 2000, 1415 zum Kauf von Standardsoftware.

fer die Sache prüfen kann.[48] Die Prüfung erfolgt zeitlich jedoch nicht vor der Ablieferung wie bei einer werkvertraglichen Abnahme, sondern erst nach Übergabe der Hardware.

54 Ist das Handbuch noch nicht übergeben und sind noch sonstige Leistungen zu erbringen, etwa eine Einweisung der Mitarbeiter, Installation des EDV-Systems oder die Durchführung von Schulungsmaßnahmen, so liegt mangels vollständiger Erfüllung auch noch keine Ablieferung vor. Durch die bloße Übergabe der Kaufsache ist dann die Leistung des Verkäufers nicht vollständig erbracht.

1.6 Mängelrechte

55 Die Sach- und Rechtsmangelhaftung ist im Kaufrecht ausführlich geregelt (§§ 434 ff. BGB). Danach stehen dem Käufer umfassende Mängelrechte zu, die durch AGB nicht vollständig ausgeschlossen werden können. Nach § 437 BGB kann der Käufer Nacherfüllung verlangen, vom Vertrag zurücktreten oder den Kaufpreis mindern sowie Schadensersatz oder den Ersatz vergeblicher Aufwendungen geltend machen. Ob ein Mangel vorliegt beurteilt sich primär danach, ob die Hardware die vertraglich vereinbarten Beschaffenheit (§ 434 Abs. 1 BGB) aufweist, was die Bedeutung der Leistungsbeschreibung verdeutlicht. Soweit eine solche Vereinbarung nicht vorliegt muss sich die Sache für die vertraglich vorausgesetzte oder gewöhnliche Verwendung eignen. In vielen Verträgen findet sich insoweit die Wendung, dass die Kaufsache den konkret getroffenen Vereinbarungen und „im Übrigen dem *[aktuellen] [erprobten] [angewendeten]* Stand der Technik“ entsprechen muss.

56 Zu beachten ist, dass zu der Beschaffenheit nach § 434 Abs. 1 S. 2 Nr. 2 BGB auch Eigenschaften gehören, die der Käufer nach den **öffentlichen Äußerungen des Verkäufers, des Herstellers** (§ 4 Abs. 1, Abs. 2 ProdHaftG) oder seines Gehilfen, insbesondere in der Werbung oder bei der Kennzeichnung, über bestimmte Eigenschaften der Sache erwarten kann. Ausgenommen sind solche Äußerungen, die der Verkäufer nicht kannte und auch nicht kennen musste, oder eine Äußerung, die im Zeitpunkt des Vertragsschlusses in gleichwertiger Weise berichtigt war oder die Kaufentscheidung nicht beeinflussen konnte. Sollte der Verkäufer daher nicht zugleich Hersteller sein, sollte er die Werbeaussagen seines Herstellers prüfen und ggf. berichtigen um eine Inanspruchnahme durch den Käufer zu vermeiden.

57 Ein **Ausschluss der Mangelrechte** durch Allgemeine Geschäftsbedingungen im Verbraucherverkehr ist nur eingeschränkt möglich und richtet sich nach § 309 Nr. 8b) BGB, § 475 BGB. Handelt es sich um einen Verbrauchsgüterkauf, kann sich nach § 475 Abs. 1 BGB der Unternehmer auf eine vor Mitteilung eines Mangels getroffene Vereinbarung, die zum Nachteil des Verbrauchers von den §§ 433–435, 437, 439–443 BGB sowie von den Vorschriften der §§ 474 ff. BGB abweicht, nicht berufen. Diese Regelung gilt nicht für Schadensersatzansprüche (§ 475 Abs. 3 BGB). Auch im Verkehr mit Unternehmern gilt, dass der Anbieter dem Anwender nicht durch AGB sämtliche Mängelrechte entziehen darf. Ein kompletter Ausschluss der Rechte des § 437 BGB ist demnach nicht möglich.[49] So ist auch gegenüber Unternehmern ein Ausschluss des Rücktrittsrechts unzulässig.[50] Die in § 309 Nr. 8b bb), cc) dd) BGB enthaltenen Rechtsgedanken finden über § 307 BGB auch im Verkehr zwischen Unternehmern

48 *BGH* NJW 2000, 1415.

49 Palandt/*Grüneberg* § 309 BGB Rn. 60.

50 *Goldmann/Redecke* MMR 2002, 3.

Anwendung.[51] § 309 Nr. 8b ee) BGB findet hingegen keine Anwendung, der Prüfungsmaßstab ergibt sich vielmehr aus § 307 BGB i.V.m. § 377 HGB; daher muss bei der Formulierung von AGB auch im Unternehmerverkehr darauf geachtet werden, dass die Klausel nach § 307 BGB, ggf. unter Heranziehung der Rechtsgedanken des § 309 Nr. 8b BGB wirksam ist.

Die **Verjährung** der Mängelansprüche beginnt nach § 438 Abs. 2 BGB mit der **Ablieferung** der Hardware, die auch die Übergabe des Handbuches und ggf. die Durchführung von Zusatzleistungen erfassen kann. 58

2. Hardwaremiete

Eine Alternative zum Kauf von Hardware, insbesondere bei schnell veraltender Hardware, kann die Miete derselben sein. Dies ist für eine geringe Kapitalbindung wünschende Anwender interessant, außerdem für Anwender, die hinsichtlich der Aktualität der benutzten Hardwareprodukte kurzfristig auf dem aktuellen Stand bleiben möchten und bereit sind, mit regelmäßigem Wechsel einher gehende Umstellungsprobleme in Kauf zu nehmen. Außerdem kommt die Miete zur Überbrückung des Zeitraums bis zur Aufstellung eines eigenen Hardware-Systems in Betracht, wenn die endgültige Konfiguration sich erst in den ersten Monaten der Nutzung herausstellt (hier werden aber oft Systeme eingesetzt, die einem eher einfachen „Sizing" unterliegen bzw. skalierbar sind, sich also kurzfristig an geänderte Verhältnisse anpassen lassen). 59

Wenn Mietgegenstand eine komplette EDV-Anlage ist, d.h. jedenfalls Hardware und Betriebssystemsoftware, wird dies vielfach als „Systemmiete" bezeichnet. Bisweilen werden in den Begriff der „Systemmiete" auch mit gemietete Anwendungen einbezogen. 60

2.1 Vertragliche Besonderheiten

Auch bei der Miete stellt sich die Frage, ob Hardware und etwa mit gemietete Software als einheitlicher Vertragsgegenstand zu beurteilen sind, so dass sich Leistungsstörungen in einem Bereich auch auf den anderen Bereich auswirken. Aus Sicht des Mieters ist eine Verknüpfung vorteilhaft, wenn er ohne die Software für die Hardware keine Verwendung hat und umgekehrt. Der Vermieter kann hingegen das Interesse haben, die Vertragsgegenstände zu trennen. Eine Trennung durch Vereinbarung einer sog. **Trennungsklausel** kann in AGB-rechtlicher Hinsicht problematisch sein,[52] da dies dem wesentlichen Grundgedanken des Mietrechts, die Sache in einem vertragsgemäßen und somit nutzbaren Zustand zu überlassen und während der Vertragsdauer in diesem Zustand zu erhalten, widerspricht. Der Mieter hat bei einer derartigen Trennung der Vertragsgegenstände für einen Teil der Mietsache keine Verwendung, bliebe aber nach wie vor zur Zahlung des Mietzinses verpflichtet. Daher ist für den jeweiligen Einzelfall zu prüfen, ob eine rechtliche Trennung der Hard- und Software mit §§ 307 ff. BGB in Einklang steht. 61

Es nehmen insbesondere im Bereich des „Druckmanagements" Verträge zu, in denen unternehmensweit die betriebsfertige Zurverfügungstellung von Druckern, die Wartung derselben sowie die Ausstattung mit Toner und Papier oder anderen Verbrauchs- 62

51 Vgl. BT-Drucks. 14/6040, 158.

52 Ulmer/Brandner/Hensen/*Schmidt* AGB-Recht, Anh. § 310 BGB Rn. 772; Redeker/*Karger* Handbuch der IT-Verträge, Kap. 1.8. Rn. 62.

materialien gegen einen „Druckseitenpreis" vereinbart wird. Der Anwender soll sich um nichts mehr kümmern müssen, nicht einmal das Ordern von Papiernachschub, er bezahlt letztlich nur den tatsächlichen Verbrauch. Da der Anwender bestimmt, welche Drucker welchen Herstellers er in dieses Modell nimmt, wird hier ein Mietvertrag mit dienstvertraglichen Elementen vorliegen, bei Zusage einer bestimmten Verfügbarkeit der Drucker ggf. mit werkvertraglichen Elementen.

2.2 Vorvertragliches Stadium

63 Im vorvertraglichen Bereich bestehen bei der Hardwaremiete im Verhältnis zu anderen Beschaffungen keine Besonderheiten. Auch hier können den Vermieter Aufklärungs- und Beratungspflichten treffen, beispielsweise in Bezug auf die für das Laufenlassen bestimmter Software geeignete bzw. ungeeignete Hardware oder hinsichtlich besonderer Sorgfaltsanforderungen im Hinblick auf den Umgang mit dem Mietgegenstand (z.B. Luftfeuchtigkeit oder Temperaturschwankungen in einem Rechenzentrum).

2.3 Pflichten des Vermieters

64 Gegenstand des Mietvertrages ist die Pflicht des Vermieters zur Überlassung der Hardware (und ggf. Software) gegen Zahlung des Mietzinses (§ 535 BGB). Eine konkrete, genaue Beschreibung des Leistungsgegenstandes wird oftmals in sog. „Mietscheinen", „Angebotsscheinen" oder „Bestellscheinen" vorgenommen. Die genaue Festlegung der Mietsache ist z.B. notwendig, um sie von anderer beim Käufer vorhandener Hardware abzugrenzen (z.B. für den Insolvenzfall des Mieters), den Umfang der ordnungsgemäß zurückzugebenden Sachen nachzuvollziehen und im Falle einer gerichtlichen Pfändung der Mietsachen beim Mieter (Schuldner) die eigenen Eigentumsrechte geltend machen zu können.

65 Die **Überlassungspflicht** des Vermieters umfasst i.d.R. die Anlieferung der Mietsache, die Aufstellung, die Herbeiführung der Betriebsbereitschaft und die Überlassung des Handbuchs. Hintergrund ist die Verpflichtung des Vermieters, die Sache im gebrauchsfähigen Zustand zu überlassen. Der Vermieter muss die Mietsache zudem instand setzen und instand halten, da er nach § 535 Abs. 1 BGB die Mietsache in einem zum vertragsgemäßen Gebrauch geeigneten Zustand zu erhalten hat. Dies umfasst die Wartung der Hardware und die Beseitigung von Mängeln der Betriebssystemsoftware. Daher muss im Grunde bei der Systemmiete (soweit diese lediglich Hardware und Betriebssystemsoftware umfasst) kein gesonderter Wartungs- oder Pflegevertrag abgeschlossen werden, soweit dessen Gegenstand die Beseitigung von Mängeln ist. Vielfach werden gleichwohl wartungs- und pflegeähnliche Leistungen gegen gesondertes Entgelt angeboten mit der Maßgabe, dass diese über den Umfang an Leistung hinaus gehen, der sich aus § 535 Abs. 1 BGB ergibt. Zu der **Erhaltungspflicht** des Vermieters gehört es z.B. im Grundsatz nicht, die Hardware zu **aktualisieren** oder **nachzurüsten.** Der Vermieter muss das System lediglich auf dem Stand der Technik halten, den es bei Übergabe aufwies. Möchte der Mieter, dass das System ständig den aktuellen technischen Anforderungen entspricht oder sich seinen inhaltlich wechselnden Anforderungen laufend angepasst wird (z.B. Up-/Downsizing), müssen die Parteien eine entsprechende Anpassungspflicht vereinbaren. Das bedeutet i.Ü., dass auch das Alter des Systems und mithin dessen technische Überholung bei voller Funktionsfähigkeit keinen Mangel darstellt.

Um ungeachtet dessen der gesetzlich geschuldeten Verpflichtung zur Überlassung zum vertragsgemäßen Gebrauch nachkommen zu können, sollte der vertragsgemäße Gebrauch der EDV-Anlage bzw. des Systems genau umschrieben werden, damit zwischen den Parteien Klarheit darüber besteht, welchen Zustand die Mietsache aufweisen muss. Daher sollten der Zweck der Überlassung, der genaue Einsatzbereich, die mit der Mietsache durchzuführenden Geschäftsprozesse bzw. zumindest die Software, die auf der Anlage betrieben werden soll, festgelegt werden. Vielfach erfolgt zur Überprüfung der vollständigen Einrichtung der Mietsache nach der Ersteinrichtung eine „Abnahme" und erst hernach beginnt die eigentliche Mietzeit. Wird die Abnahme nicht erteilt, weil es dem Vermieter nicht gelingt, die Mietsache im vertragsgemäßen Zustand zur Verfügung zu stellen, gelangt der Mietvertrag gar nicht erst zur Durchführung, so dass ein Rücktritt noch möglich ist. Nach Beginn der Durchführung des Mietverhältnisses (Dauerschuldverhältnis) ist dann nur die Kündigung, ordentlich oder außerordentlich, letzteres mit oder ohne Auslauffrist (je nach Vereinbarung), möglich. **66**

2.4 Pflichten des Mieters

Vertragliche Hauptpflicht des Mieters ist die Zahlung der vereinbarten **Miete** (§ 535 Abs. 2 BGB). Die Miete wird i.d.R. als periodisch wiederkehrende Pauschale pro (Gerät und) Zeiteinheit vereinbart, kann aber auch nutzungsabhängig (z.B. nach ausgeführten Rechenoperationen) berechnet werden oder aus einer Kombination von Pauschalbetrag und verbrauchsabhängiger Nutzungsgebühr bestehen. Mit der Miete ist die Überlassung des Systems und – soweit nichts anderes vereinbart ist – die Wartung im Sinne einer Erhaltung der Funktionsfähigkeit abgegolten. Geregelt werden kann außerdem, inwieweit Zusatz-/Nebenleistungen gesondert vergütet werden (z.B. Schulungen, Änderungen und Aktualisierungen, Einweisungen). **67**

Wichtig ist für den Vermieter i.d.R., dass der Mieter die Mietsache nicht an Dritte weitergibt, vor allem im Hinblick auf die Gefahr der Vervielfältigung der Software und der Nutzung der Hardware für Zwecke Dritter (z.B. **Weitervermietung,** Nutzung für andere im Rechenzentrumsbetrieb). Daher ist zwecks Klarstellung eine Regelung über die **Gebrauchsüberlassung der Hard- bzw. Software an Dritte** zu formulieren. Eine Gebrauchsüberlassung liegt nicht nur dann vor, wenn die Mietsache an einen Dritten physisch weitergegeben wird, sondern auch dann, wenn Dritte oder betriebsfremde Personen über ein Netzwerk auf die Anlage zugreifen können.[53] Der Mieter ist nach § 540 BGB ohne die Erlaubnis des Vermieters nicht berechtigt, den Gebrauch der Mietsache einem Dritten zu überlassen, insbesondere sie weiter zu vermieten. Verweigert der Vermieter die Erlaubnis, so kann der Mieter das Mietverhältnis außerordentlich mit der gesetzlichen Frist kündigen, sofern nicht in der Person des Dritten ein wichtiger Grund vorliegt (§ 540 Abs. 1 BGB). Ein Ausschluss dieses Sonderkündigungsrechts ist in AGB nicht möglich.[54] Jedoch wird der Vermieter die Gebrauchsüberlassung an Dritte generell verbieten können. Der BGH hat einen Ausschluss der Untervermietung bei einem EDV-Leasingvertrag für zulässig erachtet, begründet dies aber mit der typischen Konstellation des Leasings, genauer mit der Finanzierungsfunktion.[55] Im Schrifttum wird aber überwiegend davon ausgegangen, dass die **68**

53 Redeker/*Karger* Handbuch der IT-Verträge, Kap. 1.8. Rn. 118.
54 Palandt/*Weidenkaff* § 540 BGB Rn. 2.
55 *BGH* NJW 1990, 3016.

Gebrauchsüberlassung an Dritte insgesamt im unternehmerischen Verkehr auch bei Miete von Hard- und Software ausgeschlossen werden kann.[56] Der Vermieter habe bei Hardware ein erhebliches Interesse an der Erhaltung seines Eigentums. Ihn treffe die Vertragspflicht der Instandhaltung, die für ihn Aufwand in zeitlicher und finanzieller Hinsicht begründe. Die unsachgemäße oder unprofessionelle Nutzung durch fachfremde Dritte würde diese Pflicht aber erschweren.

69 Den Mieter treffen **Obhutspflichten,** d.h. er hat mit der Mietsache sorgfältig umzugehen.[57] So muss er die Anlage nach den Vorgaben der Bedienungsanleitung bedienen, mit qualifiziertem Personal arbeiten und die Hardware auch sonst pfleglich behandeln und vor Schäden schützen. Auch können vertraglich Mitwirkungspflichten festgehalten werden, z.B. die Pflicht zur Weitergabe bestimmter Informationen, die Pflicht zur Duldung von Instandsetzungsarbeiten oder ein Zugangsrecht des Vermieters zu bestimmten Zeiten.

2.5 Einräumung von Nutzungsrechten

70 Ein weiterer wichtiger Regelungspunkt bei Vermietung von Hardware und Betriebssystemsoftware bzw. bei der Systemmiete ist die Einräumung von Nutzungsrechten an der auf der Hardware laufenden Betriebssystemsoftware.

71 Auch ohne eine ausdrückliche Regelung über Nutzungsrechte ist davon auszugehen, dass im Mietvertrag konkludent die Einräumung eines Nutzungsrechtes gewährt wurde in der sachlichen Reichweite, die für den vertragsgemäßen Gebrauch der Mietsache erforderlich ist. Daher liegen auch ohne gesonderte ausdrückliche vertragliche Einräumung die entsprechenden Nutzungsbefugnisse vor.[58] Bei Software, die speziell für den Betrieb in einem Netzwerk programmiert wurde, ist der Netzwerkbetrieb die bestimmungsgemäße Nutzung i.S.d. § 69d UrhG. Bei der Miete von Systemen, die an einer Mehrzahl von Arbeitsplätzen benutzt werden sollen, wird aber typischerweise der Umfang der Nutzungsberechtigung insoweit vertraglich ausdrücklich geregelt; Fallgestaltungen, in denen der Vertrag an dieser Stelle lückenhaft ist, sind äußerst selten.

72 In zeitlicher Hinsicht ist das Nutzungsrecht auf die Mietvertragsdauer begrenzt. In besonderen Konstellationen ist ein ausschließliches Nutzungsrecht nicht ausgeschlossen, ein einfaches wird die Regel sein.

73 Möchte der Vermieter die Nutzung von Software weiter einschränken, muss er die Mindestbefugnisse der §§ 69d, e UrhG beachten, bei AGB zusätzlich die §§ 307 ff. BGB. Zulässig vereinbart werden können (anders als beim Kauf) Weitergabeverbote, da die Mietsache gem. § 546 BGB nach Vertragsende zurückgegeben werden muss und § 69c Nr. 3 UrhG eine Weitervermietung von der Zustimmung des Rechtsinhabers abhängig macht. Möchte der Vermieter verhindern, dass die Software auf einem anderen ggf. leistungsstärkeren Rechner verwendet wird, liegt es in seinem Interesse, eine **Upgrade-** oder **CPU-Klausel** in den Vertrag aufzunehmen. Deren urheberrechtliche und AGB-rechtliche Zulässigkeit ist jedoch nicht ohne weiteres gegeben.[59] Hingegen

---

56 Redeker/*Karger* Handbuch der IT-Verträge, Kap. 1.8. Rn. 121; *Schneider* Handbuch des EDV-Rechts, F. Rn. 273; *Marly* Rn. 1095.

57 Palandt/*Weidenkaff* § 535 BGB Rn. 85.

58 Wandtke/Bullinger/*Grützmacher* § 69d UrhG Rn. 10.

59 Vgl. dazu 29. Kap. Rn. 59 ff.

dürften Klauseln, in denen die Nutzung der Software in einem Netzwerk untersagt und lediglich der **Einsatz** auf einem **Einzelplatz** gestattet ist (oder die Anzahl der Nutzungen in einem Netzwerk beschränkt wird), zulässig sein.[60]

2.6 Mängelrechte

Ansprüche wegen Mängeln regeln §§ 536 ff. BGB. Aus §§ 535 Abs. 1, 536 BGB ergibt sich ein Anspruch auf die Beseitigung von Mängeln. Ein Mangel der Mietsache liegt vor, wenn eine für den Mieter nachteilige Abweichung des tatsächlichen Zustandes zu dem vertraglich vorausgesetzten Zustand vorliegt. Maßgebend ist also welcher Zustand der Mietsache sich aus dem Parteiwillen ergibt. Nach § 536 Abs. 1 BGB besteht kraft Gesetzes die Möglichkeit zur Minderung der Miete bei Vorliegen eines Mangels. Für die Minderungsquote kommt es auf die Erheblichkeit des Fehlers an. Die Rspr. hat im IT-Bereich keine allgemeingültigen Quoten für bestimmte Arten von Mängeln entwickelt, die Quoten erscheinen aber im Grundsatz höher zu sein als im sonstigen Mietrecht.[61] Aus § 536a BGB ergeben sich Schadensersatz- und Aufwendungsansprüche des Mieters. Kommt der Vermieter mit der Mängelbeseitigung in Verzug, kann der Mieter den Mangel beseitigen (lassen) und Ersatz seiner Aufwendungen verlangen; dies ist eine Möglichkeit, die bei komplexen IT-Anlagen eher fern liegt, weil das Risiko anderweitiger Schäden bei unsachgemäßen Eingriffen in das System zu erheblich ist. Nach § 536a Abs. 1 BGB haftet der Vermieter sehr weit reichend – verschuldensunabhängig – für anfängliche Mängel; diese Haftung ist im gewerblichen Verkehr wirksam in AGB abdingbar. Für Mängel, die nach Vertragsschluss entstehen, haftet der Vermieter jedoch nur, wenn er den Mangel zu vertreten hat. Den Mieter trifft die Obliegenheit, Mängel unverzüglich zu melden, § 536c BGB; hierzu gibt es im IT-Bereich typischerweise Formulare oder zumindest definierte, von Anwender einzuhaltende Kommunikationskanäle. Vielfach werden auch vermietete Maschinen mit spezieller Software, die Fehler automatisch über Datenverbindungen zum Vermieter meldet, laufend auf potenzielle Probleme überwacht, so dass eine gesonderte Fehlermeldung durch den Anwender gar nicht mehr erforderlich ist. 74

Problematisch ist bisweilen der Umfang der gesetzlichen Mängelbeseitigungspflicht, wenn die mietweise überlassenen Geräte in ein schon bestehendes System eingefügt werden, z.B. weitere Server in eine bereits bestehende Serverfarm. Hier ist die Beurteilung schwierig, aus wessen Sphäre der Mangel herrührt, so dass Streit darüber entsteht, wer den Mangel zu beseitigen hat. Hier kann ggf. auf individualvertraglicher Basis mit Beweislastregelungen gearbeitet werden. 75

Ein zwecks Mängelbeseitigung notwendiger Austausch der Mietsache bedarf der Zustimmung des Mieters.[62] Unter dem Gesichtspunkt von Treu und Glauben kann, wenn keine entgegenstehenden Interessen berührt sind, die Zustimmung aber nicht verweigert werden.[63] 76

60 Redeker/*Karger* Handbuch der IT-Verträge, Kap. 1.8. Rn. 144.
61 *Redeker* IT-Recht, Rn. 605.
62 *BGH* NJW 1982, 873.
63 Vgl. *BGH* NJW 1982, 873.

2.7 Vertragsbeendigung

77 Nach § 542 BGB kann ein Mietverhältnis für unbestimmte oder bestimmte Zeit eingegangen werden. Vielfach ist eine Mindestmietzeit – aus Sicht beider Beteiligten – sinnvoll, und es werden automatische Verlängerungen vorgesehen, wenn nicht mit bestimmter Vorlaufzeit gekündigt wird, oder es werden Verlängerungsoptionen eingeräumt. Nach § 309 Nr. 9 b BGB ist bei einem Verbrauchervertrag eine maximale Grundlaufzeit von zwei Jahren und eine Verlängerung von jeweils bis zu einem Jahr möglich. Die Parteien sollten sich ausbedingen, den Vertrag begründet außerordentlich kündigen zu können, so beispielsweise wenn die installierte Software auf der Anlage sich nach einer Weile als nicht lauffähig erweist oder der Vermieter Mängel nicht behebt; dies ungeachtet evtl. gesetzlicher Regelungen zur Kündigung eines Mietverhältnisses aus wichtigem Grund.

78 Nach § 546 BGB ist der Mieter zur **Rückgabe** der Mietsache verpflichtet. In dem Mietvertrag sollte festgehalten werden, auf welche Weise die Rückgabe zu erfolgen hat (ggf. Abholung von Maschinen durch den Vermieter) und wem evtl. Kosten der Deinstallation und der Rückgabe im engeren Sinne zufallen. Grundsätzlich ist die Mietsache durch Einräumung des unmittelbaren Besitzes zurück zu gewähren. Bei Software wird oft vereinbart, dass diese stattdessen – ggf. unter Aufsicht des Vermieters – von der Maschine zu löschen ist (einschließlich evtl. Sicherungskopien) und der ursprüngliche Installationsdatenträger zurückzugeben ist. Wird die Mietsache nicht in dem vertraglich vereinbarten Zustand zurückgewährt, muss der Vermieter diese annehmen, um nicht in Annahmeverzug zu geraten. Jedoch kann er den Mieter wegen Schlechterfüllung seiner Rückgabeverpflichtung auf Schadensersatz in Anspruch nehmen. Hat der Mieter während der Mietzeit Änderungen vorgenommen, so müssen diese auch dann rückgängig gemacht werden, wenn der Vermieter diesen zugestimmt hat.[64]

79 Endet die Mietzeit, sollte der Mieter darauf achten, dass er die auf der vermieteten Hardware noch liegenden **Daten** behält und insbesondere, dass er sie, wenn technisch möglich, vor dem Ablauf der Mietzeit in einem Format abspeichert, das es ihm ermöglicht, die Daten auf einer Folgeanlage bzw. mit einer anderen Software weiter zu verarbeiten oder zumindest weiter darstellen zu können (z.B. wegen GoB, GoBD). Da einfache Löschprogramme Daten nicht von einer zurückzugebenden Anlage herunterlöschen, sondern lediglich die Verknüpfung zwischen der Datei und deren Darstellung für den Benutzer löschen, befinden sich Daten bei der Rückgabe vielfach noch auf dem Datenträger. Es ist daher entweder für eine datenschutzrechtlich wirklich zuverlässige Löschung (z.B. durch mehrfaches Überschreiben der Daten bzw. des gesamten Datenträgers mit sinnlosen Daten) zu sorgen, oder der Anwender baut die Datenträger physikalisch aus, behält diese und zahlt an den Vermieter eine Kompensation für die unvollständige Rückgabe. Dies ist in Zeiten, in denen Festplatten immer preiswerter werden und nach einigen Jahren Gebrauch einen nicht mehr nennenswerten Buchwert haben, datenschutzrechtlich womöglich eine bessere Lösung als eine von dem Anwender selbst durchgeführte, technisch vielfach unsichere Löschung. Personenbezogene Daten (oder auch betriebsgeheime Daten) finden sich bei der Rückgabe teilweise auch in Maschinen, von denen der Kunde gar nicht annahm, dass sie überhaupt Daten speicherten, z.B. Festplatten in Netzwerkdruckern.

64 Palandt/*Weidenkaff* § 546 BGB Rn. 6.

3. Hardwareleasing

Durchaus häufig ist das Leasing von Hardware, unter anderem aufgrund der damit verbundenen steuerlichen Vorteile. Beim Leasing liegt (sofern nicht Herstellerleasing gegeben ist) i.d.R. eine Dreieckskonstellation vor: Der Leasinggeber erwirbt die Leasingsache, hier die Hardware (ggf. mit Software), von einem Lieferanten im Rahmen eines Kauf oder Werkvertrages. Dem Leasingnehmer wird diese Hardware durch den Leasinggeber gegen Zahlung eines laufenden Entgeltes zum Gebrauch überlassen, wobei die Gefahr oder Haftung für Instandhaltung, Sachmängel, Untergang und Beschädigung der Hardware beim Leasingnehmer liegt, der Leasinggeber diesem im Gegenzug jedoch die Ansprüche gegen den Lieferanten überträgt.[65] **80**

In vielen Fällen handelt es sich um Finanzierungsleasing,[66] bei dem der Leasingnehmer für die Vollamortisation der vom Leasinggeber für die Anschaffung der Leasingsache gemachten Kosten und Aufwendungen einzustehen hat. Der vorteilhafte steuerliche Effekt erfordert eine längere Grundmietzeit, in steuerrechtlicher Hinsicht nach derzeitiger Maßgabe zwischen 40–90 % der betriebsgewöhnlichen Nutzungszeit der Hardware. **81**

Bei Verträgen zwischen Unternehmer und Verbraucher müssen die Vorgaben des § 499 Abs. 2 BGB für Finanzierungsleasingverträge beachtet werden. **82**

3.1 Vertragstypologische Einordnung

Der Leasingvertrag ist nach stRspr. ein **atypischer Mietvertrag**,[67] auf den grundsätzlich die für die Miete geltenden Vorschriften Anwendung finden und die das gesetzliche Leitbild im Rahmen einer AGB-Kontrolle darstellen.[68] **83**

3.2 Vorvertragliches Stadium

Im vorvertraglichen Bereich muss sich der Leasinggeber unter Umständen über § 278 BGB die Verletzung von **Aufklärungs- und Hinweispflichten** durch den Lieferanten/Hersteller gegenüber dem Leasingnehmer zurechnen lassen. Dieses leasingtypische Problem resultiert aus der vorliegenden Dreieckskonstellation. In der Praxis kommt es meist in der Form zum Vertragsschluss, dass der Leasingnehmer sich beim Lieferanten umfassend informiert und dieser sodann die Möglichkeit eröffnet, das Produkt über den Leasinggeber zu leasen. Führt der Lieferant aber mit Wissen und Wollen des Leasinggebers Vorverhandlungen mit dem Leasingnehmer, so haftet der Leasinggeber nach § 278 BGB wenn der Lieferant schuldhaft den Leasingvertrag betreffende Aufklärungs- und Hinweispflichten verletzt.[69] Der **Lieferant** ist bis zum Abschluss des Leasingvertrages oder bis zur Übergabe der Sache **Erfüllungsgehilfe** des Leasingebers.[70] Außerhalb des „Auftrages" ist keine Haftung des Leasinggebers gegeben.[71] Art und Umfang der vorvertraglichen Beratungspflichten des Lieferanten richten sich **84**

---

65 Palandt/*Weidenkaff* Einf. vor § 535 BGB Rn. 37.

66 Überblick über die Leasingformen bei Redeker/*Trickl* Handbuch der IT-Verträge, Kap. 1.13 Rn. 9 ff.

67 *BGH* NJW 1990, 1113.

68 Zu den Besonderheiten i.R.d. EDV-Leasings vgl. *Vander* CR 2011, 77 ff.

69 *BGH* NJW 1985, 2258; NJW 1984, 2938, s.a. *BGH* v. 29.10.2008, ITRB 2009, 126 (für IT-Projektleasing).

70 *BGH* NJW 1988, 198.

71 Vgl. *Schneider* Handbuch des EDV-Rechts, F Rn. 311.

nach den allgemeinen Grundsätzen über die vorvertraglichen Beratungs- und Aufklärungspflichten. Zu prüfen ist darüber hinaus, ob der Leasingnehmer aus eigenem Recht wegen der Verletzung von Aufklärungs- und Beratungspflichten (zusätzlich) gegen den Lieferanten vorgehen kann.

3.3 Vertragsinhalt

85 Hauptpflicht des Leasinggebers ist die Überlassung von Hardware und ggf. von Software nebst Dokumentationen sowie die Finanzierung. Auch hier können Hard- und Software wiederum als Einheit verstanden werden, soweit die oben bereits erwähnten Kriterien erfüllt sind. Unproblematisch wird mit dem BGH auch die Frage zu bejahen sein, ob Software überhaupt eine leasingfähige Sache darstellt, denn der BGH geht von der Sacheigenschaft von Software aus, gleich, ob diese auf einem Datenträger,[72] auf einem Wechselspeichermedium (z.B. auf Diskette, CD, USB-Stick), auf einer Festplatte oder auch nur auf einem flüchtigen (stromabhängigen) Speichermedium (RAM) vorhanden ist.[73]

86 Der Leasingnehmer hat die Hauptpflicht, die Leasingraten zu zahlen.

87 Im Gegensatz zum Mietvertrag trifft den Leasinggeber nicht die Pflicht zur Instandsetzung und Instandhaltung. Bei einem Finanzierungs-Leasingvertrag gehört es typischerweise zur formularmäßigen Ausgestaltung der Mangelhaftung, dass der Leasinggeber sich von der ihn treffenden, aus der entsprechenden Anwendung der mietrechtlichen Vorschriften herzuleitenden Mangelhaftungspflicht frei zeichnet und zum Ausgleich dafür dem Leasingnehmer diejenigen kaufrechtlichen Mangelhaftungsansprüche abtritt, die ihm selbst gegen den Hersteller bzw. Lieferanten der Leasingsache zustehen.[74] Wegen dieser typischen Interessenlage wird jedenfalls im kaufmännischen Handelsverkehr der Leasingnehmer nicht in einer gegen Treu und Glauben verstoßenden Weise unangemessen benachteiligt, wenn ihm anstelle der Mängelansprüche gegen den Leasinggeber die Befugnis eingeräumt wird, notfalls den Kaufvertrag rückgängig zu machen.[74]

88 Den Leasingnehmer kann daher als **Mitwirkungspflicht** die Wartung und ggf. Pflege der Leasingsache treffen und somit die Pflicht, einen entsprechenden Vertrag abzuschließen. Daneben obliegt ihm – wie auch beim Hardwarekauf oder der Hardwaremiete – beispielsweise die Pflicht zur Überlassung von Räumen und Personal und die Schaffung der Installationsvoraussetzungen.

89 Der **Vertragsbeginn** erfolgt grundsätzlich mit Gebrauchsüberlassung, d.h. bei Betriebsbereitschaft der Leasingsache, es sei denn es wurde ein anderweitiger Termin bestimmt. Zu diesem Zeitpunkt beginnt auch die Verpflichtung des Leasingnehmers zur Zahlung der Leasingraten. Oft wird als Vertragsbeginn auch die Unterzeichnung einer **Übernahmebestätigung** durch den Leasingnehmer festgelegt. Probleme können entstehen, wenn die Übernahmebestätigung inhaltlich unzutreffend ist, z.B. weil noch einzelne Leasingsachen fehlen oder die Bestätigung bereits vor Übergabe ausgestellt wurde. Die Übernahmebestätigung quittiert jedoch nur den Empfang der überlassenen Hardware, stellt aber kein Schuldanerkenntnis i.S.d. § 781 BGB dar. Daher verzichtet der Leasingnehmer gegenüber dem Leasinggeber durch die Übernahmebestä-

---

72 *BGHZ* 143, 307; 102, 135; *BGH* NJW 1997, 2043.

73 *BGH* CR 2007, 75 (zum ASP).

74 *BGHZ* 81, 298.

tigung nicht auf seine Einwendungen und Einreden. Die Übernahmebestätigung bewirkt aber eine Beweislastumkehr zu Gunsten des Leasinggebers.[75] Dem Leasingnehmer obliegt nun der Beweis für die Unrichtigkeit der Erklärung sowie der geltend zu machenden Einwendung. Gibt der Leasingnehmer eine falsche Übernahmebestätigung ab, so kann er gegenüber dem Leasinggeber zum Ersatz des Schadens verpflichtet sein, den der Leasinggeber dadurch erleidet, dass er seinen Anspruch auf Rückzahlung des Kaufpreises für das Leasingobjekt beispielsweise wegen Zahlungsunfähigkeit des Lieferanten nicht realisieren kann.[76] In AGB-rechtlicher Hinsicht können §§ 309 Nr. 12 b, 307 BGB zu beachten sein.

Zu **Änderungen** an der Hardware während der Vertragsdauer wird der Leasingneh- 90
mer nur im Rahmen der Wartung berechtigt sein. I.Ü. wird meist ausdrücklich festgehalten, dass der Leasingnehmer keine Änderungen an der Sache vornehmen darf. Ohne Zustimmung durch den Leasinggeber darf die EDV-Anlage auch nicht von dem Aufstellort entfernt werden.[77]

Die **Gebrauchsüberlassung an Dritte** kann dem Leasingnehmer durch den Leasingge- 91
ber untersagt werden. Der BGH erachtete eine solche formularmäßige Vereinbarung in einem Finanzierungsleasingvertrag für wirksam, da dies die typische Interessenlage des Finanzierungsleasingvertrags rechtfertige und daher keine unangemessene Benachteiligung darstelle.[78]

3.4 Haftung/Gefahr des zufälligen Untergangs

Die Haftung einer verspäteten Lieferung und einer (teilweisen) Nichtlieferung trägt 92
der Leasingeber. Der Leasingnehmer kann diesem die Ansprüche und Rechte aus dem allgemeinen Leistungsstörungsrecht entgegenhalten. Ist Hard- und Software Gegenstand des Vertrages, stellt die Lieferung nur eines Teils eine teilweise Nichterfüllung dar und löst deren Rechtsfolgen aus. Gleiches gilt, wenn Handbücher nicht mitgeliefert wurden, da auch diese vertraglich geschuldet werden.[79]

Die **Gefahr des zufälligen Untergangs,** von Verlust, Diebstahl, Verschlechterung und 93
Verschleiß trägt nach der Vereinbarung zwischen Leasinggeber und Leasingnehmer der Leasingnehmer. Er ist daher auch in diesen Fällen zur Zahlung der vereinbarten Leasingraten verpflichtet, §§ 320, 326, 543 Abs. 2 S. 1 Nr. 1 BGB finden keine Anwendung. Eine solche Vereinbarung dürfte auch AGB-rechtlich zulässig sein. Eine unangemessene Benachteiligung des Leasingnehmers gem. § 307 BGB liegt grundsätzlich dann nicht vor, wenn ihm als Ausgleich für dieses Risiko ein **kurzfristiges Lösungsrecht** vom Vertrag oder gleichwertiges Kündigungsrecht eingeräumt wird.[80] Der Leasinggeber hat aber einen Anspruch auf Ausgleich seines noch nicht amortisierten Gesamtaufwandes, wenn der Leasingnehmer von seinem Lösungsrecht Gebrauch macht.[81] Fraglich ist aber, ob diese zum Kfz-Leasing ergangene Rspr., die ein kurzfristiges Lösungsrecht fordert, in gleicher Weise beim Leasing von IT anzuwenden ist. Die besonderen, ein sofortiges Kündigungsrecht fordernden Verhältnisse beim Kfz-

---

75 Palandt/*Weidenkaff* Einf. vor § 535 BGB Rn 49.
76 *BGH* DB 2004, 2528.
77 *Schneider* Handbuch des EDV-Rechts, F. Rn. 346.
78 *BGH* NJW 1990, 3016.
79 *BGH* NJW 1993, 2436; NJW 1993, 111.
80 *BGH* NJW 2004, 1041 m.w.N.
81 *BGH* NJW 2004, 1041.

Leasing liegen bei anderen Leasingkonstellationen nicht unbedingt in gleicher Weise vor. Grund dafür ist, dass es insbesondere an dem typischen Interesse des Kfz-Leasingnehmers fehlt, während der kurzen Mietzeit ein weitgehend risikofreies, weil fabrikneues Fahrzeug zu fahren und vor der Gefahr versteckter Schäden und Reparaturausfallzeiten geschützt zu sein.[82] Nach Rspr. und Lit. dürfte daher ein sofortiges Kündigungsrecht im Falle des Verlustes oder einer nicht unerheblichen Beschädigung von IT nicht unbedingt notwendig sein.[83]

94 Eine Abwälzung der Sach- und Preisgefahr in AGB ist wohl auch nicht deswegen nach § 307 BGB unwirksam, weil die Allgemeinen Geschäftsbedingungen keine ausdrückliche Regelung enthalten, dass etwaige Ansprüche des Leasinggebers aus der von dem Leasingnehmer für die Leasingsache abzuschließenden Versicherung sowie die Ersatzansprüche des Leasinggebers aus der Verletzung des Eigentums an der Leasingsache dem Leasingnehmer zugutekommen.[84]

3.5 Mängelrechte

95 Die Mangelhaftungsansprüche des Leasingnehmers gegen den Leasinggeber werden vollständig ausgeschlossen. Der Ausschluss dieser Rechte wird jedoch durch die Abtretung der Ansprüche und Rechte des Leasinggebers gegen den Lieferanten ersetzt. Voraussetzung der AGB-rechtlichen Wirksamkeit solcher Vereinbarungen ist die **ausdrückliche und vorbehaltlose Abtretung dieser Ansprüche.** Der Leasingnehmer muss Mängelansprüche dann gegenüber dem Lieferanten geltend machen und den Leasingnehmer darüber informieren. Ob §§ 434 ff. BGB oder §§ 633 ff. BGB eingreifen, ist davon abhängig, welche Rechtsnatur der zwischen Leasinggeber und Lieferant geschlossene Vertrag hat.

96 Tritt der Leasingnehmer wegen eines Mangels von dem Vertrag zwischen Lieferant und Leasinggeber zurück, so hat dies auch für den Leasingvertrag Konsequenzen. Nach der Rspr. des BGH entfällt dann für den Leasingvertrag die **Geschäftsgrundlage** (§ 313 BGB).[85] Dies kann der Leasingnehmer dem Leasinggeber aber erst entgegenhalten, wenn er gegen den Lieferanten Klage auf Rückabwicklung erhoben hat. Eine Zahlungsklage sollte auf Rückgewähr des Kaufpreises an den Leasinggeber lauten,[86] da der Kauf- oder Werkvertrag zwischen Leasinggeber und Lieferant geschlossen wird. I.Ü. findet eine Rückabwicklung zwischen Leasinggeber und Leasingnehmer nach §§ 812 ff. BGB statt.

3.6 Vertragsbeendigung

97 Der Vertrag findet sein Ende mit Zeitablauf oder durch eine ordentliche bzw. außerordentliche Kündigung. Typischerweise wird vertraglich eine Mindestlaufzeit vereinbart, um die steuerlichen Vorteile des Leasings nutzen zu können. In der Regel wird bei einer Kündigung ein Ausgleichanspruch vereinbart, der sich nach dem restlichen Wert der EDV-Anlage bemisst. Bei einer außerordentlichen Kündigung nach § 543

---

82 *BGH* NJW 1988,198; *Marly* Rn. 745.

83 Vgl. *Marly* Rn. 745.

84 *BGH* NJW 2004, 1041; a.A. *OLG Düsseldorf* ZIP 1983, 1092; MünchKomm-BGB/*Habersack* Bd. 3, Finanzierungsleasing Rn. 71 f.

85 *BGH* NJW 1990, 314.

86 Palandt/*Weidenkaff* Einf. vor § 535 BGB Rn. 58; Redeker/*Trickl* Handbuch der IT-Verträge, Kap. 1.13 Rn. 145.

BGB steht dem Leasinggeber ein Ersatzanspruch hinsichtlich des durch die Kündigung entstandenen Schadens zu. Dieser Schaden errechnet sich aus dem Betrag, den der Leasingnehmer bei ordnungsgemäßer Abwicklung an den Leasingnehmer zu zahlen hätte abzüglich der ersparten Aufwendungen.

III. Wartung von Hardware

Hardware muss nach der Abnahme/Ablieferung (bzw. schon ab der Inbetriebnahme) zur Erhaltung ihrer Funktionsfähigkeit gewartet werden. Unter **Wartung** wird hier die Erhaltung der Betriebsbereitschaft des Wartungsgegenstandes durch Instandsetzung und Instandhaltung verstanden, also sowohl die Beseitigung von Störungen wie die „vorbeugende" Wartung im Sinne einer heutzutage i.d.R. durch auf den Maschinen installierten Softwareagenten erfolgende Beobachtung des Systems einschließlich regelmäßiger „Inspektionen".[87] Im IT-Bereich hat sich als ein denkbares Begriffspaar „Wartung" für die Betreuung von Hardware im Anschluss an die Abnahme/Ablieferung herausgebildet, während Software der „Pflege" unterliegt (s. dort Rn. 289 ff.). Dies sind jedoch gewillkürte Bezeichnungen, entscheidend sind die vereinbarten Leistungsinhalte. **98**

Die Wartung von Hardware wird nach allgemeinem Verständnis unterteilt in **präventive Instandhaltungsmaßnahmen** sowie die Beseitigung aufgetretener Fehler durch **Instandsetzungsmaßnahmen.**[88] Wird der Begriff „Vollwartung" verwendet, soll damit zum Ausdruck kommen, dass beide Arten von Wartungsleistungen erfasst sind. In der Praxis werden Wartungsverträge i.d.R. für eher komplexe Anlagen geschlossen bzw. für Anlagen, die möglichst unterbrechungsfrei laufen müssen, z.B. weil auf ihnen die Kernanwendung eines Unternehmens betrieben wird (dann i.d.R. auch redundant betrieben). **99**

1. Leistungsbild und vertragstypologische Einordnung

Für die vertragstypologische Einordnung ist die geschuldete Wartungsleistung maßgebend. Welches Leistungsspektrum angeboten wird, hängt bei eher marktmächtigen Anbietern, insbesondere bei den Herstellern, von deren Standard-Wartungsleistungen und der Wartungsorganisation ab. Unternehmen, bei denen sich keine Standards herausgebildet haben oder die als „freie" Wartungsunternehmen ohne Produktbindung bzw. Bindung zu einem Hersteller tätig sind, sind insoweit vielfach flexibler. Hardwarehersteller bieten abgestufte Standardleistungen an: Der Kunde kann zu einer Wartungs-Grundleistung gegen ein höheres Entgelt verschiedene Leistungspakete hinzufügen bzw. Leistungsstufen buchen („silber", „gold", „platin"). Vielfach oder jedenfalls in Teilen ähneln sich die Leistungen auf den verschiedenen Stufen inhaltlich, zumeist sind jedoch die Geschäftszeiten und die in deren Grenzen liegenden Reaktions- und Wiederherstellungszeiten unterschiedlich, beginnend z.B. mit „werktäglich montags bis freitags, 9 bis 17 Uhr" und endend meist bei „24 Stunden x 365 Tage" für Hardware, auf der unternehmenskritische Anwendungen betrieben wer- **100**

---

87 Ulmer/Brander/Hensen/*Christensen* AGB-Recht, Anh. § 310 BGB Rn. 1025.

88 Redeker/*Scheja* Handbuch der IT-Verträge, Kap. 1.10 Rn. 1; *Schneider* Handbuch des EDV-Rechts, G. 4; zu den Besonderheiten hinsichtlich der Instandhaltung bei EBN-IT Verträgen vgl: *Bischof/Intveen* ITRB-2017, 119, 124 f.

den. Unterschiede bestehen auch darin, ob das Wartungsunternehmen „first level support" anfordert, „second level" oder „third level". Beim first level support steht das Wartungsunternehmen für jede Art von Benutzeranfrage zur Verfügung, beim second level support wird der first level support vom Anwender selbst durchgeführt, nur von diesem nicht lösbare Fragen werden an den second level support durchgeleitet, und third level support ist die Beantwortung (nur) spezieller Fachfragen auf hohem fachlichen Niveau, i.d.R. neue, bisher bei Produkten des Herstellers nicht aufgetauchte Probleme mit einiger Tragweite.

101 Leistungsinhalt wird zunächst die Instandsetzung sein, d.h. die Wiederherstellung der Gebrauchsfähigkeit nach Auftreten von Problemen, und die Instandhaltung, also die „proaktive" bzw. vorbeugende Aufrechterhaltung der Funktionstüchtigkeit. Diesen Maßnahmen können z.B. einzelne, ausgewählte, unternehmenskritische Geräte unterliegen oder – auch zur Vermeidung von Abgrenzungsproblemen der Ursachen von Mängeln im sachmangelhaftungsrechtlichen Sinne einerseits und „Störungen" (Probleme ohne Rücksicht auf deren Ursache) – komplette EDV-Anlagen. Es gibt periodische wiederkehrende vorbeugende Wartung („Wartungsintervall") oder Wartung lediglich auf Abruf. Zudem können auch sonstige zusätzliche Leistungen vereinbart werden, z.B. ein Hotline-Service, ein Helpdesk, die Fernwartung, Backup-Services, Installation und Beratung bis hin zum Austausch von (bloßem) Verbrauchsmaterial. Anhand dieser Leistungspflichten hat die Zuordnung der Rechtsnatur des Vertrages zu erfolgen.

102 Je nach Art und Umfang der Leistungen und der Ausprägung eines Erfolgsbezugs wird es sich um einen Werk- oder um einen Dienstvertrag handeln. Wird ein bestimmter Erfolg geschuldet, nämlich die Wiederherstellung und die täglich sich neu beweisende Aufrechterhaltung eines störungsfreien Betriebes, insbesondere in Form einer zugesagten „Verfügbarkeit" der Anlage, handelt es sich üblicherweise um eine werkvertragliche Leistung. Ist ein Erfolg nicht geschuldet, so wird es sich eher um einen Dienstvertrag handeln. Beim Backup-Service, der für den Fall von Störungen die Bereitstellung von Ausweichanlagen vorsieht, kann es sich je nach Ausgestaltung auch um eine mietvertraglich abzubildende Komponente handeln.[89] Werden verschiedene Leistungen in einem Vertrag festgehalten, liegt ein typengemischter Vertrag vor, bei dem für jede Leistungsverpflichtung das jeweils einschlägige Recht anzuwenden ist.

103 Wartungsverträge werden vielfach nicht individuell ausgehandelt, sondern von dem jeweiligen Herstellern oder Wartungsunternehmen vorformuliert und dem Auftraggeber gestellt. Daher sind §§ 307 ff. BGB zu beachten, wobei das nach § 307 Abs. 2 Nr. 1 BGB maßgebliche gesetzliche Leitbild an dem jeweiligen Vertragstypus auszurichten ist.

2. Vorvertraglicher Bereich

104 Im vorvertraglichen Bereich bestehen keine Besonderheiten. Häufig werden Wartungsverträge nach oder zusammen mit dem Abschluss eines Kauf- oder Leasingvertrages über Hardware (und ggf. Software) geschlossen. Auch hier bestehen seitens des Auftragnehmers ggf. Aufklärungs- oder Beratungspflichten, die aber von dem jeweiligen Einzelfall abhängig sind. Denkbar ist aber auch, dass ein Anwender, der seine verschiedenen IT-Komponenten bei verschiedenen Unternehmen in der Wartung hat, sich entschließt, alle Geräte bei einem „Wartungsgeneralunternehmer" in die War-

89 *Schneider* Handbuch des EDV-Rechts, M 105 f.

tung zu geben, damit er bei Schwierigkeiten im Betrieb nur einen Ansprechpartner und Schuldner hat. Insoweit wird vorvertraglich i.d.R. eine Prüfung der IT-Geräte auf Wartbarkeit und zu Zwecken der Bestimmung des angemessenen Wartungsentgelts vorgenommen. Vielfach tritt auch genau die umgekehrte Fallkonstellation ein: Während die Beschaffungsphase noch über einen Generalunternehmer abgewickelt wurde, zerfällt die Generalunternehmerschaft mit Inbetriebnahme des Systems und die einzelnen Komponenten werden in der Betriebsphase im Verhältnis zum Anwender unmittelbar vom Hersteller betreut. In solchen Gestaltungen treten oft die nachwirkenden Mangelhaftungsrechte aus dem Beschaffungsvertrag in Konkurrenz zu den originär geschuldeten Leistungen aus dem Wartungs-/Pflegevertrag.

3. Vertragsgegenstand

Da ein Wartungsvertrag je nach den konkreten Bedürfnissen unterschiedliche Leistun- **105**
gen erfordern kann, muss der Vertragsgegenstand von den Parteien für den konkreten Einzelfall festgelegt werden, z.B. auch durch die Verwendung entsprechender (vielfach anbieterseitig vorformulierter Standard-)Leistungsbeschreibungen. Die Parteien bzw. der Anbieter erstellen bzw. erstellt daher meist ein **Leistungsverzeichnis,** in dem Umfang, Inhalt und Rhythmus der angebotenen Wartungsarbeiten genau bezeichnet werden. Der Leistungsumfang kann zusätzlich auch negativ bestimmt werden, indem klargestellt wird, welche Leistungen keinesfalls übernommen werden (d.h. „out of scope" sind) bzw. deren Übernahme von der gesonderten Zustimmung der Parteien abhängt.

Da hinsichtlich der zu erbringenden Leistungen in der Praxis eine erhebliche Vielfalt **106**
herrscht und der Einzelfall maßgeblich ist, können folgend nur Regelungspunkte dargestellt werden, die grundsätzliche Bedeutung haben. Ein wesentlicher Gesichtspunkt, der sich durch alle Wartungskonstellationen zieht, ist die Frage, welche Leistungen im Standard gegen (monatliche) **pauschale** Zahlung erbracht, welche Leistungen **gesondert** bezahlt werden und welche Leistungen **gar nicht erst angeboten werden** (s.a. Rn. 113). Die Interessenlage ist dabei klar: Der Anwender wünscht sich umfassende Leistungen zu möglichst geringen Pauschalen, damit er die Kosten kalkulieren kann, der Anbieter wird den Umfang der Leistungen, die mit der Pauschale abgegolten sind, eher gering halten wollen, und die anspruchsvollen oder unvorhergesehenen Leistungen sollen gesondert nach Aufwand vergütet werden. Geht man zur Lösung dieses Dilemmas zu sog. „Fallpauschalen" über (z.B. jeder Einsatz an einem Drucker kostet den gleichen Betrag, gleich, ob der Wartungstechniker für den Einsatz fünf Minuten braucht oder mehrere Stunden), löst man dieses Problem nur scheinbar, denn man verlagert es zumindest teilweise auf die Ebene der Kalkulation der Fallpauschale. Weiterhin interessant ist die Frage, inwiefern Materialkosten in den vereinbarten Pauschalen enthalten sind, insbesondere im Hinblick auf die Verschleiß- oder Ersatzteile. Auch dies ist möglich, letztlich nur eine Frage der Kalkulation. Zu bedenken ist i.Ü., dass Verschleiß- und Ersatzteile für i.Ü. unveränderte Hardware im Laufe der Nutzungsjahre bisweilen nicht preiswerter, sondern teurer werden, z.B. Prozessoren. Will man als Kunde eine Anlage möglichst unverändert über einen Lebenszyklus von fünf bis sieben Jahren betreiben, ist insbesondere die Beschaffung der passenden Ersatzteile in der Endphase der Nutzung eine anspruchsvolle und bisweilen teure Angelegenheit.

Grundinhalt eines Wartungsvertrages ist die ständige Bereitschaft, auftretende „Fehler" **107**
(im Sinne einer Fortsetzung der Sachmangelhaftung) bzw. „Störungen" (Probleme ohne

Rücksicht auf die Ursache, also anwenderseitig verursachte Probleme einschließend)[90] zu beseitigen und die Betriebsbereitschaft der Hardware möglichst ununterbrochen zu erhalten. Für den Anwender ist dabei wichtig, dass sämtliche auftretenden Probleme beseitigt werden, und zwar ohne Rücksicht auf die Ursache. Vielfach werden von Seiten des Anbieters jedoch bestimmte Probleme, insbesondere solche, die der Anwender selbst verursacht hat oder deren Beseitigung einen erheblichen Aufwand zeitigt, nur auf Grund besonderer Vereinbarung und damit auch gegen gesonderte Vergütung beseitigt bzw. deren Beseitigung wird lediglich „angestrebt". Der zeitliche Umfang der Wartung kann je nach Anlage und Wartungsintensität stark auseinanderfallen. In der Regel werden aber Wartungsverträge darauf abzielen, eine ständige Fehler- und Störungsbehebung und somit Betriebsbereitschaft der Anlage sicherzustellen.

108 Die spezifischen Anforderungen an die Qualität und den Umfang von Wartungsleistungen werden meist in sog. **Service Level Agreements** (SLA) in Form einer Anlage zum Vertrag festgelegt. Das Phänomen der SLAs stammt aus dem angloamerikanischen Raum. Es ist nicht notwendig, ein (i.d.R. vom Anbieter erstelltes) Dokument mit der Bezeichnung „SLA" abzuschließen, wenn man als Anwender eine vernünftige Leistungsbeschreibung erstellt hat, in der genau darlegt ist, welche Leistungen geschuldet sind. Zumeist aber werden, wie erwähnt, die Wartungsbedingungen von der Herstellerseite in SLA vorgegeben. Ein SLA ist letztlich auch nur eine Vereinbarung zwischen dem Anbieter und dem Anwender über Inhalt, Art und Weise der zu erbringenden Leistungen/Dienste,[91] d.h. bei einem SLA handelt es sich typischerweise um eine Zusammenfassung qualitativer und quantitativer Ziele der Leistungserfüllung.[92] Wunsch der Hersteller bei der Vorlage von SLAs ist insoweit, bei eingehaltenem Leistungsniveau insgesamt vollständig von einer Haftung gegenüber dem Anwender entbunden zu sein. Die Rechtsnatur des Phänomens SLA, die im Hinblick darauf von Bedeutung ist, ob eine Kontrolle anhand der §§ 307 ff. BGB erfolgt, fand bislang keine abschließende Klärung in der Rspr. Es kann sich bei dem SLA um eine reine fachlich-inhaltliche Leistungsbeschreibung handeln, die einer AGB-rechtlichen Inhaltskontrolle entzogen ist, oder aber – was nahe liegt, weil die meisten SLAs von Anbietern erstellt werden – um eine Vereinbarung, die das Hauptleistungsversprechen einschränkt, ausgestaltet oder modifiziert, und damit einer AGB-rechtlichen Inhaltskontrolle unterliegt.[93] So ist nach der „Postbank"-Entscheidung des BGH klar, dass eine Zusage einer Verfügbarkeit eines Internet-Dienstes mit einem bestimmten Prozentsatz eine AGB-rechtlich unwirksame Haftungsbeschränkung darstellen kann, wenn für die bis zu 100 % (also ununterbrochener Verfügbarkeit) fehlenden Prozentpunkte der Verfügbarkeit eine Haftung auch für solche Fälle abgelehnt wird, in denen der Betreiber den Ausfall zu vertreten hat.[94] Nichts anderes wird für Fallgestaltungen außerhalb des Internet gelten.

---

90 Bisweilen wird auch nur der Begriff der „Störung" oder des „Incidents" verwendet und meint dann ein Problem, unabhängig von dem Verursacher.

91 *Intveen/Lohmann* ITRB 2002, 210; *Schumacher* MMR 2006, 12.

92 *Söbbing* ITRB 2004, 257.

93 *BGH* NJW 2001, 751.

94 *BGH* NJW 2001, 751; vgl. auch *LG Karlsruhe* CR 2007, 396. Das LG Karlsruhe hat eine formularmäßige Klausel, nach der im Rahmen von Hostingleistungen eine Verfügbarkeit von 99 % im Jahresmittel zu Grunde gelegt wurde, so ausgelegt, dass eine Haftung auch dann nicht besteht, wenn der Ausfall weniger als 1% beträgt, aber von dem Hostingunternehmen zu vertreten ist, als einen (deshalb) nach §§ 307 ff. BGB unwirksamen verhüllten Haftungsausschluss angesehen.

SLA müssen fachlich-inhaltlich immer eng mit den IT-Fachleuten abgestimmt werden, da diese die möglichen Leistungen genau beschreiben können, aber auch von dem betreuenden Rechtsvertreter daraufhin durchgesehen werden, inwiefern dort rechtlich relevanter Gehalt vereinbart wird. SLAs weisen sinnvollerweise folgenden Aufbau auf:[95] **109**

- Festlegung der **qualitativen und quantitativen Schwellenwerte** (für an anderer Stelle dem Grunde nach vereinbarter Leistungen, z.B. Verfügbarkeit eines Systems), insbesondere:
  - Servicezeiten,
  - Ort der Leistungserbringung (Vor-Ort-/Fernwartung),
  - Form des zu erbringenden Services (mündliche Erläuterung vor Ort, Rufbereitschaft, Telefonberatung),
  - Priorität der kritischen Systeme,
  - Festlegung der erforderlichen Fachkenntnisse,
  - Reaktions- und Beseitigungs- bzw. Wiederherstellungszeiten,
  - Verfügbarkeit des Systems,
  - Anzahl der zulässigen Ausfälle pro Zeiteinheit (z.B. Monat),
  - Kapazitäten und Performancewerte,
  - Security Levels.
- **Service Level Management**
  - Ständiges Überwachen (Monitoring) der erbrachten Leistungen durch den Anbieter (mit manipulationssicherem Zugriff auf die Daten auch für den Anwender);
  - nachverfolgen (Tracking) der durch den Anbieter erbrachten Leistungen in einem Ticketing-System;
  - Festlegung der Modalitäten der Überprüfungsmaßnahmen, Definition von Messverfahren und Messzeiträumen;
  - Berichtspflicht an den Kunden (Reporting);
  - Sicherung der Einhaltung des SLA;
  - Anpassung des SLA bei sich ändernden Umständen.
- **Festlegung von Sanktionen**
  (z.B. pauschalierter Schadensersatz, Vertragsstrafen, Bonus-/Malus-Regelungen, Performance Pools, Einberufung eines Eskalationsgremiums, ggf. Abmahnung/ Beendigung des Vertrages).

Typischerweise zu regeln ist jedenfalls der **Zeitraum des Wartungsservices,** d.h. in welchem Umfang der Auftragnehmer für die Beseitigung von Störungen zur Verfügung zu stehen hat. Herausgenommen aus diesem Zeitraum werden typischerweise sog. „Wartungsfenster", insbesondere regelmäßige Wartungszeiten (z.B. sonntags von 2 Uhr bis 5 Uhr) und unregelmäßige oder ungeplante Wartungszeiten, die der Anbieter verlangen kann, wenn er sie mit einer bestimmten Mindestvorlauffrist ankündigt und wenn diese eine maximale Dauer (von i.d.R. wenigen Stunden) nicht überschreiten. Auch hinsichtlich der **Mängel/Störungen** bedarf es einer Konkretisierung. Diese können anhand ihrer Auswirkungen klassifiziert werden (i.d.R. drei oder vier Störungsklassen), beispielsweise anhand des Grades der Beeinträchtigung des Systems oder auch danach, ob die Beseitigung von der vereinbarten Pauschalvergütung erfasst sein soll oder gesondert zu vergüten ist. Wichtig ist die Bestimmung einer **Reaktions- und** **110**

95 Nach *Söbbing* ITRB 2004, 257.

Beseitigungs- bzw. Wiederherstellungszeit. Die Reaktionszeit sollte aus Anwendersicht definiert werden als die Zeit zwischen der Meldung einer Störung und dem Ergreifen von Maßnahmen durch den Anbieter. Die Beseitigungszeit schreibt vor, wann die Störung endgültig behoben sein muss; die Wiederherstellungszeit ist die Zeit bis zur Wiederaufnahme der Produktion durch das System nach Behebung der Störung. Je nach Schwere des Mangels bzw. der Störung werden diese Zeiten gestaffelt, so dass für schwere Fehler kürzere, für unbedeutende Fehler längere Zeiten vorgesehen werden. Diese Leistungen des Anbieters sollten in einer Vereinbarung ausdrücklich festgehalten werden, damit der Anwender die entsprechenden Zeiten bei seiner Produktionsplanung sowie unter dem Blickwinkel der Risikovorsorge (Notfallkonzept, Geschäftsfortführungskonzept) berücksichtigen kann.

111 Geregelt wird typischerweise auch eine (Gesamt-)**Verfügbarkeit** des in Wartung befindlichen Systems durch Angabe eines bestimmten Prozentsatzes zur Mindestverfügbarkeit je Zeiteinheit (z.B. „99,98 % pro [Zeiteinheit] bei 7 x 24 Stunden Betrieb“) und/oder der maximal zulässigen Länge einer einzelnen Ausfallzeit („… höchstens jedoch 15 Min. Ausfall ununterbrochen“). Dabei kann es sich je nach Formulierung auch um die Übernahme einer Garantie handeln.[96] Zusagen einer bestimmten Verfügbarkeit sollten aus Sicht des Anbieters daher einhaltbar sein. Die Einhaltung der vereinbarten Verfügbarkeit kann durch Vertragsstrafen oder pauschalierten Schadensersatz abgesichert werden. Zu beachten ist, dass je nach Fallkonstellation die Einschränkung der Verfügbarkeit in AGB auf Schwierigkeiten stoßen kann.[97]

112 Auch Regelungen zum **Leistungsort** und zur **Veränderbarkeit** des Leistungsgegenstandes, z.B. durch Auswechseln der Hardware, können getroffen werden. Typisch aus Anbietersicht ist eine Regelung, die für den Fall der nicht mit dem Anbieter abgestimmten räumlichen Veränderung des Aufstellungsorts der Hardware entweder die Leistungsverpflichtung entfallen lässt, zumindest aber Sanktionen bei Nichteinhaltung einer zugesagten Leistung entfallen.

113 Vertragliche Pflicht des Kunden ist die Zahlung einer **Vergütung.** Üblich ist die Zahlung einer **Wartungspauschale,** welche die gesamten zu übernehmenden Leistungen oder jedenfalls denjenigen Teil der Leistungen abdeckt, den der Anbieter auf Grund seiner Erfahrungen kalkulieren kann (s.a. Rn. 109). Für weitere Leistungen wird dann üblicherweise eine gesonderte Vergütung vereinbart. In dem Vertrag sollte genau vereinbart werden, für welche Leistungen die pauschale Vergütung vorgesehen ist und welche Leistungen zusätzlich, z.B. nach Aufwand oder über eine Fallpauschale, vergütet werden sollen. Zwar kann grundsätzlich die Ausführung von Leistungen, die in einem Leistungsverzeichnis nicht vorgesehen sind, nur gegen zusätzliche Vergütung verlangt werden, allerdings trägt der Anbieter die Darlegungs- und Beweislast für Forderungen aus einer zusätzlichen Beauftragung. Dazu gehört auch die Darlegung und der Beweis, dass die zusätzlich abgerechneten Leistungen nicht bereits Gegenstand der Pauschalvergütung sind.[98]

114 Bei der Vergütung ist im Hinblick auf die Kosten der Mangelbeseitigung ein weiterer Punkt zu beachten: Wurde vor dem Abschluss des Wartungsvertrages ein Beschaffungsvertrag über die Hardware geschlossen, so besteht die **Gefahr,** dass durch den

96 Redeker/*Scheja* Handbuch der IT-Verträge, Kap. 1.10 Rn. 90.
97 Vgl. im Einzelnen Rn. 198 ff.
98 *BGH* NJW-RR 2002, 740.

Abschluss des Wartungsvertrages die gesetzlich geschuldete **Mängelbeseitigung** als **vergütungspflichtig** ausgestaltet wird (zum Parallelproblem bei Softwarepflege vgl. unten Rn. 309 ff.). Nach dem gesetzlichen Leitbild ist die Mängelbeseitigung aber kostenfrei vorzunehmen, für den Kauf nach § 439 Abs. 2 BGB. Es ist AGB-rechtlich nicht möglich, dem Anwender die Kosten für die gesetzlich geschuldete Nacherfüllung aufzuerlegen, weil die in § 439 S. 2 BGB geregelte Kostenfreiheit nicht über AGB abdingbar ist (§ 307 i.V.m. § 309 Nr. 8b) cc) BGB). Im Zweifel muss dem Kunden bei einem auftretenden Mangel die Wahl bleiben zwischen der gesetzlichen Mangelhaftung und der entgeltpflichtigen Wartung. Eine individualvertraglich genutzte Möglichkeit, diese Konkurrenz anzugehen, ist, die Vergütungspflicht für den Wartungsteil erst mit Ablauf der Mangelhaftungsfrist beginnen zu lassen. Da ein Wartungsvertrag im üblichen Umfang jedoch vielfach auch die Beseitigung von Störungen (jedenfalls von nicht mutwillig herbeigeführten Störungen) umfasst, also auch die anwenderseitig verschuldeten Probleme, sowie andere Leistungen, wäre eine Vergütungspflicht erst mit Auslaufen der Mangelhaftungsfrist oft unpassend. Daher wird vielfach individualvertraglich vereinbart, dass während der Mangelhaftungsfrist die Wartungsgebühr erheblich herabgesetzt ist (zur Lösung bei Vorliegen von AGB vgl. unten Rn. 309 ff. für Softwarepflegeverträge). Das Argument der Anbieter, die Vereinbarung von Reaktions- und Beseitigungszeiten zeige zudem, dass mehr geleistet werde als die gesetzliche Mangelhaftung, ist dabei kaum von Nutzen, denn auch ohne solche Zeiten hat der Anwender Anspruch auf Mangelbehebung „innerhalb angemessener Zeit" – und das kann bei erheblich störenden Mängeln eine sehr kurze Zeitspanne sein. Teilweise wird vorgeschlagen, für die Mangelbeseitigung keine Vergütung zu verlangen. Eine solche Regelung muss aber – vor allem im Hinblick auf das Transparenzgebot – klarstellen, welche Leistungen aufgrund der Mängelbeseitigung kostenfrei erfolgen. Zudem neigen Anbieter dann bisweilen zu einer für den Anwender nicht mehr nachvollziehbaren Vermischung von Mangelhaftungsarbeiten und Wartungsleistungen, z.B. auch mit der Folge, bei Arbeiten vor Ort beim Anwender eine „Anfahrtspauschale" auch dann abzurechnen, wenn neben der Wartung auch Mangelbeseitigung durchgeführt wurde.

Den Anwender treffen hinsichtlich der Wartung **Mitwirkungspflichten.** Ist der Wartungsvertrag nach den Gesamtumständen ein Werkvertrag, ergibt sich die Verpflichtung des Anwenders zur Mitwirkung aus § 642 BGB. Je nach Wartungsleistungen entfalten die Mitwirkungspflichten eine unterschiedliche Ausprägung. So sind z.B. die Zugangsrechte, der Ablauf beim Auftreten von Störungen sowie Pflichten zur Datensicherung und zur Nennung eines Ansprechpartners festzulegen. Auch hier gilt es, möglichst sorgfältig die Pflichten des Anwenders zu definieren, um von vornherein Streitigkeiten auszuschließen. **115**

Eine **Abnahme** der Leistungen des Anbieters passt bei einem Dauerschuldverhältnis nicht recht bzw. ist in vielen Fällen kaum durchführbar, denn es ist im laufenden Betrieb eher hinderlich, jede einzelne Wartungsleistung zunächst zu erproben und als ordnungsgemäß erbracht abzunehmen. Andererseits ist bei komplexen Systemen außerhalb extrem eilbedürftig ausgewechselter Komponenten eine Erprobung der neuen Teile anzuraten. Das Werk besteht in aller Regel aus der dauernden Aufrechterhaltung eines möglichst störungsfreien Zustandes, so dass eine ebenfalls dauernde Abnahme, d.h. eine ununterbrochene Kundgabe der Anerkennung des Zustandes erfolgen müsste.[99] Aufgrund der Beschaffenheit des Werkes wird daher eine Abnahme **116**

99 *OLG München* CR 1989, 283.

als entbehrlich angesehen. Denkbar sind bei bestimmten, in längeren Abständen wiederkehrenden Arbeiten jedoch selbstverständlich auch Abnahmen. Zu überlegen ist auch, Stichproben zu nehmen und aus bestimmten Fehlschlägen bei Stichproben statistisch auf bestimmte Fehlerquoten hochzurechnen, was dann Anlass für eine Minderung des Wartungsentgelts oder andere Sanktionen sein kann.

4. Mängelrechte

117 Wartungsverträge folgen, soweit sie als Werkverträge einzuordnen sind, den Mängelhaftungsregeln der §§ 633 ff. BGB. Eine mangelhafte Ausführung der Wartung kann demnach Mangelhaftungsansprüche auslösen. Die Beseitigung von Mängeln wird aber wiederum in der Regel im Rahmen der Wartungsleistung vorgenommen, so dass die Nachbesserungsansprüche meist erfüllt werden. Im Grundsatz aber sind diese kostenfrei zu erfüllen, während die Erbringung „im Rahmen der Wartung" wiederum eine entgeltpflichtige Leistung ist. Im Grundsatz muss also der Kunde jedenfalls berechtigt sein, für die mangelbehaftete Wartungsleistung das Entgelt zu mindern. Die Mangelhaftungsrechte spielen also durchaus eine Rolle, wenn der Anwender neben der Nacherfüllung bspw. Schadensersatzansprüche oder Minderung – gern auch vereinbarte Vertragsstrafen – geltend machen möchte.

5. Datenschutz/Geheimhaltung

118 Bei der Durchführung des Wartungsvertrages wird es dazu kommen, dass der Anbieter personenbezogene Daten beispielsweise der Beschäftigten oder der Kunden oder sonstiger Vertragspartner des Anwenders verarbeitet, und sei es nur bei Tests neuer Hardwarebestandteile unter Ablaufenlassen von darauf befindlicher Software. Daher müssen Wartungsverträge die Verpflichtung enthalten, die einschlägigen Datenschutzvorschriften zu wahren und auch die Mitarbeiter des Anbieters entsprechend zu verpflichten. Je nach Fallgestaltung ist auch eine (vorsorgliche) Vereinbarung zur **Auftragsdatenvereinbarung** abzuschließen (vgl. auch § 11 Abs. 5 BDSG bzw. Art. 28 DSGVO für Wartungsvereinbarungen).

119 Kommt der Anbieter mit Know-how und Unternehmensgeheimnissen des Anwenders in Berührung, muss der Anwender dafür sorgen, dass er eine entsprechende **Geheimhaltungsverpflichtung** abgibt. Denkbar ist ebenfalls, dass sich der Anbieter mit einer solchen Verpflichtung des Anwenders gegen Geheimnisverrat in Bezug auf Softwareinhalte, besondere Funktionalitäten und sonstiges geistiges Gut absichert. Es besteht Einigkeit, dass eine Absicherung nur wirksam über eine Vertragsstrafe erfolgen kann, ebenso, dass die Vereinbarung von Vertragsstrafen unbeliebt ist, weil sie als atmosphärisch störend empfunden wird.

6. Vertragsbeendigung

120 Der Wartungsvertrag weist, gleich ob als Dienst- oder Werkvertrag ausgestaltet, den Charakter eines **Dauerschuldverhältnisses** auf. Es bietet sich an, eine bestimmte **Mindestlaufzeit** vorzusehen, während deren Dauer eine ordentliche Kündigung ausgeschlossen ist. Vielfach schließen die Parteien im gewerblichen Bereich einen Wartungsvertrag von vornherein für den gesamten voraussichtlichen Lebenszyklus des Produkts ab, also ca. 3 – 7 Jahre, oder verbunden mit einer Grundlaufzeit mit Verlängerungsoptionen. Bei der Vereinbarung von bestimmten Laufzeiten müssen im AGB-

Bereich die §§ 309 Nr. 6, 307 BGB beachtet werden. Ist vertraglich keine besondere Vereinbarung getroffen, finden die für den jeweiligen Vertragstyp geltenden Kündigungsregeln Anwendung (§§ 620, 621, 626, 627, 643, 649 BGB).

IV. Erwerb und Nutzung von Software

Auch bei der Überlassung von Software sind unterschiedliche Sachverhalte und damit Leistungsbilder und Vertragstypen denkbar. Zunächst kann nach der **Art der Software** differenziert werden (s.o. Rn. 17), d.h. zwischen Erwerb von Standardsoftware und Erstellung von Individualsoftware bzw. durchgreifender Überarbeitung von Standardsoftware unterschieden werden, und ferner nach der Dauer der Überlassung, d.h. endgültig/unbegrenzt oder zeitlich begrenzt. 121

1. Softwarekauf

Hierunter fallen Fallgestaltungen, in denen es um die **dauerhafte Überlassung von Standardsoftware** an den Anwender gegen Zahlung eines i.d.R. einmaligen Entgeltes geht. 122

1.1 Vertragstypologische Einordnung

Obwohl der Lebenssachverhalt der Überlassung einer Standardsoftware gegen Einmalzahlung übersichtlich erscheint, werfen die damit verbundenen rechtlichen Fragen, insbesondere die vertragstypologischen Einordnung der Softwareüberlassung, immer noch Fragen auf. Immer seltener geht es um die Überlassung von Standardsoftware **auf einem Datenträger** und damit um eine Verkörperung der Software in einer zu erwerbenden Sache; zumeist erfolgt der **Download** der Software aus dem Internet, bei dem eine Verkörperung erst auf einem i.d.R. im Besitz oder Eigentum des Anwenders stehenden Datenträger erfolgt. Ohnehin kommt es dem Anwender nicht auf das Trägermedium, sondern auf Software als geistiges Gut, als Produkt an. Daher ist nach wie vor – oder in Zeiten des Download: wieder – fraglich, ob es sich bei Software um eine körperliche Sache oder ein immaterielles Gut handelt, was sich auch auf die Zuordnung zu typisierten Schuldverhältnissen des BGB auswirkt. 123

Nach einer Auffassung ist **ein Computerprogramm als immaterielles Rechtsgut** zu qualifizieren. Begründet wird dies damit, dass Computerprogramme zwar denknotwendig auf einem körperlichen Träger festgehalten werden, sich der Wert aber aus den gespeicherten Informationen ergibt, die eine geistige Leistung, ein „informationelles Gut" oder ein jedenfalls immaterielles Gut[100] darstellen. Die Meinungen über die hieraus folgende Zuordnung reichen von einer Bewertung des Softwarevertrages als Lizenzvertrag,[101] einem doppelten Rechtsgeschäft bis hin zu der Annahme, es handele sich um einen Vertrag sui generis.[102] 124

Standardsoftware wird jedoch **überwiegend** – und insbesondere vonseiten des **BGH – als bewegliche Sache i.S.d. § 90 BGB** angesehen bzw. jedenfalls so behandelt.[103] Das 125

100 *Engel* BB 1985, 1159.

101 *Hilty* MMR 2003, 3 m.w.N.; *Lutz* GRUR 1976, 331.

102 *Lauer* BB 1982, 1759; Wandtke/Bullinger/*Block* Vor §§ 31 ff. UrhG Rn. 134.

103 Vgl. *BGH* MMR 2007, 243 (betrifft ASP); s. auch *BGH* NJW 1993, 2436; 1990, 320; 1988, 406; vgl. dazu auch *Marly* Rn. 698 m.w.N.

auf einem Datenträger verkörperte Programm ist nach dieser Ansicht ein körperlicher Gegenstand und damit eine Sache nach § 90 BGB, nach einer Entscheidung des BGH zum sog. Application Service Providing (das der BGH als Miete einordnet) aber auch ein Programm, das nur in einem flüchtigen Speicher geladen ist bzw. von dem der Nutzer nur ein Browserabbild sieht.[104] Bei der Überlassung von Standardsoftware auf Dauer gegen ein Einmal-Entgelt wird daher konsequenterweise von dem Vorliegen eines Kaufvertrages ausgegangen oder jedenfalls werden die kaufrechtlichen Vorschriften angewendet.[105] Diese Bewertung ergibt sich auch aus der nach der Schuldrechtsreform geltenden Fassung des § 453 Abs. BGB; hiernach finden die Vorschriften über den Kauf von Sachen auf den Kauf von Rechten und sonstigen Gegenständen entsprechende Anwendung. Damit hat der Gesetzgeber zum Ausdruck gebracht, dass kaufrechtliche Vorschriften auch auf Software anwendbar sein können.[106]

126 In vielen Fällen werden neben der bloßen Überlassung der Software auch deren Installation, (kleinere) Anpassungsarbeiten, mit oder ohne Eingriff in den Quellcode, oder Einweisungen und Schulungen vorgenommen. Dabei wird es sich in der Regel, je nach Fallgestaltung, um werk- oder dienstvertragliche Elemente handeln, die die Rechtsnatur als Kaufvertrag aber unberührt lassen. Problematisch ist jedoch, welcher Umfang an **Anpassungen** noch zugelassen ist, bevor der Charakter des Vertrages umschlägt von einem Kaufvertrag mit Zusatzleistung auf einen Werkvertrag. Für die öffentliche Hand ist die Entscheidung in der auf einer vereinzelten OLG-Entscheidung beruhenden Abgrenzung von EVB-IT-Systemvertrag und EVB-IT-Systemlieferungsvertrag getroffen: Liegen die Anpassungsleistungen bei mehr als ca. 15–20 % des Gesamtpreises, liegt (mit hoher Wahrscheinlichkeit) ein Werkvertrag vor, sonst ein Kaufvertrag mit Zusatzleistung.

127 Abzugrenzen ist der Softwarekauf auch von der Softwaremiete. Die beiden Vertragstypen unterscheiden sich u.a. durch die zeitliche Dauer der Softwareüberlassung und anhand der Zahlungsmodalitäten. Ein Kaufvertrag liegt dann nicht mehr vor, wenn die Überlassung nicht dauerhaft ist oder eine jeweils auf einen bestimmten Teilnutzungszeitraum bezogene mehrfache Teilvergütung statt einer Einmalzahlung geschuldet wird. Bereits beim Fehlen eines dieser Merkmale – dauerhafte Überlassung, pauschalierte Einmalzahlung – soll vom Vorliegen eines Mietvertrages auszugehen sein.[107] Maßgebend wirkt sich diese Abgrenzung insbesondere auf die urheberrechtliche Erschöpfung aus: Beim Verkauf der Software tritt Erschöpfung ein, die weitere Nutzung ist also der Kontrolle des Anbieters entzogen. Bei der Miete tritt hingegen keine Erschöpfung ein, § 69c Nr. 3 S. 2 UrhG. Vorteil eines Kaufvertrages im Gegensatz zur Miete ist außerdem die Verjährungsfrist für Mängel: Kaufrechtliche Mängel verjähren nach zwei Jahren (bei AGB von gewerblichen Verkäufern i.d.R. auf ein Jahr abge-

---

104 *BGH* MMR 2007, 243; s. auch *BGH* NJW 1993, 2436; 1990, 320; 1988, 406.

105 *BGH* GRUR 2003, 416; NJW 2000, 1415; NJW 1990, 320; NJW 1997, 2043; NJW 1990, 3011; *BGHZ* 102, 135; *OLG Frankfurt* NJW 1998, 84; *OLG Köln* NJW 1991, 2156; *LG Bonn* 31.10.2006 – 11 O 170/05; *Fischl* ITRB 2004, 286; *Schneider* Handbuch des EDV-Rechts, J Rn. 84; Redeker/*Brandi-Dohrn* Handbuch der IT-Verträge, Kap. 1.2 Rn. 2; *Marly* Rn. 674 ff.; MünchKomm-BGB/*Basedow* § 307 Rn. 75; *Junker* NJW 2004, 3162; *Redeker* IT-Recht, Rn. 533; zweifelnd *OLG Stuttgart* CR 1986, 639.

106 BT-Drucks. 14/6040, 242.

107 Redeker/*Brandi-Dohrn* Handbuch der IT-Verträge, Kap. 1.2 Rn. 6; *Schneider* Handbuch des EDV-Rechts, J Rn. 84.

kürzt, was wirksam ist), beim Mietvertrag muss die Mietsache während der gesamten Vertragslaufzeit in einem vertragsgemäßen Zustand gehalten werden.

1.2 Vorvertragliches Stadium

Im vorvertraglichen Bereich können Ansprüche aus §§ 280 Abs. 1, 311 Abs. 2, 241 **128**
Abs. 2 BGB entstehen, wenn der Verkäufer den Anwender unrichtig beraten oder aufgeklärt hat. Grundsätzlich besteht gegenüber dem Käufer keine allgemeine Aufklärungspflicht.[108] Es existiert zwar eine Reihe von Gerichtsentscheidungen zu Aufklärungs- und Beratungspflichten im IT-Bereich, jedoch enthalten diese keine allgemeingültigen Regelungen über die **Aufklärungs- und Beratungspflichten** bei der Softwareüberlassung auf Dauer. Eine Pflicht zur unaufgeforderten Aufklärung entsteht nur, wenn besondere Umstände nach der Verkehrsanschauung eine solche erwarten lassen, z.B., wenn dem Käufer nicht bekannte, sich fachlich auswirkende Umstände vorliegen, die für seinen Kaufentschluss von wesentlicher Bedeutung sind, weil sie seinen mit dem Kaufvertrag verfolgten Zweck vereiteln könnten und der Verkäufer dies erkennen konnte.[109] Danach kommt es zur Beurteilung auf den Einzelfall an, wobei ein etwa vorhandenes überlegenes Fachwissen des Verkäufers sowie ein besonderes Vertrauensverhältnis als Bewertungsmaßstab herangezogen werden können.[110] Zu beachten ist, dass es sich beim Softwarekauf sehr oft um einen Verkauf im Massengeschäft handelt, bei dem besondere vorvertragliche Pflichten eher nicht gegeben sind. Aufklärungs- und Beratungspflichten werden eher entstehen, wenn es sich um in Anschaffung und Betrieb hochpreisiger (Branchen-)Software handelt, da dann i.d.R. der Kaufentscheidung eine besondere technische und fachliche Auswahl und längere Verhandlungen vorausgehen. Die Beratungspflichten entstehen durch ausdrücklich oder konkludent geäußerten Wunsch des Kunden nach Beratung, ggf. entsteht auch ein selbständiger Beratungsvertrag. Erbittet der Kunde eine Beratung, müssen Beratung und Auskunft fachlich-inhaltlich zutreffend sein; aus Kundensicht ist eine gerichtsfeste Dokumentation dieses vorvertraglichen Stadiums anzuraten.

1.3 Pflichten des Verkäufers

Softwarekaufverträge werden i.d.R. – oft formuliert als „Lizenz-AGB“ mit zusätzli- **129**
chen Kaufregeln – als Allgemeine Geschäftsbedingungen abgeschlossen, so dass sie einer Kontrolle nach den §§ 305 ff. BGB standhalten müssen. Dies betrifft insbesondere Regelungen zu Nutzungsrechten, zur Mangelhaftung und zur allgemeinen Haftung. Bei einem Vertrag mit einem Verbraucher sind außerdem die Vorgaben der §§ 474 ff BGB zum Verbrauchsgüterkauf zu beachten.[111]

Vertragsgegenstand ist die **Überlassung von Standardsoftware auf Dauer gegen Zah-** **130**
lung eines i.d.R. einmaligen Entgelts. Denkbar sind auch Fallgestaltungen, in denen der Betrag in Raten gezahlt wird, eine Miete mit späterer Kaufoption besteht oder anderweit eine Zahlung erfolgt, die einer endgültigen und nicht nur zeitlich begrenzten Zuordnung von Nutzungsrechten gegenübersteht; in diesen Fällen sind Miete und Kauf voneinander abzugrenzen. Hauptleistungspflicht des Verkäufers ist die Lieferung der Software derart, dass der Käufer diese entsprechend dem Vertragszweck ver-

108 Palandt/*Ellenberger* § 123 BGB Rn. 5.
109 *BGH* NJW 1985, 1769.
110 *Marly* Rn. 1119.
111 *Liesching* ITRB 2016, 64 ff.

wenden kann. Die Übergabe der Software kann auf einem Datenträger erfolgen oder dem Käufer kann die Möglichkeit eingeräumt werden, die Software aus dem Internet herunterzuladen. Grundsätzlich aufgrund des bloßen Kaufs nicht geschuldet werden Updates oder Upgrades, d.h. nach der Abwicklung des Kaufs erscheinende aktualisierte Versionen der Standardsoftware. Diese können jedoch Gegenstand der Überlassung im Rahmen eines „Pflegevertrages" oder „Supportvertrages" sein; vielfach stellen Softwarehersteller nach dem Kauf auch Zusatzprogramme, „Service Packs" oder andere Softwarebestandteile (die durchaus auch funktionelle Erweiterungen enthalten können und nicht der reinen Mangelbehebung dienen) zum (kostenlosen) Download auf ihren Websites bereit.[112] Auch beim Kauf von Standardsoftware sollten die Parteien den Leistungsumfang vertraglich festlegen, um spätere Streitigkeiten über die zu liefernde Software zu vermeiden.

131 Zu der vertraglichen Hauptleistungspflicht gehört auch ohne ausdrückliche vertragliche Vereinbarung die Überlassung einer **Dokumentation,** die dem Käufer die Einarbeitung in das Programm ermöglicht.[113] Die Benutzung eines Computerprogramms ist vielfach ohne Handbuch kaum möglich, da eine bestimmungsgemäße Nutzung ohne entsprechende Unterlagen mit angemessenem Aufwand in aller Regel untunlich ist. Fehlt das Bediener- bzw. Benutzerhandbuch, oder ist dieses unzureichend, stellt dies nach einer über 20 Jahre alten Entscheidung des BGH einen Fall der teilweisen Nichterfüllung dar.[114] Der Inhalt des Benutzerhandbuches ist unter Berücksichtigung des Adressaten zu bestimmen. Daraus ergeben sich auch die Anforderungen an die Verständlichkeit und den Umfangs der Benutzung von Fachbegriffen. Das Handbuch ist in Deutschland grundsätzlich in deutscher Sprache zu übergeben, jedenfalls wenn es sich um einen fachfremden Käufer handelt.[115] Insbesondere im unternehmerischen Bereich werden tendenziell auch englischsprachige Dokumentationen zugelassen. Grund dafür ist, dass die im EDV-Bereich verwendete Fachsprache Englisch ist und insofern Vorkenntnisse bei dem Nutzer erwartet werden können.[116] Ob die Übergabe in elektronischer, jedoch zum Druck geeigneter Form ausreichend ist, ist streitig,[117] wenngleich aber heute im Bereich der Programme für Verbraucher die Regel. Dabei wird, jedenfalls außerhalb der Übergabe per Download, unterschieden zwischen einer „Installationsanleitung", die dem Programm notwendigerweise noch in körperlicher Form beiliegt, und den Benutzerhandbuch. Beim Download von Programmen ist oft eine „Installationsanweisung" getrennt von der eigentlichen Programmdatei herunterladbar, so dass sie entweder ausgedruckt oder am Bildschirm angezeigt werden kann. Unklar ist auch, ob das Vorhandensein einer Online-Hilfe (Aufruf von Hilfeprogrammen innerhalb des Programms) das Benutzerhandbuch ersetzt; eine vollständige Ersetzung des Handbuches durch eine im Programm selbst enthaltene Online-Hilfe ist in einer schon sehr betagten Entscheidung als nicht zulässig angesehen worden.[118]

---

112 Womit die interessante Frage besteht, welche Rechtsverhältnisse insoweit parallel verlaufen: Ein Kaufvertrag über die Software mit einem Händler und eine Art Schenkungsvertrag zwischen dem Softwarehersteller unmittelbar und dem Anwender, beides mit unterschiedlichen Mangelhaftungsmaßstäben.

113 *BGH* NJW 1993, 461; 2001, 1718.

114 *BGH* NJW 1993, 461; 2001, 1718. Nach einer älteren Ansicht liegt bei unvollständiger Lieferung hingegen ein Sachmangel vor, vgl. *OLG Celle* CR 1997, 150.

115 *OLG München* CR 1987, 20.

116 Vgl. *LG Koblenz* NJW-RR 1995, 942.

117 Vgl. *Rössel* ITRB 2004, 148.

118 *OLG Hamm* CR 1992, 335.

Heutzutage ist die Online-Hilfe, ggf. unter Rückgriff auf Informationen auf einem Server des Herstellers, zu dem bei Aufruf der Hilfe-Funktion eine Verbindung aufgebaut und auf dem entsprechend nach Informationen gesucht wird, deutlich verbessert. Man trifft aber immer auch noch automatisch übersetzte und mithin in der Begrifflichkeit eher hilflos wirkende oder nichtssagende Online-Hilfen an.

Die Herausgabe einer Kopie des **Quellcodes** ist nach h.M. bei Standardanwendungs- **132** software keine Verpflichtung des Herstellers,[119] jedoch empfiehlt es sich zur Vermeidung von Streitigkeiten, die Quellcodeherausgabe oder jedenfalls eine Quellcodehinterlegung („Escrow") bei umfangreichen Softwarepaketen im Vertrag zu regeln. Dies vor allem, weil die instanzgerichtliche Rspr. teilweise eine Herausgabe des Quellcodes bejahte, wenn noch Anpassungen vorzunehmen sind.[120] Dabei geht es in aller Regel darum, den Anwender für den Fall der Insolvenz des Softwareherstellers oder bei Beendigung eines Pflegevertrages in der Weise zu schützen, dass er einen Dritten mit der weiteren Pflege der Software betrauen kann. Die insolvenzrechtliche Behandlung solcher Hinterlegungsverträge ist wegen § 119 InsO oft zweifelhaft. Hier hilft es aus Anwendersicht nur, mit einer bedingten dinglichen Abtretung von Rechten an der hinterlegten Software zu arbeiten, was vom BGH anerkannt wurde.[121]

Teils sieht die instanzgerichtliche Rspr. auch eine **Installation** der Software als **133** Bestandteil der kaufvertraglichen Verpflichtung an.[122] Davon ist aber nur auszugehen, wenn die Parteien sich darüber, wenn auch stillschweigend, geeinigt haben. Dies kommt insbesondere dann in Betracht, wenn ein komplettes EDV-System aus Hard- und Software geliefert wird[123] und der Anwender dementsprechend ein funktionierendes Ganzes erwartet.

1.4 Rechteeinräumung

Neben der gleichsam körperlichen Überlassung muss der Verkäufer dem Käufer auch **134** die entsprechenden Nutzungsrechte an der Software einräumen; es liegt in seinem Interesse, diese Nutzungsrechte präzise festzulegen und zu begrenzen. Aufgrund der erheblichen Missbrauchsgefahr und den damit drohenden wirtschaftlichen Einbußen besteht der Wunsch, dem Käufer die Verwendung nur inhaltlich und mengenmäßig sowie räumlich beschränkt zu gestatten. Durch die Eingrenzung der Nutzungsarten auf urheberrechtlicher Ebene wird dem Verkäufer die Möglichkeit eröffnet, ggf. mit dinglicher Wirkung seine wirtschaftlichen Interessen zu wahren. **Schranken** der vertraglichen Nutzungsbestimmungen ergeben sich aus dem **Urheberrecht,** dem **AGB-Recht** sowie aus **kartellrechtlichen Vorgaben.**

Vertragliche Beschränkungen der Nutzungsrechte dürfen nicht gegen zwingende **135** urheberrechtliche Vorgaben verstoßen. Vertragliche Bestimmungen, die in Widerspruch zu § 69d Abs. 2 und 3 UrhG und § 69e UrhG stehen, sind nach § 69g Abs. 2 UrhG nichtig. Außerdem enthält § 69d Abs. 1 UrhG einen zwingenden Kern von Mindestrechten, der vertraglich nicht wirksam abbedungen werden kann; insbesondere eine AGB-Klausel ist unwirksam, wenn sie dem Käufer das verbietet, was zur bestim-

119 Vgl. *BGH* NJW 1987, 1259; *OLG München* CR 1992, 208; Schneider/von Westphalen/*Schneider* Software-Erstellungsverträge, J. 21.
120 Vgl. *OLG Karlsruhe* CR 1999, 11.
121 *BGH* GRUR 2006, 435.
122 *OLG Hamm* CR 1998, 202.
123 Redeker/*Brandi-Dohrn* Handbuch der IT-Verträge, Kap. 1.2 Rn. 85.

mungsgemäßen Nutzung der Software erforderlich ist.[124] Daher sind folgende **Einschränkungen unzulässig:**

- Verbot des Erstellens einer **Sicherungskopie,** wenn dies zur Sicherung künftiger Benutzung notwendig ist (§ 69d Abs. 2 UrhG),
- Verbot, das Funktionieren dieses Programms zu **beobachten,** zu **untersuchen** oder zu **testen,** um die einem Programmelement zugrundeliegenden Ideen und Grundsätze zu ermitteln, wenn dies durch Handlungen zum Laden, Anzeigen, Ablaufen, Übertragen oder Speichern des Programms geschieht, zu denen der Nutzer berechtigt ist (§ 69d Abs. 3 UrhG),
- Verbot der in § 69e UrhG vorgesehenen **Dekompilierung** nach Maßgabe der dort genannten Voraussetzungen,
- Verbot des sich aus dem Vertragszweck ergebenden **bestimmungsgemäßen Gebrauchs,**
- Verbot der **Fehlerbeseitigung,**[125]
- **Laden** und **Ablaufenlassen** des Programms,
- **Installation** des Programms im Rahmen der bestimmungsgemäßen Benutzung.

136 Der Urheber bzw. der Rechtsinhaber kann dem Vertragspartner das Recht einräumen, das Werk auf einzelne (oder alle) Nutzungsarten einzusetzen, § 31 Abs. 1 UrhG. Das Nutzungsrecht kann einfach oder ausschließlich, zeitlich, örtlich oder inhaltlich beschränkt eingeräumt werden (§ 31 Abs. 1 UrhG). Bei der Einräumung eines beim Kauf üblichen, einfachen Nutzungsrechtes kann der Nutzer die Software auf die erlaubte Art nutzen, ohne dass die Nutzung durch Dritte ausgeschlossen ist, § 31 Abs. 2 UrhG. Inhaltliche Beschränkungen grenzen die denkbaren Nutzungsmöglichkeiten auf bestimmte Nutzungsarten ein und bezwecken mithin eine Änderung der gesetzlich vorgesehen Verwertungsformen (§§ 69c ff., 15 ff. UrhG). Inhaltliche Beschränkungen des Nutzungsrechts mit dinglicher Wirkung, d.h. gegenüber jedermann wirkenden Beschränkungen, sind nicht ohne weiteres wirksam; vielmehr setzt eine dinglich wirkende Aufspaltung der Verbreitungsrechte voraus, dass es sich um eine übliche, technisch und wirtschaftlich eigenständige und dadurch klar abgrenzbare Nutzungsart handelt.[126] Nur dann lässt sich mit der für die Verkehrsfähigkeit von Nutzungsrechten erforderlichen Sicherheit feststellen, ob sie übertragen wurden oder nicht. Im Softwarebereich stellt z.B. die Einzelplatznutzung und die Mehrplatznutzung eine solche eigenständige Nutzungsart dar.[127] Bei einer Einzelplatzlizenz darf die Software nicht in einem Netzwerk betrieben werden. Bei einer Netzwerklizenz darf die Software innerhalb eines Netzwerkes betrieben werden (i.d.R. bezogen auf eine vereinbarte Anzahl von benannten oder gleichzeitigen unbenannten Benutzern, „named user" bzw. „concurrent user").

137 Kann durch die Vereinbarung keine Beschränkung mit urheberrechtlicher bzw. dinglicher Wirkung erreicht werden, so wirkt sie nur schuldrechtlich und damit inter partes. Eine dingliche Wirkung ist zu verneinen, wenn es sich nicht um eine Begrenzung auf eine eigenständige Nutzungsart handelt und auch dann, wenn bezüglich der veräußerten Software bereits Erschöpfung eingetreten ist. Erschöpfung tritt bei Computerpro-

124 Wandtke/Bullinger/*Grützmacher* § 69d UrhG, Rn. 42.

125 *BGH* GRUR 2000, 866; *Lehman* NJW 1993, 1822; Redeker/*Brandi-Dohrn* Handbuch der IT-Verträge, Kap. 1.2 Rn. 40.

126 *BGH* GRUR 2001, 153 – OEM-Version.

127 *Metzger* NJW 2003, 1994.

grammen nach § 69c Nr. 3 UrhG dann ein, wenn ein Computerprogramm mit Zustimmung des Rechtsinhabers im Gebiet der Europäischen Union oder eines anderen Vertragsstaates des Europäischen Wirtschaftsraums im Wege der Veräußerung in Verkehr gebracht wird. Dies gilt nicht für das Vermietrecht. Unter dieser Prämisse ist weiter zu prüfen, ob Beschränkungen jedenfalls schuldrechtliche Wirkungen haben können.

In der Praxis gibt es eine Vielzahl von Klauseln, die vorwiegend aus dem angloameri- 138
kanischen Rechtsraum bekannt sind; genannt seien nur einige typische Klauseln (Einzelheiten vgl. 29. Kap.):

- **Weitergabeverbote** untersagen dem Käufer die Weitergabe der (gekauften) Software an Dritte, insbesondere dann, wenn der Anwender die Software nicht mehr braucht („Verkauf gebrauchter Software"). Solche pauschalen Weitergabeverbote verstoßen gegen § 307 BGB und gegen den Erschöpfungsgrundsatz und sind daher unwirksam,[128] und zwar auch dann, wenn das Programm nicht auf einem körperlichen Datenträger überlassen, sondern vom Rechteinhaber zum Download bereitgestellt wurde und die Nutzungsberechtigung vom Vorhandensein eines Lizenzzertifikats abhing.[129] Streitig ist, ob die Weitergabe von weiteren Umständen abhängig gemacht werden kann, z.B., ob eine Weitergabe von der Zustimmung des Rechtsinhabers abhängig gemacht werden kann,[130] was jedenfalls der Ansicht des BGH in den UsedSoft-Entscheidungen widerspräche. Ebenfalls unklar ist, ob der Käufer in AGB dazu verpflichtet werden kann, dem Verkäufer den Namen des nächsten Käufers zu nennen.[131]
- Hingegen ist das **Verbot der entgeltlichen Überlassung auf Zeit** auch in AGB wirksam, vgl. § 69c Nr. 3 UrhG. § 69c Nr. 3 UrhG spricht vom Vermietrecht, nicht aber von der unentgeltlichen Leihe. Für die Leihe muss unter den Voraussetzungen des § 27 UrhG, der über § 69a Abs. 4 UrhG anwendbar ist, eine Vergütung gezahlt werden. I.Ü. kann nach herrschender Meinung auch die unentgeltliche Leihe in AGB wirksam untersagt werden.[132]
- Beschränkungen der Weitergabe enthalten sog. **OEM-Klauseln** oder die sog. „Schulversionen" (oder auf einen anderen Personenkreis bezogene Nutzungsrechte). OEM-Klauseln haben zum Inhalt, dass OEM-Versionen einer Software durch einen Händler nur mit einer dazugehörigen Hardware, also nicht isoliert, vertrieben werden dürfen. Auf Grund dieses Bundlings werden sie häufig preiswerter abgegeben; vielfach finden sich auch „Hardware-locked-Versionen", die auf einer anderen Hardware als derjenigen, mit der sie gemeinsam verkauft werden, (angeblich) nicht betrieben werden können. Nach Ansicht des BGH ist eine Weiterverbreitung einer OEM-Version wegen der Erschöpfung ohne Rücksicht auf die inhaltliche Beschränkung frei,[133] wenn eine solche Programmversion mit der Zu-

---

128 Vgl. z.B. *OLG Frankfurt* NJW-RR 1997, 494.

129 *BGH* 11.12.2014 - I ZR 8/13 – UsedSoft III, *BGH* 17. 7.2013 - I ZR 129/08 - UsedSoft II; *LG München I* ZUM 2007, 409 = CR 2007, 356; *OLG München* ZUM 2009, 70 = CR 2008, 551; *BGH* GRUR 2011, 418 = WRP 2011, 480 - UsedSoft I; *EuGH* GRUR 2012, 904 = WRP 2012, 1074 - UsedSoft/Oracle.

130 Dafür Redeker/*Brandi-Dohrn* Handbuch der IT-Verträge, Kap. 1.2. Rn. 113; differenzierend *Marly* Rn. 1613 ff.; a.A. *Schneider* Handbuch des EDV-Rechts, C Rn. 268.

131 Dafür *Schneider* Handbuch des EDV-Rechts, C Rn. 274; Redeker/*Brandi-Dohrn* Handbuch der IT-Verträge, Kap. 1.2. Rn. 113; kritisch *Marly* Rn. 1616.

132 Wandtke/Bullinger/*Grützmacher* § 69c UrhG Rn. 62; Redeker/*Brandi-Dohrn* Handbuch der IT-Verträge, Kap. 1.2. Rn. 111; a.A. *Marly* Rn. 1644.

133 *BGH* GRUR 2001, 153 – OEM-Version.

stimmung des Herstellers in Verkehr gebracht wurde. Dies bedeutet jedenfalls, dass eine solche Klausel gegenüber den Kunden der Händler keine Wirkung entfaltet. Dies gilt wohl auch für Vereinbarungen, die eine Beschränkung dahingehend vorsehen, dass lediglich die Weitergabe an eine bestimmte Nutzergruppe erlaubt ist, z.B. bei **Schulversionen** nur an Schulpersonal, oder bei **Update-Klauseln** nur an Personen, die bereits über die alte Version verfügen.[134]

- **CPU-Klauseln** oder **Upgrade-Klauseln** haben urheberrechtlich auch eher keinen Bestand,[135] da es sich nicht um abgrenzbare Nutzungsarten handelt. CPU-Klauseln verbieten die Übertragung der Software auf leistungsfähigere Hardware, Upgrade-Klauseln machen dies von einer zusätzlichen Vergütung abhängig. CPU-Klauseln beim Kauf von Software werden auch in AGB und ggf. sogar individualvertraglich unwirksam sein. Sie verstoßen gegen die Pflicht zur Verschaffung des Eigentums, sind also mit der Stellung des Käufers als Eigentümer unvereinbar. Für Upgrade-Klauseln ist umstritten, ob diese bei einem Softwarekauf gegen § 307 BGB verstoßen.[136]

Untersagen kann der Rechteinhaber jedoch den Handel mit sog. „Echtheitszertifikaten", bei denen nicht ein Exemplar der Software gehandelt wird, sondern lediglich eine Bescheinigung, wonach eine Berechtigung an einem Exemplar der Software besteht.[137]

139 I.Ü. ist stets zu prüfen, ob einen Klausel den AGB-rechtlichen Vorschriften standhält, im unternehmerischen Verkehr also, ob sie von dem gesetzlichen Leitbild des Kaufvertrags abweicht und damit den Vertragspartner gem. § 307 BGB unangemessen benachteiligt.

1.5 Pflichten des Käufers

140 Hauptleistungspflicht des Käufers ist die Zahlung des vereinbarten Kaufpreises als (i.d.R.) **Einmal-Vergütung.** Im Hinblick auf das Risiko, dass durch die Vereinbarung eines dies nicht berücksichtigenden Vergütungsmodells ggf. ungewollt ein Mietvertrag geschlossen werden kann, solle darauf geachtet werden, dass sich der kaufvertragliche Charakter durch die Vereinbarung einer gestreckten, ggf. auf mehrere Raten aufgeteilten Einmalzahlung nicht ändert. Der wirtschaftliche Zweck des Vertrages muss auf die dauerhafte Überlassung einer Softwarekopie zur zeitlich unbegrenzten Nutzung abzielen.

141 Grundsätzlich sind beim Kauf keine **Mitwirkungspflichten** wie z.B. in § 642 BGB vorgesehen. Dennoch ergeben sich aus den Besonderheiten des Softwarekaufs Mitwirkungshandlungen des Kunden. Dieser hat – soweit keine abweichenden Vereinbarungen getroffen wurden – zunächst die Software selbst zu installieren, was bei komplexer Software Probleme bereiten kann. Als Mitwirkungshandlung kommt auch das Erstellen einer Sicherungskopie in Betracht. Oft wird in Handbüchern darauf hingewiesen, dass unverzüglich eine Sicherungskopie zu erstellen ist.

134 Vgl. *Schneider* Handbuch des EDV-Rechts, C 277.

135 *Grützmacher* ITRB 2017, 141 ff.; so auch *Ulmer* ITRB 2004, 213; vgl. Wandtke/Bullinger/*Grützmacher* § 69d UrhG Rn. 37.

136 Dafür *Schneider* Handbuch des EDV-Rechts, C Rn. 292; a.A. *Marly* Rn. 1658 ff.

137 *BGH* GRUR 2012, 392.

142 Auch die Berücksichtigung von mangelbehebenden Patches im Sinne einer Beobachtungspflicht im Hinblick auf die Softwareveröffentlichungen des Herstellers und eine Installation derselben könnte als Mitwirkungspflicht des Anwenders vorgesehen werden. So ist denkbar, dass ein Hersteller versucht, den Anwender zur regelmäßigen Beobachtung seiner Websites im Hinblick auf Patches anzuhalten. Installiert ein Anwender dann einen bereit gestellten Patch erst sehr spät und sind durch den Mangel der Software bereits Schäden entstanden und macht der Anwender diese geltend, wird der Hersteller dem Anwender entgegen halten, die Schäden wären geringer ausgefallen, wenn der Anwender die Website regelmäßig beobachtet, den Patch früher entdeckt und früher installiert hätte. Diese Beobachtungspflicht ist aber im Hinblick auf den Nachbesserungsanspruch als „überpflichtmäßig" und damit jedenfalls als AGB-rechtlich unwirksam anzusehen.[138] Einige Hersteller sehen daher vor, dass der Anwender bei der Installation eine E-Mail-Adresse angibt, damit sie die Möglichkeit haben, von sich aus aktiv per E-Mail auf mangelbehebende Patches hinzuweisen. Dass dem Anwender in solchen Zusammenhängen gern das alleinige Risiko aufgebürdet wird, für die erfolgreiche Inbetriebnahme des Patches einzustehen, ist mit den Mangelhaftungsrechten wohl ebenfalls unvereinbar.

1.6 Übergabe der Software

143 Mit der Übergabe der Kaufsache geht die Preis- und Leistungsgefahr auf den Käufer über (§ 446 BGB), mit **Ablieferung** beginnt der Lauf der Mängelverjährungsfrist (§ 438 Abs. 2 BGB). Auch für die handelsrechtliche Rügepflicht kommt es auf die Ablieferung der Kaufsache an (§ 377 HGB).

144 Was bei Software unter „Ablieferung" zu verstehen ist, wurde in der instanzgerichtlichen Rspr. und Lit. nicht einheitlich beantwortet. Teilweise wurde davon ausgegangen, dass die Software nicht schon mit der Übergabe, sondern erst zu einem späteren Zeitpunkt abgeliefert sei, nämlich erst nach der Durchführung eines im Wesentlichen ungestörten Programmablaufes. Dies wurde sogar noch dahingehend ausgeweitet, dass die Software in einer ausführlichen Erprobungsphase fehlerfrei gelaufen sein müsse. Der BGH schloss sich dieser Ansicht nicht an und entschied, dass auch wenn es sich um Software handelt, die Kaufsache abgeliefert ist, wenn sie in einer ihre Untersuchung ermöglichenden Weise in den Machtbereich des Käufers gelangt ist.[139] Eine andere Beurteilung verwische die Grenzen zu der werkvertraglichen Abnahme nach § 640 BGB.

145 Hinsichtlich der **Überführung komplexer Standardsoftware in den Betrieb** ist es jedoch in der Praxis verbreitet, anwenderseits über eine Individualvereinbarung eine Übergabe der Standardsoftware in den Betrieb zu vereinbaren, die unter dem Blickwinkel des § 640 BGB einer Art „Abnahmeprüfung" nahe kommt. Dies geschieht bisweilen sogar herstellerseits freiwillig, weil es für den Anwender wichtig ist, dass die Software auch betriebsfähig ist und in der vorgestellten, neuen oder bereits vorhandenen Hard- und Softwareumgebung funktioniert, z.B. Daten mit vor- und nachgelagerten Systemen fehlerfrei austauschen kann. Es geht also in solchen Fällen um deutlich mehr als um den bloßen Erwerb einer Anwendung. Erst anhand einer solchen Prüfung kann z.B. auch getestet werden, ob die Schulung der Anwender Erfolg hatte oder ob Nachschulungen notwendig sind. All dies ist bei einer reinen „Ablieferung" nach Kaufrecht nicht zu sehen.

---

138 *Schneider* Handbuch des EDV-Rechts, J Rn. 198.
139 *BGH* NJW 2000, 1415.

1.7 Mängelrechte

146 Die Sach- und Rechtsmangelrechte ergeben sich beim Softwarekauf aus den §§ 437 ff. BGB. Dies gilt über die Regelung des § 453 BGB selbst dann, wenn man Software nicht als bewegliche Sache einstufen würde. Ob ein Sachmangel vorliegt, richtet sich nach § 434 BGB. Danach muss primär auf die vereinbarte Beschaffenheit abgestellt werden. Mangelt es an einer entsprechenden Vereinbarung, ist die Möglichkeit zur vertragsgemäßen oder gewöhnlichen Verwendung maßgebend. Bei Software liegt ein Mangel beispielsweise vor bei Virenbefall, gestörtem Programmablauf, eingeschränkter Lauffähigkeit des Programms[140] oder bei Installation einer vertraglich nicht vorgesehenen Programmsperre. Auch ein fehlerhaftes oder unvollständiges Handbuch stellt einen Sachmangel der Software dar, das Fehlen der Dokumentation jedoch eine Nichterfüllung.

147 Ansprüche wegen Mängeln können sich auch aus **Garantien** ergeben. Wichtig sind hier, wie beim Hardwarekauf (s.o. Rn. 45), die **Drittgarantien der Hersteller.** Durch eine Garantie des Herstellers erhält der Kunde einen weiteren Anspruchsgegner.[141] Welchen Inhalt eine Garantie hat, ergibt sich aus der Garantiebeschreibung. Dort ist aufgeführt, in welchen Fällen der Hersteller eine verschuldensunabhängige Haftung übernimmt. Bisweilen werden auch lediglich gesetzlich vorgesehene Mangelhaftungsrechte zeitlich oder inhaltlich etwas ausgedehnt.

148 Nach § 435 BGB ist die Sache frei von **Rechtsmängeln,** wenn Dritte in Bezug auf die Sache keine oder nur die im Kaufvertrag übernommenen Rechte gegen den Käufer geltend machen können. Ein Rechtsmangel wird bei Software z.B. immer dann gegeben sein, wenn der Verkäufer Rechte an der Software übertragen will, die er aber tatsächlich nicht übertragen kann, beispielsweise wenn es sich um den Verkauf einer Raubkopie handelt. Zu den Rechten Dritter zählen insbesondere bestehende Urheberrechte, Patentrechte oder sonstige Immaterialgüterrechte. **Abzugrenzen** sind die Rechtsmängel von den Fällen der **Unmöglichkeit,** die über § 275 BGB nach dem allgemeinen Leistungsstörungsrecht zu lösen sind. Wegen der unterschiedlichen Rechtsfolgen muss danach differenziert werden, ob ein Rechtsmangel oder ein Fall der Unmöglichkeit gegeben ist. Teils wird dazu unterschieden, ob dem Anwender das Recht gar nicht, nur belastet oder eingeschränkt verschafft werden kann. Bei Software, an der überhaupt keine Rechte übertragen werden, sollen sich nach einer Ansicht die Rechtsfolgen nach dem Recht der Unmöglichkeit richten.[142] Wenn gar nichts übertragen, übergeben oder zum Abruf bereit gestellt wird oder der Kunde den Gegenstand berechtigt als nicht vertragsgerecht zurückweist, verbleibe es bei den allgemeinen Regelungen des Leistungsstörungsrechts.[143] In allen anderen Fällen handele es sich um einen Rechtsmangel, so also wenn das Recht belastet oder beschränkt übertragen wird. Nach anderer Auffassung gilt das Mangelhaftungsrecht, sobald die Software bei einem Kaufvertrag auf einem Datenträger übergeben wurde; dem gleichgestellt wird die elektronische Übertragung der Software. Auch andere Auffassungen lehnen die zuerst genannte Ansicht ab[144] mit dem Argument, dass der Erwerber ja tatsächlich eine Nutzungsmöglichkeit und damit etwas wirtschaftlich Bedeutendes erhalte. In

140 *BGH* NJW 2000, 1415.
141 Vgl. dazu auch Rn. 45.
142 Palandt/*Weidenkaff* § 435 BGB Rn. 7.
143 *Bartsch* CR 2005, 1.
144 *Marly* Rn 658; Schneider/von Westphalen/*Redeker* Software-Erstellungsverträge, D Rn. 389.

Erwerber-AGB finden sich in Bezug auf Rechtsmängel vielfach Klauseln, die eine verschuldensfreie Haftung des Verkäufers für Rechtsmängel vorsehen. Gleichzeitig wird käuferseits oft versucht, die Dauer der Rechtsmangelhaftung in AGB zeitlich zu verlängern auf die voraussichtliche Lebensdauer des erworbenen Computerprogramms (z.B. 60 Monate ab Abnahme für Rechtsmängel an Individualsoftware, s.a. die zwischenzeitlich abgelöste Version 1.0 der EVB IT System AGB). Der BGH hat solchen Versuchen von Anwendern in der Entscheidung v. 5.10.2005[145] einen Riegel vorgeschoben, in dem er nach § 307 BGB u.a. Klauseln, wonach für nachgelieferte Teile die Verjährungsfrist von neuem zu laufen beginnt (bei Computerprogrammen für nach Ablieferung [ohne Pflegevertrag] gelieferte Programmteile von Interesse), oder wonach die Verjährungsfrist für Rechtsmängel 10 Jahre ab Lieferung betragen soll, für unwirksam gehalten hat. Eine Verlängerung der Mangelhaftungsfrist auf 36 Monate jedoch ist ausdrücklich als wirksam angesehen worden.

Bei einem Softwarekauf zwischen Unternehmern als Handelsgeschäft besteht die Pflicht, die Software innerhalb eines bestimmten Zeitraums zu untersuchen (§ 377 HGB, s. hierzu auch oben Rn. 51). Die Frist des § 377 BGB kann dabei in Abhängigkeit von der Komplexität der Software bemessen werden, so dass eine ausreichende Prüfungsphase gegeben ist. Bei heute üblichen „abnahmeähnlichen" Ablieferungsregelungen ist – bei entsprechender Regelungsdichte – von einer stillschweigenden Abbedingung oder jedenfalls Konkretisierung der Pflichten des § 377 HGB auszugehen. Gegenüber Verbrauchern dürften solche Regelungen über eine Rügepflicht unwirksam sein, da dadurch die Käuferpflichten zu weit ausgedehnt werden. **149**

1.8 Besondere Formen des Vertragsschlusses – Schutzhüllenverträge (Shrink-Wrap-Verträge) und Enter-Vereinbarungen

Schutzhüllenverträgen sind – wegen der Möglichkeit zum Download auf dem Rückzug befindliche – Verträge, bei denen der Hersteller das Softwareprodukt und die Benutzungsbedingungen bzw. seine AGB in eine Hülle einschweißt, so dass ohne das Aufreißen der Schutzhülle oder des Öffnens der Verpackung das Produkt nicht verwendet werden kann. Gleichzeitig wird von dem Hersteller die Bedingung aufgestellt, dass die eingeschweißten Bedingungen – die der Anwender erst nach dem Aufreißen, also nach Vertragsschluss – zur Kenntnis erhält – Vertragsinhalt werden sollen. Die Hersteller möchten damit den Vertragsschluss mit dem Endkunden zu ihren Geschäftsbedingungen erreichen. Dasselbe Phänomen ergibt sich bei Software, die zum Download bereitgestellt wird, wenn sich bestimmte Bedingungen zur Nutzung erst nach dem Zustandekommen des Kaufvertrages, z.B. während der Ausführung einer Installationsroutine wahrnehmen lassen, vgl. Rn. 153. **150**

Meist besteht bei solchen Konstellationen ein Mehrpersonenverhältnis, da zwischen Hersteller und Endkunde ein oder mehrere Zwischenhändler geschaltet sind. Nach dem Willen des Herstellers soll zwischen Hersteller und Händler und zugleich zwischen Hersteller und Anwender ein Vertrag geschlossen werden. Durch das Aufreißen der Schutzhülle soll zusätzlich ein Vertrag mit den dort hinterlegten AGB zwischen Anwender und Hersteller zustande kommen, worauf (zuweilen) durch einen Aufkleber außen auf der Verpackung hingewiesen wird. Der Gedanke ist, dass der Hersteller insoweit nach § 151 BGB auf den Zugang einer Annahmeerklärung durch den Anwender verzichtet. Der Anwender soll die Annahme durch das Aufreißen der Ver- **151**

145 *BGH* NJW 2006, 47; die Entscheidung bezog sich auf Einkaufs-AGB eines Baumarktbetreibers.

packung als Realakt oder durch die tatsächliche Ingebrauchnahme der Software erklären.

152 In Frage steht aber, ob ein zweiter Vertrag überhaupt auf diese Weise zustande kommen kann. Probleme bereitet bereits die konkludente Annahmeerklärung: Auch eine konkludente Willenserklärung erfordert grundsätzlich, dass der Erklärende eine Handlung vornimmt, die mittelbar den Schluss auf einen bestimmten Rechtsfolgewillen zulässt.[146] Ob dies der Fall ist, beurteilt sich danach, ob dem Anwender das Verhalten zurechenbar ist oder eine entsprechende Verkehrssitte besteht.[147] Eine entsprechende Verkehrssitte wird jedoch unter Verweis auf die überraschende Verpflichtung des Anwenders zum Abschluss eines zweiten Vertrages verneint.[148] Auch der Hinweis auf der Schutzhülle soll nicht ausreichen, um einen entsprechenden Vertragsschluss und die Einbeziehung der Nutzungsbedingungen herbeizuführen.[149] Es kommt demnach nicht zu einem Vertragsschluss zwischen Hersteller und Anwender.[150]

153 Eine andere Gestaltung mit ähnlichen Zielen sind Fälle, in denen die Installation der Software nur ausgeführt werden kann, wenn nach Zustandekommen des Vertrags, jedoch vor dem Beginn des Installationsvorgangs, durch Anklicken eines Kontrollkästchens oder „Weiter"-Buttons oder Drücken der Enter-Taste den zuvor am Bildschirm (leidlich) sichtbar gemachten Vertragsbedingungen zugestimmt wird. Diese Gestaltungen werden teilweise als **ENTER-Vereinbarungen** bezeichnet. Auch hier stellen sich die gleichen Fragen nach der Einbeziehung der AGB im Anschluss an den Erwerb der Software beim Händler.

2. Überlassung von Standardsoftware auf Zeit – Miete/ASP/SaaS

154 Kunden entscheiden sich zur Vermeidung erheblicher Kapitalbindung verschiedentlich gegen einen Kauf von Software, sondern erwerben Nutzungsrechte auf Zeit bzw. mieten die Software lediglich (zu den Besonderheiten des ASP vgl. Rn. 187 ff. bzw. des SaaS Rn. 218 ff.) oder leasen diese (s. Rn. 182 ff.). Ein scheinbarer Vorteil der Miete von Software ist, dass der Kunde, wenn die Miete sich nicht statisch auf eine bestimmte Version bezieht, auf die stets aktuelle am Markt befindliche Version der Softwareanwendung zurückgreifen kann – auch wenn sich im Hinblick auf erzeugte Daten Kompatibilitätsprobleme zwischen verschiedenen Versionen ergeben können und im Hinblick auf die Kompatibilität mit Umsystemen nicht unbedingt eine häufig wechselnde Versionierung gewünscht ist.

155 Viele Softwareprodukte haben einen eher kurzen Entwicklungszyklus, so dass beim Softwarekauf (ohne auf den Kauf folgenden Pflegevertrag) die Gefahr besteht, dass schon bald eine neue Version der Software mit verbesserten und zusätzlichen Funktionalitäten auf den Markt gebracht wird. Gelegentlich dient eine Nutzung auf Zeit auch lediglich Testzwecken oder zur Überbrückung von Zeiträumen bei der Einrichtung neuer Systeme.

---

146 Palandt/*Ellenberger* Einf. vor § 116 BGB Rn. 6.

147 Ausf. *Marly* Rn. 989; das *OLG Stuttgart* NJW 1989, 2633 ging ohne weitere Begr. von der Zulässigkeit von Schutzhüllenverträgen aus.

148 Vgl. *Lejeune* ITRB 2001, 263.

149 *Marly* Rn. 993.

150 *Redeker* IT-Verträge in der Praxis, Rn. 580; *Marly* Rn. 973 ff.

Eine Reihe von Softwareprodukten wird von vornherein anbieterseits nicht zur endgültigen Überlassung gegen Einmalzahlung angeboten, sondern lediglich auf Zeit überlassen gegen regelmäßig wiederkehrende Zahlungen (zeit- und/oder benutzerabhängig). **156**

2.1 Vertragstypologische Einordnung/Abgrenzung

Vertragstypologisch wird die Überlassung der Standardsoftware auf Zeit dem **Mietrecht** zugeordnet. Auch hier spielt wieder eine Rolle, ob die Software – so der BGH – als Sache i.S.d. § 90 BGB anzusehen ist (s.o. Rn. 124). Gegenstand eines Mietvertrages ist die Überlassung einer „Mietsache", also einer Sache i.S.d. § 90 BGB. Läge keine Sache vor, könnte nicht vermietet, sondern allenfalls verpachtet werden. Bejaht man die Sachqualität von Software, so stellt die Überlassung der Software auf Zeit in der Regel einen Mietvertrag dar, auch bei Darreichung in der Form von ASP oder SaaS (vgl. dazu Rn. 187 ff.).[151] Diejenigen, die die Sachqualität von Software verneinen, gehen von einem Pachtvertrag (an Rechten ist nur Pacht möglich) oder einem Vertrag sui generis (Lizenzvertrag) aus, wobei letzterer vielfach auch inhaltlich an mietrechtliche Regelungen angelehnt wird. **157**

Abzugrenzen ist die Softwaremiete von der Leihe, der Pacht sowie vom Leasing. Bei der Leihe handelt es sich nach § 598 BGB um einen unentgeltlichen Vertrag, beim Leasing als ein Sonderfall der Miete im Dreiecksverhältnis wird typischerweise die Haftung für Sachmängel, Untergang etc. ausgeschlossen und als Ausgleich die Ansprüche des Leasinggebers gegen den Hersteller/Lieferanten an den Leasingnehmer abgetreten; beim Leasing liegt daher eine Dreieckskonstellation vor (s.o. Rn. 84 für das Hardwareleasing). Die Pacht nach § 581 BGB hat neben der Gebrauchsüberlassung der Pachtsache auch die Gestattung zur Fruchtziehung zum Inhalt. Werden also Früchte gezogen, sind die Vorschriften der §§ 581 ff. BGB anzuwenden.[152] In der Regel wird dem Anwender jedoch kein Recht zu einer Fruchtziehung – wie auch immer sich diese gestalten soll – eingeräumt. Bei der Überlassung von Standardsoftware kommt es meist nicht unmittelbar zur Erzeugung eines Ertrages. Pachtrecht soll aber dann Anwendung finden, wenn die Software als „selbständige Erwerbsquelle zur unmittelbaren Erzielung eines Gewinns überlassen wird".[153] **158**

Weiter steht in Frage, wie die Fälle einzuordnen sind, in denen Individualsoftware, die der Anwender im Rahmen eines Mietvertrages zeitlich begrenzt nutzen darf, für den Anwender entwickelt oder an seine Anforderungen angepasst wird. Ein Werkvertrag scheidet aus, da dieser voraussetzt, dass das Werk (die Software) dem Anwender endgültig überlassen wird. Ausgehen wird man vielmehr vom Vorliegen eines Typenkombinationsvertrages, soweit die werk- und mietvertraglichen Elemente gleichwertig nebeneinander stehen.[154] **159**

Übernimmt der Anbieter zusätzliche Leistungen, z.B. Beratung, Installation, Anpassung oder Schulungen, so hängt die Beurteilung der Zuordnung zu einem Vertragstypus des BGB davon ab, ob der Leistungsschwerpunkt weiterhin in der mietweisen Überlassung der Software liegt. Andernfalls kann es sich auch um einen Typenkombinationsvertrag handeln. **160**

---

151 So entschied auch der BGH, dass Standardsoftware Gegenstand eines Mietvertrages sein kann, zuletzt *BGH* MMR 2007, 243 (für ASP).

152 Offen gelassen bei Palandt/*Weidenkaff* Einl. vor § 535 BGB Rn. 16.

153 Redeker/*Karger* Handbuch der IT-Verträge, Kap. 1.9. Rn. 17 m.w.N.

154 Redeker/*Karger* Handbuch der IT-Verträge, Kap. 1.9. Rn. 25.

2.2 Pflichten der Vertragsparteien

161 Nach § 535 BGB wird der Vermieter verpflichtet, dem Mieter den Gebrauch der Mietsache während der Mietzeit zu gewähren. Der Vermieter hat die Mietsache dem Mieter in einem zum vertragsgemäßen Gebrauch geeigneten Zustand zu überlassen und sie während der Mietzeit in diesem Zustand zu erhalten. Der Mieter ist verpflichtet, dem Vermieter die vereinbarte Miete zu entrichten.

162 Der Anbieter ist also verpflichtet, dem Anwender die Software zum Gebrauch in einem Zustand zu übergeben, der zum vertragsgemäßen Gebrauch geeignet ist. Zur Mietsache gehört vorbehaltlich abweichender Vereinbarungen auch die Überlassung eines Benutzerhandbuches. Die Überlassung der Software zum Gebrauch kann auf einem **Datenträger,** z.B. auf optischem Datenträger oder USB-Stick erfolgen. Eine Besitzüberlassung liegt auch bei der Online-Überlassung vor.[155]

163 Selbstverständlich ist in dem Vertrag bzw. in einem etwa hierzu vereinbarten „Mietschein" die Software genau zu bezeichnen und der bezweckte Gebrauch ist festzulegen, da sich die ordnungsgemäße Gebrauchsüberlassung der Mietsache an dem vertragsgemäßen Gebrauch orientiert. Zudem muss das Mietobjekt wegen der Rückgabeverpflichtung bei Mietzeitende eindeutig identifizierbar sein.

164 Der Anbieter muss die Software während der gesamten Vertragslaufzeit in einem funktionsfähigen Zustand erhalten. Im Rahmen dieser Instandhaltungs- und Instandsetzungspflicht hat der Anbieter daher in gewissem Umfang „Pflegeleistungen" zu erbringen, jedenfalls Mängel der Software zu beheben. Insoweit muss, im Gegensatz zum Softwarekauf nach Ablauf der Mangelhaftungsfrist, bei der Softwaremiete auch in Bezug auf die Behebung von Mängeln kein gesonderter Pflegevertrag abgeschlossen werden. Besonderheit der Instandhaltungspflicht bei Miete von Software ist, dass Software keiner Abnutzung unterliegt, so dass diesbezüglich Instandhaltungsmaßnahmen wie bei der Hardware nicht erforderlich sein werden. Allenfalls könnte die Instandhaltungspflicht die Erneuerung von Datenträgern, die ggf. verschleißen, betreffen.[156]

165 Der Vermieter hat bestimmte Erhaltungsmaßnahmen durchzuführen wie z.B. die angesprochene Behebung von Mängeln. Dies erfolgt durch Zurverfügungstellung von Patches oder neuen Versionen.

166 Solche Maßnahmen stellen **Änderungen** an dem Vertragsgegenstand dar und können für den Anwender auch unerwünschte Folgen haben, z.B., wenn die bei ihm vorhandene sonstige Softwareumgebung mit der neuen Version der gemieteten Software nicht richtig zusammenarbeiten kann. Grundsätzlich besteht die Pflicht des Anwenders, Erhaltungsmaßnahmen zu dulden. In zumutbarem Umfang und zu zumutbaren Zeiten muss daher der Anwender dem Anbieter auch Zugang zu der Software gewähren (ggf. per DFÜ). Die Duldungspflicht von Erhaltungsmaßnahmen findet lediglich bei der Wohnraummiete in § 554 BGB eine gesetzliche Regelung, ergibt sich i.Ü. aber aus § 242 BGB. Sind die Folgen einer Änderung unzumutbar, z.B. weil Funktionen, auf die es dem Anwender ankam, zur Vermeidung des Auftretens von Mängeln schlicht aus der Software herausgenommen werden, muss das aber grundsätzlich nicht hingenommen werden. Änderungen dienen meist der Funktionsfähigkeit der Soft-

155 *Marly* Rn. 690.
156 *Marly* Rn. 1272.

ware und liegen damit im Interesse des Anwenders. Änderungsvorbehalte in AGB sind an den §§ 308 Nr. 4, 307 BGB zu messen. Bei einer Individualvereinbarung sollten Änderungen von der Zustimmung des Anwenders abhängig gemacht werden; denkbar ist auch ein Recht zur Kündigung des Vertrags aus wichtigem Grund und ein Schadensersatzanspruch. Letzteres ist erforderlich, weil ein Softwarehersteller bei Standardsoftware die Beseitigung eines Mangels nur einheitlich durchführen und sich daher nicht darauf einlassen wird, Änderungen von der Zustimmung eines einzelnen Anwenders abhängig zu machen.

Fraglich ist, ob zur Instandhaltungs- und Instandsetzungspflicht auch die ständige **Aktualisierung** der Software über die Mangelbeseitigung hinaus gehört. Findet sich dahingehend keine vertragliche Regelung, ist eher davon auszugehen, dass die Software (lediglich) auf dem technischen Stand bereitgehalten werden muss, in dem sie sich zur Zeit des Vertragsschlusses befand.[157] Eine Verpflichtung, stets die herstellerseits neueste Version bereit zu stellen, ist dem Mietvertrag als solchem nicht zu entnehmen. Jedoch sollte aus Sicht des Anwenders vorsorglich ausdrücklich vertraglich vereinbart werden, dass ihm jedenfalls stets eine Version zur Verfügung steht, mit dem er vor dem Hintergrund des jeweils geltenden Rechts arbeiten darf. Damit sind Änderungen an der Software, die durch Änderungen an rechtlichen Rahmenbedingungen bedingt sind, von vornherein erfasst. Daher sollte bei Bedarf der Anbieter vertraglich zur Aktualisierung verpflichtet werden; dies wird dieser jedoch mit einer Regelung zur Anpassung der Vergütung zu verbinden suchen. Einen häufigen Wechsel der eingesetzten Version wird auch der Anwender – jedenfalls bei geschäftskritischen Systemen – nicht wollen, weil er ein beanstandungsfrei laufendes System wünscht und ein lauffähiges, ggf. nicht mit den allerneuesten Funktionen ausgestattetes System einem neuen System vorzieht, dessen Eigenheiten und insbesondere dessen etwaige Einwirkungen auf Umsysteme er nicht kennt. 167

Den Vermieter treffen zudem gegenüber dem Mieter Obhuts-, Vorsorge-, Fürsorge- und Sicherungspflichten.[158] Bei Software ist die Pflicht des Vermieters hervorzuheben, den Mieter vor Gefahren, wie etwa einem Virenbefall zu warnen.[159] 168

Der Mieter hingegen ist zur Zahlung der vereinbarten **Miete** verpflichtet. Hier sind innerhalb urheberrechtlicher, kartellrechtlicher und schuldrechtlicher Grenzen viele verschiedene Fallgestaltungen und Abrechnungsmodi denkbar (zu den Nutzungsrechten s. nachfolgend Rn. 173 ff.). Die Miete kann im Grundsatz als Pauschale, nutzungsabhängig oder als Kombination beider Möglichkeiten gestaltet werden. Nach § 535 BGB sind durch die Miete die Gebrauchsüberlassung sowie die Instandhaltungs- und Instandsetzungsmaßnahmen abgegolten. Leistungen, die daneben erbracht werden, sind nach § 535 BGB grundsätzlich nicht von der Miete erfasst und daher gesondert zu vergüten. Die Parteien können jedoch die Abgeltung der zusätzlichen Nebenleistungen durch die Miete vorsehen. 169

Weiter treffen den Anwender auch **Nebenpflichten** aus dem Mietverhältnis. Er ist nur im Rahmen seines vertraglichen Gebrauchsrechts befugt, auf die Mietsache einzuwirken. Der Anwender verletzt also (auch) eine vertragliche Nebenpflicht, wenn er z.B. entgegen der eingeräumten Gebrauchsüberlassung die Software nicht auf einem Ein- 170

---

157 Redeker/*Karger* Handbuch der IT-Verträge, Kap. 1.9. Rn. 48.
158 MünchKomm-BGB/*Schilling* § 535 Rn. 161.
159 *Marly* Rn. 1273.

zelplatzrechner, sondern auf mehreren Rechnern oder im Netzwerkbetrieb nutzt.[160] Ist die Zahl der zulässigen Nutzer vertraglich beschränkt, so stellt eine zahlenmäßige Überschreitung eine Pflichtverletzung dar. Wird dieser Rahmen des vertragsmäßigen Gebrauchs überschritten, kann der Vermieter ungeachtet urheberrechtlicher Verbietungsmöglichkeiten nach § 541 BGB auf Unterlassung klagen und für entstandene Schäden Schadensersatz wegen einer Pflichtverletzung nach § 280 BGB fordern. Werden Rechte des Vermieters durch vertragswidrigen Gebrauch der Sache in erheblichem Maße verletzt oder wird die Sache durch Vernachlässigung der ihm obliegenden Sorgfalt erheblich gefährdet, kann der Vermieter fristlos kündigen (§ 543 Abs. 2 S. 1 Nr. 2). Dazu bedarf es in der Regel einer vergeblichen Abmahnung (§ 543 Abs. 3 BGB).

171 Der vertragsgemäße Gebrauch enthält auch die Verpflichtung, den Gebrauch der Software nicht ohne Erlaubnis des Vermieters an einen Dritten im Wege der **Untermiete** zu überlassen, § 540 BGB. Dieses gesetzliche Verbot der Untermiete umfasst aber nicht alle Fälle der Zugänglichmachung der Software an Dritte. Daher wird eine Benutzung durch Dritte nicht verhindert werden können, wenn dem Dritten kein selbständiges Recht zum Gebrauch eingeräumt wird, sondern dieser hinsichtlich Art und Weise der Nutzung dem Kunden unterstehen und dessen Willen zu befolgen haben. Dies ist der Fall bei Familienmitgliedern, Gästen, ggf. auch bei Mitarbeitern.[161] Ein Verbot des unselbständigen Mitgebrauchs durch Dritte, insbesondere durch weisungsgebundene Arbeitnehmer (ohne Überschreitung einer evtl. zulässig vereinbarten Anzahl von gleichzeitig nutzbaren Arbeitsplätzen), wird in AGB gem. § 307 BGB unwirksam sein, da dies dem gesetzlichen Leitbild einer Überlassung in Form der Miete entgegensteht.[162] Hingegen stößt in den anderen Fällen ein Verbot der befristeten Überlassung auf Dritte auch in Formularverträgen nicht auf urheberrechtliche oder AGB-rechtliche Bedenken, da sich dies aus den §§ 69c Nr. 3 UrhG, § 540 BGB ergibt. Bei der Vermietung tritt keine Erschöpfung ein, so dass der Mieter schon aus diesem Grund nicht berechtigt ist, die Software weiterzugeben oder weiterzuvermieten. Dies gilt jedenfalls dann, wenn dem Mieter durch die Klausel nicht das Sonderkündigungsrecht des § 540 Abs. 1 BGB versagt wird.[163]

172 Auch der Anwender muss **Obhuts- und Sorgfaltspflichten** einhalten. Zur Obhut und Sorgfalt gehören allgemein die pflegliche Behandlung der Mietsache und Beachtung der Bedienungsvorschriften.[164] Da Computerprogramme keine Abnutzungserscheinungen aufweisen, ist die Pflicht zur pfleglichen Behandlung kaum relevant. Wichtig ist hingegen die Pflicht des Anwenders, die Software vor dem Zugriff Dritter, vor allem im Hinblick auf eine unzulässige Vervielfältigung zu schützen. Der Anwender muss also im Rahmen des Zumutbaren dafür Sorge tragen, dass Dritte die Software nicht entwenden, vervielfältigen und in Umlauf bringen.[165] Auch in AGB soll eine Aufnahme einer entsprechenden Verpflichtung („Schutzklausel“) zulässig sein, da (und soweit) lediglich eine gesetzliche Pflicht wiederholt wird.[165] Die Verpflichtung zu darüber hinausgehenden unzumutbaren Schutzmaßnahmen verstößt jedoch gegen die

160 *Marly* Rn. 1275.
161 *Marly* Rn. 1276.
162 Redeker/*Karger* Handbuch der IT-Verträge, Kap. 1.9. Rn. 156.
163 S. dazu oben Rn. 68.
164 *Schilling* in BGB § 535 Rn. 191.
165 *Marly* Rn. 1278.

in § 536c Abs. 1 BGB festgesetzten Grundgedanken und ist deshalb als AGB im Unternehmer- und Verbraucherverkehr unzulässig.[166]

2.3 Rechteeinräumung

Ohne besondere vertragliche Regelung werden dem Anwender die Nutzungsrechte **173** nach der Zweckübertragungstheorie (§ 31 Abs. 5 UrhG) eingeräumt, d.h. der Kunde erhält ein Nutzungsrecht in dem für den vertragsgemäßen Gebrauch der Mietsache erforderlichen sachlich-inhaltlichen und mengenmäßigen (Anzahl der Arbeitsplätze) Umfang.

Bei einer vertraglichen Einräumung von Nutzungsrechten müssen dem Anwender die **174** Mindestbefugnisse[167] des §§ 69d, e UrhG erhalten bleiben. Vertragliche Bestimmungen, die in Widerspruch zu § 69d Abs. 2 und 3 und § 69e stehen, sind gem. § 69g Abs. 2 UrhG nichtig. Auch wenn dies durch den Anbieter erwünscht sein sollte, scheidet damit ein umfassendes Kopierverbot aus.

In der Regel wird dem Anwender ein zeitlich auf die Dauer des Mietvertrages **175** begrenztes, einfaches Nutzungsrecht eingeräumt. Zu den weiteren typischen Nutzungsrechtsbeschränkungen gehören – im Rahmen der urheberrechtlichen und ggf. AGB-rechtlichen Zulässigkeit – Vervielfältigungsverbote, das Verbot der gleichzeitigen Mehrfachnutzung und über § 69e UrhG hinausgehende Dekompilierungsverbote. Das **Verbot der Nutzung durch Dritte** wurde bereits im Rahmen des Untermietverbots erläutert.

Grundsätzlich bedürfen **Vervielfältigungshandlungen** der Zustimmung des Rechtsin- **176** habers, § 69c Nr. 1 UrhG. Gem. § 69d Abs. 1 UrhG ist das jedoch nicht der Fall, wenn die Vervielfältigung für eine bestimmungsgemäße Benutzung des Computerprogramms einschließlich der Fehlerberichtigung durch jeden, der zur Verwendung eines Vervielfältigungsstücks des Programms berechtigt ist, erforderlich ist. Dazu zählen beispielsweise das Laden und Ablaufenlassen des Programms. Ein absoluter Ausschluss von Vervielfältigungshandlungen ist also nicht möglich. Nach § 69d Abs. 2 UrhG darf auch die Erstellung einer **Sicherungskopie** durch eine Person, die zur Benutzung des Programms berechtigt ist, nicht vertraglich untersagt werden, wenn sie für die Sicherung künftiger Benutzung erforderlich ist. Grundsätzlich bedürfen Umarbeitungen nach § 69c Nr. 2 UrhG der Zustimmung des Rechtsinhabers. Als Spezialfall der Umarbeitung ist eine **Dekompilierung** unter den Voraussetzungen des § 69e UrhG aber nicht zu verbieten.

Auch hier können dem Anwender Einzelplatz- oder Netzwerklizenzen eingeräumt **177** werden. Denkbar sind auch Enterprise-Lizenzen, also Lizenzen, die für alle Benutzer eines Unternehmens gelten, „Site-Lizenzen", also Lizenzen, die für einen bestimmten Standort gelten, und sonstige Vereinbarungen zur Anzahl der unter dem Mietvertrag zur Nutzung Berechtigten. Selbst eine Konzernlizenz ist denkbar. Zudem sind in einem Mietvertrag CPU-Klauseln und Upgrade-Klauseln wohl (jedenfalls schuldrechtlich) wirksam.[168]

---

166 *Marly* Rn. 1278.
167 Zu den Mindestbefugnissen vgl. Rn. 135.
168 Vgl. dazu oben Rn. 158.

2.4 Mängelrechte

178 Bei Vorliegen eines Sach- oder Rechtsmangels kann der Mieter die Beseitigung des Mangels verlangen. Unter einem Mangel ist die für den Mieter nachteilige Abweichung des tatsächlichen Zustands der Mietsache von dem vertraglich geschuldeten Zustand zu verstehen.[169] Typischerweise liegen Sachmängel vor, wenn bestimmte Funktionen der Software nicht oder nur eingeschränkt vorhanden sind oder laufen, die Software instabil ist, bei unzureichender Bedienerfreundlichkeit oder vertragswidrigen Programmsperren.[170] Der Anbieter hat die Pflicht, Mängel im Rahmen der Erhaltungspflicht zu beseitigen.

179 Hat die Mietsache zur Zeit der Überlassung an den Anwender einen Mangel, der ihre Tauglichkeit zum vertragsgemäßen Gebrauch aufhebt, oder entsteht während der Mietzeit ein solcher Mangel, ist der Anwender für die Zeit, in der die Tauglichkeit aufgehoben ist, von der Entrichtung der Miete befreit, § 536 BGB. Für die Zeit, während der die Tauglichkeit gemindert ist, hat der Anwender nur eine angemessen herabgesetzte Miete zu entrichten. Eine unerhebliche Minderung der Tauglichkeit bleibt jedoch außer Betracht. Über § 536a BGB wird dem Mieter das Recht eingeräumt, den Mangel unter bestimmten Voraussetzungen selbst zu beseitigen und die entstandenen Aufwendungen ersetzt zu verlangen. Bei Software wird es aber gerade nicht fachkundigen Mietern nicht möglich sein, den Mangel eigenständig zu beseitigen, zudem dürfte eine Fehlerbeseitigung ohne eine Dekompilierung oder einen sonstigen Zugriff auf den Quellcode nicht möglich sein, wenn der Mangel nicht anders als durch einen Eingriff in den Quellcode behoben werden kann. Hierzu werden übliche Mieter gar nicht willens und/oder in der Lage sein. § 536a Abs. 1 BGB enthält einen Schadensersatzanspruch, wenn die entsprechenden Voraussetzungen erfüllt sind (abdingbar). Zu beachten ist, dass der Anwender dem Anbieter nach § 536c BGB einen Mangel anzuzeigen hat. Zudem können die Mängelrechte ein Recht zur außerordentlichen Kündigung nach § 543 BGB begründen.

2.5 Vertragsbeendigung

180 Der Mietvertrag kann durch Ablauf der Mietzeit, durch eine ordentliche oder außerordentliche Kündigung oder durch Aufhebung sein Ende finden. Nach § 546 BGB ist der Mieter verpflichtet, die Mietsache nach Beendigung des Mietverhältnisses zurückzugeben, d.h. dem Anbieter wieder den unmittelbaren Besitz an der Software nebst sonstigen Materialien zu verschaffen. Oft wird davon abweichend vereinbart, dass die **Software nebst Kopien nicht zurückzugeben,** sondern **vom Anwender „rückstandslos" von seinen Anlagen gelöscht** werden muss.[171] Das Begleitmaterial soll zudem vernichtet werden. Problematisch ist, dass der Anbieter kaum wirksam kontrollieren kann, ob eine Löschung tatsächlich durchgeführt wurde. Daher bedingen sich manche Anbieter aus, beim Löschvorgang zwecks Kontrolle anwesend zu sein.

181 Zum Teil wird die Software durch den Anbieter mit einer technischen **Programmsperre** versehen, die bewirkt, dass das Programm nach Ablauf der Mietzeit nicht mehr genutzt werden kann. Dies ist zulässig, solange während der Mietzeit hierdurch die Funktionsfähigkeit des Programms nicht beeinträchtigt ist und dies vertraglichen Ver-

---

169 *BGH* NJW 2000, 1714.

170 Vgl. zu einer detaillierten Aufzählung von Mängeln bei Software *Schneider* Handbuch des EDV-Rechts, D Rn. 832.

171 Redeker/*Karger* Handbuch der IT-Verträge, Kap. 1.9. Rn. 340.

einbarungen nicht widerspricht. Bei Verletzung der Rückgabepflicht kann der Vermieter für die Dauer der Vorenthaltung als Entschädigung die vereinbarte Miete oder die Miete verlangen, die für vergleichbare Sachen ortsüblich ist (§ 546a BGB).

3. Softwareleasing

Das Leasing hat auch bei Software eine erhebliche Bedeutung. Wie auch beim Lea- **182**
sing von Hardware wird hier dem Leasingnehmer Software durch den Leasinggeber im Rahmen eines Dauerschuldverhältnisses zum Gebrauch überlassen. Der Leasinggeber wird in der Regel von der Gefahrtragung, der Haftung für Instandhaltung, Sachmängel, Untergang oder Beschädigung zu Lasten des Leasingnehmers freigestellt. Als Ausgleich tritt der Leasinggeber dem Leasingnehmer seine Ansprüche gegen den Lieferanten ab. I.Ü. finden sich auch hier die Probleme des Hardwareleasings wieder, wie etwa die Wirkung einer Übernahmebestätigung.[172]

Das Leasing von Software wird meist als **Finanzierungsleasing** durchgeführt, wobei **183**
bei Verträgen mit Verbrauchern die Vorgaben des § 499 Abs. 2 BGB zu beachten sind. Der Leasinggeber finanziert die Anschaffung des Leasinggegenstandes, der Leasingnehmer zahlt diesem regelmäßige Raten. Als Leasinggeber kommt der Hersteller oder, was häufiger ist, ein Dritter in Betracht. In letzteren Fällen handelt es sich also um ein Dreiecksverhältnis, in dem unterschiedliche Verträge abgeschlossen werden. Im Verhältnis zwischen dem Leasinggeber und dem Lieferanten der Software (z.B. einem Händler oder dem Hersteller) handelt es sich bei der Überlassung von Standardsoftware um einen Kaufvertrag.[173] Soll Individualsoftware erstellt werden, wird es sich i.d.R. um einen Werkvertrag handeln oder es kann nach § 651 BGB Kaufrecht zur Anwendung kommen.[174] Zwischen Leasingnehmer und Leasinggeber wird ein Vertrag abgeschlossen, der mietvertragliche Elemente aufweist und sich somit an den Vorschriften zur Miete auszurichten hat.[175] Eine andere Form des Leasing ist das **Operating-Leasing,** das durch eine kurze Leasingzeit und dadurch gekennzeichnet ist, dass die volle Amortisation des Anschaffungsaufwandes nicht durch den ersten Leasingnehmer sondern nach Beendigung des mit diesem geschlossenen Vertrages durch weitere Überlassung an einen zweiten oder noch mehrere Vertragspartner erreicht werden soll.[176]

Wie auch beim Leasing von Hardware können Verletzungen von **Sorgfalts-, Aufklä-** **184**
rungs- und Hinweispflichten durch den Lieferanten bzw. Hersteller, der die Vertragsverhandlungen führt, unter den Voraussetzungen des § 278 BGB dem Leasinggeber zugerechnet werden. Dieser haftet dann nach den §§ 280, 241 Abs. 2, 311 Abs. 2 BGB wegen einer vorvertraglichen Pflichtverletzung. Auch nach Abschluss des Leasingvertrages kann ein Fehlverhalten des Lieferanten dem Leasinggeber zugerechnet werden, etwa wenn der Lieferant ohne ein Vertretenmüssen des Leasingnehmers mit der Lieferung in Verzug gerät.[177]

Nach der vertraglichen Regelung im Leasingvertrag übernimmt der Leasingnehmer **185**
die Sach- und Preisgefahr, d.h. die Gefahr von Verlust, Beschädigung etc. sowie die

172 Vgl. dazu Rn. 80 f.
173 Vgl. dazu Rn. 123 f.
174 Vgl. zum Streitstand Rn. 227 f.
175 *BGH* NJW 1988, 198; *Marly* Rn. 730.
176 Vgl. *BGH* NJW 1990, 1785.
177 Vgl. *BGH* NJW 1988, 198.

Gegenleistungsgefahr. Dies ist in AGB nach überwiegender Meinung zulässig, da damit der käuferähnlichen Position des Leasingnehmers beim Finanzierungsleasing Rechnung getragen wird.[178] Eine Abwälzung der Sach- und Preisgefahr AGB ist wohl auch nicht deswegen nach § 307 BGB unwirksam, weil die AGB keine ausdrückliche Regelung enthalten, dass die Ansprüche des Leasinggebers aus der von dem Leasingnehmer für die Leasingsache abzuschließenden Versicherung sowie die Ersatzansprüche des Leasinggebers aus der Verletzung des Eigentums an der Leasingsache bzw. die entsprechenden Leistungen dem Leasingnehmer zugutekommen.[179] Nach Rspr. und Lit. dürfte ein sofortiges Kündigungsrecht im Falle von Verlust oder einer nicht unerheblichen Beschädigung bei Informationstechnologie nicht unbedingt notwendig sein.[180]

186 Die Haftung für Mängel des Leasinggebers wird in der Regel vertraglich ausgeschlossen. Beim Finanzierungsleasingvertrag können die Mängelhaftungsvorschriften durch AGB in Verbraucher- und Unternehmerverträgen ausgeschlossen werden, solange die Mängelhaftungsansprüche an den Leasingnehmer abgetreten werden oder eine Ermächtigung zu deren Geltendmachung vereinbart wird.[181] Ob dies auch für den Fall des Operating-Leasings gilt, ist fraglich. Teilweise wird die Zulässigkeit solcher Abtretungs- bzw. Ermächtigungskonzeptionen verneint.[182]

4. Application Service Providing (ASP)/SaaS

187 Application Service Providing (ASP) wird seit etwa Mitte der 1990er Jahre angeboten und ist eine mit Beginn dieses Jahrtausends, in den letzten Jahren eher in Form des „Software as a Service" (SaaS), zunehmend bedeutsame Möglichkeit der Fernnutzung von Softwareprogrammen über das Internet oder andere Netze. Der Kunde kann per Datenleitung auf eine Software zugreifen, die auf dem Rechner des (Application) Service Providers installiert ist, und bezahlt diesen nur für die Dauer bzw. den Umfang der Nutzung der konkreten Software (von einmaligen Bereitstellungsgebühren oder evtl. monatlichen Grundgebühren abgesehen). Der Benutzer sieht an seinem Bildschirm lediglich ein Browserabbild der auf dem Rechner des Providers installierten Software, diese ist also auf keinem der in der Verfügungsbefugnis des Benutzers stehenden Rechner installiert.

4.1 ASP

188 ASP bezweckt, Softwareanwendungen aus dem Unternehmen heraus zu verlagern und auf einen spezialisierten Anbieter zu übertragen. Das ASP soll vor allem hinsichtlich entstehender Kosten Vorteile haben, da der Anwender weder Kaufinvestitionen vornehmen, noch Wartungs- und Pflegeverträge abschließen muss. Weiterer Vorteil ist, dass dem Anwender die Software nicht auf seinem Rechner überlassen wird, sondern auf dem Server des Providers verbleibt. Der Anwender sollte also eine ständig verfügbare, aktualisierte Anwendung nutzen können. Die Risiken bestehen beispielsweise im Hinblick auf eine Betriebsstörung oder einen Komplettausfall der Systeme

178 Palandt/*Weidenkaff* Einf. Vor § 535 ff. BGB Rn. 37 ff.

179 *BGH* NJW 2004, 1041; a.A. *OLG Düsseldorf* ZIP 1983, 1092; MünchKomm-BGB/*Habersack* Bd. 3, Finanzierungsleasing Rn. 71 f.

180 Vgl. dazu bereits Rn. 123 f.

181 Vgl. *BGH* NJW 1987, 1072 m.w.N.

182 Vgl. *Marly* Rn. 758 m.w.N.

beim Provider. Insbesondere wenn es sich um kritische Geschäftsprozesse handelt, sind Ausfälle oder Störungen beim Provider besonders schwerwiegend. Der Anwender ist also von der wirtschaftlichen und technischen Stabilität und der Qualität des Services des Anbieters abhängig. Viele Unternehmen sehen auch die Auslagerung ihrer internen Daten als problematisch an und führen als Nachteil des ASP datenschutzrechtliche Aspekte an; gern wird dabei in rein sicherheitstechnischer Hinsicht aber außer Betracht gelassen, dass viele Provider deutlich bessere Sicherheitsvorkehrungen treffen als das auslagernde Unternehmen selbst intern. Zudem besteht eine Unsicherheit in Bezug auf den Übertragungsweg über das Internet. Der Anbieter wird davon ausgehen, die Software am Ausgangsrouter seines Rechenzentrums bereit zu stellen, ob Daten auf dem Weg über das Internet verloren gehen oder der Übertragungsweg auf andere Weise unsicher ist, liegt außerhalb seines Leistungsspektrums und außerhalb seines Einflussbereichs.

4.1.1 Typen des ASP

Grundmerkmal des ASP ist die Zurverfügungstellung von Anwendungen und deren Funktionen über eine Datenleitung gegen ein bestimmtes Entgelt. Die Formen des ASP können anhand ihres Anwenderkreises und der technischen Realisierung unterschieden werden. **189**

Die Software kann einer Vielzahl von Kunden zur Verfügung gestellt werden **(one-to-many-Modell).** Dies setzt die Eignung der Anwendung für einen gleichzeitigen Zugriff mehrerer Kunden voraus, gleichzeitig ist aber auch erforderlich, dass ein gegenseitiger Zugriff auf geschützte Daten nicht möglich ist (sog. ASP-Enabling, Mandantenfähigkeit der Software). Das one-to-many-Modell lässt sich vorwiegend in Bereichen realisieren, in denen eine Anpassung der Software nicht oder kaum erforderlich ist.[183] Beim **one-to-one-Ansatz** bietet der ASP dem einzelnen Kunden spezielle Lösungen (sog. „dedicated ASP“). Hier geht es oft lediglich darum, eine individuell erstellte Anwendung nicht aufseiten des Anwenders selbst hosten zu müssen, sondern sich durch einen Provider bereitstellen zu lassen. **190**

Bei **„Wartungs-ASP“**[184] oder **Managed Service Providing** handelt es sich bei näherer Betrachtung nicht um ASP, da dem Anwender gerade nicht die Fernnutzung der Software ermöglicht wird, sondern lediglich Wartungs- oder Pflegeleistungen per Datenfernübertragung vorgenommen werden. Gegenstand der Wartungs- und Pflegeleistung ist dabei die im Betrieb des Anwenders installierte Soft- und Hardware. **191**

4.1.2 Rechtsnatur des ASP/anwendbare Vorschriften

Um den ASP-Vertrag einem Schuldverhältnis des BGB zuordnen zu können, muss zwischen der eigentlichen ASP-Leistung und den ggf. vereinbarten Zusatzleistungen unterschieden werden. **192**

Die Zuordnung der eigentlichen ASP-Leistung, d.h. der Zurverfügungstellung der Software über eine Datenleitung, zu einem bestimmten Schuldverhältnis des BGB folgt nach überwiegender Ansicht im Schrifttum dem Mietrecht.[185] Diese Auffassung **193**

---

183 Vgl. *Hoeren/Sieber* Handbuch Mulitmedia-Recht, Teil 12.3 Rn. 66.

184 *Czychowski/Bröcker* MMR 2002, 81.

185 *Marly* Rn. 567; *Junker* NJW 2003, 2792, *Sedlmeier/Kolk* MMR 2002, 75; *Röhrborn/Sinhart* CR 2001, 69; *Witzel* ITRB 2002, 183; *Intveen/Lohmann* ITRB 2002, 210.

teilt der BGH:[186] Die Gewährung der Onlinenutzung von Software für begrenzte Zeit stehe beim ASP-Vertrag im Mittelpunkt der vertraglichen Pflichten. Als Rechtsgrundlage für diese vertraglichen Ansprüche liege die Annahme eines Mietvertrages nahe, der die entgeltliche Gebrauchsüberlassung einer beweglichen oder unbeweglichen Sache zum Gegenstand hat. Dagegen spreche insbesondere nicht der Einwand, dass es sich bei der Software nicht um eine bewegliche Sache handele. Auch bei einem ASP-Vertrag liege eine solche Verkörperung vor, da die Programme zu ihrer Nutzbarkeit in verkörperter Form vorhanden sein müssen. Auch spiele es keine Rolle, dass der Anwender nicht den Besitz an den verkörperten Computerprogrammen erlange, da der Mietvertrag keine Besitzverschaffung, sondern nur eine Gebrauchsüberlassung voraussetze.

194 Neben den mietrechtlichen Vorschriften sind bei Gestaltung und Durchführung des Vertrages auch weitere gesetzliche Vorgaben zu berücksichtigen. Wird ein vorformulierter Vertrag abgeschlossen, was beim one-to-many-Modell die Regel ist, sind §§ 307 ff. BGB zu beachten. Weiter müssen datenschutzrechtliche Vorgaben[187] eingehalten werden, da der ASP als Anbieter von Telemediendiensten nach §§ 1, 2 TMG angesehen werden kann. Werden an den ASP personenbezogene Daten des Nutzers übermittelt, von diesem dann gespeichert und verarbeitet, muss der ASP die Regelungen des TMG beachten. Ergänzend zu den Regelungen des TMG ist auch auf das BDSG zurückzugreifen, insbesondere §§ 9, 11 BDSG. Im Verhältnis des ASP-Anwenders zu seinen Kunden können ebenfalls das TMG oder die Regelungen des BDSG maßgeblich sein. Zudem kann es sich bei dem ASP-Vertrag mit einem Verbraucher um ein Fernabsatzgeschäft handeln (§ 312b BGB).

4.1.3 Pflichten des Providers

195 Zentraler Leistungsgegenstand ist die Zurverfügungstellung der Software durch den Anbieter auf seinem Server und die Möglichkeit für den Anwender, diese Software für eine begrenzte Zeit über das Internet oder andere elektronische Netzwerke zu nutzen.[186] Die Software verbleibt aber auf dem Rechner des Anbieters, d.h. die notwendige Infrastruktur befindet sich in seinem Rechenzentrum. Der Anbieter ist Lizenzverwalter und zugleich Inhaber von Nutzungsrechten.[188] Vertragspflicht ist seitens des Providers also mindestens die Bereitstellung und Bereithaltung der Software zur Nutzung durch den Kunden sowie die Einräumung der erforderlichen Nutzungsrechte. Da dieser Pflicht durch Rspr. und Lit. mietvertraglicher Charakter zugesprochen wird, muss der Anwender die Software gem. § 535 BGB jederzeit in einem Zustand bereithalten, der die vertragsgemäße Benutzung ermöglicht. Zu dieser Leistungspflicht gehört hingegen auf Grund der besonderen Überlassungsweise nicht die Überlassung eines Handbuches in Papierform. Bei der Online-Nutzung von Software wird die Bereitstellung einer Online-Dokumentation in Verbindung mit der Möglichkeit eines Ausdrucks als ausreichend angesehen.[189]

196 Der Anbieter übernimmt neben der bloßen Zurverfügungstellung der Software oft noch weitere Leistungen, die nicht notwendigerweise Inhalt des ASP-Vertrages sein müssen, z.B. das Aufspielen von Updates, die Datensicherung, das Zurverfügungstel-

---

186 *BGH* CR 2007, 75.
187 Vgl. hierzu eingehend 20. Kap.
188 *Marly* Rn. 559.
189 *Marly* Rn. 964.

len von Speicherplatz (Datahosting, Datahousing), die Anpassung der Software (Customizing), ein Hotline-Service oder die Schulung der Mitarbeiter sein. Diese Leistungen können dem Dienst- oder Werkvertragsrecht unterfallen und zum Vorliegen eines zusammengesetzten oder gemischten Vertrages führen, bei dem jeder Vertragsteil nach dem Recht des auf ihn zutreffenden Vertragstypus zu beurteilen ist, soweit dies nicht in Widerspruch zu dem Gesamtvertrag steht.[190]

Typischerweise wird zu dem ASP-Vertrag auch ein Service Level Agreement (SLA), **197** vereinbart, das meist einen wesentlichen Bestandteil eines ASP-Vertrages darstellt,[191] weil es die wesentliche Frage der Verfügbarkeit der Software auf den Rechnern des Anwenders regelt.[192] Besonders wichtig sind Regelungen, die beschreiben, wie die Einhaltung des SLA kontrolliert, gemessen und überwacht werden kann.[193] Typischerweise werden in einem SLA für ASP Regelungen zu Übergabepunkten, zur Verfügbarkeit der Software, zu Reaktions- und Wiederherstellungszeiten bei Fehlermeldungen, zu Servicezeiten, Speicherkapazität, Festplattenkapazität, Systemstabilität oder Datensicherung getroffen. Regelungsinhalt sind meist auch organisatorische Fragen z.B. die Aufnahme von Ansprechpartnern, First und Second Level Support, Back up Services, Desaster Recovery (Katastrophen-Management).

Der wohl wichtigste Regelungspunkt eines SLA ist die Vereinbarung über die **Verfügbarkeit** der Anwendung und der Vereinbarung zulässiger ununterbrochener Ausfallzeiten, da der ASP-Anwender in hohem Maße von Stabilität und Funktionsfähigkeit der Anwendung abhängig ist; Ausfallzeiten (sog. down time) sind zu vermeiden. In technischer Hinsicht kann eine 100 %-ige Verfügbarkeit auf dem Rechner des Anwenders schon deswegen nicht sichergestellt werden, weil diese nicht nur von den eigenen Leistungen des ASP, sondern auch von Leistungen Dritter wie beispielsweise dem Netzanbieter abhängt. Daher wird ein Provider auch nur die Verfügbarkeit der Anwendung an seinem Internet-seitigen Datenausgang gewährleisten, ob von den dort bereit stehenden Anwendungen etwas beim Anwender ankommt, ist letztlich abhängig vom Internet Service Provider, also einem Dritten. Unterschieden werden können im Hinblick auf die Maschinen des Anbieters geplante und ungeplante Wartungsfenster. Es werden regelmäßig Verfügbarkeitsquoten vereinbart, deren Nichteinhaltung teilweise mit Vertragsstrafen, Schadenspauschalen oder Bonus-Malus-Regelungen abgesichert werden. Die Verfügbarkeitsquoten geben an, zu welchem Prozentsatz das System für einen bestimmten Bezugszeitraum (z.B. 99,5 % im Monat oder im Jahr) zur Verfügung zu stehen hat. Teilweise werden die Verfügbarkeitszeiträume auch weiter aufgeteilt, so dass während der Hauptnutzungszeit (z.B. werktäglich 8 Uhr bis 17 Uhr) höhere Quoten einzuhalten sind als zu Nebenzeiten (übrige Zeit). Typischerweise ist, gerade bei längeren Bezugszeiträumen für die Bestimmung der Verfügbarkeitsquote, neben dieser auch der maximale Zeitraum angegeben, in dem die Anwendung zusammenhängend nicht verfügbar sein darf (maximum downtime). **198**

190 *BGH* CR 2007, 75.

191 Zu den wesentlichen Regelungspunkten in einem ASP-Vertrag vgl. auch *Koch* ITRB 2001, 39.

192 Zu der Funktion von SLA vgl. auch oben Rn. 108 ff.

193 Im Einzelnen vgl. *Schumacher* MMR 2006, 12.

199 Hinsichtlich der Verfügbarkeit ist wiederum zu beachten, dass jedenfalls nach einer schon älteren BGH-Entscheidung ohne eine ausdrückliche Regelung von einer vollen Verfügbarkeit von 100 % ausgegangen werden muss.[194] Dies ist aufgrund der durchaus sensiblen Technik für den Provider misslich. Eine anbieterseitig stets angestrebte Beschränkung der Verfügbarkeit kann in AGB zu Problemen führen, wenn es sich bei der gewählten Formulierung nicht um eine Leistungsbeschreibung, sondern um eine AGB-rechtlich unzulässige Haftungsbegrenzung handelt, was insbesondere dann der Fall wäre, wenn auch für solche Ausfälle, die die zugesagte Verfügbarkeit nicht antasten, aber von dem Provider verschuldet sind, die Haftung ausgeschlossen wäre. Stellt die Regelung zur Verfügbarkeit eine reine Leistungsbeschreibung dar, wird damit lediglich der Umfang der geschuldeten Vertragsleistung festgelegt. Die Rspr. bejaht das Vorliegen einer Leistungsbeschreibung aber nur dann, wenn die Beschreibung Art, Umfang und Güte der geschuldeten Leistungen festlegt, aber die für die Leistung geltenden gesetzlichen Vorschriften unberührt lässt. Klauseln, die das Hauptleistungsversprechen einschränken, verändern, ausgestalten oder modifizieren, sind hingegen der Inhaltskontrolle zu unterziehen. Damit verbleibt für die der Überprüfung entzogenen Leistungsbeschreibung nur der enge Bereich solcher Leistungsbezeichnungen, ohne deren Vorliegen mangels Bestimmtheit oder Bestimmbarkeit des wesentlichen Vertragsinhalts ein wirksamer Vertrag nicht mehr angenommen werden kann.[195] Die Leistungsbeschreibung enthält danach lediglich die essentialia negotii. AGB-rechtlich wirksam sind **Klauseln**, bei denen die **Verfügbarkeit** zwar beschränkt wird, dem Anwender aber seine Rechte z.B. auf Minderung der Vergütung oder Schadensersatzansprüche, erhalten bleiben. Problematisch ist die AGB-rechtliche Zulässigkeit der Einschränkung der Verfügbarkeit also insoweit, als es um die Beschränkung der eigenen Verantwortlichkeit geht und dem Kunden die mit der eingeschränkten Leistungserbringung zusammenhängenden Rechte genommen werden. Ein Haftungssauschluss liegt nicht nur bei ausdrücklichen Formulierungen vor, ausreichend ist, dass die Klausel nach ihrem Sinn und Zweck den Eindruck eines Haftungsausschlusses erweckt.[196]

200 Bei einem Verbrauchervertrag kann eine Begrenzung der Verfügbarkeit, die zugleich einen verhüllten Haftungsausschluss enthält, einen Verstoß gegen § 309 Nr. 7 BGB darstellen, im Unternehmerverkehr kann die Klausel über § 307 BGB unwirksam sein. Nach § 309 Nr. 7 BGB sind Haftungsausschlüsse bei der Verletzung von Leben, Körper und Gesundheit und beim Vorliegen von grobem Verschulden nicht zulässig. Nach § 307 BGB darf die Regelung den Vertragspartner nicht unangemessen benachteiligen, insbesondere dadurch, dass durch die Bestimmung wesentliche Rechte oder Pflichten, die sich aus der Natur des Vertrags ergeben, so einschränkt werden, dass die Erreichung des Vertragszwecks gefährdet ist (§ 307 Abs. 2 Nr. 2 BGB). Bei der Verfügbarkeit der Software handelt es sich aber um eine wesentliche Vertragspflicht des ASP.[197]

201 Im Ergebnis besteht ein hohes Risiko, dass Verfügbarkeitsklauseln, welche die Haftung des Anbieters für **verschuldete** Ausfälle regeln, einer Inhaltskontrolle nicht standhalten. So entschied nach dem BGH 2001 im Jahr 2006 auch das LG Karlsruhe, dass die Vereinbarung einer Verfügbarkeit von 99 % im Jahresmittel einen AGB-

---

194 *BGH* BB 2001, 326 – Postbank.

195 *BGH* NJW 1995, 2637; NJW-RR 1993, 1049; NJW 1987, 1931; 1993, 2369.

196 *BGHZ* 101, 307.

197 *LG Karlsruhe* CR 2007, 396; ITRB 2007, 106 mit Anm. *Rössel* zu Verfügbarkeitsklauseln beim Web-Hosting.

rechtlich unzulässigen verhüllten Haftungsausschluss darstelle.[198] Dies muss jedenfalls dann gelten, wenn der Ausfall von 1 % auch dann nicht zu einer Haftung des Providers führen soll, wenn dieser den Ausfall zu vertreten hat. Dieses Risiko erhöht sich mengenmäßig noch, wenn eher geringe Quoten für lange Bezugszeiträume (z.B. 90 % über ein Jahr) angegeben werden. Dies gilt auch dann, wenn es sich um (vorgeblich) marktübliche Verfügungsbeschränkungen handelt. Teilweise werden Klauseln als wirksam angesehen, wenn die marktübliche Verfügbarkeit nicht unterschritten wird.[199] In der Praxis wird versucht, das Problem zu vermeiden, in dem entsprechende Zugriffsbeschränkungen als Leistungsbeschreibung formuliert werden – hier ist aber Obacht geboten, weil in den meisten Fällen von der Fachseite im Ergebnis doch eine Verfügbarkeitsregelung gewählt wird, bei der ein Mangel der Verfügbarkeit unabhängig von seiner Ursache als unschädlich angesehen wird, also auch für die Fälle, in denen der Anbieter den Ausfall zu vertreten hat – was wieder eine Haftungsbeschränkung darstellt.

Die Vereinbarung von geplanten **Wartungsfenstern** dürfte hingegen auch in AGB- 202
rechtlicher Hinsicht zulässig sein, da dem Provider die Möglichkeit eröffnet werden muss, die notwendigen Erhaltungsmaßnahmen im Rahmen der Erhaltungspflicht nach § 535 Abs. 1 S. 2 BGB zu treffen.[200] Dabei ist sinnvollerweise anzugeben, in welchen Zeiträumen die Wartung/Pflege erfolgen darf, wie lange die Software maximal nicht erreichbar sein darf und wie viele Wartungsfenster in einem bestimmten Zeitraum zulässig sind. Derartige Zeitfenster müssen jedoch nicht vereinbart werden, wenn angesichts der technischem Bedürfnisse der Datensicherung vollständig und mehrfach redundante EDV-Systeme vorgehalten werden, die die Aufrechterhaltung der Betriebsbereitschaft auf einem System bei gleichzeitiger Wartungs- und Pflegemöglichkeit auf einem Parallelsystem mit anschließendem Wechsel des betriebsbereiten Systems erlauben.

Zulässig ist auch der Ausschluss der Haftung des Anbieters für Verfügbarkeitsein- 203
schränkungen sein, die im Bereich der Übertragung über das Internet hervorgerufen werden, weil es sich hier um einen Bereich handelt, der seinem Einfluss entzogen ist. Eine zulässige und wichtige Klausel ist daher eine sog. **Schnittstellenklausel,** wonach der ASP die Verfügbarkeit nicht am Netzanschluss des Kunden gewährleistet, sondern seine mietvertragliche Überlassungspflicht nur an der Schnittstelle des Rechenzentrums des Providers zum Internet sieht. Die Verfügbarkeit der Anwendung ist dann am Ausgangsrouter des Rechenzentrums zu messen.

Aufgrund der bereits oben genannten Risiken werden typischerweise in einem ASP- 204
Vertrag Regelung über die **Datensicherung und Datensicherheit** getroffen. Auch Geheimhaltungsvereinbarungen sind in diesem Zusammenhang von Bedeutung.

4.1.4 Pflichten des Anwenders

Die vertragliche Hauptpflicht des Anwenders ist die Zahlung der vereinbarten **Vergü- 205
tung;** der Kunde muss nach § 535 BGB hinsichtlich der ASP-Leistung den vereinbarten Mietzins zahlen.

198 *LG Karlsruhe* CR 2007, 396; ITRB 2007, 106 mit Anm. *Rössel.*
199 *Schoengarth* Apllication Service Providing, S. 270.
200 *Söbbing* ITRB 2003, 155.

206 Beim ASP-Vertrag besteht ein großer Gestaltungsspielraum bei der Vereinbarung eines Vergütungsmodells. Grundsätzlich denkbar ist eine pauschale Vergütung für sämtliche Leistungen, die in periodischen Abständen an den Provider zu zahlen ist. Alternativ kann für die Vergütungsbemessung auf das übertragene Datenvolumen, die Anzahl der Zugriffe und Transaktionen, die Dauer der Nutzung oder die Anzahl der Nutzer abgestellt werden. Die Wahl einer zeitunabhängigen Vergütung ändert schon deswegen nichts an der rechtlichen Qualifikation des ASP-Vertrages als Mietvertrag, weil der BGH auch eine Umsatzmiete akzeptiert.[201] Für solche Bemessungsparameter stellt sich immer die Frage der Messbarkeit sowie der Transparenz und Kontrolle. Daher ist es umso wichtiger, die Bemessungsgrundlagen, die Parameter, das Abrechnungssystem und das jeweils anfallende Nutzungsentgelt festzulegen.

207 Bei **Streitigkeiten** über die Höhe der Vergütung können Probleme entstehen, wenn es um den Beweis des tatsächlich angefallenen Datenverkehrs geht. Nach einer instanzgerichtlichen Entscheidung können die Grundsätze des **Anscheinsbeweises,** die im Bereich der Festnetztelefonie gelten, hinsichtlich der Richtigkeit der Berechungen nicht herangezogen werden, da sich erst herausstellen müsse, dass ein den Abrechnungssystemen der Telefonie vergleichbarer Sicherheitsstandard gegeben sei.[202] Um solche Streitigkeiten zu vermeiden, sollten das Abrechnungssystem sowie die Berechnungsgrundlagen vereinbart werden.[203]

208 Häufig wird ein Vergütungsmodell gewählt, welches eine Mischform aus den oben genannten Möglichkeiten darstellt. Mit einer jährlich oder monatlich zu erbringenden Vergütung sichert sich der Provider regelmäßige Einnahmen zur sicheren Kalkulation und Deckung seiner Fixkosten. Der Anwender zahlt darüber hinaus eine nutzungsabhängige Vergütung. Mit der Grundgebühr für die Bereitstellung kann auch bereits ein bestimmtes Transaktionsvolumen abgegolten sein. Zusatzleistungen werden meist auch gesondert vergütet, wobei hier je nach Leistung einmalige oder wiederkehrende Zahlungen denkbar sind. Anbieter legen die Preise für Zusatzvergütungen oft in Preislisten fest. Maßgebend für die Art der Vergütung ist das jeweilige Geschäftsmodell. Steht die eigentliche ASP-Leistung deutlich im Vordergrund, so können kaum ins Gewicht fallende Nebenleistungen durch eine Pauschale abgegolten werden.

209 Die AGB der Anbieter können, wie auch die der Vermieter von Soft- oder Hardware, sog. **Preisänderungsklauseln** vorsehen. Da es sich bei dem ASP-Vertrag um ein Dauerschuldverhältnis handelt, ist es für den Provider wünschenswert, die Preise der wirtschaftlichen Lage anzupassen. Verwendet der Provider vorformulierte Verträge, so sind solche Klauseln anhand der §§ 305 ff. BGB einer Inhaltskontrolle zu unterziehen. Zunächst ist bei der Formulierung das Transparenzgebot zu beachten, § 307 Abs. 1 S. 2 BGB. Außerdem bestehen hinsichtlich der Zulässigkeit von Preisänderungsklauseln bestimmte Vorgaben durch die Rspr.[204]

4.1.5 Einräumung von Nutzungsrechten

210 Urheberrechtlich müssen beim ASP das Rechtsverhältnis zwischen Provider und Softwarehersteller (bzw. -lieferanten) und zwischen Provider und Anwender unterschie-

---

201 Vgl. *BGH* NJW 1979, 2351.

202 Vgl. *OLG Düsseldorf* MMR 2003, 474 zum Webhosting-Vertrag; *AG Lichtenberg* MMR 2006, 494 zu Internetdienstleistungen.

203 Vgl. *Roth/Haber* ITRB 2007, 21.

204 S.u. Rn. 308.

den werden. Die urheberrechtsrelevanten Handlungen des Anwenders sind insoweit auch dafür maßgebend, welche Rechte der Softwarehersteller dem Provider einräumen muss.

Im Verhältnis des Providers zu seinem Kunden kann das Vervielfältigungsrecht des § 69c Nr. 1 UrhG berührt sein. Beim Speichern von Computerprogrammen im Arbeitsspeicher oder auf einem Datenträger nimmt der Nutzer eine Vervielfältigungshandlung vor. Beim sog. Emulation-ASP findet eine Vervielfältigung nicht statt, da hier dem Anwender die Applikation auf dem Bildschirm dargestellt wird und daher keine Vervielfältigung durch das Laden in den Arbeitsspeicher seines Rechners erfolgt. Zu einer anderen Beurteilung kommt die Auffassung, die auch Bildschirmmasken als schutzfähige Computerprogramme i.S.d. § 69a UrhG ansieht.[205] Der Anwender muss aber zur Nutzung der Client- oder Browsersoftware die auf seinem Rechner installiert ist, berechtigt sein. Beim sog. Applet-ASP greift der Kunde mittels Browser, die Java-Applets benutzen, auf die Anwendung zu. Soweit die Java-Applets in den Arbeitsspeicher geladen werden und urheberrechtlichen Schutz genießen, bedarf es der Einräumung eines Vervielfältigungsrechtes, da Java-Applets kleine, aus Steuerungsbefehlen bestehende Computerprogramme darstellen.[206] Üblich ist insoweit, dem Anwender hieran ein einfaches Nutzungsrecht einzuräumen. Wird keine Regelung getroffen, so werden nach der in § 69d UrhG zum Ausdruck kommenden Zweckübertragungslehre die Rechte so weit eingeräumt, wie dies nach dem Zweck des jeweiligen Vertrages erforderlich ist. **211**

Ist der Provider nicht zugleich der Hersteller der Software, so muss er über die notwendigen Nutzungsrechte verfügen. Die Installation der Software auf der IT-Infrastruktur des ASP und das Laden der Anwendung in den Arbeitsspeicher sind Vervielfältigungshandlungen nach § 69c Nr. 1 UrhG, für die der Provider die Zustimmung des Rechteinhabers benötigt. Je nachdem, ob auch beim Anwender Vervielfältigungshandlungen vorgenommen werden, muss der Provider zur **Unterlizenzierung** berechtigt sein. Hingegen nimmt der Provider nach überwiegender Auffassung keine urheberrechtlich relevante Vermietung nach § 69c Nr. 3 UrhG vor,[207] da hier im Gegensatz zur Miete des BGB die Übergabe einer verkörperten Sache an den Anwender erforderlich ist.[208] **212**

Das ASP unterfällt u.U. dem Recht der öffentlichen Wiedergabe nach § 69c Nr. 4 UrhG,[209] wenn Softwaremodule und nicht bloße Bildschirmmasken übertragen werden.[210] Nach § 69c Nr. 4 UrhG ist die drahtgebundene oder drahtlose öffentliche Wie- **213**

205 *OLG Karlsruhe* GRUR 1994, 726.
206 *Grützmacher* ITRB 2001, 59.
207 Wandtke/Bullinger/*Grützmacher* § 69c UrhG Rn. 44.
208 *Marly* Rn. 563.
209 *Dietrich* ZUM 2010, 567, 568.
210 Wandtke/Bullinger/*Grützmacher* § 69d UrhG Rn. 65; *Marly* Rn. 566. a.A. *OLG München* GRUR-RR, 2009, 91, welches eine Verletzung von § 69c Nr. 4 UrhG schon bejaht, wenn Dritten über ein ASP-Modell ein Computerprogramm zugänglich gemacht wird, ohne das Programmdateien übertragen werden. Dem Argument des OLG München, der Wortlaut des § 69c Nr. 4 UrhG sei keine Aussage dahingehend zu entnehmen, dass eine Übermittlung von Programmteilen erforderlich sei und dass auch andere Werkarten ohne Präsentation einer körperlichen Form der Öffentlichkeit zugänglich gemacht werden, ist jedoch entgegenzuhalten, dass es bei der bloßen Anzeige einer Benutzeroberfläche schon an der Übertragung des urheberrechtlichen Werkes i.S.v. § 69a UrhG fehlt, sofern die Oberfläche nicht selbst geschützt ist.

dergabe eines Computerprogramms einschließlich der öffentlichen Zugänglichmachung in der Weise, dass der Öffentlichkeit von Orten und zu Zeiten ihrer Wahl zugänglich ist, von der Zustimmung des Rechtsinhabers abhängig. Dies wird jedenfalls beim ASP „von der Stange" aufgrund der Vielzahl der Nutzer der Fall sein. Allenfalls bei den one-to-one-Modellen, in denen spezielle Programme nur einem einzigen Anwender zur Verfügung gestellt werden, kann davon ausgegangen werden, dass es am Merkmal der Öffentlichkeit i.S.v. § 15 Abs. 3 UrhG fehlt.[211] Dies gilt auch für den Fall, dass Vertragspartner ein Unternehmen ist und eine Mehrzahl von Arbeitnehmern dieses Programm nutzt, denn der Arbeitnehmer wird für das Unternehmen tätig und greift nicht im eigenen Interesse auf die Anwendersoftware zu. Weiter muss sich der Provider das Bearbeitungsrecht des § 69c Nr. 2 UrhG jedenfalls dann einräumen lassen, wenn durch Änderung des Quellcodes, ein Eingriff in die Software erfolgt. Je nach Einzelfall benötigt der ASP daher ein Recht zur öffentlichen Wiedergabe, ein Vervielfältigungs- und ein Bearbeitungsrecht.

214 Eine übliche Netzwerklizenz wird den Einsatz der Software zur Nutzung in Form des ASP nicht rechtfertigen, da das ASP überwiegend als eigenständige Nutzungsart angesehen wird.[212]

4.1.6 Mängelrechte

215 Treten nach Vertragsschluss Mängel an der Hard- oder Software beim Provider auf, so hat dieser gem. § 535 BGB für diese während der gesamten Vertragslaufzeit verschuldensunabhängig einzustehen. Der Provider hat als Vermieter die „Mietsache" in einem zum vertragsgemäßen Gebrauch geeigneten Zustand zu überlassen und sie während der Mietzeit in diesem Zustand zu erhalten. Daher muss der Provider im Rahmen der Instandsetzung Mängel der Software beseitigen. Er ist ohne vertragliche Regelung aber nicht dazu verpflichtet, Updates und Upgrades zu installieren. Dabei betreffen die Erhaltungsmaßnahmen nur die Hauptleistungspflichten, die Verletzung vertraglicher Nebenpflichten, z.B. von Supportleistungen oder Schulungen richtet sich nach den Vorschriften des allgemeinen Schuldrechtes (§ 280 BGB) bzw. dem jeweiligen Recht des zugrundeliegenden vertraglichen Elements. Unklar und von der Rspr. noch nicht entschieden ist aber die genaue Abgrenzung der Haupt- und Nebenpflichten beim ASP-Vertrag.[213] Über § 536 BGB steht dem Anwender ein Minderungsrecht zu. Schadensersatz- und Aufwendungsersatzansprüche für den Anwender ergeben sich aus § 536a BGB. Schließlich besteht auch gem. § 543 BGB ein Recht zur fristlosen Kündigung. Häufig werden individualvertraglich oder – soweit nach den §§ 307 ff. BGB zulässig – Haftungsbegrenzungen oder -ausschlüsse vereinbart.

4.1.7 Vertragsbeendigung

216 Beim ASP-Vertrag handelt es sich um ein **Dauerschuldverhältnis,** das nach den gesetzlichen Regelungen oder aufgrund vertraglicher Vereinbarungen gekündigt oder aufgehoben werden kann, ggf. auch nach Ablauf einer vereinbarten festen Zeit der Zugriffsberechtigung einfach ausläuft. Ob kurze oder lange Vertragsbindungen erwünscht sind, orientiert sich an den Gegebenheiten des Einzelfalls. Insbesondere im

211 Vgl. *Marly* Rn. 1087.

212 Wandtke/Bullinger/*Grützmacher* § 69d UrhG Rn. 13; *Grützmacher* ITRB 2001, 59; *Czychowski/Bröcker* MMR 2002, 81; *BGH* GRUR 2008, 357, 359 f.

213 *Intveen/Lohmann* ITRB 2002, 210.

One-to-one-Modell wird der Entwicklungsaufwand für die Software nur dann ausgeglichen, wenn der Anwender die Software auch über längere Zeit nutzt. Der Provider wird grundsätzlich eine längere Vertragsdauer jedenfalls dann bevorzugen, wenn er eine monatliche Grundgebühr für ergänzende Leistungen vereinbart hat (die der Anwender oft nicht abnimmt), da ihm diese Planungssicherheit und eine gefestigte Kalkulationsgrundlage bietet.

Im Zusammenhang mit der Beendigung des Vertrages ist dringend zu regeln, dass und wie die ggf. beim Anbieter gespeicherten Daten an den Anwender herauszugeben sind, z.B. auf einem Datenträger, elektronisch, in Papierform. **217**

4.2 Software as a Service (SaaS)

„SaaS" steht für „Software as a Service" und wird als wesentlicher Bestandteil des Cloud Computing[214] in der IT-Branche vielfach als das Softwarevertriebsmodell der Zukunft und Nachfolge von ASP angepriesen. Fehl geht die oftmals anzutreffende Auffassung, dass SaaS mit Cloud Computing (s. dort) gleich zu setzen sei, denn Cloud Computing ist nicht SaaS, sondern SaaS ist ein Teil des Vertriebsmodells „Cloud Computing". Ob diese Art der Softwareüberlassung auf Zeit aber tatsächlich neu oder eine Art technische Neuauflage gleichsam altbewährter Modelle (insbesondere von ASP) darstellt, ist in der Fachwelt umstritten. Während SaaS teilweise mit ASP als nahezu identisch angesehen wird, betonen andere diverse Unterschiede.[215] **218**

Mehr noch als bei ASP ist für das SaaS-Modell jedenfalls typisch, dass der Anwender IT-Services nur bei Bedarf abruft und nur die tatsächliche Nutzung vergüten muss. Der wesentliche Grundbaustein für die hohe Skalierbarkeit der Leistung ist die Virtualisierungstechnik, bei welcher Hard- und Software voneinander entkoppelt werden. Dem Anwender wird bei SaaS mithin nicht für jeden Kunden eine eigene Installation angeboten, sondern mehrere Anwender nutzen dieselbe Anwendung und Infrastruktur, die sich bei dem jeweiligen Provider befindet, dessen räumlicher Standort allerdings oft unbekannt ist oder wechseln kann. Ein Vorteil, der sich für den Anwender dann in den günstigeren Kosten für den „Service" wiederspiegelt, denn Änderungen und Erweiterungen, wie z.B. notwendige Updates und Upgrades, müssen nur einmal vorgenommen werden. Auf der anderen Seite bieten sich deshalb für das SaaS im Grundsatz nur standardisierte bzw. standardisierbare Leistungen an. Im Unterschied hierzu kann beim ASP für den jeweiligen Anwender ein spezieller Speicherbereich auf dem Server des Anbieters vorgehalten und seine Daten allein auf dieser Hardwaregegend gespeichert werden. **219**

Unabhängig von etwaigen Unterschieden in technischer Hinsicht unterscheiden sich ASP und SaaS in ihren zivilrechtlichen Problematiken jedoch nur marginal,[216] denn in beiden Fällen nutzt der Anwender auf Rechnern eines Providers verkörperte Software im Wege des Online-Zugriffs für eine vertraglich vereinbarte Zeit regelmäßig gegen Entgelt.[217] Ebenso wie ASP-Verträge sind SaaS-Verträge daher grundsätzlich dem Mietrecht zuzuordnen.[218] Auch gehen entsprechend dem ASP-Modell mit der **220**

---

214 S.u. Rn. 410 ff.

215 Vgl. zum Streitstand *Marly* Rn. 1077 ff.

216 Weshalb bzgl. der rechtlichen Besonderheiten im Wesentlichen auf die vorherigen Ausführungen zu ASP Rn. 187 ff. verwiesen werden kann.

217 *Pohle/Ammann* K&R 2009, 625, 626.

218 *Malatidis* ITBR 2017, 109, 110.

Bereitstellung von Software mittels SaaS in der Regel weitere Leistungen wie beispielsweise Pflegeleistungen einher, welche dem SaaS-Vertrag regelmäßig nicht ihren mietvertraglichen Schwerpunkt nehmen.[219]

221 In Bezug auf die Einräumung von Nutzungsrechten muss auch bei SaaS zwischen dem Rechtsverhältnis zwischen Softwarehersteller und Anbieter/Provider und dem Rechtsverhältnis zwischen Anbieter/Provider und Anwender unterschieden werden.[220]

222 Jedenfalls die Nutzung einer Software durch den SaaS-Anbieter wird immer eine Vervielfältigung nach § 69c Nr. 1 UrhG darstellen, wie auch i.d.R. die Rechte aus § 69c Nr. 3 UrhG berührt sein werden. Auch wird regelmäßig das Recht der öffentlichen Zugänglichmachung gem. § 69c Nr. 4 UrhG berührt sein, da es sich regelmäßig um ein an die Allgemeinheit gerichtetes Angebot handelt.[221] Jedenfalls in Bezug auf Public-Cloud-Modellen[222] wird dies der Fall sein.

223 Mit Blick auf etwaige Vervielfältigungshandlungen des Anwenders nach § 69c Nr. 1 UrhG wird einerseits vertreten, dieser nehme keine urheberrechtlich relevante Handlung vor. Etwaige Vervielfältigungen fänden nur ausschließlich in der „Cloud" und damit einzig auf dem Server des Providers statt. Der Anwender habe keinen Einfluss auf die technische Realisierung auf Seiten des Providers.[223] Andere vertreten die Auffassung, dass auf Seiten des Anwenders Vervielfältigungshandlungen jedenfalls im Browser-Cache und Arbeitsspeicher vorgenommen würden, die dann aber über § 44a UrhG (als technisch bedingte Vervielfältigungshandlungen) bzw. § 69d UrhG (da sie zur bestimmungsgemäßen Nutzung des Computerprogramms erforderlich sind) i.d.R. gestattet sein dürften.[224] Entsprechend der Situation bei dem Applet-ASP[225] wird es so sein, dass auch auf Seiten des Anwenders Vervielfältigungshandlungen nur dann vorliegen, wenn mittels Java-Applets auf die Cloud zugegriffen wird.[226]Das dürfte bei Cloud-Leistungen aber eher den Einzelfall darstellen.

224 Darüber hinaus ergeben sich diverse datenschutzrechtliche Problemstellungen, welche im Wesentlichen dem Umstand geschuldet sind, dass sich die an den Anbieter übermittelten Daten in der Regel nicht allein auf Servern in Deutschland oder zumindest auf solchen in Ländern des europäischen Wirtschaftsraumes befinden, sondern sich dynamisch – je nachdem, wo Speicherplatz gerade preiswert ist – weltweit auf verschiedenen Servern verteilen und unter Umständen in kurzer Zeit den Standort und/oder das Land wechseln, auch und insbesondere während des laufenden Vertrages. Da diese Probleme nicht nur SaaS allein, sondern Cloud Computing allgemein betreffen, soll dies unter dem Abschnitt Cloud Computing behandelt werden.[222]

219 *Schneider* Handbuch des EDV-Rechts, M Rn. 27.
220 S.o. Rn. 210.
221 *Nägele/Jacobs* ZUM 2010, 281, 288.
222 S.u. Rn. 410 ff.
223 *Niemann/Paul* K&R 2009, 444, 448.
224 *Pohle/Ammann* CR 2009, 273, 276; *Bierekoven* ITRB 2010 42, 43.
225 S.o. Rn. 211.
226 *Nägele/Jacobs* ZUM 2010, 281, 289.

V. Softwareerstellung

Bei **Softwareerstellungsverträgen** handelt es sich um **Verträge, die die Erstellung, Veränderung, Ergänzung, Anpassung oder Umstellung von Software zum Gegenstand** haben, also auch die Modifizierung von Standardsoftware unter Eingriff in den Quellcode. Hier wird primär die Fallkonstellation besprochen, in der es um die Erstellung von Individualsoftware geht. Im Gegensatz zur reinen Überlassung von Standardsoftware handelt es sich hier um die erstmalige Erarbeitung einer Software, was jedenfalls meist komplexere Leistungsbeschreibungen und eine straffe Projektsteuerung erfordert. **225**

Die **Vertragsstruktur** eines Softwareerstellungsvertrages wird i.d.R. wie folgt aussehen, wobei die nachstehend genannte Reihenfolge der Regelungsgegenstände typisch, aber nicht zwingend ist: **226**

- Präambel
- Definitionen/Glossar (ggf. in Anh. 1 auslagern),
- Vertragsstruktur und Rangreihenfolge der Dokumente (ggf. am Ende des Vertrages),
- Kurzbeschreibung des Vertragsgegenstands,
- Leistungsbeschreibung (unter Verweisung auf Anh. 2 bzgl. der Details [des Leistungsverzeichnisses, des Pflichtenhefts, der Feinspezifikation bzw. des Dokuments, das die zu erbringende Leistung enthält]),
- Projektmanagement/Projektorganisation (ggf. auf Anh. 3 verweisen),
- Fristen und Meilensteine (ggf. auf Terminplan in Anh. 4 verweisen),
- Mitwirkungspflichten des Anwenders (ggf. auf Maßnahmen- oder Terminplan in Anh. 4 verweisen),
- Änderungsverfahren (Change-Request-Verfahren),
- Regelungen zur Leistungsüberprüfung (Ablieferung/Abnahme) (für technische Einzelheiten ggf. auf Anh. 5 verweisen),
- Rechte an Arbeitsergebnissen, d.h. Rechteübertragung betr. Objektcode und Dokumentation,[227] ggf. Quellcode (insoweit ggf. auf Hinterlegungsvereinbarung in Anh. 6 verweisen),
- Vergütung,
- Sach- und Rechtsmängel,
- Haftung, Haftungsausschlüsse,
- Geheimhaltung, Datenschutz (ggf. gesonderte Datenschutzvereinbarung in Anh. 7),
- ggf. Wettbewerbsverbot,
- ggf. Regelungen über die Einschaltung von Subunternehmern,
- ggf. Versicherungen, Bürgschaften (ggf. gesonderte Versicherungsunterlagen oder Bürgschaftserklärungen in Anh. 8),
- Schlussbestimmungen (Gerichtsstand, Schiedsklausel, geltende Rechte, Ausschluss des UN-Kaufrechtes etc.).

1. Vertragstypologische Einordnung

Die Zuordnung des Softwareerstellungsvertrages zu einem typisierten Schuldverhältnis des BGB wird über die Schuldrechtsreform hinaus, vor allem aber auf Grund dieser, in der Lit. diskutiert. Zwischenzeitlich hat es einige Entscheidungen des BGH **227**

227 *Schreiber-Ehle* CR 2015, 469 ff.

gegeben, die darauf hindeuten, dass der Vertrag über die Erstellung einer neuen Software (nach wie vor) dem Werkvertragsrecht unterfällt.

228 Unter Geltung des **Schuldrechts in der vor dem 1.1.2002 geltenden Fassung** wurden Verträge, die die Erstellung von Individualsoftware zum Gegenstand hatten, überwiegend dem Werkvertragsrecht gem. §§ 631 ff. BGB a.F. zugeordnet.[228] In Einzelfällen konnte auch Dienstvertragsrecht maßgebend sein. Diese Abgrenzung muss auch weiterhin in Einzelfällen vorgenommen werden. Auch vor der Schuldrechtsreform war nicht klar, ob es sich um einen reinen Werkvertrag handelt oder ob auch das Vorliegen eines Werklieferungsvertrages nach § 651 BGB a.F. bejaht werden konnte. Unter Bejahung der Sacheigenschaft von Software wurde auch unter früherem Recht die Anwendbarkeit des § 651 a.F. BGB diskutiert;[229] dies hatte aber kaum praktische Folgen, da für die Herstellung nicht vertretbarer Sachen nach § 651 BGB a.F. im Wesentlichen die Vorschriften des Werkvertragsrechts zur Anwendung kamen.

229 Durch die Schuldrechtsreform erhielt die Frage nach der Anwendbarkeit des neu gefassten § 651 BGB wieder Bedeutung. Die aktuelle Fassung des § 651 BGB beruht auf der Verbrauchsgüterkaufrichtlinie.[230] Diese sah zwar eine Umsetzungsverpflichtung nur in Bezug auf Verbraucher vor, § 651 BGB erstreckt sich aber auch auf Verträge, an denen kein Verbraucher beteiligt ist. Nach § 651 BGB finden auf Verträge, die die Lieferung (vertretbarer oder nicht vertretbarer) herzustellender oder zu erzeugender beweglicher Sachen zum Gegenstand haben, grundsätzlich die Vorschriften über den Kauf Anwendung. Da der BGH (in irgendeiner Form verkörperte) Software als Sache behandelt, liegt es nahe, Kaufrecht auf die Neuherstellung von Software anzuwenden.

230 An der geänderten Fassung des § 651 BGB ist neu, dass wichtige kaufrechtliche Vorschriften auch bei der Herstellung nicht vertretbarer Sachen anwendbar sind. §§ 642, 643, 645, 649 und 650 BGB finden lediglich bei nicht vertretbaren Sachen Anwendung. Daraus ergibt sich, dass § 640 BGB nicht zur Anwendung kommt, es also bei dem gesetzlichen Leitbild des Werklieferungsvertrages über nicht vertretbare Sachen keine Abnahme gibt, also im Grunde auch keine Abnahme einer individuell erstellten Software.

231 Die Einordnung des Softwareerstellungsvertrags als Werklieferungsvertrag führt darüber hinaus zu weiteren **Abweichungen** vom Werkvertragsrecht. So weichen auch bezüglich der Verjährung und des Verjährungsbeginns die werkvertraglichen und die kaufrechtlichen Vorschriften voneinander ab. Bei der Anwendung kaufrechtlicher Vorschriften kann außerdem der Anwender die Art der Nacherfüllung wählen und so die Beseitigung des Mangels oder die Lieferung einer mangelfreien Sache verlangen, während dieses Recht im Werkvertragsrecht (vorbehaltlich abweichender Vereinbarung) nach § 635 Abs. 1 BGB dem Unternehmer zusteht. Schließlich spielt auch die kaufrechtliche Rügeobliegenheit nach § 377 HGB eine Rolle. Keine besondere Bedeutung wird dem im Werkvertragsrecht zur Beseitigung eines Mangels bestehenden Selbstvornahmerechts (§ 637 BGB) in der Praxis zukommen, da eine Selbstvornahme dem Kunden kaum möglich ist.

---

228 *Redeker* CR 2004, 88; *Schmidl* MMR 2004, 590.

229 Vgl. *BGH* NJW 1993, 2436.

230 Richtlinie 1999/44/EG des Europäischen Parlamentes und des Europäischen Rates v. 25.5.1999 zu bestimmten Aspekten des Verbrauchsgüterkaufs und der Garantien für Verbrauchsgüter, ABlEG Nr. L 171/12.

Insbesondere wegen dieser wichtigen Unterschiede steht nun die Frage im Vordergrund, ob über § 651 BGB bei Softwareerstellungsverträgen bzw. bei bestimmten Fallkonstellationen der Softwareerstellung das Kaufrecht zur Anwendung kommt. **232**

§ 651 BGB setzt voraus, dass es sich um einen Vertrag handelt, der die Lieferung herzustellender oder zu erzeugender beweglicher Sachen zum Gegenstand hat. Der bereits angesprochene frühere Streit (s.o. Rn. 124), ob es sich bei Software um eine bewegliche Sache handelt, dürfte nach einer jüngeren Entscheidung des BGH[231] obsolet und in dem Sinne entschieden sein, dass jedenfalls der BGH von der Sachqualität von verkörperter Software ausgeht, wobei eine Verkörperung in einem flüchtigen Speicher ausreichend ist.[232] Lediglich die Literaturansichten, die die Sachqualität der Software nach wie vor generell verneinen, können zu dem Ergebnis kommen, dass § 651 BGB schon mangels Vorliegen einer Sache keine Anwendung findet. **233**

Teilweise wird versucht, die Anwendbarkeit des § 651 BGB über eine teleologische Reduktion zu verneinen. § 651 BGB soll danach die Fälle der Softwareerstellung nicht erfassen, so dass das Werkvertragsrecht maßgebend ist. Hauptargument für eine begrenzte Anwendbarkeit des § 651 BGB ist, dass die Anwendung des Kaufrechts zu unpraktikablen Ergebnissen führe und für die genannten Fallkonstellationen nicht sachgerecht sei. Das Kaufrecht ziele primär auf den Warenaustausch ab.[233] Der Charakter des Vertragsteils, der einen bestimmten Erfolg (nämlich die Herstellung eines (auch) immateriellen Gutes) zum Gegenstand hat, sei ausschlaggebend. Dieser Vertragsteil jedenfalls sei dem Werkvertragsrecht zuzuordnen. **234**

Eine vermittelnde Ansicht nimmt Differenzierungen nach dem Leistungsinhalt vor.[234] Differenziert wird bei der Neuerstellung von Software beispielsweise danach, ob es sich um ein Softwarehaus als Auftraggeber handelt, welches sowohl den Quellcode als auch umfassende Nutzungsrechte erhält (dann Werkvertrag), ein Anwender als Besteller auftritt und lediglich ein einfaches Nutzungsrecht erhält (dann wohl eher § 651 BGB) oder der Anwender zwar nur ein einfaches Nutzungsrecht erhält, der Anbieter die Software aber auch nicht vermarkten darf (eher Werkvertrag).[235] **235**

Eine Entscheidung des BGH, die sich in der Begründung ausführlich mit der rechtlichen Einordnung von Softwareerstellungsverträgen befasst, steht noch aus. Jedoch hat sich der BGH verschiedentlich mit der Anwendung des § 651 BGB auseinandergesetzt.[236] **236**

Aus der sog. „Silo-Entscheidung" des 7. Zivilsenats des BGH[237] welche einen baurechtlichen Sachverhalt zum Gegenstand hatte und in welcher der BGH für die Anwendung des § 651 BGB insbesondere auf das Kriterium der Lieferung abgestellt hatte, folgerte eine Ansicht, der BGH habe mit seinen dort aufgestellten Grundsätzen den bisherigen Literaturmeinungen sowie dem ASP-Urteil[231] eine klare Absage erteilt, mit der Konsequenz, dass für die Neuerstellung von Individualsoftware nach § 651 S. 3 BGB Kaufrecht mit einigen werkvertraglichen Ergänzungen Anwendung **237**

231 *BGH* MMR 2007, 243.
232 Vgl. hierzu auch *Maume/Wilser* CR 2010, 209.
233 Vgl. *Müller-Hengstenberg* CR 2004, 161.
234 *Redeker* CR 2004, 88; Schneider/von Westphalen/*Redeker* Software-Erstellungsverträge, D Rn. 81 ff.
235 *Redeker* CR 2004, 88.
236 *BGH* CR 2009, 637; 2010, 580.
237 *BGH* CR 2009, 637.

finde.[238] Nach einer Gegenauffassung habe der BGH bei dieser Entscheidung Softwareerstellungsverträge schon gar nicht im Blick gehabt.[239] Andere sehen bei Softwareerstellungsverträgen die Lieferung nicht als die den Vertrag prägende Leistung an, denn bis zu 70 % des Gesamtaufwandes bei einem Softwareerstellungsvertrag würden für Beratung, individuelle Anpassung, Schulung, Workshops etc. entfallen.[240]

238 In der Entscheidung „Internet-System-Vertrag“ (I) hat sich der BGH dann erstmals am Rande auch zu der vertragstypologischen Einordnung eines Softwareerstellungsvertrags geäußert. Er stellte ohne nähere Begründung fest, dass dieser regelmäßig als Werkvertrag einzuordnen sei und hat der vertragstypologischen Einordnung damit zumindest eine klare Richtung hin zum Werkvertragsrecht gegeben.[241] Mehrere Instanzgerichte sind dem BGH in seiner Einschätzung gefolgt.[242] Auch in der Entscheidung vom 25.3.2010[243] hält der BGH fest, dass ein Vertrag über die umfassende Modifizierung einer Standardsoftware als Werkvertrag anzusehen ist.

239 Mag die Rspr. damit nun zumindest eine Richtung sehr deutlich hin zum Werkvertragsrecht vorgegeben haben, steht eine Entscheidung noch aus, welche explizit die vertragstypologische Einordnung eines Softwareerstellungsvertrages als ausführlich diskutierten Hauptgegenstand hat. Bis dahin bleibt nach wie vor in gewissem Umfang unklar, an welchem Vertragstyp sich die Parteien zu orientieren haben, wenngleich für die meisten Konstellationen Werkvertragsrecht Anwendung finden sollte.[244] Richtet der Anbieter seinen Vertrag allein am Werkvertragsrecht aus, schließt sich die Rspr. für noch nicht diskutierte Konstellationen aber der Auffassung an, dass Kaufvertragsrecht anzuwenden ist, kann dies zu einer Unwirksamkeit der am Werkvertragsrecht ausgerichteten Klauseln führen. Umgekehrt gilt dies für den Fall, dass die Rspr. die Anwendung von Werkvertragsrecht fordert. Wie bekannt, tritt an die Stelle der unwirksamen vertraglichen AGB-Regelung dann die gesetzliche Regelung.

240 Von § 651 BGB von vornherein nicht erfasst – und damit eher dem Werkvertragsrecht unterfallend – sind jedoch solche Arbeiten, die sich auf bereits hergestellte oder erzeugte Sachen beziehen und der Instandhaltung, Wartung, Reparatur oder sonstigen Veränderungen dienen,[245] denn hierfür ist weiterhin Werkvertragsrecht maßgebend. Dies führt dazu, dass bei der Anpassung von Standardsoftware, die der Besteller von dritter Seite erworben hat bzw. die von ihm gestellt wird, Werkvertragsrecht jedenfalls dann anwendbar sein dürfte,[246] soweit die Anpassungsarbeiten einen bestimmten auf Eintritt prüfbaren Erfolg erreichen sollen. Das wird auch bei der Parametrierung von

---

238 *Schweinoch* CR 2009, 637, 641; *Schweinoch* CR 2010, 1, 3 ff.; *Hoffmann* MMR 2010, 25.

239 *Maume/Wilser* CR 2010, 209.

240 *Lapp* juris PR-ITR 3/2010 Anm. 5; *Müller-Hengstenberg* NJW 2010, 1181, 1184; wohl auch *Maume/Wilser* CR 2010, 209.

241 *BGH* LMK 2010, 302986.

242 U.a. *OLG Bamberg* 8 U 51/10.

243 *BGH* v. 25.3.2010 - VII ZR 224/08, dort Tz. 14; hier wird lediglich die von der Revision nicht angegriffene Einordnung eines (i.Ü. als „Dienstleistungsvertrages“ überschriebenen) Vertrages über eine umfangreiche Anpassung einer bestehenden Software an die Bedürfnisse des Kunden als Werkvertrag apodiktisch festgehalten.

244 Zur rechtlichen Einordnung von Software-Erstellungsverträgen bei Anwendung sog. agiler Projektmethoden vgl. *Kremer* ITRB 2010.

245 MünchKomm-BGB/*Busche* § 651 Rn. 12.

246 *Schneider/Bischof* ITRB 2002, 273 Schneider/von Westphalen/*Redeker* Software-Erstellungsverträge, D Rn. 114; vgl. dazu auch *BGH* CR 2002, 93; s. auch *BGH* v. 25.3.2010 - VII ZR 224/08.

Standardsoftware, die anderweitig erworben ist, gelten. Damit besteht das aus praktischer Sicht widersinnige Ergebnis, dass bei der Neuherstellung von Software ggf. Kaufrecht anzuwenden ist, bei der Bearbeitung von Software aber Werkvertragsrecht.

2. Vorvertragliches Stadium/Projektbeginn „ohne" Vertrag

2.1 Vorvertragliches Stadium

Im vorvertraglichen Bereich bestehen in den praktisch typischen Fällen Aufklärungs- und Beratungspflichten des Softwareerstellers. Noch vor der Erarbeitung der Softwareinhalte werden Meinungen über für das Projekt wichtige, nicht unmittelbar in Funktionalitäten sich ausdrückende Gesichtspunkte ausgetauscht, bei denen der Anbieter dem Anwender zur Seite steht. Unrichtige oder unterlassene Aufklärung/Beratung kann zu einem Schadensersatzanspruch nach den §§ 280 Abs. 1, 311 Abs. 2, 241 Abs. 2 BGB führen. Vielfach wird in diesem Zeitraum bereits eine Geheimhaltungsvereinbarung abgeschlossen. **241**

Wie auch bei anderen Vertragstypen stellt sich die Frage, wann Aufklärungs- und Beratungspflichten bestehen und in welchen Umfang sie zu erbringen sind. Dem Anwender fehlen oftmals die erforderlichen Fachkenntnisse, um ohne Beratung auskommen zu können. Außerdem kann vielfach ein Anwender etwa vorhandene Software, zu der im Rahmen des in Aussicht genommenen Vertragsverhältnisses noch Zusatzprogrammierungen vorzunehmen sind, nicht auf den schon ohne Zusatzprogrammierungen vorhandenen Grad an Nutzbarkeit testen. **242**

In den Fällen vorvertraglicher Beratung ist auf den bereits genannten Grundsatz abzustellen, dass allgemeine Aufklärungs- und Beratungspflichten in der Regel nicht bestehen. Es liegen auch bezüglich der Softwareerstellung keine gerichtlichen Entscheidungen vor, die allgemeingültige Grundsätze über das Ob und Wie vorvertraglicher Pflichten bei der Softwareerstellung enthalten.[247] Daher muss anhand des jeweiligen Einzelfalls geprüft werden, ob und in welchem Umfang Aufklärungs- und Beratungsleistungen zu erbringen sind. Primär wird dazu auf den Umfang des Auftrags und die Fachkunde der Parteien abzustellen sein. Verfügt auch der Anwender über spezifische Fachkenntnisse, werden sich die Aufklärungs- und Beratungspflichten reduzieren. Ferner kommt es auch darauf an, über welche Punkte aufgeklärt werden soll. Eine umfassende Aufklärung darüber, ob und wie sich die vorgestellte Software zur Problemlösung eignet, kann im Hinblick auf den damit verbundenen Aufwand kaum erwartet werden. Hingegen können einfache Hinweise zu dem Fehlen von Unterlagen oder notwendigen Studien/Untersuchungen eher zu erteilen sein.[248] Hinweise auf fehlende Unterlagen werden dann zu erteilen sein, wenn ohne ihr Vorliegen eine Softwareerstellung praktisch nicht möglich ist. Dem Anbieter kann auch die Pflicht zukommen, den Anwender darauf hinzuweisen, dass die Erstellung von Software ohne ein Pflichtenheft nicht durchgeführt werden kann.[249] Je nach Einzelfall kann der Anwender auch darüber zu beraten sein, welche Anforderungen die Software an die Systemumgebung stellt. **243**

247 Darstellung verschiedener Entscheidungen bei *Zahrnt* NJW 1995, 1785.
248 Vgl. Schneider/von Westphalen/*Redeker* Software-Erstellungsverträge, D Rn. 7.
249 Vgl. Schneider/von Westphalen/*Redeker* Software-Erstellungsverträge, D Rn. 8.

244 Eine Haftung aus §§ 280 Abs. 1, 311 Abs. 2, 241 Abs. 2 BGB kommt in Betracht, wenn der Softwareerstellungsvertrag letztlich nicht zustande kommt und eine Partei bereits Aufwendungen im Hinblick auf einen künftigen Vertragsabschluss getätigt hat. Im Bereich der Softwareerstellung kann es vorkommen, dass bereits im Vorfeld zur Vorbereitung des Vertrages nennenswerte Aufwendungen getätigt werden. Grundsätzlich gilt, dass Vertragsverhandlungen jederzeit abgebrochen werden können, ohne dass es eines besonderen Grundes bedarf. Im Rahmen der Vertragsverhandlungen erfolgen in der Regel noch keine rechtsverbindlichen Zusagen (§ 154 Abs. 1 BGB). Tätigt eine Partei bereits in Erwartung des Vertragsschlusses und im Vertrauen auf den Vertragsschluss (insbesondere ohne Kenntnis der anderen Partei oder gar gegen deren Rat oder Wunsch) Aufwendungen, so liegt dies in der Regel in ihrem Risikobereich. Ein Anspruch auf Schadensersatz kann nur unter der Voraussetzung entstehen, dass die andere Partei in zurechenbarer Weise das Vertrauen auf den Vertragsschluss geweckt und die Vertragsverhandlungen dann ohne einen triftigen Grund abgebrochen hat.[250] Umstritten ist, ob der Abbruch der Vertragsverhandlungen schuldhaft erfolgt sein muss.[251] Für einen triftigen Grund bedarf es keiner besonders hohen Anforderungen. Dadurch soll vermieden werden, dass es mittelbar zu einem Zwang zum Abschluss eines Vertrages kommt. Als Beispiele für einen triftigen Grund können ein besseres Angebot eines Konkurrenten oder eine Verschlechterung der Geschäftschancen genannt werden.

2.2 Beginn des Softwareerstellungsprojekts „ohne" Vertrag

245 (Zu) Viele Softwareerstellungsprojekte werden, nachdem bereits in der Angebotsphase eine Geheimhaltungsvereinbarung abgeschlossen wurde, mit einem „Letter of Intent"[252] (eigentlich einer einseitigen Erklärung), einem „Memorandum of Understanding", einem „Vorvertrag" oder einer ähnlich überschriebenen Vereinbarung eingeleitet, weil mit den fachlichen Arbeiten begonnen werden soll, obwohl noch kein „richtiger" Vertrag besteht, die Beteiligten aber ein Minimum an schriftlicher vertraglicher Bindung wünschen, um das Projekt beginnen zu können. Die wenigsten Vorfeldvereinbarungen dieser Art haben im Hinblick auf ihren sachlichen Gehalt die zutreffende Bezeichnung – falsa demonstratio non nocet. Die meisten Vereinbarungen gehen über eine unverbindliche Vorfeldvereinbarung hinaus, sondern sollen gerade den Projekteinstieg regeln, also für die Parteien eine Grundlage dafür schaffen, mit dem Projekt bereits beginnen zu können.

246 Ein „Letter of Intent" hat als ursprünglichen typischen Gehalt lediglich die Absichtsbekundung, dass die Beteiligten Vertragsverhandlungen beginnen wollen oder begonnene Verhandlungen mit dem ernsthaften Willen zur Einigung weiter führen wollen, evtl. Vereinbarungen zum Vertragsmanagement im Hinblick auf den angestrebten endgültigen Vertrag (z.B. Beschaffung von Vollmachten, Festlegung von Verhandlungsdaten und -zyklen), eine Risikoverteilung für vor dem endgültigen Vertragsschluss erfolgende (ggf. vergebliche) Aufwendungen (i.d.R. trägt jede Partei die eigenen Kosten und Aufwendungen) und eine Regelung zur Geheimhaltung und zum Gerichtsstand bzw. zur Schiedsgerichtsbarkeit. Denkbar sind auch Patronatserklärungen, Bindungen an Preislisten zum Schutz vor Überholung durch im Laufe der Ver-

250 Vgl. MünchKomm-BGB/*Emmerich* § 311 Rn. 214 m.w.N.
251 Vgl. MünchKomm-BGB/*Emmerich* § 311 Rn. 223 f.
252 Vgl. hierzu umfassend *Heussen* Anwaltscheckbuch Letter of Intent, 2002.

handlungen erscheinende neue Preislisten, Vereinbarungen zur Vorhaltung/Blockierung von Personal- und sonstigen Kapazitäten (ggf. gegen Entschädigung), Optionsregelungen usw. Das hat aber alles mit der eigentlichen Leistungsbeziehung bzw. dem Beginn der Leistungsausführung noch nichts zu tun.

Werden in den „Letter of Intent" oder in das wie auch immer überschriebene Papier jedoch schon Hauptleistungspflichten des gewünschten endgültigen Vertrags aufgenommen, so verschwimmt die Grenze zwischen (unverbindlicher oder verbindlicher) Vorfeldvereinbarung und „Hauptvertrag". In den meisten Fällen enthalten die Vorfeldvereinbarungen bereits Eckdaten des Hauptvertrages, in vielen Fällen ist man froh, angesichts der mühsamen Verhandlungen über die Vorfeldvereinbarung endlich mit der eigentlichen Projektarbeit beginnen zu können – und das führt in nicht wenigen Fällen dazu, dass nach der Vorfeldvereinbarung gar keine weitere Vereinbarung mehr abgeschlossen und das Projekt ohne detaillierte Regelungen zu zentralen Gesichtspunkten auskommen muss, sondern als Aufwandsprojekt ohne greifbare Leistungsbeschreibung durchgeführt wird. Dann gelten die gesetzlichen Vorschriften im Lichte der Rspr., und das ist nicht immer eine ausreichende Hilfe. **247**

2.3 Planungsphase als vorgeschaltete Phase

Zu unterscheiden ist das vorvertragliche Stadium bzw. eine Vorfeldvereinbarung von einem selbstständigen Beratungsvertrag, der vielfach im Vorfeld von IT-Projekten abgeschlossen und förmlich durchgeführt und abgewickelt wird (s. nachfolgend Rn. 326 f.). **248**

Vielfach wird – bei Vorgehen nach eher traditionellen Projektmethoden – die Planungsphase in einem eigenen Vertrag in dem Sinne erfasst, dass die Erstellung des Leistungsverzeichnisses (bzw. Pflichtenhefts, je nach Nomenklatur) zum Vertragsgegenstand gemacht wird. Dieser Vertrag ist mit „Abnahme" oder „Freigabe" des Leistungsverzeichnisses abgeschlossen und der Anwender gibt dann gesondert die sich nach dem zuvor verabschiedeten Leistungsverzeichnis sich richtende Leistung der Softwareerstellung in Auftrag, evtl. an den Ersteller des Leistungsverzeichnisses, sofern dieser auch Softwarehersteller ist, sonst an einen Softwarehersteller. Sind Ersteller des Leistungsverzeichnisses und Softwarehersteller nicht dasselbe Unternehmen, kann es Schwierigkeiten bei der Abgrenzung der Haftung geben, insbesondere dann, wenn fraglich ist, ob die Software eine konzeptionelle Schwäche hat und Streit darüber entsteht, ob diese Schwäche bereits im Leistungsverzeichnis angelegt ist oder während der Ausführung hineinprogrammiert wurde. **249**

3. Leistungsumfang/Pflichten des Softwareerstellers

Welche Leistung ein Softwareerstellungsvertrag zum Gegenstand hat, ist Frage des konkreten Lebenssachverhalts und damit des Einzelfalls. So kann Leistungspflicht die (Neu-)Herstellung von Standardsoftware (z.B. Herstellung von Software durch ein kleines IT-Unternehmen für ein größeres, das diese neue Software in eines seiner Standardprodukte einbauen will) oder von Individualsoftware (z.B. Herstellung einer kundenindividuellen Lösung für einen einzelnen Anwender) sein, wobei letzteres Schwerpunkt der folgenden Ausführungen ist. Weiter kann auch die Parametrierung der Software Gegenstand eines Vertrages sein, wobei es hier streng genommen nicht um Softwareerstellung geht, weil bei der Parametrierung Programme anhand der in ihnen enthaltenen Einstellmöglichkeiten auf den konkreten Anwender eingestellt **250** werden, ohne dass eine Änderung am Quellcode erforderlich ist. Schließlich kann es auch um die Anpassung vorhandener Standardsoftware an die Bedürfnisse des Anwenders unter Eingriff in den Quellcodes gehen.

251 Jeder Vertrag über die Erstellung von Software erfordert eine **Leistungsbeschreibung.** Unabhängig davon, ob Dienstvertragsrecht, Werkvertragsrecht oder über § 651 BGB kaufrechtliche Vorschriften maßgebend sind, bedarf es einer genauen Bestimmung, welche Leistungen vertraglich geschuldet werden. Dazu ist die Kenntnis der Anforderungen notwendig, denen die zu erstellende Software genügen muss. Daher werden in einem **Pflichtenheft** die idealiter aus dem anwenderseits erstellten Lastenheft entwickelten konkreten Anforderungen festgelegt, die die Software nach der Vorstellung des Anwenders erfüllen muss.[253] Da der Softwareersteller meist über eine höhere Sachkunde verfügt als der Anwender, ist fraglich, wer das Pflichtenheft zu erstellen hat. Üblicherweise ist es Aufgabe des Anwenders, die zu erbringenden Leistungen zu beschreiben und eine Leistungsbeschreibung zu erarbeiten.[254] Teilweise verfügt jedoch der Anwender über geringe Fachkenntnisse, so dass die Erstellung eines Pflichtenheftes für ihn schwierig bis unmöglich ist. Erstellt der Anwender dennoch das Pflichtenheft, treffen den Anbieter bestimmte Mitwirkungspflichten, indem er beispielsweise auf Konkretisierungsbedarf hinweist oder Widersprüche und Unklarheiten aufzeigt.[255]

252 Es bestehen aber auch für fachunkundige Anwender neben der eigenen Erstellung des Pflichtenheftes zahlreiche Möglichkeiten, ein Pflichtenheft zu erarbeiten. Es kann z.B. vereinbart werden, dass das Pflichtenheft von den Vertragsparteien gemeinsam erarbeitet wird. Dem Anwender steht auch die Möglichkeit offen, einen Dritten oder den späteren Softwareersteller mit der Erstellung des Pflichtenheftes zu beauftragen. Keinesfalls kann auf eine Leistungsbeschreibung gänzlich verzichtet werden; Projekte, in denen dies versucht wird, scheitern regelmäßig bzw. werden nicht im vorgestellten Zeitplan, mit vorgestelltem finanziellem Aufwand und mit vorgestellter Qualität beendet. Sofern und soweit kein Pflichtenheft erstellt wird, dieses also ggf. eine Lücke hat, gilt, dass das Programm dem Stand der Technik bei mittlerem Ausführungsstandard genügen muss[256] – und das werden im Streitfall im Nachhinein Sachverständige festzustellen haben. Jedenfalls nach Fertigstellung des Programms entfällt aber die Pflicht zur Erstellung eines Pflichtenheftes.[257]

253 Vertragliche Hauptpflicht des Softwareerstellers ist auch die **Lieferung einer Benutzerdokumentation,** zumindest eines Anwenderhandbuches in Form einer Installations- und Gebrauchsanweisung für das Programm. Bei Nichtlieferung der Benutzerdokumentation handelt es sich bei der Lieferung der Software lediglich um eine Teilleistung.[258] Dem Kunden steht dann die Möglichkeit offen, Ansprüche aus (teilweiser) Nichterfüllung einer vertraglichen Hauptleistungspflicht geltend zu machen.[259]

---

253 Vgl. *Marly* Rn. 1304.

254 Vgl. bspw. *OLG Köln* NJW-RR 1993, 1528; 1992, 761.

255 Zu den Mitwirkungspflichten vgl. *Redeker* IT-Recht, Rn. 303.

256 Vgl. *BGH* NJW-RR 1992, 556; CR 2004, 490.

257 Vgl. *BGH* NJW-RR 1992, 556.

258 Vgl. i.Ü. zur Benutzerdokumentation bzw. zum Benutzerhandbuch Rn. 131 und DIN ISO/IEC 12119.

259 *BGH* NJW 1993, 461.

Neben der Benutzerdokumentation können bei der Softwareerstellung in aller Regel auch noch **Programm- und Entwicklungsdokumentationen, Installationsdokumentationen** oder **Pflege-/Wartungsdokumentationen** überlassen werden. Die Programmdokumentation ist eine „vollständige, prozedurale Darstellung in sprachlicher, schematischer oder anderer Form, die ausreicht, um daraus ein entsprechendes Computerprogramm zu erstellen".[260] Auch hier ist unklar, ob und wann diese Dokumentationen an den Kunden herausgegeben werden müssen. Zu prüfen ist, ob sich eine Pflicht zur Herausgabe aus dem Vertrag oder aus den Vertragsumständen ergibt; welche dieser Dokumentationen zu Zwecken der Erfüllung der Hauptleistungspflicht zu übermitteln ist, ist also Frage des Einzelfalls. So wird eine Pflege-/Wartungsdokumentation jedenfalls dann zu übermitteln sein, wenn bereits bei Vertragsschluss klar ist, dass der Anwender das Programm nach Fertigstellung selbst warten und weiter entwickeln möchte. Dies zeigt, dass eine explizite vertragliche Vereinbarung der Parteien zur Klarstellung und Vermeidung von Streitigkeiten erforderlich ist. **254**

Im Rahmen von Softwareerstellungsverträgen wird auch diskutiert, inwieweit den Anbieter eine **Pflicht zur Überlassung des Quellcodes** trifft. Eine allgemein verbindliche Aussage zur Verpflichtung, den Quellcode zu überlassen, kann dabei nicht aufgestellt werden. Der BGH hat insoweit grundlegend entschieden, dass die Frage, ob ein Anbieter, der sich zur Erstellung eines Datenverarbeitungsprogramms verpflichtet hat, dem Kunden auch den Quellcode des Programms überlassen muss, nach den Umständen des Einzelfalls zu beurteilen ist, soweit sich aus dem Vertrag keine anderweitige Abrede ergibt. Neben der Höhe der vereinbarten Vergütung soll nach dem BGH dabei insbesondere der Umstand relevant sein, ob das Programm zwecks Vermarktung durch den Besteller erstellt wird und dieser zur Wartung und Fortentwicklung des Programms auf den Quellcode zugreifen muss.[261] Daher besteht eine Pflicht zur Quellcodeüberlassung unter Berücksichtigung der Rechtssprechung des BGH nur dann, wenn im Einzelfall Umstände gegeben sind, die eine solche Verpflichtung erkennen lassen. Dies kann auch der Fall sein, wenn bereits bei Vertragsschluss fest steht, dass der Anwender die Software nach der Übernahme selbst pflegen und ggf. weiter entwickeln will – dies sind keine seltenen Fallgestaltungen, man denke nur daran, dass ein Anwender mit einer fähigen IT-Abteilung aus Kapazitätsgründen die Erstellung von zur Eigennutzung vorgesehenen Softwaremodulen fremdvergibt. Auch hier gilt, dass die Parteien zur Vermeidung von Unklarheiten und daraus resultierenden Streitigkeiten positiv regeln sollten, ob eine Herausgabe des Quellcodes geschuldet ist oder nicht. **255**

4. Pflichten des Anwenders

Hauptpflicht des Anwenders ist die **Vergütung** der Leistungen des Anbieters. Dabei sind unterschiedliche **Vergütungsmodelle** denkbar, auch in Abhängigkeit von dem Rechtscharakters des Vertrags insgesamt. Die Vergütung kann als Pauschale (Pauschalpreis, Pauschalfestpreis) vereinbart werden oder nach tatsächlichem Aufwand („time & material", ggf. mit Obergrenze) erfolgen. Es sind Vorschuss-/Abschlagszahlungen, Gewährleistungseinbehalte, Mischformen von fester und laufender Vergütung und vieles mehr denkbar. **256**

260 Kilian/Heussen/*Karger* Nr. 21 Rn. 30.

261 Vgl. *BGH* NJW-RR 2004, 782; *LG München* NJW 1989, 2625; *LG Köln* NJW-RR 2001, 1711; zur Entwicklung in der Rspr. vgl. *Hoeren* CR 2004, 721.

257 Die Vergütung ist, soweit es sich um einen Werkvertrag handelt, bei der Abnahme des Werkes zu entrichten (§ 641 Abs. 1 BGB). Ist das Werk in Teilen abzunehmen, was sich Anbieter wünschen und Anwender tunlichst vermeiden sollten, und ist die Vergütung für die einzelnen Teile bestimmt, so ist die Vergütung für jeden Teil bei dessen Abnahme zu entrichten (§ 641 Abs. 1 BGB). Ist hingegen im Einzelfall über § 651 BGB das Kaufrecht anzuwenden, ist die Vergütung mangels anderweitiger Vereinbarung grundsätzlich sofort (§ 271 BGB) und damit bei Vertragsschluss **fällig.** Die Parteien können aber auch eine spätere Fälligkeit vereinbaren. I.Ü. kann der Kunde auch das Zurückbehaltungsrecht des § 320 Abs. 1 BGB geltend machen. Danach kann derjenige, der aus einem gegenseitigen Vertrag verpflichtet ist, die ihm obliegende Leistung bis zur Bewirkung der Gegenleistung verweigern, es sei denn, dass er vorzuleisten verpflichtet ist. Außerdem können die Parteien vereinbaren, dass **Vorschusszahlungen** geleistet werden. Dies kommt vor allem bei IT-Projekten längerer Dauer in Betracht (z.B. 25 % bei Vertragsschluss, insgesamt 40 % über vier „Meilensteine" (Teile von Leistungsergebnissen) zu je 10 % verteilt, 10 % bei Bereitstellung zur Abnahme, 15 % nach erteilter Abnahme und 10 % [verzinslicher] Gewährleistungseinbehalt, wobei letzterer vielfach durch eine Bürgschaft abgelöst wird).

258 Den Anwender treffen auch bei einem Softwareerstellungsvertrag **Mitwirkungspflichten.** Für den Werkvertrag folgt dies unmittelbar aus § 642 BGB, i.Ü. erklärt § 651 BGB die Regelung des § 642 BGB bei der Herstellung oder Erzeugung einer unvertretbaren Sache für anwendbar. Bei der Herstellung von Standardsoftware greift die Regelung des § 642 BGB also nicht ein, soweit es sich um eine vertretbare Sache handelt. Die Folgen einer unterlassenen Mitwirkungshandlung ergeben sich aus §§ 642, 643 BGB. Gem. § 642 Abs. 1 BGB kann der Softwareersteller, wenn der Anwender durch das Unterlassen der Mitwirkungshandlung in Annahmeverzug gerät, eine angemessene Entschädigung verlangen. Die Vorschriften über die Berechnung von Schadensersatz nach den §§ 249 ff. BGB finden aufgrund des Entgeltcharakters dieses Anspruchs keine Anwendung.[262] Der Softwareersteller ist im Falle einer unterlassenen Mitwirkung berechtigt, dem Anwender zur Nachholung der Handlung eine angemessene Frist mit der Erklärung zu bestimmen, dass er den Vertrag kündige, wenn die Handlung nicht bis zum Ablauf der Frist vorgenommen werde, § 643 S. 1 BGB. Der Vertrag gilt als aufgehoben, wenn nicht die Nachholung bis zum Ablauf der Frist erfolgt (§ 643 S. 2 BGB).

259 Welche Mitwirkungspflichten im Einzelnen geschuldet sind, ergibt sich aus diesen Regelungen jedoch nicht. In dem Vertrag sollten also die Mitwirkungshandlungen konkretisiert werden, um Streitigkeiten vorzubeugen und insbesondere, um eine zügige und ordnungsgemäße Erfüllung des Vertrages zu ermöglichen. Als Mitwirkungspflichten sind z.B. denkbar die Zurverfügungstellung der Räumlichkeiten und des Materials. Dies kann die Hardware und ggf. Betriebssystemsoftware sein, aber auch Testdaten und Dokumente, die der Durchführung des Vertrages dienen, Arbeitsplätze für Mitarbeiter des Anbieters, der Anschluss an das Telekommunikations- und/oder das Stromnetz, das Stellen von fachlich qualifizierten Personal oder der Erteilung bestimmter Informationen.

---

262 *BGH* NJW 2008, 1523, 1524, der die Unabwendbarkeit aus dem Wortlaut des § 642 Abs. 2 BGB „vereinbarte Vergütung" herleitet.

Überwiegend wird davon ausgegangen, dass die Mitwirkungspflichten des § 642 BGB bloße **Obliegenheiten** sind,[263] die nicht selbständig einklagbar sind. Teilweise wird in den Verträgen ausdrücklich vereinbart, dass es sich um echte, einklagbare Pflichten bzw. Hauptleistungspflichten handeln soll. Individualvertraglich ist eine dahingehende Vereinbarung ohne weiteres möglich. Bei einer Vereinbarung in AGB des Softwareerstellers muss geprüft werden, ob durch die Vereinbarung einer Pflicht anstelle einer bloßen Obliegenheit eine unangemessene Benachteiligung nach § 307 BGB gegeben ist. **260**

5. Änderungen des Leistungsumfangs

In der Praxis wird kaum ein Projekt durchgeführt, ohne dass **Änderungen** vorgenommen werden bzw. vorgenommen werden müssen. Auch bei einer detaillierten und strukturierten Leistungsbeschreibung kann sich im Laufe des Projektes **Änderungsbedarf** ergeben. Gründe für Änderungsbedarf gibt es zahlreiche, er kann sich z.B. daraus ergeben, dass die Software nicht wie geplant programmierbar ist, dies aber in der Planungsphase nicht zu erkennen war. Änderungswünsche können sich aber auch aus externen Umständen oder aus technischen Umfeldbedingungen (vor- und nachgelagerte Systeme beim Anwender) ergeben. Trifft der Anwender eine neue unternehmerische Entscheidung, so kann sich daraus der Wunsch ergeben, die Software fachlich zu verändern. Schließlich können sich auch gesetzliche Regelungen mit Auswirkung auf Softwareinhalte ändern oder neu hinzukommen. Teilweise erreicht oder übersteigt der finanzielle Aufwand für die Änderungen das für das ursprüngliche Projektvolumen kalkulierte Entgelt. **261**

Für die Leistung des Softwareerstellers ist primär die vereinbarte Leistungsbeschreibung maßgebend. Er hat das Produkt „Software" so zu erbringen, wie dies ursprünglich vertraglich vereinbart wurde. Der Anwender hat keinen Rechtsanspruch auf die Durchführung von Änderungen. Ausnahmsweise kann sich eine Zustimmungspflicht zu einer Änderung ergeben, wenn die Voraussetzungen des § 313 BGB erfüllt sind; dies ist denkbar beispielsweise vor dem Hintergrund übereinstimmender technischer Grundannahmen (z.B. der Funktionsfähigkeit einer bestimmten Software in einer bestimmten Umgebung), die so selbstverständlich schienen, dass sie von den Vertragsparteien vor Vertragsschluss nicht streitig diskutiert, sondern ohne Verhandlung beiderseits zur Vertragsgrundlage gemacht wurden, und sich nach Vertragsschluss herausstellt, dass die Annahme unzutreffend war. Da praktisch kaum ein Softwareprojekt so wie geplant realisiert wird, sondern vielmehr die sich nach dem Vertragsschluss ergebenden Leistungsänderungen zwischen 30 % und 100 % des geplanten ursprünglichen Projektumfangs erreichen können, muss in dem Vertrag ein Änderungsverfahren **(Change-Request-Verfahren)** vorgesehen werden, damit Änderungsverlangen in einem geregelten Verfahren eingeführt, bewertet, priorisiert und ggf. abgearbeitet werden können. Vereinbarungen zu einem Änderungsverfahren enthalten typischerweise folgende Regelungen: Zunächst muss definiert werden, was die Parteien als Änderung ansehen. In der Regel wird es sich dabei um Änderungen bestehender Leistungen, also neue Leistungen, ggf. verbunden mit dem Entfallen bisher vereinbarter Leistungen, handeln. Dann wird geregelt, wie ein (förmliches) Änderungsverfahren durchzuführen ist. Beispielsweise ist zu regeln, in welcher Form Änderungswünsche einzubringen sind (mündlich, schriftlich, mittels eines Formulars, Benennung des Ansprechpartners/Kommunikationskanals), wie ein „Änderungsange- **262**

263 Z.B. *BGH* NJW 2000, 1336; NJW-RR 1986, 211.

bot" zu behandeln ist (z.B. Beantwortung in einer bestimmten Frist), wie und durch wen über den Änderungswunsch entschieden wird und schließlich, wie das Änderungsverfahren dokumentiert wird. Wird man sich auf der Ebene der Projektleiter nicht über die Änderung einig, wird in der Regel vorgesehen, dass es noch eine Eskalationsstufe zu einem „Lenkungsausschuss" oder einem ähnlichen Gremium gibt. Selbstverständlich bedarf es der Klärung, ob und wie sich Änderungen auf die Vergütung, die Fristen oder auf das sonstige Projekt auswirken. Aus diesem Grund ist es in der Regel nicht opportun darauf zu bestehen, als Anwender einen Änderungswunsch auch einseitig durchsetzen zu können. Das mag nach § 319 Abs. 2 BGB, dessen Maßstab „freies Belieben" auch zwischen den Beteiligten unmittelbar vereinbart werden kann, auch möglich sein, jedoch wird ein Anbieter, dem eine ungewünschte Änderung oktroyiert wird, andere Wege finden, diese Änderung zu beeinflussen.

Handelt es sich bei der Regelung zu Änderungen um Anwender-AGB, muss bei der Formulierung darauf geachtet werden, dass die Ausgestaltung den Vertragspartner nicht gem. §§ 307, 308 Nr. 4 BGB unangemessen benachteiligt.

6. Rechteübertragung

263 Zur **Rechteübertragung** gehört zunächst, dass dem Anwender das **Eigentum** an allen unter dem Vertrag erzeugten körperlichen Sachen übertragen wird bzw. nach den vertraglichen Vorgaben werden sollte.

264 In welchem Umfang Nutzungs- und Verwertungsrechte übertragen werden müssen, richtet sich nach den im Einzelfall getroffenen Vereinbarungen in den Grenzen der gesetzlichen Vorgaben. Nach §§ 69d, e UrhG bedürfen bestimmte Handlungen keiner Zustimmung des Rechtsinhabers, so dass diese Mindestrechte nicht beschränkt werden dürfen (vgl. auch § 69g UrhG). Die Einräumung von Nutzungs- und Verwertungsrechten richtet sich, sofern eine Vereinbarung nicht getroffen wurde, i.Ü. nach dem jeweiligen Verwendungs- und dem Vertragszweck im Einzelfall (Zweckübertragungstheorie). Möchte der Anwender die Software beispielsweise vermarkten, müssen ihm umfassende Nutzungs- und Verwertungsrechte eingeräumt werden.

265 Viele Anwender haben die Vorstellung, auch ohne besondere Vereinbarung an einer für sie eigens erstellten Individualsoftware in denkbar umfassendem Umfang ausschließliche Rechte zu erhalten. Dem ist mitnichten so, denn es gilt, wie erwähnt, vielmehr der Zweckübertragungsgrundsatz, und dieser wird in den meisten Fallgestaltungen ungeachtet der sonstigen Reichweite der Rechte zu einfachen Rechten führen. Die Ausschließlichkeit von Nutzungs- und Verwertungsrechten sollte daher unbedingt gesondert vereinbart werden, sollte der Auftraggeber diese wirklich wünschen bzw. hierauf angewiesen sein. Gegen eine zeitlich unbefristete Ausschließlichkeit wird sich der Anbieter zudem jedenfalls dann wehren, wenn das Softwareprojekt für ihn den Einstieg in ein neues Produkt darstellen könnte und er eine Mehrfachverwertung vor Augen hat. Dann ist immer noch an eine zeitlich befristete Ausschließlichkeit zu denken. Ein anderes Modell kann vorsehen, dass zwar die ausschließlichen Nutzungs- und Verwertungsrechte beim Anwender liegen, dieser dem Anbieter aber im Wege einer Art Rücklizenz Nutzungsbefugnisse einräumt, so dass dieser an weitere Kunden die Software vertreiben kann. Diese Rücklizenz kann entgeltlich sein, so dass der Anwender durch eine erfolgreiche Veräußerung der Software an Dritte Zahlungen erhält, die im wirtschaftlichen Ergebnis dazu führen können, dass das Softwareerstellungsprojekt für ihn (fremd-)kostenneutral war.

Selbstverständlich muss der Anbieter darauf achten, dass er an der Software und der Dokumentation auch die Rechte besitzt, die er dem Anwender einzuräumen hat. Er muss also Rechte von etwaigen Vorlieferanten (vertraglich) auf sich übergeleitet haben. Sind die Urheber Arbeitnehmer des Anbieters, gilt § 69b UrhG. **266**

7. Abnahme/Ablieferung

Ein wesentlicher Unterschied zwischen dem i.d.R. vorliegenden Werkvertrag einerseits und dem ausnahmsweise vorliegenden Werklieferungsvertrag mit Anwendung von Kaufrecht andererseits besteht darin, dass das Werkrecht in § 640 BGB im Gegensatz zum Kaufrecht eine Abnahme des Werkes durch den Besteller vorsieht. **Abnahme** bedeutet die körperliche Hinnahme des Werkes verbunden mit der Billigung des Werkes. Sie beendet das Erfüllungsstadium des Vertrages, ist i.d.R. maßgeblicher Zeitpunkt für den Beginn der Verjährungsfristen, die Fälligkeit der Vergütung, des Gefahrübergangs und bewirkt eine Umkehr der Beweislast bezogen auf die Mängelfreiheit des vertraglich geschuldeten Werkes. Die Abnahme setzt die vollständige Übergabe der Software einschließlich der Handbücher, einen Probebetrieb und ggf. auch die Installation voraus. Im **Kaufrecht** ist eine Abnahme nicht vorgesehen, sondern lediglich die **Ablieferung** der Sache, die keine Billigung durch den Käufer voraussetzt. Im kaufmännischen Verkehr besteht nach § 377 HGB lediglich eine Rügeobliegenheit. **267**

Auch an die Anforderungen, die an eine Leistungsaufforderung zu stellen sind, ergeben sich mit erfolgreicher Abnahme erhebliche Unterschiede. Genügt es bis zur Abnahme für eine Leistungsaufforderung nach § 281 Abs. 1 S. 1 BGB den Schuldner mit Fristsetzung (soweit nicht entbehrlich) noch einmal in nachhaltiger Form zur ordnungsgemäßen Erfüllung des Vertrages anzuhalten und zwar ohne auf etwa vorhandene Mängel der Software im Einzelnen einzugehen,[264] bedarf es nach der Abnahme für die Aufforderung zur Mängelbeseitigung dann einer konkreten Bezeichnung der Mängel; durch die Abnahme hat sich das Werk des Schuldners nämlich konkretisiert. **268**

Bei Softwareerstellungsverträgen wird meist – jedenfalls unter der für den Regelfall zutreffenden Prämisse, dass Werkvertragsrecht zur Anwendung kommt – ein **detailliertes Abnahmeverfahren** vereinbart. Das Gesetz sieht keine bestimmte Abnahmeprozedur vor, jedoch besteht bei Software das praktische Bedürfnis, ein „förmliches" Abnahmeverfahren durchzuführen. Meist wird die Software dem Kunden zunächst zwecks Durchführung von Tests zur Verfügung gestellt (zur Abnahme bereitgestellt, Bereitstellung zur Abnahme oder BzA). Der Anwender kann dann auf einer **Testumgebung** die Software umfassend prüfen, z.B. mit Testdaten mit ihr arbeiten, besonders kritische Situationen wie etwa die Nutzung durch sehr viele Benutzer simulieren (Lasttests), Fehler oder Abstürzen oder Angriffen von außen, soweit es um Sicherheitsfragen geht, provozieren. Zwischen den Parteien kann dazu vereinbart werden, welche Tests vorzunehmen sind, welchen Umfang diese aufweisen und in welcher Art und Weise der Testbetrieb erfolgt. Viele Anbieter haben ein Standard-Testprogramm, dessen Abarbeitung allein angeboten wird, für den Anwender ist sicherlich von Vorteil, auch eine Phase „freien" Testens zu haben. Eine Regelung zu Tests muss auch Angaben darüber enthalten, welche Vorleistungen zwecks Durchführung der Tests zu erbringen sind, z.B. wer die Testumgebung stellt und von welcher Seite welche Testda- **269**

264 *BGH* K&R 2010, 407, 408.

ten bereitgestellt werden. Erst nach erfolgreichen Tests und erteilter Abnahme wird die Software dann in den **Real- bzw. Produktivbetrieb** übernommen.

270 Da nach § 640 BGB die Abnahme des Werkes verweigert werden kann, wenn das Werk nicht abnahmefähig ist und wenn wesentliche Mängel vorliegen, werden in den entsprechenden Vertragswerken auch **Kriterien** definiert, wann es sich um einen wesentlichen und wann um einen unwesentlichen **Mangel** handelt. Typischerweise werden hierzu drei bis vier Mangelklassen definiert, wobei in aller Regel „schwere" Mängel (z.B. das Ausfallen wesentlicher Funktionalitäten, zu deren Abarbeitung die Software hergestellt worden war, oder die mangelnde Kompatibilität der Software zu vorhandenen Datenbanken) die Abnahme hindern, „mittelschwere" Mängel (z.B. teilweise Ausfall von Funktionalitäten, die nur selten gebraucht werden) nur, wenn sie massiert auftreten, und „leichte" Mängel (z.B. Schreibfehler in Hilfetexten, fehlerhafte Bildschirmfarben) die Abnahme nicht hindern. Dem juristischen Berater wird es seltsam vorkommen, dass in größeren IT-Projekten eine nahezu vierstellige Zahl von „leichten" Mängeln auftritt, aber das ist nicht ungewöhnlich, sondern lediglich ein deutlicher Hinweis darauf, dass die Abgrenzung zwischen den für die Abnahme maßgeblichen und den nicht maßgeblichen Mängeln trennscharf zu erfolgen hat.

271 In **AGB** ist jeweils zu prüfen, ob vorgesehene Regelungen zum Abnahmeverfahren und darüber, wann ein wesentlicher Mangel vorliegt, wirksam vereinbart werden können. Werden durch den Kunden gestellte AGB eher werkvertraglich ausgeprägt, ist aber im Einzelfall einmal davon auszugehen, dass über § 651 BGB Kaufrecht anzuwenden ist, werden die Regelungen über die Abnahme höchstwahrscheinlich unwirksam sein, da sie dem gesetzlichen Leitbild des Kaufvertrages widersprechen. Im Kaufrecht reicht die Ablieferung, so dass bei Aufnahme einer Abnahmeklausel der Softwareersteller erst mit einer erfolgreichen Abnahme von den für ihn günstigen Folgen der Ablieferung Gebrauch machen könnte. Die Ablieferung beginnt grundsätzlich bereits mit der Verbringung der Sache in den Machtbereich des Vertragspartners. Die Ablieferung hat zur Folge, die Verjährung für Mängel beginnt, § 438 Abs. 2 BGB. Im Werkrecht beginnt die Verjährung erst mit der Abnahme des Werkes. Da der Abnahme aber eine Testphase vorgeschaltet ist, kann sie sich im Verhältnis zur Ablieferung zeitlich verzögern.

272 Es besteht also für die Praxis die trotz der Entscheidung „Internet-System-Vertrag" nicht vollends geklärte Situation, dass eigentlich erforderliche und in der IT-Welt unbestritten anerkannte Prüfszenarien zumindest bei Vereinbarung über AGB in Einzelfällen unwirksam sein könnten. Abhilfe könnte dadurch geschaffen werden, dass ein **Prüfverfahren individualvertraglich vereinbart** und somit der Inhaltskontrolle entzogen wird. Eine Alternative wäre die Vereinbarung eines **Aktivitäten- und Fristenplans**, der u.a. Kriterien dazu enthält, die für Test- und Probeläufe heranzuziehen sind.[265] Andere schlagen die Vereinbarung eines speziellen **Test- und Übergabeszenarios** als Mittelweg vor.[266] Ist ein Individualvertrag zu erstellen, so wird vielfach der Versuch unternommen, die Modalitäten der etwa anwendbaren kaufrechtlichen „Ablieferung" so umzuarbeiten, dass sie fachlich einer werkvertraglichen Abnahme gleichkommen, also eine Prüfung auf Gutbefund bzw. Vertragsgemäßheit stattfindet. Teilweise lässt sich das auch mit der kaufrechtlichen Rügeobliegenheit nach § 377

265 *Schneider/Bischof* ITRB 2002, 273.
266 *Bauer/Witzel* ITRB 2003, 62.

HGB zur Deckung bringen, wenn man die Art und Weise der Tests vereinbart, die vorzunehmen sind, wenn die erstellte Software beim Anwender eintrifft.

8. Leistungsstörungen

Leistungsstörungen betreffen in erster Linie **Sach- und Rechtsmängel.** Sowohl das Werkvertragsrecht als auch das über § 651 BGB anzuwendende Kaufrecht sehen eine umfassende Regelung zur Mängelhaftung vor. Nach §§ 433 Abs. 1, 633 Abs. 1 BGB muss die Software dem Kunden sach- und rechtsmangelfrei verschafft werden. Daran ändert auch die Aussage vieler Softwarehäuser (in AGB) nichts, dass „Software nie mangelfrei sein könne". Derlei Aussagen sind als AGB sicherlich unwirksam, Folgen zu Lasten des Anwenders können hieraus nicht gezogen werden. **273**

Nach § 633 Abs. 2 BGB ist das Werk frei von Sachmängeln, wenn es die vereinbarte Beschaffenheit hat. Soweit die Beschaffenheit nicht vereinbart ist, ist das Werk frei von Sachmängeln, wenn es sich für die nach dem Vertrag vorausgesetzte (Nr. 1), sonst für die gewöhnliche Verwendung eignet und eine Beschaffenheit aufweist, die bei Werken der gleichen Art üblich ist und die der Besteller nach der Art des Werkes erwarten kann (Nr. 2). **274**

Eine nahezu übereinstimmende Regelung trifft der bei etwaiger Anwendung von Kaufrecht geltende § 434 Abs. 1 BGB. Die Sache ist danach frei von Sachmängeln, wenn sie bei Gefahrübergang die vereinbarte Beschaffenheit hat. Soweit die Beschaffenheit nicht vereinbart ist, ist die Sache frei von Sachmängeln, wenn sie sich für die nach dem Vertrag vorausgesetzte Verwendung eignet (Nr. 1), sonst wenn sie sich für die gewöhnliche Verwendung eignet und eine Beschaffenheit aufweist, die bei Sachen der gleichen Art üblich ist und die der Käufer nach der Art der Sache erwarten kann (Nr. 2). **275**

Zur **Bestimmung der vereinbarten Beschaffenheit** wird in der Regel das **Pflichtenheft** (die Leistungsbeschreibung) herangezogen, ferner etwaige Produktbeschreibungen des Anbieters und schließlich als ergänzender Maßstab der Stand der Technik. In dem Pflichtenheft bzw. der Leistungsbeschreibung sind die Anforderungen definiert, die die Software erfüllen soll. Liegt ein Pflichtenheft nicht vor, ist darauf abzustellen, was die Parteien ausdrücklich oder konkludent als Beschaffenheit vereinbart haben. Mangels Beschaffenheitsvereinbarung bzw. beweisbarer Vereinbarung kommt es weiter darauf an, ob sich die Software für die im Vertrag vorausgesetzte Verwendung eignet. Kann auch dies nicht festgestellt werden, so kommt es auf die -übliche bzw. gewöhnliche Beschaffenheit an. Dazu muss festgestellt werden, ob in der vergleichbaren Produktgruppe ein bestimmter Qualitäts- und Leistungsstandard besteht, z.B. Industrienormen eingreifen[267] oder gesetzliche Vorgaben eingehalten werden mussten. **276**

Die Behandlung von Sachmängeln von Software ist Inhalt einer Vielzahl von Gerichtsentscheidungen. Eine abschließende Würdigung kann an dieser Stelle nicht erfolgen. In vielen Softwareerstellungsverträgen werden Mängel (ähnlich wie beim Abnahmeverfahren) anhand ihrer Auswirkungen auf das System definiert und so in **Mängelklassen** unterteilt. Oft werden anhand der Mängelklassen auch unterschiedliche Reaktions-, Behebungs- und Wiederherstellungszeiten festgelegt. **277**

267 Vgl. *Marly* Rn. 1371.

278 Funktionsmängel und -defizite, Inkompatibilität, Kapazitätsmängel, unzureichende Geschwindigkeiten, ein unzureichendes Benutzerhandbuch oder die Anfälligkeit bei Bedienungsfehlern sind typische Szenarien, die grundsätzlich zu einem Sachmangel führen.[268] Typischer Mangel ist ferner die Verseuchung mit einem Virus, Wurm, Trojaner oder ähnlichen Schadprogrammen. Streitig ist, ob Programmsperren einen Sachmangel darstellen; diese dienen in erster Linie dazu, das Programm gegen eine unbefugte Nutzung zu schützen, sei es durch unberechtigte Dritte oder der Vornahme unzulässiger Nutzungsarten durch den Kunden. Neben einem Kopierschutz sind als Programmsperren z.B. ein Dongle, die Notwendigkeit eines Codewortes oder ein mitgelieferter Wechseldatenträger (Diskette/CD/DVD), ohne dessen Einlegen in den Rechner das Programm nicht betrieben werden kann, zu nennen. Bei einem Dongle handelt es sich um Hardware, die an eine Schnittstelle anzubringen ist (z.B. Aufschrauben auf die parallele Schnittstelle) und ohne die die Software nicht betrieben werden kann. Eine Programmsperre ist nach der Rspr. des BGH nicht per se als Mangel der Software zu sehen. Zur Beurteilung, ob ein Sachmangel vorliegt, kommt es auf die Umstände des Einzelfalls an, insbesondere auf die Schutzbedürftigkeit des Programms und die Möglichkeit des Benutzers zur ungehinderten vertraglichen Verwendung.[269] Lässt sich das Programm wie vertraglich vereinbart verwenden, dürfte ein Mangel nicht vorliegen. Werden durch eine Programmsperre aber Fehlfunktionen des Programms ausgelöst, kann ein Sachmangel gegeben sein.[270]

279 Die Mängelrechte ergeben sich aus §§ 634 ff. BGB bzw. §§ 437 ff. BGB. Unterschied zwischen Werk- und Kaufrecht ist, dass die Wahl der Art der Nacherfüllung im Werkvertragsrecht dem Unternehmer, im Kaufrecht dem Kunden zusteht. Im Werkvertragsrecht hat der Besteller zudem ein Selbstvornahmerecht, im Kaufrecht nicht. Wie bereits erläutert, wird das Selbstvornahmerecht im Bereich der Erstellung von Software vielfach nur eine untergeordnete Rolle spielen, allerdings ist die Ersatzvornahme durch Dritte ein realistisches Szenario. Soweit über § 651 BGB das Kaufrecht zur Anwendung kommen sollte, ist im kaufmännischen Bereich die Rügeobliegenheit des § 377 HGB zu beachten (vgl. § 381 Abs. 2 HGB).

280 Die Sache ist frei von **Rechtsmängeln,** wenn Dritte in Bezug auf die Software keine oder nur die im Vertrag übernommenen Rechte gegen den Kunden geltend machen können (§§ 435, 633 Abs. 3 BGB).[271] Zu den Rechten Dritter zählen insbesondere Urheberrechte oder die gewerblichen Schutzrechte.

281 Unterschiede zwischen Kauf- und Werkrecht ergeben sich auch im Hinblick auf die **Verjährung von Mängelansprüchen.** Kaufrechtliche Mängelansprüche verjähren gem. § 437 Abs. 1 Nr. 3 BGB in der Regel in zwei Jahren ab Ablieferung der Sache. Bei der werkvertraglichen Verjährung nach § 634a Abs. 1 Nr. 1 BGB verjähren die Ansprüche des § 634 Nr. 1, 2, und 4 BGB in zwei Jahren bei einem Werk, dessen Erfolg in der Herstellung, Wartung oder Veränderung einer Sache oder in der Erbringung von Planungs- oder Überwachungsleistungen hierfür besteht. Liegt ein solcher Fall nicht vor, greift nach § 634a Abs. 1 Nr. 3 BGB die regelmäßige Verjährungsfrist des § 195 BGB. Nach § 195 BGB beträgt diese drei Jahre. Im Fall des § 634a Abs. 1 Nr. 1 BGB beginnt

---

268 Zu einer ausf. Klassifizierung und Beschreibung von typischen Softwaremängeln vgl. *Marly* Rn. 1397 ff.

269 *BGH* NJW 1987, 2004.

270 Einzelheiten vgl. Schneider/von Westphalen/*Redeker* Software-Erstellungsverträge, D Rn. 305.

271 Vgl. i.Ü. zu Rechtsmängeln Rn. 148.

die Verjährung mit der Abnahme (§ 634a Abs. 2 BGB), i.Ü. ist § 199 BGB maßgebend. Ob § 634a Abs. 1 Nr. 1 und Nr. 3 BGB anzuwenden ist, wird uneinheitlich beurteilt. Teilweise wird die Anwendbarkeit des § 634a Abs. 1 Nr. 1 BGB bejaht,[272] unter der Prämisse, dass es sich um die Herstellung, Veränderung oder Wartung der Software als Sache handelt. Andererseits könnte auch § 634a Abs. 1 Nr. 3 BGB anzuwenden sein[273] mit dem Argument, dass die Softwareerstellung die Herstellung eines selbständigen Produktes und keiner Sache ist.

9. Vorgehensmodelle bei Softwareerstellungsprojekten, insbesondere „agile Softwareerstellung"

282 Bei der Entwicklung neuer Software, welche neben der eigentlichen Programmierung auch diverse andere Tätigkeiten (z.B. Analyse der Anforderungen, Design der Anwendung, die Implementierung) umfasst,[274] gibt es zahlreiche etablierte Vorgehensweisen. Vorgehensmodelle sind für den Erfolg eines Softwareerstellungsprojektes zwingend notwendig, da ohne eine Koordinierung der Aktivitäten aller Beteiligten ein Projektüberblick nicht mehr gewährleistet und ein Scheitern des Projektes vorprogrammiert ist.

283 Neben dem „Phasen"- bzw. „Wasserfallmodell", welches das Projekt in einzelne Projektschritte einteilt und bei welchem erst mit Abschluss einer Phase „wasserfallartig" in die nächste Phase übergegangen wird,[275] gibt es mehrere Modelle, welche insbesondere einer flexibleren und schnelleren Projektabwicklung[276] gewidmet sind und unter dem Oberbegriff „agile Softwareerstellung" zusammengefasst werden können.[277] Anwendung finden diese Modelle insbesondere dann, wenn die Beteiligten bei Projektbeginn noch keine konkreten Vorstellungen von der fertigen Software haben oder aber eine gegenüber den herkömmlichen Modellen flexiblere Entwicklungsmethode suchen.

284 Neben den schon länger existierenden Varianten „V-Modell" und „Prototyping" ist ein unter Vertragsgestaltungsgesichtspunkten neues typisches Modell das „agile Programmieren,"[278] wozu etwa auch „Xtreme Programming", „Feature Driven Development" und „Rapid (Application) Development" gehören, bei welchen die Softwareerstellung in kleinen Schritten orientiert an den vom Auftraggeber in kurzen Zeitabschnitten definierten Aufgaben oder vorgegebenen, in der Software abzubildenden Sachverhalten („User Cases"), erfolgt, ohne dass zuvor das Endergebnis der Entwicklung festgelegt ist.[279]

---

272 *Marly* Rn. 1337.

273 Vgl. Schneider/von Westphalen/*Redeker* Software-Erstellungsverträge, D Rn. 361.

274 S.o. Rn. 250 ff.

275 Vertraglich beschrieben wird dieses Modell i.d.R. in der in den Rn. 225–281 dargestellten Art und Weise.

276 Im „Manifesto for Agile Software Development", abrufbar unter http://agilemanifesto.org/principles.html. werden hierfür 12 agile Werte festgelegt. Vier der Grundprinzipien lauten: 1. Individuals and interactions over processes and tools. 2. Working Software over comprehensive documentation. 3. Customer collaboration over contract negotiation. 4. Responding to change over following a plan.

277 Kritisch zur inflationären Verwendung des Begriffs „agil" Taeger/*Siebers* Digitale Evolution, S. 470 f.

278 *Schneider* ITRB 2010, 18.

279 *Kremer* ITRB 2010, 284.

285 Gemein ist allen Modellen der agilen Softwareerstellung, dass sie auf umfangreiche vorherige Planung mit Erstellung eines „Pflichtenhefts" oder einer anders bezeichneten, ausentwickelten Leistungsbeschreibung verzichten und gleichzeitig den Auftraggeber selbst stärker in die laufende Entwicklung einbeziehen. Der Leistungsgegenstand wird mithin fortlaufend in dem Entwicklungsprozess selbst bestimmt.[280] Wesentliches Merkmal der agilen Softwareerstellung ist damit, dass die Realisierung auf zeitlich viel früherer Stufe ansetzt, zumindest aufgrund des Verzichts auf vorherige Planung und Pflichtenheft sowie der stärkeren Mitwirkung des Auftraggebers in der Regel kostengünstiger ist und Änderungsanforderungen bei dem Projekt nicht die Ausnahme sondern Teil des Modells sind.

286 Nicht zuletzt wegen der fehlenden intensiven vorherigen Planung liegen in den Methoden der agilen Softwareentwicklung für den Auftraggeber auch erhebliche Risiken. Zwar ist der Auftraggeber stärker in den Entwicklungsprozess einbezogen und erhält stetig ein Bild über den Entwicklungszustand der Software, jedoch verfügt meist allein der Auftragnehmer über die notwendige Sachkunde. Es ist somit unerlässlich, dass dieser die Instrumente zur Steuerung eines agilen Entwicklungsprozesses beherrscht.[281] Nur dann wird ein agiles Projekt erfolgreich in einem beherrschbaren finanziellen Rahmen[282] abgeschlossen werden können.[283] Ab einem gewissen Projektumfang oder bei höhergradiger Komplexität des Projektes ist ein Vorgehen mittels agiler Methoden zudem nicht mehr wirklich durchführbar, da Aufwand für Kommunikation und Fachkompetenz außer Verhältnis zu dem Nutzen stehen wird, den man sich durch die Flexibilität verspricht.

287 Mag der Verzicht auf ein Pflichtenheft für die agile Softwareentwicklung noch typisch sein, stellt auch bei dieser Art der Softwareerstellung eines der wichtigsten Ergebnisse und eine der Hauptleistungspflichten[284] neben dem Softwareprodukt selbst, die Dokumentation dar. Allerdings wird diese dann in der Regel nicht in Form eines separaten Dokumentes übergeben, sondern vielmehr als Inline-Dokumentation, wobei Kommentare unmittelbar in den Quelltext der zu erstellenden Software eingefügt werden oder als Online-Dokumentation, bei der etwa eine „Hilfe-Funktion" in die Software integriert wird.

288 Unklar ist, ob die Änderungen in der Projektvorgehensweise auch eine Änderung der Rechtsnatur des Projektvertrages bedingen. Nach einer Ansicht[285] ist das nicht der Fall, so dass im Lichte der BGH-Entscheidung „Internet-System-Vertrag" für den Regelfall bei der Softwareerstellung nach wie vor von einem Werkvertrag auszugehen ist. Denkbar ist aber auch, dass mangels das Projekt in erster Linie steuerndem Pflichtenheft ein Dokument, gegen das die Abnahme der gesamten erstellten Software erfolgen soll, fehlt, so dass eine Abnahme wenig sinnvoll erscheint und die Vorgehensweise das Vertragsverhältnis in die Nähe des Dienstvertrages rückt. Diese Betrachtung würde jedoch außer Acht lassen, dass z.B. bei der Methode Scrum der Auftrag-

---

280 *Schneider* ITRB 2010, 18, 20.

281 *Lapp* ITRB 2010, 69.

282 Welcher im Vorhinein aufgrund der erst im Projekt erfolgenden Konkretisierung des Leistungsgegenstandes oftmals noch nicht bestimmt werden kann.

283 Andernfalls drohen die von *Lapp* ITRB 2010, 69 beschriebenen „Chaotischen Zuruf" oder „Hey-Joe"-Projekte.

284 *Schneider* ITRB 2010, 18, 21.

285 *Kremer* ITRB 2010, 283, 286.

geber nach Abschluss eines jeden Sprints das im Sprint entstandene Inkrement daraufhin überprüft, ob es den zu Beginn des Sprints von ihm gestellten Anforderungen genügt. Eine solche Betrachtungsweise würde die Prüfungen am Ende eines jeden Sprints aber in die Nähe einer Teilabnahme im Rechtssinne rücken – was aus Sicht des Auftraggebers eher unerwünscht erscheint. Bei der Betrachtung darf auch nicht vergessen werden, dass bei Fehlen eines Pflichtenhefts jedenfalls ein mittlerer Ausführungsstand gemäß dem Stand der Technik vereinbart ist, was zugegebenermaßen ein eher vager Maßstab ist, der bei Projektstreitigkeiten von einem Schiedsgutachter, einem Schiedsrichter oder einem gerichtlichen Sachverständigen bemüht werden muss. Die Diskussion über die Rechtsnatur von Verträgen über Softwareerstellung nach agilen Projektmethoden ist jedenfalls nicht zum Abschluss gekommen.

VI. Pflege von Software

Voraussetzung für eine zeitlich längerfristige Nutzung von Software ist, dass die Software durch den Anbieter (zeitlich und/oder fachlich jenseits der Sachmangelhaftung) oder einen Dritten gepflegt wird. Die Pflege komplexer Software durch den Anwender selbst ist zwar vorstellbar, aber eher selten. **289**

Softwarepflegeverträge sind wirtschaftlich ebenso bedeutend wie die Verträge über die Lieferung oder Erstellung von Software. Bei einer Betrachtung der Total Costs of Ownership (TCO) im Hinblick auf Software ist auch immer zu bedenken, dass auf die Anschaffung der Software deren Weiterentwicklung und Pflege folgt; nur den Blick auf die Anschaffungskosten zu lenken ist daher zu kurz gegriffen. Bei Einsatz neuer Software ist vielmehr typischerweise zu überlegen, welche (Fremd-)Kosten der Einsatz der Software in den auf die Einsatzbeginn folgenden ca. fünf Jahren oder der voraussichtlichen Lebenszeit der Software bewirken wird. Es ist nicht außerhalb der Wahrscheinlichkeit, dass man je ca. fünf Jahre des Einsatzes der Software einen Betrag in Höhe des ursprünglich für den Erwerb verwendeten Betrages für die Pflege und ggf. geringfügige Weiterentwicklung ausgibt; wird die Software intensiver weiter entwickelt, kann der Betrag auch höher liegen. **290**

Pflegeverträge enthalten unterschiedliche Leistungsversprechen. **291**

- In einem ersten Leistungsbereich wird die Fehlerbeseitigung oder die Umgehung von Fehlern versprochen. Die Behebung von Störungen kann einbezogen werden.
- Als weiterer Bereich kommt die Aktualisierung, Verbesserung oder Weiterentwicklung der Software in Betracht.
- Schließlich erfolgen auch Beratungs-, Hotline- sowie Fernwartungsleistungen.[286]

Werden alle Leistungsbereiche abgedeckt, so wird dies teilweise als „Vollpflege“ bezeichnet,[287] wobei sich mangels einer Definition der „Softwarepflege“ unterschiedliche Begriffe herausgebildet haben. Pflegevereinbarungen werden auch als **„Softwarewartung“** oder im internationalen Bereich als **„Support-“** oder **„Maintenance-Vereinbarung“** bezeichnet. **292**

Viele Anbieter bieten Pflegeleistungen stufen- oder modulartig an und überlassen dem Anwender die Wahl, welche Module bzw. Stufen er gegen eine diesen jeweils **293**

286 *Schneider* Handbuch des EDV-Rechts, K Rn. 6.
287 *Zahrnt* CR 2004, 408.

entsprechend zugeordnete Vergütung in Anspruch nehmen möchte. Man wird ferner grundlegend zu unterscheiden haben zwischen einem Softwarepflegevertrag für Standardsoftware (einschließlich Modifizierung von Standardsoftware) und einem „Pflegevertrag" für erstellte Individualsoftware. Erstere sind in Leistungsbild und sonstigem Inhalt eher herstellergetrieben, letztere eher kundengetrieben und im Grundsatz nicht viel mehr als die Fortsetzung des Individualsoftwareerstellungsvertrags mit leicht verändertem Leistungsbild. Denn bei Individualsoftware gibt es keine herstellerseits veranlassten neuen Versionen, Updates und Upgrades oder vergleichbare Softwarebestandteile, vielmehr wird der Softwareersteller stets auf neue (Änderungs-)Aufträge des Anwenders warten und diese dann als „Mini-Projekte" durchführen. Verträge über die Pflege von Individualsoftware erschöpfen sich daher oft in der Buchung von Jahrespersonalkontingenten für die Softwareweiterentwicklung und der Vereinbarung von Fristen für deren Abruf, und dies geschieht vielfach unter Inbezugnahme wesentlicher Teile des ursprünglichen Erstellungsvertrages, z.B. im Hinblick auf die dort enthaltenen allgemeinen Regelungen zu Terminen, Change Requests und Abnahmeverfahren.

1. Vertragstypologische Einordnung

294 Da es kein einheitliches Leistungsbild des Pflegevertrages gibt, ist auch eine vertragstypologische Einordnung schwierig. Bei Verträgen über die Pflege von Software handelt es sich jedenfalls um **Dauerschuldverhältnisse,**[288] es sei denn es liegt lediglich eine einmalig erbrachte Pflegeleistung vor.

295 I.Ü. ist maßgebend, welche Leistungen der Anbieter erbringt. In vielen Fällen wird der Softwarepflegevertrag in erster Linie **werk- oder dienstvertragliche Komponenten** aufweisen.[289] Die Abgrenzung richtet sich danach, ob ein Tätigsein geschuldet wird (dann Dienstvertrag), oder der Pflege-Anbieter den Erfolg schuldet (dann Werkvertrag). Zur Beantwortung der Frage, ob die Parteien einen (tätigkeitsbezogenen) Dienstvertrag oder einen (erfolgsbezogenen) Werkvertrag geschlossen haben, muss auf den Leistungsgegenstand abgestellt werden. Für eine entsprechende Vertragsauslegung kommt es nicht nur auf den Vertragswortlaut, sondern auf die gesamten Umstände an, die sich im Rahmen des Vertragsschlusses ergeben.[290]

296 Sollen beispielsweise Mängel „beseitigt" werden, ist eine Erfolgsbezogenheit in der Regel zu bejahen.[291] Dies gilt auch dann, wenn „Anpassungen" (an sich ändernde Umfeldbedingungen, an eine veränderte Rechtslage – Stichwort: Änderung des MWSt.-Satzes – usw.) oder „Veränderungen" geschuldet werden, jedenfalls dann, wenn deren Inhalt so beschrieben bzw. vereinbart ist, dass eine Prüfung daraufhin, ob dieser Inhalt nun vorliegt, erfolgen kann. Eine Anpassungspflicht enthält ein starkes erfolgsbezogenes Moment, so dass auch hier in der Regel Werkvertragsrecht zur Anwendung kommt. Eher von einem Dienstvertrag ist auszugehen, wenn die Behandlung von Fehlern „mit bestem Bemühen" vereinbart ist. Hingegen weist ein reiner Hotlineservice wohl eher dienstvertraglichen Charakter auf. Umso umfangreicher jedoch die Fehlerbeseitigung über Fernwartung geschuldet wird, umso unklarer wird diese Zuordnung.

---

288 *Bartsch* NJW 2002, 1526.

289 Vgl. *Bartsch* NJW 2002, 1526, der den Pflegevertrag als modernen Vertragstyp ansieht.

290 MünchKomm-BGB/*Busche* § 631 Rn. 14 f. mit weiteren Abgrenzungskriterien.

291 *Schneider* Handbuch des EDV-Rechts, K Rn. 117.

Weitere Probleme der Zuordnung zu einem Schuldverhältnis des BGB bereitet § 651 BGB. Wie sich diese Regelung und die Auseinandersetzung über ihre Anwendbarkeit im Lichte der BGH-Entscheidung „Internet-System-Vertrag" bzgl. Individualsoftware auf einen Pflegevertrag über Software auswirkt, ist mangels entsprechender Rspr. unklar. Nach einer Ansicht soll die bloße Verpflichtung zur Lieferung eines Updates dem Kaufrecht unterliegen.[292] Zu diesem Ergebnis kommt – unabhängig von § 651 BGB – auch eine Ansicht, nach der im Rahmen eines Sukzessivlieferungsvertrages Kaufrecht anzuwenden sein soll, wenn sich das Leistungsversprechen darin erschöpft, Updates oder Upgrades verfügbar zu machen.[293] **297**

Übernimmt der Anbieter viele unterschiedliche Leistungen, lässt sich eine Zuordnung zu einem einzigen Schuldverhältnis des BGB meist nicht treffen. Es kann sich dann um einen **gemischten Vertrag** handeln,[294] bei dem die einzelnen Leistungsbereiche rechtlich unterschiedlich eingeordnet werden. Dann ist hinsichtlich jedes einzelnen Bereiches zu klären, zu welchem Schuldverhältnis des BGB eine Zuordnung erfolgen kann. **298**

Bei dem Softwareüberlassungsvertrag und dem Softwarepflegevertrag kann es sich um **ein einheitliches, miteinander rechtlich verbundenes Rechtsgeschäft** handeln, wenn ein dahingehender Wille der Partei zu ermitteln ist. Treffen Parteien selbständige Vereinbarungen, stellen diese ein einheitliches Rechtsgeschäft dar, wenn nach den Vorstellungen der Parteien die Vereinbarungen nicht für sich alleine gelten sollen, sondern miteinander stehen und fallen.[295] Beim Softwarepflegevertrag ist in der Regel von einer rechtlichen Einheit auszugehen, wenn der Anwender seine Investition absichern möchte. Kann der Anwender die Software nur dann wie beabsichtigt nutzen, wenn diese auch gepflegt wird, so kann davon ausgegangen werden, dass die Softwareüberlassungsvereinbarung und die Pflege ein rechtlich verbundenes Geschäft sind.[296] Eine rechtliche Einheit kann sogar dann vorliegen, wenn die Pflege durch einen Dritten erbracht wird, soweit dies von den Vertragsparteien gewollt ist.[296] Folge davon ist, dass bei Beendigung einer Vereinbarung, der Anwender sich grundsätzlich auch von der anderen Vereinbarung lösen kann.[297] **299**

Fest steht jedenfalls, dass im Rahmen des Pflegevertrages Softwarebestandteile geliefert werden. Die Inhalte und die Bezeichnungen sind dabei vielfältig und ungeachtet der in diesem Bereich anwendbaren technischen Normen bisweilen eigenwillig. Gebräuchliche, keinesfalls jedoch inhaltlich eindeutig besetzte Bezeichnungen sind beispielsweise[298] **300**

– „Patch" wird benutzt für einen Softwarebestandteil, der (ggf. auf Einzelanforderung des Anwenders, typischerweise aber auf Initiative des Anbieters zur Verfügung gestellt wird und) lediglich der Behebung von Mängeln oder Störungen dient.

---

292 *Marly* Rn. 1030.

293 Redeker/*Heymann/Lensdorf* Handbuch IT-Verträge, Kap. 1.12. Rn. 10; vgl. dazu auch *Schneider* Handbuch des EDV-Rechts, K Rn. 109.

294 Schneider/von Westphalen/*Peter* Software-Erstellungsverträge, G Rn. 348.

295 *BGH* NJW 1976, 1931; NJW 1987, 2004.

296 Schneider/von Westphalen/*Peter* Software-Erstellungsverträge, G Rn. 83.

297 Ausf. zu den Rechtsfolgen Schneider/von Westphalen/*Peter* Software-Erstellungsverträge, G Rn. 95 ff.

298 S. auch das Glossar zu dem EVB-IT Systemvertrag oder Vertrag Pflege S oder Systemerstellungsvertrag.

- „Update“ bezeichnet einen – herstellerseitig getrieben zur Verfügung gestellten – Softwarebestandteil, der zwar technisch eine vollständige Fassung der Software darstellt, inhaltlich aber lediglich einige Mangelbehebungen und geringfügige Verbesserungen enthält.
- „Upgrade“ ist eine neue und erweiterte Fassung eines Softwareprodukts, „Release“ oder „Version“ ist eine Bezeichnung, die sich auf eine grundlegende Fassung der Software bezieht, mit Version werden auch fachlich verschiedene Fassungen von Software bezeichnet („Schüler-Version“). Die Bezeichnungen „Upgrade“, „Release“ und „Version werden bisweilen recht wahllos benutzt. Vielfach werden Fassungen von Software sehr formell anhand einer Bezifferung in der zumeist dreigliedrigen Bezeichnung unterschieden, ohne dass damit wirklich eine Aussage zu den Softwareinhalten getroffen wird, denn die Versionsnummern werden allein von dem Hersteller vergeben, auch unter werblichen Gesichtspunkten.
- „Weiterentwicklungen“ sind Softwarebestandteile, die auf Anregung des Anwenders für diesen programmiert und diesem zur Verfügung gestellt werden. Bisweilen wird auch hier eine eigene Versionierung vorgenommen, wenn die Weiterentwicklungen ihrerseits weiter entwickelt oder an das i.Ü. vorhandene geänderte System angepasst werden.

2. Abschlusszwang

301 Da die Anwender darauf angewiesen sind, dass die erworbene Software ständig funktionsfähig ist, stellt sich die Frage nach dem **Kontrahierungszwang** der Softwareanbieter bzgl. des Pflegevertrags. Nach dem BGB ist von dem **Grundsatz der Privatautonomie** auszugehen, der insbesondere die Entscheidungsfreiheit umfasst, ob, mit wem und welchen Inhalts Verträge geschlossen werden. Ein Kontrahierungszwang ergibt sich daher nicht schon aus dem BGB. Ein entsprechender Abschlusszwang kann sich aber aus dem Softwareüberlassungsvertrag ergeben, soweit dies in dem Vertrag ausdrücklich vereinbart wurde. Ohne eine entsprechende Vereinbarung besteht keine Verpflichtung zum Abschluss eines Pflegevertrages.[299] Angebot und ggf. AGB des Anbieters sprechen für die Pflicht zur Verhandlung eines Vertragsschlusses.[300]

302 Im Unternehmerverkehr könnte sich bei Anwendbarkeit des GWB ein Abschlusszwang aus § 20 GWB ergeben, soweit die dortigen Voraussetzungen erfüllt sind. Für den Rechtsverkehr mit Privaten fehlt jedoch eine § 20 GWB entsprechende Vorschrift, so dass ein Abschlusszwang allenfalls aus § 826 BGB hergeleitet werden könnte.[301]

3. Pflichten des Anbieters

303 Der Anbieter ist in erster Linie dazu verpflichtet, die vereinbarten Leistungen bzw. das vereinbarte Leistungsbündel zu erbringen. Vertraglich sollte zunächst festgelegt werden, welche Software zu pflegen ist. Dies ist wichtig, um den „Pflegegegenstand“

299 *Bartsch* NJW 2002, 1526; *Marly* Rn. 1033; *Schneider* Handbuch des EDV-Rechts, K Rn. 103; *LG Köln* NJW-RR 1999, 1285 nimmt eine selbständige leistungsbezogene Nebenpflicht aus § 242 BGB zur Wartung für eine bestimmte Zeit an und verneint ein ordentliches Kündigungsrecht.

300 Vgl. *Schneider* Handbuch des EDV-Rechts, K Rn. 103.

301 Ein Abschlusszwang wird aber eher nur dann bestehen, wenn es sich um lebensnotwendige bzw. lebenswichtige Güter handelt, die nicht anderweitig zu beschaffen sind, zu Einzelheiten *LG Stuttgart* NJW 1996, 3347.

zu bestimmen und abzugrenzen. Weiter empfiehlt es sich, die einzelnen Pflegeleistungen in dem Vertrag inhaltlich abschließend zu bezeichnen.

Als **mögliche Leistungen** können – nicht abschließend – genannt werden:[302] 304

- Analyse und Information bei Mängeln,
- Beseitigung von Mängeln (in bestimmter Reaktions- oder Beseitigungszeit),
- Analyse, Beratung und Beseitigung von Störungen,
- Behebung von Bedienungsfehlern inklusive Datensicherung,
- Vornahme/Zurverfügungstellung von Updates, „Aktualisierungen“ und neuen Programmversionen,
- Beratung per Fernkommunikationsmitteln zur Mängel-/Störungsbehebung,
- Ferndiagnose und/oder -wartung,
- Installationsleistungen.

4. Pflichten des Kunden

Vertragliche Hauptpflicht des Kunden ist die Zahlung der vereinbarten Vergütung. 305
Dabei ist zu einer Festlegung zu raten, welche Leistungsteile durch eine pauschale Vergütung abgegolten werden sollen und für welche Leistungsteile ggf. eine Vergütung nach Aufwand geschuldet ist.

Zu unterscheiden ist in aller Regel zwischen den Leistungen, die ein Anbieter gegen 306
Zahlung einer Pauschale durchführt, und solchen Leistungen, die er nur gegen Zahlung besonderer Vergütung erbringt. Eine gängige Unterscheidung ist z.B., dass Mängel der Software, die für den Fall, dass noch die Sachmangelhaftungsfrist liefe, ohne Kosten für den Anwender zu beseitigen wären, gegen Zahlung einer Pauschale beseitigt werden, während anwenderseitig provozierte Fehler, also Störungen, gegen Zahlung des im Einzelfall erforderlichen Aufwands beseitigt werden. Grund für diese Unterscheidung ist, dass nach Ansicht der Anbieter diese die Mängel der eigenen Software eher im Griff haben und in der Beseitigung kalkulieren können als die vielfältigen Probleme, die Anwender selbst verursachen.

Die pauschale (jährliche) Vergütung wird in der Regel durch einen Prozentsatz ermit- 307
telt, der sich in der Praxis an dem Ursprungspreis der Software orientiert.[303] Die Pauschalvergütung muss unabhängig von einer tatsächlichen Inanspruchnahme der Leistungen gezahlt werden; vielfach werden solche Pflegepauschalen jährlich im Voraus fällig und in Rechnung gestellt, was Zurückbehaltungsrechte für den Fall unsachgemäßer Leistung deutlich erschwert.

Vor allem bei Verträgen mit sehr langen Laufzeiten bietet sich, jedenfalls im Rahmen 308
des AGB-rechtlich zulässigen, die Vereinbarung von **Preisanpassungsklauseln** an. Für Preisänderungsklauseln in AGB gelten §§ 307, 309 Nr. 1 BGB. Die Anwendbarkeit des § 309 Nr. 1 BGB ist zu verneinen, wenn man davon ausgeht, dass ein Softwarepflegevertrag ein Dauerschuldverhältnis in diesem Sinne darstellt. Die Zulässigkeit von Preisänderungsklauseln, die nicht in den Anwendungsbereich des § 309 Nr. 1 BGB fallen, richtet sich nach § 307 BGB. Das Verhältnis von Leistung und Gegenleistung soll nicht mittels Preisänderungsklauseln zugunsten des AGB-Verwenders geregelt werden. Grundsätzlich gilt, dass der Verwender im Verbraucherverkehr an der Preisan-

302 Nach *Schneider* Handbuch des EDV-Rechts, K Rn. 56 f.
303 *Zahrnt* CR 2004, 408.

passung ein berechtigtes Interesse, d.h. einen Grund für die Anpassung, haben muss.[304] Die Klausel darf keine beliebige Preiserhöhung vorsehen, sondern muss eine Beschränkung enthalten. Dem Kunden ist ein Rücktritts- oder Kündigungsrecht einzuräumen.[305] Im unternehmerischen Verkehr gelten nicht die gleichen strengen Maßstäbe wie bei Verbrauchern, aber gegenüber Unternehmern sind Preiserhöhungsklauseln unwirksam, die Preiserhöhungen beliebiger Art vorsehen oder der zusätzlichen Gewinnerzielung dienen.[306]

309 Probleme, auch im Hinblick auf die Bemessung der Vergütung, entstehen – ähnlich wie beim Hardwarewartungsvertrag (s.o. Rn. 114), wenn der Pflegevertrag bereits während des Laufs der Verjährungsfrist der Mangelhaftung aus dem Softwareüberlassungsvertrag geschlossen wird und als Leistung auch die Beseitigung von Mängeln beinhaltet. Bei einem Softwareüberlassungsvertrag, der als Mietvertrag vereinbart wurde, ist der Vermieter ohnehin unentgeltlich zur Erhaltung der Mietsache verpflichtet, womit die Mängelbeseitigung ebenfalls für den Kunden nicht kostenpflichtig ist (§§ 439 Abs. 2, 635 Abs. 2 BGB). Beginnt die Leistung aus dem Pflegevertrag vor Ablauf der Verjährungsfrist für Mängel, kollidiert die Vergütung für die Pflege mit der gesetzlich kostenfreien Mängelbeseitigung. Bei der rechtlichen Würdigung wird zwischen Individualvereinbarungen und AGB zu differenzieren sein.

310 Bei der Verwendung von AGB wird im Unternehmerverkehr bei der Auferlegung von Kosten für die Mängelbeseitigung ein Verstoß gegen § 307 Abs. 2 BGB bejaht. Die entgeltliche Vereinbarung über die Mängelbeseitigung entspricht nicht dem gesetzlichen Leitbild des Softwareüberlassungsvertrages, sei es als Kauf-, Werk- oder Mietvertrag.[307] Im Verbraucherverkehr kann bei der Softwareüberlassung auf Dauer zudem ein Verstoß gegen § 309 Nr. 8b) aa)[308] und cc)[309] BGB vorliegen. Außerdem kann ein Verstoß gegen das Transparenzgebot vorliegen, wenn der Anbieter nicht festgelegt, welche Vergütung für welche Leistungen außerhalb der Mängelbeseitigung anfällt.

311 Individualvertraglich sind Vereinbarungen über eine entgeltliche Mängelbeseitigung in einem weiteren Umfang zulässig als in AGB und müssen sich an §§ 138, 242 BGB messen lassen. Eine Unwirksamkeit nach § 138 BGB soll jedenfalls dann nicht gegeben sein, wenn die Preis-Kalkulation der Softwareüberlassung die Unentgeltlichkeit berücksichtigt.[310]

312 Weiter wird diskutiert, ob sich dieses Problem nur im Rahmen eines Zwei-Personen-Verhältnisses (der Anbieter ist Hersteller und erbringt zugleich die Pflegeleistungen)[311] stellt, oder auch dann, wenn ein Dritter die Pflege übernimmt. Jedenfalls dann, wenn die Verträge als rechtliche Einheit zu bewerten sind, werden sich die AGB-rechtlichen Probleme im Drei-Personen-Verhältnis ebenfalls stellen.[312]

---

304 Erman/Westermann/*Roloff* § 309 BGB Rn. 9.

305 Vgl. zu Einzelheiten Erman/Westermann/*Roloff* § 309 BGB Rn. 9 f.

306 Erman/Westermann/*Roloff* § 309 BGB Rn. 17.

307 *Runte* ITRB 2003, 253; Schneider/von Westphalen/*Peter* Software-Erstellungsverträge, G Rn. 159; *Schneider* Handbuch des EDV-Rechts, K Rn. 84 f.

308 *Marly* Rn. 1052.

309 *Runte* ITRB 2003, 253.

310 Vgl. Schneider/von Westphalen/*Peter* Software-Erstellungsverträge, G Rn. 155.

311 *Bartsch* NJW 2002, 1526; wohl auch *Runte* ITRB 2003, 253.

312 Vgl. Schneider/von Westphalen/*Peter* Software-Erstellungsverträge, G Rn. 152.

In der Lit. werden unterschiedliche Lösungsmöglichkeiten für den AGB-Bereich diskutiert.[313] So könnte der Anbieter während des Verjährungszeitraums auf die Pflegevergütung insgesamt verzichten, was aber in der Praxis kaum durchgesetzt werden kann. Alternativ wird vorgeschlagen, dass der Kunde lediglich eine anteilige Vergütung während des Verjährungszeitraums zahlen müsse. Gegen die AGB-Festigkeit einer solchen Klausel spricht, dass eine pauschale Minderung des Entgeltes intransparent sei, sofern keine differenzierte Berechnung erfolge. Anbieter werden aber meist nicht daran interessiert sein, ihre Kalkulation offen zu legen.[314] Diskutiert wird auch ein pauschaler Abschlag zu Beginn des Pflegevertrages, wobei Streit über die Höhe des Abschlages besteht.[315] Als weiterer Ansatz wird vorgeschlagen, die Fehlerbehebung vollständig aus dem Pflichtenkatalog des Pflegevertrages auszuklammern.[316] Eine weitere Lösung nimmt als Ausgangspunkt, dass die Fehlerbeseitigung auf jeden Fall geschuldet wird, sei es durch denjenigen, der die Software überlässt oder den Anbieter der Pflegeleistung. Der Kunde könne später das vom Pflegeunternehmer geltend gemachte Entgelt kürzen oder dessen Zahlung ganz verweigern, soweit die Pflege nur der Mängelbeseitigung dient.[317] **313**

Welches Lösungsmodell eine AGB-Kontrolle standhält und auch für den Anbieter sachgerecht ist, lässt sich mangels vorhandener Rspr. nicht abschließend beurteilen. Denkbar ist, dem Anwender die Wahl zu lassen zwischen der Sachmangelhaftung und der entgeltlichen Leistung aus dem Pflegevertrag. Teilweise wird empfohlen, diesbezüglich Individualvereinbarungen zu treffen.[318] Jedenfalls muss eine Regelung das Zusammenspiel von Leistung und Gegenleistung hinreichend deutlich machen, um nicht schon gegen das Transparenzgebot zu verstoßen. **314**

Neben der Pflicht des Kunden zur Zahlung der vereinbarten Vergütung treffen den Anwender als weitere Pflichten **Mitwirkungspflichten.** Diese orientieren sich an den jeweils zu erbringenden Leistungen des Anbieters und werden meist vertraglich festgehalten. So bestehen beispielsweise Mitwirkungspflichten hinsichtlich der Bereitstellung von kompetentem Personal, der Gewährung des Zutritts zu Einrichtungen, der Funktionsbereitschaft des Systems oder der Vornahme von Handlungen wie der Installation von über Datennetze zur Verfügung gestellten Patches, dem selbstständigen Einspielen neuer Versionen und der Datensicherung. Mitwirkungspflichten beinhalten sinnvollerweise auch das Stellen eines Ansprechpartners und die Meldung von Mängeln/Störungen. **315**

5. Mängelrechte und Haftung

Mängelrechte beziehen sich bei dem Pflegevertrag auf die Schlechtleistung bzgl. der Pflege, nicht zwingend auf Mängel der Software. Es muss also immer danach gefragt werden, ob die Pflegeleistung mangelhaft erbracht wurde. Mängel liegen insbesondere dann vor, wenn neu zur Verfügung gestellte Versionen Mängel aufweisen. **316**

313 Vgl. Aufzählung bei *Runte* ITRB 2003, 253.

314 *Runte* ITRB 2003, 253 hält eine Offenlegung der Kalkulation für nicht zwingend notwendig, soweit die Vergütungsklausel transparent gestaltet wird, so dass erkennbar ist, welcher Anteil auf die geschuldete Mängelbehebung fällt.

315 *Runte* ITRB 2003, 253; *Bartsch* NJW 2002, 1526.

316 Vgl. *Runte* ITRB 2003, 253 mit weiteren Ausführungen zur AGB-Festigkeit.

317 *Marly* Rn. 1052.

318 *Bischof/Witzel* ITRB 2003, 31.

317 Behoben werden solche Mängel durch „weitere“ Erbringung der Pflege, also durch Neuvornahme der Pflegeleistung. Zumeist wird die fehl geschlagene Leistung wieder und wieder erbracht, was soll der Anbieter auch anderes tun. Die in der Praxis wichtigsten Behelfe des Anwenders sind daher der Anspruch auf Schadensersatz und das Recht auf Kündigung des Pflegevertrags aus wichtigem Grund.

6. Vertragslaufzeit

318 Da es sich bei der Softwarepflege in aller Regel um ein Dauerschuldverhältnis handeln wird, sind Laufzeitregelungen typisch. Zu vereinbaren sind der Beginn der Verpflichtung zur Erbringung der Pflegeleistungen und die Möglichkeiten zur Beendigung des Vertrags. Der Pflegevertrag endet entweder mit Ablauf der vereinbarten Laufzeit, durch eine Kündigung oder durch Aufhebung.

319 Wie bei anderen Dauerschuldverhältnissen üblich, kann auch hier u.a. mit einer Grundlaufzeit (Mindestlaufzeit) und sich anschließenden automatischen Verlängerungsrhythmen gearbeitet werden. Geht man davon aus, dass der Softwarepflegevertrag § 309 Nr. 9 a BGB unterfällt, darf im Verbraucherverkehr dessen Anfangslaufzeit bei einem Formularvertrag zwei Jahre nicht überschreiten. Die Laufzeit beginnt dabei i.d.R. mit dem Abschluss des Pflegevertrages, nicht erst mit tatsächlicher Leistungserbringung.[319] Nach § 309 Nr. 9 b BGB ist im Verbraucherverkehr eine den anderen Vertragsteil bindende stillschweigende Verlängerung des Vertragsverhältnisses um jeweils mehr als ein Jahr unwirksam. Im Unternehmerverkehr richtet sich die Zulässigkeit der Laufzeit nach § 307 BGB. Diese darf also unter Berücksichtigung der beiderseitigen Interessen im Einzelfall keine unangemessene Benachteiligung darstellen, wobei unklar ist, welche Dauer zulässig ist.

320 Ferner kann der Vertrag aus wichtigem Grund gekündigt werden, was sich für Dauerschuldverhältnisse allgemein aus § 314 BGB ergibt. Besteht keine bestimmte Laufzeitvereinbarung, kann der Vertrag auch ordentlich gekündigt werden. Werden vertraglich Kündigungsfristen vereinbart, haben sich diese bei Individualvereinbarungen in den Grenzen des § 138 BGB, bei AGB in den Grenzen der §§ 307 und insbesondere § 309 Nr. 9 c BGB zu bewegen.

321 Diskutiert wird auch die Frage eines möglichen Kündigungsverbotes des Anbieters. Unter Umständen kann auch eine berechtigte Kündigung durch diesen dazu führen, dass sich die Investition des Kunden mangels Pflege nicht amortisieren kann. Nach einer umstrittenen, vereinzelt gebliebenen Entscheidung des LG Köln[320] ist ein Softwarehaus, orientiert am Lebenszyklus einer Software, daran gehindert, den Pflegevertrag ordentlich zu kündigen. Die Dauer der Verpflichtung zur Pflege bestimme sich unter Berücksichtigung der Interessen beider Parteien und nach Treu und Glauben nach dem Lebenszyklus der Programme zuzüglich fünf Jahre. Dieser Auffassung ist das Schrifttum nicht gefolgt.[321] Begründet wird dies u.a. damit, dass die Vertragsfreiheit des Anbieters nicht derart begrenzt werden dürfe. So stellte auch das OLG Koblenz fest, dass ein Ausschluss des vertraglichen Kündigungsrechtes und ein Festhalten

---

319 *BGH* NJW 1993, 1651.

320 *LG Köln* CR 1999, 218.

321 Schneider/von Westphalen/*Peter* Software-Erstellungsverträge, G Rn. 54 f.; *Schneider* Handbuch des EDV-Rechts, K Rn. 97 f.; *Marly* Rn. 1041; *Bartsch* NJW 2002, 1526; *Bischof/Witzel* ITRB 2003, 31.

des Wartungsunternehmens an der Leistungspflicht für die Lebensdauer der Software aus Treu und Glauben nur ausnahmsweise in Betracht komme.[322]

322 Möchte ein Hersteller ein Produkt nicht mehr herstellen und/oder möchte er auch die Pflege beenden, wird diese Absicht in vielen Fällen mit einem sog. „End-of-Life-Schreiben“ oder einer „Produktabkündigung“ gegenüber den Anwendern angekündigt oder es wird in allgemein zugänglichen Quellen wie z.B. im öffentlichen Bereich der Herstellerwebsite, allgemein hierauf hingewiesen. Je nach Formulierung kann ein solches Schreiben, soweit ein entsprechender Rechtsbindungswille erkennbar ist, als Kündigungserklärung ausgelegt werden.[323] In aller Regel bietet ein Hersteller jedoch, verbunden mit der „Abkündigung“, den (verbilligten) Umstieg auf ein Nachfolgeprodukt aus seinem Portfolio an.

323 Bei dem Bestehen einer rechtlichen Einheit von Softwareüberlassungsvertrag und Softwarepflegevertrag muss geprüft werden, ob durch Beendigung des einen Vertrages, z.B. Rücktritt vom Überlassungsvertrag, auch die andere Vereinbarung ihr Ende findet. Besteht keine rechtliche Einheit ist zu prüfen, ob die Beendigung des Softwareüberlassungsvertrages einen außerordentlichen Kündigungsgrund (§ 314 BGB) für den Pflegevertrag darstellt. Dies kann umgekehrt auch für den Fall der Beendigung des Softwarepflegevertrages gelten. Der Softwareüberlassungsvertrag könnte, soweit er als Dauerschuldverhältnis ausgestaltet ist, unter den Voraussetzungen des § 314 BGB gekündigt werden. Handelt es sich bei dem Softwareüberlassungsvertrag nicht um ein Dauerschuldverhältnis, kann ein Fortfall über § 313 BGB möglich sein.[324] Zur Vermeidung von Auslegungsschwierigkeiten ist dazu zu raten, eine solche etwaige wechselseitige Abhängigkeit in den Verträgen klarzustellen.

D. Ausgewählte weitere Fallgestaltungen im IT-Vertragsrecht

324 Neben den vorstehend dargestellten typisierten Sachverhalten bestehen im IT-Bereich auch eine Vielzahl von Fallgestaltungen, in denen es nicht um die bloße (isolierte) Überlassung von Hardware und/oder Software und deren Wartung/Pflege geht, sondern um komplexe IT-Projekte, die in einem einheitlichen Vertrag oder in mehreren – miteinander zusammen hängenden – Verträgen abgebildet werden. Zu nennen sind Verträge, die in der Planungsphase von IT-Projekten relevant sind, Projektverträge, Gestaltungen, an denen zahlreiche Vertragspartner auf unterschiedlichen Stufen beteiligt sind.

325 Außerdem sollen in diesem Abschnitt Kooperationsvereinbarungen, Rechenzentrumsverträge, Service-Rechenzentrumsverträge, das Outsourcing, der Vertrieb von EDV-Produkten sowie die Quellcodehinterlegung angesprochen werden.

322 *OLG Koblenz* MMR 2005, 472.
323 Schneider/von Westphalen/*Peter* Software-Erstellungsverträge, G Rn. 256.
324 Vgl. dazu *Schneider* Handbuch des EDV-Rechts, K Rn. 274 f.

I. Verträge in der Planungsphase von IT-Projekten, Systemberatung

326 Wie schon mehrfach dargestellt, können auch bei eher einfachen Lebenssachverhalten im vorvertraglichen Bereich Aufklärungs- und Beratungspflichten des späteren Leistungserbringers entstehen. Von diesen vorvertraglichen Pflichten abzugrenzen sind **Beratungsleistungen** in der **Planungsphase** eines Projektes, die der Anwender gegen die Zahlung einer Vergütung in Auftrag gibt. **Beraterverträge** können jedoch auch stillschweigend zustande kommen, wobei an das Entstehen nicht geringe Anforderungen zu stellen sind.[325] Die Verantwortlichkeit in der Planungsphase liegt in der Regel beim Anwender, während in der Realisierungsphase – jedenfalls bei einem Werkvertrag – die Projektverantwortung beim Unternehmer liegt.[326]

1. Vertragstypologische Einordnung von Beratungsleistungen

327 Vertragstypologisch lassen sich Beratungsleistungen je nach Fallgestaltung dem **Dienst- oder Werkvertragsrecht** zuordnen. Die Abgrenzung richtet sich insbesondere nach dem Vorhandensein eines Erfolgsmoments. Maßgebend ist hier der Inhalt des jeweiligen Vertrages. In der Lit. wird folgende eher schematische Einordnung vorgeschlagen:[327]

- Die Unterstützungstätigkeiten des Anwenders sowie die Verpflichtung, innerhalb bestimmter Phasen Leistungen zu erbringen, enthalten eher dienstvertragliche Elemente.
- Die Erstellung eines Grobkonzepts, Feinkonzepts oder ähnlichen Dokuments, die in sich abgeschlossen ist, soll, wenn eine Fertigstellung geschuldet ist, eher ein Erfolgsmoment aufweisen und daher dem Werkvertragsrecht zuzuordnen sein.

2. Pflichten des Beraters

328 Inhalt eines Beratungsvertrags ist die Erteilung von Informationen.[328] Die Beratungsleistungen können von der Ausarbeitung einer ersten Idee zur Lösung eines von dem Anwender in den Raum gestellten Problems über die Durchführung von Analysen (Ist-, Bedarfs- oder Schwachstellenanalysen, Machbarkeitsstudien), der Erarbeitung eines Grobkonzepts bis zum Entwurf eines Pflichtenheftes oder sonstiger Leistungsbeschreibungen oder Dokumente reichen. Dazu werden Gespräche geführt, Mitarbeiter befragt, Diskussionen und Workshops veranstaltet, Strategien entwickelt und schließlich – hoffentlich – Lösungen präsentiert. Vielfach werden Beraterkonzepte angefordert, um Entscheidungsträger zu entlasten und ihnen Rückzugsmöglichkeiten dahin gehend zu schaffen, dass die Berater bestimmte Dinge dringend empfohlen hätten und eine andere Lösung nicht in Sicht sei – das kann sich auch auf die Einführung einer neuen, bei den Mitarbeitern nicht beliebten Software beziehen.

329 Dem Berater können sämtliche in Rede stehenden oder auch nur ausgewählte Aufgaben übertragen werden, letzteres unter Übernahme der sonstigen Aufgaben in eigener Verantwortung durch den Anwender. So ist denkbar, dass der Anwender die Wünsche seiner Mitarbeiter zusammenträgt und das Ergebnis dem Berater übergibt als tatsächliche Grundlage für dessen Analyse – hat der Anwender in einem solchen Fall

325 Zur Abgrenzung vgl. *Hörl* ITRB 2004, 87.
326 *Schneider* Handbuch des EDV-Rechts, E Rn. 29.
327 Nach *Schneider* Handbuch des EDV-Rechts, E Rn. 58.
328 *Hörl* ITRB 2004, 87.

wichtige interne „Key-User" oder Fachleute nicht befragt und fließen deren Erkenntnisse und Vorstellungen nicht mit ein, wird man für eine aus diesem Gründen nicht taugliche Lösung den Berater nicht verantwortlich machen können.

Zu den Aufgaben des Beraters gehört meist auch, das Projekt den Beteiligten vorzustellen, geeignete Mitarbeiter auszuwählen, das Projekt der Unternehmensleitung zu präsentieren und die Notwendigkeit der Unterstützung des Projektes zu verdeutlichen. Bereits diese knappe Aufzählung zeigt, dass der Vertragsgegenstand vielseitig sein kann, so dass auch hier –soweit möglich- detaillierte vertragliche Regelungen erforderlich sind. **330**

Oft kann aber gerade in der Planungsphase nicht bestimmt werden, welche Aufgaben tatsächlich zwingend durchzuführen sind, welchen Umfang diese haben und welche Anforderungen im Einzelnen zu erfüllen sind. Üblich ist, die feststehenden Leistungen, wie z.B. bei dem Grob- oder Feinkonzept, in einer Anlage zum Vertrag, einem Bestellschein etc. festzuhalten. Jedenfalls die vorzunehmenden Tätigkeiten und deren Grobziel sollten angegeben werden. Bei Gesprächsrunden, Diskussionen, Workshops etc. sollte zudem auf eine Dokumentation geachtet werden und dass der Anwender kontrolliert, ob diese Protokolle auch sämtliche relevanten Aspekte und insbesondere getroffene Entscheidungen zutreffend wiedergeben. Da Inhalt und Umfang solcher Dokumentationen zu Streit führen kann, bietet sich die Verwendung von Formularen und Mustern an, die den Inhalt vorgeben und so einen Standard darstellen. **331**

Beratungsleistungen können auch darauf gerichtet sein, ein **passendes IT-System** vorzuschlagen, z.B. zur Auswahl geeigneter Hardware und Standardsoftware zu beraten. Inhalt ist dann, eine IT-Anlage auszusuchen, die die Bedürfnisse des Anwenders abdeckt. **332**

Wie in fast jedem IT-Projekt können sich auch hier im Laufe des Projektes die Vorgaben und Anforderungen ändern. Daher sollte auch hier ein entsprechendes **Verfahren** geregelt werden, welches den **Umgang mit Änderungen** festlegt. Ist eine reine Vergütung nach Aufwand geschuldet, wird jedenfalls auf der Vergütungsseite aus Sicht des Beraters kaum ein Problem entstehen – er ändert den Arbeitsauftrag und wird weiter vergütet, gleich, was er tut. Allenfalls die Frage, ob die Änderungen Einfluss haben auf einen vorgestellten Zeitpunkt, zu dem das Beratungsprojekt abgeschlossen sein und z.B. eine Anschaffungsentscheidung fallen soll, ist dann offen. **333**

Zu regeln ist auch, wer die **Projektleitung** innehaben soll. Die Projektleitung kann, muss aber nicht zwingend mit der Projektverantwortung zusammenfallen. Die Verantwortung für das Projekt kann nach wie vor dem Anwender zugeordnet sein, während die Projektleitung durch einen externen Berater übernommen wird. Vielfach finden sich in den Bedingungen der Berater Regelungen, wonach diese nur verpflichtet sind, die zur Verfügung stehenden Alternativen zu treffen und die Verantwortung für die Investitionsentscheidung dann allein beim Kunden liegt. Das wird man so sicherlich nicht hinnehmen. **334**

3. Pflichten des Kunden

Hauptleistungspflicht des Kunden ist die Zahlung der vereinbarten Vergütung. In der Regel wird die Beratungsleistung nach Zeitaufwand, z.B. nach Stunden- oder Tagessatz vergütet. Auch einem Werkvertrag, der im Grunde eher von einem Festpreismodell ausgeht, steht jedoch eine Vereinbarung einer aufwandsabhängigen Vergütung **335** nicht entgegen.[329] Möglich ist auch, dass die Parteien eine Obergrenze (Budget) vereinbaren, bei dessen Erreichen der Vertrag enden soll bzw. neu verhandelt wird.

336 Bei einer Vergütung nach Zeitaufwand kann Streit darüber entstehen, ob die berechneten Zeiteinheiten tatsächlich erbracht wurden. Dies lässt sich dadurch vermeiden, dass vereinbart wird, wie der angefallene Aufwand nachzuweisen ist. So könnte beispielsweise eine tabellarische, inhaltlich jedoch hinreichend aussagekräftige Aufstellung über die erbrachten Leistungen und den jeweiligen Zeitaufwand vereinbart werden. Das alles nutzt jedoch nichts, wenn der Anwender diese Stundenzettel blind abzeichnet. Immerhin aber ermöglicht diese Art der Stundenaufschreibung an der einen oder anderen Stelle eine Kontrolle, wenn für recht überschaubar anmutende Tätigkeiten sehr viel Zeit aufgewendet wurde.

337 **Mitwirkungspflichten** ergeben sich bei Vorliegen eines Werkvertrages aus § 642 BGB. Bei einem Dienstvertrag sind Mitwirkungspflichten gesetzlich nicht vorgesehen, jedoch trifft den Kunden auch hier die Pflicht zur Erbringung bestimmter Mitwirkungshandlungen. Genannt werden können beispielsweise der Zugang zu Räumlichkeiten, die Zurverfügungstellung von Daten, Kommunikationsmitteln und Material zur Präsentation der Ergebnisse.

4. Rechteübertragung

338 Ein weiterer wichtiger, aber meist nicht beachteter Regelungspunkt ist die **Einräumung von Rechten an den Arbeitsergebnissen.** So kann auch das Entwurfsmaterial für ein Computerprogramm über § 69a UrhG schutzfähig sein, genauso wie die Entwicklungsstufen eines Programms. Anderes Material wie z.B. Konzepte, Leistungsbeschreibungen und sonstige Sprachwerke, können über die allgemeinen Regelungen des Urheberrechts geschützt sein. Der Werkschutz gilt dabei immer nur für die konkrete Ausdrucksform, so dass Einzelinhalte und Ideen, die in den Konzepten vorhanden sind, nicht geschützt sind und nicht über das Urheberrecht zugunsten des Anwenders über Rechteabtretung monopolisiert werden können. Denkbar ist aber, dass geheimes technisches Know-how vorliegt, das über Geheimhaltungsklauseln zu Gunsten des Anwenders geschützt ist – auch hier vereinbaren Berater aber typischerweise, dass nur die kundenspezifischen technischen Merkmale geheim zu halten sind und sonstige Ideen in den kommenden Projekten weiter verwendet werden dürfen.

339 Jedenfalls muss in dem Vertrag geklärt werden, wem die Rechte an den Arbeitsergebnissen zustehen, welche Rechte übertragen werden und schließlich auch, welche Dokumente nach Vertragsbeendigung bzw. während des laufenden Vertrages herauszugeben sind. Ohne besondere vertragliche Regelungen ist bezüglich des Urheberrechts wiederum die Zweckübertragungslehre anzuwenden und zu prüfen, welche Rechte nach dem Vertragszweck übergehen sollen.

5. Abnahme bei werkvertraglicher Einordnung, Mängel und Haftung

340 Wird ein werkvertraglicher Erfolg geschuldet, bedarf es nach § 640 BGB einer Abnahme des Werkes. Problematisch daran ist vielfach, dass sich Mängel, beispielsweise solche des Pflichtenheftes, meist erst bei der konkreten Umsetzung zeigen. Der Anwender müsste also etwas abnehmen, obwohl er gar nicht genau überblicken und

329 Vgl. *BGH* NJW 1993, 1972.

überprüfen kann, ob Mängel bestehen oder nicht. Er wünscht also, die Abnahme auf einen möglichst späten Zeitpunkt zu verlagern. Demgegenüber hat der Berater den Wunsch, dass sein Werk abgenommen wird. Im Hinblick auf diese Interessenkollision erscheint es also notwendig, dass die Parteien eine Regelung finden.[330] Dies gilt umso mehr, als dass von der Abnahme auch die Zahlung der Vergütung abhängig ist.

Bei werkvertraglichen Beratungsleistungen besteht das vorstehend bereits bei der **341**
Abnahme erläuterte Problem, dass Mängel jedenfalls des Pflichtenheftes nur schwer erkennbar sind und sich erst dann herausstellen können, wenn die Umsetzung erfolgt ist. Auch Machbarkeitsstudien oder Analysen lassen sich durch die Kunden kaum auf Vollständigkeit und Richtigkeit überprüfen. In der Regel wird die Verjährungsfrist des § 634a Abs. 1 Nr. 3 BGB und damit die regelmäßige Verjährungsfrist gelten. Daher beginnt diese erst ab Kenntnis bzw. Kennenmüssen des Mangels, § 199 BGB.

Im Dienstvertragsrecht gibt es keine Vorschriften zur Abnahme und zur Mängelhaf- **342**
tung, hier greift das allgemeine Leistungsstörungsrecht.

6. Vertragsdauer

Beratungsverträge sehen hin und wieder einen recht unverbindlichen Endtermin vor, an **343**
dem die Beratungstätigkeiten abgeschlossen sein und die Ergebnisse in Form von Studien oder sonstigen Dokumenten vorliegen sollten, eine ausdrückliche Vereinbarung einer Vertragsdauer erfolgt meist nicht.[331] Zu Ermittlung des Endtermins wird dann abgeschätzt, wie lange die einzelnen Tätigkeiten in etwa dauern, optional ist auch eine Verlängerung möglich. In der Regel werden auch Kündigungsfristen festgelegt.

I.Ü. sind Dienstverträge nach §§ 621, 314 BGB, Werkvertrage lediglich über § 649 **344**
BGB und ggf. § 314 BGB kündbar.

II. Systemverträge/IT-Projektverträge

Systemverträge und IT-Projektverträge dienen dazu, unterschiedliche, aber mindes- **345**
tens zueinander in gewisser technischer oder fachlicher Abhängigkeit stehende, wenn nicht miteinander stehende und fallende Leistungen zusammenzufassen. Dies zeigt bereits, dass Inhalt von Projekt- und Systemverträgen ein Bündel von Leistungen ist. Die Begriffe „Projektvertrag" und „Systemvertrag" werden nicht immer in dem hier dargestellten, für sich auch in gewisser Weise willkürlichen Sinn verstanden. Bei dem Systemvertrag handelt es sich letztlich auch um einen „Projektvertrag" im weitesten Sinne. Daher wird teilweise zwischen dem Projekt- und dem Systemvertrag nicht differenziert, sondern der Vertragstypus generell als Projektvertrag bezeichnet. Die bloße Bezeichnung spielt für sich genommen bekanntermaßen keine Rolle.

1. Systemverträge

Unter der Bezeichnung „EDV-Systemvertrag" wird vielfach ein Vertrag verstanden, **346**
in dem sich der Anbieter dazu verpflichtet, eine Kombination von verschiedenen Leistungen zu erbringen mit dem Ziel, ein EDV-System zu erstellen, z.B. bei der Neueinführung von EDV-Systemen oder dem Ersatz veralteter Teilsysteme.

---

330 Schneider/von Westphalen/*Schneider* Software-Erstellungsverträge, C Rn. 295 ff. schlägt die Verlängerung der Verjährungsfristen oder eine gesplittete Freigabe/Abnahme vor.

331 *Schneider* Handbuch des EDV-Rechts, E Rn. 103.

347 Systemverträge haben nach der hier vorgenommenen Einteilung im Gegensatz zu Projektverträgen **schwerpunktmäßig** die **Lieferung von Standardkomponenten** zum Inhalt. Es handelt sich um komplexe Vertragsgestaltungen, die trotz der Standardkomponenten (die in ihrer konkreten Zusammensetzung gleichwohl eine sehr individuelle Lösung sein können) ein hohes Maß an individueller Ausgestaltung erfordern und so überwiegend nicht als AGB abgeschlossen werden.

348 Der Systemvertrag ist in der Regel auf eine längere Dauer angelegt, d.h. bis zum Abschluss des Projekts, das ggf. mehrere Jahre dauern kann, insbesondere, wenn es stufig aufgebaut ist. Es gibt unterschiedliche Konstellationen, was die äußere Gestaltung des Vertrages betrifft. Oft handelt es sich bei dem Systemvertrag um einen Rahmenvertrag, in dem die grundlegenden Konditionen und Regelungen der Zusammenarbeit geregelt werden, die einzelnen Leistungen werden hingegen gesondert und auf Grund gesonderter Verhandlungen im Einzelfall abgeschlossener Einzelverträge abgerufen. Der Rahmenvertrag enthält dann sinnvollerweise sämtliche Regelungen, die für alle Leistungsbereiche gelten. Vorteil dieser Konstellation ist die Möglichkeit der Änderung des Leistungsbildes z.B. bei sich ändernden Umfeldbedingungen oder bei technischem Fortschritt. Nachteil ist, dass das insgesamt vorgestellte Leistungsbild nicht zu einem bestimmten Zeitpunkt verbindlich vereinbart ist und für den Anwender Probleme entstehen können, wenn er einen Einzelvertrag nicht abschließen kann, weil er sich mit dem Anbieter nicht einigt, die Leistung hieraus aber benötigt. Denkbar ist auch eine Konstellation, in der in einem einzigen Vertrag bereits das gesamte Leistungsbild verbindlich vereinbart ist; hier sind die vorstehend genannten Vor- und Nachteile spiegelbildlich gegeben, allerdings kann man mit einer Change-Request-Klausel im Hinblick auf Leistungsinhalte und mit Preisänderungsvereinbarungen bei sich ändernden Preisen für gleich bleibende Leistungen arbeiten.

349 Häufig werden in solchen Konstellationen auch **Generalunternehmerverträge** vereinbart, weil es wenige Anbieter gibt, die das gesamte Leistungsspektrum für ein System aus eigenem Produktportfolio bestreiten können. Ein GU-Vertrag hat für den Anwender den Vorteil, dass er sämtliche Leistungen aus einer Hand erhält und nur einen einzigen Anspruchsgegner hat; Nachteil ist bisweilen der Generalunternehmerzuschlag von zwischen 7 % und 20 % auf Fremdleistungsanteile, allerdings wird der Generalunternehmer auch die Projektsteuerung übernehmen, soweit es die Koordination seiner Subunternehmer betrifft. Dies verursacht Kosten, die sonst unmittelbar auf den Anwender zukämen.

350 Die in einem Vertrag kombinierten Leistungsbereiche können von der Beschaffung von Hardware nebst Betriebssystemsoftware über die Überlassung und Installation bis zur Parametrierung und Anpassung von Software verschiedener Hersteller reichen, einschließlich der Programmierung von Schnittstellen zu beim Anwender bereits vorhandenen vor- und nachgelagerten Systemen. Dieses gesamte System muss ferner „integriert", also als Einheit funktionsfähig und betriebsbereit gemacht werden. Hinzu kommt oft die Altdatenübernahme aus abgelösten Systemen, die Wartung der Hardware und Pflege der Software sowie weitere Leistungen wie z.B. Schulungen, Beratung usw. Denkbar ist bei der Etablierung von über das Internet ansprechbaren Systemen (z.B. ein großer Webshop), die Anbindung der Lösung an das Internet und das Hosting der Anwendungen in einem Rechenzentrum. Dies zeigt, dass eine eindeutige und einheitliche vertragstypologische Zuordnung des „Systemvertrages" gar nicht möglich ist. Die bloße Beschaffung der Hardware nebst dazugehöriger Software

gegen Einmalzahlung kann als Kaufvertrag einzustufen sein. Diese Einordnung kann sich aber bei Hinzutreten weiterer Leistungen, die den Schwerpunkt des Vertrages ausmachen, ändern. Wird etwa durch die Übernahme weiterer Pflichten eine (vom Anwender stets gewünschte) Erfolgsbezogenheit hergestellt, kann daraus folgen, dass der Vertrag insgesamt werkvertraglichen Charakter aufweist.[332] Oftmals wird es sich um einen gemischten Vertrag handeln, bei dem die verschiedenen Leistungselemente[333] zu einer rechtlichen Einheit verbunden sind. Innerhalb eines Systemvertrages finden sich also – getrennt betrachtet – unterschiedliche Vertragstypen wieder.

Es ist aber für den jeweiligen Einzelfall zu prüfen, wie dieser gemischte Vertrag recht- **351**
lich zu behandeln ist, was sich an dem Sinn und Zweck des Vertrages zu orientieren hat. Insgesamt geht es bei dem Systemvertrag darum, eine EDV-Anlage „schlüsselfertig" zu übergeben und somit eine bestimmte Problemlösung zu finden. Der BGH hat den **Gesamtvertrag** in einem Fall, wo es um die Lieferung und Einrichtung eines EDV-Terminals nebst Software ging, als **Werkvertrag** eingeordnet.[334] Dies trägt auch dem Willen der Parteien Rechnung, einen einheitlichen Vertrag über ein komplettes System zu schließen sowie dem Umstand, dass die Schaffung einer funktionsfähigen EDV-Anlage als Erfolg im Vordergrund steht. Eine **dienstvertragliche** Einordnung wird in Betracht kommen, wenn kein bestimmter Erfolg geschuldet ist; auch ein **Kauf** eines Bündels von Sachen kommt in Betracht.

Bei der Lieferung eines EDV-Systems handelt es sich aus Sicht des Anwenders um ein **352**
einheitliche Gesamtleistung, die sich aus vielen verschiedenen Einzelleistungen zusammensetzt. Dies gilt ungeachtet des Umstandes, dass sich bestimmte Anwendungen auf verschiedensten Maschinen mit gleicher Leistung betreiben ließen, also z.B. aus Benutzersicht der Hersteller der Maschine, auf der die Software läuft, belanglos ist. In dem Vertragstext ist es wichtig, die zu erbringenden Einzelleistungen festzuhalten, gleichzeitig aber klarzustellen, dass sie miteinander stehen und fallen. Dazu ist über die Leistungen ein detailliertes Leistungsverzeichnis und/oder Pflichtenheft zu erstellen, in dem die Anforderungen und Leistungsmodalitäten näher geregelt werden. Hier gelten die gleichen Grundsätze wie bei der Leistungsbeschreibung im Hinblick auf die Softwareerstellung.

Ferner sind in rechtlicher Hinsicht Regelungen vorzusehen insbesondere zu Fristen/ **353**
Terminen einschließlich Sanktionen bei deren Nichteinhaltung (pauschalierter Schadensersatz oder Vertragsstrafe), Change-Request-Verfahren, Mitwirkungspflichten des Anwenders,[335] Eigentumsübergang, Rechteübertragung, Leistungsstörungen (insbesondere Mängel), Abnahme/Ablieferung, Vergütung, Haftung, Vertragsbeendigung, Versicherungen, Bürgschaften, Patronatserklärungen, Regelungen zur Subunternehmereinschaltung usw.

Eine Besonderheit des Systemvertrages ist die Regelung zur **„Systemverantwortung"** **354**
bzw. zur Generalunternehmerschaft. Hierunter ist die Verantwortlichkeit des Anbieters für Leistungen vertraglich mit ihm verbundener Dritter zu verstehen.[336] Ist der Anbieter Generalunternehmer, so haftet er für seine Subunternehmer, die Erfüllungs-

332 *Schneider* Handbuch des EDV-Rechts, L Rn. 5.
333 Eine tabellarische Auflistung der möglichen Leistungsbereiche mit vertragstypologischer Einordnung findet sich bei *Schneider* Handbuch des EDV-Rechts, L Rn. 15.
334 *BGH* WM 1986, 1255.
335 Zu den Mitwirkungspflichten *Müglich/Lapp* CR 2004, 801.
336 Redeker/*Schmidt* Handbuch der IT-Verträge, Kap. 1.5. Rn. 165.

gehilfen gem. § 278 BGB sind. Für Dritte, die Vertragspartners des Kunden sind, besteht hingegen per Gesetz keine Verantwortlichkeit. Jedenfalls individualvertraglich könnte aber z.B. die Systemverantwortung des Anbieters auch auf diese Dritten ausgedehnt werden, die allein im Auftrag des Kunden Teilleistungen zum Gesamtsystem erbringen, wenn die Leistung zuvor von demjenigen, der die Systemverantwortung übernimmt, geprüft wurde. Diese Ausdehnung des Haftungsumfangs wird durch eine zusätzliche Vergütung abgegolten.

355 Da die Leistungen zumeist nicht in einem, sondern in mehreren Schritten erbracht werden, muss ein **Projektplan** vereinbart werden, in dem Projektschritte und (vorgesehene) Termine geregelt sind.[337] Außerdem bedarf ein komplexes EDV-Projekt eines **Projektmanagements,** um eine geordnete Projektorganisation sicherzustellen. Komplexe Projekte scheitern oft daran, dass durch eine mangelhafte Organisation das Projekt ins Stocken gerät. Ist die Abgrenzung der Projektverantwortung unklar (d.h. aus Anwendersicht nicht beim Anbieter eindeutig verortet), besteht das juristische Risiko, dass das Vertragsverhältnis insgesamt als Gesellschaft oder zumindest gesellschaftsähnlich angesehen wird.[338]

2. Projektverträge

356 Schwerpunkt der EDV-**Projektverträge** ist nach der hier vorgenommenen Einteilung die **Erstellung einer jedenfalls im Wesentlichen individuellen Lösung für ein Unternehmen**, wobei in der Regel ein sehr wesentlicher Bestandteil die Programmierung einer individuellen Software oder die grundlegende Modifizierung einer Standardsoftware ist.[339] Projektverträge sind ebenfalls auf längere Dauer angelegt, und können einen Zeitraum der Leistungserbringung von mehreren Monaten bis zu mehreren Jahren haben.

2.1 Vertragstypologische Einordnung

357 Vertragstypologisch lässt sich ein Projektvertrag durch die Vielzahl der übernommenen Leistungen ebenfalls keinem besonderen Vertragstyp standardmäßig zuordnen. Projekte können sehr unterschiedlich ausgestaltet sein und daher z.B. werkvertragliche und/oder dienstvertragliche Elemente aufweisen. Auch hier wird es sich aber meist um einen **einheitlichen Gesamtvertrag** handeln, der, wenn ein auf Erreichung abprüfbarer Erfolg am Ende der Leistungserbringungsphase steht, als **Werkvertrag** einzuordnen ist.[340] Auch hier entspricht ein Werkvertrag jedenfalls typischerweise dem Anwenderwunsch.

358 Projektverträge werden in der Praxis vielfach individuell ausgehandelt, ein Abschluss mittels Allgemeiner Geschäftsbedingungen ist jedoch auch sehr häufig. Große IT-Dienstleister, für die solche Projekte üblich sind, treten mit Standardbedingungen an die Anwender heran.[341] Auch werden beispielsweise marktmächtige Hardwarehersteller unterhalb gewisser wirtschaftlicher Schwellwerte keine anderen Bedingungen

---

337 *Intveen* ITRB 2001, 131.

338 *Müglich/Lapp* CR 2004, 801.

339 Redeker/*Schmidt* Handbuch der IT-Verträge, Kap. 6.1. Rn. 2.

340 *BGH* NJW 1988, 406; WM 1986, 1255.

341 So z.B. die gemeinsam mehrere hundert Seiten ausmachenden vielfältigen AGB der IBM Deutschland GmbH auf der Website www.-304.ibm.com/jct03004c/support/operations/de/de/documentations (Stand: 8.8.2007).

zulassen für den Erwerb der Hardware als ihre Verkaufsbedingungen und Wartungsbedingungen.

2.2 Inhalt

Der Projektvertrag beinhaltet unterschiedliche Leistungen, beginnend mit der Planung, der Lieferung von Hardware, Erstellung der Individualsoftware als Schwerpunkt, Installation, Anpassungen, Schulungen und weiteren Leistungen wie etwa Wartung der Hardware und Pflege der Software. **359**

Im vorvertraglichen Bereich bietet sich der Abschluss einer Absichtserklärung, eines sog. Letters of Intent an. Da der andere Vertragsteil ggf. auch schon in dieser Phase Einblick in zu schützendes Know-how erhalten kann, sollten bereits vor Abschluss des Projektvertrages Regelungen über den Know-how-Schutz und auch die Rechte an etwa bereits in einer Vorphase entstandenen Arbeitsergebnissen (Planungsergebnissen) zu regeln. Dies geschieht in der Praxis oft in einer Absichtserklärung, dem sog. Letter of Intent[342] (s. hierzu auch oben Rn. 245). Dies dient dazu, Streitigkeiten zu vermeiden, die bereits aus der vorvertraglichen Phase resultieren. **360**

Inhaltlich weisen Projektverträge umfassende Regelungen zu den jeweiligen Leistungspflichten, der Projektorganisation und den allgemeinen Rechten und Pflichten der Parteien auf. Wie bei jedem IT-Vertrag ist auch hier die genaue Beschreibung der gegenseitigen Leistungen notwendig. Zur Festlegung des Vertragsgegenstandes gehört zunächst, dass das Projektziel definiert und zur Vertragsgrundlage erhoben wird; dies entbindet naturgemäß nicht von einer Leistungsbeschreibung. Zu der Leistungsbeschreibung gehören dann insbesondere die Festlegung der Systemfunktionalitäten, die technischen Eigenschaften von Hard- und Software, der Lieferumfang sowie die Beschreibung der sonstigen Leistungen wie Schulungen, Pflege, Wartung etc. Die Leistungsbeschreibung erfolgt meist in Vertragsanlagen, insbesondere in dem Pflichtenheft. Notwendiger Inhalt eines Projektvertrages ist auch die Regelung eines Verfahrens für Änderungen des Leistungsumfangs, die sich in der Regel während eines laufenden Projektes ergeben (Change-Request-Verfahren). Außerdem enthalten Projektverträge typischerweise Regelungen zur Abgrenzung der Verantwortlichkeiten und der Systemverantwortung. Eine weitere Kategorie der typischen Inhalte bildet eine Vereinbarung über die Projektstruktur, den Projektverlauf und die Projektorganisation. Projektstruktur und Projektverlauf werden sich nach den Umständen des Einzelfalls ausrichten. Weiter werden Projektphasen unterschieden, denen meist (verbindliche) Termine zugeordnet werden, in denen die Phase abgeschlossen sein muss. In Bezug auf die Projektorganisation werden Projektgremien ggf. auf verschiedenen Stufen gebildet. Geregelt wird in diesem Rahmen auch die Kommunikation innerhalb des Projektes bzw. die Kommunikationswege und die Dokumentation des Projektes. **361**

Einen weiteren Regelungspunkt stellen die umfassenden Pflichten zur Mitwirkung und „Kooperation" dar. Dies wirft teilweise die Frage der Abgrenzung zum Gesellschaftsrecht auf: Handelt es sich um eine Kooperation, die eine enge Zusammenarbeit und gegenseitige Treuepflichten erkennen lässt, so kann sich aus dem Vertragsinhalt auch eine gesellschaftsrechtliche Konstruktion ergeben oder zumindest besondere Treue- und Rücksichtspflichten. Dies steht dem von dem Anwender oft gewünschten **362**

342 Vgl. *Söbbing* ITRB 2005, 240.

strikten Vertikalverhältnis entgegen. Daher ist aus Anwendersicht darauf zu achten, dass die Erbringung gegenseitiger Leistungen vorrangiges Vertragsziel ist.

363 Aufgrund der Zusammenarbeit können einer Vertragspartei Unternehmensgeheimnisse der anderen bekannt werden. Gerade im Hinblick auf technisches oder betriebliches Know-how, das nicht durch gewerbliche Schutzrechte oder das Urheberrecht abgesichert wird, oder im Hinblick auf Kunden- oder Mitarbeiterdaten ist daher eine **Regelung zur Geheimhaltung** und zur Einhaltung der datenschutzrechtlichen Vorgaben Regelungspunkt. Ggf. ist eine Regelung zur Auftragsdatenverarbeitung zu unterzeichnen.

364 Schließlich bedarf ein Projektvertrag auch umfassender Regelungen zu Vergütung, Zahlungsmodalitäten, Zinsen, ggf. auch zu Bürgschaften und Versicherungen.

3. FuE-Verträge im IT-Bereich, Kooperationsvereinbarungen

365 Auch im IT-Bereich besteht der Bedarf, technische Probleme zu erforschen oder Produkte weiter zu entwickeln, ohne dass dies unmittelbar mit der Beschaffung von produktiv einsetzbarer Software oder Betriebsmitteln einhergeht. Zur Erforschung oder Entwicklung einer bestimmten Problemlösung können daher auch im IT-Bereich Forschungs- und Entwicklungsverträge (FuE-Verträge) geschlossen werden. Denkbar ist auch hier eine Förderung durch die öffentliche Hand, sei es durch Bundes- oder Landesmittel oder durch EU-Mittel.[343] Auch private Unternehmen schließen miteinander FuE-Verträge zwecks Kosteneinsparung, besserer Ausnutzung vorhandener Ressourcen und zum Austausch von Ideen und Erfahrungen.

366 FuE-Verträge kommen in unterschiedlichen Gestaltungsformen vor. Zum einen kann es sich um eine FuE-Kooperation (Horizontalvertrag) handeln. Diese ist dadurch gekennzeichnet, dass das Forschungsfeld von den Parteien gemeinsam bestimmt wird und die Rechte an den Arbeitsergebnissen allen Beteiligten zugutekommen sollen. Im Gegensatz dazu gibt es auch FuE-Aufträge (Vertikalvereinbarungen), bei denen das Forschungsfeld im Bereich der Technologie des Auftraggebers liegt (dies wird ggf. in einen Softwareerstellungsvertrag münden). Die Nutzungsrechte an den Arbeitsergebnissen sollen dann beim Auftraggeber verbleiben. Dritte Möglichkeit der FuE-Zusammenarbeit ist die gesellschaftsrechtliche Ausgestaltung der Zusammenarbeit, z.B. durch Gründung eines Joint Ventures. Denkbar ist eine Zusammenarbeit mit Hochschulen oder Großforschungseinrichtungen in beiden Konstellationen.

367 Neben den Fragen der Gestaltung der Zusammenarbeit und der Vertragsgestaltung im Einzelnen werfen FuE-Verträge kartellrechtliche Fragen auf, insbesondere im Hinblick auf die Verteilung von Rechten an Arbeitsergebnissen, Wettbewerbsverbote und Marktaufteilungen durch die Vertragsparteien. Bei der Vertragsgestaltung sollte der Leistungs- oder Kooperationsgegenstand konkretisiert werden. Oftmals bereitet es große Schwierigkeiten, ein konkretes Forschungsziel zu beschreiben, da vielfach erst während der Forschungstätigkeiten die künftigen Entwicklungen absehbar sind. Meist wird es darauf hinauslaufen, bloß abstrakte Ziele und die Rechtsfolgen bei deren Nichterreichen zu definieren.

---

343 Vgl. hierzu z.B. das 7. Rahmenprogramm der EU 2007–2013, Teilbereich Zusammenarbeit, Untergruppe Informations- und Kommunikationstechnologien. Nähere Informationen s. z.B. www.forschungsrahmenprogramm.de.

I.Ü. müssen die im Grunde üblichen Vertragsinhalte geregelt werden wie etwa die Haftung, ggf. Leistungsstörungen, Vergütung, Fragen der Vertragsbeendigung, Verschwiegenheitsklauseln, Wettbewerbsverbote sowie die allgemeinen Schlussbestimmungen. Einer genauen Regelung bedarf auch die Zuweisung der Rechte an den Arbeitsergebnissen. **368**

Bei der Entwicklung komplexer Softwareprodukte ist oft die Zusammenarbeit mehrerer Unternehmern erforderlich. Die Entwicklung der Software kann im Rahmen eines Softwareerstellungs- oder Projektvertrages erfolgen, möglich ist aber auch, dass sich die Beteiligten für eine Kooperation entscheiden. Kooperationen dienen der Reduzierung der Entwicklungskosten für Software sowie der Risikoverteilung, finanziell sowie im Hinblick auf eine Zielerreichung, auf mehrere Vertragspartner. Im Vordergrund steht weiter der gemeinsame Erwerb von Know-how und der Austausch von Wissen. **369**

Ziel ist eine Zusammenarbeit der Parteien, wobei die zu erbringenden Leistungen unterschiedlich sind. Meist handelt es sich um die Entwicklung einer Innovation von herausragender Bedeutung für eine Partei.[344] Im Bereich der Softwareerstellung können Kooperationen entstehen, wenn Programmierer von unterschiedlichen Unternehmen bzw. Einrichtungen unter einer Projektleitung zusammen arbeiten. Eine solch enge Zusammenarbeit an einem „Produkt“ ist aber nicht zwingend notwendig. Die Beteiligten können auch sachlich unterschiedliche, aufeinander aufbauende Beiträge erbringen. Kooperationen können beispielsweise auch dann entstehen, wenn eine Partei ein besonderes technisches Know-how aufweist, nicht aber über die Mittel verfügt, das Produkt eigenständig herzustellen. So kann mit dem „Produzenten“ eine Kooperation eingegangen werden. Jeder der Beteiligten übernimmt dann eine andere Projektaufgabe. Schließlich ist auch denkbar, dass ein Beteiligter nur die Finanzierung übernimmt. Die Zusammenarbeit kann dabei den Zwecken der Kooperationspartner dienen oder für einen Dritten, mit dem ein entsprechender Werk- oder Dienstvertrag mit der Gesellschaft abzuschließen ist, erfolgen. **370**

Im Gegensatz zu Vertikalverträgen steht hier die Gleichwertigkeit der Vertragspartner im Vordergrund. Daher stellt sich die Frage, ob das Vertragsverhältnis noch als Austauschvertrag anzusehen ist, bei dem gegenseitige Leistungen erbracht werden, oder ob es sich um eine gesellschaftsrechtliche Ausgestaltung der Zusammenarbeit handelt. Die Kooperation der Parteien kann als Gesellschaft bürgerlichen Rechts nach den §§ 705 ff. BGB zu beurteilen sein, soweit keine anderen gesellschaftsrechtlichen Gestaltungen getroffen wurden. Eine GbR wird in der Regel vorliegen, wenn der kooperative Ansatz tatsächlich im Vordergrund steht und von beiden Parteien das Entwicklungsrisiko übernommen wird.[345] Liegt das „Erfolgsrisiko“ hingegen ganz eindeutig bei einer Partei bzw. beim Auftraggeber, handelt es sich um einen Dienstvertrag. Ein Werkvertrag (bzw. ggf. § 651 BGB) ist zu bejahen, wenn der Auftragnehmer das Risiko des Eintritts eines bestimmten Erfolges schuldet. Sollte das Erfolgsrisiko keiner eindeutigen Regelung unterliegen, muss im Einzelfall geprüft werden, welche Kriterien für und welche gegen eine Gesellschaft bzw. einen Werk- oder Dienstvertrag sprechen.[346] **371**

---

344 Vgl. *Karger* ITRB 2004, 208.
345 *Karger* ITRB 2004, 208.
346 Vgl. dazu *BGH* NJW 2002, 3323; *Karger* ITRB 2004, 208.

372 In dem Kooperationsvertrag müssen die Parteien jedenfalls den Gegenstand der Zusammenarbeit, die Aufgabenverteilung auf die jeweiligen Vertragspartner, die Verteilung der Kosten, die Haftung im Innen- und Außenverhältnis sowie Regelungen über Rechte und Know-how betreffen.[347] Außerdem müssen gesellschaftsrechtliche Fragen geregelt, etwa eine Geschäftsführung bestimmt, werden.

373 In den Kooperationsvertrag sind auch Vereinbarungen aufzunehmen, die den Umgang mit materiellen und immateriellen Arbeitsergebnissen treffen. Ohne eine ausdrückliche vertragliche Regelung greifen die §§ 718 ff. BGB ein, soweit eine Gesellschaft vorliegt. Nach § 718 Abs. 1 BGB werden die Beiträge der Gesellschafter und die durch die Geschäftsführung für die Gesellschaft erworbenen Gegenstände gemeinschaftliches Vermögen der Gesellschafter, welches nach § 719 BGB einer gesamthänderischen Bindung unterliegt. Die Gegenstände des Gesamthandsvermögens dürfen durch die Gesellschafter unentgeltlich genutzt werden. In der Fallkonstellation, dass die Beteiligten Software durch ihre Programmierer gemeinsam entwickeln lassen, werden die angestellten Programmierer nach § 8 UrhG Miturheber, es sei denn ein zeitlich nachfolgender Beitrag ist nur als Bearbeitung gem. § 23 UrhG zu verstehen. Nach § 69b UrhG gehen sodann die vermögenswerten Rechte im Wege einer gesetzlichen Lizenz auf den jeweiligen Arbeitgeber über. Mangels anderweitiger Vereinbarung stehen die vermögensrechtlichen Befugnisse den beteiligten Unternehmen als Gesamthandsvermögen nach § 718 BGB zu.[348] In Kooperationen, wo jeder Beteiligte sachlich getrennte Beiträge leistet, sind die Beteiligten Alleinurheber des jeweiligen Softwaremoduls. Haben die Beteiligten Urheber ihre Werke zu gemeinsamer Verwertung miteinander verbunden, so kann jeder vom anderen die Einwilligung zur Veröffentlichung, Verwertung und Änderung der verbundenen Werke verlangen, wenn die Einwilligung dem anderen nach Treu und Glauben zuzumuten ist, § 9 UrhG. Es handelt sich dann um ein verbundenes Werk.

374 Da für die Beteiligten diese Rechteverteilung nachteilig sein kann, werden meist anderweitige Vereinbarungen über die Rechte an den Arbeitsergebnissen getroffen. Bei getrennten Beiträgen wird meist geregelt, dass die Ergebnisse dem jeweiligen Rechtsinhaber weiterhin zustehen. Dieser räumt dann den anderen Beteiligten Nutzungsrechte (Lizenzen) ein. Diese Lizenzen werden meist, müssen aber nicht kostenfrei eingeräumt werden. Bei untrennbaren Projektergebnissen erfolgt meist auch eine Zuordnung der Rechte an den Arbeitsergebnissen. Dabei kann als Maßstab der Rechteverteilung der jeweilige Beteiligungsgrad herangezogen werden.

375 Bei der Regelung sollte auch Beachtung finden, wie Know-how und Arbeitsergebnisse, die bereits vor Vertragsschluss bei einem Beteiligten vorhanden sind und nun für das Projekt genutzt werden sollen, zu behandeln sind. Know-how und Arbeitsergebnisse, die in das Projekt eingebracht werden, sollen in der Regel weiterhin dem Rechtsinhaber zustehen. Auch hier werden den anderen Beteiligten meist kostenfreie Lizenzen eingeräumt, durch welche sie zur Nutzung des Know-hows und der Arbeitsergebnisse zwecks Durchführung des Projektes berechtigt werden. Außerdem sehen die Verträge standardmäßig Geheimhaltungsvereinbarungen vor.

376 Schließlich sei erwähnt, dass Kooperationen im Softwareentwicklungsbereich auch kartellrechtliche Fragen aufwerfen können.

---

347 *Reukauf* GRUR 1986, 415.

348 Schneider/von Westphalen/*Brandi-Dohrn* Software-Erstellungsverträge, E Rn. 348.

III. Generalunternehmer-/Subunternehmergestaltungen

Gerade bei komplexen IT-Projekten bedarf es der Einschaltung mehrerer Beteiligter, die jeweils unterschiedliche vertragliche Leistungen erbringen, dies wurde unter Rn. 345, 349 bereits angesprochen. Eine Einbindung verschiedener Unternehmen oder auch Einzelpersonen (im Softwarebereich ebenfalls oft „Freelancer" genannt, bisweilen eher scheinselbstständig als unabhängig) erfolgt in der Weise, dass ein Generalunternehmer einen oder mehrere Subunternehmer mit der Durchführung bestimmter Aufgaben beauftragen. **377**

1. Vertragskonstellation und Interessenlage

Der Subunternehmervertrag ist kein eigenständiger Vertragstypus sondern die Beschreibung eines Lebenssachverhalts: Ein Hauptauftraggeber erteilt einem Generalunternehmer den Auftrag, ein komplexes IT-Projekt durchzuführen. Dazu wird zwischen diesen Parteien ein Generalunternehmervertrag geschlossen, in dem sich der Generalunternehmer zur Erbringung einer Vielzahl von Leistungen verpflichtet. Aus unterschiedlichen Gründen kann es dem Generalunternehmer aber unmöglich sein, sämtliche Teilleistungen mit eigenen Kapazitäten zu erbringen. So kann es sein, dass der Generalunternehmer nicht über die erforderlichen personellen Kapazitäten oder Fachkenntnisse verfügt oder er lediglich das Projektmanagement übernehmen wollte. Also vergibt der Generalunternehmer Leistungen an einen oder mehrere Subunternehmer, die in einem Subunternehmervertrag zwischen Generalunternehmer und Subunternehmer geregelt werden. Im Verhältnis von Generalunternehmer und Subunternehmer ist somit der Generalunternehmer der Auftraggeber und der Subunternehmer der Auftragnehmer. Der Subunternehmer kann sich ggf. weiterer Subunternehmer bedienen, so dass innerhalb eines Projektes zahlreiche Beteiligte auf unterschiedlichen Stufen tätig werden. **378**

Bei Vertragskonstellationen unter Einbeziehung von Subunternehmern handelt es sich also um voneinander getrennt bestehende Vertragsbeziehungen, dem Generalunternehmervertrag einerseits und dem Subunternehmervertrag andererseits. Diese sind trotz des engen wirtschaftlichen Zusammenhangs im Grundsatz rechtlich voneinander unabhängig. Die Rechtsnatur des Subunternehmervertrages richtet sich nach dem jeweiligen Vertragsgegenstand, so dass die diesbezüglichen Besonderheiten zu beachten sind. **379**

Die Konstellation bietet für die Beteiligten Vor- und Nachteile. Der Hauptauftraggeber bedient sich eines Generalunternehmers, um Leistungen aus einer Hand zu erhalten, einen einzelnen Ansprechpartner zu haben und somit auch bei Pflichtverletzungen oder sonstigen Schäden nur an einen Anspruchsgegner herantreten zu müssen. Der Generalunternehmer koordiniert das Projekt und nimmt alle Handlungen vor, die zur Erfüllung des Generalunternehmervertrages erforderlich sind. **380**

Für den Generalunternehmer birgt die alleinige Verantwortlichkeit gegenüber dem Hauptauftraggeber verschiedene Risiken. Gegenüber dem Hauptauftraggeber ist der Generalunternehmer zur ordnungsgemäßen Erfüllung sämtlicher Leistungspflichten verpflichtet und damit auch bei Leistungsstörungen aus dem Generalunternehmervertrag voll verantwortlich. Er erbringt diese Leistungen zum Teil aber nicht eigenständig, sondern ist darauf angewiesen, dass die beauftragten Subunternehmer ihre Leistungen ebenso ordnungsgemäß und zeitgerecht erbringen. Durch Nicht- oder **381**

Schlechtleistungen der Subunternehmer, deren Folgen weiter reichen können als sich lediglich auf die einzelne Subunternehmerleistung zu beschränken, kann schlimmstenfalls das gesamte Projekt scheitern oder nur stark verzögert abgeschlossen werden.

382 Aus der Situation der vollen Verantwortlichkeit entsteht auch das Bedürfnis des Generalunternehmers, die wirtschaftlichen und vertraglichen Risiken soweit möglich auf die Subunternehmer abzuwälzen und die Verträge weitgehend zu synchronisieren. Der Subunternehmer hingegen hat das Interesse, gerade nicht sämtliche Risiken tragen zu müssen, die möglicherweise auch in keinem Verhältnis zum wirtschaftlichen Umfang seines Auftrages stehen. Außerdem ist es dem Subunternehmer meist auch nicht möglich, auf die in dem Generalunternehmervertrag getroffenen Absprachen Einfluss zu nehmen.

2. Besonderheiten bei Subunternehmerverträgen

383 Im Folgenden sollen die Schwierigkeiten und Besonderheiten dargestellt werden, die sich aus der typischen Mehrparteienkonstellation und der Zusammenarbeit bei mehreren Projektpartnern ergeben.

384 Zu den ersten Schwierigkeiten kommt es bereits im Zusammenhang mit dem **Abschluss des Subunternehmervertrages.** Der Generalunternehmer wird das Ziel haben, den Subunternehmervertrag erst dann rechtsverbindlich abzuschließen, wenn auch der Generalunternehmervertrag ausgehandelt und abgeschlossen ist. Der Subunternehmer ist nur an dem Vertragsschluss in Bezug auf seine Leistungen interessiert und muss keine Rücksicht darauf nehmen, mit welchen anderen Beteiligten der Generalunternehmer noch kontrahieren muss, bevor er sein gesamtes Leistungsbild beisammen hat. Die Parteien müssen also einen Weg finden, der beiden Interessen soweit wie möglich gerecht wird.

385 Weiter bedarf es einer sorgfältigen **Abstimmung der Pflichten** aus dem Generalunternehmervertrag und den Subunternehmerverträgen. Der Generalunternehmer hat dafür Sorge zu tragen, dass die durch die Subunternehmer zu erbringenden Leistungen auch denen entsprechen, zu dessen Erbringung er sich in dem Generalunternehmervertrag verpflichtet hat. Daneben bedarf es auch einer Abstimmung der Leistungen im Hinblick auf weitere Subunternehmer, da deren Einzelleistungen in der Regel verknüpft und integriert werden müssen. Der Generalunternehmer muss also beachten, dass auch die Leistungen der Subunternehmer nahtlos zusammenpassen. Dies erfordert eine detaillierte Beschreibung der zu erbringenden Leistungen und auch die Einbeziehung der Subunternehmer, die auf ihrem Fachgebiet meist über größere Sachkenntnis verfügen als der Generalunternehmer.

386 Kaum ein IT-Projekt wird so durchgeführt und fertig gestellt, wie es ursprünglich geplant war. Wird der Hauptauftrag verändert oder konkretisiert, muss der Generalunternehmer diese Änderungen durchführen und gegenüber dem Subunternehmer durchsetzen können. Daher muss in dem Subunternehmervertrag geregelt werden, wie Änderungen, Konkretisierungen etc. durchgeführt werden sollen. Auch seitens des Subunternehmers kann das Bedürfnis bestehen, eine Änderung durchzusetzen, beispielsweise weil die zu erbringende Leistung so nicht realisierbar war oder auf anderem Wege einfacher erbracht werden kann. Änderungen sind immer aufwändig, da sie mit sämtlichen Betroffenen abgestimmt werden müssen. Bringt der Hauptauftraggeber einen Änderungsvorschlag ein, so muss der Generalunternehmer zunächst mit den betroffenen Subunternehmern abstimmen, ob die gewünschte Änderung durchführbar ist. Bei Vorschlägen seitens der Subunternehmer muss geklärt werden, ob Änderungen vom Hauptauftraggeber gewollt sind und ob diese überhaupt im Hinblick auf die Koordinierung mit den Leistungen der weiteren Subunternehmer zu realisieren sind. Oft sehen Verträge Vereinbarungen über Änderungsverfahren vor, in denen ausführlich geregelt ist, was eine Änderung ist, wie diese eingebracht werden können und welche formalen Schritte einzuhalten sind. Wie ein Änderungsverfahren praktisch durchzuführen ist, ist auf den jeweiligen Einzelfall anzupassen. Maßgebend sind insbesondere Größe und Umfang des Projektes und die Zahl der beteiligten Projektpartner.

Eng mit der Koordinierung von Änderungen etc. zusammen hängt auch die Frage, wie die Abstimmung und Kommunikation erfolgen soll. Gerade bei zahlreichen Projektbeteiligten bereiten die ordnungsgemaße Abstimmung und der schnelle Informationsaustausch Schwierigkeiten. Dadurch kann es zum Fehlen von Informationen und zu Missverständnissen kommen. Der Generalunternehmer hat daher zu organisieren, wie der Informationsfluss stattzufinden hat. Dazu muss geklärt werden, ob beispielsweise die Subunternehmer untereinander oder zum Hauptauftraggeber in Kontakt treten dürfen. Möglicherweise handelt es sich um konkurrierende Unternehmen, die in einem Projekt arbeitsteilig zusammenwirken oder der Generalunternehmer möchte im Einzelfall nicht, dass der Hauptauftraggeber erfährt, durch welche Subunternehmer er seine Leistungen erbringt. Weiter benötigt der Generalunternehmer zur Koordination des Projektes alle Informationen, die zur Durchführung des Projektes notwendig sind. Daher muss ein Subunternehmervertrag auch Aussagen dazu enthalten, welche Informationen an wen erteilt werden sollen und in welchem Verhältnis ein Informationsfluss erfolgen soll. In den meisten Projekten wird zudem ein **Projektmanagement** eingeführt, welches die Projektbeteiligten in unterschiedliche Teams einteilt und eine „Verwaltungsstruktur" für das Projekt schafft. Dort werden auch Entscheidungsgremien eingerichtet und Ausschüsse für den Eskalationsfall gebildet. Schließlich müssen auch Regelungen zur **Projektdokumentation** getroffen werden, durch die z.B. der Projektfortschritt und –verlauf sowie besondere Vorkommnisse nachgehalten werden. **387**

Auch **Fristen und Termine** stellen meist einen Problempunkt dar, da möglicherweise die Verzögerung einer einzigen Leistung sich auf das Gesamtprojekt auswirken und dieses stark verzögern kann. Daher ist die Einhaltung von Terminen für das Gelingen des Projektes sehr relevant. Der Generalunternehmer muss dafür Sorge tragen, dass seine Subunternehmer frist-gerecht liefern. Dies kann dadurch geschehen, dass in den Subunternehmerverträgen Fristen vorgesehen werden, die denen des Generalunternehmervertrags zeitlich vorgelagert sind. Dadurch können Verzögerungen ggf. noch aufgefangen werden, z.B. durch die Einschaltung weiteren Personals oder Dritter. Zur Absicherung können auch **Vertragsstrafen** vereinbart werden, soweit dies AGB-rechtlich zulässig ist (§§ 309 Nr. 6, 307 BGB; vgl. auch § 339 BGB, § 11 Nr. 2 VOB/B). Dabei ist zu beachten, dass nach Ansicht der Rspr. im AGB-Bereich auch summenmäßige Begrenzungen auf 5 % der Bausumme (Entscheidung zum Baurecht) erforderlich sind, wenn die Klausel nicht schon aus diesem Grund unwirksam sein soll.[349] Weiter muss der Generalunternehmer die Einhaltung der Termine überwachen, damit sich Verzögerungen schnell zeigen und der Generalunternehmer die Möglichkeit hat, **388**

349 *BGH* NJW 2003, 1805.

geeignete Maßnahmen zu treffen oder mit dem Hauptauftraggeber eine Fristverlängerung zu verhandeln.

389 Koordiniert werden müssen auch die **Zahlungstermine.** In der Regel möchte der Generalunternehmer für seine Subunternehmer nicht in Vorleistung treten, sondern erst dann entsprechende Abschläge oder Vorschüsse leisten müssen, wenn er seinerseits aus dem Generalunternehmervertrag bedient wurde. Als Subunternehmer sind meist Abschläge oder Vorschüsse erwünscht, insbesondere zur Deckung der laufenden Kosten sowie zur sicheren Kalkulation. Daher sollten in dem Vertrag die Zahlungstermine so koordiniert werden, dass beiden Interessen Beachtung geschenkt wird.

390 Auch die **Mängelrechte** haben in einer Subunternehmerkonstellation eine besondere Bedeutung, sowohl was den Inhalt betrifft, als auch im Hinblick auf die Verjährung von Mängeln. Inhaltlich bietet es sich seitens des Generalunternehmers an, Mängel des Generalunternehmervertrages und des Subunternehmervertrags in gleiche Kategorien einzuteilen, also die Mängelklassen übereinstimmend zu definieren. Die **Verjährung** der Mängelrechte kann insbesondere bei länger dauernden EDV-Projekten dazu führen, dass die Verjährungsfrist der Mängel aus dem Subunternehmervertrag bereits abgelaufen, der Generalunternehmer aber noch wegen Rechts- oder Sachmängeln durch den Hauptauftraggeber in Anspruch genommen werden kann. Hier besteht das Bedürfnis, die Verjährungsfristen anzugleichen, z.B. diejenigen des Subunternehmervertrags zu verlängern und solche aus dem Generalunternehmervertrag zu verkürzen. Inwieweit dies individualvertraglich oder in AGB zulässig ist, bedarf aber einer sorgfältigen Prüfung. Der Generalunternehmer könnte alternativ versuchen, soweit es sich um einen Werkvertrag handelt, die Abnahme zu verzögern oder mit derjenigen des Generalunternehmervertrages abzustimmen. Hinsichtlich der Zulässigkeit einer solchen Regelungen bestehen aber – insbesondere im Hinblick auf die §§ 307 ff. BGB – bedenken. Im Grundsatz ist davon auszugehen, dass ein formularmäßiges Hinausschieben des Abnahmezeitpunktes auf die Abnahme des Hauptvertrages gem. § 307 BGB zur Unwirksamkeit einer entsprechenden Klausel führt.[350] Nach dem BGH ist eine **„Parallelschaltung" der Abnahmezeitpunkte** im Generalunternehmervertrag einerseits und im Subunternehmervertrag in Ausnahmefällen möglich[351]. Dies ist der Fall, wenn beispielsweise die Subunternehmerleistung nur im Zusammenhang mit einer später zu erstellenden Subunternehmerleistung beurteilt werden kann oder wenn sonstige besondere Gründe vorliegen, die Abnahmezeitpunkte deckungsgleich auszugestalten.

391 Da in IT-Verträgen Inhalt des Vertrages auch die **Rechteübertragung** ist, sollte der Generalunternehmer darauf achten, dass die Subunternehmer ihm die Rechte einräumen, die er zur Erfüllung des Generalunternehmervertrags benötigt. Ihm muss ermöglicht werden, Rechte in dem im Generalunternehmervertrag erforderlichen Umfang auf den Hauptauftraggeber zu übertragen. Dabei wird im Einzelnen auszuhandeln sein, welche Rechte übertragen werden sollen.

392 Schließlich werden in Subunternehmerverträgen typischerweise **Wettbewerbsverbote** vereinbart, die es dem Subunternehmer zeitlich begrenzt untersagen, für den Hauptauftraggeber oder weitere Kunden das Generalunternehmers tätig zu werden. Dies

---

350 *Redeker* IT-Recht, Rn. 497 m.w.N.
351 *BGH* NJW 1989, 1602.

soll die Aquisitionsbemühungen des Generalunternehmers schützen, die zum Abschluss der Verträge führten. Die Zulässigkeit aus kartellrechtlicher und AGB-rechtlicher Sicht ist im jeweiligen Einzelfall zu prüfen.

Von Bedeutung ist auch die Frage der **Beendigung der Verträge**. Sollte der General- **393**
unternehmervertrag vorzeitig enden, stellt sich die Frage, ob sich der Generalunternehmer auch von den Subunternehmerverträgen lösen kann. Dies belastet wiederum die Subunternehmer, die keinen Einfluss auf die Beendigung haben und sich dafür nicht verantwortlich zeichnen. Der Generalunternehmer wird daher wünschen, sich beispielsweise durch eine Kündigung einfach von den Subunternehmerverträgen lösen zu können. Problematisch ist, ob eine solche Regelung überhaupt zulässig ist. So könnten Klauseln, die als außerordentlichen Kündigungsgrund den Wegfall des Hauptvertrages vorsehen, ggf. einer Inhaltskontrolle anhand §§ 307 ff. BGB nicht standhalten.[352]

IV. Rechenzentrumsverträge/Service-RZ-Verträge

Rechenzentrumsverträge und Service-RZ-Verträge haben ganz allgemein die **Zurver-** **394**
fügungstellung von Rechenkapazitäten zum Inhalt. Grundlegende Leistungspflicht ist die Bereithaltung von Rechenzeit, die von dem Anwender (meist per Datenfernleitung) genutzt werden kann. Solche Verträge beinhalten in der Regel aber auch weitere Leistungen. Neben der bloßen Hardwarenutzung wird dem Kunden teilweise auch die Anwendersoftware durch den Rechenzentrumsbetreiber überlassen. Dies bedeutet, dass der Kunde die auf dem Rechner des Rechenzentrumbetreibers vorhandene Software nutzen darf, der Übergang zum ASP (s.o. Rn. 187 ff.) ist dabei fließend; das ASP wird als (eine) Weiterentwicklung des Rechenzentrumsvertrages angesehen.[353] Eine weitere typische Leistung ist die Verarbeitung von kundeneigenen Daten, beispielsweise die Abwicklung der Gehaltsabrechnung, Ticket- oder Buchungssysteme oder der Verwaltung von bestimmten Datenbanken.

Werden innerbetriebliche Vorgänge oder Funktionen im Rechenzentrum durchge- **395**
führt und somit ausgelagert, handelt es sich um das Outsourcing von Leistungen. Rechenzentrumsverträge werden in der Regel im Rahmen einer Auslagerung von unternehmenseigenen Funktionen abgeschlossen, sind aber nicht der einzige Anwendungsfall des Outsourcings.

Denkbar ist auch die Durchführung sich anschließender, nicht EDV-gestützer Leis- **396**
tungen wie z.B. der Versand von Postwurfsendungen an Kunden. Hier ist bisweilen die Grenze zum Business-Process-Outsoucing überschritten.

Schließlich kann der Rechenzentrumsbetreiber auch allgemeine Hilfestellungen durch **397**
sein Personal anbieten, z.B. im Rahmen einer Hotline oder der Durchführung von Schulungen. Die möglichen Leistungen werden meist nicht isoliert erbracht, sondern dem Kunden als Leistungspaket angeboten.

---

352 *BGH* MMR 2004, 750.
353 Vgl. *Schneider* Handbuch des EDV-Rechts, M Rn. 25.

1. Vertragstypologische Einordnung

398 Unstreitig ist, dass es sich bei einem Rechenzentrumsvertrag um ein Dauerschuldverhältnis, einen komplexen Langzeitvertrag,[354] handelt. Die Leistungserbringung ist meist auf einen längeren Zeitraum angelegt. Jedoch sind auch kürzere Nutzungszeiten denkbar, etwa wenn Software zunächst getestet werden soll. I.Ü. hat sich in Rspr. und Lit. keine einheitliche Linie im Hinblick auf eine Zuordnung zu einem Schuldverhältnis des BGB entwickelt.

399 Es liegt jedoch nahe, jedenfalls die bloße Überlassung der Rechnerkapazitäten dem Mietrecht zuzuordnen.[355] So entschied der BGH, dass ein Nutzungsverhältnis über den Rechner, aufgrund dessen die Rechnerkapazität zu bestimmten Tageszeiten zur Verfügung steht, als Mietvertrag (ggf. mit gewissen werkvertraglichen Elementen) zu qualifizieren sei.[356]

400 Kommen weitere Leistungen hinzu, wird das Vorliegen eines Werk- oder Dienstvertrages diskutiert.[357] Dabei wird es wiederum darauf ankommen, ob der Rechenzentrumsbetreiber eine bloße Tätigkeit oder einen darüber hinausgehenden Erfolg schuldet. Weiter wird vertreten, ein Vertrag, der die Verarbeitung von Kundendaten zum Inhalt hat, weise Elemente eines Auftrages bzw. einer Geschäftsbesorgung auf.[358]

401 Zusammenfassend wird also vom Vorliegen ganz verschiedener Vertragstypen ausgegangen, was daraus resultiert, dass sehr unterschiedliche Leistungsinhalte Gegenstand des Pflichtenprogramms sind. Die Rspr. tendiert dazu, komplexere Rechenzentrumsverträge als Werkvertrag anzusehen,[359] wobei das bloße Zurverfügungstellen von Rechnerkapazitäten als Mietvertrag einzuordnen bleibt.

2. Besonderheiten

402 Auch hier obliegt den Parteien die genaue Festlegung der gegenseitigen Leistungspflichten. In jedem Fall werden dem Anwender durch den Betreiber **Rechnerkapazitäten** zur Verfügung gestellt. Daher muss geregelt werden, in welchem Zeitraum dem Anwender die Systeme zur Verfügung stehen müssen, beispielsweise begrenzt auf die Geschäftszeiten, Werktags rund um die Uhr usw. Solche Regelungen werden typischerweise in SLAs getroffen (s.o. Rn. 187 ff. (ASP)). Wird die Verfügbarkeit eingeschränkt, so ergibt sich wiederum für AGB das schon mehrfach angesprochene Problem der Unzulässigkeit aufgrund einer unzulässigen Haftungsbeschränkung.

403 Stellt der Betreiber dem Anwender über die Hardware hinaus Betriebssystem- oder Anwendersoftware zur Verfügung, müssen dem Anwender die entsprechenden **Nutzungsrechte** eingeräumt werden. Die Software kann aber auch durch den Anwender gestellt und lediglich beim Betreiber installiert und betrieben werden. Dann muss der Anwender prüfen, ob das Betreiben der Software in einem Rechenzentrum urheberrechtlich zulässig ist, der Anwender z.B. über die dafür notwendigen Rechte verfügt, bzw. Beschränkungen wirksam vereinbart werden konnten; anderenfalls besteht die Gefahr, dass bei gemeinsam benutzten Rechnern ein Rechner aus urhe-

354 *Schneider* Handbuch des EDV-Rechts, M Rn. 33.
355 Vgl. *BGH* NJW-RR 1993, 178.
356 *BGH* NJW-RR 1993, 178.
357 Vgl. dazu *Schneider* Handbuch des EDV-Rechts, M Rn. 12 ff.
358 *BGH* NJW-RR 1998, 390; NJW 1996, 2159.
359 *Schneider* Handbuch des EDV-Rechts, M Rn. 18.

berrechtlichen Gründen vorübergehend stillgelegt werden muss, bis die Anwendung entfernt ist.

Übernimmt der Rechenzentrumsbetreiber auch die **Verarbeitung unternehmenseigener Daten,** sind die Vorgaben für die Auftragsdatenverarbeitung (§§ 9, 11 BDSG) zu definieren; der Anwender muss Herr der Daten bleiben. Dazu zählt beispielsweise die Festlegung der Art und Weise der Datenverarbeitung, welche technischen und organisatorischen Schutzmaßnahmen vorzunehmen sind, wie die Ergebnisse aufzubereiten sind und wie mit den Daten bei einer Vertragsbeendigung (sei es durch Zeitablauf oder eine Kündigung) zu verfahren ist. Bei der Beendigung des Vertrages müssen – auch ohne besondere vertragliche Verpflichtung – die Daten herausgegeben werden, soweit die Datenherrschaft beim Anwender liegt. In der Regel wird eine Herausgabe in elektronischer Form geschuldet,[360] die Papierform erscheint nicht sachgerecht. Weiter kann es zum Streit darüber kommen, ob die Rückgabe der Daten gesondert vergütet werden muss. Handelt es sich um eine Rückgabe in üblichen Formen, wird man in der Regel nicht von der Entgeltlichkeit der Rückgabe ausgehen können. Etwas anderes kann sich aber nach Treu und Glauben ergeben, wenn die Rückgabe sehr aufwändig ist. Zur Vermeidung dieser Unklarheiten ist dies vertraglich zu regeln. Auch der Umfang der Rückgabe bedarf einer Regelung, z.B. darüber, ob sich die Rückgabepflicht nur auf aktuelle oder auch vergangene Bearbeitungsstände bezieht und ob auch Zwischenstände oder vorläufige Arbeitsergebnisse herausgegeben werden müssen. 404

Hauptpflicht des Kunden ist die Zahlung der vereinbarten **Vergütung.** Auch hier sind unterschiedliche Vergütungsmodelle denkbar. Meist handelt es sich um eine Pauschalvergütung für einen bestimmten periodischen Zeitraum. Möglich sind aber auch aufwandsbezogene Vergütungsmodelle, die sich z.B. an der beanspruchten Rechnerleistung oder der zu bearbeitenden Datenmenge orientieren können. 405

Ein weiterer Regelungspunkt sind Änderungen an dem EDV-System und/oder der Software. Ohne eine vertragliche Verpflichtung ist nicht davon auszugehen, dass Software, die durch den Rechenzentrumsbetreiber zur Verfügung gestellt wird, aktualisiert werden muss. Fraglich ist auch, ob die Verpflichtung besteht, das System weiterzuentwickeln, d.h. zu modernisieren. Auch hier ist davon auszugehen, dass ohne vertragliche Regelung keine Pflicht zur Modernisierung besteht.[361] 406

Geklärt werden muss auch, welche **Mitwirkungspflichten** den Anwender treffen. Auch ohne explizite Regelung hat der Anwender darauf zu achten, dass die von ihm überlassenen Daten virenfrei sind, er entsprechende Kontrollen durchgeführt hat und die ihm zumutbaren, erforderlichen Sicherheitsvorkehrungen trifft. 407

Die Behandlung von **Mängeln** richtet sich nach der jeweiligen Zuordnung des Vertrages zu einem Schuldverhältnis des BGB. Bei einer mietvertraglichen Ausgestaltung, z.B. bei der bloßen Überlassung von Rechnerkapazitäten, richtet sich die Behandlung von Mängeln nach §§ 536 ff. BGB. Ist die Verfügbarkeit des Rechenzentrums ganz oder teilweise nicht gegeben, so kann der Kunde die Vergütung mindern. Bei werkvertraglichen Elementen können die sich aus § 634 BGB ergebenden Rechte geltend gemacht werden. Als Mängel kommen insbesondere Ausfälle, langsame Bearbeitungszeiten, Softwarefehler oder auch Fehler in der Datenverarbeitung oder ein Datenver- 408

360 *Redeker* IT-Recht, Rn. 800.
361 *Schneider* Handbuch des EDV-Rechts, M Rn. 48.

lust in Betracht. Bei einem Dienstvertrag kann eine Schlechtleistung zu Schadensersatzansprüchen führen.

409 Der Rechenzentrumsvertrag wird entweder zeitlich unbegrenzt geschlossen oder es wird eine bestimmte Mindestvertragslaufzeit vereinbart. I.Ü. können die Parteien den Vertrag ggf. ordentlich, jedenfalls aber außerordentlich kündigen und selbstverständlich jederzeit aufheben.

V. Cloud Computing

410 Der Begriff „Cloud Computing", bisweilen gleichgesetzt mit dem „XaaS"-Modell, beschreibt bildlich ein (insbesondere Software-)Bereitstellungsmodell, bei welchem der Anwender auf Systeme des Anbieters und von ihm dort bereit gestellte Elemente (Software, Rechenleistung, Infrastruktur) zugreift. Der Anwender kann, etwa nach einer Registrierung, je nach Bedarf die lediglich benötigen Kapazitäten wählen bzw. nicht mehr benötigte Kapazitäten abwählen und auf diese dann innerhalb von wenigen Minuten über jeden an das Internet angeschlossenen PC zugreifen. Er greift bildlich gesprochen „in die Wolke" Internet und bedient sich allein der von ihm benötigen Teile aus dieser Wolke. Als Cloud Computing wird mithin das Angebot komplexer Leistungen aus Soft- und Hardware in Form eines abstrakten, modularen Dienstes über das Internet bezeichnet.[362] IT-Leistungen werden mittels Cloud Computing bedarfsgerecht und flexibel in Echtzeit als Service über das Internet oder innerhalb eines Firmennetzes bereitgestellt und nach Nutzung abgerechnet.

411 Trotz dieser grundsätzlichen Gemeinsamkeiten der Cloud-Dienste und zahlreicher Versuche hat sich eine gängige, einheitliche Definition für die Gesamtheit der unter dem Thema „Cloud Computing" angebotenen Dienste bislang noch nicht herausgebildet.[363]

412 Zudem ist festzustellen, dass die Unterschiede zu IT-Outsourcing und ASP jedenfalls in technischer Hinsicht nicht wirklich groß und die Übergänge fließend sind, weshalb auch in vielen rechtlichen Bereichen auf die jeweiligen Grundbausteine der den Cloud-Diensten zugrunde liegenden Techniken und Lebenssachverhalten zurückgegriffen werden kann.[364]

---

362 *Nägele/Jacobs* ZUM 2010, 281; kritisch dazu: *Eickemeier/Fischer/Keppeler/Schulz/Bartels* ITBR 2017, 137, 138.

363 *Niemann/Paul* K&R 2009, 444, 445; weniger eine Definition in juristischem Sinne denn eine Umschreibung des Themas „Cloud Computing" findet sich in der Vorabversion Leitfaden Cloud Computing – Was Entscheider wissen müssen, S. 15 des BITKOM: „Cloud Computing ist eine Form der Bereitstellung von gemeinsam nutzbaren und flexibel skalierbaren IT-Leistungen durch nicht fest zugeordnete IT-Ressourcen über Netze. Idealtypische Merkmale sind die Bereitstellung in Echtzeit als Self Service auf Basis von Internet-Technologien und die Abrechnung nach Nutzung. Damit ermöglicht Cloud Computing den Nutzern eine Umverteilung von Investitions- zu Betriebsaufwand. Die IT- Leistungen können sich auf Anwendungen, Plattformen für Anwendungsentwicklungen und – betrieb und Basisinfrastruktur beziehen."

364 *Schuster/Reichl* CR 2010, 38.

1. Struktur

Cloud Computing lässt sich in zwei prinzipielle Organisationsformen und drei Service-Ebenen kategorisieren: Aus „Private Clouds" und „Public Clouds" werden Leistungen als Komplettsoftware („Software as a Service" oder kurz „SaaS"),[365] Plattform („Platform as a Service" oder kurz „PaaS") oder Infrastruktur („Infrastructure as a Service" oder kurz „IaaS") bezogen.[366] 413

„Infrastructure as a Service" (IaaS) sieht eine Nutzung von Rechnerinfrastruktur, also die Bereitstellung von Rechenleistung und Speicherplatz auf virtuellen Servern ohne die für die Anwendung erforderliche Applikationssoftware, nach Bedarf vor. Ähnlich dem Grid-Computing[367] bietet IaaS damit dem Anwender die Möglichkeit, auf die Vorhaltung von eigener Hardware für rechenleistungs- oder speicherplatzintensive Spitzenzeiten zu verzichten.[368] 414

„Plattform as a Service" (PaaS) stellt dem Anwender Plattformen in Form von Laufzeit- bzw. Entwicklungsumgebungen zur Verfügung, auf deren Grundlage eigene Anwendungen entwickelt werden können. 415

Neben Iaas, PaaS und der 3. Service-Ebene *„Software as a Service" (SaaS)*[369] wird (u.a.) noch eine 4. Variante unter der Bezeichnung „Business Process as a Service" (BPaaS) thematisiert, welche letztlich als spezielle Ausprägung von SaaS mit einer stärkeren Nähe zum Geschäftsprozess (HR-Management, Ressourcenplanung etc.) anzusehen ist. 416

Die einzelnen Service-Ebenen können dann im Wesentlichen in einer Private oder aber Public Cloud organisiert sein. Bei der Public Cloud werden die Cloud-basierten Leistungen ausschließlich einem vorab abgrenzbaren Kreis von Nutzern bereitgestellt. Beispielsweise kann dies eine rein unternehmensinterne Nutzung eigener Rechenzentren auf Basis einer Cloud-Architektur sein. Der Zugang ist beschränkt auf die von dem Anbieter autorisierten Personen und erfolgt in der Regel über ein Intranet oder Virtual Private Network (VPN).[370] Demgegenüber ist der Anwenderkreis bei einer Public Cloud unbeschränkt und kann von beliebigen Personen und Unternehmen genutzt werden. Der Zugriff erfolgt hier mittels Web-Browser. Kein eigener Cloud-Typ ist die Hybrid-Cloud. Sie stellt vielmehr eine Kopplung von Private- und Public-Cloud-Elementen dar. 417

2. Vertragstypologische Einordnung

Bereits oben[365] wurde dargestellt, dass sich die Vertragsbeziehungen zwischen Cloud-Anbieter und –Anwender aus diversen einzelnen Leistungspflichten bestehen und zu einem typengemischten Vertrag zusammensetzen. Es ist für jeden Vertragsteil auf den Vertragstypus abzustellen, der den rechtlichen oder wirtschaftlichen Schwerpunkt bildet.[371] Ebenso wie SaaS,[365] wird auch PaaS überwiegend dem Mietvertragsrecht zuge- 418

365 S.o. Rn. 218 ff.

366 *BITKOM* Vorabversion Leitfaden Cloud Computing – Was Entscheider wissen müssen, S. 12.

367 Vgl. zu Grid-Computing *Koch* CR 2006, 42 ff.

368 Als Beispiele seien die Services von Amazon „Amazon Elastic Computer Cloud" (EC2) und „Amazon Simple Storage Service S 3" genannt.

369 S.o. Rn. 225 ff.

370 *BITKOM* Vorabversion Leitfaden Cloud Computing – Was Entscheider wissen müssen, S. 18.

371 Palandt/*Grüneberg* Vor § 311 BGB Rn. 25 f.

ordnet. In Bezug auf IaaS ist zwischen den einzelnen Elementen zu unterscheiden. Soweit es um die Zur-Verfügung-Stellung von Speicherkapazität geht, kann auf die vertragstypologische Einordnung von Rechenzentrumsverträgen zurückgegriffen werden, denn an der rechtlichen Qualifizierung dieser Leistung ändert sich nichts, nur weil sie in der Cloud erfolgt.[372] Die Bereitstellung einer bestimmten Rechenleistung ist dagegen als Dienstvertrag einzuordnen.

3. Besonderheiten

419 Die wesentlichen Besonderheiten bei der Gestaltung von Verträgen im Bereich Cloud Computing resultieren daraus, dass die Daten der Anwender je nach gerade freien Rechen- und Speicherkapazitäten dynamisch zwischen den verschiedenen Servern des Cloud-Anbieters, die i.d.R. in unterschiedlichen Ländern der ganzen Welt stehen, verschoben und/oder aufgeteilt werden; dies gilt jedenfalls für die Public Cloud. Im Vertragswerk entsteht dadurch erheblicher Regelungsbedarf im Hinblick auf u.a. (soweit nicht zwingend) das anzuwendende Recht, den Datenschutz und der genauen Leistungsbeschreibung. Zudem sind die Themen Datensicherheit, Verantwortlichkeit und Zugang zu den Informationen im Zusammenhang mit Cloud-Modellen von primärer Bedeutung, für den Anwender insbesondere bei der Auswahl des richtigen Anbieters.

420 Bisher geht das deutsche Datenschutzrecht[373] vom Territorial- sowie dem Sitzprinzip und damit davon aus, dass man jederzeit feststellen kann, wo sich die Daten befinden. Wie bereits dargelegt, ist dies bei Cloud-Modellen nicht immer gewährleistet. In vielen Fällen kann es sich nicht einmal mehr um Daten i.S.d. Datenschutzbestimmungen handeln, da sie aufgeteilt auf verschiedenen Servern liegen.[374] Es wird folglich selten feststellbar sein, welches und ob Datenschutzrecht überhaupt Anwendung findet. Daher besteht zum einen die Gefahr des „forum shopping“ und zum anderen, dass sich im Falle einer Auseinandersetzung der angerufene Richter für unzuständig erklärt.[375]

421 Ferner ist bei der Anwendung von Cloud-Diensten zudem i.d.R. von einer Auftragsdatenverarbeitung auszugehen, unter der DSGVO künftig Auftragsverarbeitung genannt; Einzelheiten vgl. 20. Kap. Gem. § 11 BDSG (künftig Art. 28 DSGVO) ist dann der Anwender für die Erfüllung der gesetzlichen Anforderungen verantwortlich; er muss Herr über die Daten bleiben und die Anforderungen des § 9 BDSG i.V.m. dessen Anlage 1 (künftig Art. 32 DSGVO) erfüllen. Soweit eine Datenverarbeitung außerhalb der EU bzw. des europäischen Wirtschaftsraumes erfolgt, greift der Grundsatz des angemessenen Datenschutzniveaus des Empfängerlandes und der damit verbundenen Regelungen nach §§ 4b und 4c BDSG (künftig Art. 44 ff. DSGVO). Es müsste mithin seitens des Anwenders sichergestellt werden, dass die Standards des europäischen Wirtschaftsraumes eingehalten werden,[376] was mangels Kenntnis des

372 *Nägele/Jacobs* ZUM 2010, 281, 284.
373 Vgl. hierzu 20. Kap.
374 *Spies* MMR 2009, Heft 5, XI.
375 *Nägele/Jacobs* ZUM 2010, 281, 289.
376 Bspw. dadurch, dass sich der Cloud-Anbieter der Safe-Harbour-Regelung i.S.v. Art. 25 Abs. 1, 2 RL 95/46 EG unterwirft.

Speicher- bzw. Verarbeitungsortes[377] praktisch nicht möglich ist.[378] Dem Anwender sei daher geraten bei der Auswahl eines Cloud-Anbieters darauf zu achten, wohin die Daten ausgelagert werden.[379] Bisweilen wird dementsprechend in Cloud-Verträgen ausdrücklich zugesagt, dass sämtliche Daten ausschließlich „im deutschen Rechtsraum" oder zumindest in Staaten gespeichert werden, für die ein in Grenzen einheitliches europäisches Datenschutzrecht gilt. Denkbar ist auch, dass im Vertrag die Speicherung auf einer bestimmten Rechnergruppe an einem bestimmten (deutschen) Standort zugesagt wird. Das bringt den „Cloud-Vertrag" nahe an bereits seit Jahrzehnten bekannte Rechenzentrumsverträge heran und konterkariert in gewisser Weise die Vorstellung, dass die Daten an derjenigen Stelle im Internet untergebracht werden können, an der Speicherplatz gerade besonders preiswert ist. Für Berufsträger, die zum Geheimnisschutz nach §§ 201 ff., 203 StGB verpflichtet sind, hat das Cloud Computing ohnehin natürliche Grenzen.

Da auch das nationale sowie internationale Urheberrecht durch das Territorialprinzip **422**
bzw. Schutzlandprinzip geprägt ist, wird auch hier oftmals unklar sein, welches Recht anzuwenden ist. Eine Rechtswahl ist gem. Art 8 Rom II-VO ausgeschlossen, mit der Konsequenz, dass Anbieter von Cloud-Modellen grundsätzlich Nutzungsrechte für alle Rechtsordnungen einholen müssten, was ebenfalls nicht praktikabel erscheint. Eine höchstrichterliche Entscheidung steht für das Urheberecht hierzu noch aus.

I.Ü. ist wegen der Vielzahl der nicht vorhersehbaren und möglicherweise einschlägi- **423**
gen Rechtsordnungen anzuraten, eine vertragliche Rechtswahl zu treffen.

Entsprechend der vertraglichen Gestaltung von anderen IT-Projekten sind für die **424**
jeweiligen Cloud-Modelle zudem Service-Level-Agreements (SLAs) von entscheidender Bedeutung; dies schon vor dem Hintergrund, dass nur so eine gewünschte Flexibilität und Skalierbarkeit der Leistung von einer Vertragsänderung mittels Change Request abgrenzbar wird. Für beide Seiten entscheidend ist zudem eine eindeutige Vereinbarung über die Verfügbarkeitsquoten. Nur über eine genaue Beschreibung der Leistungsparameter kann der Anbieter einer sonst unumgänglichen Haftung aus seiner Garantieverpflichtung (§ 535 Abs. 1 S. 2 BGB) entgehen.[380]

VI. Grundzüge von Outsourcing-/Backsourcingverträgen

1. Outsourcing

Beim Outsourcing handelt es sich um die Übertragung der Durchführung bislang **425**
selbst erbrachter Leistungen auf einen externen Dritten. Bei IT-Outsourcing-Projekten wird die IT (im weitesten Sinne) eines Unternehmens, Konzerns oder einer öffent-

377 *Schneider* Handbuch des EDV-Rechts, M Rn. 18.

378 Viele Anbieter sichern bereits vertraglich zu, dass die Daten im Bereich der Europäischen Union verbleiben.

379 Dies gilt insbesondere für einen auch nur möglichen Datentransfer in Länder außerhalb des europäischen Wirtschaftsraumes. Hingewiesen sei im speziellen darauf das in den USA auf Grundlage des U.S. Patriot Act die Möglichkeit besteht, bestimmten Belangen von nationalem Interesse Priorität gegenüber Datenschutzerwägungen einzuräumen.

380 Insoweit stellt sich hier die aus der Gestaltung von ASP-Verträgen bekannte AGB-Problematik hinsichtlich der Vereinbarung von Leistungsperformance, Bezugsgrößen, Messpunkten und Wartungs- und Pflegeleistungen, vgl. hierzu Rn. 197 ff.

lichen Einrichtung sämtlich (Full Outsourcing) oder in Teilen (Partielles Outsourcing, Outtasking) ausgelagert. Eine Auslagerung kann entweder einhergehen mit der Veräußerung der dazu benötigten Betriebsmittel (Rechner, Software usw.) an den Dienstleister einschließlich ggf. eines Betriebsübergangs im arbeitsrechtlichen Sinne (§ 613a BGB) oder mit einer Schließung eines Betriebsteils unter Veräußerung der Betriebsmittel an einen Dritten und einer Umsetzung der vorhandenen Mitarbeiter innerhalb des auslagernden Unternehmens.

426 Neben Kostenvorteilen und der Erbringung der Leistungen durch einen qualifizierten Anbieter (Outsourcing-Provider) hat das Outsourcing vor allem den Vorteil, dass ein Verantwortungsbereich abgegeben werden kann und damit verbundene Risiken nicht mehr durch das Unternehmen getragen werden müssen. Personal kann anderweitig verwendet oder ggf. freigesetzt werden. Als Nachteile werden die bisweilen fragliche Datensicherheit sowie die technischen Unwägbarkeiten bei dem Outsourcing kritischer Geschäftsprozesse genannt. Weiter begibt sich der Auftraggeber auch in ein Abhängigkeitsverhältnis zum Outsourcing-Provider, zum einen im Hinblick auf die Qualität der zu erbringenden Leistungen, zum anderen aber auch hinsichtlich der Beendigung des Vertrages. Oft ergreift der Outsourcing-Provider Maßnahmen, um den Wechsel des Auftraggebers zu einem anderen Anbieter zu erschweren (Vendor Lock-in).[381]

427 Zu beachten ist beim Outsourcing, dass in bestimmten, von der BaFin regulierten Bereichen besondere Anforderungen unter dem Blickwinkel des Risikomanagements, des Notfallmanagements und des Geschäftsfortführungsmanagements gestellt werden. Das Outsourcing wird hier „Auslagerung" oder „Ausgliederung" genannt. So sehen z.B. § 25b KWG, § 32 VAG und § 36 KAGB Bedingungen vor, unter denen ausgelagert werden darf, und machen Vorgaben für den Auslagerungsvertrag. Beispielhaft sei aus den auf der Grundlage von § 32 VAG und Art. 274 der Delegierten VO 2015/35 erstellten MaGo[382] (2017) für das Versicherungsaufsichtsrecht auszugsweise folgendes zitiert (Hervorhebung außerhalb der Überschriften durch den Autor):

13 Ausgliederung

13.1 Begriffe

237 In diesem Rundschreiben wird der Begriff „Ausgliederung" einheitlich für die in Rechtsquellen synonym verwendeten Begriffe „Outsourcing" und „Ausgliederung" verwendet. Eine weitere Ausgliederung von einem Dienstleister auf einen anderen Dienstleister wird als Sub-Delegation bezeichnet. Gem. § 7 Nr. 2 VAG ist ein Definitionsmerkmal der Ausgliederung, **dass der herausgegebene Prozess bzw. die herausgegebene Dienstleistung oder Tätigkeit ansonsten vom Unternehmen selbst erbracht würde**.

238 Der spezifischen Ausgliederungs-Kontrolle durch die Aufsichtsbehörde unterfallen alle versicherungstypischen Funktionen oder Tätigkeiten, die ein Unternehmen ausgliedert. Die allgemeine Missstandsaufsicht der Aufsichtsbehörde umfasst darüber hinaus alle weiteren Sachverhalte, welche die Belange der Versicherten gefährden können. Hierzu zählen auch Dienstleistungsbeziehungen, die nicht versi-

381 Vgl. *Zdanowiecki* CR 2015, 773 ff.

382 Rundschreiben 2/2017 (VA) – Mindestanforderungen an die Geschäftsorganisation von Versicherungsunternehmen (MaGo) v. 25.1.2017.

cherungstypisch sind und daher nicht den Ausgliederungs-Anforderungen unterliegen. [...].

239 Kriterien für die Abgrenzung von Ausgliederungen und sonstigen Dienstleistungsbeziehungen sind neben dem Inhalt der betroffenen Tätigkeit vor allem ihr **Umfang und ihre Dauer sowie die Häufigkeit der Inanspruchnahme des Dienstleisters**. Die Begriffe lassen sich nicht generell quantifizieren, sondern stehen in Abhängigkeit dazu, wie substanziell die jeweilige Tätigkeit für das konkrete Unternehmen ist.

240 **Je substanzieller oder häufiger** eine in Anspruch genommene Dienstleistung oder Beratung durch einen Dritten ist, **desto wahrscheinlicher ist das Vorliegen einer Ausgliederung**. Die Schwellen für die Annahme einer Dauerhaftigkeit oder Häufigkeit sind umso niedriger anzusetzen, je substanzieller der betroffene Bereich für das Unternehmen ist. Bei bloß fallweiser operativer oder konsultativer Heranziehung eines Dienstleisters liegt in der Regel keine Ausgliederung vor. Eine wiederkehrende Betrauung desselben Dienstleisters oder eine häufige Inanspruchnahme desselben Dienstleisters mit artgleicher Tätigkeit bei Bestehen eines **Rahmenvertrages** mit diesem können hingegen Indizien für eine Ausgliederung sein. Umgekehrt sind, wenn auch selten, Sachverhaltskonstellationen denkbar, in denen versicherungstypische Aktivitäten ausgelagert werden und auch die Kriterien der Dauer- bzw. Häufigkeit der Inanspruchnahme eines Dienstleisters erfüllt sind, der ausgegliederte Bereich jedoch von ganz untergeordneter Bedeutung für das Unternehmen ist. Solche Umstände können die Einschätzung rechtfertigen, dass keine Ausgliederung vorliegt.

241 Die für eine Ausgliederung erforderliche Vereinbarung zwischen einem ausgliedernden Unternehmen und einem Dienstleister ist zum Zweck der Qualifikation als Ausgliederungsvereinbarung weder an eine bestimmte Form noch an einen bestimmten Vertragstypus oder eine bestimmte Vertragsbezeichnung gebunden.

13.2 Zulässiger Umfang

242 Bei jedem Unternehmen ist unter Beachtung der Maßgaben dieser Ziffer eine Ausgliederung sämtlicher Schlüsselfunktionen und selbst definierten Schlüsselaufgaben im Prinzip möglich.

243 Im Falle von Ausgliederungen einschließlich konzern-/gruppeninternen Ausgliederungen sowie Sub-Delegationen bleibt die **Letztverantwortung der Geschäftsleitung** immer bestehen. Originäre Leitungsaufgaben einschließlich der Verantwortlichkeit für die Einrichtung und die Weiterentwicklung des Risikomanagementsystems und des internen Kontrollsystems können nicht ausgegliedert werden. Dienstleister können in diesen Bereichen nur unterstützend und beratend eingebunden werden. Dies gilt auch im Rahmen von gruppeninternen Ausgliederungen bei Bestehen eines Beherrschungsvertrages.

244 Die Ausgliederung bestimmter Teilbereiche des Risikomanagementsystems oder des internen Kontrollsystems ist unter sorgfältiger Risikoabwägung denkbar. Hiervon wiederum unberührt bleibt die Pflicht der Geschäftsleitung, die strategischen sowie die aufbau- und ablauforganisatorischen Rahmenbedingungen für diese Schlüsselfunktionen und die selbst definierten Schlüsselaufgaben festzulegen.

245 Die Verantwortung der gesamten Geschäftsleitung für die Einhaltung der Governance-Vorgaben erfordert es, auch im Falle einer Ausgliederung eine angemessene Funktionstrennung zu wahren. Auf Seiten des Dienstleisters gilt dies ebenso wie auch auf Seiten des Unternehmens in Bezug auf die organisatorische Ansiedelung des Ausgliederungsbeauftragten.

246 Befindet sich der Dienstleister außerhalb des EWR, ist durch das Unternehmen vor allem auf den Kontrollrahmen ein besonderes Augenmerk zu legen. Das Unternehmen muss auch diesen Dienstleister effektiv kontrollieren können, um bei einem Verstoß gegen die Bestimmungen der Ausgliederungs-Vereinbarung durch diesen gegebenenfalls frühzeitig reagieren zu können. Das Unternehmen achtet darauf, dass die lokale Aufsichtsbehörde des Dienstleisters oder die nationalen Regelungen insbesondere Zugang zu Informationen über die ausgegliederten Funktionen und Versicherungstätigkeiten und zu den Geschäftsräumen des Dienstleisters nicht beschränken.

13.3 Risikoanalyse im Kontext von Ausgliederungen

247 Die mit einer Ausgliederung verbundenen Risiken sind sowohl im Vorfeld der Ausgliederung als auch im Anschluss daran zu identifizieren, zu analysieren, zu bewerten und angemessen zu steuern. Davon zu unterscheiden ist die **Risikoanalyse, die vor jeder Ausgliederung erforderlich ist**.

248 Die Unternehmen müssen zunächst eigenverantwortlich und risikoorientiert feststellen, ob die Herausgabe einer Aktivität von der Definition der Ausgliederung erfasst ist. Die weitere Bewertung, ob es sich um eine wichtige Funktion oder Versicherungstätigkeit handelt, die ausgegliedert werden soll, ist ebenfalls ein Teilbereich der Risikoanalyse, die vor jeder Ausgliederung erfolgen muss.

249 Bei der Grundentscheidung für oder gegen Ausgliederung müssen neben strategischen Motiven, ökonomischen und operativen Argumenten sowie quantitativen und qualitativen Aspekten auch **Risikogesichtspunkte eine angemessene Rolle spielen**. Einschlägige Risikokategorien sind regelmäßig das strategische, das **operationelle** und das Reputationsrisiko. Bei der Inanspruchnahme eines Mehrmandantendienstleisters ist besonderes Augenmerk auf Konzentrationsrisiken zu legen.

250 Die maßgeblichen Organisationseinheiten müssen bei der Erstellung der Risikoanalyse einbezogen werden. Wie intensiv die Risikoanalyse und die Einbeziehung der maßgeblichen Organisationseinheiten zu erfolgen hat, ist unter Proportionalitätsaspekten zu entscheiden.

251 Die Ergebnisse der Risikoanalyse sind zu dokumentieren. Bei wesentlichen Änderungen des Risikoprofils in Bezug auf Ausgliederungssachverhalte muss erneut eine Risikoanalyse erfolgen und über die Fortführung oder Beendigung der Ausgliederung entschieden werden.

13.4 Ausgliederung wichtiger Funktionen und Versicherungstätigkeiten

252 Unter den versicherungstypischen Funktionen oder Tätigkeiten sind wichtige und sonstige Aktivitäten zu unterscheiden. […].

253 Im Fall von Teilausgliederungen wichtiger Funktionen oder Versicherungstätigkeiten ist entscheidend, ob der für die Ausgliederung vorgesehene Teilbereich auch für sich gesehen wichtig ist.

254 Die gesamte Geschäftsleitung muss alle Ausgliederungen wichtiger Funktionen oder Versicherungstätigkeiten vorab genehmigen.

255 Soweit Vorgaben gemäß Artikel 274 Absätze 2 bis 5 DVO [Delegierte Verordnung 35/2015] an die Ausgliederung wichtiger Funktionen oder Versicherungstätigkeiten universellen Charakter haben, sind sie auf die Ausgliederung sonstiger Funktionen und Versicherungstätigkeiten übertragbar und anzuwenden. Beispiele hierfür sind die Schriftform der Ausgliederungsvereinbarung, die Einbeziehung der Ausgliederung in das Risikomanagement und das interne Kontrollsystem oder die Sicherstellung, dass durch Ausgliederung keine gesetzlichen Regeln verletzt werden. Solche Standards bezwecken, dass es während einer Ausgliederung zu keinen Beeinträchtigungen der ordnungsgemäßen Geschäftsführung kommt.

256 Schlüsselfunktionen und selbst definierte Schlüsselaufgaben gelten immer als wichtig.

257 Darüber hinaus sind **in der Regel folgende Bereiche wichtige Funktionen** oder Versicherungstätigkeiten:

- Vertrieb,
- Bestandsverwaltung,
- Leistungsbearbeitung,
- Berechnung der versicherungstechnischen Rückstellungen nach Solvabilität II und nach HGB,
- Rechnungswesen,
- Vermögensanlage und -verwaltung,
- **Elektronische Datenverarbeitung im Hinblick auf ihrerseits wichtige versicherungstypische Tätigkeiten**.

[…].

258 Im Übrigen müssen die Unternehmen eigenverantwortlich feststellen, ob die jeweilige Funktion oder Versicherungstätigkeit wichtig ist und dies dokumentieren. Ob eine Funktion oder Versicherungstätigkeit wichtig ist, kann nur einzelfallbezogen bewertet werden.

259 Die Bewertung, ob eine Funktion oder Versicherungstätigkeit wichtig oder nicht wichtig ist, muss wiederholt und angepasst werden, wenn sich die zugrunde liegenden Umstände wesentlich geändert haben.

260 Die Kriterien und der Prozess für die Einordnung einer Funktion oder Versicherungstätigkeit als wichtig sind in der schriftlichen Leitlinie für die Ausgliederung festzulegen und ihrerseits sich ändernden Umständen anzupassen.

261 Für die Absicht, wichtige Funktionen oder Versicherungstätigkeiten auszugliedern, gilt gemäß § 47 Nr. 8 VAG eine unverzügliche Anzeigepflicht unter Vorlage des Vertragsentwurfs.

262 Die Anzeige sowie alle beizufügenden Unterlagen sind in der Regel in deutscher Sprache einzureichen. Sie können nach Rücksprache mit dem zuständigen Fachreferat auch in englischer Sprache vorgelegt werden. Falls erforderlich, kann auch zu einem späteren Zeitpunkt von dem Unternehmen eine autorisierte Übersetzung angefordert werden.

263 Mit der unterzeichneten Anzeige ist der **Vertragsentwurf vorzulegen**.

264 In der Anzeige sind anzugeben:
- der Name des Dienstleisters,
- die Anschrift des Dienstleisters,
- eine **Beschreibung des Umfangs der Ausgliederung**,
- die **Gründe für die Ausgliederung**,
- im Falle der Ausgliederung einer Schlüsselaufgabe, insbesondere einer der vier gesetzlich vorgeschriebenen Schlüsselfunktionen, der Name der hierfür zuständigen Person beim Dienstleister.

265 Im Falle der Ausgliederung einer Schlüsselaufgabe sind bei der Anzeige keine Unterlagen (wie zum Beispiel Lebenslauf, Führungszeugnis) in Bezug auf die zuständige Person beim Dienstleister einzureichen.

13.5 Ausgliederungsbeauftragter

266 Ein Ausgliederungsbeauftragter ist in dieser Funktion überwachend und beurteilend tätig. Unbeschadet der Letztverantwortung der gesamten Geschäftsleitung für jede Ausgliederung, trägt der jeweilige Ausgliederungsbeauftragte die Verantwortung für die ordnungsgemäße Durchführung der ausgegliederten Aufgaben. Der Ausgliederungsbeauftragte ist verantwortliche Person im Sinne des § 47 Nr. 1 VAG (siehe das Merkblatt zur fachlichen Eignung und Zuverlässigkeit von Personen, die für Schlüsselfunktionen verantwortlich oder für Schlüsselfunktionen tätig sind, gemäß VAG).

267 […] bis 273 […].

13.6 Konzern-/Gruppeninterne Ausgliederung

274 Die Vorgaben zur Ausgliederung gelten auch bei gruppeninternen Ausgliederungen. Die nachfolgenden Anforderungen an gruppeninterne Ausgliederungen gelten für konzerninterne Ausgliederungen entsprechend.

275 Gruppeninterne Ausgliederung darf nicht generell mit weniger Sorgfalt und einer weniger intensiven Überwachung einhergehen. Auch kommt nicht in Betracht, gruppeninterne Ausgliederungen ohne weiteres als nicht wichtig einzustufen.

276 Dennoch kann gruppeninterne Ausgliederung Erleichterungen rechtfertigen, deren Ausprägungen sich im jeweiligen Einzelfall ergeben. Nachstehend werden Beispiele genannt:

277 Die schriftliche Vereinbarung, in der die Rechte und Pflichten beider Parteien in Bezug auf die Ausgliederung zu regeln sind, kann etwa **in der Form eines schriftlichen Service Level Agreements abgefasst werden, wenn seine Inhalte – anders als üblicherweise vor Vertragsabschluss mit einem externen Dienstleister – kein Gegenstand förmlicher Vertragsverhandlungen waren**.

278 Die Überprüfung eines gruppeninternen Dienstleisters vor der Ausgliederung kann unter Umständen weniger detailliert erfolgen, als dies bei einem gruppenexternen Dienstleister angezeigt ist. Das Bestehen von Interessenkonflikten ist jedoch immer zu prüfen.

279 Die Unternehmen müssen einen schematischen Rückgriff auf einen gruppeninternen Dienstleister vermeiden. Denn auch bei einem gruppeninternen Dienstleister besteht die Gefahr, dass dieser seine Dienstleistungen hoch standardisiert erbringt, ohne die Besonderheiten des einzelnen Unternehmens angemessen zu berücksichtigen.

280 Werden Funktionen oder Versicherungstätigkeiten gruppenintern ausgegliedert, so ist genau zu dokumentieren, welche rechtliche Einheit auf welchen Dienstleister welche Funktion oder Versicherungstätigkeit ausgegliedert hat.

13.7 Ausgliederung auf Versicherungsvermittler

[...]

13.8 Ausgliederungs-Leitlinien

284 **Für den gesamten Bereich der Ausgliederung sind schriftliche Leitlinien zu erstellen**. Diese haben die Auswirkungen von Ausgliederungen auf den Geschäftsbetrieb zu berücksichtigen und die bei Ausgliederungen unternehmensindividuell anzuwendenden Verfahrens- und Qualitätsstandards sowie die zu implementierenden Berichts- und Überwachungspflichten vom Beginn bis zum Ende der Ausgliederung festzulegen.

285 Die schriftlichen Leitlinien müssen konsistent in Bezug auf die Geschäftsstrategie des Unternehmens sein.

286 Die schriftlichen Leitlinien haben einen **Überprüfungsprozess für den in Betracht gezogenen Dienstleister zu enthalten**. Folgende Aspekte des Prozesses sind in den schriftlichen Leitlinien mindestens abzudecken:

- finanzielle Leistungsfähigkeit des Dienstleisters,
- **technische Fähigkeit des Dienstleisters**,
- **Kapazität des Dienstleisters, die Ausgliederungs-Leistungen erbringen zu können**,
- Kontrollrahmen,
- etwaige Interessenkonflikte

287 [...].

288 Die Ausgliederungs-Leitlinien müssen darlegen, wie die **Kontinuität und die ungeminderte Qualität der ausgegliederten Funktionen und Versicherungstätigkeiten auch im Fall der Beendigung der Vertragsbeziehung zu dem Dienstleister sichergestellt** werden.

289 In die schriftlichen Leitlinien ist die Verpflichtung aufzunehmen, für ausgegliederte wichtige Funktionen und Versicherungstätigkeiten **Notfallpläne zu entwickeln, die sich mit bei dem Dienstleister auftretenden Störungen befassen**. Zudem haben die Leitlinien den Prozess und die Verantwortlichkeiten zur Aufstellung dieser Notfallpläne zu beschreiben. Die Notfallpläne haben insbesondere zu berücksichtigen, wie die ausgegliederten wichtigen Funktionen und Versicherungstätigkeiten notfalls auf einen anderen Dienstleister übertragen oder in den Geschäftsbetrieb des Unternehmens wieder eingegliedert werden können.

290 [...].

13.9 Sub-Delegation

291 Eine Sub-Delegation ist in der Regel möglich. Die Bedingungen hierfür müssen in den schriftlichen Leitlinien für die Ausgliederung dargelegt sein. Die Sub-Delegation einer wichtigen Funktion oder Versicherungstätigkeit muss von der gesamten Geschäftsleitung oder zumindest vom zuständigen Geschäftsleiter vorab genehmigt werden.

292 Im Übrigen gelten die Ausführungen zu Dienstleistern bezüglich Sub-Dienstleistern entsprechend.

1.1 Arten des Outsourcing

428 Seinen Beginn fand das **Outsourcing** im EDV-Bereich mit der Auslagerung von klassischen **Rechenzentrumsleistungen.** In dieser Fallkonstellation übernimmt typischerweise der Anbieter das Rechenzentrum und stellt dem Kunden dies zur Nutzung zur Verfügung. Es haben sich aber weitere, ebenso wichtige Fallgestaltungen herausgebildet, in denen IT-Leistungen ausgelagert werden. Denkbar ist das Outsourcing von Leistungen für alle Bereiche, Ebenen und Tätigkeiten eines Unternehmens, in denen IT zum Einsatz kommt. Dabei können in einer ersten Näherung drei Bereiche[383] der Auslagerung unterschieden werden, die jeweils einer anderen vertraglichen Regelung bedürfen.

- Zunächst kann es sich um die **Auslagerung der gesamten IT-Infrastruktur** handeln, bspw. um die Auslagerung eines Rechenzentrums.
- Weiter können auch einzelne **IT-Prozesse,** d.h. einzelne Abläufe in der IT ausgelagert werden. Solche Abläufe betreffen z.B. das Helpdesk, das Service Desk, die Wartung von bestimmten zentralen oder dezentralen Hardwaresystemen oder die Pflege von Softwareanwendungen (Application Management).
- Schließlich können auch Geschäftsprozesse im Rahmen eines **Business Process Outsourcing** ausgelagert werden. Bei diesen Abwicklungsleistungen handelt es sich nicht um reine IT-Leistungen, aber meist sind davon Leistungsgebiete erfasst, die IT-gestützt sind, z.B. Buchhaltung, Controlling oder Rechnungswesen.

429 Ein besonderer Anwendungsfall ist das sog. **Offshore Outsourcing;** mit diesem Begriff bringt man zum Ausdruck, dass die Leistungen auf ein Unternehmen außerhalb der Europäischen Union ausgelagert werden (z.B. nach Indien). Bei sog. **Shared Services** werden Outsourcingleistungen zur Nutzung von Synergieeffekten gegenüber einer Vielzahl von Kunden erbracht. Teilweise wird auch das Application Service Providing zum Outsourcing gezählt.

1.2 Vertragstypologische Einordnung

430 Bei der Einordnung des Outsourcings-Vertrages gilt es zunächst, den Übertragungsakt (Betriebsmittel) als solchen nebst der Übertragungs- bzw. Übergangsphase (Transitionsphase) von der eigentlichen laufenden Leistungserbringung zu trennen. Der Übertragungsteil wird häufig vorwiegend kaufrechtlichen Vorschriften unterliegen. I.Ü. ist eine vertragstypologische Zuordnung aufgrund der unterschiedlichen Outsourcing-Arten und Leistungsverpflichtungen kaum möglich. Abzustellen ist auf die zu erbringenden Leistungen im Einzelfall, eine Zuordnung kommt unter das Werk-, Dienst- oder Mietvertragsrecht in Betracht.

1.3 Inhalt des Outsourcing-Vertrages

431 Zumeist handelt es sich bei einem Outsourcing-Vertrag um einen **Rahmenvertrag,** der die grundlegenden Rechte und Pflichten der Parteien regelt und, jedenfalls jenseits des Übertragungsakts, **Dauerschuldcharakter** aufweist.

432 Der Vertragsaufbau folgt insoweit der üblichen Gestaltung von Verträgen im IT-Bereich und beginnt mit einer Präambel und – soweit erforderlich – technischen, rechtlichen oder sonstigen Definitionen. Sodann werden im Vertragstext die allgemein zu erbringenden Leistungspflichten geregelt wie etwa besondere Sorgfaltspflichten, Qualifikation der Mitarbeiter, Anforderungen an das System etc. Die im Einzel-

383 *Söbbing* ITRB 2004, 44.

nen zu erbringenden Leistungspflichten des Outsourcing-Providers werden in Leistungsscheinen oder „Einzelvereinbarungen" bestimmt. Diese Leistungsscheine sind – wie stets – von erheblicher Bedeutung, da die Regelung des Leistungsinhaltes wesentlicher Vertragsbestandteil ist. Ohne eine weitgehend vollständige, widerspruchsfreie, übersichtliche und unmissverständliche Leistungsbeschreibung sind Unklarheiten absehbar. Die **Leistungsscheine** treffen in der Regel eine Aussage darüber, **welche Leistungen** geschuldet sind und wie die Aufnahme der Leistung nach der Transitionphase erfolgt, ggf. erst nach einem Probelauf und nach einer „Abnahme" der bereitgestellten Leistungen. Die **Qualitätsanforderungen** an die zu erbringenden Leistungen werden oft in **Service Level Agreements** vereinbart, wobei zumindest der Service in der gleichen Qualität zu erbringen ist wie vor der Outsourcing-Maßnahme („Service as before"). SLAs enthalten die Qualitätsparameter für die Leistung, z.B. Aussagen über die Verfügbarkeit des Systems, Wartungsfenster, Reaktionszeiten, Fehlerbehebungszeiten, Servicezeiten, Betriebszeiten, Security Levels etc. Zur Kontrolle, ob die Leistungen so wie geschuldet erbracht werden, werden auch Messgrößen und Leistungskennzahlen festgelegt. Bei Nichteinhaltung können Vertragsstrafen vorgesehen werden oder Kürzungen der Vergütung. Bei einem Überschreiten der Leistungen kann auch eine „Erfolgsprämie" (Bonus-Malus-Regelung) gezahlt werden.

Die Leistungserbringung im weitesten Sinne erfolgt in verschiedenen Phasen. Zu trennen ist die Phase, in der ggf. ein Konzept entwickelt wird und Betriebsmittel und Personen auf den Outsourcing-Provider übergehen (Transitionsphase) von der sich daran anschließenden Phase der laufenden Leistungserbringung, wobei sich diese Phasen auch teilweise überschneiden können, wenn man sie je zu übertragender Leistungsart betrachtet. Im Rahmen einer Outsourcing-Maßnahme werden Phasenpläne erstellt, in denen auch Termine sowie die Konsequenzen deren Nichteinhaltung bestimmt werden. **433**

Daneben enthalten Outsourcing-Verträge die üblichen Regelungen zu Mitwirkungspflichten des Auftraggebers, zum Change-Management, zur Organisation der Zusammenarbeit (Projektmanagement, Eskalationsmanagement), Haftung, Subunternehmern, Geheimhaltungsklauseln, Datenschutz, Vertragslaufzeit und Kündigungsmöglichkeiten etc. Handelt es sich bei den übernommenen Leistungen um Werkleistungen, ist die Abnahme zu regeln. Auch die Vergütung bedarf einer Regelung, wobei verschiedene Vergütungsmodelle denkbar sind. Möglich ist auch hier eine Pauschalvergütung etwa für Basisleistungen unter Vereinbarung einer aufwandsabhängigen Vergütung im Übrigen. **434**

Weiter bedürfen auch Outsourcing-Verträge in verschiedener Hinsicht einer Regelung über die Einräumung von Rechten: Geregelt werden muss zunächst, welche Nutzungsrechte das auslagernde Unternehmen auf den Auftragnehmer übertragen kann, damit dieser umgekehrt gegenüber dem auslagernden Unternehmen die Leistungen erbringen kann. So ist denkbar, dass Nutzungsrechte, die ein Dritter dem auslagernden Unternehmen gewährt hat, nicht übertragbar sind, so dass der Auftragnehmer eigene Nutzungsrechte über gesonderte Vereinbarungen erwerben muss, während die Lizenzen beim auslagernden Unternehmen brach liegen. Selbstverständlich ist zu regeln, wem die Rechte an Arbeitsergebnissen zustehen, insbesondere, wenn im Zuge der Outsourcing-Maßnahme individuelle Lösungen für die „körperliche" Übernahme der erbrachten Leistung in das auslagernde Unternehmen zugeschnitten werden (Schnittstellenprogrammierung). In der Regel wird sich der Auftraggeber zeitlich unbefristete, räumlich unbegrenzte, ausschließliche und übertragbare Nutzungs- und Verwertungsrechte einräumen lassen. **435**

436 Bereits im Outsourcing-Vertrag ist festzuhalten, wie bei einer **Vertragsbeendigung** verfahren wird. So können die Leistungen etwa von einem nachfolgenden Outsourcing-Provider weitergeführt werden oder es kann ein Backsourcing der Leistungen stattfinden. Während des Übergabezeitraums können den Outsourcing-Provider **Unterstützungspflichten** treffen, z.B. bei der Remigration von Daten.

1.4 Arbeitsrechtliche Aspekte

437 Das Outsourcing von IT-Leistungen kann in verschiedener Hinsicht arbeitsrechtlich relevant werden.

438 In der Transitionsphase können Betriebsmittel und Personal auf den Outsourcing-Provider übergehen. Dazu regelt § 613a BGB, dass bei Übergang eines Betriebs oder Betriebsteils durch Rechtsgeschäft auf einen anderen Inhaber, dieser in die Rechte und Pflichten aus den im Zeitpunkt des Übergangs bestehenden Arbeitsverhältnissen eintritt. Durch das Outsourcing von IT-Leistungen kann es also zu einem (Teil-)**Betriebsübergang** kommen, der die Folgen des § 613a BGB auslöst.

439 Die Outsourcing-Maßnahme hat zudem noch eine betriebsverfasssungsrechtliche Seite und stellt sich in aller Regel als sozialplanpflichtige Betriebsänderung dar (§§ 110 ff. BetrVG).

440 Als weiterer Gesichtspunkt kann hinzukommen, dass Arbeitnehmer des Outsourcing-Providers im Unternehmen des Auftraggebers tätig werden. Dabei kann es sich um eine erlaubnispflichtige Arbeitnehmerüberlassung nach dem **Arbeitnehmerüberlassungsgesetz** (AÜG) handeln. Ist dies der Fall, müssen die Regelungen des AÜG sowohl in dem Vertrag als auch bei dessen Durchführung beachtet werden.

2. Backsourcing

441 Von **Backsourcing** spricht man, wenn eine im Rahmen des Outsourcing durch einen externen Dienstleister erbrachte Leistung wieder in das Unternehmen eingegliedert wird. Beim Auslaufen von Outsourcing-Verträgen hat der Auftraggeber die Möglichkeit, den Vertrag zu verlängern, die Leistungen zu zerstückeln und auf verschiedene Outsourcing-Provider zu verteilen (Multi-Sourcing-Strategie), um das Outsourcing-Risiko auf mehrere Anbieter zu verteilen, oder den Provider zu wechseln ein oder mehrere andere Unternehmen mit der Outsourcing-Maßnahme zu betrauen. Der Auftraggeber kann sich aber auch dazu entschließen, die Leistungen wieder in das Unternehmen einzugliedern und nun intern zu erbringen.

442 Eine Zurückführung der Leistungen kann auf Schwierigkeiten stoßen und bedarf bereits im Outsourcing-Vertrag einer ausdrücklichen Regelung. Möchte der Auftraggeber die Leistungen zurückholen, ist er von der Kooperation des Outsourcing-Providers abhängig. Der Outsourcing-Provider wird dem Auftraggeber bei der Rückübertragung von Personal, Assets und Wissen nicht ohne weiteres entgegenkommen. Der Outsourcing-Provider sollte daher bereits im Outsourcing-Vertrag zur Rückgabe und Mitwirkung in der Übergangszeit verpflichtet werden. Dazu gehört auch die Regelung über die Rückgabe von Daten und der Kosten, die dem Outsourcing-Provider durch das Backsourcing entstehen.[384]

384 Vgl. *Grützmacher* ITRB 2004, 282 und 260 zu Herausgabeansprüchen von Daten.

VII. Hard-/Softwarevertriebsverträge, Großhändlerverträge, OEM-Gestaltungen

Hard- und Software wird oft nicht direkt an den Endkunden veräußert, sondern über Händler vertrieben. Die erforderlichen Vertriebsverträge können auch zwischen Händlern verschiedener Handelsstufen geschlossen werden. Hier sollen lediglich einige Besonderheiten des Vertriebs von IT-Produkten angesprochen, nicht aber auf die allgemeinen Probleme des Vertriebsrechts, insbesondere des Handelsvertreter, Franchise- oder Vertriebshändlerrechtes eingegangen werden. **443**

Zu beachten ist weiter, dass bei Vertriebsverträgen generell ein Blick in das Kartellrecht, insbesondere auf die Gruppenfreistellungsverordnung für Vertikalvereinbarungen, zu werfen ist,[385] insbesondere unter dem Blickwinkel der Ausschließlichkeit, der Preisbildung und der Aufteilung von Kunden und Märkten. **444**

1. Hardwarevertriebsverträge

In einfach gelagerten Fallkonstellationen des Hardwarevertriebs übernimmt ein Händler den Vertrieb des Hardwareproduktes des Herstellers. Dies kann ein Großhändler oder ein Kommissionshändler sein, denkbar ist auch Franchising. Der Händler kann dazu den Namen und das Zeichen des Herstellers nutzen, er kann daher ein Originalprodukt anbieten.[386] **445**

In der Regel erhält der Händler einen internen Rabatt, geht aber zugleich eine **Mindestabnahmeverpflichtung** ein. Welche Konsequenzen ein Verstoß gegen die Mindestabnahmepflicht hat, sollte vertraglich explizit geregelt werden. **446**

Hardware wird meist nicht ohne zugehörige Betriebssystemsoftware vertrieben, da die Hardware ohne diese nicht funktionsfähig ist. Daher muss der Hersteller der Software, der nicht zwingend mit dem Hardwarehersteller übereinstimmen muss, dem Händler auch das Recht einräumen, die entsprechende Software zu vertreiben. **447**

Vertriebsverträge können auch als Alleinvertriebsverträge bzw. Exklusivvertriebsverträge geschlossen werden. Der Händler erhält dann das Recht, ein Produkt insgesamt oder in einem bestimmten Bereich exklusiv zu vertreiben. **448**

2. Softwarevertriebsverträge

Softwarevertriebsverträge können unterschiedliche Erscheinungsbilder aufweisen. Auch hier können wieder Vertriebsformen wie der Vertrieb durch Handelsvertreter, Vertragshändler oder Kommissionäre gewählt werden. Eine Möglichkeit ist, dass der Softwarehersteller einen Dritten dazu ermächtigt, die Software im eigenen Namen dem Endkunden zu überlassen. **449**

Eine typische Fallkonstellation ist der sog. VAR-Vertrag. Der sog. **Value-Added-Resale-Vertrag (VAR-Vertrag)** ist ein Vertriebsvertrag, bei dem ein Hersteller Hard- oder Softwareprodukte eines mit ihm über den VAR-Vertrag verbundenen Dritten bearbeitet, um diese anschließend gewinnbringend weiterzuveräußern.[387] **450**

---

385 Vgl. dazu *Seffer/Beninca* ITRB 2004, 210.
386 *Schneider* Handbuch des EDV-Rechts, N Rn. 19.
387 *Steckler* Grundzüge des IT-Rechts, S. 270.

451 Eine weitere Vertriebsform ist ein sog. Software-House-Assistence-Programm **(SHAP-Vertrag)**, bei dem der Softwarehersteller die Hardware mit eigener oder möglicherweise auch zusätzlich fremder Software veräußert. Zwischen dem Hersteller und dem Softwareanbieter bestehen meist gesellschaftsrechtliche Bindungen oder eine Zusammenarbeit auf Provisionsbasis. Mit dem Endkunden werden dann durch den SHAP-Partner einzelne Verträge geschlossen.

3. Großhändlerverträge

452 Bei Großhändlerverträgen können unterschiedliche Fallgestaltungen gewählt werden. Der Großhändler kann zum einen von seinem Hersteller eine Mastercopy erhalten, von dieser die für seine Kunden erforderlichen Kopien angefertigt werden. Er kann andererseits aber auch die entsprechende Anzahl von Kopien direkt vom Hersteller beziehen und diese an seine Kunden weiter vertreiben. In letzterer Konstellation werden über die zu vertreibenden Produkte sowohl zwischen dem Hersteller und dem Händler als auch zwischen Händler und seinen Kunden Kaufverträge geschlossen. Meist werden in einem Rahmenvertrag zwischen dem Hersteller und dem Großhändler die einzelnen Vertragsmodalitäten, beispielsweise die Nutzungsrechte der Marke, Exklusivvertriebsrechte, Mindestabnahmesummen etc. geregelt. Hingegen beinhaltet die erste Vertragskonstellation, in der der Händler über eine Mastercopy verfügt, meist lizenzvertragliche Elemente.[388]

4. OEM-Gestaltungen

453 Inhalt des **Original-Equipment-Manufacturer-Vertrags (OEM-Vertrag)** ist der Vertrieb von Originalprodukten. Der Veräußerer/Lieferant/Hersteller wird hier als OEM, der Händler als OEM-Partner bezeichnet. Der OEM-Partner beschafft sich Hard- und Software, die meist von verschiedenen Herstellern stammen und erhält von dem oder den Herstellern (OEM) die Vertriebsrechte sowie die Markenrechte. Außerdem erlangt er günstige Konditionen in Form von Rabatten. Der OEM-Partner vertreibt Produkte, die er nicht selbst hergestellt hat, was für ihn vorteilhaft ist, da er gegenüber seinen Kunden eine Produktvielfalt vorhält. Der OEM-Vertrag als Vertriebsmodell muss von der OEM-Klausel unterschieden werden. Dort bedeutet OEM, dass die Software nur mit der dazugehörigen Hardware (Bundling) zu einem günstigen Preis verkauft werden soll (OEM-Klausel).

454 Zwischen OEM-Partner und OEM wird meist ein **Rahmenvertrag** (Dauerschuldverhältnis) geschlossen, in dem die gegenseitigen Rechte und Pflichten geregelt werden. Typischerweise geregelt werden die Lieferverpflichtung des Herstellers, Vermarktungsrechte des OEM-Partners, die Produktbeschaffenheit, die Durchführung der konkreten Bestellungen, der Lieferverzug und Fragen der Preisgestaltung, Abnahme und Gewährleistung. In dem Rahmenvertrag werden vielfach weder für den OEM noch für den OEM-Partner zwingende Abnahmemengen vereinbart, sondern die Abnahmestückzahlen ergeben sich durch die einzelnen Kaufanträge.[389] In dem Vertrag wird meist eine Lieferverpflichtung des OEM vereinbart, die aber je nach vertraglicher Ausgestaltung nicht mit einer Pflicht zum Bezug der Ware korrespondiert.

388 *Redeker* IT-Recht, Rn. 819.
389 *Schneider* Handbuch des EDV-Rechts, N. Rn. 3.

Diese Lieferverpflichtung kann durch eine Obergrenze eingeschränkt werden, die für jedes Produkt gesondert ausgewiesen werden kann.

Ein wichtiger Regelungspunkt in dem Rahmenvertrag ist auch die Durchführung von **455** **Bestellungen.** Dabei bedarf es zunächst einer Klärung, in welcher Form Bestellungen erfolgen müssen, z.B. schriftlich, per E-Mail oder mittels eines bestimmten Formulars. Die ordnungsgemäße Bestellung stellt als Kaufangebot die Voraussetzung für den Abschluss eines Einzelvertrages dar. In dem Rahmenvertrag können Gründe definiert werden, bei deren Vorliegen der OEM die Lieferung verweigern darf und auch Gründe, die den OEM-Partner zu einer Stornierung seiner Bestellung berechtigen, ggf. gegen Zahlung einer bestimmten Abstandssumme. Meist wird auch vereinbart, dass für einen bestimmten Zeitraum, für den eine Lieferung verschoben wird, ein bestimmter Abschlag an den OEM zu zahlen ist. In dem Rahmenvertrag kann auch die Verpflichtung des OEM-Partners vorgesehen werden, für bestimmte Zeiträume Planungen über den voraussichtlichen Bezug abzugeben (Forecast).

Die **Produktbeschreibung** erfolgt in einem Anhang zu dem Vertrag. In dieser wird das **456** Sortiment, welches der OEM zum Weiterverkauf zur Verfügung stellt, festgelegt. Der OEM kann das Bedürfnis haben, aufgrund der Weiterentwicklungen auf dem EDV-Markt seine Produkte entsprechend anzupassen und zu verändern. Daher enthalten Rahmenverträge Vereinbarungen darüber, in welchem Umfang Änderungen zulässig, wie lange im Voraus sie dem OEM-Partner mitzuteilen sind und vor allem, wann sie der Zustimmung des OEM-Partners bedürfen. Der OEM wird in den Vertrag eine Preisanpassungsklausel aufnehmen wollen. All diese Vereinbarung müssen sich in AGB aber an den §§ 307 ff. BGB messen lassen.

Bei einer solchen Vertriebskonstellation müssen dem OEM-Partner umfangreiche **457** Rechte eingeräumt werden. Dazu gehört zunächst das Recht, die Produkte (ggf. exklusiv) vertreiben zu dürfen, das Recht, diese mit dem eigenen Zeichen zu versehen und schließlich auch die entsprechenden Nutzungsrechte. Außerdem muss geregelt werden, ob der OEM-Partner ggf. ein Warenzeichen des OEM entfernen darf.

Die Mangelhaftung des OEM-Partners gegenüber dem Endkunden ist nach Kaufrecht **458** zu beurteilen.[390] Der OEM-Partner ist nach § 4 ProdHaftG als Quasi-Hersteller verantwortlich, wenn das Produkt einen Fehler aufweist ist und bei dem Endkunden oder einem Dritten einen Schaden verursacht hat. Der OEM-Partner und der OEM haften nach § 5 ProdhaftG als Gesamtschuldner. Ggf. haftet der OEM-Partner auch als Hersteller, da er unterschiedliche Geräte zusammensetzt. Zu regeln ist, wie bei einer Inanspruchnahme des OEM-Partners durch Dritte (gemeinsam) vorzugehen ist und ob und wie ein Rückgriff auf den OEM bei von diesem verursachten Mängeln und Schäden zu erfolgen hat.

Rückgriffsrechte des OEM-Partners können sich auch aus den §§ 478 ff. BGB ergeben. **459** Besonders wichtig ist die Regelung des § 479 Abs. 2 BGB. Danach tritt die Verjährung der in den §§ 437 und 478 Abs. 2 BGB bestimmten Ansprüchen des Unternehmers gegen seinen Lieferanten wegen des Mangels einer an einen Verbraucher verkauften neu hergestellten Sache frühestens zwei Monate nach dem Zeitpunkt ein, in dem der Unternehmer die Ansprüche des Verbrauchers erfüllt hat.

390 *Steckler* S. 270.

VIII. Quellcodehinterlegung/Escrow

460 Der Begriff der Software-Hinterlegung beschreibt keinen feststehenden Sachverhalt. Vielmehr sind unterschiedliche Lebenssachverhalte denkbar, die als Software-Hinterlegung im weitesten Sinne verstanden werden können. Unter „Software-Hinterlegung" wird die Verwahrung des Quellcodes einschließlich der Dokumentationen durch einen Dritten (sog. **Escrow-Agent**) verstanden. Daher wird die Software-Hinterlegung auch als Quellcode-Hinterlegung oder Source-Code-Escrow bezeichnet.

461 Ob der Anwender gegen den Anbieter aus dem Liefer- bzw. Erstellungsvertrag überhaupt einen Anspruch auf Herausgabe des Quellcodes hat, wird nicht einheitlich beurteilt. In der Rspr. ist noch nicht vollständig geklärt, ob ohne eine ausdrückliche vertragliche Vereinbarung ein Anbieter von anzupassender oder zu erstellender Software dazu verpflichtet ist, den Quellcode an den Kunden herauszugeben. Die Anbieter wollen den Quellcode als ihr Know-how, wichtiges Wirtschaftsgut und „Herzstück" der Software möglichst nicht an Dritte herausgeben. Nach der weitgehend herrschenden Meinung besteht bei Standardsoftware kein Anspruch auf Herausgabe des Quellcodes.[391] Der BGH machte bei fehlender Vereinbarung die Pflicht zur Herausgabe des Quellcodes von den Umständen des jeweiligen Einzelfalls abhängig. Neben der Höhe des Werklohns soll dabei insbesondere dem Umstand Bedeutung zukommen, ob das Programm zur Vermarktung durch den Auftraggeber erstellt wurde und dieser zur Wartung und Fortentwicklung des Programms des Zugriffs auf den Quellcode bedürfe.[392] Daher kann nach den jeweiligen Umständen des Einzelfalls möglicherweise auch ohne vertragliche Regelung ein Anspruch auf Herausgabe des Quellcodes bestehen, wenn besondere Voraussetzungen vorliegen. Die Entwicklung der Rspr. im Einzelnen bleibt jedoch abzuwarten.

1. Grundkonstellation

462 Ein **Grundschema** der Vertragsbeziehungen beim Escrow stellt sich wie folgt dar: Ein Anbieter von Software hat sich zur Überlassung von Software gegenüber einem Kunden verpflichtet, d.h. zwischen dem Anbieter und dem Kunden besteht ein Softwareüberlassungsvertrag, sei es als Kauf-, Werk oder Mietvertrag. Dritte Partei in dieser Konstellation ist der Escrow-Agent bzw. die Hinterlegungsstelle (Three-Parties-Agreement). Diese schließt jeweils einen **Hinterlegungsvertrag** mit dem Anbieter und dem Kunden. Dort werden die Rechte und Pflichten des Escrow-Agenten gegenüber dem Anbieter und dem Kunden geregelt, was zum Vorliegen einer mehrseitigen Vertragsbeziehung führt.

463 Als Partei des Hinterlegungsvertrags kommt auch ein **Reseller**, d.h. derjenige, der die Software vertreibt, in Betracht. Oft übernehmen Dritte den Vertrieb der Software für den Hersteller ohne den Quellcode nutzen zu können. Insofern verpflichten sich die Hersteller, die entsprechenden Fehlerbehebungen durchzuführen, damit der Reseller gegenüber den Kunden seinen Gewährleistungs- und Pflegevereinbarungen nachkommen kann. Fällt der Hersteller weg, so muss der Reseller dafür sorgen, dass er weiterhin den Verpflichtungen gegenüber seinen Kunden nachkommen kann. Teilweise hinterlegen Anbieter den Quellcode auch für mehrere noch unbekannte Kunden, die

391 Schneider/von Westphalen/*Schneider* Software-Erstellungsverträge, J Rn. 21; *OLG München* CR 1992, 208.

392 *BGH* NJW-RR 2004, 782.

mangels Abschlusses entsprechender Überlassungsverträge nicht bekannt sind (Two-Parties-Agreement). Vorteil davon ist, dass der Anbieter bei Bedarf schnell beliebig viele Überlassungsverträge und entsprechende Hinterlegungsvereinbarungen abschließen kann. In der Praxis wird auch eine **Hinterlegung** des Quellcodes **durch den Kunden** betrieben. Dies erfolgt derart, dass der Kunde als Eigentümer den Quellcode hinterlegt. Der Kunde bewahrt den Quellcode in einem versiegelten Behältnis auf, welches erst nach Eintritt eines zuvor festgelegten Herausgabefalls wieder geöffnet werden darf. In dieser Konstellation wird im Überlassungsvertrag die Eigentümerstellung des Kunden schuldrechtlich stark eingeschränkt. Diese Konstellation hat zum Nachteil, dass sich der Quellcode im Machtbereich des Kunden befindet und dessen ordnungsgemäße Verwahrung nur begrenzt überwacht werden kann.

2. Zweck der Hinterlegung

Die Hinterlegung des Quellcodes dient für den Kunden folgenden Zwecken: **464**

- **Absicherung** des Kunden für den Fall, dass Pflegeleistungen nicht mehr erbracht werden,
- Sicherung seiner **Investition,** d.h. der Kosten für die Softwareüberlassung und weiterer Leistungen. Er möchte während der „Lebensdauer" der Software die Möglichkeit haben, Fehler zu beseitigen, Anpassungen oder Änderungen vorzunehmen sowie die Software ggf. zu erweitern, damit sich seine Investition in die Software auszahlt.
- Verfügbarkeit des Quellcodes im Fall der **Insolvenz**,
- **„Befundsicherung"** bei Streitigkeiten über Entwicklungsstände[393] durch eine regelmäßige Hinterlegung der aktualisierten Entwicklungsstände,
- **Absicherung der Arbeitsergebnisse** bei Entwicklungsprojekten mit mehreren Partnern.[394]

Zu bedenken ist dabei immer, dass auch die Quellcodeherausgabe in der Praxis nicht automatisch dazu führt, dass tatsächlich das fachliche Wissen vorhanden ist, Veränderungen vornehmen zu können. Bei komplexen Programmen können bei schwerwiegenden Problemen meist nur die Programmierer helfen, den Fehler zu beheben oder umfassende Änderungen vorzunehmen, Dritte, die den Quellcode erhalten, benötigen viel zu lange für die Einarbeitung. Der Ausweg bei Insolvenz (s. nachfolgend Rn. 468 ff.) des Herstellers einer unternehmenskritischen Anwendung ist daher nicht die Hinterlegung des Quellcodes, sondern die zumindest vorübergehende Übernahme der entsprechenden Arbeitskräfte bzw. Programmierer. **465**

Für den Anbieter ist die Hinterlegung von Vorteil, da er sicher sein kann, dass der Kunde den Quellcode nur im Herausgabefall erhält. Dies verhindert beispielsweise, dass der Kunde Veränderungen an der Software vornimmt und so unterschiedliche Versionen der Software entstehen. Weiter schützt eine Hinterlegung die Software des Herstellers durch die Auslagerung an einen weiteren Ort in tatsächlicher Hinsicht: Bei Brand, Diebstahl oder ähnlichen Vorkommnissen kann auf den hinterlegten Quellcode zurückgegriffen werden. **466**

393 Schneider/von Westphalen/*Schneider* Software-Erstellungsverträge, J Rn. 7.
394 Kilian/Heussen/*Karger* Kap. 21 Rn. 8.

3. Vertragstypologische Einordnung

467 Bei der Hinterlegung des Quellcodes handelt es sich gerade nicht um eine Hinterlegung i.S.d. §§ 372 ff. BGB i.V.m. der Hinterlegungsordnung, da hier kein förmliches Hinterlegungsverfahren durchgeführt wird. Der Escrow-Vertrag zwischen dem Escrow-Agenten und Kunde bzw. Anbieter wird überwiegend als **Geschäftsbesorgungsvertrag** eingeordnet.[395] In dinglicher Hinsicht ist danach zu differenzieren, ob der Anbieter dem Escrow-Agent oder sogar dem Kunden das Eigentum an dem überlassenen Gegenstand einräumt.

4. Insolvenzfestigkeit der Hinterlegung

468 Würde der Quellcode zur Insolvenzmasse gehören oder hätte der Insolvenzverwalter die Möglichkeit, die Hinterlegung anzufechten oder durch Ausübung eines Wahlrechts nach § 103 InsO auf das hinterlegte Material Einfluss zu nehmen, so würde bei Ausübung der entsprechenden Rechte der Sicherungszweck beim Anbieter gefährdet. Ein **Sonderproblem** der Quellcodehinterlegung ist daher die umstrittene **Insolvenzfestigkeit**, zumal Gesetzesinitiativen zur Regelung des Insolvenzrechts für Lizenzen (§ 108 InsO) bisher nicht umgesetzt wurden. Die möglicherweise fehlende Insolvenzfestigkeit ist für den Kunden ungünstig, da er ja durch die Hinterlegung gerade auch den Fall der Insolvenz des Anbieters absichern möchte.[396]

469 Ob die Hinterlegung insolvenzfest ist, ist von der einzelnen Fallgestaltung abhängig. So kann es darauf ankommen, ob die Einräumung von Rechten tatsächlich endgültig ist.

470 Die Lit. diskutiert dabei unterschiedliche Lösungsmöglichkeiten, die zu einer Insolvenzfestigkeit der Hinterlegung führen könnten.[397] Da Rspr. kaum vorhanden ist, muss bei Abfassung einer Hinterlegungsvereinbarung aus Sicht des Anwenders immer überlegt werden, ob und ggf. wie die Hinterlegung insolvenzfest gestalten werden kann. Eine Entscheidung des BGH[398] über die Insolvenzfestigkeit einer aufschiebend bedingten Verfügung über künftig entstehenden Quellcode und die Rechte daran betrifft diese Fälle nur am Rande und kann daher nur eine tendenzielle Entwicklung aufzeigen. Der BGH[399] geht davon aus, dass aus einem ausschließlichen Nutzungsrecht abgeleitete einfache Nutzungsrechte bei Rückruf (§ 41 WhG) nicht an den Rechteinhaber zurückfallen. Dies lässt sich ggf. auch für die Insolvenzsituation nutzbar machen, wenn man davon ausgeht, dass der Escrow-Agent in der Rolle desjenigen ist, der dem Anbieter einfache Rechte vermitteln soll.

471 Mithin bleiben viele Fragen ungeklärt, so dass teilweise sogar im Hinblick auf das Insolvenzrisiko geraten wird, den Quellode einer individuell erstellten Software, an der dem Kunden alle Rechte zustehen sollen, sofort dem Kunden zu überlassen[400] und ggf. mit einem Siegel zu versehen, dessen Erbrechen ohne Vorliegen eines vorab vereinbarten sachlichen Grundes zu einer sehr erheblichen Vertragsstrafe führt. Naturgemäß braucht der Hersteller dann auch ein jederzeitiges Recht zur Prüfung des Siegels.

395 Kilian/Heussen/*Karger* Kap. 21 Rn. 4; Schneider/von Westphalen/*Schneider* Software-Erstellungsverträge, J Rn. 69; *Roth* ITRB 2005, 283.

396 Vgl. *Rath* CR 2013, 78 ff.

397 Vgl. dazu ausf. Schneider/von Westphalen/*Schneider* Software-Erstellungsverträge, J Rn. 39 ff; *Grützmacher* CR 2006, 289; *Roth* ITRB 2005, 283.

398 *BGH* GRUR 2006, 435.

399 *BGH* v. 26.3.2009, GRUR 2009, 946.

400 *Redeker* ITRB 2006, 212.

4.1 Hinterlegung bei einer Hinterlegungsstelle

Bliebe der Anbieter Eigentümer, so könnte das hinterlegte Material nach § 35 InsO zur Insolvenzmasse gehören.[401] Daher ist dem Kunden oder dem Escrow-Agent das Eigentum zu übertragen,[402] wobei sich hier wiederum die Frage stellt, ob Software überhaupt eine Sache ist.[403] **472**

Alleine dadurch lässt sich aber eine Insolvenzfestigkeit der hinterlegten Gegenstände nicht erreichen. Problematisch ist, dass bereits die wirtschaftliche Zuordnung unabhängig vom dinglichen Eigentum ausreichen kann, um eine Masseverbindlichkeit zu begründen.[404] Hat die Hinterlegungsstelle „Eigentum" an dem Material erworben, könnte der Insolvenzverwalter bei dem Vorliegen eines **Treuhandverhältnisses** die Herausgabe verlangen, da das Vermögen weiterhin dem Anbieter zuzuordnen wäre. Teilweise wird diese Art der Hinterlegung als **fremdnützige Verwaltungstreuhand** eingeordnet.[405] Dieses Treuhandverhältnis erlischt mit Eröffnung des Insolvenzverfahrens nach den §§ 115, 116 InsO, so dass das Treugut an den Insolvenzverwalter herausgegeben werden muss. Andere Auffassungen wenden sich gegen das Vorliegen eines Treuhandverhältnisses mit dem Argument, dass die Hinterlegungsstelle lediglich Eigentum an den körperlichen Gegenständen erhalte, nicht aber Rechtsinhaber der verkörperten Daten und Informationen werde.[406] **473**

Teilweise wird auch von einer **Doppeltreuhand** ausgegangen, da die Hinterlegungsstelle sowohl für den Anbieter als auch für den Kunden treuhänderisch tätig würde, wobei auch dann das Treugut der Masse zugehört und dem Treuhänder lediglich ein Absonderungsrecht zusteht.[401] Dagegen wenden sich weitere Literaturmeinungen mit der Begründung, dass die Sicherungsübereignung nur ein Absonderungsrecht und daher nur ein besitzloses Pfandrecht sei. Die Hinterlegung von Software diene aber im Gegensatz zum besitzlosen Pfandrecht der Geltendmachung der urheberrechtlichen Befugnisse des Kunden.[407] **474**

Weiter wird unter Bejahung eines Treuhandvertrages darauf hingewiesen, dass eine Verpflichtung zur Übertragung des Treugutes auf den Insolvenzverwalter nur dann bestehe, wenn das Treugut nicht bereits endgültig aus dem Vermögen des Treugebers ausgeschieden sei. Dies müsse mittels Auslegung der getroffenen Treuhandabrede ermittelt werden.[401] Gestützt wird diese Auffassung auf ein Urteil des BGH,[408] der von der Verpflichtung zur Übertragung des Treugutes auf den Insolvenzverwalter nur ausgehe, wenn das Treugut nicht bereits endgültig aus dem Vermögen des Treugebers ausgeschieden sei. Danach müsste aus der Hinterlegungsvereinbarung klar hervorgehen, dass das Material endgültig aus dem Vermögen des Anbieters ausscheiden soll. **475**

---

401 *Roth* ITRB 2005, 283.

402 *Roth* ITRB 2005, 283; Schneider/von Westphalen/*Schneider* Software-Erstellungsverträge, J Rn. 97, hält eine Konstruktion für wahrscheinlich insolvenzfest, in der der Kunde die Materialien, den Quellcode und die Dokumentation zu „Eigentum" erhält, wobei er auch hier auf die Problematik der Software als Sache hinweist.

403 Schneider/von Westphalen/*Schneider* Software-Erstellungsverträge, J Rn. 64.

404 *Roth* ITRB 2005,283.

405 *Paulus* CR 1994, 84; vgl. dazu auch *Grützmacher* CR 2006, 289.

406 *Bömer* NJW 1998, 3321.

407 *Redeker* ITRB 2006, 212.

408 *BGH* NJW 1962, 2000.

476 Außerdem kann ein Anfechtungsgrund nach den §§ 130 ff. InsO bestehen. So kann unter den Voraussetzungen des § 133 InsO eine Anfechtung wegen Gläubigerbenachteiligung in Betracht kommen. Durch entsprechende Vertragsgestaltung kann einer Anfechtung nach § 134 InsO wegen einer unentgeltlichen Leistung möglicherweise entgegengewirkt werden, indem im Überlassungsvertrag und in dem Hinterlegungsvertrag deutlich gemacht wird, dass es sich um entgeltliche Geschäfte handelt.

477 Letztlich bleibt zu prüfen, wie sich ein etwaiges Wahlrecht des Insolvenzverwalters nach § 103 InsO auswirken würde. Haben die Parteien ihre Vertragspflichten eines gegenseitigen Vertrags nicht vollständig erfüllt, steht dem Insolvenzverwalter ein Wahlrecht zu, ob er den Vertrag erfüllt oder nicht. Daher bietet es sich an, darauf zu achten, dass die Pflichten erfüllt werden. Weiter muss geprüft werden, ob bei der Wahl der Nichterfüllung die Rückgabe des Materials an den Insolvenzverwalter zu erfolgen hat.[409]

4.2 Hinterlegung beim Kunden

478 Die Hinterlegung beim Kunden derart, dass dieser die Materialien verschlossen verwahrt und erst bei Eintritt eines Herausgabefalls öffnet und Rechte daran erhält ist ebenfalls umstritten. Der Kunde erhält aufschiebend bedingt (§ 158 BGB) die Rechte durch den Anbieter. Bedingung ist der Eintritt eines Herausgabefalls, so auch der Insolvenz. Nach überwiegender Auffassung dürfte die aufschiebend bedingte Übereignung bzw. Rechtseinräumung aber nicht insolvenzfest sein.[410] Teilweise wird die Anfechtbarkeit der Hinterlegungsvereinbarung in dieser Konstellation unter den Voraussetzungen des § 133 InsO bejaht, da die Gläubiger benachteiligt würden.[411] Nach anderer Auffassung liegt keine Gläubigerbenachteiligung vor, da keine Auswirkungen auf den gebotenen Preis bestehen. Der Kunde erhält meist nur das Recht, die Materialien zu internen Zwecken zu nutzen, nicht aber auch Vermarktungsrechte.

479 In der zweiten Fallkonstellation soll dem Kunden das Material übereignet und diesem eine Selbstverpflichtung auferlegt werden, den Quellcode nur bei Eintritt des Herausgabefalls verfügbar zu machen. Dies entspricht einem auflösend bedingten Nutzungsverbot. Auch hier stellt sich wieder die Frage des § 133 InsO sowie Fragen, ob und welche Treuhandart vorliegt und welche Folgen daran zu knüpfen sind.

5. Vertragsinhalt

480 Trotz der Probleme, die eine Hinterlegungsvereinbarung in der Insolvenz aufwirft, sollen hier die in der Praxis gängigen Vertragsinhalte dargestellt und ein Überblick über regelungsbedürftige Umstände gegeben werden. Die Quellcodehinterlegung soll gerade dafür eine Absicherung bieten, dass der Anbieter seine Pflichten aus dem Überlassungsvertrag oder einem Pflegevertrag nicht erfüllt. Daher bedarf es einer Synchronisation zwischen den beiden Vertragswerken. Diese sollten sich nicht widersprechen und übereinstimmende Regelungen zur Hinterlegung treffen.

---

409 Ausf. zu diesem Themenkomplex *Roth* ITRB 2005, 283.

410 *Redeker* ITRB 2006, 212; Schneider/von Westphalen/*Schneider* Software-Erstellungsverträge, J Rn. 68.

411 *Paulus* CR 1994, 84.

Bereits im **Überlassungsvertrag** sollten die **Kernpunkte** der Hinterlegung geregelt werden. Dies ist vor allem im Hinblick auf eine vorzeitige Beendigung des Hinterlegungsvertrages z.B. durch eine Kündigung durch den Escrow-Agenten wichtig. Die Parteien müssen in diesem Fall auf eine entsprechende Verpflichtung im Überlassungsvertrag zurückgreifen können, um den Abschluss eines neuen Hinterlegungsvertrages zu ermöglichen. Daher sollte der Überlassungsvertrag insbesondere regeln, dass der Quellcode hinterlegt werden soll, wo eine Hinterlegung erfolgen soll, was genau Gegenstand der Hinterlegung sein soll sowie wann und wie der Quellcode herauszugeben ist (Herausgabeverfahren). Außerdem bietet es sich an, bereits im Überlassungsvertrag zu regeln, welche Rechte dem Kunden zustehen sollen.[412] 481

Ein **Hinterlegungsvertrag,** bei dem es sich um ein dreiseitiges Vertragsverhältnis handelt, trifft schwerpunktmäßig Regelungen zu Art und Umfang der Hinterlegung. Folgende Punkte stellen den Kerninhalt eines solchen Vertrages dar: 482

5.1 Hinterlegungsgegenstand/Hinterlegungsstelle

Zunächst muss beschrieben werden, was genau hinterlegt werden soll. Meist ist Gegenstand der Hinterlegung nicht nur der Quellcode, sondern es werden auch dazugehörige Dokumente oder sogar Hilfsprogramme hinterlegt. Zunächst ist eine Regelung zur Art der Hinterlegung des Quellcodes zu treffen, z.B. ob dieser als elektronische Version auf einem Datenträger in der Programmiersprache und/oder als Druckversion bzw. CD-ROM oder anderen Speichermedien hinterlegt wird. Ebenfalls Gegenstand der Hinterlegung sollte die Programmbeschreibung sein. Der Anwender sollte auch Vereinbarungen dazu treffen, ob diejenige Hilfssoftware, wie bestimmte Entwicklungstools etc., hinterlegt werden soll, die notwendig ist, um die Kompilierung vorzunehmen. Daneben sollte die Verpflichtung vereinbart werden, aktualisierte Fassungen, Patches, Updates oder Upgrades zu hinterlegen, damit jeweils der aktuelle betriebene Stand der Software hinterlegt ist, was aber ggf. hinsichtlich der Insolvenzfestigkeit zu Problemen führen kann, da eine Erfüllung i.S.d. § 103 InsO dann eher nicht gegeben ist. Weiter sollte darauf geachtet werden, dass Verschleißmaterial (d.h. der Datenträger, auf dem die Hinterlegung erfolgt) in regelmäßigen Abständen erneuert wird. 483

Daneben kann zum Gegenstand der Hinterlegung auch eine Angabe der Adressen der Programmierer gehören.[413] Bei komplexer Software können meist nur die Programmierer Änderungen vornehmen. Diese Regelung enthält also eine Vereinfachung für den Kunden, den Quellcode verwenden zu können. Dies bedarf der Zustimmung der Betroffenen. 484

Außerdem muss geregelt werden, ob und in welcher Form eine **Verifizierung** des Materials durch den Escrow-Agenten oder durch einen Dritten vor der Hinterlegung stattfinden soll. Dies bedeutet, dass bei oder vor Übergabe des Materials bestimmte Überprüfungen vorgenommen werden, um sicherzustellen, dass auch die richtige Sache hinterlegt wurde. Dabei können unterschiedliche Arten der Verifikation unterschieden werden. Eine Standard-Verifikation beinhaltet eine Untersuchung z.B. auf Viren, Lesbarkeit und Brauchbarkeit des Quellcodes, Ablauffähigkeit etc. Bei einer Voll-Verifikation wird geprüft, ob der Quellcode kompilierbar ist und ein Programm generiert werden kann. 485

412 Dies ist insbesondere im Hinblick auf die Insolvenzfestigkeit wichtig.
413 *Bömer* NJW 1998, 3321.

486 In der Praxis wird Software auch bei Notaren, Rechtsanwälten oder Wirtschaftsprüfern hinterlegt, was fatal ist, weil dort der Herausgabefall oft gar nicht sicher beurteilt werden kann. Ein Rechtsanwalt als Hinterlegungsstelle/Treuhänder kann nicht rechtssicher beurteilen, ob (ein denkbarer Herausgabefall) „die Behebungszeit für einen schweren Mangel um 300 % überschritten wurde", wenn er keine Kenntnisse im DV-Bereich hat; seine mangelnden Kenntnisse können dann ggf. der Partei nutzen, die ihn zur Hinterlegungsstelle bestimmt hat. Auch bei EDV-Sachverständigen konnte eine Hinterlegung erfolgen. Es haben sich aber auch Unternehmen auf die Hinterlegung des Quellcodes spezialisiert und führen als Zusatzleistung noch eine Verifikation und Überprüfung des Materials durch. Die Parteien sollten sich bereits im Beschaffungsvertrag über die Art der Hinterlegungsstelle einigen.

5.2 Pflichten der Vertragsparteien

487 Wesentliche **Pflicht** des Anbieters ist die **Hinterlegung des Materials** in der vereinbarten Frist. Meist wird vereinbart, dass innerhalb eines bestimmten Zeitraums nach Abschluss der Hinterlegungsvereinbarung das Material an den Escrow-Agenten herauszugeben ist. Der Anbieter muss dem Escrow-Agenten auch die entsprechenden Nutzungsrechte einräumen, beispielsweise das Recht, den Quellcode zu kompilieren und so eine lauffähigen Objektcode zu erzeugen im Falle der Verifikation. Eine Klärung bedarf auch der Punkt, ob die Hinterlegungsstelle das Eigentum an den Materialien erwerben oder ob ihr nur das Recht zum Besitz im Rahmen des Hinterlegungsvertrages zukommen soll.

488 Die Hinterlegungsstelle hat die übergebenen Materialien für die Dauer der Hinterlegung ordnungsgemäß aufzubewahren. Wichtig ist es, detaillierte Regelungen zum Lagerort zu treffen. So muss der Lagerort einen Schutz vor dem Zugriff unberechtigter Dritte, Brand und ähnlichen Situationen aufweisen. Zudem sollte die Lagerung in einem klimatisierten, überwachten Raum stattfinden.

489 In der Hinterlegungsvereinbarung wird auch vereinbart, wie sich die **Vergütung** zusammensetzt und wer diese zu zahlen hat. Meist wird die Vergütung in unterschiedliche Posten unterteilt, beispielsweise eine Anschluss- und Jahresgebühr, Lagerkosten, Kosten bei der Hinterlegung von aktualisierten Versionen, Transportkosten und Herausgabegebühren.[414]

5.3 Herausgabe der Materialien

490 Im Hinterlegungsvertrag wird genau definiert, in welchen Fällen die Materialien an den Kunden herauszugeben sind. Dies soll in Übereinstimmung mit dem Überlassungsvertrag zwischen dem Kunden und dem Anbieter erfolgen. Zunächst kann die Herausgabe selbstverständlich dann erfolgen, wenn sich der Anbieter damit **einverstanden** erklärt. Eine Herausgabe sollte aber davon abhängig gemacht werden, dass der Anbieter eine schriftliche Einwilligung erteilt um Streitigkeiten und Unsicherheiten zu vermeiden. In dem Hinterlegungsvertrag wird auch geregelt, dass die Hinterlegungsstelle das Material herausgeben muss, wenn der Anbieter eine entsprechende **gerichtliche Entscheidung** vorweist. Auch im Zusammenhang mit Leistungsstörungen des Überlassungsvertrages oder weiterer Verträge werden Herausgabepflichten definiert. Erbringt der Anbieter seine vertraglichen Leistungen nicht oder nicht ordnungsgemäß, ist der Kunden darauf

414 Kilian/Heussen/*Karger* Kap. 21 Rn. 128.

angewiesen, das Projekt eigenständig oder durch einen Dritten durchzuführen. Auch die Nichterfüllung der Pflichten aus einem Pflegevertrag begründet meist einen Herausgabefall. Die meisten Verträge sehen einen Herausgabefall vor, wenn der Anbieter insolvent wird. Ist also ein **Insolvenzverfahren** eröffnet oder wurde dessen Durchführung mangels Masse abgelehnt, so hat die Hinterlegungsstelle das Material herauszugeben. Die Insolvenzfestigkeit der hinterlegten Materialien ist jedoch nicht unproblematisch. Neben der Insolvenz stellen auch die Liquidation oder Löschung des Anbieters oder die Einstellung des Geschäftsbetriebs Herausgabegründe dar.

Neben detaillierten Regelungen zum Vorliegen eines Herausgabefalls enthalten die Verträge Vorgaben zum **Herausgabeverfahren.** Insbesondere muss geregelt werden, wie ein Herausgabefall mitgeteilt und nachgewiesen werden muss. Zunächst wird in den üblichen Hinterlegungsverträgen der Kunde dazu verpflichtet, eine schriftliche oder in vergleichbarer Form abgegebene Mitteilung vorzulegen. Im Fall der Insolvenz, einer gerichtlichen Entscheidung oder der Liquidation etc. kann eine entsprechende Urkunde als Nachweis vorgelegt werden. Schwieriger ist der Nachweis in den Fällen, wo es um Leistungsstörungen im Vertragsverhältnis geht, da sich dahingehend die Parteien meist in Streit befinden. Daher wird in den Hinterlegungsvereinbarungen oft verlangt, dass auch der Anbieter eine entsprechende schriftliche Erklärung zum Hinterlegungsfall abgibt. Wird ein Widerspruch gegen die Herausgabe erhoben und kann keine Einigung erzielt werden, sollte auch geregelt werden, wie die Streitigkeit beigelegt werden kann. Dies kann durch eine Schiedsstelle oder durch Bestimmung durch die Hinterlegungsstelle (§ 317 BGB) erfolgen. **491**

Kommt es in dem Vertrag zu Leistungsstörungen, so orientieren sich diese nach den gesetzlichen Vorgaben zum Geschäftsbesorgungsvertrag. In der Regel werden die §§ 280 ff. BGB eingreifen. **492**

5.4 Vertragsbeendigung

Bei dem Hinterlegungsvertrag handelt es sich meist um einen Vertrag, der auf unbestimmte Dauer oder mit einer bestimmten Mindestlaufzeit abgeschlossen wurde. Die Vereinbarung kann durch jede Partei aus wichtigem Grund oder je nach Fallkonstellation auch ordentlich innerhalb eine bestimmten Frist gekündigt werden.[415] Geregelt werden muss auch, wem das Material bei Vertragsbeendigung herauszugeben ist. Problematisch wird eine Herausgabeverpflichtung an den Anbieter sein, da hier wieder die Angreifbarkeit durch den Insolvenzverwalter in Rede steht. Alternativ könnte der Escrow-Agent das Material auch löschen. **493**

---

415 Zu Problemen bezüglich der Kündigungsmöglichkeiten vgl. Schneider/von Westphalen/*Schneider* Software-Erstellungsverträge, J Rn. 43 ff.

22. Kapitel
Grundlagen des elektronischen Geschäftsverkehrs, Internetrecht

Literatur: *Arnold/Dötsch* Verschärfte Verbraucherhaftung beim Widerruf?, NJW 2003, 187; *Backu/Hertneck* Haftung der Access-Provider, ITRB 2008, 35; *Ballhausen* Anmerkungen zu EuGH C-489/07, K&R 2009, 703; *Basedow* Art. 114 AEUV als Rechtsgrundlage eines optionalen EU-Kaufrechts: Eine List der Kommission?, EuZW 2012, 1; *Bender/Kahlen* Neues Telemediengesetz verbessert den Rechtsrahmen für Neue Dienste und Schutz vor Spam-Mails, MMR 2006, 590; *Berger* Beweisführung mit elektronischen Dokumenten, NJW 2005, 1016; *Bierekoven* Die Neuregelung des Widerrufs- und Rückgaberechtes im Fernabsatz und E-Commerce, CR 2008, 785; *ders.* Die „Button-Lösung" – ein erster Überblick zu den neuen Anforderungen, ITRB 2012, 186; *Bierekoven/Crone* Umsetzung der Verbraucherrechterichtlinie Neuerungen im deutschen Schuldrecht – Ein erster Überblick, MMR 2013, 687; *Bischof/Schneider* Der Access-Provider-Vertrag als Dienstvertrag, ITRB 2005, 214; *Boos/Bartsch/Volkamer* Rechtliche und technische Nutzerunterstützung bei der Button-Lösung, CR 2014, 119; *Borges* Pflichten und Haftung beim Betrieb privater WLAN, NJW 2010, 2624; *Cichon* Internet-Verträge, 2. Aufl. 2005; *Dehißelles* Anmerkungen zu OLG Hamm 4 U 212/09, K&R 2010, 411; *Dietrich* Rechtliche Bewältigungen von netzbasiertem Datenaustausch und Verteidigungsstrategien – 20000 Verfahren gegen Filesharing-Nutzer, NJW 2006, 809; *Doralt/Nietner* Verbrauchervertragsrecht und Rechtswahl, AcP 2016, Bd, 215, 855; *Engels* Umfassende Änderungen der Vorschriften über den Widerruf von Fernabsatzverträgen, K&R 2010, 361; *Erman/Westermann (Hrsg.)* Bürgerliches Gesetzbuch, 13. Aufl. 2011; *Ernst* Noch mehr Informationspflichten – Die DL-InfoV, CR 2010, 481; *ders.* Verträge rund um die Domain, MMR 2002, 714; *Fischer* Zur Abgrenzung von privatem und unternehmerischem Handeln auf Auktionsplattformen im Internet, WRP 2008, 193; *Fischer-Dieskau* Elektronisch signierte Dokumente als Beweismittel im Zivilprozess, MMR 2002, 709; *Freytag* (K)ein deutscher Sonderweg – Haftung für „zueigengemachte" Inhalte nach deutschem und europäischem Recht, GRUR-Prax 2010, 355; *Föhlisch* Ist die Widerrufsbelehrung für den Internethandel noch zu retten?, MMR 2007, 139; *ders.* Anmerkungen zu OLG Hamm 4 U 212/09, MMR 2010, 684; *Föhlisch/Dyakova* Fernabsatzrecht und Informationspflichten im Onlinehandel Anwendungsbereich nach dem Referentenentwurf zur Umsetzung der Verbraucherrechterichtlinie, MMR 2013, 3; *Föhlisch/Buchmann* „Globales Leihhaus Internet" statt Onlinehandel?", MMR 2010, 3; *Fröhlisch/Stariradeff* Zahlungsmittel und Vertragsschluss im Internet, NJW 2016, 352; *Grigoleit* Besondere Vertriebsformen im BGB, NJW 2002, 1151; *Haberstumpf* Der Schutz elektronischer Datenbanken nach dem Urheberrechtsgesetz, GRUR 2003, 14; *Hartmann* Belehrung im elektronischen Fernabsatz, CR 2010, 371; *Härting* Internetrecht, 5. Aufl. 2014; *ders.* Domainverträge, ITRB 2002, 96; *ders.* Webdesign- und Providerverträge, ITRB 2002, 218; *Haug* Gemeinsames Europäisches Kaufrecht – Neue Chancen für Mittelstand und E-Commerce, K&R 2012, 1; *Heghmanns* Musiktauschbörsen im Internet aus strafrechtlicher Sicht, MMR 2004, 14; *Hilberg* Das neue UN-Übereinkommen zu E-Commerce, CR 2006, 859; *Hoenike/Hülsdunk* Die Gestaltung von Fernabsatzangeboten im elektronischen Geschäftsverkehr nach neuem Recht – Gesetzesübergreifende Systematik und rechtliche Vorgaben vor Vertragsschluss, MMR 2002, 415; *dies.* Rechtliche Vorgaben für Fernabsatzangebote im elektronischen Geschäftsverkehr bei und nach Vertragsschluss – Ein Überblick über die gesetzlichen Anforderungen und die Rechtsfolgensystematik bei Verstößen, MMR 2002, 516; *Hoeren* Das Telemediengesetz, NJW 2007, 801; *ders.* Internetrecht, 2017; *Hoeren/Sieber/Holznagel (Hrsg.)* Handbuch Multimedia-Recht, Loseblatt; *Hoffmann* Zivilrechtliche Frage der Haftung im Internet, MMR 2002, 284; *Hoffmann/Borchers* Das besondere elektronische Anwaltspostfach, CR 2014, 62; *Hombrecher* Domains als Vermögenswert –

Rechtliche Aspekte des Kauf, der Lizenzierung, der Beleihung und der Zwangsvollstreckung, MMR 2005, 647; *Horn* Verbraucherschutz bei Internetgeschäften, MMR 2002, 209; *Hornung* Die Haftung von W-LAN Betreibern, CR 2007, 88; *Junker* Die Rom II-Verordnung: Neues Internationales Deliktsrecht auf europäischer Grundlage NJW 2007, 3675; *Kaminski/Henßler u.a. (Hrsg.)* Rechtshandbuch E-Business, 2002; *Kaufhold* Internationale Webshops – anwendbares Vertrags- und AGB-Recht im Verbraucherverkehr, EuZW 2016, 247; *Kilian/Heussen* Computerrechtshandbuch, Loseblatt, 32. Aufl. 2013; *Köhler/Bornkamm* Wettbewerbsrecht, 35. Aufl. 2017; *Köhler/Arndt/Fetzer* Recht des Internet, 8. Aufl. 2016; *Koch* Vertragsgestaltung für die Werklieferung eines Webdesigns, ITRB 2003, 281; *Köster/Jürgens* Haftung professioneller Informationsvermittler im Internet – Eine Bestandsaufnahme nach der Novellierung der Haftungsregelungen, MMR 2002, 420; *Koos* Die Domain als Vermögensgegenstand zwischen Sache und Immaterialgut – Begründung und Konsequenzen einer Absolutheit des Rechts an der Domain, MMR 2004, 359; *Leible/Lehmann* Die Verordnung über das auf vertragliche Schuldverhältnisse anzuwendende Recht (Rom I), RIW 2008, 528; *Lejeune* Auswirkungen der Rom I-Verordnung auf internationale IT-Verträge, ITRB 2010, 66; *Lohbeck* Neue Informationspflichten für Dienstleistungserbringer, K&R 2010, 463; *Lorenz* Informationspflichten bei eBay, VuR 2008, 321; *Mankowski* Wie problematisch ist die Identität des Erklärenden bei E-Mails wirklich?, NJW 2002, 2822; *Mehrings* Vertragsrechtliche Aspekte der Nutzung von Online- und CD-Rom-Datenbanken, NJW 1993, 3102; *Meyer* Zur Abgrenzung von Unternehmen und privaten Verkäufern bei eBay, K&R 2007, 572; *ders.* Vertragsabschluss im Internet – Eine neue Herausforderung an das „alte“ BGB, MMR 1998, 30; *Moritz/Dreier* Rechtshandbuch zum E-Commerce, 2. Aufl. 2005; *Musielak* Zivilprozessordnung, 10. Aufl. 2013; *Nolte/Wimmers* Wer stört?, Gedanken zur Haftung von Intermediären im Internet – von praktischer Konkordanz, richtigen Anreizen und offenen Fragen, 2014, 16; *Ohly* Herkunftslandsprinzip und Kollisionsrecht, GRURInt 2001, 899; *ders.* Die lauterkeitsrechtliche Haftung für Hyperlinks, NJW 2016, 1417; *Ott* Haftung für verlinkte urheberrechtswidrige Inhalte in Deutschland, Österreich und den USA, GRURInt 2007, 14; *Palandt* Bürgerliches Gesetzbuch,76.. Aufl.2017; *Peter* PowerSeller als Unternehmer, ITRB 2007, 18; *Pfeiffer* Neues Internationales Vertragsrecht zur Rom I-Verordnung, EuZW 2008, 622; *Piper/Ohly/Sosnitza* Gesetz gegen den unlauteren Wettbewerb, 6. Auf. 2014; *von Preuschen* Die Modernisierung der Justiz, ein Dauerthema – Die Rechtsänderungen durch das 2. Justizmodernisierungsgesetz; NJW 2007, 321; *Raue* Verbraucherschutz bei besonderen Vertriebsformen nach Umsetzung der Verbraucherrichtlinie (außerhalb von Geschäftsräumen geschlossene Verträge, Fernabsatzverträge und elektronischer Geschäftsverkehr, §§ 312b ff. BGB), Jura 2015, 326; *Rebmann/Säcker/Rixecker* (Hrsg.) Münchener Kommentar zum Bürgerlichen Gesetzbuch, Bd. 1, 1. Halbband 6. Aufl. 2012, Bd. 2, 6. Aufl. 2012, Bd. 10, 6. Aufl. 2012; *Redeker (Hrsg.)* Handbuch der IT-Verträge, Loseblatt; *ders.* IT-Recht in der Praxis, 5. Aufl. 2012; *ders.* Softwarelieferung durch Bereitstellung im Internet, ITRB 2008, 65; *Reich* Der Designvertrag – Zum Inhalt und Vertragsschluss, GRUR 2000, 956; *Reinholz* Domainserviceverträge im Licht der BGH-Entscheidung grundke.de, ITRB 2008, 69; *Reitsam/Sollinger* E-Bilanz – Ist Ihr Unternehmen vorbereitet?, Rechtsgrundlagen, Anforderungen und Lösungsszenarien, CR 2012, 349; *Röhl/Bosch* Musiktauschbörsen im Internet – Eine Analyse der aktuellen tatsächlichen und rechtlichen Entwicklungen, NJOZ 2008, 1197; *Roßnagel* Das neue Recht der elektronischen Signaturen – Neufassung des Signaturgesetzes und Änderungen des BGB und der ZPO, NJW 2001, 1817; *Roth/Haber* Verträge über Server-Housing, ITRB 2007, 21; *Schack* Urheberrechtliche Gestaltung von Webseiten unter Einsatz von Links und Frames, MMR 2001, 9; *Schirmbacher* Anmerkungen zu BGH I ZR 22/05, ITRB 2008, 250; *ders.* Musterhafte Widerrufsbelehrung – Neuerungen und kein Ende, BB 2009, 1088; *Schirmbacher/Creutz* Neues Verbraucherrecht: Änderungen beim Widerrufsrecht und erweiterte Informationspflichten für digitale Inhalte, ITRB 2014, 44; *Schirmbacher/Grasmück* Neues Verbraucherrecht: Muster-Widerrufsformular und Online-Widerrufserklärung, ITRB 2014, 20; *Schirmbacher/Schmidt* Eine komprimierte Darstellung der wesentlichen Neuregelungen, CR 2014, 107; *Schneider* Handbuch des EDV-Rechts, 4. Aufl.

2009; *Schoengarth* Application Service Providing, 2005; *Schröder* Anmerkung zu OLG Düsseldorf I 20 U 8/10, MMR 2010, 702; *ders.* Anmerkung zu OLG Düsseldorf I 20 U 166/09, MMR 2010, 483; *Sesing* Anwendbares Recht auf Internetdelikte nach der Rom II-Verordnung, MMR 2008, XXIX; *Spindler* Vertragsrecht der Internetprovider, 2. Aufl. 2004; *ders.* Haftungsrechtliche Grundprobleme der neuen Medien, NJW 1997, 3193; *ders.* Die zivilrechtliche Verantwortlichkeit von Internetauktionshäusern, MMR 2001, 737; *ders.* Verantwortlichkeit und Haftung für Hyperlinks im neuen Recht, MMR 2002, 495; *Spindler/Wiebe* Internetauktionen und elektronische Marktplätze, 2. Aufl. 2005; *Stadler* Sperrungsverfügung gegen Access-Provider, MMR 2002, 343; *Stiegler/Wawryka* Umbruch der Gewährleistungsrechte beim Fernabsatzverkehr? Der Richtlinienvorschlag über vertragliche Aspekte des Online-Warenhandels, BB 2016, 903; *Stoffmehl* Powershopping und Costumer-driven Pricing als Marketing- und Vertriebsform im Internet, MMR 2002, 35; *Sutschet* Anforderungen an die Rechtsgeschäftslehre im Internet, NJW 2014, 1041; *Taupitz/Kritter* Electronic Commerce – Rechtsprobleme bei Rechtsgeschäften im Internet, JUS 1999, 839; *Verweyen* Grenzen der Sörerhaftung in Peer to Peer-Netzwerken, MMR 2009, 590; *Volkmann* Aktuelle Entwicklungen in der Providerhaftung im Jahr 2009, K&R 2010, 368; *ders.* Haftung für fremde Inhalte: Unterlassungs- und Beseitigungsansprüche gegen Hyperlinksetzer im Urheberrecht, GRUR 2005, 200; *Waldenberger* Grenze des Verbraucherschutzes beim Abschluss von Verträgen, BB 1996, 2365; *Wendehorst* Das neue Gesetz zur Umsetzung der Verbraucherrechterichtlinie, NJW 2014, 577; *Wiebe/Leupold* Recht der elektronischen Datenbanken, Loseblatt; *Wilmer* Überspannte Prüfpflicht für Hostprovider? Vorschlag für eine Haftungsmatrix, NJW 2008, 1845; *Wischmann* Rechtsnatur des Access-Providing, MMR 2000, 461; *Wietzorek* Der Beweis des Zugangs von Anhängen in E-Mails, MMR 2007, 156; *Wulf* Serververträge und Haftung für Serverausfälle, CR 2004, 43; *Zieger/Smirra* Neue Informationspflichten im Zusammenhang mit alternativer Streitbeilegung – Praktische Handhabung und Vorschläge zur Umsetzung für Online-Händler und Webseitenbetreiber, MMR 2016, 291; *Zöller (Hrsg.)* Zivilprozessordnung, 31. Aufl. 2016.

Vorbemerkung

Das dem Internet vorangehende Datennetz ARPANET war Ende der 1960er Jahre als Datenaustauschmedium für militärische Einrichtungen im US-amerikanischen Raum realisiert worden. Über wissenschaftliche Einrichtungen und Universitäten wurde sein Wirkungskreis stark erweitert und vor rund 15 Jahren zu einem Medium mit Breitenwirkung ausgedehnt. Die Hauptanwendung des Internet, das World Wide Web (www), ist schon seit geraumer Zeit ein Medium, das global und ständig abrufbar Informationen und kommerzielle Angebote zur Verfügung stellt und in vielen Branchen – ungeachtet des „Platzens der ersten Internet-Blase“ 2001 – frühere Geschäftsmodelle vollkommen verändert oder neue Geschäftsmodelle geschaffen hat. Kaum ein Unternehmen mit mehr als rein regionaler Bedeutung verfügt nicht über einen Internetauftritt. Die Zahl der Internetnutzer hat sich allein in Deutschland von 9,4 Mio. Ende 1999 auf 58,0 Mio. im Jahr 2016 erhöht[1] Der Anstieg in den letzten Jahren beruht unter anderem auf der vermehrten Internetnutzung durch die Generation der „Silver Surfer“ – Internetnutzer über 50 Jahren.[1] Zudem führen mobile Endgeräte, wie Tablets und Smartphones, zu einer rasanten Zunahme des Internetkonsums.[2] 1

1 ARD/ZDF Pressemitteilung v. 12.10.2016, ARD/ZDF Onlinestudie 2016, www.ard-zdf-onlinestudie.de/fileadmin/Onlinestudie_2016/Kern-Ergebnisse_ARDZDF-Onlinestudie_2016.pdf.

2 ARD/ZDF Pressemitteilung v. 12.10.2016, ARD/ZDF Onlinestudie 2016, www.ard-zdf-onlinestudie.de/fileadmin/Onlinestudie_2016/Kern-Ergebnisse_ARDZDF-Onlinestudie_2016.pdf.

Jeder Vierte in Deutschland nutzt bereits einen Tablet-PC.[3] Erstmals ist nun das Smartphone mit 66 % das meistgenutzte Gerät für den Internetzugang, noch vor dem Laptop mit 57 %, und ist der unangefochtene Treiber der Internetnutzung. Insgesamt nutzen 84 % der deutschsprachigen Bevölkerung das Internet, davon 65 % täglich. Das Internet hat sich also seit geraumer Zeit als umsatzträchtiger Werbeträger und Vertriebskanal etabliert. Schon seit mehreren Jahren reicht die Rolle des Internet weit darüber hinaus; das sog. „Web 2.0" bzw. „Mitmach-Internet" ist lange Realität – Online-Gaming, YouTube („Broadcast Yourself"), soziale Netzwerke wie facebook, XING, LinkedIn und Twitter, Foren, Blogs, Wikis, Dienste wie Instagram, Flickr usw. sind lange etabliert, als Zeitvertreib, Informationsquelle, Mittel zur Meinungsäußerung, Kunstmittel und Kunstform. Strukturiert man diese Online-Angebote, lassen sich Kollektivprojekte („Wikipedia"), Blogs und Mikroblogs („Twitter"), Content Communities („Youtube", „Instagram"), soziale Netzwerke („Facebook", „LinkedIn") und soziale virtuelle Welten („World of Warcraft") unterscheiden. Nahezu jeder zweite User veröffentlicht im Web Meinungen und Details aus seinem Leben oder hat ein Profil in einem der sozialen Netzwerke.[4] Dabei gehören facebook und WhatsApp zu den meistgenutzten Diensten in Deutschland. Gut jeder Fünfte nutzt täglich facebook, und sogar 49 % der deutschsprachigen Bevölkerung täglich den Messenger-Dienst WhatsApp.[5] Neue Dienste wie Snapchat und Instagram erobern gerade unter Teenagern eine eigene Zielgruppe.

2 Es bestand schon frühzeitig der Bedarf, die Besonderheiten des Mediums Internet und die damit verbundenen Lebenssachverhalte, insbesondere den sog. „elektronischen Geschäftsverkehr", rechtlich zu erfassen. Hier geht es insbesondere um Fragen des Verbraucher- und Datenschutzes. Soweit Verträge mit Bezug zum Internet betroffen sind, geht es (beispielhaft) und den Zugang zum Internet, die Erstellung und Gestaltung der Darstellung bzw. Präsenz darin und die Nutzung von Internetdiensten, Verträge im Zusammenhang mit der Übertragung einer Domain, Providerverträge, Verträge, die Webcontent und Webdesign zum Inhalt haben, sowie Verträge über den Informationshandel über Online-Datenbanken.

A. Allgemeine Grundlagen des elektronischen Geschäftsverkehrs

I. Einleitung

3 Der Begriff **„E-Business"** entstand in den 1990er Jahren. Hierunter ist die Verbindung der bis dahin bekannten elektronischen Geschäftsabwicklung unternehmensintern und -extern mit den modernen Kommunikationsmitteln zu verstehen, die sich auf die Abwicklung sämtlicher Prozesse erstreckt. Ein Teil des E-Business ist der **E-Com-**

---

3 BITKOM Presseinfo v. 24.2.2014, Jeder Vierte nutzt einen Tablet Computer, www.bitkom.org/files/documents/BITKOM_Presseinfo_Tablet_Verteilung_24_02_2014.pdf.

4 ARD/ZDF Onlinestudie 2016, www.ard-zdf-onlinestudie.de/fileadmin/Onlinestudie_2016/Kern-Ergebnisse_ARDZDF-Onlinestudie_2016.pdf.

5 ARD/ZDF Pressemitteilung v. 12.10.2016, ARD/ZDF Onlinestudie 2016, www.ard-zdf-onlinestudie.de/fileadmin/Onlinestudie_2016/Kern-Ergebnisse_ARDZDF-Onlinestudie_2016.pdf.

merce, worunter die „Unterstützung der Handelsaktivitäten eines Unternehmens oder auch einer Privatperson über die Kommunikationsnetze" verstanden wird.[6] **„M-Commerce"** bezeichnet die Unterstützung von Handelsaktivitäten über mobile Netze bzw. auf mobilen Endgeräten, gleich, ob damit auf Kurznachrichten (SMS) basierende Kommunikation gemeint ist oder ob es um Kommunikation via Internet auf den mobilen Endgeräten geht.

Der elektronische Geschäftsverkehr birgt Risiken, denn auch innerhalb des Internet 4
ist das Verhalten der dort Tätigen nicht immer kooperativ und rechtskonform; die Möglichkeit zu vollständig anonymem Handeln im Internet leistet solchem Verhalten sogar noch Vorschub. Dies gilt insbesondere in Anbetracht des Umstandes, dass grenzüberschreitender Geschäftsverkehr sehr häufig stattfindet und bisweilen unklar war und ist, welche Rechtsnormen den Geschäften im Internet überhaupt zugrunde liegen. Aus diesen Gründen ergab sich das Bedürfnis, die gesetzlichen Regelungen dem Medium „Internet" anzupassen und Regelungen zu finden, die den besonderen Gefahren des Geschäftsschlusses über das Internet entgegenwirken sollen.

Eine Differenzierung innerhalb des elektronischen Geschäftsverkehrs könnte anhand 5
der Art der **Geschäftsbeziehungen** der Vertragspartner zueinander erfolgen. Eine solche Aufteilung entspricht auch dem Grundgedanken der gesetzlichen Regelungen, die für Verbraucher einen besonderen, intensiveren Schutz vorsehen:

- Der aus Verbraucherschutzsicht bedeutsame Fall ist der Geschäftsabschluss zwischen einem Unternehmer und einem Verbraucher, Business to Consumer **(B2C)**. Als prototypischer Fall des B2C gelten Online-Shops, in denen Verbraucher Waren bei gewerblichen Händlern oder bei Herstellern bestellen oder Dienstleistungen in Auftrag geben können.
- Im Bereich Business to Business **(B2B)** schließen Unternehmer miteinander Geschäfte ab. Als Beispiele können Bestellsysteme der Industrie genannt werden.[7]
- Eine weitere Kategorie des elektronischen Geschäftsverkehrs ist die Kommunikation zwischen Unternehmen oder Verbrauchern auf der einen und der öffentlichen Verwaltung auf der anderen Seite (Business to Administration **B2A**, Consumer to Administration **C2A**).
- Zu nennen sind schließlich Geschäftsbeziehungen im Verhältnis Business to Employee **(B2E)**, bei denen sich die geschäftlichen Transaktionen und die Kommunikation zwischen dem Unternehmen und seinen Mitarbeitern vollziehen.

II. Ausgewählte Begriffe

Unter dem **Internet** ist ein Rechnernetz zu verstehen, das aus einer im Grunde nicht 6
mehr bestimmbaren, sehr großen Anzahl von Rechnern und Rechnernetzen besteht. Es ermöglicht die Nutzung von Internetdiensten wie World Wide Web, E-Mail, Telnet, Usenet und FTP. Die einzelnen Computer werden durch Datenleitungen (bzw. Funkverbindungen) so miteinander verbunden, dass die jeweils angeschlossenen Rechner Daten untereinander austauschen können. Die Netzwerk-Ressourcen sind aber, anders als z.B. bei einem Client-Server-Netzwerk in einem Unternehmen, nicht an einer einzelnen Stelle für einen zentralen Zugriff konzentriert, vielmehr findet eine

6 Kaminski/Henßler/*Kaminski* 1. Kap. Rn. 2.
7 Kaminski/Henßler/*Kaminski* 1. Kap. Rn. 46.

Verteilung der Informationsspeicherung über das gesamte weltweite Netz statt. Es handelt sich daher um ein dezentrales Netzwerk bzw. System, denn die Rechner, auf denen die Daten abgelegt sind, sind global verteilt und alle notwendigerweise mit dem Internet verbunden. Das Internet ist somit ein weltweiter Verbund von Rechnernetzwerken, den autonomen Systemen.

7 Die Vernetzung als solche erfolgt nicht anhand eines zentralen bzw. zentral administrierten Netzes, sondern durch viele kleinere Netzwerke. Diese verschiedenen Netzwerke sind wiederum an zahlreichen Internetknoten über leistungsstarke Verbindungen (Backbone) miteinander vernetzt. Über all diese Netze bzw. Teilnetze werden Daten übertragen.

8 Transportiert werden die Daten nach der Vergabe des Internet Protocol (IP), unabhängig davon, um welche Art von Daten es sich handelt. Daten können z.B. in Form von Text, Sprache, als Video, in Form von Bildern oder als Sound-Daten[8] versendet werden, soweit sie mit einem IP-Protokoll versehen sind. Die Daten werden hauptsächlich über das Transmission Control Protokoll (TCP) und das User Datagramm Protocol (UDP) versendet. Das TCP wird meist zum Transport von Webseiten und Emails verwendet. Dieses Protokoll sorgt dafür, dass beim Transport verloren gegangene Daten neu gesendet werden, da Datenverluste erkannt werden. Das UDP ist weniger zuverlässig als das TCP und nimmt erneute Sendungen nicht vor. Es ist also nicht gewährleistet, dass versendete Datenpakete ihren Empfänger tatsächlich erreichen. Das UDP wird vor allem dann angewendet, wenn eine erneute Sendung nicht möglich oder sachgerecht erscheint.

9 Eine Versendung der Daten aus einer einzelnen verschickten Datei erfolgt i.d.R. nicht als „Gesamtpaket"; aufgrund der erhöhten Effizienz und besseren Ausnutzung der Netz-Ressourcen werden die Daten in Teilen transportiert. Dazu werden die transportierten Daten in kleinere Datenpakete (IP-Pakete) aufgeteilt. Jedes einzelne Datenpaket ist mit einem Header (Nachrichtenkopf) und dem Nachrichteninhalt versehen. Diese Datenpakete werden dann automatisch verteilt und über das Netzwerk bzw. die Netzwerke verschickt. Wichtig ist, dass jedes IP-Paket über eine IP-Absenderadresse und eine IP-Empfangsadresse verfügt. Jeder an das Internet angeschlossene Rechner besitzt eine **IP-Adresse** (die bei IPV4 aus vier bis zu dreistelligen arabischen Zahlen, getrennt durch Punkte, besteht, z.B. 192.005.23.987), welche die Kommunikation zwischen den Geräten bzw. die Zuordnung von Paketen erst ermöglicht.

10 Im **World Wide Web** werden Dokumente und Daten meist anhand des standardisierten Hypertext Transfer Protocol (http) übertragen. Es existieren aber auch weitere standardisierte Protokolle zur Datenübertragung. Die Dokumente im www verfügen meist über Verweise zu anderen Dokumenten, sog. Links. In dem Link wird die Zieladresse angegeben, in der Regel in Form des sog. Uniform Resource Locator (URL). Ein URL besteht zumindest aus dem Protokoll, z.B. http, https, ftp, aus der Domain und dem Pfad. Die Domain beschreibt die Adresse des Servers, auf welchem die Daten abgelegt sind, der Pfad beschreibt eine bestimmte Datei oder ein Verzeichnis auf einem Server. Daneben kann eine URL auch weitere Angaben wie etwa Unterverzeichnisse enthalten, welche die Erreichbarkeit einer bestimmten Webseite ermöglichen.

---

8 Moritz/Dreier/*Federrath/Pfitzmann* E-Commerce, A Rn. 4.

Der Dienst Electronic Mail **(E-Mail)** ermöglicht die netzübergreifende Versendung „elektronischer Post". Der Internetbenutzer kann sich von bereiter Stelle, d.h. durch seinen Internetprovider (zum ISP-Vertrag s.u. Rn. 278), den unternehmensnetzeigenen Systemadministrator oder einen externen Anbieter von E-Mail-Diensten (z.B. Webmailerdienste wie Web.de) eine E-Mail-Adresse zuweisen lassen. Diese besteht aus einem Namen, der durch das @-Zeichen mit einem Domainnamen verknüpft ist. Transportiert werden E-Mails z.B. durch das standardisierte Simple Mail Transfer Protokoll (SMTP) oder durch das Internet Message Access Protocol (IMAP). **11**

III. Wichtige rechtliche Grundlagen des elektronischen Geschäftsverkehrs

Vorteile des Internet sind dessen ständige Verfügbarkeit und damit die potenziell permanente Möglichkeit des Zugriffs auf die dort enthaltenen Angebote und die grenzüberschreitenden Möglichkeiten für Vertragsschlüsse. Neben diesen Vorteilen birgt das Internet aber auch spezifische Risiken. Insbesondere Verbraucher bedürfen bei Vertragsabschlüssen im Internet eines besonderen Schutzes: Für Geschäftsabschlüsse über das Internet sind keine besonderen Kenntnisse notwendig und Verträge können ohne nennenswerten Aufwand mit Eingabe weniger Daten und ein paar „Klicks" abgeschlossen werden. Andererseits können aber weder der – bisweilen anonym bleibende – Vertragspartner noch die Waren und Dienstleistungen geprüft und begutachtet werden. Das letztgenannte Phänomen ist allerdings dem Grunde nach auch bei Haustürgeschäften bekannt, also aus der „Offline-Welt". **12**

Aus der o.g. Interessenlage folgt das Bedürfnis, einen möglichst einheitlichen, wenn irgend möglich auch internationalen Rechtsrahmen für den Handel über das Internet zu schaffen. Einheitliche, weltweit geltende verbindliche „Internetregelungen" oder weltweit einheitliche Regelungen über den Geschäftsschluss im Internet sind nicht existent und werden in absehbarer Zeit auch nicht existieren. Auf internationaler Ebene findet aber eine stetige Rechtsentwicklung im Bereich des E-Commerce statt. Ein Beispiel für diese Entwicklung ist das UN-Übereinkommen zum E-Commerce („United Nations Convention on the Use of Electronic Communications in International Contracts"), welches bereits durch einige Länder, nicht aber Deutschland, unterzeichnet wurde.[9] Auf europäischer und dementsprechend auch auf nationaler Ebene wurden jedoch zahlreiche Regelungen über den Geschäftsschluss über das Internet geschaffen. **13**

Europarechtlich bildet die **Fernabsatzrichtlinie**[10] aus dem Jahr 1997 die Grundlage für die auf das E-Business anwendbaren Rechtsvorschriften. Die Fernabsatzrichtlinie bezweckte die Regelung eines Mindestschutzes für die Verbraucher im elektronischen Geschäftsverkehr. Diese Richtlinie wurde durch das Fernabsatzgesetz[11] in das deutsche Recht umgesetzt. Im Rahmen des Gesetzes zur Modernisierung des Schuld- **14**

9 Zu Einzelheiten vgl. *Hilberg* CR 2006, 859 und zu dem Status des Übereinkommens s. www.uncitral.org/uncitral/en/uncitral_texts/electronic_commerce/2005Convention_status.html.

10 Richtlinie 97/7/EG des Europäischen Rates und des Rates über den Verbraucherschutz bei Vertragsabschlüssen im Fernabsatz v. 20.5.1997, ABlEG Nr. L 144/19 v. 4.6.1997.

11 Gesetz über Fernabsatzverträge und andere Fragen des Verbraucherrechts sowie zur Umstellung von Vorschriften auf EUR v. 27.6.2000, BGBl I 2000, 897.

rechts[12] wurde das Fernabsatzgesetz zum 1.1.2002 in das BGB **(§§ 312b ff. BGB a.F.)** integriert.

15 Im Jahr 2000 verabschiedete der EU-Gemeinschaftsgesetzgeber die **E-Commerce-Richtlinie.**[13] Ihr Anwendungsbereich enthält teilweise Überschneidungen mit dem der Fernabsatzrichtlinie, ging aber über deren Zielsetzung hinaus. Sie beinhaltete neben Vorschriften zum Verbraucherschutz eine Anpassung nationaler Vorgaben, die insbesondere den elektronischen Vertragsschluss und die Verantwortlichkeit von Providern betrafen.

16 Zur Umsetzung der E-Commerce-Richtlinie in das deutsche Recht diente teils das als Artikelgesetz ausgestaltete Gesetz über die rechtlichen Rahmenbedingungen für den elektronischen Geschäftsverkehr[14] **(Elektronischer-Geschäftsverkehr-Gesetz, EGG)** v. 14.12.2001. Dies führte zu einer Änderung des Teledienstegesetzes (TDG) aus dem Jahr 1997 sowie des Teledienstedatenschutzgesetzes (TDDSG). TDG und TDDSG wurden mit Wirkung zum 1.3.2007 durch das **TMG**, das **Telemediengesetz**, ersetzt. Das TMG wurde durch das als Artikelgesetz ausgestaltete Gesetz zur Vereinheitlichung von Vorschriften über bestimmte elektronische Informations- und Kommunikationsdienste (ElGVG)[15] zur Umsetzung der E-Commerce-Richtlinie erlassen und gilt nun einheitlich für alle elektronischen Informations- und Kommunikationsdienste. Das TMG hat die Bestimmungen des Teledienstdatenschutzes übernommen,[16] auch die haftungsrechtlichen Vorgaben wurden übertragen.

17 Zum 4.8.2011 trat das **Gesetz zur Anpassung der Vorschriften über den Wertersatz bei Widerruf von Fernabsatzverträgen und über verbundene Verträge** in Kraft. Hintergrund dieses Gesetzes war eine Entscheidung des EuGH v. 3.9.2009 im Rahmen eines Vorabentscheidungsverfahrens gem. Art 267 AEUV (Art. 234 EGV a.F.) zu nationalen Regelungen, wonach ein Unternehmer von einem Verbraucher für die Nutzung der im Fernabsatz verkauften Waren bei fristgerechtem Widerruf generell Wertersatz verlangen kann. Der EuGH stellte fest, dass eine solche Regelung den Bestimmungen der RL 97/7/EG des Europäischen Parlaments und des Rates v. 20.5.1997 über den Verbraucherschutz bei Vertragsabschlüssen im Fernabsatz, die zuletzt durch die RL 2007/64/EG geändert worden ist, entgegensteht. Aus diesem Grunde wurde § 312e BGB a.F. eingeführt.

18 Im Jahr 2011 ist die **EU-Verbraucherrechte-Richtlinie**[17] in Kraft getreten, die der Vollharmonisierung[18] des Fernabsatzes und der außerhalb von Geschäftsräumen geschlos-

---

12 BGBl I 2001, 3138.

13 RL 2000/31/EG des Europäischen Parlaments und des Rates v. 8.6.2000 über bestimmte rechtliche Aspekte der Dienste der Informationsgesellschaft, insbesondere des elektronischen Geschäftsverkehrs, im Binnenmarkt („Richtlinie über den elektronischen Geschäftsverkehr") ABlEG Nr. L 178/1 v. 17.7.2000.

14 BGBl I 2001, 3721.

15 BGBl I 2007, 179.

16 *Hoeren* NJW 2007, 801.

17 RL 2011/83/EU des Europäischen Parlaments und des Rates v. 25.10.2011 über die Rechte der Verbraucher, zur Abänderung der RL 93/13/EWG des Rates und der RL 1999/44/EG des Europäischen Parlaments und des Rates sowie zur Aufhebung der RL 85/577/EWG des Rates und der RL 97/7/EG des Europäischen Parlaments und des Rates, ABlEU Nr. L 304/64 v. 22.11.2011; zu den Einzelheiten vgl. *Schirmbacher/Schmidt* CR 2017, 107; *Wendehorst* NJW 2014, 577.

18 Zum Harmonisierungsgrad in Art. 4 der EU-Verbraucherrechte-Richtlinie: „Sofern diese Richtlinie nichts anderes bestimmt, erhalten die Mitgliedstaaten weder von den Bestimmungen dieser Richtlinie abweichende innerstaatliche Rechtsvorschriften aufrecht noch führen sie solche ein."

senen Verbraucherverträgen dient. Sie beinhaltet insbesondere Vorschriften zur Informationspflicht des Unternehmers und zum Widerrufsrecht des Verbrauchers. Deutschland hat zur Umsetzung dieser Richtlinie ein Gesetz am 14.6.2013 beschlossen, welches am 13.6.2014 in Kraft getreten ist und auf Verträge, die ab dem 13.6.2014 geschlossen wurden, Anwendung findet. Eine wesentliche Bestimmung der EU-Verbraucherrechte-Richtlinie, die sog. „Button-Lösung“[19], wurde zum 1.8.2012 durch den deutschen Gesetzgeber umgesetzt. § 312e BGB a.F. wurde zu § 312g a.F. BGB und um die Regelungen zur „Button-Lösung“ ergänzt und findet sich seit dem 13.6.2014 in § 312j Abs. 2–4 BGB wieder. Danach hat der Unternehmer spätestens zu Beginn des Bestellvorgangs klar und deutlich anzugeben, ob Lieferbeschränkungen bestehen und welche Zahlungsmittel akzeptiert werden, sodass der Verbraucher die Kosten seiner Bestellung nachvollziehen kann.

Als wesentliche Rechtsquellen des **nationalen Rechts** sind für Diensteanbieter das **19** Telekommunikationsgesetz (TKG) nebst dessen Ausführungsverordnungen, das TMG, das BGB (dort insbesondere die §§ 312 ff. und §§ 356 ff BGB) und das EGBGB (dort insbesondere Art. 246 ff. EGBGB) zu nennen. Das TKG und das TMG enthalten Vorschriften für Diensteanbieter über die Art und Weise des Anbietens von Telekommunikationsleistungen. Zweck des TKG ist es, den Wettbewerb durch Regulierung zu fördern und flächendeckend sowohl in Bezug auf die Entgelte als auch auf die Versorgung angemessene und ausreichende Telekommunikationsdienstleistungen zu gewährleisten sowie eine Frequenzordnung festzulegen. Das TKG wird ausführlich im 9. Kap. besprochen. Das TMG normiert allgemeine Informationspflichten, regelt die Verantwortlichkeit der Diensteanbieter und stellt datenschutzrechtliche Anforderungen an Diensteanbieter von Telemedien (vgl. dazu 10. Kap.). Die an die Inhalte von Telemedien zu richtenden besonderen Anforderungen ergeben sich aus dem Rundfunkstaatsvertrag (vgl. § 1 Abs. 4 TMG).

Mit Spannung darf auf die Entwicklung zum Europäischen Kaufrecht geblickt wer- **20** den. Am 11.10.2011 veröffentlichte die Europäische Kommission den Entwurf für eine EU-Verordnung über ein **Gemeinsames Europäisches Kaufrecht**[20]. Das Gemeinsame Europäische Kaufrecht („Common European Sales Law“) ist als optionales Regelungsinstrument konzipiert, dessen Geltung von den Parteien privatautonom vereinbart werden kann. Am 26.2.2014 hat das Europäische Parlament dem Kommissionsvorschlag zugestimmt. Durch ein einheitliches Regelwerk soll der Handel für grenzübergreifende Verträge in allen 28 EU-Mitgliedsstaaten erleichtert werden, indem eine optionale zweite Schuldrechtsordnung mit kaufrechtlichen Bestimmungen neben das nationale Schuldrecht tritt.[21]

19 Zu Einzelheiten vgl. *Boos/Bartsch/Volkamer* CR 2014, 119.
20 KOM (2011) 635 endg.
21 Zu Einzelheiten vgl. *Haug* K&R 2012, 1; *Basedow* EuZW 2012, 1

IV. Vertragsrecht

1. Allgemeines

21 Verträge können im Internet auf unterschiedliche Weise geschlossen werden, wobei eine Unterteilung in Bezug auf die Art und Weise des Vertragsschlusses in jedenfalls vier **Grundtypen** erfolgen kann:

- Verträge können über E-Mail,
- innerhalb eines Chatforums oder ähnlicher Einrichtungen,
- durch das Ausfüllen eines Bestellformulars in einem Online-Shop oder
- durch den Download auf einer Online-Plattform nach Registrierung

geschlossen werden.

22 Der Vertragsschluss richtet sich grds. nach den Vorgaben des BGB, wobei es einige, nachfolgend beschriebene, Besonderheiten zu beachten gilt.

23 Spezielle Anforderungen für **Verträge im elektronischen Geschäftsverkehr** enthalten §§ 312i und 312j BGB. Diese erlegen den Unternehmen besondere Pflichten auf, die im Rahmen des Vertragsschlusses im elektronischen Geschäftsverkehr eingehalten werden müssen. Zum 1.8.2012 ist das Gesetz zum besseren Schutz der Verbraucherinnen und Verbraucher vor Kostenfallen im elektronischen Geschäftsverkehr und zur Änderung des Wohnungseigentumsgesetzes in Kraft getreten. Für Online-Bestellungen von Verbrauchern gilt gem. § 312j Abs. 3 und 4 BGB die sogenannte „Button-Lösung“; diese sind ebenfalls zwingend im Rahmen des elektronischen Rechtsverkehrs vom Unternehmer zu beachten.[22]

24 Ein „Vertrag im elektronischen Geschäftsverkehr“ liegt gem. § 312i Abs. 1 S. 1 BGB vor, wenn sich ein Unternehmer zum Zwecke des Abschlusses eines Vertrages über die Lieferung von Waren oder die Erbringung von Dienstleistungen eines Tele- oder Mediendienstes bedient. Mit Blick auf die E-Commerce-Richtlinie ist die Vorschrift allerdings richtlinienkonform derart auszulegen, dass grundsätzliche jede Art des Vertragsgegenstandes ausreichend ist, beispielsweise der Erwerb von Lizenzen für digitale Inhalte.

25 Der Begriff der **Telemediendienste** (vgl. dazu 10. Kap.) richtet sich nach der nun geltenden Rechtslage nach dem TMG. Nach § 1 Abs. 1 TMG sind Telemedien **alle elektronischen Informations- und Kommunikationsdienste,** soweit sie nicht Telekommunikationsdienste nach dem TKG darstellen, die ganz in der Übertragung von Signalen über Telekommunikationsnetze bestehen, es sich um telekommunikationsgestütze Dienste nach § 3 Nr. 24 TKG handelt oder der Informations- und Kommunikationsdienst als Rundfunk einzuordnen ist. Telemediendienste sind bspw. Angebote von Waren und Dienstleistungen mit interaktivem Zugriff und unmittelbarer Bestellmöglichkeit, Video-on-demand oder Teleshopping-Angebote.

26 Für Verträge, die ausschließlich durch individuelle Kommunikation geschlossen werden, ist die Vorschrift hingegen nur teilweise anwendbar (vgl. § 312i Abs. 2 S. 1 BGB). So müssen die Vorgaben des § 312i Abs. 1 S. 1 Nr. 1–3 BGB keine Berücksichtigung finden, was der Erleichterung der individuellen Kommunikation dient.

---

22 Zu Einzelheiten vgl. *Boos/Bartsch/Volkamer* CR 2014, 119; *Leier* CR 2012, 378; *Bierekoven* ITRB 2012, 186.

Handelt es sich bei den Vertragsparteien nicht um Verbraucher, ist § 312i BGB weitgehend abdingbar (§ 312i Abs. 2 S. 2 BGB). Jedoch kann auch im Unternehmerverkehr nicht vollständig von den gesetzlichen Vorgaben abgewichen werden. Nach § 312i Abs. 1 S. 1 Nr. 4 BGB besteht auch im Unternehmerverkehr die Pflicht, dem Vertragspartner die Möglichkeit zu verschaffen, die Vertragsbestimmungen einschließlich der AGB aufzurufen und in wiedergabefähiger Form zu speichern. **27**

2. Besonderheiten digital übermittelter Willenserklärungen

2.1 Willenserklärungen im Internet

Für den Vertragsschluss im Internet gelten die **allgemeinen Vorschriften des BGB,** d.h. der Vertrag kommt durch zwei übereinstimmende **Willenserklärungen,** durch Angebot und Annahme zustande (§ 145 ff. BGB). **28**

Die im Internet abgegebene Willenserklärung wird häufig **„automatisierte“, „elektronische“** oder **„digitale“** Willenserklärung genannt.[23] Es handelt sich dabei weder um eine besondere Form der Willenserklärung oder eine gesetzlich geregelte Form der Willenserklärung. Die Willenserklärung im elektronischen Geschäftsverkehr weist vielmehr die Besonderheit auf, dass die Erklärung ausschließlich elektronisch abgegeben wird. Im Übrigen gelten die Anforderungen, die jede Willenserklärung zu erfüllen hat. Voraussetzung ist also, dass es sich um eine Erklärung handeln muss, die auf die Herbeiführung eines bestimmten rechtlichen Erfolgs gerichtet ist. In objektiver Hinsicht ist weiter eine Erklärungshandlung notwendig, subjektiv muss beim Erklärenden Handlungswillen, Erklärungsbewusstsein und ein Rechtsfolgewillen vorliegen.[24] **29**

Im elektronischen Bereich werden digitale Willenserklärungen und sog. **Computererklärungen** unterschieden.[25] Unter dem Begriff „Computererklärung“ werden Erklärungen verstanden, die ein Computer selbständig generiert und versendet. Wichtigstes Beispiel für ein Anwendungsgebiet der Computererklärung ist der Online-Shop, in dem der Internetanwender Produkte, die auf der Internetseite eines Versandhandels präsentiert werden, online bestellen kann.[25] Dem Kunden wird etwa nach formulargestützter Abfrage seiner für das Zustandekommen des Vertrages und die Abrechnung des Entgelts relevanten Daten automatisiert eine Bestätigung der Bestellung per E-Mail zugesandt. Weiter bedienen sich Diensteanbieter Computererklärungen, wenn die Leistung im entgeltlichen Zurverfügungstellen von Informationen besteht, etwa beim Abruf von Informationen in Fachdatenbanken: Die durch den Nutzer angeforderten Informationen werden automatisiert durch Computer zusammengestellt und auf einer Internetseite für den Nutzer sichtbar gemacht. Auch die aufgrund einer Mailingliste oder eines Newsletters versandten Informationen können eine Computererklärung darstellen. **30**

Es kann in Frage gestellt werden, ob eine solche nicht-menschliche Erklärung überhaupt eine Willenserklärung im Rechtssinne sein kann. Die h.M. bejaht das Vorliegen einer Willenserklärung[26] und sieht die Computererklärung als Willenserklärung des Anbieters der Internetseite an. Für das Vorliegen einer Willenserklärung ist aber **31**

23 Vgl. *Härting* Internetrecht, B Rn. 385; Moritz/Dreier/*Holzbach/Süßenberger* E-Commerce, C Rn. 66.
24 Palandt/*Ellenberger* Einf. vor § 116 BGB, Rn. 1; *Sutschet* NJW 2014, 1041.
25 Moritz/Dreier/*Holzbach/Süßenberger* E-Commerce, C Rn. 82.
26 Palandt/*Ellenberger* Einf. vor § 116, Rn. 1; Moritz/Dreier/*Holzbach/Süßenberger* E-Commerce, C Rn. 86 m.w.N.

Voraussetzung, dass ein Erklärungsinhalt gegeben ist, der Betreiber mit der Programmierung Regeln für die Bearbeitung vorgegeben hat, der Betrieb der Computeranlage durch den Willen des Betreibers getragen wird, sodass sich dieser als berechtigt und verpflichtet ansieht, und dieser Wille erkennbar nach außen tritt.[27]

2.2 Abgabe von Willenserklärungen

32 Auch digital übermittelte Willenserklärungen müssen wirksam sein, sollen sie zu einem Vertragsschluss führen. Neben den allgemeinen Regelungen des BGB über Willenserklärungen bestehen bei digitalen Willenserklärungen einige Besonderheiten, die sich daraus ergeben, dass das BGB gerade keine speziellen Regelungen für digitale Willenserklärungen vorsieht. Zur Beurteilung der Abgabe einer elektronischen Willenserklärung bedarf es einer Differenzierung zwischen elektronisch übermittelten Willenserklärungen und den Computererklärungen.

33 Eine digitale Willenserklärung ist **abgegeben,** wenn der Nutzer den Sendebefehl endgültig ausgeführt hat.[28] Nicht ausreichend ist, dass lediglich ein Text bzw. eine Erklärung formuliert, diese aber nicht versendet wurden.

34 Probleme bereitet der Fall, dass der **Sendebefehl ohne Zutun des Erklärenden ausgelöst wird,** z.B. eine E-Mail durch einen Mitarbeiter versehentlich versendet wird. Zur Lösung der Fallkonstellation der **versehentlichen Versendung** bieten sich unterschiedliche Möglichkeiten.

- Überwiegend werden die Grundsätze angewendet, die auch der Lösung der Fälle des fehlenden Erklärungsbewusstseins dienen. Auch bei fehlender Veranlassung der Versendung durch den Erklärenden, aber bei Vorliegen eines Vertretenmüssens, führt die Anwendung der Grundsätze über das Fehlen des Erklärungsbewusstseins dazu, dass die Erklärung als abgegeben gilt.[29] Die Erklärung kann aber unter den Voraussetzungen der §§ 119 ff. BGB angefochten werden.[30] Die Willenserklärung ist hingegen unwirksam, wenn sie dem Erklärenden nicht zurechenbar ist und ohne dessen Willen übersendet wurde.
- Nach anderer Auffassung soll auf die anerkannten Auslegungskriterien für Willenserklärungen abzustellen sein. Wenn der Empfänger redlicherweise davon ausgehen könne, dass ihn die Erklärung mit dem Willen des Erklärenden erreicht hat, sei von der Wirksamkeit der Willenserklärung mit der Möglichkeit zur Anfechtung auszugehen.[31]

35 Beiden Lösungswegen ist gemeinsam, dass dem Erklärungsempfänger nach § 122 BGB und gem. §§ 280, 311 Abs. 2, 241 Abs. 2 BGB Schadensersatzansprüche zustehen, sodass beide Auffassungen im Ergebnis wohl die gleichen Ansprüche des Erklärungsempfängers auslösen können.

36 Von der versehentlichen Versendung zu unterscheiden sind die Fälle, in denen es der Willenserklärung bereits am erforderlichen Handlungswillen fehlt. Wer beim Klicken abrutscht oder eine Taste drückt und damit versehentlich die Versendung veranlasst, gibt mangels Handlungswillens keine rechtlich relevante Erklärung ab.[32]

---

27 Moritz/Dreier/*Holzbach/Süßenberger* E-Commerce, C Rn. 86.
28 MünchKomm-BGB/*Einsele* § 130 Rn. 13; Kaminski/Henßler/*Baetge* 2. Kap. B Rn. 13.
29 MünchKomm-BGB/*Einsele* § 130 Rn. 13.
30 Palandt/*Heinrichs* § 130 BGB Rn. 4; MünchKomm-BGB/*Einsele* § 130 Rn. 13.
31 *Härting* Internetrecht, B Rn. 2407.
32 *Härting* Internetrecht, B Rn. 405.

Eine **Computererklärung** ist dann **abgegeben,** wenn sie durch endgültige Freigabe und Verlassen des computerinternen Bereichs über das Kommunikationsnetz an den Empfänger versendet wird.[33] **37**

Bei **mündlichen** Willenserklärungen, die über das Internet abgegeben werden, z.B. im Rahmen der **Internettelefonie (z.B. Skype, WhatsApp, Apple-FaceTime oder Viber),** gilt, dass die Willenserklärung dann abgegeben wird, wenn der Erklärende seinen Willen so geäußert hat, dass an der Endgültigkeit der Äußerung kein Zweifel mehr möglich ist. Daher muss die Erklärung hier so abgegeben worden sein, dass sie in digitale Signale verwandelt werden kann, die zu dem Empfänger übertragen und so umgewandelt werden, dass der Empfänger sie wiederum zur Kenntnis nehmen kann.[34] **38**

2.3 Zugang der Willenserklärung

Bei digitalen Willenserklärungen besteht weitgehend Einigkeit darüber, dass es sich um Erklärungen unter Abwesenden handelt.[35] Dies hat zur Folge, dass die Annahme nach § 147 Abs. 2 BGB zu einem Zeitpunkt erfolgen kann, in dem der Eingang einer Antwort unter regelmäßigen Umständen erwartet werden konnte. Willenserklärungen in Chat-Foren oder über Internettelefonie werden aber als Willenserklärung unter Anwesenden angesehen (§ 147 Abs. 1 S. 2 BGB) und bedürfen einer sofortigen Annahme.[36] **39**

Der **Zugang** einer digitalen Willenserklärung richtet sich grds. nach der Empfangstheorie. Eine Auffassung orientiert sich an dem für alle Willenserklärungen geltenden Grundsatz, dass auch hier eine Erklärung zugeht, wenn sie derart in den Machtbereich des Empfängers gelangt ist, dass dieser eine zumutbare Kenntnisnahmemöglichkeit hatte.[37] Nach einer anderen Definition ist der Zugang gem. § 130 BGB anzunehmen, wenn „die Erklärung eine Vorrichtung erreicht hat, die typischerweise für den Empfang von Willenserklärungen vorgesehen ist."[38] Eine weitere Auffassung legt der Ermittlung des Zugangs den Gedanken zugrunde, wie eine angemessene Risikoverteilung zwischen den Kommunizierenden und potentiellen Vertragspartnern erreicht werden kann. Dazu wird zwischen der Einweg- und Dialogkommunikation unterschieden, wobei dann bei der Einweg-Kommunikation grds. auch die Empfangstheorie gelten soll.[39] **40**

Der Zugang einer **E-Mail** ist jedenfalls dann zu bejahen, wenn die E-Mail auf dem Server eingegangen ist.[40] Eine zur Unzeit übermittelte E-Mail soll jedoch nach überwiegender Ansicht erst an dem folgenden Tag zugehen.[41] Eine andere Auffassung schließt sich dem nicht an und schlägt eine Differenzierung nach der Art des Empfängers vor: Bei Privatleuten könne ein täglicher Abruf der E-Mail nicht erwartet werden, sodass bei zur Unzeit verschickten E-Mails der Zugangszeitpunkt ggf. erst der übernächste Tag sein könne.[42] Sofern der Verbraucher von seiner E-Mail-Adresse im **41**

---

33 Moritz/Dreier/*Holzbach/Süßenberger* E-Commerce, C Rn. 147.
34 Moritz/Dreier/*Holzbach/Süßenberger* E-Commerce, C Rn. 145.
35 *Mehrings* MMR 1998, 30; Kaminski/Henßler/*Baetge* 2. Kap. B Rn. 16.
36 *Härting* Internetrecht B, Rn. 276; *OLG Frankfurt* CR 2003, 450.
37 *Mehrings* MMR 1998, 30; *Wietzorek* MMR 2007, 156.
38 Kaminski/Henßler/*Baetge* 2. Kap. B Rn. 18.
39 Moritz/Dreier/*Holzbach/Süßenberger* E-Commerce, C Rn. 151, 159.
40 *Taupitz/Kritter* JUS 1999, 839.
41 Palandt/*Heinrichs* § 130 BGB Rn. 7a; *Wietzorek* MMR 2007, 156.
42 Kaminski/Henßler/*Baetge* 2. Kap. B Rn. 23.

Rechtsverkehr keinen Gebrauch macht, tritt Zugang erst bei tatsächlicher Kenntnisnahme ein.

42 Bei einem Online-Shop ist die Empfangsvorrichtung für Willenserklärungen der zu dem Anbieter gehörende Server.[43] Geht eine Erklärung dort ein, ist sie zugegangen. Füllt der Kunde ein Bestellformular eines Online-Shops aus, so ist nach der Verkehrsanschauung sogar von einem sofortigen Zugang der Willenserklärung unabhängig von den Geschäftszeiten auszugehen.[44] Dies lässt sich der Regelung des § 312i Abs. 1 S. 2 BGB entnehmen,[45] wonach Bestellung und Empfangsbestätigung i.S.v. § 312i Abs. 1 S. 1 Nr. 3 BGB als zugegangen gelten, wenn die Parteien, für die sie bestimmt sind, sie unter gewöhnlichen Umständen abrufen können.

43 Die rechtliche Behandlung von **Zugangsstörungen** orientiert sich daran, aus wessen Sphäre die Störung herrührt. Störungen des Versendungsvorgangs, sind dabei grds. dem Absender zuzurechnen. Die Verantwortlichkeit des Empfängers ist demgegenüber gegeben, sobald die Nachricht in seinen Empfangsbereich gelangt ist.[46]

2.4 Konkludente Willenserklärungen und Schweigen

44 In der Regel werden Willenserklärungen **ausdrücklich** abgegeben, sei es durch die elektronische Übermittlung einer Willenserklärung per E-Mail oder durch das Anklicken oder Drücken einer bestimmten Taste bei einer bereits vorformulierten Erklärung. Jedoch können grds. Willenserklärung auch im Bereich der elektronischen Kommunikationsmittel **konkludent,** d.h. durch ein schlüssiges Verhalten, abgegeben werden. Diese Anwendungsfälle dürften aber sehr begrenzt sein.

45 Das bloße **Schweigen** stellt grds. keine Willenserklärung dar.[47] Diese Grundsätze gelten uneingeschränkt auch für digitale Willenserklärungen. Bei der Qualifikation von Schweigen als Willenserklärung kann es aber aufgrund der elektronischen Übertragung und den damit verbundenen technischen Schwierigkeiten zu Unsicherheiten kommen. Nicht immer funktioniert die Datenübertragung einwandfrei, gelegentlich kann es zu Datenverlust kommen, der auch zum Verlust einer entsprechenden Willenserklärung führt. Für den potentiellen Empfänger der abgegebenen Erklärung stellt sich dann die Frage, wie er das Schweigen seines Kontrahenten zu verstehen hat. Da diese technischen Unsicherheiten den Nutzern dieses Kommunikationsmediums bekannt sind, wird dem Schweigen grds. **kein** besonderer Erklärungswert beigemessen werden können.[48]

3. Anfechtung

46 Im Internet abgegebene Willenserklärungen können unter den Voraussetzungen der §§ 119 ff. BGB **angefochten** werden, wobei die Anfechtung wegen Täuschung oder Drohung nach § 123 BGB keine internetspezifischen Besonderheiten aufweist.[49]

---

43 Kaminski/Henßler/*Baetge* 2. Kap. B Rn. 19.
44 *Härting* Internetrecht, B 429.
45 Palandt/*Grüneberg* § 312i BGB Rn. 7.
46 Kaminski/Henßler/*Baetge* 2. Kap. B Rn. 25 ff.
47 Palandt/*Heinrichs* Einf. vor § 116 BGB Rn. 7.
48 Moritz/Dreier/*Holzbach/Süßenberger* E-Commerce, C Rn. 80.
49 *OLG Hamm* CR 1993, 688; *LG Köln* K&R, 2011, 281.

Als typischer Anfechtungsfall außerhalb von § 123 BGB können Eingabefehler genannt werden: So ist bspw. bei einer E-Mail oder Online-Bestellung die Eingabe einer falschen Bestellnummer oder Stückzahl, von falschen Angaben oder Daten (bspw. bei der Buchung von Flügen oder Konzertkarten) denkbar. **47**

Nach § 119 Abs. 1 Fall 2 BGB kann eine Erklärung angefochten werden, wenn der Erklärende einem Erklärungsirrtum unterliegt. Diese Regelung erfasst die Fälle, in denen sich der Erklärende z.B. vergreift, verschreibt, vertippt oder auch „verklickt".[50] Durch § 312i Abs. 1 Nr. 1 BGB wird der Unternehmer zwar dazu verpflichtet, dem Kunden wirksame technische Mittel zur Verfügung zu stellen, mit deren Hilfe Eingabefehler vor Abgabe einer Bestellung erkannt und berichtigt werden können. Auf die Anfechtung als solche wirkt sich diese Vorschrift aber nicht aus. Ist der Unternehmer dieser Verpflichtung nicht nachgekommen, bleibt ihm aber möglicherweise nach den Grundsätzen von Treu und Glauben die Berufung auf einen Schadensersatzanspruch nach § 122 BGB verwehrt, da er als Anbieter einen Irrtum des Kunden mit verursacht hat.[51] **48**

Anders liegt der Fall, wenn sich der Benutzer nicht vertippt, sondern eine andere Empfangsadresse eingibt oder versehentlich entgeltliche Informationen abruft. Ein Erklärungsirrtum liegt dann nicht vor, da die Erklärung so abgegeben werden sollte, wie sie tatsächlich abgegeben wurde. Eine Anfechtung kommt hier als Inhaltsirrtum unter den Voraussetzungen des § 119 BGB in Betracht. **49**

Bei **Computererklärungen** können falsche Erklärungen generiert werden, wenn die Software oder auch die Hardware Fehler aufweisen oder Datenfehler vorliegen.[52] Denkbar sind insbesondere falsche Berechnungen, die sich unmittelbar auf die abgegebene Erklärung auswirken. Hier bedarf es der Prüfung, ob es sich um einen Motivirrtum handelt, d. h. einen Irrtum im Beweggrund. Etwaige Berechnungsfehler stellen bei verdeckter Kalkulation lediglich einen solchen unbeachtlichen Motivirrtum dar. Software und Daten, die von dem Betreiber zur Verfügung gestellt werden, entsprechen dabei den inneren Beweggründen und Motiven des Erklärenden.[53] Es liegt demzufolge bereits ein Fehler bei der Willensbildung vor, der grds. nicht zur Anfechtung berechtigt.[54] Anders könnte jedoch der Fall bewertet werden, wenn die Eingabe der Daten als solche fehlerfrei erfolgt, die Software aber unerkannt fehlerhaft ist. Nach einer Entscheidung des BGH soll die Verfälschung des ursprünglich richtig Erklärten auf dem Weg zum Empfänger durch eine unerkannt fehlerhafte Software als Irrtum in der Erklärungshandlung anzusehen sein.[55] **50**

Nicht als Motivirrtum zu bewerten sind Fälle, in denen der (zukünftige) Vertragspartner eigens falsche Angaben gemacht hat und daraufhin eine falsche, so nicht gewollte Erklärung durch den Betreiber abgegeben wurde. Bei einer Verarbeitung falscher fremder Daten ist anhand des Einzelfalls zu prüfen, ob ein Anfechtungstatbestand (Erklärungs-, Inhalts-, Eigenschaftsirrtum nach § 119 BGB) erfüllt ist, der zur Anfechtung der Computererklärung berechtigt. **51**

---

50 MünchKomm-BGB/*Armbrüster* § 119 Rn. 101.

51 *Härting* Internetrecht, B Rn. 517.

52 Vgl. *BGH* MMR 2005, 233 zur fehlerhaften Software.

53 Moritz/Dreier/*Holzbach/Süßenberger* E-Commerce, C Rn. 46.

54 Moritz/Dreier/*Holzbach/Süßenberger* E-Commerce, C Rn. 106.

55 *BGH* NJW 2005, 976.

4. Webseite: Invitatio ad offerendum

52 Problematisch ist, ob der Anbieter bereits mit Veröffentlichung seiner Produkte auf der Webseite ein **verbindliches Angebot** abgibt, das der Kunde nur noch annehmen muss. Die überwiegende Auffassung sieht in der Veröffentlichung von Waren oder dem Bereitstellen von Dienstleistungen kein verbindliches Angebot zum Abschluss eines Vertrages, sondern grds. eine invitatio ad offerendum, d.h. die unverbindliche Aufforderung an den Internetnutzer zur Abgabe eines Angebots.[56] Würde bereits die Website als verbindliches Angebot angesehen, so käme ein Vertrag bereits mit der Annahme durch den Benutzer zustande, ohne dass der Anbieter prüfen könnte, ob der Kunde bspw. zahlungsfähig ist. Außerdem wäre der Anbieter Ansprüchen ausgesetzt, wenn aufgrund großen Interesses ein schneller Ausverkauf der Waren erfolgt und dadurch weitere Kunden nicht mehr bedient werden können. Der Kunde gibt ein Angebot zum Vertragsschluss ab, welches wiederum einer Annahme durch den Anbieter, etwa per E-Mail oder durch das Versenden der Ware (ggf. unter Verzicht auf die Annahmeerklärung, § 151 BGB), bedarf.

53 Anders sind die Fälle zu beurteilen, bei denen es um den Download von Musik, Filmen oder Software geht. Neben verschiedenen Einzelverträgen liegt in diesen Fällen grundsätzlich ein Rahmenvertrag in Form eines Nutzungsvertrages zwischen dem Kunden und dem Anbieter vor. In der Veröffentlichung der einzelnen Musik- und Filmtitel sowie Software ist ein Antrag gem. § 145 BGB und keine bloße invitatio an offerendum zu sehen. Anders als beim Einkauf in einem Online-Shop hat der Anbieter keine Kapazitätsprobleme, da er eine unerschöpfliche Anzahl von Kopien vertreibt. Der Anbieter möchte sich in der Regel die Annahme nicht vorbehalten.[57] Demnach ist in der Präsentation der Produkte auf der Plattform eine offerta ad incertas personas zu sehen, die durch den Kunden durch das Anklicken zum Download angenommen wird.

5. Stellvertretung

54 Auch bei digitalen Willenserklärungen muss der Erklärende nicht zwingend im eigenen Namen handeln, sondern er kann als Stellvertreter das Geschäft im fremden Namen abschließen. Problematisch im Bereich der Kommunikation über das Internet ist die für eine Stellvertretung grds. erforderliche Offenkundigkeit. Eine wirksame Stellvertretung setzt voraus, dass die Willenserklärung erkennbar im fremden Namen abgegeben wird. Da es sich in der Regel um einen Vertragsschluss unter Abwesenden handelt und das Internet eine hohe Anonymität aufweist, fällt die Bestimmung, wer die Erklärung für wen abgegeben hat, teilweise schwer[58].

55 So muss derjenige, der eine elektronische Willenserklärung abgibt, nicht zwingend mit dem Inhaber der E-Mail-Adresse oder des Internetanschlusses übereinstimmen. Der Nutzer handelt **unter dem Namen** des Inhabers der E-Mail-Adresse oder des Internetanschlusses. Ein Handeln **unter** fremden, nicht **im** fremden Namen liegt daher vor, wenn sich ein Dritter ohne entsprechende Vollmacht einen Schutzmechanismus überwindet, um damit einen Vertragsschluss herbeizuführen. Bei Handeln unter fremden

56 *BGH* MMR 2005, 233; *OLG Nürnberg*K & R, 58; Palandt/*Grüneberg* § 312c BGB Rn. 7; krit. Kaminski/Henßler/*Baetge* 2. Kap. B Rn. 5.

57 *Härting/Schätzle* ITRB 2006, 186.

58 *OLG München*NJW 2004, 1328.

Namen sind §§ 164 ff. BGB, insbesondere §§ 177, 179 BGB in der Regel analog anzuwenden, es sei denn, nach den Umständen des Einzelfalls liege ein Eigengeschäft des Handelnden vor.[59] Entscheidend für die Abgrenzung zu einem Eigengeschäft ist, wie die Gegenpartei das Verhalten des Handelnden verstehen durfte. Ein Eigengeschäft liegt bspw. vor, wenn sich der Nutzer bei der Abgabe einer Internetbestellung eines Fantasienamens oder Allerweltsnamens bediente und dies zu erkennen war. Beim Eigengeschäft unterliegt die Vertragspartei keiner Fehlvorstellung über die Person des Käufers, sondern will gerade mit demjenigen den Vertrag schließen, der handelt, unabhängig davon, wer es tatsächlich ist. Das ist i.d.R. dann anzunehmen, wenn die Gegenpartei schon keine konkreten Vorstellungen über die Identität des Handelnden hat.[60] Gerade im Internet bedienen sich Käufer oft eines Pseudonyms, das einem Vertragsschluss aber somit nicht entgegensteht.

6. Virtuelle Marktplätze

Virtuelle Marktplätze haben neben den herstellerbetriebenen Online-Shops üblichen Zuschnitts einen hohen Stellenwert innerhalb des E-Business. Für Kunden bieten sie die Möglichkeit, sich zunächst über Produkte zu informieren und schließlich von zu Hause aus Waren oder Dienstleistungen anzufordern. Für Verbraucher attraktiv sind insbesondere die Internetversteigerungen.[61] Im unternehmerischen Bereich kommt virtuellen Marktplätzen insbesondere dadurch Bedeutung zu, dass darüber die technische Abwicklung bestimmter Geschäfts- oder Bestellprozesse erfolgen kann. Denkbar sind bei solchen Marktplätzen auch Nachfragepoolungen, die zur Vergünstigung beim Erwerb insbesondere von Massenprodukten führen sollen. **56**

Virtuelle Marktplätze kennzeichnet, dass Angebote meist von einer Vielzahl von Anbietern und Nachfragern in Anspruch genommen werden können. Bei geschlossenen Plattformen kann der virtuelle Marktplatz jedoch nur von bestimmten Personen genutzt werden. Die Spanne der gehandelten Waren und Dienstleistungen ist weit: sie reicht von dem Angebot von Produkten aus dem Bereich des täglichen Lebens bis hin zu Spezialprodukten oder branchenspezifischen Materialien. **57**

Selbstverständlich müssen auch Betreiber virtueller Marktplätze je nach Art und Ausgestaltung des Marktplatzes die Verbraucherschutzvorschriften (§§ 312 ff. BGB), die Regelungen des TMG, datenschutzrechtliche Vorgaben, die Gewerbeordnung und Vorgaben der Preisangabenverordnung beachten. **58**

6.1 Power Shopping

Eine der Handelsformen der virtuellen Marktplätze ist das sog. Powershopping oder Community Shopping. Grundidee ist, dass sich viele Interessenten zusammenschließen und durch die Bestellung eines großen Kontingentes (Nachfragepoolung) von entsprechenden Rabatten oder Vergünstigungen profitieren können. **59**

Der Vertragsschluss kann auf unterschiedliche Weise zustande kommen. Der Anbieter kann entweder als Vertragspartner oder als bloßer Vermittler der Ware auftreten. Bei der Einstellung der Waren auf die Internetseite des Anbieters handelt es sich grds. **60**

59 Palandt/*Heinrichs* § 164 BGB Rn. 10.
60 *BGH* NJW-RR 2006, 701.
61 Zum Vertragsschluss *BGH* CR 2005, 53; *BGH* NJW 2002, 363.

um eine invitatio ad offerendum.[62] Besonderheit des Powershopping ist, dass die Betreiber zu einem bestimmten Produkt unterschiedliche Preisabstufungen anbieten, für deren Bemessung die Käuferzahl maßgebend ist: Je mehr Käufer sich finden, desto geringer wird der zu zahlende Preis pro Einheit. Je nach Anbieter wird die Ware nur für einen begrenzten Zeitraum und mit einem begrenzten Kontingent angeboten. Der Preis der Ware richtet sich dann letztlich danach, für welche Preisstufe die notwendige Käuferzahl gefunden werden konnte. Das rechtsverbindliche Angebot zum Kauf der Ware geben die Käufer ab. Je nach Betreiber ist die Abgabe des Angebots unterschiedlich gestaltet. Der Käufer kann bspw. ein Angebot bezogen auf eine bestimmte Preisstufe abgeben. Werden genügend Interessenten gefunden, kommt der Vertrag zu der Preisstufe oder sogar zu einer niedrigeren Preisstufe zustande. Es kann aber auch geschehen, dass auf der niedrigeren Preisstufe das Kontingent bereits ausgeschöpft ist, sodass der Käufer letztlich leer ausgeht. Eine Alternative ist, das Angebot nur auf die niedrigste Preisstufe oder eine andere Preisstufe zu begrenzen, ein Vertrag kommt dann nur bei Erreichen der angegebenen Stufe zustande.

61 Unter Geltung des Rabattgesetzes wurde von einigen Gerichten die Zulässigkeit des Powershoppings wegen eines Verstoßes gegen das Rabattgesetz verneint.[63] Das Rabattgesetz wurde insbesondere im Bereich von Vertriebsformen im Internet wie dem Powershopping als innovationshemmend angesehen und am 25.7.2001 außer Kraft gesetzt. Dies ermöglichte Unternehmen im Internet neue Handlungsformen.[64]

62 Je nach Art und Ausgestaltung des Powershoppings kommt aber ein Verstoß gegen die Regelungen des UWG in Betracht. Dabei gilt, dass grds. nicht jede Art dieser Handlungsform unzulässig ist, solange sie sich im Rahmen eines lauteren Wettbewerbs bewegt.[65] Die Unlauterkeit kann sich jedoch aus dem Aspekt des übertriebenen Anlockens ergeben, wobei zu beachten ist, dass ein günstiges Angebot für sich genommen nicht unlauter ist, wenn die Anlockwirkung lediglich von dem Preis für die Ware selbst ausgeht.[66] Das Unlautere des übertriebenen Anlockens kann dann aber in den Auswirkungen liegen, die das Anlocken unter Abwägung der Interessen der Kunden, der Mitbewerber und der Allgemeinheit als unverhältnismäßig erscheinen lassen.[67] Als unlauter angesehen werden können nach den Umständen des Einzelfalls auch der bei den Kunden hervorgerufene spekulative Aspekt und die Anregung der Spiellust.[65]

6.2 Umgekehrte Versteigerungen

63 Eine besondere Form der Internetversteigerung ist die sog. umgekehrte Versteigerung, die dadurch gekennzeichnet ist, dass der Preis des Produktes im Laufe der Zeit **sinkt.** Vertragspartner wird derjenige, der als erstes eine Erklärung zum Abschluss eines Vertrages abgibt. Auch umgekehrte Versteigerungen können im Einzelfall gegen das Wettbewerbsrecht verstoßen. Jedoch ist nach einer Entscheidung des BGH weder der Einsatz von Elementen der Wertreklame noch der davon ausgehende aleatorische Reiz ausreichend, um eine Werbemaßnahme (im konkreten Fall über den Verkauf

62 *Stoffmehl* MMR 2001, 35; a.A. *Cichon* § 7 Rn. 862.
63 *OLG Hamburg* GRUR 2000, 549; offen gelassen bei *OLG Köln* MMR 2001, 532; *LG Köln* MMR 2001, 54.
64 Gesetzesentwurf der Bundesregierung, BT-Drucks. 14/5441, 7.
65 *OLG Köln* MMR 2001, 532.
66 *OLG Köln* MMR 2001, 532; *BGH* NJW 2003, 1671.
67 *OLG Hamburg* NJW-RR 2002, 254.

eines gebrauchten KFZ) als unlauter erscheinen zu lassen; es müssten vielmehr zusätzliche, besondere Umstände vorliegen, die den Vorwurf der Sittenwidrigkeit nach dem UWG rechtfertigen.[68] Dies kann bspw. gegeben sein, wenn die freie Entschließung zum Vertragsschluss der angesprochenen Verkehrskreise so nachhaltig beeinflusst wird, dass der Kaufentschluss nicht mehr von sachlichen Gesichtspunkten, sondern maßgeblich durch das Streben nach der in Aussicht gestellten Gewinnchance bestimmt wird.[69]

6.3 Internetauktionen

Internetauktionen haben stark zugenommen und stellen nicht nur für Verbraucher eine wichtige Möglichkeit dar, Waren zu vertreiben. **64**

In der Regel werden die Betreiber der Onlineauktionshäuser die Verträge nicht in eigenem Namen schließen, sondern sich auf die Zurverfügungstellung der Plattform für den Nutzer beschränken. Ein Vertrag kommt dann zwischen dem Bieter und dem Einlieferer gem. §§ 145 ff. BGB mit Bietfristende zustande. Der Einlieferer fordert in der Regel den Bieter durch das Einstellen der Ware dazu auf (invitatio ad offerendum), ein verbindliches Vertragsangebot zu unterbreiten.[70] Je nach Fallgestaltung kann aber bereits das Freischalten der Angebotsseite ein rechtlich verbindliches Angebot sein.[71] Der Bieter gibt sodann ein Vertragsangebot ab,[72] wobei lediglich das höchste Gebot zu einem Vertragsschluss führt. Die Annahmeerklärung wird regelmäßig bei der Einstellung des Gebotes durch den Bieter antizipiert abgegeben.[73] Dies genügt auch dem Erfordernis der Bestimmtheit; obwohl sich die Erklärung nicht an eine bestimmte Person richtet, ist eindeutig erkennbar, dass der Höchstbietende Adressat der Erklärung sein soll.[72] § 156 BGB ist nur dann anwendbar, wenn der Vertrag tatsächlich durch einen Zuschlag zustande kommt. Bei Internetauktionen, in denen es an einem Zuschlag fehlt, sind lediglich die §§ 145 ff. BGB maßgebend, da es sich in diesen Fällen nicht um eine Versteigerung i.S.d. § 156 BGB handelt.[74] Aus diesem Grund ist auch das Widerrufsrecht des § 312g BGB nicht nach dessen Nr. 10 ausgeschlossen.[74] **65**

Das Verhältnis zwischen dem Einlieferer/Anbieter und dem Plattformbetreiber richtet sich in erster Linie nach den AGB des Internetauktionshauses. Meist sind dort umfassend die wechselseitigen Rechte und Pflichten sowie Handlungsanweisungen zur Durchführung der Auktion und zum allgemeinen Verhalten bestimmt.[75] Die AGB der Internetauktionshäuser können dementsprechend als Auslegungshilfe herangezogen werden, wenn die Erklärungen der Auktionsteilnehmer Verständnislücken aufweisen.[72] **66**

---

68 *BGH* MMR 2003, 465 – umgekehrte Versteigerung II; a.A. noch *BGH* GRUR 1986, 622 – umgekehrte Versteigerung I.

69 *BGH* MMR 2003, 465 – umgekehrte Versteigerung II m.w.N.

70 *AG Hannover* MMR 2002, 262.

71 *OLG Hamm* GRUR 2001, 766.

72 *BGH* NJW 2002, 363.

73 *Deutsch* MMR 2004, 586.

74 *BGH* NJW 2005, 53.

75 Vgl. z.B. die AGB und „eBay-Grundsätze“, abzurufen unter www.ebay.de.

6.4 Leistungsstörungen im Nutzerverhältnis

67 Ob und gegen wen der Kunde bei Leistungsstörungen vorgehen kann, richtet sich danach, wer sein Vertragspartner ist. Ist zwischen dem Betreiber des virtuellen Marktplatzes und dem Kunden ein Vertrag, z.B. ein Kaufvertrag über eine Ware oder ein Vertrag über eine Dienstleistung, geschlossen worden, richten sich die Ansprüche für Mängel oder sonstige Leistungsstörungen nach den für das jeweilige Schuldverhältnis geltenden Vorschriften.

68 Bei Internetauktionshäusern kommt es darauf an, ob die Betreiber auf eigene Rechnung und im eigenen Namen Verträge schließen oder ob ein Vertrag zwischen dem Bieter und demjenigen geschlossen wird, der die Ware auf der Plattform versteigert.[76] Leistungsstörungen, insbesondere Ansprüche wegen Mängeln sind dann gegenüber dem Vertragspartner geltend zu machen und beurteilen sich nach dem für das zugrundeliegende Schuldverhältnis geltenden Recht.

69 Die Haftung der Betreiber von virtuellen Marktplätzen wird zusammenfassend in Rn. 221 ff. behandelt.

V. Geschäfte im elektronischen Geschäftsverkehr (§§ 312i und 312j BGB und Art. 246 f. EGBGB)

70 Sowohl im Bereich B2B, also bei Verträgen zwischen Unternehmern, als auch bei Geschäften B2C zwischen einem Unternehmer (§ 14 BGB) und einem Verbraucher (§ 13 BGB) gilt es, bei Verträgen, die im elektronischen Geschäftsverkehr abgeschlossen werden, § 312i BGB zu beachten. Damit ist die Geltung des § 312i BGB nicht auf Verbraucherverträge beschränkt. § 312j BGB stellt hingegen eine reine Verbraucherschutzvorschrift dar, welche in Abs. 2–4 die vom deutschen Gesetzgeber schon vorab umgesetzte „Button-Lösung" enthält und um die Verpflichtung ergänzt wurde, spätestens bei Beginn des Bestellvorgangs klar und deutlich anzugeben, ob Lieferbeschränkungen bestehen und welche Zahlungsmittel akzeptiert werden. Um den Verbraucher vor unseriösen Anbietern zu schützen und dabei zu unterstützen, kostenpflichtige Dienste und damit einhergehend Kostenfallen zu erkennen, wurde zum 1.8.2012 die sog. **„Button-Lösung"** beruhend auf dem Gesetz zur Änderung des Bürgerlichen Gesetzbuches zum besseren Schutz der Verbraucherinnen und Verbraucher vor Kostenfallen im elektronischen Geschäftsverkehr eingeführt. Zweck dieses Gesetzes ist es, den einzelnen Verbraucher davor zu schützen, dass dieser ungewollt einen kostenpflichtigen Vertrag abschließt. Das Internet bietet neben kostenpflichtigen Angeboten auch typischerweise kostenfreie Angebote an. In der Vergangenheit haben einige Anbieter auf geschickte Art und Weise dem Verbraucher nur ein scheinbar kostenfreies Angebot angeboten, i.E. war der Verbraucher aber mit Zahlungsverpflichtungen konfrontiert. Nunmehr kommt ein Vertrag, der eine Zahlungspflicht begründet, nur zustande, wenn der Unternehmer bestimmte Informations- und Gestaltungspflichten eingehalten hat. Lediglich bei einem Vertrag zwischen Verbrauchern und bei einer individuellen Kommunikation finden **§§ 312i und 312j BGB** nur teilweise Anwen-

---

76 Zur Wirksamkeit von Gewährleistungsausschlüssen bei Onlineauktionen zwischen Privaten *LG Berlin* MMR 2004, 630.

dung.[77] Gem. § 312j Abs. 5 findet die „Button-Lösung" keine Anwendung auf Verträge, die ausschließlich durch individuelle Kommunikation[78] geschlossen wurden. § 312j Abs. 1 und 2 BGB finden hingegen keine Anwendung bei Verträgen und Webseiten, die Finanzdienstleistungen zum Inhalt haben.

Zweck der §§ 312i und 312j BGB ist es, bestimmte **Mindestvoraussetzungen** für eine Vertragsanbahnung und einen Vertragsabschluss im elektronischen Geschäftsverkehr zu schaffen[79]. Insbesondere soll den technischen Risiken des elektronischen Geschäftsverkehrs entgegengewirkt werden: Eine unübersichtliche oder unüberschaubare Darstellung des Programm- bzw. Bestellablaufs kann dazu führen, dass der Kunde nicht weiß, ob, mit wem und welchen Inhalts ein Vertrag geschlossen wurde.[80] § 312i BGB normiert allgemeine Pflichten, die der Unternehmer gegenüber all seinen Kunden zu erfüllen hat. Außerdem stellt § 312i BGB sicher, dass der Kunde die AGB in der bei Vertragsschluss geltenden Fassung abrufen kann.[80] **71**

§ 312i Abs. 1 BGB legt dem Unternehmer folgende Verpflichtungen auf: **72**

- Gem. § 312i Abs. 1 S. 1 Nr. 1 BGB hat der Unternehmer dafür Sorge zu tragen, dass angemessene, wirksame und zugängliche technische Mittel zur Verfügung stehen, mit deren Hilfe der Kunde **Eingabefehler** vor Abgabe einer Bestellung erkennen und berichtigen kann. Diese Anforderung wird in der Praxis meist dadurch umgesetzt, dass der Kunde vor der endgültigen Übermittlung einer Bestellung sämtliche Angaben nochmals überprüfen kann. Fehlt die Korrekturmöglichkeit, kann der Unternehmer wegen Verschuldens bei Vertragsschluss aus der Bestellung keine Rechte herleiten.[81]
- Der Unternehmer muss weiter **umfangreichen vorvertraglichen Informationspflichten** nachkommen. Nach § 312i Abs. 1 S. 1 Nr. 2 BGB müssen dem Kunden die in Art. 246c EGBGB bestimmten Informationen rechtzeitig vor Abgabe von dessen Bestellung klar und verständlich mitgeteilt werden. Mit der Gesetzesänderung im Juni 2010 erfolgte die inhaltlich unveränderte Verortung der Informationspflichten von der BGB-Informationspflichten-Verordnung (BGB-InfoV) in das EGBGB und damit verbunden, die Erhebung in den Rang eines formellen Gesetzes. Aufgrund des nun bestehenden Gesetzesrangs[82] ist es den ordentlichen Gerichten damit versagt, diese Regelungen zu verwerfen. Nach Art. 246c Nr. 1 EGBGB gehört dazu eine Information über die einzelnen technischen Schritte, die zum Vertragsschluss führen. Weiter ist der Kunde darüber aufzuklären, ob der Vertragstext beim Unternehmer gespeichert wird, ob er dem Kunden zugänglich ist (Nr. 2) und wie Eingabefehler vor Abgabe der Vertragserklärung erkannt und berichtigt werden können (Nr. 3). Informiert werden muss über die für den Vertragsschluss zur Verfügung stehenden Sprachen (Nr. 4) sowie über sämtliche einschlägige Verhaltenskodizes einschließlich der Möglichkeit des elektronischen Zugangs zu diesen Regelwerken (Nr. 5).

---

77 Kilian/Heussen/*Kilian* Nr. 20 Rn. 12.
78 Unter einer individuellen elektronischen Kommunikation ist z.B. die Kommunikation mittels E-Mail.
79 *Raue* Jura 2015, 326.
80 MünchKomm-BGB/*Wendehorst* § 312g a.F. Rn. 1.
81 Palandt/*Grüneberg* § 312i BGB Rn. 5.
82 Gesetzesbegründung VerbrKredRLUG, BT-Drucks. 16/11643.

- Nach § 312i Abs. 1 S. 1 Nr. 3 BGB muss eine **Bestellung** nach deren Zugang unverzüglich auf elektronischem Wege **bestätigt** werden. Es handelt sich dabei um eine bloße Empfangsbestätigung der Bestellung, die jedoch auch mit einer Annahmeerklärung verbunden werden kann. Geht bei einer Online-Bestellung aus einer den Empfang bestätigenden E-Mail nicht hervor, dass es sich nicht um eine bloße Eingangsbestätigung handelt, kann diese Bestätigungsmail je nach Inhalt als Annahmeerklärung gewertet werden.[83]
- Schließlich muss der Unternehmer dem Kunden die Möglichkeit verschaffen, AGB und Vertragsbestimmungen bei Vertragsschluss abzurufen und in wiedergabefähiger Form zu speichern (§ 312i Abs. 1 S. 1 Nr. 4 BGB).

73 § 312j BGB legt dem Unternehmer bei Verbraucherverträgen[84] **zusätzlich** folgende Verpflichtungen auf:

- Gem. § 312j Abs. 1 BGB muss bei Beginn des Bestellvorgangs klar und deutlich angegeben werden, ob **Lieferbeschränkungen** bestehen und welche **Zahlungsmittel** akzeptiert werden. Hierbei muss angegeben werden, welche Zahlungsmittel er nach seinem Geschäftsmodell im Allgemeinen akzeptiert (z.B. Kauf auf Rechnung, vorherige Überweisung, Lastschrift, Zahlungen per Kreditkarte oder per paypal). Unabhängig hiervon ist aber die Frage, ob der Unternehmer bereit ist, dem Verbraucher im konkreten Einzelfall jedes der angegebenen Zahlungsmittel vorbehaltlos einzuräumen. Dem Unternehmer ist es weiterhin möglich, insbesondere die Zahlung auf Rechnung von einer vorherigen Bonitätsprüfung abhängig zu machen. Eine solche kann aber nicht bereits vor Beginn des Bestellvorgangs vorgenommen werden.
- Nach § 312j Abs. 2 BGB muss der Unternehmer bei einem Verbrauchervertrag, der einen entgeltlichen Leistungsgegenstand zum Vertragsgegenstand hat, dem Verbraucher die **Informationspflichten** gem. Art. 246a § 1 Abs. 1 S. 1 Nr. 1, 4, 5, 11 und 12 EGBGB unmittelbar bevor der Verbraucher seine Bestellung abgibt, klar und verständlich in **hervorgehobener Weise** zur Verfügung stellen.
- Die **inhaltlichen Vorgaben** der vorvertraglichen Informationspflichten gem. Art. 246a § 1 Abs. 1 S. 1 Nr. 1, 4, 5, 11 und 12 EGBGB stellen sich wie folgt dar:
  - Die Angabe des **Gesamtpreises** der Waren oder Dienstleistungen einschließlich aller Steuern und Abgaben; kann der Preis aufgrund der Beschaffenheit der Waren oder Dienstleistungen vernünftigerweise nicht im Voraus berechnet werden, ist die **Art der Preisberechnung** sowie ggf. alle zusätzlichen **Fracht- und Lieferkosten** oder in den Fällen, in denen diese Kosten ebenfalls vernünftigerweise nicht im Voraus berechnet werden können, die Tatsache, dass solche Kosten überhaupt anfallen können,
  - Die Angabe des **Gesamtpreises** im Falle eines **unbefristeten Vertrags** oder eines **Abonnement-Vertrags**. Dieser Gesamtpreis muss die **pro Abrechnungszeitraum** anfallenden Kosten umfassen und, wenn für einen solchen Vertrag Festbeträge in Rechnung gestellt werden, müssen ebenfalls die monatlichen Gesamtkosten aufgezählt werden. Kann der Gesamtpreis nicht errechnet werden, ist wiederum die Art der Berechnung anzugeben,

83 *OLG Frankfurt* MDR 2003, 677; *LG Köln* CR 2003, 613.

84 Zur Möglichkeit der Beschränkung eines Internetangebots auf Gewerbetreibende, *OLG Hamm* GRUR-Prax 2017, 62.

- Die Angabe der **Laufzeit** des Vertrags oder die **Bedingungen der Kündigung** unbefristeter oder sich automatisch verlängernder Verträge,
- Die Angabe einer möglicherweise vorliegenden **Mindestdauer** der vertraglichen Verpflichtungen.

Diese Informationen sind in zeitlicher Hinsicht direkt mit der Abgabe der Bestellung durch den Verbraucher anzugeben; immer dann, wenn der Verbraucher seine vertragsrelevanten Willenserklärungen abgibt.[85] In räumlicher Hinsicht müssen diese Informationen in der Nähe zur Schaltfläche angezeigt werden. Dies ist nur dann gegeben, wenn die Informationen und die Schaltfläche bei üblicher Bildschirmauflösung gleichzeitig zu sehen sind.[86] **74**

- Gem. § 312j Abs. 3 BGB muss der Bestellvorgang so ausgestaltet werden, dass der Verbraucher mit seiner Bestellung ausdrücklich bestätigt, dass er sich zu einer Zahlung verpflichtet. Dabei ist hierfür zwingend, dass die Bestellung über eine gut lesbare und mit den Wörtern „zahlungspflichtig bestellen" oder mit einer entsprechenden eindeutigen Formulierung beschriftete Schaltfläche erfolgt. Eine entsprechende Formulierung kann in den Beschriftungen wie „kostenpflichtig bestellen" oder „kaufen" gesehen werden.[86] Formulierungen wie „Anmeldung", „weiter", „bestellen", „Bestellung abgeben" oder „Bestellung abschließen" sind hingegen nicht ausreichend.[86] Für den Verbraucher muss erkennbar sein, dass er sich mit dem Anklicken der Schaltfläche zu einer Zahlung verpflichtet.

Eine **Verletzung** der in § 312i und § 312j Abs. 1 und 2 BGB normierten **Pflichten** lässt die Wirksamkeit des Vertrages nicht entfallen. Der Kunde kann aber unter den Voraussetzungen der §§ 280, 311 Abs. 2 BGB Schadensersatzansprüche geltend machen, wenn die Pflichtverletzungen für einen nachteiligen Vertragsschluss ursächlich sind. Möglich ist auch, dass Maßnahmen auf der Grundlage des UWG, insbesondere wettbewerbsrechtliche Abmahnungen seitens von Konkurrenten oder Verbraucherverbänden eingeleitet werden. Anders als nach § 312g Abs. 6 a.F. hat die Verletzung der in § 312i und § 312j BGB genannten Pflichten keinen Einfluss auf den Beginn der Widerrufsfrist. Eine Verletzung der in § 312j Abs. 3 BGB normierten Pflichten lässt hingegen die Wirksamkeit des Vertrages von vornherein gem. § 312j Abs. 4 BGB entfallen. Darüber hinaus gilt auch der Verstoß gegen die in § 312i und § 312j normierten Pflichten als wettbewerbswidrig i.S.d. UWG. **75**

Nach der bislang vorhandenen instanzgerichtlichen Rspr. sind die vorgenannten Informationen bei der AGB-Erstellung eines eBay-Händlers jedenfalls entbehrlich, da die notwendigen Informationen in den eBay-AGB enthalten sind und sich diese auf das Vertragsverhältnis zwischen eBay-Verkäufer und Kunde auswirken.[87] Vor dem Hintergrund, dass im Fall eines Fernabsatzgeschäftes nach Art. 246a § 4 Abs. 3 EGBGB das Gebot der mediengerechten Information gilt[88] und die Informationen in einer dem eingesetzten Kommunikationsmittel angepassten Weise zur Verfügung gestellt werden muss, bietet es sich an, diese in die AGB aufzunehmen. Dies gilt insbesondere vor dem Hintergrund, dass der Unternehmer für die Erfüllung der Informationspflicht die Beweislast trägt. **76**

---

85 *Bierekoven* ITRB 2012, 186.
86 BT-Drucks. 17/7745, 12.
87 *LG Lübeck* MMR 2008, 554 f.; *Lorenz* VuR 2008, 321, 327.
88 BT-Drucks. 17/12637, 75.

77 Handelt es sich um einen **Telemediendienst i.S.d. TMG,** so muss der Diensteanbieter auch den dortigen Informationspflichten, insbesondere der Impressumspflicht, nachkommen (vgl. 10. Kap.).

VI. Fernabsatzrecht

78 Im Bereich B2C, also bei Verträgen zwischen Unternehmern und Verbrauchern, gelten im Wesentlichen die gleichen Grundsätze wie im Bereich B2B, es finden jedoch zusätzlich **Verbraucherschutzvorschriften** Anwendung.

79 Vertragsschlüsse im elektronischen Geschäftsverkehr haben sich an § 312i und § 312j BGB zu orientieren. Darüber hinaus kann es sich nach § 312c BGB um ein **Fernabsatzgeschäft** handeln, bei dessen Vorliegen wiederum weitgehende gesetzliche Vorgaben Beachtung finden müssen. Nach § 312k Abs. 1 BGB können die Vorschriften der §§ 312–312j BGB nicht zuungunsten des Verbrauchers oder Kunden abbedungen oder umgangen werden, stellen also zwingendes Recht dar. Bisher beinhalteten die §§ 312 ff. BGB a.F. die Regelungen für Haustürgeschäfte und – davon getrennt – die Rechte und Pflichten bei Fernabsatzverträgen. Mit dem Gesetz zur Umsetzung der Verbraucherrechterichtlinie und zur Änderung des Gesetzes zur Regelung der Wohnungsvermittlung wurde der Anwendungsbereich des Untertitels zunächst auf **alle Verbraucherverträge** erweitert, sodass auch Verträge **im stationären Handel** erfasst sind.

80 Das neue Recht unternimmt den Versuch einer einheitlichen Regelung von Haustürgeschäften und Fernabsatzgeschäften. Während §§ 312 ff. BGB nun allgemeine Pflichten für alle Verbraucherverträge statuieren, finden sich die Spezialregeln für Fernabsatzverträge und außerhalb von Geschäftsräumen geschlossenen Verträge in §§ 312b ff. BGB. Die außerhalb von Geschäftsräumen geschlossenen Verträge meinen im Wesentlichen die bisherigen Haustürgeschäfte und – anders als der Wortlaut dies vermuten lässt – gerade nicht den Distanzhandel.[89]

81 § 312d BGB regelt die Informationspflichten des Unternehmers gegenüber dem Verbraucher bei Fernabsatzgeschäften und verweist auf die Informationspflichten des Art. 246a EGBGB. Handelt es sich aber um Fernabsatzverträge über Finanzdienstleistungen ist der Verbraucher abweichend von § 312d Abs. 1 BGB gem. § 312d Abs. 2 BGB i.V.m. Art. 246b EGBGB zu informieren.

82 **Zweck** des **Fernabsatzrechtes** ist es, den Verbraucher vor Nachteilen zu schützen, die sich aus den Besonderheiten eines Fernabsatzgeschäftes ergeben. Da das Fernabsatzgeschäft ein Geschäft unter Abwesenden ist, kann weder das Erzeugnis bzw. die Dienstleistung noch der Vertragspartner in Augenschein genommen und geprüft werden. Durch §§ 312c ff. BGB soll der Verbraucher vor der Gefahr geschützt werden, dass er durch die Verwendung technischer Mittel Informationen über die Ware oder die Dienstleistung, deren Qualität, Beschaffenheit oder den Vertragspartner (z.B. dessen Kontaktdaten, Vertrauenswürdigkeit, Rückfragemöglichkeiten) nicht erhält.[90] Diese durch die technische Struktur bedingten Defizite sollen durch §§ 312c ff. BGB ausgeglichen werden.[91] Es geht also darum, den Verbraucher vor den spezifischen

---

89 *Bierkoven/Crome* MMR 2013, 687, 688; *Schirmbacher/Schmidt* CR 2014, 107, 108.
90 Erwägungsgrund 11 der Fernabsatzrichtlinie ABlEG Nr. L 144/19 v. 4.11.1997.
91 MünchKomm-BGB/*Wendehorst* Vor §§ 312 Rn. 2.

Gefahren solcher Verträge zu schützen, bei welchen dieser die Leistung bzw. die Ware und die Person seines Vertragspartners vor Vertragsschluss nicht zu Gesicht bekommt. In diesen Fällen hat der Verbraucher weniger Möglichkeiten, spezifische Informationen zu erfragen und die Eigenschaften der zu erwerbenden Leistung bzw. Ware zur Kenntnis zu nehmen.[92]

1. Das Fernabsatzgeschäft

§§ 312c ff. BGB finden nur dann Anwendung, wenn es sich um ein Fernabsatzgeschäft handelt. Unter einem Fernabsatzgeschäft sind nach § 312c Abs. 1 BGB Verträge, bei denen der Unternehmer oder eine in seinem Namen oder Auftrag handelnde Person und der Verbraucher für die Vertragsverhandlungen und den Vertragsschluss ausschließlich Fernkommunikationsmittel verwenden, zu verstehen.[93] 83

Die Beweislast für die Unternehmereigenschaft[94] des Vertragspartners liegt bei demjenigen der sich darauf beruft, also ggf. auch bei dem Verbraucher.[95] Insbesondere bei Internetauktionshäusern (z.B. eBay) ist die Abgrenzung zwischen Unternehmer und Verbraucher oftmals schwierig, denn viele Anbieter betreiben Versteigerungen neben ihrem Beruf, etwa als „Hobby" in einem derart erheblichem Umfang, dass sich die Frage stellt, unter welchen Voraussetzungen hier im Allgemeinen eine Unternehmereigenschaft anzunehmen ist. Ausreichen soll für diese Annahme schon eine beständige Nutzung als Verkaufsplattform.[96] Ausschlaggebend sind hierbei nicht die Nutzungsbedingungen der jeweiligen Plattform, sondern allein das Auftreten des Anbieters.[97] Ein Powerseller bei eBay wird dabei i.d.R. als Unternehmer einzustufen sein,[98] für ihn gilt eine tatsächliche Vermutung einer Unternehmereigenschaft.[99] Dies gilt aber nur dann, wenn er nach außen auch als Powerseller auftritt. Allein die Erfüllung der eBay Powerseller-Kriterien reicht hierfür grds. nicht aus. Andere Kriterien für die Ermittlung einer Unternehmereigenschaft sind eine hohe Anzahl von Angeboten, eine kontinuierliche Nutzung über einen längeren Zeitraum, die Anzahl der Bewertungen, der Verkauf von Neu- oder Gebrauchtware, die Einrichtung eines eBay-Shops, etc.[100] 84

Fernkommunikationsmittel sind nach der Legaldefinition des § 312c Abs. 2 BGB Kommunikationsmittel, die zur Anbahnung oder zum Abschluss eines Vertrages zwischen Verbraucher und Unternehmer ohne gleichzeitige körperliche Anwesenheit der Vertragsparteien eingesetzt werden können. Das Gesetz nennt als nicht abschließende Beispiele Briefe, Kataloge, Telefonanrufe, Telekopien, E-Mails, SMS sowie Rundfunk, Tele- und Mediendienste (§ 312c Abs. 2 BGB). Online-Verträge sind daher ohne wei- 85

---

92 Erwägungsgründe 11, 13 und 14 der Fernabsatzrichtlinie ABlEG Nr. L 144/19 v. 4.11.1997.

93 Der Vertragsgegenstand wird nicht mehr direkt in die Legaldefinition mit einbezogen. Dank verschiedener Sonderregelungen über Wasser- und Energielieferungsverträge (gem. § 356 Abs. 3 Nr. 2 BGB) sowie Downloads (z.B. § 356 BGB) ist die Einordnung als Ware oder Dienstleistung obsolet geworden.

94 Im Zuge des Gesetzes zur Umsetzung der Verbraucherrechterichtlinie und zur Änderung des Gesetzes zur Regelung der Wohnungsvermittlung wurde nunmehr in § 13 BGB klargestellt, dass Verbraucher jede natürliche Person ist, die ein Rechtsgeschäft zu Zwecken abschließt, die überwiegend weder ihrer gewerblichen noch selbstständigen Tätigkeit zugerechnet werden kann.

95 *Härting* Internetrecht, E Rn. 799.

96 *Meyer* K&R 2007, 572, 574.

97 *Härting* Internetrecht, E 807.

98 *OLG Zweibrücken* MMR 2008, 135; *Fischer* WRP 2008, 193, 196.

99 *OLG Frankfurt* MMR 2007, 378; *OLG Koblenz* NJW 2006, 1438.

100 Vgl. *Härting* Internetrecht, E 808 m.w.N.

teres von § 312c BGB erfasst.

86 Eine **ausschließliche Verwendung** von Fernkommunikationsmitteln setzt grds. eine Kommunikation unter Abwesenden voraus. Aber nicht jeder Vertragsschluss unter Abwesenden unterliegt den Regelungen der §§ 312c ff. BGB. Auch das Zustandekommen des Vertrages, insbesondere die Phase der Vertragsanbahnung, muss gem. § 312c Abs. 1 BGB berücksichtigt werden.[101] Probleme ergeben sich hinsichtlich der Geltung der Vorschriften über das Fernabsatzrecht, wenn im Verlauf der Verhandlungen ein unmittelbarer Kontakt zwischen den Vertragsparteien stattgefunden hat, z.B. im Rahmen eines Geschäftstermins. Als zu weitgehend erscheint es nach zutreffender Ansicht, die Anwendung des Fernabsatzrechtes für jeden Fall auszuschließen, in dem zu irgendeinem Zeitpunkt ein persönlicher Kontakt stattgefunden hat.[102] Ob der Vertragsschluss unter ausschließlicher Verwendung von Fernkommunikationsmitteln stattgefunden hat oder nicht, richtet sich vielmehr danach, ob aus der Sicht des Verbrauchers die Möglichkeit bestand, im Rahmen des persönlichen Kontaktes von den wesentlichen Informationen Kenntnis nehmen zu können.[103] Weiter muss ein Vertragsschluss in zeitlicher Nähe zu dem Kontakt erfolgen.[103] Es muss daher anhand des jeweiligen Einzelfalls bestimmt werden, ob aufgrund des zuvor erfolgten persönlichen Kontaktes den typischen Gefahren des Fernabsatzgeschäftes entgegengewirkt wurde.[104] Hierfür spricht i.Ü. auch die Begründung im Rahmen des Entwurfs zum Gesetz zur Umsetzung der Verbraucherrechterichtlinie und zur Änderung des Gesetzes zur Regelung der Wohnungsvermittlung. Dort wird klargestellt, dass die „Begriffsbestimmung auch Situationen umfasst, in denen der Verbraucher die Geschäftsräume des Unternehmers lediglich zum Zwecke der Information über die Waren und Dienstleistungen aufsucht und anschließend den Vertrag aus der Ferne verhandelt und abschließt (Erwägungsgrund 20)“. So soll z.B. eine telefonische Terminreservierung nicht zu einem Fernabsatzvertrag führen.[105] Eine Ausnahme von diesem Grundsatz liegt aber dann vor, wenn über das Fernkommunikationsmittel eine neue Geschäftsbeziehung begründet wird und die die Gespräche mit dem Unternehmer nicht kausal waren.[106]

87 Die Vorschriften über das Fernabsatzgeschäft sind ferner nicht anzuwenden, wenn der Vertragsschluss nicht im Rahmen eines für den Fernabsatz **organisierten Vertriebs- und Dienstleistungssystems** erfolgt (§ 312c Abs. 1 BGB). Dadurch soll ausgeschlossen werden, dass ein Unternehmer zufällig den Vorschriften über Fernabsatzgeschäfte unterliegt, der nur ausnahmsweise ein Fernabsatzgeschäft durchführt, also keinen eigenen Vertriebskanal für den Fernabsatz eingerichtet hat. Ein Fernabsatzsystem besteht, wenn der Unternehmer in seinem Betrieb die personellen, sachlichen und

101 Palandt/*Grüneberg* § 31cb BGB Rn. 4.

102 Vgl. MünchKomm-BGB/*Wendehorst* § 312b a.F. Rn. 55.

103 Vgl. Palandt/*Grüneberg* § 312c Rn. 4.

104 Maßgeblich ist, ob der Unternehmer sich systematisch Fernkommunikationsmittel zunutze macht und die beabsichtigten Vertragsabschlüsse nach dem Gesamtbild typische Distanzgeschäfte darstellen, *AG Hildesheim* VuR 2015, 396.

105 Da die Definition zwingend voraussetzt, dass ein oder mehrere Fernkommunikationsmittel für die Anwendbarkeit verwendet werden müssen, werden daher konkludent geschlossene Verträge durch die bloße Entnahme des Verbrauchers gem. den Verordnungen für die Grundversorgung mit Energie, Wasser und Fernwärme nicht von § 312c BGB erfasst.

106 So auch *Föhlisch/Dyakova* MMR 2013, 3 und ähnlich Bamberger/Roth/*Schmidt-Rätsch* § 312n Rn. 37.

organisatorischen Voraussetzungen geschaffen hat, die notwendig sind, um regelmäßig im Fernabsatz Geschäfte abzuwickeln.[107] Hinsichtlich der Frage, ob der Vertrag im Rahmen eines für den Fernabsatz organisierten Vertriebs- oder Dienstleistungssystems geschlossen wurde, liegt die Beweislast bei dem Unternehmer. Denn allein dieser ist aufgrund seiner Sphärenkenntnis kraft überlegenen Wissens in der Lage, zu beweisen, ob es sich bei seinem verwendeten System um ein für den Fernabsatz organisiertes Vertriebs- oder Dienstleistungssystem handelt oder nicht. Allerdings sind im Gegenzug an das Vorliegen eines solchen Vertriebs- und Dienstleistungssystems keine hohen Anforderungen zu stellen.

In § 312 Abs. 2 BGB werden außerdem **bestimmte Verträge von der Geltung der Vorschrift ausgenommen.** § 312 BGB schränkt den sachlichen Anwendungsbereich von §§ 312–312h BGB durch Ausnahmetatbestände ein. Der Hintergrund ist darin zu sehen, dass es für eine Vielzahl von Rechtsgeschäften bereits spezielle Informationspflichten und Widerrufsrechte gibt, die es rechtfertigen, diese Verträge von den allgemeinen Regelungen herauszunehmen. Zudem sollten Verträge, die geringe Gegenstandswerte zum Gegenstand haben, vom Anwendungsbereich ausgenommen werden. Gleichzeitig wird jedoch angeordnet, dass einzelne, die Verbraucher schützende Regelungen, wie z.B. die Regelungen zur Offenlegung des geschäftlichen Zwecks und der Identität des Unternehmers bei Telefonanrufen nach § 312a Abs. 1, zur Wirksamkeit eines Entgelts für die Nutzung von Zahlungsmitteln nach § 312a Abs. 3 und zur Wirksamkeit einer entgeltlichen Nebenleistung nach § 312a Abs. 5 sowie § 312a Abs. 6 auch für die in dieser Vorschrift genannten Verträge gem. § 312 Abs. 2–6 BGB gelten. Dies sind insbesondere: 88

- Verträge über die Begründung, den Erwerb oder die Übertragung von Eigentum oder anderen Rechten an Grundstücken,
- Verträge über den Bau von neuen Gebäuden oder erheblichen Umbaumaßnahmen an bestehenden Gebäuden,
- Verträge über Reiseleistungen nach § 651a BGB, die im Fernabsatz geschlossen werden,[108]
- Verträge über die Beförderung von Personen,
- Behandlungsverträge,[109]
- Verträge über die Lieferung von Lebensmitteln, Getränken oder sonstigen Haushaltsgegenständen des täglichen Bedarfs, die am Wohnsitz, am Aufenthaltsort oder am Arbeitsplatz eines Verbrauchers von einem Unternehmer im Rahmen häufiger und regelmäßiger Fahrten geliefert werden,
- Verträge, die unter Verwendung von Warenautomaten und automatisierten Geschäftsräumen geschlossen werden,
- Verträge, die mit Betreibern von Telekommunikationsmitteln mit Hilfe öffentlicher Münz- und Kartentelefone zu deren Nutzung geschlossen werden,
- Verträge zur Nutzung einer einzelnen von einem Verbraucher hergestellten Telefon-, Internet- oder Telefaxverbindung,
- außerhalb von Geschäftsräumen geschlossene Verträge, bei denen die Leistung bei Abschluss der Verhandlungen sofort erbracht und bezahlt wird und das vom Verbraucher zu zahlende Entgelt 40 EUR nicht überschreitet,

107 BT-Drucks. 14/2658, 30.

108 Allerdings finden sich verbraucherschützende Vorschriften in § 651a BGB, die sich in der Umsetzung der Richtlinie 90/314/EWG des Rates v. 13.6.1990 über Pauschalreisen (ABlEG Nr. L 158/59 v. 23.6.1990) erlassen worden sind.

109 Allerdings finden sich im Wesentlichen identische Regelungen in den §§ 48a ff. VVG.

- Verträge über soziale Dienstleistungen, wie Kinderbetreuung,
- Verträge über die Vermietung von Wohnraum,
- Verträge über Bankdienstleistungen sowie Dienstleistungen im Zusammenhang mit einer Kreditgewährung, Versicherung, Altersversorgung, Geldanlage,
- Verträge über Versicherungen sowie auf Verträge über deren Vermittlung.

2. Informationspflichten

89 Das Fernabsatzrecht enthält für den Unternehmer **abgestufte Informationspflichten,** die teilweise mit den Informationen zum elektronischen Geschäftsverkehr identisch sind. Zum Schutz des Verbrauchers normiert das Fernabsatzrecht zwei Schutzinstrumente, die als solche bereits außerhalb des Fernabsatzes bekannt waren: das Widerrufsrecht und die Informationspflichten.[110] Dem Verbraucher müssen im Rahmen der Vertragsanbahnung und bei bzw. nach Vertragsschluss bestimmte Informationen mitgeteilt werden.

90 § 312d Abs. 1 BGB verpflichtet den Unternehmer zur vorvertraglichen Informationserteilung – ausgenommen sind Verträge über Finanzdienstleistungen; hierfür enthält Art. 246b EGBGB spezielle Regelungen – nach Maßgabe des Art. 246a § 1 EGBGB, die dem Verbraucher eine zumutbare Kenntnisnahmemöglichkeit von bestimmten Informationen bereits vor Vertragsschluss zuteil werden lassen soll, sodass der Verbraucher eine Entscheidung über den Vertragsschluss auf Grund hinreichender Informationen zu treffen vermag.[111] Nach Art. 246a § 3 EGBGB, § 312d Abs. 2 BGB bestehen **erleichterte Informationspflichten** für Fernabsatzverträge, die mittels eines Fernkommunikationsmittels geschlossen werden, auf dem für die Darstellung der zu erteilenden Informationen nur begrenzte Zeit zur Verfügung stehen. Mit dieser Regelung wird den technischen Beschränkungen, denen bestimmte Medien, wie z.B. mobile Anwendungen im Rahmen des M-Commerce, unterfallen, Rechnung getragen.

91 Für alle vorvertraglichen Informationen gilt, dass sie **klar und verständlich** sein müssen, **rechtzeitig** vor Abgabe der Vertragserklärung des Verbrauchers diesem zur Verfügung gestellt werden. Verbraucherinformationen sind also so zu formulieren, dass der Unternehmer mit dem Verständnis eines Durchschnittsverbrauchers rechnen kann.[112] Der Verbraucher muss die Angaben auch als juristischer Laie ohne weiteres nachvollziehen können.[113] Juristische Fachbegriffe können also nur dann angewendet werden, wenn sie allgemein verständlich oder bekannt sind. Die Informationen müssen schließlich immer dem **Gebot der Klarheit und Verständlichkeit** entsprechen. Der Unternehmer soll aber bei der Bereitstellung der Informationen auch den besonderen und für ihn vernünftigerweise erkennbaren Bedürfnissen von Verbrauchern Rechnung tragen, die aufgrund ihrer geistigen oder körperlichen Behinderung, ihrer psychischen Labilität, ihres Alters oder ihrer Leichtgläubigkeit in einer Weise besonders schutzbedürftig sind.[114]

92 Die Informationen müssen gem. Art. 246a § 4 Abs. 1 und 3 EGBGB in einer dem Fernkommunikationsmittel angepassten Weise, also „mediengerecht", abgegeben werden.[115] Was im Einzelnen unter einer „dem Fernkommunikationsmittel angepassten

110 BT-Drucks. 14/2658, 37.
111 MünchKomm-BGB/*Wendehorst* § 312c a.F. Rn. 2.
112 BT-Drucks. 14/2658, 38.
113 *Härting* Internetrecht, E Rn. 878.
114 BT-Drucks. 817/12, 124.
115 *Hoenike/Hülsdunk* MMR 2002, 415.

Weise" zu verstehen ist, bestimmt sich nach den technischen Gegebenheiten.[116] Auf Webseiten werden die Informationen typischerweise über einen Hyperlink erreicht, der aber dann als solcher gekennzeichnet und zutreffend beschrieben sein muss.[117] Produktspezifische Informationen bedürfen aber einer Platzierung in Produktnähe.[118] Eine tatsächliche Kenntnisnahme der Informationen durch den Verbraucher ist nicht erforderlich, ausreichend ist die Möglichkeit zur Kenntnisnahme,[118] welche aber nur dann gegeben ist, wenn dem Verbraucher die Informationen strukturiert und gut wahrnehmbar zur Verfügung gestellt werden. Anordnung und Gestaltung des Hinweises müssen gewährleisten, dass ein Übersehen durch einen durchschnittlichen Internetnutzer auch bei flüchtiger Kenntnisnahme ausgeschlossen ist.[119] Diesen Anforderungen werden solche Informationen nicht gerecht, die schwer zu erreichen sind, bspw. durch endloses Scrollen oder umständliche Verlinkungen. Hinweise dürfen auch nicht durch Pop-up-Fenster oder sonstige Elemente verdeckt werden. Wurden die Informationen dem Verbraucher auf einem dauerhaften Datenträger zur Verfügung gestellt, müssen sie lesbar sein und zusätzlich die Person des erklärenden Unternehmers nennen. Wird der Vertrag über ein Fernkommunikationsmittel mit begrenzter Darstellungsmöglichkeit geschlossen, reicht es hingegen aus, wenn der Unternehmer beispielsweise eine gebührenfreie Telefonnummer oder einen Hypertext-Link zu einer Webseite des Unternehmers angibt, auf dieser er dann die Informationen unmittelbar abrufen kann.[120]

Die inhaltlichen Vorgaben der vorvertraglichen Informationspflichten sind in 93
Art. 246a § 1 EGBGB und bei Verträgen, die mittels eines Fernkommunikationsmittels geschlossen werden, in Art. 246a § 3 EGBGB sowie die nachvertraglichen auf einem Datenträger – soweit der Unternehmer diese Informationen nicht bereits vor Vertragsschluss dem Verbraucher auf einem dauerhaften Datenträger zur Verfügung gestellt hat – zu erteilenden Informationspflichten in Art. 246a § 1 bzw. § 3 EGBGB geregelt; Art. 246a § 1 Abs. 1 und 3 enthält zu den vorvertraglichen Informationspflichten detaillierte Angaben. Im Einzelnen bedarf es der Angabe von Informationen über

- die wesentlichen Eigenschaften der Waren oder Dienstleistungen,
- die Identität sowie die Anschrift des Ortes, an dem der Unternehmer niedergelassen ist und die Telefonnummer, ggf. die Telefaxnummer und die E-Mail-Adresse und die Identität des Unternehmers, in dessen Auftrag er handelt,
- die Geschäftsanschrift des Unternehmers und ggf. die Anschrift des Unternehmers, in dessen Auftrag er handelt, falls diese Anschrift von der vorherigen abweicht,
- der Gesamtpreis der Waren und Dienstleistungen bzw. seine Berechnungsgrundlage sowie ggf. alle zusätzlichen Fracht-, Liefer- oder Versandkosten bzw. die Tatsache, dass solche zusätzlichen Kosten anfallen,
- der Gesamtpreis eines unbefristeten oder eines Abonnement-Vertrages, d.h. die pro Abrechnungszeitraum anfallenden Gesamtkosten bzw. die Art der Preisberechnung,
- die Kosten für den Einsatz des für den Vertragsschluss genutzten Fernkommunikationsmittels,

116 Vgl. MünchKomm-BGB/*Wendehorst* § 312b a.F. Rn. 81.
117 *Härting* Internetrecht, E Rn. 866.
118 *Härting* Internetrecht, E Rn. 870.
119 MünchKomm-BGB/*Wendehorst* § 312c a.F. Rn. 80.
120 BT-Drucks. 817/12, 125.

- die Zahlungs-, Liefer- und Leistungsbedingungen, den Termin, bis zu dem der Unternehmer die Waren liefern oder die Dienstleistung erbringen muss[121] und ggf. das Beschwerdeverfahren,
- das Bestehen eines gesetzlichen Mängelhaftungsrechts für die Waren,
- ggf. das Bestehen und die Bedingungen von Kundendienst, Kundendienstleistungen und Garantien,
- ggf. bestehenden Verhaltenskodizes,
- ggf. die Laufzeit des Vertrags oder die Bedingungen der Kündigung,
- ggf. die Mindestdauer der Verpflichtungen,
- ggf. die Tatsache, dass der Unternehmer vom Verbraucher die Stellung einer Kaution oder die Leistung anderer finanzieller Sicherheiten verlangen kann, sowie die dazugehörigen Bedingungen,
- ggf. Informationen über die Funktionsweise, einschließlich der anwendbaren technischen Schutzmaßnahmen,
- ggf. Beschränkungen der Interoperabilität und der Kompatibilität digitaler Inhalte[122] mit Hard- und Software,
- ggf. dem Verbraucher zur Verfügung stehende außergerichtliche Beschwerde- und Rechtsbehelfsverfahren,
- Widerrufsbedingungen.

94 Darüber hinaus enthält Art. 246a § 3 EGBGB für die Informationspflichten bei der Lieferung von Waren und sonstigen Dienstleistungen Erleichterungen bei begrenzten Darstellungsmöglichkeiten und zwar bedarf es in diesen Fällen lediglich folgender Angaben:

- die wesentlichen Eigenschaften der Waren und oder Dienstleistungen,
- die Identität des Unternehmers,
- den Gesamtpreis bzw. die Berechnungsgrundlage,
- das Bestehen eines Widerrufsrechts,
- die Vertragslaufzeit und die Bedingungen für die Kündigung eines Dauerschuldverhältnisses.

Finanzdienstleistungen müssen die in Art. 246b EGBGB genannten Informationen enthalten.

95 Die **vertraglichen Informationen** nach § 312d Abs. 1 BGB sollen dem Verbraucher ermöglichen, sich über den Inhalt des Vertrags zu vergewissern und über den Gebrauch eines Widerrufsrechts entscheiden zu können.

---

121 Es ist davon auszugehen, dass kein Datum im tatsächlichen Sinne angegeben werden muss, sondern eine Angabe einer Lieferfrist ausreichend ist. Dies gilt insbesondere mit Blick auf den Katalogversandhandel; der Unternehmer kann nicht vorhersehen, wann der Kunde seine Bestellung bei ihm aufgeben wird. Auch wird dies mit Blick auf die englische Fassung der EU-Verbraucherrechte-Richtlinie deutlich. Dort heißt es im Wortlaut „the time by which", vgl. auch *Schirmbacher/ Schmidt* CR 2014, 107, 109.

122 Eine Legaldefinition findet sich hierzu in § 312f Abs. 3 BGB. Danach handelt es sich bei digitalen Inhalten um Verträge über die Lieferung von nicht auf einem körperlichen Datenträger befindlichen Daten, die in digitaler Form hergestellt oder bereitgestellt werden. Darunter sind etwa Computerprogramme, Anwendungen (Apps), Spiele, Musik, Videos oder auch Texte zu verstehen. Dabei spielt es zudem keine Rolle, ob es sich um ein Download- oder Streamingangebot handelt. Vgl. BT-Drucks. 817/12 und Erwägungsgrund 19 der EU-Verbraucherrechte-Richtlinie.

Nach § 312f Abs. 1 BGB i.V.m. Art. 246a § 4 Abs. 3 EGBGB sind dem Verbraucher eine Bestätigung des Vertrags, in der der Vertragsinhalt wiedergegeben ist, auf einem **dauerhaften Datenträger** und gem. Art. 246a § 4 Abs. 3 EGBGB in mediengerechter Form zur Verfügung zu stellen. Dabei muss die Bestätigung die in Art. 246a EGBGB genannten Angaben enthalten. Gem. § 312f Abs. 3 BGB ist zusätzlich bei Verträgen über die Lieferung von nicht auf einem körperlichen Datenträger befindlichen Daten, die in digitaler Form hergestellt und bereitgestellt werden, festzuhalten, dass der Verbraucher vor Ausführung des Vertrags, ausdrücklich zugestimmt hat, dass der Unternehmer mit der Ausführung des Vertrags vor Ablauf der Widerrufsfrist beginnt und seine Kenntnis davon bestätigt hat, dass er durch seine Zustimmung mit Beginn der Ausführung des Vertrags sein Widerrufsrecht verliert. Der wieder eingeführte dauerhafte Datenträger ersetzt an vielen Stellen die Textform. Eine Legaldefinition, die inhaltlich im Wesentlichen der der Textform aus § 126b BGB a.F. entspricht, ist in § 126b BGB enthalten.[123] Danach ist ein dauerhafter Datenträger jedes Medium, das es dem Empfänger ermöglicht, eine auf dem Datenträger befindliche, an ihn persönliche gerichtete Erklärung so aufzubewahren oder zu speichern, dass sie ihm während eines für ihren Zweck angemessenen Zeitraums zugänglich, und geeignet ist, die Erklärung unverändert wiederzugeben.[124] Als dauerhafter Datenträger ist damit insbesondere die Festplatte, die CD-Rom oder der USB-Stick zu sehen. Auch E-Mails, die auf Server gespeichert sind und nicht mehr im Einflussbereich des Absenders stehen, sind auf einem dauerhaften Datenträger gespeichert.[125] Die Bestätigung des Vertrags muss dem Verbraucher zugehen. Es reicht nicht aus, wenn der Verbraucher auf eine Webseite des Unternehmers verwiesen wird.[126] Ein Ausdruck durch den Verbraucher dürfte weiterhin nicht erforderlich sein. Für die Speicherung auf einem dauerhaften Datenträger reicht es auch aus, wenn die Möglichkeit zum Download besteht und dieser auch tatsächlich durch den Verbraucher erfolgt oder zum Ausdruck, mithin einer Perpetuierung kommt.[127] **96**

Die Pflichtangaben dürfen auch Teil längerer Vertragsbedingungen einschließlich der Allgemeinen Geschäftsbedingungen sein. **97**

Hinsichtlich des Zeitpunktes zur Erteilung der Informationen findet eine Differenzierung statt: Die Informationen sind dem Verbraucher gem. Art. 246a § 4 Abs. 1 EGBGB vor Abgabe der Vertragserklärung des Verbrauchers zur Verfügung zu stellen. Auf das Vorliegen einer Rechtzeitigkeit gem. Art. 246 § 1 EGBGG a.F. kommt es nicht mehr an. Die Informationen müssen lediglich in einem Zeitpunkt vor dem Vertragsschluss vorliegen. Den Anforderungen von Art. 246a § 4 Abs. 1 EGBGB wird auch bei einer Übermittlung kurz vor Vertragsschluss Rechnung getragen werden können. Damit gibt es auch keine Restriktion, was den frühesten Zeitpunkt betrifft, in dem er Verbraucher die Informationen zur Verfügung gestellt bekommt. Die nachvertraglichen Informationspflichten hat der Unternehmer den Verbrauchern gem. § 312f Abs. 2 BGB i.V.m. Art. 246a EGBGB innerhalb einer angemessenen Frist, aber spätestens bei Lieferung, auf einem dauerhaften Datenträger zu bestätigen. **98**

---

123 Eine inhaltliche Änderung ist gem. BT-Drucks. 17/12637, 75 nicht beabsichtigt.

124 Siehe Art. 2 Nr. 10 EU-Verbraucherrechte-Richtlinie.

125 Siehe Erwägungsgrund 23 der EU-Verbraucherrechte-Richtlinie.

126 BT-Drucks. 817/12, 89.

127 Mit der Formulierung in § 312f Abs. 2 BGB findet Palandt/*Grüneberg* § 312c a.F. BGB Rn. 3 in BT-Drucks. 14/2658, 40 eine Bestätigung.

99 In der Praxis besteht das Bedürfnis, die vor- und nachvertraglichen Informationen nach Art. 246a EGBGB gemeinsam auf einem dauerhaften Datenträger zu erteilen.[128] Begründet werden kann die Möglichkeit der gemeinsamen Erteilung wiederum mit dem Verbraucherschutz. Dem Verbraucher soll nicht zugemutet werden, sich mit einer Fülle von Informationen auseinandersetzen zu müssen, sondern er soll alle notwendigen Informationen in übersichtlicher Form zur Kenntnis nehmen können.

100 Die Verletzung bestimmter Informationspflichten führt zur partiellen Unwirksamkeit des Vertrags. Dies betrifft insbesondere die Informationspflichten hinsichtlich der Fracht-, Liefer- oder Versandkosten und der sonstigen in Art. 246a § 1 S. 1 Nr. 4 EGBGB genannten Kosten. Fehlt hierzu eine Information, kann der Unternehmer diese Kosten gem. § 312e BGB nicht vom Verbraucher verlangen. Hat der Verbraucher bereits Zahlungen geleistet, kann dieser diese vom Unternehmer zurückverlangen.

101 Verstöße im Zusammenhang mit der Einhaltung der Informationspflichten können ggf. Ansprüche nach dem UklaG oder den §§ 3, 4 UWG auslösen. Für den konkreten Vertrag kann eine fehlende oder unzureichende Information zur Folge haben, dass der Unternehmer von unzutreffenden Informationen keinen Abstand nehmen kann. Bei der Verletzung der vor- und nachvertraglichen Informationspflichten nach § 312d BGB kann der Unternehmer gegenüber dem Verbraucher gem. §§ 280 Abs. 1, 241 Abs. 2, 311 Abs. 2 BGB, ggf. sogar aus § 823 Abs. 2 i.V.m. § 312d Abs. 1 BGB schadensersatzpflichtig sein. Aufgrund der Möglichkeit zur Ausübung eines Widerrufs- oder Rücktrittsrechtes wird ein Schaden in der Regel aber nicht vorliegen. Anders als nach bisher geltendem Recht ist für den Lauf der Widerrufsfrist neben dem Wareneingang nur noch maßgeblich, ob ordnungsgemäß über das Widerrufsrecht belehrt wurde. Damit führt eine nicht ordnungsgemäße Information, soweit es nicht den Widerruf betrifft, nicht dazu, dass die Frist zur Geltendmachung des Widerrufsrechts nicht zu laufen beginnt. Ein **ewiges Widerrufsrecht** besteht damit **nicht** mehr.

102 Überdies besteht auf der Grundlage des Art. 14 Abs. 2 der ODR-VO[129] für B2C-Online-Händler die Verpflichtung, auf die neue Online-Schlichtungsplattform („OS-Plattform") zu verlinken. Ein fehlender Hinweis (in Form eines klickbaren Links zur OS-Plattform) ist wettbewerbswidrig.[130] Zum 1.2.2017 besteht eine erweiterte Verpflichtung zur Benennung von Streitschlichtungsmöglichkeiten nach §§ 36, 37 des Verbraucherstreitbeilegungsgesetzes (VSBG). So sieht § 36 VSBG eine Informationspflicht eines Unternehmers auf seiner Website vor, darüber zu informieren, inwieweit er bereit oder verpflichtet ist, an Streitbeilegungsverfahren vor einer Verbraucherschlichtungsstelle teilzunehmen, und auf die zuständige Verbraucherschlichtungsstelle hinzuweisen, wenn sich der Unternehmer zur Teilnahme an einem Streitbeilegungsverfahren vor einer Verbraucherschlichtungsstelle verpflichtet hat oder wenn er auf Grund von Rechtsvorschriften zur Teilnahme verpflichtet ist. § 37 VSBG bezieht sich auf Informationen nach Entstehen der Streitigkeit und bezieht sich auf die Verpflichtung des Unternehmers, den Verbraucher auf eine für ihn zuständige Verbraucherschlichtungsstelle unter Angabe von deren Anschrift und Website hinzuweisen, wenn die Streitigkeit über einen Verbrauchervertrag durch den Unternehmer und den Verbraucher nicht beigelegt werden konnte.

---

128 Dafür *Grigoleit* NJW 2002, 1151.

129 VO (EU) Nr. 524/2013 über die Online-Streitbeilegung in Verbraucherangelegenheiten.

130 *LG Bochum* CR 2016, 461.

3. Widerrufsrecht, Widerrufsbelehrung

Wichtigstes Schutzinstrument des Verbraucherschutzes ist das **Widerrufsrecht** (§§ 312g, 355 ff. BGB). Dieses ermöglicht dem Verbraucher, die Ware in Augenschein zu nehmen, zu prüfen und sodann ohne das Erfordernis des Vorliegens eines bestimmten Grundes wieder zurückgeben zu können, denn diese Möglichkeiten stehen dem Käufer, anders als bei einem Kauf in einem Ladenlokal, bei Fernabsatzgeschäften nicht zur Verfügung, sodass für den Verbraucher hier ein erhöhtes Schutzbedürfnis besteht. **103**

Das Fernabsatzrecht wurde in den letzten Jahren wiederholt Gegenstand von gesetzlichen Änderungen und richtungsweisenden Entscheidungen. Den vorläufigen Höhepunkt bilden die am 13.6.2014 in Kraft getretenen Vorschriften über das Widerrufsrecht. Neben den bereits in den vorherigen Absätzen dargestellten Änderungen haben insbesondere die Vorschriften über die Widerrufsbelehrung bei Fernabsatzgeschäften eine umfangreiche Novellierung erfahren. Eine Differenzierung zwischen vorvertraglicher und nachvertraglicher Widerrufsbelehrung besteht nicht mehr. Das Widerrufsrecht ist nunmehr in § 312g BGB geregelt, wobei sich die Einzelheiten weiter aus §§ 355 ff. BGB ergeben. Ein Rückgaberecht gem. § 356 BGB a.F. ist im neuen Fernabsatzrecht nicht mehr vorgesehen. Im Zuge der Richtlinienumsetzung wurden die Ausnahmen vom gesetzlichen Widerrufsrecht gem. § 312g Abs. 2 BGB ausgeweitet. Zudem wurde hinsichtlich des Bestehens eines Widerrufsrechts für digitale Inhalte eine ausdrückliche Regelung gem. § 356 Abs. 5 BGB geschaffen. Diese hat insbesondere für Downloads von digitalen Inhalten eine erhebliche Bedeutung. Bisweilen war umstritten, ob dem Verbraucher bei der Lieferung digitaler Inhalte, die nicht auf einem materiellen Datenträger erfolgen, ein Widerrufsrecht zusteht, weil diese Lieferung als Dienstleistung zu verstehen ist oder ob das Widerrufsrecht ausgeschlossen ist, weil Downloads Waren darstellen, die zur Rücksendung nicht geeignet sind. Darüber hinaus gibt es nunmehr eine europaweit einheitliche Widerrufsfrist von 14 Tagen und kein unendliches Widerrufsrecht mehr. Das Widerrufsrecht des Verbrauchers erlischt nunmehr in jedem Fall spätestens nach Ablauf von 12 Monaten und 14 Tagen nach dem Vorliegen der Voraussetzungen für den Fristbeginn nach § 356 Abs. 2 BGB oder § 355 Abs. 2 S. 2 BGB. Die Ausübung des Widerrufsrechts ist nur noch durch eindeutige Erklärung gem. § 355 Abs. 1 S. 2 und 3 BGB möglich; dies erfolgt nicht mehr durch die schlichte Rücksendung der Ware. Der Unternehmer muss dem Verbraucher ein Widerrufsformular zur Verfügung stellen. Die Erklärung des Widerrufs ist nicht mehr an die Einhaltung der Textform geknüpft. Der Verbraucher hat nur noch einen Anspruch auf Erstattung der Hinsendekosten lediglich bezüglich der Kosten des Standardversands gem. § 357 Abs. 2 BGB. Gem. § 357 Abs. 6 BGB hat der Verbraucher nunmehr die unmittelbaren Kosten der Rücksendung zu zahlen und zwar unabhängig davon, ob die 40-Euro-Grenze erreicht ist oder nicht. Der Verbraucher ist zudem angehalten auch nicht paketversandfähige Ware an den Unternehmer zurückzusenden. Der Unternehmer ist aber im Gegenzug gezwungen, bei nicht paketversandfähiger Ware, sofern er selbst die Kosten nicht tragen möchte, die Kosten einer Rücksendung innerhalb der Widerrufsbelehrung anzugeben. Zudem schreibt das Gesetz nunmehr eine zügigere Abwicklung des Widerrufs gem. § 357 Abs. 1 BGB vor. Dem Unternehmer steht ein Zurückbehaltungsrecht hinsichtlich der Erstattung von Kaufpreis und Hinsendekosten gem. § 357 Abs. 4 BGB zu. Der Verbraucher hat nunmehr an den Unternehmer gem. § 357 Abs. 7 lediglich in den engeren Fällen einen Wertersatz zu leisten. Das überarbeitete gesetzliche Muster einer Widerrufsbelehrung für **104**

Fernabsatzverträge mit Ausnahme von Verträgen über Finanzdienstleistungen ist nun in Anlage 1 zu Art. 246a § 1 Abs. 2 S. 2 EGBGB enthalten. Ein Muster für Fernabsatzverträge für Finanzdienstleistungen findet sich in Anlage 3 zu Art. 246b § 2 Abs. 3 EGBGB. Ein Muster für das Widerrufsformular findet sich in Anlage 2 zu Art. 246 § 1 Abs. 2 S. 1 EGBGB.

105 Die Muster der Widerrufsbelehrung haben weiterhin den Rang eines formellen Gesetzes. Dieser Rang war bei der Verortung in der BGB-InfoV nicht gegeben, weshalb auch bei Verwendung des damaligen Musters die Widerrufs- bzw. Rückgabeerklärung von den Gerichten für unwirksam erklärt werden konnte und wurde.[131]

3.1 Widerrufsrecht nach § 312g BGB

106 § 312g BGB ordnet an, dass dem Verbraucher bei einem Fernabsatzvertrag ein Widerrufsrecht nach § 355 BGB zu steht. § 312g BGB der die Widerrufsregelungen – neben den Verträgen, die außerhalb von Geschäftsräumen geschlossen wurden – auch speziell für Fernabsatzverträge enthält, verweist damit auf die allgemeine Vorschrift des § 355 BGB und konkretisiert diese. § 356 Abs. 2 und 3 BGB regeln den Beginn der Widerrufsfrist und bestimmen unter Verweis auf Art. 246a § 1 Abs. 2 S. 1 Nr. 1 EGBGB oder im Falle von Finanzdienstleistungen Art. 246b § 2 Abs. 1 EGBGB die genauen Voraussetzungen hierfür. § 312g Abs. 2 BGB enthält eine Aufzählung bestimmter Fälle von Fernabsatzverträgen, bei welchen kein Widerrufsrecht besteht. § 356 Abs. 4 und 5 BGB bestimmen das Erlöschen des Widerrufsrechts, wohingegen in § 357 BGB die Rechtsfolgen des Widerrufs von Fernabsatzverträgen mit Ausnahme von Verträgen über Finanzdienstleistungen und in § 357a BGB die Rechtsfolgen des Widerrufs von Verträgen über Finanzdienstleistungen geregelt werden.

3.2 Inhalt des Widerrufsrechts

107 Nach § 355 Abs. 1 BGB kann der Verbraucher seine auf den Vertragsschluss gerichtete Willenserklärung fristgerecht widerrufen und ist dann an seine Erklärung nicht mehr gebunden. Der Widerruf bedarf keiner Begründung. Aus der Erklärung muss der **Entschluss des Verbrauchers** zum Widerruf des Vertrags **eindeutig** vorgehen[132]. Die Einhaltung der Textform ist für die Wirksamkeit nicht erforderlich; ein telefonisch erklärter Widerruf ist damit ausreichend. Allerdings ist es vor dem Hintergrund, dass dem Verbraucher die Beweislast für einen rechtzeitigen Widerruf obliegt, empfehlenswert den Widerruf weiterhin in Textform zu erklären. Zur Wahrung der Frist genügt gem. § 355 Abs. 1 BGB die rechtszeitige Absendung des Widerrufs innerhalb der Frist. Verbraucher und Unternehmer können aber vertraglich – z.B. innerhalb der AGB – vereinbaren, dass die Rücksendung der Ware für den Widerruf ausreichend ist.[133] Die Frist für den Widerruf beträgt gem. § 355 Abs. 2 BGB 14 Tage.

108 Der Verbraucher hat zudem die Möglichkeit ein **Widerrufsformular** gem. Anlage 2 zu Art. 246a § 1 Abs. 2 S. 1 Nr. 1 EGBGB im Rahmen seiner Widerrufserklärung gem. § 356 Abs. 1 BGB zu verwenden.[134]

109 § 356 Abs. 1 BGB eröffnet dem Unternehmer ebenfalls die Möglichkeit, dem Verbraucher einen **Online-Widerruf** durch die Verwendung eines Online-Formulars anzubie-

131 Vgl. nur *LG Halle* 1 S 28/05.
132 Zu den Anforderungen *OLG Düsseldorf* GRUR-RR 2015, 225; *AG Dieburg* MMR 2016, 169.
133 BT-Drucks. 817/12, 97.
134 Erwägungsgrund 44 der EU-Verbraucherrechterichtlinie.

ten. Dabei muss es sich nicht um die Angaben aus dem Widerrufsformular handeln. Allerdings muss aus diesem eine eindeutige Widerrufserklärung hervorgehen.[135]

Hat der Verbraucher seinen Widerruf über die Verwendung eines Widerrufsformulars erklärt oder von einem Online-Widerruf Gebrauch gemacht, ist der Unternehmer vor dem Hintergrund der Beweislast verpflichtet, dem Verbraucher den **Zugang des Widerrufs** gem. § 356 Abs.1 S. 2 BGB auf einem dauerhaften Datenträger zu **bestätigen**. **110**

3.2.1 Fristbeginn

Der Fristbeginn findet im Gesetz je nach Vertragsgegenstand abgestufte Voraussetzungen: Die Widerrufsfrist beginnt grundsätzlich für alle Verträge gem. § 355 Abs. 2 BGB nicht vor Vertragsschluss zu laufen und bei allen Fernabsatzverträgen zusätzlich auch nicht bevor der Unternehmer den Verbraucher über sein Widerrufsrecht gem. § 356 Abs. 3 BGB informiert hat. Abweichungen für bestimmte Widerrufsrechte enthalten die Spezialvorschriften in §§ 356 ff. BGB. **111**

- Nach § 355 Abs. 2 BGB beginnt grundsätzliche für alle Verträge die Widerrufsfrist nicht vor Vertragsschluss zu laufen.
- Bei allen Fernabsatzverträgen gilt zusätzlich für den Fristbeginn, dass diese nicht zu laufen beginnt, bevor der Unternehmer den Verbraucher über sein Widerrufsrecht gem. § 356 Abs. 3 BGB i.V.m. Art. 246a § 1 Abs. 2 S. 1 Nr. 1 oder Art. 246b § 2 Abs. 1 EGBGB informiert hat.
- Bei einem Verbrauchsgüterkauf – einem Vertragsschluss über eine Warenlieferung – gilt, dass für den Lauf der Widerrufsfrist zusätzlich der Eingang der Ware beim Verbraucher oder bei einem von ihm benannten Dritten[136] gem. § 356 Abs. 2 vorliegen muss. Bei Dienstleistungen kommt es hingegen allein auf den Vertragsschluss an. Dies gilt gem. § 356 Abs. 2 Nr. 2 BGB auch für die Lieferung von Wasser, Strom etc. und Downloads.

3.2.2 Dauer der Frist und Fristende

Die **Widerrufsfrist** beträgt einheitlich grds. 14 Tage (§ 355 Abs. 2 S. 1 BGB); Abweichungen für bestimmte Widerrufsrechte enthalten die Spezialvorschriften in §§ 356 ff. BGB. **112**

Gem. § 356 Abs. 3 S. 2 BGB erlischt das Widerrufsrecht spätestens zwölf Monate und 14 Tage nach Warenlieferung bzw. Vertragsschluss. Eine Abweichung hiervon gibt es auch nicht dann, wenn die bestimmten Informationen gar nicht oder fehlerhaft mitgeteilt wurden. Ein ewiges Widerrufsrecht gibt es nach der Novellierung nicht mehr. **113**

Einen vorzeitigen **Erlöschensgrund** enthält § 356 Abs. 4 BGB für Dienstleistungen und zwar für den Fall, dass der Unternehmer die Dienstleistung vollständig erbracht hat und er mit der Ausführung erst begonnen hat, nachdem der Verbraucher dazu seine ausdrückliche Zustimmung erteilt hat und dieser zugleich seine Kenntnis davon bestätigt hat, dass er sein Widerrufsrecht bei vollständiger Vertragserfüllung durch den Unternehmer verliert.[137] Im Falle von Finanzdienstleistungen findet § 356 Abs. 4 S. 2 BGB Anwendung. **114**

---

135 *Schirmacher/Grasmück* ITRB 2014, 20 (21 f.).

136 *Föhlisch/Dyakova* MMR 2013, 71, 72.

137 Eine solche Bestätigung innerhalb von AGB ist nicht ausreichend. Dies gilt auch in den Fällen, in denen der Verbraucher der Geltung der AGB ausdrücklich zugestimmt hat. Empfehlenswert ist eine aktive Handlung des Verbraucher, wie z.B. durch die Setzungen eines Häkchens innerhalb einer Check-Box.

115 Handelt es sich um das Widerrufsrecht im Rahmen eines Vertrages über die Lieferung von nicht auf einem körperlichen Datenträger befindlichen digitalen Inhalten, erlischt das Widerrufsrecht vorzeitig gem. § 356 Abs. 5 BGB dann, wenn der Unternehmer mit der Ausführung des Vertrages begonnen hat und der Verbraucher

- der Ausführung des Vertrages vor Ablauf der Widerrufsfrist zugestimmt und
- seine Kenntnis davon, dass er durch seine Zustimmung mit Beginn der Ausführung des Vertrags sein Widerrufsrecht vorliegt, bestätigt hat.

116 **Kein Widerrufsrecht** besteht in den in § 312g Abs. 2 Nr. 1–13 und Abs. 3 BGB genannten Fällen. Nr. 1 betrifft bspw. Fälle, in denen eine Ware an die individuellen Bedürfnisse des Kunden angepasst wurde.[138] Nach Nr. 2 besteht kein Widerrufsrecht in den Fällen der Lieferung von schnell verderblichen Waren, gem. Nr. 3 bei der Lieferung von Gesundheits- und Hygieneartikel oder gem. Nr. 6 bei der Lieferung von Ton- oder Videoaufzeichnungen oder Computersoftware in einer versiegelten Packung,[139] wenn die Versiegelung durch den Verbraucher gelöst wurde. Das Öffnen einer CD-Cellophanhülle soll dabei mangels Siegel-Qualität diesen Fall wohl noch nicht erfüllen.[140]

3.3 Rechtskonforme Widerrufsbelehrung

117 Eine **Musterbelehrung** über das Widerrufsrecht findet sich in Anlage 2 zu Art. 246a § 1 Abs. 2 S. 2 EGBGB. Die Musterbelehrung muss nicht zwingend vom Unternehmer verwendet werden. Allerdings führt die Verwendung dieser Belehrung unter korrekter Anwendung der dort erhaltenen Gestaltungshinweise zu einer Gesetzlichkeitsfiktion[141] des Art. 246a § 1 Abs. 2 S. 2 EGBGB. Die allgemeinen Anforderungen an eine Widerrufsbelehrung finden sich in Art. 246a § 1 Abs. 2 S.1 Nr. 1 EGBGB, der bestimmt, dass die Bedingungen, Fristen und Verfahren für die Ausübung des Widerrufsrechts sowie das Muster-Widerrufsformular enthalten sein müssen.[142] Die Pflicht besteht auch zur Information[143] darüber, dass der Verbraucher die Kosten für die Rücksendung der Waren zu tragen hat. Wenn die Waren aufgrund ihrer Beschaffenheit nicht auf dem normalen Postweg zurückgesendet werden können, muss der Unternehmer zusätzlich die Kosten für die Rücksendung der Waren angeben.[144] Zudem hat der Unternehmer den Verbraucher darüber zu informieren, dass der Verbraucher ggf. einen angemessenen Betrag für die erbrachte Dienstleistung zu entrichten hat, wenn er den Vertrag widerruft, nachdem er ausdrücklich erklärt hat, dass mit der Ausführung der Dienstleistung begonnen werden soll. Dies gilt auch für die Lieferung von Wasser und Energie.[142] Dem Anwender ist anzuraten, dass Muster in seiner konkret in Anlage 2 zu Art. 246a § 1 Abs. 2 S. 2 niedergelegten Form unter strengster Beachtung der Gestaltungshinweise zu verwenden. Auch nur kleinste Abweichungen

138 Zur „Built-to-order"-Rechtsprechung des BGH, *Hoeren/Fröhlisch* CR 2014, 244.

139 Zu den Anforderungen einer „Versiegelung" vgl. *LG Frankfurt* CR 2003, 412; *OLG Hamm* MMR 2010, 684

140 So zumindest *OLG Hamm* MMR 2010, 684, welches die explizite Aufzählung dieses Falles in der Widerrufsbelehrung als wettbewerbswidrig ansah; kritisch *Föhlisch* Anm. zu diesem Urteil, MMR 2010, 684, 685; *Dehißelles* K&R 2010, 413.

141 Sollte das gesetzliche Muster einen Fehler enthalten, ist die Widerrufsbelehrung durch den Unternehmer als rechtskonform anzusehen. Vgl. BT-Drucks. 817/12, 123.

142 BT-Drucks. 817/12, 123.

143 Zur Frage, ob auch der Verbraucher im Rahmen der Widerrufsbelehrung über die Folgen des Widerrufs zu belehren ist s. *Schirmbacher/Schmidt* CR 2014, 107, 116.

144 Diese Pflicht wird vom Unternehmer erfüllt, wenn er z.B. einen Beförderer und einen Preis für die Rücksendung der Waren angibt.

von dem gesetzlichen Muster könnten die Gefahr begründen, nicht mehr den gesetzlichen Anforderungen an eine Widerrufsbelehrung zu genügen.[145]

3.4 Rechtsfolgen des Widerrufs

Rechtsfolge des Widerrufs ist die Rückabwicklung des Vertrages. Erklärt der Verbraucher ordnungsgemäß den Widerruf, so ist er an seine Willenserklärung nicht mehr gebunden. Die Rechtsfolgen des Widerrufs sind in §§ 357, 346 ff. BGB geregelt. Der Vertrag wird in ein Rückgewährschuldverhältnis umgewandelt, mit der Folge, dass die gegenseitig gewährten Leistungen unverzüglich aber spätestens 14 Tage nach Erklärung[146] der Widerrufs Zug um Zug zurückzugewähren sind. Der Unternehmer hat allerdings gem. § 357 Abs. 4 S. 1 BGB das Recht, die Rückzahlung solange zu verweigern, bis er vom Verbraucher die Ware zurückerhalten oder einen Beleg dafür erhalten hat, dass der Verbraucher die Ware auch tatsächlich versandt hat. Die **Hinsendekosten** hat der Unternehmer im Falle des Widerrufs gem. § 357 Abs. 2 S. 1 BGB dem Verbraucher zu erstatten. Allerdings findet diese Bestimmung eine Beschränkung. Hat sich der Verbraucher für eine Versandvariante entschieden, die über die vom Unternehmer angebotene Standardlieferung hinausgeht, hat der Unternehmer nur die Kosten einer Standardlieferung gem. § 357 Abs. 2 S. 2 BGB zu ersetzen. Nach der Novellierung hat nunmehr der Verbraucher die **Rücksendekosten** gem. § 357 Abs. 6 BGB zu tragen. Damit ist die 40-Euro-Klausel weggefallen. Zukünftig ist davon auszugehen, dass die Unternehmer weiterhin über eine vertragliche Absprache mit den Verbrauchern innerhalb der AGB gem. § 357 Abs. 6 S. 2 die Kosten der Rücksendung aufgrund der Wettbewerbsfähigkeit übernehmen werden. **118**

Unter der Voraussetzung, dass der Umgang mit der Ware durch den Verbraucher, der über die Prüfung der Eigenschaften, Funktion und Beschaffenheit des Verbrauchers mit der Ware hinausgeht, dazu führt, dass der Wert der Ware gemindert wird, hat er diesen **Wertverlust** gem. § 357 Abs. 7 BGB zu erstatten. Zwingend erforderlich hierfür ist aber, dass der Verbraucher gem. § 357 Abs. 7 Nr. 2 BGB über sein Widerrufsrecht informiert worden ist. Die bloße Nutzung der Ware führt damit nicht mehr zur Entschädigung des Unternehmers. Möchte der Verbraucher Beschaffenheit, Eigenschaften und Funktionsweisen der Waren feststellen, ist dem Verbraucher zu empfehlen, mit ihnen nur so umzugehen und sie nur so in Augenschein zu nehmen, wie er das in einem Geschäft tun würde.[147] Bei Dienstleistungsverträgen oder Verträgen über die Lieferung von Strom, Wasser und Gas hat der Verbraucher Wertersatz für die bereits erbrachten Leistungen gem. § 357 Abs. 8 BGB zu leisten. Auch in diesem Fall ist es zwingend gem. § 357 Abs. 8 S. 2 BGB, dass der Verbraucher hierüber informiert worden ist und dass der Verbraucher ausdrücklich vom Unternehmer verlangt hat, dass dieser die Leistungen vor Ablauf der Widerrufsfrist erbringt. Die Verpflichtung des Verbrauchers einen Wertersatz zu leisten, entfällt gem. § 357 Abs. 9 BGB bei Verträgen über die Lieferung von nicht auf einem körperlichen Datenträger befindlichen digitalen Inhalten. **119**

Die Regelungen zum Wertersatz haben bereits in der Vergangenheit für Diskussionen gesorgt. Das Gültigkeitsende der ursprünglichen Wertersatzregelung war **mangels EU-Konformität** jedoch absehbar, denn unmittelbar nach Verabschiedung der **120**

145 So etwa *OLG Schleswig* NJOZ 2008, 1477, *BGH* CR 2012, 726.
146 BT-Drucks. 817/12, 102.
147 BT-Drucks. 817/12, 104.

Novelle hat der EuGH[148] entschieden, dass nationale Regelungen, die eine generelle Auferlegung eines Wertersatzes für die Nutzung bis zum Widerruf bestimmen, unvereinbar mit den Zielen der Fernabsatzrichtlinie 97/7/EG, Erwägungsgrund 14 seien; der Verbraucher müsse, ohne sich wertersatzpflichtig zu machen, die Ware prüfen und ausprobieren dürfen. Genau diesen generellen Wertersatz ließ die damalige Regelung des § 357 Abs. 1 i.V.m. §§ 346 ff. BGB aber zu, die ohne Einschränkung dem Verbraucher die Wertersatzpflichten des § 346 BGB und, bei rechtzeitiger Belehrung, zudem eine Wertersatzpflicht für den bestimmungsgemäßen Gebrauch auferlegt. Eine solche Regelung, die auch den Wertersatz für einen Gebrauchsvorteil allein aufgrund des Besitzes mit einschließt, war aufgrund der Entscheidung nicht zu halten.[149]

3.5 Kein Rückgaberecht

121 Ein Rückgaberecht wie in § 312d Abs. 1 S. 2 BGB a.F. vorgesehen war, gibt es nach der Novellierung nicht mehr. Der **Wegfall des Rückgaberechts** ist für den Unternehmer mit keinen Nachteilen verbunden. In der Vergangenheit war das Rückgaberecht für den Verbraucher insbesondere vor dem Hintergrund vorteilhaft, dass die Ausübung des Rückgaberechts von der Rückgabe der Sache abhängig war und mithin eine Rückgabe der Sache sichergestellt war. Eine solche Regelung ist allerdings nicht mehr erforderlich, da sie sich nunmehr innerhalb des Widerrufsrechts wiederfindet.

3.6 Sonstige Neuregelungen im Zuge der Novellierung

122 Die EU-Verbraucherrechte-Richtlinie enthält weitere Regelungen, die auch im Rahmen des E-Commerce Beachtung finden und insbesondere im Rahmen des § 312a BGB in nationales Recht umgesetzt wurden. Gem. § 312a Abs. 1 BGB wurde die Offenlegungspflicht bei Telefonanrufern des Unternehmers verallgemeinert. Darüber hinaus werden Zusatzleistungen des Unternehmers, die über die Hauptleistung hinausgehen, und für die der Verbraucher ein Entgelt zu entrichten hat, nur dann gem. § 312a Abs. 3 BGB Bestandteil des Vertrages, wenn diese auf ausdrücklichen Wunsch des Verbrauchers erfolgen und nicht durch eine Voreinstellung des Unternehmens in den Vertrag integriert werden. Damit darf der Unternehmer dem Verbraucher **keine Zusatzleistungen**, wie Versicherungen, durch die Verwendung von sog. Preticket-boxes unterjubeln.[150] Zudem muss der Verbraucher gem. § 312a Abs. 4 BGB nur in den Fällen Gebühren für kostenpflichtige Zahlungsmittel tragen, wenn ihm auch mindestens eine gängige und zumutbare unentgeltliche Zahlungsmöglichkeit offen steht.[151] Darüber hinaus regelt § 312a Abs. 5 BGB, dass der Verbraucher keine Kosten für einen vom Unternehmer zur Verfügung gestellten Telefondienst für bereits bestehende Verträge, die über die normalen Gebühren des Telefonanbieters hinausgehen, zu tragen hat.

---

148 *EuGH* CR 2009, 671.

149 *Hartmann* CR 2010 371, 375; *Föhlisch/Buschmann* MMR 2010, 3, 5; *Ballhausen* K&R 2009, 704, 705.

150 In Art. 22 der EU-Verbraucherrechte-Richtlinie heißt es hierzu wie folgt: „Hat der Unternehmer vom Verbraucher keine ausdrückliche Zustimmung eingeholt, sondern sie dadurch herbeigeführt, dass er Voreinstellungen verwendet hat, die vom Verbraucher abgelehnt werden müssen, wenn er zusätzliche Zahlung vermeiden will, so hat der Verbraucher Anspruch auf Erstattung dieser Zahlung".

151 Diese Umsetzung entspricht grundsätzlich auch der Rspr. hierzu, vgl. *BGH* CR 2010, 674, in erster Linie ginge hierbei allerdings um eine richterliche Kontrolle von AGB einer Fluggesellschaft.

4. Informationspflichten nach der PAngV[152]

Weitere Informationspflichten für die im Fernabsatzgeschäft Tätigen ergeben sich aus der PAngV.[153] Wer Endverbrauchern gegenüber mit Preisen wirbt, hat diese vollständig anzugeben.[154] Hier stellt § 1 Abs. 2 PAngV besondere Anforderungen auf. [155] Zusätzlich zu § 1 Abs. 1 und § 2 Abs. 2 PAngV ist nach § 1 Abs. 2 Nr. 1 PAngV anzugeben, dass die für Waren oder Leistungen geforderten Preise die Umsatzsteuer und sonstige Preisbestandteile enthalten. Erfolgen muss ein solcher Hinweis nicht zwangsläufig in unmittelbarem Zusammenhang mit dem angegebenen Preis, ausreichend ist vielmehr ein Hinweis, der räumlich eindeutig dem Preis zugeordnet ist,[156]etwa durch einen Sternchenhinweis[157] oder durch einen leicht erkennbaren und gut wahrnehmbaren Hinweis auf einer nachgeordneten Webseite, der aber vor Einleitung des Bestellvorgangs erfolgen muss.[158] Auch anzugeben ist, ob zusätzlich Liefer- und Versandkosten anfallen (§ 1 Abs. 2 Nr. 2 PAngV) und falls ja, zudem deren Höhe (§ 1 Abs. 2 S. 2 PAngV). Auch hier ist ein Hinweis in unmittelbarem Zusammenhang mit dem Produktpreis nicht erforderlich,[159] jedoch muss der Verbraucher bereits vor der Einleitung des Bestellvorgangs, und zwar dann, wenn er sich mit dem Angebot näher befasst, zwangsläufig von der Angabe Kenntnis nehmen können.[160] Soweit der Hinweis also nur auf einer anderen über einen Link erreichbaren und für den Bestellvorgang nicht relevanten Seite erfolgt, genügt dies nicht den gestellten Anforderungen. **123**

5. Informationspflichten nach der DL-InfoV[161]

Mitte des Jahres 2010 ist eine weitere Verordnung in Kraft getreten, die spezielle Informationspflichten für „Dienstleister" beinhaltet, welche es auch im elektronischen Rechtsverkehr zu beachten gilt. Ein Großteil der in dieser Verordnung enthaltenen Informationspflichten ist bereits aus anderen Gesetzen sowie Informationsverordnungen bekannt, insbesondere aus dem TMG, dem EGBGB und der PAngV. Als neue Pflichten, welche gem. der DL-InfoV (unbeschadet weiter gehender Anforderungen aus anderen Rechtsvorschriften) einem Dienstleistungsempfänger vor Abschluss eines schriftlichen Vertrages oder, sofern kein schriftlicher Vertrag abgeschlossen wird, vor Erbringung der Dienstleistung in klarer verständlicher Form zur Verfügung zu stellen sind, sind insbesondere zu nennen: **124**

- gem. § 2 Abs. 1 Nr. 8 DL-InfoV die Pflicht zur Nennung von AGB,
- gem. § 2 Abs. 1 Nr. 9 DL-InfoV die Pflicht über Garantien zu informieren, die über die gesetzlichen Gewährleistungsrechte hinausgehen,

---

152 Preisangabenverordnung.
153 Durch das Gesetz zur Umsetzung der Verbraucherrechterichtlinie wird der Begriff des „Endpreises" durch den Begriff „Gesamtpreis" ersetzt. Inhaltliche Änderungen sind damit aber nicht verbunden.
154 *OLG Stuttgart* GRUR-RR 2009, 21; *OLG Köln* MMR 2013; *OLG Köln* GRUR-Prax 2012, 359.
155 *Rohnke* GRUR 2007, 281.
156 Köhler/Bornkamm/*Köhler* UWG, § 1 PAngV Rn. 25.
157 *BGH* GRUR 2008, 532.
158 *BGH* GRUR 2008, 84.
159 *BGH* GRUR 2009, 236, 239, Tz. 15.
160 *BGH* GRUR 2008, 84, Tz. 31.
161 Dienstleistungs-Informationspflichten-Verordnung nach Vorgabe der Europäischen Dienstleistungsrichtlinie.

- gem. § 2 Abs. 1 Nr. 11 DL-InfoV die Pflicht über eine bestehende Berufshaftpflicht zu informieren, insbesondere den Namen, die Anschrift des Versicherers und den räumlichen Gestaltungsbereich.

125 Zwar ist es wohl nicht zwingend, die nach der InfoV zusammenzustellenden Informationen bspw. auf der Webseite stetig vorzuhalten. Vor dem Hintergrund, dass der Dienstleister nach § 2 der DL-InfoV diese Informationen jedoch vor Erbringung der Dienstleistung zur Verfügung stellen muss, ist ein solches Vorgehen jedoch anzuraten.[162] § 2 DL-InfoV gibt dem Dienstleister insgesamt 4 Wege für die Erfüllung seiner Informationspflichten zur Hand:

- in Form einer unaufgeforderten, direkten Mitteilung in jedem Einzelfall (§ 2 Abs. 2 Nr. 1 DL-InfoV),
- als leicht zugänglicher Aushang am Ort der Leistungserbringung oder des Vertragsschlusses (§ 2 Abs. 2 Nr. 2 DL-InfoV),
- im Internet (§ 2 Abs. 2 Nr. 3 DL-InfoV),
- in allen dem Dienstleistungsempfänger zur Verfügung gestellten ausführlichen Informationsunterlagen über die angebotene Dienstleistung (§ 2 Abs. 2 Nr. 4 DL-InfoV).

126 Die Informationen nach § 3 DL-InfoV sind nur auf Anfrage des Dienstleistungsempfängers zu erteilen. Der Dienstleister muss jedoch gem. § 3 Abs. 2 DL-InfoV sicherstellen, dass diese Informationen (§ 3 Abs. 1 Nr. 2, 3 und 4 DL-InfoV) in allen ausführlichen Informationsunterlagen über die Dienstleistung enthalten sind.

127 Die DL-InfoV gilt gem. § 1 Abs. 1 für Dienstleistungen i.S.v. Art. 2 der Dienstleistungsrichtlinie. Dieser verweist auf die Definition des AEUV, wonach als Dienstleistungen i.S.d. DL-InfoV alle Leistungen anzusehen sind, die in der Regel gegen Entgelt erbracht werden, soweit sie nicht den Vorschriften über den freien Waren- und Kapitalverkehr und über die Freizügigkeit der Person unterliegen, insbesondere gewerbliche, kaufmännische, handwerkliche und freiberufliche Tätigkeiten.[163] Ausdrücklich von dem Anwendungsbereich ausgenommen sind gem. § 1 Abs. 1 DL-InfoV i.V.m. Art. 2 der Dienstleistungsrichtlinie nicht wirtschaftliche Dienstleistungen von allgemeinem Interesse, Finanzdienstleistungen, Dienstleistungen und Netze der elektronischen Kommunikation, Verkehrsdienstleistungen, Dienstleistungen von Leiharbeitsagenturen, Gesundheitsdienstleistungen, audiovisuelle Dienste, Glücksspiele, die einen geldwerten Einsatz verlangen, Tätigkeiten, die i.S.d. Art. 51 AEUV mit der Ausübung öffentlicher Gewalt verbunden sind, soziale Dienstleistungen, private Sicherheitsdienste, Tätigkeiten von Notaren und Gerichtsvollziehern, die durch den Staat bestellt wurden.[164] Die Informationspflichten bestehen gegenüber allen Dienstleistungsempfängern, also gegenüber natürlichen sowie juristischen Personen und unabhängig davon, ob diese die Leistung als Verbraucher oder zu unternehmerischen Zwecken beziehen.[165]

128 Gem. § 6 DL-InfoV handelt es sich bei Verstößen gegen die DL-InfoV um Ordnungswidrigkeiten, etwaige Bußgelder können eine Höhe von bis zu 1 000 EUR betragen.

---

162 *LG Dortmund* NJW-RR 2013, 1381; *OLG Hamm* GRUR-RR 2013, 339.
163 Art. 2 Abs. 1 und Art. 4 Nr. 1 Dienstleistungsrichtlinie in Verbindung mit Art. 57 AEU-Vertrages.
164 Vgl. auch *Ernst* CR 2010, 481; *Lohbeck* K&R 2010, 463.
165 Schlachter/Ohler/*Schmidt-Kessel* Europäische Dienstleistungsrichtlinie, vor Art. 22 ff. Rn. 5.

VII. Einbeziehung allgemeiner Geschäftsbedingungen

Im Bereich B2C handelt es sich in aller Regel um Massengeschäfte, bei deren Abwicklung zwecks Vereinfachung und Standardisierung **Allgemeine Geschäftsbedingungen** verwendet werden, z.B., wenn der Unternehmer auf seiner Webseite Produkte unter gleichzeitiger Angabe (feststehender) rechtlicher Rahmenbedingungen anbietet. **129**

Gerade in Bezug auf einen Geschäftsschluss über das Internet stellt sich die Frage, wie AGB wirksam in den Vertrag einbezogen werden können. Gesetzliche Vorgaben für Verbraucherverträge enthält § 305 Abs. 2 BGB, wonach ein ausdrücklicher Hinweis auf die AGB, die Verschaffung einer Möglichkeit, in zumutbarer Weise von den AGB Kenntnis zu erlangen sowie des Einverständnisses des Vertragspartners mit der Geltung der AGB erforderlich sind. **130**

Diese Grundsätze gelten auch bei einem Vertragsschluss über das Internet mit der Folge, dass die Webseite des Vertragspartners einen ausdrücklichen Hinweis auf die AGB enthalten muss. Ein Hinweis ist dann „ausdrücklich", wenn er durch einen durchschnittlichen Internetnutzer selbst bei einem kurzen Blick und üblicher Aufmerksamkeit nicht übersehen kann.[166] Der Hinweis muss also deutlich und gut sichtbar sein. Als ausreichend werden regelmäßig ein Hinweis auf die AGB mittels eines Hyperlinks[167] angesehen;[168] Voraussetzung ist dann aber die räumliche und zeitliche Nähe des Hinweises zu dem Produkt sowie die Darstellung des Hinweises derart, dass er leicht wahrgenommen werden kann, z.B. durch übersichtliche Gestaltung der Webseite oder der Wahl einer angemessenen Schriftgröße. Regelmäßig ist eine Einbeziehung von AGB durch sog. Click-Wrap-Agreements möglich.[169] Bei diesen kann der Kunde die AGB elektronisch einsehen und erklärt durch das Anklicken eines entsprechenden Kontrollkästchens sein Einverständnis mit den AGB vor dem elektronischen Auslösen der Bestellung. **131**

Bei E-Mail besteht die Kenntnisnahmemöglichkeit, wenn die AGB als E-Mail-Text oder als Anhang übermittelt werden (sofern im Streitfall der Verwender den Zugang der E-Mail beweisen kann). Bei Verträgen, die in einem Online-Shop geschlossen werden, können die AGB mittels eines Hyperlink zur Kenntnis genommen werden. Selbst bei umfangreichen AGB wird es regelmäßig zulässig sein, diese auf der Website abzubilden. Die frühere Rechtsprechung zum Btx (Bildschirmtext), wonach nur kurze übersichtliche AGB auf dem Bildschirm dargestellt werden konnten, kann aufgrund der technischen Möglichkeiten des Internet jedenfalls nicht ohne weiteres übernommen werden.[170] Im Bereich des mobilen Internet und des Mobile Commerce ist aufgrund der beschränkten Möglichkeiten – gerade der kleinen Displays und der fehlenden Druckoption – von einem Verzicht des Bestellers auf Kenntnisnahme und Speicherung der AGB auszugehen. **132**

---

166 Vgl. *Horn* MMR 2002, 209.

167 Das AGB-Recht gilt nicht nur für die stereotypen Fälle des Kleingedruckten, sondern kann auch für andere standardmäßig verwendete Inhalte gelten, auf die nicht mittels eines Hyperlinks verwiesen wird, sondern die sich beispielsweise getrennt auf einem Bestellformular befinden.

168 *BGH* NJW 2006, 2976; Palandt/*Heinrichs* § 305 Rn. 38; *Horn* MMR 2002, 209; *Härting/Schätzle* ITRB 2011, 40, 41.

169 Vgl. *LG Essen* MMR 2004, 49.

170 *Hoenike/Hülsdunk* MMR 2002, 516; Moritz/Dreier/*Holzbach/Süßenberger* E-Commerce, C Rn. 286, 293.

VIII. Internationales Vertragsrecht

133 Durch die weltweite Vernetzung via Internet werden Vertragsabschlüsse mit **grenzüberschreitendem Charakter** gang und gäbe und sind zudem vereinfacht möglich, denn der private Internetnutzer hat von seinem PC aus unmittelbar Zugriff auf Webseiten ausländischer Anbieter. Dann stellt sich die Frage, nach welchem materiellen Recht der Sachverhalt zu beurteilen ist und welches Gericht bei Streitigkeiten zuständig ist.[171]

1. Anwendbares Recht

134 Ursprünglich waren die Vorschriften welche im internationalen Vertragsrecht anzuwenden sind in Art. 27 EGBGB geregelt. Im EGBGB (Art. 27 ff.) hatte der deutsche Gesetzgeber auch das EG-Übereinkommen über das auf vertragliche Schuldverhältnisse anwendbare Recht vom 19.6.1980 (EVÜ) umgesetzt und somit vorerst einen einheitlichen Rechtsrahmen für das IPR geschaffen. Seit dem 17.12.2009 bestimmt sich das anwendbare Recht für vertragliche Schuldverhältnisse nach der ROM I-VO der EU (Rom I-VO)[172] und seit dem 11.2.2009 für außervertragliche Schuldverhältnisse nach der ROM II-VO (Rom II-VO)[173]. Das EU-weite Kollisionsrecht gliedert sich nunmehr also in zwei Verordnungen, in die Rom I- und Rom II-Verordnung. Im Gegensatz zum EVÜ wird nunmehr zwischen außervertraglichen und vertraglichen Schuldverhältnissen differenziert. Während die Rom I-VO also ausschließlich für den Bereich der vertraglichen Schuldverhältnisse zuständig ist, kommt die Rom II-VO bei außervertraglichen Schuldverhältnissen zur Anwendung. Erhalten geblieben ist aber Art. 29a EGBGB als neuer Art. 46b EGBGB, weil er der Umsetzung verbraucherrechtlicher Richtlinien dient, deren Weitergeltung Art. 23 Rom I vorsieht.[174]Im Übrigen bleibt für nationales Recht der Mitgliedstaaten nur Raum außerhalb des sachlichen Anwendungsbereichs der Verordnungen.

135 Art. 2 Rom I-VO und Art. 3 Rom II-VO bestimmt dabei, dass die Verordnungen auch dann Geltung beanspruchen, wenn das nach der Verordnung anzuwendende Recht nicht das Recht eines Mitgliedsstaates ist (universelle Geltung). Keine Geltung haben die Verordnungen für Dänemark; hier gilt nach wie vor das EVÜ.

136 Zu beachten gilt, dass nach Art. 25 Abs. 2 Rom I-VO bzw. Art. 28 Abs. 2 Rom II-VO die Verordnung nicht die Anwendung anderer Abkommen ausschließt, die nicht ausschließlich von Mitgliedsstaaten abgeschlossen wurden. Als eine solche Vereinbarung kommt insbesondere das Wiener UN-Übereinkommen über Verträge über den internationalen Warenkauf vom 11.4.1980 (CISG) in Betracht, welche demnach weiterhin anwendbar ist.[175] In den AGB gewerblicher Anbieter wird oft die Anwendung des UN-Kaufrechts ausdrücklich abbedungen, nicht zwingend auf Grund von diesem etwa innewohnenden Nachteilen, sondern weil es weitgehend unbekannt ist und durch die

---

171 Zu dem im TMG verankerten Herkunftslandprinzip und dessen Anwendungsbereich vgl. 10. Kap.

172 VO (EG) Nr. 593/2008 des Europäischen Parlaments und des Rates v. 17.6.2008 über das auf vertragliche Schuldverhältnisse anzuwendende Recht (Rom I), ABlEG Nr. L 177/6 v. 4.7.2008; vgl. *Brödermann* NJW 2010, 807.

173 VO (EG) Nr. 864/2007 des Europäischen Parlaments und des Rates v. 11.7.2007 über das auf außervertragliche Schuldverhältnisse anzuwendende Recht (Rom II), ABlEG Nr. L 199/40 v. 31.7.2008; vgl. *Brödermann* NJW 2010, 807.

174 Vgl. auch *Lejeune* ITRB 2010, 66.

175 *Pfeifer* EuZW 2008, 620, 624.

Abbedingung Vorsorge gegen das Eingreifen einer eher unbekannten Rechtsordnung getroffen werden soll.

Gem. Art. 3 Abs. 1 und 2 Rom I-VO unterliegt der jeweilige Vertrag dem von den Parteien gewählten Recht. Eine Rechtswahl kann für den ganzen oder einen Teil des Vertrages, im Rahmen von **AGB oder individualvertraglich,** aber auch nachträglich[176] oder aber konkludent erfolgen. **137**

Fehlt eine ausdrückliche Vereinbarung, kann sich nach Art. 3 Abs. 1 und 2 Rom I-VO eine Rechtswahl damit auch stillschweigend[177] oder aus den Bestimmungen des Vertrags ergeben. Der Parteiwille kann sich aus den Umständen des Einzelfalls oder aus den Bestimmungen des Vertrages ergeben. Zu berücksichtigen ist insbesondere der Vertragsinhalt, die Umstände seines Abschlusses sowie das Parteiverhalten.[178] Entsprechend der Maßstäbe, welche auch zu dem Art. 27 EGBGB vertreten wurden, können Hinweise auf einen bestimmten Parteiwillen Gerichtsstands- oder Schiedsklauseln[179] (Wahl des materiellen Rechts, das in dem Land gilt, in dem der Wahlgerichtsstand oder der Sitz des Schiedsgerichts liegt), die ausdrückliche Nennung gesetzlicher Vorschriften im Vertragstext (die nahe legen, dass neben den genannten Vorschriften auch die übrige Rechtsordnung, aus der die genannten Vorschriften stammen, greifen soll) oder eine zwischen den Parteien bestehende Praxis sein.[180] **138**

Die **Form** von Rechtswahlvereinbarungen bemisst sich gem. Art. 3 Abs. 5 Rom I-VO (vormals: Art. 27 Abs. 4 EGBGB) nach Art. 11 Rom I-VO (vormals: Art. 11 EGBGB). Nach Art. 11 Rom I-VO entscheidet über die Wirksamkeit der Vereinbarung das gewählte Recht. Für die Einbeziehung von AGB ist das Recht des Staates anwendbar, welches sich der Rechtswahl entnehmen lässt. Nach Art. 11 Abs. 4 Rom I-VO gilt Art. 11 Abs. 1–3 Rom I-VO bei Verbraucherverträgen nicht. Die Form der Verträge mit einem Verbraucher unterliegt also zum Schutz des Verbrauchers dem Recht des Staates, in dem der Verbraucher seinen gewöhnlichen Aufenthalt hat. **139**

Einer Rechtswahlvereinbarung sind aber bestimmte **Grenzen** gesetzt. Nach Art. 3 Abs. 3 Rom I-VO ist die Rechtswahl eingeschränkt bei Fällen, die nur dem Recht eines Staates unterliegen. Zwingende Bestimmungen einer anderen Rechtsordnung gelten weiterhin, diese sollen nicht durch eine Rechtswahl umgangen werden können. Ein entsprechender Vorbehalt gilt gem. Art. 3 Abs. 4 Rom I-VO für zwingendes EU-Recht, wenn trotz der Verbundenheit des Sachverhaltes mit einem oder mehreren EU-Mitgliedsstaaten das Recht eines Staates gewählt wird, der nicht EU-Mitglied ist.[181] **140**

Rechtwahlvereinbarungen sind auch in **Verbraucherverträgen** grds. zulässig (Art. 6 Abs. 2 S. 1 Rom I-VO), soweit die Grenzen des Art. 6 Abs. 2 S. 1 Rom I-VO beachtet werden. Nach Art 6 Abs. 2 S. 2 Rom I-VO darf eine Rechtswahl nicht dazu führen, dass dem Verbraucher der Schutz entzogen wird, der ihm durch diejenigen Bestimmungen gewährt wird, von denen nach dem Recht, das nach Art. 6 Abs. 2 S. 1 Rom I-VO mangels einer Rechtswahl anzuwenden wäre, nicht durch Vereinbarung abgewi- **141**

176 *Härting* Internetrecht, K Rn. 2278
177 MünchKomm-BGB/*Martiny* Art 3 Rom I-VO Rn. 58; *Mehring* CR 1998, 613, 616.
178 MünchKomm-BGB/*Martiny* Art. 27 EGBGB Rn. 45.
179 Gerichtsstandsvereinbarung als Indiz für die Wahl des am Gerichtsort geltenden materiellen Rechts, *BGH* NJW 1988, 1964; NJW 1991, 1418; NJW 1996, 2569.
180 *Leible/Lehmann* RIW 2008, 530, 532.
181 *Härting* Internetrecht, K Rn. 2276.

chen werden darf. Es ist demnach das Recht des Staates anwendbar, in dem der Verbraucher seinen gewöhnlichen Aufenthaltsort hat, wenn sein Vertragspartner ein Unternehmer ist und dieser entweder seine berufliche oder gewerbliche Tätigkeit in dem Staat ausübt, in dem der Verbraucher seinen gewöhnlichen Aufenthaltsort hat oder eine solche Tätigkeit auf diesen Staat ausrichtet. Anders als nach dem vorherigen deutschen Recht ist damit expressis verbis ein „ausrichten" maßgeblich. Kriterien können bei einer Webseite etwa die Sprache, Ansprechpartner oder das Ausrichten von AGB auf das Inland sein.[182] Um zwingendes nationales Recht i.S.d. Art. 6 Abs. 2 S. 2 Rom I-VO handelt es sich insbesondere bei den AGB-rechtlichen Bestimmungen.[183]

142 **Grenzen** gesetzt sind Rechtswahlklauseln auch durch Art. 46 b EGBGB (vormals: Art. 29a EGBGB). Gegenüber Verbrauchern aus dem Europäischen Wirtschaftsraum bleiben die nationalen Bestimmungen, die der Umsetzung europäischer Verbraucherschutzrichtlinien dienen, anwendbar, wenn der Vertrag einen engen Zusammenhang mit dem Gebiet eines EWIR-Staates aufweist. Die Vorschriften der §§ 305 ff., 312 ff., 481 ff., 491 ff. und 474 ff. BGB müssen nach wie vor berücksichtigt werden. Schließlich regelt Art. 9 Rom I-VO (vormals: Art. 34 EGBGB) generalklauselartig die Geltung zwingender Eingriffsnormen des nationalen Rechts, worunter auch die Verbraucherschutzvorschriften fallen sollen. Weitere typische Anwendungsfälle sind das Außenwirtschafts- oder Devisenrecht sowie das Kartell- oder Wohnraummietrecht und das Datenschutzrecht.[184]

143 **Mangels ausdrücklicher oder konkludenter Rechtswahl** ist das anwendbare Recht nach Art. 4 Rom I-VO (vormals Art. 28 EGBGB) festzulegen. Nach Art. 4 Rom I-VO unterliegt ein Vertrag mangels Rechtswahl dem Recht des Staates, mit dem er die engsten Verbindungen aufweist. Art. 4 Abs. 2 Rom I-VO normiert eine Vermutungsregel dahingehend, dass der Vertrag die engsten Verbindungen mit dem Staat aufweist, in dem die Partei, welche die **charakteristische** Leistung zu erbringen hat, ihren Sitz, ihren gewöhnlichen Aufenthalt bzw. ihre Hauptverwaltung hat. Anknüpfungspunkt ist damit die „charakteristische" Leistungspflicht der Partei. Anders als zuvor in der deutschen Regelung stellt Art. 4 Abs. 1 S. 1 Rom I-VO nun für einige Vertragstypen klar, die Leistung welchen Vertragspartners für das anzuwendende Recht maßgeblich sein soll (Kaufvertrag des Verkäufers; Dienstleistungsvertrag des Dienstleisters). Etwas anderes mag für den ausländischen Internetanbieter gelten, der sein Warenangebot gezielt auf den deutschen Markt ausrichtet.[185] Nach Art. 6 Abs. 1 Rom I-VO unterliegen Verbraucherverträge mangels einer Rechtswahl dem Recht des Staates, in dem der Verbraucher seinen gewöhnlichen Aufenthalt hat (s.o.).

144 Zentrale Norm für unerlaubte Handlungen stellt Art. 4 Abs. 1 Rom II-VO dar.[186] Im Gegensatz zur bislang in Deutschland geltenden Ubiquitätsregel (Art. 40 Abs. 1 S. 1 EGBGB), die ein Wahlrecht des Geschädigten zwischen Anwendung des Handlungs- und Erfolgsorts vorsah, wird nun an den Ort angeknüpft, an dem das schädigende

182 *Härting* Internetrecht, K Rn. 22840.

183 *LG Hamburg* K&R 2009, 735, 738.

184 Vertiefend zur Rechtswahlfreiheit im Datenschutzrecht und zu § 1Abs. 5 BDSG als Eingriffsnorm i.S.v. Art. 9 Rom I-VO vgl. *Piltz* K&R 2012, 640; *Kremer/Buchalik* CR 2013, 789; a.A. *Härting* Internetrecht, K Rn. 2300.

185 *Härting* Internetrecht, K Rn. 2305.

186 *Sesing* MMR 2008, 29.

Ereignis eingetreten ist, sog. "lex loci damni".[187] Maßgeblich ist folglich nunmehr allein der Erfolgsort. Art. 40 EGBGB gilt fortan nur noch für „Altfälle", d.h. solche Fallkonstellationen, die vor dem 11.1.2009 angefallen sind.

Entsprechend Art. 40 Abs. 2 EGBGB normiert Art. 4 Abs. 2 Rom II-VO eine Ausnahme vom Grundsatz „lex loci damni", wenn sowohl der Geschädigte als auch der Schädiger ihren gewöhnlichen Aufenthalt in demselben Staat haben, denn dann gilt das Recht eben dieses Staates. Art. 4 Abs. 3 Rom II-VO sieht eine Ausnahmeregel für den Fall vor, dass eine engere Beziehung zum Recht eines anderen Staates besteht, sodass es zu dessen Anwendung und zur Abkehr vom „lex loci damni" Grundsatz kommen muss. **145**

Im Gegensatz zu den Regeln des deutschen IPR beschränkt sich die Verordnung nicht auf allgemeine Grundsätze in Bezug auf die Haftung aus unerlaubter Handlung, sondern legt in den Art. 5–9 Rom II-VO Spezialnormen für bestimmte Deliktstypen fest.[188] Für Handlungen des unlauteren Wettbewerbs ist nach Art. 6 Rom II-VO das Recht des Staates anzuwenden, in dessen Gebiet die Wettbewerbsbeziehungen oder die kollektiven Verbraucherinteressen beeinträchtigt werden, Marktortprinzip.[189] **146**

Eine wichtige Rolle spielt hierbei insbesondere Art. 8 Abs. 1 Rom II-VO im Bereich des geistigen Eigentums.[190] Hier wird das Schutzlandprinzip angewendet, „lex loci protectionis", welches sowohl für Ansprüche aus Delikt als auch aus ungerechtfertigter Bereicherung gilt, Art. 13 Rom II-VO. Beim Schutzlandprinzip („Territorialitätsprinzip") ist stets das Recht des Staates anzuwenden, in dessen Geltungsbereich die Handlung stattgefunden hat und für den der Schutz beansprucht wird. Im gesamten Anwendungsbereich des Art. 8 Rom II-VO ist eine freie Rechtswahl, wie in Art. 14 Rom II-VO vorgesehen, unmöglich. **147**

2. Gerichtliche Zuständigkeiten

Neben der Frage des anwendbaren Rechts ist bei grenzüberschreitenden Sachverhalten auch die Zuständigkeit der deutschen Gerichte zu prüfen. Welches Gericht zuständig ist, bestimmt sich nach dem **Internationalen Zivilprozessrecht,** welches in der EU-Verordnung über die gerichtliche Zuständigkeit und die Anerkennung und Vollstreckung von Entscheidungen in Zivil- und Handelssachen (EuGVVO)[191] geregelt ist. Es handelt sich dabei um unmittelbar geltendes europäisches Zivilprozessrecht, welches das EuGVÜ im Jahr 2002 weitgehend abgelöst hat und mit der Neufassung der EuGVVO mit Wirkung zum 10.1.2015 nochmals novelliert wurde.[192] Für Fälle, die nicht durch die EuGVVO erfasst sind, gilt das nationale Internationale Zivilprozessrecht. Zuständigkeiten können sich auch aus dem Lugano-Abkommen ergeben. Dieses besteht zwischen den EU-Mitgliedsstaaten und den Mitgliedern der Europäischen Freihandelszone. **148**

187 *Sesing* MMR 2008, 29.
188 *Junker* NJW 2007, 3675, 3678.
189 *Hoeren* Internetrecht, S. 489.
190 Vgl. Erwägungsgrund Nr. 26 Rom II-VO.
191 ABlEG Nr. L 12/1 v. 16.1.2001.
192 Brüssel-Ia-VO (VO Nr. 1215/2012).

149 Grds. wird die internationale Zuständigkeit der Gerichte durch die Anknüpfung an bestimmte Punkte, z.B. die Niederlassung, den Erfüllungsort oder den Ort der unerlaubten Handlung bestimmt. Im Bereich des Internet sind unterschiedliche Anknüpfungspunkte und demzufolge zahlreiche internationale Zuständigkeiten denkbar, z.B. die Niederlassung oder der Serverstandort.[193]

150 Die EuGVVO regelt die gesetzliche Zuständigkeit in Zivil- und Handelssachen bei Gerichtsverfahren, in denen ein EU-Bürger beteiligt ist. Nach Art. 4 Abs. 1 EuGVVO sind Personen, die ihren Wohnsitz in einem der Mitgliedsstaaten haben, grds. vor den Gerichten dieses Mitgliedsstaates zu verklagen.

151 Der Gerichtsstand kann durch eine **Gerichtsstandsklausel** bestimmt werden. Diese muss den Anforderungen der Art. 17–19, 25 EuGVVO, § 38 ZPO genügen. Bei Verbrauchern ist eine Gerichtsstandsvereinbarung nach § 38 Abs. 3 ZPO nur zulässig, wenn sie **nach** dem Entstehen einer Streitigkeit ausdrücklich und schriftlich oder für den Fall geschlossen wurde, dass die im Klagewege in Anspruch zu nehmende Partei nach Vertragsschluss ihren Wohnsitz oder gewöhnlichen Aufenthaltsort in das Ausland verlegt oder ihr Aufenthalt bei Klageerhebung unbekannt ist. Für Verbraucher gilt zudem Art. 19 EuGVVO, wonach Gerichtsstandsvereinbarungen nur unter den dort genannten Voraussetzungen möglich sind.

152 Unter Kaufleuten ist eine Gerichtsstandsvereinbarung grds. zu empfehlen. Vorteil ist, dass der Rechtsstreit auch in prozessualer Hinsicht in einem bekannten Rechtssystem durchgeführt wird. Allgemeine Anforderungen an eine Gerichtsstandsvereinbarung enthält Art. 25 EuGVVO. Der Gerichtsstand kann auch über die ausdrückliche Wahl des Erfüllungsortes getroffen werden: Nach Art. 7 Nr. 1 EuGVVO kann eine Person mit einem Wohnsitz oder einer Niederlassung in einem Vertragsstaat in demjenigen Vertragsstaat verklagt werden, in dem die in Streit befindliche Verbindlichkeit erfüllt wurde oder hätte erfüllt werden müssen. Ist keine Gerichtsstandsvereinbarung getroffen, sind für vertragliche Ansprüche die allgemeinen Zuständigkeitsregeln der EuGVVO (Art. 7–Art. 23 EuGVVO, §§ 21, 29 ZPO) maßgebend. Für außervertragliche Ansprüche treffen Art. 7 Nr. 2 EuGVVO und § 32 ZPO besondere Regelungen.

153 Im Geschäftsverkehr treffen die Parteien häufig **Schiedsgerichtsvereinbarungen,** die ihnen den Vorteil bieten, dass bei Durchführung des Schiedsverfahrens die Öffentlichkeit ausgeschlossen ist und dass (ad-hoc zusammengesetzte) Schiedsgerichte vor allem im technischen Bereich über eine bessere Sachkenntnis verfügen. Regelungen über deren Zustandekommen und Wirksamkeit enthalten §§ 1029 ff. ZPO sowie z.B. das Genfer Übereinkommen von 1923 und 1927 und das europäische Übereinkommen über die internationale Handelsschiedsgerichtsbarkeit v. 21.4.1961. Im unternehmerischen Verkehr sind auch **Schiedsgutachterklauseln** anzutreffen, in deren Rahmen die Beteiligten nicht über eine gerichtliche Zuständigkeit befinden, sondern sich darauf einigen, welcher (technische) Sachverständige bei auftretenden Streitigkeiten in tatsächlichen (technischen) Fragen ein inter partes abschließendes Votum abgeben soll.

193 Moritz/Dreier/*Terlau* E-Commerce, C Rn. 8.

IX. Elektronische Signaturen

Im Internet werden Vorgänge, die ursprünglich schriftlich abgewickelt wurden, nun über die elektronischen Kommunikationsmittel erbracht. Im Gegensatz zur Schriftform besteht bei elektronischen Daten die Gefahr der (unerkannten) Veränderung. Dieser Gefahr sollen elektronische Signaturen durch die Möglichkeit der Überprüfung der Unversehrtheit (Integrität) und der Überprüfung, wer Verfasser der Daten ist (Authentizität), begegnen. **154**

1997 wurden in Deutschland erstmals die rechtlichen Rahmenbedingungen für den Einsatz digitaler Signaturen durch das im Informations- und Kommunikationsdienstegesetz (IuKDG) enthaltene im Signaturgesetz geregelt. Aufgrund der europäischen Richtlinie zur digitalen Signatur[194] wurden gemeinschaftsrechtliche Rahmenbedingungen für elektronische Signaturen geschaffen. Die Richtlinie zur digitalen Signatur wurde durch die „VO (EU) Nr. 910/2014 des Europäischen Parlaments und des Rates vom 23.7.2014 über elektronische Identifizierung und Vertrauensdienste für elektronische Transaktionen im Binnenmarkt und zur Aufhebung der RL 1999/93/EG" eIDAS-VO zum 1.7.2016 abgelöst. Diese genießt Anwendungsvorrang vor dem deutschen Signaturgesetz.[195] Ziel des deutschen Gesetzgebers ist es nun, die Regelungen der eIDAS-Verordnung in einem neuen Vertrauensdienstegesetz[196] zu konkretisieren. **155**

Die Richtlinie zur digitalen Signatur (1999/93/EG) ist bereits durch das „Gesetz über Rahmenbedingungen für elektronische Signaturen" (Signaturgesetz, SigG),[197] das im Mai 2001 in Kraft getreten ist, umgesetzt worden. Zweck des Gesetzes ist es, die Rahmenbedingungen für elektronische Signaturen zu normieren. Anwendbar ist das SigG auf alle elektronischen Signaturen, eine Beschränkung auf digitale Signaturen besteht nicht mehr.[198] Das SigG enthält noch eine weitere Form, die qualifizierte elektronische Signatur.

Eine Gleichstellung der elektronischen Signatur mit der Unterschrift erfolgte erst mit dem „Gesetz zur Anpassung der Formvorschriften des Privatrechts und anderer Vorschriften an den modernen Rechtsverkehr" im Jahr 2001.[199] Durch die eIDAS-VO ist nun ebenfalls die sog. Fernsignatur möglich. Dabei wird die elektronische Signatur mobil erzeugt, etwa über Smartphone oder Tablet. Der private Signaturschlüssel wird hier auf Servern eines qualifizierten Vertrauensdiensteanbieters generiert. **156**

1. Technische Funktionsweise

Die elektronische Signatur bezweckt den Ersatz der handschriftlichen Unterschrift bei der elektronischen Übermittlung von Daten. Sie beruht auf einem zweistufigen Verschlüsselungsverfahren: Erster Stufe ist die fälschungssichere Verschlüsselung der Daten, in der zweiten Stufe wird überprüft, ob die Signatur tatsächlich vom dem Aussteller stammt. Die drei gebräuchlichsten Verschlüsselungsformen sind: **157**

---

194 RL 1999/93/EG v. 13.12.1999.

195 *Hoeren* Internetrecht, S. 375.

196 Vgl. den Referentenentwurf des Bundesministeriums für Wirtschaft und Energie eines Gesetzes zur Durchführung der VO (EU) Nr. 910/2014 über elektronische Identifizierung und Vertrauensdienste für elektronische Transaktionen im Binnenmarkt und zur Aufhebung der RL 1999/93/EG vom 18.10.2016.

197 BGBl I 2001, 876.

198 So noch nach dem SigG 1997.

199 BGBl I 2001, 1542.

- PGP (Pretty Good Privacy, dies ist ein Programm zur Verschlüsselung),
- Public-Key-Verfahren und
- die digitale Signatur.

158 PGP ist ein Programm, welches E-Mail- und Dateicodierungen vornimmt. Beim PGP wird der öffentliche Schlüssel dem Empfänger übermittelt. Dadurch wird dem Empfänger die Identifikation des Absenders und zugleich die Entschlüsselung der übermittelten Nachricht ermöglicht. Die Vergabe der Schlüssel erfolgt jedoch nicht durch eine öffentliche, vertrauenswürdige Stelle. Beim Public-Key-Verfahren wird ein öffentlicher und ein privater Schlüssel von einer Zertifizierungsstelle (Trust Center) vergeben.

159 Die **digitale Signatur** als Verschlüsselungsform verwendet ein asymmetrisches Kryptographieverfahren, da zwei nicht identische Schlüssel verwendet werden. Zum Signieren einer Nachricht wird diese auf ihren sog. Hashwert verkürzt. Nach einem Algorithmus müssen die Bitfolgen neu geordnet und zusammengestellt werden. Bei dem Hashwert handelt es sich um eine Prüfsumme. Diese wird mit einem privaten Schlüssel verschlüsselt, wodurch die digitale Signatur entsteht. Der Empfänger muss über den öffentlichen Schlüssel des Erstellers der Signatur verfügen, sodass der Hashwert, die Prüfsumme des Dokumentes, neu berechnet werden kann. Stimmen die Prüfsummen überein, so kann daraus geschlossen werden, dass das Dokument nicht verändert wurde.

2. Praktische Bedeutung

160 Derzeit ist die praktische Anwendung der (qualifizierten) elektronischen Signatur insgesamt noch recht gering. Dies könnte sich zukünftig durch die in der eIDAS-VO eröffnete Möglichkeit der Fernsignatur mittels mobiler Endgeräte ändern. Gerade Unternehmen sehen derzeit oft von einer Anwendung der digitalen Signatur wegen des damit verbundenen Aufwandes ab. Jedoch gibt es einige Bereiche in denen sich die elektronische Signatur in den letzten Jahren etabliert hat. So hat bspw. das Bundesarbeitsgericht bereits Anfang 2006 die Möglichkeit eröffnet, den Schriftverkehr mit dem Gericht in elektronischer Form abzuwickeln. Auch nach § 130a ZPO[200] können Dokumente elektronisch eingereicht werden. Im Bereich der Verwaltungsgerichtsbarkeit kann unter den Voraussetzungen des § 3a VwVfG elektronische Kommunikation stattfinden und die Schriftform durch eine mit einer qualifizierten elektronischen Signatur nach dem SigG versehenen elektronischen Form ersetzt werden. Mit der Einführung des ELSTER-Portals (ElsterOnline) wurde die Möglichkeit geschaffen, Steuererklärungen sowie die zwingend elektronisch abzugebenden Umsatz- und Lohnsteuervoranmeldungen und E-Bilanz[201] mit einer elektronischen Signatur zu versehen. Auch der unter dem 1.11.2010 eingeführte Personalausweis verfügt – nach Wahl durch den Bürger – über eine qualifizierte elektronische Signatur. Am 13.6.2013 hat der Bundestag das Gesetz zur Förderung des elektronischen Rechtsverkehrs mit den Gerichten verabschiedet.[202] Gem. Art. 31 des Gesetzes zur Förderung der elektro-

200 Eine Übersicht über die verschiedenen Rechtsverordnungen für die Zivil- und Arbeitsgerichtsbarkeit findet sich bei *Zöller/Greger* § 130a Rn. 6a.

201 Vertiefend hierzu *Reitsam/Sollinger* CR 2012, 349-354.

202 BGBl I 2013, 3786; teilweise trat das Gesetz bereits am 17.10.2013 bzw. am 1.1.2014 in Kraft. Vollständig tritt es allerdings erst zum 1.1.2018 in Kraft. Ziel des Gesetzes ist die Erweiterung des elektronischen Zugangs zur Justiz durch Schaffung von Alternativen zur qualifizierten elektronischen Signatur. S. *Hoffmann/Borchers* CR 2014, 62.

nischen Verwaltung sowie zur Änderung weiterer Vorschriften v. 25.7.2013[203] wird seit dem 1.7.2014 sukzessive die in § 2 EGovG enthaltene Neuregelung der elektronischen Behördenkommunikation in Kraft treten.[204]

Auch für das **Mahnverfahren** hat sich die Relevanz der elektronischen Übermittlung verstärkt. Seit dem 1.12.2008 können Rechtsanwälte Anträge im Mahnverfahren nur noch in maschinell lesbarer Form stellen (§ 690 Abs. 3 ZPO neue Fassung). Dies gilt für sämtliche Anträge von einem Rechtsanwalt. Die Regelung dient der Förderung des elektronischen Rechtsverkehrs.[205] Nicht zwingend notwendig ist aber die Anschaffung einer Signaturkarte mit entsprechendem Lesegerät, da auch das sog. Barcode-Verfahren als maschinell lesbare Form i.S.d. § 690 Abs. 3 ZPO gilt. Bei dem Barcode-Verfahren wird mit Hilfe eines Internet-Formulars ein elektronischer Datensatz erstellt, im Barcode-Format ausgedruckt, unterschrieben und per Post an das zuständige Mahngericht übermittelt. Die Daten werden vom Gericht über Scanner ohne manuelle Nachbearbeitung erfasst, in das System eingespielt und überwiegend automatisiert bearbeitet. **161**

Bei **elektronischen Signaturen** handelt es sich um Daten, die anderen elektronischen Daten beigefügt bzw. logisch mit diesen verknüpft werden und der Authentifizierung dienen (§ 2 Nr. 1 SigG). Bereits ein Kürzel unter einem Dokument ist als elektronische Signatur zu werten. Ausreichend ist die Versendung von gescannten Unterschriften.[206] **162**

Fortgeschrittene elektronische Signaturen müssen darüber hinaus über einen Signaturschlüssel, der ausschließlich seinem Inhaber zugeordnet wird, verfügen. Sie müssen die Identifizierung des Signaturschlüssel-Inhabers ermöglichen, mit Mittel erzeugt werden, die allein der Schlüsselinhaber kontrollieren kann und mit den Daten so verknüpft sein, dass spätere Änderungen erkannt werden können (§ 2 Nr. 2 SigG).[207] **163**

Die **qualifizierte elektronische Signatur** ist eine fortgeschrittene elektronische Signatur, die auf einem gültigen **qualifizierten Zertifikat** beruht und mit einer sicheren Signaturerstellereinheit erzeugt werden kann. Qualifizierte Zertifikate sind gem. § 2 Nr. 7 SigG Zertifikate, die die Voraussetzungen des § 7 SigG erfüllen und von Zertifizierungsanbietern ausgestellt werden, die alle Voraussetzungen des SigG erfüllen. Vorschriften über die Zertifizierungsdienste enthalten die §§ 4 ff. SigG. Der Betrieb eines Zertifizierungsdienstes ist grds. **genehmigungsfrei,** muss aber nach § 4 Abs. 3 SigG der Bundesnetzagentur (§ 3 SigG) bei Betriebsaufnahme unter Darlegung, dass die technischen und organisatorischen Voraussetzungen eingehalten werden, angezeigt werden (§ 4 Abs. 2, 3 SigG). Daneben besteht die Möglichkeit einer freiwilligen **Akkreditierung,** §§ 15 ff. SigG. Akkreditierte Anbieter enthalten ein Gütesiegel der zuständigen Behörde, mit dem der Nachweis der umfassend geprüften technischen und administrativen Sicherheit zum Ausdruck gebracht wird. **164**

---

203 BGBl I 2013, 2749.

204 § 2 Abs. 1 EGovG hebt das bisher die elektronische Behördenkommunikation geprägte Freiwilligkeitsprinzip auf. Gem. § 1 Abs. 2 EGovG findet die Norm nicht nur für Behörden des Bundes Anwendung, sondern öffnet auch einen elektronischen Zugang zu den Behörden der Länder, wenn diese Bundesrecht ausführen. § 2 Abs. 2 EGovG enthält auch die Verpflichtung, den elektronischen Zugang zusätzlich durch eine De-Mail-Adresse i.S.d. De-Mail-Gesetzes zu eröffnen. S. *Albrecht* jurisPR-ITR 2/2014 Anm. 2.

205 *Von Preuschen* NJW 2007, 321.

206 *Roßnagel* NJW 2001, 1817.

207 *Härting* Internetrecht, C Rn. 496.

165 **Wirkungen im materiellen Zivilrecht** entfaltete die elektronische Signatur erst mit dem „Gesetz zur Anpassung der Formvorschriften des Privatrechts und anderer Vorschriften an den modernen Rechtsverkehr".[208] Vor der Neufassung bestimmter Vorschriften des BGB konnte die Einhaltung der Schriftform nur mittels eigenhändiger Unterzeichnung einer Urkunde durch den Aussteller erfolgen. Eine elektronisch signierte Erklärung konnte diesen Anforderungen nicht gerecht werden. Seit 2001 ist in § 126 Abs. 3 BGB geregelt, dass die schriftliche Form auch durch elektronische Form ersetzt werden kann, wenn sich aus dem BGB nichts anderes ergibt (so aber z.B. in den §§ 623, 630, 766, 780, 781 BGB). Nach § 126a BGB ist für die elektronische Form erforderlich, dass der Aussteller der Erklärung seinen Namen beifügt und das elektronische Dokument mit einer qualifizierten elektronischen Signatur nach dem SigG versehen wird. Die Signatur kann damit die eigenhändige Unterschrift ersetzen. Bei einem Vertrag muss durch beide Parteien ein gleichlautendes Dokument qualifiziert elektronisch signiert werden. Eine Nichteinhaltung dieser Form führt gem. § 125 BGB zur Nichtigkeit des Rechtsgeschäftes. Die praktische Anwendung ist aber eher gering: Die gesetzliche Schriftform ist ein Ausnahmefall, zu dem der wirtschaftliche Aufwand für die qualifizierte elektronische Signatur außer Verhältnis steht. Meist wird die Schriftform beibehalten. Für elektronische Rechnungen werden eher – gem. den Anforderungen des § 14 UStG – spezielle Lösungen für Signaturen entwickelt.

166 Neben der elektronischen Form sieht das Gesetz in § 126b BGB die **Textform** vor. Dabei ist die eigenhändige Unterschrift entbehrlich, mit der Folge, dass hier grds. auch elektronisch übermittelte Erklärungen möglich sind. Auch prozessual können elektronische Dokumente von Bedeutung sein, wobei hier lediglich die Vorschriften des Zivilverfahrens angesprochen werden sollen.

167 Elektronische Dokumente sind grds. auch dazu geeignet, als Beweismittel im Rahmen eines Prozesses zu dienen.[209] Der Gesetzgeber ordnet das elektronische Dokument gem. § 371 Abs. 1 S. 2 ZPO im Zivilverfahren den **Beweismitteln** der Augenscheinsobjekte zu. Der Beweis wird durch Vorlage oder Übermittlung der Datei angetreten. Die Merkmale des elektronischen Dokuments im Sinne dieser Vorschrift sind umstritten. Vertreter einer engen Begrifflichkeit fassen darunter in Anlehnung an § 130a ZPO nur Dateien, die Schriftstücke enthalten.[210] Hingegen bezieht eine neue Auffassung alle möglichen Inhalte ein, also neben Texten auch Grafik-, Audio- und Videodateien sowie Software.[211]

168 Die **Beweisqualität** einer mit der elektronischen Signatur versehenen Nachricht orientiert sich an den drei Signaturklassen des SigG.[212] Die elektronische Signatur ist als Hinweis auf den Aussteller zu verstehen. Ihr Beweiswert ist gering, da sie den Text nicht erfasst und somit Veränderungen und Verfälschungen nicht erkennbar sind. Die fortgeschrittene elektronische Signatur nach § 2 Nr. 2 SigG ist im Rahmen der freien Beweiswürdigung durch die gesicherte Authentizität des Absenders und die Integrität des Inhalts als Indiz für die Beweisqualität anzusehen. Die qualifizierte elektronische Signatur wird durch § 371a Abs. 1 ZPO hinsichtlich der Beweiskraft einer privaten Urkunde gleichgestellt, d.h. die Vorschriften über die Beweiskraft privater Urkunden

208 BGBl I 2001, 1542.
209 Vertiefend hierzu *Sander* Tagungsband Herbstakademie 2013 (Band 2), 845.
210 *Musielak/Huber* § 371 ZPO Rn. 11.
211 *Zöller/Greger* § 371 ZPO Rn. 1; *Berger* NJW 2005, 1016.
212 *Fischer-Dieskau* MMR 2002, 709.

gelten entsprechend. Zusätzlich ist nach § 371a Abs. 2 S. 2 ZPO der Anschein der Echtheit gegeben, der nur durch Tatsachen erschüttert werden kann, die ernstliche Zweifel daran begründen, dass die Erklärung vom Signaturschlüssel-Inhaber abgegeben worden ist.

Durch die Verbesserung der Sicherheitsstandards liegt es nahe, bei E-Mail-Accounts den **Anscheinsbeweis** für die Authentizität einer E-Mail zuzulassen. Eine von dem verwendeten E-Mail-Programm automatisch erstellte, als relativ fälschungssicher angesehene Lese- und Eingangsbestätigung soll nach einer Ansicht einen Anscheinsbeweis für den Zugang der E-Mail begründen.[213] Das ist aber problematisch, da derjenige, unter dessen Namen fälschlicherweise eine E-Mail gesendet wird, durch den Anscheinsbeweis belastet wird. Ihm obliegt dann der Nachweis eines atypischen Geschehensablaufs. Um den Anscheinsbeweis zu erschüttern, müsste er die negative Tatsache nachweisen, dass sich die betreffende E-Mail zu keiner Zeit in seinem Posteingang bzw. -ausgang befand. Der Anscheinsbeweis gilt mangels typischen Geschehensablaufs jedenfalls nicht, um aus der Verwendung eines geheimen Passwortes auf denjenigen zu schließen, dem das Passwort ursprünglich zugeteilt worden ist.[214] **169**

Im Zivilverfahren ist die Zustellung eines elektronischen Dokumentes möglich. Nach **§ 174 Abs. 3 ZPO** kann einem Anwalt, Notar, Gerichtsvollzieher, einem Steuerberater oder einer sonstige Person, bei der auf Grund ihres Berufes von einer erhöhten Zuverlässigkeit ausgegangen werden kann, einer Behörde, einer Körperschaft oder einer Anstalt des öffentlichen Rechts auch **ein elektronisches Dokument zugestellt** werden. Gleiches gilt für andere Verfahrensbeteiligte, wenn sie der Übermittlung elektronischer Dokumente ausdrücklich zugestimmt haben. Für die Übermittlung ist das Dokument mit einer elektronischen Signatur zu versehen und gegen unbefugte Kenntnisnahme Dritter zu schützen. **170**

X. Haftung der im Netz Tätigen

Die weltweite Zugänglichkeit der im Internet vorhandenen Informationen und die Anonymität sowie die unterschiedlichen Tätigkeitsfelder der im Internet tätigen Provider werfen die Frage auf, in welchem Umfang die Anbieter von Informationen und Dienstleistungen im Internet für die dort verbreiteten Inhalte verantwortlich gemacht werden können. **171**

Die Tätigkeit von Internetprovidern kann – obwohl die Nutzungsmöglichkeiten des Internet vielfältig sind – in drei Grundformen eingeteilt werden, und von der Art der angebotenen Leistung des Providers ist auch dessen Verantwortlichkeit abhängig: **172**

- Die sog. **Content Provider** stellen eigene Inhalte zum Abruf über das www bereit.
- Der **Access Provider** ist Anbieter eines Internetzugangs, stellt aber weder Inhalte noch Speicherplatz zur Verfügung.
- **Host- oder Presence Provider** stellen Dritten Speicherplatz auf einem Server zur Verfügung, der zur Nutzung z.B. zur Einstellung von Webseiten in das www, durch Dritte bereitgehalten wird.

---

213 So *Mankowski* NJW 2002, 2822.

214 *OLG Hamm* NJW 2007, 611; *OLG Köln* MMR 2002, 813; vgl. auch *LG Bonn* MMR 2004, 179.

173 Oft überschneiden sich die genannten Providerleistungen, da Provider den Kunden meist Leistungspakete anbieten, die Leistungen aus verschiedenen Grundformen verbinden, teilweise alle drei Grundformen gleichzeitig.

174 Für Internetprovider gelten die Haftungsregeln des Zivilrechts und die strafrechtlichen Vorschriften. Daneben können auch Haftungsregelungen aus dem gewerblichen Rechtsschutz und dem Urheberrecht, wettbewerbsrechtliche Haftung sowie Haftungstatbestände im Zusammenhang mit datenschutzrechtlichen Vorgaben eingreifen.

175 Die **Haftung für Kennzeichenverletzungen** wird in dem 30. Kap. Rn. 24 ff. abschließend erörtert, sodass im Folgenden von einer Darstellung der markenrechtlichen Haftungstatbestände abgesehen wird. Eine Erläuterung der **Haftungsprivilegierungen des TMG** wird im 10. Kap. im Zusammenhang mit den Informationspflichten des TMG und den datenschutzrechtlichen Vorgaben erläutert. Da die Haftungsprivilegierungen des TMG für die Provider von besonderer Bedeutung sind und es einer Vielzahl von Entscheidungen über die Haftung unterschiedlicher Provider gibt, soll auch an dieser Stelle die Frage der Haftung behandelt werden.

176 Die Vorschriften des TMG zur Haftung gelten wie auch die vorhergehenden Regelungen des TDG als allgemeiner **„Filter“**,[215] die vor Anwendung der allgemeinen Haftungsregelungen zu prüfen sind. §§ 7 ff. TMG sind keine Anspruchsgrundlagen für einen Haftungsanspruch,[216] sondern anhand dieser Vorschriften findet eine Prüfung statt, ob nicht die Verantwortlichkeit des Providers bereits durch §§ 7–10 TMG (§§ 9–11 TDG a.F.) ausgeschlossen ist.

177 Die Haftungsregelungen der §§ 7 ff. TMG finden, wie auch die Vorgängerregelungen, grds. auch in allen Rechtsbereichen Anwendung, d.h. sie entfalten Geltung für das Strafrecht, das Zivilrecht und das öffentliche Recht. Auch Rechtsverletzungen aus dem Bereich des Marken-[217] und Urheberrechts können grds. von dem Anwendungsbereich der Vorschriften erfasst sein. Die Geltung für das UrhG war für das TDG und den MDStV streitig,[218] ergab sich für das TDG aus dem Jahr 2001 aber durch die E-Commerce-Richtlinie, sodass eine ablehnende Auffassung als nicht mehr vertretbar angesehen wird.[219]

178 Dadurch wird deutlich, dass für die Provider die Frage, ob eine Privilegierung des TMG im Einzelfall eingreift, von großer Wichtigkeit ist.

1. Haftungsbeschränkungen nach dem TMG

179 Regelungen zur Haftung von Providern, die Tele- oder Mediendienste erbringen, finden sich im Telemediengesetz (TMG). Am 18.1.2007 wurde das TMG im Rahmen des Elektronischer-Geschäftsverkehr-Vereinheitlichungsgesetzes (ElGVG)[220] verabschiedet, welches nun die Haftung der Internetprovider, allgemeine Informationspflichten und den Datenschutz im Internet regelt. Die Regelungen des TDG und des Mediendienstestaatsvertrages zur Haftung wurden weitgehend ohne Änderung in das TMG

215 *Backu/Hertneck* ITRB 2008, 35, 36; *BGH* MMR 2007, 518; MMR 2004, 166 mit Anm. *Hoeren*.
216 *BGH* MMR 2007, 518.
217 *BGH* NJW 2004, 3102.
218 Dagegen *OLG München* GRUR 2001, 499, allerdings zu § 5 TDG 1997.
219 Moritz/Dreier/*Buschle* E-Commerce, D Rn. 272.
220 BGBl I 2007, 179.

übernommen, mit der Folge, dass auch die dahingehend ergangene Rechtsprechung weiterhin maßgeblich ist. Die historische Entwicklung wird im 10. Kap. besprochen.

Nach früherem Recht galt das TDG für die Teledienste und der Mediendienstestaats- 180
vertrag für die Mediendienste. Das TMG trifft nun **einheitliche Regelungen für Teledienste und Mediendienste,** § 1 TMG. Nicht erfasst sind aber Telekommunikationsdienste nach § 3 Nr. 24, 25 TKG und der Rundfunk (inklusive Live-Streaming und Webcasting, d.h. der Übertragung über das Internet); Einzelheiten dazu ergeben sich aus dem 10. Kap. Die inhaltlichen Anforderungen an Telemedien ergeben sich aus dem Rundfunkstaatsvertrag (§ 1 Abs. 4 TMG). Der Anwendungsbereich des TMG ist eröffnet für Telemedien, wobei nach §§ 1 Abs. 1, 2 Nr. 1 TMG der Begriff einem weitem Verständnis unterliegt. Grund dafür ist, dass das TMG wirtschaftliche Tätigkeiten, die elektronisch in Form von Bild-, Text-, oder Toninhalten zur Verfügung gestellt werden, weitgehend einer Regelung zuführen möchte.[221] Bei Telemedien handelt es sich bspw. um:

- Online-Angebote von Waren/Dienstleistungen mit unmittelbarer Bestellmöglichkeit,
- Video auf Abruf, soweit es sich nicht nach Form und Inhalt um einen Fernsehdienst i.S.d. Richtlinie 89/552/EWG handelt,
- Online-Dienste, die Instrumente zur Datensuche oder Datenabfrage zur Verfügung stellen,
- oder die kommerzielle Verbreitung von Informationen über Waren-/Dienstleistungen mit elektronischer Post.[222]

Nicht dazu zählt aber die Internettelefonie (Voice over IP), da diese mit der her- 181
kömmlichen Sprachtelefonie vergleichbar ist.[221] Unter den Begriff der Telemediendienste fallen nicht die telekommunikationsgestützten Dienste nach § 3 Nr. 25 TKG, auf die im 10. Kap. eingegangen wird.

Die Verantwortlichkeit der Internetprovider richtet sich nach den §§ 7 ff. TMG (§§ 8 ff. 182
TDG a.F.).

1.1 Grundsatz § 7 TMG

Wortgleich mit § 8 TDG a.F. regelt § 7 TMG, dass Diensteanbieter für eigene Informa- 183
tionen, die sie zur Nutzung bereithalten, verantwortlich sind. Eine Information beinhaltet im TMG wie auch im TDG a.F. sowohl kommunikative als auch nicht kommunikative Inhalte; Informationen sind „alle Arten von Daten, Zeichen, Bildern, Töne sowie Software".[223]

Werden **eigene Informationen** zur Verfügung gestellt, verweist § 7 Abs. 1 TMG (§ 8 184
TDG a.F.) auf die Haftung nach den allgemeinen Grundsätzen. Eine Haftungsprivilegierung greift demnach nur für Anbieter **fremder Informationen,** weshalb eine Abgrenzung von eigenen Informationen zu fremden Informationen erforderlich ist (vgl. dazu auch 10. Kap.)[224].

221 *Bender/Kahlen* MMR 2006, 590.
222 BT-Drucks. 16/3078, 13.
223 *Hoffman* MMR 2002, 284; Moritz/Dreier/*Neubauer* E-Commerce, D Rn. 15.
224 Zu dieser Abgrenzung *BGH* MMR 2015, 726; MMR 2016, 418.

185 I.R.d. § 5 TDG in der Fassung von 1997 wurden dem Diensteanbieter Informationen als eigene zugerechnet, wenn er sich diese zu Eigen machte.[225] Unter Berücksichtigung der Umstände des Einzelfalls wurde ein „sich zu eigen machen" bejaht, wenn der Diensteanbieter objektiv für den Inhalt verantwortlich sein wollte. Entsprechend war Ausgangspunkt zu § 8 TDG a.F., dass zur Beurteilung, ob es sich um eine fremde Information handelt, weiterhin die Grundsätze des „Sich-zu-Eigen-machens" anzuwenden sind. Nach einer anderen Auffassung kommen diese Grundsätze aufgrund der insoweit eher technischen Konzeption der E-Commerce-Richtlinie nicht mehr in Betracht. In einer Entscheidung zu § 8 TDG a.F. stellt der BGH jedoch weiterhin auf das „Sich-zu-Eigen-machen" ab, verneint ein solches aber, wenn Informationen in einem automatischen Verfahren ohne weitere Prüfung ins Internet gestellt werden.[226]

186 Einem Content-Provider, der eigene Inhalte im Internet zur Verfügung stellt, kommt daher grds. keine Haftungsprivilegierung des TMG zugute[227]. Er haftet unbegrenzt, soweit die Voraussetzungen eines Haftungstatbestandes erfüllt sind.

187 Nach § 7 Abs. 2 TMG (§ 8 Abs. 2 TDG a.F.) sind Diensteanbieter i.S.d. §§ 8–10 TMG nicht verpflichtet, die von ihnen gespeicherten Informationen zu überwachen oder nach Umständen zu forschen, die auf eine rechtswidrige Tätigkeit hinweisen. Nicht davon berührt werden aber Verpflichtungen zur Entfernung oder Sperrung der Nutzung von Informationen nach den allgemeinen Gesetzen.

1.2 Haftungsprivileg des § 8 TMG

188 § 8 TMG (§ 9 TDG a.F.) regelt die Haftungsprivilegierung bei der Durchleitung von Informationen. Danach sind Dienstanbieter für fremde Informationen, die sie in einem Kommunikationsnetz übermitteln oder zu denen sie den Zugang zur Nutzung übermitteln, nicht verantwortlich, sofern sie

- die Übermittlung nicht veranlasst,
- den Adressaten der übermittelten Information nicht ausgewählt und
- die übermittelten Informationen nicht ausgewählt und verändert haben.

189 § 8 TMG erfasst nach seinem Wortlaut die Access-Provider, die den Zugang zum Internet ermöglichen. Nach anderer Auffassung sollten TDG/MDStV a.F. auf Access-Provider keine Anwendung finden, da es sich dabei um eine Telekommunikationsleistung und nicht um einen Tele- oder Mediendienst handele.[228] Dagegen spricht aber, dass nach § 3 Nr. 24 TKG Telekommunikationsdienste i.d.R. gegen Entgelt erbrachte Dienste sind, die **ganz oder überwiegend** in der Übertragung von Signalen über Telekommunikationsnetze bestehen, einschließlich der Übertragungsdienste in Rundfunknetzen. Dazu zählen vor allem Angebote eines Access Providers, solange es um die reine Zugangsvermittlung im Bereich des Internet geht.[229] Steht aber der Telekommunikationsdienst nicht ganz, sondern bloß **überwiegend** in der Übertragung von Signalen, ist er zugleich Telekommunikationsdiensteanbieter nach dem TKG und Telemediendiensteanbieter nach dem TMG.[230] (Zu dem Problem der Doppelregulierung allgemein vgl. auch 10. Kap.)

---

225 BT-Drucks. 13/7385, 19.
226 *BGH* NJW 2004, 3103 – Internet-Versteigerung.
227 *LG Hamburg* MMR 2007, 450.
228 *Stadler* MMR 2002, 343.
229 Vgl. *Bender/Kahlen* MMR 2006, 590.
230 Vgl. BT-Drucks. 16/3078, 13.

§ 8 TMG privilegiert die bloße **Durchleitung von Informationen.** Die Durchleitung erfasst die Informationsweiterleitung oder die Zugangsvermittlung zu einem Kommunikationsnetz. Die Übermittlung darf keinesfalls von dem Diensteanbieter veranlasst worden sein. Die Tätigkeit darf nur rein technischer, automatischer und passiver Art sein. Dies bedeutet, dass der Diensteanbieter weder Kenntnis noch Kontrolle über die weitergeleitete oder gespeicherte Information besitzt.[231] Der Provider soll aber dann verschärften Prüfungspflichten unterliegen, wenn er die Inanspruchnahme seines Dienstes mit der Möglichkeit einer Rechtsverletzung aktiv und offensiv bewerbe, da er dann die seinem Dienst von Natur aus innewohnende Gefahr einer Rechtsverletzung so erheblich steigere, dass ein Entfallen der Funktionsprivilegierung geboten sei.[232] **190**

Die Übermittlung und Vermittlung umfasst auch die automatische kurzzeitige Zwischenspeicherung dieser Informationen, soweit dies nur zur Durchführung der Übermittlung im Kommunikationsnetz dient und die Informationen nicht länger gespeichert werden als es für die Übermittlung üblicherweise erforderlich ist (§ 8 Abs. 2 TMG). Diese Regelung stellt die Durchleitung einer Zwischenspeicherung zur Datenübertragung, wie z.B. beim Routing, gleich.[233] Die Zwischenspeicherung zum Caching fällt jedoch unter § 9 TMG (§ 10 TDG a.F.). **191**

In § 8 Abs. 1 S. 2 TMG beinhaltet ein **Umgehungsverbot.** Danach darf ein Diensteanbieter nicht absichtlich mit einem Nutzer zusammenarbeiten, um rechtswidrige Handlungen zu begehen. **192**

Zum 27.7.2016 wurde § 8 TMG durch das 2. Gesetz zur Änderung des Telemediengesetzes an die Vorgaben des Generalanwalts beim EuGH zur WLAN-Störerhaftung in seinen Schlussanträgen in der Sache Mc Fadden./. Sony Music Entertainment Germany GmbH – C-484/14 – angepasst.[234] In seinem Abs. 3 wird die Anwendung der Grundsätze einer Freistellung gem. § 8 Abs. 1, Abs. 2 TMG auch auf Diensteanbieter ausgeweitet, die Nutzern einen Internetzugang über ein drahtloses lokales Netzwerk (WLAN) zur Verfügung zu stellen. **193**

1.3 Haftungsprivileg des § 9 TMG

Nach § 9 TMG (§ 10 TDG a.F.) sind Diensteanbieter für eine automatische, zeitlich begrenzte Zwischenspeicherung, die allein dem Zweck dient, die Übermittlung fremder Informationen an andere Nutzer auf deren Anfrage effizienter zu gestalten, nicht verantwortlich, sofern sie **194**

- die Informationen nicht verändern,
- die Bedingungen für den Zugang zu den Informationen beachten,
- die Regeln für die Aktualisierung der Informationen, die in weithin anerkannten und verwendeten Industriestandards festgelegt sind, beachten,
- die erlaubte Anwendung von Technologien zur Sammlung von Daten über die Nutzung der Informationen, die in weithin anerkannten und verwendeten Industriestandards festgelegt sind, nicht beeinträchtigen,

---

231 Erwägungsgrund (42) der E-Commerce-Richtlinie 2000/31/EG, ABlEG Nr. L 178 /6 v. 17.6.2000.
232 So jedenfalls *OLG Hamburg* MMR 2009, 405, 409 – Usenet; MMR 2009, 631 – Usenet I.
233 Moritz/Dreier/*Neubauer* E-Commerce, D Rn. 28.
234 Schlussanträge des Generalanwaltes *Szpunar* vom 16.3.2016 in der Sache C-484/14.

– und unverzüglich handeln, um im Sinne dieser Vorschrift gespeicherte Informationen zu entfernen oder den Zugang zu ihnen zu sperren, sobald sie Kenntnis davon erhalten haben, dass die Informationen am ursprünglichen Ausgangsort der Übertragung aus dem Netz entfernt wurden oder der Zugang zu ihnen gesperrt wurde oder ein Gericht oder eine Verwaltungsbehörde die Entfernung oder Sperrung angeordnet hat.

195 Voraussetzung ist wiederum, dass es sich bei der Zwischenspeicherung um den technischen Vorgang handelt, ein Kommunikationsnetz zu betreiben und den Zugang zu diesem zu vermitteln, bei welchem der Diensteanbieter in der Regel keine Kenntnis von der Information erhält.[235] Unter § 9 TMG fallen das sog. **Caching,** insbesondere das **Proxy-Caching,** oder auch das **Mirror-Verfahren,** bei dem Server automatisiert und wiederholt ganze Festplattenbereiche fremder Server kopieren.[236]

196 Im Gegensatz zu § 8 Abs. 2 TMG erfasst § 9 TMG nicht die automatische kurzzeitige Zwischenspeicherung, sondern eine zeitlich begrenzte Zwischenspeicherung. Die zulässige Speicherdauer ergibt sich jedoch nicht aus § 9 TMG. Teilweise wird ein Umfang von 2–3 Tagen, nach anderer Ansicht eine wochenlange Speicherung als zulässig erachtet.[237] Das LG München I sah das Merkmal der zeitlichen Begrenzung auch bei einer Speicherung von 30 Tagen als erfüllt an.[238] Die dauerhafte Speicherung richtet sich wiederum nach § 10 TMG.

197 Kollusives Zusammenwirken schadet hier ebenso wie bei der Durchleitung von Informationen (§ 8 Abs. 1 S. 2, § 9 S. 2 TMG).

1.4 Haftungsprivileg des § 10 TMG

198 Die bedeutendsten Haftungsprivilegierungen enthält § 10 TMG (§ 11 TDG a.F.). § 10 TMG privilegiert die sog. Host-Provider, die fremde Inhalte zur Nutzung durch Dritte bereithalten. Nach § 10 TMG sind Dienstanbieter für fremde Informationen, die sie für Nutzer speichern, nicht verantwortlich, wenn

– sie keine Kenntnis von der rechtswidrigen Handlung oder der Information haben und ihnen im Falle von Schadensersatzansprüchen auch keine Tatsachen oder Umstände bekannt sind, aus denen die rechtswidrige Handlung oder die Information offensichtlich wird, oder
– sie unverzüglich tätig geworden sind, um die Informationen zu entfernen oder den Zugang zu ihr zu sperren, sobald sie diese Kenntnis erlangt haben.

199 Speicherkapazitäten können durch den Host-Provider auf seinen eigenen oder auch auf fremden Rechnern zur Verfügung gestellt werden. Schädlich ist erst das Vorliegen der positiven Kenntnis der rechtwidrigen Handlung oder Information, ein bloßes Kennenmüssen wird als nicht ausreichend erachtet.[239] Bei Schadenersatzansprüchen setzt die Haftung voraus, dass der in Anspruch Genommene Kenntnis von der rechtswidrigen Handlung hat oder dass ihm keine Tatsachen oder Umstände bekannt sind, aus denen die rechtswidrige Handlung oder die Information offensichtlich wird. Die

---

235 BT-Drucks. 14/6098, 24.

236 Vgl. *LG München I* 19.4.2007 – 7 O 3950/07; *Hoffmann* MMR 2002, 284.

237 Moritz/Dreier/*Neubauer* E-Commerce, D Rn. 39 m.w.N.

238 *LG München I* MMR 2007, 453.

239 *OLG Brandenburg* MMR 2004, 330; *OLG Düsseldorf* MMR 2004, 315 beide zu § 11 TDG a.F.; vgl. *Spindler* MMR 2001, 737.

ganz überwiegende Auffassung sieht darin eine Haftung für grob fahrlässige Unkenntnis.[240] Der Anspruchsteller trägt die volle Darlegungs- und Beweislast für die Kenntnis, eine Beweislastumkehr findet grds. nicht statt.[241]

Die Haftungsprivilegierung in § 10 TMG wird aber durch die Rechtsprechung wesentlich beschränkt und abgestuft 200

- für die strafrechtliche Verantwortlichkeit eines Providers ist § 10 Nr. 1 Alt. 1 TMG maßgebend,
- zivilrechtliche Schadensersatzansprüche richten sich nach § 10 Nr. 1 Alt. 2 TMG,
- auf **verschuldensabhängige Unterlassungsansprüche, auch vorbeugende Unterlassungsansprüche, ist das Haftungsprivileg des § 10 TMG unanwendbar.**[242] **Die Haftung richtet sich mithin nach allgemeinen Grundsätzen.** Diese Rechtsprechung ist auch auf den urheberrechtlichen Unterlassungsanspruch anwendbar wie auch auf das neue TMG.[243]

Für die Praxis bedeutet dies, dass die Haftungsprivilegierung des § 10 TMG für Unterlassungsansprüche nicht anwendbar ist, sondern die allgemeinen Grundsätze der mittelbaren Verantwortlichkeit, insbesondere die Störerhaftung, gelten. 201

1.5 Proaktive Überwachungspflichten der Provider

Umstritten ist, ob aus § 10 TMG bzw. § 11 TDG a.F. geschlossen werden kann, dass der Host Provider **proaktive** Prüfungspflichten hinsichtlich der auf seinem Server gespeicherten Inhalte hat. Nach der Regelung des § 7 Abs. 2 S. 1 TMG bestehen im Grunde keine Prüfungs- oder Überwachungspflichten. Überwiegend wird unter Hinweis auf den eindeutigen Wortlaut des § 7 TMG die Ansicht vertreten, dass der Provider nicht dazu verpflichtet ist, die Inhalte auf mögliche Rechtsverletzungen zu untersuchen.[244] So sehen auch Art. 15 der E-Commerce-Richtlinie und § 7 Abs. 2 TMG keine allgemeinen Prüfungs- und Überwachungspflichten vor. Begründet wird dies vorwiegend damit, dass es den Betreibern technisch, personell und wirtschaftlich nicht möglich sei, aufgrund der Vielzahl der Einträge eine Überwachung durchzuführen.[245] Nach einer anderen Auffassung sind jedoch Prüfungspflichten in einem bestimmten Umfang gegeben.[246] 202

Eine weitere Überlegung ließe sich im Hinblick auf die Rechtsprechung, die die Anwendbarkeit der Haftungsprivilegierungen des TMG auf Unterlassungsansprüche verneint (dazu Rn. 79), anstellen: Infrage steht, ob im Hinblick auf Unterlassungsansprüche proaktive Prüfungspflichten der Betreiber bestehen. Aus den Entscheidungen des BGH zur Störerhaftung (vgl. dazu Rn. 208) lässt sich aber der Grundsatz entnehmen, dass den Providern nicht per se Prüfungspflichten auferlegt werden sollen, sondern jedenfalls nach einem (klaren) Hinweis auf die Rechtsverletzung von dem Provi- 203

240 Moritz/Dreier/*Neubauer* E-Commerce, D Rn. 51 m.w.N; *Hoffmann* MMR 2002, 284.

241 *BGH* MMR 2004, 166 zu § 5 TDG i.d.F. v. 1997.

242 Zuletzt *BGH* 12.7.2007 – I ZR 18/04; *BGH* MMR 2007, 507 – Internetversteigerung II; MMR 2007, 518; NJW 2004, 3102 – Internet-Versteigerung I; *Ensthaler/Heineman* WRP 2010, 309, 311 ff.; *BGH* GRUR 2011, 152 – Kinderhochstühle im Internet I; GRUR 2012, 311.

243 Vgl. *LG München I* 19.4.2007 – 7 O 3950/07; *BGH* MMR 2007, 507 – Internetversteigerung II.

244 *OLG Düsseldorf* MMR 2006, 618; *LG Düsseldorf* 27.6.2007 – 12 O 343/06; *OLG Hamburg* CR 2007, 44; *OLG Brandenburg* MMR 2004, 330; *Christiansen* MMR 2004, 185; *LG Köln* MMR 2003, 601; *Spindler* NJW 1997, 3193.

245 Vgl. bspw. *LG Düsseldorf* 27.6.2007 – 12 O 343/06.

246 *LG Trier* MMR 2002, 694; *LG München I* MMR 2000, 434.

der zur Vermeidung weiterer ähnlicher Fälle von Rechtsverletzungen Vorsorge getroffen werden muss.[247] Bei einem Internetauktionshaus sei es dem Betreiber bspw. nicht zumutbar, jedes Angebot bereits bei der Einstellung auf die Plattform auf eine Rechtsverletzung hin zu untersuchen, da dadurch das Geschäftsmodell in Frage gestellt würde.[248] Auch genüge die bloße Bereitstellung einer Internetauktionsplattform für sich allein nicht, um Prüfungspflichten zu begründen.[249] Dies entspreche auch der Regelung des § 7 Abs. 2 TMG.[250] Daraus dürfte sich ergeben, dass auch nach der Rechtsprechung des BGH proaktive Prüfungspflichten grds. nicht bestehen. Allerdings muss der Provider, wenn er einen konkreten Hinweis auf eine bestimmte Rechtsverletzung eines bestimmten Anbieters auf seiner Plattform hat, nicht nur dafür sorgen, das Angebot zu sperren, und ferner, dass dieser Anbieter auf der Plattform keine anderen Rechtsverletzungen (ähnlicher Art) begeht, sondern im Rahmen zumutbarer Vorsorgemaßnahmen auch dafür, dass es nicht zu weiteren gleichartigen Rechtsverletzungen durch andere Anbieter kommt.[251] Bei einem File-Hoster, der durch sein konkretes Geschäftsmodell Urheberrechtsverletzungen in erheblichem Umfang Vorschub leistet, muss im Rahmen von Prüfpflichten und deren Umfang der Umstand berücksichtigt werden, dass er durch eigene Maßnahmen die Gefahr einer rechtsverletzenden Nutzung des Dienstes fördert.[252] Aus diesem Grund ist ihm eine umfassende und regelmäßige Kontrolle der Linksammlungen zuzumuten.[253] Grundsätzlich hat aber der Provider zu beurteilen, ob und welche Maßnahmen er ergreift (etwa den Einsatz von „Überwachungspersonal", Filtersoftware oder Stichproben).[254]

2. Zivilrechtliche Haftungstatbestände

2.1 Allgemeine zivilrechtliche Haftungstatbestände

204 Neben urheberrechtlichen Vorschriften und Regelungen des gewerblichen Rechtsschutzes können allgemeine zivilrechtliche Vorschriften eine Verantwortlichkeit der im Netz Tätigen begründen, sofern die Filterwirkung des TMG nicht eingreift.

205 Zivilrechtlich ist zunächst an die Möglichkeit einer **vertraglichen Haftung** oder an das Eingreifen von Mängelhaftungsregelungen zu denken. Ein **Content Provider** kann bspw. vertraglich für Mängel und Pflichtverletzungen nach den allgemeinen Vorschriften des Zivilrechts haften. Handelt es sich um einen Informationsdienst, kann darüber hinaus eine besondere Verantwortlichkeit bestehen: Es besteht die Möglichkeit des stillschweigenden Abschlusses eines Auskunftsvertrags, wenn eine Auskunft erkenn-

---

247 *BGH* NJW 2004, 3102 – Internetversteigerung.

248 *BGH* GRUR 2008, 702, 706 – Internetversteigerung III; MMR 2007, 507 – Internetversteigerung II; NJW 2004, 3102 – Internetversteigerung I.

249 *BGH* 12.7.2007 – I ZR 18/04.

250 *BGH* 12.7.2007 – I ZR 18/04.

251 Wirbt der Anbieter einer Plattform allerdings mit der Durchführung von Kontrollen, um Rechtsverletzungen zu vermeiden, läuft dieser damit gleichzeitig Gefahr, die Haftungsprivilegierung zu verlieren, vgl. *Härting* Internetrecht II. Rn. 2104.

252 Zur Prüfpflicht bei Geschäftsmodellen, die von vornherein auf Rechtsverletzungen durch den Nutzer angelegt sind oder bei denen der Anbieter durch eigene Maßnahmen die Rechtsverletzung fördert, *BGH* ZUM-RD 2013, 565; *BGH* ZUM 2013, 874.

253 *BGH* NJW 2013, 3245 – File-Hosting-Dienst, in Fortführung von *BGH* NJW 2013, 784 – Alone in the Dark, zu erhöhten Kontrollpflichten eines Plattformbetreibers *BGH* GRUR 2013, 1229.

254 Zu möglichen Ausgleichsmaßnahmen im Rahmen des Betreibens von Bewertungsportalen, *Wilkat* Schriften zum Medien- und Informationsrecht, 107 ff.

bar von erheblicher Bedeutung und Grundlage wichtiger Entscheidungen gewesen ist.[255]

Im zivilrechtlichen Bereich können unterschiedliche Ansprüche geltend gemacht werden. In Betracht kommen **Unterlassungs-** und **Beseitigungsansprüche, Schadenersatzansprüche,** Ansprüche aus **ungerechtfertigter Bereicherung, Auskunfts- und Rechnungslegungsansprüche** sowie Ansprüche auf eine **Gegendarstellung**. Auch kann eine Haftung nach dem **Produkthaftungsgesetz** in Betracht kommen. Ansprüche werden oft auch wegen der Verletzung des allgemeinen Persönlichkeitsrechts geltend gemacht. Darunter fallen z.B. Verletzungen des Rechts am eigenen Bild, Verletzungen des Namensrechts nach § 12 BGB oder Ehrverletzungen. **206**

Durch die zivilrechtlichen Haftungstatbestände werden nicht nur die Haftungsvoraussetzungen und der Haftungsumfang bestimmt, sondern daraus ergibt sich auch der richtige Anspruchsgegner. Die Prüfung, wer als Anspruchsgegner in Betracht kommt, ist im Bereich des Internet besonders wichtig, da bisweilen derjenige, der eine Verletzungshandlung vornimmt, nicht ermittelt werden und somit aufgrund tatsächlicher Hindernisse nicht in Anspruch genommen werden kann. Eine Haftung der im Netz Tätigen wird nach allgemeinen zivilrechtlichen Vorschriften immer dann gegeben sein, wenn sie selbst Verletzer sind oder ihnen das Handeln eines Dritten zugerechnet werden kann. Eine Haftung ist folglich zu bejahen, wenn alle Anspruchsvoraussetzungen eines zivilrechtlichen Anspruches unmittelbar erfüllt werden, was einer Prüfung des jeweiligen Einzelfalls bedarf. Eine Haftung kann auch durch die Zurechnung des Handelns eines Dritten begründet werden: Sowohl im BGB als auch in anderen Regelungswerken sind Vorschriften vorgesehen, über die das Handeln einer dritten Person letztlich dem Verantwortlichen zugerechnet werden kann. Solche Regelungen enthalten bspw. §§ 31, 89, 278, 831 BGB. **207**

2.2 Störerhaftung

Schwierigkeiten bereiten Fälle, in denen der im Netz Tätige keine eigenständige Verletzungshandlung vorgenommen hat und ihm auch das Handeln eines Dritten nicht zugerechnet werden kann. So stellt sich die Frage, ob bspw. auch Host-Provider oder Access Provider in Anspruch genommen werden können, da diese lediglich die Mittel zur Kommunikation bereitstellen, dadurch aber keine unmittelbare Verletzungshandlung vornehmen. **208**

Hier können die Grundsätze über die **Störerhaftung** eingreifen, die eine (Mit-) Haftung auch solcher „Störer" begründet, die lediglich mittelbar an einer Beeinträchtigung mitwirken. Die Störerhaftung greift jedoch ausschließlich im Bereich der verschuldensunabhängigen Unterlassungs- und Beseitigungsansprüche (§ 1004 BGB analog). Für diese Fälle greifen nach der oben genannten Rspr. des BGH auch die Haftungsprivilegierungen des TMG nicht ein. **209**

Die Frage der Anwendbarkeit der Grundsätze über die Störerhaftung wird aber zunehmend hinterfragt. Auch die Rspr. wendet die Grundsätze der Störerhaftung nur in einem eingeschränkten Umfang an, indem zusätzlich eine Verletzung von Prüfungspflichten gefordert wird, die Anwendung der Störerhaftung wird in der Literatur zum Wettbewerbsrecht zudem überhaupt infrage gestellt. So wird für das Wettbewerbsrecht teilweise befürwortet, die Haftung nur noch aufgrund von Täterschaft und Teil- **210**

255 Vgl. *BGH* NJW 1989, 1029; 1986, 181.

nahme zu bestimmen.[256] Der BGH wendet jedoch die Grundsätze der Störerhaftung bei der Verletzung von Immaterialgüterrechten weiterhin an.[257] Dies bedeutet, dass eine Störerhaftung nicht nur bei Sachverhalten mit markenrechtlichem Bezug (vgl. dazu 30. Kap. Rn. 132 ff.), sondern allgemein in Fällen der Verletzung eines Immaterialgüterrechts eingreifen kann. Für die Provider ist die gerichtliche Inanspruchnahme auf Unterlassung vor allem aufgrund der anfallenden Kosten von Nachteil. Hingegen wird die Entfernung der verletzenden Inhalte von der Plattform technisch meist einfach zu realisieren sein.

211 Die **Störerhaftung** setzt zunächst eine Rechtsverletzung durch einen Dritten voraus. Fehlt es bereits daran, so kann der Anbieter auch nicht als mittelbarer Störer in Anspruch genommen werden. Liegt eine unmittelbare Rechtsverletzung eines Dritten vor, haftet der Anbieter als Störer, wenn er **willentlich und adäquat kausal nicht aber notwendigerweise schuldhaft an der Herbeiführung oder Aufrechterhaltung einer rechtswidrigen Beeinträchtigung mitgewirkt hat.**[258] Die Anwendung dieser durch die Rechtsprechung entwickelten Grundsätze würde jedoch zu einer nahezu unbegrenzten Haftung der im Netz Tätigen führen, die von dem Dritten etwas Unzumutbares verlangt. Daher muss ein weiteres Kriterium hinzukommen, durch welches einer ausufernden Haftung entgegengetreten werden kann. Die Haftung des Störers setzt mithin die Verletzung von Prüfungspflichten voraus.[259] Deren Umfang bestimmt sich danach, ob und inwieweit dem als Störer in Anspruch genommenen nach den Umständen eine **Prüfung zuzumuten** ist.[260] Dazu ist die Funktion und die Aufgabenstellung des in Anspruch genommenen, sowie die Eigenverantwortung des unmittelbar Störenden oder das Bestehen geeigneter technischer Möglichkeiten[261] zu berücksichtigen. So bezieht sich die Prüfungspflicht bspw. nur auf offenkundige, eindeutige Rechtsverstöße.[262] Im Rahmen einer Interessenabwägung wird demnach die Zumutbarkeit für die jeweils vorliegende Fallkonstellation geprüft. Grds. kann die Prüfungspflicht nach Bekanntwerden der Rechtsverletzung für gleichartige Rechtsverletzungen bestehen.[263] Bspw. muss ein Betreiber einer Internetplattform nach dem Bekanntwerden einer Verletzung Vorsorge dafür treffen, dass etwa Rechtsverletzungen durch die Versteigerung von Plagiaten durch die Nutzer unterbunden[264] oder bestimmte jugendgefährdende Medien durch den Versteigerer erneut auf der Plattform angeboten werden.[265] Es bestünde andernfalls die Gefahr, dass sich der Versteigerer unter einem anderen Mitgliedsnamen anmeldet und das rechtswidrige Angebot wiederhole.[265] Auch mit Blick auf die sog. Sharehoster,[266] einzuordnen als Host-Provider, ist

---

256 Köhler/Bornkamm/*Köhler* § 8 UWG Rn. 2.15; a.A. *Piper/Ohly/Sosnitza* § 8 UWG Rn. 114.
257 *BGH* MMR 2007, 507 – Internetversteigerung II; NJW 2004, 3102 – Internet-Versteigerung.
258 *BGH* MMR 2001, 671 – ambiente.de; *BGH* GRUR 2016, 855 –Jameda II
259 *BGH* MMR 2004, 529 – Schöner Wetten; 2001, 671 – ambiente.de
260 *BGH* NJW 2004, 3102 – Internet-Versteigerung; MMR 2004, 529 – Schöner Wetten; 2001, 671 – ambiente.de; GRUR 1997, 313 – Architektenwettbewerb; 1999, 418 – Möbelklassiker. *BGH* NJW 2013, 3245 – File-Hosting-Dienst, in Fortführung von *BGH* NJW 2013, 784 – Alone in the Dark, zu erhöhten Kontrollpflichten eines Plattformbetreibers; *BGH* GRUR 2013, 1229.
261 *BGH* GRUR 2007, 890 – Jugendgefährdende Medien bei eBay; *BGH* GRUR 2016, 855 –Jameda II.
262 *BGH* MMR 2001, 671 – ambiente.de.
263 *BGH* 12.7.2007 – I ZR 18/04: Dies stehe auch in Einklang mit dem Gemeinschaftsrecht.
264 *BGH* NJW 2004, 3102 – Internet-Versteigerung; vgl. dazu auch *BGH* MMR 2007, 507 – Internetversteigerung II.
265 *BGH* 12.7.2007 – I ZR 18/04.
266 Vgl. unten Rn. 243.

eine Störerhaftung wohl grds. zu verneinen. Zwar hat das OLG Hamburg noch angenommen, dass dem Sharehoster umfassende Prüfungspflichten obliegen würden, da es sich beim Sharehosting um ein von der Rechtsordnung nicht gebilligtes Geschäftsmodell handele.[267] Dieser Auffassung ist das OLG Düsseldorf gleich in zwei Entscheidungen[268] entschieden und überzeugend entgegengetreten. Das OLG führt aus, dass der Sharehoster einen für sich betrachteten neutralen Dienst anbiete, der nicht im Konflikt mit der Rechtsordnung stehe. Soweit das Geschäftsmodell aber selbst nicht auf der Nutzung der Rechtswidrigkeit der Rechtsordnung beruht, ist dem Provider auch nicht zuzumuten, auf Grund der Prüfpflichten sein Geschäftsmodell infrage zu stellen.[269] Selbst nach Inkenntnissetzung sind dem Diensteanbieter nur zumutbare Prüfungspflichten im Rahmen einer Störerhaftung abzuverlangen.[270] Mittlerweile hat der BGH bescheinigt, dass das Sharehosting-Modell grundsätzlich rechtskonform sei. Zugleich hat der BGH[271] aber Prüfpflichten bejaht, sobald die Kenntnis von einem Rechtsverstoß besteht. Zumutbar sei beispielsweise, um einer Wiederholung von Rechtsverletzungen entgegenzuwirken, Wortfilter einzusetzen sowie eine Kontrolle von Linksammlungen durchzuführen.[272]

3. Gewerblicher Rechtsschutz, Urheberrecht, Wettbewerbsrecht

Ansprüche können sich auch aus dem Bereich des gewerblichen Rechtsschutzes, dem Wettbewerbsrecht,[273] dem Kennzeichen- und dem Urheberrecht ergeben und sollen hier nur kurz genannt werden. 212

Nach § 97 UrhG bestehen grds. Ansprüche auf Schadensersatz, Unterlassung und Beseitigung. § 97 Abs. 2 UrhG gewährt zudem dem dort genannten Personenkreis einen Anspruch auf Ersatz eines immateriellen Schadens. Das Urhebergesetz sieht zudem Ansprüche, die auf die Vernichtung gerichtet sind, vor (§§ 98, 99 UrhG). Auch kommt im urheberrechtlichen Bereich die Störerhaftung nach § 1004 BGB analog zur Anwendung. In strafrechtlicher Hinsicht können die §§ 106 ff. UrhG relevant werden. Urheberrechte können auch sonstige Rechte i.S.d. § 823 Abs. 1 BGB sein 213

Ansprüche können sich auch aus Fallgestaltungen ergeben, die kennzeichen- bzw. markenrechtliche Relevanz aufweisen. So sind bei Domainfragen z.B. die Vorschriften des Markengesetztes zu beachten (vgl. dazu 30. Kap. Rn. 145 ff.). Auch aus dem Patentrecht können sich Unterlassungs-, Schadensersatz-, Entschädigungs- und Vernichtungsansprüche ergeben. Durch die auf einer Webseite veröffentlichten Inhalte kann gegen das UWG verstoßen werden.[274] Dies betrifft insbesondere Fallgestaltungen, in denen es um die Werbung im Internet geht. So gibt es im Internet wettbe- 214

267 *OLG Hamburg* MMR 2010, 51– Sharehoster II mit Anm. *Beyer*.
268 *OLG Düsseldorf* MMR 2010, 483 – Rapidshare I; MMR 2010, 702 – Rapidshare II.
269 *OLG Düsseldorf* MMR 2010, 483, 485 – Rapidshare I; so auch *Wilmer* NJW 2008, 1845, 1850.
270 Vgl. Zu den Prüfungspflichten *OLG Düsseldorf* MMR 2010 483, 486.
271 *BGH* MMR 2013, 185 – Alone in the Dark.
272 *OLG Dresden* MMR 2016, 198.
273 Der Rechtsrahmen für Abmahnungen nach § 97a UrhG wurde durch das Gesetz gegen unseriöse Geschäftspraktiken, BGBl I 2013, 3714, welches am 9.10.2013 in Kraft getreten ist, geändert. Abs. 2 enthält eine Reihe von Wirksamkeitsvoraussetzungen für Abmahnungen. Zudem ist durch die Einführung des neuen § 104a UrhG der „fliegende Gerichtsstand“ gem. § 32 ZPO abgeschafft und durch den ausschließlichen Gerichtsstand des Wohnsitzers ersetzt worden.
274 Vgl. ausf. Moritz/Dreier/*Moritz/Hermann* E-Commerce, D Rn. 310-645.

werbsrechtliche Sonderformen der Werbung, wie Hyperlinks, Banner-Werbung, Werbe-Mails, Metatags oder Keyword Buys (vgl. dazu 30. Kap. Rn. 111 ff.).

4. Haftung für Links und Suchmaschinen

215 Immer wieder steht infrage, ob und in welchem Umfang für fremde Inhalte gehaftet wird, auf die per Hyperlink oder per Suchmaschinen verwiesen wird. Links (Hyperlinks) sind Querverweise einer Website, die auf eine andere Website im www verweisen. Eine Verantwortlichkeit kann sich aus den unterschiedlichsten Rechtsgebieten wie dem Straf-, Delikts-, Wettbewerbs-, Urheber- oder Markenrecht ergeben (die kennzeichenrechtliche Seite wird im 30. Kap. Rn. 124 ff. dargestellt). Ob das Setzen eines Links aber Vorschriften dieser Rechtsgebiete verletzt, hängt davon ab, ob ein einschlägiger Tatbestand erfüllt wird, was im Einzelfall geprüft werden muss.

216 Für das Setzen eines Links bzw. das Anbieten von Suchmaschinen greift nach der überwiegenden Auffassung keine der im TMG genannten Privilegierungen, sondern es findet eine **Haftung nach allgemeinen Grundsätzen** statt.[275] In der E-Commerce-Richtlinie wurde ausdrücklich keine Regelung zu Links und Suchmaschinen getroffen (vgl. Art. 21 Abs. 2 der E-Commerce-Richtlinie). Im Wege der Umsetzung der E-Commerce-Richtlinie hat der Gesetzgeber bewusst keine Vorschrift zur Haftung durch Links aufgenommen, sondern vielmehr betont, dass sich diese nach den allgemeinen Gesetzen richte.[276] Der deutsche Gesetzgeber hat also weder in das TDG aus dem Jahr 2001 noch in das TMG eine entsprechende Regelung integriert. Ausweislich der Begründung zu dem Gesetzesentwurf der Bundesregierung für das TMG soll außerdem eine Studie der Kommission abgewartet werden, nach deren Ergebnis im Hinblick auf Hyperlinks ggf. weitere Regelungen getroffen werden sollen.[277] Mangels einer bewussten Regelungslücke scheidet wohl auch eine analoge Anwendung der Vorschriften des TMG aus.[278] Dies stimmt nach einer jüngeren Entscheidung des EuGH[279] jedoch nicht mit den dem TMG zugrunde liegenden Vorschriften der Art. 12-15 ECRL überein. ECRL sei dahingehend auszulegen, dass für die Anwendung des Art. 14 ECRl von Bedeutung sei, welche Rolle der Suchmaschinenbetreiber bei der Abfassung der den Werbelink begleitenden Werbebotschaft oder bei der Festlegung oder Auswahl der Schlüsselwörter gespielt habe.[280] Habe der Anbieter keine aktive Rolle gespielt, die ihm eine Kenntnis der gespeicherten Daten oder eine Kontrolle über sie verschaffen konnte, könne er für die Daten nicht zur Verantwortung gezogen werden, es sei denn, er habe die Daten nicht unverzüglich entfernt, nachdem er von der Rechtswidrigkeit Kenntnis erlangt habe.[281]

---

275 Vgl. zur alten Rechtslage *BGH* MMR 2004, 529 – Schöner Wetten; Moritz/Dreier/*Neubauer* E-Commerce, D Rn. 73; *Spindler* MMR 2002, 495; hierfür spricht im Übrigen bereits der Wortlaut der Normen der §§ 7-10 TMG. Das Verweisen auf fremde Internetseiten stellt weder ein Speichern noch das Vermitteln eines Zugangs dar.

276 BT-Drucks. 14/6098, 37.

277 BT-Drucks. 16/3078, 12.

278 *Köster/Jürgens* MMR 2002, 420; Moritz/Dreier/*Neubauer* E-Commerce, D Rn. 70 zum TDG.

279 *EuGH* GRUR 2010, 445 = CR 2010, 318.

280 *Freytag* GRUR-Prax 2010, 355.

281 Vgl. auch *Härting* Internetrecht, J Rn. 2209.

Weiter findet sich eine differenzierte Rechtsprechung, die sich mit der Haftung für Links in zivil-, straf-, urheberrechtlicher und kennzeichenrechtlicher Hinsicht auseinandersetzt.[282] Die Verantwortlichkeit des Link-Setzers besteht jedenfalls in den Fällen, in denen er eine Beihilfe oder Förderung eines fremden Delikts gem. § 830 Abs. 2 BGB, § 27 StGB oder eine Mittäterschaft (§ 830 Abs. 1 BGB, § 25 Abs. 2 StGB) begangen haben kann. Der Linksetzende hat durch den Verweis den rechtswidrigen Inhalt bewusst in Kauf genommen und unterstützt die Verbreitung des rechtswidrigen Inhalts.[283] **217**

Unklar ist, ob und unter welchen Umständen Linksetzer und Suchmaschinenbetreiber, die mit Links arbeiten, in Urheberrechte, mithin fremde Verwertungsrechte eingreifen. Nach allgemeiner Auffassung dürfte das Setzen eines Links keine Vervielfältigungshandlung gem. § 16 UrhG sein,[284] da der Linksetzer keine Kopie auf seinem Rechner erstellt.[285] In dem Setzen eines Hyperlinks kann grds. auch keine urheberrechtliche Nutzungshandlung i.S.d. öffentlichen Zugänglichmachens (§§ 15 Abs. 2, 19a UrhG) eines geschützten Werkes gesehen werden, denn nur derjenige, der das Werk in das Internet stellt, entscheidet darüber, ob das Werk der Öffentlichkeit zugänglich gemacht wird.[284] Mit Ausnahme der „schmarotzenden" Ausnutzung einer Datenbank[286] scheidet also eine urheberrechtliche Verletzung von Verwertungsrechten durch Suchmaschinenbetreiber und Linksetzer grds. aus.[287] **218**

Linksetzer und Suchmaschinenbetreiber können einer Haftung als **(Mit-)Störer** ausgesetzt sein. Dafür gelten die bereits oben erwähnten Grundsätze zur Mitstörerhaftung. Der Umfang der Prüfungspflichten bestimmt sich nach dem Gesamtzusammenhang, in dem der Hyperlink verwendet wurde, dem Zweck des Links und danach, welche Kenntnis der Linksetzer von Umständen hat, die dafür sprechen, dass die Webseite oder der Internetauftritt auf die der Link verweist, rechtswidrigem Handel dient.[288] Zudem ist auch maßgebend, welche Möglichkeiten der Linksetzende hat, die Rechtswidrigkeit des Handelns in zumutbarer Weise zu erkennen.[288] Daraus folgt, dass ein Rechtsverstoß für den Linksetzenden erkennbar, d.h. grob rechtswidrig und offensichtlich sein muss.[289] Eine Störerhaftung kann auch ohne Prüfungspflicht begründet sein, wenn eine Prüfung nach Abmahnung oder Klageerhebung zumutbar geworden ist.[288] In der Regel wird aber allein in der Verlinkung kein adäquat-kausaler Beitrag zu einer Rechtsverletzung gesehen werden können.[290] Zu prüfen bleibt aber, ob der Linksetzende über den bloßen Link hinaus einen Beitrag zu einer Rechtsverletzung leistet[291] oder sich die verlinkten Inhalte zu eigen macht.[292] Solidarisiert sich jemand mit rechtswidrigen Inhalten eines Links, so kann dies eine Haftung begründen. Mit **219**

---

282 Ein Auszug aus zahlreichen Urteilen, vgl. *LG München* MMR 2007, 260; *OLG München* MMR 2006, 768; *OLG Stuttgart* MMR 2006, 387; *LG Berlin* MMR 2005, 786; *LG Stuttgart* MMR 2005, 715; *LG Berlin* MMR 2005, 324; *OLG Schleswig* K&R 2001, 220; *LG Braunschweig* CR 2001, 47.

283 *OLG Hamburg* K&R 2009, 55, 57 f.; vgl auch *Volkmann* K&R 2010, 368 ff.; *Spindler* MMR 2002, 495.

284 *BGH* MMR 2003, 719 – Paperboy (presserechtliche Ausrichtung).

285 *BGH* MMR 2003, 719 – Paperboy; *Volkmann* GRUR 2005, 200 m.w.N.

286 Die Rechte eines Datenbankherstellers ergeben sich u.a. aus § 87b UrhG.

287 *Volkmann* GRUR 2005, 200.

288 *BGH* MMR 2004, 529 – Schöner Wetten (zum Wettbewerbsrecht).

289 *Ott* GRURInt 2007, 14 m.w.N.

290 Vgl. *BGH* MMR 2003, 719 – Paperboy (presserechtliche Ausrichtung).

291 *Härting* Internetrecht, J Rn. 2199 (Hyperlink mit Äußerungen, die den Beitrag unterstützen).

292 Moritz/Dreier/*Freytag* E-Commerce, D Rn. 129.

Urteil vom 18.5.2016 hat der BGH seine Rechtsprechung zur Haftung für Hyperlinks weiter präzisiert und klargestellt, dass – ist ein rechtsverletzender Inhalt der verlinkten Internetseite nicht deutlich erkennbar – der Verlinkende für solche Inhalte erst haftet, wenn er von der Rechtswidrigkeit selbst oder durch Dritte Kenntnis erlangt hat, sofern er sich den Inhalt nicht zu eigen gemacht hat. [293]

220 Bei Suchmaschinen gelten grds. die gleichen Haftungsregelungen wie bei Links. Es besteht jedoch die Besonderheit, dass aufgrund des Allgemeininteresses an Suchwerkzeugen von einer primären Prüfungspflicht nicht ausgegangen werden kann.[294]

5. Haftung von Internetauktionshäusern

221 Internetauktionshäuser können in zweierlei Hinsicht Haftungsansprüchen ausgesetzt sein: Zum einen können die (zumeist registrierten Nutzer) vertragliche oder außervertragliche Ansprüche geltend machen; zum anderen besteht die Möglichkeit, dass Betreiber von Internetauktionen von Dritten in Anspruch genommen werden.

5.1 Vertragliche Pflichtverletzungen

222 Zwischen dem Nutzer und dem Betreiber der Plattform kann ein „Nutzungsvertrag" geschlossen werden,[295] in welchem die wechselseitigen Rechte und Pflichten spezifiziert werden. Eine differenzierte Ausgestaltung der wechselseitigen Verpflichtungen und Rechte findet sich üblicherweise in den AGB der Betreiber: diese enthalten einerseits Aussagen zu den Leistungsverpflichtungen der Anbieter; andererseits werden detaillierte Regelungen über eine faire und rechtmäßige Verhaltensweise der Nutzer aufgestellt sowie die Sanktionen bei Nichtbefolgung der Grundsätze festgehalten.

223 Als typische Leistungspflicht der Betreiber ist bspw. die technische Bereithaltung der Auktionsplattform für den Nutzer, das Einstellen der Produkte des Nutzers und die ordnungsgemäße Abwicklung der Versteigerung zu nennen. Die Nichteinhaltung dieser Leistungsverpflichtung ist etwa dann denkbar, wenn durch technische Fehler die Abgabe eines Angebotes nicht registriert wurde, die Abwicklung des Geschäftes mangels Übermittlung der Kontaktdaten fehlgeschlagen oder schlicht die Plattform nicht funktionsfähig ist und so Angebote weder eingestellt noch abgerufen werden können. Neben diesen technisch bedingten Ausfällen kann es auch zu Unregelmäßigkeiten bei der Durchführung der Auktion kommen.

5.1.1 Technisch bedingte Ausfälle

224 Technisch bedingte Ausfälle haben zur Folge, dass das System/die Plattform nicht mehr ansprechbar ist und so Produkte weder ver- noch ersteigert werden können. Möglicherweise läuft in einem solchen Fall eine Angebotsfrist ab, ohne dass es zu einem Vertragsschluss gekommen ist. Denkbar ist aber auch, dass dem Nutzer die Abgabe eines Gebotes unmöglich ist und er dadurch das Produkt nicht ersteigern konnte, z.B. weil der Registrierungsmechanismus funktionsunfähig war. Schließlich ist

293 *BGH* GRUR 2016, 209.

294 Moritz/Dreier/*Freytag* E-Commerce, D Rn. 132; *Volkmann* GRUR 2005, 200; zur Autocomplete Funktion von Google *BGH* MMR-Aktuell 2013, 346724; zu den Prüfpflichten von Google und zum „Notice Take Down"-Verfahren *LG Hamburg* MMR-Aktuell 2014, 355986.

295 Zur vertragstypologischen Einordnung vgl. Spindler/Wiebe/*Spindler* Internetauktionen und elektronische Marktplätze, Kap. 5 Rn. 15 ff.

auch zu bedenken, dass sich der Einlieferer darauf eingestellt hat, eine Sache innerhalb eines bestimmten Zeitraums zu veräußern und im Falle von Verzögerungen weitere Aufwände anfallen können (etwa Lagerkosten, Versicherung und Steuern bei einem PKW).

Ob die technische Aufrechterhaltung der Plattform, deren Verfügbarkeit sowie die Funktionsfähigkeit in technischer Hinsicht eine vertragliche Leistungsstörung darstellt und mithin Ersatzansprüche auslösen kann, richtet sich immer nach der Ausgestaltung des jeweiligen Vertragsverhältnisses. 225

In den ganz überwiegenden Fällen enthalten die AGB der Betreiber Klauseln, in denen die Nutzung und Funktion „im Rahmen des aktuellen Stands der Technik“[296] erbracht wird, die Internetplattform „in der Form und mit den Funktionen bereitgestellt wird, die jeweils gerade verfügbar sind“[297] oder „5 Stunden Unterbrechung pro Woche nicht als Vertragspflichtverletzung gelten, da diese Zeit für gängige Update- und Serviceleistungen benötigt wird“.[298] Neben der Einschränkung der Verfügbarkeit treffen die Betreiber in ihren AGB meist auch Regelungen dazu, wie sich Systemausfälle auf Angebote, insbesondere die Bietfristen und die Gebühren auswirken. Bspw. erstellt ein großes Internetauktionshaus bei Systemausfällen eine Gutschrift über die Gebühren für das jeweilige Angebot und gewährt ggf. eine Verlängerung der Bietfrist.[296] Andere führen die Auktion dort fort, wo sie bei einem Systemausfall endete.[298] Die Betreiber formulieren also Klauseln, die Aussagen über die Verfügbarkeit der Systeme im weitesten Sinne treffen. Diese Klauseln unterliegen einer AGB-Kontrolle, für welche die gleichen Maßstäbe gelten dürften wie in den bereits genannten Fallgestaltungen (z.B. Application Service Providing, 21. Kap. Rn. 187). Die Vereinbarung von Wartungsfenstern ist aber auch hier zulässig. 226

Auch im Rahmen der technischen Abwicklung der Auktion können Fehler auftreten. 227 Fallgestaltungen sind hier bspw. das unvollständige oder inhaltlich abweichende Einstellen des Angebots oder Fehler bei der Bearbeitung von Geboten. Werden bspw. die Produkte nicht oder nicht vollständig angezeigt, reduziert dies die Attraktivität des Produktes für die Ersteigerer erheblich. Wird ein Gebot gar nicht erfasst, inhaltlich verändert wiedergegeben oder funktioniert der von den meisten Internetauktionshäusern angebotene „Bietagent“ nicht, wird für den betroffenen Bieter der Vertragsschluss verhindert. Denkbar ist auch, dass dem Einlieferer die Kontaktdaten nicht übermittelt werden und die Durchführung des Vertrages mit dem Ersteigerer aus diesem Grunde fehlschlägt. Die Pflicht zur ordnungsgemäßen technischen Abwicklung des Auktionsvorgangs dürfte eine vertragliche Pflicht der Betreiber darstellen, zumal die Versteigerung in der Regel gegen Gebühren erfolgt. Nach dem BGH ist eine wesentliche Vertragspflicht eine Verpflichtung, deren Erfüllung die ordnungsgemäße Durchführung des Vertrages überhaupt erst ermöglicht und auf deren Einhaltung der Vertragspartner regelmäßig vertraut und vertrauen durfte (Kardinalpflicht).[299] Diese Voraussetzungen liegen hier vor: die ordnungsgemäße Bearbeitung der Angebote, Gebote und die Übermittlung der Kontaktdaten ermöglicht erst die Erfüllung des zwischen dem Nutzer und dem Betreiber bestehenden Nutzungsvertrages. Der Nutzer darf regelmäßig auch darauf vertrauen, dass die technische Abwicklung – abseits von

296 AGB eBay, abzurufen unter www.eBay.de.
297 AGB My-hammer, abzurufen unter www.my-hammer.de.
298 AGB Azubo, abzurufen unter www.azubo.de.
299 Z.B. *BGH* NJW-RR 2005, 1496.

System-Totalausfällen – einwandfrei funktioniert. Selbstverständlich sind zur Beurteilung, ob Ansprüche bestehen, primär die Leistungsbeschreibung und die AGB der Anbieter maßgebend.

228 Eine weitere Überlegung lässt sich unter dem Aspekt der IT-Sicherheit anstellen: In der Praxis wurde wiederholt Software entwickelt, die sich dazu eignet, Auktionen zu manipulieren oder etwaige Sicherheitsmechanismen auszuhebeln. Ein gewisses, dem Stand der Technik entsprechendes Maß an IT-Sicherheit bzw. Schutz gegen Manipulationen von außen dürfte zu den vertraglichen Nebenpflichten der Betreiber zählen. Diese haben in der Regel auch ein Interesse daran, einen bestimmten Sicherheitsstandard zu gewährleisten, da eine unsichere Plattform von den Nutzern wohl kaum in Anspruch genommen würde. Daher finden sich in den AGB der Betreiber meist auch Aussagen über die Unzulässigkeit der Nutzung von Drittsoftware oder anderen Manipulationsmechanismen.

229 Die Betreiber sind in der Praxis gegen sog. Bietsoftware oder sog. Sniper-Software vorgegangen, die dazu dient, erst kurz vor Ablauf der Bietfrist ein Angebot abzugeben, um sich das höchste Gebot zu sichern. Solche Programme nehmen Mitbietern die Chance, ein eigenes Höchstgebot abzugeben. Das LG Hamburg hat einer einstweiligen Verfügung einer Online-Handelsplattform gegen den Softwareanbieter auf Unterlassung gem. §§ 823, 1004 BGB stattgeben mit dem Argument, die Zurverfügungstellung von Hilfsmitteln stelle einen Eingriff in das Recht am eingerichteten und ausgeübten Gewerbebetrieb dar, zumal die AGB des Betreibers den Einsatz solcher Software verbieten.[300] Das LG Berlin verneinte einen Verstoß gegen das UWG, da die Sniper-Software systemimmanent sei: sie sei nichts anderes als ein weisungsgebundener, im Saal präsenter Strohmann.[301]

5.1.2 Unregelmäßigkeiten bei der Abwicklung der Auktion

230 Haftungsfragen stellen sich auch im Hinblick auf den Ablauf der Auktion. So besteht bspw. die Möglichkeit, einen Dritten zu bitten, an der Versteigerung teilzunehmen, um den Preis in die Höhe zu treiben, oder gar selbst unter einem anderen Account mitzusteigern (Eigengebot). Möglich ist auch, dass Gebote abgegeben werden, die nicht die Bedingungen des Anbieters erfüllen, um das Angebot bewusst zu behindern. Schließlich finden sich auch sog. Spaßbieter, die keine ernsten Kaufabsichten aufweisen. In diesen Fallkonstellationen stellt sich die Frage, inwiefern den Plattformbetreibern die vertragliche Pflicht zukommt, missbräuchliche Auktionen zu unterbinden. Um eine wesentliche Vertragspflicht (vgl. dazu Rn. 223) wird es sich hier kaum handeln, da auch bei missbräuchlich ersteigerten Waren die Pflicht des Betreibers, eine Plattform zur Verfügung zu stellen und die Auktion abzuwickeln, erfüllt werden kann. Jedoch kann es sich um eine vertragliche Nebenpflicht der Betreiber handeln, die Nutzer vor Missbräuchen bei Auktionen zu schützen.[302]

5.2 Haftung gegenüber Dritten

231 Betreiber von Internetauktionen können wegen der Verletzung von gewerblichen Schutzrechten, dem Urheberrecht, aus wettbewerbsrechtlichen Gründen, nach dem allgemeinen Zivilrecht oder sonstigen Haftungstatbeständen durch Dritte in An-

---

300 *LG Hamburg* K&R 2003, 296.

301 *LG Berlin* ITRB 2004, 74; a.A. *LG Hamburg* MMR 2002, 755.

302 So Spindler/Wiebe/*Spindler* Internetauktionen und elektronische Marktplätze, Kap. 5 Rn. 59.

spruch genommen werden. Die markenrechtlichen Fragen werden im 30. Kap. Rn. 135 ff. erläutert.

5.2.1 Rechtsverletzende Inhalte

Die Haftungsprivilegierungen des TMG werden bei Betreibern von Internetauktions- **232**
häusern insoweit nicht greifen, als die Betreiber eigene Informationen i.S.d. § 7 Abs. 1 TMG bereitstellen. Auktionshäuser stellen ihren Nutzern eine Plattform zur Verfügung, auf der diese als Bieter oder Einlieferer von Waren oder Dienstleistungen tätig werden können. Dazu werden vorgegebene Benutzermasken installiert und allgemeine Informationen erteilt, deren Inhalte als „eigene Inhalte" der Betreiber zu bewerten sind. Wird bspw. bewusst ein Link auf eine das Urheberrecht verletzende Webseite gesetzt, handelt es sich um eine eigene Information, für die der Betreiber haftet.

Um eigene Informationen handelt es sich aber nicht bei den durch die Einlieferer ein- **233**
gestellten Angeboten.[303] Dies wird damit begründet, dass sich der Betreiber zwar an der Präsentation der Waren im Internet beteilige, aber den Nutzern letztlich nur eine Handelsplattform zur Verfügung stelle, auf der diese selbständig Waren zum Verkauf anbieten oder ersteigern könnten.[304] Auch ein „zu eigen machen" der Inhalte läge nicht vor, da sich der Betreiber durch einen entsprechenden Hinweis deutlich von den Angeboten distanziert habe. Daran könne auch das Angebot eines „Bietagenten nichts ändern".[304] Diese Einschätzung spiegelt sich auch in den AGB der Betreiber wieder, wo die Nutzer ausdrücklich darauf hingewiesen werden, dass etwa rechtswidrige, diffamierende oder rassistische Inhalte nicht veröffentlicht werden dürfen.

Die Haftungsprivilegien des TMG erfassen jedoch nicht die durch Dritte geltend **234**
gemachten Unterlassungsansprüche. In diesen Fällen gelten die nach der Rechtsprechung aufgestellten Grundsätze zur Störerhaftung (vgl. dazu oben Rn. 208 und 30. Kap.).

5.2.2 Unrechtmäßige Registrierung/„Passwortdiebstahl"

Neben markenrechtlichen Verletzungen sind Auktionshäuser auch auf Unterlassung **235**
in Anspruch genommen worden in Fällen, wo sich ein Dritter unrechtmäßig unter dem Namen eines Nutzers registrierte, er sich sozusagen dessen Identität bediente. Das Internetauktionshaus kann gem. § 10 TMG nach einem klaren Hinweis auf die Rechtsverletzung dazu verpflichtet werden, den unrechtmäßigen Nutzer zu sperren und kann grds. auch auf ein Unterlassen in Anspruch genommen werden.[305] Zudem können dem Anbieter Vorsorgepflichten für weitere Rechtsverletzungen auferlegt werden.[305] Mithin kann für Betreiber auch außerhalb von vertraglichen Ansprüchen die Pflicht bestehen, unrechtmäßige Registrierungen durch die missbräuchliche Verwendung von persönlichen Daten zu sperren und zu unterlassen.

5.2.3 Fehlerhafte Bewertungen

Weitere Streitigkeiten haben sich im Zusammenhang mit falschen Bewertungen der **236**
Nutzer ergeben. Auktionshäuser bieten den Nutzern die Möglichkeit, Einlieferer und Ersteigerer von Waren zu bewerten, etwa ob die Ware ordnungsgemäß war, die Über-

---

303 *BGH* GRUR 2007, 890 – Jugendgefährdende Medien bei eBay; *OLG Brandenburg* MMR 2004, 330; *OLG Düsseldorf* MMR 2004, 315.

304 *OLG Brandenburg* MMR 2004, 330.

305 Vgl. *OLG Brandenburg* GRUR-RR 2006, 297.

sendung zügig erfolgte oder die Zahlung unproblematisch verlief. Aus diesen Bewertungen wird meist ein bestimmtes Punktesystem generiert, welches die Zuverlässigkeit des Nutzers erkennen lässt. Ein Nutzer hat zunächst die Möglichkeit, denjenigen in Anspruch zu nehmen, der die vermeintlich fehlerhafte Bewertung abgegeben hat. Dieser kann bspw. auf Widerruf der Bewertung und Unterlassung in Anspruch genommen werden.[306]

237 In Frage steht aber, ob ein entsprechender Anspruch auch gegenüber dem Betreiber der Internetauktion geltend gemacht werden kann.[307] Dieses Bedürfnis ergibt sich primär daraus, dass die Nutzer unter einem Pseudonym auftreten und weder der Name noch ihre Kontaktdaten bekannt sind. Neben dem Fall der unsachgemäßen Bewertung können Bewertungen auch strafrechtlich relevante Inhalte aufweisen, etwa in Form von Beleidigungen. Oft weisen die Auktionshäuser ihre Kunden bereits in den AGB darauf hin, dass in solchen Fällen die Bewertung entfernt wird. Bei den Bewertungen wird es sich ebenso wie bei den Angeboten um für die Betreiber fremde Inhalte handeln, sodass § 10 TMG eingreift. Es erscheint aber nicht ausgeschlossen, dass die Betreiber nach den Grundsätzen zur Störerhaftung in Anspruch genommen werden können, soweit ihnen eine Rechtsverletzung bekannt wird und die Zumutbarkeitsgrenze für Überwachungs- und Prüfungsmaßnahmen nicht überschritten ist.[308]

6. Haftung von Forenbetreibern

238 Eine weitere beliebte Form der Kommunikation im Internet sind die Online-Foren. Foren sind in zahlreichen Varianten zu finden; die Spannbreite reicht über Newsforen, Foren zur Vermittlung privater oder geschäftlicher Kontakte, Diskussionsforen, Blogs, Wikis, themenspezifischen Foren bis hin zu Bewertungsforen über Produkte oder Personen.

239 Gemeinsam ist den Foren, dass die Nutzer sich dort zu einem bestimmten Thema äußern können, wozu meist eine Registrierung erforderlich ist. Nach der Registrierung steht es den Nutzern frei, Inhalte einzustellen und mit den anderen Nutzern zu kommunizieren. Bei den Beiträgen handelt es sich in der Regel um fremde Inhalte für die Forenbetreiber – es sei denn der Forenbetreiber hat sich den Inhalt im Einzelfall zu eigen gemacht – mit der Folge, dass den Forenbetreibern die Haftungsprivilegierung des § 10 TMG zu Gute kommt.[309] Für eigene Inhalte der Forenbetreiber greift aber keine der im TMG genannten Haftungsprivilegierungen ein.

240 Da, wie bereits mehrfach erwähnt, die Haftungsprivilegierungen des TMG den Unterlassungsanspruch unberührt lassen, sind Forenbetreiber als Störer vielfach auf Unterlassung in Anspruch genommen worden.[310] In der Regel geht es um ehrverletzende oder strafrechtlich relevante Äußerungen, die ein Nutzer in das Forum eingestellt hat. Dabei wird es teils für die Herbeiführung der Störung als ausreichend angesehen, dass

306 Vgl. *LG Konstanz* NJW-RR 2004, 1635 (Revision beim *BGH* VIII ZR 236/04); *AG Koblenz* MMR 2004, 638; *LG Düsseldorf* MMR 2004, 496.

307 Zu einem Löschungsanspruch gegen eBay, vgl. *AG Köln* 14.3.2005 - 119 C 110/05.

308 Vgl. dazu auch *Meyer* NJW 2004, 3151; Spindler/Wiebe/*Spindler* Internetauktionen und elektronische Marktplätze, Kap. 6 Rn. 63.

309 Vgl. bspw. *LG Düsseldorf* 27.6.2007 – 12 O 343/06; *BGH* MMR 20076, 518; a.A. zu § 6 MDStV *LG Hamburg* 27.4.2007 – 324 O 600/06 – Supernature-Fall; *OLG Düsseldorf* MMR 2006, 682; 2006, 618; *BGH* GRUR 2007, 890 – Jugendgefährdende Medien bei eBay.

310 Vgl. dazu auch *Feldmann* MMR 2006, 746.

die Forenbetreiber als Hostprovider durch die Eröffnung des Forums die Möglichkeit schaffen, Inhalte zu veröffentlichen und zu verbreiten.[311] Ein Unterlassungsanspruch kann gegen den Betreiber eines Meinungsforums sogar dann geltend gemacht werden, wenn dem Verletzten die Identität des Autors bekannt ist.[312]

Der Verletzte hat aber möglicherweise einen Auskunftsanspruch gegenüber dem **241**
Betreiber eines Blogs gem. §§ 242, 259, 260 BGB, wenn dem Betreiber eines Blogs die Identität einer Person bekannt ist, die Persönlichkeitsrechte verletzt hat. § 13 Abs. 6 S. 1 TMG, der die Verpflichtung des Diensteanbieters zur Ermöglichung einer anonymen oder pseudonymen Nutzung des Dienstes festhält, steht einem etwaigen Auskunftsanspruch nicht entgegen. Sinn und Zweck des § 13 Abs. 6 S. 1 TMG ist es nicht den Verletzer zu schützen.[313]

In Frage steht darüber hinaus, in welcher Weise der Forenbetreiber nach Einstellen **242**
der Inhalte durch die Teilnehmer verpflichtet ist, den Inhalt der Seite zu überwachen. Proaktive Prüfungspflichten bestehen nach überwiegender Auffassung auch bei Forenbetreibern grds. nicht, da dies eine technische, personelle und wirtschaftliche Überforderung darstellen würde.[314] In welchem Umfang Prüfungs- und Überwachungspflichten nach Erlangung der Kenntnis von einer Rechtsverletzung bestehen, bemisst sich an den Umständen des jeweiligen Einzelfalls. In die Betrachtung mit einzubeziehen sind die betroffenen Rechtsgüter, der zu betreibende Aufwand, der erwartete Erfolg, die technischen und wirtschaftlichen Möglichkeiten, die Vorteile des Anbieters, die aus seinem Dienst hervorgehen, die berechtigten Sicherheitserwartungen, die Vorhersehbarkeit der Risiken[315] sowie die drohenden Rechtsgutsverletzungen.[316] Dies gilt auch dann, wenn der Betreiber seinen Nutzern die Möglichkeit einräumt Lichtbilder anonym einzustellen.[317] Zudem gilt zu beachten, dass das Betreiben eines Internetforums ggf. unter dem Schutz der Presse- und Meinungsäußerungsfreiheit steht und die Existenz des Forums bei Überspannung der Überwachungspflichten gefährdet wäre.[318] So wird angenommen, die Betreiber träfe die Pflicht, die Beiträge des Forums laufend daraufhin zu prüfen, ob sie erneut, also wenn eine Rechtsverletzung bereits bekannt wurde, Aufrufe der beanstandeten Art enthielten, soweit dazu ein konkreter Anlass besteht.[319] Andere sehen eine Überprüfungspflicht dann als zumutbar an, wenn der Betreiber durch sein eigenes Verhalten rechtswidrige Beiträge provoziert hat oder wenn ihm eine gewichtige Rechtsverletzungshandlung benannt wurde und die Gefahr weiterer Verletzungen besteht.[320] Dies entspricht weitgehend der Rechtsprechung des BGH, – allerdings zu Internetauktionshäusern – wonach ein Betreiber grds. keine proaktive Prüfungspflicht trifft, er aber dann handeln muss, wenn ihm bspw. durch Hinweis eines Nutzers Rechtsverstöße bekannt werden und er

311 *OLG Düsseldorf* MMR 2006, 618; *LG Düsseldorf* 27.6.2007 – 12 O 343/06.
312 *BGH* MMR 2007, 518; *LG Hamburg* MMR 2008, 265.
313 *OLG Dresden* ITRB 2012, 223.
314 *OLG Düsseldorf* MMR 2006, 618; *LG Düsseldorf* 27.6.2007 – 12 O 343/06; a.A. *LG Trier* MMR 2002, 694; *EuGH* MMR 2012, 334; zum Umfang der Haftung für Veröffentlichung ungeprüfter RSS-Feed *BGH* MMR 2012, 623.
315 *OLG Düsseldorf* MMR 2006, 618.
316 *OLG Hamburg* MMR 2009, 479; *OLG Hamburg* ZUM 2009, 417; *OLG Hamburg* CR 2007, 44.
317 *OLG Hamburg* MMR 2009, 479, 481.
318 *OLG Hamburg* CR 2007, 44.
319 So *OLG Hamburg* MMR 2006, 744 – heise.de
320 So *OLG Düsseldorf* MMR 2006, 618; *OLG Hamburg* CR 2007, 44.

in diesem Fall zumutbare Vorsorgemaßnahmen treffen muss, damit es möglichst nicht zu weiteren gleichartigen Rechtsverletzungen kommt.[321] Bereits ohne positive Kenntnis einer konkreten Rechtsverletzung haftet ein Betreiber aber wohl dann, wenn er die vom Nutzer eingestellten Inhalte vor ihrer Freischaltung inhaltlich kontrolliert und sich diese redaktionell oder wirtschaftlich in sein eigenes Angebot integriert und sich diese damit zu eigen macht. Eine Verpflichtung der Nutzer in AGB, keine rechtswidrigen Inhalte einzustellen, genügt den Sorgfaltsanforderungen an eigene Inhalte dabei nicht.[322]

7. Haftung der P2P-Netzwerkbetreiber/P2P-Anwender

243 Mit zunehmender Geschwindigkeit des Internet etablierten sich auch die sog. **Peer-to-Peer Netzwerke,** in denen Daten zwischen den Beteiligten weitergegeben und ausgetauscht werden können (Filesharing). Die Teilnehmer benötigen eine spezielle Software und haben nach deren Installation die Möglichkeit, Dateien, z.B. Musik, Filme, Videos oder Computerprogramme herunterzuladen und eigene Dateien des privaten PC für den Download freizugeben. Das erste Filesharing-Netzwerk war Napster, dort konnte vorwiegend Musik heruntergeladen werden. Die heutigen Filesharing-Netzwerke sind dezentrale Netzwerke, die über keinen zentralen Server mehr verfügen, sondern eine Verbindung unmittelbar zwischen den Teilnehmern ermöglichen. Die Datensuche und der Datenaustausch finden zwischen den verschiedenen Teilnehmern statt. Ein weiterer technischer Fortschritt ist die Möglichkeit, die Daten verschlüsselt zu übertragen und nicht unmittelbar an den Empfänger, sondern die Übermittlung durch einen Umweg über Dritte vorzunehmen. Neben den klassischen Filesharing-Netzwerken haben in den letzen Jahren auch so genannte Sharehoster[323] (z.B. Rapidshare)[324] und das Filesharing via Usenet[325] zunehmend praktische Bedeutung bekommen. Sharehoster bieten im www günstig Speicherplatz an, der unter anderem zur Ablage von Musikdateien genutzt werden kann. Dritte können die Inhalte dann mittels eines gewöhnlichen Links im Webbrowser abrufen.[326] Unter Filesharing via Usenet versteht man virtuelle „Schwarze Bretter", welche u.a. die Möglichkeit bieten, Dateianhänge zu posten.[326]

244 Die P2P-Anwender/Nutzer setzen sich primär einer strafrechtlichen Haftung nach § 106 UrhG wegen einer unrechtmäßigen Vervielfältigung (§ 16 UrhG) oder einer unrechtmäßigen öffentlichen Zugänglichmachung (§ 19a UrhG) aus. Eine Vervielfältigung liegt bspw. vor, wenn sich der Teilnehmer das geschützte Werk herunterlädt und auf seiner Festplatte abspeichert.[327] Eine andere Beurteilung konnte sich schon gem. § 53 UrhG a.F. ergeben, der eine Vervielfältigung zum privaten Gebrauch zuließ, soweit nicht zur Vervielfältigung eine offensichtlich rechtswidrig hergestellte Vorlage verwendet wurde. Letzteres Merkmal ließ jedoch eine rechtssichere Beurteilung nicht

---

321 *BGH* GRUR 2008, 702, 706; NJW 2008, 758; GRUR 2007, 708, 712; MMR 2004, 668.

322 *BGH* GRUR-Prax, 2010, 295.

323 Vgl. oben Rn. 211.

324 *OLG Hamburg* MMR 2010, 51 – Sharehoster II; *OLG Düsseldorf* MMR 2010, 483 – Rapidshare I; *OLG Düsseldorf* MMR 2010, 702 – Rapidshare II; *BGH* NJW 2013, 784 – Alone in the Dark.

325 *OLG Düsseldorf* CR 2008, 183.

326 *Röhl/Bosch* NJOZ 2008, 1197, 1200.

327 *Heghmanns* MMR 2004, 14; Wandtke/Bullinger/*Heerma* § 16 UrhG Rn. 14; zum Gang des Strafverfahrens vgl. *Dietrich* NJW 2006, 809.

zu: Aus der Sicht eines gutgläubigen Nutzers könnte so für die meisten Fälle angenommen werden, dass die Vorlage sich in rechtmäßiger Weise auf dem Rechner des Teilnehmers befinde. Mithin würde es sich aus Sicht des Nutzers – außer in offensichtlichen Fällen – nicht um eine offensichtlich rechtswidrig hergestellte Vorlage handeln mit der Folge, dass ein Download straflos bliebe.[328] Ob bei einem Download in P2P-Netzwerken generell die Offensichtlichkeit bejaht werden kann, ist fraglich, da auch die Möglichkeit besteht, dass sich die Datei aufgrund eines rechtmäßigen Vorgangs auf der Festplatte befindet.[329] Mit der am 1.1.2008 erfolgten Umsetzung des am 5.7.2007 beschlossenen „2. Korbs" der Urheberrechtsnovelle ist der Wortlaut des § 53 UrhG in „offensichtlich rechtswidrig hergestellte oder öffentlich zugänglich gemachte Vorlagen" geändert worden und hat so insbesondere für den Nutzer eine erhebliche Verschärfung erfahren. Sobald nun für einen Nutzer eines Filesharing-Netzes klar erkennbar ist, dass es sich bei der angegebene Datei um ein rechtwidriges Angebot handelt, darf er die Datei nicht herunterladen. Bei einer unentgeltlichen Download-Möglichkeit in Musiktauschbörsen wird es sich wohl regelmäßig um ein offensichtlich rechtswidriges Angebot handeln.[330]

Die P2P-Netzwerkbetreiber sind bei dezentralen Netzwerken nicht unmittelbar an der **245**
Verletzungshandlung beteiligt, sodass eine strafrechtliche Täterschaft durch das bloße Bereitstellen der Software nicht sehr wahrscheinlich ist. Im Einzelfall ist aber eine Teilnahmehandlung in Erwägung zu ziehen.[331] In der Rechtsprechung sind wenige Entscheidungen vorhanden, die sich mit der Haftung der „P2P-Netzwerkbetreiber" beschäftigen. Das OLG Hamburg entschied nicht über die Zulässigkeit solcher Netzwerke im Allgemeinen, mit der Begründung, es gebe die Möglichkeit, dass diejenigen, die die Software zur Verfügung stellen, nicht grds. für Urheberrechtsverletzungen durch die Teilnehmer verantwortlich zu machen sind.[332] Jedoch sei im Einzelfall nach der gegebenen Sachlage eine Störerhaftung nicht ausgeschlossen. In der genannten Entscheidung wurde ein Unterlassungsanspruch nach § 97 UrhG bejaht, da der Anbieter gerade mit der rechtswidrigen Verwendbarkeit geworben habe.[333] Die Voraussetzungen einer Störerhaftung sind aber dann nicht gegeben, wenn unverzüglich nach Kenntniserlangung von der konkreten Rechtsverletzung die Einrichtung effektiver Filter erfolgt.[334] Allerdings muss der Serverbetreiber nur Filter gegen die ihm zur Kenntnis gebrachten und „kerngleichen" Rechtsverletzungen einrichten, nicht aber darüberhinausgehende Filter. Auch ist es nicht notwendig in erheblichem Umfang „legale" Inhalte zu unterdrücken, weshalb im Einzelfall eine Verhältnismäßigkeitsprüfung notwendig ist.[335] Insgesamt ist die Grenze einer Haftung von P2P-Netzanbieter wohl da anzusetzen, wo ein an sich von der Rechtsordnung gebilligtes Geschäftsmodell gefährdet ist.[336]

---

328 Vgl. dazu *Heghmanns* MMR 2004, 14; Wandtke/Bullinger/*Heerma* § 16 UrhG, Rn. 14.

329 Vgl. dazu *Heghmanns* MMR 2004, 14.

330 *Röhl/Bosch* NJOZ 2008, 1197, 1200.

331 Ausf. zur Strafbarkeit der Betreiber *Heghmanns* MMR 2004, 14.

332 *OLG Hamburg* MMR 2006, 398 – Cybersky; zur Haftung sog. UseNet-Zugangsvermittler vgl. *LG München I* MMR 2007, 453; *LG Hamburg* MMR 2007, 333.

333 *OLG Hamburg* MMR 2006, 398 – Cybersky.

334 *OLG Frankfurt* 21.7.2009 – 11 U 69/08.

335 *Verweyen* MMR 2009, 590, 594.

336 *Verweyen* MMR 2009, 590; *LG Düsseldorf* MMR 2008, 759, 761; *OLG Düsseldorf* MMR 2010, 483 – Rapidshare I; MMR 2010, 702 – Rapidshare II.

246 Erwägenswert ist auch, ob derjenige, der die Software zur Verfügung stellt, als Anbieter eines Telemediendienstes i.S.d. TMG angesehen werden kann, da dies erfordert, dass Telemedien bereitgestellt werden. In der Literatur wird die Anwendbarkeit des TMG teils verneint, da es sich nicht um einen Diensteanbieter handele, der ein Angebot bereithält, sondern die Nutzer die Datenübermittlung vornehmen.[337]

8. Haftung von WLAN-Betreibern

247 Die Rechtsprechung zur Störerhaftung beschäftigte sich überwiegend mit der Haftung der Betreiber von Internetauktionen oder Internetforen (dazu Rn. 107 ff.). Als Störer kann aber auch derjenige in Anspruch genommen werden, der durch eine ungeschützte **WLAN** Verbindung die Nutzung des Internetzugangs ermöglicht, da er eine Gefahrenquelle für Urheberrechtsverletzungen Dritter schafft.[338] Den Betreiber treffen Prüf- und Handlungspflichten zur Vorbeugung.[339] Der BGH[340] konkretisiert die Pflicht dahingehend, dass der private WLAN-Betreiber eine Verschlüsselung einzurichten und ein individuelles Passwort zu verwenden habe. Die Pflichten beziehen sich dabei allein auf die Einhaltung der im Kaufzeitpunkt des Routers für den privaten Bereich marktüblichen Sicherungen.[341] Obwohl eine Aktualisierung der Schutzmaßnahmen nach dem BGH wohl nicht erforderlich ist, erscheint eine Aktualisierung zumindest in einem üblichen Erneuerungsintervall für Router[342] als notwendig.[343]

248 Zweifelhaft ist hingegen die Zumutbarkeit einer Sicherung des WLAN-Anschlusses an öffentlichen und halb-öffentlichen Orten durch die Maßnahmen eines Passwortschutzes. Die zur Störerhaftung von WLAN Betreibern gefundenen Grundsätze sind aber nicht unverändert auf das Betreiben von WLAN-Anschlüssen durch Hotel[344]- und Gaststättenbetreibern[345] übertragbar. Der EuGH stellte in seiner Entscheidung vom 15.9.2016 – C 484/14 – Tobias McFadden ./. Sony Entertainment GmbH Germany nun klar, dass der Betreiber eines öffentlichen WLAN-Netzes grundsätzlich nicht für Urheberrechtsverletzungen seines Nutzers haftet.[346] Wurde der Adressat der Datenübermittlung nicht vom Anbieter des WLAN ausgewählt, die Übermittlung der Daten nicht durch ihn veranlasst und die übermittelten Daten nicht durch den Anbieter ausgewählt oder verändert, scheidet seine Verantwortung aus.[346]

---

337 *Köster/Jürgens* MMR 2002, 420; *Spindler* MMR 2006, 403; vgl. auch *Kreuzer* GRUR 2001, 307, beide zum TDG; Moritz/Dreier/*Freytag* E-Commerce D Rn. 134.

338 *BGH* GRUR-Prax 2010, 269; *OLG Düsseldorf* CR 2008, 182.

339 So *LG Hamburg* CR 2007, 54; krit. *Hornung* CR 2007, 88.

340 *BGH* NJW 2010, 2061 – Sommer unseres Lebens.

341 *BGH* GRUR-Prax 2010, 269 = BeckRS 2010, 13455, Tz. 34.

342 Welches bei Routern durchaus mehrere Jahre umfasst.

343 *Borges* NJW 2010, 2624.

344 *LG Frankfurt/Main* 18.8.2010 – 2-6 S 19/09.

345 *LG Hamburg.* 25.11.2010 – 310 O 433/10.

346 *EuGH* NJW 2016, 3503.

B. Domain-Verträge

Grundlage jeder Internetpräsenz ist die Internetadresse, die Domain, über die der Internetauftritt weltweit abrufbar ist. Dabei handelt es sich um einen Namen, den sich der Internetnutzer einfach merken kann und der meist in einem Zusammenhang mit dem Inhaber der Internetseite steht. Der Domainname besteht aus einer **Second-Level-Domain (SLD)**[347] und einer **Top-Level-Domain (TLD)**[348]. 249

Seit Beginn des Jahres 2012 ist die Registrierung von neuen Generic Top-Level-Domains (gTLD) – Domains mit theoretisch jeder beliebigen Endung, wie „.law" oder „.car" – möglich.[349] 250

International ist die **Internet Corporation for Assigned Names and Numbers (ICANN)** zuständig für die Funktionsfähigkeit und Stabilität des Internets. ICANN ist infolge eines Memorandum of Understanding des U.S. Department of Commerce entstanden. Es handelt sich um eine Non-Profit-Organisation mit Sitz in Kalifornien. ICANN ist verantwortlich für die Verwaltung der IP-Adressen[350] und koordiniert das Domain Name System der allgemeinen TLD (gTLD) und der länderspezifischen TLD (ccTLD; country code TLD). ICANN übernimmt jedoch nur die technische Koordination, Themen wie etwa Regelungen zu finanziellen Transaktionen im Internet, Datenschutz, Inhaltskontrollen im Internet oder Regelungen zur Spam-Mail-Problematik fallen hingegen nicht in den Zuständigkeitsbereich. Die wichtigstesn TLD die durch die ICANN an Registrare vergeben werden sind solche mit den Endungen .biz, .info, .org, .net, .com. Für die Endungen .com und .net wurde bspw. der VeriSign Global Registry Service akkreditiert. 251

Zur Lösung von Streitigkeiten im Zusammenhang mit den globalen TLD wurde im Jahr 1996 die Uniform Domain Name Dispute Resolution Policy (UDRP)[351] geschaffen. Dort werden die Fälle der missbräuchlichen und bösgläubigen Registrierung behandelt, soweit es sich um einen Missbrauch der Marke eines anderen handelt. Andere Fälle erfasst die UDRP nicht. Grds. findet die UDRP nur auf Domainnamen Anwendung, die auf .aero, .biz, .com, .coop, .info, .museum, .name, .net und .org enden, in Ausnahmen auf länderspezifische TLDs.[352] Bei dem Verfahren handelt es sich um ein schnelles und kostengünstiges Verfahren vor einem akkreditierten Schiedsgericht. Derzeit können Verfahren bei dem CPR Institute for Dispute Resolution, bei dem National Arbitration Forum (NAF) und der World Intellectual Property Organization (WIPO) und dem Asian Domain Name Dispute Resolution Center (ADNRC) durchgeführt werden. Die Einzelheiten zum Verfahrensablauf ergeben sich aus den Rules for Uniform Domain Name Dispute Resolution Policy sowie aus 252

---

347 Bei einer Internetadresse wie z.B. www.cfmueller.de handelt es sich bei dem Bestandteil „cfmueller" um eine Second-Level-Domain.

348 Bei einer Internetadresse wie z.B. www.cfmueller.de handelt es sich bei der Endung „.de" um eine Top-Level-Domain.

349 Vgl. *Schmid* CR 2012, 99 *Haug* ITRB 2012, 20.

350 Die Befürchtungen, dass die zur Verfügung stehenden IP-Adressen, die in Domainnamen übersetzt werden, bald erschöpft sein könnten, haben sich für die nähere Zukunft durch die Einführung eines neuen Internetprotokoll (IPv6) zerstreut.

351 Abrufbar unter www.icann.org/udrp.

352 Unter www.wipo.int/amc/en/domains/cctld/index.html ist eine Liste der relevanten ccTLDs abrufbar.

den ergänzenden Regelungen der einzelnen Schiedsstelle. Die Lösung von Streitigkeiten im Zusammenhang mit den neuen gTLD basiert auf verschiedenen Mechanismen. Dazu gehören die Sunrise Period,[353] das Trademark Clearinghouse[354] sowie das Uniform Rapid Suspension System.[355]

253 In Deutschland lautet die länderspezifische Top-Level-Domain „.de“ und wird allein von der **DENIC e.G.** vergeben. Weitere TOP-Level-Domains sind bspw. solche, die auf .org, .info, .com, oder .edu enden. Second-Level-Domains sind einer Top-Level-Domain untergeordnet und enthalten eine frei wählbare Bezeichnung, z.B. den Unternehmensnamen (unternehmen.de). Weitere Bezeichnungen werden in Subdomains aufgeführt (info.unternehmen.de). Die gesamte Adresse ist die sog. **URL** (Uniform Resource Locator). Die zu der jeweiligen Domain gehörende **IP-Adresse** vergibt nicht die DENIC. IP-Adressen werden über einen IP-Provider zugeteilt. Dieser erhält die IP-Adresse von einer der weltweiten Registrierungsstellen für IP-Adressen. Für Europa, den Nahen Osten und Zentralasien ist dies das **RIPE NCC** (Réseaux IP Européens Network Coordination Centre).

254 Domains stellen durch die weitreichende Bedeutung des Internet als Werbe- und Verkaufsmedium ein handelbares Wirtschaftsgut dar. Jedoch handelt es sich dabei nicht um absolute Rechte, sondern die Domain räumt dem Inhaber ein Nutzungsrecht an dem Domainnamen ein; Einzelheiten zum Domainrecht/Kennzeichenrecht vgl. 30. Kap. Rn. 145 ff.

255 Verträge deren Inhalt im Zusammenhang mit einer Domain steht, können unterschiedliche Leistungen enthalten. Denkbar sind Verträge über die bloße **Registrierung** der Domain sowie Vertragskonstellationen, in denen die Übertragung, die Miete oder das sog. Domain-Sharing im Vordergrund stehen.

I. Registrierung der Domain .de bei der DENIC

256 Die Registrierung einer Domain unter der TLD „.de“ erfolgt in Deutschland über die DENIC,[356] wobei es drei verschiedene Möglichkeiten zur Registrierung gibt. Die erste Möglichkeit ist der Abschluss eines **Registrierungsvertrages** (DENICdirect) unmittelbar mit der DENIC. Häufiger wird ein Internet-Service-Provider (ISP), der Mitglied (Genosse) der DENIC ist, mit der Registrierung der Domain für einen Kunden beauftragt. Eine dritte Möglichkeit zur Registrierung ist die Durchführung durch einen ISP, der nicht Mitglied der DENIC ist und sich daher wiederum eines Dritten, der DENIC-Mitglied ist, als Vermittler bedienen muss.

---

353 Bei der Sunrise Period handelt es sich um einen Zeitraum, in dem die Inhaber von Marken das Recht erhalten, ihren Marken entsprechende Second-Level Domains unter der betreffenden gTLD vorab zu reservieren.

354 Bei einem Trademark Clearinghouse handelt es sich um eine zentrale Datenbank, in welche Markeninhaber ihre Marken eintragen können. Die Registry Operators haben sodann die Pflicht, die Inhaber der im Trademark Clearinghouse registrierten Marken zu informieren, wenn während der Sunrise Period ein Dritter eine Second-Level Domain registriert, welche der Marke des Markeninhabers entspricht.

355 Diese Verfahren erlaubt Markeninhaber, Second-Level Domains, welche seine Markenrechte verletzen, innerhalb kurzer Frist suspendieren zu lassen; hierzu ICANN http://newgtlds.icann.org/en/applicants/urs (zuletzt abgerufen am 30.4.2017).

356 *BGH* NJW 2013, 152.

Der Vertragsschluss über DENICdirect wird in der Praxis relativ selten durchgeführt, was vor allem damit zusammenhängt, dass die DENIC empfiehlt, eine Registrierung von einem ISP durchführen zu lassen. Jedoch wird auch bei der Registrierung einer Domain durch einen ISP der Endkunde Vertragspartner der DENIC, sofern der ISP als Stellvertreter des Endkunden auftritt. Für die erforderliche Offenkundigkeit der Stellvertretung reicht es in der Regel aus, dass der Kunde als Domaininhaber genannt wird.[357] Trägt die DENIC jedoch den ISP oder einen anderen Vermittler als Domaininhaber ein, wird dieser zunächst – unabhängig von seinen rechtlichen Verpflichtungen gegenüber dem Kunden auf Übertragung der Domain – Vertragspartner der DENIC. 257

Vertragsgegenstand ist die Registrierung einer bestimmten Second-Level-Domain durch die Aufnahme der Domain sowie ihrer technischen Daten in die Nameserver für die TOP-Level-Domain .de (Konnektierung). Weiter ist Inhalt eines Vertrages zwischen der DENIC und dem Kunden die Überlassung der Domain zum Gebrauch. Der Domaininhaber erwirbt die Domain jedoch nicht, sondern erhält ein Nutzungsrecht an der Domain.[358] 258

Die DENIC bedient sich im Rahmen des Vertragsschlusses AGB in Form der DENIC-Domainrichtlinien und der DENIC-Domainbedingungen. Dort sind die wechselseitigen Rechten und Pflichten des Domainvertrages detailliert geregelt. Bspw. enthalten diese AGB Bestimmungen dazu, aus welchen Buchstaben- und Zahlenkombinationen eine Domain bestehen darf, wie die Domainregistrierung erfolgt, welche Aufgaben die DENIC hat und welche Pflichten der Domaininhaber übernimmt. Die Registrierung erfolgt außerdem nur gegen Zahlung eines entsprechenden Entgeltes. 259

Die **vertragstypologische Einordnung** des Domainvertrages zu den Schuldverhältnissen des BGB bereitet Schwierigkeiten. Diskutiert wird das Vorliegen einer Pacht,[359] aufgrund der Erfolgsbezogenheit – die DENIC schuldet die Konnektierung der Domain – wird teilweise die Einordnung als Werkvertrag befürwortet.[360] Nach einer anderen Auffassung schließen die DENIC und der Domaininhaber einen Vertrag, der bezüglich der erstmaligen Registrierung werkvertragliche Elemente aufweist, im Hinblick auf die Dauerhaftigkeit der Registrierung aber auch dienstvertragliche Elemente beinhaltet.[361] 260

Als vertragliche Besonderheit ist der **Kontrahierungszwang**[362] der DENIC zu nennen. Da sie für die TOP-Level-Domain .de eine Monopolstellung innehat, ist sie grds. zum Vertragsschluss verpflichtet. 261

Die DENIC prüft während des Registrierungsverfahrens nicht, ob die Registrierung für den Domaininhaber oder die Nutzung durch diesen Rechte Dritter verletzt (zur Haftung der Domainvergabestelle vgl. 30. Kap. Rn. 179 ff.). Es gilt das „First Come, First Served" Prinzip (Prioritätsprinzip).[362] 262

357 *Ernst* MMR 2002, 714.
358 *BVerfG* GRUR 2005, 261 – ad.adcta.de; *Ernst* MMR 2002, 714; *BGH* NJW 2012, 2034.
359 Dafür *Cichon* Internet-Verträge, § 3 Rn. 372.
360 *Ernst* MMR 2002, 714; a.A. *Cichon* § 3 Rn. 369.
361 Redeker/*Reinholz* Handbuch der IT-Verträge, Kap. 3.4 Rn. 22.
362 *BGH* NJW 2013, 152.

263 Dritte können aber versuchen, über einen Dispute-Eintrag die Verwirklichung ihrer Rechte zu sichern: Macht ein Dritter gegenüber der DENIC glaubhaft, dass ihm Rechte an einer Domain zustehen können und erklärt er, diese Rechte gegen den Domaininhaber geltend machen zu wollen, versieht die DENIC die Domain mit einem Dispute-Eintrag mit Wirkung für ein Jahr (§ 2 Abs. 3 DENIC-Domainbedingungen). Ein zwangsweiser Inhaberwechsel kann aber seitens der DENIC nicht vorgenommen werden. So wird sichergestellt, dass der Domaininhaber während eines Prozesses die Domain nicht an einen Dritten überträgt.[363]

II. Vertrag mit dem ISP

264 Da in der Regel die Registrierung bei der DENIC nicht durch den Kunden, sondern durch einen ISP durchgeführt wird, besteht neben dem Vertrag mit der DENIC auch zwischen dem ISP und dem Kunden ein Vertragsverhältnis.

265 Hauptleistungspflicht des ISP ist in diesem Zusammenhang die Durchführung der Registrierung der Domain für den Kunden. Weiter wird der ISP meist den Betrieb des Domain-Servers übernehmen und der erforderliche administrative Ansprechpartner (admin-c) der DENIC sein.[364] Der admin-c ist nach Punkt VIII. der DENIC-Domainrichtlinien eine natürliche Person, die als Bevollmächtigter des Domaininhabers berechtigt und verpflichtet ist, sämtliche die Domain betreffenden Angelegenheiten verbindlich zu entscheiden. Der ISP kann entweder als Mitglied der DENIC die Registrierung vornehmen lassen oder muss wiederum ein DENIC-Mitglied mit der Registrierung beauftragen.

266 **Vertragstypologisch** wird es sich bei dem zwischen dem Kunden und dem ISP geschlossenen Vertrag zur Registrierung einer Domain um einen **Geschäftsbesorgungsvertrag mit werkvertraglichem Charakter** (§§ 675, 631 BGB) handeln.[365] Nach anderer Auffassung ist eher ein dienstvertraglicher Charakter zu bejahen.[366] Auch der Betrieb des Domain-Servers als admin-c oder als technischer Ansprechpartner (tech-c) durch den ISP kann nach Ernst als Geschäftsbesorgungsvertrag, der allerdings eher dienstvertragliche Elemente aufweist, eingeordnet werden.[367]

267 Erste **Vertragspflicht** des ISP ist die Überprüfung, ob die Domain bereits anderweitig registriert ist (Domain-Check). Bei der DENIC erfolgt dies durch die sog. Whois-Abfrage, indem online abgefragt werden kann, ob eine bestimmte Domain bereits registriert ist. Weiter ist der ISP dazu verpflichtet, die Domain bei der zuständigen Stelle registrieren zu lassen und die Domain durch den Betrieb des Nameservers als admin-c und/oder tech-c zu verwalten. Außerdem ist der ISP nach § 666 BGB zur Auskunft und Rechnungslegung verpflichtet sowie nach § 667 BGB zur Herausgabe des

---

363 Www.denic.de/service/dispute/ (zuletzt abgerufen am 30.4.2017).

364 Ratsam ist es im Rahmen der Registrierung der Domain allerdings darauf zu achten, dass der Provider seinen Kunden selbst als admin-c bei der DENIC hinterlegt, da auf diesem Wege spätere Auseinandersetzungen über die Inhaberschaft der Domain vermieden werden, vgl. *BGH* GRUR 2004, 622 – ritter.de.

365 *Ernst* MMR 2002, 714; vgl. zum Geschäftsbesorgungsvertrag *OLG Köln* MMR 2003, 191, *OLG München* MMR 2003, 795.

366 *Cichon* § 3 Rn. 384.

367 *Ernst* MMR 2002, 714.

aus der Geschäftsbesorgung Erlangten. Den Kunden trifft hingegen die Pflicht, dem Provider seine Aufwendungen zu vergüten (§ 670 BGB).

Der Vertrag mit dem ISP wirft insbesondere Fragen im Zusammenhang mit der **Haftung** für das Vorhandensein des Domainnamens und Rechten Dritter an dem Domainnamen auf: 268

- Der ISP beruft sich gegenüber seinem Kunden auf die Auskünfte Dritter über die Registrierbarkeit der Domain. Er ist also von der Richtigkeit der Aussagen der zuständigen Registrierungsstelle abhängig. Darauf sollte er seinen Kunden hinweisen und in Erwägung ziehen, sich – soweit AGB-rechtlich möglich – von einer Haftung freizuzeichnen.[368]
- Grds. haftet der Domaininhaber, d.h. der Kunde, für Probleme im Zusammenhang mit der Domain. Bestehen also Ansprüche aus namens-, marken-, wettbewerbs- oder werberechtlichen Gründen, ist dafür in der Regel der Domaininhaber verantwortlich.[369] Eine Haftung des ISP kann aber u.U. dann gegeben sein, wenn er ausdrücklich mit der Überprüfung von rechtlichen Hindernissen beauftragt war. Ohne eine ausdrückliche Vereinbarung wird aber kaum von einer solchen Verpflichtung auszugehen sein. Zur Vermeidung von Unklarheiten sollte der ISP dem Kunden mitteilen, dass eine rechtliche Überprüfung der Zulässigkeit der Eintragung der Domain nicht erfolgt.[370] Diese Mitteilung dient auch dazu, um bei Problemen im Zusammenhang mit der Domain Ansprüche des Vertragspartners zu vermeiden. Erwägenswert ist aber, ob den ISP die vertragliche Pflicht trifft, den Kunden darauf hinzuweisen, dass er die oben genannten Rechte Dritter zu bedenken und zu beachten hat.[371] In diesem Zusammenhang sind Klauseln in AGB des ISP problematisch, in denen der Kunde versichert, dass keine Rechte Dritter durch die Domain verletzt werden.[372] Dies folgt aus § 309 Nr. 12 b BGB, wonach Klauseln unwirksam sind, durch die der Verwender die Beweislast zum Nachteil des Kunden ändert, insbesondere dadurch, dass er den Kunden bestimmte Tatsachen bestätigen lässt. Darüber hinaus muss in Frage gestellt werden, ob der ISP in AGB-rechtlich zulässiger Weise eine Freistellung von Ansprüchen Dritter verlangen kann. Freistellungsklauseln können als unzulässige Haftungsbegrenzung grds. nach den §§ 307 ff. BGB unwirksam sein. Solche Klauseln könnten hier jedoch grds. zulässig sein, da der ISP gegen seine Kunden einen Anspruch auf Freistellung bzw. Schadensersatz geltend machen kann und damit nicht von einer gesetzlichen Regelung abgewichen wird.[373]
- Soweit – wie in der Praxis nicht unüblich – der ISP die Domain nach Auftragserteilung zunächst auf den eigenen Namen registriert oder gemäß der Vereinbarung mit dem Kunden Domaininhaber bleiben soll, stellt sich die Frage, wie der ISP für mögliche Namens- oder Kennzeichenverletzungen haftet. Klargestellt hat der BGH, dass die Auftragsregistrierung einer Domain Namens- oder Kennzeichenrechte eines Dritten jedenfalls dann nicht verletzt, wenn der Auftraggeber (Domaininhaber) über gleichwertige (Namens- oder Kennzeichen-)rechte am Domainnamen

368 Moritz/Dreier/*Winteler* E-Commerce, B Rn. 537.
369 *BGH* K&R 2012, 204.
370 Vgl. dazu auch *Ernst* MMR 2002, 714.
371 *Ernst* MMR 2002, 714.
372 Vgl. zu einer Klausel *Härting* ITRB 2002, 4.
373 *Spindler/Schuppert* Teil VI Rn. 23; *Ernst* MMR 2002, 714.

verfügt.[374] Notwendig ist jedoch, dass der andere Namensträger die Chance haben müsse, eine Auftragsregistrierung festzustellen. Hierfür genüge, dass der Auftraggeber unter der Domain einen Internetauftritt unterhält. Die Beweislast für die Registrierung im Auftrag eines Berechtigten liegt jedoch beim Inhaber der Domain und damit beim ISP.[375] Unerheblich ist nach dem BGH, ob die Domain auftragsgemäß oder nur irrtümlich auf den Namen des Providers registriert wurde.

269 Probleme im Vertragsverhältnis können auch entstehen, wenn der ISP die Domain unberechtigt auf seinen Namen registriert. Grds. wird sich aber sogar bei fehlender vertraglicher Regelung aus dem Vertrag mittels Auslegung (§§ 133, 157 BGB) ergeben, dass die Domain dem Kunden zustehen soll.[376] Dieser hat dann gem. §§ 675, 666 BGB einen Anspruch auf Übertragung der vertragswidrig registrierten Domain.

270 Verträge mit ISP werden meist ohne Laufzeitbeschränkung abgeschlossen. Dies entspricht dem Interesse, die Domain dem Nutzer über einen langen Zeitraum zu überlassen. Ohne das Vorliegen einer besonderen Vereinbarung zur Vertragsbeendigung greift § 671 BGB, wonach dem ISP ein **Kündigungsrecht** unter der Voraussetzung zusteht, dass dem Kunden die Gelegenheit gegeben wird, anderweitig einen Vertrag abzuschließen. Der Auftraggeber/Kunde kann den Auftrag nach der gesetzlichen Regelung jederzeit widerrufen. Vielfach finden sich in den AGB der Provider davon abweichende Bestimmungen. Bestehen noch offene Forderungen des ehemaligen Providers, stellt sich die Frage, ob er bis zur Begleichung der Verbindlichkeiten ein Zurückbehaltungsrecht an der Domain geltend machen kann. Die Möglichkeit, ein Zurückbehaltungsrecht geltend machen zu können, wird teilweise bejaht.[377]

271 Ein mit der Vertragsbeendigung zusammenhängender **Providerwechsel** kann aus Kundensicht Probleme bereiten, da die Domain von dem alten zum neuen Provider wechseln muss. Ein Providerwechsel erfordert nach den Vorgaben der DENIC die Durchführung des standardisierten Providerwechselverfahrens.[378] Dabei teilt der Domaininhaber dem Provider mit, dass die Übertragung der Domain auf einen Dritten beabsichtigt ist. Der neue Provider, mit dem der Kunde kontrahiert, wird darüber informiert, dass er zukünftig die Domain verwalten soll. Dieser sendet dann nach Überprüfung, dass der Wechsel tatsächlich von dem richtigen Domaininhaber initiiert wurde, einen formalisierten Antrag an die DENIC. Der ursprüngliche Provider hat den Wechsel zu bestätigen.[379] Zu empfehlen ist, bereits in dem Vertrag mit dem Provider entsprechende Mitwirkungspflichten festzuhalten.

---

374 *BGH* ITRB 2007, 224.

375 *BGH* ITRB 2007, 224; vgl. auch *Reinholz* ITRB 2008, 69.

376 *Ernst* MMR 2002, 714.

377 *LG Hamburg* CR 1997, 157; *Ernst* MMR 2002, 714, a.A. wohl *Hoeren* MMR 5/2000, XXV.

378 Www.denic.de/domains/de-domains/providerwechsel/ (zuletzt abgerufen am 25.4.2017).

379 Ein Schweigen des bisher die Domain verwaltenden DENIC-Mitglieds auf Anfragen zu einem Providerwechselauftrag kommt nicht der Erklärungswert zu, dass das bisher die Domain verwaltende DENIC-Mitglied im Namen des Domaininhabers dem Providerwechsel zustimmt und damit den neuen Provider im Wege der Erteilung einer Außenvollmacht bevollmächtigt; vgl. *BGH* NJW 2013, 152.

III. Domain-Übertragung

Bei der Domain-Übertragung gibt der bisherige Inhaber der Domain die Registrierung zugunsten des Vertragspartners (des neuen Inhabers) auf, sodass der Vertragspartner Inhaber der Domain wird und eine „Umregistrierung“ stattfindet.[380] Die Übertragung der Domain kann gegen Entgelt oder unentgeltlich erfolgen. In der Regel wird es sich um einen **Domain-Kauf** in Form eines Rechtskaufs gem. § 453 BGB bzw. eines rechtskaufähnlichen Geschäfts handeln,[381] da die Domain einen in § 453 BGB genannten „sonstigen Gegenstand“ darstellt. **272**

Bei der Domain-Übertragung sind die formellen Vorgaben der DENIC bzw. der jeweiligen Registrierungsstelle zu beachten. Bei der DENIC werden die Inhaberdaten aktualisiert und es findet häufig zugleich ein Providerwechsel statt, der die Durchführung des entsprechenden Verfahrens der zuständigen Registrierungsstelle erfordert. Dabei bietet es sich an, bereits in dem zugrundeliegenden Vertrag die Informations- und Mitwirkungspflichten der jeweils anderen Partei genau festzuhalten. Die DENIC führt einen Inhaberwechsel nicht durch, wenn die Domain mit einem Dispute-Eintrag belegt ist. **273**

Die **Mängelrechte** ergeben sich beim Domainkauf aus §§ 434 ff. BGB. Der Erwerb vom Nichtberechtigten kann nicht zur Inhaberschaft einer Domain führen. Teilweise wird befürwortet, die Rechtsmangelhaftung dahin gehend einzuschränken, dass eventuelle Namens- oder Kennzeichenrechte Dritter keinen Mangel an der Domain darstellen sollen.[382] Das wird damit begründet, dass es dem Käufer wie auch dem Verkäufer ohne weiteres möglich sein soll, sich über etwaige entgegenstehende Rechte Dritter zu informieren.[383] Der Verkäufer wird also im Rahmen von Mängelansprüchen lediglich für die Domaininhaberschaft sowie dafür haften, dass ihm im Zeitpunkt der Übertragung keine Rechte Dritter bekannt sind; ein Haftungsumfang, der in dieser Form auch bei der Übertragung anderer Rechte des geistigen Eigentums Usus und allgemein akzeptiert ist, z.B. beim Verkauf von Patenten. **274**

IV. Domain-Vermietung/Domain-Verpachtung

Bisweilen ist die Überlassung einer Domain auch nur für eine bestimmte Zeit von Interesse. In diesem Fall bleibt der Domaininhaber regelmäßig bei der DENIC registriert und überlässt dem Dritten die Nutzung der Domain auf Zeit. Rechtlich handelt es sich dabei um einen **Pachtvertrag** in Form der Rechtspacht,[384] der weitgehend den Regelungen des Mietrechts unterliegt (§ 581 Abs. 2 BGB). **275**

Vertragsgegenstand ist die entgeltliche Nutzung der Domain, die weiterhin auf dem Server, auf dem die Domain abgelegt wurde, verbleibt.[385] Wurde lediglich eine Adresse zur Weiterleitung auf eine andere Domain vermietet, kann auch die funktionierende Weiterleitung Vertragsinhalt sein.[382] Zur Sicherstellung von Mindestumsätzen empfiehlt sich eine entsprechende vertragliche Vereinbarung.[386] **276**

---

380 *KG Berlin* MMR 2012, 747.
381 *Cichon* § 3 Rn. 394; *Ernst* MMR 2002, 714; *Härting* ITRB 2002, 96; *Hombrecher* MMR 2005, 647.
382 *Ernst* MMR 2002, 714.
383 *Cichon* § 3 Rn. 397.
384 *Cichon* § 3 Rn. 390; *Ernst* MMR 2002, 714; *Härting* ITRB 2002, 96; *Hombrecher* MMR 2005, 647.
385 *LG Nürnberg-Fürth* MMR 2009, 217.
386 *LG Nürnberg-Fürth* CR 2009, 123.

277 Nach §§ 581, 536a BGB haftet der Verpächter, d.h. der Domaininhaber, wenn Störungen bereits bei Vertragsschluss vorhanden waren oder später infolge eines Umstandes eintreten, der vom Verpächter zu vertreten ist. Auch hier wird die Haftung aber wieder eingeschränkt werden müssen: Der Domaininhaber kann keine Rechtsmangelhaftung übernehmen, da es insoweit dem Pächter unproblematisch möglich ist, sich über etwaige entgegenstehende Rechte Dritter zu informieren.

C. ISP-Vertrag

278 Der **Internet-Service-Provider-Vertrag (ISP-Vertrag)** ist kein Vertrag mit fest umrissenen Leistungsverpflichtungen. In der Praxis hat sich aber die Bezeichnung „Provider-Verträge" oder „Internet-Provider-Verträge" bezogen auf Online- oder Internetleistungen herausgebildet.[387] Beim ISP-Vertrag handelt es sich eher um einen **Oberbegriff** für Leistungen, die im Zusammenhang mit dem Internet stehen. Gegenstand solcher Verträge können Leistungen des **Access Providing, Host- oder Presence Providing** oder **Content Providing** oder ein Leistungsbündel der verschiedenen Angebote sein. Die Provider bieten ihren Kunden vielfach Leistungspakete an, die sich aus den oben genannten Vertragsinhalten zusammensetzen können. Darüber hinaus werden Zusatzleistungen erbracht, z.B. die Installation, Einweisungen oder Schulungen.

279 Demzufolge handelt es sich um **Verträge,** die **verschiedenartige Leistungsinhalte** zusammenfassen. Dies führt hinsichtlich der **vertragstypologischen Einordnung** dieser Verträge zu Schwierigkeiten. In der Regel bereitet schon die Einordnung der wesentlichen Leistungspflichten der ISP-Verträge zu einem bestimmten Schuldverhältnis Probleme. Eine eindeutige vertragstypologische Einordnung hat den Vorteil, dass bei Regelungslücken oder unpräzisen Parteivereinbarungen auf die gesetzliche Regelung zurückgegriffen werden kann; außerdem orientiert sich die AGB-Kontrolle an einem gesetzlich vorgegebenen Leitbild. Neben der Bestimmung der Rechtsnatur der Hauptleistungspflichten muss berücksichtigt werden, dass aufgrund der Bündelung der unterschiedlichen Leistungen zusammengesetzte oder gemischte Verträge entstehen können.[388]

I. Access Providing

1. Rechtsnatur

280 Die Zugangsvermittlung zum Internet erfolgt durch einen **Access Provider.** Die **vertragstypologische Einordnung** des Access-Providing-Vertrages war und ist unklar. Schwierig ist zunächst, die Leistung der reinen Zugangsvermittlung einem bestimmten Schuldverhältnis des BGB zuzuordnen.[389] Zudem beschränken sich Access-Provider-Verträge nicht auf die reine Zugangsvermittlung, sondern Access-Provider bieten meist ein Bündel unterschiedlicher Leistungen an, deren Rechtsnatur je nach Fallgestaltung voneinander abweichen kann.

387 *Schneider* EDV-Recht, O Rn. 60.
388 Zu zusammengesetzten/gemischten Verträgen vgl. 9. Kap. Rn. 30 ff.
389 *BGH* NJW 2005, 2076.

Unstreitig ist, dass es sich bei dem Access-Provider-Vertrag um ein **Dauerschuldverhältnis** handelt. Hinsichtlich seiner Rechtsnatur wird das Vorliegen eines Dienst-, Miet- oder Werkvertrages sowie das Vorliegen eines Vertrages sui generis in Betracht gezogen.[390] Bei Verträgen, die **ausschließlich die Zugangsvermittlung** zum Inhalt haben, wird es sich in der Regel um **Dienstverträge** handeln.[391] Durch ein obiter dictum des BGH wurde eine Tendenz zur Einordnung des Access-Providing-Vertrages vorgegeben, denn der BGH neigt dazu, den Vertrag bzw. die Vertragspflicht der Zugangsvermittlung schwerpunktmäßig als **Dienstvertrag** anzusehen. Gegen einen Mietvertrag spreche, dass es dem Nutzer nicht schwerpunktmäßig auf den Gebrauch des Rechners des Providers ankomme. Zudem würde die Einordnung als Mietvertrag für den Access Provider bedeuten, dass ihm eine Verpflichtung zur Aufrechterhaltung eines ständigen Zugangs aufgebürdet wird, welche er tatsächlich nicht garantieren kann.[392] Auch die werkvertraglichen Regelungen der §§ 631 ff. BGB würden der geschuldeten Leistung nicht gerecht, da die Leistungskapazitäten des Providers begrenzt sind und ein Erfolg von dem Provider nicht versprochen und von dem Kunden nicht erwartet werden könne.[393] **281**

Übernimmt der Access-Provider weitere Leistungen, z.B. im Bereich der E-Mail oder Newsdienste, so können diese unterschiedlich typisiert werden.[394] Je nach Ausgestaltung können die zusätzlichen Leistungen dienst-, werk- oder mietvertraglichen Charakter aufweisen oder es kann sich um eine Geschäftsbesorgung handeln. Zu diesen Leistungen hat sich der BGH in oben angesprochenem Urteil jedoch nicht geäußert. Jeweils zu prüfen ist, ob dem Vertrag durch die weitere Leistungspflicht ein anderes Gepräge, ein anderer Schwerpunkt zukommt, der die reine Zugangsvermittlung in den Hintergrund rücken lässt. Handelt es sich um gleichgeordnete Leistungspflichten, so liegt grds. ein Kombinationsvertrag vor, dessen Leistungen einzeln nach dem jeweils für sie maßgeblichen Recht bewertet werden, soweit dies zu einer angemessenen Lösung führt.[395] Andernfalls ist das Recht heranzuziehen, welches den rechtlichen Schwerpunkt des Vertrages bildet.[395] Handelt es sich hingegen um einen Vertrag, in dem die Parteien lediglich andersartige Nebenleistungen vereinbaren, so ist für den gesamten Vertrag primär das Recht der Hauptleistung maßgebend.[396] **282**

2. Pflichten des Access-Providers

Vertragsgegenstand und vertragliche Hauptpflicht eines **Access-Providing-Vertrages** ist die Ermöglichung des Internetzugangs und der Transport von Daten in das und aus dem Internet. **283**

In **technischer Hinsicht** erhält der Nutzer über eine bereits vorhandene Telekommunikationsleitung Zugang zu einem dem Provider gehörenden Einwahlknoten oder einem Netzwerkcomputer (sog. Point of Presence, PoP). Durch die Verbindung des PoP über eine feste Datenleitung mit dem Internet und eine Verbindung über Modemzugänge mit dem Telekommunikationsnetz wird der Zugang zum Internet her- **284**

390 Vgl. *Cichon* § 1 Rn. 49; *Wischmann* MMR 2000, 461, jeweils m.w.N.
391 *BGH* NJW 2005, 2076.
392 *Härting* Internetrecht Rn. 525.
393 *BGH* MMR 2005, 373.
394 *Bischof/Schneider* ITRB 2005, 214.
395 MünchKomm-BGB/*Emmerich* § 311 Rn. 29.
396 MünchKomm-BGB/*Emmerich* § 311 Rn. 52.

gestellt. An diesem Einwahlknoten werden die eingehenden Signale des Nutzers in internettaugliche Daten umgewandelt und umgekehrt. Der Nutzer erhält weiter eine IP-Adresse, die ihm durch den Access Provider zugeteilt werden muss, damit der Nutzer im Internet erkannt und individualisiert werden kann. In der Regel, teilweise gegen ein zusätzliches Entgelt, stellt der Access Provider auch Hard- und Software – etwa einen WLAN-Router – zur Verfügung, durch die der Zugang zum Internet ermöglicht wird.

285 Die Vertragsparteien sollten in einer Leistungsbeschreibung festhalten, welche Leistungen Gegenstand des Vertrags sein sollen und dort eine detaillierte, abschließende Aufzählung über die zu erbringenden Leistungen vornehmen. Dies dient der Vermeidung von Unklarheiten und damit auch von Streitigkeiten. Im Massengeschäft wird der Kunde dazu jedoch kaum Möglichkeiten haben, da sich die Access-Provider vorformulierter Leistungsbeschreibungen und AGB bedienen.

286 Da die **Leistungserbringung** maßgebend von der Funktionsfähigkeit einer sensiblen Technik und bisweilen auch von dem Funktionieren von Leistungen Dritter abhängt, bietet es sich aus Sicht des Access-Providers an, eine Einschränkung der **Verfügbarkeit des Zugangs** zu vereinbaren. Daneben sollte auch festgelegt werden, welche **Übertragungsgeschwindigkeiten/Bandbreiten** dem Kunden zur Verfügung stehen. Besteht zwar eine sehr hohe Verfügbarkeit, sind aber die Übertragungsgeschwindigkeiten gering, kann der Kunde den gewünschten Zugriff nicht erhalten.

287 Sind keine (wirksamen) zeitlichen Verfügungsbeschränkungen vereinbart, stehen dem Kunden die Internetanbindung und der Transport der Datenpakete in der Regel zeitlich uneingeschränkt zur Verfügung.[397] Dies ist für den Access-Provider insbesondere im Massengeschäft problematisch, da er sich bei Ausfällen gegenüber einer Vielzahl von Kunden ersatzpflichtig machen kann. Er wird somit die vertragliche Einschränkung der Verfügbarkeit wünschen, was bei AGB zu Problemen führen kann, wenn es sich um eine unzulässige Haftungsbegrenzung (und nicht um eine AGB-freie Leistungsbeschreibung) handelt. AGB-rechtlich wirksam sind Klauseln, bei denen die Verfügbarkeit zwar beschränkt wird, dem Kunden aber seine Rechte z.B. das Recht auf Minderung der Vergütung oder Schadensersatzansprüche erhalten bleiben. Da sich der Access-Provider für die Einschränkung der Verfügbarkeit dann verantwortlich zeigt, handelt es sich nicht um eine (unzulässige) Haftungsbeschränkung. Problematisch ist die AGB-rechtliche Zulässigkeit der Einschränkung der Verfügbarkeit insoweit, als die eigene Verantwortlichkeit beschränkt wird und dem Kunden die mit der eingeschränkten Leistungserbringung zusammenhängenden Rechte genommen werden. Um eine der AGB-Kontrolle entzogene Leistungsbeschreibung wird es sich grds. nicht handeln, da als Leistungsbeschreibung nur solche Leistungsbezeichnungen angesehen werden, ohne deren Vorliegen mangels Bestimmtheit oder Bestimmbarkeit des wesentlichen Vertragsinhalts ein wirksamer Vertrag nicht mehr angenommen werden kann.[398] Verfügbarkeitsquoten und pauschale Zugriffsbeschränkungen unterliegen daher in der Regel einer Kontrolle nach den §§ 307 ff. BGB. Nach der Rechtsprechung können Verfügbarkeitsklauseln im Hinblick auf eine Haftungsfreizeichnung bedenklich sein (vgl. dazu 21. Kap. Rn. 198 ff.). So entschied ein Instanzgericht, dass eine Verfügbarkeit von 99 % im Jahresmittel einen AGB-rechtlich unzulässigen verhüllten

---

397 Vgl. *BGH* BB 2001, 376 – Postbank.

398 *BGH* NJW 1995, 2637; NJW-RR 1993, 1049; NJW 1987, 1931; NJW 1993, 2369.

Haftungsausschluss darstelle.[399] Dieses Risiko erhöht sich noch, wenn in Anbetracht des Standes der Technik eher geringe Quoten mit langen Bezugszeiträumen (z.B. 95 % über ein Jahr) angegeben werden. Dies gilt auch dann, wenn es sich um marktübliche Verfügungsbeschränkungen handelt. Teilweise werden Klauseln als wirksam angesehen, wenn die marktübliche Verfügbarkeit nicht unterschritten wird.[400] Jedoch obläge es dann den Providern, anhand ihrer Marktstellung über die AGB-rechtliche Zulässigkeit zu entscheiden, da sie bestimmen könnten, welche Verfügbarkeitsbeschränkungen als marktüblich angesehen werden können. In der Praxis wird versucht, das Problem zu vermeiden, in dem entsprechende Zugriffsbeschränkungen als Leistungsbeschreibung formuliert werden. Dies ist jedoch nicht unproblematisch, vgl. 21. Kap. Rn. 198 ff.

Anzutreffen sind ferner **Klauseln,** die keine bestimmte Quote, sondern einen allge- **288**
meinen Vorbehalt vorsehen, dass die Anbindung an das Internet nur im **„Rahmen der bestehenden technischen und betrieblichen Möglichkeiten"** eingeräumt wird. Auch ein solcher pauschaler Vorbehalt wird auf AGB-rechtliche Bedenken stoßen, sofern mangels Festlegung weiterer Kriterien darin ein unzulässiger einseitiger Änderungsvorbehalt gesehen werden kann. Nach § 308 Nr. 4 BGB ist die Vereinbarung eines Rechts des Verwenders, die versprochene Leistung zu ändern oder von ihr abzuweichen, unzulässig, wenn nicht die Vereinbarung der Änderung oder Abweichung unter Berücksichtigung der Interessen des Verwenders für den anderen Vertragsteil zumutbar ist. Diese Regelung findet über § 307 BGB auch im Unternehmerverkehr Anwendung.[401] Durch eine pauschale Verweisung auf die technischen und betrieblichen Möglichkeiten stünde die Bestimmung darüber, was sich in diesem Rahmen bewegt, allein dem Access-Provider zu. Eine solche Klausel muss daher immer bestimmte Änderungsgründe, die wiederum dem Zumutbarkeitskriterium genügen müssen, nennen. Maßgeblich für die Zumutbarkeit von Änderungen ist dabei die Handelsüblichkeit.[402]

Von der Verfügbarkeitsquote und pauschalen Aussagen zur Verfügbarkeit der Internet- **289**
anbindung zu unterscheiden sind Downzeiten auf Grund **geplanter Wartungsphasen.** In dem Vertrag sollte dementsprechend festgelegt werden, ob, wann und in welchem Umfang Wartungsarbeiten durchgeführt werden dürfen (sog. **Wartungsfenster**); dies ist typischerweise in den frühen Morgenstunden am Wochenende der Fall (z.B. sonntags von 2 bis 5 Uhr). In bestimmten Kernzeiten sollte der Kunde eine Wartung nicht hinnehmen. Im Übrigen bietet es sich an, konkrete Zeiten der Wartung festzulegen bzw. die Verpflichtung, die Wartung mit einem bestimmten zeitlichen Vorlauf anzukündigen.

Da der Zugang zum Internet bestimmte Voraussetzungen hinsichtlich Hardware und **290**
Software erfordert, muss vertraglich geregelt werden, welche Hard- bzw. Software der Kunde bereitstellen muss. Stellt der Access-Provider die Hard- und Software zur Verfügung, sollte sich aus dem Vertrag oder dessen Anlagen ergeben, wer die Installation durchführt und welche Kosten anfallen.

Als weitere Leistungspflicht des Access Providers ist die Zuteilung einer bestimmten **291**
IP-Adresse zu nennen, welche die Erreichbarkeit des Rechners des Kunden im Internet ermöglicht. Die AGB der Access-Provider sehen vielfach vor, dass der Kunde kei-

399 *LG Karlsruhe* CR 2007, 396; ITRB 2007, 106 mit Anm. *Rössel.*
400 *Schoengarth* S. 270.
401 *BGH* NJW 2010, 1449.
402 Moritz/Dreier/*Winteler* E-Commerce, B Rn. 533.

nen Anspruch darauf hat, dass ihm während der gesamten Vertragsdauer dieselbe IP-Adresse zur Verfügung steht. Diese Regelung ist für den Access-Provider erforderlich, wenn er einen Austausch von IP-Adressen vornehmen möchte. Sie sollte aber auf wichtige Gründe beschränkt werden, z.B. auf die Einführung neuer Protokollversionen.[403]

292 Typische **weitere Leistungspflichten,** die ein Access-Provider (teils entgeltlich) übernimmt, ist die Einrichtung eines eigenen E-Mail-Accounts für den Kunden, die Bereitstellung von Foren, Chats, Blogs etc. oder die Einrichtung von Newsdiensten oder Newsgroups. All dies sind Zusatz- bzw. Sonderleistungen, die nicht zwingend notwendig sind, sondern einen besonderen Service des Access-Providers darstellen. Dabei handelt es sich in der Regel um anderstypische Nebenleistungspflichten, die sich auf das Gepräge des Vertrags nicht auswirken. Diese Nebenleistungspflicht unterliegt dadurch aber nicht per se dem Recht der Hauptleistung, sondern ist einer anderweitigen vertragstypologischen Einordnung zugänglich.[404] So kann bspw. die Erstellung und Bereithaltung eines E-Mail-Accouts dem Werkvertragsrecht zugeordnet werden, da hier ein konkreter Erfolg geschuldet sein dürfte.[405]

3. Pflichten des Kunden

293 Vertragliche Hauptpflicht des Kunden ist die Zahlung der vereinbarten Vergütung.

294 Die **Vergütungsstruktur** der Access-Providing-Verträge ist in der Praxis unterschiedlich. Teils verlangen Provider eine periodisch zu entrichtende Grundgebühr, die bereits eine gewisse Online-Zeit oder ein bestimmtes Datengrundvolumen beinhaltet. Leistungen, die darüber hinausgehen, werden dann nach Zeiteinheiten oder Datenvolumen abgerechnet. In den letzten Jahren haben **Flatrate-Modelle** stark zugenommen, bei denen dem Nutzer bei Zahlung einer bestimmten regelmäßigen Vergütung ein unbegrenzter Zugang ermöglicht wird.[406] Der Preis bestimmt sich in solchen Fällen nach der zur Verfügung stehenden (maximalen) Bandbreite. Ist der Access-Provider nicht zugleich auch Anbieter des Telekommunikationsnetzes, so fallen für den Kunden außerdem Telekommunikationsgebühren für die Nutzung des Telekommunikationsnetzes bis zum Einwahlknoten an. Aus Sicht des Kunden erscheint es also günstig, wenn der Einwahlknoten zum Ortstarif zu erreichen ist. Von der regelmäßigen Vergütung abzugrenzen sind einmalige Zahlungen, die etwa für die Einrichtung der Internetverbindung und das zur Verfügung stellen von Hard- und Software anfallen, zu unterscheiden.

295 Nach § 614 BGB ist die Vergütung grds. nach Erbringung der Dienstleistung zu entrichten. Ist die Zahlung einer monatlichen Grundgebühr oder Flatrate vereinbart, bestünde nach der gesetzlichen Regelung für den Access-Provider die Pflicht, seine Dienste zeitlich vor der Zahlung der Vergütung zu erbringen. Eine solche Vorleistungspflicht ist bei Diensteanbietern meist unerwünscht, da ihnen dann kein Druckmittel gegen den Kunden mehr zur Verfügung steht, sollte dieser die vereinbarte Vergütung nicht leisten, da eine Rückgewähr der Dienstleistung nicht möglich ist. Daher

---

403 Moritz/Dreier/*Petri/Göckel* E-Commerce, B Rn. 121.

404 *Cichon* § 1 Rn. 136.

405 *Schneider* EDV-Recht, O Rn. 261.

406 Zu den wettbewerbsrechtlichen Anforderungen einer Bewerbung eines Flatrate-Angebotes *OLG Schleswig* NJW-RR 2014, 1191; *LG Düsseldorf* K&R 2015, 267.

bedienen sich Diensteanbieter im Massengeschäft in der Regel einer Vereinbarung in AGB, durch welche dem Kunden eine Vorleistungspflicht auferlegt wird. Eine solche Klausel ist an § 307 BGB zu messen und dann wirksam, wenn für sie eine sachliche Rechtfertigung gegeben ist und keine überwiegenden Interessen des Kunden entgegenstehen.[407]

Kommt der Kunde mit der Zahlung in Verzug, sehen viele AGB das Recht des Access-Providers vor, die Internetanbindung zu sperren. Dies beruht wiederum darauf, dass die Dienstleistung durch den Kunden nicht zurückgewährt werden kann und dem Access-Provider schlimmstenfalls seine Dienstleistung nicht vergütet wird. Bei der Sperre handelt es sich um die Geltendmachung eines Zurückbehaltungsrechts nach §§ 320, 273 BGB. Hinsichtlich der Vereinbarung in AGB müssen die Vorgaben des TKG und der §§ 307 ff. BGB beachtet werden. Eine Sperre dürfte unverhältnismäßig sein, wenn der Kunde lediglich mit der Zahlung eines geringen Betrags in Verzug geraten ist. 296

4. Vertragsverletzungen/Mängelrechte

Da die Ermöglichung des Internetzugangs nach hier vertretener Auffassung dem Dienstvertragsrecht zuzuordnen ist, richten sich die Ansprüche bei Mängeln nach dem allgemeinen Leistungsstörungsrecht. Erbringt der Access-Provider seine vertraglichen Pflichten, mithin die Vermittlung des Zugangs an das Internet nicht, so kann der Kunde gegen ihn nach den allgemeinen Regelungen des Leistungsstörungsrechts[408] vorgehen, es bedarf also im Dienstvertragsrecht eines Verschuldens. Bei Nicht- oder Schlechterfüllung von Nebenleistungen ist primär auf das für die jeweilige Leistung geltende Recht abzustellen. 297

5. Haftung

Eine providerseitige Begrenzung oder ein Ausschluss der Haftung muss sich, da im Massengeschäft AGB dominieren, an §§ 307 ff. BGB messen lassen. Klauseln, welche die Haftung begrenzen, können außerhalb des Unternehmerverkehrs nur im Rahmen des § 309 Nr. 7, 8 BGB vereinbart werden. Die Wertungen des § 309 Nr. 7 BGB sind über § 307 BGB grds., wenn auch mit einem nicht gleichermaßen strengen Maßstab, im Unternehmerverkehr zu beachten. Eine Haftungsbegrenzung im Verbraucherverkehr ist danach nur sehr eingeschränkt zulässig: 298

- Nach § 276 Abs. 3 BGB kann die Haftung wegen Vorsatzes dem Schuldner nicht erlassen werden.
- Gem. § 309 Nr. 7 BGB ist ein Haftungsausschluss oder eine Begrenzung der Haftung für Schäden aus der Verletzung des Lebens, des Körpers oder der Gesundheit, die auf einer fahrlässigen Pflichtverletzung des Verwenders oder einer vorsätzlichen oder fahrlässigen Pflichtverletzung eines gesetzlichen Vertreters oder Erfüllungsgehilfen beruhen, sowie für sonstige Schäden, die auf einer grob fahrlässigen Pflicht-

407 *BGH* NJW 2001, 292.

408 Der BGH hat bereits festgestellt, dass es einen ersatzfähigen Vermögensschaden darstellen kann, wenn dem Inhaber eines DSL-Anschlusses die Möglichkeit genommen wird, seinen Zugang zum Internet zu nutzen, ohne dass ihm hierdurch Mehraufwendungen entstanden oder Einnahmen entgangen sind. Der Schadensersatz für den Ausfall der Nutzungsmöglichkeit des Internets ist nach den marktüblichen durchschnittlichen Kosten abzüglich der auf Gewinnerzielung und sonstige erwerbswirtschaftliche Nutzung gerichteten Wertfaktoren zu bemessen; s. *BGH* NJW 2013, 1072.

verletzung des Verwenders, eines gesetzlichen Vertreters oder Erfüllungsgehilfen beruhen, unzulässig.
- Die Freizeichnung von der Haftung für einfache Fahrlässigkeit ist für die nicht in § 309 Nr. 7 BGB genannten Fälle nach der Rechtsprechung nur insoweit möglich, als es nicht zu einer Aushöhlung von vertragswesentlichen Positionen des Vertragspartners kommt.[409] Für wesentliche Vertragspflichten, d.h. solche, deren Erfüllung die ordnungsgemäße Erfüllung des Vertrages erst ermöglichen und auf deren Einhaltung der Vertragspartner vertrauen darf (Kardinalpflichten), kann eine Haftungsbegrenzung oder ein -ausschluss nicht erfolgen. Weiter muss bei der Formulierung einer solchen Klausel beachtet werden, dass der bloße Hinweis auf die „Kardinalpflichten" nicht ausreicht,[409] da der Begriff dem Gesetz unbekannt ist und regelmäßig nicht erwartet werden kann, dass der juristische Laie diesen Begriff kennt oder sich erschließen kann.
- Von zwingenden gesetzlichen Vorschriften darf nicht abgewichen werden, z.B. gem. § 14 ProdHaftG.

6. Vertragsbeendigung

299 Grds. können Dienstverträge nach § 621 BGB ordentlich, unter den Voraussetzungen des § 626 BGB außerordentlich gekündigt werden. Davon abweichend werden im Rahmen der AGB-rechtlichen Zulässigkeit in der Praxis oft Mindestvertragslaufzeiten sowie eine automatische Verlängerung des Vertrages nach Ablauf dieser Laufzeit vereinbart. Die Zulässigkeit solcher Regelungen richtet sich bei Verbraucherverträgen nach § 309 Nr. 9 BGB.

II. Presence-Providing/Webhosting

300 Man will vielfach nicht nur passiv auf das Internet zugreifen, sondern dort auch eigene Inhalte, sei es zu Geschäfts- oder reinen Informationszwecken zur Verfügung stellen können. Diese Inhalte sollen für die Internetnutzer ständig zugänglich und abrufbar sein. Die wenigsten Inhalteanbieter betreiben aber ein eigenes Rechenzentrum, das ständig mit dem Internet verbunden ist, da meist die erforderliche Fachkenntnis fehlt, Server kostenintensiv sind und einer ständigen Überwachung und Wartung bedürfen. Daher benötigen Inhalteanbieter Speicherplatz auf einem Server, der von einem Dritten betrieben wird und ständig verfügbar ist. Diese Leistung wird durch die sog. Presence-Provider angeboten. Möglich sind verschiedene Formen des Presence-Providing. Überwiegend handelt es sich um das sog. **Webhosting.** Daneben bestehen auch die Möglichkeiten des **Server-Housing** und der Zurverfügungstellung eines sog. **virtuellen Servers.**

1. Webhosting

301 Der sog. Webhoster hat sich gegenüber dem Kunden verpflichtet, Speicherplatz auf seinem Webserver zur Verfügung zu stellen. Auf einem über das Internet ständig zugänglichen Netzrechner werden die Inhalte des Kunden abgelegt.

---

409 *BGH* NJW-RR 2005, 1496.

1.1 Rechtsnatur

Die **rechtliche Einordnung** des Webhosting-Vertrages wird in Literatur und Rechtsprechung diskutiert und nicht einheitlich beantwortet.[410] Einigkeit besteht lediglich darüber, dass ein Webhosting-Vertrag auf unbestimmte, jedenfalls längere Dauer abgeschlossen wird und ein **Dauerschuldverhältnis** darstellt.[411] **302**

Teilweise wird der Webhosting-Vertrag als Ganzes einem typisierten Schuldverhältnis des BGB zugeordnet. So entschied ein Instanzgericht, dass ein Webhosting-Vertrag insgesamt als Werkvertrag zu qualifizieren sei, wenn er so ausgestaltet ist, dass die Administration des Servers allein in den Verantwortungsbereich des Kunden fällt, der Webhoster aber den Erfolg schuldet, dass der Server und die Internetpräsenz des Kunden rund um die Uhr gewährleistet wird.[412] Ebenso ordnete der BGH ein „Web-Hosting"-Vertrag in seiner Entscheidung „Internet-System-Vertrag" jedenfalls dann dem Werkvertragsrecht zu, wenn der Vertragszweck seinen Schwerpunkt in der Gewährleistung der Abrufbarkeit der Webseite des Kunden im Internet finde.[413] Nach anderer Ansicht ist der Webhosting-Vertrag insgesamt dem Mietrecht zuzuordnen.[414] **303**

Eine Differenzierung zwischen der Bereitstellung des Speicherplatzes und der Internetanbindung wird teilweise mit der Begründung abgelehnt, die Anbindung des Netzrechners an das Internet sei als Sachzustand eine vereinbarte Eigenschaft des Netzrechners.[415] Eine Aufteilung nach unterschiedlichen Leistungen berücksichtige nicht hinreichend, dass der Webhoster eine Leistung, nämlich die Überlassung von Speicherplatz auf dem Webserver schuldet. Bei dem Webserver handele es sich um ein Speichermedium mit besonderen Eigenschaften wie der Rechenleistung, der Größe des Speicherplatzes, der Anbindung an das Internet oder der Zugriffskapazitäten.[416] Alle Eigenschaften seien nach § 535 BGB Gegenstand der Gebrauchsgewährungspflicht des Vermieters, sodass auch die Art der Anbindung an das Internet eine geschuldete Eigenschaft des gemieteten Webservers sei. Die Anbindung an die technische Infrastruktur sei nicht als Nebenpflicht zur Miete des Speicherplatzes, sondern als vertragliche Hauptpflicht anzusehen.[411] Die Zweiteilung sei beliebig und führe nicht zu interessengerechten Ergebnissen.[417] **304**

Weitere Meinungen nehmen eine Differenzierung zwischen der Pflicht zur Überlassung des Speicherplatzes und der Pflicht zur Anbindung des Webservers an das Internet vor. Die Pflicht zur Bereitstellung von Speicherplatz auf dem Webserver wird dabei überwiegend dem **Mietrecht** zugeordnet.[418] Teilweise wird die **Anbindung des Webservers an das Internet** und die damit verbundene ständige Aufrufbarkeit der Webseite auch dem **Werkvertragsrecht** unterworfen.[419] Hingegen enthält nach anderer **305**

---

410 *BGH* MMR 2013, 783; *LG Düsseldorf* 2016, 590.
411 *Wulf* CR 2004, 43.
412 *OLG Düsseldorf* MMR 2003, 474; für einen einheitlichen Werkvertrag auch Kaminski/Henßler/*Bulst* 3. Kap. C Rn. 15.
413 *BGH* NJW 2010, 1449, 1451.
414 Vgl. *Cichon* § 2 Rn. 183.
415 *Cichon* § 2 Rn. 167.
416 *Münster* MMR 2002, 260.
417 Kaminski/Henßler/*Bulst* 3. Kap. C Rn. 10.
418 *AG Charlottenburg* MMR 2002, 258 mit Anm. *Münster*; *OLG Köln* MMR 2003, 191; *Cichon* § 2 Rn. 183; Moritz/Dreier/*Winteler* E-Commerce, B. Rn. 523; *Härting* Internetrecht, D Rn. 711.
419 *AG Görlitz* 31.8.2004 – 1 O 127/03; vgl. dazu *Redeker* IT-Recht in der Praxis, Rn. 948.

Auffassung dieser Teil des Webhosting-Vertrages ein **dienstvertragliches Element**,[420] da hier eine Tätigkeit geschuldet werde, deren Erfolg aufgrund der Unwägbarkeiten im Internet nicht garantiert werden könne.[421]

306 Zwar hat der BGH in der Entscheidung „Internet-System-Vertrag"[422] am Rande zur Frage der vertragstypologischen Einordnung eines „Web-Hosting"-Vertrages Stellung genommen, jedoch mangelt es nach wie vor an einer höchstrichterlichen Entscheidung welche nicht nur obiter dictum sondern als entscheidungserheblichen Streitgegenstand einen Web-Hosting-Vertrag zum Gegenstand hat. Da es darüber hinaus an einer einheitlichen Linie in der instanzgerichtlichen Rspr. und Lit. mangelt, lässt sich nicht abschließend beurteilen, welche Rechtsnatur der Webhosting-Vertrag aufweist. Die Unsicherheit über die Rechtsnatur ist insbesondere misslich, wenn es, wie im Massengeschäft die Regel, um eine AGB-Kontrolle geht, denn eine solche orientiert sich grds. an dem gesetzlichen Leitbild des Vertrages. Vermeiden lassen sich die Unsicherheiten der Zuordnung zu einem Schuldverhältnis des BGB offenbar nicht einmal dadurch, dass man die gegenseitigen Leistungen genau und abschließend beschreibt und die gegenseitigen Rechte und Pflichten festlegt.

1.2 Pflichten des Webhosters

307 Der Webhoster verpflichtet sich dazu, dem Kunden Speicherplatz auf einem Webserver zur Verfügung zu stellen und eine Verbindung zum Internet herzustellen.

308 Ordnet man den Webhosting-Vertrag dem Mietrecht zu, so besteht nach § 535 BGB die Pflicht, die Sache dauerhaft in einem vertragsgemäßen Zustand zu erhalten. Darunter fallen auch Wartungsmaßnahmen, die Netzwerkbetreuung und das Netzwerkmanagement. Diese Leistungen stellen keine anderstypischen Nebenleistungspflichten dar, sondern gehören zu der mietvertraglichen Hauptleistungspflicht.[423]

309 Durch die Anbindung an das Internet erhalten der Kunde und, was jedenfalls dann viel wichtiger ist, wenn der Kunde über das Web sein Geschäftsmodell verfolgt, die Internetnutzer Zugriff auf die Inhalte der Webseite. Da die Rechtsnatur des Webhosting-Vertrages streitig ist und auch eine werkvertragliche Einordnung dieses Leistungselementes als möglich angesehen wird, wird verschiedentlich vorgeschlagen, dem Eingreifen des Werkvertragsrechts durch eine entsprechende Vertragsgestaltung entgegenzuwirken. Dadurch soll erreicht werden, dass die Anbindung an das Internet nicht als werkvertraglicher Erfolg geschuldet wird. Für den Webhoster sei die Typisierung als dienstvertragliche Pflicht sachgerechter, da dann kein Erfolg an sich, sondern eine bloße Tätigkeit geschuldet wird. Daher wird in Verträgen herausgestellt, dass lediglich ein „Bemühen der Anbindung an das Internet" geschuldet wird.[424]

310 Die **Leistungen** des Webhosters sind, jedenfalls außerhalb des Massengeschäfts, **im Vertrag detailliert festzulegen:** Hinsichtlich des Speicherplatzes sollte die technische Ausstattung einschl. der Redundanz der Systeme spezifiziert, die Menge des zur Verfügung gestellten Speicherplatzes angegeben sowie Vereinbarungen über den Serverstandort wie bspw. zur Stromversorgung oder Klimatisierung getroffen werden. Wei-

---

420 *Härting* Internetrecht, D Rn. 711; Moritz/Dreier/*Winteler* E-Commerce, B. Rn. 528.

421 *Wulf* CR 2004, 43.

422 *BGH* NJW 2010, 1449, 1451.

423 *Cichon* § 2 Rn. 249.

424 Moritz/Dreier/*Winteler* E-Commerce, B Rn. 529; *Schneider* EDV-Verträge, O Rn. 153 stellt das Ausreichen einer Verpflichtung zum „Bemühen" beim Access-Providing-Vertrag in Frage.

ter bedarf es einer Beschreibung der technischen Verbindungseigenschaften. **Regelungspunkte** sind ferner die Verfügbarkeit des Webservers, Wartungsfenster, die Größe und Belegenheit des Speicherplatzes, Angaben über Aufbereitung und Sammlung der Zugriffsdaten, System- und Datensicherheit sowie ggf. Beschreibungen über den technischen Support.

Wohl wichtigster Regelungspunkt für den Kunden wird die **Verfügbarkeit** des Webservers und damit seiner Daten sein. Die Nichterreichbarkeit kann möglicherweise zu Umsatzeinbußen führen, bspw. bei der Nichterreichbarkeit eines Onlineshops. Außerdem besteht die Gefahr, dass, jedenfalls bei dauerhafter Nichtverfügbarkeit, Suchmaschinen die Seite aus ihrem Angebot mangels Erreichbarkeit entfernen. Hinsichtlich der Verfügbarkeit ist wiederum zu beachten, dass **ohne eine ausdrückliche Regelung** von einer vollen **Verfügbarkeit** ausgegangen werden muss.[425] Ein Webhoster wird eine vollständige Verfügbarkeit aber bereits allein aufgrund der technischen Unwägbarkeiten nicht leisten können. Daher besteht der Wunsch, die Verfügbarkeit im Hinblick auf die technische Durchführbarkeit einzuschränken. Solche Einschränkungen sind in zahlreichen AGB der Webhoster enthalten. Eine solche Einschränkung bereitet aber – jedenfalls als AGB – Schwierigkeiten. Hierzu wird auf Abschnitt zum Access-Providing-Vertrag, Rn. 287 und auf das 21. Kap. Rn. 198 ff. verwiesen, bei welchem sich die Probleme ebenso stellen. Die Vereinbarung geplanter Wartungsfenster ist aber auch hier zulässig und kann im Hinblick auf Anzahl, Dauer oder Zeitraum der möglichen Wartungen des Servers festgelegt werden. 311

Neben diesen **Hauptleistungspflichten** übernehmen Webhoster oft **zusätzliche Dienste,** die einer gesonderten rechtlichen Einordnung bedürfen, bspw. die Registrierung und Verwaltung der Domain, sodass dem Kunden eine Leistung „aus einer Hand" angeboten werden kann. Eine weitere typische Zusatzleistung ist die Übernahme der Datensicherung und des technischen Supports bei Ausfällen oder Schwierigkeiten mit der Webseite. Schließlich übernimmt der Webhoster auch den Schutz der Programme durch eine Firewall oder andere Sicherungssysteme, wobei diese Leistungen in der Regel werkvertraglichen Charakter aufweisen werden.[426] Meist umfasst das Angebot des Webhosters auch die Leistung, im Rahmen des geltenden Datenschutzrechtes **Statistiken** über den Zugriff auf die Internetseite zu erstellen. Er übernimmt die Aufstellung und Aufbereitung der Zugriffsdaten, die insbesondere bei geschäftlichen Internetauftritten für den Kunden von Interesse sind. Unternehmen können dadurch die Zugriffe erfassen und auswerten und so Entscheidungen im Zusammenhang mit der Internetpräsenz treffen. Diese Leistung wird überwiegend als werkvertragliches Element eingeordnet.[427] 312

Als **Nebenpflichten** treffen den **Webhoster** Aufklärungs- und Beratungspflichten, die Pflicht, Störungen zu melden, sowie Verpflichtungen, auf die Kunden Rücksicht zu nehmen, z.B. die Pflicht, Wartungsarbeiten nicht zu Unzeiten vorzunehmen. 313

Außerdem treffen den Webhoster Verschwiegenheitspflichten, jedenfalls als vertragliche Nebenpflicht aber ggf. auch nach den Vorschriften des TKG, TMG, BDSG oder anderen datenschutzrechtlichen Regelungen.[428] 314

---

425 *BGH* BB 2001, 326 – Postbank.

426 *Cichon* § 2 Rn. 254.

427 *Cichon* § 2 Rn. 250; Kaminski/Henßler/*Bulst* 3. Kap. C. Rn. 16.

428 Je nach dem Inhalt des gehosteten Objekts kann eine Auftragsdatenverarbeitung vorliegen; hierzu *Müglich* CR 2009, 479.

1.3 Pflichten des Kunden

315 Die vertragliche Hauptpflicht des Kunden ist die Zahlung der vereinbarten **Vergütung.** Teilweise wird die Vergütung anhand der überlassenen Speicherkapazität berechnet. Der Kunde kann dann eine bestimmte Speicherkapazität in Anspruch nehmen, für – blockweise zur Verfügung gestellten – weiteren Speicherplatz fällt je Block eine zusätzliche Vergütung an. In der Praxis wird aber die Vergütung üblicherweise (auch) anhand des erzeugten Datenverkehrs (Traffic) bemessen, in der Form, dass für ein bestimmtes Datenvolumen eine Flatrate besteht und so in der Vergütung ein bestimmtes Datenvolumen bereits enthalten ist. Wird das Datenvolumen überschritten, so schuldet der Kunde eine weitere Vergütung.

316 Hinsichtlich der volumenabhängigen Bezahlung können Streitigkeiten entstehen, soweit es um den Nachweis des Umfangs des angefallenen Datenverkehrs geht. Nach einer instanzgerichtlichen Entscheidung können die Grundsätze des Anscheinsbeweises, die im Bereich der Festnetztelefonie gelten, nicht herangezogen werden, da sich erst herausstellen müsse, ob ein den Abrechnungssystemen der Telefonie vergleichbarer Sicherheitsstandard gegeben sei. Verlangt wird die konkrete Darlegung bzw. der Beweis, dass einerseits die Messungen und andererseits auch die Zuordnung des Datenverkehrs zu dem konkreten Server zutreffend sind.[429] Um solche Streitigkeiten zu vermeiden, bedarf es der Vereinbarung eines Abrechnungssystems sowie der Berechnungsgrundlagen.[430]

317 Notwendige Mitwirkungshandlung des Kunden ist die Bereitstellung der sichtbar zu machenden Inhalte und ggf. der erforderlichen Software. Verträge enthalten oft die Vereinbarung, dass der Kunde durch die auf der Internetseite angebotenen Inhalte nicht gegen gesetzliche Verbote, die guten Sitten und Rechte Dritter verstoßen darf. Im gleichen Zusammenhang wird klargestellt, dass der Webhoster die Inhalte weder prüft noch überwacht. Außerdem wird ein Verstoß den Webhoster regelmäßig zu einer außerordentlichen Kündigung des Vertrages berechtigen. Weiter kann der Kunde dazu verpflichtet sein, eigenständig Datensicherungen durchzuführen, Passwörter geheim zu halten oder seine Internetseiten so zu gestalten, dass eine Überlastung des Servers und der weiteren Systeme vermieden wird.

1.4 Mängelrechte

318 Folgt man der Ansicht, dass der Webhosting-Vertrag rechtlich als Mietvertrag einzuordnen ist, so ist die Mängelfreiheit der Mietsache Teil der vertraglichen Leistungspflicht. Der Vermieter, hier der Webhoster, hat den Server als Mietsache jederzeit in einem vertragsgemäßen Zustand zu erhalten. Mit der überwiegenden Ansicht ist jedenfalls die Überlassung des Speicherplatzes dem Mietrecht zuzuordnen, sodass insoweit für Mängel die §§ 536 ff. BGB maßgebend sind. Ein Mangel ist immer dann gegeben, wenn sich die Sache nicht zum vertragsgemäßen Gebrauch eignet. Das ist hier insbesondere bei einem Totalausfall des Servers oder einer eingeschränkten Funktionsfähigkeit der Fall. Unter der Prämisse, dass auch die Anbindung an das Internet dem Mietrecht zuzuordnen ist, richten sich auch Ausfälle in diesem Bereich nach §§ 535 ff. BGB. Sieht man die Anbindung an das Internet hingegen als einzelne, selbständig zu beurteilende Teilleistung an, richtet sich das Mängelrecht ggf. nach dem

---

429 *OLG Düsseldorf* MMR 2003, 474; *AG Lichtenberg* MMR 2006, 494 zu Internetdienstleistungen.
430 Vgl. *Roth/Haber* ITRB 2007, 21.

Werkrecht (§§ 631 ff. BGB). Sollte man von einem dienstvertraglichen Charakter der Anbindung an das Internet ausgehen, ergibt sich lediglich eine Haftung nach §§ 280, 611 BGB wegen positiver Vertragsverletzung, da das Dienstvertragsrecht eine Gewährleistung für Mängel nicht vorsieht.

1.5 Haftung

Webhoster sind regelmäßig Diensteanbieter i.S.d. TMG. Da sie in der Regel fremde **319**
Inhalte zur Nutzung bereithalten, sind sie nach § 10 TMG für fremde Informationen, die sie für den Nutzer speichern nicht verantwortlich, sofern sie keine Kenntnis von der rechtswidrigen Handlung oder Information haben und ihnen im Falle von Schadensersatzansprüchen auch keine Tatsachen bekannt sind, aus denen die rechtswidrige Handlung oder Information offensichtlich wird, oder sie unverzüglich tätig geworden sind, um die Information zu entfernen oder den Zugang zu ihr zu sperren, sobald sie diese Kenntnis erlangt haben. Zur Verdeutlichung dieser Haftungsbeschränkung enthalten viele Vertragsmuster bzw. AGB-Klauseln darüber, dass die Internetpräsenz des Kunden durch den Webhost nicht auf die inhaltliche Rechtmäßigkeit überprüft wird.

Einzelheiten zu Haftungsfragen finden sich oben Rn. 171 ff. und 10. Kap. **320**

Außerdem besteht ein großes Bedürfnis, im Rahmen der AGB-rechtlichen Zulässig- **321**
keit Klauseln über Freistellungsansprüche von Rechten Dritter zu formulieren. Solche Klauseln kommen vor allem dann in Betracht, wenn Inhalte durch den Kunden und nicht durch den Provider zur Verfügung gestellt werden.

1.6 Einräumung von Rechten

An Webseiten und deren Inhalte können, je nach Fallgestaltung, Urheberrechte oder **322**
Rechte sonstiger Art entstehen (vgl. dazu 26. Kap. Rn. 82 ff.), weshalb eine Regelung über die Einräumung von Rechten erforderlich ist.

Nach dem Vertragszweck sollte dem Webhoster jedenfalls das Recht eingeräumt wer- **323**
den, die Inhalte der Webseite für Dritte zugänglich zu machen (§§ 69c Nr. 4, 19a UrhG). Je nach Vertragsgestaltung obliegt dem Webhoster auch die Datensicherung, sodass ihm entsprechende Vervielfältigungsrechte übertragen werden sollten. Teilweise wird die Software durch den Webhoster gestellt, sodass in einem solchen Fall dem Kunden die entsprechenden Nutzungsrechte eingeräumt werden müssen.

1.7 Vertragsbeendigung

Beim Webhosting handelt es sich um ein Dauerschuldverhältnis, das grds. auf unbe- **324**
stimmte Zeit abgeschlossen wird. Meist sehen die AGB der Webhoster Mindestvertragslaufzeiten und stillschweigende Verlängerungen der Vertragslaufzeit vor, die in den Grenzen der §§ 307 ff. BGB zulässig sind. § 309 Nr. 9 BGB dürfte nicht anwendbar sein, da Mietverhältnisse dieser Regelung nicht unterfallen sollen.[431] Eine Inhaltskontrolle kann über § 307 BGB stattfinden, sodass geprüft werden muss, ob die vertragliche Mindestlaufzeit den Verbraucher oder Unternehmer unangemessen benachteiligt. Längere Laufzeiten als zwei Jahre sind AGB-rechtlich bedenklich, im Einzelfall bestehen sogar hinsichtlich dieser Frist Bedenken.[432]

---

431 MünchKomm-BGB/*Basedow* § 309 Nr. 7 Rn. 8.
432 *Schneider* EDV-Recht, O Rn. 289.

325 Im Übrigen ist der Vertrag nach den vereinbarten oder den gesetzlichen Regelungen ordentlich bzw. außerordentlich kündbar. Die anzuwendenden gesetzlichen Kündigungsvorschriften orientieren sich an der vertragstypologischen Einordnung, nach der überwiegenden Auffassung also nach dem Mietrecht. Natürlich steht es den Parteien frei, soweit dies nach den §§ 307 ff. BGB möglich ist, von den gesetzlichen Vorgaben abweichende Kündigungsfristen zu vereinbaren.

2. Server-Housing

326 Auch das Server-Housing bzw. „Colocation" ist ein Unterfall des Presence Providing. Beim Server-Housing wird der im Eigentum des Kunden oder eines Dritten stehende Netzrechner im Raum des Providers aufgestellt und dort an das Internet angebunden. Im Gegensatz zum Webhosting ist der Provider nicht der Eigentümer des Servers. Dem Nutzer wird heutzutage meist ein Platz im Server-Rack zugewiesen[433] oder der Server wird in einer absperrbaren, begehbaren Gitterbox (Cage) aufgestellt. Letztere Alternative kommt vor allem dann in Betracht, wenn Dritte keinesfalls physikalischen Zugang zu dem Server erlangen sollen, bspw. wenn dort sensible Daten gespeichert werden.

327 Vorteil des Server-Housing ist, dass der Kunde zwar auf einen oder mehrere eigene Server zugreifen kann, die kostenintensive Unterbringung (Sicherstellung der Klimatisierung, Redundanz der Stromversorgung usw.), jedoch nicht in seinen eigenen Räumen, sondern beim Server-Housing-Anbieter durchgeführt werden kann. Für die Unterbringung von Servern sind spezielle Räumlichkeiten erforderlich, insbesondere:

- Vorhandensein einer leistungsstarken Internetanbindung an ein Hochleistungsnetz,
- entsprechende Klimatisierung der Räume,
- ständige Stromversorgung, gesichert durch Notstromaggregate,
- besondere Brandschutz- und Brandfrühwarnsysteme,
- Zugangskontrolle zwecks Sicherung der Server vor unbefugtem Zugriff.

2.1 Rechtsnatur

328 Die **Rechtsnatur** des Vertrages ist auch hier höchstrichterlich nicht geklärt und in der Literatur umstritten. Jedoch lässt sich in Anlehnung an den Webhosting-Vertrag die Stellplatzüberlassung dem Mietrecht zuordnen.[434] Hingegen kann unter Berücksichtigung der Rechtsprechung des BGH zum Access-Providing[435] die Zugangsvermittlung dienstvertraglichen Charakter aufweisen.[436] Infolgedessen bestünde der Server-Housing-Vertrag aus miet- und dienstvertraglichen Elementen. Nach anderer Auffassung ist die Pflicht zum Anschluss an das Internet dem Werkvertragsrecht zuzuordnen.[437] Die Anbindung an das Internet sei hier – wie teilweise für das Webhosting befürwortet wird – kein Teil der Raummiete, da die Datenleitungen nicht Gegenstand des Gebäudes sind, es aber gerade um die Vermietung des Raumes bzw. einen Teil des

433 Bei einem Rack handelt es sich um einen (klimatisierten oder in einer klimatisierten Umgebung stehenden) Serverschrank, in dem in das Rack passende Rechner gestapelt und an das Netzwerk angebunden werden.

434 *Roth/Haber* ITRB 2007, 21; *LG Köln* K & R 2015, 426

435 *BGH* MMR 2005, 373.

436 *OLG Düsseldorf* MMR 2014, 521; *BGH* NJW 2011, 915.

437 *Cichon* § 2 Rn. 266.

Raumes gehe.[438] Die Anbindung an das Internet hat für den Kunden einen gleich hohen Stellenwert wie die Überlassung des Stellplatzes. Daher handelt es sich um eine eigenständige Leistung, die nicht von der mietvertraglichen Verpflichtung zur Gewährung eines Stellplatzes erfasst ist.[439] Bei dem Server-Housing-Vertrag handelt es sich also um einen **Typenkombinationsvertrag.**[440] Grds. bedeutet dies, dass hinsichtlich der Stellplatzüberlassung die mietrechtlichen Vorschriften, für die Internetanbindung aber je nach Auffassung Werkvertrags- oder Dienstvertragsrecht Anwendung findet.[441]

2.2 Pflichten des Server-Housing-Anbieters

Die wie immer detailliert und sorgfältig zu beschreibende **Hauptleistungspflicht** des Vertrages sind seitens des Providers die Stellplatzüberlassung und die Internetanbindung. 329

- Hinsichtlich der **Beschaffenheit des Stellplatzes** sollten die Parteien ausreichend detaillierte Vereinbarungen treffen; sowohl der Ort der Stellplatzunterbringung wie auch der zur Verfügung stehende Stellplatz bedürfen einer Beschreibung. Insbesondere Aussagen über die Stromversorgung, Klima- und Brandschutztechnik, Schutz der Systeme durch eine Firewall oder Zugangskontrollen sind wichtig.
- Auch die zweite Leistungspflicht, die **Internetanbindung,** bedarf einer detaillierten Regelung. Dem Kunden ist daran gelegen, eine ausfallsichere Anbindung an das Internet zu erhalten, vor allem wenn er Software auf den Servern bereithält, die für den täglichen Geschäftsbetrieb von Bedeutung ist. Im Zusammenhang mit der Anbindung an das Internet schuldet der Server-Housing-Anbieter in dieser Eigenschaft nicht, dass die Datenübertragung als solche ständig funktioniert, sondern nur, dass die Internetanbindung, soweit sie in seinem Machtbereich liegt, funktionsfähig ist und bleibt. Für Mängel an der Datenleitung ist der jeweilige Netzbetreiber verantwortlich.

Neben der Aufstellung des Servers in den Räumen des Server-Housing-Anbieters 330
übernimmt der Provider meist auch **administrative Leistungen,** z.B. die Wartung und Pflege des bei ihm eingestellten Servers. Außerdem bieten Provider auch Fehlerbehebungsmaßnahmen in Notfällen oder eine vollständige Betreuung des Servers an. Dies ist für den Kunden vorteilhaft, da der Provider in der Regel mit eigenem Personal vor Ort ist und über die erforderliche Sachkunde verfügt.

2.3 Pflichten des Kunden

Der Kunde ist verpflichtet, dem Server-Housing-Anbieter eine entsprechende **Vergütung** zu zahlen. Als Vergütungsmodell kommen in erster Linie eine Flatrate oder eine nutzungsabhängige Vergütung in Betracht, letztere ggf. kombiniert mit einer Grundgebühr. Bei der volumenabhängigen Bezahlung des Datenverkehrs stellt sich die Frage, anhand welcher Methoden und Ausgangswerte das Datenvolumen bestimmt wird. Im Hinblick auf das bereits angesprochene Problem des Nachweises über die tatsächlich erfolgte Nutzung sind diese Methoden vertraglich zu fixieren, da ein Anscheinsbeweis über der Richtigkeit der Berechnungen derzeit nicht in Betracht kommt. 331

438 *Cichon* § 2 Rn. 278.
439 *Bischof/Haber* ITRB 2007, 21.
440 *Bischof/Haber* ITRB 2007, 21; Redeker/*Schuppert* Handbuch der IT-Verträge, Kap. 3.3 Rn. 27.
441 Vgl. auch *BGH* NJW 2010, 1449, 1451.

2.4 Vertragsbeendigung

332 Da es sich – unabhängig von der vertragstypologischen Einordnung – um ein **Dauerschuldverhältnis** handelt, kann der Server-Housing-Vertrag durch ordentliche oder außerordentliche Kündigung beendet werden. Der mietvertragsrechtliche Teil unterliegt den Vorgaben der §§ 542, 580a Abs. 1 BGB, soweit die Parteien keine anderweitigen Kündigungsfristen, ggf. unter Berücksichtigung der §§ 307 ff. BGB, vereinbart haben. Diese mietvertraglichen Fristen dürften auch für den dienstvertraglichen Teil maßgeblich sein, mit dem Argument, dass der Schutzzweck des § 580a Abs. 1 BGB nicht unterlaufen werden darf und hier ein Typenkombinationsvertrag vorliegt.[442] Voneinander unabhängige Teilkündigungen sind außerdem praxisfern, da eine bloße Internetleitung ohne Zugriffsmöglichkeit für den Kunden wertlos ist.

3. Virtuelle Server

333 Von einem virtuellen Server spricht man, wenn ein Netzrechner bzw. Server für mehrere Nutzer zur Verfügung steht, der nach außen aber als eigener Server erscheint. Tatsächlich handelt es sich aber nicht um einen eigenständigen Server, sondern um einen Teil eines „übergeordneten" Systems. Der virtuelle Server erhält aber eine eigene IP-Adresse und erscheint damit für Dritte als eigenständiger Server. **Rechtsnatur** eines Vertrages über die Zurverfügungstellung eines virtuellen Servers ist **Miete.**[443] Teilweise werden virtuelle Server angemietet mit dem Zweck, diese an den Endkunden gewerbsmäßig unterzuvermieten. Die Berechtigung zur **Untervermietung** kann sich aus dem Vertrag zwischen Service Provider und Webhoster ergeben. Nach § 540 Abs. 1 BGB ist der Vermieter zwar grds. ohne die Erlaubnis des Vermieters nicht berechtigt, die Sache an einen Dritten zu übergeben, jedoch hat der Service Provider in der Regel keinen Grund, seine Erlaubnis zu verweigern. Die Untervermietung wirke sich nicht auf den Geschäftsbetrieb des Service Providers aus.[444]

4. Reseller-Verträge

334 Eine weitere Variante des Webhostings sind sog. Reseller-Verträge. Der Provider überlässt dem Kunden Speicherplatz und eine Internetanbindung, damit der Kunde diese Leistungen als Provider wiederum Dritten anbieten kann. Dem Kunden geht es dann nicht um die Speicherung eigener Inhalte, sondern um die Weitergabe einer Leistung an Dritte. Der Reseller wird meist ein großes Speicherplatz-Kontingent erwerben und erhält dadurch besondere Konditionen, die er an seine Kunden weitergeben kann bzw. die ihm die Erarbeitung einer eigenen Marge erlauben. Große Anbieter tendieren dazu, „Reseller-Accounts" oder „Reseller-Pakete" anzubieten, in denen die Preise anhand des Umfangs der Hosting-Leistungen (Anzahl der Kunden, Anzahl der Domains, Größe des Speicherplatzes) abgestuft werden. Der Reseller schließt die Verträge mit dem Webhoster als auch mit seinen Kunden auf eigene Rechnung und in eigenem Namen ab, sodass er in der Regel nicht als Makler oder Handelsvertreter tätig wird.[445] Vertragsgegenstand des Vertrags zwischen Webhoster und Reseller sind zum einen die üblichen Webhosting-Leistungen, zum anderen erhält

442 *Cichon* § 2 Rn. 275.
443 *Cichon* § 2 Rn. 293 m.w.N. zu Auffassungen, die von einer Pacht ausgehen.
444 *Cichon* § 2 Rn. 294.
445 Moritz/Dreier/*Winteler* E-Commerce, B Rn. 607.

der Reseller das nicht-ausschließliche Recht, die Leistungen des Webhosters zu vertreiben. Zwischen dem Reseller und seinen Kunden kommt wiederum ein Webhosting-Vertrag zustande, dessen Inhalte sich an dem Vertrag zwischen Reseller und Webhoster orientieren.[446]

III. Content-Provider

Neben den Access-Providern, die lediglich den Zugang zum Internet vermitteln und **335**
den Presence-Providern, die zur Aufgabe haben, Server-Speicherplatz bzw. Räumlichkeiten zur Aufstellung von Servern zur Verfügung zu stellen, sind Content-Provider auf dem Markt tätig.

Content-Provider sind Internet-Service-Provider, die Leistungen im Zusammenhang **336**
mit den im Netz zur Verfügung gestellten Inhalten anbieten. Der Begriff des Content-Providers (oder auch, inhaltlich ggf. leicht unterschiedlich, Content-Brokers, Content-Resellers) wird nicht einheitlich verwendet. Der Kunde setzt als Content-Provider die jeweiligen Anbieter einer Internetpräsenz an. Andererseits handelt es sich bei einem Content-Provider um denjenigen, der den Anbieter mit Inhalten versorgt. Die Beschaffung von Webcontent durch einen Content-Provider wird gesondert in Rn. 384 ff. behandelt.

Der Content-Provider ist nach dem hier zugrunde gelegten Verständnis ein Inhalteanbieter, der Inhalte in Form von Informationen, Unterhaltungsmedien, Texten, Meinungsäußerungen, redaktionellen Beiträgen, Sounds, Grafiken, Linklisten etc. zur Verfügung stellt. Er ist also der Informationslieferant.[447]Das Zurverfügungstellen der Inhalte kann kostenlos oder gegen Entgelt erfolgen. Die kostenlose Nutzung von Inhalten heißt nicht, dass es nicht zu einem Vertragsschluss kommt. Entscheidend ist, ob ein entsprechender Rechtsbindungswille vorhanden ist (vgl. Rn. 345). **337**

Inhalte können insbesondere im Bereich des Mobile Commerce (M-Commerce), d.h. **338**
im Geschäftsverkehr mittels mobiler Endgeräte, auch über sog. **Push-Dienste** aktiv in der Weise an den Nutzer übermittelt werden, dass sich dieser die Inhalte nicht offline oder online bei dem Content-Provider abholt, sondern dieser ihm die Inhalte zu bestimmten Themen in regelmäßigen oder unregelmäßigen Abständen zukommen lässt. Der Begriff „Push-Dienst" ist mithin eine Bezeichnung für Informationsdienste, die selbständig Nachrichten oder aktuelle Daten an ihre Abonnenten schicken. Bei sog. Pull-Diensten veranlasst hingegen der Nutzer die Übermittlung der Informationen.

Im Übrigen müssen Inhalteanbieter beachten, dass sie für ihre Inhalte grds. nach den **339**
allgemeinen Regeln haften. Auf die Haftungsprivilegierungen des TMG können sich Anbieter eigener Inhalte nicht berufen.

Zu Einzelfragen der Haftung der im Netz Tätigen vgl. 8. Kap. **340**

446 *OLG Köln* GRUR-RR 2013, 137.
447 *Hoeren* Internetrecht, S. 498.

D. Informationshandel über Online-Datenbanken

341 Datenbanken sind in allen Bereichen des Geschäftslebens zu einem wichtigen Informationsmedium geworden. Es handelt sich dabei um „effektive Systeme zur Speicherung elektronisch verfügbarer Informationen“.[448] Eine Datenbank ist eine Datenansammlung, die Informationen über ein spezielles Anwendungsgebiet der realen Welt abbildet;[449] zum urheberrechtlichen Schutz von Datenbanken vgl. 29. Kap. Rn. 88 ff.

342 Das Internet bietet die Möglichkeit, sich über Fachdatenbanken, Archive, Wirtschaftsinformationsdienste oder Nachrichtenagenturen einer Vielzahl von Informationen zu bedienen. Der Nutzer kann in den Datenbanken mittels Suchmaschinen recherchieren und Inhalte ausdrucken oder herunterladen. Datenbanken ermöglichen nicht nur den Zugriff auf Texte, sondern auch auf Bilder, Grafiken, Sound- und Audiofiles sowie Computerprogramme.

343 Online-Datenbanken sind auf verschiedene Weise einer Nutzung zugänglich: Dem Nutzer kann (über einen Browser hinaus) eine besondere Software zur Verfügung gestellt werden, durch welche er von seinem Rechner aus über das Internet auf die Datenbank und deren Funktionen zugreifen kann. Möglich ist ein Zugriff auch über einen einfachen Browser auf eine Suchmaske, in den die Suchbegriffe eingegeben werden können. Das Suchergebnis wird dem Nutzer auf einer weiteren Webseite sichtbar gemacht. Die meisten Datenbanksysteme verwenden Account-Systeme, d.h. dem Nutzer werden eine Zugangskennung und ein Passwort zugeteilt, die der Registrierung und Anmeldung zwecks Sicherung der Zugangsmöglichkeiten dienen.

344 Betreiber von Online-Datenbanken können entweder die Inhalte durch eigene Mitarbeiter erstellen lassen oder die Inhalte von Dritten erwerben. Letzteres ist überwiegend der Fall, sodass es in erster Linie um die Erstellung einer Sammlung von Inhalten und die ständige Pflege der Inhalte geht. Hier sollen jedoch nicht die Vertragsbeziehungen zwischen Online-Informationslieferant (Content-Provider) und Datenbankanbieter (sog. Web-Content-Vertrag) betrachtet werden. Gegenstand der weiteren Ausführungen ist vielmehr der Vertrag, der zwischen dem Datenbankbetreiber und den Endkunden geschlossen wird.

I. Rechtsnatur

345 Bei Bestimmung der Rechtsnatur des Vertrages zwischen Datenbankbetreiber und Endkunden ist zwischen der entgeltlichen Nutzung der Datenbank und der unentgeltlichen Bereitstellung der Informationen zu differenzieren.

346 Bei einem Vertrag über die **entgeltliche Datenbanknutzung** handelt es sich in der Regel um einen **Typenkombinationsvertrag.** Der Anbieter verpflichtet sich in der Regel zur Erbringung mehrerer Hauptleistungen. Der Vertrag kann in zwei Leistungspflichten unterteilt werden:

- die Ermöglichung des Zugriffs auf die Datenbank, die Bereitstellung der Daten und von Suchmechanismen und
- die Übertragung der Informationen an den Kunden.

---

448 Wiebe/Leupold/*Gerhardt* Teil 1 Rn. 1.
449 Wiebe/Leupold/*Gerhardt* Teil 1 Rn. 4.

Hinsichtlich der Bereitstellung der Datenbank wird das Vorliegen **miet-**[450] oder **pachtvertraglicher Elemente** befürwortet.[451] Die Überlassung der Information folgt nach überwiegender Ansicht **kaufrechtlichen Regeln.**[452] Hinzutreten können je nach Ausgestaltung des Vertrages auch werk- oder dienstvertragliche Elemente; ist Vertragsgegenstand z.B. auch die Zurverfügungstellung ständig aktualisierter Informationen (Börsendienste, Sportergebnisse, Nachrichten), kann es sich bei der Vereinbarung eines bestimmten Erfolges um einen Werkvertrag,[453] ggf. um einen Dienstvertrag handeln. **347**

Wird dem Nutzer die Datenbank **unentgeltlich** zur Verfügung gestellt, kommt grds. kein Vertrag mit miet- und kaufvertraglichen Elementen zustande, da weder eine Miete noch ein Kaufpreis entrichtet werden muss. Um überhaupt einen Vertrag annehmen zu können, ist erforderlich, dass eine entsprechende Erklärung mit Rechtsbindungswillen abgegeben wurde,[454] und der Wille des Erklärenden, dass das Gewollte rechtlich verbindlich ist, muss zu erkennen sein.[455] Liegt ein solcher Rechtsbindungswille nicht vor, ist von einem **Gefälligkeitsverhältnis** auszugehen. Ein Rechtsbindungswille wird meist fehlen, wenn die Datenbank Nutzern unentgeltlich und ohne besondere Zugangsvoraussetzungen zur Verfügung gestellt wird. Kriterien, die für das Vorliegen eines Rechtsbindungswillens sprechen, sind die nach dem Parteiwillen zu bemessende Bedeutung der Datenbank, das Erfordernis einer Registrierung sowie die Rahmenbedingungen der Datenbanknutzung.[456] Muss bspw. eine bestimmte Software installiert werden, kann dies für den Willen sprechen, rechtlich verbindlich tätig zu werden. Ist ein Rechtsbindungswille zu bejahen, kommen hinsichtlich der Bereitstellung der Datenbank **leihrechtliche Vorschriften** in Betracht, bezüglich der Übergabe der Information kann es sich um eine **Schenkung** handeln.[457] **348**

II. Anwendbare Vorschriften

Der Abschluss des Vertrages kommt meist über das Internet zustande. Daher müssen die für den Vertragsschluss über das Internet gegebenen Besonderheiten (§§ 312 ff. BGB) beachtet werden. Bei einem Downloadvertrieb von Daten handelt es sich in der Regel um ein Fernabsatzgeschäft. Daher müssen die in §§ 312d ff. BGB normierten Pflichten eingehalten werden. Dem Verbraucher müssen vorvertraglich und auch im Zusammenhang mit dem Vertragsschluss bestimmte Informationen erteilt werden, deren Inhalt sich aus Art. 246a § 1 EGBGB ergibt. Grds. muss der Verbraucher über ein Widerrufsrecht belehrt werden. Beim Online-Informationshandel erlischt das **349**

---

450 Moritz/Dreier/*Holzbach/Süßenberger* E-Commerce, C Rn. 367; Redeker/*Bettinger/Heide* Handbuch der IT-Verträge, Kap. 3.10 Rn. 15.

451 *Mehrings* NJW 1993, 3102.

452 *Mehrings* NJW 1993, 3102; Moritz/Dreier/*Holzbach/Süßenberger* E-Commerce, C Rn. 368; Redeker/*Bettinger/Heide* Handbuch der IT-Verträge, Kap. 3.10 Rn. 15; MünchKomm-BGB/*Wendehorst* § 312c a.F. Rn. 91.

453 Vgl. zum „Datenbankvertrag" mit werkvertraglicher Komponente *Cichon* § 6 Rn. 791.

454 Moritz/Dreier/*Holzbach/Süßenberger* E-Commerce, C Rn. 370; Redeker/*Bettinger/Heide* Handbuch der IT-Verträge, Kap. 3.10 Rn. 16.

455 MünchKomm-BGB/*Kramer* Vor §§ 116 ff. Rn. 14.

456 Moritz/Dreier/*Holzbach/Süßenberger* E-Commerce, C Rn. 370.

457 Moritz/Dreier/*Holzbach/Süßenberger* E-Commerce, C Rn. 369; Redeker/*Bettinger/Heide* Handbuch der IT-Verträge, Kap. 3.10 Rn. 16.

Widerrufsrecht unter den Voraussetzungen des § 356 Abs. 5 BGB. Danach erlischt das Widerrufsrecht bei einem Vertrag über die Lieferung von nicht auf einem körperlichen Datenträger befindlichen digitalen Inhalten dann, wenn der Unternehmer mit der Ausführung des Vertrages begonnen hat, nachdem der Verbraucher ausdrücklich zugestimmt hat, dass der Unternehmer mit der Ausführung des Vertrages vor Ablauf der Widerrufsfrist beginnt und seine Kenntnis davon bestätigt hat, dass er durch seine Zustimmung mit Beginn der Ausführung des Vertrags sein Widerrufsrecht verliert.

350 Der Datenbankanbieter kann in der Regel als **Diensteanbieter** i.S.d. **TMG** qualifiziert werden mit der Folge, dass er die im TMG normierten Verpflichtungen einzuhalten hat (dazu im Einzelnen 8. Kap.):

- allgemeine Informationspflichten nach § 5 TMG, etwa Anschrift, Kontaktmöglichkeiten, Registernummer und die Umsatzsteueridentifikationsnummer, soweit vorhanden,
- besondere Informationspflichten bei kommerzieller Kommunikation, § 6 TMG,
- datenschutzrechtliche Vorgaben nach den §§ 11–15 TMG (und auch die sonstige Datenschutzvorschriften).

351 Ggf. unterfällt der Anbieter auch dem TKG, sodass auch dessen Vorgaben Beachtung finden müssen.

III. Pflichten der Vertragsparteien

352 Der Datenbankbetreiber verpflichtet sich dazu, dem Nutzer den Zugriff auf die Datenbank und eine Recherche zu ermöglichen und zur Übermittlung der recherchierten Daten. Nicht davon erfasst ist in der Regel die Pflicht, einen Zugang zum Internet bereitzuhalten und die Datenübertragung über die Kommunikationsnetze sicherzustellen. Teil der Leistungsbeschreibung sollten Ausführungen über den Umfang der Datenbank, die Aktualität, die Art und Weise der Übermittlung der Daten und die Ermöglichung der Recherche sein. Regelungsbedarf besteht auch im Hinblick auf die Verfügbarkeit der Datenbank. So können, wie in allen Bereichen, in denen es um die Erreichbarkeit von Diensten oder Übertragungskanälen geht, bestimmte Kernzeiten vereinbart, Wartungsfenster vorgesehen oder im Rahmen der AGB-rechtlichen Zulässigkeit bestimmte Verfügbarkeitsquoten fixiert werden. Ist die Aktualität der Datenbank von besonderem Interesse, sollten auch hier genaue Aussagen zu den Aktualisierungs-Intervallen (z.B. täglich, wöchentlich, stündlich, bei Eintritt eines bestimmten Ereignisses) getroffen werden.

353 Der Nutzer ist verpflichtet, dem Datenbankbetreiber bei einem entgeltlichen Vertrag die vereinbarte Vergütung zu zahlen. Denkbar ist einer Vergütung für jeden einzelnen Zugriff auf die Datenbank oder für jeden Abruf von Informationen. In der Regel wird es sich um einen auf Dauer angelegten Vertrag handeln, bei dem der Nutzer eine Grundgebühr zahlt, die bereits den Zugriff und die Übermittlung bestimmter Inhalte abdeckt. Denkbar sind auch hier Flatfees oder Paketpreise für den Fall des Bündelns mehrere Datenbanken oder mehrere Module in derselben Datenbank.

354 Selbstverständlich finden sich in den Vertragswerken zudem Regelungen zur Geheimhaltung von Passwörtern, zum allgemeinen Umgang mit der Datenbank, etwa die Pflicht, Systemüberlastungen zu vermeiden, zur Vergütung und Zahlungsmodalitäten, ggf. Datenschutzklauseln und die üblichen Schlussbestimmungen.

IV. Einräumung von Rechten

355 Soweit Informationen nicht Gemeingut sind, können sie durch Schutzrechte vor unrechtmäßiger Nutzung und Verwertung gesichert werden. Ein Hersteller einer Datenbank wird aufgrund der investitionsintensiven Beschaffung, Überprüfung und Darstellung durch die §§ 87a ff. UrhG geschützt. Nach §§ 15 Abs. 2, 19a UrhG steht dem Urheber bzw. dem Inhaber der Verwertungsrechte, also hier dem Verfasser des Datenbankinhalts, das Recht zu, das Werk öffentlich zugänglich zu machen. Zum Schutz von Datenbankwerken und Datenbanken vgl. 29. Kap. Rn. 88 ff. Die Speicherung der Daten auf dem Server des Datenbankbetreibers ist eine Vervielfältigung (§ 16 UrhG). Der Datenbankanbieter, der urheberrechtlich geschützte Datenbankinhalte auf seinem Server speichert, muss sich daher durch die jeweiligen Urheber das Recht einräumen lassen, das Werk im Rahmen der Datenbank zu nutzen und seinen Kunden zur Verfügung zu stellen.

356 In der Regel werden dem Kunden eines Datenbankbetreibers die erforderlichen Nutzungsrechte sowohl hinsichtlich der Nutzung der Datenbankabfragesprache bzw. des -programms als auch an den einzelnen Inhalten vertraglich eingeräumt. Dies sichert sowohl den Kunden als auch den Datenbankbetreiber ab und stellt klar, in welchem Umfang der Kunde zur Nutzung der Datenbank berechtigt ist. Ist keine vertragliche Regelung getroffen, richtet sich der Umfang der Rechte nach der Zweckübertragungstheorie. Vereinbarungen, die als AGB die Nutzungsrechte beschränken, müssen einer Kontrolle nach §§ 307 ff. BGB standhalten.

V. Mängelrechte/Haftung

357 Störungen im Zusammenhang mit der Ermöglichung des Zugriffs auf die Datenbank beurteilen sich nach mietrechtlichen Vorgaben. Auch wenn man die Anwendung pachtrechtlicher Vorschriften befürwortet, gelangen über § 581 Abs. 2 BGB die mietrechtlichen Regelungen zur Anwendung. Nach § 535 BGB besteht grds. die Verpflichtung des Datenbankbetreibers, die Datenbank jederzeit in einem vertragsgemäßen Zustand zu erhalten. Als Mangel ist bspw. denkbar, dass der Zugang zur Datenbank gesperrt, eine Recherche unmöglich ist oder eine zu lange Dauer in Anspruch nimmt. Über § 535 Abs. 1 S. 2 BGB kann der Nutzer von dem Datenbankbetreiber verlangen, dass dieser bestehende Mängel beseitigt. Nach § 536 BGB wird die Miete gemindert, wenn ein Mangel gegeben ist. Ein Mangel berechtigt auch zur Geltendmachung eines Schadensersatzanspruches. Über § 543 BGB kann ein Mangel auch zur außerordentlichen Kündigung berechtigen, unter der Voraussetzung, dass der Mangel besonders schwerwiegend ist und ein Festhalten an dem Vertrag unzumutbar erscheint.

358 Hinsichtlich der Informationsübermittlung kommen kaufrechtliche Vorschriften zur Anwendung. Sind die übertragenen Daten mangelhaft, richtet sich die Gewährleistung nach den §§ 434 ff. BGB, die über § 453 BGB auch für Rechtsmängel gelten. **Mangelhaft** sind die Daten bspw., wenn sie unvollständig oder inhaltlich fehlerhaft sind. In der Rechtsprechung wurde auch die Haftung für falsche Inhalte bejaht.[458] Ist eine regelmäßige Aktualisierung Inhalt der Leistungspflicht, liegt ein Mangel im Unterlassen der Aktualisierung. Auch die Belastung der Daten mit einem Virus kann

---

458 *BGH* NJW 1978, 997.

einen Mangel darstellen. Ein **Rechtsmangel** nach § 453 BGB liegt bspw. vor, wenn die Daten oder die bereitgestellte Software mit Rechten Dritter belastet sind und der Datenbankbetreiber dem Nutzer die entsprechenden Rechte nicht eingeräumt hat oder einräumen kann.

359 Im Übrigen haftet der Datenbankbetreiber deliktisch und nach dem Produkthaftungsgesetz (ProdhaftG). Teilweise wird die Anwendbarkeit des ProdhaftG mit dem Argument verneint, eine für dessen Anwendbarkeit erforderliche bewegliche Sache liege nicht vor. Nach anderer Ansicht ist die notwendige Verkörperung darin zu sehen, dass die Daten auf einem Datenträger gespeichert werden;[459] diese Auffassung vertritt seit Ende 2006 auch der BGH.

360 Bei der unentgeltlichen Überlassung richtet sich die Mängelhaftung nach leih- oder schenkungsrechtlichen Vorschriften. §§ 523 Abs. 1, 524 Abs. 1 BGB regeln, dass der Schenker für Mängel nur dann haftet, wenn er dem Nutzer einen Rechts- oder Sachmangel arglistig verschweigt und dem Nutzer daraus ein Schaden entstanden ist. Gleiches gilt nach § 600 BGB für die Leihe. Nach §§ 521, 599 BGB haftet der Datenbankbetreiber im Übrigen nur für Vorsatz und grobe Fahrlässigkeit. Bei Vorliegen eines Gefälligkeitsverhältnisses stehen dem Nutzer mangels vertraglicher Ansprüche grds. nur die deliktsrechtlichen Haftungsvorschriften zur Verfügung.

VI. Vertragsbeendigung

361 Handelt es sich um einen dauerhaften Vertrag über die entgeltliche Bereitstellung der Datenbank, kann der Vertrag nach den mietrechtlichen Vorschriften gekündigt werden.[460] In den AGB der Datenbankbetreiber finden sich aber vielfach von den mietrechtlichen Vorschriften abweichende Regelungen zur Vertragsdauer und Vertragsbeendigung.

E. Vertrag über Webdesign

362 Die Gestaltung der Eingangsseite (Homepage) einer Internetpräsenz und der Folgeseiten wird zunehmend von professionellen Webdesignern oder Agenturen vorgenommen. Ein **Webdesign-Vertrag** hat die (einmalige) Erstellung einer Internetpräsenz, d.h. einer Gesamtheit von Webseiten zum Inhalt. Die Einzelseiten werden als „Webseiten" bezeichnet. Zu der Erstellung eines Internetauftritts gehört meist nicht nur das Design der Internetpräsenz als solches, sondern auch die technische Entwicklung der Webseite. Neben der einmaligen Erstellung können sich Webdesigner auch zur ständigen Betreuung einer Internetpräsenz verpflichten. Daneben bieten Webdesigner oft auch klassische Providerleistungen an oder führen Schulungen der Mitarbeiter über die Handhabung der Webseite, z.B. der ständigen Aktualisierung und dem Einpflegen neuer Inhalte unter Nutzung z.B. eines Content-Management-Systems, durch.

---

459 Redeker/*Bettinger/Heide* Handbuch der IT-Verträge, Kap. 3.10 Rn. 110.
460 Vgl. *Cichon* § 6 Rn. 792.

I. Einmalige Erstellung einer Internetpräsenz

1. Rechtsnatur

Vertragstypologisch kann es sich um einen **Werkvertrag** nach § 631 BGB oder um einen **Werklieferungsvertrag** nach § 651 BGB handeln, auf den grds. Kaufrecht anzuwenden ist. **Dienstvertragsrecht** kommt zur Anwendung, wenn ein bestimmter Erfolg nicht geschuldet ist, z.B. in einer bereits bestehenden Internetpräsenz lediglich bestimmte Parameter verändert werden. 363

Vor der Schuldrechtreform wurden Webdesign-Verträge überwiegend als Werkverträge angesehen.[461] Mit der Neuregelung des § 651 BGB ist unklar, ob an dieser Einordnung festgehalten werden kann oder über § 651 BGB das Kaufrecht Anwendung findet. Im Hinblick auf § 651 BGB dürften Fallkonstellationen unproblematisch sein, in denen keine Lieferung erfolgt, bspw. weil der Anbieter direkt das System des Kunden nutzt.[462] Auch bei einer zeitlich begrenzten Überlassung der Webseite kommt § 651 BGB nicht zur Anwendung. § 651 BGB setzt voraus, dass der Vertrag die Lieferung herzustellender oder zu erzeugender beweglicher Sachen zum Gegenstand hat. Ob es sich bei einer Internetpräsenz um eine bewegliche Sache handelt, ist umstritten. Die Rechtsprechung des BGH zur Sachqualität von Software spricht ganz deutlich dafür,[463] dass auch beim Webdesign-Vertrag § 651 BGB anzuwenden ist. Eine endgültige Entscheidung des BGH zur vertragstypologischen Einordnung eines solchen Vertrages steht noch aus.[464] 364

Überwiegend wird in der Literatur und Rechtsprechung jedoch die Einordnung des Webdesign-Vertrags als Werkvertrag befürwortet.[465] Begründet wird dies damit, dass bei einem Webdesign-Vertrag ein bestimmter Erfolg geschuldet wird, der eher in einer geistigen und schöpferischen Leistung des Webdesigners liegt. Der Schwerpunkt der Tätigkeit ist die Herbeiführung eines individuell geschuldeten Erfolgs durch bestimmte Entwicklungsleistungen, die Veräußerung eines fertigen Produktes steht nicht im Vordergrund. Auch praktische Erwägungen sollen für das Vorliegen eines Werkvertrags sprechen. So besteht durch die Abnahme die Möglichkeit, die Internetpräsenz zu prüfen. Im Kaufrecht ist ein solches Abnahmeverfahren nicht vorgesehen. 365

2. Vorvertragliches Stadium

Im **vorvertraglichen Bereich** treffen den Webdesigner Aufklärungs- und Beratungspflichten, deren Verletzung Schadensersatzansprüche auslösen können. Speziell im Bereich der Erstellung von Internetpräsenzen wird der Webdesigner über eine größere Sachkunde hinsichtlich der technischen Möglichkeiten und Schranken der Präsentation im Internet verfügen. Zu seiner Aufklärungs- und Beratungspflicht zählt es, den Auftrag des Kunden zu prüfen und ihn über die Durchführbarkeit seiner Vorgaben und Vorstellungen zu beraten.[466] 366

---

461 *Härting* ITRB 2002, 218.

462 So *Koch* ITRB 2003, 281.

463 Vgl. zur Frage der Sachqualität von Software und der Anwendbarkeit des § 651 BGB 21. Kap. Rn. 123 ff. und 227 ff.

464 In seiner Entscheidung „Internet-System-Vertrag" (*BGH* NJW 2010, 1449, 1451) hat der BGH Webdesign-Verträge jedenfalls als „regelmäßig" werkvertraglich und unter Umständen auch als werklieferungsvertraglich eingestuft.

465 Moritz/Dreier/*Winteler* E-Commerce, B Rn. 612; *Cichon* § 4 Rn. 418; *AG Oldenburg* MMR 2015, 541.

466 Vgl. *Cichon* § 4 Rn. 456; Moritz/Dreier/*Winteler* E-Commerce, B Rn. 619 m.w.N.

3. Pflichten der Vertragsparteien

367 **Vertragsgegenstand** ist grds. die Gestaltung und ggf. auch die technische Erstellung einer Internetpräsenz nach Kundenwunsch gegen Zahlung einer entsprechenden Vergütung.

368 Da Internetpräsenzen in den überwiegenden Fällen individuell entworfen und erstellt werden, werden die zu erbringenden Leistungen meist in einer gesonderten Leistungsbeschreibung genau festgehalten. Dazu zählt die Entwicklung des Webdesigns mit einzelnen Menüleisten, Frames und Buttons und deren Umsetzung auf Bildschirmseiten.[467] Festgelegt werden können die Anzahl und Größe der Dateien, die Zahl der enthaltenen Sound-, Bild- oder Videosequenzen, Umfang und Inhalt der zu integrierenden Komponenten sowie die technischen Vorgaben, gerade mit Blick auf die Abrufbarkeit und Darstellung auf unterschiedlichen Endgeräten (Responsive Webdesign). Der Webdesigner ist (ggf. nach den Vorgaben des Kunden) für die gesamte Gestaltung verantwortlich und verfasst oft auch die Texte und Grafiken, die auf der Internetseite des Kunden erscheinen sollen. Die Parteien sollten sich außerdem darüber einigen, von wem das Pflichtenheft zu erstellen ist.

369 Da es sich bei dem Webdesign um eine **kreative Leistung** handelt, können grds. drei Stufen bzw. Vertragsphasen unterschieden werden. In der ersten Phase wird ein – besonderen Wert auf die gestalterischen Fragen legender – Entwurf angefertigt, der entsprechend mit dem Kunden abgestimmt wird. Dieser Entwurf wird dann in einer zweiten Phase ausgearbeitet, der dritte Abschnitt dient der Umsetzung dieses Entwurfs.[468] Zwischen den Parteien kann vereinbart werden, dass zur Vermeidung von Unstimmigkeiten der Kunde nach jeder Phase seine Freigabe erklären muss. Dabei ist zu beachten, dass im Rahmen der künstlerischen Leistung eine gewisse Gestaltungsfreiheit des Webdesigners besteht.[469] Die Freigabe bzw. der vertragsmäßige Erfolg ist daher nicht allein nach rein subjektiven Gestaltungskriterien zu bemessen.[470]

370 Die **Vergütung** wird gem. § 641 Abs. 1 S. 1 BGB grds. mit der Abnahme fällig, soweit das Vorliegen eines Werkvertrages bejaht wird. Als Vergütung kann z.B. eine pauschale Zahlung oder eine Vergütung nach Aufwand vereinbart werden. Auch können Teilzahlungen, bspw. für einen bestimmten Projektabschnitt oder einen Meilenstein vereinbart werden. Unter Geltung des Kaufrechts (§§ 651, 433 ff. BGB) findet keine Abnahme statt, vielmehr erfolgt eine Ablieferung bzw. Übergabe der Webseite.

371 Regelungsbedarf besteht wie bei den meisten Softwareprojekten auch hinsichtlich eines Verfahrens über Änderungen der Leistungsbeschreibung **(Change Request),** die während der laufenden Bearbeitung auftreten. Da bei der Entwicklung und Gestaltung von Internetpräsenzen technische Grenzen oder Schwierigkeiten sowie allgemein Änderungswünsche entstehen können, sollte zwischen den Parteien ein Verfahren vereinbart werden, wie solche Änderungen eingebracht und durchgeführt werden sollen. Zwecks Klarstellung und Beweisbarkeit der vereinbarten Änderungen sollten diese schriftlich festgehalten und eine entsprechende Verpflichtung in den Vertrag aufgenommen werden. In diesem Zusammenhang muss auch ein ggf. vereinbarter Zeitrahmen und die Vergütung an die Änderungen angepasst werden.

---

467 Moritz/Dreier/*Winteler* E-Commerce, B Rn. 616.
468 Allgemein zu Designverträgen *Reich* GRUR 2000, 956.
469 *Reich* GRUR 2000, 956.
470 Moritz/Dreier/*Winteler* E-Commerce, B Rn. 627; *Cichon* § 4 Rn. 433.

4. Einräumung von Rechten

Dem Kunden müssen die erforderlichen **Nutzungs- und Verwertungsrechte** eingeräumt werden. Eine Webseite besteht aus vielen Elementen, die urheberrechtlichen Schutz genießen können.[471] So können die einzelnen Grafiken, Texte, Soundfiles oder Videosequenzen urheberrechtlichen Schutz genießen.[472] 372

Umstritten ist, ob die auf HTML, XHTML und WML basierenden Webseiten unter den Begriff der Computerprogramme gem. § 69a UrhG fallen, insbesondere wenn die Webseiten Programmcode enthalten.[473] Hinsichtlich der gestalterischen Leistung und der Darstellung der Webseite ist auch zu prüfen, ob ein Schutz als Datenbankwerk, filmähnliches Werk oder als Darstellung wissenschaftlicher oder technischer Art möglich ist.[474] (vgl. im Einzelnen 29. Kap. Rn. 88 ff.) 373

Umso wichtiger ist es, dass die Parteien beachten, dem Kunden alle für das Gesamtwerk „Internetpräsenz" erforderlichen Rechte einzuräumen. In diesem Zusammenhang sollte auch geklärt werden, ob Rechte Dritter an den Bestandteilen der Webseite bestehen, an denen der Webdesigner Nutzungsrechte erwerben und an den Kunden weitergeben muss. Außerdem muss der Webdesigner darauf achten, dem Kunden keine ausschließlichen Verwertungsrechte an Software oder Inhalten einzuräumen, die er etwa für andere Webdesignprojekte weiterverwerten möchte. Zu denken ist insbesondere an die Überlassung des der Webseite zugrunde liegenden Quellcodes, um auch nachträglich Änderungen und Anpassungen an der Webseite vornehmen zu können.[475] 374

5. Mitwirkungspflichten

Den Kunden treffen **Mitwirkungspflichten,** die je nach Umfang und Inhalt des Webdesign-Vertrages unterschiedlich ausgestaltet sein können. Allgemeine Mitwirkungspflichten ergeben sich aus dem jeweiligen Vertrag, besonderen gesetzlichen Vorschriften (z.B. §§ 642, 651 BGB) sowie aus § 242 BGB.[476] Der Kunde muss je nach Vertragsgestaltung dem Webdesigner die zur Gestaltung der Internetpräsenz erforderlichen Informationen zur Verfügung stellen, ihm ggf. Texte oder Grafiken liefern sowie Stellung zu den technischen Beschaffenheiten nehmen. Mitwirkungspflichten sind grds. Obliegenheiten, können aber ggf. auch als echte Mitwirkungspflichten ausgestaltet werden. Es bietet sich zur Vermeidung von Streitigkeiten an, die Mitwirkungspflichten vertraglich festzulegen. 375

6. Abnahme/Übergabe

Bei einem Werkvertrag hat nach § 640 BGB eine **Abnahme** der Leistung zu erfolgen. Dem Kunden muss dabei ausreichend Gelegenheit gegeben werden, die erstellte Internetpräsenz zu testen.[477] 376

---

471 Vgl. bspw. *OLG Frankfurt* MMR 2005, 705.
472 *OLG Hamburg* MMR 2012, 832.
473 Wandtke/Bullinger/*Grützmacher* § 69a UrhG Rn. 18; vgl. im Einzelnen 29. Kap. Rn. 11.
474 Vgl. dazu *Schack* MMR 2001, 9.
475 *Härting* Internetrecht, C 659.
476 Vgl. Erman/Westermann/*Hohloch* § 242 BGB Rn. 82.
477 *Cichon* § 4 Rn. 440; Moritz/Dreier/*Winteler* E-Commerce, B Rn. 632.

377 Im Kaufrecht ist eine solche Abnahme nicht vorgesehen, der Vertrag wird durch die Übergabe bzw. Ablieferung erfüllt. Die Vereinbarung einer Abnahme im Kaufrecht verstößt insbesondere in AGB auf Bedenken, da dies zu einer Abweichung von dem gesetzlichen Leitbild des Kaufvertrages führen dürfte. Möglicherweise lässt sich die Unwirksamkeit einer Regelung dadurch vermeiden, dass umfangreiche Testphasen vereinbart werden.

7. Mängelrechte

378 Die Mängelrechte richten sich je nach Auffassung entweder nach werkvertraglichen (§643ff. BGB) oder bei der Anwendung des §651 BGB nach kaufrechtlichen (§434ff. BGB) Vorschriften.

379 Als **Sachmängel** sind insbesondere eine fehlerhafte Programmierung oder Gestaltung, unrichtige Inhalte oder die Funktionsunfähigkeit der Internetpräsenz denkbar. In gestalterischer Hinsicht muss hier beachtet werden, dass es sich um eine kreative Tätigkeit handelt: Die auf rein subjektiven Kriterien beruhende Bewertung der Gestaltung kann also nur dann einen Mangel darstellen, wenn von den vereinbarten Vorgaben abgewichen wird. Die Leistung ist insbesondere rechtsmangelhaft, wenn die Nutzung wegen entgegenstehender Rechte Dritter an der Internetpräsenz nicht möglich ist. Die Mangelansprüche im Werkvertrags- und Kaufrecht unterscheiden sich zwar nicht grundlegend, jedoch ist im Gegensatz zum Kaufrecht im Werkvertragsrecht eine Selbstvornahme der Mängelbeseitigung möglich (§ 637 BGB). Weiter kann im Werkvertragsrecht der Werkunternehmer wählen, welche Art der Nacherfüllung, Nachbesserung oder Neuerstellung der Internetpräsenz, er vornehmen möchte.

II. Sitebetreuungsverträge

380 Neben den Verträgen über die einmalige Erstellung einer Internetpräsenz kann zwischen dem Kunden und dem Webdesigner vereinbart werden, dass sich der Webdesigner weiterhin um den Internetauftritt im Rahmen eines Dauerschuldverhältnisses kümmert. Das bietet sich vor allem an, wenn die Webseite ständig aktualisiert und auf den neuesten technischen Stand gebracht werden muss. Vertragsgegenstand solcher Sitebetreuungsverträge ist die ständige Betreuung und Pflege der Webseite. Hauptpflicht eines solchen Vertrages ist die Aktualisierung und Ergänzung des Internetauftritts, die Überprüfung des Inhalts und die Anpassung an neue technische Gegebenheiten.[478]

381 Diese Leistungspflichten führen zu folgender **vertragstypologischen Einordnung.** Das Vorliegen eines Werkvertrages setzt voraus, dass ein bestimmter Werkerfolg geschuldet ist. Bei dem Sitebetreuungsvertrag rückt jedoch das Erstellen eines einzelnen Arbeitsergebnisses zugunsten der „Wartungstätigkeit“ in den Hintergrund. In erster Linie werden die ständige Betreuung, die Überwachung der Funktionsfähigkeit und das Einpflegen neuer Inhalte im Vordergrund stehen.[479] Es handelt sich also eher um einen tätigkeitsbezogenen Vertrag, auf den **Dienstvertragsrecht** anzuwenden ist.

---

478 *Cichon* §4 Rn.476.
479 *Cichon* §4 Rn.479.

Nach §§ 621, 626 BGB besteht die Möglichkeit, den Dienstvertrag ordentlich oder außerordentlich zu **kündigen.** Da eine Internetpräsenz nicht nur der Information, sondern z.B. bei einem Online-Shop auch dem Handel dient, sollte darauf geachtet werden, dass durch die Vereinbarung kurzer Kündigungsfristen die Internetpräsenz während der Phase, in der ein neuer Vertragspartner gefunden wird, unbetreut bleibt und bspw. aktuelle Produkte dem Online-Shop nicht hinzugefügt werden können. Abhängig von der zu erbringenden Leistung sollte der Fall einer Vertragsbeendigung einer detaillierten Regelung zugeführt werden. Insbesondere sollte beachtet werden, dass der frühere Betreuer der Website bestimmte Daten, Informationen oder Materialien herauszugeben oder sogar in einer ersten Phase Unterstützungsleistungen zu erbringen hat. **382**

Zu beachten ist auch, dass dem Kunden die **Nutzungs- und Verwertungsrechte** von urheberrechtlich geschützten Werken auch noch nach Ende der Vertragsbeziehungen zustehen müssen. Grds. ist mangels ausdrücklicher Vereinbarung unter Anwendung des Zweckübertragungsgrundsatzes davon auszugehen, dass nach dem Vertragszweck nur auf die Dauer des Sitebetreuungsvertrages beschränkte Nutzungs- und Verwertungsrechte bestehen.[480] Kündigt also der Webdesigner den Vertrag, so dürfte ein neuer Auftragnehmer die von ihm produzierten Werke, soweit diese urheberrechtlich geschützt sind, nicht nutzen. **383**

F. Vertrag über den Erwerb von Rechten an Webcontent

(Online-)Content-Provider stellen über eine Internetpräsenz Inhalte zur Verfügung. Unter dem Begriff „Content Provider" werden auch Anbieter von Leistungen verstanden, die die Betreiber einer Internetpräsenz mit Inhalten (Web-Content) versorgen. Unter **Webcontent** werden dabei alle Information und Darstellungen verstanden, die auf einer Website verwendet werden. Dabei kann es sich z.B. um Texte, Informationen, Grafiken, Sounds, Videos oder Bilder handeln. Bei den Informationen handelt es sich naturgemäß (auch) um ein immaterielles Gut, welches im Einzelfall insbesondere urheberrechtlichen Schutz genießen kann. **384**

I. Vertragsvarianten

Content-Provider-Verträge sind in **unterschiedlichen Varianten** denkbar: **385**

- Der Anbieter einer Internetseite kann Webcontent unmittelbar von dem Hersteller, der zugleich Content-Provider ist, erwerben und sich die entsprechenden Rechte daran einräumen lassen.
- Möglich ist auch, dass der Content-Provider die Herstellung der Inhalte nicht selbst übernimmt, sondern die Inhalte von Dritten erwirbt und die Rechte zur Nutzung der Inhalte nun an den Anbieter, d.h. seinen Kunden, ausschließlich oder nicht-ausschließlich weitervermittelt (Content-Brokerage). Der Content-Provider kann die Inhalte auch von einem weiteren Vermittler erworben haben, sodass hinsichtlich der Beschaffung und Überlassung von Inhalten eine „Leistungskette" entsteht. Der

480 *Cichon* § 4 Rn. 497.

Content-Provider nimmt in diesem Fall also lediglich eine Art Vermittlungstätigkeit wahr.

386 Eine Unterscheidung kann auch anhand der **Art und Weise der Lieferung** der Inhalte erfolgen:

- Die Inhalte können dem Kunden in der Weise zur Verfügung gestellt werden, indem sie in seine Website integriert werden. Sie erscheinen dann für den Internetnutzer als eigene Inhalte des Betreibers.
- Dem Anbieter der Internetseite kann auch ermöglicht werden, Dritten Inhalte über einen entsprechenden Link zur Verfügung zu stellen (sog. Linking-Vertrag).

387 Differenziert werden kann auch anhand der **Leistungsdauer:**

- Es kann sich um eine einmalige, dauerhafte Überlassung von Inhalten handeln, bei denen dem Anbieter dauerhaft gegen ein bestimmtes Entgelt Webcontent zur Verfügung gestellt wird.
- Kommt es auch auf die Aktualität der zur Verfügung gestellten Inhalte an (z.B. Börsenkurse), übernimmt der Content-Provider die Verpflichtung, Inhalte ständig zu aktualisieren und neu zu liefern.

388 Letztlich bieten auch die zur Verfügung gestellten **Informationen** ein Unterscheidungskriterium.

- Bei diesen kann es sich um urheberrechtlich oder anderweit geschützte Informationen handeln oder
- um solche, die wegen mangelnder Schöpfungshöhe oder wegen ausgelaufenen Schutzes keinen urheberrechtlichen Schutz (mehr) genießen und gemeinfrei sind,
- vertragstypologische Einordnung.

II. Vertragstypologische Einordnung

389 Der Content-Provider-Vertrag kann im Hinblick auf die Vielzahl der möglichen Leistungsgegenstände und Arten der Leistungserbringung nicht einheitlich einem typisierten Schuldverhältnis zugeordnet werden, es ist eine Einzelfallbetrachtung erforderlich.

390 Ist die Zusammenarbeit auf eine längere Dauer ausgerichtet, liegt zwischen Content-Provider und Anbieter ein **Dauerschuldverhältnis** vor. Dazu zählen insbesondere Verträge über die ständige Aktualisierung der Inhalte oder die dauerhafte Lieferung von zuvor festgelegten Informationen. Der Charakter als Dauerschuldverhältnis kann zu einem Vorliegen eines **Sukzessivlieferungsvertrags** in Form eines Bezugsvertrags führen.[481] Ein solcher Vertrag wird auf eine unbestimmte, zumindest aber auf längere Zeit ohne Festlegung einer bestimmten Leistungsmenge geschlossen. Die Menge der Leistung richtet sich nach dem Bedarf und der Anforderung durch den Anbieter. Der Bezugsvertrag setzt die ständige Lieferbereitschaft des Content-Providers voraus.

391 Werden **urheberrechtlich nicht geschützte Informationen** zur Verfügung gestellt, die der Allgemeinheit frei zugänglich und frei verfügbar sind (und auch nicht in der konkreten Zusammensetzung als Datenbank geschützt sind), bedarf es keiner Einräumung von Nutzungsrechten. Vorrangige Vertragsleistung ist dann die Beschaffung

---

481 Moritz/Dreier/*Winteler* E-Commerce, B Rn. 345.

oder Zusammenstellung der Inhalte sowie deren technische Anbindung. Abhängig von der Gestaltung des Vertrages im Einzelfall kann es sich dann um einen **Dienst-** oder einen **Werkvertrag** handeln.

Besteht für die Information hingegen urheberrechtlicher Schutz, müssen dem Anbie- **392**
ter Nutzungs- und Verwertungsrechte eingeräumt werden. Dies erfolgt in Form eines Lizenzvertrages. Der Lizenzvertrag wird überwiegend als Vertrag sui generis angesehen.[482] Ist der Vertrag unvollständig, kann je nach Vertragsgestaltung unter Berücksichtigung des Parteiwillens auf Kauf-, Miet- oder Pachtrecht herangezogen werden. Wird Webcontent auf Dauer gegen die einmalige Zahlung eines Entgeltes überlassen, so kann ein Rechtskauf gem. § 453 BGB vorliegen, auf den die kaufrechtlichen Vorschriften Anwendung finden. Bei einer zeitlich begrenzten Überlassung der Inhalte sind miet- oder pachtrechtliche Vorschriften zu beachten.

Soll der Inhalt des Providers durch einen Link abgerufen werden können, wird ver- **393**
einbart, dass der Anbieter Zugang zu dessen Webseite erhält. Diese Konstellation wird als **Linking-Vertrag** bezeichnet. Auch hier wird es sich um einen Lizenzvertrag handeln, der je nach Ausgestaltung mietrechtlich geprägt ist.[483]

III. Pflichten des Content-Providers

Die Pflichten des Content-Providers sollten durch die Parteien eindeutig festgelegt **394**
werden. Dies kann sowohl im Vertragstext selbst als auch in einer Leistungsbeschreibung erfolgen. Vertragsgegenstand ist die Vermittlung von Inhalten durch den Content-Provider an den Anbieter und falls erforderlich die Einräumung der entsprechenden Nutzungs- und Verwertungsrechte. Folgend sollen Regelungspunkte dargestellt werden, die bei dem Vertragsschluss von den Parteien berücksichtigt werden müssen.

1. Beschreibung der Inhalte

Zunächst bedarf es der genauen Beschreibung des zu liefernden Inhalts. Es muss fest- **395**
gelegt werden, ob es sich um Texte, Bilder, Grafiken, Video- oder Audiodateien, Nachrichten, den Zugriff auf eine Datenbank oder sonstige Informationen handelt und welche Beschaffenheit diese aufweisen sollen. Dazu sollten sich die Parteien über die jeweiligen Merkmale einigen und vertraglich -soweit möglich- eine genaue Beschreibung vornehmen. Ist eine detaillierte Bestimmung der Inhalte nicht möglich, sollten die Parteien die Inhalte jedenfalls thematisch spezifizieren. So können bestimmte Themenbereiche angegeben werden, die durch die zu liefernden Informationen abgedeckt werden sollen. Eine Abgrenzung kann auch anhand der Quellen der Inhalte oder durch die Bestimmung des Verwendungszwecks erfolgen.

Soll der Inhalt besondere Gestaltungsmerkmale aufweisen, so sind auch dahingehend **396**
explizite Vereinbarungen zu treffen. So kann vereinbart werden, dass hinsichtlich des Designs eine Anpassung zu erfolgen hat.

---

482 *BGH* NJW-RR 2004, 644; NJW 1989, 456; GRUR 1973, 669 – Spülmaschine; *OLG Stuttgart* GRUR-RR 2004, 8.

483 Moritz/Dreier/*Winteler* E-Commerce, B Rn. 346.

2. Technische Vorgaben

397 Da es sich um digitale Informationen handelt, bietet es sich an, auch die technischen Vorgaben, z.B. die Dateigröße oder den Speicherplatzbedarf, anzugeben. Dazu gehört auch die Festlegung der technischen Standards und der Kompatibilität.

398 Regelungsbedarf besteht auch im Hinblick auf die Art und Weise der Lieferung. Im Vertrag sollte festgehalten werden, ob die Inhalte per Datenfernübertragung übermittelt werden oder der Content-Provider dem Anbieter die Inhalte auf einem Datenträger, per E-Mail oder in sonstiger verkörperter Form zu überlassen hat.

399 Die Daten können aber auch dadurch übertragen werden, dass der Anbieter dauerhaft an eine Datenbank angebunden ist oder dauerhaft auf Datenströme zugreifen kann. Dann muss vereinbart werden, wer diese Anbindung herstellt und zukünftig für deren Aufrechterhaltung zuständig ist. Schließlich ist auch die Vorgabe von Sicherheitsstandards ein Regelungspunkt, z.B. das Erfordernis besondere Verschlüsselungen oder Zugriffsschutzmechanismen.

3. Pflege der Inhalte

400 Die Parteien sollten sich darüber verständigen, ob der Content-Provider die Pflege und ständige Aktualisierung der Inhalte übernimmt. Dies kommt in Betracht, wenn es sich nicht um die einmalige Überlassung eines bestimmten Inhaltes handelt, sondern um Inhalte, die fortlaufend erneuert werden müssen. Je nach Art des Inhalts sind sehr kurze Intervalle (Börsenkurse) oder zeitlich längere Perioden möglich. Eine Aktualisierung ist für den Anbieter besonders wichtig, wenn er sich aufgrund einer falschen, weil zeitlich abgelaufenen Information Ansprüchen Dritter aussetzen würde. Neben der Pflege der Inhalte kann auch die Sicherung der Daten und die Kontrolle auf Viren etc. geschuldet sein.

4. Kontrolle der Inhalte

401 Da der Anbieter für die Inhalte haftbar gemacht werden kann, ist es für ihn von Interesse, dass der Content-Provider die Inhalte zum Zeitpunkt ihrer Zurverfügungstellung und auch fortlaufend auf ihre inhaltliche Rechtmäßigkeit überprüft. Es geht dabei nicht nur um Verstöße im strafrechtlichen Sinn, sondern vor allem um die Überprüfung, ob durch die Inhalte keine gewerblichen Schutzrechte, Urheberrechte oder das Wettbewerbsrecht verletzt werden. Der Content-Provider muss verpflichtet werden, keine Inhalte zu verbreiten, die gegen das geltende Recht verstoßen und die eingestellten Inhalte fortlaufend zu kontrollieren. Eine solche Kontrolle ist vor allem dann sinnvoll, wenn Nutzer über die Internetpräsenz des Anbieters Inhalte austauschen oder bereitstellen können. Der Content-Provider kann dann verpflichtet werden, rechtswidrige von Dritten eingestellte Inhalte zu entfernen.

5. Verfügbarkeit der Inhalte

402 Verbleiben die Inhalte auf einem Server des Content-Providers und können dort durch den Anbieter abgerufen werden, sollten die Parteien eine Vereinbarung über die ständige Verfügbarkeit der Inhalte treffen.[484] Bei einem direkten Zugriff kann nur so sichergestellt werden, dass die Inhalte einer ständigen Verfügbarkeit unterliegen.

484 Zur AGB-rechtlichen Zulässigkeit vgl. Rn. 287 ff. m.w.N.

Bei providerseits vorformulierten Verträgen muss wiederum beachtet werden, dass Verfügbarkeitsklauseln einer Inhaltskontrolle unterliegen können und ggf. als unzulässige Haftungsbeschränkung als unwirksam angesehen werden könnten.

6. Sonstige Pflichten

Der Content-Provider kann neben der Überlassung des Webcontents auch weitere (Zusatz-)Leistungen übernehmen. Nimmt der Anbieter die Einbindung in seinen Internetauftritt eigenständig vor, benötigt er möglicherweise eine Schulung, die ihm die notwendigen Kenntnisse vermittelt. Der Content-Provider kann auch **technischen Support** zur Verfügung stellen. **403**

Ist der Content-Provider selbst Endkunde eines weiteren Providers und erhält er einen Zugangsschlüssel auf dessen Seiten, so kann er diesen Zugangsschlüssel auch dem Anbieter zur Verfügung stellen **(Sponsoring Accounts)**. Dabei bedarf es der Regelung, ob auf sämtliche Inhalte oder nur auf einen Teil zugegriffen werden darf, welche Personen einen Zugriff durchführen dürfen, wie lange ein Zugriff erfolgen und welche Größe das Datenvolumen maximal erreichen darf. **404**

Der Content-Provider kann auch verpflichtet werden, seine eigenen Inhalte im Rahmen einer Selbstzensur nochmals mittels einer **Filtersoftware** zu überprüfen und ein sog. Rating durchzuführen. Die Software von Internetnutzern kann diese Ratings dann erkennen und die Seite ggf. sperren. Der Content-Provider kann auch mit der Übernahme von **Marketingleistungen** beauftragt werden. **405**

IV. Pflichten des Kunden

Hauptpflicht des Kunden ist die Zahlung der vereinbarten **Vergütung.** Die Vergütung kann dabei als **einmalige Gebühr,** fortlaufendes **Pauschalhonorar** oder als **nutzungsabhängige Vergütung** ausgestaltet werden. Möglich ist auch eine Kombination verschiedener Vergütungsarten. Bei einer Vergütung, deren Berechnung aufgrund der tatsächlichen Nutzung erfolgt, muss festgelegt werden, anhand welcher Kriterien die tatsächliche Nutzung zu bemessen ist. Dabei kann Anknüpfungspunkt das Datenvolumen, die Zugriffszahl oder sogar die Clicks sein. Hier bedarf es wiederum der Festlegung der Mess- und Berechnungsmethoden sowie von besonderen Vorkehrungen, die eine Manipulationssicherheit der Berechnungen gewährleisten. **406**

Die Vergütung kann auch aufgrund der Werbeerlöse erfolgen, deren Bemessung anhand sog. Hit-Impressions erfolgt. Außerdem besteht die Möglichkeit, **Garantiehonorare** zu vereinbaren. Dabei handelt es sich um Vergütungen, die ein garantiertes Mindesthonorar vorsehen. **407**

Für die **sonstigen Leistungen** wie Schulungen oder technischem Support können zusätzliche Vergütungen vereinbart werden. **408**

Dem Kunden werden vertraglich meist weitere Verpflichtungen auferlegt. Zu nennen ist hier z.B. die Pflicht, die Inhalte nicht zu verändern und auf der Internetseite keine Inhalte zur Verfügung zu stellen, die für den Content-Provider zu einer Rufschädigung führen können, wenn er mit diesen Inhalten in Zusammenhang gebracht werden kann. **409**

V. Einräumung von Nutzungsrechten

410 Wichtigster Regelungspunkt in einem Vertrag über den Erwerb von Webcontent ist die Einräumung der Rechte an Inhalten und Materialien. Handelt es sich um Inhalte, die rechtlich geschützt sind, müssen dem Anbieter entsprechende Rechte eingeräumt werden. Den Parteien ist zu raten, den Umfang der übertragenen Rechte so genau wie möglich festzulegen. Lediglich bei Inhalten, die gemeinfrei sind, bedarf es einer solchen Regelung nicht. Rechte können entweder Dritten oder dem Content-Provider zustehen.

411 **Urheberrechtlich** kann Webcontent als Sprachwerk, Schriftwerk, Musikwerk, Filmwerk, Werk der bildenden Künste, Lichtbildwerk oder wissenschaftliche bzw. technische Darstellung geschützt werden (§ 2 Abs. 1 UrhG). Datenbankwerke und Datenbanken erlangen über §§ 87a ff., 4 ff. UrhG Schutz, Computerprogramme sind durch die §§ 69a ff. UrhG erfasst. Soweit es sich bei dem **Webcontent** um ein **Computerprogramm** i.S.d. § 69c UrhG handelt, richtet sich die Zulässigkeit der Nutzung und Verwertung nach den §§ 69a ff. UrhG. (vgl. 22. Kap.).

412 Der Content-Provider kann dem Anbieter **ausschließliche** oder **einfache Nutzungsrechte** einräumen. Durch die Vereinbarung ausschließlicher Rechte erhält der Anbieter das alleinige Benutzungsrecht. Für den Anbieter ist ein ausschließliches Nutzungsrecht von Bedeutung, wenn er den fraglichen Inhalt allein anbieten möchte oder es um die Individualität der Internetpräsenz geht. Bei einem einfachen Nutzungsrecht sind auch der Content-Provider oder Dritte berechtigt, den Inhalt zu nutzen. Die Lizenzen können weiter **inhaltlich, zeitlich oder räumlich begrenzt** werden, wobei räumliche Einschränkungen kaum zu realisieren sein dürften, da die Webseite im Internet weltweit abrufbar ist.

413 In der Praxis wird dem Anbieter meist ein einfaches, (internetbedingt) räumlich und zeitlich unbeschränktes Nutzungsrecht eingeräumt. Darüber hinaus enthalten die Nutzungsrechtsklauseln Beschränkungen, in welchen genauer geregelt ist, welche Handlungen der Anbieter vornehmen darf. Dort ist bspw. geregelt, ob ein Download- oder eine Ausdruckmöglichkeiten für den (End-)Nutzer besteht oder eine Anpassung der Inhalte durch die Vornahme von Ergänzungen, Erweiterungen, Kürzungen, Anpassungen an ein bestimmtes Design erfolgen darf.

414 Außerdem wird in solchen Klauseln geregelt, ob der Anbieter dazu berechtigt ist, weitere Unterlizenzen an Dritte zu vergeben. Unterlizenzen sind notwendig, wenn der Internetnutzer eine Handlung vornimmt, die im Hinblick auf die bestehenden Schutzrechte relevant werden könnte. So kann bspw. das Browsen und Downloaden einer Internetseite eine Urheberrechtsverletzung darstellen,[485] sollten die entsprechenden Nutzungsrechte nicht bestehen.

415 Welche Regelungen sinnvoll und sachgerecht sind, hängt von dem jeweiligen Einzelfall ab. So ist bspw. eine Vereinbarung über die Zulässigkeit von Änderungen/Anpassungen nicht notwendig, wenn der Anbieter die Einbindung der Inhalte in seine Website nicht selbst vornimmt.

485 Wandtke/Bullinger/*Wandtke/Grunert* § 31 UrhG, Rn. 57.

VI. Mängelrechte

Sachmängel liegen primär dann vor, wenn der angebotene Inhalt unvollständig oder sachlich unrichtig ist. Ein Sachmangel liegt auch vor, wenn sich Dateien nicht abspielen lassen oder Viren enthalten sind. Wichtigster Fall des **Rechtsmangels** ist das Bestehen von Schutzrechten Dritter an den gelieferten Inhalten, die der Content-Provider dem Anbieter nicht einräumen kann. In einem solchen Fall kann der Anbieter durch den Dritten auf Unterlassung in Anspruch genommen werden und macht sich ggf. schadensersatzpflichtig. Anbieterfreundlich sind Regelungen in dem Vertrag, in denen sich der Content Provider dazu verpflichtet, den Anbieter von etwaigen Ansprüchen Dritter (auf erstes Anfordern) freizustellen. In vielen Verträgen findet sich die Bestätigung, dass der Content Provider Rechte Dritter nicht verletze, teilweise wird dies sogar als Garantie formuliert. Besteht das Bedürfnis, die Gewährleistung einzuschränken oder Freistellungsklauseln zu vereinbaren, so müssen bei vorformulierten Verträgen §§ 307 ff. BGB beachtet werden. **416**

VII. Haftung

1. Haftung gegenüber Dritten

Sowohl der Content-Provider als auch der Anbieter sind **gegenüber Dritten** haftbar: Nach § 7 Abs. 1 TMG sind Diensteanbieter für eigene Inhalte nach den allgemeinen Regeln verantwortlich. Handelt es sich um fremde Inhalte, kann dem Anbieter die Haftungsprivilegierung des § 11 TMG zugutekommen, sofern er keine Kenntnis von der rechtswidrigen Handlung hat (vgl. § 11 Nr. 1, Nr. 2 TMG). Allerdings gilt diese Haftungsprivilegierung nach der Rechtsprechung nicht für (verschuldensunabhängige) Unterlassungsansprüche, sodass hier wiederum die allgemeinen Regelungen zur Anwendung kommen. Auch Disclaimer sind nicht immer dazu geeignet, die Distanzierung von fremden Inhalten herbeizuführen.[486] Allgemein gehaltene Disclaimer reichen nicht aus, sofern der Inhalt in das Gesamtangebot des Providers eingebettet ist und der Provider, sei es durch Werbung, einen finanziellen Nutzen zu ziehen vermag.[487] **417**

Der **Anbieter** haftet gegenüber Dritten aus Vertrag, soweit ein solcher geschlossen wurde. Im Übrigen finden die allgemeinen Haftungsregelungen Anwendung. Bei Schutzrechtsverletzungen können die sich aus dem jeweiligen Gesetz ergebenden Ansprüche geltend gemacht werden, z.B. aus dem UrhG, dem MarkenG oder auch wettbewerbsrechtliche Ansprüche. Der **Content-Provider** haftet gegenüber Dritten ebenfalls nach den allgemeinen Regeln. **418**

2. Haftung im Vertragsverhältnis

Neben der Haftung für Sach- und Rechtsmängel über das Gewährleistungsrecht – soweit die dem Vertrag zugrunde liegenden gesetzlichen Regelungen Mangelrechte vorsehen – kann der Content-Provider nach allgemeinem Leistungsstörungsrecht oder Deliktsrecht haften. In der Regel werden im Vertrag Vereinbarungen getroffen, die **419**

---

486 Vgl. dazu *OLG München* MMR 2002, 611.
487 *OLG Köln* MMR 2002, 548.

die Verantwortung für die Inhalte dem Content-Provider auferlegen und durch die der Anbieter von etwaigen Ansprüchen Dritter freigestellt wird. Dabei ist immer zu beachten, dass solche Vereinbarungen bei vorformulierten Verträgen einer Kontrolle nach den §§ 307 ff. BGB standhalten müssen.

G. Sonstige Fallgestaltungen

420 Im Rahmen der Online-Verträge und der Internetnutzung sind zahlreiche weitere Fallgestaltungen denkbar, die hier – nicht abschließend – kurz genannt werden sollen.

421 Typische Geschäfte, die über das Internet abgeschlossen werden, sind Verträge über den **Download** von **Software, Musik und Filmen, Electronic Banking** oder die Online-Reisebuchung. Auch Abonnements über das **Streaming** von Musik und Filmen – etwa über Dienste wie NETFLIX und Amazon – sind typische Geschäfte des mobilen Internet.[488]

422 Die meisten Internetpräsenzen verfügen nicht nur über sachliche Inhalte und Informationen, sondern enthalten auch eigene Werbung oder die **Werbung** Dritter. Auf diese Weise können die Kosten für den Internetauftritt refinanziert oder sogar ein Umsatz erzielt werden.

423 Als eine der Werbeformen im Internet hat sich die **Bannerwerbung** entwickelt. Darunter ist eine in eine Webseite eingebundene Bilddatei zu verstehen, die durch den Werbenden mit Inhalten versehen wurde. Diese Bilddatei ist mit einem Link verknüpft, der zu der Homepage des Werbenden führt (sog. Click Through). Der Betreiber der Internetseite schuldet den Erfolg, die Werbung auf seiner Seite zu veröffentlichen und den Link einzubinden. Der Werbende zahlt dafür eine entsprechende Vergütung. Der Vertrag über die Bannerwerbung ist zwar mit einem klassischen Anzeigenvertrag vergleichbar, jedoch ist seine Rechtsnatur nicht unumstritten. Er wird – je nach konkreter Vertragsgestaltung – als Werkvertrag nach § 631 BGB, als gemischten Vertrag mit werk- und mietvertraglichen Elementen oder als reiner Mietvertrag qualifiziert.[489] Eine weitere Art der Werbung wird durch den Banner-Austausch vorgenommen. Im Rahmen eines **Banner-Austauschvertrages** tauschen Unternehmen ihre Werbebanner in der Form aus, dass das Banner des jeweils anderen Unternehmens auf der eigenen Webseite platziert wird.[490] Als weitere Werbeformen haben sich das **Website-Sponsoring** und die **Pop-up-Werbung** herausgebildet. Beim Website-Sponsoring unterstützt der Sponsor die Finanzierung einer Internetpräsenz und wird im Gegenzug dort genannt.

424 Da kleinere Unternehmen aus Kostengründen und wegen des damit verbundenen Vertriebssystems nicht in der Lage sind, ihre Produkte über einen eigenen Internetauftritt bzw. Online-Shop anzubieten, bieten Unternehmer **Internetplattformen,** wo die Waren und Dienstleistungen dann auf einer gemeinsamen Webseite präsentiert

488 Www.horizont.net/medien/nachrichten/Programming-So-viel-investieren-Amazon-und-Netflix-in-Inhalte-143470 (zuletzt abgerufen am 1.5.2017).

489 Ausf. zur Rechtsnatur vgl. Redeker/*Scheja/Schneider* Handbuch der IT-Verträge, Kap. 3.7. Rn. 10; Moritz/Dreier/*Winteler* E-Commerce, B Rn. 424.

490 Vgl. dazu Redeker/*J. Schneider* Handbuch der IT-Verträge, Kap. 3.8.

werden. Die Plattform ist mit den Webseiten der Anbieter verlinkt. Teilweise teilen sich Unternehmen auch Webseiten als Internet-Community, wobei die Webseiten durch einen Portalbetreiber zur Verfügung gestellt werden. Dazu werden zwischen dem Anbieter und dem Unternehmen **Portalbetreiberverträge** abgeschlossen, die das Webdesign, die Verlinkung zu der Seite des Unternehmens oder sogar die Abspeicherung der Internetpräsenz des Kunden zum Inhalt haben können.

23. Kapitel
IT-Strafrecht

Literatur: *Bär* Strafprozessuale Fragen der EDV-Beweissicherung, MMR 1998, 557; *Berger* Die Neuregelung der Privatkopie in § 53 Abs. 1 UrhG im Spannungsverhältnis von geistigem Eigentum, technischen Schutzmaßnahmen und Informationsfreiheit, ZUM 2004, 257; *Beukelmann* Computer- und Internetkriminalität, NJW-Spezial 2004, 135; *ders.* Surfen ohne strafrechtliche Grenzen, NJW 2012, 2617; *Bolay* Glücksspiel, Glücksspiel oder doch Gewinnspiel?, MMR 2009, 669; *Borges/Schwenk/Stuckenberg/Wegener* Identitätsdiebstahl und Identitätsmissbrauch im Internet, 2010; *Böhm/Pesch* Bitcoins: Rechtliche Herausforderungen einer virtuellen Währung, MMR 2014, 75; *Borgmann* Von Datenschutzbeauftragten und Bademeistern, NJW 2004, 2133; *Bruns* Völkerrecht als Rechtsordnung, ZaöRV 1929, 1; *Buggisch* Dialer Programme – Strafrechtliche Bewertung eines aktuellen Problems, NStZ 2002, 178; *Busch* Zur urheberrechtlichen Einordnung der Nutzung von Streamingangeboten, GRUR 2011, 496; *Cornils* Der Begehungsort von Äußerungsdelikten im Internet, JZ 1999, 394; *Dix/Kipker/Schaar* Schnellschuss gegen die Grundrechte, ZD 2015, 300; *Dörr/Kreile/Cole* Handbuch Medienrecht, 2010; *Eichelberger* Sasser, Blaster Phatbot & Co., MMR 2004, 594; *Eckstein* MMORPGs und Metaversen, JurPC Web-Dok. 58/2013; *Ellbogen/Erfurth* Strafrechtliche Folgen von Ping- oder Lockanrufen auf Mobiltelefone, CR 2008, 635; *Erdemir* Neue Paradigmen der Pornografie?, MMR 2003, 628; *Ernst* Hacker und Computerviren im Strafrecht, NJW 2003, 3233; *Fangerow/Schulz* Die Nutzung von Angeboten auf www.kino.to, GRUR 2010, 677; *Fink/Cole/Keber* Lehrbuch Europäisches und Internationales Medienrecht, 2008; *Fink/Schwartmann/Cole/Keber* Textsammlung Europäisches und Internationales Medienrecht, 2012; *Frank* MP3, P2P und STA, die strafrechtliche Seite des Filesharing, K&R 2004, 576; *Franck* Datenhehlerei nach dem künftigen § 202d StGB, RDV 2015, 180; *Gercke* Analyse des Umsetzungsbedarfs der Cybercrime Konvention – Teil 2, MMR 2004, 801; *ders.* Analyse des Umsetzungsbedarfs der Cybercrime-Konvention – Teil 1, MMR 2004, 728; *ders.* Der Rahmenbeschluss über Angriffe auf Informationssysteme, CR 2005, 468; *ders.* Die Strafbarkeit von Phishing und Identitätsdiebstahl, CR 2005, 606; *ders.* Die Entwicklung des Internetstrafrechts im Jahr 2006, ZUM 2007, 287; *ders.* Die Entwicklung des Internetstrafrechts 2011/2012, ZUM 2012, 625; *ders.* Die Entwicklung des Internetstrafrechts 2012/2013, ZUM 2013, 605, *ders.* Rechtliche Probleme durch Einsatz des IMSI-Catchers, MMR 2003, 453; *ders.* Praxishandbuch Internetstrafrecht, 2009; *ders.* Die Bekämpfung der Internetkriminalität als Herausforderung für die Strafverfolgungsbehörden, MMR 2008, 291; *ders.* Die Entwicklung des Internetstrafrechts 2013/2014, ZUM 2014, 647; *ders.* Die Entwicklung des Internetstrafrechts 2014/2015, ZUM 2015, 778; *ders.* Die Entwicklung des Internetstrafrechts 2015/2016, ZUM 2016, 829; *Goger* Bitcoins im Strafverfahren, MMR 2016, 431; *Golla* Papiertiger gegen Datenkraken, ZIS 2016, 192; *Habel* Eine Welt ist nicht genug – Virtuelle Welten im Rechtsleben, MMR 2008, 71; *Hambach/Berberich* Strafbarkeit von Online-Glücksspiel nach aktueller Rechtslage, ZfWG 2015, 150; *Handel* Hate Speech – Gilt deutsches Strafrecht gegenüber ausländischen Anbietern sozialer Netzwerke?, MMR 2017, 227; *Harms* Ist das bloße Anschauen von kinderpornographischen Bildern im Internet nach geltendem Recht strafbar?, NStZ 2003, 646; *Heckmann* juris PraxisKommentar Internetrecht, 2. Aufl. 2009; *Heeg/Levermann* GlüStV 2012 – Marktöffnung oder Scheinliberalisierung?, MMR 2012, 726; *Heine* Bitcoins und Botnetze, NStZ 2016, 441; *Heinrich* „Zugänglichmachen" und „öffentliches Begehen" als Tathandlungen im Medienstrafrecht, ZJS 2016, 698; *Hildebrandt* Die Strafvorschriften des Urheberrechts, 2001; *Hilgendorf* Probleme des § 303a StGB, JR 1994, 478; *ders.* Überlegungen zur strafrechtlichen Interpretation des Ubiquitätsprinzips im Zeitalter des Internets, NJW 1997, 1873; *ders.* Die strafrechtliche Regulierung des Internet als Aufgabe eines modernen Technikrechts, JZ 2012, 825; *Hilgendorf/Frank/Valerius* Computer- und Internetstrafrecht, 2012; *Holznagel* Poker – Glücks- oder Geschicklichkeitsspiel?, MMR 2008,

439; *Hörnle* Aktuelle Probleme aus dem materiellen Strafrecht bei rechtsextremistischen Delikten, NStZ 2002, 113; *ders.* Pornographische Schriften im Internet, NJW 2002, 1008; *Hopf/Braml* Virtuelle Kinderpornographie vor dem Hintergrund des Online-Spiels Second Life, ZUM 2007, 354; *Horn* Zum Recht der gewerblichen Veranstaltung und Vermittlung von Sportwetten, NJW 2004, 2047; *Jahn* Verbotsirrtum und unerlaubtes Glücksspiel, JuS 2013, 79; *Janisch/Lachenmann* Konvertierung von Musikvideo-Streams in Audiodateien, MMR 2013, 213; *Kazemi/Leopold* Internetglücksspiel ohne Grenzen, MMR 2004, 649; *Keber* „eBay" – Schnäppchen und Luftschlösser im Cyberspace, Jur-PC 37/2005; *ders.* Die Internet-Verbote des Glücksspielstaatsvertrages und das unionsrechtliche Kohärenzgebot, ZfWG 2011, 83; *Kemper* Anforderungen und Inhalt der Online-Durchsuchung bei der Verfolgung von Straftaten, ZRP 2007, 105; *Kempermann* Strafbarkeit nach § 206 StGB bei Kontrolle von Mitarbeiter-E-Mails?, ZD 2012, 12; *Kitz* Rechtsdurchsetzung im geistigen Eigentum – die neuen Regeln, NJW 2008, 2374; *Klickermann* Virtuelle Welten ohne Rechtsansprüche?, MMR 2007, 766; *Knupfer* Phishing for Money, MMR 2004, 641; *Kondziela* Staatsanwälte als Erfüllungsgehilfen der Musik- und Pornoindustrie?, MMR 2009, 295; *Kraatz* Der Computerbetrug, Jura 2010, 39; *Krasemann* Onlinespielrecht – Spielwiese für Juristen, MMR 2006, 351; *Krüger/Apel* Haftung von Plattformbetreibern für urheberrechtlich geschützte Inhalte, MMR 2012, 144; *Kudlich* Computerbetrug und Scheckkartenmissbrauch durch den berechtigten Kontoinhaber, JuS 2003, 537; *Kühl* Zur Strafbarkeit unbefugter Bildaufnahmen, AfP 2004, 190; *Kugelmann* Die Cyber-Crime Konvention des Europarates, DuD 2001, 215; *Liesching* Straf- und jugendschutzrechtliche Auswirkungen des 49. Strafrechtsänderungsgesetzes, BPJM-Aktuell 2/2015, S. 2; *Löhning* „Verbotene Schriften" im Internet, JR 1997, 496; *Mansdörfer* Strafbarkeit der Fernseh- und Internetwerbung für unionseuropäische Internetsportwetten und -lotterieangebote in Deutschland, ZfWG 2016, 94; *Marberth-Kubicki* Computer- und Internetstrafrecht, 2005; *dies.* Der Beginn der Internet-Zensur, NJW 2009, 1792; *Marberth-Kubicki/Hambach/Beberich* Aktuelle Entwicklungen im deutschen Glücksspielrecht, K&R 2012, 27 ff.; *Matzky* Kinderpornographie im Internet, ZRP 2003, 167; *Mitsdörffer/Gutfleisch* „Geo-Sperren" – wenn Videoportale ausländische Nutzer aussperren, MMR 2009, 731; *Olakciolu* Der Videostream und seine urheberrechtliche Bewertung, ZIS 2012, 431; *Peschel/Rockstroh* Big Data in der Industrie, MMR 2014, 571, 573; *Popp* „Phishing", „Pharming" und das Strafrecht, MMR 2006, 84; *ders.* Von „Datendieben" und „Betrügern", NJW 2004, 3517; *ders.* Strafbarer Bezug von kinder- und jugendpornographischen Schriften, ZIS 2011, 193; *Radke* Neue Formen der Datenspeicherung und das Urkundenstrafrecht, ZStW 2003, 26; *Radmann* Kino.ko – Filmegucken kann Sünde sein, ZUM 2010, 387; *Reinbacher* Strafbarkeit der Privatkopie von offensichtlich rechtswidrig hergestellten oder öffentlich zugänglich gemachten Vorlagen, GRUR 2008, 394; *ders.* Zur Strafbarkeit des Streamings und der Umgehung von Geo-IP-Sperren durch private Nutzer, HFR 2012, 179 ff.; *Rinker* Strafbarkeit und Strafverfolgung von „IP-Spoofing" und „Portscanning", MMR 2002, 663; *Rippert/Weimer* Rechtsbeziehungen in der virtuellen Welt, ZUM 2007, 272; *Roßnagel* Die neue Vorratsdatenspeicherung, NJW 2016, 533; *Salomon* Cybercrime und Lösegeld, MMR 2016, 575; *Sanchez-Hermosilla* Neues Strafrecht für den Kampf gegen Computerkriminalität, CR 2003, 774; *Schirmbacher/Ihmor* Affiliate-Werbung – Geschäftsmodell, Vertragsgestaltung und Haftung, CR 2009, 245; *Schiwy/Schütz/Dörr* Medienrecht, Lexikon für Wissenschaft und Praxis, 2010; *Schultz (Hrsg.)* Kommentar zum Markenrecht, 2007; *ders.* Neue Strafbarkeiten und Probleme – Der Entwurf des Strafrechtsänderungsgesetzes (StrafÄndG) zur Bekämpfung der Computerkriminalität v. 20.9.2006, MIR 2006 Dok. 180; *Schuster* IT-gestützte interne Ermittlungen in Unternehmen, ZIS 2/2010, 68; *Selz* Gesetzesentwurf zur Strafbarkeit der Datenhehlerei, in: Taeger (Hrsg.), Internet der Dinge, Digitalisierung von Wirtschaft und Gesellschaft, 2015; *Sieber* Internationales Strafrecht im Internet, NJW 1999, 2065; *ders.* Straftaten und Strafverfolgung im Internet, Gutachten C zum 69. Deutschen Juristentag, herausgegeben von der Ständigen Deputation des Deutschen Juristentages, 2012; *ders.* Straftaten und Strafverfolgung im Internet, NJW-Beil. 2012, 86; *Singelnstein* Ausufernd und fehlplatziert: Der Tatbestand der Datenhehlerei (§ 202d StGB) im System des strafrechtlichen Daten- und Informationsschutzes, ZIS 2016, 432; *Spindler* Hyperlinks und ausländische Glücksspiele, GRUR 2004, 724; *ders.* Urheberrecht und Tauschplattformen im Internet, JZ 2002, 60; *ders.* Verantwortlichkeit der Diensteanbieter und Herkunftslandprinzip, NJW 2002, 921; *Stieper* Rezeptiver Werkgenuss als rechtmäßige Nutzung – Urheberrechtliche Bewertung des Streaming vor dem Hintergrund des EuGH-Urteils in Sachen FAPL/Murphy, MMR 2012, 12; *Stuckenberg* Der missratene Tatbestand der neuen Datenhehlerei (§ 202d StGB), ZIS 2016, 526; *Tinnefeld* Stopp-Schilder im Internet, DuD 2010, 17; *Tschoepe/Heidrich* Rechtsprobleme der E-Mail-Filterung, MMR 2004, 75; *Weichert* Datenschutzstrafrecht, NStZ 1999, 490; *Wilhelmi* Das gewerbliche Ausmaß als Voraussetzung der Auskunftsansprüche nach dem Durchsetzungsgesetz, ZUM 2008, 942; *Ziemann/Ziethen* Die neue EU-Richtlinie zur Bekämpfung von Kindesmissbrauch und Kinderpornografie, ZRP 2012, 168.

I. Einführung

Wie das Medienrecht ist auch das medien- und informationstechnikbezogene Straf- 1
recht überaus facettenreich. Es speist sich aus einer Fülle von Bestimmungen des Kern- und Nebenstrafrechts, aus Bestimmungen des Strafverfahrensrechts und kann klassische Medien wie Presse, Rundfunk und Film wie auch die neuen Medien betreffen. Die moderne Informationstechnologie, Daten, Netzwerke, Software, Computer und sonstige moderne Techniken stellen das Strafrecht und die Strafverfolgungsbehörden dabei vor besondere Herausforderungen.[1] Innerhalb des Strafrechts hat sich vor diesem Hintergrund ein neuer Bereich herausgebildet, der bis dato noch keiner einheitlichen Terminologie folgt. Gesprochen wird von Computer- und Internetstrafrecht, Online- und Cyberstrafrecht,[2] IT-Strafrecht oder in einem sehr weiten Sinne von Informationsstrafrecht.[3] In der Sache geht es um Handlungen im Zusammenhang mit dem Einsatz oder Umgang mit Informationstechnologie. Erfasst werden Straftaten gegen die Verfügbarkeit, Vertraulichkeit und Integrität informationstechnischer Systeme ebenso wie Delikte, bei denen es um die Kommunikation unzulässiger Inhalte geht (bspw. Pornographie) oder um solche, bei denen der Austausch bestimmter Information sanktioniert wird (nebenstrafrechtliche Bestimmungen im Urheber- und Datenschutzrecht). Die Querschnittsmaterie erfordert eine tiefergehende Auseinandersetzung mit technischen Spezifika und muss die immateriellen Charakteristika von Daten und Informationen ebenso abbilden wie die internationale Dimension der Problematik. Diesen Prämissen wird der (nationale) Gesetzgeber bisweilen nur bedingt gerecht, wenn auf eine umfassende Reform des Regelwerks verzichtet wird.[4]

1 Instruktiv *Gercke* MMR 2008, 291 ff.
2 Zu den Begrifflichkeiten *Marberth-Kubicki* Computer- und Internetstrafrecht, Rn. 1; *Beukelmann* NJW-Spezial 2004, 135 ff.
3 *Hilgendorf/Frank/Valerius* Computer- und Internetstrafrecht, S. 2; 242 f.
4 Hierzu *Sieber* Straftaten und Strafverfolgung im Internet; *ders.* NJW-Beil. 2012, 86. Bestandsaufnahme und Reformbedarf adressieren auch *Beukelmann* NJW 2012, 2617 sowie *Hilgendorf* JZ 2012, 825.

II. Internationaler Rahmen

2 Das Internet macht an Staatsgrenzen nicht Halt. So sind auch Straftaten, die durch oder gegen das weltweite Rechnernetz begangen werden, kein nationales, sondern ein internationales Phänomen. Bislang bereitet die Bekämpfung grenzüberschreitender Straftaten im Internet allerdings ganz erhebliche Probleme. Dies erklärt sich einerseits daraus, dass in einigen Staaten entsprechende Strafnormen schlicht fehlen. Zum anderen resultieren die Schwierigkeiten bei der Bekämpfung transnationaler medienrelevanter Unrechtstatbestände aus dem Fehlen strafprozessualer Ermittlungsinstrumente und Regelungen im Bereich der internationalen Kooperation bei grenzüberschreitenden Ermittlungen. Vor diesem Hintergrund stehen das nachfolgend näher erläuterte Übereinkommen des Europarates über Computerkriminalität (Convention on Cybercrime, CCC)[5] sowie die EU-Richtlinie über Angriffe auf Informationssysteme v. 12.8.2013.[6] Beide Instrumentarien verpflichten jeweils nur eine sehr begrenzte Zahl von Mitgliedstaaten. Kernbestimmungen und Struktur der Cybercrime Convention entfalten aber auch darüber hinaus Bedeutung. Auf universeller Ebene hat sich im Jahr 2007 die Internationale Fernmeldeunion (International Telecommunication Union)[7] der Problematik „Cybercrime" angenommen. Einer der Kernbereiche des hierzu aufgelegten Handlungsprogramms „Global Cybersecurity Agenda" (GCA)[8] sieht vor, auf eine Harmonisierung der nationalen Normen zur Bekämpfung der Internetkriminalität hinzuwirken. Zu diesem Zweck hat die ITU im Jahr 2009 ein von der American Bar Association unter internationaler Beteiligung ausgearbeitetes „Mustergesetz" (Model Law)[9] veröffentlicht, an dem sich interessierte Staaten orientieren können. Das „ITU Toolkit for Cybercrime Legislation"[10] basiert auf Kernbestimmungen der Cybercrime Convention, geht inhaltlich aber zum Teil weiter. So nehmen Empfehlungen zur Sanktionierung des „Cyberterrorismus" einen nennenswerten Raum ein. Definiert wird dabei weder diese spezifische Erscheinungsform noch wird der Begriff des Terrorismus, der in der Staatengemeinschaft nach wie vor umstritten ist,[11] allgemein näher bestimmt.

3 Seit Mai 2011 arbeitet die ITU gemeinsam mit dem Büro der Vereinten Nationen für Drogen- und Verbrechensbekämpfung (United Nations Office on Drugs and Crime, UNODC) an einem Programm zur Bekämpfung der Internetkriminalität.[12] Das Büro der Vereinten Nationen für Drogen- und Verbrechensbekämpfung hat Anfang 2013 die bis dato wohl umfangreichste Studie zur Internetkriminalität vorgelegt. Die „Comprehensive Study on Cybercrime" zeigt neben einer allgemeinen Bestandsauf-

---

5 Übereinkommen über Computerkriminalität, ETS Nr. 185; der Text ist abgedr. bei *Fink/Schwartmann/Cole/Keber.*

6 RL 2013/40/EU des Europäischen Parlaments und des Rates v. 12.8.2013 über Angriffe auf Informationssysteme und zur Ersetzung des Rahmenbeschlusses 2005/222/JI des Rates, ABlEU Nr. L 218/8.

7 Weiterführend zur Organisation und Aufgaben der ITU Fink/Cole/Keber/*Keber* Rn. 319 ff.

8 Zur GCA vgl. www.itu.int/osg/csd/cybersecurity/gca/.

9 Das ITU Toolkit ähnelt dem Format der UNCITRAL Model Laws (Electronic Commerce & Electronic Signatures). Die Model Laws sind abgedr. in: *Fink/Schwartmann/Cole/Keber* Europäisches und Internationales Medienrecht, 2007, B41, B42.

10 Abrufbar unter www.itu.int/ITU-D/cyb/cybersecurity/docs/itu-toolkit-cybercrime-legislation.pdf.

11 Dazu *Keber* Der Begriff des Terrorismus im Völkerrecht, 2008.

12 Nähere Informationen hierzu finden sich auf der Internetseite der ITU unter www.itu.int/ITU-D/cyb/cybersecurity/unodc.html.

nahme und einem Überblick über sämtliche internationalen und regionale Instrumente[13] konkrete Optionen für eine verbesserte Bekämpfung der internationalen Internetkriminalität auf.[14] Insgesamt haben die Bestrebungen um eine globale Harmonisierung der rechtlichen Vorgaben zur Bekämpfung der Internetkriminalität erheblich an Fahrt verloren.[15]

1. Das Übereinkommen des Europarates über Computerkriminalität

Der Europarat mit seinen mittlerweile 47 Mitgliedstaaten[16] hat sich bereits sehr früh mit computerbezogenen Straftaten befasst. Zunächst geschah dies im Rahmen für die Mitgliedstaaten unverbindlicher Empfehlungen des Ministerkomitees.[17] Dieser Ansatz erwies sich als unzureichend und führte zur Ausarbeitung des ersten internationalen Vertrags, der sich speziell der strafrechtlichen Bekämpfung krimineller Erscheinungsformen widmet, die sich gegen Computernetzwerke richten oder durch sie begangen werden.[18] Am 23.11.2001 wurde nach jahrelanger Vorarbeit in Budapest die Convention on Cybercrime zur Unterschrift aufgelegt. Das Übereinkommen, das am 1.7.2004 in Kraft trat, verpflichtet gegenwärtig 54 Staaten.[19] Für die Bundesrepublik Deutschland ist es am 1.7.2009 in Kraft getreten. Auch Nichtmitgliedstaaten des Europarats steht das Abkommen offen. So sind seit dem 1.1.2007 auch die Vereinigten Staaten von Amerika, seit 2012 Japan, seit 2013 Australien, seit 2015 Kanada sowie seit 2016 Israel dem Abkommen verpflichtet. 4

Die Konvention ist in vier Kapitel unterteilt. Kap. I enthält Begriffsbestimmungen, Kap. II betrifft Maßnahmen, die das materielle Strafrecht (Kap. 1) sowie das Strafverfahrensrecht (Kap. 2) betreffen. Kap. III widmet sich der internationalen Zusammenarbeit, Kap. IV enthält Schlussbestimmungen. 5

Den materiellen Teil stellen neun Delikte, die in vier Gruppen (Titel I–IV) zusammengefasst werden. Die Staaten verpflichten sich, in Bezug auf die dort aufgeführten Tatbestände, die erforderlichen legislativen Maßnahmen zu ergreifen, damit diese Taten geahndet werden können (Verpflichtung zur Pönalisierung). Eine erste Gruppe (Titel 1) betrifft Straftaten gegen die Vertraulichkeit, Unversehrtheit und Verfügbarkeit von Computerdaten und -systemen. Ausgewiesen werden dort Tatbestände, die den unerlaubten Zugang zu Computersystemen betreffen („Illegal Access“, Art. 2 CCC), die sich als das unbefugte Abfangen von nichtöffentlichen Datenübertragungen darstellen („Illegal Interception“, Art. 3 CCC), die das unbefugte Beschädigen, Löschen, Beeinträchtigen, Verändern oder Unterdrücken von Computerdaten betreffen („Data Interference“, 6

13 UNODC, Comprehensive Study on Cybercrime, Draft—February 2013, S. 63 ff. Die Studie ist online abrufbar unter www.unodc.org/documents/organized-crime/UNODC_CCPCJ_EG.4_2013/CYBERCRIME_STUDY_210213.pdf. Zur Studie auch *Gercke* ZUM 2013, 605, 610.

14 Eine Zusammenfassung der wesentlichen Ergebnisse findet sich auf Seite XI des Dokuments sowie im Papier der befassten Expertengruppe. UNODC/CCPCJ/EG.4/2013/2.

15 *Gercke* ZUM 2014, 647; *ders.* ZUM 2015, 778; *ders.* ZUM 2016, 829.

16 Stand: 1.5.2017.

17 Recommendation (89) 9 on computer-related crime v. 13.9.1989; Recommendation (95) 13 concerning problems of criminal procedural law connected with information technology v. 11.9.1995; Recommendation (97) 20 on hate speech v. 30.10.1997.

18 Der Europarat ist keine supranationale Organisation. Unter seiner Ägide werden aber völkerrechtliche Verträge vor- und ausgearbeitet. Wie weit die Staaten einen entsprechenden Vertrag zeichnen, bleibt ihnen überlassen; dazu *Kugelmann* DuD 2001, 215 ff.

19 Stand: 1.5.2017. Der jeweils aktuelle Ratifikationsstand zu SEV-Nr.: 185 ist beim Vertragsbüro des Europarats abrufbar unter http://conventions.coe.int.

Art. 4 CCC) oder als Manipulationen an Computersystemen erscheinen („System Interference“, Art. 5 CCC). Weiter ist auch der Missbrauch mit Vorrichtungen zu sanktionieren, die in erster Linie dafür ausgelegt sind, eine Tat i.S.d. Art. 2–5 CCC zu begehen („Illegal Devices“, Art. 6 CCC).[20] Titel 2 umschreibt die Tatbestände der Computerdatenfälschung („Computer-related forgery“, Art. 7 CCC) und des Computerbetrugs („Computer-related fraud“, Art. 8 CCC). Betroffen sind demnach Konstellationen, in denen der Computer als Tatwerkzeug genutzt wird. Dies gilt auch für die inhaltsbezogenen Straftaten des Art. 9 CCC (Titel 3), der Vorgaben zu Straftaten mit Bezug zur Kinderpornographie („Offences related to child pornography“) stellt. Titel 4 schließlich benennt Straftaten im Zusammenhang mit der Verletzung von Urheber- und ähnlichen Schutzrechten („Offences related to Copyright and related rights“, Art. 10 CCC).

7 Der strafverfahrensrechtliche Teil des Abkommens (Abschn. 2) enthält in Titel 2 Bestimmungen zur umgehenden Sicherung von gespeicherten Computerdaten („Expedited preservation of stored computer data“, Art. 16 CCC) und zur umgehenden Sicherung und Teilweitergabe von Verkehrsdaten („Expedited preservation and partial disclosure of traffic data“, Art. 17 CCC). Titel 3 enthält in Art. 18 Vorgaben für die Anordnung der Herausgabe von Daten, etwa den Bestandsdaten, die sich im Besitz eines Diensteanbieters befinden („Production order“). Titel 4 betrifft die Durchsuchung und Beschlagnahme gespeicherter Computerdaten („Search and seizure of computer data“, Art. 19 CCC). Titel 5 stellt Vorgaben für die Erhebung von Computerdaten in Echtzeit und betrifft Verkehrsdaten („Real time collection of traffic data“, Art. 20 CCC) und Inhaltsdaten („Interception of content Data“, Art. 21 CCC).

8 Die Vorgaben für einige der materiellen Tatbestände der CCC sind durch das 41. Strafrechtsänderungsgesetz zur Bekämpfung der Computerkriminalität vom 7.8.2007[21] mit Wirkung zum 11.8.2007 umgesetzt worden (dazu sogleich).[22] Bestimmte strafverfahrensrechtliche Bestimmungen der CCC sind durch das Gesetz zur Neuregelung der Telekommunikationsüberwachung und anderer verdeckter Ermittlungsmaßnahmen sowie zur Umsetzung der Richtlinie 2006/24/EG[23] transformiert worden.[24]

2. Die EU-Richtlinien über Angriffe auf Informationssysteme und zur Bekämpfung der Kinderpornographie

9 Der Bekämpfung der Computer- und Internetkriminalität auf Ebene der Europäischen Union dient Richtlinie 2013/40/EU über Angriffe auf Informationssysteme,[25] die den Rahmenbeschluss des Rates über Angriffe auf Informationssysteme vom 24.2.2005[26] im Wesentlichen ersetzt.[27] Erklärtes Ziel des Rechtsaktes ist u.a. die

---

20 Erfasst sind vor allem „Hacker Tools“ vgl. Explanatory Report, Ziff. 71.

21 BGBl I 2007, 1786 ff.

22 Zum Umsetzungsbedarf hinsichtlich der materiellen Tatbestände vgl. *Gercke* MMR 2004, 728 ff.

23 Eingehend zur RL 2006/24/EG über die Vorratsspeicherung von Daten oben 20. Kap. Rn. 15 ff.

24 Zum Umsetzungsbedarf hinsichtlich der strafverfahrensrechtlichen Normen *Gercke* MMR 2004, 801 ff.

25 RL 2013/40/EU des Europäischen Parlaments und des Rates v. 12.8.2013 über Angriffe auf Informationssysteme und zur Ersetzung des Rahmenbeschlusses 2005/222/JI des Rates, ABlEU Nr. L 218/8.

26 Rahmenbeschluss 2005/222/JI des Rates v. 24.2.2005, ABlEU Nr. L 69/67 v. 16.3.2005; zur Verhandlungsgeschichte des Rahmenbeschlusses vgl. *Sanchez-Hermosilla* CR 2003, 774,778.

27 Zum genauen Umfang vgl. Art. 15 sowie Erwägungsgründe 31, 32 der RL 2013/40/EU. Vgl. insgesamt *Gercke* ZUM 2014, 648.

Angleichung des Strafrechts der Mitgliedstaaten im Bereich der Angriffe auf Informationssysteme.[28] Neben der Festlegung von Mindestvorgaben für Straftaten und Strafen adressiert die Richtlinie Prävention und den Informationsaustausch zwischen den Mitgliedstaaten. Dabei reflektiert die Richtlinie Vorgaben, wie sie sich auch in der Cybercrime Convention finden. Art. 3 und 5 der Richtlinie (Rechtswidriger Zugang zu Informationssystemen und rechtswidriger Eingriff in Daten) sind mit Art. 2 und 4 CCC weitestgehend deckungsgleich. Art. 4 der Richtlinie (Rechtswidriger Systemeingriff) entspricht Art. 5 CCC.

In dem RL 2013/40/EU vorausgehenden Rahmenbeschluss fehlten noch Bestimmungen zum rechtswidrigen Abfangen von Daten (vgl. Art. 3 CCC) und zum Missbrauch von Vorrichtungen (vgl. Art. 6 CCC). Art. 6 der Richtlinie adressiert nun das rechtswidrige Abfangen von Daten und Art. 7 der Richtlinie verpflichtet die Mitgliedstaaten, gewisse Modalitäten des Einsatzes näher bestimmter Tatwerkzeuge (Computerprogramme oder Zugangsdaten) unter Strafe zu stellen. Abweichend von Art. 6 CCC gilt diese Verpflichtung allerdings nur, soweit kein leichter Fall vorliegt. Die Mitgliedstaaten können festlegen, was gem. ihrem einzelstaatlichen Recht als leichter Fall gilt.[29] **10**

Den Schwerpunkt der Richtlinie stellt ein differenziertes System von Mindesthöchststrafen dar, Art. 9 der RL 2013/40/EU. Nach Art. 9 Abs. 1 haben die Staaten sicherzustellen, dass die in der Richtlinie bezeichneten Straftaten durch wirksame, angemessene und abschreckende Strafen geahndet werden. Für die in den Art. 3–7 der Richtlinie geregelten Straftaten bedeutet das (wenn kein leichter Fall vorliegt) eine Freiheitsstrafe im Höchstmaß von mindestens zwei Jahren (Art. 9 Abs. 2). Freiheitsstrafen im Höchstmaß von mindestens drei Jahren sieht die Richtlinie vor bei Eingriffen in Systeme und Daten (Art. 4, 5), wenn sie vorsätzlich begangen werden und eine beträchtliche Anzahl von Systemen unter Verwendung bestimmter Tatwerkzeuge beeinträchtigt wird (Art. 9 Abs. 3). Eine beträchtliche Anzahl von Systemen schließt Fälle ein, in denen Botnetze zum Einsatz gelangen.[30] Freiheitsstrafen im Höchstmaß von mindestens fünf Jahren sieht die Richtlinie vor bei Eingriffen in Systeme und Daten (Art. 4, 5), wenn die Tatbegehung im Rahmen einer kriminellen Vereinigung[31] begangen wird, ein schwerer Schaden verursacht oder der Anschlag gegen ein Informationssystem einer kritischen Infrastruktur verübt wird (Art. 9 Abs. 4). Zur kritischen Infrastruktur heißt es in Erwägungsgrund 4 der Richtlinie: „Als kritische Infrastrukturen könnten in Mitgliedstaaten befindliche Anlagen, Systeme oder deren Teile angesehen werden, die von wesentlicher Bedeutung für die Aufrechterhaltung grundlegender gesellschaftlicher Funktionen, der Gesundheit, der Sicherheit und des wirtschaftlichen oder sozialen Wohlergehens der Bevölkerung sind, wie etwa Kraftwerke, Verkehrsnetze oder staatliche Netze, und deren Störung oder Zerstörung erhebliche Auswirkungen auf einen Mitgliedstaat hätte, da diese Funktionen nicht aufrechterhalten werden könnten.“ **11**

---

28 Erwägungsgrund 1 RL 2013/40/EU.

29 Vgl. hierzu Ziff. 11 der Erwägungsgründe RL 2013/40/EU.

30 Erwägungsgrund 13 RL 2013/40/EU.

31 Für den Begriff der kriminellen Vereinigung verweist Art. 9 Abs. 4 lit. a) der RL 2013/40/EU auf den Rahmenbeschluss 2008/841/JI zur Bekämpfung der organisierten Kriminalität. ABlEU Nr. L 300/42-45 v. 11.11.2008.

12 Eine bemerkenswerte Vorschrift schließlich ist Art. 9 Abs. 5 der Richtlinie, die den so genannten Identitätsdiebstahl bzw. Identitätsmissbrauch betrifft. Anders als ursprünglich diskutiert,[32] führt die Richtlinie keinen EU-einheitlichen Identitätsdiebstahltatbestand ein, sondern adressiert die Thematik im Kontext des Strafrahmens.[33] Nach Art. 9 Abs. 5 müssen die Mitgliedstaaten sicherstellen, dass der Missbrauch der personenbezogenen Daten einer anderen Person mit dem Ziel, das Vertrauen eines Dritten zu gewinnen, wodurch dem rechtmäßigen Identitätseigentümer ein Schaden zugefügt wird, im Einklang mit dem nationalen Recht als erschwerender Umstand bei der Begehung von Eingriffen in Systeme und Daten (Art. 4, 5) eingestuft wird, soweit der betreffende Umstand nicht bereits eine andere Straftat im Sinne des nationalen Rechts darstellt.[34]

13 Am 13.12.2011 haben das Europäische Parlament und der Rat die RL 2011/93/EU[35] zur Bekämpfung des sexuellen Missbrauchs und der sexuellen Ausbeutung von Kindern sowie der Kinderpornografie verabschiedet.[36] Die Richtlinie, die den Rahmenbeschluss 2004/68/JI[37] ersetzt, war bis zum 18.12.2013 in nationales Recht umzusetzen.[38] Die Richtlinie enthält neben wichtigen Begriffsbestimmungen (Art. 2) vorrangig Vorgaben zum materiellen Recht. Neben einzelnen Straftatbeständen (Art. 3–6) sieht die Richtlinie auch allgemeine Regelungen vor, namentlich zu Teilnahme und Versuch (Art. 7), zur Verjährung (Art. 15 Abs. 2) und zum Strafanwendungsrecht (Art. 17).[39] Bemerkenswert ist allerdings auch Art. 25 der Richtlinie, der Maßnahmen gegen Websites betrifft, die Kinderpornografie enthalten oder verbreiten. Bei den Straftatbeständen sind insbesondere Art. 6, der das so genannte Grooming (Kontaktaufnahme zu Kindern im Vorfeld eines Missbrauchs), sowie Art. 5 Abs. 3 relevant, der den bewussten Zugriff auf Kinderpornografie mittels Informations- und Kommunikationstechnologie betrifft.[40]

14 Nach Art. 5 Abs. 3 der Richtlinie haben die Mitgliedstaaten ihr innerstaatliches Recht so auszugestalten, dass der unrechtmäßige, bewusste Zugriff auf Kinderpornografie mittels Informations- und Kommunikationstechnologie mit Freiheitsstrafe im Höchstmaß von mindestens einem Jahr bestraft wird. Das Merkmal unrechtmäßig schließt dabei bspw. den behördlichen Besitz zur Durchführung von Straftaten aus.[41] Ein Zugriff gilt als bewusst, wenn eine Person auf eine Website mit Kinderpornografie sowohl absichtlich als auch in dem Wissen, dass derartige Bilder dort zu finden sind, zugreift. Für Personen, die unabsichtlich auf Seiten mit Kinderpornografie zugreifen, sollen ausweislich Erwägungsgrund 18 der Richtlinie keine Sanktionen gelten. Absicht, so Erwägungsgrund 18 weiter, lässt sich insbesondere aus der Tatsache ableiten, dass die Straftat wiederholt oder gegen Bezahlung über einen Dienstleister begangen wurde. Art. 6 der Richtlinie adressiert die Bestrafung bestimmter Vorbereitungshandlungen zum Kindesmissbrauch und zur Kinderpornografie. Nach Art. 6

32 Zum Hintergrund *Borges/Schwenk/Stuckenberg/Wegener* S. 336.

33 Beendet ist die Diskussion um die Einführung eines EU-weit einheitlichen Tatbestands aber nicht, wie Erwägungsgrund 14 der RL 2013/40/EU zeigt.

34 Zur Situation in Deutschland *Gercke* ZUM 2014, 649.

35 Die Richtlinie wurde im Amtsblatt ursprünglich als RL 2011/92/EU bezeichnet. Die Fehlbezeichnung wurde später korrigiert. ABlEU Nr. L 18/7 v. 21.1.2012.

36 ABlEU Nr. L 335/1-17 v. 17.12.2011.

37 Zum Rahmenbeschluss *Gercke* CR 2005, 470 f.

38 Art. 27 Richtlinie 2011/93/EU; zur Richtlinie vgl. auch *Gercke* ZUM 2012, 627, ZUM 2013, 608.

39 Zu den Bestimmungen der Richtlinie eingehend *Ziemann/Ziethen* ZRP 2012, 171.

40 Zur Umsetzung dieser Vorgaben im Rahmen des 49. Gesetzes zur Änderung des Strafgesetzbuches (in Kraft getreten am 27.1.2015) vgl. die Gesetzebegründung, BT Drucks. 18/2601, 2 ff.

41 Vgl. dazu Erwägungsgrund 17 der Richtlinie.

Abs. 1 haben die Mitgliedstaaten zu pönalisieren, wenn ein Erwachsener, der einem Kind, das das Alter der sexuellen Mündigkeit noch nicht erreicht hat, mittels Informations- und Kommunikationstechnologie in der Absicht, sexuelle Handlungen mit dem Kind vorzunehmen oder Kinderpornografie herzustellen, ein Treffen vorschlägt und es auf den Vorschlag des Täters hin zu konkreten auf ein Treffen hinführenden Handlungen gekommen ist. Nach Art. 6 Abs. 2 haben die Mitgliedstaaten den Versuch eines Erwachsenen zu sanktionieren, mit Mitteln der Informations- und Kommunikationstechnologie die Straftatbestände des Erwerbs, Besitzes oder bewussten Zugriffs auf Kinderpornografie zu begehen, indem er Kontakt zu einem Kind, das das Alter der sexuellen Mündigkeit noch nicht erreicht hat, aufnimmt, um kinderpornografische Darstellungen dieses Kindes zu erhalten. Den missverständlichen Wortlaut der Norm wird man dahingehend zu interpretieren haben, dass Vorfeldhandlungen wie die (anlässlich realer oder virtueller Kontaktaufnahme) Aufforderung, per E-Mail kinderpornografische Fotos zu übersenden oder in einem sozialen Netzwerk zum Download zur Verfügung zu stellen, erfasst werden sollen.[42]

Art. 25 betrifft Maßnahmen gegen Websites, die Kinderpornografie enthalten oder verbreiten. Nach Abs. 1 haben die Mitgliedstaaten sicherzustellen, dass Internetseiten, die Kinderpornografie enthalten oder verbreiten und sich auf Servern in ihrem Hoheitsgebiet befinden, unverzüglich entfernt werden und sich bemühen, darauf hinzuwirken, dass derartige Seiten von Servern außerhalb ihres Hoheitsgebiets entfernt werden. Nach Abs. 2 S. 1 der Vorschrift können die Mitgliedstaaten Maßnahmen treffen, um den Zugang zu Internetseiten, die Kinderpornografie enthalten oder verbreiten, für die Internetnutzer in ihrem Hoheitsgebiet zu sperren. Damit steht das „ob“ der Einführung entsprechender Mechanismen im Ermessen der Mitgliedstaaten. Im Richtliniensetzungsverfahren nicht durchgesetzt hat sich der noch im Vorschlag der Kommission gewählte Ansatz, die Mitgliedstaaten zu verpflichten, Zugangssperren einzuführen.[43] Für den Fall, dass sich ein Mitgliedstaat für die Einführung von Zugangssperren entscheidet, sieht Art. 25 Abs. 2 bestimmte Mindestgarantien vor.[44] Zugangssperren, wie sie in der Richtlinie adressiert werden, sah in der Bundesrepublik Deutschland das Gesetz zur Erschwerung des Zugangs zu kinderpornographischen Inhalten in Kommunikationsnetzen (Zugangserschwerungsgesetz – ZugErschwG) vor.[45] Das 2010 in Kraft getretene Gesetz wurde wegen anhaltender Kritik wegen seiner konkreten Ausgestaltung zunächst nicht angewandt und schließlich im Dezember 2011 aufgehoben.[46] **15**

42 *Ziemann/Ziethen* ZRP 2012, 161 ff.

43 Vgl. Art. 21 des Vorschlags für eine Richtlinie des Europäischen Parlaments und des Rates zur Bekämpfung des sexuellen Missbrauchs und der sexuellen Ausbeutung von Kindern sowie der Kinderpornografie und zur Aufhebung des Rahmenbeschlusses 2004/68/JI des Rates, KOM (2010) 94 endgültig.

44 So müssen entsprechende Maßnahmen in transparenten Verfahren festgelegt werden und ausreichende Sicherheitsvorkehrungen bieten, insbesondere um sicherzustellen, dass die Einschränkung auf das Notwendige beschränkt und verhältnismäßig ist und dass Nutzer über den Grund für die Beschränkung informiert werden. Art. 25 Abs. 2 stellt auch klar, dass mit Sicherheitsvorkehrungen auch die Möglichkeit von Rechtsmitteln gemeint ist.

45 BGBl I 2010, 78 ff; zur damit verbundenen Problematik *Tinnefeld* DuD 2010, 17. Zur Praxis anderer Mitgliedstaaten hinsichtlich der Einführung von Zugangssperren vgl. den Bericht der Kommission v. 16.12.2016, COM (2016) 872 final.

46 Gesetz zur Aufhebung von Sperrregelungen bei der Bekämpfung von Kinderpornographie in Kommunikationsnetzen, BGBl I 2011, 2958.

III. Nationales IT-Strafrecht – Allgemeiner Teil

16 Das nationale IT-Strafrecht lässt sich zunächst dahingehend systematisieren, dass den einzelnen besonderen Tatbeständen ein allgemeiner Teil des Informationsstrafrechts vorgeschaltet ist. Mit Blick auf das Internet als naturgemäß grenzüberschreitendem Kommunikationsmittel stellen zunächst die Regeln des internationalen Strafrechts eine jeweils zu untersuchende Vorfrage. Mit Blick auf die Verantwortlichkeit solcher Anbieter, die einen (technisch) nur begrenzten Zugriff auf die von ihnen beförderte oder zur Verfügung gestellte Information haben, stellt das Konzept einer gestuften Verantwortlichkeit eine zweite tragende Säule des allgemeinen Teils des Informationsstrafrechts dar.

1. Die Anwendbarkeit deutschen Strafrechts

1.1 Grundprinzipien

17 Für Straftaten, denen ein Sachverhalt zu Grunde liegt, der transnationale Elemente aufweist, sind die §§ 3–7 und 9 StGB maßgeblich.[47] Diese Vorschriften steuern, wann ein Sachverhalt der deutschen Strafgewalt unterliegt (internationales Strafrecht). Ausgangspunkt ist dabei das Territorialitätsprinzip, § 3 StGB. Deutsches Strafrecht findet danach Anwendung, soweit eine Straftat auf deutschem Staatsgebiet begangen wird. Auf die Staatsangehörigkeit des Täters kommt es hierbei nicht an. Das aktive Personalitätsprinzip kommt dann (teilweise in Verbindung mit weiteren Anknüpfungsfaktoren) in § 5 Nr. 3 Buchst. a, 5 Buchst. b, 8, 9, 11a, 12, 14, 15 StGB (unabhängig vom Recht des Tatorts) sowie in § 7 Abs. 2 Nr. 1 (hier kommt es darauf an, ob die Tat am Tatort mit Strafe bedroht ist) zum Ausdruck und regelt, wann ein deutscher Staatsbürger auch für im Ausland begangene Taten nach deutschem Recht verantwortlich ist. Die Frage, wie weit er in diesem Falle zugleich eine Straftat nach dem Recht seines Aufenthaltsortes begangen hat, regeln die fraglichen Bestimmungen nicht. Das internationale Strafrecht enthält keine Kollisionsvorschriften, wie sie das internationale Privatrecht stellt. Weil sich das Territorialitätsprinzip in allen Strafrechtsordnungen findet, kommt es vielmehr zu Mehrfachzuständigkeiten. Das passive Personalitätsprinzip betrifft Straftaten, die im Ausland gegen einen deutschen Staatsangehörigen verübt werden. Unabhängig vom Recht des Tatorts gilt es etwa nach §§ 5 Nr. 6, 6a, 7 und gem. § 7 Abs. 1 StGB eingeschränkt für den Fall, dass die Tat am Tatort mit Strafe bedroht ist, oder dass der Tatort keiner Strafgewalt unterliegt. Das Schutzprinzip, das in § 5 StGB anklingt, betrifft Auslandstaten, wenn dadurch Rechtsgüter des eigenen Staates (bspw. Hochverrat, § 5 Nr. 2 StGB) gefährdet werden. Das Weltrechtsprinzip ermächtigt jeden Staat, einen Täter unabhängig von Tatort und Staatsangehörigkeit zu bestrafen, wenn es sich um eine besonders schwere Straftat handelt. § 6 Nr. 1–8 StGB listet die entsprechenden Straftaten auf. Nach diesem Grundsatz ist es bspw. möglich, die Verbreitung von Schriften im Internet, die so genannte „harte Pornographie“ darstellen, zu bestrafen (§ 6 Nr. 6 StGB). Das Prinzip der Stellvertretenden Strafrechtspflege (§ 7 Abs. 2 StGB) schließlich findet unter bestimmten Voraussetzungen für Auslandstaten von Deutschen und Neubürgern sowie für Ausländer Anwendung, deren Auslieferung nicht möglich ist.

47 Instruktiv *Sieber* NJW 1999, 2065 ff.

1.2 Territorialitätsprinzip und Delikte im Internet

Die nähere Ausgestaltung bzw. die Interpretation des § 9 StGB, der den Territorialitätsgrundsatz des § 3 StGB konkretisiert, ist insbesondere mit Blick auf „Internetdelikte“ problematisch. Aufgeworfen ist die Frage, wie weit eine extensive Interpretation des § 9 StGB völkerrechtlich zulässig ist. Kraft seiner Souveränität regelt ein Staat Inhalt und Umfang seiner Strafgesetze. In der Gestaltung seines nationalen Strafrechts ist der Staat frei, solange er die Grenzen einhält, die ihm durch das Völkerrecht gesetzt sind. Der Ständige Internationale Gerichtshof hat es in seiner Lotus Entscheidung[48] zwar grundsätzlich für zulässig gehalten, dass ein Staat Sachverhalte mit Auslandsbezug regelt.[49] Zwischen dem normierenden Staat und dem von ihm geregelten Auslandssachverhalt muss dann aber ein hinreichender Anknüpfungspunkt („genuine link“) bestehen.[50] Dieser Anknüpfungspunkt kann unterschiedlich ausgestaltet sein, wie es in den oben aufgezeigten Prinzipien auch zum Ausdruck kommt. Ausgangspunkt (und Idealtypus) eines legitimen Anknüfungspunktes ist der Territorialitätsgrundsatz, § 3 StGB. § 9 StGB bestimmt, dass Begehungsort i.S.d. § 3 StGB sowohl der Handlungsort (§ 9 Abs. 1, 1. und 2. Alt.) als auch der Ort sein kann, an dem der tatbestandliche Erfolg eintritt (§ 9 Abs. 1, 3. und 4. Alt.), sog. Ubiquitätsprinzip. 18

Der Handlungsort der Tat ist vor allem bedeutsam bei schlichten Tätigkeitsdelikten, also solchen, bei denen sich die Tatbestandsverwirklichung in dem gesetzlich niedergelegten Verhalten erschöpft. Da es bei diesen Delikten keinen Erfolg gibt, kommt § 9 Abs. 1, 3. Alt. denknotwendig nicht in Betracht. Der Erfolgsort ist der Ort, an dem ein zum straftatbestandlich umschriebener Erfolg eintritt. Die Bestimmung des Begehungsortes über den Ort des Erfolgseintritts liegt bei Erfolgsdelikten auf der Hand. Zu den Erfolgsdelikten sollen aber auch konkrete Gefährdungsdelikte gehören.[51] Ihr Erfolgsort liegt dann dort, wo sich das gefährdete Rechtsgutsobjekt bei Eintritt der konkreten Gefahr befindet.[52] Dass dagegen bei abstrakten Gefährdungsdelikten nicht auf einen Erfolg abgestellt werden kann und nur der Handlungsort maßgeblich sein dürfte, müsste man aus der Überlegung schließen, dass abstrakte Gefährdungsdelikte üblicherweise als Tätigkeitsdelikte geführt werden.[53] Für Aktivitäten im Internet würde das bedeuten, dass, soweit ein abstraktes Gefährdungsdelikt (etwa Volksverhetzung, § 130 StGB) im Raum steht und ausschließlich außerhalb der Bundesrepublik Deutschland gehandelt[54] wird, deutsches Strafrecht schlechterdings nicht zur Anwendung kommen könnte.[55] 19

Nach der Rechtsprechung des BGH im Fall *Toeben* gilt dies indes nicht für den Fall, dass ein Ausländer von ihm verfasste Äußerungen, die den Tatbestand der Volksver- 20

48 The Case of the S. S. „Lotus“, PCIJ, Ser. A., No. 10, 1927.

49 *Bruns* ZaöRV I 1929, 1 ff.

50 So auch der IGH in Sachen Nottebohm (Liechtenstein v. Guatemala) (1951-1955) ICJ Rep. 1955, 24 ff.; Case Concerning the Barcelona Traction, Light and Power Company, (Belgium v. Spain), ICJ Reports 1970, 105.

51 *Hilgendorf* NJW 1997, 1873, 1875 m.w.N.

52 *Jeschek/Weigend* Strafrecht, 5. Aufl 1996, AT, S. 179.

53 *Hilgendorf/Frank/Valerius* Computer- und Internetstrafrecht, Rn. 229.

54 Für den Handlungsort ist nach allgemeinen Grundsätzen der Ort des Uploads der rechtswidrigen Inhalte, faktisch der Aufenthaltsort des Täters maßgeblich.

55 So ausdrücklich die StA Hamburg, Mitteilung des Gerichts v. 8.3.2016 – AZ 7101 AR 57/16 v.d.H. einer Strafanzeige gegen Verantwortliche von Facebook wegen der (Weiter-)Verbreitung volksverhetzender Inhalte.

hetzung i.S.d. § 130 Abs. 1 oder des § 130 Abs. 3 StGB erfüllen („Auschwitzlüge"), auf einem ausländischen Server, der Internetnutzern in Deutschland zugänglich ist, abrufbar hält. Ein zum Tatbestand gehörender Erfolg (§ 9 Abs. 1, 3. Alt. StGB) tritt nach seiner Auffassung im Inland ein, wenn diese Äußerungen konkret zur Friedensstörung im Inland geeignet sind.[56] Die damit einhergehende Konzeption eines legitimen Anknüpfungspunktes ist bedenklich weit. Zu begrüßen ist daher, dass der 3. Strafsenat des BGH der Konzeption des 1. Strafsenats im Fall Töben nunmehr entgegengetreten ist.[57] Die Literatur schlägt unterschiedliche Lösungsansätze vor, wie Handlungsort und Erfolgsort unter Berücksichtigung der Spezifika des Internets zu bestimmen sind. Vertreten wird, den Ort der Handlung weiter zu interpretieren[58] oder es wird die Figur eines Tathandlungserfolgs bemüht, der unabhängig von den Kategorien Tätigkeits- und Erfolgsdelikt existieren soll.[59]

21 Soweit mit den dargestellten Ansätzen deutsches Strafrecht auf Internetsachverhalte angewendet wird, ist in jedem Fall zu bedenken, dass eine allzu weite Interpretation der §§ 3 und 9 StGB das völkerrechtliche Nichteinmischungsgebot verletzt. Abzuwarten ist, wie sich die Staatenpraxis in diesem Bereich entwickelt und möglicherweise völkergewohnheitsrechtliche Normen entstehen lässt, die den legitimen Anknüpfungspunkt für die Anwendung nationalen Rechts bei Sachverhalten im Internet steuern.

2. Die „Haftungsfilter" des TMG

22 Ziel der §§ 7–10 TMG ist es, eine Haftungsprivilegierung in den Bereichen einzuführen, in denen die besonderen Wesensmerkmale von elektronischen Kommunikations- und Informationsdiensten (§ 1 Abs. 1 TMG)[60] eine Sonderregelung zu Gunsten der Diensteanbieter (§ 2 S. 1 TMG)[61] erfordern.[62] Einfach gesprochen sind diese Bestimmungen zur Verantwortlichkeit, die auf die E-Commerce-Richtlinie zurückgehen,[63] als „Vorfilter" ausgestaltet.[64] Mithin wird der Prüfung eines Straftatbestands die Prüfung der „Haftungsfilter" vorgeschaltet. Grob skizziert[65] gilt Folgendes: Der Content-Provider, § 7 Abs. 1 TMG, stellt eigene Inhalte zum Abruf im Internet bereit und haftet

---

56 *BGH* 12.12.2000, 1 StR 184/00, JurPC Web-Dok. 38/2001, Abs. 1.

57 *BGH* 3.5. 2016, 3 StR 449/15. Zur Problematik insgesamt *Handel* MMR 2017, 227.

58 Dazu *Cornils* JZ 1999, 394, 397.

59 *Sieber* NJW 1999, 2065, 2068. Sieber nimmt bei Äußerungsdelikten im Internet einen derartigen Tathandlungserfolg an, wenn die Daten durch Push-Technologien an Computersysteme in Deutschland übermittelt werden. Kein derartiger Tathandlungserfolg soll vorliegen, wenn Daten nur auf ausländischen Servern gespeichert und durch dritte Personen mit Pull-Technologien von Deutschland aus abgerufen werden.

60 Mediendienste sind „alle elektronischen Informations- und Kommunikationsdienste, soweit sie nicht Telekommunikationsdienste nach § 3 Nr. 24 TKG, die ganz in der Übertragung von Signalen über Telekommunikationsnetze bestehen, telekommunikationsgestützte Dienste nach § 3 Nr. 25 TKG oder Rundfunk nach § 2 RStV sind".

61 Diensteanbieter ist jede natürliche oder juristische Person, die eigene oder fremde Telemedien zur Nutzung bereithält oder den Zugang zur Nutzung vermittelt.

62 Instruktiv *Spindler* NJW 2002, 921.

63 RL 2000/31/EG des Europäischen Parlaments und des Rates v. 8.6.2000 über bestimmte rechtliche Aspekte der Dienste der Informationsgesellschaft, insbesondere des elektronischen Geschäftsverkehrs, im Binnenmarkt („Richtlinie über den elektronischen Geschäftsverkehr"), ABlEG Nr. L 178/1 v. 17.7.2000.

64 Vgl. *BGH* MMR 2004, 166 ff.

65 Zu den Einzelheiten s. 10. Kap. Rn. 79 ff.

nach allgemeinen Grundsätzen. Eine Haftungsprivilegierung kommt für ihn nicht Betracht. Der Access-Provider, § 8 TMG, vermittelt mit Hilfe seiner technischen Infrastruktur den Zugang zu fremden Inhalten und ist für fremde Informationen nicht verantwortlich.[66] Der Host-Provider, § 10 TMG, stellt eine bestimmte Infrastruktur zur Verfügung (z.B. Webspace), auf die er faktisch einwirken kann. Speichert er dort strafbare Inhalte für einen Nutzer, die öffentlich abrufbar sind, so trifft ihn zunächst gem. § 10 TMG keine Verantwortung und er ist auch nicht verpflichtet, den Datenbestand auf seinen Servern auf unzulässige Inhalte zu kontrollieren. Verantwortlich wird er in dem Moment, in dem er positive Kenntnis von den rechtswidrigen Inhalten erlangt und diese nicht unverzüglich sperrt, § 10 Nr. 1, 2 TMG. An der Grundkonzeption der Haftungsfilter ändert sich durch das zweite TMG-Änderungsgesetz nichts, das am 27.7.2016 in Kraft getreten ist,[67] ebensowenig wie durch das am 30.6.2017 im Bundestag beschlossene dritte TMG-Änderungsgesetz.[68]

Querverweise auf einer Webseite, die zu einer andere Seite im World Wide Web führen (Hyperlinks),[69] lassen sich nach herrschender Auffassung nicht in dieses System abgestufter Verantwortlichkeit einordnen.[70] Die Haftung bestimmt sich in diesen Fällen nach allgemeinen Grundsätzen. Im Strafrecht[71] stellt sich die Frage nach der Verantwortlichkeit für verlinkte Inhalte deshalb grundsätzlich auf der Vorsatzebene.[72] Wird bspw. allgemein auf das Angebot einer Zeitschrift verlinkt und erscheint dort später in einer bestimmten Ausgabe ein strafrechtlich relevanter Artikel, begründet die bloße Weiterexistenz des Links noch keine strafrechtlich relevante Beihilfehandlung. Dies gilt jedenfalls, wenn nicht positiv festgestellt werden kann, dass der Link bewusst und gewollt in Kenntnis der Existenz des rechtswidrigen Artikels aufrechterhalten wurde.[73] Selbst das bewusste Setzen eines Links auf das rechtswidrige Angebot eines Dritten löst nicht immer die Strafbarkeit des Linksetzers aus. Verlinkt der Betreiber einer Webpage etwa auf nationalsozialistische Propagandaseiten im Rahmen einer Dokumentation über behördliche Sperrverfügungen gegen Internetprovider und distanziert er sich dabei ausdrücklich vom Inhalt der verlinkten Seiten, handelt es sich um eine den Tatbestand des Verbreitens von Propagandamitteln, Verwendens von Kennzeichen verfassungswidriger Organisationen und der Volksverhetzung ausschließende Berichterstattung über Vorgänge des Zeitgeschehens.[74] **23**

66 Vgl. hierzu das viel zitierte Compuserv-Urteil *LG München* NJW 2000, 1051.

67 BGBl I 2016, 1766 ff.

68 BT-Drucks. 18/12202, 18/12496, 18/13010; Das „Dritte Gesetz zur Änderung des Telemediengesetzes" trat am 13.10.2017 in Kraft, BGBl. I, 3529 ff.

69 Unterscheiden lassen sich Surface-Links (Verweis auf Startseite einer fremden Webseite) und Deep-Links (Verweis auf eine Seite unterhalb der Startseite eines Drittangebots). Praktisch spielt das Framing, bei dem der Nutzer nicht auf eine fremde Seite weitergeleitet wird, sondern ein Teil der fremden Seite in einem Rahmen (Frame) auf der eigenen Seite erscheint, heute keine Rolle mehr.

70 Vgl. *BGH* GRUR 2004, 693, 694 – Schöner Wetten; *OLG Hamburg* MMR 2005, 53; *OLG Hamburg* NJW-RR 2003, 760 ff.

71 Zur wettbewerbs-, urheber- und markenrechtlichen Haftung Dörr/Kreile/Cole/*Keber* S. 503 ff.

72 Zur strafrechtlichen Verantwortlichkeit eines Forenbetreibers für Hyperlinks vgl. auch *BVerfG* MMR 2009, 459.

73 *AG Berlin-Tiergarten* CR 1998, 111 ff. – Angela Marquardt.

74 *LG Stuttgart* 15.6.2005 – 38 Ns 2 Js 21471/02; dazu *Stegbauer* NStZ 2005, 677 ff. Die Vorinstanz grundsätzlich bestätigend *OLG Stuttgart* MMR 2006, 387 ff.

IV. Nationales IT-Strafrecht – Besonderer Teil

1. Überblick

24 Viele Vorschriften informationsstrafrechtlich relevanter Bestimmungen des Kernstrafrechts zeichnen sich dadurch aus, dass bestehende Straftatbestände an den technischen Fortschritt der Informationstechnologie angepasst und mit den erforderlichen Modifikationen ergänzend aufgenommen wurden. So erfasst § 269 StGB computerspezifische Fälschungsvorgänge und ist dem Tatbestand der Urkundenfälschung angelehnt.[75] § 263a StGB ergänzt die klassischen Tathandlungsalternativen des Betruges um neue Methoden der Einwirkung auf das Vermögen und trägt dem Umstand Rechnung, dass Maschinen keinem menschlichen Irrtum i.S.d. § 263 StGB unterliegen können.[76] Die Datenveränderung, § 303a StGB und die Computersabotage, § 303b StGB, sanktionieren letztlich die „Sachbeschädigung" unkörperlicher Gegenstände.[77] Der Sachhehlerei nachgebildet ist der im Rahmen des Gesetzes zur Einführung einer Speicherpflicht und einer Höchstspeicherpflicht für Verkehrsdaten v. 10.12.2015[78] eingeführte Straftatbestand der Datenhehlerei, § 202d StGB.[79]

25 Der über § 201 StGB (Verletzung der Vertraulichkeit des Wortes) bezweckte Schutz des Persönlichkeitsrechts wird mittels § 201a StGB modernen Gegebenheiten angepasst, in denen es ein Leichtes ist, mittels Fotohandy oder gar durch heimlichen Zugriff auf die Webcam eines Laptops[80] Bildaufnahmen aus dem höchstpersönlichen Lebensbereich einer Person herzustellen.[81] § 202a StGB, der bereits 1986 mit dem Zweiten Gesetz zur Bekämpfung der Wirtschaftskriminalität (2. WiKG) eingeführt[82] und durch das 41. Strafrechtsänderungsgesetz internationalen Vorgaben angepasst wurde, dient ebenfalls der Schließung von Strafbarkeitslücken, die mit dem Aufkommen computergestützter Kommunikationssysteme bei § 202 StGB (Verletzung des Briefgeheimnisses) entstanden waren.

26 Besonders relevante Vorschriften mit Blick auf das Internet als neuer, territorial entgrenzter Kommunikationsplattform sind das Verbot der Veranstaltung eines Glücksspiels, § 284 StGB, und das Werben für ein entsprechendes Angebot, § 284 Abs. 4 StGB.[83] Die Möglichkeit, Information schnell und günstig zu verbreiten, bedingt auch, dass dieser Kommunikationsweg verstärkt zur Verbreitung pornographischer Darstellungen, §§ 184 ff. StGB,[84] volksverhetzender, § 130 StGB, und propagandistischer Inhalte, §§ 86, 86a StGB,[85] genutzt wird. Freilich werden auch „gewöhnliche" Beleidigungen, § 185 StGB, über das Internet begangen.

75 Dazu *Radke* ZStW 115 (2003), 26.
76 Dazu *Kudlich* JuS 2003, 537 ff.; *BGHSt* 38, 120; 40, 331.
77 Dazu *Hilgendorf* JR 1994, 478.
78 BGBl I, 2218.
79 Vgl. dazu BT-Drucks. 17/14362 v. 10.7.2013.
80 Vgl. hierzu *AG Düren* 13.12.2010 – 10 Ls-806 Js 644/10-275/10.
81 Zu § 201a StGB, der durch das 36. Strafrechtsänderungsgesetz eingefügt wurde, *Borgmann* NJW 2004, 2133. Die Vorschrift wurde durch das 49. StrÄndG in ihrer Reichweite nochmals erweitert.
82 Details zu § 202a StGB a. F. bei *Weichert* NStZ 1999, 490.
83 Eingehend *Spindler* GRUR 2004, 724; *Kazemi/Leopold* MMR 2004, 649; *Horn* NJW 2004, 2047; *BGH* NStZ 2003, 372.
84 Instruktiv *Hörnle* NJW 2002, 1008; *BGH* NJW 2001, 3558.
85 Dazu *Hörnle* NStZ 2002, 113.

27 Zunehmend im Fokus der Internetkriminalität und je nach Tatmodalität unter daten- oder vermögensrechtliche Straftatbestände zu subsumieren sind Delikte im Zusammenhang mit der virtuellen Währung Bitcoin.[86]

28 Außerhalb des Kernstrafrechts kommt dem Urheberstrafrecht, § 106 ff. UrhG,[87] den Strafbestimmungen des Datenschutzrechts, § 44 BDSG, sowie Bestimmungen des Kunsturhebergesetzes, § 33 KunstUrhG[88] Bedeutung zu. Strafverfahrensrechtlich sind §§ 100a–j StPO relevant.[89] Neben der „klassischen Telefonüberwachung“, § 100a StPO, sind dort auch neue Ermittlungsformen geregelt, wie der Einsatz sog. IMSI[90] Catcher, mit denen unter anderem der genaue Standort des Nutzers eines Mobilfunktelefons, das sich im Standby-Betrieb befindet, bestimmt werden kann (§ 100i StPO).[91] Für die Durchsuchung und Beschlagnahme von Daten und EDV-Anlagen gelten grundsätzlich §§ 98, 102, 103 StPO.[92] Bis dato fehlte eine Befugnis der Strafverfolgungsbehörden, heimlich auf einem Computer abgelegte Dateien zu kopieren und zum Zweck der Durchsicht an die Ermittlungsbehörden zu übertragen, nachdem dem Beschuldigten hierzu ein eigens konzipiertes Computerprogramm („Bundestrojaner“) zugespielt wurde („Online-Durchsuchung“). Am 22.6.2017 hat der Bundestag das „Gesetz zur effektiveren und praxistauglicheren Ausgestaltung des Strafverfahrens beschlossen,[93] das neben der Online-Durchsuchung (§ 100b Abs. 1 n.F.) auch nähere Vorgaben zur Quellen-Telekommunikationsüberwachung (§ 100a Abs. 1 n.F.) enthält. Ob die dort geregelten Bestimmungen zu den erfassten Straftaten (Straftatenkatalog hins. Online-Durchsuchung in § 100b Abs. 2 n.F.), zum Schutz des Kernbereichs privater Lebensgestaltung (§ 100d n.F.), sowie (fehlende) verfahrensrechtliche Sicherungen des Trojaner-Einsatzes mit den Vorgaben des Bundesverfassungsgerichts (dazu oben, 20. Kap. Rn. 38 ff.) in seinen Entscheidungen zum Verfassungsschutzgesetz Nordrhein-Westfahlen 2008[94] sowie zum BKA-Gesetz 2016[95] vereinbar sind, erscheint zweifelhaft.[96]

2. Straftaten gegen die Vertraulichkeit, Integrität und Verfügbarkeit informationstechnischer Systeme

29 Mit dem 41. Strafrechtsänderungsgesetz zur Bekämpfung der Computerkriminalität (41. StrÄndG)[97] wurden wesentliche Vorgaben des oben dargestellten EU Rahmenbeschlusses über Angriffe auf Informationsssysteme sowie der Cybercrime Convention

---

86 Dazu *Heine* NStZ 2016, 441; *Goger* MMR 2016, 431; *Böhm/Pesch* MMR 2014, 75.

87 Darstellung bei *Hildebrandt* Die Strafvorschriften des Urheberrechts.

88 Weiterführend *Kühl* AfP 2004, 190.

89 Eingehende Darstellung bei *Marberth-Kubicki* Computer und Internetstrafrecht, S. 119 ff.

90 IMSI = International Mobile Subscriber Identification = auf der SIM-Karte (Subscriber Identity Module) gespeicherte Teilnehmeridentifikationsnummer.

91 Eingehend zum IMSI-Catcher *Gercke* MMR 2003, 453.; vgl. auch *BVerfG* Beschl. v. 22.8.2006, 2 BvR 1345/03.

92 Überblick bei *Bär* MMR 1998, 557.

93 BT Drucks. 18/11277, beschlossen i.d.F. des Änderungsantrages BT-Drucks. 18/12785.

94 *BVerfG* 1 BvR 370/07 v. 27.2.2008.

95 *BVerfG* 1 BvR 966/09, 1 BvR 1140/09 v. 20.4.2016.

96 Vgl. dazu die gutachterliche Stellungnahme von *Buermeyer* v. 31.5.2017, BT-Ausschuss-Drucks. 18(6)344.

97 BGBl I 2007, 1786 ff.

in nationales Recht umgesetzt.[98] Neu gefasst wurden §§ 202a, 202b, 202c, 303a Abs. 3 und 303b StGB.

2.1 Ausspähen von Daten, § 202a StGB

30 Die Vorgaben aus Art. 2 CCC („Illegal Access") bzw. Art. 2 des Rahmenbeschlusses über Angriffe auf Kommunikationssysteme gehen zum Teil[99] in § 202a Abs. 1 StGB auf. Ausschlaggebend ist damit nicht mehr, wie bei § 202a StGB a.F.,[100] dass der Täter sich oder einem anderen **Daten verschafft**, sondern es reicht aus, dass er sich oder einem anderen **Zugang** zu Daten **verschafft**. Der Wortlaut erfasst damit auch das sog. „Hacking", also das Eindringen in ein fremdes Computersystem, das nach überwiegender Auffassung nach der alten Rechtslage nicht strafbar war. Die neue Vorschrift erscheint damit im Lichte des geschützten Rechtsguts, das formelle Geheimhaltungsinteresse des Verfügungsberechtigten,[101] konsequenter als die Vorgängerregelung. § 202a Abs. 1 StGB verlangt allerdings das Überwinden einer Zugangssicherung und stellt damit klar, dass nicht beliebige Daten durch § 202a geschützt werden, sondern nur solche, deren Schutzbedürftigkeit vom Berechtigten festgelegt wurde. Unter Daten i.S.d. § 202a StGB sind Informationen zu verstehen, die in einer für eine Datenverarbeitungsanlage erkennbaren Form codiert sind.[102] Ein Überwinden i.S.d. Vorschrift setzt voraus, dass es sich um eine nicht völlig belanglose, für jedermann ohne Weiteres zu überwindende Sicherung handelt.[103] Dies kann beispielsweise die Verschlüsselung eines kabellosen Netzes (WLAN) sein, wobei die einzusetzende Verschlüsselungsmethode sich am jeweiligen Stand der Technik orientiert.[104] Das sog. Schwarz-Surfen, also die unberechtigte Nutzung eines nicht verschlüsselten (offenen) WLAN-Zugangs, fällt daher nicht unter § 202a StGB. Nach umstrittener Auffassung ist das Schwarz-Surfen allerdings nach §§ 89 S. 1, 148 Abs. 1 S. 1 TKG (Verstoß gegen das Abhörverbot für Nachrichten) und §§ 44, 43 Abs. 2 Nr. 3 BDSG (unbefugtes Bereithalten personenbezogener Daten) strafbar.[105] Das bloße Auslesen der auf dem Magnetstreifen einer Zahlungskarte mit Garantiefunktion gespeicherten Daten, um mit diesen Daten Kartendubletten herzustellen (Skimming), erfüllt nicht den Tatbestand des § 202a StGB, sondern begründet eine Strafbarkeit wegen der Fälschung von Zahlungskarten (§§ 152a, 152b StGB) sowie des Computerbetrugs (§ 263a StGB).[106]

---

98 Zum Strafrechtsänderungsgesetz eingehend *Gercke* ZUM 2007, 287 ff.; *Schultz* MIR 2006, Dok. 180, Rn. 1; *Marberth-Kubicki* ITRB 2008, 17 ff.; *Schumann* NStZ 2007, 675 ff.; *Popp* Computerstrafrecht in Europa, MR-Int, 2007, 84 ff.

99 Zu Umsetzungsdefiziten, da die internationalen Vorgaben den Zugang zu Computersystemen betreffen, während § 202a StGB den Zugang zu Daten betrifft, *Gercke* ZUM 2014, 648.

100 Zu § 202a aF. StGB *Ernst* NJW 2003, 3233.

101 Zur Verfügungsbefugnis *LG Halle* 5.12.2013 – 5O 110/13.

102 Zum Datenbegriff näher *Peschel/Rockstroh* MMR 2014, 571, 573.

103 BT-Drucks. 16/3656, 10. Zur Zugangssicherung *BGH* 21.7.2015 – 1 StR 16/15.

104 *BGH* v. 12.5.2010 – I ZR 121/08; dazu *Schwartmann/Kocks* K&R 2010, 493 ff.

105 So noch das *AG Wuppertal* MMR 2008, 632 mit krit. Anmerkung *Höfinger*. Vgl. aber *LG Wuppertal* 19.10.2010 – 25 Qs-10 Js 1977/08-177/10, das keinen der angesprochenen Tatbestände verwirklicht sieht. Zur Problematik ferner *Malpricht* Haftung im Internet, ITRB 2008, 42 ff.

106 *BGH* 6.7.2010 - 4 StR 555/09.

2.2 Abfangen von Daten, § 202b StGB

§ 202b StGB, der Art. 3 der Cybercrime Convention („Illegal Interception") umsetzt, sanktioniert das Abfangen von Informationen aus einer nichtöffentlichen Datenübermittlung und stellt das elektronische Pendant zu dem Abhören und Aufzeichnen von Telefongesprächen dar. Schutzgut des § 202b StGB ist zwar wie bei § 202a StGB auch das formelle Geheimhaltungsinteresse des Verfügungsberechtigten, aber nicht aufgrund einer besonderen Manifestation des Geheimhaltungswillens, sondern aufgrund des allgemeinen Rechts auf Nichtöffentlichkeit der Kommunikation.[107] Die Tathandlung, das eigennützige oder fremdnützige Verschaffen von nicht für den Täter bestimmten Daten unter Anwendung von technischen Mitteln, kann auf verschiedenste Weise erfolgen. Entscheidend ist der Erwerb der Herrschaft über die Daten, was bspw. durch Kopieren, Umleiten oder Herunterladen geschehen kann. Nicht erforderlich ist, dass die maßgeblichen Daten abgespeichert oder aufgezeichnet werden. So genügt etwa bei E-Mails die bloße Kenntnisnahme.[108] 31

Für die „Nichtöffentlichkeit" einer Datenübermittlung kommt es nicht auf die Art oder den Inhalt der übertragenen Daten an, sondern auf die Art des Übertragungsvorgangs.[107] Die Bedeutung des Tatbestandsmerkmals „unter Anwendung technischer Mittel" ist gering, denn ein Zugriff auf übermittelte Daten oder gar auf die elektromagnetische Abstrahlung einer Datenverarbeitungsanlage erscheint ohne Anwendung irgendwelcher Instrumentarien schwerlich denkbar. Die Subsidiaritätsklausel des § 202b StGB schließlich stellt klar, dass die neue Vorschrift im Wesentlichen nur eine Ergänzungsfunktion hat, wenn bspw. nicht bereits die §§ 201 und 202a StGB eingreifen. 32

2.3 Vorbereiten des Ausspähens und Abfangens von Daten, § 202c StGB

Der 2007 zur Umsetzung des Art. 6 Abs. 1 lit. a) Nr. i) und ii) der Cyber-Crime-Konvention („Misuse of devices") neu eingeführte Straftatbestand des § 202c Abs. 1 Nr. 2 StGB wurde in der IT-Security-Branche anfangs sehr kritisch aufgenommen. Die Vorschrift sanktioniert als abstraktes Gefährdungsdelikt das Herstellen, Verschaffen, Verkaufen, Überlassen, Verbreiten oder Zugänglichmachen so genannter Hacker-Tools, wenn dadurch eine Straftat nach § 202a oder § 202b vorbereitet wird. Auf einen Erfolg i.S.d. § 202a/b StGB kommt es nach der Konzeption der Vorschrift nicht an. Vor diesem Hintergrund gaben Kritiker zu bedenken, § 202c Abs. 1 Nr. 2 StGB gefährde die Arbeit von Systemadministratoren, Programmierern und Beratern, die im Rahmen ihrer Arbeit auf die Nutzung von Hacker-Tools oder jedenfalls Programmen mit nicht eindeutiger Zweckbestimmung (dual use tools) angewiesen seien, weil nur durch deren Verwendung potentielle Bedrohungsszenarien aufgedeckt werden könnten.[109] Eine entsprechende, im Kern auf die Verletzung des Art. 12 GG gestützte Verfassungsbeschwerde, hatte indes keinen Erfolg. Das BVerfG stellte hierbei klar, dass dual use tools in den Grenzen der verfassungsrechtlich zulässigen Auslegung keine tauglichen Tatobjekte des § 202c Abs. 1 Nr. 2 StGB darstellten. Tatobjekt in diesem 33

107 BT-Drucks. 16/3656, 11.
108 BT-Drucks. 16/3565, 11.
109 Vgl. die Stellungnahmen des Bundesverbands Informationswirtschaft, Telekommunikation und neue Medien e.V. (BITKOM) v. 12.7.2006, abrufbar unter www.bitkom.de/files/documents/Stellungnahme_BITKOM_StrAendG_12_07_06.pdf sowie des Verbands der deutschen Internetwirtschaft, eco e. V. v. 1.8.2006, abrufbar unter www.eco.de/servlet/PB/show/1856416/20060801-StrRndG-Stellungnahme-eco-web.pdf.

Sinn könne nur ein Programm sein, dessen Zweck auf die Begehung einer Straftat nach § 202a StGB (Ausspähen von Daten) oder § 202b StGB (Abfangen von Daten) gerichtet sei. Erforderlich sei daher, dass das Programm mit der Absicht entwickelt oder modifiziert worden sein müsse, es zur Ausspähung oder zum Abfangen von Daten einzusetzen. Diese Absicht müsse sich ferner auch objektiv manifestiert haben.[110]

2.4 Datenhehlerei, § 202d StGB

34 Mit § 202d StGB wurde 2015 der Straftatbestand der Datenhehlerei eingeführt. Nach Abs. 1 der Vorschrift wird bestraft, wer Daten (§ 202a Abs. 2), die nicht allgemein zugänglich sind und die ein anderer durch eine rechtswidrige Tat erlangt hat, sich oder einem anderen verschafft, einem anderen überlässt, verbreitet oder sonst zugänglich macht, um sich oder einen Dritten zu bereichern oder einen anderen zu schädigen. § 202d Abs. 3 StGB enthält Ausnahmen für Handlungen, die ausschließlich der Erfüllung rechtmäßiger dienstlicher oder beruflicher Pflichten dienen, was beispielsweise den in § 53 Abs. 1 S. 1 Nr. 5 bezeichneten zeugnisverweigerungsberechtigten Personenkreis betrifft.

35 Konzeptionell wurde die Vorschrift[111] innerhalb ihrer bewegten Entwurfsgeschichte[112] mehrfach grundlegend modifiziert; Ausgangspunkt des Gesetz gewordenen Entwurfs der großen Koalition vom Juni 2015 war eine Initiative des Landes Hessen. Geschütztes Rechtsgut ist ausweislich der Gesetzesbegründung das „formelle Datengeheimnis,[113] weshalb der Tatbestand normsystematisch bei den Tatbeständen der §§ 202a, 202b und 202c StGB sowie der §§ 303a, 303b StGB verortet ist. In der Sache regeln wollte der Gesetzgeber allerdings ein inhaltsbezogenes Informationsbeherrschungsrecht, denn bei der Datenhehlerei geht es um das inhaltsbezogene Interesse des Betroffenen, dass Dritte nicht Kenntnis vom Inhalt der Daten erlangen.

36 Die vom Gesetzgeber beabsichtigte Parallelisierung zur Sachhehlerei (§ 259 StGB)[113] geht daher fehl. Bei der Sachhehlerei geht es um die Perpetuierung einer durch den Vortäter geschaffenen rechtswidrigen Vermögenslage.[114] Ziel des § 259 StGB ist, eine weitere Entfernung der tatsächlichen Zugriffsmöglichkeit des Opfers auf die Sache zu verhindern. Die der Datenhehlerei zu Grunde liegende Konstellation charakterisiert sich aber dadurch, dass das Opfer die Zugriffsmöglichkeit auf die Daten weiterhin hat, jedenfalls wenn Tatobjekt im Rahmen der Vortat kopierte Daten sind.

37 Die systemwidrige Parallelisierung basiert auf einer fehlenden Differenzierung der Ebenen Daten und Information und verkennt darüber hinaus das Wesen der Daten als nicht rivalisierendes Gut.[115] Neben dem systematischen Bruch innerhalb der Tatbestände des fünfzehnten Abschnitts des Strafgesetzbuchs wird mit der Regelung faktisch ein Ausschließlichkeitsrecht (formales Schutzkonzept, ausschließliche „Daten-

---

110 *BVerfG* 18.5.2009 – 2 BvR 2233/07, 2 BvR 1151/08 und 2 BvR 1524/08, MMR 2009, 577. Zum Einsatz von Keyloggern am Arbeitsplatz vgl. *AG Tiergarten* Entscheidung v. 16.1.2017 – 327 DS 44/16.

111 Vgl. zur Vorschrift *Roßnagel* NJW 2016, 533 (537); *Golla* ZIS 2016, 192 (198); *Singelnstein* ZIS 2016, 432; *Stuckenberg* ZIS 2016, 526 ff

112 Dazu *Stuckenberg* ZIS 2016, 527 ff.; zur Genese der Vorschrift vgl. auch *Franck* RDV 2015, *Dix/Kipker/Schaar* ZD 2015, 300 (304 f.); Taeger/*Selz* S. 915.

113 BT-Drucks. 18/5088, 26.

114 Lackner/*Kühl* StGB § 259 Rn. 1.

115 *Stuckenberg* ZIS 2016, 532.

herrschaft“) für Daten begründet und ein rechtpolitisch wie dogmatisch hochproblematisches Dateneigentum „durch die strafrechtliche Hintertür“ anerkannt.[116]

Der neue Straftatbestand der Datenhehlerei wirft zudem eine für das Mediensystem der Bundesrepublik Deutschland höchst relevante Frage auf. Fraglich ist, wie weit der Tatbestand die Tätigkeit der Medien erschwert, namentlich weil die Presse innerhalb einer „Aura des vielleicht strafbaren“[117] agiert. **38**

2.5 Datenveränderung, § 303a StGB

§ 303a StGB wurde bereits durch das 2. WiKG[118] eingefügt und durch das 41. StrÄndG 2007 lediglich um einen Abs. 3 ergänzt, wonach nun auch die Vorbereitung einer Datenveränderung unter den Voraussetzungen des § 202c StGB strafbar ist. Daten (i.S.d. § 202a Abs. 2 StGB) werden i.S.d. Vorschrift modifiziert, wenn sie gelöscht (d.h. unwiederbringlich unkenntlich gemacht[119]), unterdrückt (d.h. dem Zugriff des Berechtigten entzogen und deshalb von diesem nicht mehr verwendet werden können[120]), unbrauchbar gemacht (d.h. in ihrer Gebrauchsfähigkeit so beeinträchtigt werden, dass sie nicht mehr ordnungsgemäß verwendet werden können[120]) oder verändert (d.h. sie einen anderen Informationsgehalt erhalten und dadurch der ursprüngliche Verwendungszweck beeinträchtigt wird[120]) werden, wobei sich die einzelnen Modalitäten bisweilen nur schwer voneinander abgrenzen lassen. Geschütztes Rechtsgut ist das Interesse des Verfügungsberechtigten an der Verwendbarkeit der in den gespeicherten Daten enthaltenen Informationen.[121] Die Datenverfügungsbefugnis steht grundsätzlich demjenigen zu, der die Speicherung der Daten unmittelbar bewirkt hat.[122] **39**

Bedeutsam ist der Tatbestand etwa mit Blick auf Schadsoftware (Malware), die in unterschiedlichen Formen auftritt.[123] Sog. Würmer vervielfältigen sich selbst oder nutzen Daten in einem Maße, dass der befallene Computer oder das Netz überlastet werden; es kommt zu einem Verlust von Rechengeschwindigkeit bis hin zum völligen Stillstand. Viren löschen oder verändern je nach Programmierung einzelne Daten oder einen gesamten Datenbestand. Trojaner sind Programme, die durch den Adressaten ausgeführt werden und dessen System manipulieren. Sie können dazu dienen, Einbruchsstellen für spätere Direktangriffe zu schaffen (Backdoor). Das Einschleusen der Trojaner kann, wie das der Viren und Würmer, via E-Mail, WWW oder durch Auslesen des Datenträgers eines Dritten geschehen. Wird ein Virus in ein fremdes System eingeschleust und werden durch den Virus Daten manipuliert, beschädigt oder zerstört, ist der Tatbestand des § 303a StGB erfüllt. Dies soll nach umstrittener Auffassung auch gelten, wenn die Malware lediglich lästig ist, weil das System (durch einen Wurm) verlangsamt wird.[124] Je nach Spielart der Schadensroutine eines Virus kommt neben der Datenveränderung die Computersabotage, § 303b Abs. 1 StGB in Betracht. Beim Einsatz von Ransomware (Schadsoftware sperrt Dateien auf dem infizierten **40**

---

116 Vgl. *Singelnstein* ZIS 2016, 435.

117 § 202d StGB ist Gegenstand der Verfassungsbeschwerde im Verfahren 1 BvR 2821/16. Informationen dazu sind abrufbar unter https://freiheitsrechte.org/datenhehlerei/.

118 Zweites Gesetz zur Bekämpfung der Wirtschaftskriminalität, BGBl I 1986, 721 ff.

119 BT-Drucks. 10/5058, 34.

120 BT-Drucks. 10/5058, 35.

121 BeckOK-StGB/*Weidemann* § 303a, Rn. 2.

122 *OLG Nürnberg* 23.1.2013 - 1 Ws 445/12.

123 Überblick bei *Ernst* NJW 2003, 3233.

124 Zum Streitstand *Hilgendorf/Frank/Valerius* Computer- und Internetstrafrecht, Rn. 201.

Zielsystem und „verlangt" für die Freigabe der Dateien Lösegeld) kommt regelmäßig auch §§ 253 Abs. 1, 3, 22, 23 StGB in Betracht.[125] Das Einschleusen eines trojanischen Pferdes ist nicht nach § 303a StGB strafbar, da dieses keine Daten verändert, je nach Konstellation greift aber § 202a StGB.

41 Eine Strafbarkeit wegen Datenveränderung kommt auch bei bestimmten Handlungen im Zusammenhang mit software-generierten Gütern in virtuellen Welten in Betracht. Wie weit die Rechtsordnung virtuelle Gegenstände (Items)[126] in Massen-Mehrspieler-Online-Rollenspielen (MMORPGs)[127] oder durch den Spieler geschaffene Strukturen (Avatar, virtuelle Bauwerke)[128] erfasst,[129] ist in Rechtsprechung und Literatur noch nicht abschließend geklärt. Erbietet sich Mitspieler (A) eines MMORPG, für die Spielfigur (Avatar) eines anderen Spielers (B) eine höherwertige Ausrüstung zu erspielen und überlässt (B) dem (A) zu diesem Zweck die Accountdaten (Username und Passwort), so liegt nach einer Entscheidung des AG Augsburg eine strafbare Datenveränderung vor, wenn (A) dem Avatar des (B) abredewidrig die bereits erspielten Ausrüstungsgegenstände (Waffen, Rüstung etc.) entzieht, um diese Gegenstände anschließend auf einschlägigen Handelsplattformen zum Verkauf anzubieten.[130]

2.6 Computersabotage, § 303b StGB

42 Im Rahmen des 41. StrafrÄndG wurde § 303b StGB erheblich umstrukturiert und an die Vorgaben des Art. 5 der Cyber-Crime-Konvention („System interference") bzw. Art. 3 des Rahmenbeschlusses über Angriffe auf Informationssysteme vom 24.2.2005 angepasst. § 303b Abs. 1 StGB, der das Interesse der Betreiber und Nutzer von Datenverarbeitungsanlagen an deren ordnungsgemäßer Funktionsweise schützt,[131] erfasst etwa DoS Attacken,[132] soweit sie die Datenverarbeitung, die für einen anderen von wesentlicher Bedeutung ist, betrifft, eine erhebliche Störung vorliegt und der Täter mit der in § 303b Abs. 1 Nr. 2 genannten Absicht handelt.[133] Das Tatbestandsmerkmal „von wesentlicher Bedeutung" liegt mit Blick auf Privatpersonen dann vor, wenn die Datenverarbeitungsanlage für die Lebensgestaltung der Privatperson eine zentrale Funktion einnimmt (so die Datenverarbeitung im Rahmen einer Erwerbstätigkeit),

---

125 Zur Problematik *Salomon* MMR 2016, 575.

126 Waffen oder besondere Fertigkeiten der Spielfigur, so genannte Skills. Items erschafft der Spieler üblicherweise nicht selbst, sondern sie werden von der Spielumgebung vorgegeben.

127 Charakteristikum der MMORPG's ist, dass gleichzeitig mehrere tausend Spieler mit ihren Spielfiguren (Avatare) eine virtuelle Welt bevölkern und mit anderen Spielern (bzw. deren Avataren) interagieren.

128 Zu virtuellen Bauwerken vgl. *LG Köln* MMR 2008, 556 – Virtueller Dom in Second Life.

129 Zur Problematik *Rippert/Weimer* ZUM 2007, 272 ff.; *Krasemann* MMR 2006, 351 ff.; *Klickermann* MMR 2007, 766 ff.; *Habel* MMR 2008, 71 ff.

130 *AG Augsburg* 33 Ds 603 Js 120422/09 jug, zitiert nach *Eckstein* JurPC Web-Dok. 58/2013, Abs. 5, der sich auch eingehend mit einer möglichen Strafbarkeit gem. §§ 202a, 263 StGB auseinandersetzt.

131 BT-Drucks. 16/3656, 13.

132 Denial of Service-Attacken belasten die Diente eines Servers, indem eine größere Anzahl von Anfragen zeitgleich gestellt wird. Zweck des Angriffes, der auch koordiniert von einer größeren Anzahl von Systemen ausgehen kann (Distributed Distributed Denial of Service (DDoS), kann sein, einen Absturz des Servers auszulösen.

133 Für Aufsehen sorgten die Durchsuchungsbeschlüsse gegen Mitläufer der von dem Hackerkollektiv „Anonymous" verantworteten Attacken auf Server der GEMA *AG Wiesbaden* v. 2.5.2012 – 71 Gs 393/12.

nicht aber bei jedem Kommunikationsvorgang im privaten Bereich oder bei jedem Computerspiel.[134] Mit dem neuen Merkmal der „erheblichen Störung" soll klargestellt werden, dass nur Handlungen erfasst werden sollen, die eine gewisse Erheblichkeitsschwelle überschreiten.[134] Unerheblich für die Verwirklichung des objektiven Tatbestands des § 303b Abs. 1 StGB ist, ob der betroffene Datenverarbeitungsvorgang rechtmäßigen oder rechtswidrigen Zwecken dient. Demnach kann der Tatbestand auch dadurch verwirklicht werden, dass der Anbieter einer illegalen Streaming-Plattform für Kinofilme das (ebenfalls rechtswidrige) Angebot eines Konkurrenten mit gezielten Angriffen überlastet.[135]

3. Computerbetrug und informationstechnikspezifische Sonderformen des Betrugs

3.1 Computerbetrug, § 263a StGB

§ 263a StGB wurde bereits 1986 durch das Zweite Gesetz zur Bekämpfung der Wirtschaftskriminalität[136] eingefügt.[137] Mit der neuen Vorschrift sollten Strafbarkeitslücken geschlossen werden, die daraus folgten, dass bei vermögensrelevanten Einflussnahmen auf Datenverarbeitungsvorgänge ein Computer, nicht aber eine natürliche Person getäuscht wird und daher ein Rückgriff auf § 263 StGB nicht möglich ist.[138] Durch das 35. StrÄndG[139] wurde die Vorschrift dann 2003 um die Abs. 3 und 4 erweitert, die Vorbereitungshandlungen (Abs. 3) betreffen und auf Vorschriften über die tätige Reue (Abs. 4) verweisen. **43**

Nach dem Willen des Gesetzgebers ist bei der Auslegung des § 263a StGB die Struktur- und Wertgleichheit mit dem Betrugstatbestand zu berücksichtigen.[138] Zu fragen ist demnach jeweils, ob hypothetisch ein Betrug vorliegen würde, wenn es sich beim Computer um einen Menschen handeln würde.[140] Das betrugsspezifische Täuschungselement kann bei § 263a StGB durch vier Handlungsmodalitäten verwirklicht werden. Tathandlungen sind die unrichtige Gestaltung des Programms, die Verwendung unrichtiger oder unvollständiger Daten, die unbefugte Verwendung von Daten und eine sonstige unbefugte Einwirkung auf den Ablauf des Programms. **44**

Eine unrichtige Gestaltung des Programms, d.h. eine durch Daten fixierte Arbeitsanweisung an die Datenverarbeitungsanlage, liegt nach h.M. vor, wenn eine objektive Diskrepanz zwischen dem angestrebten Zweck des Datenverarbeitungsvorgangs und dem erreichten Ergebnis besteht.[141] Auf den subjektiven Willen des über die Datenverarbeitungsanlage Verfügungsberechtigten kommt es nicht an.[142] Die erste Handlungsmodalität wird etwa dann verwirklicht, wenn eine auf einem Rechner installierte **45**

---

134 BT-Drucks. 16/3656, 13.
135 *BGH* 11.1.2017 - 5 StR 164/16.
136 BGBl I 1986, 721 ff.
137 Instruktiv *Achenbach* NJW 1986, 1835 ff.
138 BT-Drucks. 10/5058, 30.
139 BGBl I 2003, 2838 ff.
140 Vgl. *BGHSt* 38, 120, 122; *BGHSt* 47, 160, 162 f. Zur Strafbarkeit des sog. Card-Sharing beim Bezahlfernsehen (Pay-TV) *OLG Celle* 31.8.2016 - 2 Ss 93/16.
141 BeckOK-StGB/*Valerius* § 263a Rn. 13 m.w.N.
142 Nach der auf den subjektiven Willen abstellenden Ansicht wäre die unrichtige Programmgestaltung durch den Programmierer selbst nicht tatbestandsmäßig. Beispielfälle („Rundungstrick") bei *Kraatz* Jura 2010, 39 ff.

Dialer-Software die Programmabläufe innerhalb des Systems dergestalt manipuliert, dass neben dem Dialer-Aufruf im Rahmen der Nutzung eines Mehrwertdienstes die gesamte Datenfernübertragung unbemerkt über die kostenintensive Nummer läuft.[143]

46 Input- oder Eingabemanipulationen stellen den Anwendungsbereich der Verwendung unrichtiger oder unvollständiger Daten i.S.d. 2. Handlungsmodalität des § 263a StGB. Unrichtig sind Daten, wenn die in ihnen codierten Informationen nicht der Wirklichkeit entsprechen, der von ihnen behauptete Lebenssachverhalt also objektiv unzutreffend wiedergeben wird.[144] Die Verwendung unrichtiger Daten stellt etwa der Bankautomatenmissbrauch durch Benutzung einer gefälschten Codekarte dar. Der Täter täuscht dem Automaten in diesem Fall vor, abbuchungsberechtigter Inhaber eines bestimmten Bankkontos zu sein. Ein Anwendungsbeispiel der „unbefugten Verwendung von Daten“ als 3. Variante ist die Verwendung von Magnetkarten an Automaten durch Nichtberechtigte. Im Unterschied zur 2. Variante sind die Daten in diesem Fall richtig, werden aber ohne Befugnis verwendet. Was unbefugt in diesem Sinne bedeutet, ist umstritten. Die Rechtsprechung fordert ein täuschungsäquivalentes Verhalten des Täters und fragt, ob, unterstellt eine natürliche Person wäre in den Vorgang eingebunden, zumindest eine konkludente Täuschung über die Befugnis zur Datennutzung anzunehmen wäre.[145] Hat der Karteninhaber einem Dritten also bspw. die Befugnis zur Verwendung der Karte und der PIN überlassen, so verstößt dies zwar gegen die Vertragsbestimmungen für die Nutzung der ec-/Maestro-Karte, stellt aber keine Straftat nach § 263a StGB dar, denn der Dritte täuscht einen fiktiven Bankangestellten nicht über sein ihm von dem Kontoinhaber eingeräumtes Recht, die Karte benutzen zu dürfen.[146] Nach teilweise vertretener Ansicht entfällt eine Strafbarkeit nach § 263a StGB selbst dann, wenn dem Dritten Karte und PIN zur Abhebung eines bestimmten Betrages zur Verfügung gestellt wurden, dieser dann aber abredewidrig einen höheren Betrag abhebt.[147]

47 Die 4. Variante, die „sonstige unbefugte Einwirkungen auf den Ablauf“ eines Datenverarbeitungsvorgangs pönalisiert, stellt einen Auffangtatbestand dar. Darunter sollen alle Hard- und Softwaremanipulationen fallen, die nicht bereits von den ersten drei Varianten erfasst werden.[148] Nach der Rspr. des BGH soll danach etwa derjenige strafbar sein, der einen Geld- oder Glücksspielautomaten leerspielt, nachdem er sich rechtswidrig genaue Kenntnisse über den Programmablauf des Automaten verschafft hat und dies ihn in die Lage versetzt, die Risikotaste im „richtigen“ Moment zu drücken.[149]

48 Alle Tathandlungen des § 263a StGB zielen auf die „Beeinflussung des Ergebnisses eines Datenverarbeitungsvorgangs.“ Dieses Merkmal korrespondiert mit der Irrtumserregung und der Vermögensverfügung im Betrugstatbestand.[150] Unter Beeinflussung eines Datenverarbeitungsvorgangs ist eine Abweichung von dem Arbeitsergebnis zu verstehen, das ohne die Tathandlung erzielt worden wäre. Aus der Strukturgleichheit

---

143 Dazu *Buggisch* NStZ 2002, 178, 180 ff.

144 *Hilgendorf* JuS 1997, 130, 131.

145 *BGHSt* 38, 120, 122; 47, 160, 162 f.

146 Vgl. hierzu aber neuerdings *BGH* 23.11.2016 - 4 StR 464/16.

147 *OLG Köln* NJW 1992, 125.

148 BT-Drucks. 10/5058, 30.

149 *BGHSt* 40, 331; weiterführend Kilian/Heussen/*Scheffler* Computerrechts-Handbuch, 28. Aufl. 2010, Teil 10, Rn. 79 ff.

150 *Lenckner/Winkelbauer* CR 1986, 654 ff.

mit dem Betrugstatbestand folgt weiter, dass das Ergebnis vermögensrelevant sein muss und unmittelbar zu einer Vermögensminderung führt.[151] Durch die Beeinflussung des Ergebnisses eines Datenverarbeitungsvorgangs muss es zu einem Vermögensschaden kommen. Für den Vermögensschaden gelten die Grundsätze zum Betrugstatbestand des § 263 StGB entsprechend, d.h. der Vermögensschaden (bzw. eine schadensgleiche Vermögensgefährdung) muss unmittelbar durch das manipulierte Ergebnis des Datenverarbeitungsvorgangs herbeigeführt werden. Subjektiv muss der Täter hinsichtlich der objektiven Tatbestandsmerkmale mindestens mit dolus eventualis handeln und die Absicht haben, sich oder einem Dritten einen rechtswidrigen Vermögensvorteil zu verschaffen. Wie beim Betrug, § 263 StGB, ist auch bei § 263a StGB erforderlich, dass der Vorteil die Kehrseite des Schadens ist (Stoffgleichheit).

3.2 Informationstechnikspezifische Sonderformen des Betrugs, § 263 StGB

Innerhalb des Betrugstatbestands, § 263 StGB, haben sich mittlerweile einige informationstechnikspezifische Sonderformen der Tatbestandsverwirklichung herausgebildet. Praxisrelevant sind vor allem Lockanrufe, der „Auktions“- und „Klickbetrug“ sowie die „Abofalle“. Eine weitere Sonderproblematik steht vor dem Hintergrund des Handels mit virtuellen Gegenständen. **49**

Bei einem Lockanruf wählt der Täter kurz Festnetz- oder Mobilfunkteilnehmer mit einer Rufnummer, die einem Mehrwertdienst zugeordnet ist, an. Dem Angerufenen wird im Display seines Apparates ein entgangener Anruf angezeigt. Der Angerufene geht davon aus, jemand habe ihn sprechen wollen und ruft zurück. Das gutgläubige Opfer rechnet nicht damit, dass nun ein Mehrwertdienst angewählt wird.[152] Der Täter täuscht hier über das Bestehen einer Gesprächsintention. Die Opfer treffen eine Vermögensverfügung; das Entgelt für den angerufenen Mehrwert wird ihnen berechnet. Derartige Lockanrufe (Ping-Anrufe) sind nach § 263 StGB strafbar.[153] **50**

Unter dem Schlagwort „Auktionsbetrug“ lassen sich verschiedene Konstellationen zusammenfassen, die im Zusammenhang mit der Nutzung einer Online-Auktionsplattform (Bsp. „eBay“) stehen. Liefert der Verkäufer die Ware nach Bezahlung nicht und hatte er dies auch nie vor, handelt es sich unproblematisch um einen „klassischen“ Betrug, § 263 Abs. 1 StGB. Die Spezifika des Online Portals wirken sich in dieser Variante letztlich nicht aus. Den eigentümlichen Charakter einer Auktionsplattform macht sich dagegen der Verkäufer zu Nutze, der (durch Nutzung eines anderen Accounts oder durch eingeweihte Dritte) auf seine eigene Ware steigert und so den Preis in die Höhe treibt.[154] Dies soll nach teilweise vertretener Ansicht eine Strafbarkeit nach § 263 StGB begründen.[155] Diese Ansicht, die letztlich den Verstoß gegen die Allgemeinen Geschäftsbedingungen[156] des Unternehmens strafrechtlich sanktioniert, verkennt allerdings den ultima-ratio-Charakter des Strafrechts. **51**

---

151 BeckOK-StGB/*Valerius* § 263a Rn. 37.

152 Vgl. Regulierungsbehörde für Telekommunikation und Post regtp news Nr. 1/2005, 4.

153 *LG Hildesheim* MMR 2005, 130; zur Problematik vgl. *Ellbogen/Erfurth* CR 2008, 635 ff.

154 Weiterführend *Popp* JuS 2005, 689 ff.

155 So *Beukelmann* NJW-Spezial 2004, 135; eingehend *Heckmann* jurisPK-Internetrecht, Kap. 8 Rn. 93.

156 Zum Auktionsablauf und den AGB *Keber* JurPC Web-Dok. 37/2005, Abs. 1.

52 Der sog. Klickbetrug („Click Fraud") setzt auf Pay-per-Click Marketingmaßnahmen auf. Hierbei bezahlt ein Auftraggeber einem Webseiten-Betreiber einen bestimmten Betrag für den Fall, dass ein Internet-User eine auf der Webseite geschaltete Werbeanzeige anklickt. Beim Klickbetrug erfolgt nun dieser Klick nicht aus Interesse und von „gewöhnlichen" Internet-Usern, sondern die Zahl der Klicks auf eine Anzeige wird entweder manuell oder mit Hilfe von spezieller Software von einem Mitbewerber oder Personen aus der Sphäre des Werbeplattformbetreibers bewusst nach oben getrieben. Zu unterscheiden ist eine Erscheinungsform des Klickbetrugs mit rein werbebehindernder Zielrichtung und eine Variante, bei der die Bereicherung durch den Missbrauch des Systems beabsichtigt ist. Die werbebehindernde Variante taucht vor allem im Rahmen des „Keyword Advertising" auf Suchmaschinenseiten (etwa Googles AdWords) als der wirtschaftlich bedeutendsten Anwendung des Pay-per-Click Verfahrens auf. Beim Keyword Advertising kann ein Anbieter auf einem neben dem eigentlichen Suchergebnis erscheinenden Bereich der Suchmaschinenseite („Ads", „Sponsored Links") eine Werbeanzeige schalten. Die Vergütung des Suchmaschinenbetreibers erfolgt auch hier nach den jeweils erfolgten Klicks auf den Link des Unternehmens. Vereinbart wird daneben ein vorher festgelegtes Tageslimit („Klicklimit"), bspw. 1500 Klicks, die der Werbende täglich zu vergüten bereit ist. Wenn das Klicklimit erreicht ist, wird der Link des Unternehmens nicht mehr angezeigt und andere Mitbewerber, die das gleiche AdWord gebucht haben, rücken im Suchergebnis nach vorn.

53 Bei der Variante des Klickbetrugs, die vornehmlich auf die Behinderung des Wettbewerbers zielt, klicken Konkurrenten auf den Link des Werbenden, bis das Klick-Limit erreicht wird, um so die Anzeige des Mitbewerbers zu beseitigen und ggf. eine bessere Position für die eigene Anzeige zu erlangen. Dieses Verhalten ist jedenfalls wettbewerbswidrig, § 4 Nr. 4 UWG. Mit Blick auf eine Strafbarkeit nach §§ 263 bzw. 263a StGB ist problematisch, dass der Angreifer in der Absicht handelt, einen Konkurrenten zu schädigen, dadurch jedoch keinen unmittelbaren Vermögensvorteil erlangt.[157] Die Variante, bei der es um das Erschleichen einer höheren Bezahlung (durch den Werbeplattformbetreiber) geht, stellt dagegen regelmäßig einen Computerbetrug, § 263a StGB (die Vorspiegelung falscher Tatsachen erfolgt gegenüber einem automatischen Abrechnungssystem) oder, wenn die Transaktion noch einmal durch einen Menschen geprüft wird,[158] einen Betrug gem. § 263 StGB dar.

54 Bei sog. Kosten- oder Abofallen werden auf Internetseiten Leistungen angeboten, die im Netz in vergleichbarer Form vielfach und ohne Aufwand kostenlos erhältlich sind. Um die Leistung zu erhalten, muss der Nutzer auf einer Anmeldeseite persönliche Daten eingeben. Im Rahmen der Anmeldeprozedur findet sich dann ein (bspw. wegen unzureichender Schriftgröße oder unauffälliger Schriftfarbe) wenig deutlicher Hinweis auf die Entgeltlichkeit und Laufzeit eines Abonnements, der von den Nutzern in der Regel übersehen wird. Nach erfolgreicher Anmeldung wird den Nutzern das Entgelt für die Inanspruchnahme der Leistungen dann in Rechnung gestellt sowie im Fall der Nichtzahlung angemahnt und/oder Inkassounternehmen eingeschaltet.

Das Betreiben einer Abofalle kann im Einzelfall als Betrug i.S.d. § 263 StGB zu werten sein. Für die Frage, ob die Gestaltung der Seite auf eine Täuschung angelegt ist,

157 Hierzu *Heckmann* jurisPK-Internetrecht, Kap. 8, Rn. 105.
158 *Schirmbacher/Ihmor* CR 2009, 245, 248 f.

ist zunächst darauf abzustellen, welches Bild sich einem durchschnittlichen Internetnutzer bietet. Ein hinreichend deutlicher Hinweis auf die Entgeltlichkeit des fraglichen Angebots ist nur zu bejahen, wenn diese Information für den Nutzer bereits bei Aufruf der Seite erkennbar ist und im örtlichen und inhaltlichen Zusammenhang mit den Angaben, die sich auf die angebotene Leistung direkt beziehen, steht.[159] Fehlt ein hinreichend deutlicher Hinweis, kann die Täuschung i.S.d. § 263 StGB darin liegen, dass der Täter die irrtumsanfällige Ausgestaltung des Dienstes planmäßig einsetzt und damit unter dem Anschein äußerlich verkehrsgerechten Verhaltens gezielt die Schädigung des Adressaten verfolgt, wenn also die Irrtumserregung nicht die bloße Folge, sondern der Zweck der Handlung ist.[160] Verstößt die Gestaltung einer Internetseite gegen die Vorschriften der Preisangabenverordnung (PAngV), kommt dem in Fällen, in denen ein Kostenhinweis lediglich an versteckter Stelle enthalten ist, für die Beurteilung einer Täuschungshandlung und eines darauf gerichteten Vorsatzes indizielle Bedeutung zu.[161]

Die Problematik hat mit Einführung der sog. Button-Lösung durch das Gesetz zum besseren Schutz der Verbraucherinnen und Verbraucher vor Kostenfallen im elektronischen Geschäftsverkehr[162] an Bedeutung verloren.

Mit Blick auf den Handel virtueller Gegenstände als einem mit dem Erfolg MMORPGs einhergehenden Phänomen[163] stellt sich die Frage, ob ein Betrug dadurch verwirklicht werden kann, dass ein Spieler durch Vorspiegelung falscher Tatsachen einen Mitspieler zur Übergabe eines virtuellen Gegenstandes verleitet, ohne dass dieser hierfür eine angemessenen Ersatz erhält. Sieht man – der wirtschaftlichen Vermögenstheorie folgend – virtuelle Gegenstände als einen Vermögenswert an, stellt die Übergabe dieses Gegenstands innerhalb des Spiels eine Vermögensverfügung dar, die sich unmittelbar vermögensmindernd auf Seiten des Übergebenden auswirkt. Der objektive Tatbestand des Betruges ist damit erfüllt. Ebenso ist denkbar, dass ein Verkäufer sein Gut auf einer Handelsplattform für virtuelle Gegenstände vorsätzlich anders darstellt, als es im Spiel tatsächlich existiert. Überweist der Käufer hierauf irrtumsbedingt die Kaufsumme und erhält er keinen adäquaten Ausgleich, weil der virtuelle Gegenstand die zugesicherten Eigenschaften im Spiel nicht hat, kommt auch insoweit ein Betrug in Betracht. **55**

4. Domain Grabbing und Erpressung, § 253 StGB

Die Registrierung einer Adresse eines markenrechtlich geschützten Namens ohne eigenes Interesse an der Nutzung und zum alleinigen Zweck, sie dem Markeninhaber gegen ein überhöhtes Entgelt zu offerieren (Domain-Grabbing oder Cybersquatting) kann nach der Rechtsprechung eine Erpressung, § 253 StGB, darstellen.[164] Der Täter droht mit dem Unterlassen der Nichtübertragung der Domain. Der Markeninhaber befindet sich in einer Zwangslage, da er aufgrund des Prioritätsprinzips im Domainvergaberecht zunächst keine Möglichkeit mehr hat, die Domain zu erhalten.[165] Geson- **56**

159 *OLG Frankfurt* 17.12.2010 – 1 Ws 29/09.
160 *LG Hamburg* 21.3.2012 - 608 KLs 8/11.
161 *BGH* 5.3.2014 - 2 StR 616/12.
162 Vgl. BT-Drucks. 17/7745.
163 Zum Begriff oben Rn. 41.
164 *LG München II* CR 2000, 847.
165 Zur Domain *Schultz (Hrsg.)* Markenrecht, Anh. zu § 5, 92 ff.

derte Beachtung gilt in diesen Fällen allerdings der Verwerflichkeitsprüfung des § 253 Abs. 2 StGB, deren Aufgabe es ist, strafwürdiges Verhalten von sozialadäquater Ausübung willensbeugenden Zwangs abzugrenzen. Neben dem Erpressungstatbestand kommt eine Kennzeichenverletzung nach § 143 MarkenG in Betracht.[166]

5. Programmierung von Malware, Anbieten von Anleitungen und Programmierungstools

57 Neben dem Verbreiten von Malware[167] kann auch das Programmieren von Viren strafbar sein. Werden Viren zur Datenspionage (Trojaner) programmiert, macht sich der Programmierer nach § 202c Abs. 1 Nr. 2 StGB strafbar. Bezweckt der Virus eine Datenveränderung, ist §§ 303a Abs. 3 i.V.m. § 202c Abs. 1 Nr. 2 StGB verwirklicht. Dient die Programmierung des Virus dem Zweck, eine Computersabotage, § 303b StGB zu begehen, ist der Programmierer gem. §§ 303b Abs. 5 i.V.m. § 202c Abs. 1 Nr. 2 StGB strafbar.[168] Das alleinige Zurverfügungstellen von Anleitungen und Tools zum Programmieren von Viren ist als solches nicht nach § 202c StGB strafbar, kann sich aber gegebenenfalls als Beihilfehandlung (§ 27 StGB) darstellen.[169]

6. Versenden unerbetener Werbenachrichten (Spam)

58 Das Versenden von Werbenachrichten ohne vorherige Einwilligung (Spam) ist in der Bundesrepublik Deutschland bis dato nicht strafbar. Dies gilt jedenfalls dann, wird eine als solche erkennbare Werbenachricht versandt und werden mit der Mail keine unzulässigen Inhalte kommuniziert. Das Telemediengesetz untersagt in § 6 Abs. 2 das Verschleiern oder Verheimlichen des Absenders und des kommerziellen Charakters der Nachricht. Ein Verschleiern oder Verheimlichen liegt dann vor, wenn die Kopf- und Betreffzeile absichtlich so gestaltet sind, dass der Empfänger vor Einsichtnahme in den Inhalt der Kommunikation keine oder irreführende Informationen über die tatsächliche Identität des Absenders oder den kommerziellen Charakter der Nachricht erhält. Der Verstoß gegen das Verbot wird als Ordnungswidrigkeit mit einem Bußgeld geahndet, § 16 Abs. 1 TMG. Soweit für Pornographieangebote geworben oder der Mail pornographische Schriften (Fotos, Filme etc.) als Attachment beigefügt sind, kommt eine Strafbarkeit nach § 184 Abs. 1 Nr. 5 bzw. Nr. 6 StGB in Betracht. Wird mit der Werbenachricht zugleich Schadsoftware verbreitet, kommt eine Strafbarkeit aus §§ 202a, 303a, 303b in Betracht.

7. Mail-Filter und Verletzung des Post- oder Fernmeldegeheimnisses, § 206 StGB

59 Soweit Diensteanbieter Mail-Filter verwenden, d.h. E-Mail-Nachrichten nicht oder verändert an den Adressaten weiterleiten, kommt eine Strafbarkeit aus § 206 StGB in Betracht. Nach § 206 Abs. 2 Nr. 2 StGB macht sich strafbar, wer als Beschäftigter oder Inhaber eines Unternehmens, das geschäftsmäßig Post- oder Telekommunikationsdienst erbringt, unbefugt eine einem solchen Unternehmen anvertraute Sendung unterdrückt. Geschäftsmäßig bedeutet insoweit nicht, dass eine Gewinnerzielungsab-

---

166 Weiterführend *Hilgendorf/Frank/Valerius* Computer- und Internetstrafrecht, Rn. 757.
167 Dazu oben Rn. 39.
168 *Heckmann* jurisPK-Internetrecht, Kap. 8, Rn. 86 ff.
169 *Heckmann* jurisPK-Internetrecht, Kap. 8, Rn. 89.

sicht vorliegen muss.[170] Ein Unterdrücken der E-Mail ist dann anzunehmen, wenn durch technische Eingriffe in den technischen Vorgang des Aussendens, Übermittelns oder Empfangens von Nachrichten mittels Telekommunikationsanlagen verhindert wird, dass die Nachricht ihr Ziel vollständig oder unverstümmelt erreicht.[171] Am Tatbestandsmerkmal „unbefugt" fehlt es, wenn ein Einverständnis der Berechtigten vorliegt. Auch ohne ein solches tatbestandsausschließendes Einverständnis im Einzelfall wird man eine Filterung als gerechtfertigt ansehen müssen, wenn Malware herausgefiltert wird und so Störungen oder Schäden der Telekommunikations- und Datenverarbeitungssysteme verhindert werden.[172]

8. IP-Spoofing und Fälschung beweiserheblicher Daten, § 269 StGB

IP-Spoofing bezeichnet das Versenden von IP-Paketen mit gefälschter Quell-IP- 60
Adresse im Datennetz. Die IP ist dabei ein Zahlencode, der dazu dient, einen Rechner im Internet eindeutig identifizierbar zu machen.[173] Das Fälschen der IP bewirkt nun, dass es für den Zielrechner so aussieht, als sei die Anfrage von einem anderen Rechner erfolgt. Eine Strafbarkeit aus § 269 StGB setzt voraus, dass der Täter zur Täuschung im Rechtsverkehr beweiserhebliche Daten so speichert oder verändert, dass bei ihrer Wahrnehmung eine unechte oder verfälschte Urkunde vorliegen würde. Daten in Form der IP-Adresse sind beweiserheblich, weil sie im Rechtsverkehr für rechtlich erhebliche Tatsachen (Identität des Kommunikationspartners) benutzt werden.[174] Auch liefert beim „Spoofing" die Manipulation (hier Veränderung) als Ergebnis einen Datenbestand, der – würde er sichtbar gemacht – als unechte oder verfälschte Urkunde zu qualifizieren wäre. Unecht ist eine Urkunde, wenn sie nicht von dem stammt, der in ihr als Aussteller bezeichnet ist.[175] Als Aussteller erscheint hier ein anderer Zielrechner. IP-Spoofing ist demnach gem. § 269 StGB strafbar.[176]

9. Phishing und Fälschung beweiserheblicher Daten, § 269 StGB

Beim so genannten Phishing werden Internetnutzer entweder durch eine E-Mail oder 61
auf einer Seite im WWW[177] aufgefordert, Passwörter, PIN-Nummern oder Kreditkartennummern preiszugeben. Haben die Täter (Phisher) diese Daten erhalten, schließen sich für gewöhnlich vermögensrelevante Verfügungen zu Lasten des Nutzers an. Deutlich auseinanderzuhalten sind demnach die verschiedenen Tatphasen, an deren Anfang das „Fischen" nach einem Passwort steht. Einigkeit in der Strafrechtslehre und der Rechtsprechung besteht hinsichtlich des Einsatzes der erlangten Zugangsdaten im Onlinebanking-Verfahren. Da ihre Verwendung durch den Täter unbefugt (das in der Eingabe der Daten liegende Einverständnis bezieht sich nur auf die in der Phishing-Mail genannten Zweck, meist eine „Sicherheitsüberprüfung") erfolgt, erfüllt die Veranlassung von Transaktionen zu Lasten des Opfers den Tatbestand des Computer-

---

170 Auch Arbeitgeber kommen als Erbringer geschäftsmäßiger Telekommunikationsdienste in Betracht. Zur Strafbarkeit nach § 206 StGB bei Kontrolle von Mitarbeiter E-Mails *Kempermann* ZD 2012, 12. Zur Problematik auch *Schuster* ZIS 2/2010, 68, 70.

171 *Tschoepe* MMR 2004, 75, 78.

172 Vgl. *OLG Karlsruhe* MMR 2005, 178.

173 Zum IP/DNS System s. Schiwy/Schütz/Dörr/*Fink* S. 198; Dörr/Kreile/Cole/*Keber* S. 501.

174 Zum Begriff der Beweiserheblichkeit *Fischer* StGB § 269 Rn. 3.

175 *Schönke/Schröder* StGB, 27. Aufl. 2008, § 267 Rn. 48 ff.

176 Zur Problematik eingehend *Rinker* MMR 2002, 663.

177 In diesem Fall spricht man auch von „Pharming".

betrugs, § 263a Abs. 1 Var. 3 StGB.[178] Die strafrechtliche Würdigung des Geschehens im Vorfeld ist aber umstritten. Vertreten wird, es handle sich um einen Betrug, § 263 StGB, wobei in der Übergabe von PIN, Kontodaten etc. eine Vermögensverfügung liege. Zwar trete hierdurch noch nicht unmittelbar ein Schaden beim Opfer ein, es liege aber eine schadensgleiche Vermögensgefährdung vor.[179] Hinreichend konkret ist diese Vermögensgefährdung wegen der noch erforderlichen weiteren Schritte jedoch nicht, so dass eine Betrugsstrafbarkeit ausscheidet.[180] § 202a Abs. 1 greift nicht durch, da das Opfer die Daten selbst preisgibt, dem Täter die Überwindung von Sicherungen also erspart bleibt.[181] Das bedeutet indes nicht, dass Phishing insgesamt straflos wäre.[182] Phishing Mails oder entsprechende Webformulare lassen als Aussteller ein Bankinstitut erkennen, die notwendigen Merkmale einer Urkunde i.S.d. § 269 StGB (hypothetische Perpetuierung, Beweis- und Garantiefunktion) liegen vor. Die Handlungen sind daher als Fälschung beweiserheblicher Daten, § 269 StGB, strafbar.[183]

10. Inhaltsbezogene Straftaten

10.1 Internet und Pornographie, §§ 184 ff. StGB

62 Zu unterscheiden sind einfache (§ 184 StGB) und harte Pornographie, wobei letztere Gewalt-, Tier- sowie Kinder- und Jugendpornographie erfasst (§§ 184a, 184b, § 184c StGB). Der Tatbestand der Jugendpornographie (pornographische Darstellungen sexueller Handlungen von, an und vor Personen über 14 und unter 18 Jahren) wurde eingeführt durch das am 5.11.2008 in Kraft getretene Gesetz zur Umsetzung des Rahmenbeschlusses der EU zur Bekämpfung der sexuellen Ausbeutung von Kindern und der Kinderpornographie.[184] Im Zentrum der §§ 184–184c StGB, die durch das 49. Gesetz zur Änderung des Strafgesetzbuchs[185] Verschärfungen, u.a. vor dem Hintergrund bestimmter Bildaufnahmen unbekleideter Personen erfahren haben, steht das Verbot der Verbreitung pornographischen Schriften.

63 Maßgeblich für den Begriff der pornographischen Schrift ist zunächst der Schriftenbegriff des § 11 Abs. 3 StGB, der durch das Informations- und Kommunikationsdienstgesetz (IuKDG) vom 22.7.1997[186] an die modernen technischen Gegebenheiten angepasst wurde. Hiernach stehen den Schriften Ton- und Bildträger, Datenspeicher, Abbildungen und andere Darstellungen gleich. § 184d StGB (Zugänglichmachen pornographischer Inhalte mittels Rundfunk oder Telemedien) erweitert den Anwendungsbereich der §§ 184–184c sodann auf pornographische Inhalte, die keine Schriften i.S.d. § 11 Abs. 3 StGB sind, es sich also bspw. um eine Echtzeitübertragung („Live-Aufführung“) handelt.[187]

---

178 *LG Darmstadt* ZUM 2006, 876; *AG Hamm* 5.9.2005, 10 Ds 101 Js 244/05-1324/05; *Popp* NJW 2004, 3518; *Gercke* CR 2005, 611.
179 *Hilgendorf/Frank/Valerius* Computer- und Internetstrafrecht, Rn. 765.
180 *Goeckenjan* wistra 2008, 128, 130.
181 A.A. *Knupfer* MMR 2004, 642.
182 A.A. *Popp* MMR 2006, 85.
183 So auch *Gercke* ZUM 2007, 287; differenzierend *Graf* NStZ 2007, 129, 132.
184 BGBl I 2008, 2149 ff. Zur Umsetzung des Rahmenbeschlusses eingehend *Hörnle* NJW 2008, 3521 ff.
185 BGBl I 2015, 10 ff.
186 BGBl I 1997, 1870 ff.
187 BeckOK-StGB/*Ziegler* § 184d Rn. 2.

Wann eine Schrift oder Darbietung pornographisch ist (eine Legaldefinition des Begriffes Pornographie fehlt) lässt sich nicht völlig isoliert von der jeweils herrschenden sittlichen Anschauung der Gesellschaft bewerten. Pornographie soll nach der Rechtsprechung vorliegen, wenn sexuelle Vorgänge in übersteigerter, reißerischer Weise ohne Sinnzusammenhang mit anderen Lebensäußerungen geschildert werden.[188] Indizien sind eine aufdringliche, verzerrende, unrealistische Darstellung geschlechtlicher Vorgänge, die Verherrlichung von Ausschweitungen oder Perversitäten sowie eine obszöne Ausdrucksweise.[189] **64**

Die Tathandlung des Verbreitens (als Oberbegriff) erscheint in verschiedenen Handlungsmodi. Für Sachverhalte mit Internetbezug (vgl. § 184d StGB) besonders relevant sind das Zugänglichmachen einfacher Pornographie für Minderjährige, § 184 Abs. 1 Nr. 1 sowie das Verbreiten oder öffentliche Zugänglichmachen harter Pornographie, § 184a Nr. 1, 184b Abs. 1 Nr. 1, § 184c Abs. 1 Nr. 1 StGB. **65**

Ein Zugänglichmachen liegt vor, wenn einem anderen die Möglichkeit zur Kenntnisnahme verschafft wird.[190] Das ist im Internet schon dann der Fall, wenn eine Datei mit pornographischem Inhalt zum Abruf durch einen anderen bereitsteht.[191] Im Gegensatz zum Verbreiten muss der Täter beim Zugänglichmachen die Schrift „nicht auf den Weg gebracht“, bzw. körperlich weitergegeben haben.[192] Umstritten ist, ob bereits ein Hyperlink auf Dateien, die auf einem Server außerhalb des Verfügungsbereichs des Linksetzers stehen, ein Zugänglichmachen darstellt.[193] Die Beantwortung dieser Frage hängt zunächst davon ab, wie man das Setzen eines Hyperlinks im System der Haftungsfilter nach §§ 7–10 TMG verortet. Folgt man der herrschenden Auffassung und hält die §§ 7–10 TMG insoweit für unanwendbar, kommt eine Strafbarkeit des Linksetzers in Betracht, wenn sich die verlinkten Inhalte als eigener Inhalt darstellen, weil sich der Linksetzer die Inhalte bewusst und erkennbar zu eigen macht. **66**

Der Anbieter eines Internetportals, das (einfache) pornographische Inhalte anbietet, kann einer Strafbarkeit aus §§ 184 Abs. 1 Nr. 1 nur entgehen, wenn er geeignete Sicherheitsvorkehrungen ergreift, die gewährleisten, dass Minderjährige die Darstellungen nicht wahrnehmen können. Geeignet ist nur eine effektive Barriere.[194] Dies wirft die Frage auf, welches Altersverifikationssystem diesen Vorgaben gerecht wird. Unstreitig nicht ausreichend sind jedenfalls die Eingabe einer Personalausweis- oder Kreditkartennummer.[195] Gegenwärtig favorisiert wird das sog. Post-Ident-Verfahren, bei dem eine persönliche Identifikation (Face-to-Face) durch einen Mitarbeiter der Post erfolgt.[196] **67**

---

188 *BGH* NJW 1990, 3026, 3027; zum Pornographiebegriff *Erdemir* MMR 2003, 628, 630 ff.

189 *BGHSt* 23, 40, 44 = NJW 1969, 1818. Mit Blick auf den Pornographiebegriff im Kontext der Darstellung von Kindern (§ 184b StGB) bedarf es nach Ansicht des BGH keines vergröbernd-reißerischen Charakters, so dass diesem Merkmal bei § 184b StGB nur einschränkend Bedeutung zukommt. *BGH* 11.2.2014 – 1 StR 485/13. Dazu *Liesching* BPJM-Aktuell 2/2015, 2 ff.

190 *Lackner/Kühl* StGB, 27. Aufl. 2011, § 184 Ziff. 3a).

191 *Fischer* StGB, 58. Aufl. 2011, § 184 Rn. 32; a.A. BeckOK-StGB/*Ziegler* § 184 Rn. 6.

192 Zum internetspezifischen Verbreitensbegriff vgl. *BGHSt* 47, 55. Hier ist entscheidend, ob die Datei auf dem Rechner des Internetnutzers angekommen ist. Hierfür soll es ausreichen, dass die Datei im Arbeitsspeicher des Nutzers angekommen ist. Eingehend *Matzky* ZRP 2003, 167, 169.

193 Bejahend *Hörnle* NJW 2002, 1008,1010; abl. *Löhning* JR 1997, 496, 497.

194 *BGH* MMR 2003, 582, 584; *BVerwG* NJW 2002, 2966, 2968.

195 *Hörnle* NJW 2002, 1008, 1010.

196 Die unterschiedlichen von der KJM als positiv bewerteten Altersverifikationssysteme sind aufgelistet unter www.jugendschutz.net/avs/avs_systeme/index.html.

68 Bei einfachen, gewalt- und tierpornographischen Schriften erschöpfen sich die Tathandlungen in den verschiedenen Formen des Verbreitens (im weiteren Sinne). Bei kinder- und jugendpornographischen Schriften ist es darüber hinaus strafbar, sich oder einem anderen den Besitz hieran zu verschaffen oder sie zu besitzen (§§ 184b Abs. 1 Nr. 2, 184b Abs. 3; §§ 184c Abs. 1 Nr. 2, 184c Abs. 3).

69 Für den Besitz ist ein tatsächliches Herrschaftsverhältnis notwendig.[197] Umstritten war, ob ein solches Herrschaftsverhältnis schon durch bloßes Betrachten entsprechender Bilddateien begründet wird.[198] Die Dateien befinden sich bei Aufruf zum Zweck der Darstellung auf dem Bildschirm jedenfalls im Arbeitsspeicher und grundsätzlich auch im Browsercache.[199] Die vormals herrschende Auffassung verneinte eine Strafbarkeit, da die Dateien im Arbeitsspeicher des Rechners bzw. im Browsercache nicht dauerhaft gespeichert seien.[200] Mit dem 49. StrafÄndG wird der Abruf von Kinder- und jugendpornographischen Inhalten mittels Telemedien in § 184 d Abs. 2 StGB nunmehr klar adressiert.[201]

70 Die Strafbarkeit wegen Besitz- und Besitzverschaffung von Kinder- und Jugendpornographie setzt grundsätzlich voraus, dass die betreffenden Tatobjekte ein tatsächliches oder wirklichkeitsnahes Geschehen darstellen (§§ 184b; 184c). Wirklichkeitsnah (der Terminus wurde durch Art. 4 Nr. 3 IuKDG in das Strafgesetzbuch eingeführt) sind Darstellungen, die ihrem äußeren Erscheinungsbild nach ein reales Geschehen wiedergeben. Möglich soll das ausweislich der Gesetzesbegründung auch bei fiktiven Darstellungen sein.[202]

71 Unter welchen Voraussetzungen und in welchen Erscheinungsformen Handlungen im Zusammenhang mit Fiktivpornographie (Schilderung von Vorgängen, die sich in Wirklichkeit nicht zugetragen haben) von §§ 184a, 184b und 184c StGB erfasst sind, ist dabei umstritten.

Nach herrschender Auffassung ist die Verbreitung sowohl wirklichkeitsnaher als auch wirklichkeitsfremder fiktiver Darstellungen gem. §§ 184a, 184b Abs. 1, 184c Abs. 1 StGB strafbar.[203] Beim Besitz ist zu unterscheiden: der Besitz fiktiver, wirklichkeitsfremder Tier-, Gewalt-, Kinder- und Jugendpornographie ist nach den §§ 184a ff. StGB straflos. Nach diesen Vorschriften straflos ist auch der Besitz fiktiver, wirklichkeitsnaher Tier- und Gewaltpornographie. Strafbar sind dagegen der Besitz und die Besitzverschaffung wirklichkeitsnaher fiktiver Kinder- sowie die Besitzverschaffung entsprechender jugendpornographischer Inhalte. Wirklichkeitsnähe hat der Bundesgerichtshof in einer

---

197 Zum Besitz kinderpornographischer Filmdateien auf einer über ein Internetauktionshaus erworbenen gebrauchten Festplatte *LG Freiburg* 11.7.2011 – 7 Ns 81 Js 1434/09-AK 96/10.

198 Zum Streitstand MünchKomm-StGB/*Hörnle* § 184b StGB, Rn. 35. Zu den Implikationen durch Art. 5 Abs. 3 der EU-Richtlinie zur Bekämpfung von Kindesmissbrauch und Kinderpornographie *Zielmann/Ziether* ZRP 2012, 168, 169. Vgl. ferner *Popp* ZIS 2011, 193, 196.

199 Im Gegensatz zum Arbeitsspeicher, dessen Inhalt beim Ausschalten des Rechners verloren geht, wird der Inhalt des Browsercaches (zeitlich begrenzt) auf die Festplatte geschrieben.

200 Übersicht über den Meinungsstand bei *Harms* NStZ 2003, 646, 648. Zur Problematik auch *Heinrich* NStZ 2005, 361 ff.

201 Näher zur Problematik *Heinrich* ZJS 2016, 698 ff.

202 BT-Drucks. 13/7934, 41.

203 Für die Verbreitung virtueller Kinder- und Jugendpornographie *Heckmann* jurisPK-Internetrecht, Kap. 8, Rn. 252 m.w.N. Für die Verbreitung virtueller Tierpornographie *Hilgendorf/Frank/Valerius* Computer- und Internetstrafrecht, Rn. 395.

Entscheidung v. 19.3.2013 hinsichtlich einer E-Mail verneint, in der lediglich mit Worten der an einem Kind vorgenommene sexuelle Missbrauch geschildert wurde.[204]

Dass die Verbreitung fiktiver Darstellungen von sexuellen Handlungen zwischen Mensch und Tier und virtuelle Gewaltpornographie nach § 184a StGB strafbar sein soll, ist mit dem Wortlaut der Norm schwer vereinbar. Jedenfalls was die Verbreitung virtueller Tierpornographie angeht stellt sich zudem die Frage, welches Rechtsgut hier geschützt werden soll. 72

10.2 Filesharing sowie Streaming und die Verletzung von Urheberrechten, §§ 106 ff. UrhG

Die für das Strafrecht relevanten Vorschriften im Urheberrechtsgesetz finden sich in §§ 106 ff. UrhG. Wann ein durch §§ 106 ff. UrhG geschütztes Werk oder eine Bearbeitung oder Umgestaltung vorliegt, richtet sich nach §§ 2–4, 23 UrhG. Die Frage, wann eine Verletzung des Urheberrechts strafbewehrt ist, tangiert damit Bestimmungen des Straf- und des Zivilrechts. Diese Spezifik spielt unter anderem für das Strafanwendungsrecht eine Rolle.[205] 73

Die vier Straftatbestände des Urheberrechts schützen zunächst das Urheberpersönlichkeitsrecht (§ 107 UrhG), das Verwertungsrecht des Urhebers (§ 106 UrhG) und das Verwertungsrecht der Inhaber verwandter Schutzrechte (§ 108 UrhG). § 108b UrhG sanktioniert die Umgehung von Schutzvorrichtungen urheberrechtlich geschützter Werke. Die Vorschrift wurde durch das Gesetz zur Regelung des Urheberrechts in der Informationsgesellschaft,[206] das am 13.9.2003 in Kraft trat, eingefügt und so den internationalen Vorgaben in Gestalt der EG-Richtlinie zur Harmonisierung bestimmter Aspekte des Urheberrechts und der verwandten Schutzrechte in der Informationsgesellschaft[207] sowie des WIPO-Urheberrechtsvertrags (WCT)[208] und des WIPO-Vertrags über Darbietungen und Tonträger (WPPT)[209] angepasst.[210] 74

Große Bedeutung kommt in der Praxis § 106 UrhG zu, vor allem im Zusammenhang mit dem Tausch von MP3-Files in Peer-to-Peer-Netzwerken (Filesharing). Dabei treten die User durch Nutzung einer bestimmten Software[211] dergestalt miteinander in Kontakt, das jeder sowohl Anbieter als auch Nachfrager ist. Die technische Ausgestaltung der Tauschbörsen ist unterschiedlich, grundsätzlich lassen sich aber folgende Handlungsschritte unterscheiden: das Einspeisen einer Datei (Uploading), das Anbieten zum Abruf (Making available) und das Herunterladen (Downloading) einer Datei. 75

Uploading stellt eine Vervielfältigung eines Werkes dar, § 16 UrhG.[212] Liegt eine Einwilligung des Urhebers hierzu nicht vor, ist diese Handlung nach §§ 106, 16 UrhG strafbar.[213] Auf die Schranke des § 53 UrhG (Privatkopie) kann sich der User nicht 76

204 *BGH* v. 19.3.2013 – 1 StR 8/13.
205 Vgl. dazu *BGH* NJW 2004, 1674, 1674 ff.
206 BGBl I 2003, 1774 ff.
207 Richtlinie 2001/29/EG abgedr. in *Fink/Schwartmann/Cole/Keber* A 95.
208 Abgedr. in *Fink/Schwartmann/Cole/Keber* B 33.
209 Abgedr. in *Fink/Schwartmann/Cole/Keber* B 32.
210 Dazu *Berger* ZUM 2004, 257 ff.
211 Bekannt wurde die Plattform „Napster", die sich insoweit von den modernen Systemen (KaZaa, E-Donkey etc.) unterschied, dass eine Indexierung auf Rechnern des Dienstes erfolgte.
212 *Spindler* JZ 2002, 60, 69.
213 *AG Cottbus* 14.5.2004 - 95 DS 1653 JS 15556/04, JurPC Web-Dok. 236/2004.

berufen, da hierfür erforderlich ist, dass die Vervielfältigung allein zum privaten Gebrauch erfolgt. Dies ist nicht der Fall, wenn die Vervielfältigung in der Absicht erfolgt, die Musikdatei im Rahmen einer Tauschbörse für den Abruf durch Dritte bereitzuhalten. Stellt der User eines Peer-to-Peer-Netzwerks Daten für andere Nutzer (etwa in einem Sharing-Ordner) ohne Einwilligung zum Abruf bereit, macht er die Dateien anderen öffentlich zugänglich und verletzt das entsprechende Verwertungsrecht des Urhebers aus § 19a UrhG. Ein Rückgriff auf § 53 Abs. 1 S. 1 UrhG scheidet insofern aus, da dieses nur das Vervielfältigungsrecht, nicht aber das Recht zur öffentlichen Zugänglichmachung betrifft. Beim Download einer Musikdatei aus dem Internet oder im Rahmen einer Tauschbörse wird eine Vervielfältigung hergestellt, § 16 UrhG. Von § 53 UrhG ist dies nur dann gedeckt, wenn die für den Download bereitgestellte Vorlage nicht offensichtlich rechtswidrig hergestellt oder eine öffentlich zugänglich gemachte Vorlage für die Kopie verwendet wurde.[214] Im Ergebnis ist demnach etwa auch der Download einer Film- oder Musikdatei strafbar, soweit für den User erkennbar ist, dass es sich um ein rechtswidriges Angebot handelt. Dafür spricht etwa, dass ein aktuelles Musikalbum oder ein Film, der noch in den Kinos gezeigt wird, unentgeltlich angeboten wird.

77 In der Praxis ist die Zahl von Strafverfahren gegen File-Sharer seit dem in Kraft treten des Gesetzes zur Verbesserung der Durchsetzung von Rechten des geistigen Eigentums (Durchsetzungsgesetz)[215] rückläufig. Durch dieses Gesetz wurden zum 1.9.2008 Vorgaben der Enforcement Richtlinie[216] umgesetzt und der Auskunftsanspruch in § 101 UrhG neu geregelt.[217] Über den in § 101 Abs. 2 Nr. 3 UrhG geregelten Anspruch gegenüber Dritten (Providern) lässt sich nun ermitteln, wem zu einer bestimmten Zeit eine dynamische IP zugeordnet war.[218] Bis dahin war es bei Filesharing-Fällen üblich, Strafanzeige gegen Unbekannt zu erstatten und die Staatsanwaltschaft den Anschlussinhaber der IP-Adresse, von der eine bestimmte Datei heruntergeladen worden war, ermitteln zu lassen. Anschließend wurde gem. § 406e StPO Akteneinsicht beantragt,[219] um die so gewonnene Information in dem vornehmlich beabsichtigten Zivilverfahren nutzen zu können.

78 File-Sharing verliert in der Praxis an Bedeutung, weil audiovisuelle Inhalte zunehmend per Streaming konsumiert werden. Anders als beim Download gelangen beim Streaming die Datenpakete zwar sukzessive in den Arbeitsspeicher, um sie auf dem Bildschirm darstellen zu können, sie werden hiernach aber sofort wieder gelöscht.[220] Ein beliebtes Streaming-Portal war bis zu seiner Schließung 2011 der Dienst unter

---

214 Zur Bestimmung der Offensichtlichkeit *Reinbacher* GRUR 2008, 394, 398.

215 BGBl I 2008, 1191 ff.

216 RL 2004/48/EG des Europäischen Parlaments und des Rates v. 29.4.2004 zur Durchsetzung der Rechte des Geistigen Eigentums, ABlEU Nr. L 157/45.

217 Dazu *Kitz* NJW 2008, 2374, 2375.

218 Zum Auskunftsanspruch nach § 101 UrhG vgl. *BGH* 19.4.2012 – I ZB 80/11– Alles kann besser werden. Danach setzt die Drittauskunft (durch Access- und wohl auch Host-Provider) nach §§ 101 Abs. 9, Abs. 2 S. 1 Nr. 3 UrhG, 3 Nr. 30 TKG nicht voraus, dass die rechtsverletzenden Tätigkeiten das Urheberrecht oder ein anderes nach dem Urheberrechtsgesetz geschütztes Recht in gewerblichem Ausmaß verletzt haben.

219 Dazu *Sankol* K&R 2008, 509 ff.

220 Technisch muss man verschiedene Arten des Streamings unterscheiden. Vom True-Streaming (Teile des Gesamtwerks werden bereits während der Wiedergabe wieder gelöscht) zu unterscheiden ist der Progressive-Download, bei dem das Werk am Ende in seiner Gesamtheit (temporär) vorliegt. Zum Ganzen *Olakciolu* ZIS 2012, 431, 435.

kino.to, über den aktuelle Kinofilme konsumiert werden konnten. Die mit dem Dienst verbundenen Server der Filehoster, die über Absprachen mit den Betreibern von kino.to verbunden waren, befanden sich größtenteils in Russland, die Top-Level Domain .to ist dem Inselstaat Tonga zugewiesen. Für Aufsehen sorgte Ende 2013 auch die Abmahnwelle gegen Nutzer des Portals RedTube. Dabei handelt es sich um ein Erotikportal, bei dem pornographische Inhalte als Stream angeboten und kostenlos abrufbar sind. Ermöglicht wurde die Abmahnwelle, weil das LG Köln anfangs Auskunftsbegehren nach § 101 Abs. 9 UrhG entsprochen hatte.[221]

Ob die rein rezeptive Nutzung (bloßes Anschauen) eines Dienstes wie kino.to urheberstrafrechtliche Relevanz hat, ist in der Literatur umstritten.[222] Konkret geht es um die Reichweite der Schrankenbestimmung des § 44a UrhG. Danach sind vorübergehende Vervielfältigungshandlungen zulässig, die flüchtig oder begleitend sind und einen integralen und wesentlichen Teil eines technischen Verfahrens darstellen und deren alleiniger Zweck es ist, eine Übertragung in einem Netz zwischen Dritten durch einen Vermittler zu ermöglichen (§ 44a Nr. 1 UrhG) oder eine rechtmäßige Nutzung eines Werkes oder sonstigen Schutzgegenstands zu ermöglichen, (§ 44a Nr. 2 UrhG), wobei die Vervielfältigungshandlungen keine eigenständige wirtschaftliche Bedeutung haben dürfen. Argumentieren lässt sich nun, der Vorgang der kurzzeitigen Speicherung habe im Fall des Streamings eine eigenständige wirtschaftliche Bedeutung i.S.d. § 44a Nr. 2 a.E. UrhG, da sich der Nutzer den wirtschaftlichen Wert der Nutzung („gesehen haben“) verschafft.[223] Bei der eigenständigen wirtschaftlichen Bedeutung i.S.d. § 44a UrhG geht es aber um eine eigene, über den mit der Werkwiedergabe als „rechtmäßige Nutzung“ ohnehin verbundenen hinausgehenden wirtschaftlichen Vorteil. Dieses Ergebnis folgt aus einer unionsrechtskonformen Auslegung des § 44a Nr. 2 UrhG, mit dem Art. 5 Abs. 1 lit. b) der Info-RL[224] umgesetzt wurde[225] und der Rspr. des EuGH.[226] Dann bleibt die Frage, was unter „rechtmäßiger Nutzung“ i.S.d. § 44a Nr. 2 UrhG zu verstehen ist. Unionsrechtskonform ausgelegt bedeutet dies zunächst, dass die Nutzung vom Rechtsinhaber zugelassen bzw. nicht durch Gesetze beschränkt ist.[227] Wenn § 44a Nr. 2 UrhG dann noch einen eigenständigen Anwendungsbereich haben soll, ist die Vorschrift so zu interpretieren, dass eine rechtmäßige Nutzung nur vorliegt, wenn eine flüchtige Vervielfältigung durch die Zustimmung des Rechteinhabers gedeckt ist, soweit eine andere Schrankenbestimmung greift oder wenn die Vorlage nicht offensichtlich rechtswidrig hergestellt oder offensichtlich rechtswidrig öffentlich zugänglich gemacht wurde.[228] Dieser Ansatz führt sowohl in den kino.to als **79**

---

221 Vgl. etwa *LG Köln* 12.8.2013 - 226 O 86/13. In diesen Verfahren war man allerdings davon ausgegangen, dass es sich bei dem Angebot von RedTube um eine „Tauschbörse“ handele. Zwischenzeitlich sind auf entsprechende Beschwerden (§§ 101 Abs. 9 S. 6 UrhG, 58 Abs. 1 FamFG) korrigierende Abhilfebeschlüsse ergangen. *LG Köln* 24.1.2014 - 209 O 188/13.

222 Zur Problematik *Fangerow/Schulz* GRUR 2010, 677 ff.; *Radmann* ZUM 2010, 387; *Reinbacher* HFR 2012, 179 ff.

223 So etwa das *LG Leipzig* 21.12.2011 - 200 Ls 390 Js 184/11, Rn. 46

224 RL 2001/29/EG des Europäischen Parlaments und des Rates v. 22.5.2001 zur Harmonisierung bestimmter Aspekte des Urheberrechts und der verwandten Schutzrechte in der Informationsgesellschaft.

225 Eingehend *Stieper* MMR 2012, 12.

226 *EuGH* 4.10.2011, verb. Rs C-403/8 Football Association Premier League Ltd. und C-429/08 Murphy, Rn. 176.

227 Vgl. Erwägungsgrund 33 der Richtlinie 2001/29/EG.

228 Mit überzeugender Argumentation *Busch* GRUR 2011, 496, 502.

auch in den RedTube Fällen zu einer sachgerechten Lösung. Während der Nutzer im Fall von kino.to aufgrund der äußeren Umstände (aktuelle Kinofilme wurden teilweise schon vor ihrem offiziellen Erscheinungstermin in hoher Qualität und kostenlos angeboten) von einem offensichtlich rechtswidrigen Angebot ausgehen müssen, liegt es aus der Sicht eines durchschnittlich informierten Nutzers in der Konstellation RedTube anders, denn entsprechende Angebote werden durchaus (als Werbemaßnahme) von den Rechteinhabern zur unentgeltlichen Nutzung zur Verfügung gestellt.[229]

80 In der Rechtssache C-527/15 hat der EuGH[230] am 26.4.2017 klargestellt, dass der § 44a UrhG zugrundeliegende Ausnahmetatbestand des Art. 5 der Info-RL eng auszulegen ist, was die oben begründete Unzulässigkeit des Streamings audiovisueller Inhalte aus offensichtlich rechtswidrigen Quellen bestätigt.

81 Neben der Verantwortlichkeit der Nutzer von File-Sharing- und Streaming-Diensten steht jeweils die Verantwortlichkeit der Plattformbetreiber. Im Fall kino.to wurden die Betreiber u.a. wegen gewerbsmäßiger unerlaubter Verwertung urheberrechtlich geschützter Werke (§§ 106, 108a StGB) verurteilt.[231] Beim File-Sharing verletzen die Plattformbetreiber durch das Angebot ihres Dienstes nicht in jedem Fall Urheberrechte. Ausnahmsweise kann ihre Mitwirkung an den durch die User begangenen Rechtsverletzungen aber als Beihilfehandlung zu werten sein. Zivilrechtlich kommt auch eine verschuldensunabhängige Störerhaftung in Betracht.[232] Letztgenanntes setzt allerdings voraus, dass der Plattformbetreiber ihm obliegende Prüfungspflichten verletzt hat, was gegebenenfalls auch durch den Nichteinsatz geeigneter Filtersoftware verwirklicht werden kann.[233] Die zu dieser Problematik ergangene Rechtsprechung ist uneinheitlich und noch im Fluss.[234] Die nähere Ausgestaltung der Prüfungspflichten ist jedenfalls von der genauen technischen Arbeitsweise des Dienstes abhängig.[235] Von der konkreten technischer Ausgestaltung im Einzelfall und der Frage, ob technische Schutzvorrichtungen überwunden wurden, hängt es auch ab, ob die Anbieter und Nutzer von Streaming-Konvertern sowie Online-Rekordern urheber-(straf-)rechtlich belangt werden können.[236]

82 Zentrale Bedeutung in der Praxis hat schließlich, soweit der Täter nicht allein zum privaten Gebrauch agiert, § 108b i.V.m. § 95a UrhG, der die Umgehung wirksamer technischer Schutzvorrichtungen (Kopierschutz) betrifft,[237] § 108b i.V.m. § 95c UrhG, der die Entfernung einer Information für die Rechtewahrnehmung (digitales Wasserzeichen) verbietet, sowie § 108b Abs. 2 i.V.m. § 95a Abs. 3 UrhG, der die Verbreitung von Umgehungstechnologie (Anti-Kopierschutz-Tools) zu gewerblichen Zwecken sanktioniert.

---

229 In diese Richtung jetzt auch das *LG Köln* v. 24.1.2014 – 209 O 188/13. Vgl. zur RedTube Problematik auch die Antwort der BReg auf eine kleine Anfrage zu den Konsequenzen aus der Abmahnwelle gegen Nutzer des Videostreamportals, BT-Drucks. 18/195 v. 17.12.2013.

230 *EuGH* Stichting Brein v Jack Frederik Wullems.

231 *LG Leipzig* 14.6.2012 – 11 KLs 390 Js 191/11.

232 Eingehend zur zivilrechtlichen Haftung *Krüger/Apel* MMR 2012, 144.

233 Zu Verkehrssicherungspflichten von Internetdiensten eingehend *Breyer* MMR 2009, 14 ff.; *Verweyen* MMR 2009, 590 ff.

234 Vgl. zuletzt *BGH* 15.8.2013 - I ZR 80/12 – Rapidshare.

235 Zu unterscheiden sind vor allem zentrale Tauschbörsen (Napster in der ursprünglichen Fassung), dezentralen Tauschbörsen (etwa eMule, diese Dienste sind unabhängig von einem zentralen Server) und Share-Hoster (etwa Rapid-Share, diese Anbieter stellen den Nutzern Speicherplatz zur Verfügung, der Dritten zugänglich gemacht werden kann).

236 Eingehend dazu *Janisch/Lachemann* MMR 2013, 213.

237 Nach h.M. sind Geo-Sperren keine wirksamen technischen Maßnahmen i.S.d. § 95a Abs. 1 UrhG. Zur Problematik *Mitsdörffer/Gutfleisch* MMR 2009, 731.

10.3 Internet und Glücksspiele, § 284 StGB

§ 284 Abs. 1 S. 1 1. Alt. StGB stellt die öffentliche Veranstaltung eines Glücksspiels ohne behördliche Erlaubnis unter Strafe. Sanktioniert sind daneben das Halten (§ 284 Abs. 1 S. 1, 2. Alt. StGB, Leitung des Spiels bspw. durch den Croupier beim Roulette), das Bereitstellen von Einrichtungen zum Glücksspiel (§ 284 Abs. 1 S. 1 3. Alt. StGB, hierunter fällt nach überwiegender Auffassung auch das Vermitteln von Glücksspielen[238]) sowie das Werben für öffentliche Glücksspiele, § 284 Abs. 4 StGB. Die Beteiligung an einem unerlaubten Glücksspiel (durch Mitspiel) sanktioniert § 285 StGB. § 287 StGB stellt das Veranstalten von Lotterien (Preisrätsel, Zahlenlotto) oder Ausspielungen beweglicher oder unbeweglicher Sachen (bspw. Absatz von Waren im Wege der Losziehung) ohne behördliche Erlaubnis als Sonderformen des Glücksspiels unter Strafe. Strafbedroht sind in diesem Zusammenhang allerdings nur das unbefugte Veranstalten sowie das Werben (§ 287 Abs. 2), nicht dagegen das Spielen in einer derartigen Lotterie oder Ausspielung. **83**

„Glücksspiel" i.S.d. § 284 StGB ist jede zufallsbedingte Gewinnmöglichkeit, die durch einen nicht ganz unerheblichen Einsatz erkauft wird.[239] Das Zufallsmoment grenzt das Glücksspiel vom Geschicklichkeitsspiel ab, die Gewinnmöglichkeit zum bloßen Unterhaltungsspiel und das Merkmal des Einsatzes schafft die Abgrenzung zum kostenlosen Gewinnspiel.[240] Öffentlich ist das Glücksspiel, wenn für einen größeren, nicht fest geschlossenen Personenkreis die Möglichkeit besteht, sich an ihm zu beteiligen und bei den Spielern der Wille vorhanden und äußerlich erkennbar ist, auch andere am Spiel teilnehmen zu lassen.[241] Veranstalten eines Glücksspiels ist sodann die tatherrschaftlich-verantwortliche Schaffung der maßgebenden rechtlichen und organisatorischen Rahmenbedingungen für die Abhaltung unerlaubten Glücksspiels, wodurch dem Publikum der Abschluss von Spielmöglichkeiten unmittelbar eröffnet wird.[242] Im Internet veranstaltet und unter den Glücksspielbegriff fallen nach herrschender Auffassung[243] etwa das Online-Black-Jack,[244] Online-Roulette, Online-Poker, Online-Sportwetten[245] sowie Online-Lotterien. Vor dem Hintergrund verfassungsrechtlich wie unionsrechtlich gebotener Kohärenz der Glücksspielregulierung werfen die strafrechtlichen Bestimmungen zum (Online-)Glücksspiel nach wie vor zahlreiche Fragen auf.[246] **84**

---

238 *BGH* 16.8.2007 – 4 StR 62/07; nach anderer Auffassung ist das Vermitteln als Veranstalten i.S.d. § 284 Abs. 1 S. 1, 1. Alt. zu qualifizieren. So das *OLG Hamburg* 12.8.2004 – 5 U 131/03. Schließlich lässt sich der Vermittler als Mittäter des Veranstalters i.S.d. § 25 Abs. 2 StGB qualifizieren oder die Tätigkeit des Vermittlers als Beihilfehandlung i.S.d. § 27 StGB begreifen. Nachweise zum Meinungsstand bei *Dietlein/Hecker/Ruttig/Schmitt* Glücksspielrecht, 2008, § 284 StGB Rn. 47 ff.

239 Unerheblich ist nach umstrittener Auffassung ein Einsatz bis 0,5 EUR. Nicht erfasst sind daher „Gewinnspiele" im Rundfunk sowie in Telemedien, die an die Allgemeinheit gerichtet sind (§§ 8a, 58 Abs. 3 RStV), bei denen der Einsatz unterhalb dieser Schwelle liegt. Hierzu sowie zur Problematik der Mehrfachteilnahme *Bolay* MMR 2009, 669 ff.

240 *Mosbacher* NJW 2006, 3529, 3530.

241 Schönke/Schröder/*Heine* StGB, 28. Aufl. 2010, § 284 Rn. 9.

242 Schönke/Schröder/*Heine* StGB, 28. Aufl. 2010, § 284, Rn. 12

243 Schwierig zu beurteilen ist bisweilen, ob der Ausgang eines Spiels von Zufall oder Geschick abhängt. Eingehend dazu *Holznagel* MMR 2008, 439, 440; instruktiv zu Abgrenzungsfragen von *Frentz/Masch* ZUM 2006, 189 ff.

244 Dazu *AG München* 26.9.2014 – 1115 Cs 254 Js. Urteilsbesprechung bei *Hambach/Berberich* ZfWG 2015, 150 ff.; 176411/13.

245 Sportwetten (auch solche mit fester Gewinnquote, sog. Oddset-Wetten) sind trotz der anderslautenden Bezeichnung grundsätzlich Glücksspiele, vgl. *BGH* NStZ 2003, 372, 373; zu Sportwetten im Internet *Grünwald/Koch* MMR 2008, 711 ff.

246 Vgl. zuletzt etwa *Hambach/Berberich* ZfWG 2015, 150 ff.; *Mansdörfer* ZfWG 2016, 94-97.

85 § 284 Abs. 1 StGB enthält selbst keine Regelung über die behördliche Erlaubnis von Glücksspielen. Die Vorschrift ist verwaltungsakzessorisch, d.h. die behördliche Erlaubnis richtet sich nach den Regelungen des am 1.7.2012 in Kraft getretenen Glücksspieländerungsstaatsvertrags[247] und den Ausführungsgesetzen der Länder. Zentrale Schaltstelle des GlüÄndStV in diesem Kontext ist § 4 Abs. 1, wonach öffentliche Glücksspiele nur mit Erlaubnis der zuständigen Behörde des jeweiligen Landes veranstaltet oder vermittelt werden dürfen. Für die Beantwortung der Frage, wie weit Konzessionen ausländischer Anbieter legalisierend wirken können, muss man zwischen ausländischen Anbietern innerhalb und außerhalb der EU unterscheiden.

86 Konzessionen aus EU-Mitgliedstaaten sind nach teilweise vertretener Ansicht im Lichte der Dienstleistungsfreiheit (jetzt Art. 56 AEUV) anzuerkennen.[248] Nach anderer Auffassung ist es Sache der nationalen Stellen der Mitgliedstaaten, das Glücksspielwesen im Rahmen des ihnen zustehenden Ermessens zu regeln.[249] In seiner Rechtsprechung unterstreicht der EuGH[250] einerseits, dass es angesichts des weiten Wertungsspielraums der Mitgliedstaaten hinsichtlich der von ihnen angestrebten Ziele und des von ihnen gewünschten Verbraucherschutzniveaus sowie in Ermangelung jeglicher Harmonisierung auf dem Gebiet der Glücksspiele beim gegenwärtigen Stand des Unionsrechts keine Verpflichtung zur gegenseitigen Anerkennung der von den verschiedenen Mitgliedstaaten erteilten Erlaubnisse geben kann.[251] In der Rechtssache C-336/14 („Ince") hat der EuGH am 4.2.2016 aber festgestellt, dass die Dienstleistungsfreiheit der strafrechtlichen Ahndung einer ohne Erlaubnis erfolgten Sportwettenvermittlung jedenfalls dann entgegensteht, wenn das vorlegende Gericht[252] feststellt, dass das Konzessionsverfahren europarechtswidrig ist und das staatliche Sportwettenmonopol faktisch weiter besteht.

Konzessionen aus Nicht-EU-Mitgliedstaaten entfalten im Rahmen des § 284 StGB unstreitig keine tatbestandsausschließende Wirkung.[253] Hieran ändert auch der Umstand nichts, dass nationale Marktzugangsbeschränkungen möglicherweise den Vorgaben des Welthandelsrechts, konkret den auf Grundlage des Allgemeinen Abkommens über den Handel mit Dienstleistungen (GATS) eingegangenen Ver-

---

247 Zum Glücksspieländerungsstaatsvertrag *Heeg/Levermann* MMR 2012, 726.

248 So das *OLG München* 26.9.2006 – 5 StR RR 115/05.

249 *BGH* NJW 2002, 2175 ff.

250 Vgl. *EuGH* C-275/92, Slg. I-1994, 1039 – Schindler; *EuGH* C-124/97, Slg. I-1999, 6067 – Läärä; *EuGH* C-67/98, Slg. I-1999, 7289 – Zenatti; *EuGH* C-6/01, Slg. I-2003, 8621 – Anomar, *EuGH* C-243/01 Slg. I-2003, 13076 – Gambelli; *EuGH* Urteile v. 8.9.2010, verbundene Rs. C-316/07, C-358/07-C-360/07, C-409/07 und C-410/07 – Markus Stoß u.a./Wetteraukreis Kulpa und Automatenservice Asperg GmbH u.a./Land Baden-Württemberg; Rs. C-46/08 – Carmen Media Group Ltd./Land Schleswig Holstein u.a.; Rs. C-409/06 – Winner Wetten GmbH. Zur glücksspielrechtlichen Rspr. des EuGH vgl. *Keber* ZfWG 2011, 83 ff.

251 *EuGH* 12. 9. 2013 – C-660/11, Ziff. 40.

252 Hintergrund der vom AG Sonthofen (Bayern) vorgelegten Rechtsfragen war, dass Frau Ince im Jahr 2012 in ihrer Sportsbar über einen dort aufgestellten Spielautomaten Sportwetten an einen Wettveranstalter mit Sitz und Lizenz in Österreich vermittelt hatte. Der Wettveranstalter verfügte nicht über eine deutsche Erlaubnis zur Veranstaltung von Sportwetten. Ebenso wenig verfügte Frau Ince über die Erlaubnis zur Vermittlung von Sportwetten an den österreichischen Veranstalter. Die Tatvorwürfe betrafen sowohl den Zeitraum der Geltung des alten GlüStV, als auch des novellierten GlüStV 2012.

253 *Mosbacher* NJW 2006, 3529 ff. (3531).

pflichtungen, nicht entsprechen.[254] Subjektive Rechte begründen die Normen des Welthandelsrechts grundsätzlich nicht. Soweit der Betreiber gleichwohl auf die legalisierende Funktion einer (inner- oder außereuropäischen) ausländischen Genehmigung vertraut, kann dies gegebenenfalls den Vorsatz ausschließen.[255]

Werden Glücksspiele unmittelbar oder mittelbar durch einen Vermittler vom Ausland **87**
aus (Server befindet sich außerhalb des Staatsgebiets Deutschlands) über das Internet angeboten, stellt sich allerdings die Frage, ob deutsches Strafrecht überhaupt Anwendung findet. Nach ganz herrschender Auffassung handelt es sich bei § 284 StGB um ein abstraktes Gefährdungsdelikt.[256] Nach den oben im Kontext des § 130 StGB dargestellten Grundsätzen[257] lässt sich dann auf einen Erfolgsort i.S.d. § 9 Abs. 1, 3. Alt. nicht abstellen. Die Rechtsprechung vertritt vor diesem Hintergrund zum Teil die Auffassung, schon der Handlungsort sei im Inland belegen. Indem ein ausländischer Anbieter deutschen Nutzern über das Internet die Möglichkeit eröffne, Wetten zu platzieren, werde ein Glücksspiel auf deutschem Territorium veranstaltet. Ob sich das Angebot dabei gezielt an Inländer richte, sei unerheblich.[258] Wie oben dargestellt, ist die Ausdehnung deutscher Strafgewalt auf Auslandstaaten allein aufgrund der weltweiten Zugänglichkeit des Internets völkerrechtswidrig. Daher ist eine restriktive Interpretation geboten, wonach sich das Internetangebot zumindest planvoll an Spielteilnehmer in Deutschland richten muss. In der Rechtsprechung hierfür grundsätzlich anerkannte Indizien sind die Sprache der Webseite,[259] die Verwendung der Top-Level Domain „.de" sowie die Möglichkeit, den Wetteinsatz über eine Kontoverbindung eines deutschen Bankhauses zu entrichten.[260] Auch soll es ausreichen, wenn bei der Angabe der persönlichen Daten auf dem Portal „Germany" aus einer Auswahlliste angeklickt werden kann.[261]

---

254 Vgl. hierzu das WTO Streitschlichtungsverfahren WT/DS285/AB/R, Measures Affecting the Cross-Border Supply of Gambling and Betting Services (USA./.Antigua und Barbuda), Entscheidung v. 7.4.2005.

255 Zur Irrtumsproblematik in diesem Kontext *KG* 2.2.2012 – (4) 1 Ss 552/11 (327/11); *Jahn* JuS 2013, 79; *Fritzemeyer/Rinderle* CR 03, 599, 600.

256 Schönke/Schröder/*Eser/Heine* StGB, 28. Aufl. 2010, § 284 Rn 2c; a.A. MünchKomm StGB/*Groeschke/Hohmann* 2006, § 284 StGB Rn. 2, Erfolgsdelikt.

257 Dazu oben Rn. 20.

258 *OLG Hamburg* MMR 2002, 471 ff.

259 *OLG Hamburg* MMR 2000, 92 ff.

260 *OLG Köln* MMR 2006, 230 ff.

261 *LG Köln* 14.7.2005 – 81 O 30/05.

5. Teil Vergaberecht

24. Kapitel
Übersicht über das Vergaberecht

Literatur: *Bechtold* Kartellgesetz, Gesetz gegen Wettbewerbsbeschränkungen, 8. Aufl. 2015; *Bischof/Stoye* Vergaberechtliche Neuerungen für IT-/TK-Beschaffungen der öffentlichen Hand – Das ÖPP-Beschleunigungsgesetz als erste Umsetzung des EU-Richtlinienpakets, MMR 2006, 138; *Braun* Elektronische Vergaben, VergabeR 2016, 179; *Brüning* Die ubiquitäre Zuverlässigkeitsprüfung im neuen Vergaberecht, NZBau 2016, 723; *Burgi* Vergaberecht, 2016; *Burgi/Dreher* Beck'scher Vergaberechtkommentar, 3. Aufl. 2017; *Byok* Die Entwicklung des Vergaberechts seit 2016, NJW 2017, 1519; *Demmel/Herten-Koch* Vergaberechtliche Probleme bei der Beschaffung von Open-Source-Software, NZBau 2004, 187; *Dreher* Öffentlich-rechtliche Anstalten und Körperschaften im Kartellvergaberecht, NZBau 2005, 297; *Dreher/Aschoff* Präsentationen und Vorführungen von Leistungen in Vergabeverfahren – Unter besonderer Berücksichtigung der Teststellung bei der IT-Beschaffung, NZBau 2006, 144; *Eiermann* Primärrechtsschutz gegen öffentliche Auftraggeber bei europaweiten Ausschreibungen durch Vergabenachprüfungsverfahren – Teil 2, NZBau 2016, 76; *Feil/Leitzen* EVB-IT, Kommentar, 2003; *Frenz* Öffentlich-rechtliche Rundfunkanstalten als Beihilfeempfänger und öffentliche Auftraggeber, WRP 2007, 264; *Gerner* Die neue EU-Richtlinie über die öffentliche Auftragsvergabe im Bereich sozialer Dienstleistungen und deren Umsetzung in nationales Recht, NZS 2016, 492; *Grabitz/Hilf* Das Recht der Europäischen Union, Loseblatt; *Graef* Rahmenvereinbarungen bei der Vergabe von öffentlichen Aufträgen de lege lata und de lege ferenda, NZBau 2005, 561; *Heckmann* IT-Vergabe, Open Source Software und Vergaberecht, CR 2004, 401; *Henzel* Rechtssichere De-facto-Vergabe nur zehn Tage nach Ex-ante-Transparenzbekanntmachung?, NZBau 2016, 148; *Hertwig* Praxis der öffentlichen Auftragsvergabe, 6. Aufl. 2016; *Heuvels* Mittelbare Staatsfinanzierung und Begriff des funktionalen Auftraggebers, NZBau 2008, 166; *Immenga/Mestmäcker* Wettbewerbsrecht: GWB, 5. Aufl.; *Ingenstau/Korbion* VOB, 20. Aufl. 2017; *Kapellmann/Messerschmidt* VOB, 6. Aufl. 2017; *Knauff* Strukturfragen des neuen Vergaberechts, NZBau 2016, 195; *Korthals* Sind öffentliche Rundfunkanstalten öffentliche Auftraggeber i.S.d. Vergaberechts?, NZBau 2006, 215; *Kulartz/Kus/Portz* GWB-Vergaberecht, 4. Aufl. 2016; *Lausen* Die Unterschwellenvergabeordnung – UVgO, NZBau 2017, 3; *Leitzen* EVB-IT-Praxisleitfaden: Ergänzende Vertragsbedingungen für die Beschaffung von IT-Leistungen, Loseblatt; *Maibaum* Die gesetzliche Neuregelung der öffentlichen Beschaffung: Mehr Klarheit und neue Aufgaben für das Compliance Management, CB 2016, 279; *Marx/Hölzl* Viel Lärm um wenig!, NZBau 2010, 31; *Mertens* Smart Tender – Neue e-Vergabe in Deutschland, DSRITB 2016, 853; *Mohr* Sozialmotivierte Beschaffungen nach dem Vergaberechtsmodernisierungsgesetz 2016, EuZA 2017, 33; *Motzke/Pietzcker/Prieß* VOB Teil A, 2001; *Müglich* AGB-rechtliche Überlegungen zur Auftragsvergabe nach BVB, CR 2004, 166; *Müller-Wrede* Grundsätze der Losvergabe unter dem Einfluss mittelständischer Interessen, NZBau 2004, 643; *Neun* Vergaberechtliche Selbstreinigung für Kartellanten: Jetzt gesetzlich geregelt, NZKart 2016, 320; *Neun/Otting* Die Entwicklung des europäischen Vergaberechts in den Jahren 2015/2016, EuZW 2016, 486; *Ohle/von dem Bussche* Der Projektant als Bieter in komplexen IT/TK-Ausschreibungen, CR 2004, 791; *Opitz* Vergaberechtliche Staatsgebundenheit des öffentlichen Rundfunks?, NVwZ 2003, 1087; *Palatzke/Jürschitz* Dilemma zwischen vergaberechtlicher Selbstreinigung und Kartellschadensersatz, NZKart 2017, 358; *Prieß/Hausmann/Kulartz* Beck'sches Formularbuch Vergaberecht, 2. Aufl. 2011; *Pünder/Franzius* Auftragsvergabe im Wettbewerblichen Dialog, ZfBR 2006, 20; *Pünder/Schellenberg* Vergaberecht 3. Aufl. 2017; *Reidt/Stickler/Glahs* Vergaberecht, 3. Aufl. 2011; *Schäfer* Perspektiven der eVergabe, NZBau 2015, 131; *Schaller* Vergaberechtsreform 2016 – Neue Vorschriften zum öffentlichen Auftragswesen, LKV 2016, 529; *Schneider* Die Rechtswidrigkeit der UfAB II-Formel im Vergabeverfahren, NZBau 2002, 555; *Schröder* Voraussetzungen, Strukturen und Verfahrensabläufe des Wettbewerblichen Dialogs in der Vergabepraxis, NZBau 2007, 216; *Siegel* Das neue Konzessionsvergaberecht, NVwZ 2016, 1672; *Weyand* Vergaberecht, 4. Aufl. 2013; *Zimmermann* Die Vergabe von Architekten- und Ingenieurleistungen nach der Unterschwellenvergabeordnung (UVgO), ZfBR 2017, 334.

1 Der Begriff des **Vergaberechts** umfasst die Gesamtheit der Regeln und Vorschriften, die dem Staat, seinen Behörden und Institutionen eine bestimmte Vorgehensweise beim Einkauf von Gütern und Leistungen vorschreibt. Es wird in diesem Abschnitt nur insoweit in den Grundzügen beschrieben, wie es mit Bezug zum Bereich Medien und IT von Interesse ist. Das Vergaberecht ist nur von demjenigen zu beachten, der

- dem Haushaltsrecht verpflichtet ist,
- öffentlicher Auftraggeber nach §§ 98–101 GWB ist oder
- als Empfänger von Fördermitteln in einer Nebenbestimmung hierzu verpflichtet ist.

2 Private Auftraggeber oder Medienunternehmen in privater Rechtsform müssen das Vergaberecht nicht beachten. Die Anwendung der Vergabevorschriften ist für den Bereich des öffentlich-rechtlichen Rundfunks umstritten.[1] Für die Beschaffung von IT-Leistungen durch die öffentliche Hand existieren Sonderregelungen.

I. Grundstrukturen des Vergaberechts

3 Das Vergaberecht ist, historisch bedingt, zweigeteilt in einen haushaltsrechtlichen Teil, 2017 ergänzt durch die Unterschwellenvergabeordnung (UVgO), und in das europäische Vergaberecht, letzteres umgesetzt in nationales Recht als Teil des GWB und damit des Kartellrechts, sowie in zum GWB ergangenen Verordnungen.

4 Ursprünglich war das Vergaberecht in Deutschland reines Haushaltsrecht. Nachdem die Europäische Union die Vergabe öffentlicher Aufträge als erheblichen Wirtschaftsfaktor mit erheblicher Bedeutung auf Nachfragerseite identifiziert hat, wurden durch den Erlass von Richtlinien auf europäischer Ebene Bestrebungen unternommen, Korruptionsversuchen vorzubeugen und die öffentlichen Auftraggeber dazu anzuhalten, Aufträge in transparenten Verfahren und insbesondere unter Gleichbehandlung aller Bieter zu vergeben. Zudem wurde ein Rechtsanspruch der Bieter auf Einhaltung der vergaberechtlichen Vorschriften geschaffen, verbunden mit entsprechendem Rechtsschutz – das war dem deutschen Recht bis dahin im Wesentlichen fremd. Zunächst hatte Deutschland versucht, den Vorgaben der Europäischen Union durch Änderung lediglich des Haushaltsrechts Rechnung zu tragen; im Ergebnis wurde aber später der Vierte Teil des GWB (§§ 97 ff. GWB) geschaffen und das (oberschwellige) Vergaberecht als Teil des Kartellrechts ausgeprägt.

5 Dem Haushaltsrecht unterworfen sind die Bundesrepublik Deutschland, die Bundesländer und Gebietskörperschaften, wie Kreise und Kommunen und deren Zusammenschlüsse. Regelungen zur Anwendung des Vergaberechts enthalten z.B. § 30 HGrG, § 55 BHO und die Haushaltsordnungen der Länder und Gemeinden, z.B. § 31 Gemeindehaushaltsverordnung NW.[2] Auch auf kommunaler Ebene bestehen oft Vorschriften über die Anwendung bestimmter Verfahren bei Vergabe öffentlicher Aufträge.

---

1 S.u. Rn. 28 ff.
2 Gemeindehaushaltsverordnung NW v. 14.5.1995, GVBl NRW S. 516.

Bereits ab den 1920er Jahren entstanden, ausgehandelt in den sog. Vergabeausschüssen, die sog. Verdingungsordnungen (zwischenzeitlich Vergabe- und Vertragsordnungen bzw. Vergabeordnungen), die Verdingungsordnung für Bauleistungen (VOB), die Verdingungsordnung für Leistungen (VOL) und die Verdingungsordnung für freiberufliche Leistungen (VOF, nur oberhalb der sog. Schwellenwerte). Sie haben bzw. hatten keinen Gesetzes- oder Verordnungscharakter, sondern regelten unterhalb dieser Ebene, also rechtlich nicht verbindlich, (u.a.) die Verfahren, unter denen im jeweiligen sachlichen Anwendungsbereich Aufträge von öffentlichen Auftraggebern vergeben wurden. **6**

Gemeinsam ist diesen Vorschriften bzw. Ordnungen, dass ein unterlegener Bieter keinen Rechtsschutz genießt, wenn das Vergabeverfahren nicht ordnungsgemäß erfolgt ist. **7**

Neben diesem Haushaltsrecht und den Vergabeordnungen geht das Vergaberecht zum Großteil, wie eingangs erwähnt, auf europäische Vorgaben zurück, die, was die Auswirkungen im deutschen Recht betraf, insbesondere geschaffen wurden, um den Bietern Rechtsschutzmöglichkeiten zu eröffnen. Die aktuell geltenden (materiell-rechtlichen) Richtlinien sind im Zuge der sehr umfangreichen Vergaberechtsreform 2016 umgesetzt worden: **8**

(1) RL 2014/24/EU des Europäischen Parlaments und des Rates v. 26.2.2014 über die öffentliche Auftragsvergabe und zur Aufhebung der Richtlinie 2004/18/EG (**Vergabekoordinierungsrichtlinie/VKR**);[3] diese Richtlinie regelt die Grundlagen der öffentlichen Auftragsvergabe (oberhalb der sog. Schwellenwerte) und löste mit Wirkung v. 18.4.2016 die RL 2004/18/EG des Europäischen Parlaments und des Rates v. 31.3.2004 über die Koordinierung der Verfahren zur Vergabe öffentlicher Bauaufträge, Lieferaufträge und Dienstleistungsaufträge[4] ab;

(2) RL 2014/25/EU des Europäischen Parlaments und des Rates v. 26.2.2014 über die Vergabe von Aufträgen durch Auftraggeber im Bereich der Wasser-, Energie- und Verkehrsversorgung sowie der Postdienste und zur Aufhebung der Richtlinie 2004/17/EG[5] (**Sektorenrichtlinie/SKR**); diese Richtlinie löste mit Wirkung v. 18.4.2016 die frühere Sektorenrichtlinie ab;

(3) RL 2014/23/EU des Europäischen Parlaments und des Rates v. 26.2.2014 über die Konzessionsvergabe.[6] Der **Konzessionsvergaberichtlinie/KonzRL** unterfallen Baukonzessionen und Dienstleistungskonzessionen. „Baukonzession" meint dabei einen entgeltlichen Vertrag, mit dem ein oder mehrere öffentliche Auftraggeber oder Auftraggeber einen oder mehrere Wirtschaftsteilnehmer mit der Erbringung von Bauleistungen beauftragen, wobei die Gegenleistung entweder allein in dem Recht zur Nutzung des vertragsgegenständlichen Bauwerks oder in diesem Recht zuzüglich einer Zahlung besteht. „Dienstleistungskonzession" meint einen entgeltlichen, schriftlich geschlossenen Vertrag in dem vorstehenden Sinne in Bezug auf die Erbringung und der Verwaltung von Dienstleistungen betrauen, die nicht in der Erbringung von Bauleistungen bestehen.

Die Umsetzung der Richtlinien aus dem Jahre 2014 erfolgte 2016 in erster Linie im durch die Reform erheblich ausgeweiteten und mit deutlich detaillierteren Regelungen versehenen 4. Teil des GWB, in den §§ 97 ff. GWB, in der ebenfalls komplett über- **9**

3 ABlEU Nr. L 94/65 v. 28.3.2014.
4 ABlEU Nr. L 134/114 v. 30.4.2004.
5 ABlEU Nr. L 94/243 v. 28.3.2014.
6 ABlEU Nr. L 94/1 v. 28.3.2014.

arbeiteten und gegenüber dem früheren Rechtszustand erheblich detaillierteren **Vergabeverordnung (VgV)** und in den Vergabeordnungen bzw. unter teilweiser Abschaffung derselben, soweit sie in der VgV aufgegangen sind.

10 Der Vierte Teil des GWB besteht nach der Vergaberechtsreform 2016 nach wie vor aus zwei Kapiteln (Vergabeverfahren und Nachprüfungsverfahren). Das durchgreifend geänderte Kapitel zum Vergabeverfahren besteht aus drei Abschnitten, deren erster sich mit den Grundsätzen der Vergabe, dem Begriff des öffentlichen Auftraggebers und dem Begriff des Auftrags, der Konzessionsbeschreibung, den Schwellenwerten und allgemeinen Ausnahmen befasst. Der zweite Abschnitt behandelt die Vergabe öffentlicher Aufträge durch öffentliche Auftraggeber, den Anwendungsbereich des ersten Abschnitts, die einzelnen Vergabeverfahren (offenes Verfahren, nicht offenes Verfahren, Verhandlungsverfahren, wettbewerblicher Dialog, Innovationspartnerschaft) und allgemeinen Regelungen zur Durchführung derselben. Der dritte Abschnitt behandelt die Vergabe von öffentlichen Aufträgen durch Sektorenauftraggeber, die Vergabe von verteidigungs- oder sicherheitsspezifischen öffentlichen Aufträgen und von Konzessionen. Gegenüber dem Rechtszustand vor der Vergaberechtreform 2016 ist dabei Vieles an Regelungen unmittelbar in das GWB übernommen worden, was zuvor in den bis dahin geltenden Fassungen der verschiedenen Verordnungen bzw. in den Vergabeordnungen untergebracht war. Das betrifft beispielsweise Regelungen zu den Verfahrensarten, zur Leistungsbeschreibung, zur Eignung, zum Zuschlag, zur sog. Selbstreinigung (erstmals aufgenommen), zu Auftragsänderungen während der Laufzeit sowie zur Kündigung von öffentlichen Aufträgen in besonderen Fällen. Das zweite Kapitel des Vierten Teils behandelt, wie schon vor der Vergaberechtsreform 2016, den Rechtsschutz des Bieters, also das Nachprüfungsverfahren (sowie den Schadensersatz und die Kostentragung).

11 Von dem Kartellvergaberecht der §§ 97 ff. GWB, der VgV und der anderen Verordnungen (VSVgV, KonzVO, SektVO) werden jedoch nur diejenigen Vergaben mit oberhalb der sog. **Schwellenwerte** (§ 106 GWB) liegenden Auftragswerten (Beträge in Euro) erfasst (sog. **„oberschwellige Vergaben“**).

12 Auf Vergaben unterhalb dieser Schwellenwerte (sog. **„unterschwellige Vergaben“**) finden das Kartellvergaberecht der §§ 97 ff. GWB und die hierzu ergangenen Verordnungen **keine** Anwendung; solche Vergaben sind vergaberechtsrelevant lediglich im Rahmen des Haushaltsrechts, ergänzt durch die „Verfahrensordnung für die Vergabe öffentlicher Liefer- und Dienstleistungsaufträge unterhalb der EU-Schwellenwerte“ (**Unterschwellenvergabeordnung – UVgO**) vom 2.2.2017.[7] Die UVgO ist insoweit ein Novum im deutschen Vergaberecht (Unterschwelle), als sie sozusagen erstmals eine ausführliche, strukturell weitgehend parallele Ordnung zur VgV für unterschwellige Vergaben bildet. Die UVgO ist nicht bereits mit der Bekanntmachung im Bundesanzeiger in Kraft getreten; dies geschieht vielmehr erst mit der Neufassung der Allgemeinen Verwaltungsvorschriften zu § 55 BHO (bzw. entsprechender landesrechtlicher Vorschriften). Naturgemäß finden sich dort keine Vorschriften über den Rechtsschutz für Bieter.

7 BAnz AT 7.2.2017, B 1, ber. Nr. 170208, S. 1.

Seit dem 1.1.2015 gelten bis auf weiteres folgende Schwellenwerte (jeweils zzgl. anwendbarer Umsatzsteuer) für die Vergabe öffentlicher Aufträge: **13**
- Bauaufträge: 5 225 000 EUR,
- Dienstleistungs- und Lieferaufträge: 209 000 EUR,
- Dienstleistungs- und Lieferaufträge im Sektorenbereich: 418 000 EUR.

Nachdem die VgV diese Schwellenwerte vor der Vergaberechtsreform 2016 durch ausdrückliche Benennung derselben in deutsches Recht übersetzt hatten mit der Folge, dass bei der früher alle zwei Jahre stattfindenden Anpassung der Schwellenwerte auch die VgV angepasst werden musste, ist zwischenzeitlich in § 106 GWB eine dynamische Verweisung auf die jeweils geltenden Schwellenwerte gem. der jeweiligen Fassung der einschlägigen EU-Richtlinie erfolgt. Die Veröffentlichung der Schwellenwerte erfolgt nach § 106 Abs. 2 GWB auch im Bundesanzeiger. **14**

Bereits in der recht umfassenden Vergaberechtsreform 2009[8] waren die VOL,[9] die VOB[10] sowie die VOF[11] erheblich geändert worden. Insbesondere war mit den damaligen Neufassungen der VOL/A und der VOB/A die zuvor geltende Aufteilung in die sog. Basis-Paragraphen und die sog. a-Paragraphen aufgegeben worden. In den bis Anfang 2017 geltenden Fassungen existierte demgegenüber jeweils ein in sich geschlossener Abschnitt (1) für die unterschwellige Vergabe aufgrund des Haushaltsrechts und ein Abschnitt (2) für die oberschwellige Vergabe nach GWB. **15**

Die Vergaberechtsreform 2016 hat erneut zu einer erheblichen Veränderung geführt. Die vergaberechtlichen Regelungen der VOL/A und der VOF wurden abgeschafft und in die erhebliche ausgeweitete VgV integriert. Für Bauleistungen existiert nach wie vor die VOB/A mit den o.a. Abschnitten für die unterschwellige und die oberschwellige Vergabe. **16**

Die VgV traf bis zur Vergaberechtsreform 2016 lediglich einige nähere Bestimmungen über das einzuhaltende Verfahren sowie zur Berechnung des Schwellenwertes als geschätzter Auftragswert ohne Umsatzsteuer. Daneben war die VgV eine Verordnung, die ungeachtet der deutlichen Entrümpelung in der Vergaberechtsreform 2009 dazu genutzt wird, gleichsam „vergessene" Regelungen oder unvollständige Regelungen des gesetzlichen Vergaberechts auszugleichen. Sie hat nach der Vergaberechtsreform 2016 eine vollkommen neue Rolle und ergänzt nunmehr mit über 80 Paragrafen die grundlegenden Regelungen des Vierten Teils des GWB bzw. trifft hierzu nähere Bestimmungen. Außerdem nimmt sie die Regelungen der VOL/A und die VOF (nicht jedoch die VOB/A, auf deren Geltung sie lediglich verweist) auf, die mit Inkrafttreten der VgV entfallen sind. Damit ergibt sich nach der Vergaberechtsreform 2016 eine veränderte sog. **„Normenkaskade"**, die das anzuwendende Vergaberecht festlegt.[12] **17**

---

8 Gesetz zur Modernisierung des Vergaberechts v. 20.4.2009, BGBl I S. 790.

9 Vergabe- und Vertragsordnung für Leistungen – Teil A (VOL/A) Ausgabe 2009 v. 20.11.2009, BAnz Nr. 196a v. 29.12.2009, bereinigt 2010, S. 755).

10 Vergabe- und Vertragsordnung für Bauleistungen – Teil A (VOB/A) Ausgabe 2009 v. 31.7.2009, BAnz Nr. 155 v. 15.10.2009, zuletzt geändert durch Nr. 1 Änd. der VOB/A Abschnitt 1 und Änd. der VOB/B v. 26.6.2012, BAnz AT 13.7.2012 B3.

11 Vergabeordnung für freiberufliche Leistungen, Ausgabe 2009 v. 18.11.2009, BAnz Nr. 185a v. 8.12.2009.

12 *Kapellmann/Messerschmidt* Einl. VOB/A Rn. 9.

18 Zusammengefasst ergibt sich grob die folgende Aufteilung:

Europaweite Vergabe	**Nationale Vergabe**
Überschreitung des Schwellenwertes	Vergabe unterhalb des Schwellenwertes
Materielle Richtlinien SKR, VKR und KonzRL; Rechtsmittelrichtlinien i.d.F.d. RL 2007/66/EG	[keine Normen auf EU-Ebene]
GWB (4. Teil)	Haushaltsrecht, z.B. § 55 BHO
VgV, VSVgV, KonzVO, SektVO	[Keine Normen auf dieser Ebene der Rechtsverordnung]
VOB/A	UVgO

1. Öffentlicher Einkauf als Gegenstand des Vergaberechts

19 Regelungsgegenstand des Vergaberechts ist **staatlicher Einkauf** im weiteren Sinne, d.h., die vertragscharakteristische Leistung wird von dem Bieter/Verkäufer oder Auftragnehmer erbracht. Der Begriff des öffentlichen Auftrags für die Oberschwelle in § 103 GWB ist europarechtlich geprägt (die UVgO definiert den öffentlichen Auftrag für ihren Anwendungsbereich nicht) und umfasst, soweit dies für das Medien– und IT–Recht von Belang ist, entgeltliche Liefer-, Bau- oder Dienstleistungen. Lieferaufträge beinhalten sämtliche Arten der Beschaffung von Waren, unabhängig von der rechtlichen Einordnung des Zivilrechts. Auch Leasing-, Miet- oder Pachtverhältnisse stellen einen Lieferauftrag dar.

20 Besonders häufig sind dabei im TK/IT-Bereich auch sog. „Rahmenvereinbarungen" (vgl. § 102 Abs. 5 GWB), d.h. Vereinbarungen, mit denen Regelungen über den künftigen Einkauf gleicher oder sehr ähnlicher Waren getroffen werden sollen (vgl. § 21 VgV und § 15 UVgO); dies kann insbesondere der Fall sein bei der sukzessiven Ausrüstung von Behörden mit Rechnern gleicher Art aufgrund Abruf oder Ausübung einer Option, d.h. eines auftraggeberseitigen Bestimmungsrechts.[13]

21 Der **staatliche Verkauf** unterliegt demgegenüber keinem förmlichen Vertragsanbahnungsregime. Zwar ist die öffentliche Hand nicht gehindert, auch hier ein formales Verfahren durchzuführen, dies ist aber – abgesehen von allgemeinen Gleichheitserwägungen und Rechtsstaatsprinzipien – nicht erforderlich. Wegen **Chancengleichheit** und **Transparenz** ist der öffentlichen Hand auch beim Verkauf ein förmliches Verfahren anzuraten, wie dies z.B. bei der Vermietung von Gewerbeflächen erfolgen sollte.[14] Wenn beim staatlichen Verkauf ein förmliches Verfahren durchgeführt wird, können die Beteiligten den Einwand ausschließen, im Verkauf läge eine unzulässige Beihilfe an einen Begünstigten. Zum einem wird der Preis für den Verkauf im Wettbewerb gefunden und zum anderen steht der Erwerber nicht von Anfang an fest. Die Europäische Kommission erachtet daher in ihrer Mitteilung betreffend Elemente staatlicher Beihilfe bei Verkäufen von Bauten oder Grundstücken durch die öffentliche Hand[15] einen Verkauf nach einem hinreichend publizierten, allgemeinen und bedingungsfreien Bieterverfahren an einen Meistbietenden nicht als staatliche Beihilfe.

---

13 Zu Rahmenvereinbarungen, auch im IT-Bereich, vgl. *Graef* NZBau 2005, 561.
14 So z.B. in *BGH* WRP 1999, 105 – Schilderpräger.
15 ABlEG Nr. C 209/3 v. 10.7.1997.

2. Der Begriff des öffentlichen Auftraggebers

2.1 Der allgemeine Begriff des öffentlichen Auftraggebers in § 98 GWB

Das bei **unterschwelligen** Vergaben anzuwendende **Haushaltsvergaberecht** hat seinen Ursprung im Haushaltsgrundsätzegesetz (HGrG).[16] Nach § 1 HGrG sind Bund und Länder verpflichtet, ihr Haushaltsrecht nach den im HGrG niedergelegten Grundsätzen zu regeln. Nach § 6 HGrG sind die **Grundsätze der Wirtschaftlichkeit und Sparsamkeit** zu beachten. Nach § 30 HGrG muss dem Abschluss von Verträgen über **„Lieferungen und Leistungen"** eine **„öffentliche Ausschreibung"** vorausgehen, sofern nicht die Natur des Geschäfts oder besondere Umstände eine Ausnahme rechtfertigen. Mit § 30 HGrG wird der Grundsatz der Wirtschaftlichkeit bei der Beschaffung insbesondere durch die Herstellung von Wettbewerb zur Geltung gebracht. Die Rahmenvorschriften der §§ 6, 30 HGrG für die Gesetzgebung von Bund und Ländern sind in §§ 7, 55 Abs. 1 Bundeshaushaltsordnung (BHO)[17] und in die Landeshaushaltsordnungen[18] (LHO) wörtlich oder nahezu wörtlich übernommen und damit für Beschaffungen verbindlich. Zudem sind diese Grundsätze durch verschiedene landesrechtliche Gemeindehaushaltsverordnungen[19] (GemHVO) auch für Gebietskörperschaften übernommen worden. 22

Die §§ 98–102 GWB definieren den zentralen Begriff des **öffentlichen Auftraggebers** für die oberschwellige Vergabe. Nur öffentliche Auftraggeber in diesem Sinne unterliegen dem vierten Teil des GWB. Der subjektive Anwendungsbereich des Vergaberechts erstreckt sich einerseits auf staatliche oder staatsnahe Auftraggeber. Das Kartellvergaberecht knüpft in Umsetzung der europäischen Vorgaben insofern an einen funktionalen und nicht den institutionellen Auftraggeberbegriff, der für das Haushaltsvergaberecht kennzeichnend ist, an. Die Einordnung als öffentlicher Auftraggeber verlangt daher nicht, dass es sich bei der Einrichtung formell um eine staatliche handelt. Wesentlich ist vielmehr, dass sie eine Aufgabe wahrnimmt, die ihr durch Gesetz zur Erfüllung im Interesse der Allgemeinheit liegender Aufgaben übertragen wurden. Andernfalls könnte durch Ausgliederung der Aufgabenwahrnehmung aus der staatlichen Verwaltung die Anwendung der Vergaberegeln umgangen werden.[20] Andererseits können auch rein private Auftraggeber dem Vergaberechtsregime unterfallen, soweit sie bestimmten Wirtschaftsbereichen zugehören. 23

Die Kriterien für die Einordnung als öffentlicher Auftraggeber sind in § 98 GWB enumerativ enthalten, soweit nicht Sektorenauftraggeber nach §§ 100, 102 GWB bzw. Konzessionsgeber nach § 101 GWB betroffen sind. Die Definition folgt inhaltlich den europäischen Vorgaben. Den klassischen Fall eines öffentlichen Auftraggebers bilden nach § 98 Nr. 1 GWB die Gebietskörperschaften, insbesondere also Bund, Länder, Städte und Gemeinden, sowie deren Sondervermögen, etwa rechtlich unselbstständige Eigenbetriebe oder öffentlich-rechtliche Stiftungen.[21] Darüber hinaus werden nach § 98 Nr. 2 GWB sonstige juristische Personen des öffentlichen und des privaten Rechts als öffentli- 24

16 Haushaltsgrundsätzegesetz v. 19.8.1969, BGBl I S. 1273, zuletzt geändert durch Art. 1 G v. 15.7.2013, BGBl I 2398.

17 Bundeshaushaltsordnung v. 19.8.1969, BGBl I S. 1284, zuletzt geändert durch Art. 8 Abs. 10 des Gesetzes v. 3.12.2015 (BGBl I S. 2178).

18 Vgl. z.B. § 55 Abs. 1 LHO NW v. 26.4.1999 (GV. NRW. S. 158).

19 Vgl. z.B. § 25 Abs. 1 GemHVO NW v. 16.11.2004 (GV. NRW S. 644, 2005, S. 15).

20 Insofern zur EU-Recht konformen Auslegung im Lichte des Schutzzwecks Motzke/Pietzcker/Prieß/*Marx* § 99 Rn. 2 m.w.N.

21 Hierzu Immenga/Mestmäcker/*Dreher* § 99 GWB Rn. 15.

che Auftraggeber eingestuft, die zu dem besonderen Zweck gegründet wurden, im Allgemeininteresse liegende Aufgaben nichtgewerblicher Art zu erfüllen, und eine ausreichende Staatsnähe aufweisen. Wird die Wahrnehmung staatlicher Aufgaben daher in privatrechtlicher Form organisiert, entbindet dies nicht von der Beachtung vergaberechtlicher Vorgaben.[22] Die besondere Staatsgebundenheit kann sich aus verschiedenen Umständen ergeben. So liegt sie insbesondere dann vor, wenn eine überwiegend staatliche Finanzierung, sei es durch Beteiligung oder auf sonstige Weise, erfolgt, die Einrichtung staatlicher Aufsicht unterworfen ist oder mehr als die Hälfte der Mitglieder eines ihrer zur Geschäftsführung oder zur Aufsicht berufenen Organe von staatlichen Stellen bestimmt werden. Schließlich werden nach § 98 Nr. 3 GWB Verbände, deren Mitglieder Gebietskörperschaften oder öffentliche Einrichtungen sind, den öffentlichen Auftraggebern zugeordnet. Hierzu gehören u.a. Zweckverbände von Gemeinden, in Nordrhein-Westfalen etwa auch die Landschaftsverbände. Unter § 98 Nr. 4 GWB fallen schließlich bestimmte natürliche oder juristische Personen des privaten Rechts sowie juristische Person des öffentlichen Rechts, die für bestimmte Arten von Baumaßnahmen Mittel erhalten, mit denen diese Vorhaben zu mehr als 50 % staatlich subventioniert sind.

25 Über diese sich durch besondere Staatsgebundenheit auszeichnenden Auftraggeber hinaus können auch rein private Unternehmen, die ihre Tätigkeit in bestimmten Wirtschaftsektoren, d.h. im Bereich der Trinkwasser-/Be-/Entwässerungs-, Energie-, und Verkehrsversorgung (u.a. Häfen/Flughäfen) oder der Postdienste, ausüben, den öffentlichen Auftraggebern unterfallen, vgl. §§ 100, 102 GWB, sog. Sektorenauftraggeber bzw. Sektorentätigkeiten. Zu unterscheiden sind staatsnahe und staatsfernere Sektorenauftraggeber.[23] Ersteren gehören diejenigen Unternehmen zu, auf die staatliche Stellen beherrschenden Einfluss ausüben können. Vermutet wird beherrschender Einfluss u.a. bei Mehrheitsbeteiligung bzw. Stimmrechtsmehrheit. Den staatsferneren Sektorenauftraggeber sind Unternehmen zuzuordnen, die ihre Tätigkeit auf der Grundlage ihnen verliehener besonderer oder ausschließlicher Rechte ausüben. Da sie regelmäßig in keinem echten Wettbewerb mit anderen Unternehmen stehen, soll dennoch gewährleistet werden, dass Aufträge auf der Grundlage von Wettbewerb und Gleichbehandlung vergeben werden. Für die Sektorenauftraggeber bzw. für die Vergabe öffentlicher Aufträge durch diese gilt zudem die SektVO.

26 Schließlich fallen unter dem Begriff des öffentlichen Auftraggebers auch die in § 101 GWB genannten sog. Konzessionsgeber. Für die Konzessionsgeber bzw. für die Vergabe öffentlicher Aufträge durch diese gilt zudem die KonzVO.

27 Besondere Relevanz erlangte die Frage, inwieweit das Vergaberecht auch für die öffentlich-rechtlichen Rundfunkanstalten Anwendung findet. Im Bereich der Telekommunikation tätigen Auftraggebern kam seit 2006 nicht mehr per se die Eigenschaft eines öffentlichen Auftraggebers zu. Aufgrund fortgeschrittener Liberalisierung auf den Telekommunikationsmärkten wurde die bis 2006 vorgesehene ausdrückliche Einbeziehung von Auftraggebern aus dem Telekommunikationssektor in den Anwendungsbereich der RL 93/38/EWG im Rahmen der damaligen Richtliniennovellierung gestrichen und in Folge auch aus dem GWB herausgenommen.[24]

---

22 Vgl. Immenga/Mestmäcker/*Dreher* § 99 GWB Rn. 19.

23 Vgl. zu dieser Differenzierung Immenga/Mestmäcker/*Dreher* § 99 GWB Rn. 157.

24 Zuvor hatte die Europäische Kommission bereits eine Liste der Telekommunikationsdienstleistungen veröffentlicht, die bereits vom Anwendungsbereich der Richtlinie ausgenommen werden konnten, ABlEU Nr. C 156/3 v. 3.6.1999.

2.2 Öffentlich-rechtliche Rundfunkanstalten als öffentliche Auftraggeber

Die öffentlich-rechtlichen Rundfunkanstalten sind öffentliche Auftraggeber i.S.d. europäischen Vergaberechts, sofern es sich bei den zu vergebenden Dienstleistungen nicht um programmspezifische Dienstleistungen handelt. Dies hat der EuGH auf ein Vorabentscheidungsersuchen des OLG Düsseldorf nach Art. 267 AEUV (ex Art. 234 EGV) hin bestätigt.[25] **28**

Die Gebühreneinzugszentrale (GEZ) hatte im August 2005 Aufträge für Reinigungsdienstleistungen in ihren Gebäuden vergeben wollen, ohne zuvor ein förmliches Vergabeverfahren durchzuführen. Nachdem die mit einem Nachprüfungsantrag befasste Vergabekammer bei der Bezirksregierung Köln[26] entschieden hatte, dass die GEZ für die Vergabe des Reinigungsauftrags gem. den Gemeinschaftsvorschriften eine Ausschreibung hätte veranstalten müssen, legten die Rundfunkanstalten[27] Beschwerde beim OLG Düsseldorf ein. Die Rundfunkanstalten stellten sich auf den Standpunkt, keine öffentlichen Auftraggeber zu sein, da die Finanzierung des öffentlich-rechtlichen Rundfunks überwiegend durch Gebühren der Rundfunkteilnehmer erfolge und es in dieser Hinsicht weder eine staatliche Finanzierung noch eine staatliche Aufsicht gebe. Dabei stützten sie sich auf die in Art. 5 Abs. 1 GG garantierte Rundfunkfreiheit, die jegliche staatliche Einflussnahme auf die inhaltliche Ausgestaltung des Programms, auch eine mittelbare etwa über die Festsetzung der Gebühren, verbietet. Traditionell unterfielen die öffentlich-rechtlichen Rundfunkanstalten in Deutschland nicht den vergaberechtlichen Vorgaben. § 6 Abs. 4 VgV der seinerzeit anwendbaren Fassung vom 22.1.1994 regelte ausdrücklich, dass die VgV und damit das formale Vergaberecht keine Anwendung auf die vom öffentlichen Rundfunk erteilten Aufträge fand; diese Regelung ist zwischenzeitlich entfallen. **29**

Für die Beantwortung der Frage, ob es sich bei den Rundfunkanstalten um öffentliche Auftraggeber handelt, legte das OLG Düsseldorf[28] im Hinblick auf eine EU-Recht konforme Anwendung des nationalen Rechts dem EuGH Fragen zur Auslegung des Begriffs „öffentliche Einrichtung“ i.S.d. Art. 1 Abs. 9 der seinerzeit geltenden Basisrichtlinie vor, die mit § 98 Nr. 2 GWB a.F. (aktuell § 99 Nr. 2 GWB) korrespondiert. **30**

Unproblematisch sah das OLG Düsseldorf die Merkmale des Art. 1 Abs. 9 Buchst. a und b der seinerzeit geltenden Basisrichtlinie als gegeben an: Die öffentlich-rechtlichen Rundfunkanstalten verfügen als Anstalten des öffentlichen Rechts über eigene Rechtspersönlichkeit, und sie erfüllen mit dem ihnen erteilten Grundversorgungsauftrag eine im Allgemeininteresse liegende Aufgabe nicht gewerblicher Art.[29] Zweifel an der Eigenschaft als öffentlicher Auftraggeber bestanden jedoch bezüglich des Kriteriums der Staatsnähe im vergaberechtlichen Sinn. Diese enge Verbindung mit dem Staat kann sich hier grundsätzlich aus der Art der Finanzierung, alternativ aus der Ausübung einer Aufsicht oder der Einflussnahme bei der Besetzung der Schlüsselor- **31**

---

25 *EuGH* Slg. 2000, I-8035 – Bayerischer Rundfunk u.a.

26 *VK Köln* NZBau 2006, 268.

27 Die GEZ ist eine öffentlich-rechtliche, nicht rechtsfähige Gemeinschaftseinrichtung der in der ARD zusammengeschlossenen Landesrundfunkanstalten, des Deutschlandradios und des Zweiten Deutschen Fernsehens, vgl. hierzu 4. Kap. Rn. 4.

28 *OLG Düsseldorf* NZBau 2006, 731.

29 *OLG Düsseldorf* NZBau 2006, 731, 734; zu Rechtsform und Grundversorgungsauftrag der öffentlich-rechtlichen Rundfunkanstalten vgl. 3. Kap.

gane durch den Staat ergeben.[30] Folgt die Finanzierung des öffentlich-rechtlichen Rundfunks überwiegend aus den von den Rundfunkteilnehmern erhobenen Gebühren,[31] deren Gläubiger gem. damaligem § 7 RGebStV die Landesrundfunkanstalten, das ZDF und die Landesmedienanstalten sind, und nicht aus Steuermitteln, stellte sich dem Gericht die Frage, ob auch eine solche mittelbare, verfassungsrechtlich garantierte und kraft Staatsvertrag bzw. kraft Gesetzes ermöglichte Finanzierung über Zahlungen der Bürger eine staatliche Finanzierung im vergaberechtlichen Sinne darstellt.[32] In diesem Zusammenhang sah es ebenso als klärungsbedürftig an, ob eine staatliche Finanzierung die Möglichkeit einer Einflussnahme des Staates auf die Auftragsvergabe voraussetzt. Mit Blick auf die Ausnahmeregelung des mit dem seinerzeit anzuwendenden § 100 Abs. 2 Buchst. j GWB nahezu wortgleichen Art. 16 lit. b der seinerzeit anzuwendenden Basisrichtlinie, demzufolge öffentliche Dienstleistungsaufträge, die Kauf, Entwicklung, Produktion oder Koproduktion von Programmen, die zur Ausstrahlung durch Rundfunk- oder Fernsehanstalten bestimmt sind, sowie die Ausstrahlung von Sendungen zum Gegenstand haben, vom Anwendungsbereich der Richtlinie ausgenommen sind, stand in Frage, ob und inwieweit sich hieraus als argumentum e contrario ableiten lässt, dass andere Dienstleistungen mit Hilfscharakter dem europäischen Vergaberecht unterliegen. Denn nimmt der Gesetzgeber einzelne Beschaffungsvorgänge – letztlich vor dem Hintergrund der Rundfunkfreiheit – vom Vergaberechtsregime aus, kann dies Hinweis darauf sein, dass die Eigenschaft der öffentlich-rechtlichen Rundfunkanstalten als öffentliche Auftraggeber generell angenommen wird.

32 Der EuGH folgte in seiner Antwort auf die Vorlagefragen den Anträgen des Generalanwalts und bestätigte, dass es sich bei den öffentlich-rechtlichen Rundfunkanstalten bzw. der ihnen zuzurechnenden GEZ um öffentliche Auftraggeber i.S.d. europäischen Richtlinie handelt, soweit diese nicht dem Senderprivileg des Art. 16 lit. b Basisrichtlinie unterfallen.

33 Ausgehend vom Zweck der Vergaberichtlinien, der darin liegt, Hemmnisse für den freien Waren- und Dienstleistungsverkehr zu beseitigen und die Interessen der in einem Mitgliedstaat niedergelassenen Wirtschaftsteilnehmer zu schützen, konkret die Gefahr der Bevorzugung nationaler Bewerber bei Vergabeverfahren ebenso auszuschließen wie die Möglichkeit, dass andere als wirtschaftliche Überlegungen die Vergabeentscheidung bestimmen, betonte der Gerichtshof (wiederholt), dass der Begriff des „öffentlichen Auftraggebers“ funktional zu verstehen sei. Gleiches gelte, so der Gerichtshof, entsprechend für das den öffentlichen Auftraggeber weiter konkretisierende Merkmal der „Finanzierung durch den Staat“. Eine solche liege daher auch dann vor, wenn Gebühren, wie die Rundfunkgebühr, für das Bereithalten eines Rundfunkempfangsgerätes und damit unabhängig von der tatsächlichen Inanspruchnahme

30 Zu den letzten beiden Kriterien vgl. *Opitz* NVwZ 2003, 1087 ff., der je nach Zusammensetzung und Benennung der Mitglieder der Rundfunkgremien (Rundfunk-, Fernseh- bzw. Hörfunkrat und Verwaltungsrat) das Vorliegen der Kriterien bejaht; krit. *Korthals* NZBau 2006, 215, 217.

31 Vgl. insofern zur ergänzenden Finanzierung durch Werbung 4. Kap. Rn. 58 ff.

32 Vertreten worden war in Rspr. und Lit., dass nur eine direkte Finanzierung durch den Staat die geforderte Staatsnähe im vergaberechtlichen Sinne auslöse. So zu den Allgemeinen Ortskrankenkassen *BayObLG* Verg 2004, 623; *Dreher* NZBau 2005, 297, 302. Anders insofern die Ansicht, nach der in der Zwangsmitgliedschaft bei etwa Krankenversicherungen oder in den Handwerkskammern eine staatliche Finanzierung zu sehen ist, vgl. *Weyand* Rn. 887; *VK Lüneburg* 21.9.2004 – 203-VgK-42/2004, und *VK Bund* IBR 2001, 685; *VK Nordbayern* 23.1.2003 – 320.VK-3194-47/02.

einer Gegenleistung auf gesetzlicher Grundlage festgesetzt und mittels hoheitlicher Befugnisse, d.h. wie hier durch Gebührenbescheid und Vollstreckung im Verwaltungszwangsverfahren – erhoben und eingezogen wird.[33] Eines direkten Einflusses des Staates oder anderer öffentlicher Stellen auf die Auftragsvergabe bedürfe es nicht.

In Bezug auf Art. 16 Buchst. b Basisrichtlinie wies der Gerichtshof darauf hin, dass die Vorschrift als Ausnahmeregelung im Lichte der Ziele der Richtlinie restriktiv auszulegen sei. Ausgenommen von der Anwendung der Richtlinie seien demnach nur die genannten, programmspezifischen Dienstleistungen. Einen Umkehrschluss auf die Qualität des öffentlichen Auftraggebers ließ es hingegen nicht zu.[34] **34**

Das Ergebnis des EuGH erscheint zur bisherigen Rechtsprechung kongruent und als richtlinienkonforme Auslegung des Begriffs der „Finanzierung" im nationalen Recht auch mit Verfassungsrecht vereinbar. Denn Letzteres gebietet keine zwingende Ausnahme für die öffentlich-rechtlichen Rundfunkanstalten. Auch bei Einstufung der öffentlich-rechtlichen Rundfunkanstalten als öffentlicher Auftraggeber und damit deren Unterwerfung unter die Regeln des Vergaberechts ist die Programmneutralität gewahrt, da das Vergaberecht für den verfassungsrechtlich geschützten Bereich Ausnahmen für die Vergabe von Bau-, Liefer- und Dienstleistungsaufträgen programmspezifischer Art vorsieht. **35**

Dem Vergaberecht unterworfen sind damit alle Auftragsvergaben der öffentlich-rechtlichen Rundfunkanstalten über die Beschaffung von Bau- und Lieferleistungen sowie von Dienstleistungen, sofern diese nicht den Kauf, die Entwicklung, die Produktion oder Koproduktion von Rundfunkprogrammen oder die Ausstrahlung von Sendungen betreffen. Die nach der Entscheidung des EuGH erfolgte Neuordnung des Rundfunkgebührensystems mit dem Fünfzehnten Rundfunkänderungsstaatsvertrag vom 15./17.12.2010 mit Wirkung ab dem 1.1.2013 hin zur Erhebung eines Rundfunkbeitrags, der unabhängig von der Bereithaltung eines Empfangsgeräts durch jeden Inhaber einer Wohnung bzw. Betriebsstätte als Beitragsschuldner zu entrichten ist, ändert an der Beurteilung nichts. Die mit diesem Finanzierungsmodell einhergehende Einführung einer neuen Nomenklatur – von einer Gebühr hin zu einer Abgabe – macht vielmehr deutlich, dass es an einer spezifischen Gegenleistung für die Entgeltleistung des Einzelnen gerade fehlt. **36**

Anders als die übrigen Anstalten der ARD, das Deutschlandradio und das ZDF wird die Deutsche Welle als Rundfunkanstalt des Bundes aus dem Bundeshaushalt finanziert und wurde bereits vor dem Urteil des EuGH einhellig als öffentlicher Auftraggeber angesehen.[35] **37**

2.3 Auftragsvergabe an und durch Tochterunternehmen

Dass die Rundfunkanstalten als öffentliche Auftraggeber anzusehen sind, hat Auswirkungen bei der Vergabe von Aufträgen an bzw. durch deren Tochterunternehmen. Gem. § 16b Abs. 1 RStV dürfen sich die Landesrundfunkanstalten, das ZDF und das Deutschlandradio auch an Unternehmen beteiligen, die einen gewerblichen oder **38**

---

33 Zum Kriterium der Gegenleistung bereits *EuGH* Slg. 2000, I-8035 – University of Cambridge, Rn. 23 ff.; zu den Konsequenzen der Rspr. auf die Beurteilung anderer staatsfinanzierter Institutionen *Heuvels* NZBau 2008, 166, 168.

34 Vgl. insofern *EuGH* Rs. C-337/06 – Bayerischer Rundfunk u.a., Rn. 66.

35 *VK Bund* 3.4.2006 – VK 2-14/06 und zust. *Dreher* NZBau 2005, 297, 303; *Weyand* Rn. 904.

sonstigen wirtschaftlichen Zweck zum Gegenstand haben. Die konkreten Voraussetzungen der Zulässigkeit und der Ausgestaltung der Beteiligung stellt § 16b RStV sowie ergänzend für kommerzielle Betätigungen § 16a RStV auf.

39 Handelt es sich bei der Auftragsvergabe an ein Tochterunternehmen um ein sog. „In-House-Geschäft", finden die Vergaberechtsvorschriften keine Anwendung. Dies regelt heute § 108 GWB, der Ausnahmen zum Begriff des öffentlichen Auftraggebers nach § 99 GWB bestimmt (s. auch § 108 Abs. 8 GWB zur entsprechenden Anwendung auf Sektorenauftraggeber und Konzessionsvergaben). Voraussetzung für ein derartiges In-House-Geschäft war zuvor nach der Rechtsprechung des EuGH insbesondere, dass das beauftragte selbstständige Tochterunternehmen seine Tätigkeit im Wesentlichen für den öffentlichen Auftraggeber verrichtet und letzterer über das Tochterunternehmen Kontrolle wie über eine eigene Dienststelle ausübt.[36] Wird die beauftragte Leistung daher von einem eigens zu diesem Zweck gegründeten 100 %-igen Tochterunternehmen erbracht, liegt keine Auftragserteilung an einen Dritten vor.[37] Vergaberecht findet dann keine Anwendung. Anders liegt dies jedoch bei Tochterunternehmen, an denen der öffentliche Auftraggeber neben Privaten beteiligt ist. Nach der Rechtsprechung des EuGH schließt jede noch so geringe minderheitliche Beteiligung eines privaten Unternehmens am Kapital einer Gesellschaft ein vergabefreies In-House-Geschäft aus,[38] vgl. auch § 108 Abs. 1 Nr. 3, Abs. 3 S. 2 GWB.

40 Die Auftragserteilung durch rechtlich selbstständige Tochterunternehmen der Rundfunkanstalten kann ebenso dem Vergaberecht unterliegen.[39] Voraussetzung ist einerseits, dass eine entsprechende Beteiligung oder Einflussnahme auf die Besetzung der Geschäftsführungs- bzw. Aufsichtsorgane durch die betroffene Rundfunkanstalt besteht.[40] Andererseits muss das Unternehmen im Allgemeininteresse liegende Aufgaben nichtgewerblicher Art erfüllen.[41] Das Merkmal der Nichtgewerblichkeit, das das Tatbestandsmerkmal des Allgemeininteresses näher konkretisiert,[42] nimmt nicht auf den Gewerbebegriff des nationalen Gewerberechts Bezug, sondern ist an den Zielen der Vergaberichtlinien auszulegen.[43] Soll danach eine Diskriminierung von Unternehmen bei der Vergabe von Aufträgen durch Auftraggeber, die nicht den Kräften des Marktes ausgesetzt sind und daher nicht zu einem Verhalten nach Wirtschaftlichkeitskriterien veranlasst sind, verhindert werden, können umgekehrt das Bestehen einer Wettbewerbs- oder Konkurrenzsituation, eine an Effizienz- und Wirtschaftlichkeitskriterien ausgerichtete Geschäftsführung sowie das Tragen des wirtschaftlichen

---

36 Vgl. *EuGH* Rs. C-107/98 – Teckal, Rn. 50; bestätigend *EuGH* Rs. C-94/99 – ARGE Gewässerschutz, Rn. 40; *BGH* VergabeR 2001, 286.

37 Zur sog. In-House-Vergabe *Leinemann* Rn. 152 ff.

38 *EuGH* ABlEU Nr. C 57/6 v. 5.3.2005 – Stadt Halle; *EuGH* ABlEU Nr. C 10/3 v. 14.1.2006 – Kommission/Österreich; so auch *OLG Köln* 15.7.2005 – 6 U 17/05.

39 Vgl. insofern § 98 Nr. 2 S. 2 GWB.

40 In Europarechtskonformer Auslegung soll auch die Leitung über die Aufsicht als Kriterium der besonderen Staatsnähe ausreichen, vgl. Willenbruch/Bischoff/*Bischoff* § 98 GWB Rn. 43.

41 § 99 Nr. 2 GWB verlangt eine Gründung zum Zweck der Erfüllung im Allgemeininteresse liegender Aufgaben. Es genügt über den Wortlaut hinaus, dass eine solche Aufgabe späterhin übernommen wurde; *EuGH* VergabeR 2003, 141, 149 – Universale Bau u.a.

42 *EuGH* Slg. 1998 I-73 – Mannesmann Anlagenbau, Rn. 22 ff.; *EuGH* Slg. 1998 I-6821 – BFI Holding, Rn. 31 ff.

43 *Leinemann* Rn. 115.

Risikos das Kriterium der Gewerblichkeit i.S.d. Vergaberechts erfüllen und damit die Anwendbarkeit des Vergaberechts ausschließen.[44]

2.4 Öffentliche Auftraggeber in der Rechtsprechung des EuGH

41 Letztlich in Fortführung seiner Rechtsprechung zu den deutschen öffentlich-rechtlichen Rundfunkanstalten, denen er die Stellung als öffentlicher Auftraggeber i.S.d. europäischen Vergaberechts bescheinigte, klärte der EuGH in einer weiteren Vorlageentscheidung Unsicherheiten in Bezug auf die gesetzlichen Krankenkassen. Auch diese sind öffentliche Auftraggeber i.S.d. seinerzeit geltenden Basisrichtlinie und haben daher Aufträge entsprechend der Vergaberechtsregime zu erteilen.[45]

Ebenso bei den öffentlichen Krankenkassen stand das Merkmal der Staatsnähe in Frage, konkret, ob sie durch eine Gebietskörperschaft finanziert oder beherrscht werden. Wie im Fall der Rundfunkanstalten stellte der EuGH klar, dass es keiner direkten Zahlung einer staatlichen Stelle an die fragliche Institution bedarf. Dass die Krankenkassen ihre Beiträge selbst festsetzen, sah er aufgrund des verbleibenden geringen Spielraums bei der Erfüllung ihrer öffentlichen Aufgabe als unerheblich an. Das Vorliegen einer vertraglichen Gegenleistung lehnte er angesichts der Tatsache, dass sich der Beitrag nach der Leistungsfähigkeit des Versicherten und nicht nach der ihm gegenüber erbrachten Leistung richtet, ab.[46]

3. Verfahrensarten bei nationalen und europaweiten Vergaben

42 Abhängig von der Überschreitung der Schwellenwerte, existieren unterschiedliche Begriffe für die einzelnen Verfahren, einerseits gem. GWB und VgV (und anderen VOen), andererseits gem. der UVgO. Die Verfahren entsprechen sich, was den Ablauf betrifft, in erheblichen Teilen. In Teilbereichen hingegen liegen gewichtige Abweichungen wie z.B. in der Bekanntmachung oder der Angebotsfrist vor.

Unterschwelle (UVgO)	**Oberschwelle (GWB, VgV und andere VOen)**
Öffentliche Ausschreibung	Offenes Verfahren
Beschränkte Ausschreibung mit oder ohne öffentlichem Teilnahmewettbewerb	Nicht offenes Verfahren mit oder ohne öffentlichem Teilnahmewettbewerb
Verhandlungsvergabe (mit oder ohne Teilnahmewettbewerb)	Verhandlungsverfahren (mit oder ohne Teilnahmewettbewerb)
	Wettbewerblicher Dialog
	Innovationspartnerschaft
Direktauftrag	

43 Aus der Gegenüberstellung in der Tabelle ist zu erkennen, dass sich einige Vergabearten unterhalb und oberhalb der Schwelle ähneln. Das offene Verfahren sowie die öffentliche Ausschreibung sind beides Verfahren, in denen der öffentliche Auftraggeber eine unbeschränkte Anzahl von Unternehmen öffentlich zur Abgabe von Angeboten auffordert (§ 119 Abs. 3 GWB, § 15 VgV, § 9 UVgO). Das nicht offene Verfahren bzw. die beschränkte Ausschreibung sind beides Verfahren, bei denen der öffentliche Auftraggeber nach vorheriger öffentlicher Aufforderung (bei Unterschwelle auch

---

44 So und eingehend zum Kriterium der Gewerblichkeit *Leinemann* Rn. 115 ff.

45 *EuGH* Slg. 2009, I 4779 – Oymanns.

46 Vgl. auch die Urteilsbesprechung *Marx/Hölzl* NZBau 2010, 31.

ohne eine solche) zur Teilnahme eine (beschränkte) Anzahl von Unternehmen nach objektiven, transparenten und nichtdiskriminierenden Kriterien auswählt (Teilnahmewettbewerb), die er zur Abgabe von Angeboten auffordert (§ 119 Abs. 4 GWB, § 16 VgV, §§ 10–11 UVgO). Das Verhandlungsverfahren bzw. die Verhandlungsvergabe sind beides ein Verfahren, bei denen sich der öffentliche Auftraggeber mit oder ohne Teilnahmewettbewerb an ausgewählte Unternehmen wendet, um mit einem oder mehreren dieser Unternehmen über die Angebote zu verhandeln (§ 119 Abs. 5 GWB, § 17 VgV, § 12 UVgO). Der naturgemäß nur im Unterschwellenbereich bekannte Direktauftrag ist nach § 14 UVgO ein Verfahren, bei dem der öffentliche Auftraggeber Leistungen bis zu einem voraussichtlichen Auftragswert von 1 000 EUR ohne Durchführung eines Vergabeverfahren beschaffen kann.

44 Der nur im Oberschwellenbereich bekannte wettbewerbliche Dialog ist nach § 119 Abs. 6 GWB ein Verfahren zur Vergabe öffentlicher Aufträge mit dem Ziel der Ermittlung und Festlegung der Mittel, mit denen die Bedürfnisse des öffentlichen Auftraggebers am besten erfüllt werden können. Dem öffentlichen Auftraggeber ist dabei zwar das fachliche Ziel/Bedürfnis, das er erreichen bzw. befriedigt sehen möchte, (einigermaßen) klar, aber nicht der technisch-fachliche Weg, auf dem das Ziel zu erreichen ist. Nach einem Teilnahmewettbewerb eröffnet dabei der öffentliche Auftraggeber mit den ausgewählten Unternehmen einen Dialog zur Erörterung aller Aspekte der Auftragsvergabe.

45 Die mit der Vergaberechtsnovelle 2016 für den Oberschwellenbereich eingeführte Innovationspartnerschaft ist nach § 119 Abs. 7 GWB ein Verfahren zur Entwicklung innovativer, noch nicht auf dem Markt verfügbarer Leistungen und zum anschließenden Erwerb der daraus hervorgehenden Leistungen. Hier geht es also darum, technisch-fachlich einen bis dato vollkommen unbekannten Weg zur Befriedigung der Bedürfnisse des öffentlichen Auftraggebers zu beschreiten. Nach einem Teilnahmewettbewerb verhandelt dabei der öffentliche Auftraggeber in mehreren Phasen mit den ausgewählten Unternehmen über die Erst- und Folgeangebote.

46 Außerhalb der Kategorien der Vergabearten, als Instrumente/Methoden des Vergaberechts, werden noch „dynamisches Beschaffungssystem“ (§ 120 Abs. 1 GWB, §§ 22 ff VgV, § 17 UVgO), „elektronische Auktion“ (§ 120 Abs. 2 GWB, §§ 25 f VgV, § 18 UVgO), „elektronischer Katalog“ (§ 120 Abs. 3 GWB, § 27 VgV, § 19 UVgO) und die „zentrale Beschaffungsstelle“ (§ 120 Abs. 4 GWB, § 4 VgV, Verweisung in § 16 UVgO) angeboten. Es handelt sich dabei nicht um weitere Vergabearten, sondern um Vorgehensweisen innerhalb einer Vergabeart.

47 Ohne auf Einzelheiten einzugehen, sei festgehalten, dass der Einsatz elektronischer Mittel im Vergabeverfahren aufgrund der EU-Vergaberichtlinien 2014 mit Umsetzung in der Vergaberechtsreform in deutsches Recht 2016 erheblich an Bedeutung gewonnen hat. Die o.a. EU-Richtlinien haben alle öffentlichen Auftraggeber dazu verpflichtet, bei oberschwelligen Vergaben die Vergabeunterlagen elektronisch bereit zu stellen und das Vergabeverfahren elektronisch durchzuführen, bis hin zu der Möglichkeit, ein elektronisches Beschafferprofil einzurichten. Dies ergibt sich unmittelbar aus § 97 Abs. 5 GWB i.V.m. §§ 9 ff, 37 ff VgV, vgl. auch §§ 27 ff UVgO für die Unterschwellenvergabe. Im Grunde sehen sämtliche Normen nach Möglichkeit elektronische Bereitstellung bzw. elektronische Kommunikation und Übermittlung von Informationen/ Daten vor.

Die verschiedenen Verfahren stehen dem Auftraggeber nicht nach eigenem Gutdünken zur Auswahl. Nach § 119 Abs. 2 GWB und § 14 Abs. 2 VgV stehen den öffentlichen Auftraggebern im Oberschwellenbereich das offene Verfahren und das nicht offene Verfahren mit Teilnahmewettbewerb nach ihrer Wahl zur Auswahl. Entsprechendes gilt gem. § 8 Abs. 2 UVgO für die Öffentliche Ausschreibung und die Beschränkte Ausschreibung mit vorgeschaltetem Teilnahmewettbewerb. Die übrigen Verfahren dürfen nur gewählt werden, sofern das im entsprechenden Statut gestattet ist, § 119 Abs. 2 S. 2 GWB, § 8 Abs. 2 S. 2 UVgO. Sektorenauftraggeber sind nach Maßgabe von § 141 GWB freier in der Wahl des Vergabeverfahrens. Diese **Hierarchie der Vergabearten** ist vom Auftraggeber stets zu beachten und die Wahl des Verfahrens ist zu dokumentieren. Sie unterliegt bei oberschwelligen Vergaben im Rahmen eines Nachprüfungsverfahrens der Kontrolle durch Vergabekammern, wobei dem Auftraggeber zwar für die Ausnahmetatbestände die Beweislast obliegt, ihm aber ein Beurteilungsspielraum zugebilligt wird.[47] Die rechtswidrige Wahl eines Verfahrens ist bei oberschwelligen Vergaben von den Bietern/Interessenten bereits im Rahmen der Bekanntmachung zu rügen, damit sie aus dem Vergabeverstoß Rechte herleiten können. Die fehlerhafte Wahl des Verfahrens ist aus der Bekanntmachung stets zu ersehen. 48

Eine Beschaffungsmaßnahme sollte – in Anlehnung an die UfAB VI, Version 1.0 und am Beispiel des offenen Verfahrens – gem. den folgenden Schritten durchgeführt werden: 49

- Anlegung einer Vergabeakte,
- Schätzung des Auftragswertes,
- Festlegung des Vergabeverfahrens,
- Festlegung der Vergabeart (siehe vorstehend),
- Erstellung eines Zeitplans,
- Durchführung des Verfahrens bis zur Bereitstellung der Vergabeunterlagen,
- Bereitstellung der Vergabeunterlagen,
- Behandlung von Bewerberfragen,
- Angebotsöffnung,
- Bewertung der Angebote,
- Zuschlagsentscheidung,
- Informations- und Wartepflicht (nur Oberschwelle),
- Zuschlagserteilung,
- Erstellung der Vertragsurkunde,
- Unterzeichnung der Vertragsurkunde,
- Bekanntmachungs-/Melde- und Berichtspflichten,
- Abschluss des Vergabeverfahrens.

Die Dokumentation der einzelnen Schritte und Entscheidungen in der Vergabeakte erfolgt zeitgerecht, nicht erst beim Abschluss des Verfahrens bzw. dem Schließen der Akte. 50

47 *Weyand* Rn. 1441.

II. Ablauf ausgewählter Verfahren

1. Öffentliche Ausschreibung/Offenes Verfahren

51 Wesen einer **Öffentlichen Ausschreibung** (§ 9 UVgO) bzw. eines **Offenen Verfahrens** (§ 119 Abs. 3 GWB, § 15 VgV) ist der unbeschränkte Teilnehmerkreis. Insoweit definiert § 119 Abs. 3 GWB den Begriff des Offenen Verfahrens als Verfahren, in dem eine unbeschränkte Anzahl von Unternehmen öffentlich zur Abgabe von Angeboten aufgefordert wird. Eine vorherige Einengung des Bewerberkreises erfolgt nicht. Das Offene Verfahren/die Öffentliche Ausschreibung entspricht den wettbewerbs- und marktwirtschaftlichen Prinzipien und ist am besten geeignet, unzulässige Absprachen der Bieter untereinander zu verhindern. Wettbewerb entsteht dadurch, dass keiner der Bieter die Angebote seines Konkurrenten kennt, sog. **„Geheimwettbewerb"**. Jeder Bieter ist daher gehalten, so knapp wie irgend möglich zu kalkulieren, um den Auftrag zu erhalten. Hiermit korrespondiert das Verbot, nach Eröffnung der Angebote mit einzelnen Bietern über den Preis zu verhandeln, das **Nachverhandlungsverbot** des § 15 Abs. 5 S. 2 VgV bzw. § 9 Abs. 2 S. 2 UVgO.

52 Werden einzelne Förmlichkeiten der Öffentlichen Ausschreibung/des Offenen Verfahrens nicht eingehalten, war für unterschwellige Vergaben vor Inkrafttreten der UVgO von einer „freihändigen Vergabe" bzw. bei oberschwelligen Vergaben von einem „Verhandlungsverfahren" auszugehen. Der öffentliche Auftraggeber hätte dann – sollten die weiteren Voraussetzungen für die Anwendung dieses Verfahrens nicht vorliegen (vgl. § 119 Abs. 2 S. 2 GWB, § 14 VgV – den Auftrag rechtswidrig vergeben,[48] da man die Hierarchie der Vergabearten missachtet hätte. Die Öffentliche Ausschreibung und das Offene Verfahren unterscheiden sich vor allem in den Modi der **Veröffentlichung**. § 38 VgV sieht eine **Vorinformation** über im Offenen Verfahren zu vergebende Aufträge vor. Außerdem hat der öffentliche Auftraggeber im Rahmen eines Offenen Verfahrens zusätzliche Hinweise bekannt zu machen, insbesondere die Kriterien der Auftragserteilung oder die Gründe für die Ausnahme von der Anwendung gemeinschaftsrechtlicher technischer Spezifikationen.

1.1 Aufforderungsphase

53 Ein Vergabeverfahren beginnt damit, dass der Auftraggeber die beabsichtigte Vergabe öffentlich bekannt macht. Während der **Aufforderungsphase** muss der Auftraggeber seine **Wertungskriterien**, einschließlich einer möglichen Bewertungsmatrix, für den beabsichtigten Zuschlag aufstellen. Die Kriterien müssen in den Vergabeunterlagen enthalten sein, es sei denn, sie sind bereits in der Vergabebekanntmachung angeführt. Bei der späteren Wertung darf der Auftraggeber nur die Kriterien berücksichtigen, die er entweder in der Bekanntmachung oder den Vergabeunterlagen genannt hat. Die Bieter sollen vorhersehen können, worauf es dem Auftraggeber in besonderem Maße ankommt. Ferner bezweckt die Regelung auch, die Auftragsvergabe aufgrund nachträglich gebildeter, aus der Ausschreibung nicht hervorgehender Kriterien zu verhindern.[49] Die Aufforderungsphase endet mit dem Bereitstellen der Vergabeunterlagen (§ 41 VgV) bzw. deren Versendung, wenn eine elektronische Bereitstellung ausnahmsweise wegen fehlender kompatibler Mittel nicht möglich ist (vgl. die Ausnahmen in § 41 Abs. 2 VgV; für die Unterschwellenvergabe vgl. § 29 UVgO).

48 *Hertwig* Rn. 76.
49 *Ingenstau/Korbion* § 25a Rn. 1 zur gleichlautenden Regelung der VOB/A.

Teil der Ausschreibungsunterlagen bzw. Vergabeunterlagen ist zwangsläufig ein Leistungsverzeichnis bzw. eine Leistungsbeschreibung (vgl. § 121 GWB, §§ 31 ff. VgV, § 23 f. UVgO). Auch außerhalb des Vergaberechts spielt im IT-Bereich die Leistungsbeschreibung eine herausragende Rolle, denn die meisten IT-Projekte, denen keine vernünftige und detaillierte Leistungsbeschreibung zugrunde liegt, scheitern bzw. sind nur mit erheblichen Mehrkosten und/oder unter Überschreitung der vereinbarten Termine und/oder unter Zurückfallen der Qualität hinter das vonseiten des Auftraggebers Erwartete zu Ende zu bringen. Im Vergaberecht ist allerdings die Leistungsbeschreibung Voraussetzung für ein erfolgreiches (wirksames) Verfahren im Ganzen. In der Leistungsbeschreibung ist nach § 121 Abs. 1 GWB (vgl. auch § 23 Abs. 1 UVgO) der Auftragsgegenstand so eindeutig und erschöpfend wie möglich zu beschreiben, so dass die Beschreibung für alle Bieter im gleichen Sinne verständlich ist und die Angebote miteinander verglichen werden können. Die Leistungsbeschreibung enthält dabei die Funktions- oder Leistungsanforderungen oder eine Beschreibung der zu lösenden Aufgabe, deren Kenntnis für die Erstellung des Angebots erforderlich ist, sowie die Umstände und Bedingungen der Leistungserbringung. 54

Die Leistungsbeschreibung kann unterschiedlich detailliert sein. Ein Leistungsverzeichnis könnte für Medienunternehmen z.B. in einer genauen Aufstellung von Scheinwerfern für eine Studiobeleuchtung liegen, in dem die Anzahl und die Leistungsparameter eines jeden Scheinwerfers vorgegeben sind. Wenn der Auftraggeber hingegen kein Leistungsverzeichnis erstellt und nur die zu beschaffende Gesamtlösung abstrakt beschreibt, hat der Bieter – in der nachstehend beschriebenen Angebotsphase – noch Planungsaufgaben wahrzunehmen, um zunächst die vom Auftraggeber gewünschte Lösung auszuarbeiten und dann diese preislich zu bewerten. Ein Beispiel hierfür könnte eine Videobearbeitungsanlage sein, bei der der Auftraggeber nicht konkret die Anlage mit seinen Komponenten vorgibt, sondern bei der er nur vorgibt, welche Anforderungen die Anlage zu erfüllen hat, sog. funktionale Planung. Die Bieter haben dann zu planen und auszuwählen, mit welcher Anlage in welcher Konfiguration die Anforderungen des Auftraggebers erfüllt werden können.

Vielfach ist bei der Beschaffung von Software lediglich eine Beschreibung der von dem Auftraggeber gewünschten Funktionalitäten (funktionale Ausschreibung) möglich, und es obliegt dann dem Auftragnehmer, hier eine entsprechende Auswahl in Bezug auf am Markt verfügbare Lösungen und deren evtl. Anpassung an die Bedürfnisse des Auftraggebers vorzunehmen. Zu beachten ist auch, dass bei Software i.d.R. auch nichtfunktionale Anforderungen zu beachten sind, wie z.B. die Konformität der abgebildeten Geschäftsabläufe bzw. Verfahren und der Software selbst mit gesetzlichen Vorschriften, die datenschutzrechtliche Eignung der Software (z.B. bzgl. Art. 25 DSGVO – Privacy by Design bzw. Privacy by Default) und/oder Anforderungen an die IT-Sicherheit (gem. §§ 8 ff. BSIG) und dergleichen. 55

Ein schwerwiegender Fehler im Leistungsverzeichnis kann dazu zwingen, die Ausschreibung nach § 63 Abs. 1 Nr. 1 VgV aufheben zu müssen, jedenfalls dann, wenn dieser Fehler dazu führt, dass keiner der Bieter ein der Leistungsbeschreibung entsprechendes Angebot abgeben kann. Das gilt jedoch nicht, wenn dieser Fehler lediglich ein untergeordnetes technisches Detail eines einzelnen Geräts im Rahmen einer umfangreichen Ausschreibung betrifft.[50] 56

50 *BayObLG* NZBau 2005, 595.

57 Besonderheiten vergaberechtlicher Natur bestehen, wenn das Leistungsverzeichnis Gefahr läuft, nicht nur allgemeine Vorgaben zu machen, sondern entgegen § 31 Abs. 6 VgV (vgl. auch § 23 Abs. 5 UVgO) eine nicht hersteller-, lieferanten- bzw. vertriebsneutrale Leistungsbeschreibung zu enthalten. In der Leistungsbeschreibung darf nach § 31 Abs. 6 VgV (vgl. auch § 23 Abs. 5 UVgO) nicht verwiesen werden auf eine bestimmte Produktion oder Herkunft oder ein besonderes Verfahren, das die Erzeugnisse oder Dienstleistungen eines bestimmten Unternehmens kennzeichnet, oder auf gewerbliche Schutzrechte, Typen oder einen bestimmten Ursprung, wenn durch einen solchen Hinweis bestimmte Unternehmen oder Produkte begünstigt oder ausgeschlossen werden. Das gilt nicht, wenn ein solcher Verweis durch den Auftragsgegenstand gerechtfertigt ist. Solche Verweise sind jedenfalls dann ausnahmsweise zulässig, wenn der Auftragsgegenstand anderenfalls nicht hinreichend genau und allgemein verständlich beschrieben werden kann; entsprechende Verweise sind jedoch mit dem Zusatz „oder gleichwertig" zu versehen. Das kann z.B. geschehen bei der Vorgabe bestimmter Betriebssysteme (bestimmter Hersteller) für Rechneranlagen oder bestimmter Hersteller für Büroanwendungen. Im Zusammenhang mit früheren Fassungen der VOL/A wurde in der Literatur insbesondere die Vorgabe verschiedener Körperschaften diskutiert, nur noch Open-Source-Software in IT-Projekten zu verwenden, wie dies z.B. bei Linux als Betriebssystem für Server in Betracht kommt. Dies würde zu einer zwangsläufigen Nichtberücksichtigung proprietärer Software führen. Vor einigen Jahren erfolgte Beschlüsse von Gebietskörperschaften, nur noch Open-Source-Software einzusetzen, führen vergaberechtlich nicht dazu, sich von dem Neutralitätsgebot lösen zu können, denn sie dürften ein politisches und damit vergabefremdes Kriterium darstellen (anders bei etwaigen Bundes- oder Landesgesetzen, die dies anordnen würden). Eine Leistungsbeschreibung, die die Anforderung stellt, nur Open-Source-Software anfordern zu wollen oder Software, deren Quellcode offenliegt, bedarf der besonderen Begründung, weil sie dem Gebot der neutralen Leistungsbeschreibung widerspricht. Eine Abgrenzung kann aber unter dem Gesichtspunkt der Wirtschaftlichkeit vorgenommen werden, denn die Open-Source-Software ist in der Lizenzierung selbst unentgeltlich, wobei keinesfalls außer Betracht gelassen werden darf, dass die meisten mit der Einführung zusammen hängenden Kosten ohnehin im Bereich der Implementierung (Dienst- oder Werkleistungen) anfallen werden und der Bestandteil an Softwarelizenzen hier nur einen Teil der Kosten ausmacht. Das ist auch der Grund, weswegen bei einer Softwareeinführung im Grunde das Gesamtgeschäft von Lizenzierung und Einführung nicht künstlich unterteilt werden darf. So ist im Prinzip nicht von vornherein ausgeschlossen, dass ein Hersteller proprietärer Software im vergaberechtlichen Sinne konkurrenzfähig bleibt, wenn die über die Lizenzkosten hinaus anfallenden Kosten für die Implementierung (sowie die Kosten für Pflege und Weiterentwicklung nach Implementierung) geringer sind als die Kosten bei Einführung einer Open-Source-Software.

1.2 Angebotsphase

58 Die **Angebotsphase** umfasst den Zeitraum, welcher dem Bieter für die Bearbeitung und Einreichung des Angebots zur Verfügung steht. Nach Abruf der bereitgestellten Vergabeunterlagen hat ein Bieter/Interessent die Möglichkeit, die zu erbringende Leistung zu prüfen und hierfür sein Angebot abzugeben. Je nach vorheriger Planung des Auftraggebers enthält das Erstellen des Angebotes verschiedene Arbeitsschritte.

Wenn der Auftraggeber ein Leistungsverzeichnis erstellt hat, in dem konkret aufgeführt ist, welche Leistung er beziehen möchte, hat der Bieter zumeist nur das Leistungsverzeichnis als Angebotsblankett mit Preisen auszufüllen und weitere vom Auftraggeber geforderte Erklärungen vorzulegen. Das vom Bieter erstellte Angebot hat der Auftraggeber daraufhin zu prüfen und zu bewerten. Die Verlagerung von Planungsaufgaben hin zu den Bietern z.B. bei lediglich funktionalen Ausschreibungen führt zumeist dazu, dass die Angebote der verschiedenen Bieter nur schwerlich miteinander verglichen werden können, so dass der Auftraggeber schon im eigenen Interesse eine möglichst genaue Planung seiner Ausschreibung zugrunde legen sollte. **59**

Gerade bei IT-Leistungen spielen zusätzliche Präsentationen und Vorführungen von Leistungen – letzteres in Form einer sog. „Teststellung" – in Ergänzung der gelegten Angebote eine wesentliche Rolle.[51] Dabei ist zwischen verifizierenden Teststellungen und wertenden Teststellungen zu unterscheiden. Die lediglich verifizierende Teststellung dient nach Abschluss der Wertung gem. Aktenlage (s.u. Rn. 63) der reinen Überprüfung, ob angelegte Kriterien eingehalten wurden oder nicht, während die wertende Teststellung (mit festzulegendem Gewicht) Wertungsbestandteil ist mit der Folge, dass bei einer Abweichung von Aktenlage und Teststellungsergebnis sich Veränderungen in der Wertung ergeben können. **60**

So ist bspw. die sog. „Bedienerfreundlichkeit" von Software, ein für die betriebliche Praxis extrem wichtiges Merkmal von Software, im Wege der schriftlichen Angebotslegung nicht abprüfbar, auch wenn es für die Ergonomie von Software DIN-Normen gibt (z.B. DIN EN ISO 9241, Teile 10-17). Jeder, der IT-Projekte durchführt, weiß, dass Software, die zwar funktional erstklassig, aber schwierig zu bedienen ist, vom Benutzer nicht angenommen wird und die Wirtschaftlichkeitsziele, die mit der Softwareeinführung verbunden sind, nicht erreicht werden. Das führt im Ergebnis dazu, dass die ausschreibende Stelle, die Software zu erwerben beabsichtigt, sich in der Leistungsbeschreibung vorbehalten sollte, eine Teststellung zu fordern. Die Bereitschaft der Bieter, eine Teststellung zuzulassen, kann auch als Ausschlusskriterium formuliert werden. Werden Vergabekriterien aufgestellt, die sich allein anhand einer Teststellung bewerten lassen, besteht eine Rechtspflicht zur Durchführung der Teststellung. Bei der Durchführung der Teststellung dürfen dann auch nur die vorgesehenen Kriterien abgeprüft werden, allerdings besteht auch im IT-Bereich die Möglichkeit, detaillierte Unterkriterien zu bereits vorgegebenen Leistungsanforderungen noch während des Vergabeverfahrens zu schaffen, um ggf. neue tatsächliche Entwicklungen zu berücksichtigen. **61**

Die Kosten einer solchen Teststellung können erheblich sein; welcher Aufwand noch zumutbar – und vom Bieter zu tragen – ist, hängt sicherlich auch von dem Auftragsvolumen ab. So wurde bei der Lkw-Maut Deutschland eine Teststellung mit aufwändigen Automaten im Feld als angemessen angesehen. **62**

1.3 Prüfungs- und Wertungsphase

Die **Wertungsphase** beginnt mit Ablauf der Angebotsfrist und endet mit Erteilung des **63**
Zuschlags (§ 127 GWB, § 58 VgV, § 43 UvgO) oder **Aufhebung** (§ 63 VgV, § 48 UVgO) des Ausschreibungsverfahrens.[52] Die Angebote der Interessenten/Bieter müssen zu

51 Instruktiv *Aschoff* NZBau 2006, 144 ff.
52 *Hertwig* Rn. 138.

einem bestimmten Termin eingehen und dürfen nicht mehr berücksichtigt werden, wenn sie verspätet eingehen. Der Auftraggeber hat innerhalb der Wertungsphase die einzelnen Angebote zu prüfen und zu bewerten.[53] Hierbei hat er auf ein zwingendes Prüfungsschema zurückzugreifen.

64 Damit zivilrechtlich wirksam ein Zuschlag erteilt werden kann, hat jeder Bieter mit seinem Angebot die **Bindefrist** zu akzeptieren. Innerhalb dieser Frist kann der Auftraggeber das Angebot annehmen, § 148 BGB. Der Zuschlag im Rahmen eines Vergabeverfahrens ist zivilrechtlich die Annahme des Angebotes eines Bieters. Verzögert sich der Zuschlag – z.B. durch ein **Vergabenachprüfungsverfahren** – so kann die Bindefrist ablaufen. Dies hat zur Konsequenz, dass ein Bieter seine Bindefrist verlängern muss, wenn er weiterhin den Zuschlag erhalten möchte. Wenn hingegen der Bieter kein Interesse mehr am Auftrag hat, z.B., da er sich mit dem Angebot verkalkuliert hat, kann er die Verlängerung der Bindefrist ablehnen.

65 Der Angebotswertung ist die Prüfung der Angebote vorgelagert. Die **Prüfung der Angebote** nach § 56 VgV betrachtet isoliert jedes einzelne Angebot. Die Angebote werden im Rahmen der Prüfung noch nicht miteinander verglichen. Dies ist erst im Rahmen der Wertung nach § 57 VgV der Fall. Insgesamt sind mehrere Schritte bei der Prüfung und **Wertung von Angeboten** strikt zu trennen.[54]

66 Zunächst werden die Formalia der einzelnen Angebote betrachtet, vgl. § 56 VgV, ohne dass eine inhaltliche Prüfung des Angebotes vorgenommen wird. Nach § 57 Abs. 1 Nr. 5 VgV werden z.B. Angebote ausgeschlossen, für deren Wertung wesentliche Preisangaben fehlen, die nicht unterschrieben sind, bei denen Änderungen an den Vergabeunterlagen durch den Bieter vorgenommen wurden oder (verschuldet) nicht rechtzeitig eingegangene Angebote.

67 Hernach wird die **Eignung** der Bieter nach § 122 GWB i.V.m. §§ 42 ff., 57 Abs. 1 VgV bewertet. Eignungskriterien sind **Befähigung und Erlaubnis zur Berufsausübung, wirtschaftliche und finanzielle Leistungsfähigkeit** (§ 45 VgV) sowie **technische und berufliche Leistungsfähigkeit**. Zudem darf ein Bieter nicht nach §§ 123, 124 GWB ausgeschlossen sein (beachte Selbstreinigung nach § 125 GWB).

68 Hernach wird die **Angemessenheit der Preise** nach § 60 VgV geprüft; der Auftraggeber kann von dem Bieter insoweit Aufklärung verlangen, wenn der Preis im Verhältnis zur angebotenen Leistung ungewöhnlich niedrig ist. Diese Regelung dient dem Schutz des Auftraggebers vor wirtschaftlichen Risiken, die daraus entstehen können, dass der Auftragnehmer seine Verpflichtungen aus einem unterpreisten Auftrag nicht erfüllen kann. Der Zuschlag auf ein Unterpreisangebot ist gestattet, wenn der Auftraggeber zu dem Schluss kommt, dass der Auftragnehmer auch bei diesen Preisen zuverlässig und vertragsgerecht wird leisten können. Wenn z.B. ein großer ausländischer Konzern auf dem deutschen Markt Fuß fassen will, kann er unter Einstandspreis anbieten und der Auftraggeber könnte dieses Angebot nicht aus diesem Grunde ablehnen. Kann der öffentliche Auftraggeber nach der Prüfung die geringe Höhe des angebotenen Preises oder der angebotenen Kosten nicht zufriedenstellend aufklären,

---

53 In IT-Projekten kommt es sehr häufig, fast zwangsläufig, vor, dass ein späterer Bieter in der Vorbereitung der Ausschreibung als Projektant (§ 6 VgV) gearbeitet hat. Diese Unternehmen werden zur Wahrung der Chancengleichheit oft von der Ausschreibung als Bieter ausgeschlossen. Zu diesem Problemkreis vgl. ausf. *Ohle/von dem Bussche* CR 2004, 791.

54 *BGH* NJW 1998, 3644.

darf er den Zuschlag auf dieses Angebot ablehnen. Der öffentliche Auftraggeber lehnt das Angebot ab, wenn er festgestellt hat, dass der Preis oder die Kosten des Angebots ungewöhnlich niedrig sind, weil der Bieter Verpflichtungen nach § 128 Abs. 1 GWB nicht einhält, d.h. die geltenden rechtlichen Verpflichtungen, insbesondere Steuern, Abgaben und Beiträge zur Sozialversicherung zu entrichten, die arbeitsschutzrechtlichen Regelungen einzuhalten und den Arbeitnehmerinnen und Arbeitnehmern wenigstens diejenigen Mindestarbeitsbedingungen einschließlich des Mindestentgelts zu gewähren, die nach dem Mindestlohngesetz, einem nach dem Tarifvertragsgesetz mit den Wirkungen des Arbeitnehmer-Entsendegesetzes für allgemein verbindlich erklärten Tarifvertrag oder einer nach § 7, § 7a oder § 11 des Arbeitnehmer-Entsendegesetzes oder einer nach § 3a des Arbeitnehmerüberlassungsgesetzes erlassenen Rechtsverordnung für die betreffende Leistung verbindlich vorgegeben werden.

Schließlich werden die verschiedenen Angebote und ggf. Nebenangebote[55] miteinan- **69**
der verglichen und dann das Angebot ausgewählt, auf das der Zuschlag erteilt wird, § 127 GWB, § 58 VgV. Nach § 58 Abs. 1 VgV ist der Zuschlag auf das nach Maßgabe von § 127 GWB wirtschaftlichste Angebot zu erteilen. Grundlage für die Ermittlung des in diesem Sinne wirtschaftlichsten Angebots ist eine Bewertung des öffentlichen Auftraggebers, ob und inwieweit das Angebot die vorgegebenen Zuschlagskriterien erfüllt. Das wirtschaftlichste Angebot bestimmt sich dabei nach dem besten Preis-Leistungs-Verhältnis. Zu dessen Ermittlung können neben dem Preis oder den Kosten auch qualitative, umweltbezogene oder soziale Aspekte berücksichtigt werden.

Die Prüfung und Wertung der Angebote ist zu dokumentieren.

2. Beschränkte Ausschreibung/nicht offenes Verfahren

Beschränkte Ausschreibung (§§ 10, 11 UVgO) und **nicht offenes Verfahren** (§ 119 **70**
Abs. 4 GWB, § 16 VgV) haben i.d.R. zum Ziel, dass möglichst nur eine beschränkte Anzahl von Unternehmen zur Abgabe eines Angebots aufgefordert wird. Das nicht offene Verfahren ist nach § 119 Abs. 4 GWB ein Verfahren, bei dem der öffentliche Auftraggeber nach vorheriger öffentlicher Aufforderung zur Teilnahme eine beschränkte Anzahl von Unternehmen nach objektiven, transparenten und nichtdiskriminierenden Kriterien auswählt (Teilnahmewettbewerb, § 16 Abs. 4 VgV), die er zur Abgabe von Angeboten auffordert. Die Beschränkte Ausschreibung ist nach §§ 10, 11 UVgO mit oder ohne Teilnahmewettbewerb denkbar. Bei einer Beschränkten Ausschreibung ohne Teilnahmewettbewerb fordert der Auftraggeber ohne vorherige Durchführung eines Teilnahmewettbewerbs mehrere, grundsätzlich mindestens drei Unternehmen zur Abgabe eines Angebots auf. Er darf diesen Weg nach § 8 Abs. 3 UVgO wählen, wenn eine Öffentliche Ausschreibung kein wirtschaftliches Ergebnis gehabt hat oder eine Öffentliche Ausschreibung oder eine Beschränkte Ausschreibung mit Teilnahmewettbewerb für den Auftraggeber oder die Bewerber oder Bieter einen Aufwand verursachen würde, der zu dem erreichten Vorteil oder dem Wert der Leistung im Missverhältnis stehen würde.

Auch im Rahmen eines nicht offenen Verfahrens/einer Beschränkten Ausschreibung gelten die vorgenannten Phasen entsprechend. Es gelten auch die allgemeinen Verfahrensgrundsätze, insbesondere der Grundsatz der eindeutigen und erschöpfenden

55 S. dazu Rn. 86 ff.

Leistungsbeschreibung, der **Geheimhaltung** der Angebote und das **Nachverhandlungsverbot** (§ 16 Abs. 9 VgV, § 10 Abs. 3 UVgO, § 11 Abs. 3 UVgO). Die Beschränkte Ausschreibung mit Teilnahmewettbewerb bzw. das nicht offene Verfahren sind frei wählbare Alternative zum offenen Verfahren bzw. zur Unbeschränkten Ausschreibung Sektorenauftraggeber sind noch freier in der Wahl des Vergabeverfahrens (§ 141 GWB).

3. Verhandlungsvergabe/Verhandlungsverfahren

71 Bei einer Verhandlungsvergabe, die mit oder ohne Teilnahmewettbewerb denkbar ist (§§ 8 Abs. 4, 12 UVgO) werden Aufträge nach Verhandlung mit einem (§ 12 Abs. 3 i.V.m. § 8 Abs. 4 Nrn. 9 bis 14 UVgO) oder mehreren Bietern vergeben. Bei einem Verhandlungsverfahren mit Teilnahmewettbewerb fordert der Auftraggeber eine unbeschränkte Anzahl von Unternehmen im Rahmen eines Teilnahmewettbewerbs öffentlich zur Abgabe von Teilnahmeanträgen auf. Jedes interessierte Unternehmen kann einen Teilnahmeantrag abgeben. Die sich im Teilnahmewettbewerb als geeignet erweisenden Teilnehmer (§§ 36, 37 UVgO) reichen sodann Angebote ein bzw. werden dazu aufgefordert. Bei einer Verhandlungsvergabe ohne Teilnahmewettbewerb fordert der Auftraggeber nach § 12 Abs. 2 UVgO mehrere, grundsätzlich mindestens drei Unternehmen zur Abgabe eines Angebots oder zur Teilnahme an Verhandlungen auf. Im Rahmen der Verhandlungsvergabe darf über den gesamten Angebotsinhalt verhandelt werden mit Ausnahme der vom Auftraggeber in der Leistungsbeschreibung festgelegten Mindestanforderungen und Zuschlagskriterien. § 8 Abs. 4 Nr. 1–17 UVgO benennt abschließend die Fälle, in denen die Verhandlungsvergabe gewählt werden darf, beispielsweise, wenn der Auftrag konzeptionelle oder innovative Lösungen umfasst (Nr. 1), der Auftrag aufgrund konkreter Umstände, die mit der Art, der Komplexität oder dem rechtlichen oder finanziellen Rahmen oder den damit einhergehenden Risiken zusammenhängen, nicht ohne vorherige Verhandlungen vergeben werden kann (Nr. 2) oder die Leistung aufgrund von Umständen, die der Auftraggeber nicht voraussehen konnte, besonders dringlich ist und die Gründe für die besondere Dringlichkeit nicht dem Verhalten des Auftraggebers zuzurechnen sind (Nr. 10).

72 Das korrespondierende **Verhandlungsverfahren** bei Überschreitung der Schwellenwerte (§ 119 Abs. 5 GWB, §§ 14 Abs. 3 und 4, 17 VgV) sieht ein vergleichbares Vorgehen vor. Bei einem Verhandlungsverfahren ohne Teilnahmewettbewerb erfolgt keine öffentliche Aufforderung zur Abgabe von Teilnahmeanträgen, sondern unmittelbar eine Aufforderung zur Abgabe von Erstangeboten an die vom öffentlichen Auftraggeber ausgewählten Unternehmen. Zu beachten ist, dass nach § 14 Abs. 3 VgV in den dort genannten Fällen dem Auftraggeber alternativ das Verhandlungsverfahren mit Teilnahmewettbewerb und der Wettbewerbliche Dialog (s. nachfolgend) offenstehen. Ein beispielhafter Fall, in dem das Verhandlungsverfahren mit Teilnahmewettbewerb gewählt werden darf, ist nach § 14 Abs. 3 Nr. 1 VgV derjenige, in dem die Bedürfnisse des öffentlichen Auftraggebers nicht ohne die Anpassung bereits verfügbarer Lösungen erfüllt werden können (und dementsprechend insbesondere fachlich über solche Anpassungen verhandelt werden muss) und ein Fall, in dem das Verhandlungsverfahren ohne Teilnahmewettbewerb gewählt werden darf, nach § 14 Abs. 4 Nr. 3 VgV der mit dem in § 8 Abs. 4 Nr. 10 UVgO vergleichbare Fall der besonderen, nicht vom Auftraggeber verschuldeten Dringlichkeit, d.h., wenn äußerst dringliche, zwingende Gründe im Zusammenhang mit Ereignissen, die der betreffende öffentliche Auftrag-

geber nicht voraussehen konnte, es nicht zulassen, die Mindestfristen einzuhalten, die für das offene und das nicht offene Verfahren sowie für das Verhandlungsverfahren mit Teilnahmewettbewerb vorgeschrieben sind. Sektorenauftraggeber sind demgegenüber freier in der Wahl des Vergabeverfahrens (§ 141 GWB).

Auftraggeber sind bisweilen geneigt, mit einer besonderen Eile oder **besonderen Dringlichkeit** (§ 8 Abs. 4 Nr. 10 UVgO, § 14 Abs. 4 Nr. 3 VgV) diese Verfahren zu rechtfertigen. Zwar sehen die o.a. Tatbestände das entprechende Verfahren als zulässig vor, wenn eine Leistung aufgrund von Umständen, die der Auftraggeber nicht voraussehen konnte, besonders dringlich ist, aber auch hierbei muss zunächst in Betracht gezogen werden, dass auch die formalisierten Verfahren beschleunigt werden können. Ferner darf der Grund für die besondere Dringlichkeit nicht daraus resultieren, dass der Auftraggeber zu spät ein Vergabeverfahren einleitete oder Haushaltsmittel nicht zur Verfügung standen. Demnach darf die besondere Dringlichkeit nicht vom Auftraggeber verursacht sein. Solange über die Verkürzung der Angebotsfrist noch ein förmliches Verfahren durchgeführt werden kann, ist keine besondere Dringlichkeit gegeben.[56] **73**

Das Verhandlungsverfahren ist weitgehend formlos ausgestaltet. Es kann, sofern ein Teilnahmewettbewerb vorgeschaltet ist, grob in zwei Phasen eingeteilt werden, zum einen dieser Teilnahmewettbewerb und sodann die Angebotsphase. Innerhalb dieser Phasen ist der Auftraggeber frei, die Verfahren auszugestalten. Das Verfahren ist insbesondere im zweiten Teil, der Vergabeverhandlung, ein **dynamisches Verfahren**[57] und ermöglicht es dem Auftraggeber, mit den Interessenten über die auszuführenden Leistungen einerseits und über den Preis andererseits zu verhandeln. Das **Nachverhandlungsverbot** ist nicht anwendbar, weil es gerade das Wesen des Verhandlungsverfahrens ist, mit dem Bieter bzw. den Bietern zu verhandeln. Auch ein sukzessives Abschichten der Verhandlungsteilnehmer ist beim Verhandlungsverfahren möglich (s. § 17 Abs. 12 VgV), wenn in der Auftragsbekanntmachung oder in den Vergabeunterlagen darauf hingewiesen wurde. Dann kann der öffentliche Auftraggeber die Verhandlungen in verschiedenen aufeinanderfolgenden Phasen abwickeln, um so die Zahl der Angebote, über die verhandelt wird, anhand der vorgegebenen Zuschlagskriterien zu verringern. In der Schlussphase des Verfahrens müssen noch so viele Angebote vorliegen, dass der Wettbewerb gewährleistet ist, sofern ursprünglich eine ausreichende Anzahl von Angeboten oder geeigneten Bietern vorhanden war. Obschon es Kennzeichen von Verhandlungsvergabe bzw. Verhandlungsverfahren ist, dass verhandelt wird, kann der öffentliche Auftraggeber, unter bestimmten Umständen den Auftrag auch ohne Verhandlung erteilen (§ 17 Abs. 11 VgV, § 12 Abs. 4 S. 2 UVgO). **74**

Von öffentlichen Auftraggebern wird das Verhandlungsverfahren bisweilen – missbräuchlich – genutzt, um über Einzelheiten der Leistung und des Vertrages noch in mehreren Runden verhandeln zu können, obschon die Leistung im Grundsatz komplett beschreibbar gewesen wäre und (mindestens insofern) ein Fall des Verhandlungsverfahrens eigentlich gar nicht vorliegt. Mit einem solchen Verhalten umgeht der öffentliche Auftraggeber das in den anderen Verfahren vorgesehene Nachverhandlungsverbot. Vielfach besteht auch einfach die Angst, die Leistung nicht genügend beschrieben zu haben, und man erhofft sich von dem Verhandlungsverfahren, die

56 *Kapellmann/Messerschmidt* § 3 VOB/A Rn. 74 f. zur Parallelregelung in der VOB/A.
57 *OLG Celle* VergabeR 2002, 299, 301.

Leistungsbeschreibung nachbessern zu können. Das funktioniert aber nur in Grenzen, zumal die Bewertungsmatrix bereits zu Beginn der Verhandlungsphase fest steht und zumeist die insoweit gewünschte Freiheit bei der Gestaltung der Leistungsparameter nicht mehr oder nur in engen Grenzen besteht. Trotz der weiten Gestaltungsmöglichkeiten des Auftraggebers sind die Verfahren kein vergaberechtsfreier Raum.

4. Wettbewerblicher Dialog als Beispiel für eine Sonderform eines oberschwelligen Vergabeverfahrens

4.1 Gesetzlicher Rahmen des wettbewerblichen Dialogs, Unterschied zur Innovationspartnerschaft

75 Mit der Basisrichtlinie 2004 eröffnete die Europäische Union den Mitgliedstaaten die Möglichkeit, ein weiteres Verfahren einzuführen. Nach Art. 29 der früheren Basisrichtlinie konnte ein **wettbewerblicher Dialog** für besonders komplexe Aufträge durch die Mitgliedstaaten eingeführt werden. Die Bundesrepublik Deutschland setzte die Richtlinie nur in Teilbereichen um. Das Verfahren des wettbewerblichen Dialogs wurde mit dem ÖPP-Beschleunigungsgesetz[58] in § 101 Abs. 4 GWB a.F. kodifiziert, heute § 119 Abs. 6 GWB, § 18 VgV. Nach Maßgabe von § 14 Abs. 3 VgV stehen (nunmehr) Verhandlungsverfahren mit Teilnahmewettbewerb und Wettbewerblicher Dialog parallel zur Auswahl. Ein vergleichbares Verfahren gibt es im Unterschwellenbereich nicht.

76 Hingewiesen sei zur Abgrenzung ferner noch einmal auf das weitere, mit der Vergaberechtsreform 2016 eingeführte Verfahren der sog. **Innovationspartnerschaft**. Die Innovationspartnerschaft ist ein Vergabeverfahren zur Entwicklung und dem anschließenden Erwerb innovativer Liefer-, Bau- oder Dienstleistungen, und setzt voraus, dass der bestehende Bedarf nicht durch bereits auf dem Markt verfügbare Lösungen befriedigt werden kann. Ein Unterschied zum wettbewerblichen Dialog besteht also darin, dass bei diesem mehrere Lösungen am Markt bereits vorhanden ist, der öffentliche Auftraggeber aber zwischen mehreren prinzipiell sich unterscheidenden, aber vorhandenen Konzepten eine Auswahl zu treffen hat, während bei der Innnovationspartnerschaft unklar, ist, ob und wie ggf. das Bedürfnis des öffentlichen Auftraggebers überhaupt befriedigt werden kann. Die Innovationspartnerschaft ermöglicht es öffentlichen Auftraggebern vor diesem Hintergrund, eine langfristige Innovationspartnerschaft mit einem oder mehreren Partnern für die Entwicklung und den anschließenden Erwerb neuer, innovativer Leistungen zu begründen, ohne dass ein getrenntes Vergabeverfahren für den Kauf der sich aus der Entwicklung ergebenden Produkte/Lösungen erforderlich ist. Voraussetzung ist, dass für solche innovativen Leistungen die vereinbarten Leistungs- und Kostenniveaus eingehalten werden können.

77 Der wettbewerbliche Dialog war unter der Geltung der Basisrichtlinie 2004 und der VOL/A nur für besonders komplexe Aufträge zulässig. Bei der Definition eines besonders komplexen Auftrags wurde die Regelung aus Art. 1 XI Buchst. c der Basisrichtlinie aus 2004 in die seinerzeit geltende Fassung von § 3 Nr. 7 S. 1 EG VOL/A überführt. Danach liegt ein besonders komplexer Auftrag vor, wenn der Auftraggeber objektiv nicht in der Lage ist, die technischen Mittel anzugeben, mit denen die Bedürfnisse und Ziele erfüllt werden können, oder die rechtlichen oder finanziellen Bedingungen des Vorhabens anzugeben. Heute stellt § 18 VgV solche Anforderungen

58 BGBl I 2005, 2667.

nicht mehr auf, auch ist der Rang des wettbewerblichen Dialogs im Vergabeverfahren ein anderer, zumal § 14 Abs. 3 VgV das Verhandlungsverfahren mit Teilnahmewettbewerb und den wettbewerblichen Dialog als gleichrangig betrachtet. Die Komplexität des Auftrags, die Maßgabe für die Einführung des wettbewerblichen Dialogs war, ist in § 14 Abs. 3 Nr. 2 und 3 VgV noch genannt (Auftrag umfasst konzeptionelle oder innovative Lösungen [Nr. 2], Auftrag kann aufgrund konkreter Umstände, die mit der Art, der Komplexität oder dem rechtlichen oder finanziellen Rahmen oder den damit einhergehenden Risiken zusammenhängen, nicht ohne vorherige Verhandlungen vergeben werden [Nr. 3]). Voraussetzung bleibt aber jedenfalls, dass der öffentliche Auftraggeber keine vollständige Leistungsbeschreibung anfertigen kann, insbesondere deswegen nicht, weil es fachlich unterschiedliche Konzepte zur Befriedigung seiner Bedürfnisse am Markt gibt. In der Auftragsbekanntmachung oder den Vergabeunterlagen zur Durchführung eines wettbewerblichen Dialogs beschreibt daraufhin der öffentliche Auftraggeber (lediglich) seine Bedürfnisse und Anforderungen an die zu beschaffende Leistung. Gleichzeitig nennt und erläutert er die hierbei zugrunde gelegten Zuschlagskriterien und legt einen vorläufigen Zeitrahmen für den Dialog fest.

Ist der Auftraggeber hingegen mit zumutbarem Aufwand in der Lage, die erforderlich **78** technischen Mittel festzulegen, darf er keinen wettbewerblichen Dialog durchführen.[59] Der Auftraggeber hat ggf. unter Einschaltung von Sachverständigen oder sonstigen Beratern zu prüfen, ob er nicht doch die technischen oder finanziellen Auswirkungen eines Verfahrens im Vorhinein festlegen kann, was dazu führt, dass er ein Verhandlungsverfahren oder ein anderes Verfahren zu wählen hat. In einer Erläuterung der Europäischen Kommission bei Einführung des wettbewerblichen Dialogs sind einzelne Beispiele für Vorhaben aufgeführt, die im wettbewerblichen Dialog vergeben werden sollen. Integrierte Verkehrsinfrastrukturprojekte, große Computernetzwerke oder der Bau von Brücken oder Tunneln als technisch komplexe Beschaffungsvorgänge und ÖPP-Projekte mit Finanzierungsanteilen oder Betreibermodelle im Bereich der rechtlich/finanziellen komplexen Beschaffungen erachtet die Kommission für geeignet. Aufträge in diesem Sinne können im TK/IT-Bereich insbesondere Mautprojekte, individuelle Softwarekonzepte und komplexe Softwareprojekte sein.[60] Für Projekte dieser Art gibt es i.d.R. nicht nur einen vorgezeichneten Lösungsweg, sondern ggf. mehrere Lösungswege. Würde sich der öffentliche Auftraggeber eigeninitiativ auf einen Weg festlegen, so würde er möglicherweise andere, technisch bessere oder preiswerter zu realisierende Lösungswege von vornherein aussperren. Will er diese weiteren Lösungswege einbeziehen, so wählt er den wettbewerblichen Dialog (oder, je nach Lage, das Verhandlungsverfahren mit vorgeschaltetem Teilnahmewettbewerb). Sollte z.B. ein Medienunternehmen beabsichtigen, ein neues Sendezentrum nicht selbst zu errichten sondern über eine festgeschriebene Laufzeit von einem Dritten anzumieten, könnte dies im Rahmen eines Wettbewerblichen Dialogs vollzogen werden. Der Auftraggeber könnte im Rahmen des Verfahrens auf ein Betreibermodell zurückgreifen. Dies wäre jedenfalls hinsichtlich der rechtlichen und finanziellen Bedingungen des Vorhabens als derart komplex anzusehen, dass hier ein Wettbewerblicher Dialog statthaft sein dürfte.

---

59 *Europäische Kommission* CC/2005/04 v. 5.10.2005, S. 2.
60 Vgl. zu ÖPP-Projekten im IT-Bereich *Bischof/Stoye* MMR 2006, 138.

79 Der wettbewerbliche Dialog unterliegt vollumfänglich der Prüfungskompetenz der Vergabekammern und der Vergabesenate.[61]

4.2 Phasen eines wettbewerblichen Dialogs

80 Der wettbewerbliche Dialog gliedert sich in vier Hauptphasen:

1. Phase: Bekanntmachungsphase,
2. Phase: Auswahlphase,
3. Phase: Dialogphase und
4. Phase: Wertungsphase

81 Im Rahmen der **Bekanntmachungsphase** (§ 18 Abs. 1 VgV) hat der Auftraggeber seine Absicht, einen wettbewerblichen Dialog durchzuführen, bekannt zu machen. Hierbei hat man insbesondere die „Bedürfnisse und Anforderungen", die Frist für die Einreichung der Teilnehmeranträge, die Mindestkriterien für die Leistungsfähigkeit der auszuwählenden Unternehmen, etwaige Beschränkungen der Teilnehmeranzahl unter Angabe der objektiven und nicht diskriminierenden Kriterien sowie einen vorläufigen Zeitplan bekannt zu machen. Schon bei der Bekanntmachung muss berücksichtigt werden, dass die Vergabe ausschließlich nach dem Kriterium des wirtschaftlich günstigsten Angebotes erfolgen darf.[62]

82 Die **Auswahlphase** entspricht gem. § 18 Abs. 2 bis 4 VgV einem Teilnahmewettbewerb. Es gelten hierzu die allgemeinen Grundsätze, die auch im Rahmen eines nicht offenen Verfahrens beim Teilnahmewettbewerb zu beachten sind.

83 Im Rahmen der eigentlichen **Dialogphase** kann sich der Auftraggeber nach § 18 Abs. 5–7 VgV mit jedem einzelnen Verfahrensteilnehmer über die technischen Aspekte des Auftrags und über die wirtschaftlichen und rechtlichen Konsequenzen austauschen. Dieser Dialog hat mit jedem Teilnehmer separat zu erfolgen. Die Gebote der **Gleichbehandlung** und der **Vertraulichkeit** sind vom Auftraggeber zu beachten. In der Ausgestaltung des Dialogs ist der Auftraggeber weitgehend frei. Er hat nur alle Dialogteilnehmer frei von Diskriminierung zu beteiligen. Im Laufe des Verfahrens ist es auch möglich, die Anzahl der Teilnehmer in verschiedenen Verhandlungsrunden zu reduzieren. Dies ist den Teilnehmern vorher bekannt zu geben.[63] Zum Abschluss des Dialogs informiert der Auftraggeber die Beteiligten darüber, dass entweder eine bedürfnisgerechte oder keine entspr. Lösung gefunden wurde. Wenn eine bedürfnisgerechte Lösung vorliegt, werden die verbliebenen Unternehmen nach § 18 Abs. 8 VgV aufgefordert, auf der Grundlage der eingereichten und in der Dialogphase näher ausgeführten Lösungen ihre endgültigen Angebote vorzulegen. Wenn keine bedürfnisgerechte Lösung gefunden werden konnte, informiert der Auftraggeber die Dialogteilnehmer hierüber, und das Verfahren ist sodann beendet.

84 In der **Wertungsphase** nach § 18 Abs. 9 VgV ermittelt der staatliche Auftraggeber anhand der eingereichten verbindlichen Angebote und unter Zugrundelegung der Zuschlagskriterien das wirtschaftlichste Angebot. Ergänzungen oder Streichungen der Zuschlagskriterien sind ebenso wenig möglich wie Änderungen der Gewichtung.[64]

---

61 *VK Düsseldorf* 11.8.2006 – VK-30/2006-L.

62 Festgeschrieben ausdrücklich in Art. 29 Abs. 1 S. 2 der Basisrichtlinie.

63 Zum Ablauf enthält die Erläuterung Wettbewerblicher Dialog der *Europäischen Kommission* CC/2005/04 v. 5.10.2006 weitergehende Hinweise; *Schröder* NZBau 2007, 216, 222.

64 *Schröder* NZBau 2007, 216, 223; *Pünder/Franzius* ZfBR 2006, 20, 23.

Auch eine Verhandlung über den Preis ist nach Abgabe der endgültigen Angebote nicht zulässig, jedoch sind Verhandlungen nach § 18 Abs. 9 S. 2 und 3 VgV über die Bestätigung im Angebot enthaltener finanzieller Zusagen oder anderer Bedingungen möglich, die in den Auftragsbedingungen abschließend festgelegt werden. Diese Verhandlungen dürfen aber nicht dazu führen, dass wesentliche Bestandteile des Angebots oder des öffentlichen Auftrags einschließlich der in der Auftragsbekanntmachung oder den Vergabeunterlagen festgelegten Bedürfnisse und Anforderungen grundlegend geändert werden, der Wettbewerb verzerrt wird oder andere am Verfahren beteiligte Unternehmen diskriminiert werden.

III. Besonderheiten bei der Wertung der Angebote

1. Wertung von Nebenangeboten

Der Auftraggeber kann sich im Vorfeld der Ausschreibung entscheiden, ob er mit dem Auftrag in Verbindung stehende **Nebenangebote** zulassen oder vorschreiben will (vgl. § 35 VgV, § 25 UVgO). Ist nichts angegeben, sind Nebenangebote ausgeschlossen. Bei einem Nebenangebot weicht der Bieter von den Vorgaben des Auftraggebers und dem Leistungsverzeichnis ab und bietet dem Auftraggeber eine andere Variante / Ausführung an. Wenn z.B. eine öffentlich-rechtliche Rundfunkanstalt ein Bildbearbeitungssystem mit verschiedenen IT-Komponenten ausschreibt und beziehen möchte, könnte ein Bieter nicht nur ein anderes Fabrikat im Hauptangebot anbieten, sondern als Nebenangebot insgesamt eine andere technische Lösung als die vom Auftraggeber gewünschte, ggf. mit anderer Hardware oder auf der Basis eines vollkommen anderen technischen Systems. Dies hat für den Auftragnehmer den Vorteil, dass er evtl. eine gleich gute Leistung zu einem günstigeren Preis anbieten kann, um so den Zuschlag zu erhalten. Auch aus der Sicht des Auftraggebers ist dies sinnvoll, da man sich die Erfahrung und Fachkunde der Bieter zunutze macht. Fachwissen der Bieter kann so berücksichtigt werden. Der Auftraggeber darf nur solche Nebenangebote werten, die die von ihm gesetzten **Mindestanforderungen** erfüllen. Nach § 35 Abs. 2 VgV muss der Auftraggeber im Oberschwellenbereich – sofern er Nebenangebote zulässt – die Mindestanforderungen für Nebenangebote in die Vergabeunterlagen aufnehmen. Dies entspricht den Grundsätzen des EuGH.[65] Für das Bildbearbeitungssystem aus dem Beispiel hätte dies zur Konsequenz, dass der Auftraggeber, wenn er Nebenangebote nicht ausschließen will, abstrakt die technischen Anforderungen an das Bildbearbeitungssystem festlegen und den Bietern bekanntmachen muss. 85

In einem ersten Schritt muss der Auftraggeber prüfen, ob die Nebenangebote die von ihm gesetzten Mindestanforderungen erfüllen. Wenn dies der Fall ist, muss er sie wie Hauptangebote werten. Im Nachhinein darf der Auftraggeber sich nicht dazu entscheiden, einmal zugelassene Nebenangebote auszuschließen. Wenn das betreffende Nebenangebot hingegen die Mindestbedingungen nicht erfüllt, handelt es sich um einen unzulässigen **Abmagerungsvorschlag**. Dies gilt für ein Nebenangebot über eine niedrigere Qualität zu einem niedrigeren Preis. Im Wettbewerb soll der Preis für die gleiche Qualität gefunden werden und nicht ein günstiges Angebot dadurch erreicht werden, dass der Bieter ein „Weniger" anbietet. Auch ein Angebot über eine bessere Qualität zu einem höheren Preis darf der Auftraggeber nicht bezuschlagen, da der 86

65 *EuGH* v. 16.10.2003, NZBau 2004, 279 – „Traunfellner".

Preis für die bessere Qualität ebenfalls nicht im Wettbewerb ermittelt wurde. Andere Bieter hätten auch die bessere Qualität anbieten können. Es sind nur die beiden nachfolgenden Konstellationen denkbar, in denen der Auftraggeber auf das Nebenangebot eingehen muss:

- gleiche Qualität der angebotenen Leistung und günstiger oder
- gleicher Preis und bessere Leistung.

2. Gewichtung von Zuschlagskriterien mittels einer Bewertungsmatrix, z.B. UfAB VI

87 Der Zuschlag ist auf das unter Berücksichtigung aller Umstände wirtschaftlichste Angebot zu erteilen (§ 127 GWB, § 58 VgV, § 43 UVgO). Dabei kann der Auftraggeber bei seiner Entscheidung verschiedene Kriterien berücksichtigen. Hierzu zählen bspw. Qualität, Preis, technischer Wert, Ästhetik, Zweckmäßigkeit u.Ä. Der Auftraggeber darf nur solche Kriterien bei der Wertung der Angebote berücksichtigen, die er zuvor in der Bekanntmachung oder in den Vergabeunterlagen genannt hat. Wenn der Auftraggeber nur den Preis als maßgebliches Kriterium definiert, können andere Eigenschaften nicht herangezogen werden, um einen höheren Preis zu rechtfertigen.[66] Dies kann der Auftraggeber umgehen, indem er verschiedene Kriterien und deren Gewichtung bekanntmacht und dann mittels einer **Bewertungsmatrix** das wirtschaftlichste Angebot ermittelt. Hierdurch kann ein höherer Preis durch eine bessere Qualität oder eine schnellere Lieferung überwunden werden.

88 Der CIO Bund bzw. das Beschaffungsamt des BMI entwickelte hierzu für den Bereich IT mit der sog. „Unterlage für Ausschreibung und Bewertung von IT-Leistungen" (**UfAB**, bei Drucklegung Fassung **UfAB VI** Version 1.0, Stand 30.4.2015) rechtlich anerkannte Verfahren.[67] Einzelne Wertungskriterien werden mit Relevanzfaktoren versehen. Die Kriterien und die Relevanzfaktoren legt der Auftraggeber zu Beginn des Verfahrens fest und teilt sie den Bietern spätestens in den Vergabeunterlagen mit. Im Rahmen der Wertung der einzelnen Angebote wird in einem ersten Schritt die Kennzahl für das Leistungs-Preis-Verhältnis ermittelt:

Z = L : P
Z = Kennzahl für Leistungs-Preis-Verhältnis
L = Gesamtsumme der Leistungspunkte (Bewertungspunkte x Gewichtungspunkte)
P = Preis.

89 Nach Ziff. 4.21 UfAB VI existieren verschiedene Methoden, insbesondere die **Einfache, die Erweiterte und die Gewichtete Richtwertmethode**. Die Einfache Richtwertmethode soll angewendet werden, wenn bei der rechnerischen Bewertung die zu vermutende Ungenauigkeit gering und damit der Schwankungsbereich wohl eher zu vernachlässigen ist. Dies soll in folgenden Konstellationen anzunehmen sein: Beschaffung von standardisierten Produkten mit Differenzierungsbedarf hinsichtlich der Leistung (z.B. Drucker), vorwiegend konstruktive Leistungsbeschreibung mit genauen Vorgaben, Leistungsbeschreibung mit zahlreichen A-Kriterien und wenigen B-Kriterien. Dann soll man mit der Einfachen Richtwertmethode für die Bestimmung des wirtschaftlichsten Angebotes ausschließlich das Leistungs-Preis-Verhältnis der ver-

66 *Weyand* Rn. 647 ff.

67 Einzelheiten zur UfAB können auf der Homepage des CIO Bund (www.cio.bund.de) abgerufen werden. Dort ist auch eine Bewertungsmatrix nach UfAB VI als Exceldatei herunterzuladen.

schiedenen Angebote heranziehen können. Bei der **Erweiterten Richtwertmethode** werden in einem zweiten Schritt alle Angebote außerhalb eines zuvor definierten Schwankungsbereichs (z.B. minus 10 % der Kennzahl des führenden Angebotes) ausgeschlossen, **Kennzahlenkorridor**. Hierdurch sollen Extreme aus der Bewertung herausgenommen werden. Auf die Angebote innerhalb des Korridors wird nach einem Entscheidungskriterium der Zuschlag erteilt. Dieses Entscheidungskriterium kann der Preis sein, aber auch die höchste Leistungspunktzahl oder ein hoch gewichtetes Einzelkriterium kommt hierfür in Frage.

Schließlich werden zwei Gewichtete Richtwertmethoden vorgestellt, nämlich Median- **90**
methode und Referenzwertmethode. Die Anwendung von Gewichteten Richtwertmethoden wird nach Ziff. 4.21.4 UfAB VI empfohlen, wenn der Auftraggeber bei der Ermittlung des wirtschaftlichsten Angebotes Leistung und Preis unterschiedlich gewichten möchte und sind dadurch gekennzeichnet, dass sowohl Preis als auch Leistung mit einem prozentualen Wert versehen werden (z.B. für die Leistung eine Wertigkeit von 65 % und für den Preis eine Wertigkeit von 35 %). Die Formeln der Gewichteten Richtwertmethoden verwenden dabei einen Bezugspunkt für Leistungspunkte sowie einen Bezugspunkt für den Preis. Ein solcher Bezugspunkt ist für Formeln, die eine Gewichtung ermöglichen, erforderlich. Die UfAB benennt zwei verschiedene Gewichtungsmethoden, die unterschiedliche Bezugspunkte verwenden:

- Gewichtete Richtwertmethode mit Median (Medianmethode) – hierbei erfolgt die Bildung des Referenzwertes jeweils durch die Ermittlung des Medianwertes aller zur Wertung herangezogenen Leistungspunkte sowie des Medians aller zur Wertung herangezogenen Preise, wobei der Median einer Reihe die Zahl ist, unterhalb und oberhalb derer jeweils die Hälfte der Reihenglieder angesiedelt ist. Er teilt die kleineren 50 % von den größeren 50 % der Werte einer Reihe.
- Gewichtete Richtwertmethode mit Referenzwert (Referenzwertmethode) – hierbei erfolgt die Festlegung jeweils eines Referenzwertes für Leistungspunkte sowie eines Referenzwertes für den Preis erfolgt auf Grundlage der Informationen zur Marktsituation, die im Zuge der Vorbereitung des Vergabeverfahrens zusammengetragen wurden. Der Referenzwert für den Preis sollte den tatsächlich erwarteten Preis widerspiegeln und sich dabei regelmäßig an dem Ergebnis der Schätzung des Auftragswertes sowie gegebenenfalls an den Ergebnissen der Wirtschaftlichkeitsbetrachtung orientieren. Der Referenzwert für die Leistung sollte sich an dem erwarteten und tatsächlich machbaren Leistungsniveau orientieren.

Vereinfachtes Bsp. für die Nutzung einer **Wertungsmatrix** ohne Kennzahlenkorridor: **91**

Beispiel: Der Auftraggeber plant die Anschaffung von Flachbildschirmen. Mindestvorgabe mit 17" Größe mit einer Auflösung von 1280 × 1024 Pixel. Da sich die Geräte auf dem Markt durch viele technische Werte unterscheiden und eine unterschiedliche Bildqualität aufweisen, legt der Auftraggeber anfangs die folgenden Kriterien und deren **Gewichtung** fest. Der Quotient aus Leistungspunkten und Preis soll maßgeblich sein.

Kriterium	**Multiplikator**
Ausstattung	30
Bildqualität	70

Die Firmen Schlecht & Billig, Gut & Teuer und Ausgeglichen legen ihre Angebote wie folgt vor:

- Die Firma Schlecht + Billig: 17“ Bildschirmgröße, mit VGA-Eingang, keine integrierten Lautsprecher, subjektiv schlechte Bildqualität, 300 EUR/Stück,
- die Firma Gut + Teuer: 19“ Bildschirmgröße, mit HDMI-Eingang, integrierte Lautsprecher, subjektiv perfektes Bild, 440 EUR/Stück,
- die Firma Ausgeglichen: 17“ Bildschirmgröße, mit HDMI-Eingang, keine integrierten Lautsprecher, subjektiv gutes Bild, 399 EUR/Stück.

Der Auftraggeber bewertet anhand der Kriterien die Bildschirme. Es ergibt sich folgende Bewertung:

Anbieter	**Kriterium**	**Eigene Wertung**	**Multi-plikator**	**Punktzahl (L)**	**Summe (L)**
Fa. Schlecht & Billig	Ausstattung	3	30	90	
	Bildqualität	6	70	420	510,00
	Leistung/Preis (Z)				1,70
Fa. Gut & Teuer	Ausstattung	9	30	270	
	Bildqualität	10	70	700	970,00
	Leistung/Preis (Z)				2,20
Fa. Ausgeglichen	Ausstattung	8	30	240	
	Bildqualität	9	70	630	870,00
	Leistung/Preis (Z)				2,35

Trotz des höheren Preises kann das Angebot der Fa. Ausgeglichen bezuschlagt werden, da die Vorteile „HDMI-Eingang“ und „gutes Bild“ die Preisdifferenz mehr als aufwiegen.

IV. Übersicht über den Rechtsschutz in Vergabesachen

92 Den Bietern stehen subjektive Rechte im Rahmen eines Vergabeverfahrens zu, § 97 Abs. 6 GWB. Auch außerhalb des Anwendungsbereichs des GWB werden den Bietern – in deutlich vermindertem Umfang – eigene Rechte zugebilligt, die sie gerichtlich durchsetzen können.

1. Primärrechtsschutz bei Überschreitung des Schwellenwertes

93 Ist der Schwellenwert für die Auftragsvergabe überschritten, kann ein Bieter den **Primärrechtsschutz** nach den §§ 160 ff. GWB in Anspruch nehmen. Ziel dieses Verfahrens ist es, die Ansprüche der Bieter auf eine bestimmte Verhaltensweise des Auftraggebers im Vergabeverfahren bis zum Abschluss des Vertrages durchzusetzen. Das Verfahren wird in I. Instanz vor den **Vergabekammern** und in II. Instanz vor den **Vergabesenaten** der Oberlandesgerichte geführt.[68]

68 Die Adressen der Vergabekammern sowie der Oberlandesgerichte einschließlich der Telefaxnummern sind aufgeführt in *Hertwig* Rn. 243 f.

Damit ein Bieter überhaupt ein solches Verfahren mit Erfolgsaussichten einleiten kann, hat er Vergabeverstöße nach wie vor recht rasch zu rügen, nach § 160 Abs. 3 Nr. 1 GWB, sofern nicht andere Tatbestände vorliegen, innerhalb von 10 Kalendertagen. Zu dem früheren Erfordernis der „*unverzüglichen*" Rüge (wohl zwischen zwei und 14 Tagen) nach § 107 Abs. 3 Nr. 1 GWB a.F. hat der EuGH am 28.1.2010 – im Ergebnis wohl zutreffend – entschieden, dass dieses gegen Gemeinschaftsrecht verstößt.[69] Nach der Vergaberechtsreform 2016 sind in § 160 Abs. 3 GWB feste Rügefristen vorgesehen. Die Rüge ist damit nach wie vor eine wichtige Voraussetzung, um ein Nachprüfungsverfahren gegen den öffentlichen Auftraggeber einzuleiten, und es ist vorsorglich, und sei es aus Gründen der Beschleunigung des Verfahrens insgesamt, immer noch zu einer möglichst umgehenden (fristgerechten) Rüge zu raten. Der Auftraggeber soll über die Rüge die Möglichkeit erhalten, Vergabefehler im frühestmöglichen Stadium noch zu korrigieren. Nachprüfungsverfahren sollen hierdurch vermieden werden. **94**

Ein Nachprüfungsverfahren kann darüber hinaus nur von demjenigen Bieter eingeleitet werden, der hierzu antragsbefugt ist. Die **Antragsbefugnis** ist in § 160 Abs. 2 GWB geregelt. Dabei ist nach § 160 Abs. 2 S. 2 GWB u.a. darzulegen, dass dem Unternehmen durch die behauptete Verletzung der Vergabevorschriften ein Schaden entstanden ist oder zu entstehen droht. Die Antragsbefugnis ist von erheblicher Bedeutung, damit der Auftraggeber nicht durch Popularanträge am Zuschlag gehindert wird. Auch beteiligte Bieter, die z.B. schon auf der ersten Wertungsstufe zwingend wegen Fehlens geforderter Erklärungen ausgeschlossen werden müssen, sind nicht antragsbefugt.[70] **95**

§§ 134, 135 GWB regeln die **Vorinformationspflicht** der vergebenden Stelle und die Folgen ihrer Nichteinhaltung. Nach § 134 Abs. 1 GWB hat der Auftraggeber den voraussichtlich nicht berücksichtigten Bietern mitzuteilen, aus welchen Gründen sie nicht zum Zuge gekommen sind, und welches Unternehmen wann den Zuschlag erhalten soll. Ein Vertragsschluss durch Zuschlag ist erst nach Ablauf von 15 Kalendertagen nach Absendung bzw. 10 Kalendertagen nach elektronischer Versendung dieses Vorabinformationssschreibens zulässig. Der Vertrag ist von Anfang an unwirksam, wenn hiergegen verstoßen wurde und der unterlegene Bieter dies innerhalb von 30 Tagen nach Kenntnis vom Verstoß im Nachprüfungsverfahren rügt, § 135 Abs. 1 Nr. 1 i.V.m. Abs. 2 GWB. Innerhalb dieser Vorinformationsfrist sollen die Bieter können prüfen, ob sie ein Nachprüfungsverfahren einleiten wollen. § 135 Abs. 1 Nr. 2 GWB spricht dabei auch die sog. de-facto-Vergabe an und erklärt für diese unter den gleichen Kautelen den Vertrag ebenfalls für unwirksam. **96**

Das Nachprüfungsverfahren wird vom Bieter bei der zuständigen Vergabekammer beantragt.[71] Diese stellt den Nachprüfungsantrag der Vergabestelle zu. Der Antrag hat aufschiebende Wirkung, § 169 Abs. 1 GWB. Der Auftraggeber darf den Zuschlag während des laufenden Nachprüfungsverfahrens nicht erteilen; diese Suspensivwirkung wurde vielfach als Hemmnis des öffentlichen Auftraggebers angesehen. Daher sieht § 169 Abs. 2 GWB die Möglichkeit vor, dass die Vergabekammer dem Auftraggeber auf seinen Antrag oder auf Antrag des Unternehmens, das nach § 134 GWB vom **97**

69 *EuGH* NZBau 2010, 183 – Uniplex.
70 *Berg/Vogelheim/Wittler* Rn. 1660.
71 Ein Muster eines Nachprüfungsantrags einschließlich Kommentierung ist abgedr. in *Prieß/Hausmann/Kulartz* S. 512.

Auftraggeber in der Vorabinformation als das Unternehmen benannt ist, das den Zuschlag erhalten soll, gestattet, den Zuschlag nach Ablauf von zwei Wochen seit Bekanntgabe dieser Entscheidung über den voraussichtlichen Auftragnehmer zu erteilen, wenn unter Berücksichtigung aller möglicherweise geschädigten Interessen sowie des Interesses der Allgemeinheit an einem raschen Abschluss des Vergabeverfahrens die nachteiligen Folgen einer Verzögerung der Vergabe bis zum Abschluss der Nachprüfung die damit verbundenen Vorteile überwiegen. Bei der hierzu vorzunehmenden Abwägung ist das Interesse der Allgemeinheit an einer wirtschaftlichen Erfüllung der Aufgaben des Auftraggebers zu berücksichtigen. Die Vergabekammer berücksichtigt dabei auch die allgemeinen Aussichten des Antragstellers im Vergabeverfahren, den Auftrag zu erhalten. Die Erfolgsaussichten des Nachprüfungsantrags müssen nicht in jedem Fall Gegenstand der Abwägung sein. Diese Entscheidung ist selbstständige beschwerdefähig; das Beschwerdegericht kann auf Antrag das Verbot des Zuschlags nach § 169 Abs. 1 GWB wiederherstellen bzw. andere Entscheidungen treffen.

98 Die Vergabekammer hat daher über den Nachprüfungsantrag innerhalb einer Frist von fünf Wochen ab Eingang des Antrags zu entscheiden, § 167 GWB. Die Frist kann in Ausnahmefällen durch die Vergabekammer verlängert werden, i.d.R. um nicht mehr als zwei Wochen. Die Vergabekammer entscheidet nach mündlicher Verhandlung (§ 166 GWB) durch Verwaltungsakt nach § 168 Abs. 3 GWB und trifft dabei die geeigneten Maßnahmen, um die Rechtsverletzung des Antragstellers zu beseitigen. Man ist dabei nicht an die Anträge des Antragstellers gebunden (§ 168 Abs. 1 S. 2 GWB) und es herrscht der Grundsatz der Amtsermittlung, § 163 GWB.

99 Gegen die Entscheidung der Vergabekammer ist das Rechtsmittel der sofortigen Beschwerde statthaft. Die sofortige Beschwerde ist gem. §§ 171, 172 Abs. 1 GWB innerhalb einer Notfrist von zwei Wochen, beginnend ab Zustellung der Entscheidung der Vergabekammer, schriftlich einzulegen und zugleich mit der Einlegung zu begründen. Auch die sofortige Beschwerde hat aufschiebende Wirkung, § 173 Abs. 1 S. 1 GWB. Diese Suspensivwirkung entfällt gem. § 173 Abs. 1 S. 2 GWB zwei Wochen nach Ablauf der Beschwerdefrist, wenn der Rechtsmittelführer keine Verlängerung beantragt. Die Verlängerung der aufschiebenden Wirkung durch das Gericht ist zumeist ein Indikator für die Erfolgsaussichten der sofortigen Beschwerde. Der Vergabesenat entscheidet über die sofortige Beschwerde durch Beschluss. Gegen den Beschluss ist kein weiteres Rechtsmittel vorgesehen. § 176 GWB sieht für die Beschwerdeinstanz eine Parallelnorm zu § 169 GWB vor.

2. Primärrechtsschutz unterhalb der Schwellenwerte?

100 Ein Primärrechtsschutz für Vergaben unterhalb der Schwellenwerte entspr. den §§ 160 ff. GWB existiert in Spezialgesetzen nicht, auch die UVgO befasst sich nicht mit Fragen des Rechtsschutzes.

Das BVerfG[72] erachtet es von Verfassungs wegen nicht für geboten, dass der Gesetzgeber einen solchen Primärrechtsschutz einführt. Zwar binden die Gleichheitsgrundsätze staatliche Stellen auch bei der Vergabe öffentlicher Aufträge unterhalb der Schwellenwerte, aber es genüge den Anforderungen des Justizgewähranspruchs und des Rechtsstaatsprinzips, dass hier kein Primärrechtsschutz eröffnet sei. Es verletze

72 *BVerfG* VergabeR 2006, 871 f.

nicht die Bieter/Interessenten verfassungsrechtlich, dass der Gesetzgeber den Rechtsschutz gegen Vergabeentscheidungen unterhalb der Schwellenwerte anders ausgestaltet hat als im Rahmen von Vergabeentscheidungen oberhalb der Schwellenwerte. Mit dem Sekundäranspruch auf Schadensersatz sei dem Rechtsstaatsprinzip ausreichend Rechnung getragen.

Das OVG Koblenz leitete mit seiner Entscheidung „Lenkwaffen"[73] eine umfassende und noch nicht abgeschlossene Diskussion über die Frage des Primärrechtschutzes unterhalb der Schwellenwerte nach allgemeinen Grundsätzen ein. Das VG lehnte in erster Instanz die Eröffnung des **Verwaltungsrechtsweges** für ein einstweiliges Anordnungsverfahren ab. Im Rahmen der **sofortigen Beschwerde** hiergegen stellte das OVG Koblenz klar, dass auch für die Vergabe unterhalb der Schwellenwerte der Rechtsweg zu den Verwaltungsgerichten eröffnet sei. Begründet wurde dies mit dem **Rechtsstaatsprinzip** und der erforderlichen Gleichbehandlung vor dem Hintergrund des Art. 3 GG. Weitere Verwaltungsgericht und Oberverwaltungsgerichte folgten dieser Einschätzung. Das OVG Münster[74] stellte im Rahmen zweier Entscheidungen klar, dass man ebenfalls den Rechtsweg zu den Verwaltungsgerichten für eröffnet ansehe und die Bieter auf diesem Wege Primärrechtsschutz erzielen könnten. Das Gericht stützte sich maßgeblich auf die Zwei-Stufen-Theorie. Danach sei das „Ob" des Vertragsschlusses, die Vergabe, öffentlich-rechtlich zu bewerten. Der öffentliche Auftraggeber müsse auch in dem Bereich der Vergaben unterhalb der Schwellenwerte die Gleichheitsgrundrechte beachten. Aus dem Rechtsstaatsprinzip folge die Möglichkeit, auch im Rahmen von Vergabeverfahren unterhalb der Schwellenwerte Primärrechtsschutz zu erzielen. **101**

Das BVerwG hingegen stellte am 2.5.2007 abschließend klar, dass der Rechtsweg zur Verwaltungsgerichtsbarkeit nicht eröffnet ist.[75] Öffentliche Auftraggeber hätten bei ihrer Beschaffung keine Sonderstellung inne. Es fehle an einem Über-/Unterordnungsverhältnis. Auch die 2-Stufen-Theorie sei auf Vergaben nicht anzuwenden, da in der Aufspaltung in das „Ob" als öffentlich-rechtlicher Aspekt der Vergabe und das „Wie" als zivilrechtlicher Aspekt eine künstliche Aufspaltung eines einheitlichen Vorgangs liege. Das BVerwG verwies den Rechtsstreit nach § 17a GVG an ein Landgericht. **102**

Die Zivilgerichtsbarkeit hatte im Anschluss an die Entscheidung des BVerwG durch das LG Bad Kreuznach[76] über den Primärrechtsschutz in Vergabesachen zu entscheiden. Die Kammer lehnte Unterlassungsansprüche aus § 3 UWG, § 823 Abs. 2 BGB und § 1004 BGB in Gänze ab. Nur bei vorsätzlich rechtswidrigem Vergabehandeln, unredlicher Absicht oder Willkür kämen Unterlassungsansprüche vor dem Hintergrund von Art. 3 GG in Betracht. In der Zwischenzeit gibt es jedoch zahlreiche weitere Verfahren vor Zivilgerichten, in denen unterlegene Bieter im Unterschwellenbereich Rechtsschutz suchen Auch im Unterschwellenbereich wird von einigen Gerichten der Primärrechtsschutz bejaht. Ein Bieter kann hierbei im Wege des Primärrechtsschutzes die Unterlassung der Zuschlagserteilung erwirken. Dieser Unterlassungsanspruch ist nicht auf will- **103**

---

73 *OVG Koblenz* NZBau 2006, 411 f. – Lenkwaffen.

74 *OVG NW* NZBau 2006, 67 f.; *OVG NW* NZBau 2006, 531 f.

75 *BVerwG* IBR 2007, 385; s. auch *EuGH* v. 13.7.2007 – C-432/05, wonach der Grundsatz des effektiven gerichtlichen Rechtsschutzes „nicht verlangt, dass es in der Rechtsordnung eines Mitgliedstaates einen eigenständigen Rechtsbehelf gibt, der mit dem Hauptantrag auf die Prüfung der Vereinbarkeit nationaler Vorschriften mit dem Gemeinschaftsrecht gerichtet ist, wenn andere Rechtsbehelfe die Prüfung dieser Vereinbarkeit als Vorfrage ermöglichen", a.a.O., Tz. 71 und *BGH* v. 30.8.2011 – X ZR 55/10.

76 *LG Bad Kreuznach* IBR 2007, 386.

kürliche Handlungsweisen des Auftraggebers beschränkt und kann im Verfahren des einstweiligen Rechtsschutzes nach §§ 935, 940 ZPO vor dem Zivilgericht durchgesetzt werden. Dabei kann man sich auf Artikel 3 Abs. 1 GG berufen. Aus Art. 3 GG folgt nach Ansicht mancher, dass auch bei unterschwelliger Vergabe ein effektiverSchutz des Bieters zu gewährleisten ist. Bieter sollen insoweit nicht vor jeder Fehlentscheidung geschützt werden, jedenfalls aber vor erheblichen Verfahrensfehlern, die unter dem Gleichbehandlungsgebot nicht mehr hinnehmbar sind; es ist jedoch vorher zu rügen, wenn der Anlass dazu besteht.[77] Auch bei Vergabeverfahren unterhalb der Schwellenwerte ist vor der Beantragung gerichtlichen Eilrechtsschutzes eine Rüge gegenüber der Vergabestelle notwendig – wenn die Teilnahme an einem Vergabeverfahren oberhalb wie unterhalb der Schwellenwerte zu wechselseitigen vorvertraglichen Rücksichtnahmepflichten führt, dann ist die Schlussfolgerung auf eine hier wie dort bestehende Rügepflicht nachvollziehbar und systematisch begründet.[78] Im Einzelnen ist im Unterschwellenbereich insbesondere hinsichtlich der Frage, ob der Erlass einer Sicherungs-, Regelungs- oder Leistungsverfügung im Rahmen eines gerichtlichen Verfügungsverfahrens angebracht ist, vieles streitig. Jedoch dürfte der Erlass einer Sicherungsverfügung, mit der allein der Ausspruch eines Zuschlagsverbots und damit die Sicherung des Status des Antragsstellers begehrt wird, grundsätzlich statthaft und bei gewichtigen Vergaberechtsverstößen auch erfolgreich sein. Mit der Erlangung eines Zuschlagsverbots ist im Ergebnis das (einstweilige) Verfügungsverfahren faktisch und rechtlich abschließend und übernimmt insoweit die Funktion eines Hauptsacheverfahrens.

104 Nach wie vor bestehen für Bieter im Verfahren unterhalb der Schwellenwerte oder außerhalb des Anwendungsbereichs des GWB keine institutionalisierten Rechtsschutzmöglichkeiten. Eine weitere Möglichkeit neben dem einstweiligen Rechtsschutz in Zivilsachen unter dem Blickwinkel des Art. 3 GG ist zumeist, die **Aufsichtsbehörde** einzuschalten und so auf ein rechtmäßiges Handeln hinzuwirken. Dies ist formlos und solange möglich, wie der Auftraggeber den Zuschlag noch nicht erteilt hat.

3. Sekundärrechtsschutz mit Schadensersatz in Geld

105 Grundlage eines **Schadensersatzanspruches** ist das nationale Recht mit § 311 Abs. 2 BGB. Ein Schadensersatzanspruch kommt vor dem Hintergrund eines **Verschuldens bei Vertragsschluss** in Betracht. Durch das Vergabeverfahren wird ein vorvertragliches Schuldverhältnis begründet. Der Bieter hat grds. ein schutzwürdiges Vertrauen darauf, dass der Auftraggeber das Vergabeverfahren ordnungsgemäß durchgeführt und die Angebote richtig wertet.[79] Als Rechtsfolge sieht ein Verschulden bei Vertragsschluss im Regelfall den Ersatz des **negativen Interesses** vor. Der Bieter ist dabei so zu stellen, als habe er sich nicht am Verfahren beteiligt. Im Ergebnis sind daher die Kosten des Angebotes von dem Schadensersatz umfasst. Unter den weitergehenden Voraussetzungen, dass der Kläger/Bieter den Zuschlag hätte erhalten müssen und der Zuschlag vom Auftraggeber auf ein Konkurrenzangebot erteilt wurde, umfasst der Schadensersatzanspruch auch den entgangenen Gewinn des übergangenen Bieters, das **positive Interesse**.[80] Dabei ist der Bieter so zu stellen, als wäre der Vertrag ordnungsgemäß erfüllt worden.

---

77 *LG München I* v. 18.4.2012 – 11 O 7897/12.
78 *LG Berlin* v. 5.12.201152 – O 254/11.
79 *BGH* BauR 1985, 75 f.; ZVgR 1998, 578 f.; *OLG Stuttgart* BauR 1992, 639.
80 *BGH* NJW 1998, 3636; WM 1998, 2388 f.; v. 9.6.2011 – X ZR 143/10.

25. Kapitel
Übersicht über das IT-Vertragsrecht der öffentlichen Auftraggeber

Literatur: *Bischof/Stoye* Vergaberechtliche Neuerungen für IT/TK-Beschaffungen der öffentlichen Hand – Das ÖPP-Beschleunigungsgesetz als erste Umsetzung des EU-Richtlinienpakets, MMR 2006, 138; *Demmel/Herten-Koch* Vergaberechtliche Probleme bei der Beschaffung von Open-Source-Software, NZBau 2004, 187; *Dreher/Aschoff* Präsentationen und Vorführungen von Leistungen in Vergabeverfahren – Unter besonderer Berücksichtigung der Teststellung bei der IT-Beschaffung, NZBau 2006, 144; *Feil/Leitzen* EVB-IT, 2003; *Graef* Rahmenvereinbarungen bei der Vergabe von öffentlichen Aufträgen de lege lata und de lege ferenda, NZBau 2005, 561; *Heckmann* IT-Vergabe, Open Source Software und Vergaberecht, CR 2004, 401; *Leitzen* EVB-IT-Praxisleitfaden: Ergänzende Vertragsbedingungen für die Beschaffung von IT-Leistungen, Loseblatt; *Müglich* AGB-rechtliche Überlegungen zur Auftragsvergabe nach BVB, CR 2004, 166; *Ohle/von dem Bussche* Der Projektant als Bieter in komplexen IT/TK-Ausschreibungen, CR 2004, 791; *Pünder/Franzius* Auftragsvergabe im Wettbewerblichen Dialog, ZfBR 2006, 20; *Schneider* Die Rechtswidrigkeit der UfABII-Formel im Vergabeverfahren, NZBau 2002, 555; vgl. auch die Nachweise zum 24. Kap.

I. Einführung

Mit Erteilung des Zuschlags tritt im Vergaberecht (s.o. 24. Kap.) eine Zäsur ein. Zwi- 1
schen dem öffentlichen Auftraggeber und dem Anbieter wird mit dem Zuschlag ein Vertrag geschlossen, der die in Rede stehenden Leistungen erfasst. VOB/B und VOL/B sehen insoweit (Muster-)Regelungswerke für Bauleistungen und andere Leistungen vor. Es wurde jedoch in den 1960er Jahren erkannt, dass Informationstechnologie insoweit einen Sondersachverhalt darstellt, der es lohnt, eigene Mustervertragswerke jenseits der VOL/B zu entwickeln.

Zwischen 1972 und 1985 wurden aus diesem Grund zunächst insgesamt sieben Ver- 2
tragstypen mit „Besonderen Vertragsbedingungen für die Beschaffung von DV-Leistungen“ (BVB) erarbeitet. Diese BVB sind sukzessive, aber noch nicht vollständig, durch die sog. EVB-IT abgelöst und ergänzt worden. EVB-IT steht für „Ergänzende Vertragsbedingungen für die Beschaffung von IT-Leistungen“. Herausgegeben wurden bzw. werden BVB bzw. EVB-IT von der Koordinierungs- und Beratungsstelle der Bundesregierung für Informationstechnik in der Bundesverwaltung (KBSt) bzw. von der IT-Beauftragten der Bundesregierung (CIO Bund), www.cio.bund.de.[1] Auf der Webseite des IT-Beauftragten der Bundesregierung können die Dokumente zu den BVB und den EVB-IT einschließlich einer kurzen Kommentierung bzw. Handreichung heruntergeladen werden. Die EVB-IT und die BVB sind zwischen der öffentlichen Hand, vertreten zunächst durch den Kooperationsausschuss Datenverarbeitung Bund/Länder/kommunaler Bereich (KoopA-ABV), und den Spitzenverbänden der IT-Wirtschaft ausgehandelt worden und decken mit verschiedenen Vertragstypen insbesondere den Kauf von Hardware, den Bezug von IT-Dienstleistungen, die Überlas-

1 Formulare/Vertragsmuster, Ergänzungen und Erläuterungen zu den EVB-IT sind unter www.kbst.bund.de im Internet abrufbar.

sung von Standardsoftware gegen Einmalvergütung, die zeitlich befristete Überlassung von Standardsoftware, die Instandhaltung von Hardware, die Pflege von Standardsoftware, die Erstellung (werkvertragliche Gestaltung) bzw. Lieferung (kaufvertragliche Gestaltung) eines IT-Systems bzw. von Computerprogrammen ab. Die noch geltenden BVB (Stand 1991 mit Vertragsdeckblättern zur Schuldrechtsreform 2002) beziehen sich auf die Miete von Hardware sowie Planungsarbeiten im Vorfeld der Erstellung von Individualsoftware. Die Vertragsmuster sind keine in sich vollständigen Musterverträge, sondern verweisen in Ergänzung noch auf die VOL/B, die als weitere Allgemeine Geschäftsbedingungen einbezogen werden.

3 Bei den EVB-IT und den BVB handelt es sich um AGB i.S.d. §§ 305 ff. BGB, wobei nach Ansicht des BGH[2] (zu den abgelösten BVB Überlassung DV-Programme), anders als bei der Vereinbarung der VOB/B im Ganzen, die einzelnen Klauseln jeweils für sich an den Bestimmungen des AGB-Rechts zu messen und nicht lediglich im Gesamtzusammenhang (als im Prinzip ausgewogen) zu würdigen sind. Da die öffentliche Hand in dem durch das Haushaltsrecht vorgegebenen Rahmen Verträge im Grunde nur unter Einbeziehung der BVB/EVB-IT abschließt, zumeist auch dann, wenn die vergaberechtlichen Vorschriften dies nicht fordern würden, gilt die öffentliche Hand als Verwender auch dann, wenn der potenzielle Auftragnehmer die Regelungen der BVB/EVB-IT im Hinblick auf diese Übung von sich aus in sein Angebot aufgenommen und daher formal in den Vertragsschluss eingeführt hat.[3] Es gibt Hersteller von Computerprogrammen für Behörden (Fachanwendungen), die auch in denjenigen Fällen, in denen die Verwendung der EVB-IT nicht vorgeschrieben ist, diese als eigene AGB dem Vertrieb der Programme zugrunde legen, um den Wiedererkennungseffekt aufseiten des öffentlichen Auftraggebers zu erhöhen und einfacher zum Vertragsabschluss zu kommen.

4 Soweit ein bestimmter Lebenssachverhalt von einem Vertragsmuster aus der Reihe der EVB-IT nicht abgedeckt wird, wird von Seiten der CIO Bund der Rückgriff auf die alten BVB-Muster empfohlen. Diese sind seit der Schuldrechtsreform zum 1.1.2002 mit jeweils einem sog. „Vertragsdeckblatt“ versehen worden, das die Änderungen der Reform berücksichtigt und nach dem einige Regelungen aus den BVB durch schuldrechtskonforme Regelungen abgelöst werden. Diese Vertragsdeckblätter werden von der öffentlichen Hand z.T. freihändig angepasst.

5 Die CIO Bund hält eine auf seiner Webseite abrufbare Entscheidungshilfe zur Einbeziehung der BVB- bzw. EVB-IT-Vertragstypen in IT-Beschaffungsverträge vor, die nachstehend unter Einbeziehung der neuen EVB-IT Erstellung (abgewandelt) wiedergegeben wird, und nach der auf die BVB-Muster nur noch in den nachfolgend zuletzt genannten Konstellationen zurückgegriffen werden sollte:

---

2 *BGH* NJW 1991, 976 ff.; der BGH hielt § 9 Nr. 4 Typ II BVB-Überlassung für unwirksam wegen eines Verstoßes gegen § 9 Abs. 2 Nr. 1 AGBG (heute § 307 Abs. 2 Nr. 1 BGB).

3 *BGH* NJW 1997, 2043; der BGH hielt § 9 Nr. 4 Typ I BVB-Überlassung für unwirksam wegen eines Verstoßes gegen § 9 Abs. 2 Nr. 1 AGBG (heute § 307 Abs. 2 Nr. 1 BGB).

Vertragsgegenstand bzw. wesentlicher Leistungsgegenstand	**Empfohlener Vertragstyp**
EVB-IT	
Basis EVB-IT	
Kauf von Hardware (ggf. inklusive Aufstellung, jedoch ohne sonstige Leistungsanteile)	EVB-IT Kauf
Kauf von Standardsoftware (ggf. inklusive Vorinstallation, jedoch ohne sonstige Leistungsanteile)	EVB-IT Überlassung Typ A
Miete von Standardsoftware (ohne sonstige Leistungsanteile)	EVB-IT Überlassung Typ B
Dienstvertrag	EVB-IT Dienstleistung
Instandhaltung (früher: Wartung) von Hardware	EVB-IT Instandhaltung
Pflege von Standardsoftware	EVB-IT Pflege S
Wiederherstellung der Betriebsbereitschaft (Störungsbeseitigung)	EVB-IT Service
Aufrechterhaltung der Betriebsbereitschaft	EVB-IT Service
Überlassung neuer Programmstände	EVB-IT Service
Modifikation des IT-Systems	EVB-IT Service
System EVB-IT	
Erstellung von Individualsoftware/Anpassung von Standardsoftware (auf Softwareleistungen reduzierter, gekürzter EVB-IT Systemvertrag (1) zur Erstellung von Individualsoftware, (2) zur Anpassung von Software auf Quellcodeebene bzw. (3) zu umfangreichem, den Vertrag werkvertraglich prägenden Customizing von Standardsoftware, wobei die Standardsoftware zu diesem Zweck beigestellt oder vom Auftragnehmer auf der Grundlage dieses Vertrages überlassen werden kann.	EVB-IT Erstellung
Erstellung von IT-Systemen aus einer oder mehreren Systemkomponenten (Standardsoftware und/oder Hardware, ggf. Individualsoftware) einschließlich weiterer Leistungen zur Herbeiführung der Betriebsbereitschaft, wobei letztere und/oder die Erstellung der Individualsoftware den Schwerpunkt der Leistung darstellen (z.B. weil sie mehr als 15 bis 20 % des Auftragswertes ausmachen)	EVB-IT System
Kauf von IT-Systemen aus einer oder mehreren Systemkomponenten (Standardsoftware und/oder Hardware) einschließlich weiterer Leistungen zur Herbeiführung der Betriebsbereitschaft, ohne dass diese letztgenannten Leistungen den Schwerpunkt bilden.	EVB-IT Systemlieferung

Vertragsgegenstand bzw. wesentlicher Leistungsgegenstand	**Empfohlener Vertragstyp**
BVB	
Miete von Hardware	BVB-Miete
Planung von DV-gestützten Verfahren, insbesondere Planung von Individualsoftware (Planungsphase, fachliches Feinkonzept)	BVB-Planung (zukünftig EVB-IT Planung)

6 Der Rückgriff auf die BVB in einer Gemengelage von Vertragsdeckblättern, Überlassungsscheinen und BVB (rechtlichen Bedingungen) wird von Teilen der Literatur als gegen das Transparenzverbot des § 307 Abs. 1 S. 2 BGB verstoßend angesehen.[4]

7 Die öffentlichen Auftraggeber von Bund und Ländern, bisweilen auch von Kommunen bzw. anderen Körperschaften unterhalb der Länderebene, sind durch eine Dienstanweisung verpflichtet, diese Vertragsmuster zu verwenden. Die Verwaltungsvorschriften zu § 55 BHO z.B. sehen die Anwendung von EVB-IT für Bundesbehörden vor. Nur in Ausnahmefällen kann der öffentliche Auftraggeber von EVB-IT absehen und – wie ein Privater auch – eigene Vertragsmuster verwenden.[5] Ein Ausnahmefall für das Absehen von EVB-IT liegt insbesondere vor,

- wenn bzgl. der Leistung aus besonderen Gründen (z.B. besondere Erfahrung, Zuverlässigkeit, bestimmte Ausführungsart, bestehende Schutzrechte) nur ein Unternehmen in Betracht kommt und dieses Unternehmen nicht bereit ist, EVB-IT als Vertragsgrundlage anzuerkennen oder
- wenn durch die Einbeziehung der EVB-IT die Beschaffung insgesamt unwirtschaftlich würde.

8 Treffender und verständlicher als die früheren „Hinweise EVB-IT" der KBSt kann man Aufbau und Struktur der EVB-IT nicht erklären: „Jeder EVB-IT Vertragstyp besteht aus den Allgemeinen Vertragsbedingungen (AGB) und aus einem Vertragsmuster, in dem das konkrete Rechtsgeschäft festzuhalten und in seinen Einzelheiten vertraglich zu regeln ist. Die Vertragsbedingungen enthalten als letzten Teil jeweils Definitionen von Begriffen, die in den Vertragsbedingungen oder den Vertragsmustern verwendet werden und über die ein einheitliches Verständnis bei Auftraggebern und Auftragnehmern notwendig ist. Bei Verwendung des vorgesehenen Vertragsmusters werden die jeweiligen Vertragsbedingungen einschließlich der Definitionen Vertragsbestandteil. Die Vertragsformulare sind jeweils auf der letzten Seite von Auftraggeber und Auftragnehmer zu unterschreiben. Zu einigen Vertragsbedingungen gehören Muster zur Festlegung spezieller Sachverhalte, beispielsweise der Durchführung eines Änderungsverfahrens im laufenden Vertrag oder der Behandlung von Mängelmeldungen. Zu einigen Vertragstypen existieren Kurzfassungen der Vertragsformulare, die verwendet werden können, wenn über deren Regelungsgehalt hinaus keine weiteren Vereinbarungen getroffen werden sollen."

4 Vgl. *Koch* ITRB 2003, 136, der die Auffassung vertritt, es sei keine wirksame Vergabe unter Nutzung der noch verbleibenden BVB möglich; s. auch MünchKomm-BGB/*Kieninger* § 307 Rn. 79 Inhaltskontrolle; hiergegen *Junker* NJW 2005, 2829, 2832 mit Hinweis auf *Müglich* CR 2004, 166, 172, die darauf abstellen, dass die öffentlichen Auftraggeber bei der IT-Vergabe Fachwissen der angesprochenen Verkehrskreise voraussetzen können, so dass „im Regelfall" nicht von einem Verstoß gegen das Transparenzgebot ausgegangen werden könne.

5 Zum Vertragsrecht ausf. 21. Kap.

Und weiter zur Handhabung der EVBIT: „Alle vertraglichen Vereinbarungen müssen in den Vertrag aufgenommen werden. Dies kann durch Ausfüllen der hierfür vorgesehenen Stellen, durch Ankreuzen der angebotenen Optionen und durch den Verweis auf Anlagen zum Vertrag geschehen. Die jeweiligen EVB-IT werden über die Einbeziehung auf der ersten Seite des Vertrages Vertragsbestandteil. Die an verschiedenen Stellen in den EVB-IT enthaltene Formulierung: „... soweit nichts anderes vereinbart ...“ stellt eine Auffangregelung dar. Eine anderslautende Vereinbarung kann dann im Vertrag an der hierfür vorgesehenen Stelle vorgenommen werden. Fehlt eine solche Stelle im Vertrag, ist die anderslautende Vereinbarung unter der Nummer „Sonstige Vereinbarungen“ im jeweiligen Vertragsmuster zu treffen. Es empfiehlt sich Regelungen zu treffen, um die einzelnen Seiten der EVB-IT Vertragsurkunde – die auf der letzten Seite von Auftraggeber und Auftragnehmer unterschrieben wird – vor nachträglichen und nicht mehr nachvollziehbaren Änderungen zu schützen. Dies kann beispielsweise durch Abzeichnen jeder einzelnen Seite geschehen.“ **9**

Hierdurch wird auch klar, dass es sich bei den EVB-IT um bisweilen sehr ausführliche Regelungswerke handelt. So besteht das bei komplexen IT-Vorhaben (mit einem nennenswerten Anteil an Erstellung von Individualsoftware bzw. Anpassungsleistungen, s.u. Rn. 12) zu verwendende Konglomerat der EVB-IT Systemvertrag (Werkvertragsrecht) aus 38 Seiten Vertragsmuster (Version 2.01 v. 9.1.2013), auf dem es eine für den juristischen Laien nicht mehr überschaubare Menge an Auswahlmöglichkeiten für Wahlalternativen, auszufüllenden Tabellen, Eintragungen und (obligatorischen und fakultativen) Anlagen[6] gibt, sowie aus 31 Seiten (Version 2.0 v. 19.9.2012) allgemeiner Regelungen bzw. Geschäftsbedingungen einschließlich Definitionen. Diese zusammen 69 Seiten Bedingungen regeln ausschließlich einen juristischen Rahmen eines solchen Projekts, alle fachlichen Fragen werden durch Eintragungen in Tabellen, durch Anhänge zum Vertrag bzw. zu den Bedingungen und/oder durch den Teil der Ausschreibungsunterlagen, die Vertragsgegenstand werden, geklärt. Bezieht man etwaige Regelungen zu Datenschutzfragen, z.B. einen Anhang zur Auftragsdatenverarbeitung, besondere Regelungen z.B. für die Hinterlegung von Quellcode und andere juristische Rahmenbedingungen mit ein, erreicht man leicht eine dreistellige Seitenzahl. Hinzu kommen die Regelungen zu fachlich-inhaltlichen Fragen, z.B. (je nach Art des Verfahrens) ein Lastenheft oder eine Leistungsbeschreibung. Die Nutzerhinweise zum Ausfüllen des Vertragsmusters in der Version 2.01 umfassen 133 Seiten. **10**

Damit erreichen die EVB-IT-Vertragswerke bei komplexeren Projekten ohne weiteres die Dimension eines außerhalb der Geltung der EVB-IT frei formulierten IT-Projektvertrages, allerdings mit der aus Sicht des Praktikers nicht unerheblichen Herausforderung, dass vielfach sämtliche Auswahlmöglichkeiten des Vertragsmusters schon bei der Ausfüllung im Rahmen der Ausschreibung bewusst gehandhabt werden sollten, um nicht fehlinterpretiert zu werden. Demgegenüber enthält ein frei formulierter Projektvertrag i.d.R. nur solche Regelungen, die für das konkrete Projekt notwendig oder nützlich sind. Jedoch kann das ausführliche Vertragsmuster nebst Bedingungen für außerhalb des Vergaberechts formulierte Verträge, gleich aus welcher Parteisicht **11**

6 Z.B. Anlagen zu V-Modell XT, QS-Handbücher, Projekthandbücher, Beschreibung der beim Auftraggeber vorhandenen Systemumgebung, Übernahme von Altdaten/Migration, Aufstellung der Softwarewerkzeuge für die Individualprogrammierung, Entsorgung der Althardware, Vereinbarungen zur Entsorgung der Verpackung, Mitwirkung des Auftraggebers, Vereinbarung zu Testdaten, Einzelheiten zur Funktionsprüfung, Einzelheiten zu Gestellung und Rückgabe von Sicherheiten.

man diese formuliert, jedenfalls gut als eine Art Checkliste dienen, die dabei hilft, wesentliche Regelungen im Vertrag nicht zu übersehen.

II. Kernpunkte einzelner EVB-IT und der verbleibenden BVB

1. Systemvertrag

12 Die EVB-IT-Vertragsmuster sahen bis 2007 keine Musterbedingungen für eine Gesamtverantwortung des Auftragnehmers in einem komplexen IT-Projekt vor; frühere Muster bezogen sich stets auf einzelne, isolierte Lebenssachverhalte, aber nicht auf ein „System“ aus Hard- und Software, das der Auftragnehmer (ggf. als Generalunternehmer) zu liefern, anzupassen und in Betrieb zu setzen hat. Damit hinkte die öffentliche Hand hinter der Vertragsgestaltung im nicht-öffentlichen Bereich mehr als 25 Jahre hinterher. Seit dem 22.8.2007 stand der öffentlichen Hand der EVB-IT-**Systemvertrag** in der ersten Fassung zur Verfügung, seit dem 9.1.2013 in einer überarbeiteten Fassung 2.01 (mit überarbeiteten EVB-IT-System 2.0 v. 19.9.2012). Dieses Vertragsmuster ist für die öffentliche Hand in dem o.a. Rahmen ebenso zwingend zu verwenden wie die anderen Musterverträge. Der EVB-IT-Systemvertrag sieht die Erstellung eines Gesamtsystems als Einheit vor. Dieses kann aus Hardware, Software sowie aus einer Integration oder weiteren Leistungen bestehen, deren Erbringung in einen Gesamterfolg zu münden hat. Es handelt sich „im Ganzen“ um einen Werkvertrag.

13 Das Vertragsmuster (Muster des Systemvertrags nebst Anlagen sowie EVB-IT-System) löste insbesondere die BVB-Kauf und die BVB-Überlassung (jeweils bei stark werkvertraglichem Einschlag) ab. Es war bei seiner Verabschiedung 2007 umstritten und wurde nach Erscheinen nachverhandelt. Ursprünglich waren alle EVB-IT-Verträge seit 2004, wie zuvor auch die BVB-Muster, in Gremien ausgehandelt worden, die aus Vertretern der öffentlichen Hand und der IT-Wirtschaft bestanden. Die öffentliche Hand war vertreten durch den KoopA-ABV, der auch die damalige KBSt angehörte. Die IT-Wirtschaft wurde auf Auftragnehmerseite vertreten durch die BITKOM, den Bundesverband Informationswirtschaft, Telekommunikation und Neue Medien. Über den EVB-IT-Systemvertrag in der Version 1.01 (2007) konnte jedoch keine Einigung in wichtigen Fragen erzielt werden, insbesondere im Hinblick auf Haftung, Art und Umfang der Nutzungs- und Eigentumsrechte, Abnahmemodalitäten und Verjährungsfristen. Das BMI veröffentlichte daher das Vertragsmuster einseitig ohne Zustimmung der Auftragnehmerseite und erklärte den Vertrag über die Verwaltungsvorschrift zu § 55 BHO für verbindlich, soweit dies die Behörden des Bundes betrifft. Einige wenige große Softwarehersteller drohten seinerzeit damit, die Anwendung des Vertrages zu boykottieren und sich an Ausschreibungen, denen der Vertrag zugrunde gelegt werden sollte, nicht zu beteiligen. Die BITKOM kritisierte am Systemvertrag insbesondere, dass er eine massive Ausweitung der möglichen Haftung der Auftragnehmerseite vorsah und die Interessen des Mittelstandes[7] benachteiligt würden, da diese wegen der enormen Haftungsrisiken öffentliche Großaufträge nicht annehmen könnten. Zwischenzeitlich sind diese Auseinandersetzungen beigelegt worden, die Version 2.01 sowie die System-AGB in der Version 2.0 sind seit 2012/2013 in Anwendung.

---

7 Zur Berücksichtigung von KMU in Bezug auf die Losvergabe in Vergabesachen vgl. *Müller-Wrede* NZBau 2004, 643.

1.1 Vertragsgegenstand des Systemvertrags

Der EVB-IT-Systemvertrag ist gekennzeichnet durch die Erstellung eines **Gesamtsystems**. Die einzelnen Leistungen des Auftragnehmers bilden eine sachliche, wirtschaftliche und rechtliche Einheit, und es soll hierüber – als ein Umstand von „vertragswesentlicher Bedeutung" – sichergestellt werden, dass der Auftragnehmer für alle Komponenten des Systems einheitlich die Verantwortung übernimmt und eine vereinbarte „Gesamtfunktionalität" herstellt (Ziff. 1.1/1.3 EVB IT System AGB). Er soll insofern, wenn er, was die Regel sein dürfte, nicht alle Lieferungen und Leistungen selbst erbringt, als „verantwortlicher **Generalunternehmer**" (Ziff. 1.4 EVB IT System) für das Gesamtsystem geradestehen und dabei auch für die Leistung seiner Subunternehmer und Zulieferer wie für eigene Leistungen verantwortlich sein. Erweitert wird diese Haftung noch um die Haftung für das Zusammenwirken des neu Beschafften mit Hardware- oder Software-Komponenten, die bereits beim Auftraggeber vorhanden bzw. von diesem beizustellen sind (Ziff. 2.4 Abs. 1 und 2 EVB IT System AGB: „Der Auftragnehmer ist verpflichtet, das Gesamtsystem entsprechend den vertraglichen Vereinbarungen zu erstellen und dessen Betriebsbereitschaft herbeizuführen. Dazu hat der Auftragnehmer die einzelnen von ihm zu liefernden oder zu erstellenden Systemkomponenten sowie die durch den Auftraggeber beizustellenden Systemkomponenten aufzustellen, zu installieren, zu customizen und zu integrieren. Dies erfolgt jeweils nach Maßgabe der Leistungsbeschreibung bzw., sofern sich daraus nichts ergibt, soweit zur Herbeiführung der Betriebsbereitschaft des Gesamtsystems erforderlich."). Die Systemumgebung des Gesamtsystems der beizustellenden Systemkomponenten kann vertraglich festgeschrieben werden, so dass der Auftragnehmer auch für die bereits vorhandene IT-Umgebung die Verantwortlichkeit übernehmen würde. Vertragsgegenstand ist ferner die Übertragung der vereinbarten Nutzungsrechte auf den Auftraggeber. 14

Als mögliche Einzelleistungen für das zu errichtende Gesamtsystems vor der Abnahme sieht das Vertragsmuster in Nr. 2.1 EVB IT Systemvertrag die folgenden Punkte vor, die entweder einzeln oder in Kombination dem Vertrag zugrunde gelegt werden können: 15

- Verkauf von Hardware,
- Vermietung von Hardware,
- Überlassung von Standardsoftware gegen Einmalvergütung auf Dauer (Verkauf),
- Überlassung von Standardsoftware auf Zeit (Vermietung),
- Erstellung und Überlassung von Individualsoftware auf Dauer,
- Übernahme von Altdaten und andere Migrationsleistungen,
- Erstellung des Gesamtsystems und Herbeiführung der Betriebsbereitschaft (z.B. durch Aufstellung, Installation, Customizing und Integration der Systemkomponenten),
- Schulung,
- Projektmanagement,
- Dokumentation,
- sonstige Leistungen.

Mögliche Leistungen nach der Abnahme sind

- Systemservice (z.B. Aufrechterhaltung und/oder Wiederherstellung der Betriebsbereitschaft*),
- Weiterentwicklung und Anpassung des Gesamtsystems,
- sonstige Leistungen.

16 Im Dokument „Hinweise für die Nutzung der EVB-IT System" (Stand 2013) wird der sachliche Anwendungsbereich im Hinblick auf den Schwerpunkt der Leistungen in der „Systemerstellung" (durch einen Vertragspartner) bzw. im Hinblick auf das Ausmaß und die Bedeutung der sog. „Anpassungsleistungen" (Erstellung von Individualsoftware, Migration von Altdaten, Herbeiführung der Betriebsbereitschaft des Gesamtsystems) wie folgt beschrieben:

„Der EVB-IT-Systemvertrag kommt bei Vorliegen folgender Voraussetzungen zur Anwendung:

- Der Schwerpunkt der vertraglichen Leistungen liegt in der Erstellung eines IT-Systems – ggf. einschließlich der Realisierung von Individualprodukten –, der Integration und Zusammenfügung von Einzelleistungen, der Einbindung in die Systemumgebung des Auftraggebers sowie in der Herbeiführung der Funktionsfähigkeit des Gesamtsystems.
- Der Wert der oben genannten Anpassungsleistungen (Individualsoftware, Migration von Altdaten, Herbeiführung der Betriebsbereitschaft des Gesamtsystems) überscheitet einen Wert von 15 %–20 % des Erstellungspreises.

oder

- Der Wert der oben genannten Anpassungsleistungen überscheitet diese Wert zwar nicht, aber
  - die Anpassungsleistungen sind so entscheidend, dass das IT-System ohne sie durch den Auftraggeber nicht oder nicht sinnvoll nutzbar ist

  oder
  - es handelt sich bei den Anpassungen um die Erstellung zahlreicher Individualprogrammierungen.

Oder

- Es wird lediglich die Erstellung von Individualsoftware in Auftrag gegeben. Der EVB-IT-Systemvertrag ersetzt damit auch den BVB-Erstellungsvertrag, solange kein spezieller EVB-IT-Werkvertrag veröffentlicht wird. Bei der Nutzung des EVB-IT-Systemvertrages nur für die Erstellung von Individualsoftware besteht das Problem darin, dass einige Regelungen (z.B. zu Lieferung von Hard- und Standardsoftware) der AGB des EVB-IT-Systemvertrages (EVB-IT-System) ins Leere gehen, da im eigentlichen Sinne kein Gesamtsystem erstellt werden soll. Will der Beschaffer dennoch den EVB-IT-Systemvertrag lediglich für Erstellung von Individualsoftware einsetzen, muss er im EVB-IT-Systemvertrag unter Nummer 1.1 regeln, dass das Gesamtsystem im Sinne dieses Vertrages die Individualsoftware ist. …"

17 Der letztgenannte Gesichtspunkt der Erstellung einer Individualsoftware als „Gesamtsystem", der hier nur der Vollständigkeit halber aufgeführt wird, ist allerdings seit der Einführung der EVB-IT Erstellung im Jahre 2013, s.u. Ziff. 2, obsolet.

18 Die Leistungen mit den Bezeichnungen „Herbeiführen der Funktionsfähigkeit des Gesamtsystems" (u.a. Aufstellung, Installation, Konfiguration, Customizing und Integration von Hardware und Software) sowie „Projektmanagement" sind als zwingende Leistungen vor der Abnahme vorgegeben, und der Auftraggeber kann darüber hinausgehende Vertragsbestandteile hinzufügen. Die Vorgabe dieser beiden Einzelpunkte folgt aus der rechtlichen Ausgestaltung als Werkvertrag mit der Übertragung der Gesamtverantwortlichkeit.

Die Regelungen zu den Nutzungsrechten bei Software in Ziff. 2.3 EVB-IT-System AGB sind ausführlich. Bei Individualsoftware werden lediglich einfache Nutzungsrechte eingeräumt (Ziff. 2.3.2.1 EVB-IT-System AGB), dafür aber wird eine Rückvergütung vom Auftragnehmer für den Fall gewährt, dass die im Projekt erstellte Individualsoftware auch anderweit an Dritte lizenziert wird (Ziff. 2.3.2.3 EVB-IT-System AGB). Um sich die Unabhängigkeit vom Auftragnehmer zu sichern, bestehen zugunsten des Auftraggebers auch das Recht zur Änderung, Übersetzung, Bearbeitung und Umgestaltung, und zwar auch im Hinblick auf den Quellcode (sofern im Projekt neu erstellt) und alle Vorstufen der Software einschließlich der Konzepte und Beschreibungen. Auch der Einsatz der Individualsoftware im Zusammenhang mit offenen Datennetzen soll gestattet sein. **19**

Für den Zeitraum nach der Abnahme können weitere Leistungen vereinbart werden; der Systemvertrag regelt also nicht nur die Bedingungen für die Beschaffungs-, sondern auch für die Betriebsphase. Vorgesehen ist der sog. „Systemservice" mit der Aufrechterhaltung und/oder Wiederherstellung der Betriebsbereitschaft, die Weiterentwicklung und Anpassung des Gesamtsystems oder weitergehende Leistungen, die im Einzelnen vom Auftraggeber aufgeführt werden können. Wenn man berücksichtigt, dass ca. fünf Jahre laufender Betrieb eines „Gesamtsystems" im Durchschnitt für den Auftragnehmer ebenso viel Vergütung zeitigen wie die Projektphase selbst, diese beiden Bereiche also im Hinblick auf die an den Auftragnehmer zu zahlende Vergütung etwa wirtschaftlich gleichwertig sind, dann ist zu konzedieren, dass in dem Systemvertrag die Regelungsdichte zwar für das Projekt sehr hoch ist, nicht aber für den Betrieb. Man geht offensichtlich davon aus, dass für eine deutlich ausführlichere Regelung auf die für die Betriebsphase zur Verfügung stehenden gesonderten EVB-IT-Muster zurückgegriffen wird. Die Praxis tut das jedoch gerade vielfach nicht, sondern versucht, auch die unter dem Systemvertrag anstehende Betriebsphase mithilfe allein des Systemvertrages zu regeln. Das bedingt i.d.R. ausführlichere besondere Vereinbarungen (Nr. 17.8 Systemvertrag). **20**

1.2 Ausgewählte Vertragsinhalte

Ziff. 12 EVB-IT-System trifft Regelungen zur Abnahme des Vertragsgegenstandes. **21**

Das Gesamtsystem hat grds. – soweit nicht anders vereinbart – insgesamt das **Abnahmeprozedere** zu durchlaufen. Zu dem der Abnahme unterliegenden Gesamtsystem gehören auch die vonseiten des Auftraggebers erfolgten Beistellungen, sofern diese mit den Leistungen des Auftragnehmers zu integrieren waren; vgl. Ziff. 2.4 Abs. 1 und 2 EVB-IT System-AGB. Der Auftragnehmer hat in einem ersten Schritt (i.d.R. nach seinen abschließenden internen Tests) die **Betriebsbereitschaft** des Gesamtsystems zu erklären und das Gesamtsystem sodann dem Auftraggeber zur **Funktionsprüfung** zur Verfügung zu stellen. Dieser kann – soweit in dem Vertrag nichts Anderweitiges festgeschrieben ist – das Gesamtsystem innerhalb einer Funktionsprüfzeit von 30 Tagen nach Zugang der Betriebsbereitschaftserklärung einer Funktionsprüfung unterziehen. Diese Funktionsprüfung erfolgt in der vertraglich vereinbarten Systemumgebung beim Auftraggeber. Bei **betriebsverhindernden** oder **betriebsbehindernden** Mängeln kann der Auftraggeber die Funktionsprüfung abbrechen und dem Auftragnehmer eine angemessene Frist zur Mängelbeseitigung setzen. Dabei ist zu beachten, dass ein betriebsbehindernder Mangel nach Ziff. 3.2 EVB-IT-System auch dann vorliegt, wenn viele leichte Mängel vorliegen und dies „die Befürchtung rechtfertigt, dass die Nut- **22** zungseinschränkung des Gesamtsystems nicht unerheblich ist“. Bei Fehlschlagen der Abnahme hat eine erneute, vorbehaltlich abweichender Vereinbarungen lediglich 14-tätige Funktionsprüfzeit nach der Mängelbeseitigung stattzufinden. Dies gilt auch, wenn die Funktionsprüfung trotz der vermeintlich betriebsverhindenden Mängel oder betriebsbehindernder Mängel vollständig durchgeführt wird, vgl. Ziff. 12.7 EVB-IT-System. Das wird man nur so verstehen können, dass die vereinbarten Testverfahren weiter durchgeführt werden und Testfälle abgearbeitet werden, auch wenn es zwischenzeitlich einen betriebsverhindernden Mangel gegeben hat. Lediglich dann, wenn der Mangel so schwerwiegend ist, dass das ganze System steht und nicht mehr in Gang gebracht werden kann, wird eine Weiterführung der Funktionsprüfung obsolet (bzw. gescheitert i.S.d. EVB-IT-System) sein. Dass im Falle einer gescheiterten Funktionsprüfung nicht nochmals eine gleiche Funktionsprüfung mit der gleichen Prüfzeit zu durchlaufen ist, wie es die vorige Fassung der EVB-IT-System bisher vorsah, sondern die Regelfrist nun kürzer ist, sollte aus Sicht des Auftraggebers zu einer Vereinbarung über die Erstreckung der Frist auf 30 Tage führen, weil dieselben Tests noch einmal wiederholt werden sollten und eine nur „halbe“ Prüfung i.d.R. untunlich ist. Denn werkvertraglich wird außerhalb des IT-Bereichs und vorbehaltlich einer besonderen Vereinbarung eine Abnahmeprüfung, die gescheitert ist, vollständig erneut vorgenommen. Im IT-Bereich ist dies auch besonders naheliegend, weil es immer wieder passiert, dass bei der Beseitigung von Mängeln andere Mängel in das System hineinprogrammiert werden, die unentdeckt blieben, würde man innerhalb einer stark verkürzten Frist nur den konkret behobenen Mangel prüfen.

23 Für Sach- und Rechtsmängelansprüche sieht Ziff. 13.3 EVB-IT-System grds. eine **Verjährungsfrist** von 24 Monaten, für **Rechtsmängelansprüche** an Individualsoftware von 36 Monaten ab Abnahme vor. Das Vertragsmuster eröffnet jedoch die Möglichkeit, unter Nr. 14.1 längere Verjährungsfristen festzuschreiben. Erfahrungsgemäß wird der Auftraggeber diese Möglichkeit nutzen und so in den Verdingungsunterlagen längere Fristen vorgeben..

24 Unter Ziff. 15 EVB-IT-System ist eine **Haftungsbeschränkung** vorgesehen. Diese differenziert, durchaus üblich, danach, welcher Grad des **Verschuldens** dem Auftragnehmer angelastet wird. Bei fahrlässigen Pflichtverletzungen unterhalb der Ebene der groben Fahrlässigkeit ist die Haftung nach Ziff. 15.1 EVB-IT-System grds. auf den Auftragswert beschränkt. Davon abweichend liegen höhere Betragsgrenzen vor, wenn der Auftragswert unterhalb von bestimmten Wertgrenzen liegt. Das Vertragsmuster eröffnet dem Auftraggeber jedoch in Nr. 15.1 des Formulars die Möglichkeit, diese Haftung erheblich zu variieren. So kann z.B. die o.a. Haftungsobergrenze pro Schadenfall vereinbart werden statt unter dem Gesamtvertrag, was mit einem Federstrich zur Vervielfachung der Haftung führt. Ferner besteht für den Auftraggeber die Möglichkeit, die Haftung des Auftragnehmers entgegen dem Ausschluss in Ziff. 15.5 EBV-IT-System auch auf den entgangenen Gewinn auszuweiten. Das Haftungsrisiko beim EVB-IT-Systemvertrag ist damit erheblich. Durch den Bezug auf die bestehende Hardware und eventuelle Änderungen an dem Datenbestand des Auftraggebers sind erhebliche Schäden denkbar.

2. Erstellung von Individualsoftware

Mit redaktionellem Stand vom 8.7.2013 wurde das Muster EVB-IT Erstellungsvertrag verabschiedet. Hierbei handelt es sich um einen Vertragstyp, mit dem der Leistungsgegenstand der Erstellung von Individualsoftware bzw. der durchgreifenden Anpassung (Quellcodeebene) oder Customizing (außerhalb der Quellcodeebene) von Standardsoftware, jeweils einschließlich Dokumentation, sowie (wenn vereinbart) die nach der Inbetriebnahme des Arbeitsergebnisses beginnende Pflege und/oder Weiterentwicklung und Anpassung erfasst werden soll. **25**

Vorlage für diesen EVB-IT Erstellungsvertrag war der EVB-IT-Systemvertrag; auch hier liegt demnach ein Werkvertrag vor. Es ist zwar etwas verkürzt anzunehmen, es handele sich bei dem EVB-IT-Erstellungsvertrag lediglich um einen um Hardwarebestandteile bereinigten EVB-IT-Systemvertrag, aber in erster Näherung beschreibt es den Anwendungsbereich ganz gut. Die Unterschiede im Leistungsspektrum sind jedoch nicht unerheblich, z.B.: **26**

- Gegenstand des Vertrages kann auch eine von dem Auftraggeber beigestellte Software sein, so dass auch die reinen Modifizierungsarbeiten Leistungsgegenstand sein können.
- Eine lediglich zeitweise Zurverfügungstellung von Software ist in dem Vertragsmuster nicht angelegt.
- Die Übernahme von Daten als zu einem „System“ gehörende Leistung ist jedenfalls keine nach dem Muster standardmäßig vorgesehene Leistung.

Viele Regelungen der EVB-IT-System-AGB bzw. des EVB-IT-Systemvertrages finden sich jedoch bei dem Vertragswerk zur Erstellung wieder. **27**

3. Systemlieferungsvertrag

Im Februar 2010 wurde das Vertragsmuster (nebst Bedingungen) zur sog. Systemlieferung verabschiedet. Gegenstand des EVB-IT-Systemlieferungsvertrages ist eine Kombination der Lieferungen/Leistungen Hardwarekauf, Überlassung von Standardsoftware gegen Einmalvergütung, Übernahme von Altdaten und sonstige Migrationsleistungen, Herbeiführung der Betriebsbereitschaft sowie Schulungen (dies für die Beschaffungsphase) und „Systemservice“ (Aufrechterhaltung und/oder Wiederherstellung der Betriebsbereitschaft (dies für die Betriebsphase). **28**

Es handelt sich, in Abgrenzung zum EVB-IT-Systemvertrag (Werkvertrag), rechtlich um einen Kaufvertrag. Dementsprechend steht nicht die „Erstellung“ eines Gesamtsystems im Vordergrund, dessen Vertragsgemäßheit im Rahmen einer Abnahme geprüft wird, sondern die „Lieferung“ eines solchen, wobei die Leistung mit Ablieferung erfüllt ist.[8] Auch im Rahmen der Ablieferung erfolgt jedoch eine „Herbeiführung und Demonstration der Betriebsbereitschaft“ (Ziff. 11.1 EVB-IT-Systemlieferung), wobei die Demonstration (mindestens) die „Vorführung der Ablauffähigkeit des Systems“ umfasst. Beim Systemlieferungsvertrag wird zwischen (betriebsverhindernden oder –behindernden) Mängeln unterschieden, die die Zurückweisung der Ablieferung rechtfertigen (Ziff. 11.4 i.V.m. Ziff. 3. EVB-IT-Systemlieferung) und solchen, die dies nicht rechtfertigen (leichte Mängel nach Ziff. 3.1.3 EVB-IT-Systemlieferung). **29**

8 Zur Abgrenzung von Werkvertrag und Kaufvertrag bei der Softwareerstellung vgl. 21. Kap. Rn. 227 ff.

30 Vertragsmuster und Geschäftsbedingungen sehen eine Anpassung der Standardsoftware auf Quellcodeebene an die Bedürfnisse des Kunden dem Wortlaut nach nicht vor; insoweit wären die EVB-IT-System zu wählen (zu deren sachlichem Anwendungsbereich s.o. Rn. 14 ff.). Dieser jedoch soll nur dann einschlägig sein, wenn die Anpassungsleistungen bei Standardsoftware ein gewisses Minimum überschreiten bzw. für den Gesamterfolg eine erhebliche Bedeutung haben. Im Übrigen wird man die EVB-IT Systemlieferung zu wählen haben (s. auch die Auswahltabelle in Rn. 5).

31 Indem der nach der Ablieferung zu erbringende „Systemservice" als weitere Leistung ausgewiesen ist, kann der EVB-IT-Systemlieferungsvertrag im Grundsatz auch für die Betriebsphase eingesetzt werden, d.h. für die Wartung der Hardware und die Pflege der Standardsoftware.

4. Kauf von Hardware

32 Die EVB-IT-Kauf beinhalten Vertragsbedingungen für den Kauf von Hardware. Die Vertragsmuster sehen neben dem reinen Kauf von Hardware noch die zeitlich unbefristete Überlassung von Standardsoftware gegen Einmalvergütung sowie das Aufstellen der Hardware und die Installation von Standardsoftware als Option vor. Wird auch Standardsoftware installiert, sieht das Vertragsmuster die Einbeziehung der EVB-IT-Überlassung Typ A vor (Nr. 2.1). Das Vertragsmuster liegt sowohl in der Langfassung als auch in einer Kurzfassung vor und ist entsprechend den Anforderungen des Auftraggebers zu ergänzen. Die EVB-IT-Kauf enthalten keine werkvertraglichen Elemente wie z.B. Anpassungsleistungen oder die Herbeiführung der Funktionsbereitschaft. Bei einem „Gesamtsystem" bzw. bei Leistungen, die nennenswert über den reinen Hardwarekauf einschließlich Aufstellung hinausgehen, insbesondere, wenn gleichzeitig Anwendungssoftware geliefert wird, sollte der Auftraggeber daher, je nach Tatsachenlage im Einzelnen, auf den EVB-IT-Systemvertrag oder den EVB-IT-Systemlieferungsvertrag zurückgreifen.

5. Dienstleistung im IT-Bereich

33 Die **EVB-IT-Dienstleistungen** finden Anwendung bei Verträgen über Dienstleistungen, d.h. bei Dienstverträgen. Dienstvertragliche Leistungen sind z.B. (vgl. Nr. 3.1 des Musters) Beratung, Projektleitungsunterstützung, Schulung, Einführungsunterstützung, Betreiberleistungen, Benutzerunterstützungsleistungen, Providerleistungen ohne Inhaltsverantwortlichkeit. Eine Vorläufervereinbarung in den BVB gab es nicht. Werkvertragliche Leistungen sind nicht Gegenstand dieses Vertragsmusters, so dass der Auftraggeber allein die Projekt- und Erfolgsverantwortung trägt.

34 Im Rahmen des Vertragsmusters Dienstleistung ist im Einzelnen festzulegen, welche Dienstleistungen der Auftragnehmer/Bieter zu erbringen hat. Da das Vertragsmuster allgemein gehalten ist, sollte der Auftraggeber im eigenen Interesse die Leistungspflichten sowie Rahmendaten und dergleichen möglichst detailliert einfügen, um das Vertragssoll zu definieren. Die Vergütung kann entweder nach Aufwand oder als Festpreis vorgesehen werden. Bereits im Rahmen der Ausschreibung hat der Auftraggeber im Vorhinein festzulegen, ob er eine pauschale Vergütung oder eine Vergütung im Stundenaufwand mit Nachweis vereinbaren möchte. Es muss sichergestellt sein, dass die Bieter einheitlich eine Pauschale oder eine Abrechnung auf Stundenbasis anbie-

ten. Wenn der eine Bieter eine Pauschale anbietet und der andere Bieter einen Stundenaufwand, können diese Angebote nicht miteinander verglichen werden.[9]

6. Überlassung von Standardsoftware, Typ A und Typ B

Mit dem Typus **EVB-IT-Überlassung Typ A** liegt ein Vertragsmuster für die **zeitlich** 35
unbefristete Überlassung von **Standardsoftware** gegen Einmalvergütung vor. Der Typ A unterscheidet sich von **EVB-IT-Überlassung Typ B** dadurch, dass bei Typ B eine **zeitlich befristete** Überlassung von Standardsoftware ausgeschrieben und nachfolgend geschuldet ist. Juristisch bewertet handelt es sich bei dem Typ B um eine mietähnliche Überlassung der Software im Gegensatz zu dem kaufähnlichen Charakter des Vertragstypus A.

Der Vertragstyp A enthält im Gegensatz zu dem früheren Vertragsmuster BVB-Über- 36
lassung Typ II keine werkvertraglichen Elemente wie z.B. das Herbeiführen der Funktionsbereitschaft, Leistungsprüfungen oder Abnahmen. Will der Auftraggeber über die bloße Überlassung der Standardsoftware hinausgehende Leistungen für den Zeitraum nach Inbetriebnahme beauftragen, ist parallel das EVB-IT-Vertragsmuster S Pflege von Standardsoftware zusätzlich zu verwenden. Je nach Fallgestaltung kommt dann eher eine Nutzung der EVB-IT-Systemlieferung in Betracht, jedenfalls dann, wenn zeitlich auch Hardware geliefert wird.

Im Rahmen des Vertragsmusters stehen die **Mangelhaftungsansprüche** unter der Prä- 37
misse, dass ein Mangel in der Software reproduzierbar und feststellbar vorliegt. Nicht reproduzierbare Fehler sind nicht als Mangel der Sache anzusehen. Dies ist aus der Sicht der Auftraggeber problematisch und man darf sich die ernstliche Frage stellen, ob eine derartige Regelung AGB-rechtlich wirksam ist. Vom Auftraggeber kann nicht mehr verlangt werden als dass dieser den aufgetretenen Mangel einschließlich der ihn begleitenden Umstände so genau beschreibt wie möglich, evtl. Screenshots anfertigt usw. Dass der Mangel reproduzierbar sein muss, um als Mangel anerkannt zu werden, ist jedoch überzogen. Die **Mangelhaftungsfrist** für die Software ist standardmäßig auf zwölf Monate festgeschrieben, kann aber individuell verlängert werden, was sinnvoll ist, so lange die Verlängerung angemessen ist und jedenfalls 24 Monate nicht nennenswert überschreitet. AGB-rechtlich dürfte eine einseitige, sehr erhebliche Verlängerung, die eine Behörde standardmäßig „individuell" vornimmt, wiederum bedenklich sein. Spalte 3.1 GEWF in der Langfassung und Pkt. 1. Spalte GEWF in der Kurzfassung des Vertragsmusters sehen hierfür Eintragungen des öffentlichen Auftraggebers vor.

7. Instandhaltung von Hardware

Ein weiterer von den EVB-IT-Vertragsmustern abgedeckter Bereich ist die **Instand-** 38
haltung von Hardware als isolierte Leistung. Hierzu sehen die Vertragsmuster den Vertragstypus **EVB-IT-Instandhaltung** vor, der die BVB-Wartung ablöste. Die Vergütung kann als pauschale Vergütung oder als Vergütung nach Arbeitsaufwand erfolgen. Ebenso denkbar ist eine Kombination beider Vergütungsvarianten für einzelne Teilaspekte der Vertragsleistung. Im Rahmen der Instandhaltung sind **Reaktionszeiten** von dem Auftragnehmer zur Störungsbeseitigung vorgesehen. Standardmäßig ist eine Zeit von 20 Stunden vorgegeben, die – je nach Art der Hardware oder je nach Bedeutung der Komponente – verkürzt werden kann.

9 *Leitzen* IV. 1., S. 3.

8. Pflege von Software

39 Die **EVB-IT-Pflege S** sind für Pflegeleistungen bei Standardsoftware vorgesehen. Bei vereinbarten Basispflegeleistungen nach Nr. 3.1.1 des Vertragsmusters ist der Auftragnehmer verpflichtet, verfügbare Patches und Updates bereit zu stellen und zu installieren. Neben dieser Leistung können umfangreiche Pflegeleistungen vereinbart werden, die auf verschiedene Arten vom Auftragnehmer auszuführen sind. Die Vergütung kann für diese Pflegeleistung entweder als monatliche oder einmalige Pauschale oder nach Aufwand vereinbart werden. Der **Pflegevertrag** S ist als separater Vertrag relativ selten, er wurde zumeist kombiniert mit dem Kauf von Hardware, Typ A, oder den Überlassungsverträgen von Software. Insoweit wird man nach Inkrafttreten des Musters EVB-IT-Systemlieferung bei einer Kombination dieser Leistungen wohl eher zu diesem Muster greifen.

9. Störungsbeseitigung, Aufrechterhaltung der Betriebsbereitschaft, Überlassung neuer Programmstände, Modifikationen des IT-Systems

40 Der EVB-IT-Service sowie die die EVB-IT Service AGB sind mit Wirkung zum 28.3.2014 verabschiedet worden. Gegenstand dieses Vertrages sind die Wiederherstellung der Betriebsbereitschaft, die Aufrechterhaltung der Betriebsbereitschaft, die Modifikation bzw. Erweiterung des Systems sowie weitere Serviceleistungen nach Vereinbarung. Wesentlich ist, dass gem. Ziff. 1.3 der AGB die Serviceleistungen in der Regel als Werkleistung erbracht werden, was bedeutet, dass der Auftragnehmer die Erfolgsverantwortung für die vereinbarten Leistungen trägt. Grundidee der Regelung ist, dass der Auftragnehmer die Verantwortung für die Betriebsbereitschaft des IT-Systems übernehmen soll. Gem. der Nutzerhinweise soll mit den unter diesem Vertrag vereinbarten Leistungen stets die Übernahme der Verantwortung dafür verbunden sein, dass das System nach dem Eingriff wieder vereinbarungsgemäß funktioniert. Dies ist die für den Werkvertrag wesentliche Erfolgsverantwortung des Auftragnehmers. Der Servicevertrag löst insoweit die bis zu seinem Inkrafttreten geltende BVB-Pflege ab.

10. Miete von Hardware (BVB-Miete), Planung von Individualsoftware (BVB-Planung)

41 Diese beiden Muster sind 1972 (BVB-Miete) und 1988 (BVB-Planung) entstanden. Sie wurden 2002 mit einem „Vertragsdeckblatt" versehen, um sie – im Übrigen unverändert – der Schuldrechtsreform anzupassen. Nach den Ankündigungen der CIO Bund sollen die beiden letztgenannten in überschaubarer Zeit durch die EVB-IT-Systemservice bzw. Planung weitgehend abgelöst werden. Die isolierte Verwendung dieser noch vorhandenen BVB wird immer unwahrscheinlicher, weil die Lebenssachverhalte, in denen sie verwendet werden sollen, immer stärker mit anderen Lebenssachverhalten verwoben sind, die eine Verwendung der EVB-IT-System oder -Systemlieferung nahelegen. Allerdings ist zu beachten, dass eine Leistung wie z.B. die vor der Erstellung von Code steht, z.B. die Erstellung von fachlichen Grob- und Feinkonzepten für Computerprogramme, auch von den EVB-IT-System und Systemlieferung nicht abgedeckt wird.

42 Gegenstand der **BVB-Miete,** der ältesten BVB, ist die Miete von EDV-Anlagen und Geräten, einschließlich der Überlassung der „Grundsoftware", die Wartung der gemieteten Hardware und andere vereinbarte Leistungen. Der Begriff der „Grund-

software“ ist IT-technisch nicht gebräuchlich, er wird in aller Regel näherungsweise übersetzt werden können mit Betriebssystem, betriebssystemnahen Anwendungen und Gerätetreibern. Es geht jedenfalls nicht um Anwendungssoftware im fachlichen Sinne. Die Hardware mit Grundsoftware ist zum Betrieb bereit zu stellen und wird dann vom Auftraggeber, nach erfolgreicher Funktionsprüfung, abgenommen (§ 8 BVB-Miete). Zudem sind nach §§ 13, 14 BVB-Miete Leistungen in den Bereichen Einsatzvorbereitung und Personalschulung zu erbringen. Im Betrieb auftretende Mängel an Hard- und Grundsoftware sind unverzüglich zu beseitigen, ggf. ist eine Ausweichanlage bereit zu stellen. Die Nichterbringung vertragsgemäßer Leistungen ist mit Vertragsstrafen bewehrt. Einigen Raum nehmen – bei einem Dauerschuldverhältnis nachvollziehbar – die Regelungen zur Preisanpassung und zur Veränderung der Anlage während der Mietzeit ein. Soweit die Hardware-Miete nur einen Teil der Leistung darstellt, wird man – abhängig von dem im Übrigen abzubildenden Lebenssachverhalt – die EVB-IT-System verwenden können; auch hier ist jedenfalls die Miete von Hardware ein Bestandteil des Leistungsbildes.

Gegenstand der **BVB-Planung,** der zeitlich letzten BVB vor dem Beginn der Ablö- 43
sung durch die EVB-IT, ist die Planung von DV-gestützten Verfahren. Die BVB-Planung waren früher von den BVB-Erstellung abzugrenzen gewesen, die die Erstellung von Individualsoftware erfassten. Das geschah mithilfe des Anhangs 2 der BVB-Planung, in dem das früher benutzte Phasenkonzept der Softwareerstellung abgebildet ist. Da nach der Vorstellung der CIO Bund mit der Verabschiedung der EVB-IT-System die Erstellung von Individualsoftware diesen zuzuschlagen ist, muss heute bei der Anwendung der BVB-Planung zu den EVB-IT-System abgegrenzt werden. Planungsleistungen i.S.d. BVB-Planung sind jedenfalls die vorbereitenden Arbeiten für ein Software-Grobkonzept, die Erarbeitung desselben und die Erarbeitung eines fachlichen Feinkonzepts. Die Planungsleistungen werden nach § 9 BVB-Planung abgenommen, was nahelegt, dass man von einer werkvertraglichen Gestaltung ausgeht. In der Praxis herrscht hierüber nach wie vor Streit, im Ergebnis wird es auf die konkret im Einzelfall vereinbarten Planungsleistungen ankommen. Die BVB-Planung sollen in überschaubarer Zeit von neuen EVB-IT-Planung abgelöst werden.

11. Handreichung zur sog. „technischen no-spy-Klausel“

Ziff. 2.3 der EVB-IT Überlassung Typ A-AGB sowie Ziff. 1.4 EVB-IT Pflege S-AGB, 44
Ziff. 2.4 EVB-IT Kauf-AGB und Ziff. 1.5 EVB-IT Instandhaltung-AGB enthalten eine Regelung, wonach (verallgemeinernd) Leistungen frei von schadenstiftender Software erbracht werden. Der Auftragnehmer gewährleistet z.B., dass die von ihm gelieferte Standardsoftware frei von Funktionen ist, die die Integrität, Vertraulichkeit und Verfügbarkeit gefährden und den Vertraulichkeit- und Sicherheitsinteressen zuwiderlaufen. Diese Regelungen sollen die Virenfreiheit von Software absichern sowie gewährleisten, dass Software keine unerwünschten Funktionen aufweisen. Zusätzlich findet sich eine Ausstellung dessen, was als unerwünscht gilt; dies ist der Fall, wenn eine Funktion vom Auftraggeber in seiner Leistungbeschreibung weder gefordert, noch unter konkreter Beschreibung der Aktivität und ihrer Funktionsweise angeboten und vom Auftraggeber bezuschlagt, noch im Einzelfall vom Auftraggeber ausdrücklich autorisiert wurde.

6. Teil Urheberrecht und benachbarte Rechtsgebiete

26. Kapitel
Urheberrecht und Leistungsschutzrechte

A. Vororientierung

I. Geschichtliche Entwicklung des Urheberrechts

Literatur: *Beier/Kraft/Schricker/Wadle* Gewerblicher Rechtsschutz und Urheberrecht in Deutschland, FS zum hundertjährigen Bestehen der Deutschen Vereinigung für gewerblichen Rechtsschutz und Urheberrecht, 1991; *Boytha* Whose right is copyright?, GRURInt 1983, 379; *Dittrich* Woher kommt das Urheberrecht und wohin geht es?, 1988; *Dreier/Schulze* Urheberrechtsgesetz, Urheberrechtswahrnehmungsgesetz, Kunsturhebergesetz, 5. Aufl. 2015; *Eggert* Der Rechtsschutz der Urheber in der römischen Antike, UFITA 138 (1999), 183; *Gaillard* Das Neunte Gesetz zur Änderung des Urheberrechtsgesetzes – Überblick und Analyse, GRUR 2013, 1099; *Gieseke* Vom Privileg zum Urheberrecht, 1995; *Katzenberger* Urheberrecht und Urhebervertragsrecht in der deutschen Einigung, GRURInt 1993, 2; *Leistner/Dreier* Urheberrecht im Internet: die Forschungsherausforderung, GRUR 2013, 881; *Loewenheim* Handbuch des Urheberrechts, 2. Aufl. 2010, § 1 Rn. 5, § 2; *Schickert* Der Schutz der literarischen Urheberschaft im Rom der klassischen Antike, 2005; *Schricker* Urheberrecht, 4. Aufl. 2010, Einl. Rn. 50; *Seifert* Über Bücher, Verleger und Autoren – Episoden aus der Geschichte des Urheberrechts, NJW 1992, 1270; *Tattay* Entwicklungsgeschichte der Rechte des geistigen Eigentums in der Europäischen Union, GRURInt 2013, 1012; *Vogel* Urheberpersönlichkeitsrecht und Verlagsrecht im letzten Drittel des 19. Jahrhunderts, GRUR 1994, 587; *ders.* Die Geschichte des Urheberrechts im Kaiserreich, GRUR 1987, 873.

Wenngleich die Antike noch kein Urheberrecht kannte, so entstammt ihr gleichwohl 1
ein für das spätere Urheberrecht maßgeblicher und auch heute noch im Mittelpunkt der Diskussion stehender Begriff, nämlich der Begriff des **„Plagiats“**. So leitet sich das Wort „Plagiat“ von dem lateinischen Wort „plagium“ (Menschraub) ab. Diese Bezeichnung für den „Diebstahl geistigen Eigentums“ geht auf den römischen Dichter Martial zurück. Ein Dritter, ein gewisser Fidentus, hatte sich als Verfasser von Geschichten geriert, die tatsächlich von dem Dichter Martial verfasst worden waren. Daraufhin bezeichnete Martial Fidentus als „Plagiarius“, als Menschenräuber, der seine Werke wie eigene Kinder versklaven würde.[1]

Erst mit der Erfindung des Buchdrucks durch Johannes Gutenberg um das Jahr 1440 2
wurde der Regelungsbedarf des Urheberrechts drängender. Die Möglichkeit, schriftliche Werke massenhaft zu produzieren und zu vervielfältigen, warf die Frage auf, wem welche Rechte an diesen Werken zustehen sollten. Das sog. Privilegiensystem, welches erstmals im Jahre 1469 zum Tragen kam, kann als Vorstufe des heutigen Urheberrechts bezeichnet werden. Danach erhielten Drucker und Verleger von ihrem jeweiligen Landesherren das hoheitliche „privilegium“ verliehen, ein Werk in einem bestimmten Gebiet exklusiv zu vertreiben.[2]

1 *Schricker/Vogel* Einl. Rn. 50.
2 *Loewenheim/Vogel* § 2 Rn. 2 f.; *Schricker/Vogel* Einl. Rn. 52 ff.

3 Bis zur Entwicklung des sog. Autorenprivilegs zu Beginn der Renaissance konnte der Kunstschaffende für seine Werke keine Vergütung fordern und war auf einen Mäzen angewiesen. Ab diesem Zeitpunkt wurden auch den Autoren Privilegien gewährt, wodurch dem Gedanken einer Honorierung des Urhebers für seine schöpferische Tätigkeit erstmals Rechnung getragen wurde.[3] Albrecht Dürer war der erste deutsche Künstler, der im Jahre 1511 in den Genuss eines Autorenprivilegs kam, das ihm von Maximilian I. verliehen wurde. Bis heute ist die **Beteiligung des Urhebers an der wirtschaftlichen Verwertung** seines Werkes von zentraler Bedeutung im modernen Urheberrecht.

4 Erste urheberrechtliche Regelungen des Mittelalters entstanden in Italien und England im 15. und 16. Jahrhundert. Während der französischen Revolution 1789 wurden in Frankreich zwei Gesetze zum Urheberrecht erlassen. Die Regelungen des Allgemeinen Preußischen Landrechts von 1794 enthielten dagegen keine umfassenden Regelungen zum Schutz des Urhebers und seines Werkes, sondern lediglich Regelungen zum Verlagsrecht. In Deutschland wurde das Urheberrecht erstmals 1837 in dem „Gesetz zum Schutze des Eigenthums an Werken der Wissenschaft und Kunst in Nachdruck und Nachbildung" kodifiziert.[4]

5 Am 1.1.1966 trat dann das „Gesetz über Urheberrecht und verwandte Schutzrechte" (Urheberrechtsgesetz) in Kraft. Die Vorschriften des (west-)deutschen Urheberrechtsgesetzes wurden durch den Einigungsvertrag aus dem Jahr 1990 auf das Gebiet der ehemaligen DDR erstreckt. Das ehemalige Recht der DDR trat außer Kraft. Um zu verhindern, dass über viele Jahre hinweg zwei unterschiedliche Urheberrechtsordnungen bestehen, regelt § 1 Abs. 1 der besonderen Bestimmungen des Einigungsvertrags zum Urheberrecht, dass die Vorschriften des bundesdeutschen Urheberrechts auch auf solche Werke anzuwenden sind, die vor dem Wirksamwerden des Beitritts geschaffen wurden.

6 Das Urheberrechtsgesetz musste auf Grund der fortwährenden Entwicklung neuer Technologien in den Medien ständig fortentwickelt werden und ist daher laut Angaben des Bundesministeriums der Justiz eines der meist veränderten Gesetze Deutschlands. Nur wenn es mit den neuen technischen Nutzungsmöglichkeiten Schritt hält, kann das Urheberrecht effektiven Schutz und praxistaugliche Regelungen gewährleisten. Um den Herausforderungen der digitalen Medien Rechnung zu tragen, wurde das Urheberrechtsgesetz im September 2003 durch das „Gesetz zur Regelung des Urheberrechts in der Informationsgesellschaft" nochmals umfassend geändert und den zwingenden Maßgaben der EU-Richtlinie 2001/29/EG angepasst. Wesentlicher Inhalt dieses sog. „ersten Korbes" war die Anpassung der Verwertungsrechte an die Nutzung von Werken in digitaler Form. So wurden erstmals Vorschriften zum Schutz technischer Maßnahmen für urheberrechtlich geschützte Werke eingeführt und die Umgehung von Kopierschutz verboten, §§ 95a ff. UrhG.

7 Auch die Umsetzung des „zweiten Korbes" der Urheberrechtsnovelle ist abgeschlossen. Das Gesetz ist seit 1.1.2008 in Kraft (BGBl I 2007, 2053). Der Entwurf eines „Zweiten Gesetzes zur Regelung des Urheberrechts in der Informationsgesellschaft" der Bundesregierung wurde am 5.7.2007 vom Deutschen Bundestag angenommen. Am 21.9.2007 passierte das Gesetz sodann den Bundesrat. Die Vertreter der Länder folgten den Empfehlungen der Ausschüsse und riefen nicht den Vermittlungsausschuss an.

---

3 *Schricker/Vogel* Einl. Rn. 55 ff.

4 *Schricker* Einl. Rn. 12 ff.; *Vogel* GRUR 1987, 875.

Der zweite Korb enthält unter anderem Regelungen, die nach der vorgenannten EU-Richtlinie nicht zwingend waren.[5] Da die EU-Richtlinie eine Umsetzungsfrist für die zwingenden Regelungen vorgesehen hatte, stand der deutsche Gesetzgeber unter einem gewissen Zeitdruck und verabschiedete zunächst den ersten Korb, der die zwingenden Regelungen der EU-Richtlinie umsetzte. Neben den zwingend vorgeschriebenen Regelungen bedurften die nationalen Urheberrechtsvorschriften nach den Vorstellungen der EU-Richtlinie jedoch weiterer Neuerungen, deren Inhalt und Umsetzung die Mitgliedstaaten selbst regeln konnten. Da diese Neuerungen sich als strittig und vorbereitungsintensiv darstellten, wurden sie dem zweiten Korb vorbehalten. So blieb ausreichend Zeit, den zweiten Teil der Novelle in Arbeitsgruppen mit den Vertretern der Länder, Wissenschaftlern und Praktikern als auch mit den betroffenen Verbänden im Rahmen eines kooperativen Gesetzgebungsverfahrens zu diskutieren und zu entwerfen. Ziel des kooperativen Gesetzgebungsverfahrens war es, einen möglichst gerechten Ausgleich aller beteiligten Interessen zu erreichen. **8**

Wie schon hinsichtlich des ersten Teils der Novelle aus dem Jahre 2003 war auch Sinn und Zweck des zweiten Korbes, das Urheberrechtsgesetz an die Bedürfnisse und Anforderungen der fortschreitenden technischen Entwicklung anzupassen. Vor allem die durch die digitale Nutzung von Werken aufgezeigten Fragestellungen wurden neu geregelt und modernisiert. **9**

Die Novelle sah im Wesentlichen Neuerungen zur **Privatkopie,** zur **elektronischen Werknutzung durch öffentliche Einrichtungen** sowie zu Rechten an unbekannten Nutzungsarten vor.[6] **10**

Folgende Neuerungen zu den oben genannten Themen wurden verabschiedet: **11**

Die **Privatkopie** nicht kopiergeschützter Werke bleibt weiterhin, auch in digitaler Form, zulässig. Das Verbot der Kopie einer offensichtlich rechtswidrig hergestellten Vorlage wird nunmehr ausdrücklich auch auf unrechtmäßig zum Download angebotene („öffentlich zugänglich gemachte") Vorlagen ausgedehnt. Ziel dieser Regelung ist u.a., illegale Tauschbörsen klarer zu erfassen und so zu verhindern. Es blieb im Übrigen auch bei dem Verbot, Maßnahmen zum Kopierschutz zu umgehen, vgl. § 95a UrhG. Denn der Einzelne besitzt kein Recht auf Privatkopie zu Lasten des Rechtsinhabers. Dieser darf sein geistiges Eigentum durch derartige technische Maßnahmen schützen. **12**

Da der Urheber oder Nutzungsrechtsinhaber die rechtmäßige Privatkopie dulden muss, erhält er – wie auch nach früherer Gesetzeslage – als Ausgleich eine **pauschale Vergütung** (§§ 54 ff. UrhG), die auf Kopiergeräte und Speichermedien erhoben wird. Die Höhe der pauschalen Vergütung war bisher in einer Anlage zum Urheberrechtsgesetz gesetzlich festgelegt; diese Liste war zuletzt 1985 geändert worden und dementsprechend veraltet. Um eine möglichst zeitnahe Anpassung der pauschalen Vergütung ohne eine aufwendige und zeitintensive Gesetzesänderung zuzulassen, sehen die Neuregelungen vor, dass die Verwertungsgesellschaften und die Verbände der Geräte- und Speichermedienhersteller selbst Vereinbarungen über die pauschale Vergütungs- **13**

5 Vgl. dazu unten Rn. 10 ff. sowie 28. Kap. Rn. 21 ff.
6 Vgl. dazu auch 28. Kap. Rn. 21 ff.

höhe miteinander treffen, § 13a UrhWG (nunmehr § 40 VGG)[7]. Das Gesetz gibt den Beteiligten lediglich einen verbindlichen Rahmen für die Vergütungshöhe vor; diese richtet sich gem. § 54a bzw. § 54c Abs. 2 UrhG nach dem Ausmaß, in dem die Geräte und Speichermedien typischerweise zur Vervielfältigung genutzt werden.

14 Weitere Neuregelungen (§§ 52b, 53a UrhG) erlauben es **öffentlichen Bibliotheken, Museen und Archiven,** die bei ihnen vorhandenen Werke auf Bestellung unter anderem per Email zu versenden und an **elektronischen Leseplätzen** der Öffentlichkeit zugänglich zu machen. Schrankenlos werden diese Rechte gleichwohl nicht gewährt. Im Interesse der Verlage dürfen beispielsweise Kopien der Werke dann nicht per E-Mail versandt werden, wenn der Verlag offensichtlich ein eigenes Online-Angebot zu angemessenen Konditionen bereithält. Auch ist die Anzahl der Vervielfältigungen eines Werkes, die an elektronischen Leseplätzen gezeigt werden, grundsätzlich auf die Anzahl der in der Einrichtung befindlichen Exemplare beschränkt, § 52b UrhG.

15 Nicht zuletzt enthält der zweite Korb der Novelle eine für das Urhebervertragsrecht höchst interessante Neuerung: Anders als nach der früheren Rechtslage ist es nun gem. § 31a UrhG möglich, Rechte an zum Zeitpunkt des Vertragsschlusses noch **unbekannten Nutzungsarten** zu übertragen. Sinn der Neuregelung ist wiederum die Anpassung an das rasante Tempo, in dem neue Nutzungsarten entwickelt werden. Der neue § 31a UrhG soll eine möglichst zeitnahe und umfassende Ausübung der neuen Nutzungsarten möglich machen.[8]

16 Auch nach Umsetzung des „Zweiten Korbes“ durch das Zweite Gesetz zur Regelung des Urheberrechts in der Informationsgesellschaft bestand jedoch weiterer Änderungs- und Anpassungsbedarf. Insofern prüfte das Bundesjustizministerium seit 2009 Vorschläge und Stellungnahmen zu einer Gesetzänderung im Rahmen eines „Dritten Korbes“.

17 Der ursprünglich geplante „Dritte Korb“ sollte nach den durch das Bundesministerium für Justiz zur Diskussion und Prüfung gestellten Inhalten eine umfassende Anpassung des Urheberrechts enthalten und insbesondere folgende Themen regeln:

- Begrenzung der Privatkopie auf Kopien nur vom Original und des Verbots der Herstellung einer Kopie durch Dritte (§ 53 UrhG),
- gesetzliches Verbot sog. intelligenter Aufnahmesoftware, mit der gezielt Inhalte automatisiert aus dem Web-Angebot herausgefiltert und aufgenommen werden können (§ 53 UrhG),
- Zweitverwertungsrecht für Urheber von wissenschaftlichen Beiträgen, die überwiegend im Rahmen einer mit öffentlichen Mitteln finanzierten Lehr- und Forschungstätigkeit entstanden sind (§ 38 UrhG),
- Überprüfung der bestehenden Regelungen der Kabelweitersendung (§ 20b UrhG),
- Prüfung einer Regelung des Handels mit gebrauchter Software,
- Prüfung hinsichtlich einer Widerrufsmöglichkeit von Filmurhebern bei unbekannten Nutzungsarten,
- wie kann den Besonderheiten von Open Access- und Open Source-Verwertungsmodellen Rechnung getragen werden?,

---

7 Seit dem 1.6.2016 gilt ein neues Verwertungsgesellschaftengesetz (WG) (Verwertungsgesellschaftengesetz vom 24.5.2016, BGBl. I S. 1130, zuletzt geändert durch BGBl. I S. 2541 vom 17.7.2017). Das Gesetz setzt die EU-Richtlinie RL 2014/26/EU v. 26.2.2014 aus und ersetzt das bisherige UrhWG.

8 Dazu unter Rn. 226 ff. mehr.

- Überarbeitung der Regelung zur Wiedergabe von Werken an elektronischen Leseplätzen in öffentlichen Bibliotheken, Museen und Archiven (§ 52b UrhG),
- keine Begrenzung des elektronischen Kopienversands durch Bibliotheken,
- Auswirkungen der neu eingeführten Bereichsausnahme für Schulbücher bei der Schrankenregelung des § 53 Abs. 3 UrhG,
- § 59 UrhG – Vergütungspflicht für die Abbildung von Werken im öffentlichen Raum,
- Veröffentlichung von Gegenseitigkeitsverträgen der Verwertungsgesellschaften,
- § 52 UrhG Öffentliche Wiedergabe – Revision des Wortlauts,
- Hinterlegungspflicht von gesetzlichen Vergütungsansprüchen,
- Regelung des Umgangs mit „verwaisten Werken“ („Orphan Works“).

Eine Einigung hinsichtlich eines „Dritten Korbes“ mit den vorstehend aufgezeigten umfassenden Änderungen konnte jedoch in der Folgezeit nicht erzielt werden. Statt des „Dritten Korbes“ wurden lediglich kleinere Änderungen in das Urheberrecht eingeführt. Insbesondere das Gesetz zur Einführung eines Presseverlegerleistungsschutzes, das Gesetz gegen unseriöse Geschäftspraktiken zur Deckelung von überhöhten Abmahnkosten sowie das Gesetz zu verwaisten und vergriffenen Werken und die Etablierung eines Zweitverwertungsrechts für Wissenschaftler ist hier zu nennen. 18

Eine maßgebliche Änderung wurde durch das 8. Gesetz zur Änderung des Urheberrechtsgesetzes (BGBl I S. 1161) mit Wirkung zum 1.8.2013 vorgenommen. Das Gesetz befasst sich mit den Rechten der Presseverlage im Onlinebereich. Insbesondere wurde ein Leistungsschutzrecht für Presseverlage eingeführt, um den Schutz von Presseerzeugnissen im Internet zu verbessern. Den Presseverlagen wurde das ausschließliche Recht eingeräumt, Presseerzeugnisse zu gewerblichen Zwecken im Internet öffentlich zugänglich zu machen (s. §§ 87f ff. UrhG). 19

Die Neuerungen des 9. Gesetzes zur Änderung des Urheberrechtsgesetzes (BGBl I S. 1940) traten am 6.7.2013 in Kraft. Das Gesetz setzt die RL 2011/77/EU v. 27.9.2011 zur Änderung der RL 2006/116/EG über die Schutzdauer des Urheberrechts und bestimmter verwandter Schutzrechte um. Das Gesetz sieht im Wesentlichen die Anpassung der Berechnung der Schutzdauer für Musikkompositionen mit Text nach dem Tod des Längstlebenden sowie eine Verlängerung der Schutzdauer von Rechten ausübender Künstler und Tonträgerhersteller von 50 auf 70 Jahre vor. Zudem wird mit § 79 Abs. 3 UrhG ein Kündigungsrecht für ausübende Künstler eingeführt, das eine Kündigung von Übertragungsverträgen für den Fall vorsieht, dass der Tonträgerhersteller nach 50 Jahren eine weitere Verbreitung unterlässt. Zuletzt werden die Vergütungsansprüche ausübender Künstler in § 79a UrhG neu geregelt. 20

In der letzten Sitzung der Legislaturperiode am 20.9.2013 wurde das Gesetz gegen unseriöse Geschäftspraktiken (BGBl I S. 3714) verabschiedet und trat in wesentlichen Teilen am 9.11.2013 und in den weiteren Teilen am 1.1.2014 in Kraft. Hintergrund des Gesetzes in Bezug auf das Urheberrecht waren missbräuchliche Abmahnungen von Urheberrechtsverstößen mit überhöhten Gebühren. § 97a UrhG wurde neu gefasst und formale Anforderungen an eine Abmahnung sowie eine Begrenzung der Abmahnkosten eingeführt. Für Urheberrechtsverletzungen im privaten Bereich wurde mit § 104a UrhG der fliegende Gerichtsstand eingegrenzt. 21

Neben dem Gesetz gegen unseriöse Geschäftspraktiken wurde auch das Gesetz zur Nutzung verwaister und vergriffener Werke und weiterer Änderungen des Urheber- 22 rechtsgesetz (BGBl I S. 3728) verabschiedet, welches die Vorgaben der EU-Richtlinie 2012/28/EU über bestimmte zulässige Formen der Nutzung verwaister Werke v. 25.10.2012 in das nationale Recht umsetzt. Bestimmten privilegierten öffentlichen Einrichtungen ist es nunmehr möglich, verwaiste (vergriffene) Werke zu digitalisieren und online zu stellen (§ 61 ff. UrhG). § 38 Abs. 4 UrhG führt ein unabdingbares Zweitverwertungsrecht für Autoren von wissenschaftlichen Beiträgen ein, die überwiegend mit öffentlichen Mitteln gefördert wurden. Das Gesetz trat mit Wirkung zum 1.1.2014 in Kraft.

23 Die Kultusministerkonferenz, der Bund und die VG Wort haben sich im September 2016 auf einen Rahmenvertrag zur Vergütung von Ansprüchen nach § 52a UrhG (Hochschulen) geeinigt.[9] Dem ging eine Entscheidung des BGH vom Jahre 2013 voraus.[10] In diesem Urteil wurde eine Obergrenze festgelegt, wieviel von einem geschützten Werk im Bildungsbereich genutzt werden darf. Jede Hochschule kann diesem Rahmenvertrag, mit einer Erklärung an die VG Wort, beitreten. Die Hochschule verpflichtet sich damit, jedes im Unterricht genutzte Werk einzeln zu erfassen und abzurechnen. Der vorherige Pauschalbetrag an die VG Wort fällt somit weg. Die Erfassung der genutzten Werke erfolgt über ein Meldesystem, welches den Hochschulen zur Verfügung gestellt wird. Die Sorgen der Hochschulen bestehen in dem befürchteten hohen Mehraufwand zur Erfassung der Werke. Aus diesem Grund haben sich mehrere Hochschulen dazu entschlossen, diesem Rahmenvertrag nicht beizutreten. Mit dem Gesetz zur Angleichung des Urheberrechts an die aktuellen Erfordernisse der Wissensgesellschaft (UrhWissG) hat sich der Gesetzgeber nun, anders als dies der im Zuge des Urteils des BGH ausgehandelte Rahmenvertrag vorgesehen hatte, gegen eine zwingend vorgeschriebene Einzelabrechnung entschieden (vgl. Rn. 25), womit einer von den Universitäten präferierten Pauschalvergütung der Weg geebnet wäre.

24 Die am 20.3.2014 veröffentlichte EU-Richtlinie „über die kollektive Wahrnehmung von Urheber- und verwandten Schutzrechten und die Vergabe von Mehrgebietslizenzen für Rechte an Musikwerken für die Online-Nutzung im Binnenmarkt“ wurde von Deutschland in ein neues Gesetz, dem Verwertungsgesellschaftengesetz (VGG), umgesetzt.[11] Dieses Gesetz trat am 1.6.2016 in Kraft und hierbei wurde auf den Anpassungsbedarf bei der Pauschalvergütung, die Sicherung der Zahlung von gesetzlichen Vergütungsansprüchen und eine Verbesserung der Transparenz bei Verwertungsgesellschaften eingegangen. Schließlich wurde Ende 2016 das „Gesetz zur verbesserten Durchsetzung des Anspruchs der Urheber und ausübenden Künstler auf angemessene Vergütung und zur Regelung von Fragen der Verlegerbeteiligung“ verabschiedet.[12] Die darin enthaltenen Vorschriften zum Urhebervertragsrecht (Art. 1) traten zum 1.3.2017 in Kraft. Die Vorschrift zur Änderung des Verwertungsgesellschaftengesetzes ist bereits zum 24.12.2016 in Kraft getreten. Mit diesem Gesetz wird u.a. versucht, ein besseres Gleichgewicht zwischen Urheber und Verleger zu schaffen, mit dem Ziel einer faireren Vergütung der Urheber. Die Urteile der letzten Jahre wur-

9 Rahmenvertrag zur Vergütung von Ansprüchen nach §52a UrhG (Hochschulen), Abrufbar unter: www.kmk.org/fileadmin/Dateien/pdf/PresseUndAktuelles/2016/2016-10-05_Rahmenvertrag_zur_Verguetung_von_Anspruechen_nach___52a_UrhG.pdf (13.2.2017); GRUR-Prax 2016, 551.

10 *BGH* GRUR 2014, 549.

11 MMR 2014, 217.

12 GRUR-Prax 2017, 1; BT-Drucks. 18/10637; BT-Drucks. 18/8625.

den zur Änderung des Gesetzes mit herangezogen und somit in das Gesetz eingearbeitet. Neu hinzugekommen sind die §§ 32d, 32e, 36b, 36c, 40a, 79b UrhG. In den §§ 32, 32a, 36, 36a, 41, 69a, 79, 88, 90, 132 UrhG wurden die Absätze überarbeitet und bei einigen neue hinzugefügt. § 32d UrhG und § 32e UrhG beinhalten einen Anspruch für den Urheber auf Auskunft und Rechenschaft gegenüber dem Vertragspartner und Dritten, deren Nutzungsrechte vom Vertragspartner übertragen worden sind, inwieweit sein Werk genutzt worden ist und wieviel Ertrag damit erwirtschaftet worden ist. Dieser Anspruch ist allerdings für Computerprogramme ausgeschlossen. Auch ausübende Künstler erhalten nunmehr eine Vergütung für später bekannte Nutzungsarten, § 79b UrhG. Allerdings ist hier auch nur von einer „gesonderten angemessenen Vergütung" die Rede. Wie diese Neuerung letztendlich umgesetzt wird, wird in Zukunft die Rechtsprechung zeigen.

Zum 1.3.2018 tritt das Urheberrechts-Wissensgesellschafts-Gesetz (UrhWissG) in **25**
Kraft.[13] Ziel des intendierten UrhWissG ist die Modernisierung der weitgehend in Umsetzung der sog. InfoSoc-Richtlinie 2001/29/EG geschaffenen Erlaubnistatbestände im Bereich Bildung und Wissenschaft. Kern dieser Reform ist der neue unter der Überschrift „Gesetzlich erlaubte Nutzungen für Unterricht, Wissenschaft und Institutionen" laufende Unterabschnitt 4. Die unter diesem Unterabschnitt zur Schaffung von Transparenz neu eingeführten §§ 60a-h UrhG-E sollen künftig die gesetzlich erlaubten Nutzungen (Schranken) im Bildungs- und Wissenschaftsbereich regeln. Die bislang hierfür bestehenden Vorschriften werden entweder entfallen (§§ 47, 52a, 52b, 53a UrhG) oder geändert (z.B. §§ 46, 53 UrhG). Neu geschaffen werden Befugnisse für Einrichtungen wie Bibliotheken, Museen und Archive. Zum Ausgleich für Nutzungen im Bereich der gesetzlichen Schranken soll der Urheber nach § 60h UrhG grundsätzlich eine angemessene pauschale Vergütung erhalten. Eine Erfassung einzelner Nutzungen wie in dem o.g. Rahmenvertrag vorgesehen soll nach diesem zur Vermeidung der mit einer Einzelerfassung verbundenen Schwierigkeiten und Kosten nicht mehr erforderlich sein. Vielmehr würde eine pauschale Festlegung der Vergütung auf Basis von Stichproben über die Werknutzung zur Ermittlung einer angemessenen Vergütung genügen. Zur Sicherung der Durchsetzbarkeit der Nutzungserlaubnisse sind nach dem neuen § 60g UrhG diese gesetzlich erlaubten Nutzungen unabdingbar.

Weiterer Reformbedarf besteht nach wie vor hinsichtlich der folgenden Themen: **26**

- Open Access: Hierunter versteht man den freien Zugang zu wissenschaftlicher Literatur und ähnlichen Beiträgen im Internet. Es soll der Prämisse Rechnung getragen werden, dass Forschungsergebnisse, welche durch öffentliche Mittel finanziert werden, der Öffentlichkeit auch kostenfrei zur Verfügung stehen müssten.[14]
- Kabelweitersendung: Die Vorschrift § 20b UrhG soll technologieneutral ausgestaltet werden, sodass auch Internet-TV und andere neue Technologien erfasst werden.

Damit lassen sich bereits der bisherigen Entwicklung des Urheberrechts drei Aspekte **27**
entnehmen, die von entscheidender Bedeutung für das Urheberrecht sind:

- Der Kampf gegen Plagiate,
- die Vergütung der Urheber und
- die Anpassung des Urheberrechts an die technischen Entwicklungen der Zeit.

---

13 BGBl I 2017, Heft 61, 3345-3368.

14 In dem Rahmenvertrag zur Vergütung von Ansprüchen nach § 52a UrhG werden lediglich Werke ausgeschlossen, die unter eine erworbene „Open Access" Lizenz fallen.

II. Begriff und Funktion des Urheberrechts

Literatur: *Ann* Die idealistische Wurzel des Schutzes geistiger Leistungen, GRUR 2004, 597; *Dreier/Schulze* Urheberrechtsgesetz, Urheberrechtswahrnehmungsgesetz, Kunsturhebergesetz, 5. Aufl. 2015; *Loewenheim* Handbuch des Urheberrechts, 2. Aufl. 2010; *Möhring/Niccolini* Urheberrechtsgesetz, 3. Aufl. 2014; *Oberndörfer* Die philosophische Grundlage des Urheberrechts, 2005; *Rigamonti* Geistiges Eigentum als Begriff und Theorie des Urheberrechts, 2001; *Schricker* Urheberrecht, 4. Aufl. 2010; *Schricker/Dreier/Kur* Geistiges Eigentum im Dienste der Innovation, 2001; *Szalai* Einführung in die Grundstrukturen des Wettbewerbsrechts, NJ 2013, 309; *Wandtke/Bullinger* Praxiskomm. zum Urheberrecht, 4. Aufl. 2014.

1. Begriff

28 In objektiver Hinsicht bedeutet „Urheberrecht" die Gesamtheit aller Rechtsnormen, die die Werkherrschaft regeln und bestimmte geistige Schöpfungen schützen. In subjektiver Hinsicht beschreibt das Urheberrecht das Recht des Urhebers eines schöpferischen Werkes auf dem Gebiete der Literatur, Wissenschaft und Kunst, § 1 UrhG. Dem Urheber werden eigentümerähnliche Rechte an seinem Werk eingeräumt. Diese Rechte ermöglichen es dem Urheber, selbst zu entscheiden, wer sein Werk auf welche Art und Weise nutzen darf, oder ob Dritte gänzlich von einer Werknutzung ausgeschlossen werden sollen. Im digitalen Zeitalter ist der Streit über die Position des Urhebers neu entfacht. Das geänderte Mediennutzungsverhalten lässt die Urheberrechtsordnung nicht mehr zeitgemäß erscheinen. Das Internet ermöglicht die weltweite Verbreitung geistigen Eigentums in Sekunden und faktisch ohne Zustimmung des Urhebers. Internetpiraterie ist zum Massenphänomen geworden. Die Nutzer verhalten sich im Netz oft gedankenlos, denn die Grenzen zwischen Verbotenem und Erlaubtem sind verschwommen. Dass geistiges Eigentum jedoch auch im Netz einen Wert hat, bezweifelt niemand ernsthaft. Nur die Ansätze, wie man den Eigentumsschutz des Urhebers gewährleisten kann und sollte, variieren. Die Bundestagsfraktion Bündnis 90/Die Grünen fordert, Eigentum ohne Zustimmung des Urhebers grundsätzlich als Gemeingut zu bewerten. Das Verwertungsrecht soll vom Urheberpersönlichkeitsrecht getrennt und schöpferische Leistung nicht mehr nach Marktkriterien vergütet werden, sondern über eine „Kulturflatrate."[15] Nach einem Vorschlag des ehemaligen Hamburger Justizsenators Steffen, muss das Recht des Nutzers auf Erstellung von digitalen Privatkopien soweit erlaubt werden, wie es üblich ist.[16] Außerhalb des Urheberrechts scheint eine solche Forderung befremdlich. Niemand würde ernsthaft die Legalisierung der Steuerhinterziehung fordern, mit der Begründung sie sei üblich. Generell wird verkannt, dass diese Argumentation die traditionelle Eigentumsordnung des Art. 14 GG zur Disposition stellt.[17] Das Bundesverfassungsgericht[18] hat

15 Kurzgutachten zur Zulässigkeit eine Kulturflatrate nach nationalem und europäischen Recht v. 13.3.2009, www.gruene-bundestag.de/cms/netzpolitik/dokbin/278/278059.kurzgutachten_zur_kulturflatrate.pdf.

16 Hamburgs Justizsenator Steffen zu einer Reform des Urheberrechts, „Interessen ausgleichen", epd medien 69/2010.

17 Vgl. dazu *Schwartmann* FAZ v. 16.12.2010, 8; *ders.* pro media Heft 1 2011, 28 f. Zu dieser Problematik insgesamt auch ders. in der schriftlichen Beantwortung der Fragen der Anhörung vor der Enquete Kommission Internet und digitale Gesellschaft. www.bundestag.de/internetenquete/dokumentation/2010/Sitzungen/20101129/A-Drs__17_24_009_H-_Stellungnahme_Prof__Schwartmann.pdf. Vgl. dazu insgesamt die Stellungnahmen unter www.bundestag.de/internetenquete/dokumentation/2010/Sitzungen/20101129/index.jsp.

18 *BVerfG* ZUM 2010, 874.

jedenfalls eine Entscheidung des BGH unter Verweis auf erhebliche verfassungsrechtliche Bedenken aufgehoben, die digitale Kopien per Drucker und Plottern[19] aus der Geräteabgabe nach § 54 UrhG herausgenommen hatte, ohne sich mit den verfassungsrechtlichen Grundlagen dieser Wertung auseinanderzusetzen.

2. Funktion

Das Urheberrecht hat sowohl kulturelle, soziale als auch ökonomische Bedeutung. Daher hat es verschiedene Funktionen, allen voran eine Schutzfunktion und eine Vergütungsfunktion, aber auch eine Verwertungsfunktion. **29**

Die vorrangige Funktion des Urheberrechts ist der Schutz der schöpferischen Leistung des Urhebers. Dieser Schutz ist Ausfluss der durch die Verfassung verbrieften Rechte des Urhebers, nämlich seiner Persönlichkeitsrechte gem. Art. 1 und Art. 2 Abs. 2 GG sowie seiner Eigentumsrechte gem. Art. 14 GG.[20] Ausgestaltet sind diese Rechte im Urheberrechtsgesetz durch die Verwertungsrechte (§§ 15 ff. und §§ 77 ff. UrhG) und die Urheberpersönlichkeitsrechte (§§ 12 ff., §§ 74, 75 UrhG). Auch die Regelungen hinsichtlich des Verbots der Umgehung technischer Schutzmaßnahmen (§§ 95a ff. UrhG) und die zivil- und strafrechtlichen Sanktionen der §§ 97 ff., 106 ff. UrhG dienen der Erfüllung der Schutzfunktion. Jeder Urheber soll gegen die Beeinträchtigung seiner ideellen Interessen an seinem Werk geschützt werden. Damit schafft das Urheberrecht u.a. die Voraussetzungen für den Kampf gegen **Plagiate.** **30**

Das Urheberrecht soll aber darüber hinaus gewährleisten, dass der Urheber ein originäres Recht an dem Resultat seiner geistigen Schöpfung hat und an den materiellen Vorteilen, die durch die Nutzung und Auswertung seines Werkes erzielt werden, angemessen beteiligt wird.[21] An diesen Gedanken knüpfen als Ausfluss der **Vergütungsfunktion** des Urheberrechts die Regelungen hinsichtlich der gesetzlichen Vergütungsansprüche von Werkschaffenden, die §§ 32 ff., 54 ff. UrhG, an. Besonders hervorzuheben ist in diesem Zusammenhang der unabdingbare Anspruch auf eine angemessene Vergütung gem. §§ 32 ff. UrhG, auf den an anderer Stelle noch näher einzugehen sein wird.[22] **31**

Die Vergütung für die Schöpfung stellt eine Gegenleistung dafür dar, dass der Verwerter Rechte an dem Werk eingeräumt erhält und dieses nutzen und gegebenenfalls auch vermögenswirksam verwerten kann. Neben dem Schutz des Urhebers dient das Urheberrecht dementsprechend auch denjenigen, die Werke wirtschaftlich auswerten. Die Verwertungsindustrie bedarf ebenfalls des Schutzes, da anderenfalls auch der Urheber nicht von den wirtschaftlichen Ergebnissen seines Schaffens profitieren oder er seine Werke nur in sehr geringem Maße wirtschaftlich ausschöpfen könnte **(Verwertungsfunktion).** Diese Funktion des Urheberrechtsschutzes findet seine Ausprägung vor allem in den Regelungen der §§ 81, 85, 87, 87a-87e und § 94 UrhG, welche beispielsweise die Rechte des Theaterveranstalters, des Tonträgerherstellers und des Datenbankherstellers konkretisieren. Eine der größten Herausforderungen dieser **32**

19 *BGH* GRUR 2008, 245.
20 *Schricker/Schricker* Einl. Rn. 12.
21 *Loewenheim/Loewenheim* § 1 Rn. 4; Wandtke/Bullinger/*Wandtke* Einl. Rn. 20; *BVerfG* NJW 2003, 1655, 1656.
22 S.u. Rn. 262 ff.

Verwertungsfunktion des Urheberrechts ist die **Anpassung des Urheberrechts an die technischen Entwicklungen der Zeit.**[23]

33 Gleichzeitig dient die Möglichkeit der Verwertung der Schöpfung des Urhebers auch den Interessen der Allgemeinheit.[24] Denn die Schöpfung und Nutzung von Werken ist notwendiger Bestandteil der kulturellen Vielfalt einer Gesellschaft. Um der Allgemeinheit zu ermöglichen, an den schöpferischen Leistungen des Einzelnen zu partizipieren, sind den subjektiven Rechten des Urhebers durch die Interessen der Allgemeinheit bestimmte Schranken gesetzt, §§ 44a ff. UrhG. Wie das materielle Eigentum unterliegt also auch das geistige Eigentum einer Sozialbindung. Daher enthält das Urheberrecht unter anderem Regelungen, die der Allgemeinheit den ungehinderten Zugang zu Kulturgütern sichern sollen. Es handelt sich um Einschränkungen der Rechte des Werkschöpfers zugunsten der Informationsfreiheit. Beispielsweise genießen amtliche Werke (zu denen Gesetze, Bekanntmachungen und Gerichtsentscheidungen zählen) gar keinen (§ 5 UrhG) und Reden bei öffentlichen Verhandlungen, Reden über Tagesfragen und Werke, die im Rahmen öffentlicher Veranstaltungen wahrnehmbar werden, sowie Zitate nur eingeschränkten Urheberrechtsschutz (§§ 48–51 UrhG).

III. Ab- und angrenzende Schutzrechte

1. Verwandte Schutzrechte, Leistungsschutzrechte

34 Im zweiten Abschnitt des UrhG sind die sog. verwandten Schutzrechte – auch Leistungsschutzrechte genannt – geregelt. Im dritten Teil des UrhG ist zudem das Recht des Filmherstellers geregelt, welches ebenfalls ein dem Urheberrecht verwandtes Schutzrecht ist. Bei diesen sog. verwandten Schutzrechten geht es nicht, wie bei den Urheberrechten, um den Schutz persönlicher geistiger Schöpfungen, sondern es werden Leistungen honoriert, die auf bereits bestehende Werke zurückgreifen und/oder eine unternehmerische oder organisatorische Tätigkeit beinhalten.[25] So werden durch die §§ 70, 72, 73 UrhG Leistungen mit persönlichkeitsrechtlichem Bezug geschützt, während die §§ 85, 87, 87a, 94 und 95 UrhG die Rechte des Unternehmers schützen. Bei den Leistungsschutzrechten geht es demnach um Leistungen, die (nur) am Rande der schöpferischen Tätigkeit angesiedelt sind. Der zweite und dritte Teil des UrhG zählt die Leistungsschutzrechte abschließend auf.[26] Eine analoge Gewährung von Leistungsschutzrechten für ähnlich ausgestaltete Leistungen ist daher ausgeschlossen.

35 Für die Vertragspraxis ist die Differenzierung zwischen Urheberrechten und sog. verwandten Schutzrechten von untergeordneter Bedeutung. So wird im Rahmen der vertraglichen Definition der zu übertragenden Rechte in der Regel nicht zwischen einem Urheber und einem (nur) Leistungsschutzberechtigten differenziert. Relevant wird die Differenzierung dagegen im Falle von Rechtsverletzungen, denen keine vertraglichen Beziehungen zugrunde liegen. Bei der Geltendmachung von Rechtsverletzungen vor Gericht muss daher genau geprüft werden, ob es um die Verletzung von Urheberrechten oder (nur) um die Verletzung von Leistungsschutzrechten geht.

---

23 Daher wird statt von Verwertungsfunktion auch von Innovationsfunktion gesprochen, s. Wandtke/Bullinger/*Wandtke* Einl. Rn. 18 ff.

24 *Schricker/Schricker* Einl. Rn. 8.

25 *Schricker/Schricker* Einl. Rn. 27 ff.

26 S. dazu unten Rn. 279 ff.

2. Gewerbliche Schutzrechte

Literatur: *Balañá* Urheberrechtsschutz für Parfüms, GRURInt 2005, 979; *Bartmann* Grenzen der Monopolisierung durch Urheberrechte am Beispiel von Datenbanken und Computerprogrammen, 2005; *Bercovitz* Urheberrecht und Markenrecht, GRURInt 2001, 611; *Bröcker/Czychowski/Schäfer* Geistiges Eigentum im Internet, Praxishdb., 2003; *Buhrow/Nordemann* Grenzen ausschließlicher Rechte geistigen Eigentums durch Kartellrecht, GRURInt 2005, 407; *Deutsch* Zusätzlicher Schutz für Werktitel durch Markeneintragung, GRUR 2004, 642; *Fezer* Markenrecht, 4. Aufl. 2009; *ders.* Der Wettbewerb der Markensysteme, GRUR 2013, 1185; *Götting* Der Begriff des Geistigen Eigentums, GRUR 2006, 353; *Gottschalk/Gottschalk* Das nicht eingetragene Gemeinschaftsgeschmacksmuster: eine Wunderwaffe des Designschutzes?, GRURInt 2006, 461; *Heermann* Rechtlicher Schutz von Slogans, WRP 2004, 263; *Heutz* Freiwild Internetdesign?, MMR 2005, 567; *Ingerl/Rohnke* Markengesetz, 3. Aufl. 2010; *Köhler* Das Verhältnis des Wettbewerbsrechts zum Recht des geistigen Eigentums – Zur Notwendigkeit einer Neubestimmung auf Grund der Richtlinie über unlautere Geschäftspraktiken, GRUR 2007, 548; *Koschtial* Zur Notwendigkeit der Absenkung der Gestaltungshöhe für Werke der angewandten Kunst im deutschen Urheberrecht, GRUR 2004, 555; *Kur* Die Zukunft des Designschutzes in Europa – Musterrecht, Urheberrecht, Wettbewerbsrecht, GRURInt 1998, 353; *Loewenheim* Höhere Schutzuntergrenze des Urheberrechts bei Werken der angewandten Kunst?, GRURInt 2004, 765; *Mes* Patentgesetz, Gebrauchsmustergesetz, Komm., 4. Aufl. 2015; *Nirk/Ullmann* Patent-, Gebrauchsmuster- und Sortenschutzrecht, 3. Aufl., 2007; *Nordemann* Urhebervertragsrecht und neues Kartellrecht gem. Art. 81 EG und § 1 GWB, GRUR 2007, 203; *Szalai* Gewerblicher Rechtsschutz – Grundstruktur, NJW 2013, 309; *Wandtke/Bullinger* Die Marke als urheberrechtlich schutzfähiges Werk, GRUR 1997, 573; *Wandtke/Ohst* Zur Reform des deutschen Geschmacksmustergesetzes, GRURInt 2005, 91; *Weyand/Haase* Anforderungen an einen Patentschutz für Computerprogramme, GRUR 2004, 198; *Wüterich/Breucker* Wettbewerbsrechtlicher Schutz von Werbe- und Kommunikationskonzepten, GRUR 2004, 389; *Zirn* Softwarerechtsschutz zwischen Urheberrecht und Patentrecht, 2004, 135.

Zu den gewerblichen Schutzrechten gehören Patente, Designs, Gebrauchsmuster, Marken sowie der Sortenschutz. **36**

Sowohl das Urheberrecht als auch die gewerblichen Schutzrechte behandeln den Schutz unkörperlicher, immaterieller Gegenstände. Dies unterscheidet sie vom Sachenrecht des Bürgerlichen Gesetzbuches. Nicht eine Sache, sondern das Ergebnis einer geistigen Produktion ist Schutzgegenstand. Im Urheberrecht muss das Geschaffene den Verstand oder die Sinne ansprechen. Hier liegt der Unterschied zum gewerblichen Rechtsschutz, wo es um das Auffinden und die praktische Anwendung technischer Naturgesetze oder den Schutz von Kennzeichen geht. Da es sich beim gewerblichen Rechtsschutz im Wesentlichen um Wirtschaftsrecht handelt, existieren dort nur sehr wenige Bezüge zum Persönlichkeitsrecht. Das Fehlen solcher Bezüge ist der Grund dafür, dass die gewerblichen Schutzrechte im Unterschied zum Urheberrecht **vollständig übertragbar** sind (z.B. § 29 Abs. 1 DesignG; § 27 Abs. 1 MarkenG; § 11 Abs. 1 SortSchG). **37**

Ein weiterer wesentlicher Unterschied zwischen dem Urheberrecht und den gewerblichen Schutzrechten besteht in der Art und Weise, in der der Schutz entsteht. Urheberrechte entstehen ipso iure und formfrei aufgrund des schöpferischen Aktes, die gewerblichen Schutzrechte hingegen müssen von der zuständigen Behörde verliehen werden (im Markenrecht gelten teilweise Ausnahmen, vgl. § 4 Nr. 2, 3; § 5 MarkenG). Für gewerbliche Schutzrechte ist ihre **Registrierung** in den einschlägigen Registern daher von entscheidender Bedeutung. Für das Urheberrecht besteht zwar ebenfalls **38** die Möglichkeit der Registrierung (§ 138 UrhG), diese hat jedoch keine konstitutive Wirkung.[27]

39 Auch erlöschen gewerbliche Schutzrechte, wie Patente, Marken, Designs und Gebrauchsmuster früher als Urheberrechte. Während die Rechte des Urhebers erst siebzig Jahre nach dessen Tod erlöschen, enden die Rechte an technischen Erfindungen innerhalb von 20 Jahren (§ 16 PatG), die Rechte am Gebrauchsmuster binnen 10 Jahren (§ 23 GebrMG), das Designrecht gilt 25 Jahre (§ 27 Abs. 2 DesignG) und die Marke erlischt nach 10 Jahren (§ 47 Abs. 1 MarkenG, es besteht allerdings die Möglichkeit, den Schutz immer wieder um weitere 10 Jahre zu verlängern).

40 Aufgrund der technischen Fortentwicklung und der daraus entstehenden neuen Produktions- und Verwertungsarten kommt es aber immer wieder zu Überschneidungen zwischen gewerblichem Rechtsschutz und dem Urheberrecht. Von besonderer praktischer Relevanz ist daher die Abgrenzung zu den technischen Schutzrechten, beispielsweise im Hinblick auf Computerprogramme. Aber auch im Zusammenhang mit Designs und Marken ist es sinnvoll, an das Nebeneinander von Urheberrecht und gewerblichen Schutzrechten zu denken.

2.1 Technische Schutzrechte

41 Zu den technischen Schutzrechten gehören das Patent, das Gebrauchsmuster sowie der Sortenschutz. Dem Urheberrecht und den vorgenannten gewerblichen Schutzrechten ist zwar gemein, dass sie Innovationen dadurch schützen, dass sie den Schöpfern Ausschließlichkeitsrechte zubilligen. Anders als das Urheberrecht, welches zufällige Doppelschöpfungen nicht missbilligt und daher beiden Schöpfungen gleichen Schutz zubilligt, räumen die technischen Schutzrechte jedoch ihrem Inhaber ein echtes Ausschließlichkeitsrecht ein. Erschaffen also zwei Urheber zufällig ein identisches Werk, so können sie beide Urheberrechtsschutz in Anspruch nehmen. Ist aber ein technisches Schutzrecht angemeldet worden, so kann ein Dritter für dieselbe Erfindung nicht ein gleiches technisches Schutzrecht erlangen.

42 Es ist nicht ausgeschlossen, dass eine Schöpfung Schutz sowohl nach dem Urheberrecht als auch als technisches Schutzrecht erlangen kann. Besonders schwierig kann die Abgrenzung bei Computerprogrammen sein.[28] Während die Regelungen der §§ 69a ff. UrhG den Quellcode erfassen und diesem Urheberrechtsschutz gewähren,[29] kann die sog. „computerimplementierte Erfindung“ Patentrechts- und/oder Gebrauchsmusterschutz beanspruchen.[30]

43 Dazu folgendes **Fallbeispiel:**

Das Patentamt hat eine technische Erfindung als Patent abgelehnt mit der Begründung, dass der Anmeldegegenstand nicht so ausreichend deutlich offenbart sei, als dass ein Fachmann diesen ausführen könne; dazu bedürfe es der Offenbarung des Quellcodes. Das Bundespatentgericht ist dem entgegengetreten, indem es auf die vom Patentamt nicht richtig vorgenommene Abgrenzung zwischen technischem Schutzrecht und Urheberrecht hinweist.[31] Danach sei Gegenstand eines Patentes regelmäßig

---

27 S. dazu noch unter Rn. 60 f. (Werkbegriff).

28 *BGH* GRUR 1991, 449, 450 – Betriebssystem; Loewenheim/*Loewenheim/Flechsig* § 3 Rn. 16.

29 *BPatG* GRUR 2004, 934, 935 – Quellcode.

30 *BGHZ* 143, 255, 264 – Logikverifikation.

31 *BPatG* GRUR 2004, 934 – Quellcode.

nicht die konkrete Ausdrucksform, sondern ein übergeordnetes technisches Prinzip. Der Schutz der konkreten Ausdrucksform eines Computerprogramms, wie sie der Quellcode darstellt, wird durch das Urheberrecht geleistet, welches den Schutz von Ideen und Grundsätzen, d.h. also auch von technischen Lehren ausdrücklich ausnimmt (§ 69a UrhG).

2.2 Designs

Ein Design ist die geschützte zwei- oder dreidimensionale Erscheinungsform eines ganzen Erzeugnisses oder eines Teils davon, die sich insbesondere aus den Merkmalen der Linien, Konturen, Farben, der Gestalt, Oberflächenstruktur oder den Werkstoffen des Erzeugnisses selbst oder seiner Verzierung ergibt, § 1 Nr. 1 DesignG. Das Designrecht benutzt den Begriff des Erfordernisses einer angemessenen Gestaltungshöhe nicht mehr. Es hat sich vom Urheberrecht gelöst und wird nunmehr als eigenständiges Materialguterrecht verstanden. Nach dem geltenden Designrecht ist die Neuheit und die Eigenart des Musters oder Erzeugnisses (§ 2 Abs. 1 DesignG) entscheidend, nicht mehr die Gestaltungshöhe. 44

Dementsprechend kann zwar Designschutz vorliegen, dies bedeutet jedoch nicht gleichzeitig, dass auch Urheberrechtsschutz gegeben ist. Vielmehr verlangt das Urheberrecht in Fällen der sog. angewandten Kunst (Gebrauchsgüter mit künstlerischer Formgebung) im Gegensatz zur bildenden Kunst (Werke, die nur zur Betrachtung bestimmt sind) eine Gestaltungshöhe, die über die sog. kleine Münze hinausgeht. Verlangt wird ein deutliches Überragen der Durchschnittsgestaltung.[32] Urheberrecht und Designrecht stehen daher in einem Stufenverhältnis zueinander, wenngleich es für den Urheberschutz abweichend vom Designrecht nicht auf die Neuheit der Gestaltung ankommt.[33] 45

Unabhängig von der Frage, ob nun Designschutz und/oder Urheberrechtsschutz vorliegt, sollte der Designer sein Werk der angewandten Kunst vertraglich absichern, d.h. die tatsächliche wirtschaftliche Verwertung von einem Nutzungsentgelt abhängig machen. Insofern werden im Designbereich Verträge meist zweistufig abgeschlossen. Zunächst erfolgt die Auftragserteilung für die Erstellung eines Entwurfs gegen Zahlung einer in der Regel geringen Entwurfsvergütung. Will der Auftraggeber den Entwurf dann tatsächlich nutzen, erfolgt die entsprechende Rechteübertragung gegen Zahlung einer Nutzungsvergütung. Rechte an dem Entwurf sollten daher aus der Sicht des Designers in keinem Fall bereits auf der ersten Stufe übertragen werden, sondern ausdrücklich vorbehalten bleiben für den Abschluss der anschließenden Nutzungsvereinbarung, auf den sich der Auftraggeber eine Option einräumen lassen kann. Ein solcher Nutzungsvertrag ist auch dann wirksam, wenn das entworfene Design im Ergebnis weder Designschutz noch Urheberrechtsschutz genießt.[34] 46

2.3 Marken

Marken sind Wort- und/oder Bild-Zeichen, die Kennzeichnungskraft besitzen. Entscheidend ist für sie die Eignung, Waren und Dienstleistungen eines Unternehmens von den Waren und Dienstleistungen anderer Unternehmen zu unterscheiden. Die Unterscheidungsfunktion ist daher auch das allgemeine Merkmal der Marke. Zeichen 47

32 StRspr., vgl. nur *BVerfG* GRUR 2005, 410 ff.; *BGH* GRUR 2005, 941 ff., GRUR 1995, 581 ff.
33 *BGH* GRUR 1979, 332, 336.
34 *KG* ZUM 2005, 230 ff.

(also beispielsweise Worte oder sog. „Logos") können sowohl nach den Grundsätzen des Urheberrechts als auch nach Markenrecht geschützt sein, soweit das Zeichen die notwendige Werkqualität aufweist.[35] Das trifft vor allem auf Kunstwerke zu, die für die Kennzeichnung einer Ware oder Dienstleistung benutzt werden.[36] Aufgrund der Verlängerungsmöglichkeit des § 47 Abs. 2 im Markenrecht kann das Urheberrecht vor dem Markenrecht erlöschen, da die Marke alle 10 Jahre ohne eine feste Obergrenze verlängert werden kann.

48 In der Praxis bietet es sich daher an, nicht nur auf den Urheberschutz zu vertrauen, sondern die Alleinentscheidungsbefugnis des Urhebers zusätzlich durch die Registrierung einer Marke abzusichern. Gerade im internationalen Rechtsverkehr ist der Markenschutz im Verletzungsfall oftmals deutlich einfacher durchzusetzen als die Urheberrechtsverletzung. Dies trifft beispielsweise auf Werbeslogans zu.[37]

3. Wettbewerbsrecht

49 Eng verbunden sowohl mit dem Urheberrecht als auch mit den gewerblichen Schutzrechten ist das Wettbewerbsrecht. Unter den Begriff Wettbewerbsrecht wird sowohl das Gesetz gegen den unlauteren Wettbewerb (UWG) subsumiert als auch das Kartellrecht, welches sich in Deutschland im Gesetz gegen Wettbewerbsbeschränkungen (GWB) widerspiegelt. Sowohl UWG als auch GWB sind für die Urheberrechtsordnung von Bedeutung.

3.1 Abgrenzung zum UWG

Literatur: *Leistner* Störerhaftung und mittelbare Schutzrechtsverletzung, GRUR-Beil. 2010, 1; *Paal* Immaterialgüter, Internetmonopole und Kartellrecht, GRUR 2013, 873; *Renner/Schmidt* Unterlassung von Handlungen Dritter? – Die Erfolgshaftung im gewerblichen Rechtsschutz und Urheberrecht, GRUR 2009, 908.

50 Die Abgrenzung zwischen Urheberrecht und UWG ist für die Praxis insbesondere in Bezug auf die Rechtsfigur des sog. ergänzenden wettbewerbsrechtlichen Leistungsschutzes von Relevanz. Der Sonderrechtsschutz des Urheberrechts ist nach Auffassung des BGH gegenüber einem (ergänzenden) wettbewerbsrechtlichen Leistungsschutz vorrangig und schließt diesen aus.[38] Die Verletzung fremden Urheberrechts führt nach Ansicht des Gerichts auch dann nicht zu Ansprüchen von Mitbewerbern wegen unlauteren Wettbewerbs, wenn sie geeignet ist, den Wettbewerb zu beeinflussen. Ein Unternehmen, das fremde Urheberrechte nicht beachte, gewinne durch diesen Rechtsbruch allerdings Vorteile, die es möglicherweise auch im Wettbewerb einsetzen könne; es nutze geschützte Werke, die nach der Rechtslage nur mit Zustimmung des Urheberberechtigten genutzt werden dürften und deshalb bei rechtmäßigem Vorgehen zur gewerblichen Verwertung regelmäßig gar nicht oder nur gegen Entgelt zur Verfügung stünden. Dieser Wettbewerbsvorsprung rechtfertige es jedoch allein nicht, anderen Unternehmen Unterlassungsansprüche aus § 8 UWG zuzugestehen. Die Anwendung des § 8 UWG sei neben den sondergesetzlichen Regelungen des Urheberrechtsgesetzes allerdings nicht ausgeschlossen. Es müssten aber besondere, außerhalb der Sonderschutztatbestände des Urheberrechtsgesetzes liegende Umstän-

---

35 Zur Beziehung zwischen Marken und Urheberrecht *Bercovitz* GRURInt 2001, 611 ff.

36 Loewenheim/*Loewenheim/Mees* § 3 Rn. 18 f.

37 Vgl. *Heermann* WRP 2004, 263 ff.

38 *BGH* GRUR 1994, 630, 632 – Cartier-Armreif; GRUR 1992, 679, 699 – ALF.

de hinzutreten, welche die beanstandete Handlung als unlauter i.S.d. § 3-7 UWG erscheinen ließen.[39]

Wenn hingegen kein urheberrechtlich schutzfähiges Werk vorliegt, kann gegen einen Nachahmer (also den Produzenten eines Plagiats) vorgegangen werden, wenn der Nachahmungsgegenstand eine gewisse Eigenart aufweist und besondere Umstände die Nachahmung als wettbewerbswidrig erscheinen lassen (z.B. unmittelbare Leistungsübernahme, vermeidbare Herkunftstäuschung, Rufausbeutung etc.).[40] 51

Dazu folgende Fallbeispiele: 52

- Das Telefonbuch genießt im Allgemeinen keinen Urheberrechtsschutz, jedenfalls nicht nach § 2 UrhG. Das Inverkehrbringen von elektronischen Telefonteilnehmerverzeichnissen auf CD-ROM kann aber eine wettbewerbsrechtliche Leistungsübernahme darstellen.[41]
- Das Setzen von Hyperlinks/Deeplinks auf Seiten mit urheberrechtlich geschützten, frei zugänglichen Inhalten verstößt weder gegen Urheberrecht (Vervielfältigungsrecht, Recht der öffentlichen Zugänglichmachung), noch gegen Wettbewerbsrecht, wenn keine besonderen Umstände hinzutreten.[42]
- Werbeslogans können unter dem Gesichtspunkt eines wettbewerbsrechtlichen Leistungsschutzes vor Nachahmung geschützt sein; dies gilt insbesondere, wenn sie originell, gleichzeitig einprägsam und aussagekräftig sind.[43]

3.2 Kartellrecht

Da das Kartellrecht der Verhinderung von Monopolen dient, das Urheberrecht mit seinen Ausschließlichkeitsrechten jedoch eine gewisse Monopolisierung zur Folge hat, kann es immer wieder zu Kollisionen zwischen Urheber- und Kartellrecht kommen. 53

Diese Kollision ist in der Praxis insbesondere in Bezug auf Verwertungsgesellschaften und Lizenzverträge relevant. So wird zum Beispiel diskutiert, ob grenzüberschreitende Vereinbarungen zwischen Verwertungsgesellschaften eine Beschränkung des Wettbewerbs darstellen.[44] 54

Darüber hinaus ist das Kartellrecht bei der Lizenzerteilung von besonderer Bedeutung. Die Weigerung, eine Lizenz an einem urheberrechtlich geschützten Werk zu erteilen, kann als Missbrauch einer marktbeherrschenden Stellung im Ergebnis die Anordnung einer Zwangslizenz zur Folge haben.[45] 55

4. Andere Persönlichkeitsrechte

Literatur: *Alexander* Urheber- und persönlichkeitsrechtliche Fragen eines Rechts auf Rückzug aus der Öffentlichkeit, ZUM 2011, 382; *Blank* Wirtschaftsgut Celebrity? – Handel mit Persönlichkeitsrechten, NJ 2012, 457; *Dreier/Schulze* Urheberrechtsgesetz, Urheber-

---

39 *BGH* GRUR 2003, 958, 962 – Paperboy; GRUR 1999, 325, 326 – Elektronische Pressearchive; GRUR 1999, 707, 711 – Kopienversanddienst; GRUR 1997, 459, 462 – CB-infobank I.

40 *Dreier/Schulze* Einl. Rn. 37.

41 *BGH* GRUR 1999, 923 ff. – Tele-Info-CD.

42 *BGH* GRUR 2003, 958 ff. – Paperboy.

43 *BGH* GRUR 1997, 308 – Wärme fürs Leben; *BPatG* GRUR 1998, 715 – Mit uns kommen Sie weiter; vgl. auch *Heermann* WRP 2004, 263 ff.

44 Loewenheim/*Loewenheim* § 56 Rn. 6; Wandtke/Bullinger/*Wandtke* Einl. Rn. 57.

45 *EuGH* GRURInt 1995, 490 – Magill TV Guide; GRURInt 2004, 644 – Zwangslizenz; vgl. auch Loewenheim/*Loewenheim* § 56 Rn. 7 ff.

rechtswahrnehmungsgesetz, Kunst-Urhebergesetz, 5. Aufl. 2015, Vor § 12 Rn. 5, 6; *Jarass* Das allgemeine Persönlichkeitsrecht im Grundgesetz, NJW 1989, 857; *Krüger-Nieland* Das Urheberpersönlichkeitsrecht, eine besondere Erscheinungsform des allgemeinen Persönlichkeitsrechts, FS Hauß, 1978, S. 215; *Leistner/Dreier* Urheberrecht im Internet: die Forschungsherausforderung, GRUR 2013, 881; *Lucas-Schloetter* Die Rechtsnatur des Droit Moral, GRURInt 2002, 809; *Ricker* Rechte und Pflichten der Medien unter Berücksichtigung der Rechte des einzelnen, NJW 1990, 2097; *Schack* Urheber- und Urhebervertragsrecht, 7. Aufl. 2015, Rn. 45; *Schricker* Urheberrecht, 4. Aufl. 2010, Vor §§ 12 ff. Rn. 1; *Wandtke/Bullinger* Praxiskomm. zum Urheberrecht, 4. Aufl. 2014, Vor §§ 12 ff. Rn. 16.

56 Die persönlichkeitsrechtlichen Regelungen des Urheberrechts schützen den Urheber, die Beziehung zu seinem Werk sowie das Werk selbst. Der darüber hinaus gehende Persönlichkeitsschutz schützt die natürliche Person in ihrer Gesamtheit und wird durch die Art. 1 Abs. 1, 2 Abs. 1 GG verbürgt. Obwohl Grundrechte nur Abwehrrechte des Bürgers gegen den Staat darstellen und daher im Zivilrecht nicht unmittelbar bindend sind, ist inzwischen anerkannt, dass jede natürliche Person aufgrund der Ausstrahlung der Grundrechte in das Privatrecht einen deliktsrechtlichen und negatorischen Schutz gegen die Verletzung ihrer Persönlichkeit genießt. Anderenfalls wären die verfassungsmäßig verbriefte Unantastbarkeit der Würde des Menschen und die freie Entfaltung der Persönlichkeit nicht in ausreichendem Maße geschützt. Um sicher zu stellen, dass der Einzelne davor geschützt ist, dass seine Persönlichkeit durch Nichtberechtigte kommerzialisiert wird, sind bestimmte Aspekte des allgemeinen Persönlichkeitsrechts anerkannt. So wird durch das allgemeine Persönlichkeitsrecht die Person vor der Verbreitung, öffentlichen Zurschaustellung und Herstellung ihres Bildnisses, vor Angriffen auf ihre Ehre, vor Entstellungen ihrer Identität, vor dem Eindringen und dem Ausforschen ihres persönlichen Bereichs, vor der Verbreitung von personenbezogen Informationen sowie vor unbefugter Nutzung ihrer Persönlichkeit geschützt. Das Urheberrechtsgesetz konkretisiert diesen generellen Schutz im Hinblick auf die Beziehung des Urhebers zu seiner Schöpfung.[46]

57 Dazu folgendes **Fallbeispiel**:

Der Architekt des Besucher- und Dokumentationszentrums „Topographie des Terrors“ in Berlin stützte sich, nachdem urheberrechtliche Ansprüche gegen den Abriss der von ihm bereits errichteten Bauten erfolglos geblieben waren, auf eine Verletzung des allgemeinen Persönlichkeitsrechts gem. Art. 2 Abs. 1 i. V. m. Art. 1 Abs. 1 GG, um sich gegen den drohenden Abriss der Bauten zur Wehr zu setzen. Das BVerfG hielt das Eingreifen von Art. 2 Abs. 1 i.V.m. Art. 1 Abs. 1 GG zwar nicht grundsätzlich für ausgeschlossen, vermochte im vorliegenden Fall jedoch keine Verletzung zu erkennen, da eine Ehrverletzung unsubstantiiert geblieben sei.[47]

58 In den meisten Fällen fungiert das allgemeine Persönlichkeitsrecht jedoch nicht als Auffangtatbestand, sondern steht in Konflikt zum Urheberrecht. Ein solcher Konflikt kann beispielsweise in Fällen der sog. Schmähkritik oder des Bildnisschutzes gem. §§ 22, 23 Kunsturhebergesetz (KUG) vorliegen.[48]

---

46 Wandtke/Bullinger/*Wandtke* Einl. Rn. 34 ff. m.w.N.
47 *BVerfG* NJW 2005, 590 ff.
48 *BGH* ZUM-RD 2005, 123, 127, GRUR 2005, 788 – Esra.

B. Das Werk als Schutzobjekt

Literatur: *Balañá* Urheberrechtsschutz für Parfüms, GRURInt 2005, 979; *Berking* Kein Urheberrechtsschutz für Fernsehshowformate?, GRUR 2004, 109; *ders.* Die Unterscheidung von Inhalt und Form im Urheberrecht, 2002; *Börsch* Webseiten schützen lassen?, MMR 2003, IX; *Depenheuer* Gegen den Urheberschutz des Theaterregisseurs, ZUM 1997, 734; *Deutsch/Ellerbrock* Titelschutz, Werktitel und Domainnamen, 2. Aufl. 2004; *von Einem* Zum Streit um die Lizenzierungspraxis bei monophonen und polyphonen Klingeltönen, ZUM 2005, 540; *Engisch* Zur Relativität des Werkbegriffs, FS von Gamm, 1990, S. 369; *Erdmann* Schutz von Werbeslogans, GRUR 1996, 550; *Erdmann/Bornkamm* Schutz von Computerprogrammen, GRUR 1991, 877; *von Gamm* Die Problematik der Gestaltungshöhe im deutschen Urheberrecht, 2004; *Goldmann* Das Urheberrecht an Bauwerken, GRUR 2005, 639; *Götting* Der Schutz wissenschaftlicher Werke, FS Nordemann, 2004, S. 7; *Gottschalk* Der Schutz des Designs nach deutschem und europäischem Recht, 2005; *Gounalakis* Urheberschutz für die Bibel?, GRUR 2004, 996; *Gyertyánfy* Expansion des Urheberrechts – und kein Ende?, GRURInt 2002, 557; *Handling* Durch „freie kreative Entscheidungen" zum europäischen urheberrechtlichen Werkbegriff, GRURInt 2012, 973; *Heinkelein* Der Schutz der Urheber von Fernsehshows und Fernsehshowformaten, 2004; *Heutz* Freiwild Internetdesign?, MMR 2005, 567; *Hieber* Für den Urheberschutz des Theaterregisseurs – die Inszenierung als persönliche geistige Schöpfung, ZUM 1997, 17; *Kitz* Die Herrschaft über Inhalt und Idee beim Sprachwerk – Anmerkung zu LG München I, GRUR-RR 2007, 226 – Eine Freundin für Pumuckl, GRUR-RR 2007, 217; *Koch* Begründung und Grenzen des urheberrechtlichen Schutzes objektorientierter Software, GRUR 2000, 191; *ders.* Grundlagen des Urheberrechtsschutzes im Internet und in Onlinediensten, GRUR 1997, 417; *Koschtial* Zur Notwendigkeit der Absenkung der Gestaltungshöhe für Werke der angewandten Kunst im deutschen Urheberrecht, GRUR 2004, 555; *Loewenheim* Höhere Schutzuntergrenze des Urheberrechts bei Werken der angewandten Kunst?, GRURInt 2004, 765; *Ott* Die urheberrechtliche Zulässigkeit des Framing nach der BGH-Entscheidung im Fall „Paperboy", ZUM 2004, 357; *Poll* „TV-Total" – Alles Mattscheibe, oder was?, ZUM 2004, 511; *Raue* EVA & ADELE – der Mensch als „Werk" im Sinne des Urheberrechtes, GRUR 2000, 951; *Sack* Der Begriff des Werkes – ein Kennzeichnungsträger ohne Kontur? – Zugleich eine Stellungnahme zur Werkeigenschaft von Software –, GRUR 2001, 1095; *Schack* Urheberrechtliche Gestaltung von Webseiten unter Einsatz von Links und Frames, MMR 2001, 9; *von Schoenebeck* Moderne Kunst und Urheberrecht. Zur urheberrechtlichen Schutzfähigkeit von Werken der modernen Kunst, 2003; *Schricker* Werbekonzeptionen und Fernsehformate – Eine Herausforderung für den urheberrechtlichen Werkbegriff?, GRURInt 2004, 923; *Stutz* Individualität, Originalität oder Eigenart? Schutzvoraussetzungen des Design – Design als Werk der angewandten Kunst, 2002; *Wandtke/Bullinger* Die Marke als urheberrechtlich schutzfähiges Werk, GRUR 1997, 573; *Wüterich/Breucker* Wettbewerbsrechtlicher Schutz von Werbe- und Kommunikationskonzepten, GRUR 2004, 389.

I. Werkbegriff

Schutzobjekt und Ausgangspunkt des Urheberrechts ist das Werk, welches in § 2 **59**
Abs. 2 UrhG als persönliche geistige Schöpfung definiert wird. Die Frage nach der Werkqualität ist oftmals die erste, die sich im Zusammenhang mit der Beratung eines Mandanten stellt, der wissen möchte, ob seine „Erfindung", seine „Idee", das von ihm oder seinen Mitarbeitern geschaffene „Etwas" geschützt und damit gegenüber anderen monopolisiert werden kann.

1. Registrierung ist keine Schutzvoraussetzung

60 Wenngleich in der Praxis oft der Wunsch besteht, die Monopolisierung des „Geschaffenen" durch eine einfache Registrierung zu erreichen, ist eine solche Registrierung kein Kriterium dafür, ob Urheberrechtsschutz besteht oder nicht. Weder muss das Urheberrecht von einer staatlichen Stelle erteilt, noch in ein Register oder ähnliches eingetragen werden. Vielmehr kommt man bei der Frage, ob Urheberrechtsschutz besteht oder nicht, nicht daran vorbei, die Tatbestandsmerkmale des § 2 Abs. 2 UrhG im Einzelnen zu prüfen.[49]

1.1 Registrierung anonymer und pseudonymer Werke, § 138 UrhG

61 Gleichwohl kann es in der Praxis sinnvoll sein, an die beim Deutschen Patent- und Markenamt mögliche Registrierung anonymer und pseudonymer Werke gem. § 138 UrhG zu denken. Dieses öffentliche Register hat keine konstitutive Wirkung, sondern verfolgt allein den Zweck, die Schutzdauer der Urheberrechte anonymer Künstler zu verlängern. Denn das Erlöschen der Urheberrechte knüpft an den Tod des Urhebers an, § 66 UrhG. Soll ein Werk für die volle Schutzdauer (70 Jahre nach dem Tode) geschützt sein, hat der anonyme beziehungsweise pseudonyme Urheber die Möglichkeit, sich in die Urheberrolle eintragen zu lassen. Dadurch erreicht er, dass das Werk nicht nur 70 Jahre ab Veröffentlichung, sondern regulär noch 70 Jahre nach seinem Tod Schutz beanspruchen kann.

1.2 Urhebervermerk

Literatur: *Dierkes* Die Verletzung der Leistungsschutzrechte des Tonträgerherstellers, 2000; *Dietz* Kinderkomponisten und die GEMA, ZUM 2003, 41; *Grünberger* Die Urhebervermutung und die Inhabervermutung für die Leistungsschutzberechtigten, GRUR 2006, 894; *Haupt* Der Copyright-Vermerk – unverzichtbar?, K&R 2000, 239; *Nordemann* Anmerkung zum Urteil des BGH „P-Vermerk", KUR 2003, 53; *Riesenhuber* Die Vermutungstatbestände des § 10 UrhG, GRUR 2003, 187; *ders.* Der Einfluss der RBÜ auf die Auslegung des deutschen Urheberrechtsgesetzes, ZUM 2003, 333; *ders.* Die Vermutungstatbestände des § 10 UrhG, GRUR 2003, 187; *Schricker/Loewenheim* Urheberrecht, 4. Aufl. 2010, § 10 Rn. 4.

62 Zwar ist auch ein Urheberrechtsvermerk wie das oftmals aufzufindende ©-Zeichen für die Entstehung des Urheberrechts und die Frage der Schutzfähigkeit nach dem UrhG weder erforderlich noch maßgeblich. Gleichwohl kommt dem Urheberrechtsvermerk in der Praxis eine gewisse Bedeutung zu. Denn aufgrund der Vermutungsregel gem. § 10 Abs. 1 UrhG gilt derjenige als Urheber, der auf den Vervielfältigungsstücken des erschienenen Werks oder auf dem Original des Kunstwerkes als dessen Urheber bezeichnet ist. Der sog. Urhebervermerk führt also zu einer Beweislastumkehr, die im Streitfall z.B. auch mit möglichen Miturhebern hilfreich sein kann. Decknamen (Pseudonyme) oder Künstlerzeichen können als Urhebervermerk ausreichen, § 10 Abs. 1 HS 1 UrhG.[50] In den einzelnen Branchen haben sich Üblichkeiten eingestellt, an welcher Stelle und mit welchem Inhalt der Urheberrechtsvermerk angebracht wird.[51] Der in der Praxis bekannte und vom Urhebervermerk zu unterscheidende Copyright-Vermerk erfüllt zwar nicht per se die Voraussetzungen der Urheberschaftsvermutung des § 10 Abs. 1 UrhG, empfiehlt sich in vollständiger Form (©, Name des Rechtsinhabers, Jahreszahl der Veröffentlichung, „all rights reserved") aber gleichwohl insbesondere für

---

49 S.u. Rn. 68 ff.

50 Zu den Einzelheiten s. *Schricker/Loewenheim* § 10 Rn. 4 f.

51 S. dazu *Schricker/Loewenheim* § 10 Rn. 7 f.

Werkverwertungen im Internet und in den USA als dem eigentlichen Herkunftsland dieses Vermerks.[52] Dort besteht nämlich die Möglichkeit der Registrierung des Copyrights bei dem United States Copyright Office.[53] Mit dem Copyright-Vermerk wird derjenige angegeben, der Rechtsinhaber ist; dies kann, muss aber nicht der Urheber sein (z.B. auch Verleger, Vertreiber, sonstige Lizenzinhaber).[54]

Ähnliches gilt für den in der Musikbranche verbreiteten sog. **P-Vermerk.** Insofern hat der BGH jedoch mittlerweile ausdrücklich entschieden, dass diesem hinsichtlich der Urheberschaftsvermutung gem. § 10 UrhG allenfalls indizielle Wirkung zukommt,[55] denn auch der sog. P-Vermerk kann entweder den Hersteller, seinen Rechtsnachfolger, oder aber den Inhaber einer ausschließlichen Lizenz benennen. **63**

Sind im Urhebervermerk mehrere Personen angegeben, so wird vermutet, dass sie das Werk gemeinsam geschaffen haben und Miturheber sind.[56] Will einer der angegebenen Personen für sich die alleinige Urheberschaft in Anspruch nehmen, so muss er die Vermutung widerlegen. **64**

§ 10 Abs. 2 UrhG regelt die Vermutungswirkung im Hinblick auf die Ermächtigung des Herausgebers bzw. des Verlegers, die Rechte des Urhebers im eigenen Namen geltend zu machen.[57] Nach h.M. beschränkt sich die vermutete Ermächtigung auf die Verfolgung von Rechtsverletzungen.[58] Denn die Vorschrift diene lediglich dazu, eine Rechtsverfolgung zu ermöglichen, ohne die Anonymität des Urhebers preisgeben zu müssen. Auch die Rechtsprechung entnimmt § 10 Abs. 2 UrhG lediglich eine unbeschränkte Ermächtigung, Schutzrechte im eigenen Namen geltend zu machen.[59] Andere sehen den Herausgeber/Verleger überdies als ermächtigt an, Dritten Nutzungsrechte an dem Werk einzuräumen.[60] **65**

Gem. § 72 Abs. 1 UrhG gilt die Urheberrechtsvermutung des § 10 UrhG für den Leistungsschutzinhaber eines Lichtbildes unmittelbar. Auf andere Leistungsschutzrechte dürfte § 10 UrhG nach der Entscheidung des BGH zum P-Vermerk nicht – auch nicht analog – anwendbar sein.[61] **66**

1.3 Prioritätsnachweis durch Hinterlegung

Oftmals wird man als Berater mit der Frage des Urheberschutzes in einem Stadium konfrontiert, in dem noch gar kein schutzfähiges Werk, sondern lediglich Überlegungen, Ideen oder allenfalls Skizzen vorliegen. In einem solchen Fall ist es zunächst wichtig, dass der angehende Urheber seine Ideen zu Papier bringt oder auf andere **67**

---

52 Art. III WUA v. 6.9.1952; vgl. *OLG Köln* GRUR 1992, 312 ff. – Amiga-Club; Wandtke/Bullinger/*Thum* § 10 Rn. 57 ff.

53 Vgl. www.copyright.gov; dazu auch *Haupt* K&R 2000, 239.

54 *Dreier/Schulze/Schulze* § 10 Rn. 13.

55 *BGH* GRUR 2003, 228, 230 – P-Vermerk; vgl. auch *OLG Hamburg* GRUR-RR 2001, 121, 123: „gewichtige Indizien".

56 Hierzu unten Rn. 118 ff.

57 Ein Fall der gesetzlichen Prozessstandschaft.

58 *Möhring/Nicolini/Ahlberg* § 10 Rn. 23; *Schricker/Loewenheim* § 10 Rn. 14; Wandtke/Bullinger/*Thum* § 10 Rn. 39.

59 *OLG Köln* GRUR 1992, 312 – Amiga Club; vgl. auch *OLG Hamm* NJW 1991, 2161; *LG Hannover* GRUR 1987, 635.

60 *Dreier/Schulze/Schulze* § 10 Rn. 31; *von Gamm* § 10 Rn. 14.

61 *BGH* GRUR 2003, 228, 230 – P-Vermerk; a.A. *Fromm/Nordemann/Nordemann* § 10 Rn. 6b; s. auch *OLG Köln* GRUR 1992, 312 f – Amiga-Club.

Weise „verkörpert". Die so geschaffenen Manuskripte, Tonbänder, Filmkassetten, Noten etc. können dann beim Anwalt oder Notar zumindest zum sog. Nachweis der Priorität hinterlegt werden.[62]

2. Persönliche geistige Schöpfung

68 Nur persönliche geistige Schöpfungen sind Werke gem. § 2 UrhG. Die höchstrichterliche Rechtsprechung verlangt für die Entstehung von Urheberrechtsschutz eine menschliche Schöpfung, die einen geistigen Gehalt, eine diesen repräsentierende sinnlich wahrnehmbare Formgestaltung und einen hinreichenden Grad an schöpferischer Eigentümlichkeit aufweist.[63]

2.1 Schöpfungshöhe – sog. kleine Münze

69 Entscheidend für die Werkqualität ist das Kriterium der **schöpferischen Eigentümlichkeit.** Hinsichtlich der Schöpfung von Computerprogrammen wird dieses Tatbestandsmerkmal durch das Kriterium der Individualität ersetzt, § 69a Abs. 3 S. 1 UrhG.

70 Fraglich ist, wie hoch der Grad der Eigentümlichkeit sein muss, damit das Erzeugnis Werkqualität erlangt. Hier besteht ein Spannungsverhältnis zwischen dem Interesse des Schöpfers, auch für eine Schöpfung, die zwar nicht herausragend, aber dennoch individuell ist, Urheberrechtsschutz zu erlangen, und dem allgemeinen Interesse, ein Ausufern des Urheberrechtsschutzes auf Erzeugnisse jeglicher Art zu verhindern. Zweck des Kriteriums der Schöpfungshöhe ist es also, einfache Alltagserzeugnisse vom Schutz des Urheberrechts auszuschließen.

71 Die Rechtsprechung stellt allerdings keine übersteigerten Anforderungen an die Schöpfungshöhe. Es gilt das Prinzip des **Schutzes der kleinen Münze.**[64] Darunter werden Werke verstanden, die nur über ein Minimum an Schöpfungshöhe verfügen (z.B. Plakate, Kataloge, Sammlungen von Kochrezepten, Preislisten, Fernsprechbücher etc.). Zu beachten ist allerdings, dass diese „kleine Münze", also das Mindestmaß an Gestaltungshöhe von der Rechtsprechung je nach Werkart unterschiedlich beurteilt wird.[65] In jedem Fall wirkt sich aber eine geringe Gestaltungshöhe unmittelbar auf den Schutzumfang für das betreffende Werk aus. Schon bei kleinen Abweichungen liegt demnach bei der „kleinen Münze" ggf. schon keine Urheberrechtsverletzung mehr vor.

72 Unerheblich für die Frage, ob die Schöpfungshöhe erreicht ist, ist der Herstellungsaufwand und der Umfang des Werkes, sein Gestaltungs- und Gebrauchszweck sowie möglicherweise rechtsverletzende und rechtswidrige Werkinhalte.[66]

73 Weist das Erzeugnis keine Eigenart auf, so kann es gegebenenfalls Schutz mittels der verwandten Schutzrechte (§§ 70 ff. UrhG), durch das Verbot sklavischer Nachahmung des UWG sowie durch gewerbliche Schutzrechte erlangen.[67]

---

62 Zu den typischen Beweisproblemen in der Praxis *LG Bielefeld* ZUM-RD 2005, 149.

63 *BGH* GRUR 2002, 958, 959 – Technische Lieferbedingungen; GRUR 1999, 420, 422 – Verbindungsgang; GRUR 1995, 673, 675 – Mauerbilder; GRUR 1985, 1041, 1046 – Inkasso-Programm; vgl. Loewenheim/*Loewenheim* § 6 Rn. 4.

64 *BGH* GRUR 2000, 144, 145 – Comic-Übersetzungen II, GRUR 1995, 581, 582 – Silberdistel, GRUR 1991, 533, 534 – Brown Girl II, GRUR 1979, 332, 336 – Brombeerleuchte.

65 *BVerfG* GRUR 2005, 410 f.; Dreier/Schulze/*Schulze* § 2 Rn. 24 ff.; *Schricker/Loewenheim* § 2 Rn. 31 ff.; Wandtke/Bullinger/*Bullinger* § 2 Rn. 25.

66 *Loewenheim/Loewenheim* § 6 Rn. 22 ff.

67 S.o. Rn. 34 ff.

2.2 Von der schutzunfähigen Idee zum schutzfähigen Entwurf

Eines der Probleme der Praxis bei der Frage, ob Urheberrechtsschutz besteht, ist die Abgrenzung zur nicht schutzfähigen Idee.[68] Eine Idee erlangt regelmäßig erst dann Werkschutz, wenn sie zu einem Konzept entwickelt wurde. Allerdings ist dabei ein strenger Maßstab anzulegen. An der erforderlichen Schöpfungshöhe fehlt es, soweit das Konzept bloß eine vom Inhalt losgelöste Anleitung zur Formgestaltung gleichartiger anderer Stoffe darstellt.[69] **74**

Eine dauerhafte, körperliche oder schriftliche Fixierung des Werkes ist gleichwohl nicht erforderlich. So sind auch improvisierte Musikstücke urheberrechtsfähig. Dass sie unter Umständen nicht wiederholbar sind, ist unschädlich. Auch steht es dem Werkschutz nicht entgegen, dass das Werk nur unter Zuhilfenahme technischer Einrichtungen sinnlich wahrnehmbar wird, wie beispielsweise ein Computerprogramm, das nur mit Hilfe eines Computers wahrgenommen werden kann. **75**

II. Relevante Beispiele aus der Praxis

Literatur: *Berbel/Engels* „Hörfunkrechte" – ein eigenständiges Wirtschaftsgut?, WRP 2005, 191; *Berking* Kein Urheberrechtsschutz für Fernsehshowformate? – Anmerkung zum Urteil des BGH – Sendeformat, GRUR 2004, 109; *Castendyk* Programminformationen der Fernsehsender im EPG – auch ein Beitrag zur Auslegung von § 50 UrhG, ZUM 2008, 916; *Cichon* Urheberrechte an Webseiten, ZUM 1998, 897; *von Einem* Zum Streit um die Lizenzierungspraxis bei monophonen und polyphonen Klingeltönen, ZUM 2005, 540; *Erdmann* Schutz von Werbeslogans, GRUR 1996, 550; *Erdmann/Bornkamm* Schutz von Computerprogrammen, GRUR 1991, 877; *Flechsig* Formatschutz und Anforderungen an urheberrechtlich geschütztes Werkschaffen, ZUM 2003, 767; *Goldmann* Das Urheberrecht an Bauwerken, GRUR 2005, 639; *Gottschalk* Der Schutz des Designs nach deutschem und europäischem Recht, 2005; *Graef* Die fiktive Figur im Urheberrecht, ZUM 2012, 108; *von Have/Eickmeier* Der gesetzliche Rechtsschutz von Fernseh-Show-Formaten, ZUM 1994, 269; *Heinkelein* Der Schutz der Urheber von Fernsehshows und Fernsehformaten, 2004; *Heinkelein/Fey* Der Schutz von Fernsehformaten im deutschen Urheberrecht – Zur Entscheidung des BGH – Sendeformat, GRURInt 2004, 378; *Hertin* Zur urheberrechtlichen Schutzfähigkeit von Werbeleistungen unter besonderer Berücksichtigung von Werbekonzeptionen und Werbeideen – Zugleich eine Auseinandersetzung mit Schricker, GRUR 1996, 815, GRUR 1997, 799; *Heutz* Freiwild Internetdesign?, MMR 2005, 567; *Hieber* Für den Urheberschutz des Theaterregisseurs – die Inszenierung als persönliche geistige Schöpfung, ZUM 1997, 17; *Holzporz* Der rechtliche Schutz des Fernsehshowkonzepts, 2001; *Jacobshagen* Filmrecht im Kino- und TV-Geschäft, 2008; *Koch* Rechtsschutz für Benutzeroberflächen von Software, GRUR 1991, 180; *Korn* Die Zeitung als Sammelwerk, FS Dittrich, 2000, S. 187; *Peifer* Buchausschnitte als Thumbnails – Google Books und Fair Use, GRUR-Prax 2013, 529; *Pühringer* Der urheberrechtliche Schutz von Werbung nach österreichischem und deutschem Recht, 2002; *Schack* Urheberrechtliche Gestaltung von Webseiten unter Einsatz von Links und Frames, MMR 2001, 9; *Schricker* Werbekonzeptionen und Fernsehformate – Eine Herausforderung für den urheberrechtlichen Werkbegriff?, GRURInt 2004, 923; *Wüterich/Breucker* Wettbewerbsrechtlicher Schutz von Werbe- und Kommunikationskonzepten, GRUR 2004, 389.

68 *BGH* NJW 2003, 2828, 2830 – Sendeformat; *OLG München* GRUR 1992, 327, 328 – Osterkalender; GRUR 1990, 674, 675 – Forsthaus Falkenau.

69 *OLG Köln* GRUR-RR 2010, 140, 141.

76 Zwar enthält § 2 Abs. 1 UrhG eine beispielhafte Aufzählung einzelner Werkarten, diese ist jedoch nicht abschließend und bei der in der Praxis vorzunehmenden Prüfung der Schutzfähigkeit in der Regel wenig hilfreich. Daher soll nachfolgend auf diejenigen Werkarten eingegangen werden, bei denen in der Praxis die Frage der Werkqualität, also die Frage, ob Urheberrechtsschutz besteht, häufig diskutiert wird.

1. Formate

77 In Rechtsprechung und Literatur viel diskutiert ist die Frage, ob Fernsehformate Urheberrechtsschutz genießen.[70] Unter einem Format wird der Inbegriff aller charakteristischen audiovisuellen Elemente eines Serienbeitrags (Show, Fiction, Nachrichten etc.) verstanden, der in jeder Folge wiederkehrt und als Identifikationsmerkmal wahrgenommen wird.[71] Zuletzt hat der BGH in Bezug auf das Sendeformat „Kinderquatsch mit Michael“ entschieden, dass einem Format kein urheberrechtlicher Schutz zukomme.[72] Dagegen können einzelne Elemente eines Formates für sich betrachtet urheberrechtsfähig sein, wie z.B. das Bühnenbild, das Logo, die Titelmelodie etc.[73] Das Fernsehformat ist jedoch ein in der Praxis anerkanntes und gegen Zahlung nicht unerheblicher Lizenzgebühren gehandeltes Wirtschaftsgut.[74] Daher besteht ein grundsätzliches Bedürfnis, auch Formate gegen Übernahme durch Dritte zu schützen, da auch ein wettbewerbsrechtlicher Leistungsschutz von der Rechtsprechung bisher – teilweise wegen fehlender wettbewerblicher Eigenart, teilweise wegen des Einhaltens hinreichenden Abstandes – abgelehnt wurde.[75] Es bleibt abzuwarten, wie sich die Rechtsprechung auch vor dem zunehmend internationalen Hintergrund entwickeln wird.

78 In der Zwischenzeit kann man zur Gewährleistung wenigstens eines gewissen Formatschutzes nur auf Behelfslösungen zurückgreifen. Es empfiehlt sich, für die einzelnen Elemente zumindest Marken- und Titelschutz in Anspruch zu nehmen; insbesondere die Auswahl eines möglichst aufwendigen Bühnenbildes und einer entsprechenden Titelmelodie können hilfreich sein. Zu guter Letzt ist an eine vertragsstrafebewehrte Geheimhaltungsvereinbarung hinsichtlich des Konzeptes und seiner Bestandteile zu denken.

2. Bekannte Figuren

79 Hinsichtlich bekannter literarischer Figuren (z.B. Pippi Langstrumpf, Harry Potter) wird immer wieder diskutiert, ob diesen Figuren ein selbstständiger urheberrechtlicher Schutz zukommen kann. Der Bundesgerichtshof bestätigte die Entscheidung der Vorinstanzen[76], die einen solchen Schutz als Sprachwerk nach § 2 Abs. Nr. 1 UrhG bejaht hatten, wenn der beschriebene Charakter der Phantasie des Urhebers ent-

---

70 *Heinkelein/Fey* GRURInt 2004, 378; Wandtke/Bullinger/*Bullinger* § 2 Rn. 124 ff., § 88 Rn. 22 ff. m.w.N.

71 *BGH* GRUR 2003, 876, 877; Wandtke/Bullinger/*Bullinger* § 2 Rn. 124, § 88 Rn. 31.

72 *BGH* GRUR 2003, 876, 877; vgl. auch *LG München I* ZUM 2010, 993 – Fußball-Casting-Show; *OLG Hamburg* ZUM 1996, 245 – Goldmillionen; *OLG München* GRUR 1990, 674, 675 – Forsthaus Falkenau.

73 Wandtke/Bullinger/*Bullinger* § 2 Rn. 127, § 88 Rn. 24.

74 *Have/Eickmeyer* ZUM 1994, 269, 272; Wandtke/Bullinger/*Bullinger* § 88 Rn. 24.

75 *OLG Hamburg* ZUM 1996, 245 – Goldmillion; *OLG Düsseldorf* WRP 1995, 1032; *OLG München* NJW-RR 1993, 619.

76 *OLG Köln* ZUM-RD 2012, 256; *LG Köln* ZUM 2011, 871 – Pippi Langstrumpf.

sprungen ist, ausreichend individuell ist und auch außerhalb der konkreten Geschichte eine charakteristische und unverwechselbare Persönlichkeit aufweist. Maßgeblich sind hier die Kombination von äußeren Merkmalen sowie ausgeprägten Charaktereigenschaften.[77] Eine Urheberrechtsverletzung liegt jedoch dann nicht vor, wenn nur wenige Merkmale übernommen werden, die für sich genommen den Urheberrechtsschutz nicht begründen können.[77]

3. Werbeslogans

In Bezug auf Werbeslogans wird zwar im Gegensatz zu Formaten eine grundsätzliche Urheberrechtsfähigkeit bei ausreichender Individualität angenommen, praktisch scheitert eine solche aber meist daran, dass Werbeslogans so kurz gefasst sind, dass kein Raum für schöpferische Individualität besteht.[78] Einen gewissen Schutz können Werbeslogans über das Wettbewerbsrecht, vor allem aber über das Markenrecht erreichen.[79] **80**

4. Sound-Sampling, Handyklingeltöne

Wird der Urheber durch die Wiedergabe von Tönen schöpferisch tätig, handelt es sich um ein Musikwerk. Es ist unerheblich, ob Instrumente zum Einsatz kommen, oder ob die menschliche Stimme eingesetzt wird. Geschützt ist das individuelle Tongefüge. Improvisierte Musikstücke sind dem Urheberrechtsschutz zugänglich, eine schriftliche Niederlegung des Musikwerkes in Form von Noten ist nicht erforderlich. Daher genießt auch die Improvisation eines Duos aus Gitarrist und Percussionist Urheberrechtsschutz.[80] Allerdings wird der Urheberrechtsschutz verneint, wenn eine extrem simple Tonfolge, die sich nicht hinreichend in eigentümlicher Weise von allgemein geläufigen kompositorischen Mitteln und Grundsätzen abhebt, ein- oder mehrfach wiederholt wird.[81] Komplexe und individuelle Handyklingeltöne können aber zum Beispiel Urheberrechtsschutz beanspruchen.[82] **81**

5. Benutzeroberflächen, Webseiten, Handylogos

Benutzeroberflächen können Urheberschutz in der Regel als Sprachwerk genießen, wenn sie die nötige Individualität aufweisen. Angesichts der vielfach gleichen Funktionalitäten bei einer Benutzeroberfläche ist es jedoch oft schwer, das nötige Maß an Individualität nachzuweisen.[83] Ebenso diskutabel ist der Schutz von Websites/Homepages.[84] Sind sie nicht nur funktional geprägt, sondern weisen darüber hinaus eine künstlerische Prägung auf, können sie als Werk der angewandten Kunst Schutz genießen.[85] Bei Werken der reinen Kunst, also „zweckfreien“ Werken werden von der **82**

---

77 *BGH* v. 18.7.2013 – I ZR 52/12 – Pippi Langstrumpf.

78 *OLG Frankfurt/Main* GRUR 1987, 44 – WM-Slogan; *LG München I* ZUM 2001, 722, 724 – Find your own Arena.

79 *BGH* NJW-RR 2000, 708 – Radio von hier, GRUR 1997, 308 – Wärme fürs Leben; *LG Hamburg* NJWE-WettbR 2000, 239; *Erdmann* GRUR 1996, 550 ff.; *Heermann* WRP 2004, 263.

80 *LG München I* GRURInt 1993, 82, 83 – Duo Gismonti-Vasconcelos.

81 *LG München I* ZUM 2003, 245.

82 Wandtke/Bullinger/*Bullinger* § 2 Rn. 73.

83 *Schricker/Loewenheim* § 2 Rn. 201; *OLG Hamburg* GRUR-RR 2001, 289, 290.

84 *OLG Frankfurt* GRUR-RR 2005, 299, 300 – Online-Stellenmarkt; *OLG Düsseldorf* MMR 1999, 729, 732; *Schricker/Loewenheim* § 2 Rn. 93.

85 *OLG Hamm* GRUR-RR 2005, 73, 74; *OLG Düsseldorf* MMR 1999, 729, 732, *LG München* MMR 2005, 267; Wandtke/Bullinger/*Bullinger* § 2 Rn. 104.

Rechtsprechung geringe Anforderungen an die Urheberrechtsschutzfähigkeit gestellt. Handelt es sich allerdings um angewandte Kunst, also Werke, die einen Gebrauchszweck erfüllen, waren die Anforderungen an die Werkhöhe bisher größer. Daher hat auch das OLG Hamburg zum Beispiel entschieden, dass alltägliche und einfache Gestaltungen, wie beispielsweise Handylogos, die aus in Umrissen dargestellten Enten mit Herzen, drei Herzchen oder einem ebenfalls umrisshaft dargestellten Bärenpaar „Eisbär und Panda“ bestanden, kein Werk i.S.d. § 2 Abs. 1 Nr. 4 UrhG darstellen.[86] Die neue Rspr. des BGH, nach der an den Urheberrechtsschutz von Werken der angewandten Kunst keine anderen Anforderungen zu stellen sind als an den Urheberrechtschutz von Werken der zweckfreien bildenden Kunst oder des literarischen und musikalischen Schaffens, könnte darauf hinweisen, dass bei Werken der angewandten Kunst keine höheren Anforderungen zu stellen sind.[87]

6. Sammel- und Datenbankwerke (§ 4 UrhG)

83 Sammelwerke sind legal definiert als Sammlungen von Werken, Daten oder anderen unabhängigen Elementen, die aufgrund der Auswahl oder Anordnung der Elemente eine persönliche geistige Schöpfung sind. Typische Beispiele für Sammelwerke sind Fachzeitschriften, Konversationslexika, Enzyklopädien, Handbücher und Festschriften.[88] Computergestützte Informationssammlungen können urheberrechtlichen Schutz als Datenbankwerke genießen. Ein Datenbankwerk ist ein Sammelwerk, dessen Elemente in schöpferischer Art und Weise systematisch oder methodisch angeordnet und einzeln mit Hilfe elektronischer Mittel oder auf andere Weise zugänglich sind, § 4 Abs. 2 UrhG. Anders als bei dem Leistungsschutzrecht des Datenbankherstellers gem. § 87a ff. UrhG erfordert der Schutz nach § 4 UrhG als Datenbankwerk eine persönliche geistige Schöpfung gem. § 2 UrhG. § 4 UrhG schützt also die kreative, §§ 87a ff. UrhG hingegen die wirtschaftliche Leistung (Investitionsschutz).

7. Elektronische Programmführer

84 Elektronische Programmführer, sog. EPG („Electronic Program Guide“) sind auf dem Computer oder Fernseher empfangbar und bieten dem Nutzer einen Überblick über das TV-Programm, kurze Beschreibungen der Sendungen, Fotos, Hintergrundinformationen sowie zum Teil auch kurze Filmausschnitte oder Audiosequenzen. Was die urheberrechtliche Schutzfähigkeit solcher EPGs betrifft, ist zwischen den einzelnen Elementen zu differenzieren. Archiv- und Sendungsmitschnittbilder sind gem. § 72 UrhG geschützt. Gleiches gilt regelmäßig für die Kurzbeschreibungen. Diesbezüglich ist aber für den Einzelfall zu prüfen, ob sie die notwendige Schöpfungshöhe erlangen, um den Schutz als Sprachwerk zu genießen. Die Schrankenbestimmung des § 50 UrhG greift in diesen Fällen nicht.[89] Die Sendeabfolgen und die Basisdaten erreichen als bloße Zusammenstellung der prägenden Elemente einer Sendung hingegen regelmäßig nicht die erforderliche Schöpfungshöhe.[90]

---

86 *OLG Hamburg* ZUM 2004, 386; vgl. auch *OLG München* ZUM 2005, 759, 760.
87 *BGH* v. 13.11.2013 – I ZR 143/12 – Geburtstagszug.
88 *Dreier/Schulze/Dreier* § 4 Rn. 1.
89 *OLG Dresden* ZUM 2010, 362, 364.
90 *LG Köln* ZUM-RD 2010, 283, 286.

III. Abhängige Werke

1. Bearbeitung und freie Benutzung

Bei der Frage, ob das Geschaffene Urheberrechtsschutz genießt, stößt man in der Praxis bei weiterem Nachfragen häufig auf die Situation, dass das Geschaffene nicht ausschließlich der eigenen Phantasie entsprungen ist, sondern sich an einer Vorlage orientiert oder diese sogar eindeutig nachahmt. Damit stellt sich nicht nur die Frage, ob das „neu" Geschaffene angesichts seiner mehr oder weniger engen Anlehnung an etwas Vorbestehendes überhaupt Urheberrechtsschutz genießen kann, sondern auch, ob nicht bereits eine Urheberrechtsverletzung vorliegt, weil der Urheber der Vorlage nicht um Erlaubnis gefragt wurde. Diese Fragen beantworten die Regelungen zur Bearbeitung gem. §§ 3, 23 UrhG und zur sog. freien Benutzung (§ 24 UrhG). **85**

1.1 Bearbeitung, §§ 3, 23 UrhG

Literatur: *von Becker* Parodiefreiheit und Güterabwägung – Das „Gies-Adler"-Urteil des BGH, GRUR 2004, 104; *ders.* Poesie, Plagiat, Poe – ein Rundblick zum Plagiat in der Literatur, FS Hertin, 2000, S. 3; *Bücker* Ringtonemaker – Gefährdet die Software einen wichtigen Zukunftsmarkt oder ist ihre Nutzung rechtlich unzulässig?, K&R 2005, 411; *Bullinger* Kunstwerkfälschung und Urheberpersönlichkeitsrecht, 1997; *Castendyk* Gibt es ein „Klingelton-Herstellungsrecht"?, ZUM 2005, 9; *von Einem* Zum Streit um die Lizenzierungspraxis bei monophonen und polyphonen Klingeltönen, ZUM 2005, 540; *Erdmann* Verwendung zeitgenössischer Literatur für Unterrichtszwecke am Beispiel Harry Potter, WRP 2002, 1329; *Grossmann* Die Schutzfähigkeit von Bearbeitungen gemeinfreier Musikwerke, UFITA 129 (1995); *Grunert* Werkschutz contra Inszenierungskunst – Der urheberrechtliche Gestaltungsspielraum der Bühnenregie, 2002; *Haas* Müller oder Brecht?, ZUM 1999, 834; *Hertin* Das Musikzitat im deutschen Urheberrecht, GRUR 1989, 159; *Hillig* Anmerkung zum Urteil des LG Frankfurt/Main vom 26.11.2003 – TV Total, ZUM 2004, 397; *Jacobshagen* Filmrecht im Kino- und TV-Geschäft, 2008; *Jörger* Das Plagiat in der Popularmusik, 1992; *Klickermann* Urheberschutz bei zentralen Datenspeichern, MMR 2007, 7; *Kreile/Westphal* Multimedia und das Filmbearbeitungsrecht, GRUR 1996, 254; *Kröner/Schimpf* (Endlich) Konkretes zu Abstracts oder: Möglichkeiten und Grenzen der Publikation von Zusammenfassungen, AfP 2005, 333; *Loschelder* Vervielfältigung oder Bearbeitung? – Zum Verhältnis des § 16 UrhG zu § 23 UrhG, GRUR 2011, 1078; *Maaßen* Urheberrechtliche Probleme der elektronischen Bildverarbeitung, ZUM 1992, 338; *Nippe* Urheber und Datenbank – Der Schutz des Urhebers bei der Verwendung seiner Werke in elektronischen Datenbanken, 2000; *Nordemann* Ist Martin Luther noch geschützt? Zum urheberrechtlichen Schutz revidierter Bibeltexte, FS Vieregge, 1995, S. 677; *Obergfell* Neuauflage von Comic-Übersetzungen – eine Neuauflage der Rechtsprechung des BGH?, ZUM 2000, 142; *ders.* Konkretisierung der urheberrechtlichen Bewertung von Abstracts durch den BGH, GRUR 2011, 208; *Oldekop* Elektronische Bildbearbeitung im Urheberrecht, 2006; *Plassmann* Bearbeitungen und andere Umgestaltungen in § 23 Urheberrechtsgesetz, 1996; *Poll* „TV-Total" – Alles Mattscheibe, oder was?, ZUM 2004, 511; *Reuter* Digitale Bild- und Filmbearbeitung im Licht des Urheberrechts, GRUR 1997, 23; *Schulz* „Remixes" und „Coverversionen", FS Hertin, 2000, S. 213; *Schulze* Urheberrecht und neue Musiktechnologien, ZUM 1994, 15; *Stuhlert* Die Behandlung der Parodie im Urheberrecht, 2002.

Nicht nur gänzlich neue, originäre Schöpfungen genießen Urheberrechtsschutz, sondern auch Bearbeitungen von fremden Werken sind aufgrund der Regelung des § 3 UrhG als eigenes Werk schutzfähig. Voraussetzung dafür, dass Bearbeitungen Schutz als eigenes Werk beanspruchen können, ist, (1) dass sie sich an ein fremdes urheber- **86** rechtsfähiges Werk oder an Teile davon als Vorlage anlehnen und (2) der Bearbeiter eine eigene schöpferische Tätigkeit entfaltet.[91]

87 Als Beispiel für die Bearbeitung nennt das Gesetz die Übersetzung. Darunter fällt nicht nur die Übersetzung in eine andere Sprache, sondern auch die Übersetzung in eine andere Programmiersprache.[92] Die Übersetzung von Golfregeln in die deutsche Sprache, die ohne besondere Eigenarten oder Konzeption wörtlich übersetzt wurden, stellt dagegen keine schutzfähige Bearbeitung dar.[93] Eine Gesamtdokumentation über jüdische Friedhöfe in einer bestimmten Stadt, bei der Grabinschriften in einer Art und Weise übersetzt wurden, die den individuellen Geist des Übersetzers zum Ausdruck bringt und die auch besondere kulturgeschichtliche Kenntnisse erfordert, wird jedoch als eigenständige urheberrechtlich geschützte Bearbeitung i.S.d § 3 UrhG angesehen.[94]

88 Eine Bearbeitung liegt aber auch dann vor, wenn ein urheberrechtlich geschütztes Werk einem anderen Verwendungszweck, einer anderen Kunstform oder einem anderen Ausdrucksmittel zugeführt wird,[95] z.B. wenn ein Roman in ein Drehbuch überführt[96] oder ein Roman verfilmt wird.[97]

89 Keine Bearbeitung stellt die sog. Umgestaltung dar. Bei der Umgestaltung handelt es sich um eine an andere urheberrechtsfähige Werke anknüpfende Schöpfung, die jedoch keine urheberrechtlich geschützten Teile des fremden Werkes enthält, oder aber, bei der der Bearbeiter selbst keine schöpferische Leistung erbringt.[98] Die Differenzierung zwischen einer Bearbeitung und einer Umgestaltung ist relevant für die Frage, ob ein eigenständiges urheberrechtsfähiges Werk des Bearbeiters entstanden ist, oder nicht. Wichtig ist aber, dass auch eine Umgestaltung hinsichtlich ihrer Verwertung in der Regel der Einwilligung des Originalurhebers bedarf (§ 23 UrhG).

90 Liegt also eine Bearbeitung vor, stellt diese ein urheberrechtsfähiges Werk dar. Der Bearbeiter eines fremden Werkes erhält ein sog. Bearbeiterurheberrecht.[99] Dieses Recht besteht auch gegenüber demjenigen, der das originäre Werk, das als Vorlage für die Bearbeitung diente, geschaffen hat. Obwohl also die Bearbeitung von einem fremden Originalwerk abhängt, steht dem Bearbeiter ein selbständiges Ausschließlichkeitsrecht an seinem eigenen, neu geschaffenen Werk zu. Das Bearbeiterurheberrecht entsteht mit dem Zeitpunkt der Bearbeitung und unabhängig davon, ob der Urheber des Originalwerks in die Bearbeitung eingewilligt hat oder nicht. Der Bearbeiter genießt also grundsätzlich dieselben Urheberpersönlichkeitsrechte wie jeder andere Urheber.

91 Im Hinblick auf die Verwertungsrechte ist allerdings zu beachten, dass er immer an den Umfang der Einwilligung des Originalurhebers gebunden ist, da mit jeder Verwertung auch das Originalwerk genutzt wird.[100] Jede urheberrechtliche Bearbeitung

---

91 *Schricker/Loewenheim* § 3 Rn. 7 ff., 11 f.
92 *BGH* GRUR 2000, 144 – Comic-Übersetzungen II; *OLG München* ZUM 2004, 845; *Wandtke/Bullinger/Bullinger* § 3 Rn. 4.
93 *OLG Frankfurt/Main* NJWE-WettbR 1996, 99.
94 *OLG Zweibrücken* GRUR 1997, 363 – Jüdische Friedhöfe.
95 Wandtke/Bullinger/*Bullinger* § 3 Rn. 9.
96 *BGH* GRUR 1962, 531, 533 – Bad auf der Tenne II.
97 *BGH* GRUR 1963, 441, 443 – Mit dir allein.
98 Wandtke/Bullinger/*Bullinger* § 3 Rn. 12, § 23 Rn. 4.
99 *BGH* GRUR 1962, 370, 373 f. – Schallplatteneinblendung; *Schricker/Loewenheim* § 3 Rn. 34 ff.
100 Wandtke/Bullinger/*Bullinger* § 3 Rn. 3.

stellt zugleich eine Vervielfältigung nach § 16 UrhG dar.[101] Überschreitet er die Grenzen der ihm erteilten Einwilligung, liegt eine Urheberrechtsverletzung vor (vgl. § 23 UrhG). Entsprechendes kann aber auch in Bezug auf die Verwertung einer sog. Umgestaltung gelten.

Wenn sich also die Umgestaltung oder Bearbeitung auf urheberrechtlich geschützte Teile des Originalwerks bezieht, ist zur Veröffentlichung oder Verwertung des neuen Werkes die Einwilligung des Originalurhebers erforderlich.[102] Werden solche Elemente des Originalwerkes verändert, die nicht urheberrechtlich geschützt sind, findet § 23 UrhG keine Anwendung; ein Einwilligungsvorbehalt besteht dann nicht.[103] 92

Der Gesetzgeber hat den Einwilligungsvorbehalt auf eine Veröffentlichung und Verwertung des neuen Werkes beschränkt, um Umgestaltungen und Bearbeitungen im rein privaten Bereich zu gestatten.[104] Grundsätzlich ist daher für die **Herstellung** der Bearbeitung oder Umgestaltung des Werkes die Einwilligung des Originalurhebers nicht erforderlich. Ausnahmen gelten allerdings gem. § 23 S. 2 UrhG für die Verfilmung eines Werkes, die Bearbeitung eines Datenbankwerkes, die Ausführung von Plänen und Entwürfen eines Kunstwerks und für den Nachbau eines Bauwerks. Hier bedarf es bereits für die Herstellung der Bearbeitung oder Umgestaltung der Einwilligung des Urhebers, da in diesen Bereichen in der Regel mit der Absicht der gewerblichen Verwertung bearbeitet oder umgestaltet wird. Gleiches gilt gem. § 69c Nr. 2 UrhG für Computerprogramme.[105] Gem. § 31 Abs. 1 S. 2 UrhG kann die Einwilligung in die Bearbeitung oder Umgestaltung in ihrem Umfang räumlich, zeitlich und inhaltlich beschränkt werden. Ferner ist es möglich, die Einwilligung auch konkludent zu erteilen. 93

1.2 Freie Benutzung, § 24 UrhG

Literatur: Vgl. die Nachweise vor Rn. 74.

Die vorstehend dargestellte und hinsichtlich ihrer Verwertung von der Zustimmung des Originalurhebers abhängige Bearbeitung steht wiederum im Spannungsverhältnis zur sog. freien Benutzung i.S.d. § 24 UrhG. § 24 UrhG fußt auf dem Wunsch, dass Werkschaffende sich von dem existierenden Bestand an Werken inspirieren und zur Schaffung von eigenständigen Werken anregen lassen.[106] Diese Nutzung eines fremden Werkes als Denkanstoß für die Schaffung eines neuen Werkes ist nicht zustimmungsbedürftig, § 24 Abs. 1 UrhG. Ein selbstständiges Werk, das in freier Benutzung des Werkes eines anderen geschaffen worden ist, darf daher ohne Zustimmung des Urhebers des benutzten Werkes veröffentlicht oder verwertet werden. 94

Eine Ausnahme gilt hingegen gem. § 24 Abs. 2 UrhG für die Benutzung eines Werkes der Musik. Wird eine Melodie erkennbar dem Werk entnommen und einem neuen Werk zugrunde gelegt, ist die Nutzung zustimmungsbedürftig. 95

Für die Abgrenzung, ob noch eine freie Benutzung i.S.v. § 24 UrhG oder bereits eine zustimmungspflichtige Umgestaltung oder Bearbeitung i.S.v. § 23 UrhG vorliegt, können folgende Kriterien herangezogen werden: 96

---

101 *BGH* GRUR-Prax 2013, 520 – Beuyes-Aktion.
102 Wandtke/Bullinger/*Bullinger* § 23 Rn. 6.
103 *BGH* GRUR 1994, 191, 198 – Asterix-Persiflagen; *Dreier/Schulze/Schulze* § 23 Rn. 3.
104 *Fromm/Nordemann/Vinck* § 23 Rn. 4.
105 Zu den Ausnahmen im Einzelnen s. Wandtke/Bullinger/*Bullinger* § 23 Rn. 15 ff.
106 Wandtke/Bullinger/*Bullinger* § 24 Rn. 1.

- Welche objektiven Merkmale prägen die schöpferische Eigentümlichkeit des benutzten Originals und in welchem Umfang finden Sie sich im neuen Werk wieder?[107]
- Wie hoch ist der Grad der Eigentümlichkeit des Originals?[108] Je individueller das Original ist, desto eher liegt eine zustimmungspflichtige Bearbeitung vor.[109]

97 Durch einen Vergleich der sich gegenüberstehenden Werke muss dann aufgrund des Gesamteindrucks ermittelt werden, ob und gegebenenfalls in welchem Umfang eigenschöpferische Züge des geschützten Werks übernommen worden sind und ob das jüngere Werk zu dem benutzten Werk einen **ausreichenden Abstand** hält.[110]

98 Aber selbst wenn das neue Werk deutliche Übernahmen aus dem Originalwerk trägt, kann dennoch eine freie Benutzung vorliegen, wenn die Übernahme erkennbarer Züge durch eine besondere künstlerische Gedankenführung legitimiert ist.[111] Voraussetzung ist aber auch hier, dass das neue Werk einen derart großen inneren Abstand zum Original einhält, dass es als selbstständig angesehen werden muss.

99 Eine freie Benutzung hat der BGH beispielsweise in dem Fall verneint, in dem die Gesichtszüge und die typischen Merkmale einer geschützten Comicfigur (Asterix) in einen neuen Comic übernommen wurden, wobei die Figur lediglich in die Neuzeit versetzt wurde, ohne dass es sich jedoch um eine zulässige Parodie handelte.[112] Bejaht hat das OLG München eine freie Benutzung für den Fall, dass das Konzept einer Försterspielfilmserie (Forstrevier Alpsee) für die Entwicklung einer ähnlichen Serie (Forsthaus Falkenau) als Vorlage diente.[113] Lehrerhandbücher, die sich mit den Harry Potter-Büchern von Joanne K. Rowling auseinandersetzen, didaktische Gesichtspunkte beleuchten und Hilfsmittel zur Bearbeitung und Besprechung der Bücher mit Schulklassen liefern, können eine freie Benutzung der Vorlage der Harry Potter-Bücher darstellen.[114]

1.3 Plagiat und Parodie

100 Häufig verwandte Begriffe im Zusammenhang mit der Abgrenzung zwischen einer unfreien Bearbeitung (§ 23 UrhG) und einer freien Benutzung (§ 24 UrhG) sind die des „Plagiats“ und der „Parodie“.

1.3.1 Plagiat

101 Der Begriff des Plagiats ist im Urheberrechtsgesetz nicht definiert, ist aber die allgemeine Bezeichnung für den Diebstahl des geistigen Eigentums. Ein Plagiat liegt also vor, wenn sich jemand bewusst fremdes Geistesgut anmaßt und sich fälschlicherweise selbst als Urheber ausgibt. Voraussetzung ist, dass kein gemeinfreies Werk vorliegt. Gibt sich jemand als Urheber eines gemeinfreien Werkes aus, ist er kein Plagiator im Rechtssinne.[115]

---

107 *Dreier/Schulze/Schulze* § 24 Rn. 9; Wandtke/Bullinger/*Bullinger* § 24 Rn. 9.
108 *BGH* GRUR 2004, 855, 857 – Hundefigur.
109 *Dreier/Schulze/Schulze* § 24 Rn. 8.
110 StRspr., *BGH* GRUR 2003, 956, 958 – Gies-Adler; GRUR 1999, 984, 987 – Laras Tochter; GRUR 1994, 191, 193 – Asterix-Persiflagen; *OLG München* GRUR 1990, 674, 675.
111 *Schricker/Loewenheim* § 24 Rn. 11.
112 *BGH* GRUR 1994, 191 ff. – Asterix-Persiflagen.
113 *OLG München* GRUR 1990, 674, 675, interessant auch im Hinblick auf Formatschutz, s.o. Rn. 67 f.
114 *LG Berlin* ZUM 2003, 60; vgl. aber *LG Hamburg* NJW 2004, 610 ff., das für einen Teil des zu überprüfenden Lehrmaterials eine unfreie Bearbeitung nach § 23 UrhG annahm.
115 *Schricker/Loewenheim* § 23 Rn. 22.

Der urheberrechtliche Fachbegriff für das Plagiat ist die Urheberrechtsverletzung, vgl. § 97 ff. UrhG. Der Begriff der Urheberrechtsverletzung ist allerdings weiter als der des Plagiats, denn er umfasst nicht nur bewusste, sondern auch unbewusste Anmaßungen fremder Urheberschaft. Handelt es sich bei dem Plagiat um eine bewusste Übernahme des Originalwerkes in abgeänderter Form, so besteht die Urheberrechtsverletzung in einer Verletzung des Bearbeitungsrechts des Urhebers i.S.v. § 23 UrhG. Eine zulässige freie Benutzung im Sinne von § 24 UrhG ist bei einem Plagiat nicht denkbar. Der Begriff des Plagiats hat daher in der Praxis keine besondere Bedeutung. **102**

1.3.2 Parodie

Literatur: *von Becker* Parodiefreiheit und Güterabwägung – Das „Gies-Adler"-Urteil des BGH, GRUR 2004, 104; *Garloff* Copyright und Kunstfreiheit – zur Zulässigkeit ungenehmigter Zitate in Heiner Müllers letztem Theaterstück, GRUR 2001, 476; *Graef* Die fiktive Figur im Urheberrecht, ZUM 2012, 108; *Hasse* Parodie versus Parody. Eine rechtsvergleichende Untersuchung zum Recht der Bundesrepublik Deutschland und der Vereinigten Staaten von Amerika, 2001; *Hess* Urheberrechtsprobleme der Parodie, 1993; *Loschelder* Verfälschungen des Persönlichkeitsbildes in der Kunst, GRUR 2013, 14; *Mauch* Die rechtliche Beurteilung von Parodien im nationalen Urheberrecht der Mitgliedstaaten der EU, 2003; *Stuhlert* Die Behandlung der Parodie im Urheberrecht, 2002.

Von größerer praktischer Bedeutung ist dagegen der Begriff der „Parodie". Teilweise wird nämlich die Kunstform der Parodie dazu verwandt, um dem Plagiatsvorwurf, d.h. der Urheberrechtsverletzung zu entgehen.[116] **103**

Grundsätzlich bedarf jede Veröffentlichung oder Verwertung der Bearbeitung der urheberrechtsrelevanten (also der prägenden) Bestandteile eines Werkes der Einwilligung des Urhebers des bearbeiteten Werkes, § 23 UrhG. Das gilt grundsätzlich auch dann, wenn ein Werk persifliert wird. Da es gerade Sinn der Parodie oder Satire ist, einen Bezug zu dem parodierten Werk herzustellen und sich mit dem ursprünglichen Werk erkennbar auseinanderzusetzen, ist es auf den ersten Blick ausgeschlossen, dass eine freie Benutzung des Originals vorliegt. Denn die Züge des Originalwerks werden regelmäßig nicht hinter denen des neuen Werks verblassen.[117] So ist die Parodie einer berühmten Comic-Figur nur dann möglich, wenn erkennbar auf sie Bezug genommen wird und ihre typischen Eigenschaften persifliert werden.[118] Bei der Parodie besteht daher stets ein Spannungsverhältnis zwischen dem Interesse des Originalurhebers, dass das Mittel der Parodie nicht zur unbefugten Werknutzung missbraucht wird, und dem Interesse des Künstlers, sich dieser Kunstform zu bedienen. **104**

Um einen gerechten Ausgleich der Interessen zu schaffen und den Urheber vor ausufernden Übernahmen unter dem Deckmantel der Parodie zu schützen, sind folgende Maßstäbe an eine freie Benutzung im Wege der Parodie anzusetzen. Die Parodie muss zum einen an ein bestehendes Werk erinnern, gleichzeitig aber ihm gegenüber wahrnehmbare Unterschiede aufweisen und zum anderen einen Ausdruck von Humor oder einer Verspottung darstellen.[119] Der Ausdruck von Humor oder einer Verspottung muss hier allerdings großzügig ausgelegt werden, da die Interpretation von Humor bei jedem unterschiedlich ist. Des Weiteren muss sich der Humor oder die Verspottung nicht auf das ursprüngliche Werk selber richten, sondern es reicht aus, **105**

116 *Schricker/Loewenheim* § 23 Rn. 22.
117 *Dreier/Schulze/Schulze* § 24 Rn. 25.
118 *OLG München* NJW-RR 1991, 1262 – Alcolix; *BGH* GRUR 1994, 191 – Asterix-Persiflagen.
119 *EuGH* GRUR 2016, 1157, ZUM 2016, 991.

wenn es sich auf den Inhalt des Werkes bezieht. Ferner muss das Ergebnis keine eigene geistige Schöpfung sein oder einen eigenen ursprünglichen Charakter haben. Die Abwägung zwischen der Beeinträchtigung der Interessen der Urheber bei einer Verwendung des Werks in veränderter Form und der freien Meinungsäußerung der Nutzer gliedert sich nun in drei Teile. Eine antithematische Behandlung wird nun im Rahmen der Interessenabwägung zugunsten des Parodisten berücksichtigt. Des Weiteren ist zu prüfen, ob es eine Entstellung des parodierten Werkes ist, welche nach § 14 UrhG untersagt werden kann. Zudem ist der allgemeine zivilrechtliche Schutz zu berücksichtigen, insbesondere das allgemeine Persönlichkeitsrecht, welches vor allem Schutz gegen die sog. Schmähkritik bietet. Der letzte zu prüfende Punkt im Rahmen der Interessenabwägung ist, ob die Veränderung des Werks Rechte Dritter außerhalb des Urheberrechts verletzt und der Urheber ein schutzwürdiges Interesse daran hat, dass sein Werk nicht mit einer solchen Rechtsverletzung in Verbindung gebracht wird.

C. Der Urheber als Schutzsubjekt

I. Das Schöpferprinzip – in Abgrenzung zu „work made for hire"

Literatur: *Berger* Das neue Urhebervertragsrecht, 2003; *Bezani/Müller* Arbeitsrecht in Medienunternehmen, 1999; *Dietz* Die Einschränkungen des Urheberpersönlichkeitsrechts im Arbeitsverhältnis, GRURInt 2005, 771; *Fitzek* Die unbekannte Nutzungsart, 2000; *Fuchs* Der Arbeitnehmerurheber im System des § 43 UrhG, GRUR 2006, 561; *ders.* Arbeitnehmerurhebervertragsrecht, UFITA 234 (2005), 234; *Hagen* Der Bestsellerparagraph im Urheberrecht, 1990; *Hansen* Zugang zu wissenschaftlicher Information – alternative urheberrechtliche Ansätze, GRURInt 2005, 378; *Hieber* Für den Urheberschutz des Theaterregisseurs – die Inszenierung als persönlich geistige Schöpfung, ZUM 1997, 17; *Katzenberger* Die rechtliche Stellung des Filmproduzenten im internationalen Vergleich, ZUM 2003, 712; *Kellerhals* Urheberpersönlichkeitsrechte im Arbeitsverhältnis, 2000; *Kirchherr* Der Produzent als Urheber, ZUM 2003, 719; *Kraßer/Schricker* Patent- und Urheberrecht an Hochschulen, 1988; *Malevanny* Die Länge der Schutzfristen im Musikurheberrecht: Rechtfertigung im Zeitalter des Internet, GRURInt 2013, 737; *Nordemann/Nordemann* Die US-Doktrin des „work made for hire" im neuen deutschen Urhebervertragsrecht – Ein Beitrag insbesondere zum Umfang der Rechtseinräumung für Deutschland, FS Schricker, 2005, S. 473; *Oelnhusen* Der Arbeitnehmer-Urheber im Spannungsfeld zwischen Urheber-, Vertrags- und Arbeitsrecht, ZUM 2010, 474; *Pleister* Buchverlagsverträge in den Vereinigten Staaten – ein Vergleich zu Recht und Praxis Deutschlands, GRURInt 2000, 673; *Poll* Die Harmonisierung des europäischen Filmurheberrechts aus deutscher Sicht, GRURInt 2003, 290; *Reber* Die Beteiligung von Urhebern und ausübenden Künstlern an der Verwertung von Filmwerken in Deutschland und den USA, 1999; *Rehbinder* Zu den Nutzungsrechten an Werken von Hochschulangehörigen, FS Hubmann, 1985, S. 359; *Rickenbach* Immaterialgüterrechtliche Nachwirkungen des Arbeitsverhältnisses, UFITA 139 (1999), 233; *Riesenhuber* Die doppelte Vorausverfügung des Arbeitnehmer-Urhebers zu Gunsten von Verwertungsgesellschaft und Arbeitgeber, NZA 2004, 1363; *Rumphorst* Das Filmurheberrecht in den USA, GRURInt 1973, 10; *Sack* Arbeitnehmer-Urheberrechte an Computerprogrammen nach der Urheberrechtsnovelle, UFITA 121 (1993), 15; *ders.* Computerprogramme und Arbeitnehmer-Urheberrecht, BB 1991, 2165; *Schacht* Die Einschränkungen des Urheberpersönlichkeitsrechts im Arbeitsverhältnis, 2004; *Schack* Wem gebührt das Urheberrecht, dem Schöpfer oder dem Produzenten?, ZUM 1990, 59; *Schmidt* Die Rechtsverhältnisse in einem Forscherteam, 1998; *Schulze* Urheber- und Leistungsschutzrechte des

Kameramanns, GRUR 1994, 855; *Skrzipek* Urheberpersönlichkeitsrecht und Vorfrage, UFITA 233 (2005), 233; *Straßer* Gestaltung internationaler Film-/Fernsehlizenzverträge, ZUM 1999, 928; *von Vogel* Der Arbeitnehmer als Urheber, NJW 2007, 177; *Wandtke* Zur Kommerzialisierung des Persönlichkeitsrechts, KUR 2003, 144; *Zirkel* Das neue Urhebervertragsrecht und der angestellte Urheber, WRP 2003, 59.

1. Grundsatz

Aufgrund der zwingenden Regelung des § 7 UrhG gilt im deutschen Urheberrecht ausnahmslos das sog. Schöpferprinzip. Nach diesem Grundsatz ist nur derjenige Urheber im Rechtssinne, der das Werk tatsächlich geschaffen hat. Da für eine Werkschöpfung stets das Tätigwerden eines individuellen menschlichen Geistes erforderlich ist, kann Urheber nur eine natürliche Person sein. Die originäre Urhebereigenschaft einer juristischen Person oder einer Personengesellschaft ist daher im deutschen Recht grundsätzlich nicht möglich.[120] Diese sind darauf angewiesen, dass ihnen die Nutzungsrechte an einem Werk von dem originären Rechteinhaber übertragen werden. **106**

Ausfluss des Schöpferprinzips ist des Weiteren, dass das originäre Urheberrecht nicht übertragen werden kann. Es können nur die Nutzungsrechte an dem Werk übertragen werden, das Urheberrecht selbst ist untrennbar mit der natürlichen Person verbunden, die das Werk erschaffen hat, § 29 Abs. 1 UrhG. Daher wird beispielsweise auch der Ghostwriter als Urheber angesehen und nicht etwa sein Auftraggeber.[121] **107**

Da das Schöpferprinzip eines der Grundprinzipien des deutschen Urheberrechts darstellt, ist eine vertragliche Abbedingung der originären Urheberschaft nicht möglich. Im angloamerikanischen Recht gilt das Schöpferprinzip hingegen nicht uneingeschränkt. Vielmehr ist nach der dort geltenden „work made for hire-Doctrine" bei einem Auftragswerk der Arbeitgeber oder Auftraggeber, für den das Werk geschaffen wurde, der Urheber.[122] Deshalb ist bei in den USA produzierten Filmwerken in der Regel der Produzent auch Urheber. Das Schöpferprinzip ist in Deutschland aufgrund des Schutzlandprinzips jedoch auch hinsichtlich ausländischer Filme zwingendes Recht.[123] Demnach kann sich ein amerikanischer Filmproduzent im Hinblick auf eine Filmverwertung in Deutschland nicht darauf berufen, nach dem „work made for hire"-Prinzip Urheber des Filmwerks zu sein, und zwar auch dann nicht, wenn er abweichende vertragliche Regelungen getroffen hat.[124] **108**

Umgekehrt kann es aber für den Lizenznehmer durchaus sinnvoll sein, im Rahmen eines Vertrages mit einem Urheber in Deutschland in die Rechteübertragungsregelungen aufzunehmen, dass er als Urheber gilt, sofern andere Rechtsordnungen dies, beispielsweise bei einer Verwertung in den USA, so vorsehen. **109**

Da es sich bei der Schöpfung um einen Realakt handelt, ist für die Entstehung von Urheberrechtsschutz die Geschäftsfähigkeit des Urhebers (§ 104 BGB) nicht erforderlich. Daher können auch Kinder Urheber sein. Gegebenenfalls ist das Urheberrecht **110**

---

120 Juristische Personen des öffentlichen Rechts sowie Herausgeber von Sammelwerken können jedoch ausnahmsweise als Urheber nach „altem Recht" gem. § 134 UrhG i.V.m. §§ 3, 4 LUG 1901 und §§ 5, 6 KUG 1907 in Betracht kommen, s. dazu *LG München I* ZUM 1993, 370, 374 – NS Propagandafilme; *Schricker/Katzenberger* § 134 Rn. 3; *Möhring/Nicolini/Hartmann* § 134 Rn. 3, 4.

121 *Wandtke/Bullinger/Thum* § 7 Rn. 10.

122 § 201 Abs. b US Copyright Law.

123 Vgl. *BGH* NJW 1992, 2824 – ALF; s.u. Rn. 313.

124 *BGH* MMR 1998, 35, 36 – Spielbankaffaire; *Schricker/Katzenberger* Vor §§ 120 ff. Rn. 129.

dann gem. § 1626 Abs. 1 BGB durch die Eltern des minderjährigen Werkschaffenden zu verwalten. Unabhängig von der Geschäftsfähigkeit des Schöpfers entsteht das Urheberrecht in dem Moment des Schöpfungsaktes, also dem Zeitpunkt, in dem das Werk derart zum Ausdruck gebracht wird, dass es sinnlich wahrnehmbar ist.

111 Auch aufgrund der Tatsache, dass es sich beim Schöpfungsakt um einen rein tatsächlichen Vorgang handelt, sind die Regeln der Stellvertretung gem. §§ 164 ff. BGB nicht anwendbar.

2. Einschränkungen

112 Als zwingendes Grundprinzip des Urheberrechts findet das Schöpferprinzip auch auf Arbeitsverträge Anwendung. Gem. § 43 UrhG sind die Regelungen der §§ 31 ff. UrhG betreffend die Einräumung von Nutzungsrechten grundsätzlich anwendbar, soweit sich aus dem Inhalt oder dem Wesen des Arbeits- oder Dienstverhältnisses nichts anderes ergibt. Wenn es sich bei dem Werk um ein Arbeitsergebnis handelt, zu dem der Arbeitnehmer aufgrund des Arbeitsvertrags verpflichtet war (sog. „Pflichtwerk"), ergibt sich aus dem Wesen und dem Inhalt des Arbeits- oder Dienstverhältnisses, dass der Arbeitnehmer dem Arbeitgeber regelmäßig schon mit dem Arbeitsvertrag ein entsprechendes ausschließliches Nutzungsrecht überträgt.[125]

113 Bei sog. freien Werken, also Werken, die nicht aufgrund der Erfüllung einer dienstvertraglichen Pflicht, sondern lediglich bei Gelegenheit der Beschäftigung oder sogar außerhalb des Arbeitsverhältnisses geschaffen wurden, ist fraglich, ob der Arbeitnehmer dazu verpflichtet ist, die Nutzungsrechte an dem von ihm geschaffenen freien Werk zunächst seinem Arbeitgeber bzw. seinem Dienstherrn anzubieten. Die h.M. bejaht dies mit Blick auf die besonderen persönlichen Fürsorge- und Treuepflichten, die in einem Arbeits- oder Dienstverhältnis bestehen.[126] Die Regelungen des Arbeitnehmererfinderrechts, welches gem. § 1 ArbNErfG nur bei Erfindungen und technischen Verbesserungsvorschlägen von Arbeitnehmern, die patent- oder gebrauchsmusterfähig sind, einschlägig ist, sind grundsätzlich nicht auf das Arbeitnehmerurheberrecht anwendbar.[127] In der Rechtsprechung wird allerdings für Leistungen, die ein Hochschullehrer im Rahmen seines Dienstvertrages erbringt, eine Anbietungspflicht aufgrund der Treuepflicht beziehungsweise aufgrund einer analogen Anwendung des Arbeitnehmererfindungsgesetzes konstatiert.[128]

114 Im Hinblick auf die Schaffung von Computerprogrammen gilt die vorrangige Sonderregelung des § 69b Abs. 1 UrhG. Danach werden dem Arbeitgeber in teilweiser Abweichung vom Schöpferprinzip die vermögensrechtlichen Befugnisse an dem vom Arbeitnehmer geschaffenen Computerprogramm nach h.M. bereits kraft Gesetzes – im Wege einer gesetzlichen Lizenz – eingeräumt.[129] Abweichendes gilt nur, sofern dies arbeitsvertraglich ausdrücklich vereinbart wurde. Demnach steht dem Arbeitgeber das ausschließliche Recht zu, das geschaffene Programm kommerziell zu nutzen. Der Urheber selbst darf es also weder vertreiben noch lizenzieren. Die Urheberpersönlichkeitsrechte an dem geschaffenen Werk verbleiben jedoch beim Arbeitnehmer.[130]

---

125 *Dreier/Schulze* /Dreier§ 43 Rn. 18 ff.; Wandtke/Bullinger/*Wandtke* § 43 Rn. 30.

126 Ausf. hierzu *Schricker/Rojahn* § 43 Rn. 100 ff.; vgl. auch Wandtke/Bullinger/*Wandtke* § 43 Rn. 31.

127 Str., zum Streitstand *Schricker/Rojahn* § 43 Rn. 101.

128 *BGH* NJW 1991, 1480, 1483 – Grabungsmaterialien; *LG München I* ZUM 1997, 659.

129 *Schricker/Loewenheim* § 69b Rn. 11; Wandtke/Bullinger/*Grützmacher* § 69b Rn. 1; wohl zust. *BGH* GRUR 2002, 149, 150 – Wetterführungspläne II; GRUR 2001, 155, 157 – Wetterführungspläne.

130 *Dreier/Schulze/Dreier* § 69b Rn. 3.

Ähnliches gilt im Hinblick auf Filme. Kraft Gesetzes gilt dort die Auslegungsregel, dass der Filmhersteller von jedem, der sich zur Mitwirkung an dem Film verpflichtet hat, im Zweifel das ausschließliche Recht erhält, das Filmwerk einschließlich dessen Übersetzungen, Bearbeitungen und Umgestaltungen auf alle Nutzungsarten zu nutzen, § 89 Abs. 1 UrhG. **115**

Eine weitere Ausnahme zum Schöpferprinzip macht das DesignG. Gem. § 7 Abs. 2 DesignG stehen die Rechte an einem Design, das der Arbeitnehmer in Ausübung seiner Aufgaben oder nach den Weisungen seines Arbeitgebers entworfen hat, dem Arbeitgeber zu, sofern vertraglich nichts anderes vereinbart wurde. **116**

Aus der Sicht des Arbeitgebers oder Dienstherren sollte aber trotz der vorstehenden Einschränkungen zum Schöpferprinzip **nicht** auf eine ausdrückliche und umfassende Rechteübertragungsregelung verzichtet werden. Anderenfalls kann es zu unnötigem Streit über den Umfang, insbesondere die zeitlichen, örtlichen und inhaltlichen Grenzen der Nutzungsrechte des Arbeitgebers bzw. Dienstherren kommen.[131] **117**

II. Miturheberschaft

Literatur: *Deumeland* Stellungnahme zum Urteil des *LG Düsseldorf* vom 21.8.2002 – 12-O-538/01 – „Miturheberschaft an einem Tonkopf", KUR 2003, 6; *Gloser* Urheberrecht im Nachlass, DNotZ 2013, 497; *Henke/von Falck/Haft/Jaekel/Lederer/Loschelder/McGuire/Viefhues/von Zumbusch* Der Einfluss der Mitinhaberschaft an Rechten des Geistigen Eigentums auf deren Verwertung, GRURInt 2007, 503; *Hyzik* Zur urheberrechtlichen Situation der Filmmusik, 2000; *Kirchmaier* Stellungnahme zum Urteil des *LG Düsseldorf* vom 21.8.2002 – 12-O-538/01 – „Miturheberschaft an einem Tonkopf", KUR 2003, 7; *Leuze* Die Urheberrechte der wissenschaftlichen Mitarbeiter, GRUR 2006, 552; *Loewenheim* Urheberrechtliche Probleme bei Multimediaanwendungen, GRUR 1996, 830; *Pfennig* Joseph Beuys und seine Schüler, Anm. zum Urteil des *OLG Düsseldorf* v. 21.10.2003 – 20 U 170/02, ZUM 2004, 52; *Poll* Die Harmonisierung des europäischen Filmurheberrechts aus deutscher Sicht, GRURInt 2003, 290; *Riesenhuber* Die Vermutungstatbestände des § 10 UrhG, GRUR 2003, 187; *Ritter/Vogel* Wert des Tanzes: Notizen zum Urheberrecht, GRUR-Prax 2012, 572; *Schmidt* Die Rechtsverhältnisse in einem Forscherteam, 1997; *Steffen* Die Miturhebergemeinschaft, 1989; *Thiele* Die Erstautorenschaft bei wissenschaftlichen Publikationen, GRUR 2004, 392; *Thielecke/von Bechtolsheim* Urheberrecht für die Mitwirkenden an komplexen Werken?, GRUR 2003, 754; *Ubertazzi* Gedanken zur Erfinder- und zur Urhebergemeinschaft, GRURInt 2004, 805; *Waldenberger* Die Miturheberschaft im Rechtsvergleich, 1991.

Haben mehrere ein Werk gemeinsam geschaffen, ohne dass sich ihre Anteile gesondert verwerten lassen, so sind sie gem. § 8 Abs. 1 UrhG Miturheber des Werkes. In diesem Fall stehen denjenigen, die an der Werkschaffung schöpferisch beteiligt waren, die Urheberrechte an dem Werk gemeinsam zu. **118**

Voraussetzung der Miturheberschaft i.S.d. § 8 UrhG ist, dass eine gemeinsame Schöpfung vorliegt. Dies erfordert das Vorliegen einer einheitlichen Idee, der sich die Miturheber unterordnen, um gemeinschaftlich und willentlich ein einheitliches Werk zu schaffen.[132] An einer gemeinsamen Schöpfung fehlt es bspw. bei einem von einer **119**

131 S. dazu die sog. Zweckübertragungslehre gem. § 31 Abs. 5 UrhG, s.u. Rn. 236 ff.; Wandtke/Bullinger/*Wandtke* § 43 Rn. 54 ff. Wurden keine individualvertraglichen Regelungen getroffen, können tarifvertragliche Regelungen weiterhelfen, soweit diese nicht wegen Verstoßes gegen zwingende Bestimmungen des Urheberrechts (z.B. § 31 Abs. 4 UrhG) unwirksam sind.

132 *Dreier/Schulze/Schulze* § 8 Rn. 2; *Schricker/Loewenheim* § 8 Rn. 8 f.

Schülerin an einer Kunstakademie begonnenen Kunstwerk, das später durch den Lehrer (hier: Beuys) ohne den Willen der Schülerin fortgesetzt und vollendet wird.[133] Sind an der Schaffung eines Werkes zeitlich gestaffelt verschiedene Urheber beteiligt, setzt ein Miturheberschaft voraus, dass jeder Beteiligte seinen schöpferischen Beitrag in Unterordnung unter die gemeinsame Gesamtidee erbracht hat.[134] Auch derjenige, der lediglich Anregungen oder Hilfestellungen zur Werkschaffung gibt, ist nicht Miturheber, da die gemeinsame Urheberschaft stets einen schöpferischen Beitrag eines jeden Miturhebers erfordert.[135] Auch die Inhaber verwandter Schutzrechte sind keine Miturheber, so zum Beispiel die Schauspieler bei einem Film.

120 Liegen die Voraussetzungen für eine gemeinsame Schöpfung, deren Einzelteile nicht gesondert verwertbar sind,[136] vor, so besteht ein einheitliches Urheberrecht mehrerer Personen. Die Miturheber bilden gem. § 8 Abs. 2 S. 1 UrhG eine Gesamthandsgemeinschaft, auf die die Vorschriften der §§ 705 ff. BGB entsprechend anzuwenden sind. Auch hier gilt das Schöpferprinzip ohne Einschränkungen, so dass der einzelne Miturheber sein (anteiliges) Urheberrecht nicht übertragen kann, § 29 UrhG.

121 Während die Rechte des Miturhebers, die aufgrund des Persönlichkeitsrechts zugebilligt werden, jedem einzelnen Miturheber selbst zustehen, sind die vermögensrechtlichen Ansprüche durch die Gesamthand gebunden. Soll das Werk veröffentlicht, verwertet oder geändert werden, müssen daher alle Miturheber vorher zustimmen. Verweigert einer der Miturheber seine Zustimmung, so können die übrigen Miturheber diese nur dann erfolgreich einklagen, wenn sie wider Treu und Glauben verweigert wurde, § 8 Abs. 2 S. 2 UrhG.

122 Die durch die Verwertung des gemeinschaftlichen Werkes erzielten Erträge stehen den Miturhebern im Zweifel zu gleichen Teilen zu, § 742 BGB. Etwas anderes gilt nur, wenn die Miturheber vertraglich vereinbart haben, dass die Erlöse auf eine andere Art und Weise verteilt werden sollen.

123 Werden Werke gemeinsam mit anderen geschaffen, sollte nicht auf die häufig unbekannten und in der praktischen Umsetzung nur begrenzt hilfreichen gesetzlichen Regelungen zur Gesamthandsgemeinschaft vertraut werden, sondern im Rahmen der gesetzlichen Möglichkeiten eine schriftliche Vereinbarung geschlossen werden, welche die Beziehungen zueinander, insbesondere die Verteilung der Erträge, die Verwertungsbefugnisse und ggf. den Anteilsverzicht,[137] ausdrücklich regelt.

---

133 *OLG Düsseldorf* GRUR-RR 2005, 2 – Beuys-Kopf.

134 *BGH* GRUR 2005, 860 – Fash 2000.

135 Typische Gehilfentätigkeiten sind bspw. die Fußnotenbearbeitung, das vorbereitende Sammeln, Ordnen von Material etc.; *Schricker/Loewenheim* § 8 Rn. 8; Wandtke/Bullinger/*Thum* § 7 Rn. 13.

136 Typische Beispiele für gemeinsame Schöpfungen im Sinne einer Miturheberschaft sind wissenschaftliche Forschungsergebnisse und Aufsätze, Drehbücher, Filmwerke, Musikwerke, wenngleich bei letzteren auch eine getrennte Verwertung zumindest von Musik und Text oder Bild und Text denkbar ist. Anders als in Deutschland werden solche Verbindungen von Musik und Text allerdings im Ausland teilweise gleichwohl als miturheberschaftlich geschaffene Werke qualifiziert, s. dazu Wandtke/Bullinger/*Thum* § 8 Rn. 14, § 9 Rn. 33 ff.

137 In Abweichung zur grds. Nichtübertragbarkeit der Verwertungsrechte und des Urheberrechts selbst kann nämlich der Miturheber gegenüber den anderen Miturhebern auf seinen Anteil an den Verwertungsrechten verzichten, § 8 Abs. 4 UrhG. Nicht verzichtet werden kann allerdings auf die urheberpersönlichkeitsrechtlichen Bestandteile, insofern bleibt der Miturheber mit den anderen Miturhebern bis zum Ablauf der Schutzfrist verbunden.

D. Inhalt des Urheberrechts

I. Urheberpersönlichkeitsrecht

Das Urheberpersönlichkeitsrecht als besonderes Persönlichkeitsrecht regelt die besondere Beziehung zwischen dem Urheber und seinem Werk. Das Urheberrecht differenziert insofern zwischen einem Kernbereich des Urheberpersönlichkeitsrechts, den §§ 12–14 UrhG, und Normen mit urheberpersönlichkeitsrechtlichem Einschlag, z.B. das Zugangsrecht gem. § 25 UrhG oder auch die Einschränkungen bei der Zwangsvollstreckung gem. §§ 113 ff. UrhG. **124**

Das Urheberpersönlichkeitsrecht und seine Ausprägungen in §§ 12–14 UrhG sind wie das Urheberrecht selbst grundsätzlich weder übertragbar,[138] noch verzichtbar, § 29 UrhG. Einigkeit besteht jedoch darin, dass eine strenge Unverzichtbarkeit den ebenfalls zu berücksichtigenden Interessen des Werkverwerters nicht gerecht wird. Im Sinne eines Interessenausgleichs wird nach Lösungen gesucht. Eine dieser Lösungen ist, dass sich der Urheber wirksam zur Unterlassung der Ausübung bestimmter urheberpersönlichkeitsrechtlicher Befugnisse verpflichten kann.[139] So kann der Urheber beispielsweise auf eine Namensnennung verzichten (sog. Ghostwriter-Fälle).[140] **125**

1. Veröffentlichungsrecht gem. § 12 UrhG

Literatur: *Fromm/Nordemann* Urheberrecht, 11. Aufl. 2014; *Goebel/Hackemann/Scheller* Zum Begriff des Erscheinens beim elektronischen Publizieren, GRUR 1986, 355; *Haberstumpf* Archivverträge, FS Nordemann, 2004, S. 167; *ders.* Das Urheberrecht – Feind des Wissenschaftlers und des wissenschaftlichen Fortschritts?, ZUM 2012, 529; *Müsse* Das Urheberpersönlichkeitsrecht unter besonderer Berücksichtigung der Veröffentlichung und der Inhaltsmitteilung, 1999; *Pflüger/Ertmann* E-Publishing und Open Access – Konsequenzen für das Urheberrecht im Hochschulbereich, ZUM 2004, 436; *Sprang* Zweitveröffentlichungsrecht – ein Plädoyer gegen § 38 Abs. 4 UrhG-E, ZUM 2013, 461; *Ulmer* Das Veröffentlichungsrecht des Urhebers, FS Hubmann 1985, S. 435; *von Welser* Die Wahrnehmung urheberpersönlichkeitsrechtlicher Befugnisse durch Dritte, 2000.

Das Veröffentlichungsrecht als das höchstpersönliche Recht des Urhebers zur Entscheidung über die Entlassung seines Werks in die Öffentlichkeit[141] ist als Teil des Urheberpersönlichkeitsrechts – wie einleitend ausgeführt[142] – grundsätzlich nicht auf andere übertragbar.[143] Davon zu unterscheiden ist jedoch das Recht des Urhebers, die Veröffentlichung einem Dritten zu überlassen. Dies geschieht in der Praxis in der Regel stillschweigend, indem der Urheber einem Dritten Nutzungsrechte einräumt, kann sich aber auch aus den jeweiligen Umständen ergeben.[144] **126**

---

138 Str., für eine Übertragbarkeit zumindest des Veröffentlichungsrechts und des Änderungsrechts *von Gamm* § 11 Rn. 7 unter Berufung auf *BGHZ* 15, 249, 258, 260 – Cosima Wagner – und *RGZ* 151, 50, 53 – Babbit-Übersetzung; *Metzger* GRURInt 2003, 9, 11 ff., gegen Übertragbarkeit *Fromm/Nordemann/Hertin* Vor § 12 Rn. 4 ff.

139 Ebenfalls vertreten wird eine Überlassung zur Ausübung oder eine sog. gebundene Übertragung, vgl. *Schricker/Dietz* Vor § 12 Rn. 26; *Fromm/Nordemann/Hertin* Vor § 12 Rn. 4; Wandtke/Bullinger/*Bullinger* Vor §§ 12 ff. Rn. 7, Vor §§ 31 ff. Rn. 38.

140 Wandtke/Bullinger/*Bullinger* § 13 Rn. 22, 23.

141 *Fromm/Nordemann/Hertin* § 12 Rn. 1.

142 S.o. Rn. 125.

143 *LG München I* ZUM 2000, 415, 417.

144 *KG* NJW-RR 1986, 608, 609.

127 Die Veröffentlichung nach § 12 i.V.m. § 6 UrhG ist nicht ausschließlich an der Definition der Öffentlichkeit in § 15 Abs. 3 UrhG zu messen.[145] So kann bspw. ein Regisseur das von ihm geschaffene Filmwerk zunächst einem kleineren Testpublikum vorstellen, auch wenn es sich dabei nicht um durch gegenseitige Beziehungen miteinander verbundene Personen i.S.v. § 15 Abs. 3 UrhG handelt, ohne damit bereits über die Veröffentlichung des Filmwerkes zu entscheiden. Auch durch die Zusendung eines als vertraulich bezeichneten Briefs an eine vierköpfige Zeitschriftenredaktion verbraucht der Urheber des Briefes sein Veröffentlichungsrecht noch nicht.[146]

128 Das Veröffentlichungsrecht kann nur einmal ausgeübt werden; durch die mit seiner Zustimmung erfolgte Erstveröffentlichung ist das Veröffentlichungsrecht des Urhebers verbraucht,[147] nicht jedoch durch eine unbefugte Erstveröffentlichung.[148]

129 Wenngleich § 12 UrhG an sich keinen Raum für eine Interessenabwägung gibt, kann die Meinungs- oder Pressefreiheit dennoch Vorrang haben vor dem Veröffentlichungsrecht des Urhebers. So entschied das OLG Hamburg, dass das Informationsinteresse der Öffentlichkeit hinsichtlich der Veröffentlichung eines Schriftsatzes überwiege, der von dem Verteidiger des DDR-Regimekritikers Havemann für dessen Strafverfahren angefertigt worden war.[149]

130 Relevanz hat das Veröffentlichungsrecht gem. § 12 Abs. 1 UrhG insbesondere unter folgenden Gesichtspunkten:
- Die Schrankenbestimmungen gem. § 44a ff. UrhG kommen zur Anwendung;
- ein immaterieller Schadensersatzanspruch kommt bei einer Verletzung des Veröffentlichungsrechts in Betracht (§ 97 Abs. 2 UrhG);
- die öffentliche Ausstellung eines unveröffentlichten Werkes, das kein Werk der bildenden Kunst und kein Lichtbildwerk darstellt, kann auf der Grundlage von § 12 UrhG untersagt werden (das Ausstellungsrecht gem. § 18 UrhG ist nur auf Werke der bildenden Kunst und Lichtbildwerke anwendbar).

131 § 12 Abs. 2 UrhG beinhaltet einen vor der Erstveröffentlichung greifenden zusätzlichen Schutz des Urhebers vor ungewollter Inhaltsbeschreibung und Berichterstattung, nicht aber eine Schrankenbestimmung, die den Anwendungsbereich der §§ 44a ff. UrhG erweitert.[150]

132 Der Schutz nach § 12 Abs. 2 UrhG wird vor allem für Urheber eines Werkes der bildenden Kunst oder für Autoren relevant, da sie mittels ihrer Rechte aus § 12 Abs. 2 UrhG unterbinden können, dass bereits über Farbgestaltung und Aufbau eines Kunst-

---

145 *Dreier/Schulze* § 12 Rn. 5; *Schricker/Katzenberger* § 6 Rn. 9; Wandtke/Bullinger/*Bullinger* § 12 Rn. 7; a.A. *Möhring/Nicolini/Kroitzsch* § 12 Rn. 8.

146 *KG* NJW 1995, 3392, 3393 f. – Botho Strauß; die miteinander verbundenen Redaktionsmitarbeiter stellen bereits keine Öffentlichkeit dar.

147 *OLG München* NJW-RR 1997, 493, 494; *Schricker/Dietz* § 12 Rn. 7; a.A., jedoch unter Annahme des Verbrauchs für die jeweils erfolgte bestimmte Form der Veröffentlichung *LG Berlin* GRUR 1983, 761, 762 – Portraitbild – und *Fromm/Nordemann/Hertin* § 12 Rn. 10.

148 *OLG Köln* GRUR-RR 2005, 337.

149 *OLG Hamburg* GRUR 2000, 146, 147.

150 *LG Hamburg* NJW 2004, 610, 614 f. – Harry Potter-Lehrerhandbuch; *Dreier/Schulze/Schulze* § 12 Rn. 24; Wandtke/Bullinger/*Bullinger* § 12 Rn. 22; a.A. *Schricker/Dietz* § 12 Rn. 29, der der Norm im Wege des Umkehrschlusses entnehmen will, dass jedermann berechtigt sei, den Inhalt eines Werks öffentlich mitzuteilen oder zu beschreiben, sobald das Werk selbst, sein wesentlicher Inhalt oder eine Beschreibung des Werks mit Zustimmung des Urhebers veröffentlicht worden sei.

werkes berichtet wird, bevor das Werk zur Ausstellung gelangt, oder dass Kritiker sich bereits mit dem Inhalt eines Romans beschäftigen und Geheimnisse lüften, bevor das Werk veröffentlicht ist.

2. Anerkennung der Urheberschaft gem. § 13 UrhG

Literatur: *Bechthold* Zur rechtsökonomischen Analyse im Immaterialgüterrecht, GRUR Int 2008, 484; *Grünberger* Die Urhebervermutung und die Inhabervermutung für die Leistungsschutzberechtigten, GRUR 2006, 894; *Hock* Das Namensnennungsrecht des Urhebers, 1993; *Holländer* Das Urheberpersönlichkeitsrecht des angestellten Programmierers, CR 1992, 279; *Löffler* Künstlersignatur und Kunstfälschung, NJW 1993, 1421; *Metzger* Rechtsgeschäfte über das Urheberpersönlichkeitsrecht nach dem neuen Urhebervertragsrecht – Unter besonderer Berücksichtigung der französischen Rechtslage, GRURInt 2003, 9; *Ohly* Die Autorenangabe bei wissenschaftlichen Veröffentlichungen aus wissenschaftsethischer und aus urheberrechtlicher Sicht, FS für Dietz, 2001, S. 143; *Ott* Die urheberrechtliche Zulässigkeit des Framing nach der BGH-Entscheidung im Fall „Paperboy", ZUM 2004, 357; *Radmann* Abschied von der Branchenübung: Für ein uneingeschränktes Namensnennungsrecht der Urheber, ZUM 2001, 788; *Rehbinder* Das Namensnennungsrecht des Urhebers, ZUM 1991, 220; *Spieker* Die fehlerhafte Urheberbenennung: Falschbenennung des Urhebers als besonders schwerwiegender Fall, GRUR 2006, 118; *Stolz* Der Ghostwriter im deutschen Recht, 1971; *von Welser* Die Wahrnehmung urheberpersönlichkeitsrechtlicher Befugnisse durch Dritte, 2000.

Das Recht auf Anerkennung der Urheberschaft hat mehrere Ausprägungen: So kann **133** der Urheber zum einen verlangen, als solcher im Zusammenhang mit seinem Werk oder Teilen davon genannt zu werden. Dies ermöglicht ihm, bspw. gegen Plagiatoren, also gegen Dritte, die sich die Urheberschaft an einem fremden Werk anmaßen, vorzugehen. Ferner kann der Urheber verlangen, dass sein Werk nur in Verbindung mit seiner Urheberbezeichnung verwertet wird.

Dabei muss der Urheber durchaus dulden, dass auch andere (Miturheber) in Verbin- **134** dung mit dem Werk als Urheber genannt werden. So führt die Übersetzung eines Werkes in der Regel zur Namensnennung von Urheber *und* Übersetzer.

Die Verpflichtung des Urhebers zur Duldung der Nennung anderer oftmals nachge- **135** schalteter Bearbeiter seines Werkes kann dazu führen, dass der Urheber nachträglich doch auf seine Nennung als Urheber verzichten will. In diesem Sinne schützt § 13 S. 2 UrhG auch das Recht des Urhebers auf Anonymität.

In der Praxis stellt sich oft die Frage, inwieweit mit dem Urheber vertraglich wirksame **136** Vereinbarungen über die Urhebernennung oder gar den Verzicht auf eine solche getroffen werden können. Grundsätzlich gilt, dass das Recht auf Anerkennung der Urheberschaft von einer Nutzungsrechteeinräumung an dem Werk unberührt bleibt. Denn Urheberpersönlichkeitsrechte wie auch das Recht aus § 13 UrhG können in ihrem Kern vertraglich nicht abbedungen werden.[151] Die Frage ist daher, ob wirksam mit dem Urheber vereinbart werden kann, dass dieser auf seine Namensnennung insgesamt oder zumindest zu einem bestimmten Zeitpunkt verzichtet. Insbesondere im Zusammenhang mit den sog. Ghostwriter-Fällen wird eine solche Vereinbarung auf-

151 *OLG München* GRUR-RR 2004, 33, 34 – Pumuckl-Illustrationen: „kein Verzicht auf Urheberpersönlichkeitsrechte mit dinglicher Wirkung denkbar"; *KG* WRP 1977, 187, 190; *Dreier/Schulze/Schulze* § 13 Rn. 24; *Fromm/Nordemann/Hertin* Vor § 12 Rn. 3; *Schricker/Dietz* § 13 Rn. 24; Wandtke/Bullinger/*Bullinger* § 13 Rn. 19.

grund des praktischen Bedürfnisses für wirksam und zulässig erachtet.[152] Im Falle des Ghostwriters, der sich zumeist auf das Verfassen von politischen Reden und ähnlichen Texten spezialisiert hat, werden die von ihm angefertigten Texte schließlich von einem Dritten, der dann als Urheber ausgegeben wird, veröffentlicht. Trotz der grundsätzlichen Zulässigkeit solcher Verzichtsvereinbarungen wird gleichwohl stets betont, dass auf das Namensnennungsrecht nicht endgültig verzichtet werden dürfe, da es dann in seinem Kern betroffen sei. Auch wird gefordert, dass dem Ghostwriter jedenfalls eine Verpflichtung zur Lüge, d.h. zum bewussten Abstreiten seiner Urheberschaft im Falle gezielter Anfragen Dritter nicht auferlegt werden dürfe.[153] Ein endgültiger Verzicht wird in den Ghostwriter-Vereinbarungen aber wohl die Regel sein. Dementsprechend sind diese Fälle nicht anders gelagert als andere Bereiche, wie bspw. der Bereich von Film und Fernsehen, wo sich ein Regisseur nach der Veröffentlichung des von ihm gestalteten Films dazu entschließt, als Urheber nicht genannt zu werden. Entsprechend den obigen Ausführungen müsste es daher auch möglich sein, mit dem Regisseur eine Vereinbarung zu treffen, wonach dieser verbindlich erklärt, ob er als Urheber genannt werden möchte oder nicht.

137 Diesen inneren Widerspruch zwischen dem praktischen Bedürfnis, vertragliche Vereinbarungen der vorstehend dargestellten Art schließen zu können, und dem grundsätzlich unabdingbaren Recht des Urhebers auf Anerkennung seiner Urheberschaft versucht die Literatur dadurch zu lösen, dass sie dem Urheber ein Kündigungsrecht hinsichtlich der getroffenen vertraglichen Vereinbarung zubilligt, wonach dieser in entsprechender Anwendung der §§ 40 Abs. 1 S. 2, 41 Abs. 4 S. 2 UrhG berechtigt ist, nach fünf Jahren seine Verzichtsvereinbarung zu kündigen.[154] Fraglich ist, ob der Urheber jedenfalls im Falle des Einverständnisses mit seiner Urhebernennung nur dann nachträglich auf sein Recht auf Anonymität beharren kann, wenn ein Fall der Werkentstellung i.S.d. § 14 UrhG vorliegt.[155]

138 Der Urheber hat auch das Recht, die Art und Weise seiner Urhebernennung festzulegen. So kann er bestimmen, dass er mit einem Künstlerzeichen, einem Pseudonym oder einer Abkürzung genannt wird. Ferner kann der Urheber verlangen, dass die Benennung seiner Funktion, bspw. als Autor, Bildhauer, Maler etc. genannt wird.[156] Wenngleich auch dieses Recht an sich unverzichtbar sein dürfte, wird in der Literatur allgemein anerkannt, dass insofern auch auf die Verkehrsgepflogenheiten zurückgegriffen werden kann, jedenfalls dann, wenn keine ausdrückliche Bestimmung getroffen wurde. So werden Werke der bildenden Kunst üblicherweise handsigniert; bei Bauwerken wird in der Regel eine Tafel angebracht, die den Architekten benennt; Filmurheber werden im Vor- und Abspann genannt. Letzteres hat auch für den Fall zu gelten, dass von einem Filmwerk Videokassetten hergestellt werden; die Nennung auf der Verpackung genügt dann nicht.[157]

---

152 *Dreier/Schulze* § 13 Rn. 31; *Fromm/Nordemann/Hertin* § 13 Rn. 16; *Schricker/Dietz* § 13 Rn. 9; vgl. auch *OLG München* GRUR-RR 2004, 33, 34 f. – Pumuckl-Illustrationen. S. auch oben Rn. 125.

153 *Schricker/Dietz* § 13 Rn. 9.

154 *Dreier/Schulze/Schulze* § 13 Rn. 31; *Fromm/Nordemann/Hertin* § 13 Rn. 16; vgl. auch *OLG München* GRUR-RR 2004, 33, 34 f. – Pumuckl-Illustrationen; *LG München* I ZUM 2003, 66 ff.

155 Vgl. *Schricker/Dietz* § 13 Rn. 10, 15; s. auch *OLG Saarbrücken* UFITA 79 (1977) 364, 366 zur gerichtlichen Untersagung der Urhebernennung bei einem vom Rundfunkintendanten entstellten Fernsehbeitrag.

156 *Schricker/Dietz* § 13 Rn. 13.

157 Vgl. *OLG München* ZUM 2000, 61, 63 – Das kalte Herz.

3. Entstellung des Werkes, § 14 UrhG

Literatur: *Bullinger* Kunstwerkfälschung und Urheberpersönlichkeitsrecht. Der Schutz des bildenden Künstlers gegenüber der Fälschung seiner Werke, 1997; *Castendyk* Gibt es ein „Klingelton-Herstellungsrecht"?, ZUM 2005, 9; *Goldmann* Das Urheberrecht an Bauwerken – Urheberpersönlichkeitsrechte des Architekten im Konflikt mit Umbauvorhaben, GRUR 2005, 639; *Heidmeier* Das Urheberpersönlichkeitsrecht und der Film, 1996; *Hertin* Zur Lizenzierung von Klingeltonrechten, KUR 2004, 101; *Hess* Urheberrechtsprobleme der Parodie, 1993; *Honscheck* Der Schutz des Urhebers vor Änderungen und Entstellungen durch den Eigentümer, GRUR 2007, 944; *Loschelder* Verfälschungen des Persönlichkeitsbildes in der Kunst, GRUR 2013, 14; *Metzger* Rechtsgeschäfte über das Urheberpersönlichkeitsrecht nach dem neuen Urhebervertragsrecht – Unter besonderer Berücksichtigung der französischen Rechtslage, GRURInt 2003, 9; *Movsessian* Darf man Kunstwerke vernichten?, UFITA 95 (1983), 77; *Müller* Das Urheberpersönlichkeitsrecht des Architekten im deutschen und österreichischen Recht, 2004; ; *Obergfell* Entstellungsschutz post mortem? – Der Urheberrechtsfall „Stuttgart 21", GRUR-Prax 2010, 233; *Peifer* Werbeunterbrechungen in Filmwerken nach italienischem, deutschem und internationalem Urheberrecht, 1997; *Poll* Urheberrechtliche Beurteilung der Lizenzierungspraxis von Klingeltönen, MMR 2004, 67; *Pollert* Entstellung von Filmwerken und ihren vorbestehenden Werken, 2001; *Rosén* Werbeunterbrechungen von Spielfilmen nach schwedischem Recht – (immer noch) ein Testfall für das droit moral?, GRURInt 2004, 1002; *Schmelz* Die Werkzerstörung als ein Fall des § 11 UrhG, GRUR 2007, 565; *Schöfer* Die Rechtsverhältnisse zwischen dem Urheber eines Werkes der bildenden Kunst und dem Eigentümer des Originalwerkes, München 1984; *Spieß* Urheber- und wettbewerbsrechtliche Probleme des Sampling in der Popmusik, ZUM 1991, 524; *van Waasen* Das Spannungsfeld zwischen Urheberrecht und Eigentum im deutschen und ausländischen Recht, 1994; *Wallner* Der Schutz von Urheberrechtswerken gegen Entstellungen unter besonderer Berücksichtigung der Verfilmung, 1995; *Wandtke* Die Rechtsfigur „gröbliche Entstellung" und die Macht der Gerichte, FS Schricker, 2005, S. 609; *Zlanabitnig* Zum Entstellungsschutz von Filmwerken, AfP 2005, 535.

Hat sich der Urheber einiger oder sämtlicher Nutzungsrechte an seinem Werk entledigt, so ist er auf das Verbietungsrecht nach § 14 UrhG angewiesen, um sein Werk gegen Verfälschungen zu verteidigen. **139**

Ob eine Entstellung im Sinne des Gesetzes vorliegt, ist im Wesentlichen anhand einer Interessenabwägung zu ermitteln. Die im Zusammenhang mit einer solchen Interessenabwägung zu berücksichtigenden Kriterien[158] sind unter anderem der Grad der schöpferischen Eigenart des Werkes, der künstlerische Rang,[159] der Gebrauchszweck, die Irreversibilität des Eingriffs und der Grad der Öffentlichkeit. **140**

Interessant ist in diesem Zusammenhang, dass die **Werkvernichtung** keine Entstellung i.S.v. § 14 UrhG darstellt. Der Eigentümer eines Werkexemplars hat also nicht die Pflicht, dieses zu erhalten oder zu restaurieren, vielmehr kann er es sogar zerstören. Dies gilt bspw. auch für den Abriss von architektonisch wertvollen Gebäuden.[160] Etwas anderes kann jedoch für die teilweise Vernichtung eines Werkes gelten.[161] **141**

---

158 Vgl. Wandtke/Bullinger/*Bullinger* § 14 Rn. 15 ff.

159 Str., vgl. *BGH* GRUR 1989, 106, 107 – Oberammergauer Passionsspiele II; GRUR 1982, 107 ff. – Kirchenraumgestaltung; *Loewenheim/Dietz* § 16 Rn. 112; dagegen Wandtke/Bullinger/*Bullinger* § 14 Rn. 17, da dies eine künstlerische Bewertung des Werkes bedeuten würde.

160 So die wohl h.M., vgl. *LG Hamburg* GRUR 2005, 672, 674; *Goldmann* GRUR 2005, 639, 643; a.A. *Fromm/Nordemann/Hertin* § 14 Rn. 18; *Schricker/Dietz* § 14 Rn. 38.

161 Vgl. *OLG München* ZUM 2001, 339, 344 – Abriss eines Kirchenschiffs.

142 Relevant wird das Recht gegen Entstellung insbesondere für den Architekten als Urheber,[162] aber auch im Bereich der bildenden Kunst, bspw. im Zusammenhang mit Parodien und Plagiaten,[163] in der Literatur[164] und im Filmbereich.[165] Im Musikbereich sind insbesondere die Entscheidungen zur Verwendung eines Musikstücks als Handy-Klingelton zu nennen.[166] Insofern scheint mittlerweile unstreitig, dass eine solche Verwendung eines Musikstücks als Handy-Klingelton einen Eingriff in das Urheberpersönlichkeitsrecht gem. §§ 14, 23 UrhG darstellt.[167] Entscheidend kann in diesem Zusammenhang jedoch sein, ob das Recht zur Bearbeitung eines Musikwerks als Klingelton mit dem Abschluss des Berechtigungsvertrages an die GEMA übertragen wurde.[168] Im Gegensatz zu den vorherigen Fassungen umfassen die GEMA Berechtigungsverträge in der Fassung von 2002 und 2005 nach der Rspr. des BGH das Recht, ein Musikwerk als Klingelton zu nutzen.[169] Der Urheber kann sich jedoch im Rahmen der Rechteeinräumung an die GEMA das Recht vorbehalten, in die Nutzung des Werkes als Klingelton jeweils einwilligen zu können. Die Nutzungsrechte der GEMA stehen dann unter der aufschiebenden Bedingung, dass der Lizenznehmer der GEMA vor Beginn der Nutzung eines Werkes als Klingelton eine zur Wahrung der Urheberpersönlichkeitsrechte erteilte Benutzungsbewilligung des Urhebers vorzulegen hat.[170]

II. Verwertungsrechte

Literatur: *Ahrens* Napster, Gnutella, FreeNet & Co – die immaterialgüterrechtliche Beurteilung von Internet-Musiktauschbörsen, ZUM 2000, 1029; *Berger* Urheberrechtliche Erschöpfungslehre und digitale Informationstechnologie, GRUR 2002, 198; *Dreier* Konvergenz und das Unbehagen des Urheberrechts, FS Erdmann, 2002, S. 73; *Flechsig* Darbietungsschutz in der Informationsgesellschaft – Das neue Leistungsschutzrecht des ausübenden Künstlers nach der Umsetzung der Informationsrichtlinie, NJW 2004, 575; *Hoeren* Der Erschöpfungsgrundsatz bei Software – Körperliche Übertragung und Folgeprobleme, GRUR 2010, 665; *ders.* Überlegungen zur urheberrechtlichen Qualifizierung des elektronischen Abrufs, CR 1996, 517; *Koehler* Der Erschöpfungsgrundsatz des Urheberrechts im Onlinebereich, 2000; *Lauber/Schwipps* Das Gesetz zur Regelung des Urheberrechts in der Informationsgesellschaft, GRUR 2004, 293; *Loewenheim* Öffentliche Zugänglichmachung von Werken

162 S. bspw. *BGH* GRUR 1999, 230 – Wendeltreppe; *KG* NJW-RR 2001, 1201, 1202 – Detlev Rohwedder-Haus, wo das nachträgliche Aufstellen einer Stahlplastik eine urheberrechtlich geschützte Gartengestaltung verletzte.

163 Bekannt sind in diesem Zusammenhang die Entscheidungen *BGH* GRUR 1994, 191, 193 – Asterix-Persiflagen, GRUR 1994, 206, 208 – Alcolix.

164 Vgl. *OLG München* GRUR 1986, 460 – Die Verfilmung der unendlichen Geschichte.

165 Hier z.B. in Bezug auf Nachkolorierungen und auf Werbeunterbrechungen, wobei in diesem Zusammenhang § 93 UrhG zu berücksichtigen ist, der eine gröbliche Entstellung verlangt; vgl. *Engel* ZUM 2003, 85.

166 *BGH* NJW 2009, 774; *OLG Hamburg* ZUM 2002, 480, 483; *LG Hamburg* ZUM 2005, 485; *LG Hamburg* ZUM-RD 2001, 443, 445; s. auch *Castendyk* ZUM 2005, 9; *von Einem* ZUM 2005, 540.

167 *BGH* GRUR 2010, 920 – Klingeltöne für Mobiltelefone II.

168 *BGH* GRUR 2009, 395 – Klingeltöne für Mobiltelefone; GRUR 2010, 920 – Klingeltöne für Mobiltelefone II; ebenfalls dazu eingehend *OLG Hamburg* MMR 2006, 316 ff. – Handy-Klingeltöne II.

169 *BGH* GRUR 2009, 395 – Klingeltöne für Mobiltelefone; GRUR 2010, 920 – Klingeltöne für Mobiltelefone II.

170 *BGH* GRUR 2012, 1062 – Elektronischer Programmführer; GRUR 2010, 920 – Klingeltöne für Mobiltelefone II.

im Schulunterricht, FS für Schricker, 2005, S. 413; *Marly* Der Schutzgegenstand des urheberrechtlichen Softwareschutzes, GRUR 2012, 773; *Radmann* Kino.ko – Filmegucken kann Sünde sein, ZUM 2010, 387; *Reinbothe* Die Umsetzung der EU-Urheberrechtsrichtlinie in deutsches Recht, ZUM 2002, 43; *Riesenhuber* Der Einfluss der RBÜ auf die Auslegung des deutschen Urhebergesetzes, ZUM 2003, 333; *Schack* Rechtsprobleme der Online-Übermittlung, GRUR 2007, 639; *Schricker* Bemerkungen zur Erschöpfung im Urheberrecht, FS Dietz, 2001, S. 447; *Schulze* Vergütungssystem und Schrankenregelungen – Neue Herausforderungen an den Gesetzgeber, GRUR 2005, 828; *ders.* Wann beginnt eine urheberrechtlich relevante Nutzung?, ZUM 2000, 126; *Schwarz* Klassische Nutzungsrechte und Lizenzvergabe beziehungsweise Rückbehalt von „Internet-Rechten", ZUM 2000, 816; *Spindler* Europäisches Urheberrecht in der Informationsgesellschaft, GRUR 2002, 105; *Ullrich* Alles in einem – Die Einräumung eines Nutzungsrechts i.S.d. § 31 Abs. 1 UrhG für einen On-Demand-Dienst im Internet, ZUM 2010, 311; *Ulmer* Die Entscheidung zur Kabelübertragung von Rundfunksendungen im Lichte urheberrechtlicher Grundsätze, GRURInt 1981, 372; *Wandtke/Schäfer* Music-on-Demand – Neue Nutzungsart im Internet?, GRURInt 2000, 187; *Zscherpe* Urheberrechtsschutz digitalisierter Werke im Internet, MMR 1998, 404.

Die Verwertungsrechte des Urhebers sind in den §§ 15–23 UrhG geregelt. Zwar regeln **143**
die Verwertungsrechte die Befugnisse des Urhebers im Zusammenhang mit der wirtschaftlichen Verwertung seines Urheberrechts, in der Vertragspraxis von deutlich größerer Bedeutung sind dagegen die von den Verwertungsrechten abgeleiteten (abgespaltenen) Nutzungsrechte und die daran anknüpfenden Nutzungsarten.[171] Die Verwertungsrechte bleiben beim Urheber und beschreiben, welche Verwertungsmöglichkeiten dem Urheber vorbehalten sind.[172] Die Nutzungsrechte sind diejenigen Rechte, die der Erwerber und Verwerter des urheberrechtlich geschützten Werkes in der Regel im Rahmen eines Lizenzvertrages erhält. Nutzungsrechte und Verwertungsrechte müssen sich daher inhaltlich nicht decken, in der Praxis wird jedoch gleichwohl bei der Definition der Nutzungsrechte häufig an die gesetzliche Definition der einzelnen Verwertungsrechte des Urhebers zumindest angeknüpft.[173]

Daher sollen nachfolgend die einzelnen Verwertungsrechte kurz dargestellt werden, **144**
wenngleich in der Praxis die Definition der einzelnen Nutzungsrechte bzw. der im Rahmen eines Nutzungsrechts übertragenen Nutzungsarten von größerer Bedeutung sein dürfte.[174]

Generalklauselartig bestimmt § 15 UrhG, dass der Urheber das ausschließliche Recht **145**
hat, sein Werk in körperlicher Form zu verwerten (Abs. 1) und es in unkörperlicher Form öffentlich wiederzugeben (Abs. 2). Die Aufzählung der einzelnen Verwertungsrechte des Urhebers ist also nicht abschließend, sondern nur beispielhaft in den nachfolgenden Vorschriften geregelt. So wird eine Benachteiligung des Urhebers dahingehend verhindert, dass durch abschließend aufgezählte Verwertungsrechte bestimmte neue Technologien und dadurch entstehende neue Nutzungsarten nicht mehr geschützt wären. Durch die bloß beispielhafte Aufzählung wird gewährleistet, dass die Regelungen des Urheberrechtsschutzes mit dem technischen Fortschritt und dem daraus resultierenden Entstehen von neuen Nutzungsarten und -rechten Schritt halten kann.[175]

---

171 S. dazu noch unten Rn. 209 ff.

172 Wandtke/Bullinger/*Wandtke/Grunert* Vor §§ 31 ff. Rn. 23.

173 S. dazu noch unten Rn. 211 ff.

174 S. insbesondere die Möglichkeiten der inhaltlichen Beschränkung von Nutzungsrechten unten Rn. 223 ff.

175 *Schricker/von Ungern-Sternberg* § 15 Rn. 22; Wandtke/Bullinger/*Heerma* § 15 Rn. 11.

146 Die Generalklausel des § 15 UrhG unterscheidet zwischen körperlichen und unkörperlichen Verwertungsrechten. Während bei der körperlichen Verwertung die Herstellung des körperlichen Gegenstandes entscheidend ist, ist bei der unkörperlichen Verwertung der Begriff der Öffentlichkeit maßgeblich. Der Abs. 3 des § 15 UrhG enthält eine Legaldefinition der Öffentlichkeit. Diese Definition gilt für alle Arten der unkörperlichen Werkwiedergabe i.S.d. § 15 Abs. 2 UrhG. Öffentlichkeit in diesem Sinne liegt demnach vor, wenn die Verwertung für eine Mehrzahl von Personen bestimmt ist, es sei denn, diese Mehrzahl von Personen ist mit dem Verwerter oder untereinander persönlich verbunden. § 15 Abs. 3 UrhG ist im Rahmen der 1. Urheberrechtsnovelle etwas abgeändert worden. Zwar ist dies keine grundlegende Veränderung, zu beachten ist aber, dass durch die neue Formulierung eine leichte Verschiebung der Darlegungs- und Beweislast zu Ungunsten des Urhebers entstanden ist. Früher hatte der Urheber, der die Verletzung seiner Rechte rügte, lediglich darzutun und zu beweisen, dass eine Mehrzahl von Personen adressiert wurde.[176] Nunmehr muss der Kläger darüber hinaus noch beweisen, dass keine persönlichen Beziehungen zwischen diesen Personen bestehen, die eine Öffentlichkeit ausschließen würden.[177]

147 Ob eine Öffentlichkeit i.S.d. § 15 Abs. 3 UrhG gegeben ist oder nicht, hängt nach dem Wortlaut also grundsätzlich nicht von der Anzahl der Personen ab, sondern davon, ob persönliche Beziehungen zwischen ihnen bestehen. Wird beispielsweise ein Werk auf einer großen Familienfeier vorgeführt, so liegt keine Öffentlichkeit vor. Nach der bisherigen Auffassung, ist eine Öffentlichkeit i.S.d. Vorschrift auch dann zu bejahen, wenn ein Werk einem kleinen Publikum vorgeführt, dessen Personen in keinerlei persönlicher Beziehung zueinander stehen. So wird beispielsweise angenommen, dass bei Vorführungen von Werken in den Gemeinschaftsräumen von Gefängnissen oder Seniorenheimen sowie bei Hochschulvorlesungen keine hinreichend starke Beziehung unter den Personen besteht, die eine Öffentlichkeit ausschließen könnte.[178] Anders sieht dies der BGH im Falle von Patienten eines Zweibettzimmers im Krankenhaus. Diese seien durch die gezwungenermaßen stattfindende Teilhabe am Privatbereich des jeweils anderen hinreichend persönlich verbunden.[179] Das Merkmal der Öffentlichkeit i.S.d. § 15 Abs. 3 UrhG entscheidet auch darüber, welche Vorführungen von Werken GEMA-pflichtig sind. Aufgrund einer Entscheidung des EuGH zum Begriff der öffentlichen Wiedergabe könnte die bisherige Definition des § 15 Abs. 3 UrhG überholt sein.[180] Das Gericht führt aus, dass eine öffentliche Wiedergabe, die das Unionsrecht für die Gebührenpflicht voraussetzt, nur dann vorliegt, wenn eine unbestimmte und hohe Zahl potenzieller Leistungsempfänger erreicht wird. Zudem muss der mögliche Empfängerkreis aufnahmebereit sein. Wartemusik in einer Arztpraxis stellt demnach keine öffentliche Wiedergabe dar. Patienten seien einerseits in überschaubarer Zahl vorhanden und seien zur Durchführung der Behandlung anwesend. Die Wiedergabe von Musik gehöre jedoch nicht zur Behandlung; die Wahrnehmung der Wiedergabe erfolgt nur zufällig und unabhängig von den Wünschen des Patienten.[180] Ein Handeln zu Erwerbszwecken kann hierbei ein Indiz für eine öffentliche Wiedergabe sein.[180] Die GEMA hält trotz dieser Entscheidung an ihrer bisherigen

176 *Dreier/Schulze/Schulze* § 15 Rn. 37.
177 *Schricker/von Ungern-Sternberg* § 15 Rn. 77.
178 *BGH* GRUR 1984, 734, 735 – Vollzugsanstalten, GRUR 1975, 33, 34 – Alterswohnheim I, *BGHZ* 17, 376, 379 ff. – Betriebsfeiern.
179 *BGH* GRUR 1996, 875, 876.
180 *EuGH* GRUR 2012, 593; GRUR 2012, 597.

Ansicht fest, dass das Abspielen der Musik gebührenpflichtig ist. Die Rechtsprechung ist im Nachgang der Entscheidung des EuGH uneinheitlich. Ein Teil der unterinstanzlichen Gerichte hält an der bisherigen Rechtsauffassung fest, nach der der Begriff der Öffentlichkeit nicht zu eng ausgelegt werden darf, so dass auch Vorführungen oder Wiedergaben in Arztpraxen, Wartesälen oder Friseursalons öffentlich und somit GEMA pflichtig sind und verneint die Übertragbarkeit der Entscheidung des EuGH.[181] Andere Gerichte beziehen sich auf das Urteil des EuGH und verneinen eine öffentliche Wiedergabe.[182] Die weiteren Entwicklungen in der Rspr. sind ebenfalls allgemein relevant für Wartesäle, Friseursalons, Kaufhäuser usw. Der BGH hat nun unter Bezugnahme auf das Urteil des EuGH erklärt, dass eine Wohnungseigentümergemeinschaft keine öffentliche Wiedergabe i.S.d. § 15 Abs. 3 UrhG ist.[183] Die Zahl der Personen in dieser Wohnanlage überschreite zwar die den Begriff der Öffentlichkeit innewohnende Mindestschwelle, allerdings falle dieser Personenkreis unter besondere Personen, die einer privaten Gruppe angehören. Diese Gruppe stelle somit keine unbestimmte Zahl potenzieller Adressaten dar. Des Weiteren verfolge die Wohnungseigentümergemeinschaft keinen Erwerbszweck, so der BGH. In nachfolgenden, sich auf das BGH-Urteil beziehenden Klagen, urteilten die Gerichte, dass Mitglieder eines in einem Stadtteil angesiedelten Vereins sehr wohl eine Öffentlichkeit darstellen, da jede Person durch einen Mitgliedsbeitrag dem Verein beitreten kann und es somit eine unbestimmte Zahl potenzieller Adressaten gibt.[184]

1. Vervielfältigungsrecht, § 16 UrhG

Literatur: *Ahrens* Napster, Gnutella, FreeNet & Co – die immaterialgüterrechtliche Beurteilung von Internet-Musiktauschbörsen, ZUM 2000, 1029; *Berberich* Die urheberrechtliche Zulässigkeit von Thumbnails bei der Suche nach Bildern im Internet, MMR 2005, 145; *Braun* „Filesharing"-Netze und deutsches Urheberrecht – Zugleich eine Entgegnung auf Kreutzer, GRUR 2001, 193, 307, 1106; *Büchele* Urheberrecht im World Wide Web, Wien 2002; *Dietrich* Rechtliche Bewältigung von netzbasiertem Datenaustausch und Verteidigungsstrategien – 20000 Verfahren gegen Filesharingnutzer, NJW 2006, 809; *Ernst* Urheberrechtliche Probleme bei der Veranstaltung von On-Demand-Diensten, GRUR 1997, 592; *Fangerow/Schulz* Die Nutzung von Angeboten auf www.kino.to – Eine urheberrechtliche Analyse des Film-Streamings im Internet, GRUR 2010, 677; *Freiwald* Die private Vervielfältigung im digitalen Kontext am Beispiel des Filesharing, 2004; *Heydn* Deep Link: Feuerprobe bestanden – Das Aus für den Schutz von Web Content oder die Rettung des World Wide Web?, NJW 2004, 1361; *Hofmann* Virtuelle Personal Video Recorder vor dem Aus? – Kritische Analyse der bisherigen Rechtsprechung zu virtuellen PVR, MMR 2006, 793; *Hohagen* Die Freiheit der Vervielfältigung zum eigenen Gebrauch, 2004; *Jani* Alles eins? – Das Verhältnis des Rechts der öffentlichen Zugänglichmachung zum Vervielfältigungsrecht, ZUM 2009, 722; *Katzenberger* Vergütung der Sendeunternehmen für Privatkopien ihrer Livesendungen aus der Sicht der europäischen Urheberrechtsrichtlinien, GRURInt 2006, 190; *Klickermann* Urheberschutz bei zentralen Datenspeichern, MMR 2007, 7; *Koch* Internet-Recht, 2. Aufl., 2005; *Moritz* Vervielfältigungsstück eines Programms und seine berechtigte Verwendung – § 69d UrhG und die neueste BGH-Rechtsprechung, MMR 2001, 94; *Leistner/Dreier* Urheberrecht im Internet: die Forschungsherausforderungen, GRUR 2013, 881; *Oechsler* Das Vervielfältigungsrecht für Prüfungszwecke nach § 53 III Nr. 2 UrhG, GRUR 2006, 205; *Ott* Die Google Buchsuche – Eine massive Urheber-

181 *AG München* v. 23.8.2013 – 172 C 16763/13; *AG Nürnberg* NJW-RR 1996, 683 – Zahnarzt.
182 Z.B. *AG Düsseldorf* GRUR 2013, 458 (nicht rechtskräftig).
183 *BGH* GRUR 2016, 71; MMR 2016, 204.
184 *OLG Dresden* BeckRS 2016, 20425.

rechtsverletzung?, GRURInt 2007, 562; *ders.* Die urheberrechtliche Zulässigkeit des Framing nach der BGH-Entscheidung im Fall „Paperboy", ZUM 2004, 357; *Plaß* Hyperlinks im Spannungsfeld von Urheber-, Wettbewerbs- und Haftungsrecht, WRP 2000, 599; *Podehl* Internetportale mit journalistisch-redaktionellen Inhalten, MMR 2001, 17; *Poll* Urheberrechtliche Beurteilung der Lizenzierungspraxis von Klingeltönen, MMR 2004, 67; *Radmann* Kino.ko – Filmegucken kann Sünde sein, ZUM 2010, 387; *Schack* Urheberrechtliche Gestaltung von Webseiten unter Einsatz von Links und Frames, MMR 2001, 9; *Schaefer* Alles oder nichts!, ZUM 2010, 150; *Sieber/Höfinger* Drittauskunftsansprüche nach § 101a UrhG gegen Internetprovider zur Verfolgung von Urheberrechtsverletzungen, MMR 2004, 575; *Wandtke/von Gerlach* Die urheberrechtliche Rechtmäßigkeit der Nutzung von Audio-Video Streaminginhalten im Internet, GRUR 2013, 676.

148 Von wesentlicher Bedeutung unter den Nutzungsrechten ist das sog. Vervielfältigungsrecht. Dieses regelt, ob und in welchem Umfang Vervielfältigungsstücke eines Werkes hergestellt werden dürfen. Die Art des Verfahrens, oder wie viele Kopien des Werkes erstellt werden und ob diese von Dauer[185] sind, ist unerheblich. Jede Nachbildung des Werkes stellt eine Vervielfältigung dar. Der Begriff wird denkbar weit definiert und wird als jede körperliche Festlegung verstanden, die geeignet ist, ein Werk den menschlichen Sinnen auf irgendeine Art und Weise unmittelbar oder mittelbar zugänglich zu machen.[186] Der Hersteller einer Vervielfältigung ist derjenige, der die Sachherrschaft über den Vervielfältigungsvorgang hat.[187] Dabei ist es nicht relevant, wie er dies technisch bewerkstelligt und sich eventuell dabei technischer Hilfsmittel bedient, die sogar von Dritten zur Verfügung gestellt werden.

149 Bspw. ist eine Vervielfältigung zu bejahen bei der Fotografie eines Bauwerkes, wenn ein Parfumflakon in einem Werbeprospekt als abfotografiertes Bild wiedergegeben wird,[188] wenn ein Foto unberechtigterweise auf der Homepage einer Tageszeitung benutzt wird,[189] wenn eine Fernsehsendung mitgeschnitten wird[190] oder beim Speichern eines Werkes auf einer Diskette oder auf der Festplatte eines Computers. Auch ist inzwischen durch § 16 Abs. 2 UrhG klargestellt worden, dass es sich bei dem Pressen von Schallplatten und der Tonbandaufnahme von Musikstücken nicht etwa um Bearbeitungen des Werkes, sondern vielmehr auch um Vervielfältigungen handelt.[191] Selbst wenn nur bestimmte Teile eines Werkes kopiert werden, ist § 16 UrhG anwendbar, soweit es sich bei diesen Werkteilen um ein eigenes urheberrechtlich geschütztes Werk handelt.[192] Für verwandte Schutzrechte regeln die §§ 70 ff. UrhG die Vervielfältigungsrechte sinngemäß zu § 16 UrhG.

150 Eine sog. **Erschöpfung,** d.h. ein Verbrauch des Vervielfältigungsrechts dergestalt, dass es nach ein-/erstmaliger Vervielfältigung nicht mehr verletzt werden könnte,[193] tritt beim Vervielfältigungsrecht zwar grundsätzlich nicht ein. Der Grundsatz der Erschöp-

---

185 Zu beachten ist allerdings die Schrankenbestimmung des § 44a UrhG, s. dazu unten Rn. 151 f.

186 Amtl. Begr., BT-Drucks. IV/270, 47; *BGH* GRUR 1991, 449, 453 – Betriebssystem; *BGHZ* 17, 267, 269 f. – Grundig-Reporter; Wandtke/Bullinger/*Heerma* § 16 Rn. 2.

187 *LG München* BeckRS 2016, 21276.

188 *BGH* ZUM 2000, 1082 – Parfumflakon.

189 *KG* ZUM-RD 2001, 485, 488.

190 *KG* ZUM-RD 1999, 340, 343.

191 *BGH* GRUR 1975, 447, 448 – Te Deum.

192 *BGH* GRUR 1988, 533, 535 – Vorentwurf II; *OLG München* ZUM 1998, 417, 420 – Brechttexte; *OLG Frankfurt/Main* CR 1997, 257, 276 – D-Info 2.0; Wandtke/Bullinger/*Heerma* § 16 Rn. 4.

193 S. zur sog. Erschöpfung auch Wandtke/Bullinger/*Wandtke* Einl Rn. 24; Wandtke/Bullinger/*Heerma* § 15 Rn. 22 ff.

fung wird jedoch im Urheberrecht kontrovers diskutiert.[194] So erfordere bspw. die Sicherung des freien Warenverkehrs, dass nicht nur die einmal in Verkehr gebrachte Ware selbst frei verkauft werden kann, sondern auch, dass diese Ware zu diesem Zweck entsprechend beworben werden kann, wenngleich die Wiedergabe der ggf. urheberrechtlich geschützten Ware an sich eine Vervielfältigung derselben darstellt.[195]

Eine weitere Einschränkung erfährt das Vervielfältigungsrecht durch die Schranken- **151** regelungen der §§ 44a ff. UrhG. So sind bspw. bloß vorübergehende Speichervorgänge als wesentliche Bestandteile eines technischen Verfahrens zulässig, § 44a UrhG. Hier ist insbesondere an kurzzeitige Speicherungen im Zuge von Online-Übertragungen, an **Browsing** oder **Caching**[196] in Bezug auf Websites oder auch die Zwischenspeicherung beim Live-Streaming zu denken. § 44a UrhG steht jedoch in einem gewissen Widerspruch zur speziellen Vervielfältigungsregelung für Computerprogramme gem. § 69c UrhG, auf die § 44a UrhG grds. nicht anwendbar ist, so dass jede Zwischenspeicherung eines Computerprogramms also das Vervielfältigungsrecht tangieren soll.[197] Da Webseiten und damit auch das Browsing und Caching durch Computerprogramme gesteuert werden, steht § 44a UrhG im Konflikt mit § 69c UrhG, der noch nicht abschließend gelöst scheint.[198]

Kontrovers diskutiert wird die Anwendbarkeit des § 44a UrhG im Bereich des sog. **152** „On-Demand-Streaming". Neben Videoplattformen wie YouTube finden im Internet zunehmend Filmstreaming-Portale wie www.kino.to Zuspruch. Diese gewähren Zugriff auf rund 70 000 Film- bzw. 350 000 Serientitel und ermöglichen dem Besucher ein kostenloses Abspielen in voller Länge, zu jedem Zeitpunkt. Die auf verschiedenen Servern abgelegten Videodateien können über auf der Portalseite geschaltete Hyperlinks abgerufen werden. Dabei erfolgt beim Abspielen kein vollständiger Download, vielmehr wird die Wiedergabe durch eine ständige Datenübertragung vom Server auf das Endgerät des Nutzers ermöglicht, wo die Daten temporär in den Arbeitsspeicher gelangen und dann verarbeitet werden. Übereinstimmend wird angenommen, dass bereits diese Zwischenspeicherung als vorübergehende Vervielfältigung einen Eingriff in § 16 UrhG darstellt. Ebenso besteht im Wesentlichen Einigkeit darüber, dass eine Rechtfertigung über § 53 UrhG nicht zu erreichen ist, da die rechtswidrige Herstellung der Vorlage bzw. der Streamingquelle i.d.R. offensichtlich ist.[199] Zur Möglichkeit einer Rechtfertigung über die Schranke des § 44a Nr. 2 UrhG werden jedoch verschiedene Auffassungen vertreten. So wird einerseits angenommen, die Anwendbarkeit sei tatbestandlich bereits deswegen ausgeschlossen, weil der vorübergehenden Vervielfälti-

194 *Wandtke/Bullinger/Heerma* § 15 Rn. 23 m.w.N.

195 Vgl. *BGH* ZUM 2000, 1082, 1084 – Parfumflakon; *EuGH* GRURInt 1998, 140, 144 – Dior/Evora.

196 S. zu den Begriffen des Browsing und Caching und deren rechtlicher Einordnung *Spindler* GRUR 2002, 105, 107; *Hoeren* MMR 2000, 515, 516.

197 Wandtke/Bullinger/*von Welser* § 44a Rn. 23 f; Wandtke/Bullinger/*Grützemacher* § 69c Rn. 15; *Mestmäcker/Schulze/Haberstumpf* § 69c Rn. 2, 20; a.A. *Dreier/Schulze/Dreier* § 69a Rn. 34.

198 Nach h.M. ist jedenfalls davon auszugehen, dass auch die vorübergehende Speicherung im Arbeitsspeicher eines Computers eine Vervielfältigung i.S.d. § 16 UrhG darstellt, s. dazu *OLG Hamburg* ZUM 2001, 512, 513 – Roche-Lexikon Medizin; *LG München I* MMR 2003, 197 – Framing III; *Dreier/Schulze*/Schulze § 16 Rn. 13; Wandtke/Bullinger/*Heerma* § 16 Rn. 16; a.A. noch *KG* ZUM 2002, 828, 830 – Versendung von Pressespiegeln per E-Mail unter der unzutreffenden Annahme, E-Mails würden lediglich im Arbeitsspeicher des Empfängers gespeichert. Der *BGH* hat in seiner Entscheidung „Holzhandelsprogramm" diese Frage im Hinblick auf § 69c UrhG ausdrücklich offen gelassen, vgl. GRUR 1994, 363, 365.

199 *Fangerow/Schulz* GRUR 2010, 677, 678 ff. m.w.N.

gung eine eigene wirtschaftliche Bedeutung zukomme. Sie ermögliche das beliebige Vor- und Zurückspulen und schaffe damit eine eigene Nutzungsmöglichkeit. Jedenfalls könne die Vervielfältigung nicht von § 44a Nr. 2 UrhG gedeckt sein, da dies voraussetze, dass Zweck der Vervielfältigung eine rechtmäßige Nutzung ist.[200]

153 Dagegen wird vorgebracht, dass alleiniger Zweck der Zwischenspeicherung der einmalig, rezeptive Werkgenuss in Form des Anschauens sei. Dieser sei aber unabhängig von der Rechtmäßigkeit der Quelle, ähnlich wie das bloße Lesen eines urheberrechtswidrig kopierten Buches gestattet, sodass der Eingriff im Ergebnis gerechtfertigt sei.[201] Wie die Rechtsprechung diese Problematik beurteilen wird, bleibt abzuwarten.

154 Das Verlinken von fremden Inhalten mittels eines sog. **Hyperlinks** soll keine Vervielfältigung darstellen, da ausschließlich auf eine fremde Website weitergeleitet wird, ohne dass derjenige, der den Link setzt, die verlinkten fremden Inhalte nutzt. Dies soll unabhängig davon gelten, ob es sich um einen sog. Deep-Link (Link zu einer tieferen Ebene einer anderen Website), einen Inline-Link (Link innerhalb der eigenen Website) oder einen Frame-Link (Link, der den verlinkten, also fremden Inhalt in einem Rahmen auf der eigenen Website zeigt) handelt.[202]

155 Andere Vervielfältigungen sind gänzlich vom Gesetz freigestellt; hier ist zum Beispiel das Zitat eines Werkes zu nennen, § 51 UrhG, oder auch die Privatkopie, § 53 UrhG.

2. Verbreitungsrecht, § 17 UrhG

Literatur: *Berger* Urheberrechtliche Erschöpfungslehre und digitale Informationstechnologie, GRUR 2002, 198; *ders.* Der Erschöpfungsgrundsatz des Urheberrechts im Online-Bereich, NJW 2001, 2157; *Bergmann* Zur Reichweite des Erschöpfungsprinzips bei der Online-Übermittlung urheberrechtlich geschützter Werke, FS Erdmann, S. 17; *Dietrich* Die Onlineerschöpfung bei Computerprogrammen, UFITA 2012, 69; *Ganea* Ökonomische Aspekte der urheberrechtlichen Erschöpfung, GRURInt 2005, 102; *Haupt/Ullmann* Verkauf von 16 mm-Filmkopien über eBay – Medienwandel in den Schulen, MMR 2005, XXIII; *Hoeren* Der Erschöpfungsgrundsatz bei Software – Körperliche Übertragung und Folgeprobleme, GRUR 2010, 665; *ders.* Überlegungen zur urheberrechtlichen Qualifizierung des elektronischen Abrufs, CR 1996, 517; *Joos* Die Erschöpfungslehre im Urheberrecht, 1991; *Knies* Erschöpfung Online? – Die aktuelle Problematik beim On-Demand-Vertrieb von Tonträgern im Lichte der Richtlinie zur Informationsgesellschaft, GRURInt 2002, 314; *Koch* Auswirkungen des EuGH-Urteils zum Gebrauchtsoftwarehandel auf das Urheberrecht – Teil 1, ITRB 2013, 9; *Koehler* Der Erschöpfungsgrundsatz des Urheberrechts im Online-Bereich, 2000; *von Lewinski* Die Umsetzung der Richtlinie zum Vermiet- und Verleihrecht, ZUM 1995, 442; *Loewenheim* Zum Begriff des Anbietens in der Öffentlichkeit nach § 17 UrhG, FS Traub, 1994; *Marly* Der Schutzgegenstand des urheberrechtlichen Softwareschutzes, GRUR 2012, 773; *Metzger* Erschöpfung des urheberrechtlichen Verbreitungsrechts bei vertikalen Vertriebsbindungen, GRUR 2001, 210; *Peifer* Buchausschnitte als Thumbnails – Google Books und Fair Use, GRUR-Prax 2013, 529; *Rauer/Ettig* Urheberrecht; EuGH trifft Grundsatzentscheidung zu „gebrauchter“ Software“, EWS 2012, 322; *Schack* Rechtsprobleme der Online-Übermittlung, GRUR 2007, 639; *Schricker* Anbieten als Verletzungstatbestand im Patent- und Urheberrecht, GRURInt 2004, 786.

---

200 *Radmann* ZUM 2010, 387, 390 ff.

201 *Fangerow/Schulz* GRUR 2010, 677, 680 ff.

202 Im Einzelnen str.: Gegen eine Vervielfältigung *BGH* K&R 2003, 554, 557 – Paperboy; *Dreier/Schulze/Schulze* § 16 Rn. 14; *Koch* GRUR 2007, 417, 430; *Plaß* WRP 2001, 195, 199; Wandtke/Bullinger/*Heerma* § 16 Rn. 20; *AG Potsdam* ZUM 2014, 587; *AG Hannover* ZUM-RD, 2014, 667, a.A. noch *OLG Hamburg* ZUM 2001, 512 f; *LG Köln* ZUM 2001, 714; *Dreier/Schulze/Schulze* § 16 Rn. 20.

Das Verbreitungsrecht ist nach der Legaldefinition des § 17 Abs. 1 UrhG das Recht, das Original oder Vervielfältigungsstücke des Werkes der Öffentlichkeit anzubieten oder in Verkehr zu bringen. Das Verbreitungsrecht existiert zwar parallel neben dem Vervielfältigungsrecht als eigenes Recht, in der Praxis werden jedoch in der Regel sowohl das Vervielfältigungsrecht als auch das Verbreitungsrecht eingeräumt.[203] **156**

Das Verbreitungsrecht bezieht sich nur auf **körperliche** Werkstücke,[204] nicht z.B. auf eine Funksendung (§ 20 UrhG), eine Videofilmvorführung[205] oder sonstige digitale Medien. Insofern hat § 19a UrhG, das Recht der öffentlichen Zugänglichmachung, nunmehr zu einer ausdrücklichen gesetzlichen Klarstellung geführt.[206] **157**

Hinsichtlich der Tatbestandsvoraussetzung der Öffentlichkeit kann auf die Legaldefinition gem. § 15 Abs. 3 S. 2 UrhG und damit auf die obigen Ausführungen verwiesen werden.[207] **158**

Von dem Verbreitungsrecht des § 17 UrhG umfasst ist jegliche Art der Überlassung des Eigentums oder des Besitzes an körperlichen Werkexemplaren. Dazu gehört also auch die Vermietung oder das Verleihen von Werkstücken.[208] **159**

Eine – auch in der Praxis – wichtige Einschränkung erfährt das Verbreitungsrecht in § 17 Abs. 2 UrhG und damit durch den Grundsatz der sog. Erschöpfung. Danach ist das Verbreitungsrecht des Urhebers dann verbraucht, wenn das Werkexemplar zum ersten Mal rechtmäßig verbreitet worden ist; jede weitere Verbreitung des Exemplars ist auch dann zulässig, wenn der Urheber dies nicht gestattet hat. Die Erschöpfungswirkung tritt jedoch immer nur in Bezug auf das jeweilige konkret in den Verkehr gebrachte Werkexemplar ein, nicht aber bezüglich anderer Exemplare, wenn diese noch nicht erstmalig in den Verkehr gebracht wurden.[209] Besonderheiten gelten allerdings für die Vermietung gem. § 17 Abs. 3 UrhG.[210] **160**

Sinn und Zweck des sog. Erschöpfungsgrundsatzes ist der Schutz des freien Warenverkehrs.[211] Vieles im Zusammenhang mit diesem Grundsatz ist jedoch umstritten. So ist umstritten, ob eine Erschöpfung nicht auch bei Online-Übermittlungen einschlägig sein müsste, da es doch keinen Unterschied machen könne, ob ein Werk auf einer Diskette übergeben oder online übermittelt werde.[212] Die Entscheidung des EuGH[213] zu gebrauchter Software hat diese Diskussion nicht beenden können.[214] Eine Übertra- **161**

---

203 So werden dem Buchverleger im Verlagsvertrag regelmäßig beide Rechte eingeräumt, damit ihm neben dem Druck der Bücher auch deren Verkauf möglich ist, § 8 VerlG.

204 Dreier/Schulze/*Schulze*§ 17 Rn. 5.

205 *BHGZ* 11, 135, 144 – Schallplatten-Lautsprecherübertragung; *BGH* GRUR 1986, 742, 743 – Videofilmvorführung.

206 Str. allerdings nach wie vor z.B. in Bezug auf sog. Push-Dienste, zum Begriff s. *Schwarz* ZUM 2000, 816, 817; zur rechtlichen Einordnung s. *Dreier/Schulze/Dreier* § 19a Rn. 10; Wandtke/Bullinger/*Heerma* § 17 Rn. 12.

207 S. oben unter Rn. 146 f.

208 *KG* GRUR 1983, 174 – Videoraubkassetten; *Dreier/Schulze/Schulze* § 17 Rn. 4.

209 *BGH* GRUR 1993, 34, 36 – Bedienungsanweisung.

210 Dazu unten unter Rn. 158 ff.

211 Vgl. *Schricker/Loewenheim* § 17 Rn. 36.

212 *LG Hamburg* MMR 2006, 827; *OLG Hamburg* MMR 2007, 317; Wandtke/Bullinger/*Heerma* § 17 Rn. 12; *Berger* GRUR 2002, 198, 199; a.A. *LG München I* ZUM 2006, 175; *OLG München* MMR 2006, 748.

213 *EuGH* NJW 2012, 2565.

214 Weiterhin gegen eine Erschöpfung *Dietrich* UFIFTA 2012, 69; *Koch* ITRB 2013, 9; *Rauer/Ettig* EWS 2012, 322.

gung des Erschöpfungsgrundsatzes auf E-Books wird in der Rechtsprechung bisher mangels Inverkehrbringen eines körperlichen Vervielfältigungsstücks abgelehnt.[215] Ferner ist umstritten, ob und welche Wirkungen dinglich vereinbarte Beschränkungen des Verbreitungsrechtes in Bezug auf die Erschöpfung zeitigen. Denkbar ist beispielsweise, dass das Verbreitungsrecht kraft vertraglicher und dinglich wirksamer Vereinbarung nur zeitlich und/oder räumlich beschränkt und/oder nur für einen bestimmten Vertriebsweg eingeräumt wird. In Bezug auf das erstmalige Inverkehrbringen besteht Einigkeit, dass nur ein den Beschränkungen entsprechendes Inverkehrbringen des Werkstückes zu einer Erschöpfung führen kann. Erfolgt das erstmalige Inverkehrbringen nicht in Übereinstimmung mit den vertraglich/dinglichen Vorgaben, so ist es nicht von der Zustimmung des Urhebers gedeckt, so dass keine Erschöpfung eintritt. Erfolgte jedoch das erstmalige Inverkehrbringen in Übereinstimmung mit den (auch dinglichen) Vorgaben, so ist streitig, ob eine Erschöpfung zur Folge hat, dass sich jede Weiterverbreitung nicht mehr an den (dinglichen) Vorgaben messen lassen muss.[216] In jedem Fall gilt eine Erschöpfung jedoch nur für das Gebiet der EU und des EWR, da die zu schützende Waren- und Dienstleistungsverkehrsfreiheit, welche durch Art. 28 EGV festgeschrieben wird, insofern ihre Grenzen findet.[217]

162 Wird also zum Beispiel eine Musik-CD oder ein Videofilm rechtmäßigerweise im europäischen Wirtschaftsraum verbreitet, so ist das Verbreitungsrecht gemeinschaftsweit erschöpft und somit erloschen. Die praktische Konsequenz der europaweiten Erschöpfung ist es, dass innerhalb der Europäischen Union eine räumliche Beschränkung des Verbreitungsrechts nicht möglich ist.[218]

163 Trotz der grundsätzlichen Erschöpfungsproblematik sollte aus der Sicht des Verwerters an den vertraglichen und nach Möglichkeit auch dinglichen Einschränkungen des Verwertungsrechts festgehalten werden, wenn dies seinen Interessen entspricht. So kann z.B. versucht werden, die Erschöpfungsproblematik soweit es geht durch zumindest schuldrechtliche Vertragspflichten und ggf. Vertragsstrafenregelungen, die in der Auswerterkette weitergegeben werden müssen, zu entschärfen. Hinzu kommt, dass die Erschöpfung grundsätzlich nur die Verbreitung betrifft, nicht aber andere Verwertungs- und entsprechende Nutzungsrechte, wie z.B. das Vervielfältigungsrecht oder das Senderecht etc.

3. Vermietrecht, § 17 Abs. 3 UrhG

Literatur: Vgl. die Nachweise vor Rn. 150.

164 § 17 Abs. 3 UrhG enthält eine Legaldefinition des Begriffs „Vermietung". Danach ist jede zeitlich begrenzte, unmittelbar oder mittelbar Erwerbszwecken dienende Gebrauchsüberlassung eine Vermietung i.S.d. § 17 UrhG. Diese Legaldefinition gilt generell für das gesamte Urheberrechtsgesetz. Auch die §§ 27 und 69c Nr. 3 UrhG legen also diese Definition der Vermietung zugrunde.

---

215 *LG Bielefeld* ZUM 2013, 688; *OLG Hamm* MMR 2014, 689.

216 So Wandtke/Bullinger/*Heerma* § 17 Rn. 21, 30 ff. mit Verweis auf *BGHZ* 145, 7 – OEM-Version; *BGH* GRUR 1986, 736, 737 – Schallplattenvermietung; *OLG Hamburg* GRUR 2002, 536, 537 – Flachmembranlautsprecher; a.A. *KG* NJW 1997, 330, 331; *Schricker/Loewenheim* § 17 Rn. 49.

217 *EuGH* GRURInt 1971, 450, 454 – Polydor, GRURInt 1981, 229, 231 – Gebührendifferenz II, *BGH* GRUR 1982, 100, 101 – Schallplattenexport, GRUR 1986, 668, 669 – Gebührendifferenz IV; *Dreier/Schulze/Schulze* § 17 Rn. 35; *Schricker/Loewenheim* § 17 Rn. 35a.

218 *BGH* GRUR 2003, 699, 702 – Eterna; *KG* ZUM 2003, 395, 397 – Hase und Wolf.

Der Begriff des Vermietens ist weit zu verstehen und nicht i.S.d. §§ 535 ff. BGB nur auf Tatbestände begrenzt, bei denen ein Mietzins geschuldet wird. Auch andere Konstellationen der zeitlich begrenzten Gebrauchsüberlassung fallen also unter § 17 Abs. 3 UrhG. Dies gilt beispielsweise für die sog. Buchclubs oder ähnliche Systeme.[219] Voraussetzung ist allerdings grundsätzlich, dass eine kommerzielle Nutzung vorliegt. Das schlichte unentgeltliche Verleihen, das nicht Erwerbszwecken dient, ist demnach kein Vermieten i.S.d. § 17 UrhG. Daher fällt auch das Auslegen von Zeitschriften beim Friseur oder beim Arzt nicht unter § 17 Abs. 3 UrhG.[220] **165**

Die Vermietung eines Werkes oder eines Vervielfältigungsexemplares bildet zwar einen Unterfall des Verbreitungsrechts, das Vermietrecht unterfällt jedoch **nicht** dem Erschöpfungsgrundsatz gem. § 17 Abs. 2 UrhG.[221] Auch wenn die Werke des Urhebers bereits rechtmäßigerweise vermietet wurden, so ist sein Recht an dieser Unterart der Verbreitung dennoch nicht erschöpft und eine Weitervermietung bedarf seiner Zustimmung. Auch durch die erstmalige Veräußerung des Werkstückes wird das Vermietrecht nicht verbraucht und muss gesondert eingeräumt werden.[222] **166**

„Ausgenommen von der Ausnahme", d.h. doch der Erschöpfung gem. § 17 Abs. 2 UrhG unterliegt die Vermietung von Bauwerken und von Werken der angewandten Kunst, § 17 Abs. 3 Nr. 1 UrhG. Der Architekt kann also die Vermietung des von ihm geschaffenen Bauwerks nicht verhindern. Eine weitere Ausnahme konstatiert § 17 Abs. 3 Nr. 2 UrhG für Werke, die im Rahmen eines Arbeits- oder Dienstverhältnisses ausschließlich zur Erfüllung der beruflichen Verpflichtungen genutzt werden. Die Überlassung von Büchern im Rahmen eines Arbeits- und Dienstverhältnisses bedarf also nach dem rechtmäßigen Inverkehrbringen des Buches nicht mehr der Zustimmung des Urhebers.[223] **167**

4. Ausstellungsrecht, § 18 UrhG

Literatur: *Beyer* Ausstellungsrecht und Ausstellungsvergütung, 2000; *Dreier/Euler/Fischer/van Raay* Museen, Bibliotheken und Archive in der Europäischen Union, ZUM 2012, 273; *Erdmann* Benachteiligt das geltende Ausstellungsrecht den Künstler?, GRUR 2011, 1061; *Kirchmaier* Überlegungen zur Einführung einer Ausstellungsvergütung, KUR 2004, 73; *Kühl* Endlich eine Ausstellungsvergütung?, KUR 2004, 76; *dies.* Der internationale Leihverkehr der Museen, 2004; *Schack* Ausstellungsrecht und Ausstellungsvergütung, ZUM 2008, 817; *Walter* Das Ausstellungsrecht und die Ausstellungsvergütung, MR 1996, 56.

Gem. der Legaldefinition des § 18 UrhG betrifft das Ausstellungsrecht das Recht, das Original oder Vervielfältigungsstück eines unveröffentlichten Werkes der bildenden Künste oder eines unveröffentlichten Lichtbildwerkes öffentlich zur Schau zu stellen. Bei dem Ausstellungsrecht handelt es sich um einen speziellen Unterfall der Veröffentlichung von Werken der bildenden Kunst. Voraussetzung für das Bestehen des Ausstellungsrechts ist, dass die Werke zuvor noch nicht veröffentlicht wurden. **168**

Durch die Schrankenregelung des § 44 Abs. 2 UrhG wird der Anwendungsbereich des Ausstellungsrechts in ganz erheblichem Maße beschnitten. Diese Schrankenregelung schwächt das Ausstellungsrecht derart ab, dass es in der Praxis keine gesteigerte **169**

219 Vgl. *Schricker/Loewenheim* § 17 Rn. 29.
220 *BGH* GRUR 1985, 131, 133 – Zeitschriftenauslage beim Friseur.
221 OLG *Hamburg* ZUM 2005, 749, 750.
222 *Schricker/Loewenheim* § 17 Rn. 50; *Dreier/Schulze/Schulze* § 17 Rn. 41.
223 BT-Drucks. 13/115, 12.

Bedeutung erlangt. Denn § 44 Abs. 2 UrhG bestimmt, dass der **Eigentümer** ein noch nicht veröffentlichtes Originalwerk der bildenden Kunst auch ohne die explizite Zustimmung des Urhebers öffentlich ausstellen darf, sofern der Urheber dies nicht ausdrücklich bei der Veräußerung ausgeschlossen hat. Ein solcher Vorbehalt des Ausstellungsrechts hat dingliche Wirkung gegenüber jedermann.[224]

170 Verkauft also beispielsweise ein Bildhauer seine Skulptur, ohne explizit zu bestimmen, dass der Erwerber diese Statue nicht öffentlich ausstellen darf, so ist dem Erwerber und jedem späteren Eigentümer aufgrund der Schrankenregelung des § 44 Abs. 2 UrhG die Ausstellung erlaubt.

5. Vortrags-, Vorführungs- und Aufführungsrecht, § 19 UrhG

Literatur: *Becker* Die Schöpfer von Filmmusik und die Verwaltung ihrer Rechte durch die GEMA, ZUM 1999, 16; *Becker/Kreile* Multimedia und die Praxis der Lizenzierung von Urheberrechten, GRURInt 1996, 677; *Bezzenberger/Riesenhuber* Die Rechtsprechung zum „Binnenrecht" der Verwertungsgesellschaften – dargestellt am Beispiel der GEMA, GRUR 2003, 1005; *Fischer* Die Dreigroschenoper – Ein Fall für (mehr als) Zwei – Weill, Brecht et al. in den Untiefen des Gesellschafts- und Urheberrechts – Zum Gedenken an Kurt Weill (2.3.1900–3.4.1950), NJW 2000, 2158; *Geerlings* Das Urheberrecht in der Informationsgesellschaft und pauschale Geräteabgaben im Lichte verfassungs- und europarechtlicher Vorgaben, GRUR 2004, 207; *Grunert* Werkschutz contra Inszenierungskunst Der urheberrechtliche Gestaltungsspielraum der Bühnenregie, 2002; *Hansen/Schmidt-Bischoffshausen* Ökonomische Funktionen von Verwertungsgesellschaften – Kollektive Wahrnehmung im Lichte von Transaktionskosten- und Informationsökonomik, GRURInt 2007, 461; *Kreile* Einnahme und Verteilung der gesetzlichen Geräte- und Leerkassettenvergütung für private Vervielfältigung in Deutschland – Ein System hat sich bewährt, GRURInt 1992, 24; *Kreile/Becker/Riesenhuber* Recht und Praxis der GEMA, 2008; *Kurz* Praxishandbuch Theaterrecht, 1999; *Reber* Aktuelle Fragen zu Recht und Praxis der Verwertungsgesellschaften, GRUR 2000, 203; *Riesenhuber* Die Auslegung des Wahrnehmungsvertrags, GRUR 2005, 712; *ders.* Die doppelte Vorausverfügung des Arbeitnehmer-Urhebers zu Gunsten von Verwertungsgesellschaft und Arbeitgeber, NZA 2004, 1363; *Schneider* GEMA – Vermutung, Werkbegriff und das Problem sogenannter „GEMA-freier Musik" – Anm. zu einigen neueren Entscheidungen, GRUR 1986, 657; *Staats* Aufführungsrecht und kollektive Wahrnehmung bei Werken der Musik, 2001; *Vogel* Wahrnehmungsrecht und Verwertungsgesellschaften in der Bundesrepublik Deutschland – GRUR 1993, 513; *Witz/Schmidt* Klassik Open Air Konzerte im Dschungel der GEMA-Tarife, ZUM 1999, 819; *Wündisch* Die Mär vom New Yorker Gralsraub – Aspekte des internationalen Schutzes des Aufführungsrechts im 19. und beginnenden 20. Jahrhundert, GRURInt 2007, 302; *ders.* Richard Wagner und das Urheberrecht, NJW 2007, 653.

171 § 19 UrhG regelt verschiedene Rechte der unkörperlichen Werkwiedergabe, wobei nach allen Alternativen eine Wiedergabe des Werkes in der Öffentlichkeit erfolgen muss. § 19 UrhG unterscheidet das Vortrags-, das Aufführungs- und das Vorführungsrecht. Die Aufspaltung in diese drei Rechte basiert auf den jeweiligen Werkarten (Sprach-, Musik-, Bühnen- u.a. Werke), da unterschiedliche Werkarten auch auf verschiedene Art und Weise öffentlich präsentiert werden.

---

224 *Dreier/Schulze/Schulze* § 44 Rn. 20.

5.1 Regelungsgehalt

Das Vortragsrecht aus Abs. 1 bezieht sich auf Sprachwerke und deren öffentliche Präsentation durch persönliche Darbietung – das Sprachwerk wird dem anwesenden Publikum unmittelbar („live") zu Gehör gebracht. Liest ein Autor im Rahmen einer öffentlichen Lesung aus seinem Roman, so liegt ein Vortrag i.S.d. § 19 Abs. 1 UrhG vor. Entsprechendes regelt Abs. 2 fur Musik- und Bühnenwerke (z.B. Sinfonie, Oper oder Theaterstück), die beide dem Aufführungsrecht unterfallen. Als dritte Form der öffentlichen Wiedergabe ist die in Abs. 4 geregelte Vorführung zu nennen, die sich auf die Wahrnehmbarmachung sonstiger Werke, insbesondere auf Film- und Lichtbildwerke erstreckt. Die Besonderheit dieses Nutzungsrechts ist es, dass die Werke mittels technischer Einrichtungen öffentlich wahrnehmbar gemacht werden, also z.B. das Filmwerk mittels eines Bildschirms oder die wissenschaftliche Darstellung mittels eines Beamers. **172**

Stets ist jedoch Voraussetzung, dass ein öffentliches Publikum anwesend ist, das den Vortrag, die Aufführung bzw. die Vorführung zur gleichen Zeit und am selben Ort unmittelbar sinnlich wahrnimmt, wie im Fall der Filmvorführung im Gemeinschaftsraum eines Seniorenheimes.[225] Dieses Merkmal unterscheidet die Rechte aus § 19 UrhG auch vom Senderecht oder dem Recht der öffentlichen Zugänglichmachung aus § 19a UrhG, bei denen die „Empfänger" des Werkes nicht an einem Ort versammelt sein müssen. Das Senderecht setzt aber doch zumindest voraus, dass das Werk zur selben Zeit von allen potentiellen Empfängern wahrnehmbar ist.[226] **173**

Gem. § 19 Abs. 3 UrhG umfassen das Vortrags- und das Aufführungsrecht auch das Recht, die Vorträge und Aufführungen außerhalb des Raumes, in dem die persönliche Darbietung stattfindet, durch Bildschirm, Lautsprecher oder ähnliche technische Einrichtungen öffentlich wahrnehmbar zu machen. Strikt hiervon zu unterscheiden, ist jedoch das bereits genannte Senderecht sowie das Recht der Wiedergabe durch Bild- und Tonträger aus § 21 UrhG, da es sich bei diesen Arten der Wiedergabe um urheberrechtlich eigenständige Vorgänge handelt, die – anders als § 19 Abs. 3 UrhG nicht nur eine ergänzende und untergeordnete Verwertung darstellen.[227] **174**

Hervorzuheben ist, dass die Schrankenregelung des § 52 UrhG nicht für alle Arten der öffentlichen Wiedergabe greift, so insbesondere nicht für die bühnenmäßige Aufführung oder die Vorführung eines Filmwerkes.[228] Dies bedeutet, dass die öffentliche Aufführung eines Theaterstücks, anders als der öffentliche Vortrag aus einem Roman, stets von der Zustimmung des Urhebers abhängig ist. **175**

5.2 Verwertungspraxis

Die Unterscheidung zwischen den verschiedenen Wiedergaberechten des § 19 UrhG wirkt sich auch auf deren Verwertungspraxis aus. Während die Rechte der bühnenmäßigen Aufführung als sog. Erstverwertungsrechte oder **„große Rechte"** in der Regel von den Urhebern selbst oder von ihren Bühnenverlegern individuell wahrgenommen werden,[229] werden die übrigen Rechte des § 19 UrhG, die den Zweitverwertungs- oder **176**

---

225 Vgl. auch *BGHZ* 123, 149, 152 – Verteileranlagen in Haftanstalten.
226 *Dreier/Schulze/Dreier* § 19 Rn. 3.
227 Wandtke/Bullinger/*Erhardt* § 19 Rn. 48.
228 *BGHZ* 142, 388, 397 – Musical-Gala; *Dreier/Schulze/Dreier* § 19 Rn. 8.
229 *Schricker/Schricker* Vor §§ 28 ff. Rn. 81 f., 89 ff.

auch **„kleinen Rechten“** zuzuordnen sind, zumeist kollektiv von Verwertungsgesellschaften wahrgenommen.[230] So zählen die Aufführungsrechte bei Musikwerken zu den kleinen Rechten und werden von der GEMA wahrgenommen; hierzu gehören neben konzertanten Live-Aufführungen durch Musiker auch Hörfunk- und Fernsehsendungen, Einspielungen auf Bild- und Tonträgern, Filmbegleitmusiken und Bühnenmusiken, soweit sie nicht integrierender Bestandteil eines Bühnenwerkes sind. Letzteres ist insbesondere der Fall bei der Hinzufügung einer Choreographie zu einem vorbestehenden Werk der Musik (z.B. Ballettchoreographie zu klassischer Musik). Die Nutzungsrechte an Opern, Operetten und vergleichbaren musikalisch-dramaturgischen Werken sowie an Theaterstücken werden hingegen von Bühnen- oder Musikverlagen verwertet.

177 Die Rechte aus §§ 21, 22 UrhG stellen ebenfalls Zweitverwertungsrechte oder „kleine Rechte“ dar. Gleiches gilt für die Kabelweiterleitung eines bereits gesendeten Werkes gem. § 20b UrhG.

178 Die Unterscheidung von „großen Rechten“, die zumeist individuell, und „kleinen Rechten“, die kollektiv wahrgenommen werden, hat sich in der Praxis eingebürgert. Die Einordnung der jeweiligen Rechte folgt jedoch keinen feststehenden Regeln, sondern richtet sich zumeist nach wirtschaftlichen Aspekten.[231] Eine klare Einteilung ist mangels einer allgemeinen Definition des Begriffspaars „großes und kleines Recht“ auch theoretisch nur schwer möglich.[232] Die amtliche Begründung, der zufolge Zweitverwertungsrechte Rechte an Verwertungsarten sind, denen eine dem Urheber vorbehaltene Werkverwertung bereits vorausgegangen ist,[233] hilft ebenfalls nur bedingt weiter. Die kollektiv wahrgenommenen „kleinen Rechte“ sind im Zweifelsfall jedoch in den jeweiligen sog. Wahrnehmungs- oder Berechtigungsverträgen der Verwertungsgesellschaften zu finden.

179 Durch Abschluss des in der Regel formularmäßig ausgestalteten Wahrnehmungs-/Berechtigungsvertrages zwischen Verwertungsgesellschaft und Urheber/Rechteinhaber wird die Wahrnehmung der relevanten Rechte treuhänderisch auf die Verwertungsgesellschaft übertragen. Der Wahrnehmungsvertrag enthält Elemente des Auftrags, des Gesellschafts-, Dienst-, und Geschäftsbesorgungsvertrags.[234] Der Urheber räumt der Gesellschaft die exklusiven Nutzungsrechte ein, damit die Gesellschaft ihrerseits Dritten einfache Nutzungsrechte in Gestalt einer Sublizenz einräumen kann. Es besteht gem. § 11 UrhWG (nunmehr § 34 VGG[235] und 23 ff. VGG) Abschlusszwang; die Verwertungsgesellschaft ist demnach verpflichtet, jedermann auf Verlangen Nutzungsrechte an den bei ihr unter Vertrag stehenden Werken einzuräumen. Über die von den Nutzern dafür zu leistende Vergütung hat sie Tarife aufzustellen, § 13 UrhWG (jetzt § 38 VGG). Die Vergütungsansprüche werden der Gesellschaft vom Urheber (Treugeber) zur Einziehung abgetreten (Inkassozession). Die Verwertungsgesellschaft ist jedoch von den Weisungen des Treugebers weitgehend unabhän-

---

230 *Schricker/Schricker* § 19 Rn. 27 ff.

231 *Dreier/Schulze/Dreier* § 19 Rn. 20.

232 Vgl. *Schricker/von Ungern-Sternberg* § 15 Rn. 50; *Karbaum* GEMA Nachrichten, Ausgabe 152, www.gema.de/presse/news/n152/kleinesgrosses_recht.shtml.

233 S. UFITA 45 (1965), 240, 261.

234 *BGH* GRUR 1982, 308, 309 – Kunsthändler; *LG Köln* ZUM 1998, 168, 169 f. – Kunstklotz; *Dreier/Schulze/Schulze* Vor § 31 Rn. 125.

235 Vgl. 13. Kap. Rn. 50.

gig; sie unterliegt vielmehr den jeweiligen Statuten (Gesellschaftsvertrag, Vereinssatzung) und Gesetzen.[236]

Die Gesellschaften haben in der urheberrechtlichen Praxis eine herausragende **180** Bedeutung, zum einen, da der Urheber manche Vergütungsansprüche nur über eine solche geltend machen kann (z.B. §§20b, 26, 27, 49, 54h, 63a UrhG), zum anderen, da sich viele massenhafte Nutzungen von Werken, hier ist an das Kopieren von Sprachwerken oder die Wiedergabe von Musikwerken in Gaststätten und Kaufhäusern zu denken, von dem einzelnen Urheber kaum verfolgen lassen. Auch verbessert die Mitgliedschaft in einer Verwertungsgesellschaft die Verhandlungsposition des Urhebers, dem es als Einzelperson gegenüber den oftmals wirtschaftlich mächtigeren Vertragspartnern kaum gelingen würde, entsprechende Konditionen für sich auszuhandeln.

Nimmt ein Bühnenverlag hingegen die Rechte des Urhebers individuell wahr, so **181** schließt er regelmäßig Nutzungsverträge mit weiteren Verwertern, wie z.B. dem Theater, welches die Rechte zur Aufführung des Werkes benötigt. Für diesen und andere Bereiche haben die beteiligten Urheber und Verwerter bzw. deren Interessenvertreter zur Vereinfachung Normenverträge, wie zum Beispiel die „Regelsammlung der Verlage (Vertriebe)/Bühnen“ (RS Bühne) ausgehandelt, in der die Rechte und Pflichten der Beteiligten wie auch die Urhebervergütung geregelt wurden.[237] Der Verband deutscher Schriftsteller, die IG Druck und Papier und der Börsenverein haben den „Normenvertrag für den Abschluss von Verlagsverträgen“ geschlossen. Im Bereich des Senderechts des §20 UrhG wurde zwischen den Verlagen und den öffentlich-rechtlichen Rundfunkanstalten die „Regelsammlung Verlage/Rundfunk“ (RS Hörfunk und RS Fernsehen) ausgehandelt. Zu nennen ist noch der „Filmmusikvertrag“ zwischen dem Verband deutscher Filmproduzenten und dem Deutschen Komponistenverband. Bei den jeweiligen Normenverträgen handelt es sich allerdings nur um Musterverträge im Sinne von Empfehlungen an die Vertragsparteien.

6. Recht der öffentlichen Zugänglichmachung, §19a UrhG

Literatur: *Buchner* Suchdienste im Internet – grenzenlose Freiheit oder urheberrechtliche Grenzen?, AfP 2003, 510; *Czychowski/Nordemann* Grenzloses Internet – entgrenzte Haftung?, GRUR 2013, 986; *Dietrich* ASP – öffentliche Zugänglichmachung oder unbenannte Nutzungsart?, ZUM 2010, 567; *Dreier* Die Umsetzung der Urheberrechtsrichtlinie 2001/29/EG in deutsches Recht, ZUM 2002, 28; *Federrath* Multimediale Inhalte und technischer Urheberrechtsschutz im Internet, ZUM 2000, 804; *Heermann* Urheberrechtliche Probleme bei der Nutzung von E-Mail, MMR 1999, 3; *Heydn* Deep Link: Feuerprobe bestanden – Das Aus für den Schutz von Web Content oder die Rettung des World Wide Web?, NJW 2004, 1361; *Kotthoff* Zum Schutz von Datenbanken beim Einsatz von CD-ROMs in Netzwerken, GRUR 1997, 597; *Lauber/Schwipps* Das Gesetz zur Regelung des Urheberrechts in der Informationsgesellschaft, GRUR 2004, 293; *Leupold* „Push“ und „Narrowcasting“ im Lichte des Medien- und Urheberrechts, ZUM 1998, 99; *Michel* Rechtsfragen von Rundfunk und Printmedien im Internet, ZUM 2000, 425; *Nolte* Paperboy, oder die Kunst den Informationsfluss zu regulieren, ZUM 2003, 540; *Ott* To link or not to link – This was (or still is?) the question – Anmerkung zum Urteil des *BGH* vom 17.7.2003 – I ZR 259/00 – Paperboy, WRP 2004, 52; *Peifer* Buchausschnitte als Thumbnails – Google Books und Fair Use, GRUR-Prax 2013, 529; *Plaß* Der Aufbau und die Nutzung eines Online-Volltextsystems durch öffentliche Bibliotheken aus urheberrechtlicher Sicht, WRP 2001, 195; *Poll*

236 Zu ihrer besonderen Stellung auch *Schricker/Schricker* Vor §§28ff. Rn.39ff.
237 S. auch *Dreier/Schulze/Schulze* Vor §31 Rn.12; *Schricker/Schricker* Vor §§28ff. Rn.6f.

Neue internetbasierte Nutzungsformen – Das Recht der Zugänglichmachung auf Abruf (§ 19a UrhG) und seine Abgrenzung zum Senderecht (§§ 20, 20b UrhG), GRUR 2007, 476; *ders.* Urheberrechtliche Beurteilung der Lizenzierungspraxis von Klingeltönen, MMR 2004, 67; *Reinbothe* Die EG-Richtlinie zum Urheberrecht in der Informationsgesellschaft, GRURInt 2001, 733; *Riesenhuber* Nutzung von Musik für Werbezwecke, ZUM 2010, 137; *Schack* Rechtsprobleme der Online-Übermittlung, GRUR 2007, 639; *Schmidt/Stolz* Zur Ausbeutung von Datenbanken im Internet, insbesondere durch Recherchedienste, Suchmaschinen und Hyperlinks, AfP 1999, 146; *Stomper* Links im Urheberrecht MR 2003, 33; *Ventroni/Poll* Musiklizenzerwerb durch Online-Dienste, MMR 2002, 648; *Wachter* Multimedia und Recht, GRURInt 1995, 860; *Wandtke/Schäfer* Music on Demand – Neue Nutzungsart im Internet?, GRURInt 2000, 187; *Wiebe* Anm. zu *BGH* – Paperboy, MMR 2003, 719 *Wandtke/von Gerlach* Die urheberrechtliche Rechtmäßigkeit der Nutzung von Audio-Video Streaminginhalten im Internet, GRUR 2013, 676.

182 § 19a UrhG schützt den Urheber davor, dass sein Werk mittels Netzwerken, also vor allem im Internet, der Öffentlichkeit zugänglich gemacht wird. § 19a UrhG kann damit auch als eine Art „Pendant“ zu § 17 UrhG angesehen werden, nämlich als Verbreitungsrecht für unkörperliche Werke. Insofern bereitet § 19a UrhG – wie noch zu zeigen sein wird – einige Abgrenzungsschwierigkeiten zum Senderecht gem. § 20 UrhG.

183 § 19a UrhG wurde im Zuge des „ersten Korbes“ der Urheberrechtsnovelle (2003) in das UrhG eingefügt und soll die Rechtsunsicherheiten im Zusammenhang mit der unkörperlichen Übertragung von Werken auf Abruf über Netzwerke beseitigen.[238]

184 Zu den einzelnen Tatbestandsmerkmalen:

- Wenn das Gesetz in § 19a UrhG von „drahtgebundener“ und „drahtloser“ Zugänglichmachung spricht, so soll damit zum Ausdruck gebracht werden, dass jede Form der Übertragung erfasst sein soll. Drahtgebunden ist beispielsweise die Übertragung im Internet über Telefonmodem oder der Faxabruf. Drahtlos ist die Übertragung über WLAN (Wireless Local Area Network), UMTS (Universal Mobile Telecommunication System), GPRS (General Packet Radio Service).
- Der Begriff der Öffentlichkeit als weiteres Tatbestandsmerkmal knüpft an die Legaldefinition in § 15 Abs. 3 UrhG an.
- Das Tatbestandsmerkmal „von Orten … ihrer Wahl“ ist von untergeordneter Bedeutung; es zeigt insbesondere, dass § 19a UrhG primär auf das Internet zugeschnitten ist. Dabei kommen auch Nutzungen über das nur innerhalb eines Unternehmens zugängliche Intranet in Betracht.[239]
- Auch das Tatbestandsmerkmal des „Zugänglichmachens“ ist nur wenig aussagekräftig und hilft insbesondere in Bezug auf die Abgrenzung zum Senderecht gem. § 20 UrhG nicht weiter, denn auch das Senderecht setzt ein „Zugänglichmachen“ voraus. Ohne dass dies dem Wortlaut entnommen werden kann, geht die allgemeine Meinung davon aus, dass Zugänglichmachen i.S.d. § 19a UrhG das „Bereitstellen zum interaktiven Abruf“ meint.[240] Damit soll ein möglichst frühzeitiger

---

238 Ein Recht der öffentlichen Zugänglichmachung wurde auch bereits vor der Reform in der Rspr. diskutiert, s. *BGH* GRUR 2003, 958, 961 – Paperboy; *LG Hamburg* GRURInt 2004, 148, 151 – Thumbnails; *Lauber/Schwipps* GRUR 2004, 293, 294.

239 Wandtke/Bullinger/*Bullinger* § 19a Rn. 8.

240 Wandtke/Bullinger/*Bullinger* § 19a Rn. 10; *Poll* GRUR 2007, 476, 480; *Schricker/von Ungern-Sternberg* § 20 Rn. 3; *Schack* GRUR 2007 639, 640.

Schutz zugunsten des Urhebers sichergestellt werden.[241] § 19a UrhG ist unabhängig davon verletzt, ob es nach der Bereitstellung zum Abruf tatsächlich zu einem Abruf kommt oder nicht.[242]

- Entscheidendes Tatbestandsmerkmal auch im Hinblick auf eine Abgrenzung zum Senderecht gem. § 20 UrhG ist die Formulierung „zu Zeiten ihrer Wahl". Während § 20 UrhG diejenigen Werkübermittlungen erfasst, die zu einem von dem Sendenden vorgegebenen Zeitpunkt in einer von ihm bestimmten Reihenfolge (Sendeplan) vorgenommen werden, erfasst § 19a UrhG diejenigen interaktiven Dienste, bei denen der Endnutzer durch seine Abrufentscheidung selbst bestimmt, zu welchem Zeitpunkt ihm ein Werk übermittelt werden soll. Bei § 20 UrhG geht es um ein „Zuschalten" zu einer zeitgleichen Übertragung an die Öffentlichkeit, bei § 19a UrhG wird die Übertragung interaktiv und individuell durch den Nutzer ausgelöst.[243]

In der Praxis ist die Abgrenzung der verschiedenen Verwertungsrechte, insbesondere **185**
der §§ 19a und 20 UrhG angesichts der sog. Konvergenz der Medien von besonderer Bedeutung. So können TV-Sendungen mittlerweile auch im Wege des sog. Simulcasts bzw. Webcastings in guter Qualität über das Internet übertragen werden. IP-TV, Video on Demand und andere Formen so genannter Push-Dienste sind in aller Munde, genauso wie das Mobile-TV,[244] welches endlich den Weg zum Verbraucher zu finden scheint. Schließlich sei noch auf die unter dem Begriff „Tripple Play" zunehmend ins Gespräch gebrachte Verschmelzung von Telefon-, Fernseh- und Internetnutzung hingewiesen.[245] Die Abgrenzung wird sowohl bei der Vertragsgestaltung, als auch bei der Vertragsauslegung[246] relevant. Ferner ist die Abgrenzung relevant für die Frage, ob bzw. wann es sich bei den genannten Nutzungsarten um eine unbekannte Nutzungsart handelt.[247] Vor dem Hintergrund sollen nachfolgend einzelne Online-Dienste im Hinblick auf die Abgrenzung zwischen §§ 19a und 20 UrhG näher untersucht werden:

- Streaming, Webcasting, Simulcasting und IP-TV:
  Bei der Streaming-Technik wird ein Datenstrom als laufendes Programm übertragen, das der Nutzer dann auf seinem Bildschirm wahrnehmen, in der Regel aber nicht speichern kann. Erfolgt das Streaming zeitgleich mit einer herkömmlichen Rundfunksendung, so spricht man von Simulcasting, bei Übertragungen allein im Internet von Webcasting. In beiden Fällen hat der Nutzer jedoch in der Regel kei-

---

241 *RegE* BT-Drucks. 15/38, 17.

242 *OLG Hamburg* GRUR RR 2005, 209; *LG Hamburg* CR 2005, 136, 137; *Poll* GRUR 2007, 476, 479. In diesem Zusammenhang wird zudem diskutiert, ob § 19a UrhG ggf. nur das Bereithalten zum Abruf, nicht aber die anschließende tatsächliche Übertragung erfasst, so *Schricker/von Ungern-Sternberg* § 19a Rn. 33 ff., der den Akt der Übertragung unter § 15 Abs. 2 UrhG subsumiert, anders die wohl h.M., die auch den Übertragungsvorgang unter § 19a UrhG subsumiert, s. *Dreier/Schulze/Dreier* § 19a Rn. 6; wohl auch *Wandtke/Bullinger/Bullinger* § 19a Rn. 10 ff.; *Hillig* AfP 2006, 602; *Schack* GRUR 2007, 639, 640 f. m.w.N.; *LG München* ZUM 2006, 583, 585.

243 Wandtke/Bullinger/*Bullinger* § 19a Rn. 15 ff.; *Poll* GRUR 2007, 476, 480; *Dreier/Schulze/Dreier* § 19a Rn. 9.

244 *Bauer/von Einem* MMR 2007, 423; *Büchner* CR 2007, 473; *Eberle* ZUM 2007, 439.

245 *Eberle* ZUM 2007, 439; *Flatau* ZUM 2007, 1; *Ory* ZUM 2007, 7; *Potthast* ZUM 2007, 443; *Ring/Gummer* ZUM 2007, 433.

246 In Altverträgen wurde häufig nur auf die Übertragung des Sende- und oder des Internet/Online- oder Abrufrechts verwiesen, ohne diese Begriffe jedoch näher zu definieren.

247 Kann für § 19a UrhG wohl erst ab 1995 nicht mehr angenommen werden, s. *OLG München* ZUM RD 2003, 581.

nen Einfluss auf den Zeitpunkt und Inhalt der Übertragung. Der Abruf ist dann vergleichbar mit dem Zuschalten zu einem regulären Fernsehprogramm, so dass jedenfalls § 19a UrhG nicht einschlägig ist. Nur wenn die Programmabfolge durch individuelle Entscheidung und Abruf durch den Nutzer bestimmt wird, kann § 19a UrhG einschlägig sein. Ob insbesondere im Falle des IP-TVs („TV mit Rückkanal“[248]) das Senderecht bzw. das Kabelweitersenderecht gem. § 20b UrhG eingreift, ist umstritten.[249]

– On Demand/Near On Demand:
  Bei On Demand-Diensten handelt es sich um „klassische“ Abrufdienste, d.h. Werke werden zum individuellen Abruf in elektronischen Netzen oder per Funk bereit gehalten. Beispiele sind Video On Demand- und Audio On Demand-Dienste, bei denen Videos bzw. Musikstücke auf individuellen Wunsch zu einem beliebigen Zeitpunkt durch den Nutzer abgerufen werden können, aber auch das Abrufen von Filmen, Bildern, Software oder Texten, die in einer Datenbank des Anbieters gespeichert sind und von dem Nutzer abgerufen werden können. Solche On Demand-Dienste fallen unter § 19a UrhG.[250]
  Davon ggf. zu unterscheiden sind die sog. Near On Demand-Dienste. Dabei werden die Werke von dem Anbieter ausgesucht und in eine Art Programmschleife eingespeist und können im Wege der sog. „Multiplexing“-Technik dem Empfänger für beliebig viele Zugriffe zur Verfügung gestellt werden, allerdings in von dem Anbieter definierten zeitlichen Intervallen. Die Zeitabstände können hierbei so kurz sein, dass der Empfänger den Eindruck gewinnt, das Werk – wie bei einem klassischen On Demand-Dienst – jederzeit abrufen zu können.[251] Daher wird teilweise vertreten, dass jedenfalls solche Near On Demand-Dienste, die sich wegen der sehr kurzen zeitlichen Intervalle aus der Sicht des Nutzers letztlich als On Demand-Dienste darstellen, auch rechtlich als solche qualifiziert werden sollten.[252] Die Gegenmeinung subsumiert die sog. Near On Demand-Dienste unter das Senderecht gem. § 20 UrhG.[253]
  Von Bedeutung ist in diesem Zusammenhang auch die Frage nach der Haftung des Plattformbetreibers für nutzergenerierte Inhalte (User Generated Content). Unter Zugrundelegung des hierfür einschlägigen Telemediengesetzes (§ 10 TMG) gilt der sog. „notice-and-takedown“ Grundsatz. Hiernach trifft den Anbieter einer On Demand-Plattform eine Verantwortlichkeit für fremde Inhalte erst ab Kenntnis von der Rechtswidrigkeit des jeweiligen Inhaltes. Allerdings kommen dem Anbieter diese Haftungsprivilegien nicht weiter zugute, wenn er sich den fremden Inhalt durch integrierte Einbindung in die Webseite zu eigen gemacht hat.[254]

---

248 Zu den technischen Einzelheiten von IP-TV, s. *Flatau* ZUM 2007, 1 ff.

249 Zur Abgrenzung im Einzelnen *LG München* ZUM 2001, 260, 263; *LG Hamburg* ZUM 2005, 844, 846; *Schricker/von Ungern-Sternberg* § 20 Rn. 45; *Dreier/Schulze/Dreier* § 19a Rn. 10 und § 20 Rn. 16; *Poll* GRUR 2007, 476, 480; *Schack* GRUR 2007, 639, 641; s. dazu auch noch unter Rn. 189.

250 Statt von „on demand“ wird auch von „ins Netz stellen“, oder einem „elektronischen Versand“ gesprochen, s. Wandtke/Bullinger/*Bullinger* § 19a Rn. 23 f.

251 Bsp. für einen Near On Demand-Dienst ist die Videoanlage eines Hotels, bei der ein 90-Minuten-Film auf mehreren Wiedergabegeräten so versetzt abgespielt wird, dass er von dem Hotelgast im Zimmer in kurzen Abständen abgerufen werden kann. Vgl. Wandtke/Bullinger/*Bullinger* § 19a Rn. 19; *Poll* GRUR 2007, 476, 481; *Schack* GRUR 2007, 639, 641 f.

252 *Dreier/Schulze/Dreier* § 19a Rn. 10; Wandtke/Bullinger/*Bullinger* § 19a Rn. 20.

253 *EuGH* MMR 2005, 517; *Schricker/von Ungern-Sternberg* § 20 Rn. 9; *Reinbothe* GRURInt 2001, 736; *Kröger* CR 2001, 316, 318; *Poll* GRUR 2007, 476, 481; *Schack* GRUR 2007, 639, 641.

254 *BGH* GRUR 2010, 616.

- Push-Dienste:
  Push-Dienste unterscheiden sich von den Near On Demand-Diensten dadurch, dass die Nutzer die Werke nicht jeweils abrufen können, sondern auf einmalige vorherige Aufforderung hin in bestimmten Zeitintervallen übermittelt erhalten. Im Zusammenhang mit solchen Push-Diensten werden beispielsweise die sog. Online-TV-Rekorder/virtuellen Videorekorder diskutiert, bei denen einzelne TV-Programme oder Sendungen auf Wunsch des Kunden zunächst auf einem besonderen Speicherplatz beim Anbieter aufgezeichnet werden, von dem sie dem Kunden dann zu einem späteren Zeitpunkt zugänglich gemacht werden. Die Einordnung solcher Online-TV-Rekorder ist genauso wie die generelle Einordnung eines Push-Dienstes umstritten. Wie immer kommt es auf die Ausgestaltung des Einzelfalles an, ob das Recht gem. §§ 19a, 20, 20b UrhG oder sogar das unbenannte Verwertungsrecht gem. § 15 Abs. 3 UrhG betroffen ist.[255]
- Bildersuche/Thumbnails,
  Verschiedene Internetsuchmaschinen verfügen mittlerweile über eine Bildsuchfunktion. Diese ermöglicht durch die Eingabe von Suchbegriffen das Auffinden solcher Abbildungen, die Dritte im Kontext mit dem Suchbegriff in das Internet gestellt haben. Die nach der Suche ausgegebene Trefferliste besteht dabei aus verkleinerten und pixelreduzierten Vorschaubildern (sog. Thumbnails), die die auf den Originalseiten bereitgestellten Abbildungen zeigen. Zusätzlich ermöglicht ein entsprechender Link den Zugriff auf die Originalseite. Die Ausgabe der Thumbnails fällt unter § 19a UrhG. Der BGH nimmt in diesem Zusammenhang jedoch an, dass sich ein Rechteinhaber, der Bilder im Internet zugänglich mache, ohne von technischen Möglichkeiten Gebrauch zu machen, um die Abbildungen von der Bildersuche auszunehmen, mit der Wiedergabe in den Vorschaubildern einverstanden erkläre. Dieses Einverständnis sei zwar keine konkludente Einräumung eines Nutzungsrechts, schließe aber die Rechtswidrigkeit des Eingriffes in § 19a UrhG aus.[256]
- Sharehosting:
  Sharehosting-Dienste wie z.B. Rapidshare stellen Internetnutzern Speicherplatz zur Hinterlegung von Dateien zur Verfügung. Nach dem Hochladen einer beliebigen Datei durch den Nutzer wird ein Download-Link generiert, den nur der Nutzer selbst erhält. Durch die Weitergabe dieses Links hat der Nutzer die Möglichkeit, die hochgeladene Datei auch Dritten zugänglich zu machen. Dabei entspricht es der allgemeinen Erfahrung, dass solche Dienste sowohl zu legalen Zwecken, als auch zur Verbreitung von urheberrechtlich geschütztem Material eingesetzt werden. Unstreitig verstößt der Nutzer bei Hinterlegen von urheberrechtlich geschützten Werken auf den Plattformen gegen § 19a UrhG, sofern er Dritten den Zugriff auf die entsprechenden Dateien ermöglicht. Nicht abschließend geklärt ist die Frage, ob der Anbieter eines solchen Dienstes im Wege der Störerhaftung in Anspruch genommen werden kann. Nachdem diese Frage in den unterinstanzlichen

---

255 *BGH* NJW 2009, 3511; *OLG Köln* GRUR RR 2006, 5; *LG Köln* ZUM 2005, 574; *LG München* ZUM 2006, 583; *LG Leipzig* ZUM 2006, 763; *LG Braunschweig* ZUM-RD 2006, 396; *Schricker/von Ungern-Sternberg* § 20 Rn. 47; *Hartlieb/Schwarz/Reber* Hdb. des Film-, Fernseh- und Videorechts, 4. Aufl. 2004, S. 691; *Dreier/Schulze/Dreier* § 19a Rn. 10, *Poll* GRUR 2007, 476, 481 f.; *Schack* GRUR 2007, 639, 641.

256 *BGH* MMR 2010, 475 – Vorschaubilder I; GRUR 2012, 602 – Vorschaubilder II.

Gerichten lange ungeklärt blieb,[257] hat der Bundesgerichtshof eine Störerhaftung dann bejaht, wenn der Anbieter die ihm zumutbaren Prüfpflichten verletzt.[258]

186 Von zunehmender praxisrelevanter Bedeutung im Zusammenhang mit § 19a UrhG dürfte die Entscheidung des BGH zur Störerhaftung des WLAN-Inhabers sein.[259] Danach haftet der Betreiber eines WLAN-Anschlusses für eine urheberrechtswidrige öffentliche Zugänglichmachung durch Dritte, sofern diese über seinen WLAN-Anschluss getätigt wurde und er nicht ausreichend von den zur Verfügung stehenden Sicherungsmechanismen Gebrauch gemacht hat. Dies gilt auch, wenn der WLAN-Anschluss gewollt für Kunden und zu Werbezwecke ohne Passwort zugänglich ist.[260] Allerdings kann der Inhaber eines WLAN-Anschlusses nicht haftbar gemacht werden, wenn dieser das Passwort für den WLAN-Zugang an volljährige Mitbewohner, Besucher und Gäste weiter gibt.[261] Diese muss er auch nicht ohne einen konkreten Anhaltspunkt über Rechtswidrigkeiten im Internet belehren.

7. Senderecht, europäische Satellitensendung und Kabelweitersendung, §§ 20, 20a, 20b UrhG

Literatur: *Bortloff* Internationale Lizenzierung von Internet-Simulcasts durch die Tonträgerindustrie, GRURInt 2003, 669; *Conrad* Die Feuerzangenbowle und das Linsengericht: Der Vergütungsanspruch nach § 20b II UrhG, GRUR 2003, 561; *Dreier* Die Umsetzung der Richtlinie zum Satellitenrundfunk und zur Kabelweiterleitung, GRUR 1995, 570; *von Frentz/Masch* Öffentliche Wiedergabe und Kabelweitersendung bei Gemeinschaftsantennenanlagen außerhalb Abschattungsgebieten und das Verhältnis zwischen Einspeiseentgelt und angemessener Lizenzgebühr für die Kabelweitersendung, ZUM 2010, 519; *Gounalakis* Der Begriff des Sendens aus urheberrechtlicher Sicht, ZUM 2009, 447; *Härting/Thiess* Streaming-Plattformen: Neue Abmahnwelle in Sicht?, WRP 2012, 1068; *Hillig* Auf dem Weg zu einem WIPO-Abkommen zum Schutz der Sendeunternehmen, GRURInt 2007, 122; *Hillig/Blechschmidt* Die Materialentschädigung für reversgebundenes Notenmaterial – Zur Rechtmäßigkeit des Zustimmungsvorbehalts der Musikverlage bei außerrundfunkmäßiger Verwertung von Rundfunkproduktionen, ZUM 2005, 505; *Hoeren/Veddern* Voraussetzungen und Grenzen klauselmäßiger Beteiligungen der Sendeunternehmen an den gesetzlichen Vergütungsansprüchen, UFITA 2002, 7; *Koch* Der Content bleibt im Netz – gesicherte Werkverwertung durch Streaming-Verfahren, GRUR 2010, 574; *Kuch* Medienrechtliche Vorgaben für Kabelnetzbetreiber, ZUM 2002, 248; *Mand* Der gesetzliche Vergütungsergänzungsanspruch gem. § 20b II UrhG, GRUR 2005, 720; *ders.* Die Kabelweitersendung als urheberrechtlicher Verwertungstatbestand, GRUR 2004, 395; *Poll* Neue internetbasierte Nutzungsformen – Das Recht der Zugänglichmachung auf Abruf (§ 19a UrhG) und seine Abgrenzung zum Senderecht (§§ 20, 20b UrhG), GRUR 2007, 476; *Sasse/Waldhausen* Musikverwertung im Internet und deren vertragliche Gestaltung – MP3, Streaming, Webcast, On-demand-Service etc., ZUM 2000, 837; *Schalast/Schalast* Das Recht der Kabelweitersendung von Rundfunkprogrammen – Aktuelle Fragen bei der Umsetzung von § 20b UrhG, MMR 2001, 436; *Schwenzer* Tonträgerauswertung zwischen Exklusivrecht und Sendeprivileg im Lichte von Internetradio,

257 *OLG Düsseldorf* ZUM 2010, 600; *OLG Düsseldorf* MMR 2010, 702; *OLG Hamburg* ZUM-RD 2008, 527; *OLG Hamburg* ZUM 2010, 440 – Sharehoster II. Während das OLG Düsseldorf die Störerhaftung mangels Zumutbarkeit von Prüfungspflichten für die Betreiber ablehnt, bejaht das OLG Hamburg die Zumutbarkeit bzw. Störerhaftung in bestimmten Fällen. Die Revision gegen die Entscheidung „Sharehoster II" ist beim BGH unter AZ I ZR 177/09 anhängig.

258 *BGH* GRUR 2013, 370 – Alone in the Dark; GRUR 2013, 1030 – File-Hosting-Dienst; ZUM-RD 2013, 565.

259 *BGH* GRUR 2010, 633 – Sommer unseres Lebens.

260 *EuGH* GRUR 2016, 1146.

261 *BGH* GRUR 2016, 1289 – "Silver Linings Playbook".

GRURInt 2001, 722; *Spindler* Die Einspeisung von Rundfunkprogrammen in Kabelnetze – Rechtsfragen der urheberrechtlichen Vergütung und vertragsrechtlichen Gestaltung, MMR 2003, 1.

Das Recht, ein Werk mittels Funk oder ähnlichen technischen Mitteln der Öffentlichkeit zugänglich zu machen, ist das in § 20 UrhG geregelte sog. Senderecht. **187**

Hierunter fallen das Fernsehen, inklusive Videotextsendungen, und der Hörfunk. Die Nutzung liegt hier in der Ausstrahlung des Werkes mittels Funk oder ähnlichen Mitteln.[262] Der Empfang einer Sendung stellt keine urheberrechtlich relevante Handlung dar. Daher zahlt der Kunde die Pay-TV-Gebühren oder die öffentlich-rechtlichen Rundfunkgebühren nicht aufgrund urheberrechtlicher Vergütungsregelungen, sondern weil er aufgrund eines privat-rechtlichen Vertrags (im Fall des Pay-TV) beziehungsweise aufgrund öffentlich-rechtlicher Normen (im Fall der öffentlich-rechtlichen Sender) zur Leistung des Entgelts verpflichtet ist. **188**

Charakteristisch für das Senderecht ist, dass das gesamte Publikum das Werk gleichzeitig sinnlich wahrnehmen kann. Auch Pay-TV und Pay-Radio fallen unter das Senderecht des § 20 UrhG, da auch bei diesen Diensten der Verbraucher die festgelegte Programmabfolge nicht beeinflussen kann.[263] Probleme bestehen bei der Abgrenzung zu sog. Near On Demand-Diensten, Push-Diensten oder aber zu Erscheinungsformen des Streamings, bei denen der Verbraucher in der Regel zwar nicht die Inhalte, teilweise aber die Zeit bestimmen kann, wann er diese Inhalte wahrnehmen möchte.[264] Beim Live-Programmstreaming, das gerade im Hörfunk schon sehr weit fortgeschritten ist, wird das jeweilige Hörfunk-/Fernsehprogramm (fast) zeitgleich auch im Internet übertragen. Diese Übertragungsform wird von der wohl überwiegenden Auffassung als Rundfunk,[265] der unter das Senderecht des § 20 UrhG fällt, teilweise aber auch als Zugriffsdienst[266] definiert, so dass § 19a UrhG einschlägig wäre. **189**

Die Grundnorm des § 20 UrhG wird ergänzt durch die Sonderregelungen der §§ 20a und 20b UrhG, die die Sendung von Werken mittels bestimmter Übertragungstechniken regeln, nämlich via Satellit bzw. via Kabel. Besonders das Recht zur Kabelweitersendung gem. § 20b UrhG ist in der Praxis von nicht unerheblicher Bedeutung. **190**

§ 20b Abs. 1 S. 1 UrhG definiert das Kabelweitersendungsrecht nach Maßgabe der sog. Satelliten- und Kabelrichtlinie.[267] Unter Kabelweitersendung ist demnach die integrale (d.h. zeitgleiche, unveränderte und vollständige) Weiterübertragung von bereits gesendeten Rundfunkprogrammen über Kabel- oder Mikrowellensysteme zu verstehen. **191**

---

262 Vgl. auch *BGH* GRUR 1994, 45 – Verteileranlagen.

263 *Dreier/Schulze/Dreier* § 20 Rn. 16; *Schricker/von Ungern-Sternberg* § 20 Rn. 12; *Fromm/Nordemann/Nordemann* § 20 Rn. 2.

264 Im Einzelnen zur Abgrenzung und Einordnung s.o. unter Rn. 185.

265 *OLG Hamburg* GRUR-RR 2006, 148, 149; *LG Hamburg* ZUM 2005, 844, 847; *Loewenheim/Schwarz/Reber* § 21 Rn. 76; *Sasse/Waldhausen* ZUM 2000, 837, 839, 842 ff.; *Schricker/von Ungern-Sternberg* Vor §§ 20 ff. Rn. 7; *Schwarz* ZUM 2000, 816 ff., 821 f.

266 *Dreier/Schulze/Dreier* § 19a Rn. 10; *Ricker* ZUM 2001, 28 ff., 33 ff.; *Wandtke/Bullinger/Ehrhardt* § 20-20b UrhG Rn. 14; §20 Rn.3.

267 RL 93/83/EWG v. 27.9.1993 zur Koordinierung bestimmter urheber- und leistungsschutzrechtlicher Vorschriften betreffend Satellitenrundfunk und Kabelweiterverbreitung (ABlEG Nr. L 248/15 v. 6.10.1993).

192 Die Kabelweitersendung setzt stets die Erstsendung eines Werkes i.S.d. § 20 UrhG voraus. Hierbei kann es sich um terrestrisch ausgestrahlte oder Satelliten-Sendungen handeln, die vom Kabelbetreiber für die Weiterleitung aufgefangen und aufbereitet werden. Abzugrenzen ist die Kabelweitersendung von der primären Kabelsendung und der modifizierten Kabelweiterübertragung. Bei der primären Kabelsendung wird das Programm erstmalig per Kabel übertragen; bei der modifizierten Kabelweiterübertragung hingegen handelt es sich um eine zeitversetzte, verkürzte oder aber inhaltlich veränderte Weiterleitung eines bereits gesendeten Programms.[268]

193 Bei dem Recht der Kabelweitersendung handelt es sich um ein Zweitverwertungs- und somit „kleines Recht", das qua Gesetz grundsätzlich verwertungsgesellschaftspflichtig ist. § 20b Abs. 2 S. 1 UrhG regelt den unverzichtbaren Vergütungsanspruch des Urhebers, der mit der Kabelweitersendung seines Werkes entsteht.

194 Die Sendeunternehmen sind gem. § 20b Abs. 1 S. 2 UrhG von der Verwertungsgesellschaftenpflicht ausgenommen, und zwar nicht nur bzgl. der Rechte an eigenen Funksendungen, sondern auch, soweit ihnen Rechte an Funksendungen von Urhebern oder Leistungsschutzberechtigten übertragen wurden. Dennoch können Urheber und Leistungsschutzberechtigte in letzterem Fall von dem Kabelunternehmen für die Kabelweitersendung ihrer Werke eine angemessene Vergütung verlangen. Auch aus diesem Grund sieht § 87 Abs. 5 UrhG vor, dass Sende- und Kabelunternehmen einem Kontrahierungszwang unterliegen, der sie gegenseitig verpflichtet, Kabelweitersendungsverträge zu angemessenen Bedingungen abzuschließen.[269]

195 Als einer dieser Verträge ist der sog. **Kabelglobalvertrag** zwischen der Deutschen Telekom AG (damals noch Deutsche Bundespost), den Sendeunternehmen und den Verwertungsgesellschaften vom 21.11.1992 zu nennen. Die Beteiligung auch der Verwertungsgesellschaften folgt aus der Tatsache, dass die einzelnen Urheber ihre Vergütung für die Kabelweiterleitung nur mittels dieser Gesellschaften geltend machen können. Hinzu trat im Jahre 1999 der von der ANGA Verband Privater Kabelnetzbetreiber e. V. mit den Sendeunternehmen und Verwertungsgesellschaften geschlossene „Gesamtvertrag über die Weitersendung ortsüblich terrestrisch empfangbarer Hörfunk- und Fernsehprogramme in privaten Kabelnetzen und Gemeinschaftsantennenanlagen". Der Gesamtvertrag fungierte jedoch nur als Rahmenvertrag, auf dem die Einzelverträge der in der ANGA zusammengeschlossenen Kabelbetreiber aufbauen. Sowohl im Kabelglobalvertrag als auch im Gesamtvertrag der ANGA ist eine Vergütung von 4 % der Bruttoentgelte vorgesehen, die die jeweiligen Kabelnetzbetreiber von den Verbrauchern für die Überlassung eines Kabelanschlusses erheben.[270] Diese Vergütung führen die Kabelunternehmen an die übrigen Vertragspartner des Global- bzw. Gesamtvertrages ab. Der Kabelglobalvertrag wurde jedoch wegen des stetigen Verkaufs ihrer Kabelnetze seitens der Deutschen Telekom zum 31.12.2002 gekündigt. Der ihm nachfolgende „Vergleichsvertrag über die Weiterleitung von Hörfunk- und Fernsehprogrammen in Breitbandverteilnetzen" zwischen GEMA, öffentlich-rechtlichem Rundfunk und den regionalen Kabelnetzbetreibern (den Nachfolgegesellschaften der Deutschen Telekom) wurde erst Ende 2003 aufgrund einer Zusatzvereinbarung, durch die die übrigen Verwertungsgesellschaften einbezogen wurden, in vollem Umfang wirksam. Die VG Media, die die Rechte der privaten Medienunternehmen

---

268 Vgl. *Schricker/von Ungern-Sternberg* § 20b Rn. 11.
269 Zur Angemessenheit ausf. *Spindler* MMR 2003, 1 ff.
270 Vgl. *Schalast/Schalast* MMR 2001, 436; *Spindler* MMR 2003, 1, 3.

wahrnimmt, hat im April 2003 ebenfalls einen Gesamtvertrag mit den Nachfolgegesellschaften der Deutschen Telekom (mit Ausnahme einer Regionalgesellschaft) abgeschlossen.

8. Zweitverwertungsrechte, §§ 21, 22 UrhG

Literatur: Vgl. die Nachweise vor Rn. 166.

196 Die in den §§ 21 und 22 UrhG geregelten sog. Zweitverwertungsrechte betreffen den Fall, dass ein Werk hintereinander geschaltet auf verschiedene Art und Weise wiedergegeben wird. So kann beispielsweise ein aufgeführtes Werk auf einem Bild- und Tonträger aufgezeichnet und dann der Öffentlichkeit mittels dieses Trägers erneut sinnlich wahrnehmbar gemacht werden. § 22 UrhG regelt den Fall, dass eine Funksendung öffentlich wahrnehmbar gemacht wird.

197 Die öffentliche Wahrnehmbarmachung setzt voraus, dass der Empfängerkreis an einem Ort versammelt ist.[271] § 22 UrhG ist beispielsweise dann einschlägig, wenn in einer Zahnarztpraxis eine Radiosendung wiedergegeben wird[272] oder bei einem Fernsehgerät in einer Kneipe. Wenn in einem Kaufhaus oder einer Diskothek Musik von einer CD abgespielt wird, wird dagegen § 21 UrhG relevant. Demgegenüber ist das Gästen in ihren Hotelzimmern angebotene Hotelradio/-video in der Regel Sendung i.S.d. § 20 UrhG (u.U. aber auch Abrufdienst), da es hier an dem gemeinsamen Ort der Wahrnehmbarmachung fehlt. Anders als beim Senderecht reicht es für die §§ 21, 22 UrhG nicht aus, dass ein geschütztes Werk unabhängig von seinem tatsächlichen Empfang der Öffentlichkeit lediglich zugänglich gemacht wird.

198 Sowohl das Recht gem. § 21 UrhG als auch das Recht gem. § 22 UrhG werden in der Regel kollektiv, d.h. durch Verwertungsgesellschaften wahrgenommen, d.h. die Zahnarztpraxis oder der Kneipenbetreiber müssen nicht die Zustimmung des Urhebers einholen, sondern gelten die Rechte pauschal gegenüber den Verwertungsgesellschaften ab.[273]

E. Verwertung des Urheberrechts/Urhebervertragsrecht

199 Für die Praxis von besonderer Bedeutung ist das sog. Urhebervertragsrecht. Damit ist die rechtliche Beziehung zwischen Urheber und Verwerter aber auch die weitergehende Verwertung durch den Verwerter gemeint. Im UrhG finden sich Regelungen zum Urhebervertragsrecht in den §§ 31 ff. UrhG. Auch nach der Reform des Urheberrechts 2002 enthält das Urheberrechtsgesetz jedoch nur wenige Regelungen zum Urhebervertragsrecht. Wesentlicher Bestandteil der Urhebervertragsrechtsreform 2002 war die Regelung eines Anspruchs auf eine angemessene Vergütung (§ 32 UrhG). Die angeregte große Lösung zum Urhebervertragsrecht, nämlich die Regelung von einzelnen Vertragsarten (z.B. Verlags-, Sende-, Film- und Aufführungsvertrag) etc. konnte bisher nicht umgesetzt werden.[274]

---

271 *Dreier/Schulze/Dreier* § 21 Rn. 7.
272 *LG Leipzig* NJW-RR 1999, 551, 552.
273 *Reber* GRUR 2000, 203, 206 f.; Wandtke/Bullinger/*Erhardt* § 21 Rn. 7.
274 Wandtke/Bullinger/*Wandtke* Einl. Rn. 7; *Däubler-Gmelin* ZUM 1999, 265 ff.

I. Rahmenbedingungen

200 Als Rahmenbedingungen, welche die Verwertung des Urheberrechts bestimmen, sind Schutzdauer, Übertragbarkeit und Vererblichkeit des Urheberrechts zu nennen.

1. Schutzdauer

Literatur: *von Becker* Neue Tendenzen im Titelschutz, AfP 2004, 25; *Beier* Die urheberrechtliche Schutzfrist, 2001; *Dietz* Das Projekt Künstlergemeinschaftsrecht der IG Medien, ZRP 2001, 165; *ders.* Die Schutzdauer-Richtlinie der EU, GRURInt 1995, 670; *Flechsig* Diskriminierungsverbot und europäisches Urheberrecht, ZUM 2002, 732; *Hilty/von Ashcroft* Die Schutzfrist im Urheberrecht – eine Diskussion, die auch Europäer interessieren sollte, GRURInt 2003, 201; *Jean-Richard* Die Urhebernachfolgevergütung – Rechtsnatur und Verfassungsmäßigkeit UFITA 2000, 353; *Klett* Puccini und kein Ende – Anwendung des europarechtlichen Diskriminierungsverbots auf vor 1925 verstorbene Urheber? – Anmerkung. Zum Vorlagebeschluss des Bundesgerichtshofs vom 30.3.2000 (Az. I ZR 133/97), GRURInt 2001, 810; *Nordemann* Zur Problematik der Schutzfristen für Lichtbildwerke und Lichtbilder im vereinigten Deutschland, GRUR 1991, 418; *Schmidt-Hern* Der Titel, der Urheber, das Werk und seine Schutzfrist, ZUM 2003, 462; *Schricker* Musik und Wort – Zur Urheberrechtsschutzfrist dramatisch-musikalischer Werke und musikalischer Kompositionen mit Text, GRURInt 2001, 1015; *Schulze/Bettinger* Wiederaufleben des Urheberrechtsschutzes bei gemeinfreien Fotografien auf Grund der EU-Schutzdauerrichtlinien, GRUR 2000, 12; *Seifert* Markenschutz und urheberrechtliche Gemeinfreiheit, WRP 2000, 1014; *Vogel* Die Umsetzung der Richtlinie zur Harmonisierung der Schutzdauer des Urheberrechts und bestimmter verwandter Schutzrechte, ZUM 1995, 451; *Wandtke/Bullinger* Die Marke als urheberrechtlich schutzfähiges Werk, GRUR 1997, 573.

201 Grundsätzlich beginnt der urheberrechtliche Schutz in dem Zeitpunkt, in dem das Werk geschaffen wird und Werkhöhe erreicht. Ab diesem Zeitpunkt ist das Werk für die Dauer von **70 Jahren** nach dem Tod des Urhebers geschützt, § 64 UrhG. Für das Fristende ist das Jahr des Todes des Urhebers maßgeblich. Das Urheberrecht erlischt somit jeweils am 31.12. des 70. Todesjahres.

202 Waren mehrere Personen als Urheber schöpferisch an einem Werk beteiligt und liegt eine Miturheberschaft i.S.d. § 8 UrhG vor, so ist für das Ende der Schutzdauer das Todesjahr desjenigen Urhebers maßgeblich, der am längsten gelebt hat. Im Fall einer Miturheberschaft kann also ein nicht unerheblich längerer Urheberrechtsschutz bestehen. Bei Filmwerken ist gem. § 65 Abs. 2 UrhG das Todesjahr des längstlebenden Hauptregisseurs, Urhebers des Drehbuchs, Urhebers der Dialoge oder Filmkomponisten maßgeblich. Bei Musikwerken ist gem. § 65 Abs. 3 UrhG das Todesjahr des längstlebenden Verfassers des Textes und Komponisten der Musikkomposition entscheidend. Bei anonymen oder pseudonymen Werken kann die Schutzdauer dadurch gesichert werden, dass der Urheber beim Deutschen Patent- und Markenamt in die sog. Urheberrolle gem. § 138 UrhG eingetragen wird. Dort kann sich der Urheber unter seinem tatsächlichen bürgerlichen Namen registrieren lassen, so dass seine Werke noch 70 Jahre nach seinem Tod nachvollziehbar geschützt sind.

203 Ist die Frist des § 64 UrhG abgelaufen, steht es jedem frei, die Werke des vor 70 Jahren verstorbenen Urhebers frei zu nutzen.

2. Übertragbarkeit

Literatur: *Boytha* Fragen der Unveräußerlichkeit des Urheberrechts, FS Kreile, 1994, S. 109; *Erdmann* Urhebervertragsrecht im Meinungsstreit, GRUR 2002, 923; *Götting* Sanktionen bei Verletzung des postmortalen Persönlichkeitsrechts, GRUR 2004, 801; *Haupt* Die Übertragung des Urheberrechts, ZUM 1999, 899; *Holländer* Das Urheberpersönlichkeitsrecht des angestellten Programmierers, CR 1992, 279; *Klawitter/Hombrecher* Gewerbliche Schutzrechte und Urheberrechte als Kreditsicherheiten, WM 2004, 1213; *Müger* Die Abtretung urheberrechtlicher Vergütungsansprüche in Verwertungsverträgen, 2000; *Metzger* Rechtsgeschäfte über das Urheberpersönlichkeitsrecht nach dem neuen Urhebervertragsrecht, GRURInt 2003, 9; *ders.* Rechtsgeschäfte über das Droit moral im deutschen und französischen Urheberrecht, 2002; *Schmidt* Urheberrechte als Kreditsicherheit nach der gesetzlichen Neuregelung des Urhebervertragsrechts, WM 2003, 461; *Schricker* Urheberrecht, 4. Aufl. 2010; *ders.* Zum neuen deutschen Urhebervertragsrecht, GRURInt 2002, 797; *von Welser* Die Wahrnehmung urheberpersönlichkeitsrechtlicher Befugnisse durch Dritte, 2000.

Aufgrund seiner persönlichkeitsrechtlichen Bezüge[275] ist das Urheberrecht selbst nicht übertragbar, § 29 Abs. 1 UrhG. Gleiches gilt für das Urheberpersönlichkeitsrecht, aber auch für die einzelnen Verwertungsrechte.[276] Aus der Unübertragbarkeit folgt, dass das Urheberrecht nicht mit einem Nießbrauch oder einem Pfandrecht belastet werden kann. **204**

Übertragbar sind dagegen die vertraglichen und gesetzlichen Vergütungsansprüche des Urhebers, soweit das Gesetz insofern keine Einschränkung vorsieht.[277] Übertragbar und auch dinglich belastbar sind ferner die einzelnen Nutzungsrechte an dem geschaffenen Werk. Für die verschiedenen Verwertungsarten des Werkes können einzelne Nutzungsrechte, in der Praxis häufig Lizenzen genannt, eingeräumt und übertragen werden, §§ 29 Abs. 2, 31 UrhG. Diese Nutzungsrechte können unterschiedlich ausgestaltet werden, so können sie räumlich und zeitlich sowie inhaltlich beschränkt oder auch unbeschränkt übertragen werden, § 31 UrhG. Des Weiteren können sie exklusiv vergeben werden, oder im Fall des einfachen Nutzungsrechts, mehreren Nutzern gleichzeitig. Exklusivität i.S.v. § 31 Abs. 3 UrhG bedeutet, dass es nur noch dem ausschließlich Nutzungsberechtigten gestattet ist, das Werk in der vereinbarten Form zu nutzen. Sogar der Urheber selbst kann so von der Nutzung in der betreffenden Form ausgeschlossen werden. Das Nutzungsrecht, das der Urheber einem anderen eingeräumt hat, kann von dem Nutzungsrechtsinhaber an einen Dritten weiter übertragen werden. Dieser kann also eine sog. Sublizenz erteilen.[278] Allerdings ist auch eine Sublizenz nur dann rechtlich zulässig und stellt keine Urheberrechtsverletzung dar, wenn der Urheber der Erteilung der Sublizenz zustimmt, § 34 Abs. 1 UrhG. **205**

Aus der Unübertragbarkeit des Urheberrechts wird grundsätzlich gefolgert, dass das Urheberrecht auch unverzichtbar sei.[279] Etwas anderes gilt nur für den Fall der Miturhebergemeinschaft, bei der es einem Miturheber gem. § 8 Abs. 4 UrhG möglich ist, auf seinen Anteil an den Verwertungsrechten zu verzichten und dadurch die anderen Mit- **206**

275 S.o. Rn. 125.

276 *Schricker/Schricker* § 29 Rn. 7 f.; *Fromm/Nordemann/Hertin* Vor § 12 Rn. 3; s. dazu auch oben Rn. 143.

277 S. bspw. der anlässlich der Urheberrechtsreform eingefügte § 63a UrhG, wonach die gesetzlichen Vergütungsansprüche des Urhebers gem. §§ 44a ff. UrhG im Voraus nur an eine Verwertungsgesellschaft abgetreten werden können.

278 Wandtke/Bullinger/*Wandtke/Grunert* § 31 Rn. 35.

279 *Dreier/Schulze/Schulze* § 29 Rn. 10; *Schricker/Schricker* § 29 Rn. 15 ff.

urheber zu begünstigen.[280] Natürlich bleibt es aber jedem Urheber unbenommen, seine Rechte ganz oder teilweise nicht geltend zu machen oder durchzusetzen.[281] Kein Fall des Verzichts, sondern der Einräumung eines unentgeltlichen, nicht-ausschließlichen Nutzungsrechts sind die Fälle des sog. **Open Contents,** wie dies bspw. bei Software in Gestalt von Freeware oder Shareware üblich ist.[282]

3. Vererblichkeit

Literatur: *Finger* Urheberrecht und Zugewinnausgleich, GRUR 1989, 881; *Gergen* Zur Schnittmenge von Erbrecht und Urheberrecht: die Nachfolge in die Rechte eines verstorbenen Urhebers, ZErb 2009, 42; *Götting* Die Vererblichkeit der vermögenswerten Bestandteile des Persönlichkeitsrechts – ein Meilenstein in der Rechtsprechung des *BGH*, NJW 2001, 585; *Rehbinder* Die Familie im Urheberrecht, ZUM 1986, 365; *Schack* Das Persönlichkeitsrecht der Urheber und ausübenden Künstler nach dem Tode, GRUR 1985, 352; *von Welser* Die Wahrnehmung urheberpersönlichkeitsrechtlicher Befugnisse durch Dritte, 2000.

207 Das Urheberrecht ist zwar nicht übertragbar, aber doch vererbbar. Gem. §§ 28 Abs. 1, 29 Abs. 1 UrhG sind Verfügungen von Todes wegen über das Urheberrecht möglich. Ein Urheber kann also seine Urheberrechte durch Testament oder Erbvertrag gem. §§ 2264 ff. BGB bzw. §§ 2274 ff. BGB übertragen. Hat der Urheber keine Verfügung von Todes wegen getroffen, bleibt es bei der gesetzlichen Erbfolge gem. den §§ 1922 ff. BGB.

208 Ist das Urheberrecht vererbt worden, so genießt der Erbe grundsätzlich dieselben Rechte wie der Urheber selbst, § 30 UrhG. Das bedeutet, dass er, obwohl er nicht selbst schöpferisch tätig geworden ist, auch Urheberpersönlichkeitsrechte geltend machen kann. Ob der Erbe gem. § 97 Abs. 2 UrhG immateriellen Schadensersatz für postmortale Urheberrechtsverletzungen verlangen kann, wird jedoch unterschiedlich beurteilt.[283] Schranken der Geltendmachung des Urheberpersönlichkeitsrechts durch den Rechtsnachfolger setzen die Grundsätze des Rechtsmissbrauchs und die Rücksichtnahme auf das allgemeine Persönlichkeitsrecht der (anderen) Angehörigen des Urhebers.[284]

II. Verwertung der Urheberrechte durch Einräumung von Nutzungsrechten

Literatur: *Abel* Filmlizenzen in der Insolvenz des Lizenzgebers und des Lizenznehmers, NZI 2003, 121; *Agudo y Berbel/Engels* „Hörfunkrechte" – ein eigenständiges Wirtschaftsgut?, WRP 2005, 191; *Ahlberg* Der Einfluss des § 31 IV UrhG auf die Auswertungsrechte von Tonträgerunternehmen, GRUR 2002, 313; *Bartsch* Rechtsmängelhaftung bei der Über-

280 S.o. Rn. 123.

281 S.o. zu den Urheberpersönlichkeitsrechten Rn. 124 f.

282 *OLG Köln* CR 1996, 723, 725; *OLG Hamburg* NJW-RR 1994, 1324, 1325; Wandtke/Bullinger/*Block* § 29 Rn. 22.

283 Für einen Anspruch *LG Mannheim* ZUM-RD 1997, 405, 409 – Freiburger Holbein-Pferd; *Schricker/Schricker* § 30 Rn. 3; *Dreier/Schulze/Schulze* § 30 Rn. 5; gegen einen Anspruch *OLG Hamburg* ZUM 1995, 430, 433 – Ile de France; *Fromm/Nordemann/Hertin* § 30 Rn. 6; *Möhring/Nicolini/Lütje* § 97 Rn. 76, *OLG Düsseldorf* ZUM 2013, 678; zur postmortalen Persönlichkeitsrechtsverletzung ebenso *BGH* NJW 2000, 2195, 2197, 2198, 2200 – Marlene Dietrich.

284 Wandtke/Bullinger/*Bullinger* Vor §§ 12 ff. Rn. 12 ff.

lassung von Software, CR 2005, 1; *Bayreuther* Zum Verhältnis zwischen Arbeits-, Urheber- und Arbeitnehmererfindungsrecht – unter besonderer Berücksichtigung der Sondervergütungsansprüche des angestellten Softwareherstellers, GRUR 2003, 570; *Berger* Der BGH auf dem Wege zur Anerkennung der Insolvenzfestigkeit von Softwarelizenzen, NZI 2006, 380; *ders.* Verträge über unbekannte Nutzungsarten nach dem „Zweiten Korb", GRUR 2005, 907; *ders.* Linzenzen in der Inolvenz des Lizenzgebers, GRUR 2013, 321; *Bornkamm* Erwartungen von Urhebern und Nutzern an den zweiten Korb, ZUM 2003, 1010; *Brauer/Sopp* Sicherungsrechte an Lizenzrechten, eine unsichere Sicherheit, ZUM 2004, 112; *Castendyk* Neue Ansätze zum Problem der unbekannten Nutzungsart in § 31 Abs. 4 UrhG, ZUM 2002, 332; *Dietz* Der Entwurf zur Neuregelung des Urhebervertragsrechts, AfP 2001, 261; *Dreier* Urheberrecht an der Schwelle des 3. Jahrtausends, CR 2000, 45; *Feldmann* Besprechung des Urteils des LG Berlin vom 14.10.1999 – 16 O 26/99 (Internetartikel), ZUM 2000, 77; *Flechsig/Hendricks* Zivilprozessuales Schiedsverfahren zur Schließung urheberrechtlicher Gesamtverträge – zweckmäßige Alternative oder Sackgasse?, ZUM 2000, 721; *Gamerith* Die Verwirkung im Urheberrecht, WRP 2004, 75; *Gebhardt* Die Erwartungen der Tonträgerwirtschaft an den zweiten Korb, ZUM 2003, 1022; *Gergen* Zur Auswertungspflicht des Verlegers bei Übersetzungsverträgen, NJW 2005, 569; *Grohmann* Die Übertragungsfiktion für unbekannte Nutzungsrechte nach dem Zweiten Korb am Beispiel des Musikverlagsvertrags, GRUR 2008, 1056; *Grün* Der Ausschluss der Unterlassungsklage und des vorläufigen Rechtsschutzes in urheberrechtlichen Verträgen, ZUM 2004, 733; *Hertin* Urhebervertragsnovelle 2002: Up-Date von Urheberrechtsverträgen, MMR 2003, 16; *Hoeren* Auswirkungen der §§ 32, 32a UrhG n.F. auf die Dreiecksbeziehung zwischen Urheber, Produzent und Sendeanstalt im Filmbereich, FS Nordemann, 2004, S. 181; *Jani* Der Buy-out-Vertrag im Urheberrecht, 2002; *Katzenberger* Filmverwertung auf DVD als unbekannte Nutzungsart i.S.d. § 31 Abs. 4 UrhG, GRURInt 2003, 889; *Kitz* Die unbekannte Nutzungsart im Gesamtsystem des urheberrechtlichen Interessengefüges, GRUR 2006, 548; *Klickermann* Sendearchive im Fokus unbekannter Nutzungsarten, MMR 2007, 221; *Klüver* Vermögensrechtliche Aspekte des zivilrechtlichen allgemeinen Persönlichkeitsrechts, ZUM 2002, 205; *Kuck* Kontrolle von Musterverträgen im Urheberrecht, GRUR 2000, 285; *Loewenheim* Die Verwertung alter Spielfilme auf DVD – eine noch nicht bekannte Nutzungsart nach § 31 IV UrhG?, GRUR 2004, 36; *Marly* Der Schutzgegenstand des urheberrechtlichen Softwareschutzes, GRUR 2012, 773; ; *McGuire/von Zumbusch/Joachim* Verträge über Schutzrechte des geistigen Eigentums (Übertragung und Lizenzen) und dritte Parteien, GRURInt 2006, 682; *Nordemann/Nordemann* Für eine Abschaffung des § 31 IV UrhG im Filmbereich, GRUR 2003, 947; *Poll* Urheberrechtliche Beurteilung der Lizenzierungspraxis von Klingeltönen, MMR 2004, 67; *Rauer/Ettig* Zum Fortbestand von Unterlizenzen bei Wegfall der Hauptlizenz, WRP 2012, 1198; *Schack* Urheberrecht im Meinungsstreit, GRUR 2002, 853; *Schulze* Vergütungssystem und Schrankenregelungen – Neue Herausforderungen an den Gesetzgeber, GRUR 2005, 828; *Stickelbrock* Ausgleich gestörter Vertragsparität durch das neue Urhebervertragsrecht?, GRUR 2001, 1087; *Stieper/Frank* DVD als neue Nutzungsart?, MMR 2000, 643; *Ullrich* Alles in einem – Die Einräumung eines Nutzungsrechts i.S.d. § 31 Abs. 1 UrhG für einen On-Demand-Dienst im Internet, ZUM 2010, 311; *Wandtke* Zur Reform des Urhebervertragsrechts, K&R 2001, 601; *Wandtke/Holzapfel* Ist § 31 IV UrhG noch zeitgemäß?, GRUR 2004, 284; *Wandtke/Schäfer* Music on Demand – Neue Nutzungsart im Internet?, GRURInt 2000, 187; *Wente/Härle* Rechtsfolgen einer außerordentlichen Vertragsbeendigung auf die Verfügungen in einer „Rechtekette" im Filmlizenzgeschäft und ihre Konsequenzen für die Vertragsgestaltung, GRUR 1997, 96; *Zypries* Das Urhebervertragsrecht in der Informationsgesellschaft – Bestandsaufnahme und Überlegungen zum weiteren Regelungsbedarf, ZUM 2003, 981.

Da das Urheberrecht selbst, wie auch die Verwertungsrechte nicht übertragbar sind, erfolgt die wirtschaftliche Verwertung eines Werkes durch die Einräumung bzw. Ausübung von Nutzungsrechten (Lizenzen). **209**

1. Entstehung des Nutzungsrechts durch konstitutive Rechtseinräumung

210 Dem Urheber allein steht das Recht zu, sein Werk auf bestimmte Arten und Weisen zu verwerten. Aufgrund der Vielzahl der möglichen Verwertungsarten und der teilweise immens hohen Kosten, die die Herstellung oder Vermarktung von bestimmten Werken erfordert, ist es heute nur noch sehr selten, dass der Urheber selbst sein Werk ausschließlich verwertet. Regelmäßig ist es so, dass er bestimmten Dritten durch Abschluss eines Vertrags Nutzungsrechte an seiner persönlichen Schöpfung einräumt, damit diese wirtschaftlich für ihn nutzbar gemacht wird. Diese sog. konstitutive Nutzungsrechtseinräumung (im Gegensatz zur translativen Übertragung) bedeutet, dass sich der Urheber auch bei der Einräumung von Nutzungsrechten von seinen Urheberrechten nicht gänzlich lösen kann, vielmehr entsteht das Nutzungsrecht als neues/zusätzliches Recht durch die Einräumung direkt beim Erwerber, während das Verwertungsrecht beim Urheber verbleibt.[285] Daher spricht man bezogen auf das Urheberrecht auch häufig vom Mutterrecht und bezogen auf die Nutzungsrechte von Tochter- und Enkelrechten.[286] Diese Konstruktion der (nur) konstitutiven Rechtseinräumung dient dem Schutz des Urhebers, der somit seine Aktivlegitimation auch im Falle einer ausschließlichen (exklusiven) Nutzungsrechtseinräumung nicht verliert und je nach Einzelfall zur Geltendmachung von Urheberrechtsverletzungen (§ 97 UrhG) berechtigt bleibt.[287] Weitere Folge der Konstruktion einer konstitutiven Nutzungsrechtseinräumung ist der sog. Heimfall der Rechte, d.h. dass es bei Beendigung der Nutzungsrechtseinräumung keiner gesonderten Rückübertragung auf den Urheber bedarf.[288]

2. Die Einräumung von Nutzungsrechten

211 Regelungen zur rechtsgeschäftlichen Einräumung von Nutzungsrechten finden sich in den §§ 31 ff. UrhG. Wie sich die Einräumung von Nutzungsrechten vollzieht, regeln die §§ 31 ff. UrhG dagegen nicht. Erforderlich ist nach allgemeiner Meinung eine (formfreie) Einigung, also ein Vertragsschluss nach Maßgabe der §§ 398, 413 BGB analog. Eine Ausnahme von der grundsätzlich geltenden Formfreiheit stellt lediglich die Reglung des § 40 UrhG dar, wonach die Einräumung von Rechten an künftigen, noch zu erschaffenden Werken schriftlich erfolgen muss. Praktischer Anwendungsfall für das Schriftformerfordernis ist der sog. Optionsvertrag.[289]

212 Die Einräumung von Nutzungsrechten kann auch konkludent erfolgen, wenngleich zum Schutz des Urhebers hier Zurückhaltung geboten ist.[290] Praktisches Beispiel für eine konkludente Rechtseinräumung ist der Arbeitsvertrag. Beim Arbeitsvertrag geht

---

285 Wandtke/Bullinger/*Wandtke/Grunert* Vor §§ 31 ff. Rn. 22.

286 *Schricker/Schricker* Vor §§ 28 ff. Rn. 43.

287 *BGHZ* 118, 394, 399 f.; gleiches kann im Verhältnis zwischen ausschließlichem Lizenznehmer und ausschließlichem Sublizenznehmer gelten, s. *BGHZ* 141, 267, 273.

288 Dazu noch unten Rn. 250 ff.

289 Hier sind der einfache Optionsvertrag und der qualifizierte Optionsvertrag zu unterscheiden. Beim einfachen Optionsvertrag verpflichtet sich der Urheber, seine Nutzungsrechte an einem zukünftigen Werk zuerst dem Optionsberechtigten anzubieten. Beim qualifizierten Optionsvertrag räumt der Urheber bereits mit Vertragsschluss die Nutzungsrechte an dem zukünftigen Werk ein und der Optionsberechtigte kann diesen Vertrag durch einseitige Erklärung wirksam werden lassen. *BGHZ* 22, 347, 349; *LG Hamburg* ZUM 2002, 158.

290 *BGH* GRUR 2004, 938, 939; *OLG Hamm* GRUR-RR 2008, 276; *Fromm/Nordemann/Hertin* § 31 Rn. 12a.

die herrschende Meinung[291] von einer konkludenten Nutzungsrechtseinräumung aus, wenn die urheberrechtsfähige Leistung/das Werk Gegenstand des Arbeitsvertrages ist und soweit der Arbeitgeber die Nutzungsrechte für seine Zwecke benötigt.[292]

Wie bei Forderungen ist ein gutgläubiger Erwerb von Nutzungsrechten mangels Rechtsscheinträgers nicht möglich.[293] Niemand kann mehr Rechte einräumen als er hat;[294] werden dieselben Nutzungsrechte mehrfach vergeben, ist daher nur die älteste der miteinander in Konkurrenz stehenden Verfügungen wirksam, es gilt folglich der Prioritätsgrundsatz, § 33 UrhG. Der „leer" ausgegangene Erwerber ist gegenüber dem vermeintlichen Lizenzgeber auf vertragliche Schadensersatzansprüche angewiesen, z.B. § 437 BGB. **213**

Die Einräumung von Nutzungsrechten ist von der Eigentums- und Besitzlage in Bezug auf das zugrundeliegende Werk zu unterscheiden. Enthält der Vertrag über die Einräumung von Nutzungsrechten keine Regelungen zu den Eigentums- und Besitzverhältnissen, gelten die Vorschriften des BGB. Zu beachten ist jedoch, dass die Einräumung von Nutzungsrechten eine stillschweigende Verpflichtung zur Besitzverschaffung enthalten kann.[295] Werden beispielsweise Rechte an einem Drehbuch eingeräumt, wird die konkludente Verpflichtung bestehen, das Drehbuch auszuhändigen. **214**

Da das Urhebergesetz bisher keinerlei Regelungen zu den im Urheberrecht relevant werdenden Vertragstypen enthält, muss auch insofern auf die Regelungen des BGB zurückgegriffen werden, wenngleich davon ausgegangen wird, dass Urheberrechtsverträge Verträge eigener Art darstellen. Daher ist in jedem Einzelfall zu prüfen, welche Regelungen des BGB zur Anwendung gelangen. In Betracht kommen: Kaufrecht (§§ 433 ff. BGB),[296] Miet- und Pachtrecht (§§ 535 ff. und 581 ff. BGB),[297] Werkvertragsrecht (§§ 631 ff. BGB),[298] Dienstvertragsrecht (§§ 611 ff. BGB),[299] Auftragsrecht (§§ 662 ff. BGB), aber auch Gesellschaftsrecht (§§ 705 ff. BGB).[300] In der Praxis ist es nicht ungewöhnlich, dass mehrere der vorgenannten Vertragstypen in die Vertragsgestaltung einfließen; maßgeblich sollen in einem solchen Fall die Vorschriften desjenigen Vertragstyps sein, der überwiegt.[301] **215**

3. Die Ausgestaltung der Einräumung von Nutzungsrechten

§ 31 UrhG regelt als Kernstück des Urhebervertragsrechts die Art und Weise, wie der Dritte das urheberrechtsfähige Werk nutzen kann. Dabei wird zum einen zwischen der ausschließlichen und der nicht-ausschließlichen, also einfachen Nutzungsrechtseinräumung unterschieden; zum anderen sieht § 31 UrhG vor, dass die Nutzungsrechte räumlich, zeitlich oder inhaltlich beschränkt eingeräumt werden können. **216**

---

291 Wandtke/Bullinger/*Wandtke* § 43 Rn. 50 m.w.N.
292 Zur Anwendbarkeit der sog. Zweckübertragungslehre, s.u. Rn. 237 ff.
293 *Schricker/Schricker* Vor §§ 28 ff. Rn. 63 m.w.N.
294 *BGH* NJW-RR 2009, 1499; *KG* ZUM 1997, 397, 398.
295 Wandtke/Bullinger/*Wandtke/Grunert* Vor §§ 31 ff. Rn. 57.
296 Der Rechtekauf.
297 Der reine Lizenzvertrag.
298 Der Auftragsproduktionsvertrag im TV-Bereich, der Bandübernahmevertrag im Musikbereich etc.
299 Moderatorenvertrag, Vertrag über den Auftritt von Künstlern, etc.
300 Die Co-Produktion im Filmbereich.
301 Wandtke/Bullinger/*Wandtke/Grunert* Vor §§ 31 ff. Rn. 67.

3.1 Einfache und ausschließliche Nutzungsrechte

217 Das **ausschließliche (exklusive) Nutzungsrecht** wird in § 31 Abs. 3 UrhG geregelt und gestattet die ausschließliche Nutzung des Werkes (hinsichtlich der vereinbarten Nutzungsarten) nur durch eine Person. Mithin ist bei einer ausschließlichen Nutzungsrechtseinräumung grundsätzlich auch der Urheber von der Nutzung ausgeschlossen, es sei denn, er hat sich die eigene Nutzung vertraglich vorbehalten, § 31 Abs. 3 S. 2 UrhG. Ist in diesem Vertrag eine pauschale Vergütung vereinbart, so ist der Urheber seit 2017 dazu berechtigt, gem. § 40a Abs. 1 UrhG sein Werk nach zehn Jahren anderweitig zu verwerten. Der erste Inhaber der Nutzugsrechte darf die Nutzung als einfaches Nutzungsrecht fortführen. Es ist jedoch nach § 40a Abs. 3 UrhG unter einigen Voraussetzungen möglich, das ausschließliche Nutzungsrecht dauerhaft zu übertragen. Von **einfachen Nutzungsrechten** gem. § 31 Abs. 2 UrhG spricht man, wenn eine Mehrzahl von Nutzern nebeneinander das Werk verwerten darf.

218 Nur der Inhaber einer ausschließlichen Lizenz hat neben der positiven Erlaubnis, das Werk auf eine bestimmte Art und Weise zu nutzen, auch das negative Recht, Dritten die Werknutzung zu untersagen.[302] Ihm ist mit der Rechteeinräumung ein dinglich wirkendes Nutzungsrecht am Werk erwachsen.[303] Dieses Verbotsrecht hat der einfache Lizenznehmer nicht; sein Recht beschränkt sich gegenüber Dritten auf einen Duldungsanspruch.[304] Der Urheber kann den einfachen Lizenznehmer jedoch zur Verfolgung seines Verbotsrechts im Wege der gewillkürten Prozessstandschaft ermächtigen.[305]

3.2 Die Beschränkung von Nutzungsrechten

219 Die Nutzungsrechte können räumlich, zeitlich und inhaltlich beschränkt eingeräumt werden (§ 31 Abs. 1 S. 2 UrhG). Eine solche beschränkte Einräumung führt zu einer nicht nur schuldrechtlich wirkenden, sondern auch dinglich wirkenden Beschränkung des Nutzungsrechts.[306] Die Nichteinhaltung einer solchen Beschränkung mit dinglicher Wirkung hat zur Folge, dass nicht nur auf der Grundlage der gleichzeitig gegebenen Vertragsverletzung, sondern auch auf der Grundlage einer Urheberrechtsverletzung nach den §§ 97 ff. UrhG vorgegangen werden kann.[307]

220 Was die **räumliche Beschränkung** anbelangt, so kann das Nutzungsrecht auf ein geografisches oder politisches Gebiet beschränkt werden. Auch möglich ist die Beschränkung auf ein Sprachgebiet, zum Beispiel auf den deutschsprachigen Raum. In Bezug auf das Verbreitungsrecht für körperliche Werkstücke ist allerdings der bereits dargestellte Erschöpfungsgrundsatz zu beachten: Vervielfältigungsstücke, die berechtigterweise in einem Mitgliedsstaat der EU oder des europäischen Wirtschaftsraums von einem Lizenznehmer mit Zustimmung des Berechtigten verbreitet werden, können aufgrund eingetretener Erschöpfung in allen anderen Mitgliedsstaaten rechtmäßig vertrieben werden, auch wenn ein anderer Lizenznehmer ein auf diese Staaten räum-

302 Vgl. *BGH* GRUR 1992, 310, 311 – Taschenbuch-Lizenz; *OLG Hamburg* GRUR-RR 2001, 261 – Loriot-Motive.

303 *Dreier/Schulze/Schulze* § 31 Rn. 7 ff.; *Schricker/Schricker* § 31 Rn. 4 ff.

304 Zur dinglichen Wirkung von nur einfachen Nutzungsrechten s. Wandtke/Bullinger/*Wandtke/Grunert* § 31 Rn. 31 f.

305 Wandtke/Bullinger/*Wandtke/Grunert* § 31 Rn. 32.

306 *BGH* GRUR 2003, 416, 418; *Dreier/Schulze/Schulze* § 31 Rn. 28.

307 Wandtke/Bullinger/*Wandtke/Grunert* § 31 Rn. 4.

lich begrenztes Recht inne hat. Eine Aufspaltung des Verbreitungsrechts innerhalb der EU und der EWG ist daher wegen der geltenden Warenverkehrsfreiheit nur von begrenzter Bedeutung.[308]

Besondere Schwierigkeiten macht die räumliche Beschränkung darüber hinaus in Bezug auf das Recht zur öffentlichen Zugänglichmachung gem. § 19a UrhG, da sich insbesondere Online-Nutzungen derzeit nicht oder nur sehr schwer räumlich begrenzen lassen. **221**

Daneben ist es dem Urheber möglich, die von ihm übertragenen Nutzungsrechte auch in **zeitlicher Hinsicht** zu beschränken. So kann er festlegen, ab wann das Nutzungsrecht Gültigkeit erlangt und wann es enden soll. Wird das Nutzungsrecht von dem Dritten noch nach Ablauf der Lizenzzeit in Anspruch genommen, begeht dieser eine Urheberrechtsverletzung. Auch indirekte zeitliche Beschränkungen sind in der Praxis üblich, indem beispielsweise das Senderecht gem. § 20 UrhG auf eine bestimmte Anzahl von Ausstrahlungen („runs") beschränkt wird. Diese primär inhaltliche Beschränkung begrenzt das Senderecht indirekt auch in zeitlicher Hinsicht, sind nämlich die „runs" verbraucht, endet auch das Senderecht. **222**

Besondere Bedeutung hat die **inhaltliche Beschränkbarkeit** der Nutzungsrechte. Inhaltliche Beschränkungen grenzen die eingeräumten Nutzungsrechte auf bestimmte Nutzungsarten ein. Der Urheber kann also das Nutzungsrecht in einzelne Nutzungsarten aufspalten, so dass er dasselbe Werk auf vielfältige Art und Weise verwerten kann. Ein Romanautor könnte mithin einer Druckerei das Vervielfältigungsrecht (§ 16 UrhG), einem Verlag das Verbreitungsrecht (§ 17 UrhG) und einer Produktionsfirma das Verfilmungs- also das Bearbeitungsrecht (§ 23 UrhG) einräumen.[309] Die Nutzungsarten können, müssen aber nicht inhaltlich mit den einzelnen im UrhG definierten Verwertungsrechten übereinstimmen. Die Praxis orientiert sich zwar in Bezug auf die einzelnen Nutzungsarten an der Definition der Verwertungsrechte durch das UrhG, die im Urhebervertragsrecht üblichen sog. Rechteübertragungsklauseln gehen jedoch in der Regel weit über die Definitionen des Gesetzes hinaus und sind deutlich detaillierter. **223**

Nicht jede im Vertrag definierte Nutzungsart kann jedoch als solche mit dinglicher Wirkung anerkannt werden.[310] Die Grenze der inhaltlichen Beschränkbarkeit von Nutzungsrechten ist in deren Verkehrsfähigkeit begründet. Voraussetzung für das Vorliegen einer gesetzlich anerkannten Nutzungsart und damit einer inhaltlichen Beschränkung mit dinglicher Wirkung ist daher, dass es sich um eine in wirtschaftlicher und technischer Hinsicht selbständige und von anderen Nutzungsarten klar abgrenzbare Nutzungsart handelt.[311] So sind beispielsweise die Verwertung eines Buches als Hardcover und als Taschenbuchausgabe als zwei verschiedene Nutzungsarten anerkannt.[312] Möglich ist ferner, die Nutzung nur auf einen bestimmten Vertriebsweg zu begrenzen, beispielsweise auf den Vertrieb von Produkten über Internethan- **224**

---

308 *Schricker/Schricker* Vor §§ 28 ff. Rn. 54; Wandtke/Bullinger/*Wandtke/Grunert* § 31 Rn. 9.

309 Wird jedoch ein klassischer Verlagsvertrag nach § 1 VerlG geschlossen, so erfasst dieser sowohl das Recht zur Vervielfältigung als auch zur Verbreitung, unter Umständen sogar zur Verfilmung, *Dreier/Schulze* Vor § 31 Rn. 192 f.

310 Möglich bleibt natürlich die Vereinbarung einer inhaltlichen Beschränkung mit (nur) schuldrechtlicher Wirkung zwischen den Parteien, *Metzger* NJW 2003, 1994 f.; *Schack* Rn. 545.

311 *Schricker/Schricker* § 31/32 Rn. 38 m.w.N.

312 Vgl. *BGH* GRUR 1992, 310 – Taschenbuch-Lizenz.

delsplattformen. Ebenfalls anerkannt als verschiedene Nutzungsarten sind die Verwertung eines Films im Kino, im Fernsehen oder als Video.[313] Schließlich kann auch die Vereinbarung eines Sublizenzverbotes eine wirksame inhaltliche Beschränkung des Nutzungsrechts mit dinglicher Wirkung darstellen.[314]

225 Die Probleme der Praxis bei der Definition von inhaltlichen Beschränkungen bestehen aber nicht nur in der Beschreibung einer anerkannten Nutzungsart mit dinglicher Wirkung, sondern – vor dem Hintergrund der zunehmenden Konvergenz der Medien – vor allem auch darin, die einzelnen Nutzungsarten derart voneinander abzugrenzen, dass tatsächlich eine wirtschaftliche Nutzung durch verschiedene Lizenznehmer möglich bleibt. So beinhaltet beispielsweise die Definition des Senderechts üblicherweise auch Abrufelemente, die eine gesonderte Auswertung des zu sendenden Werkes über das Internet oder über Handy-TV unmöglich machen würde. Bestes Beispiel für die sich überschneidenden Nutzungsmöglichkeiten und die damit verbundenen Definitionsprobleme ist die Auseinandersetzung zwischen der DFL Deutsche Fußball Liga, der Unity Media GmbH und der Deutschen Telekom AG in Bezug auf die Übertragung der „Broadcast/Pay-TV-Rechte" einerseits und der „Internetrechte" andererseits.[315] Hier helfen weder das Gesetz, noch Rechtsprechung oder Literatur weiter, sondern nur eine möglichst genaue Definition der von den einzelnen Verwertern tatsächlich geplanten Nutzungsformen.[316]

3.3 Unbekannte Nutzungsarten

226 Wie bereits einleitend[317] angerissen, enthielt der 2. Korb der Urheberrechtsnovelle Änderungen im Hinblick auf die Verfügung über unbekannte Nutzungsrechte:

3.3.1 Frühere Gesetzeslage

227 Gem. § 31 Abs. 4 a.F. UrhG konnten Rechte an neuen, noch nicht bekannten Nutzungsarten nicht wirksam übertragen werden. Bezog sich eine Vereinbarung auf eine noch nicht bekannte Nutzungsart, war nicht nur die Rechteeinräumung (Verfügungsgeschäft), sondern bereits die schuldrechtliche Verpflichtung hierzu (Verpflichtungsgeschäft) unwirksam.[318] Sinn und Zweck dieses Verbotes war es, den Urheber vor generellen Zessionen jeglicher – auch zukünftiger – Nutzungsrechte zu bewahren und ihm so die Möglichkeit zu erhalten, Vergütungsquellen zu erschließen und für jede einzelne Nutzungsart selbst zu bestimmen, ob sein Werk in dieser Art und Weise genutzt werden soll. Die Nutzung eines Werkes auf eine bei Rechtseinräumung noch unbekannte Nutzungsart, setzte damit stets die erneute Einholung von Nutzungsrechten von allen beteiligten Urhebern bzw. deren Rechtsnachfolgern voraus. Angesichts der oft unmöglichen Feststellung aller Rechteinhaber, war dies praktisch jedoch regelmäßig ausgeschlossen.[319]

313 *BGH* GRUR 1995, 212, 213 – Videoauswertung III, GRUR 1982, 727, 728 – Altverträge.
314 *BGH* GRUR 1987, 37, 39 – Videolizenzvertrag; anders *OLG München* GRUR 1996, 972, 973.
315 S. dazu im Einzelnen *Ory* K&R 2006, 303 ff.
316 So auch das Ergebnis der vorerwähnten Auseinandersetzung.
317 S.o. Rn. 15.
318 *Dreier/Schulze/Schulze* § 31a Rn. 1.
319 Wandtke/Bullinger/*Wandtke/Grunert* § 31a Rn. 1.

Wann eine Nutzungsart als bekannt oder unbekannt eingestuft werden muss, war und ist gesetzlich jedoch nicht definiert. Nach h.M. in Literatur und Rechtsprechung ist eine Nutzungsart unbekannt, wenn zwar ihre technische, nicht aber ihre wirtschaftliche Bedeutung und Verwertbarkeit zum Zeitpunkt des Abschlusses des schuldrechtlichen Kausalgeschäfts bekannt gewesen ist.[320] Maßgeblich ist dabei der Kenntnisstand eines durchschnittlichen Urhebers und nicht etwas derjenige von technisch informierten Fachkreisen.[321] **228**

Die Frage, ob die vertraglich vorgesehene Einräumung eines Nutzungsrechts vor dem Hintergrund von § 31 Abs. 4 UrhG möglich war, konnte in der früheren Praxis im Zeitpunkt des Vertragsschlusses nur sehr schwer beantwortet werden. Häufig konnte erst ein nachträglich ergehendes Gerichtsurteil zur Klärung beitragen. Bspw. in Bezug auf die folgenden Nutzungsarten wurde die Frage der Bekanntheit bzw. Unbekanntheit bisher diskutiert: **229**

- Satelliten- oder Kabelweitersendung soll im Vergleich zur terrestrischen Übermittlung von Fernsehsendungen keine neue Nutzungsart darstellen.[322]
- DVD soll gegenüber der Videokassette nicht als neue Nutzungsart zu werten sein.[323]
- „Pay-TV" im Sinne der Abonnierung eines ganzen Programms soll seit Mitte der 90er Jahre als bekannte Nutzungsart zu werten sein.[324]
- CD soll als eigenständige Nutzungsart spätestens seit 1983 bekannt sein.[325]
- Bei der CD-ROM wird je nach Art der Werkverbreitung (z.B. Verbreitung von Fachzeitschriften über CD-ROM im Verhältnis zur Verbreitung von Fotokopien) über den Zeitpunkt der Bekanntheit entschieden.[326]
- Die Verbreitung von Musikstücken als Klingeltöne für Handys wird als eine neue, seit Ende 1999 bekannte Nutzungsart gewertet.[327]

3.3.2 Aktuelle Rechtslage

Nunmehr regelt der neu eingefügte § 31a UrhG, dass auch Verträge über unbekannte Nutzungsarten grundsätzlich zulässig sind. Sie bedürfen jedoch der Schriftform, es sei denn der Urheber räumt lediglich ein einfaches Nutzungsrecht für jedermann unentgeltlich ein. **230**

Die Neuregelung bezweckt, der Verwertungsindustrie die wirtschaftliche Nutzung von technischen Neuerungen zu erleichtern. Denn nach der früheren Rechtslage mussten die Verwerter oft erst langwierige Vertragsverhandlungen mit dem Urheber führen, bevor neue Techniken genutzt werden konnten. Teilweise führte dies dazu, dass die Verwertung von Werken in neuen Nutzungsarten gänzlich verhindert wurde. **231**

---

320 *BGH* GRUR 2005, 937, 939 – Der Zauberberg; GRUR 1991, 133, 135 – Videozweitauswertung I; GRUR 1986, 62, 65 – GEMA-Vermutung I; *OLG Hamburg* ZUM 2005, 833, 835 – Online-Zeitschriften; *OLG Köln* ZUM 2003, 317.

321 *OLG Hamburg* NJW-RR 2001, 123.

322 *BGH* NJW 2001, 2402, 2405 – Barfuss ins Bett, GRUR 1997, 215, 217 – Klimbim.

323 *BGH* GRUR 2005, 937 – Der Zauberberg; *LG München I* ZUM 2003, 147, 148.

324 *Reber* GRUR 1998, 798.

325 *OLG Düsseldorf* ZUM 2001, 164; *OLG Hamburg* GRUR 2000, 45.

326 Vgl. Wandtke/Bullinger/*Wandtke/Grunert* § 31 Rn. 52 ff.

327 *BGH* NJW 2009, 774; *OLG Hamburg* ZUM 2002, 480, 482 – Handyklingelton; *LG Hamburg* ZUM 2005, 485 – Handyklingelton.

232 Die Rechte des Urhebers hinsichtlich neuer Verwertungsarten werden durch einen gesonderten Anspruch auf eine angemessene Vergütung gem. § 32c UrhG geschützt, den er als Ausgleich für die erweiterte Nutzung seines Werkes erhält. Auch ist der Verwerter nicht ohne weiteres unmittelbar nach Bekanntwerden einer neuen Nutzungsart zu deren Ausübung berechtigt. Zunächst hat er den Urheber über die beabsichtigte neuartige Nutzung des Werkes zu unterrichten. Dieser hat dann binnen drei Monaten ab Benachrichtigung die Gelegenheit, die Rechtseinräumung hinsichtlich dieser neuartigen Nutzung ohne Angabe von Gründen zu widerrufen, § 31a Abs. 1 UrhG. Haben sich die Parteien nach Bekanntwerden der neuen Nutzungsart bereits auf eine Vergütung nach § 32c Abs. 1 UrhG geeinigt, entfällt das Widerrufsrecht, da die wirtschaftlichen Interessen des Urhebers ab diesem Zeitpunkt gesichert sind.

233 Eine Ausnahme gilt allerdings für Filmwerke: Die bisherige gesetzliche Vermutung, dass der Filmproduzent im Zweifel das Recht erwirbt, den Film in allen *bekannten* Nutzungsarten zu verwerten, gilt nunmehr auch für unbekannte Nutzungsarten. Überdies steht dem Filmurheber kein Widerrufsrecht gem. § 31a Abs. 1 S. 3 UrhG zu.

234 Eine weitere wesentliche Intention im Rahmen des zweiten Korbes war es, für die Fülle urheberrechtlich geschützten Materials, das heute in Archiven lagert, die Auswertung in neuen Medien auch ohne einen komplizierten Nacherwerb der Rechte zu ermöglichen. Daher sieht die neu eingefügte Übergangsregelung des § 137l UrhG für Altverträge vor, dass Verwerter, die bereits exklusiv über die wesentlichen bekannten Nutzungsrechte verfügen, das Werk auch auf neue Arten nutzen können, selbst wenn der Urheber nicht mehr identifizierbar ist. Nach der Vorschrift gelten in diesem Fall nämlich auch die unbekannten Nutzungsrechte als eingeräumt, sofern der Urheber der Nutzung nicht widerspricht. Der Widerspruch muss grundsätzlich innerhalb eines Jahres seit Inkrafttreten der Übergangsregelung folgen, es sei denn, zu diesem Zeitpunkt war die betreffende Nutzungsart noch nicht bekannt. Im Übrigen erlischt das Widerspruchsrecht nach Ablauf von drei Monaten, nachdem der Verwerter die Mitteilung über die beabsichtigte neue Nutzung an den Urheber unter der ihm zuletzt bekannten Anschrift abgesendet hat. Auch im Anwendungsbereich des § 137l UrhG hat der Urheber natürlich einen Anspruch auf eine gesonderte angemessene Vergütung, vgl. Abs. 5.

235 Gleichwohl sind der Nutzung von neuen Techniken – wie auch bei den bekannten Nutzungsarten – Grenzen durch das Verbot der Entstellung gem. den §§ 14, 39, 93 UrhG gesetzt.

236 Durch die Neueinführung des § 31a UrhG wird die oben[328] dargestellte und in der Praxis oft diffizile Frage, wann eine unbekannte Nutzungsart vorliegt, jedoch nicht geklärt. Auch verwendet der neue § 32c UrhG ebenso wie die übrigen Vergütungsregelungen mit dem unbestimmten Rechtsbegriff der „angemessenen Vergütung" einen Begriff, der der Konkretisierung bedarf und daher nicht unwesentliche Unsicherheiten bei der Vertragsgestaltung bergen kann. Wie die Einräumung von Rechten an unbekannten Nutzungsarten nach neuem Urheberrecht aussehen wird, bleibt daher abzuwarten.

---

328 S.o. Rn. 228f.

3.4 Die Zweckübertragungstheorie

Große Bedeutung im Zusammenhang mit der Einräumung von Nutzungsrechten an einem urheberrechtlich geschützten Werk hat darüber hinaus die in § 31 Abs. 5 UrhG zugrunde gelegte sog. Zweckübertragungstheorie. Danach kann der Urheber im Zweifel keine weitergehenden Rechte einräumen, als es der Zweck des Vertrages erfordert.[329] Die Zweckübertragungstheorie kommt mithin dann zum Tragen, wenn keine oder nur eine unzureichende oder undeutliche ausdrückliche Vereinbarung über die einzelnen Nutzungsarten vorliegt. In einem solchen Fall bestimmt sich der Umfang des Nutzungsrechts nach dem mit seiner Einräumung verfolgten Zweck. Dabei gilt der Grundsatz, dass so viele Rechte wie möglich beim Urheber zurückbleiben, im Zweifel ein Nutzungsrecht demnach nicht eingeräumt wurde.[330] Eine andere Wertung trifft das Gesetz lediglich in § 89 Abs. 1 UrhG zugunsten des Filmherstellers. Danach räumen die Filmmitwirkenden dem Filmhersteller im Zweifel das ausschließliche Recht ein, das Filmwerk auf alle bekannten Nutzungsarten zu nutzen. 237

Die Zweckübertragungstheorie und die damit verbundene Spezifizierungslast für den Verwerter[331] führt in der Praxis – vor allem im Medienbereich – zu oftmals seitenlangen detaillierten Rechteübertragungsklauseln, um zu verhindern, dass bestimmte Nutzungsarten aufgrund der Regelung des § 31 Abs. 5 UrhG im Zweifel als nicht eingeräumt gelten.[332] In der Vergangenheit war die Wirksamkeit solch umfassender Rechteübertragungsklauseln vor dem Hintergrund der Zweckübertragungstheorie umstritten, wegen des Grundsatzes der Vertragsfreiheit aber gleichwohl anerkannt.[333] Mit der Einführung des Anspruchs auf eine angemessene Vergütung gem. § 32 UrhG hat sich jedenfalls die Diskussion um die Wirksamkeit solch umfassender Rechteübertragungsklauseln entschärft.[334] 238

Aus der Sicht des Verwerters geht daher kein Weg an einer möglichst umfassenden, aber konkreten Definition der einzuräumenden Rechte vorbei. Eine pauschale Bezugnahme auf die im UrhG definierten Verwertungsrechte hilft nur begrenzt weiter, da der Verwerter im Streitfall gleichwohl beweisen muss, dass diese oder jene Nutzungsart dem Vertragszweck entspricht.[335] 239

3.5 Allgemeine Geschäftsbedingungen

Das Recht der Allgemeinen Geschäftsbedingungen ist im Urhebervertragsrecht von nicht unerheblicher Bedeutung. Wie überall im Wirtschaftsleben, so wird auch in Bezug auf urheberrechtsrelevante Verträge mit Standardverträgen gearbeitet. Dies gilt insbesondere mit Blick auf die häufig formularmäßig verwandten umfassenden Rechteübertragungsklauseln. Viele Vertragsbedingungen unterliegen daher der Kontrolle durch die §§ 305 ff. BGB.[336] Als Ausnahme ist lediglich § 309 Nr. 9 BGB zu 240

329 *BGH* GRUR 2003, 234, 236 – EROC III; *Dreier/Schulze/Schulze* § 31 Rn. 110.
330 *BGH* GRUR 2000, 144, 145 – Comic-Übersetzungen II; ZUM 1998, 497, 500 – Comic-Übersetzungen.
331 *Dreier/Schulze/Schulze* § 31 Rn. 111; *Schricker/Schricker* §§ 31/32 Rn. 34.
332 Oftmals auch als sog. Buy-Out-Verträge ausgestaltet, wo der Umfang der Rechteübertragung in der Regel über den konkreten Vertragszweck hinaus geht und durch einen Pauschalbetrag abgegolten wird, s. dazu *von Becker* ZUM 2005, 303, 306.
333 *Rehbinder* S. 324 zur Wirksamkeit bei Allgemeinen Geschäftsbedingungen, s. noch unten Rn. 243.
334 Bzw. auf die Ebene des Vergütungsanspruchs verlagert, s. dazu noch unten Rn. 262 ff.
335 *BGHZ* 131, 8, 14.
336 *BGH* WRP 2005, 1177, 1180 – PRO-Verfahren; GRUR 2002, 332, 333.

erwähnen, der auf Wahrnehmungsverträge zwischen Urhebern und Verwertungsgesellschaften keine Anwendung findet.

241 Die üblichen Grundsätze hinsichtlich der Einbeziehung in den Vertrag gem. § 305 BGB, des Verbots überraschender Klauseln gem. § 305c Abs. 1 BGB sowie des Vorrangs der Individualabrede gem. § 305 BGB finden demnach uneingeschränkt auch im Urhebervertragsrecht Anwendung. So wurde beispielsweise eine in AGB verwandte Klausel, wonach ein Filmsynchronisationssprecher auch die Schallplattenrechte einräumt, nicht für überraschend i.S.d. § 305c Abs. 1 BGB angesehen, weil eine entsprechende Branchenübung bestehe.[337] Eine verbreitete Branchenüblichkeit kann der Annahme einer überraschenden Klausel gem. § 305c Abs. 1 BGB mithin entgegenstehen. Zweifel über den Inhalt und Umfang von Rechteeinräumungen in AGB gehen zu Lasten des Verwenders, § 305c Abs. 2 BGB.[338]

242 Da die speziellen Klauselverbote der §§ 308, 309 BGB im Wesentlichen auf solche Verträge abgestimmt sind, die Verbraucher mit Unternehmern schließen, können sie auf urheberrechtliche Nutzungsverträge nur vereinzelt zur Anwendung gelangen, z.B. wenn Ersatzansprüche bei Kündigung oder Rücktritt unangemessen hoch festgesetzt werden.[339] Im Zentrum der Inhaltskontrolle solcher Verträge steht mithin die Generalklausel des § 307 BGB.[340] Es muss also stets nach den Umständen des Einzelfalls und unter Abwägung der widerstreitenden Interessen geprüft werden, ob der Verwender des Vertrags seinen Vertragspartner wider Treu und Glauben unangemessen benachteiligt. Bei der Prüfung einer unangemessenen Benachteiligung steht zum einen die Zweckübertragungstheorie gem. § 31 Abs. 5 UrhG, aber auch die Leitbildfunktion des § 11 S. 2 UrhG im Mittelpunkt, wonach das Urheberrecht der Sicherung einer angemessenen Vergütung dient.[341]

243 So hat das OLG Zweibrücken eine Regelung, die die automatische Einräumung des Verlagsrechts an einem Musikwerk vorsah, als unangemessene Benachteiligung angesehen, da der Verwender der AGB dieses Nutzungsrecht für die Erfüllung des Vertragszweckes nicht benötigte.[342] Ebenso war eine in Allgemeinen Geschäftsbedingungen pauschal vorgesehene Universalübertragung aller Nutzungsrechte wegen der Regelung des § 31 Abs. 5 UrhG auf den Umfang zu reduzieren, der zur Vertragsdurchführung absolut notwendig war.[343] Besonders streng urteilt die Rechtsprechung bei der Inhaltskontrolle von AGB, die die Persönlichkeitsrechte des Urhebers beschränken. So entschied das LG München I, dass eine Klausel wegen unangemessener Benachteiligung nichtig ist, wenn der Regisseur auf Unterlassungsansprüche verzichten soll, bevor der Film fertig gestellt und erstmals veröffentlicht wurde.[344]

---

337 *BGH* GRUR 1984, 119, 121 – Synchronisationssprecher.

338 Dieser wird auch nicht durch die Anwendung der Zweckübertragungslehre verdrängt, s. dazu *Kuck* GRUR 2000, 285, 286.

339 *Schricker/Schricker* Vor §§ 28 ff. Rn. 15.

340 *Dreier/Schulze/Schulze* Vor § 31 Rn. 15; Wandtke/Bullinger/*Wandtke/Grunert* Vor §§ 31 ff. Rn. 106 ff.

341 *Schricker/Dietz* § 11 Rn. 5.

342 ZUM 2001, 346, 347.

343 *BGH* MMR 2002, 231, 233 – Spiegel-CD-ROM; *Kuck* GRUR 2000, 285, 288 f.

344 *LG München I* ZUM 2000, 414, 416.

4. Weiterübertragung von Nutzungsrechten, §§ 34, 35 UrhG

Zwar ist das Urheberrecht selbst nicht übertragbar,[345] wohl aber die durch konstitutive Rechtseinräumung[346] einmal entstandenen Nutzungsrechte. Die §§ 34, 35 UrhG stellen die rechtlichen Rahmenbedingungen dar, innerhalb derer solche Weiterübertragungen zulässig sind. Der weitaus überwiegende Teil der in der Praxis geschlossenen Verträge dürfte solche Verfügungen über Tochter- und Enkelrechte betreffen. **244**

§§ 34, 35 UrhG unterscheiden insofern zwischen der (translativen) **Übertragung** von Nutzungsrechten (§ 34 UrhG) und der **Einräumung** von Nutzungsrechten durch weitere Abspaltungen (§ 35 UrhG). § 34 UrhG meint daher den Fall, dass der Übertragende seine Rechtsposition in Bezug auf die Nutzungsrechte gänzlich aufgibt und der Übertragungsempfänger in seine Rechtsposition aufrückt. Ein solcher Fall ist beispielsweise beim Rechtekauf denkbar. Demgegenüber meint § 35 UrhG diejenigen Fälle, wo der Nutzungsberechtigte nur einen Teil seiner Nutzungsrechte einem Dritten zur Verfügung stellt, im Übrigen selbst aber noch berechtigt bleiben will. § 35 UrhG betrifft daher den in der Praxis wohl als Regelfall zu bezeichnenden Lizenz- bzw. Sublizenzvertrag, der eine inhaltlich, zeitlich und/oder räumlich beschränkte Nutzungsrechtseinräumung enthält. **245**

Praktisch wird jedoch häufig kein Unterschied zwischen einer Übertragung nach § 34 UrhG und einer Rechteeinräumung nach § 35 UrhG gemacht. Die meisten Verträge sprechen gleichbedeutend von einer Übertragung, Lizenzierung oder Sublizenzierung. Die praktische Relevanz der gesetzlichen Differenzierung scheint gering. **246**

Sowohl gem. § 34 UrhG als auch gem. § 35 UrhG bedarf die Weiterübertragung bzw. die weitere Nutzungsrechtseinräumung grundsätzlich der Zustimmung des Urhebers. Das Zustimmungserfordernis ist jedoch dispositiv.[347] Zwischen Urheber und „erstem" Nutzungsberechtigten wird daher in der Praxis in der Regel auf das Zustimmungserfordernis verzichtet, zwischen „erstem" und „zweitem" Nutzungsberechtigten bzw. auf weiteren Stufen wird dagegen häufig ein Sublizenzverbot vereinbart oder die Sublizenzierungsmöglichkeit eingeschränkt.[348] **247**

Relevanz hat die Differenzierung im Hinblick auf den nur von § 34 UrhG geregelten Fall der Unternehmensveräußerung (§ 34 Abs. 3 UrhG) und der gesamtschuldnerischen Haftung von Erwerber und Veräußerer (§ 34 Abs. 4 UrhG). Gem. § 34 Abs. 3 UrhG bedarf die Übertragung eines Nutzungsrechts im Rahmen einer Unternehmensveräußerung keiner Zustimmung des Urhebers,[349] der Urheber kann jedoch sein Nutzungsrecht zurück rufen, wenn ihm die Ausübung durch den neuen Inhaber nicht zumutbar ist.[350] Darüber hinaus schützt den Urheber die Anordnung der gesamtschuldnerischen Haftung von Erwerber und Veräußerer immer dann, wenn der Urheber der Übertragung nicht konkret zugestimmt hat. Eine konkrete und wirksame **248**

345 S.o. Rn. 125.
346 S.o. Rn. 210.
347 Im Filmbereich bedarf der Filmhersteller sogar von Gesetzes wegen (§ 90 UrhG) keiner Zustimmung. Dies gilt für das Verfilmungsrecht allerdings erst ab Drehbeginn.
348 Zum Sublizenzverbot und der damit verbundenen dinglichen Wirkung, s.o. Rn. 224.
349 Problematisch ist hier die „Veräußerung" von Unternehmensteilen, bspw. nur von Nutzungsrechten, s. dazu *BGH* GRUR 2005, 860, 862; *RGZ* 68, 49, 52; *Wernicke/Kockentiedt* ZUM 2004, 348, 350.
350 Das Rückrufrecht ist unverzichtbar und gilt auch bei einer Änderung der Beteiligungsverhältnisse des Rechteinhabers.

Zustimmung soll in diesem Zusammenhang aber nur dann vorliegen, wenn dem Urheber im Zeitpunkt der Zustimmung die Person des Erwerbers und die Umstände der Übertragung und anschließenden Verwertung bekannt sind.[351] Dies dürfte in den seltensten Fällen der Fall sein.

5. Erlöschen von Nutzungsrechten

249 Wie jeder andere Vertrag kann auch ein Lizenzvertrag beendet werden, so etwa durch Aufhebungsvertrag, Kündigung oder Rücktritt. Neben den vertragsspezifischen Kündigungsregelungen zum Beispiel der §§ 620 f., 643, 649, 723 ff. BGB ist das Kündigungsrecht aus wichtigem Grund gem. § 314 BGB zu beachten.[352] So kann ein Urheber kündigen, wenn seine Rechte durch den Lizenznehmer in nicht ausreichendem Maße wahrgenommen werden, zum Beispiel wenn der Verlag nicht in der Lage ist, ein Buch noch einmal aufzulegen, oder ein Musikwerk ausreichend zu verbreiten.[353] Ausübende Künstler haben mit dem neuen § 79 Abs. 3 UrhG unter bestimmten Voraussetzungen ein Sonderkündigungsrecht erhalten, nachdem der Übertragungsvertrag mit einem Tonträgerhersteller dann gekündigt werden kann, wenn es der Tonträgerhersteller unterlässt, Kopien des Tonträgers in ausreichender Menge zum Verkauf anzubieten oder den Tonträger öffentlich zugänglich zu machen. Aber auch wenn das Vertrauen zwischen dem Urheber und dem Verwerter nachhaltig gestört und aufgrund dessen eine Fortführung des Vertrags einer oder beiden Vertragsparteien nicht mehr zumutbar ist, kommt eine Kündigung gem. § 314 BGB in Betracht. So nahm dies das OLG München für den Fall an, dass der Verleger bestimmte zu Werbezwecken angefertigte Unterlagen ohne die Zustimmung des Urhebers abändert.[354] Auch die Tatsache, dass der Verwerter nicht ordnungsgemäß abrechnet, kann gegebenenfalls das Vertrauen so nachhaltig zerstören, dass eine Kündigung gem. § 314 BGB möglich ist.[355] Im Verlagsrecht gewähren die §§ 30, 32 VerlG dem Urheber überdies ein Rücktrittsrecht für den Fall, dass der Verleger nicht zeitgerecht mit der Vervielfältigung des Werkes beginnt. Eine Vertragsbeendigung tritt naturgemäß auch dann ein, wenn die Lizenzzeit abgelaufen ist.

250 Umstrittener sind dagegen die Rechtsfolgen einer Vertragsbeendigung im Hinblick auf die übertragenen oder eingeräumten Nutzungsrechte. Diskutiert wird, ob die Nutzungsrechte bei einer Vertragsbeendigung automatisch an den Urheber zurück fallen oder (nur) ein entsprechender Rückübertragungsanspruch besteht. Der Streit fußt auf der Frage, ob das sog. Abstraktionsprinzip auch im Urheberrecht zur Anwendung gelangt oder nicht. Nach herrschender Meinung gilt im Urheberrecht das Abstraktionsprinzip nur eingeschränkt, so dass die Nutzungsrechte mit Vertragsbeendigung automatisch an den Urheber zurückfallen und sich dort mit dem Stammrecht wieder vereinigen (auch Heimfall der Rechte oder Rechterückfall genannt).[356]

---

351 *Wernicke/Kockentiedt* ZUM 2004, 348, 350.

352 Wandtke/Bullinger/*Wandtke/Grunert* Vor §§ 31 ff. Rn. 10 ff.

353 *BGHZ* 15, 209; *BGH* GRUR 1970, 40 f. – Musikverleger I; GRUR 1974, 789 – Hofbräuhauslied.

354 ZUM-RD 2000, 60, 62.

355 *BGH* GRUR 1974, 789 – Hofbräuhauslied; *OLG Schleswig* ZUM 1995, 867, 873 f. – Werner-Serie.

356 *BGH* GRUR 2012, 916 – Die Privatsekretärin; GRUR 1982, 308, 309; *OLG Hamburg* GRUR 2002, 335, 336; *Schricker/Schricker* Vor §§ 28 ff. Rn. 4; *Wente/Härle* GRUR 1997, 96 ff.; a.A. *BGHZ* 27, 90, 95 f.; *Schack* Rn. 525; *Hoeren* CR 2005, 773, 774.

Bedeutung erlangt die Frage des Heimfalls der Rechte in der Praxis jedoch weniger im Verhältnis zwischen Urheber und Ersterwerber, sondern vielmehr in Bezug auf die nachgelagerten Stufen der Nutzungsrechtsverwertung. Die Frage ist, ob von einer Vertragsbeendigung an einer Stelle in der Rechtekette auch alle nachfolgenden Nutzungsrechtseinräumungen betroffen sind. Auch diese Frage ist umstritten. Die bislang herrschende Meinung ging, teilweise unter Rückgriff auf eine analoge Anwendung von § 9 VerlG, davon aus, dass im Falle einer Vertragsbeendigung zwischen Erst- und Zweiterwerber, die Nutzungsrechte auch dann automatisch an den Ersterwerber zurückfallen sollten, wenn der Zweiterwerber diese bereits weiterlizensiert hatte.[357] Wurde beispielsweise ein Co-Produktionsvertrag gekündigt, fielen zu diesem Zeitpunkt die Rechte an die jeweiligen einzelnen Co-Produzenten zurück. Dies hatte dann die praktische Konsequenz, dass eine Auswertung des Filmes durch einen der Co-Produzenten allein ausschied.[358] **251**

Dementsprechend sollte dieser Meinung nach beim Erlöschen des Nutzungsrechts des Hauptlizenznehmers („Tochterrecht“) auch das Nutzungsrecht des nachgelagerten Sublizenznehmers („Enkelrecht“) erlöschen und an den Urheber zurückfallen.[359] Der BGH hat sich jedoch in der Entscheidung „Reifen Progressiv“ zumindest für die Fälle des Rückrufes (nach § 41 UrhG) der ausschließlichen Hauptlizenz gegen diese bislang herrschende Auffassung gestellt und sich für eine Rechtsbeständigkeit der Sublizenz in dieser Situation ausgesprochen.[360] Die Entscheidung, die nur den Sonderfall des Rückrufes der Hauptlizenz betraf, wurde mittlerweile durch weitere Entscheidungen des BGH bestätigt, der den Fortbestand der Unterlizenz auch dann vorsieht, wenn die Hauptlizenz aus anderen Gründen erlischt.[361] Die dogmatische Einordnung der Unterlizensierung als vom Fortbestand der Hauptlizenz grundsätzlich unabhängige dingliche Verfügung[362] legt es nahe, in den Fällen des Wegfalls der Hauptlizenz den Fortbestand abgeleiteter Nutzungsrechte anzunehmen, sofern die Auslegung des Hauptlizenzvertrages dem nicht entgegensteht. **252**

Die Problematik des Rechterückfalls oder Heimfalls der Rechte in der Rechtekette wird besonders kontrovers für den Fall der Insolvenz eines Vertragspartners in der Rechtekette diskutiert. Damit die Rechteinhaber nicht auch das Insolvenzrisiko des Vordermannes tragen müssen, wird hier verstärkt nach dogmatisch begründbaren, zumindest aber nach vertraglichen Lösungsmöglichkeiten gesucht.[363] Es wird sich zeigen, inwieweit die vorgenannten Entscheidungen des BGH bei der Suche nach Lösungsmöglichkeiten fruchtbar gemacht werden können. **253**

---

357 *OLG Hamburg* ZUM 2001, 1005; *LG Mannheim* CR 2004, 811, 814; *Brauer/Sopp* ZUM 2004, 112, 117; a.A. *Schack* Rn. 526; *Schwarz/Klinger* GRUR 1998, 103 ff.; *Hoeren* CR 2005, 773, 774.

358 *LG München I* ZUM 2005, 336.

359 *OLG Hamburg* GRURInt 1998, 431, 435; GRUR 2002, 335, 336 f.; *Dreier/Schulze/Schulze* § 33 Rn. 10, § 35 Rn. 16, § 41 Rn. 37; *Schricker/Schricker* § 33 Rn. 16; a.A. *Schwarz/Klingner* GRUR 1998, 103, 110 ff.

360 *BGH* GRUR 2009, 946 – Reifen Progressiv; vgl. auch Anm. *Reber* ZUM 2009, 855; *Scholz* GRUR 2009, 1107.

361 *BGH* NJW-RR 2012, 1127 – Take Five; GRUR 2012, 916 – M2Trade.

362 *BGH* GRUR 2009, 946, 948 Tz. 20; vgl. auch *Scholz* GRUR 2009, 1107, 1111.

363 Vgl. nur *Abel* NZI 2003, 121, 127; *Bärenz* NZI 2006, 72, 76; *Berger* GRUR 2004, 20, 24; *Koehler/Ludwig* NZI 2007, 79.

254 Zu erwähnen ist in diesem Zusammenhang auch der neu eingeführte § 40c UrhG. Der neu eingeführte § 40a UrhG ist als eine Schranke der Vertragsfreiheit für die Parteien des Nutzungsrechtsvertrages zu verstehen.[364] Es gibt drei Voraussetzungen, um sich auf dieses Recht berufen zu können. Zuerst muss der Urheber dem Verwerter ein ausschließliches Nutzungsrecht zugesagt haben. Dieses ausschließliche Nutzungsrecht muss mit einer Pauschalvergütung beglichen worden sein. Dies wäre die zweite Voraussetzung. Die dritte und letzte Voraussetzung beinhaltet einen Ablauf von zehn Jahren, in denen der Verwerter die ausschließlichen Nutzungsrechte innehatte. Wenn alle Voraussetzungen vorliegen, wandelt sich das ausschließliche Nutzungsrecht des Verwerters in ein einfaches Nutzungsrecht um. Dieses einfache Nutzungsrecht muss nicht erneut vergütet werden. Allerdings muss der vormals ausschließliche Nutzungsrechteinhaber es hinnehmen, dass der Urheber nun die Nutzungsrechte mit nutzt oder diese anderweitig als einfaches Nutzungsrecht vergibt. Diese neue Regelung hat jedoch keine Auswirkungen auf die erstellten Pflichtwerke im Rahmen eines Arbeits- oder Dienstverhältnisses. Einen zukünftigen Klärungsbedarf wird es hinsichtlich der vergebenen Unternutzungsrechte geben, die von dem Verwerter, der die ausschließlichen Nutzungsrechte besitzt, an andere Verwerter vergeben wurden. Hier sollte nach den Arten der Nutzung unterschieden werden. Die vergebenen einfachen Nutzungsrechte könnten nach Ablauf der Zehn-Jahres-Frist als einfache Nutzungsrechte auch weiterhin bestehen bleiben. Bei den weitergegebenen ausschließlichen Nutzungsrechten muss und sollte hingegen geklärt werden, ob diese Rechte erlöschen und an den Erstverwerter zurückfallen oder nach Umwandlung in einfache Nutzungsrechte als solche beim Zweitverwerter verbleiben. Langfristig gesehen wird es eine Stärkung der Urheber geben, da diese die Möglichkeit haben, nach zehn Jahren erneut eine Vergütung zu verhandeln, ohne eine Klage im Rahmen des § 32 UrhG anstrengen zu müssen. Zu beachten ist allerdings, dass das Recht zu anderweitiger Verwertung gem. § 90 Abs. 2 UrhG nicht für die den Filmhersteller eingeräumten Verfilmungsrechte und die Rechte am Filmwerk gilt, §§ 88, 89 UrhG.

F. Vergütungsregelungen des Urheberrechts

255 Im Laufe seiner Entwicklung ist im Urheberrecht der Gedanke, dass der Urheber in angemessener Art und Weise an den Früchten der Verwertung seines Werkes beteiligt werden sollte, immer wichtiger geworden. Im Rahmen der Urheberrechtsreform 2003 wurde dieser Gedanke durch seine Aufnahme in § 11 UrhG aufgewertet, in dem ihm eine sog. Leitbildfunktion zugesprochen wurde.[365] Diese Leitbildfunktion wirkt sich insbesondere auch im Zusammenhang mit der Überprüfung von in Allgemeinen Geschäftsbedingungen enthaltenen umfassenden Rechteübertragungsklauseln aus.[366] Ergänzt wird § 11 S. 2 UrhG durch die §§ 32, 32a, 32c, 36, 36a UrhG, die ebenfalls durch die Urheberrechtsreform 2003 bzw. 2007 eine Neufassung erfahren haben. Die Neufassung war motiviert durch das Ziel, einen Ausgleich der vom Gesetzgeber ange-

---

364 ZUM 2016, 569; GRUR-Prax 2014, 1.

365 Durch das Gesetz zur Stärkung der vertraglichen Stellung von Urhebern und ausübenden Künstlern v. 22.3.2002, BGBl I S. 1155; *Dreier/Schulze/Schulze* § 11 Rn. 8.

366 S.o. Rn. 243.

nommenen gestörten Vertragsparität zwischen Urheber und Verwerter herzustellen.[367] Im Mittelpunkt der §§ 32, 32a, 32c, 36, 36a UrhG steht daher die Absicherung des vertraglichen Vergütungsanspruchs des Urhebers.

Im Rahmen der Urhebervertragsreform 2016 wurden besonders die §§ 32, 32a, 36, 36a UrhG überarbeitet. In § 32 Abs. 1 wurde die Aufzählung „Dauer und Zeitpunkt der Nutzung" um die Punkte „Häufigkeit" und „Ausmaß" erweitert. Neu hinzugekommen ist der Abs. 2a. Damit können zur Ermittlung einer angemessenen Vergütung auch ältere Verträge für eine gemeinsame Vergütungsregelung herangezogen werden. § 32a UrhG wurde lediglich in Abs. 4 mit dem Zusatz „§ 32 Abs. 2a ist entsprechend anzuwenden." ergänzt. In § 36 Abs. 2 UrhG ist eine Vertretungsregelung eingefügt worden. Diese Regelung besagt, dass eine „Vereinigung" als ermächtigt gilt, wenn diese „wesentliche Teile des Urhebers oder Werknutzers vertritt". In § 36 Abs. 4 UrhG beginnt die Straffung des Gesetzes zur Schlichtungsstelle. Die entscheidende Änderung in diesem Absatz ist die Verkürzung der Widerspruchszeit von drei Monaten auf sechs Wochen. Detaillierte Regelungen und Zuständigkeiten der Schlichtungsstelle wurden dem § 36a UrhG hinzugefügt. **256**

Von den Regelungen zum vertraglichen Vergütungsanspruch zu unterscheiden sind diejenigen Vorschriften des UrhG, welche gesetzliche Vergütungsansprüche des Urhebers vorschreiben. Bekannte Beispiele für solche gesetzlichen Vergütungsansprüche sind die Kabelweitersendevergütung gem. § 20b Abs. 2 UrhG und die Geräte-, Speicher- und Betreiberabgabe gem. §§ 54, 54 UrhG.[368] Bevor auf die Regelungen zum vertraglichen Vergütungsanspruch eingegangen wird (dazu unter Rn. 261 ff), sollen kurz die gesetzlichen Vergütungsansprüche des Urhebers dargestellt werden (nachfolgend unter Rn. 258 ff). **257**

I. Gesetzliche Vergütungsansprüche

Literatur: *Berger* Die Neuregelung der Privatkopie in § 53 UrhG im Spannungsverhältnis von geistigem Eigentum, technischen Schutzmaßnahmen und Informationsfreiheit, ZUM 2004, 257; *von Braunmühl* Entwurf für den zweiten Korb des neuen Urheberrechts bringt weitere Nachteile für Verbraucher, ZUM 2005, 109; *von Diemar* Kein Recht auf Privatkopie – Zur Rechtsnatur der gesetzlichen Lizenz zugunsten von Privatpersonen, GRUR 2002, 587; *ders.* Die digitale Kopie zum privaten Gebrauch, 2002; *Gabriel/Albrecht* Filesharing-Dienste, Grundrechte und (k)eine Lösung?, ZUM 2010, 392; *Geerlings* Das Urheberrecht in der Informationsgesellschaft und pauschale Geräteabgaben im Lichte verfassungs- und europarechtlicher Vorgaben, GRUR 2004, 207; *Heidemann/Peuser* Die Pauschalvergütung für privates Kopieren, ZUM 2005, 118; *Hilty* Vergütungssystem und Schrankenregelungen, GRUR 2005, 819; *Hofmann* Virtuelle Personal Video Recorder vor dem Aus? – Kritische Analyse der bisherigen Rechtsprechung zu virtuellen PVR, MMR 2006, 793; *Katzenberger* Vergütung der Sendeunternehmen für Privatkopien ihrer Livesendungen aus der Sicht der europäischen Urheberrechtsrichtlinien, GRURInt 2006, 190; *Kretschmer* Deutschland – Bericht über die urheberrechtliche Vergütung, GRURInt 2000, 948; *Krüger* Anpassung der Höhe der Urhebervergütung für die Privatkopie durch einen neuen § 54a III 1 UrhG? – Kritische Überlegungen zum Referentenentwurf für den „Zweiten Korb", GRUR 2005, 206; *Lenz/Würtenberger* Digitale Privatkopie und Eigentumsschutz des Urhebers, NVwZ 2010, 168; *Melichar* Private Vervielfältigung und Pauschalvergütung im Referentenentwurf

367 *RegE* BT-Drucks. 14/6433, 7.

368 S. aber auch §§ 26, 27 Abs. 1, Abs. 2 S. 1, 45a Abs. 2 S. 1, 46 Abs. 4, 47 Abs. 2 S. 2, 49 Abs. 1 S. 2, 52 Abs. 1 S. 2, Abs. 2 S. 2, 52a Abs. 4 S. 1 UrhG.

zum zweiten Korb, ZUM 2005, 119; *Proll* Anmerkung zum BGH-Urteil vom 5.7.2001 – Urheberrechtliche Vergütungspflicht für Scanner, CR 2002, 178; *Reber* Der lange Weg zur ersten gemeinsamen Vergütungsregel für den Kinofilm, GRUR 2013, 1106; *Riesenhuber* Grundlagen der „angemessenen Vergütung", GRUR 2013, 582; *Rohleder* Statement zur Neuregelung des Vergütungssystems für die Geräteindustrie, ZUM 2005, 120; *Roßnagel/Jandt/Schnabel* Kulturflatrate – Ein verfassungsrechtlich zulässiges alternatives Modell zur Künstlervergütung?, MMR 2010, 8; *Schack* Schutz digitaler Werke vor privater Vervielfältigung – Zu den Auswirkungen der Digitalisierung auf § 53 UrhG, ZUM 2002, 497; *Schulze* Vergütungssystem und Schrankenregelungen, GRUR 2005, 828; *Slopek/Steigüber* Die digitale Kopie im Urheberrecht, ZUM 2010, 228; *Stickelbrock* Die Zukunft der Privatkopie im digitalen Zeitalter, GRUR 2004, 736; *Wiegand* Die Geräteabgabe als Lösungsmodell im Bereich der privaten Vervielfältigung von digitalen Musik- und Filmwerken aus US-amerikanischer und deutscher Sicht. Eine rechtsvergleichende Studie, 2003.

258 Das Urheberrecht als immaterielles Eigentum unterliegt der Sozialbindung, die durch Art. 14 Abs. 2 GG manifestiert wird. Daher kann der Urheber bestimmte Nutzungen seines Werkes nicht untersagen, wie z.B. die Privatkopie oder die Vervielfältigung von Werken an öffentlichen Plätzen.[369] Er muss sie gleichwohl nicht entschädigungslos hinnehmen. Um den Urheber angemessen auch an erlaubnisfreien massenhaften Nutzungen seines Werkes zu beteiligen, zum Beispiel bei privaten Fotokopien von Büchern oder privaten Aufnahmen von Musikstücken auf Bild- oder Tonträger, stellen bestimmte gesetzliche Regelungen seine angemessene Beteiligung sicher. So regeln die §§ 54, 54a UrhG, dass für bestimmte technische Geräte, die zur Kopie von Werken in großer Zahl benutzt werden, pauschale Abgaben an den Urheber abgeführt werden müssen. Dies soll einen Ausgleich für die Privatkopie, die durch § 53 UrhG zugelassen wird, schaffen. Importeure und Händler von Kopiergeräten haben daher Abgaben an Urheber beziehungsweise Verwertungsgesellschaften zu entrichten. Untermauert werden die Vergütungspflichten der Hersteller und Importeure von technischen Geräten, die zur Vervielfältigung verwendet werden können, dadurch, dass die Einfuhr dieser Geräte gem. §§ 54f, 54g UrhG melde- und auskunftspflichtig ist. Wird diese Meldepflicht verletzt, kann der doppelte Vergütungssatz verlangt werden, §§ 54f, 54g jeweils Abs. 2 UrhG.

259 In der Praxis werden die vorgenannten gesetzlichen Vergütungsansprüche in der Regel von Verwertungsgesellschaften wahrgenommen.

260 Die §§ 54, 54a UrhG sind künftig im Lichte der „Padawan"-Rechtsprechung des EuGH richtlinienkonform auszulegen. Nach Auffassung des EuGH setzt die Richtlinie über das Urheberrecht und verwandte Schutzrechte in der Informationsgesellschaft (2001/29/EG) voraus, dass für die Erhebung einer gesetzlichen Abgabe für Privatkopien ein notwendiger Zusammenhang zwischen der Anwendung der Abgabe auf Anlagen, Geräte und Medien zur digitalen Vervielfältigung und dem mutmaßlichen Gebrauch dieser Anlagen zum Zweck privater Vervielfältigung besteht.[370] Insofern ist die Pauschalabgabe auf Geräte, die zu eindeutig anderen Zwecken als der Anfertigung von Privatkopien erworben werden, nicht im Einklang mit der Richtlinie. Das deutsche Recht differenziert bislang jedoch nicht zwischen Geräten für den Privatgebrauch und Geräten, die für andere Verwendungen erworben werden.[371]

---

369 S. insgesamt die Schrankenregelungen der §§ 44a ff. UrhG.
370 *EuGH* K&R 2010, 796 ff.
371 *Klett* K&R 2010, 800, 801.

II. Vertragliche Vergütungsansprüche

Die vertraglichen Vergütungsansprüche sind als Teil des Urhebervertragsrechts in den §§ 32, 32a, 32c, 36, 36a UrhG geregelt. Die im Jahr 2003 bzw. 2007 vorgenommene Neufassung derselben soll die wirtschaftlichen Interessen des Urhebers und über § 79 Abs. 2 UrhG auch die des ausübenden Künstlers stärken.[372] Dabei ist zwischen dem Anspruch auf eine angemessene Beteiligung bei Vertragsschluss gem. § 32 UrhG (erfordert ex-ante Betrachtung), dem Anspruch auf eine weitere Beteiligung gem. § 32a UrhG (erfordert ex-post Betrachtung) sowie dem Anspruch auf eine gesonderte Vergütung für die Aufnahme einer neuen Nutzungsart gem. § 32c UrhG zu unterscheiden. Ferner ist bei ausübenden Künstlern die neue Regelung des § 79a UrhG zu beachten. Der ausübende Künstler erhält einen zusätzlichen Vergütungsanspruch gegen den Tonträgerhersteller bei einer weiteren Verwertung des Tonträgers nach 50 Jahren, wenn die Leistungsschutzrechte ursprünglich gegen Zahlung einer einmaligen Vergütung eingeräumt wurden. Seit dem 1.3.2017 ist gesetzlich geregelt, dass der ausübende Künstler einen Anspruch auf eine gesonderte angemessene Vergütung bei später bekannten Nutzungsarten hat (§ 79b UrhG). **261**

1. Anspruch auf angemessene Vergütung bei Vertragsschluss, § 32 UrhG

Literatur: *von Becker* Die angemessene Übersetzervergütung – Eine Quadratur des Kreises?, ZUM 2007, 249; *ders.* Offene Probleme der angemessenen Vergütung, ZUM 2005, 695; *Berger* Zum Anspruch auf angemessene Vergütung (§ 32 UrhG) und weitere Beteiligung (§ 32a UrhG) bei Arbeitnehmer-Urhebern, ZUM 2003, 173; *ders.* Zwangsvollstreckung in urheberrechtliche Vergütungsansprüche, NJW 2003, 853; *ders.* Der Anspruch auf angemessene Vergütung gem. § 32 UrhG: Konsequenzen für die Vertragsgestaltung, ZUM 2003, 521; *Czychowski* Offene Fragen nach den ersten Urteilen des Bundesgerichtshofs zum neuen Vergütungsrecht im Urheberrecht, GRUR 2010, 793; *Erdmann* Urhebervertragsrecht im Meinungsstreit, GRUR 2002, 923; *Grabig* Die Bestimmung einer weiteren angemessenen Beteiligung in gemeinsamen Vergütungsregeln und in Tarifverträgen nach § 32a Abs. 4 UrhG, 2005; *Grobys/Foerstl* Die Auswirkungen der Urheberrechtsreform auf Arbeitsverträge, NZA 2002, 1015; *Grzeszick* Der Anspruch des Urhebers auf angemessene Vergütung: Zulässiger Schutz jenseits der Schutzpflicht, AfP 2002, 383; *Hoeren* Auswirkungen der §§ 32, 32a UrhG n. F. auf die Dreiecksbeziehung zwischen Urheber, Produzent und Sendeanstalt im Filmbereich, FS Nordemann, 2004, S. 181; *Hucko* Das neue Urhebervertragsrecht. Angemessene Vergütung. Neuer Bestsellerparagraph. Gemeinsame Vergütungsregeln. Text mit Einführung und Materialien, 2000; *Jacobs* Das neue Urhebervertragsrecht, NJW 2002, 1905; *Kur* Europäische Union – EuGH zum Begriff der angemessenen Vergütung, GRURInt 2003, 271; *Nordemann/Pfennig* Plädoyer für eine neue Vertrags- und Vergütungsstruktur im Film- und Fernsehbereich, ZUM 2005, 689; *Riesenhuber* Grundlagen der „angemessenen Vergütung“, GRUR 2013, 582; *Reber* Die Redlichkeit der Vergütung (§ 32 UrhG) im Film und Fernsehbereich, GRUR 2003, 393; *Schmidt* Der Vergütungsanspruch des Urhebers nach der Reform des Urhebervertragsrechts, ZUM 2002, 781; *Schricker* Zum Begriff der angemessenen Vergütung im Urheberrecht – 10 % vom Umsatz als Maßstab?, GRUR 2002, 737; *Schwarz* Die Vereinbarung angemessener Vergütungen und der Anspruch auf Bestsellervergütungen aus Sicht der Film- und Fernsehbranche, ZUM 2010, 107; *Sprang* Die Vereinbarung angemessener Vergütung in der Verlagsbranche, ZUM 2010, 116; *Wandtke* Der Anspruch auf angemessene Vergütung für Filmurheber nach § 32 UrhG – Beitrag zum Symposium „Bildgestaltung und Urhebervertragsrecht" des Bun-

372 Durch das Gesetz zur Stärkung der vertraglichen Stellung von Urhebern und ausübenden Künstlern v. 22.3.2002, BGBl I S. 1155; s. hierzu auch *Schricker* GRURInt 2002, 797 ff.

desverbandes Kamera (bvk) am 23. Januar 2010 in Berlin, GRURInt 2010, 704; *Zirkel* Das neue Urhebervertragsrecht und der angestellte Urheber, WRP 2003, 59.

262 § 32 Abs. 1 S. 1 und S. 2 UrhG regeln eine auch in Bezug auf andere Vertragsarten bekannte Verfahrensweise: Haben die Parteien die Höhe der Vergütung nicht bestimmt, gilt eine angemessene Vergütung als vereinbart.[373] Der Urheber kann in diesem Fall vom Vertragspartner die als vereinbart fingierte angemessene Vergütung unmittelbar verlangen beziehungsweise einklagen.[374] Dieser Zahlungsanspruch besteht grundsätzlich auch dann, wenn eine Vergütung vertraglich ausgeschlossen, also Unentgeltlichkeit vereinbart wurde (vgl. § 32 Abs. 3 S. 1, 2 UrhG).[375] Dies ist jetzt auch nochmal mit der Einführung des § 79b UrhG deutlich festgelegt worden. Von dieser Unabdingbarkeit des Vergütungsanspruchs ausgenommen ist nach § 32 Abs. 3 S. 3 UrhG die unentgeltliche Einräumung eines einfachen Nutzungsrechts für jedermann, was z.B. bei Open-Source-Software (z.B. das Betriebssystem Linux) der Fall ist.[376]

263 Zentrale Neuerung im Rahmen des § 32 UrhG ist der nunmehr in § 32 Abs. 1 S. 3 UrhG geregelte Anspruch des Urhebers gegen seinen Vertragspartner auf Einwilligung in eine Vertragsänderung, wenn die vereinbarte Vergütung im Zeitpunkt des Vertragsschlusses (§ 32 Abs. 2 S. 2 UrhG) nicht angemessen war. Eine tatsächliche Nutzung der eingeräumten Rechte ist für den Anspruch aus § 32 Abs. 1 S. 3 UrhG nicht erforderlich.[377] Liegen die Voraussetzungen vor, kann der Urheber die Einwilligung (gem. § 894 Abs. 1 ZPO) zusammen mit der Zahlung des Fehlbetrages einklagen.[378] Umstritten ist, ob die eingeklagte Vereinbarung nur für die Zukunft oder auch für die Vergangenheit gilt.[379]

264 Das aus diesen neuen Regelungen folgende praktische Problem ist vor allem das der Ermittlung der Angemessenheit der Vergütung.[380] Der Gesetzgeber hat die Definition der Angemessenheit in erster Linie den Verbänden (§ 32 Abs. 2 S. 1 UrhG i.V.m. § 36 UrhG) und den Tarifpartnern (§ 32 Abs. 4 UrhG) und im Übrigen den Gerichten überlassen, die sich mit der Legaldefinition der Angemessenheit gem. § 32 Abs. 2 S. 2 UrhG auseinandersetzen müssen. Danach ist eine Vergütung dann angemessen, wenn sie im Zeitpunkt des Vertragsschlusses dem entspricht, was im Geschäftsverkehr nach Art und Umfang der eingeräumten Nutzungsmöglichkeiten, insbesondere nach Dauer und

---

373 Im Gegensatz zu §§ 612 Abs. 2 oder 632 Abs. 2 BGB wird jedoch nicht auf eine übliche, sondern auf eine angemessene Vergütung abgestellt, da die Praxis gezeigt hat, dass die übliche Vergütung nicht unbedingt angemessen sein muss, s. dazu *Schack* Rn. 967 unter Verweis auf *BGH* GRUR 2002, 602, 604.

374 *Dreier/Schulze/Schulze* § 32 Rn. 24; Wandtke/Bullinger/*Wandtke/Grunert* § 32 Rn. 10; *Erdmann* GRUR 2002, 925, 927.

375 Der Urheber kann sich aber natürlich der Ausübung seiner Rechte enthalten, der Verwerter kann sich allerdings nicht darauf verlassen, s. dazu *Schricker/Schricker* § 32 Rn. 22; Wandtke/Bullinger/*Wandtke/Grunert* § 32 Rn. 11.

376 *Schricker/Schricker* § 32 Rn. 43; zu „open contents" allgemein *Plaß* GRUR 2002, 670 ff., s. zum sog. Open-Content auch bereits oben unter Rn. 206.

377 *Dreier/Schulze/Schulze* § 32 Rn. 11; *Schricker/Schricker* § 32 Rn. 14.

378 Er kann aber auch in Form der Stufenklage vorgehen und zunächst Auskunft und Rechnungslegung verlangen. Vgl. Wandtke/Bullinger/*Wandtke/Grunert* § 32 Rn. 20; *Schack* Rn. 967 mit Verweis auf *BGHZ* 115, 63, 65.

379 Wandtke/Bullinger/*Wandtke/Grunert* § 32 Rn. 19.

380 Vgl. hierzu *Erdmann* GRUR 2002, 923, 925 ff.; *Reber* GRUR 2003, 393; *Schricker* GRUR 2002, 737 ff.; *ders.* GRURInt 2002, 797, 804 ff.

Zeitpunkt der Nutzung, unter Berücksichtigung aller Umstände des Einzelfalls üblicher- und redlicherweise zu leisten ist.

Einzelne Tarifverträge enthalten für bestimmte Arbeitnehmer-Urheber vergütungsrechtliche Regelungen, die in der Regel jedoch lückenhaft bleiben und nur bestimmte Werknutzungen betreffen.[381] **265**

Wenn der Gesetzgeber ferner auf die Angemessenheit von gemeinsamen Vergütungsregeln der Verbände (§ 36 UrhG) verweist, so ist festzuhalten, dass es zwar einigen Branchenvertretern bereits gelungen ist,[382] solche gemeinsamen Vergütungsregeln abzuschließen, Einzelheiten im Zusammenhang mit der Anwendung solcher Vergütungsregeln sind jedoch noch unklar. So stellt sich z.B. die Frage, wie zu verfahren ist, wenn die gemeinsamen Vergütungsregeln keine festen Tarife, sondern nur Rahmenbedingungen vorgeben.[383] Zum anderen besteht die Möglichkeit, dass mehrere Vereinigungen den gleichen Vergütungssachverhalt unterschiedlich lösen.[384] **266**

Wichtiger Anhaltspunkt für die Bestimmung der Angemessenheit wird in der Praxis letztlich sein, was üblicher- und redlicherweise in der jeweiligen Branche bezahlt wird.[385] Weiterhin zu berücksichtigen sind die Umstände des Einzelfalls, d.h. Art und Umfang der Nutzung, Marktverhältnisse, Investitionen, Risikotragung, Kosten und Zahl der hergestellten Werkstücke.[386] **267**

Vor diesem Hintergrund stehen einige der bisher in Bezug auf die Festlegung der Vergütung geübten Vertragspraktiken auf dem Prüfstand, wie z.B.:

- erlösunabhängige Vergütungen im Verhältnis zu den nunmehr überwiegend geforderten erlösabhängigen Vergütungen in Gestalt konkreter Prozentsätze,[387]
- pauschale Einmalzahlungen im Rahmen sog. Buy-Out Verträge,[388]
- Quersubventionierungen und Mischkalkulationen.[389]

Die Rechtsprechung hat, soweit ersichtlich, bisher lediglich über die Frage der Angemessenheit der Vergütung von Übersetzern entschieden,[390] woraus sich jedoch noch keine allgemeingültigen Vorgaben für die zukünftige Vertragspraxis ablesen lassen. **268**

---

381 Bspw. der Manteltarifvertrag für Redakteure von Tageszeitungen. In Bezug auf tarifrechtliche Regelungen wird sich jedoch häufig schon die Frage stellen, ob diese den Anforderungen des § 32 UrhG gerecht werden, da der Tarifvertrag nicht unbedingt vor dem Hintergrund und zur Ausfüllung von § 32 Abs. 4 UrhG abgeschlossen wurde.

382 Z.B. Verband Deutscher Schriftsteller und eine Vereinigung von Belletristikverlagen, abrufbar unter www.bmj.bund.de/verguetungsregeln.

383 *Schack* Rn. 967.

384 *Schack* Rn. 967 unter Verweis auf *Ory* AfP 2002, 96. Für die Maßgeblichkeit der Parteivereinbarung in solchen Fällen *Flechsig/Hendricks* ZUM 2002, 423.

385 *Dreier/Schulze/Schulze* § 32 Rn. 47 ff.; *Schricker/Schricker* § 32 Rn. 30 f.; zum Film- und Fernsehbereich *Reber* GRUR 2003, 393 ff.; zur Übersetzerbranche *OLG München* ZUM 2003, 684; *KG* ZUM 2002, 291; *LG München* ZUM 2006, 73.

386 BT-Drucks. 14/6433, 44; *Dreier/Schulze/Schulze* § 32 Rn. 63 f.; *OLG Hamburg* ZUM 2002, 833, 836.

387 *Schack* Rn. 967, *Schricker* GRUR 2002, 737, 743.

388 Vgl. BT-Drucks. 14/6433, 11, 12; *Reber* GRUR 2003, 393, 394; Wandtke/Bullinger/*Wandtke/Grunert* § 32 Rn. 38 m.w.N.

389 *Schack* GRUR 2002, 855.

390 *BGH* GRUR 2009, 1148; umfassender Überblick über die ergangenen erstinstanzlichen und zweitinstanzlichen Entscheidungen in *von Becker* ZUM 2007, 249 ff.

269 **Praxistipp:**

Wenngleich zum jetzigen Zeitpunkt noch keine verbindliche Marschroute bei der Abfassung von Vergütungsklauseln vorgegeben werden kann, sollten folgende Gesichtspunkte berücksichtigt werden:

- Angabe der Grundlagen für die Bemessung der Vergütung und besondere Gründe für deren Berechnung,
- Kopplung der Vergütung an den Bruttoerlös statt den Nettoerlös,[391]
- Regelung der Auswirkung schuldhaft unterlassener Nutzungen auf die Vergütung,
- Vereinbarung von Beteiligungsquoten (Fixquote oder Staffelung),[392]
- Vereinbarung eines Auskunfts- und Rechnungslegungsanspruchs.

2. Anspruch auf weitere Beteiligung, § 32a UrhG

Literatur: *Berger* Grundfragen der „weiteren Beteiligung" des Urhebers nach § 32a UrhG, GRUR 2003, 675; *Grabig* Die Bestimmung einer weiteren angemessenen Beteiligung in gemeinsamen Vergütungsregeln und in Tarifverträgen nach § 32a Abs. 4 UrhG, 2005; *Hilty/ Peukert* Das neue deutsche Urhebervertragsrecht im internationalen Kontext, GRURInt 2002, 643; *Loschelder/Wolff* Der Anspruch des Urhebers auf „weitere Beteiligung" nach § 32a UrhG bei Schaffung einer Marke, FS Schricker, 2005, S. 425; *Ory* Das neue Urhebervertragsrecht, AfP 2002, 93; *Pleister/Ruttig* Beteiligungsansprüche für ausübende Künstler bei Bestsellern, ZUM 2004, 337; *Reinhardt/Distelkötter* Die Haftung des Dritten bei Bestsellerwerken nach § 32a Abs. 2 UrhG, ZUM 2003, 269; *Schack* Urhebervertragsrecht im Meinungsstreit, GRUR 2002, 853; *Schaub* Der Fairnessausgleich nach § 32a UrhG im System des Zivilrechts, ZUM 2005, 212; s. auch die Nachweise unter 2. Anspruch auf angemessene Vergütung, § 32 UrhG.

270 § 32a UrhG, der auch „Fairness-Paragraph" oder „Bestseller-Paragraph" genannt wird, gewährt dem Urheber einen Anspruch auf eine weitere angemessene Beteiligung, wenn sich nachträglich herausstellt, dass die vereinbarte Vergütung in einem auffälligen Missverhältnis zu den Erträgen aus der Nutzung seines Werkes steht. Wie schon bei § 32 Abs. 3 UrhG ist Rechtsfolge eines solchen Missverhältnisses ein Anspruch auf Einwilligung in eine Vertragsänderung, der jedoch auch zusammen mit einer Zahlungsklage geltend gemacht werden kann.[393]

271 Bei der Gegenüberstellung von Vergütung und Ertrag sind auf Seiten der Vergütung auch geldwerte Leistungen, wie z.B. freie Kost und Logis, Übernahme von Reisekosten etc. zu berücksichtigen.[394] Als der Vergütung gegenüber zu stellender Ertrag ist auf den Bruttoerlös abzustellen,[395] den der Verwerter durch die Nutzungshandlung erzielt.[396] Kosten sollen außer Betracht bleiben.[397]

272 Im Gegensatz zum alten Bestsellerparagraph erfordert § 32a UrhG nicht mehr das Vorliegen eines unerwarteten oder unvorhersehbaren Missverhältnisses.[398] Ebenso wenig bedarf es nach der Neufassung des § 32a UrhG noch eines groben Mitverhält-

391 *LG Berlin* ZUM 2005, 904, 906.
392 *Dreier/Schulze/Schulze* § 32 Rn. 54 f.
393 Wandtke/Bullinger/*Wandtke/Grunert* § 32a Rn. 24.
394 Nicht jedoch Marketingberatung, Vermittlung von Kontakten, Vermittlung von Auftritten, so Wandtke/Bullinger/*Wandtke/Grunert* § 32a Rn. 8 f.
395 *BGH* GRUR 2002, 153, 154; *OLG München* GRUR-RR 2011, 405
396 *Höckelmann* ZUM 2005, 526, 527.
397 So *Reber* GRUR 2003, 393, 397; *Dreier/Schulze/Schulze* § 32a Rn. 28.
398 *Schack* Rn. 968; *Wandtke/Bullinger/Wandtke/Grunert* § 32a Rn. 15.

nisses, ausreichend, aber auch erforderlich ist nur noch ein **auffälliges** Missverhältnis.[399]

Nach der Rechtsprechung zum alten Recht[400] liegt ein grobes (und damit jedenfalls auffälliges) Missverhältnis vor, wenn die vereinbarte Vergütung deutlich unter der Angemessenheitsgrenze liegt,[401] was bei 25–35 % der angemessenen Beteiligung bejaht wurde.[402] **273**

Sind die Erträge und damit das Missverhältnis nicht beim Vertragspartner, sondern bei einem Dritten entstanden, richtet sich der Anspruch auf eine weitere Beteiligung nicht gegen den Vertragspartner, sondern ausschließlich gegen den oder die Dritten (§ 32a Abs. 2 UrhG). In einer längeren Kette von Verwertern (z.B. Filmproduzent, Filmlizenzhändler, Filmverleih, Kino) haftet jeder dem Urheber/ausübenden Künstler grundsätzlich nur für die Erträge, die auf der eigenen Stufe angefallen sind.[403] Aufgrund der etwas verunglückten Formulierung des Gesetzgebers, wonach die vertraglichen Beziehungen in der Lizenzkette zu berücksichtigen sind (§ 32a Abs. 2 S. 1 UrhG) und die Haftung des „anderen" entfällt (§ 32a Abs. 2 S. 2 UrhG), sind Einzelheiten in diesem Zusammenhang noch umstritten.[404] Beispielsweise stellt sich die Frage, ob der Dritte die an einen anderen gezahlten Lizenzgebühren wegen des Erfordernisses der Berücksichtigung der Lizenzkette abziehen darf.[405] Freistellungsklauseln zu Lasten des jeweiligen Lizenzgebers, wonach beispielsweise eine Sendeanstalt eine zusätzliche finanzielle Belastung wegen § 32a UrhG auf den Produzenten abwälzen will, sollen gem. § 138 Abs. 2 BGB nichtig sein.[406] **274**

3. Anspruch auf gesonderte Vergütung für später bekannte Nutzungsarten, § 32c UrhG

Um einen angemessenen Schutz des Urhebers auch für den Fall sicherzustellen, dass dieser dem Verwerter Rechte an seinem Werk für noch unbekannte Nutzungsarten eingeräumt hat, sieht der im Zuge des zweiten Korbes geschaffene § 32c UrhG vor, dass der Urheber auch an diesen Nutzungsarten wirtschaftlich angemessen beteiligt wird. Die Norm vermittelt ihm einen Anspruch auf eine gesonderte angemessene Vergütung gegen den Verwerter, wenn dieser eine zum Zeitpunkt des Vertragsschlusses noch unbekannte, aber mittlerweile bekannte Art der Werknutzung i.S.v. § 31a UrhG aufnimmt, ohne dass der Urheber dem widerspricht. **275**

399 Wandtke/Bullinger/*Wandtke/Grunert* § 32a Rn. 18; *BGH* GRUR 2012, 496 – Das Boot.
400 S. aber auch Anm. *Zentek* zur „ersten Entscheidung zum modifizierten Bestsellerparagraf" des *OLG Naumburg* ZUM 2006, 117 ff.
401 *BGH* GRUR 2002, 153, 155 – Kinderhörspiele.
402 *BGH* GRUR 1991, 901, 903 – Horoskopkalender, GRUR 2002, 602, 604 – Musikfragmente.
403 *Höckelmann* ZUM 2005, 526, 530.
404 *Schack* Rn. 968b.
405 So *Dreier/Schulze/Schulze* § 32a Rn. 52; *Brauner* ZUM 2004, 100, 104.
406 Wandtke/Bullinger/*Wandtke/Grunert* § 32a Rn. 30 m.w.N.; ggf. aber von Bedeutung im Rahmen des Innenausgleichs bei Vorliegen einer Gesamtschuld zwischen mehreren in Anspruch genommenen Lizenznehmern, s. *Schack* Rn. 968b; *Reinhard/Diestelkötter* ZUM 2003, 274 f.

4. Anspruch auf Auskunft und Rechenschaft, § 32d UrhG, und Anspruch auf Auskunft und Rechenschaft in der Lizenzkette, § 32e UrhG

276 Neu hinzugekommen ist der Anspruch für Urheber und ausübende Künstler (§ 79 Abs. 2a UrhG) gegenüber den Verwertern auf Auskunft und Rechenschaft (§ 32d UrhG) auch gegenüber Dritten (§ 32e UrhG). Dieser Anspruch kann einmal jährlich erhoben werden. Der Verwerter muss dem Urheber seine Einkünfte, die er mit den Nutzungsrechten erzielt hat, offen legen. Dieser Anspruch gilt allerdings nicht für Computerprogramme (§ 69a Abs. 5 UrhG).

5. Gemeinsame Vergütungsregeln, § 36 UrhG

Literatur: *von Becker* Juristisches Neuland, ZUM 2005, 303; *Fischer* §§ 32 ff. UrhG – Eine gelungene oder verfehlte Reform? Eine Zwischenbilanz, ZUM 2010, 124; *Flechsig/Hendricks* Zivilprozessuales Schiedsverfahren zur Schließung urheberrechtlicher Gesamtverträge – zweckmäßige Alternative oder Sackgasse?, ZUM 2000, 721; *Hertin* Urhebervertragsnovelle 2002: Up-Date von Urheberrechtsverträgen, MMR 2003, 16; *Ory* Gesamtverträge als Mittel des kollektiven Urhebervertragsrechts, AfP 2000, 426; *Reber* Das neue Urhebervertragsrecht, ZUM 2000, 729; *ders.* „Gemeinsame Vergütungsregelungen" in den Guild Agreements der Film- und Fernsehbranche in den USA – ein Vorbild für Deutschland (§§ 32, 32a, 36 UrhG)?, GRURInt 2006, 9; *Schack* Urhebervertragsrecht im Meinungsstreit, GRUR 2002, 853; *Schmitt* § 36 UrhG – Gemeinsame Vergütungsregelungen europäisch gesehen, GRUR 2003, 294; *Thüsing* Tarifvertragliche Chimären – Verfassungsrechtliche und arbeitsrechtliche Überlegungen zu den gemeinsamen Vergütungsregeln nach § 36 UrhG n. F., GRUR 2002, 203; s. auch die Nachweise unter 2. Anspruch auf angemessene Vergütung, § 32 UrhG.

277 Vereinigungen von Urhebern können mit Vereinigungen von Werknutzern oder auch mit einzelnen Werknutzern gemeinsame Vergütungsregeln aufstellen, deren Angemessenheit i.S.d. § 32 UrhG vermutet wird. Auch § 36 UrhG wurde im Jahr 2002 in das Urheberrechtsgesetz aufgenommen und bezieht sich ausdrücklich auf § 32 UrhG, kann aber wegen der ausdrücklichen Erwähnung in § 32a Abs. 4 UrhG auch die Regelung einer weiteren Beteiligung betreffen.[407]

278 Das Gesetz definiert darüber hinaus einige Voraussetzungen im Zusammenhang mit der Aufstellung dieser Vergütungsregeln, § 36 Abs. 2 ff. UrhG. Einzelheiten hinsichtlich der Aktiv- und Passivlegitimation sind umstritten.[408] Können sich die Parteien nicht einigen, oder verweigert die Gegenseite die Aufnahme von Verhandlungen, so kann es zu einem Schlichtungsverfahren vor einer Schlichtungsstelle (§ 36a UrhG) kommen. Streitig ist jedoch auch hier, ob die eine Partei von der anderen Partei gezwungen werden kann, sich einem Schlichtungsverfahren zu unterwerfen.[408] Insgesamt bleibt abzuwarten, ob und in welcher Form sich derartige gemeinsame Vergütungsregeln und insbesondere die in § 36a UrhG vorgesehenen Schiedsverfahren etablieren können.[409] Der 2017 neu hinzugekommene § 36b UrhG regelt einen Unterlassungsanspruch bei Verstoß gegen gemeinsame Vergütungsregeln zu Gunsten der Urheber und Werknutzer. § 36c UrhG beinhaltet die individualvertraglichen Folgen des Verstoßes gegen gemeinsame Vergütungsregeln.[410]

407 Wandtke/Bullinger/*Wandtke/Grunert* § 32a Rn. 23.
408 *Ory* ZUM 2006, 914 ff.
409 *Schack* Rn. 969.
410 *Peifer* GRUR-Prax 2017, 1.

G. Schutz des ausübenden Künstlers (§§ 73 ff. UrhG)

Literatur: *Beining* Der Schutz ausübender Künstler im internationalen und supranationalen Recht, 2000; *Berger* Grundfragen der „weiteren Beteiligung" des Urhebers nach § 32a UrhG, GRUR 2003, 675; *Dünnwald* Die Neufassung des künstlerischen Leistungsschutzes, ZUM 2004, 161; *Flechsig* Das Leistungsschutzrecht des ausübenden Künstlers in der Informationsgesellschaft, ZUM 2004, 14; *Gounalakis* Rechte und Pflichten privater Konzertveranstalter gegenüber den Massenmedien (Bild-, Ton und Fernsehberichterstattung), AfP 1992, 343; *Katzenberger* Inlandsschutz ausübender Künstler gegen die Verbreitung ausländischer Mitschnitte ihrer Darbietungen, GRURInt 1993, 640; *Lucas-Schloetter* Der ausübende Künstler und der Schutz seiner Persönlichkeitsrechte im Urheberrecht Deutschlands, Frankreichs und der Europäischen Union, GRURInt 2002, 640; *Pleister/Ruttig* Beteiligungsansprüche für ausübende Künstler bei Bestsellern, ZUM 2004, 337; *Reinbothe* Die Umsetzung der EU-Urheberrechtsrichtlinie in deutsches Recht, ZUM 2002, 43; *Schack* Zur Frage der inländischen Verbreitung von unautorisierten, aber im Ausland nach dortigem Recht legal vervielfältigten Konzertmitschnitten, JZ 1994, 43; *ders.* Das Persönlichkeitsrecht der Urheber und ausübenden Künstler nach dem Tode, GRUR 1985, 352; *Wandtke* Zum Bühnentarifvertrag und zu den Leistungsschutzrechten der ausübenden Künstler im Lichte der Urheberrechtsreform 2003, ZUM 2004, 505.

Als ausübenden Künstler bezeichnet das Gesetz in § 73 UrhG jeden, der ein fremdes **279**
Werk i.S.d. § 2 UrhG selbst aufführt, singt, spielt, auf andere Weise darbietet oder an dessen Darbietung künstlerisch mitwirkt. Da das Eingreifen der §§ 73 ff. UrhG, insbesondere wegen der damit verbundenen Vergütungsansprüche, durchaus von wirtschaftlicher Relevanz für die Betroffenen ist, sind diese an einer weiten Auslegung des Berechtigungskreises interessiert. Demgegenüber sind die Urheber – aus demselben Grund – eher an einer engen Auslegung interessiert, da sich mit zunehmendem Berechtigungskreis auch die Ausschüttung der Pauschalvergütungen reduziert.

Schon die Definition des Gesetzes macht deutlich, dass es bei den ausübenden Künst- **280**
lern i.S.d. § 73 UrhG in erster Linie um Musiker, Sänger, Schauspieler, Tänzer und andere Werkinterpreten geht. Nicht in den Schutzbereich des § 73 UrhG fallen beispielsweise Artisten mit der Begründung, es fehle an einer künstlerischen Mitwirkung bzw. einem urheberrechtsfähigen Werk.[411] Ausreichend ist jedoch bereits ein Minimum an künstlerischer Prägung. Mit dieser Begründung hat der BGH in seiner Quizmaster-Entscheidung festgestellt, dass auch die Moderation des Quizmasters Hans Rosenthal der Sendung „Dalli Dalli" i.S.d. genannten „kleine Münze" Urheberrechtsschutz genieße und dementsprechend der Moderator selbst als ausübender Künstler Leistungsschutzrechte gem. § 73 UrhG in Anspruch nehmen könne.[412] Dementsprechend sollen Sprechleistungen nur dann schutzfähig sein, wenn Informationen in gewisser freier Gestaltung übermittelt werden, wie dies ggf. beim Synchronsprecher,[413] nicht aber beim Nachrichtensprecher[414] der Fall sei.

---

411 *Schack* Rn. 588; Wandtke/Bullinger/*Büscher* § 73 Rn. 16; *LG München* UFITA 54 (1969), 320 ff.
412 GRUR 1981, 419.
413 *BGH* GRUR 1984, 119, 120.
414 *LG Hamburg* GRUR 1976, 151.

281 Die vorgenannten Differenzierungsversuche zeigen die Schwierigkeit im Zusammenhang mit der Bestimmung des gem. § 73 UrhG geschützten Personenkreises.[415] In der Praxis hat dies zur Folge, dass sich der Verwerter in der Regel von allen an einem urheberrechtsfähigen Werk Beteiligten die notwendigen Nutzungsrechte (vorsichtshalber) übertragen lässt.

282 Die Rechte des ausübenden Künstlers sind – im Gegensatz zu den in § 15 UrhG beispielhaft aufgezählten Verwertungsrechten des Urhebers – in den §§ 74–78 UrhG abschließend aufgezählt. Diese unterteilen sich in sog. Persönlichkeitsrechte (§§ 74, 75 UrhG) und Vermögensrechte (§§ 77, 78 UrhG). Der Künstler hat nun nicht mehr nur einen Anspruch gegen rufgefährdende Beeinträchtigungen (§ 75 UrhG), sondern auch einen Anspruch auf umfassende Anerkennung und Namensnennung (§ 74 UrhG) erhalten. Gegenstand der Vermögensrechte des Künstlers sind:

- das Recht, die Darbietung auf Tonträger aufzunehmen,
- das Recht, eine aufgenommene Darbietung zu vervielfältigen und zu verbreiten,
- das Recht der öffentlichen Zugänglichmachung,
- das Senderecht,
- das Recht, die Darbietung öffentlich wahrnehmbar zu machen.

283 Gem. § 79 UrhG kann der ausübende Künstler seine Rechte, nicht nur – wie vorher schon – translativ übertragen, sondern darüber hinaus ausschließliche oder nicht-ausschließliche Nutzungsrechte einräumen. Wie mittlerweile auch der Urheber kann der Künstler auch über unbekannte Nutzungsarten verfügen. Der neue § 79a UrhG enthält spezielle Regelungen zum Vergütungsanspruch des ausübenden Künstlers. Der § 79b UrhG beinhaltet einen Anspruch für die ausübenden Künstler auf eine angemessene gesonderte Vergütung bei neuen Nutzungsarten.

284 Gem. § 82 UrhG erlöschen die vermögensrechtlichen Rechte des ausübenden Künstlers 70 Jahre nach dem Erscheinen oder der ersten öffentlichen Wiedergabe des Bild- oder Tonträgers, auf den seine Darbietung aufgenommen wurde. Die Persönlichkeitsrechte, nämlich das Namensnennungsrecht und das Recht gegen Entstellungen gem. den §§ 74, 75 UrhG erlöschen frühestens mit dem Tod des ausübenden Künstlers, § 76 UrhG.

H. Schutz des Konzert- und Theaterveranstalters (§ 81 UrhG)

Literatur: Vgl. die Nachweise vor Rn. 278.

285 Das Recht des Konzert- und Theaterveranstalters gehört zu den Unternehmensschutzrechten und belohnt die organisatorische und wirtschaftliche Leistung des Veranstalters. So entschied das OLG München, dass derjenige, der einer Transvestitenshow die Theaterräume bereitstellt und vielfältige und umfangreiche zusätzliche Leistungen für die Aufführung erbringt, also beispielsweise Werbeanzeigen schaltet, Eintrittskarten verkauft und Besuchergarderobe aufbewahrt, Veranstalterrechte gem.

415 Eine Klassifizierung der einzelnen in Betracht kommenden Berufsgruppen findet sich bei *Schack* Rn. 597 ff.; Wandtke/Bullinger/*Büscher* § 73 Rn. 21.

§ 81 UrhG in Anspruch nehmen kann.[416] Voraussetzung ist, dass eine Live-Darbietung eines ausübenden Künstlers i.S.v. § 73 UrhG veranstaltet wird.[417] Nicht geschützt sind sonstige Veranstaltungen, also beispielsweise Zirkus- oder Sportveranstaltungen. Da Voraussetzung der Veranstaltung allein die Anwesenheit von Publikum ist, sind auch Generalproben oder Voraufführungen durch § 81 UrhG geschützt.[418]

Der Inhaber des Unternehmens, das die Darbietung des ausübenden Künstlers veran- **286**
staltet, wird Rechteinhaber. Ihm stehen gem. den §§ 77 Abs. 1, Abs. 2 S. 1, 78 Abs. 1 UrhG Rechte bezüglich der Aufnahme, Vervielfältigung und Verbreitung sowie der öffentlichen Wiedergabe der Veranstaltung zu. Gem. § 82 UrhG beträgt die Schutzdauer 25 Jahre, gerechnet ab dem Zeitpunkt des Erscheinens beziehungsweise der erstmaligen öffentlichen Nutzung des Bild- oder Tonträgers, auf den die Veranstaltung aufgezeichnet wurde. Liegt weder ein Erscheinen noch eine erlaubte öffentliche Wiedergabe vor, ist der Zeitpunkt der Darbietung entscheidend.

I. Schutz des Tonträgerherstellers (§§ 85 f. UrhG)

Literatur: *Dierkes* Die Verletzung der Leistungsschutzrechte des Tonträgerherstellers, 2000; *Gampp* Die Beurteilung von „Musik-Tauschbörsen" im Internet nach US-amerikanischem Urheberrecht – Der Präzedenzfall Napster und seine Nachfolger, GRURInt 2003, 991; *Härting/Thiess* Streaming-Plattformen: Neue Abmahnwelle in Sicht?, WRP 2012, 1068; *Häuser* Sound und Sampling, 2002; *Hertin* Die Vermarktung nicht lizenzierter Live-Mitschnitte von Darbietungen ausländischer Künstler nach den höchstrichterlichen Entscheidungen „Bob Dylan" und „Die Zauberflöte", GRUR 1991, 722; *Hoeren* Sounds von der Datenbank – zum Schutz des Tonträgerherstellers gegen Sampling, in Schertz/Omsels, FS Hertin, 2000, S. 113; *Jani* Was sind offensichtlich rechtswidrig hergestellte Vorlagen? Erste Überlegungen zur Neuauffassung von § 53 Abs. 1 S. 1 UrhG, ZUM 2003, 842; *Kreutzer* Napster, Gnutella & Co.: Rechtsfragen zu Filesharing-Netzen aus der Sicht des deutschen Urheberrechts de lege lata und de lege ferenda, GRUR 2001, 193, 307; *Leistner/Dreier* Urheberrecht im Internet: die Forschungsherausforderungen, GRUR 2013, 881; *Nordemann/Dustmann* To peer or not to peer, CR 2004, 380; *Runge* Die Vereinbarkeit einer Content-Flatrate für Musik mit dem Drei-Stufen-Test, GRURInt 2007, 130; *Sasse/Waldhausen* Musikverwertung im Internet und deren vertragliche Gestaltung – MP3, Streaming, Webcast, On-Demand-Service etc., ZUM 2000, 837; *Schaefer/Körfer* Tonträgerpiraterie, 2002; *Schulz* Der Bedeutungswandel des Urheberrechts durch Digital Rights Management – Paradigmenwechsel im deutschen Urheberrecht?, GRUR 2006, 470; *Schulze* Urheberrecht und neue Musiktechnologien, ZUM 1994, 15; *Schwarz* Klassische Nutzungsrechte und Lizenzvergabe bzw. Rückbehalt von „Internet-Rechten", ZUM 2000, 816; *Schwenzer* Die Rechte des Tonträgerproduzenten, 2. Aufl. 2001; *ders.* Tonträgerauswertung zwischen Exklusivrecht und Sendeprivileg im Lichte von Internetradio, GRURInt 2001, 722; *Spieß* Urheber- und wettbewerbsrechtliche Probleme des Sampling in der Popmusik, ZUM 1991, 524; *Spindler* Europäisches Urheberrecht in der Informationsgesellschaft, GRUR 2002, 105; *Wandtke/Bullinger* Praxiskommentar zum Urheberrecht, 3. Aufl. 2008, §§ 85; *Zimmermann* Sampling- und Remixverträge in Moser/Scheuermann, Handbuch der Musikwissenschaft, 6. Aufl. 2003, S. 1180.

416 GRUR 1979, 152.
417 *Schricker/Vogel* § 81 Rn. 16.
418 *Möhring/Nicolini/Kroitzsch* § 81 Rn. 4; Wandtke/Bullinger/*Büscher* § 81 Rn. 5.

287 Für seine organisatorisch-technische Leistung erhält der Tonträger-Hersteller gem. den §§ 85, 86 UrhG – unabhängig von den Leistungsschutzrechten des Künstlers – ein selbstständiges Leistungsschutzrecht. Im Gegensatz zu den ausübenden Künstlern erhält der Hersteller eines Tonträgers jedoch nur vermögensrechtliche Befugnisse, ein Anspruch gegen Entstellung oder Kürzung der Tonträger besteht nicht. Die Übernahme kleinster Tonfetzen können jedoch bereits einen Eingriff in das durch § 85 Abs. 1 S. 1 UrhG geschützte ausschließliche Recht des Tonträgerherstellers darstellen.[419]

288 Nicht erforderlich ist, dass sich der Tonträger auf die Darbietung eines urheberrechtsfähigen Werkes bezieht, ausreichend ist daher z.B. die Aufzeichnung von Vogelstimmen oder Naturgeräuschen.[420]

289 Wichtig ist, dass die Leistungsschutzrechte des Tonträgerherstellers nur in Bezug auf die erstmalige Herstellung des Tonträgers, nicht jedoch allein wegen dessen Vervielfältigung gewährt werden, § 85 Abs. 1 S. 3 UrhG. Tonträgerhersteller i.S.d Gesetzes ist daher nur derjenige, der die organisatorische Hoheit über die Aufnahme besitzt, insbesondere die Verträge mit den Beteiligten schließt.[421] Nicht Tonträgerhersteller im Sinne des Gesetzes ist daher die Plattenfirma („Label"), wenn diese im Rahmen von sog. Bandübernahmeverträgen lediglich den fertigen Tonträger in Empfang nimmt.[422] Ebenfalls keine Tonträgerhersteller sind der kreative Produzent,[423] der Tonmeister,[424] der Fertiger von Tonträgern[425] oder der Musikverleger. Der sog. P-Vermerk begründet auch keine Vermutung für die Rechtsstellung des Tonträgerherstellers.[426]

290 Verbotsrechte stehen dem Tonträgerhersteller lediglich in Bezug auf das Vervielfältigungs-[427] und Verbreitungsrecht sowie das Recht der öffentlichen Zugänglichmachung zu. Der Tonträgerhersteller kann diese Rechte frei übertragen, § 85 Abs. 2 S. 1 UrhG. Hinsichtlich der sog. Zweitverwertungsrechte wird der Tonträgerhersteller auf die von der GVL wahrgenommenen Vergütungsansprüche verwiesen.

291 Die Schutzdauer der Rechte beträgt gem. § 85 Abs. 3 UrhG 70 Jahre nach dem Erscheinen bzw. der ersten erlaubten öffentlichen Wiedergabe oder Herstellung.

J. Schutz des Sendeunternehmens (§ 87 UrhG)

Literatur: *Bornkamm* Vom Detektorempfänger zum Satellitenrundfunk, GRUR-FS, 1991, S. 1349; *Engel* Der Anspruch privater Kabelbetreiber auf ein Entgelt für die Durchleitung von Rundfunkprogrammen und das Medienrecht, ZUM 1997, 337; *Flechsig* Beteiligungsansprüche von Sendeunternehmen an gesetzlichen Vergütungsansprüchen wegen privater

419 *BGH* GRUR 2009, 402 – Metall auf Metall; *BGH* GRUR 2013, 614 – Metall auf Metall II.
420 Wandtke/Bullinger/*Schaefer* § 85 Rn. 3.
421 *OLG Hamburg* ZUM 2005, 749, 750.
422 *Wandtke/Bullinger/Schaefer* § 85 Rn. 9; s. zum Bandübernahmevertrag auch 30. Kap. Rn. 133 ff.
423 *BGH* ZUM 1998, 405, 408.
424 Zum Tonmeister als Urheber, s. *BGH* GRUR 2002, 961, 962.
425 Wandtke/Bullinger/*Schaefer* § 85 Rn. 9.
426 S.o. Rn. 63; *BGHZ* 153, 69, 80 ff.
427 Str. ist hier insbesondere das sog. Sound-Sampling, also die Übernahme von „Klangfetzen" in andere Musikwerke, s. dazu *OLG Hamburg* GRURInt 1992, 390, 391; *Hertin* GRUR 1991, 722, 730.

Vervielfältigungshandlung. Zur zwingenden Anpassung des § 87 Abs. 4 UrhG im Lichte der Informationsrichtlinie 2001/29/EG, ZUM 2004, 249; *Götting* Die Regelung der öffentlichen Wiedergabe nach § 87 Abs. 1 Nr. 3 UrhG, ZUM 2005, 185; *Graschitz* Überlegungen zum Umfang der Leistungsschutzrechte, FS Dittrich, 2000, S. 151; *Handig* Urheberrechtliche Aspekte bei der Lizenzierung von Radioprogrammen im Internet, GRURInt 2007, 206; *Hillig* Auf dem Weg zu einem WIPO-Abkommen zum Schutz der Sendeunternehmen, GRURInt 2007, 122; *Hoeren/Veddern* Voraussetzungen und Grenzen klauselmäßiger Beteiligungen der Sendeunternehmen an den gesetzlichen Vergütungsansprüchen, UFITA 2002, 7; *Katzenberger* Vergütung der Sendeunternehmen für Privatkopien ihrer Livesendungen aus der Sicht der europäischen Urheberrechtsrichtlinien, GRURInt 2006, 190; *Loewenheim* Die Beteiligung der Sendeunternehmen an den gesetzlichen Vergütungsansprüchen im Urheberrecht, GRUR 1998, 513; *Mand* Die Kabelweitersendung als urheberrechtlicher Verwertungstatbestand, GRUR 2004, 395; *von Münchhausen* Der Schutz der Sendeunternehmen nach deutschem, europäischen und internationalem Recht, 2000; *Schack* Rechtsprobleme der Online-Übermittlung, GRUR 2007, 639; *Schwarz* Der 2. Korb aus der Sicht der Filmindustrie, ZUM 2003, 1032; *Stolz* Die Rechte der Sendeunternehmen nach dem Urheberrechtsgesetz und ihre Wahrnehmung, 1987; *Theiselmann* Beteiligung privater Sendeunternehmen an der Geräte- und Leerträgervergütung, MMR 2005, XXIII; *Treyde* Kabelfernsehen in Deutschland im Lichte des Europäischen Gemeinschaftsrechts, 2000; *Wandtke/von Gerlach* Die urheberrechtliche Rechtmäßigkeit der Nutzung von Audio-Video Streaminginhalten im Internet, GRUR 2013, 676; *Weisser/Höppener* Kabelweitersendung und urheberrechtlicher Kontrahierungszwang, ZUM 2003, 597.

Ähnlich dem Tonträgerherstellungsrecht schützt § 87 UrhG die unternehmerische **292** Leistung der Sendeunternehmen und belohnt deren hohen finanziellen und organisatorischen Aufwand.

Sendeunternehmen i.S.d. § 87 UrhG soll derjenige sein, der für die Sendung verant- **293** wortlich ist und ihre Ausstrahlung kontrolliert.[428] Dies sind die zugelassenen privaten Rundfunkanstalten. Hinsichtlich der öffentlich-rechtlichen Rundfunkanstalten ist auf die jeweilige ((Landes-)Rundfunkanstalt (z.B. WDR, SWR, BR etc.)) abzustellen, nicht also auf die ARD (Arbeitsgemeinschaft der öffentlich-rechtlichen Rundfunkanstalten der BRD). Wer ausschließlich die technische Einspeisung vornimmt, erhält keine Rechte gem. § 87 UrhG. Zwar kann daher ein Kabelunternehmen grundsätzlich in den Genuss der Leistungsschutzrechte gem. § 87 UrhG kommen, dies gilt jedoch nicht, wenn dessen Leistung sich in der zeitgleichen, unveränderten bloßen Weitersendung erschöpft.[429] Ferner entschied das OLG Hamburg, dass ein Musikdienst, der im Internet im sog. Streaming-Verfahren Tonaufnahmen zum Erwerb anbietet, kein Sendeunternehmen i.S.d. § 87 UrhG ist,[430] da der Begriff der Sendung sich dadurch auszeichne, dass die Sendung für den gleichzeitigen Empfang durch die Öffentlichkeit bestimmt sei, was bei dem Musikdienst, bei dem sich jeder Abonnent seine „Sendung" selbst zusammenstelle und zu beliebiger Zeit hören könne, gerade nicht der Fall sei.[431]

§ 87 Abs. 1 UrhG zählt die dem Sendeunternehmen zustehenden Leistungsschutz- **294** rechte abschließend auf. Absicht des Gesetzgebers war es, die Leistungsschutzrechte des Sendeunternehmens auf das Erforderliche zu beschränken,[432] daher partizipieren

428 *Schricker/von Ungern-Sternberg* § 87 Rn. 13.
429 *Schricker/von Ungern-Sternberg* § 87 Rn. 24; *Schack* Rn. 630.
430 MMR 2006, 173 – Staytuned.
431 Zum Begriff der Sendung, s. auch oben Rn. 189.
432 *BGHZ* 140. 94, 99 f.; *Schack* Rn. 632.

die Sendeunternehmen beispielsweise nicht an dem lukrativen Topf der Leerträger- und Geräteabgabe, § 87 Abs. 4 UrhG.

295 Gem. § 87 Abs. 3 UrhG endet das Recht des Sendeunternehmens 50 Jahre nach der ersten Funksendung.

K. Schutz des Films, des Filmherstellers und Laufbildschutz (§§ 88 ff., 94, 95 UrhG)

Literatur: *Fuhr* Der Anspruch des Sendeunternehmens nach §§ 94, 95 bei Auftragsproduktionen, FS Reichardt, 1990; *Katzenberger* Vom Kinofilm zum Videoprogramm, FS 100 Jahre GRUR, 1401; *Klages* Grundzüge des Filmrechts. Grundlagen, Verträge, Rechte, 2004; *Kreile* Der Zweitverwertungsmarkt – ein Weg zur Stärkung der Unabhängigkeit der Produzenten, ZUM 2000, 364; *Kreile/Höflinger* Der Produzent als Urheber, ZUM 2003, 719; *Loewenheim* Die Beteiligung der Sendeunternehmen an den gesetzlichen Vergütungsansprüchen im Urheberrecht, GRUR 1998, 513; *Mand* Der gesetzliche Vergütungsergänzungsanspruch gem. § 20b II UrhG, GRUR 2005, 720; *Osterwalder* Übertragungsrechte an Sportveranstaltungen, 2004; *Poll* Die Harmonisierung des europäischen Filmurheberrechts aus deutscher Sicht, GRURInt 2003, 290; *ders.* Urheberschaft und Verwertungsrechte am Filmwerk, ZUM 1999, 29; *Poll/Brauneck* Rechtliche Aspekte des Gaming-Markts, GRUR 2001, 389; *Reber* Der lange Weg zur ersten gemeinsamen Vergütungsregel für den Kinofilm, GRUR 2013, 1106; *Reden-Lütcken/Thomale* Der Completion Bond – Sicherungsmittel und Gütesiegel für Filmproduktionen, ZUM 2004, 896; *Reupert* Der Film im Urheberrecht, Neue Perspektiven nach hundert Jahren Film, UFITA 134 (1995); *Schricker* Zur urheberrechtlichen Stellung des Filmregisseurs und zur Abgrenzung des Filmwerks vom Laufbild, GRUR 1984, 733; *Schwarz/von Zitzewitz* Die internationale Koproduktion. Steuerliche Behandlung nach Inkrafttreten des Medienerlasses, ZUM 2001, 958; *Straßer* Die Abgrenzung der Laufbilder vom Filmwerk, 1995; *Ventroni* Das Filmherstellungsrecht, UFITA 186 (2001), 186; *Vogel* Wahrnehmungsrecht und Verwertungsgesellschaften in der Bundesrepublik Deutschland, GRUR 1993, 513.

296 Die §§ 88 ff. UrhG dienen der Investitionssicherung bei der Filmherstellung. Diese soll auf dreierlei Arten sichergestellt werden:

- Wegen der Vielzahl der an der Filmherstellung beteiligten Personen enthalten die §§ 88, 89, 92 UrhG bestimmte Vermutungen hinsichtlich des Umfangs der Rechtübertragung zugunsten des Filmherstellers,
- Einschränkungen der Urheberpersönlichkeitsrechte und anderen Befugnissen des Urhebers, §§ 90, 93 UrhG,
- Schaffung eines Schutzrechts für Filmhersteller gem. §§ 94, 95 UrhG.

297 Gem. § 88 UrhG in seiner neuen, im Zuge des zweiten Korbes geänderten Fassung wird im Zweifel vermutet, dass mit dem Recht zur Verfilmung eines Werkes das Recht zur Herstellung und Auswertung eines Filmes auf *alle* Nutzungsarten eingeräumt wird. Damit sind nunmehr auch unbekannte Nutzungsarten erfasst. Dem Urheber der Filmvorlage steht jedoch – anders als dem Urheber anderer Werke – ein Widerrufsrecht hinsichtlich der Einräumung unbekannter Nutzungsrechte nicht zu. Ähnliches regelt § 89 UrhG für die sog. Filmurheber, d.h. diejenigen, die sich zur Mitwirkung bei der Herstellung eines Filmes verpflichtet haben. § 92 UrhG enthält schließlich eine entsprechende Zweifelsregelung für die ausübenden Künstler. Aufgrund der Zweifelsregelung in §§ 88, 89, 92 UrhG ist umstritten, ob und inwieweit vorrangig grundsätzlich eine Auslegung anhand der Grundsätze der Zweckübertragungslehre gem. § 31 Abs. 5 UrhG vorzunehmen ist, und zwar sowohl hinsichtlich der Frage, ob §§ 88, 89, 92 UrhG überhaupt eingreifen, als auch der Rechtsfolgen von §§ 88, 89, 92 UrhG, d.h. hinsichtlich der Art und des Umfangs der übertragenen Rechte.[433] Vor diesem Hintergrund enthalten die Vertragswerke – gerade im Filmbereich – trotz der genannten Vermutungsregelungen besonders ausführliche Regelungen zu Art und Umfang der zu übertragenden Rechte.

Gleiches gilt in der Praxis im Hinblick auf § 90 UrhG, wonach der Filmhersteller nach Drehbeginn nicht mehr an einer Weiterübertragung/Einräumung von Filmauswertungsrechten gehindert ist, oder durch die Rückrufrechte der §§ 41, 42 UrhG behindert werden soll. Auch wenn es danach – jedenfalls aus der Sicht des Filmherstellers – einer ausdrücklichen Regelung nicht mehr bedarf, enthalten in der Praxis fast alle Verträge im Filmbereich eine Regelung darüber, ob und in welchem Umfang Weiterübertragungen bzw. Rechteeinräumungen zulässig sein sollen. **298**

Neben den Rechten, deren Übertragung/Einräumung gem. §§ 88, 89, 92 UrhG vermutet wird, erhält der Filmhersteller gem. § 94 UrhG ein originäres eigenes Leistungsschutzrecht. Vorteil dieses originären Leistungsschutzrechtes des Filmherstellers ist es, dass er, selbst wenn er keinen lückenlosen Rechteerwerb nach den §§ 88, 89, 92 UrhG vorweisen kann, die Verwertung seines Filmes von seiner Einwilligung abhängig machen kann.[434] **299**

Das Leistungsschutzrecht des § 94 UrhG entsteht unabhängig davon, ob der auf dem Filmträger aufgezeichnete Film Werkcharakter hat. So entschied das OLG Frankfurt am Main, dass auch ein 20 Sekunden langer Ausschnitt aus einer Sendung des Hessischen Rundfunks im Rahmen der Sendung „TV Total" das Recht des Filmherstellers als Hersteller von Laufbildern gem. §§ 94, 95 UrhG verletzt.[435] Daher sind auch kleinste Ausschnitte aus einem Film, die für sich gesehen keine Werkqualität besitzen, durch das Recht des § 94 UrhG geschützt. Das Mitschneiden einer reinen Live-Sendung ist mangels der Existenz eines materiellen Filmträgers dagegen nicht ausreichend, um Leistungsschutz gem. § 94 UrhG beanspruchen zu können.[436] **300**

Inhaber des Rechts gem. § 94 UrhG ist der Filmhersteller. Die Definition des Filmherstellers ist umstritten, wenngleich in der Praxis von großer Bedeutung. Bei der Definition wird überwiegend darauf abgestellt, wer die organisatorische und wirtschaftliche Verantwortung trägt und wer die Auswertungsrechte am Film erwirbt.[437] In der Praxis wird in diesem Zusammenhang häufig zwischen der sog. echten und der unechten Auftragsproduktion unterschieden. Bei der echten Auftragsproduktion sei der Auftragnehmer als selbständiger Werkunternehmer Filmhersteller, auch wenn ihm das wirtschaftliche Risiko der Auswertung und der Finanzierung abgenommen werde. Im Unterschied zur unechten Auftragsproduktion treffe der Auftragnehmer bei der ech- **301**

433 Für § 88 UrhG wird wohl grundsätzlicher Vorrang von § 31 Abs. 5 UrhG angenommen, s. *BGH* GRUR 1984, 45, 48; 1985, 529, 530. Für § 89 UrhG ist dies umstritten, s. Wandtke/Bullinger/*Manegold* § 89 Rn. 19 ff.

434 *Schack* Rn. 637.

435 *BGH* GRUR 2008, 693 – TV Total.

436 *Loewenheim/Schwarz/Reber* § 42 Rn. 13.

437 *BGH* GRUR 1993, 473; *OLG Bremen* GRUR 2009, 244; Wandtke/Bullinger/*Manegold* § 94 Rn. 40 m.w.N.

ten Auftragsproduktion aber die wichtigen Entscheidungen selbst. Dagegen sei der Auftragnehmer bei der unechten Auftragsproduktion gänzlich weisungsgebunden, so dass der Auftraggeber als Filmhersteller anzusehen sei.[438] In der Praxis sehen die Auftragsproduktionsverträge der Fernsehanstalten daher in der Regel vor, dass es sich bei der in Auftrag gegebenen Produktion um eine unechte Auftragsproduktion handelt.[439] Darüber hinaus ist die Filmherstellereigenschaft bei Filmfonds-Strukturen insbesondere mit Blick auf deren steuerrechtliche Beurteilung umstritten.[440]

302 Da es allein um den Investitionsschutz geht, ist das Recht des Filmherstellers auf den Schutz gegen die Übernahme seiner technisch-organisatorischen Leistung begrenzt. Gegen eine Übernahme des Inhalts ist der Filmhersteller also nicht geschützt. Er kann ausschließlich Schutz gegen Vervielfältigung, Verbreitung und Sendung geltend machen und hat das Recht auf öffentliche Zugänglichmachung. Allerdings reichen die Rechte des Filmherstellers insofern weiter als beispielsweise die des Tonträgerherstellers, da der Filmhersteller auch gegen Entstellungen und Kürzungen geschützt ist. Im Gegensatz zu den Filmurhebern und Mitwirkenden kommt es für den Filmhersteller dabei noch nicht einmal auf eine „gröbliche“ Entstellung an, ausreichend ist jede Entstellung, die seine berechtigten Interessen gefährden kann.

303 Das Recht des Filmherstellers ist unbeschränkt übertragbar (§ 94 Abs. 2 UrhG) und erlischt gem. § 94 Abs. 3 UrhG fünfzig Jahre nach dem Erscheinen des Bildträgers bzw. Bild- und Tonträgers, oder, wenn seine erste erlaubte Benutzung zur öffentlichen Wiedergabe früher erfolgt ist, nach dieser. Erscheint der Bild-Tonträger nicht, erlischt das Recht 50 Jahre nach der Herstellung.

304 Laufbilder i.S.v. § 95 UrhG sind Filme, die keine Werkhöhe erreichen und daher keine Filmwerke darstellen. Auch für sie genießt der Filmhersteller Schutz nach § 94 UrhG. Darunter fallen vor allem Lichtbilder, bei denen tatsächliche Geschehnisse aufgezeichnet werden, die keine Schöpfungshöhe besitzen, also beispielsweise Dokumentationen, Tierfilme oder Interviews.[441] Auch Videospiele können Laufbilder i.S.v. § 95 UrhG sein.[442]

L. Leistungsschutzrecht für Presseverleger

Literatur: *Alexander* Der Schutz des Presseverlegers gem. § 87f bis 87h UrhG, WRP 2013, 1122; *Frey* Leistungsschutzrecht für Presseverleger – Überlegungen zur Struktur und zu den Auswirkungen auf die Kommunikation im Internet, MMR 2010, 291; *Hossenfelder* Die Nachrichtendarstellung in Suchmaschinen nach der Einführung des Leistungsschutzrechts für Presseverleger, ZUM 2013, 274; *Kahl* Wen trifft das Leistungsschutzrecht für Presseverleger? – „Kleinste Textausschnitte“ vor dem Hintergrund der BGH-Rechtsprechung, MMR

438 *Pense* ZUM 1999, 121, 124; *Kreile* ZUM 1991, 386.

439 Maßgeblich dürfte jedoch letztlich nicht sein, was die Parteien vereinbaren, sondern wie die Verteilung der Verantwortung und der organisatorischen und wirtschaftlichen Risiken tatsächlich aussieht.

440 Wandtke/Bullinger/*Manegold* § 94 Rn. 48 ff. unter Hinweis auf den Medienerlass des Bundesfinanzministeriums.

441 Weitere Bsp. bei *Schricker/Katzenberger* § 95 Rn. 6 ff.

442 Wandtke/Bullinger/*Manegold* § 95 Rn. 12 ff.

2013, 348; *Leistner/Dreier* Urheberrecht im Internet; die Forschungsherausforderungen, GRUR 2013, 881; *Ohly* Ein Leistungsschutzrecht für Presseverleger?, WRP 2012, 41; *Peiffer* Leistungsschutzrecht für Presseverleger – „Zombie im Paragrafen-Dschungel" oder Retter in der Not?, GRUR-Prax 2013, 149; *Schippan* Der Schutz von kurzen Textwerken im digitalen Zeitalter, ZUM 2013, 358; *Schweizer* Schutz der Leistungen von Presse und Journalisten, ZUM 2010, 7; *Spindler* Das neue Leistungsschutzrecht für Presseverlage, WRP 2013, 967;*Wallraf* Zur crossmedialen Herausforderung der Presseverlage, ZUM 2010, 492; *Wandtke/Bullinger* Praxiskommentar zum Urheberrecht, 3. Aufl. 2009, Einl. Rn. 11.

Im Zusammenhang mit der ursprünglich geplanten Reform durch den „Dritten Korb" **305** wurde die Einführung eines Leistungsschutzrechts für Presseverleger diskutiert. Auch Verlage erbringen organisatorische, technische und unternehmerische Leistungen. Diese reichen von der Themensuche und -auswahl, über den Erwerb der Rechte an entsprechenden journalistischen Beiträgen, bis hin zur Aufbereitung und Veröffentlichung in einem eigens kreierten Layout. Ein Schutzrecht, wie etwa zugunsten der Tonträgerhersteller oder Filmproduzenten, für diese unternehmerische Leistung und den nicht unerheblichen Investitionsaufwand bestand bis zuletzt nicht. Insbesondere im Hinblick auf Suchmaschinenbetreiber wurde von den Presseverlegern ein ergänzender Schutz gefordert. Suchmaschinenbetreiber bieten dem Nutzer durch kurze Textausschnitte (sog. Snippets), verbunden mit Hyperlinks, ebenfalls Zugriff auf die redaktionellen Inhalte, ohne dass für den Nutzer ein „Umweg" über das jeweilige Presseportal des entsprechenden Verlages nötig erscheint.

Durch das 8. Gesetz zur Änderung des Urheberrechtsgesetzes (BGBl I S. 1161) traten **306** die neu eingefügten §§ 87f ff. UrhG am 1.8.2013 in Kraft. Das Gesetz führt ein Leistungsschutzrecht für Presseverlage ein. Dieses Leistungsschutzrecht soll gewährleisten, dass Presseverlage im Online-Bereich nicht schlechter gestellt sind als andere Werkvermittler. Ferner soll der Schutz von Presseerzeugnisse verbessert werden.[443]

Nach § 87f Abs. 1 S. 1 UrhG haben Presseverleger das ausschließliche Recht, Presseer- **307** zeugnisse zu gewerblichen Zwecken öffentlich zugänglich zu machen. Das Gesetz beschränkt sich auf den Schutz vor systematischen Zugriffen auf die verlegerische Leistung durch die Anbieter von Suchmaschinen und Anbieter von solchen Diensten im Netz[443] (z.B. google). Nicht erfasst werden sollen nach § 87g Abs. 4 UrhG grds. z.B. Blogger, Unternehmen der sonstigen gewerblichen Wirtschaft, Verbände, Rechtsanwaltskanzleien oder private und ehrenamtliche Nutzer, da das Geschäftsmodell dieser Verwender nicht in besonderer Weise darauf ausgerichtet ist, für die eigene Wortschöpfung auf die verlegerische Leistung zuzugreifen.[443] Der Begriff des Presseerzeugnisses wird in § 87f Abs. 2 S. 1 UrhG legal definiert und in § 87f Abs. 2 S. 2 UrhG werden Beispiele genannt. Nach §§ 87f Abs. 1 S. 1, 87g Abs. 2 UrhG steht dem Presseverleger das ausschließliche Recht auf die gewerbliche öffentliche Zugänglichmachung (§ 19a UrhG) für ein Jahr ab Veröffentlichung zu. Es werden somit nur aktuelle Meldungen und Presseberichte erfasst. Ausgenommen sind nach § 87f Abs. 1 S. 1 UrhG einzelne Wörter und kleinste Textausschnitte.

443 Regierungsentwurf eines Siebenten Gesetzes zur Änderung des Urheberrechtsgesetzes v. 29.8.2012, BT-Drucks. 17/11470.

308 Auch nach Erlass des Gesetzes wird das Leistungsschutzrecht für Presseverleger weiterhin diskutiert.[444] Insbesondere ist der Inhalt der unbestimmten Begriffe „Presseverleger", „Anbieter, der Inhalte entsprechend aufbereitet" und „einzelne Wörter und kleinste Textausschnitte" nicht klar. Es bleibt abzuwarten wie die Rspr. mit diesen Unsicherheiten umgehen wird. Ferner bleibt abzuwarten, ob und wie Presseverleger von ihrem neuen Leistungsschutzrecht Gebrauch machen werden.

309 Am 7.2. 2017 hat das LG Berlin über die Klage der Verwertungsgesellschaft VG Media, welche die Leistungsschutzrechte für Presseverleger wahrnimmt, gegen Google Inc. verhandelt.[445] Die Verwertungsgesellschaft hatte Klage gegen Google Inc. erhoben mit dem Ziel, feststellen zu lassen, dass Google Inc. ihr dadurch zum Schadensersatz verpflichtet sei, dass über die Online-Angebote „Google Suche" oder „Google News" Textausschnitte, Bilder etc. (sog. Snippets) aus Presseerzeugnissen in einer Ergebnisliste anzeigt und den Nutzern des Internets ermöglicht, diese Snippets abzurufen. Des Weiteren soll Google Inc. der Klägerin im Wege einer sog. Stufenklage Auskunft erteilen und Rechnung legen über die Umsätze, die das Unternehmen im Zusammenhang mit den Snippets aus den vorgenannten Online-Angeboten erzielt hat. Hintergrund des Rechtsstreits ist das oben erwähnte und seit August 2013 geltende Leistungsschutzrecht für Presseverlage. In der mündlichen Verhandlung wurde deutlich, dass das LG Berlin erwägt, die Entscheidung dem EuGH vorzulegen unter dem Gesichtspunkt, dass das seinerzeitige Gesetz von 2013 vor seinem Inkrafttreten in einem sog. Notifizierungsverfahren ggf. der Europäischen Kommission hätte vorgelegt werden müssen. Weiterhin diskutierte das Landgericht den Umfang des Schutzes von Presseerzeugnissen, insbesondere mit Blick auf die Regelung in § 87f Abs. 1 S. 1 UrhG, wonach einzelne Wörter und kleinste Textausschnitte nicht unter den Schutz fallen. Diskutiert wurde ferner die Frage, ob die Presseverleger eigene Vorteile erzielen müssten, wenn ihre Textausschnitte bzw. Bilder bei dem Ergebnis der Suche bzw. in der Übersicht der Google News gezeigt würden. Umfassend wurde auch die Frage diskutiert, in welchem Umfang Google Auskunft über seine Werbeeinnahmen erteilen muss und welche Berechnungsmethode anzuwenden ist. Eine Entscheidung steht noch aus.

M. Internationales Urheberrecht

Literatur: *Aschenbrenner* Leitlinien aus Europa für die Umsetzung der Privatkopierschranke im Zweiten Korb der Urheberrechtsnovelle, ZUM 2005, 145; *Asmus* Die Harmonisierung des Urheberpersönlichkeitsrechts in Europa, 2004; *Basedow/Drexl/Kur/Metzger* Intellectual Property in the Conflict of Laws, 2005; *Baudenbacher* Erschöpfung der Immaterialgüterrechte in der EFTA und die Rechtslage in der EU, GRURInt 2000, 584; *Bodewig* Erschöpfung der gewerblichen Schutzrechte und des Urheberrechts in den USA, GRURInt 2000, 597; *Bortloff* Internationale Lizenzierung von Internet-Simulcasts durch die Tonträgerindustrie, GRURInt 2003, 669; *Britz* Die Freiheit der Kunst in der europäischen Kulturpolitik, EuR 2004, 1; *Buchner* Rom II und das Internationale Immaterialgüter- und Wettbewerbsrecht, GRURInt 2005, 1004; *von Einem* Grenzüberschreitende Lizenzierung

444 *Alexander* WRP 2013, 1122; *Heine/Stang* AfP 2013, 177; *Hossenfelder* ZUM 2013, 374; *Kahl* MMR 2013, 348.

445 *LG Berlin* Pressemitteilung vom 7.2.2017.

von Musikwerken in Europa – Auswirkungen der Empfehlung der EU-Kommission zur Rechtewahrnehmung auf das System der Gegenseitigkeitsverträge, MMR 2006, 647; *Evert* Anwendbares Urheberrecht im Internet, 2005; *Franz* Die unmittelbare Anwendbarkeit von TRIPS in Argentinien und Brasilien, GRURInt 2002, 1001; *Frey/Rudolph* EU-Richtlinie zur Durchsetzung der Rechte des geistigen Eigentums, ZUM 2004, 522; *Gaster* Die Erschöpfungsproblematik aus der Sicht des Gemeinschaftsrechts, GRURInt 2000, 571; *Ginsburg* Die Rolle des nationalen Urheberrecht im Zeitalter der internationalen Urheberrechtsnormen, GRURInt 2000, 97; *Haupt* Territorialitätsprinzip im Patent- und Gebrauchsmusterrecht bei grenzüberschreitenden Fallgestaltungen, GRUR 2007, 187; *Hilty* Entwicklungsperspektiven des Schutzes Geistigen Eigentums in Europa in Behrens (Hrsg.), Stand und Perspektiven des Schutzes Geistigen Eigentums in Europa, 2004; *Holeweg* Europäischer und internationaler gewerblicher Rechtsschutz und Urheberrecht. Tabellarischer Überblick und aktuelle Entwicklungen, GRURInt 2001, 141; *Katzenberger* Die europäische Richtlinie über das Folgerecht, GRURInt 2004, 20; *Kellerhals* Die europäischen Wurzeln des Droit Moral, GRURInt 2001, 438; *Klass* Das Urheberkollisionsrecht der ersten Inhaberschaft – Plädoyer für einen universalen Ansatz, GRURInt 2007, 373; *Kur* Immaterialgüterrechte in einem weltweiten Vollstreckungs- und Gerichtsstandsübereinkommen – Auf der Suche nach dem Ausweg aus der Sackgasse, GRURInt 2001, 908; *Lundstedt* Gerichtliche Zuständigkeit und Territorialitätsprinzip im Immaterialgüterrecht – Geht der Pendelschlag zu weit?, GRURInt 2001, 103; *Reinbothe* Geistiges Eigentum und die Europäische Gemeinschaft, ZEuP 2000, 5; *Rigamonti* Schutz gegen Umgehung technischer Maßnahmen im Urheberrecht aus internationaler und rechtsvergleichender Perspektive, GRURInt 2005, 1; *Röttinger* Vom „Urheberrecht ohne Urheber" zur „Währung des Informationszeitalters": Das Urheberrecht in Rechtspolitik und Rechtssetzung der Europäischen Gemeinschaft, FS Dittrich, 2000, S. 269; *Schack* Europäisches Urheberrecht im Werden, ZEuP 2000, 799; *ders.* Internationale Urheber-, Marken- und Wettbewerbsrechtsverletzungen im Internet – Internationales Privatrecht, MMR 2000, 59; *Spindler* Europäisches Urheberrecht in der Informationsgesellschaft, GRUR 2002, 105; *Süßenberger*/ Czychowski: Das „Erscheinen" von Werken ausschließlich über das Internet und ihr urheberrechtlicher Schutz in Deutschland – Einige Argumente Pro und Contra, GRUR 2003, 489; *Thum* Internationalprivatrechtliche Aspekte der Verwertung urheberrechtlich geschützter Werke im Internet – Zugleich Bericht über eine WIPO-Expertensitzung in Genf, GRURInt 2001, 9; *Winghardt* Gemeinschaftsrechtliches Diskriminierungsverbot und Inländerbehandlungsgrundsatz unter dem Blickwinkel der kollektiven Wahrnehmung urheberrechtlicher Ansprüche, GRURInt 2001, 993.

Nicht nur Musik, sondern auch andere urheberrechtsfähige Werke, wie z.B. Film- **310**
werke oder Computerprogramme entstehen mit Blick auf ein internationales Publikum. Hinzu kommen die technischen Entwicklungen unseres medialen Zeitalters, welche die weltweite Abrufbarkeit urheberrechtsfähiger Werke ermöglichen. Aufgabe des internationalen Urheberrechts ist es, das Urheberrecht vor dem Hintergrund internationaler Sachverhalte einer bestimmten Rechtsordnung zuordnen zu können. In diesem Zusammenhang werden verschiedene Anknüpfungspunkte diskutiert, die es zunächst gilt, auseinander zu halten.

I. Fremdenrecht, Territorialitätsprinzip und Schutzlandprinzip

Die §§ 120–128 UrhG werden gemeinhin als Fremdenrecht bezeichnet. Sie regeln den **311**
persönlichen Anwendungsbereich des UrhG. Gem. § 120 UrhG genießen grundsätzlich nur deutsche Staatsangehörige sowie Personen, die deutschen Staatsangehörigen gleichstehen, Urheberrechtsschutz. Gem. § 120 Abs. 2 Nr. 1 und 2 UrhG stehen solche Personen deutschen Staatsangehörigen gleich, die Deutsche i.S.d. Art. 116 Abs. 1 GG

sind sowie EU-Ausländer. Wollen Ausländer aus Drittstaaten in Deutschland Urheberrechtsschutz in Anspruch nehmen, müssen die weiteren Voraussetzungen der §§ 121 ff. UrhG erfüllt sein. Seine Begründung findet das Fremdenrecht darin, dass andere Staaten dazu bewegt werden sollen, sich internationalen Verträgen anzuschließen, um dadurch die Benachteiligung ihrer Staatsbürger im Ausland abzumildern.

312 Während also das Fremdenrecht bestimmt, ob ein Ausländer im Inland Rechtsschutz genießt, beschäftigen sich sowohl das Territorialitätsprinzip als auch das Schutzlandprinzip mit der Frage, welche Rechtsordnung für den Schutz von Ausländern maßgeblich ist. Es handelt sich mithin um Prinzipien des sog. Kollisionsrechts. Nur wenn das anwendbare Kollisionsrecht auf das Fremdenrecht der §§ 120 ff. UrhG verweist, können diese zur Anwendung kommen.

313 Die herrschende Meinung unterstellt das Urheberrecht dem Schutzlandprinzip, d.h. dem Land, für dessen Gebiet Schutz beansprucht wird.[446] Gem. dem Schutzlandprinzip beurteilt sich demnach die Frage, ob und in welchem Umfang Urheberrechte entstehen und wer Urheber ist, nach dem Recht des Landes, für dessen Gebiet Schutz beansprucht wird.[447] Soll also z.B. die Ausstrahlung einer Fernsehsendung in Deutschland wegen einer (vermeintlichen) Urheberrechtsverletzung verfolgt werden, wäre nach dem Schutzlandprinzip zunächst auf deutsches Recht als dem Ort der Eingriffshandlung abzustellen. Streiten zwei Parteien darüber, wer einen bestimmten Film in Luxemburg auswerten darf, so entscheidet allein luxemburgisches Recht über die Frage, wem in welchem Umfang Urheberrechte zustehen und ob diese übertragbar sind. Das Recht des Schutzlandes, in diesem Beispiel also Luxemburg, entscheidet auch darüber, welche Handlungen als Verwertungshandlungen zu bewerten sind.[448]

314 Demgegenüber ist das häufig im Zusammenhang mit dem internationalen Urheberrecht genannte Territorialitätsprinzip tatsächlich nur von eingeschränkter Bedeutung, zumal der Begriff vieldeutig ist und für unterschiedlichste Sachverhalte, so auch für das Schutzlandprinzip als Begründung herangezogen wird. Im Bereich des Immaterialgüterrechts besagt das Territorialitätsprinzip lediglich, dass die Geltung nationalen Rechts jeweils auf das einzelne Staatsgebiet beschränkt ist.[449] Der Urheber kann also nicht auf einen weltweiten und stets gültigen Urheber- beziehungsweise Leistungsschutz vertrauen, sondern hat die nationalen Bestimmungen zu beachten, die teilweise erhebliche Unterschiede im Hinblick auf Umfang und Gehalt der dem Urheber eingeräumten Rechte aufweisen.

315 Im Ergebnis besteht die Prüfung vor Einleitung eines Prozesses wegen einer Urheberrechtsverletzung in Deutschland aus drei Stufen:

- Zunächst muss nach Internationalem Zivilprozessrecht (IZPR) geklärt werden, ob deutsche Gerichte überhaupt zuständig sind.
- In welchen Fällen deutsches Recht zur Anwendung berufen ist, entscheidet sich nach Internationalem Privatrecht (IPR), mithin nach dem Schutzlandprinzip.
- Ob und inwieweit ein ausländischer Urheber Urheberrechts- oder Leistungsschutz in Deutschland in Anspruch nehmen kann, beurteilt sich nach dem Fremdenrecht gem. §§ 120 ff. UrhG.

---

446 *BGH* GRUR 2004 421, 422; Wandtke/Bullinger/*von Welser* Vor §§ 120 ff. Rn. 4.
447 *BGH* GRUR 1999, 152 – Spielbankaffaire; GRUR 1992, 697 – ALF.
448 Vgl. *BGH* GRUR 1999, 152 – Spielbankaffaire.
449 *BGHZ* 126, 252; *Sack* WRP 2000, 269, 270; Wandtke/Bullinger/*von Welser* Vor §§ 120 ff. Rn. 5.

II. Staatsverträge

§ 121 Abs. 4 UrhG verweist für den Schutz ausländischer Urheber auf die bestehenden Staatsverträge.[450] 316

Herauszuheben sind hier: 317

- die revidierte Berner Übereinkunft zum Schutz von Werken der Literatur und Kunst (RBÜ),
- das Welturheberrechtsabkommen (WUA),
- der WIPO-Urheberrechtsvertrag (WCT),
- das Übereinkommen über handelsbezogene Aspekte der Rechte des geistigen Eigentums (Agreement on Trade Related Aspects of Intellectual Property Rights, kurz: TRIPS).

1. RBÜ

Die **RBÜ** wurde im Jahr 1886 geschlossen und war die erste internationale mehrseitige Konvention, die Probleme des Urheberrechts auf internationaler Ebene regelte.[451] Die RBÜ ist bisher im Rahmen von sieben sog. Revisionskonferenzen revidiert worden, zuletzt im Jahre 1971 in Paris. Für die Beziehung zwischen zwei Verbandsstaaten gilt stets die jüngste Version der Übereinkunft, welche von beiden Vertragsstaaten ratifiziert wurde, Art. 32 RBÜ. Zurzeit sind insgesamt 162 Staaten Mitglied der RBÜ, eine genaue Aufstellung der Mitgliedstaaten ist abrufbar auf der Internetseite der WIPO.[452] Die Vorschriften der RBÜ sind in Deutschland unmittelbar anwendbar.[453] 318

Wesentlicher Inhalt der RBÜ ist die Inländerbehandlung und die Gewährleistung eines Mindestschutzstandards für ausländische Urheber. Der Grundsatz der Inländerbehandlung sagt aus, dass ausländische Urheber den inländischen Urhebern gleichgestellt werden, jene also dieselben Rechte beanspruchen können, wie sie den inländischen Urhebern in dem betreffenden Land gewährt werden.[454] Als solche Mindestrechte schützt die RBÜ das Urheberpersönlichkeitsrecht, das Übersetzungsrecht, das Vervielfältigungsrecht, das Aufführungsrecht, das Senderecht, das Vortragsrecht, das Bearbeitungsrecht und das Verfilmungsrecht. Diese Rechte sind insbesondere dann von Bedeutung, wenn sie über den Schutzstandard des Schutzlandes hinausgehen. 319

2. WUA

Im Jahr 1952 wurde dann das Welturheberrechtsabkommen **(WUA)** geschlossen. Das WUA hat deutlich geringere Bedeutung als die RBÜ und wird größtenteils von Letztgenannter verdrängt.[455] Die Mitgliedsstaaten finden sich im Internet unter www.unesco.org. 320

---

450 *Ginsburg* GRURInt 2000, 97, 98 ff.
451 Ausf. *Schricker/Katzenberger* Vor §§ 120 ff. Rn. 41 ff.
452 Www.wipo.int.
453 *Schack* Rn. 849.
454 *Schricker/Katzenberger* Vor §§ 120 ff. Rn. 47.
455 *Schricker/Katzenberger* Vor §§ 120 ff. Rn. 59; Wandtke/Bullinger/*von Welser* § 121 Rn. 23.

3. WCT

321 Der dritte große mehrseitige internationale Vertrag auf dem Gebiet des Urheberrechts ist der WIPO-Urheberrechtsvertrag (WIPO Copyright Treaty, kurz: **WCT**), der am 20.12.1996 in Genf unterzeichnet wurde und vor allem den Zweck verfolgt, den Anforderungen des digitalen Zeitalters und den urheberrechtlichen Problemen im Zusammenhang mit dem Internet gerecht zu werden.[456] So regelt der Vertrag in Art. 7 ein Vermietrecht für die Urheber von Computerprogrammen, Filmwerken und auf Tonträgern aufgenommenen Werken. Außerdem gewährleistet der WCT dem Urheber beispielsweise das sog. Onlinerecht, Art. 8 WCT.

4. TRIPS

322 Da die RBÜ einstimmig revidiert werden muss, erweist sie sich als nicht mehr praktikabel. Daher wurden diverse neue Abkommen geschlossen. Herauszuheben ist dabei das Übereinkommen über den Schutz handelsbezogener Aspekte des geistigen Eigentums (TRIPS), welches als Anhang zum Welthandelsübereinkommen am 1.1.1995 in Kraft getreten ist.[457] Teile dieses Abkommens beschäftigen sich mit dem Urheberrechtsschutz und der Durchsetzung von Urheberrechten. So enthält das TRIPS-Abkommen eine Streitschlichtungsregelung und die Gewährung bestimmter Schutzstandards, zu deren Einhaltung sich die Vertragsparteien verpflichtet haben. Zu beachten ist, dass sich das TRIPS-Abkommen nicht mit urheberpersönlichkeitsrechtlichen, sondern im Wesentlichen mit handelsbezogenen Aspekten des Urheberrechts auseinandersetzt. Die unmittelbare Anwendbarkeit des TRIPS-Abkommens ist sowohl in der Literatur als auch in der Rechtsprechung umstritten.[458]

323 Die WTO und mit ihr das TRIPS-Abkommen haben zurzeit 149 Mitgliedstaaten. Eine genaue Aufstellung der Mitglieder der WTO kann auf deren Homepage abgerufen werden.[459]

5. Weitere Verträge

324 Neben den internationalen Abkommen zum Urheberrecht existieren weitere Verträge, die Schutzstandards im Hinblick auf verwandte Schutzrechte regeln. 1961 wurde das Internationale Abkommen über den Schutz der ausübenden Künstler, der Hersteller von Tonträgern und der Sendeunternehmen (sog. ROM-Abkommen) geschlossen. Die USA, die nach wie vor das Rechtsinstitut der verwandten Schutzrechte nicht anerkennen, sind nicht Mitglied dieses Abkommens. 10 Jahre später wurde dann das Übereinkommen zum Schutz der Hersteller von Tonträgern gegen die unerlaubte Vervielfältigung ihrer Tonträger (sog. Genfer Tonträger-Abkommen) geschlossen sowie 1974 das Übereinkommen über die Verbreitung der durch Satelliten übertragenen programmtragenden Signale (sog. Brüsseler Satelliten-Abkommen).

456 Vgl. *Schricker/Katzenberger* Vor §§ 120 ff. Rn. 50 ff.
457 S. hierzu *Katzenberger* GRURInt 1995, 447 ff.
458 S. Wandtke/Bullinger/*von Welser* § 121 Rn. 16.
459 Www.wto.org.

III. Europäisches Urheberrecht

Von Bedeutung für das Urheberrecht ist darüber hinaus nicht nur das primäre Gemeinschaftsrecht, also der EG-Vertrag, sondern auch das sekundäre Gemeinschaftsrecht, in dem sich Richtlinien um eine Harmonisierung der nationalen Rechtsordnungen in einzelnen Teilbereichen des Urheberrechts bemühen. **325**

Auf der Ebene des primären Gemeinschaftsrechts ist das Diskriminierungsverbot gem. **326** Art. 18 Abs. 1 AEUV (ex Art. 12 Abs. 1 EGV) schon Gegenstand von einigen Entscheidungen des EuGH zum Urheberrecht gewesen. Erwähnt seien hier nur die Phil-Collins-Entscheidung[460] und die Ricordi-Entscheidung.[461] Beeinflusst wird das Urheberrecht aber auch von der Warenverkehrsfreiheit gem. Art. 34 AEUV und dem daraus folgenden Grundsatz der gemeinschaftsweiten Erschöpfung.[462] Darüber hinaus kann ein Konflikt zwischen Urheberrecht und Europäischem Kartellrecht bestehen. So kann z.B. die Verweigerung von Lizenzen den Missbrauch einer marktbeherrschenden Stellung darstellen oder die Vereinbarung einer territorial beschränkten ausschließlichen Lizenz zu einer Abschottung von Märkten und damit zu einer Wettbewerbsbeschränkung führen.[463]

Davon unabhängig wurde in einigen Teilbereichen des Urheberrechts durch Richtlinien **327** der Europäischen Union bereits erfolgreich eine Harmonisierung der einzelnen nationalen Rechtsordnungen bewirkt, was angesichts der Entwicklung in Wirtschaft und Technologie dringend erforderlich war und weiterhin ist. Zu nennen sind beispielsweise die Computerprogramm-Richtlinie, wonach Computerprogramme als literarische Werke geschützt werden müssen, die Vermiet- und Verleih-Richtlinie aus dem Jahr 1992, durch die das Vermiet- und Verleihrecht sowie die wichtigsten verwandten Schutzrechte harmonisiert wurden, die Kabel- und Satelliten-Richtlinie, die Schutzdauer-Richtlinie aus dem Jahr 1993, durch die die Schutzdauer der Urheberrechte in Europa angepasst wurde sowie die Datenbank-Richtlinie, durch die der Schutz von Datenbanken verstärkt werden soll. Im Jahr 2001 schließlich trat die Richtlinie zur Informationsgesellschaft in Kraft, die eine der bedeutendsten Quellen des Rechts im Zuge der Harmonisierung des Urheberrechts in Europa darstellt. Als Reaktion auf die Fortschritte in der Technologie, insbesondere im Hinblick auf digitale Nutzungsformen werden dort vor allem Probleme der Vervielfältigung und der technischen Schutzmechanismen geregelt. Die zwingenden Vorgaben dieser Richtlinie sind in Deutschland durch den sog. „Ersten Korb" der Urheberrechtsnovelle umgesetzt worden. Die letzte Richtlinie über bestimmte zulässige Formen der Nutzung verwaister Werke aus dem Jahr 2012 wurde mit dem Gesetz zur Nutzung verwaister und vergriffener Werke und weiterer Änderungen des Urheberrechtsgesetz (BGBl I S. 3728) umgesetzt und trat mit Wirkung zum 1.1.2014 in Kraft. Bestimmten privilegierten öffentlichen Einrichtungen ist es nunmehr möglich, verwaiste (vergriffene) Werke zu digitalisieren und online zu stellen (§§ 61 ff. UrhG).

Die Europäische Kommission hat am 14.9.2016 ein Bündel mit legislativen Maßnah- **328** men vorgeschlagen, die darauf ausgerichtet sind, das Urheberrecht in Europa zu harmonisieren und es an den heutigen technischen Standard anzupassen.[464] In diesem

460 *EuGH* GRURInt 1994, 53 ff.
461 *EuGH* WRP 2002, 816.
462 S.o. Rn. 160 ff. zu § 17 sowie Wandtke/Bullinger/*von Welser* Vor §§ 120 ff. Rn. 40 ff.
463 *EuGH* GRUR 2009, 421; Wandtke/Bullinger/*von Welser* Vor §§ 120 ff. Rn. 43 ff.
464 Mitteilung der Kommission an das Europäische Parlament, den Rat, den Europäischen Wirtschafts- und Sozialausschuss und den Ausschuss der Region COM(2016) 592 final, 14.9.2016.

zweiten Urheberrechtspaket geht es um die Bereiche Urheberrecht im digitalen Binnenmarkt,[465] Online-Übertragung von Rundfunk, Fernseh- und Hörfunkprogramme[466] und den Austausch von Kopien von geschützten Werken zugunsten blinder, sehbehinderter oder anderweitig lesebehinderter Personen sowohl zwischen den Ländern in der EU als auch zwischen EU und Drittländern.[467] In den Stellungnahmen[468] zu diesen Vorschlägen, wird die Initiative der Europäischen Kommission begrüßt und unterstützt, allerdings gibt es auch Anmerkungen zur Nachbesserung.

329 In der Richtlinie über das Urheberrecht im digitalen Binnenmarkt gibt es u.a. einen Vorschlag zum Text- und Datenmining. Dieser Vorschlag wird zwar von allen Seiten begrüßt, es besteht jedoch noch Diskussionsbedarf bezüglich der konkreten Ausgestaltung. Des Weiteren wird ein grenzüberschreitender Austausch von Unterrichtsmedien vorgeschlagen. Teilweise wird dieser Vorschlag mit der Begründung abgelehnt, dass ein solcher Austausch auf Grund der unterschiedlichen Bildungssysteme und Unterrichtsinhalten nicht existiert. Sollte dieser Teil des Vorschlages dennoch umgesetzt werden, wird angemerkt, dass die Regelung des Austausches und die berechtigten Personen besser definiert und eingegrenzt werden müssen.

330 Ein Bereich, der mit sehr unterschiedlichen Ansichten diskutiert wird, sind die Schutzrechte für Presseverleger. Hier gibt es sehr viele Meinungen und Ansichten. Einige lehnen diesen Bereich der Richtlinie ab mit der Begründung, dass es in Deutschland bereits eine Regelung dazu gibt. Da dieses Thema allerdings auch in Deutschland immer wieder diskutiert wird, ist schwer abzusehen, wie sich letztlich die Europäische Kommission entscheiden wird. Ähnlich verhält es sich mit der Richtlinie zur Online-Übertragung.

331 Bei dem Vorschlag zur Nutzung urheberrechtlich oder durch verwandte Schutzrechte geschützter Werke und sonstiger Schutzgegenstände zugunsten blinder, sehbehinderter oder anderweitiger lesebehinderter Personen wird diskutiert, dass die Richtlinie und die Verordnung zusammen geführt werden sollen, da inhaltsgleich. Einzelheiten werden jedoch noch sehr kontrovers diskutiert. Es bleibt abzuwarten, wie die zahlreichen Stellungnahmen berücksichtigt werden.

---

465 Vorschlag für eine Richtlinie des Europäischen Parlaments und des Rates über das Urheberrecht im digitalem Binnenmarkt, COM(2016) 593 final, 14.9.2016.

466 Vorschlag für eine Verordnung des Europäischen Parlaments und des Rates mit Vorschriften für die Wahrnehmung von Urheberrechten und verwandten Schutzrechten in Bezug auf bestimmte Online-Übertragungen von Rundfunkveranstaltungen und die Weiterverarbeitung von Fernseh- und Hörfunkprogrammen COM(2016) 594 final. 14.9.2016.

467 Vorschlag für eine Verordnung des Europäischen Parlaments und des Rates über den grenzüberschreitenden Austausch von Kopien bestimmter urheberrechtlich oder durch verwandte Schutzrechte geschützter Werke und sonstiger Schutzgegenstände in einem zugänglichen Format zwischen der Union und Drittländern zugunsten blinder, sehbehinderter oder anderweitig lesebehinderten Personen COM(2016) 595 final, 14.9.2016; Vorschlag für eine Richtlinie des Europäischen Parlaments und des Rates über bestimmte zulässige Formen der Nutzung urheberrechtlich oder durch verwandte Schutzrechte geschützter Werke und sonstiger Schutzgegenstände zugunsten blinder, sehbehinderter oder anderweitig lesebehinderter Personen und zur Änderung der Richtlinie 2001/29/EG zur Harmonisierung bestimmter Aspekte des Urheberrechtes und der verwandten Schutzrechte in der Informationsgesellschaft COM(2016) 596 final, 14.9.2016.

468 Stellungnahmen Abrufbar unter: www.bmjv.de/SharedDocs/Gesetzgebungsverfahren/DE/EU-Urheberrechtsreform_2Copyright-Package.html (8. 2.2016).

27. Kapitel
Recht der Verwertungsgesellschaften

Literatur: *Banck* Der Kontrahierungszwang der Verwertungsgesellschaften gem. § 11 WahrnG und seine Ausnahmen, 2012; *Büscher/Dittmer/Schiwy* Gewerblicher Rechtsschutz/ Urheberrecht/Medienrecht, 3. Aufl. 2015; *Dörr/Kreile/Cole* Handbuch Medienrecht, 2. Aufl. 2011; *Dreier/Schulze* Urheberrechtsgesetz, 5. Aufl. 2015; *Dreyer/Kotthoff/Meckel* Urheberrecht, 3. Aufl. 2013; *Fromm/Nordemann* Urheberrecht, 11. Aufl. 2014; *Grote* Europäische Perspektiven der Rechtewahrnehmung durch Verwertungsgesellschaften, 2012; *Heine* Verwertungsgesellschaften im Binnenmarkt – Die kollektive Wahrnehmung von Urheberrechten nach der Dienstleistungsrichtlinie, GRURInt 2009, 277; *Hoeren* Internet- und Kommunikationsrecht, 2. Aufl. 2012; *Holzmüller* Der Regierungsentwurf für ein Verwertungsgesellschaftengesetz – Auswirkungen für die GEMA, ZUM 2016, 88; *Klett/Schlüter* Das neue Verwertungsgesellschaftengesetz – Was kommt? Was geht? Was bleibt?, K&R 2016, 567; *Kocks/Sporn* Electronic Program Guides, 2011; *Limper/Musiol* Handbuch des Fachanwalts Urheber- und Medienrecht, 2011; *Loewenheim* Handbuch des Urheberrechts, 2. Aufl. 2010; *Riesenhuber* Wachsende Bedeutung zentralisierter Rechtewahrnehmung und die Rolle von Verwertungsgesellschaften, ZUM 2016, 216; *Schack* Urheber- und Urhebervertragsrecht, 6. Aufl. 2013; *Stöhr* Gesetzliche Vergütungsansprüche im Urheberrecht, 2007; *Strittmatter* Tarife vor der urheberrechtlichen Schiedsstelle, 1994; *Wandtke/Bullinger* Urheberrecht, 4. Aufl. 2014.

I. Einführung

Verwertungsgesellschaften dienen der kollektiven Rechtewahrnehmung von Urheber- und Leistungsschutzrechten und der damit verbundenen Durchsetzung von Vergütungsansprüchen. Ihre kollektive Rechtewahrnehmung erfolgt ganz überwiegend aufgrund gesetzlichen Zwanges (vgl. u.a. §§ 20b, 26, 27, 45a, 52a UrhG). Dadurch stellen sie eine bemerkenswerte Ausnahme von den fundamentalen Regeln der deutschen Wirtschaftsverfassung dar, die durch Vertragsfreiheit und Wettbewerb gekennzeichnet ist. Es gibt zwei Gründe für die Sonderrolle der Verwertungsgesellschaften: Urheber können in der Regel ihre urheberrechtlichen Ansprüche praktisch nicht gegen jeden Nutzer wegen ihrer Vielzahl durchsetzen. Umgekehrt wäre es außerdem für Werknutzer vielfach völlig unmöglich, jeden Urheber einzeln zu vergüten.[1] Sie sind somit ein unverzichtbarer und integraler Bestandteil eines modernen funktionierenden Urheberrechtssystems, in dem Geistiges Eigentum geschützt wird und zum Schutze des Urhebers und des Nutzers rechtmäßig geordnet und rechtssicher verwertet werden kann und darf.[2] 1

Seit dem 1.6.2016 gilt ein neues Verwertungsgesellschaftengesetz, das eine EU-Richtlinie[3] umsetzt und das bisherige UrhWG und die UrhSchiedsV ablöst. Es handelt sich damit um ein gänzlich neues Gesetz, das eine autonome Struktur erhält, dabei jedoch 2

1 Ausf. *Stöhr* S. 129; so auch Dörr/Kreile/Cole/*Kreile* K VII Rn. 77.

2 Zur historischen Entwicklung s. die Darstellungen bei u.a. *Wandtke/Bullinger* Vor §§ 1 ff. Rn. 2 f.; *Fromm/Nordemann* Einl. UrhWG Rn. 1 ff.; Loewenheim/*Melichar* § 45 Rn. 9 ff.; Büscher/Dittmer/ Schiwy/*Steden* Vorb. zu §§ 1 ff. WahrnG Rn. 3.

3 RL 2014/26/EU v. 26.2.2014 über die kollektive Wahrnehmung von Urheber- und verwandten Schutzrechten und die Vergabe von Mehrgebietslizenzen für Rechte an Musikwerken für die Online-Nutzung im Binnenmarkt.

ausdrücklich die bewährten Regeln des deutschen Wahrnehmungsrechts, teils angepasst, übernimmt. Die Richtlinie sieht verbindliche Mindeststandards für die Leitungsstrukturen, das Finanzmanagement, die Transparenz und das Berichtswesen von Verwertungsgesellschaften vor. Der Gesetzgeber ist jedoch nicht gehindert, strengere Vorgaben beizubehalten oder neu zu implementieren. Darüber hinaus wurden einheitliche Regeln zur gebietsübergreifenden Lizenzvergabe von Online-Rechten an Musikwerken geschaffen und das Verfahren zur Festlegung der Geräte- und Speichermedienvergütung überarbeitet. Im Ergebnis ist die grundlegende Reform und die Umsetzung der Richtlinie im VGG systematisch gelungen. Die Beibehaltung des Erlaubniszwangs und die Stärkung der Aufsicht stärken die Legitimation der Verwertungsgesellschaften, gleichzeitig wird der Wettbewerb unter den Verwertungsgesellschaften gefördert.[4]

II. Rechtlicher Rahmen

3 Das „Gesetz zur Umsetzung der Richtlinie 2014/26/EU über die kollektive Wahrnehmung von Urheber- und verwandten Schutzrechten und die Vergabe von Mehrgebietslizenzen für Rechte an Musikwerken für die Online-Nutzung im Binnenmarkt sowie zur Änderung des Verfahrens betreffend die Geräte- und Speichermedienvergütung“ (Verwertungsgesellschaftengesetz)[5] adressiert neben den Verwertungsgesellschaften auch weitere Verwertungseinrichtungen, die mit der kollektiven Wahrnehmung von Urheber- oder verwandten Schutzrechten befasst sind. Bei diesen „abhängigen Verwertungseinrichtungen“ nach § 3 VGG handelt es sich insbesondere um Tochtergesellschaften wie bspw. die Zentralstelle für private Überspielungsrechte (ZPÜ) als Gemeinschaftseinrichtung von neun Verwertungsgesellschaften[6] oder die International Copyright Services (ICE)[7]. Für sie gelten nun ausdrücklich dieselben Vorschriften wie für Verwertungsgesellschaften. Für „unabhängige Verwertungseinrichtungen“ gem. § 4 VGG gelten ebenfalls die meisten Informationspflichten dieses Gesetzes. Eine solche Einrichtung liegt dann vor, wenn zusätzlich zu den Merkmalen einer Verwertungsgesellschaft die Berechtigten keinen Einfluss auf die Geschäfte der Gesellschaft haben und diese auf Gewinnerzielungsabsicht ausgerichtet ist (§ 4 Abs. 1 VGG). Der Anwendungsbereich des Gesetzes ist damit deutlich weiter als der des abgelösten UrhWG.

4 Eine Verwertungsgesellschaft ist entsprechend der Legaldefinition des § 2 VGG eine Organisation, die gesetzlich oder auf der Grundlage einer vertraglichen Vereinbarung berechtigt ist und deren ausschließlicher oder hauptsächlicher Zweck es ist, für Rechnung mehrerer Rechtsinhaber Urheberrechte oder verwandte Schutzrechte in eigenem oder fremdem Namen zur deren kollektiven Nutzen wahrzunehmen. Das Merkmal „zu deren kollektiven Nutzen“ entspricht inhaltlich der „gemeinsamen Aus-

4 Zur Bewertung des RegE *Staats* ZUM 2016, 81; *Gerlach* ZUM 2016, 85; *Holzmüller* ZUM 2016, 88; *Steinbrecher/Scheufele* ZUM 2016, 91; *Grewenig* ZUM 2016, 98; *George* ZUM 2016, 102; *Verweyen* K&R Beihefter 1/2016, 16.

5 Gesetz v. 24.5.2016 (BGBl I S. 1190).

6 Die Auflistung der Gesellschafter findet sich u.a. unter www.zpue.de.

7 Hierbei handelt es sich um ein von der EU-Kommission genehmigtes Joint Venture der GEMA mit den Partnerorganisationen in UK (PRS for Music) und Schweden (Svenska Tonsättares Internationella Musikbyra – STIM) zur grenzübergreifenden Lizenzierung von Musikrechten an Onlinemusikplattformen.

wertung“ in der bisherigen Definition nach § 1 Abs. 1 UrhWahrnG. Dieses Merkmal ist wie bisher ein wichtiges Abgrenzungskriterium zu anderen Rechteverwertern, die nicht Verwertungsgesellschaft sind, wie etwa Verlage oder Agenturen. Auch ansonsten entspricht die Definition im Wesentlichen dem bisherigen Begriff der Verwertungsgesellschaft im UrhWG. Somit sind alle bisher erlaubten Verwertungsgesellschaften auch weiterhin als solche zu qualifizieren.[8]

Eine Verwertungsgesellschaft kann prinzipiell in jeder Rechtsform geführt werden.[9] **5**
Die bestehenden Verwertungsgesellschaften sind entweder eine GmbH[10] oder ein rechtsfähiger Verein kraft Verleihung.[11] Allerdings müssen gem. § 2 Abs. 2 Nr. 1 VGG bei einer GmbH oder einer eingetragenen Genossenschaft die Geschäftsanteile von denjenigen Berechtigten gehalten werden, die als Mitglieder aufgenommen sind, und ein Verein muss von den Mitgliedern beherrscht werden. Wird die Organisation nicht von den Mitgliedern beherrscht, darf der Geschäftsbetrieb der Organisation nach § 2 Abs. 2 Nr. 2 VGG nicht auf Gewinnerzielung ausgerichtet sein. Anders als bisher ist die Gewinnerzielungsabsicht damit kein absolutes Abgrenzungskriterium mehr. Weil nun aber Gewinne erzielt werden dürfen, wurde die Beherrschung durch die Mitglieder als weitere Voraussetzung ergänzt. Hervorzuheben ist außerdem, dass künftig jede Verwertungsgesellschaft nach § 22 VGG unabhängig von ihrer Rechtsform ein Aufsichtsgremium einzurichten und mit bestimmten Überwachungsaufgaben zu betrauen hat.

Es ist ausreichend, wenn der hauptsächliche Zweck der Verwertungsgesellschaft **6**
darauf gerichtet ist, Urheberrechte und verwandte Schutzrechte wahrzunehmen. Die Verfolgung weiterer Zwecke ändert hieran nichts. Anders als bisher ist außerdem nicht erforderlich, dass es sich um Urheberrechte oder verwandte Schutzrechte handelt, die sich aus dem deutschen Urheberrechtsgesetz ergeben. Die Definition erfasst also bspw. auch im Inland ansässige Organisationen, die Rechte ausschließlich in anderen Mitgliedstaaten der Europäischen Union wahrnehmen.

Die Erlaubnispflicht des § 18 UrhWG ist beibehalten worden und geht damit über die **7**
Vorgaben der VG-Richtlinie hinaus, die lediglich eine Mindestharmonisierung darstellt. Diese Erlaubnis betrifft auch Verwertungsgesellschaften aus dem EU-Ausland, die in Deutschland tätig werden, wenn sie die in § 49 Abs. 1, § 50 Abs. 1 S. 1 oder § 51 Abs. 1 genannten Rechte wahrnehmen. Im Übrigen unterliegen sie im Einklang mit Art. 37 Abs. 2 der VG-Richtlinie der laufenden Aufsicht durch die deutsche Aufsichtsbehörde, das Deutsche Patent- und Markenamt (DPMA). Die Voraussetzungen für den Antrag und das Verfahren sind in den §§ 78 ff. VGG ausgeführt.

---

8 Vgl. dazu § 132 VGG Abs. 1 VGG, wonach für Verwertungsgesellschaften, denen bei Inkrafttreten des Gesetzes bereits eine Erlaubnis erteilt ist, die Erlaubnis nach § 77 VGG als erteilt gilt.

9 Selbst natürliche Personen können als solche betrachtet werden (s. § 1 Abs. 4 UrhWG). Allerdings gibt es bisher keinen zugelassenen Fall.

10 So z.B. die GVL oder VG Media GmbH.

11 So z.B. die GEMA oder die VG Wort.

III. Rechte und Pflichten der Verwertungsgesellschaften

8 Die Verwertungsgesellschaften unterliegen einem zweifachen Kontrahierungszwang: Sie sind einerseits im Innenverhältnis (Teil 2, Abschn. 1, §§ 9 ff. VGG) verpflichtet, auf Verlangen eines Inhabers dessen Urheberrechte und die daraus resultierenden Ansprüche gem. § 9 VGG wahrzunehmen („Wahrnehmungszwang"). Sie müssen andererseits im Außenverhältnis (Abschn. 2, §§ 34 ff. VGG) die von ihr wahrgenommenen Rechte jedermann auf Verlangen gem. § 34 VGG einräumen („Abschlusszwang").

9 Der Wahrnehmungszwang unterliegt bestimmten Voraussetzungen. Zunächst muss die Wahrnehmung der fraglichen Rechte zu ihrem Tätigkeitsbereich gehören. Dieser ist in der Satzung oder im Gesellschaftsvertrag präzise zu beschreiben und wird zusätzlich über den Erlaubnisbescheid des DPMA bestimmt. Weitere Bedingungen müssen nach § 13 VGG objektiv, transparent und nichtdiskriminierend sein.

10 Das VGG differenziert entsprechend der Richtlinie zwischen Rechtsinhabern (§ 5), Berechtigten (§ 6) und Mitgliedern (§ 7). Während der Rechtsinhaber jede (natürliche oder juristische) Person ist, die Inhaber eines Urheberrechts ist und daraus (abstrakte) Ansprüche auf Einnahmen der Verwertung ableiten kann,[12] soll ein Berechtigter ein Rechtsinhaber sein, der in einem vertraglichen Wahrnehmungsverhältnis zu einer Verwertungsgesellschaft steht und damit konkrete Ansprüche geltend machen kann. Mitglieder sind schließlich Berechtigte, die auch organisationsrechtlich mit der Verwertungsgesellschaft verbunden sind, z.B. in Form einer vereinsrechtlichen Mitgliedschaft oder als Gesellschafter. Rechtlich haben Berechtigte und Mitglieder nach dem VGG weitgehend die gleichen Rechte, lediglich bei der Binnenorganisation wie der Bestellung der Geschäftsführung oder dem Abschluss eines Mitvertrages über die Geschäftsräume haben Berechtigte konsequenterweise keine Mitspracherechte. Die Bedingungen für die Mitgliedschaft sind gem. § 13 VGG in der Satzung oder dem Gesellschaftsvertrag zu regeln und müssen objektiv, transparent und nichtdiskriminierend sein. Darüber hinaus muss weiterhin neben persönlichen Voraussetzungen[13] vorliegen, dass eine wirksame Wahrnehmung der Rechte oder Ansprüche anders nicht möglich ist.[14] Nicht gemeint ist jedoch der Fall, dass es weitere Verwertungsgesellschaften mit einem entsprechenden Tätigkeitsbereich gibt (wie bei der Filmverwer-

---

12 Ob Verleger Rechtsinhaber i.S.d. § 5 VGG sind, ergibt sich nicht aus dem Wortlaut der Norm. Auch das *KG Berlin* geht in seinem Urteil v. 14.11.2016, also nach Inkrafttreten des VGG, nicht darauf ein. Durch die nachträgliche Einfügung des § 27 Abs. 2 VGG kann inzwischen eine Beteiligung der Verleger im Verteilungsplan vorgesehen werden. E contrario könnten sie also mangels originärer Urheberrechte oder eines eigenen Leistungsschutzrechts keine Rechteinhaber i.S.d. § 5 VGG und damit auch keine Berechtigten gem. § 6 VGG sein, weil sie keine eigenen Rechte auf gesetzlicher oder vertraglicher Grundlage in einem unmittelbaren Wahrnehmungsverhältnis zu einer Verwertungsgesellschaft einbringen. Auch eine Mitgliedschaft i.S.d. § 7 VGG wäre demnach nicht möglich. Angesichts der Zielrichtung des § 27 Abs. 2 VGG kann dies jedoch nicht gewollt sein und auch abgeleitete Rechte können grundsätzlich eine Rechtsinhaberstellung begründen, wenn ein vertragliches Wahrnehmungsverhältnis mit einer Verwertungsgesellschaft besteht.

13 So u.a. deutsch i.S.d. Grundgesetzes oder Staatsangehöriger eines EU-Staates, vgl. § 6 Abs. 1 UrhWG; ausf. dazu *Wandtke/Bullinger* § 6 Rn. 9 ff.

14 Relevanz hat diese Regelung wohl überwiegend bei Zessionaren von Urheber- und Leistungsschutzrechten, die nur aus abgetretenem Recht Inhaber von Nutzungsrechten sind. Da jedoch der ursprüngliche Rechteinhaber ohne den Umweg über einen Zessionar seine Rechte in die Verwertungsgesellschaft einbringen kann, ist somit sehr wohl eine Rechtewahrnehmung anders möglich; so *Wandtke/Bullinger* § 6 Rn. 14; *Fromm/Nordemann* § 6 Rn. 6, jeweils m.w.N.

tung).[15] Der Urheber soll nicht in die Situation gebracht werden, zwischen (konkurrierenden) Verwertungsgesellschaften hin- und her geschickt zu werden und letztlich ohne Vertretung dazustehen.[16]

Grundlage der konkreten Rechtsbeziehungen zwischen Berechtigten und einer Verwertungsgesellschaft oder anderen in § 1 genannten Organisation ist der „Wahrnehmungsvertrag."[17] Mit dem Vertrag kann der Rechteinhaber zweierlei vornehmen: Er kann zum einen der Verwertungsgesellschaft Nutzungsrechte zur treuhänderischen Wahrnehmung einräumen, die die Weiterübertragung an Verwerter und das dazugehörige Inkasso beinhaltet. Er kann zum anderen die im UrhG vorgesehenen Inkassoansprüche abtreten. Die Rechteeinräumung erfolgt für die Vertragsdauer immer exklusiv und ausschließlich (i.S.v. § 35 Abs. 1 S. 2 UrhG), so dass die Verwertungsgesellschaften die übertragenen Rechte ohne weitere ausdrückliche Zustimmung weiter übertragen können. Dagegen kann die Weiterübertragung durch eine Verwertungsgesellschaft nie ausschließlich sein, sondern immer nur einfach i.S.v. § 31 Abs. 2 UrhG. Der Rechteinhaber kann nun gem. § 9 VGG, anders als bisher in § 6 Abs. 1 S. 1 UrhWG, nach einzelnen Rechten und nach Kategorien von Rechten seiner Wahl differenzieren und sogar einzelne Werke seines Repertoires ausnehmen. Er soll so den Kreis der wahrzunehmenden Rechte so flexibel wie möglich gestalten können. Daher können Berechtigte nach § 11 VGG auch im Rahmen eines laufenden Wahrnehmungsverhältnisses einem Dritten einfache Nutzungsrechte für nicht kommerzielle Zwecke einräumen oder auch selbst nutzen. Die Zustimmung zur Wahrnehmung ist grds. nach § 10 VGG für jedes einzelne Recht erforderlich, kann aber auch bei nachträglichen Änderungen des Wahrnehmungsvertrages stillschweigend erteilt werden. Entsprechend können auch die Rechte an künftigen Werken, die während der Geltung des Wahrnehmungsvertrages geschaffen werden, im Voraus eingeräumt werden. Auch noch unbekannte Nutzungsarten können vom Wahrnehmungsvertrag erfasst werden.[18] Das AGB-Gesetz ist überwiegend auf Wahrnehmungsverträge anwendbar.[19] Unter Einhaltung einer Frist von maximal sechs Monaten kann das Wahrnehmungsverhältnis ganz oder teilweise beendet werden (§ 12). Dies soll das Interesse der Verwertungsgesellschaft an einer wirksamen und effizienten Rechtewahrnehmung einerseits und das Interesse des Rechtsinhabers an einer freien Verfügbarkeit seiner Rechte in Ausgleich bringen. **11**

In Erfüllung des Wahrnehmungsvertrages und ihrer gesetzlichen Verpflichtung nach § 34 VGG („Abschlusszwang") müssen die Verwertungsgesellschaften Nutzungsrechte zu „angemessenen Bedingungen" einräumen. Diese angemessenen Bedingungen müssen insbesondere objektiv und nichtdiskriminierend sein und eine angemessene Vergütung vorsehen. Regelmäßig ist die Höhe der Vergütung der kritische Teil hierbei und der, über den am längsten und heftigsten zwischen den Parteien gestritten wird.[20] Ganz überwiegend dürfte sich ein Streit über die Angemessenheit einer Forderung an **12**

15 S. dazu unten die Darstellungen der Verwertungsgesellschaften VFF, VGF, GWFF und AGICOA unter Rn. 54–57.

16 *Wandtke/Bullinger* § 6 Rn. 15; *Fromm/Nordemann* § 6 Rn. 6.

17 Bislang variieren die Bezeichnungen. Die GEMA bezeichnet ihn als „Berechtigtenvertrag", s. unter www.gema.de. Im § 12 VGG ist nun ausdrücklich der Wahrnehmungsvertrag genannt.

18 Loewenheim/*Melichar* § 47 Rn. 18.

19 *BGH* ZUM 2002, 379; *BGH* GRUR 2009, 395, 398; ausf. Loewenheim/*Melichar* § 47 Rn. 22 ff.

20 Bei der Bewertung gilt § 32 UrhG als auf das Verhältnis von Verwertungsgesellschaft und Nutzern als nicht anwendbar.

aufgestellten Tarifen oder Gesamtverträgen (zu beidem im Folgenden unter Rn. 14–23.) entzünden, da durch sie die finanzielle Basis für die Mehrzahl der Nutzungsverträge geschaffen wird. Falls es zu keiner Einigung zwischen Verwertungsgesellschaft und potentiellem Nutzer kommt, fingiert § 37 VGG, entsprechend § 11 Abs. 2 UrhWG, eine wirksame Nutzungseinräumung, wenn der Nutzer den streitigen Mehrbetrag unter Vorbehalt bezahlt oder hinterlegt. Die Richtlinie kennt dieses Instrumentarium nicht.

13 Besonders gestärkt wurden die Informations- und Berichtspflichten für Verwertungsgesellschaften in den §§ 53 ff. VGG. Rechtsinhaber, Berechtigte und Mitglieder haben danach gleichermaßen Informationsansprüche, die zum Teil auch den Nutzern und der allgemeinen Öffentlichkeit zustehen. So müssen Verwertungsgesellschaften künftig unabhängig von der Rechtsform einen Jahresabschluss veröffentlichen und einen Transparenzbericht erstellen, der in § 58 VGG und der entsprechenden Anlage konkretisiert wird.

IV. Tarife

14 Die Verwertungsgesellschaften müssen grundsätzlich Tarife aufstellen über die Höhe der Vergütung, die sie für die von ihnen verwalteten Rechte und Ansprüche verlangen (§ 38 VGG). Dadurch soll neben der gebotenen Preistransparenz eine Gleichbehandlung aller gleich gelagerten Fälle sichergestellt werden. Die Verwertungsgesellschaft vermeidet so auch, mit jedem Einzelfall langwierige Verhandlungen über Art und Höhe der zu zahlenden Vergütung zu führen.[21] Die in einem Gesamtvertrag (§ 35 UrhWG) vereinbarten Vergütungssätze (s. dazu auch im Folgenden unter Rn. 19 ff.) werden veröffentlichten Tarifen gleichgestellt und müssen auch für alle andere potentiellen Nutzer gelten.

15 Sollte es für eine bestimmte Nutzungsform noch keinen Tarif geben, dann darf bzw. muss eine Verwertungsgesellschaft gem. § 34 VGG dennoch lizenzieren. Sie würde sonst Geschäftstätigkeit und Erlöse für ihre Wahrnehmungsberechtigten verhindern, da die Aufstellung eines Tarifs in der Regel wegen der notwendigen Einhaltung von (internen) Verfahrensabläufen nicht kurzfristig erfolgen kann.

16 Die Tarife und ihre Änderungen sind gem. § 56 Abs. 1 Nr. 4 VGG auf der Internetseite der jeweiligen Verwertungsgesellschaft unverzüglich zu veröffentlichen und auf aktuellem Stand zu halten (Abs. 2). Eine Veröffentlichung im Bundesanzeiger (§ 13 Abs. 2 UrhWG) ist nicht mehr obligatorisch.[22] Daneben haben die Verwertungsgesellschaften die Tarife und die Tarifänderungen dem DPMA zu übermitteln (§ 88 Abs. 2 Nr. 2 VGG). Das DPMA genehmigt keinen Tarif ausdrücklich; es kann aber aus eigener Veranlassung in eine Angemessenheitsprüfung eintreten.[23]

---

21 *BGH* GRUR 1974, 35, 37.

22 Tarife sind am einfachsten und schnellsten über den elektronischen Bundesanzeiger im Internet zu finden: www.bundesanzeiger.de.

23 Loewenheim/*Melichar* § 48 Rn. 27 m.w.N.; der Angemessenheitsprüfung sind jedoch enge Grenzen gesetzt, vgl. *VG München* v. 27.10.2016 (M 16 K 15.5333); insbesondere darf die Aufsicht keine pauschalen Zweifel an der wirksamen Übertragung von Rechten der Einzelurheber auf eine Verwertungsgesellschaft äußern.

17 Berechnungsgrundlage für die Tarife sind die „geldwerten Vorteile" der Nutzung (§ 39 VGG). Dadurch wird der Grundsatz der „angemessene Vergütung" des § 34 Abs. 1 VGG konkretisiert.[24] Grundlage für die Berechnung eines geldwerten Vorteils ist immer der „geldwerte Vorteil", also der Umsatz und nicht der erzielte Gewinn.[25] Der Grund hierfür ist, dass das Ausweisen eines Gewinns zu Lasten des Urhebers beeinflusst werden kann und grundsätzlich auch von Faktoren abhängt, auf die der Urheber keinerlei Einfluss hat. Das Risiko, keinen Gewinn zu erzielen, darf nicht auf den Urheber abgewälzt werden.[26] Die Höhe der prozentualen Beteiligung am Umsatz soll sich daran orientieren, was als üblich gilt und somit bereits durchgesetzt ist. Ganz überwiegend werden grundsätzlich 10 % des Umsatzes als angemessen angesehen.[27] Dieser Wert ist aber nur eine Orientierungsgröße, von der begründete Abweichungen nach oben und unten zulässig sind.[28] Von dieser Bemessungsmethode lässt das Gesetz dann Ausnahmen zu, wenn der geldwerte Vorteil nicht mit vertretbarem wirtschaftlichen Aufwand zu ermitteln ist (§ 39 Abs. 1 VGG). Dann müssen allerdings andere aussagekräftige Kriterien gefunden werden. Schließlich müssen die Verwertungsgesellschaften bei der Tariffestlegung angemessen berücksichtigen, welchen Umfang die Werknutzung am Gesamtumfang des Verwertungsvorgangs einnimmt. Hiermit wird der Fall geregelt, dass mehrere Verwertungsgesellschaften für eine Werknutzung Ansprüche geltend machen. Die Rechte und Ansprüche der Verwertungsgesellschaften sind dann gegeneinander zu gewichten. Neu ist, dass künftig auch der wirtschaftliche Wert der von der Verwertungsgesellschaft erbrachten Leistung zu berücksichtigen ist. Außerdem können gem. § 39 Abs. 3 VGG weiterhin religiöse, kulturelle und soziale Belange der Nutzer miteinfließen.

18 Veröffentlichte Tarife gelten solange als „angemessen", solange ihre Unangemessenheit nicht feststeht[29] oder sie noch nicht als durchgesetzt gelten können.[30] Streitigkeiten über die Angemessenheit von Tarifen müssen zunächst vor der Schiedsstelle des DPMA ausgetragen werden, bevor der ordentliche Rechtsweg eröffnet ist (§ 128 Abs. 1 S. 1 VGG).

V. Gesamtverträge

19 Mit Vereinigungen von Nutzern[31] müssen Verwertungsgesellschaften gem. § 35 VGG weiterhin „Gesamtverträge" abschließen, auch wenn dieses Institut in der VG-Richtlinie nicht vorgesehen ist. Die Verpflichtung ist eine Erweiterung des Abschlusszwangs (§ 34 UrhWG).[32] Die Gesamtverträge sind Rahmenverträge, in denen die Bedingun-

24 S. auch bereits oben die Ausführungen unter Rn. 17. § 39 VGG entspr. explizit § 13 Abs. 3 UrhWG und setzt Art. 16 Abs. 2 Unterabs. 2 S. 2 und 3 der VG-Richtlinie um.
25 *BGH* NJW 87, 1405, 1406; ausf. *Fromm/Nordemann* § 13 Rn. 9.
26 Dieser Grundsatz ist unbestritten, vgl. Loewenheim/*Melichar* § 48 Rn. 29 m.w.N.
27 *Strittmatter* S. 146 ff.; *Stöhr* S. 143 f.; Loewenheim/*Melichar* § 48 Rn. 29 m.w.N.
28 So mit überzeugender Begr. *Strittmatter* S. 148 f.; s. auch *Fromm/Nordemann* § 13 Rn. 11 mit Bsp. für Abweichungen insbesondere „nach oben".
29 *BGH* GRUR 1974, 35, 37.
30 *BGH* GRUR 1986, 376, 378.
31 Der Begriff des Nutzers bzw. der Nutzervereinigung ist in § 8 VGG legaldefiniert und umfasst z.B. die Vereinigung der Musikveranstalter oder der Deutsche Hotel- und Gaststättenverband (DeHoGa).
32 S. zum Abschlusszwang oben unter Rn. 8 ff.

gen festgelegt werden, unter denen einzelnen in der Vereinigung zusammengeschlossenen Nutzern die Nutzung der gewünschten Rechte grundsätzlich erlaubt wird. In der Regel werden hier u.a. bereits Rechteumfang und die Vergütungshöhe festgelegt sowie Verpflichtungen des Nutzerverbandes zur Kommunikation über den Gesamtvertrag gegenüber den einzelnen Nutzern und zum Anhalten zur Unterzeichnung eines Einzelvertrages. Oftmals und sinnvoller Weise gehört daher auch ein Mustereinzelvertrag für den einzelnen Nutzer zu einem solchen Rahmenvertrag,[33] da für jede Nutzung auf der Basis des Gesamtvertrages zusätzlich ein Einzelvertrag abzuschließen ist.[34]

20 Auch Gesamtverträge müssen zu „angemessenen Bedingungen" abgeschlossen werden. Vorteil eines Gesamtvertrages für eine Verwertungsgesellschaft ist die Verwaltungsvereinfachung in Form von sog. Vertragshilfen im Umgang mit einer Vielzahl von (potentiellen) Nutzern. Das muss sich in der Vergütungshöhe niederschlagen. In einem solchen Fall hat die Verwertungsgesellschaft Gesamtvertragsrabatte zu gewähren, deren Höhe davon abhängen sollte, in welchem Umfang der Gesamtvertrag tatsächlich eine Hilfe ist.[35] Ein Gesamtvertragsrabatt von 20 % ist als Richtschnur anzusehen.[36]

21 Der Abschlusszwang zu einem Gesamtvertrag entfällt nur dann, wenn er für die Verwertungsgesellschaft als unzumutbar angesehen werden muss. Das Gesetz (§ 35 VGG) nennt ausdrücklich den Fall, dass die Nutzervereinigung eine zu geringe Mitgliederzahl aufweist. Damit entfiele nachvollziehbar die Verwaltungsvereinfachung als Begründung für einen Rabatt. Wann die Zahl der Nutzer als „zu gering" anzusehen ist, hängt ausschließlich davon ab, ob es zu einer spürbaren Verwaltungsvereinfachung kommt. Eine Pflicht zum Abschluss eines gemeinsamen Gesamtvertrags durch mehrere Verwertungsgesellschaften wurde vom Rechtsausschuss aus dem ursprünglichen Gesetzentwurf herausgestrichen.

22 Gesamtverträge gelten als Tarife (§ 38 S. 2 VGG). Sie sind daher gem. § 56 Abs. 1 Nr. 5 VGG ebenfalls auf der Internetseite der jeweiligen Verwertungsgesellschaft zu veröffentlichen und auf aktuellem Stand zu halten.

23 Die Verhandlungen zwischen Verwertungsgesellschaften und Nutzervereinigungen sollen gem. § 36 VGG nach Treu und Glauben geführt werden und die Beteiligten sollen sich gegenseitig alle für die Verhandlungen notwendigen Informationen zur Verfügung stellen. Streitigkeiten über Gesamtverträge müssen zunächst vor die Schiedsstelle gebracht werden (§§ 92 Abs. 1 Nr. 3, 130 VGG), das den Inhalt eines Gesamtvertrages als Einigungsvorschlag machen kann (§§ 105, 110 VGG). Erst danach ist der Weg zur ordentlichen Gerichtsbarkeit eröffnet. Der Abschluss eines Schiedsstellenverfahrens ist zwingende Prozessvoraussetzung und kann nicht (schieds-)vertraglich ausgeschlossen werden.

---

33 So bspw. bei dem Gesamtvertrag der VG Media mit dem Deutschen Hotel- und Gaststättenverband (DeHoGa); weitere Informationen auf der Internetseite der VG Media www.vgmedia.de.

34 Zu den Ausnahmen hiervon s. Loewenheim/*Melichar* § 48 Rn. 37 m.w.N.

35 Eine Verpflichtung zum Abschluss eines Gesamtvertrags mit einer Rabattregelung besteht jedoch nicht, *OLG Nürnberg* ZUM 2016, 546.

36 *OLG München* ZUM 2003, 319, 323; ob ein höherer Rabatt eingeräumt werden darf, scheint kartellrechtliche Bedenken auszulösen, s. dazu ausführlicher Loewenheim/*Melichar* § 48 Rn. 42 m.w.N. Niedrige Rabatte sind jedoch unkritisch.

VI. Verteilung der Einnahmen

Die Einziehung und Verwaltung der Einnahmen aus den Rechten ist in den §§ 23 ff. VGG geregelt. Danach sind Verteilungspläne aufzustellen, um eine willkürliche Verteilung auszuschließen (§ 27 VGG). Ziel muss es hierbei sein, die Ausschüttung möglichst eng an die tatsächliche urheberrechtliche Nutzung zu knüpfen. Dies ist jedoch angesichts des damit verbundenen Aufwands zur Feststellung dieser Nutzung nur in Ausnahmen leistbar.[37] Im Regelfall muss daher mit gewissen Pauschalierungen gearbeitet werden. Wertungssysteme mit Punktevergaben nach bestimmten Kriterien werden dazu benutzt, den administrativen Aufwand vertretbar zu halten und dennoch eine möglichst hohe Verteilungsgerechtigkeit zu erzielen. Eine typisierende, pauschalisierende oder generalisierende Erfassung beim Nutzer ist daher nur gerechtfertigt, soweit die vielzähligen Nutzungsvorgänge nur mit unverhältnismäßigem Aufwand individuell erfasst werden können.[38] Es gibt auch Konstellationen, bei denen eine wie auch immer direkte Anknüpfung an eine tatsächliche Nutzung gänzlich ausgeschlossen ist.[39] Auch für die nun geschaffenen Wissenschaftsschranken gem. §§ 60a–f UrhG ist nach § 60h Abs. 3 eine pauschale Vergütung ausreichend. In solchen Fällen bleibt den Verwertungsgesellschaften nichts anderes übrig, als auf die objektive Nutzungsmöglichkeit abzustellen. Hier müssen die Verteilungspläne nur Kriterien für die Vermutung einer entsprechenden Nutzung vorsehen.[40] Die Ausschüttungen erfolgen nach Abzug der Kosten der jeweiligen Verwertungsgesellschaft. Neu sind die Vorschriften über den Umgang mit nicht verteilbaren Einnahmen in den §§ 29, 30 VGG. 24

Die Verteilung darf ausdrücklich nicht willkürlich sein (§ 27 VGG).[41] Umstritten ist, ob über den Wortlaut hinaus damit auch eine Angemessenheitskontrolle durch das DPMA vergleichbar der in § 6 Abs. 1 UrhWG zu verstehen ist.[42] Das DPMA nimmt in seiner Praxis wohl nur eine Willkürkontrolle vor.[43] 25

---

37 Die VG Media kann bspw. insbesondere bei den Kabelweitersendeerlösen im Ausland die Erlöse in der Regel genau zuordnen, da dank der Meldeverpflichtungen der Kabelnetzbetreiber immer bekannt ist, wie viele angeschlossenen Haushalte den jeweiligen Sender empfangen können. S. außerdem die Bsp. bei Loewenheim/*Melichar* § 47 Rn. 39.

38 Insbesondere die Hochschulen halten eine individuelle Erfassung für unverhältnismäßig und sehen die administrative Aufgabe der Zuordnung daher vor allem bei den Verwertungsgesellschaften. Nach Ansicht des BGH ist es jedoch zumindest für Hochschulen zumutbar, bei Nutzungen nach § 52a UrhG den in einem öffentlich-rechtlichen Dienstverhältnis stehenden Beschäftigten entsprechende Anweisungen zu erteilen, *BGH* MMR 2014, 59, 64. Derzeit verhandeln die VG Wort und die Hochschulrektorenkonferenz über die Nutzungserfassung in dem bereits geschlossenen Gesamtvertrag zu § 52a UrhG.

39 Bspw. die Privatkopie nach § 53 UrhG.

40 *OLG Naumburg* ZUM 2003, 501, 502.

41 Eine solche – bereits in § 7 UrhWG verbotene – willkürliche Beteiligung ist für die Praxis der VG Wort angenommen worden, wonach sie einen pauschalen Betrag i.H.v. der Hälfte ihrer Einnahmen an die Verlage auszahlt; s. *BGH* ZUM 2016, 639; *EuGH* ZUM 2016, 152. Die jüngste Urheberrechtsreform hat daher die sog. Verlegerbeteiligung sowohl für die Vergangenheit als auch für die Zukunft in §§ 27, 27a VGG neu geregelt.

42 So *Schack* Rn. 1368; *Fromm/Nordemann* § 7 UrhWG Rn. 4; a.A. *Wandtke/Bullinger* § 7 UrhWG Rn. 2; Loewenheim/*Melichar* § 47 Rn. 32 f.

43 S. Loewenheim/*Melichar* § 47 Rn. 33.

26 Die Verteilungspläne sollen gem. § 32 Abs. 1 VGG vorsehen, dass „kulturell bedeutende Werke und Leistungen" zu fördern sind. Im Einklang mit der VG-Richtlinie sind die kulturellen Förderungen nach festen Regeln zu erbringen, die auf fairen Kriterien beruhen. Damit verbleibt den Verwertungsgesellschaften jedoch ein weiter Ermessensspielraum, wie sie der Kulturförderverpflichtung nachkommen. Sie können bspw. in den Verteilungsplänen bestimmte Werkkategorien besonders bevorzugen oder Förderungen außerhalb der Ausschüttungen in Form von Begabtenförderungen vornehmen oder Förderfonds[44] einrichten. Nachdem sich der Gesetzgeber ausdrücklich für eine Soll-Regelung entschieden hat, kann eine Kulturförderung auch unterbleiben.[45] Tatsächlich haben nicht alle Verwertungsgesellschaften bisher eine entsprechende Kulturförderung umgesetzt und waren auch bisher keiner Maßnahme der Aufsichtsbehörde ausgesetzt, obwohl diese natürlich Kenntnis von der fehlenden Kulturförderung hatte.[46]

VII. Die Aufsicht über die Verwertungsgesellschaften

27 Alle Verwertungsgesellschaften stehen unter der Aufsicht des Deutschen Patent- und Markenamtes (DPMA) in München (§ 75 Abs. 1 VGG). Zusätzlich kommt noch die Missbrauchsaufsicht der §§ 22 ff. GWB hinzu und für den Fall, dass sie als wirtschaftlicher Verein kraft Verleihung organisiert sind, die Vereinsaufsicht (§§ 22, 23 BGB). Die zuständigen Behörden haben ihre Funktion „im Benehmen" mit dem DPMA auszuüben (§ 18 Abs. 2 UrhWG). Auch die allgemeine Missbrauchskontrolle durch das Bundeskartellamt (BKartA) greift neben der Aufsicht durch das DPMA, und entsprechend wird die Erlaubnis und der Widerruf der Erlaubnis im Einvernehmen mit dem Bundeskartellamt erteilt und widerrufen.[47] In der Verwertungspraxis spielt das DPMA jedoch die maßgebliche Rolle.

28 Die Staatsaufsicht ist unverzichtbares Korrektiv zur faktischen Monopolstellung der jeweiligen Verwertungsgesellschaft mit der sich daraus ergebenden Missbrauchsgefahr und wegen der besonderen Treuhänderstellung.[48]

29 Die Aufsicht hat darauf zu achten, dass die Verwertungsgesellschaften ihren gesetzlichen Verpflichtungen ordnungsgemäß nachkommen (§ 76 Abs. 1 VGG), die gegenüber Nutzern, Berechtigten und der Allgemeinheit bestehen. Die Möglichkeiten des DPMA reichen weiter als die einer reinen Rechtsaufsicht, die sich auf eine Überprüfung der Handlungen auf Rechtsfehler beschränken muss. Das Amt darf in begrenz-

44 So die VFF, s. § 2 des Verteilungsplans.

45 Bisher war umstritten, ob es sich um eine „Muss-Vorschrift" mit der Möglichkeit des Einschreitens des DPMA handelt, so *Wandtke/Bullinger* § 7 UrhWG Rn. 6; differenzierter und im Ergebnis diese Ansicht unter Bezug auf die amtliche Gesetzesbegründung ablehnend Loewenheim/*Melichar* § 47 Rn. 36.

46 So bei der VG Media.

47 Zur Anwendung des Kartellrechts auf Verwertungsgesellschaften ausf. Büscher/Dittmer/Schiwy/*Steden* Vorb. §§ 1 ff. WahrnG Rn. 22 ff. sowie *Grote* Europäische Perspektiven, S. 88; besondere Relevanz hatte der kartellrechtliche Aspekt bei Begründung der VG Media GmbH als Gemeinschaftsunternehmen von RTL Television GmbH und der ProSiebenSat.1 Media AG; hier war sogar eine Vorlage und Freigabe bei der Europäischen Kommission notwendig. Mittlerweile ist RTL jedoch kein Gesellschafter der VG Media mehr.

48 S. mit Hinweis auf die amtl. Begründung Büscher/Dittmer/Schiwy/*Steden* Teil 1, Kap. 11 § 18 Rn. 1; außerdem Loewenheim/*Melichar* § 50 Rn. 11 m.w.N.

tem Umfang auch fachaufsichtlich tätig werden und die Zweckmäßigkeit von Handlungen überprüfen, allerdings ohne die Möglichkeit des Selbsteintritts.[49]

Das DPMA hat gem. § 85 VGG umfassende Befugnisse und kann einerseits die Tätigkeit von Gesellschaften ohne Zulassung untersagen und andererseits alle erforderlichen Maßnahmen ergreifen, um die Erfüllung der Verpflichtungen sicherzustellen. Ihr stehen zur Durchsetzung die Instrumentarien des Verwaltungsvollstreckungsgesetzes zur Verfügung, darunter die Verhängung von Bußgeldern bis zu 100 000 EUR (§ 89 Abs. 3), die Abmahnung und als „ultima ratio" der Widerruf der Zulassung (§ 85 Abs. 2 Nr. 2 VGG). Gem. § 85 Abs. 5 VGG darf das DPMA auch die Abberufung eines Vertretungsberechtigten fordern, wenn die erforderliche Zuverlässigkeit fehlt und bei einem Unterlassen der Abberufung zur genannten „ultima ratio" greifen. Für Verwertungsgesellschaften mit Sitz in einem anderen EU-Land kann sich das DPMA nach § 86 VGG an die zuständige nationale Aufsicht wenden und um entsprechende Maßnahmen ersuchen. Dazu soll es einen Informationsaustausch zwischen den Aufsichtsbehörden der Mitgliedstaaten geben, § 87 VGG. 30

Die Aufsicht erstreckt sich auf alle Tätigkeiten, die i.e.S. mit dem gesetzlichen Auftrag der Verwertungsgesellschaften zu tun haben,[50] aber nicht auf solche, die mit der treuhänderischen Wahrnehmung von Rechten nichts zu tun haben.[51] Zur Erfüllung ihrer Aufsichtsaufgabe kann das DPMA umfassend Auskunft und Vorlage aller notwendigen Unterlagen verlangen (§ 85 Abs. 3 VGG) und ist außerdem berechtigt, an Mitgliederversammlungen und Aufsichtsrats- bzw. Beiratssitzungen teilzunehmen (§ 85 Abs. 4 VGG), wovon in der Praxis auch regelmäßig Gebrauch gemacht wird. Darüber hinaus gibt es in § 88 VGG umfassende Unterrichtungspflichten der Verwertungsgesellschaften gegenüber der Aufsicht entsprechend § 20 UrhWG. 31

Ein (subjektiv-öffentliches) Recht eines Einzelnen auf ein Tätigwerden des DPMA als Aufsichtsbehörde besteht nicht.[52] Zwar kann gem. § 89 Abs. 2 VGG jedermann die Aufsichtsbehörde über Rechtsverstöße einer Verwertungsgesellschaft informieren. Eine Individualbeschwerde ist aber lediglich als Anregung zum Einschreiten der Aufsicht anzusehen. „Bescheide" des DPMA als Reaktion auf eine solche Beschwerde sind konsequenter Weise nicht widerspruchsfähig, sondern nur als eine Art formlose Gegendarstellung zu bewerten. 32

VIII. Streitigkeiten

Für die Mehrzahl von möglichen Streitigkeiten mit Verwertungsgesellschaften ist nicht unmittelbar der ordentliche Rechtsweg eröffnet. Prozessvoraussetzung ist, dass zunächst ein Verfahren vor der Schiedsstelle des DPMA durchlaufen wurde (§ 92 VGG). In der Praxis wichtige Ausnahme ist der Streit über urheberrechtliche Nutzun- 33

49 Überwiegend und zutreffender Weise wird daher in der Rechtslehre eine „Aufsicht sui generis" angenommen, die aus der klassischen Struktur des Verwaltungsrechts ausbricht, vgl. *Wandtke/Bullinger* § 19 Rn. 5; *Fromm/Nordemann* § 19 Rn. 2; Loewenheim/*Melichar* § 50 Rn. 14.

50 S. dazu die Verpflichtungen und Tätigkeiten, die in den Rn. 8 ff., 14 ff., 19 ff. und 24 ff. ausgeführt worden sind.

51 Z.B. der Abschluss von Mietverträgen etc.

52 Umstr.; die h.M. nimmt dies mit der Praxis des DPMA an; s. die ausführliche Darstellung der unterschiedlichen Positionen bei Loewenheim/*Melichar* § 50 Rn. 21.

gen und/oder ihre Vergütungen, bei denen nicht der Tarif umstritten ist (§ 92 Abs. 1 Nr. 1 VGG).[53]

1. Verfahren vor der Schiedsstelle

34 Grundsätzlich ist immer dann zunächst die Schiedsstelle zuständig, wenn es sich um urheberrechtliche Streitigkeiten mit einer Verwertungsgesellschaft handelt (§ 92 VGG). Dazu gehören ganz wesentlich Auseinandersetzungen um Tarife[54] und Gesamtverträge.

35 Als Besonderheit schreibt § 92 Abs. 2 VGG auch ein Verfahren vor der Schiedsstelle vor, wenn Sendeunternehmen und Kabelunternehmen über einen Vertrag zur Kabelweitersendung streiten.

36 Die Schiedsstelle hat in allen Fällen innerhalb eines Jahres nach Zustellung des Antrags das Verfahren mit einem Einigungsvorschlag abzuschließen, selbst wenn die Parteien sich erkennbar nicht einigen wollen.[55] Dieser ist nicht durch Rechtsmittel angreifbar. Die Wirksamkeit des Einigungsvorschlags kann durch die Parteien nur dadurch verhindert werden, dass fristgerecht widersprochen wird.

37 Die Schiedsstelle kann von jedem Beteiligten durch schriftlichen Antrag angerufen werden, § 97 VGG.[56] Die bisher ausdrückliche Verjährungshemmung in § 14 Abs. 8 UrhWG ist ersetzt worden durch § 204 Abs. 1 Nr. 4 a BGB.

2. Verfahren vor den ordentlichen Gerichten

38 Das VGG bestimmt weiterhin einen ausschließlichen Gerichtsstand für bestimmte Streitfälle. Zunächst ist bei Rechtsstreitigkeiten über Ansprüche einer Verwertungsgesellschaft wegen der Verletzung eines von ihr wahrgenommen Nutzungsrechts das Gericht ausschließlich zuständig, in dessen Bezirks die Verletzungshandlung begangen worden ist oder der Verletzer seinen allgemeinen Gerichtsstand hat (§ 131 Abs. 1 VGG). Will die Verwertungsgesellschaft mehrere Prozesse gegen den selben Verletzter führen und wären dafür verschiedene Gerichte zuständig, darf sie alle Ansprüche vor einem dieser Gerichte geltend machen (§ 131 Abs. 2 VGG).

39 Darüber hinaus bekommt in bestimmten Streitigkeiten für den ersten Instanzenzug das OLG München eine ausschließliche Zuständigkeit zugewiesen. Dazu gehören gem. § 129 VGG Streitigkeiten über Gesamtverträge, über den Abschluss eines Vertrages zur Kabelweitersendung zwischen Sende- und Kabelunternehmen und über die Leerträgervergütung (§ 54 oder § 54c UrhG). Zusätzlich werden dem OLG München auch Verfahren über Schadensersatzansprüche nach § 108 VGG zugewiesen. Gegen ein Urteil des OLG München ist Revision zum BGH möglich (§ 129 Abs. 3 VGG).

---

53 Eine weitere in der Praxis kaum relevante Ausnahme regelt § 16 Abs. 3 UrhWG für Anträge auf Arrest oder einer einstweiligen Verfügung; ausführlich zu Konstellationen, bei denen die Vorschaltung eines Schiedsstellenverfahrens entbehrlich ist, *Wandtke/Bullinger* § 16 Rn. 5 ff.

54 Auch Tarife, die schon einmal Gegenstand der Prüfung waren, können u.U. erneut vor die Schiedsstelle gebracht werden; s. *Schiedsstelle* ZUM 1988, 351, 352.

55 Ausnahmen hiervon regelt § 109 Abs. 1 VGG. Nach § 105 Abs. 1 ist mit Zustimmung aller Beteiligten eine Verlängerung um jeweils ein halbes Jahr möglich.

56 Einzelheiten des Verfahrens finden sich in Teil 5 (§§ 92 ff.) des VGG. Die UrhSchiedsV ist dadurch außer Kraft getreten. Für das bisher in § 16 Abs. 4 S. 1 UrhWG geregelten Verfahren verzichtet das VGG bewusst auf eine Neuordnung und übernimmt damit auch die bewährte Verfahrenspraxis.

3. Verfahren für gesetzliche Vergütungsansprüche

Für die gesetzlichen Vergütungsansprüche wegen der erlaubten Privatkopie sieht das VGG in seinem fünften Teil eine Straffung des Verfahrens zur Ermittlung der Geräte- und Speichermedienvergütung gem. § 54a UrhG vor. Zukünftig kann eine Verwertungsgesellschaft bei streitigen Verhandlungen frühzeitig einen Tarif aufstellen, der gerichtlich überprüft werden kann.[57] Außerdem kann sie zur Beschleunigung von Vertragsverhandlungen gem. § 93 VGG für die obligatorische empirische Untersuchung auch gleich die Schiedsstelle anrufen. Besonders umstritten war die Einführung der Sicherheitsleistung. Anders als die Hinterlegungsmöglichkeit bei der Nutzung von Erstverwertungsrechten kann für die gesetzlichen Vergütungsansprüche die Schiedsstelle nun gem. § 107 VGG eine Hinterlegungspflicht anordnen. Hierdurch soll das Insolvenzrisiko reduziert werden, gleichzeitig wird dadurch aber auch die Verhandlungsmacht der Verwertungsgesellschaften gestärkt.[58] **40**

IX. Die einzelnen Verwertungsgesellschaften

Dreizehn Verwertungsgesellschaften haben bislang eine Zulassung des DPMA erhalten und entfalten Geschäftstätigkeit. Sie decken nahezu alle Bereiche schöpferischer Tätigkeit ab. Insgesamt weisen alle Verwertungsgesellschaften zusammen für das Jahr 2015 Erträge von insgesamt fast 1,5 Mrd. EUR aus. Daneben bestehen auch sieben abhängige Verwertungseinrichtungen.[59] **41**

1. GEMA

Die Gesellschaft für musikalische Aufführungs- und mechanische Vervielfältigungsrechte r.V. (GEMA) ist die größte und älteste Verwertungsgesellschaft in Deutschland[60] und gehört zu den größten Verwertungsgesellschaften der Welt. Die in Berlin ansässige Gesellschaft, die unter dem Namen GEMA seit 1947 besteht,[61] nimmt die Rechte der Musikurheber (Komponisten und Textdichter) und Musikverleger wahr.[62] Hierzu zählen die Verwertungsrechte in Form von Vervielfältigung und Verbreitung (§§ 16, 17 UrhG), die sog. mechanischen Verbreitungsrechte sowie die immer bedeutender werdenden Downloadangebote (Recht der öffentlichen Zugänglichmachung, § 19a UrhG), die nicht bühnenmäßige Aufführung (§ 19 Abs. 2 UrhG) und das Senderecht (§ 20 UrhG). Die GEMA vergibt Lizenzen dieser Rechte an Radio- und Fernsehsender und sonstige Musiknutzer aller Art, zuletzt auch an die Google-Tochter **42**

---

57 So explizit die Gesetzesbegründung, BT-Drucks. 18/7223, 65.

58 Mangels konkreter Insolvenzgefahr wird diese Regelung von manchen für verfassungswidrig gehalten, *Klett/Schlüter* K&R 2016, 571.

59 Eine Übersicht über alle erlaubten Verwertungsgesellschaften und -einrichtungen findet sich unter www.dpma.de.

60 Weitere ausf. Erläuterungen zur GEMA bei *Waldhausen* 30. Kap. Rn. 57 f.; Limper/Musiol/*Wohlgemuth* S. 907 ff.

61 Bereits vor 1947 existierte die heutige GEMA unter dem Namen STAGMA (Staatlich genehmigte Gesellschaft zur Verwertung musikalischer Urheberrechte).

62 Sie nimmt nicht die Leistungsschutzrechte der ausübenden Künstler und Tonträgerhersteller wahr; die Lizenzierung dieser Rechte erfolgt über die GVL.

YouTube.[63] Im Jahr 2015 wurden mit der Wahrnehmung der Erst- und Zweitverwertungsrechte fast 900 Mio. EUR erlöst und abzüglich ihrer Verwaltungskosten insgesamt ca. 750 Mio. EUR an rund 61 000 Mitglieder und weitere Berechtigte verteilt hat.[64] Die GEMA ist damit mit weitem Abstand die umsatzstärkste deutsche Verwertungsgesellschaft.

2. GVL

43 Die zweitgrößte Verwertungsgesellschaft in Deutschland ist die Gesellschaft zur Verwertung von Leistungsschutzrechten mbH (GVL).[65] Die in Berlin ansässige Gesellschaft[66] wurde 1959 gegründet und vertritt die Rechte der ausübenden Künstler und der Tonträgerhersteller.[67] Dazu gehören Musiker, Sänger, Tänzer, Schauspieler etc., also sinngemäß Personen „auf der Bühne". Die Rechte der Personen „hinter den Kulissen", also die Schöpfer der Werke, werden – wie oben unter 1. dargestellt – durch die GEMA wahrgenommen. Oftmals werden daher die Rechte von Künstlern, bei denen beides zusammenfällt, von beiden Verwertungsgesellschaften wahrgenommen. Die ausübenden Künstler, die nicht selbst komponieren, sind zwar nicht Urheber der Werke, dennoch können sie Inhaber von Leistungsschutzrechten sein. Tonträgerhersteller, umgangssprachlich als Plattenfirmen bezeichnet, können ebenfalls Leistungsschutzberechtigte (i.S. eines unternehmerischen Schutzrechtes) sein. Bei den wahrgenommenen Leistungsschutzrechten handelt es sich um die „Verwandten Schutzrechte" i.S.d. §§ 70 ff. UrhG. Die Wahrnehmung dieser Rechte ist ausschließlich auf Vergütungsansprüche aus der Zweitverwertung ausgerichtet, d.h. der Nutzung einer bereits fixierten oder gesendeten Darbietung.[68] Hierunter fallen insbesondere die Sendung bereits erschienener Tonträger und Musikvideos, die öffentliche Wiedergabe, Vermietung und Verleih. Die Gesellschaft hat mit ca. 140 000 Künstlern und über 8 000 Tonträgerherstellern Wahrnehmungsverträge abgeschlossen.[69] Die Umsätze betrugen im Jahr 2015 mehr als 160 Mio. EUR.[70]

---

63 Die GEMA hat mit YouTube am 1.11.2016 rückwirkend und für die Zukunft einen Lizenzvertrag für die Nutzung von urheberrechtlich geschützten Musikwerken sowohl im werbefinanzierten Dienst als auch im neuen Subscription Service geschlossen. Über die Höhe wurde Stillschweigen vereinbart.

64 Sämtliche Zahlen sind dem GEMA Geschäftsbericht 2015 entnommen, abrufbar unter www.gema.de/fileadmin/user_upload/Gema/gema_geschaeftsbericht_2015.pdf.

65 Ausf. Limper/Musiol/*Gerlach* S. 931 ff.

66 Gesellschafter sind bislang die Deutsche Orchestervereinigung e.V. und der Bundesverband Musikindustrie e.V. Im Zuge der Umsetzung der VGG ist eine Hinzunahme weiterer Gesellschafter im Gespräch.

67 Gegründet wurde die GVL 1959 von der Deutschen Orchestervereinigung (DOV) und der deutschen Landesgruppe der Internationalen Vereinigung der Phonographischen Industrie (FPI).

68 Wahrnehmungsverträge für ausübende Künstler und Tonträgerhersteller abrufbar über die Internetseite der GVL (www.gvl.de).

69 So der Geschäftsführer der GVL, *Evers* Neue Musikzeitung, 2/2010, 25.

70 S. Geschäftsbericht 2015, abrufbar unter www.gvl.de/sites/default/files/publications/download/gvlgb2015web.pdf.

3. VG WORT

44 Die Verwertungsgesellschaft WORT r.V. (VG WORT) mit Sitz in München wurde 1958 gegründet.[71] Der kraft Verleihung rechtskräftige Verein vertritt Autoren und Verlage[72], die Inhaber von Urheberrechten und Nutzungsrechten an Sprachwerken (z.B. Zeitungsbeiträge, Romane, Reden) sind. Hierzu zählen nicht nur die Sprachwerke selbst, sondern auch Darstellungen wissenschaftlicher und technischer Art einschließlich Lichtbildwerke (§ 2 Abs. 1 Nr. 5 UrhG) und Lichtbilder (§ 72 UrhG), die vom Verfasser des Sprachwerkes für dieses geschaffen sind (möglich u.a. bei Gebrauchsanweisungen, Benutzeroberflächen von Computerprogrammen). Die VG WORT lizenziert insbesondere das Recht der öffentlichen Wiedergabe durch Bild- und Tonträger (§ 21 UrhG) und in Hörfunk- und Fernsehsendungen (§§ 22, 23 UrhG), die Leerträger- und Gerätevergütung (§ 54 UrhG) und die Bibliothekstantieme (§ 27 Abs. 2 UrhG). Auch die Vergütung für (elektronische) Pressspiegel (§ 49 Abs. 1 S. 2 UrhG) nimmt sie für die Autoren und Verlage wahr. Seit 2014 nimmt sie auch das Leistungsschutzrecht für Presseverlage wahr (§§ 87 ff. UrhG), für das der VG Wort bislang jedoch keine Rechte eingeräumt wurden. Aufgrund der politischen Tendenz zu mehr kollektiven Lösungen im Wissenschaftsbereich, ist damit zu rechnen, dass die Rolle der VG Wort für die Vergütung der Autoren und Verlage weiter steigen wird. Problematisch ist dabei die Auseinandersetzung zwischen einigen Urhebern und den Verlagen über den Verteilungsplan und die Ausschüttungen an die Verlage.[73] Die jüngste Urheberrechtsreform ermöglicht mit §§ 27 und 27a VGG auch für die Zukunft eine Beteiligung der Verleger an den gesetzlichen Vergütungsansprüchen. Trotzdem wird diskutiert, ob die Verleger – wie vom BGH vorgeschlagen – ein eigenes Leistungsschutzrecht bräuchten und dieses ggf. in eine eigene Verwertungsgesellschaft eingebracht werden sollte.[74]

45 Insgesamt sind über 410 000 Wahrnehmungsberechtigte im Gesamtregister der VG WORT verzeichnet, davon waren 179 001 Autoren und 1 042 Verlage 2015 auch Ausschüttungsempfänger. Die VG Wort erzielte im Jahr 2015 mit der Lizenzierung der ihr übertragenen Rechte rund 305 Mio. EUR.[75]

4. VG Bild-Kunst

46 Die Verwertungsgesellschaft Bild-Kunst r.V. (VG Bild-Kunst), die 1969 gegründet wurde und ihren Sitz in Frankfurt am Main hat,[76] nimmt die Rechte von bildenden Künstlern, Fotografen und anderen Bild-/Filmurhebern wahr.[77] Die Wahrnehmungsbe-

71 Ausf. zur VG Wort Limper/Musiol/*Richly* S. 936 ff.

72 Der aktuelle Wahrnehmungsvertrag ist abrufbar unter www.vgwort.de/publikationen/wahrnehmungsvertrag.html.

73 *BGH* ZUM 2016, 639; *EuGH* ZUM 2016, 152; derzeit ist auch eine Verfassungsbeschwerde des C.H.Beck Verlags anhängig. Die Entscheidungen werden in der Lit. stark kritisiert vgl. *Müller* ZUM 2014, 781 ff.; *Kraßer* GRUR 2016, 129 ff.; *Riesenhuber* EuZW 2016, 16 ff.; unterstützend *Flechsig* MMR 2016, 50, 51; *von Ungern-Sternberg* GRUR 2016, 321, 330 f.

74 Der Richtlinienentwurf der EU-Kommission zur Modernisierung des Urheberrechts im digitalen Binnenmarkt will Mitgliedstaaten berechtigen („May provide"), entsprechende Rechte für Buchverleger vorzusehen: http://eur-lex.europa.eu/legal-content/DE/TXT/?uri=CELEX%3A52016PC0593.

75 Geschäftsbericht 2015, abrufbar unter: www.vgwort.de/fileadmin/pdf/geschaeftsberichte/Gesch%C3%A4ftsbericht_2015.pdf; in der Regel beliefen sich die Ausschüttungen um 140 Mio. EUR, für 2015 gab es eine Nachzahlung für Drucker in Höhe von 155,5 Mio. EUR.

76 Die Geschäftsstelle befindet sich in Bonn. Es gibt außerdem ein Büro in Berlin.

77 Ausf. zur VG Bild-Kunst Limper/Musiol/*Schierholz* S. 940 ff.

rechtigten werden in verschiedene Berufsgruppen unterteilt. Zu der ersten Berufsgruppe gehören die bildenden Künstler[78] und Verleger. Für diese nimmt die Verwertungsgesellschaft u.a. neben den Reproduktions- (§§ 16, 17 UrhG), Sende- (§ 20 UrhG) und Kabelweitersendungsrechten (§ 20b UrhG) auch das für diese Berufsgruppe besonders relevante Folgerecht[79] i.S.d. § 26 UrhG wahr. Für die zweite Berufsgruppe (u.a. Fotografen, Bildkarikaturisten, Designer) wird neben der Bibliothekstantieme auch die Pressespiegel- (§ 49 Abs. 1 S. 2 UrhG) und Lesezirkelvergütung (§ 27 Abs. 1 UrhG) wahrgenommen. Zur dritten Berufsgruppe gehören u.a. Regisseure, Kameraleute und auch Filmproduzenten, für die Vergütungen aus der Videogeräteabgabe, Videoleerkassettenvergütung, Videovermietvergütung sowie Kabelweitersendung kassiert werden. Auch hier stellen sich die gleichen Herausforderungen wie bei der Verlegerbeteiligung der Wissenschaftsverlage. Insgesamt zählt diese Verwertungsgesellschaft über 57 000 Mitglieder.[80] Die Höhe der Erlöse betrug 2015 fast 90 Mio. EUR.[81]

5. VG Musikedition

47 Die in Kassel ansässige VG Musikedition r.V. wurde 1966 gegründet[82] und vertritt die Urheberrechte und Vergütungsansprüche für Musikverlage, Komponisten, Textdichter und Herausgeber. Die Verwertungsgesellschaft teilt sich in drei Kammern: Die erste Kammer besteht aus Verfassern und Herausgebern i.S.d. §§ 70, 71 UrhG, in der zweiten Kammer sind die Verleger und in der dritten Kammer die Komponisten und Textdichter organisiert. Zu den wichtigsten wahrgenommenen Rechten zählt unter anderem der „Schulbuch-Paragraph", § 46 UrhG. Dies beinhaltet das Vervielfältigungs- und Verbreitungsrecht musikalischer Werke für solche Sammlungen, die für den Kirchen-, Schul- und Unterrichtsgebrauch bestimmt sind. Die sich aus den §§ 70, 71 UrhG ergebenden Verwertungsrechte wie Aufführungsrechte,[83] Senderechte oder mechanische Vervielfältigungsrechte, aber auch die daraus resultierenden gesetzlichen Vergütungsansprüche (v.a. §§ 27, 52a, 54a UrhG) werden ebenfalls von der VG Musikedition wahrgenommen. Zudem vergibt die VG Musikedition Vervielfältigungslizenzen an gesellschaftliche Einrichtungen, die von dem nach § 53 Abs. 4 UrhG existierenden Kopierverbot ausgenommen sind. Auch die Beteiligung der Musikverleger muss nun auf der Grundlage der §§ 27, 27a VGG neu geordnet werden.[84] Im Geschäftsjahr 2015 wurden über 6 Mio. EUR aus den wahrgenommenen Verwertungsrechten der rund 1 000 Wahrnehmungsberechtigten erlöst.[85] Die Administrierung erfolgt dabei durch die GEMA, die im Auftrag der VG Musikedition das Inkasso durchführt.

---

78 Hierzu zählen z.B. Maler und Bildhauer.

79 Folgerecht bezeichnet das dem Urheber von Werken der bildenden Künste, also dem Maler, Bildhauer etc., eingeräumte Recht zur finanziellen Beteiligung am Veräußerungserlös beim Weiterverkauf eines Originals.

80 So laut Geschäftsbericht 2015, abzurufen unter www.bildkunst.de. Die Mitgliederanzahl ist zu unterscheiden von der Anzahl der Wahrnehmungsberechtigten, deren konkrete Höhe nicht veröffentlicht wurde.

81 S. Geschäftsbericht 2015 S. 1, abzurufen unter: www.bildkunst.de/uploads/media/Geschaeftsbericht_2015_01.pdf.

82 Gegründet unter dem Namen Interessengemeinschaft Musikwissenschaftlicher Herausgeber und Verleger – IMHV.

83 Hiervon ausgenommen sind bühnenmäßige Verwertungen.

84 Dazu *KG Berlin* 14.11.2016 – 24 U 96/14.

85 So laut Pressemitteilung der Gesellschaft v. 10.03.2016: www.vg-musikedition.de/news/detail/news/pressemeldung-vg-musikedition-steigert-in-2015-ertraege-und-ausschuettungen.

6. VG Media

Die VG Media Gesellschaft zur Verwertung der Urheber- und Leistungsschutzrechte von Medienunternehmen mbH (VG Media) hat seit ihrer Gründung im Jahr 1997 ihren Sitz in Berlin. Gesellschafter sind Fernseh- und Radiosender sowie Presseverleger, insgesamt 25 Medienunternehmen.[86] Die VG Media nimmt die Urheber- und Leistungsschutzrechte von einigen inländischen und ausländischen Fernseh- und Hörfunksendern wahr.[87] Zu den lizenzierten Rechten gehört insbesondere das Recht der Kabelweitersendung (§ 20b UrhG). Sie vertritt außerdem die Sender bei der Vergütungspflicht von „Programmbegleitmaterial", das von den Sendern in ihren „Presselounges" vorgehalten und von Dritten in elektronischen Programmführern („Electronic Program Guides") verwendet wird.[88] **48**

Seit 2014 nimmt die VG Media auch das „Leistungsschutzrecht der Presseverlage" (§ 87 f. UrhG) gegenüber Internetsuchmaschinen und Newsaggregatoren wahr. Hierzu hat sie erste Lizenzverträge abgeschlossen, einige Verfahren ruhen und in der Auseinandersetzung mit Google hat die Schiedsstelle die Zahlungspflicht für die Anzeige von Suchergebnissen bestätigt.[89] Die Darstellung von bis zu sieben Wörtern ist vergütungsfrei. Über die Höhe der Vergütung läuft nach dem Schiedsstellenverfahren das zivilrechtliche Verfahren durch den Instanzenzug. Zuletzt hat das LG Berlin dem EuGH vorgelegt, ob das Gesetz notifizierungspflichtig gewesen wäre. Dies impliziert zumindest eine teilweise Zahlungspflicht für Google, anderenfalls könnte diese Frage dahingestellt bleiben. Vgl. www.berlin.de/gerichte/presse/pressemitteilungen-der-ordentlichen-gerichtsbarkeit/2017/pressemitteilung.589394.php. **49**

Seit Jahren kämpft die VG Media – allerdings bisher erfolglos – gegen den Ausnahmetatbestand in § 87 Abs. 4 UrhG, wonach die Sendeunternehmen von der Leerträgervergütung (§ 54 Abs. 1 UrhG) ausgenommen sind.[90] **50**

Im Geschäftsjahr 2015 erzielte die Gesellschaft Umsatzerlöse aus der Vergütung für die Nutzung der Rechte der privaten Fernseh- und Hörfunkprogramme i.H.v. mehr als 41 Mio. EUR und für das Presseleistungsschutzrecht i.H.v. mehr als 3 Mio. EUR.[91] **51**

---

86 Abrufbar unter: www.vg-media.de/de/gesellschafter.html.

87 Die VG Media vertritt als ökonomisch tatsächlich bedeutende Sender im Wesentlichen nur die der ProSiebenSat.1 Media AG. Die Sender der Mediengruppe RTL Deutschland (RTL, VOX, RTL II, SuperRTL, n-tv, RTL Nitro) vertreten sich insbesondere in allen Angelegenheiten der (Kabel-)-Weitersendung im In- und Ausland seit 1.1.2011 selbst. Grundsätzlich haben diese Sender nach dem Verkauf der Gesellschaftsanteile durch die RTL Television GmbH im Jahr 2011 und der Kündigung ihrer Wahrnehmungsverträge nur die Vertretung für die inländische Hotelnutzung bei der VG Media gelassen, für die diese aber zusätzlich die Dienstleistungen der GEMA für das Inkasso in Anspruch nimmt.

88 Vgl. ausf. zum Ganzen *Kocks/Sporn*.

89 Dazu die Meldung des DPMA: www.dpma.de/service/dasdpmainformiert/hinweise/tarifpresseverleger/index.html.

90 S. dazu auch das von der VG Media in Auftrag gegebene Rechtsgutachten von *Leistner*, abrufbar unter: www.vg-media.de/images/stories/pdfs/presse/2013/leistner-gutachten%20zur%20beteiligung%20der%20sendeunternehmen%20an%20der%20privatkopievergtung.pdf. Es soll einen beim OLG München anhängigen Musterprozess gegen einen Speicherhersteller stützen, bei dem auf eine Vorlage an den EuGH gehofft wird.

91 S. Jahresabschluss 2015, abrufbar unter www.urheber.info/sites/default/files/story/files/bundesanzeiger-vg-media-jahresabschluss-2015.pdf.

7. Verwertungsgesellschaften der Filmhersteller etc

52 Die Rechte von Filmherstellern/-produzenten und anderen an Filmproduktionen beteiligten Rechteinhabern werden von verschiedenen Verwertungsgesellschaften wahrgenommen, die miteinander konkurrieren und sich (mit Ausnahme der GÜFA) teilweise schwer voneinander abgrenzen lassen bzw. zwischen denen ein entsprechender Rechteinhaber wählen kann.

7.1 GÜFA

53 Die Gesellschaft zur Übernahme und Wahrnehmung von Filmaufführungsrechten mbH (GÜFA) mit Sitz in Düsseldorf und einer Zweigniederlassung in Middelburg/Niederlande wurde 1976 als Verwertungsgesellschaft zugelassen. Sie vertritt die Rechte der Urheber, Filmproduzenten sowie weiteren Leistungsschutzberechtigten von erotischen und pornografischen Filmen, darunter das Recht der öffentlichen Vorführung (§ 19 Abs. 4 UrhG), des gewerblichen Vermietens und Verleihens (27 UrhG) sowie der Leerträger- und Geräteabgabe (§ 54 UrhG). Im Jahr 2015 hat die GÜFA mit 180 Filmurhebern (2014: 247) und mit 236 Filmherstellern sowie sonstigen Leistungsschutzberechtigten (2014: 247) einen Berechtigungsvertrag abgeschlossen.[92] Im Geschäftsjahr 2015 wurden mit der Verwertung der genannten Rechte Gesamterträge in Höhe von über 5 Mio. EUR erzielt (2014: über 8 Mio. EUR).[92] Die geringeren Einnahmen sind insbesondere auf das rückläufige Geschäft der öffentlichen Vorführungsrechte (insbesondere Videokabinen) zurückzuführen.

7.2 VFF

54 Die Verwertungsgesellschaft der Film und Fernsehproduzenten mbH (VFF), gegründet 1979, hat ihren Sitz in München. Gesellschafter der VFF sind die Allianz Deutscher Produzenten – Film und Fernsehen, der Südwestrundfunk und das Zweite Deutsche Fernsehen. Die VFF nimmt die Rechte und Ansprüche von Filmherstellern gem. § 94 UrhG wahr. „Filmhersteller“ sind neben den Herstellern von Filmen und Synchronisationen auch Senderunternehmen[93] und deren Werberundfunkgesellschaften. Wichtigste Rechte für die VFF sind die Rechte aus der Leerträger- und Gerätewiedergabe (§ 54 UrhG) und der Kabelweitersendung (§ 20b UrhG). Die Einnahmen der VFF betrugen im Geschäftsjahr 2015 rund 24 Mio. EUR.[92]

7.3 VGF

55 Im Jahr 1981 wurde die Verwertungsgesellschaft für Nutzungsrechte an Filmwerken mbH mit Sitz in München und Berlin gegründet. Gesellschafter sind zu gleichen Teilen der in Berlin ansässige Verband der Filmverleiher e.V. und der Verband deutscher Filmproduzenten e.V. mit Sitz in München. Auch diese Gesellschaft vertritt die Rechte von insbesondere Filmherstellern nach § 94 UrhG. Vornehmlich nimmt die VGF die Rechte von deutschen und ausländischen (Kino-) Filmproduzenten wahr, wobei die VGF München für die Vergütung der deutschen Filmproduktionen zuständig ist und die VGF Berlin ausschließlich nicht-deutsche Filmproduktionen verwertet. Gem. § 1 des Musters des Wahrnehmungsvertrags[94] übertragen die Filmhersteller

---

92 S. den Jahresabschluss 2015, abrufbar unter www.bundesanzeiger.de.

93 Von der VFF werden die entsprechenden Rechte aller öffentlich-rechtlichen und einiger private Sender wahrgenommen.

94 Abrufbar unter www.vg-film.de/sites/default/files/VGF_Wahrnehmungsvertrag_0.pdf.

neben anderen Rechten das Recht der öffentlichen Wiedergabe von Fernsehsendungen (§22 UrhG), das Verleihrecht für Video- und DVD gem. §27 UrhG sowie die sich aus §54 UrhG ergebende Leerträger- und Gerätevergütung. Ebenfalls wird das Recht der Kabelweitersendung (§20b UrhG) wahrgenommen. Die Gesamterlöse der VGF für ihre rund 1 000 Wahrnehmungsberechtigten beliefen sich im Jahr 2015 auf über 6 Mio. EUR.[95]

7.4 GWFF

56 Bei der 1982 gegründeten Gesellschaft zur Wahrnehmung von Film- und Fernsehrechten mbH (GWFF) mit Sitz in München handelt es sich um eine weitere Verwertungsgesellschaft, die die Rechte von Produzenten, Filmurhebern und Schauspielern wahrnimmt. Dem Wahrnehmungsvertrag[96] lässt sich entnehmen, dass die GWFF für die Berechtigten die Ansprüche aus der Kabelweitersendungsvergütung (§20b UrhG), die Leerträger- und Gerätevergütung (§54 UrhG), das Recht der öffentlichen Wiedergabe durch Bildtonträger (§21 UrhG)[97] sowie von Funksendungen (§22 UrhG) wahrnimmt. Einen Großteil der Einnahmen erzielt die GWFF mit den Vergütungen, die sich aus der Leerträger- und Geräteabgabe (§54 UrhG), ergeben. Im Jahr 2015 erwirtschaftete die GWFF Erlöse in Höhe von mehr als 22 Mio. EUR.[98] Die GWFF hält zudem 51 % der Geschäftsanteile an der AGICOA Urheberrechtsschutz GmbH, einer weiteren Verwertungsgesellschaft.

7.5 AGICOA

57 Bei der Association de Gestion Internationale Collective des Oeuvres Audiovisuelle (AGICOA) handelt es sich um eine international operierende Gesellschaft,[99] deren deutscher Zweig die AGICOA Urheberrechtsschutz GmbH mit Sitz in München ist. Diese Gesellschaft nimmt für Rundfunksender wie ARD, ZDF, Eurosport sowie andere europäische öffentlich-rechtliche Rundfunksender insbesondere deren Rechte aus der Kabelweitersendung gem. §20b UrhG wahr. Mit der Lizenzierung dieses Rechts wurden mehr als 22 Mio. EUR im Geschäftsjahr 2015 eingenommen.[100] Das Inkasso der lizenzierten Rechte wird durch die GEMA abgewickelt. Die AGICOA Urheberrechtsschutz GmbH ist eine Beteiligung der GWFF (s.o. Rn. 56).

7.6 VG TWF

58 Die TWF Treuhand Werbefilm mbH (VG TWF) hat ihren Sitz in München und existiert bereits seit 2005, ist allerdings erst seit 2008 als Verwertungsgesellschaft zugelassen. Die Gesellschaft nimmt die Rechte der Werbefilmproduzenten als Filmherstellers gem. §94 UrhG wahr. Seit Aufnahme des Geschäftsbetriebes sind bisher mit ca. 100 Werbefilmproduzenten Wahrnehmungsverträge abgeschlossen worden.[101] Für die Wahrnehmungsberechtigten der VG TWF sind vor allem die Leerträger- und Geräte-

95 S. den Jahresabschluss 2015, abrufbar unter www.vgf.de/sites/default/files/2015_0.pdf.
96 S. §1 des Musters des Wahrnehmungsvertrages, einzusehen unter www.gwff.de/wahrnehmungsvertrag.html.
97 Z.B. Videovorführung in Gaststätte.
98 S. den Jahresabschluss 2015, abrufbar unter www.gwff.de/pdf/GWFF-Jahresabschluss-2015-de.pdf.
99 Hauptsitz der AGICOA ist Genf; weitere Informationen unter www.agicoa.org.
100 Laut Jahresabschluss 2015, abrufbar unter www.agicoa.de/pdf/2015-AGICOA-Financial-statements-and-annual-report.pdf.
101 Laut Jahresabschluss 2015, abrufbar unter www.bundesanzeiger.de.

vergütung (§ 54 UrhG) und die Kabelweiterversendungsvergütung (20b UrhG i.V.m. § 94 Abs. 4 UrhG) relevant. Dem Jahresabschluss 2012 zufolge betrugen die Einnahmen aus der Kabelweitersendung für 2015 etwas mehr als 1 Mio. EUR.[102]

7.7 GWVR

59 Die Gesellschaft zur Wahrnehmung von Veranstalterrechten (GWVR) wurde im September 2014 in Hamburg gegründet und nimmt das Leistungsschutzrecht des Veranstalters nach § 81 UrhG wahr. Dadurch sollen die Veranstalter an den Erlösen partizipieren, die mit Konzertmitschnitten generiert werden. Lizenznehmer sind Onlinedienste, Radio- und Fernsehsender und Tonträgerhersteller, die Aufzeichnungen von Veranstaltungen aufzeichnen und wiedergeben. Zahlen über Wahrnehmungsberechtigte und Umsätze sind bislang noch nicht veröffentlicht worden.

X. Zusammenarbeit beim Inkasso

60 Die Verwertungsgesellschaften haben sich zum Zweck des Inkassos und der Aufteilung der Erlöse bei einigen Rechten in Form von BGB-Gesellschaften zusammengeschlossen. Diese sind nach dem neuen Recht zwar keine eigenständigen Verwertungsgesellschaften, bedürfen gem. § 90 als abhängige Verwertungseinrichtung i.S.d. § 3 VGG einer Erlaubnis, wenn sie die in § 77 Abs. 2 VGG benannten Rechte wahrnehmen.[103]

61 Von dieser Form der Zusammenarbeit zu unterscheiden, ist die Übernahme des Inkassos für eine Verwertungsgesellschaft durch eine andere als Dienstleister.[104] Die sog. Repräsentationsvereinbarungen erfolgen auf der neuen Grundlage der §§ 44 ff. VGG und lösen insbesondere umfassende Informationspflichten bei der beauftragten Verwertungsgesellschaft aus.

XI. Europäische und internationale Zusammenarbeit

62 Die deutschen Verwertungsgesellschaften arbeiten umfangreich mit ihren ausländischen Partnergesellschaften zusammen. Diese Zusammenarbeit ist notwendig, weil Rechteinhaber den Verwertungsgesellschaften auch oft die weltweiten Rechte übertragen. Um diese Rechte auch außerhalb Deutschlands verwerten zu können, werden die jeweils nationalen Verwertungsgesellschaften über sog. Gegenseitigkeitsverträge verpflichtet.[105] Über Dachorganisationen haben sich die Verwertungsgesellschaften zum verbesserten Informations- und Erfahrungsaustausch außerdem miteinander verbunden.

---

102 Laut Jahresabschluss 2015, abrufbar unter www.bundesanzeiger.de.

103 Dies war bislang nicht erforderlich; dazu ausf. Löwenstein/*Melichar* § 46 Rn. 21 ff; s. auch die Auflistung bei Dreier/Schulze/*Schulze* Vor § 1 UrhWG Rn. 17.

104 Ein Bsp. hierzu ist die VG Media, die für das Inkasso bei den Beherbergungsbetrieben die GEMA beauftragt hat, s. www.vgmedia.de/de/neu-inkasso-fuer-beherbergungsbetriebe-durch-gema.html; ausf. zum Ganzen Löwenstein/*Melichar* § 46 Rn. 32 ff.; Kurzdarstellungen auch bei Limper/Musiol/*Wohlgemuth* S. 916 f.

105 Ausf. zu den internationalen Kooperationen Büscher/Dittmer/Schiwy/*Steden* Vorb. zu §§ 1 ff. WahrnG Rn. 23; Limper/Musiol/*Schierholz* S. 917 f.

Um die gebietsübergreifende Vergabe von Online-Rechten an Musikwerken zu fördern, hat die EU-Richtlinie umfassende Regelungen geschaffen, die in den §§ 59–74 VGG umgesetzt wurden. Dazu sollen nur noch Verwertungsgesellschaften, die die Voraussetzungen des § 61 VGG (insb. effiziente und transparente elektronische Verarbeitung) erfüllen, diese Rechte wahrnehmen dürfen. Um jedoch weiterhin ein europäisches Level-Playing-Field zu gewährleisten, wurden vom deutschen Gesetzgeber für diese Rechte über die Richtlinie hinausgehende Regulierungen in § 60 VGG ausgenommen, insbesondere auch der Abschlusszwang. **63**

28. Kapitel
Urheberrecht und Verlagsrecht

Literatur: *Allfeld* Das Verlagsrecht, 2. Aufl. 1929; *Bappert* Entspricht das gesetzliche Verlagsrecht den modernen Bedürfnissen?, GRUR 1959, 582; *von Becker* Die angemessene Vergütung – Eine Quadratur des Kreises?, ZUM 2007, 249; *Berger/Wündisch* Urhebervertragsrecht, 2008; *Dreier/Schulze* Urheberrechtsgesetz, 5. Aufl. 2015; *Flechsig* Zur Verkehrsfähigkeit gesetzlicher Vergütungsansprüche des Filmherstellers, ZUM 2012, 855, 865; *ders.* Verteilung der GEMA an Urheber und Verlage, GRUR Prax 2017, 31; *Fromm/Nordemann* Urheberrecht, 11. Aufl. 2014; *Graef* Recht der E-Books und des Electronic Publishing, 2016; *Haberstumpf/Hintermeier* Einführung in das Verlagsrecht, 1985; *Hillig* Textsammlung zum Urheber- und Verlagsrecht, 15. Aufl. 2014; *Leiss* Verlagsgesetz, 1973; *Limper/Musiol* Handbuch des Fachanwalts Urheber- und Medienrecht, 2010; *Loewenheim* Handbuch des Urheberrechts, 2. Aufl. 2010; *Mogg* Die Kodifikation von Verlagsrecht und Verlagsvertrag in Deutschland, Diss. Berlin, 2004; *Möhring/Nicolini* Urheberrecht, 3. Aufl. 2014; *Nordemann* Das neue Urhebervertragsrecht, 2002; *Ory* Das neue Urhebervertragsrecht, AfP 2002, 93; *Rehbinder* Urheberrecht, 17. Aufl. 2014; *Riesenhuber* Priorität als Verteilungsprinzip?, ZUM 2012, 746; *Russ* Verlagsgesetz, 2014; *Schack* Urheber und Urhebervertragsrecht, 7. Aufl. 2015; *Schaub* Der „Fairnessausgleich" nach § 32a UrhG im System des Zivilrechts, ZUM 2005, 212; *Schierholz/Müller* Der Herausgeber im Urheberrecht, FS für Nordemann, S. 115; *Schricker* Verlagsrecht, 3. Aufl. 2001; *Schricker/Loewenheim* Urheberrecht, 4. Aufl. 2010; *Schulze* Rechtsfragen von Printmedien im Internet, ZUM 2000, 432; *Ulmer* Urheber- und Verlagsrecht, 3. Aufl. 1980; *Ulmer-Eilfort/Obergfell* Verlagsrecht, 2013; *von Ungern-Sternberg* Die Rechtsprechung des EuGH und des BGH zum Urheberrecht und zu den verwandten Schutzrechten im Jahre 2012, GRUR 2013, 248, 255; *Wallenfels/Russ* Preisbindungsgesetz, 6. Aufl. 2012; *Wandtke* Medienrecht, 2008; *Wandtke/Bullinger* Praxiskommentar zum Urheberrecht, 4. Aufl. 2014; *Wegner/Wallenfels/Kaboth* Recht im Verlag, 2. Aufl. 2011.

A. Einleitung

Der Begriff „Verlagsrecht" ist mehrdeutig. Man versteht darunter objektiv die gesetzli- 1
che Regelung des Verlagsverhältnisses als **Teil des Urhebervertragsrechts**, subjektiv ein urheberrechtliches Nutzungsrecht, das im Rahmen eines Verlagsvertrages regelmäßig als **„Hauptrecht"** bezeichnet wird.[1] Im engeren Sinne ist das Verlagsrecht das aus dem Urheberrecht abgeleitete, ausschließliche Recht des Verlegers zur **Vervielfältigung und Verbreitung** des Werkes.[2] Im weiteren Sinne sind verlagsrechtliche Regelungen auch diejenigen, die im Verlagswesen tagtäglich von besonderer Bedeutung sind, wie etwa der im Markengesetz geregelte Titelschutz oder das Recht der Buchpreisbindung.[3]

---

1 Der seit 6.2.2014 gültige *Normvertrag* zwischen dem Börsenverein des Deutschen Buchhandels und dem Deutschen Schriftstellerverband sieht die Unterscheidung zwischen Haupt- und Nebenrechten nicht mehr vor. Die Verlagspflicht ergibt sich nach diesem Muster nicht aus der Definition des Hauptrechts, sondern aus der Spezifizierung in § 3 Nr. 1 und 2; abgedr. als Anh. 1 unter Rn. 123.

2 *Russ* Einl. Rn. 5 ff.

3 Titelschutz und Preisbindung werden hier nur am Rande behandelt; vgl. weiterführend zum Titelschutz *Russ* § 13 Rn. 42 ff.; *Ulmer-Eilfort/Obergfell* 1 H Rn. 1 ff.; *Wegner/Wallenfels/Kaboth* 4. Kap. Rn. 15; zur Preisbindung *Wallenfels/Russ* § 1 Rn. 1 ff.; *Ulmer-Eilfort/Obergfell* 1 K Rn. 1 ff.; *Wegner/Wallenfels/Kaboth* 5. Kap. Rn. 1 ff.

2 Als Teil des Urhebervertragsrechts findet das Verlagsrecht im objektiven Sinn seine Grundlagen zunächst im **Urheberrecht**, dort insbesondere in den §§ 31 ff. UrhG. Das Urheberrecht ist ein Teil des Privatrechts. Geschützt werden insbesondere die Urheber von Werken der Literatur, Wissenschaft und Kunst (§ 1 UrhG). Geschützt wird der Urheber in seinen geistigen und persönlichen Beziehungen zum Werk (§ 11 UrhG), worunter nicht nur seine materiellen, sondern auch seine ideellen Interessen zu verstehen sind. Im Vordergrund steht damit die Herrschaft des Urhebers über sein Werk als seinem geistigen Eigentum, das dem Schutz des Art. 14 GG unterliegt.[4] Jedes vertraglich eingeräumte Nutzungsrecht, auch das Verlagsrecht im subjektiven Sinn, muss in lückenloser Kette auf den Urheber zurückgehen, da diesem ein umfassendes und unveräußerliches Verwertungsrecht an seinem Werk zusteht (§§ 15 ff., 29 Abs. 1 S. 1 UrhG).

3 Die entscheidende Rechtsgrundlage im Verhältnis zwischen Verlag und Urheber ist der **Verlagsvertrag**. Die Praxis bedient sich Musterverträgen, etwa dem – 2014 neu gefassten – **Normvertrag für den Abschluss von Verlagsverträgen** zwischen dem Börsenverein und dem Verband deutscher Schriftsteller[5] oder den Vertragsnormen für wissenschaftliche Verlagswerke.[6] Ist der Verlagsvertrag lückenhaft, so kommen die Regelungen des Verlagsgesetzes zur Anwendung. Das VerlG enthält bis auf die Vorschriften zur Insolvenz des Verlegers (§ 36 VerlG) dispositives Recht.[7]

4 Das Verlagsrecht war bis Ende des 19. Jahrhunderts landesrechtlich geregelt. Gleichzeitig mit dem Literaturhebergesetz (LUG) wurde am 19.6.1901 das Gesetz über das Verlagsrecht erlassen, das mit wenigen Änderungen noch heute in Kraft ist.[8]

B. Regelungsrahmen des Verlagsrechts

I. Verlagsrecht und Urheberrecht

1. Urheberrecht vergeht, Verlagsrecht besteht

5 Das Verlagsgesetz von 1901 hat alle Reformen des Urheberrechts, auch die des Urhebervertragsrechts, nicht nur unbeschadet, sondern auch – bis auf die Regelung zur Insolvenz – weitgehend unverändert überstanden. Während das Urheberrecht zunehmend als **rechtspolitische Daueraufgabe** betrachtet wird,[9] erscheint das VerlG seit jeher als „der wohlgeratene Sohn unter den Sorgenkindern."[10] Das Verlagsgesetz hat sich bewährt.[11] Soweit einzelne Regelungen gestrichen wurden, geschah dies, um sie zu allgemeinen Bestimmungen des Urhebervertragsrecht zu befördern (vgl. hierzu

4 *BVerfG* GRUR 1972, 481 – Kirchen- und Schulgebrauch; GRUR 1980, 44 – Kirchenmusik; *BGHZ* 17, 266, 278 – Grundig-Reporter.
5 Abgedr. als Anh. 2 unter Rn. 124.
6 Vereinbarung zwischen dem Börsenverein des Deutschen Buchhandels und dem Deutschen Hochschullehrerverband, Fassung 2002, vollständig abgedr. bei *Schricker* Verlagsrecht, Anh. 2, 776 ff.
7 *Ulmer* S. 427.
8 Zur Entstehung des VerlG *Mogg* S. 110 ff.
9 Entschließungsantrag der FDP zum „2. Korb", BT-Drucks. 16/5939, 52.
10 *Bappert* GRUR 1959, 582.
11 *Schricker* Einl. Rn. 18.

Rn. 11). Rechtsprechung und Schrifttum behandeln es wohl aus diesem Grunde als Stiefkind, während dem großen Bruder UrhG glänzende Aufmerksamkeit zukommt. Zudem ist der klassische Verlagsvertrag nur noch einer unter vielen Verträgen, die im Verlagswesen von Bedeutung sind. Hinzu kommt die Internationalisierung des Verlagsgeschäfts, die das ohnehin dispositive deutsche VerlG in seiner Bedeutung reduziert.[12]

Urheberrechtsverträge sind Verträge, die über die Einräumung von Nutzungsrechten an urheberrechtlich geschützten Werken geschlossen werden. Sie gliedern sich in die Gruppen der **Wahrnehmungsverträge** und der **Nutzungsverträge**. Im Regelfall ist das Verfügungsgeschäft in das Verpflichtungsgeschäft eingebettet: Die Einigung über die Rechtseinräumung erfolgt im Rahmen des Vertrages.[13] **6**

Ursprünglich war das Urhebervertragsrecht nur rudimentär kodifiziert: Von den einzelnen Nutzungsverträgen wurde nur für den **Verlagsvertrag** durch Schaffung des VerlG von 1901 ein gesetzlicher Rahmen geschaffen. Bei Erlass des UrhG von 1965 wurde in Aussicht genommen, die Neuregelung des Urheberrechts durch ein umfassendes Gesetz über das Urhebervertragsrecht zu ergänzen. Divergierende Interessen einerseits, aber auch die Vielschichtigkeit und Schwierigkeit der Materie standen einer Verwirklichung über viele Jahre im Wege. Hauptstreitpunkt war, inwieweit ein Urhebervertragsrecht den Grundsatz der Vertragsfreiheit einschränken dürfe. So wurde die Auffassung vertreten, dass beim Urhebervertrag typischerweise der Urheber der schwächere, der Verwerter der stärkere Vertragspartner sei.[14] Dies rechtfertige gesetzliche Eingriffe zwar nicht in das „ob“ des Urhebervertrages, jedoch in dessen Ausgestaltung. **7**

Nach Jahre währendem und heftigem Ringen trat am 1.7.2002 das Gesetz zum Urhebervertragsrecht in Kraft, durch welches die wenigen urhebervertragsrechtlichen Regelungen des Gesetzes ergänzt und die Position des Urhebers gestärkt wurde. Die bedeutsamste Einführung war der Anspruch des Urhebers auf Zahlung einer „angemessenen Vergütung“ (§ 32 UrhG), gleichzeitig ein **erheblicher Eingriff** in die Vertragsfreiheit der Parteien. Anfang des Jahres 2016 trat das „Gesetz zur verbesserten Durchsetzung des Anspruchs der Urheber und ausübenden Künstler auf angemessene Vergütung“ in Kraft.[15] Es sieht u.a. ein Verbandsklagerecht bei Verstößen von Verwertern gegen gemeinsame Vergütungsregeln vor (§ 32b UrhG), ferner ein Recht des Urhebers zur anderweitigen Verwertung seines Werkes nach Ablauf von zehn Jahren, sofern er eine Pauschalvergütung erhalten hatte (§ 40a UrhG). **8**

2. Das Primat des Verlagsrechts

Im Verhältnis zwischen UrhG und VerlG gilt der Grundsatz, dass das jüngere Gesetz (UrhG von 1965) das ältere Spezialgesetz (VerlG von 1901) unangetastet lässt.[16] Es gilt also das **Primat des Verlagsrechts**.[17] Dieser Grundsatz gilt jedoch nicht ohne Einschränkungen: Zwingende Regelungen des UrhG – etwa die Geltung der Zwecküber- **9**

12 *Berger/Wündisch/Krakies* 17. Kap. Rn. 3.
13 *Ulmer* S. 383.
14 *Ulmer* S. 386; *Dietz* FS Schricker, 1995, S. 1, 9.
15 BT-Drucks. 18/8625 in Form der Beschlussempfehlung des Rechtsausschusses, BT-Drucks. 18/10637.
16 *Schricker* Einl. Rn. 19.
17 *Russ* Einl. Rn. 45.

tragungsregel oder das Recht des Urhebers auf Zahlung einer angemessenen Vergütung, § 32 UrhG – gehen allen anderen Regelungen vor.[18] Sie sind vertraglich nicht einschränkbar.

10 Das Urhebervertragsrecht gilt zunächst beim ersten, primären Urhebervertrag, dem Vertrag erster Stufe. Das **sekundäre** Urhebervertragsrecht betrifft Nutzungsverträge weiterer Stufen, also zwischen Ersterwerber und Zweiterwerber, Zweiterwerber und Dritterwerber etc. (Lizenzverträge). Grundsätzlich gelten die Vorschriften des Urhebervertragsrechts auch für die Nutzungsverträge zweiter und weiterer Stufen.[19]

3. Für den Verlagsvertrag wichtige Regelungen des UrhG

11 Die den Urhebervertrag und damit auch den Verlagsvertrag betreffenden Regelungen sind im UrhG bunt verstreut, man denke an die Regelungen zur Unübertragbarkeit des Urheberrechts und der Verwertungsrechte (§§ 28 ff. UrhG), zur Einräumung von Nutzungsrechten (§§ 31, 35, 38 UrhG), zur Vergütung (§§ 32, 32a, 36 UrhG), zur Übertragung von Nutzungsrechten (§ 34 UrhG), zu Änderungen und Bearbeitungen (§§ 37 Abs. 1, 39 UrhG), zu Verträgen über künftige Werke (§ 40 UrhG), zur anderweitigen Verwertung und zum Rückruf wegen Nichtausübung von Nutzungsrechten (§§ 40a, 41 UrhG) oder wegen gewandelter Überzeugung (§ 42 UrhG), zum Urheber in Arbeits- oder Dienstverhältnissen (§§ 43, 69b UrhG) oder zur Übertragbarkeit der Leistungsschutzrechte bei nachgelassenen Werken (§ 71 Abs. 2 UrhG).

Einige ursprüngliche im VerlG enthaltene Regelungen wurden 1965 aufgehoben und ins UrhG übernommen: § 3 a.F. (Beiträge zu Sammelwerken, vgl. heute § 38 UrhG), § 13 (Änderungen durch den Verleger, vgl. heute § 39 UrhG) und § 42 (Beiträge zu periodischen Sammlungen, vgl. heute § 38 UrhG). Mit der Neuregelung des § 34 UrhG im Zuge der Urheberrechtsreform des Jahres 2002 wurde § 28 VerlG (Übertragung des Verlagsrechts) aufgehoben.

3.1 Die Einräumung von Nutzungsrechten

12 § 31 Abs. 1–3 UrhG bestimmen, dass Nutzungsrechte wahlweise einfach oder ausschließlich, also **„exklusiv"** oder **„nicht-exklusiv"** eingeräumt werden können. Das Verlagsrecht ist jedoch per Legaldefinition das ausschließliche Recht zur Vervielfältigung und Verbreitung (§ 8 VerlG).[20] Wird dieses – wie üblich – im Vertrag als „Verlagsrecht" bezeichnet, so ist es per definitionem ein **ausschließliches** Recht, ohne dass es insoweit noch einer ausdrücklichen Regelung bedürfte. § 8 VerlG sieht daher als **dispositive gesetzliche Regel** die ausschließliche Einräumung des Verlagsrechts an den Verleger vor. Nur wenn das Nutzungsrecht ausdrücklich als nicht-ausschließlich bezeichnet wird oder eine Auslegung des Vertrages die Einräumung eines einfachen Nutzungsrechts zwingend erscheinen lässt, ist ausnahmsweise nicht von einem ausschließlichen Recht auszugehen.[21] Da § 8 VerlG dispositiv ist, können die Parteien das Verlagsrecht jedoch auch als einfaches Nutzungsrecht ausgestalten.[22] Der Vertrag selbst verliert dadurch nicht seinen Charakter als Verlagsvertrag.[23] Auch kann das

---

18 *Ulmer-Eilfort/Obergfell* 1 A Rn. 17 f.
19 *Dreier/Schulze* Vor § 31 Rn. 27 sowie § 31 Rn. 12.
20 *Russ* § 8 Rn. 2, 4 ff.
21 *Loewenheim/J.B. Nordemann* § 64 Rn. 42.
22 *Russ* § 8 Rn. 9.
23 *BGH* GRUR 2010, 1093 Rn. 17 – Concierto de Aranjuez.

Verlagsrecht inhaltlich aufgespalten sein (etwa hinsichtlich der Nutzungsarten Taschenbuch, Buchclubausgabe etc.).[24]

3.2 Die Zweckübertragungslehre

Die Zweckübertragungslehre besagt, dass der Urheber im Zweifel Rechte nur in dem Umfang einräumt, der für die **Erreichung des Vertragszwecks** erforderlich ist. Das Urheberrecht hat damit die Tendenz, soweit wie möglich beim Urheber zu verbleiben.[25] Die Zweckübertragungslehre ist in § 31 Abs. 5 UrhG nahezu umfassend kodifiziert: Geregelt sind die Bestimmung der Nutzungsarten, die Frage nach dem einfachen oder ausschließlichen Nutzungsrecht und dessen Einschränkungen sowie die Reichweite des Nutzungsrechts und des Verbotsrechts. Darüber hinaus dient die Zweckübertragungslehre in Zweifelsfällen weiterhin als **Auslegungsregel** bei fehlender vertraglicher Vereinbarung zwischen den Parteien[26] und bei Lücken im Gesetz. Die Zweckübertragungsregel hat indes keine Leitbildfunktion[27] und lässt den Parteien weitgehende Freiheit bei der Einräumung auch umfassender Nutzungsrechte. 13

Ist ein Vertrag über ein Werk abgeschlossen worden, ohne dass die einzelnen Nutzungsrechte explizit benannt wurden, so sind gem. § 31 Abs. 5 S. 1 UrhG im Zweifelsfall nur diejenigen Rechte eingeräumt, die der Verwerter zur Verwirklichung seines konkreten Vorhabens benötigt. Das ist beim Verlagsvertrag das Recht zur Vervielfältigung und Verbreitung des Werkes in gedruckter Form. Die Zweckübertragungsregel gilt neben dem inhaltlichen auch für den räumlichen und zeitlichen Umfang des eingeräumten Rechts.[28] 14

Einige Regelungen des VerlG sind Ausformungen der Zweckübertragungslehre: § 2 Abs. 2 VerlG bestimmt, dass die Rechte an Übersetzungen, Dramatisierungen, musikalischen Bearbeitungen und Verfilmungen mangels anderweitiger vertraglicher Regelung beim Verfasser verbleiben. Wo diese spezialgesetzlichen Regelungen greifen, ist für die Anwendung der Zweckübertragungslehre kein Bedarf. Ansonsten ist die Zweckübertragungslehre auch im Verlagsrecht **zwingend** zu beachten. Sie hat zur Konsequenz, dass – sofern nichts anderes vereinbart ist – der Verleger lediglich eine einzige Buchauflage von nur 1 000 Exemplaren herstellen darf (§ 5 Abs. 1 S. 1, Abs. 2 S. 1 VerlG, eine nicht mehr zeitgemäße Bestimmung[29]) und deren Verbreitung allein im deutschen Sprachraum gestattet ist. Zudem müsste der Verleger alle weiteren Rechte – wie etwa das der Übersetzung, der Verfilmung oder auch der Produktion einer Taschenbuchausgabe – im Bedarfsfall beim Verfasser nachträglich einholen (und regelmäßig gesondert vergüten!), falls diese Rechte nicht ausdrücklich im Verlagsvertrag mitübertragen wurden. Die Notwendigkeit der exakten vertraglichen Bestimmung der einzuräumenden Nutzungsrechte ist also auch im Verlagsrecht zwingend. 15

Der Urheber soll durch die Zweckübertragungslehre vor unbedachten Rechtseinräumungen geschützt werden. Es soll ihm bei Vertragsabschluss genau vor Augen geführt werden, welche Rechte er im Einzelnen überträgt. In der Praxis hat dies zur Folge, dass in von Verlagen oder Produktionsfirmen gestellten Verwertungsverträgen stan- 16

24 *Russ* § 2 Rn. 5.
25 *Ulmer* S. 364.
26 *Schricker* Verlagsrecht § 8 Rn. 5c.
27 *BGH* GRUR 2012, 1031 ff. – Honorarbedingungen freie Journalisten.
28 *Möhring/Nicolini/Wegner* § 8 VerlG Rn. 6; *Dreier/Schulze* § 31 Rn. 2.
29 *Russ* § 8 Rn. 33.

dardmäßig jede auch fern liegende Nutzungsart aufgeführt wird, um ja keine Lücke entstehen zu lassen. Dies führt manchmal zu geradezu grotesken Ergebnissen, wenn etwa für ein Kochbuch unter anderem auch das Recht der Vertonung oder Vertanzung eingeräumt wird. Da derartig weitgehende Rechtseinräumungen nicht mehr mit dem Zweck eines Verlagsvertrages vereinbar seien, wurde vertreten, solche Klauseln seien gem. § 307 BGB unwirksam.[30] Den Streit hat der BGH dahingehend entschieden, dass der Zweckübertragungsregel keine Leitbildfunktion zukommt und auch weitreichende vertragliche Nutzungsrechtseinräumungen damit nicht an einer an § 31 UrhG ausgerichteten Inhaltskontrolle scheitern.[31]

3.3 Neue Nutzungsarten

17 Eine Nutzungsart ist dann selbständig, wenn sie eine **konkrete technisch und wirtschaftlich eigenständige Verwendungsform** des Werkes darstellt.[32] Eine Nutzungsart gilt dann als „bekannt", wenn die Vertragsparteien sie in ihre Überlegungen miteinbeziehen konnten, ohne hierfür auf Spezialistenwissen angewiesen zu sein (vgl. 26. Kap. Rn. 227 f.).

3.3.1 Die frühere Regelung

18 Eigentlich eine logische Konsequenz aus der Zweckübertragungslehre war § 31 Abs. 4 UrhG a.F., wonach die Einräumung von solchen Nutzungsrechten unwirksam war, die zum Zeitpunkt des Vertragsabschlusses noch nicht bekannt gewesen sind. Klauseln wie „der Verfasser überträgt die Rechte an allen auch zukünftig entstehenden Nutzungsarten" führten daher regelmäßig gerade nicht zur Einräumung sämtlicher Nutzungsrechte. Der Urheber sollte davor geschützt werden, dass er sich durch vorschnelle pauschale Rechtseinräumungen der Verwertungsmöglichkeiten begab, die zum Zeitpunkt des Vertragsabschlusses noch gar nicht in seiner Vorstellungswelt waren.

19 War seit Abschluss des Verlagsvertrages eine **neue Nutzungsart** entstanden – dies galt etwa in Bezug auf das Internet für alle Verlagsverträge vor 1995 –, stand dem Verleger kein Nutzungsrecht hierfür zu. Der Verfasser war an einer eigenständigen Vergabe dieses Nutzungsrechts nicht gehindert. Zwar traf ihn gem. § 2 Abs. 1 VerlG die Enthaltungspflicht hinsichtlich einer eigenen Vervielfältigung und Verbreitung des Werkes; untersagt waren ihm danach jedoch nur die typischen Reproduktionsverfahren des Verlages und die Verbreitung der Vervielfältigungsstücke an die Leser.

3.3.2 Die Regelung seit 2008

20 Im Rahmen des zweiten Gesetzes zur Regelung des Urheberrechts in der Informationsgesellschaft (**„2. Korb"**) wurde § 31 Abs. 4 UrhG mit Ablauf des 31.12.2007 gestrichen.[33] Die Einräumung erst künftig entstehender Nutzungsrechte ist seit Inkrafttreten des Gesetzes und der Einführung der neuen §§ 31a UrhG („Verträge für unbekannte Nutzungsarten") sowie eines § 32c UrhG („Vergütung über später bekannte Nutzungsarten") seit 1.1.2008 möglich. Die Einräumung künftig entstehender Nutzungsrechte kann nunmehr vertraglich vereinbart werden, der Vertrag bedarf

30 *Loewenheim/J.B. Nordemann* § 64 Rn. 28 ff.
31 *BGH* GRUR 2012, 1031 ff. – Honorarbedingungen freie Journalisten.
32 *BGH* GRUR 2005, 937, 939 – Der Zauberberg.
33 BGBl I 2007 S. 2513 ff.

jedoch der **Schriftform**. Allerdings kann der Autor die Einräumung des Nutzungsrechts widerrufen (§ 31a Abs. 1 UrhG). Das **Widerrufsrecht** erlischt nach Ablauf von drei Monaten nachdem der Verleger dem Urheber eine Mitteilung über die beabsichtigte Nutzung an die letzte ihm bekannte Adresse abgeschickt hat. Auch entfällt das Widerrufsrecht, wenn sich die Parteien nach Bekanntwerden der neuen Nutzungsart auf eine angemessene Vergütung nach § 32c Abs. 1 UrhG geeinigt haben oder eine **gemeinsame Vergütungsregel** gem. § 36 UrhG zur Anwendung kommt (§ 31a Abs. 2 S. 1, 2 UrhG). Das Widerrufsrecht erlischt gänzlich mit dem Tod des Verfassers, kann also von dessen Erben nicht mehr geltend gemacht werden (§ 31a Abs. 2 S. 3 UrhG). Nach § 32c UrhG hat der Verfasser Anspruch auf eine gesonderte angemessene Vergütung, wenn der Verleger eine neue Art der Werknutzung aufnimmt, die im Zeitpunkt des Vertragsschlusses vereinbart, aber noch unbekannt war.

In § 137l Abs. 1 UrhG findet sich – etwas versteckt – eine für die Praxis überaus 21 bedeutsame Übergangsregel: Danach gilt für alle zwischen dem Inkrafttreten des UrhG am 1.1.1965 und dem Inkrafttreten des „2. Korbs" am 1.1.2008 abgeschlossenen Verlagsverträge, dass die bei Vertragsschluss unbekannten Nutzungsrechte nachträglich dem Verleger angewachsen sind. Dies allerdings unter der Voraussetzung, dass der Verleger seinerzeit **„alle wesentlichen Nutzungsrechte"** (also alle für den Vertragszweck relevanten Nutzungsrechte[34])ausschließlich sowie räumlich und zeitlich unbegrenzt erworbenen hat und der Verfasser der Nutzung nicht bis 31.12.2008 widersprochen hat. Bei künftig entstehenden und vorab bereits vertraglich eingeräumten Nutzungsarten erlischt das Widerspruchsrecht nach Ablauf von drei Monaten, nachdem der Verleger die Mitteilung über die beabsichtigte Aufnahme der neuen Art der Werknutzung an den Verfasser unter der ihm zuletzt bekannten Anschrift abgesendet hat. Durch diese Übertragungsfiktion für Rechte an neuen Nutzungsarten sollen die Verwerter in die Lage versetzt werden, die ihnen ohnehin zur umfassenden Auswertung überlassenen Werke auch auf die nach Vertragsschluss neu entstandene Nutzungsart zu nutzen, ohne zuvor jeden einzelnen Urheber ausfindig machen zu müssen.[34]

Die Verlage lassen sich daher zunehmend auch die Rechte für künftig entstehende 22 Nutzungsarten bereits im Verlagsvertrag einräumen.[35] Nach Bekanntwerden einer neuen Nutzungsart werden sie den Verfasser über die beabsichtigte Aufnahme der neuen Art der Nutzung informieren und eine Einigung über die Vergütung anstreben. Künftige Streitigkeiten dürften die Fragen betreffen, ob das Widerrufsrecht im Einzelfall durch Mitteilung des Verlegers an eine veraltete Adresse des Verfassers erloschen ist und ob eine bereits im Verlagsvertrag vorgesehene Vergütungsregel, sofern sie für die neue Nutzungsart angemessen ist, das Widerrufsrecht nach Bekanntwerden der neuen Nutzungsart entfallen lässt.

34 Begr. RegE BT-Drucks. 16/1828, 33.
35 So der *Normvertrag* in § 2 Nr. 1 lit. r); abgedr. unter Rn. 118b; vgl. auch den Mustervertrag bei *Russ* Anh. 1, dort § 2 Abs. 4.

II. Sonstige relevante Regelungen

23 Es gilt der Grundsatz der **Vertragsfreiheit**. Im UrhG ist lediglich geregelt, wie über die Nutzungsrechte verfügt werden kann. Für die zugrundeliegenden Verpflichtungsgeschäfte gibt es hingegen keine speziellen Bestimmungen. So wird der Bestellvertrag (§ 47 VerlG) regelmäßig nach dienstvertraglichen (§§ 611 ff. BGB) oder werkvertraglichen (§§ 631 ff. BGB) Regelungen behandelt. Regelmäßig werden urheberrechtliche Nutzungsverträge jedoch als Verträge sui generis eingestuft, eine Spielart hiervon ist der Verlagsvertrag, der im VerlG seine gesetzliche Ausgestaltung gefunden hat.

24 Zur Anwendung kommen die allgemeinen Regelungen zum Vertrag (z.B. über das Zustandekommen von Verträgen, §§ 145 ff. BGB, die Auslegung von Willenserklärungen, §§ 133, 157 BGB), allgemeine Regelungen zu den Leistungsstörungen (§§ 320 ff. BGB), zu Grenzen der Vertragsfreiheit (z.B. gesetzliche Verbote, § 134 BGB, Verstoß gegen die guten Sitten, §§ 138 BGB), Tarifverträge mit urhebervertragsrechtlichen Regelungen (etwa der Tarifvertrag für arbeitnehmerähnliche freie Journalisten) Normverträge im Status unverbindlicher Empfehlungen (z.B. der Normvertrag für den Abschluss von Verlagsverträgen[36] sowie von Übersetzerverträgen[37] oder die Vereinbarung über Vertragsnormen für wissenschaftliche Verlagswerke vom 23.3.2000[38]), gemeinsame Vergütungsregeln nach § 36 UrhG. Von Relevanz sind auch die Regelungen über die **Allgemeinen Geschäftsbedingungen** (§§ 305 ff. BGB), insbesondere die **Inhaltskontrolle** nach §§ 307 BGB, die auf die meist formularmäßig verwendeten Verlagsverträge regelmäßig Anwendung finden. Die umfassende Einräumung von Nutzungsrechten stellt jedoch per se keine unangemessene Benachteiligung des Verfassers dar, soweit eine angemessene Vergütung erfolgt.[39]

C. Verlagsvertrag und Verlagsgesetz

I. Der Verlagsvertrag

1. Gegenstand und Parteien des Verlagsvertrages

25 Ein Verlagsvertrag liegt vor, wenn sich einerseits der Verfasser verpflichtet, dem Verleger ein Werk der Literatur oder Tonkunst für eigene Rechnung zu überlassen, und wenn sich der Verleger verpflichtet, dieses Werk zu vervielfältigen und zu verbreiten. Kein Verlagsvertrag ist der **Bestellvertrag** (§ 47 VerlG), in dessen Rahmen der Verleger vom Verfasser ein Werk herstellen lässt, dessen Inhalt und Art und Weise der Behandlung jedoch genau vorschreibt.[40] Kein Verlagsvertrag ist der **Kommissionsvertrag**, bei welchem der Verleger die Vervielfältigung und Verbreitung gegen Entgelt für Rechnung des Verfassers übernimmt. Hingegen liegt ein Verlagsvertrag vor, wenn der Verleger durch Vereinbarung eines Druckkostenzuschusses das eigene wirtschaftliche Risiko ausschließt, das Werk jedoch auf eigene Rechnung verlegt.[41]

---

36 Abgedr. unter Rn. 123.

37 *Wegner/Wallenfels/Kaboth* Anh. II Ziff. 3, S. 340 ff.

38 Vereinbarung zwischen dem Börsenverein des Deutschen Buchhandels und dem Deutschen Hochschullehrerverband, Fassung 2002, vollständig abgedr. bei *Schricker* Verlagsrecht, Anh. 2 S. 776 ff.

39 *BGH* GRUR 2012, 1031 – Honorarbedingungen Freie Journalisten.

40 *BGH* GRUR 1984, 528 – Bestellvertrag.

41 *Rehbinder* Rn. 663.

Die Parteien des Verlagsvertrages sind der Verfasser und der Verleger (§ 1 VerlG). Es handelt sich um ein **Dauerschuldverhältnis**. Der Verlagsvertrag bedarf keiner Form.[42] Das Verlagsgesetz ist – mit Ausnahme der Vorschrift über die Insolvenz – ganz überwiegend dispositives Recht, das regelmäßig nur dann zur Anwendung kommt, wenn der Verlagsvertrag selbst keine oder nur unvollständige Regelungen enthält. **26**

Gegenstände des Verlagsvertrages sind **Werke der Literatur oder der Tonkunst**. Das Werk muss jedoch „verlagsfähig" sein, indem es durch Druck, Fotokopie, oder sonstwie vervielfältigt und verbreitet werden kann. Seit Einführung des Gesetzes über die Preisbindung für Bücher (BuchPrG) im Jahr 2002 kann zur Bestimmung der möglichen Gegenstände eines Verlagsvertrages auf die in § 2 BuchPrG enthaltene Aufzählung der Verlagserzeugnisse verwiesen werden. Danach sind Bücher, musikalische Werke und kartographische Produkte sowie verlagstypische Reproduktionen und Substitutionen (z.B. CD-ROMs[43]) solcher Produkte mögliche Gegenstände des Verlagsvertrages.[44] Auch Beiträge zu Verlagserzeugnissen – etwa ein Sammelwerk, ein Beitrag zu einer Monografie – fallen unter § 1 VerlG. Das VerlG gilt auch für das Publishing-on-demand (auch „Printing-on-demand"), bei dem die Vervielfältigungsstücke vom Verlag auf Bestellung des Kunden erst hergestellt werden. Hier gelten die nicht passenden Vorschriften (insbesondere §§ 15, 16 VerlG zum Beginn der Vervielfältigung und deren Zahl) als abbedungen.[45] Kein Verlagsvertrag liegt vor, wenn der Verleger die Bücher lediglich für den Autor herstellt und diesem übereignet.[46] **27**

Auf Beiträge für Zeitungen, Zeitschriften und sonstige periodische Sammelwerke erklärt § 41 die Bestimmungen des VerlG mit den in §§ 43–46 bestimmten Ausnahmen ebenfalls für anwendbar. **28**

Noch nicht abschließend geklärt ist die Einordnung von elektronischen Büchern (**E-Books**), die zunehmend Verbreitung erfahren. Immer mehr Verlage stellen elektronische Versionen ihrer Bücher via Internet zur Verfügung, die auf attraktiveren und zunehmend im Preis günstigen „Readern" gelesen werden und den gedruckten Ausgabe ernstzunehmende Konkurrenz machen. Die Frage nach der Anwendbarkeit des VerlG stellt sich nur, wenn die neue Vervielfältigungsform das Hauptrecht betrifft. Ist das Recht zur öffentlichen Zugänglichmachung als Nebenrecht eines ansonsten typischen Verlagsvertrages ausgestaltet, ist das VerlG unproblematisch anwendbar. Im Buchbereich ist die ausschließliche Verbreitung über das Internet noch die Ausnahme, weshalb sich der Verlagsvertrag in diesen Fällen regelmäßig auf die Buchausgabe bezieht und das Nebenrecht des E-Book-Vertriebs enthält. Zudem findet man aber bereits erste Verlage, die ihre Bücher allein als E-Book-Versionen vertreiben. Das E-Book als alleiniger Vertriebsweg dürfte auch im Buchhandel schnell an Bedeutung zunehmen. Es stellt sich daher zunächst die Frage, ob E-Books und via Internet verbreitete Texte als Verlagserzeugnisse angesehen und Gegenstand des „Hauptrechts" **29**

42 *Fromm/Nordemann/Nordemann-Schiffel* § 1 VerlG Rn. 21.

43 *BGH* NJW 1997, 1911, 1914 – NJW auf CD-ROM; *Fromm/Nordemann/Nordemann-Schiffel* § 1 VerlG Rn. 14.

44 Im Einzelnen hierzu *Wallenfels/Russ* § 2 Rn. 1 ff.; *Wegner/Wallenfels/Kaboth* 5. Kap. Rn. 11 ff.

45 *Fromm/Nordemann/Nordemann-Schiffel* § 1 VerlG Rn. 13.

46 *Russ* § 1 Rn. 82.

eines Verlagsvertrages sein können.[47] Diese Frage wird man zu bejahen haben, nachdem die Rspr. den Begriff des Verlagserzeugnisses dynamisch und offen für technische Entwicklungen ausgestaltet hat.[48] Obwohl das VerlG allein aufgrund seines Alters naturgemäß auf **gedruckte Werke** zugeschnitten ist, lassen sich Verträge zwischen Verlag und Verfasser über ein ausdrücklich als E-Book zu publizierendes Werk unter den Begriff des Verlagsvertrages gem. § 1 VerlG subsumieren: Der Verleger erfüllt seine Pflicht zur Vervielfältigung des Werkes durch Erstellung einer zur öffentlichen Zugänglichmachung geeigneten Kopie. Auch die einmalige Kopie ist eine Vervielfältigung i.S.d. § 16 UrhG, da es auf die Zahl der Vervielfältigungsstücke insoweit nicht ankommt.[49] Die Verbreitung des Werkes erfolgt im Wege der öffentlichen Zugänglichmachung i.S.d. § 19a UrhG. Das VerlG ist daher auf Verträge über als E-Books zu verbreitende Werke **grundsätzlich direkt anwendbar**.[50] Allerdings genügt der Verlag seiner Verbreitungspflicht nicht, wenn sich seine vertragliche Verlagspflicht nicht ausdrücklich auf E-Books beschränkt und er das Werk nicht mehr in gedruckter Form, sondern nur noch als E-Book verbreitet.[51] Soweit das Gesetz aufgrund seiner an körperlichen Vervielfältigungsstücken orientierten Terminologie für E-Books nicht direkt anwendbar ist, **gelten seine Regelungen analog**: So ist der Verlag nach §§ 5 Abs. 2 S. 1 VerlG nur zur Zugänglichmachung von tausend elektronischen Versionen berechtigt und gem. § 16 VerlG verpflichtet. Form und Ausstattung der elektronischen Buchdateien (als pdf, E-Paper etc.) werden gem. § 14 S. 2 VerlG unter Beobachtung der im Verlagsbuchhandel herrschenden Übung vom Verlag bestimmt.[52] Der gebundene Verkaufspreis des Buches ist gem. § 21 VerlG vom Verlag zu bestimmen: E-Books sind zudem vom Verlag im Preis zu binden (§§ 5 Abs. 1, 2 Abs. 1 Nr. 3 BuchPrG). Der Verfasser erhält gem. § 25 VerlG die E-Book-Datei als Freiexemplare in ausreichender Zahl von elektronischen Versionen. Die Bestimmungen des VerlG lassen sich damit direkt oder zumindest analog auf den E-Book-Verlagsvertrag anwenden. Die Erstellung einer E-Book-Version des Werkes kann somit als Hauptrecht vereinbart werden,[53] dieses mit der Folge, dass der Verleger seine Verlagspflicht durch Erstellung einer digitalen Ausgabe und Verbreitung via Internet erfüllt.

30 Das VerlG wird weiterhin **analog** angewandt auf den **Bühnenverlagsvertrag**, den **Kunst- oder Kunstwerkvertrag** (Edition von Werken der bildenden Kunst) und den **Illustrationsvertrag**. Streitig ist, ob das VerlG auch für den Verfilmungsvertrag herangezogen werden kann, was überwiegend abgelehnt wird.[54]

---

47 Dafür *Graef* Rn. 307; *Ulmer-Eilfort/Obergfell* 1 B Rn. 47; *Wallenfels/Russ* § 2 Rn. 9 ff.; *Wegner/Wallenfels/Kaboth* 5. Kap. Rn. 13; für analoge Anwendung *Fromm/Nordemann/Nordemann-Schiffel* § 1 VerlG Rn. 12; dagegen im Ergebnis *Berger/Wündisch/Krakies* § 17 Rn. 96; *Loewenheim/Nordemann* § 64 Rn. 7; *Rehbinder* Rn. 667; *Schricker* § 1 Rn. 51; *Schulze* ZUM 2000, 432, 448; zweifelnd *Limper/Musiol/Dresen/Schmid* Kap. 6 Rn. 31.

48 *BGH* NJW 1997, 1911, 1914 – NJW auf CD-ROM.

49 A.A. *Fromm/Nordemann/Nordemann-Schiffel* § 1 VerlG Rn. 12.

50 Ausführlich hierzu und zum verlagsrechtlichen Vervielfältigungsbegriff *Russ* § 1 Rn. 80 ff., 85 ff.

51 *Wegner/Wallenfels/Kaboth* 2. Kap. Rn. 39; *Graef* Rn. 307.

52 *Russ* § 1 Rn. 91; auch der am 6.2.2014 in Kraft getretene *Normvertrag* zwischen dem Börsenverein des Deutschen Buchhandels und dem Verband Deutscher Schriftsteller sieht in § 3 Nr. 1 die Begrenzung der Verlagspflicht auf die Veranstaltung einer E-Book-Ausgabe ausdrücklich vor; abgedr. unter Rn. 123.

53 So der Normvertrag, § 3 Nr. 1 und 2; abgedr. unter Rn. 123.

54 *Schricker* § 1 Rn. 98 ff.

Vertragsgegenstand können vollendete,[55] jedoch auch erst künftig entstehende[56] Werke sein. Hingegen ergibt sich aus einem **Optionsvertrag** im Zweifel nur eine Anbietungspflicht des Verfassers. 31

Keine Verträge i.S.d. VerlG sind die Verträge über Werke der bildenden Künste,[57] Hörbücher,[58] Videos,[59] oder nicht nur aus Texten und Bildern bestehende Sammelwerke (Multimedia-CD-ROMs, Internet-Angebote). 32

2. Pflichten des Verfassers

2.1 Hauptpflichten

2.1.1 Verschaffung des Verlagsrechts

Der Verfasser hat dem Verlag das **Verlagsrecht**, also **das ausschließliche Recht, das Werk zu vervielfältigen und zu verbreiten,** zu verschaffen (§§ 1, 8 VerlG). Das Verlagsrecht wird vielfach in den Verlagsverträgen als „Hauptrecht" bezeichnet, von dem die sonstigen im Vertrag eingeräumten Nutzungsrechte als „Nebenrechte" abzugrenzen sind. Der wesentliche Unterschied besteht darin, dass der Verlag hinsichtlich des Hauptrechts auch eine eigene **Verpflichtung zur Vervielfältigung und Verbreitung** eingeht, während dies bei den Nebenrechten nicht der Fall ist. Das Verlagsrecht entsteht mit Ablieferung des Werkes an den Verleger und erlischt mit der Beendigung des Vertragsverhältnisses (§ 9 Abs. 1 VerlG). Die Entstehung des Verlagsrechts setzt somit einen gültigen Verlagsvertrag voraus und endet automatisch mit dessen Beendigung, ohne dass es einer Rückübertragung der Rechte durch den Verleger bedürfte. Im Verlagsrecht gilt damit das Abstraktionsprinzip nicht, sondern nur das Trennungsprinzip.[60] Diesen verlagsrechtlichen Grundsatz hat die Rechtsprechung zwischenzeitlich auf das Urheberrecht erstreckt.[61] 33

Das ausschließliche Verlagsrecht ist in eine **positive und eine negative Befugnis** unterteilt: Positiv ist der Verleger berechtigt, das Werk in dem ihm vertraglich gestatteten Umfang zu vervielfältigen und zu verbreiten. Bislang wurde davon ausgegangen, der **Begriff der Vervielfältigung** sei im Verlagsrecht enger als im Urheberrecht: Die Herstellung eines einzelnen Exemplars reiche nicht aus, es müsse sich vielmehr grundsätzlich um die Herstellung einer Mehrzahl von Vervielfältigungsstücken handeln, die zur Verbreitung bestimmt seien.[62] Angesichts der **digitalen Verbreitung von Werken** – und damit auch von Büchern – ist dies jedoch zu überdenken. So hat der EuGH in seiner „UsedSoft"-Entscheidung die Online-Verbreitung eines Werkes dem Verkauf eines Vervielfältigungsstücks gleichgestellt. Das Gericht spricht bei der Online-Verbreitung einer Software vom „Verkauf einer Programmkopie".[63] Als Vervielfältigungsstück i.S.d. § 1 VerlG kann daher wohl auch die Erstellung einer digitalen Werkkopie für die öffentliche Zugänglichmachung des Werkes zum Zwecke des Lesens angesehen werden. Der **verlagsrechtliche Vervielfältigungsbegriff** deckt sich dann weitgehend mit 34

55 *BGHZ* 9, 240 f. – Gaunerroman; vgl. auch § 11 Abs. 1 VerlG.
56 *Rehbinder* Rn. 665; vgl. auch § 11 Abs. 2 VerlG.
57 *Ulmer* S. 430.
58 *Loewenheim/J. B. Nordemann* § 64 Rn. 8.
59 *Loewenheim/J. B. Nordemann* § 64 Rn. 8.
60 *Schack* Rn. 590, 1132.
61 *BGH* GRUR 2012, 916 – M2Trade; GRUR 2012, 914 – Take Five.
62 *Ulmer* S. 430; *Schricker* Einl. Rn. 24; *Schulze* ZUM 2000, 432, 448; so auch noch die 2. Aufl., Rn. 33.
63 *EuGH* GRUR 2012, 904 Rn. 47 f. – UsedSoft.

dem urheberrechtlichen. Schon immer entspricht indes der verlagsrechtliche Begriff der **Verbreitung** der urheberrechtlichen Definition, ist also i.S.d. § 17 Abs. 1 UrhG als das Anbieten oder in Verkehr bringen von körperlichen Vervielfältigungsstücken des Werkes in der Öffentlichkeit zu verstehen. Nach der hier vertretenen Auffassung kann im Verlagsvertrag die körperliche Verbreitung durch eine unkörperliche i.S.d. § 19a UrhG ersetzt werden. Zum Schutz seiner exklusiven Nutzungsbefugnis hat der Verleger zudem die Möglichkeit, andere von der Nutzung auszuschließen (negatives Verbotsrecht, § 9 Abs. 2 VerlG). Das negative Verbotsrecht reicht nur so weit wie die Nutzungsrechtseinräumung.[64]

35 Die Frage, ob beim Erlöschen eines vom Urheberrecht (dem **„Mutterrecht"**) abgespaltenen ausschließlichen oder einfachen Nutzungsrechts (des **„Tochterrechts"**) die davon abgeleiteten ausschließlichen oder einfachen Nutzungsrechte (die **„Enkelrechte"**) gleichfalls erlöschen oder bestehen bleiben, war **umstritten**. Nach einer Ansicht sollten mit dem Tochterrecht auch die Enkelrechte erlöschen.[65] Der das Urheberrecht beherrschende und dem Urheberschutz dienende Zweckbindungsgedanke gebiete es, dass mit dem ausschließlichen Nutzungsrecht auch die abgeleiteten Nutzungsrechte an den Urheber zurückfielen. Sonst müsste der Urheber, der dem Lizenznehmer wegen Nichtzahlung der Lizenzgebühren gekündigt und dessen ausschließliches Lizenzrecht zum Erlöschen gebracht hätte, es hinnehmen, dass der Sublizenznehmer sein Werk weiter nutzte und der Lizenznehmer hierfür Lizenzgebühren erhielte. Ferner folge aus dem Grundsatz, dass niemand mehr Rechte vergeben könne, als er selbst besitze, und dem Umstand, dass es im Urheberrecht keinen gutgläubigen Erwerb von Rechten gebe, dass mit der Berechtigung des Inhabers des ausschließlichen Nutzungsrechts auch die Berechtigung des Inhabers des abgeleiteten Nutzungsrechts ende. Da das Enkelrecht nur eine Teilbefugnis aus dem Tochterrecht sei, erlösche es gemeinsam mit diesem. Der Erwerber des Enkelrechts werde in seinem Glauben an das Fortbestehen des Tochterrechts nicht geschützt. Auch sei es dem Sublizenznehmer unbenommen, sich durch Vereinbarungen mit dem Lizenzgeber oder dem Urheber gegen die Folgen eines vorzeitigen Fortfalls seines Lizenzrechts abzusichern.

36 Nach **anderer Ansicht** bleiben jedenfalls bei einem vorzeitigen Fortfall des früheren Nutzungsrechts die späteren Nutzungsrechte bestehen **(„Sukzessionsschutz")**.[66] Diese Ansicht stützt sich vor allem auf die Interessenlage, die einen Schutz des Sublizenznehmers gebiete. Der Sublizenznehmer werde durch ein vorzeitiges Erlöschen seines Nutzungsrechts regelmäßig empfindlich getroffen, weil er das Recht nicht bis zum vorgesehenen Ablauf der Nutzungsfrist verwerten könne. Dieser Auffassung hat sich der **BGH** im Ergebnis angeschlossen.[67] Mit dem Gedanken der Zweckbindung der Nutzungsrechtseinräumung ließe sich zwar begründen, weshalb das Erlöschen des zwischen dem Urheber und dem Nutzungsberechtigten geschlossenen Verpflichtungsgeschäfts zu einem Rückfall des auf dessen Grundlage eingeräumten Nutzungsrechts führe. Daraus sei aber nicht ohne Weiteres zu schließen, dass zugleich die vom ersten Nutzungsberechtigten eingeräumten weiteren Nutzungsrechte an den Urheber zu-

64 *BGH* GRUR 1992, 310/311 – Taschenbuchlizenz.
65 *Schricker/Loewenheim* § 33 Rn. 21 m.w.N.
66 *Schricker/Haberstumpf* Urheberrecht Rn. 418 m.w.N.; *Haberstumpf/Hintermeier* S. 41, 42.
67 *BGH* GRUR 2012, 914 ff. – Take Five; GRUR 2012, 916, 918 – M2Trade; GRUR 2009, 946, 947 – Reifen Progressiv.

rückfielen. Die Einräumung dieser weiteren Nutzungsrechte habe ihre Grundlage nicht in der zwischen dem Urheber und dem ersten Nutzungsberechtigten, sondern in einer zwischen diesem und dem zweiten Nutzungsberechtigten geschlossenen Vereinbarung. Das Erlöschen des ersten Verpflichtungsgeschäfts habe grundsätzlich nicht das Erlöschen dieser weiteren Vereinbarung zur Folge. Auch der Grundsatz, dass niemand mehr Rechte vergeben könne, als er selbst besitze, und der Umstand, dass es im Urheberrecht keinen gutgläubigen Erwerb von Rechten gebe, stehe nicht der Annahme entgegen, dass der spätere Wegfall der Berechtigung des Verfügenden die Wirksamkeit seiner früheren Verfügungen unberührt lasse und die wirksam eingeräumten Enkelrechte rechtlich selbstständig und vom Fortbestand des Tochterrechts unabhängig seien.[68] Tritt also ein Verfasser wirksam vom Verlagsvertrag mit dem Verleger zurück, so bleibt die vom Verleger einem anderen Verlag eingeräumte Taschenbuchlizenz bestehen.[69]

Aufgrund der Legaldefinition in § 8 VerlG trifft den Verfasser die Pflicht, dem Verleger ein **ausschließliches Recht** zu verschaffen. § 8 VerlG sieht als dispositive gesetzliche Regel somit die Einräumung des Verlagsrechts an den Verleger als ausschließliches Recht vor, die sich mit Übergabe des Werkes gem. § 9 Abs. 1 vollzieht. **37**

2.1.2 Ablieferung des vertragsgemäßen Manuskripts

Den Verfasser trifft die Pflicht, das Manuskript in **druckreifem und vertragsgemäßem** Zustand abzuliefern (§§ 10, 31 VerlG). Das Werk muss lesbar und abgeschlossen sein. Bei einem Vertrag über ein noch zu verfassendes Werk muss der Verfasser dieses persönlich herstellen, darf jedoch Hilfspersonen im Rahmen des Üblichen hinzuziehen.[70] **38**

Das abgelieferte Manuskript muss den vereinbarten Umfang einhalten und muss bereits nach der äußeren Form zur direkten Vervielfältigung geeignet sein. Der Verleger muss anhand des Manuskripts ohne größere Probleme mit der Vervielfältigung beginnen können. Der Verleger ist nicht verpflichtet, sich aus einer Mischung von gedrucktem Text, handschriftlichen Zusätzen, eingeklebten Zetteln etc. eine abdruckfähige Fassung mühsam selbst zu erarbeiten. Viele Verlagsverträge verpflichten den Verfasser zur Ablieferung einer **digitalen Version des Werkes** mittels Datenträger oder E-Mail, damit wird konkludent auf einen Ausdruck des maschinengeschriebenen Manuskripts verzichtet. Ist nichts anderes vereinbart, so ist durch Auslegung des Vertrages zu ermitteln, ob eine digitale Textdatei geschuldet wird, ob ein Ausdruck in Maschinenschrift genügt oder ob – etwa bei Kompositionen – ausnahmsweise ein handschriftliches Manuskript ausreicht.[71] **39**

Das Manuskript muss sich darüber hinaus auch in einem **inhaltlich druckreifen** Zustand befinden, muss also den vorausgesetzten Zweck erfüllen. Es muss vollständig sein, wobei der Verfasser zur Anlieferung von Bildmaterial ohne ausdrückliche vertragliche Vereinbarung nicht verpflichtet ist.[72] Auch die Einholung von Abdruckrechten obliegt grundsätzlich dem Verleger als Fachmann hierfür. Fachbücher müssen dem **aktuellen Stand der Wissenschaft** entsprechen.[73] Das Werk darf nicht gegen ein **40**

68 *BGH* GRUR 2009, 946, 947 – Reifen Progressiv.
69 *BGH* GRUR 2012, 916, 918 – M2Trade; *Russ* § 9 Rn. 20; vgl. auch BT-Drucks. IV/270, S. 56.
70 *Rehbinder* Rn. 668.
71 *Russ* § 10 Rn. 5.
72 *Loewenheim/J. B. Nordemann* § 64 Rn. 130.
73 *BGH* GRUR 1960, 644 – Drogistenlexikon.

gesetzliches Verbot oder die guten Sitten verstoßen,[74] es darf insbesondere nicht die Rechte Dritter (z.B. Urheberrechte, Markenrechte, Persönlichkeitsrechte) verletzen. Eine Überprüfung der inhaltlichen Qualität ist an sich weder dem Verleger noch dem Richter gestattet.[75] Das Werk muss jedoch so beschaffen sein, das der Verleger es in den Verkehr bringen kann, ohne damit seiner Persönlichkeit oder seinem Verlagsgeschäft zu schaden.[76] Lediglich eine **vollkommen unbrauchbare Leistung**, die nicht den Mindestanforderungen der wissenschaftlichen, künstlerischen oder literarischen Gütevorstellung entspricht, braucht der Verleger nicht als vertragsgemäß anzunehmen.[77] In seltenen Fällen wird man darüber hinaus dem Verleger das Recht zugestehen, das Werk wegen mangelnder **„Ausgabefähigkeit"** abzulehnen und gem. § 31 VerlG vom Verlagsvertrag zurückzutreten. Ein solcher Fall liegt vor, wenn das „Verlegerpersönlichkeitsrecht"[78] dadurch verletzt wird, dass sich das Werk erkennbar in krassen Gegensatz zur politischen, gesellschaftlichen oder sozialen Tendenz des Verlages stellt[79] oder sich der Verleger durch Veröffentlichung des Werkes der Lächerlichkeit preisgeben würde.[80]

41 Wurde der Vertrag über ein bereits vollendetes Werk abgeschlossen, so hat der Verfasser das Manuskript – falls es dem Verlag nicht ohnehin bereits vorliegt – sofort abzuliefern (§ 11 Abs. 1 VerlG). Geht es um ein noch zu verfassendes Werk, so ist es innerhalb angemessener Frist herzustellen und abzuliefern (§ 11 Abs. 2 VerlG). Häufig wird der Zeitpunkt der Ablieferung des Manuskripts indes vertraglich festgeschrieben.

42 Hat der Verfasser das Manuskript nicht vertragsgemäß erstellt oder nicht fristgerecht abgeliefert, greifen die **Vorschriften zum Rücktritt** der §§ 30 ff. VerlG.

2.2 Nebenpflichten des Verfassers

2.2.1 Enthaltungspflicht, § 2 Abs. 1 VerlG

43 Den Verfasser trifft die Pflicht, sich während der Dauer des Vertragsverhältnisses jeder Vervielfältigung und Verbreitung des Werkes zu enthalten, die auch einem Dritten während der Dauer des Urheberrechts versagt ist (§ 2 Abs. 1 VerlG). Diese auf den ersten Blick etwas schwer verständliche Regelung will sagen: Nach Abschluss des Verlagsvertrages darf der Verfasser das Werk selbst grundsätzlich nicht mehr vervielfältigen und verbreiten. Er darf dies nur noch in dem Umfang, wie es aufgrund urheberrechtlicher (Schranken-)Regelungen auch jeder andere darf. Die ihm verbleibende Befugnis beschränkt sich daher im Wesentlichen auf die Vervielfältigung zum privaten oder sonstigen eigenen Gebrauch (§ 53 UrhG), auf Zitate (§ 51 UrhG) und die freie Benutzung (§ 24 UrhG). Darüber hinaus verbleibt dem Verfasser – sofern nichts anderes vereinbart ist – die Befugnis zur Vervielfältigung und Verbreitung von Übersetzungen, von Dramatisierungen und von Bearbeitungen eines musikalischen Werkes (§ 2 Abs. 2 VerlG). Hierbei handelt es sich um eine spezialgesetzliche Ausformung der

---

74 *BGH* GRUR 1979, 396 – Herrn und Knechte.
75 *BGH* GRUR 1960, 644 – Drogistenlexikon; *Schricker* Verlagsrecht, § 31 Rn. 9.
76 *OLG Frankfurt* GRUR 2006, 138/140 – Europa ohne Frankreich; *Ulmer-Eilfort/Obergfell* § 31 Rn. 10.
77 *Wegner/Wallenfels/Kaboth* 2. Kap. Rn. 71.
78 *RGZ* 125, 178.
79 *Schricker* Verlagsrecht, § 31 Rn. 11 f.
80 *Russ* § 31 Rn. 12.

Zweckübertragungslehre für den Verlagsvertrag. Die Regelung ist im Verhältnis zum – späteren – § 37 UrhG lex specialis. Mangels anderweitiger Vereinbarung trifft den Verfasser gem. § 37 UrhG keine Enthaltungspflicht für Bearbeitungen seines Werkes, die nicht in Konkurrenz zum Verlagswerk innerhalb des dem Verleger eingeräumten Nutzungsrechts treten.[81] Sind nach Ablauf des Jahres, in dem das Werk erschienen ist, zwanzig Jahre verstrichen, so kann es der Verfasser zudem in eine eigene Gesamtaufgabe aufnehmen (§ 2 Abs. 3 VerlG). Die Frage nach der räumlichen Geltung der Enthaltungspflicht ist unter Heranziehung der Zweckübertragungslehre zu beantworten.[82] Zeitlich erstreckt sie sich auf die Dauer des Vertragsverhältnisses.

Viele Verlagsverträge statuieren auch hinsichtlich der in § 2 Abs. 2 und 3 VerlG genannten Nutzungsarten Enthaltungspflichten des Verfassers. Darüber hinaus sind häufig **Wettbewerbsverbote** zu finden, die den Verfasser verpflichten, in einem anderen Verlag kein Konkurrenzwerk erscheinen zu lassen. Allerdings dürfen solche Klauseln nicht zu einer unbilligen Beschränkung der künstlerischen oder wissenschaftlichen Schaffensfreiheit führen, sonst sind sie als sittenwidrig anzusehen[83] und können den Verfasser in der grundrechtlich nach Art. 5 Abs. 3 GG abgesicherten Freiheit seiner geistigen Produktivität beeinträchtigen.[84] Problematisch sind insbesondere Wettbewerbsverbote, bei denen **Inhalt und Reichweite** unklar bleiben oder die **zeitlich nicht befristet** sind.[85] **44**

2.2.2 Zustimmung zur Weiterübertragung oder Einräumung

Aufgrund urheberrechtlicher Regelungen (§§ 34 Abs. 1 S. 1, 35 Abs. 1 S. 1) bedarf die **Weiterübertragung** oder **Einräumung eines Nutzungsrechts** durch den Verleger der Zustimmung des Verfassers. Diese Zustimmung kann der Verfasser – wie sich aus §§ 34 Abs. 5 S. 2, 35 Abs. 2 UrhG ergibt – bereits vorab im Verlagsvertrag erteilen. Aufgrund dieser ausdrücklichen gesetzlichen Erlaubnis ist die Vorab-Erteilung der Zustimmung auch formularmäßig möglich.[86] Fehlt eine solche Vertragsbestimmung, so trifft den Verfasser die Pflicht zur Zustimmung, falls dem keine sachlich gerechtfertigten Gründe entgegenstehen. **45**

2.2.3 Mitwirkungspflichten

Im Rahmen des § 39 Abs. 2 UrhG ist der Verfasser zunächst nur zur **Duldung bestimmter Änderungen**, nicht aber zur Mitwirkung daran verpflichtet. Bedarf es jedoch seiner Mitwirkung, weil Änderungen des Werkes vom Verleger allein nicht bewerkstelligt werden können, trifft den Verfasser die Pflicht zur Mitwirkung bei notwendigen Änderungen am Werk. Darüber hinaus trifft den Verfasser die Pflicht zur Durchsicht der Druckfahnen sowie zur Druckfreigabe des Werkes nach Ausführung der Korrekturen (§ 20 Abs. 1 S. 2 VerlG). **46**

---

81 *Russ* § 2 Rn. 34 f.

82 *Schricker* Verlagsrecht, § 2 Rn. 3.

83 *RGZ* 119, 413; *Rehbinder* Rn. 674.

84 *OLG München* ZUM 2007, 751 f.

85 *Russ* § 2 Rn. 60 ff.

86 *OLG Jena* ZUM-RD 2012, 706, 711; *LG Berlin* ZUM-RD 2008, 18, 23; *Fromm/Nordemann/J. B. Nordemann* § 34 UrhG Rn. 41 unter Verweis auf *BGH* GRUR 1984, 45, 52; *Russ* § 28 Rn. 78 ff.; *Wandtke/Bullinger/Wandtke/Grunert* § 34 Rn. 8; a.A. *OLG Braunschweig* ZUM 2012, 142 f.; *OLG Zweibrücken* ZUM 2001, 346, 349; *Dreier/Schulze* § 34 Rn. 8.

3. Pflichten des Verlegers

3.1 Hauptpflichten

3.1.1 Vervielfältigung und Verbreitung des Werkes

47 Der Verlag hat die Pflicht, das Werk zu vervielfältigen und zu verbreiten (§ 1 S. 2 VerlG). Fehlt es an dieser Pflicht, liegt lediglich ein Bestellvertrag nach § 47 VerlG vor. Ist nichts anderes vereinbart, so ist das Werk zudem sofort nach Zugang des vollständigen und vertragsgemäßen Werkes zu vervielfältigen (§ 15 S. 1 VerlG). Bis zur Beendigung der Vervielfältigung darf der Verfasser jedoch Änderungen an dem Werk vornehmen oder durch einen Dritten vornehmen lassen (§ 12 Abs. 1 S. 2 VerlG).

48 Den Verleger trifft die Pflicht, das Werk in einer **zweckentsprechenden und üblichen** Weise zu vervielfältigen. Die vom Verleger geschuldete Form der Vervielfältigung richtet sich in erster Linie nach der Vereinbarung der Vertragsparteien. Falls diese keine ausdrückliche Regelung enthält, ist der Vertragszweck unter Berücksichtigung der Branchenübung sowie Treu und Glauben maßgeblich.[87] Dabei wird die **Form und Ausstattung** grundsätzlich vom Verleger bestimmt, da er das wirtschaftliche Risiko trägt und den Markt, auf dem sich das Werk behaupten muss, kennt. Der Verleger hat jedoch die im Verlagsbuchhandel herrschende Übung zu beachten und auf Zweck und Inhalt des Werkes Rücksicht zu nehmen (§ 14 VerlG). Zur Ausstattung gehört die Wahl des Papiers, der Drucktypen,[88] des Formats, des Titelblatts, eines Schutzumschlages, des Einbands, der ggf. beizulegenden Prospekte oder der Abdruck von Inseraten im Anhang.[89] Entspricht die Ausstattung nicht der herrschenden Übung, wofür den Verfasser die Beweispflicht trifft, so steht ihm ein Widerspruchsrecht zu.

49 Ist nichts anderes vereinbart, so ist der Verleger zur Herstellung **einer** Auflage mit 1 000 Exemplaren berechtigt (§ 5 Abs. 1, Abs. 2 S. 1 VerlG), gleichzeitig hierzu aber auch verpflichtet (§ 16 Abs. 1 VerlG). Der Verleger kann jedoch den Umfang dieser Verpflichtung reduzieren, indem er vor dem Beginn der Vervielfältigung dem Verfasser eine niedrigere Anzahl der herzustellenden Exemplare erklärt (§ 5 Abs. 2 S. 2 VerlG).[90] Ist die Auflage verkauft, endet das Vertragsverhältnis. Der Verlag ist nicht zur Veranstaltung weiterer Auflagen berechtigt, sofern sich dies nicht anderweitig aus dem Vertrag oder dem vereinbarten Vertragszweck ergibt.[91]

50 Hat ein Verleger das Recht, nach Abverkauf der ersten Auflage eine weitere Auflage zu veranstalten, resultiert hieraus keine Pflicht (§ 17 Abs.1 VerlG). Vereinbaren die Parteien eines Verlagsvertrages, dass der Verleger Erstausgaben von Büchern als gebundene Ausgabe zu vervielfältigen, zu verbreiten und dafür angemessen zu werben habe, begründet auch dies keine Verpflichtung des Verlegers, Bücher in einer neuen Auflage herauszugeben. Bestimmt der Verlag nach den vertraglichen Regelungen die Anzahl der Auflagen nach eigenem Ermessen und übt er dieses Ermessen dahingehend aus, dass er keine weitere Auflage herausbringen will, ist dies für den Autor bindend. Bei „eigenem" Ermessen handelt es sich um „freies" Ermessen, nicht dagegen um billiges Ermessen, das gerichtlich überprüfbar wäre.[92]

---

87 *BGH* GRUR 1988, 303, 305.
88 Ein anschauliches Bsp. in eigener Sache bei *Rehbinder* Vorwort zur 14. Aufl.
89 *Schricker* Verlagsrecht, § 14 Rn. 4 ff.
90 *Russ* § 5 Rn. 28 f.
91 *BGH* ZUM 1998, 497, 500 – Comic-Übersetzungen.
92 *OLG Brandenburg* ZUM 2013, 670, 672.

Auch die Verbreitung des Werkes hat in zweckentsprechender und üblicher Weise zu erfolgen. Der Verleger muss die Verbreitung mit geeigneten Werbemaßnahmen vorbereiten, das Buch in seinen Katalog aufnehmen und sich für dessen Verfügbarkeit beim Großhandel (Barsortiment) sowie den Verkauf durch das Sortiment und den Online- und Versandbuchhandel einsetzen. Das dem Verlag hinsichtlich des einzuschlagenden Vertriebsweges eingeräumte eigene Ermessen kann aus der Gesamtschau der vertraglichen Regelungen und der Umstände gebunden sein. Dies ist etwa dann der Fall, wenn sich die Vertragsparteien darüber einig waren, dass die Werke des Autors grundsätzlich über den Buchhandel und nur ausnahmsweise über Discounter vertrieben werden sollen, und wenn Bücher einer vom Autor verfassten Reihe bereits teilweise im Buchhandel erschienen sind. In einem derartigen Fall muss der Verleger bei der Herausgabe weiterer Bücher der Reihe jedenfalls auch den bisher eingeschlagenen Vertriebsweg über den Buchhandel weiter bedienen.[93] 51

Die Vervielfältigungs- und Verbreitungspflicht erstreckt sich allein auf das Hauptrecht, nicht hingegen auf mit dem Verlagsvertrag eingeräumte Nebenrechte (Taschenbuch, Sonderausgaben, Übersetzungen etc.).[94] Übt der Verleger die ihm eingeräumten Rechte nicht aus, so kann der Verfasser diese unter den Voraussetzungen des § 41 UrhG **zurückrufen**. 52

3.1.2 Honorarzahlung

Das Honorar ist durch den Verlag grundsätzlich bei der **Ablieferung** des Werkes zu entrichten, falls nichts anderes vereinbart ist (§ 23 VerlG). Wurde – wie zumeist im Verlagsbuchhandel – ein Absatzhonorar vereinbart, ist nach Abschluss eines Geschäftsjahres abzurechnen (§ 24 VerlG). Die **Höhe der Vergütung** bestimmt sich nach der vertraglichen Regelung (§ 22 Abs. 1 S. 1 VerlG). Ist die Höhe der Vergütung nicht bestimmt, so ist eine angemessene Vergütung als vereinbart anzusehen (§ 22 Abs. 2 VerlG). Ergänzend hierzu gelten die Vorschriften des Urhebervertragsrechts (§§ 32 ff. UrhG) zur angemessenen Vergütung, durch welche die Vertragsfreiheit in diesem Bereich eingeschränkt wird. 53

3.1.2.1 Die angemessene Vergütung

Seit Inkrafttreten des Gesetzes zur Stärkung der vertraglichen Stellung von Urhebern und ausübenden Künstlern[95] am 1.7.2002 regelt § 32 Abs. 1 S. 1 UrhG die Vergütung des Urhebers und damit auch die Vergütung des Verfassers im Rahmen eines Verlagsvertrages. Gem. § 32 Abs. 3 UrhG ist diese Regelung uneingeschränkt auf alle Verlagsverträge anwendbar, die ab dem 1.7.2002 geschlossen wurden. Auf Verlagsverträge, die vor dem 1.6.2001 geschlossen wurden, ist § 32 UrhG grundsätzlich nicht anwendbar, hier bleibt allein § 22 VerlG anwendbar. Für Verträge aus dem Zeitraum zwischen dem 1.6.2001 und dem 30.6.2002 gilt § 32 n. F., sofern von dem mit diesem Vertrag eingeräumten Nutzungsrecht nach dem 28.3.2002 Gebrauch gemacht wurde. 54

Der Verfasser hat – im Einklang mit § 22 Abs. 1 VerlG – für die Einräumung von Nutzungsrechten und die Erlaubnis zur Werknutzung zunächst Anspruch auf die **vertraglich vereinbarte** Vergütung (§ 32 Abs. 1 S. 1 UrhG). Diese Regelung gilt nicht nur für die Einräumung des Verlagsrechts, sondern für jede Einräumung eines Nutzungs- 55

93 *OLG Brandenburg* ZUM 2013, 670, 774.
94 *Schricker* Verlagsrecht, § 1 Rn. 65.
95 BGBl I S. 1155.

rechts und die Erlaubnis zur Werknutzung; sie gilt indes nicht für Wahrnehmungsverträge des Verfassers mit einer Verwertungsgesellschaft und für Nutzungsverträge der Verwertungsgesellschaft mit Dritten.[96] Auch im Rahmen gesetzlicher Nutzungslizenzen (§§ 44a ff. UrhG) scheidet eine Anwendung aus, da zum einen keine vertragliche Rechtseinräumung vorliegt und zudem bei gesetzlichen Lizenzen regelmäßig auf die Tarife der Verwertungsgesellschaften verwiesen wird.

56 **Anspruchsberechtigt** ist zunächst der Verfasser, auch derjenige in Arbeits- oder Dienstverhältnissen.[97] Auch Leistungsschutzberechtigte können sich auf § 32 UrhG berufen, soweit auf diese Vorschrift verwiesen wird, also auch die Verfasser wissenschaftlicher Ausgaben (§ 70 Abs. 1 UrhG). Anspruchsberechtigt sind ferner die Rechtsnachfolger des Urhebers (§ 30 UrhG).[98]

57 Problematisch ist, dass der Anspruch bereits an die bloße **Einräumung von Rechten** anknüpft und nicht an die tatsächliche Nutzung.

58 Nur für den Fall, dass keine Vergütung vereinbart wurde, gilt die angemessene Vergütung als vereinbart (§§ 22 Abs. 2 VerlG, § 32 Abs. 1 S. 2 UrhG). Nur für den Fall, dass die früher vereinbarte Vergütung nicht angemessen ist, muss nachträglich vereinbart werden, was angemessen ist (§ 32 Abs. 1 S. 3 UrhG). Diese Regelung geht über § 22 VerlG also hinaus. Soll beurteilt werden, ob eine Vergütung von 10 % vom Verkaufspreis eines Buches angemessen ist, muss regelmäßig der Urheber nachweisen, dass zum Zeitpunkt des Vertragsschlusses üblicherweise und redlicherweise etwas anderes vereinbart wurde. Gelingt dem Urheber dieser Nachweis, ist der Vertrag entsprechend zu ändern. Nur der Urheber kann von seinem Vertragspartner die Änderung des Vertrages verlangen.

59 Bis zum Beweis des Gegenteils gilt die vertraglich vereinbarte Vergütung auch als angemessen. Die **Änderung des Vertrages** wirkt in die Zukunft und sichert dem Urheber die Basis künftiger Ansprüche. Umstritten ist, ob der Urheber über die Vertragsanpassung hinaus bereits fällige **Vergütungen für die Vergangenheit** verlangen kann, die sich aus der Differenz zwischen der vertraglich vereinbarten und der angemessenen Vergütung ergeben; die wohl überwiegende Auffassung bejaht einen solchen rückwirkenden Anspruch,[99] der allerdings nicht weiter zurück als bis zum 1.6.2001 reichen kann.

60 § 32 Abs. 1 UrhG zwingt indes nicht unbedingt dazu, im wirtschaftlichen Ergebnis überhaupt eine Vergütung zu vereinbaren. So kann der Vertrag auch eine Druckkostenbeteiligung des Autors vorsehen, welche die Absatzvergütung absehbarer Weise übersteigt.[100] Die Verpflichtung zur Zahlung einer angemessenen Vergütung trifft den Verlag allerdings für die von ihm tatsächlich verkauften Exemplare. Die Regelung des § 32 Abs. 1 UrhG gilt auch nicht für Fälle, in denen der Wunsch des Urhebers, einen Text gedruckt zu sehen, und nicht ein verlegerisches Interesse im Vordergrund stehen und der Urheber deshalb kein Honorar erwartet und billigerweise auch nicht erwarten kann, etwa persönliche Memoiren, private Familiengeschichten, an denen kaum

96 *Dreier/Schulze* § 32 Rn. 8.

97 *Wandtke/Bullinger* § 43 Rn. 145; *Dreier/Schulze* § 32 Rn. 13.

98 *Dreier/Schulze* § 32 Rn. 15.

99 *BGH* ZUM-RD 2010, 62 Tz. 62; *BGH* GRUR 2009, 939 Tz. 35 – Mambo No. 5; *Dreier/Schulze* § 32 Rn. 25 unter Verweis auf BT-Drucks. 14/2058, S. 18; *Wandtke/Bullinger* § 32 Rn. 19; a.A. *Jacobs* NJW 2002, 1905, 1907; *Ory* AfP 2002, 93, 97.

100 *Russ* § 22 Rn. 29 ff.

Interesse der literarischen Öffentlichkeit zu erwarten ist und für die sich zu den allgemein üblichen Konditionen kein Verleger finden lässt.[101]

3.1.2.2 Bestimmung der Angemessenheit, § 32 Abs. 2 UrhG

Regelmäßig stellt sich bei Vertragsschluss für die Parteien die Frage, was nun die „angemessene“ Vergütung ist. Die Intention des **„Urhebervergütungsrechts“** von 2002 lässt sich nur verstehen, wenn man es von § 32 Abs. 2 S. 1 UrhG her betrachtet: Angemessen ist stets eine nach einer gemeinsamen Vergütungsregel (§ 36 UrhG) ermittelte Vergütung. Urheber- und Verwerterverbände sollen nach dem Willen des Gesetzgebers gemeinsame Vergütungsregeln aufstellen, die dann in dem betreffenden Bereich – ähnlich wie Tarifverträge – regeln, welche Vergütung die angemessene ist. Diese Verträge können jedoch nicht nur nach Sparten gegliedert sein. Am Beispiel des Bereiches „Buch“ (Fachbuch, Belletristik, Kinderbuch…) verdeutlicht sich, wie weit die Unterscheidungen getroffen werden müssen.[102] **61**

Im Bereich des Verlagsrechts sind bislang drei gemeinsame Vergütungsregeln zustande gekommen: Im Rahmen einer „Mediation“ der Bundesjustizministerin einigten sich Verleger mit dem Schriftstellerverband in der Gewerkschaft ver.di auf eine Vergütungsregel im Bereich der belletristischen Bücher (abgedr. unter Rn. 124). Darüber hinaus sind seit dem 1.2.2010 die gemeinsamen Vergütungsregeln für freie Journalisten in Kraft, die hauptberuflich tätig sind.[103] Diese werden ergänzt durch die am 1.3.2013 geltenden gemeinsamen Vergütungsregeln Fotohonorare.[104] Sie gelten für alle hauptberuflich tätigen Fotojournalisten. **62**

Existiert für einen Nutzungsbereich keine gemeinsame Vergütungsregel, so bestimmt § 32 Abs. 2 S. 2 UrhG, was als „angemessene“ Vergütung anzusehen ist. Diese Regelung gibt den Parteien jedoch Steine statt Brot: Denn wer weiß zu sagen, was „unter Berücksichtigung aller Umstände üblicher- und redlicherweise zu leisten ist“? Hinzu kommt, dass die Regelung mit dem Verweis auf Dauer, Häufigkeit und Zeitpunkt der Nutzung auf Parameter abstellt, die die Vertragsparteien zum Zeitpunkt des Vertragsschlusses ebenso wenig kennen wie „alle Umstände“, die aber gleichwohl berücksichtigt werden sollen. Fraglich ist daher etwa, ob die Einräumung eines Verfilmungsrechts vergütungspflichtig ist, obwohl eine Verfilmung noch gar nicht feststeht oder gar sehr unwahrscheinlich ist. Ebenso fraglich ist, welche Auswirkung eine im Verlagswesen übliche Rechtseinräumung „bis zum Ende der urheberrechtlichen Schutzfrist“ hat, wenn beide Parteien aufgrund des Werkcharakters davon ausgehen müssen, dass das Werk nur wenige Jahre lieferbar bleibt. **63**

Die ersten Instanzurteile zur angemessenen Vergütung sind im Bereich der besonders heftig umstrittenen **Übersetzervergütung** ergangen und boten fast erwartungsgemäß ein buntes Bild.[105] Einigkeit bestand zunächst darin, dass der Übersetzer in irgendei- **64**

---

101 So auch § 1 der Gemeinsamen Vergütungsregeln Belletristik; abgedr. unter Rn. 124.

102 So gelten die Gemeinsamen Vergütungsregeln Belletristik nach deren § 1 nicht in den Bereichen Kinder- und Jugendbuch, Sachbuch, Ratgeber, Lexika und Hörbuch, weil in diesen Bereichen andere Bedingungen gelten.

103 Abrufbar unter www.djv.de („Service“) sowie unter www.bdvz.de.

104 Abrufbar unter www.djv.de.

105 *OLG München* ZUM 2007, 142 ff.; 2007, 308; 2007, 317; ZUM-RD 2007, 182; 2007, 166; *LG München* ZUM 2006, 73 ff.; 2006, 159 ff.; *LG Hamburg* ZUM 2006, 683 ff.; *LG Berlin* ZUM 2005, 901 ff.; ZUM 2007, 904.

ner Form am Absatz des Werkes zu beteiligen ist, wobei nach Auflagenhöhe und Format (Hardcover oder Taschenbuch) unterschieden wurde. Die Vorschläge für das Hardcover reichten hier von 0,5 %[106] – 3,2 %.[107] Einigkeit bestand weiter darin, den Übersetzer an den Einnahmen aus der Verwertung von Nebenrechten zu beteiligen, wobei indes die Höhe der von den Gerichten zugesprochenen Beteiligung stark divergierte (z.B. LG Hamburg: 5 %,[108] OLG München: 50 %[109]).

65 Der BGH hat den Streit entschieden: Der Übersetzer eines literarischen Werkes, dem für die umfassende Einräumung der Nutzungsrechte an seiner Übersetzung lediglich ein für sich genommen **angemessenes Seitenhonorar** zugesagt ist, kann gem. § 32 Abs. 1 S. 3, Abs. 2 S. 2 UrhG **ab dem 5 000. Verkaufsexemplar** eine Absatzbeteiligung als zusätzliche Vergütung verlangen. Diese beläuft sich bei gebundenen Büchern auf 0,8 % und bei Taschenbüchern auf 0,4 % des Nettoladenverkaufspreises. Besondere Umstände können es als angemessen erscheinen lassen, diese Vergütungssätze zu erhöhen oder zu senken. Darüber hinaus kann ein Übersetzer gem. § 32 Abs. 1 S. 3, Abs. 2 S. 2 UrhG grundsätzlich auch einen Anteil am Nettoerlös beanspruchen, den der Verlag dadurch erzielt, dass er Dritten das Recht zur Nutzung des übersetzten Werkes einräumt. Dieser Anteil soll grundsätzlich ein Fünftel der Beteiligung des Autors des übersetzten Werkes betragen, wobei der Anteil des Übersetzers den Anteil des Verlegers nicht übersteigen darf.[110] Dabei ist unter Nettoerlös der Betrag zu verstehen, der nach Abzug der Vergütungen weiterer Rechtsinhaber verbleibt und auf die Verwertung der Übersetzung entfällt.[111] Eine Beteiligung von Übersetzern an den Erlösen aus der Einräumung von Nebenrechten ist weiterhin nur angebracht, soweit bei der Verwertung der Nebenrechte von der **Leistung des Übersetzers** Gebrauch gemacht wird. Soweit die Verwertung der Nebenrechte das Werk des Übersetzers überhaupt nicht umfasst – etwa bei der Vergabe von **Merchandising-Rechten** an allein vom Autor geschaffenen Romanfiguren – oder nicht vollständig enthält – beispielsweise bei einer Verfilmung des Romanstoffs, bei der sich das Übersetzungswerk lediglich in den Dialogen wiederfindet[112] – ist keine oder nur eine entsprechend geringere Beteiligung des Übersetzers an den Erlösen aus der Verwertung dieser Nebenrechte angemessen. Außerdem ist die Beteiligung des Übersetzers entsprechend zu verringern, soweit bei der Nutzung des übersetzten Werks von der Übersetzung in geringerem Umfang als vom Originalwerk Gebrauch gemacht wird.[113]

66 Interessant ist, dass der BGH in der Entscheidung „Talking to Addison" die Heranziehung der unter Rn. 124 abgedr. **Gemeinsamen Vergütungsregeln Belletristik** zur Ermittlung der angemessenen Vergütung akzeptierte, obwohl diese Vergütungsregeln ausweislich ihres Wortlauts nur für belletristische Werke und nicht für Übersetzungen derselben gelten. Dies stehe jedoch einer Heranziehung dieser Regeln für die Bemessung der angemessenen Vergütung, die für Übersetzungen fremdsprachiger Werke in die deutsche Sprache geschuldet werde, nicht entgegen. Die zwischen Autoren und Übersetzern einerseits und Verlagen andererseits jeweils bestehende Interessenlage

---

106 *LG Berlin* ZUM 2005, 901 ff. ab 30 000 verkauften Exemplaren.
107 *OLG München* (29. Senat) ZUM 2007, 142 ff. ab 100 000 verkauften Exemplaren.
108 *LG Hamburg* ZUM 2006, 683 ff.
109 *OLG München* (29. Senat) ZUM 2007, 142 ff.
110 *BGH* GRUR 2011, 328 – Destructive Emotions.
111 *BGH* GRUR 2009, 1148 ff. – Talking to Addison.
112 *OLG München* ZUM 2004, 845.
113 *BGH* GRUR 2011, 328, 333 – Destructive Emotions.

sei insoweit vergleichbar, als Autoren und Übersetzer ihre Werke jeweils dem Verlag gegen Zahlung einer Vergütung zur Verwertung überließen. Den Unterschieden zwischen Autoren und Übersetzern, auch im Verhältnis zu den Verlagen als Verwertern, könne ggf. durch Modifikation der für Autoren aufgestellten Vergütungsregeln hinreichend Rechnung getragen werden.[114]

3.1.2.3 Die weitere Beteiligung des Urhebers („Fairnessausgleich")

Nach § 32a UrhG kann der Urheber von seinem Vertragspartner auch dann eine Änderung des Vertrages verlangen, wenn die vereinbarte – und ursprünglich angemessene – Vergütung später in ein auffälliges Missverhältnis zu den mit dem Werk erwirtschafteten Erträgen gerät. „Erträge" sind die Bruttoeinnahmen des Verwerters ohne Abzug von Herstellungskosten, Vertriebskosten und sonstigen Aufwendungen.[115] **67**

Von einem solchen Missverhältnis spricht man ausweislich der Gesetzesbegründung dann, wenn sich die Vergütungen um mehr als 100 % unterscheiden, die tatsächliche Vergütung also weniger als die Hälfte der nun angemessenen Vergütung beträgt.[116] Auf die Vorhersehbarkeit des Missverhältnisses kommt es – anders als beim alten **Bestsellerparagrafen** – nicht an. **68**

Der wesentliche Unterschied zwischen § 32 UrhG und § 32a UrhG liegt im Zeitpunkt der Beurteilung der „Angemessenheit". § 32 UrhG bezieht sich auf die zum Zeitpunkt des Vertragsschlusses angemessene Vergütung, § 32a UrhG auf die später im Verhältnis zum Werkerfolg angemessene Vergütung. In Fällen, in denen der Urheber prozentual und angemessen i.S.d. § 32 Abs. 1 S. 3 UrhG an den Erträgen des Werkes beteiligt wird, dürfte für eine Anwendung des § 32a UrhG regelmäßig kein Raum sein. Wird jedoch ein **Pauschalhonorar** vereinbart, das ein angemessenes Beteiligungshonorar pro Jahr um mehr als die Hälfte unterschreitet, so liegt ein Missverhältnis vor, das den Urheber zur Vertragsänderung berechtigt. Die dann erfolgende Anpassung muss eine weitere angemessene Vergütung zum Ergebnis haben, darf sich also nicht darin erschöpfen, lediglich das auffällige Missverhältnis zu beseitigen.[117] Das bedeutet, dass über die ursprünglich angemessene (meist pauschale) Vergütung hinaus nun auch eine angemessene Beteiligung am Ertrag zu zahlen ist.[118] **69**

Der Anspruch auf Vertragsanpassung steht dem Urheber grundsätzlich nur gegenüber seinem direkten Vertragspartner zu. § 32a Abs. 2 UrhG normiert indes einen gesetzlichen Zahlungsanspruch gegenüber einem Verwerter in der **Lizenzkette**, sofern die Voraussetzungen des Abs. 1 im Verhältnis zu diesem vorliegen. **70**

Der Anspruch kann mehrfach gegeben sein, also nach einer Fairness-Ausgleichszahlung erneut aufleben, wenn die Erträge wiederum in ein Missverhältnis zur bisherigen Gesamtvergütung geraten.[119] **71**

---

114 *BGH* GRUR 2009, 1148, 1152 – Talking to Addison.
115 *Dreier/Schulze* § 32a Rn. 28; a.A. *Schaub* ZUM 2005, 212, 218.
116 Begr. BT-Drucks. 14/8085, 45.
117 *BGH* GRUR 2002, 153, 155.
118 *Dreier/Schulze* § 32a Rn. 42.
119 *BGH* GRUR 2012, 496 Tz. 60 – Das Boot.

3.1.2.4 Fälligkeit des Honorars

72 Mangels anderweitiger Vereinbarung ist das Honorar vorab bei der **Ablieferung** des Werkes zu entrichten (§ 23 S. 1 VerlG). Dies gilt insbesondere bei den – selten gewordenen – Pauschalvergütungen. Die meisten Verlagsverträge sehen indes eine Beteiligung des Verfassers am Ladenpreis (gebundener Ladenpreis abzüglich gesetzlicher Mehrwertsteuer) oder dem Netto-Umsatz des Verlages vor. In diesen Fällen hat der Verleger grundsätzlich jährlich Rechnung zu legen sowie Einsicht in seine Geschäftsbücher zu verschaffen, soweit dies für die Überprüfung der Abrechnung erforderlich ist (§ 24 VerlG). Die Honorarbemessung nach dem Umfang der Vervielfältigung, insbesondere nach Zahl der Druckbogen (§ 23 S. 2 VerlG) ist nicht mehr zeitgemäß.

3.2 Nebenpflichten

3.2.1 Enthaltungspflicht des Verlegers

73 In § 4 VerlG ist auch für den Verleger – freilich dispositiv – eine Enthaltungspflicht normiert: Er ist nicht berechtigt, das Vertragswerk für eine Gesamtausgabe der Werke des Verfassers oder ein Sammelwerk (§ 4 UrhG) zu verwerten, auch dann nicht, wenn ihm die Verlagsrechte an den einzelnen Werken zustehen.[120] Eine Gesamtausgabe liegt vor, wenn sie alle Werke, Hauptwerke oder wenigstens die für eine bestimmte Schaffensperiode, Fachrichtung oder Werkform maßgeblichen Werke desselben Verfassers enthält.[121] Auch Teile einer bereits verlegten Gesamtausgabe oder eines bereits verlegten Sammelwerks dürfen nicht ohne Zustimmung des Verfassers im Rahmen einer Sonderausgabe vervielfältigt und verbreitet werden.

3.2.2 Festsetzung des Ladenpreises

74 Die Bestimmung des Ladenpreises, zu dem das Buch verkauft werden soll, steht für jede Auflage gesondert dem **Verleger** zu (§ 21 S. 1 VerlG). Diese Bestimmung setzt die seit Ende des 19. Jahrhunderts im Verlagsbuchhandel bestehende Befugnis des Verlegers voraus, den Ladenpreis des Buches festzusetzen. Die Rechtsgrundlage der Buchpreisbindung hat sich mehrmals gewandelt und basierte bis zum Zweiten Weltkrieg auf Verbandsrecht des **Börsenvereins des Deutschen Buchhandels**, danach auf vertraglichen Vereinbarungen zwischen den Verlegern und Buchhändlern. Diese vertraglichen Regelungen wurden 1966 in ein Sammelreverssystem überführt, das 1990 auch auf das Gebiet der neuen Bundesländer ausgedehnt wurde. Nach jahrelangem Streit mit der EU-Kommission zur Frage der Vereinbarkeit des Sammelreverses mit dem EU-Wettbewerbsrecht erließ der Gesetzgeber mit Wirkung zum 1.10.2002 das Gesetz über die Preisbindung für Bücher (BuchPrG), das den Sammelrevers ablöste, inhaltlich dessen Regelungen jedoch weitgehend übernahm.[122]

75 Gem. § 5 Abs. 1 BuchPrG trifft den Verleger die **Pflicht**, für jede Ausgabe jedes Buches einen Preis einschließlich Umsatzsteuer („Endpreis“) für den Verkauf an Letztabnehmer festzusetzen. Die Buchpreisbindung gilt gem. § 2 Abs. 1 Nr. 3 BuchPrG seit 1.9.2016 ausdrücklich auch für **„E-Books“**.

120 *LG Köln* 13.2.2013 - 28 O 459/11.
121 *LG Köln* 13.2.2013 - 28 O 459/11.
122 Zur Geschichte der Buchpreisbindung *Wallenfels/Russ* § 1 Rn. 11 ff.

Eine Erhöhung des Preises ist nach den Bestimmungen des BuchPrG jederzeit möglich, im Verhältnis zum Verfasser darf eine Erhöhung – falls nichts anderes vereinbart ist – jedoch nur mit dessen **Zustimmung** erfolgen (§ 21 S. 3 VerlG). Auch eine Ermäßigung des Ladenpreises ist nach den Regelungen der Buchpreisbindung unproblematisch, im Verhältnis zum Verfasser dürfen allerdings dessen berechtigte Interessen nicht verletzt werden. So wäre die „Degradierung" eines hochpreisigen Fachbuchs eines bekannten Autors zu einem Billigbuch mit dem Ansehen des Autors kaum vereinbar und könnte dessen berechtigte Interessen verletzen. Auch ist der Verfasser ja regelmäßig am Nettoumsatz des Buches beteiligt, so dass eine Ermäßigung des gebundenen Ladenpreises auch das dem Verfasser zustehende Honorar mindert. **76**

Nach Ablauf von 18 Monaten nach Erscheinen ist der Verleger gem. § 8 Abs. 1 BuchPrG berechtigt, die Preisbindung aufzuheben. Dies führt regelmäßig zur **„Verramschung"** des Buches, also zum Verkauf zu beliebigen – meist überaus niedrigen – Preisen. Auch dies kann für den Verfasser nachteilig sein.[123] Viele Verlagsverträge regeln daher, dass die Verramschung erst erfolgen kann, wenn die Buchabsätze eine bestimmte Menge unterschreiten und sich dadurch herausstellt, dass das Buch zum gebundenen Ladenpreis nicht mehr verkäuflich ist. **77**

3.2.3 Zuschuss- und Freiexemplare

Zuschussexemplare sind Vervielfältigungsstücke, die nach verlegerischer Verkehrssitte über die Zahl der nach Gesetz oder Vertrag zulässigen Abzüge hinaus hergestellt werden, um den **Ausfall** zu ersetzen, der während der Herstellung beim Druck, Heften oder Binden, bei der Lagerung oder während des Vertriebs entsteht. Sie dienen dazu, die Zahl der zu vervielfältigenden Bücher (einschließlich Vertriebs-, Frei-, Besprechungs-, Werbe- und Pflichtexemplare) zu sichern.[124] Die Zahl der Zuschussexemplare wird meist vertraglich begrenzt. Sie dürfen vom Verleger nicht verbreitet, also nicht verkauft werden und sind demgemäß auch nicht vergütungspflichtig. **78**

Freiexemplare sind die vom Verleger aufgrund gesetzlicher Vorschrift (§ 25 VerlG) oder vertraglicher Regelung an den Verfasser kostenlos auszuhändigenden Exemplare des Buches zu dessen persönlicher Verwendung. An Freiexemplaren sind dem Verfasser mangels besonderer Vereinbarung bei Werken der Literatur auf je einhundert Abzüge ein Exemplar, jedoch mindestens fünf und höchstens fünfzehn zu liefern (§ 25 Abs. 1 VerlG). Bei Musikwerken ist die jeweils übliche Anzahl von Freiexemplaren geschuldet (§ 25 Abs. 2 VerlG). Weiterhin ist der Verfasser berechtigt, über die Zahl der Freiexemplare hinaus vom Verleger Exemplare des Buches zum günstigsten dem Buchhandel gewährten Abgabepreis zu verkaufen. Das wird regelmäßig der dem Großhandel (auch Zwischenbuchhandel oder Barsortiment genannt) gewährte Preis sein, vgl. § 6 Abs. 3 BuchPrG. **79**

4. Das Eigentum am Manuskript

Im Zeitalter der digitalen Erstellung von Manuskripten ist § 27 VerlG wohl nur noch für den Musikverlagsvertrag von Bedeutung, zumal die originalen Notenhandschriften von Komponisten erhebliche Werte erreichen können. Nach dieser Regelung ist das Manuskript dem Autor nach der Vervielfältigung zurückzugeben, sofern sich der **80**

---

123 *Russ* § 21 Rn. 14 ff.

124 *Schricker* Verlagsrecht, § 6 Rn. 2.

Autor vor Beginn der Vervielfältigung die Rückgabe vorbehalten hat. Ist dies nicht der Fall, wird das Manuskript nicht etwa Eigentum des Verlages, der Verlag ist lediglich bis zur Beendigung des Verlagsvertrages zum Besitz berechtigt. Selbst wenn der Verlag vertraglich Eigentümer des Manuskripts geworden ist, kann der Verleger im Falle einer berechtigten fristlosen Kündigung des Verlagsvertrages durch den Autor verpflichtet sein, das Manuskript zurückzugeben.[125] Entsprechendes gilt für Illustrationen: Der Verlag hat lediglich das Recht, anhand der ihm überlassenen Originale seine Verwertungen vorzunehmen, die Originale also entsprechend seinen Bedürfnissen zu kopieren, zu scannen etc. Nach Erledigung der für die Verwertung notwendigen Arbeiten – spätestens aber nach Beendigung des Vertrages – muss der Verlag die Originale dem Illustrator zurückgeben.

5. Die Beendigung des Verlagsvertrages

5.1 Vertragsgemäße Beendigung

81 Regelmäßig endet das Vertragsverhältnis zwischen Verleger und Verfasser, wenn die vereinbarten Auflagen oder Abzüge **vergriffen** sind (§ 29 Abs. 1 VerlG) und dem Verleger keine darüber hinaus gehenden Verwertungsrechte mehr zustehen. Wurde der Verlagsvertrag für eine bestimmte Zeit geschlossen, so endet das Vertragsverhältnis mit deren Ablauf (§ 29 Abs. 3 VerlG).

5.2 Die Kündigung des Vertrages

82 § 18 VerlG sieht ein Kündigungsrecht des Verlegers vor, wenn der Zweck, dem das Werk dienen sollte, nach Abschluss des Vertrages wegfällt, wobei der Honoraranspruch des Verfassers unberührt bleibt. Die Kündigung wirkt ex nunc. Es handelt sich um eine verlagsrechtliche Ausgestaltung des Grundsatzes des Wegfalls der Geschäftsgrundlage und um das Gegenstück zum Recht des Verfassers zum Rücktritt wegen veränderter Umstände (§ 35 VerlG). Lehrbeispiele sind das Nichtinkrafttreten eines Gesetzes, wodurch ein entsprechender Gesetzeskommentar überflüssig wird, oder ein Kunstband über ein Gebäude, das nicht errichtet wird. Von größerer Bedeutung als die Regelung in § 18 VerlG ist das stets bestehende Recht der Parteien zur **außerordentlichen Kündigung aus wichtigem Grund** gem. § 314 BGB.[126]

5.3 Rücktrittsrechte

83 Im Unterschied zur Kündigung wirkt der Rücktritt vom Verlagsvertrag nicht nur für die Zukunft, sondern rückwirkend („ex tunc"), bringt das Vertragsverhältnis also durch Verweis auf die für das Rücktrittsrecht geltenden Vorschriften der §§ 346 ff. BGB in § 37 VerlG zum Erlöschen. Die wirksame Rücktrittserklärung wandelt somit den Verlagsvertrag in ein **Rückgewährschuldverhältnis** um, in dessen Rahmen die jeweils erhaltenen Leistungen zurück zu gewähren sind. Um – etwa bei lang andauernden Vertragsverhältnissen – nicht zu unbilligen Ergebnissen zu gelangen, mildern §§ 37 und 38 VerlG die Wirkungen des Rücktritts jedoch ab und nähern die sich ergebenden Rechtsfolgen denen einer **Kündigung** an.[127] Eine Rückgewähr der empfangenen Leistungen, muss danach nur erfolgen, wenn das Werk im Zeitpunkt der Rücktrittserklärung nicht bereits ganz oder teilweise an den Verleger abgeliefert war (§ 38

---

125 *BGH* GRUR 1999, 579, 580.
126 *Russ* § 30 Rn. 31 ff.; § 32 Rn. 34; *Schack* Rn. 1177.
127 *Wegner/Wallenfels/Kaboth* 2. Kap. Rn. 118.

VerlG). War dies noch nicht der Fall, sind auch wechselseitig erhaltene Leistungen wie Druckkostenzuschuss, Vorschuss, Unterlagen, Materialien etc. wieder herauszugeben. Wird der Rücktritt hingegen erklärt, nachdem das Werk bereits ganz oder in Teilen dem Verleger überlassen wurde, so hängt es von den Umständen des Einzelfalls ab, ob der Vertrag rückabgewickelt werden muss. Nach der **gesetzlichen Vermutungsregel** in § 38 Abs. 2 VerlG werden bei einem Rücktritt nur die zukünftigen Auflagen eines Werkes erfasst, für Vervielfältigungs- und Verbreitungshandlungen der Vergangenheit behält der Verlagsvertrag seine Gültigkeit mit der Folge, dass hierfür keine Leistungen wechselseitig zurück zu gewähren sind.[128]

5.3.1 Die Rücktrittsrechte des Verlegers

Ein Rücktrittsrecht des Verlegers besteht, wenn das Werk ganz oder zum Teil nicht rechtzeitig abgeliefert wurde und auch eine **Nachfristsetzung mit Ablehnungsandrohung** erfolglos geblieben ist (§ 30 Abs. 1 S. 1, 3 VerlG). Ein sofortiges Rücktrittsrecht ohne Fristsetzung besteht, wenn die rechtzeitige Herstellung des Werkes – etwa wegen einer dauerhaften Erkrankung des Verfassers – unmöglich ist oder vom Verfasser **ernsthaft und endgültig verweigert** wird. Ebenso kann sich der Verleger vom Vertrag lösen, wenn der sofortige Rücktritt durch ein besonderes Interesse an der zeitgerechten Herstellung gerechtfertigt ist, weil etwa das Werk zu einem bestimmten Ereignis erscheinen sollte oder ein Fixgeschäft vorliegt.[129] Der Rücktritt ist jedoch grundsätzlich ausgeschlossen, wenn die nicht rechtzeitige Ablieferung des Werkes für den Verleger nur einen unerheblichen Nachteil mit sich brächte (§ 30 Abs. 3 VerlG). 84

Ein weiteres Rücktrittsrecht steht dem Verleger bei **nicht vertragsgemäßer Beschaffenheit** des vom Verfasser abgelieferten Werkes zu (§ 31 Abs. 1 VerlG). Hier gelten die Regelungen zum Rücktrittsrecht wegen nicht rechtzeitiger Ablieferung des Werkes entsprechend, auch hier bedarf es mithin der Fristsetzung mit Ablehnungsandrohung vor der Rücktrittserklärung. Dem Verfasser muss eine angemessene Nachfrist eingeräumt werden, das Werk in einen vertragsgemäßen Zustand zu versetzen. Einer Nachfrist bedarf es wiederum nicht, wenn einer der in § 30 Abs. 2 VerlG genannten Gründe vorliegt. 85

Ein zusätzliches Rücktrittsrecht des Verfassers gibt es wegen **veränderter Umstände** (Wegfall der Geschäftsgrundlage, § 35 Abs. 1 VerlG).[130] Die Umstände müssen so beschaffen sein, dass der Verfasser, hätte er sie früher gekannt, von der Herausgabe des Werkes Abstand genommen hätte. Die Gründe können objektiver Natur sein, wie etwa im Falle einer einschneidenden Gesetzesänderung, die ein juristisches Fachbuch Makulatur werden lässt.[131] Kein Rücktrittsgrund liegt hingegen bei Änderung der religiösen, politischen oder wissenschaftlichen Anschauungen des Verfassers vor.[132] Hier kommt jedoch ein Rückruf des Verlagsrechts gem. § 42 UrhG in Betracht. Auch eine unvorhergesehene längere Erkrankung des Verfassers, durch welche er an der Fertigstellung des Werkes dauerhaft gehindert wird, ist ein subjektiver Rücktrittsgrund.[133] Die Möglichkeit zum Rücktritt wegen veränderter Umstände steht vice versa auch dem Verleger für Folgeauflagen des Werkes zu (§ 35 Abs. 1 S. 2 VerlG). 86

---

128 *Wegner/Wallenfels/Kaboth* 2. Kap. Rn. 118.
129 *Schricker* Verlagsrecht, § 30 Rn. 20.
130 *Ulmer-Eilfort/Obergfell* § 35 Rn. 1.
131 *Leiss* § 35 Anm. 11.
132 *Russ* § 35 Rn. 8; a.A. *Ulmer-Eilfort/Obergfell* § 35 Rn. 4.
133 *Ulmer* S. 472; *Schricker* Verlagsrecht, § 35 Rn. 6.

5.3.2 Das Rücktrittsrecht des Verfassers

87 Auch dem Verfasser steht gem. §§ 32, 30 VerlG ein eigenes Rücktrittsrecht zu, wenn der Verleger das Werk **nicht vertragsgemäß** vervielfältigt und verbreitet. Dabei erstreckt sich das Rücktrittsrecht sowohl auf Verstöße des Verlegers gegen das **„ob"** der Verbreitung als auch deren **„wie"**. Das Rücktrittsrecht steht dem Verfasser somit zu, wenn der Verleger das Werk gar nicht vervielfältigt und verbreitet, wenn dies nicht in zweckentsprechender und üblicher Weise erfolgt, wenn der Verleger unzulässige Änderungen am Werk vornimmt, eine geringere oder höhere Zahl an Abzügen herstellt als vereinbart oder gesetzlich in §§ 5, 16 VerlG festgeschrieben, wenn das Werk trotz einer entgegenstehenden Verpflichtung des Verlegers vergriffen ist, wenn der Verleger das Manuskript nicht korrigiert (§ 20 Abs. 1 VerlG), wenn der Verleger notwendige Korrekturen des Verfassers nicht ausführt, wenn der Verleger ohne Einverständnis des Verfassers den Ladenpreis herabsetzt oder ohne Beachtung seiner Interessen das Buch verramscht oder makuliert.[134]

88 Auch den Verfasser trifft gem. §§ 32, 30 Abs. 1 VerlG die Pflicht, dem Verleger eine **Nachfrist mit Ablehnungsandrohung** für die vertragsgemäße Vervielfältigung und Verbreitung zu setzen, sofern eine solche nicht gem. §§ 32, 30 Abs. 2 VerlG ausnahmsweise entbehrlich ist.

5.4 Weitere Beendigungstatbestände

89 Im Übrigen endet der Verlagsvertrag durch **Gemeinfreiwerden** des Werkes, also mit Ende der urheberrechtlichen Schutzfrist gem. § 64 UrhG.[135] Als Dauerschuldverhältnis kann der Verlagsvertrag auch durch sofortige Kündigung enden, wenn die Vertrauensgrundlage gestört und es dem Verfasser nicht mehr zuzumuten ist, das Vertragsverhältnis fortzusetzen. Dies ist etwa der Fall, wenn der Verleger wiederholt nicht, verspätet oder falsch abrechnet,[136] das Ansehen des Verfassers schädigt oder auf sonstige Weise seine Vertragspflichten verletzt.[137] Eine Kündigungsmöglichkeit besteht zudem, wenn sich aufgrund fortdauernder erheblicher Vermögensschwierigkeiten des Verlegers der Druck des Werkes verzögert oder dem Verfasser eine Verwirklichung seiner Honoraransprüche nicht möglich ist.[138]

90 Von den Beendigungstatbeständen sind die Rückrufrechte des Verfassers zu unterscheiden, die ihm das Urheberrecht bei Nichtausübung von Nutzungs- bzw. Nebenrechten (§ 41 UrhG) sowie wegen gewandelter Überzeugung (§ 42 UrhG) gewährt.

6. Der Verlagsvertrag in der Insolvenz des Verlegers

91 Ist die Übertragung des Verlagsrechts **vertraglich nicht ausgeschlossen** worden,[139] werden die Verlagsrechte von einem **Insolvenzverfahren** über das Vermögen des Verlegers erfasst. Für diesen Fall stellt § 36 VerlG einige besondere Bestimmungen auf.

---

134 *Schricker* Verlagsrecht, § 32 Rn. 2.

135 *Wegner/Wallenfels/Kaboth* 2. Kap. Rn. 112.

136 *BGH* GRUR 1974, 789 – Hofbräuhaus-Lied; *OLG Schleswig-Holstein* ZUM 1995, 867, 873; *OLG Köln* GRUR 1986, 679 – Unpünktliche Honorarzahlung.

137 Bsp. bei *Schricker* Verlagsrecht, § 35 Rn. 24.

138 *RGZ* 79, 160; *LG München* GRUR 1987, 911 – Vertragskündigung.

139 Hierzu im Einzelnen *Russ* § 36, Rn. 3.

92 Nach Einbringung des **Insolvenzantrages** über das Vermögen des Verlegers besteht der Verlagsvertrag zunächst grundsätzlich weiter. Ab Antragsstellung gilt jedoch die **Kündigungssperre** des § 112 InsO mit der Folge, dass der Verfasser nicht mehr berechtigt ist, wegen eines Verzugs des Verlegers oder wegen dessen schlechter Vermögensverhältnisse das Vertragsverhältnis zu kündigen.[140] Diese Regel ist **zwingendes Recht** und kann nicht vertraglich abbedungen werden; ebenso wenig kann ein automatischer Rechterückfall für den Fall der Insolvenz vereinbart werden.

93 Der Verfasser hat ein **Rücktrittsrecht** für den Fall der Insolvenz des Verlegers, sofern mit der Vervielfältigung des Werkes zum Zeitpunkt der Eröffnung des Insolvenzverfahrens noch nicht begonnen wurde (§ 36 Abs. 3 VerlG). Übt er es aus, wird der Verlagsvertrag mit der Folge aufgelöst, dass das Verlagsrecht erlischt (§ 9 Abs. 1 VerlG). Der Verfasser kann in diesem Fall erneut über das Werk verfügen.

94 Hatte der Verleger bei Eröffnung des Insolvenzverfahrens bereits mit der Vervielfältigung begonnen oder übt der Verfasser sein Rücktrittsrecht nicht aus, so hat der Insolvenzverwalter gem. §§ 36 Abs. 1, 103 InsO ein **Wahlrecht**, ob er den Verlagsvertrag erfüllen will oder nicht. Voraussetzung für die Ausübung des Wahlrechts durch den Insolvenzverwalter ist gem. § 103 Abs. 1 InsO, dass der Verlagsvertrag von beiden Teilen nicht oder noch nicht vollständig erfüllt ist. Die Ablieferung des Werkes durch den Verfasser stellt noch keine vollständige Erfüllung dar, wenn der Verfasser noch die Korrektur schuldet.[141] Entschließt sich der Insolvenzverwalter zur Erfüllung des Vertrages, ist er in demselben Umfang wie der Verleger an den Verlagsvertrag gebunden. Die Ansprüche des Verfassers werden zu privilegierten Masseforderungen (§ 55 Abs. 1 Nr. 2 InsO). Lehnt der Insolvenzverwalter die Erfüllung ab, so wird der Verlagsvertrag hierdurch nicht beendet.[142] Die Erfüllungsablehnung hindert dann lediglich die Durchsetzbarkeit noch bestehender Erfüllungsansprüche des Verfassers. Der Verlagsvertrag bleibt bestehen, ist jedoch insolvenzrechtlich abzuwickeln.[143] Allerdings besteht ein **Rücktrittsrecht des Verfassers** wegen der endgültigen Erfüllungsverweigerung des Insolvenzverwalters (§§ 32, 30 Abs. 2, 37 VerlG).[144]

95 Der Insolvenzverwalter kann die **Verlagsrechte** auch unter Beachtung von § 34 Abs. 1–3 UrhG einem Dritten übertragen. Der Dritte tritt in den Verlagsvertrag ein, die Insolvenzmasse haftet jedoch für die Verbindlichkeiten des Dritten aus dem Vertragsverhältnis wie ein selbstschuldnerischer Bürge (§ 36 VerlG).

96 Werden gar keine Entscheidungen getroffen, bleibt der Verlagsvertrag bestehen. Altschulden des Verlegers werden zu Masseverbindlichkeiten; der Verfasser hat Anspruch lediglich auf eine quotale Befriedigung. Der Verlagsvertrag wird durch die Eröffnung des Insolvenzverfahrens weder aufgelöst noch verändert, sondern bleibt auch während des Insolvenzverfahrens unberührt und behält seinen ursprünglichen Inhalt. Der Insolvenzverwalter kann sein Wahlrecht bis zur Verfahrensbeendigung ausüben, wenn ihn nicht der Verfasser nach § 103 Abs. 2 S. 2, 3 InsO vorher auffordert, eine Erklärung über das weitere Schicksal des Vertrages abzugeben. Erst mit Abschluss des Insolvenzverfahrens fällt das Verlagsrecht dann an den Verfasser zurück.[145]

---

140 *Wegner/Wallenfels/Kaboth* 7. Kap. Rn. 8.
141 *Rehbinder* Rn. 708.
142 *BGH* NJW 2003, 2744, 2748; *Russ* § 36 Rn. 57; a.A. *Ulmer-Eilfort/Obergfell* § 36 Rn. 11.
143 *Limper* Anm. zu *LG Hamburg* NJW 2007, 3215, 3217.
144 *Russ* § 36 Rn. 63; andere Lösungsvorschläge s. dort Rn. 58 ff.
145 *OLG München* ZUM 1994, 360, 361.

II. Vertragstypen

1. Der Literaturverlagsvertrag

97 Beim Vertrag über ein belletristisches Werk sind für die Vergütung die **gemeinsamen Vergütungsregeln Belletristik** zu beachten (§ 32 Abs. 2 S. 1 UrhG).[146] Fraglich ist in jüngerer Zeit häufiger, ob auch die Vereinbarung eines **„Printing on demand"** als Verlagsvertrag anzusehen ist. Diese Frage ist zu bejahen: Allerdings dürften einige dispositive Regelungen des VerlG – etwa zur Zahl der herzustellenden Abzüge und zur Bevorratung, §§ 15, 16 UrhG – konkludent abbedungen sein.[147]

98 Der Markt für **wissenschaftliche Publikationen** ist von häufig hohen Herstellungskosten und geringen Auflagen gekennzeichnet. Viele Autoren – insbesondere von Beiträgen zu wissenschaftlichen Zeitschriften – erhalten kein oder nur ein geringes Honorar; häufig sind es Hochschulprofessoren und Dozenten, denen es in erster Linie um die Publikation ihrer Beiträge in einer angesehenen Zeitschrift geht. In diesem Bereich kann die angemessene Vergütung i.S.d. § 32 Abs. 2 S. 2 UrhG gegen Null gehen, mehr noch, der Verfasser kann – wie etwa im Dissertationsverlag üblich – zur Zahlung eines die gesamten Herstellungskosten abdeckenden Druckkostenzuschusses verpflichtet sein. Für den Bereich der wissenschaftlichen Werke wurde bereits im Jahre 1922 ein als „Richtlinien" bezeichneter Mantelvertrag zwischen den Hochschullehrerverbänden und dem Börsenverein des Deutschen Buchhandels geschlossen. Nach dem 2. Weltkrieg erfolgte eine Einigung über Vertragsnormen zwischen dem Deutschen Hochschullehrerverband und dem Börsenverein, deren aktuelle Fassung aus dem Jahre 2000 stammt.[148] Diese Fassung enthält ausführliche Musterverträge für den Abschluss von Verträgen im Zusammenhang mit wissenschaftlichen Werken.

2. Sammelwerke und Zeitschriften

2.1 Besonderheiten

99 Für **Beiträge zu periodischen Sammlungen** sind die Regeln des VerlG anwendbar, allerding gelten Besonderheiten (§§ 41 ff. VerlG). So ist im Zweifel die Zahl der dem Verleger zugestandenen Abzüge nicht beschränkt (§ 43), Änderungen des Beitrags sind möglich, wenn der Name des Verfassers einvernehmlich nicht genannt wird (§ 44), dem Verfasser steht ein zusätzliches Kündigungsrecht zu, wenn der Beitrag nicht innerhalb eines Jahres nach Ablieferung veröffentlicht wird (§ 45). Zudem besteht kein Anspruch des Verfassers auf die Überlassung von Freiexemplaren (§ 46). Für den Umfang der dem Verleger übertragenen Rechte ist § 38 UrhG zu beachten. Im Zweifel erwirbt der Verleger zwar ein ausschließliches Nutzungsrecht zur Vervielfältigung, Verbreitung und öffentlichen Zugänglichmachung des Beitrags. Dennoch darf der Autor den Beitrag nach Ablauf eines Jahres seit Erscheinen anderweitig verwerten, sofern nichts anderes vereinbart ist (§ 38 Abs. 1 UrhG). Wurde der Beitrag für eine periodische Sammlung zumindest zur Hälfte mit öffentlichen Mitteln gefördert, besteht ein unabdingbares Recht des Verfassers, den Beitrag ein Jahr nach Erscheinen in der „akzeptierten Manuskriptversion" anderweitig – etwa in einer Online-Datenbank seiner Hochschule – öffentlich zugänglich zu machen (§ 38 Abs. 4 UrhG). Auch

146 Abgedr. unter Rn. 124.
147 *Fromm/Nordemann/Nordemann-Schiffel* § 1 VerlG Rn. 13.
148 Abgedr. bei *Ulmer-Eilfort/Obergfell* 4 II (S. 927 ff.).

der mit dem **Herausgeber** eines Sammelwerkes (§ 4 UrhG) abgeschlossene Vertrag unterliegt als Verlagsvertrag regelmäßig den Regelungen des VerlG, auch wenn darüber hinaus aufgrund der Rechtsnatur des Vertrages Regelungen des Werk- und Dienstvertragsrechts Anwendung finden können.[149]

2.2 Das Recht am Titel

Von erheblicher Bedeutung in der Praxis ist die Frage, wem der **Titel einer Zeitschrift** **100**
gehört. Diese Frage sorgt regelmäßig für Streit, wenn Verlag und Herausgeber nicht mehr miteinander können oder wollen und der Verlag die Zeitschrift mit einem anderen Herausgeber oder der Herausgeber die Zeitschrift mit einem anderen Verlag fortführen will. Das VerlG schweigt zu dieser Frage.

Grundsätzlich ist ohne Bedeutung, wer den Titel geprägt oder erfunden hat, da Werk- **101**
titel regelmäßig keinem urheberrechtlichen Schutz zugänglich sind.[150] Entscheidend ist vielmehr, welche Regelung der Vertrag vorsieht. Daher sollte in jedem Herausgebervertrag geregelt sein, wer den Zeitschriftentitel behält, wenn die Zusammenarbeit endet. Findet sich – wie leider häufig – im Vertrag keine Regelung zur Inhaberschaft am Titel, so richtet sich die Entscheidung danach, wer **„Herr des Unternehmens"** ist.[151] Hatte die Zeitschrift bereits mehrere Herausgeber, so ist dies ein Indiz für eine Inhaberschaft des Verlages. Hat der Herausgeber mehrfach den Verlag gewechselt und dabei den Titel mitgenommen, ist dies ein Indiz für die Inhaberschaft des Herausgebers. Liegt ein gemeinschaftliches Projekt vor, so entspricht es der Billigkeit, das Titelrecht dem Verleger zu belassen, der ja auch das wirtschaftliche Risiko trägt.

2.3 Verhältnis des Verlages zum Herausgeber

Das Verhältnis des Herausgebers zum Verleger ist häufig ambivalent: Einerseits ist **102**
der Herausgeber **Urheber** des von ihm gestalteten Sammelwerkes. Andererseits ist er häufig selbst **Autor eines Beitrages** zum Sammelwerk. Dabei hat es sich in der Praxis für die Verlage als nachteilig erwiesen, die Verträge zu den Beitragsautoren „über den Herausgeber" abschließen zu lassen: Denn häufig werden solche Verträge nicht schriftlich abgeschlossen, so dass es im Streitfall schnell zu Auseinandersetzungen über den zeitlichen oder inhaltlichen Umfang der eingeräumten Nutzungsrechte kommt. Zwar erfolgt regelmäßig eine ausschließliche Rechtseinräumung (§§ 41, 8 VerlG), im Übrigen gilt jedoch die **Zweckübertragungsregel**. Der Verleger sollte daher einerseits einen Vertrag mit dem Herausgeber abschließen, in welchem auch die Nutzungsrechte am Sammelwerk im benötigten Umfang eingeräumt werden. Darüber hinaus sollte der Verlag mit jedem einzelnen Beitragsautor einen eigenen Verlagsvertrag abschließen. Um die Beitragsautoren nicht zu verschrecken, empfiehlt sich ein möglichst kurz gefasster Revers. Bei mehreren Herausgebern und/oder Beitragsautoren oder bei auf viele Auflagen angelegten Werken ist es zudem wichtig, eine Regelung für den Fall des Ausscheidens der Herausgeber und Beitragsautoren zu treffen. Denn das Werk soll ja regelmäßig auch nach deren Ausscheiden fortgeführt werden. Fehlen vertragliche Regelungen, so geht dies aufgrund miteinander vernähter Rechte der Herausgeber am Sammelwerk (§ 4 UrhG) und der Urheber- oder Miturheberrechte der Beitragsautoren häufig nur um den Preis der gänzlichen Neuherstellung

149 *Schricker* Verlagsrecht, § 1 Rn. 7.
150 *Wegner/Wallenfels/Kaboth* Kap. 4 Rn. 15 ff.
151 *Russ* § 13 a.F. Rn. 84.

von Beiträgen oder gar des gesamten Werkes. Der Verleger sollte sich daher stets das Recht sichern, das Werk durch andere Herausgeber und Bearbeiter unter Verwendung sämtlicher Zusammenstellungen und Texte weiter zu betreiben und herausgeben bzw. bearbeiten zu lassen.

3. Der Musikverlagsvertrag

103 Die Regelungen des VerlG erstrecken sich grundsätzlich auch auf den Musikverlagsvertrag, der sich vom Literaturvertrag jedoch mannigfaltig unterscheidet.[152] Parteien des Musikverlagsvertrages können der Verlag, der Komponist und der Textdichter sein.[153] Das VerlG erklärt sich ausweislich § 1 zwar selbst für anwendbar, in der Praxis werden Verlagen wie Komponisten jedoch nur Verträge mit Regelungen gerecht, welche die **Besonderheiten des Musikgeschäfts** berücksichtigen. So erhält der Verleger regelmäßig das Recht zur Bearbeitung des Werkes (Klavierbearbeitung, Bearbeitung für Kammerorchester) sowie zur Veranstaltung von Sonderausgaben von Teilstücken (Orchesterstimmen).[154] Generell können drei unterschiedliche Arten des Musikverlagsvertrages unterschieden werden:

- Vertrag über Bühnenwerke der ernsten Musik, insbesondere Opern („großes Recht"),
- Vertrag über sonstige Werke der ernsten Musik („kleines Recht"),
- Vertrag über Werke der Unterhaltungsmusik.

104 Im Bereich der ernsten Musik ist die – regelmäßig kostenintensive – **Herstellung von Notenmaterial** regelmäßige Hauptpflicht des Verlagsvertrages. Allerdings wird gerade bei Opern und Bühnenwerken („großes Recht") nur mit sehr geringen Auflagen gearbeitet, da einerseits die Notenmaterialien (Partitur, Orchesterstimmen für die unterschiedlichen Instrumente) sehr umfangreich sind, andererseits die wenigsten Bühnen das Notenmaterial für die aufgeführten Opernwerke käuflich erwerben wollen. In der Praxis werden die „Materialien" genannten Noten von den Musikverlagen daher meist vermietet. Auch haben die Verlage auf diese Weise die Möglichkeit der Kontrolle, dass bei Aufführungen nicht zur Einsparung des Mietzinses mit kopierten Noten gearbeitet wird.

105 Auch bei Konzertwerken der ernsten Musik (**„kleines Recht"**) liegt das Schwergewicht des Vertrages bei der Herstellung von Noten und der Vermittlung von Aufführungen. Aus diesem Grunde unterhalten E-Musikverlage nicht nur eine Notenherstellung, sondern regelmäßig auch eine Bühnen- und Konzertabteilung. Die Einnahmen aus dem Notenverkauf fallen hier mehr ins Gewicht als bei Bühnenwerken, etwa bei Chorwerken und Werken für Kammerorchester. Im Bereich der Werke für großes Orchester werden die Noten wiederum zumeist vermietet.

106 Liegt bei der ernsten Musik noch immer ein Schwergewicht der vertraglichen Regelungen auf der Herstellung von Noten, spielt dies im Bereich der **Unterhaltungsmusik** fast keine Rolle,[155] auch wenn **Songbooks** bekannter Künstler oder Druckausgaben von Werken für Big-Bands oder Tanzorchester verkauft werden . Häufig wird jedoch die Pflicht des Verlages zur Herstellung und Verbreitung des Werkes als Notenausgabe vertraglich ausgeschlossen; allerdings lässt sich der Verlag in aller Regel das ent-

152 *Schricker* Verlagsrecht, § 1 Rn. 82.
153 *Russ* Einl. Rn. 53.
154 *Schricker* Verlagsrecht, § 1 Rn. 83.
155 *Loewenheim/Czychowski* § 68 Rn. 21.

sprechende Nutzungsrecht einräumen. Fehlt es an der Pflicht des Verlages zur Notenherstellung, führt dies aber regelmäßig zur Unanwendbarkeit des VerlG. Während verlegerische Hauptpflicht beim „E"-Musikverlagsvertrag also nach wie vor die Herstellung und Verbreitung des Werkes in Notenform ist, werden vom „U"-Musikverlag regelmäßig überhaupt keine Noten hergestellt, was jedoch gesondert vereinbart werden muss. In diesen Verträgen geht es dann auch um Fragen wie Exklusivbindungen an Tonträgerhersteller, den Tonträger- und Internet-Vertrieb, TV-Auftritte etc. Im U-Musikbereich findet man den klassischen Musikverlag ohnehin nur noch selten. Im Regelfall handelt es sich um große Medienkonzerne, unter deren Dach sich neben einer Tonträgerfirma ein dieser quasi angeschlossener Musikverlag befindet. Dieser bewegt sich in einem **Geflecht von Vertragsbeziehungen**:[156] Die Künstler sind mit einem Produzenten durch einen Künstlerverlag verbunden, der Produzent wiederum mit einem Tonträgerhersteller durch einen Bandübernahmevertrag. Ebenso schließen die Künstler einen Verlagsvertrag mit einem zum Konzern gehorenden Musikverlag, mal direkt, mal über den Produzenten. Alle Konstellationen sind denkbar, auch mit den bereits angesprochenen Verflechtungen, wenn es sich bei Produzent, Tonträgerhersteller und Musikverlag nur um rechtlich selbständige Abteilungen eines Konzerns handelt.

107 Gegenstand des Musikverlagsvertrages ist die Einräumung des Verlagsrechts, also des Rechts zur Vervielfältigung und Verbreitung des Werkes in grafischer Form. Gemeinsam mit diesem dem Verleger eingeräumten Hauptrecht werden regelmäßig Nebenrechte eingeräumt, die sich häufig mit den vorab bereits im Berechtigungsvertrag der GEMA eingeräumten Nutzungsrechten überschneiden. Denn zumeist werden der GEMA durch den Berechtigungsvertrag die folgenden Rechte exklusiv eingeräumt:

- die Aufführungsrechte am Werk mit oder ohne Text;
- die Rechte der Hörfunk-Sendung;
- die Rechte der Lautsprecherwiedergabe einschließlich der Wiedergabe als dramatisch-musikalisches Werk durch Lautsprecher;
- die Rechte der Fernseh-Sendung;
- die Rechte der Fernseh-Wiedergabe einschließlich der Wiedergabe als dramatisch-musikalisches Werk;
- die Filmvorführungsrechte einschließlich der Rechte als dramatisch-musikalisches Werk;
- die Rechte der Aufführung mittels hergestellter Vorrichtungen;
- die Rechte der Aufnahme auf Tonträger und Bild-Tonträger und die Vervielfältigungs- und Verbreitungsrechte an Tonträgern und Bildtonträgern – bei Bildtonträgern einschließlich der Vergütungsansprüche aus §§ 27 Abs. 1 und 54 UrhG. Hinzu kommen die Vergütungsansprüche aus § 27 Abs. 1 UrhG für Musiknoten;
- die Rechte zur Benutzung des Werkes (mit oder ohne Text) zur Herstellung von Filmwerken oder von Aufnahme auf Bildtonträger; diese Rechte werden der GEMA unter einer auflösenden Bedingung übertragen;
- diejenigen Rechte, die durch künftige technische Entwicklung oder durch Änderung der Gesetzgebung entstehen und erwachsen.[157]

---

156 *Loewenheim/Czychowski* § 68 Rn. 23.

157 Eine Regelung, die erst nach Wegfall des § 31 Abs. 4 UrhG a.F. im Zusammenhang mit der Urheberrechtsreform „2. Korb" wirksam ist.

108 Der Umfang der vorstehend aufgeführten Rechte richtet sich jeweils nach dem **Berechtigungsvertrag** der GEMA in der zum Zeitpunkt des Abschlusses des Vertrages gültigen Fassung,[158] allerdings kann der Musikurheber einzelne Rechte streichen. Räumt der Urheber einem Dritten urheberrechtliche Nutzungsrechte ein, obwohl er die entsprechenden Rechte schon zuvor der GEMA zur Wahrnehmung überlassen hatte, so geht die Rechtseinräumung zu Gunsten des Dritten ins Leere. In diesem Fall kann auch nicht davon ausgegangen werden, der Urheber habe dem Dritten jedenfalls die Ansprüche abgetreten, die ihm im Falle einer Urheberrechtsverletzung im Hinblick auf das eigene Interesse an der Rechtsverfolgung neben der GEMA zustehen.[159]

109 Das KG hat in einem Urteil vom 14.11.2016 klargestellt, dass Gelder nur an solche Berechtigten ausgeschüttet werden dürfen, die Rechte wirksam erworben haben und einer Verwertungsgesellschaft ebenso wirksam weiterübertragen haben.[160] Das Urteil erging vor dem Hintergrund der Entscheidung „Verlegeranteil" des BGH, wonach Verleger über kein eigenes Leistungsschutzrecht verfügen.[161] Räumen Urheber ihre Nutzungsrechte – wie im Regelfall - zuerst aufgrund vertraglicher Vereinbarungen der GEMA ein, so können Verleger keine Ansprüche aus den Urheberrechten der Künstler ohne eigene, direkt von den Urhebern später erworbene Beteiligungsabsprache ableiten. Verleger sind nicht berechtigt, an den Einnahmen aus Nutzungsrechten beteiligt zu werden, weil es ihnen an einem eigenen Leistungsschutzrecht ermangelt, welches gegenüber der GEMA eigene Rechte und Ansprüche originär gewährleisten könnte. Die GEMA darf Gelder also nur an solche Berechtigte ausschütten, die Rechte wirksam erworben und einer Verwertungsgesellschaft ebenso wirksam weiterübertragen haben.[162] Mit dem Urteil vom 14.11.2016 beendete das Kammergericht eine Jahrzehnte währende Praxis, wonach Verlage an den Einnahmen der GEMA allein aufgrund ihrer eigenen Mitgliedschaft und auf der Basis der Verteilungspläne beteiligt worden waren. In Folge des Urteils müssen Verleger mit Urhebern nun gesonderte vertragliche Regelungen treffen, denen zufolge ihnen in Ansehung der bereits durch Urheber an die GEMA eingeräumten Rechte eine eigene Beteiligung zukommt.

110 Zu den vom Musikverleger wahrgenommenen Nebenrechten zählen regelmäßig das der GEMA nur **auflösend bedingt** übertragene Filmherstellungsrecht (auch Filmsynchronisationsrecht genannt) sowie das Recht zur Lizenzierung von Notenausgaben, von Nutzungen des Musikwerkes in der Werbung oder für Handy-Klingeltöne. Dem Urheber verbleibt regelmäßig das Recht zur Bearbeitung.

4. Der Kunstverlagsvertrag

111 Das VerlG ist problemlos auch auf Verträge über Schriftwerke künstlerischen Inhalts anwendbar (Bildbände, literarische Werke mit kunstwissenschaftlichem oder kunsthistorischem Inhalt), die von Fach- oder Sachbuchverlagen verlegt werden.

112 Wenn aber vom Kunstverlag gesprochen wird, so ist darunter der **Verlag von Kunstwerken** gemeint, also ein Verlag, welcher die Verbreitung von der Vervielfältigung zugänglichen Werken wie Kunstblätter (Stiche, Drucke, Radierungen, Holz- und

158 Abgedr. bei *Russ* als Anh. 13 – Fassung 2010.
159 *BGH* GRUR 2009, 939 – Mambo No. 5.
160 *KG* GRUR-RR 2017, 94 – Musikverlegeranteil.
161 *BGH* GRUR 2016, 596 – Verlegeranteil.
162 *Flechsig* GRUR-Prax 2017, 31 f.

Linolschnitte, Lithografien, Siebdrucke) und Plastiken (Bronze, Ton, Gips, Marmor) zum Gegenstand hat. Das VerlG ist ausweislich § 1 für Verträge des so definierten Kunstverlages nicht direkt anwendbar. Es wird aufgrund der Sachnähe jedoch überwiegend dort analog angewandt, wo dies sinnvoll ist.

5. Der Bestellvertrag

Der Bestellvertrag ist ein **Werkvertrag** i.S.d. §§ 631 ff. BGB. Im Unterschied zum Verlagsvertrag fehlt es beim Bestellvertrag gem. § 47 Abs. 1 VerlG an der Verpflichtung des Verlages, das Buch auch zu vervielfältigen und zu verbreiten. Er überträgt einem „Autor" die Herstellung eines Werkes nach einem genauen Plan, mit welchem er dem Autor den Inhalt des Werkes sowie die Art und Weise der Behandlung ganz genau vorschreibt (z.B. die Übersetzung einer Anleitung oder Speisekarte). Ob ansonsten Übersetzungen, Bearbeitungen oder Umgestaltungen eines Werkes unter § 47 VerlG fallen, hängt von den Umständen des Einzelfalls ab. Im Regelfall wird das Vorliegen eines neuen urheberrechtlich geschützten Werkes im Zweifel für einen Verlagsvertrag sprechen und das Vorliegen eines Bestellvertrages eher ausschließen. Nach § 47 VerlG sind dessen Regelungen auch für Verlagslizenzen, also für Verträge des Verlegers mit Lizenznehmern anwendbar. **113**

6. Sonstige Verträge

Grundsätzlich findet das VerlG auch Anwendung auf den **Übersetzervertrag**, sofern kein Bestellvertrag i.S.d. § 47 VerlG vorliegt. Für Fotografie- und Illustrationsverträge gilt das nur für Werke der Literatur und der Tonkunst anwendbare VerlG indes nicht direkt, wird jedoch analog angewendet. [163] **114**

D. Wahrnehmungsverträge

Im Bereich des Literaturverlages ist die Verwertungsgesellschaft Wort (VG Wort) von entscheidender Bedeutung. Sie vertritt insbesondere die Autoren von Werken der Literatur, die Übersetzer dieser Werke und deren Verleger. Die Rechte der Musikurheber (Komponisten und Textdichter) und ihrer Verlage werden hingegen von der GEMA wahrgenommen; die Rechte der bildenden Künstler werden von der Verwertungsgesellschaft Bild-Kunst (VG Bild-Kunst) vertreten. Rechtsgrundlage ist jeweils das am 1.6.2016 in Kraft getretene Gesetz über die Verwertungsgesellschaften (VGG), welches das UrheberrechtswahrnehmungsG ersetzt hat. **115**

In Verlagsverträgen findet man vielfach den Passus, wonach die von der VG Wort wahrgenommenen Nutzungsrechte dem Verlag „zur gemeinsamen Einbringung zur VG Wort" eingeräumt werden. Die Einnahmen der VG Wort wurden demgemäß anteilig auch den Verlagen für die von ihnen gemeldeten Werke ausgeschüttet. Dabei überprüfte die VG Wort nicht, welche Verträge im Binnenverhältnis zwischen den Beteiligten bestanden und wann die Rechte zur gemeinsamen Einbringung eingeräumt und Vergütungsansprüche abgetreten wurden. **116**

---

163 Vgl. zu typischen Vertragstypen auch die Zusammenstellung bei *Limper/Musiol/Dresen/Schmid* 6. Kap. Rn. 356 ff.

117 Nach der Entscheidung des *BGH* vom 21.4.2016[164] („Vogel-Urteil") hat eine Verwertungsgesellschaft die Einnahmen aus ihrer Tätigkeit ausschließlich an „die Berechtigten" zu verteilen, und zwar in dem Verhältnis, in dem diese Einnahmen auf einer Verwertung der Rechte und Geltendmachung von Ansprüchen beruhen. Damit ist es – so der BGH – unvereinbar, wenn Verlegern nach der Satzung der Verwertungsgesellschaft ein ihrer verlegerischen Leistung entsprechender Anteil am Ertrag zusteht und Verlage nach dem Verteilungsplan einen pauschalen Anteil der Verwertungssumme unabhängig davon erhalten, ob und inwieweit die Einnahmen der Verwertungsgesellschaft auf der Wahrnehmung der ihr von Verlegern eingeräumten Rechte oder übertragenen Ansprüche beruhen.

118 Dieses Urteil beendete eine Jahrzehnte währende Übung der Beteiligung der Verlage an den Einnahmen der VG Wort. Der BGH sah sich zu dieser Entscheidung gezwungen, da den Verlagen keine eigenen Leistungsrechte zustünden und eine Beteiligung nur auf gesetzlicher oder vertraglicher Grundlage erfolgen könne. Soweit dies nicht der Fall sei, seien Verlage keine „Berechtigten" i.S.d. gesetzlichen Regelung. Das Urteil führte zu Rückforderungen der an die Verlage geleisteten Ausschüttungen der VG Wort für den unverjährten Zeitraum der vorangegangenen drei Jahre. Dieses Ergebnis wurde als unbillig empfunden, da es bei den Einnahmen der VG Wort ja regelmäßig um eine Kompensation entgangener Einnahmen für durch Schranken des UrhG erlaubte Nutzungen (§§ 44a ff. UrhG) geht, von denen die Verlage ebenso betroffen sind wie die Autoren.

119 Um den Verlagen zu helfen, traten zum 1.1.2017 Änderungen im VGG in Kraft, wonach eine Verwertungsgesellschaft im Verteilungsplan regeln kann, dass die Einnahmen aus der Wahrnehmung dieser Rechte unabhängig davon, wer die Rechte eingebracht hat, nach festen Anteilen verteilt werden (§ 27 VVG n.F.). Nach der Veröffentlichung eines verlegten Werkes oder mit dessen Anmeldung bei der Verwertungsgesellschaft kann der Urheber gegenüber der Verwertungsgesellschaft zustimmen, dass der Verleger an den Einnahmen aus den gesetzlichen Vergütungsansprüchen beteiligt wird (§ 27a Abs. 1 VGG). Danach gilt bis auf Weiteres, dass Ausschüttungen an Verlage nur im Hinblick auf Neuerscheinungen erfolgen können. Die Backlist von Verlagen bleibt – anders als in der Vergangenheit – bei den Ausschüttungen vorerst unberücksichtigt. Auch sind die Verlage nun vom Goodwill der Autoren abhängig, die freiwillig auf einen Teil der an sich ihnen zustehenden Ausschüttungen verzichten müssen. Fraglich ist, ob der status quo ante noch einmal auf der Basis einer von den Verlagen geforderten europarechtlichen Regelung hergestellt werden kann.

120 Betroffen sind Rechte, die nur von Verwertungsgesellschaften wahrgenommen werden können. Dies betrifft im Verlagsbereich insbesondere den sog. **Bibliotheksgroschen** für das Verleihen von Büchern (§ 27 Abs. 2 UrhG), die Kopieabgabe (§ 54a UrhG), die Abgabe für die Verwendung von Werken in Pressespiegeln (§ 49 Abs. 1 UrhG) sowie die Abgabe für die öffentliche Zugänglichmachung von Werken zu Zwecken des Unterrichts und der Forschung (§ 52a UrhG). Mit der Umsetzung des „2. Korbs" wurde zudem eine nur über eine Verwertungsgesellschaft einzuziehende Vergütung für die Wiedergabe von Werken an elektronischen Leseplätzen in öffentlichen Bibliotheken, Museen und Archiven eingeführt (§ 52b UrhG), ebenso eine Vergütung für den Kopienversand auf Bestellung (§ 53a UrhG).

164 *BGH* GRUR 2016, 596 – Verlegeranteil.

Die Verwertungsgesellschaften werden grundsätzlich nur aufgrund eines mit dem Urheber abgeschlossenen Wahrnehmungsvertrages für diesen tätig. **121**

Im Verhältnis zum Nutzer ist zu unterscheiden: Darf der Nutzer das Werk aufgrund **gesetzlicher Lizenz** (etwa §§ 46, 52, 52a UrhG) vervielfältigen oder verbreiten, bedarf es hierzu keiner Erlaubnis. Da jedoch durch die Nutzung automatisch eine Vergütungspflicht entsteht, ist der Nutzer verpflichtet, die angemessene Vergütung an die Verwertungsgesellschaft zu zahlen, an die der Urheber seinen Vergütungsanspruch abgetreten hat. Die Verwertungsgesellschaften verwenden zur Bestimmung der angemessenen Vergütung Tarife, die vom **Marken- und Patentamt** überwacht und auf ihre Angemessenheit hin überprüft werden (§ 75 Abs. 1 VGG). **122**

E. Anhänge

1. Normvertrag zum Abschluss von Verlagsverträgen – Fassung ab 6.2.2014

Rahmenvertrag **123**

(vom 19. Oktober 1978 in der ab 6.2.2014 gültigen Fassung)

Zwischen dem Verband deutscher Schriftsteller (VS) in ver.di und dem Börsenverein des Deutschen Buchhandels e.V. – Verleger-Ausschuss – ist folgendes vereinbart:

1. Die Vertragschließenden haben den diesem Rahmenvertrag beiliegenden **Normvertrag für den Abschluss von Verlagsverträgen** vereinbart. Die Vertragschließenden verpflichten sich, darauf hinzuwirken, dass ihre Mitglieder nicht ohne sachlich gerechtfertigten Grund zu Lasten des Autors von diesem Normvertrag abweichen.

2. Die Vertragschließenden sind sich darüber einig, dass einige Probleme sich einer generellen Regelung im Sinne eines Normvertrages entziehen. Dies gilt insbesondere für Options- und Konkurrenzausschlussklauseln einschließlich etwaiger Vergütungsregelungen, bei deren individueller Vereinbarung die schwierigen rechtlichen Zulässigkeitsvoraussetzungen besonders sorgfältig zu prüfen sind.

3. Dieser Vertrag wird in der Regel für folgende Werke und Bücher nicht gelten:

a) Fach- und wissenschaftliche Werke im engeren Sinn einschließlich Schulbücher, wohl aber für Sachbücher;

b) Werke, deren Charakter wesentlich durch Illustrationen bestimmt wird; Briefausgaben und Buchausgaben nicht original für das Buch geschriebener Werke;

c) Werke mit mehreren Rechtsinhabern wie z.B. Anthologien, Bearbeitungen;

d) Werke, bei denen der Autor nur Herausgeber ist;

e) Werke im Sinne des § 47 Verlagsgesetz, für welche eine Publikationspflicht des Verlages nicht besteht.

4. Soweit es sich um Werke nach Ziffer 3 b) bis e) handelt, sollen die Verträge unter Berücksichtigung der besonderen Gegebenheiten des Einzelfalles so gestaltet werden, dass sie den Intentionen des Normvertrages entsprechen.

5. Die Vertragschließenden haben eine >>Schlichtungs- und Schiedsstelle Buch<< eingerichtet, die im Rahmen der vereinbarten Statuten über die vertragsschließenden Verbände von jedem ihrer Mitglieder angerufen werden kann.

6. Dieser Vertrag tritt am 6.2.2014 in Kraft. Er ist auf unbestimmte Zeit geschlossen und kann – mit einer Frist von sechs Monaten zum Jahresende – erstmals zum 31.12.2015 gekündigt werden. Die Vertragschließenden erklären sich bereit, auch ohne Kündigung auf Verlangen einer Seite in Verhandlungen über Änderungen des Vertrages einzutreten.

Berlin, den 6.2.2014

ver.di	Börsenverein des Deutschen Buchhandels e.V
– Verband deutscher Schriftsteller –	– Verleger-Ausschuss –

Verlagsvertrag

zwischen

(nachstehend: Autor)

und

(nachstehend: Verlag)

§ 1

Vertragsgegenstand

1.

Gegenstand dieses Vertrages ist das vorliegende/noch zu verfassende Werk des Autors unter dem Titel/Arbeitstitel:

(gegebenenfalls einsetzen: vereinbarter Umfang des Werkes, Spezifikation des Themas usw.)

2.

Der endgültige Titel wird in Abstimmung zwischen Autor und Verlag festgelegt, wobei der Autor dem Stichentscheid des Verlages zu widersprechen berechtigt ist, soweit sein Persönlichkeitsrecht verletzt würde.

3.

Der Autor versichert, dass er allein berechtigt ist, über die urheberrechtlichen Nutzungsrechte an seinem Werk zu verfügen, und dass er bisher keine den Rechtseinräumungen dieses Vertrages entgegenstehende Verfügung getroffen hat. Das gilt auch für die vom Autor gelieferten Text- oder Bildvorlagen, deren Nutzungsrechte bei ihm liegen. Bietet er dem Verlag Text- oder Bildvorlagen an, für die dies nicht zutrifft oder nicht sicher ist, so hat er den Verlag darüber und über alle ihm bekannten oder erkennbaren rechtlich relevanten Fakten zu informieren. Soweit der Verlag den Autor mit der Beschaffung fremder Text- oder Bildvorlagen beauftragt, bedarf es einer besonderen Vereinbarung.

4.

Der Autor ist verpflichtet, den Verlag schriftlich auf im Werk enthaltene Darstellungen von Personen oder Ereignissen hinzuweisen, mit denen das Risiko einer Persönlichkeitsrechtsverletzung verbunden ist. Nur wenn der Autor dieser Vertragspflicht in vollem Umfang nach bestem Wissen und Gewissen genügt hat, trägt der Verlag alle Kosten einer eventuell erforderlichen Rechtsverteidigung. Wird der Autor wegen solcher Verletzungen in Anspruch genommen, sichert ihm der Verlag seine Unterstützung zu, wie auch der Autor bei der Abwehr solcher Ansprüche gegen den Verlag mitwirkt.

§ 2
Rechtseinräumungen

1.

Der Autor räumt dem Verlag an dem Werk räumlich unbeschränkt für die Dauer des gesetzlichen Urheberrechts die nachfolgenden ausschließlichen inhaltlich unbeschränkten Nutzungsrechte in allen bekannten und unbekannten Nutzungsarten für alle Ausgaben und Auflagen ohne Stückzahlbegrenzung – insgesamt oder einzeln – in allen Sprachen ein:

a) Das Recht zur Vervielfältigung und Verbreitung in allen Druckausgaben sowie körperlichen elektronischen Ausgaben. Unter Druckausgaben sind z.B. Hardcover-, Taschenbuch-, Paperback-, Sonder-, Reprint-, Buchgemeinschafts-, Schul-, Großdruckausgaben und Gesamtausgaben zu verstehen. Unter körperlichen elektronischen Ausgaben ist die digitale Vervielfältigung und Verbreitung des Werkes auf Datenträgern (z.B. CD, CD-ROM, DVD) zu verstehen.
b) Das Recht, das Werk in unkörperlichen elektronischen Ausgaben (z.B. E-Book, App) digital zu vervielfältigen und in Datenbanken und Datennetzen zu speichern und einer beliebigen Zahl von Nutzern ganz oder teilweise derart zugänglich zu machen, dass diese das Werk oder Werkteile auf individuellen Abruf (z.B. Download, Streaming) empfangen können, unabhängig vom Übertragungssystem (z.B. Internet, Mobilfunk) und der Art des Empfangsgeräts (z.B. Computer, Handy, E-Reader). Dies schließt auch das Recht ein, das Werk Nutzern ganz oder teilweise zeitlich beschränkt zugänglich zu machen.
c) Das Recht des ganzen oder teilweisen Vorabdrucks und Nachdrucks, beispielsweise in Kalendern, Anthologien, Zeitungen und Zeitschriften.
d) Das Recht der Übersetzung in andere Sprachen oder Mundarten und die Auswertung dieser Fassungen nach allen vertragsgegenständlichen Nutzungsarten.
e) Das Recht zu sonstiger Vervielfältigung und Verbreitung des Werkes, ganz oder in Teilen, insbesondere durch digitale, fotomechanische oder ähnliche Verfahren (z.B. (Digital-)Fotokopie).
f) Das Recht zum Vortrag des Werkes durch Dritte, insbesondere Lesung und Rezitation.
g) Das Recht zur Aufnahme des Werkes (z.B. als Hörbuch) auf Datenträger aller Art sowie das Recht zu deren Vervielfältigung, Verbreitung, öffentlichen Wiedergabe einschließlich Sendung sowie öffentlicher Zugänglichmachung.
sowie
h) Das Recht, das Werk oder seine Teile mit anderen Werken, Werkteilen oder sonstigem Material zu (auch) interaktiv nutzbaren elektronischen Werken zu vereinen und diese dann als körperliche oder unkörperliche Ausgaben zu vervielfäl-

tigen, verbreiten und öffentlich zugänglich zu machen. Änderungen des Charakters des Werkes bedürfen der Zustimmung des Autors.

i) Das Recht zur Bearbeitung als Bühnenstück sowie das Recht der Aufführung des so bearbeiteten Werkes.

j) Das Recht zur Verfilmung einschließlich der Rechte zur Bearbeitung als Drehbuch und zur Vorführung des so hergestellten Films. Eingeschlossen ist ferner das Recht zur Bearbeitung und Verwertung des verfilmten Werkes im Fernsehen (Free- oder Pay-TV) oder auf ähnliche Weise (Abruffernsehen, Video-on-Demand, WebTV etc.).

k) Das Recht zur Bearbeitung und Verwertung des Werkes als Hörspiel.

l) Das Recht zur Vertonung des Werkes einschließlich des Rechts zur Aufführung des vertonten Werkes.

m) Das Merchandisingrecht, d.h. das Recht, das Werk, insbesondere die in dem Werk enthaltenen Figuren, Namen, Textteile, Titel, Schriften, Geschehnisse, Erscheinungen und die durch das Werk begründeten Ausstattungen einschließlich ihrer bildlichen, fotografischen, zeichnerischen und sonstigen Umsetzungen im Zusammenhang mit anderen Produkten und Dienstleistungen jeder Art und jeder Branche zum Zwecke der Verkaufsförderung zu nutzen, und so gestaltete oder versehene Produkte kommerziell auszuwerten und nach eigenem Ermessen Markenanmeldungen durchzuführen sowie gewerbliche Schutzrechte zu erwerben. Die Verwertung hat im Einvernehmen mit dem Autor zu erfolgen.
sowie

n) Das Recht, das Werk bzw. die hergestellten Werkfassungen nach Absatz 1 h bis m in allen vertragsgegenständlichen Nutzungsarten auf Datenträgern aller Art aufzunehmen, zu vervielfältigen und zu verbreiten sowie durch Hör- und Fernsehfunk zu senden und/oder öffentlich zugänglich zu machen.

o) Die am Werk oder seiner Datenträger oder durch Lautsprecherübertragung oder Sendung entstehenden Wiedergabe- und Überspielungsrechte.

p) Das Recht, das Werk in allen vertragsgegenständlichen körperlichen Nutzungsarten zu veröffentlichen, gewerblich oder nichtgewerblich auszuleihen und/oder zu vermieten.

q) Das Recht, das Werk im Umfang der eingeräumten Rechte in allen vertragsgegenständlichen Nutzungsarten auszugsweise zum Zwecke der Werbung für das Werk öffentlich zugänglich zu machen.

r) Das Recht, das Werk in zum Zeitpunkt des Vertragsschlusses unbekannten Nutzungsarten zu nutzen. Beabsichtigt der Verlag die Aufnahme einer neuen Art der Werknutzung, wird er den Autor entsprechend informieren. Dem Autor stehen die gesetzlichen Rechte gemäß § 31a UrhG (Widerruf) und § 32c UrhG (Vergütung) zu.

2.

Der Autor räumt dem Verlag schließlich für die Dauer des Vertrages alle durch die Verwertungsgesellschaft WORT wahrgenommenen Rechte nach deren Satzung, Wahrnehmungsvertrag und Verteilungsplan zur gemeinsamen Einbringung ein. Der Autor ist damit einverstanden, dass der Verlag den ihm nach den jeweils geltenden Verteilungsplänen der Verwertungsgesellschaft WORT zustehenden Verlagsanteil direkt ausgezahlt erhält. Der Autorenanteil bleibt davon unberührt.

(Fußnote: Unmittelbar nach einer Entscheidung des BGH über die Revision des Urteils des OLG München vom 17.3.2013 (Az.: 6 U 2492/12) oder bei einer Änderung der Gesetzeslage werden die Parteien über eine neue Fassung der Klausel verhandeln.)

3.

Der Verlag kann die ihm nach diesem Vertrag eingeräumten Nutzungsrechte ganz oder teilweise Dritten einräumen. Dabei steht die Entscheidung über Art, Umfang und Konditionen im freien Ermessen des Verlages, wobei § 3 Absatz 6 dieses Vertrages zu berücksichtigen ist. Die Lizenzverträge sollen befristet werden. Das Recht des Verlages zur Vergabe von Nutzungsrechten an Dritte endet mit Beendigung dieses Vertrages. Der Bestand bereits bestehender Lizenzverträge bleibt hiervon unberührt; die Verteilung der nachvertraglichen Lizenzeinnahmen richtet sich nach § 4 Absatz 5, sofern der Autor diesen Vertrag nicht berechtigt außerordentlich gekündigt hat. In diesem Fall erhält der Verlag keinen Anteil.

4.

Ist der Verlag berechtigt, das Werk zu bearbeiten oder bearbeiten zu lassen, so hat er Beeinträchtigungen des Werkes zu unterlassen, die geistige und persönliche Rechte des Autors am Werk zu gefährden geeignet sind. Im Falle einer Vergabe von Lizenzen wird der Verlag darauf hinwirken, dass der Autor vor Beginn einer entsprechenden Bearbeitung des Werkes vom Lizenznehmer gehört wird. Möchte der Verlag einzelne Rechte selbst ausüben, so hat er den Autor anzuhören und ihm bei persönlicher und fachlicher Eignung die entsprechende Bearbeitung des Werkes anzubieten, bevor damit Dritte beauftragt werden.

5.

Die in Absatz 4 genannten Anhörungsrechte und Anbietungspflichten erlöschen mit dem Tod des Autors.

§ 3
Verlagspflichten

1.

Das Werk wird zunächst als ....-Ausgabe (z.B. Hardcover, Paperback, Taschenbuch, CD-ROM, E-Book) erscheinen; nachträgliche Änderungen der Form der Erstausgabe bedürfen des Einvernehmens mit dem Autor.

2.

Der Verlag ist verpflichtet, das Werk in der in Absatz 1 genannten Form zu vervielfältigen, zu verbreiten und dafür angemessen zu werben.

3.

Ausstattung, Buchumschlag, Auflagenhöhe, Auslieferungstermin, Ladenpreis und Werbemaßnahmen werden vom Verlag nach pflichtgemäßem Ermessen unter Berücksichtigung des Vertragszwecks sowie der im Verlagsbuchhandel für Ausgaben dieser Art herrschenden Übung bestimmt.

4.

Das Recht des Verlags zur Bestimmung des Ladenpreises nach pflichtgemäßem Ermessen schließt auch dessen spätere Herauf- oder Herabsetzung ein. Vor Herabsetzung des Ladenpreises wird der Autor benachrichtigt.

5.

Als Erscheinungstermin ist vorgesehen: .... Eine Änderung des Erscheinungstermins erfolgt in Absprache mit dem Autor.

6.

Der Verlag ist verpflichtet, sich intensiv um die Verwertung der sonstigen ihm gemäß § 2 Absatz 1 c bis n eingeräumten Rechte zu bemühen und den Autor auf Verlangen zu informieren. Bei mehreren sich untereinander ausschließenden Verwertungsmöglichkeiten wird er die für den Autor materiell und ideell möglichst günstige wählen, auch wenn er selbst bei dieser Rechtsverwertung konkurriert. Der Verlag unterrichtet den Autor unaufgefordert über erfolgte Verwertungen bezüglich des ganzen Werkes und deren Bedingungen und übersendet auf Anforderung die Lizenzverträge.

7.

Verletzt der Verlag seine Verpflichtungen gemäß Absatz 6, so kann der Autor die hiervon betroffenen Rechte nach den Regeln des § 41 UrhG zurückrufen. Der Bestand des Vertrages im Übrigen wird hiervon nicht berührt.

§ 4
Honorar

Als Vergütung für alle nach diesem Vertrag von dem Autor zu erbringenden Leistungen sowie zur Abgeltung aller gemäß § 2 dieses Vertrages eingeräumten Rechte erhält der Autor folgende Vergütung:

1.

Der Verlag zahlt dem Autor einen nicht rückzahlbaren, mit allen Ansprüchen des Autors aus diesem Vertrag verrechenbaren Vorschuss in Höhe von EURO ....
Dieser Vorschuss ist fällig

zu ...... % bei Abschluss des Vertrages,

zu ...... % bei Ablieferung des Manuskripts gemäß § 1 Absatz 1 und § 5 Absatz 1,

zu ...... % bei Erscheinen des Werkes, spätestens am ....

2.

Der Autor erhält als Honorar für die verlagseigene Verwertung der eingeräumten Rechte für jedes verkaufte, bezahlte und nicht remittierte Exemplar der

a) ....-Ausgabe

...... %

...... % von .... bis .... Exemplaren

...... % ab .... Exemplaren.

b) ....-Ausgabe

...... %

...... % von .... bis .... Exemplaren

...... % ab .... Exemplaren

des Nettoladenpreises (gebundener Ladenverkaufspreis abzüglich Umsatzsteuer).

oder *(auch z.B. bei nicht preisgebundenen Produkten wie Hörbüchern)*
des Nettoverlagsabgabepreises (gebundener bzw. unverbindlich empfohlener Ladenverkaufspreis abzüglich Umsatzsteuer und gewährter Rabatte/eines Durchschnittsrabattes von derzeit ...... %).

3.

a) Der Autor erhält als Honorar im Falle der verlagseigenen Verwertung von unkörperlichen elektronischen Ausgaben ein Honorar in Höhe von ...... % vom Nettoverlagserlös (= der unmittelbaren Verwertung des Werkes zuzuordnende Verlagseinnahmen abzüglich Mehrwertsteuer) unabhängig davon, ob die öffentliche Zugänglichmachung über eigene oder fremde Plattformen stattfindet.

b) Wird das Werk als Teil eines Angebots mit mehreren Werken verwertet, erhalten sämtliche Autoren, deren Werke beteiligt sind, insgesamt den oben genannten Honorarsatz. Der Anteil des Autors bestimmt sich unter Zugrundelegung des Umfangs (z.B. Seitenanzahl, genutzte Speicherkapazität etc.) oder des regulären Einzelpreises seines Werkes im Verhältnis zu den anderen beteiligten Werken oder – im Falle der gemeinsamen Verwertung durch Dritte – durch den von diesem Dritten einheitlich gegenüber allen seinen Vertragspartnern angewendeten Verteilungsschlüssel, sofern dieser nicht offensichtlich unbillig ist.

4.

Der Autor erhält für alle sonstigen Verwertungsformen und Ausgaben des Werkes eine angemessene Vergütung, über die sich die Parteien bei beabsichtigter Nutzungsaufnahme durch den Verlag verständigen werden.

5.

Der aus der nicht verlagseigenen Verwertung (Lizenzvergabe) erzielte Erlös wird zwischen Autor und Verlag geteilt, und zwar erhält der Autor

[...] % bei der Verwertung der Rechte aus § 2 Absatz 1 a bis g.

[...] % bei der Verwertung der Rechte aus § 2 Absatz 1 h bis n.

(Bei der Berechnung des Erlöses wird davon ausgegangen, dass in der Regel etwaige aus der Inlandsverwertung anfallende Agenturprovisionen und ähnliche Nebenkosten allein auf den Verlagsanteil zu verrechnen, für Auslandsverwertung anfallende Nebenkosten vom Gesamterlös vor Aufteilung abzuziehen sind.)

6.

Für die durch Verwertungsgesellschaften wahrgenommenen Rechte gelten deren Verteilungsschlüssel.

7.

Pflicht-, Prüf-, Werbe- und Besprechungsexemplare sind honorarfrei; darunter fallen nicht Partie- und Portoersatzstücke sowie solche Exemplare, die für Werbezwecke des Verlages, nicht aber des Buches abgegeben werden.

8.

Ist der Autor mehrwertsteuerpflichtig, zahlt der Verlag die auf die Honorarbeträge anfallende gesetzliche Mehrwertsteuer zusätzlich.

9.

Honorarabrechnung und Zahlung erfolgen halbjährlich zum 30. Juni und zum 31. Dezember innerhalb der auf den Stichtag folgenden 3 Monate.

oder:

Honorarabrechnung und Zahlung erfolgen zum 31. Dezember jedes Jahres innerhalb der auf den Stichtag folgenden drei Monate.

Eine Zahlung erfolgt jedoch nur, wenn der Abrechnungsbetrag mehr als EURO (......) beträgt. Niedrigere Beträge werden auf die nächste Abrechnung vorgetragen.

Der Verlag leistet dem Autor entsprechende Abschlagszahlungen, sobald er Guthaben aus Lizenzeinnahmen von mehr als EURO .... feststellt.

Der Verlag ist berechtigt, das Honorar für Exemplare, die gegenüber dem Autor als verkauft abgerechnet, danach jedoch remittiert werden, bei späteren Abrechnungen abzuziehen oder für solche Remissionen 10% des Abrechnungsbetrages einzubehalten und mit der darauffolgenden Abrechnung zu verrechnen.

10.

Falls der Verlag wegen Verletzung der ihm durch diesen Vertrag eingeräumten Rechte Schadensersatzansprüche gegen Dritte realisiert, ist der Autor hieran, nach Vorabzug der Kosten der Rechtsverfolgung, nach Maßgabe von § 4 Absatz 2 bzw. 3 zu beteiligen. Sollte der Verlag für mehrere bzw. alle seine Autoren gemeinschaftlich Urheberrechtsverletzungen verfolgen lassen und sollten sich nur in Einzelfällen Schadensersatzansprüche realisieren, so ist der Autor nach Vorabzug der Kosten der gemeinschaftlichen Rechtsverfolgung gemäß Satz 1 zu beteiligen.

11.

Der Verlag ist verpflichtet, einem vom Autor beauftragten Wirtschaftsprüfer, Steuerberater oder vereidigten Buchsachverständigen zur Überprüfung der Honorarabrechnungen Einsicht in die Bücher und Unterlagen zu gewähren. Die hierdurch anfallenden Kosten trägt der Verlag, wenn die Abrechnungen den Autor zu 3%, mindestens aber zu € 100 gegenüber der vertraglichen Regelung benachteiligen.

12.

Nach dem Tode des Autors bestehen die Verpflichtungen des Verlages nach Absatz 1 bis 11 gegenüber den Erben, die bei einer Mehrzahl von Erben einen gemeinsamen Bevollmächtigten zu benennen haben. Bis zur Vorlage des Erbscheins oder vergleichbarer rechtskräftiger Dokumente und ggf. bis zur Benennung des gemeinsamen Bevollmächtigten ist der Verlag nicht verpflichtet, Honorare auszuzahlen.

§ 5
Manuskriptablieferung

1.

Der Autor verpflichtet sich, dem Verlag bis spätestens .... /binnen .... das vollständige und vervielfältigungsfähige Manuskript gemäß § 1 Absatz 1 (einschließlich etwa vorgesehener und vom Autor zu beschaffender Bildvorlagen) in folgender Form zu übergeben: .... Wird diese(r) Termin/Frist nicht eingehalten, gilt als angemessene Nachfrist im Sinne des § 30 Verlagsgesetz ein Zeitraum von ...... Monaten.

2.

Der Autor behält eine Kopie des Manuskripts bei sich.

3.

Autographen und Typoskripte bleiben Eigentum des Autors und sind ihm vom Verlag nach Erscheinen des Werkes auf Verlangen zurückzugeben.

§ 6
Freiexemplare

1.

Der Autor erhält für seinen eigenen Bedarf ...... Freiexemplare, im Falle einer E-Book-Ausgabe ...... kostenlose Downloads. Von jeder folgenden Auflage des Werkes erhält der Autor ...... Freiexemplare.

2.

Darüber hinaus kann der Autor Exemplare seines Werkes zu einem Höchstrabatt von ...... % vom (gebundenen bzw. empfohlenen) Ladenpreis vom Verlag beziehen.

3.

Sämtliche gemäß Absatz 1 oder 2 übernommenen Exemplare dürfen nicht weiterverkauft werden. Dies gilt auch für die unkörperlichen Ausgaben.

§ 7
Satz, Korrektur

1.

Die erste Korrektur des Satzes wird vom Verlag oder von der Druckerei vorgenommen. Der Verlag ist sodann verpflichtet, dem Autor in allen Teilen gut lesbare Abzüge zu übersenden, die der Autor unverzüglich honorarfrei korrigiert und mit dem Vermerk >>druckfertig<< versieht; durch diesen Vermerk werden auch etwaige Abweichungen vom Manuskript genehmigt. Abzüge gelten auch dann als >>druckfertig<<, wenn sich der Autor nicht innerhalb angemessener Frist nach Erhalt zu ihnen erklärt hat.

2.

Nimmt der Autor Änderungen im fertigen Satz vor, so hat er die dadurch entstehenden Mehrkosten – berechnet nach dem Selbstkostenpreis des Verlages – insoweit zu tragen, als sie 10 % der Satzkosten übersteigen. Dies gilt nicht für Änderungen bei Sachbüchern, die durch Entwicklungen der Fakten nach Ablieferung des Manuskripts erforderlich geworden sind.

§ 8
Lieferbarkeit, veränderte Neuauflagen

1.

Der Autor ist zu benachrichtigen, wenn das Werk in keiner Ausgabe mehr lieferbar ist.

a) Der Autor ist in diesem Fall berechtigt, den Verlag schriftlich aufzufordern, sich spätestens innerhalb von 3 Monaten nach Eingang der Aufforderung zu verpflichten, die Verwertung des Werkes in einer Verlagsausgabe spätestens nach

...... Monat(en)/Jahr(en) nach Ablauf der Dreimonatsfrist wieder aufzunehmen. Wenn der Verlag eine solche Verpflichtung nicht fristgerecht eingeht oder die Neuherstellungsfrist nicht wahrt, ist der Autor berechtigt, durch schriftliche Erklärung den Verlagsvertrag zu kündigen.

b) Nimmt der Verlag die Verwertung des Werkes in einer Verlagsausgabe aufgrund der Aufforderung wieder auf, ist eine Kündigung des Autors unter den Voraussetzungen von Absatz 2 erst nach Ablauf von zwei Jahren nach Wiederaufnahme der Verwertung möglich.

2.

Wenn das Werk nur in einer elektronischen Ausgabe und/oder nur in einer Druckausgabe lieferbar ist, die nach Bestelleingang in der Regel nicht binnen 10 Werktagen an den Kunden geliefert werden kann, ist der Autor berechtigt, den Verlagsvertrag durch schriftliche Erklärung zum 30.6. eines Jahres zu kündigen, wenn der Verkauf der körperlichen elektronischen Ausgabe und der Abruf der unkörperlichen elektronischen Ausgabe in zwei aufeinanderfolgenden Kalenderjahren unter ... x Exemplaren gelegen hat.

3.

Der Verlag bleibt im Falle der Kündigung zum Verkauf der ihm danach (z.B. aus Remissionen) noch zufließenden Restexemplare innerhalb einer Frist von .... berechtigt; er ist verpflichtet, dem Autor die Anzahl dieser Exemplare anzugeben und ihm die Übernahme anzubieten. Im Falle von unkörperlichen Ausgaben wird der Verlag diese aus den entsprechenden Vertriebsplattformen in angemessener Frist entfernen bzw. entfernen lassen, die zu diesem Zeitpunkt von Endkunden erworbenen Ausgaben können von diesen jedoch ggf. erneut heruntergeladen werden.

4.

Der Autor ist berechtigt und, wenn es der Charakter des Werkes (z.B. eines Sachbuchs) erfordert, auch verpflichtet, das Werk für weitere Auflagen zu überarbeiten. Sollte der Verlag den Autor verpflichten, so erhält der Autor ein angemessenes Werkhonorar. Wesentliche Veränderungen von Art und Umfang des Werkes bedürfen der Zustimmung des Verlages. Ist der Autor zu der Bearbeitung nicht bereit oder nicht in der Lage oder liefert er die Überarbeitung nicht innerhalb einer angemessenen Frist nach Aufforderung durch den Verlag ab, so ist der Verlag zur Bestellung eines anderen Bearbeiters berechtigt. Wesentliche Änderungen des Charakters des Werkes bedürfen dann der Zustimmung des Autors.

§ 9
Verramschung, Makulierung

1.

Der Verlag kann die gedruckten Ausgaben des Werkes verramschen, wenn der Verkauf in zwei aufeinanderfolgenden Kalenderjahren unter........ Exemplaren pro Jahr gelegen hat. Am Erlös ist der Autor in Höhe seines sich aus § 4 Absatz 2 ergebenden Grundhonorarprozentsatzes beteiligt.

2.

Erweist sich auch ein Absatz zum Ramschpreis als nicht durchführbar, kann der Verlag die Restauflage makulieren.

3.

Der Verlag ist verpflichtet, den Autor vor einer beabsichtigten Verramschung bzw. Makulierung zu informieren. Der Autor hat das Recht, durch einseitige Erklärung die noch vorhandene Restauflage bei beabsichtigter Verramschung zum Ramschpreis abzüglich des Prozentsatzes seiner Beteiligung und bei beabsichtigter Makulierung unentgeltlich – ganz oder teilweise – ab Lager zu übernehmen. Bei beabsichtigter Verramschung kann das Übernahmerecht nur bezüglich der gesamten noch vorhandenen Restauflage ausgeübt werden.

4.

Das Recht des Autors, im Falle der Verramschung oder Makulierung vom Vertrag zurückzutreten, richtet sich nach § 8 Absatz 1.

§ 10
Rezensionen

Der Verlag wird auf Wunsch des Autors bei ihm eingehende Rezensionen des Werkes innerhalb des ersten Jahres nach Ersterscheinen umgehend, danach in angemessenen Zeitabständen dem Autor zur Kenntnis bringen.

§ 11
Urheberbenennung, Copyright-Vermerk

1.

Der Verlag ist verpflichtet, den Autor in angemessener Weise als Urheber des Werkes auszuweisen.

2.

Der Verlag ist verpflichtet, bei der Veröffentlichung des Werkes den Copyright-Vermerk im Sinne des Welturheberrechtsabkommens anzubringen.

§ 12
Änderungen der Eigentums- und Programmstrukturen des Verlags

1.

Der Verlag ist verpflichtet, dem Autor anzuzeigen, wenn sich in seinen Eigentums- oder Beteiligungsverhältnissen eine wesentliche Änderung ergibt.

2.

Der Autor ist berechtigt, durch schriftliche Erklärung gegenüber dem Verlag von etwa bestehenden Optionen oder von Verlagsverträgen über Werke, deren Herstellung der Verlag noch nicht begonnen hat, zurückzutreten, wenn sich durch eine wesentliche Änderung der Eigentumsverhältnisse oder durch Änderung der über das Verlagsprogramm entscheidenden Verlagsleitung eine so grundsätzliche Veränderung des Verlagsprogramms in seiner Struktur und Tendenz ergibt, dass dem Autor nach der Art seines Werkes und unter Berücksichtigung des bei Abschluss dieses Vertrages bestehenden Verlagsprogramms ein Festhalten am Vertrag nicht zugemutet werden kann.

3.

Das Rücktrittsrecht kann nur innerhalb eines Jahres nach Zugang der Anzeige des Verlages über die Änderung der Eigentumsverhältnisse ausgeübt werden.

§ 13

Schlussbestimmungen

1.

Soweit dieser Vertrag keine Regelungen enthält, gelten die allgemeinen gesetzlichen Bestimmungen des Rechts der Bundesrepublik Deutschland und der Europäischen Union. Die Nichtigkeit oder Unwirksamkeit einzelner Bestimmungen dieses Vertrages berührt die Gültigkeit der übrigen Bestimmungen nicht. Die Parteien sind alsdann verpflichtet, die mangelhafte Bestimmung durch eine solche zu ersetzen, deren wirtschaftlicher und juristischer Sinn dem der mangelhaften Bestimmung möglichst nahekommt.

2.

Die Parteien erklären, Mitglieder bzw. Wahrnehmungsberechtigte folgender Verwertungsgesellschaften zu sein:

Der Autor: ....

Der Verlag: ....

3.

Im Rahmen von Mandatsverträgen hat der Autor bereits folgende Rechte an Verwertungsgesellschaften übertragen:

.... an die VG: ....

..............., den ....

(Autor)

..............., den ....

(Verlag)

2. Gemeinsame Vergütungsregeln Belletristik

124 Der Verband deutscher Schriftsteller in der Vereinigten Dienstleistungsgewerkschaft

(ver.di)

und

der Verlag …

stellen gemäß § 36 UrhG folgende gemeinsame Vergütungsregeln für Autoren belletristischer Werke in deutscher Sprache auf:

Vorbemerkung

Der Urheber hat nach § 32 UrhG Anspruch auf eine angemessene Vergütung für die Einräumung von Nutzungsrechten und die Erlaubnis zur Werknutzung. Zur Bestimmung der Angemessenheit

von Vergütungen stellen nach § 36 UrhG Vereinigungen von Urhebern mit Vereinigungen von Werknutzern oder einzelnen Werknutzern gemeinsame Vergütungsregeln auf. Die gemeinsamen Vergütungsregeln sollen die Umstände des jeweiligen Regelungsbereichs berücksichtigen, insbesondere die Struktur und die Größe der Verwerter.

Die folgenden Regeln wurden im Rahmen einer Mediation der Bundesministerin der Justiz aufgestellt und folgen in wesentlichen Punkten Kompromissvorschlägen der Moderatorin. Vergütungen, die unterhalb der nachfolgenden Vergütungsregeln liegen, sind keine angemessenen Vergütungen nach § 32 UrhG.

§ 1
Anwendungsbereich

Die nachfolgenden Vergütungsregeln gelten für Verlagsverträge und andere urheber-rechtliche Nutzungsverträge über selbständig zu veröffentlichende belletristische Werke. Sie finden keine Anwendung auf Verlagsverträge aus anderen Bereichen, insbesondere nicht aus den Bereichen Sachbuch, Ratgeber, Lexika, Fachbuch, Kinder- und Jugendbuch, Schul- und Lehrbuch sowie Hörbuch, weil in diesen Bereichen andere Bedingungen gelten.

Diese Regeln gelten auch nicht für Fälle, in denen der Wunsch des Urhebers, einen Text gedruckt zu sehen, und nicht ein verlegerisches Interesse im Vordergrund stehen und der Urheber deshalb kein Honorar erwartet und billigerweise auch nicht erwarten kann (Memoiren, private Familiengeschichten, Manuskripte unbekannter Autoren, an denen kaum Interesse der literarischen Öffentlichkeit zu erwarten ist und für die sich zu den allgemein üblichen Konditionen kein Verleger finden lässt).

§ 2
Angemessene Vergütung

Die Vergütung nach den nachfolgenden Regelungen ist angemessen, wenn der jeweilige Verlagsvertrag den Konditionen des Normvertrags für den Abschluss von Verlagsverträgen in der jeweils gültigen Fassung entspricht, soweit nicht zulässigerweise Abweichungen vereinbart sind. Alle Varianten der Honorarermittlung, die der Normvertrag zulässt und die den hier vereinbarten Regeln wirtschaftlich gleichwertig sind, gelten als angemessene Vergütungen.

§ 3
Honorar für Verlagsausgaben

(1) Der Verlag setzt die Vergütung für Hardcover-Ausgaben im Regelfall als laufende Beteiligung des Autors an den Verwertungseinnahmen fest. Richtwert für den Normalfall ist ein Honorar von 10 Prozent für jedes verkaufte, bezahlte und nicht remittierte Exemplar bezogen auf den um die darin enthaltene Mehrwertsteuer verminderten Ladenverkaufspreis (Nettoladenverkaufspreis). Bei mehr als einem Autor und Mitwirkung anderer Urheber (z.B. Bebilderung) gilt der Richtwert für die Summe der angemessenen Vergütungen.

(2) Der Verlag kann eine Beteiligung von 8 bis 10 Prozent vereinbaren, wenn und soweit im Einzelfall beachtliche Gründe die Abweichung vom Richtwert gerechtfertigt erscheinen lassen. Solche Gründe können insbesondere sein:

1. die in § 36 Abs. 1 UrhG genannte Rücksicht auf Struktur und Größe des Verwerters,
2. die mutmaßlich geringe Verkaufserwartung,
3. das Vorliegen eines Erstlingswerkes,
4. die beschränkte Möglichkeit der Rechteverwertung,
5. der außergewöhnliche Lektoratsaufwand,
6. die Notwendigkeit umfangreicher Lizenzeinholung,
7. der niedrige Endverkaufspreis,
8. genrespezifische Entstehungs- und Marktbedingungen.

(3) Eine Beteiligung unter 8 Prozent kann nur in außergewöhnlichen Ausnahmefällen vereinbart werden, in denen besondere Umstände dies angemessen erscheinen lassen, z.B. bei besonders hohem Aufwand bei der Herstellung oder bei Werbung oder Marketing oder Vertrieb oder bei wissenschaftlichen Gesamtausgaben.

(4) Für Buchverlagsreihen können einheitliche Vergütungen vereinbart werden, soweit für die Buchverlagsreihen die Anforderungen der Abs. 1 bis 3 erfüllt sind.

(5) Für Fälle großen Verkaufserfolgs wird der Vertrag die Ausgangsvergütung mit einer ansteigenden Vergütungsstaffel verknüpfen. Das gilt nicht für Sonderausgaben.

§ 4
Verwertung als Taschenbuch oder Sonderausgabe

(1) Bei vom Verlag selbst veranstalteten Taschenbuchausgaben sind in der Regel folgende Beteiligungen am Nettoladenverkaufspreis angemessen:

1. bis 20 000 Exemplare 5 %,
2. ab 20 000 Exemplaren 6 %,
3. ab 40 000 Exemplaren 7 %,
4. ab 100 000 Exemplaren 8 %.

(2) Bei verlagseigenen Sonderausgaben, deren Verkaufspreis mindestens ein Drittel unter dem Verkaufspreis der Normalausgabe liegt, gilt ein Honorar von 5 % vom Nettoladenpreis als angemessen. Ab einer Auflage von 40 000 Exemplaren gilt ein Honorar von 6 % als angemessen.

§ 5
Verwertung von Nebenrechten

(1) Der aus der Verwertung der Nebenrechte durch Dritte beim Verlag erzielte Erlös wird nach Eingang zwischen Autor und Verlag geteilt, und zwar erhält der Autor, sofern nicht noch weitere Rechtsinhaber zu berücksichtigen sind, einen Anteil von

60 Prozent des Erlöses bei buchfernen Nebenrechten (insbesondere Medien- und Bühnenrechten) und

50 Prozent des Erlöses bei buchnahen Nebenrechten (z.B. Recht der Übersetzung in eine andere Sprache, Hörbuch).

(2) Die Vergütung der Nutzung von Nebenrechten durch den Verlag selbst bleibt einer gesonderten Vergütungsregel vorbehalten.

§ 6
Vorschüsse

(1) Der Autor erhält auf seine Honoraransprüche im Regelfall einen Vorschuss.

(2) Von der Zahlung eines Vorschusses kann abgesehen werden, soweit die Umstände es rechtfertigen; das gilt insbesondere für kleine und mittlere Verlage. Im Übrigen kann § 3 Abs. 2 entsprechend angewendet werden.

§ 7
Abrechnungen

(1) Honorarabrechnung und Zahlung erfolgen jährlich per 31. Dezember innerhalb der auf den Stichtag folgenden drei Monate.

(2) Sofern im jährlichen Turnus abgerechnet wird, ein beachtliches Guthaben aufläuft (2 000 EUR und mehr) und es dem Verlag organisatorisch möglich und zumutbar ist, kann der Autor eine Abschlagzahlung per 30. Juni verlangen.

§ 8
Neue Nutzungsarten

Hat ein Verlag mit dem Autor eine nach diesen gemeinsamen Vergütungsregeln ermittelte Vergütung vereinbart, so ist der Autor verpflichtet, dem Verlag auf dessen Verlangen die Rechte an sämtlichen zukünftig entstehenden neuen Nutzungsarten (§ 31 Abs. 4 UrhG) schriftlich einzuräumen. Der Verlag verpflichtet sich in diesem Fall im Gegenzug, den Autor an den Erlösen aus derartigen Nutzungen angemessen zu beteiligen. Die Beteiligung wird gegebenenfalls der wirtschaftlichen Entwicklung der neuen Nutzung angepasst.

§ 9
Inkrafttreten und Kündigung

Diese Vereinbarung tritt am .... in Kraft. Sie ist auf unbestimmte Zeit geschlossen und kann mit einer Frist von sechs Monaten zum Jahresende, erstmals zum 31.12.2006, gekündigt werden.

Für den Verlag — Für den Verband deutscher Schriftsteller

29. Kapitel
Urheberrecht und Software

Literatur: *Basinski u.a.* Patentschutz für computer-software-bezogene Erfindungen, GRURInt 2007, 44; *Bayreuther* Zum Verhältnis zwischen Arbeits-, Urheber- und Arbeitnehmererfindungsrecht – Unter besonderer Berücksichtigung der Sondervergütungsansprüche des angestellten Softwareerstellers, GRUR 2003, 570; *Berger* Der Schutz elektronischer Datenbanken nach der EG-Richtlinie vom 11.3.1996, GRUR 1997, 169; *Bräutigam/Wiesemann* Der BGH und der Erschöpfungsgrundsatz bei Software, CR 2010, 215; *Brandi-Dohrn* Zur Reichweite und Durchsetzung des urheberrechtlichen Softwareschutzes, GRUR 1985, 179; *Bröckers* Software-Gebrauchthandel: Der Teufel steckt im Detail, Technische Besonderheiten und gesetzlicher Änderungsbedarf, MMR 2011, 18; *Czychowski/Bröcker* ASP – Ein Auslaufmodell für das Urheberrecht?, MMR 2002, 81; *Dreier* Verletzung urheberrechtlich geschützter Software nach der Umsetzung der EG-Richtlinie, GRUR 1993, 781; *Gennen* Auseinandersetzung von Miturhebergemeinschaften, ITRB 2008, 13; *Grützmacher* Softwarelizenzverträge und CPU-Klauseln, ITRB 2003, 179; *Haberstumpf* Der Schutz der elektronischen Datenbanken nach dem Urheberrechtsgesetz, GRUR 2003, 14; *ders.* Der Handel mit gebrauchter Software und die Grundlagen des Urheberrechts, CR 2009, 345; *Hilty* Der Softwarevertrag – ein Blick in die Zukunft – Konsequenzen der trägerlosen Nutzung und des patentrechtlichen Schutzes von Software, MMR 2003, 3; *Karger* Vergütung bei Software-Erstellung, ITRB 2006, 255; *Kilian/Heussen* Computerrechtshandbuch, Loseblatt; *Koch* Der angestellte Programmierer – Zur rechtlichen Zuordnung von in Arbeitsverhältnissen geschaffenen, insbesondere urheberrechtlich geschützten Softwareprodukten, GRUR 1985, 1016; *ders.* Lizenzrechtliche Grenzen des Handels mit Gebrauchtsoftware, ITRB 2007, 140; *Leistner* Der neue Rechtsschutz des Datenbankherstellers, GRURInt 1999, 819; *Loewenheim* Handbuch des Urheberrechts, 2. Aufl. 2010; *Mes* Patentgesetz, Gebrauchsmustergesetz, 4. Aufl. 2015; *Metzger/Jaeger* Open Source Software und deutsches Urheberrecht, GRURInt 1999, 839; *Möhring/Nicolini* Urheberrechtsgesetz, 3. Aufl. 2014; *von Olenhusen* Der Urheber- und Leistungsrechtsschutz von arbeitnehmerähnlichen Personen, GRUR 2002, 11; *Raue/Bensinger* Umsetzung des sui-generis-Rechts an Datenbanken, MMR 1998, 507; *Redeker* IT-Recht, 6. Aufl. 2017; *Rössel* Patentierung von Computerprogrammen, ITRB 2002, 90; *Schack* Urheberrechtliche Gestaltung von Webseiten unter Einsatz von Links und Frames, MMR 2001, 12; *Schneider* Handbuch des EDV-Rechts, 5. Aufl. 2017; *ders.*, Software als handelbares verkehrsfähiges Gut „Volumen-Lizenzen" nach BGH, CR 2015, 413; *Schneider/von Westphalen* Softwareerstellungsverträge, 2006; *Sendrowski* Zum Schutzrecht „sui generis" an Datenbanken, GRUR 2005, 369; *Ulmer* Onlinebezug von Software – Tritt dennoch Erschöpfung ein?, ITRB 2007, 68; *Wandtke/Bullinger* Praxiskommentar zum Urheberrecht, 4. Aufl. 2014; *Wiebe/Leupold* Recht der elektronischen Datenbanken, Loseblatt; *Witzel* AGB-Recht und Open Source Lizenzmodelle, ITRB 2003, 175.

A. Einleitung

Erstrangige Funktion des Urheberrechts ist der Schutz der geistigen Schöpfung des Urhebers. Materielle Interessen des Urhebers werden geschützt, indem bestimmte Nutzungs- und Verwertungsrechte ausschließlich dem Urheber zugewiesen werden. Die Urheberpersönlichkeitsrechte geben Schutz auf der immateriellen Ebene, z.B. beim Schutz gegen Entstellung des Werkes. Das Urhebergesetz dient hierneben dem Investitionsschutz und dem Innovationsanreiz und gewährt schließlich dem Schöpfer 1

Vergütungsansprüche. Gleichzeitig enthält das Urheberrecht auch Schranken der Rechte des Urhebers. Die historische Entwicklung des Urheberrechts wird im 18. Kap. besprochen. Hier sei lediglich, soweit es das Softwareurheberrecht betrifft, auf das Inkrafttreten des sog. „Zweiten Korbs" bereits zum 1.1.2008 verwiesen. Insbesondere (schriftliche) Vereinbarungen über noch unbekannte Nutzungsarten können seitdem wirksam getroffen werden, wobei ein Schutz des Urhebers dadurch besteht, dass er die Einräumung unter bestimmten Umständen widerrufen kann.

2 Ursprünglich waren Gegenstand des Urheberrechtsgesetzes Werke der Literatur, Wissenschaft und Kunst wie z.B. Schriftwerke, Filme, Musikwerke, pantomimische Werke und Tanzkunst, Fotografien, Kunstwerke sowie Darstellungen wissenschaftlicher oder technischer Art. Das Urheberrecht war und ist jedoch nicht statisch, sondern wurde von Zeit zu Zeit der Entwicklung von neuen Technologien und dem technologischen Fortschritt angepasst. So erhielten seit den Anpassungen des Urhebergesetzes 1993 und 1997 auch andere Werkarten, die auf der Grundlage der fortschreitenden technischen Möglichkeiten entstanden, d.h. Computerprogramme oder elektronische Datenbanken, ausdrücklich gesetzlichen urheberrechtlichen Schutz.

- Die Rechtsprechung zeigte sich in frühen Entscheidungen zum urheberrechtlichen Schutz von **Computerprogrammen** – vor der Novelle 1993 – zurückhaltend und lehnte überwiegend einen Schutz nach dem Urheberrechtsgesetz ab.[1] Computerprogramme wurden nach der Rechtsprechung zwar als grds. nach den § 2 Nr. 1, Nr. 7 UrhG schutzfähig angesehen, regelmäßig scheiterte das Eingreifen des UrhG aber nach Ansicht der Rechtsprechung an dem Erfordernis der persönlichen geistigen Schöpfung des § 2 Abs. 2 UrhG. So lag nach Auffassung der Gerichte das Können eines Durchschnittsprogrammierers, das handwerksmäßige, mechanisch-technische Aneinanderreihen und Zusammenfügen des Materials außerhalb der Schutzfähigkeit.[2] Das Erreichen der unteren Grenze der Schutzfähigkeit wurde erst dann bejaht, wenn ein deutliches Überragen der Gestaltungstätigkeit in Auswahl, Sammlung, Anordnung und Einteilung der Informationen und Anweisungen gegenüber dem Durchschnittskönnen vorlag.[2] Diese Rechtsprechung widersprach den Interessen der Programmierer. Die hohen Anforderungen an das Vorliegen einer persönlich geistigen Schöpfung hatten zur Folge, dass Computerprogramme nur unzureichend geschützt waren. Um einen einheitlichen Rechtsschutz von Computerprogrammen zu gewährleisten, erließ der Rat der Europäischen Gemeinschaften auf Vorschlag der Kommission nach zahlreichen Beratungen am 14.5.1991 die Richtlinie 91/250/EWG über den Rechtsschutz von Computerprogrammen.[3] Diese Richtlinie wurde durch das zweite Gesetz zur Änderung des Urheberrechtsgesetzes[4] am 9.6.1993 in das deutsche Recht durch Aufnahme der §§ 69a ff. UrhG umgesetzt, mit der Folge, dass seitdem unter den Voraussetzungen der §§ 69a ff. UrhG Computerprogramme urheberrechtlich schutzfähig sind.
- In ähnlicher Weise entwickelte sich auch der Schutz elektronischer und nicht elektronischer **Datenbanken**. Das UrhG trug dem Schutz von Datenbanken und Datenbankherstellern aus Sicht der Letztgenannten nur unzureichend Rechnung, da nur

1 Vgl. bspw. *BGH* GRUR 1985, 1041 – Inkassoprogramm; *OLG Nürnberg* GRUR 1984, 736 – Glasverschnitt-Programm; *OLG Frankfurt* GRUR 1989, 678 – PAM-Cash; *OLG Hamm* GRUR 1990, 185 – Betriebssystemsoftware.

2 *BGH* GRUR 1985, 1041 – Inkassoprogramm; 1991, 449 – Betriebssystem.

3 ABlEG Nr. L 122/42 v. 17.5.1991.

4 BGBl I 1993, 910.

Datenbanken mit eigenem schöpferischem Gehalt ein urheberrechtlicher Schutz als Sammelwerk bzw. Datenbankwerk nach § 4 UrhG zugebilligt wurde. Im deutschen Recht konnten vor 1998 Datenbanken, die die erforderliche Schöpfungshöhe nicht erreichten, lediglich über das Wettbewerbsrecht geschützt werden. Zum umfassenden Schutz auch im urheberrechtlichen Sinne nichtschöpferischer Datenbanken wurde am 11.3.1996 auf europäischer Ebene die sog. Datenbankrichtlinie[5] erlassen. Neben der Intention der Richtlinie, die oben angesprochene Schutzlücke zu schließen, ist ein weiterer Grundgedanke der Schutz der zur Herstellung der Datenbank erforderlichen menschlichen, technischen und finanziellen Investitionen, insbesondere im Hinblick darauf, dass eine Abfrage und das Kopieren der Datenbank(-inhalte) nur einen Bruchteil der Investitionskosten fordert. Gefördert werden sollte weiter das Schaffen eines Investitionsanreizes zur Entwicklung von Informationsmanagement-, Datenspeicher- und Datenverarbeitungssystemen.[6] Die Umsetzung der Datenbankrichtlinie in das deutsche Recht erfolgte im Jahr 1997 mit Wirkung zum 1.1.1998 durch Art. 7 des Informations- und Kommunikationsdienstegesetzes.[7] Die §§ 87a ff. UrhG enthalten seitdem für Datenbanken (bzw. zugunsten deren Hersteller) ein Leistungsschutzrecht sui generis,[8] Datenbankwerke werden nach § 4 Abs. 2 UrhG geschützt.

B. Rechtsschutz für Software

Bei der Durchführung eines IT-Vertrages kann es auf der Anbieterseite, insbesondere bei der Erstellung von Software und Konzepten/Dokumentationen hierzu, zu unterschiedlichen Arbeitsergebnissen kommen, die einem Schutz durch gewerbliche Schutzrechte oder das Urheberrecht zugänglich sind und eines solchen Schutzes zur Absicherung der Beteiligten auch bedürfen.[9] Beim Kauf von Computerprogrammen muss an dem urheberrechtlich geschützten Kaufgegenstand zwangsläufig ein – inhaltlich im Einzelnen vertraglich zu bestimmendes – Nutzungsrecht eingeräumt werden, soll der Vertrag vonseiten des Verkäufers erfüllt werden. 3

Bei Computerprogrammen ist die Gefahr der unerlaubten Nutzung und insbesondere der unerlaubten Kopie besonders hoch, da Vervielfältigungsstücke technisch einfach zu erstellen sind, sofern nicht der Hersteller einen technischen Kopierschutz vorsieht. Teilweise werden von dem Anwender oder von Dritten jedoch auch ein (zulässig eingesetzter) technischer Kopierschutz oder sonstige Sicherungsmaßnahmen überwunden. Die unberechtigte Nutzung von Computerprogrammen, z.B. bei einer Bearbeitung, kann oft nicht wirksam kontrolliert werden, weil sich die Benutzungsmaßnahme vielfach in einem für den bloßen Benutzer nicht sichtbaren Bereich des Computerpro- 4

5 RL 96/9/EG des Europäischen Parlamentes und des Rates v. 11.3.1996 über den rechtlichen Schutz von Datenbanken, ABlEG 1996 Nr. L 77/20.

6 Erwägungsgründe (6) ff. der Datenbankrichtlinie, ABlEG 1996 Nr. L 77/20.

7 Art. 7 des Gesetzes zur Regelung der Rahmenbedingungen für Informations- und Kommunikationsdienste v. 22.7.1997, BGBl I 1997, 1870.

8 Vgl. Erwägungsgrund (41) der Datenbankrichtlinie, ABlEG 1996 Nr. L 77/20.

9 Eine Übersicht über die verschiedenen Gewerblichen Schutzrechte (mit besonderer Betonung des Markenrechts) findet sich im 30. Kap.

gramms abspielt und nur bei Studium des nicht allgemein zugänglichen Quellcodes mit der erforderlichen Sicherheit nachgewiesen werden kann.[10] Computerprogramme bedürfen demnach als geistiges Gut eines speziellen Schutzes, der primär durch das Urheberrecht gewährt wird.

5 Im Bereich des IT-Rechts gibt es kaum Verträge ohne recht ausführliche Regelungen zu Nutzungsrechten an Computerprogrammen bzw. zu Rechten an Arbeitsergebnissen, wobei es meist um Nutzungsrechtseinräumungen und -begrenzungen sowie Verwendungsabreden und Geheimhaltungsvereinbarungen geht, Letztere insbesondere solches Know-how betreffend, das in die Erstellung von Computerprogrammen und Dokumentationen eingeflossen ist. Selbst bei reinen Hardwarekaufverträgen werden im Hinblick auf die mitgelieferten Computerprogramme Nutzungsrechtsregelungen notwendig sein, z.B. für Betriebssysteme, Treiber oder auch für im Bundle mitgegebenen Anwendungen Dritter.

6 Schutzmöglichkeiten für die Arbeitsergebnisse von IT-Verträgen bieten, je nach Fallgestaltung, das Markenrecht (für den Namen des Produkts), das Wettbewerbsrecht (für die Ausstattung bzw. gegen bestimmte wettbewerbswidrige Handlungen) und das Patentrecht (für sog. computerimplementierte [technische] Erfindungen, vgl. jedoch den Patentierungsausschluss im deutschen Patentrecht für Computerprogramme „als solche", § 1 Abs. 3 Nr. 3 i.V.m. Abs. 4 PatG bzw. für Hardware). Betrachtet werden soll in diesem Kapitel aber nur das Urheberrecht.

7 Der Schutz des Urhebergesetzes greift im Hinblick auf Computerprogramme (nur) ein, wenn es sich bei dem Computerprogramm um ein urheberrechtlich geschütztes Werk handelt. Die einzelnen Arbeitsergebnisse, die im Rahmen der Durchführung eines IT-Vertrages entstehen können, beispielsweise Grob- und Feinkonzepte fachlicher und technischer Natur, die Dokumentation eines Prototypen bzw. ein Prototyp selbst (Hardware oder Computerprogramm), Teilelisten oder Explosionszeichnungen für Hardware (insoweit ist auch ein Schutz nach § 2 Abs. 1 Nr. 7 UrhG denkbar), das Computerprogramm mitsamt Entwurfsmaterial und Handbuch, können unterschiedlichen Regelungen des Urhebergesetzes unterliegen. Nach § 2 Abs. 1 Nr. 1 UrhG gehören Computerprogramme zu den urheberrechtlich geschützten Werken. Für Computerprogramme kommt ein Schutz nach den Sonderregeln der §§ 69a ff. UrhG, für Dokumentationen/Handbücher/Entwürfe/Konzepte ein Schutz nach § 2 UrhG und für Datenbankwerke ein Schutz nach § 4 UrhG in Betracht. Hersteller von Datenbanken sind über die Sonderregelungen §§ 87a ff. UrhG geschützt.

I. Schutzgegenstand des § 69a UrhG

8 Wann und in welcher Weise ein Computerprogramm urheberrechtlichen Schutz erlangt, ergibt sich aus §§ 69a ff. UrhG. Die Sonderregelungen der §§ 69a ff. UrhG gelten nur für Computerprogramme i.S.d. § 69a UrhG und sind überwiegend im Rahmen der Umsetzung der Computerprogramm-Richtlinie des Rates der EU vom 14.5.1991[11] in das UrhG aufgenommen worden.

10 Zum Nachweis der Verletzung vgl. § 809 BGB, § 101a UrhG sowie insbesondere grundlegend *BGH* GRUR 2002, 1046 – Faxkarte.

11 ABlEG Nr. L 122/42 v. 17.5.1991.

Der Begriff „Software“ ist dem deutschen Urheberrecht fremd. Einigkeit besteht darin, dass der Begriff **„Computerprogramm“** in § 69a Abs. 1 UrhG enger ist als der Begriff „Software“, und zwar unabhängig davon, ob man unter Software ein Konglomerat aus Computerprogrammen und mit dessen Hilfe verarbeiteter Daten versteht oder das Konglomerat aus Computerprogrammen und dazu entstehender oder bestehender Dokumentation einschließlich Programmbeschreibung[12] meint. Unter Computerprogramm ist nach der von der Rechtsprechung und Literatur den WIPO-Mustervorschriften für den Schutz von Computerprogrammen entnommenen Definition eine „Folge von Befehlen (zu verstehen), die nach Aufnahme in einen maschinenlesbaren Träger fähig sind zu bewirken, dass eine Maschine mit informationsverarbeitenden Fähigkeiten eine bestimmte Form oder Aufgabe oder ein bestimmtes Ergebnis anzeigt, ausführt oder erzielt.“[13] **9**

Dies macht deutlich, dass für ein Computerprogramm Befehle zur Steuerung des Programmablaufs erforderlich sind. Es muss sich um eine elektronische Datenverarbeitung handeln,[14] bloße Datenbeschreibungen sind für das Vorliegen eines Computerprogramms nicht ausreichend.[15] Ebenfalls nicht geschützt sind die dem Computerprogramm zugrunde liegenden Ideen und Grundsätze.[16] **10**

Nach § 69a UrhG sind alle Ausdrucksformen eines Computerprogramms geschützt, wobei als Computerprogramm i.S.d. UrhG Programme jeder Gestalt „einschließlich des Entwurfsmaterials“ (vgl. dazu nachfolgende Rn.) verstanden werden (§ 69a Abs. 1 UrhG). In den Schutzbereich des § 69a UrhG fallen der Maschinen-, Objekt- und Quellcode[17] und das Entwurfsmaterial (jedoch nicht etwaige Handbücher, die über § 2 UrhG gesondert geschützt sein können). Nicht in den Schutzbereich der §§ 69a ff. UrhG fallen hingegen Ideen und Grundsätze, die einem Element des Computerprogramms zugrunde liegen (§ 69a Abs. 2 UrhG). Weitere Voraussetzung für den urheberrechtlichen Schutz ist, dass das Computerprogramm ein individuelles Werk darstellt, das ein Ergebnis einer eigenen geistigen Schöpfung des Urhebers ist (§ 69a Abs. 3 UrhG). Da Computerprogramme in jeder Gestalt geschützt sind, ist es unerheblich, ob das Programm in die Hardware eingebunden, auf einer Festplatte oder auf einem nicht-flüchtigen Trägermedium (optischer Datenträger, USB-Stick oder dergleichen) gespeichert ist.

Bei der Erstellung von Computerprogrammen werden i.d.R. verschiedene Programmierphasen unterschieden, gleich, welcher Vorgehensmethode man folgt. § 69a UrhG schützt nicht nur fertig gestellte Programme, sondern auch deren Entwicklungsstufen sowie einzelne Programmteile, Unterprogramme und Programmmodule.[18] Auch das Entwurfsmaterial wird in den Schutz der §§ 69a ff. UrhG einbezogen. Unter „Entwurfsmaterial“ sind solche Vorlagen zu verstehen, die aufgrund ihrer Eigenschaften die spätere Entstehung eines Computerprogramms bewirken können. Dies sind jedenfalls das Grob- und Feinkonzept sowie Datenfluss- und Programmablaufpläne. Ob das **11**

---

12 Kilian/Heussen/*Harte-Bavendamm/Wiebe* Nr. 51 Rn. 6.

13 *BAG* NJW 1984, 1579; *BGH* GRUR 1985, 1041 – Inkassoprogramm; 1985, 1055; *OLG Köln* GRUR 2005, 863; Möhring/Nicolini/*Hoeren* § 69a UrhG Rn. 2.

14 Schneider/von Westphalen/*Karger* A Rn. 9.

15 Wandtke/Bullinger/*Grützmacher* § 69a UrhG Rn. 3.

16 Schneider/von Westphalen/*Karger* A Rn. 8.

17 Wandtke/Bullinger/*Grützmacher* § 69a UrhG Rn. 10, 11.

18 *Marly* Softwareüberlassungsverträge, Rn. 144.

Pflichtenheft als Entwurfsmaterial zu bewerten ist, ist umstritten.[19] Handbücher und sonstiges Begleitmaterial fallen nicht unter § 69a UrhG, ein Schutz kann sich aber aus § 2 UrhG unter den dort genannten Voraussetzungen ergeben.

12 Bloße Displayanzeigen, Bildschirmmasken oder Benutzeroberflächen fallen nach überwiegender Auffassung nicht unter den Begriff des Computerprogramms.[20] Sie können jedoch, je nach Ausgestaltung, als Sprachwerk nach § 2 Abs. 1 Nr. 1, 1. Alt. UrhG urheberrechtlichen Schutz genießen oder zumindest ergänzenden wettbewerbsrechtlichen Leistungsschutz, wenn sie u.a. eine Eigenart aufweisen.

13 Streitig ist auch, ob es sich bei Webseiten um Computerprogramme gem. § 69a UrhG handelt. Webseiten werden meist in den vom World Wide Web Consortium (W3C) standardisierten Sprachen HyperText Markup Language (HTML 4.0 und höher, Version 5.0 als W3C Candidate Recommendation vom 29.4.2014) oder Extensible HyperText Markup Language (XHTML) programmiert, beides Auszeichnungssprachen (markup languages), die zur Beschreibung des Inhalts eines Dokumentenformates dienen, teilweise auch zur Beschreibung des Verfahrens, das zur Bearbeitung dieser Daten benötigt wird. Bei der Programmierung mit HTML, XHTML etc. geht es grds. um die technische Umsetzung einer grafischen Darstellung, also darum, das Arbeitsergebnis auf dem Bildschirm sichtbar zu machen. Daher werden auf HTML, XML, WML oder XHTML basierende Webseiten wie auch der HTML-Code überwiegend nicht als Computerprogramme i.S.d. § 69a UrhG angesehen.[21] Zu berücksichtigen ist aber, dass je nach Art und Aufwand Programmierleistungen erforderlich sein können, die das Ergebnis einer eigenen schöpferischen Leistung nach § 69a Abs. 3 UrhG sind. So können Webseiten beispielsweise Schutz erlangen,[22] wenn nicht bloß handwerkliche Vorgaben umgesetzt werden (Beispiele zur Schutzfähigkeit von Benutzeroberflächen,[23] Webseiten, Handylogos und zur Verletzung von Urheberrechten durch das Setzen von Hyperlinks finden sich im 26. Kap. Rn. 82).

14 Jedoch ist denkbar, dass eine Webseite im Ganzen wettbewerbsrechtlichen Schutz genießt oder, je nach Ausgestaltung, Teile davon einen Schutz als Sprachwerk nach § 2 Abs. 1 Nr. 1, 1. Alt. UrhG.

15 Eine Einschränkung des Schutzbereiches erfolgt zudem durch § 69a Abs. 2 UrhG, der dem urheberrechtlichen Grundsatz der Ideenfreiheit Rechnung trägt. Danach dürfen Ideen, Grundsätze und Erkenntnisse der Allgemeinheit nicht monopolisiert werden. Die Schutzfähigkeit von Ideen und Grundsätzen, die einem Element des Computerprogramms zugrunde liegen (einschließlich der Schnittstellen zugrundeliegenden Ideen und Grundsätzen) ist also ausgeschlossen. Die Festlegung, ob es sich um eine noch geschützte Ausdrucksform des Computerprogramms oder ungeschützte Ideen und Grundsätze handelt, bereitet vielfach Schwierigkeiten, da die Grenzen zwischen bereits geschützter Ausdrucksform und noch ungeschützten Ideen und Grundsätzen

---

19 Bejahend *Redeker* Rn. 4; abl. Wandtke/Bullinger/*Grützmacher* § 69a UrhG Rn. 9; je nach Ausgestaltung des Pflichtenheftes Schneider/von Westphalen/*Karger* A Rn. 19.

20 Vgl. *OLG Frankfurt* ITRB 2006, 7; zum Streitstand Wandtke/Bullinger/*Grützmacher* § 69a UrhG Rn. 14.

21 Wandtke/Bullinger/*Grützmacher* § 69a UrhG Rn. 18 m.w.N.; vgl. jedoch *OLG Rostock* GRUR-RR 2008, 1 – Urheberrechtsschutz von Webseiten; zum „Look & Feel" einer Webseite vgl. *LG Köln* ITRB 2009, 222.

22 *OLG Frankfurt* MMR 2005, 705.

23 *EuGH* CR 2011, 221.

verschwimmen. Geschützte Ausdrucksformen sind beispielsweise die innere Struktur und Organisation des Computerprogramms,[24] der Objekt- und Quellcode,[25] sowie das „Gewebe“ des Computerprogramms.[26] Unter „Gewebe“ des Computerprogramms ist die Sammlung, Auswahl und Gliederung der Befehle, d.h. die individuelle (formale) Programmstruktur zu verstehen, beispielsweise die Aufteilung der Unterprogramme und Arbeitsroutinen, die Anordnung von Befehlsgruppen oder bestimmte Verknüpfungen. Abstrakte Problemstellungen und Grundgedanken sind hingegen ungeschützte Ideen.[27] Programmiersprachen bleiben ungeschützt, soweit darin Grundsätze und Ideen zugrunde gelegt sind.[28] Urheberrechtlich ungeschützt bleiben auch Algorithmen.[29] Nicht schutzfähig sind jedenfalls allgemeine Algorithmen, die Teil einer wissenschaftlichen Lehre sind.[30] Dabei ist bemerkenswert, dass der urheberrechtliche Schutz immer nur die konkrete Ausdrucksform eines Sprachwerkes erfasst, der eigentliche Inhalt, z.B. eine konkrete Funktionalität als solche, dem urheberrechtlichen Schutz nicht unterliegt (möglicherweise aber patentrechtlichen Schutz genießen kann). Wenn also dieselbe Funktionalität auf eine ganz andere Weise programmiert wird, kann die Nachschöpfung frei von Rechten desjenigen sein, der das ursprüngliche Programm erstellt hatte.

§ 69a Abs. 3 UrhG verlangt als weitere Schutzvoraussetzung, dass Computerprogramme individuelle Werke in dem Sinne darstellen, dass sie das Ergebnis einer geistigen Schöpfung ihres Urhebers sind. Ein Computerprogramm ist ein individuelles Werk, wenn es von einem Menschen als eigene geistige Schöpfung programmiert wurde. § 69a UrhG fordert nur das Vorliegen einer eigenen Schöpfung. Nach § 2 Abs. 2 UrhG ist hingegen das Vorliegen einer **persönlichen** geistigen Schöpfung Voraussetzung des urheberrechtlichen Schutzes. § 2 Abs. 2 UrhG findet jedoch auf Computerprogramme keine Anwendung. Dies bedeutet, dass Computerprogramme nach den Grundsätzen der sog. „kleinen Münze“ geschützt werden. An die nach § 69a Abs. 3 UrhG erforderliche Individualität sind demnach nur geringe Anforderungen zu stellen,[31] die aber in Rechtsprechung und Literatur nicht einheitlich beurteilt werden. Besondere inhaltlich-qualitative oder ästhetische Kriterien sind zur Bestimmung der Schutzfähigkeit nicht heranzuziehen. Nach einer jüngeren Entscheidung des BGH gibt es bei komplexen Computerprogrammen eine tatsächliche Vermutung für die hinreichende Individualität der Programmgestaltung.[32] Teile der Rechtsprechung fordern für die Individualität eine statistische Einmaligkeit.[33] Nach anderer Auffassung muss bei Computerprogrammen, die nicht völlig banal sind, auf individuelle analytisch-konzeptionelle Fähigkeiten, Geschick, Einfallsreichtum und planerisch-konstruktives Denken abgestellt werden.[34] Das Computerprogramm muss Eigenarten auf- 16

24 *OLG Düsseldorf* MMR 1999, 729.
25 Wandtke/Bullinger/*Grützmacher* § 69a UrhG Rn. 23.
26 *BGH* NJW 1991, 1231.
27 *Schneider/von Westphalen/Karger* A Rn. 27.
28 *Dreier* GRUR 1993, 781.
29 *BGH* GRUR 1985, 1041 – Inkassoprogramm; h.M. vgl. zum Streitstand Wandtke/Bullinger/*Grützmacher* § 69a UrhG Rn. 28 f.
30 Vgl. *Redeker* Rn. 8.
31 Kilian/Heussen/*Harte-Bavendamm/Wiebe* Nr. 51 Rn. 3.
32 *BGH* NJW-RR, 2005, 1403 – Fash 2000.
33 Vgl. *OLG Hamburg* CR 1999, 298; *OLG München* CR 1999, 688; a.A. *OLG München* CR 2000, 429.
34 *OLG München* CR 2000, 429; Wandtke/Bullinger/*Grützmacher* § 69a UrhG Rn. 34.

weisen, die nicht als völlig trivial[35] oder banal[36] einzustufen sind. Klar ist jedenfalls, dass es schwierig sein dürfte, und mit dem urheberrechtlichen Grundsatz nur schwer in Einklang zu bringen ist, dass Urheber nur ein Mensch sein kann, solchen Computerprogrammen Urheberrechtsschutz nach § 69a UrhG zuzugestehen, die ihrerseits von Computerprogrammen erzeugt wurden, soweit man nicht die Auffassung vertritt, dass insoweit ein Recht desjenigen besteht, der das Programm erstellt hat, das seinerseits Programme erstellt.

II. Urheber/Urheberpersönlichkeitsrechte/Arbeitnehmerurheber/ Freie Mitarbeiter

17 §§ 69a ff. UrhG enthalten die wesentlichen Regelungen über den urheberrechtlichen Schutz von Computerprogrammen, jedoch sind über die eingeschränkte Rechtsgrundverweisung des § 69a Abs. 4 UrhG die allgemeinen Regelungen des UrhG ergänzend anwendbar. Nach § 11 UrhG schützt das Urheberrecht den Urheber in seinen geistigen und persönlichen Beziehungen zum Werk und in der Nutzung des Werkes. Dem Urheber stehen daher grds. die Urheberpersönlichkeitsrechte (§§ 12 ff. UrhG) sowie Verwertungsrechte (§§ 15 ff. UrhG) zu.

1. Urheber eines Werkes

18 §§ 7–10 UrhG regeln die Urheberschaft. Die Urheberschaft bestimmt über die Urheberpersönlichkeits- und die Nutzungs- bzw. Verwertungsrechte. Nach § 7 UrhG ist Urheber der Schöpfer des Computerprogramms. Bei dem Urheber muss es sich um eine natürliche Person handeln.[37]

19 Ein Computerprogramm erstellt heutzutage meist nicht ein Programmierer allein, sondern Computerprogramme werden durch die parallele oder sukzessive Zusammenarbeit mehrerer Personen programmiert. In Zeiten der Programmierung kleiner Apps, die durchaus in ihrer eher begrenzten Gesamtfunktionalität von einer Person programmiert werden können, ist Alleinurheberschaft an einem Computerprogramm wieder öfter denkbar. Wirken hingegen an der Erstellung eines Computerprogramms oder eines anderen im Zusammenhang mit einem Computerprogramm erstellten Werk (z.B. Dokumentation, die nicht unter den Begriff des Computerprogramms nach § 69a UrhG fällt) mehrere mit, so sind diese unter den Voraussetzungen des § 8 UrhG Miturheber. Miturheberschaft liegt vor, wenn mehrere ein Werk gemeinsam geschaffen haben, ohne dass sich ihre Anteile gesondert verwerten lassen, § 8 Abs. 1 UrhG. Diese Voraussetzung ist in der Praxis vielfach erfüllt, da sich einzelne Softwaremodule einer komplexen Anwendung oft nicht gesondert verwerten lassen. Eine Ausnahme läge z.B. vor, wenn jeder Beteiligte bei einer modular aufgebauten Software einen in sich selbstständig funktionierenden Teil programmiert hätte, der auch ohne die Teile der anderen Beteiligten verwertbar wäre. Folge der Miturheberschaft ist, dass über Verwertung und Veröffentlichung des Werkes gemeinsam entschieden werden muss und bei Änderungen im Grundsatz eine Einwilligung aller Miturheber notwendig ist, wobei eine Verweigerung der Zustimmung nicht wider Treu und Glauben erfolgen

35 *Schneider* Hdb. des EDV-Rechts, C Rn. 156.
36 *OLG München* CR 2000, 429; 1999, 688.
37 Schneider/von Westphalen/*Karger* A Rn. 53.

darf. Eine solche Weigerung wider Treu und Glauben könnte vorliegen, wenn ein Miturheber die Änderungen verweigert, die notwendig sind, um bei einer gemeinschaftlich gewollten Verwertung z.B. Mangelhaftungsarbeiten (Mangelbeseitigung) zu ermöglichen. Nach § 8 Abs. 4 UrhG kann ein Miturheber aber auf seinen Anteil an den Verwertungsrechten (§ 15 UrhG) verzichten mit der Wirkung, dass der Anteil den anderen Miturhebern zuwächst.

2. Urheberpersönlichkeitsrechte

Für die Urheberpersönlichkeitsrechte sehen die §§ 69a ff. UrhG keine besonderen Bestimmungen vor, es gelten die allgemeinen Regelungen. Für den Urheber ergeben sich somit die Urheberpersönlichkeitsrechte aus den §§ 12 ff. UrhG und die Verwertungsrechte aus den §§ 15 ff. UrhG.[38] 20

In der Praxis tritt die Ausübung der Urheberpersönlichkeitsrechte bei Computerprogrammen stark zurück.[39] Erster Grund dafür ist, dass in aller Regel viele verschiedene Personen mit der Erstellung eines einzelnen Computerprogramms beschäftigt sind und daher der persönliche Bezug des Einzelnen zu dem Werk deutlich geringer ist als bei solchen Werkarten, in denen das Werk durch einen einzigen Urheber geschaffen wird. Zum anderen handelt es sich bei Computerprogrammen um technisch-wissenschaftlich oder technisch-organisatorisch gelagerte Werke, bei denen die Ausformungen des Urheberpersönlichkeitsrechts als nicht so bedeutsam angesehen werden.[40] Aufgrund dieser Erwägungen besteht bei Computerprogrammen kein umfassendes Bedürfnis für einen Schutz der Urheberpersönlichkeitsrechte.[41] Nach überwiegender Auffassung sind daher die Vorschriften zum Urheberpersönlichkeitsrecht teleologisch zu reduzieren und lediglich teilweise anzuwenden.[42] 21

Nicht alle Urheberpersönlichkeitsrechte sind zwingend; teilweise ist ein Verzicht auf das Urheberpersönlichkeitsrecht möglich; ggf. überträgt man die Ausübung bzw. Wahrnehmung desselben auf den Inhaber der entgeltwerten Verwertungsrechte. 22

Das in § 12 UrhG enthaltene Veröffentlichungsrecht ist in der Praxis von untergeordneter Bedeutung, da die Mehrzahl der Programme in Arbeitsverhältnissen entwickelt werden und auf das **Veröffentlichungsrecht** jedenfalls mit der Übergabe des Werkes konkludent verzichtet wird.[43] Das **Recht auf Anerkennung der Urheberschaft** nach § 13 S. 1 UrhG ist auch für Computerprogramme maßgebend, da ein dahingehender Verzicht nicht möglich ist. Es ist daher für den Hersteller eines Computerprogramms ratsam, sich schuldrechtlich das Recht einräumen zu lassen, neben dem Urheber gegen die Behauptung eines Dritten, Urheber zu sein, vorgehen zu können.[44] 23

Das Recht auf **Urheberbenennung** nach § 13 S. 2 UrhG ist nicht zwingend, d.h. ein darauf bezogener Verzicht ist möglich. Ein solcher Verzicht kann auch stillschweigend erfolgen. Dazu ist auf die branchenüblichen Gepflogenheiten abzustellen, wonach eine Nennung des Urhebers unüblich sein kann. Im Bereich der Computerprogramme ist im 24

38 Schneider/von Westphalen/*Karger* A Rn. 68.
39 Schneider/von Westphalen/*Karger* A. Rn. 63.
40 Kilian/Heussen/*Harte-Bavendamm/Wiebe* Nr. 51 Rn. 110.
41 Wandtke/Bullinger/*Grützmacher* § 69a UrhG Rn. 48; Schneider/von Westphalen/*Karger* A Rn. 63.
42 Wandtke/Bullinger/*Grützmacher* § 69a UrhG Rn. 48 m.w.N.
43 Schneider/von Westphalen/*Karger* A Rn. 65.
44 Schneider/von Westphalen/*Karger* A Rn. 66; Wandtke/Bullinger/*Grützmacher* § 69a Rn. 51.

deutschen Rechtsraum und außerhalb von Open Source Software eine Nennung der Urheber nicht gängig[45] und stößt auch auf praktische Schwierigkeiten, denn bei der Erstellung eines Computerprogramms durch Programmiererteams wären lange, zu aktualisierende Auflistungen z.B. zu Programmbeginn notwendig. Daher wird es als ausreichend erachtet, dass der Urheber nur im Handbuch, nicht aber zu Beginn des Programmablaufs, auf der Benutzerebene oder sogar im Quellcode genannt wird.[46] In der Praxis empfiehlt sich eine klare Regelung über die Nennung des Urhebers.

25 Der Schutz vor **Entstellungen** nach § 14 UrhG ist unverzichtbar und unübertragbar. Während nach einer Ansicht wegen Abgrenzungsschwierigkeiten zwischen einer Änderung und einem Entstellen § 14 UrhG nur in Ausnahmefällen zur Anwendung kommen soll,[47] greift nach anderer Auffassung der Schutz des § 14 UrhG auch bei Computerprogrammen ein.[48]

26 Das **Änderungsverbot** des § 39 Abs. 2 UrhG ist grds. auch bei Computerprogrammen zu berücksichtigen. Änderungen eines Werkes und seines Titels, zu denen der Urheber seine Einwilligung nach Treu und Glauben nicht versagen kann, sind aber zulässig, § 39 Abs. 2 UrhG. Für Computerprogramme ist diese Regelung nicht sachgerecht, da bereits die Behebung geringfügiger Mängel einen Eingriff in den Quellcode einfordern kann. Eine stillschweigende, branchenübliche, oder konkludente Einräumung einer Änderungsbefugnis ist jedoch in den meisten Fällen zu bejahen.

27 Der Vollständigkeit halber zu nennen sind noch **Rückrufsrecht** (§ 41 UrhG) und **Zugangsrecht** (§ 25 UrhG).

3. Arbeitnehmerurheber

28 Meist werden Programmierarbeiten nicht für den eigenen Bedarf, sondern im Interesse eines Dritten erbracht. Dieser Dritte kann beispielsweise der Arbeitgeber sein. Bei einer Programmierung im Arbeitsverhältnis (§ 69b UrhG) verbleiben die Nutzungsrechte bestimmungsgemäß nicht bei dem Urheber, sondern werden auf den Arbeitgeber im Wege einer gesetzlichen ausschließlichen Lizenz übertragen.

3.1 Zuordnung von Rechten an Computerprogrammen

29 Eine Sonderregelung für Arbeitnehmerurheber über die Übertragung von Rechten trifft § 69b UrhG als lex specialis zu § 43 UrhG. Nach § 7 UrhG gilt das Schöpferprinzip und damit ist der Arbeitnehmer als Urheber anzusehen, obwohl es sich bei dem Computerprogramm primär um ein dem Arbeitgeber zustehendes Arbeitsergebnis handelt. Nach § 69b Abs. 1 UrhG ist jedoch ausschließlich der Arbeitgeber zur Ausübung aller vermögensrechtlichen Befugnisse berechtigt; diese Norm trägt dem Umstand Rechnung, dass nach allgemeinen arbeits- und dienstrechtlichen Grundsätzen (§ 950 BGB analog) dem Arbeitgeber bzw. Dienstgeber das Arbeitsergebnis gebührt. Nach herrschender Auffassung werden dem Arbeitgeber durch § 69b UrhG die Rechte an dem Computerprogramm im Wege einer gesetzlichen Lizenz eingeräumt.[49]

---

45 Kilian/Heussen/*Harte-Bavendamm/Wiebe* Nr. 51 Rn. 112.
46 Wandtke/Bullinger/*Grützmacher* § 69a Rn. 51; Schneider/von Westphalen/*Karger* A Rn. 67.
47 *Metzger/Jäger* GRURInt 1999, 839.
48 *Sack* BB 1991, 2165; *Dreier* GRUR 1993, 781.
49 *BGH* CR 2001, 223 – Wetterführungspläne I; GRUR 2002, 149 – Wetterführungspläne II.

Liegen die Voraussetzungen des § 69b UrhG vor, erwirbt der Arbeitgeber/Dienstherr ein ausschließliches Recht zur Ausübung aller vermögensrechtlichen Befugnisse. Er erhält sämtliche Nutzungsrechte unwiderruflich, unbefristet und ausschließlich. Da der Zweckübertragungsgrundsatz bei § 69b UrhG nicht eingreift,[50] erwirbt der Arbeitgeber/Dienstherr die Nutzungsrechte inhaltlich unbeschränkt. Diese Rechte wirken nach Beendigung des Arbeitsverhältnisses fort.[51] **30**

Nicht von § 69b UrhG erfasst sind die Urheberpersönlichkeitsrechte. Dies ergibt sich aus der Formulierung „vermögensrechtliche Befugnisse" des § 69b Abs. 1 UrhG. Es besteht aber die Möglichkeit, dass der Arbeitnehmer soweit möglich (auch stillschweigend) auf die Urheberpersönlichkeitsrechte verzichtet.[52] **31**

Arbeitnehmer i.S.d. § 69b UrhG ist nach Maßgabe arbeitsrechtlicher Kriterien jeder weisungsgebundene, von dem Arbeitgeber abhängige Beschäftigte. Das UrhG hat keinen Arbeitnehmerbegriff, sondern greift auf den allgemeinen Arbeitnehmerbegriff des Arbeitsrechts zurück. Auch Leiharbeitnehmer und Scheinselbständige sind von § 69b UrhG erfasst.[53] Dienstverpflichtete sind alle in öffentlich-rechtlichen Dienstverhältnissen abhängige Beschäftigte. Für Organmitglieder (Geschäftsführer/Vorstand), freie Mitarbeiter, arbeitnehmerähnliche Personen[54] und selbständig tätige Personen, aber auch für Praktikanten und Werkstudenten gelten die Regelungen des § 69b UrhG nicht. Hier bedarf es einer Vereinbarung zur Einräumung von Rechten im Verhältnis zum Auftraggeber; wird eine solche Regelung nicht getroffen, kann man an die Zweckübertragungslehre denken, die grds. nur für den Umfang der Rechtsübertragung eine Auslegungshilfe zugunsten des Auftraggebers darstellt, wenn überhaupt eine Regelung zur Übertragung von Nutzungsrechten getroffen ist. **32**

§ 69b UrhG setzt voraus, dass das Computerprogramm in Wahrnehmung der Aufgaben oder nach den Anweisungen des Arbeitgebers geschaffen wurde. Danach muss eine enge Beziehung zwischen der Programmierung und den Pflichten aus dem Arbeitsverhältnis bestehen.[55] Maßgebend für die erforderliche Beziehung ist, in welchem Aufgabenbereich der Arbeitnehmer verpflichtet ist, was sich im Einzelfall aus dem Arbeitsvertrag, einer Betriebsübung, Tarifverträgen, der Branchenüblichkeit, dem jeweiligen Berufsbild oder sonstigen Umständen ergeben kann. **33**

Verwendet der Arbeitnehmer hingegen ohne einen inneren Zusammenhang zu seiner Tätigkeit zur Herstellung eines Computerprogramms lediglich die Arbeitsmittel und das Know-how aus dem Betrieb seines Arbeitgebers, findet § 69b UrhG keine Anwendung.[56] Den Arbeitnehmer kann aber ggf. die Pflicht treffen, dem Arbeitgeber ein auf diese Weise erzieltes Arbeitsergebnis anzubieten (Andienungspflicht).[57] Ist der Arbeitnehmer nach den Gesamtumständen nicht zur Erstellung des Computerprogramms verpflichtet, gehen die Rechte an einem durch den Arbeitnehmer entwickelten Computerprogramm nicht auf den Arbeitgeber über. **34**

50 *BGH* CR 2001, 223 – Wetterführungspläne I.
51 Schneider/von Westphalen/*Karger* E. Rn. 45.
52 Weitere Einzelheiten vgl. Wandtke/Bullinger/*Grützmacher* § 69b UrhG, Rn. 38.
53 Wandtke/Bullinger/*Grützmacher* § 69b UrhG Rn. 2.
54 *Von Olenhusen* GRUR 2002, 11; Möhring/Nicolini/*Hoeren* § 69b UrhG, Rn. 6.
55 Kilian/Heussen/*Harte-Bavendamm/Wiebe* Nr. 51 Rn. 50.
56 Wandtke/Bullinger/*Grützmacher* § 69b UrhG, Rn. 7; a.A. *Koch* GRUR 1985, 1016.
57 Wandtke/Bullinger/*Grützmacher* § 69b UrhG, Rn. 7; *Redeker* Rn. 27.

35 In zeitlicher Hinsicht ist § 69b UrhG auf Computerprogramme begrenzt, die ab dem Beginn des Arbeitsverhältnisses erstellt wurden.[58] Bei einem Wechsel der Arbeitsstelle gilt folgendes: Hat der Arbeitnehmer das Programm beim Wechsel noch nicht fertig gestellt, stehen alle Rechte an den Arbeitsergebnissen, die vor dem Ausscheiden erstellt wurden, dem früheren Arbeitgeber zu.[59] Keine Rolle spielt hingegen im Grundsatz, ob der Arbeitnehmer das Programm in der Arbeitszeit oder seiner Freizeit erstellt hat, solange die Tätigkeit in Wahrnehmung der Aufgaben oder nach den Anweisungen des Arbeitgebers erfolgte (woran allerdings bei einem Wirken in der Freizeit Zweifel bestehen dürften).

36 Zwischen den Parteien können von § 69b UrhG abweichende Vereinbarungen – auch konkludent – getroffen werden. Sollten in Standardarbeitsverträgen die Rechte zugunsten des Arbeitgebers noch weiter gehen als dies § 69b UrhG ohnehin schon vorsieht, wäre eine AGB-Kontrolle möglich. Eine Vereinbarung kommt als Tarifvertrag,[60] Betriebsvereinbarung, in AGB oder individuell im Arbeitsvertrag in Betracht. Dabei ist darauf zu achten, dass das in § 40 Abs. 1 S. 1 UrhG vorgesehene Schriftformerfordernis für die Einräumung von Nutzungsrechten an künftigen Werken eingehalten wird.

3.2 Vergütung

37 Anders als bei Softwareerstellungsverträgen außerhalb des Arbeitsrechts, bei denen hinsichtlich der Vergütung meist auf die Bestimmungen des Schuldrechts, zum Beispiel auf die Regelungen zum Werk-, Werklieferungs- oder zum Dienstvertrag, abgestellt wird,[61] ergeben sich bei Computerprogrammen auch hinsichtlich der Vergütung vonseiten des Arbeitgebers Besonderheiten, denn grds. erhält der Arbeitnehmer bereits einen Arbeitslohn.

38 Im Urheberrecht gibt es jedoch eigene Vergütungsansprüche, und die Frage, die sich erhebt, ist, ob das Arbeitsentgelt ein angemessenes Äquivalent zur Überlassung der Rechte nach § 69b UrhG darstellt oder ob und ggf. in welchen Fällen eine besondere Vergütung zu zahlen ist. Hier geht es insbesondere um §§ 32, 32a UrhG. Bei § 32 Abs. 1 UrhG handelt es sich um eine Korrekturvorschrift. Besteht ein vertraglicher Anspruch auf eine Vergütung für die Rechtseinräumung, ist die Höhe der Vergütung jedoch nicht bestimmt, so gilt eine angemessene Vergütung als vereinbart. Soweit die vereinbarte Vergütung nicht angemessen ist, kann der Urheber von seinem Vertragspartner die Einwilligung in die Änderung des Vertrages verlangen, durch die dem Urheber die angemessene Vergütung gewährt wird. § 32a UrhG hingegen gewährt dem Urheber im Nachhinein eine zusätzliche Vergütung, wenn diese in einem auffälligen Missverhältnis zu den Erträgen und Vorteilen aus der Nutzung des Werkes steht (Bestsellerparagraph).

39 Umstritten ist, ob und ggf. wie §§ 32, 32a UrhG auf den Arbeitnehmerurheber anzuwenden sind.[62] Nach überwiegender Auffassung (Abgeltungstheorie) sind die Ansprüche des Arbeitnehmers/Dienstverpflichteten grds. mit der Zahlung des Arbeitslohnes

58 *Redeker* Rn. 27.
59 Schneider/von Westphalen/*Karger* E. Rn. 41; Wandtke/Bullinger/*Grützmacher* § 69b UrhG, Rn. 10; a.A. *Sack* BB 1991, 2165.
60 A.A. *Sack* BB 1991, 2165.
61 Schneider/von Westphalen/*Karger* A Rn. 173.
62 Weitere Einzelheiten vgl. Wandtke/Bullinger/*Grützmacher* § 69b UrhG, Rn. 38.

abgegolten, eine zusätzliche Vergütung ergibt sich aus § 69b UrhG grds. nicht.[63] § 36 a.F. UrhG soll neben § 69b UrhG anwendbar sein,[64] so dass nun auch § 32a UrhG oder sogar § 32 UrhG Anwendung finden könnte.[65] Die Literatur geht überwiegend davon aus, dass § 32 UrhG nicht zur Anwendung kommt. Die Anwendbarkeit des § 32a UrhG begegnet hingegen weniger Vorbehalten.[66] Hier bietet sich aus Klarstellungsgründen eine eindeutige vertragliche Regelung zwischen Arbeitgeber und Arbeitnehmer an, allerdings ist auf den zwingenden Gehalt der Vorschriften zu achten.

4. Freie Mitarbeiter

Ein Unternehmer kann sich zur Erstellung der Software auch der Hilfe (arbeits-, steuer- und sozialversicherungsrechtlich) freier Mitarbeiter bedienen. Handelt es sich um einen echten freien Mitarbeiter (und nicht um einen Scheinselbständigen), so finden die Grundsätze des § 69b UrhG keine Anwendung. Vermeintlich freie Mitarbeiter, die unter den Voraussetzungen des § 7 SGB IV als Scheinselbständige anzusehen sind, sind hingegen Arbeitnehmer i.S.d. § 69b UrhG. **40**

Ist – wie oft in freien Mitarbeiterverhältnissen, in denen mehr oder minder „auf Zuruf“ gearbeitet wird – keine Vereinbarung oder zumindest keine Vereinbarung zum Umfang der zu übertragenden Rechte getroffen, richtet sich der Umfang der Rechteeinräumung nach dem Zweckübertragungsgrundsatz (§ 31 Abs. 5 UrhG). Der Zweckübertragungsgrundsatz findet nach allgemeiner Ansicht auch (außerhalb des § 69b UrhG) auf Computerprogramme Anwendung;[67] nach diesem Grundsatz ist bei fehlender Regelung davon auszugehen, dass dem Dritten diejenigen Nutzungsrechte eingeräumt werden, die dieser zur Erreichung des Vertragszwecks benötigt. Maßgebend ist danach, in welchem Umfang zur Erreichung des nach dem Parteiwillen bestehenden Vertragszwecks eine Übertragung von Nutzungsrechten erforderlich ist. **41**

Bei einem freien Mitarbeiter kommt es also immer darauf an, welchen Zweck der jeweilige Vertrag zwischen freiem Mitarbeiter und Unternehmen verfolgt. So macht es einen Unterschied, ob der freie Mitarbeiter die Software (nur) für die Nutzung im Unternehmen des Auftraggebers erstellt oder ob er eine Software erstellt und übergibt, von der er weiß, dass der Auftraggeber diese z.B. mit eigener Software verbinden und weiter vertreiben will. Im letztgenannten Fall sind über die interne Nutzung hinaus gehende Verwertungsrechte im Zweifel mit eingeräumt. Hat der freie Mitarbeiter mit dem Auftraggeber keinen Pflegevertrag über die von ihm erstellte Software geschlossen, sondern muss davon ausgegangen werden, dass der Auftraggeber die Software selbst weiter pflegt, wird wohl auch die Übergabe des Source Codes geschuldet sein, denn nur dieser versetzt den Auftraggeber in die Lage zur Pflege der Software.[68] Zur Vermeidung von Unklarheiten und Streitigkeiten ist daher dringend zu empfehlen, ausdrückliche Rechteregelungen zu treffen. Das ist nicht zuletzt vonnöten, wenn es um Computerprogramme geht, an denen der Vertragspartner des freien Mitarbeiters Rechte an Dritte weitergeben will, deren Nachweis der Dritte verlangt. **42**

---

63 *BGH* GRUR 2001, 155 – Wetterführungspläne I; NJW 2002, 1352 – Wetterführungspläne II; *Bayreuther* GRUR 2003, 570.
64 *BGH* NJW 2002, 1352 – Wetterführungspläne II.
65 Vgl. zu den einzelnen Argumenten Wandtke/Bullinger/*Grützmacher* § 69b UrhG, Rn. 24.
66 *Karger* ITRB 2006, 255.
67 *BGH* GRUR 1994, 363 – Holzhandelsprogramm.
68 *BGH* NJW-RR 2004, 782.

Auch im Rahmen von Unternehmensverkäufen wird oft nach den Vereinbarungen über die Einräumung von Nutzungsrechten durch freie Mitarbeiter gefragt, und es ist extrem schwierig, diese Regelungen im Zusammenhang mit einer solchen Transaktion „nachzupflegen", insbesondere dann, wenn der freie Mitarbeiter sehen muss, dass seine Arbeit zwischenzeitlich im Wert gestiegen ist. Dann wird er seine Zustimmung zur Bereinigung der misslichen Situation von der Zahlung einer weiteren Vergütung abhängig machen, was man ihm nicht verdenken kann.

III. Verwertungsrechte, Einräumung von Nutzungsrechten, Mindestrechte

43 Eine viel größere Rolle als die Urheberpersönlichkeitsrechte spielen für den Anwender die Nutzungs- und Verwertungsrechte an dem Computerprogramm. Die Vorschriften über Verwertungsrechte (§§ 15–27 UrhG) finden nur dann Anwendung, soweit die §§ 69a ff. UrhG keine speziellen Regelungen treffen. Solche speziellen Regelungen finden sich in §§ 69c–e UrhG. Für Computerprogramme sind die Verwertungsrechte ausdrücklich in § 69c UrhG geregelt, der den Regelungen der §§ 16, 17, 23 UrhG bezüglich der Rechte auf Vervielfältigung (z.B. Kopieren), Umarbeitung (z.B. Bearbeitung im Rahmen der Pflege und Weiterentwicklung) und Verbreitung (Vertrieb von Computerprogrammen) vorgeht.

44 Dem Rechtsinhaber werden gem. § 69c UrhG ausschließliche Rechte zugestanden. Diese ausschließlichen Rechte umfassen zum einen das positive Benutzungsrecht und zum anderen das negative Verbietungsrecht.[69] Ihm wird das Recht zur Vervielfältigung, Übersetzung, Bearbeitung, das Recht zum Arrangement und anderen Umarbeitungen, jede Form der Verbreitung des Originals und die öffentliche Wiedergabe und Zugänglichmachung vorbehalten. Rechtsinhaber ist grds. der Urheber, bei Arbeitnehmern ist dies bezüglich der vermögensrechtlichen Befugnisse der Arbeitgeber.

1. Vervielfältigungsrecht

45 § 69c Nr. 1 UrhG räumt dem Rechteinhaber das Recht zur dauerhaften oder vorübergehenden Vervielfältigung ganz oder teilweise mit jedem Mittel und in jeder Form ein. Eine Vervielfältigung liegt nach überwiegender Auffassung vor, bei einer körperlichen Festlegung des Werkes die dazu geeignet ist, das Werk den menschlichen Sinnen unmittelbar oder mittelbar zugänglich zu machen.[70] Problematisch ist, ob temporäre, hardwarebedingte Zwischenspeicherungen in den Arbeitsspeicher auch als Vervielfältigung anzusehen sind, was ganz überwiegend bejaht wird.[71] Die Gegenauffassung verneint dies mit dem Argument, der Arbeitsspeicher könne den Quellcode nicht wahrnehmbar machen.[72] Keine Vervielfältigung sind das bloße Abspielen des Programms sowie die bloße Anzeige auf einer Benutzeroberfläche.

---

69 Schneider/von Westphalen/*Karger* A Rn. 80.

70 *BGH* GRUR 1982, 102 – Masterbänder.

71 Schneider/von Westphalen/*Karger* A. Rn. 73 m.w.N.

72 *Dohrn* GRUR 1985, 179.

2. Umarbeitungsrecht

Nach § 69c Nr. 2 UrhG hat der Rechtsinhaber das ausschließliche Recht zur Übersetzung, Bearbeitung und anderen Umarbeitungen. Unter Bearbeitung ist grds. jede Veränderung des Quell- und Objektcodes[73] zu verstehen. Hierbei handelt es sich um ein Recht, das technisch notwendig eingeräumt werden muss, wenn der Begünstigte in die Lage versetzt werden soll, gegenüber Dritten deren Mangelhaftungsrechten nachzukommen: Lässt sich ein Softwarehersteller von einem externen freien Mitarbeiter ein Computerprogramm erstellen, dass gemeinsam mit Programmen des Hersteller verbunden und an Dritte, d.h. an die Kunden des Softwareherstellers, ausgeliefert werden soll, so ist es notwendig, dass der freie Mitarbeiter dem Softwarehersteller (u.a.) das Bearbeitungsrecht einräumt. Wird es nicht ausdrücklich mit eingeräumt, dürfte sich das jedenfalls im Beispielsfall aufgrund der Zweckübertragungslehre (§ 31 Abs. 5 UrhG) auch stillschweigend verstehen, wenn der freie Mitarbeiter den Verwendungszweck kannte. 46

3. Verbreitungsrecht

Über § 69c Nr. 3 UrhG ist jede Form der **Verbreitung** des Originals oder von Vervielfältigungsstücken geschützt. Der Inhalt des Begriffs der Verbreitung ergibt sich aus § 17 UrhG. Das Verbreitungsrecht ist danach das Recht, das Original oder Vervielfältigungsstücke des Werkes der Öffentlichkeit anzubieten oder in Verkehr zu bringen. Inverkehrbringen bedeutet die Verbreitung des Computerprogramms aus der internen Sphäre in die Öffentlichkeit.[74] Zur Öffentlichkeit gehört jeder, der nicht mit demjenigen, der das Werk verwertet, oder mit den anderen Personen, denen das Werk in unkörperlicher Form wahrnehmbar oder zugänglich gemacht wird, durch persönliche Beziehungen verbunden ist (§ 15 Abs. 3 UrhG). 47

Ob das Bereithalten von Software bzw. die Onlineübermittlung ebenfalls als Verbreitung anzusehen ist, ist umstritten. Nach überwiegender Auffassung erfasst § 69c Nr. 3 UrhG nur die körperliche Verbreitung und ist auf eine unkörperliche Verbreitung nicht analog anwendbar oder dahingehend weit auszulegen.[75] Nach anderer Auffassung ist auch die Online-Übermittlung erfasst, da wirtschaftlich der Download und die Weitergabe auf einem körperlichen Datenträger als gleichwertig anzusehen sind.[76] 48

Das Verbreitungsrecht ist durch den **Erschöpfungsgrundsatz** des § 69c Nr. 3 S. 2 UrhG begrenzt. Wird ein sog. „Vervielfältigungsstück" eines Computerprogramms mit Zustimmung des Rechtsinhabers im Gebiet der EU oder des EWR im Wege der Veräußerung in Verkehr gebracht, erschöpft sich das Verbreitungsrecht in Bezug auf dieses Vervielfältigungsstück mit Ausnahme des Vermietrechts. Erschöpfung bedeutet verallgemeinernd, dass ein Werkstück, das mit Zustimmung des Rechteinhabers – gleich ob entgeltlich oder unentgeltlich – in Verkehr gebracht wurde, ohne weitere Zustimmung weiter veräußert werden kann. Eine Veräußerung i.S.d. § 69c Nr. 3 S. 1 UrhG erfordert die dauerhafte körperliche Überlassung. Dies ist erfüllt bei Kauf, Tausch und Schenkung, nicht aber bei Vermietung oder Leihe. Streitig ist auch hier, ob § 69c Nr. 3 S. 2 UrhG auf die Online-Übermittlung Anwendung findet. Überwie- 49

73 Möhring/Nicolini/*Hoeren* § 69c UrhG, Rn. 8.
74 *BGH* GRUR 1991, 316 – Einzelangebot.
75 Wandtke/Bullinger/*Grützmacher* § 69c UrhG, Rn. 28 f.
76 Möhring/Nicolini/*Hoeren* § 69c UrhG, Rn. 12; vgl. auch *Redeker* Rn. 51.

gend wird in der Literatur eine analoge Anwendung[77] oder extensive Ausdehnung[78] auf die Online-Übermittlung befürwortet.

4. Recht der öffentlichen Wiedergabe

50 Der Rechtsinhaber hat nach § 69c Nr. 4 UrhG das ausschließliche Recht, die drahtgebundene oder drahtlose öffentliche Wiedergabe eines Computerprogramms einschließlich der öffentlichen Zugänglichmachung in der Weise, dass es Mitgliedern der Öffentlichkeit von Orten und zu Zeiten ihrer Wahl zugänglich ist, vorzunehmen oder zu gestatten. Dadurch wird geregelt, dass das Recht der öffentlichen Zugänglichmachung und Wiedergabe ausschließlich dem Rechtsinhaber zustehen soll.

5. Nutzungsrechte

51 Grds. finden die Vorschriften über die Einräumung von Nutzungsrechten (§§ 31 ff. UrhG) auch auf Computerprogramme Anwendung, es sei denn, §§ 69a ff. UrhG enthalten spezielle Regelungen. Zu beachten ist insbesondere § 69d UrhG, der einen gewissen Schutz für den Anwender enthält. § 69d UrhG enthält einen „zwingenden Kern von Benutzerbefugnissen", die einer vertraglichen Beschränkung durch den Urheber entgegenstehen. Obwohl nach dem Wortlaut besondere vertragliche Bestimmungen vorrangig zu berücksichtigen sind, kann der zwingende Kern des § 69d Abs. 1 UrhG, dessen Bestimmung der Rechtsprechung überlassen wurde, nicht vertraglich abbedungen werden.

52 Im Übrigen können nach §§ 31, 69c UrhG dem Anwender einfache oder ausschließliche Nutzungsrechte eingeräumt werden, die grds. inhaltlich, zahlenmäßig, zeitlich und räumlich beschränkt werden können. Auch hier kommt der Rechtseinräumung nur dann dingliche Wirkung zu, wenn es sich um eine sog. eigenständige Nutzungsart handelt. Bei Computerprogrammen liegt eine solche eigenständige Nutzungsart vor, wenn die abgespaltenen Nutzungsrechte wirtschaftlich-technisch als eigenständige Verwertungsform erscheinen.[79] Eine neue Nutzungsart i.S.d. § 31a UrhG ist gegeben, wenn sie eine konkrete, technisch und wirtschaftlich eigenständige Verwertungsform des Werkes darstellt.[80] Nach § 31a UrhG kann der Urheber, einem Dritten vertraglich Rechte für im Zeitpunkt des Vertragsschlusses noch unbekannte Nutzungsarten einräumen oder ihn dazu verpflichten (weitere Einzelheiten vgl. 26. Kap. Rn. 15). Bei der Einräumung von Rechten an noch unbekannten Nutzungsarten ist zwingend Schriftform vorgeschrieben (§ 31a Abs. 1 S. 1 UrhG), weshalb die Übertragung von Rechten an noch unbekannten Nutzungsarten **ausdrücklich** vorgenommen werden muss.[81] Da es mangels Bekanntheit i. d. R. nicht möglich sein wird, die jeweilige Nutzungsart konkret oder überhaupt zu beschreiben, genügt die eher pauschale Rechtseinräumung für „unbekannte Nutzungsarten".[81] Mit Blick auf die Zweckübertragungslehre – welche auch auf solche pauschalen Formulierungen Anwendung findet – werden allerdings, jedenfalls soweit keine weitere Bestimmung erfolgt, nur diejenigen zukünftigen Nutzungsarten erfasst, die mit dem Lebenssachverhalt des Vertrags verbunden sind.

77 Wandtke/Bullinger/*Grützmacher* § 69c UrhG, Rn. 31.
78 Fromm/Nordemann/*Vinck* § 69c Rn. 6.
79 *BGH* WRP 2005, 1542.
80 *BGH* GRUR 2005, 937, 939 – Der Zauberberg.
81 Loewenheim/*Nordemann* § 60 Rn. 36.

53 Zukünftig neue Nutzungsarten sind im IT-Bereich insbesondere als Nutzungen auf Grund neuer, derzeit noch unbekannter Technologien denkbar.[82] Durch die kontinuierliche Entwicklung der technischen Möglichkeiten im IT-Bereich ist es wahrscheinlich, dass innerhalb eines nicht zu langen Zeitraums nach Vertragsschluss neue Nutzungsarten entstehen. So ist nahe liegend, dass bei Abschluss eines Softwareerstellungsvertrages den Parteien weitere, erst später entstehende, grundlegend abweichende Einsatzmöglichkeiten der Software noch unbekannt sind.

54 Retrospektiv hat es eine ganze Reihe solcher Fälle gegeben. Als Medium, das neue Nutzungsarten ermöglichte, kann z.B. das Internet angesehen werden,[83] wobei einzelne Nutzungsarten innerhalb der „Internet-Nutzung" zu unterscheiden sind und nicht bereits die „Internet-Nutzung" im Ganzen eine neue Nutzungsart darstellt(e). Als weiteres Beispiel kann die CD-ROM genannt werden, die aufgrund der erweiterten Nutzbarkeit (Suchmöglichkeiten, Verlinkungen) gegenüber Druckwerken als eigenständige Nutzungsart anzusehen ist.[84] Als noch vor etwa dem Jahr 1995 unbekannte Nutzungsart kann die Nutzung von Software in der Form des Application Service Providing (ASP) angesehen werden, die erst mit der Entwicklung einer schnelleren Übertragungstechnik (Bandbreite) möglich war. Als Stufe zukünftiger Entwicklung ist denkbar, dass Hard- und Software (in Form z.B. von mobilen Endgeräten und darauf laufenden Anwendungen [Apps]) in Bereichen eingesetzt werden, die mit der Übertragung durch stetig schneller werdende Mobilfunktechnik (LTE [4G] oder Folgegenerationen) im Zusammenhang stehen, wodurch ggf. bisher nicht bekannte, weitere Einsatzmöglichkeiten entstehen können – wenngleich diese Nutzungsmöglichkeiten und daraus evtl. ableitbare Nutzungsarten jetzt schon nicht mehr „unbekannt" im Rechtssinne sein dürften. Was unbekannt ist, kann eben derzeit nicht konkret abgesehen werden, denn dann wäre es im Rechtssinne bekannt, sondern ergibt sich zumeist aus der Retrospektive.

6. Grenzen/Mindestrechte

55 Zu beachten sind §§ 69d, e UrhG, die Maßnahmen vorsehen, die nicht der Zustimmung des Rechtsinhabers bedürfen. Dadurch werden die dem Urheber zustehenden umfassenden Rechte eingeschränkt und zugleich dem berechtigten Nutzer bestimmte Mindestrechte eingeräumt.

56 Nach § 69d Abs. 1 UrhG bedürfen die in § 69c Nr. 1, Nr. 2 UrhG beschriebenen Handlungen keiner Zustimmung des Rechtsinhabers, wenn sie zur bestimmungsgemäßen Benutzung des Computerprogramms notwendig sind. Zu § 69c Nr. 3 UrhG trifft § 69d UrhG hingegen keine Regelung. Was zur „bestimmungsgemäßen Nutzung" zählt, wird in der Vorschrift nicht festgelegt, sondern der Rechtsprechung überlassen. Jedenfalls das Laden und Ablaufenlassen[85] sowie die Anzeige des Programms, die Speicherung im Arbeitsspeicher und die Fehlerbeseitigung stellen Benutzungshandlungen dar. Fraglich ist aber, ob von § 69d UrhG auch Handlungen erfasst sind, bei denen es sich nicht lediglich um eine reine Benutzung durch einen Einzelnen handelt. So stellt sich die Frage, ob das Computerprogramm auch in einem Netzwerk oder einem Rechenzentrum eingesetzt werden kann. Es dürfte jedoch nicht unter die nach § 69d

82 Vgl. BT-Drucks. 16/1828.
83 Vgl. hierzu seinerzeit *Hoeren* CR 1995, 710, 713.
84 *Wandtke/Grunert* § 31 UrhG, Rn. 52.
85 Kilian/Heussen/*Harte-Bavendamm/Wiebe* Nr. 51 Rn. 77.

UrhG zulässigen Handlungen fallen, anstelle der Einzelplatznutzung das Computerprogramm in einem Rechenzentrum oder z.B. im Rahmen des Application Service Providing oder SaaS einzusetzen.[86]

57 Nach § 69d Abs. 2 UrhG darf die Anfertigung einer Sicherungskopie nicht untersagt werden, soweit diese erforderlich ist.

58 § 69d Abs. 3 UrhG schreibt vor, dass der zur Verwendung eines Vervielfältigungsstücks eines Programms Berechtigte ohne Zustimmung des Rechtsinhabers das Funktionieren dieses Programms beobachten, untersuchen oder testen kann, um die einem Programmelement zugrundeliegenden Ideen und Grundsätze zu ermitteln, wenn dies durch Handlungen zum Laden, Anzeigen, Ablaufen, Übertragen oder Speichern des Programms geschieht, zu denen er berechtigt ist. Das ist in etwa vergleichbar mit dem auch im Patent-/Gebrauchsmusterrecht bekannten sog. „Versuchsprivileg".

59 Nach § 69g Abs. 2 UrhG sind vertragliche Bestimmungen, die in Widerspruch zu § 69d Abs. 2 und 3 und § 69e UrhG stehen, nichtig.

60 Ob auch § 69d Abs. 1 UrhG zwingendes Recht ist, ist unklar. Dem Wortlaut nach lässt § 69d Abs. 1 UrhG grds. die Vereinbarung besonderer vertraglicher Bestimmungen zu. Die in § 69d Abs. 1 UrhG enthaltenen Maßnahmen können im Rahmen der bestimmungsgemäßen Nutzung des Programms grds. nicht untersagt werden. Jedoch kann die nähere Ausgestaltung der Umstände der Ausübung der Handlung vertraglich geregelt werden.[87] § 69d UrhG enthält aber einen zwingenden Kern, dessen Ausmaß und Bedeutung durch die Rechtsprechung festgesetzt werden soll.[88] Es handelt sich also um Benutzerbefugnisse, die keinesfalls abbedungen werden können. Weitere Schranken einer vertraglichen Vereinbarung können §§ 307 ff. BGB und das Kartellrecht darstellen.

61 In der Praxis gibt es eine Vielzahl von vertraglichen Bestimmungen und Klauseln, die die zwingenden Mindestrechte berühren. Als Beispiel sollen hier sog. (echte oder unechte) **CPU-Klauseln** genannt werden, die, je nach Gestaltung, die Nutzung der Software auf weiteren und/oder leistungsstärkeren Rechnern untersagen (echte) bzw. von der Zahlung eines zusätzlichen Entgeltes abhängig machen (unechte). Diese Klauseln entfalten i.d.R. keine urheberrechtlichen, dinglichen Wirkungen, sondern wirken lediglich schuldrechtlich.[89] Aus Herstellersicht sollen solche Beschränkungen den Vorteil bieten, dass für Software, die in Rechenzentren eingesetzt wird, hohe Einzelpreise erzielt werden können, je nachdem, zu welchen Rechnerklassen die Rechner gehören, auf denen die Software eingesetzt werden soll. Ohne eine CPU-Klausel könnte die zu einem bestimmten, geringeren Preis erworbene Software wohl auf Rechnern höherer Klassen und damit aus Kundensicht wirtschaftlicher eingesetzt werden.[90]

62 Die urheberrechtliche Wirksamkeit der CPU-Klauseln ist umstritten. In einem Kaufvertrag dürften in der Praxis verwendete echte CPU-Klauseln nach der überwiegenden Ansicht unzulässig sein,[91] da dadurch der zwingende Kern des § 69d UrhG miss-

86 *Redeker* Rn. 70; Wandtke/Bullinger/*Grützmacher* § 69d UrhG, Rn. 13.
87 Erwägungsgrund (17) Computerprogrammrichtlinie; BT-Drucks. 12/4022, 12.
88 BT-Drucks. 12/4022, 12.
89 *Grützmacher* ITRB 2003, 279.
90 Vgl. *Grützmacher* ITRB 2003, 279.
91 Wandtke/Bullinger/*Grützmacher* § 69d UrhG, Rn. 37 m.w.N.

achtet wird. In mietrechtlich ausgestalteten Verträgen, die eine Softwareüberlassung auf begrenzte Zeit zum Inhalt haben, könnten diese jedenfalls dann wirksam sein, wenn vertraglich eine Nutzung auf einem als Ersatz angeschafftem Rechner nicht ausgeschlossen ist.[92]

Auch wenn eine Vereinbarung nicht nach § 69d Abs. 1 UrhG unwirksam ist, kann eine Klausel an den §§ 307 ff. BGB zu messen sein, auch, da CPU-Klauseln keine eigenständige Nutzungsart darstellen. Sie sind regelmäßig in solchen Verträgen wegen eines Verstoßes gegen § 307 BGB unwirksam, in denen es um die dauerhafte Softwareüberlassung geht.[93] Der BGH sah die in einem Softwarelizenzvertrag enthaltene Klausel, die die Verwendung einer auf begrenzte Zeit überlassenen Software auf einem im Vergleich zum vertraglich vereinbarten leistungsstärkeren Rechner oder auf weiteren Rechnern von der Zahlung einer weiteren Vergütung abhängig macht (sog. Unechte CPU-Klausel), nicht als unangemessen benachteiligend an.[94] Bei Verträgen, die eine Überlassung der Software auf Zeit vorsehen, kann eine solche Klausel also grds. in AGB wirksam sein. 63

Eine weitere Beschränkung enthält auch § 69e UrhG. Danach ist die Zustimmung des Rechtsinhabers nicht erforderlich, wenn die Vervielfältigung des Codes oder die Übersetzung der Codeform i.S.d. § 69c Nr. 1 und 2 unerlässlich ist, um die erforderlichen Informationen zur Herstellung der Interoperabilität eines unabhängig geschaffenen Computerprogramms mit anderen Programmen zu erhalten. Um diese Handlungen zulässig durchführen zu dürfen, müssen aber die sehr streng gefassten Bedingungen des § 69a UrhG erfüllt sein: Die Handlungen werden von dem Lizenznehmer oder von einer anderen zur Verwendung eines Vervielfältigungsstücks des Programms berechtigten Person oder in deren Namen von einer hierzu ermächtigten Person vorgenommen (Nr. 1); die für die Herstellung der Interoperabilität notwendigen Informationen sind für die in Nr. 1 genannten Personen noch nicht ohne weiteres zugänglich gemacht (Nr. 2); die Handlungen beschränken sich – was praktische Schwierigkeiten aufwirft – auf die Teile des ursprünglichen Programms, die zur Herstellung der Interoperabilität notwendig sind (Nr. 3). Die Vorschrift erlaubt danach die Rückübersetzung, d.h. die Dekompilierung sowie jede Form der Übersetzung oder Vervielfältigung, die unerlässlich ist, um die Interoperabilität möglich zu machen. 64

7. Der Handel mit „gebrauchter" Software

Der Handel mit Gebrauchtsoftware basiert auf einem Geschäftsmodell, bei dem durch den „Gebrauchtsoftwarehändler" ein Ankauf von nicht mehr benötigten Softwarelizenzen von einem Berechtigten erfolgt und ein Weiterverkauf an einen Dritten. Dabei ist im Grundsatz davon auszugehen, dass bei dem Berechtigten, bei dem der Händler die gebrauchte Software kauft, ursprünglich auch entsprechende Nutzungsrechte vorhanden waren, die vom Rechteinhaber (Hersteller) abgeleitet worden sind. Die Überlassung an den Berechtigten, ebenso wie an den Dritten, erfolgt dabei entweder durch Übergabe eines körperlichen Datenträgers oder mittels Download.[95] Eine weitere Fallgestaltung ist diejenige, in der sich auch der Dritte die Software von der Webseite des Herstellers, also nicht der Seite des „Gebrauchtsoftwarehändlers", 65

92 Vgl. *BGH* GRUR 2003, 416 – CPU-Klausel.
93 Wandtke/Bullinger/*Grützmacher* § 69d UrhG, Rn. 42 m.w.N.
94 *BGH* GRUR 2003, 416 – CPU-Klausel.
95 *Haberstumpf* CR 2009, 345.

herunterladen muss und der Gebrauchtsoftwarehändler dem Dritten lediglich ein „gebrauchtes" Nutzungsrecht hierzu via „Lizenzzertifikat" veräußert. Damit sind Handelsgegenstand des Gebrauchtsoftwarehändlers je nach Geschäftsmodell und Sachverhalt entweder „gebrauchte" Datenträger, heruntergeladene Dateien oder lediglich Nutzungsrechte (via Lizenzzertifikat oder ähnlichem). Ein weiterer spezieller Fall ist derjenige, in dem aus einer sog. Volumenlizenz, die typischerweise mit einem Datenträger, der die sog. „Masterlizenz" enthält, vergeben wird, heraus eine nicht mehr benötigte Teilmenge verkauft werden soll („Aufspaltung einer Volumenlizenz",[96] i.d.R. wohl unwirksam, da eine Volumenlizenz auf einem anderen Lizenzmodell basiert als der Erwerb einer Vielzahl von Einzellizenzen[97]).

66 Der Handel mit gebrauchten Computerprogrammen wirft eine Fülle rechtlicher Probleme auf. Zentraler Dreh- und Angelpunkt ist der bereits erwähnte Erschöpfungsgrundsatz des § 69c Nr. 3 S. 2 UrhG: Soweit ein Computerprogramm im Wege der Überlassung auf einem körperlichen Datenträger vertrieben wird, ist nach mehrheitlicher Auffassung[98] eine Weiterveräußerung dieses konkreten Datenträgers unter endgültiger Aufgabe der eigenen Nutzungsrechte und Löschen der eigenen Installation wegen der Erschöpfung der Rechte an dem betreffenden Vervielfältigungsstück zustimmungsfrei möglich (mit Ausnahme des Vermietrechts, das sich nicht erschöpft). Die für die Benutzung des Programms erforderlichen Vervielfältigungshandlungen sind durch § 69d Abs. 1 UrhG gerechtfertigt.[99] Diese Konstellation ist im Hinblick auf die Erschöpfungsfrage vergleichsweise einfach zu beurteilen, weil der Wortlaut des § 69c Nr. 3 S. 2 UrhG auf ein „Vervielfältigungsstück" abstellt, also auf ein verkörpertes Exemplar des Computerprogramms, das beim Verkauf von Datenträgern problemlos gegeben ist. Anders ist dies jedoch beim Handel mit Dateien, die via Internetdownload vertrieben werden,[100] und erst Recht beim Handel mit Lizenzzertifikaten, bei dem sich der Dritte das Programm selbst beschaffen muss und nur das Nutzungsrecht vom Gebrauchtsoftwarehändler erwirbt.

67 Mit Beschluss vom 3.2.2011 (UsedSoft I) hatte der BGH dem EuGH die Frage, ob der Handel mit „gebrauchten" Softwarelizenzen bzw. der Weiterverkauf von Softwarelizenzen an Dritte ohne Zustimmung des Softwareherstellers rechtswidrig ist, zur Vorabentscheidung vorgelegt.[101] Dem lag eine Fallgestaltung zugrunde, in der sich die Dritten (Gebrauchtkunden) die Software von der Herstellerseite (Oracle) herunterladen mussten und der Gebrauchtsoftwarehändler lediglich das Nutzungsrecht hierzu veräußerte. Die Beklagte tat dies mit einem Hinweis auf ein Notartestat, in welchem auf eine Bestätigung des ursprünglichen Lizenznehmers verwiesen wurde, aus dem hervorging, dass er rechtmäßiger Inhaber der Lizenz gewesen sei, den vollständigen Kaufpreis gezahlt habe und die Lizenz nicht mehr brauche.[102] Nach den Lizenzbedingungen des Herstellers war das Nutzungsrecht jedoch nicht abtretbar. Die Vorinstan-

---

96 S. hierzu *Bröckers* MMR 2011, 18, 19f.; *LG Düsseldorf* MMR 2009, 216, *Sosnitza* K&R 2006, 206; jetzt auch *BGH* UsedSoft III, vgl. Rn. 75.

97 *OLG Karlsruhe* v. 27.7.2011, GRUR-RR 2012, 98.

98 S. zusammenfassend *Hoeren* GRUR 2010, 665.

99 *Bröckers* MMR 2011, 18.

100 S. z.B. *OLG Frankfurt* NJOZ 2010, 2669, das eine Erschöpfung verneint, weil es an einem Datenträger und damit an einer Verkörperung durch ein Vervielfältigungsstück mangelt.

101 *BGH* 3.2.2011 – I ZR 129/08 – Usedsoft.

102 *BGH* Mitteilung der Pressestelle Nr. 21/2011.

zen LG München[103] und OLG München[104] waren übereinstimmend davon ausgegangen, dass dieser Lizenzhandel (nicht der Handel mit einem Vervielfältigungsstück) nicht zulässig war. Der BGH ging ebenfalls davon aus, dass durch das Herunterladen in die Rechte des Herstellers bezüglich der Vervielfältigung der Computerprogramme nach § 69c Nr. 1 UrhG eingegriffen werde. Offen blieb dabei, ob die sog. Gebrauchtkunden sich auf die Regelung des § 69d Abs. 1 UrhG berufen konnten, nach dem eine Zustimmung des Rechteinhabers für die in § 69c Nr. 1 und 2 UrhG Handlungen nicht erforderlich ist, wenn diese zur bestimmungsgemäßen Benutzung des Computerprogramms notwendig sind.[105] Problematisch war in diesem Zusammenhang ob und gegebenenfalls unter welchen Voraussetzungen der Erwerber von gebrauchten Computerprogrammen als rechtmäßiger Erwerber des entsprechenden Computerprogramms anzusehen ist. Der EuGH hatte insbesondere über die Auslegung der Art. 5 Abs. 1 und 4 Abs. 2, 1. HS der RL 2009/24/EG[106] zu entscheiden, vor allem über die Frage, ob und unter welchen Voraussetzungen derjenige, der von der Erschöpfung des Exemplars des Programms profitiert, als „rechtmäßiger Erwerber" i.S.d. Art. 5 Abs. 1 der Computerprogrammrichtlinie der EU anzusehen ist, mit der Folge, dass der Erwerber des gebrauchten Programms zu dessen Nutzung berechtigt wäre. § 69d Abs. 1 UrhG begünstigt jedoch nicht den „rechtmäßigen Erwerber", sondern den „zur Verwendung eines Vervielfältigungsstücks des Programms Berechtigten", und diese Berechtigung stand in der vom BGH zu beurteilenden Konstellation deswegen in Zweifel, weil der Erwerb des Vervielfältigungsstücks einerseits und des Nutzungsrechts andererseits auseinander fallen. Die bloße Erlangung eines Exemplars der Datei (die mit dem nahezu gratis durchzuführenden Downloadvorgang beendet ist) ist nach den Bedingungen des Herstellers nicht gleichbedeutend mit der Erlangung des Nutzungsrechts hieran.

In seiner Entscheidung über die Vorlagefragen des BGH stellte der EuGH[107] klar, **68**
dass Art. 4 Abs. 2 der Computerprogrammrichtlinie dahingehend auszulegen ist, dass das Verbreitungsrecht erschöpft ist, wenn der Inhaber des Urheberrechts gegen Zahlung eines Entgelts[108] auch ein Recht eingeräumt hat, diese Kopie ohne zeitliche Begrenzung zu nutzen. Dies gilt auch, wenn der Urheber dem gebührenfreien Herunterladen dieser Kopie aus dem Internet auf einen Datenträger zugestimmt hat. Der EuGH verknüpft in seiner Entscheidung das Recht der öffentlichen Zugänglichmachung mit dem Verbreitungsrecht, wobei das für das Verbreitungsrecht konstitutive Merkmal des Verkörpertseins des Werkexemplars aufgegeben wurde.[109]

---

103 *LG München* MMR 2007, 328.

104 *OLG München* MMR 2008, 601.

105 § 69d UrhG enthält die Umsetzung des Art. 5 Abs. 1 der RL 2009/24/EG und ist daher richtlinienkonform auszulegen. Nach Art. 5 Abs. 1 bedarf die Vervielfältigung eines Computerprogramms, solange nichts anderes vereinbart ist, nicht der Zustimmung des Rechtsinhabers, sofern sie für eine bestimungsgemäße Nutzung des Computerprogramms durch den rechtmäßigen Erwerber notwendig ist.

106 Sog. Computerprogrammrichtlinie der EU. Die Art. 5 Abs. 1 und 4 Abs. 2 1. HS beinhalten den sog. Erschöpfungsgrundsatz, wonach eine Absicherung der Erschöpfung des Verbreitungsrechts nicht in Betracht kommt, d.h. mit dem Erstverkauf einer Programmkopie durch den Rechtsinhaber oder mit seiner Zustimmung erschöpft sich das Recht auf die Verbreitung dieser Kopie.

107 *EuGH* 3.7.2012 – C-128/11.

108 Ein solches Entgelt soll dem Urheber ermöglichen eine dem wirtschaftlichen Wert der Kopie des ihm gehörenden Werkes entsprechende Vergütung zu erzielen.

109 *Koch* ITRB 2013, 9.

69 Darüber hinaus sind die Art. 5 Abs. 1 und 4 Abs. 2 der Richtlinie so auszulegen, dass sich der (zweite und jeder weitere) Erwerber einer Nutzungslizenz auf die Erschöpfung des Verbreitungsrechts berufen kann, d.h. als rechtmäßiger Erwerber einer Programmkopie anzusehen ist, der (als rechtmäßiger Erwerber) vom Vervielfältigungsrecht nach dieser Vorschrift Gebrauch machen darf, wenn der Weiterverkauf dieser Lizenz mit dem Weiterverkauf einer von der Internetseite des Urheberrechtsinhabers heruntergeladenen Programmkopie verbunden ist und die Lizenz dem Ersterwerber ursprünglich vom Rechtsinhaber ohne zeitliche Begrenzung und gegen Zahlung eines Entgelts[110] überlassen wurde. Allerdings berechtigt die Erschöpfung des Verbreitungsrechts den Ersterwerber nicht dazu, so der EuGH, die Lizenz aufzuspalten und teilweise weiterzuverkaufen, soweit die von ihm erworbene Lizenz für eine seinen Bedarf übersteigende Zahl von Nutzern gilt.[111] Zur Einordnung des öffentlichen Zugänglichmachens als Verbreitung hat der EuGH die Unterscheidung zwischen der Verwertung in körperlicher oder unkörperlicher Form weitgehend suspendiert und so den Anwendungsbereich des Erschöpfungsgrundsatzes auf unverkörperte Werkexemplare ausgeweitet.[112] Dabei betrachtet der EuGH auch das Überlassen unverkörperter Exemplare als Verkauf, der das Verbreitungsrecht des Anbieters erschöpft.[113]

70 In den Erwägungsgründen 28 und 29 der RL 2001/29/EG heißt es vereinfacht, dass jede Bereitstellung eines Online-Dienstes, anders als beispielweise bei optischen Datenträgern, bei denen das geistige Eigentum in einem materiellen Träger, sprich einem Gegenstand, gleichsam „verkörpert“ ist, eine zustimmungsbedürftige Handlung ist, wenn das Urheberrecht oder ein verwandtes Schutzrecht dies vorsieht.[114] Der Begriff „Verkauf“ ist mangels eines Verweises auf nationale Rechtsvorschriften als autonomer Begriff des Unionsrechts anzusehen, der demnach im gesamten Gebiet der Union gleich auszulegen ist.[115] Insbesondere kann sich der Rechtinhaber, auch wenn der Lizenzvertrag eine spätere Veräußerung untersagt, einem Weiterverkauf dieser Kopie nicht mehr widersetzen.

71 Im Rahmen der Einordnung des Herunterladens einer Kopie eines Computerprogramms muss beachtet werden, dass das Herunterladen dieser Kopie und der Abschluss eines Lizenzvertrages im Bezug auf die Nutzung dieser Kopie ein unteilbares Ganzes bilden, das Herunterladen wäre nämlich sinnlos, wenn der Besitzer die Kopie nicht benutzen dürfte.[116] Allerdings muss der ursprüngliche Erwerber einer solchen Programmkopie diese bei einem Weiterverkauf unbrauchbar machen, da er ansonsten gegen das ausschließlich dem Urheberrechtsinhaber zustehende Vervielfältigungsrecht verstoßen würde, das sich anders als das Verbreitungsrecht nicht mit dem Erstverkauf erschöpft. Einzig nicht vertraglich untersagt werden dürfen Vervielfältigungen, die zur bestimmungsgemäßen Benutzung des Computerprogramms durch

110 *BGH* 3.2.2011 – I ZR 129/08 – Usedsoft
111 Vgl. *EuGH* Pressemitteilung v. 3.7.2012 Nr. 94/12.
112 *Koch* ITRB 2013, 12.
113 *EuGH* CR 2012, 498.
114 Erwägungsgründe 28 und 29 der RL 2001/29/EG des Europäischen Parlaments und des Rates v. 22.5.2001.
115 Dies folgt insb. auch aus den Erwägungsgründen (4) und (5) der Computerprogrammrichtlinie, aus denen hervorgeht, dass die Richtlinie die Unterschiede zwischen den Rechtsvorschriften der Mitgliedstaaten, die das Funktionieren des Binnenmarkts in Bezug auf Computerprogramme beeinträchtigen, beseitigen soll.
116 Vgl. *EuGH* 6.5.2010 C-145/08 und C-149/08.

den rechtmäßigen Erwerber notwendig sind, so die Richtlinie, wobei der *BGH* in seinem Urteil vom 17.7.2013 (I ZR 129/08 – UsedSoft II) ausführt, dass sich der Umfang der bestimmungsgemäßen Benutzung aus dem zwischen dem Urheberrechtsinhaber und dem Ersterwerber geschlossenen Lizenzvertrag ergibt.

Der BGH führt dort weiter aus, dass der zweite oder jeder weitere Erwerber einer **72**
Lizenz zur Nutzung dieses Computerprogramms nach § 69d Abs. 1 UrhG zur Vervielfältigung des Programms berechtigt ist, wenn das Recht zur Verbreitung der Programmkopie erschöpft ist und der Weiterverkauf der Lizenz an den Erweber mit dem Weiterverkauf der von der Internetseite des Urheberrechtsinhabers heruntergeladenen Programmkopie verbunden ist, soweit der Urheberrechtsinhaber dem Herunterladen der Kopie aus dem Internet auf einen Datenträger zugestimmt hat. Voraussetzung für die Erschöpfung des Verbreitungsrechts sind nach dem BGH die Zahlung eines Entgelts, die Einräumung durch den Urheberrechtsinhaber, die Kopie ohne zeitliche Begrenzung zu nutzen, die Unbrauchmachung der Kopie beim Ersterwerber sowie dass Verbersserungen und Aktualisierungen, die das vom Nacherwerber heruntergeladene Computerprogramm dem ursprünglich heruntergeladenen gegenüber unterscheiden von einem zwischen dem Urheberrechtsinhaber und dem Ersterwerber abgeschlossenen Wartungsvertrag gedeckt sind.

Wer sich darauf beruft, dass die Vervielfältigung eines Computerprogramms nach **73**
§ 69d Abs. 1 UrhG nicht der Zustimmung des Rechtsinhabers bedarf, trägt nach Ansicht des BGH die Darlegungs- und Beweislast dafür, dass die Voraussetzungen erfüllt sind.

Zur Wirksamkeit von Weitergabeverboten entschied jüngst das LG Hamburg[117] unter **74**
Berufung auf die o.a. EuGH-Entscheidung, dass diese zum einen im Falle des Eintritts der Erschöpfung allenfalls schuldrechtlich wirksam vereinbar seien und zum anderen in AGB ebenso wie Regelungen, nach denen ein Zukauf von Software eines bestimmten Herstellers stets bei diesem erfolgen muss, unwirksam sei. Die Unwirksamkeit des Weitergabeverbots ergebe sich aus der gesetzlichen Regelung des dinglichen Erschöpfungsgrundsatzes aus § 69c Nr. 3 S. 2 UrhG. Dem stehe insbesondere § 34 UrhG nicht entgegen, da dieser nach Eintritt der Erschöpfung nicht mehr anwendbar sei. Empfehlenswert, um die Wirksamkeit einer AGB-rechtlichen Klausel bezüglich der Weitergabe zu ermöglichen, ist, die Weitergabe grundsätzlich an weitere Voraussetzungen zu knüpfen, beispielsweise daran, dass der Ersterwerber sämtliche bei ihm vorhandenen Kopien unbrauchbar macht bzw. löscht und sämtliche Nutzungsrechte überträgt.[118] Die Unwirksamkeit der Anzeige- und Zukaufpflicht ergebe sich daraus, dass sie suggeriere jede Form von Zukauf bedürfe einer schriftlichen Anzeige und müsse beim Hersteller getätigt werden. Da kein sachlicher Grund dafür erkennbar sei, den Zukauf bei Dritten auszuschließen und die wettbewerbliche Entfaltung von Gebrauchtsoftwarehändlern, deren Geschäfte auf dem Weiterverkauf von gebrauchten Lizenzen beruhen, derartig einzuschränken, werde dadurch der Wettbewerb unlauter beeinträchtigt. Wirksam seien dagegen Klauseln, nach denen Kunden auch später zugekaufte Software beim Hersteller pflegen lassen müssen, um ihren bereits mit ihm geschlossenen Pflegevertrag nicht kündigen zu müssen.

117 *LG Hamburg* 25.10.2013 – 315 O 449/12.
118 *Scholz* ITRB 2013, 21.

75 Mit der Entscheidung UsedSoft III,[119] bei der es um die Frage ging, ob Volumenlizenzen aufspaltbar und insofern gesondert weiter verkauft bzw. weitergegeben werden können, hat der BGH darüber hinausgehend sogar entschieden, dass echte Lizenzen mit selbstständigen Nutzungsrechten aufspaltbar und entsprechend veräußerbar sind.[120] In der jüngsten Entscheidung zu diesem Themenkomplex hat der BGH (Green IT) die Voraussetzungen der Weiterveräußerungen gebrauchter Software weiter spezifiziert.[121] Danach kann die Erschöpfung eines Verbreitungsrechts an einer Kopie eines Computerprogramms gem. § 69c Nr. 3 S. 2 UrhG sich auf das Recht zum weiterverbreiten der Programmkopie sowohl durch Weitergabe eines die Programmkopie enthaltenden Datenträgers als auch durch Bekanntgabe eines zum Herunterladen des Programms erforderlichen Produktschlüssels erstrecken. Die Berechtigung des Nacherwerbers zum Herunterladen und damit Vervielfältigen des Computerprogramms setzt allerdings voraus, dass der vor Erwerber seine Kopien dieses Programms zum Zeitpunkt des Weiterverkaufs bereits unbrauchbar gemacht hat. Insgesamt sind die wesentlichen Hürden für den Gebrauchtsoftwarehandel aus dem Weg geräumt.

Besonders interessant ist nach der UsedSoft-Entscheidungen des EuGH und des BGH welche technischen Schutzmaßnahmen Rechteinhaber treffen können, um ihre digital vertriebenen Vervielfältigungsstücke gegen unerlaubte Vervielfältigungen zu schützen. Ausgangspunkt ist insoweit, dass es grundsätzlich bisher keine technisch absolut sicheren Möglichkeiten gibt, das Kopieren von Computerprogrammen, die aus Objekt-Code bestehen, zu verhindern.[122] Hauptinstrumente sind zum einen die Identifizierung bzw. Validierung und zum anderen die Individualisierung, wodurch Mehrfach-Installationen verhindert und die „Verfolgung" der Software vereinfacht werden soll.[123]

8. Instrumente zur Prüfung der Einhaltung gewährter Nutzungsrechte

76 Die Verteilung von Rechten zur Nutzung von Computerprogrammen in Unternehmen - mit dem Ziel der Vermeidung einer Unterlizenzierung (aus Gründen der Compliance) einerseits und einer Überlizenzierung (aus Gründen der Wirtschaftlichkeit) andererseits - ist, auch abhängig von dem jeweils verwendeten Lizenzmodell, bisweilen eine Herausforderung. Es gibt formal sehr einfache Lizenzmodelle wie z.B. eine „Enterprise"-Lizenz, die es einem Unternehmen erlaubt, alle Benutzer, die zum Unternehmen gehören, mit einem entsprechenden Nutzungsrecht auszustatten. Dabei ist ein „Benutzer" i.d.R. eine natürliche Person, es kann sich aber auch um ein Gerät handeln, das auf ein Programm Zugriff nimmt. Lizenzierungsmodelle für Computerprogramme, die zentral auf Servern installiert werden und z.B. in der Lizenzmenge bzw. für die Lizenzpreisfindung unterscheiden zwischen einer Lizenz für den Server selbst und weiteren Lizenzen für die Menge an Benutzern oder Geräten, die auf Programme zugreifen, die auf eben jenem Server liegen, sind in der Handhabung deutlich komplizierter. Wenn als „Nutzer" ein einzelnes Gerät begriffen wird, dann kann eine natürliche Person gleichzeitig mehrere Nutzer haben, eine ortsfeste Arbeitsstation, einen mobilen Rechner, ein Tablet und ein Smartphone. Haben diese vier Geräte alle

119 *BGH* CR 2015, 429.
120 *Schneider* CR 2015, 413.
121 *BGH* CR 2015, 711.
122 *Hoppen* CR 2013, 9.
123 *Hoppen* CR 2013, 15.

Zugriff auf den Server, braucht jedes einzelne eine Lizenz. Gibt es dagegen „Named-User-Lizenzen“, mit denen eine einzelne natürliche Person gleichzeitig mit so vielen Geräten wie sie es braucht auf den Server zugreifen darf, bräuchte man nur eine einzige Lizenz. Da in Unternehmen i.d.R. viele verschiedene Programme mit unterschiedlichen Lizenzmodellen installiert sind, kann sich ein Lizenzmanagementsystem mit Lizenzverwaltung und unternehmensinterner Softwaredistribution empfehlen. Manche Hersteller liefern solche Systeme für die Überwachung der Nutzung der eigenen Programme gleich mit, wobei der Übergang zu herstellerseitigen, vom Anwender unerwünschten Kontrollsystemen fließend ist.

Viele Hersteller von Software versuchen, eine evtl. Unternutzung dadurch in Erfah- **77**
rung zu bringen, dass sie sich vertragliche Auditrechte[124] bei ihren Kunden zusichern lassen. Es geht im Bereich der Auditierung der Softwarenutzung i.d.R. um solche vertraglich eingeräumten Rechte, nicht um etwa bestehende gesetzliche Rechte. Solche Auditrechte sind bei Anwendern naturgemäß unbeliebt. Sie müssen AGB-rechtliche Grenzen achten und sollten auch sonst die rechtlichen Grenzen einhalten. Hierbei sind insbesondere arbeitsrechtliche Grenzen zu beachten (Mitbestimmung des Betriebsrats nach § 87 Abs. 1 Nr. 6 BetrVG), datenschutzrechtliche Grenzen und Grenzen des Persönlichkeitsschutzes. Zudem ist dem Geheimnisschutzwunsch des Anwenders Rechnung zu tragen. Aus Sicht des Anwenders sind, lässt man sich auf Auditregelungen überhaupt ein oder muss man dies gegenüber einem Monopolisten tun, zunächst eine Selbstauskunft und erst bei deren konkreter Beanstandung ein eigentliches Audit hintereinander zu staffeln. Vorgehensweise, Verlauf und Grenzen des Audits sollten dabei genau geregelt sein, denn es ist risikoreich, sich auf herstellerseitig gefasste, teilweise sehr weit reichende, allgemeine und damit ggf. AGB-rechtlich intransparente Klauseln und damit auf deren Unwirksamkeit zu verlassen.

9. Weitere besondere Arten von Computerprogrammen im Hinblick auf Nutzungs- und Verwertungsrechte

Besondere urheberrechtliche und mithin lizenzrechtliche Fragen ergeben sich im **78**
Zusammenhang z.B. mit **Public-Domain-Software, Freeware, Open-Source-Software** oder **Shareware**. Diese Besonderheiten können hier aus Platzgründen nur kurz angesprochen werden.

Public-Domain-Software ist der Oberbegriff für Software, deren Nutzung, Vervielfäl- **79**
tigung, Verbreitung und Bearbeitung unentgeltlich ist.[125] Gegen einen Verzicht auf die Nutzungsrechte des § 69c UrhG durch die Bezeichnung eines Programms als Public-Domain-Software[125]sprechen nach der Literatur die Regelungen der §§ 29 Abs. 1 und 31 Abs. 4 UrhG.[126] Umstritten ist auch, ob der kommerzielle Vertrieb dieser Software durch einen Dritten erlaubt ist.[127] Nach überwiegender Auffassung richtet sich die Frage, ob die Software entgeltlich vertrieben werden darf, nach dem Zweckübertragungsgrundsatz. Public-Domain-Software soll grds. unentgeltlich verbreitet werden und dient nicht der Erzielung eines Gewinns. Lediglich die Kostendeckung ist zulässig. Daher werden dem Nutzer die Nutzungsrechte auch nur in diesem Umfang einge-

---

124 Vgl. z.B. *Kotthoff/Wieczorek* MMR 2014, 3 ff.
125 *OLG Stuttgart* CR 1994, 743.
126 Wandtke/Bullinger/*Grützmacher* § 69c UrhG, Rn. 69.
127 Bejahend *OLG Stuttgart* CR 1994, 743.

räumt. Ein kommerzieller Vertrieb wird i.d.R. dadurch nicht gedeckt.[128] Der Nutzer erhält aber ein umfassendes Bearbeitungsrecht.

80 **Freeware** darf nicht bearbeitet und verändert und sodann in der geänderten Version weitergegeben oder vermarktet werden. Es handelt sich um eine unentgeltlich nutzbare und vervielfältigbare Software.

81 **Shareware** wird vielfach als Testversion mit einer zeitlichen Grenze oder beschränkten Komponenten und Anwendungen zur Verfügung gestellt; teilweise sind auch Versionen mit von vornherein vollem Funktionsumfang und unbegrenzter Laufzeit erhältlich. Eine dauerhafte Überlassung erfolgt jedoch i.d.R. nur bei Registrierung gegen eine bestimmte Registrierungsgebühr. Der Nutzer hat daher nach Ablauf der zulässigen Nutzungsdauer oder bei dem Wunsch, die volle Funktionsfähigkeit herzustellen, eine Lizenzgebühr zu zahlen. Auch hier wird dem jeweiligen Händler lediglich ein Recht zur Vervielfältigung und Verbreitung eingeräumt.[129] Anders als bei Public-Domain-Software ist aber das zur Nutzung erforderliche Vervielfältigungsrecht zeitlich oder inhaltlich beschränkt eingeräumt und muss nach Ablauf der Nutzungsbefugnis durch Registrierung gegen ein gewisses Entgelt erworben werden.

82 **Open-Source-Software** darf i.d.R. unentgeltlich genutzt, verbreitet und unter Offenlegung des Quellcodes weiter bearbeitet werden. Allerdings sind an die Verbreitung und Bearbeitung meist weitere Bedingungen geknüpft. Bekannt ist die **GNU General Public License (GPL)**, Version 2 oder 3, es gibt aber auch andere Lizenzbedingungen zu Open Source Software, in denen ähnliche Regelungen vorgesehen werden wie in der GNU GPL. In diesen Lizenzbedingungen sind Regelungen enthalten, die Voraussetzung für die Verbreitung und Weiterverarbeitung sind und die der Nutzer einzuhalten hat.

IV. Rechtsverletzungen

83 Zu beachten sind Sonderregelungen, die die allgemeinen Vorschriften der §§ 96 ff. UrhG verdrängen. In § 69f UrhG wird dem Rechtsinhaber ein Vernichtungsanspruch im Hinblick auf Raubkopien zuerkannt (Abs. 1), der auch auf Mittel zur Umgehung von Kopierschutzmechanismen erstreckt wird (Abs. 2). § 69f Abs. 1 UrhG geht über den durch § 98 UrhG eingeräumten Schutz hinaus, da der Vernichtungsanspruch nicht davon abhängt, dass sich die Kopie im Besitz oder Eigentum des Verletzers befinden muss,[130] und ist lex specialis zu § 98 UrhG.

84 Schadensersatz- und Unterlassungsansprüche sowie die sonstigen Ansprüche können aus den allgemeinen Vorschriften hergeleitet werden (§ 69a UrhG i.V.m. §§ 96–100 UrhG). Dabei geht § 69f Abs. 2 UrhG den §§ 95a ff. UrhG vor, da nach § 69a Abs. 5 UrhG die §§ 95a–95d UrhG auf Computerprogramme keine Anwendung finden.

128 *Marly* Softwareüberlassungsverträge, Rn. 343; Wandtke/Bullinger/*Grützmacher* § 69c UrhG, Rn. 69; *Redeker* Rn. 89.
129 *OLG Düsseldorf* NJW-RR 1996, 555; *OLG Hamburg* NJW-RR 1995, 1324.
130 Möhring/Nicolini/*Hoeren* § 69f UrhG, Rn. 1.

V. Hinweise zur Patentierbarkeit computerimplementierter Erfindungen

Die Patentfähigkeit computerimplementierter Erfindungen bzw. von Computerprogrammen (nicht: als solche) ohne unmittelbare Einbeziehung von Hardwareteilen in den Erfindungsgegenstand ist z.B. in den USA anerkannt, in Europa nach wie vor nicht unumstritten,[131] wenngleich nicht zu verkennen ist, dass auch große deutsche Hersteller von Computerprogrammen über eine hohe Anzahl von Patentfamilien verfügen. Eine um den Jahrtausendwechsel angestrebte Harmonisierung auf europäischer Ebene durch eine beabsichtigte Richtlinie über die Patentierbarkeit computerimplementierter Erfindungen ist nach schwierigen und langwierigen Diskussionen 2005 endgültig gescheitert.[132] Angesichts der Dauer und der Heftigkeit der Diskussion wird man sich daher mit Wirkung für Deutschland darauf einrichten müssen, dass dieses Thema auf absehbare Zeit nicht weiter verfolgt wird und die Patentfähigkeit von Computerprogrammen weiter nach den bestehenden gesetzlichen Regelungen im Lichte einer immer reichhaltiger werdenden obergerichtlichen und höchstrichterlichen Rechtsprechung zu beurteilen ist. **85**

Computerimplementierte Erfindungen, die sich in besonderer Weise in Computerprogrammen ausdrücken, können unter bestimmten Voraussetzungen auch patentrechtlichen Schutz erlangen. Durch die in § 1 Abs. 3 Nr. 3, Abs. 4 PatG getroffene Regelung sind (lediglich) Computerprogramme „als solche" nicht patentfähig, da es ihnen an der für eine technische Erfindung erforderlichen Technizität fehlt. Dies folgt aus dem Zweck des Patentrechts, wonach lediglich technische Erfindungen schutzfähig sind. Patentfähig sein können aber Erfindungen, die ein Computerprogramm enthalten, da der Ausschluss nach § 1 Abs. 3 Nr. 3, Abs. 4 PatG nur für Programme „als solche" gilt. Bei Licht betrachtet kann ein Computerprogramm „als solches" nichts, was eine natürliche Person mit Stift und Papier auch könnte, es kann dies nur sehr viel schneller. Daher gilt in den Augen vieler ein Computerprogramm lediglich als Ersatz für den menschlichen Verstand, was eine ausreichende Technizität i.S.d. Patentrechts verhindert. Soweit diese nicht gehindert ist, dürfte naheliegend sein, dass viele computerimplementierten Erfindungen Verfahrenserfindungen sind, also eine Vorgehensweise beschreiben, eben das, was das Programm tut. **86**

Daher ist zur Beantwortung der Frage, ob ein Computerprogramm patentfähig ist, maßgebend, ob das Programm einen technischen Beitrag (zur Lösung der Aufgabe) leistet oder nicht. Die Rechtsprechung des BGH hinsichtlich der Technizität verfolgte lange Zeit keine einheitliche Linie. Teilweise wurde vertreten, dass der als neu und erfinderisch beanspruchte Teil der Erfindung als sog. „Kern" des Anmeldegegenstandes auf Technizität geprüft werden muss, sog. Kerntheorie. Andererseits wurde die Auffassung vertreten, dass nicht auf den Kern, sondern auf den gesamten Erfindungsgegenstand abzustellen sei.[133] Dazu ist der angemeldete Gegenstand in seiner Gesamtheit, über die neuen und erfinderischen Elemente hinaus, auf seinen technischen Charakter hin zu untersuchen (sog. Gesamtheitsgrundsatz). In jüngeren Entscheidungen betont der BGH, dass die beanspruchte Lehre eine über die Abarbeitung der Programmbefehle hinausgehende technische Eigenheit aufweisen muss. Daher kann nicht **87**

131 Zusammenfassende Darstellung bei *Benkard/Bacher/Melullis* § 1 PatG Rn. 104 ff. m.w.N.; Einzeldarstellungen aus jüngerer Zeit z.B. *Wiebe/Heidinger* GRUR 2006, 177 ff.; *Laub* GRURInt 2006, 629 ff.; *Wimmer-Leonhardt* WRP 2007, 273 ff.

132 S. http://eur-lex.europa.eu/LexUriServ/site/de/com/2005/com2005_0083de01.pdf.

133 *BGH* CR 1992, 600.

jedwede in computergerechte Anweisungen gekleidete Lehre als patentierbar angesehen werden, wenn sie nur – irgendwie – über die Bereitstellung der Mittel hinausgeht, die eine Nutzung als Computerprogramm erlauben, sondern es müssen die prägenden Anweisungen der beanspruchten Lehre insoweit der Lösung eines konkreten technischen Problems dienen.[134] Auch computerimplementierte Erfindungen müssen einen „technischen Charakter" aufweisen.[135] Übereinstimmend wird dies bejaht für Programme, die unmittelbar einen technischen Effekt auslösen. Primär sind also technische Anwendungsprogramme patentierbar, wenn diese Messergebnisse aufarbeiten, den Ablauf technischer Einrichtungen überwachen oder in technische Systeme eingreifen.[136] Nicht patentfähig sollen hingegen Programme sein, die Verwaltungstätigkeiten wie Buchhaltungsvorgänge steuern.[137]

88 Das Europäische Patentamt steht computerimplementierten Erfindungen insgesamt freundlicher gegenüber als das DPMA und der BGH, was sicherlich auch eine politische Dimension hat. Das EPA erteilt nur dann Patentschutz, wenn es sich um eine softwarebezogene Erfindung handelt, die einen technischen Charakter aufweist und einen technischen Beitrag leistet.[138] Der technische Charakter kann dabei – dies nun unterscheidet sich maßgeblich von dem Ansatz des BGH – in der zugrunde liegenden Aufgabe, den Mitteln (technischen Merkmalen), die die Lösung der Aufgabe bilden, den durch die Lösung erreichten Wirkungen oder darin liegen, dass technische Überlegungen erforderlich sind, um ein Computerprogramm zu realisieren.[139] Im Ergebnis ist also die Hürde, zu einem „Softwarepatent" zu gelangen, beim EPA deutlich niedriger.

C. Rechtsschutz für Datenbanken

89 Elektronische Datenbanken haben in allen Lebensbereichen und Branchen in den letzten Jahrzehnten immer mehr an Bedeutung gewonnen. Aus der Sicht von Juristen: Während früher Gerichte Entscheidungsabschriften per Post verschickten und man froh war, die Entscheidungsabschrift ein paar Wochen nach dem Verkündungstermin zu erhalten, ist man heute schon verstimmt, wenn man Entscheidungen auf Europäischer Ebene nicht bereits am Tag der Verkündung im Volltext auf der Webseite der entsprechenden Institution findet (und die etwas Fauleren am Tag darauf bereits Dutzende Meinungen und Kommentierungen dazu lesen können, statt sich eine eigene Meinung durch Studium der Primärquelle zu erarbeiten). Juristische Datenbanken und die dort enthaltenen Informationen ersetzen zunehmend das Studium auf Papier; die Ausgaben für Printwerke sinken, die für Datenbanken steigen.

---

134 *BGH* ITRB 2002, 50 – Suche fehlerhafter Zeichenketten.
135 *Mes* § 1 PatG, Rn. 83.
136 *Redeker* Rn. 134.
137 *BGH* GRUR 1992 – Chinesische Schriftzeichen; 1986, 531 – Flugkostenminimierung.
138 Vgl. *Rössel* ITRB 2002, 90.
139 Vgl. die zusammenfassende Darstellung bei *Basinski u.a.* GRURInt 2007, 44.

Unter einer Datenbank ist im technischen Sinne eine Sammlung von Daten, Informationen und Fakten zu verstehen, die ein bestimmtes Anwendungs- oder Fachgebiet abbilden.[140] Datenbanken zeigen im geschäftlichen und im privaten Bereich zahlreiche Anwendungsgebiete, beispielsweise:

- In Fachdatenbanken werden Inhalte eines bestimmten Fachgebietes gesammelt, aufbereitet und aktualisiert. Durch verschiedene Suchwerkzeuge werden die Informationen dem Nutzer zum Abruf zur Verfügung gestellt.
- Datenbanken werden auch dazu genutzt, Informationen im WWW bereitzuhalten, zu verwalten um die Website schließlich dynamisch auf den individuellen Bedarf des Nutzers zugeschnitten anzuzeigen.
- Datenbanken dienen etwa im Bereich der technischen Berufe der Planung und Ausführung von Produktionsabläufen, sie unterstützen das Projektmanagement durch Berücksichtigung der eingestellten Ressourcen (z.B. Material, Personal).
- Logistische Abläufe können datenbankgestützt gesteuert werden.
- Datenbanken werden auch zur Kundenverwaltung und zur Leistungsabrechnung eingesetzt.
- Auch Dokumentenmanagementsysteme, Informationsmanagementsysteme oder Systeme zum Knowledge-Management werden datenbankgestützt betrieben.

Rechtlichen Schutz für Datenbanken bzw. für Datenbankwerke gewähren §§ 4 Abs. 2, **90**
87a ff. UrhG. § 4 Abs. 2 UrhG hat den Schutz von Datenbankwerken zum Inhalt, die einen Unterfall zu den in § 4 Abs. 1 UrhG genannten Sammelwerke darstellen.[141] §§ 87a ff. UrhG schützen den Datenbankhersteller in Form eines Schutzrechtes sui generis.[142] Die Rechte aus § 4 Abs. 2 UrhG und den §§ 87a UrhG bestehen unabhängig voneinander mit verschiedenem Schutzgegenstand.[143]

I. Rechtsschutz nach §§ 87a ff. UrhG

§§ 87a ff. UrhG enthalten abschließende Sonderregelungen zum Schutz einer Daten- **91**
bank. § 87a UrhG enthält die Definitionen der Begriffe „Datenbank", „Neuheit" der Datenbank und des „Datenbankherstellers". §§ 87b, c UrhG regeln abschließend die dem Datenbankhersteller zustehenden Rechte und dessen Schranken. § 87d UrhG trifft eine Sonderregelung über die Dauer der Rechte, § 87e UrhG regelt den Fall vertraglicher Vereinbarung über die Nutzung einer Datenbank.

1. Begriff der Datenbank

Der Begriff der Datenbank in § 87a Abs. 1 UrhG entspricht weitgehend der in § 4 **92**
Abs. 2 UrhG enthaltenen Definition. Unter einer Datenbank ist eine Sammlung von Werken, Daten oder anderen unabhängigen Elementen zu verstehen, die systematisch oder methodisch angeordnet und einzeln mit Hilfe elektronischer Mittel oder auf andere Weise zugänglich sind. Über § 4 Abs. 2 UrhG hinaus verlangt § 87a UrhG, dass die Beschaffung, Überprüfung oder Darstellung der Datenbank eine nach Art und Umfang wesentliche Investition erfordert.

140 *Wiebe/Leupold* Teil I A Rn. 4.
141 Wandtke/*BullingerMarquardt* § 4 UrhG, Rn. 8.
142 Vgl. dazu *Berger* GRUR 1997, 169.
143 *BGH* GRUR 2007, 68 – Gedichttitelliste I.

93 Der Begriff der Datenbank kann dementsprechend in folgende Merkmale untergliedert werden:
- Sammlung unabhängiger Elemente,
- Zugänglichkeit der einzelnen Elemente mit elektronischen Mitteln oder auf andere Weise,
- systematische und methodische Anordnung,
- nach Art und Umfang wesentliche Investition.

1.1 Sammlung unabhängiger Elemente

94 Nach § 87a Abs. 1 UrhG ist die Sammlung von Werken, Daten und Elementen Voraussetzung für das Vorliegen einer Datenbank. Das als Oberbegriff dienende Merkmal der „Elemente"[144] wird weit ausgelegt.[145] Dazu zählen beispielsweise Sammlungen von literarischen, künstlerischen, musikalischen oder anderen Werken sowie von weiterem Material wie Texte, Zahlen, Töne, Bilder, Fakten und Daten. Keine Rolle spielt, ob es sich um eine elektronische oder nicht-elektronische Datenbank und somit um elektronische oder nicht elektronische Elemente handelt, denn nach den Erwägungen zur Datenbankrichtlinie soll der Schutz auch auf nicht-elektronische Datenbanken erstreckt werden.[146]

95 Der Begriff der Datenbank setzt weiter voraus, dass eine gewisse Anzahl von Elementen zusammengestellt wurde, da andernfalls keine „Sammlung" vorliegt. Eine Mindestzahl ist zwar nicht erforderlich, teilweise wird aber jedenfalls die Erkennbarkeit zweier Strukturen, bestehend aus der Sammlung und ihren einzelnen Kriterien, gefordert.[147] Eine Datenbank kann auch dann vorliegen, wenn die Daten ungeordnet in einen physischen Speicher eingegeben werden, der Datenbestand aber mit einem Abfragesystem verbunden ist, welches das zielgerichtete Suchen nach Einzelelementen ermöglicht.[148]

96 Schutzgegenstand der Datenbank sind nicht die einzelnen in die Datenbank aufgenommenen Informationen, sondern die Datenbank wird als Gesamtheit des unter wesentlichem Investitionsaufwand gesammelten, geordneten und einzeln zugänglich gemachten Inhalts geschützt.[149]

97 Der weit auszulegende Begriff der Sammlung wird durch das Erfordernis der „Unabhängigkeit" der Elemente jedoch eingeschränkt. Der Begriff ist weder in der Datenbankrichtlinie noch im UrhG definiert; eine Tendenz zur Auslegung dieses Begriffes ist jedoch in den Erwägungen zur Datenbankrichtlinie vorgegeben. Danach fallen Aufzeichnungen eines audiovisuellen, kinematographischen, literarischen oder musikalischen Werks als solches nicht unter den Anwendungsbereich der Richtlinie.[145] Das Merkmal der Unabhängigkeit ist also unter Berücksichtigung der Richtlinie so zu verstehen, dass dadurch eine Abgrenzung der Datenbank als **Informationssammlung** von einheitlichen Gestaltungs- und Ausdrucksformen bewirkt werden soll.[150] Die Unab-

---

144 Wandtke/Bullinger/*Thum* § 87a UrhG, Rn. 6.
145 Erwägungsgrund (17) der Datenbankrichtlinie, ABlEG 1996 Nr. L 77/20.
146 Erwägungsgrund (14) der Datenbankrichtlinie, ABlEG 1996 Nr. L 77/20.
147 Wandtke/Bullinger/*Thum* § 87a UrhG, Rn. 8; *EuGH* GRUR 2005, 252 – Fixtures Fußballspielpläne I spricht von einer „erheblichen Anzahl".
148 *OLG Köln* MMR 2007, 443 (nicht rechtskräftig).
149 Erwägungsgrund (20) der Datenbankrichtlinie, ABlEG 1996 Nr. L 77/20.
150 *Leistner* GRURInt 1999, 819.

hängigkeit der Elemente der Sammlung liegt grds. vor, wenn sich die Elemente voneinander trennen lassen, ohne dass der Wert ihres informativen, literarischen, künstlerischen, musikalischen oder sonstigen Inhalts dadurch beeinträchtigt wird.[151] Dies bedeutet, dass die einzelnen Elemente weiterhin eigenständige Aussagekraft aufweisen müssen.[152] Zu berücksichtigen ist auch, dass durch die entsprechenden technischen Möglichkeiten einzelne Elemente von elektronischen Medien leicht abtrennbar sind und so das Kriterium der Unabhängigkeit prinzipiell in den überwiegenden Fällen bejaht werden könnte. Aus diesem Grund werden nach den Erwägungen zur Datenbankrichtlinie Lieder oder Filme von dem Datenbankschutz der §§ 87a ff. UrhG ausdrücklich ausgeschlossen.

Ebenso wenig unter den Schutz der §§ 87a ff. UrhG fallen topografische Karten, die keine Datenbank i.S.d. § 87a Abs. 1 S. 1 UrhG darstellen, da es sich bei den in den Karten enthaltenen Werten nicht um „unabhängige Elemente" i.S.d. Definition der Datenbank handele.[153] **98**

1.2 Zugänglichkeit der einzelnen Elemente

Die Einzelzugänglichkeit ist grds. zu bejahen, wenn die Möglichkeit eines getrennten Abrufes eines Elements besteht.[154] Bei elektronischen Datenbanken liegt eine Einzelzugänglichkeit vor, wenn dem Nutzer der Abruf einzelner Elemente der Datenbank ermöglicht wird.[155] Bei gedruckten Datenbanken besteht die Möglichkeit der Einzelzugänglichkeit bereits durch die separate Auffindbarkeit der dort enthaltenen Elemente.[156] **99**

1.3 Systematische oder methodische Anordnung

Auch das Kriterium der systematischen oder methodischen Anordnung bewirkt eine weitere Einschränkung des Begriffs der Datenbank. Durch dieses Erfordernis soll ausgeschlossen werden, dass unter den Schutzgegenstand der Datenbankrichtlinie und der §§ 87a UrhG auch bloße „Datenhaufen" fallen.[157] Solche wahllosen, ungeordnet angehäuften Daten (die auch nicht mithilfe einer Abfragesprache systematisiert werden) sind keine methodische oder systematische Anhäufung einzelner Elemente.[158] **100**

Die Einteilung der Daten muss grds. nach logischen oder sachlichen Kriterien erfolgen.[159] Streitig ist, ob eine Gliederung auch auf der Basis subjektiver oder emotionaler Kriterien erfolgen kann. Dies wird teilweise mit der Begründung verneint, rein subjektive Kriterien wären dem Nutzer nicht zugänglich, daher fehle es insoweit an einer systematischen oder methodischen Ordnung.[160] Andere Auffassungen verstehen die Begriffe „systematisch" und „methodisch" im Sinne von „durchdacht" oder „geplant" **101**

151 *BGH* GRUR 2005, 940 – Marktstudien; 2005, 857 – HIT BILANZ.
152 Wandtke/Bullinger/*Thum* § 87a UrhG, Rn. 9.
153 *OLG München* CR 2013, 562.
154 Wandtke/Bullinger/*Thum* § 87a UrhG, Rn. 11.
155 *Leistner* GRURInt 1999, 819.
156 Wandtke/Bullinger/*Thum* § 87a UrhG, Rn. 12; *Leistner* GRURInt 1999, 819.
157 *Sendrowski* GRUR 2005, 369; s. jedoch auch *OLG Köln* MMR 2007, 443, wo ein ungeordneter Datenhaufen ausreichend ist, solange er strukturiert durchsucht werden kann.
158 *Sendrowski* GRUR 2005, 369; *Raue/Bensinger* MMR 1998, 507.
159 Wandtke/Bullinger/*Thum* § 87a UrhG, Rn. 14.
160 *Sendrowski* GRUR 2005, 369.

mit der Folge, dass auch subjektive Ordnungskriterien ausreichen können.[161] Die systematische oder methodische Anordnung setzt weiter voraus, dass die Sammlung sich auf einem festen Träger befindet und ein technisches oder anderes Mittel aufweist, welches es ermöglicht, jedes in der Sammlung befindliche Element aufzufinden.[162]

1.4 Wesentliche Investition

102 Die Beschaffung, Überprüfung oder Darstellung der Elemente der Datenbank muss eine nach Art oder Umfang **wesentliche** Investition erfordern. Dieses Kriterium trägt den Erwägungsgründen der Datenbankrichtlinie Rechnung, die den Investitionsschutz und den Investitionsanreiz als ausschlaggebend für die Schutzbedürftigkeit der Datenbank ansieht. Die wirtschaftlichen, personellen und finanziellen Investitionsleistungen sollen über die Möglichkeit des Datenbankschutzes amortisiert werden können. Weder aus der Richtlinie noch aus dem Wortlaut des § 87a UrhG geht aber hervor, in welchen Fällen eine Investition als wesentlich gilt. Die Konkretisierung des Begriffs wird mithin der Rechtsprechung überlassen.

103 Probleme bereitet bereits die Feststellung, welche Investitionen in die Wesentlichkeitsbetrachtung überhaupt einzubeziehen sind. Insbesondere war umstritten, ob auch die Kosten für die Datengenerierung berücksichtigt werden konnten. Der EuGH legte in mehreren Entscheidungen die Grundlagen über die zu berücksichtigenden Faktoren fest:

- Der Begriff der zur **Darstellung des Inhalts einer Datenbank** notwendigen Investitionen ist dahin zu verstehen ist, dass er die Mittel bezeichnet, die der Ermittlung von vorhandenen Elementen und deren Zusammenstellung in der Datenbank gewidmet werden.[163] Jedoch werden die Mittel, die eingesetzt werden, um die Elemente der Datenbank zu erzeugen, nicht umfasst.[163]
- Weiter hat der EuGH den Begriff der mit der **Überprüfung der Datenbank** verbundenen Investitionen dahingehend verstanden, dass er die Mittel erfasst, die zur Sicherstellung der Verlässlichkeit der in der Datenbank enthaltenen Informationen und der Kontrolle der Richtigkeit der ermittelten Elemente bei der Erstellung der Datenbank sowie während des Zeitraums des Betriebs der Datenbank gewidmet sind.[164] Mittel, die Überprüfungsmaßnahmen im Stadium der Erzeugung der Elemente, die anschließend in der Datenbank gesammelt werden, dienen, können hingegen nicht berücksichtigt werden.[164]
- Soweit es um Investitionen geht, die mit der **Beschaffung des Inhalts** einer Datenbank verbunden sind, können, wie auch bei der Darstellung, solche Mittel berücksichtigt werden, die der Ermittlung von vorhandenen Elementen und deren Zusammenstellung in dieser Datenbank dienen.[165] Auch hier sind aber Mittel nicht erfasst, die eingesetzt werden, um Elemente der Datenbank zu erzeugen, aus denen ihr Inhalt besteht.

---

161 Wandtke/Bullinger/*Thum* § 87a UrhG, Rn. 16 m.w.N.
162 *BGH* GRUR 2005, 940 – Marktstudien.
163 *EuGH* GRUR 2005, 244 – BHB-Pferdewetten; 2005, 252 – Fixtures-Fußballspielpläne I; *BGH* GRUR 2005, 940 – Marktstudien.
164 *EuGH* GRUR 2005, 244 – BHB-Pferdewetten.
165 *EuGH* GRUR 2005, 254 – Fixtures-Fußballspielpläne II; 2005, 239 – Fixtures Marketing I.

Der EuGH hat sich nicht dazu geäußert, ob nur solche Investitionen berücksichtigt werden dürfen, die „notwendig" oder „erforderlich" sind oder ob eine solche Einschränkung nicht geboten ist. Im Umkehrschluss wird teils daraus gefolgert, dass jedenfalls solche Mittel Berücksichtigung finden können, die mit erkennbarem Ergebnis für das Herstellen der Datenbank erforderlich.[166] Berücksichtigt werden können ferner sowohl finanzielle als auch sonstige wirtschaftliche Mittel. Es spielt also keine Rolle, ob es sich um Materialkosten, Lizenzkosten, Lohnkosten oder Aufwendungen für Zeit, Arbeit oder Energie handelt.[167] 104

Welche Anforderungen an die „Wesentlichkeit" zu stellen sind wird in der Literatur unterschiedlich beantwortet. Nach einer Auffassung ist die Wesentlichkeit der Investition wiederum ein de-minimis Kriterium, welches Datenbanken, die einen ganz geringen Aufwand erfordern, von dem Schutz der §§ 87a ff. UrhG ausschließen soll. Solche „Allerweltsinvestitionen"[168] erfordern keinen besonderen Schutz durch das Urheberrecht. An das Merkmal der Wesentlichkeit sind nach dieser Auffassung keine besonders hohen Anforderungen zu stellen.[169] Nach der Gegenauffassung sollte das Merkmal der Wesentlichkeit nicht auf die Allerweltsinvestitionen beschränkt werden.[170] 105

In der Rechtsprechung und Literatur wurden die Voraussetzungen des § 87a Abs. 1 UrhG beispielsweise für Online-Fahrpläne,[171] Online-Kleinanzeigenmärkte[172] oder Webseiten in ihrer Gesamtheit,[173] ein Telefonbuch,[174] Gedichtsammlungen,[175] Gedichttitellisten,[176] Kataloge, Zeitungs- und Zeitschriftenarchive oder Schlagzeilensammlungen im Internet[177] bejaht. 106

1.5 Amtliche Datenbanken

Nach § 5 Abs. 2 UrhG sind amtliche Werke, die im amtlichen Interesse zur allgemeinen Kenntnisnahme veröffentlicht worden sind, grds. nicht schutzfähig. Viele amtliche Stellen halten jedoch Datenbanken in Form von Registern oder Karteien vor, so dass fraglich ist, ob die Datenbankrechte durch § 5 UrhG eingeschränkt werden können, obwohl die Datenbankrichtlinie eine solche Einschränkung nicht vorsieht.[178] Dies wird in der Literatur unterschiedlich beurteilt: teilweise wird die analoge Anwendbarkeit des § 5 UrhG auf das Leistungsschutzrecht des § 87a UrhG verneint,[179] andere 107

166 *Sendrowski* GRUR 2005, 369.

167 Erwägungsgrund (40) der Datenbankrichtlinie, ABlEG 1996 Nr. L 77/20.

168 Vgl. dazu auch Wandtke/Bullinger/*Thum* § 87a UrhG, Rn. 14 m.w.N.

169 *AG Rostock* MMR 2001, 631; Wandtke/Bullinger/*Thum* § 87a UrhG, Rn. 25; *Leistner* GRUR 1999, 819; die Wesentlichkeit der Investitionen wurde überwiegend bejaht z.B. *OLG Köln* GRUR-RR 2006, 78; *LG München I* GRUR 2006, 225 – Topografische Kartenblätter; anders *OLG Düsseldorf* MMR 1999, 729.

170 *Schack* MMR 2001, 9.

171 *LG Köln* MMR 2002, 689.

172 *LG Berlin* NJW-RR 1999, 1273.

173 Wandtke/Bullinger/*Thum* § 87a UrhG, Rn. 48; vgl. *OLG Frankfurt* MMR 2005, 705 zum Urheberrechtsschutz von Websites und HTML-Dateien.

174 *BGH* MMR 1999, 470 – Tele-Info-CD.

175 Z.B. *LG Mannheim* GRUR 2004, 196.

176 *BGH* GRUR 2007, 685 – Gedichttitelliste I.

177 *LG München I* MMR 2002, 58.

178 Vgl. *BGH* GRUR 2007, 137 – Bodenrichtwertesammlung; 1999, 923 – Tele-Info-CD.

179 Wandtke/Bullinger/*Thum* § 87a UrhG, Rn. 82 m.w.N.

gehen von der Möglichkeit der analogen Anwendung aus[180] mit der Folge, dass Werke, die die Voraussetzungen des § 5 Abs. 2 UrhG erfüllen nicht schutzfähig sind. Der BGH hat diese Frage zur Klärung dem EuGH vorgelegt.[181]

2. Rechte des Datenbankherstellers und dessen Grenzen

2.1 Begriff des Datenbankherstellers

108 Den Schutz des § 87b UrhG genießen grds. deutsche Staatsangehörige sowie juristische Personen mit Sitz im Geltungsbereich des UrhG (§ 127a UrhG). **Datenbankhersteller** ist nach § 87a Abs. 2 UrhG derjenige, der die Investition i.S.d. § 87a Abs. 1 UrhG vorgenommen hat. Als Hersteller ist also der unmittelbare „Investor" anzusehen, nicht aber diejenigen Personen, die ohne ein eigenes unmittelbares Investitionsrisiko die gesammelten Daten herstellen und/oder einer systematischen oder methodischen Ordnung zuführen. Dies kann zur Folge haben, dass bei Erfüllung der Voraussetzungen des § 4 Abs. 2 UrhG und § 87a UrhG die Urheberschaft an dem geschützten Datenbankwerk und die Herstellereigenschaft auseinanderfallen. Da unter den Begriff der Investition nicht ausschließlich finanzielle Aufwendungen, sondern auch Zeit, Arbeit und Energie fallen, wird in der Literatur zur Bestimmung der Herstellerschaft folgende Abgrenzung vorgeschlagen:[182] Führt ein Dritter die erforderlichen Tätigkeiten entgeltlich aus, so ist er mangels Übernahme des Investitionsrisikos nicht als Datenbankhersteller anzusehen. Abzugrenzen davon sind die Fälle, in denen ein Dritter etwa durch zeitlichen oder personellen Einsatz ohne eine entsprechende Vergütung oder sonstigen Ausgleich Investitionen tätigt. In solchen Fällen kann auch derjenige, der ein eigenes Investitionsrisiko trägt, als (Mit-) Hersteller angesehen werden.

2.2 Schutzdauer

109 Nach § 87d UrhG erlöschen die Rechte des Datenbankherstellers fünfzehn Jahre nach der Veröffentlichung der Datenbank, jedoch bereits fünfzehn Jahre nach der Herstellung, wenn die Datenbank innerhalb dieser Frist nicht veröffentlicht wurde.

110 Für geänderte Datenbanken enthält § 87a Abs. 1 S. 2 UrhG eine Neuheitsfiktion. Eine in ihrem wesentlichen Inhalt geänderte Datenbank gilt nach dieser Regelung als neue Datenbank, sofern die Änderung eine nach Art oder Umfang wesentliche Investition erfordert, § 87a Abs. 1 S. 2 UrhG. Handelt es sich um eine neue Datenbank, beginnt die Schutzdauer erneut zu laufen. In Art. 10 Abs. 3 der Datenbankrichtlinie werden Anhäufungen von aufeinanderfolgenden Zusätzen, Löschungen oder Veränderungen als mögliche inhaltliche Änderungen genannt. Denkbar sind aber auch Ergänzungen, Aktualisierungen oder die Aufnahme neuer Datenfelder. Eine wesentliche Neuinvestition kann sogar bereits in einer eingehenden Überprüfung der Datenbank zu sehen sein.[183] Ob eine Änderung wesentlich ist, wird für den jeweiligen Einzelfall anhand qualitativer und quantitativer Kriterien zu bestimmen sein.[184]

---

180 Möhring/Nicolini/*Decker* Vorb. §§ 87a ff. UrhG, Rn. 9.
181 *BGH* GRUR 2007, 500.
182 Wandtke/Bullinger/*Thum* § 87a UrhG, Rn. 65.
183 Erwägungsgrund (55) der Datenbankrichtlinie, ABlEG 1996, Nr. L 77/20.
184 Wandtke/Bullinger/*Thum* § 87a UrhG, Rn. 58; § 87d UrhG, Rn. 11.

Streitig ist, ob sich die Verlängerung der Schutzdauer auf die gesamte Datenbank oder nur auf die veränderten Elemente erstreckt.[185] Tendenziell dürfte erste Auffassung zu sachgerechten Ergebnissen führen, zum einen, weil Änderungen für die gesamte Datenbank von Vorteil sein können und eine Abgrenzung auf praktische Schwierigkeiten stoßen kann. **111**

2.3 Rechte des Datenbankherstellers

Die dem Datenbankhersteller zustehenden Rechte ergeben sich abschließend aus § 87b UrhG. Der Datenbankhersteller hat folgende ausschließliche Rechte: **112**

- das Recht, die Datenbank insgesamt oder einen nach Art und Umfang wesentlichen Teil der Datenbank zu vervielfältigen, zu verbreiten und öffentlich wiederzugeben,
- der Vervielfältigung, Verbreitung oder öffentlichen Wiedergabe eines nach Art und Umfang wesentlichen Teils der Datenbank steht die wiederholte und systematische Vervielfältigung, Verbreitung und öffentliche Wiedergabe von nach Art und Umfang unwesentlichen Teilen der Datenbank gleich, sofern diese Handlungen einer normalen Auswertung der Datenbank zuwiderlaufen oder die berechtigten Interessen des Datenbankherstellers unzumutbar beeinträchtigen.

2.3.1 Schutzrechtsgegenstand

Gegenstand der ausschließlichen Rechte des Datenbankherstellers ist die gesamte Datenbank oder ein wesentlicher Teil der Datenbank. Die Verwendung von unwesentlichen Teilen ist gemeinfrei und mithin jedem Dritten erlaubt.[186] Dies dient dem Schutz vor der Monopolisierung von Informationen. **113**

Die Prüfung, ob ein wesentlicher Teil der Datenbank betroffen ist, kann wegen der zahlreichen Arten und Formen von Datenbanken nur aufgrund der Umstände des Einzelfalls erfolgen. Rechtsprechung und Literatur haben zur Konkretisierung dieses Begriffs unterschiedliche Kriterien aufgestellt. **114**

Bereits aus den Erwägungsgründen zur Datenbankrichtlinie ergibt sich, dass nicht nur die Herstellung eines parasitären Konkurrenzprodukts eine Verletzungshandlung darstellen kann, sondern Schutz vor Handlungen gewährt wird, die einen qualitativ oder quantitativ erheblichen Schaden für die Investition verursachen.[187] Daraus schließt der EuGH, dass bei der Beurteilung, ob in qualitativer und quantitativer Hinsicht ein wesentlicher Teil der Datenbank betroffen ist, auf die mit der Erstellung der Datenbank verbundenen Investitionen und auf die Beeinträchtigung dieser Investition durch die diesen Teil betreffende Verletzungshandlung abzustellen ist.[188] In quantitativer Hinsicht ist nach der Rechtsprechung des EuGH maßgebend, in welchem Verhältnis das entnommene Datenvolumen zu dem Volumen der gesamten Datenbank steht.[188] Zur Beurteilung, ob ein qualitativ wesentlicher Teil betroffen ist, muss geprüft werden, ob im Zusammenhang mit der Beschaffung, Darstellung und Überprüfung der Datenbank eine wesentliche Investition erforderlich ist. Dies ist unabhängig davon, ob der Gegenstand einen quantitativen wesentlichen Teil des allgemeinen **115**

---

185 Wiebe/Leupold/*Leistner* Teil II B Rn. 40; Wandtke/Bullinger/*Thum* § 87a UrhG, Rn. 60.
186 *Raue/Bensinger* MMR 1998, 507.
187 Erwägungsgrund (42) der Datenbankrichtlinie, ABlEG 1996 Nr. L 77/20.
188 *EuGH* GRUR 2005, 244 – BHB-Pferdewetten.

Inhalts der geschützten Datenbank darstellt.[189] Der BGH scheint diese Grundsätze des EuGH ebenfalls zu teilen.[190]

116 Die Bestimmung der Wesentlichkeit in quantitativer Hinsicht ausschließlich anhand des Gesamtvolumens der Datenbank, wird in der Literatur kritisiert.[191] Begründet wird dies damit, dass kleine Teile unwesentlich sind, je größer das Gesamtvolumen der Datenbank ist. Damit könne dieses Kriterium zwar bei großen Datenbanken greifen, verfehle seinen Zweck aber bei kleinen Datenbanken, die nur eben die Grenze der wesentlichen Investition überschreiten.[192] Es müsse vielmehr darauf ankommen, ob auch ein kleines Element eine entsprechende qualitative Bedeutung für das Datenbankwerk hat.[193]

117 Jedenfalls liegt ein wesentlicher Teil der Datenbank vor, wenn mindestens 50 % des Datenbankinhalts benutzt werden.[194] Weitere Faktoren für die Beurteilung der Wesentlichkeit – die sich immer am jeweiligen Einzelfall zu orientieren hat – sind etwa der wirtschaftliche Wert des entnommenen Teils bemessen an den Kosten seiner Beschaffung,[195] dessen Bedeutung im Hinblick auf die Qualität der Datenbank[195] und dessen Bedeutung für den Nutzer[196] sowie die Art der Nutzung.[196] Der EuGH hat sich den Kriterien, die auf den wirtschaftlichen Wert der Daten sowie dem Vergleich der Qualität des entnommenen Elements zu der gesamten Datenbank abstellen, nicht angeschlossen.[189]

118 § 87b Abs. 1 S. 2 UrhG enthält einen Schutz vor der **Umgehung der Verbotsrechte**. Ohne diese Vorschrift bestünde die Gefahr, dass ein Dritter ungehindert wiederholt unwesentliche Teile der Datenbank entnimmt. Daher ist auch die wiederholte und systematische Vervielfältigung, Verbreitung oder öffentliche Wiedergabe von unwesentlichen Teilen der Datenbank unrechtmäßig, wenn diese Handlungen einer normalen Auswertung der Datenbank zuwiderlaufen oder die berechtigten Interessen des Datenbankinhabers unzumutbar beeinträchtigt werden.

119 Die Handlungen müssen wiederholt **und** systematisch ausgeführt werden; es bedarf also einer Kumulation.[189] Wiederholte und systematische Handlungen verlangen ein planmäßiges, gezieltes, sachlogisches Vorgehen.[197] Als Nachweise können eine enge zeitliche Beziehung oder die inhaltliche Ergänzbarkeit der einzelnen entnommenen Elemente angesehen werden.[198]

120 Es ist wiederum eine Frage des Einzelfalls, wann Handlungen einer normalen Auswertung der Datenbank zuwiderlaufen oder die Berechtigten Interessen unzumutbar beeinträchtigen. Grds. gilt, dass ein konkreter Schaden nicht nachgewiesen sein muss; die Gefahr des Schadenseintritts ist ausreichend.[199] Jedenfalls ist eine normale Auswertung überschritten, wenn dadurch ein Konkurrenzprodukt erstellt werden soll,

---

189 *EuGH* GRUR 2005, 244 – BHB-Pferdewetten.
190 *BGH* GRUR 2005, 857 – HIT BILANZ.
191 Wandtke/Bullinger/*Thum* § 87b UrhG, Rn. 12 m.w.N.
192 *Sendrowski* GRUR 2005, 369.
193 *Raue/Bensinger* MMR 1998, 507; *Sendrowski* GRUR 2005, 369.
194 *Raue/Bensinger* MMR 1998, 507; Wandtke/Bullinger/*Thum* § 87b UrhG, Rn. 10.
195 *Haberstumpf* GRUR 2003, 14.
196 Wandtke/Bullinger/*Thum* § 87b UrhG, Rn. 10.
197 *Leistner* GRURInt 1999, 819; Wandtke/Bullinger/*Thum* § 87b UrhG, Rn. 19.
198 *Leistner* GRURInt 1999, 819.
199 Wandtke/Bullinger/*Thum* § 87b UrhG, Rn. 21.

welches zu wirtschaftlichen Einbußen führen kann.[200] Dies gilt auch dann, wenn ein Markt bedient wird, der von der ursprünglichen Datenbank nicht in Anspruch genommen wurde, da es dem Hersteller vorbehalten bleiben soll, auch an einer neuen Auswertung seiner Datenbank zu partizipieren.[201] Eine Beeinträchtigung liegt hingegen nicht vor, wenn lediglich „splitterhafte Kleinbestandteile" den Nutzern angezeigt werden, um den Inhalt eines Artikels anzudeuten.[202] Streitig ist, ob ein Indiz auch die Ersparnis des Abschlusses eines Lizenzvertrages sein kann.[203] Dagegen wird eingewendet, das Erfordernis des Abschlusses eines Lizenzvertrages sei allein die Rechtsfolge der Beeinträchtigung der Herstellerinteressen und lasse sich nicht zur Prüfung des Vorliegens einer Beeinträchtigung heranziehen.[204]

Nach § 87b Abs. 2 UrhG sind §§ 17 Abs. 2 und 27 Abs. 2, 3 UrhG entsprechend anzu- **121**
wenden.

§ 17 Abs. 2 UrhG enthält eine Regelung zur europaweiten **Erschöpfung** des Urheber- **122**
rechts. Nach § 17 Abs. 2 UrhG ist die Weiterverbreitung mit Ausnahme der Vermietung zulässig, wenn das geschützte Original oder Vervielfältigungsstücke mit Zustimmung des zur Verbreitung Berechtigten im Gebiet der EU oder eines anderen Vertragsstaates des EWR im Wege der Veräußerung in Verkehr gebracht worden sind. Die Erschöpfung bezieht sich nur auf das Verbreitungsrecht des Datenbankherstellers, nicht aber auf das Recht zur Vervielfältigung der Daten.[205] Für den Fall der Online-Datenbanken, die in den Dienstleistungsbereich fallen, spielt die Erschöpfung ebenfalls keine Rolle. Dies gilt auch in Bezug auf ein physisches Vervielfältigungsstück einer solchen Datenbank, das vom Nutzer der betreffenden Dienstleistung mit Zustimmung des Rechtsinhabers hergestellt wurde.[206] Anders als im Fall der CD-ROM, bei denen das geistige Eigentum an ein physisches Trägermedium, d.h. an eine Ware gebunden ist, stellt nämlich jede Online-Leistung eine Handlung dar, die, sofern das Urheberrecht dies vorsieht, genehmigungspflichtig ist.[206] Körperliche Vervielfältigungsstücke, die im Rahmen des Online-Vertriebs erworben wurden, unterliegen dementsprechend nicht der Erschöpfung. Von der Wirkung der Erschöpfung wird auch die Vermietung nicht erfasst.

2.3.2 Die Rechte des Datenbankherstellers und dessen Grenzen

Nach § 87b UrhG hat der Datenbankhersteller das ausschließliche Recht, die Daten- **123**
bank oder einen wesentlichen Teil zu vervielfältigen, zu verbreiten und öffentlich wiederzugeben.

Grds. gilt, dass bereits die Übernahme des Inhalts einer Datenbank zur Verwirkli- **124**
chung einer der in § 87b UrhG genannten Handlungen ausreichend ist, die Datenbank muss nicht in ihrer systematischen oder methodischen Anordnung übernommen werden.[207] Auch eine andersartige Anordnung der entnommenen Daten hat nicht zur

200 *Leistner* GRURInt 1999, 819.
201 Erwägungsgrund (47) der Datenbankrichtlinie, ABlEG 1996 Nr. L 77/20.
202 *BGH* MMR 2003, 719 – Paperboy.
203 So *Leistner* GRURInt 1999, 819.
204 Wandtke/Bullinger/*Thum* § 87b UrhG, Rn. 21.
205 *BGH* GRUR 2005, 940; *EuGH* GRUR 2005, 244 – BHB-Pferdewetten; *BGH* NJW 2000, 3783 – Parfum-Flakon.
206 Erwägungsgrund (33) der Datenbankrichtlinie, ABlEG 1996 Nr. L 77/20.
207 *EuGH* GRUR 2005, 244 – BHB-Pferdewetten.

Folge, dass die Elemente die Eigenschaft als wesentlicher Teil der Datenbank verlieren.[208] Ein direkter Zugang zu der Datenbank wird nicht vorausgesetzt.[209]

125 Der Begriff des **Vervielfältigens** ist wie in § 16 UrhG zu verstehen. Ergänzend dazu ist auch der in der Datenbankrichtlinie genannte Begriff der „Entnahme" heranzuziehen. Der in der Datenbankrichtlinie verwendete Begriff der „Entnahme" wird dahingehend ausgelegt, dass er sich auf jede Handlung bezieht, die darin besteht, sich ohne Zustimmung der Person, die die Datenbank erstellt hat, die Ergebnisse ihrer Investition anzueignen oder sie öffentlich verfügbar zu machen und ihr damit die Einkünfte zu entziehen, die es ihr ermöglichen sollen, die Kosten dieser Investition zu amortisieren.[210] Hinsichtlich des **Verbreitungsrechts** ist § 17 Abs. 1 UrhG maßgebend. Das Verbreitungsrecht ist danach das Recht, das Original oder Vervielfältigungsstücke des Werkes der Öffentlichkeit anzubieten oder in Verkehr zu bringen.

126 Nach herrschender Auffassung ist aber von dem Verbreitungsrecht des § 87b UrhG das Verleihrecht ausgenommen.[211] Art. 7 Abs. 2b der Datenbankrichtlinie sieht in dem öffentlichen Verleih keine Entnahme oder Weiterverwendung. § 87b UrhG muss also richtlinienkonform dahingehend ausgelegt werden, dass auch hier das Verleihrecht nicht als Verbreitung angesehen werden kann. Für das Verleihrecht sieht § 87b Abs. 2 UrhG über den Verweis auf § 27 Abs. 2, 3 UrhG einen Vergütungsanspruch vor. Dies wird teilweise als nicht richtlinienkonform angesehen mit der Folge, dass § 27 UrhG keine Anwendung finden soll.[212]

127 Schließlich hat der Datenbankhersteller auch das **Recht der öffentlichen Wiedergabe**, § 15 Abs. 2 UrhG. Dies umfasst das Vortrags-, Aufführungs-, und Vorführungsrecht (§ 19 UrhG), das Recht der öffentlichen Zugänglichmachung (§ 19a UrhG), das Senderecht (§ 20 UrhG), das Recht der Wiedergabe durch Bild- und Tonträger (§ 21 UrhG), das Recht der Wiedergabe von Funksendungen und von öffentlicher Zugänglichmachung (§ 22 UrhG).

128 Die Grenzen der Rechte des Datenbankherstellers sind in § 87c UrhG abschließend geregelt. In richtlinienkonformer Auslegung des § 87c UrhG sind nach ganz überwiegende Meinung diese Grenzen nur bei **veröffentlichten Datenbanken** zu berücksichtigen.[213] Art. 9 der Datenbankrichtlinie spricht insoweit von einer „der Öffentlichkeit (…) zur Verfügung gestellten Datenbank". In Art. 9 der Datenbankrichtlinie findet auch lediglich der „rechtmäßige Benutzer" Erwähnung, was dazu führt, dass mangels einer ausdrücklichen Erwähnung in § 87c UrhG streitig ist, ob sich nur der rechtmäßige Benutzer vom Anwendungsbereich des § 87c UrhG erfasst ist. Nach überwiegender Auffassung ist § 87c UrhG so zu verstehen, dass die Grenzen grds. zugunsten jedes Benutzers eingreifen sollen.[214]

---

208 *BGH* GRUR 2005, 857 – HIT BILANZ.
209 *EuGH* GRUR 2005, 244 – BHB-Pferdewetten.
210 *BGH* GRUR 2005, 940 – Marktstudien; 2005, 857 – HIT BILANZ.
211 Wandtke/Bullinger/*Thum* § 87b UrhG, Rn. 42.
212 Wandtke/Bullinger/*Thum* § 87b UrhG, Rn. 45.
213 Wandtke/Bullinger/*Thum* § 87c UrhG, Rn. 5 m.w.N.
214 Z.B. Wiebe/Leupold/*Leistner* Teil II B Rn. 100; *Raue/Bensinger* MMR 1998, 507; Wandtke/Bullinger/*Thum* § 87c UrhG, Rn. 11.

Die Vervielfältigung eines nach Art oder Umfang wesentlichen Teils der Datenbank ist nach § 87c Abs. 1 UrhG zulässig: **129**

- zum privaten Gebrauch; dies gilt aber nur für analoge und nicht für elektronische Datenbanken,
- zum eigenen wissenschaftlichen Gebrauch, wenn die Vervielfältigung für den wissenschaftlichen Zweck geboten ist und der wissenschaftliche Gebrauch nicht zu gewerblichen Zwecken erfolgt,
- für die Benutzung zur Veranschaulichung des Unterrichts zu nicht-gewerblichen Zwecken.

In den beiden letztgenannten Fällen ist eine deutliche Quellenangabe erforderlich, § 87c Abs. 1 S. 2 UrhG. Die Vervielfältigung, Verbreitung und öffentliche Wiedergabe ist außerdem zulässig zur Verwendung in Verfahren vor einem Gericht, einem Schiedsgericht oder einer Behörde sowie für Zwecke der öffentlichen Sicherheit (§ 87c Abs. 2 UrhG).

Eine Einschränkung bezüglich vertraglicher Vereinbarungen über die Benutzung einer Datenbank enthält § 87e UrhG. Eine **Vereinbarung**, durch die gegenüber dem Datenbankhersteller die Verpflichtung übernommen wird, die Vervielfältigung, Verbreitung und öffentliche Wiedergabe von nach Art und Umfang **unwesentlichen** Teilen der Datenbank zu unterlassen ist insoweit unwirksam, als diese Handlungen weder einer normalen Auswertung der Datenbank zuwiderlaufen noch die berechtigten Interessen des Datenbankherstellers unzumutbar beeinträchtigen. Dies betrifft Vereinbarungen mit **rechtmäßigen** Benutzern: **130**

- dem Eigentümer eines mit Zustimmung des Datenbankherstellers durch Veräußerung und Verkehr gebrachten Vervielfältigungsstücks der Datenbank,
- mit demjenigen, der in sonstiger Weise zum Gebrauch des Vervielfältigungsstücks Berechtigte,
- oder mit demjenigen, dem eine Datenbank aufgrund eines mit dem Datenbankhersteller oder eines mit dessen mit einem Dritten geschlossenen Vertrags zugänglich gemacht wird.

II. Datenbankwerke

Über § 4 Abs. 2 UrhG kann auch **Datenbankwerken** ein urheberrechtlicher Schutz zukommen. Schutzrechtsgegenstand an einem Datenbankwerk – als einem Unterfall des Sammelwerks – ist die Struktur der Datenbank.[215] Diese Struktur verkörpert ein von den einzelnen Elementen **unabhängiges** Werk. **131**

Datenbankwerke sind Sammelwerke, dessen Elemente systematisch oder methodisch angeordnet und einzeln mit Hilfe elektronischer Mittel oder auf andere Weise zugänglich sind, § 4 Abs. 2 S. 1 UrhG. Sammelwerke sind gem. § 4 Abs. 1 UrhG Sammlungen von Werken, Daten oder anderen unabhängigen Elementen, die aufgrund der Auswahl der Elemente eine persönliche geistige Schöpfung darstellen. Datenbankwerke i.S.d. § 4 Abs. 2 UrhG unterschieden sich von den Datenbanken des § 87a Abs. 1 UrhG dadurch, dass ihnen ein urheberrechtlicher Schutz nur zukommt, wenn die Auswahl der Elemente auf einer geistigen Schöpfung beruht. **132**

---

215 *BGH* GRUR 2007, 685 – Gedichttitelliste I.

133 Das **Merkmal der persönlichen geistigen Schöpfung** i.S.d. § 4 Abs. 2 UrhG ist mit Blick auf die Datenbankrichtlinie zu bestimmen.[216] Danach ist ausreichend, dass die Auswahl oder Anordnung des Inhaltes eine eigene geistige Schöpfung des Urhebers ist. Unter dem Begriff „Auswahl" ist dabei der Vorgang des Sammelns und Aufnehmens und unter dem Begriff der „Anordnung" die Einteilung und Präsentation zu verstehen.[217] Auf andere Kriterien, z.B. die Qualität oder den ästhetischen Wert der Datenbank kommt es nicht an.[216] Insbesondere ist keine bestimmte Gestaltungshöhe erforderlich; ein „bescheidenes Maß an geistiger Leistung" wird als ausreichend angesehen.[216] Dazu genügt es, dass die Sammlung in ihrer Struktur, die durch die Auswahl oder Anordnung des Inhalts der Datenbank getroffen wurde, einen individuellen Charakter aufweist.[218]

134 Eine Einschränkung enthält § 4 Abs. 2 S. 2 UrhG dahingehend, dass ein zur Schaffung des Datenbankwerkes oder zur Ermöglichung des Zugangs zu dessen Elementen verwendetes Computerprogramm (§ 69a UrhG) nicht Bestandteil des Datenbankwerkes ist.

135 Urheber des Datenbankwerkes ist nach § 7 UrhG der Schöpfer. Diesem stehen die Urheberpersönlichkeitsrechte der §§ 11 ff. UrhG sowie die in den §§ 15 ff. UrhG genannten Verwertungsrechte und sonstigen Rechte zu. Schranken des Urheberrechts enthalten die §§ 44a ff. UrhG. Für Datenbankwerke sind in § 55a UrhG Mindestrechte zugunsten rechtmäßiger Benutzer vorgesehen.

---

216 *BGH* GRUR 2007, 685 – Gedichttitelliste I.

217 *LG Köln* MMR 2006, 52.

218 *BGH* GRUR 2007, 685 – Gedichttitelliste I; *OLG Frankfurt* GRUR-RR 2005, 299 verneint das Vorliegen der erforderlichen Schöpfungshöhe bei der Umschreibung einer Word-Datei in eine HTML-Datei, da Abfragesystemen, die aus Zweckmäßigkeitserwägungen zusammengestellt wurden, die Individualität fehle; dies gelte auch für die Anwendung herkömmlicher Suchstrategien.

30. Kapitel IT-Immaterialgüterrecht, Kennzeichen- und Domainrecht

Literatur: *Bartenbach* Patentlizenz und Know-how-Vertrag, 7. Aufl. 2013; *Beier* Recht der Domainnamen, 2004; *Benkard (Hrsg.)* Patentgesetz/Gebrauchsmustergesetz, 11. Aufl. 2016; *Bettinger* Die WIPO – Vorschläge zum Schutz von Marken und anderen Zeichenrechten im Internet, WRP 2001, 789; *Bettinger/Thum* Territoriales Markenrecht im Global Village – Überlegungen zu internationaler Tatortzuständigkeit, Kollisionsrecht und materiellem Recht bei Kennzeichenkonflikten im Internet, GRURInt 1999, 659; *Boecker* Der Löschungsanspruch in der registerkennzeichenrechtlich motivierten Domainstreitigkeit, GRUR 2007, 370; *Busse/Keukenschrijver* Patentgesetz, 8. Aufl. 2016; *Deutsch/Ellerbrock* Titelschutz – Werktitel und Domainnamen, 2. Aufl. 2004; *Eichmann/von Falckenstein/Kühne* Designgesetz, 5. Aufl. 2015; *Eisenführ/Schennen* Unionsmarkenverordnung, 5. Aufl. 2017; *Ernst/Seichter* Die Verwertung von Domains durch Partnerprogramme und Domain-Parking, WRP 2006, 810; *Fammler* Bekanntheitsschutz bei Produktähnlichkeit, MarkenR 2004, 89; *Fezer* Markenrecht, 4. Aufl. 2009; *Ingerl/Rohnke* Markengesetz, 3. Aufl. 2010; *Kaufmann* Metatagging – Markenrecht oder reformiertes UWG?, MMR 2005, 348; *Kieser/Kleinemenke* Neues zur Affiliate-Werbung: Die Haftung des Affiliate für (Schutz-)Rechtsverletzungen des Advertisers, WRP 2012, 543; *Lange* Marken- und Kennzeichenrecht, 2. Aufl. 2012; *Loewenheim* Handbuch des Urheberrechts, 2. Aufl. 2010; *Mietzel* Die ersten 200 ADR-Entscheidungen zu .eu-Domains, MMR 2007, 282; *Nordemann/Rüberg/Schäfer* 3D-Druck als Herausforderung für die Immaterialgüterrechte, NJW 2015, 1265; *Omsels* Die Kennzeichenrechte im Internet, GRUR 1997, 328; *Piper* Der Schutz der bekannten Marken, GRUR 1996, 429; *Pothmann/Guhn* Erste Analyse der Rechtsprechung zu eu-Domains in ADR-Verfahren, K&R 2007, 69; *Rössel* Der Dispute-Eintrag – Eine kritische Verfahrensbetrachtung, CR 2007, 376; *Sack* Die Erschöpfung von gewerblichen Schutzrechten und Urheberrechten nach deutschem Recht, WRP 1999, 1088; *Scherer* Einschränkung der Verantwortlichkeit des Werbenden für Marken- und Wettbewerbsrechtsverletzungen im Internet, WRP 2016, 941; *Schricker/Bastian/Knaak (Hrsg.)* Gemeinschaftsmarke und Recht der EU-Mitgliedstaaten, 2006; *Schricker/Loewenheim* Urheberrecht, 5. Aufl. 2017; *von Schultz (Hrsg.)* Markenrecht, 3. Aufl. 2012; *Singer/Stauder (Hrsg.)* Europäisches Patentübereinkommen: EPÜ, 7. Aufl. 2016; *Spieker* „Haftungsrechtliche Aspekte für Unternehmen und ihre Internet-Werbepartner („Affiliates"), GRUR 2006, 903; *Starck* Markenschutz Bemerkungen zum Schutz gegen Rufausnutzung und Rufbeeinträchtigung, MarkenR 2000, 73; *Ströbele/Hacker* Markengesetz, 11. Aufl. 2015; *Ullmann* Wer sucht, der findet – Kennzeichenverletzung im Internet, GRUR 2007, 633.

A. Einführung

Die Bezeichnung **Immaterialgüterrechte** ist ein Sammelbegriff. Er umfasst die **gewerblichen Schutzrechte** und das **Urheberrecht**. Die Immaterialgüterrechte haben im nationalen und internationalen Wirtschaftsverkehr stetig an Bedeutung gewonnen und sind heute in fast allen Branchen von überragender Wichtigkeit. Dies gilt auch für den Bereich der Informationstechnologie und der (neuen) Medien. Das Urheberrecht sowie das mit den gewerblichen Schutzrechten z.T. eng verbundene Wettbewerbsrecht 1 werden an anderer Stelle in diesem Werk behandelt,[1] so dass sich das nachfolgende Kap. auf die gewerblichen Schutzrechte beschränkt. In diesem Rahmen werden zunächst die Grundzüge des Gewerblichen Rechtsschutzes und die einzelnen gewerblichen Schutzrechte sowie ihr Bezugspunkt zum Bereich der Informationstechnologie und der Medien dargestellt. Eine besondere Herausforderung an die gewerblichen Schutzrechte und ihre Durchsetzung stellt hier das Internet dar, das sich aus dem Nichts zu einem weltweit erreichbaren, grenzenlosen „Ort" wirtschaftlicher und nichtwirtschaftlicher Betätigung entwickelt hat. Im Zusammenhang mit dem Internet sind Kennzeichen die mit Abstand wichtigsten gewerblichen Schutzrechte. Daher erfolgt eine eingehendere Behandlung der diesbezüglichen rechtlichen Grundlagen, bevor in der Praxis wichtige, internetspezifische Probleme des Kennzeichenrechts aufgegriffen und der kennzeichenrechtliche Spezialbereich des Domainrechts behandelt werden.

B. Gewerblicher Rechtsschutz

I. Begriff

2 Das Rechtsgebiet, das sich mit den gewerblichen Schutzrechten befasst, wird „Gewerblicher Rechtsschutz" genannt. Dieser Begriff ist gesetzlich nicht definiert, sondern wurde durch die Rechtslehre entwickelt.[2] Sämtliche gewerblichen Schutzrechte gewähren einen **Sonderrechtsschutz**. Ihr Zweck ist der Schutz gewerblicher geistiger Leistungen bzw. Leistungsergebnisse gegen eine Benutzung durch Dritte. Trotz dieses gemeinsamen Schutzzwecks handelt es sich bei jedem der gewerblichen Schutzrechte und den ihnen zugrunde liegenden gesetzlichen Regelungen um jeweils eigenständige, in sich geschlossene Teilrechtsgebiete. Ebenso wenig existiert ein gesetzlich geregelter „Allgemeiner Teil" des Gewerblichen Rechtsschutzes, der für alle Schutzrechte Geltung beansprucht. Aufgrund des gemeinsamen Schutzzwecks bestehen aber zahlreiche Gemeinsamkeiten zwischen den einzelnen Schutzrechten.

3 Die gewerblichen Schutzrechte können unterteilt werden in **technische und nichttechnische Schutzrechte**:

- technische Schutzrechte sind das Patent, das Gebrauchsmuster sowie sog. Halbleitertopographien.
- nicht-technische Schutzrechte sind Kennzeichen, Designs/Geschmacksmuster und geschützte Pflanzensorten.[3]

4 Alle diese Schutzrechte haben eine unmittelbare gesetzliche Grundlage in einem nationalen Gesetz oder in einer in den EU-Mitgliedsstaaten unmittelbar wirkenden gemeinschaftsrechtlichen Verordnung. Zu beachten ist, dass ein Numerus Clausus der gewerblichen Schutzrechte besteht. Ein Sonderrechtsschutz für gewerbliche geistige

1 24. Kap.: Urheberrecht und Leistungsschutzrechte, 27. Kap.: Urheberrecht und Software, 12. Kap.: Wettbewerbsrecht und Medien.

2 Das Grundgesetz nimmt allerdings auf den Begriff ausdrücklich Bezug, vgl. Art. 70, 71 und 73 Nr. 9 GG sowie Art. 96 Abs. 1 GG.

3 Zum Schutz von Pflanzensorten nach dem SortenschutzG erfolgen hier keine weitergehenden Ausführungen, da insoweit keine Berührungspunkte zum Medien- und IT-Bereich ersichtlich sind.

Leistungen bzw. Leistungsergebnisse wird daher ausschließlich durch die gesetzlich anerkannten gewerblichen Schutzrechtspositionen gewährt.

Das ebenfalls unter den Sammelbegriff der Immaterialgüterrechte zu subsumierende **Urheberrecht** ist von den gewerblichen Schutzrechten abzugrenzen. Es unterscheidet sich von ihnen sowohl hinsichtlich seines Zwecks als auch durch seinen Schutzgegenstand. Bei den gewerblichen Schutzrechten ist die gewerbliche Anwendbarkeit von wesentlicher Bedeutung, während das Urheberrecht eine starke persönlichkeitsrechtliche Komponente aufweist (vgl. §§ 12 ff. UrhG).[4] Allerdings schützt auch das Urheberrecht letztlich das Ergebnis einer individuellen Leistung und ist der Schutz der gewerblichen Interessen des Urhebers wesentlicher Schutzgegenstand (vgl. die Verwertungsrechte gem. §§ 15 ff. UrhG). Dogmatisch sind daher die gewerblichen Schutzrechte und das Urheberrecht zwar zu trennen, jedoch können sie aufgrund ihrer unzweifelhaften Nähe zueinander als „verwandte Rechte" bezeichnet werden.[5] 5

II. Die gewerblichen Schutzrechte

1. Allgemeine Grundlagen

Bereits aus dem Oberbegriff der Immaterialgüterrechte ist herzuleiten, dass durch die gewerblichen Schutzrechte nur **immaterielle** (schöpferische, geistige) **Rechte**, nicht die körperlichen Sachen, in denen sich diese Rechte verwirklichen können, geschützt sind. Somit ist insbesondere streng zu trennen zwischen dem Schutz des sachenrechtlichen Eigentums an einem Gegenstand und dem Schutz des in der Sache verkörperten geistigen Eigentums. Allein letzterer wird durch die gewerblichen Schutzrechte gewährleistet. Gewerbliche Schutzrechte sind aber gleichwohl verkehrsfähige Güter, die übertragen und an denen Nutzungsrechte (Lizenzen) eingeräumt werden können (vgl. z.B. § 27, § 30 MarkenG, § 15 PatG). 6

Allen gewerblichen Schutzrechten gemeinsam ist der **Grundsatz der Priorität** als Ordnungsprinzip.[6] Aus dem Prioritätsgrundsatz folgt, dass bei einer Rechtskollision demjenigen Recht der Vorrang zu gewähren ist, welches einen früheren Zeitrang beanspruchen kann. 7

Die meisten der gewerblichen Schutzrechte sind **Formalrechte**. Zur Schutzgewährung sind für diese Rechte die Durchführung eines formellen Verfahrens sowie die Eintragung des Rechts in ein Register vorgeschrieben. Formalrechte sind z.B. Patente, eingetragene Designs und eingetragene Marken. Der Vorteil solcher Formalrechte liegt darin, dass bei ihrer Registrierung sowohl der genaue Prioritätszeitpunkt festgelegt wird, als auch ein Schutzrechtsinhaber in das Register eingetragen ist. Teilweise erfolgt im Rahmen des Eintragungsverfahrens auch eine Prüfung darauf, ob die materiellen Schutzvoraussetzungen für das angestrebte Schutzrecht gegeben sind (so bei Patenten und eingetragenen Marken). Einige gewerbliche Schutzrechte können aber **ohne formelles Verfahren** entstehen. So besteht kennzeichenrechtlicher Schutz für Unternehmenskennzeichen (z.B. Firmennamen) oder Werktitel (z.B. Zeitschriften- 8

4 Vgl. hierzu z.B. *Schricker/Loewenheim* Einl. Rn. 45 ff.; *Loewenheim/Vogel/Götting* § 3 Rn. 12 ff., jeweils m.w.N.
5 Loewenheim/*Götting/Loewenheim* § 3 Rn. 12.; vgl. hierzu auch 26. Kap. Rn. 32 ff.
6 Vgl. zum Patentrecht *Benkard/Ullmann* Einl. Rn. 80; zum Markenrecht *Ströbele/Hacker* § 6 Rn. 1 ff.

oder Buchtitel) formlos durch eine Benutzung des entsprechenden Unternehmenskennzeichens bzw. Werktitels.

9 Die gesetzlichen Regelungen zu gewerblichen Schutzrechten sind z.T. als öffentlich-rechtlich zu qualifizieren (z.B. Anmeldeverfahren bei Formalrechten, Strafnormen). I.Ü. sind die Gesetzesvorschriften des Gewerblichen Rechtsschutzes ihrer Rechtsnatur nach **Sonderprivatrecht**. Ihnen gegenüber sind die allgemeinen Vorschriften des Bürgerlichen Rechts grds. nachrangig.[7]

2. Patente

10 Das Patent ist das zentrale Schutzrecht für technische Entwicklungen. Patentschutz wird für **Erfindungen** gewährt. Diese müssen neu sein, auf erfinderischer Tätigkeit beruhen und gewerblich anwendbar sein (vgl. § 1 Abs. 1 PatG, Art. 52 Abs. 1 EPÜ). An einer gesetzlichen Definition des Begriffs Erfindung fehlt es. Auch in der Praxis ist es bislang nicht gelungen, eine abschließende Definition zu finden.[8] Nach der grundlegenden Definition der Rechtsprechung kann unter einer Erfindung eine technische Lehre zum planmäßigen Handeln unter Einsatz beherrschbarer Naturkräfte zur Erreichung eines kausal übersehbaren Erfolges verstanden werden.[9] Die nationalen Rechtsvorschriften zum Patent finden sich im PatG. Die Erteilung eines Patents setzt die Einreichung einer ordnungsgemäßen Patentanmeldung (vgl. §§ 34 ff. PatG) und den erfolgreichen Abschluss eines materiellen Prüfungsverfahrens (vgl. §§ 42 ff. PatG) voraus. Der Patentschutz ist zeitlich begrenzt und beträgt maximal 20 Jahre ab Schutzrechtsanmeldung (vgl. § 16 PatG).[10]

11 Nach dem Europäischen Patentübereinkommen (EPÜ) kann auch ein sog. Bündelpatent für die Mitgliedsstaaten des EPÜ angemeldet werden. Nachdem die Einführung eines EU-Gemeinschaftspatents zunächst gescheitert war, wurden im Jahr 2012 durch zwei EU-Verordnungen[11] sowie ein internationales Übereinkommen[12] die Grundlagen für ein Europäisches Patent mit einheitlicher Wirkung (Einheitspatent) geschaffen.[13] Hierbei handelt es sich um ein nach dem EPÜ angemeldetes Patent, das in denjenigen EU-Mitgliedstaaten, die sich am Einheitspatent beteiligen, eine einheitliche Wirkung hat. Das Einheitspatent wird in Kraft gesetzt, sobald 13 Staaten das zugrunde liegende internationale Übereinkommen ratifiziert haben.[14] Eine internationale Erstreckung

---

7 Vgl. z.B. *Ingerl/Rohnke* Einl. Rn. 1 ff.; vgl. *Benkard/Bacher/Melullis* § 1 PatG Rn. 2 ff.

8 Vgl. hierzu *Benkard/Bacher/Melullis* § 1 Rn. 42 m.w.N.

9 *BGH* GRUR 1969, 672 – Rote Taube; 1986, 531 – Flugkostenminimierung; vgl. auch *Busse/Keukenschrijver* § 1 Rn. 6 ff.

10 Eine zeitliche Ausdehnung ist über die sog. ergänzenden Schutzzertifikate möglich, vgl. § 16a PatG.

11 Nr. 1257/2012 v. 17.12.2012 über die Umsetzung der verstärkten Zusammenarbeit im Bereich der Schaffung eines einheitlichen Patentschutzes (EPVO), ABlEU Nr. L 361/1 v. 31.12.2012; Nr. 1260/2012 v. 17.12.2012 über die Umsetzung der verstärkten Zusammenarbeit im Bereich der Schaffung eines einheitlichen Patentschutzes im Hinblick auf die anzuwendenden Übersetzungsregelungen (EPSVO), ABlEU Nr. L 361/89 v. 31.12.2012.

12 Übereinkommen über ein Einheitliches Patentgericht (EPGÜ), 2013/C 175/01, ABlEU Nr. C 175/1 v. 20.6.2013.

13 Zu EPÜ, PCT und Einheitspatent vgl. z.B. *Singer/Stauder* Europäisches Patentübereinkommen; *Tilmann* GRUR 2015, 527; *Vissel/Ackermann* GRUR 2016, 641; vgl. zur Schaffung eines einheitlichen Patentgerichtssystems *EuGH* GRURInt 2011, 309.

14 Vgl. Art. 89 EPGÜ, unter diesen Staaten müssen Deutschland, Frankreich und das Vereinigte Königreich sein, vgl. auch *Haedicke* GRURInt 2013, 609.

von Patentrechten ist überdies nach dem Patentzusammenarbeitsvertrag (PCT) in Bezug auf die dortigen Mitgliedsstaaten möglich.

12 Im Bereich der Informationstechnologie ist der **Patentierungsausschluss** gem. § 1 Abs. 3 Nr. 3 PatG von besonderer Bedeutung.[15] Dort ist bestimmt, dass **„Programme für Datenverarbeitungsanlagen"** nicht als Erfindung angesehen werden. § 1 Abs. 4 PatG relativiert diesen Ausschließungsgrund jedoch. Er normiert, dass eine Patentfähigkeit nur insoweit nicht gegeben ist, als für diese Programme „**als solche** Schutz begehrt wird". Die Patentfähigkeit von Software ist seit langem in Deutschland und Europa heftig umstritten.[16] Eine europäische Harmonisierung durch eine Richtlinie über die Patentierbarkeit computer-implementierter Erfindungen war 2002 von der Europäischen Kommission angestoßen worden, wurde jedoch – nach langwierigen Diskussionen im europäischen Gesetzgebungsverfahren – durch das Europäische Parlament im Juli 2005 abgelehnt.[17] Äußerst strittig ist, wann eine technische Neuerung „Computerprogramme als solche" betrifft und damit eine Patentierbarkeit ausgeschlossen ist. Allgemeingültige Definitionen konnten insoweit bislang nicht gefunden werden.[18] Nach der neueren Rechtsprechung des BGH ist es ausreichend, dass die zum Patentschutz angemeldete Lehre die Nutzung der Komponenten einer Datenverarbeitungsanlage lehrt und damit eine Anweisung zum technischen Handeln gibt.[19] Für die Annahme eines technischen Mittels zur Lösung eines technischen Problems reicht es aus, wenn das Programm zur Datenverarbeitung so ausgestaltet wird, dass es auf die technischen Gegebenheiten der Datenverarbeitungsanlage Rücksicht nimmt.[20] Ein Patentierungsausschluss liegt nicht vor, wenn zumindest ein Teilaspekt der im Patent unter Schutz gestellten Lehre ein technisches Problem bewältigt.[21] Demgegenüber ist die Praxis des für europäische Patentanmeldungen nach dem EPÜ zuständigen Europäischen Patentamts (EPA) schon seit langem eher geneigt gewesen, die grundsätzliche Patentierbarkeit softwarebezogener Erfindungen zu bejahen.[22] Zu beachten ist allerdings, dass bei der Prüfung auf erfinderische Tätigkeit nur diejenigen Anweisungen zur Lösung eines technischen Problems berücksichtigt werden dürfen, die die Lösung des Problems mit technischen Mitteln bestimmen oder zumindest beeinflussen.[23] Hieran scheitert häufig der Schutz softwarebezogener Innovationen. In Anbetracht der öffentlichen und politischen Diskussion, in der nicht nur eine weitergehende Patentierungsmöglichkeit für Software teilweise heftig bekämpft wird, sondern auch gefordert wird, Softwarelösungen auf bestimmten Gebieten ausschließlich

---

15 Vgl. zu dieser Problematik auch: 29. Kap. Rn. 84 ff.

16 Vgl. z.B. *Zech/Haedicke* GRUR-Beilage 2014, 52; *Ensthaler* GRUR 2010, 1; *Kilian* GRURInt 2011, 895; *Schwarz* GRUR 2014, 224; vgl. auch die ausf. Darstellung bei *Benkard/Bacher/Melullis* § 1 PatG Rn. 104 ff. m.w.N.

17 Der abgelehnte gemeinsame Standpunkt v. Kommission und Rat findet sich unter http://eur-lex.europa.eu/LexUriServ/site/de/com/2005/com2005_0083de01.pdf.

18 Vgl. *Busse/Keukenschrijver* § 1 Rn. 46 m.w.N.

19 *BGH* GRUR 2010, 613, 615 – Dynamische Dokumentengenerierung; 2010, 660, 662 – Glasflaschenanalysesystem.

20 *BGH* GRUR 2010, 613, 616 – Dynamische Dokumentengenerierung.

21 *BGH* GRUR 2011, 125 – Wiedergabe topographischer Informationen; 2015, 1184 – Entsperrbild.

22 Die in § 1 Abs. 3 Nr. 3 und Abs. 4 PatG niedergelegten Grundsätze zur Patentierbarkeit von Datenverarbeitungsprogrammen finden sich entspr. in Art. 52 Abs. 2 und Abs. 3 EPÜ; zur Praxis des EPA vgl. die Darstellungen bei *Wiebe/Heidinger* GRUR 2006, 177 ff. und *Benkard/Bacher/Melullis* § 1 Rn. 112 ff. jeweils m.w.N.

23 Vgl. *BGH* GRUR 2013, 275 – Routenplanung.

urheberrechtlich zu schützen,[24] erscheint derzeit eine gesetzliche Verschärfung des Patentierungsausschlusses eher wahrscheinlich als die Einräumung weitergehender Patentierungsmöglichkeiten für softwarebezogene Innovationen. Soweit Software bzw. softwarebezogene Neuerungen nicht patentfähig sind, verbleiben für sie der Urheberschutz und die hieraus folgenden Rechte.[25]

3. Gebrauchsmuster

13 Gebrauchsmuster werden als **„kleine Patente“** bezeichnet.[26] Rechtsquelle ist in Deutschland das Gebrauchsmustergesetz (GebrMG). Auch das Gebrauchsmuster ist ein technisches Schutzrecht, dessen Gegenstand technische Erfindungen sind. Unterschiede zum Patent bestehen hinsichtlich des Schutzgegenstandes (kein Gebrauchsmusterschutz für Verfahren) und der Schutzdauer (10 Jahre). Die Anforderungen an die Schutzvoraussetzungen sind in der jüngeren Vergangenheit an diejenigen des Patents angeglichen worden.[27] Weiterer wesentlicher Unterschied ist das Fehlen eines materiellen Prüfungsverfahrens beim Gebrauchsmuster. Im Gegensatz zum Patent wird dort nicht geprüft, ob Neuheit und erfinderischer Schritt hinsichtlich der angemeldeten Erfindung vorliegen. Aufgrund der rein formellen Prüfung im Eintragungsverfahren hat das Gebrauchsmuster den Vorteil, dass das Schutzrecht zeitnah erteilt wird. Allerdings birgt ein solches ungeprüftes Schutzrecht stets ein erhebliches Risiko, wenn hieraus gegenüber Dritten Rechte geltend gemacht werden. Denn eine Überprüfung der Schutzfähigkeit erfolgt dann ggf. erst im Rahmen eines mit erheblichem Kostenrisiko belasteten Verletzungsverfahrens.

14 Die Höchstdauer des Gebrauchsmusterschutzes beträgt zehn Jahre ab dem Hinterlegungsdatum (vgl. § 23 GebrMG).

15 Hinsichtlich der Gebrauchsmusterfähigkeit von **softwarebezogenen Erfindungen** ergeben sich die gleichen Problemstellungen, die vorstehend zum Patent angesprochen wurden. In § 1 Abs. 2 Nr. 3 sowie § 1 Abs. 3 GebrMG finden sich wortgleiche Regelungen zur Schutzfähigkeit von „Programmen für Datenverarbeitungsanlagen“ wie im Patentgesetz.

4. Halbleiterschutz

16 Das Halbleiterschutzgesetz (HalbleiterschutzG) schafft ein eigenes gewerbliches Schutzrecht für dreidimensionale Strukturen von **mikroelektronischen Halbleitererzeugnissen** (Topografien, vgl. § 1 HalbleiterschutzG). Schutzgegenstand ist die dreidimensionale Struktur als Topografie des mikroelektronischen Halbleitererzeugnisses (§ 1 Abs. 1 S. 1 HalbleiterschutzG) als Ganzes.[28] Durch das Gesetz wird eine entspr. europäische Richtlinie umgesetzt.[29] Auch der Halbleiterschutz ist zeitlich begrenzt (§ 5 Abs. 2 HalbleiterschutzG: Der Schutz endet mit Ablauf des zehnten Kalenderjahres

---

24 Vgl. den Antrag der Fraktionen CDU/CSU, SPD, FDP und BÜNDNIS 90/DIE GRÜNEN „Wettbewerb und Innovationsdynamik im Softwarebereich sichern – Patentierung von Computerprogrammen effektiv begrenzen“, BT Drucks. 17/13086.

25 Vgl. hierzu 27. Kap. Rn. 4 ff.

26 Vgl. *Benkard/Göbel* Vorb. GebrMG Rn. 2d.

27 Vgl. *Busse/Keukenschrijver* Einl. GebrMG Rn. 4; *BGH* GRUR 2012, 378 – Installiereinrichtung II.

28 Vgl. *Busse/Keukenschrijver* § 1 HlschG Rn. 3.

29 RL 87/54/EWG über den Rechtsschutz der Topografien von Halbleitererzeugnissen v. 16.2.1986, Blatt 1987, 127.

nach dem Jahr des Schutzbeginns). Die Bedeutung dieses Schutzrechts in der Praxis – insbesondere auch im IT-Bereich – ist bislang gering. So liegt z.B. bis heute keine veröffentlichte Rspr. zum Halbleiterschutzgesetz vor.

5. Designs

Ein nicht-technisches Schutzrecht ist das eingetragene Design. Als Design geschützt werden zwei- oder dreidimensionale Erscheinungsformen eines ganzen Erzeugnisses oder eines Teils davon, die sich insbesondere aus den Merkmalen der Linien, Konturen, Farben, der Gestalt, Oberflächenstruktur oder der Werkstoffe des Erzeugnisses selbst oder seiner Verzierung ergeben (vgl. § 1 Nr. 1 DesignG). Das Designrecht ist EU-weit harmonisiert. Das deutsche Designgesetz setzt eine europäische Richtlinie um.[30] Abzugrenzen ist der Designschutz vom Urheberrecht. Dabei schließen sich Design- und Urheberrechtsschutz nicht aus, sondern können nebeneinander bestehen.[31] **17**

Schutzvoraussetzungen für den Designschutz von Erzeugnissen sind **Neuheit** und **Eigenart** (§ 2 Abs. 1 DesignG i.V.m. § 2 Abs. 2 bzw. § 2 Abs. 3 DesignG). **18**

Ein Design ist neu, wenn vor dem Anmeldetag kein identisches Design offenbart worden ist; identisch sind Designs in diesem Sinne auch dann, wenn sich ihre Merkmale nur in unwesentlichen Einzelheiten unterscheiden (vgl. § 2 Abs. 2 DesignG).[32] Eigenart i.S.d. § 2 Abs. 3 DesignG hat ein Design, wenn sich der Gesamteindruck, den es beim informierten Benutzer hervorruft, von dem Gesamteindruck unterscheidet, den ein anderes Design – das vor dem Anmeldetag offenbart worden ist – bei diesem Benutzer hervorruft.[33] **19**

Nach deutschem Recht existiert nur ein eingetragenes Design als Formalrecht. Wie beim Gebrauchsmuster werden im Eintragungsverfahren die materiellen Schutzvoraussetzungen nicht geprüft. Der Designschutz ist zeitlich auf 25 Jahre begrenzt, gerechnet ab dem Anmeldetag (§ 27 Abs. 2 DesignG). **20**

Darüber hinaus ist durch die Gemeinschaftsgeschmacksmusterverordnung (GGV)[34] ein EU-weit geltender Designschutz geschaffen worden. Im Rahmen dieser Verordnung wird für die geschützten Designs noch der früher auch im deutschen Recht geläufige Begriff des „Geschmacksmusters“ verwendet. Die Schutzvoraussetzungen für das **eingetragene Gemeinschaftsgeschmacksmuster** entsprechen denen des deutschen Rechts (Neuheit und Eigenart, vgl. Art. 4-6 GGV). Wie das deutsche eingetragene Design wird auch das Gemeinschaftsgeschmacksmuster vor seiner Eintragung nicht auf seine materiellen Schutzvoraussetzungen hin geprüft. Das zuständige Amt für Anmeldung und Eintragung von Gemeinschaftsgeschmacksmustern ist das Amt der Europäischen Union für Geistiges Eigentum (EUIPO) mit Sitz in Alicante. **21**

---

30 RL 98/71/EG über den rechtlichen Schutz von Mustern und Modellen v. 13.10.1998, GRURInt 1998, 959.

31 *BGH* GRUR 2014, 175 Rn. 26 – Geburtstagszug.

32 Gem. § 5 DesignG ist eine Offenbarung jedoch nicht zu berücksichtigen, wenn diese den in der EU tätigen Fachkreisen des betr. Sektors im normalen Geschäftsverlauf vor dem Anmeldetag nicht bekannt sein konnte.

33 Vgl. *EuGH* GRUR 2014, 774 – KMF/Dunnes; *BGH* GRUR 2010, 718 – Verlängerte Limousinen;.

34 VO (EG) Nr. 6/2002 des Rates über das Gemeinschaftsgeschmacksmuster v. 12.12.2001, ABlEG Nr. L 3/1 ff. v. 5.1.2002.

22 Neben der Schaffung des eingetragenen Gemeinschaftsgeschmacksmusters sieht die GGV auch ein **nicht eingetragenes Gemeinschaftsgeschmacksmuster** vor. Dieses ist **kein Formalrecht**. Schutzvoraussetzungen sind ebenfalls Neuheit und Eigenart, jedoch beginnt der Schutz mit der Zugänglichmachung des Musters für die Öffentlichkeit innerhalb der Gemeinschaft (vgl. Art. 11 Abs. 2 GGV). Erhebliche Unterschiede zum eingetragenen Geschmacksmuster ergeben sich weiterhin durch die Schutzdauer von nur drei Jahren (Art. 11 GGV) und dadurch, dass das nicht eingetragene Gemeinschaftsgeschmacksmuster keinen absoluten Schutz gegen Verletzungen bietet – wie dies grds. alle gewerblichen Schutzrechte vorsehen –, sondern nur gegen Nachahmung geschützt ist (insoweit besteht eine Parallele zum Urheberrecht).

23 Ein für das Gebiet der Informationstechnologie wichtiger Schutzausschließungsgrund ist die ausdrückliche gesetzliche Feststellung, dass ein **Computerprogramm** nicht als „Erzeugnis“ gilt, das dem Designschutz im Rahmen der o.g. Definition zugänglich ist (vgl. § 1 Nr. 2 DesignG; Art. 3b) GGV). Diese Vorschrift dient nur der Klarstellung, da das Speichern von elektronischen Steuerungsbefehlen zwar in einem Gegenstand stattfindet, aber die elektronisch abrufbaren Daten keinen solchen bilden.[35] Allerdings steht der Ausschluss von Computerprogrammen einem Schutz der durch diese Programme umgesetzten Ergebnisse nicht entgegen, so dass insbesondere Darstellungen auf dem Bildschirm schutzfähig sein können. Hierbei genügt die Sichtbarkeit auf dem Bildschirm, so dass insbesondere Icons, Menus und Websites designfähig sind.[36] Neue Herausforderungen an das Designrecht werden sich zukünftig verstärkt durch die Nutzung von 3D-Druckern stellen.[37]

6. Kennzeichen

24 Kennzeichen sind Marken, Unternehmenskennzeichen und Werktitel sowie geographische Herkunftsangaben. Sämtliche dieser Schutzrechte sind in Deutschland im Markengesetz (MarkenG) v. 25.10.1994 zusammengefasst. Das Kennzeichenrecht – sowie das in seinen wesentlichen Teilen eng hiermit verbundene Domainrecht – wird Gegenstand des nachfolgenden Hauptteils dieses Kapitels sein. Bereits an dieser Stelle sei aber auf eine Besonderheit der Kennzeichen im Vergleich mit allen anderen gewerblichen Schutzrechten (und auch dem Urheberrecht) hingewiesen. Diese besteht darin, dass ein Kennzeichenschutz ohne zeitliche Begrenzung möglich ist und somit hier eine der wesentlichen Schranken aller anderen Schutzrechte nicht besteht.

III. Schranken der gewerblichen Schutzrechte

25 Für alle gewerblichen Schutzrechte gilt das sog. **Territorialitätsprinzip**: Ein gewerbliches Schutzrecht kann Schutz nur für den jeweiligen Geltungsbereich der dem Schutzrecht zugrunde liegenden Normen vermitteln. So beansprucht ein deutsches Patent nur Schutz für das Gebiet der Bundesrepublik Deutschland, ein Gemeinschaftsgeschmacksmuster nur Schutz für das Gebiet der Europäischen Union. Handlungen, die ausschließlich ein schutzrechtsfreies Land betreffen, können eine Schutzrechtsverletzung nicht begründen.

---

35 Vgl. *Eichmann/von Falckenstein* § 1 Rn. 23.

36 *Eichmann/von Falckenstein* § 1 Rn. 26; *Kur* GRUR 2002, 661, 663.

37 Vgl. hierzu *Nordemann/Rüberg/Schäfer* NJW 2015, 1265.

Wie bereits erwähnt, gilt grds. für die gewerblichen Schutzrechte und die aus ihnen folgende Monopolstellung eine **zeitliche Begrenzung**. Der Grund hierfür liegt darin, dass die dem Sonderrechtsschutz zugrunde liegende Neuentwicklung nach einem gewissen Zeitraum der Allgemeinheit zur Verfügung stehen soll. Nachfolgende Schöpfer und Erfinder sollen auf den Kenntnissen ihrer Vorgänger aufbauen und dabei deren Schöpfungen und Kenntnisse ausnutzen können.[38] **26**

Sachliche Begrenzung jedes gewerblichen Schutzrechts ist zunächst sein **Schutzbereich**. Nur innerhalb dieses Schutzbereichs kann der Rechtsinhaber gegen Dritte vorgehen (vgl. § 14 PatG, § 14 MarkenG). **27**

Außerdem gilt ausnahmslos der **Grundsatz der Erschöpfung**: Hat der Rechtsinhaber einmal durch eine eigene oder eine von ihm gestattete Benutzungshandlung das ihm gesetzlich eingeräumte ausschließliche Verwertungsrecht ausgenutzt, ist dieses verbraucht.[39] Veräußert also z.B. der Schutzrechtsinhaber eine durch sein eingetragenes Design geschützte und mit seiner Marke versehene Ware an einen Dritten, kann er diesem Dritten die Weiterveräußerung der Ware nicht unter Berufung auf das Design oder die Marke untersagen. Seine Ausschließlichkeitsrechte erschöpfen sich im erstmaligen Inverkehrbringen der Ware. Der dem Schutz des freien Warenverkehrs dienende Erschöpfungsgrundsatz ist z.T. ausdrücklich in den einzelnen Gesetzen normiert (vgl. z.B. § 24 MarkenG, § 48 DesignG). Soweit keine ausdrückliche Normierung erfolgt ist (so z.B. im Patentrecht), ist dieser Grundsatz aber seit langem in Rspr. und Lit. anerkannt.[40] Das Territorialitätsprinzip ist auch im Zusammenhang mit der Erschöpfung zu beachten. In Deutschland ist von einer unionsweiten Erschöpfung auszugehen. Hiernach tritt auch durch ein Inverkehrbringen (seitens des Schutzrechtsinhabers oder mit dessen Zustimmung) außerhalb Deutschlands Erschöpfung ein, wenn dieses Inverkehrbringen in einem Staat der EU oder des EWR erfolgt.[41] **28**

Bei Verträgen über gewerbliche Schutzrechte – insbesondere bei der Lizenzierung – sind **kartellrechtliche Schranken** von besonderer Relevanz.[42] **29**

C. Kennzeichenrecht

Kennzeichen sind weltweit im Wirtschaftsverkehr von überragender Bedeutung für den Marktzutritt, das Marketing und den Vertrieb von Produkten aller Art, und zwar sowohl auf den klassischen Märkten und Vertriebswegen, als auch im Hinblick auf die durch die neuen Medien eröffneten Märkte und Geschäftsmodelle sowie den Vertrieb über das Internet. **30**

38 Vgl. *BVerfG* GRUR 2001, 43 ff. – Klinische Versuche.
39 Vgl. z.B. *Busse/Keukenschrijver* § 9 PatG Rn. 143 m.w.N.
40 Vgl. z.B. *BGH* GRUR 2000, 299 – Karate; *Sack* WRP 1999, 1088 ff.
41 Vgl. z.B. *EuGH* GRURInt 1990, 960 – HAG II m.w.N.; *BGH* GRUR 2006, 863 – ex works; zur Beweislast *EuGH* GRUR 2003, 512 – Stüssy.
42 Maßgeblich sind hier §§ 1, 2 GWB und Art. 101, 102 AEUV sowie die i.R.d. Art. 101 Abs. 3 AEUV erlassenen Gruppenfreistellungsverordnungen; vgl. hierzu vertiefend *Bartenbach* Rn. 670 ff.

I. Schutzgegenstand und Schutzerlangung

1. Marken

1.1 Allgemeines

31 Marken sind Zeichen, die dazu geeignet sind, die Waren und Dienstleistungen eines Unternehmens von denjenigen anderer Unternehmen zu unterscheiden (vgl. § 3 MarkenG). In dieser Definition kommt die **Herkunftsfunktion** als Hauptfunktion der Marke zum Ausdruck.[43] Darüber hinaus kommen der Marke aber auch weitere Funktionen zu, insbesondere eine **Werbe- und eine Garantiefunktion**.[44]

32 Dem Markenschutz zugänglich sind nach deutschem Markenrecht zunächst alle Arten und Formen von Zeichen.[45] § 3 Abs. 1 MarkenG zählt hierzu beispielhaft einige mögliche Markenformen auf (z.B. Wörter, Abbildungen, Hörzeichen, dreidimensionale Gestaltungen einschließlich der Form einer Ware etc.). „Klassische" Markenformen sind die Wortmarke, die Bildmarke (Logo) sowie kombinierte Wort-/Bildzeichen. In jüngerer Vergangenheit immer größere praktische Bedeutung gewonnen hat darüber hinaus die dreidimensionale Marke im Bereich der Verpackungs- und Warenformen.

33 Schutzvoraussetzung für jede Markenform ist zunächst ihre abstrakte Unterscheidungskraft. Diese ist ohne Bezug zu den Waren oder Dienstleistungen zu prüfen, für die eine Marke Schutz beansprucht. Maßgeblich ist allein, ob das Zeichen als solches überhaupt geeignet ist, Waren oder Dienstleistungen eines Unternehmens von denjenigen eines anderen Unternehmens zu unterscheiden.[46] In der Praxis sind Fragen der abstrakten Unterscheidungskraft selten relevant; meistens werden sie im Zusammenhang mit den sog. „neuen Markenformen" diskutiert.[47] Für dreidimensionale Marken (Formmarken) sind in § 3 Abs. 2 MarkenG besondere Schutzhindernisse normiert. Kein Markenschutz kann danach insbesondere gewährt werden für Zeichen, deren Form durch die Ware selbst bedingt ist oder deren Form zur Erreichung einer technischen Wirkung erforderlich ist.[48]

1.2 Registermarke

34 Die Erlangung von Markenschutz ist zum einen durch Anmeldung und Eintragung im Register möglich (Formalrecht), zum anderen aber auch formlos durch Benutzung. Bei den wesentlichen Vorschriften des deutschen MarkenG zur Registermarke handelt es sich um auf der Grundlage einer EG-Richtlinie harmonisiertes Recht.[49] Die neue EU-Richtlinie zur Angleichung der Rechtsvorschriften der Mitgliedstaaten über

---

43 Vgl. *EuGH* GRUR 2003, 55, 57 – Arsenal FC; GRUR 2005, 1042, 1043 – THOMSON LIFE; *Ströbele/Hacker* § 3 Rn. 9.

44 Vgl. eingehend hierzu *Fezer* Einl. D MarkenG Rn. 1 ff. m.w.N; *EuGH* GRUR 2009, 756 – L'Oreal/Bellure; *BGH* GRUR 2010, 726 – Opel-Blitz II.

45 Vgl. zum markenfähigen Zeichen *EuGH* GRUR 2007, 231 – Dyson.

46 Vgl. *EuGH* GRUR 2014, 866 – Apple/DPMA; *BGH* GRUR 2001, 240, 241 – SWISS ARMY.

47 Vgl. hierzu *BGH* GRUR 2007, 148 ff. – Tastmarke.

48 Vgl. hierzu *EuGH* GRUR 2015, 1198 – Nestlé/Cadbury; 2014, 1097 – Hauck/Stocke; *BGH* GRUR 2010, 138 – ROCHER – Kugel;.

49 Ursprünglich: Richtlinie (EWG) Nr 89/104 des Rates zur Angleichung der Rechtsvorschriften der Mitgliedstaaten über die Marken; neu erlassen als Richtlinie 2008/95/EG

die Marken vom 16.12.2015[50] enthält weitere Vorgaben für den deutschen Gesetzgeber, die größtenteils bis zum Januar 2019 in nationales Recht umzusetzen sind.[51]

Die Schutzerlangung für eine eingetragene Marke setzt ein **Anmeldeverfahren** voraus, 35
in dem die Markenanmeldung **formell und materiell** geprüft wird. Die Einreichung des Anmeldeantrags beim Deutschen Patent- und Markenamt (DPMA) ist in § 32 MarkenG geregelt. Voraussetzungen eines ordnungsgemäßen Anmeldeantrages sind nach § 32 Abs. 2 MarkenG insbesondere Angaben, die es erlauben, die Identität des Anmelders festzustellen, eine Wiedergabe der Marke sowie ein Verzeichnis der Waren/Dienstleistungen, für die die Eintragung beantragt wird.

Von erheblicher praktischer Relevanz ist das **Verzeichnis der Waren und Dienstleistungen**. 36
Dieses bestimmt zum einen den Schutzumfang der Marke, zum anderen ist es Grundlage der vom Amt vorzunehmenden Prüfung, ob absolute Schutzhindernisse i.S.d. § 8 Abs. 2 MarkenG vorliegen (hierzu nachstehend Rn. 38 ff.); schließlich sind die von der Marke beanspruchten Waren und Dienstleistungen auch entscheidender Faktor dafür, ob die Marke mit entgegenstehenden Rechten Dritter kollidiert (hierzu nachstehend Rn. 61 ff.).[52]

Die Prüfung der formellen und materiellen Anmeldeerfordernisse ist in den §§ 36, 37 37
MarkenG geregelt. In materieller Hinsicht wird insbesondere geprüft, ob es sich um ein als Marke schutzfähiges Zeichen handelt (§ 3 MarkenG, s.o.) und ob **absolute Schutzhindernisse** i.S.d. § 8 MarkenG einer Eintragung entgegenstehen (vgl. § 37 MarkenG).

Die in der Praxis wichtigsten absoluten Schutzhindernisse gem. § 8 MarkenG sind die 38
fehlende Unterscheidungskraft (§ 8 Abs. 2 Nr. 1 MarkenG) und das sog. **Freihaltebedürfnis** (§ 8 Abs. 2 Nr. 2 MarkenG).

Damit der Marke nicht das absolute Schutzhindernis des § 8 Abs. 2 Nr. 1 MarkenG 39
entgegensteht, muss sie zum Zeitpunkt ihrer Anmeldung **Unterscheidungskraft** aufweisen.[53] Hierunter versteht man die einer Marke innewohnende **konkrete Eignung**, vom Verkehr **als Herkunftsunterscheidungsmittel** für die angemeldeten Waren/Dienstleistungen eines Unternehmens gegenüber solchen anderer Unternehmen aufgefasst zu werden und damit die betriebliche Zuordnung dieser Waren/Dienstleistungen zu ermöglichen.[54] Nicht zulässig ist es, eine analysierende Betrachtungsweise vorzunehmen: Lässt sich ein beschreibender Gehalt einer Wortfolge nur in mehreren gedanklichen Schritten ermitteln, rechtfertigt dies regelmäßig nicht den Schluss, die Wortfolge habe für das Publikum einen auf der Hand liegenden beschreibenden

50 RL(EU) 2015/2436 des Europäischen Parlaments und des Rates.

51 Zur Umsetzung in deutsches Recht, vgl. z.B. *Würtenberger/Freischem* GRUR 2017, 366.

52 Die Waren und Dienstleistungen, für die Schutz beansprucht werden kann, sind in einzelne Klassen eingeteilt. Diese Klassen sind bei der Markenanmeldung anzugeben. Die Klasseneinteilung, das von DPMA empfohlene Anmeldeformular sowie weitere nützliche Formulare und Hinweise finden sich im Internet unter www.dpma.de/formulare/marke.html; vgl. zu den Anforderungen an Klarheit und Eindeutigkeit der beanspruchten Waren/Dienstleistungen *EuGH* GRUR 2012, 822 – IP Translator.

53 *BGH* GRUR 2015, 1012 Rn. 10 – Nivea-Blau; 2013, 1143 – Aus Akten werden Fakten.

54 Vgl. *Ströbele/Hacker* § 8 Rn. 69; stRspr. des BGH, z.B. *BGH* GRUR 2000, 502, 503 – St. Pauli Girl; GRUR 2004, 329 – Käse in Blütenform; GRUR 2006, 850 – FUSSBALL WM 2006; vgl. auch *EuGH* GRUR 1999, 723, 727 – Chiemsee; GRUR 2008, 608 – Euro-hypo/HABM.

Inhalt und es fehle ihr deshalb jegliche Unterscheidungskraft.[55] Bei Wortmarken besteht nach stRspr. des BGH kein tatsächlicher Anhaltspunkt dafür, dass eine Unterscheidungseignung und damit jegliche Unterscheidungskraft fehlt, wenn der Wortmarke kein für die fraglichen Waren oder Dienstleistungen im Vordergrund stehender beschreibender Begriffsinhalt zugeordnet werden kann und es sich auch sonst nicht um ein gebräuchliches Wort der deutschen oder einer bekannten Fremdsprache handelt, das vom Verkehr – etwa auch wegen einer entspr. Verwendung in der Werbung – stets nur als solches und nicht als Unterscheidungsmittel verstanden wird.[56] Lässt sich ein beschreibender Gehalt einer Wortfolge nur in mehreren gedanklichen Schritten ermitteln, rechtfertigt dies regelmäßig nicht den Schluss, die Wortfolge habe für das Publikum einen auf der Hand liegenden beschreibenden Inhalt und es fehle ihr deshalb jegliche Unterscheidungskraft. Insgesamt ist bei der Beurteilung der Unterscheidungskraft grds. von einem großzügigen Maßstab auszugehen, d.h. **jede auch noch so geringe Unterscheidungskraft reicht aus**, um das Schutzhindernis zu überwinden.[57]

40 Im **IT-Bereich** wurden z.B. für nicht unterscheidungskräftig gehalten: „informatica" für Datenverarbeitungsgeräte und Dienstleistungen im Bereich des Internets, „Computerei" für Produkte auf dem Gebiet der Computertechnologie, „PC-Notruf" für Computerpannenhilfe und weitere computerbezogene Dienstleistungen, „SMART-NET" für das Anbieten von Internet-Dienstleistungen.[58]

41 Ein **Freihaltebedürfnis** i.S.d. § 8 Abs. 2 Nr. 2 MarkenG steht einer Marke dann entgegen, wenn sie ausschließlich aus Zeichen oder Angaben besteht, die im Verkehr zur Bezeichnung der Art, der Beschaffenheit, der Menge, der Bestimmung, des Wertes, der geographischen Herkunft, der Zeit der Herstellung der Waren oder der Erbringung der Dienstleistungen oder zur Bezeichnung sonstiger Merkmale der Waren oder Dienstleistungen dienen kann. Dem Freihaltebedürfnis liegt zugrunde, dass **ausschließlich beschreibende Angaben** nicht zugunsten Einzelner monopolisiert werden dürfen; die Allgemeinheit – insbesondere der Wettbewerb – soll in der Verwendung waren- oder dienstleistungsbeschreibender Angaben frei sein.[59] Maßgeblich für ein Freihaltebedürfnis sind immer nur die konkret von der Marke beanspruchten Waren/Dienstleistungen; zudem muss die Marke hierfür **unmittelbar beschreibend** sein.[60]

42 Obwohl sich mangelnde Unterscheidungskraft und Freihaltebedürfnis oft überschneiden, insbesondere bei Wortmarken, stehen beide Schutzhindernisse selbständig nebeneinander. Ist das eine Schutzhindernis zu verneinen, kann nicht gefolgert werden, dass auch das andere Schutzhindernis nicht vorliegt.[61]

43 In Bezug auf Marken für Waren und Dienstleistungen der **Informationstechnologie** stellt sich häufig die Frage nach dem Freihaltebedürfnis für **fremdsprachige Wörter**

---

55 *BGH* GRUR 2012, 270 – Link economy.

56 Vgl. *BGH* GRUR 2003, 1050, 1051 – City Service; GRUR 2003, 343, 344 – Buchstabe Z.

57 Vgl. *BGH* GRUR 2014, 1204 Rn. 8 m.w.N. – DüsseldorfCongress; GRUR 2014, 1206 Rn. 8 m.w.N. – ECR-Award; *EuGH* GRUR 2010, 228 – Vorsprung durch Technik.

58 Sämtliche Beschl. des *BPatG* zit. bei *Fezer* § 8 48 b) mit weiteren zahlreichen Bsp. aus der – z.T. unveröffentlichten – Praxis des BPatG.

59 Vgl. *von Schultz* § 8 Rn. 52.; *EuGH* GRUR 1999, 723, 725 – Chiemsee; GRUR 2004, 674, 675 – Postkantoor.

60 *BGH* GRUR 2012, 272 – Rheinpark-Center Neuss ; vgl. *Ströbele/Hacker* § 8 Rn. 338 ff.

61 Vgl. *BGH* GRUR 2000, 231, 232 – Fünfer; GRUR 2006, 850 – FUSSBALL WM 2006.

(vor allem englische Bezeichnungen). Solche fremdsprachigen Angaben sind dann freihaltebedürftig, wenn der inländische Verkehr in ihnen eine waren- bzw. dienstleistungsbeschreibende Aussage erkennt.[62] Bei Worten aus der englischen Sprache (sowie auch Worten der weiteren Welthandelssprachen Französisch, Italienisch, Spanisch) wird i.d.R. davon ausgegangen werden können, dass der inländische Verkehr die Bedeutung der Wörter versteht.[63] Fremdsprachige Wörter, die (auch) Eingang in die deutsche Sprache gefunden haben, insbesondere auf dem betroffenen Produktgebiet (z.B. EDV-Produkte), gelten von vornherein nicht als fremdsprachige Angaben.[64] Ein Freihaltebedürfnis verneint wurde z.B. für RATIONAL SOFTWARE CORPORATION für Computer-Software;[65] „clipmail" für Software[66] und „epages“ für Datenverarbeitungsgeräte und Computer sowie Entwicklung von Computersoftware.[67] Ein Freihaltebedürfnis wurde dagegen z.B. gesehen für „NetProject“ bzgl. Waren und Dienstleistungen aus dem Bereich der Datenverarbeitung[68] sowie „DATA I/O“ bzgl. Hardware und Software.[69]

Eine **mangelnde Unterscheidungskraft** und ein **Freihaltebedürfnis** können dadurch **überwunden** werden, dass der Anmelder eine **Verkehrsdurchsetzung** der Marke nachweist (vgl. § 8 Abs. 3 MarkenG). Hierzu muss er den Nachweis erbringen, dass die Marke die Eignung erlangt hat, die fragliche Ware oder Dienstleistung als von einem bestimmten Unternehmen stammend zu kennzeichnen und diese Leistung damit von den Leistungen anderer Unternehmen zu unterscheiden.[70] Dies ist aufgrund einer Gesamtschau der maßgeblichen Gesichtspunkte zu beurteilen; zu berücksichtigen sind der von der Marke gehaltene Marktanteil, die Intensität, die geografische Verbreitung, die Dauer der Benutzung der Marke, der Werbeaufwand des Unternehmens für die Marke sowie Erklärungen von Industrie- und Handelskammern und von anderen Berufsverbänden.[71] Wenn die Beurteilung der Verkehrsdurchsetzung besondere Schwierigkeiten aufwirft, verbietet es das Unionsrecht nicht, die Frage der Unterscheidungskraft der Marke durch eine Verbraucherbefragung klären zu lassen, die häufig das zuverlässigste Beweismittel zur Feststellung der Verkehrsdurchsetzung ist.[72] Ein demoskopisches Gutachten kann den Nachweis der Verkehrsdurchsetzung erbringen, wenn es keine grundlegenden methodischen Mängel aufweist und nach Abschlägen einen Kennzeichnungsgrad von über 50 % ergibt.[73] 44

62 Vgl. *BGH* GRUR 1999, 238 – Tour de culture.
63 Vgl. *Fezer* § 8 Rn. 466.
64 Vgl. z.B. *BGH* GRUR 1993, 746 – Premiere.
65 *BGH* GRUR 2001, 162 – RATIONAL SOFTWARE CORPORATION.
66 *BPatG* v. 25.2.2003, JURIS-Datenbank – clipmail.
67 *BPatG* v. 10.1.2006, JURIS-Datenbank – epages.
68 *BPatG* v. 5.1.2005, JURIS-Datenbank – NetProject.
69 *CR* 1998, 198 – DATA I/O.
70 Vgl. *BGH* GRUR 2015, 581 Rn. 29 – Langenscheidt-Gelb; *EuGH* GRUR 1999, 723 – Chiemsee.
71 Vgl. *BGH* GRUR 2016, 1167 Rn. 31 – Sparkassen-Rot; 2015, 581 Rn. 29 – Langenscheidt-Gelb; *EuGH* GRUR 1999, 723 Rn. 51 – Windsurfing Chiemsee.
72 *BGH* GRUR 2016, 1167 Rn. 31 – Sparkassen-Rot; GRUR 2010, 138 Rn. 38 – ROCHER-Kugel; 2014, 483 Rn. 32 – test; *EuGH* GRUR 1999, 723 Rn. 51 – Windsurfing Chiemsee.
73 *BGH* GRUR 2016, 1167 – Sparkassen-Rot.

45 Erfüllt eine Markenanmeldung die formalen Voraussetzungen und stehen keine absoluten Schutzhindernisse entgegen, wird die Marke vom DPMA eingetragen.[74] Das DPMA prüft nicht von Amts wegen, ob der Markeneintragung ggf. ältere Rechte Dritter – z.B. prioritätsbessere Marken – entgegenstehen. Diese Rechte müssen von den betroffenen Inhabern selbst geltend gemacht werden. Nach Eintragung der Marke wird diese vom DPMA veröffentlicht. Der Inhaber einer prioritätsälteren Marke kann innerhalb von drei Monaten nach dem Tag der Veröffentlichung der Eintragung gegen diese Widerspruch erheben (§ 42 Abs. 1 MarkenG). Das Widerspruchsverfahren wird als Streitverfahren zwischen den beteiligten Parteien beim DPMA geführt. Die Widerspruchsgründe, auf die sich der Widersprechende stützen kann, sind in § 42 Abs. 2 MarkenG aufgeführt. Die in der Praxis relevantesten Widerspruchsgründe sind die in § 42 Abs. 2 Nr. 1 MarkenG genannten relativen Schutzhindernisse des § 9 Abs. 1 Nr. 1 und Nr. 2 MarkenG.

46 Nach § 9 Abs. 1 Nr. 1 MarkenG kann eine Marke gelöscht werden, wenn sie mit einer prioritätsälteren Marke identisch ist und für identische Waren oder Dienstleistungen Schutz beansprucht. Bspw. wäre eine für „Installation und Wartung von Software" eingetragene Marke „Maier" zu löschen, wenn eine prioritätsbessere Marke „Maier" für die identische Dienstleistung besteht.

47 Ist eine solche Doppelidentität nicht gegeben – z.B. bei einer Kollision der Marken „Maier" und „Meyer" –, kann der Kollisionstatbestand des § 9 Abs. 1 Nr. 2 MarkenG eingreifen. Ein Löschungsgrund nach § 9 Abs. 1 Nr. 2 MarkenG besteht dann, wenn zwischen den beiden kollidierenden Marken **Verwechslungsgefahr** besteht. Die Verwechslungsgefahr ist zentrales Kriterium bei der Beurteilung von Kennzeichenkollisionen sowohl im Widerspruchsverfahren als auch bei sonstigen Kennzeichenverletzungen (hierzu ausführlich nachstehend Rn. 65 ff.).

1.3 Benutzungsmarke

48 Ohne Anmeldung und Eintragung kann Markenschutz durch eine sog. Benutzungsmarke nach § 4 Nr. 2 MarkenG entstehen.[75] Erforderlich ist hierfür, dass die Marke **im geschäftlichen Verkehr benutzt** wird **und** innerhalb der beteiligten Verkehrskreise **Verkehrsgeltung erworben** hat. Als Benutzungsmarke schutzfähig sind alle markenfähigen Zeichen i.S.d. § 3 MarkenG (s.o. Rn. 31 ff.). Die absoluten Schutzhindernisse des § 8 Abs. 2 MarkenG sind ebenfalls für die Benutzungsmarke relevant, auch wenn sie nach dem Gesetzeswortlaut nur für die Registermarke gelten.[76] Die erforderliche Verkehrsgeltung muss im Inland vorliegen.[77] Verkehrsgeltung bedeutet, dass ein Zeichen aufgrund seiner Benutzung als Marke innerhalb der angesprochenen Verkehrskreise (regelmäßig die potenziellen Abnehmer der betroffenen Produkte) als Herkunftshin-

---

74 Vgl. zu weiteren Einzelheiten hinsichtlich der vorstehend dargestellten Schutzhindernisse des § 8 Abs. 2 Nr. 1 und § 8 Abs. 2 Nr. 2 MarkenG, zur Verkehrsdurchsetzung sowie zu den weiteren – aufgrund ihrer geringeren praktischen Bedeutung hier nicht behandelten – absoluten Schutzhindernissen die ausführlichen Darstellungen bei *Fezer; Ströbele/Hacker; Ingerl/Rohnke.*

75 Darüber hinaus existiert auch noch die sog. Notorietätsmarke i.S.d. § 4 Nr. 3 MarkenG, die hier aufgrund ihrer geringen praktischen Bedeutung nicht näher behandelt wird; vgl. zur Notorietätsmarke z.B. *Ströbele/Hacker* § 4 Rn. 70 ff.

76 Vgl. *Lange* Rn. 298; *BGH* GRUR 2013, 729 – READY TO FUCK; § 8 Abs. 1 MarkenG gilt dagegen nach h.M. nicht für die Benutzungsmarke, vgl. *BGH* GRUR 2009, 783 – UHU.

77 Vgl. *Ingerl/Rohnke* § 4 Rn. 24.

weis auf ein bestimmtes Unternehmen verstanden wird.[78] Der Grad der Zuordnung, der innerhalb dieser Verkehrskreise erreicht werden muss, um eine Verkehrsgeltung bejahen zu können, ist niedriger als der im Rahmen der Verkehrsdurchsetzung nach § 8 Abs. 3 MarkenG zu verlangende (s.o. Rn. 43).[79] Auch hier kann nicht von starren Prozentsätzen ausgegangen werden, sondern sind stets sämtliche Umstände des Einzelfalles zu berücksichtigen.[80] Regelmäßig reicht ein Zuordnungsgrad von 20-25 % aus.[81] Handelt es sich allerdings um ein nicht unterscheidungskräftiges oder freihaltebedürftiges Zeichen, kann eine Verkehrsgeltung erst dann angenommen werden, wenn die Voraussetzungen einer Verkehrsdurchsetzung entspr. § 8 Abs. 3 MarkenG vorliegen.[82]

Zu beachten ist, dass – anders als die eingetragene Marke – eine Benutzungsmarke **49**
ggf. nur örtlich begrenzten Schutz beanspruchen kann, nämlich für ein Teilgebiet der Bundesrepublik Deutschland, innerhalb dessen eine Verkehrsgeltung zu bejahen ist.[83]

1.4 Unionsmarke

Markenschutz für Deutschland kann darüber hinaus auch durch die Eintragung einer **50**
Unionsmarke (früher: Gemeinschaftsmarke) erlangt werden. Auf Grundlage der UnionsmarkenVO (UMV)[84] kann eine für die gesamte EU geltende Unionsmarke angemeldet und eingetragen werden. Ebenso wie im Falle des Gemeinschaftsgeschmacksmusters ist für die Anmeldung und Eintragung der Marke das EUIPO zuständig.

Hinsichtlich der Schutzvoraussetzungen für die Unionsmarke gelten aufgrund der **51**
weitgehenden Harmonisierung des Markenrechts innerhalb der EU im Wesentlichen die vorstehenden Ausführungen zur deutschen Registermarke. Ein erheblicher Unterschied bei der Schutzerlangung für die Unionsmarke besteht allerdings darin, dass die Geltendmachung älterer Rechte Dritter im Rahmen eines Widerspruchsverfahrens vor Eintragung der Marke erfolgt. Die Unionsmarke folgt dem „Alles oder nichts“-Prinzip, d.h. Markenschutz kann nur gewährt werden, wenn in keinem EU-Land absolute oder relative Schutzhindernisse zu bejahen sind. Eine nicht eingetragene Benutzungsunionsmarke wurde durch die UMV nicht geschaffen. Insoweit existiert keine Parallele zur deutschen Benutzungsmarke nach § 4 Nr. 2 MarkenG. Aufgrund der im Wesentlichen gleichen Maßstäbe für Schutzerlangung, Schutzwirkungen und Schutzbeendigung wird im Folgenden auf eine vertiefte Darstellung des Unionsmarkenrechts verzichtet und allein das deutsche Recht behandelt.[85]

1.5 Erstreckung einer ausländischen Marke

Schließlich kann Markenschutz in Deutschland auch dadurch bewirkt werden, dass **52**
eine in einem Mitgliedsstaat des Madrider Markenabkommens (MMA) bzw. in einem

78 Vgl. *Lange* Rn. 301; *Ströbele/Hacker* § 4 Rn. 21 ff.

79 Vgl. *Ströbele/Hacker* § 4 Rn. 42.

80 Vgl. *Ingerl/Rohnke* § 4 Rn. 21 ff. mit zahlreichen Bsp. aus der Rspr.

81 Vgl. *Ströbele/Hacker* § 4 Rn. 44 m.w.N; *Piper* GRUR 1996, 429, 433; *Fammler* MarkenR 2004, 89, 92.

82 Vgl. *Fezer* § 4 Rn. 134.

83 Vgl. *BGH* GRUR 1979, 470, 471 – RBB/RBT; GRUR 1957, 88, 93 – Ihr Funkberater; zweifelnd bzgl. nicht stationär gebundener Leistungsangebote *OLG Köln* GRUR-RR 2007, 272, 273 – 4DSL.

84 VO (EU) Nr. 2015/2424 des Europäischen Parlaments und des Rates zur Änderung der Gemeinschaftsmarkenverordnung (VO (EG) Nr. 207/2009).

85 Vertiefend zur Unionsmarke: *Eisenführ/Schennen*; *Schricker/Bastian/Knaak*.

Mitgliedsstaat des Protokolls zum MMA (PMMA) bestehende Marke gem. dieser Abkommen auf Deutschland erstreckt wird. Solche, nach Deutschland erstreckten ausländischen Marken werden in gleicher Weise auf absolute Schutzhindernisse geprüft wie in Deutschland angemeldete Marken und können durch einen Widerspruch aufgrund in Deutschland bestehender älterer Markenrechte angegriffen werden (vgl. hierzu §§ 112 ff. MarkenG).[86]

2. Unternehmenskennzeichen

53 Unternehmenskennzeichen werden als geschäftliche Bezeichnungen ebenfalls nach dem MarkenG geschützt (vgl. § 5 Abs. 1 MarkenG). Definiert sind Unternehmenskennzeichen als Zeichen, die im geschäftlichen Verkehr als Name, als Firma oder als besondere Bezeichnung eines Geschäftsbetriebs oder eines Unternehmens benutzt werden (§ 5 Abs. 2 S. 1 MarkenG).[87]

54 Geschützt werden die **Gesamtfirma** eines Unternehmens sowie insbesondere auch sog. **Firmenschlagwörter**, die entweder Bestandteil der Gesamtfirma sind oder eigenständig gebildet werden.[88] Unternehmenskennzeichen sind keine Formalrechte, d.h., eine Registereintragung ist nicht Schutzvoraussetzung.[89] Der Schutz für ein Unternehmenskennzeichen entsteht mit dessen **Benutzungsaufnahme** im Inland, wenn und soweit es **Kennzeichnungskraft** besitzt. Zur Bejahung der Kennzeichnungskraft muss ihm sowohl hinreichende Unterscheidungskraft als auch von Hause aus seiner Art nach Namensfunktion zukommen.[90] Kennzeichnungskraft kann einem Unternehmenskennzeichen nur zugesprochen werden, wenn es geeignet ist, bei der Verwendung im Verkehr ohne weiteres als Name des Unternehmens zu wirken.[91] Keine Kennzeichnungskraft kommt sprachüblichen Worten beschreibenden Inhalts zu.[92] Maßgeblich ist die in der betreffenden Branche – und ggf. in der betreffenden örtlichen Umgebung – bestehende Verkehrsauffassung. So ist z.B. die Bezeichnung „Printer-Store“ für die Dienstleistung „Handel mit Computer-Druckern“ nicht kennzeichnungskräftig.[93] Dagegen wurde Kennzeichnungskraft bejaht bei der Bezeichnung „CompuNet“ für „Beschaffung, Installation und Wartung von PC-Netzwerken“.[94]

55 Wird die Kennzeichnungskraft verneint, kann kennzeichenrechtlicher Schutz für ein Unternehmenskennzeichen erst mit dem Erwerb von **Verkehrsgeltung** entstehen (vgl.

86 Vgl. vertiefend hierzu z.B. die Kommentierungen der §§ 112 ff. MarkenG bei *Fezer* und *Ströbele/Hacker*.

87 Gleichgestellt sind den Unternehmenskennzeichen nach § 5 Abs. 2 S. 2 MarkenG die sog. „Geschäftsabzeichen“. Diese sind Unterscheidungsmerkmale, die, ohne Namenscharakter zu haben, aufgrund von Verkehrsgeltung Hinweisfunktion gewonnen haben; vgl. *Ingerl/Rohnke* § 5 Rn. 11; Bsp. für Geschäftsabzeichen sind z.B. Logos, vgl. *BGH* GRUR 1964, 71 – personifizierte Kaffeekanne; vgl. hierzu auch *von Schultz/Gruber* § 5 Rn. 11 mit weiteren Bsp.

88 Vgl. z.B. „mho“ für „Marienhospital Osnabrück“, *BGH* GRUR 2005, 430 – mho.de; „soco“ als Abkürzung des Firmenbestandteils „Software + Computersysteme“, *BGH* GRUR 2005, 262 – soco.de.

89 Insoweit ist der kennzeichenrechtliche Schutz nach dem MarkenG auch abzugrenzen vom Firmenrecht nach §§ 17 ff. HGB; er liegt außerhalb dieses Schutzes und ist hiervon unabhängig, vgl. *von Schultz/Gruber* § 5 Rn. 5.

90 Vgl. *BGH* GRUR 2013, 68 – Castell/VIN CASTEL; *Ströbele/Hacker* § 5 Rn. 36.

91 Vgl. *BGH* GRUR 1996, 68, 69 – COTTON LINE; 1992, 550, 551 – ac-pharma.

92 Vgl. *BGH* GRUR 1996, 68, 69 – COTTON LINE.

93 Vgl. *OLG Köln* GRUR-RR 2001, 266, 267 – printer-store.

94 *BGH* GRUR 2001, 1161 – CompuNet/ComNet.

hierzu vorstehend zur Benutzungsmarke Rn. 48 f.). Schutz für Unternehmenskennzeichen kann auch nur **regional begrenzt** bestehen.[95] Die Verwendung im Internet begründet für sich genommen noch keinen bundesweiten Schutz, sondern nur dort, wo ein hinreichender „commercial effect" besteht.[96] So kann z.B. ein Metzger, der nur ein Geschäft an einem bestimmten Ort betreibt, nicht allein aufgrund der Schaltung einer Internetpräsenz ein bundesweites Unternehmenskennzeichen beanspruchen.

3. Werktitel

Nach dem MarkenG geschützt sind überdies Werktitel (§ 5 Abs. 3 MarkenG). Werktitel sind die **Namen oder besonderen Bezeichnungen** von Druckschriften, Filmwerken, Tonwerken, Bühnenwerken oder sonstigen vergleichbaren Werken. Dabei gilt ein gegenüber dem Urheberrecht eigenständiger kennzeichenrechtlicher Werkbegriff.[97] Werktitel dienen allein der Unterscheidung eines Werks von anderen Werken und geben regelmäßig keinen Hinweis auf den Hersteller oder den Inhaber des Werks.[98] Als **Werk** i.S.d. § 5 Abs. 3 MarkenG können und müssen alle immateriellen Arbeitsergebnisse – also alle Schrift-, Bild-, Musik- oder Spracherzeugnisse – verstanden werden, die als Gegenstand des Rechts- und Geschäftsverkehrs nach der Verkehrsanschauung bezeichnungsfähig sind.[99] Insbesondere ist auch **Computersoftware** als titelschutzfähiges Werk anerkannt.[100] **56**

Die Schutzentstehung setzt voraus, dass der Titel in Gebrauch genommen, d.h. im geschäftlichen Verkehr als Werktitel benutzt wird.[101] Weitere Voraussetzung für eine Schutzentstehung mit Benutzungsaufnahme ist eine ursprüngliche Unterscheidungskraft. In Bezug auf den erforderlichen Grad an Originalität und Kennzeichnungskraft sind aber im Regelfall erheblich geringere Anforderungen zu stellen als bei der Prüfung der Unterscheidungskraft von Marken. Vor allem bei Zeitungen, Zeitschriften und Sachbuchtiteln ist darüber hinaus der Verkehr an wenig unterscheidungskräftige Titel gewöhnt, so dass hier das erforderliche Mindestmaß an Kennzeichnungskraft noch geringer anzusetzen ist.[102] Die Entstehung des Schutzes für unterscheidungskräftige Titel kann durch sog. **Titelschutzanzeigen** vorverlagert werden. Hierbei handelt es sich um eine öffentliche Ankündigung, die zwar selbst noch keine Benutzungshandlung darstellt, aber den Zeitrang des künftig durch Benutzungsaufnahme entstehenden Rechts sichert, wenn das in der Titelschutzanzeige genannte Werk unter dem angegebenen Titel innerhalb angemessener Frist auf den Markt gebracht wird.[103] **57**

Ist ein Titel nicht unterscheidungskräftig, kann er nur Schutz beanspruchen, wenn er **Verkehrsgeltung** erlangt hat (s. hierzu vorstehend Rn. 48 f. zur Benutzungsmarke). **58**

---

95 Vgl. z.B. für Hotels *BGH* GRUR 1995, 507, 508 – City Hotel; für Einzelhändler *OLG Saarbrücken* NJWE-WettbR 1998, 62 – Bierstraße.
96 Vgl. *Ströbele/Hacker* § 5 Rn. 70 m.w.N.; vgl. hierzu auch nachfolgend Rn. 107 ff.
97 *BGH* GRUR 2016, 1301 Rn. 17 – Kinderstube; GRUR 2012, 1265 Rn. 13 – Stimmt's?
98 Vgl. *BGH* GRUR 1999, 236 – Wheels Magazine; GRUR 2012, 1265 Rn. 13 – Stimmt's?
99 *Deutsch/Ellerbrock* Rn. 29; *BGH* GRUR 2016, 1301 Rn. 17 – Kinderstube; GRUR 1998, 155, 156 – Power-Point.
100 Vgl. *BGH* GRUR 1997, 902, 903 – FTOS; GRUR 1998, 155, 156 – Power-Point; GRUR 1998, 1010, 1011 – WINCAD.
101 Vgl. *Ströbele/Hacker* § 5 Rn. 109; *BGH* GRUR 2005, 959, 960 – Facts II.
102 *BGH* GRUR 2012, 1265 – Stimmt's?; vgl. *Ingerl/Rohnke* § 5 Rn. 82 ff. mit zahlreichen Bsp.
103 Vgl. hierzu im Einzelnen *Ströbele/Hacker* § 5 Rn. 114 ff. zu § 5 m.w.N.

4. Geographische Herkunftsangaben

59 Schließlich ist im MarkenG auch der Schutz von geographischen Herkunftsangaben geregelt (§§ 126 ff. MarkenG). Dies sind insbesondere die Namen von Orten, Gegenden, Gebieten oder Ländern, die im geschäftlichen Verkehr zur Kennzeichnung der geographischen Herkunft von Waren oder Dienstleistungen benutzt werden (vgl. § 126 MarkenG). Die geographischen Herkunftsangaben sind von den übrigen Schutzgegenständen des MarkenG getrennt zu betrachten. Geographische Herkunftsangaben kennzeichnen nicht die betriebliche Herkunft, sondern ausschließlich die geographische Herkunft von Waren oder Dienstleistungen. Anders als Marken, Unternehmenskennzeichen und Werktitel verkörpern sie daher **keine Individualrechte**.[104] Die Regelungen zu den geographischen Herkunftsangaben im MarkenG sind als lex specialis eines seiner Natur nach wettbewerblichen Schutzes anzusehen, neben dem die Vorschriften des UWG nur noch ergänzend für Sachverhalte herangezogen werden können, die nicht unter die §§ 126 ff. MarkenG fallen.[105]

5. Namensrecht (§ 12 BGB)

60 Der bürgerlich-rechtliche Namensschutz nach § 12 BGB ist ebenfalls ein absolutes Recht. Aufgrund des Vorrangs des Kennzeichenrechts als Sonderprivatrecht geht der Kennzeichenschutz im Anwendungsbereich des MarkenG dem allgemeinen Namensrecht vor.[106] Geschützt wird durch § 12 BGB der zum Gebrauch eines Namens Berechtigte vor **Namensleugnung** und **Namensanmaßung**. Namensleugnung ist das Bestreiten des Rechts zum Gebrauch eines Namens, während Namensanmaßung vorliegt, wenn ein anderer unbefugt den gleichen Namen gebraucht und dadurch ein schutzwürdiges Interesse des Namensträgers verletzt.[107] Die Vorschrift des § 12 BGB spielt in der Offline-Welt eine untergeordnete Rolle, ist jedoch bei Auseinandersetzungen über die Berechtigung an **Domainnamen** von erheblicher Bedeutung (vgl. hierzu nachfolgend Rn. 161 ff.).

II. Schutzwirkungen

1. Marken

1.1 Identitätsschutz

61 Dritten ist es untersagt, ohne Zustimmung des Markeninhabers im geschäftlichen Verkehr ein mit der Marke identisches Zeichen für Waren oder Dienstleistungen zu benutzen, die mit den für die Marke geschützten identisch sind (§ 14 Abs. 2 Nr. 1 MarkenG). Voraussetzungen des Identitätsschutzes sind also:

- markenmäßige Benutzung eines Zeichens durch einen Dritten ohne Zustimmung des Markeninhabers,
- im geschäftlichen Verkehr,
- Doppelidentität bzgl. kollidierender Zeichen und kollidierender Waren/Dienstleistungen.

---

104 Vgl. *Ingerl/Rohnke* Vor §§ 126-139 Rn. 1; *BGH* GRUR 1999, 252, 253 – Warsteiner II.

105 Vgl. *BGH* GRUR 1999, 252, 253 – Warsteiner II; GRUR 2007, 885, 886 – Cambridge Institute; a.A. *Ströbele/Hacker* § 126 Rn. 12 m.w.N.

106 Vgl. *BGH* GRUR 2002, 622 – shell.de.

107 Vgl. *Palandt/Ellenberger* BGB, 76. Aufl. 2017, § 12 Rn. 21 ff.

Eine **markenmäßige Benutzung** liegt vor, wenn das angegriffene Zeichen als Marke, also in der Weise verwendet wird, dass es im Rahmen des Produktabsatzes die gekennzeichneten Waren oder Leistungen von Waren oder Leistungen anderer Unternehmen unterscheidet.[108] Ob eine Bezeichnung beschreibend oder herkunftshinweisend verwendet wird, richtet sich nach dem Verständnis der angesprochenen Verkehrskreise.[109] Wird ein nicht beschreibendes, kennzeichnungskräftiges Zeichen verwendet, wird eine nichtmarkenmäßige Benutzung nur in Ausnahmefällen vorliegen.[110] **62**

Eine Benutzung **im geschäftlichen Verkehr** ist zu bejahen, wenn die Benutzung im Zusammenhang mit einer auf einen wirtschaftlichen Vorteil gerichteten kommerziellen Tätigkeit und nicht im privaten Bereich erfolgt.[111] **63**

Bei Vorliegen der in § 14 Abs. 2 Nr. 1 MarkenG normierten Doppelidentität besteht absoluter Markenschutz, der nicht von weiteren Voraussetzungen – insbesondere nicht von der Prüfung einer Verwechslungsgefahr – abhängig ist.[112] **64**

1.2 Schutz vor Verwechslungsgefahr

Nach § 14 Abs. 2 Nr. 2 MarkenG ist eine Marke auch vor der Gefahr von Verwechslungen geschützt. Voraussetzungen dieses Kollisionstatbestandes sind: **65**

- markenmäßige Benutzung eines Zeichens durch einen Dritten ohne Zustimmung des Markeninhabers,
- im geschäftlichen Verkehr,
- Vorliegen einer Verwechslungsgefahr.

Die Frage, ob eine Verwechslungsgefahr vorliegt oder nicht, ist eine Rechtsfrage, die als solche einer Beweisaufnahme nicht zugänglich ist.[113] Weiterhin ist die Verwechslungsgefahr ein abstrakter Gefährdungsbestand, so dass eine tatsächliche Irreführung des Publikums nicht erforderlich ist.[114] Allerdings sind die Rechte aus der Marke nach § 14 Abs. 2 Nr. 2 MarkenG auf diejenigen Fälle beschränkt, in denen die Benutzung des Zeichens durch einen Dritten die Hauptfunktion der Marke, d.h. die Gewährleistung der Herkunft eines Produktes gegenüber dem Verbraucher beeinträchtigt oder beeinträchtigen könnte.[115] **66**

Bei der Verwechslungsgefahr wird üblicherweise unterschieden zwischen unmittelbarer Verwechslungsgefahr im engeren Sinne und Verwechslungsgefahr durch „Gedankliches miteinander-in-Verbindung-bringen".[116] **67**

---

108 *BGH* GRUR 2016, 197 Rn. 27 – Bounty; GRUR 2010, 835, 837 – POWER BALL; *EuGH* GRUR 2009, 756 Rn. 58 – L'Oréal/Bellure.

109 *BGH* GRUR 2004, 947 – Gazoz; *EuGH* GRUR 2003, 55 – Arsenal.

110 Vgl. *Ströbele/Hacker* § 14 Rn. 107 bzw. 118 ff. m.w.N.; vgl. eingehend zum markenmäßigen Gebrauch auch *Lange* Rn. 1818 ff.

111 *BGH* GRUR 2004, 241, 242 – GeDIOS; GRUR 2007, 708 – Internet-Versteigerung II, LV; *EuGH* GRUR 2003, 55 – Arsenal 708.

112 Vgl. *BGH* GRUR 2015, 1009 Rn. 15 – BMW-Emblem, zur Identität der Kollisionszeichen; vgl. auch *Lange* Rn. 1888 ff. m.w.N., dort auch zur erforderlichen restriktiven Handhabung der Doppelidentität.

113 Vgl. *Ströbele/Hacker* § 9 Rn. 16; *BGH* GRUR 1993, 118, 120 – Corvaton/Corvasal.

114 Vgl. *Fezer* § 14 Rn. 279; *BGH* GRUR 1991, 609, 611 – SL.

115 Vgl. z.B. *BGH* GRUR 2013, 1239 Rn. 20 – VOLKSWAGEN/Volks.Inspektion; *EuGH* GRUR 2008, 698 Rn. 57 – O2.

116 Vgl. zu den Begrifflichkeiten *Ströbele/Hacker* § 9 Rn. 46, 438 ff.; *Lange* Rn. 2178 ff., jeweils m.w.N.; zum Fall des gedanklichen Inverbindungbringens, nachfolgend Rn. 78 ff.

68 Eine **unmittelbare Verwechslungsgefahr** im engeren Sinne liegt vor, wenn die Gefahr besteht, dass der Verkehr irrtümlich ein Kennzeichen für ein anderes hält, weil er Unterschiede nicht hinreichend wahrnehmen kann.

69 Die Prüfung der Verwechslungsgefahr ist stets konkret unter Berücksichtigung aller maßgeblichen Umstände des jeweiligen Einzelfalles vorzunehmen.[117] Maßgebliche **Kriterien** für diese Einzelfallprüfung sind:
- die Ähnlichkeit der Waren/Dienstleistungen, für die Schutz beansprucht wird,
- die Gemeinsamkeiten und Unterschiede der sich gegenüberstehenden Marken,
- die Kennzeichnungskraft und damit der Schutzumfang der prioritätsälteren Marke.

70 Die Verwechslungsgefahr ist umfassend aus Sicht der angesprochenen Verkehrskreise[118] unter Berücksichtigung dieser drei Faktoren zu beurteilen, wobei zwischen den einzelnen Faktoren eine **Wechselwirkung** besteht.[119] So kann z.B. ein geringerer Grad der Ähnlichkeit der beanspruchten Waren und Dienstleistungen durch einen höheren Grad der Ähnlichkeit der Marken ausgeglichen werden und umgekehrt.[120]

71 Bei der Beurteilung der **Waren-/Dienstleistungsähnlichkeit** sind alle erheblichen Gesichtspunkte zu berücksichtigen, die das Verhältnis zwischen den betroffenen Produkten kennzeichnen; hierzu gehören insbesondere die Art der Waren/Dienstleistungen, ihr Verwendungszweck und ihre Nutzung sowie ihre Eigenart als miteinander konkurrierende oder einander ergänzende Produkte. In die Beurteilung einzubeziehen ist, ob die Produkte regelmäßig von denselben Unternehmen oder unter ihrer Kontrolle hergestellt werden oder ob sie beim Vertrieb Berührungspunkte aufweisen, etwa weil sie in derselben Verkaufsstätte angeboten werden.[121] Nach diesen Kriterien sind z.B. Wasser und Wein als ähnliche Waren anzusehen – ohne dass der Abstand zwischen ihnen besonders groß wäre –, da sie ihrer Funktion nach nah beieinander liegen (Lebensmittel, Getränke), sie im Handel nebeneinander präsentiert und teilweise auch nebeneinander beworben werden sowie beim Verbrauch häufig nebeneinander in Erscheinung treten.[122]

72 Sind sich die gegenüberstehenden Waren/Dienstleistungen **absolut unähnlich**, kommt eine Verwechslungsgefahr von vornherein nicht in Betracht, selbst wenn die Marken identisch oder hochgradig ähnlich sind.[123] Auch in Fällen absoluter Warenunähnlichkeit kann allerdings noch ein Markenschutz nach § 14 Abs. 2 Nr. 3 MarkenG (Schutz der bekannten Marke) Platz greifen (hierzu nachstehend Rn. 82 ff.). Eine Warenähnlichkeit verneint wurde z.B. zwischen Kraftfahrzeugen und deren Ersatzteilen einerseits sowie Lenkrädern und Pedalen zur Steuerung von Computerspielen andererseits.[124]

---

117 Vgl. *EuGH* GRUR 1998, 387, 389 – Sabèl/Puma; *BGH* GRUR 2002, 1067, 1068 – DKV/OKV; GRUR 2002, 167, 169 – Bit/Bud.

118 Vgl. z.B. *BGH* GRUR 2013, 631 Rn. 64 – AMARULA/Marulablu.

119 StRspr. vgl. *BGH* GRUR 2005, 61 – CompuNet/ComNet II; GRUR 2007, 888 – Euro Telekom.

120 Vgl. *EuGH* GRUR 1998, 922, 923 – Canon; *BGH* GRUR 2004, 865, 866 – Mustang; GRUR 2005, 326 – il padrone/Il portone.

121 StRspr. *BGH* GRUR 2003, 428, 432 – BIG BERTHA; GRUR 2000, 886, 887 – Bayer/BeiChem; GRUR 2001, 507, 508 – EVIAN/REVIAN; vgl. auch *EuGH* GRUR 1998, 922, 923 – Canon.

122 Vgl. *BGH* GRUR 2001, 507, 508 – EVIAN/REVIAN.

123 Vgl. *BGH* GRUR 2004, 594, 596 – Ferrari-Pferd; GRUR 2001, 507, 508 – EVIAN/REVIAN.

124 *BGH* GRUR 2004, 594, 596 – Ferrari-Pferd.

Hinsichtlich der zu überprüfenden Gemeinsamkeiten und Unterschiede der sich gegenüberstehenden Marken (**Markenähnlichkeit**) ist auf den **Gesamteindruck** abzustellen, den die Kollisionszeichen hervorrufen.[125] Denn der angesprochene Verkehr nimmt die Marke regelmäßig als Ganzes wahr und achtet nicht auf die verschiedenen Einzelheiten.[126] Die Markenähnlichkeit ist in klanglicher, (schrift-)bildlicher und begrifflicher Hinsicht zu prüfen.[127] Es reicht aus, wenn eine Verwechslungsgefahr unter einem Gesichtspunkt zu bejahen ist, d.h.: Selbst wenn z.B. eine Verwechslungsgefahr unter phonetischen Gesichtspunkten ausscheidet, kann sie unter visuellen Aspekten zu bejahen sein. **73**

Die Maßgeblichkeit des Gesamteindrucks der sich gegenüberstehenden Zeichen schließt es nicht aus, dass **einzelne Bestandteile** innerhalb einer Marke **für den Gesamteindruck prägend** sind.[128] Einem Markenbestandteil kann selbst dann eine innerhalb des Gesamteindrucks noch selbständig kennzeichnende Stellung – die eine Verwechslungsgefahr begründen kann – zukommen, wenn die aus mehreren Bestandteilen zusammengesetzte Marke von einem anderen Bestandteil dominiert oder geprägt wird.[129] Zu berücksichtigen ist ferner, dass die von der Marke angesprochenen Verkehrskreise – deren Auffassung für die Beurteilung der Verwechslungsgefahr und damit auch der Markenähnlichkeit maßgeblich ist[130] – je nach Art der zu beurteilenden Markenähnlichkeit (z.B. phonetisch oder bildlich) und je nach Art der sich gegenüberstehenden Marken (z.B. Wortmarke, Wort-/Bildmarke, dreidimensionale Marke) den Gesamteindruck unterschiedlich wahrnehmen bzw. sich an unterschiedlichen Bestandteilen orientieren können.[131] **74**

Eine entscheidende Rolle spielt darüber hinaus auch die **Kennzeichnungskraft** der prioritätsälteren Marke, die im Rahmen der Prüfung der Verwechslungsgefahr stets zu überprüfen ist.[132] Je größer die Kennzeichnungskraft einer Marke ist, umso größer ist der **Schutzbereich**, innerhalb dessen eine Verwechslungsgefahr angenommen werden kann. Üblicherweise unterscheidet man zwischen „geringer", „normaler" und „gesteigerter" Kennzeichnungskraft.[133] **75**

Insoweit ist zunächst zu prüfen, welcher Grad an Kennzeichnungskraft der Marke von Hause aus zukommt. Dabei gilt der Grundsatz, dass von normaler Kennzeichnungskraft ausgegangen wird, wenn nicht eine geringe Kennzeichnungskraft festgestellt werden kann.[134] Je geringer die Eigenart und Unterscheidungskraft der Marke für die betroffenen Waren/Dienstleistungen sind, umso geringer ist auch ihre Kennzeichnungskraft. Entsprechend sind z.B. Bezeichnungen, die erkennbar an beschreibende **76**

---

125 Vgl. *BGH* GRUR 2007, 235, 237 – Goldhase; *EuGH* GRUR 2006, 237, 238 – PICASSO/PICARO.
126 *BGH* GRUR 2007, 235, 237 – Goldhase; *EuGH* GRUR 2005, 1042 – THOMSON LIFE.
127 Vgl. *BGH* GRUR 2012, 64 Rn. 14 – Maalox/Melox-GR; *EuGH* GRURInt 1999, 734 Rn. 27 f. – Lloyd.
128 Vgl. *BGH* GRUR 2006, 859 – Malteserkreuz; *EuGH* GRUR 2005, 1042 – THOMSON LIFE; *BGH* GRUR 2006, 60 – coccodrillo; jeweils m.w.N.
129 *BGH* GRUR 2006, 859, 861 – Malteserkreuz; GRUR 2007, 888, 889 – Euro Telekom; *EuGH* GRUR 2005, 1042 – THOMSON LIFE.
130 Vgl. hierzu eingehend *Ingerl/Rohnke* § 14 Rn. 440 ff. m.w.N.
131 Vgl. z.B. *BGH* GRUR 2001, 1158, 1160 – Dorf Münsterland; GRUR 2002, 171, 174 – Marlboro-Dach; GRUR 2006, 859, 862 – Malteserkreuz.
132 Vgl. z.B. *BGH* GRUR 1999, 587, 589 – Cefallone; *EuGH* GRUR 1998, 387, 390 – Sabèl/Puma.
133 Vgl. *von Schultz/Schweyer* § 14 Rn. 128; *Ingerl/Rohnke* § 14 Rn. 497 ff.
134 Vgl. z.B. *BGH* GRUR 2000, 1028, 1029 – Ballermann.

Angaben angelehnt sind, nur von geringer Kennzeichnungskraft.[135] Eine geringe Kennzeichnungskraft kann einer Marke auch dann zukommen, wenn sie aufgrund der Existenz zahlreicher ähnlicher (benutzter) Drittmarken geschwächt ist.[136] Eine gesteigerte Kennzeichnungskraft und damit ein erweiterter Schutzumfang kommen einer Marke dagegen nicht allein schon deswegen zu, weil sie eine besondere Eigenart und Einprägsamkeit besitzt.[137] Ein gesteigerter Schutzumfang beruht regelmäßig sowohl auf der besonderen Eigenart und Einprägsamkeit des Zeichens, als auch auf einem aufgrund intensiver Benutzung der Marke auf dem Markt erworbenen Bekanntheitsgrad.[138]

77 Vor dem Hintergrund der vorstehend dargestellten Umstände, die bzgl. der einzelnen Faktoren (Waren-/Dienstleistungsähnlichkeit, Zeichenähnlichkeit, Kennzeichnungskraft) zu berücksichtigen sind, sowie in Anbetracht der zudem noch zu berücksichtigenden Wechselwirkung zwischen den einzelnen Faktoren wird deutlich, dass für die Prüfung der Verwechslungsgefahr keinerlei starre Regeln gelten können, sondern stets eine umfassende Würdigung aller Umstände des jeweiligen Einzelfalles notwendig ist.

78 Neben der Gefahr einer unmittelbaren Verwechslung besteht auch dann eine markenrechtlich relevante Verwechslungsgefahr, wenn die Gefahr besteht, „dass die **Marken gedanklich miteinander in Verbindung gebracht werden**" (vgl. § 9 Abs. 1 Nr. 2 MarkenG/§ 14 Abs. 2 Nr. 2 MarkenG). Im Hinblick auf den Begriff des „gedanklichen Inverbindungbringens" ist klarzustellen, dass dieser keinen eigenen Tatbestand der Markenkollision begründet, sondern nur einen Unterfall der markenrechtlichen Verwechslungsgefahr darstellt.[139] Weiterhin begründet eine rein assoziative gedankliche Verbindung, die der Verkehr etwa über die Übereinstimmung des Sinngehalts zweier Marken zwischen diesen herstellen könnte, für sich genommen keine Verwechslungsgefahr i.S.d. „gedanklichen Inverbindungbringens".[140] Markenrechtlich erheblich ist es nur, wenn die gedankliche Verbindung zu einer mittelbaren Verwechslungsgefahr oder einer sog. Verwechslungsgefahr im weiteren Sinne führt.

79 Eine **mittelbare Verwechslungsgefahr** kommt in der Praxis insbesondere unter dem Gesichtspunkt einer **Serienmarke** in Betracht. Bei einer Serienmarke sieht der Verkehr einen Markenbestandteil als Stamm mehrerer Zeichen eines Unternehmens an und ordnet deshalb nachfolgenden Bezeichnungen, die einen wesensgleichen Stamm aufweisen, den gleichen Zeicheninhaber zu.[141] Allerdings sind an das Vorliegen eines Serienzeichens strenge Anforderungen zu stellen, um zu verhindern, dass über diesen Umweg unzulässigerweise Markenelemente geschützt werden und der Gesamteindruck nicht mehr für die Verwechslungsgefahr maßgeblich ist.

---

135 Vgl. z.B. *BGH* GRUR 1997, 468, 469 – NetCom, Erkennbarkeit von „network" und „communication" im Begriff „NetCom".

136 Vgl. zu den Voraussetzungen einer solchen Schwächung der Kennzeichnungskraft *Ströbele/Hacker* § 9 Rn. 173 ff. m.w.N.

137 Vgl. *Ströbele/Hacker* § 9 Rn. 150 m.H.a. a.A. des *EuG* GRURInt 2005, 586, 589 – Hai; GRURInt 2006, 144 – ARTHUR ET FELICIE.

138 Vgl. *Fezer* § 14 Rn. 286 ff.

139 Vgl. *EuGH* GRURInt 1999, 734, 736 – Lloyd; GRUR 1998, 387, 389 – Sabèl/Puma; *BGH* GRUR 1999, 735, 736 – MONOFLAM/POLYFLAM.

140 *EuGH* GRUR 1998, 387, 389 – Sabèl/Puma.

141 *BGH* GRUR 2003, 1040, 1043; GRUR 2002, 544, 547 – BANK 24.

Eine **Verwechslungsgefahr im weiteren Sinne** kommt in Betracht, wenn der Verkehr die sich gegenüberstehenden Kennzeichen als unterschiedlich erkennt und nicht verwechselt und sie auch als verschiedenen Unternehmen zugehörig auffasst, jedoch unzutreffend davon ausgeht, dass zwischen diesen Unternehmen eine Verbindung geschäftlicher, wirtschaftlicher oder organisatorischer Art besteht.[142] **80**

Eine solche Verwechslungsgefahr liegt insbesondere vor, wenn ein mit der älteren Marke übereinstimmender Bestandteil identisch oder ähnlich in ein zusammengesetztes Zeichen aufgenommen wird, in dem er eine selbständig kennzeichnende Stellung behält, und wenn wegen der Übereinstimmung dieses Bestandteils mit der älteren Marke der Eindruck hervorgerufen wird, dass die so gekennzeichneten Produkte aus wirtschaftlich miteinander verbundenen Unternehmen stammen.[143] **81**

1.3 Schutz bekannter Marken

Eine „im Inland bekannte" Marke genießt einen über die vorstehend behandelte Verwechslungsgefahr hinausgehenden Schutz. Solche Marken sind nach § 14 Abs. 2 Nr. 3 MarkenG auch gegen Ausnutzung und Beeinträchtigung ihrer Unterscheidungskraft und Wertschätzung geschützt, wenn sie ein Dritter im geschäftlichen Verkehr markenmäßig verwendet.[144] **82**

Die für den erweiterten Schutz **erforderliche Bekanntheit** ist dann anzunehmen, wenn die Marke einem bedeutenden Teil des inländischen Publikums bekannt ist, das von den durch die Marke erfassten Waren oder Dienstleistungen angesprochen wird.[145] Im Rahmen der Prüfung der Bekanntheit sind alle relevanten Umstände des Einzelfalles zu berücksichtigen, insbesondere der Marktanteil der Marke, die Intensität, geographische Ausdehnung und Dauer der Markenbenutzung sowie der Umfang der Investitionen, die das Unternehmen zu ihrer Förderung getätigt hat.[146] Bestimmte Prozentsätze für den zu fordernden Bekanntheitsgrad bei den betroffenen Verkehrskreisen existieren nicht.[147] Die in einzelnen Urteilen genannten Prozentsätze[148] sowie die in der Lit. z.T. diskutierten Mindestprozentsätze[149] sind nicht als Regelsätze anzuwenden, sondern es muss auch ein im jeweiligen Streitfall festgestellter prozentualer Bekanntheitsgrad stets im Lichte sämtlicher Umstände des Einzelfalles betrachtet werden, um die erforderliche Bekanntheit bejahen oder verneinen zu können.[150] Ein Bekanntheitsschutz kann erst ab dem Zeitpunkt geltend gemacht werden, in dem die Marke die erforderliche Bekanntheit erreicht, ohne dass insoweit eine Rückwirkung besteht.[151] **83**

---

142 Vgl. *Ingerl/Rohnke* § 14 Rn. 391; *BGH* GRUR 2006, 60, 63 – coccodrillo.
143 Vgl. *BGH* GRUR 2010, 646, 648 – OFFROAD; *EuGH* GRUR 2005, 1042 Rn. 30 ff. – THOMSON LIFE.
144 Vgl. zum Schutz der bekannten Marke z.B. *Starck* MarkenR 2000, 73 ff.
145 Vgl. *EuGH* GRURInt 2000, 73, 75 – Chevy.
146 *EuGH* GRURInt 2000, 73, 75 – Chevy.
147 Vgl. *BGH* GRUR 2003, 428, 432 – BIG BERTHA; GRUR 2002, 340, 341 – Fabergé; *EuGH* GRURInt 2000, 73, 74 – Chevy.
148 Vgl. z.B. *OLG Hamburg* MarkenR 2003, 401, 406 – VISA, 30 % = ausreichend; *LG München I* GRUR-RR 2002, 165 – BIG BROTHER-Ticker, über 20 % = ausreichend (für bekannten Werktitel).
149 Vgl. z.B. *Fezer* § 14 Rn. 759, Mindestgrad von 30 % kann ausreichend sein.
150 Vgl. *Ströbele/Hacker* § 14 Rn. 308.
151 Vgl. *BGH* GRUR 2003, 428, 433 – BIG BERTHA.

84 Tatbestandsvoraussetzung für einen Anspruch aus der bekannten Marke nach § 14 Abs. 2 Nr. 3 MarkenG ist, dass es sich bei dem angegriffenen Zeichen um ein **mit der bekannten Marke identisches oder ähnliches Zeichen** handelt. Die Beurteilung der Zeichenähnlichkeit entspricht derjenigen, die im Rahmen der Verwechslungsgefahr (s.o. Rn. 73 ff.) anzuwenden ist.[152] Eine Waren-/Dienstleistungsidentität bzw. -ähnlichkeit muss dagegen beim Bekanntheitsschutz nicht vorliegen. Der Bekanntheitsschutz bezieht sich auf innerhalb und außerhalb des Ähnlichkeitsbereichs liegende Waren und Dienstleistungen, auch wenn der Gesetzeswortlaut des § 14 Abs. 2 Nr. 3 MarkenG nur Waren und Dienstleistungen außerhalb des Ähnlichkeitsbereiches nennt.[153]

85 Die Vorschrift des § 14 Abs. 2 Nr. 3 MarkenG **schützt** nicht vor einer Gefahr von Verwechslungen, sondern **vor Ausbeutung und Beeinträchtigung der bekannten Marke**. Eine Beeinträchtigung oder Ausbeutung der Unterscheidungskraft und Wertschätzung einer bekannten Marke liegt umso eher vor, je größer die Unterscheidungskraft und Wertschätzung der bekannten Marke sind.[154] Bei der Ausnutzung der Wertschätzung und Unterscheidungskraft geht es regelmäßig um die **Ausbeutung des guten Rufs** einer Marke bzw. die **Ausbeutung der Aufmerksamkeit**, die eine Marke im Verkehr genießt. Der Verletzer verwendet eine bekannte Marke, um deren besondere Unterscheidungskraft bzw. die Aufmerksamkeit, die sie im Verkehr genießt, auf seine eigenen Produkte zu übertragen oder um den guten Ruf zur Empfehlung der eigenen Ware im Wege des Imagetransfers auszunutzen.[155] Zu beachten ist, dass eine Ausnutzung der Wertschätzung im Wege des Imagetransfers voraussetzt, dass gewisse Berührungspunkte (z.B. gedanklicher oder gefühlsmäßiger Art) zwischen den Produkten des Markeninhabers und denen des Verletzers bestehen.[156] Solche Berührungspunkte wurden in der Rspr. z.B. nicht gesehen zwischen einer bekannten Marke für eine Fernseh-Krimireihe und der Verwendung eines identischen Zeichens bzgl. „Lösungen für das Internet".[157] Dagegen wurden die erforderlichen Berührungspunkte bejaht zwischen einer bekannten Marke für Computer-Prozessoren und einer ähnlichen Marke für das „Erstellen von Gebäuden, Bau- und Konstruktionsplanung, Ingenieurdienstleistungen".[158]

86 Eine **Beeinträchtigung der Unterscheidungskraft** ist üblicherweise gegeben, wenn eine „Verwässerung" der Marke droht.[159] Eine **Beeinträchtigung der Wertschätzung** erfolgt, wenn der gute Ruf einer bekannten Marke konkret gefährdet wird. Dies ist insbesondere der Fall, wenn eine Benutzung für qualitativ minderwertige Waren oder etwa Scherzartikel erfolgt (Markenverunglimpfung).[160]

---

152 Vgl. *BGH* GRUR 2004, 595, 596 – Ferrari-Pferd.

153 Vgl. *EuGH* GRUR 2003, 240, 242 – Davidoff/Gofkid; *BGH* GRUR 2004, 235, 238 – Davidoff II; GRUR 2005, 163, 165 – Aluminiumräder.

154 Vgl. *EuGH* GRURInt 2000, 73, 75 – Chevy; vgl. *Ingerl/Rohnke* § 14 Rn. 1260.

155 Vgl. *Lange* Rn. 2254; *BGH* GRUR 1985, 550, 552 – DIMPLE.

156 Vgl. *Ströbele/Hacker* § 14 Rn. 346.

157 *OLG Hamburg* GRUR-RR 2002, 100, 102 – derrick.de.

158 *LG Mannheim* MarkenR 2002, 60, 71 f. – intel inside.

159 Vgl. hierzu eingehend z.B. *Ingerl/Rohnke* § 14 Rn. 1274 ff. m.w.N.

160 Vgl. hierzu z.B. *BGH* GRUR 1995, 57, 59 – Markenverunglimpfung II (Benutzung von „NIVEA" im Zusammenhang mit dem Vertrieb von Kondomen); *OLG Hamburg* GRUR 1999, 339 – Yves Roche (Benutzung einer mit der bekannten Kosmetikmarke „Yves Rocher" fast identischen Marke für alkoholisches Billiggetränk); *BGH* GRUR 1999, 161, 164 – MAC Dog (Benutzung einer bekannten Schnellrestaurant-Marke für Tierfutter).

Anders als beim Verwechslungsschutz muss allerdings im Rahmen des Bekanntheitsschutzes nach § 14 Abs. 2 Nr. 3 MarkenG als weiteres Tatbestandsmerkmal hinzukommen, dass die Handlung **unlauter** ist und **keine Rechtfertigungsgründe** vorliegen. I.d.R. wird eine Unlauterkeit naheliegen, wenn ein mit der bekannten Marke identisches Zeichen verwendet wird oder wenn sich z.B. aus den Umständen der Benutzung die Zielrichtung ergibt, am fremden Ruf zu schmarotzen.[161] Allerdings muss die Unlauterkeit stets geprüft werden und ist zu beachten, dass u.U. auch Rechtfertigungsgründe für die Benutzung des angegriffenen Zeichens bestehen können, so z.B. die Kunstfreiheit (Art. 5 Abs. 3 GG).[162] 87

2. Unternehmenskennzeichen und Werktitel

Unternehmenskennzeichen und **Werktitel** genießen gem. § 15 MarkenG ebenfalls absoluten Schutz. Voraussetzung einer Schutzrechtsverletzung ist wiederum ein Handeln im geschäftlichen Verkehr ohne Zustimmung des Inhabers (vgl. § 15 Abs. 2 MarkenG). 88

Entsprechend der zu fordernden markenmäßigen Benutzung beim Schutz von Marken, ist weitere Anspruchsvoraussetzung, dass der Dritte das Zeichen **als individualisierendes Unternehmenskennzeichen** (bei Anspruch aus Unternehmenskennzeichen) oder **zur Unterscheidung eines Werkes von einem anderen** (bei Anspruch aus Werktitel) verwendet.[163] 89

Ein absoluter Identitätsschutz wie bei der Marke existiert nicht. Unternehmenskennzeichen und Werktitel sind beide gegen **Verwechslungsgefahr** geschützt. Hinsichtlich der Prüfung des Vorliegens von Verwechslungsgefahr kann zunächst weitgehend von den bei der Marke maßgeblichen Grundsätzen ausgegangen werden (s.o. Rn. 65 ff.). Allerdings bestehen sowohl für Unternehmenskennzeichen, als auch für Werktitel Besonderheiten, die zwingend zu berücksichtigen sind. 90

Da beide Kennzeichen im Gegensatz zur eingetragenen Marke keine Registerrechte sind, kann bei der Beurteilung der **Zeichenähnlichkeit** die Bestimmung des maßgeblichen Gesamteindrucks und ggf. prägender Bestandteile – vor allem bei längeren und zusammengesetzten Zeichen – in der Praxis schwieriger sein und abweichenden Regeln unterliegen, insbesondere, da der Verkehr dazu neigt, längere Bezeichnungen zu verkürzen.[164] 91

Das bei der Marke einschlägige Kriterium der Produktidentität bzw. -ähnlichkeit ist bei Unternehmenskennzeichen und Werktiteln durch die Prüfung der **Branchenidentität/-ähnlichkeit** bzw. **Werkidentität/-ähnlichkeit** zu ersetzen.[165] Branchennähe wurde vom BGH z.B. bejaht für „kundenspezifische Ausstattungen mit Hard- und Software" einerseits und „Zurverfügungstellung von E-Mail-Adressen inklusive Homepage" andererseits.[166] Wegen der Vielfalt und Differenziertheit des Angebotes im Bereich der Informationstechnologie kann jedoch nicht generell und ohne weiteres angenommen werden, dass sich Unternehmen allein wegen eines bei ihnen vorhandenen 92

161 Vgl. *Ingerl/Rohnke* § 14 Rn. 1280; *Ströbele/Hacker* § 14 Rn. 334 m.w.N.
162 Vgl. *BGH* GRUR 2005, 583 ff. – lila Postkarte.
163 Vgl. *Ströbele/Hacker* § 15 Rn. 17 ff.
164 Vgl. *Ingerl/Rohnke* § 15 Rn. 46, Rn. 81 m.w.N.
165 Vgl. *Lange* Rn. 2542 ff., Rn. 2726 ff.
166 *BGH* GRUR 2009, 685, 688 – ahd.de.

Bezugs zur Informationstechnologie am Markt begegnen und damit Branchennähe besteht.[167]

93 Für **Werktitel** ist zu beachten, dass sie i.d.R. nur der Unterscheidung eines Werks von einem anderen dienen, dagegen aber nicht auf den Hersteller oder Inhaber des Werks hinweisen. Aufgrund dieser eingeschränkten Funktion sind Werktitel **grds. nur** gegen eine **unmittelbare Verwechslungsgefahr im engeren Sinne** geschützt, d.h. die Gefahr, dass der angesprochene Verkehr einen Titel für einen anderen hält, weil er Unterschiede nicht hinreichend wahrnehmen kann.[168] Nur im Falle periodisch erscheinender Druckschriften oder Fernsehserien, die über eine hinreichende Bekanntheit verfügen, nimmt die Rechtsprechung an, dass einem Werktitel ein weitergehender Schutz gegen die Gefahr der betrieblichen Herkunftstäuschung zukommt.[169]

94 Wie die bekannte Marke genießen auch **bekannte Unternehmenskennzeichen** und **bekannte Werktitel** einen **erweiterten Schutz** gegen die Ausnutzung und Beeinträchtigung ihrer Unterscheidungskraft oder Wertschätzung (vgl. § 15 Abs. 3 MarkenG). Insoweit kann auf die vorstehenden Ausführungen zur bekannten Marke verwiesen werden (s.o. Rn. 82 ff.).

3. Besondere Schutzschranke

95 Das MarkenG normiert in den §§ 22–25 gegenüber dem allgemeinen Zivilrecht besondere Schranken für die Geltendmachung des Kennzeichenschutzes.[170] Besonders hinzuweisen ist hier auf die in der Praxis häufig relevanten Vorschriften des § 24 MarkenG und des § 23 MarkenG.

96 § 24 MarkenG regelt die **Erschöpfung** des Kennzeichenrechts für Waren, die unter dem Kennzeichen mit Zustimmung des Inhabers in der EU/dem EWR in den Verkehr gebracht worden sind. In Bezug auf diese Waren kann der Kennzeicheninhaber nicht mehr aus dem Kennzeichenrecht vorgehen, und zwar weder hinsichtlich des Weitervertriebs, noch insbesondere hinsichtlich einer Benutzung seines Kennzeichens in der Werbung für diese konkreten Waren.[171] Keine Anwendung findet der Grundsatz der Erschöpfung allerdings dann, wenn berechtigte Gründe vorliegen, aus denen sich der Markeninhaber der Benutzung seiner Marke im Zusammenhang mit dem weiteren Vertrieb der Waren widersetzen kann (vgl. § 24 Abs. 2 MarkenG). Bringt z.B. ein Wiederverkäufer mit der Marke eines Softwareherstellers versehene Sicherungs-CDs eines Computerprogramms in den Verkehr, die er mit Echtheitszertifikaten des Herstellers versehen hat, die zuvor nicht auf den CDs, sondern auf Computern angebracht waren, kann sich der Softwarehersteller dem Vertrieb der Datenträger gem. § 24 Abs. 2 MarkenG aus berechtigten Gründen widersetzen.[172]

---

167 *BGH* GRUR 2016, 810 Rn. 67 – profitbricks.es; 1990, 1042, 1044 f. - Datacolor; 1997, 468, 470 - NetCom I.

168 *BGH* GRUR 2000, 71, 72 – SZENE; GRUR 2000, 504, 505 – FACTS; GRUR 1999, 581, 582 – Wheels Magazine.

169 *BGH* GRUR 2016, 1301 Rn. 22 – Kinderstube; 2003, 440, 441 – Winnetous Rückkehr; 2005, 264, 266 – Das Telefon-Sparbuch; 2012, 1265 Rn. 23 – Stimmt's?

170 Vgl. vertiefend hierzu die Kommentierung der §§ 22–25 bei *Ströbele/Hacker* zu den Einwendungen und Einreden des Anspruchsgegners vgl. auch die umfassende Darstellung bei *Lange* Rn. 2898 ff.

171 *EuGH* GRURInt 1999, 438, 441 – BMW/Deenik; GRURInt 2006, 863 – ex works; GRUR 2010, 723 – Coty Prestige/ Simex Trading.

172 *BGH* GRUR 2012, 392 – Echtheitszertifikat.

In § 23 MarkenG finden sich weitere Schutzschranken, die eine Benutzung von **Namen und beschreibenden Angaben** und eine Benutzung von Kennzeichen im **Zubehör- oder Ersatzteilgeschäft** sowie als sonstige **notwendige Beschaffenheitsangabe** betreffen. Solche Benutzungshandlungen können vom Kennzeicheninhaber nicht untersagt werden, wenn sie **nicht gegen die guten Sitten verstoßen**. Diese Schutzschranken sind nur relevant, wenn ein kennzeichenmäßiger Gebrauch i.S.d. §§ 14, 15 MarkenG vorliegt, ansonsten liegt schon keine Verletzungshandlung vor. Ob das Handeln als sittenwidrig einzustufen ist, beurteilt sich nach den Umständen des Einzelfalles, wobei zu berücksichtigen ist, dass den Benutzer die Obliegenheit trifft, den berechtigten Interessen des Kennzeicheninhabers nicht in unlauterer Weise zuwiderzuhandeln.[173] **97**

4. Ansprüche des Kennzeicheninhabers

Wird eine Kennzeichenverletzung bejaht, stehen dem Kennzeicheninhaber gegenüber dem Verletzer insbesondere folgende Ansprüche zu: **98**

- **Unterlassungsanspruch** (§ 14 Abs. 5, § 15 Abs. 4 MarkenG),
- **Schadensersatzanspruch** (§ 14 Abs. 6, § 15 Abs. 5 MarkenG); der Schadensersatzanspruch ist von einem Verschulden des Verletzers abhängig. Allerdings ist in der Praxis ein Verschulden des Verletzers selten zu verneinen, da die Rspr. strengste Anforderungen an die vom Verletzer zu beachtenden Sorgfaltspflichten stellt.[174] Bei der Berechnung des Schadensersatzes ist der Verletzte – wie bei allen anderen gewerblichen Schutzrechten auch – nicht darauf angewiesen, den ihm konkret entstandenen Schaden zu berechnen. Vielmehr hat er die Wahl, ob er den Ersatz des konkreten Schadens (§§ 249 ff. BGB), die Herausgabe des Verletzergewinns oder Schadensersatz nach der Lizenzanalogie fordern will.[175]
- **Sicherungsanspruch bzgl. Schadensersatzanspruch** (§ 19b MarkenG),
- Auskunftsanspruch (§ 19 MarkenG) sowie ergänzend Anspruch auf **Auskunft und Rechnungslegung** als Hilfsanspruch zum Schadensersatzanspruch (§ 242 BGB),[176]
- **Vorlage – und Berichtigungsanspruch** (§ 19a MarkenG zur Überprüfung, ob eine Rechtsverletzung vorliegt),
- **Vernichtungsanspruch** (§ 18 MarkenG),[177]
- weitergehende Ansprüche auf **Beseitigung** (§ 18 Abs. 3 MarkenG);[178] hierzu gehören insbesondere Ansprüche auf Freigabe von rechtsverletzenden Internetdomains (hierzu nachstehend Rn. 176),
- **bereicherungsrechtlicher Anspruch** (§ 812 Abs. 1 S. 1, 2. Alt. BGB),[179]
- **Anspruch auf Urteilsbekanntmachung** (§ 19c MarkenG),

---

173 *Ströbele/Hacker* § 23 Rn. 87; vgl. zu § 23 Nr. 2 MarkenG insbesondere *BGH* GRUR 2010, 64, 648 – OFFROAD und zu § 23 Nr. 3 MarkenG insbesondere *BGH* GRUR 2017, 397 Rn. 97 ff. – World of Warcraft II; 2015, 1009 Rn. 33 – BMW-Emblem; 2011, 1135 – GROSSE INSPEKTION FÜR ALLE.

174 Vgl. hierzu *Ingerl/Rohnke* Vor §§ 14–19 Rn. 219 ff. m.w.N.

175 StRspr. vgl. z.B. *BGH* GRUR 1995, 349 – objektive Schadensberechnung; 2001, 329 – Gemeinkostenanteil; vgl. eingehend zur dreifachen Schadensberechnung auch *Ströbele/Hacker* § 14 Rn. 509 ff.

176 Vgl. *BGH* GRUR 2013, 638 Rn. 41 – Völkl; 2007, 884, 887 – Cambridge Institute.

177 Vgl. *BGH* GRUR 2006, 504, 508 – Parfumtestkäufe; 1996, 271, 275 – gefärbte Jeans; 1997, 899, 902 – Vernichtungsanspruch.

178 Vgl. hierzu *Ingerl/Rohnke* Vor §§ 14–19 Rn. 211 ff.

179 Vgl. *BGH* GRUR 2001, 1156, 1158 – DER GRÜNE PUNKT; 1996, 271, 275 – gefärbte Jeans; 1987, 520, 523 – Chanel No. 5 I.

- **Löschungsanspruch** gegen rechtsverletzende eingetragene Marke (§§ 51, 55 MarkenG).[180]
- Neben den Ansprüchen aus dem Markenrecht können auch auf eine Herkunftstäuschung gestützte wettbewerbsrechtliche Ansprüche in Betracht kommen (vgl. z.B. § 5 Abs. 1 S. 2 Nr. 1 UWG oder § 5 Abs. 2 UWG). Bei der Anwendung der lauterkeitsrechtlichen Vorschriften zum Schutz vor Herkunftstäuschungen sind jedoch Wertungswidersprüche zum Markenrecht zu vermeiden.[181]

III. Beendigung des Kennzeichenschutzes

1. Marken

99 Der kennzeichenrechtliche Schutz ist **zeitlich nicht begrenzt**. Für Marken kann die zunächst 10-jährige Schutzdauer beliebig verlängert werden (§ 47 MarkenG). Eine Nichtverlängerung führt gem. § 47 Abs. 6 MarkenG zum Erlöschen der Marke mit Wirkung ab dem Ablauf der Schutzdauer. Überdies kann der Inhaber der Marke jederzeit für alle oder einen Teil der geschützten Waren/Dienstleistungen auf die Marke verzichten (§ 48 MarkenG). Die Rechtswirkung des Verzichts tritt vom Tag seiner Erklärung an ein, ohne dass er zurückwirkt.[182]

100 Zudem besteht für Marken ein **Benutzungszwang** (vgl. § 26 MarkenG). Um ihre Rechtswirkung zu behalten, muss eine Marke im Inland ernsthaft für die für sie eingetragenen Waren oder Dienstleistungen benutzt werden, es sei denn, der Inhaber kann berechtigte Gründe für eine Nichtbenutzung geltend machen (§ 26 Abs. 1 MarkenG).[183] Es gilt allerdings zunächst eine 5-jährige **Benutzungsschonfrist** ab der Eintragung der Marke bzw. ab der Beendigung eines evtl. Widerspruchsverfahrens gegen die Marke (vgl. § 43 Abs. 1 MarkenG, § 26 Abs. 5 MarkenG). Erfolgt keine ernsthafte Benutzung der Marke im Inland, kann jeder Dritte einen Antrag auf Löschung der Marke wegen Verfalls stellen und ggf. gerichtlich durchsetzen (vgl. §§ 49, 53, 55 MarkenG). Die Nichtbenutzung einer Marke kann auch als Einrede im Widerspruchsverfahren geltend gemacht werden (vgl. § 43 MarkenG). Wird die Marke wegen Verfalls gelöscht, wirkt die Löschung zurück auf den Tag der Erhebung der Löschungsklage (§ 52 Abs. 1 MarkenG).

101 Eine eingetragene Marke kann auch wegen des Bestehens **absoluter Schutzhindernisse** gelöscht werden, insbesondere wenn sie entgegen §§ 3, 7 oder 8 MarkenG eingetragen worden ist (§ 50 Abs. 1 MarkenG). Einen entsprechenden Antrag kann jedermann beim DPMA stellen (§ 54 MarkenG). Es kann auf diese Weise eine zu Unrecht erfolgte Markeneintragung – z.B. aufgrund Nichtberücksichtigung eines bestehenden Freihaltebedürfnisses (§ 8 Abs. 2 Nr. 2 MarkenG) – korrigiert werden. Schließlich kann eine Markenlöschung auch wegen des **Bestehens älterer Rechte** geltend gemacht wer-

---

180 Dieser Anspruch besteht unabhängig von einem markenmäßigen oder sonst kennzeichenverletzenden Handeln im geschäftlichen Verkehr und kann unabhängig von einer Verletzungshandlung des Inhabers gegen eine eingetragene Marke geltend gemacht werden.

181 *BGH* GRUR 2016, 965 – Baumann II; 2013, 1161 – Hard Rock Cafe.

182 Vgl. zu § 26 MarkenG z.B.: *BGH* GRUR 2015, 685 – STAYER; 2015, 587 – PINAR; 2001, 337 – easypress.

183 Zur rechtserhaltenden Benutzung einer Marke durch Verwendung als Domainname vgl. *BGH* GRUR 2012, 832 – Zappa.

den (§ 51 MarkenG). Es ist also nicht nur möglich, aufgrund einer eigenen eingetragenen Marke einen Widerspruch gegen eine Markeneintragung einzulegen. Vielmehr ist es sämtlichen Inhabern älterer Rechte (vgl. zu den älteren Rechten §§ 9–13 MarkenG) möglich, eine Marke auch nach Ablauf der Widerspruchsfrist aus dem Register zu entfernen (vgl. hierzu §§ 55, 51 MarkenG). Wird eine Marke wegen absoluter Schutzhindernisse nach § 50 MarkenG oder wegen vorrangiger älterer Rechte nach § 51 MarkenG gelöscht, gelten die Wirkungen der Eintragung der Marke als von Anfang nicht eingetreten (§ 52 Abs. 2 MarkenG). Allerdings werden diese Rückwirkungen dadurch abgemildert, dass § 52 Abs. 3 MarkenG z.B. vorsieht, dass rechtskräftig gewordene und vollstreckte Entscheidungen in Verletzungsverfahren sowie vor der Entscheidung über den Antrag auf Löschung geschlossene und erfüllte Verträge von der Rückwirkung nicht betroffen sind.

Die Benutzungsmarke verliert ihren Schutz mit Entfall der für ihren Schutz notwendi- **102**
gen Verkehrsgeltung.[184]

2. Unternehmenskennzeichen und Werktitel

Unternehmenskennzeichen verlieren ihren Schutz, wenn ihre **Benutzung oder** der **103**
gekennzeichnete **Geschäftsbetrieb endgültig aufgegeben** wird.[185] Der Schutz des Werktitels endet mit der **endgültigen Aufgabe des Gebrauchs für das entsprechende Werk.**[186] Ob eine vorübergehende oder endgültige Aufgabe vorliegt, muss nach den Umständen des Einzelfalles überprüft werden.

Konnte der Schutz eines Unternehmenskennzeichens oder Werktitels nur aufgrund **104**
Verkehrsgeltung entstehen, entfällt er – unabhängig von der Benutzungsaufgabe – auch dann, wenn die Verkehrsgeltung nicht mehr vorliegt.

IV. Besonderheiten bei Kennzeichenverletzungen im Internet

Die vorstehend dargestellten Grundsätze des Kennzeichenrechts gelten auch dann, **105**
wenn Kennzeichen im Internet benutzt werden. Insoweit ist das Internet weder ein rechtsfreier Raum noch eine eigene Welt, in der eigene Rechtsregeln gelten. Allerdings führen die Besonderheiten und Möglichkeiten des Internet zu einigen Spezialproblemen innerhalb des Kennzeichenrechts, die nachfolgend dargestellt werden.

1. Territorialitäts- und Schutzlandprinzip

Der Schutz von Kennzeichen ist durch das Territorialitätsprinzip begrenzt. So kann **106**
eine deutsche Marke oder ein deutscher Werktitel nur Schutz für die Bundesrepublik Deutschland beanspruchen. Die Inhalte des Internets können dagegen weltweit erstellt und abgerufen werden. Hieraus resultiert die folgende Problematik: Der Kennzeicheninhaber verfügt über ein deutsches Kennzeichenrecht (Marke, Unternehmenskennzeichen, Werktitel); ein Dritter stellt Inhalte in das Internet, die – aufgrund der Natur des Internets – immer auch in Deutschland abrufbar sind. Im Hinblick auf eine Kennzeichenverletzung in Deutschland beruft sich der Dritte dann aber darauf,

184 Vgl. *Ströbele/Hacker* § 4 Rn. 65 ff. m.w.N.
185 *BGH* GRUR 2016, 1066 Rn. 22 f. – mt-perfect; 2005, 871, 872 – Seicom; 1985, 566 – Hydair.
186 *OLG Köln* GRUR 2000, 1073, 1074 – Blitzgerichte; GRUR 1997, 63 – PC-Welt.

seine konkrete Kennzeichennutzung im Internet weise keinerlei Inlandsbezug auf. Vor diesem Hintergrund ist zu fragen, welche Anforderungen an eine Benutzung im Internet zu stellen sind, um in dieser gleichzeitig eine das Kennzeichenrecht verletzende Benutzungshandlung im Inland sehen zu können.

107 Richtigerweise muss davon ausgegangen werden, dass nicht jede Kennzeichenbenutzung im Internet dem Kennzeichenrecht sämtlicher nationaler Rechtsordnungen unterworfen ist. Wollte man dies bejahen, würden die einzelnen nationalen Kennzeichenrechte uferlos (weltweit) ausgedehnt und könnten Kennzeichen im Internet faktisch überhaupt nicht mehr genutzt werden, da stets zu befürchten stünde, dass in irgendeinem Land der Welt ein Dritter aufgrund seiner (prioritätsbesseren) Kennzeichenrechte Ansprüche gegen die Nutzung geltend machen kann.[187] Erforderlich für ein **Eingreifen des nationalen Kennzeichenrechts bei Benutzungshandlungen im Internet** ist vielmehr, dass die beanstandete Handlung einen **hinreichenden wirtschaftlich relevanten Inlandsbezug** hat.[188] Dieser zu fordernde Inlandsbezug wird auch als „commercial effect" bezeichnet.[189] Die Frage, ob ein hinreichender Inlandsbezug vorliegt und ob im Ergebnis eine Kennzeichenverletzung zu bejahen ist, beurteilt sich nach dem Recht des Landes, in dem Kennzeichenschutz besteht (Schutzlandprinzip).[190] Es ist also bei Kennzeichenbenutzungen im Internet zunächst zu prüfen, ob ein hinreichender Bezug zu Deutschland gegeben ist; wird dies bejaht, ist nach den allgemeinen Regeln des deutschen Kennzeichenrechts zu prüfen, ob eine Kennzeichenverletzung vorliegt.

108 Im Rahmen der Prüfung des Inlandsbezugs sind sämtliche relevanten Umstände des Einzelfalles heranzuziehen und anhand dieser zu überprüfen, ob ein hinreichender „commercial effect" im Inland vorliegt.[191] Hierzu gehören **insbesondere folgende Umstände**: die Sprache des Internet-Auftritts sowie ein ausdrückliches Angebot von Produkten an Kunden in Deutschland (z.B. durch Zurverfügungstellung expliziter Bestell- bzw. Buchungsmöglichkeiten für deutsche Kunden);[192] inhaltliche Gestaltung der Website, Zahl der Zugriffe auf die Website durch inländische Internetnutzer, Art der auf der Website angebotenen Produkte sowie Verwendung von Ländercode-Top-Level-Domains (z.B. „.de") oder sonstige, außerhalb des Internets liegende Aktivitäten (z.B. Versand von gedruckten Katalogen nach Deutschland parallel zu einer Internet-Werbung);[193] das Fehlen von inländischen Kontaktadressen und Werbung mit Personen, die im Inland nicht bekannt sind.[194] Zu überprüfen ist zudem, inwieweit sich die Rechtsverletzung als unvermeidbare Begleiterscheinung technischer oder organisatorischer Sachverhalte darstellt, auf die der mutmaßliche Verletzer keinen Einfluss hat.[191] Berücksichtigt werden können auch sog. „Disclaimer", in denen der im Internet Werbende ausdrücklich Kunden in bestimmten Ländern von seinen Angeboten aus-

---

187 Vgl. *BGH* GRUR 2005, 431, 432 f. – HOTEL MARITIME; *Ingerl/Rohnke* Einl. Rn. 59.

188 Vgl. *BGH* GRUR 2005, 431, 433 – HOTEL MARITIME; *OLG Karlsruhe* MMR 2002, 814, 816; *Bettinger/Thum* GRURInt 1999, 659, 673 f.

189 Vgl. hierzu *Bettinger* WRP 2001, 789 ff.; *WIPO* Standing Committee on the Law of Trademarks, Industrial Designs and Geographical Indications, WRP 2001, 833-836.

190 *BGH* GRUR 2005, 431, 432 – HOTEL MARITIME; *Ströbele/Hacker* § 14 Rn. 66.

191 *BGH* GRUR 2012, 621 – OSCAR.

192 Vgl. *BGH* GRUR 2005, 431, 432 – HOTEL MARITIME; *OLG Köln* GRUR-RR 2008, 71 – Internet Fotos.

193 Vgl. *Bettinger/Thum* GRURInt 1999, 659, 672 m.H.a. die Vorschläge der WIPO.

194 Vgl. *LG Köln* MMR 2002, 60 – budweiser.com.

nimmt (Disclaimer sind allerdings dann unbeachtlich, wenn sich aus den Gesamtumständen ergibt, dass es sich nur um Scheinerklärungen handelt).[195]

Selbst wenn man jedoch nach Abwägung der relevanten Umstände dazu gelangt, dass ein hinreichender Inlandsbezug gegeben ist, kann eine Kennzeichenverletzung nach deutschem Recht zu verneinen sein, wenn die wirtschaftlichen Auswirkungen einer Werbung oder eines Produktangebots im Internet die wirtschaftliche Tätigkeit des Kennzeicheninhabers im Inland nur **unwesentlich beeinträchtigen**.[196] Dies ist ggf. im Rahmen einer **Interessenabwägung** festzustellen.[197] So hat z.B. der BGH die wirtschaftlichen Auswirkungen eines an deutsche Verkehrskreise gerichteten Angebots eines dänischen Hotels als nur unwesentliche Beeinträchtigung der deutschen Markenrechte eines deutschen Hotelbetreibers angesehen und im Ergebnis angenommen, dass der Schutz der deutschen Kennzeichenrechte im Rahmen einer Gesamtabwägung zurückzutreten habe.[198] **109**

Die Frage eines hinreichenden Inlandsbezugs kann sich i.Ü. nicht nur bei Kennzeichenkollisionen stellen, sondern auch, wenn es um die **rechtserhaltende Benutzung** von Marken im Inland geht (§ 26 MarkenG). Wird eine Marke im Internet benutzt, können diese Benutzungshandlungen nur dann als rechtserhaltend i.S.d. § 26 Abs. 1 MarkenG angesehen werden, wenn sie einen wirtschaftlich relevanten Inlandsbezug haben.[199] Insoweit ist der zu fordernde Inlandsbezug ebenfalls nach den maßgeblichen Gesamtumständen zu beurteilen, wobei die vorstehend angesprochenen Kriterien herangezogen werden können.[200] **110**

2. Metatags und Keyword-Advertising

Internetspezifische Probleme im Kennzeichenrecht stellen sich auch bei der Verwendung von Metatags im Quelltext einer Website als Mittel zur Optimierung der Trefferanzeigen in Suchmaschinen sowie beim sog. Keyword-Advertising im Internet, insbesondere durch Verwendung von sog. „AdWords" (z.B. bei der Suchmaschine „google"). **111**

2.1 Metatags

Metatags sind Bestandteile der Seitenbeschreibungssprache HTML und befinden sich im meist nicht unmittelbar im Internet sichtbaren Bereich einer Website. Die sog. Metatag-Keywords werden vom Betreiber einer Internet-Website als Schlüsselwörter für den Inhalt der Website angegeben. Sie sind allerdings nur im Quelltext der Seite, nicht hingegen bei „normalem" Aufruf der Seite über einen sog. „Internet-Browser" sichtbar. Zudem ist es möglich, über eine sog. Metatag-Description eine Zusammenfassung des Seiteninhalts zu erstellen, die ebenfalls nicht bei Aufruf der Seite erscheint. Allerdings werden diese Angaben oftmals von den seitens des Internetnutzers verwendeten Suchmaschinen (z.B. „google") angezeigt, um die bei Eingabe eines Suchbegriffs erzielten Ergebnisse näher zu beschreiben. **112**

---

195 Vgl. *KG* GRURInt 2002, 448, 450 – Knoblauchkapseln; *Ingerl/Rohnke* Einl. Rn. 60.
196 Vgl. *BGH* GRUR 2005, 431, 433 – HOTEL MARITIME.
197 Vgl. *BGH* GRUR 2005, 431, 433 – HOTEL MARITIME; *OLG Karlsruhe* MMR 2002, 814, 816 mit zust. Anm. *Mankowski*.
198 *BGH* GRUR 2005, 431, 433 – HOTEL MARITIME.
199 Vgl. *Ströbele/Hacker* § 26 Rn. 70; *BPatGE* 43, 77, 81 ff. – VISION.
200 Vgl. aber *BGH* GRUR 2015, 685 – STAYER.

113 Kennzeichenrechtlich problematisch ist die Verwendung von Metatags dann, wenn der Betreiber einer Website ein **geschütztes Kennzeichen eines Dritten als Metatag** und damit als Suchwort verwendet, um hierdurch die Trefferhäufigkeit seines Internetauftritts zu erhöhen. Die Frage, ob eine solche Benutzung eines fremden Kennzeichens überhaupt eine kollisionsbegründende **Kennzeichenbenutzung** i.S.d. MarkenG (z.B. i.S.v. §§ 5 Abs. 2, 15 Abs. 2 und Abs. 4 MarkenG oder § 14 Abs. 2 Nr. 1 und 2 MarkenG) ist, war in der instanzgerichtlichen Rspr. sowie im Schrifttum lange heftig umstritten.[201] Der BGH hat hierzu klargestellt, dass in der Verwendung eines fremden Kennzeichens als Metatag eine kennzeichenmäßige Benutzung liegt.[202] Er hält es insbesondere für irrelevant, dass der durchschnittliche Internetnutzer den Metatag nicht wahrnimmt und das Suchwort für den Nutzer auf der entsprechenden Internetseite nicht sichtbar ist. Vielmehr sei entscheidend, dass mit Hilfe des Suchworts das Ergebnis des Auswahlverfahrens einer Suchmaschine beeinflusst und der Nutzer auf diese Weise zu einer bestimmten Seite geführt werde und das Suchwort somit dazu diene, den Nutzer auf das dort werbende Unternehmen und sein Angebot hinzuweisen.[203] Entsprechendes nimmt der BGH an für eine Verwendung eines Zeichens in „Weiß-auf-Weiß-Schrift", die nicht für den Internet-Nutzer sondern nur für eine Suchmaschine erkennbar ist.[204] Eine Haftung des Betreibers einer Internetseite scheidet jedoch aus, wenn er bestimmte Begriffe im Quelltext oder im Text seiner Seite nur in einem beschreibenden Zusammenhang verwendet und diese erst durch das von ihm nicht beeinflussbare Auswahlverfahren einer Suchmaschine in der Trefferliste in einen Zusammenhang gestellt werden, dem der Verkehr eine markenmäßige Benutzung dieser Begriffe entnimmt.[205]

114 Allerdings bedeutet die Bejahung einer kennzeichenmäßigen Verwendung nicht, dass in jedem Fall auch eine Kennzeichenverletzung vorliegt. Die **weiteren Voraussetzungen** des jeweils in Betracht kommenden **Verletzungstatbestands** sind auch hier immer zu prüfen. Insbesondere muss für eine Kennzeichenverletzung aufgrund Verwechslungsgefahr eine entspr. Produktähnlichkeit bzw. Branchennähe vorliegen. Im Rahmen dieser Prüfung ist zu berücksichtigen, dass der BGH es (bei Branchen- bzw. Produktidentität) für die Verwechslungsgefahr ausreichen lässt, wenn der Treffer in einer Suchmaschine auf die Internetseite des Metatag-Verwenders hinweist, auf der die gleichen Produkte/Leistungen angeboten werden wie die des Kennzeicheninhabers; denn er sieht die Gefahr, dass der Internetnutzer dieses Angebot aufgrund der Kurzhinweise mit dem Angebot des Kennzeicheninhabers verwechselt und sich näher mit ihm befasst. Allein dies reicht für die Annahme einer Verwechslungsgefahr aus, ohne dass es nach dem BGH darauf ankommt, ob ein Irrtum bei einer näheren Befassung mit der Internetseite des Metatag-Verwenders ausgeräumt würde.[206] Ebenso ist bei der Verletzung eines bekannten Kennzeichens nicht auf die insoweit erforderlichen Tatbe-

---

201 Bejahend z.B.: *OLG München* GRUR-RR 2005, 220 – MEMORY; *OLG Hamburg* GRUR-RR 2005, 118, 119 – AIDOL; *OLG Karlsruhe* WRP 2004, 507, 508; *Fezer* Einl. G MarkenG Rn. 84; *Ingerl/Rohnke* Nach § 15 MarkenG Rn. 190 ff.; verneinend *OLG Düsseldorf* GRUR-RR 2004, 353 – Kotte & Zeller; *Kaufmann* MMR 2005, 348 ff.

202 *BGH* GRUR 2007, 65 ff. – Impuls; 2007, 784, 785 – AIDOL.

203 *BGH* GRUR 2007, 65, 67 – Impuls; GRUR 2007, 784, 785 – AIDOL; GRUR 2010, 835, 838 – POWER BALL; vgl. auch *BGH* GRUR 2015, 1223 – Polsterlounge, zur entsprechenden Haftung des Betreibers einer Verkaufsplattform mit interner Suchmaschine.

204 *BGH* GRUR 2007, 784, 785 – AIDOL.

205 *BGH* GRUR 2009, 1167, 1169 – Partnerprogramm.

206 Vgl. *BGH* GRUR 2007, 65, 67 – Impuls.

standsmerkmale zu verzichten. Allerdings wird bei einer bekannten Marke oder einem bekannten Unternehmenskennzeichen regelmäßig eine Rufausbeutung naheliegen und schwer widerlegbar sein.

Mögliche Freistellungen von markenrechtlichen Ansprüchen nach § 23 oder § 24 MarkenG sind im Einzelfall zu prüfen.[207] I.Ü. sind kennzeichenrechtliche Ansprüche aufgrund der Verwendung eines Suchworts als Metatag dann nicht gegeben, wenn sich der Kennzeicheninhaber lediglich auf ein Wort-/Bildzeichen stützen kann, dessen – als Metatag verwendeter Wortbestandteil – nicht schutzfähig ist (z.B. „Urlaub direkt" für die Veranstaltung von Reisen oder „Kinder" für „Schokolade"). **115**

2.2 Keyword-Advertising

Mit dem Begriff „Keyword-Advertising" werden stichwortbezogene Werbeformen bezeichnet. Dieses Marketing-Instrument wird regelmäßig im Bereich der Internet-Suchmaschinen kennzeichenrechtlich relevant. Diese bieten z.B. an, dass nach Eingabe eines Suchbegriffs durch den Nutzer zusätzlich zu den angezeigten Treffern der Suchmaschine Werbeanzeigen auf dem Bildschirm erscheinen, die von Anbietern stammen, welche den entspr. Suchbegriff als Keyword gebucht haben.[208] Probleme entstehen dann, wenn ein Suchbegriff, der als Marke für jemand anders geschützt ist, als Keyword gebucht wird. **116**

In Bezug auf das Keyword-Advertising bestand in der Vergangenheit zunächst Streit darüber, **unter welchen Voraussetzungen** überhaupt eine **Kennzeichenverletzung** zu bejahen sein kann.[209] **117**

Der BGH legte vor diesem Hintergrund dem **EuGH** die folgende Frage zur **Vorabentscheidung vor**: Liegt eine markenmäßige Benutzung vor, wenn ein Dritter ein mit der Marke identisches Zeichen ohne Zustimmung des Markeninhabers einem Suchmaschinenbetreiber gegenüber als ein Schlüsselwort (Keyword) zu dem Zweck angibt, dass bei Eingabe des mit der Marke identischen Zeichens als Suchwort in die Suchmaschine ein absatzfördernder elektronischer Verweis (Link) zur Website des Dritten als Werbung für identische Waren oder Dienstleistungen in einem von der Trefferliste räumlich getrennten Werbeblock erscheint, dieser Verweis als Anzeige gekennzeichnet ist und die Anzeige selbst weder das Zeichen noch sonst einen Hinweis auf den Markeninhaber oder auf die von diesem angebotenen Produkte enthält?[210] **118**

Der **EuGH** hatte sich mit dieser Frage darüber hinaus auch in parallelen Vorlageverfahren aus Frankreich und Österreich zu befassen.[211] Dabei differenziert der EuGH zwischen der Nutzung durch den Suchmaschinenbetreiber einerseits und den Werbenden andererseits. Zwar biete der **Suchmaschinenbetreiber** Adwords an; er übe damit eine Tätigkeit im Geschäftsverkehr aus und strebe einen wirtschaftlichen Vorteil an, **119**

---

207 Vgl. *Ströbele/Hacker* § 14 Rn. 237; *BGH* GRUR 2007, 784, 786 – AIDOL; vgl. auch *BGH* GRUR 2007, 65, 67 – Impuls.

208 Vgl. z.B. die Google AdWords, http://adwords.google.de oder das Yahoo!-Advertising, https://advertising.yahoo.com/.

209 Einerseits z.B. *OLG Köln* MarkenR 2008, 117; *OLG Düsseldorf* MMR 2007, 247 mit zust. Anm. *Hüsch;* andererseits z.B. *OLG Braunschweig* GRUR RR 2007, 71; *OLG Stuttgart* GRUR RR 2007, 399.

210 *BGH* GRUR 2009, 498 – Bananabay.

211 *EuGH* GRUR 2010, 445. – Google France und Google; GRUR 2010, 451 – BergSpechte; GRUR 2010, 841 – Portakabin/Primakabin.

jedoch benutze er die Marken nicht selbst. Eine rechtsverletzende Nutzung durch den Suchmaschinenbetreiber sei daher nicht gegeben. Hieran ändere auch die Tatsache nichts, dass der Suchmaschinenbetreiber für die Schaltung der Anzeigen eine Vergütung erhalte.[212] Durch den **Werbenden** könne im Einzelfall jedoch eine rechtsverletzende Benutzung für Waren und Dienstleistungen vorliegen. Der Werbende benutze eine fremde Marke – durch deren Anmeldung als Keyword – für seine eigenen Produkte. Wenn **aus der Anzeige** für einen normal informierten/angemessen aufmerksamen Internetnutzer **nicht oder nur schwer erkennbar** sei, ob die in der Anzeige beworbenen Waren oder Dienstleistungen vom Inhaber der Marke bzw. einem mit ihm wirtschaftlich verbundenen Unternehmen oder vielmehr von einem Dritten stammen, liege darin eine Beeinträchtigung der herkunftshinweisenden Funktion einer Marke.[213] Wenn das Bestehen einer wirtschaftlichen Verbindung zwar nicht suggeriert, aber so vage gehalten wurde, dass ein normal informierter und angemessen aufmerksamer Internetnutzer auf der Grundlage des Werbelinks und der ihn begleitenden Werbebotschaft nicht erkennen kann, ob Werbende im Verhältnis zum Markeninhaber Dritter oder mit diesem wirtschaftlich verbunden ist, sei ebenfalls auf eine Beeinträchtigung der herkunftshinweisenden Funktion zu schließen.[214]

120 Eine Gleichbehandlung von Metatags und AdWords im Hinblick auf eine kennzeichenmäßige Nutzung ist demnach nicht zutreffend. Maßgeblich für die Frage, ob eine kennzeichenmäßige Nutzung zu bejahen ist, ist die Sichtweise des angesprochenen Verkehrs. Anders als im Falle der Metatags kann es sich bei den AdWords um eine offene Werbung handeln. Der angesprochene Verkehr liest dann die Werbeanzeige von vornherein als Werbung eines Dritten. Er unterscheidet zwischen dem Suchergebnis der Suchmaschine und dem unabhängig hiervon erscheinenden Werbeangebot. Dies führt dazu, dass die Marke insbesondere nicht in ihrer Hauptfunktion beeinträchtigt wird, nämlich gegenüber dem Verkehr die Herkunft des Produkts zu gewährleisten.[215] Für Unternehmenskennzeichen gilt im Ergebnis dasselbe.

121 Problematisch ist insoweit häufig, ob dem Verkehr bei der Nutzung eines solchen Kennzeichens als AdWord der Eindruck vermittelt wird, der Werbende sei das Unternehmen des Kennzeicheninhabers oder der Werbende sei mit diesem Unternehmen geschäftlich verbunden.[216] Erscheint die Anzeige des Werbenden in einem von der Trefferliste der Suchmaschine eindeutig getrennten und entsprechend gekennzeichneten Werbeblock und enthält die Anzeige selbst weder die Marke noch sonst einen Hinweis auf den Markeninhaber oder die unter der Marke angebotenen Produkte, ist eine Beeinträchtigung der Herkunftsfunktion der Marke grundsätzlich zu verneinen.[217] Anders kann sich dies allerdings beurteilen, wenn für den Verkehr aufgrund eines ihm bekannten Vertriebssystems des Markeninhabers (z.B. das Fleurop-Vertriebssystem für Blumen) die Vermutung naheliegt, dass es sich bei dem Dritten um ein Partnerunternehmen des Markeninhabers handelt.[218]

---

212 *EuGH* GRUR 2010, 445 Rn. 56 – Google France und Google.

213 *EuGH* GRUR 2010, 451 Rn. 41 – BergSpechte.

214 *EuGH* GRUR 2010, 445 Rn. 90 – Google France und Google; vgl. zur Ausfüllung dieses Maßstabs *BGH* GRUR 2013, 290 – MOST-Pralinen.

215 Vgl. *Ullmann* GRUR 2007, 633, 638.

216 Vgl. *Ullmann* GRUR 2007, 633, 638; vgl. zu Keyword-Advertising und Unternehmenskennzeichen auch *BGH* GRUR 2009, 500 – Beta Layout.

217 Vgl. *BGH* GRUR 2013, 290 – MOST-Pralinen.

218 *BGH* GRUR 2014, 182 – Fleurop; vgl. *EuGH* GRUR 2011, 1124 – Interflora.

Die Verwendung einer bekannten Marke i.S.v. § 14 Abs. 2 Nr. 3 MarkenG als AdWord kann insbesondere dann eine Markenverletzung sein, wenn der Werbende Nachahmungen von Waren des Markeninhabers anbietet, oder wenn der Werbende die mit der bekannten Marke versehenen Waren in einem schlechten Licht darstellt.[219] Es stellt aber für sich allein keine unlautere Rufausnutzung dar, wenn eine fremde Marke in einem Internet-Verkaufsangebot im Rahmen einer vergleichenden Werbung verwendet wird, um Kunden, die sich einer Suchmaschine bedienen, auf das eigene Produkt aufmerksam zu machen.[220] **122**

Im Hinblick auf die übrigen zu prüfenden Voraussetzungen einer Markenverletzung (§§ 23, 24 MarkenG) sowie die Verwendung nicht schutzfähiger Wortbestandteile eines Kennzeichens kann auf die vorstehenden Ausführungen zu Metatags verwiesen werden.[221] **123**

3. Links

Eine weitere Besonderheit des Internets ist die Möglichkeit, sog. Links zu setzen, d.h. die eigene Website mit einer anderen dergestalt zu verbinden, dass der Benutzer auf diese andere Website geleitet (verlinkt) wird, z.B. durch Anklicken einer bestimmten Fläche auf der Website (Hyperlink). Benutzt der Inhaber einer Website für einen solchen Hyperlink das Kennzeichen eines Dritten – beschriftet er etwa die anzuklickende Fläche mit der Wortmarke eines Dritten –, stellt sich die Frage nach der kennzeichenrechtlichen Relevanz einer solchen Verlinkung. **124**

Diesbezüglich ist von dem Grundsatz auszugehen, dass eine Kennzeichenverletzung ausgeschlossen ist, wenn derjenige, der ein fremdes Kennzeichen zur Verlinkung benutzt, sich hierdurch weder unmittelbar noch mittelbar auf das eigene Produktangebot bezieht, sondern das fremde Kennzeichen lediglich eingesetzt wird, um den Benutzer auf eine Website weiterzuleiten, auf der der Kennzeicheninhaber oder ein sonstiger Berechtigter unter dem Kennzeichen auftritt. In einem solchen Fall liegt keine kennzeichenmäßige Benutzung vor, sondern nur eine – nicht zur Kennzeichenverletzung führende – Markennennung.[222] Kennzeichenrechtlich relevant kann eine Verlinkung aber dann werden, wenn für einen Hyperlink ein fremdes Kennzeichen benutzt wird und der Link gerade nicht auf die Webpräsenz des Kennzeicheninhabers, sondern auf Internetseiten anderer Anbieter führt, die dort eine Kennzeichenverletzung begehen (z.B. durch das Angebot markenverletzender Waren). Hier kann eine kennzeichenmäßige Benutzung und eine eigene Verletzungshandlung desjenigen, der den Link setzt, in Betracht kommen, wenn nach den – im Einzelfall zu beurteilenden – **Umständen** anzunehmen ist, dass er sich die **Rechtsverletzungen Dritter zu eigen macht** und damit ein eigenes Angebot bzw. eine eigene Werbung des einen Link Setzenden vorliegt.[223] Scheidet eine eigene Kennzeichenverletzung des Verlinkenden **125**

219 Vgl. *BGH* GRUR 2013, 1044 – Beate Uhse.

220 *BGH* GRUR 2015, 1136 - Staubsaugerbeutel im Internet.

221 Vgl. zur Keyword-Werbung mit Gattungsbegriff *BGH* GRUR 2009, 502 – pcb; *OLG Dresden* MMR 2006, 326 – Plakat 24; vgl. auch *OLG Köln* GRUR-RR 2003, 42, 44 – Anwalt-Suchservice; GRUR 2001, 525, 528 – Online.

222 Vgl. *LG Düsseldorf* GRUR-RR 2006, 54, 56 – PKV-Wechsel; im Ergebnis ebenso *Fezer* Einl. G MarkenG Rn. 80 f.; *Ingerl/Rohnke* Nach § 15 Rn. 189.

223 Vgl. hierzu *OLG München* GRUR-RR 2005, 220 – MEMORY in Abgrenzung zu *OLG Köln* GRUR-RR 2003, 42 – Anwalt-Suchservice.

aus, ist aber ggf. noch zu prüfen, ob er als Störer für die Kennzeichenverletzung des Dritten (auf dessen Internetpräsenz er verlinkt) haftet (vgl. im Einzelnen zur Störerhaftung und deren Voraussetzungen nachfolgend Rn. 132).

126 Eine Kennzeichenverletzung im Zusammenhang mit der Anbringung eines Links, der ein Kennzeichen wiedergibt, ist auch möglich, wenn es sich um ein bekanntes Kennzeichen handelt und die Verlinkung der **Rufausbeutung** dient (ohne z.B. nach § 23 MarkenG gerechtfertigt zu sein). In diesen Fällen ist regelmäßig aber nicht die technische Funktion der Verlinkung entscheidend, sondern beurteilt sich die Benutzung des fremden Kennzeichens im Ergebnis nicht anders, als wenn sich hinter dem verwendeten Kennzeichen kein Link befände.

127 Insbesondere bei bekannten Kennzeichen kommt auch eine Kennzeichenverletzung in Betracht, wenn sog. **Deep-Links** gesetzt werden, also eine Vernetzung mit Websites des Kennzeicheninhabers erfolgt, hierbei aber (bestimmte) Websites umgangen werden, da darin sowohl eine Rufausbeutung wie auch eine Kennzeichenverwässerung liegen kann.[224] Das sog. **Framing** integriert Internetinhalte anderer Websites in den eigenen Internetauftritt und kann eine Kennzeichenrechtsverletzung darstellen, wenn z.B. der Internetauftritt des Kennzeicheninhabers als Vorspann für den eigenen Internetauftritt verwendet wird.[225] Die Einstellung eines Angebots auf **Amazon-Marketplace** ist ebenfalls nicht vergleichbar mit dem Setzen eines Hyperlinks auf einen fremden Inhalt. Händler, die auf einer Internet-Verkaufsplattform Produkte zum Verkauf anbieten, trifft eine Überwachungs- und Prüfungspflicht auf mögliche Veränderungen der Produktbeschreibungen ihrer Angebote, die selbstständig von Dritten vorgenommen werden, wenn der Plattformbetreiber derartige Angebotsänderungen zulässt.[226]

4. Partnerprogramme im Internet – „Affiliate-Marketing"

128 Kennzeichenrechtliche Probleme im Zusammenhang mit der Verlinkung von Internetseiten treten auch bei den im Internet verbreiteten sog. Partnerprogrammen (Affiliate-Marketing) auf. In den Partnerprogrammen werden i.d.R. „Online-Netzwerke" betrieben, an denen ein Werbetreibender („Merchant") und verschiedene „Partner" („Affiliates") beteiligt sind. Die „Affiliates" werben auf ihren Websites für die Angebote des „Merchant", und zwar regelmäßig dadurch, dass ein Banner im Wege des Hyperlinks gesetzt wird, über den man auf die Website des „Merchant" gelangt. Der „Affiliate" vermittelt also den Kontakt zwischen dem Besucher seiner Website und dem „Merchant".[227] Der „Affiliate" erhält für die Verlinkung üblicherweise ein Entgelt, das sich z.B. danach bemisst, wie viele Interessenten oder tatsächliche Geschäftsabschlüsse über die Verlinkung des „Affiliates" vermittelt worden sind.[228] Begehen der „Merchant" und/oder der „Affiliate" auf ihrer jeweils eigenen Website Kennzeichenverletzungen, haften sie hierfür unproblematisch nach den allgemeinen Grundsätzen. Problematisch beurteilt sich allerdings die **Haftung der Beteiligten** in einem

---

224 Vgl. *Fezer* Einl. G MarkenG Rn. 82; stets ist in solchen Konstellationen auch zu prüfen, ob das entspr. Verhalten nicht gegen wettbewerbsrechtliche Vorschriften verstößt; vgl. hierzu auch *BGH* GRUR 2016, 209 Rn. 19 – Haftung für Hyperlink.

225 Vgl. *Fezer* Einl. G MarkenG Rn. 83.

226 *BGH* GRUR 2016, 936 – Angebotsmanipulation bei Amazon.

227 Vgl. hierzu *Ernst/Seichter* WRP 2006, 810; zur Sondersituation des sog. „Ad-Hijacking" in Affiliate-Programmen vgl. *Dönch* GRUR-Prax 2013, 352.

228 Vgl. *Ernst/Seichter* WRP 2006, 810; vgl. auch *Spieker* GRUR 2006, 903, 904.

„Affiliate-Programm" **für Kennzeichenverletzungen des jeweils anderen**.

Gegenstand einer Reihe von gerichtlichen Entscheidungen und einer kontroversen Diskussion in der Lit. ist die Frage, inwieweit der „Merchant" für Verletzungshandlungen eines „Affiliate" haften muss. Hat der „Merchant" die Schutzrechtsverletzung selbst als Mittäter oder Anstifter (vgl. § 830 Abs. 1, Abs. 2 BGB) veranlasst – z.B. dadurch, dass er seinem „Affiliate" im Rahmen des bestehenden Vertragsverhältnisses die kennzeichenverletzenden Handlungen aufgegeben hat –, kann eine eigene Haftung des „Merchant" grds. unproblematisch bejaht werden.[229] **129**

Kann jedoch – wie in der Praxis häufig – eine Täterschaft oder Teilnahme des „Merchant" nicht nachgewiesen werden, ist streitig, welche **Zurechnungsgrundsätze** für den „Merchant" anzuwenden sind und unter welchen Voraussetzungen eine Haftung bejaht werden kann. Teilweise wird angenommen, der „Merchant" hafte für die Handlungen seines „Affiliate" nach § 14 Abs. 7 MarkenG bzw. § 15 Abs. 6 MarkenG, da der „Affiliate" als „Beauftragter" i.S.d. Vorschriften anzusehen sei.[230] Begründet wird dies damit, dass der Begriff des „Beauftragten" i.S.d. § 14 Abs. 7 MarkenG weit auszulegen sei, insbesondere auch selbständige Unternehmen als Beauftragte in Betracht kommen: Es sei für das Erfordernis eines bestimmenden und durchsetzbaren Einflusses auf die Tätigkeit des Beauftragten ausreichend, dass sich der „Merchant" einen solchen Einfluss sichern könnte und müsste; die Anwendung der Zurechnungsnormen bzgl. des Handelns von Beauftragten entspreche dem Normzweck des § 14 Abs. 7 MarkenG, da nur so nicht hinnehmbare Schutzlücken geschlossen werden könnten.[231] Zum Teil wird eine Verantwortung des „Merchant" über § 14 Abs. 7 MarkenG im Grundsatz verneint, da der „Affiliate" nicht im Rahmen der vom „Merchant" ausgeübten gewerblichen Tätigkeit handele und der im Rahmen der Zurechnung nach § 14 Abs. 7 MarkenG zu fordernde bestimmende Einfluss nicht vorliege.[232] **130**

Der BGH hat eine Haftung des „Merchant" im Grundsatz bejaht.[233] Er stellt dabei zutreffend auf dessen Einflussnahme sowie dessen Provisionszahlungen ab, die für Affiliate-Programme wesentlich sind. Durch die Bereitstellung von Links auf den Internet-Seiten und durch die Abrechnung der Provision ist der „Affiliate" in die betriebliche Tätigkeit des „Merchant" eingebunden. Somit ist er als Beauftragter i.S.d. § 14 Abs. 7 MarkenG anzusehen und sind die Grundsätze der Beauftragtenhaftung auf Affiliate-Programme übertragbar.[234] Der Ansicht des BGH ist zuzustimmen: Wenn der „Merchant" seine Werbung auf diese Weise „outsourced", muss er auch die Verantwortung und Haftung für das Handeln des Dritten übernehmen. Die Sachlage beurteilt sich hier nicht wesentlich anders als bei der Einschaltung von für einen Großhändler werbenden Einzelhändlern[235] oder bei der Einschaltung von Werbeagen- **131**

229 Vgl. zur Haftung von Täter, Mittäter oder Teilnehmer einer Schutzrechtsverletzung *BGH* GRUR 2002, 618, 619 – Meißner Dekor.
230 So *Spieker* GRUR 2006, 903, 907; *LG Berlin* MMR 2006, 118 (zum Wettbewerbsrecht, § 8 Abs. 2 UWG).
231 Vgl. *Spieker* GRUR 2006, 904, 906, 907 f.
232 Vgl. *Ernst* jurisPR-ITR 6/2006 Anm. 3 zu *LG Frankfurt/Main* 15.12.2005 2/03 O 537/04; *LG Frankfurt/Main* MMR 2006, 247; *Ernst/Seichter* WRP 2006, 810, 813 f.
233 *BGH* GRUR 2009, 1167 – Partnerprogramm; anders sieht der BGH die Haftung beim "Domain-Parking, *BGH* GRUR 2011, 217 – SEDO; vgl. auch *EuGH* GRUR 2016, 375 – Daimler/ Együd Garage; s. hierzu auch *Scherer* WRP 2016, 941.
234 Vgl. *OLG Hamm* MMR 2013, 41 Rn. 64 ff.
235 *BGH* GRUR 1964, 263, 266 – Unterkunde.

turen.[236] Die Tatsache, dass sich ein „Merchant“ in den mit dem „Affiliate“ geschlossenen Verträgen keine ausreichenden Kontrollrechte einräumen lässt, kann der Haftung ebenso wenig entgegenstehen wie der Einwand, das Geschäftsmodell des „Affiliate-Marketing“ tauge nicht dazu, solche Kontrollrechte vorzusehen und auszuüben, da dies zu einer unzumutbaren Belastung des „Merchant“ führen würde. Wenn ein „Merchant“ eine solche Kontrolle für nicht machbar hält, muss er auf dieses Marketinginstrument für seine Produkte verzichten.

132 Will man eine Haftung über § 14 Abs. 7 MarkenG verneinen, wäre zu diskutieren, ob eine Haftung des „Merchant“ nach den Grundsätzen der **Störerhaftung** bejaht werden kann. Die Störerhaftung eröffnet die Möglichkeit, auch denjenigen in Anspruch zu nehmen, der – ohne Täter oder Teilnehmer zu sein – in irgendeiner Weise willentlich und adäquat-kausal zur Verletzung eines Schutzrechts beigetragen hat, wobei allerdings die Störerhaftung nur Abwehransprüche – insbesondere einen Unterlassungsanspruch – vermittelt, nicht dagegen einen Schadensersatzanspruch.[237] Um die Störerhaftung nicht über Gebühr auf Dritte zu erstrecken, die nicht selbst eine rechtswidrige Beeinträchtigung vorgenommen haben, setzt sie überdies voraus, dass Prüfungspflichten verletzt worden sind. Der Umfang dieser Prüfungspflichten bestimmt sich danach, ob und inwieweit dem als Störer in Anspruch genommenen nach den Umständen eine Prüfung zuzumuten ist.[238]

133 Eine Störerhaftung bei „Affiliate-Programmen“ und insbesondere die für den „Merchant“ bestehenden Prüfungspflichten werden bislang unterschiedlich beurteilt. Zum Teil wird eine generelle Prüfungspflicht verneint, weil es im Rahmen eines Affiliate-Marketing weder technisch möglich noch wirtschaftlich zumutbar sei, ohne konkrete Anhaltspunkte Handlungen der „Affiliates“ vorab zu kontrollieren und jede von diesen betriebene Internetseite auf mögliche Verletzungen von Markenrechten zu untersuchen.[239] Zum Teil wird vertreten, dass dem „Merchant“ sehr wohl eine Kontrolle hinsichtlich möglicher Markenverletzungen seines „Affiliates“ möglich und zumutbar sei.[240] Gesteigerte Prüfungspflichten und damit im Zweifel eine Bejahung der Störerhaftung des „Merchant“ werden aber jedenfalls dann anzunehmen sein, wenn der „Merchant“ bereits auf konkrete Schutzrechtsverletzungen seines „Affiliate“ aufmerksam gemacht worden ist (z.B. durch eine Abmahnung).[241]

134 Unter welchen Voraussetzungen der „Affiliate“ für Kennzeichenverletzungen des „Merchant“ haftbar gemacht werden kann, ist bislang nur vereinzelt erörtert worden.[242] Anders als im umgekehrten Fall, kann hier eine Haftung nach § 14 Abs. 7 MarkenG nicht angenommen werden. Soweit der „Affiliate“ keine eigene Kennzeichenverletzung begeht, verbleibt es daher bei einer möglichen Störerhaftung nach den oben angesprochenen Grundsätzen. Da zwischen „Affiliate“ und „Merchant“ eine

---

236 *BGH* GRUR 1991, 772, 774 – Anzeigenrubrik I; GRUR 1973, 208, 209 – Neues aus der Medizin.
237 Vgl. *BGH* GRUR 2002, 618, 619 – Meißner Dekor m.w.N.
238 Vgl. *BGH* GRUR 2015, 485 Rn. 49 – Kinderhochstühle im Internet III; 2004, 860, 864 – Internet-Versteigerung; GRUR 2001, 1038, 1040 – ambiente.de; GRUR 2011, 152 – Kinderhochstühle im Internet.
239 So *LG Frankfurt/Main* MMR 2006, 247; mit zust. Anm. *Ernst* jurisPR-ITR 6/2006 Anm. 3; vgl. auch *LG Hamburg* MMR 2006, 120.
240 Vgl. z.B. *LG Köln* MMR 2006, 115, 116.
241 Vgl. *LG Frankfurt/Main* MMR 2006, 247; *LG Köln* MMR 2006, 115, 116; *Ernst/Seichter* WRP 2006, 810, 814.
242 Vgl. z.B. *Ernst/Seichter* WRP 2006, 810, 811 f.; *Kieser/Kleinemenke* WRP 2012, 543.

geschäftliche Beziehung besteht, aus der auch der „Affiliate" wirtschaftliche Vorteile erstrebt bzw. erzielt und er darüber hinaus ohne weiteres Kenntnis davon nehmen kann, wie das Angebot seines „Merchant" auf dessen Website beschaffen ist, wird man ihm nicht nur völlig vernachlässigbare Prüfungs- bzw. Kontrollpflichten auferlegen müssen. Jedoch kann nicht angenommen werden, dass der „Affiliate" schlechthin für jede – noch so fernliegende oder nur aufgrund umfassender Recherche erkennbare – Kennzeichenverletzung des „Merchant" haftet. Diesbezüglich ist zu berücksichtigen, dass der „Affiliate" hier nur als Störer in Anspruch genommen werden kann und die Grenze der Zumutbarkeit zu beachten ist.[243]

5. Haftung von Internet-Auktionshäusern und Internetauktions-Verkäufern

Zu Kennzeichenverletzungen im Zusammenhang mit Internetauktionen existiert **135** inzwischen eine Fülle an Rechtsprechung, wobei zwei Schwerpunktthemen auszumachen sind: zum einen die Haftung des Internet-Auktionshauses als Anbieter für im Rahmen von Auktionen begangenen Kennzeichenverletzungen, zum anderen die Haftung von „privaten" Verkäufern für Kennzeichenverletzungen.

5.1 Internet-Auktionshäuser

Internet-Auktionshäuser sind grundsätzlich als sog. „Host-Provider" nach § 10 TMG **136** anzusehen, da sie fremde Inhalte zur Nutzung bereithalten und speichern, sich diese Inhalte aber nicht zu eigen machen.[244] Nur wenn das Auktionshaus dem Anbieter beanstandeter Angebote Hilfestellung leistet, etwa dadurch, dass es diese konkreten Angebote optimiert oder bewirbt, handelt es nicht als „Host-Provider".[245] Als „Host-Provider" kommt dem Auktionshaus das **Haftungsprivileg** des § 10 TMG zugute.[246] Aufgrund dieser Privilegierung entfällt die strafrechtliche Verantwortlichkeit und die Schadensersatzhaftung des Auktionshauses. Allerdings berührt das Haftungsprivileg nicht mögliche Unterlassungsansprüche nach allgemeinen deliktsrechtlichen Maßstäben oder aufgrund einer Störerhaftung.[247] Diese verbleibende Haftung ergibt sich insbesondere aus § 7 Abs. 2 TMG, nach der die Verpflichtung der Diensteanbieter zur Entfernung oder Sperrung der Nutzung von Informationen nach den allgemeinen Gesetzen auch im Falle der Nichtverantwortlichkeit nach den §§ 8–10 TMG unberührt bleibt.[248] Es kommt daher vor allem eine Haftung von Internet-Auktionshäusern unter dem Gesichtspunkt der **Störerhaftung** nach den vorstehend bereits angesprochenen Grundsätzen (Rn. 132) in Betracht. Um die Störerhaftung nicht unverhältnismäßig weit auszudehnen, ist auch hier zu fragen, welche zumutbaren **Prüfungs- und Kontrollpflichten** den Auktionshäusern aufzuerlegen sind. In dieser Hinsicht ist einerseits zu berücksichtigen, dass eine umfassende Untersuchung jedes Auktionsangebotes

---

243 Vgl. *BGH* GRUR 2004, 860, 864 – Internet-Versteigerung.

244 Vgl. *EuGH* GRUR 2011, 1025 Rn. 108 ff. – L'Oreal/eBay; zu Internet-Auktionen und deren Rechtsnatur *Kurz/Dörr/Schwartmann* Rn. 286.

245 Vgl. *EuGH* GRUR 2011, 1025 Rn. 108 ff. – L'Oreal/eBay; *BGH* MMR 2012, 815 Rn. 6; *OLG Hamburg* GRUR-RR 2013, 94 – Kinderhochstühle II.

246 Vgl. im Allgemeinen zur Haftung von Diensteanbietern: 10. Kap. Rn 64 ff.

247 Grundlegend zum früheren § 11 TDG *BGH* GRUR 2004, 860, 862 – Internet-Versteigerung m.w.N. auch zur Gegenansicht; bestätigt für § 10 TMG durch *BGH* GRUR 2007, 708, 710 – Internet-Versteigerung II sowie GRUR 2011, 1038 – Stiftparfum.

248 Vgl. *BGH* GRUR 2004, 860, 862 – Internet-Versteigerung, zur entspr. Regelung des § 8 Abs. 2 TDG; GRUR 2007, 708, 710 – Internet-Versteigerung II.

technisch kaum möglich erscheint, andererseits aber auch das Auktionshaus wirtschaftlich von den dort eingestellten Angeboten profitiert. Letzteres spricht für erhöhte Prüfungspflichten. Der BGH nimmt vor diesem Hintergrund an, ein Internet-Auktionshaus müsse immer dann, wenn es auf eine klare Rechtsverletzung hingewiesen worden ist, nicht nur das konkrete Angebot unverzüglich sperren, sondern vielmehr auch Vorsorge treffen, dass es möglichst nicht zu weiteren derartigen Kennzeichenverletzungen kommt.[249] Sind z.B. in einem Auktionshaus bereits mehrfach Marken-Pirateriewaren gleicher Art angeboten worden, muss das Auktionshaus dafür sorgen, dass diese Ware bzw. die entspr. Warenkategorie besonders geprüft wird, um eine Haftung zu vermeiden.[250]

137 Übernimmt der Plattformbetreiber eine aktive Rolle durch Schaltung von Anzeigen, die unmittelbar zu schutzrechtsverletzenden Angeboten führen, treffen ihn regelmäßig weitergehende Prüfungspflichten. Er muss sich in diesen Fällen die Möglichkeit verschaffen, die von ihm aktiv beworbenen Verkaufsangebote zu kontrollieren. Dadurch wird er nicht genötigt, sämtliche Angaben seiner Kunden vor der Veröffentlichung zu überwachen[251] Richtigerweise ist auch die Störerhaftung eines Auktionshauses unter dem Gesichtspunkt einer „klar erkennbaren Markenverletzung" für eine Konstellation bejaht worden, in der ein Markeninhaber vom Auktionshaus Unterlassung in Bezug auf bestimmte Nutzer (unter Nennung von deren konkreten Pseudonymen und nach mehrfacher vorheriger Beanstandung) verlangt hatte, wobei er auch die Kriterien, die eine Markenverletzung darstellen, im Einzelnen begründet hatte.[252] Es ist richtigerweise davon auszugehen, dass es dem Auktionshaus ohne weiteres möglich und zumutbar ist, Verfahrensabläufe so zu organisieren/strukturieren, dass eine Warnmeldung generiert wird, wenn ein Angebot unter einem der bekannten Pseudonyme neu eingestellt wird.[253] Wird allerdings vom Schutzrechtsinhaber nicht die Überwachung bzw. Sperrung von Angeboten konkreter Personen/Pseudonyme verlangt, sondern – aufgrund vorangegangener Rechtsverletzungen – eine Überprüfung von bestimmten Waren oder Warenkategorien, kann sich die von dem Internet-Auktionshaus verlangte Überprüfung in Anbetracht der gegebenen technischen Möglichkeiten als unzumutbar erweisen.[254] Existieren keine technischen Möglichkeiten, z.B. durch geeignete Filtersoftware/Bilderkennungssoftware, die es dem Auktionshaus ermöglichen, rechtsverletzende Waren von Originalprodukten bzw. lizenzierten Produkten zu unterscheiden, ohne dass eine „händische Überprüfung" bzw. Kontrolle erfolgen muss, wird man die Forderung nach entspr. Maßnahmen als unzumutbar ansehen müssen, da ein Internet-Auktionshaus von vornherein nur funktionieren kann, wenn sämtliche Prozesse im Wege der elektronischen Datenübermittlung und -verarbeitung erfolgen und überdies die üblicherweise außergewöhnlich hohen Datenmengen in „händischer" Form von vornherein nicht wirksam kontrolliert werden können.[255]

---

249 *BGH* GRUR 2015, 485 Rn. 52 - Kinderhochstühle im Internet III; 2004, 860, 864 – Internet-Versteigerung; 2007, 708, 711 – Internet-Versteigerung II; GRUR 2011, 1038 – Stiftparfum.

250 Vgl. zur Darlegungs- und Beweislast des Schutzrechtsinhabers einerseits und zur sekundären Darlegungslast des Betreibers der Internet-Auktionsplattform andererseits: *BGH* GRUR 2008, 1097 – Namensklau im Internet.

251 *BGH* GRUR 2015, 485 Rn. 56 – Kinderhochstühle im Internet III; 2013, 1229 Rn. 48 – Kinderhochstühle im Internet II.

252 Vgl. *OLG Hamburg* GRUR-RR 2007, 73 – Parfumtester II.

253 Vgl. *OLG Hamburg* GRUR-RR 2007, 73, 78 – Parfumtester II.

254 Vgl. hierzu *OLG München* GRUR-RR 2007, 393 – Parfumfälschung.

255 So auch *BGH* GRUR 2011, 152 – Kinderhochstühle im Internet.

Es kann somit festgehalten werden, dass zwar im rechtlichen Ausgangspunkt eine weitgehende Störerhaftung von Internet-Auktionshäusern besteht, dass aber Unterlassungsansprüche, die über konkrete Angebote oder konkrete Anbieter hinausgehen, oft aufgrund (derzeit) nicht vorhandener Möglichkeiten der einfachen elektronischen Umsetzung an der **Zumutbarkeit** für das Auktionshaus scheitern.[256] 138

Eine markenrechtlich begründete Störerhaftung kommt i.Ü. auch für die Betreiber von **Suchmaschinen** in Betracht, wenn ein Dritter eine Markenverletzung begeht und der Suchmaschinenbetreiber von der Rechtswidrigkeit der Verwendung markenverletzender Zeichen Kenntnis erlangt hat, wobei es ihm technisch möglich und zumutbar sein muss, deren Verwendung zu unterbinden.[257] 139

5.2 Internetauktions-Verkäufer

Im Hinblick auf das Handeln der Verkäufer bei Internetauktionen und von diesen begangene mögliche Kennzeichenverletzungen war in der hierzu ergangenen umfangreichen Rspr. meist zu beurteilen, ob das **Handeln des Anbieters „im geschäftlichen Verkehr"** erfolgt. Denn nur wenn diese Voraussetzung vorliegt, kann eine Kennzeichenverletzung nach dem MarkenG in Betracht kommen. 140

Richtigerweise muss diese Beurteilung nach den konkreten Umständen des Einzelfalles vorgenommen werden und entzieht sich einer schematischen Betrachtung.[258] Eine Vermutung, dass die im Rahmen einer Internetauktion tätigen Anbieter stets im geschäftlichen Verkehr i.S.d. Markenrechts handeln, besteht nicht. Wollte man alle Fallgestaltungen dem Bereich des Handelns im geschäftlichen Verkehr zuordnen, in denen ein Privater einen einzelnen Gegenstand einer unbestimmten Anzahl von Personen zum Kauf anbietet, würde dies zu einer uferlosen Ausdehnung des Handelns im geschäftlichen Verkehr führen und typischerweise dem privaten Bereich zuzuordnende Verhaltensweisen umfassen.[259] Eine Benutzung im geschäftlichen Verkehr liegt vor, wenn die Benutzung im Zusammenhang mit einer auf einen wirtschaftlichen Vorteil gerichteten kommerziellen Tätigkeit und nicht im privaten Bereich erfolgt.[260] Bei Internetversteigerungen ist unter Zugrundelegung dieses Maßstabes dann ein Handeln im geschäftlichen Verkehr anzunehmen, wenn eine Verkaufstätigkeit vorliegt, die unter Berücksichtigung der **Gesamtumstände** mit der Vornahme lediglich **privater Gelegenheitsverkäufe nicht mehr zu erklären** ist.[261] Zu berücksichtigen sind insoweit insbesondere die Dauer der Verkaufstätigkeit, die Zahl der Verkaufs- bzw. Angebots- 141

256 Vgl. zur Darlegungs- und Beweislast bzgl. der Zumutbarkeit; *BGH* GRUR 2008, 1097 – Namensklau im Internet.

257 Vgl. *BGH* GRUR 2015, 1223 – Polsterlounge, zur Haftung des Betreibers einer Verkaufsplattform mit interner Suchmaschine; *LG München* MMR 2004, 261; vgl. auch *Ullmann* GRUR 2007, 633, 639.

258 Vgl. *BGH* GRUR 2009, 871 – Ohrclips; *OLG Frankfurt* GRUR-RR 2005, 317; 2004, 1042, 1043.

259 *BGH* GRUR 2015, 485 Rn. 25 – Kinderhochstühle im Internet III; 2007, 708 Rn. 23 – Internet-Versteigerung II.

260 *BGH* GRUR 2015, 485 Rn. 25 – Kinderhochstühle im Internet III; 2008, 702 Rn. 43 – Internet-Versteigerung III; 2013, 290 Rn. 16– MOST-Pralinen.

261 Vgl. *OLG Frankfurt* GRUR-RR 2005, 317, 318; GRUR 2004, 1043, 1044 – Cartier-Stil.

handlungen im fraglichen Zeitraum, die Art der zum Verkauf gestellten Waren, deren Herkunft, der Anlass des Verkaufs sowie die Präsentation des Angebots.[262]

142 Ist festgestellt, dass sich das Handeln des Anbieters über einen bestimmten Verkaufs-Account als Handeln im geschäftlichen Verkehr darstellt, kann sich der Anbieter in Bezug auf einzelne Privatverkäufe, die er unter diesem Account tätigt, nur dann auf ein privates Handeln berufen, wenn diese Besonderheit gegenüber den Kaufinteressenten hinreichend deutlich gemacht wird.[263]

143 Verwendet der Anbieter in seinem Angebot Wortmarken eines Dritten, ist eine markenmäßige Benutzung unter den gleichen Aspekten zu bejahen wie bei Metatags (s.o. Rn. 111 ff.).[264] Dies muss jedenfalls dann gelten, wenn die Eingabe des Begriffs an einer Stelle des Angebots erfolgt, die dazu geeignet ist, das Ergebnis der – regelmäßig auch von Internet-Auktionshäusern verwendeten – Suchmaschine innerhalb des Auktionsangebotes zu beeinflussen, da insoweit durch die Verwendung der Marke das Auswahlverfahren einer Suchmaschine beeinflusst und der Nutzer auf diese Weise zu einem bestimmten Angebot geführt wird.[265] Nutzt der Auktionsanbieter das fremde Kennzeichen für das Angebot von Originalware oder Zubehör-/Ersatzteilen, kann sein Handeln jedoch nach § 24 MarkenG bzw. § 23 Nr. 3 MarkenG gerechtfertigt sein. Dies ist ebenfalls nach den Umständen des Einzelfalles zu prüfen.

144 Für Handlungen eines Dritten, die unter seinem Verkäufer-Account erfolgen, kann der Account-Inhaber als **Täter** einer Markenverletzung haften, wenn er nicht hinreichend dafür gesorgt hat, dass der Dritte keinen Zugriff auf den Account hat, auch wenn er die Handlungen des Dritten weder veranlasst noch geduldet hat.[266]

D. Domainrecht

I. Rechtsnatur und Funktion von Domains

145 Das Internet ist ein Computernetz, das (über kleinere Netze) Computer miteinander verbindet. Um eine Kommunikation in diesem Netz möglich zu machen, muss jedem Computer eine eigene Adresse zugewiesen werden. Diese Adressen sind rein numerisch. Um die Nutzung des Internets und die Adressierung einzelner Zielcomputer benutzerfreundlicher zu gestalten, wurde bereits 1983 das Domainnamensystem geschaffen. Hierdurch wurde es möglich, statt der rein numerischen Adresse eine

262 Vgl. *BGH* GRUR 2009, 871 – Ohrclips; GRUR 2008, 702 ff. – Internet-Versteigerung III: Mehr als 25 sog. Feedbacks bei dem Anbieter; *OLG Frankfurt* GRUR-RR 2005, 317, 318: 68 Verkäufe in 9 Monaten liegen im „Grenzbereich“, der Verkauf von sieben gleichartigen Armbanduhren und vier Akku-Rasierern muss durch besondere Umstände gerechtfertigt sein, um einen Privatverkauf zu begründen; *OLG Frankfurt* GRUR 2004, 1042: 86 Verkäufe in zwei Monaten und „Powerseller“-Eigenschaft bei eBay sprechen für Handeln im geschäftlichen Verkehr.

263 Vgl. *OLG Frankfurt* GRUR-RR 2006, 48, 49; GRUR 2004, 1042, 1043.

264 Insoweit zweifelnd offenbar *KG* MMR 2005, 315, 316; nicht problematisiert in *OLG Frankfurt* GRUR-RR 2006, 48, 49.

265 Vgl. *BGH* GRUR 2007, 65, 67 – Impuls.

266 Vgl. *BGH* 2009, 597, 598 – *Halzband* zur Haftung des Inhabers eines eBay-Accounts m.w.N. aus Rspr. und Schrifttum.

grds. frei wählbare Folge von Buchstaben, Zahlen und Zeichen zu wählen, um einen bestimmten Rechner zu erreichen.[267] **Jeder Domainname** kann **dabei nur ein einziges Mal vergeben** werden. Er besteht immer aus einer sog. **Top-Level-Domain** und einer **Second-Level-Domain**. Weiter hinzugefügt werden kann auch eine sog. Third-Level-Domain (die auch Subdomain genannt wird).[268]

Die Top-Level-Domains befinden sich am Ende des Domainnamens. In der Vergangenheit existierten 23 generische Top-Level-Domains – z.B. „.com" für kommerzielle Anbieter oder „.org" für Organisationen – sowie geographische Top-Level-Domains – z.B. „.de" für Deutschland, „.ch" für die Schweiz und „.eu" für die Europäische Union. Bislang waren die Top-Level-Domains vom einzelnen Nutzer nicht erweiterbar. An die Nutzer vergeben wurden bisher nur die Second-Level-Domain-Namen. Diese Vergabe und die Verwaltung von Domainnamen erfolgt dabei nicht zentral, sondern durch unterschiedliche Stellen für die jeweiligen Top-Level-Domains.[269] Die für das System der Domainnamen zuständige Internet Corporation for Assigned Names and Numbers (ICANN) hat jedoch bereits vor einiger Zeit beschlossen, es den Nutzern zu ermöglichen, eigene Top-Level-Domains anzumelden und deren Buchstabenkombination frei zu wählen. Trotz erheblicher Kosten für eine solche Top-Level-Domain konnte die ICANN bis zum Anfang des Jahres 2017 über 1 200 Registrierungsvereinbarungen für neue generische Top-Level-Domains abschließen.[270] **146**

Unter den jeweiligen Top-Level-Domains werden dann die Second-Level-Domains vergeben. Ein Domainname besteht immer mindestens aus einer Second-Level-Domain und einer Top-Level-Domain, z.B. „bundesgerichtshof.de".[271] Identische Second-Level-Domains unterhalb verschiedener Top-Level-Domains sind ohne weiteres möglich (z.B. „bgh.de" und „bgh.com"). Einmalig ist jeweils nur der aus Top-Level- und Second-Level-Domain zusammengesetzte Domainname. **147**

Die einzelnen **Domain-Vergabestellen** operieren grds. nach dem Prinzip **„Wer zuerst kommt, mahlt zuerst"**. Insbesondere wird bei der Vergabe von Domainnamen regelmäßig nicht geprüft, ob ein Antragsteller möglicherweise gegenüber einem anderen zu bevorzugen ist[272] oder ob die Registrierung eines Domainnamens für eine Person möglicherweise die Rechte Dritter verletzen könnte. **148**

Aufgrund der Tatsache, dass das Internet sowohl ein bedeutendes Informationsforum als auch ein wichtiger weltweiter Marktplatz ist, kommt den Domainnamen als **149**

---

267 Vgl. hierzu die eingehende Darstellung bei *Beier* Rn. 5 ff.

268 Z.B.: curia.europa.eu.

269 Für „.de" z.B. durch die DENIC eG, (nähere Informationen unter www.denic.de), für „.eu" durch EURid (nähere Informationen unter www.eurid.org); für die generischen Top-Level-Domains durch ICANN (nähere Informationen unter www.icann.org); eine Übersicht über sämtliche länderbezogenen Top-Level-Domains nebst Verlinkung auf die zuständige Vergabestelle findet sich unter www.iana.org/root-whois/index.html.

270 Aktuelle Informationen, die registrierten neuen Top-Level-Domains sowie die Registrierungsverträge sind abrufbar unter http://newgtlds.icann.org/en/; vgl. zu den neuen Domains auch *Schulte-Braucks* GRURInt 2013, 322; *Leyendecker-Langner* MMR 2014, 288.

271 Das in der sog. URL (Uniform Resource Locator) angezeigte Übertragungsprotokoll (i.d.R. „http") sowie der Server (z.B. „www") sind nicht Bestandteile des Domainnamens; ebenso wenig die in einer URL hinter der Top-Level-Domain angezeigten Dateien (z.B. „bundesgerichtshof.de/entscheidungen/entscheidungen.php").

272 Eine Ausnahme bilden sog. „Sunrise"-Perioden bei der Einf. neuer Top-Level-Domains, innerhalb derer sich Inhaber von Kennzeichenrechten bevorzugt um Domainnamen bewerben können.

Adresse und „Visitenkarte“ der mit einer eigenen Rechneradresse am Internet partizipierenden Teilnehmer eine **erhebliche Bedeutung** zu. Genau wie im „normalen“ Geschäftsverkehr kann eine „gute Adresse“ einen geschäftlichen (oder sonstigen Vorteil) bzw. Mehrwert verkörpern. Allerdings ist in der Online-Welt nicht die „Lage“ einer Immobilie entscheidend, sondern sind andere Kriterien, wie z.B. die Kürze und Merkbarkeit eines Domainnamens maßgeblich. Darüber hinaus bietet das Domainnamensystem auch die Möglichkeit, die Bezeichnung, die man offline für sein Unternehmen bzw. seine sonstige Organisation oder für seine Produkte bzw. sonstigen (Informations-)Angebote verwendet, parallel als Adresse im Internet zu verwenden. Vor diesem Hintergrund können Domainnamen genauso begehrt und genauso wertvoll sein wie „gute Adressen“ in der Offline-Welt.

150 In Anbetracht ihrer Wichtigkeit und aufgrund des oben skizzierten Systems der Domainnamen besteht gleichzeitig ein erhebliches **Konfliktpotential**. Dieses wird zum einen dadurch begründet, dass ein Domainname nur einmal vergeben werden kann, so dass z.B. ein von einem Unternehmen belegter Domainname nicht mehr von einem anderen Unternehmen mit identischen Namen, aber völlig anderer Branchenzugehörigkeit oder einem Privatmann gleichen Namens benutzt werden kann. Zum anderen drohen Verwechslungen aufgrund einer Benutzung ähnlicher Domainnamen durch unterschiedliche Personen. Schließlich ziehen die Domainnamen – wie jedes andere, potentiell wertvolle Gut – auch diejenigen an, die sich in unterschiedlicher Weise mit Hilfe von Domainnamen rechtswidrig wirtschaftliche oder andere Vorteile (z.B. einen Aufmerksamkeitsvorsprung) verschaffen wollen. Durch die Einführung neuer Top-Level-Domains und die Tatsache, dass dem Internet-Nutzer immer bessere Suchmaschinen zur Verfügung stehen, so dass er für die Suche nach Unternehmen und Personen auf diese zurückgreift und nicht nach Domainnamen fahndet, hat sich die Situation zwar in der jüngeren Vergangenheit etwas entspannt. Gleichwohl bleiben vor allem „gute“ Domainnamen begehrt und bieten weiter Anlass für Streitigkeiten.

151 Um die relevanten rechtlichen Konflikte im Zusammenhang mit den hier zu untersuchenden Immaterialgüterrechten erörtern zu können, ist zunächst festzustellen, welche **Rechtsnatur** dem Domainnamen zukommt. Nach der Rspr. des BVerfG ist das aus dem Vertragsschluss mit der Domainvergabestelle (z.B. DENIC, ICANN) folgende Nutzungsrecht an einer Domain eine eigentumsfähige Position i.S.d. Art. 14 Abs. 1 S. 1 GG.[273] Jedoch erwirbt der **Domaininhaber weder** das **Eigentum an der Internetadresse** selbst **noch ein sonstiges absolutes Recht an der Domain**, welches ähnlich der Inhaberschaft an einem Immaterialgüterrecht verdinglicht ist.[274] Diese Ansicht ist eine konsequente und richtige Umsetzung des Grundsatzes vom Numerus Clausus der gewerblichen Schutzrechte. Darüber hinaus existiert auch kein absolutes, gegenüber jedermann durchsetzbares **Recht auf Registrierung eines bestimmten Domainnamens**, da es hierfür an jeglicher gesetzlicher Grundlage fehlt.[275]

152 Der Domainname ist zunächst Nutzungsrecht an der Domain. Er ist i.Ü. aber ein Gut, das veräußerlich ist; es kann gehandelt, vermietet und abgetreten werden und stellt damit auch ein pfändbares Vermögensrecht dar.[276] Allerdings ist der Domainname diesbezüglich nicht als ein Recht sui generis anzusehen, sondern sind die schuldrecht-

---

273 *BVerfG* GRUR 2005, 261 – ad-acta.de.
274 *BVerfG* GRUR 2005, 261 – ad-acta.de; *BGH* GRUR 2012, 417 Rn. 23 – gewinn.de.
275 Vgl. *BGH* GRUR 2002, 622, 624 – shell.de.
276 Vgl. *OLG München* K+R 2004, 496.

lichen Ansprüche, die dem Inhaber einer Internetdomain gegenüber der DENIC oder einer anderen Vergabestelle zustehen, das maßgebliche Vermögensrecht.[277]

Andererseits kann nicht ernsthaft bestritten werden, dass einem Domainnamen über eine reine Adressfunktion auch eine Herkunftsfunktion zukommen kann. Damit begründet zwar der Domainname an sich kein Immaterialgüterrecht, jedoch kann er – bei Vorliegen der gesetzlichen Voraussetzungen ein Kennzeichen sein oder Namensschutz beanspruchen.[278] Ein **Kennzeichenrecht** in Bezug auf einen **Domainnamen** kann somit durch **Benutzung** (einer originär unterscheidungskräftigen Bezeichnung) oder Verkehrsgeltung (einer originär nicht unterscheidungskräftigen Bezeichnung) entstehen. Mithin kann festgehalten werden, dass ein Domainname selbst kein Immaterialgüterrecht begründet, dass aber durch Benutzung eines Domainnamens Immaterialgüterrechte, nämlich Kennzeichenrechte, begründet werden können. **153**

Umgekehrt können aber durch die Benutzung eines Domainnamens auch die Kennzeichenrechte (oder Namensrechte) Dritter verletzt werden, wobei auch hier die Rechtsverletzung nicht in dem Domainnamen selbst liegt, sondern in dessen Verwendung (oder Blockierung) durch den Verletzer. **154**

Im Hinblick auf immaterialgüterrechtliche Aspekte stellt sich damit das Domainrecht als ein **Teilgebiet des Kennzeichenrechts** dar.[279] Immaterialgüterrechtliche Ansprüche des Domaininhabers gegen Dritte sowie die Ansprüche Dritter gegen den Domaininhaber oder -nutzer (sowie auch evtl. Ansprüche gegen die Domain-Vergabestelle) richten sich daher nach den allgemeinen Regeln des Kennzeichenrechts, wobei jedoch die Besonderheiten zu berücksichtigen sind, die sich aus dem Domainnamensystem ergeben (insbesondere die Tatsache der nur einmaligen Existenz eines Domainnamens und des hieraus folgenden beschränkten Vorrats an Domainnamen). **155**

II. Entstehung von Kennzeichenrechten an Domainnamen

1. Werktitel

Ein Domainname kann ein Werktitel eines „sonstigen vergleichbaren Werkes" i.S.d. §5 Abs.3 MarkenG sein. Voraussetzung ist, dass ein **Werk** vorliegt, **dessen Titel** dann **der Domainname** ist. Es reicht damit weder aus, dass unter dem Domainnamen überhaupt eine Website abrufbar ist, noch, dass diese Website irgendeinen beliebigen Inhalt aufweist.[280] Werktitelschutz für einen Domainnamen kann nur bejaht werden, wenn der unter dem Domainnamen abrufbare Inhalt als solcher – d.h. auch außerhalb des Internets – titelschutzfähig ist.[281] Der Domainname muss auch tatsächlich als Titel für dieses Werk geführt werden.[282] Der Schutz eines Domainnamens als Werktitel kann grundsätzlich erst einsetzen, wenn das über den Domainnamen erreichbare titelschutzfähige Werk weitgehend fertiggestellt ist. Eine bloße Ankündigung eines baldi- **156**

277 Vgl. *BGH* GRUR 2005, 969, 970 – Domain-Pfändung; GRUR 2009, 1055 – airdsl.

278 Vgl. *Ingerl/Rohnke* Nach §15 Rn.33 m.w.N.; *Ströbele /Hacker* §8 Rn.173 ff.

279 Vgl. *Deutsch/Ellerbrock* Rn.359.

280 Ganz h.A., vgl. *Ströbele/Hacker* §5 Rn. 97; *Deutsch/Ellerbrock* Rn.371; *Ingerl/Rohnke* Nach §15 Rn.53; *Fezer* Einl.G MarkenG Rn.39 – jeweils m.w.N. auch zur Gegenansicht.

281 Vgl. *Ströbele/Hacker* §5 Rn.92 m.w.N.

282 Vgl. *Omsels* GRUR 1997, 328, 332; *Deutsch/Ellerbrock* Rn.373.

gen Auftritts genügt hierfür nicht.[283] So kann eine elektronische Zeitung, die unter dem Titel des Domainnamens erscheint, für diesen Titelschutz begründen.[284] Es wird in diesen Fällen aber vielfach nicht allein der Domainname als Titel verwendet, sondern es erfolgt darüber hinaus auch eine Verwendung der entsprechende Bezeichnung als Titel für das entsprechende Werk auf der Website selbst, so dass (auch) durch letztere Verwendung ein Werktitelschutz begründet wird. Daraus folgt aber umgekehrt, dass der Domainname dann kein Titel ist, wenn das unter ihm abrufbare Werk auf der Website ersichtlich anders betitelt ist. Entsprechend den Voraussetzungen für einen Werktitelschutz außerhalb des Internets gilt zudem, dass ein Titel Unterscheidungskraft oder Verkehrsgeltung aufweisen muss. Überdies bedingt das Territorialitätsprinzip, dass die Benutzung einen hinreichenden Inlandsbezug aufweisen muss, so dass die bloße Abrufbarkeit von Deutschland aus nicht ausreicht (s. hierzu vorstehend Rn. 107 ff.).[285]

2. Unternehmenskennzeichen

157 Nach wohl allgemeiner Ansicht kann aufgrund der Benutzung eines Domainnamens Schutz als Unternehmenskennzeichen i.S.d. § 5 Abs. 2 MarkenG erworben werden. Streitig ist allerdings, ob Domainnamen Namenscharakter i.S.d. § 5 Abs. 2 S. 1 MarkenG haben oder ob sie nur als Geschäftsabzeichen i.S.d. § 5 Abs. 2 S. 2 MarkenG angesehen werden können, so dass ihnen ein kennzeichenrechtlicher Schutz immer nur bei Erwerb von Verkehrsgeltung zukommt.[286] Richtigerweise ist anzunehmen, dass ein Domainname über eine **Namensfunktion** verfügen kann. Somit kann durch die Benutzung eines Domainnamens im geschäftlichen Verkehr ein entsprechendes Unternehmenskennzeichen erworben werden, wenn der Verkehr in der als Domainname gewählten Bezeichnung nichts Beschreibendes, sondern nur **einen Herkunftshinweis erkennen kann**.[287] Wird jedoch ein Domainname, der an sich geeignet ist, auf die betriebliche Herkunft und die Geschäftstätigkeit eines Unternehmens hinzuweisen, ausschließlich als Adressbezeichnung verwendet, wird der Verkehr annehmen, es handele sich dabei um eine Angabe, die der Telefonnummer ähnlich ist und allein den Zugang zu dem Adressaten eröffnen soll, ohne ihn in seiner geschäftlichen Tätigkeit zu bezeichnen.[288] Es kommt damit auch hinsichtlich der Entstehung von Unternehmenskennzeichen an einem Domainnamen darauf an, wofür und in welcher Weise der Domainname benutzt wird. Wird er für ein Unternehmen verwendet, für das er kennzeichnungskräftig ist und damit herkunftshinweisend wirken kann, entsteht ein Unternehmenskennzeichen bereits mit der Aufnahme einer entsprechenden Benutzung, da ihm dann die erforderliche Namensfunktion zukommt. Der Domainname muss für eine aktive Webseite benutzt werden, d.h. die Webseite muss bereits mit Inhalten gefüllt sein, um einen Schutz als Unternehmenskennzeichen begründen zu können.[289] Ist der Domainname für das betreffende Unternehmen von vornherein nicht kennzeichnungskräftig, kann ihm nur dann Schutz als Unternehmenskennzeichen zuer-

283 Vgl. *BGH* GRUR 2009, 1055, 1057 – airdsl.
284 Vgl. *OLG Dresden* CR 1999, 102, 103 – dresden-online.de.
285 Vgl. *Beier* Rn. 294; *Omsels* GRUR 1997, 328, 333.
286 Vgl. zum Streitstand im Schrifttum *Ströbele/Hacker* § 5 Rn. 62 f.
287 Vgl. *BGH* GRUR 2009, 685 – ahd.de; GRUR 2005, 262, 263 – soco.de m.H.a. *OLG München* CR 1999, 778 – tnet.de; *BGH* GRUR 2005, 871, 873 – Seicom.
288 *BGH* GRUR 2005, 871, 873 – Seicom.
289 Vgl. *Ingerl/Rohnke* Nach § 15 Rn. 43.

kannt werden, wenn er Verkehrsgeltung erlangt hat. **Kein Schutz** kommt einem Domainnamen zu, der zwar von Haus aus für das betreffende Unternehmen Kennzeichnungskraft hat, der aber **nicht als Herkunftshinweis benutzt wird**. Dies ist dann anzunehmen, wenn unter dem Domainnamen keinerlei Unternehmensauftritt erfolgt, sondern z.B. der Domainname nur als Bestandteil von E-Mail-Adressen oder zur Weiterleitung von Kunden auf eine andere Internetadresse benutzt wird.[290]

Die Entstehung eines Unternehmenskennzeichens durch den Domainnamen setzt nicht voraus, dass der Domainname mit einem offline geführten Unternehmenskennzeichen (teil-)identisch ist[291] (auch wenn dies in der Praxis häufig der Fall ist und deshalb der gesonderte Erwerb eines Unternehmenskennzeichens durch den Domainnamen nicht von großer praktischer Bedeutung ist). I.Ü. ist auch an dieser Stelle auf den notwendigen **Inlandsbezug** einer Benutzung hinzuweisen. **158**

3. Marken

Es ist grds. nicht ausgeschlossen, dass ein Domainname als Marke benutzt wird und durch diese Benutzung eine **Benutzungsmarke** gem. § 4 Nr. 2 MarkenG entsteht.[292] Voraussetzung ist allerdings, dass der Domainname im Inland Verkehrsgeltung **als Marke** erworben hat. **159**

Nicht verwechselt werden darf die hier angesprochene Frage, ob durch Benutzung eines Domainnamens ein Markenschutz entstehen kann, mit den im **Markenanmeldeverfahren** auftauchenden Fällen, in denen für eine Wortfolge Schutz beansprucht wird, die lediglich wie ein **Domainname** oder eine vollständige Internetadresse gebildet sind, z.B. Marken wie „www.cyberlaw.de“,[293] „handy.de“[294] oder „beauty24.de“.[295] Solche Markenanmeldungen sind nach den allgemeinen Grundsätzen zu prüfen, wobei allgemein anerkannt ist, dass Bestandteile wie „www.“ oder „.de“ bzw. „.com“ u.Ä. i.d.R. als nicht unterscheidungskräftige Sachangaben aufgefasst werden.[296] **160**

III. Verletzung von Rechten Dritter durch Domainnamen

Die nachfolgende Darstellung beschränkt sich auf kennzeichen- und namensrechtliche Ansprüche, die aufgrund der Registrierung bzw. Benutzung von Domainnamen geltend gemacht werden können.[297] Wie bereits im Zusammenhang mit der Rechtsnatur von Domainnamen angesprochen, beurteilen sich solche Verletzungen im Grundsatz nach den allgemeinen Regeln des Kennzeichenrechts.[298] Allerdings bestehen hier spezifische Problemstellungen, die im Folgenden angesprochen werden sollen. **161**

---

290 Vgl. *BGH* GRUR 2005, 871, 873 – Seicom.
291 Vgl. *Ingerl/Rohnke* Nach § 15 Rn. 45.
292 Vgl. *BGH* GRUR 2009, 1055, 1059 – airdsl.
293 Vgl. *BPatG* BlPMZ 2000, 294.
294 *BPatG* Mitteilungen der deutschen Patentanwälte 2003, 569.
295 *BPatG* GRUR 2004, 336.
296 Vgl. *Ströbele/Hacker* § 8 Rn. 173 m.w.N.
297 Zur unlauteren Behinderung durch Verwendung von Domainnamen, die sich nach § 4 Nr. 10 UWG beurteilt, vgl. *BGH* GRUR 2014, 393 – wetteronline.de (dort zu generischen „Tippfehler-Domains“).
298 Vgl. z.B. *BGH* GRUR 2010, 235 – AIDA/AIDU.

1. Verletzung von Marken, Unternehmenskennzeichen und Werktiteln

162 Eine Kennzeichenverletzung nach dem MarkenG setzt eine rechtsverletzende Benutzung im geschäftlichen Verkehr voraus. Gerade bei behaupteten Rechtsverletzungen durch Domainnamen ist oft streitig, ob eine solche Handlung vorliegt.

163 Nicht selten werden kennzeichenrechtliche Ansprüche gegen einen Domainnamen erhoben, bei dem zum Zeitpunkt der Geltendmachung **nur** eine **Registrierung** erfolgt ist, jedoch unter dieser Adresse noch **kein Inhalt** abrufbar ist. Allein die Registrierung eines Domainnamens bei der zuständigen Vergabestelle kann noch keine kennzeichenrechtlich relevante Benutzungshandlung darstellen.[299] Fraglich ist, ob hierin schon eine **Erstbegehungsgefahr** gesehen werden kann oder ob verlangt werden muss, dass weitere Umstände hinzutreten, die eine solche Gefahr begründen können.[300] Da Domainnamen keineswegs ausschließlich im geschäftlichen Verkehr Verwendung finden, wird man im Ergebnis davon ausgehen müssen, dass es ohne weitere Indizien bei der bloßen Registrierung eines Domainnamens und Schaltung einer „Baustellen-Homepage" an dem erforderlichen Handeln im geschäftlichen Verkehr und auch einer entspr. Erstbegehungsgefahr fehlt.[301] In einem solchen Fall stehen dem potentiell Verletzten zwar keine kennzeichenrechtlichen Ansprüche zu, ggf. kann er aber auf der Grundlage des Namensrechts nach § 12 BGB vorgehen (hierzu nachstehend Rn. 166 ff.).

164 Wird ein Domainname benutzt, ist zu fragen, ob die erkennbar nach außen tretende **Zielrichtung des Handelns** der Förderung der eigenen oder einer fremden erwerbswirtschaftlichen oder sonstigen beruflichen Tätigkeit dient; nur wenn dies der Fall ist, kann ein Handeln im geschäftlichen Verkehr angenommen werden.[302] Solche Benutzungshandlungen müssen nicht unbedingt darin liegen, dass unter dem Domainnamen als geschäftlich zu qualifizierende Inhalte abrufbar sind. Der Domainname wird nicht dadurch benutzt, dass er selbst als Handelsgut verwendet wird.[303] Das bloße Anbieten einer Domain zum Verkauf, stellt keine Benutzung der Domain für Waren oder Dienstleistungen dar.[304] Diskutiert wird, ob in der Benutzung von beschreibenden Domainnamen (z.B. autovermietung.de, buecher.de) eine markenmäßige Benutzungshandlung liegen kann, da einem solchen Domainnamen nicht zwingend herkunftshinweisende Funktion zukomme.[305] Da allerdings ein reiner Gattungsbegriff oder ein rein beschreibender Begriff als Domainname ohnehin nicht dazu geeignet ist, Kennzeichenrechte Dritter zu verletzen,[306] ist die Entscheidung dieser Frage in der Praxis i.d.R. entbehrlich.[307]

---

299 Vgl. *BGH* GRUR 2016, 810 Rn. 24 – profitbricks.es; 2008, 912 – Metrosex; *Ingerl/Rohnke* Nach § 15 Rn. 112; *Ströbele/Hacker* § 14 Rn. 218.

300 Vgl. *OLG Hamburg* GRUR-RR 2002, 226, 229 – berlin location; *Ströbele/Hacker* § 14 Rn. 218; *Ingerl/Rohnke* Nach § 15 Rn. 115.

301 Vgl. *OLG Köln* WRP 2002, 245, 257 – lotto-privat.de; *Ströbele/Hacker* § 14 Rn. 218; für von juristischen Personen oder Personenhandelsgesellschaften gehaltene Domains; vgl. auch *Ingerl/Rohnke* Nach § 15 Rn. 124 und *BGH* GRUR 2012, 304 Rn. 26 – Basler Haar-Kosmetik.

302 Vgl. *BGH* GRUR 2002, 622, 624 – shell.de; GRUR 2008, 1099, 1100 – afilias.de.

303 *BGH* GRUR 2009, 685, 690 – ahd.de; *OLG Nürnberg* MMR 2009, 768.

304 *BGH* GRUR 2016, 810 Rn. 25 – profitbricks.es; *Ingerl/Rohnke* Nach § 15 Rn. 116.

305 Vgl. z.B. *Deutsch/Ellerbrock* Rn. 401; *OLG Hamburg* MMR 2000, 544, 545 – kulturwerbung.de; MMR 2001, 615, 617 – autovermietung.com.

306 Vgl. hierzu *BGH* GRUR 2007, 259, 260 – solingen.info.

307 Allerdings kommt bei der Verwendung generischer Domains ggf. ein wettbewerbsrechtlicher Verstoß in Betracht, wobei von dem Grundsatz auszugehen ist, dass die Verwendung eines beschreibenden Begriffs als Domainname nicht generell wettbewerbswidrig ist, vgl. *BGH* GRUR 2001, 1061 – mitwohnzentrale.de.

In Bezug auf die Prüfung einer Kennzeichenkollision – insbesondere einer Verwechslungsgefahr – gelten die gleichen Grundsätze wie bei sonstigen Nutzungen in der Offline-Welt.[308] Insbesondere sind keine Sondermaßstäbe hinsichtlich der durch das Internet bzw. Domainnamen angesprochenen Verkehrskreise, hinsichtlich besonderer Verhaltensweisen von Internetnutzern oder hinsichtlich der für die Zeichenähnlichkeit maßgeblichen Kriterien anzulegen.[309] Innerhalb der Prüfung der Verwechslungsgefahr kommt den Top-Level-Domains oder sonstigen Bestandteilen der Internetadresse (z.B. „www.") häufig keine eigene Bedeutung zu, so dass der Gesamteindruck allein durch die Second-Level-Domain bestimmt wird.[310] Anders beurteilt sich dies aber z.B., wenn die Top-Level-Domain einbezogen wird, um aus einer Buchstabenfolge in der Second-Level-Domain ein Wort zu bilden, etwa „bullypara.de". In diesen Fällen ist bzgl. des Gesamteindrucks nicht zwischen Second-Level- und Top-Level-Domain zu unterscheiden. **165**

2. Namensschutz, § 12 BGB

Im Bereich der Kollision von Domainnamen mit Rechten Dritter spielt der allgemein-zivilrechtliche Namensschutz eine weitaus größere Rolle als in der Offline-Welt. Der Grund hierfür liegt in der beschränkten Verfügbarkeit von Domainnamen. Ist ein Name als Domainname vergeben, ist er blockiert. Schon aus dieser **Blockade** kann eine **Beeinträchtigung des Namensschutzes** folgen.[311] Ist der Domainname „kunzmann.de" vergeben, kann jemand mit dem Namen „Kunzmann" diesen Domainnamen nicht mehr benutzen. **166**

Bei der Prüfung, ob das Namensrecht aus § 12 BGB verletzt sein kann, ist jedoch zu beachten, dass der **kennzeichenrechtliche Schutz** nach dem MarkenG in seinem Anwendungsbereich grundsätzlich dem Namensschutz des § 12 BGB **vorgeht**.[312] Eine Verletzung von § 12 BGB verlangt allerdings keine Benutzung des Domainnamens, so dass eine Rechtsverletzung schon durch die Registrierung eines Zeichens als Domainname vorliegen kann.[313] Sind in einem solchen Fall die Voraussetzungen einer Marken- oder sonstigen Kennzeichenverletzung nicht erfüllt, bleibt der Namensschutz neben dem Kennzeichenschutz aus dem MarkenG anwendbar.[314] Der Namensschutz nach § 12 BGB greift darüber hinaus vor allem dann ein, wenn ein Handeln im geschäftlichen Verkehr nicht vorliegt. Dies ist z.B. der Fall, wenn ein Domainname lediglich von einer Privatperson benutzt wird, etwa für eine Familien-Homepage. **167**

Eine Verletzung des Namensrechts durch Domainnamen kommt immer unter dem Gesichtspunkt einer **Namensanmaßung** in Betracht. Eine Namensanmaßung liegt dann vor, wenn ein Nichtberechtigter einen fremden Namen als Domainnamen registriert oder verwendet und dadurch eine Zuordnungsverwirrung auslöst und schutz- **168**

---

308 Vgl. *Deutsch/Ellerbrock* Rn. 404; *OLG Hamburg* WRP 2001, 717, 718 – startup.de.

309 Vgl. *Ingerl/Rohnke* Nach § 15 Rn. 128 ff.; anders wohl bzgl. der Zeichenähnlichkeit *Deutsch/Ellerbrock* m.H.a. *KG* GRUR-RR 2002, 180, 181 – CHECK In/Checkin.com.

310 Vgl. *BGH* GRUR 2005, 262, 263 – soco.de; *OLG Hamburg* GRUR 2001, 838, 840 – 1001buecher.de.

311 Vgl. *BGH* GRUR 2002, 622, 624 – shell.de; GRUR 2005, 430 – mho.de.

312 *BGH* GRUR 2005, 430 – mho.de; GRUR 2002, 622, 623 – shell.de; GRUR 1999, 161 – MAC dog; GRUR 1999, 252 – Warsteiner II.

313 *BGH* GRUR 2005, 430, 431 – mho.de.

314 *BGH* GRUR 2014, 506 Rn. 8 – sr.de; GRUR 2012, 304 – Basler Haar-Kosmetik.

würdige Interessen des Namensträgers verletzt.[315] Diese Voraussetzungen werden bei deutschen Parteien durch die Registrierung eines fremden Namens als Internetadresse unter der in Deutschland üblichen Top-Level-Domain „.de" grds. erfüllt.[316] In Fällen mit Auslandsberührung sind die betroffenen schutzwürdigen Interessen und ihre Verletzung konkret darzulegen und ggf. zu beweisen.[317]

169 Die Vorschrift des § 12 BGB schützt nicht nur die Träger eines bürgerlichen Nachnamens, sondern auch Künstlernamen[318] und Kennzeichen i.S.d. MarkenG vor der o.g. Zuordnungsverwirrung.[319] Der Namensschutz ermöglicht es also Kennzeicheninhabern, gegen Domainnamen vorzugehen, wenn diese von einem Nichtberechtigten registriert worden sind, ohne dass dieser (schon) im geschäftlichen Verkehr handelt. Der BGH bejaht auch eine Anwendung von § 12 BGB, wenn zwar ein Handeln im geschäftlichen Verkehr vorliegt, die Handlungen aber außerhalb des kennzeichenrechtlichen Schutzbereiches liegen (z.B. weil mangels Branchennähe keine Verwechslungsgefahr vorliegt).[320] Hierdurch wird in Bezug auf Domainnamen der kennzeichenrechtliche Schutz de facto durch den Namensschutz erheblich erweitert. Über den Namensschutz können daher insbesondere Fälle des sog. „Domain Grabbings" oftmals wirksam verhindert werden. Durch bloße Registrierung eines Domainnamens können Ansprüche wegen Namensanmaßung aber nur begründet werden, wenn bereits mit der Registrierung eine erhebliche Beeinträchtigung der namensrechtlichen Befugnisse verbunden ist.[321]

170 Jedoch greift der Anspruch nach § 12 BGB grds. nur dann, wenn der Domaininhaber Nichtberechtigter ist. An der Nichtberechtigung fehlt es, wenn der Domaininhaber selbst Namensträger ist. Bei der Frage der Nichtberechtigung ist nicht immer nur darauf abzustellen, ob dem Inhaber ein inländisches Namens- oder Kennzeichenrecht zusteht. So kann z.B. auch bei einem ausländischen Unternehmen, das nur über Namens- oder Kennzeichenrechte im Ausland verfügt, ein berechtigtes Interesse an der Verwendung der Top-Level-Domain „.de" bestehen, etwa um unter einem solchen Domainnamen deutschsprachige Inhalte zugänglich zu machen.[322] Etwas anderes gilt regelmäßig, wenn das Namensrecht des Berechtigten erst nach der Registrierung des Domainnamens durch den Nichtberechtigten entstanden ist.[323] Die Registrierung eines zum Zeitpunkt der Registrierung in keinerlei Rechte eingreifenden Domainnamens kann nicht ohne Weiteres wegen später entstandener Namensrechte als unrechtmäßige Namensanmaßung qualifiziert werden. Das bloße Interesse eines Nichtberechtigten am Weiterverkauf eines Domainnamens ist nicht schutzwürdig.[324]

171 Existieren **mehrere Namensträger**, kommen also mehrere Personen als Berechtigte für einen bestimmten Domainnamen in Betracht, gilt für sie hinsichtlich der Registrie-

---

315 *BGH* GRUR 2002, 622, 624 – shell.de m.H.a. NJW 1993, 918 – Universitätsemblem m.w.N.
316 Vgl. *BGH* GRUR 2005, 430, 431 – mho.de; GRUR 2002, 622, 624 – shell.de; GRUR 2003, 897, 898 – maxem.de.
317 *BGH* GRUR 2016, 810 Rn. 45 – profitbricks.es; 2013, 294 R. 18 – dlg.de.
318 Vgl. *BGH* GRUR 2007, 168 – kinski-klaus.de m.w.N.
319 Vgl. *Palandt/Ellenberger* BGB, 76 Aufl. 2017, § 12 Rn. 10 m.w.N.
320 *BGH* GRUR 2005, 430, 431 – mho.de.
321 *BGH* GRUR 2016, 749 Rn. 42 – Landgut A. Borsig; 2016, 810 Rn. 40 – profitbricks.es; 2014, 393 Rn. 21 – wetteronline.de.
322 Vgl. *BGH* GRUR 2013, 294 Rn. 17 – dlg.de.
323 *BGH* GRUR 2008, 1099, 1101 – afilias.de.
324 *BGH* GRUR 2014, 506 Rn. 30 – sr.de.

rung ihres Namens als Internetadresse grds. das Gerechtigkeitsprinzip der Priorität.[325] Führen z.B. mehrere natürliche Personen oder Unternehmen den Namen „Kunzmann“, ist derjenige berechtigter Inhaber einer Domain „kunzmann.de“, der diese Domain als erster registrieren lässt. Dieser Grundsatz gilt zurecht, da es im Hinblick auf die Fülle von möglichen Konfliktfällen im Allgemeinen mit einer einfach zu handhabenden Grundregel – nämlich dem Prioritätsgrundsatz – sein Bewenden haben muss.[326] Nur unter besonderen Umständen tritt das Prioritätsprinzip ausnahmsweise zurück.[327] Eine solche Ausnahme kann u.U. dann anzunehmen sein, wenn einer der **Namensträger** über eine **überragende Bekanntheit** im Inland verfügt. Der BGH hat dies in der Vergangenheit damit begründet, dass erfahrungsgemäß allgemein bekannte Unternehmen häufig unter dem eigenen Namen im Internet präsent sind und – wenn sie auf dem deutschen Markt tätig sind – unter der mit der Top-Level-Domain „.de“ gebildeten Internetadresse auf einfache Weise aufgefunden werden können. Zudem suche ein erheblicher Teil des Publikums Informationen im Internet in der Weise, dass in der Adresszeile der Name des gesuchten Unternehmens als Internetadresse eingegeben wird.[328] Aus diesen Gründen wurde dem Mineralölunternehmen „Shell“ ein besseres Recht an der dem Domainnamen „shell.de“ zugesprochen, obwohl eine Privatperson gleichen Nachnamens diese zuerst für sich hatte registrieren lassen.[329] Es hat also insoweit eine **Interessenabwägung** zwischen den Interessen der betroffenen Gleichnamigen zu erfolgen. Das Interesse eines allgemein bekannten Kennzeicheninhabers ist aber nur dann betroffen, wenn damit im Einzelfall tatsächlich eine erhebliche Beeinträchtigung der namensrechtlichen Befugnisse verbunden ist. Dies ist z.B. verneint worden für den Inhaber eines bekannten Zeitschriftentitels („Die Welt“), der bereits über einen mit dem Titel identischen „.de“-Domainnamen verfügte („welt.de,) und aus seinem Namensrecht gegen den Inhaber eines ähnlichen Domainnamens – der einen Gattungsbegriff darstellte – („weltonline.de“) vorgehen wollte.[330] Insgesamt dürften heute – nach der Einführung neuer Top-Level-Domains und in Anbetracht des Vorhandenseins leistungsfähiger Internet-Suchmaschinen – Ausnahmen vom Prioritätsgrundsatz kaum noch begründbar sein.

U.U. kann bei einem Gleichnamigenkonflikt bzgl. eines Domainnamens den Interessen eines Namensinhabers auch dadurch Rechnung getragen werden, dass der prioritätsbessere Inhaber des Domainnamens auf der ersten Seite seiner Internetpräsenz unter diesem Domainnamen deutlich macht, dass es sich nicht um die Internetpräsenz eines Dritten handelt, der über ein relativ stärkeres Recht verfügt.[331] Gleiches kann gelten, wenn die Interessen zweier Namensträger im Ergebnis als gleichgewichtig zu beurteilen sind.[332] Ist festzustellen, dass der Domainname eine erhebliche Beeinträchtigung der namensrechtlichen Befugnisse des Namensträgers darstellt und handelt es **172**

325 Vgl. *BGH* GRUR 2001, 1061 – mitwohnzentrale.de; GRUR 2002, 622, 624 – shell.de.
326 Vgl. *BGH* GRUR 2002, 622, 625 – shell.de; vgl. auch *BGH* GRUR 2005, 430 – mho.de.
327 Vgl. *BGH* GRUR 2005, 430 – mho.de; GRUR 2002, 622, 625 – shell.de.
328 Vgl. *BGH* GRUR 2002, 622, 625, 624 – shell.de, m.H.a. *BGH* GRUR 2001, 1061 – mitwohnzentrale.de – zur Suchgewohnheit des Publikums; ob diese Suchgewohnheiten heute noch bestehen, erscheint allerdings – in Anbetracht der optimierten Internet-Suchdienste – äußerst zweifelhaft.
329 *BGH* GRUR 2002, 622 – shell.de.
330 *BGH* GRUR 2005, 687, 689 – weltonline.de; vgl. auch *OLG Köln* K+R 2010, 429 – www.dsds-wws.de.
331 Vgl. *BGH* GRUR 2002, 706, 708 – vossius.de; vgl. als Bsp. den unter www.bgh.de erfolgenden Hinweis auf die an anderer Stelle befindliche Internetpräsenz des Bundesgerichtshofs.
332 *BGH* GRUR 2010, 738 – peekundcloppenburg.de; vgl. auch *BGH* GRUR 2006, 159 – hufeland.de.

sich bei dem Domaininhaber um einen Nichtberechtigten, bleibt allerdings für eine weitergehende Interessenabwägung grds. kein Raum.[333] Eine solche kann nur ausnahmsweise gerechtfertigt sein, z.B. wenn zunächst nur eine Registrierung des streitigen Domainnamens erfolgt, ohne dass hierunter ein Inhalt zu finden ist und sich die Registrierung aufgrund weiterer tatsächlicher Umstände als erster Schritt im Zuge einer – für sich genommen rechtlich unbedenklichen – Aufnahme der Benutzung eines der Domain entsprechenden Unternehmenskennzeichens in einer völlig anderen Branche darstellt. Denn da es vernünftiger kaufmännischer Praxis entspricht, sich bereits vor der Benutzungsaufnahme den entspr. Domainamen zu sichern, kann eine der Benutzungsaufnahme unmittelbar vorausgehende Registrierung nicht als Namensanmaßung und damit als unberechtigter Namensgebrauch anzusehen sein.[333]

173 Hinsichtlich der – oft entscheidenden – Klärung, ob der Domaininhaber Namensrechte beanspruchen kann und damit berechtigter Namensträger ist, muss in der Praxis vielfach über **abgeleitete Berechtigungen** entschieden werden. So kann eine Berechtigung auch dann angenommen werden, wenn der Domaininhaber nicht selbst Namensträger ist, ihm aber hieran ein berechtigtes Interesse zusteht und ihm die Namensführung durch einen berechtigten Namensträger – z.B. Ehegatte oder Kinder – gestattet ist.[334] Ebenso ist eine Holdinggesellschaft, die die Unternehmensbezeichnung einer Tochtergesellschaft mit deren Zustimmung als Domainnamen registrieren lässt, so zu behandeln, als sei sie selbst berechtigt, die fragliche Bezeichnung zu führen.[335] Auch scheidet eine Namensanmaßung aus, wenn der Domainname im Auftrag eines Namensträgers reserviert worden ist, wenn diese Auftragsregistrierung dokumentiert werden kann.[336] Dagegen reicht es für eine Berechtigung nicht aus, dass der Domaininhaber den Domainnamen als Pseudonym führt, wenn dieses Pseudonym noch keine Verkehrsgeltung erlangt hat und damit keinen Namensschutz genießt.[337]

174 Zu beachten ist selbstverständlich auch bei der Prüfung von Ansprüchen aus § 12 BGB, ob ein hinreichender **Inlandsbezug** gegeben ist. Dieser wird sich bei einer Registrierung unter der Top-Level-Domain „.de“ i.d.R. bejahen lassen, nicht jedoch ohne weitere Umstände bei anderen Top-Level-Domains, z.B. „.com“ oder „.ch“.

175 Eine gegenüber der Domain-Vergabestelle als administrativer Ansprechpartner (sog. „Admin-C“) benannte Person kann für mögliche mit der Registrierung der Domain verbundene Verletzungen von Rechten Dritter als Störer haften. Allerdings gilt dies nur dann, wenn ihn ausnahmsweise eine eigene Pflicht zur Prüfung einer Rechtsverletzung trifft. Voraussetzung hierfür ist das Vorliegen besonderer gefahrerhöhender Umstände, die z.B. darin bestehen können, dass bei Registrierung einer Vielzahl von Domainnamen die möglichen Kollisionen mit bestehenden Namensrechten Dritter auch vom Anmelder nicht geprüft werden. Eine abstrakte Gefahr, die mit der Registrierung einer Vielzahl von Domainnamen verbunden sein kann, reicht insofern nicht aus.[338]

---

333 *BGH* GRUR 2005, 430, 431 – mho.de.

334 Vgl. *OLG Stuttgart* MMR 2006, 41.

335 *BGH* GRUR 2006, 158 – segnitz.de.

336 *BGH* GRUR 2007, 811 – grundke.de; vgl. zur treuhänderischen Registrierung eines Domainnamens auch *BGH* GRUR 2016, 1093 – grit-lehmann.de; 2010, 944 – braunkohle-nein.de.

337 Vgl. *BGH* GRUR 2003, 897, 898 – maxem.de m.H.a. den diesbezüglichen Streitstand im Schrifttum; verfassungsrechtliche Zulässigkeit bestätigt durch *BVerfG* GRUR 2007, 79 – maxem.de.

338 *BGH* GRUR 2013, 294 – dlg.de; GRUR 2012, 304 – Basler Haar-Kosmetik.

3. Anspruch auf Übertragung eines Domainnamens

Wie dargestellt, existiert kein absolutes Recht auf Registrierung eines bestimmten Domainnamens und daher keine Grundlage dafür, dass der Eintrag eines Domainnamens wie ein absolutes Recht einer bestimmten Person zugewiesen ist.[339] Daher kann derjenige, der aufgrund eines Kennzeichenrechts oder seines Namensrechts gegen einen unberechtigten Domaininhaber vorgeht, auch **keine Umschreibung** des Domainnamens auf sich **verlangen**. Ein solcher Anspruch ergibt sich weder aus einer Gesetzesanalogie,[340] noch unter dem Gesichtspunkt einer angemaßten Eigengeschäftsführung (§§ 687 Abs. 2, 681, 667 BGB) oder unter bereicherungsrechtlichen Aspekten (§ 812 Abs. 1 S. 1, 2. Alt. BGB), noch als Schadensersatzanspruch.[341] Würde man dem Verletzten einen Übertragungsanspruch zuerkennen, müsste man außer Acht lassen, dass u.U. weitere Kennzeicheninhaber oder Namensträger existieren, die ebenfalls ein – evtl. sogar relativ besseres – Recht auf den Domainnamen beanspruchen könnten. Der Anspruchsteller würde damit u.U. bessergestellt, als er ohne das schädigende Ereignis (Registrierung des Domainnamens durch einen Nichtberechtigten) gestanden hätte. Dies kann nicht hingenommen werden.[342] Der Geschädigte kann damit **nur** verlangen, dass der Domaininhaber seine Registrierung **löscht** bzw. hierauf **verzichtet**.[343] 176

Damit entsteht das Problem, dass der Rechtsinhaber zwar die Registrierung durch den Verletzer beseitigen kann, jedoch ein weiteres Hauptziel, selbst den Domainnamen nutzen zu können, gerichtlich nicht erreichen kann. Er ist diesbezüglich darauf angewiesen, seine Rechte bei der Registrierungsstelle geltend zu machen. 177

Die für „.de“ zuständige DENIC bietet hierfür einen sog. „Dispute-Eintrag“ an, durch den die Weiterübertragung des Domainnamens für einen gewissen Zeitraum blockiert werden kann, wenn der Antragsteller formell bessere Rechte nachweist. Solange der „Dispute-Eintrag“ besteht, kann der Domainname zwar genutzt, nicht jedoch übertragen werden. Der (erste) Dispute-Antragsteller erhält dann den Domainnamen, wenn dieser vom bisherigen Inhaber freigegeben wird.[344] Soweit die betreffende Domain-Vergabestelle – anders als die DENIC – die Möglichkeit eines „Dispute-Eintrags“ oder einer ähnlichen Sicherung der Rechte des Kennzeicheninhabers nicht bietet, kann in Betracht kommen, dem Domaininhaber durch Entscheidung eines ordentlichen Gerichts ein Verfügungsverbot bezüglich der Domain aufzuerlegen.[345] 178

4. Haftung der Domain-Vergabestelle

Der durch die unbefugte Registrierung bzw. Benutzung eines Domainnamens Verletzte begehrt – insbesondere weil er keinen Anspruch auf Übertragung des Domainnamens durch den Verletzer hat – nicht selten eine unmittelbare Verpflichtung der Domain-Vergabestelle dahin gehend, dass diese vor Registrierung eines Domainnamens prüft, ob 179

---

339 Vgl. *BVerfG* GRUR 2005, 261 – ad-acta.de; GRUR 2002, 622, 626 – shell.de.

340 So die Vorinstanz der BGH-Entscheidung „shell.de“, *OLG München* WRP 1999, 955 – shell.de.

341 Vgl. hierzu *BGH* GRUR 2002, 622, 626 – shell.de m.w.N. zur Gegenauffassung.

342 So zutr. *BGH* GRUR 2002, 622, 626 – shell.de.

343 Vgl. z.B. *BGH* 2016, 810 Rn. 37 – profitbricks.es; *OLG Frankfurt* GRUR-RR 2003, 143 – viagratipp.de; *OLG Hamburg* GRUR-RR 2002, 100, 1003 – derrick.de; GRUR-RR 2002, 393, 394 – motorradmarkt.de; zweifelnd bzgl. der verfassungsrechtlichen Zulässigkeit des Löschungsanspruchs *Boecker* GRUR 2007, 370 ff.

344 Vgl. *Beier* Rn. 85 ff.; kritisch zum „Dispute-Eintrag“-Verfahren *Rössel* CR 2007, 376 ff.

345 So *KG* WRP 2007, 1.

nicht Rechte Dritter dieser Registrierung entgegenstehen, oder dass die Domain-Vergabestelle zumindest dazu verpflichtet ist, nach einmalig erfolgter Rechtsverletzung den Domainnamen für Dritte zu sperren. Für eine Inanspruchnahme der Domain-Vergabestelle kommt grds. nur das bereits erörterte (vgl. hierzu vorstehend Rn. 132, 136f.) Institut der **Störerhaftung** in Betracht. In diesem Rahmen ist zu berücksichtigen, dass eine Domain-Vergabestelle ihre Aufgabe im Interesse sämtlicher Internetnutzer wahrnimmt, die Erfüllung dieser Aufgabe zugleich im öffentlichen Interesse liegt, die Vergabestelle keine eigenen Zwecke in Bezug auf die vergebenen Domainnamen verfolgt und sie i.d.R. ohne Gewinnerzielungsabsicht handelt.[346] Daher sind nur **äußerst eingeschränkte Prüfungs- und Kontrollpflichten** für die Vergabestelle anzunehmen. Daraus folgt, dass die Vergabestellen bei der Erstregistrierung eines Domainnamens grds. keinerlei Prüfungspflichten treffen.[347] Selbst völlig eindeutige, für jedermann erkennbare Verstöße unterfallen in der Phase der Erstregistrierung keiner Prüfungspflicht der Vergabestelle.[348] Auch dann, wenn die Vergabestelle von einem Dritten auf eine Rechtsverletzung hingewiesen wird, bestehen nur eingeschränkte Prüfungspflichten, so dass sie nur dann dazu veranlasst ist, eine bestehende Registrierung zu löschen, wenn eine Rechtsverletzung offenkundig und ohne weiteres feststellbar ist.[349] Nicht zuzumuten ist es der Vergabestelle vor allem, eine kennzeichenrechtliche Verwechslungsgefahr zu prüfen oder festzustellen, ob ein bekanntes Kennzeichen vorliegt, dessen Unterscheidungskraft oder Wertschätzung ohne rechtfertigenden Grund in unlauterer Weise ausgenutzt oder beeinträchtigt wird (vgl. § 14 Abs. 2 Nr. 3 MarkenG).[350] Im Vergleich mit den oben behandelten Internet-Auktionshäusern ergibt sich damit eine sehr viel geringere Pflichtenanspannung für die Domain-Vergabestelle.

180 Ein Anspruch eines Namens- oder Kennzeicheninhabers darauf, dass eine **vollständige Sperrung** eines bestimmten Domainnamens erfolgt, existiert nicht.[351] Ein solcher Anspruch ist unter den gleichen Gesichtspunkten abzulehnen wie der Anspruch des Verletzten auf Übertragung des Domainnamens (vgl. Rn. 176).

5. Schiedsverfahren bei Rechtsverletzungen durch Domainnamen

181 Für die generischen Top-Level-Domains (z.B. „.com“, „.info“, „.org“ sowie auch die neu eingeführten gTLD) existiert die „Uniform Domain-Name Dispute Resolution Policy“ (UDRP). Diesem Schiedsverfahren muss sich der Anmelder eines Domainnamens unter diesen Top-Level-Domains unterwerfen.[352] Es handelt sich dabei um ein vereinfachtes, beschleunigtes Verfahren, das neben der Durchsetzung von gerichtlichen Ansprüchen möglich ist, jedoch Ansprüche nur auf der Grundlage stark eingeschränkter Tatbestandsvoraussetzungen gewährt (z.B. „bad faith“ des Domaininhabers).[353]

346 So ausdrücklich für die DENIC *BGH* GRUR 2012, 651 – regierung-oberfranken.de; GRUR 2001, 1038, 1040 – ambiente.de.

347 *BGH* GRUR 2004, 619, 620 – kurt-biedenkopf.de; GRUR 2001, 1038, 1039f. – ambiente.de.

348 *BGH* GRUR 2004, 619, 620 – kurt-biedenkopf.de m.w.N. auch zur Gegenansicht.

349 *BGH* GRUR 2012, 651 – regierung-oberfranken.de; GRUR 2001, 1038, 1040 – ambiente.de.

350 *BGH* GRUR 2001, 1038, 1041 – ambiente.de.

351 Vgl. *BGH* GRUR 2004, 619, 621 – kurt-biedenkopf.de.

352 Einzelheiten finden sich unter www.icann.org/resources/pages/dndr-2012-02-25-en; vgl. hierzu auch *Schmelz* GRUR-Prax 2012, 127.

353 Vgl. hierzu *Ingerl/Rohnke* Nach § 15 Rn. 238ff.; Bsp. für eine Entscheidung des *WIPO* Arbitration and Mediation Center WRP 2003, 115ff. – germany2006.biz; eingehende Darstellung des UDRP-Verfahrens u.a. bei www.wipo.int/amc/en/domains/.

Auch für einige der länderbezogenen Top-Level-Domains existieren außergerichtliche Verfahren.[354] Ebenso ist bei der EU-Top-Level-Domain „.eu" für Streitfälle ein alternatives Streitbeilegungsverfahren vorgesehen, das von einem in Prag ansässigen tschechischen Schiedsgericht bereitgestellt wird.[355] Zu der in der Praxis häufigen Streitfrage, ob ein bösgläubiges Handeln des Anmelders einer Domain vorliegt, sind – bezogen auf die „.eu-Domains" – die bei der Überprüfung des Einzelfalles als maßgeblich anzusehenden Umstände durch die Rechtsprechung des EuGH vorgegeben.[356] **182**

354 Vgl. z.B. für Kanada „.ca" https://cira.ca/legal-policy-compliance/cdrp-process-and-decisions; für die USA „.us" www.about.us/policies/ustld-dispute-resolution-policy.
355 Nähere Informationen unter www.adr. eu.
356 *EuGH* GRUR 2010, 733 – Internet Portal und Marketing/Schlicht.

31. Kapitel
Film- und Fernsehvertragsrecht

Literatur: *Baumbach/Hopt* Handelsgesetzbuch, 37. Aufl. 2016; *Brauneck/Brauner* Optionsverträge über künftige Werke im Filmbereich, ZUM 2006, 513; *Castendyk* Lizenzverträge und AGB-Recht, ZUM 2007, 169; *Dreier/Schulze* UrhG, 5. Aufl. 2015; *Feyock/Heintel* Aktuelle Fragen der ertragsteuerrechtlichen Behandlung von Filmverträgen, ZUM 2008, 179; *Flatau* Neue Verbreitungsformen für Fernsehen und ihre rechtliche Einordnung: IPTV aus technischer Sicht, ZUM 2007, 1; *Grün* Der Ausschluss der Unterlassungsklage und des vorläufigen Rechtsschutzes in urheberrechtlichen Verträgen – Eine prozessuale, urheber- und AGB-rechtliche Untersuchung am Beispiel eines Regievertrages, ZUM 2004, 733; *Heinkelein/Fey* Der Schutz von Fernsehformaten im deutschen Urheberrecht – Zur Entscheidung des BGH: „Sendeformat", GRURInt 2004, 378; *Limper/Musiol* Handbuch des Fachanwalts Urheber- und Medienrecht, 2011, S. 243 – Filmrecht; *Karstens/Schütte* Praxishdb. Fernsehen – Wie TV-Sender arbeiten, 3. Aufl. 2013; *Lantzsch* Der internationale Fernsehformathandel, 2008; *Ory* Rechtliche Überlegungen aus Anlass des „Handy-TV" nach dem DMB-Standard, ZUM 2007, 7; *Palandt* Bürgerliches Gesetzbuch, 76. Aufl. 2017; *Schricker/Loewenheim* Urheberrecht, 5. Aufl. 2017; *Staudinger* BGB, §§ 631-651, Werkvertragsrecht, 2014.

I. Einleitung

Der folgende Beitrag setzt sich mit einer Auswahl typischer Vereinbarungen des Film- 1
bzw. Fernsehbereichs auseinander. Parteien der Vereinbarungen sind der Produzent bzw. Rechteinhaber/Lizenzgeber auf der einen Seite und der Sender – unabhängig davon, ob es sich dabei um eine öffentlich-rechtliche Anstalt oder einen privaten Rundfunkveranstalter handelt – bzw. Verwerter/Lizenznehmer auf der anderen Seite. Auf die Besonderheiten der verschiedenen **Programmsparten bzw. Genres**[1] wird eingegangen, soweit sie für die Vertragsgestaltung von Bedeutung sind.

Dazu werden zu Beginn als Grundlage die für die Praxis relevanten Punkte eines 2
Lizenzvertrags anhand eines Muster-Beispiels beleuchtet, um dann schwerpunktmäßig den klassischen **Auftragsproduktionsvertrag** zu behandeln. Kurz skizziert wird der **Buchentwicklungsvertrag**, eine Art „Vorstufe" zum Auftragsproduktionsvertrag im Fiction-Bereich. Denn hier wird in der Mehrzahl der Fälle zunächst ein Drehbuch in Auftrag gegeben und vertraglich geregelt; in einem zweiten Schritt ist dann ggf. die Verfilmung des Drehbuchs Gegenstand eines weiteren Vertrags (Auftragsproduktionsvertrags).

Auch Vereinbarungen von Produzenten untereinander, wie z.B. der **Koproduktions-** 3
vertrag, werden am Rande gestreift.

1 Programme können zunächst grob in Sparten eingeteilt werden; innerhalb der einzelnen Programmsparten wird dann weiter differenziert. Es gibt jedoch keine einheitliche, allgemein verbindliche Einteilung. Private Sender teilen ihr Programm größtenteils in vier Sparten ein: fiktionale Programme, Information, Unterhaltung und Sport. Fiktionale Programme sind z.B. Spielfilme (Krimi, Thriller, Komödie, Drama etc.), tägliche Serien (Soaps, Telenovelas etc.) oder wöchentliche Serien. Zur Information gehören u.a. Nachrichten und Dokumentationen. Zur Unterhaltung zählen Shows und zur Sparte Sport gehören neben Sportübertragungen z.B. auch Sport-Magazine.

Abschließend werden Vereinbarungen, die Fernsehshowformate zum Gegenstand haben, wie z.B. ein **Optionsvertrag** und ein typisches englischsprachiges **„Deal Memo“** vorgestellt.

II. Der Lizenzvertrag

1. Der Begriff des Lizenzvertrags

4 Der **Begriff des Lizenzvertrags** wird hier so verstanden, dass darunter alle Verträge fallen, die die **Einräumung von Nutzungsrechten**[2] zum Gegenstand haben, gleich welcher Stufe.[3]

5 § 31 UrhG ist dabei die zentrale Norm des Urhebervertragsrechts, wonach der **Urheber** (oder sein Rechtsnachfolger)[4] einem anderen ein Nutzungsrecht an seinem **Werk**[5] einräumen kann.[6] Nach § 79 UrhG Abs. 2 S. 1 kann bspw. auch der **ausübende Künstler** Nutzungsrechte an seiner Darbietung einräumen.[7] An sonstigen verwandten Schutzrechten können ebenfalls Nutzungsrechte eingeräumt werden (z.B. am **Schutzrecht des Filmherstellers**, § 94 Abs. 2 S. 2[8]). Nutzungsrechte können vom jeweiligen Rechteinhaber an einen Dritten weiterübertragen[9] oder einem Dritten eingeräumt werden.[10]

2. Einführung

6 Im Folgenden wird beispielhaft die vertragliche Einräumung[11] von Nutzungsrechten an einem bereits fertig gestellten Film behandelt (s. Muster: **„Fernsehlizenzvertrag“**). Dabei ist im Beispielsfall davon auszugehen, dass es sich bei dem vertragsgegenständlichen Film um ein urheberrechtlich geschütztes **Filmwerk**[12] i.S.v. § 2 Abs. 1 Nr. 6 UrhG handelt.[13]

2 Vgl. Schricker/Loewenheim/*Ohly* Vor §§ 31 ff. Rn. 1, § 29 Rn. 19 ff.

3 S. Dreier/Schulze/*Schulze* Vor § 31 Rn. 27 mit der Unterteilung in primäres und sekundäres Urhebervertragsrecht und der Ansicht, häufig würden insbesondere Verträge, mit denen Nutzungsrechte auf der zweiten oder einer weiteren Nutzerstufe übertragen würden, als Lizenzverträge bezeichnet; vgl. auch Schricker/Loewenheim/*Ohly* Vor §§ 31 ff. Rn. 3.

4 Vgl. Dreier/Schulze/*Schulze* § 31 Rn. 12.

5 Vgl. Schricker/Loewenheim/*Loewenheim* § 2 Rn. 30 ff. Allgemeines zum Werkbegriff.

6 Vgl. § 29 UrhG; s. auch Schricker/Loewenheim/*Ohly* § 29 Rn. 8 ff. zur Unübertragbarkeit des Urheberrechts unter Lebenden.

7 § 79 Abs. 2 S. 2 UrhG verweist u.a. auf § 31 UrhG; insofern besteht kein Unterschied mehr zur Einräumung urheberrechtlicher Nutzungsrechte, auch wenn der ausübende Künstler – anders als der Urheber – seine Rechte und Ansprüche aus §§ 77 und 78 grds. frei übertragen kann, vgl. § 79 Abs. 1 S. 1 UrhG (sog. translative Übertragung). S. *Dreier/Schulze/Dreier* § 79 Rn. 2.

8 § 94 Abs. 2 S. 3 UrhG verweist wiederum u.a. auf § 31 UrhG.

9 Vgl. § 34 UrhG.

10 Vgl. §§ 35, 79 UrhG Abs. 1 S. 1, 94 Abs. 2 S. 1 UrhG.

11 Vgl. Schricker/Loewenheim/*Spindler* § 31a Rn. 16, Dreier/Schulze/*Schulze* Vor § 31 Rn. 3 zur Formfreiheit der Einräumung von Nutzungsrechten mit der Ausnahme: Schriftformerfordernis für Verträge über unbekannte Nutzungsarten gem. § 31a Abs. 1 S. 1 UrhG und für künftige Werke gem. § 40 Abs. 1 S. 1 UrhG.

12 Vgl. Schricker/Loewenheim/*Loewenheim* § 2 Rn. 214 ff.

13 Liegen (nicht ein Filmwerk i.S.v. § 2 Abs. 1 Nr. 6 UrhG, sondern) lediglich Laufbilder vor, so verweist § 95 UrhG auf eine entspr. Anwendung von § 94 UrhG.

Anders als im Verlagswesen, wo das Verlagsgesetz Regelungen für den Verlagsvertrag vorsieht, gibt es für Lizenzverträge auf verschiedenen anderen Gebieten des Urheberrechts kein eigenes Vertragsrecht.[14] Eine analoge Anwendung der Vorschriften des Verlagsrechts z.B. auf den Fernsehlizenzvertrag oder den Filmlizenzvertrag scheidet nach wohl herrschender Meinung aus, da der Lizenznehmer in der Regel, jedenfalls wenn – wie in der Praxis üblich – eine feste Lizenzvergütung vereinbart ist, nicht zur Nutzung der lizenzierten Rechte verpflichtet ist.[15] 7

Der Lizenzvertrag, als **urheberrechtlicher Nutzungsvertrag sui generis**,[16] kann Elemente beinhalten, die nach den jeweiligen Umständen des Einzelfalls eine Anwendung einzelner Vorschriften des Kauf-, Miet-, Pacht-, Dienst-, Werkvertrags- und/oder Auftragsrechts rechtfertigen.[17] Für den Lizenzvertrag gelten die Regeln des Allgemeinen Teils des BGB (so sind z.B. auflösende Bedingungen möglich), die urheberrechtlichen Vorschriften sowie ergänzend die §§ 398 ff. BGB.[18] 8

3. Praxis-Muster „Fernsehlizenzvertrag"

Bei dem folgenden Musterbeispiel ist der **Lizenzgegenstand** ein deutscher Fernsehfilm, in der Praxis häufig auch „TV Movie" genannt. **Lizenzgeber** ist der deutsche Produzent des Films,[19] bei dem **Lizenznehmer** handelt es sich um ein niederländisches Sendeunternehmen. 9

Muster Fernsehlizenzvertrag

zwischen

XY Filmproduktion GmbH, vertreten durch den Geschäftsführer (...), Straße, Hausnummer, Postleitzahl, Ort, Deutschland

– nachfolgend **„Lizenzgeber"** genannt –

und

Antje TV B.V., vertreten durch die Geschäftsführerin (...), Straße, Hausnummer, Postleitzahl, Ort, Niederlande

– nachfolgend **„Sender"** genannt –

§ 1

Vertragsgegenstand

Lizenzgeber hat im Jahr 2015 den deutschen TV-Spielfilm (Genre: Romantic Comedy) mit dem Arbeitstitel

---

14 S. Dreier/Schulze/*Schulze* Vor § 31 Rn. 1; zum 1.3.2017 ist jedoch das Gesetz zur Reform des Urhebervertragsgesetzes in Kraft getreten: das Gesetz zur verbesserten Durchsetzung des Anspruchs der Urheber und ausübenden Künstler auf angemessene Vergütung und zur Regelung von Fragen der Verlegerbeteiligung.

15 Vgl. Dreier/Schulze/*Schulze* Vor § 31 Rn. 26; charakteristisch für den Verlagsvertrag ist hingegen gerade die Verpflichtung des Verlegers zur Verwertung des Werks, s. § 1 S. 1 VerlG; Schricker/Loewenheim/*Ohly* Vor §§ 31 ff. Rn. 99.

16 Es gibt keinen typisierten Werknutzungsvertrag, vgl. Dreier/Schulze/*Schulze* Vor § 31 Rn. 1, 6.

17 Vgl. Dreier/Schulze/*Schulze* Vor § 31 Rn. 6; Schricker/Loewenheim/*Ohly* Vor §§ 31 ff. Rn. 19.

18 S. Palandt/*Grüneberg* § 413 Rn. 1, 2; Schricker/Loewenheim/*Ohly* Vor §§ 31 ff. Rn. 17 ff.

19 In der Praxis werden Spielfilme oder andere fiktionale Programme häufig nicht durch den Produzenten selbst, sondern über sog. Filmhändler vertrieben.

„Testbild der Liebe" (Länge ca. 96 Minuten netto,[20] inklusive Vor- und Abspann)

Weibliche Hauptrolle:	Marion Sonnenschein
Männliche Hauptrolle:	Broder Lovely
Regie:	Babette Belle
Kamera:	Thorsten Light
Buch:	Carmen Carrarra
Musik:	Sun Oneleo
Drehort(e):	Deutschland: Dresden Spanien: Sevilla

(nachfolgend **„Film"** genannt) hergestellt.

Lizenzgeber ist verfügungsberechtigt über die den Gegenstand dieses Vertrages bildenden Rechte an dem Film.

§ 2

Umfang der Rechteübertragung

(1) Lizenzgeber räumt Sender die nachfolgend in Ziff. 1–6 genannten Nutzungsrechte an dem vertragsgegenständlichen Film gem. § 1 in seiner deutschen Sprachfassung für die Lizenzzeit nach Ziff. 7 und für das Lizenzgebiet nach Ziff. 8 ein:

1. **Das Senderecht (Free TV)**, d.h. das Recht, den Film im Programm von Sender durch analoge oder digitale Funksendungen, (...) der Öffentlichkeit zugänglich zu machen, unabhängig von dem Übertragungsweg, wie z.B. Ausstrahlung mittels terrestrischer Funkanlagen, Kabelfernsehen unter Einschluss der Kabelweitersendung, Satelliten unter Einschluss von Direktsatelliten (DBS), ohne dass der Empfänger – abgesehen von den üblichen Gebühren für den Empfang über Kabel – eine Gebühr zu leisten hat. (...)
   Das vorgenannte Recht wird Sender für zwei (2) Runs zzgl. jeweils eines Reruns (= unselbständige Wiederholung innerhalb von 24 Stunden nach Ausstrahlung), d.h. für insgesamt vier (4) Ausstrahlungen eingeräumt.
2. **Das Recht zur Zugänglichmachung per Internet** und per **Mobiltelefon**, d.h. das Recht, den Film einem beschränkten oder unbeschränkten Kreis Dritter mittels analoger oder digitaler Übertragungstechnik mit oder ohne Zwischenspeicherung, drahtlos oder drahtgebunden (...), **zeitgleich zur Free-TV-Ausstrahlung** derart zur Verfügung zu stellen, dass der Film von Dritten individuell oder gesammelt zur Wiedergabe mittels Endgeräten, wie Computer oder Mobiltelefon, abgerufen werden kann (Internet-TV, Handy-TV).
3. **Das Bearbeitungsrecht**, d.h. das Recht, den Film in niederländischer Sprache zu untertiteln, zu kürzen, zu teilen, zu unterbrechen, um in der Unterbrechung bzw. zeitgleich im Rahmen einer (ggf. animierten) Bildschirmteilung Werbespots oder Programmpromotion oder andere Sendungen auszustrahlen, sowie die Musik auszutauschen bzw. zu ändern. Eingeschlossen ist auch das Recht, am Anfang oder am Ende der Werbeeinschaltung einen Werbetrenner, vor während und

20 Die Netto-Länge gibt die Länge des Films ohne Einrechnung etwaiger Unterbrechungen, wie z.B. Werbepausen oder Programmhinweisen an. Im Gegensatz dazu wird zur Berechnung der sog. Brutto-Länge eines Programms die gesamte (Sende-)Länge einschließlich der Dauer der Unterbrechungen bis zum Beginn des nächsten Programms berücksichtigt. Vgl. dazu auch *Karstens/Schütte* Kap. 4.3.1 S. 313 oben.

nach dem Film Sponsorhinweise sowie in das laufende Programm Corner-Grafiken oder sog. Bauchbinden oder Laufbänder einzublenden.

4. **Das Archivierungsrecht**, d.h. das Recht, den Film und Inhaltsangaben in jeder Form zu archivieren und auf allen bekannten analogen und digitalen Speichermedien, (...) gemeinsam mit anderen Werken oder Werkteilen zu speichern, mit einer Retrival-Software zu versehen und diese Datenträger in vertragsgemäßer Form zu nutzen.
5. **Das Recht zur Werbung für den Film**, d.h. das Recht, Ausschnitte bis zu einer Dauer von zwei (2) Minuten aus dem Film, z.B. in Programmankündigungen von Sender, in Druckschriften (auch Werbeanzeigen, Poster, Plakate) oder im Internet mit Bezug zum Film zu verwenden.
6. **Das Vervielfältigungsrecht**, d.h. das Recht, den Film im Rahmen der angeführten Nutzungsarten beliebig – auch auf anderen als den ursprünglich verwendeten Bild-/Ton-Datenträgern – zu vervielfältigen.
7. **Lizenzzeit**: Fünf (5) Monate, beginnend acht (8) Wochen nach Erstausstrahlung des Films durch das deutsche Sendeunternehmen ZZ (nachfolgend „ZZ" genannt) in seinem Programm.[21] Das Datum der Erstausstrahlung durch ZZ ist derzeit für den 12.12.2017 vorgesehen, Änderungen wird Lizenzgeber Sender unverzüglich mitteilen.
8. **Lizenzgebiet**: Niederlande

(2) Die Rechte nach Abs. 1 Ziff. 1 und 2 werden zur ausschließlichen, die Rechte nach Ziff. 3-6 zur nicht ausschließlichen Nutzung eingeräumt.

(3) Für den Erwerb bzw. die Abgeltung der Rechte bezüglich der in dem Film verwendeten Musik ist Sender selbst verantwortlich.

(4) Sämtliche vertragsgegenständlichen Rechteeinräumungen erfolgen, soweit die Rechte bereits entstanden sind bzw. erworben wurden, mit der Unterzeichnung dieses Vertrags, im Übrigen in dem Zeitpunkt ihres Entstehens bzw. Erwerbs. Sender nimmt diese Übertragung bzw. Einräumung bereits jetzt an.

§ 3

Garantien

(1) Lizenzgeber garantiert, dass er Sender die gem. diesem Vertrag einzuräumenden Rechte rechtzeitig, einrede-, und lastenfrei beschaffen wird.

(2) Machen Dritte Ansprüche geltend, die mit der Rechtegarantie nach Abs. 1 in Widerspruch stehen bzw. von ihr ausgeschlossen werden, so werden sich die Parteien gegenseitig informieren und notwendige Auskünfte erteilen. Werden solche Ansprüche berechtigterweise gegenüber Sender geltend gemacht, stellt Lizenzgeber Sender frei. Angemessene Rechtskosten, die zu Lasten von Sender in diesem Zusammenhang anfallen, erstattet Lizenzgeber. Sender ist bekannt, dass das Sendesignal von ZZ aus technischen Gründen, die Lizenzgeber nicht beeinflussen kann, auch im Lizenzgebiet von Sender empfangbar ist. Ein solcher Overspill stellt keine Vertragsverletzung dar.

(3) Sender steht dafür ein, dass nur die gem. diesem Vertrag eingeräumten Rechte ausgewertet werden, wobei er zur Auswertung nicht verpflichtet ist. Insbesondere

21 Sog. Window; dazu s. unten Rn. 22.

hat Sender durch geeignete technische Vorkehrungen (z.B. durch Verschlüsselung bei der Satellitenausstrahlung oder sog. Geo-Blocking im Internet) sicherzustellen, dass die Rechte ausschließlich in dem lizenzierten Gebiet ausgewertet werden. Der technisch unvermeidbare und übliche Overspill bei der terrestrischen Ausstrahlung ist hiervon ausgenommen.

(4) Bei Verstoß gegen Abs. 3 ist für jeden Fall eine Vertragsstrafe zugunsten des Lizenzgebers in Höhe von 10 000,- EUR verwirkt. Schadensersatzansprüche von Lizenzgeber bleiben von dieser Vertragsstrafe unberührt.

§ 4

Material

(1) Zur Auswertung der nach diesem Vertrag eingeräumten Rechte stellt Lizenzgeber Sender folgendes Material zur Verfügung:

- 1 Digital Betacam („Sendeband")
- Dialoglisten in deutscher Sprache (zur Ermöglichung der Untertitelung)
- eine detaillierte Aufstellung über die im Film verwendete Musik („Musikliste")

(2) Die Lieferung des Materials erfolgt spätestens bis drei (3) Tage nach der Erstausstrahlung durch ZZ. Die Kosten des Transportes des Materials trägt Sender.

§ 5

Lizenzvergütung

(1) Sender zahlt zur Abgeltung aller mit diesem Vertrag übertragenen Rechte an Lizenzgeber eine Lizenzvergütung in Höhe von

25 000,– EUR ggf. zuzüglich der gesetzlichen Umsatzsteuer.

(2) Die Fälligkeit wird wie folgt geregelt, ordnungsgemäße Rechnungsstellung durch Lizenzgeber vorausgesetzt:

- 12 500,– EUR bei Vertragsunterzeichnung
- 12 500,– EUR bei Lieferung des Materials

(3) Die Lizenzvergütung versteht sich ohne Abzüge, d.h. Sender ist gegenüber Lizenzgeber nicht berechtigt, Steuern, Gebühren oder sonstige Zahlungen zurückzubehalten oder abzuführen. Soweit aufgrund niederländischer Gesetze Steuern und Gebühren oder andere Zahlungen einzubehalten oder abzuführen sind, sind diese Zahlungen allein von Sender zu tragen.

§ 6

Nennungsverpflichtungen

Sender verpflichtet sich, die ihm von Lizenzgeber aufgegebenen Nennungsverpflichtungen zu beachten, insbesondere den Film nur unter Verwendung des unveränderten Vor- und Abspanns auszuwerten.

§ 7

Auskunfts- und Unterstützungspflicht

Lizenzgeber und Sender werden einander bei etwaiger gerichtlicher oder außergerichtlicher Geltendmachung der erworbenen Rechte unterstützen, notwendige Auskünfte erteilen sowie Dokumente und sonstige Unterlagen zur Verfügung stellen.

§ 8

Schlussbestimmungen

(1) Lizenzgeber und Sender erklären, dass Nebenabreden zu diesem Vertrag nicht getroffen worden sind und etwaige Änderungen und Ergänzungen des Vertrages sowie der Verzicht auf die Schriftform nur schriftlich vereinbart werden können.

(2) Sollte irgendeine Bestimmung dieses Vertrages nichtig sein, so wird hierdurch die Rechtsgültigkeit des Vertrages insgesamt nicht berührt.

(3) Dieser Vertrag unterliegt deutschem Recht. Gerichtsstand für Streitigkeiten aus und in Zusammenhang mit diesem Vertrag ist Köln.

Ort, Datum	Ort, Datum
XY Filmproduktion GmbH	Antje TV B.V.

4. Die Vertragsparteien

Im Vertrag werden zunächst die **Vertragsparteien** unter Angabe ihrer Firmenbezeichnung sowie der Adressen aufgeführt. Der Sitz der Parteien kann z.B. für die steuerliche Behandlung, insbesondere die Frage der Umsatzsteuer auf die Vergütung relevant sein; die genaue Bezeichnung der Parteien kann auch für den Nachweis der **Rechtekette** von Bedeutung sein oder werden. Denn, da es **keinen gutgläubigen Erwerb** gegenständlicher Rechte vom Nichtberechtigten gibt,[22] ist es für den Erwerber von Nutzungsrechten wichtig, insbesondere im Streitfall in der Lage zu sein, seinen Erwerb und, sofern er nicht direkt eine Vereinbarung mit dem Urheber/Leistungsschutzrechtsinhaber geschlossen hat, die Kette der Vereinbarungen lückenlos bis zurück zum Urheber/Leistungsschutzrechtsinhaber nachzuweisen. 10

5. Essentialia des Lizenzvertrags

Für den wirksamen Abschluss eines Lizenzvertrags müssen sich die Parteien über alle wesentlichen Punkte geeinigt haben.[23] Zu den **Essentialia** gehören der Lizenzgegenstand, die lizenzierten Rechte einschließlich der Lizenzzeit und des Lizenzgebiets sowie die Lizenzvergütung, in der Praxis teilweise auch „Lizenzgebühr" genannt. 11

5.1 Der Lizenzgegenstand

Die Vertragsparteien sollten den **Lizenzgegenstand** möglichst genau definieren. Dazu dienen in der Regel: 12

- der Titel des Films (z.B. Originaltitel, unter dem der Film etwa im Kino bereits gezeigt wurde), ggf. Folgen-/Episodenbezeichnung („Teil 2"),
- das Produktionsjahr,
- das Herkunftsland,

22 Dazu Dreier/Schulze/*Schulze* § 31 Rn. 24; Schricker/Loewenheim/*Ohly* Vor §§ 31 Rn. 25.
23 Vgl. Palandt/*Ellenberger* Einf. v. § 145 Rn. 3, 20.

- die (Netto-)Länge[24] des Films,
- die Sprachfassung des Films,
- die Angabe des Genres (z.B. Komödie, Drama, Actionfilm, Western),
- die Nennung des Regisseurs, des Drehbuchautors, der Hauptdarsteller, des Kameramanns, des Komponisten der Filmmusik etc.

13 Es kann hilfreich sein, eine kurze Inhaltsbeschreibung des Films in Form einer Synopsis als Anlage zum Vertrag zu nehmen.

5.2 Das Liefermaterial

14 In der Praxis ist es von großer Bedeutung, neben dem Zeitpunkt der Lieferung zu regeln, in welcher Form der Lizenzgegenstand vom Lizenzgeber zur Verfügung zu stellen ist. Denn die Auswertung des Lizenzgegenstands wird dem Lizenznehmer erst dadurch ermöglicht, dass ihm der Lizenzgegenstand in einer bestimmten, für ihn technisch verwertbaren Form vorliegt. Das **Liefermaterial** ist daher so genau wie möglich im Vertrag festzulegen, damit zwischen den Parteien nicht später Streit über zusätzliche Kosten für ggf. erforderlich werdendes weiteres Material entsteht. Auch können so unliebsame Überraschungen vermieden werden, wie etwa, dass der Lizenzgegenstand nur in einer nicht-sendetauglichen technischen Qualität vorliegt oder dessen Tonmischung es nicht erlaubt, Musiken oder die Sprache auszutauschen.

15 Zum Liefermaterial gehören:

- Der Bild-Ton-Datenträger, auf dem der Film zu liefern ist (z.B. **Digital Betacam** für SD-Material, HDCAM oder HDCAM-SR für HD-Material), einschließlich Angaben zum Bildformat[25] und zur Belegung der Tonspuren.[26] Ein Film kann aber auch „unkörperlich", d.h. nicht auf einem Datenträger, geliefert werden, indem er als Datenpaket/e per Leitung/Internet überspielt wird.
- Datenträger mit zusätzlichen Versionen des Films, z.B. sog. **Clean Feed**-Version (ohne Vor- und Abspann, ohne Unterschriften/Untertitel etc.), um einen anderssprachigen Vor-, Abspann sowie anderssprachige/andere Untertitel herstellen zu können, oder sog. **IT-Fassung** (internationale Tonfassung) zur Herstellung einer fremdsprachigen Synchronfassung.
- Begleitmaterial, wie z.B.:
  - **Dialoglisten** in einer bestimmten Sprache, um eine andere Sprachfassung herstellen zu können;
  - sog. **Credit List**, die Nennungsverpflichtungen angibt; Nennungsverpflichtungen können sich aus § 13 UrhG (Urhebernennungsrecht), vertraglichen Vereinbarungen (z.B. mit ausübenden Künstlern) oder der üblichen Praxis ergeben.[27]
  - sog. **GEMA-Liste** oder **Musikliste**, die die verwendeten Musiken unter Angabe von Musiktitel, Länge, Komponist, Bearbeiter (z.B. Arrangeur), Texter, ausüben-

---

24 Die Netto-Länge gibt die Länge des Films ohne Einrechnung etwaiger Unterbrechungen, wie z.B. Werbepausen oder Programmhinweisen an. Im Gegensatz dazu wird zur Berechnung der sog. Brutto-Länge eines Programms die gesamte (Sende-)Länge einschließlich der Dauer der Unterbrechungen bis zum Beginn des nächsten Programms berücksichtigt. Vgl. dazu auch *Karstens/Schütte* Kap. 4.3.1 S. 313 oben.

25 Z.B. Bildformat im Originalaufnahmeverfahren in 16:9, im 4:3 Letterbox- oder 4:3 Vollbild-Format.

26 Die Belegung der Tonspuren spielt in der Praxis eine Rolle, um z.B. Musik austauschen oder eine synchronisierte Fassung herstellen zu können.

27 Vgl. Dreier/Schulze/*Schulze* § 13 Rn. 27 m.N. „Bei Film und Fernsehen sind die Filmurheber sowie die Urheber vorbestehender Werke im Vor- und/oder Nachspann anzugeben."

den Künstlern (z.B. Musikern, Interpreten), Musikverlag und Tonträger (unter Angabe entweder von **Label Code**[28] sowie der Marke des verwendeten Tonträgers oder des Verlagstonträger-Produzenten bei Verwendung eines Tonträgers von einem Nicht-GVL-Mitglied und unter Angabe der Katalognummer des Tonträgerherstellers) aufführt.[29]
- Pressematerial (z.B. Fotos, Texte).

5.3 Die lizenzierten Rechte

Die vom Lizenzgeber an den Lizenznehmer zu lizenzierenden Rechte sind **in Art**[30] **und Umfang** im Vertrag genau festzuschreiben.[31] Denn, soweit dies nicht geschieht, gilt der zentrale Auslegungsgrundsatz des **Übertragungszweckgedankens**[32] (§ 31 Abs. 5 UrhG), der auch auf Rechtsgeschäfte zwischen Verwertern anwendbar ist.[33] 16

Nutzungsrechte können als **ausschließliche** oder **einfache** Rechte eingeräumt werden und sind **zeitlich, räumlich und inhaltlich beschränkbar**.[34] Die Einräumung von Nutzungsrechten an zum Zeitpunkt des Vertragsschlusses noch **unbekannten Nutzungsarten** ist ebenfalls möglich (vgl. § 31a UrhG). 17

5.3.1 Zeitliche Beschränkung

Einer **zeitlichen Beschränkung** der Rechtseinräumung wird häufig durch die Angabe von Beginn und Ende der **Lizenzzeit** Rechnung getragen. Es besteht in der Regel ein Konnex zwischen der Länge der Lizenzzeit und der Zahl der dem Sendeunternehmen eingeräumten Ausstrahlungen.[35] 18

Gebräuchlich sind im Zusammenhang mit der (bloßen) Einräumung des Senderechts und einer bestimmten Anzahl von Ausstrahlungen auch Formulierungen wie: 19

„Die Lizenzzeit beginnt am … und endet mit dem Verbrauch der letzten lizenzierten Ausstrahlung,[36] spätestens jedoch nach … Jahren." 20

Eine zeitliche Beschränkung kann sich auch daraus ergeben, dass die ordnungsgemäße Ausübung eines vereinbarten **Kündigungsrechts** erfolgt. 21

Im Muster „Fernsehlizenzvertrag"[37] findet sich die Formulierung der Vereinbarung eines sog. **Windows**: Der Beginn der Lizenzzeit ist an die Erstausstrahlung des Films durch einen anderen Lizenznehmer geknüpft, wobei zwischen der Erstausstrahlung 22

---

28 Der Label Code (auch LC-Nummer genannt) ist in der Regel als vier- oder fünfstellige Ziffer auf dem Tonträger oder dessen Cover zu finden. S. Internetauftritt der GVL, unter www.gvl.de.

29 Mittlerweile werden web-basierte Systeme (wie z.B. Soundmouse) zur erleichterten Erstellung von Musiklisten und Vermeidung von Fehlern eingesetzt (s. dazu unter www.soundmouse.com).

30 Vgl. Dreier/Schulze/*Schulze* § 31 Rn. 36 ff., 45.

31 Vgl. § 94 Abs. 2 S. 2 UrhG zu den vom Filmhersteller einzuräumenden Rechten; § 31 UrhG gilt gem. § 94 Abs. 2 S. 3 UrhG entspr.

32 Früher „Zweckübertragungsregel", vgl. Schricker/Loewenheim/*Ohly* § 31 Rn. 55.

33 Früher „Zweckübertragungsregel", Schricker/Loewenheim/*Ohly* § 31 Rn. 55. S. dazu Dreier/Schulze/*Schulze* § 31 Rn. 118.

34 § 31 Abs. 1 S. 2 UrhG; vgl. Schricker/Loewenheim/*Ohly* § 31 Rn. 32 ff.; Dreier/Schulze/*Schulze* § 31 Rn. 25.

35 So z.B. *Karstens/Schütte* Kap. 2.5.7 S. 217, der pro Ausstrahlung mind. 1 Jahr Lizenzzeit als Faustregel angibt.

36 Sog. quantitative Beschränkung, s. Dreier/Schulze/*Schulze* § 31 Rn. 34.

37 S.o. Rn. 9: § 2 Abs. 1 Nr. 7 des Musters „Fernsehlizenzvertrag."

durch den Vorlizenznehmer und dem Beginn der Lizenzzeit ein definierter Zeitraum (von im Beispiel acht Wochen) liegt.

5.3.2 Räumliche Beschränkung

23 Das **Territorium**, für das Nutzungsrechte eingeräumt werden sollen, kann ebenfalls beschränkt sein[38]. Die Definition des **Lizenzgebiets** ist daher in der Praxis ein wichtiger Punkt im Lizenzvertrag. Insbesondere vor dem Hintergrund neuerer digitaler Übertragungswege (Handy TV, IPTV) und der Zunahme von Streaming-Angeboten über Internet ist es aus Sicht des Lizenzgebers empfehlenswert, sich über die geplanten technischen Maßnahmen (z.B. **Verschlüsselung**) des Lizenznehmers zur Einhaltung des Lizenzgebiets zu informieren. In der Praxis kann für den Lizenzgeber die Aufnahme einer Garantie des Lizenznehmers, einschließlich einer an die Verletzung der Garantie geknüpften Vertragsstrafe, Sinn machen.[39] Dies gilt insbesondere dann, wenn der Lizenzgeber sich schon vorher gegenüber einem dritten Lizenznehmer/Vorlizenznehmer verpflichten musste, für dessen Lizenzgebiet intendierte Ausstrahlungen des Films aus einem anderen Land nicht zuzulassen.

24 In der Praxis wird versucht, sich der Exklusivität des Territoriums (auch) über den Weg der Vereinbarung exklusiver Rechte an einer bestimmten **Sprachfassung** anzunähern. Dies gelingt natürlich dann nicht, wenn in einem Lizenzgebiet gerade die Originalsprachfassung (z.B. mit Untertitelung in der Sprache des Lizenzgebiets) ausgestrahlt werden soll.

25 Für den Bereich des **Internets** waren zunächst Vereinbarungen üblich, wonach die Auswertung der lizenzierten Rechte nur über eine bestimmte länderspezifische Top-Level-Domain (etwa mit der Endung „de“) erfolgen durfte. Eine Top-Level-**Domain** kann aber in der Regel von überall (und nicht nur aus einem bestimmten Land, beispielsweise von Deutschland aus) aufgerufen werden. Mittlerweile hat sich der Einsatz einer als **„Geoblocking“** bezeichneten Technik zur Umsetzung von räumlichen Beschränkungen etabliert.[40] Diese Technik erkennt i.d.R. anhand der sog. IP-Adresse des Nutzers, aus welchem Land der Nutzer auf ein Internet-Angebot zugreift. Allerdings ist es dem „versierten“ Nutzer dennoch möglich, sich Zugang zu den im eigenen Land blockierten Inhalten zu verschaffen: So werden im Internet z.B. - meist kostenpflichtig - VPN-Dienste angeboten, über die man eine zur Umgehung benötigte (ausländische) IP-Adresse erhalten kann.

5.3.3 Inhaltliche Beschränkung

26 Die **inhaltliche Beschränkung** der Nutzungsrechte erfolgt durch Definition der für den Lizenznehmer erlaubten Art und Weise der Nutzung.[41]

---

38 S. dazu Dreier/Schulze/*Schulze* § 31 Rn. 30 ff.

39 S.o. Rn. 9: § 3 Abs. 3 und 4 des Musters „Fernsehlizenzvertrag.“

40 Vgl. Schricker/Loewenheim/*Ohly* § 31 Rn. 36 f.

41 S. dazu Dreier/Schulze/*Schulze* § 31 Rn. 36 ff.; Schricker/Loewenheim/*Ohly* § 31 Rn. 29 zu den Grenzen der Aufspaltbarkeit.

5.3.3.1 Senderecht

Senderechte werden dabei üblicherweise in **Pay-TV-**[42] und **Free-TV**-Rechte unterteilt. 27

Darüber hinaus wird die **Zahl der Ausstrahlungen**, auch **„Runs"** genannt, sowie die Zahl der **unselbständigen Wiederholungen**, sog. **Reruns**, vereinbart. Die unselbständigen Wiederholungen sind Ausstrahlungen, die nur innerhalb einer bestimmten Zeitspanne und in Abhängigkeit zum „Run", etwa innerhalb von 24 oder 72 Stunden nach der Ausstrahlung, an die sie geknüpft sind, erfolgen dürfen. 28

Für den Bereich des Pay-TVs in Deutschland wird derzeit meist auf die Beschränkung der Zahl der Ausstrahlungen verzichtet, insbesondere wenn die Ausstrahlung des Pay-TV-Programms in sich häufig wiederholenden Schleifen stattfindet. 29

5.3.3.2 Weitere Rechte

Neben dem Senderecht braucht der Lizenznehmer regelmäßig **weitere Rechte**,[43] ohne die das Senderecht in der Praxis keinen Sinn machen würde. So muss ein Film vielleicht vor der Ausstrahlung synchronisiert werden. Auch kündigen Sendeunternehmen ihre Programme vor der Ausstrahlung an, brauchen dafür also das Recht, Ausschnitte aus dem Film zur Programmankündigung (z.B. durch sog. **Trailer**[44]) und zur Bewerbung nutzen zu dürfen. 30

Aufgrund der technischen Entwicklung und der stark gewachsenen Bedeutung des Internets wird von Sendeunternehmen i.d.R. auch das Recht gefordert, den lizenzierten Film entweder zeitgleich zur herkömmlichen Ausstrahlung oder als **Video-on-Demand**[45] entweder in zeitlicher Nähe zur Ausstrahlung (z.B. bis 7 Tage nach Ausstrahlung) oder völlig unabhängig von der Ausstrahlung auch im **Internet** zur Verfügung stellen zu können. 31

Wird als Übertragungsweg für die Übertragung der Bild-/Tonsignale z.B. anstelle eines separaten Kabelnetzes die vorhandene Internet-Infrastruktur genutzt, so spricht man von **IPTV** („Internet Protocol Television").[46]

Auch das Recht, das lizenzierte Programm (meist per UMTS) über mobile Endgeräte, wie Handy, Smartphone oder Tablet, sog. **Handy-TV**[47] (teilweise auch als „**Mobile TV**" bezeichnet), verbreiten zu dürfen, wird von Lizenznehmern mittlerweile nachgefragt. Die Frage der rechtlichen Einordnung von Handy-TV (z.B. unter Sendung, Kabelweitersendung oder öffentliche Zugänglichmachung) ist allerdings noch nicht abschließend geklärt.[48] Handy-TV-Standards, wie z.B. DVB-H oder UMTS, haben sich in Deutschland jedoch nicht durchgesetzt. Wenn Nutzer über ihr Smartphone oder Tablet, Filme oder Serien konsumieren, geschieht dies heute meist per Web-Stream über einen Internet-Zugang. 32

---

42 Vgl. Schricker/Loewenheim/*Reber* § 88 Rn. 48.

43 S.o. Rn. 9: Muster „Fernsehlizenzvertrag" § 2 Abs. 1 Nr. 3, 4, 5, 6.

44 Programmhinweise.

45 Vgl. Schricker/Loewenheim/*Katzenberger/Reber* § 88 Rn. 48; Dreier/Schulze/*Schulze* § 31 Rn. 46.

46 S. *Flatau* ZUM 2007, 1 ff. zur Einordnung von IPTV aus technischer Sicht; vgl. auch Schricker/Loewenheim/*Katzenberger/Reber* § 88 Rn. 48.

47 Vgl. Schricker/Loewenheim/*Katzenberger/Reber* § 88 Rn. 48; Dreier/Schulze/*Schulze* § 31 Rn. 46.

48 Vgl. dazu *Ory* ZUM 2007, 7 ff.; Dreier/Schulze/*Schulze* § 31 Rn. 46, § 20b Rn. 9.

5.4 Von Verwertungsgesellschaften wahrgenommene Rechte

33 In Fernsehlizenzverträgen, wie dem hier als Bsp. behandelten, sind in der Regel die Rechte an der im Film verwendeten **Musik**, soweit sie von Verwertungsgesellschaften wahrgenommen werden, von der Rechteeinräumung nicht erfasst und damit erst recht nicht von der vom Lizenzgeber abzugebenden **Rechtegarantie**.[49] Denn in Deutschland werden – soweit die betreffende (Film-)Musik Bestandteil des GEMA-Weltrepertoires ist – bestimmte Rechte[50] bzw. Vergütungsansprüche von den **Verwertungsgesellschaften GEMA**[51] und **GVL**[52] wahrgenommen und von den Sendeunternehmen direkt erworben und/oder vergütet. Dies geschieht in der Regel über sog. **Pauschalverträge**[53] z.B. der GEMA[54] mit den einzelnen öffentlich-rechtlichen Sendeunternehmen (bzw. über einen sog. **Fernseh-Gesamtvertrag**[55]). Da die Sender gem. ihren Vereinbarungen verpflichtet sind, den Verwertungsgesellschaften die gesendeten Musiken zu melden, wird der Lizenzgeber im Fernsehlizenzvertrag regelmäßig dazu verpflichtet, dem Sendeunternehmen die sog. **Musikliste**[56] zu übermitteln. Damit wird das Sendeunternehmen in die Lage versetzt, die verwendeten Musiken bei den betreffenden Verwertungsgesellschaften melden zu können (**Musikmeldung**).

34 In Bezug auf Musik ist darüber hinaus Folgendes anzumerken: Häufig benötigt oder wünscht der Lizenznehmer (auch) Rechte, die nicht von einer Verwertungsgesellschaft wahrgenommen werden. In der Theorie besteht für den Lizenzgeber meist auch die Möglichkeit, die vom Lizenznehmer gewünschten Rechte direkt vom Berechtigten (zur Weitergabe an den Lizenznehmer) zu erwerben. In der Praxis ist die Rechtebeschaffung jedoch gerade für Musik, die nicht extra für den betreffenden Film bzw. die betreffende Fernsehproduktion komponiert und produziert wurde, nur mit großen Schwierigkeiten zu realisieren. Die Rechtebeschaffung kann insbesondere mit hohem zeitlichen, personellen und finanziellen Aufwand verbunden sein, der vom Lizenznehmer meist nicht vergütet wird. Es empfiehlt sich daher für den Lizenzgeber vor Abschluss des Lizenzvertrags, genau zu prüfen, ob er die vom Lizenznehmer geforderten Rechte auch tatsächlich hat und lizenzieren kann, oder ob der Lizenznehmer die benötigten Rechte selbst über eine Verwertungsgesellschaft erwerben kann. Die von einer Verwertungsgesellschaft wahrgenommenen Rechte sind von der Lizenzierung auszunehmen. Gleiches gilt für die weiteren Rechte, die der Lizenznehmer zwar wünscht, der Lizenzgeber aber nicht hält und auch nicht (jedenfalls nicht mit wirt-

49 Zur Rechtegarantie s.u. Rn. 39.

50 Vgl. Schricker/Loewenheim/*v. Ungern-Sternberg* Vor §§ 20 ff. Rn. 93 ff.

51 Die GEMA (Gesellschaft für musikalische Aufführungs- und mechanische Vervielfältigungsrechte) nimmt als Treuhänderin die Rechte der Komponisten, Textdichter und Musikverlage an Werken der Musik wahr.

52 Die GVL (Gesellschaft zur Verwertung von Leistungsschutzrechten) nimmt als Treuhänderin bestimmte, nicht direkt durch die ausübenden Künstler und Produzenten kontrollierte Rechte und Vergütungsansprüche wahr.

53 Mit einem sog. Pauschalvertrag regeln ein Sendeunternehmen und die betreffende Verwertungsgesellschaft die Höhe eines pauschalen Jahresbetrags, den das Sendeunternehmen – unabhängig vom dem tatsächlichen Umfang der genutzten Rechte – zur Abgeltung der von den Verwertungsgesellschaften pauschal eingeräumten Rechte an Werken des GEMA-Repertoires (z.B. zur fernsehmäßigen Auswertung) zahlt. S. auch Schricker/Loewenheim/*v. Ungern-Sternberg* Vor §§ 20 ff. Rn. 92.

54 Die GEMA zieht dabei auch die Vergütung für die von der GVL wahrgenommenen Leistungsschutzrechte ein.

55 Vgl. § 35 VGG.

56 S.o. Rn. 15.

schaftlich vertretbarem Aufwand) beschaffen kann. Dies hätte dann z.B. zur Folge, dass ein Sendeunternehmen, das beabsichtigt, ein Musikwerk zur Eigenwerbung oder für einen **Trailer zur Programmankündigung** bzw. zur Bewerbung des lizenzierten Films zu verwenden, die dafür benötigte Einwilligung der Berechtigten selbst einholen (und ggf. vergüten) müsste.[57]

Auch die von den übrigen Verwertungsgesellschaften[58] wahrgenommenen Rechte/Vergütungsansprüche sollten, soweit relevant, im Lizenzvertrag regelmäßig von der Einräumung bzw. Übertragung an den Lizenznehmer ausgenommen werden. 35

5.5 Die Lizenzvergütung

5.5.1 Festpreis

Die **Lizenzvergütung** wird im Vertrag ausgewiesen. Für Free-TV-Senderechte wird in der Regel ein **Festpreis** vereinbart. Für die Frage, welcher Preis erzielt werden kann bzw. gezahlt werden muss, ist nicht nur der Lizenzgegenstand selbst (und seine Eignung etwa als hochwertiges Primetime-Programm[59] oder als weniger hochwertiges Vormittagsprogramm) von Bedeutung. Bei der Bemessung der Lizenzvergütung spielen z.B. der „Marktwert" des Lizenzgebiets,[60] die Länge der Lizenzzeit, die Zahl der Ausstrahlungen, der Umfang der weiteren Rechte (neben dem Senderecht) und die Reichweite bzw. der Marktanteil des Sendeunternehmens eine große Rolle. 36

5.5.2 Zahlungsbedingungen

Hinsichtlich der **Zahlungsbedingungen** ist die Festlegung üblich, dass die erste Rate bei Vertragsunterzeichnung zahlbar ist; dies nicht zuletzt deshalb, weil in der Regel die Einräumung der Nutzungsrechte bereits zu diesem Zeitpunkt erfolgt. Meist wird eine weitere Rate an die Lieferung des Sendematerials geknüpft. 37

Geschickter wäre es aus Sicht des Lizenzgebers – soweit gegenüber dem Lizenznehmer durchsetzbar – die Einräumung der Nutzungsrechte an die vollständige Zahlung der Lizenzsumme im Sinne einer aufschiebenden Bedingung zu knüpfen. 38

6. Die Rechtegarantie

Im Filmlizenzvertrag wird regelmäßig eine sog. **Rechtegarantie** des Lizenzgebers zu finden sein. Diese Rechtegarantie schreibt meist fest, dass der Lizenzgeber für den Erwerb und die Inhaberschaft aller zur vertragsgemäßen Auswertung des Films durch den Lizenznehmer erforderlichen Rechte einzustehen hat. Der Lizenzgeber hat darüber hinaus auch zu garantieren, dass durch die vertragsgemäße Auswertung des Films keine Rechte Dritter (insbesondere Persönlichkeitsrechte, Wettbewerbsrechte, Kennzeichenrechte, Namensrechte, Unternehmensrechte, Markenrechte) verletzt werden. 39

Allerdings kann auch eine solche Rechtegarantie demjenigen, der einen Film ohne rechtsgültigen Erwerb der dafür erforderlichen Nutzungsrechte auswertet, nicht darüber hinweghelfen, dass es im Urheberrecht **keinen gutgläubigen Erwerb** vom Nichtbe- 40

57 Vgl. Dreier/Schulze/*Schulze* § 31 Rn. 40.

58 S. § 2 VGG; Z.B. VG Wort, VG Bild-Kunst.

59 Die sog. Primetime liegt zwischen 20.15 Uhr und 22.30/23.00 Uhr; vgl. dazu *Karstens/Schütte* Kap. 7 (Glossar) S. 426.

60 Vgl. dazu *Karstens/Schütte* Kap. 2.5.1 S. 202 Tab. 5 über Preise für Fernsehlizenzen im internationalen Vergleich.

rechtigen gibt.[61] Auch vermag sie es in diesem Fall meist nicht, den unberechtigten Auswerter vor dem Vorwurf der Fahrlässigkeit und damit vor Schadensersatzansprüchen des Verletzten[62] schützen. Denn nach der Rechtsprechung trifft den Verwerter die grds. Verpflichtung, den Bestand des Nutzungsrechts und die Verfügungsbefugnis des Übertragenden zu verifizieren, soweit möglich und wirtschaftlich zumutbar.[63] Um dieser Verpflichtung nachzukommen, müsste sich der Lizenznehmer daher vom Lizenzgeber die lückenlose **Rechtekette** (z.B. durch Vorlage aller relevanten Verträge) nachweisen lassen. In der Praxis geschieht dies nur teilweise. Häufig wird im Vertrag jedoch eine Regelung getroffen, wonach der Lizenzgeber verpflichtet ist, auf Verlangen des Lizenzgebers diesem die für den Nachweis der Rechtekette erforderlichen Verträge (zumindest auszugsweise) in Kopie vorzulegen.

III. Der klassische Auftragsproduktionsvertrag

1. Der Begriff der Auftragsproduktion

41 Die Herstellung einer Fernsehproduktion kann durch ein Sendeunternehmen selbst erfolgen, es handelt sich dann um eine **Eigenproduktion** des Fernsehsenders. Typische Eigenproduktionen von Sendern sind z.B. Nachrichten, Magazinsendungen oder Sportreportagen.[64]

42 Die Praxis in Deutschland hat sich jedoch dahin entwickelt, dass Sendeunternehmen weitgehend – nicht zuletzt auch zur Minderung ihres wirtschaftlichen Risikos – die Herstellung von Fernsehproduktionen durch Dritte (**Fernsehproduzenten**) auf deren wirtschaftliche Verantwortung durchführen lassen. Man spricht dann von **Auftragsproduktionen**. Im Auftrag eines Sendeunternehmens werden z.B. Spielfilme, Serien, Shows, Dokumentationen und diverse Mischformen (wie z.B. „Doku-Soaps“[65]) produziert.

43 Typisch für eine klassische Auftragsproduktion ist, dass das auftraggebende Sendeunternehmen die Fernsehproduktion vollständig finanziert und im Gegenzug (meist) alle Rechte an der Produktion erhält.

44 Terminologisch werden zwei Arten von Auftragsproduktionen unterschieden: Die sog. **echte Auftragsproduktion** und die **unechte Auftragsproduktion**.[66]

1.1 Die unechte Auftragsproduktion

45 Die **unechte Auftragsproduktion** kommt, wirtschaftlich gesehen, der Eigenproduktion des Senders sehr nahe, obwohl der Sender sich eines Produzenten zur Realisierung der Produktion bedient. Denn dabei trägt das auftraggebende Sendeunternehmen das gesamte wirtschaftliche Risiko der Herstellung der Fernsehproduktion, insbesondere auch das **sog. Überschreitungsrisiko**. Wer das Überschreitungsrisiko übernimmt, trägt das Risiko, dass die tatsächlichen Herstellungskosten der Fernsehproduktion die

61 S.o. Rn. 10; Dreier/Schulze/*Schulze* § 31 Rn. 24.

62 S. § 97 Abs. 2 UrhG.

63 Vgl. dazu Schricker/Loewenheim/*Wimmers* § 97 Rn. 244 ff.

64 Dazu auch Limper/Musiol/*Frese* 4. Kap. Rn. 165 ff.

65 Der Begriff „Doku-Soap“ setzt sich zusammen aus den Begriffen „Dokumentation“ und „Soap Opera“ (Seifenoper).

66 S. Dreier/Schulze/*Schulze* § 94 Rn. 8, 9.

ursprünglich kalkulierten Kosten überschreiten. Der Produzent führt die Herstellung der Produktion als reiner Dienstleister (**Produktionsdienstleister**) in Abhängigkeit vom auftraggebenden Sendeunternehmen und diesem gegenüber weisungsgebunden durch. Urheberrechtliche Nutzungs- und Leistungsschutzrechte der an der Produktion Mitwirkenden erwirbt der Produzent in der Regel im Namen und immer für Rechnung des Auftraggebers. **Filmhersteller**[67] i.S.d. UrhG ist der Sender,[68] ihm entsteht also das Leistungsschutzrecht des Filmherstellers.

1.2 Die echte Auftragsproduktion

Anders ist dies bei der **echten Auftragsproduktion**.[69] Hier ist der Fernsehproduzent **46**
Filmhersteller.[70] Denn, auch wenn ihm die Finanzierung der Produktion weitgehend durch den auftraggebenden Sender abgenommen wird, so trägt der Produzent doch das unternehmerische Risiko: Er schuldet ein **Werk**,[71] das der Abnahme des auftraggebenden Sendeunternehmens bedarf. Er ist somit nicht nur für die Organisation der Herstellung verantwortlich und trägt das Risiko der Fertigstellung der Produktion, sondern er trägt auch das Risiko, dass der Auftraggeber die Abnahme verweigert.[72] Er trägt darüber hinaus regelmäßig das **Überschreitungsrisiko**, da üblicherweise zwischen Sender und Produzent für die Herstellung der Produktion ein pauschaler **Festpreis** vereinbart wird. Als Überschreitungsrisiko wird das Risiko bezeichnet, das entsteht, wenn die Herstellungskosten der Produktion höher ausfallen, als in der dem vereinbarten Festpreis zugrunde liegenden Kalkulation des Produzenten angenommen. Außerdem ist der Produzent verantwortlich für den Erwerb (im eigenen Namen und auf eigene Rechnung) der für das Filmwerk erforderlichen Rechte, insbesondere der Nutzungs- und Leistungsschutzrechte von den Urhebern von vorbestehenden Werken, den Filmurhebern[73] und den Leistungsschutzberechtigten.[74] Der Produzent bündelt diese Einzelrechte bei sich (einschließlich des ihm entstehenden Leistungsschutzrechts des Filmherstellers aus § 94 UrhG), um dann insgesamt die Rechte am Filmwerk dem auftraggebenden Sender einzuräumen bzw. zu übertragen.

1.3 Steuerrechtliche Konsequenzen

Die Abgrenzung zwischen echter und unechter Auftragsproduktion ist für die steuerli- **47**
che Behandlung relevant.[75] Es stellt sich die Frage der Einstufung des Wirtschaftsguts Fernsehproduktion als Anlage- oder Umlaufvermögen.

---

67 Zum Begriff des Filmherstellers s. Schricker/Loewenheim/*Katzenberger*/*Reber* Vor §§ 88 ff. Rn. 31 ff.; Dreier/Schulze/*Schulze* § 94 Rn. 4 ff.

68 S. Schricker/Loewenheim/*Katzenberger/Reber* Vor §§ 88 ff. Rn. 35.

69 Vgl. Dreier/Schulze/*Schulze* § 94 Rn. 8, 9 zum Begriff „unechte Auftragsproduktion."

70 Vgl. Schricker/Loewenheim/*Katzenberger/Reber* Vor §§ 88 ff. Rn. 33; *Feyock/Heintel* ZUM 2008, 179, 180.

71 Anders als die Formulierung „Auftragsproduktion" vermuten lassen könnte, schließen die Vertragsparteien einen Werkvertrag i.S.d. §§ 631 ff. BGB bzw. Werkliefervertrag i.S.d. § 651 BGB.

72 Zum „Abnahmeverweigerungsrecht" des Auftraggebers als maßgebliches Kriterium zur Beurteilung der Herstellereigenschaft vgl. *Feyock/Heintel* ZUM 2008, 179, 180 m.N.

73 Der Filmhersteller erwirbt gem. § 89 Abs. 1 UrhG im Zweifel das ausschließliche Recht, das Filmwerk sowie Übersetzungen und andere filmische Bearbeitungen oder Umgestaltungen des Filmwerkes auf alle Nutzungsarten zu nutzen.

74 Vgl. § 92 UrhG.

75 S. *BFH* BStBl II 1997, 320, 321.

48 Gem. BFH ist das Recht des Filmherstellers nach § 94 UrhG handelsrechtlich als ein immaterieller Vermögensgegenstand und **steuerrechtlich** als ein **immaterielles Wirtschaftsgut** einzuordnen.[76] Nach herrschender Meinung besteht gem. § 5 Abs. 2 EStG ein steuerliches **Aktivierungsgebot**[77] für immaterielle Wirtschaftsgüter des **Anlagevermögens**,[78] wenn sie entgeltlich erworben wurden; anderenfalls besteht ein steuerliches **Aktivierungsverbot**.

49 Bei der **echten Auftragsproduktion** gilt:

Das auftraggebende Sendeunternehmen erwirbt vom Filmhersteller die Rechte an der Fernsehproduktion entgeltlich. Der Fernsehsender hat daher gem. § 5 Abs. 2 EStG nach dem Erwerb der Rechte diese mit den Anschaffungskosten zu aktivieren, da sie seinem Anlagevermögen zuzurechnen sind.

50 Beim Produzenten (und Filmhersteller) sind die Rechte des Filmherstellers immaterielle Wirtschaftsgüter des **Umlaufvermögens**,[79] wenn der Produzent dem Sender die Rechte an der Fernsehproduktion vollständig und endgültig überträgt.[80] Denn zum Umlaufvermögen gehören „die Wirtschaftsgüter, die in einem einmaligen Akt veräußert oder verbraucht werden sollen".[81] Dabei ist für die Beurteilung, ob eine vollständige und endgültige Übertragung vorliegt, jedoch nicht die streng juristische, sondern die wirtschaftliche[80] Betrachtungsweise ausschlaggebend. Das Bilanzierungsverbot für immaterielle Wirtschaftsgüter des Anlagevermögens (§ 5 Abs. 2 EStG) greift in diesem Fall nicht.[82]

51 Bei der **unechten Auftragsproduktion** gilt:

Der auftraggebende Sender erwirbt die Rechte an der Fernsehproduktion originär: Er ist **Filmhersteller** i.S.d. UrhG. Die Leistungsschutzrechte eines Filmherstellers sind immaterielle Wirtschaftsgüter des Anlagevermögens. Da es sich allerdings um ein selbst hergestelltes (also nicht um ein entgeltlich erworbenes) immaterielles Wirtschaftsgut des Anlagevermögens handelt, gilt hier das Aktivierungsverbot gem. § 5 Abs. 2 EStG für die steuerliche Gewinnermittlung.[83] Auch der Produzent, der lediglich eine Dienstleistung erbringt, kann die Produktion nicht aktiveren.

52 Das den meisten **Filmproduktionsfonds** zugrunde liegende Modell suchte sich der steuerlichen Vorteile für den Filmhersteller i.S.d. UrhG zu bedienen, die – betreffend die Filmproduktion als selbst hergestelltes immaterielles Wirtschaftsgut des Anlagevermögens – aus dem Aktivierungsverbot gem. § 5 Abs. 2 EStG entwachsen. Ziel war es, die durch die Herstellung der Produktion im Produktionsjahr entstehenden Verluste mit anderweitig erlangten positiven Einkünften zu verrechnen. Die dafür mittlerweile eng gesetzten Grenzen[84] bewirken, dass Fondsmodelle, die hauptsächlich auf diesem Steuervorteil beruhen, nicht mehr rentabel sind.

---

76 *BFH* BStBl II 1997, 320, 322 m.N.

77 Vgl. Baumbach/Hopt/*Merkt* § 246 Rn. 6.

78 Gem. § 247 Abs. 2 HGB sind als Anlagevermögen die Vermögensgegenstände auszuweisen, die dazu bestimmt sind, dauernd dem Geschäftsbetrieb zu dienen.

79 Die (Negativ-)Definition des Umlaufvermögens ergibt sich § 247 Abs. 2 HGB, der bestimmt, was zum Anlagevermögen gehört. Was nicht Anlagevermögen in diesem Sinne ist, ist Umlaufvermögen. Vgl. dazu Baumbach/Hopt/*Merkt* § 247 Rn. 4.

80 *BFH* BStBl II 1997, 321, 322.

81 *BFH* BStBl II 1997, 321, 322 m.N.

82 *BFH* BStBl II 1997, 320 ff.

83 Vgl. auch das Bilanzierungsverbot gem. § 248 Abs. 2 HGB.

84 Vgl. §§ 15a, 15b EStG.

2. Allgemeines zum Auftragsproduktionsvertrag

Zwischen den **Parteien**, dem auftraggebenden Sendeunternehmen und dem beauftragten Produzenten, wird der sog. **Auftragsproduktionsvertrag** oder **Produktionsvertrag** abgeschlossen. Dabei bedient sich das Sendeunternehmen fast immer **vorformulierter Vertragsbedingungen**.[85] Individuell angepasst auf den konkreten Sachverhalt werden in aller Regel nur der Vertragsgegenstand, d.h. die vom Produzenten herzustellende TV-Produktion, etwaige Beistellungen des Senders und die Vergütung. **53**

Charakteristisch für den Auftragsproduktionsvertrag ist, dass der Vertragsgegenstand, die Fernsehproduktion, bei Vertragsabschluss zwischen dem auftraggebenden Sendeunternehmen und dem beauftragten Produzenten noch nicht existiert. Die Produktion soll ja erst hergestellt werden. In der Praxis kommt es allerdings häufig vor, dass eine Fernsehproduktion bereits hergestellt und oft sogar auch schon ausgestrahlt ist, bevor die Parteien den Produktionsvertrag unterzeichnen. **54**

3. Rechtliche Einordnung des Auftragsproduktionsvertrags

Auch wenn der Begriff „Auftragsproduktion" vielleicht anderes vermuten lassen könnte, so liegt kein Auftragsverhältnis i.S.v. §§ 662 ff. BGB vor. **55**

Mit dem Auftragsproduktionsvertrag werden verschiedene Rechtsgebiete bzw. unterschiedliche Bereiche des Vertragsrechts berührt,[86] z.B. das Urheberrecht, das Kaufrecht, Dienstleistungsrecht, Werkvertragsrecht und Werklieferungsvertragsrecht. **56**

Für die Herstellung unkörperlicher Werke gilt Werkvertragsrecht, auch wenn das Werk zwar in einer beweglichen Sache verkörpert ist, aber sein Schwerpunkt in der dort wiedergegebenen geistigen Leistung liegt.[87] Die Überlassung des Bildtonträgers kann für den Auftraggeber jedoch von wesentlicher Bedeutung sein, wenn durch die Fixierung der Produktion auf einem Datenträger dem geschaffenen Werk „Dauer und Bestand" verliehen und dem Auftraggeber erst die Auswertung der Leistung ermöglicht wird.[88] Stellt man daher auf den zu liefernden Datenträger ab, so handelt es sich dabei um eine bewegliche Sache, die vom Produzenten herzustellen und dem auftraggebenden Sendeunternehmen zu liefern ist. Insoweit wäre also die Einordnung als Werklieferungsvertrag[89] konsequent. Die Qualifizierung als **Werklieferungsvertrag** gem. § 651 BGB hätte die Anwendung von Kaufrecht zur Folge. Mit der technischen (Weiter)Entwicklung schneller Alternativen (wie z.B. der Überspielung per Leitung/Internet) verlieren vom Produzenten zu liefernde körperliche Datenträger aber zunehmend an Bedeutung. **57**

---

85 Vgl. *Castendyk* ZUM 2007, 169 ff. zur Frage der Anwendbarkeit des AGB-Rechts gem. §§ 305 ff. BGB.

86 *BGH* GRUR 1966, 390: „Der Filmherstellungs- und Verwertungsvertrag ist ein aus verschiedenen Bestandteilen zusammengesetztes Abkommen, das nicht den Vorschriften eines Rechtsgebiets allein unterworfen ist. Vielmehr ist nach den Umständen des Einzelfalls zu prüfen, welche Bestimmungen des mitbetroffenen Vertragsrechts jeweils passen und daher anzuwenden sind."

87 Palandt/*Sprau* § 651 Rn. 5, Staudinger/*Peters/Jacoby* § 651 Rn. 16.

88 *BGH* GRUR 1966, 390.

89 Vgl. *BGH* GRUR 1966, 390 ff.

58 Soweit er die Herstellung der Produktion betrifft, erst recht, wenn es sich dabei um eine Live-Sendung handelt, weist der Auftragsproduktionsvertrag aber zweifellos Elemente des **Werkvertrags** gem. § 631 BGB auf.[90]

59 Der lizenzvertragliche Teil unterliegt dem Urheberrecht. Dabei ist umstritten, ob auf Lizenzverträge Kaufrecht anwendbar ist, da ein Lizenzvertrag ein Dauerschuldverhältnis darstelle und damit als **Pachtvertrag, nicht als Kaufvertrag** zu qualifizieren sei.[91] Jedenfalls soll aber auf **die** Lizenzverträge Kaufrecht anwendbar sein, die Festpreisvereinbarungen enthalten.[91] Bei Auftragsproduktionsverträgen, auch wenn sie neben der üblichen Vereinbarung eines Festpreises regelmäßig die vollumfängliche Rechteübertragung zum Gegenstand haben, erscheint die Anwendung von Kaufrecht jedoch nicht ihrem vertraglichen Charakter gerecht. Denn – anders als beim Lizenzvertrag, dessen Lizenzgegenstand in der Regel schon bei Lizenzierung existiert – muss der Gegenstand eines Auftragsproduktionsvertrags erst noch neu hergestellt werden. Die Anwendung von Werkvertragsrecht entspricht daher am ehesten dem Wesen des Auftragsproduktionsvertrags.

60 Manche Sendeunternehmen sind dazu übergegangen, in ihren vorformulierten Vertragsbedingungen die Regelungen des BGB zum Werklieferungsvertrag einschließlich Verweisungen, jedoch unter **Ausschluss von §§ 377, 381 HGB** (Untersuchungs- und Rügepflicht bei beiderseitigem Handelsgeschäft),[92] ausdrücklich für anwendbar zu erklären. Eine individualvertragliche Unterstellung unter § 651 BGB mag wohl auch möglich sein (str.);[93] dies gilt jedoch nicht für die formularvertraglich vorgenommene Unterstellung eines Vertrags abweichend von seinem Inhalt unter das Recht eines anderen Vertragstypus.[94]

4. Der Inhalt des Auftragsproduktionsvertrags

4.1 Der Vertragsgegenstand

61 Es empfiehlt sich für die Vertragsparteien, den **Vertragsgegenstand, d.h. die herzustellende Produktion**, möglichst genau zu definieren. Hierauf ist fast noch größere Sorgfalt zu verwenden, als bei der Definition des Lizenzgegenstands im Lizenzvertrag[95] (der immerhin schon existiert und nur identifiziert werden muss), weil sich in der Praxis gerne Streit darüber entzündet, ob die gelieferte Produktion auch der geschuldeten entspricht.[96]

---

90 Vgl. *OLG München* NJOZ 2009, 2535.

91 Dazu *Castendyk* ZUM 2007, 169, 175 ff.

92 § 377 HGB gibt bei beiderseitigem Handelsgeschäft (§§ 343, 344 HGB) dem Käufer einer Ware auf, diese unverzüglich nach ihrer Lieferung zu untersuchen und dem Verkäufer Mängel unverzüglich anzuzeigen; er regelt auch den Fall des Unterlassens dieser Pflichten. Gem. § 381 Abs. 2 HGB findet § 377 HGB auch auf Verträge über noch herzustellende oder zu erzeugende bewegliche Sachen Anwendung (nicht jedoch auf reine Werkverträge; s. dazu *Baumbach/Hopt/Hopt* § 377 Rn. 2, § 381 Rn. 5). Vgl. dazu Baumbach/Hopt/*Hopt* § 381 Rn. 5; der einen Vertrag zur Herstellung eines Werbefilms unter Verweis auf *BGH* GRUR 1966, 390 ff. als einen Vertrag über noch herzustellende oder zu erzeugende bewegliche Sachen i.S.d. § 381 Abs. 2 HGB einordnet, weil dem Besteller der Filmstreifen zu überlassen sei, und damit § 377 HGB für anwendbar hält.

93 Vgl. Palandt/*Sprau* § 651 Rn. 1.

94 Vgl. *BGH* NJW 1979, 2207.

95 S.o. Rn. 12.

96 Vgl. *OLG München* ZUM-RD 2009, 606.

Zur Bestimmung der herzustellenden Produktion eignen sich neben der Angabe von Arbeitstitel, Genre, Folgenzahl und Folgenlänge bei **fiktionalen Produktionen** (z.B. Spielfilmen) die Nennung der zu verfilmenden Drehbücher sowie die Bezeichnung von Hauptcast, Regisseuren und Komponisten. Bei **nicht-fiktionalen Produktionen** sollte dem Vertrag ein möglichst detailliertes Konzept einschließlich eines Sendeablaufplans beigefügt werden. Auch sollte festgehalten werden, wer die Hauptmitwirkenden sind (Moderatoren, Regisseure, prominente Gäste, Interviewpartner etc.). Handelt es sich bei der herzustellenden Produktion um eine Live-Sendung, so ist dies ebenfalls im Vertrag festzuschreiben. 62

Soweit der Produktion ein sog. **Pilot**[97] vorausging, so kann es sinnvoll sein, auch darauf Bezug zu nehmen. 63

Bei allen Produktionen und für beide Seiten macht es darüber hinaus Sinn, die **Kalkulation** des Produzenten, auf deren Grundlage der (Fest-)Preis der Produktion zwischen den Parteien in der Regel vereinbart wird, als eine Art Leistungsbeschreibung dem Produktionsvertrag zugrunde zu legen. Aus der Kalkulation ergeben sich alle wichtigen Parameter für die Herstellung der Produktion (z.B. Größe des Studios, Zahl der Mitwirkenden, Zahl der Kameras, Umfang des Lichts). 64

4.2 Technische Richtlinien

Hinsichtlich der vom Produzenten einzuhaltenden bzw. zu liefernden technischen Qualität der Produktion verweist der Auftragsproduktionsvertrag in der Regel auf die sog. **technischen Richtlinien** des auftraggebenden Sendeunternehmens. Es empfiehlt sich, ausdrücklich aufzunehmen, wenn mögliche Abweichungen davon zulässig sein sollen (etwa wenn im Rahmen einer Reportage mit versteckter Kamera gefilmt werden muss und sich dies negativ auf die Bild- und Tonqualität des Materials auswirken kann). Im Auftragsproduktionsvertrag selbst wird häufig lediglich das Aufzeichnungsverfahren (etwa mit „Digital Betacam“ oder „16 mm Negativfilm“) angegeben. 65

4.3 Beistellungen

Als **Beistellungen** des Senders werden die Leistungen bezeichnet, die das auftraggebende Sendeunternehmen dem Produzenten zur Herstellung der Produktion zur Verfügung stellt. Häufige Beistellungen sind z.B. **Versicherungspakete**,[98] **Drehbücher**,[99] Grafikpakete[100] oder etwa Sach- und Geldpreise für Game- oder Quiz-Shows. In einem Versicherungspaket enthalten sind meist eine Negativ-/Videoversicherung, eine 66

97 Bei TV-Produktionen, die auf Serie angelegt sind, geben Fernsehsender, um ihr wirtschaftliches Risiko so gering wie möglich zu halten, häufig zunächst nur einen „Piloten“ bzw. eine „Pilotsendung“ als eine Art Prototyp in Auftrag, bevor sie dann ggf. in einem zweiten Schritt den Auftrag zur Herstellung einer ganzen Staffel mit zahlreichen Folgen erteilen. Piloten werden häufig zum Zwecke der Marktforschung verwendet, teilweise werden Piloten auch zu Testzwecken oder als erste Folge einer Serie/Staffel ausgestrahlt. S. auch *Karstens/Schütte* Kap. 7 (Glossar) S. 425 zur Definition des Begriffs.

98 Anderenfalls sieht der Auftragsproduktionsvertrag i.d.R. vor, dass der Produzent die Produktionsrisiken angemessen zu versichern hat.

99 S.u. Ausführungen zum Buchentwicklungsvertrag Rn. 107 f.

100 Grafik- und Designelemente einer Sendung (wie z.B. Namenseinblendungen, Schriftzüge, Logos, Tabellen, Werbetrenner); s. dazu *Karstens/Schütte* Kap. 2.6.1 S. 226.

Personenausfallversicherung (für eine bestimmte Anzahl von Personen[101]) und eine Versicherung der Requisiten (Kostüme und Dekoration), eine Technikversicherung (Kamera, Ton, Licht), eine Kassenversicherung sowie eine Versicherung für die zu Produktionszwecken gemieteten Gebäude und Räume.

67 Vom Sendeunternehmen beigestellt werden können auch Moderatoren (die der Sender z.B. exklusiv an sich gebunden hat), Studios, Archivmaterial und vieles mehr, je nach Vereinbarung zwischen Sender und Produzent.

4.4 Vergütung

4.4.1 Festpreis

68 Im Auftragsproduktionsvertrag wird die vereinbarte **Vergütung** ausgewiesen sowie deren Fälligkeit geregelt. Bei der Vergütung handelt es sich in aller Regel um einen pauschalen **Festpreis**, auf den sich die Parteien im Rahmen eines sog. **Kalkulationsgesprächs** (einer Kalkulationsverhandlung auf Grundlage der vom Produzenten eingereichten Kalkulation) geeinigt haben. Manchmal werden auch einzelne Positionen bestimmt, die nicht im Festpreis enthalten sind und die gesondert auf Nachweis abgerechnet werden (z.B. Kosten für Fremdmaterial).

69 Das **Überschreitungsrisiko**[102] trägt der Produzent. Dies halten die Sendeunternehmen in ihren vorformulierten Vertragsbedingungen in der Regel ausdrücklich fest. Teilweise lassen sie sich darüber hinaus garantieren, dass die Vergütung auf einer sachgerechten und vollständigen Kalkulation der Produktionskosten durch den Produzenten basiert und dass damit die Erfüllung der vom Produzenten zu erbringenden Leistungen gewährleistet ist.

4.4.2 Zahlungsbedingungen

70 Meist wird eine erste Zahlungsrate bei Vertragsunterzeichnung fällig, allerdings fordert die Mehrzahl der Sendeunternehmen als standardmäßige Voraussetzung der Zahlung vor Lieferung und Abnahme (des Rohschnitts) der geschuldeten Produktion, dass der Produzent zur Absicherung des Senders eine unbefristete selbstschuldnerische **Bürgschaft** eines dem Sendeunternehmen genehmen Bankinstituts stellt.

71 Die Bankbürgschaft wird in der Regel nach Rohschnittabnahme und Erfüllung aller bis zu diesem Zeitpunkt zu erfüllenden Verpflichtungen zurückgegeben.

72 Die Verpflichtung zur Stellung einer (für das Sendeunternehmen kostenfreien) Bürgschaft kann für den Produzenten erheblich Kosten (z.B. Avalzinsen) mit sich bringen, ohne dass ihm die Regelung möglicherweise im Gegenzug nennenswerte Vorteile verschafft. Dies ist vor allem dann der Fall, wenn der Prozess der Bürgschaftsstellung längere Zeit in Anspruch nimmt oder der auftraggebende Sender sich erfahrungsgemäß mit Zahlungen ohnehin Zeit lässt, während andererseits der vom Produzenten finanziell zu überbrückende Produktionszeitraum (bis zur Lieferung des Rohschnitts oder der fertigen Produktion) vielleicht nur kurz ist. Es empfiehlt sich daher, genau zu errechnen, ob es nicht Sinn macht, auf die Stellung einer Bürgschaft zu verzichten und

---

101 Zu den Personen, gegen deren Ausfall eine Produktion versichert wird, gehören regelmäßig Hauptdarsteller, Moderatoren und Regisseure.

102 Als Überschreitungsrisiko wird das Risiko bezeichnet, dass die Herstellungskosten der Produktion höher werden, als in der dem vereinbarten Festpreis zugrunde liegenden Kalkulation angenommen.

die Fälligkeit der Zahlung der Vergütung erst nach Lieferung und Abnahme des Rohschnitts zu vereinbaren.

4.5 Rechteübertragung und Rechtegarantie

Zu den vorformulierten Vertragsbedingungen im Auftragsproduktionsvertrag gehört meist die Regelung der umfassenden **Rechteeinräumung bzw. -übertragung** vom Produzenten auf das Sendeunternehmen. **73**

Die Einräumung von Nutzungsrechten an zum Zeitpunkt des Vertragsschlusses noch **nicht bekannten Nutzungsarten** sowie Verpflichtungen hierzu waren bis zum Inkrafttreten der Änderung des Urheberrechtsgesetzes durch das Zweite Gesetz zur Regelung des Urheberrechts in der Informationsgesellschaft (**„Zweiter Korb“**)[103] gem. § 31 Abs. 4 UrhG a. F. unwirksam.[104] Seit Einführung von § 31a UrhG ist es jedoch ausdrücklich möglich, auch Rechte an zum Zeitpunkt des Vertragsschlusses noch **unbekannten Nutzungsarten** einzuräumen.[105] Für die neuen Nutzungsarten gilt die Übergangsregelung des § 137l UrhG.[106] **74**

Auch wenn er sich sämtliche Rechte einräumen lässt, so stellt der Sender dabei stets klar, dass er zu einer Nutzung der eingeräumten bzw. übertragenen Rechte nicht verpflichtet ist. **75**

Außerdem ist im Auftragsproduktionsvertrag regelmäßig eine sehr umfassende vom Produzenten gegenüber dem Sender zu übernehmende **Rechtegarantie**[107] zu finden. **76**

Soweit der Produzent voraussichtlich nicht alle Rechte vollumfänglich erwerben kann (bzw. der vollumfängliche Erwerb wirtschaftlich nicht sinnvoll oder nicht kalkuliert ist), ist darauf zu achten, dass dies auch entsprechend im Vertrag festgehalten wird. In der Regel ist das der Fall bei der Verwendung von **Fremdmaterial**, Als Fremdmaterial - auch **„Klammermaterial“** genannt - wird Material bezeichnet, das der Produzent nicht selbst für die betreffende Auftragsproduktion hergestellt hat, z.B. Ausschnitte aus anderen Filmen oder Dokumentationen. Hier einigen sich das auftraggebende Sendeunternehmen und der Produzent vorab – idealerweise unter Beachtung der für den Rechteerwerb kalkulierten Summe – auf einen vom Produzenten zu erwerbenden sachlich, örtlich und zeitlich beschränkten Rechteumfang. **77**

Auch die von den **Verwertungsgesellschaften** wahrgenommenen Rechte sind von der Rechteübertragung des Produzenten sowie der Rechtegarantie auszunehmen.[108] **78**

---

103 S. Schricker/Loewenheim/*Spindler* § 31a Rn. 1 ff. zur Rechtsentwicklung.

104 Dies hielt die Mehrzahl der Sendeunternehmen dennoch nicht davon ab, entspr. Klauseln in ihren Auftragsproduktionsverträgen aufzunehmen.

105 S. auch § 89 UrhG. Der Filmhersteller erwirbt nach § 89 Abs. 1 UrhG im Zweifel das ausschließliche Recht, das Filmwerk sowie Übersetzungen und andere filmische Bearbeitungen oder Umgestaltungen des Filmwerkes auf alle Nutzungsarten zu nutzen. § 31a Abs. 1 S. 3 und 4 sowie Abs. 2–4 UrhG finden keine Anwendung.

106 Danach gelten zwischenzeitlich bekannt gewordene Nutzungsrechte als ebenfalls eingeräumt, wenn ein Urheber zwischen dem 1.1.1966 und dem 1.1.2008 einem anderen alle wesentlichen zum Zeitpunkt des Vertragsschlusses bekannten Nutzungsrechte ausschließlich sowie räumlich und zeitlich unbegrenzt eingeräumt hat. Der Urheber kann der Nutzung jedoch widersprechen, § 137l Abs. 1 UrhG. Gem. § 137l Abs. 2 S. 1 UrhG gilt Abs. 1 für den entspr., dem der Vertragspartner des Urhebers sämtliche ihm ursprünglich eingeräumten Nutzungsrechte weiterübertragen hat.

107 Hinsichtlich der Rechtegarantie kann auf die Ausführungen zum Lizenzvertrag, Rn. 39 ff., verwiesen werden.

108 S.o. Rn. 33 ff.

79 Insbesondere für den Fall, dass der Produzent für die vertragsgegenständliche Produktion nicht extra neue **Musik** komponieren lässt, sondern (vorbestehende) Musiken (z.B. des GEMA-Repertoirs) nutzt, sollte er darauf achten, dass die Musik von der Rechteübertragung ausgenommen ist.[109]

80 Die von den Sendeunternehmen regelmäßig sehr einseitig zu ihren Gunsten vorformulierten Klauseln der Rechteeinräumung bzw. -übertragung und Rechtegarantie enthalten häufig eine Vielzahl von Regelungen, deren Wirksamkeit zweifelhaft ist. Die Wirksamkeit ist insbesondere nach den Bestimmungen der §§ 305 ff. BGB zu beurteilen.[110]

- Nach Einführung der Regelungen des § 32a UrhG (sog. **Fairnessparagraf**) hatten einige Sendeunternehmen innerhalb ihrer Rechte- bzw. Rechtegarantie-Klausel eine Regelung[111] aufgenommen, mit der der Versuch unternommen wurde, dem Produzenten das Risiko für etwaige gegen sie gerichtete Ansprüche auf weitere Beteiligung aus § 32a UrhG aufzuerlegen und sich bei Inanspruchnahme vom Produzenten freistellen zu lassen. Eine solche Regelung verstößt jedoch gegen den Grundgedanken von § 32a Abs. 2 UrhG, so dass viel für ihre Unwirksamkeit nach § 307 Abs. 2 Nr. 1 BGB spricht.[112] Mittlerweile scheinen auch die betreffenden Sendeunternehmen zu dieser Einschätzung gelangt zu sein, so dass die Klausel kaum noch Verwendung findet.
- Ebenfalls unwirksam sein dürften die Rechtegarantie-Regelungen, wonach dem Produzenten verschuldensunabhängig eine Schadensersatzpflicht auferlegt wird.[113] Denn sie widersprechen dem gesetzlichen Leitbild einer verschuldensabhängigen Haftung bei Rechtskauf (§ 453 Abs. 1 BGB).[114]
- Hinsichtlich der sog. **VFF-Klausel**, die von öffentlich-rechtlichen Sendeanstalten in ihren Auftragsproduktionsverträgen verwendet wurde, hat das Oberlandesgericht Dresden inzwischen entschieden, dass klauselmäßige Vorausabtretungen der gesetzlichen Vergütungsansprüche des Filmherstellers aus §§ 20b Abs. 2, 27 Abs. 2 und 54 Abs. 1 UrhG an ein Sendeunternehmen sowie Umgehungsklauseln gegen §§ 20b Abs. 2 S. 3, 63a S. 2 UrhG verstoßen; sie sind nach § 134 BGB nichtig bzw. nach § 307 Abs. 1 S. 1 BGB unwirksam.[115]

4.6 Eigentumsübertragung Material

81 Sendeunternehmen versuchen in der Regel, sich neben dem Eigentum an den sog. **Liefermaterialien**[116] (z.B. dem Sendeband) zur Sicherung ihrer Ansprüche auch das Eigentum an (den Datenträgern mit) dem Rohmaterial übertragen lassen.

---

109 S. diesbezügliche Ausführungen zum Lizenzvertrag, Rn. 33 ff.

110 Dazu *Castendyk* ZUM 2007, 169 ff., Dreier/Schulze/*Schulze* Vor § 31 Rn. 14 ff.

111 Bsp. für eine solche Klausel: „Der Produzent wird in der Vergütung der Urheber bereits berücksichtigen, dass es sich bei der Produktion um einen Bestseller handelt."

112 So im Ergebnis *Castendyk* ZUM 2007, 169, 176 ff.

113 Vgl. dazu ausf. *Castendyk* ZUM 2007, 169, 175 ff. m.N.

114 Zur Frage der Anwendbarkeit der kaufrechtlichen Bestimmungen bei Auftragsproduktionsverträgen s. a.a.O.

115 *OLG Dresden* 12.3.2013 – 11 U 1493/12.

116 S.o. Rn. 14 f.

4.7 Jugendmedienschutz

Das deutsche Rundfunkrecht geht davon aus, dass der **Rundfunkveranstalter** die Instanz ist, die sein Programm steuert. Regelungen, insbesondere auch zur Verhinderung von Machtmissbrauch, setzen daher beim Rundfunkveranstalter an. **82**

Die Rundfunkveranstalter haben bei der Gestaltung ihres Programmangebots dafür Sorge zu tragen, dass ihre Angebote nicht die **Menschenwurde**[117] verletzen. Gemäß den Programmgrundsätzen für den privaten Rundfunk gem. § 41 Abs. 1 S. 4 RStV sind ferner die Vorschriften der allgemeinen Gesetze und die gesetzlichen Bestimmungen zum Schutz der persönlichen Ehre einzuhalten. **83**

Außerdem haben die Rundfunkveranstalter für die Einhaltung des **Jugendschutzes** Sorge zu tragen, der bezweckt, Kinder und Jugendliche vor Angeboten in elektronischen Informations- und Kommunikationsmedien zu schützen, die deren Entwicklung oder Erziehung beeinträchtigen oder gefährden, oder die die Menschenwürde oder sonstige durch das Strafgesetzbuch geschützte Rechtsgüter verletzen.[118] **84**

Lässt ein Rundfunkveranstalter sein Programm herstellen, so verwundert es nicht, dass er den mit der Herstellung beauftragten Produzenten – soweit möglich – zur Einhaltung der ihm obliegenden Bestimmungen verpflichtet. Aus diesem Grund enthält ein Auftragsproduktionsvertrag regelmäßig entsprechende Klauseln, vor allem zum Jugendschutz.[119] **85**

Nach der Rechtsprechung des Bundesverfassungsgerichts ist „der Schutz der Jugend nach einer vom Grundgesetz selbst getroffenen Wertung ein Ziel von bedeutsamen Rang und ein wichtiges Gemeinschaftsanliegen".[120] Der Schutz von Kindern und Jugendlichen ist eine Pflichtaufgabe des Staates im Rahmen des Schutzes des Allgemeinen Persönlichkeitsrechts gem. Art. 2 Abs. 1 i.V.m. Art. 1 Abs. 1 GG. Gem. Art. 5 Abs. 2 GG können die Grundrechte der **Rundfunkfreiheit**, der **Pressefreiheit** und der **Informationsfreiheit** durch Bestimmungen zum Schutze der Jugend eingeschränkt werden. Eine Zensur findet dabei nicht statt. Der Jugendschutz kann auch eine Schranke des Grundrechts der **Freiheit der Kunst** gem. Art. 5 Abs. 3 S. 1 GG darstellen. **86**

(Einfach-)Gesetzliche Grundlage des Jugendmedienschutzes ist neben dem **Jugendschutzgesetz**[121] des Bundes, das den Bereich der Trägermedien und den Teilbereich der Indizierung von Telemedien regelt, insbesondere der Staatsvertrag über den Schutz der Menschenwürde und den Jugendschutz in Rundfunk und Telemedien (**Jugendmedienschutz-Staatsvertrag – JMStV**) i.d.F. des Neunzehnten Staatsvertrages zur Änderung rundfunkrechtlicher Staatsverträge (Neunzehnter Rundfunkänderungsstaatsvertrag) auf Länderebene.[122] **87**

---

117 §§ 3 Abs. 1 S. 1, 41 Abs. 1 S. 1 RStV.

118 Vgl. § 1 Staatsvertrag über den Schutz der Menschenwürde und den Jugendschutz in Rundfunk und Telemedien (Jugendmedienschutz-Staatsvertrag – JMStV), i.d.F. des Neunzehnten Staatsvertrages zur Änderung rundfunkrechtlicher Staatsverträge (Neunzehnter Rundfunkänderungsstaatsvertrag).

119 Zum Inhalt der „Jugendschutzklausel" s. Rn. 97.

120 *BVerfG* NJW 1991, 1471; vgl. auch *BVerfG* NJW 1988, 1833, 1834.

121 Einschließlich der Verordnung zur Durchführung des Jugendschutzgesetzes (DVO JuSchG).

122 In Kraft getreten am 1.10.2016.

88 Die Überwachung der Einhaltung der Regelungen des Jugendmedienschutz-Staatsvertrags durch die privaten Rundfunkveranstalter erfolgt durch die **Landesmedienanstalten**,[123] die sich zur Erfüllung ihrer Aufgaben des Organs der **Kommission für Jugendmedienschutz (KJM)** als zentraler Aufsichtsstelle für den Jugendschutz im privaten Rundfunk bedienen.[124]

89 Das Selbstverständnis der KJM geht aber über die Funktion als bloße Aufsichtsinstanz hinaus. Sie sieht ihre Funktion auch darin, gesellschaftspolitische Prozesse anzustoßen.[125] Ihren Aufgabenbereich beschreibt die KJM, wie folgt:

„Im Rahmen der Rundfunk- und Telemedienaufsicht prüft und bewertet die KJM mögliche Verstöße gegen den Jugendmedienschutz-Staatsvertrag (JMStV). Sie beschließt entsprechende Maßnahmen, die dann von den Landesmedienanstalten umgesetzt werden. Im Sinne des Modells der regulierten Selbstregulierung ist es Aufgabe der KJM, Einrichtungen der Freiwilligen Selbstkontrolle anzuerkennen. Weitere Aufgaben der KJM sind unter anderem die Festlegung von Sendezeiten sowie die Prüfung und Genehmigung von Verschlüsselungs- und Vorsperrungstechnik. Außerdem stellt die KJM Indizierungsanträge für Angebote im Internet und nimmt Stellung zu Indizierungsanträgen der Bundesprüfstelle für jugendgefährdende Medien (BPjM).“[126]

90 Die **Bundesprüfstelle für jugendgefährdende Medien (BPjM)** ist eine selbstständige Bundesoberbehörde, die dem Bundesministerium für Familie, Senioren, Frauen und Jugend (BMFSFJ) nachgeordnet ist. Die BPjM ist zuständig für die Indizierung von Träger- und Telemedien mit jugendgefährdendem Inhalt. Rechtsgrundlage ist das Jugendschutzgesetz (JuSchG).[127]

91 Die privaten Rundfunkveranstalter dürfen sich zur Erfüllung ihrer Verantwortung anerkannter Einrichtungen der **Freiwilligen Selbstkontrolle** bedienen. Diese überprüfen dann vorgelegte Angebote und die Einhaltung der Jugendschutzbestimmungen.[128] Eine für den Bereich des Fernsehens anerkannte Einrichtung ist die **Freiwillige Selbstkontrolle Fernsehen e.V. (FSF)**. Hierbei handelt es sich um einen gemeinnützigen Verein privater Fernsehanbieter in Deutschland, der es sich insbesondere zur Aufgabe gemacht hat, „durch eine Programmbegutachtung den Jugendschutzbelangen im Fernsehen gerecht zu werden“.[129]

92 Die Sendeunternehmen, die länderübergreifendes Fernsehen veranstalten, haben gem. § 7 Abs. 1 JMStV einen **Jugendschutzbeauftragten** zu bestellen, der die zur Erfüllung seiner Aufgaben erforderliche Fachkunde besitzen muss.[130]

93 Die materiell-rechtlichen Bestimmungen des JMStV gelten sowohl für den privaten als auch für den öffentlich-rechtlichen Rundfunk. Die Bestimmungen über das Verfahren der Aufsicht, die Aufsicht der KJM und den Vollzug und die Ahndung von Verstößen gelten nur für private Rundfunkveranstalter.

---

123 § 20 JMStV.
124 § 20 Abs. 2 JMStV.
125 Vgl. www.kjm-online.de.
126 S. unter www.kjm-online.de.
127 Vgl. Internetauftritt der BPjM unter www.bundespruefstelle.de.
128 Vgl. § 20 Abs. 3 JMStV.
129 Vgl. www.fsf.de; zum Verhältnis der KJM zur FSF s. *Hopf/Braml* ZUM 2007, 23 ff. Die FSF ist nicht zu verwechseln mit den Einrichtungen der Freiwilligen Selbstkontrolle der Filmwirtschaft (FSK), s. www.spio-fsk.de.
130 § 7 Abs. 4 JMStV.

Nach § 15 Abs. 2 JMStV stellen die nach Landesrecht zuständigen Organe der Landesmedienanstalten beim Erlass ihrer Satzungen und Richtlinien zur Durchführung des JMStV das Benehmen mit den in der ARD zusammengeschlossenen Landesrundfunkanstalten und dem ZDF her und führen mit diesen und der KJM einen gemeinsamen Erfahrungsaustausch in der Anwendung des Jugendmedienschutzes durch. So besteht die Chance, eine möglichst einheitliche „Handhabung" des Jugendschutzes im öffentlich-rechtlichen und im privaten Rundfunk zu erreichen. **94**

Der Jugendmedienschutz hat im öffentlich-rechtlichen Rundfunk einen hohen Stellenwert. Das ZDF hat bspw. „Kriterien zur Sicherung des Jugendmedienschutzes"[131] und Jugendschutzrichtlinien[132] verabschiedet. Die **ZDF-Jugendschutzrichtlinien** und die „Kriterien zur Sicherung des Jugendschutzes - Praktische Handreichung für die Redaktionen" dienen den für das Programm verantwortlichen Mitarbeitern des ZDF als Arbeitsgrundlage. **95**

Auch für die ARD gibt es ergänzende, zuletzt im Juni 2003 novellierte **ARD-interne Richtlinien** sowie im September 2003 überarbeitete **ARD-Kriterien zur Sicherung des Jugendschutzes.**[133] **96**

Wie bereits erwähnt, versuchen Sendeunternehmen einen Teil ihrer oben beschriebenen Verantwortung als Rundfunkveranstalter im Innenverhältnis auf die Produzenten ihrer Programme zu „delegieren".[134] Der Standardproduktionsvertrag enthält daher regelmäßig auch eine Vereinbarung zum Thema Jugendschutz. Meist lautet die Regelung, dass die jeweilige Produktion so gestaltet sein muss, dass die Ausstrahlung zur vereinbarten Sendezeit nach den geltenden gesetzlichen Bestimmungen zulässig ist. Bei Zweifeln ist der Rat des Jugendschutzbeauftragten des Senders zu suchen. Private Sendeunternehmen lassen sich darüber hinaus regelmäßig vom Produzenten von etwaigen Bußgeldern der Medienaufsichtsbehörden, die wegen einer Verletzung von Jugendschutzvorschriften durch die vom Produzenten hergestellte Produktion verhängt werden, einschließlich der damit verbundenen Kosten der Rechtsverteidigung, freistellen. **97**

4.8 Werbung, Sponsoring, Produktplatzierung

Der Rundfunkstaatsvertrag enthält sowohl für öffentlich-rechtliche als auch für private Rundfunkveranstalter Regelungen betreffend **Werbung**,[135] **Sponsoring**[136] und Pro- **98**

131 Abrufbar unter: www.zdf.de/assets/kriterien-jugendmedienschutz-100~original?cb=1482878546326.

132 Richtlinien des ZWEITEN DEUTSCHEN FERNSEHENS zur Sicherung des Jugendmedienschutzes (ZDF-Jugendmedienschutzrichtlinien) v. 22.9.2000 i.d.F. v. 3.3.2017.

133 Vgl. www.ard.de/home/intern/fakten/abc-der-ard/Jugendschutz/554904/index.html.

134 Nach außen bleibt das Sendeunternehmen verantwortlich.

135 In § 2 Abs. 2 Nr. 7 RStV ist der Begriff „Werbung" definiert als jede Äußerung bei der Ausübung eines Handels, Gewerbes, Handwerks oder freien Berufs, die im Rundfunk von einem öffentlich-rechtlichen oder einem privaten Veranstalter oder einer natürlichen Person entweder gegen Entgelt oder eine ähnliche Gegenleistung oder als Eigenwerbung gesendet wird, mit dem Ziel, den Absatz von Waren oder die Erbringung von Dienstleistungen, einschließlich unbeweglicher Sachen, Rechte und Verpflichtungen, gegen Entgelt zu fördern.

136 Nach der Legaldefinition gem. § 2 Abs. 2 Nr. 9 RStV ist Sponsoring jeder Beitrag einer natürlichen oder juristischen Person oder einer Personenvereinigung, die an Rundfunktätigkeiten oder an der Produktion audiovisueller Werke nicht beteiligt ist, zur direkten oder indirekten Finanzierung einer Sendung, um den Namen, die Marke, das Erscheinungsbild der Person oder Personenvereinigung, ihre Tätigkeit oder ihre Leistungen zu fördern.

duktplatzierung[137] , vgl. §§ 7, 7a, 8 RStV. Die Begriffe sind in § 2 Abs. 2 RStV definiert. Darüber hinaus enthält der Rundfunkstaatsvertrag in §§ 43 ff. RStV Regelungen für private Veranstalter[138] und in §§ 15 ff. RStV Bestimmungen für den öffentlich-rechtlichen Rundfunk.

99 Es gilt der Grundsatz der Trennung von Werbung und Programm, sog. **Trennungsprinzip.**[139]

100 **Schleichwerbung,**[140] Produkt- und Themenplatzierung sowie entsprechende Praktiken sind gem. § 7 Abs. 7 S. 1 RStV unzulässig; §§ 15 und 44 RStV regeln jedoch Ausnahmen für Produktplatzierungen, die die Voraussetzungen des § 7 Abs. 7 S. 2 RStV erfüllen müssen. Eine Produktplatzierung muss – zur Abgrenzung gegenüber der gerade nicht kenntlich gemachten Schleichwerbung – grundsätzlich angemessen gekennzeichnet werden.[141]

101 Üblicherweise enthält der Auftragsproduktionsvertrag vorformulierte Regelungen betreffend die Themen Werbung, Sponsoring und Produktplatzierung. Die Bestimmungen untersagen es dem Produzenten ausdrücklich, Schleichwerbung oder Themenplatzierung im Sinne des Rundfunkstaatsvertrages oder entsprechende Praktiken in die Produktion aufzunehmen (**Schleichwerbungsverbot**), und verpflichten ihn dazu, sämtliche werberechtlichen Vorschriften des Rundfunkstaatsvertrages einzuhalten, soweit sie die von ihm herzustellende Produktion betreffen.

102 Meist regelt der Auftragsproduktionsvertrag, dass bei Verstoß gegen die Werbebestimmungen durch den Produzenten eine Vertragsstrafe verwirkt ist und/oder der Produzent den Sender von etwa gegen ihn verhängten Bußgeldern freizustellen hat.

103 Sollten hier für den Fall des Verstoßes des Produzenten gegen die Werbebestimmungen, insbesondere gegen das Verbot der Schleichwerbung **Schadenspauschalierungen**[142] zugunsten des Sendeunternehmens enthalten sein, die für den Produzenten die Möglichkeit des Nachweises eines geringeren bzw. überhaupt nicht entstandenen Schadens ausdrücklich ausschließen, so bedeutet diese Regelung eine unangemessene Benachteiligung des Produzenten und ist daher unwirksam.[143] Wird der Nachweis jedoch nicht ausdrücklich ausgeschlossen, so ist die Regelung unter Unternehmern zulässig. Die aus-

---

137 Produktplatzierung ist die gekennzeichnete Erwähnung oder Darstellung von Waren, Dienstleistungen, Namen, Marken, Tätigkeiten eines Herstellers von Waren oder eines Erbringers von Dienstleistungen in Sendungen gegen Entgelt oder eine ähnliche Gegenleistung mit dem Ziel der Absatzförderung. Die kostenlose Bereitstellung von Waren oder Dienstleistungen ist Produktplatzierung, sofern die betreffende Ware oder Dienstleistung von bedeutendem Wert ist (§ 2 Abs. 2 Nr. 11 RStV).

138 Gem. § 46 S. 1 RStV erlassen die Landesmedienanstalten gemeinsame Richtlinien zur Durchführung der §§ 7, 7a, 8, 8a, 44, 45 und 45a RStV.

139 § 7 Abs. 3 RStV.

140 Gem. Legaldefinition des § 2 Abs. 2 Nr. 8 RStV ist Schleichwerbung die Erwähnung oder Darstellung von Waren, Dienstleistungen, Namen, Marken oder Tätigkeiten eines Herstellers von Waren oder eines Erbringers von Dienstleistungen in Sendungen, wenn sie vom Veranstalter absichtlich zu Werbezwecken vorgesehen ist und mangels Kennzeichnung die Allgemeinheit hinsichtlich des eigentlichen Zwecks dieser Erwähnung oder Darstellung irreführen kann. Eine Erwähnung oder Darstellung gilt insbesondere dann als zu Werbezwecken beabsichtigt, wenn sie gegen Entgelt oder eine ähnliche Gegenleistung erfolgt.

141 § 7 Abs. 7 RStV.

142 Voraussetzung für die wirksame Pauschalierung von Schadensersatzansprüchen in AGB ist, dass dem Grunde nach eine Schadensersatzpflicht besteht; vgl. Palandt/*Grüneberg* § 309 R. 24 m.N.

143 Vgl. *Castendyk* ZUM 2007, 169, 172 m.N.

drückliche Gestattung des Nachweises, wie sie § 309 Nr. 5 lit. b BGB für die Wirksamkeit einer Klausel vorsieht, ist unter Unternehmern nicht erforderlich.[144]

4.9 Sonstiges

Im Auftragsproduktionsvertrag finden sich über die bereits erwähnten Regelungen hinaus noch – je nach Sendeunternehmen – eine Vielzahl von weiteren Regelungen, wie z.B. zur Lieferung von Pressematerial, zum Abnahmeprozedere, zu Rücktritts- und Kündigungsmöglichkeiten für das auftraggebende Sendeunternehmen oder Optionsregelungen[145] zugunsten des Sendeunternehmens. **104**

Auch hier dürften einige der vorformulierten Klauseln einer Überprüfung vor Gericht nicht standhalten.[146] **105**

4.10 Besonderheiten der Auftragsproduktionsverträge des ZDF

Das Zweite Deutsche Fernsehen (**ZDF**) gibt dem Produzenten im Produktionsvertrag regelmäßig vor, welche Verträge er mit den Urhebern und Mitwirkenden (z.B. Darstellern) abzuschließen hat, insbesondere ob ein sog. **Wiederholungshonorar** zu vereinbaren ist und/oder ob ein **Erlösbeteiligungsanspruch** gegeben sein soll, und verpflichtet den Produzenten dazu, Formulare des ZDF zu verwenden. Über die Konstruktion des Schuldbeitritts bemühen sich Produzent und ZDF darum, eine Grundlage dafür zu schaffen, dass Wiederholungshonorare und Erlösbeteiligungen direkt vom ZDF an die Berechtigten gezahlt werden können. **106**

IV. Der Buchentwicklungsvertrag

1. Einführung

Der sog. **Buchentwicklungsvertrag** kommt regelmäßig im fiktionalen Bereich vor (z.B. bei Spielfilmen, Serien) und ist eine „Vorstufe“ zum **Auftragsproduktionsvertrag**. Der Buchentwicklungsvertrag ist eine Vereinbarung zwischen einem Produzenten und einem Sendeunternehmen über die Herstellung eines **Drehbuchs**.[147] Auch hier bedienen sich die deutschen Sendeunternehmen regelmäßig **vorformulierter Vertragsbedingungen**. **107**

Zur Herstellung des Drehbuchs hat der Produzent einen im Vertrag bestimmten Autor zu verpflichten. Meist lässt sich das Sendeunternehmen bereits alle Rechte an dem Drehbuch und für eine künftige Produktion von dem Produzenten übertragen, während es die Zahlung von 50 % der Vertragssumme jedoch an die Verfilmung des Drehbuchs knüpft (die im Belieben des Sendeunternehmens steht). Kommt es später zwischen den Parteien zu einem Auftragsproduktionsvertrag über die Herstellung **108**

---

144 Vgl. Palandt/*Grüneberg* § 309 R. 32 m.N., auch im Verkehr zwischen Unternehmern ist § 309 Nr. 5 lit. b BGB gem. § 307 Abs. 1 und 2, § 310 Abs. 1 BGB grds. anwendbar, die ausdrückliche Gestattung des Gegenbeweises ist jedoch nicht erforderlich.

145 Vgl. *BGH* ZUM 2010, 427 zur Auslegung einer Optionsklausel.

146 Z.B. zu Klauseln von Sendeunternehmen, wonach bei Kündigung ohne besonderen Grund durch den Sender nur die erbrachten Leistungen des Produzenten vergütet werden, vgl. *BGH* 12.7.2007 – VII ZR 154/06.

147 Zur Rechtsnatur des Buchentwicklungsvertrags s. Ausführungen zum Auftragsproduktionsvertrag, Rn. 55 ff.

eines Films auf Basis des Drehbuchs, so stellt das Sendeunternehmen das Drehbuch bei.[148] Die Vergütungen aus dem Buchentwicklungsvertrag fließen meist in die Gesamtkalkulation für den Film ein und werden dann mit späteren Zahlungen verrechnet. Bei Verfilmung des Drehbuchs akzeptieren die Sendeunternehmen im Rahmen der (Gesamt)Produktionskostenkalkulation **Handlungsunkosten (HU)** und **Gewinn** nur auf 50 % der Vergütung für das Drehbuch. An Reisekosten des Produzenten oder des Autors oder an sonstigen Kosten, die beim Produzenten im Zusammenhang mit der Erstellung des Drehbuchs anfallen, beteiligen sich die auftraggebenden Sender in aller Regel nicht und halten das meist auch ausdrücklich im Buchentwicklungsvertrag fest.

109 Wenn der Produzent bereits im Buchentwicklungsvertrag dem Sender alle (Nutzungs-)Rechte an dem herzustellenden Drehbuch einräumt/überträgt, so sollte er wenigstens eine sog. **Produzentenbindung** erhalten, um sicher zu stellen, dass auch er (und nicht ein Dritter) mit der Verfilmung des Buchs beauftragt wird. Die Aufnahme einer Produzentenbindung empfiehlt sich aus Produzentensicht schon deshalb, weil die vom Sendeunternehmen zu zahlende Vergütung für die Herstellung des Drehbuchs sehr häufig dem Honorar entspricht oder sogar hinter dem Honorar zurückbleibt, das der Produzent dem Autor bezahlt. Der Produzent investiert, um später einen Produktionsauftrag zu erhalten. Erhielte nun aber statt des Produzenten ein Dritter den Produktionsauftrag, so ginge die ohnehin schon risikoreiche Rechnung (denn nicht jedes Drehbuch wird verfilmt) des Produzenten nicht auf.

2. Filmförderung

110 Im Buchentwicklungsvertrag finden sich manchmal bereits Regelungen dazu, dass sich die Parteien frühzeitig darüber abstimmen müssen, ob und in welchem Umfang bei Institutionen der regionalen, nationalen oder/und europäischen **Filmförderung**[149] Anträge in Zusammenhang mit der Durchführung der Produktion gestellt werden.

3. Bankgarantie

111 Häufig regeln die Sendeunternehmen bereits im Entwicklungsvertrag, dass der Produzent im Falle der Verfilmung eine **Bankgarantie** zur Absicherung etwaiger Rückzahlungsansprüche des Senders vorzulegen hat.[150]

4. Praxis-Muster „Rechtegarantie“

112 Auch eine **Rechtegarantieklausel** ist im Buchentwicklungsvertrag zu finden.

113 Nachfolgend ein Beispiel für die Klausel eines privaten Sendeunternehmens:

Praxis-Muster „Rechtegarantie“:

(1) Der Produzent garantiert hiermit

– dass er die für die Bearbeitung, Verfilmung und unbegrenzte Auswertung des Werkes nach diesem Vertrag erforderlichen Rechte erworben hat bzw. mit ihrer Entstehung erwerben wird,

---

148 Zu Beistellungen s.o. Rn. 66.

149 Vgl. dazu 15. Kap. Rn. 96 ff.

150 Zur Bürgschaft s.o. Rn. 70 ff.

- dass das Werk keinerlei Anspielungen auf Personen, Firmen oder Ereignisse enthält, die der Sender nicht schriftlich genehmigt hat,
- dass an dem Werk und an den Vorarbeiten hierzu ohne das Wissen des Senders kein Dritter mitgearbeitet hat,
- dass auch sonstige Rechte Dritter nicht verletzt werden.

(2) Der Produzent verpflichtet sich, dem Sender zum Nachweis aller Rechte seine Verträge mit den Autoren vorzulegen.

(3) Der Produzent verpflichtet sich, den Sender von allen Ansprüchen auf erste Anforderung freizustellen, die von Dritten im Zusammenhang mit diesem Vertrag aufgrund einer Vertragsverletzung des Produzenten gegen den Sender geltend gemacht werden. Weitergehende Ansprüche des Senders bleiben unberührt.

5. Jugendschutz

Sehr häufig wird auch schon im Buchentwicklungsvertrag der **Jugendschutz**[151] thematisiert: Der Produzent hat zu garantieren, dass das Drehbuch z.B. als Grundlage für ein primetime-fähiges Produkt geeignet ist und eine darauf basierende Produktion im Fall der Vorlage bei der **FSK** bzw. **FSF** die Bescheinigung „FSK 12" erhält. Ob im Falle der Verfilmung die auf einem Drehbuch basierende Filmproduktion im Ergebnis aber tatsächlich die Bescheinigung „FSK 12" erhält, hängt nicht allein vom Inhalt des Drehbuchs ab, sondern wesentlich von der Umsetzung des Drehbuchs. Die Umsetzung erfolgt aber immer nach den Vorgaben des Senders. Daher kann der Produzent, der zu dem Zeitpunkt, zu dem er die Garantie abgeben soll, noch nicht einmal weiß, ob er überhaupt mit der Verfilmung beauftragt wird,[152] eine Garantie für die Erlangung der FSK 12-Bescheinigung regelmäßig nicht geben. **114**

6. Sonstiges

Seit einiger Zeit wird der Produzent von einigen privaten Sendeunternehmen dazu verpflichtet, im Drehbuchvertrag mit dem Autor eine Klausel aufzunehmen, wonach die Durchsetzung von Ansprüchen des Autors im Wege der Unterlassungsklage und des einstweiligen Rechtsschutzes ausgeschlossen ist. Die Geltendmachung von Rechtsschutz gegen **gröbliche Entstellung**[153] und zur Wahrung des Veröffentlichungsrechts soll von einer solchen Regelung jedoch unberührt bleiben.[154] Auch diese Klausel des Entwicklungsvertrags führt jedoch eher zu Missverständnissen als zu einer Erhöhung der Sicherheit für das Sendeunternehmen. Denn, ob ein solcher Klageverzicht mit dem Autor rechtswirksam vereinbart werden kann, darf insbesondere unter dem Gesichtspunkt der Sittenwidrigkeit bezweifelt werden.[155] **115**

151 Dazu s.o. Rn. 84 ff.

152 Vielleicht wird ja auch ein Dritter mit der Verfilmung beauftragt.

153 Zum Thema „gröbliche Entstellung" s. Dreier/Schulze/*Schulze* § 93 Rn. 4 ff, § 39 Rn. 27.

154 Hier scheint der Formulierungsempfehlung von Anselm Grün gefolgt zu werden, *Grün* ZUM 2004, 733, 739.

155 Dabei ist u.a. auch zu berücksichtigen, dass sich Produzenten meist vorformulierter Vertragsbedingungen für ihre Autorenverträge bedienen.

V. Der Koproduktionsvertrag

116 Die **Koproduktion** zeichnet sich dadurch aus, dass an der Herstellung der Produktion anstelle nur eines Produzenten mehrere Produzenten beteiligt sind, die das wirtschaftliche Risiko gemeinsam tragen. In der Praxis findet man sog. **intern-deutsche Gemeinschaftsproduktionen** oder **internationale Koproduktionen**[156] bei sehr teuren und/oder internationalen Filmvorhaben, insbesondere auch dann, wenn beabsichtigt ist, in mehreren Ländern **Filmförderung** zu beantragen.

117 Im **Koproduktionsvertrag** regeln die Produzenten ihr Verhältnis zueinander, das Produktionsvorhaben, Gewinn- und Verlustverteilung, Einlagen, Auflösung etc. Von einem der Partner bereits erworbene Nutzungs- und Leistungsschutzrechte (z.B. Buchrechte) sind regelmäßig in die Gemeinschaftsproduktion einzubringen. Typischerweise bestimmen die Koproduktionspartner, dass alle für die Herstellung der Produktion wesentlichen Entscheidungen gemeinsam getroffen und umgesetzt werden müssen und dass ihnen die Nutzungs- und Leistungsschutzrechte an der Produktion sowie das Eigentum am Filmmaterial/-negativ gemeinschaftlich zustehen. Diese Koproduzenten werden **Filmhersteller** in Gesamthandbindung, rechtlich sind sie in der Regel als **Gesellschaft bürgerlichen Rechts** i.S.d. §§ 705 ff. BGB zu qualifizieren.[157] Möglich ist auch, dass die Koproduktionspartner zur Herstellung der Produktion eine Personenhandelsgesellschaft (OHG, KG) oder eine Kapitalgesellschaft (z.B. GmbH) gründen.

118 Häufig vereinbaren die Koproduktionspartner, dass einer der Partner als sog. **ausführender** oder **federführender Produzent** zur Geschäftsführung und Vertretung der Koproduktionsgesellschaft berechtigt ist. Für die Zeit nach Fertigstellung der Produktion ist eine Aufteilung der Nutzungsrechte, z.B. nach Nutzungsarten oder nach Gebieten, etwa bei internationalen Koproduktionen nicht ungewöhnlich.

119 Erschöpft sich die Beteiligung eines der Vertragspartner jedoch in einer bloßen finanziellen Unterstützung der Produktion, so ist dieser nicht als (Ko)Produzent zu qualifizieren. Es handelt sich dann nicht um eine Koproduktion, sondern um eine **Co-Finanzierung**. Werden dem co-finanzierenden Vertragspartner Nutzungsrechte eingeräumt, so handelt es sich dabei grds. um einen **Lizenzvertrag**.[158]

---

156 Vgl. Dreier/Schulze/*Schulze* Vor § 31 Rn. 292.
157 Vgl. dazu Schricker/Loewenheim/*Katzenberger/Reber* Vor §§ 88 ff. Rn. 36.
158 Zum Lizenzvertrag s.o. Rn. 4 ff.

VI. Vereinbarungen über Fernsehshowformate

1. Der Begriff des Fernsehshowformats[159]

Unabhängig von der Frage, ob in Deutschland ein rechtlicher Schutz[160] für sie besteht und ungeachtet ihrer rechtlichen Einordnung,[161] gibt es sowohl in Deutschland als auch außerhalb Deutschlands jedenfalls einen Markt für sog. **Fernsehshowformate**.[162] **120**

Mit **Format** ist in der Regel das einer seriell angelegten Fernsehshow zugrunde liegende Konzept mit seinen immer wiederkehrenden Gestaltungselementen gemeint, nämlich die Gesamtheit aller charakteristischen Merkmale, die geeignet sind, auch Folgen der Show ungeachtet ihres jeweils unterschiedlichen Inhalts als Grundstruktur zu prägen und damit zugleich dem Publikum zu ermöglichen, sie ohne weiteres als Teil einer Sendereihe zu erkennen.[163] Fiktionale Serien werden darunter meist nicht verstanden. Ein Beispiel für ein sehr bekanntes, weltweit erfolgreiches Fernsehshowformat ist die Quizshow „Wer wird Millionär" (Originaltitel „Who wants to be a Millionaire?"). **121**

Fernsehshowformate sind Gegenstand von **Lizenzverträgen**[164] oder **Optionsverträgen**.[165] Häufig geht es den Lizenznehmern beim Erwerb von Formaten nicht nur um das Fernshowformat an sich (ggf. in einer für den Zielmarkt geeigneten Adaption) und das Recht, einen bestimmten Titel, bestimmte Logos, bestimmte Musik etc. nutzen zu dürfen, sondern auch um den Erwerb von (Produktions-)Know-How und den Zugang zu Informationen, wie z.B. Daten über Produktionsbudgets, Marktforschungsergebnisse oder bei Ausstrahlung erreichte Marktanteile.[166] Ein Muster für ein Deal Memo, wie es im internationalen Fernsehformathandel genutzt wird, ist unter Rn. 132 abgedruckt. **122**

2. Der Optionsvertrag

Im sog. **Optionsvertrag**[167] regeln die Parteien meist gegen Entgelt (sog. **Optionsgebühr**) die Einräumung einer exklusiven Option für eine bestimmte Zeit und für ein bestimmtes Gebiet auf den Erwerb von bestimmten Nutzungsrechten an dem betreffenden Fernsehshowformat. Dabei kann zwischen der sog. **echten Optionsabrede** oder **123**

---

159 S. dazu 26. Kap. Rn. 77 f.; vgl. *BGH* 26.6.2003 - I ZR 176/01.

160 In Betracht kommen ein urheberrechtlicher Schutz nach dem UrhG sowie ergänzend wettbewerbsrechtlicher Leistungsschutz nach dem UWG; s. dazu *Heineklein/Fey* GRURInt 2004, 378, 381.

161 Vgl. *BGH* ZUM 2003, 771, 773. Der BGH verneinte die Frage, ob ein Format für eine Fernsehshow ein Werk i.S.d. Urheberrechts sein kann: „Ein solches Sendeformat ist unabhängig von der schöpferischen Leistung, auf der es beruht, nicht urheberrechtlich schutzfähig. Ein Werk i.S.d. § 2 UrhG und damit Gegenstand des Urheberrechtsschutzes kann aber nur sein das Ergebnis der schöpferischen Formung eines bestimmten Stoffs. Daran fehlt es bei einer vom Inhalt losgelösten bloßen Anleitung zur Formgestaltung gleichartiger anderer Stoffe, mag diese auch ein individuell erarbeitetes, ins Einzelne gehendes und eigenartiges Leistungsergebnis sein.

162 Vgl. dazu *Heinkelein/Fey* GRURInt 2004, 378 ff.; *Lantzsch* Ziff. 3.3.1.

163 *BGH* 26.6.2003 - I ZR 176/01.

164 Zum Lizenzvertrag s.o. Rn. 4 ff.

165 S. Rn. 123 ff.

166 Vgl. dazu *Lantzsch* Ziff. 3.3.2.

167 Optionsverträge sind nicht nur im Zusammenhang mit Fernsehshowformaten üblich. Möglich sind Optionsabreden betr. die Einräumung von Nutzungsrechten an Werken aller Art (z.B. die Option auf Verfilmung eines Romans); vgl. auch Palandt/*Ellenberger* Einf. Vor § 145 Rn. 23; *Brauneck/Brauner* ZUM 2006, 513; *BGH* ZUM 2010, 427.

auch **qualifizierten Option**[168] einerseits und der **unechten Optionsabrede**[169] andererseits unterschieden werden.

124 Bei der echten Optionsabrede sind die Essentialia des durch Ausübung der Option herbeizuführenden Vertrags bereits festgelegt, so dass bei Ausübung der Option nicht lediglich ein Anspruch auf Vertragsabschluss besteht, sondern durch einseitige Erklärung unmittelbar ein Vertrag zustande kommt.[170]

125 Erfüllt der Optionsvertrag diese Bestimmtheitserfordernisse nicht, so liegt eine unechte Optionsabrede vor. Die Ausübung der unechten Option bezweckt dann, Verhandlungen der Parteien auf Abschluss eines Vertrages bzw. ein Erstanbietungsrecht[171] zugunsten des Optionsnehmers herbeizuführen. Umstritten ist, ob für den Optionsgeber bei Optionsausübung Abschlusszwang (zu angemessenen Bedingungen) besteht. Nach herrschender Meinung ist der Optionsgeber jedoch nicht verpflichtet, mit dem Optionsnehmer einen Vertrag abzuschließen: Er darf mit einem Dritten einen Vertrag schließen, allerdings nur zu für ihn (den Optionsgeber) günstigeren Bedingungen.[172]

126 Der Sinn einer Optionsabrede besteht vor allem darin, dem Optionsnehmer eine gegenüber Dritten bevorrechtigte Stellung einzuräumen und sicherzustellen, dass der Optionsgeber während der Optionszeit (die in der Regel zwischen 3 Monaten und 1 Jahr liegt[173]) nicht anderweitig über die vom Optionsnehmer optionierten Rechte verfügt.

127 Häufig werden dem Optionsnehmer aber auch schon für die Dauer der Optionszeit bestimmte Rechte eingeräumt oder Verpflichtungen auferlegt: So erhält der Optionsnehmer, wenn er Produzent ist, z.B. das Recht, das Format innerhalb der Optionszeit bei bestimmten Sendern präsentieren zu können, um einen Produktionsauftrag zu erhalten. Je nach Vereinbarung kann sogar die Herstellung eines **Piloten**,[174] z.B. zu Marktforschungszwecken, zulässig sein. Nicht selten sind darüber hinaus vertragsstrafebewehrte Geheimhaltungsverpflichtungen betreffend das Format, seine Bestandteile sowie etwa überlassene Unterlagen und Informationen, die (gerade) auch über das Ende der Optionszeit hinaus fortgelten.

128 Wird die echte Option innerhalb der Optionsfrist ordnungsgemäß ausgeübt, so erwirbt der Lizenznehmer die im Vertrag definierten Rechte, insbesondere das Recht zur Herstellung und Auswertung von Fernsehproduktionen in einer bestimmten Länge auf Grundlage des vertragsgegenständlichen Fernsehshowformats gegen Zah-

---

168 Die echte Optionsabrede wird teilweise auch bezeichnet als „Optionsvertrag im engeren Sinn" oder „absoluter Optionsvertrag", vgl. dazu *Brauneck/Brauner* ZUM 2006, 513, 516.

169 Die unechte Optionsabrede wird auch als „relativer" oder „einfacher Optionsvertrag" oder auch als „Optionsvertrag im weiteren Sinn" bezeichnet, vgl. *Brauneck/Brauner* ZUM 2006, 513, 516m.N.

170 Zur Auslegung einer Optionsklausel s. *BGH* ZUM 2010, 427.

171 Zur Rechtsposition des Optionsberechtigten bei der unechten Optionsabrede vgl. *Brauneck/Brauner* ZUM 2006, 513, 516ff.

172 Str. vgl. Schricker/Loewenheim/*Peukert* § 40 Rn. 17.

173 Ggf. mit Verlängerungsmöglichkeit.

174 Bei TV-Produktionen, die auf Serie angelegt sind, geben Fernsehsender, um ihr wirtschaftliches Risiko so gering wie möglich zu halten, häufig zunächst nur einen „Piloten" bzw. eine „Pilotsendung" als eine Art Prototyp in Auftrag, bevor sie dann ggf. in einem zweiten Schritt den Auftrag zur Herstellung einer ganzen Staffel mit zahlreichen Folgen erteilen. Piloten werden häufig zum Zwecke der Marktforschung verwendet, teilweise werden Piloten auch zu Testzwecken oder als erste Folge einer Serie/Staffel ausgestrahlt, s. auch *Karstens/Schütte* Kap. 7 (Glossar) S. 425 zur Definition des Begriffs.

lung der meist pro Folge festgelegte Lizenzvergütung. Häufig wird zugunsten des Lizenzgebers eine Mindestzahl von vom Lizenznehmer zu produzierenden Folgen vereinbart. Es werden darüber hinaus auch oft Vereinbarungen darüber getroffen, welches Material der Lizenzgeber dem Lizenznehmer zur Verfügung stellt (z.B. eine sog. Produktionsbibel, Marktforschungsergebnisse, Informationen über in anderen Ländern erreichte Ausstrahlungsquoten). Geregelt werden u.a. auch Fragen des zu benutzenden Titels und/oder Logos, der Nennungsverpflichtungen und der Genehmigungspflicht bei Änderungen des Fernsehshowformats.

3. Das Deal Memo

3.1 Einführung

Es ist im internationalen Geschäftsverkehr üblich, sog. **Deal Memos** (Lizenzverträge 129
in Kurzform) in englischer Sprache, z.B. über die Lizenzierung von Fernsehshowformaten, abzuschließen.[175] Im Deal Memo müssen die wesentlichen Vertragspunkte enthalten sein, damit ein wirksamer **Lizenzvertrag**[176] zustande kommt.

Wollen die Parteien hingegen lediglich eine unverbindliche Absichtserklärung formu- 130
lieren, so bedienen sie sich nicht nur im internationalen Geschäftsverkehr, sondern immer öfter auch innerhalb Deutschlands eines sog. **Letter of Intent** oder eines **Memorandum of Understanding**.

Ob ein verbindlicher Vertrag vorliegt oder nicht, bestimmt sich nach dem Willen der 131
Parteien. Der Parteiwille ist jedoch nicht allein der Überschrift eines Dokuments zu entnehmen, sondern ergibt sich (ggf. durch Auslegung) aus dessen Inhalt.

3.2 Praxis-Muster „Deal Memo"

Das nachfolgende Muster ist zweisprachig (englisch-deutsch) formuliert und zeigt, wie 132
ein Deal Memo aussehen kann.

Muster

DEAL MEMO
(Format Production and Broadcast License Deal Memo)

Date: April 07, 2010

	Parties:	Parteien:	
	Licensor	Lizenzgeber/in	Golden Television Formats Ltd., USA
	Licensee	Lizenznehmer/in	Schönbild TV-Produktion GmbH, Deutschland

175 Vgl. dazu *BGH* 21.1.2010 - I ZR 176/07; zur Rechtsnatur Limper/Musiol/*Ferver* Kap. 4 Rn. 19 ff.
176 Vgl. Ausführungen zum Lizenzvertrag, Rn. 4 ff.

	Terms and Conditions:	**Vereinbarungen:**	
1.	International Format Title	Internationaler Titel des Formats	„Don't drink and drive“
2.	German Title of Program	Deutscher Titel der TV-Produktion (Sendetitel)	„Nachdenken statt Nachschenken“
3.	Producer of Program	Produzent/in	Licensee/Lizenznehmer/in
4.	Series	Staffel	4
5.	Number of Episodes	Folgenzahl	13
6.	Duration of each Episode (net.)	Netto-Folgenlänge	48 minutes/Minuten (max.)
7.	Broadcaster	Sender	RTL
8.	Genre	Genre	Entertainment/Unterhaltung
9.	Territory	Lizenzgebiet	**Exclusive/Ausschließlich:** Germany/Deutschland, Austria/Österreich; **Non-exclusive/Nicht-ausschließlich:** German Speaking Switzerland/deutsch-sprachige Schweiz, Luxembourg/Luxemburg, Liechtenstein, Alto Adige/Südtirol;
10.	License Period	Lizenzzeit	Oct. 1, 2010 – Dec. 31, 2012
11.	Production Period	Produktionszeitraum	Sept. – Dec., 2010
12.	Transmission Period (First Run)	Erstausstrahlungszeitraum	Nov., 2010 – March, 2011
13.	Rights	Rechte	– The **right to produce** the Program based on the Format within the Production Period/Das Recht zur Herstellung der TV-Produktion auf Grundlage des Formats – The **broadcasting right** (Free TV)/Das Senderecht (Free TV)
14.	Number of Runs	Zahl der Ausstrahlungen	3 (three) runs including 1 (one) rerun within 72 (seventy-two) hours of each run/3 (drei) selbständige Ausstrahlungen sowie jeweils 1 (eine) unselbständige Wiederholung innerhalb von 72 Stunden nach selbständiger Ausstrahlung

15.	TV License Fee per Episode (net.)	Lizenzvergütung (netto) pro Folge	5 000,00 EUR (Euro five thousand) (Euro Fünftausend)
16.	Total TV License Fee (net.)	Gesamtlizenz-vergütung (netto)	65 000,00 EUR (Euro sixty-five thousand) (Euro Fünfundsechzigtausend)
17.	Payment Terms of Total TV License Fee	Fälligkeit der Gesamtlizenz-vergütung	Upon signature of this Deal Memo/ Bei Unterzeichnung dieses Deal Memos.
18.	Consultancy	Beratung	---
19.	Consultancy Fee	Beratungs-vergütung	---
20.	Credits (in translation and adaptation)	Abspann-Nennung	„Based on an idea by Carla Clear and Golden Television Formats Ltd. Produced by Schönbild TV-Produktion GmbH by order of RTL © 2010“ (in German translation). / Nach einer Idee von Carla Clear und Golden Television Formats Ltd. Eine Produktion von Schönbild TV-Produktion GmbH im Auftrag von RTL © 2010“ (in deutscher Übersetzung).
21.	Applicable Law	Anwendbares Recht	This Deal Memo shall be governed by the laws of Germany./ Auf dieses Deal Memo findet deutsches Recht Anwendung.
22.	Place of Jurisdiction	Gerichtsstand	Cologne, Germany. (Köln, Deutschland)
23.	Specials/ Comments	Sonstiges	Licensee is under no obligation whatsoever to make use of any of the rights granted by Licensor. / Der Lizenznehmer ist nicht zur Nutzung der eingeräumten Rechte verpflichtet.

Signed in twofold on the date set out above by:		Unterzeichnet in zweifacher Ausführung zum oben genannten Datum
Golden Television Formats Ltd., USA		Schönbild TV-Produktion GmbH, Deutschland

32. Kapitel
Musikrecht

Literatur: *Alpert* Zum Werk- und Werkteilbegriff bei elektronischen Musik-Tracks, Basslines, Beats, Sounds, Samples, Remixes und DJ-Sets, ZUM 2002, 525; *Baierle* Der Musikverlag, 2009; *Dreier/Schulze* Urheberrechtsgesetz, Urheberrechtswahrnehmungsgesetz, Kunsturhebergesetz, 5. Aufl. 2015; *Dreyer/Kotthoff/Meckel* Urheberrecht, 3. Aufl. 2013; *Fromm/Nordemann* Urheberrecht, 11. Aufl. 2014; *Gorscak* Der Verlagsvertrag über U-Musik, 2003; *Hertin* Das Musikzitat im deutschen Urheberrecht, GRUR 1984, 159; *Homann* Praxis-Handbuch Musikrecht, 2007; *Kreile/Becker/Riesenhuber (Hrsg.)* Recht und Praxis der GEMA, 2. Aufl. 2008; *Limper* Reihe Lizenzen: Thema Urheberrecht, Aktuelle Entwicklungen – Teil I, IPRB 2013, 115 und Teil II, IPRB 2013, 140; *Limper/Lücke* Management in der Musikwirtschaft, 2013; *Limper/Meyer* Musikrecht, in: Limper/Musiol (Hrsg.), Handbuch des Fachanwalts Urheber- und Medienrecht, 2. Aufl. 2017; *dies.* Formularbuch des Fachanwalts Urheber- und Medienrecht, 2015; *Loewenheim (Hrsg.)* Handbuch des Urheberrechts, 2. Aufl. 2010; *Moser/Scheuermann (Hrsg.)* Handbuch der Musikwirtschaft, 6. Aufl. 2003; *Sasse/Waldhausen* Musikverwertung im Internet und deren vertragliche Gestaltung – MP3, Streaming, Webcast, On-demand-Service etc., ZUM 2000, 837; *Schack* Urheber- und Urhebervertragsrecht, 7. Aufl. 2015; *Schricker* Verlagsrecht, 3. Aufl. 2001; *Schricker/Loewenheim (Hrsg.)* Urheberrecht, 5. Aufl. 2017; *Staudt* Die Rechteübertragungen im Berechtigungsvertrag der GEMA, 2006; *Wandtke/Bullinger (Hrsg.)* Praxiskommentar zum Urheberrecht, 4. Aufl. 2014.

A. Einleitung

Musik wird allenthalben konsumiert. Ob man will oder nicht, an nahezu allen Orten und zu fast jeder Zeit hören wir Musik. Dem Konsumenten sind dabei, wenn er nicht gerade selbst in der Branche tätig ist, meist weder das Potential der kommerziellen Verwertung und die Bedeutung von „Musik" als Wirtschaftsfaktor noch die Vielzahl der am Musikgeschäft Beteiligten und die Komplexität ihrer Rechtsbeziehungen gegenwärtig. Wer Musik anderer hört oder anderweitig nutzt, dem ist oftmals auch nicht bewusst oder vielleicht gleichgültig, wenn hierbei oder schon bei der Schaffung oder Bereitstellung der Musik die Rechte der Beteiligten, etwa von Komponisten, Musikern, Musikverlagen und/oder Plattenfirmen, verletzt werden. 1

I. Musik, Musikwirtschaft und Musikvertragsrecht

Musik besteht zunächst aus einer Komposition, mit der ggf. ein Liedtext verbunden ist. Wenn das Musikstück komponiert und der Text geschrieben sind, kann das Werk in unterschiedlicher Weise **kommerziell verwertet** werden. Es kann bspw. auf (Noten-)Papier gedruckt und sodann in dieser Form vervielfältigt und vertrieben werden. Insbesondere können musikalische Werke von ausübenden Künstlern (Musikern, Sängern) interpretiert, d. h. akustisch wahrnehmbar gemacht, etwa in einem Tonstudio eingespielt oder im Rahmen eines Konzerts aufgeführt werden. Eine solche akustische Wahrnehmbarmachung wiederum kann als Aufnahme auf Tonträgern (z. B. CD, 2

DVD) gespeichert werden, sodann als solche – und damit zugleich das betreffende Musik-/Sprachwerk – unzählige Male vervielfältigt und beliebig oft in verschiedener Weise wiedergegeben werden, etwa im Radio gesendet, in Diskotheken, Bars oder Kaufhäusern gespielt, im Internet (als Download oder Stream) abgerufen oder zur Untermalung von Bewegtbildern (z. B. Film, Sportclips, Werbespots) oder Hörsendungen oder als Klingelton eingesetzt werden. Eben die Fixierung der Musikaufnahme auf Tonträgern, deren massenhafte Vervielfältigung und vielfältige Nutzung, mit der gleichzeitig eine Vervielfältigung und Nutzung des zugrunde liegenden Musik-/Sprachwerks verbunden ist, sowie weitere Formen der Verwertung wie die Aufführung von Musik-/Sprachwerken stellen die Grundvoraussetzung für das Wirtschaften der Musikindustrie dar.

3 Der **Gesamtumsatz des deutschen Musikmarktes** hat sich seit den 2000er Jahren rückläufig entwickelt. Während einzelne Bereiche der Musikwirtschaft wie das Verlagsgeschäft stabil geblieben sind oder wie das Veranstaltungs- bzw. Live-Geschäft (Konzerte und Tourneen) oder das Geschäft mit Lizenzeinnahmen aus der Verwendung von Musik in TV, Film, Games und Werbung (Synchronisation) stark zugelegt haben, ist von dem Umsatzrückgang insbesondere der Musikverkauf betroffen gewesen. 2015 hat der deutsche Musikmarkt deutlich zugelegt: Ein Wachstum von 4,6 % hat für rund 1,55 Mrd. EUR Gesamtumsatz gesorgt. Verantwortlich für diesen Schub sind die Streaming Subscriptions mit einem Plus von 106 %. Wichtigste Umsatzsäule des Marktes bleibt die CD bei einem Marktanteil von 60,8 %.[1]

1. Veränderungen im Musikgeschäft

4 Die Digitalisierung und insbesondere die Möglichkeit, Musik im Internet „unbegrenzt" direkt zu vermarkten, zu vertreiben und zu veräußern, haben zu vielfältigen Veränderungen im Musikgeschäft geführt.

5 Eine Entwicklung ist bspw., dass **Tonträgerunternehmen** in Anbetracht des drastischen Umsatzrückgangs beim Verkauf physischer Tonträger in den zurückliegenden Jahren versuchen, **weitere Einnahmequellen** zu erschließen. Die Labels vertreten dabei die Ansicht, dass sie nicht nur die Tonaufnahmen der Künstler produzieren und vermarkten, sondern auch das Image bzw. die „Marke" der Künstler (mit-)aufbauen und (mit-)entwickeln. Hintergrund ist, dass Künstler mit ihrem Image bzw. ihrer Marke in der Öffentlichkeit zunehmend als Werbeträger für Markenartikler auftreten und dadurch zusätzliche Einnahmen neben den aus dem eigentlichen Musikgeschäft erzielen (können). Hieran wollen die Tonträgerunternehmen teilhaben. Entstanden sind daraus die sog. **360-Grad-Deals**. Darunter versteht man entweder die umfassende Vermarktung (**active interest**) eines Künstlers durch ein einziges integratives (Medien-)Unternehmen in allen Wertschöpfungsketten – von der Musikaufnahme über die Tournee sowie das Merchandising bis hin zu Verlagsrechten und Werbeverträgen mit Markenartiklern – oder die Beteiligung des Labels an den Einnahmen des Künstlers (**passive interest**), die er außerhalb des Tonträgergeschäfts in anderen Bereichen erzielt.

6 Im Bereich der **Musikvermarktung, dem Musikvertrieb und -handel** hat sich mit der Möglichkeit, Musik digital im Internet zu verbreiten und abzusetzen, eine Reihe unterschiedlicher neuer Wertschöpfungsmodelle herausbilden lassen. Ein solches ist

1 Www.musikindustrie.de/umsatz/.

etwa das **„Merchant-Modell"**, bei dem der Konsument legal per Download à la carte Einzeltracks oder Bundles käuflich in einem Onlineshop (z. B. iTunes, Musicload, Amazon Music) erwirbt. Andere Wertschöpfungsmodelle sind bspw. **Streaming-Dienste**, die sowohl reine Audio- als auch Video-Streamings anbieten. Diese Angebote sind entweder werbefinanziert (Advertising-Modell) und damit für den Hörer kostenlos oder im Rahmen eines Abonnements (Subscription-Modell) werbefrei und für den Hörer kostenpflichtig.

Eine weitere Entwicklung geht dahin, dass Kreative (Komponisten, Textdichter, Interpreten) mitunter nach dem Do-it-yourself-(DIY)Prinzip zur **Selbstproduktion und Selbstvermarktung** ihrer Musik übergehen. So nehmen Künstler selbst ihre Musik und Musikvideos mithilfe sich laufend verbessernder Produktionsvoraussetzungen und -möglichkeiten auf, vermarkten, vertreiben und veräußern ihre Aufnahmen über eigene Seiten oder (Vertriebs-)Plattformen im Netz und organisieren ihre Konzerte, ohne jeweils die klassischen Verwerter (Musikverlage, Tonträgerunternehmen, Vertriebsfirmen, Händler, Konzertveranstalter) in Anspruch zu nehmen. Dabei kommt es vor, dass Künstler zunächst nur durch die Nutzung des Internet als Kommunikations- und Sendeplattform und den Netzwerkeffekt bzw. das Schwarmverhalten der Internetnutzer zu „(Internet-)Stars" werden und erst dadurch die Musikindustrie auf sie aufmerksam wird. Selbstproduktion und Selbstvermarktung spielen in der Musikwirtschaft bzw. in der Praxis der Musikverwertung allerdings **nur** eine **untergeordnete Rolle**. 7

Hinsichtlich der **Finanzierung von Musikprojekten**, z. B. der Aufnahme eines neuen Albums oder der Veranstaltung einer Tournee, entstehen Modelle, die sich von den traditionellen Finanzierungsstrukturen unterscheiden. Ein solches Finanzierungsmodell ist das **Crowdfunding**, dem sich insbesondere Kreative bedienen, um unabhängig von Musikverlagen, Schallplatten- und Vertriebsfirmen, Konzertveranstaltern usw. agieren zu können.[2] Dabei handelt es sich um eine Methode der Beschaffung meist kleinerer, in Einzelfällen aber auch größerer Geldbeträge von vielen Unterstützern, Fans und Investoren, womit die Kosten für ein künstlerisches Projekt „eingesammelt" werden (sollen).[3] Im Gegenzug erhalten die Geldgeber eine Beteiligung am Verwertungserlös oder eine andere feststehende Gegenleistung. Das „Einsammeln" der Geldbeträge findet dabei in der Regel über das Internet auf speziell für solche Zwecke betriebenen Plattformen statt. Hierzulande ist das Modell des Crowdfunding zur Finanzierung von Musikprojekten allerdings **nicht sehr verbreitet**, und es bleibt abzuwarten, ob und inwieweit Crowdfunding sich als ein in Zukunft erfolgversprechendes Finanzierungsmodell erweist. 8

2. Beteiligte und ihre Rechtsbeziehungen

„Musik" als Gegenstand des Musik-Business zieht einen weiten Kreis von Personen, Unternehmen und Institutionen um sich, die in unterschiedlicher Weise an den mit „Musik" erzielten Einnahmen teilhaben und das Risiko eines Misserfolgs tragen. **Hauptakteure der Musikwirtschaft** sind zum einen die **Kreativen**: die Komponisten, Textdichter und Bearbeiter, die Musikwerke schaffen, sowie die ausübenden Künstler 9

2 S. auch *Limper/Lücke* S. 202 f.

3 Aufgrund des am 9.7.2015 verkündeten Kleinanlegerschutzgesetz (BGBl I S. 1114) unterliegt das Crowdfunding den Regelungen des Vermögensanlagengesetz (VermAnlG).

(Interpreten), also Musiker und Sänger sowie ggf. die künstlerischen Produzenten (Producer). Zum anderen sind es die Musikverlage, Tonträgerunternehmen bzw. -hersteller, Vertriebsfirmen, Rundfunksender, Filmproduzenten, Internetdiensteanbieter und -portalbetreiber, Konzertveranstalter, Verwertungsgesellschaften, Merchandisingunternehmen und Markenartikler. Hierbei handelt es sich um sog. **Verwerter**. Sie verwerten die ihnen originär zustehenden Rechte oder die ihnen eingeräumten oder übertragenen Nutzungsrechte entweder selbst oder nehmen diese dadurch wahr, dass sie Lizenzen zur Nutzung vergeben. Hinzu kommen (bloße) **Mittler/Dienstleister** (z.B. Manager, Agenten, Promotion- und Werbeagenturen) sowie **Berater** (etwa für Öffentlichkeitsarbeit und Styling) und Rechtsanwälte, die die Kreativen und Verwerter in vielfältigen (rechtlichen) Angelegenheiten beraten und vertreten.

10 Die **Rechtsbeziehungen** der Beteiligten zueinander sind **komplex**. Sie sind wesentlich geprägt durch vertragliche Vereinbarungen. Gegenstand solcher Verträge (zwischen Kreativen und Verwertern) ist in erster Linie die Einräumung und Übertragung von Nutzungsrechten, die den Musikurhebern und den Inhabern von Leistungsschutzrechten an ihren Werken bzw. hinsichtlich ihrer Leistungen nach dem Urheberrechtsgesetz zustehen, sowie die weiter gehende Auswertung dieser urheber- und leistungsschutzrechtlichen Nutzungsrechte durch die Verwerter. Insofern kann man von **Musikvertragsrecht als Teilbereich des Musikrechts** sprechen, wobei Musikvertragsrecht seinerseits eine besondere Ausprägung des Urhebervertragsrechts darstellt. Hierfür gelten primär die speziellen urhebervertragsrechtlichen Vorschriften (§§ 29 ff. UrhG sowie §§ 73 ff. mit einzelnen Verweisen auf urhebervertragsrechtliche Bestimmungen) und, falls es sich um Vereinbarungen zwischen Musikurhebern und Musikverlagen handelt, das Verlagsgesetz. Die (urhebervertragsrechtlichen) Regelungen sind allerdings lückenhaft und überwiegend disponibel. I.Ü. findet allgemeines zivilrechtliches Vertragsrecht Anwendung, dessen Normen aber ebenfalls weitgehend zur Disposition der Parteien stehen. Die Rechtsbeziehungen der Beteiligten sind insofern **wesentlich durch** die **Gestaltungspraxis bestimmt**.

II. Rechtsverletzungen und zivilrechtliche Verletzungsansprüche bei der Nutzung von „Musik“

11 Neben der Gestaltung und Durchführung von Verträgen spielen in der Praxis Rechtsverletzungen eine nicht unbedeutende Rolle. Dabei geht es um die weder vom Musikurheber, Leistungsschutzberechtigten und/oder Inhaber eines Nutzungsrechts erlaubte noch die ausnahmsweise gesetzlich zulässige Nutzung von Musik (vgl. §§ 44a ff. UrhG), sei es durch Endkonsumenten, die etwa in Internettauschbörsen illegal einzelne Titel oder ganze Alben hoch- oder herunterladen (Filesharing), sei es durch Kreative, die fremde Musik oder schutzfähige Elemente ohne Lizenz für eigene künstlerische oder kommerzielle Zwecke verwenden, z. B. indem sie die Musik im Sinne eines Plagiats übernehmen oder als Cover-Version neu einspielen oder im Rahmen eines Sampling oder Arrangements bearbeiten. In einer solchen Rechtsverletzung kann zugleich eine Vertragsverletzung liegen, wenn der Nutzer die Grenzen einer vertraglichen Nutzungserlaubnis überschreitet und bspw. das Musikwerk nicht, wie vom Musikurheber erlaubt, in der Originalfassung, sondern in bearbeiteter Form vervielfältigt und verbreitet. Im Einzelfall kann allerdings fraglich sein, ob die konkrete Nutzung zustimmungspflichtig oder zustimmungsfrei ist oder ob der Nutzer eine ggf.

bestehende Beschränkung der ihm erteilten (notwendigen) Erlaubnis eingehalten hat. Liegt eine Rechtsverletzung vor, stellt sich – unabhängig von etwaigen vertraglichen Ansprüchen – die Frage nach zivilrechtlichen Ansprüchen der Rechteinhaber gegenüber dem Rechtsverletzer sowie danach, wie solche Verletzungsansprüche geltend zu machen und durchzusetzen sind (vgl. §§ 97 ff. UrhG). Darüber hinaus kann die Rechtsverletzung straf- bzw. bußgeldbewehrt sein (vgl. §§ 106 ff. UrhG).

III. Gegenstand der Darstellung

Die Darstellung konzentriert sich auf die **Rechts- bzw. Vertragsbeziehungen im Rahmen der klassischen Vertragsmodelle**. Denn trotz der beschriebenen Veränderungen ist die musikwirtschaftliche Praxis nach wie vor durch diese Struktur geprägt. Dabei liegt der Fokus der Darstellung zum einen auf dem **Musikverlagsbereich und** zum anderen auf dem **Tonträgerbereich**, während das Veranstaltungs- bzw. Live-Geschäft sowie das Merchandisinggeschäft hier nicht behandelt werden können.[4] Verzichtet wird auch auf eine Darlegung der vertraglichen Beziehungen zwischen Musikurhebern bzw. Künstlern einerseits und Managern (Managementvertrag), Agenten oder weiteren Mittlern und Beratern andererseits. Rechtsbeziehungen und vertragliche Vereinbarungen zwischen mehreren Musikurhebern im Rahmen einer Komponisten- bzw. Autorengruppe und zwischen mehreren ausübenden Künstlern im Rahmen einer Band oder eines gemeinsamen Projekts, werden hier ebenfalls nicht erörtert. 12

Das Thema der **Rechtsverletzung**, namentlich die Voraussetzungen und Rechtsfolgen sowie die Geltendmachung und Durchsetzung von zivilrechtlichen Verletzungsansprüchen werden nicht an dieser Stelle sondern eingehend **im 34. Kap.** behandelt. 13

B. Musikurheberrecht und Rechteverwertung (Musikverlagsrecht)

Sind Ausgangspunkt von „Musik“ und musikwirtschaftlichem Handeln eine Komposition sowie ggf. auch ein mit der Komposition verbundener Liedtext stellt sich zunächst die Frage, ob und inwieweit dem Komponisten bzw. Textdichter an seiner Komposition bzw. seinem Liedtext Rechte zustehen, die er wirtschaftlich verwerten kann. Umgekehrt stehen Personen, die (fremde) „Musik“ nutzen wollen, vor der Frage, ob und gegebenenfalls welche Rechte sie hierzu einholen müssen. 14

I. Urheberrechtlicher Schutz von „Musik“

1. Das Musikwerk

„Musik“ als eine Folge von Tönen oder Geräuschen ist als Musikwerk nach § 2 Abs. 1 Nr. 2 UrhG geschützt. Voraussetzung für ein (Musik-)Werk und damit seinen urheberrechtlichen Schutz ist, dass es eine „persönliche geistige Schöpfung“ darstellt (§ 2 Abs. 2 UrhG). 15

4 S. dazu *Limper/Lücke* S. 180 ff. und 184 ff.

16 Das **Merkmal der persönlichen geistigen Schöpfung** verlangt als Ergebnis einer menschlich-gestaltenden Tätigkeit ein geistig-kreatives Produkt, das eine schöpferische Individualität bzw. Eigentümlichkeit aufweist. Diese schöpferische Individualität des Erzeugnisses kann in dem Werk in unterschiedlichem Umfang zum Ausdruck kommen, was mit dem Begriff der **Gestaltungshöhe** oder Schöpfungshöhe umschrieben wird. Dabei geht es nicht um den künstlerischen Rang und die Qualität, sondern um ein Mindestmaß an Eigentümlichkeit, das ein Werk aufweisen muss, damit es urheberrechtlichen Schutz genießt.[5]

17 Für das Musikwerk heißt das konkret, dass es eine **individuelle ästhetische** Ausdruckskraft besitzen muss, die sich aus der konkreten Auswahl, Anordnung, Kombination und Verwendung der verschiedenen **musikalischen Gestaltungselemente** wie Tondauer, Tonhöhe, Tonart, Klangfarbe (der Instrumente und Stimmen), Lautstärke, Akkorde, Tempo, Rhythmik, Harmonik, Melodie, Motiv, Klangeffekte usw. sowie auch aus der Art und Weise des Einsatzes der einzelnen Instrumente, also der Durchführung der Instrumentierung und Orchestrierung ergibt.[6] Entscheidend ist, ob der auf dem Zusammenspiel dieser Elemente beruhende Gesamteindruck den erforderlichen Grad an Eigentümlichkeit aufweist.[7] Zum Allgemeingut gehörende musikalische Grundprinzipien wie Rhythmik, Harmonik, Melodik, Tempo etc. *als solche* sind nicht schutzfähig.[8] Ebenso wenig ist der „Sound", also das durch bestimmte Spiel- oder Singweise der Musiker bzw. Sänger, Instrumenteneffekte, Aufnahme- und Nachbearbeitungstechniken erzeugte Klangbild, als Musikwerk nach § 2 UrhG geschützt; der Sound ist nicht selbst Gegenstand des Werkes, sondern entsteht erst mit dessen Interpretation durch ausübende Künstler und mit der Tonaufnahme durch Produzenten. Unerheblich ist, welcher Form (z. B. Instrumentalstück, Lied, Oper) und welcher Stilrichtung das Musikwerk zuzuordnen ist. Ohne Bedeutung ist auch, welche Töne, Klänge und Geräusche eingesetzt und wie diese erzeugt werden (z. B. durch Instrumente, menschliche Stimme oder unter Einsatz von Computern oder anderer technischer Hilfsmittel), solange der Vorgang der Komposition von Menschenhand gesteuert ist.[9]

18 In einigen Fällen lassen sich eine schöpferische Eigentümlichkeit und somit der Werkcharakter nicht auf den ersten Blick erkennen. Insbesondere im Bereich der Popmusik und des Schlagers, wo zum Teil simpelste Melodien und Texte verwendet werden, liegt die Annahme einer individuellen Schöpfung nicht ohne weiteres auf der Hand. Anerkannt sein dürfte, dass bei Musikwerken allerdings **keine zu hohen Anforderungen an die schöpferische Eigentümlichkeit** gestellt werden; für den Bereich des musikalischen Schaffens wird daher **eine besondere Gestaltungshöhe** nicht verlangt, so dass für den Bereich der Musik die sog. kleine Münze anerkannt ist, die einfache, aber gerade noch geschützte geistige Schöpfungen erfasst.

19 Neben dem Musikwerk als Ganzem können vor diesem Hintergrund auch **einzelne Gestaltungselemente** (z. B. Melodie, Akkordfolge, Arrangement), Werkteile (z. B. Gitarrensolo, Bläsersatz) **oder Ausschnitte der Gesamtkomposition** sowie von vornherein als solche geschaffene Kurzwerke urheberrechtlichen Schutz nach § 2 UrhG

---

5 Wandtke/Bullinger/*Bullinger* § 2 Rn. 23; Dreier/Schulze/*Schulze* § 2 Rn. 20.
6 Vgl. Loewenheim/*Czychowski* § 9 Rn. 62; *BGH* GRUR 2015, 1189 Rn. 44 – Goldrapper m. w. N.
7 *BGH* GRUR 2015, 1189 Rn. 45 – Goldrapper.
8 *Homann* S. 13.
9 Loewenheim/*Czychowski* § 9 Rn. 63 ff.; vgl. auch Dreier/Schulze/*Schulze* § 3 Rn. 26.

genießen.[10] Voraussetzung ist, dass das Einzelelement, der Werkteil etc. für sich genommen eine persönliche geistige Schöpfung darstellt, d. h. bei isolierter Betrachtung jeweils den notwendigen Grad an Individualität bzw. Eigentümlichkeit aufweist,[11] wobei nach dem Prinzip der kleinen Münze insoweit keine hohen Anforderungen bestehen. Schutzfähig können danach auch **kleinste Tonfetzen** sein, die etwa beim sog. Sampling Verwendung finden,[12] wo (minimale) Ton- oder Geräuschsequenzen einem bestehenden Werk entnommen und als Klangquelle für eigene kreative Zwecke originalgetreu oder verfremdet genutzt, nämlich i. d. R. zur Schaffung eines neuen Musiktitels übernommen und dort integriert werden.[13]

Auch wenn nach der Rspr. keine zu hohen Anforderungen an die Individualität bzw. **20**
Eigentümlichkeit zu stellen sind und daher in der Praxis bei der Einordnung als urheberrechtlich geschütztes Werk eher großzügig zu verfahren ist,[14] ist **in Einzelfällen** von den Gerichten ein **Urheberrechtsschutz verneint** worden,[15] z. B. bei einer metrisch einfach gestalteten, sich in Sekund- und Terzschritten bewegenden Folge von fünf Tönen,[16] bei einem Schlager, der aus einer Kombination überwiegend schutzloser Elemente besteht,[17] bei einer zweitaktigen, einfach strukturierten Tonfolge, die sich nicht hinreichend in eigentümlicher Weise von allgemein geläufigen kompositorischen Mitteln und Grundsätzen bzw. vom vorbekannten Formenschatz abhebt,[18] sowie bei einer Rap-Melodie zu dem Text eines Werbejingles („ich liebe es“).[19] Dagegen wird etwa urheberechtlicher Schutz von Tonfolgen oder Klangbildern angenommen, die aufgrund ihres Umfangs, ihrer Vielfalt, des Rhythmus sowie der Auswahl und Zusammenstellung bereits individuelle Züge aufweisen.[20]

Um als Musikwerk nach § 2 UrhG geschützt zu sein, muss die persönliche geistige **21**
Schöpfung mit menschlichen Sinnen wahrnehmbar sein. Dazu ist allerdings **keine** schriftliche Aufzeichnung in Form von Noten oder andere (körperliche) Fixierung des Werks **notwendig**. Es genügt, dass das Werk eine Ausdrucksform gefunden hat, es muss sich jedoch nicht um eine dauerhafte Form handeln. Urheberrechtlichen Schutz genießt deshalb auch die musikalische Improvisation.[21]

---

10 Schricker/Loewenheim/*Loewenheim* § 2 Rn. 125.

11 Vgl. *BGHZ* 28, 234, 237 – Verkehrskinderlied; *LG München I* ZUM 2003, 245, 247.

12 S. dazu *BGH* GRUR 2015, 1189 Rn. 40 ff. – Goldrapper; siehe auch *BVerfG* ZUM 2016, 690 – Metall auf Metall und *BGH* 1.6.2017 – I ZR 115/16 – Metall auf Metall III (Der BGH hat das Verfahren ausgesetzt und dem EuGH Fragen zur Auslegung der RL 2001/29/EG des Europäischen Parlaments und des Rates vom 22.5.2001 zur Harmonisierung bestimmter Aspekte des Urheberrechts und der verwandten Schutzrechte in der Informationsgesellschaft und der RL 2006/115/EG zum Vermietrecht und Verteilrecht sowie zu bestimmten dem Urheberrecht verwandten Schutzrechten im Bereich des geistigen Eigentums vorgelegt.).

13 Schricker/Loewenheim/*Loewenheim* § 2 Rn. 125, 128; vgl. *BGH* GRUR 2009, 403 – Metall auf Metall I (zum Leistungsschutzrecht des Tonträgerherstellers gem. § 85 Abs. 1 S. 1 UrhG); *BVerfG* ZUM 2016, 690 Rn. 2 – Metall auf Metall, s. o. Fn. 12.

14 S. Dreier/Schulze/*Schulze* § 2 Rn. 140.

15 S. Dreier/Schulze/*Schulze* § 2 Rn. 141.

16 *OLG München* ZUM 2000, 408 – Green Grass Grows.

17 *OLG München* ZUM 1992, 202, 203 – Sadness/Madness.

18 *LG München I* ZUM 2003, 245, 247 – Get Over You.

19 *LG München I* ZUM 2010, 913, 915; bestätigt von *OLG München* ZUM 2011, 928, 929 (musikalisches Grundmaterial, das lediglich handwerklich angewendet wird).

20 *OLG Hamburg* ZUM-RD 2013, 428, 435.

21 *LG München I* GRURInt 1993, 82, 83 – Duo Gismonti-Vasconcelos (Improvisation eines Duos aus Gitarrist und Percussionist).

2. Der Sprachwerk (Liedtext)

22 Neben dem Musikwerk als „reine" Tonfolge in Form einer Komposition kann ein als Sprachwerk nach § 2 Abs. 1 Nr. 1 UrhG geschützter Liedtext hinzutreten. Dies geschieht regelmäßig, wenn das Musikwerk eines Komponisten mit dem Liedtext eines Textdichters (bzw. umgekehrt) unterlegt wird. Es liegt dann ein **verbundenes Werk** vor, bei dem die einzelnen schutzfähigen Werke zum Zweck der gemeinsamen Verwertung miteinander verbunden worden sind (vgl. § 9 UrhG). In Abgrenzung zur Miturheberschaft (§ 8 UrhG) ist eine solche Werkverbindung grundsätzlich anzunehmen, wenn die einzelnen Werke unterschiedlichen Werkarten angehören.[22] Sind dabei Komponist und Textdichter nicht identisch, gilt hinsichtlich des verbundenen Werks die besondere Regelung des § 9 UrhG.[23]

23 Eine Werkverbindung i. S. v. § 9 UrhG von Komposition und Liedtext lässt die **einzelnen verbundenen Werke** (Musikwerk und Sprachwerk) **rechtlich selbständig** bleiben.[24] So können einerseits der Text als Gedicht und andererseits die Komposition als Instrumentalstück grundsätzlich eigenständig verwertet werden.[25] Unabhängig voneinander ist auch zu beurteilen, ob die miteinander verbundenen „Werke" überhaupt als persönliche geistige Schöpfung Werkqualität haben, also als Sprach- bzw. Musikwerk schutzfähig sind.[26] Die Schutzfähigkeit der einzelnen Werke entsteht demnach nicht durch die Werkverbindung, so dass z. B. trotz Schutzfähigkeit der Komposition ein Text mangels Gestaltungshöhe nicht schutzfähig sein kann. An den Grad der Individualität bzw. Eigentümlichkeit des Sprachwerks sind allerdings – wie beim Musikwerk – nur geringe Anforderungen zu stellen („**kleine Münze**").[27] Daher können auch hier einzelne Werkteile (z. B. Refrains, einzelne Textzeilen) geschützt sein, wenn sie für sich genommen eine persönliche geistige Schöpfung darstellen, d. h. bei isolierter Betrachtung jeweils den notwendigen Grad an Individualität aufweisen.[28]

3. Musikalische Bearbeitungen

24 Nach § 3 S. 1 UrhG sind auch Übersetzungen und andere Bearbeitungen eines bereits bestehenden Werks wie selbständige Werke urheberrechtlich geschützt; an dem bearbeiteten Musik- bzw. Sprachwerk (Liedtext) entsteht ein **eigenes Bearbeiterurheberrecht des Musikbearbeiters**, unbeschadet des Urheberrechts an dem bearbeiteten Werk. Voraussetzung des selbständigen urheberechtlichen Schutzes ist, dass die Bearbeitung ihrerseits eine **persönliche geistige Schöpfung des Bearbeiters** darstellt. Es muss ein schutzfähiges Musik- bzw. Sprachwerk (Liedtext) oder ein schutzfähiger

---

22 Vgl. auch Fromm/Nordemann/*W. Nordemann* § 9 Rn. 8, 9.

23 S. u. Rn. 32 ff. Die Vorschrift regelt nur Ansprüche der Urheber der zur gemeinsamen Verwertung verbundenen Werke untereinander; aus § 9 UrhG ergibt sich daher kein Schutz der Werkverbindung gegen Eingriffe Dritter, die Verbindung der Werke selbst ist also nicht werkgleich Dritten gegenüber gegen eine Trennung geschützt (*BGH* GRUR 2015, 1189 Rn. 18 ff. - Goldrapper).

24 *Schack* Rn. 327.

25 S. noch unten Rn. 33.

26 Vgl. Loewenheim/*A. Nordemann* § 9 Rn. 36.

27 Loewenheim/*A. Nordemann* § 9 Rn. 36; vgl. *OLG Düsseldorf* GRUR 1978, 640, 641 – Fahr,n auf der Autobahn; *OLG Hamburg* ZUM 1998, 1041 – Samba des Janeiro; *LG Frankfurt/Main* GRUR 1996, 125 – tausendmal berührt.

28 Vgl. *BGH* GRUR 1991, 531 – Brown Girl I; *LG Hamburg* ZUM-RD 2010, 331, 341; im Ergebnis abl. dagegen: *OLG Düsseldorf* GRUR 1978, 640, 641 – Fahr,n auf der Autobahn; *LG Frankfurt/Main* GRUR 1996, 125 – tausendmal berührt; *LG Hamburg* ZUM 2010, 541, 544.

Werkteil[29] als Vorlage verwendet, umgestaltet und hieraus ein eigenes (abhängiges) Werk geschaffen werden, das selbst die erforderliche Gestaltungshöhe aufweist.[30,] Dabei gelten auch hier keine hohen Anforderungen („kleine Münze").[31] Entscheidend ist der Gesamteindruck, also nicht, ob einzelne musikalische Gestaltungselemente, die der Bearbeiter einsetzt, für sich genommen die notwendige Eigentümlichkeit aufweisen.[32]Auf die Zustimmung des Urhebers des geschützten Originalwerks zur Bearbeitung kommt es für den Schutz der Bearbeitung nicht an.[33] Die nur unwesentliche Bearbeitung eines nicht geschützten Musikwerks wird nach § 3 S. 2 UrhG allerdings nicht als selbständiges Werk geschützt.[34]

Wie ein selbständiges Werk neben dem ursprünglichen (Musik-/Sprach-)Werk ist danach **bspw.** das **Neu-Arrangement** einer Komposition, die **Instrumentierung** eines Liedes oder die **Übersetzung eines Liedtextes** in eine andere Sprache oder Mundart schutzfähig, sofern die Gestaltungen ihrerseits hinreichend individuell sind.[35] Unter dieser Voraussetzung kann auch die **Improvisation** oder **Variation** z. B. eines bekannten Jazz-Titels oder die Variation (z. B. Dancefloor-Version) eines anderen bestehenden Musikstücks als Bearbeitung selbständigen Schutz erlangen[36] oder ein Remix, der dadurch gekennzeichnet ist, dass wesentliche Eigentümlichkeiten des Originalwerks abgewandelt und diese mit anderen Elementen zu einem neuen Musikstück vermischt werden.[37] Auch an einem im Wege des **Sampling**[38] geschaffenen Musikstück kann ein Bearbeiterurheberrecht i. S. v. § 3 UrhG bestehen, wenn die übernommenen Tonfolgen ihrerseits schutzfähig sind und die Neu-Komposition eine persönliche geistige Schöpfung darstellt.[39] Dagegen führt bloß der Einsatz gängiger musikalischer Gestaltungsmittel, etwa das Transponieren eines Musikwerks in eine andere Tonart oder Stimmlage sowie das schlichte Austauschen von Instrumenten oder Gesangsstimmen, in der Regel nicht schon zu einer urheberrechtlich geschützten Bearbeitung.[40] Das gilt auch bei sog. Cover-Versionen, sofern diese das ursprüngliche Musikstück (im Wesentlichen) identisch wiedergeben und daher nur eine Neuinterpretation des alten Werks durch andere Künstler vorliegt.[41] Ebenso wenig ist die bloße Digitalisierung oder das 25

29 Vgl. Dreier/Schulze/*Schulze* § 3 Rn. 7. Ist das benutzte Material nicht schutzfähig (z. B. Naturgeräusche), handelt es sich um eine *originäre* Schöpfung, deren urheberrechtlicher Schutz nach § 2 UrhG zu beurteilen ist; Schricker/Loewenheim/*Loewenheim* § 3 Rn. 10.

30 Dreier/Schulze/*Schulze* § 3 Rn. 11. Vgl. beispielhaft *BGH* GRUR 1991, 533 – Brown Girl II; GRUR 1998, 376, 378 – Coverversion; GRUR 1968, 321, 325 – Haselnuss.

31 *BGH* GRUR 1991, 533 – Brown Girl II; Schricker/Loewenheim/*Loewenheim* § 3 Rn. 27; Loewenheim/*Czychowski* § 9 Rn. 75; Dreier/Schulze/*Schulze* § 3 Rn. 24.

32 *BGH* GRUR 1991, 533, 535 – Brown Girl II.

33 Vgl. Dreier/Schulze/*Schulze* § 3 Rn. 2, 51.

34 S. dazu Schricker/Loewenheim/*Loewenheim* § 3 Rn. 30 ff.

35 S. Schricker/Loewenheim/*Loewenheim* § 3 Rn. 28.

36 Dreier/Schulze/*Schulze* § 3 Rn. 25 f.; Beck-OK UrhG/*Ahlberg* § 3 Rn. 20.

37 Vgl. Loewenheim/*Czychowski* § 9 Rn. 79; vgl. auch *OLG Köln* ZUM-RD 1998, 371, 378 (zum Leistungsschutzrecht des Tonträgerherstellers); *OLG Hamburg* ZUM-RD 2002, 145, 150 – Amon Düül II.

38 S. o. Rn. 19.

39 Schricker/Loewenheim/*Loewenheim* § 2 Rn. 18; Loewenheim/*Czychowski* § 9 Rn. 79. Zum Sampling und zur Schutzfähigkeit einzelner Tonfetzen s. o. Rn. 19. Zum Schutz des Tonträgerherstellers bei der „Herausnahme" einzelner Klänge unten Rn. 171.

40 Schricker/Loewenheim/*Loewenheim* § 3 Rn. 29; Loewenheim/*Czychowski* § 9 Rn. 77; Beck-OK UrhG/*Ahlberg* § 3 Rn. 21.

41 S. noch unten Rn. 67.

Digital-Remastering, d. h. die digitale klangtechnische Aufbesserung einer Aufnahme eine Bearbeitung i. S. v. § 3 UrhG.[42]

26 Von der selbständigen Schutzfähigkeit einer Bearbeitung (§ 3 UrhG) **zu unterscheiden** ist die Frage, ob und inwieweit ein **Recht zur Bearbeitung** besteht und der Bearbeiter berechtigt ist, das neu geschaffene (abhängige) Werk zu veröffentlichen und zu verwerten.[43]

II. Der Musikurheber

1. Alleinurheber

27 Schafft ein Komponist das Musikwerk bzw. ein Textdichter den Liedtext oder eine Person sowohl Komposition als auch Liedtext allein, ist er/sie alleiniger Schöpfer und damit nach § 7 UrhG Allein-Urheber des Musik- bzw. Sprachwerks. Musikurheber ist nur, wer das Werk **tatsächlich selbst geschaffen** hat (**Schöpferprinzip**). Dabei muss es sich um eine natürliche Person handeln, da nur sie zur Schaffung eines urheberrechtlichen Werks als „persönliche geistige Schöpfung" (§ 2 Abs. 2 UrhG) fähig ist. Eine juristische Person kann deshalb nicht originär Urheber sein, sondern muss sich ggf. Nutzungsrechte an dem (Musik-/Sprach-)Werk von dem Schöpfer/den Schöpfern einräumen lassen. Die originäre Urheberschaft vertraglich abzubedingen bzw. im Wege einer Vereinbarung bei einem anderen entstehen zu lassen, ist nicht möglich. Bei einem Auftragswerk, z. B. für Filmmusik oder für Musik im Vorspann einer TV-Serie, ist **nicht** der **Arbeit- oder Auftraggeber**, für den das Werk geschaffen wurde, der Urheber, sondern allein der tatsächliche Schöpfer der „Musik".[44] Darin unterscheidet sich das deutsche Urheberrecht mit dem Schöpferprinzip vom angloamerikanischen Recht und der dort geltenden „work made for hire"-Regelung, wonach im Falle einer Auftragsarbeit (work made for hire) grundsätzlich der Arbeitgeber oder eine andere Person, für die das Werk geschaffen wurde, als Urheber anzusehen ist,[45] wobei es sich bei dem Auftraggeber sowohl um eine natürliche Person als auch juristische Person oder andere Personengesellschaft handeln kann.

2. Miturheber

28 Haben mehrere zusammen einen Titel komponiert oder einen Liedtext geschrieben oder Komponisten und Texter zusammen ein Lied verfasst, ohne dass sich ihre Anteile an dem gemeinsam geschaffenen Werk gesondert verwerten lassen, sind sie Miturheber des Werks (§ 8 Abs. 1 UrhG). Voraussetzung der Miturheberschaft ist die **gemeinsame Schöpfung eines einheitlichen Werks**. Dazu ist erforderlich, dass die beteiligten Komponisten bzw. Texter tatsächlich und willentlich zusammenarbeiten.[46] Jeder Einzelne muss einen eigenen schöpferischen Beitrag zu dem einheitlichen Werk leisten, wobei der schöpferische Anteil der Miturheber unterschiedlich hoch ausfallen

---

42 Vgl. *OLG Hamburg* ZUM-RD 2002, 145, 149 f. (zum Leistungsschutzrecht ausübender Künstler); Dreier/Schulze/*Schulze* § 3 Rn. 30; Schricker/Loewenheim/*Loewenheim* § 3 Rn. 8.

43 Vgl. Dreier/Schulze/*Schulze* § 3 Rn. 2. Schricker/Loewenheim/*Loewenheim* § 3 Rn. 2. S. u. Rn. 59 ff.

44 Dreier/Schulze/*Schulze* § 7 Rn. 4.

45 § 201 (b) Copyright Law of the U.S.

46 Loewenheim/*Czychowski* § 68 Rn. 16.

kann.[47] Möglich ist auch, dass sich die Einzelbeiträge nicht mehr exakt voneinander trennen oder auseinander halten lassen. Die notwendige Einheitlichkeit des gemeinsamen Werks setzt voraus, dass die einzelnen **Anteile nicht gesondert verwertbar** sind. Dabei ist der Anteil eines beteiligten Urhebers gesondert verwertbar, wenn er selbstständig verkehrsfähig ist; dies verlangt, dass er sich aus dem gemeinschaftlichen Werk herauslösen lässt, ohne dadurch unvollständig oder ergänzungsbedürftig zu werden.[48]

Miturhebern steht das Recht zur **Veröffentlichung und zur Verwertung** des gemein- **29** schaftlich geschaffenen (Musik-/Sprach-)Werks **zur „gesamten Hand"** zu (§ 8 Abs. 2 S. 1 HS 1 UrhG). Sie bilden, soweit es um die Veröffentlichung und Verwertung des Werks geht, eine Gesamthandsgemeinschaft (Miturhebergemeinschaft), was bedeutet, dass das Werk nur veröffentlicht und verwertet werden darf, wenn alle Miturheber in die Veröffentlichung und Verwertung einwilligen, d. h. ihr vorher zugestimmt haben (§ 183 S. 1 BGB).[49] Die Entscheidung, ob und wie die gemeinsame Komposition oder der gemeinsame Liedtext oder das gemeinsam geschaffene Stück veröffentlicht oder verwertet werden soll, muss also **einstimmig** getroffen werden. Gleiches gilt für Änderungen des Werks, die nach § 8 Abs. 2 S. 1 HS 2 UrhG nur mit der Einwilligung der Miturheber zulässig sind. Allerdings darf ein Miturheber seine Einwilligung zur Veröffentlichung, Verwertung oder Änderung des Werks nicht treuwidrig verweigern (§ 8 Abs. 2 S. 2 UrhG). Für den Fall, dass die Miturheber eine gemeinsame Verwertung ihrer Werke verabreden, bilden sie regelmäßig eine Gesellschaft bürgerlichen Rechts (GbR) i. S. d. §§ 705 ff. BGB (Miturhebergesellschaft), die – anders als die „schlichte" Miturhebergemeinschaft – als „Gruppe" selbst rechtsfähig sein kann.[50]

Auch wenn die Anteile der beteiligten Miturheber an dem gemeinsam geschaffenen **30** Werk per definitionem nicht gesondert verwertbar sind, so hat doch das den einzelnen Urhebern zustehende Recht zur Einwilligung bzw. die **(Mit-)Entscheidung** darüber, ob und wie das Werk veröffentlicht und verwertet wird, einen **wirtschaftlichen Wert**. Insoweit sind zwar nicht die schöpferischen Anteile der einzelnen Miturheber, wohl aber deren Einwilligung zur Veröffentlichung und Verwertung kommerziell verwertbar. Deshalb werden in Musikverlagsverträgen[51] i. d. R. auch Anteile des Musikurhebers an gemeinsam mit anderen geschaffenen Werken einbezogen.[52]

Gem. § 8 Abs. 3 UrhG gebühren den Musikurhebern als Mitautoren die Erträge aus **31** der Nutzung eines Musik- bzw. Sprachwerks nach ihrem Anteil an der Werkschöpfung, wenn sie nichts anderes vereinbart haben. Dabei ist der Gesamtumfang der Mitarbeit der jeweiligen Miturheber zugrunde zu legen.[53] Wenn hingegen keine Vereinbarung über den Umfang der Miturheberschaft getroffen worden ist und die Anteile der Miturheber auch nicht ermittelbar sind, so wird man die Miturheber im Zweifel nach Kopfteilen an den Erlösen teilhaben lassen.[54]

---

47 Dreier/Schulze/*Schulze* § 8 Rn. 6; *BGH* GRUR 2009, 1046 Rn. 43 – Kranhäuser (zum Umfang des schöpferischen Beitrags).

48 *BGH* GRUR 2009, 1046 Rn. 39 – Kranhäuser.

49 *BGH* GRUR 2012, 1022 Rn. 18 – Kommunikationsdesigner.

50 *BGH* GRUR 2012, 1022 Rn. 19 f. – Kommunikationsdesigner; GRUR 1998, 673, 675; MünchKomm-BGB/*Ulmer* Vorb. § 705 Rn. 118, 128 f.

51 S. u. Rn. 90 ff.

52 Vgl. Limper/Musiol/*Limper/Meyer* Rn. 97.

53 Fromm/Nordenmann/*Nordemann* § 8 Rn. 28.

54 *Hohmann* S. 16.

3. Urheber verbundener Werke

32 Im Falle einer Werkverbindung,[55] also insbesondere bei der Verbindung einer Komposition mit einem Liedtext zu einem Musikstück, sind die jeweiligen Urheber (Komponist und Textdichter) in Abgrenzung zur Miturheberschaft als „mehrere Urheber“ anzusehen. Sie bilden mit der vereinbarten Verbindung ihrer Werke zu dem Zweck, diese gemeinsam zu verwerten, eine Gesellschaft bürgerlichen Rechts (GbR) i. S. d. §§ 705 ff. BGB.[56]

33 Die Veröffentlichung, Verwertung und Änderung der verbundenen Werke bedarf der Einwilligung, d. h. der **vorherigen Zustimmung der Urheber** der zur gemeinsamen Verwertung verbundenen Werke; nach § 9 UrhG kann aber jeder vom anderen die Einwilligung verlangen, wenn sie dem anderen nach Treu und Glauben zuzumuten ist. Die einzelnen Werke bleiben **trotz Werkverbindung rechtlich selbständig und gesondert verwertbar**.[57] Urheber, die ihre Werke miteinander verbunden haben, müssen allerdings aufeinander Rücksicht nehmen, wenn sie ihre Werke gesondert verwerten wollen. Eine gesonderte Verwertung ist daher ohne die Einwilligung der anderen Urheber unzulässig, wenn sie den gemeinsamen Vertragszweck, also die konkret vereinbarte gemeinsame Verwertung der verbundenen Werke und damit die Interessen der anderen Urheber gefährden würde.[58] So darf z. B. ein Komponist, der sein Musikwerk mit dem Sprachwerk eines Liedtexters zur gemeinsamen Verwertung verbunden hat, die Komposition nicht ohne die Einwilligung des Texters mit Liedtext eines anderen Liedtexters zu einem neuen Musikstück verbinden. Umgekehrt ist es dem Liedtexter ohne die Einwilligung des Komponisten nicht gestattet, seinen Text neu zu vertonen.[59]

34 Von der Werkverbindung i. S. d. § 9 UrhG wird die **„faktische Werkverbindung“** unterschieden, bei der Werke einseitig, d. h. ohne vertragliche Vereinbarung oder Zustimmung der Originalurheber miteinander verbunden werden.[60] Das ist etwa der Fall, wenn Instrumentalstücke nachträglich mit Liedtexten verknüpft, Musik mit neuen Texten unterlegt oder Liedtexte neu vertont werden, ohne dass der Originalkomponist bzw. -texter der (neuen) Verknüpfung zuvor zugestimmt hat. Auf solche faktischen Verbindungen ist § 9 UrhG nicht anwendbar, vielmehr sollen die §§ 741 ff. BGB gelten.[61]

4. Werkbearbeiter

35 Neben dem ursprünglichen Urheber ist Urheber auch der Bearbeiter, der das Originalwerk als Vorlage nutzt und ein eigenes (abhängiges) Werk i. S. v. § 3 UrhG schafft.[62] Denn nach § 3 UrhG ist die Bearbeitung wie ein selbständiges Werk geschützt und damit dessen Schöpfer als Urheber anzusehen (§ 7 UrhG).

55 S. o. Rn. 22 f.

56 Vgl. *BGH* GRUR 1973, 328, 329 – Musikverleger II; GRUR 1982, 41, 42 – Musikverleger III; GRUR 1982, 743, 744 – Verbundene Werke; Dreier/Schulze/*Schulze* § 9 Rn. 7; MünchKomm-BGB/*Ulmer* Vorb. § 705 Rn. 118; s. auch Loewenheim/*Czychowski* § 68 Rn. 9 ff.; a. A. etwa Wandtke/Bullinger/*Thum* § 9 Rn. 7.

57 S. o. Rn. 23.

58 Dreier/Schulze/*Schulze* § 9 Rn. 25; *Homann* S. 17 f.

59 Vgl. *OLG München* ZUM 1991, 432, 433 – Gaby wartet im Park; *OLG Hamburg* ZUM 1994, 738, 739 – DEA-Song; *LG Hamburg* ZUM-RD 2010, 331, 341.

60 Loewenheim/*Czychowski* § 68 Rn. 17; Wandtke/Bullinger/*Thum* § 9 Rn. 4; Dreier/Schulze/*Schulze* § 9 Rn. 6.

61 Loewenheim/*Czychowski* § 68 Rn. 17; *Homann* S. 17.

62 S. o. Rn. 24 ff.

III. Schutzdauer

Der urheberechtliche Schutz des Musikurhebers beginnt mit der Schöpfung des Musik- bzw. Sprachwerks (Liedtext) und endet gem. § 64 UrhG siebzig Jahre nach seinem Tod. Diese **siebzigjährige Schutzfrist post mortem auctoris** (pma) gilt sowohl für die vermögensrechtlichen Verwertungsrechte als auch für die urheberpersönlichkeitsrechtlichen Rechte des Musikurhebers.[63] **Nach Schutzfristablauf** ist das Werk **„gemeinfrei“**, d. h. jedermann kann es zustimmungs- und vergütungsfrei auf die sonst dem Urheber vorbehaltene Weise nutzen.[64] **36**

Im Falle einer **Miturheberschaft** an einem Musikstück i. S. v. § 8 UrhG erlöschen die Rechte siebzig Jahre nach dem Tod des längstlebenden Miturhebers (§ 65 Abs. 1 UrhG). Nach dem neu eingefügten § 65 Abs. 3 UrhG[65] endet bei einer Musikkomposition mit Text der urheberrechtliche Schutz siebzig Jahre nach dem Tod des Längstlebenden der folgenden Personen: Verfasser des Textes, Komponist der Musikkomposition, sofern beide Beiträge eigens für die betreffende Musikkomposition mit Text geschaffen wurden. Dies gilt unabhängig davon, ob diese Personen als Miturheber ausgewiesen sind.[66] **37**

In der Praxis lassen sich Musikverlage in Musikverlagsverträgen von den Musikurhebern oftmals das Recht einräumen, die Nutzungsrechte an den betreffenden Werken bis zum Ablauf der gesetzlichen Schutzfrist ausüben zu können.[67] **38**

IV. Die Rechte des Musikurhebers

Das Urheberrecht besteht aus zwei Komponenten. Während das Urheberpersönlichkeitsrecht die **ideelle Beziehung** des Schöpfers zu seinem Werk schützt, sichern die Verwertungsrechte dem Urheber die **finanzielle Entlohnung** für sein kreatives Schaffen. **39**

1. Urheberpersönlichkeitsrechte

Das Urheberpersönlichkeitsrecht schützt den (Musik-)Urheber in seinen geistigen und persönlichen Beziehungen zu dem Werk (Komposition bzw. Liedtext), das er geschaffen hat (§ 11 S. 1 UrhG). Es umfasst insbesondere das Veröffentlichungsrecht (§ 12 UrhG), das Recht auf Anerkennung der Urheberschaft (§ 13 UrhG) sowie das Recht des Urhebers, eine Entstellung oder andere Beeinträchtigung seines Werks zu verbieten, die geeignet ist, seine berechtigten persönlichen oder geistigen Interessen am Werk zu gefährden (§ 14 UrhG).[68] **40**

„**Beeinträchtigung**“ i. S. v. § 14 UrhG umfasst dabei als Oberbegriff Werkentstellungen und alle (sonstigen) Änderungen des Werks, mit denen von dem ursprünglichen, vom Musikurheber konkret gestalteten geistig-ästhetischen Gesamteindruck des Werkes **41**

63 S. dazu unten Rn. 40 ff.

64 Dreier/Schulze/*Dreier* Vorb. § 64 Rn. 2.

65 Vgl. dazu Übergangsregelung in § 137m Abs. 2 UrhG.

66 S. zur Neuregelung Dreier/Schulze/*Dreier* § 65 Rn. 2; *Flechsig* ZUM 2012, 227.

67 S. u. Rn. 131.

68 S. im Einzelnen zum Urheberpersönlichkeitsrecht 26. Kap. Rn. 124 ff.

abgewichen wird.[69] So können **etwa die folgenden Nutzungshandlungen** Werkbeeinträchtigungen darstellen:[70] die nur teilweise Verwendung oder ausschnittweise Wiedergabe eines Musikwerkes,[71] die Kürzung eines Musikwerks, die inhaltliche Umformulierung eines Musikwerks, das Ersetzen wesentlicher Teile des „Originals" durch andere Kompositionen und/oder Texte,[72] die Verbindung eines Musikwerkes mit anderen (Musik-)Werken[73] oder auch mit nicht geschützten Gegenständen, etwa die Verbindung eines Musikstücks mit einem Werbetext[74] oder mit einer Bildfolge,[75] sowie die Nutzung eines (nicht hierfür geschaffenen) Musikwerkes als Klingelton.[76]

42 Auch **Bearbeitungen und andere Umgestaltungen** i. S. v. § 23 UrhG[77] ändern das Werk und können daher i. S. v. § 14 UrhG entstellend oder beeinträchtigend sein.[78] Deshalb kann der Musikurheber gem. § 14 UrhG auch eine Bearbeitung oder andere Umgestaltung seines Musikwerks oder seines Sprachwerks (Liedtext) verbieten, wenn sie einen entstellenden oder sonst beeinträchtigenden Charakter hat, der geeignet ist, die berechtigten geistigen oder persönlichen Interessen des Musikurhebers an seinem Werk zu gefährden.

43 Die Prüfung, ob durch die Werkbeeinträchtigung i. S. v. § 14 UrhG berechtigte Interessen des Musikurhebers gefährdet sind, verlangt eine **Interessenabwägung im konkreten Einzelfall.**[79] In diesem Zusammenhang ist zu berücksichtigen, ob der Musikurheber dem Nutzer vertraglich urheberechtliche Nutzungsrechte eingeräumt und damit ggf. auch (gewisse) Änderungen seines Werks gestattet hat.[80] Grundsätzlich ist allerdings auch der Inhaber eines Nutzungsrechts nicht berechtigt, das Werk zu ändern (vgl. § 39 UrhG). Räumt der Musikurheber einem Dritten Nutzungsrechte an seiner Musik ein, kann er mit diesem aber (stillschweigend) eine abweichende Vereinbarung treffen und Werkänderungen erlauben (§ 39 Abs. 1).[81] Dabei können sich Änderungsrechte auch aus dem Vertragszweck ergeben, wenn die vertragsgemäße Nutzung Bearbeitungen bzw. Änderungen des

---

69 *BGH* GRUR 1989, 106, 107 – Oberammergauer Passionsspiele II; Schricker/Loewenheim/*Dietz/Peukert* § 14 Rn. 21; Dreier/Schulze/*Schulze* § 14 Rn. 5 ff., 10 ff.

70 Vgl. Dreier/Schulze/*Schulze* § 14 Rn. 11 f., 34 f.; § 23 Rn. 30 und § 39 Rn. 22.

71 Vgl. *LG München I* GRUR 2005, 574, 575 – O Fortuna.

72 Vgl. *OLG München* ZUM 1991, 432, 433 f. – Gaby wartet im Park, wonach es unzulässig ist, den Text eines Liedes ohne Zustimmung des Komponisten auszutauschen; *OLG Hamburg* ZUM 1994, 738, 739 – DEA-Song.

73 Vgl. *OLG Frankfurt* GRUR 1995, 215 – Springtoifel.

74 Vgl. *BGH* GRUR 1977, 551, 554 – Textdichteranmeldung.

75 *LG München I* ZUM 1993, 289, 292.

76 *BGH* GRUR 2009, 395 Rn. 14, 35 – Klingeltöne für Mobiltelefone; Dreier/Schulze/*Schulze* Vorb. § 31 Rn. 136a.

77 S. u. Rn. 59 ff.

78 Dreier/Schulze/*Schulze* § 23 Rn. 26; Wandtke/Bullinger/*Wandtke/Grunert* § 39 Rn. 16; s. auch *BGH* GRUR 1989, 106, 107 – Oberammergauer Passionsspiele II; GRUR 2002, 532, 534 – Unikatrahmen.

79 *Homann* S. 43; Schricker/Loewenheim/*Dietz/Peukert* § 14 Rn. 18, 28 ff.; Dreier/Schulze/*Schulze* § 14 Rn. 16 ff.; vgl. auch *BGH* GRUR 1999, 230, 231 – Treppenhausgestaltung (zum Verhältnis zwischen Architekt und Bauherr).

80 Soweit das nicht der Fall ist, ist bei der Interessenabwägung zu berücksichtigen, ob der Nutzer das Werk auf gesetzlicher Grundlage, d. h. im Rahmen einer gesetzlichen Schranke des Urheberrechts nutzt (vgl. § 62 UrhG) oder ob die Nutzung des Werks auch ohne gesetzliche Erlaubnis erfolgt. S. dazu *Homann* S. 43 ff.; allg. Dreier/Schulze/*Schulze* § 14 Rn. 15 ff.; vgl. auch Schricker/Loewenheim/*Dietz/Peukert* § 14 Rn. 9 ff.

81 Schricker/Loewenheim/*Dietz/Peukert* § 39 Rn. 8; Dreier/Schulze/*Schulze* § 39 Rn. 1; Wandtke/Bullinger/*Wandtke/Grunert* § 39 Rn. 7.

Musikstücks notwendig macht.[82] Hat der Musikurheber ein Nutzungsrecht ohne Änderungsbefugnis eingeräumt, können Änderungen an dem Werk durch den Rechtsinhaber nach Treu und Glauben dennoch zulässig sein (§ 39 Abs. 2 UrhG).[83]

In der Praxis enthalten Musikverlagsverträge[84] i. d. R. **ausdrückliche Änderungsabreden.** 44
Die Wirkung solcher Vereinbarungen ist dabei allerdings durch den unverzichtbaren Kern des Urheberpersönlichkeitsrechts aus § 14 UrhG begrenzt, so dass der Musikurheber trotz vereinbarter Erlaubnis einer Werkänderung entgegentreten kann, wenn dieser Kernbereich verletzt ist.[85] I.Ü. ist zu beachten, dass pauschale Klauseln in Formularverträgen, nach denen unbestimmt bzw. uneingeschränkt jedwede Änderung, Bearbeitung oder Umgestaltung des Werkes gestattet sein soll, gegen § 307 Abs. 1 und Abs. 2 Nr. 1 BGB verstoßen und damit unwirksam sein können.[86] Lit. und Rspr. verlangen vor diesem Hintergrund, dass pauschale Änderungsvereinbarungen in AGB unter den Vorbehalt gestellt werden müssen, dass die Bearbeitung oder Umgestaltung z. B. „unter Wahrung der geistigen Eigenart des Werks zu erfolgen hat", um Wirksamkeit erlangen zu können.[87]

2. Urheberverwertungsrechte

Die Verwertungsrechte dienen der Aufgabe, dem Urheber eine **angemessene Vergütung zu sichern** (vgl. § 11 S. 2 UrhG), indem sie dem Urheber das alleinige und somit ausschließliche Recht geben, sein Werk in dem durch ihn bestimmten Umfang zu nutzen und andere von der Nutzung auszuschließen.[88] Hierdurch erhält der Musikurheber auch die Möglichkeit, Dritten Nutzungsrechte einzuräumen (§ 31 UrhG) und dafür von dem Nutzer eine angemessene Vergütung zu verlangen (§ 32 UrhG). Insoweit schaffen die Verwertungsrechte dem Musikurheber die rechtliche Grundlage dafür, Art und Umfang der Nutzung seines Werks zu kontrollieren und diese von der Zahlung eines Entgelts abhängig zu machen.[89] Allerdings sind weder das Urheberrecht als solches noch die Verwertungsrechte grundsätzlich übertragbar (§ 29 Abs. 1 UrhG). Sofern der Musikurheber sein Werk nicht ausschließlich selbst nutzt, nimmt er seine Verwertungsrechte dadurch wahr, dass er anderen vertraglich an seinem Werk Nutzungsrechte einräumt (§ 29 Abs. 2, §§ 31 ff. UrhG), die sich wiederum aus den Verwertungsrechten des Urhebers ableiten.[90] 45

---

82 Vgl. *Homann* S. 43, Schricker/Loewenheim/*Dietz/Peukert* § 14 Rn. 11 ff., § 39 Rn. 8 ff.; Dreier/Schulze/*Schulze* § 14 Rn. 19, § 39 Rn. 10 ff.

83 Schricker/Loewenheim/*Dietz/Peukert* § 39 Rn. 19; Wandtke/Bullinger/*Bullinger* § 14 Rn. 2, § 39 Rn. 20 ff.

84 S. u. Rn. 90 ff.

85 Dreier/Schulze/*Schulze* § 14 Rn. 41 und § 39 Rn. 3; Wandtke/Bullinger/*Wandtke/Grunert* § 39 Rn. 9; Schricker/Loewenheim/*Dietz/Peukert* § 39 Rn. 10.

86 Vgl. *OLG Hamburg* GRUR-RR 2011, 293, 300; *KG* ZUM-RD 2005, 381, 385 f. – Die Weber; Dreier/Schulze/*Schulze* § 39 Rn. 11 und § 14 Rn. 41; Wandtke/Bullinger/*Wandtke/Grunert* § 39 Rn. 9; Schricker/Loewenheim/*Dietz/Peukert* § 39 Rn. 10.

87 Schricker/Loewenheim/*Dietz/Peukert* § 39 Rn. 10; vgl. *BGH* GRUR 1984, 45, 51 – Honorarbedingungen: Sendevertrag; *KG* ZUM-RD 2005, 381, 385 f. – Die Weber; *OLG Hamburg* GRUR-RR 2011, 293, 300.

88 Loewenheim/*Loewenheim* § 19 Rn. 1.

89 Fromm/Nordemann/*Dustmann* § 15 Rn. 2.

90 Zum Zwecke der verbesserten Durchsetzung des Vergütungsanspruchs des Urhebers, hat der Gesetzgeber das „Urhebervertragsrecht" und die Rechte des Urhebers erweitert (BT-Drucks. 18/8625). So hat er dem Urheber insbesondere Auskunft- und Rechenschaftsansprüche, insbesondere in der Lizenzkette, gesetzlich zugesprochen, vgl. §§ 32d, 32e UrhG; s. dazu allgemein 26. Kap. Rn. 276.

46 Die Verwertungsrechte des Musikurhebers umfassen **insbesondere:**

47 – Das **Vervielfältigungsrecht** (§ 16 UrhG). Dabei ist Vervielfältigung i. S. v. § 16 UrhG die Herstellung von Vervielfältigungsstücken, d. h. jede **körperliche Festlegung des Musik- bzw. Sprachwerks**, die geeignet ist, das Werk den menschlichen Sinnen auf irgendeine Art und Weise unmittelbar oder mittelbar wahrnehmbar zu machen.[91] Vervielfältigungen sind deshalb bspw. das Anfertigen eines Vervielfältigungsexemplars der Noten oder des Liedtextes in Druckform, die Aufnahme eines Musikstücks im Tonstudio oder in einem Konzert auf einen Tonträger (z. B. CD, DVD) oder die Übertragung des Musik- bzw. Sprachwerks von einem Tonträger auf einen anderen (vgl. § 16 Abs. 2 UrhG) sowie die Speicherung eines Musik- bzw. Sprachwerks auf einem digitalen Datenträger.[92] Auch das Bereitstellen eines Werkes im Internet durch vorherigen Upload stellt eine Vervielfältigung dar, denn dies setzt eine „Übertragung" des Werkes auf eine Vorrichtung – zur wiederholbaren Wiedergabe von Bild- und Tonfolgen – voraus.[93] Auch beim **Streaming** findet eine Vervielfältigung i. S. d. § 16 UrhG statt, wenn bei dem Empfänger das betreffende Musikwerk wieder wahrnehmbar wird.[94] Die Vervielfältigung muss sich nicht auf das gesamte Werk beziehen, vielmehr kann § 16 UrhG auch bei der Vervielfältigung einzelner Werkelemente betroffen sein, wenn diese schutzfähig sind. Das ist etwa beim Sampling von Bedeutung.[95]

48 – Das **Verbreitungsrecht** (§ 17 UrhG), d. h. das Recht, das Original oder Vervielfältigungsstücke des Werks der Öffentlichkeit anzubieten oder in Verkehr zu bringen. Verbreiten liegt dabei nur dann vor, wenn **körperliche Werkstücke** der Öffentlichkeit angeboten oder in Verkehr gebracht, also z. B. CDs mit dem Musikwerk im Handel vertrieben werden.[96] Nach dem Erschöpfungsgrundsatz ist dieses Recht indes verbraucht, sobald das betreffende Original bzw. (körperliche) Vervielfältigungsexemplar erstmalig rechtmäßig in den Verkehr gebracht wurde.[97] Der digitale Vertrieb von Musikstücken über Internetplattformen stellt hingegen keine Verbreitung i. S. v. § 17 UrhG dar.

49 – Das **Vortrags- und Aufführungsrecht** (§ 19 UrhG). Dabei ist unter dem Vortragsrecht (des Liedtexters) und dem Aufführungsrecht (des Komponisten) das Recht des Musikurhebers zu verstehen, das Sprach- bzw. Musikwerk öffentlich einem anwesenden Publikum unmittelbar, d. h. „live" (z. B. bei einem Konzert) durch persönliche Darbietung zu Gehör zu bringen.[98] Gem. § 19 Abs. 3 UrhG umfasst das Vortrags- und Aufführungsrecht dabei auch das Recht, den Vortrag bzw. die Aufführung außerhalb des Raumes, in dem die persönliche Darbietung stattfindet, durch Bildschirm, Lautsprecher oder ähnliche technische Einrichtungen öffentlich wahrnehmbar zu machen.[99]

---

91 S. 26. Kap. Rn. 148.
92 Wandtke/Bullinger/*Heerma* § 16 Rn. 11.
93 *BGH* GRUR 2015, 258 Rn. 35 – CT-Paradies.
94 Dreier/*Schulze* § 16 Rn. 13; Wandtke/Bullinger/*Heerma* § 16 Rn. 22.
95 *Homann* S. 47.
96 S. 26. Kap. Rn. 156 ff.
97 Wegen weiterer Einzelheiten, s. auch Limper/Musiol/*Limper/Meyer* Rn. 24.
98 S. 26. Kap. Rn. 172 ff.
99 S. noch unten Rn. 58 und Rn. 84, Rn. 112 zum sog. Bühnenaufführungsrecht.

- Das **Recht der öffentlichen Zugänglichmachung** (§ 19a UrhG), d. h. das Recht, das Werk drahtgebunden oder drahtlos der Öffentlichkeit in einer Weise zugänglich zu machen, dass es Mitgliedern der Öffentlichkeit von Orten und zu Zeiten ihrer Wahl zugänglich ist. Hierunter fällt insbesondere das Recht, das Musik-/Sprachwerk (Liedtext) im Internet zum interaktiven Abruf so bereit zu stellen, dass der Endnutzer durch seine Abrufentscheidung individuell bestimmen kann, wann und wo er die Musik hört bzw. den Liedtext liest. **50**
- Das – vom Recht der öffentlichen Zugänglichmachung (§ 19a UrhG) zu unterscheidende – **Senderecht** (§ 20 UrhG), d. h. das Recht des Musikurhebers, sein Werk durch Funk, wie Ton- oder Fernsehrundfunk, Satellitenrundfunk, Kabelfunk oder ähnlich technische Mittel der Öffentlichkeit zugänglich zu machen. Hierfür ist kennzeichnend, dass das gesamte Publikum das Werk nur zur gleichen, vom Sendenden vorgegebenen Zeit wahrnehmen kann, bspw. beim Einschalten des Radios.[100] **51**

Ob und inwieweit die unverkörperte Musikübertragung an die Rezipienten als „Sendung“ i. S. v. § 20 UrhG oder als „öffentliche Zugänglichmachung“ i. S. v. § 19a UrhG einzuordnen ist, ist im Einzelfall problematisch, wenn es sich nicht um „klassischen“ Rundfunk (Radio oder Fernsehen) handelt.[101] So kann beim Musikstreaming im Internet das Senderecht (§ 20 UrhG) betroffen sein, soweit, wie i. d. R. beim Internetradio, ein festgelegtes Programm linear gestreamt wird und der ein- bzw. zuschaltende Hörer keinen Einfluss auf den Inhalt sowie den Zeitpunkt der Übertragung der Musiktitel hat.[102] Kann der Nutzer dagegen frei wählen, wann er welchen Titel bei dem Streamingdienstes abruft und sich anhört, liegt eine öffentliche Zugänglichmachung i. S. v. § 19a UrhG vor.[103] **52**

Diese **Differenzierung bzw. Abgrenzung zwischen** dem **Recht der öffentlichen Zugänglichmachung** einerseits **und** dem **Senderecht** andererseits ist bei der vertraglichen Rechteinräumung im Rahmen der Vertragsgestaltung zu berücksichtigen. Soll der Verwerter die „Musik“ auf alle Nutzungsarten nutzen dürfen, also ein umfassendes Werknutzungsrecht erhalten (vgl. § 31 Abs. 1 S. 1 Alt. 2 UrhG), gebietet allerdings die in § 31 Abs. 5 S. 1 UrhG zum Ausdruck kommende Übertragungszwecklehre,[104] in dem Vertrag ausdrücklich die einzelnen Nutzungsarten detailliert und nach Möglichkeit erschöpfend zu bezeichnen. Wird dem Rechnung getragen, kann die Abgrenzungsproblematik dahin stehen.[105] **53**

- (Zweit-)Verwertungsrechte gem. §§ 20a–22 UrhG wie das **Recht der Wiedergabe des Werks durch Tonträger** (§ 21 UrhG). Letzteres ist betroffen, wenn (zuvor aufgenommene) Musik von einem Tonträger öffentlich wahrnehmbar gemacht, also etwa eine CD in einem Kaufhaus, einer Gaststätte oder Diskothek abgespielt wird.[106] **54**

---

100 *OLG Stuttgart* GRUR-RR 2008, 289 Rn. 10 – Music-on-demand-Dienst.

101 Vgl. dazu Loewenheim/*Koch* § 78 Rn. 70 ff., s. auch 26. Kap. Rn. 182 ff.

102 Wandtke/Bullinger/*Bullinger* § 19a Rn. 34; *Schack* Rechtsprobleme der Online-Übermittlung, GRUR 2007, 639, 641; Loewenheim/*Schwarz/Reber* § 21 Rn. 76; *Sasse/Waldhausen* ZUM 2000, 837, 842 ff.; a. A. Dreier/Schulze/*Dreier* § 19a Rn. 10 und § 20 Rn. 16.

103 *OLG Hamburg* MMR 2006, 173 – staytuned.de; *OLG Stuttgart* GRUR-RR 2008, 289 Rn. 10 f. – Music-on-demand-Dienst; Wandtke/Bullinger/*Bullinger* § 19a Rn. 34; *Schack* Rechtsprobleme der Online-Übermittlung GRUR 2007, 639, 641.

104 *BGH* GRUR 1996, 121, 122 = *BGHZ* 131, 8, 12 – Pauschale Rechtseinräumung; *BGH* GRUR 2012, 1031 Rn. 15 ff. – Honorarbedingungen Freie Journalisten. S. zur Übertragungszwecklehre bzw. Zweckübertragungstheorie auch 26. Kap. Rn. 237 ff.

105 Vgl. aber Loewenheim/*Koch* § 78 Rn. 73b.

106 S. 26. Kap. Rn. 197.

55 – Das **(Film-)Synchronisationsrecht**, d. h. das Recht, das Musik- bzw. Sprachwerk zur Herstellung von Filmwerken und zur Herstellung von anderen Verbindungen des Werks mit Werken oder Erzeugnissen anderer Gattung zu verwenden, z. B. zur Herstellung von Kino-, Fernseh-, Video- oder Multimediafilmen, Video- und Computerspielen, Hörbüchern, Hörspielen, Trailern, Webseiten, Standbildern, Glückwunsch- oder Präsentkarten.[107] Bei dieser Nutzung bzw. bei der Nutzung der geschaffenen Verbindung werden ggf. andere der vorgenannten Rechte des Urhebers berührt (z. B. Vervielfältigungs- und Verbreitungsrecht). Mit der Nutzung des Musik- bzw. Sprachwerks zur Herstellung eines Filmwerks oder einer anderen Verbindung geht regelmäßig aber insbesondere auch eine **Bearbeitung oder andere Umgestaltung des ursprünglichen Musik- bzw. Sprachwerks** einher. Dann ist das Bearbeitungsrecht[108] des Urhebers (§ 23 UrhG) betroffen.

56 – Das **Werberecht**, d. h. das Recht, das Musik- bzw. Sprachwerk für Werbezwecke zu nutzen.[109] Mit einer solchen Nutzung ist i. d. R. u. a. auch eine **Werkbearbeitung oder -umgestaltung** verbunden, so dass das Bearbeitungsrecht des Urhebers berührt ist.[108]

57 – Das **Recht, das Musik- bzw. Sprachwerk als Klingelton** und als Freizeichenuntermalung **zu nutzen**.[110] Neben anderen Rechten des Urhebers ist auch bei einer solchen Werknutzung regelmäßig das Bearbeitungsrecht betroffen, weil (und soweit) das Werk für diesen Zweck **bearbeitet oder anderweitig umgestaltet** wird.[108]

58 – Das **Bühnenaufführungsrecht**, d. h. das Recht, das Musik- bzw. Sprachwerk als und zum Bühnenstück zu verwenden. Dieses Recht der Bühnenaufführung ist Teil des Vortrags- und Aufführungsrecht des Urhebers (§ 19 UrhG),[111] allerdings bestehen insoweit in der Praxis der Rechteverwertung Besonderheiten.[112] I.Ü. ist mit dieser Nutzung regelmäßig eine **Bearbeitung oder andere Umgestaltung** des Musik- bzw. Sprachwerks verbunden. Insoweit ist auch das Bearbeitungsrecht des Urhebers berührt.[108]

59 – Das **Bearbeitungsrecht** gem. § 23 UrhG, d. h. das Recht, das Musik- bzw. Sprachwerk zu bearbeiten oder anders umzugestalten und die Bearbeitung oder Umgestaltung zu nutzen.[113]

60 Aus § 23 S. 1 und 2 UrhG ergibt sich im Umkehrschluss (und mit den in § 23 S. 2 UrhG genannten Ausnahmen), dass ein Musikstück grundsätzlich auch ohne die Einwilligung des Musikurhebers bearbeitet oder anders umgestaltet werden darf.[114] Wer allerdings die Bearbeitung oder Umgestaltung veröffentlichen oder verwerten will, darf dies nach § 23 S. 1 UrhG nur, wenn der Urheber des bearbeiteten oder umgestalteten

107 S. dazu noch unten Rn. 85 sowie Rn. 113.
108 S. noch unten Rn. 59 ff.
109 S. dazu noch unten Rn. 86 sowie Rn. 115.
110 S. noch unten Rn. 87.
111 S. o. Rn. 49.
112 S. noch unten Rn. 84 Fn. 181.
113 Str. ist, ob § 23 UrhG ein selbständiges Verwertungsrecht regelt; vgl. Dreier/Schulze/*Schulze* § 23 Rn. 9.
114 Schricker/Loewenheim/*Loewenheim* § 23 Rn. 19.

Musikstücks einwilligt (sog. Bearbeitungsrecht).[115] Denn insofern ist zu bedenken, dass jede **Nutzung der Bearbeitung oder Umgestaltung** auch eine Benutzung des Originalwerks darstellt.[116]

Dabei besteht das **Einwilligungserfordernis** im Zweifel auch dann, wenn der Musikurheber ein Nutzungsrecht eingeräumt hat (§ 37 Abs. 1 UrhG). **In der Praxis** enthalten Musikverlagsverträge aber mitunter Klauseln, wonach den Verlagen umfassend das Recht eingeräumt wird, die vertragsgegenständlichen Werke zu dem Zweck der vertragsgemäßen Nutzung (z. B. zur Verbindung mit anderen Werken, zur Nutzung als Klingelton oder Freizeichenuntermalung, zur werblichen Verwendung) zu ändern, zu bearbeiten und/oder umzugestalten sowie die entsprechenden Werkbearbeitungen und -änderungen zu veröffentlichen und zu verwerten.[117] Vielfach ist in den Verträgen allerdings stattdessen auch vorgesehen, dass **bestimmte Nutzungen** der vertragsgegenständlichen Werke, mit denen Werkänderungen, -bearbeitungen oder -umgestaltungen verbunden sind,[118] der vorherigen Zustimmung des Musikurhebers bedürfen. 61

Voraussetzung einer Werkbearbeitung und -umgestaltung ist, dass das **ursprüngliche Musik- bzw. Sprachwerk** (Liedtext) **verändert** wird, wobei dazu keine Substanzänderung notwendig ist.[119] Eine Werkänderung liegt auch dann vor, wenn der Originaltitel in einem anderen Kontext erscheint und dadurch ein anderer Gesamteindruck entsteht.[120] So können **bspw.** Variationen, Neuarrangements, Einrichtungen für andere Instrumente, Kürzungen, Streichungen, das Herstellen von Auszügen und die Benutzung urheberrechtlich geschützter Musik als Handyklingelton Bearbeitungen bzw. Umgestaltungen i. S. v. § 23 S. 1 UrhG darstellen, bei Liedtexten etwa deren Übersetzung in eine andere Sprache oder Mundart.[121] 62

Allerdings führt nicht jede Veränderung eines Werks zu einer Bearbeitung oder anderen Umgestaltung i. S. v. § 23 S. 1 UrhG. Diese setzt vielmehr eine **wesentliche Veränderung** der benutzten Vorlage voraus.[122] Wird das Werk hingegen unverändert oder nur unwesentlich verändert („werkgetreu") wiedergegeben, handelt es sich nicht um eine Bearbeitung oder Umgestaltung, sondern ggf. um eine bloße Vervielfältigung der 63

115 Bearbeitungen und andere Umgestaltungen des Musikwerks stellen i. d. R. auch Änderungen i. S. v. § 39 UrhG dar; diese darf der Inhaber eines Nutzungsrechts nun aber grundsätzlich nicht ohne die Erlaubnis des Musikurhebers vornehmen (s. o. Rn. 43). Nach h.M. geht dann § 23 S. 1 UrhG in dem Sinne vor, dass das Änderungsverbot (§ 39 UrhG) grundsätzlich (d. h. vorbehaltlich der in § 23 S. 2 genannten Ausnahmen) nicht die Herstellung der Änderung, sondern erst deren Veröffentlichung und Verwertung betrifft (*Castendyk* Gibt es ein „Klingelton-Herstellungsrecht"?, ZUM 2005, 9, 16; Wandtke/Bullinger/*Bullinger* § 23 Rn. 12; Fromm/Nordemann/*Vinck* § 39 Rn. 1).

116 Schricker/Loewenheim/*Loewenheim* § 23 Rn. 2.

117 Zu den Grenzen solcher Klauseln s. o. Rn. 44.

118 S. Rn. 55 ff.

119 Jede Bearbeitung oder andere Umgestaltung i. S. v. § 23 S. 1 UrhG stellt, soweit sie körperlich festgelegt ist, zugleich eine Vervielfältigung i. S. v. § 16 UrhG dar; *BGH* GRUR 2014, 65 Rn. 36 – Beuys-Aktion m. w. N., auch zur Gegenansicht.

120 Dreier/Schulze/*Schulze* § 23 Rn. 8; Schricker/Loewenheim/*Loewenheim* § 23 Rn. 7; vgl. auch *BGH* GRUR 2002, 532, 534 – Unikatrahmen.

121 Schricker/Loewenheim/*Loewenheim* § 23 Rn. 7 ff. Zur Nutzung geschützter Musik als Handyklingelton vgl. *BGH* GRUR 2009, 395 Rn. 14 – Klingeltöne für Mobiltelefone.

122 *BGH* GRUR 2014, 65 Rn. 37 – Beuys-Aktion.

benutzten i. S. v. § 16 UrhG.[123] Spielt z. B. ein Künstler in einem Konzert ein fremdes Musikstück, stellt diese Darbietung (§ 19 UrhG) regelmäßig eine Interpretation (vgl. § 73 UrhG), aber keine Bearbeitung dar.[124] Diese Differenzierung ist in der Praxis insofern von Bedeutung, als das Recht zur Vervielfältigung und zur Aufführung eines Musikwerks von der GEMA eingeräumt wird, die hierbei einem Abschlusszwang unterliegt (vgl. 34 VGG[125]), während Bearbeitungsrechte frei von dem Musikurheber selbst bzw. seinem Musikverlag vergeben werden.

64 Ausnahmsweise bedarf bereits das Herstellen der Bearbeitung oder Umgestaltung eines Musik- bzw. Sprachwerks (Liedtext) der Einwilligung des Musikurhebers, wenn es sich um eine **Werkverfilmung** handelt (§ 23 S. 2 UrhG), also das Werk mit einem Filmwerk verbunden bzw. die Musik in einen Film übernommen wird (vgl. § 88 Abs. 1 UrhG). In diesem Zusammenhang hat der BGH allerdings entschieden, dass die Verbindung eines Musikwerks mit dem Bildteil eines Films als solche bei unveränderter Übernahme der Musik nur eine Vervielfältigung, aber keine Bearbeitung darstellt.[126] Bei der Fernsehaufzeichnung einer Konzertaufführung werde das dargebotene Musikwerk nicht verfilmt. Gegenstand dieser Entscheidung war die **Filmaufzeichnung eines Konzerts**, in dessen Rahmen das Musikwerk „Alpensinfonie“ des Komponisten Richard Strauss aufgeführt wurde. Dieses Konzert wurde im Programm der ARD live übertragen und gleichzeitig aufgezeichnet. Im Anschluss daran erfolgte u. a. hiervon eine Produktion für weitere spätere TV-Ausstrahlungen sowie die Produktion einer DVD. Im Streit stand u. a., ob die für die Fernsehaufzeichnung des Musikwerks und die für die DVD-Verwertung etc. erforderlichen Rechte (z. B. das Vervielfältigungs- und Verbreitungsrecht) allein kollektiv durch die GEMA wahrgenommen werden und daher von der GEMA eingeräumt werden (müssen) (vgl. § 11 UrhWG) oder ob u. a. (auch) das Bearbeitungsrecht betroffen gewesen ist, das individuell durch den Musikverlag wahrgenommen und frei vergeben wird.

65 Von einer Bearbeitung oder Umgestaltung i. S. v. § 23 UrhG, die nicht ohne die Einwilligung des Urhebers des „Originals“ veröffentlicht und verwertet werden darf, sowie von einer ebenso erlaubnisbedürftigen Werkvervielfältigung (§ 16 UrhG) und öffentlichen Werkwiedergabe (§§ 19 ff. UrhG) ist die sog. **freie Benutzung gem. § 24 UrhG abzugrenzen**. Danach darf ein selbständiges Werk, das in „freier Benutzung“ des Werkes eines anderen geschaffen worden ist, ohne Zustimmung des Urhebers des benutzten Werks veröffentlicht und verwertet werden (§ 24 Abs. 1 UrhG).[127] In der Praxis ist diese Abgrenzung insoweit von Bedeutung, als sie darüber entscheidet, ob für die Nutzung fremder Musikwerke die Erlaubnis des Rechteinhabers einzuholen und damit i. d. R. auch eine Vergütung zu zahlen ist.[128]

---

123 *BGH* GRUR 2014, 65 Rn. 37 – Beuys-Aktion; vgl. auch Schricker/Loewenheim/*Loewenheim* § 23 Rn. 3, 7, 13; Dreier/Schulze/*Schulze* § 3 Rn. 5.

124 Dreier/Schulze/*Schulze* § 3 Rn. 27; vgl. *KG* GRUR-RR 2004, 129, 130 – Modernisierung einer Liedaufnahme.

125 Eine Übertragung des Urheberrechts oder einzelner Verwertungsrechte auf Dritte kommt grundsätzlich nicht in Betracht (vgl. § 29 Abs. 1 UrhG). S. im Einzelnen zur Verwertung der Urheberrechte durch Einräumung von Nutzungsrechten 26. Kap. Rn. 209 ff.

126 *BGH* GRUR 2006, 319 Rn. 29 ff. – Alpensinfonie; abl. Dreier/Schulze/*Schulze* § 23 Rn. 21.

127 Gleiches gilt für die Nutzung von Teilen eines anderen Werks, soweit sie schutzfähig sind; Dreier/Schulze/*Schulze* § 24 Rn. 3, 6; Schricker/Loewenheim/*Loewenheim* § 24 Rn. 22.

128 Loewenheim/*Czychowski* § 9 Rn. 79.

Nach § 24 Abs. 1 UrhG muss durch die Nutzung des fremden Werks eine persönliche geistige Schöpfung (§ 2 Abs. 2 UrhG) entstehen, die in ihrer **Eigentümlichkeit gegenüber dem benutzten Werk selbständig** ist.[129] Voraussetzung ist, dass das benutzte Werk nicht identisch oder bearbeitet bzw. umgestaltet übernommen wird, sondern dem Nutzer lediglich als Anregung für das eigene Schaffen dient.[130] Nach der Rspr. liegt keine Bearbeitung oder andere Umgestaltung i. S. d. § 23 S. 1 UrhG und erst recht keine Vervielfältigung i. S. d. § 16 UrhG, sondern i. S. d. § 24 Abs. 1 UrhG ein selbstandiges Werk vor, das in freier Benutzung geschaffen worden ist, wenn die Veränderung der benutzten Vorlage so weitreichend ist, dass die Nachbildung über eine eigene schöpferische Ausdruckskraft verfügt und die entlehnten eigenpersönlichen Züge des Originals angesichts der Eigenart der Nachbildung verblassen.[131] Freilich ist bei der Nutzung eines musikalischen Werks das Privileg nach § 24 Abs. 1 UrhG von vornherein beschränkt. Denn gem. § 24 Abs. 2 UrhG darf ein neues Werk nur mit der Zustimmung des Urhebers des benutzten Werks veröffentlicht und verwertet werden, wenn dem benutzten Musikwerke eine Melodie erkennbar entnommen und dem neuen Werk zugrunde gelegt wird, wobei die Melodie selbst schutzfähig sein muss (sog. **Melodienschutz**).[132] Unter einer „Melodie“ wird verbreitet eine in sich geschlossene und geordnete Tonfolge verstanden, in der der individuelle ästhetische Gehalt zum Ausdruck kommt.[133] Die Übernahme von Harmonie, Rhythmus, Eigenart der Instrumentierung oder von besonderen Klangeffekten wird durch § 24 Abs. 2 UrhG aber nicht ausgeschlossen, da sie für sich genommen keine Melodie darstellen.[134] **66**

In der Praxis kommt es vielfach vor, dass Interpreten fremde **Titel** verändert oder unverändert **neu ein- bzw. nachspielen**. Mitunter ist hier schwierig zu beurteilen, ob und welche Rechte des Musikurhebers des benutzten Titels betroffen sind.[135] Die Antwort darauf ist deshalb von praktischer Bedeutung, weil hiervon abhängt, ob der jeweilige Nutzer des fremden Werks (nur) die Zustimmung der GEMA einholen muss, die gem. § 34 VGG gegenüber jedermann zur Einräumung von Nutzungsrechten verpflichtet ist, oder (auch) der Erlaubnis des Musikurhebers bzw. Musikverlags bedarf, der grundsätzlich frei über das Ob und Wie (u. a. Vergütungshöhe) der Nutzungsrechtsvergabe entscheidet.[136] Denn während die GEMA u. a. das Recht zur Vervielfältigung, Verbreitung und öffentliche Wiedergabe (z. B. Konzertaufführung, Online-Abruf) einräumt, kann das von den vorstehenden Nutzungshandlungen u. U. berührte Bearbeitungsrecht (§ 23 UrhG) nur individuell von dem Musikurheber bzw. **67**

---

129 Schricker/Loewenheim/*Loewenheim* § 24 Rn. 9; Wandtke/Bullinger/*Bullinger* § 24 Rn. 2; s. auch *BGH* GRUR 2009, 403, 406 – Metall auf Metall I; *BGH* 1.6.2017 – IZR 115/16 – Metall auf Metall III (Fn. 12).

130 Schricker/Loewenheim/*Loewenheim* § 24 Rn. 10; Loewenheim/*Czychowski* § 9 Rn. 79; Dreier/Schulze/*Schulze* § 24 Rn. 5, 7.

131 *BGH* GRUR 2014, 65 Rn. 37 – Beuys-Aktion; s. auch *BGH* GRUR 2009, 403, 406 – Metall auf Metall I, jeweils m. w. N., und Rn. 66, Fn. 132.

132 Von Melodienschutz bzw. dem Zustimmungserfordernis gem. § 24 Abs. 2 UrhG wiederum zu unterscheiden ist das Musikzitat i. S. v. § 51 S. 2 Nr. 3 UrhG. Danach ist es ohne Zustimmung des Rechteinhabers erlaubt, einzelne Stellen eines erschienenen Werks der Musik in einem selbständigen Werk der Musik anzuführen. Vgl. zur Differenzierung Wandtke/Bullinger/*Lüft* § 51 Rn. 20; *Hertin* GRUR 1989, 159, 165; s. auch *Homann* S. 67 f., und Rn. 19, Fn. 12.

133 Vgl. *BGH* GRUR 1988, 810, 811 – Fantasy; GRUR 1988, 812, 814 – Ein bisschen Frieden; s. auch Schricker/Loewenheim/*Loewenheim* § 24 Rn. 34 m. w. N.

134 *OLG Hamburg* ZUM 2011, 748, 750 – Metall auf Metall II.

135 S. dazu auch Loewenheim/*Czychowski* § 9 Rn. 79 ff.

136 S. näher unten Rn. 69 ff.

Musikverlag und zu mit diesen auszuhandelnden Konditionen eingeholt werden. Wenn das benutzte Werk von dem Künstler identisch („werkgetreu") übernommen wird, liegt in jedem Fall eine sog. **Cover-Version** vor, bei der es allein um die von der GEMA zu lizenzierenden Verwertungsrechte geht und das Bearbeitungsrecht (§ 23 UrhG) nicht betroffen ist.[137] Gleiches gilt, wenn das ursprüngliche Werk im Wesentlichen unverändert neu eingespielt wird.[138] Im Einzelfall kann etwa die Wiedergabe des Ursprungs-Musikwerks in einer anderen Tonart noch nicht als Bearbeitung i. S. d. § 23 UrhG anzusehen sein.[139] Sobald jedoch der klangliche Charakter der Tonfolgen merklich von dem ursprünglichen Musikwerk abweicht, z. B. ein anderer Musikstil verwandt oder das Tempo der Tonfolgen verändert wird oder weitere Tonfolgen hinzugefügt werden, bedarf es der Zustimmung des Musikurhebers bzw. Musikverlags zur Veröffentlichung und Verwertung der Bearbeitungen (§ 23 S. 1 UrhG),[140] falls nicht ausnahmsweise eine freie Benutzung i. S. v. § 24 UrhG anzunehmen ist.

V. Rechteverwertung

68 Ein Musikurheber kann sein Musik- bzw. Sprachwerk (Liedtext) selbst nutzen, d. h. die hieran ausschließlich ihm zustehenden Rechte persönlich ausüben, indem er etwa als Musiker das selbst komponierte Stück bei einem Konzert aufführt (vgl. § 19 Abs. 2 UrhG) oder einspielt und aufnimmt, um es dann über die eigene Internetseite zu veröffentlichen und zu vertreiben (vgl. § 19a UrhG).[141] Um sein Werk **umfassend wirtschaftlich verwerten** zu können, ist der Musikurheber **regelmäßig aber auf Dritte** (z. B. Tonträgerhersteller, Filmproduzenten, Musikverlage) **angewiesen**. Der Musikurheber kann hierzu nach § 31 Abs. 1 S. 1 UrhG anderen das Recht einräumen, die Komposition bzw. den Liedtext auf einzelne oder alle Nutzungsarten zu nutzen (Nutzungsrecht).[142] I.d.R. wird der Musikurheber die Nutzungsrechte an seinem Werk mehr oder weniger umfassend und exklusiv (vgl. § 31 Abs. 1 S. 2 UrhG) einräumen (müssen).

1. Kollektive und individuelle Wahrnehmung von Rechten an „Musik"[143]

69 Die Rechte an „Musik" werden zum Teil kollektiv durch die GEMA, zum Teil individuell wahrgenommen.

---

137 Vgl. dazu *BGH* GRUR 1998, 376 – Coverversion; *LG München I* ZUM-RD 2002, 14, 16 („selbes Lied, andere Interpreten"); s. auch Dreier/Schulze/*Schulze* § 3 Rn. 30; Loewenheim/*Czychowski* § 9 Rn. 79

138 *Homann* S. 63.

139 Vgl. Fromm/Nordemann/*Dustmann* § 3 Rn. 32.

140 Dreyer/Kotthoff/Meckel/*Dreyer* § 3 Rn. 31.

141 Vgl. oben Rn. 7.

142 Eine Übertragung des Urheberrechts oder einzelner Verwertungsrechte auf Dritte kommt grundsätzlich nicht in Betracht (vgl. § 29 Abs. 1 UrhG). S. im Einzelnen zur Verwertung der Urheberrechte durch Einräumung von Nutzungsrechten 26. Kap. Rn. 209 ff.

143 Aus Sicht des Urhebers werden seine Rechte kollektiv oder individuell von Musikverlagen und der GEMA *wahrgenommen*. Die Rechtewahrnehmung besteht dann in der Vergabe von Rechten.

Unter **kollektiver Rechtewahrnehmung** sind die Verwertungsvorgänge zu verstehen, bei denen die GEMA (Verwertungsgesellschaft i. S. v. § 2 VGG[144]) Nutzungsrechte an „Musik", die ihr die Rechteinhaber (Musikurheber und Musikverlage) durch sog. **Berechtigungsvertrag** eingeräumt haben, für eine Vielzahl von Nutzungen teils gegen ein festgeschriebenes Lizenzentgelt, teils gegen eine im Einzelfall vereinbarte Vergütung an einzelne Nutzer (weiter-)vergibt (sog. gewillkürte Rechtewahrnehmung).[145] Der kollektiven Rechtewahrnehmung durch die GEMA unterliegen zudem diejenigen Rechte und Ansprüche, die **kraft Gesetzes zwingend** durch eine Verwertungsgesellschaft geltend zu machen sind (vgl. z. B. §§ 20b Abs. 1 S. 1, 27 Abs. 3, 45a Abs. 2 S. 2, 49 Abs. 1 S. 3, 52a Abs. 4 S. 2, 54h Abs. 1 UrhG; obligatorische Rechtewahrnehmung).[146] Hintergrund der kollektiven Rechtewahrnehmung ist, dass insbesondere im Rahmen der massenhaften Nutzung von Musik (z. B. bei Konzerten oder im Rundfunk) eine individuelle Erfassung, Kontrolle und Rechtevergabe durch den jeweiligen Rechteinhaber (Musikurheber oder Musikverlag) kaum durchführbar oder zumindest unpraktikabel ist. **70**

Demgegenüber meint **individuelle Rechtewahrnehmung**, dass die Verwertungs- bzw. Nutzungsrechte an der „Musik" von dem jeweiligen Rechteinhaber (Musikurheber oder Musikverlag) selbst und damit individuell wahrgenommen werden statt kollektiv durch eine Verwertungsgesellschaft. Insoweit handelt es sich um Rechte, hinsichtlich derer es dem einzelnen Rechteinhaber möglich ist, die Verwertung durch Nutzer zu erfassen, zu kontrollieren sowie selbst die diesbezügliche Rechtevergabe vorzunehmen und die Vergütung hierfür zu verhandeln. **71**

Dem GEMA-Berechtigungsvertrag liegt dementsprechend maßgeblich der Zweck zugrunde, der Verwertungsgesellschaft zur kollektiven Wahrnehmung Rechte einzuräumen, deren individuelle Wahrnehmung den einzelnen Urheberberechtigten nicht möglich ist, während Rechte, die der Urheberberechtigte individuell verwerten kann, diesem verbleiben sollen.[147] Übt der Musikurheber seine Rechte nicht selbst aus, schließt er in der Praxis meist sowohl mit der GEMA einen **Berechtigungsvertrag als auch** mit einem Musikverlag einen **Musikverlagsvertrag**. Insofern kann es vorkommen, dass man (z. B. als Musiker oder als Schallplattenfirma) für eine konkrete Musiknutzung sowohl bei der Verwertungsgesellschaft als auch bei dem Verlag (oder Urheber) die betreffenden Rechte einholen muss. **72**

144 Das Verwertungsgesellschaftengesetz – VGG ist am 1.6.2016 in Kraft getreten und hat das bisherige Urheberrechtswahrnehmungsgesetz (UrhWG) abgelöst (Art. 1 und Art. 7 Nr. 1 VG-Richtlinie-Umsetzungsgesetz, BGBl I 2016, S. 1196); s. dazu *Limper* IPRB 2016.

145 Die GEMA (= Gesellschaft für musikalische Aufführungs- und mechanische Vervielfältigungsrechte) ist Verwertungsgesellschaft i. S. d. Urheberrechtswahrnehmungsgesetzes (UrhWG) und nimmt als solche (kollektiv) Rechte von Musikurhebern und Musikverlagen wahr. Die „Gesellschaft" hat die Rechtsform eines wirtschaftlichen Vereins, dessen Rechtsfähigkeit gem. § 22 BGB auf staatlicher Verleihung beruht. Zweck des Vereins ist der Schutz des Urhebers und die Wahrnehmung seiner Rechte im Rahmen der Vereinssatzung. S. näher 27. Kap. Rn. 42 sowie unter www.gema.de.

146 S. dazu 27. Kap. Rn. 1 ff.

147 *BGH* GRUR 2010, 62 Rn. 24 – Nutzung von Musik zu Werbezwecken; GRUR 2000, 228, 230 – Musical Gala.

2. Kollektive Rechtewahrnehmung auf Grundlage des Berechtigungsvertrags mit der GEMA

73 Die kollektive Rechtewahrnehmung auf der Grundlage des Berechtigungsvertrags erfolgt – vereinfacht – in der Weise, dass die GEMA sich durch den Vertrag von dem jeweiligen Rechteinhaber (Musikurheber oder Musikverlag) Nutzungsrechte an der „Musik" zur treuhänderischen Wahrnehmung einräumen lässt (vgl. § 1 Berechtigungsvertrag), ggf. sodann an Nutzer (einfache) Lizenzen für die Musiknutzung vergibt, dafür Lizenzentgelte einzieht und diese nach Abzug einer Verwaltungsgebühr auf der Grundlage eines festgelegten Verteilungsplans bzw. Verteilungsschlüssels an die Rechteinhaber ausschüttet.[148] Wenn also ein Nutzer (z. B. Radiosender, Tonträgerunternehmen, ausübender Künstler) ein von der GEMA wahrgenommenes, d. h. vom Berechtigungsvertrag erfasstes Recht verwenden will, muss er hierfür bei der Verwertungsgesellschaft die entsprechende Lizenz einholen und Gebühr entrichten.

74 Dabei besteht im Hinblick auf die Rechtevergabe an Nutzer die Besonderheit, dass die GEMA gem. § 34 Abs. 1 S. 1 VGG einem **Kontrahierungszwang** unterliegt. Die

148 Vgl. dazu die Regelungen des VGG und des Berechtigungsvertrags (abrufbar unter www.gema.de). Der Verteilungsplan, auf den der Berechtigungsvertrag Bezug nimmt, wird jährlich auf der GEMA-Hauptversammlung neu beschlossen und kann über die GEMA-Homepage a.a.O. eingesehen werden. Er sieht u. a. für verschiedene Nutzungsarten unterschiedliche Verteilungsschlüssel vor und differenziert hinsichtlich der quotalen Verteilung z. B. zwischen Komponisten, Texter und Musikverlag. Der *BGH* hat allerdings in einem Urteil (GRUR 2016, 596 – Verlegeranteil), das die Klage eines Autors wissenschaftlicher Werke gegen die VG Wort zum Gegenstand hatte, eine pauschale Beteiligung von Verlagen an den Einnahmen der Verwertungsgesellschaft (Verlagsanteil) für unzulässig erklärt. Im Anschluss daran hat das *KG Berlin* (14.11.2016 - 24 U 96/14) in einer Auseinandersetzung zwischen Musikurhebern (Komponist und Textdichter) und der GEMA die Rechtsprechung auf die Ausschüttung für Nutzungen von Urheberrechten übertragen und entschieden, dass die GEMA Gelder nur an diejenigen Berechtigten ausschütten dürfe, die ihre Rechte wirksam übertragen hätten. Hätten die Urheber – so das KG Berlin – ihre Rechte zuerst aufgrund vertraglicher Vereinbarungen auf die GEMA übertragen, so könnten die Verleger keine Ansprüche aus den Urheberrechten des Urhebers ableiten; denn den Verlegern stehe kein eigenes Recht zu. Dementsprechend könnten sie auch nicht beanspruchen, an den Einnahmen aus Nutzungsrechten beteiligt zu werden. Etwas Anderes könne nach Ansicht des Gerichts gelten, wenn die Urheber zugunsten der Verleger konkrete Zahlungsanweisungen getroffen oder ihre Ansprüche auf ein Entgelt gegen die GEMA an die Verleger (zumindest teilweise) abgetreten hätten. Der Gesetzgeber hat allerdings inzwischen auf diese Judikate reagiert und mit einer Ergänzung des VGG für eine (teilweise) Remedur gesorgt; nachstehende Regelungen sind in das VGG aufgenommen worden:
„§ 27 Verteilungsplan
(2) Nimmt die Verwertungsgesellschaft Rechte für mehrere Rechtsinhaber gemeinsam wahr, kann sie im Verteilungsplan regeln, dass die Einnahmen aus der Wahrnehmung dieser Rechte unabhängig davon, wer die Rechte eingebracht hat, nach festen Anteilen verteilt werden.
§ 27a Einnahmen aus gesetzlichen Vergütungsansprüchen des Urhebers
(1) Nach der Veröffentlichung eines verlegten Werks oder mit der Anmeldung des Werks bei der Verwertungsgesellschaft kann der Urheber gegenüber der Verwertungsgesellschaft zustimmen, dass der Verleger an den Einnahmen aus den in § 63a Satz 1 des Urheberrechtsgesetzes genannten gesetzlichen Vergütungsansprüchen beteiligt wird.
(2) Die Verwertungsgesellschaft legt die Höhe des Verlegeranteils nach Absatz 1 fest.
§ 34 Abs. 1 S. 1 VGG entspricht dem früheren § 11 Abs. 1 UrhWG; soweit Verwertungsgesellschaften gebietsübergreifend Online-Rechte an Musikwerken vergeben (vgl. § 59 VGG), sind sie gem. § 60 Abs. 2 VGG allerdings nicht dazu verpflichtet, Nutzern Rechte „zu angemessenen Bedingungen" (§ 34 Abs. 1 S. 1 VGG) einzuräumen (vgl. dazu Begr.RegE. zu § 60 BT-Drucks. 18/7223, S. 91 und *Limper* IPRB 163; zum bisherigen Recht *Staudt* § 1 I 1; Wandtke/*Schunke* Kap. 3 Rn. 33).

Verwertungsgesellschaft ist danach verpflichtet, auf Grund der von ihr wahrgenommenen Rechte jedermann auf Verlangen zu angemessenen Bedingungen Nutzungsrechte einzuräumen.[149] Hierdurch verliert zwar der Musikurheber bzw. Musikverlag einerseits in dem Umfang, in dem er der GEMA Nutzungsrechte zur Wahrnehmung einräumt, die Kontrolle darüber, von wem und wie sein Werk genutzt wird.[150] Andererseits aber hat die GEMA die Nutzungsrechte zu angemessenen Bedingungen zu vergeben und zur Sicherung einer angemessenen Entlohnung der Kreativen für die Rechteeinräumung einheitliche Tarife aufzustellen (§ 38 ff. VGG). Zudem muss der Nutzer, wenn er das Werk bearbeiten, umgestalten oder sonst ändern will, von dem Rechteinhaber die dazu zusätzlich notwendigen Nutzungsrechte gesondert einholen, weil die Verwertungsgesellschaft Nutzungsrechte grundsätzlich nur am vollständigen und unveränderten Originalwerk vergibt.[151]

Weil die GEMA nach § 34 Abs. 1 S. 1 VGG jedermann auf Verlangen eine Lizenz zu erteilen hat, kann sie an Nutzer keine ausschließlichen, sondern stets nur **einfache Nutzungsrechte** i. S. v. § 31 Abs. 2 UrhG vergeben.[152] Der Lizenzerwerber muss deshalb damit rechnen, dass auch andere das betreffende Werk entsprechend nutzen; so ist es etwa möglich, dass ein Musikstück von verschiedenen Künstlern zeitgleich eingespielt, auf Tonträger aufgenommen und vertrieben wird.[153] 75

2.1 Rechtsnatur des Berechtigungsvertrags

Voraussetzung für die kollektive Rechtewahrnehmung ist, dass der GEMA gem. § 31 Abs. 1 UrhG entsprechende Nutzungsrechte an den Werken eingeräumt werden. Die Verwertungsgesellschaft schließt dazu Berechtigungsverträge ab, mit denen die Rechteinhaber (Musikurheber oder Musikverlage) der GEMA als Treuhänderin die im Vertrag bezeichneten Rechte einräumt und die GEMA schuldrechtlich zur treuhänderischen Rechtewahrnehmung berechtigt und verpflichtet wird.[154] Rechteeinräumung **zur treuhänderischen Wahrnehmung** bedeutet, dass der Berechtigte zwar Rechteinhaber bleibt (und damit etwa neben der Verwertungsgesellschaft Ansprüche wegen Rechtsverletzungen selbständig geltend machen kann), aber die GEMA grundsätzlich das Recht (und gegenüber Nutzern gem. § 34 VGG auch die Pflicht) hat, an Nutzer einzelne (einfache) Nutzungsrechte (vgl. § 31 Abs. 2 UrhG) zu vergeben, ohne auf die Zustimmung des Urhebers angewiesen zu sein (§ 35 Abs. 1 S. 2 UrhG).[155] 76

Bei dem Berechtigungsvertrag handelt es sich um einen **urheberrechtlichen Nutzungsvertrag eigener Art**.[156] Als Formularvertrag unterliegt er der AGB-rechtlichen Kon- 77

149 § 34 Abs. 1 S. 1 VGG entspr. dem früheren § 11 Abs. 1 UrhWG; soweit Verwertungsgesellschaften gebietsübergreifend Online-Rechte an Musikwerken vergeben (vgl. § 59 VGG), sind sie gem. § 60 Abs. 2 VGG allerdings nicht dazu verpflichtet, Nutzern Rechte „zu angemessenen Bedingungen" (§ 34 Abs. 1 S. 1 VGG) einzuräumen (vgl. dazu Begr.RegE. zu § 60 BT-Drucks. 18/7223, 91 und *Limper* IPRB 163; zum bisherigen Recht *Staudt* § 1 I 1; Wandtke/*Schunke* Kap. 3 Rn. 33).

150 *LG München I* ZUM-RD 2009, 101, 106 – Nordrach; Dreier/Schulze/*Schulze* Vorb. § 31 Rn. 130.

151 Vgl. *LG München I* ZUM-RD 2009, 101, 106 – Nordrach; Dreier/Schulze/*Schulze* Vorb. § 31 Rn. 130; s. noch unten Rn. 88.

152 Loewenheim/*Melichar* § 47 Rn. 17; Dreier/Schulze/*Schulze* Vorb. § 31 Rn. 126; Schricker/Loewenheim/*Reinbothe* § 6 UrhWG Rn. 4.

153 Voraufl. Rn. 107.

154 Loewenheim/*Melichar* § 47 Rn. 15.

155 Schricker/Loewenheim/*Reinbothe* § 6 UrhWG Rn. 4; Dreier/Schulze/*Schulze* Vorb. § 31 Rn. 126.

156 Loewenheim/*Melichar* § 47 Rn. 15; Schricker/Loewenheim/*Schricker/Loewenheim* Vor § 28 Rn. 70; Schricker/Loewenheim/*Reinbothe* § 6 UrhWG Rn. 4; Dreier/Schulze/*Schulze* Vorb. § 31 Rn. 125.

trolle gem. §§ 305 ff. BGB.[157] Bei seiner Auslegung gelten die allgemeinen zivilrechtlichen Bestimmungen (§§ 133, 157 BGB)[158] sowie insbesondere auch § 31 Abs. 5 UrhG mit der dort zum Ausdruck kommenden sog. Übertragungszwecklehre bzw. Zweckübertragungstheorie, wonach der Urheber im Zweifel Nutzungsrechte nur in dem Umfang einräumt, wie das zur Erreichung des Vertragszwecks unbedingt erforderlich ist, und ihm im Zweifel so viele Nutzungsrechte verbleiben sollen, wie möglich.[159] Dabei sind aber die Eigenheiten des standardisierten Wahrnehmungsvertrags zu beachten. Die Regelung in § 31 Abs. 5 UrhG erfährt durch die treuhänderische Stellung der GEMA insoweit eine Veränderung, als die von der Verwertungsgesellschaft verfolgten Interessen zur Gewährleistung einer effektiven kollektiven Rechtewahrnehmung mit in die Auslegung einzubeziehen sind.[160]

2.2 Vertragsparteien

78 Aus § 9 S. 1 VGG ergibt sich, dass die GEMA zum Abschluss eines Berechtigungsvertrags mit jedem grds. verpflichtet ist, der Inhaber von Rechten und Ansprüchen ist, die dem Tätigkeitsbereich der Verwertungsgesellschaft unterfallen und der die Wahrnehmung solcher Rechte und Ansprüche durch die GEMA wünscht **(Wahrnehmungs- bzw. Kontrahierungszwang)**.[161] Vertragspartner des Berechtigungsvertrags sind dementsprechend die GEMA auf der einen und **Musikurheber und/oder Musikverlage** als Rechteinhaber (§ 5 Abs. 1 VGG) auf der anderen Seite. Üblicherweise schließen sowohl Musikurheber als auch Musikverlage GEMA-Berechtigungsverträge ab.[162] Musikurheber und Musikverlage unterliegen ihrerseits keinem Kontrahierungszwang und keiner Pflichtmitgliedschaft bei der GEMA. Sie können privatautonom entscheiden, ob sie zur Wahrnehmung ihrer Rechte einen Berechtigungsvertrag mit der GEMA abschließen (und damit GEMA-Mitglied werden) oder ob sie die Musik „GEMA-frei" auswerten.[163]

2.3 Gegenstand des Berechtigungsvertrags

79 Gem. § 1 lit. a) (u. a.) Berechtigungsvertrag werden der GEMA nur Rechte an „Werken der Tonkunst mit und ohne Text" eingeräumt und damit **nicht an einem Sprachwerk** (Liedtext), das trotz Werkverbindung eigenständig bleibt.[164] Die GEMA nimmt daher nur Nutzungsrechte an „reinen" Musikwerken (Kompositionen) und Nutzungsrechte an miteinander verbundenen Musik- und Sprachwerken wahr, während die Rechte am Sprachwerk, also am Text allein, etwa zur Übersetzung eines Liedtextes oder zum Abdruck eines Liedtextes in einem Songbook individuell durch den Urheber oder Musikverlag vergeben werden (müssen).

---

157 *BGH* GRUR 2010, 62 Rn. 15 – Nutzung von Musik zu Werbezwecken; GRUR 2009, 395 Rn. 23 – Klingeltöne; s. im Einzelnen Loewenheim/*Melichar* § 47 Rn. 22 ff.

158 Vgl. *BGH* GRUR 2009, 395 Rn. 25 – Klingeltöne.

159 *BGH* GRUR 2010, 62 Rn. 16 – Nutzung von Musik zu Werbezwecken; GRUR 2000, 228, 229 f.; *Homann* S. 90.

160 *Staudt* § 3 I 2.

161 Kreile/Becker/Riesenhuber/*Staudt* Kap. 10 Rn. 9; vgl. auch Loewenheim/*Melichar* § 47 Rn. 6; Schricker/Loewenheim/*Reinbothe* § 6 UrhWG Rn. 1.

162 S. noch unten Rn. 105.

163 S. dazu Loewenheim/*Czychowski* § 68 Rn. 60 ff.; *Homann* S. 91 f.

164 Vgl. oben Rn. 23.

Nach § 1 Berechtigungsvertrag erfolgt die **Rechtevergabe** an die GEMA i. S. v. § 31 Abs. 1 S. 2, Abs. 3 UrhG **ausschließlich** (exklusiv) **und grundsätzlich räumlich unbeschränkt** „für alle Länder".[165] Während frühere Berechtigungsverträge noch eine Mindestvertragslaufzeit von drei Jahren vorsahen, wird der Berechtigungsvertrag nunmehr auf unbestimmte Zeit abgeschlossen. Er kann jedoch unter Einhaltung einer Frist von sechs Monaten zum Ende eines jeden Kalenderjahres schriftlich gekündigt werden (§ 10 Nr. 1 Berechtigungsvertrag).[166] Auch diese Änderung beruht auf § 12 VGG. Auf Grund des ausschließlichen Nutzungsrechts der GEMA ist diese ihrer Aufgabe (treuhänderische Rechtewahrnehmung) entsprechend befugt, Nutzern ohne Zustimmung des Musikurhebers weitere (einfache) Nutzungsrechte einzuräumen (§§ 31 Abs. 3, 35 Abs. 1 S. 2 UrhG). **80**

Die Einräumung der Rechte umfasst **alle** dem Rechteinhaber **im Zeitpunkt des Vertragsschlusses zustehenden Rechte sowie** – im Wege der Vorausverfügung – auch **alle zukünftigen Rechte** an vorhandenen und künftigen Werken i. S. v. § 40 Abs. 1 UrhG während der Vertragsdauer (§ 1 Berechtigungsvertrag). Mit Abschluss des Vertrags müssen daher auch sämtliche Nutzungsrechte an den vor Vertragsschluss geschaffenen Werken (sog. Altwerke, Backkatalog) der GEMA eingeräumt werden, soweit diese Rechte nicht bereits einem Dritten zustehen.[167] Hat der Musikurheber mit dem Berechtigungsvertrag die Rechte an seinen bisher geschaffenen und künftigen Werken der GEMA zur Wahrnehmung übertragen und schließt der Musikurheber sodann einen Musikverlagsvertrag, der die betreffenden Werke umfasst, geht die Rechtevergabe an den Musikverlag insoweit in die Leere.[168] **81**

In Abkehr von dem früheren „Alles-oder-Nichts-Grundsatz"[169] sieht der Berechtigungsvertrag gem. § 16 S. 1 nunmehr die Möglichkeit einer inhaltlichen und/oder räumlichen Beschränkung – entweder von vornherein oder nachträglich durch Kündigung[170] – der Rechtsübertragung vor. Solche Beschränkungen können sich jedoch nur auf die Übertragung der Rechte an allen Werken des Berechtigten, nicht aber auf die Rechte an einzelnen seiner Werke beziehen (§ 16 S. 2 Berechtigungsvertrag).[171] Durch diese Regelung wird der in § 9 VGG geregelten Wahlfreiheit des Rechteinhabers im Berechtigungsvertrag Rechnung getragen.[172] **82**

Macht der Rechtsinhaber von seinen diesbezüglichen Gestaltungsmöglichkeiten keinen Gebrauch und räumt er der GEMA umfassend und exklusiv die in § 1 Berechtigungsvertrag bezeichneten Rechte ein, dann bedeutet dies (zunächst) eine nicht uner- **83**

---

165 *Homann* S. 91; zur Möglichkeit einer Beschränkung der Rechteeinräumung s. Rn. 82.

166 Hinsichtlich der Rechteübertragung für die von § 1 h) Abs. 2–4 Berechtigungsvertrag erfassten Onlinenutzungen kann der Vertrag nach § 10 Nr. 2 unter Einhaltung einer Frist von drei Monaten schriftlich zum Ende eines jeden Kalenderjahres (teil-)gekündigt werden.

167 Kreile/Becker/Riesenhuber/*Staudt* Kap. 10 Rn. 42 ff.

168 *BGH* GRUR 2009, 939 – Mambo No. 5; vgl. dazu auch die Neuregelung in § 27 Abs. 2 VGG (Fn. 152).

169 Danach waren die einzuräumenden Rechte nicht „verhandelbar". Vielmehr konnte der Berechtigungsvertrag vom Musikurheber bzw. Musikverlag nur so abgeschlossen werden, wie ihn die GEMA in der jeweils aktuellen Fassung vorlegte.

170 Im Hinblick auf die Frage der inhaltlichen Beschränkungen durch eine Kündigung mag die GEMA-Entscheidung der EG-Kommission (s. UFITA, Bd. 65, 1972, S. 342) hinzugezogen werden, wonach die verschiedenen Nutzungsarten in sog. Sparten aufgeteilt wurden.

171 Wegen weiterer Einzelheiten bzgl. des „Alles-oder-Nichts-Prinzips" s. Vorauflage.

172 Entspr. gilt nach § 12 VGG für die Beendigung der Rechtewahrnehmung und den Entzug von Rechten; s. zum Ganzen *Limper* IPRB 2016, 163.

hebliche **Beschränkung seiner Handlungsfreiheit**. Dies betrifft nicht nur die Vergabe von Nutzungsrechten an Dritte; Folge ist vielmehr auch, dass ein Musikurheber, wenn er z. B. als ausübender Künstler eigene Titel auf einem Konzert spielen möchte, hierfür bei der GEMA entsprechende Lizenzen einholen muss.[173] Nach der (neuen) gesetzlichen Bestimmung des § 11 VGG verbleibt dem Berechtigten (§ 6 VGG) allerdings auch im Rahmen eines laufenden Wahrnehmungsverhältnisses das Recht, jedermann zu erlauben, seine Werke für **nicht kommerzielle Zwecke** zu nutzen, was zugleich bedeutet, dass der Berechtigte seine Schutzgegenstände auch selbst für nicht kommerzielle Zwecke nutzen kann.[174] Dementsprechend ist nun in § 1a Berechtigungsvertrag bestimmt, dass „der Berechtigte (…) die Möglichkeit (hat), auf Antrag eine **vergütungsfreie GEMA-Nicht-Kommerzielle-Lizenz** („GEMA-NK-Lizenz“) für die gem. § 1 übertragenen Rechte zu erwerben, die ihn dazu berechtigt, a) seine Werke selbst nicht-kommerziell zu nutzen und b) jedermann oder einzelnen Personen eine vergütungsfreie Lizenz für die nicht-kommerzielle Nutzung seiner Werke einzuräumen“.[175]

2.4 Die übertragenen Nutzungsrechte

84 Welche Nutzungsrechte der GEMA im Einzelnen zur treuhänderischen Wahrnehmung und zur (Weiter-)Einräumung an Nutzer eingeräumt werden, ist – sofern der Berechtigte von seinem Beschränkungsrecht gem. § 16 des Berechtigungsvertrages keinen Gebrauch gemacht hat[176] – in dem umfangreichen Katalog des § 1 Berechtigungsvertrag festgelegt.[177] Dazu zählen insbesondere das Vervielfältigungsrecht, das Verbreitungsrecht, das Senderecht, das Recht zur öffentlichen Aufführung[178] sowie das Recht zur Nutzung in den neuen Medien. Dass der Berechtigungsvertrag die Rechte einzeln und im Detail auflistet, ist der **Übertragungszwecklehre** und der daraus folgenden Spezifizierungslast des Rechteerwerbs geschuldet.[179] Dabei ist es auf Seiten der GEMA wegen des technischen Fortschritts, der – damit verbunden – laufend neu entstehenden Nutzungsarten und nicht zuletzt wegen der Fortbildung des Rechts immer wieder erforderlich, den Berechtigungsvertrag zu ändern, um ihn den

173 *Waldhausen* 1. Aufl. Rn. 66; *Homann* S. 91.

174 Begr. RegE BT-Drucks. 18/7223, 75). Die Verwertungsgesellschaft legt durch die Mitgliederhauptversammlung (§ 17 Abs. 1 S. 2 Nr. 16 VGG) hierfür (angemessene) Bedingungen fest.

175 Die Voraussetzungen für den Erwerb der GEMA-NK-Lizenz und die Bedingungen für die Vergabe vergütungsfreier Lizenzen für nicht-kommerzielle Nutzungen werden von der Mitgliederversammlung beschlossen und sind zu veröffentlichen (§ 1a S. 2 Berechtigungsvertrag).

176 S. o. Rn. 82.

177 GEMA-Berechtigungsvertrag ist abrufbar unter www.gema.de. Die mit dem Berechtigungsvertrag eingeräumten Rechte werden verbreitet als **„kleine Rechte“** bezeichnet, während der Begriff **„große Rechte“** für die individuell durch Musikverlage und Urheber selbst wahrgenommenen Rechte gebraucht wird; Kreile/Becker/Riesenhuber/*Staudt* Kap. 10 Rn. 37; Dreier/Schulze/*Schulze* Vorb. § 31 Rn. 120.

178 Eine Einschränkung gilt allerdings in Bezug auf das **Bühnenaufführungsrecht** (s. o. Rn. 58), das der GEMA nicht eingeräumt und daher von dieser auch nicht vergeben wird. Gem. § 1 lit. a) GEMA-Berechtigungsvertrag erhält die GEMA nämlich Aufführungsrechte an den Werken unter Ausschluss des Rechts der bühnenmäßigen Aufführung dramatisch-musikalischer Werke. Der Ausschluss umfasst auch die bühnenmäßige Aufführung sonstiger Werke der Tonkunst als integrierende Bestandteile dramatisch-musikalischer Bühnenstücke, z. B. im Rahmen von Balletten oder Hit-Musicals. S. dazu auch 26. Kap. Rn. 176 ff.

179 Vgl. Dreier/Schulze/*Schulze* § 31 Rn. 111; s. o. Rn. 53 mit Fn. 104.

gewandelten Verhältnissen anzupassen.[180] Allerdings lässt sich die GEMA bereits „die Rechte für Nutzungen die durch technische oder rechtliche Weiterentwicklung der in den Abs. a) bis i) (des § 1 Berechtigungsvertrages) geregelten Nutzungsarten entstehen und diesen entsprechen sowie darüber hinaus diejenigen Rechte für eigenständige Nutzungsarten, die erst nach Abschluss des Berechtigungsvertrages bekannt werden, „übertragen", wobei dem Berechtigten „für eigenständige Nutzungsarten insgesamt oder für einzelne neu entstandene Nutzungsarten" ein dreimonatiges Widerrufsrecht ab Mitteilung über die beabsichtigte Aufnahme der Lizenzierung zusteht (§ 1 lit. l) Berechtigungsvertrag).[181]

2.5 Besonderheiten bei einzelnen Nutzungsrechten

Eine Besonderheit besteht für das sog. **Filmherstellungs- und Synchronisationsrecht**, 85
d. h. das Recht zur Nutzung der „Musik", um diese u. a. mit einem Filmwerk zu verbinden (s. § 1 lit. i) Abs. 1 S. 1 Berechtigungsvertrag). Dieses Recht wird der GEMA von vornherein nur unter auflösender Bedingung i. S. d. § 158 Abs. 2 BGB eingeräumt (§ 1 lit. i) Abs. 1 S. 2 Berechtigungsvertrag), wobei die Bedingung dann eintritt, wenn der Musikurheber oder Musikverlag das Recht selbst wahrnehmen will und dies der GEMA schriftlich mitteilt. Mit diesem **Rückruf** fällt das Filmherstellungs- bzw. Synchronisationsrecht an den Rechteinhaber zurück (§ 1 lit. i) Abs. 1 S. 3 Berechtigungsvertrag). Hintergrund der Rückrufmöglichkeit ist zum einen, dass das Filmherstellung- bzw. Synchronisationsrecht mit dem Urheberpersönlichkeitsrecht (§ 14 UrhG) des Musikurhebers kollidieren kann;[182] zum anderen ist der Musikurheber bzw. Musikverlag wirtschaftlich daran interessiert und auch in der Lage, seine Rechte selbst wahrzunehmen, d. h. die Lizenzbedingungen für die Nutzung der Musik individuell auszuhandeln, um dadurch ggf. eine deutlich höhere Vergütungen zu erzielen als der Verteilungsplan der GEMA vorsieht.[183] Eine Ausnahme gilt nach Maßgabe von § 1 lit. i) Abs. 2 Berechtigungsvertrag bei Fernsehproduktionen, soweit es sich um Eigen- oder Auftragsproduktionen für eigene Sendezwecke und um Übernahmesendungen der Fernsehsender handelt.[184] Dieses sog. **Sendeprivileg** umfasst auch Programmankündigungen (**Trailer**).[185] In diesen Fällen vergibt die GEMA die betreffenden Rechte an die Fernsehanstalten und deren eigene Werbegesellschaften, ohne dass ein Rückruf möglich wäre.[186] Die Einwilligung des Rechteinhabers ist aber erforderlich, wenn Dritte an der Herstellung beteiligt sind oder wenn die Fernsehproduktionen von Dritten genutzt werden sollen, das gilt insbesondere für Koproduktionen.[187]

---

180 Vgl. zu den Anforderungen hierfür Dreier/Schulze/*Schulze* Vorb. § 31 Rn. 128.

181 Das Widerrufsrecht spiegelt den Rechtsgedanken und die Normierung des § 31a UrhG wider. Nach Ablauf der Widerrufsfrist besteht das Kündigungsrecht gem. § 16 des Berechtigungsvertrages nur für „ganze Sparten" fort (vgl. Rn. 82).

182 Vgl. oben Rn. 55, 64.

183 *Staudt* § 15 II 1 e.

184 Vgl. *LG München I* ZUM 2006, 580.

185 § 1 lit. i) Abs. 2 S. 4 Berechtigungsvertrag – Voraussetzung ist, dass dabei Auftragskompositionen verwendet werden, d. h. Werke, die eigens für eine mit dem Trailer angekündigte Eigen- oder Auftragsproduktion geschaffen wurden.

186 Einschränkungen hierzu enthält § 1 lit. i) Abs. 3 GMA-Berechtigungsvertrag; vgl. dazu *BGH* GRUR 2006, 319 Rn. 27 f. – Alpensinfonie; zur Abgrenzung vgl. Dreier/Schulze/*Schulze* § 88 Rn. 20.

187 Vgl. dazu *BGH* GRUR 2006, 319 Rn. 34 – Alpensinfonie.

86 Eine weitere Besonderheit besteht hinsichtlich der **Nutzung** von „Musik" **zu Werbezwecken**.[188] Gem. § 1 lit. k) Abs. 1 Berechtigungsvertrag verbleibt das Recht, im jeweiligen Einzelfall Dritten eine solche die Nutzung zu erlauben oder zu verbieten, bei dem Rechteinhaber (Musikurheber oder Musikverlag), der seine Zustimmung räumlich, zeitlich und/oder inhaltlich beschränken kann. Die GEMA entscheidet danach also nicht darüber, ob ein Werk überhaupt für die Vermittlung einer Werbebotschaft oder zur Bewerbung von Waren und Dienstleistungen etc. verwendet werden darf. Nach § 1 lit. k) Abs. 2 Berechtigungsvertrag vergibt der Berechtigte aber an die GEMA die in § 1 lit. a)–h) und l) des Vertrags genannten Rechte (z. B. Senderecht, Vervielfältigungs- und Verbreitungsrecht, Recht der öffentlichen Zugänglichmachung) unter auflösender Bedingung (§ 158 Abs. 2 BGB) jeweils auch zu Werbezwecken. Die Bedingung tritt ein, wenn der Musikurheber von seiner Befugnis Gebrauch macht und die Benutzung zu Werbezwecken im Einzelfall gegenüber einem Dritten verbietet und dies der GEMA schriftlich mitteilt. Die der GEMA eingeräumten Rechte fallen dann an den Rechteinhaber zurück. Regelungshintergrund ist auch hier, dass zum einen das Urheberpersönlichkeitsrecht des Musikurhebers berührt sein kann, wenn die „Musik" für werbliche Zwecke (ausschnittweise) benutzt wird. Der Rechteinhaber (Musikurheber oder Musikverlag) ist zudem in der Lage und hat auch ein erhebliches Interesse daran, das Recht zur Nutzung seines Werkes zu Werbezwecken selbst wahrzunehmen, um das Entgelt für die Werknutzung selbst aushandeln zu können und nicht an die Tarifbestimmungen oder Verteilungsschlüssel der GEMA gebunden zu sein.[189]

87 Schließlich ist nach § 1 lit. h) Abs. 4 GEMA-Berechtigungsvertrag die Rechtewahrnehmung zur **Nutzung** von Werken **als Ruftonmelodien und als Freizeichenuntermalungsmelodien** zweistufig geregelt.[190] Während das Recht zur Einwilligung in die Benutzung eines Werks als Ruftonmelodie oder als Freizeichenuntermalungsmelodie, insbesondere nach § 14 UrhG und § 23 S. 1 UrhG, beim Rechteinhaber verbleibt (Stufe 1), werden die Rechte gem. § 1 lit. h) Abs. 1–3 zur Wahrnehmung der GEMA eingeräumt (Stufe 2).[191] Damit liegt die Entscheidung darüber, ob das Werk überhaupt als Klingelton oder zur Freizeichenuntermalung genutzt und für diesen Zweck verändert werden darf, wegen der damit verbundenen Beeinträchtigung des Urheberpersönlichkeitsrechts bei dem Berechtigten. Falls der Rechteinhaber mit einer solchen Nutzung und der dazu notwendigen Veränderung (z. B. Kürzung, Umgestaltung) des Werks einverstanden ist, vergibt die GEMA das Recht zur weiteren Werknutzung als Klingelton bzw. Freizeichenuntermalung.

88 **Zusammenfassend** lässt sich **festhalten**, dass dort, wo ein Musik- bzw. Sprachwerk (Liedtext) lediglich ausschnittweise oder in Verbindung mit einem anderen Werk (z. B. Filmwerk) oder einer anderen Gestaltungsform (z. B. Werbespot) oder anderweitig bearbeitet, umgestaltet oder sonst geändert werden soll, grundsätzlich die hierfür zusätzlich notwendigen **Nutzungsrechte von dem Rechteinhaber** (Musikurheber

---

188 Vgl. dazu *BGH* GRUR 2010, 62 – Nutzung von Musik zu Werbezwecken; Limper/Musiol/*Limper/Meyer* Rn. 58 ff.

189 Vgl. *BGH* GRUR 2010, 62 Rn. 25 – Nutzung von Musik zu Werbezwecken.

190 Vgl. zur Beeinträchtigung i. S. v. § 14 UrhG und Umgestaltung i. S. v. § 23 S. 1 UrhG *BGH* GRUR 2009, 395 Rn. 14, 35 – Klingeltöne für Mobiltelefone.

191 Vgl. dazu *BGH* GRUR 2009, 395 – Klingeltöne für Mobiltelefone; ZUM 2010, 883 – The Passenger; GRUR 2010, 920 – Klingeltöne für Mobiltelefone II; s. zur Entwicklung auch Dreier/Schulze/*Schulze* Vorb. § 31 Rn. 136a.

bzw. Musikverlag) **eingeholt werden müssen.**[192] Denn die GEMA vergibt Nutzungsrechte grundsätzlich nur am vollständigen und unveränderten Originalwerk, also an dem Werk in seiner vom Urheber für die Öffentlichkeit vorgesehenen konkreten Form.[193] Da die Bearbeitung, Umgestaltung oder Änderung eines Werks einerseits das Urheberpersönlichkeitsrecht berührt und die GEMA andererseits auf Grund des Kontrahierungszwangs nach 34 VGG verpflichtet ist, jedermann auf Verlangen die betreffende Lizenz zu erteilen, wäre eine Rechtevergabe für den Rechteinhaber kaum zumutbar, müsste er doch hinnehmen, dass jeder sein Werk nach Belieben bearbeiten, umgestalten oder ändern könnte.[193] Hinzu kommt, dass meist keine Massennutzung in Rede steht,[194] sondern der Rechteinhaber i. d. R. die betreffenden Rechte individuell wahrnehmen kann und daran auch ein wirtschaftliches Interesse hat.

3. Individuelle Rechtewahrnehmung durch Musikverlage

Gegenstand der individuellen Rechtewahrnehmung sind diejenigen Nutzungsrechte, **89** die nicht von der GEMA kollektiv wahrgenommen werden, entweder weil die Rechteinhaber (Musikurheber und Musikverlag) keinen Berechtigungsvertrag abgeschlossen haben und mithin die Musik „GEMA-frei" auswerten oder weil die Rechte von dem Berechtigungsvertrag im Einzelnen – aus welchen Gründen auch immer – nicht erfasst sind.

3.1 Musikverlagsverträge zwischen Musikurhebern und Musikverlagen

Statt ihre Musik- bzw. Sprachwerke (Liedtexte) selbst „zu Geld zu machen", können **90** Musikurheber (Komponisten, Texter, Bearbeiter) einen Musikverlag mit der individuellen Verwertung der Rechte an den Werken betrauen und zu diesem Zweck mit dem Verlag einen sog. Musikverlagsvertrag abschließen.

Die **Hauptaufgabe des Musikverlages** besteht nach einem solchen Vertrag darin, sich **91** für die Auswertung und den Schutz der vertragsgegenständlichen Werke einzusetzen. Der Musikverlag lässt sich dazu gem. §§ 31 ff. UrhG i. d. R. umfassende Nutzungsrechte an den Werken des Musikurhebers einräumen, wobei die Rechtevergabe regelmäßig ausschließlich und nach Möglichkeit inhaltlich, räumlich und zeitlich unbeschränkt erfolgt (vgl. § 31 Abs. 1 S. 2 UrhG). Besteht ein Berechtigungsvertrag mit der GEMA, erhält der Musikverlag die Nutzungsrechte nur, soweit und solange die betreffenden Rechte nicht der GEMA zur (kollektiven) Wahrnehmung eingeräumt sind und von dieser wahrgenommen werden. Die Verwertungsgesellschaft bemüht sich dabei allerdings selbst nicht darum und betreibt insbesondere auch keine Werbung dafür, dass die einzelnen Werke ihres Repertoires genutzt werden.[195] Sie beteiligt sich nicht aktiv an der Rechteverwertung, sondern vergibt nur auf Verlangen Lizenzen zur Musiknutzung, z. B. Aufführungs- und Senderechte, Aufnahme-, Vervielfältigungs- und Verbreitungsrechte (zur Herstellung von Tonträgern und deren Vertrieb). Es ist nach dem Verlagsvertrag vielmehr die Aufgabe des Musikverlags, die

---

192 Dreier/Schulze/*Schulze* Vorb. § 31 Rn. 130; vgl. auch vgl *BGH* ZUM-RD 1998, 153, 156 – Coverversion; *LG München I* ZUM 1993, 289, 291 f.; *LG Düsseldorf* ZUM 1986, 158, 159; *OLG Hamburg* GRUR 1991, 599, 600 – Rundfunkwerbung; *OLG München* ZUM 1997, 275, 279 – Trailer-Werbung; *LG Hamburg* ZUM 2005, 483, 484; *LG München I* GRUR 2005, 574, 575 – O Fortuna; *LG München I* ZUM 2005, 920, 921 f.

193 *LG München I* ZUM-RD 2009, 101, 106 – Nordrach; Dreier/Schulze/*Schulze* Vorb. § 31 Rn. 130.

194 Vgl. oben Rn. 70.

195 Dreier/Schulze/*Schulze* Vorb. § 31 Rn. 221.

Musik- bzw. Sprachwerke (Liedtexte) des Komponisten bzw. Liedtexters zu vermarkten und die **Auswertung der** – sowohl dem Verlag als auch der GEMA nach dem Berechtigungsvertrag eingeräumten – **Nutzungsrechte zu fördern und zu optimieren**. Der Musikverlag muss sich also dafür einsetzen, dass Musikaufnahmen produziert und die Tonträger vertrieben werden, dass z. B. Radiosender und ausübende Künstler die Musikstücke möglichst oft senden bzw. auf Konzerten spielen, dass die Musik im Internet und in Netzdiensten zum Abruf bereit steht sowie in Filmen, Clips, Werbespots und als Rufton-/Freizeichenuntermalungsmelodie usw. genutzt wird. Um insoweit auch eine umfassende Auswertung der Werke im Ausland zu erreichen, schließen Musikverlage regelmäßig sog. Subverlagsverträge mit ausländischen Musikverlagen ab.[196] Eine weitere Aufgabe von Musikverlagen besteht in der Administration der Werke bzw. Nutzungsrechte; dazu gehört z. B. die Anmeldung der Titel bei der GEMA (vgl. § 5 Berechtigungsvertrag) sowie die Abrechnung und Kontrolle der (eingehenden) Lizenzentgelte.

92 Im Zusammenhang mit dem Aufgabenbereich der Musikverlage wird oftmals zwischen E-Musik (ernste Musik, z. B. Chor-, Kirchen, Orchestermusik) und U-Musik (Unterhaltungsmusik) unterschieden. Im Bereich der E-Musik besteht die Aufgabe des Verlags in erster Linie in der Herstellung (Vervielfältigung) und dem Vertrieb (Verbreitung) von Druckausgaben der Noten bzw. Liedtexte, daneben auch in der Vermittlung von Aufführungen und deren Sendungen. Demgegenüber liegt der Aufgabenschwerpunkt des Verlegers von U-Musik in der Vermittlung von Kontakten zu Werbeagenturen, Filmproduzenten, Tonträgerunternehmen etc., während Druck und Verbreitung der Druckausgaben hier nur eine untergeordnete Rolle spielen.[197]

3.1.1 Arten von Musikverlagsverträgen; Vertragsgegenstand

93 Es gibt zwei Typen von Musikverlagsverträgen. Bei dem sog. **Autorenexklusivvertrag** vereinbaren Musikverlag und Musikurheber eine längerfristige exklusive Zusammenarbeit.[198] Der Komponist bzw. Texter verpflichtet sich darin, dem Musikverlag über einen bestimmten Zeitraum exklusiv sämtliche künftige (sowie ggf. auch vorbestehende) Werke zur umfassenden Auswertung zu überlassen, und räumt dem Verlag entsprechende Nutzungsrechte an den Werken ein. Üblicherweise hat der Musikurheber die Pflicht, innerhalb bestimmter Zeitabschnitte während der Vertragslaufzeit eine Mindestanzahl neuer Werke zu schaffen und dem Musikverlag zur Auswertung abzuliefern (sog. Mindestablieferungspflicht). Im Gegenzug verspricht der Verlag u. a., sich in handelsüblichem Umfang für die Auswertung der Nutzungsrechte an den vertragsgegenständlichen Musikwerken einzusetzen und für die Auswertung dieser Rechte Sorge zu tragen. Insbesondere verpflichtet er sich dazu, dem Musikurheber auf dessen Anteil an den Erlösen aus der Auswertung der Rechte eine unverzinsliche und grundsätzlich nicht zurückzuzahlende, aber verrechenbare Vorauszahlung (Vorschuss) zu leisten. Diese Leistung dient der Vorfinanzierung des Musikurhebers und ist vielfach überhaupt dessen wesentliche Motivation, einen Autorenexklusivvertrag abzuschließen.

94 Demgegenüber bezieht sich der **(Einzel-)Titelvertrag** auf ein bestimmtes einzelnes Werk oder mehrere bestimmte Einzelwerke des Musikurhebers, die im Zeitpunkt des Vertragsschlusses schon bestehen. Üblich ist, dass Verlag und Komponist bzw. Texter

---

196 *Baierle* Teil 2 D VII 1 a; s. auch unten Rn. 118.
197 Vgl. Loewenheim/*Czychowski* § 68 Rn. 20 f., 35 ff.
198 S. im Einzelnen zum wesentlichen Vertragsinhalt unten Rn. 99 ff.

jeweils Einzeltitelverträge über die im Rahmen eines Autorenexklusivvertrages geschaffenen Werke abschließen. Gegenstand eines (Einzel-)Titelvertrags kann auch ein Werk sein, zu dessen Schaffung sich der Urheber gegenüber dem Musikverlag konkret verpflichtet. Das ist etwa bei einer Auftragsproduktion für Filmmusik der Fall. Eine Vorauszahlung (bzw. die Verpflichtung hierzu) ist hier meist von geringerer Bedeutung.[199]

3.1.2 Vertragsparteien

Vertragspartei ist auf der einen Seite ein Musikverlag, bei dem es sich um ein Verlags- oder integratives Medienunterunternehmen (mit verbundenem Musikverlag) oder um einen Einzelverleger handeln kann. Auf der anderen Seite kann ein einzelner Musikurheber (Autor) stehen oder eine Gruppe von Autoren, die sich aus Mitautoren i. S. v. § 8 Abs. 1 UrhG oder aus mehreren Autoren (z. B. Komponist und Liedtexter) zusammensetzt, die ihre Werke zur gemeinsamen Verwertung miteinander verbunden haben (§ 9 UrhG).[200] Im Falle einer Autorengruppe sind die einzelnen Mitautoren oder ist die aus den Mitautoren bzw. Autoren verbundener Werke bestehende Gruppe (GbR) als solche Partei des Musikverlagsvertrags.[201] 95

Kommt ein Autorenexklusivvertrag mit einer **Autorengruppe** (als solcher bzw. mit den einzelnen Gruppenmitgliedern gemeinsam) zustande, dann enthält der Vertrag i. d. R. eine sog. **Gruppenklausel**. Im Kontext mit der persönlichen Exklusivität[202] sieht diese Klausel üblicherweise vor, dass neben der Autorengruppe auch jedes einzelne Gruppenmitglied verpflichtet ist, dem Musikverlag exklusiv alle Werke, die es während der Laufzeit des Vertrags selbst außerhalb der Gruppe schafft, dem Verlag zur Auswertung zu überlassen, und dass diese Bindung auch dann fortbesteht, wenn das betreffende Mitglied zwischenzeitlich aus der Gruppe ausscheiden sollte. Zudem bestimmt die „Gruppenklausel" im Zusammenhang mit der sog. Mindestablieferungspflicht[203] regelmäßig, dass der Verlag im Falle einer Auflösung der Gruppe das Recht hat, von jedem einzelnen Mitglied die Erfüllung der Mindestablieferungspflicht durch sonstige Projekte zu verlangen oder den Vertrag mit sofortiger Wirkung aus wichtigem Grund fristlos zu kündigen, wenn die Gruppe ihre eigene Verpflichtung in Folge der Auflösung selbst nicht mehr erfüllen kann. 96

3.1.3 Rechtsnatur; Rechtsgrundlagen; Schriftformerfordernis

Der Musikverlagsvertrag ist ein gemischter, im Gesetz nicht (abschließend) kodifizierter **Vertrag eigener Art**.[204] Er enthält sowohl schuldvertragliche Elemente, indem er zwischen den Vertragsparteien ein Dauerschuldverhältnis mit im Gegenseitigkeitsverhältnis stehenden Pflichten begründet, als auch „verfügende" Elemente, durch die die 97

199 *Homann* S. 237.

200 S. o. Rn. 28 ff., 32 ff.

201 Bei einer Werkverbindung und deren Verwertung muss allerdings nicht zwingend der Vertrag mit der Autorengruppe als solcher abgeschlossen werden, sondern es kommt auch der Abschluss von Einzelverträgen mit den Autoren der an sich selbständigen Werke in Betracht; vgl. *BGH* GRUR 1973, 328, 329 – Musikverleger II; *OLG Frankfurt* GRUR 2004, 144, 145 – Künstlerexklusivvertrag; *OLG Hamburg* ZUM 1994, 738, 739 – DEA; Dreier/Schulze/*Schulze* § 9 Rn. 8; s. auch Wandtke/Bullinger/*Thum* § 9 Rn. 6.

202 S. u. Rn. 100.

203 S. o. Rn. 93 und unten Rn. 101.

204 Näher *Schricker* Verlagsrecht § 1 Rn. 11.

Parteien ihre Vertragspflichten erfüllen, namentlich der Autor dem Verlag Nutzungsrechte an den vertragsgegenständlichen Musikwerken einräumt.

98 **Rechtsgrundlage** für Musikverlagsverträge sind das **VerlG** und das **UrhG** sowie die allgemeinen Bestimmungen des **BGB**.[205] Ein Verlagsvertrag i. S. d. VerlG ist dabei schon dann anzunehmen, wenn der Verfasser sich verpflichtet, dem Verleger das Werk zur Vervielfältigung und Verbreitung für eigene Rechnung zu überlassen, und der Verleger sich verpflichtet, das Werk zu vervielfältigen und zu verbreiten (§ 1 VerlG). Der Vertrag verliert seinen Charakter als Verlagsvertrag i. S. d. VerlG also nicht dadurch, dass der Verfasser (Musikurheber) dem Verleger nicht auch schon das ausschließliche Recht zur Vervielfältigung und Verbreitung (Verlagsrecht) oder andere Nutzungsrechte an seinem Werk verschafft (vgl. § 8 VerlG).[206] Die Vertragsparteien können den Musikverlag grundsätzlich frei verhandeln und gestalten, weil (und soweit) die einschlägigen Vorschriften des VerlG, UrhG und BGB dispositiv sind. Da nach § 40 Abs. 1 S. 1 UrhG ein Vertrag, durch den sich der Urheber zur Einräumung von Nutzungsrechten an künftigen Werken verpflichtet, die überhaupt nicht näher oder nur der Gattung nach bestimmt sind, der **schriftlichen Form** bedarf, ist ein Autorenexklusivvertrag i. d. R. nur wirksam, wenn die Schriftform i. S. d. § 126 BGB gewahrt ist. Als AGB unterliegen vorformulierte Klauseln in einem Musikverlagsvertrag einer **AGB-rechtlichen Inhalts- und Transparenzkontrolle** gem. §§ 305 ff. BGB. Dabei ist freilich der AGB-rechtliche Schutz gegenüber Unternehmern (§ 14 Abs. 1 BGB), zu denen auch freischaffende Musikurheber gehören,[207] gem. § 310 Abs. 1 S. 1 BGB eingeschränkt.

3.1.4 Wesentlicher Inhalt (insbesondere von Autorenexklusivverträgen)

3.1.4.1 Vertragsgegenständliche Werke

99 „Vertragsgegenständlich" sind bei einem Autorenexklusivvertrag üblicherweise alle nach § 2 Abs. 1 Nr. 1 (Sprachwerke) und Nr. 2 (Werke der Musik), Abs. 2 und § 3 UrhG geschützten Werke als Text allein, als Komposition mit und ohne Text sowie als Bearbeitung geschützter und freier Musikwerke, die der Musikurheber (Autor) während der Vertragslaufzeit schafft, sei es unter seinem bürgerlichen Namen und/oder einem Künstlernamen und/oder Pseudonym.[208] Darin unterscheidet sich der Verlagsvertrag vom Berechtigungsvertrag, der musikalische Werke bzw. „Werke der Tonkunst" mit und ohne Text, nicht aber auch isoliert Sprachwerke (Liedtexte) zum Gegenstand hat.[209] Einbezogen werden i. d. R. auch Anteile des Autors an gemeinsam mit anderen geschaffenen Werken, weil ihnen wegen der Mitentscheidung des Autors bei der Werkverwertung ein wirtschaftlicher Wert zukommt.[210] Die Parteien können zudem vorsehen, dass zu den vertragsgegenständlichen Werken auch vorbestehende, d. h. bei Vertragsschluss schon existierende, aber noch nicht veröffentlichte oder anderweitig verlegte Werke gehören („Backkatalog").

---

205 Vgl. *Homann* S. 231.

206 *BGH* GRUR 2010, 1093 Rn. 17 – Concierto de Aranjuez.

207 Dreier/Schulze/*Schulze* Vorb. § 31 Rn. 14.

208 Demgegenüber sind bei einem (Einzel-)Titelvertrag entsprechende einzelne oder mehrere konkrete Werke vertragsgegenständlich, die der Autor schon geschaffen hat oder erst noch schaffen muss (z. B. Auftragsproduktion für Filmmusik).

209 S. o. Rn. 79.

210 S. o. Rn. 30.

3.1.4.2 Autorenpflichten

Bei einem Autorenexklusivvertrag bindet sich der Autor regelmäßig im Rahmen sog. **persönlicher Exklusivität** an den Verlag, d. h. er verspricht, alle von ihm in der Vertragslaufzeit geschaffenen Werke dem Verlag exklusiv zur Auswertung abzuliefern, so dass diese Werke nur von diesem Musikverlag verlegt werden können.[211] Alternativ können die Parteien vereinbaren, dass eine exklusive Bindung nur in Bezug auf ein konkretes Projekt (z. B. als Mitglied einer Band für ein Soloprojekt) bestehen soll. Im Falle eines (Einzel-)Titelvertrags, der ein bei Vertragsschluss bestehendes Werk zum Gegenstand hat, ist dieses grundsätzlich sofort abzuliefern (§ 11 Abs. 1 VerlG), wenn es dem Verlag nicht überhaupt schon vorliegt. Handelt es sich um eine „Auftragsarbeit", bei der der Autor ein Werk erst noch schaffen muss, wird meist ein konkreter Ablieferungstermin vereinbart. **100**

Typischerweise vereinbaren Musikurheber und Musikverlag im Rahmen eines Autorenexklusivvertrags eine **Mindestablieferungspflicht**, wonach der Urheber verpflichtet ist, während der Laufzeit des Vertrags in festgelegten einzelnen Vertragsperioden mindestens eine bestimmte Anzahl neu geschaffener und unveröffentlichter Werke zu 100 % abzuliefern, d. h. als vollständige Werke bestehend aus Komposition (50 %) und Text (50 %) oder bei Instrumentalstücken als für sich stehende Komposition ohne Text. Dabei kann etwa vorgesehen werden, dass der Musikurheber nur eine bestimmte Anzahl in dieser Form zu 100 % abliefern muss, während in Bezug auf die anderen im Rahmen der Mindestablieferungspflicht geschuldeten Werke schöpferische Anteile des Urhebers an Werken angerechnet werden, die er zusammen mit anderen Urhebern schafft. Regelmäßig ist nach dem Autorenexklusivvertrag die Mindestablieferungspflicht nur dann erfüllt, wenn die Musikwerke in der geschuldeten Anzahl in der jeweiligen Periode durch aktive, flächendeckend im Handel gelistete bzw. konkret bezeichnete Label (Tonträgerhersteller), z. B. einem Major-Label oder einem eingeführten Indie-Label, veröffentlicht worden sind (sog. **qualifizierte Mindestablieferungspflicht**). Falls der Musikurheber selbst erfolgreicher Interpret ist, kann im Vertrag als weitere „Qualifizierung" der Mindestablieferungspflicht geregelt werden, dass die Werke von dem Urheber als ausübender Künstler alleine oder mit anderen eingespielt und die Tonaufnahmen dann unter seinem Namen als ausübender Künstler erschienen sein müssen. Erfüllt der Musikurheber seine Mindestablieferungspflicht innerhalb der jeweiligen Vertragsperiode nicht, verlängert sich diese nach dem Vertrag bis zu dem Zeitpunkt, in dem er sie vollständig erfüllt hat; alle weiteren Vertragsperioden verschieben sich entsprechend. **101**

3.1.4.3 Verlagspflichten

Der Verlag verpflichtet sich im Musikverlagsvertrag u. a. dazu, sich in handelsüblicher Weise und in handelsüblichem Umfang dafür einzusetzen, dass die Nutzungsrechte an den vertragsgegenständlichen Werken ausgewertet werden. Das gilt sowohl in Bezug auf die Nutzungsrechte, die der Verlag nach dem Vertrag erhält, als auch in Bezug auf die der GEMA zur Wahrnehmung überlassenen Rechte. Diese **Förderpflicht** hat namentlich im Bereich der U-Musik besonderes Gewicht, weil der Verlag hier i. d. R. – im Unterschied zum Autor – über Verbindungen zu den relevanten Personenkreisen verfügt. Der BGH hat die Förderpflicht des Verlags allerdings eingeschränkt. Danach soll der Verlag nicht verpflichtet sein, den Bestand aller Unterhaltungsmusik während **102**

---

211 *Gorscak* Kap. 4 C III; *Baierle* Teil 2 D III 1.

der gesamten Schutzdauer fortlaufend dadurch zu fördern, dass er die Musikwerke bzw. die jeweiligen Musikaufnahmen zum Verkauf anbietet, sie an die großen Musikverbraucher wie Rundfunk- und Fernsehanstalten, Schallplattenhersteller verteilt und die Werke auf andere Weise propagiert.[212]

103 Im **Bereich der U-Musik** muss sich der Verlag u. a. dafür einsetzen, dass die „Musik" auf Tonträger vervielfältigt und verbreitet, von ausübenden Künstlern aufgeführt und im Rundfunk gesendet, in Filmen und zur Werbung benutzt sowie im In- und Ausland vermarktet wird und dass die „Musik" in Datenbanken, Datennetzen, sonstigen Datenspeicher, auf Plattformen und in Telefondiensten zum individuellen Abruf zur Verfügung steht.[213] Demgegenüber besteht im **Bereich der E-Musik** die hauptsächliche Werknutzung in der Herstellung und in der Verbreitung von Notendruckausgaben, so dass der Verlag nach dem Musikverlagsvertrag insbesondere auch die Pflicht hat, das Verlagsrecht[214] selbst auszuüben und Noten- und/oder Textausgaben der vertragsgegenständlichen Werke in Druckform herzustellen und zu verbreiten sowie ihren Absatz zu fördern. Weil diese Nutzungsform bei U-Musik in der Praxis kaum eine Rolle spielt, wird in den betreffenden Verträgen oftmals geregelt, dass der Musikverlag grundsätzlich nicht, sondern nur in Absprache mit dem Urheber zur eigenen Herstellung und zum Vertrieb von Noten- und/oder Textausgaben der Werke verpflichtet ist. Falls im Vertrag explizit auf die Pflicht zur Vervielfältigung und Verbreitung von Druckausgaben verzichtet wird, liegt an sich kein Verlagsvertrag i. S. d. Verlagsgesetzes vor (vgl. § 1 S. 2 VerlG). Teilweise wird daher die Anwendbarkeit des Verlagsgesetzes verneint.[215]

104 Um zu vermeiden, dass später über den Umfang dieser Verlagspflichten und deren Erfüllung gestritten wird, können die betreffenden Pflichten im Vertrag konkretisiert werden.[216] Dabei ist allerdings zu berücksichtigen, dass dem Verlag ein angemessener wirtschaftlicher Entscheidungsspielraum für seine verlegerischen Aktivitäten erhalten bleiben sollte. Die Förderpflicht müsste insoweit doch eher unbestimmt bleiben. Üblicherweise werden daher keine konkreten Verpflichtungen des Verlags zur Auswertung der Nutzungsrechte in den Vertrag aufgenommen. Dem Autor bleibt insoweit nur, sich auf das Geschäftsmodell des Musikverlags – auch der Musikverlag möchte wirtschaftlich arbeiten – zu verlassen und i.Ü. ggf. von seinem Recht zum Rechterückruf nach § 41 UrhG Gebrauch zu machen.

3.1.4.4 GEMA-Mitgliedschaft

105 In der Praxis sind meist alle Musikurheber und nahezu sämtliche Musikverlage Mitglied bei der GEMA. Für den Fall, dass bei Abschluss des Musikverlagsvertrags bereits ein Berechtigungsvertrag zwischen dem Musikurheber und der GEMA besteht, geht insoweit die Rechteeinräumung an den Musikverlag ins Leere.[217] Denn da die Rechtseinräumung an die GEMA exklusiv erfolgt und sowohl die dem Urheber im Zeitpunkt des Vertragsschlusses zustehenden Nutzungsrechte an bestehenden

212 *BGH* GRUR 1970, 40, 42 – Musikverleger I; kritisch Loewenheim/*Czychowski* § 68 Rn. 32.
213 Vgl. Loewenheim/*Czychowski* § 68 Rn. 30 ff.
214 S. u. Rn. 109.
215 Loewenheim/*Czychowski* § 68 Rn. 37; s. aber auch *Homann* S. 231; Dreier/Schulze/*Schulze* Vorb. § 31 Rn. 222.
216 Vgl. Loewenheim/*Czychowski* § 68 Rn. 20 f., 32 ff.; *Homann* S. 235 f.
217 *BGH* GRUR 2009, 939 – Mambo No. 5.

Werken umfasst als auch die künftigen Nutzungsrechte an künftigen Werken,[218] können die betreffenden Nutzungsrechte dem Verlag nicht mehr – auch nicht als einfache Nutzungsrechte – eingeräumt werden. Hat der Musikurheber umgekehrt bei Vereinbarung des Musikverlagsvertrags noch keinen Berechtigungsvertrag mit der GEMA abgeschlossen, erwirbt der Verlag die im Musikverlagsvertrag aufgeführten Nutzungsrechte. Der Urheber selbst ist dann insoweit nicht mehr zur Einräumung der Nutzungsrechte an die GEMA in der Lage, als er dem Musikverlag ausschließliche Nutzungsrechte an seinen bestehenden und künftigen Werken eingeräumt hat. Für diesen letzteren Fall sehen Autorenexklusivverträge regelmäßig eine sog. Freigabeklausel vor, die besagt, dass der Musikverlag auf die Rechteeinräumung nach dem Autorenexklusivvertrag verzichtet, soweit die entsprechenden Rechte zu einem späteren Zeitpunkt zur kollektiven Rechtewahrnehmung der GEMA übertragen werden.

Im Interesse der kollektiven Wahrnehmung durch die GEMA versichern Musikverlag **106**
und Musikurheber einander im Verlagsvertrag üblicherweise, Mitglied bei der GEMA zu sein oder anderenfalls durch Abschluss eines Berechtigungsvertrags GEMA-Mitglied zu werden. Diese Regelung hat den folgenden Hintergrund: Der Musikverlag lässt sich üblicherweise vertraglich von dem Musikurheber die Vergütungsansprüche abtreten, die diesem gegen die GEMA zustehen, um so die Verrechenbarkeit von Vorschusszahlungen abzusichern.[219] Ohne Mitgliedschaft des Musikurhebers würden diesem aber keine abtretbaren Vergütungsansprüche gegen die GEMA zustehen. Zudem verpflichtet sich der Urheber meist dazu, den **Berechtigungsvertrag vollumfänglich fortzuführen** und weder ganz oder teilweise zu kündigen. Für den Fall, dass der Musikurheber diese Verpflichtung verletzt, bestimmt der (Autorenexklusiv-)Vertrag regelmäßig, dass der Musikverlag berechtigt ist, den **Vertrag fristlos zu kündigen**. Im Fall der Kündigung der GEMA-Mitgliedschaft ist der Urheber nach dem Musikverlagsvertrag i. d. R. zudem dazu verpflichtet, dem Verlag unverzüglich sämtliche Vorschussleistungen zurückzuzahlen, soweit sie noch nicht verrechnet sind.

3.1.4.5 Rechteeinräumung

Eine der „Kernklauseln" von Musikverlagsverträgen ist die „Rechteinräumung".[220] **107**
Damit räumt der Musikurheber dem Verlag gem. § 31 UrhG unmittelbar Nutzungsrechte an seiner „Musik" ein, wobei Inhalt und Umfang der Rechteeinräumung im Einzelnen bestimmt werden. Anders als beim Berechtigungsvertrag können die Vertragsparteien hier den Inhalt und Umfang Rechteeinräumung **grundsätzlich frei verhandeln**. Der Musikverlag hat i. d. R. daran Interesse, die Rechte an den vertragsgegenständlichen Werken möglichst umfassend, d. h. zur ausschließlichen sowie inhaltlich, zeitlich und räumlich unbeschränkten Auswertung und auf Dritte übertragbar zu erhalten (vgl. § 31 Abs. 1 S. 2 UrhG). Im Hinblick auf die sog. Übertragungszwecklehre[221] werden meist die einzelnen Nutzungsarten nach Möglichkeit ausdrücklich im Vertrag bezeichnet. Regelmäßig sieht der Verlagsvertrag auch vor, dass die Nutzungsrechte des Verlags nur bestehen, soweit und solange die betreffenden Rechte nicht der GEMA eingeräumt sind und von ihr wahrgenommen werden.[222]

---

218 S. o. Rn. 81.
219 S. dazu näher unten Rn. 126 ff.
220 In der Praxis ist hier abweichend von der Gesetzessprache vielfach von Rechte*übertragung* statt von Einräumung der Nutzungsrechte die Rede (vgl. § 29 UrhG).
221 Vgl. oben Rn. 53 mit Fn. 194.
222 Vgl. oben Rn. 91, 105.

108 In **inhaltlicher Hinsicht** umfasst die Rechteeinräumung typischerweise insbesondere die nachstehenden Rechte. Dabei ist es möglich (und auch nicht unüblich), dass die Vertragsparteien hinsichtlich einzelner Nutzungen Zustimmungsvorbehalte zu Gunsten des Musikurhebers in den Vertrag aufnehmen.[223]

109 – Das **Verlagsrecht** oder auch Noten- bzw. Druckrecht, d. h. das Recht die vertragsgegenständlichen Werke grafisch in Druckform (Noten- bzw. Textdruck) herzustellen, zu vervielfältigen und zu verbreiten.

110 – Das **Recht zur mechanischen Vervielfältigung und Verbreitung**, d. h. das Recht, (körperliche) Vervielfältigungsstücke der vertragsgegenständlichen Werke herzustellen, gleichviel ob vorübergehend oder dauerhaft, gleichviel in welchem Verfahren und in welcher Zahl, und das Recht, das Original und (körperliche) Vervielfältigungsstücke der vertragsgegenständlichen Werke der Öffentlichkeit anzubieten und/oder in Verkehr zu bringen.

111 – Das **Aufführungs- und Senderecht**, d. h. u. a. das Recht, die vertragsgegenständlichen Werke durch persönliche Darbietung oder durch technische Einrichtungen wahrnehmbar und durch (analoge und/oder digitale) Ausstrahlung von Funksendungen der Öffentlichkeit zugänglich zu machen.

112 – Das **Bühnenaufführungsrecht**,[224] d. h. u. a. das Recht, die vertragsgegenständlichen Werke als oder zum Bühnenstück zu verwerten und/oder eine solche Nutzung der vertragsgegenständlichen Werke zu erlauben.

113 – Das **Film- und sonstiges Synchronisationsrecht**,[225] d. h. – ggf. nach vorheriger Zustimmung des Urhebers – insbesondere das Recht, die vertragsgegenständlichen Werke unverändert oder unter Bearbeitung oder Umgestaltung zur Herstellung von Filmwerken und zur Herstellung von anderen Verbindungen der vertragsgegenständlichen Werke mit Werken oder Erzeugnissen anderer Gattung zu nutzen.

114 – Das **Recht zur Verbindung der vertragsgegenständlichen Werke mit anderen Werken gleicher Gattung**, d. h. – ggf. nach vorheriger Zustimmung des Urhebers – u. a. das Recht, die vertragsgegenständlichen Werke z. B. auf Compilations mit anderen Musikwerken zu verbinden, und das Recht, einzelne Werkteile von vertragsgegenständlichen Werken (Komposition/Text) mit anderen nicht vertragsgegenständlichen Kompositionen und/oder Texten zu verbinden.

115 – Das **Werberecht**,[226] d. h. – ggf. nach vorheriger Zustimmung des Urhebers – das Recht, die vertragsgegenständlichen Werke für Werbezwecke zu nutzen bzw. eine solche Nutzung Dritten zu gestatten.

116 – Das **Recht zur elektronischen Nutzung bzw. das Multimedia-, Datenbank- und Telekommunikationsrecht**, d. h. das Recht, die vertragsgegenständlichen Werke in analoge und/oder digitale elektronische Datenbanken, Datennetze, mobile oder nicht mobile Plattformen, Telefondienste und sonstige Datenspeicher einzuspeisen, abzuspeichern, zu verbreiten und einem beschränkten oder unbeschränkten Nutzerkreis zur Verfügung zu stellen bzw. zugänglich zu machen.

---

223 Vgl. im Folgenden Rn. 113 ff.
224 S. o. Rn. 58, 84.
225 S. o. Rn. 55, 85.
226 S. o. Rn. 56, 86.

- Das **Bearbeitungsrecht**,[227] d. h. das Recht, unwesentliche Änderungen, Bearbeitungen und/oder Umgestaltungen (auch Kürzungen) der vertragsgegenständlichen Werke vorzunehmen, die in Zusammenhang mit Instrumentierungen, Arrangements, Chorsätzen, Übertragungen in andere Tonarten, Übersetzungen von Liedtexten in andere Sprachen und Dialekte sowie mit Aufbereitungen zum Zwecke der Nutzung der vertragsgegenständlichen Werke in Datennetzen erforderlich sind, sowie das Recht, die geänderten, bearbeiteten und/oder umgestalteten Werken ebenso zu nutzen wie die originären Werke. Soweit allerdings der künstlerische Gehalt der vertragsgegenständlichen Werke berührt wird, bedarf im Hinblick auf das Urheberpersönlichkeitsrecht (§ 14 UrhG) die Änderung, Bearbeitung und/oder Umgestaltung der vertragsgegenständlichen Werke sowie die Nutzung regelmäßig der vorherigen Zustimmung des Urhebers im Einzelfall.[228] **117**
- Das **Subverlagsrecht**, d. h. das Recht, die vorstehenden Rechte zur Verwertung im Ausland an Dritte zu vergeben, entsprechende Subverlagsverträge abzuschließen und damit den jeweiligen Subverlagsverlag zu autorisieren, die vertragsgegenständlichen Werke zu vertexten oder neu zu vertexten, in eine fremde Sprache zu übersetzen sowie mit Künstlern (Musikern und/oder Sängern) zu vertonen oder neu zu vertonen. Dabei sieht der Musikverlagsvertrag häufig vor, dass die Beteiligung aller Subbezugsberechtigten (Subverlag und/oder Suburheber, zum Beispiel Übersetzer, Textdichter, Arrangeur) höchstens 50 % der Erlöse aus der Verwertung der Subverlagsrechte in dem Subverlagsgebiet betragen darf. Zu Gunsten des Musikurhebers (Autors) erfolgt die Berechnung der jeweiligen Anteile danach an der Quelle der Einnahmen beim Haupt-Subverlag („at source“) und nicht – nach Abzug der Anteile der Subberechtigten – an den Einnahmen „seines“ Musikverlages („at receipts“); der Haupt-Subverleger muss vielmehr aus seiner vertraglich festgelegten Subbeteiligung selbst die anderen Subbeteiligten bezahlen. Mit einer solchen Klausel im Musikverlagsvertrag wird vermieden, dass sich durch eine Kette von Subverlagsrechtevergaben der Anteil des Original-Musikurhebers (Autors) auf ein Minimum reduziert.[229] **118**
- **Sonstige Rechte** bzw. Ansprüche. Des Weiteren tritt der Urheber dem Musikverlag auch Ansprüche auf Vergütung aus der Vermietung von (körperlichen) Vervielfältigungsstücken der vertragsgegenständlichen Werke sowie alle **gesetzlichen Vergütungsansprüche** hinsichtlich der Werke mit der Maßgabe an den Verlag ab, dass der Verlag diese Ansprüche durch eine Verwertungsgesellschaft **119**

227 S. o. Rn. 60 ff.
228 Vgl. oben Rn. 44, 61.
229 Limper/Musiol/*Limper/Meyer* Rn. 116; *Homann* S. 239.

wahrnehmen lässt, welche Rechte des Verlages und des Urhebers gemeinsam wahrnimmt (§ 63a S. 2 UrhG).[230]

120 Ferner sieht der Musikverlagsvertrag in der Regel vor, dass der Musikverlag berechtigt ist, auch ohne ausdrückliche Zustimmung des Urhebers im Einzelfall Dritten (Sublizenznehmern) weitere ausschließliche und einfache Rechte an den vertragsgegenständlichen Werken zur Auswertung einzuräumen (vgl. § 35 UrhG) und die ihm selbst eingeräumten Rechte einzeln oder in Gesamtheit auf Dritte (Sublizenznehmer) zu übertragen (vgl. § 34 UrhG). Zudem erhält der Musikverlag nach dem Musikverlagsvertrag meist das Recht, auch ohne ausdrückliche Zustimmung des Urhebers im Einzelfall den Vertrag als solchen auf Dritte zu übertragen.

3.1.4.6 Räumlicher Geltungsbereich

121 Musikverlagsverträge sehen in der Praxis häufig vor, dass die Einräumung der Rechte räumlich nicht beschränkt ist bzw. weltweit und im Universum erfolgt (vgl. § 31 Abs. 1 S. 2 UrhG). Im Unterschied zum Verlag kann allerdings der Musikurheber an einer territorialen Beschränkung des Nutzungsrechts interessiert sein, etwa wenn er auf diese Weise sicherstellen will, dass im Ausland zunächst die Originalversionen seiner Werke und nicht fremdsprachige (Cover-)Versionen anderer Künstler erscheinen und ausgewertet werden.[231]

3.1.4.7 Rechtegarantie und Haftungsfreistellung

122 Wie typischerweise alle Lizenzverträge enthalten regelmäßig auch Musikverlagsverträge entsprechende Rechtegarantie- und Freistellungsklauseln. Danach steht der Musikurheber dafür ein, dass er im Zeitpunkt des Vertragsschlusses durch keine anderweitige Bindung daran gehindert ist, den Vertrag zu erfüllen; er garantiert insbesondere, dass hinsichtlich der unter den Vertrag fallenden Werke von dritter Seite keine berechtigten Ansprüche auf Grund einer anderweitig bestehenden Vertragsbindung erhoben werden. Der Musikurheber gewährleistet zudem, dass durch die von ihm geschaffenen vertragsgegenständlichen Werke Rechte Dritter nicht verletzt werden. Er verspricht, den Musikverlag von Ansprüchen freizustellen, die insoweit von Dritten berechtigterweise geltend gemacht werden, und ihn für alle aus einem solchen Anlass entstehenden Aufwendungen und sonstigen Folgen schadlos zu stellen.[232]

---

230 Nach einer aktuellen Entscheidung des *BGH* (GRUR 2016, 596 – Verlegeranteil) ist diese Bestimmung allerdings im Blick auf Art. 5 Abs. 2 Buchst. a und b der Richtlinie 2001/29/EG richtlinienkonform einschränkend dahin auszulegen, dass sie allein den Fall erfasst, in dem der Verleger die ihm vom Urheber im Voraus abgetretenen Vergütungsansprüche im Interesse des Urhebers von der Verwertungsgesellschaft wahrnehmen lässt. Die Mitgliedstaaten dürfen danach keine Regelung schaffen, die es zulässt, dass der Urheber dem Verleger seine gesetzlichen Vergütungsansprüche im Voraus abtritt, wenn dieser sie nicht allein im Interesse des Urhebers, sondern auch oder allein in seinem eigenen Interesse durch eine Verwertungsgesellschaft wahrnehmen lässt (*BGH* a.a.O. Rn. 78 f.; s. auch *KG Berlin* 14.11.2016 – 24 U 96/14). Daran hat sich auch durch die Ergänzung des VGG in Reaktion auf die Rspr. (s. o. Rn. 73) nichts geändert (s. BT-Drucks. 18/10637, 25 f.). Allerdings hat der Musikurheber nach dem neu eingefügten § 27a VGG die Möglichkeit, der Beteiligung des Musikverlags an den Einnahmen aus bereits wirksam in die Verwertungsgesellschaft eingebrachten gesetzlichen Vergütungsansprüchen nachträglich zuzustimmen (BT-Drucks. 18/10637, 26).

231 Moser/Scheuermann/*Lichte* S. 1067, 1070; *Homann* S. 234.

232 S. aber *OLG Hamburg* GRUR-RR 2011, 293, 302 zur Unwirksamkeit von Garantie- und Freistellungsklauseln in AGB; dazu auch Limper/Musiol/*Limper/Meyer* Formularbuch Urheber- und Medienrecht, Kap. 4 Rn. 106 ff.

3.1.4.8 Erlösteilung

Im Rahmen des Musikverlagsvertrags wird die Teilung der Erlöse i. d. R. nach den einzelnen verschiedenen Verwertungen ausgestaltet und so insbesondere zwischen Erlösen aus der kollektiven Rechtewahrnehmung durch die GEMA und Erlösen unterschieden, die der Musikverlag durch die individuelle Rechtewahrnehmung erzielt. Dementsprechend vereinbaren die Vertragsparteien häufig **differenzierte Erlösaufteilungen**, z. B. hinsichtlich der Erlöse der durch eine Verwertungsgesellschaft wahrgenommenen Rechte, der Erlöse aus der Verwertung der Synchronisationsrechte, der Erlöse aus der Verwertung des (Ab-)Druckrechts, der Erlöse aus der Verwertung im Werbebereich etc. **123**

An den **Erlösen aus der individuellen Rechtewahrnehmung** durch den Musikverlag wird der Musikurheber üblicherweise in Höhe von 50 % beteiligt.[233] Eine Ausnahme stellt insoweit das von dem Musikverlag selbst ausgeübte Noten- bzw. Druckrecht dar; hier wird der Musikurheber oft nur mit 10 % am Verkaufspreis beteiligt. Da die Verteilung der Erlöse grundsätzlich Verhandlungssache ist, können die Parteien aber durchaus Abweichungen vereinbaren, z. B. für den Fall, dass der Musikverlag entsprechende Vorleistungen oder Investitionen erbringt oder eine Vertragspartei eine Rechtevergabe akquiriert hat. Bei der Vereinbarung der Erlösanteile ist allerdings zu berücksichtigen, dass der Urheber gem. §§ 32 ff. UrhG für die Einräumung von Nutzungsrechten und die Erlaubnis zur Werknutzung zwingend einen Anspruch auf angemessene Vergütung hat und ggf. eine Änderung des Vertrages verlangen kann.[234] **124**

Die Aufteilung der **Erlöse aus der kollektiven Rechtewahrnehmung** richtet sich meistens nur nach dem GEMA-Verteilungsplan.[235] Der GEMA-Verteilungsplan ist insoweit „feststehend“, als die Verteilung der Erlöse durch die GEMA unabhängig von etwaigen individuellen Vereinbarungen zwischen dem Musikurheber und dem Musikverlag im Musikverlagsvertrag erfolgt. Auf den Musikverlag entfällt danach ein sog. **Verlagsanteil**,[236] d. h. der Verlag erhält von der GEMA nach dem Verteilungsplan direkt eine Quote und somit einen festen Anteil an Tantiemen ausbezahlt. Sind zwei Musikurheber (z. B. ein Komponist und ein Textdichter) sowie ein Musikverlag an einem Musikwerk „beteiligt“, bekommen sie nach dem Verteilungsplan bspw. 5/12 (Komponist), 3/12 (Textdichter) und 4/12 (Musikverlag) der Erlöse aus der Aufführung und Sendung des betreffenden Werks. Bei den Erlösen aus dem mechanischen Vervielfältigungsrecht beträgt das Verteilungsverhältnis 30 % (Komponist), 30 % (Textdichter) und 40 % (Musikverlag). Im Falle starker Verhandlungsmacht des Musikurhebers kann der Verlagsvertrag aber auch vorsehen, dass der Autor neben **125**

233 Zur Beteiligung an den Erlösen bei der Vergabe von Subverlagsrechten s. o. Rn. 118.

234 Zur Angemessenheit der Vergütung vgl. aus neuerer Zeit *BGH* GRUR 2011, 328 – Destructive Emotions; GRUR 2009, 1148 – Talking to Addison; GRUR 2012, 1031 – Honorarbedingungen Freie Journalisten. Zur – eingeschränkten – AGB-rechtlichen Kontrolle gem. §§ 305 ff. BGB einer Honorarregelung in AGB s. *BGH* GRUR 2012, 1031 – Honorarbedingungen Freie Journalisten. S. dazu auch *Limper* IPRB 2013, 115 und 140.

235 Vgl. den aktuellen Verteilungsplan der GEMA unter www.gema.de/fileadmin/user_upload/Gema/jahrbuch/GEMA_Jahrbuch_17_Verteilungsplan.pdf. Auch der GEMA-Verteilungsplan unterliegt laufenden Anpassungen, die teilweise Ausfluss hierzu ergangener Rspr. sind. S. zur Beteiligung des Musikverlags nach dem GEMA-Verteilungsplan, namentlich zu den hierzu ergangenen Urteilen des *BGH* (GRUR 2016, 596 – Verlegeranteil) und des *KG Berlin* (14.11.2016 – 24 U 96/14) sowie der gesetzgeberischen Reaktion auf die Rspr. oben Fn. 151.

236 S. hierzu die Neuregelungen in § 27 Abs. 2 und § 27a VGG oben Fn. 151.

seinem Anteil an der GEMA-Ausschüttung (**Autorenanteil**) noch an dem Verlagsanteil prozentual beteiligt wird (sog. Refundierung).[237]

3.1.4.9 Vorschusszahlung

126 Autorenexklusivverträge, eher selten auch (Einzel-)Titelverträge sehen in der Praxis regelmäßig vor, dass der Musikurheber von dem Musikverlag einen Vorschuss bzw. eine Vorauszahlung auf seinen Anteil an den Erlösen aus der Auswertung der Rechte an den vertragsgegenständlichen Werken erhält.[238] Nach dem Musikverlagsvertrag ist ein solcher Vorschuss i. d. R. unverzinslich und grundsätzlich nicht zurückzuzahlen, jedoch mit dem Erlösanteil des Musikurhebers aus der Rechteverwertung verrechenbar.

127 Dabei ist im Vertrag zu regeln, mit welchen Beträgen die Vorauszahlung verrechnet werden soll. Zum einen ist eine **Verrechnung** mit den Ansprüchen möglich, die dem Musikurheber gegen den Verlag zustehen. Das ist insbesondere der Autorenanteil an den Einkünften aus der Rechtsauswertung durch den Verlag selbst. Zum anderen besteht die Möglichkeit, dass der Vorschuss insbesondere (auch) mit den Autorenanteilen verrechnet wird, die der Musikurheber nach dem Berechtigungsvertrag mit der GEMA von dieser aus deren Rechtewahrnehmung erhält (es sei denn, die Musikwerke werden „GEMA-frei" ausgewertet). Dazu tritt der Musikurheber nach dem Vertrag i. d. R. seine Vergütungsansprüche gegen die GEMA in Höhe des jeweiligen Vorauszahlungsbetrags an den Verlag ab („**GEMA-Zession**"). Die GEMA zahlt daraufhin die Autorenanteile – die sonst direkt an den Urheber ausgeschüttet würden – inkl. Umsatzsteuer an den Verlag, der die Anteile in vollem Umfang mit dem Vorschuss verrechnet.[239] Die „GEMA-Zession" dient damit dem Inkasso gegenüber der GEMA und der Sicherung der Verrechnung der Vorauszahlung.

128 Zur Sicherheit des Musikverlags wird meist vereinbart, dass der Vorschuss erst mit Abgabe einer den Formerfordernissen der GEMA entsprechenden, erstrangigen **Globalzessionserklärung** des Musikurhebers zu Gunsten des Musikverlags in Höhe des Vorschussbetrags und mit Eingang eines entsprechenden Bestätigungsschreibens der GEMA fällig ist. Mit Unterzeichnung der Globalzessionserklärung tritt der Autor an den Musikverlag bis zur Höhe des geleisteten Vorschusses alle Ansprüche auf Auszahlung von Auswertungserlösen ab, die ihm als Musikurheber zur Zeit der Zession und künftig gegen die GEMA oder eine andere Verwertungsgesellschaft zustehen. Dabei umfasst die Globalzession auch solche Ansprüche, die nicht aus der Verwertung der vertragsgegenständlichen Werke entstanden sind, sondern aus der Verwertung anderer nicht vertragsgegenständlicher Werke des Autors durch die GEMA. Die Globalzessionserklärung bleibt auch nach Beendigung des Musikverlagsvertrags zu Gunsten

---

237 Moser/Scheuermann/*Lichte* S. 1067, 1078 f.; *Homann* S. 239.

238 In diesem Bereich sind verschiedene Gestaltungen denkbar. Synonym mit dem Begriff des Vorschusses bzw. der Vorauszahlung ist der Begriff eines zinslosen Darlehens gebräuchlich, allerdings wohl nur deswegen, um die Zahlungen steuerrechtlich einzuordnen zu versuchen (vgl. auch Moser/Scheuermann/*Lichte* S. 1067, 1079 ff.). Dabei kann die Vereinbarung eines Vorschusses einerseits bzw. eines „echten" Darlehens andererseits unterschiedliche (einkommens-/umsatz-)steuerliche Auswirkungen haben. Für die rechtliche Qualifizierung als entweder Vorschuss oder Darlehen (und die damit ggf. verbundenen verschiedenen steuerlichen Folgen) dürfte aber jedenfalls allein die Bezeichnung der Leistung im Musikverlagsvertrag als „Vorschuss/Vorauszahlung" bzw. „Darlehen" nicht ausreichen.

239 *Homann* S. 243.

des Musikverlags bestehen, bis der Vorschussbetrag vollständig abgedeckt werden konnte. Regelmäßig verpflichtet sich der Musikverlag dazu, die Zessionserklärungen gegenüber der GEMA zurückzuziehen, sobald sämtliche an den Autor geleisteten Vorauszahlungen in vollem Umfang verrechnet sind. An Stelle der Globalzession können die Vertragsparteien eine **Singular-/Titelzession** vereinbaren, die auf den Anteil des Autors an den Erlösen aus der Verwertung bestimmter Werke beschränkt ist; nach der gegenwärtigen Praxis der GEMA ist die Singularzession allein auf die Erlöse aus der Verwertung der mechanischen Rechte begrenzt.

Hinsichtlich der **Höhe der** einzelnen **Vorauszahlungsbeträge** sowie der **Zahlungsmodalitäten** bestehen vielfältige Gestaltungsmöglichkeiten. So können die Parteien etwa fixe Vorauszahlungsbeträge verabreden oder variable, an den Absatzerfolg gekoppelte Beträge, wonach z. B. ein Vorschuss in Höhe von 75 % der Erlöse zu zahlen ist, die im vorangehenden Vertragsjahr mit der Rechteauswertung erzielt worden sind. Nicht unüblich ist dabei die Festlegung eines zu zahlenden Mindest- und eines Maximalbetrags. I.Ü. sehen die Musikverlagsverträge in der Praxis oftmals vor, dass der Musikurheber mit Einspielung des Vorschusses eine weitere Vorauszahlung als sog. **Rolling Advance** erhält; sollte insbesondere auf Grund der Erfüllung der (qualifizierten) Mindestablieferungspflicht eine Vertragsperiode abgelaufen bzw. erfüllt sein und dadurch eine weitere Periode in Gang gesetzt werden, ist aus Sicht des Musikurhebers zu verhandeln, dass auch in diesem Fall ein weiterer Vorschuss zahlen ist, selbst wenn eine zuvor geleistete Vorauszahlung zu diesem Zeitpunkt nicht in vollem Umfang zurückgeführt ist. Ausgehend von der Klausel, dass sich eine Vertragsperiode bis zur Erfüllung der qualifizierten Mindestablieferungspflicht verlängert, kann von dem Musikverlag zudem gewünscht sein, dass sich die Vertragsdauer automatisch bis zu dem Ende des Kalenderhalbjahres verlängert, in dem der geleistet Vorschuss vollständig abgedeckt ist. Nicht unüblich ist auch die Vereinbarung einer Rückzahlungsklausel, gerade bei noch unbekannten Musikurhebern und für den Fall von in diesem Zusammenhang ggf. hohen Vorauszahlungen. So kann im Vertrag etwa geregelt sein, dass der Musikurheber einen Vorschuss (teilweise) zurückzahlen muss, wenn er innerhalb einer Vertragsperiode seiner (qualifizierten) Mindestablieferungspflicht nicht nachgekommen ist; der Verlag ist danach mit Ablauf einer Vertragsperiode, für die eine Mindestablieferungspflicht besteht, zur anteiligen Rückforderung berechtigt, wobei die Vorauszahlung in Höhe des prozentualen Anteils zurückzuzahlen ist, der dem der Nichterfüllung der Mindestablieferungspflicht entspricht. **129**

3.1.4.10 Vertrags- und Auswertungsdauer

Die Vertragsdauer regelt, für welchen Zeitraum der Musikurheber bei einem Autorenexklusivvertrag persönlich exklusiv an den Musikverlag gebunden ist. In diesem zeitlichen Fenster muss der Urheber insbesondere die festgelegte Mindestanzahl von Musikwerken schaffen und alle vertragsgegenständlichen Werke dem Verlag zur Auswertung abliefern. Typischerweise teilt sich die **Vertragsdauer** in mehrere (oft drei) Vertragsperioden auf, von der jeweils eine Periode mindestens einen Zeitraum von einem Jahr umfasst und jedenfalls so lange andauert, bis der Musikurheber seine qualifizierte Mindestablieferungspflicht vollständig erfüllt. Mitunter lässt sich der Verlag zudem eine oder mehrere Option(en) zur Verlängerung des Vertrags um eine oder mehrere Vertragsperiode(n) einräumen; in diesem Zusammenhang ist allerdings § 40 Abs. 1 und 2 UrhG zu beachten, wonach bei einem Vertrag, durch den sich der Urheber zur Einräumung von Nutzungsrechten an künftigen, überhaupt nicht näher oder **130** nur der Gattung nach bestimmten Werken verpflichtet, dem Musikurheber mit Ablauf von fünf Jahren seit Vertragsschluss ein im Voraus nicht verzichtbares Kündigungsrecht zusteht.

131 Von der Dauer des Vertrags bzw. der Vertragslaufzeit zu unterscheiden ist die **Auswertungsdauer** hinsichtlich der dem Verlag übertragenen Rechte. Diese bestimmt, für welchen Zeitraum der Musikverlag berechtigt (und verpflichtet) ist, die vom Musikurheber eingeräumten Rechte zu verlegen und auszuwerten (vgl. § 31 Abs. 1 S. 2 UrhG). Damit korrespondiert u. a. eine entsprechende Beteiligung des Urhebers am Auswertungserlös. Während der Verlag i. d. R. daran interessiert ist, die ihm eingeräumten Rechte über einen langen Zeitraum ausüben zu können, häufig über den gesamten Zeitraum der gesetzlichen Schutzfrist gem. §§ 64 f. UrhG (copyright lifetime), hat der Urheber meist Interesse daran, dem Musikverlag die Rechte nur für einen gewissen Zeitraum (z. B. 5, 10, 15 oder 20 Jahre) zu überlassen, um dann mit dessen Ablauf wieder selbst als Rechteinhaber Rechte an Verwerter (zu ggf. besseren Konditionen) vergeben zu können.

3.1.4.11 Beendigung des Musikverlagsvertrags; Rechterückruf

132 Da (bei einem Autorenexklusivvertrag) eine feste Vertragsdauer vereinbart ist, die eine „ordentliche“ Kündigung nicht zulässt,[240] enthalten die Verträge i. d. R. Klauseln zu vertraglichen Kündigungs- und Rücktrittsmöglichkeiten sowie zum Rückruf von Rechten, wobei auch hier deren Ausgestaltung weitgehend Verhandlungssache ist.

133 Ein **gesetzliches**, im Voraus unverzichtbares beiderseitiges **Kündigungsrecht** besteht gem. § 40 UrhG bei Verträgen, durch die sich der Musikurheber – wie typischerweise bei Autorenexklusivverträgen – zur Einräumung von Nutzungsrechten an künftigen Werken verpflichtet, die überhaupt nicht näher oder nur der Gattung nach bestimmt sind. Zudem können die Parteien den Musikverlagsvertrag etwa nach § 314 BGB (Kündigung von Dauerschuldverhältnissen aus wichtigem Grund) kündigen.[241] Schließlich kann im Vertrag eine – ggf. nach dem Kündigungsgrund differenzierende – Regelung der Rechtsfolgen der Kündigung getroffen werden, insbesondere auch hinsichtlich der an den vertragsgegenständlichen Werken eingeräumten Rechte.[242]

134 Zudem sieht § 41 UrhG ein im Voraus nicht verzichtbares und im Voraus für mehr als fünf Jahre nicht ausschließbares **Rückrufsrecht des Musikurhebers** für den Fall vor, dass der Musikverlag (als Inhaber eines ausschließlichen) Nutzungsrechts dieses

---

240 Zur Kündigung eines Musikverlagsvertrags (über bestehende Werke) als ein – gem. § 627 Abs. 1 BGB jederzeit ordentlich kündbares – Dienstverhältnis abl. *BGH* GRUR 2010, 1093 Rn. 14 – Concierto de Aranjuez.

241 Zur fristlosen Kündigung eines Musikverlagsvertrages aus wichtigem Grund s. auch *BGH* GRUR 2010, 1093 Rn. 22 – Concierto de Aranjuez; GRUR 1973, 328, 330 – Musikverleger II; GRUR 1982, 41, 45 – Musikverleger III.

242 Vgl. insoweit § 40 Abs. 3 UrhG zur gesetzlichen Rechtsfolge bei Kündigung gem. § 40 Abs. 1 UrhG; s. dazu Dreier/Schulze/*Schulze* § 40 Rn. 23 ff. – Zur Unwirksamkeit einer Regelung in AGB für den Fall einer Kündigung aus wichtigem Grund s. *LG Bochum* ZUM-RD 2012, 217, 224 und *LG Hamburg* ZUM 2013, 53, 66. Zum regelmäßigen automatischen Rückfall eines Nutzungsrechts an den Lizenzgeber bei Beendigung des Lizenzvertrags s. *BGH* GRUR 2012, 916 – M2Trade. – Zum grundsätzlichen Fortbestand einer Sublizenz bei Erlöschen der Hauptlizenz s. *BGHZ* 180, 344 – Reifen Progressiv; *BGH* GRUR 2012, 916 – M2Trade; GRUR 2012, 914 – Take Five; dazu *Limper* IPRB 2013, 140).

Recht nicht oder nur unzureichend ausübt und dadurch berechtigte Interessen des Urhebers erheblich verletzt werden (§ 41 Abs. 1 S. 1, Abs. 4 UrhG). Einzelheiten zum Vorliegen einer Nicht- oder unzureichenden Rechtsausübung sowie zur angemessenen Nachfrist, die dem Verlag gem. § 41 Abs. 3 S. 1 UrhG zur Ausübung des Nutzungsrechts zu setzen ist, können die Parteien im Musikverlagsvertrag aushandeln. So kann etwa bestimmt werden, dass der Musikurheber zum Rückruf berechtigt ist, wenn ihm innerhalb eines festgelegten Zeitraums nicht ein bestimmter Mindestbetrag aus der Auswertung der Rechte zugeflossen ist; hiermit wird dann statt auf die Tätigkeit (vgl. § 41 UrhG) auf den messbaren Erfolg der Verlagstätigkeit abgestellt.[243] Eine vertraglich geregelte Nachfrist von sechs Monaten zur Ausübung des Nutzungsrechts dürfte regelmäßig angemessen sein.[244]

Ferner kann nach den Vorschriften des Verlagsgesetzes ein **Rücktritt** in Betracht kommen (vgl. §§ 17, 30, 32, 35, 36 Abs. 3 VerlG). So besteht gem. § 17 S. 3 VerlG für den Musikurheber die Möglichkeit, von dem Vertrag zurückzutreten, wenn der Musikverlag das Recht hat, eine neue Auflage zu veranstalten, und, nachdem der Urheber dem Verlag zur Ausübung des Rechts eine angemessene Frist bestimmt hat, die Veranstaltung der Neuauflage nicht rechtzeitig erfolgt ist. **135**

3.1.4.12 Abrechnung; Zahlungsbedingungen; Buchprüfung; Steuer; Sonstiges

Bestandteil von Musikverlagsverträgen sind schließlich Regelungen zur Abrechnung durch den Verlag, zu Zahlungsbedingungen, Buchprüfungsmöglichkeiten des Musikurhebers und steuerrechtliche Regelungen zur Umsatzsteuerpflicht des Musikurhebers sowie zu steuerrechtlichen Tatbeständen mit Auslandsbezug, Vollmachtserteilungen im Hinblick auf die unzulässige Verwendung vertragsgegenständlicher Werke durch Dritte sowie eine salvatorische Klausel.[245] **136**

4. Kooperationsverträge zwischen Musikverlagen sowie zwischen Musikverlagen und Nicht-Verlagen

Auf Verlagsseite sind verschiedenartige Formen der vertraglichen Kooperation möglich, um (gemeinsam) Nutzungsrechte an Werken zu erwerben und auszuwerten. In der Praxis kommen insbesondere die folgenden Konstellationen der Zusammenarbeit vor:[246] **137**

4.1 Co-Verlagsvertrag[247]

Bei einem Co-Verlagsvertrag schließen sich zwei oder mehr Musikverlage zu einem Co-Verlag zusammen. Gegenstand der Rechteauswertung durch den Co-Verlag sind Nutzungsrechte an Werken von Autoren, die der Co-Verlag neu unter Vertrag nimmt, sowie ggf. auch bestehende Nutzungsrechte, die die beteiligten Verlage in die Kooperation einbringen. **138**

---

243 Loewenheim/*Czychowski* § 68 Rn. 45.

244 Fromm/Nordemann/*J.B. Nordemann* § 41 Rn. 31; hierzu ausf. *Budde* Das Rückrufrecht des Urhebers wegen Nichtausübung in der Musik, 1997 § 5 V 1.

245 S. dazu Limper/Musiol *Limper/Meyer* Formularhandbuch Urheber- und Medienrecht Kap. 4 Rn. 22 (§ 7 und § 12 des Muster-Vertrages); zu den gesetzlichen Ansprüchen des Musikurhebers auf Auskunft und Rechenschaft siehe auch §§ 32d, 32e UrhG.

246 Moser/Scheuermann/*Lichte* S. 1067, 1083 ff.

247 S. näher Limper/Musiol/*Limper/Meyer* Rn. 140 ff.

139 Der Abschluss eines Co-Verlagsvertrages kann **aus unterschiedlichen Gründen veranlasst** sein.[248] Eine Konstellation besteht darin, dass ein wirtschaftlich starker Musikverlag die Zusammenarbeit mit einem kleineren Musikverlag eingeht, insbesondere um den eigenen A&R-Bereich auszugliedern. Der kleinere Verlag, der unter Umständen Nutzungsrechte von Autoren, die bei ihm bereits unter Vertrag sind, in den Co-Verlag einbringt sowie insbesondere dem Co-Verlag neue Musikurheber vermittelt, ist i. d. R. daran interessiert, von dem größeren Verlag eine Vorauszahlung auf die erwarteten Erlöse aus der gemeinsamen Auswertung zu erhalten. Weiterer Anlass für eine Zusammenarbeit im Rahmen eines Co-Verlags kann etwa sein, dass an einem Werk mehrere Musikurheber beteiligt sind oder sich beteiligen wollen, von denen die einen bei dem einen Verlag und die anderen bei dem anderen Verlag vertraglich gebunden sind, so dass die Werkauswertung i. d. R. nur gelingt, wenn die Verlage miteinander kooperieren.[249]

140 Im Hinblick darauf, dass sich die beteiligten Verlage vertraglich zur Förderung des vereinbarten gemeinsamen Zweckes zusammenschließen, nämlich dazu, neue Autoren in Verlag zu nehmen und die Nutzungsrechte an ihren Werken sowie ggf. auch Nutzungsrechte aus bestehenden Autorenverträgen auszuwerten, kann der Zusammenschluss zivilrechtlich wohl grundsätzlich eine Gesellschaft bürgerlichen Rechts (GbR) darstellen,[250] und zwar eine sog. Außengesellschaft, da sie als solche („Co-Verlag“) bei dem Rechtserwerb und der Rechteauswertung am Rechtsverkehr teilnimmt.[251] **Rechtsgrundlage** für den Co-Verlagsvertrag sind demzufolge neben den allgemeinen Vorschriften des BGB die §§ 705 ff. BGB, die allerdings weithin disponibel sind. Weitere Folge ist, dass die Regelungen eines Co-Verlagsvertrags keiner AGB-rechtlichen Kontrolle unterliegen, weil diese auf gesellschaftsvertragliche Klauseln gem. § 310 Abs. 4 BGB nicht anwendbar ist.

141 Im Co-Verlagsvertrag werden im Einzelnen **Art und Umfang der Zusammenarbeit**, einschließlich der hiervon betroffenen, d. h. vertragsgegenständlichen Werke sowie die Dauer der Kooperation der Verlage geregelt. Meist wird bestimmt, welcher Verlag im Rahmen der verlegerischen Auswertung der Werke „federführend“ für den Co-Verlag tätig ist, d. h. die einem Einzelverleger üblicherweise zustehenden Rechte und Pflichten wahrnimmt. Kooperieren ein wirtschaftlich starker und ein kleinerer Musikverlag miteinander, liegt die „Federführung“ i. d. R. bei dem größeren Verlag. Im Falle einer solchen Kooperation umfasst die Zusammenarbeit insbesondere[252] die Inverlagnahme von Autoren und den Erwerb von Nutzungsrechten an deren Werken durch Abschluss von Autorenexklusivverträgen und von (Einzel-)Titelverträgen zwischen dem Co-Verlag und diesen Autoren sowie die verlegerische Auswertung der erworbenen Nutzungsrechte nach Maßgabe der zugrunde liegenden Autorenexklusiv- oder (Einzel-)Titelverträge.

---

248 S. im Einzelnen Limper/Musiol/*Limper/Meyer* Rn. 143 ff.

249 Loewenheim/*Czychowski* § 68 Rn. 83; Moser/Scheuermann/*Lichte* S. 1067, 1085.

250 Limper/Musiol/*Limper/Meyer* Rn. 146; Loewenheim/*Czychowski* § 68 Rn. 83; *Schricker* Verlagsrecht, § 1 Rn. 31; vgl. allg. MünchKomm-BGB/*Ulmer* Vorb. § 705 Rn. 1.

251 Vgl. allg. MünchKomm-BGB/*Ulmer* § 705 Rn. 253 f., 279, 305 f.

252 Dabei wird hier und im Folgenden davon ausgegangen, dass der Co-Verlag nur „neue“ Autoren in Verlag nehmen soll, also nicht auch Nutzungsrechte an Werken von Autoren zusammen ausgewertet werden sollen, die bei einem der Verlage bereits unter Vertrag stehen und in den Co-Verlag zur gemeinschaftlichen Auswertung eingebracht werden (müssen).

Dabei sieht der Co-Verlagsvertrag i. d. R. vor, dass es Aufgabe des „federführenden" Verlags ist, für den Co-Verlag Autorenexklusivverträge und (Einzel-)Titelverträge zu verhandeln und, ggf. nach Zustimmung des kleineren Verlags, abzuschließen. Der „federführende" Verlag übernimmt nach dem Co-Verlagsvertrag regelmäßig für den Co-Verlag die gesamte verlegerische Administration der Werke und verpflichtet sich, die Werke im Sinne eines ordentlichen Verlagskaufmanns zu verwalten und zu fördern. Nach den Regelungen des Co-Verlagsvertrags vergibt er für den Co-Verlag die diesem eingeräumten Rechte an Dritt-Verwerter, soweit und solange die Rechte nicht einer Verwertungsgesellschaft zur treuhänderischen Wahrnehmung übertragen sind. **142**

Der kleinere Verlag verpflichtet sich im Co-Verlagsvertrag i. d. R. dazu, exklusiv für den Co-Verlag Autoren zu gewinnen und exklusiv dem Co-Verlag zur Inverlagnahme zu vermitteln und während der Vertragslaufzeit Autoren und/oder deren Werke, die ihm zur Inverlagnahme durch den Co-Verlag zur Verfügung stehen, exklusiv zusammen mit dem anderen Verlag im Rahmen des Co-Verlags zu verlegen. Zudem sieht der Co-Verlagsvertrag typischerweise eine (qualifizierte) Mindestablieferungspflicht des kleineren Verlags vor, wonach dieser verpflichtet ist, mindestens eine bestimmte Anzahl bislang unveröffentlichter Werke von Autoren dem Co-Verlag zur Inverlagnahme und Rechteauswertung zu vermitteln.[253] **143**

Des Weiteren enthält der Co-Verlagsvertrag u. a. Regelungen zur Aufteilung des Erlösanteils des Co-Verlags aus den von der GEMA oder einer anderen Verwertungsgesellschaft wahrgenommenen Rechte sowie aus den von dem Co-Verlag selbst wahrgenommenen und aus den für den Co-Verlag vergebenen Rechte. Geregelt wird auch die Aufteilung der im Rahmen der Kooperation entstehenden Kosten zwischen den Verlagen. Zudem sieht der Co-Verlagsvertrag üblicherweise vor, dass der kleinere Verlag von dem wirtschaftlich stärkeren Verlag auf seinen Anteil an den Erlösen aus der Rechteverwertung eine unverzinsliche, grds. nicht zurückzuzahlende aber mit sämtlichen Erlösanteilen des kleineren Verlags verrechenbare Vorauszahlung erhält. Zur Verrechnung tritt der kleinere Verlag dem anderen Verlag bis zur Höhe des Vorauszahlungsbetrags alle, auch künftige Ansprüche auf Auszahlung ab, die ihm gegen den Co-Verlag und gegen die GEMA aus der Auswertung sowohl der vertragsgegenständlichen Werke als auch aus der Auswertung anderer Werke nach dem Berechtigungsvertrag mit der GEMA zustehen (Globalzession).[254] **144**

4.2 Editionsvertrag[255]

Bei einem Editionsvertrag kooperiert ein Musikverlag mit einem Nicht-Verlag (Editionär), z. B. einem Musikurheber, Manager oder Produzenten, der insoweit die Rolle eines Verlegers einnimmt.[256] Eine solche Zusammenarbeit wird zu dem gemeinsamen Zweck vereinbart, neue Musikurheber zu akquirieren und an die Edition zu binden, um dann die Nutzungsrechte an deren Werken auszuwerten. Darüber hinaus bringt der Editionär, wenn es sich um einen Musikurheber (Autor) handelt, durch Abschluss eines Autorenexklusivvertrages selbst Nutzungsrechte an seinen eigenen Werken zur gemeinsamen Auswertung in die Edition ein.[257] Für den Musikurheber hat diese Stel- **145**

253 Vgl. Rn. 101 zur Mindestablieferungspflicht im Rahmen eines Autorenexklusivvertrags.
254 Vgl. Rn. 126 ff. zur Regelung von Vorauszahlungen im Rahmen eines Autorenexklusivvertrags.
255 S. dazu im Einzelnen Limper/Musiol/*Limper/Meyer* Rn. 140 ff.
256 Limper/Musiol/*Limper/Meyer* Rn. 141; *Homann* S. 244.
257 Limper/Musiol/*Limper/Meyer* Rn. 141.

lung als faktischer Co-Verleger den wirtschaftlichen Vorteil, dass er – im Hinblick auf seine Musikwerke – neben seinem Anteil als Autor auch eine Beteiligung am Verlagsanteil[258] erhält, so wie dies sonst im Rahmen eines Autorenexklusivvertrages nur über eine Refundierungsabrede erreicht wird.[259] Zudem ist er bezüglich der Dritt-Musikwerke der Edition faktisch Verleger und somit entsprechend beteiligt. Schließlich kann der Editionär – je nach Ausgestaltung der Editionsvereinbarung – auch (weit reichender) Einfluss nehmen auf die unternehmerischen Entscheidungen im Rahmen der Rechteauswertung.[260]

146 Wie der Co-Verlag kann man die Edition zivilrechtlich wohl grundsätzlich als eine Gesellschaft bürgerlichen Rechts (GbR) einordnen,[261] da (und insoweit) sich Musikverlag und Editionär vertraglich zur Förderung des vereinbarten gemeinsamen Zweckes zusammenschließen. Rechtsgrundlage sind demzufolge wie beim Co-Verlagsvertrag neben den allgemeinen zivilrechtlichen Bestimmungen die weithin disponiblen §§ 705 ff. BGB. Im Unterschied zum Co-Verlag ist die Edition, versteht man sie als GbR, aber reine „Innengesellschaft“, denn sie nimmt als solche weder bei dem Rechtserwerb noch bei der Rechteauswertung am Rechtsverkehr teil.[262] Im Außenverhältnis ist der Musikverlag tätig, der zwar für Rechnung der Edition, aber im eigenen Namen handelt.

4.3 Administrationsvertrag

147 Bei einem Administrationsvertrag überträgt ein Musikverlag einem anderen Verlag (Administrator) administrative Aufgaben hinsichtlich seines Rechtekatalogs, etwa die Anmeldung von Musikwerken bei der GEMA, die Kontrolle und Abrechnung von Lizenzentgelten, das Inkasso etc.[263] Der Abschluss eines solchen Vertrages kommt in Betracht, wenn ein Musikverlag zwar über Nutzungsrechte verfügt, nicht aber über die nötige verlegerische Infrastruktur zu ihrer Auswertung.

148 Der Administrationsvertrag ist regelmäßig entgeltlicher Geschäftsbesorgungsvertrag i. S. d. §§ 675 ff. BGB.[264] Der Administrator ist selbst nicht Inhaber der Nutzungsrechte an den betreffenden Werken bzw. an ihnen nicht beteiligt.[265] Für seine Tätigkeit erhält er aber eine prozentuale Beteiligung an den mit der Auswertung erzielten Erlösen (Administrationsgebühr), die i. d. R. zwischen 5 % und 15 % liegt.

---

258 Vgl. zum Verlagsanteil bzw. zur Beteiligung des Musikverlags nach dem GEMA-Verteilungsplan Fn. 152, 246.

259 Vgl. oben Rn. 125.

260 Loewenheim/*Czychowski* § 68 Rn. 76.

261 Limper/Musiol/*Limper/Meyer* Rn. 146; Loewenheim/*Czychowski* § 68 Rn. 76; Moser/Scheuermann/*Lichte* S. 1067, 1083.

262 Vgl. allg. MünchKomm-BGB/*Ulmer* § 705 Rn. 275 ff.

263 Näher Limper/Musiol/*Limper/Meyer* Rn. 161 ff.

264 Loewenheim/*Czychowski* § 68 Rn. 85.

265 Limper/Musiol/*Limper/Meyer* Rn. 163; Moser/Scheuermann/*Lichte* S. 1067, 1086.

C. Leistungsschutzrechte bei der Musikproduktion; Rechteverwertung

Das UrhG schützt nicht nur Werke i. S. d. §§ 2, 3 UrhG und ihre Schöpfer (Urheber), sondern gewährt auch sog. Leistungsschutz- bzw. verwandte Schutzrechte (§§ 70 ff. UrhG). Diese setzen anders als Urheberechte im engeren Sinne keine persönliche geistige Schöpfung (§ 2 Abs. 2 UrhG) des Schutzrechteinhabers und damit insbesondere keine Schöpfungshöhe voraus, sondern knüpfen das Recht an bestimmte **persönliche oder wirtschaftliche, organisatorische und technische Leistungen**, die für die Vermittlung von urheberechtlichen Werken entscheidende Bedeutung haben.[266] **149**

An „Musik" kann neben Urheberrechten eine **Mehrzahl von Leistungsschutzrechten** **150** bestehen, die bei der Nutzung eines Songs berührt sind. Denn i. d. R. werden Musik- bzw. Sprachwerke mit tonerzeugenden Mitteln (Musikinstrumente, Gesang) akustisch wahrnehmbar gemacht, z. B. auf einem Konzert oder in einem Tonstudio. Oft werden solche akustischen Wahrnehmbarmachungen als Musik-/Tonaufnahme gespeichert und die Aufnahmen in physischer Form (z. B. als CD) oder in nicht-physischer Form (z. B. zum Download) vertrieben. An diesem Prozess sind üblicherweise als Leistungsschutzberechtigte **ausübende Künstler** (§§ 73 ff. UrhG), **Hersteller von Tonträgern** (§§ 85 f. UrhG) sowie ggf. **Veranstalter** (§ 81 UrhG) von Live-Auftritten ausübender Personen beteiligt und vertraglich miteinander verbunden.[267]

Dabei ist zu beachten, dass sowohl bei der akustischen Wahrnehmbarmachung von **151** Musik durch ausübende Künstler, als auch bei der Musikaufnahme, d. h. der Tonträgerherstellung sowie der Vervielfältigung und dem Vertrieb stets **auch das zugrunde liegende Musik- bzw. Sprachwerk selbst genutzt** (z. B. vervielfältigt, verbreitet, öffentlich zugänglich gemacht) wird, so dass grundsätzlich auch die entsprechenden Rechte der Musikurheber von der GEMA (z. B. Vervielfältigungs- und Verbreitungsrecht) bzw. von den Musikverlagen (z. B. Bearbeitungsrecht) erworben werden müssen.

I. Leistungsschutzrecht und Leistungsschutzberechtigte

1. Leistungsschutzrechte ausübender Künstler

Nach § 73 UrhG ist ausübender Künstler, wer ein (schutzfähiges) Werk i. S. d. § 2 **152** UrhG oder eine Ausdrucksform der Volkskunst (Folklore) aufführt, singt, spielt oder auf eine andere Weise darbietet oder an einer solchen Darbietung künstlerisch mitwirkt.[268] Ausübenden Künstlern stehen hinsichtlich ihrer künstlerischen Leistung die in §§ 74 ff. UrhG bezeichneten **Persönlichkeits- und Verwertungs- bzw. Vermögensrechte** zu.

---

266 Vgl. Dreier/Schulze/*Dreier* Vorb. §§ 70 ff. Rn. 1, 2; vgl. auch *BGH* GRUR 2009, 403 Rn. 14 – Metall auf Metall I.

267 Vgl. aber auch oben Rn. 7.

268 S. dazu auch 26. Kap. Rn. 279 ff. Lebhaft umstritten ist, ob das zugrunde liegende Werk die nach § 2 Abs. 2 UrhG notwendige Schöpfungshöhe aufweisen muss oder ob es ausreicht, wenn das Werk „seiner Art nach" einem Urheberrechtsschutz zugänglich ist; vgl. einerseits Schricker/Loewenheim/*Krüger* § 73 Rn. 10; Dreier/Schulze/*Dreier* § 73 Rn. 8; andererseits Loewenheim/*Vogel* § 38 Rn. 42; Fromm/Nordemann/*Schaefer* § 73 Rn. 9 f.

153 Als ausübender Künstler sind danach alle (natürlichen) Personen erfasst, die an der Darbietung von Musik (im Rahmen eines Konzerts oder der Herstellung von Tonaufnahmen) als Interpretation des zugrunde liegenden Werks beteiligt sind, indem sie ihre eigene künstlerische Leistung einbringen.[269] Zu den **unmittelbar ausübenden Künstlern** (Alt. 1) gehören etwa Sänger, Gitarristen, Bassisten, Bläser, Schlagzeuger, Keyboarder und Orchestermusiker. **Künstlerisch Mitwirkende** (Alt. 2) können neben Dirigenten auch die sog. künstlerischen Produzenten (Producer) sein, die Tonaufnahmen künstlerisch steuern, indem sie selbst prägenden Einfluss auf den „Sound" bzw. die Klanggestaltung nehmen.[270] Dagegen zählt der Tonmeister nicht zu den ausübenden Künstlern, soweit er nur eine technisch-handwerkliche Leistung erbringt;[271] ebenso wenig entsteht beim digitalen Remastering ein eigenständiges Leistungsschutzrecht.[272]

154 Vom Urheber unterscheidet sich der ausübende Künstler aber dadurch, dass er selbst **kein neues Werk schafft**, sondern ein bestehendes (Musik- bzw. Sprach-)Werk (oder eine Ausdrucksform der Volkskunst[273]) darbietet oder an einer solchen Darbietung mitwirkt und so das Werk durch seine künstlerische Tätigkeit interpretiert. Der ausübende Künstler erbringt somit keine schöpferische, sondern eine **künstlerisch interpretatorische Leistung**. Ausübende Künstler können selbstverständlich zugleich Urheber der von ihnen interpretierten Werke sein (und sind das in der Praxis auch vielfach);[274] gleichwohl sind die Verträge, die sie als ausübende Künstler (Interpreten) abschließen,[275] inhaltlich streng von den Musikverlagsverträgen zu trennen, die sie als Musikurheber (Autoren) eingehen.

1.1 Persönlichkeitsrechte ausübender Künstler

155 Nach § 74 Abs. 1 UrhG hat der ausübende Künstler das Recht, in Bezug auf seine Darbietung als solcher anerkannt zu werden, wobei er selbst bestimmen kann, ob und mit welchem Namen er genannt wird (**Anerkennungs- und Namensnennungsrecht**). Falls allerdings mehrere ausübende Künstler gemeinsam (z. B. in einer Band oder einem Orchester) eine Darbietung erbracht haben und die Nennung jedes einzelnen Interpreten einen unverhältnismäßigen Aufwand bedeuten würde, können sie nur verlangen, als Künstlergruppe genannt zu werden, sofern nicht ein berechtigtes Interesse an persönlicher Nennung besteht (§ 74 Abs. 2 UrhG). Gem. § 75 UrhG ist der ausübende Künstler befugt, eine Entstellung oder eine andere Beeinträchtigung seiner Darbietung zu verbieten, die geeignet ist, sein Ansehen oder seinen Ruf als ausübender Künstler zu gefährden (**Integritätsschutz**). Diese Persönlichkeitsrechte erlöschen nach § 76 UrhG mit dem Tode des ausübenden Künstlers, jedoch erst 50 Jahre nach der Darbietung, wenn der ausübende Künstler vor Ablauf dieser Frist verstorben ist, sowie nicht vor Ablauf der Frist, die für die Verwertungsrechte gem. § 82 UrhG gilt.

---

269 Vgl. Wandtke/Bullinger/*Büscher* § 73 Rn. 7.

270 Str.; vgl. Wandtke/Bullinger/*Büscher* § 73 Rn 17; *Homann* S. 26 f. Dreier/Schulze/*Dreier* § 73 Rn. 14; zum Entstehen von Leistungsschutzrechten i. S. v. § 73 UrhG beim Sampling und bei Remixes s. Schricker/Loewenheim/*Krüger* § 73 Rn. 29; Wandtke/Bullinger/*Büscher* § 73 Rn. 15; *Homann* S. 26.

271 Wandtke/Bullinger/*Büscher* § 73 Rn. 8; *BGH* GRUR 1983, 22, 24 – Tonmeister; vgl. auch Dreier/Schulze/*Dreier* § 73 Rn. 14; *Homann* S. 26; Loewenheim/*Vogel* § 38 Rn. 51, 57.

272 *OLG Hamburg* ZUM-RD 2002, 145 – Remix/Remastering; Wandtke/Bullinger/*Büscher* § 73 Rn. 8; *Homann* S. 27.

273 Vgl. dazu Dreier/Schulze/*Dreier* § 73 Rn. 9.

274 Werkschöpfung und -interpretation können dabei auch zeitgleich in einem Akt zusammenfallen, z. B. bei einer Jazz-Improvisation; vgl. dazu Loewenheim/*Vogel* § 38 Rn. 56.

275 S. u. Rn. 182 ff.

1.2 Verwertungs- bzw. Vermögensrechte ausübender Künstler

In Bezug auf seine unmittelbare persönliche Darbietung stehen dem ausübenden Künstler die in §§ 77 und 78 UrhG bezeichneten Verwertungs- bzw. Vermögensrechte zu. **156**

Nach § 77 UrhG ist der ausübende Musikkünstler berechtigt, seine **Darbietung** in körperlicher Form zu verwerten. Gem. § 77 Abs. 1 UrhG hat er das ausschließliche Recht, seine Darbietung **auf einen Bild- oder Tonträger aufzunehmen**, d. h. erstmalig so auf ein Speichermedium (z. B. CD) zu fixieren, dass sie dadurch wiederholbar gemacht wird.[276] Unerheblich ist hierbei, ob die Aufnahme unmittelbar, z. B. als Aufzeichnung im Tonstudio, oder mittelbar als Mitschnitt einer Live-Sendung stattfindet.[277] **157**

Nach § 77 Abs. 2 S. 1 UrhG steht dem Interpreten das ausschließliche Recht zu, den **Bild- oder Tonträger**, auf den seine Darbietung aufgenommen worden ist, zu **vervielfältigen und zu verbreiten.**[278] „Vervielfältigung" ist jede weitere Festlegung der bereits (durch Erstaufnahme) festgelegten Darbietung durch Übertragung von einem Bild- oder Tonträger auf einen anderen.[279] Dabei spielt es keine Rolle, ob die Vervielfältigung unmittelbar erfolgt (z. B. durch Nachpressen von Tonträgern) oder mittelbar, indem die Sendung einer Tonaufnahme aufgezeichnet wird.[280] Auch digitale Veränderungen einer Aufnahme (Tempo- oder Lautstärkeänderungen, Remixes etc.) können als Vervielfältigung i. S. d. § 77 Abs. 2 S. 1 UrhG zu werten sein.[281] Das ausschließliche Vervielfältigungsrecht des Künstlers kann sich auch auf Teile seiner Darbietung erstrecken, soweit es sich bei dem Darbietungsteil im Einzelfall (noch) um eine individuelle künstlerische Interpretation handelt;[282] der Interpret kann deshalb unter Umständen auch nicht autorisierte Vervielfältigungen solcher Darbietungsteile im Rahmen des **Sampling** verhindern.[283] **158**

Nach Maßgabe von § 78 Abs. 1 UrhG hat der ausübende Künstler das ausschließliche Recht, seine **Darbietung** in unkörperlicher Form zu verwerten, d. h. **öffentlich wiederzugeben.**[284] So ist er gem. § 78 Abs. 1 Nr. 1 UrhG berechtigt, seine Darbietung i. S. v. § 19a UrhG öffentlich zugänglich zu machen, also etwa im Internet zu verbreiten. **159**

---

276 Dreier/Schulze/*Dreier* § 77 Rn. 4.

277 Schricker/Loewenheim/*Krüger* § 77 Rn. 6; Loewenheim/*Vogel* § 38 Rn. 62.

278 Der Begriff der Vervielfältigung ist identisch mit dem in § 16 UrhG; der Begriff der Verbreitung entspricht dem in § 17 UrhG; s. dazu Rn. 47 f. Auf Grund der Verweisung in § 77 Abs. 2 S. 2 UrhG auf § 27 UrhG stehen dem Musikkünstler auch die Vergütungsansprüche für das Vermieten und Verleihen von Tonträgern und Bildtonträgern zu.

279 Schricker/Loewenheim/*Krüger* § 77 Rn. 9.

280 Loewenheim/*Vogel* § 38 Rn. 63; Schricker/Loewenheim/*Krüger* § 77 Rn. 9.

281 Wandtke/Bullinger/*Büscher* § 77 Rn. 6; Schricker/Loewenheim/*Krüger* § 77 Rn. 11; Dreier/Schulze/*Dreier* § 77 Rn. 5; s. auch *BGH* GRUR 2014, 65 Rn. 36 – Beuys-Aktion; s. ferner Loewenheim/*Vogel* § 38 Rn. 64; *OLG Hamburg* ZUM-RD 2002, 145. Anders als dem Urheber steht dem ausübenden Künstler Urheber **kein Bearbeitungsrecht** gem. § 23 UrhG zu. Vgl. aber zum Schutz des Musikkünstlers (neben dem Schutz durch das Vervielfältigungsrecht) § 75 UrhG (Integritätsschutz) sowie § 79 Abs. 2 S. 2 i. V. m. §§ 37 Abs. 1, 39 Abs. 1 UrhG für den Fall der vertraglichen Einräumung bzw. Übertragung von Nutzungs- bzw. Verwertungsrechten.

282 Wandtke/Bullinger/*Büscher* § 77 Rn. 6; Dreier/Schulze/ *Dreier* § 77 Rn. 5.

283 Schricker/Loewenheim/*Krüger* § 77 Rn. 9; Loewenheim/*Vogel* § 38 Rn. 43, 64; *Homann* S. 78; s. auch Wandtke/Bullinger/*Büscher* § 77 Rn. 6; vgl. aber auch *BGH* GRUR 2009, 403 Rn. 29 – Metall auf Metall I (§ 24 UrhG analog) und *BGH* 1.6.17 – I 7 R 115/16 – Metall auf Metall III; s. dazu unten Rn. 171 (zum Recht des Tonträgerherstellers).

284 S. dazu Loewenheim/*Vogel* § 38 Rn. 68 ff.

Nach § 78 Abs. 1 Nr. 2 UrhG steht dem ausübenden Künstler grundsätzlich auch das Recht zu, seine Darbietung zu senden (Senderecht). Das gilt allerdings dann nicht, wenn die Darbietung erlaubterweise auf Bild- oder Tonträger aufgenommen worden ist, die erschienen oder erlaubterweise öffentlich zugänglich gemacht worden sind.[285] In diesem Fall hat der Interpret vielmehr nur einen gesetzlichen Anspruch auf angemessene Vergütung (§ 78 Abs. 2 Nr. 1 UrhG). Schließlich steht dem ausübenden Künstler nach § 78 Abs. 2 Nr. 3 UrhG das Recht zu, seine Live-Darbietung außerhalb des Raumes, in dem sie stattfindet (z. B. Konzertsaal), durch Bildschirm, Lautsprecher oder ähnliche technische Einrichtungen öffentlich wahrnehmbar zu machen.

160 Da der Musikkünstler als Leistungsschutzberechtigter keine Rechte an dem zugrunde liegenden Werk hat und sich das Leistungsschutzrecht nur auf die Erstfixierung seiner Interpretation bezieht, besteht allerdings **kein Nachahmungsschutz**. Vielmehr muss der Musikkünstler es hinnehmen, wenn ein anderer Interpret dasselbe Werk (als Cover-Version) erneut aufnimmt und es anschließend verwertet.[286]

161 Statt eines Verbotsrechts bleibt dem ausübenden Künstler für bestimmte Nutzungen nach § 78 Abs. 2 UrhG nur ein **gesetzlicher Anspruch auf angemessene Vergütung** (sog. Zweit- und Drittverwertung),[287] an der gem. § 86 UrhG noch der Tonträgerhersteller zu beteiligen ist. Ein solcher Vergütungsanspruch gebührt dem Interpreten nach § 78 Abs. 2 Nr. 1 UrhG, wenn seine Darbietung nach § 78 Abs. 1 Nr. 2 UrhG erlaubterweise gesendet wird. Voraussetzung ist danach, dass die gesendete Darbietung des Künstlers erlaubterweise auf Bild- oder Tonträger aufgenommen worden ist und dass diese Aufnahmen entweder i. S. v. § 6 Abs. 2 UrhG erschienen oder erlaubterweise i. S. v. § 19a UrhG öffentlich zugänglich gemacht worden sind.[288] Diese Regelung ist insoweit praktisch besonders relevant, als im Hörfunk überwiegend Musik von erschienenen Tonträgern gespielt wird.[289] Des Weiteren hat der ausübenden Künstler nur einen Anspruch auf angemessene Vergütung, wenn seine Darbietung mittelbar durch Bild- oder Tonträger öffentlich wahrnehmbar gemacht wird (§ 78 Abs. 2 Nr. 2 UrhG). Die öffentliche Wahrnehmbarmachung von Bild- oder Tonträgern, die rechtswidrig hergestellt oder vervielfältigt worden sind, ist allerdings nicht erlaubt (§ 96 Abs. 1 UrhG). Nach § 78 Abs. 2 Nr. 3 UrhG hat schließlich der Interpret zum einen lediglich einen Anspruch auf angemessene Vergütung, wenn die Sendung seiner Darbietung öffentlich wahrnehmbar gemacht wird; zum anderen besteht nur ein Vergütungsanspruch in dem Fall, dass die auf öffentlicher Zugänglichmachung beruhende Wiedergabe seiner Darbietung öffentlich wahrnehmbar gemacht wird.

162 Erbringen **mehrere ausübende Künstler** gemeinsam eine Darbietung in der Weise, dass sich ihre Anteile an der Interpretation nicht gesondert verwerten lassen, steht ihnen das Recht zur Verwertung zur gesamten Hand zu, wobei keiner der beteiligten Künstler seine Einwilligung zur Verwertung wider Treu und Glauben verweigern darf (§ 80 Abs. 1 UrhG).[290]

---

285 S. dazu Dreier/Schulze/*Dreier* § 77 Rn. 5.

286 *Homann* S. 58; vgl. auch *BGH* GRUR 2009, 403 Rn. 23, 29 – Metall auf Metall I; GRUR 2013, 614 Rn. 13 ff. – Metall auf Metall II; *BGH* 1.6.17 – I 7 R 115/16 – Metall auf Metall III.

287 S. u. Rn. 223 ff.

288 Dreier/Schulze/*Dreier* § 77 Rn. 13; Wandtke/Bullinger/*Büscher* § 77 Rn. 16.

289 Wandtke/Bullinger/*Büscher* § 77 Rn. 15.

290 Für die Geltendmachung der sich aus §§ 77, 78 und § 79 Abs. 3 UrhG ergebenden Rechte und Ansprüche sind die besonderen Regeln in § 74 Abs. 2 S. 2 und 3 UrhG entspr. anzuwenden (§ 80 Abs. 2 UrhG); vgl. zu ähnlich gelagerter Regelung bei Miturhebern oben Rn. 28 ff.

Die Rechte des Interpreten aus §§ 77, 78 UrhG **erlöschen** gem. § 82 Abs. 1 UrhG 70 Jahre nach dem Erscheinen des Tonträgers, wenn die Darbietung auf einem Tonträger aufgezeichnet worden ist; ist dessen erste erlaubte Benutzung zur öffentlichen Wiedergabe früher erfolgt, erlöschen die Rechte 70 Jahre nach dieser. Falls die Darbietung des ausübenden Künstlers nicht auf einem Tonträger aufgezeichnet worden ist, so erlöschen die Rechte 50 Jahre nach dem Erscheinen der Aufzeichnung, oder wenn deren erste erlaubte Benutzung zur öffentlichen Wiedergabe früher erfolgt ist, 50 Jahre nach dieser. Die Rechte des ausübenden Künstlers erlöschen jedoch bereits 50 Jahre nach der Darbietung, wenn eine Aufzeichnung innerhalb dieser Frist nicht erschienen oder nicht erlaubterweise zur öffentlichen Wiedergabe benutzt worden ist. **163**

2. Leistungsschutzrechte des Tonträgerherstellers

Inhaber von Leistungsschutzrechten ist nach § 85 UrhG auch der Hersteller von Tonträgern, der die Aufnahme der Musik auf einen Tonträger (Tonträgerherstellung) wirtschaftlich, organisatorisch und technisch verantwortet.[291] Diese Rechte bestehen unabhängig neben Leistungsschutzrechten von Interpreten und Veranstaltern sowie den Urheberrechten an dem aufgenommenen Musik- bzw. Sprachwerk.[292] **164**

2.1 Schutzgegenstand

Schutzgegenstand i. S. d. § 85 UrhG ist nicht der Tonträger oder die Tonfolge selbst, sondern die zur Festlegung der Tonfolge auf dem Tonträger erforderliche unternehmerische Leistung des Tonträgerherstellers, die in dem Tonträger verkörpert ist.[293] Insofern geschützt ist allein die **Erstaufnahme**, d. h. die erste körperliche Fixierung von Tönen (sog. **Master oder Masterband**),[294] von der sich dadurch beliebig oft qualitativ und inhaltlich übereinstimmende Kopien reproduzieren lassen.[295] Keine Rolle spielt, um welche Art von Tönen es sich dabei handelt; die Aufnahme kann etwa Musik, gesprochene oder gesungene Texte, Tierlaute oder sonstige Geräusche zum Gegenstand haben.[296] **165**

Vervielfältigungen, die von der Erstaufnahme hergestellt werden (z. B. CDs oder andere Speichermedien) erlangen keinen Schutz (§ 85 Abs. 1 S. 3 UrhG), vielmehr bedürfen sie ihrerseits der Zustimmung des Herstellers der Erstaufnahme (§ 85 Abs. 2 UrhG).[297] Das ist bspw. der Fall beim digitalen Remastering, wo keine (neue) Erstaufnahme, sondern eine bestehende alte Aufnahme (zur Verbesserung der Klangqualität) vervielfältigt wird.[298] Ebenso wie beim ausübenden Künstler besteht **kein Schutz vor Nachahmungen**. Der Produzent der Erstaufnahme kann also nicht verhindern, dass dasselbe Musikstück (z. B. als Cover-Version oder Re-Recording) oder Tonmaterial – von anderen Musikkünstlern oder von denselben Musikkünstlern der Erstaufnahme – **166**

---

291 Vgl. *BGH* GRUR 2009, 403 Rn. 14 – Metall auf Metall I.

292 Loewenheim/*Vogel* § 40 Rn. 31.

293 *BGH* GRUR 2009, 403 Rn. 14 – Metall auf Metall I; Dreier/Schulze/*Schulze* § 85 Rn. 15; Schricker/Loewenheim/*Vogel* § 85 Rn. 18.

294 Das kann z. B. ein Tonband, eine CD oder ein digitales Speichermedium sein.

295 *BGH* GRUR 1999, 577, 578 – Sendeunternehmen als Tonträgerhersteller; Schricker/Loewenheim/*Vogel* § 85 Rn. 21 f.; Dreier/Schulze/*Schulze* § 85 Rn. 16.

296 Dreier/Schulze/*Schulze* § 85 Rn. 18.

297 Zur Rechtslage bei Remixes vgl. Dreier/Schulze/*Schulze* § 85 Rn. 22; Loewenheim/*Vogel* § 40 Rn. 32.

298 Dreier/Schulze/*Schulze* § 85 Rn. 21; Schricker/Loewenheim/*Vogel* § 85 Rn. 25.

erneut dargeboten und aufgenommen wird, sei es von anderen Musikkünstlern oder von denselben Musikkünstlern der Erstaufnahme.[299] In diesem Fall entsteht ein neues Tonträgerherstellerrecht.[300]

2.2 Tonträgerhersteller

167 Tonträgerhersteller und Rechteinhaber nach § 85 UrhG ist dementsprechend, wer das **Masterband produziert**, d. h. die wirtschaftliche, organisatorische und technische Leistung erbringt, die Musik, den Gesang oder das sonstige Tonmaterial erstmalig auf einem Tonträger aufzuzeichnen.[301] Ist der Tonträger in einem Unternehmen hergestellt worden, gilt der Unternehmensinhaber als Hersteller (§ 85 Abs. 1 S. 2 UrhG).

168 Musikproduzenten i. S. d. § 85 Abs. 1 UrhG können Tonträgerunternehmen (synonym: Labels, Schallplattenfirmen), unabhängige Produzenten, kleinere Musikproduktionsfirmen oder auch ausübende Künstler selbst sein, wenn sie die Erstaufnahme ihrer Musik in Eigenproduktion herstellen.[302] Kein Tonträgerhersteller ist dagegen das Presswerk, das nach der Vorlage des Masterbandes und auf der Grundlage einer ihm erteilten Lizenz (§ 85 Abs. 2 UrhG) Tonträger (CDs, Vinyl-Platten etc.) lediglich vervielfältigt.[303]

2.3 Verwertungsrechte des Tonträgerherstellers

169 Dem Hersteller eines Tonträgers steht nach § 85 Abs. 1 S. 1 UrhG das ausschließliche Recht zu, den Tonträger mit der von ihm hergestellten Erstaufnahme zu **vervielfältigen, zu verbreiten und öffentlich zugänglich zu machen**.[304]

170 Wer eine fremde Musikaufnahme überspielen oder anderweitig vervielfältigen will, muss danach neben der Zustimmung des Urhebers (bzw. der GEMA oder des Musikverlags) und der Zustimmung des ausübenden Künstlers also insbesondere auch von dem Tonträgerhersteller das Recht zur Vervielfältigung erwerben, soweit diese nicht nach §§ 44a ff. UrhG ausnahmsweise privilegiert ist (vgl. § 85 Abs. 4 UrhG).[305]

171 Eine (ohne Erlaubnis des Tonträgerherstellers) grundsätzlich unzulässige Vervielfältigung liegt dabei nach der Rspr. des BGH schon dann vor, sofern, wie beim **Sampling**,[306] kleinste Tonfetzen einer Aufnahme übernommen, also dieser entnommen und

---

299 Dreier/Schulze/*Schulze* § 85 Rn. 23; vgl. auch *BGH* GRUR 2009, 403 Rn. 23, 29 – Metall auf Metall I; GRUR 2013, 614 Rn. 13 ff. – Metall auf Metall II; *BGH* 1.6.17 – I 7 R 115/16 – Metall auf Metall III.

300 Dreier/Schulze/*Schulze* § 85 Rn. 23; Loewenheim/*Vogel* § 40 Rn. 32.

301 *BGH* GRUR 2009, 403 Rn. 8 – Metall auf Metall I; Dreier/Schulze/*Schulze* § 85 Rn. 4; Schricker/Loewenheim/*Vogel* § 85 Rn. 30.

302 Vgl. oben Rn. 7.

303 Dreier/Schulze/*Schulze* § 85 Rn. 9; Loewenheim/*Vogel* § 40 Rn. 36.

304 Vgl. oben Rn. 47 f., 50 zu den entsprechenden Verwertungsrechten des Urhebers nach §§ 16, 17 und 19a UrhG, die analog gelten (Dreier/Schulze/*Schulze* § 85 Rn. 30).

305 Dreier/Schulze/*Schulze* § 85 Rn. 31.

306 S. o. Rn. 19.

einem anderen Musikstück unterlegt werden.[307] Allerdings kann nach dieser Rspr. analog § 24 Abs. 1 UrhG („freie Benutzung")[308] auch die Benutzung fremder Tonträger ohne Zustimmung des Berechtigten erlaubt sein, wenn das neue Werk zu der aus dem benutzten Tonträger entlehnten Tonfolge einen so großen Abstand hält, dass es als selbständig anzusehen ist. Dabei soll eine **freie Benutzung** aber von vornherein ausscheiden, wenn es möglich ist, die auf dem neuen Tonträger aufgenommene Tonfolge selbst einzuspielen, oder wenn es sich bei der erkennbar dem benutzten Tonträger entnommenen und dem neue Tonträger zugrunde gelegten Tonfolge um eine Melodie handelt (vgl. § 24 Abs. 2 UrhG).[309] Ebenso dürfte es sich im Falle eines **Remixes**, bei dem die Originalaufnahme mit anderen Elementen zu einem neuen Musikstück vermischt wird,[310] um eine Vervielfältigung handeln, die (ohne Erlaubnis des Tonträgerherstellers) grundsätzlich unzulässig ist. Auch hier kann aber wohl die Verwendung des fremden Tonträgers analog § 24 Abs. 1 UrhG zulässig sein.[311]

---

307 „Sampling" ist ein musikalisches Gestaltungsmittel der Verarbeitung von Klängen aus unterschiedlichen Tonquellen („Samples") in einem neuen Musikstück. Dazu: *BGH* GRUR 2009, 403 Rn. 8 ff. – Metall auf Metall I; GRUR 2013, 614 Rn. 11 – Metall auf Metall II. Dementsprechend hat der *BGH* das anschließende Inverkehrbringen der unter Verwendung der Tonpartikel neu hergestellten Aufnahme als Eingriff in das ausschließliche Recht zur Verbreitung i. S. v. § 85 Abs. 1 UrhG beurteilt. In der Rspr. des *BGH* wurden jedoch nach Auffassung des Bundesverfassungsgerichts die Grundrechte des Bearbeiters und die des Tonträgerherstellers nicht ausreichend gegeneinander abgewogen, vgl. dazu *BVerfG* ZUM 2016, 690 – Metall auf Metall und *BGH* 1.6.17 – I 7 R 115/16 – Metall auf Metall III; S. auch Dreier/Schulze/*Schulze* § 85 Rn. 21; Schricker/Loewenheim/*Vogel* § 85 Rn. 43. Zum beim Sampling ggf. auch betroffenen **Leistungsschutzrecht des ausübenden Künstlers** s. o. Rn. 158.

308 S. o. Rn. 65 ff.

309 *BGH* GRUR 2009, 403 Rn. 19 ff. – Metall auf Metall I; GRUR 2013, 614 Rn. 13 ff. – Metall auf Metall II (zu der Möglichkeit der Selbst-Einspielung einer Tonfolge und den Anforderungen hierfür). Werden beim **Sampling** einzelne (minimale) Ton- oder Geräuschfolgen extrahiert und originalgetreu oder verändert in ein neues Werk übernommen, dann können dabei auch das **Vervielfältigungsrecht** (§ 16 UrhG) sowie das **Bearbeitungsrecht** (§ 23 UrhG) **des Musikurhebers** betroffen sein (s. o. Rn. 47, 59 ff.). Voraussetzung ist, dass die transportierten Kompositions- bzw. Textelemente persönliche geistige Schöpfungen darstellen (Moser/Scheuermann/*Zimmermann* S. 1180, 1181; s. auch oben Rn. 19); die Übernahme einzelner Klänge (Sounds) oder Wortfetzen oder Schreie genügt hier in aller Regel nicht (Loewenheim/*Czychowski* § 9 Rn. 79). Der „Sampler", der die Neuaufnahme produziert, muss daher ggf. von der GEMA die entspr. Rechte und – im Falle einer Bearbeitung oder anderen Umgestaltung – auch die Einwilligung des Musikurhebers bzw. Musikverlags einholen (vgl. oben Rn. 88). Unter den Voraussetzungen des § 24 Abs. 1 UrhG kann das Sampling allerdings auch eine freie Benutzung darstellen, so dass das neu geschaffene Werk – vorbehaltlich des Melodienschutzes (§ 24 Abs. 2 UrhG) – zustimmungsfrei veröffentlicht und verwertet werden darf (vgl. dazu *OLG Hamburg* ZUM 2011, 748, 749 f. – Metall auf Metall; *OLG Hamburg* ZUM-RD 2013, 428, 435 ff.; *BVerfG* ZUM 2016, 690 – Metall auf Metall. Die in die Neuaufnahme eingefügten Werkelemente stellen jedoch keine „Zitate" i. S. v. § 51 S. 2 Nr. 3 UrhG dar, so dass das Sampling nicht aus diesem Grund gem. § 51 UrhG als zulässig angesehen werden kann (Schricker/Loewenheim/*Schricker/Spindler* § 51 Rn. 53 a. E.); vgl. oben Rn. 19 Fn. 12.

310 Vgl. Loewenheim/*Czychowski* § 9 Rn. 79.

311 Bei einem solchen **Remix** handelt es sich regelmäßig (auch) um eine **Bearbeitung oder andere Umgestaltung des ursprünglichen Werks i.S. d § 23 S. 1 UrhG** (s. o. Rn. 62 f.), so dass zur Veröffentlichung und Verwertung die Zustimmung des ursprünglichen Werkurhebers notwendig ist (*Alpert* ZUM 2002, 525, 530; vgl. auch *OLG* Hamburg ZUM-RD 2002, 145, 150 – Amon Düül II zur Tätigkeit von DJs, die Tonträger nicht lediglich abspielen, sondern durch technische Eingriffe Klangfarbe oder Geschwindigkeit verändern, Teile des Stücks wiederholen und dergleichen). Denn hier bleiben i. d. R. die wesentlichen Züge des ursprünglichen Musikstücks in der neu gemixten Version erkennbar, so dass nur ausnahmsweise, nämlich wenn dies nicht der Fall sein sollte, ein in freier Benutzung geschaffenes selbständiges Werk anzunehmen ist, das der „Remixer" nach § 24 UrhG zustimmungsfrei veröffentlichen und verwerten darf (vgl. Dreier/Schulze/*Schulze* § 24 Rn. 47).

172 Das ausschließliche **Recht der öffentlichen Zugänglichmachung** nach § 85 Abs. 1 S. 1 UrhG betrifft in erster Linie die Online-Nutzung, also insbesondere die Möglichkeit, Musik im Internet zum Download oder als Stream abzurufen.[312]

173 Gem. § 85 Abs. 3 UrhG **erlischt** das Recht des Tonträgerherstellers aus § 85 Abs. 1 S. 1 UrhG 70 Jahre nach dem Erscheinen des Tonträgers. Für den Fall, dass der Tonträger innerhalb von 50 Jahren nach der Herstellung nicht erschienen, aber erlaubterweise zur öffentlichen Wiedergabe benutzt worden ist, erlischt das Recht 70 Jahre nach der öffentlichen Wiedergabe. Ist der Tonträger innerhalb dieser Frist nicht erschienen oder erlaubterweise zur öffentlichen Wiedergabe benutzt worden, so erlischt das Recht 50 Jahre nach der Herstellung des Tonträgers.

2.4 Vergütungsansprüche

174 Für den Fall, dass zur öffentlichen Wiedergabe der Darbietung eines ausübenden Künstlers ein bereits erschienener oder erlaubterweise öffentlich zugänglich gemachter Tonträger benutzt wird, auf dem die Darbietung des Künstlers aufgenommen ist, steht dem Tonträgerhersteller nach § 86 UrhG nur ein Vergütungsanspruch, aber kein Verbotsrecht zu.[313] Dieser Anspruch richtet sich gegen den ausübenden Künstler und besteht in angemessener Beteiligung an der Vergütung, die der Künstler selbst gem. § 78 Abs. 2 UrhG erhält. Eine öffentliche Wiedergabe der künstlerischen Darbietung liegt etwa vor, wenn die Musik in Clubs, Restaurants oder Kaufhäuser gespielt wird.[314]

3. Leistungsschutzrechte des Veranstalters

175 Nach § 81 UrhG besitzt auch der Inhaber des Unternehmens, das die Darbietung des ausübenden Künstlers veranstaltet, im Hinblick auf die von dem Unternehmen verantwortete organisatorische und wirtschaftliche Leistung ein eigenes Leistungsschutzrecht, das unabhängig neben dem Leistungsschutzrecht des Interpreten besteht.[315] Voraussetzung des Leistungsschutzrechts ist, dass es sich um eine **Live-Darbietung eines ausübenden Künstlers** i. S. v. § 73 UrhG handelt, die **öffentlich vor Publikum** stattfindet. Geschützt sind demnach etwa Live-Konzerte und -TV-Auftritte von Musikern, nicht aber Veranstaltungen, auf denen, wie in Clubs, nur Tonaufnahmen mit deren Musik abgespielt werden, oder Privatveranstaltungen.[316] Liegen diese Voraussetzungen vor, stehen dem Veranstalter nach § 81 S. 1 UrhG ebenso wie dem Interpreten selbst die Ausschließlichkeitsrechte gem. § 77 Abs. 1 UrhG (Recht zur Aufnahme der veranstalteten Darbietung auf Bild- oder Tonträger) und § 77 Abs. 2 S. 1 UrhG (Recht zur Vervielfältigung und Verbreitung der Bild- oder Tonträgeraufnahme) sowie gem. § 78 Abs. 1 UrhG (Recht der öffentlichen Zugänglichmachung und Sendung der Live-Darbietung sowie der Übertragung über Bildschirm und Lautsprecher) zu.

176 Nach § 82 Abs. 2 UrhG erlöschen die Rechte des Veranstalters 25 Jahre nach Erscheinen einer Aufzeichnung der Darbietung eines ausübenden Künstlers, oder wenn deren erste erlaubte Benutzung zur öffentlichen Wiedergabe früher erfolgt ist,

312 Loewenheim/*Vogel* § 40 Rn. 45.
313 Vgl. Dreier/Schulze/*Dreier* § 86 Rn. 1.
314 S. dazu Dreier/Schulze/*Dreier* § 86 Rn. 11.
315 Vgl. Schricker/Loewenheim/*Vogel* § 81 Rn. 1.
316 Str.; vgl. Wandtke/Bullinger/*Büscher* § 81 Rn. 4 f.; Dreier/Schulze/*Dreier* § 81 Rn. 3; Loewenheim/*Vogel* § 39 Rn. 4 f.

25 Jahre nach dieser. Die Rechte erlöschen bereits 25 Jahre nach der Darbietung, wenn eine Aufzeichnung innerhalb dieser Frist nicht erschienen oder nicht erlaubterweise zur öffentlichen Wiedergabe benutzt worden ist.

II. Rechteverwertung

Bei der Rechteverwertung ist grundsätzlich zwischen der Erst- und der Zweit- sowie der Drittverwertung zu unterscheiden. **177**

1. Erstverwertung

Die Erstverwertung betrifft die **Aufnahme einer Musikinterpretation** auf einen Tonträger bzw. die Tonträgerherstellung sowie die **Vervielfältigung und Verbreitung** der Darbietung auf Tonträgern bzw. der Tonträger. Hier nehmen – im Unterschied zur Zweit- und Drittverwertung – die (originären) Inhaber der Leistungsschutzrechte ihre Rechte selbst wahr, insbesondere durch Abschluss von Einzelverträgen. **178**

Musiker, Sänger und künstlerische Produzenten können die ihnen als **ausübende Künstler** i. S. v. § 73 UrhG zustehenden Verwertungsrechte selbst ausüben, indem sie etwa ihre Darbietung in Eigenproduktion aufnehmen, die Tonaufnahme vervielfältigen und verbreiten und/oder im Internet zum Download oder als Stream anbieten.[317] I.d.R. ist an der Musikproduktion und -auswertung allerdings ein Tonträgerunternehmen (Label, Schallplattenfirma) beteiligt. **179**

Dabei kann das **Tonträgerunternehmen als Tonträgerhersteller** (§ 85 UrhG) selbst die Erstaufnahme produzieren und sodann deren Vervielfältigung sowie Vermarktung bzw. Vertrieb übernehmen, etwa dadurch, dass es die Aufnahme in körperlicher Form (z. B. als CD) oder nicht-physisch im Internet als Download verkauft. Das Tonträgerunternehmen muss dazu die entsprechenden Rechte von dem Musiker/Sänger und ggf. beauftragten künstlerischen Produzenten erwerben; § 79 UrhG sieht hierfür vor, dass ausübende Künstler die ihnen zustehenden Verwertungs- bzw. Vermögensrechte (§§ 77, 78 UrhG) auf Dritte übertragen (§ 79 Abs. 1 UrhG)[318] und daneben hinsichtlich einzelner oder aller Verwertungsrechte Dritten einfache oder ausschließliche Nutzungsrechte an ihrer Darbietung einräumen können (§ 79 Abs. 2 S. 1 UrhG).[319] Möglich ist auch, dass der **ausübenden Künstler selbst das Masterband herstellt** und sodann die ihm als Künstler (§§ 73 ff. UrhG) sowie als Tonträgerhersteller (§ 85 UrhG) an der Aufnahme vorbehaltenen Rechte der Vervielfältigung und Verbreitung sowie der öffentlichen Zugänglichmachung der Schallplattenfirma lizenziert.[320] Dazu kann er gem. § 85 Abs. 2 UrhG die ihm als Tonträgerhersteller zustehenden Rechte übertragen (§ 85 Abs. 2 S. 1 UrhG) und daneben hinsichtlich einzelner oder aller Verwertungsrechte anderen einfache oder ausschließliche Nutzungsrechte an der Aufnahme einräumen (§ 85 Abs. 2 S. 2 UrhG). Schließlich kommt es auch häufig vor, dass ein unabhängiger Musikproduzent oder ein kleineres Musikproduktionsunternehmen **180**

317 Vgl. oben Rn. 7.

318 Sofern diese Übertragbarkeit nicht durch § 79 Abs. 1 S. 2 UrhG *2* i. V. m. § 78 Abs. 3 und 4 UrhG eingeschränkt ist.

319 Vgl. Loewenheim/*Vogel* § 38 Rn. 19. Für die Nutzungsrechtseinräumung gelten die §§ 31, 32–32b, 33–42 und 43 UrhG entspr. (§ 79 Abs. 2 S. 2 UrhG).

320 Loewenheim/*Vogel* § 40 Rn. 39.

ohne eigene Vertriebsstruktur involviert ist, der/das die Herstellung des Masters übernimmt (und dazu von den ausübenden Künstlern die entsprechenden Rechte einholen muss) und sodann einem Tonträger- bzw. Vertriebsunternehmen zur Vermarktung überlässt.[321]

181 In der Praxis haben sich **in diesem Bereich der Erstverwertung** die nachstehenden **Vertragskonstellationen** etabliert.

1.1 Künstlerexklusivvertrag

1.1.1 Gegenstand

182 Der Künstlerexklusivvertrag regelt die **rechtlichen Beziehungen zwischen einem ausübenden Musikkünstler** (Instrumentalist, Sänger etc.) (§ 73 UrhG) **und** einem Musikproduzenten, der die musikalischen Darbietungen des Künstlers auf Tonträger aufnimmt, also Musikaufnahmen mit den Darbietungen herstellt und anschließend verwertet. Der Musikproduzent ist **Tonträgerhersteller** i. S. v. § 85 UrhG und kann ein großes Tonträgerunternehmen („Major"), kleines Label („Indie") oder auch ein unabhängiger Produzent sein. Vertragsgegenstand ist die exklusive Verpflichtung des Musikkünstlers gegenüber dem Musikproduzenten zum Zweck der Herstellung und Auswertung der während der Vertragslaufzeit produzieren (Ton-/Bildton-)Aufnahmen.

183 Die Hauptleistungspflicht des Musikkünstlers besteht in seiner **Mitwirkung an der Ton- oder Bildtonträgerproduktion**, in der **Übertragung bzw. Einräumung seiner Rechte** an der Darbietung sowie in der Einhaltung bestimmter **Exklusivitätsbindungen** über den vereinbarten Zeitraum. Der Künstler verpflichtet sich dabei gegenüber dem Musikproduzenten, exklusiv für die Aufnahme der im Vertrag nach Art und Umfang bezeichneten Darbietungen zur Verfügung zu stehen und diese Darbietungen aufnahmereif (im Studio) zu erbringen. Die Leistung des Musikproduzenten besteht demgegenüber in der **Produktion und wirtschaftlichen Verwertung der Musikaufnahmen**. Er trägt dazu die gesamten Kosten der Produktion, z. B. Studiokosten, Vergütungen für Tontechniker und -ingenieure, Studiomusikergagen, Reisekosten, Bewerbungskosten etc.[322] Der Musikproduzent verpflichtet sich insofern, die Musikaufnahmen auch tatsächlich herzustellen.

1.1.2 Wesentlicher Inhalt

1.1.2.1 Produktionsumfang

184 I.d.R. wird in Künstlerexklusivverträgen der Produktionsumfang festgelegt. Dabei vereinbaren die Parteien üblicherweise eine **Mindestproduktionsverpflichtung**, die vorsieht, wie viele Aufnahmen pro Vertragsjahr oder Vertragsperiode mindestens her-

---

321 Loewenheim/*Rossbach* § 69 Rn. 5.

322 Unter dem Gesichtspunkt eines auffälligen Missverhältnisses von Leistung und Gegenleistung hat der BGH eine Klausel in einem Künstlervertrag als sittenwidrig gem. § 138 BGB beurteilt, wonach der Künstler die Produktions- und Produktionsnebenkosten zu tragen hatte; das Ungleichgewicht war in diesem Fall nach Ansicht des BGH noch dadurch verstärkt, dass der Künstler zusätzlich mit den Promotionskosten belastet gewesen ist. Grundsätzlich gehöre es zum Wesen eines Verwertungsvertrags, dass der Auswerter, der sich alle Rechte zur kommerziellen Auswertung übertragen lässt, auch die typischen Risiken einer solchen Auswertung zu tragen hat, nämlich das Produktionsrisiko und das Risiko einer fehlschlagenden Promotion (*BGH* GRUR 1989, 198, 201– Künstlerverträge./.Hubert K).

zustellen sind, z. B. eine bestimmte Anzahl an Aufnahmen, ausreichend für eine Single (meist ca. drei verschiedene Titel) oder eine bestimmte Anzahl an Aufnahmen, ausreichend für ein Album (meist zwölf bis fünfzehn Titel).[323] Darüber hinaus können Spezifikationen (z. B. Remixes) geregelt werden. Oft wird bestimmt, dass die Mindestproduktionspflicht nur mit der Neueinspielung bislang unveröffentlichter Titel erfüllt werden kann und dass Aufnahmen von Live-Auftritten (auf denen der Künstler neue Stücke darbietet) zur Erfüllung der Mindestproduktionspflicht nicht in Betracht kommen. In diesem Zusammenhang kann auch zu regeln sein, ob und inwieweit Mehraufnahmen innerhalb einer Vertragsperiode auf die Mindestproduktionspflicht einer späteren Vertragsperiode angerechnet werden können. Schließlich ist im Vertrag zu bestimmen, welcher Partei (letztlich) die Auswahl der aufzunehmenden Musiktitel zusteht. Hier wird mitunter dem Künstler ein Vorschlagsrecht eingeräumt, das Letztentscheidungsrecht hat aber meistens das Musikproduktionsunternehmen.

1.2.2.2 Veröffentlichung der Aufnahmen

185 Die Entscheidung über die Art und Weise der Veröffentlichung der Aufnahme obliegt nach dem Vertrag regelmäßig dem Musikproduzenten; er bestimmt i. d. R. den Veröffentlichungszeitpunkt und -ort, die Form, die Ausstattung und den Preis des Tonträgers etc. Dabei wird dem Musikkünstler mitunter ein Mitspracherecht z. B. hinsichtlich des Artworks eingeräumt, so dass er Einfluss nehmen kann auf die (grafische) Gestaltung des Tonträgers einer Produktion (Cover und Booklet z. B. einer CD) sowie der darauf bezogenen Werbeanzeigen und -artikel (Plakate und Aufkleber).

186 Eine Pflicht zur Auswertung der vertraglichen Aufnahmen trifft den Musikproduzenten, soweit nichts anderes vereinbart ist, nach dem Künstlerexklusivvertrag an sich nicht. Eine solche Auswertungspflicht kann aber auch stillschweigend verabredet sein; ein Indiz hierfür ist bspw. die im Vertrag i. d. R. vorgesehene Beteiligung des Künstlers am Umsatz mit dem Tonträgerverkauf. Letztlich ist im Wege der Vertragsauslegung (§§ 133, 157 BGB) damit regelmäßig eine Auswertungspflicht des Musikproduzenten anzunehmen.[324]

---

323 *Homann* S. 254 ff.

324 S. dazu Loewenheim/*Rossbach* § 69 Rn. 26 ff.; *Homann* S. 258. I.Ü. kann der Musikkünstler zum Rechterückruf gem. § 79 Abs. 2 S. 2 i.V.m § 41 UrhG berechtigt sein. Allerdings stellt die Möglichkeit des Rechterückrufs nur ein „Druckmittel“ dar; denn der Rechterückruf betrifft nur die eigenen Rechte des Künstlers (§§ 77, 78 UrhG) und führt damit nur zu einem Verbot der Tonträgerauswertung durch den Musikproduzenten, nicht aber dazu, dass der Musikkünstler die Tonträger selbst auswerten könnte, weil die Leistungsschutzrechte des Tonträgerherstellers gem. § 85 UrhG bei diesem verbleiben. Zudem steht dem ausübenden Künstler ein besonderes Kündigungsrecht nach dem neu eingefügten § 79 Abs. 3 UrhG zu, das nicht verzichtbar ist. Danach kann der Musikkünstler den „Übertragungsvertrag“ mit dem Tonträgerhersteller (vgl. nachstehend Fn. 317 zu Rn 187) nach Ablauf von 50 Jahren nach dem Erscheinen eines Tonträgers oder 50 Jahre nach der ersten erlaubten Benutzung des Tonträgers zur öffentlichen Wiedergabe, falls der Tonträger nicht erschienen ist, kündigen, wenn der Tonträgerhersteller innerhalb eines Jahres nach Mitteilung des Künstlers, den Übertragungsvertrag kündigen zu wollen, nicht sowohl Kopien des Tonträgers in ausreichender Menge zum Verkauf anbietet als auch Tonträger öffentlich zum Abruf zugänglich macht. Hat der Künstler den Vertrag gekündigt, erlöschen die Rechte des Tonträgerherstellers am Tonträger.

1.1.2.3 Rechteeinräumung/-übertragung

187 Der Künstlerexklusivvertrag sieht üblicherweise vor, dass der Musikkünstler dem Musikproduzenten zu dem Zweck einer umfassenden wirtschaftlichen Verwertung der Musikaufnahmen alle ihm nach §§ 77, 78 Abs. 1 UrhG an der Darbietung zustehenden Rechte überträgt (vgl. § 79 Abs. 1 S. 1 UrhG) bzw. das ausschließliche Recht einräumt, die Darbietung auf alle ihm vorbehaltene Nutzungsarten zu nutzen (vgl. § 79 Abs. 2 S. 1 UrhG).[325] I.d.R. enthält der Vertrag einen umfangreichen Katalog, in dem – im Hinblick auf die sog. Übertragungszwecklehre (vgl. § 31 Abs. 5 UrhG) [326] – die Rechte im Einzelnen ausdrücklich benannt sind. Der Musikproduzent erhält die Rechte üblicherweise für die gesamte Dauer der gesetzlichen Schutzfrist sowie räumlich und inhaltlich unbeschränkt. Häufig vereinbaren die Parteien allerdings für bestimmte Verwertungen (nur schuldrechtlich wirkende) Zustimmungsvorbehalte oder Abstimmungsrechte zu Gunsten des Musikkünstlers, z. B. im Zusammenhang mit der Herstellung von Remixes oder der Verwendung von Samples.[327]

188 Gegenstand der Rechteverschaffung ist insbesondere das Recht, die **Darbietungen** des Musikkünstlers auf Bild- oder Tonträger **aufzunehmen und die Aufnahmen zu vervielfältigen und zu verbreiten** (§ 77 Abs. 1 und 2 UrhG). Dabei werden üblicherweise sämtliche technische Formate bzw. Speichermedien einzeln aufgeführt (CD, Schallplatte etc.). Um die Musikaufnahmen auch digital vermarkten zu können (z. B. als Download, Stream oder als Klingelton), muss der Musikproduzent auch das Recht der **öffentlichen Zugänglichmachung** erwerben (§ 78 Abs. 1 Nr. 1 UrhG). Weitere Rechte an der Darbietung, die der Musikkünstler dem Musikproduzenten gewöhnlich überträgt bzw. einräumt, sind etwa: das Recht der öffentlichen Wiedergabe, das Senderecht,[328] das „Kopplungsrecht" zur Herstellung von „Best-of"-Alben und Compilations (zusammen mit Aufnahmen anderer Künstler)[329] sowie das Synchronisationsrecht, womit der Produzent das Recht erhält, die Tonaufnahme mit Bildern und anderen Tonaufnahmen zu verbinden; dabei kann es sich z. B. um Musikvideos, Spiel- oder TV-Filme, Werbespots, Computerspiele und Hörfunkwerbung handeln. Häufig vereinbaren die Parteien hier, dass solche Musikeinblendungen der vorherigen Zustimmung des Künstlers bedürfen. Der

---

325 Im ersten Fall handelt es sich um eine sog. translative Übertragung bzw. Vollrechtsübertragung, bei der die Rechte vollständig vom Künstler auf den Produzenten übergehen. Nach der Legaldefinition des neu eingefügten § 79 Abs. 3 S. 1 UrhG ist der Vertrag, mit dem der Künstler dem Tonträgerhersteller seine Rechte an der Aufzeichnung der Darbietung eingeräumt oder übertragen hat, „Übertragungsvertrag".

326 S. o. Rn. 53 mit Fn. 104. Vgl. auch Loewenheim/*Rossbach* § 69 Rn. 16. Gem. § 79 Abs. 2 S. 2 UrhG gilt u. a. § 31 UrhG (und damit die Übertragungszwecklehre) entspr. für die Befugnis des Künstlers, Dritten Nutzungsrechte an seiner Darbietung einzuräumen. Obwohl sich der Verweis unmittelbar nur auf die *Einräumung* von *Nutzungsrechten* bezieht, sind die in § 79 Abs. 2 S. 2 UrhG bezeichneten Vorschriften nach h.M. auch für den Fall der Vollrechtsübertragung der Ausschließlichkeitsrechte (§§ 77, 78 Abs. 1 UrhG) nach § 79 Abs. 1 S. 1 UrhG entspr. anzuwenden (vgl. Schricker/Loewenheim/*Krüger* § 79 Rn. 5).

327 Möglich ist insoweit allerdings auch die Vereinbarung von Zustimmungsvorbehalten bzw. Abstimmungsrechten mit dinglicher Wirkung, d. h. eine inhaltliche Beschränkung der Rechteüberlassung (vgl. § 79 Abs. 2 S. 2 i. V. m. § 31 Abs. 1 S. 2 UrhG); vgl. oben Rn. 158 zu den insoweit betroffenen Rechten des Musikkünstlers.

328 Im Hinblick auf § 78 Abs. 1 Nr. 2 HS 2 UrhG hat dieses Recht freilich nur geringe praktische Bedeutung.

329 Loewenheim/*Rossbach* § 69 Rn. 14.

Musikkünstler kann dem Musikproduzenten auch (künftige) Rechte für (bislang) unbekannte Nutzungsarten übertragen bzw. einräumen.[330]

Darüber hinaus erwirbt der Musikproduzent von dem Musikkünstler meist weitere für die Auswertung der Tonaufnahmen regelmäßig notwendige **„Neben-Rechte“**, insbesondere die Befugnis, den (Künstler-)Namen des Musikkünstlers (vgl. § 12 BGB) während der Vertragslaufzeit sowie dessen Bild (vgl. § 22 KUG) zu nutzen, um etwa damit CD-Cover und Booklet zu bestücken und den Tonträger zu bewerben. Sollte der Musikkünstler mit seinem Namen oder Logo markenrechtlichen Schutz nach dem MarkenG genießen, werden die Vertragsparteien auch insoweit einen Rechteerwerb des Musikproduzenten vereinbaren. Für den Fall, dass Name, Bild und ggf. Marke „artfremd“, d. h. nicht unmittelbar mit der Verwertung der Aufnahmen genutzt werden sollen (z. B. für die Gestaltung von Merchandisingprodukten), ist hierfür eine ausdrückliche Abrede zwischen dem Musikkünstler und Produzenten sowie unter Umständen auch eine gesonderte Vergütung des Künstlers notwendig.[331] **189**

I.d.R. erhält der Musikproduzent das Recht, ihm überlassenen Rechte ohne Zustimmung des Musikkünstlers im Einzelfall an Dritte zu übertragen und Dritten konstitutiv weitere Nutzungsrechte einzuräumen (vgl. § 79 Abs. 2 S. 2 i. V. m. §§ 34, 35 UrhG). Vereinbart wird meist auch, dass der Musikproduzent darüber hinaus berechtigt ist, den Künstlervertrag ohne ausdrückliche Zustimmung des Künstlers im Einzelfall in toto auf Dritte zu übertragen (Vertragsübernahme).[332] **190**

Zudem enthält der Künstlerexklusivvertrag üblicherweise Klauseln zur **Rechtegarantie und Haftungsfreistellung**.[333] Hierin sichert der Musikkünstler dem Musikproduzenten zum einen zu, dass er nicht auf Grund anderer bestehender Verträge an der Rechteübertragung/-einräumung gehindert ist und dass seine Darbietung keine Rechte Dritter verletzt (z. B. wegen Nutzung unautorisierter Samples); zum anderen verspricht der Künstler, den Produzenten von etwaigen, insoweit von Dritten berechtigterweise erhobenen Ansprüchen freizustellen und dem Produzenten hieraus entstehende Aufwendungen und Schäden zu ersetzen.[334] **191**

1.1.2.4 Exklusivität

Der Musikproduzent erhält die dem Musikkünstler zustehenden **Verwertungs- bzw. Nutzungsrechte** an dessen Darbietung (§§ 77, 78 UrhG) i. d. R. **exklusiv für die Dauer der gesetzlichen Schutzfrist** (vgl. § 79 Abs. 1 S. 1 bzw. § 79 Abs. 2 S. 2 i. V. m. § 31 Abs. 1 S. 2, Abs. 3 UrhG).[335] Daneben enthält der Vertrag typischerweise **schuldrechtliche Exklusivitätsabreden**, mit denen der Musikkünstler sich ausschließlich an den Musikproduzenten bindet. **192**

---

330 Vgl. § 79 Abs. 2 S. 2 UrhG, der nicht auf § 31a UrhG verweist, so dass die dortigen Regelungen zu Gunsten des Musikkünstlers keine (entspr.) Anwendung finden.

331 Näher zu Merchandising- sowie Werbe- und Sponsoringvereinbarungen in Künstlerverträgen Limper/Musiol/*Limper/Meyer* Rn. 242 ff. und *Limper/Lücke* S. 184 ff.

332 Vgl. oben Rn. 120 zur entsprechenden Regelung in Musikverlagsverträgen; s. dazu auch *Homann* S. 261.

333 Vgl. oben Rn. 122 zur entspr. Regelung in Musikverlagsverträgen.

334 Vgl. aber zur Unwirksamkeit solcher Klauseln in AGB *OLG Hamburg* GRUR-RR 2011, 293, 302 und *LG Braunschweig* ZUM 2012, 66, 73.

335 S. o. Rn. 156 ff. Diese Exklusivitätsbindung hat dingliche Wirkung; Schricker/Loewenheim/*Krüger* § 79 Rn. 8; vgl. auch Loewenheim/*Rossbach* § 69 Rn. 23.

1.1.2.4.1 Persönliche Exklusivität

193 Im Rahmen der „persönlichen Exklusivität" verspricht der Musikkünstler, während der gesamten Dauer des Vertrags ausschließlich dem Musikproduzenten für die Aufnahme von Tonaufnahmen zur Verfügung zu stehen und hergestellte Aufnahmen ausschließlich seinem Vertragspartner zur Auswertung zu überlassen.[336] Die Exklusivitätsbindung kann sich dabei auf die Person des Künstlers beziehen oder nur auf seine Mitwirkung an einem konkreten Projekt. Mitunter vereinbaren die Vertragsparteien, dass bestimmte Tätigkeiten bzw. Aufnahmen allgemein (z. B. Tätigkeit als Studiomusiker, künstlerischer Produzent, Live-Aufnahmen zu Sendezwecken) oder konkrete einzelne Tätigkeiten bzw. Aufnahmen von der Exklusivitätsbindung ausgenommen sind oder diese territorial beschränkt ist.[337]

1.1.2.4.2 Titelexklusivität

194 Ferner vereinbaren Parteien i. d. R. sog. Titelexklusivität, womit der Musikkünstler sich verpflichtet, die aufgenommenen Werke („Titel") für einen bestimmten Zeitraum nach Ende des Vertrags nicht (anderweitig) neu aufzunehmen und zu verwerten.[338] Der Produzent, der an sich nicht gegen Nachahmungen geschützt ist,[339] will damit verhindern, dass ihm sein „eigener" Künstler Konkurrenz macht, indem dieser die Aufnahmen nach Vertragsende neu einspielt und vermarktet. Üblich sind Titelexklusivitätsbindungen zwischen drei und fünf Jahren.

1.1.2.5 Vergütung

195 Dem ausübenden Künstler steht für die Übertragung der Verwertungsrechte bzw. Einräumung von Nutzungsrechten an seiner Darbietung und für die Erlaubnis der Nutzung zwingend ein Anspruch auf angemessene Vergütung zu. Soweit die vertraglich vereinbarte Vergütung nicht angemessen ist, kann der Musikkünstler von seinem Vertragspartner (Musikproduzent) die Einwilligung in die Änderung des Vertrags verlangen, durch die dem Künstler die angemessene Vergütung gewährt wird (vgl. §§ 79 Abs. 2 S. 2 i. V. m. §§ 32–32b UrhG).[340]

1.1.2.5.1 Umsatzbeteiligung

196 Üblicherweise erhält der Musikkünstler eine prozentuale Beteiligung an den Umsätzen, die der Musikproduzent mit der Auswertung der Tonträger im physischen und digitalen Vertrieb erzielt.[341] Maßgebend für die Höhe der Vergütung sind **verschiedene Berechnungsparameter**.

197 Abgerechnet werden gewöhnlich 100 % aller tatsächlich verkauften, bezahlten und nicht retournierten physischen und nicht-physischen Tonträger (sog. net sales); der

---

336 Letzteres ergibt sich bereits aus der exklusiven Überlassung der Aufnahmerechte.

337 Vgl. Loewenheim/*Rossbach* § 69 Rn. 24.

338 Vgl. *BGH* GRUR 2002, 795 – Titelexklusivität.

339 S. o. Rn. 166.

340 Vgl. dazu Loewenheim/*Rossbach* § 69 Rn. 42 ff. Vgl. auch oben Rn. 124 zum Vergütungsanspruch des Musikurhebers.

341 Vgl. auch die neu eingefügte Regelung des § 79a UrhG. Falls ein Pauschalhonorar vereinbart ist, ist § 79a Abs. 1–3 UrhG zu beachten, wonach der pauschal abgefundene Künstler im Anschluss an das 50. Jahr nach Erscheinen des Tonträgers eine zusätzliche prozentuale Vergütung für weitere Verwertungen erhält, die unverzichtbar ist und nur über Verwertungsgesellschaften wahrgenommen werden kann.

Musikkünstler wird also an den mit dieser **Abrechnungsmenge** erzielten Einnahmen beteiligt. Nicht zur Abrechnungsmenge zählen unentgeltlich abgegebene Tonträger, z. B. Beleg-, Muster-, Promotions- und Rezensionsexemplare sowie sog. Bemusterungen, d. h. Tonträger, die an Radiosender verteilt werden, um „airplay“ (Sendezeit) zu erreichen. Schließlich werden auch Rabattexemplare, die im Rahmen von Naturalrabatten bzw. im Rahmen von in Naturalrabatte umgerechneter Rechnungsrabatte gewährt werden, nicht mit abgerechnet.[342]

Als **Bezugsgröße** für die Beteiligung des Künstlers (Abrechnungsbasis) kommen **unterschiedliche Preise bzw. Einnahmen** in Betracht. Gängigste Abrechnungsbasis ist der (um Abzüge verminderte) Händlerabgabepreis (HAP), d. h. der Preis, den Einzelhändler für den Tonträger an den Produzenten oder die Vertriebsfirma laut Preisliste i. d. R. ohne Umsatzsteuer bezahlen. Auch Musikverkäufe im digitalen Vertrieb (Downloads, Streamings) werden regelmäßig auf der Grundlage von Listenabgabenpreisen mit den Digitalen Service Provider (DSP) (z. B. iTunes, Amazon) abgerechnet; für die verschiedenen Nutzungsformen (Downloads, Stream, Klingeltöne usw.) existieren meist spezifische Preislisten, die zumindest das Prinzip enthalten, nach dem sich der Preis bestimmt. Bezogen auf bezahlte Streaming-Services wird der Preis für einen Stream als Anteil an den gesamten diesbezüglichen Einnahmen in einem bestimmten Zeitraum definiert. Als Abrechnungsbasis für die Beteiligung des Musikkünstlers kommen weiterhin etwa in Betracht: der Nettodetailverkaufspreis, d. h. der Endverbraucherpreis (abzüglich Umsatzsteuer), der Großhandelspreis, die Stücklizenz oder der tatsächliche Nettoerlös.[343] **198**

Der als Abrechnungsbasis maßgebende Preis wird üblicherweise um einen pauschalen Betrag für die Ausstattung und Technik (Tonträgermaterial, Hülle, Verpackung etc.) **reduziert** (sog. Technik- oder Formatabzug). Grund hierfür ist, dass dem Künstler ein Anteil für seine eigentliche auf dem Tonträger verkörperte Leistung (die übertragenen bzw. eingeräumten Rechte) gebühren soll, nicht aber für „materielle Bestandteile“ der verkauften Tonträger.[344] **199**

Schließlich bemisst sich die Höhe der Vergütung nach dem **vereinbarten Prozentsatz**, mit dem der Musikkünstler an den Preisen bzw. Einnahmen beteiligt werden soll. Die sog. **Basislizenz** (Prozentsatz für Verwertungsarten ohne Reduzierung) liegt zwischen 5 und 18 % des HAP. Dabei gilt der Prozentsatz i. d. R. gleichermaßen für Einzelkünstler und Musikgruppen. Eine Musikgruppe erhält also (unabhängig von der Anzahl der Gruppenmitglieder) keine höhere Beteiligung, vielmehr ist es Sache der einzelnen Mitglieder im Innenverhältnis, die von der Gruppe eingenommene Vergütung untereinander aufzuteilen. **200**

Mitunter sehen Künstlerexklusivverträge vor, dass sich die Basislizenz unter bestimmten Umständen erhöht. Eine **Lizenzerhöhung** kann etwa für den Fall vereinbart sein, dass die Verkaufszahl bestimmte Mengen überschreitet (Mengenstaffelung). Bei Vereinbarung einer zeitlichen Staffelung erhöht sich die Basislizenz von Vertragsperiode zu Vertragsperiode. **201**

342 S. dazu Limper/Musiol/*Limper/Meyer* Rn. 292.

343 S. dazu Limper/Musiol/*Limper/Meyer* Rn. 279 ff.; Loewenheim/*Rossbach* § 69 Rn. 31

344 S. dazu Limper/Musiol/*Limper/Meyer* Rn. 293 ff.; *Homann* S. 265 f.; Loewenheim/*Rossbach* § 69 Rn. 34.

202 Üblicherweise enthalten Künstlerexklusivverträge eine Reihe von **Lizenzreduzierungen** für bestimmte Vertriebswege oder Vermarktungsarten, so dass letztlich die Basislizenz allein noch nicht der Maßstab für die an den Künstler zu zahlende Vergütung ist.[345] Verbreitet sind Reduzierungen z. B. für Verkäufe im Ausland, Verkäufe über Vertriebswege außerhalb des klassischen Tonträgerhandels (z. B. Club, Mailorder zu speziellen Konditionen etc.), Verkäufe zu Preisen unterhalb der Hochpreiskategorie (Full Price) entweder in der mittleren Preiskategorie (Mid Price) oder der unteren Preiskategorie (Low oder Budget Price), TV- oder hörfunkbeworbene Veröffentlichungen.

1.1.2.5.2 Beteiligung an Pauschalerlösen

203 Neben der o.g. Beteiligung an den Erlösen aus dem physischen und nicht-physischen Tonträgerverkauf steht dem Musikkünstler nach dem Künstlerexklusivvertrag regelmäßig ein prozentualer Anteil an den Einnahmen zu, die das Tonträgerunternehmen pauschal für eine unbestimmte Anzahl von Nutzungen erhält. Solche sog. Pauschalerlöse werden bspw. für die Vergabe von Lizenzen (Master-use-rights) zur Einblendung der Musikaufnahme in einem Film, Werbespot oder Computerspiel) erzielt; dabei wird ein Bündel von Rechten (z. B. Filmherstellungsrecht, Vervielfältigung von Kinokopien, Vervielfältigung auf Home-Video-Datenträgern) übertragen bzw. eingeräumt und pauschal mit einer einmaligen Zahlung abgegolten.

1.1.2.6 Vorauszahlungen

204 Nach dem Künstlerexklusivvertrag zahlt der Musikproduzent dem Musikkünstler regelmäßig einen (im Einzelnen, insbesondere der Höhe nach auszuhandelnden) Vorschuss auf dessen Anteil an den zu erwartenden Einnahmen aus der Auswertung der Tonaufnahmen. Diese Vorauszahlung ist i. d. R. unverzinslich und grundsätzlich nicht zurückzuzahlen, aber mit den tatsächlich erzielten Einnahmen verrechenbar. Damit trägt einerseits der Musikproduzent insoweit das wirtschaftliche Risiko der Tonträgerauswertung, andererseits erhält der Künstler weitere Zahlungen aus den Umsätzen und Lizenzvergaben erst dann, wenn der Vorschuss vollständig gedeckt ist („recouped“).[346] Häufig vereinbaren die Vertragsparteien eine „Querverrechenbarkeit“ zwischen allen vom Tonträgerhersteller gezahlten Vorauszahlungen und allen Umsatzbeteiligungen des Künstlers.

1.1.2.7 Abrechnung

205 Üblicherweise sehen Künstlerexklusivverträge vor, dass der Musikproduzent gegenüber dem Künstler zweimal pro Kalenderjahr zu festen Stichtagen abrechnet, wobei dem Produzenten für die Erstellung der Abrechnungen meist bestimmte Abrechnungsfristen eingeräumt sind. Auslandsverkäufe und Beteiligungen, die aus der Lizenzierung an Dritte resultieren, schlagen erst dann zu Buche, wenn der abrechnende Musikproduzent seinerseits die Abrechnungen vom Dritten bzw. ausländischen Vertriebspartner erhalten hat. Am Abrechnungsstichtag steht oft noch nicht abschließend

345 S. dazu Limper/Musiol/*Limper/Meyer* Rn. 306 ff.; *Homann* S. 266 ff.

346 S. auch oben Rn. 126 ff. zur Vorauszahlung des Musikverlags an den Musikurheber. Näher zu den Modalitäten Limper/Musiol/*Limper/Meyer* Rn. 328 ff. – Durch den neu aufgenommenen § 79a Abs. 5 UrhG wird die Verrechenbarkeit von Vorschüssen „gekappt“, und zwar 50 Jahre nach dem Erscheinen des Tonträgers oder 50 Jahre nach der ersten erlaubten Benutzung des Tonträgers zur öffentlichen Wiedergabe, falls der Tonträger nicht erschienen ist.

fest, in welchem Umfang die angefallenen Verkäufe später storniert und die Tonträger retourniert werden; deshalb werden bei der Abrechnung i. d. R. Rückstellungen (sog. Retourenreserven) gebildet, wonach die zu erwartende Retourenmenge zunächst von der jeweiligen Abrechnung ausgenommen wird.[347] Derartige Rückstellungen werden auf der Grundlage von Erfahrungssätzen pauschal im Umfang von 10 %–35 % der abrechnungspflichtigen Mengen oder zur Vereinfachung auf die abgerechneten Umsatzbeteiligungen gebildet. I.d.R. werden dem Künstler vertraglich Bucheinsichts- und Prüfungsrechte gewährt.

1.1.2.8 Vertrags- und Auswertungsdauer

Vertragsdauer ist der Zeitraum, für den sich die Parteien zur Zusammenarbeit verpflichten und für den der Künstler persönlich exklusiv gebunden ist.[348] Hiervon zu unterscheiden ist die „Auswertungsdauer"; das ist der Zeitraum, für den dem Musikproduzenten die ihm von dem Künstler übertragenen bzw. eingeräumten Rechte zur Auswertung zustehen. Mit unbekannten Künstlern wird üblicherweise nur eine kurze Vertragslaufzeit von einem Jahr bzw. für die Produktion eines Albums vereinbart, während bei etablierten Musikkünstlern die erste Vertragsperiode mehrjährig sein kann. I.d.R. sieht der Vertrag vor, dass dem Musikproduzenten nach Ablauf der Vertragslaufzeit mehrere (regelmäßig ein bis drei) Optionen zustehen, den Vertrag jeweils für ein weiteres Jahr zu verlängern.[349] **206**

Falls die Faktoren für die Laufzeit nicht genau bestimmt und auch nicht bestimmbar sind, kann die Befristungsregelung unwirksam sein und der Vertrag als auf unbestimmte Zeit geschlossen gelten. Er kann dann ggf. durch ordentliche **Kündigung** beendet werden. Wenn sich der Musikkünstler, wie i. d. R. bei einem Künstlerexklusivvertrag, gegenüber dem Tonträgerhersteller zur Einräumung oder Übertragung von Rechten an künftigen Darbietungen verpflichtet, die überhaupt nicht näher oder nur der Gattung nach bestimmt sind, dann kann der Vertrag von beiden Vertragsparteien nach Ablauf von fünf Jahren seit dem Abschluss des Vertrags mit einer Kündigungsfrist von maximal sechs Monaten gekündigt werden (§ 79 Abs. 2 S. 2 i. V. m. § 40 Abs. 1 UrhG).[350] Dieses Kündigungsrecht ist zwingend, d. h. im Voraus vertraglich nicht abdingbar (§ 79 Abs. 2 S. 2 i. V. m. § 40 Abs. 2 S. 1 UrhG). Dabei ist eine hinreichende Individualisierung der Darbietung nur dann gegeben, wenn in dem Künstlervertrag die Aufnahmeverpflichtung genau mit Titel und Bezeichnung des einzuspielenden Werkes festgelegt worden ist.[351] Daneben kommen andere vertragliche oder gesetzliche Kündigungsrechte in Betracht (vgl. § 79 Abs. 2 S. 2 i. V. m. § 40 Abs. 2 S. 2 UrhG).[352] **207**

1.1.2.9 Gruppenklausel

Sind auf Künstlerseite mehrere als Musikgruppe (Band) beteiligt, enthält der Künstlerexklusivvertrag regelmäßig eine sog. Gruppenklausel, die bestimmt, dass auch die einzelnen Gruppenmitglieder im Sinne einer persönlichen Exklusivität an den Musikproduzenten gebunden sind und dies auch bleiben, wenn das betreffende Mitglied aus **208**

347 S. dazu näher Limper/Musiol/*Limper/Meyer* Rn. 316 ff.
348 *Weiß* S. 289. Vgl. oben Rn. 130.
349 S. im Einzelnen dazu und zu weiteren Modifikationen Limper/Musiol/*Limper/Meyer* Rn. 347 ff.; s. auch Loewenheim/*Rossbach* § 69 Rn. 45.
350 Vgl. Wandtke/Bullinger/*Büscher* § 79 Rn. 22.
351 Wandtke/Bullinger/*Büscher* § 79 Rn. 22.
352 Limper/Musiol/*Limper/Meyer* Rn. 356 ff.

der Gruppe ausscheiden sollte.[353] Des Weiteren kann geregelt sein, dass der Neueintritt von Musikern in die Gruppe der Zustimmung des Produzenten bedarf.[354]

1.2 Bandübernahmevertrag

209 Der Bandübernahmevertrag ist eine **Vereinbarung zwischen** einem **Tonträgerhersteller** (§ 85 UrhG) **und** einem **Tonträgerunternehmen** (Schallplattenfirma, Label), mit dem der Tonträgerhersteller (als Lizenzgeber) an das Tonträgerunternehmen (als Lizenznehmer) **Lizenzen zur Auswertung** bereits hergestellter oder während der Vertragslaufzeit noch herzustellender Tonaufnahmen vergibt. Das Tonträgerunternehmen stellt in diesem Fall also nicht selbst die Tonaufnahmen i. S. v. § 85 UrhG her, sondern übernimmt eine fertige Musikproduktion in Form eines (Ton-)„Bandes" zur exklusiven und umfassenden Verwertung. Hieraus erklärt sich der Begriff Bandübernahme, mit dem die **Überlassung des** vertragsgegenständlichen **Masters bzw. Masterbandes**[355] gemeint ist. Lizenznehmer ist meist eine größere Schallplattenfirma bzw. größeres Label mit eigenem Vertrieb. Der Hersteller des Tonträgers bzw. Lizenzgeber kann ein (kleineres) Produktionsunternehmen, ein unabhängiger Produzent oder ein Künstler bzw. eine Künstlergruppe mit eigenproduziertem Material sein.[356] Er verantwortet die Produktion und trägt die Produktionskosten, während dem Tonträgerunternehmen die Verantwortung für die gesamte weitere Verwertung der Tonaufnahmen obliegt. Von einem „reinen" Lizenzvertrag, bei dem nur urheberrechtliche Nutzungsrechte an einer bestehenden Aufnahme vergeben werden, unterscheidet sich der Bandübernahmevertrag dadurch, dass **regelmäßig auch** eine **exklusive Bindung des** an der Musikproduktion mitwirkenden **Hauptkünstlers** während der Vertragslaufzeit besteht und der Bandübernahmevertrag insofern künstlervertragliche Bindungen zugunsten des Tonträgerunternehmens enthält.[357] Bandübernahmeverträge werden oft auch bereits abgeschlossen, bevor die erste Produktion überhaupt fertig gestellt ist, und sehen i. d. R. Optionen auf weitere Produktionen mit dem Künstler vor.

210 Zumeist enthalten Bandübernahmeverträge Regelungen, in denen der **Umfang der „Übernahme" bzw. Ablieferungsverpflichtung** sowohl in quantitativer Hinsicht (Anzahl der Aufnahmen, Anzahl der Remixes und Versionen etc.) als auch in qualitativer Hinsicht (Künstler, Genre, Sprachfassung, Art der genutzten musikalischen Werke, künstlerischer Produzent usw.) genau bestimmt sind. Im Falle einer Auftragsproduktion versucht sich das Tonträgerunternehmen oftmals vorzubehalten, inhaltliche Weisungen zu erteilen und bei der Abnahme künstlerische und kommerzielle Aspekte zu berücksichtigen. Im Bandübernahmevertrag sollte ein Ablieferungsdatum geregelt sein.

---

353 Vgl. auch oben Rn. 96 zur Gruppenklausel bei Autorenexklusivverträgen.

354 *Homann* S. 274.

355 Vgl. oben Rn. 165.

356 Eine andere, erweiterte Spielart des Bandübernahmevertrags ist der sog. **Labelvertrag** zwischen einem Label und einer Tonträgervertriebsfirma. Im Unterschied zum „klassischen" Bandübernahmevertrag, in dem i. d. R. nur Rechte an einer oder mehreren bestimmten Tonaufnahme(n) eines konkreten Künstlers an den Lizenznehmer vergeben werden, ist der Labelvertrag dadurch gekennzeichnet, dass ein bestehendes oder für den Vertrag neu zu gründendes Label (das bei der GVL oder vergleichbaren Verwertungsgesellschaft angemeldet wird) mit einer Tonträgervertriebsfirma kontrahiert, um eine **Vielzahl** von dem Label selbst hergestellter oder von dritten Lizenzgebern lizenzierter Tonaufnahmen verschiedener Künstler bzw. Künstlerprojekte an das Vertriebsunternehmen zu lizenzieren; vgl. Loewenheim/*Rossbach* § 69 Rn. 74.

357 S. noch unten Rn. 212.

Der Lizenzgeber bzw. Tonträgerhersteller hat dem Tonträgerunternehmen die **Rechte aller an der Aufnahme Mitwirkender** (Künstler, künstlerischer Produzent, Studiomusiker) und auch die bei ihm **selbst entstandenen Tonträgerherstellerrechte** zu überlassen. Wenn er nicht selbst der Künstler ist, muss der Musikproduzent dementsprechend dafür zu sorgen, dass er seinerseits von den mitwirkenden Künstlern und dem künstlerischen Produzenten im Rahmen von Künstlerexklusivverträgen die zur Rechtevergabe an das Tonträgerunternehmen notwendigen Rechte erhält. I.d.R. **garantiert** der Lizenzgeber dem Lizenznehmer im Bandübernahmevertrag den **Bestand der Rechte und** der **zugrunde liegenden Künstlerexklusivverträge**. Häufig räumt der Lizenzgeber dem Tonträgerunternehmen nur im Einzelnen aufgelistete Nutzungsrechte ein, wobei der Rechtekatalog weitgehend den üblichen Regelungen im Künstlerexklusivvertrag entspricht. Die Vergabe der Rechte (**Lizenzierung**) erfolgt **exklusiv an das Tonträgerunternehmen**, d. h. ausschließlich für die vereinbarte Dauer der Auswertung[358] und das vereinbarte Auswertungsgebiet.[359] Im Hinblick auf die Rechteauswertung können die Parteien Abstimmungs- und Zustimmungserfordernisse zugunsten des Tonträgerherstellers vereinbaren. 211

Ähnlich wie Künstlerexklusivverträge enthalten auch Bandübernahmeverträge Regelungen zur **persönlichen Exklusivität und Titelexklusivität**. Danach verspricht der Musikproduzent gegenüber dem Tonträgerunternehmen im Rahmen „persönlicher Exklusivität“ zum einen, während der gesamten Vertragsdauer ausschließlich für das Tonträgerunternehmen mit dem betreffenden Künstler bzw. als Künstler, Tonaufnahmen zu produzieren (also keine anderen Aufnahmen mit dem Künstler bzw. als Künstler herzustellen oder herstellen zu lassen) und die Aufnahmen ausschließlich dem Tonträgerunternehmen zur Auswertung zu überlassen.[360] Zum anderen versichert der Musikproduzent, wenn er nicht selbst der Künstler, sondern ein Produktionsunternehmen oder unabhängiger Produzent ist, dem Tonträgerunternehmen, dass für die gesamte Dauer des Vertrags der Künstler ihm selbst gegenüber im Sinne „persönlicher Exklusivität“ für Aufnahmen zur Verfügung steht.[361] Ebenso vereinbaren die Parteien des Bandübernahmevertrags „Titelexklusivität“, wonach der Produzent sich zum einen verpflichtet, die „Titel“, die Gegenstand des Vertrags sind, für einen bestimmten Zeitraum nach Vertragsende nicht (anderweitig) neu aufzunehmen und zu verwerten; zum anderen versichert der Produzent (falls er nicht selbst der Künstler ist), dass ihm gegenüber eine entsprechende Titelexklusivitätsbindung des Künstlers besteht. 212

Für die Rechtevergabe erhält der Musikproduzent **als Vergütung** eine **prozentuale Beteiligung** an den Erlösen, die das Tonträgerunternehmen mit der Verwertung der 213

---

358 Die Auswertungsdauer für die Vertragsaufnahmen ist oft zeitlich befristet, wobei die Tonträgerunternehmen meist nicht bereit sind, kürzere Laufzeiten als fünf bis sieben Jahre zu akzeptieren. S. dazu Limper/Musiol/*Limper/Meyer* Rn. 410.

359 Vgl. dazu Limper/Musiol/*Limper/Meyer* Rn. 411 f.; Loewenheim/*Rossbach* § 69 Rn. 64; *Homann* S. 277.

360 Letzteres ergibt sich bereits aus der exklusiven Überlassung der Aufnahmerechte.

361 Um sich im Hinblick auf die Rechte der Künstler an den Tonaufnahmen und deren Exklusivitätsbindungen gegenüber dem Musikproduzenten abzusichern, verlangen Tonträgerunternehmen i. d. R. einen sog. **Künstlerbrief**, d. h. eine unmittelbare vertragliche Vereinbarung mit dem Künstler. Darin versichert der Künstler gegenüber dem Tonträgerunternehmen u. a., dass er dem Musikproduzenten die zur Erfüllung des Bandübernahmevertrags notwendigen Rechte überlässt und sich entsprechenden Exklusivitätsbindungen unterworfen hat. S. dazu Limper/Musiol/*Limper/Meyer* Rn. 427 ff.; Loewenheim/*Rossbach* § 69 Rn. 72 f.

Aufnahmen erzielt.[362] Der Umsatzanteil des Musikproduzenten deckt dabei auch die Beteiligungsansprüche der mitwirkenden Künstler und künstlerischen Produzenten ab, die der Produzent entsprechend im Innenverhältnis befriedigt. Als Ausgleich dafür, dass der Tonträgerhersteller die Kosten der Produktion trägt und zudem die zur Auswertung notwendigen Rechte vergibt, ist die **Umsatzbeteiligungsrate erhöht**; der Basiszins liegt zumeist im Bereich zwischen 16 % und 24 % des HAP. Soweit die Parteien Vorschusszahlungen vereinbaren, sind diese i. d. R. nicht zurückzuzahlen, aber mit der Beteiligung am Umsatz zu verrechnen.[363]

1.3 Produzentenvertrag

214 Der Produzentenvertrag regelt die **rechtlichen Beziehungen zwischen** einem Musikproduzenten, d. h. einem **Tonträgerhersteller** i. S. v. § 85 UrhG, der die wirtschaftliche, organisatorische und technische Leistung der Tonaufnahme erbringt, **und** einem **künstlerischen Produzenten (Producer)**, der bei der Tonaufnahme kreativ tätig ist und selbst (stil-)prägenden Einfluss auf den „Sound“ bzw. die Klanggestaltung der Aufnahme nimmt.[364] Der künstlerische Produzent wirkt i. S. v. § 73 Alt. 2 UrhG an einer Darbietung künstlerisch mit und erwirbt damit als ausübender Künstler Leistungsschutzrechte gem. §§ 74 ff. UrhG.[365] Gegenstand des Produzentenvertrags ist die Verpflichtung des Producers gegenüber dem Tonträgerhersteller, künstlerisch an der Herstellung von Ton- oder Bildtonaufnahmen mit einem Künstler oder einer Künstlergruppe mitzuwirken, sowie die Übertragung bzw. Einräumung der dem Producer als ausübender Künstler zustehenden Rechte auf den Tonträgerhersteller.

215 Die Durchführung der Produktion und die Inhalte der Aufnahme sind im Produzentenvertrag zumeist nicht im Einzelnen geregelt. Da es sich um eine **Auftragsproduktion** handelt, behält sich der Tonträgerhersteller (Auftraggeber) i. d. R. ein Letztentscheidungsrecht in allen wirtschaftlichen und kreativen Fragen vor. Die Produktionskosten trägt der Auftraggeber.[366] Meist vereinbaren die Parteien ein pauschales Produktionsbudget, das der Producer nicht überschreiten darf; Mehrausgaben fallen dann dem Producer zur Last.

216 Die Vertragsklauseln zur **Rechteübertragung bzw. -einräumung** ähneln den entsprechenden Regelungen im Künstlerexklusivvertrag,[367] wobei sich die Rechtevergabe an den Tonträgerhersteller auf die bei dem künstlerischen Produzenten „originär“ entstandenen eigenen Leistungsschutzrechte hinsichtlich seiner künstlerischen Mitwirkung an den Tonaufnahmen bezieht. Nebenrechte[368] erhält der Tonträgerhersteller meist nur dahingehend, dass er bei der Auswertung der Aufnahmen den Namen des künstlerischen Produzenten und u. U. dessen Bild zur Bewerbung der Tonträger verwenden darf.[369]

---

362 Die betreffenden Vertragsklauseln ähneln denen im Künstlerexklusivvertrags; vgl. oben Rn. 195 ff. S. dazu auch *Homann* S. 278 f.

363 Vgl. oben Rn. 204. S. zur Vorauszahlung und Verrechnung Limper/Musiol/*Limper/Meyer* Rn. 421, 423.

364 S. auch Loewenheim/*Rossbach* § 69 Rn. 49.

365 S. o. Rn. 152 ff.

366 Vgl. oben Rn. 183.

367 S. o. Rn. 187 ff.

368 Vgl. oben Rn. 189.

369 Loewenheim/*Rossbach* § 69 Rn. 50.

Anders als beim Künstlerexklusivvertrag enthält der Produzentenvertrag **i. d. R. keine persönliche Exklusivität** des Producers, da dieser meist als freier Produzent tätig ist und seine Leistung für zahlreiche Musikproduzenten erbringt; vorgesehen werden kann aber ggf. einen Projektexklusivität. Dagegen vereinbaren die Parteien **üblicherweise** eine **Titelexklusivität**.[370] **217**

Die **Vergütung** des künstlerischen Produzenten ist im Vertrag i. d. R. ähnlich ausgestaltet wie die des Künstlers im Rahmen des Künstlerexklusivvertrags. Der Producer erhält insbesondere ebenfalls eine Umsatzbeteiligung an den Verwertungserlösen, wobei die Basislizenz üblicherweise zwischen 2 % und 5 % des HAP liegt. Ob und ggf. zu welchen Modalitäten dem künstlerischen Produzenten ein Vorschuss gezahlt wird, hängt von seinem Marktstatus, vom Produktionsaufwand sowie von der Verkaufserwartung der Tonträger ab. **218**

Produzentenverträge werden regelmäßig nur für die **Dauer einer konkreten Produktion** abgeschlossen. Möglich ist allerdings auch, dass der Vertrag Optionen für weitere Produktionen vorsieht.[371] **219**

1.4 „Künstlerquittung"

Die sog. Künstler- oder Honorarquittung regelt die **Übertragung der Rechte eines an einer Aufnahme beteiligten Gast- oder Studiomusikers** auf den Auftraggeber gegen Zahlung einer Vergütung. Auftraggeber kann dabei ein Produktionsunternehmen, ein freier Produzent oder ein Künstler oder eine Künstlergruppe sein. Gegenstand der Künstlerquittung ist allein die Übertragung der Rechte, die dem Gast- oder Studiomusiker, insbesondere als ausübender Künstler gem. § 73 UrhG zustehen, nicht aber (weitere) Einzelheiten der Beauftragung wie Zeit, Ort, Art und Weise der Leistung. Neben der Übertragung der ausschließlichen, zeitlich, räumlich und inhaltlich unbeschränkten urheber- und leistungsschutzrechtlichen Nutzungsrechte umfasst die Künstlerquittung das nichtexklusive Recht, Namen und Bildnis des Musikers im Zusammenhang mit der Auswertung der Vertragsaufnahmen zu verwenden.[372] Der Musiker erhält als Vergütung regelmäßig ein Pauschalhonorar, also keine Umsatzbeteiligung.[373] **220**

1.5 Vertriebsverträge

Gegenstand eines **„klassischen" Tonträgervertriebsvertrags** sind die Herstellung (Pressung), der Vertrieb und/oder die Warenverteilung von physischen Tonträgern bzw. Bildtonträgern.[374] Vertragspartei ist auf der einen Seite ein Musikproduzent (Tonträgerhersteller), der über umfassende Verwertungsrechte an Ton-/Bildaufnahmen verfügt und diese unter eigenem Label veröffentlichen will, und auf der anderen Seite ein Vertriebsunternehmen, bei dem es sich um eine auf den Vertrieb spezialisierte unabhängige Vertriebsfirma oder um die Vertriebsabteilung eines Tonträgerunternehmens handeln kann.[375] **221**

---

370 Vgl. oben Rn. 194; s. auch Loewenheim/*Rossbach* § 69 Rn. 51; *Homann* S. 282 f.

371 Loewenheim/*Rossbach* § 69 Rn. 56.

372 *Homann* S. 285.

373 S. dazu *Homann* S. 285 f.; Loewenheim/*Rossbach* § 69 Rn. 47 f.

374 Limper/Musiol/*Limper/Meyer* Rn. 438.

375 S. im Einzelnen zum Inhalt solcher Vertriebsverträge Limper/Musiol/*Limper/Meyer* Rn. 419 ff.; *Homann* S. 287 ff.

222 Gegenstand eines **Digitalvertriebsvertrags** ist die digitale Auswertung von Musikaufnahmen, insbesondere im Internet über Streaming- und Downloadshops bzw. -portale sowie über Mobilfunkbetreiber zum Vertrieb von Klingeltönen.[376] I.d.R. schließen nur große Musikproduktionsunternehmen unmittelbar mit den Betreibern solcher Portale bzw. Shops und mit den Mobilfunkunternehmen Verträge zur digitalen Auswertung, während kleinere Musikproduzenten vielfach nicht in der Lage sind, die Aufnahmen für eine digitale Nutzung aufzubereiten und die sonst für einen digitalen Vertrieb notwendigen Leistungen zu erbringen. Vor diesem Hintergrund haben sich in diesem Bereich **Digitalvertriebsfirmen** herausgebildet, die **als Mittler zwischen Musikproduzenten** einerseits **und Portal- bzw. Shopbetreibern** sowie Mobilfunkbetreibern andererseits agieren. Diese Unternehmen bereiten die Musikaufnahmen für den Digitalvertrieb auf und vertreiben sie bei den einzelnen Betreibern. Hierdurch ist es auch möglich, Repertoires (verschiedener Labels) zu „bündeln" und gegenüber den Online-Shops usw. bessere Konditionen zu verhandeln.[377] Vertragspartner eines Digitalvertriebsvertrags sind demnach (kleinere) Musikproduzenten auf der einen Seite und Digitalvertriebsfirmen auf der anderen Seite.[378]

2. Zweitverwertung

223 Mit dem Begriff der Zweitverwertung werden die Verwertungshandlungen bezeichnet, bei denen **bereits erschienene und verbreitete Ton- oder Bildtonträger** mit der Darbietung des ausübenden Künstlers **eingesetzt werden**. Eine Zweitverwertung liegt z. B. dann vor, wenn eine CD oder sonst fixierte Tonaufnahme durch Sendung im Rundfunk oder durch öffentliche Wiedergabe, etwa in einem Club, verwertet wird.[379] In diesem Bereich kann der Rechteinhaber i. d. R. die Verwertung seiner Rechte nicht mehr individuell wahrnehmen und kontrollieren.

224 Die sog. Zweitverwertungsrechte werden in Deutschland **von der GVL kollektiv wahrgenommen**, die die Rechte von ausübenden Künstlern, Tonträgerherstellen und Veranstaltern vertritt.[380] Grundlage hierfür ist ein Wahrnehmungsvertrag zwischen der GVL und dem Leistungsschutzberechtigten (vgl. § 9 VGG),[381] mit dem dieser der GVL die im Vertrag im Einzelnen bezeichneten Rechte zur Wahrnehmung im eigenen Namen überträgt.[382] Die GVL nimmt allerdings grundsätzlich **nur** die **gesetzlichen Vergütungsansprüche für Zweitverwertungen von Leistungsschutzrechten** (z. B. Sendung von Tonträgern, öffentliche Wiedergabe von Tonträgern oder Fernsehsendungen) wahr.[383] Daher entstehen Vergütungsansprüche bloß dann, wenn eine zweitver-

---

376 *Homann* S. 293.

377 Limper/Musiol/*Limper/Meyer* Handbuch Rn. 487.

378 S. im Einzelnen zum Inhalt solcher Vertriebsverträge Limper/Musiol/*Limper/Meyer* Rn. 487 ff.; *Homann* S. 293 ff.

379 Eine Drittverwertung ist bspw. die öffentliche Wiedergabe einer solchen Rundfunksendung in einem Kaufhaus oder Restaurant. Sie wird hier nicht weiter behandelt.

380 Die GVL (= Gesellschaft zur Verwertung von Leistungsschutzrechten) ist eine Verwertungsgesellschaft i. S. v. § 2 VGG (S. Rn. 70) und nimmt als solche (kollektiv) Leistungsschutzrechte von ausübenden Künstlern (§§ 73 ff. UrhG), Tonträgerherstellern (§§ 85 ff. UrhG) und Veranstaltern (§ 81 UrhG) wahr. Sie hat die Rechtsform einer GmbH. S. näher 27. Kap. Rn. 43 sowie unter www.gvl.de.

381 Die GVL verwendet für die einzelnen Leistungsschutzberechtigten jeweils eigene Wahrnehmungsverträge.

382 Vgl. § 1 des jeweiligen Wahrnehmungsvertrags.

383 Vgl. oben Rn. 161.

wertungsrelevante Mediennutzung der leistungsschutzrechtlich geschützten Tätigkeit auch wirklich stattfindet. Eine solche Tätigkeit besteht z. B. in der Mitwirkung bei der Aufnahme von Tonträgern. Live-Auftritte lassen mangels daraus resultierender Zweitverwertung dagegen grundsätzlich keine Vergütungsansprüche entstehen.

Für die Zweitverwertungen zieht die GVL auf der Basis der von ihr aufgestellten Tarife[384] und abgeschlossenen Verträge die Vergütungen ein.[385] Dabei handelt es sich um die gesetzlichen Vergütungsansprüche **225**

- gegen Hörfunk- und Fernsehsender für die Verwendung erschienener Tonträger in ihren Programmen,
- gegen Kabelbetreiber für die Einspeisung von Fernseh- und Hörfunkprogrammen ins Kabelnetz,
- gegen Diskotheken, Gaststätten, Hotels etc. für die öffentliche Wiedergabe von Tonträgern und von Radio- und Fernsehsendungen,
- gegen die Hersteller von Aufnahmegeräten und Leermedien für die private Überspielung von Tonträgern und Videokassetten sowie von Radio- und Fernsehsendungen,
- gegen die Videotheken für die Vermietung von Bildtonträgern und Tonträgern (Vermieterlaubnis durch den Hersteller vorausgesetzt),
- gegen die öffentliche Hand für den Verleih von Tonträgern und Bildtonträgern in öffentlichen Bibliotheken,
- gegen die Schulbuchverleger für die Aufnahme von Titeln aus erschienenen Tonträgern in Sammlungen für den Schul- und Unterrichtsgebrauch und
- in anderen Fällen der Zweitverwertung von künstlerischen Darbietungen und erschienenen Tonträgern.

Die eingezogenen Vergütungen verteilt die GVL sodann nach festgelegten Verteilungsgrundsätzen und Verteilungsplänen an ihre Berechtigten.[386] Die Ausschüttung an ausübende Künstler erfolgt dabei nutzungsbasiert auf der Grundlage eines Internet-Portals,[387] auf dem die Künstler ihre Mitwirkungen an Produktionen melden; die Nutzung/Ausstrahlungen der Produktionen werden durch die GVL erfasst und die entstandenen Vergütungen an den beteiligten Künstler weitergeleitet. **226**

384 Vgl. zu den einzelnen Tarifen für Zweitverwertungen www.gvl.de/gvl-tarife-download.htm.
385 Bezüglich einzelner Einnahmen bedient sich die GVL der GEMA als Inkassounternehmen.
386 Vgl. die Verteilungspläne der GVL unter www.gvl.de.
387 ARTSYS.GVL; s. www.artsys.gvl.de/artsys/(S(imbpsw0uc3ctfro252e3h4pp))/login.aspx.

33. Kapitel
Musik in Film und Fernsehen

Literatur: *Dreier/Schulze* UrhG, 5. Aufl. 2015; *Homann* Praxishandbuch Filmrecht, 3. Aufl. 2009; *König* Rechtliche Probleme der Musik im Film, 2000; *Loewenheim* Handbuch des Urheberrechts, 2. Aufl. 2010; *Markfort/Klatt* Musik im Film – Die Rechtelizenzierung in Theorie und Praxis in Keil (Hrsg.), 10 Jahre Erich Pommer Institut, 2009; *Moser/Scheuermann* Handbuch der Musikwirtschaft, 5. Aufl. 1999; *Rehbinder/Peukert* Urheberrecht, 17. Aufl. 2015; *Schricker/Loewenheim* Urheberrecht, 5. Aufl. 2017; *Ventroni* Das Filmherstellungsrecht, 2001.

I. Einleitung

Die Einbindung von Musik ist ein kaum verzichtbares Gestaltungsmittel für Film- und Fernsehproduktionen, da hierdurch die Wahrnehmung einer Handlung gesteuert und das Verständnis einzelner Szenen beeinflusst werden kann. Indem Musik emotionales Erleben vermittelt und Atmosphären herstellt, fügt sie dem Film eine neue Dimension hinzu.[1] Schon die Stummfilme des frühen 20. Jahrhunderts wurden je nach Vorführstätte von Klavier, Geige, Grammophon oder gar ganzen Orchestern begleitet. Mit der erfolgreichen Einführung des Tonfilms Ende der 1920er Jahre wurde es dann üblich, dass ein Film mit eigens komponierter Filmmusik unterlegt wurde. Begünstigt durch die Einführung der Langspielplatte begann in den 1950er Jahren die Filmindustrie schließlich mit der separaten Vermarktung der Filmmusik, des sog. Soundtracks, die noch heute ein lukratives Geschäft darstellt.[2] Gleichzeitig ist die audiovisuelle Musiknutzung sowohl urheberrechtsdogmatisch als auch in der Praxis nicht unproblematisch, da hierfür ein ganzes Bündel verschiedener Rechte zumeist mehrerer Rechteinhaber einzuholen ist. 1

II. Urheberrechtliche Grundlagen

1. Rechte am Film

Bei Bewegtbildproduktionen handelt es sich entweder um Filmwerke i.S.v. § 2 Abs. 1 Nr. 6 UrhG oder um leistungsschutzrechtlich geschützte, sog. Laufbilder i.S.v. § 95 UrhG. Die Abgrenzung zwischen Filmwerken und Laufbildern kann im Einzelfall Schwierigkeiten bereiten,[3] bedarf hier jedoch keiner weiteren Erörterung, da sich hinsichtlich der Nutzung von Musik in Film- und Fernsehproduktionen aus der Unterscheidung keine Besonderheiten ergeben. 2

2. Rechte an der Musik

Bei der Nutzung von Musik in Film- und Fernsehproduktionen gilt es zwischen den betreffenden Schutzrechten zu differenzieren: Einerseits bestehen (Urheber-)Rechte an dem Musikwerk, also der einem Musikstück zugrundeliegenden Komposition und 3

1 Vgl. zu Wirkungsweisen von Musik im Film *König* S. 13 ff. m.w.N.
2 Vgl. zur Entwicklung der Filmmusik *Moser/Scheuermann-Bach* S. 384 f.
3 Vgl. hierzu 26. Kap. Rn. 296 ff.

ggf. Liedtext; zum anderen (Leistungsschutz-)Rechte an der jeweils hergestellten Tonaufnahme dieses Musikwerks.[4] Nicht selten sind die Rechteinhaber personenidentisch, so etwa wenn der Komponist und Textdichter eines Musikstücks dieses im Studio auch selbst instrumental und/oder vokal interpretiert. Die Nutzung eines bestimmten Musikstücks im Rahmen einer Film-/Fernsehproduktion tangiert in jedem Fall beide Rechte, so dass der Filmproduzent regelmäßig von allen Urheber- und Leistungsschutzberechtigten entsprechende Nutzungsrechte erwerben muss.

2.1 Urheberrechte am Musikwerk

4 Die Schutzfähigkeit von Kompositionen steht selten in Frage da auch im Bereich des musikalischen Schaffens der Grundsatz der „kleinen Münze" anerkannt ist.[5] Urheber eines Musikwerks ist der Komponist der „Noten". Der etwaige Liedtexter ist darüber hinaus Urheber eines selbstständigen Sprachwerks. Werden Text und Musik miteinander verbunden, handelt es sich um eine Werkverbindung gem. § 9 UrhG, in deren Rahmen die einzelnen Werke – das Musik- und das Sprachwerk – aufgrund der unterschiedlichen Werkgattung trotz ihrer Verbindung selbstständig bleiben.[6] Wurde das Musikwerk von mehreren Komponisten gemeinschaftlich geschaffen, so sind diese in ihrem Verhältnis zueinander Miturheber i.S.v. § 8 UrhG. Ferner kommt an Musikwerken auch ein selbstständig geschütztes Bearbeiterurheberrecht in Betracht, falls die Komposition oder Textdichtung eines Musikwerks von einer Person nicht nur unwesentlich verändert worden ist.

2.2 Leistungsschutzrechte an der Aufnahme

5 Da vom UrhG auch solche Leistungen geschützt werden, die den schöpferischen Werken nahekommen oder die mit der Verwertung urheberrechtlich schutzfähiger Werke in engem Zusammenhang stehen, so u.a. die Darbietungen ausübender Künstler (Gesangs- und Instrumentalmusiker und ggf. künstlerische Produzenten) oder die unternehmerisch/organisatorischen Leistungen von Tonträgerherstellern, bestehen an den jeweiligen Aufnahmen der Musikwerke auch entsprechende Leistungsschutzrechte. So erwirbt ein ausübender Künstler gem. § 73 UrhG Leistungsschutzrechte, wenn er ein Werk oder eine Ausdrucksform der Volkskunst aufführt, singt, spielt oder auf eine andere Weise darbietet oder an einer solchen Darbietung künstlerisch mitwirkt.[7] Wer in organisatorischer, technischer und wirtschaftlicher Hinsicht die Herstellung der betreffenden Tonaufnahme kontrolliert, erwirbt das Leistungsschutzrecht des Tonträgerherstellers gem. § 85 f. UrhG.[8]

3. Erforderliche Rechte zur Nutzung von Musik in Film- und Fernsehproduktionen

6 Zur Einbindung von Musik in Bewegtbildproduktionen muss deren Produzent im Wege einer zweistufigen Lizenzierung von den jeweiligen Musikrechteinhabern die erforderlichen urheber- und leistungsschutzrechtlichen Nutzungsrechte zunächst zur Herstellung des Films und im Weiteren zur Auswertung des so hergestellten Films einholen.

4 Zu Inhalt, Umfang und Verwertung von Urheber- und Leistungsschutzrechten vgl. 26. Kap.

5 Vgl. 26. Kap. Rn. 71.

6 Im Folgenden werden jedoch auch die verbundenen Werke von Musik- und Sprachwerk „Musikwerke" genannt, vgl. hierzu das 32. Kap. Rn. 15 ff.

7 Vgl. zum Schutz des ausübenden Künstlers 26. Kap. Rn. 279 ff.

8 Vgl. zum Schutz des Tonträgerherstellers 26. Kap. Rn. 287 ff.

3.1 Herstellungsrechte (Filmherstellungsrecht/Filmeinblendungsrecht)

Auf der ersten Stufe sind die erforderlichen Herstellungsrechte zur erstmaligen Verbindung von Musik mit Bewegtbildern zu erwerben, und zwar sowohl bezogen auf das Musikwerk als auch auf die Musikaufnahme. **7**

Dabei wird das Recht, ein Musikwerk mit Filmbildern zu verbinden als Filmherstellungsrecht, bzw. im internationalen Sprachgebrauch überwiegend als *Synchronisation Right* oder kurz *Sync Right* bezeichnet.[9] Das Filmherstellungsrecht wird im UrhG nicht legal definiert; vielmehr handelt es sich dabei um einen Terminus der Praxis. Es beinhaltet zum Einen den Akt der Vervielfältigung des Musikwerks auf ein anderes Medium i.S.v. § 16 UrhG (etwa von einem Tonträger auf den Tonstreifen eines Filmes). Andererseits wird Musik bei einer Filmverwendung regelmäßig gekürzt, geschnitten sowie ein- und ausgeblendet, so dass die Einräumung des Rechts zur Filmherstellung auch das Recht zur Bearbeitung i.S.v. § 23 UrhG umfasst. **8**

Nicht um eine Bearbeitung (oder Umgestaltung) i.S.v. § 23 UrhG handelt es sich nach herrschender Auffassung hingegen bei einer unveränderten filmischen Übernahme von Musik, da in diesem Fall die Verbindung eines Musikwerkes mit dem Bildteil eines Films lediglich dessen Vervielfältigung darstellt.[10] Gleiches gilt im Falle der notengetreuen Aufzeichnung eines Musikwerks in voller Länge, etwa im Rahmen eines Konzertmitschnitts, auch hier handelt es sich lediglich um eine Vervielfältigung des Musikwerks i.S.v. § 16 UrhG.[11] **9**

Das leistungsschutzrechtliche Gegenstück zum Filmherstellungsrecht ist das sog. Filmeinblendungsrecht oder *Master use Right*, also das Recht zur erstmaligen Verbindung von Musikaufnahme und Film. Urheberrechtsdogmatisch handelt es sich dabei lediglich um ein Vervielfältigungsrecht, da die Regelungen des § 23 UrhG zum Bearbeitungsrecht im Bereich der Leistungsschutzrechte nicht anwendbar sind. **10**

3.2 Auswertungsrechte

Hat der Rechteinhaber dem Filmproduzenten das Filmherstellungsrecht zur erstmaligen Verbindung von Musik und Film eingeräumt, ist es für die weitere Auswertung des Films „verbraucht". So hat der BGH ausdrücklich für den Fall der Video-Zweitverwertung einer Kinoproduktion entschieden, dass durch die Überspielung eines Kinofilms auf Videokassetten kein neues Werk hergestellt werde sondern es sich dabei um einen Akt der Vervielfältigung und Verbreitung nach §§ 16, 17 UrhG handele.[12] Hat ein Filmproduzent also das Filmherstellungsrecht an einem Musikwerk für die Verwendung in einem Kinofilm erworben, bedarf die spätere Fernseh-, DVD- oder Online-Auswertung bei konsequenter Anwendung der BGH-Rechtsprechung keiner weiteren Einräumung eines gesonderten „Fernseh-, DVD-, oder Online-Filmherstellungsrechts".[13] **11**

---

9 Vgl. zur urheberrechtdogmatischen Einordnung des Filmherstellungsrechts im Einzelnen *Ventroni* S. 78 ff.

10 *BGH* ZUM 2006, 318 – Alpensinfonie; *BGH* GRUR 1994, 41, 42 f. – Videozweitauswertung II; *Loewenheim/Castendyk* § 75 Rn. 298; *Ventroni* S. 119 ff.; nach a.A. handelt es sich bei der Verbindung von Musik mit Filmbildern stets um eine Bearbeitung des Musikwerks, da es hierdurch in einen neuen, eigenständigen Kontext gesetzt werde, vgl. u.a. *Homann* S. 217; *Markfort/Klatt* S. 155, *König* S. 55 ff.

11 *BGH* – ZUM 2006, 318 – Alpensinfonie.

12 *BGH* NJW 1993, 2939 f. – Videozweitauswertung II.

13 Vgl. hierzu auch *Homann* S. 217 f.

12 Demnach muss der Filmproduzent – wiederum sowohl bezogen auf die Urheberrechte am Musikwerk als auch auf die Leistungsschutzrechte an der Musikaufnahme – auf der zweiten Stufe nur noch die zur Auswertung des unter Verwendung der Musik hergestellten Films erforderlichen Musiknutzungsrechte erwerben. So etwa das Recht zur öffentlichen Vorführung im Kino (§ 19 Abs. 4 UrhG), das Recht zur (Fernseh-)Sendung (§ 20 UrhG) sowie ggf. die „mechanischen" Vervielfältigungs- und Verbreitungsrechte für DVDs (§§ 16, 17 UrhG) oder das Recht zur Online-Zugänglichmachung der hergestellten Filmproduktion (§ 19a UrhG).

4. Sonderfall: Möglichkeiten freier Verwendung von Musik in Filmproduktionen

13 In bestimmten Konstellationen ist eine Nutzung von Musik im Film allerdings auch ohne Zustimmung bzw. Rechteeinräumung durch die Rechteinhaber denkbar. In Betracht kommt insoweit insbesondere ein Musikzitat i.S.v. § 51 Nr. 2 UrhG oder die Qualifizierung von Musik als unwesentliches Beiwerk gem. § 57 UrhG.

14 Musikzitate in Filmwerken sind dann zulässig, wenn ein Zitatzweck gegeben ist, die zitierte Stelle somit als Beleg für eigene, selbstständige Aussagen dient. Insoweit bedarf es eines inneren Zusammenhangs und einer Auseinandersetzung mit dem zitierten Musikwerk.[14] Mangels eines solchen Zitatzwecks handelt es sich demnach bei der Verwendung von Hintergrundmusik, die als Untermalung, musikalische Abrundung bzw. der Spannungserzeugung dient oder Assoziationen hervorruft, nicht um ein Musikzitat. Ist die Nutzung eines Musikwerks nach § 51 UrhG nach den geschilderten Maßstäben zulässig, bezieht sich dies im Weiteren auch auf die Leistungsschutzrechte an den verwendeten Musikaufnahmen, §§ 83, 85 Abs. 4 UrhG. Gem. § 63 UrhG ist die Quelle zu nennen.

15 Gem. § 57 UrhG kann eine Nutzung von urheberrechtlich geschützten Werken (und über die Verweisungen in den §§ 83, 85 Abs. 4 UrhG auch von leistungsschutzrechtlich geschützten Musikaufnahmen) erlaubnisfrei zulässig sein, wenn sie nur als unwesentliches Beiwerk neben dem eigentlichen Gegenstand der Verwertung anzusehen sind. Allerdings ist § 57 UrhG, wie alle urheberrechtlichen Schrankenbestimmungen, in der Regel eng auszulegen.[15] Grundsätzlich beeinflussen – für den Betrachter oft unbewusst – selbst kleinste musikalische Einspielungen in Filmen dessen Stimmung.[16] Unwesentlich i.S.d. Vorschrift kann Musik demnach nur sein, wenn sie rein zufällig und ohne dramaturgischen Bezug im Hintergrund zu hören ist und ohne jede Beeinträchtigung der Atmosphäre weggelassen werden könnte. Dies wird letztlich nur in Ausnahmefällen und wohl ausschließlich im Dokumentarfilmbereich denkbar sein.

III. Die Lizenzierung in der Praxis

16 Für die Lizenzierung der erforderlichen Rechte ist es von praktischer und wirtschaftlicher Bedeutung, ob sie von Verwertungsgesellschaften (z.B. GEMA für Urheberrechte oder GVL für Leistungsschutzrechte), die einem Abschlusszwang und festen Tarifen

---

14 Vgl. *OLG Hamburg* ZUM 1993, 35 ff.

15 *Schricker/Loewenheim* UrhG, § 57 Rn. 5.

16 Vgl. auch *Homann* S. 212.

unterliegen,[17] oder direkt von den Rechteinhabern wahrgenommen werden, die weder einem Kontrahierungszwang unterliegen noch an feste Tarife gebunden sind. Die Frage, von wem die betreffenden Rechte wahrgenommen werden, richtet sich nach verschiedenen Faktoren: Im Bereich der Filmherstellung zunächst danach, ob für die Filmproduktion eine Erstauswertung im Kino oder Fernsehen vorgesehen ist. Auf der zweiten Stufe der Auswertungsrechte ist der jeweilige Ansprechpartner anhand der konkreten Auswertungsart zu bestimmen. Im Übrigen ist in diesem Zusammenhang die Frage von Bedeutung, ob es sich bei der genutzten Musik um vorbestehende Fremdtitel handelt oder ob eigens ein Komponist mit der Komposition und Produktion der Musik z.B. in Form von dramaturgischer Scoremusik beauftragt wurde.

1. Musiknutzung im Kinofilm

1.1 Herstellungsrechte (Filmherstellungsrecht/Filmeinblendungsrecht)

Originäre Rechteinhaber an dem zugrunde liegenden Musikwerk, also auch hinsichtlich des Filmherstellungsrechts, sind dessen Urheber, also der Komponist und ggf. Textdichter. Zur besseren Auswertung ihrer Rechte räumen sie diese Rechte jedoch häufig einem Musikverlag ein. Musikurheber und ggf. deren Verleger bringen wiederum gemeinsam einen Großteil der ihnen zukommenden Nutzungsrechte zur effektiveren Wahrnehmung per Berechtigungsvertrag der GEMA ein, jedenfalls im Bereich der Massennutzung wie beispielsweise im Fernsehen.[18] So wird gem. § 1i (1) des Berechtigungsvertrages der GEMA u.a. auch das Filmherstellungsrecht zur Wahrnehmung eingeräumt, wenngleich unter einer auflösenden Bedingung, die eintritt, wenn der Berechtigte der GEMA innerhalb einer Frist von vier Wochen ab Kenntnis einer Nutzungsanfrage mitteilt, dass er diese Rechte selbst wahrnehmen möchte. **17**

Bei Kinoproduktionen, die im Unterschied zu Fernsehproduktionen gerade nicht massenhaft hergestellt werden, machen die Verleger bzw. Autoren von diesem Rechterückruf regelmäßig Gebrauch. Der Grund liegt darin, dass sich bei einer individuellen Verhandlung der Lizenzgebühren für eine Nutzung von Musik im Film lukrativere Konditionen erzielen lassen als den von der GEMA geforderten feststehenden Tarif und diese Lizenzierungen wegen der im Vergleich zu Fernsehproduktionen geringeren Häufigkeit auch administrativ vom Rechteinhaber selbst bewältigt werden können. In der Praxis bedeutet dies, dass der Kinofilmproduzent, bzw. dessen Musikberater oder Rechtsanwalt, sich mit frei verhandelbaren Konditionen der Musikverlage bzw. bei nicht verlegten Werken direkt mit den Komponisten und Textern auseinander zu setzen haben. Der Deutsche Musikverleger-Verband (DMV) stellt in den sog. „DMV-Erfahrungsregeln“ in gewissen Zeitabständen aktualisierte Vorschläge für angemessene Sync-Lizenzgebühren auf, denen allerdings keine Bindungswirkung zukommt und die naturgemäß eher den wirtschaftlichen Vorstellungen der Rechteinhaber als denen der Filmproduzenten entsprechen. In Ermangelung feststehender Tarife kann es insbesondere bei US-amerikanischem Musikrepertoire durchaus passieren, dass Werke nur gegen Zahlung von sehr hohen Lizenzgebühren freigegeben werden. **18**

17 Die Verwertungsgesellschaften sind natürlich nur insoweit zur Lizenzierung zuständig, als die betreffenden Musikwerke bzw. Aufnahmen auch tatsächlich zur Wahrnehmung eingebracht worden sind. Dies ist bei deutschem und – aufgrund entsprechender Gegenseitigkeitsverträge mit ausländischen Verwertungsgesellschaften – auch internationalem Musikrepertoire ganz überwiegend der Fall und wird daher im Rahmen der folgenden Ausführungen zur Vereinfachung grundsätzlich unterstellt. Entsprechende Repertoireauskünfte erteilen jedoch im Einzelfall die Verwertungsgesellschaften.

18 Vgl. zur GEMA 27. Kap. Rn. 42 sowie 32. Kap. Rn. 73 ff.

19 Zusätzlich zu den Filmherstellungsrechten der Urheber/Musikverlage sind auch die Filmeinblendungsrechte an den Tonaufnahmen der ausübenden Künstler (Musiker, Sänger, künstlerische Produzenten) und Tonträgerhersteller (Schallplattenunternehmen) zu erwerben. Im Großteil der Fälle hat sich ein Schallplattenunternehmen bzw. „Label" per Künstler- oder Bandübernahmevertrag[19] die Leistungsschutzrechte aller an einer Musikaufnahme künstlerisch Mitwirkenden in vollem Umfang einräumen lassen, so dass es neben den eigenen Tonträgerherstellerrechten in der Regel auch über alle weiteren erforderlichen Leistungsschutzrechte verfügt und alleiniger Ansprechpartner für eine Lizenzierung ist.

1.2 Auswertungsrechte

20 Die Auswertungsrechte an den zugrundeliegenden Musikwerken zur öffentlichen Vorführung des Kinofilms in Kinotheatern sowie dessen TV-Sendung und DVD- und Online-Auswertung (s.o. Rn. 11) werden von der GEMA wahrgenommen und können von dieser zu festen Tarifen erworben werden.

21 Die Rechte zur Auswertung der Aufnahmen verbleiben hingegen bei den originär Berechtigten und müssen von diesen erworben werden, also in den meisten Fällen bei dem Schallplattenunternehmen bzw. „Label". Eine kollektive Rechtewahrnehmung, etwa durch die GVL, findet in diesem Bereich nicht statt.

2. Musiknutzung in Fernsehproduktionen

2.1 Herstellungsrechte (Filmherstellungsrecht/Filmeinblendungsrecht)

22 Bei der Frage, von wem das Filmherstellungsrecht im Falle einer Fernsehproduktion erworben werden kann, ist zunächst zu klären, ob es sich um eine Eigen- oder Auftragsproduktion eines Senders oder um Co- oder Fremdproduktionen handelt.[20]

23 Soweit es sich um eine Eigen- oder Auftragsproduktionen der Sendeanstalten zu eigenen[21] Sendezwecken handelt, ist für das Filmherstellungsrecht ausschließlich die GEMA – und zwar ohne auflösende Bedingung – zuständig. Diese Regelung in § 1i Abs. 2 GEMA-Berechtigungsvertrag fußt auf den Verträgen zwischen den Rundfunkanstalten und der GEMA (Sendeverträge) und führt dazu, dass der TV-Produzent in derartigen Fällen keine Filmherstellungsrechte bei den Urhebern oder Verlagen lizenzieren muss.

24 Bei einer solchen Lizenzierung durch die GEMA werden das Filmherstellungsrecht sowie die Rechte zur Sendung von den Rundfunkanstalten auf Basis feststehender GEMA-Tarife vergütet.[22]

25 Im Falle von Co- oder Fremdproduktionen greift wiederum die auflösende Bedingung, wonach die Musikverlage und/oder Urheber das Filmherstellungsrecht nach erfolgtem Rechterückfall zu individuell verhandelbaren Konditionen lizenzieren können. Auch das Recht zur Verwendung von Musikwerken zur Herstellung von Werbe-

---

19 Vgl. zu Künstler- und Bandübernahmeverträgen 32. Kap. Rn. 182 ff.

20 Vgl. zur Abgrenzung von Eigen-, Auftrags-, Fremd- und Co-Produktionen das 31. Kap. „Film- und Fernsehvertragsrecht".

21 Nicht zu eigenen Sendezwecken hergestellt ist bspw. der von einem Fernsehsender hergestellte, jedoch zunächst als Kinofilm vorgesehene Film.

22 Die Vergütungshöhe bemisst sich u.a. nach der Reichweite des jeweils ausstrahlenden Senders.

spots verbleibt gem. § 1k Abs. 1 des GEMA-Berechtigungsvertrages bei den Berechtigten und muss daher unmittelbar von diesen erworben werden.[23]

Das leistungsschutzrechtliche Filmeinblendungsrecht sowie die gesetzlichen Vergütungsansprüche bzgl. der im Rahmen von Fernsehfilmen verwendeten Aufnahmen nimmt die GVL gemäß Wahrnehmungsvertrag für die Tonträgerhersteller und ausübenden Künstler kollektiv wahr, sofern es sich um bereits auf Tonträgern erschienene Aufnahmen handelt. Der Wahrnehmungsvertrag unterscheidet nicht zwischen Auftrags-, Eigen-, Fremd- oder Co-Produktionen. Da jedoch die zwischen der GVL und den Rundfunkanstalten getroffenen Sendeverträge, auf die der GVL-Wahrnehmungsvertrag Bezug nimmt, dem GEMA-Berechtigungsvertrag ähnliche Regelungen enthalten, werden im Ergebnis von der GVL die Filmeinblendungsrechte nur in Bezug auf Eigen- und Auftragsproduktionen der Sendeanstalten vergeben.[24] Nicht umfasst sind demnach Nutzungen von Musikaufnahmen in Co- oder Fremdproduktionen bzw. Werbefilmen. **26**

2.2 Auswertungsrechte

Im Bereich von Fernsehproduktionen ist die weitere Auswertung von unter Verwendung vorbestehender Musik hergestellten Fernsehproduktionen nach deren TV-Ausstrahlung nicht unkompliziert. Die intensive Zweitauswertung von Fernsehproduktionen gewinnt an wirtschaftlicher Bedeutung und wird von den Produzenten vermehrt in Eigenregie oder durch verbundene Verwertungsunternehmen übernommen. So gibt es mittlerweile im Anschluss an die Erstausstrahlung eines Filmes oder einer Serie im TV zu nahezu jedem Fernsehfilm oder Staffel einer Fernsehserie eine DVD-/Blue Ray-Veröffentlichung. Überdies werden ganze Filme oder einzelne Folgen von Serien als Streams und/oder Downloads auf entsprechenden Video on Demand (VOD)-Portalen wie bspw. Netflix, Maxdome, iTunes, etc. angeboten. **27**

In Bezug auf die Lizenzierung der erforderlichen Musikauswertungsrechte gilt auch im Bereich der Auswertung hergestellter Fernsehfilmproduktionen zunächst das oben unter Rn. 20 f. Gesagte, wonach eine Lizenzierung der urheberrechtlichen Nutzungsrechte grundsätzlich über die GEMA, die der Leistungsschutzrechte über die originär Berechtigten erfolgt. **28**

Allerdings bereitet die Konstellation der Zweitauswertung von Eigen-/ und Auftragsproduktionen durch Dritte Schwierigkeiten. Nach § 1i Abs. 2 S. 2 des GEMA-Berechtigungsvertrages ist die „Einwilligung" des Berechtigten u.a. erforderlich, wenn „... die Fernsehproduktionen von Dritten genutzt werden sollen ...". Dritter ist dabei jeder, der nicht der Fernsehsender ist. Im Falle einer Auftragsproduktion also ggf. sogar der Filmproduzent selbst, der sich Teile seiner Auswertungsrechte am Film zurückbehalten hat, weil er beispielsweise die Zweitauswertung des Films auf DVD/Blue Ray oder im VOD-Bereich selbst vornehmen möchte. Es ist umstritten, ob dieses Einwilligungserfordernis eine rein schuldrechtliche Verpflichtung der GEMA gegenüber dem **29**

23 Der Wortlaut des GEMA-Berechtigungsvertrages wurde im Jahre 2010, wie bei den übrigen audiovisuellen Nutzungsrechten, im Sinne einer nunmehr ausdrücklich zweistufigen Lizenzierung angepasst. Nach einer Entscheidung des *BGH* v. 10.6.2009 - I ZR 226/06 abrufbar unter http://medien-internet-und-recht.de/volltext.php?mir_dok_id=2085 war die GEMA nach dem alten Vertragswortlaut weder zur Vergabe von Herstellungs- noch von Auswertungsrechten zu Werbezwecken berechtigt.

24 Vgl. *Homann* S. 220 f.

Berechtigten ist,[25] oder ob dem Einwilligungsvorbehalt dingliche Wirkung gegenüber jedermann im Sinne einer Beschränkung der in § 1i Abs. 2 S. 1 des Berechtigungsvertrages der GEMA eingeräumten audiovisuellen Musiknutzungsrechte zukommt.[26] Im letzteren Falle wäre vom „dritten Auswerter“, der ggf. der Filmproduzent selbst ist, eine erneute Einwilligung vom Berechtigten zur Auswertung des rechtmäßig hergestellten Films einzuholen, was faktisch dem Erwerb eines gesondert zu vergütenden „DVD-/Blue Ray oder VOD-Herstellungsrechts“ gleichkäme. Unter Berücksichtigung der „Videozweitauswertung II“-Entscheidung des BGH ist das Filmherstellungsrecht nach erfolgter Herstellung (auch eines Fernseh-)Films jedoch verbraucht.[27] Das reine „Umgießen“ eines insoweit einmal rechtmäßig hergestellten Films in eine andere Auswertungskonfiguration stellt keine weitere Filmherstellung dar, so dass zur DVD-/Blue Ray oder VOD-Zweitauswertung eines hergestellten Fernsehfilmes – auch durch einen Dritten – lediglich die entsprechenden Auswertungsrechte zur Vervielfältigung und Verbreitung bzw. öffentlichen Zugänglichmachung von der GEMA zu erwerben sind, die wiederum im Innenverhältnis zu ihren Vertragspartnern (d.h. Komponisten bzw. Musikverlage) die Einwilligung zur geplanten Auswertung einzuholen hat. Hierfür spricht nicht zuletzt auch die Auslegungsregel in § 88 Abs. 1 UrhG, wonach bei einer gestatteten Verfilmung eines Musikwerks der Filmhersteller im Zweifel auch das ausschließliche Recht erworben hat, das unter Verwendung des Musikwerks hergestellte Filmwerk auf alle Nutzungsarten zu nutzen.[28]

3. Besonderheiten bei der Verwendung von Fremdtiteln und Auftragsmusik

30 Bei der Ermittlung des richtigen Ansprechpartners für den Rechteerwerb muss zuletzt unterschieden werden, ob im betreffenden Einzelfall im Auftrag des Filmherstellers komponierte Filmmusik eingesetzt wird oder ob zur Untermalung einzelner Szenen des Films vorbestehende Musikstücke eingespielt werden sollen.

3.1 Vorbestehende Fremdtitel

31 Wird ein vorbestehender Tonträger in ein Filmwerk eingespielt, so muss der Filmhersteller die Filmherstellungs- und Filmeinblendungsrechte an dem zugrundeliegenden Musikwerk wie auch an dem verwendeten Tonträger erwerben. Wenn dies über die GEMA oder die GVL nicht möglich ist, etwa weil es sich um eine Fremd- oder Co-Produktion im Fernsehbereich oder aber um einen Kinofilm handelt, bedarf dies einer Verhandlung mit dem Komponisten bzw. dessen Musikverleger sowie im Regelfall dem Schallplattenunternehmen.[29]

3.2 Auftragsmusik

32 Alternativ zur Verwendung von vorbestehenden Fremdtiteln kann der Filmproduzent Musik eigens für die herzustellende Filmproduktion komponieren und produzieren lassen. Dies ist in der Praxis insbesondere bei fiktionalen Produktionen häufig bei der

---

25 So z.B. das *LG Hamburg* ZUM-RD 1997, 256 ff. bei der Videozweitauswertung einer Fernsehproduktion durch einen „Dritten“, im Ergebnis ebenso *König* 154 f.

26 Vgl. das *OLG Hamburg* ZUM 1992, 303 ff., ebenso *Ventroni* S. 243 ff., der den Einwilligungsvorbehalt als gegenständliches Zurückbehalten der Rechte zur Auswertung außerhalb des Fernsehens versteht. Zum Unterschied zwischen schuldrechtlicher und dinglicher Wirkung, s. das 34. Kap. Rn. 4.

27 Vgl. hierzu oben Rn. 11.

28 Vgl. zur Reichweite von § 88 UrhG auch 31. Kap.

29 Vgl. oben Rn. 19.

dramaturgischen Musik („Score“) oder auch dem Titelsong der Fall. Die Lizenzierung der erforderlichen Rechte erfolgt bei einer solchen Auftragskomposition zumeist über einen Werkvertrag mit lizenzvertraglichen Elementen, inkl. umfassender urheber- und leistungsschutzrechtlicher Rechteeinräumung (sog. Kompositions- und Produktionsvertrag).

Bei der Rechteeinräumung werden aufgrund des Zweckübertragungsprinzips meist alle bekannten Nutzungsarten einzeln aufgeführt. Da jedoch praktisch alle Musikkomponisten in Deutschland die urheberrechtlichen Nutzungsrechte an ihren Kompositionen bereits im Voraus der GEMA einräumen, haben die späteren Auswerter der Film-/Fernsehproduktion (Sendeunternehmen, Kinobetreiber, DVD-Verwertungsunternehmen, Online-Portal) unabhängig von der vertraglichen Regelung zwischen Filmproduzenten und Komponist die Lizenzen für die jeweilige Nutzung von der GEMA zu erwerben und zu vergüten. **33**

Da die Filmkomponisten heute in aller Regel „fertige“ Musikaufnahmen abliefern und nicht lediglich Kompositionen, müssen vom Auftraggeber im Rahmen des Kompositions- und Produktionsvertrag zudem auch die Leistungsschutzrechte an der Musikproduktion erworben werden. Schließt ein ausübender Künstler mit dem Filmhersteller einen Vertrag über seine Mitwirkung bei der Herstellung eines Filmwerks, so liegt darin gem. § 92 UrhG im Zweifel, hinsichtlich der Verwertung des Filmwerks die Einräumung der Rechte zur Vervielfältigung und Verbreitung von Bildtonträgern des Filmwerks mit der enthaltenen Musikaufnahme sowie dessen Sendung und öffentliche Zugänglichmachung. Da § 92 UrhG den Filmhersteller jedoch nur hinsichtlich der Verwertung des Filmwerkes selbst schützt, erscheint eine über die Auswertung des Films hinausgehende umfassende vertragliche Rechteeinräumung immer dann sinnvoll, wenn der Filmhersteller auch das Recht zur Auswertung der Filmmusik, losgelöst vom Filmwerk, etwa über Tonträger oder im Online-Bereich beansprucht. Für den Fall, dass der beauftragte Filmmusikkomponist und -produzent bei der Herstellung der Aufnahmen weitere Musiker einsetzt, ist darauf zu achten, dass sich der Filmproduzent auch deren Leistungsschutzrechte einräumen lässt. **34**

Insgesamt ist die Rechteklärung bei der Beauftragung von Filmmusik jedenfalls dann unproblematisch, soweit es sich um eine Komposition und Produktion aus einer Hand handelt. **35**

34. Kapitel
Urheberrechtsverletzungen
– zivilrechtliche und strafrechtliche Konsequenzen –

Literatur: *Ahlberg/Götting* Beck'scher Online-Kommentar Urheberrecht, Stand:1.10.2016, Edition 15; *Dietrich* Rechtliche Bewältigung von netzbasiertem Datenaustausch und Verteidigungsstrategien, NJW 2006, 809; *Dreier/Schulze* UrhG, 5. Aufl. 2015; *EMR* Die Zulässigkeit einer Kulturflatrate nach nationalem und europäischem Recht, 2009; *Fromm/Nordemann* UrhR, 11. Aufl. 2014; *Gabriel/Albrecht* Filesharing-Dienste, Grundrechte und (k)eine Lösung, ZUM 2010, 392; *Harte-Bavendamm/Henning-Bodewig* Gesetz gegen den unlauteren Wettbewerb, 4. Aufl. 2016; *Hoeren* 100 EUR und Musikdownloads – die Begrenzung der Abmahngebühren nach § 97a UrhG, CR 2009, 378; *Jauernig* BGB, 15. Aufl. 2014; *Kann* Musikpiraterie, 1995; *Kondziel* Staatsanwaltschaft als Erfüllungsgehilfen der Musik- und Pornoindustrie, MMR 2009, 295; *Loewenheim* Handbuch des Urheberrechts, 2010; *Möhring/Nicolini* Urheberrechtsgesetz, 3. Aufl. 2014; *Nordemann/Wolters* Schwerwiegende Regeländerungen bei urheberrechtlichen Abmahnungen, ZUM 2014, 25; *Nümann/Mayer* Rechtfertigung und Kritik von Massenabmahnungen gegen Urheberrechtsverletzungen in Filesharing-Netzwerken, ZUM 2010, 321; *Palandt* Bürgerliches Gesetzbuch, 76. Aufl. 2017; *Radmann* Kino.to – Filmegucken kann Sünde sein, ZUM 2010, 387; *Rehbinder/Peukert* Urheberrecht, 17. Aufl. 2015; *Schoder/Fischbach/Teichmann* Peer-to-Peer, 2002; *Schricker/Loewenheim* Urheberrecht, 4. Aufl. 2010; *Schwanitz* Das Volk der Dichter und Denker ohne Schutz ihres wertvollsten Guts?, Eine Untersuchung des umstrittenen § 97a Abs. 2 UrhG in Bezug auf so genannte „Abmahnmaschinen“, 2010; *Solmecke/Kost* Aktuelle Entwicklungen zum Thema Filesharing, K&R 2009, 772; *Ullmann* Die Verschuldenshaftung und die Bereicherungshaftung des Verletzers im gewerblichen Rechtsschutz und Urheberrecht, GRUR 1978, 615; *Wandtke/Bullinger* UrhG, 4. Aufl. 2014.

A. Zivilrechtliche Ansprüche

Für den Fall der Beeinträchtigung eines Urheberrechts oder eines verwandten Schutzrechts (Leistungsschutzrecht) sieht das UrhG mehrere zivilrechtlich durchzusetzende Ansprüche zu Gunsten desjenigen vor, der in seinen Rechten verletzt ist. Hierzu zählen Ansprüche auf Unterlassung und Beseitigung, Schadensersatz sowie Herausgabe der Bereicherung, außerdem Ansprüche auf Vernichtung, Rückruf und Überlassung. Zur Sicherung, Vorbereitung und Bezifferung dieser Ansprüche stehen dem Verletzten zudem Ansprüche auf Vorlage und Besichtigung sowie Auskunft und Rechnungslegung nach BGB zu. 1

I. Unterlassung und Beseitigung

Bei einer rechtswidrigen Verletzung oder bei drohender Gefährdung eines zu seinen Gunsten geschützten Rechts steht dem Verletzten ohne Rücksicht auf ein Verschulden des Verletzers ein Anspruch auf Beseitigung noch fortwirkender Beeinträchtigungen und ein Anspruch auf Unterlassung künftiger weiterer Beeinträchtigungen zu; § 97 Abs. 1 S. 1 UrhG. 2

1. Voraussetzungen

1.1 Eingriff in geschütztes Recht

3 Der Unterlassungs- und Beseitigungsanspruch setzt zunächst einen Eingriff in ein nach dem UrhG geschütztes Recht voraus. Geschützte Rechte können die ausschließlich dem Berechtigten vorbehaltenen Verwertungsrechte an urheberrechtlichen Werken (§§ 15ff. UrhG) oder verwandten Schutzrechten sein, ferner die dem Berechtigten nach UrhG zugewiesenen urheberpersönlichkeitsrechtlichen Befugnisse (z.B. Recht auf Nennung gem. § 13 UrhG, Entstellungsschutz gem. § 14 UrhG oder unfreie Bearbeitungen i.S.v. § 23 UrhG).

4 Die in Frage kommenden Rechte und Befugnisse müssen absolut, also dinglich wirken, d.h. sie müssen, vergleichbar z.B. mit dem Eigentum, dem Berechtigten eine Rechtsposition verschaffen, die er gegenüber Jedermann durchsetzen kann.[1] Auch ein ausschließliches (= exklusives) Nutzungsrecht, dass einem anderen an einem Verwertungsrecht eingeräumt wurde, kann absolut wirken und somit ein geschütztes Recht im vorstehenden Sinne darstellen.[2] Nicht hierunter fallen jedoch nur schuldrechtlich, also rein vertraglich begründete Verpflichtungen bzw. Rechtspositionen, die zwischen zwei oder mehr Vertragspartnern vereinbart sind und nicht absolut („dinglich") gegen Jedermann wirken. Im Falle eines Eingriffs in rein schuldrechtliche Verpflichtungen können zwar vertraglich begründete Unterlassungs- und Beseitigungsansprüche bestehen, die dann aber nur dem einen Vertragspartner gegenüber dem anderen zustehen („inter partes") und nicht gegenüber Dritten geltend gemacht werden können. So beispielsweise stellt die zwischen dem Autor und dem Verlag vereinbarte Buchveröffentlichung in nur einer bestimmten Ausstattung lediglich eine vertragliche Abrede in Hinblick auf die Ausübung des dinglich übertragenen Nutzungsrechts zur Vervielfältigung und Verbreitung dar;[3] verstößt der Verlag gegen diese Vereinbarung, können Unterlassungsansprüche des Autors nur gegenüber dem Verlag entstehen, nicht aber gegenüber den weiteren an der Verbreitung des Buches beteiligten Dritten.

1.2 Rechtswidrigkeit

5 Der Eingriff in das geschützte Recht muss rechtwidrig sein. Dies ist im Falle eines Eingriffs grundsätzlich immer der Fall,[4] sofern nicht der Berechtigte dem Eingriff zugestimmt hat oder gesetzlich, insbesondere durch das UrhG, eine Erlaubnis für die betreffende Verwendung vorgesehen ist.

6 Falls eine gesetzliche oder vertragliche Erlaubnis besteht, ist die Rechtswidrigkeit nur insoweit ausgeschlossen, als sich die betreffende Handlung innerhalb des erlaubten Rahmens bewegt. So beispielsweise kann eine durch den Berechtigten an sich erlaubte Vervielfältigung musikalischen Werks dadurch rechtswidrig werden, dass das Werk nicht in der ursprünglichen, sondern in bearbeiteter Form vervielfältigt wird.

7 Eine Zustimmung des Berechtigten ist in der Einräumung der für die betreffende Verwendung erforderlichen Nutzungsrechte an seinen Verwertungsrechten zu sehen, was regelmäßig bereits den Tatbestand, also den „Eingriff" in ein geschütztes Recht, entfallen lässt. So ist beispielsweise der Abdruck eines nach § 2 Abs. 1 Nr. 5 UrhG

1 *Dreier/Schulze* § 97 Rn. 3.
2 *Schricker/Loewenheim-Wild* § 97 Rn. 28; *Dreier/Schulze* § 97 Rn 19.
3 *Dreier/Schulze* § 31 Rn. 48.
4 *Wandtke/Bullinger/von Wolff* § 97 Rn. 31.

geschützten Fotos in einem vom Buchverlag vertriebenen Bildband gerechtfertigt und schon nicht tatbestandsmäßig, wenn der Urheber dem Buchverlag zuvor ein entsprechendes Nutzungsrecht an seinem Vervielfältigungsrecht (§ 15 UrhG) und Verbreitungsrecht (§ 17 UrhG) eingeräumt hat.

Eine Zustimmung des Berechtigten kann aber auch, ohne dass er Nutzungsrechte eingeräumt oder dies beabsichtigt hätte, allein auf Grund seines tatsächlichen Verhaltens in Form einer Einwilligung angenommen werden. So kann in der Zugänglichmachung von urheberrechtlichen geschützten Abbildungen durch den Berechtigten auf der eigenen Webseite, welche eine Indexierung durch Suchmaschinen-Anbieter durch entsprechende Programmierung gerade nicht verhindert, eine tatsächliche Einwilligung in die Herstellung und Zugänglichmachung von so genannten „Thumbnails" dieser Abbildungen in den Suchergebnissen liegen.[5] **8**

Eine Rechtswidrigkeit entfällt auch für den Fall, in dem gesetzlich bestimmte Verwendungen erlaubt sind. Dies ist insbesondere bei Eingreifen der urheberrechtsgesetzlichen Schrankenbestimmungen (§§ 44a–63a UrhG) der Fall. Ferner besteht für bestimmte Verwertungshandlungen für den Berechtigten kein Verbotsrecht, sondern nur ein Vergütungsanspruch, d.h. bestimmte Verwertungen dürfen zwar ohne Zustimmung des Berechtigten vorgenommen werden, jedoch ist ihm hierfür eine Vergütung zu zahlen (vgl. hierzu 26. Kap. Rn. 255). Auch im Falle einer freien Benutzung nach § 24 UrhG (vgl. hierzu 26. Kap. Rn. 94 ff.) liegt eine Rechtfertigung vor, die bereits Tatbestand und Rechtwidrigkeit einer urheberrechtsrelevanten Nutzung ausschließen. Ebenfalls entfällt die Rechtswidrigkeit einer Handlung im Falle der Erschöpfung des Verbreitungsrecht an bereits rechtmäßig in Verkehr gelangten Vervielfältigungsstücken gem. §§ 17, 69c Nr. 3 S. 2 UrhG. **9**

1.3 Kein Verschulden

Im Gegensatz zu den weiteren zivilrechtlichen Ansprüchen bei Urheberrechtsverletzungen setzt der Beseitigungs- und Unterlassungsanspruch gerade kein Verschulden, also kein fahrlässiges oder vorsätzliches Verhalten auf Seiten des Verursachers voraus (vgl. § 97 Abs. 1 S. 1 UrhG). Dies ist bei der Durchsetzung von Beseitigungs- und Unterlassungsansprüchen von maßgeblicher Bedeutung, denn ein Verletzer kann grundsätzlich[6] Unterlassungsverpflichtungen nicht damit abwehren, dass ihn kein eigenes Fehlverhalten treffe oder er gutgläubig davon ausgegangen sei, der Berechtigte habe seine Zustimmung erteilt. **10**

1.4 Anspruchsberechtigter (Aktivlegitimation)

Zur Geltendmachung der aus einer Verletzung von Urheberpersönlichkeitsrechten wie z.B. einer fehlenden Urhebernennung oder der Entstellung des Werks folgenden Ansprüche sind stets nur der Urheber bzw. Inhaber des verwandten Schutzrechts[7] und im Falle deren Todes die Erben als Rechtsnachfolger berechtigt (= aktivlegitimiert).[8] **11**

Im Falle der Verletzung von Verwertungsrechten sind ebenfalls zunächst der Urheber bzw. Inhaber des verwandten Schutzrechts und deren Rechtsnachfolger aktiv legitimiert. Dies kann sich jedoch ändern, wenn einem dritten Nutzungsberechtigten Nutzungsrechte an seinen Verwertungsrechten eingeräumt wurden. **12**

---

5 Vgl. *BGH* 29.4.2010 - I ZR 69/08 – Vorschaubilder.
6 Zur Haftung von Hostprovidern s. 10. Kap. Rn. 79 ff.
7 *Ahlberg/Götting* § 97 Rn. 2
8 *Dreier/Schulze* § 97 Rn. 17

13 Wurde dem Nutzungsberechtigten nur ein einfaches (d.h. nicht ausschließliches) Nutzungsrecht eingeräumt, kann dieser keine eigenen Rechte geltend machen, hierzu sind weiterhin nur der Urheber bzw. Inhaber des verwandten Schutzrechts (oder ein etwaiger ausschließlicher Nutzungsberechtigter) berechtigt.[9]

14 Hat der Nutzungsberechtigte ein exklusives (also ausschließliches) Nutzungsrecht erworben, ist dieser im Rahmen dieses Nutzungsrechts grundsätzlich allein aktiv legitimiert.[10] Dies gilt grundsätzlich auch im Verhältnis zum Urheber bzw. Inhaber des verwandten Schutzrechts: Der Nutzungsberechtigte ist auch berechtigt, gegen den Urheber bzw. Inhaber des verwandten Schutzrechts selbst vorzugehen, wenn dieser weiterhin Auswertungen vornimmt, hinsichtlich derer er dem Nutzungsberechtigten ausschließliche Nutzungsrechte eingeräumt hat.

15 In bestimmten Konstellationen bleibt ein Urheber jedoch aktiv legitimiert. So kann er, wenn er einem Nutzungsberechtigten ausschließliche Nutzungsrechte nur für bestimmte Nutzungsarten oder bestimmte Auswertungsterritorien eingeräumt hat, seine Rechte hinsichtlich anderer, nicht dem Nutzungsberechtigten exklusiv gestatteten Nutzungen weiterhin geltend machen[11] (z.B. bei örtlich beschränkten Nutzungsrechten für Rechtsverletzungen außerhalb des exklusiven Auswertungsgebiets oder bei einem Nutzungsrecht nur für Bildtonträger für alle anderen Nutzungsarten). Außerdem kann der Urheber bzw. Leistungsschutzrechtberechtigte neben dem Nutzungsberechtigten aktiv legitimiert sein, wenn ihm noch ein eigenes schutzwürdiges Interesse zusteht. Dies ist u.a. dann der Fall, wenn von der Verletzungshandlung auch urheberpersönlichkeitsrechtliche Befugnisse mit betroffen sind,[12] beispielsweise wenn im Falle einer nicht autorisierten Vervielfältigung und Verbreitung eines Werks dieses zugleich auch i.S.v. § 14 UrhG entstellt wird.

1.5 Anspruchsverpflichteter (Passivlegitimation)

16 Für eine Rechtsverletzung in Anspruch genommen werden kann jeder Täter oder Teilnehmer, also jeder, der die Rechtsverletzung begangen oder hieran teilgenommen hat, sofern und soweit sein Verhalten ursächlich, also kausal, für die Rechtverletzung war. Dabei ist es ausreichend, dass der Verantwortliche eine von mehreren Ursachen gesetzt hat, es sei denn, diese ist nicht mehr adäquat, es also nach der Lebenserfahrung unwahrscheinlich ist, dass gerade diese Ursache zu einem solchen Erfolg geführt hat.[13]

17 Zum Kreis der möglichen Anspruchsverpflichteten zählen neben dem Täter und Teilnehmer auch die mittelbar Verantwortlichen. Ein solcher mittelbarer Verantwortlicher ist der so genannte „Störer“, der in irgendeiner Weise adäquat kausal und willentlich an der Beeinträchtigung des geschützten Rechts mitwirkt.[14] Ein Verschulden des Störers ist hierbei nicht erforderlich, es genügt, wenn er an der Herbeiführung oder Aufrechterhaltung einer Urheberrechtsverletzung mitgewirkt hat,[15] was auch in der bloßen Unterstützung oder Ausnutzung der Handlung eines eigenverantwortlich

9 *Schricker/Loewenheim/Wild* § 97 Rn. 52.
10 *Schricker/Loewenheim/Wild* § 97 Rn. 48.
11 *Wandtke/Bullinger/von Wolff* § 97 Rn. 9.
12 *Dreier/Schulze* § 97 Rn. 17.
13 *BGHZ* 42, 118, 124 – Personalausweise; *Wandtke/Bullinger/von Wolff* § 97 Rn. 14.
14 *Wandtke-Bullinger/von Wolff* § 97 Rn. 14.
15 *BGH* GRUR 2001, 1038, 1039 – www.ambiente.de.

handelnden Dritten liegen kann, sofern der Störer die rechtliche Möglichkeit zur Verhinderung dieser Handlung hatte.[16] Die Haftung eines in Betracht kommenden Störers wird aber nach Zumutbarkeitskriterien begrenzt. Grundsätzlich haftet der als Störer in Betracht kommende nur dann, wenn ihm im konkreten Fall eine Prüfungspflicht dahin oblag, ob die betreffende Nutzungshandlung möglicherweise Rechte verletzt, und er dieser Prüfungspflicht nicht nachgekommen ist. Der Umfang der Prüfungspflichten bestimmt sich insbesondere nach der jeweils betroffenen Branche, dem jeweiligen Aufgaben- und Funktionskreis des Inanspruchgenommenen sowie dem Maß der Eigenverantwortlichkeit des unmittelbar Handelnden. Im Bereich des Anzeigengeschäfts von Zeitungen und Zeitschriften beispielsweise wird eine umfassende Prüfungspflicht der Verlage mit Hinweis auf die ansonsten beeinträchtigte Pressefreiheit verneint und stattdessen auf grobe, unschwer zu erkennende Rechtsverstöße begrenzt.[17] Im Falle der Kenntniserlangung, etwa durch zugegangene Hinweisschreiben oder Abmahnungen, wird eine Prüfungspflicht des als Störer Inanspruchgenommenen regelmäßig bestehen, was ihn im Falle eines Verstoßes gegen eben diese passiv legitimiert. Zu den Voraussetzungen einer Störerhaftung von Telemediendienste-Anbietern s. 10. Kap. Rn. 93 ff.

2. Rechtsfolgen

2.1 Beseitigung

Ist somit ein rechtswidriger Eingriff in ein nach dem UrhG geschütztes Recht erfolgt, **18** ist der Verantwortliche zunächst zur Beseitigung der bestehenden und noch fortwirkenden Beeinträchtigung verpflichtet, § 97 Abs. 1 S. 1 UrhG. Der Beseitigungsanspruch ist vom Anspruch auf Wiederherstellung des früheren Zustandes (§ 249 BGB) zu unterscheiden, der eine solche Naturalrestitution nur aufgrund schuldhafter Rechtsverletzung gewährt.[18] Als Beispiele für die Beseitigung einer noch fortdauernden Beeinträchtigung sind die Nachholung der fehlenden Urhebernennung oder die Entfernung der Entstellung eines Werkes zu nennen.

2.2 Unterlassung

Der in seinem geschützten Recht Verletzte kann von dem Verletzer ferner auf Unter- **19** lassung in Anspruch genommen werden, wenn die Gefahr besteht, dass der Verletzer diesen Eingriff wiederholt (sog. „Wiederholungsgefahr“).

Ein Unterlassungsanspruch besteht auch dann, wenn eine Rechtsverletzung zwar noch **20** nicht eingetreten ist, ein geschütztes Recht aber gefährdet ist oder ein erheblicher Anlass zur Sorge besteht, dass ein geschütztes Recht künftig verletzt werden wird (so genannte „Erstbegehungsgefahr“).[19] Ausreichend hierfür kann sein, dass sich ein Unberechtigter eines Rechtes „berühmt“,[20] er also behauptet, Inhaber des geschütz-

16 *BGH* GRUR 1999, 418, 419 – Möbelklassiker.

17 *BGH* GRUR 1999, 418, 420 – Möbelklassiker; *Wandtke/Bullinger/von Wolff* § 97 Rn. 16, 17; allerdings hat das OLG Hamburg für den Bereich der Persönlichkeitsrechtsverletzung unlängst eine Haftung des Online-Buchhändlers für in den von ihm vertriebenen Büchern enthaltenen Rechtsverletzungen bejaht, vgl. *OLG Hamburg* 27.1.2017 - 5 U 138/13.

18 *BGHZ* 14, 163, 173 – Constanze II; *BGH* GRUR 1954, 333 ff. – Molkereizeitung; *BGH* GRUR 1960, 500 ff. – Plagiatsvorwurf; *BGH* GRUR 1966, 272 ff. – Arztschreiben.

19 *BGHZ* 14, 163, 167 ff.

20 *BGH* GRUR 1987, 125; *BGH* ZUM-RD 2002, 59.

ten Rechts zu sein oder hierüber verfügen zu können. Der Berechtigte muss in diesem Fall nicht abwarten, bis sich die Rechtsverletzung realisiert, sondern er kann bei Erstbegehungsgefahr vorbeugend einen Unterlassungsanspruch durchsetzen.

21 Die Wiederholungsgefahr wird regelmäßig dann vermutet, wenn bereits eine Rechtsverletzung stattgefunden hat und kann regelmäßig nur durch die Abgabe einer strafbewehrten Unterlassungs- und Verpflichtungserklärung, mit der der Verletzer eine Unterlassungsverpflichtung mit dem weiteren Versprechen absichert, er werde für jeden Fall der Zuwiderhandlung eine Vertragsstrafe an den Berechtigten zahlen, beseitigt werden (s. hierzu auch unten Rn. 59). Im Übrigen stellt die Rechtsprechung hohe Anforderungen an das Entfallen der Wiederholungsgefahr; so wird selbst durch eine Betriebseinstellung oder Produktionsumstellung auf Seiten des Verletzers die Wiederholungsgefahr nicht ausgeräumt.[21] Steht eine Rechtsverletzung fest oder ist diese zumindest hinreichend wahrscheinlich, wird man sich als Verletzer in der Praxis darauf einstellen müssen, dass die Durchsetzung eines Unterlassungsanspruchs in der Regel nur durch Abgabe einer strafbewehrten Unterlassungs- und Verpflichtungserklärung abgewendet werden kann. Eine nicht unbedeutende Ausnahme hiervon kommt dann in Betracht, wenn auf Seiten des Verletzers eine Rechtsnachfolge eingetreten ist. So beispielsweise setzt sich die Wiederholungsgefahr nicht in der Person des Erben fort, der das Geschäft des Erblassers weiterführt.[22] Entsprechendes kann im Falle einer Rechtsnachfolge durch Unternehmensumwandlung gelten.[23] Ferner ist ein Entfallen der Wiederholungsgefahr denkbar, wenn der Verletzer für dieselbe Verletzungshandlung bereits gegenüber einem Dritten eine strafbewehrte Unterlassungs- und Verpflichtungserklärung abgegeben hat (sog. „Drittunterwerfung“).[24]

22 Der zur Unterlassung verpflichtete Rechtsverletzer hat es in jedem Fall sofort zu unterlassen, weitere bzw. erstmalige Verletzungshandlungen vorzunehmen, und zwar unabhängig davon, ob er gutgläubig war oder schuldhaft gehandelt hat (s. oben Rn. 10). Die Vermutung der Wiederholungsgefahr gilt jedoch nicht allein für die identische Verletzungsform, sondern umfasst auch alle „im Kern gleichartigen“ Verletzungsformen.[25] Die Einhaltung dieser in tatsächlicher Hinsicht bestehenden Verhaltenspflicht hat der Verletzer zusätzlich durch die Abgabe einer vertragsstrafenbewehrten Unterlassungs- und Verpflichtungserklärung sicherzustellen, mit der erst die Wiederholungs- bzw. Erstbegehungsgefahr abgewendet und die Einleitung oder Fortsetzung eines gerichtlichen Verfahrens entbehrlich gemacht wird.[25]

23 Verstößt der Verletzer gegen eine Unterlassungsverpflichtung, ist er neben der Zahlung der im Falle eines Verschuldens verwirkten Vertragsstrafe wiederum zur Unterlassung in Hinblick auf weitere Verletzungshandlungen verpflichtet; der Verletzte kann (ggf.) erneut Unterlassungs- und Beseitigungsansprüche geltend machen, welche durch den Verletzer wiederum nur durch die Abgabe einer weiteren strafbewehrten

---

21 *BGH* GRUR 1957, 342, 347 – Underberg; 1965, 198, 202 – Küchenmaschine

22 *BGH* GRUR 2006, 879, 880 – Flüssiggastank; *Wandtke/Bullinger/von Wolff* § 97 Rn. 36.

23 Vgl. *BGH* GRUR 2007, 995 für den Bereich des Wettbewerbs, bezogen auf das im Rahmen einer Verschmelzung nach UmwG übernehmende Unternehmen.

24 Für den Bereich des Wettbewerbsrechts höchstrichterlich entschieden (vgl. z.B. *BGH* GRUR 1983, 186 – Wiederholte Unterwerfung); im Bereich des UrhG wird dies jedenfalls für Fälle einer Nutzungskette ebenfalls anerkannt (vgl. *Schricker/Loewenheim/Wild* § 97 Rn. 127).

25 *BGH* GRUR 1997, 931, 932 – Sekundenschnell.

Unterlassungs- und Verpflichtungserklärung oder einer deutlichen Heraufsetzung der bereits vereinbarten Vertragsstrafe erfüllt werden können.[26]

Dem schuldlosen Verletzer wird in § 100 UrhG unter Billigkeitsgesichtpunkten eine Abwendungsmöglichkeit in Form der Zahlung einer Geldentschädigung zuerkannt. **24**

II. Schadensersatz

Ist dem Verletzer bei einem rechtswidrigen Eingriff in ein geschütztes Recht ein Verschulden zur Last zu legen, kann der Verletzte überdies Schadensersatz verlangen, § 97 Abs. 2 UrhG. **25**

1. Voraussetzungen

1.1 Rechtswidriger Eingriff in ein geschütztes Recht

Im Rahmen des Schadensersatzes ergeben sich keine Besonderheiten zum Unterlassungs- und Beseitigungsanspruch, daher kann insoweit auf die Ausführungen oben unter Rn. 3–9 verwiesen werden. **26**

1.2 Verschulden

Im Unterschied zum Unterlassungs- und Beseitigungsanspruch setzt der Schadensersatzanspruch ein Verschulden auf Seiten des Verletzers voraus, d.h. dieser muss vorsätzlich oder fahrlässig i.S.v. § 276 BGB gehandelt haben. **27**

1.2.1 Vorsatz

Vorsätzliches Verhalten ist dann anzunehmen, wenn der Verletzer einen auf den rechtswidrigen Erfolg gerichteten Willen besitzt, also das Bewusstsein hat, dass die Handlung schädigenden Erfolg haben wird oder zumindest haben kann und eben dieser Erfolg gewollt oder zumindest gebilligt wird.[27] Bemüht sich der Verletzer im Vorfeld der Verletzungshandlung (vergeblich) darum, die Zustimmung des Berechtigten zu erlangen und nimmt er die rechtsverletzende Handlung dann in der Folge ohne diese Zustimmung vor, stellt dies in der Praxis ein starkes Indiz dafür dar, dass dem Verletzer die Erforderlichkeit einer solchen Zustimmung grundsätzlich bewusst war,[28] was für ein vorsätzliches Handeln spricht. **28**

Irrt ein Verletzer über das Vorhandensein oder die Tragweite der im Urheberrecht geltenden Bestimmungen, lässt dies zwar grundsätzlich einen Vorsatz entfallen, es greift dann aber regelmäßig eine Verantwortlichkeit aufgrund fahrlässigen Verhaltens.[29] **29**

1.2.2 Fahrlässigkeit

Der Verletzer handelt fahrlässig, wenn er die im Verkehr erforderliche Sorgfalt außer Acht lässt (§ 276 Abs. 2 BGB), er also den ihm obliegenden Sorgfaltspflichten nicht nachkommt. Der von den Gerichten angelegte Maßstab an die im Urheberrechtsver- **30**

---

26 *Wandtke/Bullinger/von Wolff* § 97 Rn. 38.
27 *Ahlberg/Götting* § 97 Rn. 100.
28 *OLG München* NJW 1996, 135, 136.
29 *BGH* ZUM 1988, 247 – Vorentwurf II.

kehr zu beachtenden Sorgfaltspflichten ist in der Regel streng; insbesondere von Berufs wegen mit der Verwertung von urheberrechtlichen Werken und Leistungsschutzrechten Befasste oder gewerbliche Verwerter wie z.B. Verleger, Herausgeber, Sendeunternehmen, Drucker, Kopierwerke, Filmverleihe etc. müssen sich über tatsächliche Umstände der Werknutzungshandlungen und die in diesem Zusammenhang einschlägigen Rechtsfragen informieren.[30]

31 Wenn die Erfüllung solcher Prüfungspflichten für den Verwerter auch insbesondere dann schwierig sein wird, wenn er sich die (vermeintlichen) Nutzungsrechte nicht vom Urheber bzw. Leistungsschutzberechtigten selbst, sondern von einem Dritten einräumen lässt, so wird es von den Gerichten dennoch regelmäßig als zumutbar für den Verwerter erachtet, das sich dieser durch geeignete Nachweise Gewissheit über den Bestand und die Verfügungsbefugnis des Übertragenden verschafft.[31] Dies kann etwa durch den Nachweis einer Rechtekette vom ursprünglich Berechtigten zum Übertragenden in Form der Vorlage der entsprechenden Übertragungsverträge („Chain of Title“) gewährleistet werden, wobei dieser Aufwand in der Praxis oft nicht betrieben wird, sondern es regelmäßig nur bei einer vertraglich vereinbarten Verpflichtung des Übertragenden zur Vorlage solcher Unterlagen auf Anforderung des Verwerters bleibt. Allein mit der Einholung einer Garantie oder sonstigen Zusicherung seitens des Übertragenden dürfte der Verwerter seine Prüfungspflicht grundsätzlich nicht erfüllen. Hiervon unabhängig zu sehen sind Regressansprüche, die der Verwerter gegenüber dem Übertragenden auf Grund einer solchen vertraglichen Garantie bzw. Zusicherung oder auch nach den allgemeinen zivilgesetzlichen Bestimmungen zustehen können.

32 Im Bereich des Massengeschäfts mit der Verwertung von Urheber- und Leistungsschutzrechten wird man richtigerweise die Anforderungen an Prüfungspflichten des Verwerters je mehr herabsetzen müssen, desto geringer die Kenntnis- und Einflussnahmemöglichkeiten des Verwerters sind. So beispielsweise wird man im Falle des Vertriebs von angelieferten, bereits hergestellten Tonträgern, an denen nur das Verbreitungsrecht übertragen wird, schon dem Tonträgervertrieb nicht mehr die Prüfung dahin zumuten können, ob ein (neben vielen anderen Mitwirkenden) beteiligter Studiomusiker dem Tonträgerhersteller seine Leistungsschutzrechte eingeräumt hat. In solchen Fällen muss sich richtigerweise die Prüfungspflicht auf grobe und offensichtliche, d.h. vom Tonträgervertrieb unschwer zu erkennende Verstöße gegen die nach dem UrhG geschützten Rechte beschränkt sein.

33 Zu den Prüfungspflichten von Anbietern von Telemediendiensten s.u. Rn. 125 sowie im 10. Kap. Rn. 93 ff.

1.3 Anspruchsberechtigter und -verpflichteter

34 Anspruchsberechtigt ist der schon oben in Rn. 11 ff. beschriebene Personenkreis. Anspruchsverpflichtet sind die oben in Rn. 16 f. Genannten, jeweils soweit sie ein Verschulden trifft.

30 *Wandtke/Bullinger/von Wolff* § 97 Rn. 52

31 *Ahlberg/Götting* § 97 Rn. 102.

2. Rechtsfolgen

2.1 Arten des Schadensersatzes

Der Schadensersatz gem. § 97 Abs. 2 UrhG kann in Form der Naturalrestitution (§ 249 BGB), also der Wiederherstellung des früheren Zustandes, sowie in Form des Geldersatzes von erlittenen Vermögensschäden (§§ 250 ff. BGB) geltend gemacht werden. **35**

Urheber, Verfasser wissenschaftlicher Ausgaben, Lichtbildner und ausübende Künstler können ferner gem. § 97 Abs. 2 S. 4 UrhG eine Geldentschädigung für erlittene Nichtvermögensschäden verlangen, sofern und soweit dies der Billigkeit entspricht. Die Geldentschädigung, oft auch wenig treffend „Schmerzensgeld“ genannt, dient dem Ausgleich der Beeinträchtigung der ideellen Interessen des Urhebers und setzt grundsätzlich eine schwerwiegende und nachhaltige Rechtsverletzung voraus. Der Anspruch kommt in erster Linie bei Beeinträchtigung von urheberpersönlichkeitsrechtlichen Befugnissen in Betracht, ist aber auch bei der Verletzung von Verwertungsrechten denkbar, und kann seiner Höhe nach durch das Gericht gem. § 287 ZPO geschätzt werden. **36**

2.2 Drei Berechnungsmöglichkeiten des Vermögensschadens

Im Bereich des Geldersatzes von Vermögensschäden stehen dem Berechtigten drei Berechnungsmethoden zur Verfügung.[32] Er kann nach seiner Wahl neben dem konkret nachgewiesenen Schaden, der auch den entgangenen Gewinn (§ 252 BGB) beinhalten kann, die Zahlung einer angemessenen (fiktiv anzusetzenden) Lizenzgebühr oder die Herausgabe des durch den Verletzer erzielten Gewinns verlangen. Erst nach erfolgter Auskunft und Rechnungslegung muss sich der Verletzte für eine Berechnungsmethode entscheiden und kann sogar bis zum Abschluss der mündlichen Verhandlung noch auf eine andere Methode umschwenken.[33] **37**

2.2.1 Ersatz des konkret entstandenen Schadens

Der Verletzte wird den durch eine Rechtsverletzung konkret entstandenen Schaden regelmäßig nur schwer beziffern können, denn er muss einen hypothetischen Zustand, der eingetreten wäre, wenn die Rechtsverletzung nicht stattgefunden hätte, hinreichend darlegen können.[34] Die Darlegung eines konkret entgangenen Gewinns, bspw. der Nachweis, dass eine anderweitige Nutzung, aus der ein bestimmter Gewinn resultiert hätte, gerade wegen der Rechtsverletzung nicht möglich war, bereitet in der Praxis oft Schwierigkeiten, insbesondere in den Fällen, in denen der Berechtigte das Recht selbst oder durch Dritte gar nicht nutzt. Vor diesem Hintergrund ist die Wahl der Schadensberechnung in Form des konkret entstandenen Schadens eher die Ausnahme. **38**

2.2.2 Fiktive Lizenzgebühr

Zur Erleichterung der Schadensberechnung hat der Verletzte auch die Möglichkeit, eine angemessene Vergütung zu verlangen, in der Regel eine fingierte Lizenzgebühr in einer Höhe, wie sie nach objektiven Maßstäben üblicherweise zwischen vernünfti- **39**

32 *BGH* ZUM 2000, 239 – Planungsmappe.
33 *Schricker/Loewenheim/Wild* § 97 Rn. 147.
34 *Möhring/Nicolini-Lütje* § 97 Rn. 161.

gen Lizenzvertragsparteien für eine autorisierte Nutzung gezahlt worden wäre.[35] Die Berechnung des Schadens in Form einer solchen fiktiven Lizenzgebühr stellt in der Praxis die bedeutsamste Form der Schadensersatzberechnung dar.[36] Soweit gefestigte Tarife von großen Verwertungsgesellschaften oder Branchenübungen mit Verkehrsgeltung bestehen, werden diese häufig von den Gerichten als Maßstab herangezogen. Häufig anerkannt werden beispielsweise im Bereich der Fotografie die Vergütungssätze „Allgemeine Konditionen für die Bildnutzung der Empfehlungen der Mittelstandsgemeinschaft Foto-Marketing“[37]; im Musikbereich werden hingegen die Empfehlungen des deutschen Musikverlegerverbandes in der Regel seltener herangezogen, zumal diese nach zutreffender Auffassung vieler Branchenkundiger eher einseitiger Erwartungshaltung von Seiten der Musikverleger, denn üblichen, von Lizenznehmern akzeptierten Vergütungssätzen entsprechen.

40 Mit der fiktiven Lizenzgebühr wird der Rechtsverletzer nicht besser, aber auch nicht schlechter gestellt als der redliche Verwerter, der sich vorher die erforderlichen Rechte mit Lizenzvertrag hat einräumen lassen.[38] Obwohl dies von mancher Seite kritisiert wurde und wird,[39] hat sich ein genereller „Verletzerzuschlag“ auf die fiktive Lizenzgebühr bislang bis auf wenige Ausnahmen nicht durchgesetzt. Ausnahmen macht die Rechtsprechung im Bereich der Verwertungsgesellschaften, soweit diese einen umfangreichen und kostspieligen Überwachungsapparat für die Kontrolle von unautorisierten Verwertungen unterhalten, dessen Kosten nicht den redlichen Lizenzpartnern auferlegt werden sollen; insoweit ist für einige Verwertungsgesellschaften wie z.B. die GEMA oder die VG Wort für bestimmte Verwertungssparten ein 100 %-iger Verletzerzuschlag auf die bestehenden Tarife anerkannt,[40] der dogmatisch richtigerweise aber dem konkret entstandenen Schaden zugerechnet werden müsste. Der häufig für eine fehlende Urhebernennung zuerkannte 100 %-ige Aufschlag stellt allerdings keinen „Verletzerzuschlag“ im vorstehenden Sinne dar, sondern ist eine Vergütung für eine besondere Form der Nutzung bzw. eine Entschädigung für immaterielle Schäden,welche sich insbesondere bei Fotografen auch dadurch rechtfertigen kann, dass diese für die Erlangung möglicher weiterer Aufträge durch Dritte auf ihre Nennung angewiesen sind.

2.2.3 Gewinnherausgabe

41 Als dritte Möglichkeit der Schadensberechnung steht dem Verletzten die Herausgabe des vom Verletzers durch die Rechtsverletzung erzielten Reingewinns zur Verfügung. Es ist dabei gleichgültig, ob dem Verletzten selbst durch die Rechtsverletzung ein Gewinn entgangen ist,[41] etwa weil er selbst das Recht gar nicht genutzt hätte. Zur Ermittlung sind die variablen, zur Herstellung und Vertrieb des rechtsverletzenden

35 *BGH* ZUM 1990, 573 – Lizenzanalogie; ZUM 1990, 363 – Raubkopien.

36 *Dreier/Schulze* § 97 Rn. 58 ff.

37 Es ist einem Verletzten jedoch verwehrt, bei ungenehmigten Nutzungen von Auftragsproduktionen diese Empfehlungen anzuwenden, sofern nach diesen Empfehlungen ein Honorar zu errechnen ist, welches höher als das Honorar für die Erstverwertung (Auftragsproduktion) ausfiele; vgl. *OLG München* 17.12.2015 – 29 U 2324.

38 *BGHZ* 59, 286, 291 – Doppelte Tarifgebühr; 81, 75, 82 – Carrera; *BGH* GRUR 1962, 509, 513 – Dia-Rähmchen II; GRUR 1987, 37, 39 – Videolizenzvertrag.

39 Einen Überblick über den Meinungsstand zum „Verletzerzuschlag“ findet sich bei *Schricker/Loewenheim/Wild* § 97 Rn. 161 ff.

40 *Ahlberg/Götting* § 97 Rn. 127.

41 *BGH* ZUM 1987, 83 – Videolizenzvertrag.

Produkts aufgewendeten Kosten von den erzielten Erlösen abzuziehen. Der herauszugebende Gewinn kann pro rata nach dem Anteil berechnet werden, der der Bedeutung des verletzten Rechts entspricht.[42] Sog. „Gemeinkosten“ (Fixkosten) wie z.B. Mieten, zeitabhängige Abschreibungen für Anlagevermögen oder Kosten von besonderen eigenen Vertriebsleistungen können mittlerweile nur noch ausnahmsweise und nur insoweit in Abzug gebracht werden, als diese den rechtsverletzenden Produkten unmittelbar zurechenbar sind.[43] Für den Verletzten kann die Gewinnherausgabe gegenüber der fiktiven Lizenzgebühr insbesondere dann zur höheren Ersatzzahlungen führen, wenn die Rechtsverletzung in Gestalt von entgeltlich abgegebenen Produkten mit (bezogen auf die variablen Kosten) hohen Gewinnmargen erfolgt ist.

III. Ungerechtfertigte Bereicherung

Dem Inhaber eines geschützten Rechts steht ferner ein Anspruch auf Herausgabe der ungerechtfertigten Bereicherung zu gem. § 812 Abs. 1 S. 1, 2. Alt. BGB (Eingriffskondiktion). **42**

Wird ein geschütztes Recht (s.o. Rn. 3 f.) ohne eine erforderliche Zustimmung des Berechtigten genutzt, ist der Nutzende um diese Nutzung auf sonstige Weise auf Kosten des Berechtigten bereichert. Diese Bereicherung hat der Nutzende an den Berechtigten gem. den §§ 812 ff. BGB herauszugeben. Ein Verschulden ist nicht Voraussetzung für diesen Herausgabeanspruch; dies kann für den Berechtigten einen Vorteil darstellen, da er so Geldzahlungsansprüche in Hinblick auf die betreffende unautorisierte Nutzung geltend machen kann, ohne dass dem Nutzenden wie beim Schadensersatzanspruch Vorsatz oder Fahrlässigkeit zur Last fallen muss. Anders als der Schadensersatzanspruch soll der Bereicherungsanspruch als reiner „Abschöpfungsanspruch“ jedoch nicht Vermögensminderungen beim Berechtigten, sondern den grundlosen Zuwachs im Vermögen des Nutzenden ausgleichen.[44] Der Berechtigte hat daher zwar den Wert der Nutzung in Form der Zahlung der üblichen Lizenzgebühr herauszugeben, wobei insoweit nur entscheidend ist, ob nach der Verkehrsübung objektiv ein Entgelt hätte verlangt werden können.[45] Der Gewinn des rechtsverletzenden Nutzers kann aber, anders als beim Schadensersatzanspruch, grundsätzlich nicht herausverlangt werden,[46] ebenso wenig der entgangene Gewinn des Berechtigten.[44] Ein Berechtigter wird also immer dann versuchen, ein Verschulden des rechtsverletzenden Nutzers zu belegen, wenn er mehr haben will als die angemessene Lizenz, wenn also der ihm entgangene Gewinn oder der vom Verletzer gezogene Gewinn höher ist,[47] um diese Positionen dann im Rahmen eines Schadensersatzanspruchs geltend machen zu können. **43**

42 *BGH* ZUM 1987, 83 – Videolizenzvertrag.
43 *BGH* GRUR 2001, 329 – Gemeinkostenanteil.
44 *BGHZ* 56, 317, 322 – Gasparone II.
45 *BGHZ* 81, 75, 81.
46 *BGHZ* 82, 299, 308 – Kunststoffhohlprofil II.
47 *Ullmann* GRUR 1978, 615, 620.

IV. Auskunft und Rechnungslegung, Vorlage und Besichtigung

44 Da der Berechtigte häufig den tatsächlichen Umfang der Rechtsverletzung nicht kennt, hat er zur Vorbereitung und Begleitung seiner Ansprüche gegenüber dem Verletzer ferner einen Anspruch auf Auskunft und Rechnungslegung. Für einzelne Ansprüche ist dieser Auskunfts- und Rechnungslegungsanspruch im UrhG selbst geregelt (z.B. in §§ 26 Abs. 4, 101 UrhG), im Übrigen ergibt sich die Anspruchsgrundlage aus allgemeinem Zivilrecht (§§ 242, 259, 260 BGB). Der Anspruch auf Auskunft und Rechnungslegung dient insbesondere der Berechnung und Bezifferung von Schadensersatz- oder Bereicherungsansprüchen durch den Berechtigten gegenüber dem Verletzer. Auch mit dem Anspruch auf Vorlage und Besichtigung gem. § 101a UrhG werden die bestehenden Schadensersatz- oder Bereicherungsansprüche vorbereitet und begleitet.

1. Auskunft und Rechnungslegung

45 Der allgemeine Auskunfts- und Rechnungslegungsanspruch gem. §§ 242, 259, 260 BGB setzt voraus, dass der Verletzte in entschuldbarer Weise über das Bestehen oder das Ausmaß der Beeinträchtigung seiner Rechte in Unkenntnis ist, er sich die zur Vorbereitung und Geltendmachung seines Anspruchs notwendigen Auskünfte nicht auf zumutbare Weise selbst beschaffen und der Auskunftsverpflichtete seinerseits diese Auskünfte unschwer, d.h. ohne hierdurch unangemessen belastet zu sein, erteilen kann. Weitere Voraussetzung ist, dass zwischen demjenigen, der die Auskünfte begehrt und demjenigen, der sie erteilen soll, eine besondere rechtliche Beziehung besteht, etwa in Form eines gesetzlichen Schuldverhältnisses aus einer Urheberrechtsverletzung. Auf ein Verschulden auf Seiten des Auskunftsverpflichteten kommt es nicht an, denn auch bei schuldloser Rechtsverletzung können Bereicherungsansprüche des Verletzten bestehen.Der Verletzte muss zur Durchsetzung von Auskunfts- und Rechnungslegungsansprüchen darlegen können, dass der von ihm in Anspruch Genommene seine Rechte verletzt hat, er muss also das Bestehen eines Schadensersatz- oder Bereicherungsanspruchs dem Grunde nach schlüssig darlegen. Insoweit ist es ausreichend, wenn er Anhaltspunkte für eine Rechtsverletzung durch den auf Auskunft Inanspruchgenommenen darlegen kann.[48] Gelingt dem Anspruchsteller dies jedoch nicht, entfällt ein Auskunftsanspruch.

46 Der zur Auskunft Verpflichtete hat über die im Zusammenhang mit der Rechtsverletzung relevanten Umstände Auskunft zu erteilen und Rechnung zu legen durch Vorlage einer übersichtlichen, in sich verständlichen Zusammenstellung der Einnahmen und Ausgaben, die im Zusammenhang mit der Rechtsverletzung angefallen sind. Zur Bezifferung des Schadensersatzes nach den drei Berechnungsmethoden kann die Rechnungslegung bezüglich aller relevanten Umstände verlangt werden, die der Verletzte benötigt, um sich für eine konkrete Schadensberechnung entscheiden zu können,[49] jedoch nicht bezüglich solcher Umstände, die für die Bezifferung gerade nicht erforderlich sind. Geschuldet ist jeweils nur die Mitteilung der betreffenden Daten, nicht verlangt werden kann die Vorlage von Geschäftsunterlagen, die Einsichtnahme in die Geschäftsbücher[50] oder die Prüfung der erteilten Auskünfte durch einen Wirt-

48 *BGH* GRUR 1960, 256, 259 – Chérie; GRUR 1988, 604, 605 – Kopierwerk.
49 *Möhring/Nicolini/Lütje* § 97 Rn. 232.
50 *OLG Köln* GRUR 1995, 676, 677 – Vorlage von Geschäftsunterlagen.

schaftsprüfer[51] (ggf. können aber Pflichten zur Vorlage von Unterlagen nach § 101a UrhG bestehen). Grundsätzlich kann im Rahmen der Auskunft auch die Mitteilung von solchen Daten verlangt werden, die eine Nachprüfung der Rechnungslegung ermöglichen. So z.B. ist bei der nicht autorisierten Verbreitung von Vervielfältigungsstücken in der Regel ein Verzeichnis vorzulegen, das zeitlich gegliederte Angaben über Lieferpreise, Lieferorte und Liefermengen enthält, sowie, um eine Nachprüfung dieser Angaben zu ermöglichen, auch die Namen und Anschriften der jeweiligen Abnehmer,[52] wobei der zur Auskunft Verpflichtete dann die Mitteilung besonders sensibler Informationen wie z.B. Abnehmerdaten, nur an einen neutralen, zur Verschwiegenheit verpflichteten Wirtschaftsprüfer anstelle des Verletzten verlangen kann („Wirtschaftsprüfervorbehalt"), wenn er sich in einem Wettbewerbsverhältnis mit dem Verletzten befindet und der Verletzte nichts darlegen kann, aus dem sich ein besonderes Interesse an der eigenen Kenntnisnahme solcher sensibler Daten ergibt.[53]

Sind Auskunft und Rechnungslegung erkennbar unvollständig, kann Ergänzung ver- **47**
langt werden,[54] im Übrigen ist der Auskunftsanspruch aber erfüllt, auch wenn der Berechtigte Zweifel an der Richtigkeit oder Vollständigkeit hat. In diesem Fall bleibt dem Berechtigten nur die Möglichkeit, gem. § 260 Abs. 2 BGB die Versicherung der Vollständigkeit von Auskunft und Rechnungslegung durch den Verpflichteten an Eides statt zu verlangen, sofern er Umstände darlegen kann, aus denen sich die Unrichtigkeit oder Unvollständigkeit ergibt.

Gegenüber demjenigen, der ein geschütztes Recht in gewerblichem Ausmaß verletzt **48**
hat, besteht der gesetzlich normierte Auskunftsanspruch gem. § 101 UrhG. Dieser Anspruch richtet sich insbesondere auf Angaben zu Vertriebswegen und die Herkunft der rechtsverletzenden Produkte und kann in bestimmten Fällen auch gegenüber anderen Personen/Unternehmen als dem Verletzer selbst bestehen.

2. Vorlage und Besichtigung

Zum Zwecke der Beweissicherung hat der Berechtigte ferner einen Vorlage- und **49**
Beweissicherungsanspruch gem. § 101a UrhG dahin, dass er von einem mit hinreichender Wahrscheinlichkeit feststehenden Verletzer die Vorlage einer Urkunde oder Besichtigung einer Sache verlangen kann, die sich in dessen Verfügungsgewalt befindet, wenn dies zur Begründung der eigenen Ansprüche erforderlich ist. Handelte der Verletzer gewerbsmäßig (s. hierzu oben Rn. 48), erstreckt sich diese Pflicht auch auf Bank-, Finanz- und Handelsunterlagen. Es findet insoweit eine Interessenabwägung statt, wonach die Vorlage oder Besichtigung verhältnismäßig sein muss.

V. Vernichtung, Rückruf, Überlassung

In Hinblick auf rechtswidrig hergestellte Vervielfältigungsstücke stehen dem Verletz- **50**
ten ferner Ansprüche auf deren Vernichtung, auf deren Rückruf bzw. endgültige Entfernung aus den Vertriebskanälen sowie auf die Überlassung solcher rechtswidriger Vervielfältigungsstücke gegen Zahlung einer angemessenen Vergütung zu (§ 98

51 *BGHZ* 92, 62, 68 – Dampffrisierstab II.
52 *BGH* GRUR 1980, 227, 233 – Monumenta Germaniae Historica.
53 *Wandtke/Bullinger/von Wolff* § 97 Rn. 48.
54 *Palandt/Grüneberg* § 259 Rn. 8.

UrhG). Diese Ansprüche dienen dazu, dem Verletzten neben Schadensersatzansprüchen auch Abhilfemaßnahmen gegenüber dem widerrechtlichen Zustand in die Hand zu geben. Die Ansprüche richten sich in der Regel gegen den Eigentümer, aber auch gegen den Besitzer der rechtswidrigen Vervielfältigungsstücke[55] und können, soweit bei der Vernichtung endgültige, nicht wieder rückgängig zu machende Zustände geschaffen werden, wegen Vorwegnahme der Hauptsache nicht im Rahmen des einstweiligen Rechtsschutzes durchgesetzt werden.[56] Ein Verschulden des Anspruchsverpflichteten ist nicht erforderlich.[57]

VI. Geltendmachung der Ansprüche

1. Außergerichtliche Geltendmachung

1.1 Ansprüche mit Ausnahme von Unterlassung

51 Hinsichtlich der außergerichtlichen Geltendmachung der zivilrechtlichen Ansprüche wegen einer Urheberrechtsverletzung bestehen, ausgenommen im Bereich der Unterlassungsansprüche, keine Besonderheiten gegenüber den allgemeinen zivilrechtlichen Grundsätzen. Aus Sicht des Anspruchsberechtigten empfiehlt es sich – schon zur Vermeidung eines sofortigen Anerkenntnisses der Ansprüche durch den Anspruchsverpflichteten im Prozess mit der Folge der Kostenerstattungspflicht trotz Obsiegens (§ 93 ZPO) – die Ansprüche vor Klageerhebung zunächst außergerichtlich geltend zu machen, soweit noch kein Verzug eingetreten ist oder dies zumindest zweifelhaft sein könnte.

1.2 Unterlassung – Abmahnung

52 Im Bereich der Unterlassungsansprüche soll vor Einleitung eines gerichtlichen Verfahrens eine Abmahnung seitens des Berechtigten an den Verletzer erfolgen, mit der dem Verletzer die Möglichkeit gegeben wird, den Streit durch Abgabe einer mit einer angemessenen Vertragsstrafe bewehrten Unterlassungsverpflichtung beizulegen (§ 97a Abs. 1 S. 1 UrhG). Eine Pflicht zur außergerichtlichen Abmahnung besteht auch nach Neufassung des im Zuge des Gesetzes gegen unseriöse Geschäftspraktiken im Oktober 2013 novellierten § 97a UrhG weiterhin nicht, jedoch riskiert der Berechtigte andernfalls auch hier das sofortige Anerkenntnis gem. § 93 ZPO durch den Verletzer.[58]

53 Ist die Abmahnung berechtigt, ist der Abgemahnte zur Erstattung der mit der Abmahnung verbundenen Aufwendungen – in der Regel vor allem die Gebühren des tätig gewordenen externen Rechtsanwaltes – verpflichtet (s. § 97a Abs. 3 UrhG, der den vor 2008 über die Regelungen der Geschäftsführung ohne Auftrag hergeleiteten Aufwendungsersatzanspruch seit einiger Zeit ausdrücklich regelt). Die seinerzeitige Änderung des § 97a UrhG hatte insoweit in Abs. 3 erstmals eine Kostendeckelung für gegenüber solchen natürlichen Personen ausgesprochene Abmahnungen, welche die Rechtsverletzung nicht im Rahmen ihrer gewerblichen oder selbstständigen beruflichen Tätigkeit begangen haben, eingeführt.

---

55 *Dreier/Schulze* § 98 Rn. 8.
56 *Dreier/Schulze* § 98 Rn. 15.
57 *Wandtke/Bullinger/Bohne* § 98 Rn. 1.
58 *Nordemann/Wolters* ZUM 2014, 25.

Erweist sich eine ausgesprochene Abmahnung hingegen als unberechtigt, weil dem Abmahnenden die behaupteten Ansprüche nicht zustehen, kann wiederum der Abgemahnte gem. § 97a Abs. 4 UrhG den Ersatz der für seine Rechtsverteidigung erforderlichen Aufwendungen verlangen. Ferner kommen Schadensersatzansprüche des zu Unrecht Abgemahnten aus allgemeinem Deliktsrechts in Betracht, beispielsweise unter dem Gesichtspunkt des Eingriffs in den eingerichteten und ausgeübten Gewerbetriebs. **54**

1.2.1 Anforderungen an die Abmahnung

Gem. § 97a Abs. 2 S. 1 Nr. 1–4 UrhG ist eine Abmahnung in „klarer und verständlicher Weise" zu gestalten; sind diese Voraussetzungen nicht erfüllt, ist die Abmahnung gem. § 97a Abs. 2 S. 2 UrhG unwirksam. Auch aus der Unwirksamkeit der Abmahnung folgt ein Anspruch des Abgemahnten auf Ersatz der für die Rechtsverteidigung erforderlichen Aufwendungen (vgl. § 97a Abs. 4 UrhG). **55**

Um die Anforderungen des § 97a Abs. 2 S. 1 Nr. 1–4 UrhG zu erfüllen, muss der Verletzte (Abmahnende) durch Angabe von Name oder Firma im Abmahnschreiben identifiziert werden können (Nr. 1). Die dem Verletzter (Abgemahnten) vorgeworfene Rechtsverletzung ist ferner genau zu bezeichnen (Nr. 2), hierfür werden alle Angaben erforderlich sein, aufgrund derer es dem Abgemahnte möglich gemacht wird, die beanstandete Rechtsverletzung zu identifizieren, die grundsätzliche Berechtigung der Abmahnung nachzuvollziehen und die Streitigkeit außergerichtlich beizulegen. Dies beinhaltet die wesentlichen Züge der Rechtsverletzung und, jedenfalls auf Nachfrage, auch die Angabe von Zeitpunkt und Ort der Verletzungshandlung.[59] Auch die Grundlage für die Aktivlegitimation des Abmahnenden sollte dargelegt werden. Wenn mit der Abmahnung auch Zahlungsansprüche geltend gemacht werden, sind diese nach Schadensersatz- und Aufwendungsersatzansprüchen aufzuschlüsseln (Nr. 3). In der Praxis bringt eine Abmahnung selbstredend auch zum Ausdruck, dass zur Vermeidung von gerichtlichen Schritten unter Fristsetzung die Abgabe einer strafbewehrten Unterlassungs- und Verpflichtungserklärung gefordert wird, wenngleich dies nicht Voraussetzung nach § 97a Abs. 2 UrhG ist.[60] Ist in der Abmahnung zusätzlich ein Formulierungsvorschlag für die geforderte Unterlassungs- und Verpflichtungserklärung enthalten, welcher nicht präzise nur der monierten Verletzung entspricht, muss zugleich auch angegeben werden, inwieweit die vorformulierte Verpflichtungserklärung über die abgemahnte Rechtsverletzung hinausgeht (Nr. 4). **56**

Wenngleich es keine Formvorschriften für Abmahnungen gibt, empfiehlt es sich allein schon aus Beweisgründen, die Abmahnung schriftlich auszusprechen und sie dem Inanspruchgenommenen so zu übermitteln, dass der Zugang im Streitfall belegt werden kann (z.B. durch Einschreiben/Rückschein). Denn für die erfolgreiche Geltendmachung der mit der Abmahnung verbundenen Aufwendungen durch den Abmahnenden und zur Vermeidung des sofortigen Anerkenntnisses durch den Inanspruchgenommenen wird man davon ausgehen müssen, dass der Abmahnende im Streitfall hierüber den Zugang einer Abmahnung zu beweisen hat.[61] Ferner ist es im Falle der Abmahnung durch einen Rechtsanwalt aus Sicht des Abmahnenden im Sinne anwaltlicher Vorsicht durchaus ratsam, dem Abmahnschreiben einen schrift- **57**

---

59 *Ahlberg/Götting* § 97a Rn. 6; *Nordemann/Wolters* ZUM 2014, 26.
60 *Ahlberg/Götting* § 97a Rn. 8.
61 *Wandtke/Bullinger/von Wolff* § 97a Rn. 17.

lichen Vollmachtsnachweis im Original beizufügen, um keine Diskussionen über die Anwendbarkeit von § 174 BGB auf Abmahnungen aufkommen zu lassen.[62]

58 Für die Abgabe der strafbewehrten Unterlassungs- und Verpflichtungserklärung ist eine angemessene Frist zu setzen. Je dringlicher die Angelegenheit ist, desto kürzer kann die Frist sein. Eine zu kurz bemessene Frist führt nicht zur Unwirksamkeit der Abmahnung, sondern setzt eine angemessene Frist in Gang,[63] wobei der Abmahnende u.U. Gefahr laufen kann, dass die Unterlassungs- und Verpflichtungserklärung noch innerhalb der angemessenen Frist abgeben wird und er dann dem Kostenrisiko des § 93 ZPO ausgesetzt ist.[64] Sofern keine besonderen Umstände vorliegen, wird eine Frist von einer Woche regelmäßig angemessen sein.

1.2.2 Strafbewehrte Unterlassungs- und Verpflichtungserklärung

59 Nicht erforderlich, aber in der Praxis üblich ist die Beifügung eines konkreten Formulierungsvorschlages für die verlangte Unterlassungs- und Verpflichtungserklärung. Denn hierdurch erklärt der Abmahnende unmissverständlich, wie weitgehend er die Unterwerfung vom Inanspruchgenommenen fordert. Dies soll die zügige außergerichtliche Beilegung des Konflikts fördern. In Hinblick auf die Höhe der für den Fall eines Verstoßes gegen die Unterlassungspflicht zu zahlenden Vertragsstrafe ist in der Praxis zu beobachten, dass sich anstelle einer bezifferten Höhe immer mehr der so genannte „Hamburger Brauch" für das Vertragsstrafeversprechen durchsetzt: Hiernach obliegt es zunächst dem Abmahnenden, die Höhe der Vertragsstrafe nach einem Verstoß einseitig festzusetzen. Akzeptiert der andere die festgesetzte Vertragsstrafe nicht, kann dieser nicht nur die Frage der Verwirkung an sich, sondern auch die Frage der Höhe der Vertragsstrafe im Rahmen des gerichtlichen Verfahrens überprüfen lassen.[65] Ein Vertragsstrafeversprechen nach „Hamburger Brauch" bietet für beide Seiten Vorteile gegenüber einem bereits konkret bezifferten Vertragsstrafeversprechen. Der Abmahnende kann bei einem schwerwiegenden Verstoß eine entsprechend hohe Vertragsstrafe festsetzen und ist nicht an eine zuvor ggf. schon geringer bezifferte Höhe gebunden; mehrfache Verstöße können wiederum zugunsten des Verpflichteten in einer Gesamtvertragsstrafe berücksichtigt werden, welche die Summe der jeweils einzelnen zuvor schon bezifferten Vertragsstrafe unterschreitet. Ein abgegebenes Vertragsstrafeversprechen nach „Hamburger Brauch" beseitigt auch dann die Wiederholungs- bzw. Erstbegehungsgefahr, wenn der Abmahnende die Höhe der Vertragsstrafe in seinem Formulierungsvorschlag beziffert.

60 Die Abgabe einer beschränkten Unterlassungs- und Verpflichtungserklärung birgt für den Abgemahnten regelmäßig das Risiko, dass diese zu einer nur bedingten Verpflichtung führt, was wiederum die Wiederholungs- bzw. Erstbegehungsgefahr nicht entfallen lässt und er damit weiterhin Gefahr läuft, dass eine ggf. gegen ihn gerichtete einstweilige Verfügung erlassen wird. Der Abgemahnte ist daher gut beraten, bei der Formulierung seiner Erklärung äußerst sorgfältig vorzugehen.

---

62 In diesem Zusammenhang hat der BGH entschieden, dass in dem Fall, in dem die Abmahnung ein (Unterlassungs- und Verpflichtungs-)Vertragsangebot beinhaltet, kein einseitiges Rechtsgeschäft, sondern eine Offerte vorliegt (*BGH* GRUR 2010, 1120 – Vollmachtsnachweis)

63 *Dreier/Schulze* § 97a Rn. 7.

64 *Ahlberg/Götting* § 97a Rn. 11.

65 Die Angemessenheit der Höhe der festgesetzten Vertragsstrafe wird dann durch das Gericht anhand von Billigkeitsgesichtspunkten gem. § 315 BGB überprüft.

Regelmäßig formuliert der Abmahnende einen Vorschlag der Unterlassungs- und Verpflichtungserklärung so, dass sich der Abgemahnte neben dem Vertragsstrafeversprechen auch zur Erstattung von konkret bezifferten Rechtsanwaltskosten verpflichtet. Gibt der Abgemahnte die geforderte Unterlassungs- und Verpflichtungserklärung zwar ab, verpflichtet sich jedoch nicht zur Kostenerstattung, wird hierdurch gleichwohl die Wiederholungs- bzw. Erstbegehungsgefahr ausgeschlossen. Der Abmahnende ist dann darauf verwiesen, notfalls allein die Erstattung seiner Rechtsanwaltskosten zum Gegenstand eines gerichtlichen Verfahrens zu machen, in dessen Rahmen dann inzident auch die Berechtigung ebenso wie die Wirksamkeit der Abmahnung zu überprüfen sind. 61

1.2.3 Praxismuster Strafbewehrte Unterlassungs- und Verpflichtungserklärung

Unterlassungs- und Verpflichtungserklärung

[Anspruchsgegner] verpflichtet sich hiermit unbedingt und unwiderruflich gegenüber [Anspruchssteller] 62

es bei Meidung einer für jeden Fall der schuldhaften Zuwiderhandlung von [Anspruchssteller] angemessen festzusetzenden und im Streitfalle hierüber vom zuständigen Gericht zu überprüfenden Vertragsstrafe zu unterlassen, [......].

Für Streitigkeiten aus dieser Vereinbarung gilt das Recht der Bundesrepublik Deutschland. Gerichtsstand für etwaige Ansprüche aus dieser Vereinbarung ist [...].

....

Ort, Datum

....

[Anspruchsgegner]

2. Gerichtliche Geltendmachung

2.1 Rechtsweg

Für Urheberstreitsachen, also für die Geltendmachung aller Ansprüche, die aus den im UrhG geregelten Rechtsverhältnissen folgen (Urheber- und Leistungsschutzrechte) ist der ordentliche Rechtsweg vorgeschrieben (§ 104 UrhG). Dies bedeutet, dass auch die Ansprüche derjenigen, die in Arbeitsverhältnissen oder öffentlich-rechtlichen Dienstverhältnissen stehen, vor den Zivilgerichten und nicht vor den Arbeits- bzw. Verwaltungsgerichten geltend zu machen sind. Eine Ausnahme hiervon besteht nur für Ansprüche auf Zahlung von Vergütungen aus solchen Arbeits- und Dienstverhältnissen, die wiederum vor den Arbeits- bzw. Verwaltungsgerichten eingeklagt werden können (§ 104 S. 2 UrhG). 63

2.2 Gerichtsstand

64 Bei den Zivilgerichten sind, je nach Streitwert, die Amts- und Landgerichte sachlich zuständig. Die örtliche Zuständigkeit richtet sich grundsätzlich nach den allgemeinen Regelungen der ZPO. Bei den Urheberstreitsachen sind jedoch zwei Besonderheiten zu beachten:

2.2.1 Funktionelle Zuständigkeit

65 Da das Urheberrecht zu den spezielleren Rechtsmaterien gehört, hat der Gesetzgeber die jeweiligen Landesregierungen in § 105 UrhG ermächtigt, besondere funktionelle Zuständigkeiten von bestimmten Amts- und Landgerichten innerhalb eines OLG-Bezirks zu schaffen, um auch auf Gerichtsseite die erforderlichen Spezialkenntnisse zu konzentrieren. Von dieser Möglichkeit haben die meisten Länder auch Gebrauch gemacht.[66] Besteht demnach eine örtliche Zuständigkeit innerhalb eines bestimmten OLG-Bezirks, ist das dort jeweils benannte Amts- oder Landgericht funktionell zuständig. Die beim funktionell unzuständigen Gericht anhängig gemachte Klage ist von Amts wegen an das zuständige Gericht für Urheberstreitssachen zu verweisen.[67]

2.2.2 „Fliegender Gerichtsstand" des § 32 ZPO

66 Da die widerrechtliche Verletzung eines nach dem UrhG geschützten Rechts auch immer eine unerlaubte Handlung (§ 823 Abs. 2 BGB) darstellt, ist für die örtliche Zuständigkeit der Gerichtsstand nach § 32 ZPO eröffnet. Hiernach ist insbesondere das Gericht des Ortes zuständig, an dem der Erfolg der unerlaubten Handlung eingetreten ist. Bei Urheberrechtsverletzungen ist dies beispielsweise bei der Verbreitung von Tonträgern jeder Ort, an dem der Tonträger bestimmungsgemäß erworben, im Falle der Ausstrahlung einer Fernsehsendung jeder Ort, an dem diese bestimmungsgemäß empfangen und bei Rechtsverletzungen über Internet-Dienste jeder Ort, von dem aus dieser Dienst abgerufen werden kann. Dies bedeutet in der Praxis, dass bei Urheberrechtsverletzungen oftmals eine Vielzahl von örtlichen Zuständigkeiten nebeneinander gegeben sind, unter denen der Kläger die freie Wahl hat (sog. „fliegender Gerichtsstand"). Für den Bereich der Rechtsverletzungen durch eine natürliche Person, die nach dem UrhG geschützte Rechte nicht für ihre gewerbliche oder selbständige berufliche Tätigkeit verwendet, regelt § 104a UrhG hiervon eine Ausnahme. Nach dieser Regelung ist für solche Rechtsverletzungen der fliegende Gerichtsstand ausgeschlossen und ein ausschließlicher Gerichtsstand am Wohnsitz bzw. Ort des gewöhnlichen Aufenthalts der nicht gewerblich/geschäftlich handelnden Privatperson bestimmt. Eine mögliche Konzentration gem. § 105 UrhG (s. hierzu Rn. 65) bleibt in diesem Zusammenhang unberührt. Sowohl im gewerblichen als auch im privaten Bereich dürfte es als rechtsmissbräuchlich einzustufen sein, wenn ein Verletzter dem angerufenen Gericht verheimlicht, dass es bei einem anderen Gericht einen identischen Antrag gab, der zwischenzeitlich zurückgezogen wurde.[68]

---

66 Z.B. unter www.grur.org/de/grur-atlas/gerichte/gerichtszustaendigkeiten.html findet sich eine Aufstellung.

67 *Schricker/Loewenheim/Wild* § 105 Rn. 6.

68 Vgl. *KG Berlin* 11.10.2016 - 5 U 139/15.

2.3 Verfahren

Im Bereich der Urheberrechtsverletzungen gelten die allgemeinen Verfahrensarten der ZPO. In der Praxis hat bei auf Unterlassung gerichteten Verfahren die einstweilige Verfügung eine besondere Bedeutung. 67

2.3.1 Einstweiliges Verfügungsverfahren bei Unterlassungsanspruch

Im Bereich der Unterlassungsansprüche ist eine drohende einstweilige Verfügung das „Damoklesschwert", das potentiell über dem Haupt des Rechtsverletzers schwebt. Mit diesem Schwert kann sich der (vermeintlich) Verletzte aber auch durchaus selbst empfindlich schneiden. So kann der (vermeintlich) Verletzte mit einer einstweiligen Verfügung eine bereits begonnene oder geplante Auswertung von Rechten, für die der Auswerter womöglich bereits erhebliche finanzielle Investitionen getätigt hat, dauerhaft unterbinden. Dies kann beispielsweise im Falle der Auswertung einer (vermeintlich) rechtswidrigen CD, die bereits in hoher Stückzahl gepresst und an den Einzelhandel ausgeliefert wurde und für deren Bewerbung das veröffentlichende Tonträgerunternehmen bereits hohe Ausgaben in Form von geschalteten Anzeigenkampagnen oder Werbespots oder hergestellten Musikvideos hatte, einen ganz erheblichen Schaden bedeuten. Stellt sich dann wiederum im Nachhinein heraus, dass Gründe für die einstweilige Verfügung tatsächlich nicht bestanden, sieht sich der vermeintlich in seinen Rechten Verletzte selbst mit entsprechenden Schadensersatzansprüchen des Auswerters und vermeintlichen Rechtsverletzers konfrontiert (§ 945 ZPO). Auch die unberechtigte außergerichtliche Abmahnung kann den Inanspruchgenommenen unter dem Gesichtspunkt der unberechtigten Schutzrechtsverwarnung in seinen Rechten verletzen, was entsprechende Schadensersatzforderungen gegen den Abmahner zur Folge haben kann; entsprechende Ansprüche können gem. § 97a Abs. 4 S. 1 UrhG bestehen.[69] 68

Das zuständige Gericht erlässt eine einstweilige Verfügung nur dann, wenn eine ausreichende Eilbedürftigkeit bzw. Dringlichkeit gegeben ist. Insbesondere wenn der Verletzte bereits für eine längere Dauer Kenntnis von der Rechtsverletzung hat, wird seitens der Gerichte in der Regel angenommen, dass die Angelegenheit nicht dringlich ist. Anders als im Wettbewerbsrecht, in dem ein zeitlicher Rahmen mehr oder weniger anerkannt ist,[70] bestehen im Bereich des Urheberrechts insoweit keine festen Fristen. Soweit neben dem zeitlichen Faktor keine anderen Gründe für die Dringlichkeit glaubhaft gemacht werden können, wird in der urheberrechtsanwaltlichen Praxis – je nach Einzelfall – häufig eine Zeitspanne zwischen etwa 3 und 5 Wochen ab Kenntnis des Verletzten von der Rechtsverletzung und der Person des Rechtsverletzers zugrunde gelegt. Auf diese verhältnismäßig kurzen Zeiträume ist aus Sicht des Abmahnenden bereits bei der außergerichtlichen Abmahnung zu achten. Dem Inanspruchgenommenen zu setzende Fristen sollten daher stets mit Blick auf das drohende Entfallen der Dringlichkeit und die damit verbundene Notwendigkeit der Beantragung einer einstweiligen Verfügung bis zum entsprechend Zeitpunkt gewählt werden. 69

---

69 Vgl. *Wandtke/Bullinger/Kefferpütz* § 97a Rn. 24 ff. m.w.N.

70 Zur Dringlichkeitsvermutung im Wettbewerbsrecht (§ 12 Abs. 2 UWG) und der umstrittenen entsprechenden Anwendbarkeit im Bereich des Urheberrechts s. Darstellung und Nachweise bei *Wandtke/Bullinger/Kefferpütz* Vor §§ 97 ff. Rn. 78 ff.

2.3.2 Schutzschrift

70 Da eine erlassene einstweilige Verfügung sofort wirksam wird und denjenigen, gegen den sie sich richtet jedenfalls bis zum Abschluss einer mündlichen Verhandlung über die Sache bei Gericht zu einem bestimmten Verhalten verpflichtet, hat derjenige, der den Erlass einer einstweiligen Verfügung gegen sich befürchten muss, die Möglichkeit der Hinterlegung einer so genannten Schutzschrift beim zuständigen Gericht. Mit dieser Schutzschrift sucht der potentiell Inanspruchgenommene den Erlass der einstweiligen Verfügung bereits zu verhindern, indem er dem Gericht den zugrunde liegenden Sachverhalt aus seiner Sicht schildert. Jedenfalls will er durch die Schutzschrift vor einer etwaigen gerichtlichen Beschlussfassung eine mündliche Verhandlung erzwingen, was oftmals alleine schon wegen der hierdurch gewonnenen Zeit wertvoll sein kann, da in der Regel etwa 1–2 Wochen von gestelltem Antrag bis zur mündlichen Verhandlung vergehen werden. Probleme bereitet in diesem Zusammenhang der „fliegende Gerichtsstand“ (s. oben Rn. 66), denn es gibt keine zentrale Stelle bei bundesdeutschen Gerichten, bei der eine Schutzschrift hinterlegt werden könnte. Daher ist der potentiell in Anspruch Genommene gehalten, bei sämtlichen theoretisch in Betracht kommenden deutschen Gerichten, die für Urheberstreitsachen funktionell zuständig sind, eine solche Schutzschrift zu hinterlegen, was durchaus einen hohen zeitlichen wie personellen Aufwand nach sich ziehen kann.

2.3.3 Abschlusserklärung

71 Eine erlassene einstweilige Verfügung stellt stets nur eine vorläufige Regelung dar. Der Antragsteller hat daher für eine endgültige Regelung zu sorgen, was grundsätzlich durch die Erhebung der Klage in der Hauptsache erfolgt. Erhebt der Antragsteller keine Hauptsacheklage, kann er Gefahr laufen, dass wiederum der Antragsgegner bei Gericht Antrag auf Anordnung der Klageerhebung in der Hauptsache (§ 926 ZPO) stellt und die einstweilige Verfügung bei Nichteinhaltung der insoweit vom Gericht bestimmten Frist aufgehoben wird. Um das im Falle der Hauptsacheklageerhebung drohende sofortige Anerkenntnis des Antrags- bzw. Klagegegners zu vermeiden, trifft den Antragsteller die Obliegenheit, vor Erhebung einer Hauptsacheklage ein sog. Abschlussschreiben an den Antragsgegner zu übermitteln, mit dem er den Antragsgegner zur Abgabe der so genannten Abschlusserklärung, also zur Anerkennung der einstweiligen Verfügung als endgültige, auch für die Hauptsache geltende Regelung auffordert.[71]

72 Wurde eine einstweilige Verfügung erlassen und zugestellt, sind im Zusammenhang mit der Abschlusserklärung zwei Fristen zu beachten: Zum einen die „Überlegungsfrist“, d.h. der Zeitraum ab Zustellung der einstweiligen Verfügung bis zum Versand des Abschlussschreibens, und zum anderen die „Erklärungsfrist“, d.h. der Zeitraum vom Versand des Abschlussschreibens an den Gegner bis zum Ablauf der für die Abschlusserklärung gesetzten Frist. Wird die Überlegungsfrist vom Antragsgegner nicht eingehalten, ist er verpflichtet, dem Antragsteller die Aufwendungen für den Versand des Abschlussschreibens (d.h. in erster Linie dessen Rechtsanwaltskosten) zu erstatten. Aus Sicht des Antragsgegners birgt also der Zeitraum nach Zustellung einer einstweiligen Verfügung ein weiteres Kostenrisiko. Hält der Antragsgegner auch die Erklärungsfrist nicht ein, steht ihm im Falle der Hauptsacheklageerhebung die Möglichkeit des für ihn kostenneutralen sofortigen Anerkenntnisses nicht mehr zur Verfü-

71 *Wandtke/Bullinger/Kefferpütz* Vor § 97 ff. Rn. 133.

gung. Wie lang die Überlegungs- und Erklärungsfrist zu bemessen ist, wird in der Rechtsprechung nicht einheitlich beurteilt,[72] Fristen von jeweils zwei Wochen werden aber in der Regel als angemessen einzuordnen sein.[73]

2.3.4 Praxismuster Abschlusserklärung

Abschlusserklärung

[Antragsgegner] gibt hiermit zur Vermeidung der Erhebung einer Hauptsacheklage folgende Erklärung ab: 73

Die am [Datum] ergangene einstweilige Verfügung des [Amtsgerichts/Landgerichts] [Ort], [Aktenzeichen Gericht] wird von [Antragsgegner] als endgültige und zwischen den Parteien materiell-rechtlich verbindliche Regelung anerkannt, insbesondere verzichtet [Antragsgegner] auf die Einlegung eines Widerspruchs gem. § 924 ZPO sowie auf die Rechtsbehelfe der § 926 ZPO (Antrag auf Fristsetzung zur Erhebung der Hauptklage) und § 927 ZPO (Antrag auf Aufhebung der einstweiligen Verfügung wegen veränderter Umstände).

....

Ort, Datum

....

[Antragsgegner]

3. Verjährung

Die Verjährung von Ansprüchen aufgrund von Urheberrechtsverletzungen tritt nach Ablauf von drei Jahren ab Ende des Jahres ein, in dem der Anspruch entstanden ist und der Berechtigte Kenntnis von der Rechtsverletzung und dem Ersatzpflichtigen erlangt hat bzw. ohne grobe Fahrlässigkeit hätte erlangen müssen, spätestens jedoch nach Ablauf von 10 Jahren ab der Rechtsverletzung (§ 102 S. 1 UrhG i.V.m. §§ 195, 199 BGB). 74

Entsteht durch die Urheberrechtsverletzung (auch) ein Anspruch auf Herausgabe einer ungerechtfertigten Bereicherung gegenüber dem Verletzer, gilt gem. § 102 S. 2 UrhG für den Anspruch auf Herausgabe des Erlangten die Verjährungsfrist des § 852 BGB, welche mit 10 bzw. sogar 30 Jahren deutlich von der dreijährigen Regelverjährungsfrist der §§ 195, 199 BGB abweichen und damit die Durchsetzung eines Zahlungsanspruchs auch nach Verjährung der parallelen urheberrechtlichen Ersatzansprüche ermöglichen kann. 75

72 *Harte-Bavendamm/Henning/Bodewig-Brüning* § 12, Rn. 47 ff,
73 *Wandtke/Bullinger*/Kefferpütz Vor § 97 ff. Rn. 144.

B. Strafrechtlicher Schutz

76 Das UrhG sieht bei Rechtsverletzungen zudem einen strafrechtlichen Schutz vor, der in der Praxis jedoch gegenüber der zivilrechtlichen Geltendmachung von Unterlassungs- und Schadenersatzansprüchen eine eher untergeordnete Bedeutung hat. Allerdings haben insbesondere im Bereich der Bekämpfung von Rechtsverletzungen im Internet die Strafvorschriften des UrhG wieder an praktischer Relevanz gewonnen.[74] Das Urheberrecht kennt insgesamt vier Straftatbestände zum Schutz der Verwertungsrechte von Urhebern, Leistungsschutzberechtigten bzw. Inhabern ausschließlicher Nutzungsrechte (§§ 106 und 108 UrhG), sowie des Urheberpersönlichkeitsrechts (§ 107 UrhG), ferner zur Sanktionierung der Umgehung technischer Schutzvorrichtungen urheberrechtlich geschützter Werke (§ 108b UrhG).

I. Straftatbestände

1. Unerlaubte Verwertung urheberrechtlich geschützter Werke (§ 106 UrhG)

77 § 106 Abs. 1 UrhG stellt die unerlaubte Vervielfältigung, Verbreitung oder öffentliche Wiedergabe eines urheberrechtlich geschützten Werkes unter Strafe und schützt damit die Verwertungsrechte des Urhebers wie auch die ausschließlichen Nutzungsrechte, die dieser ggf. Dritten eingeräumt hat. Tatobjekt ist das urheberrechtlich geschützte Werk in seiner ursprünglichen, bearbeiteten oder umgestalteten Form. Strafbare Tathandlungen sind die Vervielfältigung i.S.v. §§ 15 Abs. 1 Nr. 1, 16 UrhG, die Verbreitung gem. §§ 15 Abs. 1 Nr. 2, 17 UrhG sowie die in § 15 Abs. 2 UrhG genannten Arten der öffentlichen Wiedergabe.[75] Vom Anwendungsbereich des § 106 UrhG nicht umfasst ist, neben dem Urheberpersönlichkeitsrecht selbst, aufgrund seiner urheberpersönlichkeitsrechtlichen Natur auch das körperliche Ausstellungsrecht der §§ 15 Abs. 1 Nr. 3, 18 UrhG sowie die Herstellung einer Bearbeitung oder Umgestaltung durch Verfilmung ohne Einwilligung des Urhebers (§ 23 UrhG). Die genannten Verwertungshandlungen sind unerlaubt, wenn sie ohne die (bereits den Tatbestand ausschließende) Einwilligung des Berechtigten erfolgen und diese Einwilligung auch nicht aufgrund gesetzlicher Bestimmungen entbehrlich ist. Das Nichtvorliegen eines gesetzlich zugelassenen Falles ist demnach ein Merkmal des objektiven Tatbestandes. Gemeint sind damit etwa die Ausnahme/Schrankenbestimmungen nach den §§ 44a ff. UrhG. Gem. § 106 Abs. 2 UrhG ist der Versuch strafbar.

2. Unerlaubte Eingriffe in verwandte Schutzrechte (§ 108 UrhG)

78 Da Inhaber verwandter Schutzrechte in ihrem wirtschaftlichen Interesse an der Sicherung ihrer Leistungen nicht weniger schutzwürdig sind als Urheberrechtsinhaber, stellt § 108 UrhG in einer der Regelung des § 106 UrhG weitgehend entsprechenden Vorschrift auch die unerlaubte Verwertung bestimmter Leistungsschutzrechte unter Strafe. So stehen bestimmte Ausgaben (§§ 70, 71 UrhG), Lichtbilder (§ 72 UrhG), Darbietungen ausübender Künstler (§ 73 UrhG), Tonträgerherstellerleistungen (§ 85 UrhG) sowie die Leistungen von Sendeunternehmen (§ 87 UrhG), Datenbankherstellern (§ 87a UrhG) und der Film- und Laufbildhersteller (§§ 94, 95 UrhG) unter straf-

74 Vgl. im Einzelnen unten Rn. 88 ff.

75 Zum Inhalt der einzelnen Verwertungsrechte vgl. 26. Kap. Rn. 143 ff.

rechtlichem Schutz.[76] § 108 UrhG sanktioniert jedoch lediglich unerlaubte Verwertungshandlungen, nicht hingegen die Verletzung reiner Vergütungsansprüche.[77] Wie im Rahmen von § 106 UrhG wirkt sowohl die Einwilligung des Berechtigten tatbestandsausschließend als auch die Anwendbarkeit der urhebergesetzlichen Schrankenbestimmungen der §§ 44a ff. UrhG. Der Versuch ist gem. § 108 Abs. 2 UrhG strafbar.

3. Unzulässiges Anbringen der Urheberbezeichnung (§ 107 UrhG)

§ 107 Abs. 1 UrhG stellt im Bereich der bildenden Künste das unzulässige Anbringen **79**
der Urheberbezeichnung i.S.v. § 10 Abs. 1 UrhG unter Strafe. Es ist anerkannt, dass jeder Künstler ein berechtigtes Interesse daran hat und haben darf, dass ein von ihm geschaffenes Werk der bildenden Kunst, also z.B. ein Gemälde oder eine Statue, dem er aus welchen Gründen auch immer nicht selbst seinen Namen oder Namenszug beigesetzt hat, nicht von einem Dritten mit dessen Namen versehen wird. Denn erst mit dem eigenhändigen Anbringen seiner Signatur stellt der Künstler nach außen erkennbar eine Beziehung zu seinem Werk her und weist dieses als „fertig" aus.[78] Strafrechtlich geschützt ist demnach der persönlichkeitsrechtliche Anspruch des Urhebers, sich gegen die Verbreitung unfertiger oder von ihm als misslungen angesehener Werke zur Wehr zu setzen. So enthält § 107 Abs. 1 UrhG zwei strafbare Verhaltensweisen: Einerseits nach Nr. 1 die ohne Einwilligung des Urhebers erfolgte Anbringung der Urheberbezeichnung auf einem Original eines Werkes der bildenden Künste. Zum anderen gem. § 107 Abs. 1 Nr. 2 UrhG die Anbringung einer Urheberbezeichnung auf einem Vervielfältigungsstück, einer Bearbeitung oder Umgestaltung eines Werkes der bildenden Künste, wenn hierdurch der Anschein eines Originals erweckt wird. Auch die jeweilige Verbreitung der insoweit unzulässig bezeichneten Werke ist strafbar. Die Einwilligung des Berechtigten im Falle von Nr. 1 wirkt tatbestandsausschließend; nicht hingegen im Falle von Nr. 2, da hiervon nicht nur das Urheberpersönlichkeitsrecht des Urhebers sondern auch die Interessen der Allgemeinheit an der Lauterkeit des Verkehrs mit Werken der bildenden Künste geschützt ist.[79] Ist die betreffende Tat in anderen Strafvorschriften, etwa einer Urkundenfälschung, § 267 StGB, oder einem Betrug, § 263 StGB, mit schwererer Strafe bedroht, ist § 107 UrhG nur subsidiär anwendbar. Gem. § 107 Abs. 2 UrhG ist der Versuch strafbar.

4. Unerlaubte Eingriffe in technische Schutzmaßnahmen und zur Rechtewahrnehmung erforderliche Informationen (§ 108b UrhG)

Gem. § 108b Abs. 1 Nr. 1 UrhG sind die unerlaubte Umgehung technischer Schutz- **80**
maßnahmen i.S.v. § 95a UrhG, gem. § 108b Abs. 2 UrhG bestimmte Vorbereitungshandlungen hierzu und gem. § 108b Abs. 1 Nr. 2 UrhG unerlaubte Eingriffe in die zur Rechtewahrnehmung erforderlichen Informationen unter Strafe gestellt. Nicht strafbar sind hingegen solche Verstöße, die ausschließlich zum eigenen privaten Gebrauch des Handelnden und ihm persönlich verbundener Personen erfolgen oder sich auf einen derartigen Gebrauch beziehen.

---

76 Keinem strafrechtlichen Schutz unterliegt hingegen das Veranstalterleistungsschutzrecht gem. § 81 UrhG.

77 *Rehbinder* Rn. 941.

78 *Loewenheim/Flechsig* § 90 Rn. 68.

79 *Schricker/Loewenheim/Vassilaki* § 107 Rn. 9.

II. Vorsatz, Rechtswidrigkeit und Schuld

81 Urheberrechtsverletzungen sind nur strafbar bei einem vorsätzlichen Handeln des Täters, Fahrlässigkeit genügt nicht. Vorsatz verlangt das Wissen und Wollen um die jeweils tatbestandliche Verletzungshandlung. Ausreichend ist insoweit jedoch auch so genannter Eventualvorsatz, der beispielsweise dann gegeben ist, wenn ein Verwerter die Rechtswidrigkeit einer Vervielfältigungshandlung für möglich hält, jedoch trotzdem eine Verletzung von Urheberrechten billigend in Kauf nimmt. So z.B. handelt auch mit Eventualvorsatz, wer auf Basis von bereits in den 1960er Jahren geschlossenen Lizenzverträgen ein Werk im Internet auswertet, weil er annimmt die entsprechenden Rechte zur Internetnutzung seinerzeit mit erworben zu haben.[80]

82 Die Rechtswidrigkeit wird grundsätzlich durch die Tatbestandserfüllung indiziert. Sofern tatbestandlich sowohl urheberrechtliche, als auch äußerungsrechtliche Straftatbestände (etwa eine Beleidigung, § 185 StGB) gegeben sind, kommt als Rechtfertigungsgrund insbesondere die Wahrnehmung berechtigter Interessen (§ 193 StGB) in Betracht.

83 Bei der Frage der Schuld ist auf das Unrechtsbewusstsein des Täters abzustellen. So scheidet ein schuldhaftes Handeln bei Urheberrechtsverletzungen dann aus, wenn dem Täter bei Begehung der Tat trotz angemessener Gewissensanspannung schlichtweg die Einsicht fehlt, Unrecht zu tun – er sich demnach in einem unvermeidbaren Verbotsirrtum befindet (§ 17 StGB). In Hinblick auf die Vermeidbarkeit sind jedoch insbesondere bei branchenerfahrenen Fachleuten, die sich berufsmäßig mit der Verwertung von Urheber- und Leistungsschutzrechten befassen, wie etwa Verleger, Redakteure, Buchhändler etc. strenge Anforderungen zu stellen.[81] Sie sind gehalten, sich über Gesetz und Rechtsprechung zu informieren. So wäre etwa ein Irrtum über die Dauer der gesetzlichen Schutzfrist bei diesen Personenkreisen nicht zu entschuldigen. Konnte der Täter den Irrtum vermeiden, kann die Strafe nach § 49 Abs. 1 StGB gemildert werden.

III. Strafmaß und Nebenfolgen

84 Die Strafandrohung bei strafbaren Verletzungen des Urheberrechts gem. der §§ 106–108 UrhG besteht in Freiheitsstrafe bis zu 3 Jahren oder Geldstrafe. Handelt der Täter zudem gewerbsmäßig, erhöht sich diese gem. § 108a UrhG auf Freiheitsstrafe bis zu 5 Jahren oder Geldstrafe.[82] Der Strafrahmen von § 108b UrhG sieht eine Freiheitsstrafe bis zu einem, im Falle des gewerbsmäßigen Handelns bis zu drei Jahren oder Geldstrafe vor. Freiheitsstrafe und Geldstrafe können auch nebeneinander verhängt werden, etwa wenn der Täter sich durch die Tat bereichert oder zu bereichern versucht (§ 41 StGB).

85 Gegenstände, auf die sich die Straftat bezieht, können gem. § 110 UrhG eingezogen werden. Sofern der Verletzte dies beantragt und hieran ein berechtigtes Interesse dartut, ist gem. § 111 UrhG im Falle der Verurteilung anzuordnen, dass die Verurteilung öffentlich bekannt gemacht wird.

---

80 *Loewenheim/Flechsig* § 90 Rn. 30.

81 *Loewenheim/Flechsig* § 90 Rn. 42.

82 Gewerbsmäßigkeit setzt voraus, dass der Täter in der Absicht handelt, sich durch wiederholte Tatbegehung eine fortlaufende, feste Einnahmequelle von einiger Dauer und einigem Umfang zu verschaffen; vgl. *BGH* NJW-RR 1990, 750.

IV. Strafantrag und Strafverfahren

Die Urheberrechtsstraftaten der §§ 106–108 und 108b UrhG sind gem. § 109 UrhG grundsätzlich Antragsdelikte, die von den Staatsanwaltschaften von Amts wegen nur im Falle des Vorliegens eines besonderen öffentlichen Interesses verfolgt werden. Allein bei einem gewerbsmäßigen Handeln des Täters i.S.v. § 108a UrhG handelt es sich um ein Offizialdelikt. Strafantragsberechtigt ist der Verletzte, § 77 Abs. 1 StGB. Verletzte können – ggf. auch nebeneinander – der Urheber, der Leistungsschutzberechtigte, deren Erben oder der Inhaber ausschließlicher Nutzungsrechte sein, nicht hingegen der Inhaber eines einfachen Nutzungsrechts. Die Antragsfrist beträgt gem. § 77b Abs. 1 S. 1 StGB drei Monate, beginnend mit Kenntniserlangung von Tat und Person des Täters. Beim Antrag handelt es sich um eine Prozessvoraussetzung; fehlt er, ist das Verfahren einzustellen. **86**

Für das urheberrechtliche Strafverfahren selbst gelten die Vorschriften der StPO, insbesondere auch die Regelungen zum Privatklageverfahren (§§ 374 ff. StPO), für den Fall, dass die Staatsanwaltschaft bei einer Verletzung der §§ 106–108 und 108b UrhG das öffentliche Interesse an einer Klageerhebung verneint. Sachlich zuständig sind gem. § 74c Abs. 1 GVG die Wirtschaftsstrafkammern der Landgerichte. Die örtliche Zuständigkeit folgt den §§ 7 ff. StPO und richtet sich primär nach dem Tatort der Urheberrechtsverletzung. **87**

C. Exkurs: Urheberrechtsverletzungen im Internet und die Besonderheiten bei der Anspruchsdurchsetzung

Im Zuge der Digitalisierung und Durchsetzung des Internets als Kommunikationsmassenmedium sind unberechtigte Nutzungen urheber- und leistungsschutzrechtlich geschützter Inhalte über das Internet, schlagwortartig als „Internetpiraterie“[83] bezeichnet, zu einem wirtschaftlich und – wie sich an der Vielzahl der mittlerweile ergangenen „Filesharing-Entscheidungen“ ersehen lässt – auch rechtlich relevanten und vieldiskutierten Thema geworden. Nachdem von Seiten der Unterhaltungsindustrie die Bedrohung durch unkontrollierte Medienkopien im Internet zunächst unterschätzt wurde, sah man hierin zwischenzeitlich den alleinigen Grund für die Umsatzrückgänge, die die betreffenden Wirtschaftszweige auch in Deutschland verzeichnen mussten.[84] **88**

Mittlerweile haben sich jedoch entgeltliche oder werbefinanzierte digitale Geschäftsmodelle entwickelt und durchgesetzt,[85] die dem veränderten, „flüchtigeren“ Nutzerverhalten der Musikkonsumenten Rechnung tragen und der deutschen Musikindustrie **89**

83 Der Begriff Piraterie ist zumindest bei Privatpersonen letztlich unzutreffend. So stammt er ursprünglich aus dem „Gesetz zur Stärkung des Schutzes des geistigen Eigentums und zur Bekämpfung der Produktpiraterie” und ist durch das Verständnis von Piraterie in gewerbsmäßiger Form geprägt. Jedoch liegt eine solche Gewerbsmäßigkeit zumindest beim rein privat handelnden Rechtsverletzer nicht vor; vgl. *Kann* S. 36 ff.

84 Für die Musikindustrie: Bundesverband Musikindustrie, Durchsetzung von Rechten, abrufbar unter www.musikindustrie.de/recht-politik/durchsetzung-von-rechten/; für die Filmindustrie: *Radmann* ZUM 2010, 387

85 Bspw. die Streamingdienste spotify, Apple Music, Deezer, Napster, Tidal, etc.

zuletzt sogar wieder Zuwächse beschert haben.[86] Nach wie vor betreibt die Musikindustrie jedoch flankierend auch die zivil- und strafrechtliche Verfolgung unerlaubter Online-Nutzungen ihrer urheber- und leistungsschutzrechtlich geschützten Inhalte.[87]

I. Technische Grundlagen zur Online-Nutzung von digitalen Inhalten

90 Die rechtswidrige Nutzung urheberrechtsgesetzlich geschützter Inhalte im Internet erfolgt im Wesentlichen über folgende Modelle:[88]

91 *Filesharing:* Bei Filesharing-Anwendungen handelt es sich um dezentrale Netzwerke zum Suchen, Speichern und Austausch von Dateien.[89] Sie erlauben den unmittelbaren Datenverkehr zwischen Computern von verschiedenen Nutzern, so dass Inhalte nicht zuvor auf zentralen Webservern im Internet gespeichert werden müssen bevor sie abgerufen werden können. Die Filesharing-Nutzer laden vielmehr unmittelbar (nicht lizenzierte) Inhalte von der lokalen Festplatte eines anderen Nutzers herunter. Das illegale Filesharing scheint jedoch mittlerweile rückläufig.[90]

92 *Sharehosting:* Ein Sharehosting-Dienst stellt Speicherplatz im Internet, so genannten *Webspace* zur Verfügung.[91] Der Nutzer lädt gewissermaßen „mit einem Klick" eine Datei von seiner Festplatte auf den zentralen Speicher des Sharehosting-Anbieters hoch.[92] Im Gegenzug erhält er einen Downloadlink, mit dem er die Datei jederzeit und überall vom Server des Unternehmens abrufen kann. Der Downloadlink wird von den Sharehosting-Diensten selbst nicht veröffentlicht; vielmehr wird dieser vom Nutzer zumeist selbst per E-Mail, Instant Messaging, oder anonym in Foren oder auf anderen Webseiten weitergegeben, so dass auch unzählige Dritte die betreffende Datei herunterladen können, ohne hierzu berechtigt zu sein.

---

86 Der deutsche Musikmarkt hat 2015 erstmals wieder deutlich zugelegt: Ein Wachstum von 4,6 % hat für rund 1,55 Mrd. EUR Gesamtumsatz gesorgt. Verantwortlich für diesen Schub sind nach Auskunft des Branchenverbandes Musikindustrie die Streaming Subscriptions mit einem Plus von 106 %. Wichtigste Umsatzsäule des Marktes bleibt die CD bei einem Marktanteil von 60,8 %, vgl. den Umsatzbericht 2015, abrufbar unter www.musikindustrie.de/umsatz/.

87 Gem. einer Stellungnahme des Bundesverbandes Musikindustrie habe die Musikindustrie in den vergangenen Jahren die Strategien, mit denen sie Rechtsverstößen begegne, angepasst und optimiert. Inzwischen konzentriere sie sich zum einen auf die Host-Provider, also die technischen Dienstleister, die illegale Angebote hosten. Damit setze die Eindämmung an der Wurzel an. Ein weiterer erfolgversprechender Ansatz sei die sog. "Follow the money" Strategie, bei der es darum gehe, die Geldquellen der illegalen Angebote auszutrocknen, die Rechtsverstöße ermöglichen. Vgl. Bundesverband Musikindustrie, Durchsetzung von Rechten, abrufbar unter www.musikindustrie.de/recht-politik/durchsetzung-von-rechten/.

88 Die Darstellung erfolgt im gegebenen Kontext zur Veranschaulichung und aus Platzgründen stark vereinfacht.

89 Filesharing-Anwendungen fallen unter den Oberbegriff der sog. P2P-Netze (Peer to Peer, engl. peer für „Gleichgestellter", „Ebenbürtiger"). Bekannte Bsp. solch dezentraler Tauschbörsen sind: BitTorrent, Applejuice, Direct Connect; der erste populäre Filesharing-Dienst Napster basierte hingegen noch auf einem zentral organisierten Netzwerk. Vgl. zu P2P-Technologien insgesamt: *Schoder/Fischbach/Teichmann* S. 6.

90 Vgl. www.musikindustrie.de/recht-politik/durchsetzung-von-rechten/.

91 Bsp. Uploaded, DepositFiles, Share-Online, etc.

92 Daher auch die Bezeichnung „One Click Hoster".

II. Urheberrechtliche Grundlagen zur Online-Nutzung von digitalen Inhalten

1. Upload

Das Speichern geschützter Inhalte, etwa von CDs oder DVDs auf der Festplatte eines Computers oder ihr Upload auf die für den Betrieb eines Internetportals erforderlichen Server, bei dem jeweils eine digitale Kopie erstellt wird, stellt eine Vervielfältigung gem. §§ 15 Abs. 1 Nr. 1, 16 Abs. 1 UrhG dar.[93] **93**

Werden die so digitalisierten Unterhaltungsmedien dann über das Internet für andere Personen zum Abruf bereitgestellt, handelt es sich um eine öffentliche Zugänglichmachung i.S.v. § 19a UrhG; ohne die erforderliche Zustimmung des Rechteinhabers handelt es sich demnach ohne Weiteres um einen rechtswidrigen Verwertungsvorgang. Ein öffentliches Zugänglichmachen i.S.d. § 19a UrhG erfordert dabei nicht zwingend, dass die geschützten Inhalte im Wege des Abspeicherns einer dauerhaften Kopie (permanenter Download) durch einen dritten Nutzer auch in dessen Besitz gelangen müssen. Vielmehr liegt durch das Bereitstellen der Inhalte auch dann ein öffentliches Zugänglichmachen vor, wenn der betreffende Endnutzer diese im Wege des Streaming bzw. progressive Download lediglich temporär zwischenspeichert.[94] **94**

2. Download

Der Download digitalisierter Inhalte auf die Festplatte eines Computers oder auf ein mobiles Speichermedium,[95] stellt wiederum eine Vervielfältigung gem. §§ 15 Abs. 1 Nr. 1, 16 Abs. 1 UrhG dar, da hier eine Festlegung auf einem Datenträger erfolgt (jedenfalls im Arbeitsspeicher, im Allgemeinen auch auf der Festplatte des Rechners), die geeignet ist, den betreffenden Inhalt den menschlichen Sinnen wahrnehmbar zu machen.[96] **95**

Erfolgt der Download durch Privatpersonen, kommt im Einzelfall auch eine zulässige Privatkopie gem. § 53 UrhG in Betracht. Diese Schrankenbestimmung gestattet einzelne Vervielfältigungen geschützter Inhalte durch eine natürliche Person zum privaten Gebrauch auf beliebigen Trägern, sofern sie weder unmittelbar noch mittelbar Erwerbszwecken dienen. Dies gilt jedoch nur soweit nicht zur Vervielfältigung eine offensichtlich rechtswidrig zugänglich gemachte Vorlage verwendet wird. Entscheidende Bedeutung kommt demnach dem Merkmal der „offensichtlichen Rechtswidrigkeit" zu. Die Norm soll den gutgläubigen Nutzer einer zum privaten Gebrauch hergestellten Kopie schützen, daher ist bei der Beurteilung im Einzelfall auf die Sicht des unbefangenen Nutzers abzustellen.[97] In vielen Fällen – beispielsweise bei der Verfügbarkeit aktueller Kinofilme oder Musiktitel auf unentgeltlichen Filesharing- oder Sharehostingdiensten – dürfte es sich jedoch regelmäßig auch aus unbefangener Nutzersicht um eine offensichtlich rechtswidrig zugänglich gemachte Vorlage handeln und somit ein zulässiger Download ausscheiden. Der Nutzer muss in diesen Fällen vernünftigerweise davon ausgehen, dass solche Inhalte eben nicht von den Rechteinha- **96**

---

93 *Wandtke/Bullinger/Heerma* § 16 Rn. 10; *OLG München* ZUM 2010, 711.
94 *OLG Hamburg* 2004 – 5 U 176/04.
95 Bspw. einen MP3-Player oder ein Mobiltelefon.
96 *BGH* NJW 2001, 3558; *Schricker/Loewenheim* § 16 Rn. 23.
97 *Wandtke/Bullinger/Heerma* § 53 Rn. 16.

bern, die üblicherweise kommerzielle Auswertungsinteressen verfolgen, unentgeltlich zur Verfügung gestellt werden, sondern vielmehr von unberechtigten Dritten.[98]

3. Streaming

97 Beim Streaming werden Daten gezielt von einem Server verschickt, wobei dieser Datenfluss vor seiner Nutzungsmöglichkeit nicht zunächst vollständig geladen, sondern schon ab Übertragungsbeginn audiovisuell wiedergegeben wird. Die Daten werden dabei nicht dauerhaft, sondern nur „flüchtig" im Cache (Zwischenspeicher) des jeweiligen Endgeräts abgespeichert. Nach einer Meinung stelle auch die reine Zwischenspeicherung nicht lizenzierter Inhalte eine rechtswidrige Vervielfältigung i.S.v. § 16 Abs. 1 UrhG dar, da es auf eine Dauerhaftigkeit der Vervielfältigung nach dem Gesetzeswortlaut nicht ankomme.[99] Der EuGH hat jedoch mittlerweile entschieden, dass sich aus der Schrankenbestimmung des § 44a UrhG die rechtliche Zulässigkeit einer solchen „flüchtigen" Vervielfältigung im Wege des Streamings ergibt, zumindest für solchen Content, der mit Zustimmung des Rechteinhabers, also rechtmäßig im Netz zugänglich gemacht worden ist.[100]

98 Der EuGH hat mit seinem Urteil vom 26.4.2017[101] im Fall eines multimedialen Medienabspielers, mit dem kostenlos und einfach auf einem Fernsehbildschirm Filme angesehen werden konnten („Filmspeler"), die eben nicht rechtmäßig, sondern vielmehr rechtswidrig im Internet zugänglich gemacht worden sind, entschieden, dass auch das Streaming eine Urheberrechtsverletzung darstellen kann. Der Betreiber einer niederländischen Website bot einen Mediaplayer an, der das Streamen von Bewegbildinhalten (Filme/Serien) ermöglichte, indem er Linksammlungen zugänglich machte, die bei Anklicken auf von Dritten betriebene Streamingseiten im Internet verwiesen, auf denen vielfach ohne Zustimmung der Rechteinhaber unentgeltlich Filme und Fernsehserien zugänglich gemacht wurden. Der EuGH geht vor diesem Hintergrund davon aus, dass sich Nutzer zumindest dann illegal verhielten, wenn sie von der Rechtswidrigkeit des verbreiteten Streams Kenntnis hatten oder hätten haben müssen, wovon regelmäßig dann auszugehen sei, wenn aktuelle Kinofilme, die (noch) nicht über ein legales Angebot abrufbar seien, im Internet im Wege des Streamings verfügbar gemacht würden. Die Erkenntnisse der Entscheidung sind auf die einschlägigen Streamingportale, wie bspw. kinox.to, etc. anwendbar: Immer dort wo aktuelle Kinofilme und Serien angeboten werden, ist den Nutzern bewusst, dass die darüber zugänglichen Inhalte offensichtlich rechtswidrig sind. Ein Streaming ist in dieser Konstellation dann nicht mehr über § 44 a UrhG privilegiert, so dass sich in diesen Fällen nach der neuesten EuGH-Rechtsprechung ebenfalls eine Urheberrechtsverletzung ergibt.

---

98 Vgl. auch *Radmann* ZUM 2010, 387 Fn. 6.

99 Vgl. u.a. *AG Leipzig* v. 21.12.2011 (Kino.to), abrufbar unter www.justiz.sachsen.de/lentschweb/document.phtml?id=978; *OLG Hamburg* ZUM 2001, 513; *LG München I* MMR 2003, 197.

100 *EuGH* 5.6.2014 – C-360/13, abrufbar unter http://lexetius.com/2014,1730.Hierzu ingesamt näher 26. Kap.

101 Vgl. *EuGH* C-527/15 „Stichting Brein", Pressemeldung des EuGH abrufbar unter https://curia.europa.eu/jcms/upload/docs/application/pdf/2017-04/cp170040de.pdf.

III. Rechtliche Strategien zur Verfolgung von unerlaubten Online-Nutzungen von digitalen Inhalten

Trotz der zunehmenden Durchsetzung von legalen Streaming-Angeboten und Downloadportalen, begegnen die Rechteinhaber (Labels, Musikverlage) dem Phänomen der illegalen Nutzung von Musik unverändert auch mit systematischer Geltendmachung zivilrechtlicher Ansprüche und der Erstattung von Strafanzeigen gegen Endnutzer bzw. Inhaber von Internetanschlüssen sowie Anbietern von Internet-Plattformen, auf denen Urheberrechtsverletzungen begangen werden. **99**

1. Vorgehen gegen Endnutzer/Anschlussinhaber

1.1 Auskunftsanspruch gegen Access Provider, § 101 Abs. 2 UrhG

Zur Umsetzung der Richtlinie 2004/48/EG des Europäischen Parlaments und Rates zur Durchsetzung der Rechte des geistigen Eigentums wurde 2008 der neue Auskunftsanspruch des § 101 UrhG geschaffen, der in seinem Abs. 9 den Rechteinhabern die Möglichkeit gibt, direkt von den Internetzugangsprovidern Auskunft darüber zu erhalten, wer sich hinter einer festgestellten IP-Adresse verbirgt, über die Rechtsverletzungen im Internet begangen wurden. Für den Erlass der entsprechenden Anordnung über die Zulässigkeit der Verwendung der sog. Verkehrsdaten i.S.v. § 3 Nr. 30 TKG ist, ohne Rücksicht auf den Streitwert, das Landgericht ausschließlich zuständig, in dessen Bezirk der zur Auskunft Verpflichtete Zugangsprovider seinen Sitz oder eine Niederlassung hat. Die Kosten der richterlichen Anordnung trägt der Verletzte. **100**

Materielle Voraussetzung für den Auskunftserteilungsanspruch ist eine Rechtsverletzung im gewerblichen Ausmaß, welches sich jedoch nicht auf die – zum Zeitpunkt der Antragstellung nach § 101 Abs. 9 UrhG naturgemäß noch unbekannte – Person des Rechtsverletzers, sondern auf das Ausmaß der Rechtsverletzung selbst bezieht. Dabei weist nach der Beschlussempfehlung des Rechtsausschusses des Bundestages v. 9.4.2008 das Merkmal „gewerbliches Ausmaß" nicht nur quantitative, sondern auch qualitative Aspekte auf.[102] Dies bedeutet für den Fall der Rechtsverletzung im Internet, dass eine solche nicht nur im Hinblick auf die Anzahl der Rechtsverletzungen, also etwa die Menge der öffentlich zugänglich gemachten Dateien, ein „gewerbliches Ausmaß" erreichen kann, sondern auch im Hinblick auf die Schwere der beim Rechtsinhaber eingetretenen einzelnen Rechtsverletzung. Diese kann etwa dann zu bejahen sein, wenn eine besonders umfangreiche Datei, wie ein vollständiger Kinofilm oder ein Musikalbum oder Hörbuch, vor oder unmittelbar nach ihrer Veröffentlichung in Deutschland widerrechtlich im Internet öffentlich zugänglich gemacht wird.[102] Dem folgend neigt die Rechtsprechung dazu, das erforderliche gewerbliche Ausmaß einer Urheberrechtsverletzung je eher anzunehmen, umso aktueller der unberechtigt genutzte Inhalt ist.[103] Der Anspruch auf Auskunft gegen eine Person, die in gewerblichem Ausmaß für rechtsverletzende Tätigkeiten genutzte Dienstleistungen erbringt, setzt nach höchstrichterlicher Rechtsprechung hingegen kein besonderes oder **101**

102 BT-Drucks. 16/8783, 50.

103 Vgl. u.a. *OLG Köln* 2009, JurPC Web-Dok. 103/2009, Abs. 1–19; *LG Köln* MMR 2008, 761; *LG Oldenburg* 2008, abrufbar unter http://medien-internet-und-recht.de/1768; *LG Frankfurt* 2008, abrufbar unter http://medien-internet-und-recht.de/1767; nach dem *OLG München* v. 12.12.2011 – 29 W 1708/11 kommt einer Rechtsverletzung, die im Angebot einer Datei mit urheberrechtlich geschütztem Inhalt auf einer Internet-Tauschbörse liegt, regelmäßig ein gewerbliches Ausmaß zu, ohne dass es weiterer erschwerender Umstände bedürfte.

gewerbliches Ausmaß der Rechtsverletzung voraus. Ein solcher Antrag ist vielmehr unter Abwägung der betroffenen Rechte des Rechtsinhabers, des Auskunftspflichtigen und der Nutzer sowie unter der Berücksichtigung des Grundsatzes der Verhältnismäßigkeit zumeist ohne weiteres begründet.[104]

1.2 Inanspruchnahme der Anschlussinhaber

1.2.1 Besonderheiten bei der Haftung als Täter oder Teilnehmer

102 Täter einer Urheberrechtsverletzung ist derjenige, der sie selbst vorgenommen hat oder, wenn ihm diese zugerechnet werden kann, sie veranlasst[105] oder sich zu eigen gemacht hat.[106] Die Teilnahme an Rechtsverletzungen erfordert bezüglich der tatbestandlichen Voraussetzungen Vorsatz und das Bewusstsein der Rechtswidrigkeit.[107] Den Anspruch stellenden Rechteinhaber trifft dabei die Darlegungs- und Beweislast bzgl. aller anspruchsbegründenden Merkmale. Wer jedoch Täter oder Teilnehmer einer im Internet begangenen Verletzungshandlung ist, lässt sich vom Verletzten schwer nachweisen, da er regelmäßig keine Kenntnis darüber haben wird, wie viele Personen einen bestimmten Internetanschluss nutzen und wer letztlich die Urheberrechtsverletzung begangen hat.

103 Dem begegnet die Rechtsprechung mit der sog. **sekundären Darlegungslast** des Inanspruchgenommenen, wonach es diesem obliegt, durch „substantiiertes Bestreiten" darzulegen, wieso die Rechtsverletzung nicht von ihm begangen wurde.[108] Wird also ein geschütztes Werk der Öffentlichkeit von einer IP-Adresse aus öffentlich zugänglich gemacht, die zum Verletzungszeitpunkt einer bestimmten Person zugeteilt ist, so spricht zunächst eine tatsächliche Vermutung dafür, dass diese Person die Rechtsverletzung auch begangen hat.[109] Der Anschlussinhaber, der daraufhin geltend macht, dass eine andere Person die Rechtsverletzung begangen habe, muss glaubhaft darlegen, dass nicht er es war, der gehandelt hat. Die sekundäre Darlegungslast führt dabei weder zu einer Umkehr der Beweislast noch zu einer über die prozessuale Wahrheitspflicht und Erklärungslast (§ 138 Abs. 1 und 2 ZPO) hinausgehenden Verpflichtung des Anschlussinhabers, dem Anspruchsteller alle für seinen Prozesserfolg benötigten Informationen zu verschaffen.[110] Der Anschlussinhaber genügt seiner sekundären Darlegungslast vielmehr dadurch, dass er dazu vorträgt, ob andere Personen und ggf. welche anderen Personen selbständigen Zugang zu seinem Internetanschluss hatten und als Täter der Rechtsverletzung in Betracht kommen. In diesem Umfang ist der Anschlussinhaber im Rahmen des Zumutbaren zu Nachforschungen sowie zur Mitteilung verpflichtet, welche Kenntnisse er dabei über die Umstände einer eventuellen Verletzungshandlung gewonnen hat. Die pauschale Behauptung der bloß theoretischen Möglichkeit des Zugriffs von im Haushalt lebenden Dritten auf den Internetanschluss genügt hierbei nicht. Entspricht der Anschlussinhaber seiner sekundären Darlegungslast, ist es wieder Sache der Anspruchsteller, die für eine Haftung des Anschlussinhabers als Täter einer Urheberrechtsverletzung sprechenden Umstände darzulegen und nachzuweisen.

---

104 *BGH* 19.4.2012 – I ZB 80/11 – Alles kann besser werden.
105 *BGH* WRP 1994, 301.
106 *OLG Hamburg* ZUM-RD 2008, 345.
107 *BGH* ZUM 2004, 835.
108 Vgl. zur sekundären Darlegungslast *BGH* NJW 1990, 3152.
109 *OLG Köln* ZUM 2010, 269.
110 Vgl. u.a. *BGHZ* 200, 76 Rn. 15 ff. – BearShare, m.w.N.; *BGH* GRUR 2016, 191 Rn. 37 und 42 – Tauschbörse III; GRUR 2016, 1280 Rn. 33 – Everytime we touch.

Die Reichweite der sekundären Darlegungslast zur Nutzung des Anschlusses durch andere Personen wurde höchstrichterlich nochmals deutlich für die Fälle eingeschränkt, in denen eine familiäre Bindung zwischen dem Anschlussinhaber und den weiteren Nutzern besteht, da bei Ehegatten oder Familienangehörigen zugunsten des Anschlussinhabers zusätzlich der grundrechtliche Schutz von Ehe und Familie (Art. 7 EU-Grundrechtecharta, Art. 6 Abs. 1 GG) wirkt. [111] Demnach genügt ein Anschlussinhaber in diesen Fällen seiner sekundären Darlegungslast, wenn er vorträgt, dass seine Familienmitglieder über einen eigenen Computer Zugang zu seinem Internetanschluss haben, ohne nähere Einzelheiten zu Zeitpunkt und Art der Internetnutzung durch diese mitzuteilen. Weitergehende Nachprüfungen dahingehend, ob diese dann hinsichtlich der fraglichen Zugriffszeiten oder der Art der Internetnutzung als Täter in Betracht kommen, sind dem Anschlussinhaber nicht zumutbar. **104**

Gerade in Mehrpersonenhaushalten scheidet eine täterschaftliche Haftung des reinen Anschlussinhabers demnach vielfach aus. **105**

1.2.2 Besonderheiten bei der Störerhaftung

Auch wenn dem Inhaber eines Internetanschlusses, der von Dritten für Urheberrechtsverletzungen genutzt wurde keine eigene Verletzungshandlung nachzuweisen ist und er demnach als Täter oder Teilnehmer der Rechtsverletzung ausscheidet, kann er dennoch über die Grundsätze der (mittelbaren) Störerhaftung in Anspruch genommen werden. Dies setzt voraus, dass er in irgendeiner Weise willentlich und adäquat kausal, nicht aber zwingend schuldhaft, zur Verletzung des geschützten Rechts beigetragen und dabei gegen zumutbare Prüfpflichten verstoßen hat.[112] **106**

Im hier relevanten Online-Bereich wirkt nach allgemeiner Auffassung derjenige willentlich und adäquat kausal an der Rechtsverletzung mit, der einen Internetanschluss geschaffen und damit die objektive Gefahr von Rechtsverletzungen ermöglicht hat. Die Störerhaftung darf jedoch nicht über Gebühr auf Dritte erstreckt werden, die nicht selbst die rechtswidrige Handlung vorgenommen haben. Daher setzt sie ferner die Verletzung von Prüfpflichten voraus, deren Umfang sich im Einzelnen danach bestimmt, ob und inwieweit dem als Störer Inanspruchgenommenen nach den Umständen im Einzelfall eine Prüfung zuzumuten ist.[113] **107**

In Bezug auf zumutbare Prüfungspflichten für ggf. urheberrechtswidrige Online-Nutzungen von Familienangehörigen oder sonstigen Dritten hat sich die Auffassung durchgesetzt, dass im Verhältnis von Ehegatten keine gegenseitigen Kontrollpflichten bestehen, solange keine konkreten Anhaltspunkte für ein rechtsverletzendes Verhalten des anderen gegeben sind.[114] Dies hat der BGH erweiternd bestätigt, so dass Anschlussinhaber ohne einen konkreten Anlass nicht für Urheberrechtsverletzungen volljähriger Familienmitglieder in Filesharing-Fällen haften.[115] Nur bei Bestehen konkreter Anhaltspunkte, dass der Anschluss von dem betreffenden Familienmitglied **108**

---

111 Vgl. *BGH* Afterlife (6.10.2016 – I ZR 154/15), abrufbar unter www.jurpc.de/jurpc/show?id=20170040.

112 Vgl. zur Störerhaftung auch oben Rn. 17.

113 S.o. Rn. 17.

114 *OLG Frankfurt* 22.3.2013 – 11 W 8/13.

115 Statt aller *BGH* 8.1.2014 – Bearshare, m.w.N., abrufbar unter http://juris.bundesgerichtshof.de/cgi-bin/rechtsprechung/document.py?Gericht=bgh&Art=pm&Datum=2014&Sort=3&anz=5&pos=0&nr=67883&linked=urt&Blank=1&file=dokument.pdf.

missbraucht wurde, bspw. aufgrund einer vorherigen Abmahnung, könnten weitere Rechtspflichten des Anschlussinhabers bestehen, deren Verletzung dann wiederum einen Anspruch gegen diesen begründen können. Der BGH hat insoweit konkretisiert, dass die Eltern bei einem normal entwickelten minderjährigen Kind, welches grundlegende Gebote und Verbote befolgt, ihrer Aufsichtspflicht bereits dann genügen, wenn sie das Kind über die Rechtswidrigkeit einer Teilnahme an Internettauschbörsen belehren und ihm eine Teilnahme daran verbieten.[116] Eine grundsätzliche Verpflichtung, den Computer zu überwachen und zu überprüfen, bestehe hingegen nicht. Zu solchen Maßnahmen seien die Eltern erst dann verpflichtet, wenn konkrete Anhaltspunkte vorliegen, dass das Kind dem Verbot zuwiderhandelt.

109 Der Inhaber eines Internetanschlusses mit WLAN-Funktion ist hingegen zur Prüfung verpflichtet, ob der eingesetzte Router über die im Zeitpunkt seines Kaufs für den privaten Bereich marktüblichen Sicherungen, also einen aktuellen Verschlüsselungsstandard sowie ein individuelles, ausreichend langes und sicheres Passwort, verfügt.[117] Die Beibehaltung eines vom Hersteller voreingestellten WLAN-Passworts kann nach dem BGH eine Verletzung der Prüfungspflicht darstellen, wenn es sich nicht um ein für jedes Gerät individuell, sondern für eine Mehrzahl von Geräten verwendetes Passwort handelt.

110 Im Streitfall, der dem BGH zur Entscheidung vorlag, hatte die Klägerin jedoch keinen Beweis dafür angetreten, dass es sich um ein Passwort gehandelt hatte, das vom Hersteller für eine Mehrzahl von Geräten vergeben worden war. [118] Die Beklagte hatte durch Benennung des Routertyps und des Passworts sowie durch die Angabe, es habe sich um ein nur einmal vergebenes Passwort gehandelt, der ihr insoweit obliegenden sekundären Darlegungslast genügt. Da der Standard WPA2 laut BGH als hinreichend sicher anerkannt sei und es im Übrigen an Anhaltspunkten dafür fehlte, dass im Zeitpunkt des Kaufs der voreingestellte 16-stellige Zifferncode nicht marktüblichen Standards entsprach oder Dritte ihn entschlüsseln konnten, habe die Beklagte ihre Prüfungspflichten nicht verletzt, so dass eine Störerhaftung insoweit ausschied.

111 Auf Rechtsfolgenseite besteht im Bereich der Störerhaftung lediglich ein (verschuldensunabhängiger) Unterlassungsanspruch sowie ggf. ein Erstattungsanspruch hinsichtlich der Abmahnkosten des Verletzten und der Kosten für ein etwaiges Auskunftsverfahren nach § 101 UrhG, jedoch kein darüber hinaus gehender Schadenersatzanspruch.[119] Im Rahmen der Störerhaftung des Inhabers eines ungesicherten WLAN-Anschlusses hat der BGH dessen Unterlassungspflicht weiter dahin eingegrenzt, als dieser lediglich verpflichtet ist, es zu unterlassen, außenstehenden Dritten die betreffenden Rechtsverletzungen durch die unzureichende Sicherung seines WLAN-Anschlusses zu ermöglichen.[120]

---

116 *BGH* 15.11.2012 - I ZR 74/12; so auch *AG Frankfurt/Main* 14.6.2013 – 30 C 3078/12 (75).

117 *BGH* 24.11.2016 - I ZR 220/15 - WLAN-Schlüssel, Pressemdlung ohne Urteilsgründe abrufbar unter http://juris.bundesgerichtshof.de/cgi-bin/rechtsprechung/document.py?Gericht=bgh&Art=en &Datum=Aktuell&nr=76605&linked=pm.

118 *BGH* 24.11.2016 - I ZR 220/15 - WLAN-Schlüssel, Pressemeldung ohne Urteilsgründe abrufbar unter http://juris.bundesgerichtshof.de/cgi-bin/rechtsprechung/document.py?Gericht=bgh&Art=en &Datum=Aktuell&nr=76605&linked=pm.

119 S.o. Rn. 19 ff.

120 *BGH* ZUM 2010, 699; der im Rahmen dieses Verfahrens gestellte Antrag des Klägers, es dem Beklagten zu verbieten die streitgegenständliche Tonträgerproduktion im Internet in Tauschbörsen zugänglich zu machen, verfehlte nach der Auffassung des BGH die konkrete Verletzungsform.

Zuletzt hatte sich der EuGH auf Vorlage des LG München I mit der Frage zu beschäftigen, ob Gewerbetreibende, die gewerblich einen öffentlichen WLAN-Hotspot anbieten, im Wege der Störerhaftung für Urheberrechtsverletzungen verantwortlich gemacht werden können.[121] Eine unmittelbar täterschaftliche Haftung wurde vom EuGH mit Verweis auf die den Diensteanbieter privilegierenden, im Juli 2016 novellierten Vorschriften des TMG für den gewerbetreibenden Anbieter eines WLAN-Hotspots als „Diensteanbieter" abgelehnt, da dieser lediglich Zugang zu einem Kommunikationsnetz vermittele und insoweit für die von Nutzern begangenen Rechtsverletzungen nicht verantwortlich sei, wenn er die Übermittlung nicht veranlasst habe, den Adressaten der übermittelten Informationen nicht auswähle und die übermittelten Informationen nicht auswähle oder verändere (§§ 7, 8 TMG). Jedoch bliebe es Rechteinhabern unbenommen, gegenüber WLAN-Betreibern Unterlassungsansprüche geltend zu machen mit der Einschränkung, dass im Fall einer Rechtsverletzung die Verpflichtungen des Betreibers lediglich soweit gingen, als er künftig für die Nutzung des WLAN einzelne Accounts anzulegen sowie Usernamen und Passwörter zu vergeben habe, um so sicherzustellen, dass die Identität der Nutzer überprüfbar bleibe. Der EuGH stellte ferner klar, dass Rechteinhaber von dem Betreiber eines offenen WLAN neben dessen Verschlüsselung auch die Zahlung der Abmahn- und Gerichtskosten verlangen kann, deren Gegenstandwert wegen des gewerblichen Tätigwerdens des Anschlussinhabers nicht nach § 97a Abs. 3 gedeckelt ist. Schon allein deswegen können derartige Abmahnungen gegenüber gewerblichen Anbietern von offenen WLAN-Netzen (Hotspotbetreiber, Hotels, etc.) selbst ohne das Bestehen von Schadensersatzansprüchen auch künftig teuer bleiben. **112**

1.3 Besonderheiten bei der zivilrechtlichen Anspruchsdurchsetzung

1.3.1 Aktivlegitimation des Anspruchstellers

Immer wieder nehmen die Rechteinhaber bei der massenhaften Verfolgung von Rechtsverletzungen im Internet ihre Rechte nicht selbst im eigenen Namen wahr, sondern beauftragen spezialisierte „Anti-Piracy"-Unternehmen mit der Ermittlung und Dokumentation von Rechtsverletzungen im Internet und der anschließenden Rechtsverfolgung im eigenen Namen und auf eigene Rechnung. Diesbezüglich ist zu beachten, dass eine Aktivlegitimation eines solchen „Anti-Piracy"-Unternehmens nur soweit bestehen kann, wie es auch Inhaber ausschließlicher Nutzungsrechte an fraglichen Inhalt ist.[122] Somit obliegt es dem ggf. abmahnenden Unternehmen, die eigene ausschließliche Nutzungsrechteinhaberschaft bzw. eine ununterbrochene Kette von entsprechenden Rechteeinräumungen (Rechtekette) durch tatsächliche Vorlage der entsprechenden Verträge zu belegen, was der Erfahrung nach nicht in jedem Fall gelingen wird. **113**

1.3.2 Rechtsmissbräuchlichkeit von Massenabmahnungen

Die flächendeckende Geltendmachung von Rechtsverletzungen im Internet unter Einschaltung von „Anti Piracy"-Unternehmen, oft in Kooperation mit spezialisierten Rechtsanwaltskanzleien, hat die Frage aufgeworfen, ob es sich bei der massenhaften Durchführung solcher Abmahnungen ggf. um ein rechtsmissbräuchliches Verhalten **114**

121 *EuGH* 15.9.2016 - C-484/14 - McFadden, abrufbar unter http://tlmd.in/u/1731.
122 S.o. Rn. 11 ff.

des Abmahnenden handelt.[123] So kann die Ausübung eines Rechts im Einzelfall unzulässig sein, wenn der Berechtigte kein schutzwürdiges Eigeninteresse verfolgt oder überwiegende schutzwürdige Interessen der Gegenpartei entgegenstehen, wodurch die Rechtsausübung im betreffenden Einzelfall zu einem grob unbilligen und mit der Gerechtigkeit nicht mehr zu vereinbarenden Ergebnis führen würde.[124] Soweit mit solchen Massenabmahnungen also lediglich formal bestehende Rechte verfolgt werden und ausreichende wirtschaftliche oder ideelle Interessen des Abmahnenden nicht ersichtlich sind, ist von einer solchen Rechtsmissbräuchlichkeit auszugehen.[125]

115 Allerdings ist allein die Anzahl der Geltendmachung gleichgearteter Ansprüche noch kein zwingendes Indiz für einen Rechtsmissbrauch, insbesondere wenn die Abmahnungen nicht identische, sondern lediglich gleichartige Rechtsverletzungen verfolgen.[126] Auch nach höchstrichterlicher Rechtsprechung erforderten massenhafte Rechtsverletzungen auch ein massenhaftes Vorgehen, so dass eine Rechtsmissbräuchlichkeit nicht schon deswegen vorliege, weil etwa ein beauftragter Rechtsanwalt mit Textbausteinen eine Vielzahl ähnlicher Abmahnschreiben erstelle.[127] Zur Annahme einer Rechtsmissbräuchlichkeit müssen zur „reinen Masse" demnach noch weitere, sachfremde Motive hinzukommen. So wird ein Missbrauch angenommen, wenn das Gebührenerzielungsinteresse im Vordergrund steht,[128] wenn die Abmahntätigkeit wesentlich umfangreicher als die nur zum Schein geführte Geschäftstätigkeit ist,[129] wenn der Geschäftsführende an den Gebühreneinkünften seines beauftragten Anwalts mitverdient,[128] der Abmahnende den Anwalt das Abmahngeschäft „in eigener Regie" betreiben lässt,[130] oder der Abmahnende in keinem einzigen Fall versucht seine Ansprüche gerichtlich durchzusetzen[131] oder ständig nur auf Kostenerstattungsanspruch klagt, nicht aber auf Unterlassen oder Schadensersatz.[132]

1.3.3 Deckelung von Abmahngebühren nach § 97a Abs. 3 UrhG

116 Der durch das am 9.10.2013 in Kraft getretene Gesetz gegen unseriöse Geschäftspraktiken[133] insgesamt neugefasste § 97a UrhG normiert in seinem Abs. 3 einen spezialgesetzlichen Kostenerstattungsanspruch hinsichtlich erforderlicher Aufwendungen für berechtigte Abmahnungen von Urheberrechtsverletzungen. Beim kumulativen Vorliegen folgender Voraussetzungen sieht die Vorschrift allerdings eine Begrenzung der Kosten auf Basis eines gedeckelten Gegenstandwerts bis zu 1 000 EUR vor: Es muss sich nach Nr. 1 bei dem Abgemahnten zum Einen um eine natürliche Person handeln, d.h. von der Kostendeckelung sind solche Abmahnungen ausgenommen, die sich gegen andere als natürliche Personen richten. Ferner darf die rechtswidrige Verwendung nicht für die gewerbliche oder selbstständige berufliche Tätigkeit der abgemahnten Person sein, wobei es sich um

---

123 Vgl. zu sog. „Abmahnmaschinen" *Schwanitz* Das Volk der Dichter und Denker ohne Schutz ihres wertvollsten Guts?, 2010.

124 *Jauernig* BGB, § 242 Rn. 37.

125 So auch *Nümann/Mayer* ZUM 2010, 328.

126 Vgl. *LG Köln* MMR 2008, 129; *LG München I* MMR 2008; *OLG Köln* GRUR-RR 2006, 204.

127 *BGH* ZUM 2008, 781.

128 *Fromm/Nordemann* § 97 Rn. 191.

129 *OLG München* NJW-RR 1986, 599.

130 *OLG Düsseldorf* GRUR-RR 2002, 215, 216.

131 *BGH* GRUR 1999, 1118.

132 *OLG Düsseldorf* GRUR-RR 2002, 215.

133 Mit dem Gesetz wird gezielt dem Geschäftsmodell von Massenabmahnungen bei Bagatellverstößen gegen das Urheberrecht begegnet.

eine gewerbliche Tätigkeit in diesem Sinne bei jeder auf Dauer angelegten und auf den Erwerb gerichteten wirtschaftlichen Tätigkeit handelt, ohne dass es auf eine Gewinnerzielungsabsicht ankommt. Die Deckelung greift demnach nicht bei gewerbetreibenden Anbietern eines W-LAN-Hotspots, bspw. Hotelbetreibern. Ferner muss die fragliche Verwendung mit der gewerblichen oder selbstständigen Tätigkeit in Zusammenhang stehen („für"). Diese Voraussetzung wird bei einer Rechtsverletzung im Internet durch Privatpersonen regelmäßig erfüllt sein. Die Kostendeckelung soll dabei sowohl für Täter und Teilnehmer sowie im Wege erweiternder Auslegung auch für Störer gelten, der nicht selbst verwendet, sondern nur mittelbarer Verursacher ist.[134]

Schließlich sieht Nr. 2 der Vorschrift vor, dass die Deckelung der Abmahnkosten nicht demjenigen zugutekommen soll, der wiederholt gleichartige Urheberrechtsverletzungen begangen hat,[135] also nur greift, wenn der Abgemahnte nicht bereits wegen eines Anspruchs des Abmahnenden durch einen Unterlassungsvertrag nach Abgabe einer Unterlassungserklärung, auf Grund einer rechtskräftigen gerichtlichen Entscheidung (im Hauptsacheverfahren) oder einer einstweiligen Verfügung zur Unterlassung verpflichtet ist. **117**

Liegen diese Bedingungen vor, wird der Streitwert zur Berechnung der anwaltlichen Kostenerstattung nach dem RVG auf bis zu 1 000 EUR gedeckelt, kann jedoch auch darunter liegen. Die Deckelung bezieht sich dabei jedoch ausdrücklich nur auf die Forderung des Abmahners gegen den Abmahnenden und nicht auf das Innenverhältnis zwischen dem abmahnenden Anwalts zu seinem abmahnenden Mandanten.[134] Die Streitwertdeckelung gilt zudem auch, wenn ein Unterlassungs- und ein Beseitigungsanspruch nebeneinander geltend gemacht werden, so dass in dieser Konstellation die Deckelung für beide Ansprüche gemeinsam erfolgt. Sie gilt hingegen nicht für den Gebührenstreitwert und somit die Kosten im gerichtlichen Verfahren, der nach wie vor vom Gericht nach freiem Ermessen zu bestimmen ist.[136] **118**

Schließlich greift die Kostendeckelung gem. § 97a Abs. 3 S. 4 nicht in Fällen in denen sie nach den besonderen Umständen des Einzelfalles unbillig ist, was nach dem Willen des Gesetzgebers bei einer im Einzelfall im relevanten Ausmaß vom üblichen Maß abweichenden Anzahl oder Schwere der Rechtsverletzung der Fall sein soll.[137] Mit dieser Einschränkung sollen Ungerechtigkeiten im Einzelfall aufgefangen werden. Zur Feststellung einer solchen Unbilligkeit wird teilweise ein Vergleich des üblichen Streitwerts der Rechtsverletzung mit dem Streitwertdeckel von 1 000 EUR vorgeschlagen.[138] Zur Bemessung des „üblichen Streitwerts" sollten dabei objektive Kriterien wie der Verletzungsumfang, die Qualität der Urheberrechtsverletzung, Vorsatz oder Fahrlässigkeit, Verschleierungsversuche sowie das Verhalten nach Abmahnung sowie schließlich auch der Marktwert des Werkes heran gezogen werden. **119**

1.3.4 Gerichtliche Durchsetzung

Über die vorstehend geschilderten Besonderheiten hinaus kann in Hinblick auf die gerichtliche Durchsetzung von zivilrechtlichen Ansprüchen aufgrund von Urheberrechtsverletzungen im Internet auf oben, Rn. 1 ff. verwiesen werden. **120**

---

134 Vgl. *Nordemann/Wolters* ZUM 2014, 29.
135 *RegE* Gesetz unseriöse Geschäftspraktiken, BT-Drucks. 17/13057, 29.
136 *LG Köln* 3.12.2013 – 28 T 9/13, abrufbar unter http://openjur.de/u/666014.html.
137 *RegE Gesetz unseriöse Geschäftspraktiken*, BT-Drucks. 17/13057 S. 29.
138 *Nordemann/Wolters* ZUM 2014, 30

1.4 Strafrechtliches Vorgehen

121 Beim unerlaubten Up- oder Download von geschützten Werken oder Leistungen handelt es sich gem. §§ 106 bzw. 108 UrhG zudem um eine strafbare Handlung.[139] Vor Einführung des Auskunftsanspruches gem. § 101 Abs. 9 UrhG war ein strafrechtliches Vorgehen für die Rechteinhaber die einzige Möglichkeit, im Wege des Akteneinsichtsrechts des § 406e Abs. 1 StPO an die Personendaten hinter einer ermittelten IP-Adresse zu gelangen, um dann mit den so erlangten Informationen in der weiteren Folge die zivilrechtlichen Unterlassungs- und ggf. Schadenersatzansprüche durchzusetzen.

122 Die Strafrechtspflege selbst hat jedoch vor der Flut von Strafanzeigen aus dem Bereich der Urheberrechtskriminalität kapituliert und beschränkt sich auf ihre Ultima-Ratio-Funktion.[140] Es ist damit zu rechnen, dass vor dem Hintergrund des bestehenden Auskunftsanspruches des § 101 Abs. 9 UrhG die Zahl der Strafanträge bzgl. Urheberrechtsverletzungen im Internet weiter zurückgehen wird.

2. Vorgehen gegen Diensteanbieter

123 Insbesondere die Verwertungsgesellschaft GEMA, welche die urheberrechtlichen Nutzungsrechte der Komponisten und Musikverlage an Kompositionen und Textdichtungen wahrnimmt, hat, statt massenhafte Abmahnungen gegen private Endnutzer/Anschlussinhaber auszusprechen, die Strategie verfolgt, Diensteanbietern entgegenzutreten, über deren Plattformen urheberrechtlich geschützte Werke massenhaft zugänglich gemacht werden können, insbesondere Sharehostern.

124 § 10 Telemediengesetz (TMG) normiert jedoch eine Haftungsprivilegierung für solche Diensteanbieter, die lediglich fremde Inhalte für dritte Nutzer speichern (sog. Host Provider). Die Privilegierung greift, sofern diese Anbieter keine Kenntnis von Urheberrechtsverletzungen haben und ihnen auch keine Tatsachen oder Umstände bekannt sind, aus denen die rechtswidrige Handlung offensichtlich wird, oder sie nach Kenntniserlangung unverzüglich tätig geworden sind, um die Information zu entfernen oder den Zugang zu ihr zu sperren.[141] Insoweit scheidet eine Haftung derartiger Anbieter als Täter oder Teilnehmer etwaiger Rechtsverletzungen aus, allenfalls eine Störerhaftung ist denkbar.

125 In Bezug auf die Reichweite der solche Dienste im Rahmen ihrer Störerhaftung treffenden Prüfungspflichten nach jeweiliger Kenntnis der Rechtsverletzung ist mittlerweile höchstrichterlich entschieden, dass es Betreibern von File-Hosting-Diensten nicht zugemutet werden kann, a priori sämtliche gespeicherten Dateien auf dem Server auf deren potentielle Rechtswidrigkeit zu durchsuchen.[142] Jedoch bestehe die Pflicht zu handeln, wenn sie auf eine konkrete Rechtsverletzung hingewiesen werden. Dabei sei nicht ausreichend, wenn lediglich die konkret benannte rechtsverletzende Datei gesperrt werde. Vielmehr müsse das technisch und wirtschaftlich Zumutbare

---

139 Vgl. im Einzelnen oben unter Rn. 77 f.

140 *Kondziela* MMR 2009, 295; im Jahr 2005 wurden etwa durch die StA Karlsruhe knapp 20 000 Strafanzeigen wegen Urheberrechtsverletzungen in Filesharing-Netzwerken bearbeitet, vgl. *Dietrich* NJW 2006, 809.

141 Zur Haftung solcher Host-Provider, s. im Einzelnen 10. Kap. Rn. 79 ff.

142 *BGH* 12.7.2012 – Alone in the dark, JurPC Web-Dok. 118/2012, Abs. 5,7.; *BGH* 15.8.2013 – I ZR 80/12.

getan werden, eine Wiederholung der Rechtsverletzung zu verhindern, der BGH etablierte insoweit eine "Notice-and-Staydown"-Verpflichtung für Host-Provider. Leiste ein File-Hosting-Dienst durch sein konkretes Geschäftsmodell Urheberrechtsverletzungen in erheblichem Umfang Vorschub, so sei ihm jedenfalls eine umfassende regelmäßige Kontrolle entsprechender Linksammlungen zuzumuten.[143] Die Prüfpflichten des Störers, die sich danach ergeben, bestehen dann in Bezug auf jedes Werk, hinsichtlich dessen ihm eine klare Rechtsverletzung angezeigt worden ist; sie verringern sich auch nicht deswegen, weil er auf eine große Zahl von Verletzungen hingewiesen worden ist.[144]

IV. Rechtspolitische Entwicklungen und Zusammenfassung

Aufgrund der gesellschaftlich relevanten Dimension der Urheberrechtsverletzungsproblematik im Internet fand zunächst auch ein reger rechtspolitischer Diskurs statt, im Rahmen dessen sowohl Systeme staatlicher Intervention als auch alternative Kollektivlizenzierungsmodelle diskutiert wurden. **126**

Von verschiedenen Vertretern der Unterhaltungsindustrie wurde der Wunsch geäußert, die juristische Verfolgung von Urheberrechtsverletzungen einzelner Personen durch ein abgestuftes Vorgehen mit Warnhinweisen und Sanktionen bis hin zur Sperrung des Internetanschlusses abzulösen[145]Eine Umsetzung in Deutschland erscheint jedoch unwahrscheinlich.[146] **127**

Auch die Vor- und Nachteile einer kollektiven Rechtevergabe im Online-Bereich unter dem Schlagwort *Kultur-* bzw. *Content Flatrate* wurden zeitweise kontrovers diskutiert.[147] Unter einer solchen Flatrate sollte die nichtkommerzielle Zugänglichmachung und Vervielfältigung von urheberrechtlich geschützten Inhalten über das Internet legalisiert werden, wofür zum Ausgleich ein pauschales Entgelt zur Entschädigung der Rechteinhaber zu erheben und an diese abzuführen sei.[148] Das Inkasso sollten dabei die Internet Service Provider übernehmen. Auch dieser Vorschlag war jedoch **128**

---

143 *BGH* 12.7.2012 – Alone in the dark, JurPC Web-Dok. 118/2012, Abs. 5,7.; *BGH* 15.8.2013 – I ZR 80/12.

144 *BGH* 15.8.2013 – File-Hosting-Dienst, abrufbar unter www.jurpc.de/jurpc/show?id=20140019; im Streitfall ging es um 4 800 Musiktitel.

145 Vgl. *Nümann/Mayer* ZUM 2010, 329 m.w.N.

146 Das Bundesjustizministerium hat mehrfach darauf hingewiesen, dass es für ein solches System und den damit verbundenen Versand von Warnhinweisen durch die Provider und das ultimative Kappen des Netzzugangs in Wiederholungsfällen derzeit hierzulande keinen gesetzlichen Spielraum gebe, vgl. Meldung v. 30.1.2009, abrufbar unter www.heise.de/newsticker/meldung/Keine-Internet-sperren-bei-Urheberrechtsverstoessen-204003.html). Zu den Voraussetzungen eines alternativ vorgeschlagenen „vorgerichtlichen Mitwirkungsmodells" in Deutschland vgl. die „vergleichende Studie über Modelle zur Versendung von Warnhinweisen durch Internet-Zugangsanbieter an Nutzer bei Urheberrechtsverletzungen" im Auftrag des Bundesministeriums für Wirtschaft und Technologie, abrufbar unter http://bmwi.de/BMWi/Redaktion/PDF/Publikationen/Technologie-und-Innovation/warnhinweise-lang,property=pdf,bereich=bmwi,sprache=de,rwb=true.pdf.

147 Vgl. die Meldung v. 3.4.2009, abrufbar unter www.heise.de/newsticker/meldung/Eine-Kultur-Flatrate-fuer-Filesharing-und-das-Interesse-der-Kuenstler-211421.html.

148 *EMR* „Die Zulässigkeit einer Kulturflatrate nach nationalem und europäischem Recht"; abrufbar unter www.gruene-bundestag.de/cms/netzpolitik/dokbin/278/278059.kurzgutachten_zur_kulturflatrate.pdf.

nicht konsensfähig, da er u.a. auf erheblichen Widerstand der Unterhaltungsindustrie und Verwertungsgesellschaften traf.[149]

129 Es erscheint mittlerweile durchaus möglich, dass sich die Problematik massenhafter Rechtsverletzungen im Internet in Form illegaler Downloads über Filesharing-Plattformen mittelfristig aufgrund des sich verändernden Nutzungsverhaltens, auf Basis der geltenden Rechtslage per Zeitablauf erledigt. In Zeiten nach wie vor steigender Bandbreiten verliert die dauerhafte Speicherung von Musik- und Mediendateien zunehmend an Relevanz. Diese „flüchtigere" Nutzungsnachfrage nach Musik bedienen die mittlerweile etablierten Streamingportale mit einem – zumindest im populärmusikalischen Bereich - nahezu lückenlosen Angebot. Die aktive Abmahntätigkeit der Unterhaltungsindustrie, einschließlich der damit verbundenen „Inkriminierung" des eigenen Klientels hat jedoch offenkundig ebenfalls Wirkung gezeigt.

149 S. im Einzelnen u.a. das „Positionspapier des Bundesverbandes Musikindustrie (BVMI)" v. 25.1.2010, www.musikindustrie.de/fileadmin/news/presse/100125_Kulturflatrate_10_Argumente_FINAL.pdf.

Stichwortverzeichnis

Die fetten Zahlen verweisen auf die Kapitel, die mageren auf die Randnummern.